Pauly/Osnabrügge

Handbuch Kündigungsrecht

AnwaltsPraxis

Handbuch Kündigungsrecht

3. Auflage 2010

Herausgegeben von
Rechtsanwalt
Dr. Stephan Pauly,
Fachanwalt für Arbeitsrecht, Bonn
und
Rechtsanwalt
Dr. Stephan Osnabrügge,
Fachanwalt für Arbeitsrecht, Bonn

Deutscher**Anwalt**Verlag

Zitiervorschlag:
Pauly/Osnabrügge/*Bearbeiter*, Handbuch Kündigungsrecht, § 1 Rn 1

Satz: Reemers publishing services GmbH, Krefeld
Druck: Bercker Graphischer Betrieb GmbH, Kevelaer
Umschlaggestaltung: gentura, Holger Neumann, Bochum
ISBN 978-3-8240-1022-6

Bibliografische Information der Deutschen Nationalbibliothek
Die Deutsche Nationalbibliothek verzeichnet diese Publikation in der Deutschen Nationalbibliografie; detaillierte bibliografische Daten sind im Internet über http://dnb.d-nb.de abrufbar.

Vorwort

Wenn sich die Auftragslage verschlechtert oder Aufträge ganz ausbleiben, greifen Unternehmen zum letzten Mittel und kündigen betriebsbedingt. Im Krisenjahr 2009 ist daher die Zahl der Kündigungsschutzklagen deutlich gestiegen. Lediglich die Zahl der Eingänge beim Bundesarbeitsgericht war 2009 rückläufig.

Damit Sie gut informiert sind und Ihre Mandanten schnell und optimal beraten können, legen wir nunmehr die dritte Auflage des Handbuchs Kündigungsrecht vor.

Kündigung bekommen? Selber kündigen? Was dabei zu beachten ist, erläutern – angereichert durch Beispiele, Muster, Praxistipps und Formulierungshilfen – über 20 Praktiker des Arbeitsrechts.

Wichtige Gesetzesänderungen und die aktuelle Rechtsprechung sind gut verständlich und praxisnah aufgearbeitet, um den Lesern einen Nutzwert zu schaffen und sie in der anwaltlichen Praxis zu begleiten.

Ihre Anregungen, Hinweise und Kritik – per E-Mail an kündigungsrecht@paulypartner.de oder kontakt@anwaltverlag.de – sind uns immer willkommen.

Bonn, im Juli 2010

Dr. Stephan Pauly
Dr. Stephan Osnabrügge

Inhaltsübersicht

Autorenverzeichnis 11
Abkürzungsverzeichnis 13
Literaturverzeichnis 23

Teil 1: Materielles Kündigungs- und Kündigungsschutzrecht 27

§ 1 Die Kündigung des Arbeitsverhältnisses
Dr. Stephan Osnabrügge 27

§ 2 Die außerordentliche Kündigung des Arbeitsverhältnisses
Dr. Stephan Pauly 51

§ 3 Der allgemeine Kündigungsschutz nach dem KSchG
Jan Ruge 71

§ 4 Anzeigepflichtige Entlassungen (sog. Massenentlassungen)
Dr. Stephan Pauly 179

§ 5 Abfindungsanspruch bei betriebsbedingten Kündigungen, § 1a KSchG
Dr. Stephan Osnabrügge 195

§ 6 Kündigungsschutz außerhalb des KSchG
Dr. Stephan Osnabrügge 211

§ 7 Sonderkündigungsschutz
Dr. Klaus Pawlak 221

§ 8 Kündigung im Berufsausbildungsverhältnis
Hans-Walter Theiss 253

§ 9 Kündigung im Arbeitskampf
Sebastian Witt 263

§ 10 Kündigung bei Betriebsübergang
Dr. Nicolai Besgen 275

§ 11 Kündigung und Unternehmensumwandlung
Dr. Nicolai Besgen 299

§ 12 Die Mitbestimmung des Betriebsrats bei Kündigungen
Dr. Jürgen Peter 303

§ 13 Der Weiterbeschäftigungsanspruch des Arbeitnehmers
Dr. Karl-Peter Pühler 359

§ 14 Die Kündigung von Organen (AG-Vorstand und GmbH-Geschäftsführer)
Dr. Jürgen Peter 377

§ 15 Kündigung und Insolvenz
Wolfgang Arens, Barbara Brenner, Dr. Helmut Hemmerling 395

§ 16 Nachvertragliches Wettbewerbsverbot
Dr. Stephan Osnabrügge 435

Teil 2: Befristung und auflösende Bedingung 457

§ 17 Beendigung durch Befristung
Jan Ruge 457

§ 18 Beendigung durch auflösende Bedingung
Jan Ruge 509

Teil 3: Abwicklungs- und Aufhebungsvertrag 517

§ 19 Abwicklungs- und Aufhebungsvertrag
Dr. Oliver Vahle 517

Teil 4: Der Kündigungsschutzprozess 531

§ 20 Der Rechtsweg zu den Arbeitsgerichten
Peter Friedhofen 531

§ 21 Der Kündigungsschutzprozess im Allgemeinen
Peter Friedhofen 557

§ 22 Die Zulassung verspäteter Klagen
Peter Friedhofen 579

§ 23 Die Güteverhandlung
Peter Friedhofen 593

§ 24 Der Kammertermin
Peter Friedhofen 599

§ 25 Die Auflösung des Arbeitsverhältnisses durch Urteil und Abfindung
Dr. Klaus Rinck 603

§ 26 Der Kündigungsschutzprozess gegen Änderungskündigungen
Dr. Klaus Rinck 619

§ 27 Der Kündigungsschutzprozess in der II. Instanz
Dr. Rupert Czinczoll 643

§ 28 Die Beendigung des Kündigungsschutzprozesses durch Prozessvergleich
Dr. Klaus Rinck 679

§ 29 Die Geltendmachung von (Neben-)Ansprüchen im Kündigungsschutzprozess
Dr. Karl-Peter Pühler 703

§ 30 Der einstweilige Rechtsschutz
Dr. Theo Kade 709

Teil 5: Sozialversicherungsrecht 727

§ 31 Arbeitslosengeld I und II
Dr. Artur Kühnel/Susanne A. Becker 727

§ 32 Sperrzeittatbestände und Ruhen
Dr. Artur Kühnel 757

§ 33 Erstattungspflicht des Arbeitgebers
Dr. Artur Kühnel 775

Teil 6: Steuerrecht 783

§ 34 Steuerrechtliches Umfeld der Beendigung von Arbeitsverhältnissen
Dr. Stephan Pauly 783

Teil 7: Betriebliche Altersversorgung 799

§ 35 Kündigung und betriebliche Altersversorgung
Dr. Karl-Peter Pühler 799

Teil 8: Aspekte der Zwangsvollstreckung 813

§ 36 Die Zwangsvollstreckung im Kontext einer Kündigung
Frank-Michael Goebel 813

Teil 9: Das Mandat im Kündigungsschutzprozess 857

§ 37 Das Mandat im Kündigungsschutzprozess
Christof Kleinmann 857

Teil 10: Taktik und Fallstricke im Kündigungsschutzprozess 881

§ 38 Taktik und Fallstricke für den Klägervertreter
Dr. Klaus Rinck 881

§ 39 Taktik und Fallstricke für den Beklagtenvertreter
Dr. Klaus Rinck 911

Teil 11: Kostenfragen 927

§ 40 Gerichtskosten im Kündigungsschutzmandat
Rolf Schaefer 927

§ 41 Rechtsanwalts-Vergütung im Kündigungsschutzmandat
Rolf Schaefer/Sabine Kiemstedt 933

§ 42 Das Kündigungsmandat aus Sicht der Rechtsschutzversicherung
Italo Arcari/Helmut Beckmann 961

§ 43 Anspruchsdurchsetzung gegenüber der Rechtsschutzversicherung
Jan Ruge 975

Stichwortverzeichnis 1011

Autorenverzeichnis

Italo Arcari
Ass. iur., Justitiar, Mettmann

Wolfgang Arens
Rechtsanwalt und Notar, Fachanwalt für Arbeitsrecht, Bielefeld

Susanne A. Becker
Rechtsanwältin, Fachanwältin für Arbeitsrecht, Hamburg

Helmut Beckmann
Rechtsanwalt, Düsseldorf

Dr. Nicolai Besgen
Rechtsanwalt, Fachanwalt für Arbeitsrecht, Bonn

Barbara Brenner
Rechtsanwältin, Bonn

Dr. Rupert Czinczoll
Vorsitzender Richter am LAG, Köln

Peter Friedhofen
Direktor des Arbeitsgerichts a.D., Rechtsanwalt, Köln

Frank-Michael Goebel
Richter am OLG, Koblenz

Dr. Helmut Hemmerling
Rechtsanwalt, Fachanwalt für Insolvenzrecht, Lehrbeauftragter der Hochschule Pforzheim, Stuttgart

Dr. Theo Kade
Rechtsanwalt, Fachanwalt für Arbeitsrecht, Bonn

Sabine Kiemstedt
Rechtsanwältin, Fachanwältin für Arbeitsrecht, Hannover

Christof Kleinmann
Rechtsanwalt, Fachanwalt für Arbeitsrecht, Frankfurt am Main

Dr. Artur Kühnel
Rechtsanwalt, Fachanwalt für Arbeitsrecht, Lehrbeauftragter an der Hamburg School of Business Administration, Hamburg

Dr. Stephan Osnabrügge
Rechtsanwalt, Fachanwalt für Arbeitsrecht, Bonn

Dr. Stephan Pauly
Rechtsanwalt, Fachanwalt für Arbeitsrecht, Bonn

Dr. Klaus Pawlak
Rechtsanwalt, Fachanwalt für Arbeitsrecht, Hamburg

Dr. Jürgen Peter
Rechtsanwalt, Fachanwalt für Arbeitsrecht, Wirtschaftsmediator, Bonn

Dr. Karl-Peter Pühler
Rechtsanwalt, Köln

Dr. Klaus Rinck
Richter in der niedersächsischen Arbeitsgerichtsbarkeit, Rotenburg

Jan Ruge
Rechtsanwalt, Fachanwalt für Arbeitsrecht, Hamburg

Rolf Schaefer
Rechtsanwalt, Fachanwalt für Arbeitsrecht, Hannover

Hans-Walter Theiss
Rechtsanwalt, Fachanwalt für Arbeitsrecht, Bonn

Dr. Oliver Vahle
Rechtsanwalt, Fachanwalt für Arbeitsrecht, Lehrbeauftragter an der Hamburg School of Business Administration, Hamburg

Sebastian Witt
Rechtsanwalt, Fachanwalt für Arbeitsrecht, Bonn

Abkürzungsverzeichnis

a.A.	anderer Ansicht
a.a.O.	am angegebenen Ort
AbgG	Abgeordnetengesetz
ABl EG	Amtsblatt der Europäischen Gemeinschaften
Abs.	Absatz
AcP	Archiv für die civilistische Praxis
a.E.	am Ende
AE	Arbeitsrechtliche Entscheidungen
AEntG	Arbeitnehmerentsendegesetz
ÄndG	Änderungsgesetz
a.F.	alte Fassung
AG	Aktiengesellschaft, Amtsgericht, Die Aktiengesellschaft (Zeitschrift)
AGG	Allgemeines Gleichbehandlungsgesetz
AGS	Anwalts Gebühren Spezial (Zeitschrift)
AiB	Arbeitsrecht im Betrieb (Zeitschrift)
AktG	Aktiengesetz
a.M.	anderer Meinung
Anh.	Anhang
Anm.	Anmerkung
AnwBl	Anwaltsblatt (Zeitschrift)
AnwK	AnwaltKommentar
AO	Abgabenordnung
AP	Arbeitsrechtliche Praxis
ARB	Allgemeine Bedingungen für die Rechtsschutzversicherung
ArbG	Arbeitsgericht
ArbGG	Arbeitsgerichtsgesetz
AR-Blattei	Arbeitsrecht-Blattei
ArbNErfG	Gesetz über Arbeitnehmererfindungen

ArbPlSchG	Gesetz über den Schutz des Arbeitplatzes bei Einberufung zum Wehrdienst
ArbRB	Der Arbeits-Rechts-Berater (Zeitschrift)
ArbStättV	Verordnung über Arbeitsstätten
ArbuR	Arbeit und Recht (Zeitschrift)
ArbZG	Arbeitszeitgesetz
ARST	Arbeitsrecht in Stichworten (Zeitschrift)
Art.	Artikel
ASiG	Arbeitssicherheitsgesetz
ATG	Altersteilzeitgesetz
ATO	Allgemeine Tarifordnung für Arbeitnehmer im öffentlichen Dienst
AuA	Arbeit und Arbeitsrecht (Zeitschrift)
AÜG	Gesetz zur Regelung der gewerbsmäßigen Arbeitnehmerüberlassung
Aufl.	Auflage
AuR	Arbeit und Recht (Zeitschrift)
AWR	Anwaltspraxis Wirtschaftsrecht (Zeitschrift)
Az	Aktenzeichen
AZO	Arbeitszeitordnung
BA	Bundesagentur für Arbeit
BAFin	Bundesanstalt für Finanzdienstleistungsaufsicht
BAG	Bundesarbeitsgericht
BAGE	Entscheidungssammlung des Bundesarbeitsgerichts
BAT	Bundesangestelltentarifvertrag
bAV	Betriebliche Altersversorgung
BayObLG	Bayerisches Oberstes Landesgericht
BB	Betriebs-Berater (Zeitschrift)
BBesG	Bundesbesoldungsgesetz
BBG	Bundesbeamtengesetz
BBiG	Berufsbildungsgesetz
BDA	Bundesvereinigung der Deutschen Arbeitgeberverbände
BDI	Bundesvereinigung der Deutschen Industrie
BDSG	Bundesdatenschutzgesetz

BEEG	Bundeselterngeld- und Elternzeitgesetz
Beih.	Beiheft
Beil.	Beilage
Beschl.	Beschluss
BetrAVG	Gesetz zur Verbesserung der betrieblichen Altersversorgung
BetrR	Der Betriebsrat (Zeitschrift)
BetrVG	Betriebsverfassungsgesetz
BeurkG	Beurkundungsgesetz
BFH	Bundesfinanzhof
BFHE	Entscheidungssammlung des Bundesfinanzhofs
BFH/NV	Sammlung der Entscheidungen des Bundesfinanzhofs
BGB	Bürgerliches Gesetzbuch
BGBl	Bundesgesetzblatt
BGH	Bundesgerichtshof
BGHZ	Entscheidungssammlung des Bundesgerichtshofs in Zivilsachen
BImSchG	Bundes-Immissionsschutzgesetz
BKVO	Berufskrankheitenverordnung
BlStSozArbR	Blätter für Steuerrecht, Sozialversicherung und Arbeitsrecht (Zeitschrift)
BMT	Bundesmanteltarifvertrag
b+p	Betrieb und Personal (Zeitschrift)
BPersVG	Bundespersonalvertretungsgesetz
BR	Betriebsrat
BRAK-Mitt.	Mitteilungen der Bundesrechtsanwaltskammer
BRAO	Bundesrechtsanwaltsordnung
BR-Drucks	Bundesrats-Drucksache
BSG	Bundessozialgericht
BSGE	Entscheidungssammlung des Bundessozialgerichts
BStBl	Bundessteuerblatt
BT-Drucks	Bundestags-Drucksache
Buchst.	Buchstabe
BUrlG	Bundesurlaubsgesetz
BuW	Betrieb und Wirtschaft (Zeitschrift)

BVerfG	Bundesverfassungsgericht
BVerfGE	Entscheidungssammlung des Bundesverfassungsgerichts
BVerwG	Bundesverwaltungsgericht
BVerwGE	Entscheidungssammlung des Bundesverwaltungsgerichts
CEEP	Europäischer Zentralverband der öffentlichen Wirtschaft
CR	Computer und Recht (Zeitschrift)
DA	Dienstanweisung, Durchführungsanweisung
DB	Der Betrieb (Zeitschrift)
ders./dies.	derselbe/dieselbe(n)
DGB	Deutscher Gewerkschaftsbund
DGVZ	Deutsche Gerichtsvollzieher-Zeitung
Diss.	Dissertation
DR	Deutsches Recht (Zeitschrift)
DRV	Deutsche Rentenversicherung (Zeitschrift)
DStR	Deutsches Steuerrecht (Zeitschrift)
DStZ	Deutsche Steuerzeitung
DuD	Datenschutz und Datensicherung (Zeitschrift)
DVO	Durchführungsverordnung
DZWiR	Deutsche Zeitschrift für Wirtschaftsrecht
EAS	Europäisches Arbeits- und Sozialrecht, Rechtsvorschriften, systematische Darstellungen, Entscheidungssammlung
EBR	Europäischer Betriebsrat
EBRG	Europäisches Betriebsräte-Gesetz
EFZG	Entgeltfortzahlungsgesetz
EGB	Europäischer Gewerkschaftsbund
EGBGB	Einführungsgesetz zum Bürgerlichen Gesetzbuch
EGStGB	Einführungsgesetz zum Strafgesetzbuch
EGZPO	Einführungsgesetz zur Zivilprozessordnung
ErfK	Erfurter Kommentar
EStG	Einkommensteuergesetz
EStR	Einkommensteuer-Richtlinien
EU	Europäische Union

EuGH	Gemeinsamer Gerichtshof der Europäischen Gemeinschaften
EuGVÜ	Europäisches Gerichtsstands- und Vollstreckungsübereinkommen
EuGVVO	Europäische Verordnung über die gerichtliche Zuständigkeit und die Anerkennung und Vollstreckung von Entscheidungen in Zivil- und Handelssachen
EuInsVO	Verordnung (EG) Nr. 1346/2000 des Rates v. 29.5.2000 über Insolvenzverfahren
EWG	Europäische Wirtschaftsgemeinschaft
EWiR	Entscheidungen zum Wirtschaftsrecht (Zeitschrift)
EzA	Entscheidungssammlung zum Arbeitsrecht
EzA-SD	Entscheidungssammlung zum Arbeitsrecht Schnelldienst (Zeitschrift)
EzAÜG	Entscheidungssammlung zum Arbeitnehmerüberlassungsgesetz und zum sonstigen drittbezogenen Personaleinsatz
EzB	Entscheidungssammlung zum Berufsbildungsrecht
EzBAT	Entscheidungssammlung zum BAT
f., ff.	folgende, fortfolgende
FA	Fachanwalt Arbeitsrecht (Zeitschrift)
Fn	Fußnote
FR	Finanz-Rundschau (Zeitschrift)
FS	Festschrift
GbR	Gesellschaft bürgerlichen Rechts
GdB	Grad der Behinderung
GDV	Gesamtverband der Deutschen Versicherungswirtschaft e.V.
gem.	gemäß
GenG	Genossenschaftsgesetz
GesO	Gesamtvollstreckungsordnung
GewArchiv	Gewerbearchiv (Zeitschrift)
GewO	Gewerbeordnung
GG	Grundgesetz
ggf.	gegebenenfalls
GK	Gemeinschaftskommentar
GKG	Gerichtskostengesetz
GmbH	Gesellschaft mit beschränkter Haftung

GmbHG	GmbH-Gesetz
GmbHR	GmbH-Rundschau (Zeitschrift)
GMBl	Gemeinsames Ministerialblatt
GmS-OGB	Gemeinsamer Senat der Obersten Gerichtshöfe des Bundes
Gr.	Grundwerk
GS	Großer Senat
GSZS	Großer Senat in Zivilsachen
GVBl	Gesetz- und Verordnungsblatt
GVG	Gerichtsverfassungsgesetz
HAG	Heimarbeitsgesetz
HmbPersVG	Hamburger Personalvertretungsgesetz
HGB	Handelsgesetzbuch
h.L./h.M.	herrschende Lehre/herrschende Meinung
HRG	Hochschulrahmengesetz
Hrsg.	Herausgeber
i.d.F.	in der Fassung
IfSG	Infektionsschutzgesetz
Insg-DA	Insolvenzgeld-Durchführungsanweisungen
InsO	Insolvenzordnung
InVo	Insolvenz und Vollstreckung (Zeitschrift)
i.S.d./v.	im Sinne des/der/von
i.V.m.	in Verbindung mit
JA	Juristische Arbeitsblätter (Zeitschrift)
JArbSchG	Jugendarbeitsschutzgesetz
JGG	Jugendgerichtsgesetz
JMBlNW	Justizministerialblatt Nordrhein-Westfalen
Jura	Jura – Juristische Ausbildung (Zeitschrift)
JurBüro	Das juristische Büro (Zeitschrift)
JuS	Juristische Schulung (Zeitschrift)
JW	Juristische Wochenschrift (Zeitschrift)
JZ	Juristenzeitung (Zeitschrift)
KAPOVAZ	Kapazitätsorientierte variable Arbeitszeit

KG	Kommanditgesellschaft, Kammergericht
KGaA	Kommanditgesellschaft auf Aktien
KR	Gemeinschaftskommentar zum KSchG
KSchG	Kündigungsschutzgesetz
KTS	Zeitschrift für Insolvenzrecht, Konkurs – Treuhand – Sanierung
LAG	Landesarbeitsgericht
LAGE	Entscheidungen der Landesarbeitsgerichte
LG	Landgericht
Lit.	Literatur
LPVG	Landespersonalvertretungsgesetz
LS	Leitsatz
LSG	Landessozialgericht
m.abl.Anm.	mit ablehnender Anmerkung
MDR	Monatsschrift für Deutsches Recht (Zeitschrift)
MitbestG	Mitbestimmungsgesetz
m.krit.Anm.	mit kritischer Anmerkung
MTB	Manteltarifvertrag für Arbeiter des Bundes
MTL	Manteltarifvertrag für Arbeiter des Landes
MTV	Manteltarifvertrag
MTVZ	Manteltarifvertrag Zeitarbeit
MüKo	Münchener Kommentar
MuSchG	Mutterschutzgesetz
m.w.N.	mit weiteren Nachweisen
NachwG	Nachweisgesetz
n.F.	neue Fassung
NJW	Neue Juristische Wochenschrift (Zeitschrift)
NJW-RR	Neue Juristische Wochenschrift Rechtsprechungs-Report (Zeitschrift)
Nr.	Nummer
NVersZ	Neue Zeitschrift für Versicherung und Recht
NW	Nordrhein-Westfalen
NWB	Neue Wirtschaftsbriefe (Zeitschrift)
NZA	Neue Zeitschrift für Arbeits- und Sozialrecht

NZA-RR	Neue Zeitschrift für Arbeitsrecht Rechtsprechungs-Report
NZG	Neue Zeitschrift für Gesellschaftsrecht
NZI	Neue Zeitschrift für das Recht der Insolvenz und Sanierung
NZS	Neue Zeitschrift für Sozialrecht
OFD	Oberfinanzdirektion
OHG	Offene Handelsgesellschaft
OLG	Oberlandesgericht
OLGR	OLG-Report: Zivilrechtsprechung der Oberlandesgerichte
OLGZ	Entscheidungen der Oberlandesgerichte in Zivilsachen
OVG	Oberverwaltungsgericht
PersF	Personalführung (Zeitschrift)
PersR	Der Personalrat (Zeitschrift)
PersV	Die Personalvertretung (Zeitschrift)
PflVG	Pflichtversicherungsgesetz
PKH	Prozesskostenhilfe
PStG	Personenstandsgesetz
PSV/PSVaG	Pensionssicherungsverein/Pensionssicherungsverein auf Gegenseitigkeit
RdA	Recht der Arbeit (Zeitschrift)
RDG	Rechtsdienstleistungsgesetz
RegE	Regierungsentwurf
RiLi, RL	Richtlinie
RIW	Recht der internationalen Wirtschaft (Zeitschrift)
Rn	Randnummer
Rpfleger	Der Deutsche Rechtspfleger (Zeitschrift)
RPflG	Rechtspflegergesetz
r+s	Recht und Schaden (Zeitschrift)
Rspr.	Rechtsprechung
RV-B	Rahmenvereinbarung über befristete Arbeitsverträge
RVG	Rechtsanwaltsvergütungsgesetz
RVO	Reichsversicherungsordnung
RV-TzA	Rahmenvereinbarung über Teilzeitarbeit
RzK	Rechtsprechung zum Kündigungsrecht

SAE	Sammlung arbeitsrechtlicher Entscheidungen
SächsPersVG	Sächsisches Personalvertretungsgesetz
SchuldRModG	Schuldrechtsmodernisierungsgesetz
SGB	Sozialgesetzbuch
SGb	Die Sozialgerichtsbarkeit (Zeitschrift)
SGG	Sozialgerichtsgesetz
SozPlG	Sozialplangesetz
SozR	Sozialrecht, Rechtsprechung und Schrifttum (Zeitschrift)
SozSich	Soziale Sicherheit (Zeitschrift)
SPA	Schnellbrief für Personalwirtschaft und Arbeitsrecht (Zeitschrift)
SprAuG	Sprecherausschussgesetz
StGB	Strafgesetzbuch
str.	streitig
st.Rspr.	ständige Rechtsprechung
TOA	Tarifordnung für Angestellte
TV	Tarifvertrag
TVAng.	Tarifvertrag für Angestellte
TVG	Tarifvertragsgesetz
TzBfG	Teilzeit- und Befristungsgesetz
u.a.	unter anderem
u.ä.	und ähnliches
UmwG	Umwandlungsgesetz
UNICE	Union der Industrie- und Arbeitgeberverbände Europas
Urt.	Urteil
UStG	Umsatzsteuergesetz
v.	von, vom
VermBG	Gesetz zur Förderung der Vermögensbildung der Arbeitnehmer
VersR	Versicherungsrecht (Zeitschrift)
VerwG	Verwaltungsgericht
vgl.	vergleiche
VO	Verordnung
VRB	Vermögensschaden-Rechtsschutzbedingungen

VSSR	Vierteljahresschrift für Sozialrecht
VVG	Gesetz über den Versicherungsvertrag
VwGO	Verwaltungsgerichtordnung
VwVfG	Verwaltungsverfahrensgesetz
WBA	Weiterbeschäftigungsanspruch
WiB	Wirtschaftsrechtliche Beratung (Zeitschrift)
WM	Zeitschrift für Wirtschafts- und Bankrecht, Wertpapiermitteilungen
WO	Wahlordnung
WRP	Wettbewerb in Recht und Praxis
ZAP	Zeitschrift für die Anwaltspraxis
z.B.	zum Beispiel
ZDG	Zivildienstgesetz
ZfA	Zeitschrift für Arbeitsrecht
ZfPR	Zeitschrift für Personalvertretungsrecht
zfs	Zeitschrift für Schadensrecht
ZIAS	Zeitschrift für ausländisches und internationales Arbeits- und Sozialrecht
Ziff.	Ziffer
ZInsO	Zeitschrift für das gesamte Insolvenzrecht
ZIP	Zeitschrift für Wirtschaftsrecht
ZPO	Zivilprozessordnung
ZRP	Zeitschrift für Rechtspolitik
ZSEG	Gesetz über die Entschädigung von Zeugen und Sachverständigen
ZTR	Zeitschrift für Tarif-, Arbeits- und Sozialrecht des öffentlichen Dienstes

Literaturverzeichnis

Ascheid/Preis/Schmidt (Hrsg.), Großkommentar zum Kündigungsrecht, 3. Auflage 2007 (zitiert: Ascheid/Preis/Schmidt/*Bearbeiter*)

Bader/Bram/Dörner/Wenzel, Kündigungsschutzgesetz, Kommentar, Loseblatt, Stand: Oktober 2009

Bauer, Arbeitsrechtliche Aufhebungsverträge, 8. Auflage 2007

Bauer/Krieger, Kündigungsrecht – Reformen 2004, 2004

Bauer/Lingemann/Diller/Haußmann, Anwalts-Formularbuch Arbeitsrecht, 3. Auflage 2008

Baumbach/Lauterbach/Albers/Hartmann, Zivilprozessordnung, Kommentar, 68. Auflage 2010 (zitiert: Baumbach/*Bearbeiter*)

Beck'sches Rechtsanwalts-Handbuch, hrsg. v. Büchting/Heussen, 9. Auflage 2007

Berkowsky, Die betriebsbedingte Kündigung, 6. Auflage 2008

ders., Die personen- und verhaltensbedingte Kündigung, 4. Auflage 2005

Däubler/Kittner/Klebe (Hrsg.), Betriebsverfassungsgesetz mit Wahlordnung, Kommentar für die Praxis, 12. Auflage 2010 (zitiert: Däubler/Kittner/Klebe/*Bearbeiter*)

Dauner-Lieb/Heidel/Ring (Hrsg.), AnwaltKommentar BGB, 2005 (zitiert: AnwK-BGB/*Bearbeiter*)

Dörner/Luczak/Wildschütz, Handbuch des Fachanwalts Arbeitsrecht, 8. Auflage 2009

Dorndorf/Weller/Hauck/Kriebel/Höland/Neef, Heidelberger Kommentar zum Kündigungsschutzgesetz, 4. Auflage 2001

Düwell, Betriebsverfassungsgesetz, Handkommentar, 3. Auflage 2010

Düwell/Lipke, Arbeitsgerichtsgesetz, Kommentar, 2. Auflage 2005 (zitiert: Düwell/Lipke/*Bearbeiter*)

Erfurter Kommentar zum Arbeitsrecht, hrsg. v. Dieterich/Müller-Glöge/Preis/Schaub, 10. Auflage 2010 (zitiert: ErfK/*Bearbeiter*)

Erman, Handkommentar zum BGB, 11. Auflage 2004 (zitiert: Erman/*Bearbeiter*)

Fiebig/Gallner/Nägele, Kündigungsschutzrecht, Handkommentar, 3. Auflage 2007

Fitting/Engels/Schmidt/Trebinger/Linsenmaier, Betriebsverfassungsgesetz mit Wahlordnung, Handkommentar, 25. Auflage 2010 (zitiert: Fitting u.a./*Bearbeiter*)

Gemeinschaftskommentar zum Arbeitsgerichtsgesetz, hrsg. v. Ascheid/Bader/Dörner/Leinemann/Schütz/Stahlhacke/Vossen/Wenzel, Loseblatt, Stand: November 2009 (zitiert: GK-ArbGG/*Bearbeiter*)

Gemeinschaftskommentar zum Betriebsverfassungsgesetz, Band I §§ 7–73b mit Wahlordnungen, 9. Auflage 2010; Band II §§ 74–132 mit Kommentierung des BetrVG 1952, 9. Auflage 2010, hrsg. v. Kraft/Wiese/Kreutz/Raab/Weber/Franzen/Oetker (zitiert: GK-BetrVG/*Bearbeiter*)

Germelmann/Matthes/Prütting/Müller-Glöge, Arbeitsgerichtsgesetz, Kommentar, 7. Auflage 2009 (zitiert: *Germelmann u.a.*)

Gift/Bauer, Das Urteilsverfahren vor den Gerichten für Arbeitssachen, 1993

Goebel (Hrsg.), AnwaltFormulare Zivilprozessrecht, 3. Auflage 2010

Grunsky, Arbeitsgerichtsgesetz, Kommentar, 7. Auflage 1995

Heidel/Pauly/Amend (Hrsg.), AnwaltFormulare, 6. Auflage 2009 (zitiert: Heidel/Pauly/Amend/*Bearbeiter*)

Hess/Worzalla/Glock/Nicolai/Rose, Kommentar zum Betriebsverfassungsgesetz, 7. Auflage 2008 (zitiert: Hess/*Bearbeiter*)

v. Hoyningen-Huene/Linck, Kündigungsschutzgesetz, Kommentar, 14. Auflage 2007

Hümmerich, Arbeitsrecht, 6. Auflage 2007

Hümmerich, Aufhebungsvertrag und Abwicklungsvertrag, 2. Auflage 2003

Hümmerich/Spirolke (Hrsg.), Das arbeitsrechtliche Mandat, 5. Auflage 2009 (zitiert: H/S-*Bearbeiter*)

Kittner/Däubler/Zwanziger (Hrsg.), KSchR – Kündigungsschutzrecht, Kommentar, 7. Auflage 2008 (zitiert: Kittner/Däubler/Zwanziger/*Bearbeiter*)

Kittner/Zwanziger (Hrsg.), Arbeitsrecht – Handbuch für die Praxis, 5. Auflage 2009 (zitiert: Kittner/Zwanziger/*Bearbeiter*, Handbuch)

dies., Formularbuch Arbeitsrecht, 2005 (zitiert: Kittner/Zwanziger/*Bearbeiter*, Formularbuch)

KR, Gemeinschaftskommentar zum Kündigungsschutzgesetz und zu sonstigen kündigungsschutzrechtlichen Vorschriften, v. Becker/Etzel/Fischermeier/Friedrich/Lipke/Pfeiffer/Rost/Spilger/Weigand/Wolff, 9. Auflage 2009 (zitiert: KR/*Bearbeiter*)

Küttner (Hrsg.), Personalbuch 2009 – Arbeitsrecht, Lohnsteuerrecht, Sozialversicherungsrecht, 17. Auflage 2009 (zitiert: Küttner/*Bearbeiter*)

Leinemann (Hrsg.), Handbuch zum Arbeitsrecht (HzA), Loseblatt, Stand: 2010 (zitiert: HzA, Gr., *Bearbeiter*)

Lepke, Kündigung bei Krankheit, 13. Auflage 2009

Löwisch/Spinner, Kommentar zum Kündigungsschutzgesetz, 9. Auflage 2004

Münchener Handbuch zum Arbeitsrecht, hrsg. v. Richardi/Wlotzke, 3. Auflage 2009 (zitiert: MünchArb/*Bearbeiter*)

Münchener Kommentar zum BGB, hrsg. v. Rebmann/Säcker/Rixecker, 4. Auflage 2001 (zitiert: MüKo-BGB/*Bearbeiter*)

Münchener Kommentar zur ZPO, hrsg. v. Lüke/Wax, 3. Auflage 2008 (zitiert: MüKo-ZPO/*Bearbeiter*)

Musielak, Kommentar zur Zivilprozessordnung, 7. Auflage 2009

Nicolai, Das neue Kündigungsrecht, 2004

Ostrowicz/Künzl/Schäfer, Handbuch des arbeitsgerichtlichen Verfahrens, 3. Auflage 2006

Palandt, Kommentar zum Bürgerlichen Gesetzbuch, 69. Auflage 2010 (zitiert: Palandt/*Bearbeiter*)

Pauly/Osnabrügge, Das neue Arbeits- und Sozialrecht, 2003

Pauly/Osnabrügge, Teilzeitarbeit und geringfügige Beschäftigung, 2. Auflage 2007

Preis, Der Arbeitsvertrag, 3. Auflage 2009

Richardi (Hrsg.), Betriebsverfassungsgesetz mit Wahlordnung, Kommentar, 12. Auflage 2010 (zitiert: Richardi/*Bearbeiter*)

Schaub (Hrsg.), Arbeitsrechts-Handbuch, 13. Auflage 2009 (zitiert: Schaub/*Bearbeiter*)

ders., Arbeitsgerichtsverfahren, 7. Auflage 2004 (zitiert: *Schaub*, Arbeitsgerichtsverfahren)

Schaub/Koch/Neef/Schrader/Vogelsang, Arbeitsrechtliches Formular- und Verfahrensbuch, 9. Auflage 2008 (zitiert: *Schaub*, Formularsammlung)

Stahlhacke/Preis/Vossen, Kündigung und Kündigungsschutz im Arbeitsverhältnis, 10. Auflage 2010

Staudinger, Kommentar zum Bürgerlichen Gesetzbuch, 14. Auflage 1993 ff.

Thomas/Putzo, Kommentar zur Zivilprozessordnung mit FamFG Verfahren in Familiensachen, GVG, Einführungsgesetze, EG-Zivilverfahrensrecht, 30. Auflage 2009

Tschöpe (Hrsg.), Anwalts-Handbuch Arbeitsrecht, 6. Auflage 2009

Zöller, Kommentar zur Zivilprozessordnung, 28. Auflage 2010 (zitiert: Zöller/*Bearbeiter*)

Teil 1 Materielles Kündigungs- und Kündigungsschutzrecht

§ 1 Die Kündigung des Arbeitsverhältnisses

Dr. Stephan Osnabrügge

Inhalt

	Rn
I. Einführung	1
II. Die Arten der Kündigung	4
1. Die Beendigungs- und die Änderungskündigung	5
2. Ordentliche und außerordentliche Kündigung	19
III. Die ordentliche Kündigung	23
1. Person des Kündigenden	23
2. Person des Kündigungsempfängers	31
3. Gegenstand der Kündigung	39
4. Form und Inhalt der Kündigung	45
a) Form der Kündigung	45
b) Inhalt der Kündigungserklärung	53
5. Zeitpunkt und Zugang der Kündigung	56
a) Zeitpunkt der Kündigung	56
b) Zugang der Kündigungserklärung	59
6. Kündigungsfristen und Kündigungstermine	75

Literatur

Diller, § 622 BGB und Quartalskündigungsfristen, NZA 2000, 693; **Kramer**, Formerfordernisse im Arbeitsverhältnis als Grenzen für den Einsatz elektronischer Kommunikationsmittel, DB 2006, 502; **Löwisch**, Die Änderung von Arbeitsbedingungen auf individualrechtlichem Wege, insbesondere durch Änderungskündigung, NZA 1988, 633; **Schleusener**, Tariflicher Ausschluß der ordentlichen Kündigung, SAE 1998, 218; **Wiedemann**, Anm. zu BAG v. 12.4.1972, AP Nr. 13 zu § 4 TVG Günstigkeitsvergleich; **Tophoven**, Anm. zu LAG Kiel v. 23.11.1954, AP Nr. 1 zu § 4 TVG Ausschlußfristen.

I. Einführung

Eingehung und Kündigung eines Arbeitsverhältnisses sind Ausübung der Privatautonomie.[1] **1**
Der Erhalt der grundsätzlichen Kündigungsmöglichkeit eines Arbeitsverhältnisses ist verfassungsrechtlich durch Art. 2 Abs. 1, Art. 12 GG gewährleistet. Die Ausübung des Rechts ist indes rechtsgeschäftlichen Voraussetzungen unterworfen und wird darüber hinaus durch diverse Kündigungseinschränkungen eingeschränkt. Während die Frage der Kündigungsbeschränkungen, z.B. durch das KSchG, das MSchG, das BEEG u.a. Gegenstand eigener Abschnitte dieses Buches sind, behandelt dieses Kapitel die allgemeinen rechtsgeschäftlichen Voraussetzungen einer Kündigung im Arbeitsverhältnis.

Während die allgemeinen Voraussetzungen für eine **ordentliche Kündigung** nur die Wahrung der allgemeinen Voraussetzungen ist, bedarf die **außerordentliche Kündigung** nach § 626 BGB darüber hinausgehende Voraussetzungen (vgl. § 2 Rn 1 ff.). **2**

1 Stahlhacke/Preis/Vossen/*Preis*, Rn 3.

3 Die Kündigung ist als einseitige empfangsbedürftige Willenserklärung abzugrenzen von der übereinstimmenden Beendigung des Arbeitsverhältnisses. Eine solche übereinstimmende Beendigung des Arbeitsverhältnisses kann durch Abschluss eines **Aufhebungsvertrages** (vgl. hierzu § 19) oder durch **gerichtlichen Vergleich** (vgl. hierzu § 28) erfolgen.

II. Die Arten der Kündigung

4 Als Besonderheit des Arbeitsverhältnisses ist zunächst zwischen der **Beendigungskündigung** und der **Änderungskündigung** zu unterscheiden.

1. Die Beendigungs- und die Änderungskündigung

5 Eine **Beendigungskündigung** ist auf die unbedingte Beendigung des Arbeitsverhältnisses und damit der Vertragsbeziehung zwischen dem Arbeitgeber und dem Arbeitnehmer gerichtet.

6 Demgegenüber enthält die **Änderungskündigung** zwei rechtsgeschäftliche Handlungen. Gemäß § 2 KSchG liegt eine Änderungskündigung vor, wenn der Arbeitgeber dem Arbeitnehmer das Arbeitsverhältnis kündigt und im Zusammenhang mit der Kündigung die Fortsetzung des Arbeitsverhältnisses zu geänderten Arbeitsbedingungen anbietet. Die Änderungskündigung enthält zwei selbstständige Bestandteile, nämlich die **unbedingte Kündigung** und das **Angebot der Fortsetzung unter geänderten Bedingungen.**

7 Die Änderungskündigung ist damit eine **echte Beendigungskündigung**.[2] Sie ist in erster Linie auf die **unbedingte Beendigung** des Arbeitsverhältnisses in seiner Gesamtheit gerichtet. Als solche Beendigungskündigung unterliegt sie den selben Anforderungen wie jede andere Beendigungskündigung auch. Insbesondere muss die Beendigungskündigung den eindeutigen Willen des Arbeitgebers enthalten und erkennen lassen, das Arbeitsverhältnis beenden zu wollen. Der (rechtsirrige) Hinweis des einen Betrieb übernehmenden Arbeitgebers an die dort vorhandenen Arbeitnehmer, dass dann, wenn man den beigefügten Änderungsvertrag nicht unterschreibe, dies als Widerspruch gegen den Übergang des Arbeitsverhältnisses mit der Folge, gewertet werde, dass das Arbeitsverhältnis dann ende, ist nicht als hinreichend konkrete Kündigungserklärung aufzufassen, und zwar auch nicht als eine aufschiebend für den Fall eines tatsächlichen Widerspruchs bedingte Kündigung.

8 Neben der Beendigung des bestehenden Arbeitsverhältnisses ist notwendiger Bestandteil der Änderungskündigung das **Angebot**, einen Arbeitsvertrag **zu geänderten Bedingungen** abzuschließen. Beim Ausspruch der Änderungskündigung ist es unerheblich, ob in demselben Dokument zunächst eine Beendigungskündigung und dann das Änderungsangebot ausgesprochen werden, oder ob eine **Kündigung unter der aufschiebenden Bedingung der Nichtannahme des Änderungsangebots** ausgesprochen wird. Nimmt der Arbeitnehmer das Änderungsangebot nicht an, so tritt die aufschiebende Bedingung nicht ein und die Beendigungskündigung kommt zum Tragen. Dies gilt, solange Kündigung und Änderungsangebot in einem Dokument zusammen erklärt werden. Zum Fall des Auseinanderfallens beider Erklärungen siehe Rn 11.

9 Der **Inhalt des Änderungsangebotes** kann jegliche Fortsetzung unter geänderten Bedingungen sein. Die neuen Arbeitsbedingungen müssen hinreichend konkret umschrieben sein: Eine

2 Vgl. KR/*Rost*, § 2 KSchG Rn 9.

Änderungskündigung genügt den **Bestimmtheitsanforderungen** nur dann, wenn für den Arbeitnehmer die zukünftigen Arbeitsbedingungen ersichtlich sind. Unabhängig vom Inhalt der angebotenen neuen Arbeitsbedingungen handelt es sich niemals um eine **Teilkündigung**. Denn die Änderungskündigung baut stets auf der Beendigungskündigung auf, die für den Fall der Nichtannahme des Angebots das gesamte Arbeitsverhältnis beenden soll, nicht nur einen Teil. Möglich ist nach neuerer Rechtsprechung auch, zum Gegenstand der Fortsetzung des Arbeitsverhältnisses die Fortsetzung unter einer **Befristung** zu machen.[3]

Praxishinweis 10

Formuliert der Rechtsanwalt eine Änderungskündigung für den Arbeitgeber-Mandanten, so ist darauf zu achten, dass beide Bestandteile der Änderungskündigung deutlich zum Tragen kommen. Insbesondere muss der deutliche Wille des Arbeitgebers ersichtlich sein, das Arbeitsverhältnis beenden zu wollen. Das Angebot einer bloßen **Vertragsänderung** reicht nicht aus, um eine Änderungskündigung annehmen zu können, da der unbedingte Wille nicht zum Ausdruck kommt, im Falle der Ablehnung der Vertragsänderung das Arbeitsverhältnis zu beenden. Dies kann insbesondere im Hinblick auf die zu wahrenden Kündigungsfristen oder auch das Entstehen eines Kündigungsschutzes von Belang sein.

Dem Arbeitnehmer brauchte für die Entscheidung über die Annahme eines Änderungsange- 11
botes nach der bisherigen Rspr. des BAG eine **Überlegungsfrist** von lediglich einer Woche eingeräumt zu werden.[4] In einer neueren Entscheidung hat das BAG – unter Hinweis auf die längere Frist des § 2 S. 2 KSchG – erhebliche Bedenken gegen eine derartig kurze Überlegungsfrist geäußert.[5] Eine einwöchige Überlegungsfrist für die Frage der endgültigen Annahme, endgültigen Ablehnung oder Annahme unter einem § 2 KSchG entsprechenden Vorbehalt würde nach Ansicht des BAG die Rechte des Arbeitnehmers entgegen § 2 KSchG jedenfalls dann verkürzen, wenn die Kündigungsfrist länger als eine Woche bis zu drei Wochen betrage. Diese Tendenz hat sich dann in der Entscheidung des 2. Senats vom 18.5.2006 konkretisiert. Zwar betrifft § 2 S. 2 KSchG nach seinem Wortlaut lediglich die Vorbehaltserklärung und nicht die vorbehaltlose Annahme des Änderungsangebots. Trotzdem ist nach dem BAG diese Frist als **Mindestfrist** auch auf die vorbehaltlose Annahme des Änderungsangebots zu erstrecken. Der Arbeitgeber ist grundsätzlich frei darin, sein Änderungsangebot zu befristen, jedoch ist die gesetzliche Mindestfrist des § 2 S. 2 KSchG die Untergrenze. Eine zu kurze Bestimmung der Annahmefrist führt gleichwohl nicht zur Unwirksamkeit der Kündigung. Sie setzt vielmehr die gesetzliche Frist des § 2 S. 2 KSchG in Lauf. Der Arbeitnehmer kann also in jedem Fall die Annahme vorbehaltlos oder unter Vorbehalt innerhalb der Frist des § 2 S. 2 KSchG erklären.[6]

Setzt der Arbeitgeber **keine Annahmefrist**, gilt § 147 Abs. 2 BGB. Insbesondere definiert 12
die Frist des § 2 KSchG keine Obergrenze der möglichen Annahme des Angebots. Dieses kann also so lange angenommen werden, wie der Antragende den Eingang der Antwort unter regelmäßigen Umständen erwarten darf. Dies ist abhängig von den Umständen des Einzelfalls. Nach Ablauf der Klagefrist des § 4 KSchG weiß der Arbeitgeber regelmäßig, dass nur noch zwei Möglichkeiten bestehen: Entweder arbeitet der Arbeitnehmer zu den neuen Bedingungen weiter oder das Arbeitsverhältnis wird mit Ablauf der Kündigungsfrist sein Ende fin-

3 BAG v. 25.2.1996, EzA § 2 KSchG Nr. 25 in Änderung der älteren Rspr., vgl. hierzu BAG v. 17.5.1984, EzA § 1 KSchG Betriebsbedingte Kündigung Nr. 32.

4 BAG v. 27.9.1984, NZA 1985, 455.

5 BAG v. 21.4.2005, NZA 2005, 1289.

6 BAG v. 18.5.2006, NZA 2006, 1092.

den. Entspricht es für den Arbeitnehmer erkennbar dem Planungsinteresse des Arbeitgebers, längere Zeit vor Ablauf der Kündigungsfrist zu erfahren, wie sich der Arbeitnehmer entscheidet, so verkürzt dies nach der flexiblen Regelung des § 147 Abs. 2 BGB die Überlegungsfrist entsprechend den konkreten Umständen des Einzelfalls.[7]

13 Beide Bestandteile der Änderungskündigung, die Beendigung sowie das Änderungsangebot, müssen nach § 2 KSchG „im Zusammenhang" erfolgen. Der Gesetzgeber meint damit in erster Linie einen **sachlichen Zusammenhang**. Nicht zwingend geregelt ist hiermit die Frage der **zeitlichen Abfolge** der beiden Erklärungen. Denn das Erfordernis des sachlichen Zusammenhanges bedeutet nicht zwingend, dass beide Erklärungen gleichzeitig erfolgen müssen. Möglich ist daher, zunächst ein Änderungsangebot zu unterbreiten und dann – im Falle der Ablehnung – eine Kündigung folgen zu lassen. Auch wenn das **Änderungsangebot vor der Kündigung** erfolgt, muss allerdings im Änderungsangebot deutlich gemacht werden, dass bei Ablehnung eine Beendigungskündigung droht. Im Rahmen der Kündigung muss in diesem Fall klargestellt werden, dass das vorherige Änderungsangebot trotz der Ablehnung fortgilt.[8] Versäumt der Arbeitgeber den Hinweis auf die im Falle der Ablehnung bevorstehende Kündigung, scheitert die Rechtfertigung einer später ausgesprochenen Beendigungskündigung allein daran.[9] Auch die vor Ausspruch der Kündigung erfolgte Ablehnung des Änderungsangebots durch den Arbeitnehmer entbindet den Arbeitgeber nicht davon, dem Arbeitnehmer die geänderten Arbeitsbedingungen (nochmals) in Form einer Änderungskündigung anzubieten, anstatt sofort eine (isolierte) Beendigungskündigung auszusprechen.[10] Dem Erfordernis des BAG, in (nahezu) jedem Fall ein Änderungsangebot zur Vermeidung einer Beendigungskündigung zu unterbreiten,[11] wird auch der Arbeitgeber gerecht, der sofort eine Änderungskündigung ausspricht, weshalb ein vorheriges Änderungsangebot ohne hiermit verbundene Kündigung keine Vorteile mit sich bringt.

14 *Formulierungsbeispiel*

Sehr geehrter Herr …,

wir teilen Ihnen mit, dass Ihr bisheriger Arbeitsplatz als … infolge der unternehmerischen Entscheidung … zum … wegfallen wird.

Wir haben geprüft, inwieweit eine zumutbare Weiterbeschäftigungsmöglichkeit auf einem freien Arbeitsplatz in unserem Unternehmen besteht. Da zu Ihren derzeitigen Arbeitsbedingungen kein Arbeitsplatz vorhanden ist, möchten wir Ihnen verbindlich anbieten, zu den nachfolgend näher bezeichneten geänderten Bedingungen auf einem anderen Arbeitsplatz zu arbeiten: ….

Bitte teilen Sie uns bis spätestens drei Wochen nach Zugang dieses Schreibens mit, ob Sie sich mit der entsprechenden Änderung Ihres Arbeitsvertrages einverstanden erklären. Wir müssen Sie darauf hinweisen, dass im Falle der Ablehnung des Angebotes eine Änderungskündigung ausgesprochen werden wird.

Mit freundlichen Grüßen

15 **Keine Änderungskündigung** liegt vor, wenn zunächst eine Beendigungskündigung ausgesprochen und dann ein Änderungsangebot nachgeschoben wird. Der erforderliche Zusammenhang zwischen Kündigung und Änderungsangebot besteht nur dann, wenn das Ände-

7 BAG v. 6.2.2003, NZA 2003, 659.

8 ErfK/*Ascheid*, § 2 KSchG, Rn 2; Stahlhacke/Preis/Vossen/*Preis*, Rn 1258.

9 BAG v. 29.11.1990, RzK I 5a Nr. 4.

10 BAG v. 21.4.2005, NZA 2005, 1289, 1292.

11 BAG v. 27.9.1984, NZA 1985, 455; BAG v. 21.4.2005, NZA 2005, 1289, 1291; BAG, v. 21.4.2005, NZA 2005, 1294, 1295.

rungsangebot **spätestens zeitgleich** mit der Kündigungserklärung zugeht.[12] Ein nach diesem Zeitpunkt unterbreitetes Änderungsangebot ist nicht zu berücksichtigen.[13] Da die Änderungskündigung anderen Prüfungsmaßstäben vor dem Arbeitsgericht unterliegt als die Beendigungskündigung, ist dies für den Arbeitgeber von praktischem Belang. Geht dem Arbeitnehmer das Änderungsangebot nach Zugang der Kündigung zu, ist der Arbeitnehmer aus Rechtsgründen **nicht verpflichtet, sich auf das Änderungsangebot einzulassen**. Vor dem Arbeitsgericht wird folglich lediglich die soziale Rechtfertigung der Beendigungskündigung gem. § 1 KSchG geprüft, nicht aber die soziale Rechtfertigung einer etwaigen Änderungskündigung gem. § 2 KSchG.

Praxishinweis **16**
Der den Arbeitgeber beratende Rechtsanwalt sollte darauf drängen, die Beendigungskündigung und das Änderungsangebot **in einem Schriftsatz** zusammenzufassen. Hiermit wird vermieden, dass der doppelte zeitgleiche Zugang nachgewiesen werden muss.
Wird das Änderungsangebot nachgeschoben, führt dies zu einer offenkundigen Unwirksamkeit der zuvor ausgesprochenen isolierten Beendigungskündigung, die dann den Vorrang der Änderungskündigung verletzt hat.

Der Arbeitgeber kann das Änderungsangebot **mit der Kündigung verbinden**. Hierbei handelt es sich um das praktisch wohl häufigste und auch empfehlenswerteste Vorgehen. Da auch die vor Ausspruch der Kündigung erfolgte Ablehnung eines Änderungsangebots den Arbeitgeber nicht davon entbindet, dem Arbeitnehmer die geänderten Arbeitsbedingungen (nochmals) in Form einer Änderungskündigung anzubieten, anstatt sofort eine (isolierte) Beendigungskündigung auszusprechen,[14] kann auf ein isoliert vorgeschaltetes Angebot verzichtet werden. **17**

Formulierungsbeispiel **18**
Sehr geehrter Herr ,
hiermit kündigen wir Ihr Arbeitsverhältnis ordentlich fristgemäß zum , hilfsweise zum nächsten rechtlich möglichen Zeitpunkt.
Wir bieten Ihnen gleichzeitig an, ein neues Arbeitsverhältnis zu den nachfolgend geänderten Bedingungen mit uns einzugehen: .
An das Angebot halten wir uns bis zum Ablauf von drei Wochen nach Zugang dieses Schreibens gebunden.
Mit freundlichen Grüßen

2. Ordentliche und außerordentliche Kündigung

Eine zweite Unterscheidung der Kündigungen ist danach zu treffen, ob das Arbeitsverhältnis unter Wahrung der geltenden Kündigungsfristen (ordentliche Kündigung) oder ob es ohne Wahrung dieser Kündigungsfristen (außerordentliche Kündigung) beendet werden soll. Wird eine **ordentliche Kündigung** ausgesprochen, so sind die Kündigungsfristen zu beachten. Diese Kündigungsfristen und damit auch die Rechtmäßigkeit der ordentlichen Kündigung können sich aus Tarifvertrag, Einzelvertrag oder dem Gesetz ergeben. **19**

12 BAG v. 10.12.1975, AP Nr. 90 zu §§ 22, 23 BAT; LAG Düsseldorf v. 22.3.1970, AuR 1971, 60; KR/*Rost*, § 2 KSchG Rn 23; a.A. *Löwisch*, NZA 1988, 633 f.
13 BAG v. 17.5.2001, EzA § 620 BGB Kündigung Nr. 3.
14 BAG v. 21.4.2005, NZA 2005, 1289, 1292.

20 Die **außerordentliche Kündigung**, die nur aus wichtigem Grund (§ 626 BGB) zulässig ist, beendet demgegenüber das Arbeitsverhältnis in der Regel ohne Wahrung einer Kündigungsfrist. Der Arbeitgeber muss dabei in der Kündigungserklärung zum Ausdruck bringen, dass er das Arbeitsverhältnis aus wichtigem Grund ohne Wahrung der Kündigungsfristen beenden will. Der Annahme einer außerordentlichen Kündigung steht es nicht entgegen, wenn der Arbeitgeber die außerordentliche Kündigung unter Beachtung **einer (freiwilligen) sozialen Auslauffrist** ausspricht. Dies gilt auch dann, wenn die soziale Auslauffrist die Länge der ansonsten geltenden ordentlichen Kündigungsfrist erreicht. Gezwungen ist der Arbeitgeber zur Gewährung einer sozialen Auslauffrist, wenn eine ordentliche Kündigung vertraglich, tarifvertraglich oder gesetzlich ausgeschlossen ist und daher nur die außerordentliche Kündigung überhaupt in Betracht kommt. In diesem Fall ist der ordentlich unkündbare Arbeitnehmer wegen des Schutzzwecks der ordentlichen Unkündbarkeit durch Gewährung einer sozialen Auslauffrist mit einem ordentlich kündbaren Arbeitnehmer gleichzustellen.[15]

21 *Praxishinweis*

Ob eine ordentliche Kündigung oder eine außerordentliche Kündigung mit sozialer Auslauffrist gewollt ist, muss sich mit hinreichender Deutlichkeit **aus der Kündigungserklärung selbst** ergeben.

Die ordentliche Kündigung einerseits und die außerordentliche Kündigung andererseits unterliegen hinsichtlich ihrer Rechtfertigung unterschiedlichen Prüfungsmaßstäben. Eine **Umdeutung** einer ordentlichen Kündigung in eine mit Auslauffrist ausgesprochene außerordentliche Kündigung ist deshalb generell ausgeschlossen, und zwar selbst dann, wenn ein wichtiger Grund vorliegt, der an sich eine außerordentliche Kündigung gerechtfertigt hätte. Bei nicht sorgfältiger Arbeit des beratenden Rechtsanwalts liegt hier ein erhebliches **Haftungspotential**. Denn durch den fälschlichen Ausspruch einer ordentlichen Kündigung wird unter Umständen die Zwei-Wochen-Frist des § 626 Abs. 2 BGB versäumt und zudem deutlich, dass dem Arbeitgeber das Abwarten der ordentlichen Kündigungsfrist zumutbar ist.

Eine unwirksame außerordentliche Kündigung kann demgegenüber nach § 140 BGB in eine ordentliche Kündigung umgedeutet werden, wenn dies dem mutmaßlichen Willen des Kündigenden entspricht und dieser Wille dem Kündigungsempfänger im Zeitpunkt des Kündigungszugangs erkennbar ist.[16]

22 Im Folgenden werden die allgemeinen Rechtmäßigkeitsvoraussetzungen der ordentlichen Kündigung dargestellt (zu den darüber hinausgehenden weiteren Voraussetzungen der außerordentlichen Kündigung siehe § 2 Rn 1 ff.).

III. Die ordentliche Kündigung

1. Person des Kündigenden

23 Kündigen muss das Arbeitsverhältnis der konkrete **Vertragspartner**. Ist der Vertragspartner eine **natürliche Person**, muss diese natürliche Person die Kündigung aussprechen. Sind mehrere Personen Arbeitgeber, so in einer GbR, müssen alle Arbeitgeber gemeinsam die Kündigung aussprechen, in einer GbR also alle Gesellschafter. Bei **juristischen Personen** auf Arbeitgeberseite ist die Kündigung von dem vertretungsberechtigten Organ auszusprechen.

15 Stahlhacke/Preis/Vossen/*Preis*, Rn 819; *Schleusener*, SAE 1998, 2218, 2221.

16 BAG v. 15.11.2001, AP Nr. 13 zu § 140 BGB.

Praxishinweis 24

In einer Gesellschaft bürgerlichen Rechts muss die Kündigung durch alle Gesellschafter ausgesprochen werden. Dabei kann sich ein Gesellschafter natürlich durch einen anderen vertreten lassen. Damit die Kündigung dann aber durch die richtige(n) Person(en) ausgesprochen wurde, erfordert dies einen klar erkennbaren Vertretungsvermerk unter der Unterschrift.[17] Denn unterschreibt für eine Gesellschaft bürgerlichen Rechts nur ein Gesellschafter und fügt er der Unterschrift keinen Vertretungszusatz hinzu, ist nicht auszuschließen, dass die Unterzeichnung der Urkunde auch durch die anderen Gesellschafter vorgesehen war und deren Unterschrift noch fehlt. In diesem Fall prüfen die Gerichte, ob die Urkunde erkennen lässt, dass die Unterschrift des handelnden Gesellschafters auch die Erklärung der nicht unterzeichnenden Gesellschafter decken soll, also auch in deren Namen erfolgt ist. Ist dies nicht der Fall, wurde die Kündigung nicht (durch alle) kündigungsberechtigten Personen ausgesprochen und ist damit formunwirksam.

Die Vornahme einer Kündigung ist grundsätzlich ein **höchstpersönliches Rechtsgeschäft**. 25
Gleichwohl ist jedoch eine **Vertretung** nicht ausgeschlossen. Unerheblich ist dabei, durch wen sich der Kündigungsberechtigte vertreten lässt. Möglich ist, dass dies durch einen Vertreter im Betrieb geschieht. Dieser Vertreter muss grundsätzlich nicht generell als Vertreter bestellt sein. Als Vertreter kommen somit nicht nur die Prokuristen in Betracht, sondern auch der Leiter Personalabteilung[18] u.a. Die Vollmacht muss dabei erkennen lassen, dass sie gerade auch zur Kündigung eines Arbeitsverhältnisses berechtigt. Wird einem Mitarbeiter eine **Handlungsvollmacht** erteilt, so erstreckt sich diese nach § 54 Abs. 1 HGB auf alle Geschäfte und Rechtshandlungen, die die in der Vollmacht bezeichneten Geschäfte gewöhnlich mit sich bringen. Unzweifelhaft erfasst ist die Berechtigung zur Kündigung eines Arbeitsverhältnisses nur dann von einer Handlungsvollmacht, wenn sich diese auf den Betrieb des Handelsgewerbes insgesamt bezieht (§ 54 Abs. 1 Alt. 1 HGB).

Die Erteilung der Vollmacht bedarf gem. § 167 BGB **keiner Form**. Indes kann der Arbeit- 26
nehmer gem. § 174 BGB die Kündigung zurückweisen, wenn die Vollmacht nicht spätestens gleichzeitig mit der Kündigung durch Original-Urkunde nachgewiesen wird und das Bestehen der Vollmacht dem Kündigungsempfänger nicht bekannt war. Weist der Arbeitnehmer gem. § 174 BGB die Kündigung zurück, so wird die Kündigung hiermit unwirksam. Die nachträgliche Vorlage der Vollmachtsurkunde heilt nicht das zuvor unwirksame Rechtsgeschäft. Dies kann insbesondere im Hinblick auf die Wahrung von Kündigungsterminen für den Arbeitgeber misslich sein. Die Urkunde ist gem. § 174 BGB **im Original** vorzulegen. Eine Fotokopie reicht nicht aus.[19]

Eine Zurückweisung gem. § 174 BGB muss **unverzüglich** erfolgen. Unverzüglich bedeutet 27
ohne schuldhaftes Zögern. Nach der Rechtsprechung kann eine Zurückweisung nach Ablauf einer Woche noch dem Unverzüglichkeitserfordernis genügen.[20] Spätestens muss die Zurückweisung innerhalb von zwei Wochen durch Zugang der Zurückweisungserklärung beim Kündigenden vorgenommen werden.[21] Auch eine Zurückweisung, die im Rahmen der Klageschrift vorgenommen wird, muss diesen Anforderungen genügen.[22]

17 Vgl. BAG v. 21.4.2005, 2 AZR 162/04, NZA 2005, 865; BAG v. 28.11.2007, 6 AZR 1108/06, NZA 2008, 348.

18 Vgl. BAG v. 26.2.1997, EzA § 174 BGB Nr. 11.

19 LAG Düsseldorf v. 22.2.1995, NZA 1995, 994.

20 LAG Düsseldorf v. 22.2.1995, NZA 1995, 994; a.A. OLG Hamm v. 26.10.1990, AnwBl 1991, 340 (3 Tage); LAG Rheinland-Pfalz v. 6.2.2001 – 2 Sa 1416/00 – n.v. (keine Rechtzeitigkeit bei Rüge nach 13 Tagen).

21 LAG Rheinland-Pfalz v. 6.2.2001 – 2 Sa 1416/00 – n.v.

22 LAG Rheinland-Pfalz v. 6.2.2001 – 2 Sa 1416/00 – n.v.

28 *Praxishinweis*

Soll die fehlende Vollmachtsvorlage nach § 174 BGB gerügt werden, so muss dies **ausdrücklich** geschehen. Das Bestreiten, „dass die Kündigungserklärung von den Personen unterzeichnet wurde, die hierzu bevollmächtigt sind" wird im Zweifel nur als Rüge der fehlenden Vertretungsmacht nach § 180 BGB zu werten sein.[23]

Rügt der Kündigungsempfänger das Fehlen der Vollmacht nicht selber, sondern z.B. durch seinen Rechtsanwalt, muss der Rüge wiederum eine Vollmacht im Original beigefügt sein. Ansonsten kann die Rüge, die ebenfalls ein einseitiges empfangsbedürftiges Rechtsgeschäft ist, ihrerseits nach § 174 BGB zurückgewiesen werden. Dies gilt auch bei der Zurückweisung durch einen Prozessbevollmächtigten, z.B. im Rahmen einer Klageschrift. Denn die allgemeine Prozessvollmacht nach § 81 ZPO umfasst nicht auch die Vollmacht zur Abgabe außergerichtlicher, empfangsbedürftiger Willenserklärungen.[24]

29 Ausgeschlossen ist die Zurückweisung nach § 174 S. 2 BGB, wenn der Vollmachtgeber den anderen von der Bevollmächtigung **in Kenntnis gesetzt hat**. Der Kündigungsempfänger soll nach § 174 BGB nur dann zur Zurückweisung der Kündigungserklärung berechtigt sein, wenn er keine Gewissheit hat, ob der Erklärende wirklich bevollmächtigt ist und der Vertretene die Erklärung gegen sich gelten lassen muss. Eine solche Ungewissheit kann dann nicht bestehen, wenn der Arbeitgeber die Arbeitnehmer allgemein darüber in Kenntnis gesetzt hat, dass ein bestimmter Mitarbeiter zu derartigen Erklärungen wie einer Kündigung bevollmächtigt ist. Zur Bekanntmachung der Vollmacht muss dabei eine betriebsübliche Form gewählt werden. Ein **Aushang über die Bevollmächtigung für Kündigungen am Schwarzen Brett** ist nicht ohne weiteres ausreichend für das Inkenntnissetzen i.S.d. § 174 S 2 BGB.[25] Ausreichend ist demgegenüber, dass der betreffende Mitarbeiter in eine Stellung berufen ist, mit der das Kündigungsrecht regelmäßig verbunden ist. Insoweit bedeutet die Berufung eines Mitarbeiters in die Stellung als **Leiter der Personalabteilung**, als **Prokurist** oder als **Generalbevollmächtigter** in der Regel, dass die Arbeitnehmer des Betriebes auch im Sinne des § 174 S. 2 BGB davon in Kenntnis gesetzt sind, dass der Betreffende zur Kündigung von Arbeitsverhältnissen berechtigt ist. Unabhängig von der jeweiligen Bezeichnung ist dabei allerdings stets anhand der Umstände des Einzelfalles festzustellen, wie sich die Position des Erklärenden für einen objektiven Betrachter darstellt, ob also mit einer derartigen Stellung die Kündigungsbefugnis verbunden zu sein pflegt.[26] Eine Stellung als Geschäftsleiter bzw. Marktleiter ist demgegenüber in der Regel nicht mit Kündigungsberechtigung verbunden.[27]

30 Hat der Kündigende **keine Vollmacht** zum Ausspruch der Kündigung gehabt und ist die Kündigung wirksam gem. § 174 BGB zurückgewiesen worden, so ist gem. § 180 BGB die Kündigung grundsätzlich **nichtig**. Das Rechtsgeschäft ist nicht heilbar, es muss erneut vorgenommen werden. Anderes gilt gem. § 180 S. 2 BGB nur dann, wenn der Empfänger der Kündigung die fehlende Vertretungsmacht nicht beanstandet hat oder damit einverstanden gewesen ist, dass ein Vertreter ohne Vertretungsmacht gekündigt hat. In diesem Fall ist die Kündigung nicht nichtig, sondern nur schwebend unwirksam; sie kann gem. § 177 Abs. 1 BGB von dem Arbeitgeber bzw. dem Kündigungsberechtigten genehmigt werden.

23 LAG Rheinland-Pfalz v. 6.2.2001 – 2 Sa 1416/00 – n.v.
24 BAG v. 10.8.1977, DB 1978, 167.
25 LAG Köln v. 3.5.2002, NZA-RR 2003, 194.
26 LAG Rheinland-Pfalz v. 29.10.2008, 8 Sa 265/08.
27 LAG Rheinland-Pfalz v. 29.10.2008, 8 Sa 265/08.

2. Person des Kündigungsempfängers

Die Kündigung ist grundsätzlich dem Vertragspartner, also dem Arbeitnehmer gegenüber vorzunehmen. Der Zugang richtet sich nach der allgemeinen Rechtsgeschäftslehre. Zur Bewirkung des Zugangs muss die Kündigungserklärung so in den Empfangsbereich des Kündigungsempfängers kommen, dass dieser die Möglichkeit der Kenntnisnahme hat (vgl. unten Rn 59 ff.). 31

Unschädlich für den Zugang ist es, wenn sich der Arbeitgeber auf Seiten des Empfängers eines sog. **Empfangsboten bedient**. Nimmt beispielsweise der zum Haushalt des Arbeitnehmers gehörende Minderjährige die Kündigung am Hauseingang entgegen und übermittelt diese dem Arbeitnehmer (Vater), so ist die Kündigung nach der allgemeinen Rechtsgeschäftslehre zu dem Zeitpunkt zugegangen, zu dem sie den Arbeitnehmer (Vater) tatsächlich erreicht hat. 32

Praxishinweis 33

In der Praxis muss davor gewarnt werden, die Kündigung einem Empfangsboten auf Seiten des Arbeitnehmers zu übergeben. Die Übergabe an den Boten bewirkt noch nicht den Zugang. Die Beweislast dafür, dass die Kündigung den Arbeitnehmer letztlich tatsächlich auch erreicht hat, trägt der Arbeitgeber!

Von der Person eines Empfangsboten zu unterscheiden ist die Person eines **Empfangsvertreters**. Als solche sind alle diejenigen Personen zu bezeichnen, die nach der Verkehrsauffassung als ermächtigt anzusehen sind, den Empfänger im Empfang zu vertreten. Hierzu gehören insbesondere die (volljährigen) Familienangehörigen,[28] der Lebensgefährte,[29] u.U. aber auch der Vermieter.[30] Gem. § 164 Abs. 3 BGB finden §§ 164 ff. BGB bei Zwischenschaltung eines Empfangsvertreters entsprechend Anwendung. Dies bedeutet insbesondere, dass im Falle eines Empfangsvertreters die Kündigung bereits mit Zugang bei dem Vertreter dem Arbeitnehmer selber als zugegangen gilt. 34

Ob die **Prozessvollmacht** des Rechtsanwalts gem. § 81 ZPO auch zur **Entgegennahme** von (weiteren) Kündigungen im Rahmen des Prozesses ermächtigt, ist streitig. Jedenfalls dann, wenn der Rechtsanwalt neben dem Kündigungsschutzantrag gem. § 4 KSchG auch einen allgemeinen Feststellungsantrag darauf gestellt hat, dass das Arbeitsverhältnis auch nicht durch andere Tatbestände beendet ist, bevollmächtigt die diesen Antrag umfassende Prozessvollmacht nach dem BAG im Zweifel auch zur Entgegennahme weiterer Kündigungen.[31] 35

Praxishinweis 36

Arbeitnehmer-Vertreter legen häufig Vollmachten vor, in denen ausdrücklich nicht zum Empfang von Willenserklärungen bevollmächtigt wird. Dies ist zulässig. Die Übergabe weiterer Kündigungen an den Rechtsanwalt des Arbeitnehmers ist infolge der dargestellten Rechtsprechung des Bundesarbeitsgerichtes stets mit Risiken behaftet. Wenn dem Arbeitnehmer eine weitere Kündigung übergeben werden soll, so sollte dies somit nicht über den Prozessvertreter erfolgen, sondern unmittelbar. Hierin liegt keine Umgehung des gegnerischen Anwalts, solange dessen Empfangsvollmacht nicht nachgewiesen ist.

Eine Kündigung **gegenüber einem Geschäftsunfähigen** oder einem **beschränkt Geschäftsfähigen** wird erst wirksam, wenn sie dem gesetzlichen Vertreter zugeht, § 131 Abs. 1, Abs. 2 37

28 BAG v. 11.11.1992, NZA 1993, 259.

29 LAG Bremen v. 17.2.1988, DB 1988, 814.

30 BAG v. 16.1.1976, EzA § 130 BGB Nr. 5.

31 BAG v. 27.10.1988, 2 AZR 160/88.

S. 1 BGB. Hierbei ist indes nicht notwendig, dass die Kündigung an den gesetzlichen Vertreter selbst gerichtet ist. Ausreichend ist bei einem Minderjährigen, dass die an den Minderjährigen adressierte Kündigung einem Elternteil zugeht.[32] Übergibt ein Arbeitgeber einem minderjährigen Arbeitnehmer das an die Eltern gerichtete Kündigungsschreiben mit der Bitte, dies den Eltern zu übergeben, so handelt der Minderjährige als Erklärungsbote des Arbeitgebers. Es genügt dann für einen wirksamen Zugang der Kündigungserklärung, dass der Minderjährige seinen Eltern das Kündigungsschreiben zeigt.[33]

38 *Praxishinweis*
Insbesondere bei Kündigungen im Berufsbildungsverhältnis gilt: Soll dem minderjährigen Auszubildenden gekündigt werden, so wird die Kündigung erst wirksam, wenn sie zumindest einem der gesetzlichen Vertreter zugeht, § 131 BGB.

3. Gegenstand der Kündigung

39 Die ordentliche Kündigung richtet sich auf die **Beendigung des bestehenden Arbeitsverhältnisses** unter Wahrung der Kündigungsfrist.

40 Hiervon abzugrenzen ist eine **Teilkündigung**. Hierunter ist eine Willenserklärung zu verstehen, mit der der Kündigende einzelne Vertragsbedingungen bei Aufrechterhaltung des Vertrages im Übrigen gegen den Willen der anderen Vertragspartei einseitig ändern will.[34] Teilkündigungen sind nach der Rspr. des Bundesarbeitsgerichtes grundsätzlich **ausgeschlossen**.[35]

41 Von der Teilkündigung zu unterscheiden ist indes die Situation, dass sich die Vertragspartner in einer Zusatzvereinbarung das Recht der Kündigung dieser Zusatzvereinbarung eingeräumt haben. Hierbei handelt es sich – unabhängig von der gewählten Bezeichnung – um einen **Widerrufsvorbehalt**.[36] Die Vereinbarung eines solchen Widerrufsvorbehaltes, d.h. eines Rechts zur einseitigen Änderung einzelner Vertragsbedingungen, ist **grundsätzlich zulässig**.[37] Sie ist nur dann gem. § 134 BGB nichtig, wenn sie zur Umgehung des zwingenden Kündigungsschutzes führt. Das wird in aller Regel dann der Fall sein, wenn wesentliche Elemente des Arbeitsvertrages einer einseitigen Änderung unterliegen, durch die das Gleichgewicht zwischen Leistung und Gegenleistung **grundlegend gestört** würde.[38] Bei Kündigungen von Vertragsbestandteilen, die **Vergütungscharakter** haben, nimmt die Rechtsprechung eine **Störung des Gleichgewichts zwischen Leistung und Gegenleistung** und damit eine Umgehung kündigungsrechtlicher Vorschriften dann an, wenn der Vergütungsbestandteil etwa 25 bis 30 % der Gesamtvergütung ausmacht.[39] Die Streichung einer Leistung, die im Gegenwert ca. 15 % der gesamten Vergütung ausmachte, hat das BAG bereits mehrfach unbeanstandet gelassen.[40] Die Ausübung eines solchen Widerrufsvorbehaltes muss zur Wirksamkeit zudem den Anforderungen des **§ 315 BGB** entsprechen. Bei Arbeits-

32 BAG v. 25.11.1967, EzA § 15 BBiG Nr. 3; a.A. ohne Begründung: Ascheid/Preis/Schmidt/*Biebl*, § 15 BBiG Rn 30.

33 LAG Schleswig-Holstein v. 20.3.2008, 2 Ta 45/08.

34 BAG v. 22.1.1997, AP Nr. 6 zu § 620 BGB Teilkündigung.

35 St. Rspr. seit BAG v. 8.11.1957, AP Nr. 2 zu § 242 BGB Betriebliche Übung; vgl. z.B. BAG v. 5.11.1992, EzA § 622 BGB Teilkündigung Nr. 6.

36 Vgl. BAG v. 7.10.1982, EzA § 315 BGB Nr. 28 = DB 1983, 1368.

37 BAG v. 7.10.1982, EzA § 315 BGB Nr. 28 = DB 1983, 1368; BAG v. 21.4.1993, AP Nr. 34 zu § 2 KSchG 1969.

38 BAG v. 7.10.1982, EzA § 315 BGB Nr. 28 = DB 1983, 1368; BAG v. 21.4.1993, AP Nr. 34 zu § 2 KSchG 1969.

39 BAG v. 7.10.1982, AP Nr. 5 zu § 620 BGB Teilkündigung.

40 Vgl. BAG v. 21.4.1983, AP Nr. 34 zu § 2 KSchG 1969 = BB 1994, 432; BAG v. 17.9.1998, 8 AZR 791/96.

verträgen, die mindestens zur mehrmaligen Verwendung bestimmt und vorformuliert sind, müssen die Grenzen der „Zumutbarkeit" nach § 308 Nr. 4 BGB gewahrt werden. Hiernach ist die Vereinbarung eines Widerrufsvorbehaltes nur zulässig, wenn die vorbehaltene Änderung konkretisiert ist, die widerrufliche Leistung nach Art und Höhe eindeutig ist und die möglichen Widerrufsgründe (wirtschaftliche Gründe, Leistung oder Verhalten des Arbeitnehmers) sowie deren zum Widerruf führender Grad zumindest grob umrissen sind.[41]

Praxishinweis 42

Steht die Ausübung eines Widerrufsvorbehaltes – z.B. die Kündigung einer Privatnutzungsvereinbarung für Dienst-Kfz – in Rede, so ist eine **zweistufige Prüfung** vorzunehmen: Zunächst darf die Ausübung des Widerrufsvorbehaltes nicht in das Gleichgewicht zwischen Leistung und Gegenleistung eingreifen und somit nicht gegen § 134 BGB verstoßen. In einem weiteren Schritt muss die Ausübung dem Grundsatz billigen Ermessens gem. § 315 BGB entsprechen. Dies setzt eine Einzelfallprüfung voraus, deren wesentliche Erwägungen der Arbeitgeber im Widerruf auch angeben sollte.

Grundsätzlich kann jedes Arbeitsverhältnis Gegenstand einer Kündigung sein. Anderes gilt nur dann, wenn das Recht zur ordentlichen Kündigung **kraft Parteivereinbarung oder aus anderen Gründen ausgeschlossen ist**. Ein solcher Ausschluss der ordentlichen Kündigungsmöglichkeit ist beiderseits rechtlich möglich.[42] Der Arbeitgeber ist im Falle einer wirksamen Vereinbarung tatsächlich lebenslang gebunden, das Kündigungsrecht des Arbeitnehmers hingegen kann gem. § 624 BGB nur für maximal fünf Jahre und sechs Monate gebunden werden. Es bedarf hierzu jedoch stets einer ausdrücklichen oder konkludenten Vereinbarung zwischen den Parteien oder einer tarifvertraglichen oder gesetzlichen Regelung. Jedoch sind die Anforderungen an eine konkludente Vereinbarung aufgrund der grundrechtlichen Schutzwirkung hoch. So liegt beispielsweise in der Vereinbarung einer „Lebensstellung" nicht ohne Weiteres der Ausschluss des ordentlichen Kündigungsrechts.[43] 43

Befristete Arbeitsverhältnisse sind grundsätzlich nicht ordentlich kündbar. Jedoch kann zwischen den Parteien vereinbart werden, dass ein befristetes Arbeitsverhältnis kündbar sein soll. Da die Vereinbarung der Kündbarkeit nicht vom Schriftformgebot des § 14 Abs. 4 TzBfG erfasst ist, reicht es aus, wenn sich der beiderseitige Wille der Parteien aus dem Vertrag oder den Umständen eindeutig ergibt.[44] Vereinbaren können die Parteien nicht nur die Kündbarkeit als solche, sondern auch weitere Modalitäten, z.B. eine verlängerte Kündigungsfrist[45] (zur Vereinbarung einer Probezeit im befristeten Arbeitsverhältnis vgl. auch Rn 79). 44

4. Form und Inhalt der Kündigung

a) Form der Kündigung

Seit Inkrafttreten des § 623 BGB zum 1.5.2000 bedarf jede Kündigung der **Schriftform**. § 623 BGB gilt sowohl für die arbeitgeber- als auch für die arbeitnehmerseitige Kündigung. Er gilt für **alle Kündigungen**, somit auch für die außerordentliche Kündigung. Keine Gel- 45

41 BAG v. 12.1.2005, DB 2005, 669 = NZA 2005, 465.

42 Stahlhacke/Preis/Vossen/*Preis*, Rn 325.

43 Erman/*Belling*, § 624 Rn 3; Staudinger/*Preis*, § 624 Rn 11; Stahlhacke/Preis/Vossen/*Preis*, Rn 326.

44 Vgl. BAG v. 4.7.2001, EzA § 620 BGB Kündigung Nr. 4; KR/*Lipke*, § 15 TzBfG Rn 21a.

45 Vgl. Hess. LAG v. 30.4.2008, 18 Sa 1500/07, juris.

tung entfaltet § 623 BGB demgegenüber für **Teilkündigungen** oder Änderungen von Arbeitsbedingungen im Rahmen des zulässigen **Widerrufsvorbehaltes** (vgl. Rn 41). Denn § 623 BGB richtet sich nach dem ausdrücklichen Wortlaut nur auf die **Beendigung von Arbeitsverhältnissen**. Keine Anwendung findet § 623 BGB auch auf die Beendigung sonstiger Dienstverhältnisse, z.B. das eines **GmbH-Geschäftsführers**. Neben die Formvorschrift des § 623 BGB treten gesetzliche Formzwänge (§ 33 Abs. 3 BBiG), tarifliche Formzwänge (§ 57 BAT; der TVÖD enthält keine besondere Vorschrift hierzu) und betriebsverfassungsrechtliche Formvorschriften. In Arbeitsverträgen, die zumindest zur mehrfachen Verwendung bestimmt und vorformuliert sind, hindert § 309 Nr. 13 BGB eine strengere Formvorschrift als § 623 BGB. Neben der Formvorschrift des § 623 BGB ist insbesondere die Formvorschrift des **§ 22 Abs. 3 BBiG** zu beachten. Hiernach muss eine Kündigung im **Berufsausbildungsverhältnis** zwingend schriftlich erfolgen.

46 Die Anforderungen an die **Schriftform** ergeben sich aus § 126 Abs. 1 BGB. Demgemäß muss das Kündigungsschreiben vom Aussteller eigenhändig durch Namensunterschrift oder mittels notariell beglaubigtem Handzeichen unterzeichnet werden. Die elektronische Form ist ausgeschlossen. Mit seinen zusätzlichen Funktionen, der Identitätsfunktion, der Echtheitsfunktion und der Verifikationsfunktion schützt die Schriftform des § 623 BGB vor allem den Kündigungsempfänger, der bei einem Zugang einer Kündigung, die nicht in seiner Anwesenheit abgegeben wird, hinsichtlich der Identität des Ausstellers, der Echtheit der Urkunde und der Frage, wer die Erklärung abgegeben hat, regelmäßig nicht beim Erklärenden sofort nachfragen kann.[46] Das Schriftformerfordernis erfordert lediglich, dass die Urkunde durch den Aussteller **unterschrieben** ist. Nicht erforderlich ist, dass die gesamte Urkunde handschriftlich verfasst ist.

47 Die Unterschrift muss unterhalb des Textes stehen und somit den eigentlichen Kündigungstext **räumlich abschließen**. Sie muss alleine aufgrund der Unterschrift selber die Person des Ausstellers des Kündigungsschreibens hinreichend erkennbar machen. Die Unterzeichnung mit einer **Paraphe** oder mit **Initialen** reicht deshalb nicht aus. Indes bedarf es keiner **Lesbarkeit** des Namens. Ferner ist für die Einhaltung der Schriftform erforderlich, dass alle Erklärenden die schriftliche Willenserklärung unterzeichnen.[47]

48 Grundsätzlich ist eine **Vertretung** bei Abgabe der Kündigungserklärung zulässig. Bei der Unterzeichnung eines Kündigungsschreibens muss der Bevollmächtigte das Vertretungsverhältnis zum Ausdruck bringen, was z.B. durch Voranstellung eines die Vertretung anzeigenden Zusatzes wir „i.V." geschehen kann, und erkennen lassen, dass er mit Vertretungswillen handelt. Stellt der Bevollmächtigte seiner Unterschrift hingegen das Kürzel „i.A." voran, kann dies unter Umständen zur Unwirksamkeit der Kündigung führen, wenn nicht aus den Umständen erkennbar ist, dass in Wirklichkeit eine Vertretung gewollt war. Denn durch den Zusatz i.A. wird ausdrücklich auf ein Auftragsverhältnis hingewiesen. Bei einem solchen Verhältnis handelt der Auftragnehmer nicht im eigenen, sondern im fremden Namen. Dies führt aber dazu, dass das gesetzliche Schriftformerfordernis, das vom Auftraggeber = Arbeitgeber zu beachten ist, von vornherein nicht erfüllt werden kann. Denn der Beauftragte handelt im fremden Namen und unterzeichnet mit seinem eigenen Namen, der Vertreter hingegen handelt im eigenen Namen. Nicht umfasst von der Schriftform ist die Erteilung der Vollmacht. Diese kann gem. § 167 Abs. 2 BGB formlos erteilt werden.[48]

46 BAG v 21.4.2005, NZA 2005, 865; vgl. zu den Formerfordernissen allgemein *Kramer*, DB 2006, 502.

47 BGH v. 5.11.2003, NJW 2004 1103.

48 Vgl. LAG Rheinland-Pfalz v. 19.12.2007, NZA-RR 2008, 403.

Bei der Kündigung durch eine **juristische Person** muss das zur Vertretung berechtigte Organ unterzeichnen, bei der GmbH der oder die vertretungsberechtigten Geschäftsführer. Im Falle der Kündigung durch eine GbR müssen jedenfalls dann, wenn in dem Kündigungsschreiben einer GbR alle Gesellschafter sowohl im Briefkopf als auch maschinenschriftlich in der Unterschriftszeile aufgeführt sind, zur Wahrung der Schriftform alle GbR-Gesellschafter unterzeichnen oder sich mit Vertretungsvermerk vertreten lassen. Unterzeichne nämlich nur ein Teil der GbR-Gesellschafter, so das BAG, enthalte die Kündigungserklärung keinen hinreichend deutlichen Hinweis darauf, dass es sich nicht lediglich um den Entwurf eines Kündigungsschreibens handele, der versehentlich von den übrigen Gesellschaftern noch nicht unterzeichnet ist.[49] Wird das Kündigungsschreiben einer GmbH von einem Geschäftsführer oder Prokuristen, der die Gesellschaft nur gemeinsam mit einem weiteren Geschäftsführer oder Prokuristen vertreten kann, allein unterzeichnet, so kann dies zur Formunwirksamkeit der Kündigung nach § 623 BGB führen, jedenfalls dann, wenn der Geschäftsführer über der Unterschriftenzeile „Geschäftsführung" unterzeichnet und kein Vertretungsvermerk erfolgt.[50] 49

Die Kündigung muss in der Form zugehen, die für ihre Erstellung erforderlich ist.[51] Ein **Telefax** genügt somit dem Schriftformerfordernis nicht, da lediglich eine Kopie des Originals bei dem Empfänger ankommt. Auch eine **E-Mail** reicht nicht aus, da die elektronische Datei nicht unterschrieben ist. Auch eine Mail mit angehängtem eingescanntem Kündigungsschreiben erfüllt das Schriftformgebot nicht. 50

Entspricht die Kündigung nicht dem Schriftformerfordernis des § 623 BGB, ist die einseitige Willenserklärung **nichtig, § 125 BGB**. Im Einzelfall kann allerdings eine formnichtige Kündigung über § 242 BGB gleichwohl zur Beendigung des Arbeitsverhältnisses führen.[52] 51

In Fällen, in denen die Nichtigkeitsfolge für die Parteien oder eine Partei zu schlechthin untragbaren Ergebnissen führt, kann diese nach **Treu und Glauben** (§ 242 BGB) durchbrochen werden. Dies kommt z.B. in Betracht, wenn eine Partei arglistig über die Formbedürftigkeit täuscht,[53] wohingegen das bloße Ausnutzen einer bereits vorhandenen Unkenntnis beim Vertragspartner mangels Belehrungspflicht nicht ausreicht.[54] Eine Durchbrechung des Formerfordernisses ist z.B. anzunehmen, wenn der Arbeitnehmer eine formwidrige Kündigung zunächst akzeptiert, eine neue Stelle antritt und sich dann nach einem Scheitern in der Probezeit gegenüber dem alten Arbeitgeber auf den Formmangel der Kündigung beruft,[55] wohingegen die zunächst widerspruchslose Entgegennahme einer formwidrigen Kündigung nicht die spätere Berufung auf den Formmangel hindert.[56] 52

b) Inhalt der Kündigungserklärung

Die Kündigungserklärung ist eine **einseitige empfangsbedürftige Willenserklärung**. Sie muss demnach den Anforderungen an eine Willenserklärung im Allgemeinen genügen. Sie 53

49 BAG v. 21.4.2005, NZA 2005, 865; BAG v. 28.11.2007, NZA 2008, 348.

50 LAG Baden-Württemberg v. 1.9.2005 – 11 Sa 7/05 – n.v.

51 LAG Düsseldorf v. 23.2.1978, EzA § 125 BGB Nr. 4.

52 Vgl. BAG v. 4.12.1997, AP Nr. 141 zu § 626 BGB; BAG v. 20.8.1998, AP Nr. 5 zu § 127 BGB.

53 BAG v. 7.5.1986, AP Nr. 12 zu § 4 BAT.

54 Streitig hinsichtlich der Belehrungspflicht des Arbeitgebers. Wie hier: BAG v. 14.6.1994, EzA Nr. 11 zu § 123 BGB; Ascheid/Preis/Schmidt/*Preis*, Rn 171. A.A.: *Tophoven*, Anm. zu LAG Kiel v. 23.11.1954, AP Nr. 1 zu § 4 TVG Ausschlussfristen.

55 BAG v. 4.12.1997, AP Nr. 141 zu § 626 BGB.

56 BAG v. 19.5.1988AP Nr. 75 zu § 613a BGB.

muss insbesondere hinreichend bestimmt und deutlich zu erkennen geben, dass der Arbeitgeber als Rechtsfolge die Auflösung des Arbeitsverhältnisses herbeiführen möchte. Maßgeblich ist, wie der **Kündigungsempfänger** die Erklärung unter Würdigung der ihm bekannten Umstände nach Treu und Glauben und unter Berücksichtigung der Verkehrssitte verstehen musste.[57]

54 Die Kündigung des Arbeitsverhältnisses bedarf grundsätzlich **keiner Angabe des Kündigungsgrundes**. Anderes gilt nur dann, wenn dies ausnahmsweise gesetzlich, in einem Tarif- oder Arbeitsvertrag vorgesehen ist. Ein gesetzlicher Begründungszwang findet sich in § 22 Abs. 3 BBiG für die fristlose Kündigung in einem Berufsausbildungsverhältnis. Tarifvertraglich ist z.B. in § 54 BMT G II eine Begründungspflicht vorgesehen. Gibt der Arbeitgeber im Kündigungsschreiben einen Kündigungsgrund an, so hindert dies nicht, die Kündigung im Prozess auch auf weitere Gründe zu stützen. Entscheidend ist ausschließlich das objektive Vorliegen eines Kündigungsgrundes. Materiell-rechtlich ist es daher zulässig, die Kündigung auch auf solche Tatsachen zu stützen, die bereits im Zeitpunkt des Ausspruchs der Kündigung vorlagen, vom Kündigenden jedoch nicht aufgegriffen worden sind.

55 Aus der Kündigung muss sich ergeben, dass das Arbeitsverhältnis unter Wahrung der geltenden Kündigungsfrist und **zu welchem Termin** es aufgelöst werden soll. Dabei bedarf es weder der Angabe der **konkreten Frist** noch des Enddatums. Ausreichend ist es, dass der Arbeitnehmer eindeutig ermitteln kann, zu welchem Termin das Arbeitsverhältnis beendet werden soll. Die Angabe „zum nächstzulässigen Termin" ist daher ausreichend.[58] Weder die fehlende Berechnung der Kündigungsfrist noch eine falsche Berechnung schaden. Die nicht fristgerecht ausgesprochene Kündigung wirkt vielmehr gem. § 140 BGB zum nächst zulässigen Termin.[59] Wird hingegen ein Termin angegeben, der **zeitlich nach dem nächsterreichbaren Kündigungstermin** liegt, so endet das Arbeitsverhältnis erst zu dem angegebenen Termin.

5. Zeitpunkt und Zugang der Kündigung

a) Zeitpunkt der Kündigung

56 Die Kündigung kann **zu jeder Zeit** und **an jedem Ort** erfolgen. Die Kündigung kann somit auch an einem Sonntag oder an einem gesetzlichen Feiertag erklärt werden.[60]

57 Eine Unzulässigkeit der Kündigung kann allenfalls dann in Betracht kommen, wenn die Kündigung **zur Unzeit** erfolgt. Allerdings hat das BAG hierfür weite Grenzen gezogen.[61] Zwar ist in mehreren gesetzlichen Bestimmungen ausdrücklich geregelt, dass eine Kündigung nicht zur Unzeit erfolgen darf (§ 627 Abs. 2 BGB, § 671 Abs. 2 BGB, § 723 Abs. 2 BGB), und dieses Verbot besitzt nach allgemeiner Ansicht auch einen verallgemeinerungsfähigen Inhalt. Dies bedeute, so das BAG, jedoch noch nicht, dass jede zur Unzeit ausgesprochene Arbeitgeberkündigung als rechtsunwirksam anzusehen sei. Es sei zu beachten, dass die unzeitige Kündigung in den gesetzlich geregelten Fällen stets nur zur Schadenersatzpflicht des Kündigenden, nicht jedoch zur Unwirksamkeit der Kündigung führe.[62]

57 BAG v. 19.1.1956, AP Nr. 1 zu § 620 BGB Kündigungserklärung; BAG v. 15.3.1991, NZA 1992, 452.

58 Vgl. Stahlhacke/Preis/Vossen/*Preis*, Rn 178.

59 BAG v. 18.5.1985, NZA 1986, 229; Ascheid/Preis/Schmidt/*Linck*, § 622 BGB Rn 66.

60 BAG v. 14.11.1984, EzA § 242 BGB Nr. 38 = NZA 1986, 97.

61 Vgl. BAG v. 5.4.2001, NZA 2001, 890.

62 BAG v. 5.4.2001, NZA 2001, 890.

Um die Unwirksamkeit einer zur Unzeit ausgesprochenen Kündigung begründen zu können, muss somit eine **massive Beeinträchtigung berechtigter Interessen des Kündigungsgegners** vorliegen, die die Kündigung zur Unzeit in die Nähe der ungehörigen Kündigung rückt. Dies kann der Fall sein, wenn der Erklärende absichtlich oder aufgrund einer auf Missachtung der persönlichen Belange des Empfängers beruhenden Gedankenlosigkeit einen Zugangszeitpunkt wählt, der den Empfänger besonders beeinträchtigt. Dies liegt aber nur in absoluten Ausnahmefällen vor. Der bloße zeitliche Zusammenhang mit einer Fehlgeburt der Arbeitnehmerin[63] reicht genauso wenig aus wie der Zugang der Kündigung am Heiligen Abend.[64] Zumindest in einem erst wenige Monate bestehenden Arbeitsverhältnis führt auch der Tod eines nahen Angehörigen nicht zu einem (auch nur temporären) Kündigungsausschluss. Denn einen Sonder-Kündigungsschutz wegen des Todes eines nahen Angehörigen, des Ehegatten oder Lebensgefährten, so das BAG, kenne das Gesetz grundsätzlich nicht.[65]

Unerheblich für den Zeitpunkt der Kündigung ist, ob das Arbeitsverhältnis bereits begonnen hat oder noch nicht. Nach der Rechtsprechung des BAG ist die **Kündigung vor Dienstantritt** grundsätzlich **zulässig**.[66] Die Parteien können indes vereinbaren, dass die ordentliche Kündigung vor Aufnahme der tatsächlichen Beschäftigung **ausgeschlossen** sein soll. 58

b) Zugang der Kündigungserklärung

Die Kündigung ist eine einseitige **empfangsbedürftige** Willenserklärung und muss zu ihrer Wirksamkeit somit dem Empfänger zugehen, § 130 Abs. 1 BGB. 59

Unproblematisch ist der Zugang gegenüber **Anwesenden**. Das BGB regelt den Zugang unter Anwesenden nicht. Die Willenserklärung geht dem anwesenden Arbeitnehmer in dem Moment zu, in dem sie so in seinen Empfangsbereich kommt, dass der Empfänger unter regelmäßigen Umständen Kenntnis hiervon und vom Inhalt erlangen kann. Für den Zugang einer schriftlichen Kündigungserklärung unter Anwesenden ist nicht darauf abzustellen, ob der Empfänger die **Verfügungsgewalt** über das Schriftstück **dauerhaft** erlangt hat. Für den Zugang einer verkörperten Erklärung unter Anwesenden genügt vielmehr die Aushändigung und Übergabe des Schriftstücks, so dass der Empfänger in der Lage ist, vom Inhalt der Erklärung Kenntnis zu nehmen. Mit der Übergabe des Schriftstücks ist dem grundsätzlichen Interesse an rechtzeitiger Information, auf dem das Zugangserfordernis beruht, genügt. Wird die Kündigungserklärung somit dem anwesenden Arbeitnehmer übergeben, ist sie in dem Moment zugegangen, in dem dieser die Kündigungserklärung greifen kann. Ob er die Kündigung dann an sich nimmt oder liegen lässt, ist für den Zugang unerheblich. Selbst dann also, wenn der Arbeitnehmer auf der Originalkündigung den Empfang quittiert, selber dann aber nur eine Kopie erhält, ist die Kündigung zugegangen.[67] Der Adressat einer persönlich übergebenen schriftlichen Kündigungserklärung kann ihren Zugang nicht dadurch hinauszögern oder verhindern, dass er den Brief ungeöffnet an den Überbringer zurückgibt.[68] 60

63 BAG v. 12.7.1990, AP Nr. 87 zu § 613.

64 BAG v. 14.11.1984, EzA § 242 BGB Nr. 38; a.A.: ArbG Passau v. 13.5.1987– 1 Ca 16/87 – n.v.

65 BAG v. 5.4.2001, NZA 2001, 890.

66 St. Rspr. seit BAG v. 22.8.1964, AP Nr. 1 zu § 620 BGB = DB 1964, 1705; BAG v. 2.11.1978, AP Nr. 3 zu § 620 BGB.

67 BAG v. 4.11.2004, BB 2005, 1007.

68 Sächsisches LAG v. 11.2.2003 – 7 Sa 292/02 – n.v.

61 *Praxishinweis*

Mehr als die Frage des Zugangs ist an dieser Stelle die Frage der **Beweislast** praxisrelevant. Es empfiehlt sich daher stets, den Arbeitnehmer auf einer Kopie der schriftlichen Kündigungserklärung den Empfang der Kündigungserklärung quittieren zu lassen und in dem Fall, dass der Arbeitnehmer diese Quittung verweigert, einen Zeugen hinzuzuziehen. Dies schafft Rechtssicherheit.

Erfahrungsgemäß schrecken Arbeitnehmer davor zurück, im Zusammenhang mit dem Empfang einer Kündigung eine Unterschrift zu leisten. Es empfiehlt sich deshalb, die Empfangsquittung möglichst eindeutig als solche auszugestalten, um jeglichen Anschein zu vermeiden, dass der Arbeitnehmer hiermit auf irgendwelche Rechte verzichtet.

Die Praxis hat gezeigt, dass die folgende Formulierung zu einer erhöhten Akzeptanz der Empfangsquittung führt:

Empfangsbestätigung

Hiermit bestätige ich, die obige Kündigung heute persönlich übergeben bekommen zu haben. Das Recht, gegen die Kündigung vorzugehen, behalte ich mir vor.

Ort, Datum

Für den Fall, dass der Arbeitnehmer nicht bereit ist, den Empfang zu quittieren, empfiehlt sich stets die Übergabe **unter Zeugen**. Hierbei ist zu beachten, dass die anwesenden Zeugen auch Zeugeneigenschaft vor Gericht haben. So ist der Geschäftsführer einer GmbH kein tauglicher Zeuge.

62 Unter **Abwesenden** geht die Kündigung dann zu, wenn die Erklärung so in den Machtbereich des Empfängers gelangt ist, dass bei Annahme gewöhnlicher Verhältnisse damit zu rechnen ist, dass er von ihr Kenntnis nehmen kann.[69]

63 Ein in den **Wohnungsbriefkasten** eingeworfener Brief geht in dem Zeitpunkt zu, in dem mit der Leerung des Briefkastens gerechnet werden kann. Dies ist jedenfalls noch bis zum gewöhnlichen Postzustellungszeitpunkt der Fall.[70] Wann dies ist, ist von Arbeitsgericht zu Arbeitsgericht unterschiedlich. Als Anhalt kann genommen werden, dass jedenfalls in Großstädten noch bei Einwurf bis 14.00 Uhr eines Werktages mit Kenntnisnahme noch am selben Tag gerechnet werden kann.[71] Grundsätzlich muss der Einwurf in den **Wohnungsbriefkasten** erfolgen. Verfügt ein Haus mit mehreren Mietparteien aber über keine Briefkästen und erfolgt die Postzustellung üblicherweise durch Einwurf in den dafür vorgesehenen Briefschlitz der Haustür, ist ein auf diesem Weg per Boten zugestelltes Kündigungsschreiben in den Machtbereich des Empfängers gelangt und diesem zugegangen.[72]

64 Die Rechtsprechung zum Zugangszeitpunkt bei Einwurf in den Wohnungsbriefkasten hat den Ausgangspunkt, ob nach der Verkehrssitte noch an demselben Tag damit gerechnet werden kann, dass der Arbeitnehmer in seinen Briefkasten schaut. Dies soll nach Ansicht des BAG aus dem Jahre 1983 täglich letztmalig mit den allgemeinen Postzustellungszeiten der Fall sein.[73] Nach der Privatisierung der Post, der Flexibilisierung der allgemeinen Zustellungszeiten (in Bürohäusern wird beispielsweise unter Berufung auf die dortigen Arbeitszeiten samstags teilweise gar nicht mehr zugestellt) und angesichts der zunehmenden Verbreitung der Nutzung von Botendiensten (selbst durch die Gerichte) ist diese strikte Erwartungshaltung nicht mehr zeitgemäß. Hinzu kommt, dass jedenfalls dann, wenn der Arbeitnehmer berufs-

69 St. Rspr., vgl. z.B. BAG v. 25.4.1996, EzA § 130 BGB Nr. 27.

70 LAG Nürnberg v. 5.1.2004, NZA-RR 2004, 631.

71 LAG Berlin v. 22.1.1999, AuA 1999, 326.

72 LAG Düsseldorf v. 19.9.2000, MDR 2001, 145.

73 BAG v. 8.12.1983, NZA 1984, 31.

tätig ist, eine Inspektion des Briefkastens ohnehin erst nach der Rückkehr von der Arbeit faktisch möglich ist. Die besseren Gründe sprechen daher dafür, einen Zugang durch Einwurf in den Wohnungsbriefkasten noch an demselben Tag so lange anzunehmen, wie im jeweiligen Einzelfall nach objektivierter Erwartungshaltung noch mit einem solchen Einwurf gerechnet werden muss. Dieser Zeitpunkt dürfte insbesondere im Hinblick auf die Verbreitung von Botendiensten werktags nicht vor 20.00 Uhr liegen. Die Rechtsprechung scheint zu einer vorsichtigen Flexibilisierung der 1983 vom BAG aufgestellten Grundsätze zu tendieren. So soll ein durch Boten gegen 12.40 Uhr in den Briefkasten des Arbeitnehmers eingeworfenes Kündigungsschreiben auch dann noch am selben Tage zugehen, wenn der normale Posteinwurf üblicherweise etwa zwei Stunden früher erfolgt.[74] Auch eine besondere individuelle Erwartungshaltung kann zu einer anderen Bewertung führen. Muss der Arbeitnehmer damit rechnen, an demselben Tag noch eine Postsendung zu erhalten, so kann auch ein erst um 16.00 Uhr eingeworfenes Schreiben noch an demselben Tag zugehen.[75] Ein **unter der Wohnungstür** des Empfängers durchgeschobener Brief wird auch noch am Abend zugehen können, solange damit gerechnet werden kann, dass der Arbeitnehmer den Bereich seiner Wohnungstür nochmals betritt.

Notwendig, aber auch ausreichend ist die **abstrakte Möglichkeit der Kenntnisnahme**. 65
Nach der neueren Rechtsprechung des Bundesarbeitsgerichts ist es grundsätzlich unerheblich, dass der Arbeitnehmer aus in seiner Person liegenden Gründen nicht in der Lage war, von der Kündigung Kenntnis zu nehmen. Dem gemäß kann auch eine Kündigung **während des Urlaubs des Arbeitnehmers** bereits am Tag des Eingangs zugehen, selbst dann, wenn der Arbeitnehmer verreist ist und dies dem Arbeitgeber bekannt ist.[76] Die Rechtsprechung verweist den Arbeitnehmer auf die Möglichkeit der **nachträglichen Zulassung gem. § 5 KSchG**. Auch eine **Krankheit**, infolge derer der Arbeitnehmer bettlägerig ist, hindert nicht den Zugang der Kündigungserklärung.[77]

Für den Zugang ist es unerheblich, ob die Kündigung dem Kündigungsempfänger oder einem 66
Empfangsvertreter zugeht. Ist hingegen der Empfänger nur als Empfangsbote anzusehen, geht die Kündigung erst mit tatsächlicher Kenntnisnahme des Empfängers selbst zu (zur Zugangsvereitelung in diesen Fällen vgl. Rn 73).

Gegenstand des Zugangs muss die gem. § 623 BGB in Schriftform abgefasste Kündigungs- 67
erklärung sein. Wird die Kündigungserklärung per **Einschreibesendung mit Rückschein** verschickt und wirft der Briefträger lediglich den Benachrichtigungszettel in den Hausbriefkasten ein, so geht hierdurch die Kündigung grundsätzlich nicht zu.[78] Der Zugang tritt erst dann ein, wenn der Arbeitnehmer den Brief auch tatsächlich abholt.[79] Holt der Arbeitnehmer den Einschreibebrief nicht ab, so ist die Kündigung auch nicht zugegangen. Eine andere Frage ist, ob möglicherweise eine Zugangsvereitelung in Betracht kommt (vgl. unten Rn 72 f.).

Auch die Übersendung mittels **Übergabe-Einschreiben** führt zur Hinterlegung eines Be- 68
nachrichtigungszettels, wenn der Empfänger der Nachricht nicht angetroffen wird. Es gelten somit die oben dargestellten Grundsätze. Die Kündigung geht erst dann zu, wenn der Empfänger das Schreiben tatsächlich in der Hand hat.

74 LAG Hamm v. 26.5.2004 – 14 Sa 182/04 – n.v.
75 LAG Berlin v. 11.12.2003, NZA-RR 2004, 528.
76 BAG v. 16.3.1988, EzA § 130 BGB Nr. 16.
77 BAG v. 16.1.1976, EzA § 130 BGB Nr. 5.
78 BAG v. 25.4.1996, AP Nr. 35 zu § 4 KSchG 1969.
79 BAG v. 15.11.1962, EzA § 130 BGB Nr. 2.

69 Rechtssicherer ist das so genannte **Einwurf-Einschreiben**. Hierbei wird der Brief durch den Postboten nachweisbar zu einer dokumentierten Zeit an einem dokumentierten Datum in den Hausbriefkasten des Empfängers eingeworfen. Sichergestellt ist somit zunächst, dass nicht bereits „systemimmanent" eine Zustellung der Kündigung als solche nicht erfolgt. Problematisch ist hingegen, dass mittels der durch die Post AG im Internet verfügbaren Information, wann die Sendung zugestellt worden ist, ein Beweis, schon gar ein Urkundsbeweis, nicht ohne weiteres zu führen ist. Jedenfalls handelt es sich nach der Rechtsprechung bei einem Ausgabebeleg mit Datenauszug nicht um eine öffentliche Urkunde,[80] was erst recht für einen Ausdruck aus dem Internet gelten muss. Der Arbeitgeber ist somit darauf verwiesen, den Zeugenbeweis durch Vernehmung des Briefzustellers zu führen.

70 Die sicherste Möglichkeit der Übermittlung der Kündigung ist nach wie vor die Übermittlung **durch Boten**. Dabei ist zu beachten, dass der Bote selber ein geeigneter Zeuge sein muss (nicht z.B. der GmbH-Geschäftsführer).

71 *Praxishinweis*

Der Bote hat **zweierlei** zu bezeugen:

Zum einen muss er bezeugen, dass sich die im Original unterschriebene Kündigung in dem von ihm transportierten Briefumschlag befand. Es ist deshalb unabdingbar, dass der Bote oder zumindest ein anderer Zeuge beim Eintüten der Kündigung anwesend ist. Bereits aus Gründen der Vereinfachung sollte es jedoch der Bote sein.

Des weiteren muss der Bote bezeugen, dass und wann er das Schreiben in den Wohnungsbriefkasten des Arbeitnehmers eingeworfen hat.

72 Unter besonderen Umständen kann es sein, dass der Arbeitnehmer sich eine Kündigung, die er tatsächlich später oder gar nicht erhalten hat, **so zurechnen lassen muss**, als hätte er diese zu einem früheren Zeitpunkt erhalten. Dies ist insbesondere dann der Fall, wenn der Arbeitnehmer die Annahme der Kündigung grundlos verweigert, obwohl er erkannt hat, dass es sich um eine Kündigung handelt oder er zumindest mit dem Eingang rechtserheblicher Mitteilung des Arbeitgebers rechnen musste.[81] Vereitelt der Arbeitnehmer den Zugang der Kündigung dadurch, dass er beim Arbeitgeber eine falsche Adresse angibt, so ist er so zu behandeln, als wäre das an diese Adresse gerichtete Kündigungsschreiben zugegangen.[82] Muss der Arbeitnehmer mit dem Zugang eines Kündigungsschreibens rechnen und versendet der Arbeitgeber dieses mit Einschreiben/Rückschein, so kann die Nichtabholung des Briefes nach Erhalt eines Benachrichtigungszettels zur Annahme der treuwidrigen Vereitelung des Zugangs und einer Zugangsfiktion führen.[83]

73 Die **Fiktion des Zugangs** knüpft an ein treuwidriges Verhalten des Arbeitnehmers an. Handelt ein Dritter treuwidrig, so ist die Frage, ob der Arbeitnehmer sich dies zurechnen lassen muss. Lehnt beispielsweise ein Empfangsbote die Entgegennahme der Kündigung ab, so tritt die Fiktion des Zugangs gegenüber dem Arbeitnehmer nur dann ein, wenn dieser vorher Einfluss darauf genommen hat, dass der Empfangsbote die Annahme verweigern solle.[84]

74 Der Arbeitgeber ist für den Zugang der Kündigung **beweispflichtig**. Bei Einschreibesendungen gleich welcher Art kann der Zugang nur durch Privaturkunde (Auslieferungsschein etc.)

80 LAG Hamm v. 22.5.2002 – 3 Sa 847/01 – n.v.

81 Allgemeiner Grundsatz, vgl. BAG v. 4.3.1965, AP Nr. 5 zu § 130 BGB = NJW 1965, 747; BAG v. 25.4.1996, AP Nr. 35 zu § 4 KSchG 1996 = DB 1996, 2235.

82 BAG v. 22.9.2005, NZA 2006, 204.

83 BAG v. 7.11.2002, NZA 2003, 719.

84 BAG v. 11.11.1992, EzA § 130 BGB Nr. 24.

oder durch Zeugenbeweis (Postbote) geführt werden. Hiermit ist aber jeweils nur der Zugang des Briefumschlages bewiesen, nicht, dass dessen Inhalt auch die Kündigung war. Hierzu muss also separat Beweis angeboten werden. Bei Übermittlung durch einen Boten kann dieser beides bezeugen, womit sich diese Übermittlungsart als die effizientere erweist. Es empfiehlt sich deshalb insbesondere unter dem Gesichtspunkt der Nachweisbarkeit, mit der Überbringung der Kündigung einen Boten zu beauftragen. Auch Boten von Botendiensten sind regelmäßig bereit, eine schriftliche Erklärung zu dem Inhalt der von ihnen übersandten Erklärung abzugeben, wenn man die Kündigungserklärung vor ihren Augen eintütet und den Umschlag zuklebt.

6. Kündigungsfristen und Kündigungstermine

Die Kündigungsfristen für Arbeitsverhältnisse richten sich in erster Linie nach dem Vertrag, mangels vertraglicher oder tarifvertraglicher Regelung nach § 622 BGB. Nach § 622 BGB gilt eine **Grundkündigungsfrist** von vier Wochen zum 15. oder zum Ende eines Kalendermonats. Vier Wochen sind dabei 28 Tage, nicht etwa ein Monat. 75

Gem. § 622 Abs. 2 BGB verlängert sich die Kündigungsfrist bei einer Kündigung **durch den Arbeitgeber** in insgesamt sieben Stufen abhängig von der Dauer der Beschäftigung. **§ 622 Abs. 2 S. 2 BGB**, der für die Berechnung der Beschäftigungsdauer Zeiten, die **vor der Vollendung des 25. Lebensjahres** des Arbeitnehmers liegen, unberücksichtigt lässt, ist europarechtswidrig und nichtig und darf von nationalen Gerichten daher nicht angewandt werden.[85] 76

Für die Berechnung der Dauer der Kündigungsfrist gem. § 622 Abs. 2 BGB ist der **ununterbrochene rechtliche Bestand** des Arbeitsverhältnisses entscheidend. Dabei ist davon auszugehen, dass keine relevante Unterbrechung vorliegt, wenn mehrere Arbeitsverträge unmittelbar aufeinander folgend geschlossen wurden und in einem engen sachlichen (inhaltlichen) Zusammenhang zueinander stehen.[86] Für die Frage, ob dies so ist, kann auch die Dauer der Unterbrechung herangezogen werden. Es gelten dieselben Grundsätze wie im Rahmen des § 1 KSchG zur Berechnung der Wartefrist. Jedenfalls eine Unterbrechung von fünf Monaten ist zu lang, um einen engen Zusammenhang annehmen zu können.[87] Ist die Beschäftigungszeit eines früheren Arbeitsverhältnisses anzurechnen, bleibt die zwischen den Arbeitsverhältnissen liegende Unterbrechungszeit unberücksichtigt.[88] Geht das Arbeitsverhältnis nach § 613a BGB auf einen anderen Arbeitgeber über, ist die beim Betriebsveräußerer erbrachte Beschäftigungszeit anzurechnen.[89] 77

85 EUGH v. 19.1.2010, Rs. Kücükdeveci, C555/07; zum vorherigen Streitstand: Vgl. LAG Berlin-Brandenburg v. 24. Juli 2007, NZA-RR 2008, 17; KR/*Spilger*, § 622 BGB Rn 56; *Annuß*, BB 2006, 325, 326; *Löwisch*, BB 2006, 2189; *Schleusener*, NZA 2007, 358, 359 f.; *Hamacher/Ulrich*, NZA 2007, 657, 663; *Temming*, NZA 2007, 1193, 1199; *Kamanabrou*, RdA 2007, 199, 206 f.; gegen eine Unanwendbarkeit der Norm: LAG Düsseldorf, Beschluss vom 21.11.2007 – 12 Sa 1311/07 –, juris; LAG Rheinland-Pfalz v. 31.7.2008 – 10 Sa 295/08 –, juris; *Thüsing*, RdA 2008, 51, 52; *Tavakoli/Westhauser*, DB 2008, 702, 707; *Müller-Thele/Neu*, MDR 2008, 537, 541 f.; eine Vorlage des ArbG Neubrandenburg an das BVerfG ist mit Beschluss vom 18.11.2008, 1 BvL 4/08, juris, als unzulässig verworfen worden.

86 BAG v. 22.9.2006, NZA 2006, 429; BAG v. 10.5.1989, BAGE 62, 48; BAG v. 6.12.1976, BAGE 28, 252; LAG Bremen v. 19.1.2005– 2 Sa 268/03 – juris; KR/*Spilger*, § 622 BGB, Rn 58 m.w.N.

87 BAG 22.9.2005, NZA 2006, 429.

88 BAG v. 17.6.2003, AP Nr. 61 zu § 622 BGB.

89 BAG v. 18.9.2003, AP Nr. 62 zu § 622 BGB.

78 § 622 BGB gilt grundsätzlich für alle ordentlichen Kündigungen und für alle Arbeitnehmer. Er gilt deshalb auch für Teilzeitbeschäftigte oder geringfügig Beschäftigte.[90] § 622 BGB gilt unabhängig von dem Geltungsbereich des Kündigungsschutzgesetzes.

79 Eine **kürzere als die gesetzliche Kündigungsfrist** nach § 622 Abs. 2 BGB kann gem. § 622 Abs. 3 BGB für die Dauer von sechs Monaten im Falle der Vereinbarung einer **Probezeit** gelten. In diesem Fall kann das Arbeitsverhältnis gesetzlich mit einer Frist von zwei Wochen gekündigt werden. Nach der zutreffenden Rspr. des BAG ist es nicht notwendig, dass die Parteien ausdrücklich die kurze Kündigungsfrist des § 622 Abs. 3 BGB vereinbaren. Ausreichend ist vielmehr, dass die Parteien eine Probezeit vereinbaren. Die verkürzte Kündigungsfrist gilt dann ipso iure.[91] Die Kündigungsfristen und Termine gem. § 622 Abs. 2 BGB sind gem. § 622 Abs. 4 BGB **tarifdispositiv**.

80 *Praxishinweis*

Da sehr viele Tarifverträge abweichende Kündigungsfristen und -termine vorsehen, ist der Rechtsanwalt gut beraten, eine etwaige Tarifgeltung vor Ausspruch einer Kündigung zu überprüfen.

81 Auch in **befristeten Arbeitsverhältnissen** ist die ausdrückliche Vereinbarung einer Probezeit ausreichend, um eine Kündbarkeit mit den kurzen Fristen des § 622 Abs. 3 BGB zu erreichen.[92] Denn das Erfordernis der ausdrücklichen Zulassung der Kündigung nach § 15 Abs. 3 TzBfG unterliegt nicht dem Schriftformerfordernis gem. § 14 Abs. 4 TzBfG.

82 Treffen **einzelvertraglich** vereinbarte Kündigungsfrist **und gesetzliche Kündigungsfrist** aufeinander, so gilt grundsätzlich die für den Arbeitnehmer günstigere (= längere) Frist.

83 Sowohl § 622 BGB als auch viele Tarifverträge und einzelvertraglich vereinbarte Kündigungsbestimmungen enthalten neben der Kündigungsfrist auch die Festlegung eines **Kündigungstermins**. Die Kündigung zum 15. gem. § 622 Abs. 1 BGB entfaltet ihre Wirkung zum Ablauf des 15. des jeweiligen Monats, also dem 15., 24:00 Uhr. Die Kündigung zum Ende des Monats wirkt zum 30., 24:00 Uhr.

84 Die einzelvertragliche Vereinbarung von Kündigungsfrist und Kündigungstermin ist mangels anderer Anhaltspunkte regelmäßig als Einheit zu betrachten.[93] Ein Vermischen von Kündigungsfristen und Kündigungsterminen je danach, welche Kombination zu einer für den Arbeitnehmer günstigeren Lösung führt, ist damit ausgeschlossen.

85 Eine andere Frage ist, welche Kündigungsfrist zu welchem Kündigungstermin gilt, wenn einzelvertraglich vereinbarte und gesetzliche/tarifvertragliche Kündigungsfristen und -Termine nicht zu einem eindeutigen Auslegungsergebnis führen. Diese vielfach unter dem Stichwort **„Günstigkeitsvergleich"** behandelte Problematik kann sich beispielsweise stellen, wenn je nach Kündigungszeitpunkt mal die gesetzliche, mal die vertragliche Regelung günstiger ist (z.B. Vertrag: sechs Wochen zum Quartalsende, anrechenbare Betriebszugehörigkeit: fünf Jahre). Nach einer Ansicht ist auf die Regelung abzustellen, die zum jeweiligen Kündigungszeitpunkt für den Arbeitnehmer die längste Kündigungsfrist bedingt.[94] Danach könnte im Beispiel also im Dezember erst zum 31.3. (sechs Wochen zum Quartal), Anfang Februar aber zum 30.4. (zwei Monate) gekündigt werden. Nach anderer Ansicht ist ein abstrakter

90 *Pauly/Osnabrügge*, Teilzeitarbeit § 10 Rn 7 ff.

91 BAG v. 22.7.1971, AP Nr. 11 zu § 620 BGB Probearbeitsverhältnis; BAG v. 15.8.1984, AP Nr. 8 zu § 1 KSchG 1969; Stahlhacke/Preis/Vossen/*Preis*, Rn 553; KR/*Spilger*, § 622 BGB Rn 155.

92 BAG v. 4.7.2001 – 2 AZR 88/00 – EzA § 620 BGB Kündigung Nr. 4.

93 BAG v. 4.7.2001, NZA 2002, 380, 382.

94 Kittner/Däubler//Zwanziger/*Zwanziger*, § 622 BGB Rn 48.

Vergleich durchzuführen. Entscheidend soll sein, welche Regelung losgelöst vom konkreten Kündigungstermin die längere Bindungsdauer des Kündigenden bewirkt.[95] Für den genannten Beispielsfall ist im Rahmen der letztgenannten Meinung wiederum streitig, zu welchen Konsequenzen der Grundsatz des „abstrakten Vergleichs" führt. Nach einer Ansicht soll die mit sechs Wochen zum Quartal vereinbarte Frist vorgehen, da sie im Jahresschnitt zu einer längeren Bindungsdauer führe.[96] Nach der Gegenansicht soll die gesetzliche Kündigungsfrist gelten, während die vertragliche Frist nichtig sei.[97]

Der letztgenannten Ansicht ist der Vorzug zu geben. Schlüssel zur Problematik ist, dass es sich in Wahrheit nicht um einen „Günstigkeitsvergleich" handelt und wegen § 622 Abs. 5 BGB auch nicht handeln darf. Ein Günstigkeitsvergleich ist zwischen tarifvertraglichen und individualvertraglichen Regelungen nach § 4 Abs. 3 TVG gesetzlich angeordnet. Für das Verhältnis der Kündigungsfristen des § 622 BGB und individualvertraglicher Fristen gilt nach § 622 Abs. 5 BGB etwas anderes: Die Kündigungsfristen sowohl des § 622 Abs. 1 BGB als auch des § 622 Abs. 2 BGB sind einseitig zwingend. Eine Vereinbarung, die zu Lasten des Arbeitnehmers kürzere Kündigungsvorschriften vorsieht, ist nichtig. An Stelle der Vereinbarung tritt die gesetzliche Frist. Für ein „cherry-picking" fehlt jegliche gesetzliche Grundlage. Dies gilt bereits deshalb, weil § 622 BGB für einheitliche Lebenssachverhalte einheitliche Rechtsfolgen anordnet und bei anderer Sichtweise die jeweils anzuwendende Kündigungsfrist aus der Regelung nicht mit hinreichender Deutlichkeit und von vornherein absehbar entnommen werden kann. In vorformulierten und für mehr als einen Fall bestimmten Arbeitsverträgen kann wegen des nunmehr auch im Arbeitsrecht anwendbaren Verbots geltungserhaltender Reduktion von aufgrund Gesetzesverstoß nichtigen Regelungen ohnehin nichts anderes gelten. Die Konfliktlage ist danach zu lösen, ob die vertragliche Frist in zumindest einem denkbaren Zeitpunkt die gesetzliche Mindestfrist unterschreitet. Im Ergebnis ist die vertragliche Regelung (sechs Wochen zum Quartal) dann nichtig, wenn das Arbeitsverhältnis länger als vier Jahre Bestand hat, bzw. dahingehend auszulegen, dass die Parteien von Anfang an nur eine abweichende Regelung gegenüber der Grundkündigungsfrist und allenfalls noch der ersten Stufe des § 622 Abs. 2 BGB treffen wollten. Ab diesem Zeitpunkt gelten die gesetzlichen Fristen und Termine, und zwar unabhängig davon, welche Regelung im konkreten Fall für den Arbeitnehmer besser gewesen wäre. 86

Kollidieren hingegen einzelvertragliche Vereinbarung und tarifliche Normen miteinander, gilt wegen der Regelung des § 4 TVG ein echter Günstigkeitsvergleich. Dabei ist grundsätzlich davon auszugehen, dass längere Kündigungsfristen für den Arbeitnehmer günstiger sind.[98] Auch insoweit bilden Kündigungsfristen und Kündigungstermine eine Einheit.[99] Zum Meinungstand kann im Wesentlichen auf Rn 80 f. verwiesen werden, denn beide Problemkreise werden meistens unter dem Stichwort „Günstigkeitsvergleich" zusammen abgehandelt. Auch in diesem Fall ist aber nach richtiger Ansicht kein konkreter Vergleich zum Zeitpunkt der Kündigung anzustellen. Mit dem BAG kommt es auf den Zeitpunkt des Vertragsschlusses an, da ansonsten stets ungewiss wäre, ob die Regelung für den Arbeitnehmer zu den einzelnen Zeitpunkten günstiger wäre oder nicht.[100] Zu diesem Zeitpunkt ist ein Abstellen auf die im konkreten Fall günstigere 87

95 Ascheid/Preis/Schmidt/*Linck*, § 622 BGB Rn 181; MüKo-BGB/*Hesse*, § 622 BGB Rn 96; Stahlhacke/Preis/Vossen/*Preis*, Rn 505; ErfK/*Müller-Glöge*, § 622 BGB Rn 92; *Diller*, NZA 2000, 293, 296 f.

96 MüKo-BGB/*Hesse*, § 622 BGB Rn 96; *Diller*, NZA 2000, 293, 297.

97 Ascheid/Preis/Schmidt/*Linck*, § 622 BGB Rn 181; Stahlhacke/Preis/Vossen/*Preis*, Rn 505.

98 Ascheid/Preis/Schmidt/*Linck*, § 622 BGB Rn 178.

99 BAG v. 4.7.2001, NZA 2002, 380, 382.

100 BAG v. 12.4.1972, AP Nr. 13 zu § 4 TVG Günstigkeitsvergleich.

Regelung schlechterdings unmöglich. Die Lösung des Problems kann auch hier kein Zählurteil sein, welche Regelung im Laufe eines Kalenderjahres die größte Anzahl günstigerer Regelungen trifft.[101] Denn § 4 Abs. 3 TVG verlangt eine ex ante vorgenommene Einschätzung, ob die Regelung eine Abweichung vom Tarifvertrag zugunsten des Arbeitnehmers enthält, nicht etwa „ob und inwieweit“ die Regelung vom Tarifvertrag abweicht, oder „welche Regelung tendenziell günstiger ist“.[102] Ist also ex ante betrachtet auch nur in einem denkbaren Anwendungsfall einer Stufe der Beschäftigungsdauer die individualvertragliche Regelung ungünstiger als der Tarifvertrag, gilt für und ab dieser Stufe ohne Ausnahme der Tarifvertrag, und die individualvertragliche Regelung ist insoweit nichtig.

88 *Praxishinweis*

Für den anwaltlichen Berater des Arbeitgebers ist die dargestellte Problematik entspannt zu betrachten. Der Arbeitgeber kann sich diejenige Kündigungsfrist heraussuchen, die unter den denkbaren Varianten zu der kürzesten Bindungsdauer führt und „hilfsweise zum nächsten rechtlich möglichen Zeitpunkt“ kündigen. Im „schlimmsten Fall“ gilt dann die längere Kündigungsfrist als gewahrt.

89 Die bisherige Rechtsprechung des Bundesarbeitsgerichts hat Kündigungen, bei der die gesetzliche oder vertragliche Kündigungsfrist nicht gewahrt war, als **jeweils zum nächst zulässigen Termin wirkend angesehen**, ohne sich zunächst festzulegen, ob dieses Ergebnis durch eine Auslegung nach §§ 133, 157 BGB oder durch Umdeutung nach § 140 BGB zu erzielen war.[103] Richtigerweise handelt es sich um eine Auslegung, die zu diesem Ergebnis führt. Sofern sich nämlich bereits durch die Auslegung der Willenserklärung der objektive Bedeutungsgehalt einer mit falscher Frist ausgesprochenen Kündigungserklärung dahin erschließt, dass eine Kündigung mit der gesetzlich, tariflich oder einzelvertraglich vorgesehenen Kündigungsfrist ausgesprochen sein soll, bedarf es des Umweges über die Umdeutung gar nicht. Einer solchen Auslegung steht auch nicht grundsätzlich das Bestimmtheitsgebot entgegen.[104] Nur dann, wenn sich aus der Kündigung und den im Rahmen der Auslegung zu berücksichtigenden Umständen des Einzelfalles ein Wille des Arbeitgebers ergibt, die Kündigung ausschließlich zum erklärten, nicht aber zu einem späteren Zeitpunkt gegen sich gelten zu lassen, scheidet eine Auslegung – allerdings dann auch eine Umdeutung – aus.[105]

90 § 622 BGB enthält lediglich **Mindestkündigungsfristen**. Eine Kündigung ist also auch dann rechtmäßig, wenn sie nicht zum nächsten rechtlich möglichen Zeitpunkt, sondern z.B. zum übernächsten rechtlich möglichen Zeitpunkt erklärt wird. Sie wirkt dann aber auch erst zu diesem Zeitpunkt.

91 § 622 Abs. 5 BGB sieht eine **Kleinbetriebsklausel** vor. Hiernach kann eine kürzere Kündigungsfrist als die Grundkündigungsfrist des § 622 Abs. 1 BGB vereinbart werden, wenn ein Arbeitnehmer zur vorübergehenden Aushilfe bis zur Zeit von drei Monaten eingestellt wird sowie dann, wenn der Arbeitgeber in der Regel nicht mehr als 20 Arbeitnehmer ausschließlich der zu ihrer Berufsbildung Beschäftigten beschäftigt und die Kündigungsfrist vier Wochen nicht unterschreitet. Die gesetzliche Mindestkündigungsfrist von **vier Wochen** gilt somit nur für den Fall des § 622 Abs. 5 S. 1 Nr. 2 BGB, nicht für die Aushilfsarbeitsverhältnisse. Obwohl der Gesetzgeber eine Verkürzung der Kündi-

101 So aber *Diller*, NZA 2000, 293.

102 So *Diller*, NZA 2000, 293, 297.

103 BAG v. 18.4.1985, AP Nr. 20 zu § 622 BGB.

104 BAG v. 21.10.1981 – 7 AZR 407/79 – juris; BAG v. 15.12.2005, NZA 2006, 791.

105 BAG v. 15.12.2005, NZA 2006, 791; BAG v. 6.7.2006, NZA 2006, 1405.

gungsfristen vorgesehen hat, ist nach zutreffender Ansicht auch eine **Abweichung von den Kündigungsterminen** in den in § 622 Abs. 5 BGB enthaltenen Fällen möglich.[106]

Werden einzelvertraglich Kündigungsfristen vereinbart, so darf gem. **§ 622 Abs. 6 BGB** für den Arbeitnehmer keine längere Frist für die Kündigung vereinbart werden als für den Arbeitgeber. Zulässig ist indes die einzelvertragliche Vereinbarung derselben Kündigungsfristen für den Arbeitnehmer wie für den Arbeitgeber. § 622 Abs. 6 BGB steht daher nicht einer Vertragsklausel entgegen, die vorsieht, dass dann, wenn sich für den Arbeitgeber die Kündigungsfristen verlängern, diese Verlängerung auch für den Arbeitnehmer eintritt. Den früheren Streit über die Rechtsfolgen eines Verstoßes gegen § 622 Abs. 6 BGB hat das BAG mittlerweile aufgelöst: Vereinbaren die Parteien unter Verstoß gegen § 622 Abs. 6 BGB für die Kündigung des Arbeitsverhältnisses durch den Arbeitnehmer eine längere Frist als für die Kündigung durch den Arbeitgeber, muss auch der Arbeitgeber bei Kündigung des Arbeitsverhältnisses die für den Arbeitnehmer vereinbarte (längere) Kündigungsfrist einhalten (§ 622 Abs. 6 BGB i.V.m. § 89 Abs. 2 HGB analog).[107] 92

Jegliche einzelvertragliche Verlängerung der Kündigungsfrist darf **maximal** zu einer **Bindungsdauer** von fünf Jahren und sechs Monaten führen. Dies ergibt sich aus dem Grundsatz des § 624 BGB. Hiernach ist auch ein Arbeitsverhältnis, das für die Lebenszeit einer Person eingegangen ist, erstmals nach fünf Jahren mit einer Kündigungsfrist von sechs Monaten, erstmals also zum Ablauf des 66. Monats des Arbeitsverhältnisses kündbar.[108] 93

Die Kündigungsfristen **berechnen sich** nach §§ 186 ff. BGB. Nach § 187 Abs. 1 BGB wird der Tag, an dem die Kündigung zugeht, nicht mitgerechnet. Die Frist beginnt somit um 0:00 Uhr des auf den Zugang folgenden Tages. Die Kündigungsfrist endet gem. § 188 Abs. 2 Alt. 1 BGB mit Ablauf des Tages, der durch seine Benennung dem Tag des Zugangs der Kündigung entspricht. 94

> *Beispiele* 95
> Kündigungsfrist: 1 Monat zum Monatsende
> Kündigungszugang: 30.4.2010
> Beginn der Kündigungsfrist gem. § 187 Abs. 1 BGB: 1.5.2010, 00:00 Uhr
> Fristende gem. § 188 Abs. 2, 3 BGB: 31.5.2010, 24:00 Uhr

Da am Tage des Ablaufs der Kündigungsfrist keine Willenserklärung abzugeben ist, findet **§ 193 BGB keine Anwendung**. Die Kündigungsfrist läuft also auch dann ordnungsgemäß ab, wenn der letzte Tag der Kündigungsfrist auf einen Sonn- oder Feiertag oder einen Samstag fällt. 96

106 KR/*Spilger*, § 622 BGB Rn 166.
107 BAG v. 2.6.2005, NZA 2005, 1176.
108 Vgl. Stahlhacke/Preis/Vossen/*Preis*, Rn 516.

§ 2 Die außerordentliche Kündigung des Arbeitsverhältnisses

Dr. Stephan Pauly

Inhalt

	Rn
I. Einführung	1
II. Die Arten der Kündigung	5
III. Unkündbarkeit (= Ausschluss der ordentlichen Kündigung)	7
IV. Ausschlussfrist	11
V. Abmahnung	22
VI. Wichtiger Grund	23
VII. Interessenabwägung	26
VIII. Verdachtskündigung	27
IX. Art der Kündigungsgründe	29
1. Betriebsbedingte Kündigung	29
2. Personenbedingte Kündigung	32
3. Verhaltensbedingte Kündigung	33
X. Beispiele	34
XI. Außerordentliche Arbeitnehmerkündigungen	37
1. Einführung	37
2. Art der Kündigungsgründe	38
3. Beispiele	42
XII. Sonderkündigungsschutz	44
1. Mutterschutz	44
2. Elternzeit	46
3. Schwerbehinderte	47
XIII. Beteiligung des Betriebsrates	55
XIV. Darlegungs- und Beweislast	57
XV. Sozialversicherungsrecht	58
XVI. Muster, Checkliste	61
1. Muster: Anhörung des Betriebsrates	61
2. Muster: Einholung der Zustimmung des Integrationsamtes	62
3. Muster: Antrag auf Zustimmung der Kündigung einer unter das MuSchG fallenden Arbeitnehmerin	63
4. Muster: Außerordentliche Kündigung mit vorsorglicher ordentlicher Kündigung	64
5. Checkliste: Außerordentliche Kündigung	65

Literatur

Bodenstedt, Anmerkung zu BAG v. 3.7.2003, EWiR 2004, 613; **v. Hoyningen-Huene**, Belästigungen und Beleidigungen von Arbeitnehmern durch Vorgesetzte, BB 1991, 2215; **Sasse**, Arbeitszeitbetrug und Kündigung, ArbRB 2005, 242; **Schlachter**, Fristlose Kündigung wegen Entwendung geringwertiger Sachen des Arbeitgebers, NZA 2005, 433.

I. Einführung

Das Recht zur außerordentlichen Kündigung ist für alle Arbeitsverhältnisse einheitlich in **1**
§ 626 BGB geregelt. Nach § 626 Abs. 1 BGB kann das Arbeitsverhältnis von jedem Vertragsteil aus wichtigem Grund ohne Einhaltung einer Kündigungsfrist gekündigt werden, wenn Tatsachen vorliegen, aufgrund derer dem Kündigenden unter Berücksichtigung al-

ler Umstände des Einzelfalles und unter Abwägung der Interessen beider Vertragsteile die Fortsetzung des Dienstverhältnisses bis zum Ablauf der Kündigungsfrist oder bis zu der vereinbarten Beendigung des Arbeitsverhältnisses nicht zugemutet werden kann. Auch die außerordentliche Kündigung bedarf nach § 623 BGB zu ihrer Wirksamkeit der **Schriftform**. Eine **Begründung** ist nicht erforderlich.[1] In Berufsausbildungsverhältnissen ist die Angabe des Kündigungsgrundes nach § 22 Abs. 3 BBiG Wirksamkeitsvoraussetzung einer außerordentlichen Kündigung.[2] Nach § 626 Abs. 2 S. 3 BGB muss der Kündigende dem anderen Teil auf Verlangen den Kündigungsgrund unverzüglich schriftlich mitteilen. Die **Drei-Wochen-Frist des § 4 S. 1 KSchG** gilt auch bei der außerordentlichen Kündigung. Im **Insolvenzverfahren** gilt § 113 InsO.

2 Die außerordentliche Kündigung ist **fristlos** oder mit einer **sozialen Auslauffrist** möglich. Dies wird praktisch besonders relevant in den Fällen, in denen die ordentliche Kündigung durch Tarifvertrag oder Einzelarbeitsvertrag ausgeschlossen ist.[3] In diesen Fällen muss die soziale Auslauffrist der gesetzlichen, tariflichen oder vereinbarten Kündigungsfrist entsprechen. Der Arbeitgeber braucht auch in diesen Fällen einen wichtigen Grund.

3 Das Recht zur außerordentlichen Kündigung ist für Arbeitgeber und Arbeitnehmer **zwingendes Recht** und damit **unabdingbar**.[4] Die außerordentliche Kündigung kann auch nicht durch Tarifvertrag oder Betriebsvereinbarung von vornherein ausgeschlossen werden.[5] Ein einzel- wie kollektivvertraglicher Ausschluss des Rechts zur außerordentlichen Kündigung ist deshalb nichtig.[6]

4 Eine **Umdeutung** der ordentlichen Kündigung in eine außerordentliche Kündigung ist ausgeschlossen. Dagegen ist die Umdeutung einer unwirksamen außerordentlichen Kündigung in eine ordentliche Kündigung grundsätzlich möglich.[7]

II. Die Arten der Kündigung

5 Wie bei der ordentlichen Kündigung ist auch bei der **außerordentlichen Kündigung** zwischen der **Beendigungskündigung** und der **Änderungskündigung** zu unterscheiden. Eine außerordentliche Änderungskündigung kommt nur selten vor. Sie kommt in Betracht, wenn die ordentliche Kündigung durch Gesetz, Tarifvertrag oder Einzelarbeitsvertrag ausgeschlossen ist.[8] Auf die außerordentliche Änderungskündigung ist § 2 KSchG anzuwenden.[9] Die außerordentliche Änderungskündigung setzt voraus, dass die Änderung der Arbeitsbedingungen unabweisbar notwendig ist und die neuen Arbeitsbedingungen dem Arbeitnehmer zumutbar sind.[10]

1 BAG v. 30.1.1963, DB 1963, 555.
2 BAG v. 25.11.1976, AP Nr. 1, 4 zu § 15 BBiG.
3 BAG v. 9.9.1992, NZA 1993, 597.
4 BAG v. 19.12.1974, DB 1975, 890.
5 BAG v. 18.12.1961, DB 1962, 275.
6 BAG v. 15.3.1991, AP Nr. 2 zu § 47 BBiG = NZA 1992, 452; Schaub/*Linck*, Arbeitsrechts-Handbuch, § 127 Rn 10.
7 Schaub/*Linck*, Arbeitsrechts-Handbuch, § 127 Rn 4.
8 Vgl. zur außerordentlichen Änderungskündigung wegen Wegfall des Arbeitsplatzes im öffentlichen Dienst BAG v. 27.11.2008, NZA 2009, 481 ff.; BAG v. 18.5.2006, BB 2007, 668 ff.
9 BAG v. 7.5.1984, DB 1985, 446.
10 BAG v. 6.3.1986, NZA 1987, 102.

Eine **außerordentliche betriebsbedingte Änderungskündigung mit Auslauffrist eines tariflich ordentlich Unkündbaren** ist nicht von vornherein ausgeschlossen.[11] Die Voraussetzungen einer auf betriebliche Gründe gestützten außerordentlichen Änderungskündigung sind beträchtlich und gehen über die Anforderungen an eine ordentliche Änderungskündigung deutlich hinaus. Bereits eine ordentliche betriebsbedingte Änderungskündigung kann nur dann wirksam sein, wenn das Bedürfnis für die Weiterbeschäftigung des Arbeitnehmers im Betrieb zu den bisherigen Bedingungen entfallen ist und sich der Arbeitgeber bei einem an sich anerkennenswerten Anlass darauf beschränkt hat, lediglich solche Änderungen vorzuschlagen, die der Arbeitnehmer billigerweise hinnehmen muss. Ob der Arbeitnehmer eine ihm vorgeschlagene Änderung billigerweise hinnehmen muss, ist nach dem Verhältnismäßigkeitsgrundsatz zu ermitteln. Die Änderungen müssen geeignet und erforderlich sein, um den Inhalt des Arbeitsvertrags den geänderten Beschäftigungsmöglichkeiten anzupassen. Diese Voraussetzungen müssen für alle Vertragsänderungen vorliegen. Ausgangspunkt ist die bisherige vertragliche Regelung, das heißt die angebotenen Änderungen dürfen sich nicht weiter vom Inhalt des bisherigen Arbeitsverhältnisses entfernen, als dies zur Erreichung des angestrebten Ziels erforderlich ist. Für die außerordentliche betriebsbedingte Änderungskündigung müssen demgegenüber erheblich verschärfte Maßstäbe gelten. Andernfalls bliebe der vereinbarte Ausschluss der ordentlichen Kündbarkeit wirkungslos. Der besonderen Bindung muss der Arbeitgeber insbesondere bei Prüfung der Frage, welche Vertragsänderungen er dem Arbeitnehmer mit dem Änderungsangebot zumutet, gerecht werden. Nicht jede mit dem Festhalten am Vertragsinhalt verbundene Last kann einen wichtigen Grund zur außerordentlichen Änderungskündigung bilden. Entscheidender Gesichtspunkt ist, ob das geänderte unternehmerische Konzept die vorgeschlagenen Änderungen erzwingt, ob diese unabweisbar notwendig und dem Arbeitnehmer zumutbar sind oder ob es im Wesentlichen auch ohne oder mit weniger einschneidenden Änderungen durchsetzbar wäre. Stehen mehrere Möglichkeiten der Änderung der Arbeitsbedingungen zur Verfügung, so fordert der Verhältnismäßigkeitsgrundsatz, dass der Arbeitgeber dem Arbeitnehmer diejenige auch ihm zumutbare Änderung anbietet, die den Gekündigten am wenigsten belastet.[12] 6

III. Unkündbarkeit (= Ausschluss der ordentlichen Kündigung)

Der Ausschluss der ordentlichen Kündigung (sog. Unkündbarkeit[13]) kann im Arbeitsvertrag oder in einem Tarifvertrag vereinbart sein. Die außerordentliche Kündigung wird dadurch nicht ausgeschlossen. 7

Der Ausschluss der ordentlichen Kündigung und die hierdurch regelmäßig bestehende langfristige Vertragsbindung der Parteien sind bei einer außerordentlichen, arbeitgeberseitigen Kündigung im Rahmen der **Interessenabwägung** zu berücksichtigen. Nach Auffassung des BAG[14] kann die Unkündbarkeit sowohl **zugunsten** als auch zu **Ungunsten** des Arbeitnehmers zu berücksichtigen sein. Handelt es sich bei betriebs- und personenbedingten Kündigungsgründen um **Dauertatbestände**, wie z.B. bei einer Betriebsstilllegung[15] oder bei dauer- 8

11 BAG v. 28.5.2009 – 2 AZR 844/07 – juris.

12 BAG v. 28.5.2009 – 2 AZR 844/07 – juris.

13 Vgl. im Einzelnen: Küttner/*Kania*, Personalbuch 2009, Unkündbarkeit Rn 1 ff.

14 BAG v. 14.11.1984, DB 1985, 1398.

15 BAG v. 22.7.1992, EzA § 626 BGB n.F. Nr. 141.

hafter Arbeitsunfähigkeit,[16] kommt eine außerordentliche Kündigung ausnahmsweise in Betracht, obwohl grundsätzlich nur eine ordentliche Kündigung zulässig wäre.

9 Bei **verhaltensbedingten Kündigungsgründen** kommt es darauf an, ob die Pflichtverletzung so gravierend ist, dass sie die Fortsetzung des Arbeitsverhältnisses auf Zeit schlechthin unzumutbar macht. In diesem Fall ist eine außerordentliche Kündigung möglich. Bei **Pflichtverletzungen mit Wiederholungsgefahr**, die bei ordentlicher Kündbarkeit nur eine fristgerechte Kündigung sozial rechtfertigen würden, kann bei unkündbaren Arbeitsverhältnissen eine außerordentliche Kündigung gerechtfertigt sein. Handelt es sich um eine **einmalige Pflichtverletzung**, die unter Berücksichtigung der Umstände des Einzelfalles und der Abwägung der beiderseitigen Interessen keine fristlose Kündigung rechtfertigt, aber für eine ordentliche Kündigung ausgereicht hätte, wirkt sich der Ausschluss der ordentlichen Kündigung unter Berücksichtigung von Sinn und Zweck der Unkündbarkeitsklausel zugunsten des Arbeitnehmers aus.[17] Hat der verhaltensbedingte Kündigungsgrund nachhaltige Auswirkungen auf das weitere Arbeitsverhältnis, ist die Unkündbarkeit zu Lasten des Arbeitnehmers zu berücksichtigen.[18]

10 Ist die außerordentliche Kündigung trotz Unkündbarkeit zulässig, begründet dies keine fristlose Kündigung bei Sachverhalten, die bei nicht unkündbaren Arbeitnehmern nur zu einer fristgerechten Kündigung gereicht hätten. In jedem Fall ist die **außerordentliche Kündigung** nur **mit** einer **Auslauffrist** zulässig, die der gesetzlichen, der tarifvertraglichen oder der einzelvertraglichen Kündigungsfrist entspricht, die gelten würde, wenn die ordentliche Kündigung nicht ausgeschlossen wäre.[19] Einem unkündbaren Arbeitnehmer kann deshalb nur fristlos gekündigt werden, wenn verhaltens- oder personenbedingte Gründe vorliegen, die auch bei einem nicht unkündbaren Arbeitnehmer zur fristlosen Kündigung geführt hätten.[20]

IV. Ausschlussfrist

11 Nach § 626 Abs. 2 BGB kann eine außerordentliche Kündigung nur innerhalb von zwei Wochen erfolgen. Die Frist beginnt mit dem Zeitpunkt, in dem der Kündigungsberechtigte von den für die Kündigung maßgebenden Tatsachen Kenntnis erlangt hat. Die **Zwei-Wochen-Frist** des § 626 BGB gilt für Arbeitgeber und Arbeitnehmer.

12 Maßgebend ist die Kenntnis des Kündigungsberechtigten.[21] Der Kündigungsberechtigte muss die sichere und möglichst vollständige positive Kenntnis von den für die Kündigung maßgebenden Tatsachen erlangt haben.[22]

13 Die Ausschlussfrist des § 626 Abs. 2 BGB beginnt, wenn der Kündigungsberechtigte eine zuverlässige und möglichst vollständige positive Kenntnis der für die Kündigung maßgebenden Tatsachen hat, die ihm die Entscheidung ermöglichen, ob die Fortsetzung des Arbeitsverhältnisses zumutbar ist oder nicht. Zu den maßgeblichen Tatsachen gehören sowohl die für als auch die gegen die Kündigung sprechenden Umstände. Ohne eine umfassende Kenntnis des

16 BAG v. 4.2.1993, EzA § 626 BGB n.F. Nr. 144.

17 KR/*Fischermeier*, § 626 BGB Rn 301b.

18 Vgl. BAG v. 14.11.1984, DB 1985, 1398.

19 BAG v. 11.3.1999, DB 1999, 1612; BAG v. 5.2.1998, NZA 1998, 771.

20 BAG v. 11.3.1999, DB 1999, 1612.

21 BAG v. 6.7.1972, DB 1972, 2119.

22 BAG v. 31.3.1993, NZA 1994, 409; BAG v. 10.6.1988, NZA 1989, 105.

Kündigungsberechtigten vom Kündigungssachverhalt kann er sein Kündigungsrecht nicht verwirken. Er muss allerdings nach Kenntnis vom Kündigungssachverhalt mit der gebotenen Eile vorgehen: Nunmehr weiß er, dass – aus seiner Sicht – ein Kündigungsgrund vorliegt und dass er kündigen kann. Innerhalb der Frist muss er deshalb entscheiden, ob er kündigen will und ggf. die Kündigung gegenüber dem Arbeitnehmer erklären. Ab Kenntnis vom Kündigungsgrund ist der Arbeitgeber „Herr der Lage". Deshalb ist es angemessen, dass die Frist nur dann noch gehemmt wird, wenn der Arbeitgeber ohne Fahrlässigkeit an ihrer Einhaltung gehindert wird.[23]

Nur der Arbeitgeber ist nach den genannten gesetzlichen Regelungen zur Kündigung berechtigt. Neben den Mitgliedern der Organe von juristischen Personen und Körperschaften gehören zu den Kündigungsberechtigten auch die Mitarbeiter, denen der Arbeitgeber das Recht zur außerordentlichen Kündigung übertragen hat. Die Kenntnis anderer Personen ist für die Zwei-Wochen-Frist grundsätzlich unbeachtlich. Dies gilt auch dann, wenn den Mitarbeitern Aufsichtsfunktionen übertragen worden sind. Nur ausnahmsweise muss nach der Rechtsprechung des BAG der Arbeitgeber sich die Kenntnis auch anderer Personen nach Treu und Glauben zurechnen lassen. Diese Personen müssen allerdings eine herausgehobene Position und Funktion im Betrieb oder der Verwaltung haben und tatsächlich sowie rechtlich in der Lage sein, einen Sachverhalt – der Anhaltspunkte für eine außerordentliche Kündigung bietet – so umfassend klären zu können, dass mit ihrer Meldung der Kündigungsberechtigte ohne weitere Erhebungen und Ermittlungen seine (Kündigungs-)Entscheidung treffen kann. Dementsprechend muss der Mitarbeiter in einer ähnlich selbstständigen Stellung sein wie ein gesetzlicher oder rechtsgeschäftlicher Stellvertreter des Arbeitgebers. Hinzu kommen muss nach der Rechtsprechung weiter, dass die verspätet erlangte Kenntnis des Kündigungsberechtigten in diesen Fällen auf einer unsachgemäßen Organisation des Betriebs oder der Verwaltung beruht, obwohl eine andere betriebliche Organisation sachgemäß und zumutbar gewesen wäre. Beide Voraussetzungen – ähnlich selbstständige Stellung und schuldhafter Organisationsmangel – müssen kumulativ vorliegen. Mit diesen Anforderungen hat das BAG zur Lösung solcher Fälle beitragen wollen, in denen der Arbeitgeber seinen Betrieb bzw. seine Verwaltungseinheit so organisiert hat, dass hieraus eine Verzögerung des Fristbeginns entstehen kann.[24] 14

Zur Ermittlung des Sachverhaltes kann der Kündigungsberechtigte die ihm nach pflichtgemäßem Ermessen notwendig scheinenden Maßnahmen durchführen, insbesondere dem Adressaten der außerordentlichen Kündigung Gelegenheit zur Stellungnahme geben. 15

Praxishinweis 16

Durch die **Anhörung des Kündigungsgegners** kann die Ausschlussfrist des § 626 Abs. 2 BGB hinausgeschoben werden. Der Beginn der Zwei-Wochen-Frist ist solange nicht in Gang gesetzt, wie der Kündigungsberechtigte aus verständlichen Gründen mit der gebotenen Eile noch Ermittlungen anstellt, die ihm eine umfassende und zuverlässige Kenntnis des Kündigungssachverhalts verschaffen sollen. Die Zwei-Wochen-Frist darf aber nicht länger als unbedingt nötig hinausgeschoben werden.

Ist der Arbeitnehmer erkrankt, muss der Arbeitgeber prüfen, ob sich der Arbeitnehmer einer Anhörung unterziehen kann. Nur wenn dies ausgeschlossen ist oder die Anhörung während der **Erkrankung des Arbeitnehmers** verweigert wird, ist der Ablauf der Zwei-Wochen-Frist gehemmt.[25] 17

23 BAG v. 23.10.2008, DB 2009, 572.

24 BAG v. 23.10.2008, DB 2009, 572.

25 LAG Frankfurt v. 8.10.1979 – 11 Sa 544/79 – n.v.

18 Bei **Dauertatbeständen** besteht die Besonderheit darin, dass fortlaufend neue Tatsachen eintreten, die für die Kündigung maßgebend sind. Deshalb beginnt die Ausschlussfrist mit dem **letzten Vorfall**, der ein Glied in der Kette von Ereignissen bildet, die zum Anlass für die außerordentliche Kündigung genommen werden.[26]

19 *Beispiele*

- ständige Unpünktlichkeit
- ständiges unerlaubtes Fehlen
- Arbeitnehmer nimmt eigenmächtig Urlaub

20 Bei **strafbaren Handlungen** kann der Arbeitgeber den Ausgang des Strafverfahrens abwarten, ohne dass die Ausschlussfrist läuft, wenn eigene Ermittlungen nicht die für eine Kündigung erforderlichen sicheren Kenntnisse verschafft haben.[27] Dies gilt nicht, wenn der Arbeitnehmer den Vorfall zugegeben hat, es sei denn, es kommt auf die Bewertung des Verhaltens an.[28]

21 *Praxishinweis*

Bei strafbaren Handlungen des Arbeitnehmers sollte die Kündigung nicht nur als Tatkündigung ausgesprochen werden. Bei der Verdachtskündigung ist die Anhörung des Arbeitnehmers in jedem Fall erforderlich. In der Betriebsratsanhörung muss deutlich werden, dass sowohl zu einer Tat- als auch zu einer **Verdachtskündigung** angehört wird.

V. Abmahnung

22 Nach dem Grundsatz der Verhältnismäßigkeit ist vor Ausspruch einer außerordentlichen Kündigung im Allgemeinen eine **Abmahnung** notwendig. Hiervon kann allenfalls bei Störungen im Vertrauensbereich abgesehen werden, da einmal zerstörtes Vertrauen durch die Abmahnung nicht wieder hergestellt werden kann.

VI. Wichtiger Grund

23 Für die außerordentliche Kündigung ist ein „**wichtiger Grund**" erforderlich. Es gibt keine absoluten Kündigungsgründe.[29]

24 Gemäß § 626 Abs. 1 BGB kann ein Arbeitsverhältnis aus wichtigem Grund ohne Einhaltung einer Kündigungsfrist gekündigt werden, wenn Tatsachen vorliegen, aufgrund derer dem Kündigenden unter Berücksichtigung aller Umstände des Einzelfalles und unter Abwägung der Interessen beider Vertragsteile die Fortsetzung des Arbeitsverhältnisses bis zum Ablauf der Kündigungsfrist nicht zugemutet werden kann. Ein wichtiger Grund liegt vor, wenn **objektive Tatsachen** das Arbeitsverhältnis **schwerwiegend belasten**. Es kann sich um **Vertragsverletzungen** im **Leistungsbereich**, im **betrieblichen Bereich**, im **Vertrauensbereich** und im **Unternehmensbereich** handeln.[30] Da der in § 626 Abs. 1 BGB verwendete Begriff des wichtigen Grundes ein unbestimmter Rechtsbegriff ist, kann seine Anwendung durch die Tatsachengerichte im **Revisionsverfahren** nur darauf überprüft werden, ob das Berufungsgericht den

26 BAG v. 10.4.1975, DB 1975, 1656.

27 BAG v. 29.7.1993, DB 1994, 146.

28 BAG v. 11.3.1976, DB 1976, 1338.

29 BAG v. 15.11.1984, DB 1986, 50.

30 KR/*Fischermeier*, § 626 BGB Rn 166 ff.

Rechtsbegriff selbst verkannt hat, ob es bei der Unterordnung des Sachverhaltes unter die Rechtsnorm Denkansätze oder allgemeiner Erfahrungssätze verletzt und ob es alle vernünftigerweise in Betracht kommenden Umstände, die für oder gegen die außerordentliche Kündigung sprechen, widerspruchsfrei beachtet hat.[31] Ebenfalls ist die Prüfung, ob aufgrund des Verhältnismäßigkeitsgrundsatzes vor Ausspruch einer Kündigung eine Abmahnung erforderlich ist, weitgehend Aufgabe der Tatsacheninstanz und unterliegt nur einer eingeschränkten revisionsrechtlichen Prüfung.[32]

Die **Prüfung der Wirksamkeit** einer außerordentlichen Kündigung erfolgt **zweistufig**: 25

Im Rahmen des § 626 Abs. 1 BGB ist zunächst zu prüfen, ob ein bestimmter Sachverhalt ohne die besonderen Umstände des Einzelfalles an sich als wichtiger Kündigungsgrund geeignet ist. Liegt ein solcher Sachverhalt vor, bedarf es der weiteren Prüfung, ob die Fortsetzung des Arbeitsverhältnisses unter Berücksichtigung der konkreten Umstände des Einzelfalles und unter Abwägung der Interessen beider Vertragsteile zumutbar ist oder nicht.[33]

VII. Interessenabwägung

Wenn ein an sich geeigneter Grund zur Rechtfertigung einer Kündigung vorliegt, kann eine 26
hierauf gestützte außerordentliche Kündigung das Arbeitsverhältnis gleichwohl nur dann beenden, wenn sich bei einer umfassenden **Interessenabwägung** ergibt, dass das Beendigungsinteresse des Arbeitgebers im Verhältnis zu dem Bestandsschutzinteresse des Arbeitnehmers überwiegt. Die bei der Interessenabwägung zu berücksichtigenden Umstände lassen sich nicht abschließend für alle Fälle festlegen. Zunächst kommt der Dauer des Arbeitsverhältnisses und dessen beanstandungsfreiem Bestand ein besonderes Gewicht zu. Darüber hinaus sind die Unterhaltspflichten und das Lebensalter zu berücksichtigen. Das gilt auch dann, wenn eine Kündigung auf ein Vermögensdelikt zum Nachteil des Arbeitgebers gestützt wird. Darüber hinaus sind insbesondere das Gewicht und die Auswirkungen einer Vertragspflichtverletzung, eine mögliche Wiederholungsgefahr sowie der Grad des Verschuldens des Arbeitnehmers zu berücksichtigen.[34]

VIII. Verdachtskündigung

Nach der Rechtsprechung des BAG[35] ist nicht nur eine erwiesene Vertragsverletzung, sondern 27
auch schon der schwerwiegende **Verdacht** einer strafbaren Handlung oder einer sonstigen Verfehlung ein wichtiger Grund zur außerordentlichen Kündigung gegenüber dem verdächtigten Arbeitnehmer. Nach der ständigen Senatsrechtsprechung liegt eine Verdachtskündigung dann vor, wenn und soweit der Arbeitgeber seine Kündigung damit begründet, gerade der Verdacht eines (nicht erwiesenen) strafbaren bzw. vertragswidrigen Verhaltens habe das für die Fortsetzung des Arbeitsverhältnisses erforderliche Vertrauen zerstört. Der Verdacht einer strafbaren Handlung stellt gegenüber dem Vorwurf, der Arbeitnehmer habe die Tat begangen, einen ei-

31 BAG v. 7.7.2005, NZA 2006, 98 ff. = NJW 2006, 530 ff. = DB 2006, 397 ff.; BAG v. 25.3.2004, AP BGB § 626 Nr. 189 = EzA BG 2002 § 626 Nr. 6; BAG v. 15.11.2001, BAGE 99, 331.

32 BAG v. 15.11.2001, BAGE 99, 331.

33 BAG v. 7.7.2005, NZA 2006, 98 ff. = NJW 2006, 530 ff. = DB 2006, 397 ff.

34 BAG v. 26.3.2009 – 2 AZR 953/07– juris.

35 BAG v. 13.9.1995, NZA 1996, 81.

genständigen Kündigungsgrund dar, der in dem Tatvorwurf nicht enthalten ist. Bei der Tatkündigung ist für den Kündigungsentschluss maßgebend, dass der Arbeitnehmer nach der Überzeugung des Arbeitgebers die strafbare Handlung bzw. Pflichtverletzung tatsächlich begangen hat und dem Arbeitgeber aus diesem Grund die Fortsetzung des Arbeitsverhältnisses unzumutbar ist. § 626 Abs. 1 BGB lässt eine Verdachtskündigung dann zu, wenn sich starke Verdachtsmomente auf objektive Tatsachen gründen, wenn die Verdachtsmomente geeignet sind, das für die Fortsetzung des Arbeitsverhältnisses erforderliche Vertrauen zu zerstören und wenn der Arbeitgeber alle zumutbaren Anstrengungen zur Aufklärung des Sachverhaltes unternommen, insbesondere dem Arbeitnehmer Gelegenheit zur Stellungnahme gegeben hat.

28 Die **vorherige Anhörung des Arbeitnehmers** ist **formelle Wirksamkeitsvoraussetzung** der Verdachtskündigung, denn anders als bei einem aufgrund von Tatsachen bewiesenen Sachverhalt besteht bei einer Verdachtskündigung immer die Gefahr, dass ein „Unschuldiger" betroffen ist. Deshalb ist es gerechtfertigt, strenge Anforderungen an die Verdachtskündigung zu stellen und vom Arbeitgeber zu verlangen, alles zu tun, um den Sachverhalt aufzuklären. Die Kündigung verstieße anderenfalls gegen den Grundsatz der Verhältnismäßigkeit, sie wäre nicht ultima ratio. Der Arbeitnehmer muss die Möglichkeit erhalten, die Verdachtsgründe bzw. Verdachtsmomente zu beseitigen bzw. zu entkräften und gegebenenfalls Entlastungstatsachen geltend zu machen. Verletzt der Arbeitgeber schuldhaft die aus der Aufklärungspflicht resultierende ihm obliegende Anhörungspflicht, dann kann er sich im Prozess nicht auf den Verdacht einer strafbaren Handlung bzw. eines pflichtwidrigen Verhaltens des Arbeitnehmers berufen, d.h. die hierauf gestützte Kündigung ist unwirksam.[36] Die Anhörung des Arbeitnehmers hat im Zuge der gebotenen Aufklärung des Sachverhalts zu erfolgen; dass sie stets erst nach Abschluss der sonstigen Aufklärungsbemühungen zu erfolgen hätte, wird in der einschlägigen Rechtsprechung des Bundesarbeitsgerichts nicht gefordert. Auch muss die Anhörung des Arbeitnehmers nicht den Anforderungen genügen, wie sie an die Anhörung des Betriebsrats gemäß § 102 Abs. 1 BetrVG gestellt werden. Allerdings reicht es nicht, dass der Arbeitnehmer lediglich mit einer völlig unsubstantiierten Wertung konfrontiert wird. Die Anhörung muss sich vielmehr auf einen Sachverhalt beziehen, der jedenfalls soweit konkretisiert ist, dass sich der Arbeitnehmer darauf substantiiert einlassen kann; zum anderen darf der Arbeitgeber grundsätzlich keine Erkenntnisse vorenthalten, die er im Anhörungszeitpunkt bereits gewonnen hat, weil andernfalls die Verteidigungsmöglichkeiten des Arbeitnehmers unzulässig beschnitten würden. Bestreitet der Arbeitnehmer, obgleich die bislang bekannten und ihm vorgehaltenen Tatsachen eine konkrete Einlassung ermöglichen würden, lediglich pauschal, so lässt dies regelmäßig den Schluss zu, der Arbeitnehmer sei an einer Mitwirkung an der Aufklärung des Verdachts nicht interessiert. Das Unterlassen des Arbeitgebers, den Arbeitnehmer zu den anschließend weiter ermittelten Tatsachen erneut anzuhören, kann dann in der Regel nicht als schuldhafte Verletzung einer Obliegenheit angesehen werden, die die formelle Unwirksamkeit der Verdachtskündigung zur Folge hat. Lässt sich demgegenüber der Arbeitnehmer zu den vorgehaltenen Verdachtsmomenten konkret ein, so dass der Verdacht zerstreut wird bzw. aus der Sicht des Arbeitgebers für eine Kündigung nicht mehr ausreicht, und führen erst die daraufhin durchgeführten weiteren Ermittlungen aus der Sicht des Arbeitgebers zu einer Widerlegung des Entlastungsvorbringens des Arbeitnehmers, so ist dieser vor Ausspruch der Verdachtskündigung erneut anzuhören.[37]

36 BAG v. 13.9.1995, NZA 1996, 81.
37 BAG v. 13.9.1995, NZA 1996, 81

IX. Art der Kündigungsgründe

1. Betriebsbedingte Kündigung

Die außerordentliche Kündigung aus betriebsbedingten Gründen ist nur ausnahmsweise zulässig. Die Einhaltung der ordentlichen Kündigungsfrist gehört zu dem vom Arbeitgeber zu tragenden Unternehmerrisiko.[38] Die außerordentliche Kündigung aus betriebsbedingten Gründen setzt voraus, dass der Arbeitsplatz weggefallen ist und der Arbeitgeber den Arbeitnehmer auch unter Einsatz aller zumutbaren Mittel – bis hin zur Umorganisation des Betriebes – nicht weiterbeschäftigen kann[39] und über Jahre zur Zahlung der vereinbarten Vergütung verpflichtet bliebe. Eine außerordentliche Kündigung aus betrieblichen Gründen wegen Stilllegung des Betriebes oder eines Betriebsteils ist nur dann aus wichtigem Grund gerechtfertigt, wenn eine ordentliche Kündigung ausgeschlossen ist.[40] Die Kündigung ist unter Wahrung einer sozialen Auslauffrist auszusprechen, so dass die Beschäftigungsmöglichkeit erst zum Zeitpunkt des Ablaufs der Auslauffrist entfallen muss.[41] 29

Nach Ansicht des BAG[42] kann ein wichtiger Grund an sich i.S.v. § 626 Abs. 1 BGB für eine außerordentliche Änderungskündigung zur Reduzierung des Entgelts eines ordentlich unkündbaren Arbeitnehmers aber jedenfalls dann vorliegen, wenn die Änderung der Arbeitsbedingungen das Ziel hat, der konkreten Gefahr einer Betriebsschließung wegen Insolvenz zu begegnen. Ist die wirtschaftliche Lage des Unternehmens so schlecht, dass der Arbeitgeber ohne die angestrebte Senkung der Personalkosten Insolvenzantrag stellen müsste, so ist eine Änderungskündigung zur Entgeltsenkung gegenüber der sonst zu befürchtenden Betriebsschließung regelmäßig das mildere Mittel. In einer derart existenzbedrohenden Situation kann der Arbeitgeber je nach den Umständen auch von seinen ordentlich unkündbaren Arbeitnehmern einen Sanierungsbeitrag verlangen und im Wege der außerordentlichen Änderungskündigung durchsetzen. Liegen nach dem Vorbringen des Arbeitgebers die sonstigen Voraussetzungen einer ordentlichen Änderungskündigung zur Entgeltabsenkung vor und ist die von den ordentlich unkündbaren Arbeitnehmern verlangte Entgeltabsenkung zur Vermeidung einer Betriebsschließung aus Insolvenzgründen unabweisbar notwendig, so sind damit regelmäßig hinreichende Tatsachen dargelegt, die das Vorliegen eines wichtigen Grundes für eine außerordentliche Änderungskündigung i.S.v. § 626 BGB nahelegen. Der Arbeitgeber muss allerdings insoweit darlegen, dass die Sanierung mit den Eingriffen in die Arbeitsverträge steht und fällt und alle gegenüber der beabsichtigten Änderungskündigung milderen Mittel ausgeschöpft sind. 30

Liegt ein wichtiger Grund zur außerordentlichen Änderungskündigung aus betrieblichen Gründen vor, so kann auch eine Herabgruppierung um mehrere Gehaltsgruppen zulässig sein. Wenn durch das Änderungsangebot neben der Tätigkeit auch die Gegenleistung (Vergütung) geändert werden soll, sind beide Elemente des Änderungsangebots am Verhältnismäßigkeitsgrundsatz zu messen. Eine gesonderte Rechtfertigung der Vergütungsänderung ist nur dann entbehrlich, wenn sich die geänderte Vergütung aus einem im Betrieb angewandten Vergütungssystem ergibt (sog. Tarifautomatik). Ist die Veränderung der Tätigkeit aufgrund der unternehmerischen Entscheidung unabweisbar und daher an sich geeignet, eine außerordentliche Änderungskündi- 31

38 BAG v. 7.3.2002, NZA 2002, 963.

39 BAG v. 5.2.1998, NZA 1998, 771 = DB 1998, 1035 ff.

40 BAG v. 22.7.1992, EzA § 626 BGB n.F. Nr. 141.

41 BAG v. 13.4.2000, DB 2000, 1819.

42 BAG v. 1.3.2007, NZA 2007, 1445 (betr. §§ 55, 54 BAT).

gung zu rechtfertigen, so gilt dies bei Vorliegen eines Vergütungssystems auch für die Änderung der Eingruppierung. Dem Arbeitgeber ist es in diesen Fällen regelmäßig nicht zumutbar, lediglich die Tätigkeit des Arbeitnehmers den neuen Gegebenheiten anzupassen und es – übertariflich – bei der bisherigen Bezahlung zu belassen.[43]

2. Personenbedingte Kündigung

32 Nach der Rechtsprechung des BAG[44] ist eine außerordentliche Kündigung aus personenbedingten Gründen möglich. Im Einzelfall können Krankheit,[45] fehlende charakterliche Eignung,[46] die Verbüßung einer Freiheitsstrafe[47] oder der Entzug der Ausbildungsbefugnis eines Ausbilders,[48] Verlust der Fahrerlaubnis bei einem Berufskraftfahrer[49] eine außerordentliche Kündigung aus personenbedingten Gründen rechtfertigen. Grundsätzlich sind personenbedingte Gründe aber nur dann kündigungsrelevant, wenn sie zu einer konkreten Störung des Arbeitsverhältnisses führen,[50] so dass ein besonders strenger Maßstab anzulegen ist.[51]

3. Verhaltensbedingte Kündigung

33 Eine fristlose Kündigung aus verhaltensbedingten Gründen erfordert ein vertragswidriges Verhalten des Gekündigten. Der Gekündigte muss objektiv, rechtswidrig und schuldhaft seine Pflichten aus dem Arbeitsvertrag verletzt haben. Fahrlässigkeit reicht aus.[52] Umstritten ist, ob bei einem besonders schwerwiegenden Fall einer schuldlosen Vertragspflichtverletzung ausnahmsweise eine verhaltensbedingte Kündigung in Betracht kommen kann.[53]

X. Beispiele

34 In Rechtsprechung und Literatur[54] finden sich zahlreiche Beispiele der außerordentlichen Kündigung durch den Arbeitgeber. Eine **außerordentliche Kündigung** kann beispielsweise **in Betracht kommen** bei Alkoholmissbrauch;[55] dem mindestens grob fahrlässigen Verstoß eines Berufskraftfahrers gegen ein absolutes Alkoholverbot bei Gefahrguttransporten;[56] aus-

43 BAG v. 27.11.2008, NZA 2009, 481 (betr. TVöD § 34 II).
44 BAG v. 10.3.1977, DB 1977, 1322.
45 Vgl. BAG v. 18.2.1993, DB 1994, 1426.
46 Vgl. BAG v. 28.3.1974, DB 1974, 1531.
47 Vgl. BAG v. 15.11.1984, DB 1986, 50.
48 Vgl. Küttner/*Eisemann*, Personalbuch 2009, Kündigung, außerordentliche Rn 38.
49 BAG v. 5.6.2008, DB 2009. 123.
50 KR/*Fischermeier*, § 626 BGB Rn 129.
51 Küttner/*Eisemann*, Personalbuch 2009, Kündigung, außerordentliche Rn 38.
52 BAG v. 25.4.1991, EzA § 626 BGB n.F. Nr. 140.
53 Bejahend: BAG v. 21.1.1999, NZA 1999, 863 ff. = NJW 1999, 3140 ff. (Bestätigung der ständigen Senatsrechtsprechung); verneinend: BAG v. 14.2.1996, NZA 1996, 873 ff. = NJW 1996, 2253 f.; KR/*Fischermeier*, § 626 BGB Rn 139.
54 Vgl. Schaub/*Linck*, Arbeitsrechts-Handbuch, § 127 Rn 60 ff.; Küttner/*Eisemann*, Personalbuch 2009, Kündigung, außerordentliche Rn 47 ff.
55 BAG v. 14.11.1984, DB 1985, 2003; BAG v. 30.5.1978, DB 1978, 1790; BAG v. 9.4.1987, DB 1987, 2156; BAG v. 16.9.1999, NZA 2000, 141.
56 LAG Köln v. 19.3.2008, DB 2009, 69.

länderfeindlichen Äußerungen;[57] groben Beleidigungen von Vorgesetzten oder des Arbeitgebers;[58] besonders gravierenden Störungen des Betriebsfriedens;[59] Tätlichkeiten unter Arbeitnehmern;[60] wiederholt unentschuldigtem Fehlen des Arbeitnehmers für die Dauer eines ganzen Arbeitstages ohne ausreichende Information des Arbeitgebers nach einschlägiger Abmahnung;[61] Haft;[62] Annahme von Schmiergeldern,[63] nicht jedoch bei Entgegennahme branchenüblicher Gelegenheitsgeschenke oder Trinkgelder, soweit es sich um geringwertige Aufmerksamkeiten handelt;[64] sittlichen Verfehlungen;[65] Straftaten wie Diebstahl;[66] Missbrauch von Kontrolleinrichtungen;[67] Nutzung des Internets während der Arbeitszeit zu privaten Zwecken in erheblichem zeitlichen Umfang („ausschweifend");[68] Strafanzeigen gegen den Arbeitgeber, wenn der Arbeitnehmer wissentlich oder leichtfertig falsche Angaben gemacht hat oder sich eine erhebliche Verletzung arbeitsvertraglicher Nebenpflichten aus anderen Umständen ergibt;[69] Spesenbetrug;[70] zulasten des Arbeitgebers begangenem versuchtem Prozessbetrug;[71] unzulässiger Konkurrenztätigkeit wie z.B. Abwerbung von Mitarbeitern für ein beabsichtigtes eigenes Unternehmen;[72] Ankündigung einer zukünftigen, im Zeitpunkt der Ankündigung nicht bestehenden Erkrankung für den Fall, dass der Arbeitgeber einem unberechtigten Verlangen auf Gewährung von Urlaub nicht entsprechen sollte;[73] Verlust der Fahrerlaubnis bei einem Berufskraftfahrer.[74]

Eine **fristlose Kündigung kommt nicht in Betracht**, wenn der Arbeitnehmer, gemeinsam 35
mit dem Geschäftsführer einer GmbH, Reisekostenabrechnungen fälscht;[75] bei Tätlichkeiten am Arbeitsplatz;[76] eigenmächtigem Urlaubsantritt;[77] der schuldhaften, beharrlichen Weige-

57 BAG v. 14.2.1996, NZA 1996, 873.

58 BAG v. 15.12.1977, DB 1978, 1038; BAG v. 21.1.1999, NZA 1999, 863; LAG Hessen v. 3.9.2008, NZA 2009, Heft 7, XIII.

59 BAG v. 9.12.1982, DB 1983, 2578; BAG v. 11.8.1982, DB 1982, 2705.

60 BAG v. 18.9.2008, DB 2009, 964.

61 Vgl. BAG v. 15.3.2001, EzA § 626 n.F. Nr. 185.

62 BAG v. 15.11.1984, DB 1986, 50; BAG v. 9.3.1995, DB 1995, 733.

63 BAG v. 21.6.2001, NZA 2002, 232; BAG v. 15.11.1995, DB 1995, 2378.

64 BAG v. 15.11.2001, BAGE 99, 331 ff. = AP Nr. 175 zu § 626 BGB.

65 BAG v. 9.1.1986, DB 1986, 1339.

66 BAG v. 13.12.2007, DB 2008, 1633; BAG v. 11.12.2003, NZA 2004, 486 ff.; BAG v. 17.5.1984, DB 1984, 2702; LAG Berlin-Brandenburg v. 24.2.2009, DB 2009, 625 (Nichtzulassungsbeschwerde zugelassen BAG v. 28.7.2009, NZA 2009, 859); vgl. zur außerordentlichen Kündigung wg. Diebstahls während der Freistellungsphase der Altersteilzeit LAG Schleswig-Holstein v. 18.1.2005, NZA-RR 2005, 367 f.; vgl. zur fristlosen Kündigung wegen Entwendung geringwertiger Sachen des Arbeitgebers *Schlachter*, NZA 2005, 433 ff.

67 BAG v. 12.8.1999, NZA 2000, 27; vgl. zum Arbeitszeitbetrug *Sasse*, ArbRB 2005, 242 ff.

68 BAG v. 7.7.2005, NZA 2006, 98 ff. = NJW 2006, 530 ff. = DB 2006, 397 ff. = BB 2006, 331 ff.

69 Vgl. BAG v. 3.7.2003, NZA 2004, 427 ff. = NJW 2004, 1547 ff. = DB 2004, 878 ff. = BB 2004, 1964 ff.; BVerfG v. 2.7.2001, AP BGB § 626 Nr. 170; Schaub/*Linck*, Arbeitsrechts-Handbuch § 127 Rn 66; *Bodenstedt*, EWiR 2004, 613 f.

70 BAG v. 22.11.1962, DB 1963, 1055; LAG Hamm v. 20.6.2005 – 10 Sa 1791/04 – juris.

71 BAG v. 8.11.2007, DB 2009, 1024.

72 BAG v. 26.6.2008, NZA 2008, 1415.

73 BAG v. 12.3.2009. NZA 2009, 779.

74 BAG v. 5.6.2008, DB 2009, 123.

75 LAG Mecklenburg-Vorpommern v. 18.5.2005 – 2 Sa 523/04 – juris; Nichtzulassungsbeschwerde beim BAG eingelegt unter – 2 AZN 736/05, hierzu BAG v. 29.9.2005 (nicht dokumentiert).

76 BAG v. 31.3.1993, DB 1994, 839; vgl. zur außerordentlichen Kündigung wegen Gewaltandrohung LAG Rheinland-Pfalz v. 5.7.2005, LAG-Report 2005, 350.

77 BAG v. 20.1.1994, DB 1994, 1042; BAG v. 22.1.1998, NZA 1998, 708.

rung, die arbeitsvertraglichen Pflichten zu erfüllen.[78] Eine außerordentliche Kündigung durch den Arbeitgeber wurde auch abgelehnt bei: unverschuldeten krankheitsbedingten Fehlzeiten;[79] der Verletzung eines wirksam vereinbarten Rauchverbotes;[80] der softpornografischen Abbildung einer Arbeitnehmerin;[81] der Teilnahme an einem rechtmäßigen Streik[82] und bei häufiger Unpünktlichkeit.[83]

36 *Praxishinweis*
Wir empfehlen, das Arbeitsverhältnis nicht nur außerordentlich fristlos aus wichtigem Grund zu kündigen, sondern vorsorglich auch immer ordentlich zum nächstmöglichen Zeitpunkt.

XI. Außerordentliche Arbeitnehmerkündigungen

1. Einführung

37 Für die außerordentliche Kündigung des Arbeitnehmers gelten die gleichen Grundsätze wie für die außerordentliche Arbeitgeberkündigung.[84] Der Grundsatz der Verhältnismäßigkeit verlangt in der Regel auch von einem Arbeitnehmer, den pflichtwidrig handelnden Arbeitgeber vor Ausspruch einer außerordentlichen Kündigung abzumahnen.[85] § 626 Abs. 2 BGB findet Anwendung (vgl. oben Rn 10 ff.). Außerdem bedarf es der fallbezogenen Abwägung aller für und gegen die sofortige Lösung des Arbeitsverhältnisses sprechenden Umstände im Einzelfall im Rahmen einer Interessenabwägung.[86] Der Arbeitnehmer ist für den wichtigen Grund darlegungs- und beweispflichtig.[87] Der Arbeitgeber kann auf Feststellung klagen, dass die außerordentliche Kündigung des Arbeitnehmers unwirksam ist.[88]

2. Art der Kündigungsgründe

38 Eine betriebsbedingte außerordentliche Arbeitnehmerkündigung kommt nicht in Betracht.

39 Eine personenbedingte außerordentliche Arbeitnehmerkündigung ist möglich, wenn dem Arbeitgeber oder dem von ihm eingesetzten Ausbilder die für die Anerkennung einer Ausbildung oder Zulassung zu einer Abschlussprüfung erforderliche Ausbildungsbefugnis entzogen wird.[89]

40 Eine verhaltensbedingte außerordentliche Arbeitnehmerkündigung kommt insbesondere bei Verletzung von Leistungspflichten durch den Arbeitgeber in Frage. Nach der Rechtspre-

78 Vgl. BAG v. 21.11.1996, NZA 1997, 487.
79 Vgl. BAG v. 18.10.2000, NZA 2001, 219.
80 Vgl. LAG Düsseldorf v. 17.6.1997, LAGE § 1 KSchG verhaltensbedingte Kündigung Nr. 58.
81 ArbG Passau v. 11.12.1997, NZA 1998, 427.
82 BAG GS v. 28.1.1955, AP Nr. 1 zu Art. 9 GG, Arbeitskampf.
83 BAG v. 17.8.1988, NZA 1989, 261 (104 x verspätet in 1,5 Jahren, 6 x abgemahnt).
84 BAG v. 19.6.1967, AP Nr. 1 zu § 124 GewO.
85 BAG v. 17.1.2002, NZA 2003, 816.
86 BAG v. 26.7.2001, NZA 2002, 325 ff. = NJW 2002, 1593 ff. = DB 2002, 539 ff. = BB 2002, 832 ff.; BAG v. 30.5.1978, BAGE 30, 309, 313 f.
87 BAG v. 25.7.1963, AP Nr. 1 zu § 448 ZPO.
88 Vgl. BAG v. 20.3.1986, NZA 1986, 714.
89 KR/*Fischermeier*, § 626 BGB Rn 136.

chung des BAG kann ein Gehaltsrückstand an sich geeignet sein, einen wichtigen Grund zur fristlosen Kündigung i.S.d. § 626 Abs. 1 BGB darzustellen. Dies gilt jedenfalls dann, wenn die Nichtzahlung der Vergütung eine nicht unerhebliche Höhe erreicht oder der Verzug mit der Vergütungszahlung sich über einen erheblichen Zeitraum hinweg erstreckt und der Arbeitnehmer diesen Fehler abgemahnt hat. Rückstände mit kleinen Vergütungsbeträgen berechtigen zu einer außerordentlichen Kündigung, wenn der Arbeitgeber die Vergütung willkürlich oder ohne nachvollziehbare Begründung hartnäckig verweigert.[90]

Ein Arbeitnehmer ist nicht zur fristlosen Kündigung berechtigt, wenn er ein anderes Dienst- **41**
verhältnis mit erheblich besseren Bedingungen nur eingehen kann, wenn er zuvor das bestehende Arbeitsverhältnis, für das eine längere Kündigungsfrist gilt, vorzeitig löst.[91]

3. Beispiele

In der Rechtsprechung und Literatur[92] finden sich Beispiele der außerordentlichen Kündigung **42**
durch den Arbeitnehmer. Eine außerordentliche Kündigung kommt beispielsweise in Betracht bei Arbeitsschutzverletzungen;[93] bei Belästigungen und groben Beleidigungen des Arbeitnehmers;[94] bei sexuellen Belästigungen;[95] bei ausländerfeindlichen Maßnahmen, wenn die Vertrauensbasis zerstört ist;[96] bei Beschäftigungspflichtverletzungen des Arbeitgebers[97] oder Vertragsverletzungen des Arbeitgebers.[98]

Keine außerordentliche Arbeitnehmerkündigung kommt in Betracht bei geplantem Arbeits- **43**
platzwechsel des Arbeitnehmers;[99] bei zu geringem Verdienst, Ausnahme: Verdienst deckt das Existenzminimum des Arbeitnehmers nicht[100] oder Sittenwidrigkeit;[101] Gewissenskonflikt;[102] Verdächtigungen.[103]

XII. Sonderkündigungsschutz

1. Mutterschutz

Nach § 9 Abs. 1 MuSchG ist die Kündigung während der Schwangerschaft und bis vier **44**
Monate nach der Entbindung unzulässig. Dies gilt auch für die außerordentliche Kündigung. Nach § 9 Abs. 3 MuSchG kann die Kündigung ausnahmsweise für zulässig erklärt werden.

90 BAG v. 26.7.2001, NZA 2002, 325 ff. = NJW 2002, 1593 ff. = DB 2002, 539 ff. = BB 2002, 832 ff.; BAG v. 30.5.1978, BAGE 30, 309, 313 f.; BAG v. 25.7.1963, BAGE 14, 266.
91 BAG v. 17.10.1969, EzA § 60 HGB Nr. 2.
92 Vgl. Schaub/*Linck*, Arbeitsrechtshandbuch, § 127 Rn 149 ff.
93 Vgl. BAG v. 28.10.1971, AP Nr. 62 zu § 626 BGB.
94 V. Hoyningen-*Huene*, BB 1991, 2215.
95 Schaub/*Linck*, Arbeitsrechtshandbuch, § 127 Rn 151.
96 LAG Hamm v. 27.5.1993, AiB 1994, 54.
97 BAG v. 19.8.1976, AP Nr. 4 zu § 611 BGB Beschäftigungspflicht.
98 Vgl. Schaub/*Linck*, Arbeitsrechtshandbuch, § 127 Rn 161.
99 BAG v. 17.10.1969, AP Nr. 7 zu § 611 BGB Treuepflicht.
100 Vgl. LAG Baden-Württemberg v. 24.7.1969, BB 1969, 1312.
101 Schaub/*Linck*, Arbeitsrechtshandbuch, § 127 Rn 154.
102 Schaub/*Linck*, Arbeitsrechtshandbuch, § 127 Rn 155.
103 Vgl. BAG v. 24.2.1964, AP Nr. 1 zu § 607 BGB.

45 Wenn die Zulässigkeitserklärung nicht innerhalb der Zwei-Wochen-Frist des § 626 Abs. 2 BGB erwirkt wird, reicht es aus, dass der Arbeitgeber binnen zwei Wochen nach Kenntnis der Kündigungsgründe bei der zuständigen Behörde beantragt, die beabsichtigte außerordentliche Kündigung für zulässig zu erklären. Wird die beabsichtigte Kündigung für zulässig erklärt, muss der Arbeitgeber die Kündigung unverzüglich nach Zustellung des Bescheides aussprechen.[104] Liegt die Zustimmung zur Kündigung vor Ablauf der Zwei-Wochen-Frist des § 626 Abs. 2 BGB vor, so kann der Arbeitgeber diese Kündigungserklärungsfrist voll ausschöpfen und muss nicht unverzüglich kündigen.[105]

2. Elternzeit

46 Die vorstehenden Grundsätze gelten entsprechend auch für die außerordentliche Kündigung während der Elternzeit.[106]

3. Schwerbehinderte

47 Nach § 85, § 91 Abs. 1 SGB IX bedarf die außerordentliche Kündigung eines schwerbehinderten Menschen durch den Arbeitgeber der vorherigen Zustimmung durch das Integrationsamt. Die Zustimmung zur außerordentlichen Kündigung kann nur innerhalb von zwei Wochen beantragt werden. Die Frist beginnt mit dem Zeitpunkt, in dem der Arbeitgeber von den für die Kündigung maßgebenden Tatsachen Kenntnis erlangt (§ 91 Abs. 2 S. 1 und 2 SGB IX). Durch die Zustimmung steht jedoch nicht zugleich fest, dass die 2-Wochen-Frist des § 626 Abs. 2 S. 1 BGB gewahrt ist. Die Fristen des § 626 Abs. 2 S. 1 BGB und des § 91 Abs. 2 S. 1 SGB IX bestehen selbstständig nebeneinander und verdrängen einander nicht. Von den Gerichten für Arbeitssachen ist die Ausschlussfrist des § 626 Abs. 2 S. 1 BGB eigenständig zu prüfen.[107]

48 Nach § 91 Abs. 5 SGB IX kann die Kündigung auch nach Ablauf der Frist des § 626 Abs. 2 BGB erfolgen, wenn sie unverzüglich nach Erteilung der Zustimmung erklärt wird.[108] Liegt die Zustimmung des Integrationsamtes zu einer außerordentlichen Kündigung eines Schwerbehinderten vor Ablauf der Zwei-Wochen-Frist des § 626 Abs. 2 BGB vor, so kann der Arbeitgeber diese Kündigungserklärungsfrist voll ausschöpfen und muss nicht unverzüglich kündigen. Die dem Schutz des Arbeitgebers dienende Regelung des § 91 Abs. 5 SGB IX ergänzt als spezielle Regelung § 626 Abs. 2 BGB nur nach Ablauf der zweiwöchigen Kündigungserklärungsfrist und führt nicht zu deren Verkürzung.[109]

49 Nach § 91 Abs. 3 SGB IX gilt die Zustimmung als erteilt, wenn das Integrationsamt innerhalb einer Frist von zwei Wochen keine Entscheidung trifft. Auch in diesem Fall gilt § 91 Abs. 5 SGB IX, so dass die Kündigung unverzüglich zu erklären ist.

104 BAG v. 3.7.1980, DB 1981, 103.

105 BAG v. 15.11.2001, NZA 2002, 970 ff. = DB 2002, 1509 f. – Kündigungserklärungsfrist bei außerordentlicher Kündigung eines Schwerbehinderten.

106 Vgl. dazu KR/*Bader*, § 18 BEEG, Rn 31 ff.

107 BAG v. 2.3.2006, NZA 2006, 1211 ff.

108 Vgl. KR/*Etzel*, § 91 SGB IX Rn 29 ff.

109 BAG v. 15.11.2001, NZA 2002, 970 ff. = DB 2002, 1509 f. – Kündigungserklärungsfrist bei außerordentlicher Kündigung eines Schwerbehinderten – Aufgabe der früheren BAG-Rechtsprechung BAGE 55, 9 ff.

Praxishinweis 50
Um den Beginn der Ausschlussfrist bestimmen zu können, muss der Arbeitgeber sich nach dem Eingang des Antrages und nach Ablauf von zwei Wochen erkundigen, ob eine Entscheidung ergangen ist.

Die Zustellung der Entscheidung innerhalb der Zwei-Wochen-Frist ist nicht notwendig; es genügt die Absendung oder mündliche Mitteilung.[110] 51

Erfolgt die außerordentliche Kündigung des Arbeitsverhältnisses eines Schwerbehinderten aus einem Grund, der nicht mit der Behinderung im Zusammenhang steht, muss das Integrationsamt die Zustimmung erteilen. Nur bei Vorliegen von Umständen, die den Fall als atypisch erscheinen lassen, darf und muss das Integrationsamt nach pflichtgemäßem Ermessen entscheiden.[111] Das Integrationsamt ist grundsätzlich nicht berechtigt, über die Wirksamkeit der beabsichtigten außerordentlichen Kündigung, also das Vorliegen eines wichtigen Grundes im Sinne des § 626 Abs. 1 BGB zu urteilen. Eine Ausnahme hiervon kann allenfalls dann erlaubt sein, wenn die offensichtliche Unwirksamkeit der Kündigung ohne jeden vernünftigen Zweifel in rechtlicher und tatsächlicher Hinsicht offen zu Tage liegt und sich jedem Kundigen gerade zu aufdrängt.[112] 52

Nach der ständigen Rechtsprechung des BAG ist der Kündigungsberechtigte für die Einhaltung der Ausschlussfrist darlegungs- und beweispflichtig. Derjenige, der eine Kündigung aus wichtigem Grund ausspricht, muss darlegen und ggf. beweisen, dass er von den für die Kündigung maßgebenden Tatsachen erst innerhalb der letzten zwei Wochen vor ihrem Ausspruch erfahren hat. Diese Darlegungspflicht ist nicht bereits erfüllt, wenn der Kündigende lediglich allgemein vorträgt, er kenne die Kündigungsgründe nicht länger als zwei Wochen vor Ausspruch der Kündigung. Er muss vielmehr die Umstände schildern, aus denen sich ergibt, wann und wodurch er von den maßgebenden Tatsachen erfahren hat. Um den Zeitpunkt, in dem der Wissensstand des Kündigungsberechtigten ausreicht, bestimmen zu können, und um es dem Gekündigten zu ermöglichen, die behauptete Schilderung zu überprüfen und gegebenenfalls qualifiziert zu bestreiten, muss grundsätzlich angegeben werden, wie es zu der Aufdeckung des Kündigungsgrundes gekommen sein soll. Hat der Kündigungsberechtigte noch Ermittlungen durchgeführt, muss er hierzu weiter darlegen, welche Tatsachenbehauptungen unklar und daher ermittlungsbedürftig waren, und welche – sei es auch nur aus damaliger Sicht – weiteren Ermittlungen er zur Klärung der Zweifel angestellt hat.[113] 53

Nach § 626 Abs. 2 S. 1 BGB kann eine außerordentliche Kündigung wirksam nur innerhalb von zwei Wochen erklärt werden. Diese Frist beginnt nach § 626 Abs. 2 S. 2 BGB in dem Zeitpunkt, in dem der Kündigungsberechtigte von den für die Kündigung maßgebenden Tatsachen Kenntnis erlangt. § 626 Abs. 2 BGB ist ein gesetzlich konkretisierter Verwirkungstatbestand. Ziel des § 626 Abs. 2 BGB ist es, dem – hier – betroffenen Arbeitnehmer rasch Klarheit darüber zu verschaffen, ob der Kündigungsberechtigte einen Sachverhalt zum Anlass für eine außerordentliche Kündigung nimmt. Die Ausschlussfrist des § 626 Abs. 2 BGB beginnt, wenn der Kündigungsberechtigte eine zuverlässige und möglichst vollständige positive Kenntnis von den für die Kündigung maßgebenden Tatsachen hat und ihm deshalb die Entscheidung über die Zumutbarkeit einer Fortsetzung des Arbeitsverhältnisses möglich ist. Auch grob fahrlässige Unkenntnis ist insoweit ohne Bedeutung. Zu den maßgeblichen Tatsachen gehören sowohl die für als auch die gegen die Kündigung sprechenden Umstände. Ohne 54

110 BAG v. 12.8.1999, NZA 1999, 1267; KR/*Fischermeier*, § 626 BGB Rn 340; KR/*Etzel*, § 91 SGB IX Rn 16.

111 VG Baden-Württemberg v. 24.11.2005 – 9 S 2178/05 – juris.

112 Vgl. BVerwG v. 2.7.1992, BVerwGE 90, 275 ff.

113 BAG v. 1.2.2007, NZA 2007, 744 ff.

eine umfassende Kenntnis des Kündigungsberechtigten vom Kündigungssachverhalt kann sein Kündigungsrecht nicht verwirken. Der Kündigungsberechtigte, der Anhaltspunkte für einen Sachverhalt hat, der zur außerordentlichen Kündigung berechtigen könnte, kann Ermittlungen anstellen und den Betroffenen anhören, ohne dass die Frist zu laufen beginnt. Es genügt nicht allein die Kenntnis des konkreten, die Kündigung auslösenden Anlasses, d.h. des „Vorfalls", der einen wichtigen Grund zur außerordentlichen Kündigung darstellen soll. Bei einer vom Arbeitgeber erklärten außerordentlichen Kündigung gehören auch solche Aspekte zum Kündigungssachverhalt, die für den Arbeitnehmer und gegen die Kündigung sprechen. Außerdem gehört es zu den vom Kündigungsberechtigten zu ergründenden maßgeblichen Umständen, mögliche Beweismittel für eine ermittelte Pflichtverletzung zu beschaffen und zu sichern. Dabei sollen die zeitlichen Grenzen des § 626 Abs. 2 BGB den Arbeitgeber weder zu hektischer Eile bei der Kündigung antreiben noch ihn veranlassen, ohne eine genügende Prüfung des Sachverhalts oder vorhandener Beweismittel voreilig zu kündigen. Solange der Kündigungsberechtigte die zur Aufklärung des Sachverhalts nach pflichtgemäßem Ermessen notwendig erscheinenden Maßnahmen durchführt, läuft die Ausschlussfrist nicht an. Dies gilt nur so lange, wie der Kündigungsberechtigte aus verständigen Gründen mit der gebotenen Eile noch Ermittlungen anstellt, die ihm eine weitere, umfassende und zuverlässige Kenntnis des Kündigungssachverhalts und der notwendigen Beweismittel verschaffen sollen. Sind die Ermittlungen jedoch abgeschlossen und hat der Kündigungsberechtigte hinreichende Kenntnisse vom Kündigungssachverhalt und von den erforderlichen Beweismitteln, beginnt der Lauf der Ausschlussfrist. Dabei spielt es keine Rolle, ob die Ermittlungsmaßnahmen etwas zur Aufklärung des Sachverhalts beigetragen haben oder im Ergebnis überflüssig waren. Allerdings besteht für weitere Ermittlungen kein Anlass mehr, wenn der Sachverhalt bereits geklärt ist oder der Gekündigte ihn sogar zugestanden hat.[114]

XIII. Beteiligung des Betriebsrates

55 Der Betriebsrat ist nach § 102 Abs. 1 BetrVG vor der Kündigung zu hören. Hat der Betriebsrat gegen eine außerordentliche Kündigung Bedenken, muss er nach § 102 Abs. 2 BetrVG diese dem Arbeitgeber unverzüglich, spätestens jedoch innerhalb von drei Tagen, schriftlich mitteilen. Der Betriebsrat soll, soweit dies erforderlich erscheint, vor seiner Stellungnahme den betroffenen Arbeitnehmer hören.

56 Die außerordentliche Kündigung von Mitgliedern des Betriebsrates, der Jugend- und Auszubildendenvertretung, der Bordvertretung und des Seebetriebsrates, des Wahlvorstandes sowie von Wahlbewerbern ist nach § 15 KSchG zulässig, wenn Tatsachen vorliegen, die den Arbeitgeber zur Kündigung aus Grund ohne Einhaltung einer Kündigungsfrist berechtigen. Sie bedarf nach § 103 Abs. 1 BetrVG der Zustimmung des Betriebsrates. Verweigert der Betriebsrat seine Zustimmung, so kann nach § 103 Abs. 2 BetrVG das Arbeitsgericht sie auf Antrag des Arbeitgebers ersetzen, wenn die außerordentliche Kündigung unter Berücksichtigung aller Umstände gerechtfertigt ist. Der betroffene Arbeitnehmer ist im Verfahren vor dem Arbeitsgericht Beteiligter. Um die Ausschlussfrist des § 626 Abs. 2 BGB zu wahren, muss der Arbeitgeber innerhalb von zwei Wochen nach Kenntnis der für die Kündigung maßgeblichen Tatsachen das Zustimmungsersetzungsverfahren beim Arbeitsgericht einleiten.[115] Erst mit dem rechtmäßigen Abschluss des Zustimmungsersetzungsverfahrens kann wirksam

114 BAG v. 1.2.2007, NZA 2007, 744 ff.
115 BAG v. 24.4.1975, DB 1975, 1610.

gekündigt werden.[116] Hat das Arbeitsgericht die Zustimmung des Betriebsrats rechtskräftig ersetzt, beginnt die Frist des § 626 Abs. 2 BGB nicht erneut zu laufen. Der Arbeitgeber muss die Kündigung unverzüglich aussprechen.[117]

XIV. Darlegungs- und Beweislast

Der Kündigende ist für die Voraussetzungen des wichtigen Grundes **darlegungs- und beweispflichtig.**[118] Beruft sich der Arbeitnehmer auf Rechtfertigungsgründe, so hat er diese substantiiert darzulegen.[119] Der Arbeitgeber hat zu beweisen, dass die Voraussetzungen der Rechtfertigung nicht vorliegen.[120] 57

XV. Sozialversicherungsrecht

Regelmäßig wird die Bundesagentur für Arbeit bei einer fristlosen Kündigung im Falle nachfolgender Arbeitslosigkeit prüfen, ob das Arbeitslosengeld wegen der Verwirklichung des Tatbestandes einer **Sperrzeit** zeitweise ruht. 58

Die **Erstattungspflicht** nach § 147a SGB III entfällt, wenn der Anspruch auf Arbeitslosengeld nach dem 31.1.2006 entstanden ist wegen der ab da geltenden kürzeren Bezugszeiten (§ 434l Abs. 4 SGB III). 59

Bei Arbeitsverhältnissen des so genannten zweiten Arbeitsmarktes bestehen besondere Kündigungsrechte.[121] 60

XVI. Muster, Checkliste

1. Muster: Anhörung des Betriebsrates

▼ 61

An den Betriebsrat

z.Hd. des/der Betriebsratsvorsitzenden

– im Hause –

Wir beabsichtigen, den Arbeitnehmer/die Arbeitnehmerin *(Name, Vorname, Geburtsdatum, Familienstand, Kinder, Adresse, Stellenbezeichnung, evtl. Sonderkündigungsschutz)* außerordentlich fristlos, hilfsweise ordentlich zum nächstmöglichen Zeitpunkt zu kündigen.

Herr/Frau ist seit dem als beschäftigt. Derzeit ist er/sie in der Abteilung tätig. Er/Sie arbeitet ganztags/in Teilzeit (Stunden)/zur Aushilfe.

116 BAG v. 9.7.1998, NZA 1998, 1273.

117 BAG v. 25.1.1979, DB 1979, 1704.

118 BAG v. 17.8.1972, AP Nr. 4 zu § 636 BGB Ausschlussfrist; BAG v. 6.8.1987, AP Nr. 97 zu § 626 BGB = NJW 1988, 438.

119 BAG v. 6.8.1987, AP Nr. 97 zu § 626 BGB = NJW 1988, 438; BAG v. 26.8.1993, AP Nr. 112 zu § 626 BGB = NZA 1994, 63.

120 BAG v. 26.8.1993, AP Nr. 112 zu § 626 BGB = NZA 1994, 63.

121 Vgl. Küttner/*Eisemann*, Personalbuch 2009, Kündigung, außerordentliche Rn 97.

Die Kündigung ist erforderlich, weil . *(Kündigungsgründe angeben, z.B. schwer wiegende vorsätzliche Dienstpflichtverletzungen, Diebstähle, Unterschlagungen, tätliche Bedrohung des Arbeitgebers usw.)*

Da Herr/Frau über Jahre bei uns beschäftigt ist, beträgt die Kündigungsfrist für die hilfsweise ordentliche Kündigung nach § 622 Abs. 2 Nr. BGB Monate zum Ende eines Kalendermonats. Die tarifliche/arbeitsvertragliche Kündigungsfrist beträgt .

Wir bitten den Betriebsrat, der fristlosen Kündigung und der hilfsweise auszusprechenden ordentlichen Kündigung zuzustimmen. Sollte der Betriebsrat der Kündigung nicht zustimmen, bitten wir, seine Bedenken gegen die Kündigung schriftlich binnen einer Woche (bezogen auf die hilfsweise ordentliche Kündigung) bzw. binnen drei Tagen (bezogen auf die außerordentliche Kündigung) mitzuteilen.

(Unterschrift)

▲

2. Muster: Einholung der Zustimmung des Integrationsamtes

62 ▼

An das Integrationsamt

Betr.: Schwerbehinderte(r): *(Name, Vorname, Geburtsdatum, Adresse, falls bekannt: Aktenzeichen des zuständigen Versorgungsamtes)*

Wir beantragen die Zustimmung zur außerordentlichen fristlosen Kündigung sowie zur hilfsweisen ordentlichen Kündigung des/der Schwerbehinderten/Gleichgestellten *(Name, Adresse, Geburtsdatum, falls bekannt: Aktenzeichen des Versorgungsamtes)*.

Der/Die Schwerbehinderte/Gleichgestellte ist ledig/verheiratet/verwitwet/geschieden. Er/Sie hat einen Grad der Behinderung von %. Er/Sie hat folgende Unterhaltsverpflichtungen: . Die Schwerbehinderung ist nachgewiesen durch /nicht nachgewiesen. Ein Antrag auf Feststellung des Grades der Schwerbehinderung ist beim Versorgungsamt am gestellt worden.

Der/die Schwerbehinderte wurde am eingestellt. Er/Sie ist als tätig. Das letzte Bruttomonatsgehalt betrug EUR.

Die Kündigung soll hilfsweise mit einer gesetzlichen/tariflichen/vertraglichen Kündigungsfrist von zum erfolgen. Wir beabsichtigen, den Schwerbehinderten außerordentlich fristlos zu kündigen.

Die Kündigung ist erforderlich, weil . *(Kündigungsgründe angeben, z.B. schwer wiegende vorsätzliche Dienstpflichtverletzungen, Diebstähle, Unterschlagungen, tätliche Bedrohung des Arbeitgebers usw.)*

Der/die Antragsteller(in) beschäftigt Arbeitnehmer. Die Pflichtzahl beträgt . Zur Zeit werden Schwerbehinderte/Gleichgestellte beschäftigt. Hiervon sind älter als 50 Jahre. Bei Arbeitnehmern/Arbeitnehmerinnen liegen die Voraussetzungen des § 72 Abs. 1 SGB IX vor.

Für weitere Auskünfte steht Ihnen Herr/Frau zur Verfügung *(falls vorhanden weitere Ansprechpartner/Vertrauensmann der Schwerbehinderten/Betriebsratsvorsitzender/Beauftragter des Arbeitgebers für Schwerbehindertenangelegenheiten namentlich benennen)*.

Wir fügen die Stellungnahme des Betriebsrats und der Schwerbehindertenvertretung bei.

Die Fürsorgestelle der Stadt hat eine Kopie dieses Schreibens unmittelbar erhalten.

(Unterschrift)

▲

3. Muster: Antrag auf Zustimmung der Kündigung einer unter das MuSchG fallenden Arbeitnehmerin

▼ 63

An die Arbeitsschutzbehörde

Betr.: Kündigung der Mitarbeiterin *(Name, Vorname, Geburtsdatum, Adresse)*

Frau wurde am als eingestellt. Sie ist schwanger. Sie wird voraussichtlich am entbinden. Wir beantragen, die Zustimmung zur außerordentlichen fristlosen Kündigung und zur hilfsweisen ordentlichen Kündigung zu erteilen.

Begründung:

(Kündigungsgründe angeben, z.B. schwer wiegende vorsätzliche Dienstpflichtverletzungen, Diebstähle, Unterschlagungen, tätliche Bedrohung des Arbeitgebers usw.)

Die Kündigungsfrist beträgt .

(Unterschrift)

▲

4. Muster: Außerordentliche Kündigung mit vorsorglicher ordentlicher Kündigung

▼ 64

Herrn/Frau *(Name, Vorname, Adresse)*

Betr.: Kündigung Ihres Arbeitsverhältnisses

Wir sehen uns leider gezwungen, das mit Ihnen bestehende Arbeitsverhältnis außerordentlich fristlos aus wichtigem Grund zu kündigen. Die Kündigung des Arbeitsverhältnisses erfolgt, weil .

Für den Fall, dass die außerordentliche Kündigung unwirksam ist, kündigen wir vorsorglich das mit Ihnen bestehende Arbeitsverhältnis ordentlich zum nächstmöglichen Zeitpunkt.

Die Rechte des Betriebsrates sind gewahrt. . Der Betriebsrat ist sowohl zur außerordentlichen als auch zur vorsorglichen ordentlichen Kündigung gehört worden. Der Betriebsrat hat .

Wir weisen Sie ausdrücklich darauf hin, dass Sie sich unverzüglich nach Erhalt der Kündigung beim Arbeitsamt zu melden haben, da Ihnen andernfalls für jeden Tag der Säumnis eine Minderung der Arbeitslosenunterstützung droht.

Die Arbeitspapiere werden Ihnen gesondert übersandt.

(Arbeitgeber)

Das Kündigungsschreiben ist mir am ausgehändigt worden.

(Arbeitnehmer/in)

▲

5. Checkliste: Außerordentliche Kündigung

65
- Feststellung der Personaldaten des/der zu Kündigenden (Name, Vorname, Adresse, Geburtsdatum, Einstellungsdatum, Familienstand, Unterhaltspflichten)
- Vertragliche oder tarifliche Unkündbarkeit
- wichtiger Grund i.S.d. § 626 BGB
- Abmahnung
- Einhaltung der Zwei-Wochen-Frist gem. § 626 Abs. 2 BGB
- Verdachtskündigung: Anhörung des Arbeitnehmers
- Schriftform der Kündigungserklärung
- Sonderkündigungsschutz
- Anhörung des Betriebsrats nach § 102 BetrVG
- Zustimmung des Betriebsrats nach § 103 BetrVG

§ 3 Der allgemeine Kündigungsschutz nach dem KSchG

Jan Ruge

Inhalt

Rn

I. Überblick 1

II. Voraussetzungen des allgemeinen Kündigungsschutzes 17
1. Geschützter Personenkreis 17
2. Nicht geschützte Personen 24
3. Erfasste Betriebe 25
a) Betriebsbegriff.................... 25
b) Gemeinsamer Betrieb mehrerer Unternehmen 31
c) Mindestarbeitnehmerzahl 38
4. Wartezeit............................. 48
a) Beschäftigungsdauer von mehr als sechs Monaten 48
b) Berechnung....................... 50

III. Allgemeine Prinzipien zur Überprüfung von Kündigungen 54
1. Ultima-ratio-Prinzip................. 54
2. Prognoseprinzip 55
3. Interessenabwägung................. 56
4. Einfluss des AGG auf den allgemeinen Kündigungsschutz 59

IV. Betriebsbedingte Gründe............ 60
1. Dringende betriebliche Erfordernisse 62
a) Unternehmerentscheidung 62
b) Außer- und innerbetriebliche Gründe 69
c) Umsetzung der Unternehmerentscheidung 75
d) Missbrauchskontrolle 80
e) Nachvollziehbarer Arbeitskräfteüberhang 88
f) Betriebsbezogenheit............. 93
g) Wiedereinstellungsanspruch 94
2. Fehlende Möglichkeit der Weiterbeschäftigung........................... 96
a) Möglichkeit der Weiterbeschäftigung in demselben Betrieb oder einem anderen Betrieb des Unternehmens....................... 96
aa) Freier Arbeitsplatz........... 98
bb) Vergleichbarer Arbeitsplatz.. 103
cc) Betrieb oder Unternehmen... 105
b) Möglichkeit der Weiterbeschäftigung nach Umschulungs- oder Fortbildungsmaßnahmen......... 106
c) Möglichkeit der Weiterbeschäftigung unter geänderten Arbeitsbedingungen 108
d) Sonstige anerkannte mildere Mittel............................. 112
e) Darlegungs- und Beweislast 116
f) Vermutung dringender betrieblicher Erfordernisse bei Interessenausgleich mit Namensliste ... 119
g) Druckkündigung................. 131
3. Soziale Auswahl...................... 132
a) Betriebsbezug.................... 134
b) Vergleichbare Arbeitnehmer..... 136
aa) Fähigkeiten und Kenntnisse . 137
bb) Arbeitsvertrag 140
cc) Dieselbe Ebene der Betriebshierarchie 145
c) Soziale Gesichtspunkte 147
d) Darlegungs- und Beweislast 152
e) Vermutung ordnungsgemäßer Sozialauswahl bei Interessenausgleich mit Namensliste........... 155
f) Leistungsträgerregelung 162
g) Kollektivrechtliche Auswahlrichtlinien 169

V. Absolute Sozialwidrigkeitsgründe.. 170
1. Erweiterter Kündigungsschutz....... 170
2. Widerspruch des Betriebs- oder Personalrats.............................. 172

VI. Personenbedingte Gründe 174
1. Vorliegen personenbedingter Kündigungsgründe 174
2. Allgemeine Prüfungssystematik..... 176
a) Negativprognose................. 176
b) Erhebliche Beeinträchtigung betrieblicher Interessen 177

Rn

c) Weiterbeschäftigung auf einem freien Arbeitsplatz oder sonstige mildere Mittel 178
d) Interessenabwägung............. 180
3. Krankheit 182
a) Dauernde Leistungsunfähigkeit.. 189
b) Lang andauernde Leistungsunfähigkeit........................ 190
c) Häufige Kurzerkrankungen 194
d) Krankheitsbedingte Leistungsminderung 201
4. Alkohol- und sonstige Drogenabhängigkeit 202
5. Arbeitserlaubnis 203
6. Eignung 204
7. Inhaftierung des Arbeitnehmers 206
8. Pensionsalter.......................... 207
9. Sicherheitsbedenken 209
10. Straftaten im außerdienstlichen Bereich............................... 210
11. Minderleistung....................... 211

VII. Verhaltensbedingte Gründe 212
1. Vorliegen verhaltensbedingter Kündigungsgründe 212
2. Allgemeine Prüfungssystematik..... 213
a) Arbeitspflichtverletzung 213
b) Negative Zukunftsprognose...... 214
c) Abmahnung...................... 215
d) Weiterbeschäftigung auf einem anderen freien Arbeitsplatz 216
e) Interessenabwägung............. 217
f) Verschulden 218
3. Darlegungs- und Beweislast 219
4. Fallgruppen anerkannter Arbeitspflichtverletzungen.................. 221
a) Alkohol- und Drogenmissbrauch 221
b) Anzeigen und Zeugenaussagen.. 222
c) Arbeitsverweigerung 223
d) Vermögensdelikte zum Nachteil des Arbeitgebers................. 224
e) Außerbetriebliches Verhalten.... 225
f) Beleidigungen 227
g) Betriebliche Ordnung 229
h) Fehl-, Schlecht- oder Minderleistung.............................. 232
i) Gehaltspfändungen............... 234
j) Pflichtverletzungen im Zusammenhang mit der Arbeitsunfähigkeit............................ 235
k) Private Nutzung betrieblicher Telefon- und Datenverarbeitungsanlagen sowie Internetzugänge 236
l) Sexuelle Belästigung............ 239
m) Tarifliche Regelung............. 240
n) Wettbewerbs- und Nebentätigkeit 241

VIII. Abmahnung............................ 243
1. Überblick 243
2. Notwendiger Inhalt der Abmahnung 247
a) Konkrete Bezeichnung (eines) Fehlverhaltens 248
b) Androhung arbeitsrechtlicher Konsequenzen 252
c) Abmahnungsberechtigung 253
d) Kein Formerfordernis 254
e) Zugang der Abmahnung 256
f) Kenntnisnahme durch Arbeitnehmer 257
3. Zeitpunkt der Abmahnung........... 258
a) Verwirkung 259
b) Keine Geltung tarifvertraglicher Ausschlussfristen................ 260
4. Wirkungslosigkeit von Abmahnungen 261
a) Mangelnde Ernstlichkeit......... 262
b) Wirkungsdauer und Tilgung..... 263
c) (Bewährungs-) Zeitraum zwischen Abmahnung und Kündigung....................... 266
5. Erforderlichkeit einer Abmahnung – Steuerbares Verhalten................ 267
6. Abmahnung in Sonderfällen......... 271
a) Abmahnung gegenüber Auszubildenden........................ 271
b) Abmahnung vor Änderungskündigung............................ 272
c) Keine Abmahnung bei Nichtanwendbarkeit des KSchG....... 273
d) Abmahnung von Betriebs- oder Personalratsmitgliedern 274
7. Verhältnis von Abmahnung und Kündigung........................... 275
a) Gleichartigkeit der Pflichtverletzungen 275
b) Anzahl der Abmahnungen 276
c) Kündigungsverzicht durch Abmahnungserteilung............ 277
8. Beteiligung des Betriebs- oder Personalrats.......................... 278
9. Rechtsmittel gegen Abmahnungen .. 280
a) Anspruch auf Entfernung unberechtigter Abmahnungen aus der Personalakte 280
b) Widerrufsanspruch 284
c) Recht auf Gegendarstellung 286

	Rn
IX. Änderungskündigung	287
1. Überblick	287
2. Annahme, Annahme unter Vorbehalt, Ablehnung	289
3. Prüfungssystematik	293
4. Betriebsbedingte Änderungskündigung	297
a) Entgeltreduzierung	297
b) Nebenabreden	302
c) Versetzungen	303
d) Veränderung der Arbeitszeit	306
5. Personenbedingte Änderungskündigung	308
6. Verhaltensbedingte Änderungskündigung	310
X. Muster: Kündigungsschutzklage	311

Literatur

Adomeit/Mohr, Rechtsgrundlagen und Reichweite des Schutzes vor diskriminierenden Kündigungen, NJW 2009, 2255; **Bader**, Neuregelungen im Bereich des Kündigungsschutzgesetzes durch das Arbeitsrechtliche Beschäftigungsförderungsgesetz, NZA 1996, 1125; **Balders/Lepping**, Das betriebliche Eingliederungsmanagement nach dem SGB IX, NZA 2005, 854; **Bauer**, Vom Umgang mit dem arbeitsrechtlichen Mandat – Erfahrungen eines Kollegen, NZA 1999, 11; **ders.**, Mutlose Kündigungsschutzreform, NZA 2003, 366; **ders.**, Aktuelle Entwicklungen in Rechtsprechung und Praxis zur betriebsbedingten Kündigung, NZA Sonderbeilage 18/2004, 38; **Bauer/Gotham**, Kein „Domino-Effekt" mehr bei der Sozialauswahl, BB 2007, 1729; **Bauer/Hausmann**, Die Verantwortung des Arbeitgebers für den Arbeitnehmer, NZA 1997, 1110; **Bauer/Preis/Schunder**, Der Regierungsentwurf eines Gesetzes zu Reformen am Arbeitsmarkt vom 18.6.2003, NZA 2003, 704; **Bayreuther**, Kündigungsschutz im Spannungsfeld zwischen Gleichbehandlungsgesetz und europäischem Antidiskriminierungsrecht, DB 2006, 1843; **Beckerle**, Die Abmahnung, 10. Auflage 2009; **Bepler**, Der Betriebsbegriff des Kündigungsschutzgesetzes und die Kleinbetriebsklausel, AuR 1997, 54; **Berkowsky**, Die personenbedingte Kündigung, Teil 1, NZA-RR 2001, 393 und Teil 2, NZA-RR 2001, 449; **ders.**, Änderungskündigung und vorbehaltlose Annahme eines Änderungsangebotes, NZA 2008, 26; **Bitter/Kiel**, 40 Jahre Rechtsprechung des Bundesarbeitsgerichts zur Sozialwidrigkeit von Kündigungen, RdA 1994, 33; **Boewer**, in: FS Dieter Gaul, 1987; **ders.**, Der Wiedereinstellungsanspruch – Teil 2, NZA 1999, 1177; **Brose**, Das betriebliche Eingliederungsmanagement nach § 84 Abs. 2 SGB IX als eine neue Wirksamkeitsvoraussetzung für die krankheitsbedingte Kündigung?, DB 2005, 390; **Dassau/Wiesend-Rothbrust**, BAT-Kompaktkommentar, 4. Auflage 2004; **Diller/Powietzka**, Drogenscreening und Arbeitsrecht, NZA 2001, 1227; **Domröse**, Krankheitsbedingte Kündigung als Verstoß gegen das Verbot der Diskriminierung wegen einer Behinderung in Beschäftigung und Beruf?, NZA 2006, 1320; **Düwell/Dahl**, Leiharbeitnehmer: First in, first out, DB 2007, 1699; **Fischermeier**, Die betriebsbedingte Kündigung nach den Änderungen durch das Arbeitsrechtliche Beschäftigungsförderungsgesetz, NZA 1997, 1089; **Gagel**, SGB III Kommentar, Loseblattausgabe, Stand Dezember 2009; **ders.**, § 2 SGB III: Schlüssel zum eingliederungsorientierten Kündigungsrecht und zu Transfer-Sozialplänen, BB 2001, 358; **Gaul/Bonanni**, Altersdiskriminierung im Rahmen der Sozialauswahl?, BB 2008, 218; **Gensicke/Pfarr/Tschersich/Ullmann/Zeibig**, Neue Erkenntnisse über die Beendigung von Arbeitsverhältnissen in der Praxis, AuR 2008, 431; **Gilberg**, Die Unternehmerentscheidung vor Gericht, NZA 2003, 817; **Gragert/Kreutzfeld**, Sturm auf die Gerichte? – Die Konsequenzen aus dem Beschluss des BVerfG zur Kleinbetriebsklausel in § 23 Abs. 1 S. 2 KSchG, NZA 1998, 567; **Gragert/Wiehe**, Das Aus für die freie Auswahl in Kleinbetrieben – § 242 BGB, NZA 2001, 934; **Hamacher/Ulrich**, Die Kündigung von Arbeitsverhältnissen nach Inkrafttreten und Änderung des AGG, NZA 2007, 657; **Herbert/Oberrath**, Schweigen ist Gold?, NZA 2005, 193; **Horcher**, Vorrang der Änderungskündigung und betriebliches Eingliederungsmanagement, RdA 2009, 31; **v. Hoyningen-Huene/Linck**, Neuregelungen des Kündigungsschutzes und befristeter Arbeitsverhältnisse, DB 1997, 42; **Hromadka**, Möglichkeiten und Grenzen der Änderungskündigung, NZA 1996, 1; **Hümmerich/Spirolke**, Die betriebsbedingte Kündigung im Wandel – neue Wege zum rechtssicheren Personalabbau, NZA 1998, 797; **Joost**, Betrieb und Unternehmen als Grundbegriffe im Arbeitsrecht, 1996; **Joussen**, Verhältnis von betrieblichem Eingliederungsmanagement und krankheitsbedingter Kündigung, DB 2009, 286; **Kamanabrou**, Europarechtskonformer Schutz vor Benachteiligungen bei Kündigungen, RdA 2007, 199; **Kittner**, Die besondere Verantwortung der „Arbeitnehmer" für die Vermeidung von Arbeitslosigkeit, NZA 1998, 729; **Klues**, Geringwertige Vermögensdelikte – Keine zwangsläufige Entlassung, NZA 2009, 337; **Kramer**, BAG zur Kündigung wegen privater Internetnutzung, NZA 2007, 1338; **Lingemann/Beck**, Auswahlrichtlinie, Namensliste, Altersgruppenbildung und Altersdiskriminierung, NZA 2009, 577; **dies.**, Auswahlrichtlinie, Namensliste, Altersgruppenbildung und Altersdiskriminierung, NZA 2009, 577; **Lingemann/Grothe**, Betriebsbedingte Kündigung im öffentlichen Dienst, NZA 1999, 1072; **Löwisch**, Das Arbeitsrechtliche Beschäftigungsförderungsgesetz, NZA 1996, 1009; **ders.**, Kündigungsrechtliche Vorschläge der „Agenda 2010", NZA 2003, 689; **ders.**, Neugestaltung des Interessenausgleichs durch das Arbeitsrechtliche Beschäftigungsförderungsgesetz, RdA 1997, 80; **Matthes**, Betriebsübergang und Betriebsteilübergang als Betriebsänderung, NZA 2000, 1073; **Neef**, Die Neuregelung des Interessenausgleichs und ihre praktischen Folgen, NZA 1997, 65; **Neumann**, Keine Altersdiskriminierung bei Altersgruppenbildung, BB 2007, 1963; **Peuker/Ullmann**, Kündigungsschutz unter Druck: Zurück zur Realität, AiB 2003, 261; **Preis**, Aktuelle Tendenzen im Kündigungsschutzrecht, NZA 1997, 1073; **Reiserer**, Flexible Vergütungsmodelle – AGB-Kontrolle, Gestaltungsvarianten, NZA 2007, 1249; **Reuter**, „Geringwertige Vermögensdelikte" und Kündigungen – kein Änderungsbedarf beim BAG, NZA 2009, 594; **Sasse**, Kündigung bei Schlechtleistung, ZTR 2009, 186; **Schaub**, Die besondere Verantwortung von Arbeitgeber und Arbeitnehmer für den Arbeitsmarkt – Wege aus der Krise oder rechtlicher Sprengstoff, NZA 1997, 810; **Schiefer**, Das Arbeitsrechtliche Beschäftigungsförderungsgesetz in der Praxis – Instanzgerichtliche Entscheidungen zu § 1 Abs. 5 KSchG und § 113 Abs. 3 BetrVG, NZA 1997, 915; **ders.**, Betriebsbedingte Kündigung: „Antidiskriminierungskündigungsschutz", Namensliste, Punkteschema und Altersgruppenbildung, DB 2009, 733; **Schiek**; Frauengleichstellungsgesetze des Bundes und der Länder: Kommentar für die Praxis zum Bundesgleichstellungsgesetz und den Gleichstellungsgesetzen, Gleichberechtigungsgesetzen und Frauenförderungsgesetzen der Länder, 2. Auflage 2002; **Schlachter**, Fristlose Kündigung wegen Entwendung geringwertiger Sachen des Arbeitgebers, NZA 2005, 433; **Schrader/Müller**, Krankheitsbedingte Kündigung = Diskriminierung wegen Behinderung?, SAE 2007, 222; **Steinau-Steinrück/Hagemeister**, Das neue betriebliche Eingliederungsmanagement, NJW-Spezial 2005, 129; **Thüsing/Wege**, Sozialauswahl nach neuem Recht, RdA 2005, 12; **Wilhelm**, Anhörung des Arbeitnehmers vor Ausspruch einer Abmahnung?, NZA-RR 2002, 449; **Zwanziger**, Voraussetzungen und Rechtswirkungen des Interessenausgleichs mit Nennung der zu kündigenden Arbeitnehmer, AuR 1997, 427.

I. Überblick

1 Die Bedeutung des kündigungsschutzrechtlichen Mandats soll zunächst an Hand einiger empirischer Daten[1] zu Beendigungen von Arbeitsverhältnissen belegt werden. Diese werden auch Anlass für taktische Überlegungen des Rechtsanwalts sein.

2 In der Bundesrepublik Deutschland werden in Abhängigkeit von der Konjunkturlage jährlich zwischen 3,5 und **4,4 Mio. Arbeitsverhältnisse aufgelöst**. **Arbeitgeberkündigungen** haben daran einen Anteil von etwa **einem Drittel** (2007: 28 %, 2000: 32 %). Im Jahr 2007 gingen 31 %[2] der Beendigungen auf Kündigungen durch Arbeitnehmer zurück. In 26 %[3] der Fälle endet das Arbeitsverhältnis durch Auslaufen einer Befristungsabrede. Durch Aufhebungsvertrag werden 10 % (im Jahr 2000) bis 15 % (im Jahr 2007) der Arbeitsverhältnisse beendet.

In 41 %[4] der Fälle ergreifen Arbeitgeber die Initiative zur Beendigung des Arbeitsverhältnisses, in 5 %[5] der Fälle geht sie von Arbeitgeber und Arbeitnehmer gemeinsam aus.

3 Im Fall der Arbeitgeberkündigungen wird nur in 12 %[6] aller Fälle Kündigungsschutzklage eingereicht. Jährlich sind es zwischen 200.000 und 330.000 Kündigungsschutzklagen, die bei den Arbeitsgerichten eingehen.[7] Im Jahr 2007 gab es 223.711 Klagen über Bestandsstreitigkeiten im Sinne von § 61a ArbGG (von insgesamt 454.533 bei Arbeitsgerichten einge-

1 Die folgenden Zahlen sind Ergebnisse von Befragungen, die TNS Infratest Sozialforschung in Zusammenarbeit mit dem Wirtschafts- und Sozialwissenschaftlichen Institut (WSI) der Hans-Böckler-Stiftung in den Jahren 2001 und 2008 zu Beendigungen von Arbeitsverhältnissen des jeweils vorangegangenen Jahres durchgeführt hat; vgl. dazu *Gensicke/u.a.*, AuR 2008, 431; *Peuker/Ullmann*, AiB 2003, 261.

2 Im Jahr 2000 lag der Anteil noch bei 39 %.

3 Im Jahr 2000 betrug dieser Anteil nur 19 %.

4 Zum Vergleich: In 2000 waren es 44 %.

5 Zum Vergleich: In 2000 waren es 7 %.

6 Zum Vegleich: In 2000 waren es 11 %.

7 Vgl. die Statistik der Arbeitsgerichtsbarkeit des Bundesministeriums für Arbeit und Soziales: 244.419 (2006), 308.091 (2005), 328.635 (2004); abrufbar unter http://www.arbeitsgerichtsverband.de/Statistik%20ArbGe.htm.

reichten Klagen).[8] Aufgrund des durch die weltweite Finanzkrise 2008 ausgelösten Konjunktureinbruchs ist zu erwarten, dass die Zahl der Kündigungsschutzklagen erheblich ansteigen wird. Allein die Zahl der von der DGB Rechtsschutz GmbH betreuten Kündigungsschutzklagen stieg im 4. Quartal 2008 um mehr als 50 % gegenüber dem Vorjahreszeitraum an.[9]

Zwei von drei Kündigungen sind betriebsbedingte Kündigungen.[10] Im Fall des Betriebsratswiderspruches fühlen sich deutlich mehr Arbeitnehmer zu einer Klage ermutigt: Die Klagequote liegt in diesen Fällen bei 38 %.[11] Allerdings widersprach der Betriebsrat 2007 lediglich 18 %[12] der Kündigungen, zu denen er angehört wurde, während er in 58 % der Fälle sogar zustimmte.[13] Vier von zehn Widersprüchen erweisen sich im gerichtlichen Verfahren als unwirksam.[14] Zu 90 % enden Kündigungsschutzklagen durch Vergleich.[15] Von den Bestandsstreitigkeiten werden rund 62.000 innerhalb eines Monats erledigt, rund 88.000 in ein bis drei Monaten, 42.000 in drei bis sechs Monaten,[16] rund 22.000 in sechs bis zwölf Monaten und etwa 6.000 dauern über zwölf Monate.[17] Nur 8 % aller Eingänge bei den Arbeitsgerichten werden durch Urteil entschieden, 34 % bei den Landesarbeitsgerichten.[18] Nur 3 % der Kündigungsschutzverfahren gehen in die zweite Instanz.[19]

11 % der Arbeitnehmer treten vor dem Arbeitsgericht als Naturpartei auf. Im Jahr 2003 sind **83 %** aller Kammertermine auf Arbeitnehmerseite von **Rechtsanwälten** wahrgenommen worden. Die Bedeutung der gewerkschaftlichen Prozessvertretung hat erheblich nachgelassen.[20] 4

Bezogen auf alle Fälle der Beendigung eines Arbeitsverhältnisses erhalten lediglich **10 %** der Arbeitnehmer eine **Abfindung**.[21] Bei arbeitgeberseitig veranlasster Kündigung erhalten 16 % eine Abfindung. Im Fall des Abschlusses eines Aufhebungsvertrages erhielten 22 % der Arbeitnehmer im Jahr 2007 eine Abfindung, 2000 waren es noch 34 %. Die Mehrheit der Abfindungen wird aufgrund individueller Vereinbarungen gezahlt. Im Rahmen von **Sozialplänen** bekamen **61 %** der Gekündigten eine Abfindung (2000: 75 %). Von denjenigen Arbeitnehmern, die gegen eine Kündigung **Kündigungsschutzklage** erheben, bekommen mehr 5

8 Vgl. die Statistik der Tätigkeit der Arbeitsgerichte 2007 des Bundesministeriums für Arbeit und Soziales, abrufbar unter http://www.bmas.de/coremedia/generator/29660/property=pdf/statistik__der__arbeitsgerichtsbarkeit__2007.pdf.

9 Pressemitteilung Nr. 01/09 der DGB Rechtsschutz GmbH v. 3.2.2009, abrufbar unter www.dgbrechtsschutz.de/uploads/media/PM_DGB_Rechtsschutz_Nr_0109.pdf.

10 *Gensicke/u.a.*, AuR 2008, 431, 435.

11 *Gensicke/u.a.*, AuR 2008, 431, 436.

12 2000: 10 %.

13 *Gensicke/u.a.*, AuR 2008, 431, 436.

14 Vgl. Kündigungspraxis und Kündigungsschutz im Arbeitsverhältnis aus der Sicht des Arbeitsgerichtlichen Verfahrens unter www.boeckler.de.

15 Vgl. Kündigungspraxis und Kündigungsschutz im Arbeitsverhältnis aus der Sicht des Arbeitsgerichtlichen Verfahrens unter www.boeckler.de, wo eine Vergleichsquote von 81 % genannt wird.

16 Im Bereich des LAG Düsseldorf sind im Jahr 2002 93 % der Kündigungsschutzklagen innerhalb von sechs Monaten nach Klagerhebung erledigt worden, vgl. AE 3/2003, XXII.

17 Vgl. die Statistik zur Tätigkeit der Arbeitsgerichte 2007 v. Statistischen Bundesamt/Bundesministerium für Arbeit und Soziales, abrufbar unter http://www.bmas.de/coremedia/generator/29660/property=pdf/statistik__der__arbeitsgerichtsbarkeit__2007.pdf.

18 Justiz in Zahlen, Hrsg. Justizministerium NRW.

19 Vgl. Kündigungspraxis und Kündigungsschutz im Arbeitsverhältnis aus der Sicht des Arbeitsgerichtlichen Verfahrens unter www.boeckler.de.

20 Vgl. Kündigungspraxis und Kündigungsschutz im Arbeitsverhältnis aus der Sicht des Arbeitsgerichtlichen Verfahrens unter www.boeckler.de.

21 Zum Ganzen: *Gensicke/u.a.*, AuR 2008, 431, 436 f.

als die **Hälfte** eine **Abfindung**: 57 %. 41 % der Abfindungen sind geringer als ein halbes Monatsgehalt pro Beschäftigungsjahr. Zwischen einem halben und einem Monatsgehalt pro Beschäftigungsjahr beträgt die Abfindung in 27 % der Fälle, über einem Monatsgehalt liegen die restlichen 32 %.

Die **Höhe der Abfindung** hängt primär von der Dauer der **Betriebszugehörigkeit** und der für die Tätigkeit erforderlichen **Ausbildung** ab. Beschäftigte mit einem Hochschulabschluss bekommen sechs Mal häufiger eine Abfindung über sechs Monatsgehältern als Beschäftigte ohne Ausbildung.

Durchschnittlich liegen die Abfindungen bei 1,05 Bruttomonatsgehältern pro Beschäftigungsjahr, der Medianwert[22] beträgt 0,61. Gekündigte erhalten durchschnittlich 0,77 Bruttomonatsgehälter pro Beschäftigungsjahr (Median 0,49) oder 14.310 EUR (Median 6.000 EUR). Im Rahmen eines Aufhebungsvertrags beträgt die durchschnittlich gezahlte Abfindung 1,31 Bruttomonatsgehälter pro Beschäftigungsjahr (Median 0,64) oder 39.223 EUR (Median 20.000 EUR).

6 In der Praxis gehen die meisten Unternehmen davon aus, eine Kündigung vor dem ArbG nicht wirksam durchsetzen zu können. Dreiviertel der Betriebe geben an, Probleme mit der Durchführung betriebsbedingter Kündigungen gehabt zu haben.[23] Diese Annahme führt dazu, dass bereits außergerichtlich, spätestens im Gütetermin unabhängig von den konkreten Umständen des Einzelfalles fantasielos die Zahlung der Regelabfindung angeboten wird. Insb. weil die Rechtsanwälte sich möglichst schnell eine Vergleichsgebühr verdienen wollen, das Gericht drängt und die Parteien entweder nicht anwesend sind oder sie den Inhalt der Verhandlung nicht verstehen, kommt ein Abfindungsvergleich i.d.R. bereits in der Güteverhandlung zustande.

7 Da es dem Regelfall entspricht, von dem es aufgrund der Konjunkturlage allerdings zunehmend Ausnahmen gibt, dass der **Arbeitnehmer** nach Zugang einer Kündigung nicht wieder in dem Betrieb arbeiten, sondern vielmehr eine möglichst hohe Abfindung erzielen möchte, wird der Arbeitnehmer den Rechtsanwalt an der **Höhe** der **erstrittenen Abfindung** messen. Das **Unternehmen** wird den Rechtsanwalt daran messen, inwieweit er die Kündigung so vorbereitet und ggf. schriftsätzlich vorgetragen hat, dass es entweder gar nicht zur Erhebung einer Kündigungsschutzklage kommt oder nur eine **geringe oder gar keine Abfindung** gezahlt werden muss. Ferner wird das Unternehmen den Rechtsanwalt daran messen, inwieweit er den tatsächlichen Ablauf der Sache richtig prognostiziert, durch sein taktisches Verhalten beeinflusst und dessen Ergebnis richtig eingeschätzt hat.

8 Wenn man bedenkt, dass nur 8 % aller Eingänge bei den Arbeitsgerichten – die Hälfte davon sind Kündigungsschutzklagen – in der Sache entschieden werden, wird sehr schnell deutlich, dass insb. im Kündigungsschutzprozess **tatsächliche** und **taktische Überlegungen** eine erhebliche Rolle spielen. Die Zahlen machen deutlich, dass der Kündigungsschutzprozess nicht geführt wird, um in der Sache Recht zu bekommen.[24]

9 In Regelfall ist der Kündigungsschutzprozess wie ein Hürdenlauf. Je mehr Hürden der **Arbeitnehmeranwalt** aufstellen kann, desto höher wird die Abfindung. Dabei wird er in erster

22 Der Medianwert ist der Wert, über und unter dem jeweils 50 % der Fälle liegen. Die häufig sehr viel niedrigeren Medianwerte zeigen, dass wenige sehr hohe Abfindungen die Durchschnittswerte stark erhöhen; vgl. *Gensicke/u.a.*, AuR 2008, 431, 437.

23 Vgl. Projekt Regulierung des Arbeitsmarktes (REGAM) unter www.boeckler.de.

24 Teilweise wird insoweit von „verdeckten Positionskämpfen" oder „Stellvertreterprozessen" gesprochen, vgl. *Hümmerich/Spirolke*, NZA 1998, 797; *Bauer*, NZA 1999, 11.

Linie versuchen, **formale** Hürden aufzustellen und **wirtschaftlichen Druck** aufzubauen (z.B. Kündigungszurückweisung nach §§ 174 oder 180 BGB; nicht ordnungsgemäße Betriebsratsanhörung; fehlende Zustimmung des Integrationsamtes zur Kündigung; tarifvertragliche Kündigungsverbote bzw. -erschwerungen; Nichteinhaltung der Zweiwochenfrist nach § 626 Abs. 2 BGB; Zurückweisung der Abmahnung oder Bestreiten des Vorliegens einer wirksamen Abmahnung; Durchsetzung des Weiterbeschäftigungsanspruches nach § 102 Abs. 5 BetrVG; (monatliche) Geltendmachung des Annahmeverzugslohns und/oder von Urlaubsabgeltungs- oder Schadensersatzansprüchen, insb. bei einem entzogenen PKW etc.).

Er wird auch den Zeitfaktor nutzen. Dieser spielt in zweierlei Hinsicht eine Rolle. Auf der 10
Ebene des Unternehmens beschäftigen sich häufig Führungskräfte mit dem Sachverhalt, die lieber ihr Tagesgeschäft betreiben. Deren Arbeitszeit ist typischerweise teuer. Darüber hinaus beschäftigen Arbeitgeber häufig Rechtsanwälte, die nach Stunden abrechnen. Hinzu kommt das so genannte **Annahmeverzugsrisiko**, also das finanzielle Risiko, das der Arbeitgeber trägt, wenn der Arbeitnehmer im Kündigungsschutzprozess obsiegt. Der Arbeitgeber muss dann diesen nicht nur weiterbeschäftigen, sondern er hat für die Zeit nach Ablauf der Kündigungsfrist, die bis zum rechtskräftigen Urteil vergangen ist, das volle Gehalt einschließlich etwaiger variabler Gehaltsbestandteile zzgl. der Sozialversicherungsbeiträge zu vergüten, ohne dass er dafür eine Gegenleistung erhält. Dieses Risiko ist nach eineinhalb Jahren in zweiter Instanz höher, als zum Zeitpunkt des noch während des Laufes der Kündigungsfrist stattfindenden Gütetermins. Je größer der zeitliche und wirtschaftliche Druck auf den Arbeitgeber ist, desto höher wird häufig die Abfindung ausfallen. Daraus wird auch deutlich, dass für den Arbeitnehmermandanten günstige Vergleiche in aller Regel nicht in der Güteverhandlung erzielt werden können. Der Arbeitnehmeranwalt darf sich nicht davon beeinflussen lassen, dass die Arbeitsgerichte die Parteien gelegentlich zum Vergleich „prügeln" wollen.

Auf **Arbeitgeberseite** hängt das Prozessergebnis – in der Regel die Abfindungshöhe – davon 11
ab, wie gut es der Rechtsanwalt schafft, Hürden erst gar nicht entstehen zu lassen oder diese zu nehmen. Also z.B. ob eine schlüssige unternehmerische Entscheidung vorliegt und deren Umsetzung nachvollziehbar dargelegt worden ist. Ob z.B. eine ausreichende schriftliche Betriebsratsanhörung oder eine ordnungsgemäße Abmahnung vorliegt. Es hängt z.B. davon ab, ob er es schafft, die Weiterbeschäftigung, insb. durch ein Entbindungsverfahren nach § 102 Abs. 5 S. 2 BetrVG oder wegen Unwirksamkeit des Betriebsratswiderspruchs (vgl. § 12 Rn 145), zu verhindern und ob er das **finanzielle Risiko** des Prozesses, insb. der Zahlung des Annahmeverzugslohnes richtig einschätzt. Hierfür ist es unverzichtbar, dass der Arbeitgeberanwalt in jedem Stadium des Verfahrens **prüft**, ob der Arbeitnehmer inzwischen eine **anderweitige Beschäftigung** hat. Dazu muss er den Arbeitnehmer, insbesondere in der Güte- und Kammerverhandlung ausdrücklich befragen.[25] Er wird auch prüfen, ob z.B. arbeitsvertragliche oder tarifvertragliche Ausschlussfristen den Annahmeverzugslohnansprüchen des Arbeitnehmers entgegenstehen.

Schließlich wird er in zeitlicher Hinsicht seinerseits nutzen, dass typischerweise die psy- 12
chische Belastung des Arbeitnehmers sehr groß ist und mit zunehmender Prozessdauer die Bereitschaft sinkt, den Kündigungsschutzprozess fortzuführen. Der Rechtsanwalt wird auch berücksichtigen, dass die Arbeitsgerichte erstinstanzlich dazu neigen, dem Arbeitgeber sehr nachdrücklich die möglichen Unwirksamkeitsgründe seiner Kündigung vor Augen zu führen. Häufig führt auch das finanzielle Risiko, die Gerichts- und Anwaltskosten der zweiten Instanz im Fall des Obsiegens des Arbeitgebers – im Gegensatz zur ersten Instanz – voll tragen

25 Vgl. LAG Hamm v. 19.5.1994, BB 1994, 2072.

zu müssen, dazu, dass der Arbeitnehmer seine Abfindungsforderung reduziert. Entsprechendes gilt, wenn er in der Zwischenzeit eine neue Beschäftigung gefunden hat und deshalb die Sache abschließen möchte. Teilweise steigert es auch nachhaltig die Vergleichsbereitschaft, den Arbeitnehmer zumindest nach etwaigem Obsiegen in erster Instanz zur **Arbeitsaufnahme aufzufordern**. Dies geht natürlich nur nach (ggf. gerichtlichem) Abschluss eines auflösend bedingten Arbeitsvertrages (Formulierungsbeispiel siehe § 13 Rn 10) und wenn die Weiterbeschäftigung der Argumentation im Kündigungsschutzprozess nicht widerspricht (z.B. Einsatz im Rahmen eines wenige Monate dauernden Projekts bei betriebsbedingter Kündigung).

13 Der Rechtsanwalt darf natürlich zu keinem Zeitpunkt **wirtschaftliche Gesichtspunkte** außer Acht lassen. Deshalb wird er die vorgenannten Überlegungen i.d.R. nicht anstellen, wenn der Arbeitnehmer eine Abfindung von z.B. 1.000 EUR fordert. Hier wird der gut ausgehandelte Vergleich in der Güteverhandlung immer noch die richtige Wahl sein. In diesem Fall ist es allerdings auch wirtschaftlich für den Unternehmer nicht nachvollziehbar, dass die anwaltliche Kostennote die Abfindung übersteigt, obwohl nur ein Bestellungsschriftsatz angefertigt und der Gütetermin wahrgenommen worden ist. Es muss auch immer bedacht werden, dass sich in größeren Unternehmen nicht herumsprechen sollte, dass nur Kündigungsschutzklage erhoben zu werden braucht, um eine Abfindung zu erlangen. I.d.R. wird langfristig der wirtschaftliche Nutzen höher sein, wenn die Arbeitnehmer davon ausgehen, dass alle vom Unternehmen durchgeführten arbeitsrechtlichen Maßnahmen auch vor Gericht Bestand haben.

14 Darüber hinaus wird es immer Verhaltensweisen von Arbeitnehmern geben, die aus Gründen der Unternehmensphilosophie unterbunden werden müssen (z.B. Mitnahme von Waren durch Arbeitnehmer eines Kaufhauses). Es wird deshalb auch in einer Reihe „kleinerer" Kündigungsschutzsachen sinnvoll sein, mit dem notwendigen zeitlichen Einsatz vorzutragen und rechtskräftig über die Wirksamkeit der Kündigung entscheiden zu lassen. Dabei wird der Rechtsanwalt dem Unternehmen auch deutlich machen müssen, dass i.d.R. Kündigungsschutzprozesse – allein wegen der Darlegungs- und Beweislast gem. § 1 Abs. 2 S. 4 KSchG – nur mit umfangreichem tatsächlichen (und rechtlichen) Vortrag zu gewinnen sind und dieser zeitliche Aufwand angemessen honoriert werden muss. Betrachtet man, wie Unternehmen über fünf- oder gar sechsstellige Abfindungszahlungen verfügen, ist selbst ein erhebliches Anwaltshonorar wirtschaftlich sinnvoll investiert. Im Übrigen bindet den Arbeitgebermandanten nichts mehr als ein gewonnener Kündigungsschutzprozess, in dem der Arbeitnehmer eine hohe Abfindungsforderung erhoben hatte.

15 Nachfolgend wird der **allg. Kündigungsschutz** nach dem **Kündigungsschutzgesetz** (KSchG) in der Fassung des **Gesetzes zu Reformen am Arbeitsmarkt vom 24.12.2003**[26] behandelt. Dabei wird der Prüfungssystematik des KSchG sowie praktischen Erwägungen des kündigungsschutzrechtlichen Mandats gefolgt. Es werden tatsächliche und taktische Hinweise gegeben („Praxishinweis") und Formulierungsbeispiele zur praktischen Umsetzung gemacht. Am Ende (siehe Rn 309) findet sich eine Musterkündigungsschutzklage.

16 **Prüfungssystematik:**

- Arbeitnehmer (vgl. Rn 17 ff.) in Betrieben (siehe Rn 25 ff.) mit in der Regel mehr als fünf bzw. zehn (siehe Rn 38 ff.) Arbeitnehmern, ausschließlich der Auszubildenden (vgl. Rn 24), genießen nach sechs Monaten (siehe Rn 48) ununterbrochener Beschäftigung (siehe Rn 52) in demselben Betrieb oder Unternehmen, Kündigungsschutz gegen sozial ungerechtfertigte Kündigungen (vgl. Rn 54 ff.) nach § 1 KSchG.

26 BGBl I 2003 S. 3002.

- Eine Kündigung ist sozial ungerechtfertigt, wenn sie nicht durch Gründe in der Person (siehe unten Rn 174 ff.) oder dem Verhalten (vgl. Rn 212 ff.) des Arbeitnehmers oder durch dringende betriebliche Erfordernisse (siehe Rn 62 ff.) bedingt ist.
- Es muss eine unternehmerische Entscheidung getroffen (siehe Rn 62 ff.) und umgesetzt werden (vgl. auch Rn 75 ff.), die zu einem Arbeitskräfteüberhang führt (siehe Rn 88 ff.).
- Die Kündigung ist weiterhin sozial ungerechtfertigt, soweit sie gegen eine Auswahlrichtlinie (vgl. unten Rn 169) verstößt oder der Arbeitnehmer an einem anderen Arbeitsplatz weiterbeschäftigt (siehe Rn 96 ff.) werden kann.
- Darüber hinaus muss bei Kündigungen aus dringenden betrieblichen Erfordernissen der Arbeitgeber soziale Gesichtspunkte ausreichend berücksichtigt (siehe Rn 132 ff.) haben.

II. Voraussetzungen des allgemeinen Kündigungsschutzes

1. Geschützter Personenkreis

Nach § 1 Abs. 1 KSchG unterfallen nur **Arbeitnehmer** – nicht Selbstständige – dem Kündigungsschutz nach dem KSchG. Eine **selbstständige Tätigkeit** liegt vor, wenn die Person ihre Tätigkeit im Wesentlichen **frei gestalten** und ihre **Arbeitszeit frei bestimmen** kann. § 84 Abs. 1 S. 2, Abs. 2 HGB enthält insoweit eine über seinen unmittelbaren Anwendungsbereich hinausgehende gesetzliche Wertung.[27] Dementsprechend stellt die Rspr. für die Annahme des Vorliegens der Arbeitnehmereigenschaft insb. darauf ab, ob die Person die **weisungsgebunden** vertraglich geschuldete Leistung im Rahmen einer von ihrem Vertragspartner bestimmten **Arbeitsorganisation** erbringt.[28] Dieser grundsätzliche Prüfungsansatz ist in § 7 Abs. 1 S. 2 SGB IV für die Beschäftigteneigenschaft im Sozialversicherungsrecht, die mit dem Arbeitnehmerbegriff weitgehend identisch ist, vom Gesetzgeber übernommen worden. Danach sind Anhaltspunkte für eine Beschäftigung, eine Tätigkeit nach Weisung und eine Eingliederung in die Arbeitsorganisation des Weisungsgebers. 17

Nach ganz h.A. ist zur Bestimmung der Arbeitnehmereigenschaft auf **Indizien** abzustellen. Dabei ist die **Eigenart** der **jeweiligen Tätigkeit** zu berücksichtigen, da der Grad der persönlichen Abhängigkeit durch die Eigenart der jeweiligen Tätigkeit wesentlich geprägt wird.[29] Es kommt auf eine **Gesamtwürdigung** aller maßgebenden **Umstände** des **Einzelfalles** an.[30] Es besteht jedoch die Tendenz in der Rspr. Beschäftigungen herauszubilden, die typischerweise in einem Arbeitsverhältnis erbracht werden. 18

Wichtigstes Indiz ist der Umfang der **Weisungsgebundenheit**.[31] Je mehr der Dienstverpflichtete hinsichtlich seiner Arbeit den Weisungen des Dienstberechtigten unterliegt, desto mehr spricht das für eine Arbeitnehmerstellung. Der Umfang der Weisungsgebundenheit ist hinsichtlich **Inhalt, Durchführung, Zeit,**[32] **Dauer, Ort** und **sonstiger Modalitäten** der Tä- 19

27 Dazu BAG v. 20.8.2003, NZA 2004, 39; BAG v. 22.8.2001, NZA 2003, 662.

28 BAG v. 20.9.2000, NZA 2001, 551; BAG v. 12.9.2001, NZA 2002, 787; BAG v. 22.8.2001, NZA 2003, 662; BAG v. 20.8.2003, NZA 2004, 39.

29 BAG v. 3.6.1998, NZA 1998, 1165: Rechtsanwälte in den Vermögensämtern der neuen Bundesländer können Arbeitnehmer sein; BAG v. 22.4.1998, NZA 1998, 1277: Kameraassistenten sind i.d.R. Arbeitnehmer; BAG v. 6.5.1998, NZA 1998, 873: Familienhelferinnen nach § 31 SGB VIII sind i.d.R. Arbeitnehmerinnen.

30 So BAG v. 22.4.1998, NZA 1998, 1336, 1338; BAG v. 20.8.2003, NZA 2004, 39.

31 So bereits BAG v. 8.6.1967, BAGE 19, 324.

32 Der wesentlich freien Bestimmung der Arbeitszeit kann entscheidende Bedeutung zukommen, so z.B. BAG v. 22.8.2001, NZA 2003, 662 für einen Musiker.

tigkeit zu prüfen.[33] Das Weisungsrecht muss sich nicht auf die Arbeitszeit erstrecken, sondern kann sich auch auf den Inhalt und die Durchführung der geschuldeten Tätigkeit beschränken.[34] Die Weisungsgebundenheit kann sich auch aus einer sehr detaillierten und den Freiraum für die Erbringung der geschuldeten Leistung **stark einschränkenden** rechtlichen **Vertragsgestaltung** ergeben.[35] Für die Praxis kann die grobe Orientierung gelten, dass grundsätzlich eher bei einfachen Tätigkeiten von der Rspr. eine Weisungsgebundenheit und damit eine Arbeitnehmerstellung angenommen wird. **Organisationsanweisungen**, die den Ablauf von dritter Seite getragener Veranstaltungen regeln, begründen nicht die Annahme eines Arbeitsverhältnisses. Dem selbstständigen Tätigwerden steht nicht entgegen, dass **wirtschaftliche Rahmenbedingungen** – hier Ein- und Verkaufspreise – festgelegt werden.[36]

20 Weitere wichtige Indizien sind, ob der Dienstverpflichtete in den **Betrieb eingegliedert** ist und ob er dem Dienstberechtigten seine **ganze Arbeitskraft schuldet**[37] oder ihm gar **verboten** ist, seine **Dienstleistung** frei am **Markt anzubieten.** Ein solches Verbot kann sich auch mittelbar aus dem Umfang der vertraglich geschuldeten Leistung ergeben. Z.B. bei einer Verpflichtung zur jederzeitigen Auftragsannahme, verlangt der Dienstberechtigte **ständige Dienstbereitschaft**, die nach ständiger Rspr. des BAG ein starkes Indiz für die Arbeitnehmereigenschaft ist.[38]

21 Ein Arbeitnehmer muss die geschuldete Arbeitsleistung im Zweifel höchstpersönlich erbringen (vgl. § 613 BGB). Zu den wesentlichen Merkmalen selbstständigen Tätigwerdens gehört dagegen das Recht, **Dienstleistungen** nicht in Person, sondern **durch Dritte erbringen** zu lassen, die der zur Dienstleistung Verpflichtete frei auswählen und einstellen kann.[39] Ist der zur Dienstleistung Verpflichtete nach den tatsächlichen Umständen nicht in der Lage, seine vertraglichen Leistungspflichten alleine zu erfüllen, sondern auf Hilfskräfte angewiesen und vertraglich berechtigt, seine Leistungen durch Dritte erbringen zu lassen, liegt regelmäßig kein Arbeitsverhältnis vor.[40] Im Einzelfall kann auch die **Art** der **Entlohnung**, die Gewährung bezahlten **Erholungsurlaubs** sowie **Zulagen**, die **Vergütungsfortzahlung** im **Krankheitsfall** und vor allem die **Behandlung vergleichbarer Mitarbeiter** zur Beurteilung der Arbeitnehmereigenschaft herangezogen werden.

22 Für die Abgrenzung sind in erster Linie die **tatsächlichen Umstände** der **Leistungserbringung** von Bedeutung, nicht aber die Bezeichnung, die die Parteien ihrem Rechtsverhältnis gegeben haben oder gar die von ihnen gewünschte Rechtsfolge. Der jeweilige Vertragstyp ergibt sich aus dem **wirklichen Geschäftsinhalt.**[41] Dieser wiederum folgt aus den getroffenen Vereinbarungen und der tatsächlichen Durchführung des Vertrages. Aus der praktischen Handhabung lassen sich Rückschlüsse darauf ziehen, von welchen Rechten und Pflichten die Parteien in Wirklichkeit ausgegangen sind.[42] Ein Rechtsverhältnis, das ausdrücklich als

33 Vgl. etwa BAG v. 12.6.1996, NZA 1997, 191: Arbeitnehmereigenschaft eines Tankwarts.

34 BAG v. 12.6.1996, NZA 1997, 191.

35 St. Rspr., vgl. nur BAG v. 27.3.1991, NZA 1991, 933.

36 BAG v. 12.12.2001, NZA 2002, 787.

37 BAG v. 12.9.1996, NZA 1997, 600, 602 für Lehrerin am Abendgymnasium; LG München I v. 15.5.1997, NZA 1997, 943 für Kurierfahrer.

38 BAG v. 30.9.1994, NZA 1995, 622.

39 BAG v. 12.12.2001, NZA 2002, 787; BGH v. 21.10.1998, NZA 1999, 110.

40 BAG v. 12.12.2001, NZA 2002, 787.

41 Vgl. BAG v. 27.3.1991, NZA 1991, 933; BAG v. 20.8.2003, NZA 2004, 39.

42 St. Rspr., vgl. nur BAG v. 16.7.1997, NZA 1998, 368.

Arbeitsverhältnis vereinbart worden ist, ist in diesem Sinne einzuordnen. Dies folgt aus der Schutzfunktion des Arbeitsrechts.[43]

> *Hinweis*
> Dementsprechend kann der (dem Arbeitnehmer obliegende) Beweis dafür, dass ein Arbeitsverhältnis besteht, regelmäßig durch Vorlage des Arbeitsvertrages geführt werden. Behauptet der Arbeitgeber, dass es sich um ein Scheingeschäft (§ 117 BGB) oder ein freies Mitarbeiterverhältnis oder eine Zusammenarbeit im Rahmen einer Gesellschaft (§§ 705 ff. BGB) handelt, muss er den Beweis hierfür erbringen.[44]

Auch **nebenberuflich** tätige sowie **teilzeitbeschäftigte** Personen sind **Arbeitnehmer**, sofern die vorgenannten Voraussetzungen vorliegen.[45] Ein Arbeitnehmer kann in mehreren Teilzeitarbeitsverhältnissen bei unterschiedlichen Arbeitgebern jeweils Kündigungsschutz erwerben.[46]

> *Formulierungsbeispiel* 23
> Der **Arbeitnehmeranwalt** kann im (Kündigungsschutz-)Prozess zur Arbeitnehmereigenschaft wie folgt vortragen:
> … Die Beklagte gibt dem Kläger sowohl den Zeitpunkt als auch den Ort und die Art und Weise der jeweiligen Leistungserbringung vor. Der Kläger wird in den für den Betrieb allgemein erstellten Dienstplan eingetragen und hat zu den dort festgelegten Zeiten im Betrieb der Beklagten tätig zu werden. Die Beklagte stattet den Kläger vollständig mit den erforderlichen Arbeitsmitteln aus. Der Kläger hat einen fest eingerichteten Arbeitsplatz in den Betriebsräumen der Beklagten, dieser ist ausgestattet mit   *(z.B. PC, Drucker, Telefon, Telefonliste, Büromöbeln etc.)*. Der Kläger wird auf der Homepage der Beklagten als Ansprechpartner für Kunden mit der direkten Durchwahl präsentiert. Der Kläger hat seine Arbeitsleistung durchgehend in Person zu erbringen. Er ist nicht berechtigt, die geschuldete Tätigkeit durch andere erbringen zu lassen. Bevor der Kläger in Urlaub geht, hat er – wie alle anderen Arbeitnehmer des Betriebs – einen Urlaubsantrag zu stellen, welcher der Genehmigung durch die Beklagte bedarf. Für das reibungslose Funktionieren des Betriebes ist die Anwesenheit des Klägers erforderlich. Die Beklagte ist darauf angewiesen, dass der Kläger regelmäßig zur Verfügung steht, weil   . Aufgrund des zeitlichen Umfangs der Tätigkeit für die Beklagte von regelmäßig 40 bis 45 Stunden ist es dem Kläger praktisch nicht möglich, seine Leistungen auf dem freien Markt anzubieten und für andere Auftraggeber tätig zu werden. …

2. Nicht geschützte Personen

Vom Geltungsbereich des KSchG ausgenommen sind **Selbstständige, Handelsvertreter,**[47] 24
Heimarbeiter und Hausgewerbetreibende**, Beamte** (vgl. § 5 Abs. 2 ArbGG) und Personen, die die **Arbeitsleistung** aus **karitativen** oder **religiösen Gründen** erbringen.[48] Entsprechendes gilt für **arbeitnehmerähnliche Personen** (vgl. § 5 Abs. 1 S. 2 Hs. 2 ArbGG), die ihre Arbeit für andere persönlich selbstständig, aber wirtschaftlich abhängig verrichten.[49] Häufig haben

43 BAG v. 12.9.1996, NZA 1997, 194.

44 BAG v. 9.2.1995, NZA 1996, 249.

45 BAG v. 11.3.1998, ZTR 1998, 517: regelmäßig eingesetzte Sprecher von Nachrichtentexten in Rundfunkanstalten können auch dann Arbeitnehmer sein, wenn ihre wöchentliche Arbeitszeit nur vier Stunden beträgt.

46 KR/*Griebeling*, § 1 KSchG Rn 65.

47 Vgl. BAG v. 20.8.2003, NZA 2004, 39.

48 Ausführlich KR/*Griebeling*, § 1 KSchG Rn 80–88a.

49 ErfK/*Oetker*, § 1 KSchG Rn 27; zum Begriff BAG v. 8.5.2007, BB 2007, 2298.

diese ein Vertragsverhältnis, das als freies Mitarbeiterverhältnis ausgestattet ist. Für **Auszubildende** gilt das KSchG ebenfalls nicht, sondern das BBiG (eingehend § 88 Rn 1 ff.). Das KSchG gilt nicht für **Mitglieder** der **Organe**, die zur gesetzlichen Vertretung von juristischen Personen berufen sind und die zur Vertretung einer Personengesamtheit berufenen Personen (§ 14 Abs. 1 Nr. 1 und 2 KSchG). Dies gilt regelmäßig auch dann, wenn zuvor ein Arbeitsverhältnis bestanden hat. Schließt ein Arbeitnehmer mit seinem Arbeitgeber einen schriftlichen Dienstvertrag, der Grundlage für eine Bestellung zum Geschäftsführer ist, besteht eine tatsächliche Vermutung, dass damit zugleich das zuvor bestehende Arbeitsverhältnis aufgelöst worden ist. Zugleich stellt der neue Vertrag die ausschließliche Grundlage der rechtlichen Beziehungen der Parteien – sofern nichts anderes vereinbart ist – dar.[50] Näher zur Kündigung von Organen siehe § 14 Rn 1 ff. Zwar ist der materielle Kündigungsschutz des KSchG grundsätzlich auf **leitende Angestellte** anwendbar (vgl. § 14 Abs. 1 S. 1 KSchG), nach § 14 Abs. 2 S. 2 KSchG bedarf aber der **Antrag** des Arbeitgebers auf Auflösung des Arbeitsverhältnisses keiner Begründung. Daher kann sich der Arbeitgeber auch bei einer nach § 1 Abs. 2 KSchG sozialwidrigen Kündigung gegenüber einem leitenden Angestellten von diesem gegen Zahlung einer Abfindung lösen (eingehend dazu siehe § 25 Rn 29).

3. Erfasste Betriebe

a) Betriebsbegriff

25 Nach §§ 1, 23 Abs. 1 S. 1 KSchG gilt der allgemeine Kündigungsschutz für Betriebe und Verwaltungen des privaten und des öffentlichen Rechts. Er ist nach dem Wortlaut betriebs- und nicht unternehmensbezogen. Betrieb ist die **organisatorische Einheit**, innerhalb derer der Arbeitgeber mit seinen Arbeitnehmern durch Einsatz technischer und immaterieller Mittel bestimmte arbeitstechnische Zwecke fortgesetzt verfolgt, die sich nicht in der Befriedigung von Eigenbedarf erschöpfen.[51] Wesentliche Merkmale des Betriebsbegriffs sind die **einheitliche Organisation** sowie eine einheitliche **Leitung**, die die Verfolgung des arbeitstechnischen Zwecks zum Ziel hat. Der Begriff des Betriebs ist weit zu fassen. Es fallen hierunter alle organisatorischen Einrichtungen, z.B. Produktionsstätte, Niederlassung, Kaufhaus, Bankfiliale, ggf. Supermarkt, landwirtschaftliches Gut, Verwaltung, Klinik, Praxis und Kanzlei.

26 Als Verwaltungen[52] des **öffentlichen Rechts** i.S.v. § 23 Abs. 1 S. 1 KSchG gelten alle Verwaltungsbehörden des Bundes, der Länder und der Gemeinden, wie anderer öffentlich-rechtlicher Körperschaften, z.B. öffentlich-rechtlicher Rundfunkanstalten oder Stiftungen. Es ist **nicht** auf den personalvertretungsrechtlichen Begriff der **Dienststelle** abzustellen, sondern auf die **Gesamtheit** der **nachgeordneten Dienststellen** einer **größeren öffentlichen Verwaltung**.[53] Einbezogen sind ebenso Bedienstete der Religionsgemeinschaften, soweit diese sich der Rechtsfigur des Arbeitsverhältnisses bedienen.[54] Der Begriff bezieht sich auf die Organisation, in der mehrere Dienststellen zu einer administrativen Hierarchie zusammengefasst werden,[55] also z.B. die Innenbehörde der Freien und Hansestadt Hamburg, nicht etwa nur die Polizei Hamburg. Verwaltung i.S.d. § 23 Abs. 1 S. 2 KSchG ist bei Arbeitsverhältnis-

50 BAG v. 3.2.2009, NJW 2009, 2078; BAG v. 5.6.2008, NZA 2008, 1002 mit Anm. *Dzida*, NJW 2008, 3516.
51 BAG v. 7.2.1985, EzA § 1 KSchG Nr. 41.
52 Vgl. BAG v. 23.4.1998, EzA § 3 KSchG Nr. 19.
53 BAG v. 25.4.2002, NZA 2003, 605, 606.
54 Vgl. BAG v. 21.2.2001, NZA 2001, 951 insb. zum Verwaltungsbegriff bei Kirchengemeinden.
55 KR/*Weigand*, § 23 KSchG Rn 29.

sen mit einer Anstalt des öffentlichen Rechts folglich die Anstalt insgesamt,[56] nicht etwa die einzelnen Betriebsstätten wie z.B. Altenheime.

Das **BVerfG**[57] hat in seiner Entscheidung vom 27.1.1998 festgestellt, dass im Einzellfall auch **Teile größerer Unternehmen** unter Anwendung des geltenden Betriebsbegriffs aus dem Anwendungsbereich des KSchG herausfallen könnten, obwohl auf diese Betriebe nicht die Gesichtspunkte zuträfen, die eine Benachteiligung der Arbeitnehmer von Kleinbetrieben rechtfertigen (enge persönliche Zusammenarbeit, persönliche Mitarbeit des Arbeitgebers im Betrieb, geringe Finanzausstattung und Verwaltungskapazität). Das sei mit Art. 3 Abs. 1 GG nicht vereinbar. Der Betriebsbegriff ließe sich jedoch im Wege **verfassungskonformer Auslegung** auf die **Einheiten beschränken**, für deren **Schutz** die **Kleinbetriebsklausel** allein **bestimmt** sei. 27

Teilweise wird angenommen, § 23 Abs. 1 S. 2 KSchG müsse im Wege verfassungskonformer Auslegung teleologisch dahingehend reduziert werden, dass sich die für die Freistellung vom Kündigungsschutz erhebliche Arbeitnehmerzahl auf das **Unternehmen** bezieht. Nur der Kleinstunternehmer (= Arbeitgeber) dürfe vom Geltungsbereich ausgenommen werden.[58] Das BAG hat in zwei Entscheidungen das Festhalten des Gesetzgebers am Betriebsbegriff und die Rspr. des BVerfG gewürdigt und sich gehindert gesehen, den Geltungsbereich des KSchG unternehmens- bzw. konzerndimensional im Wege der Rechtsfortbildung auszuweiten.[59] In einer anderen Entscheidung hat das BAG allerdings bei einer Verwaltung des öffentlichen Dienstes die Beschäftigten einzelner Dienststellen mit jeweils weniger als fünf Arbeitnehmern zusammengezählt.[60] Im Hinblick auf die umfassende Neuregelung kündigungsrechtlicher Vorschriften durch das Gesetz zu Reformen am Arbeitsmarkt, das auch in § 23 KSchG Neuregelungen vorsieht, wird man mit dem BAG unter Beachtung allgemeiner Auslegungskriterien davon ausgehen müssen, dass dem derzeitigen Betriebsbegriff eine gesetzgeberische Entscheidung zugrunde liegt, die zu beachten ist. 28

Aus diesen Gründen ist die Auffassung, **abhängige Konzernunternehmen**, also etwa die von der Konzernobergesellschaft abhängige GmbH, würden nunmehr dem KSchG unterfallen,[61] in dieser Allgemeinheit nicht haltbar.[62] Es kann nur im Einzelfall an Hand der vom BVerfG bestimmten Kriterien geprüft werden, ob eine verfassungskonforme Auslegung des Betriebsbegriffs geboten ist. So hat unter ausdrücklicher Bezugnahme auf die Entscheidung des BVerfG das LAG Düsseldorf entschieden, dass bei einem Unternehmen mit nicht mehr als fünf Arbeitnehmern, das als herrschende Konzernmuttergesellschaft die formal selbstständigen, aber weisungsgebundenen Konzerntöchter führt, es sich nicht um einen Kleinbetrieb i.S.v. § 23 Abs. 1 S. 2 KSchG handelt.[63] Die Beklagte war als Holding an mehreren 29

56 LAG Köln v. 23.2.1996, LAGE § 1 KSchG Betriebsbedingte Kündigung Nr. 36; z.B. „italienische Kulturinstitute" in Deutschland bilden als Gesamtheit eine Verwaltung; vgl. auch BAG v. 23.4.1998, EzA § 3 KSchG Nr. 19.

57 BVerfG v. 27.1.1988, NZA 1998, 470.

58 Küttner/Däubler/Zwanziger/*Kittner/Deinert,* § 23 KSchG Rn 11; *Kittner*, NZA 1998, 731, 732; Stahlhacke/Preis/Vossen/*Preis*, Rn 887; *Bepler*, AuR 1997, 54 ff.; *Löwisch/Spinner*, § 23 KSchG Rn 3, 10; *Joost*, Betrieb und Unternehmen als Grundbegriffe des Arbeitsrechts, S. 344 ff.; Ascheid/Preis/Schmidt/*Preis*, Grundlagen C. Rn 84; KR/*Weigand*, § 23 KSchG Rn 25a.

59 BAG v. 12.11.1998, NZA 1999, 590; BAG v. 29.4.1999, NZA 1999, 932; vgl. auch BAG v. 13.6.2002, NZA 2002, 1147; ebenso Ascheid/Preis/Schmidt/*Moll*, § 23 KSchG Rn 8;

60 BAG v. 23.4.1998, NZA 1998, 995.

61 So *Kittner*, NZA 1998, 731, 732; so auch ArbG Hamburg v. 10.3.1997, DB 1997, 2439; eingehend KR/*Weigand*, § 23 KSchG Rn 25 f. m.w.N.; vgl. auch *Gragert/Wiehe*, NZA 2001, 934.

62 BAG v. 26.9.2002, NZA 2003, 549, 551; BAG v. 13.6.2002, NZA 2002, 1147.

63 LAG Düsseldorf v. 3.4.2001, NZA-RR 2001, 476.

Tochtergesellschaften teilweise zu 100 % und teilweise zu 90 % beteiligt, die jeweils als GmbH organisiert den Verkauf und die Reparatur von Kraftfahrzeugen betrieben. Es bestanden Ergebnisabführungsverträge.

30 Unter Hinweis auf die Rspr. des BVerfG ist die Auffassung vertreten worden, die Kleinstbetriebsklausel müsse verfassungskonform so ausgelegt werden, dass **Arbeitnehmer** in **ausländischen Betrieben** mitgezählt werden.[64] Es liegt auf der Hand, dass dadurch viele kleine Vertriebseinheiten großer ausländischer Muttergesellschaften dem KSchG unterfallen würden. Auch diese Auffassung ist aus den vorgenannten Gründen nicht haltbar.[65] Der räumliche Geltungsbereich des KSchG ist auf das Gebiet der Bundesrepublik Deutschland beschränkt. Die Voraussetzungen des § 23 Abs. 1 KSchG müssen im Inland erfüllt sein.[66]

b) Gemeinsamer Betrieb mehrerer Unternehmen

31 Der allgemeine Kündigungsschutz kann sich ausnahmsweise auf den gemeinsamen Betrieb mehrerer Unternehmen[67] (sog. **Gemeinschaftsbetrieb**) beziehen. Diese Rechtsfigur ist insb. dann relevant, wenn in dem unmittelbaren Beschäftigungsbetrieb, z.B. der Niederlassung nur fünf bzw. zehn oder weniger Arbeitnehmer beschäftigt sind. Mehrere rechtlich selbstständige Unternehmen können nach st. Rspr. des BAG einen gemeinsamen Betrieb führen.[68] Dies setzt voraus, dass sich die beteiligten Unternehmen zumindest stillschweigend rechtlich verbunden und einen **einheitlichen Leitungsapparat** geschaffen haben. Insb. müssen die **Arbeitgeberfunktionen** in den **sozialen** und **personellen Angelegenheiten** des BetrVG für die beteiligten Unternehmen **institutionell einheitlich wahrgenommen** werden.[69] Dazu genügt es nicht, dass die betriebliche Tätigkeit in denselben Räumen und mit denselben sächlichen Mitteln entfaltet wird[70] oder teilweise Personenidentität bei der Geschäftsleitung besteht.[71] Damit wird verhindert, dass Unternehmen durch gesellschaftsrechtliche Gestaltung arbeitsrechtliche Gesetze, die an den Betriebsbegriff anknüpfen, wie das KSchG und das BetrVG, umgehen können.

32 Ein **gemeinschaftlicher Betrieb** zwischen einer **Konzernholding** und einer oder mehreren Tochtergesellschaften liegt nicht bereits dann vor, wenn die Holding aufgrund ihrer konzernrechtlichen Leitungsmacht gegenüber den zuständigen Organen der Tochtergesellschaften in bestimmten Bereichen Anordnungen treffen kann. Die Annahme eines Gemeinschaftsbetriebes setzt insoweit einen **einheitlichen, rechtlich gesicherten betriebsbezogenen Leitungsapparat** voraus.[72]

33 Von Betrieben zu unterscheiden sind **Betriebsteile**, die gegenüber dem Hauptbetrieb organisatorisch unselbstständig sind und eine Teilfunktion von dessen arbeitstechnischem

64 So *Kittner*, NZA 1998, 731, 732; ebenso *Gragert/Kreutzfeld*, NZA 1998, 567; vgl. auch LAG Niedersachsen v. 9.7.1997, LAGE § 23 KSchG Nr. 16.

65 Vgl. BAG v. 9.10.1997, NZA 1998, 141.

66 BAG v. 3.6.2004, NZA 2004, 1380.

67 Das BAG hat ausdrücklich offen gelassen, ob diese Rechtsfigur auf den öffentlichen Dienst oder die Kirchen übertragbar ist, BAG v. 21.2.2001, NZA 2001, 951.

68 BAG v. 9.2.2000, DB 2000, 384.

69 BAG v. 24.1.1996, NZA 1996, 1110; BAG v. 11.11.1997, NZA 1998, 723; BAG v. 18.9.2003, NZA 2004, 375, 377.

70 BAG v. 9.2.2000, DB 2000, 384; BAG v. 24.1.1996, NZA 1996, 1107; zum Gemeinschaftsbetrieb im Konzern: BAG v. 29.4.1999, NZA 1999, 932.

71 BAG v. 18.9.2003, NZA 2004, 375, 377.

72 BAG v. 13.6.2002, NZA 2002, 1147; BAG v. 18.9.2003, NZA 2004, 375, 377.

Zweck wahrnehmen. Betriebsteile zeichnen sich dadurch aus, dass sie über einen eigenen Arbeitnehmerstamm, eigene technische Hilfsmittel und eine durch die räumliche und funktionale Abgrenzung vom Hauptbetrieb bedingte relative Selbstständigkeit verfügen. Andererseits fehlt ihnen aber ein eigenständiger Leitungsapparat.[73] Insb. die Vorschrift des § 23 KSchG differenziert nicht zwischen Betrieb und Betriebsteil, der unter den Voraussetzungen des § 4 S. 1 BetrVG lediglich im Sinne einer Funktion als selbstständiger Betrieb im Sinne des BetrVG gilt. Ein Betrieb im kündigungsschutzrechtlichen Sinne setzt daher keine räumliche Einheit voraus.[74]

Für die Voraussetzungen des Vorliegens eines Gemeinschaftsbetriebes und den daraus abzuleitenden positiven Rechtsfolgen trägt grundsätzlich der Arbeitnehmer die **Beweislast**. Es reicht jedoch in der Regel aus, wenn der Arbeitnehmer die äußeren Umstände schlüssig darlegt, die für die Annahme sprechen, dass die **Betriebsstätte,** in der er beschäftigt ist, über **keinen eigenständigen Leitungsapparat** verfügt, diese viel mehr **zentral gelenkt** wird. Hat der Arbeitnehmer schlüssig derartige Umstände behauptet, so hat der Arbeitgeber hierauf im Einzelnen zu erklären, welche rechtserheblichen Umstände gegen die Annahme eines einheitlichen Leitungsapparates für mehrere Betriebsstätten sprechen.[75] 34

Liegt ein einheitlicher Betrieb in diesem Sinne vor, so sind die **Arbeitnehmer** im Hinblick auf § 23 Abs. 1 S. 2 KSchG **zusammenzuzählen.**[76] **Versetzungsmöglichkeiten** (vgl. Rn 133) oder die **soziale Auswahl** (vgl. Rn 134) innerhalb des einheitlichen Betriebes sind nach den Verhältnissen aller Unternehmen zu berücksichtigen.[77] Dies gilt nicht, wenn der Gemeinschaftsbetrieb im Zeitpunkt der Kündigung nicht mehr besteht bzw. bis zum Ablauf der Kündigungsfrist stillgelegt wird.[78] 35

Nach dem neuen § 1 Abs. 2 BetrVG wird ein gemeinsamer Betrieb mehrerer Unternehmen vermutet, wenn zur Verfolgung arbeitstechnischer Zwecke die Betriebsmittel sowie die Arbeitnehmer von den Unternehmen gemeinsam eingesetzt werden (§ 1 Abs. 2 Nr. 1 BetrVG). Erforderlich ist also, dass die **Arbeitgeberfunktionen einheitlich ausgeübt** werden. Die Vermutungen sind widerlegliche Vermutungen. Die Regelungen führen lediglich dazu, dass der Arbeitgeber die Darlegungs- und Beweislast hat. Die Auswirkungen dieser Regelungen auf das KSchG sind bislang ungeklärt.[79] Richtig ist, dass § 1 Abs. 2 BetrVG eine speziell betriebsverfassungsrechtliche Norm ist, die die Bildung von Betriebsräten dort erleichtern soll, wo die wesentlichen mitbestimmungspflichtigen Entscheidungen getroffen werden. Die Norm gilt daher nicht für das KSchG. 36

Praxishinweis 37

Die verfassungskonforme Auslegung bzw. die in der Lit. angenommene unternehmens- bzw. konzerndimensionale Ausweitung des Betriebsbegriffes und die Möglichkeit der Berufung auf das Vorliegen eines Gemeinschaftsbetriebes zwingt den Rechtsanwalt, seinen Arbeitnehmermandanten immer entsprechend zu befragen, ob diese Voraussetzungen vorliegen. Wenn die Voraussetzungen vorliegen, ist i.d.R. die ausgesprochene Kündigung unwirksam, weil entweder kein Kündigungsgrund i.S.v. § 1 Abs. 2 KSchG

73 BAG v. 20.8.1998, NZA 1999, 255; BAG v. 15.3.2001, NZA 2001, 831, 832.
74 BAG v. 15.3.2001, NZA 2001, 831, 832.
75 BAG v. 15.3.2001, NZA 2001, 831, 832.
76 BAG v. 23.3.1984, NZA 1984, 88.
77 BAG v. 3.6.1985, NZA 1986, 600.
78 BAG v. 18.9.2003, NZA 2004, 375, 378.
79 Vgl. Däubler/Kittner/Klebe/*Trümner*, BetrVG, § 1 BetrVG Rn 124.

vorliegt, die Sozialauswahl nicht ordnungsgemäß vorgenommen worden ist oder Weiterbeschäftigungsmöglichkeiten bestehen.[80]

c) Mindestarbeitnehmerzahl

38 Das KSchG ist nur auf Betriebe – i.S.d. Darstellung unter a) (Rn 25 ff.) und b) (Rn 31 ff.) – anwendbar, die eine bestimmte Mindestanzahl von Arbeitnehmern beschäftigt. Nach **§ 23 Abs. 1 S. 2 KSchG** in der Fassung des Gesetzes zu Reformen am Arbeitsmarkt vom 24.12.2003 gelten die Vorschriften des Ersten Abschnitts des KSchG mit Ausnahme der §§ 4 bis 7 und des § 13 Abs. 1 S. 1 und 2 KSchG nicht für Betriebe, die **in der Regel fünf oder weniger Arbeitnehmer** ausschließlich der Auszubildenden beschäftigen. Arbeitnehmer solcher Kleinbetriebe genießen **keinen Kündigungsschutz** nach dem KSchG, müssen aber im Fall der Klage gegen eine Kündigung die Drei-Wochen-Frist einhalten (ausführlich hierzu siehe § 6 Rn 2).

39 Nach **§ 23 Abs. 1 S. 3 KSchG** in der Fassung des Gesetzes zu Reformen am Arbeitsmarkt vom 24.12.2003 gelten in Betrieben in denen **in der Regel zehn oder weniger Arbeitnehmer** ausschließlich der Auszubildenden beschäftigt werden, die Vorschriften des Ersten Abschnitts des KSchG mit Ausnahme der §§ 4 bis 7 und des § 13 Abs. 1 S. 1 und 2 KSchG nicht für Arbeitnehmer, deren **Arbeitsverhältnis nach** dem **31.12.2003 begonnen** hat. Diese Arbeitnehmer sind nach § 23 Abs. 1 S. 3 Hs. 2 KSchG bei der **Feststellung** der **Zahl** der beschäftigten Arbeitnehmer nach Satz 2 bis zur Beschäftigung von i.d.R. zehn Arbeitnehmern **nicht** zu **berücksichtigen**. Danach genießen Arbeitnehmer **keinen Kündigungsschutz** nach dem KSchG, die ab dem 1.1.2004 in einem Betrieb mit bis zu zehn Arbeitnehmern eingestellt worden sind. Diese Einstellung führt auch nicht zur Überschreitung des Schwellenwerts nach § 23 Abs. 1 S. 2 KSchG. Weder der neu eingestellte – z.B. achte – Arbeitnehmer des Betriebes genießt Kündigungsschutz, noch der vor dem 1.1.2004 eingestellte – z.B. vierte – Arbeitnehmer. Der neu eingestellte Arbeitnehmer muss im Fall der – nicht auf das KSchG gestützten – Klage gegen seine Kündigung ebenfalls die Drei-Wochen-Frist einhalten.

40 Die Neuregelung führt zu einer **zweistufigen Prüfungssystematik**:

Zunächst ist zu prüfen, ob der Betrieb – i.S.d. Darstellung unter a) (siehe oben Rn 25 ff.) und b) (siehe Rn 31 ff.) – **5,25 oder mehr Arbeitnehmer** beschäftigt. Diese Prüfung ist bereits nicht einfach, weil teilzeitbeschäftigte Arbeitnehmer nach § 23 Abs. 1 S. 4 KSchG anteilig (dazu sogleich, siehe unten Rn 43) und nicht i.d.R. beschäftigte Arbeitnehmer (siehe unten Rn 44). überhaupt nicht zu berücksichtigen sind.

Auf der zweiten Stufe ist zu prüfen, ob der Arbeitnehmer am **1.1.2004 oder** zu **einem späteren Zeitpunkt eingestellt** worden ist und der Betrieb **10,25 oder mehr Arbeitnehmer** beschäftigt.

Unter Zugrundelegung des bisher geltenden Schwellenwerts behalten die bis zum 31.12.2003 eingestellten Arbeitnehmer ihren Kündigungsschutz so lange, wie im Betrieb zumindest 5,25 Arbeitnehmer tätig sind, die am 31.12.2003 dort schon beschäftigt waren.

41 In der **Praxis** bedeutet dies, dass alle Arbeitnehmer eines Betriebes Kündigungsschutz genießen, wenn bis zum 31.12.2003 dort z.B. acht Arbeitnehmer beschäftigt waren, solange mehr als fünf Arbeitnehmer beschäftigt sind, die bereits am 31.12.2003 beschäftigt waren.[81] Wer-

80 Zur Unwirksamkeit nach § 102 BetrVG vgl. KR/*Etzel*, § 102 BetrVG Rn 46 ff.

81 Vgl. Ascheid/Preis/Schmidt/*Moll*, § 23 KSchG Rn 32d.

den „Altbeschäftigte" durch Neueinstellungen abgelöst, werden aber nicht mehr als zehn Arbeitnehmer beschäftigt, führt dies wegen § 23 Abs. 1 S. 3 Hs. 2 KSchG zum Verlust des Kündigungsschutzes.[82] Waren demgegenüber dort nur fünf Arbeitnehmer beschäftigt, genießen diese keinen Kündigungsschutz. Kommen zu den bis zum 31.12.2003 beschäftigten fünf Arbeitnehmern ab dem 1.1.2004 drei Arbeitnehmer hinzu, so gilt für keinen der Arbeitnehmer das KSchG. Waren demgegenüber bereits zum 31.12.2003 acht Arbeitnehmer beschäftigt und kommen nach dem 1.1.2004 zwei Arbeitnehmer hinzu, so genießen die acht bereits beschäftigten Arbeitnehmer Kündigungsschutz, nicht jedoch die zwei nach dem 1.1.2004 neu eingestellten Arbeitnehmer, wenn ihnen nach Ablauf der Wartezeit gekündigt wird. Werden in dem Betrieb zum 31.12.2003 fünf Arbeitnehmer beschäftigt und ab 1.1.2004 sechs Arbeitnehmer eingestellt und damit elf Arbeitnehmer beschäftigt, gilt für die bis zum 31.12.2003 beschäftigen Arbeitnehmer sofort Kündigungsschutz und für die ab 1.1.2004 eingestellten sechs Arbeitnehmer nach Ablauf der Wartezeit.[83] Voraussetzung ist allerdings nach wie vor, dass die elf Arbeitnehmer regelmäßig beschäftigt werden (vgl. dazu sogleich Rn 44).

Beschäftigt ein Betrieb zum 31.12.2003 elf Arbeitnehmer und wird nach dem 1.1.2004 zwei Arbeitnehmern gekündigt, gilt sowohl für die zwei gekündigten Arbeitnehmer als auch für die verbleibenden neun Arbeitnehmer das KSchG. Das KSchG findet auf die verbliebenen Arbeitnehmer erst dann keine Anwendung mehr, wenn die Belegschaft auf fünf Arbeitnehmer reduziert worden ist. Problematisch ist, ob dann, wenn danach wieder drei Arbeitnehmer neu eingestellt werden, alle Arbeitnehmer keinen Kündigungsschutz besitzen. Nach dem Wortlaut von § 23 Abs. 1 S. 3 KSchG dürften nur die nach dem 1.1.2004 neu eingestellten Arbeitnehmer keinen Kündigungsschutz genießen. Da allerdings auch die bereits bis zum 31.12.2003 angestellten Arbeitnehmer zwischenzeitlich ihren Kündigungsschutz verloren hatten, besteht eigentlich kein Grund, diese zu bevorzugen. Auch das BAG vertritt nunmehr die Auffassung, dass die besitzstandswahrende Regelung des § 23 Abs. 1 S. 2 KSchG ihre Wirkung verliert, wenn im Zeitpunkt des Kündigungszugangs wegen des Wegfalls berücksichtigungsfähiger „Alt-Arbeitnehmer" der Schwellenwert des Satzes 2 nicht allein durch „Alt-Arbeitnehmer" erreicht wird. Der Bestandsschutz für diese gilt daher nur so lange, wie der am 31. 12.2003 bestehende „virtuelle Altbetrieb" nicht auf fünf oder weniger „Alt-Arbeitnehmer" absinkt.[84] 42

Bei der Berechnung des **Schwellenwertes** werden **teilzeitbeschäftigte Arbeitnehmer** nach § 23 Abs. 1 S. 4 KSchG **anteilig berücksichtigt**. Teilzeitbeschäftigte mit einer regelmäßigen wöchentlichen Arbeitszeit von nicht mehr als **20 Stunden** werden mit **0,5** und von nicht mehr als **30 Stunden** mit **0,75** berücksichtigt. Dementsprechend greift der Kündigungsschutz frühestens mit der (regelmäßigen) Beschäftigung von 5,25 bzw. 10,25 Arbeitnehmern. Die für die anteilige Berechnung von Teilzeitbeschäftigten maßgebende **regelmäßige wöchentliche Arbeitszeit** bestimmt sich nach dem jeweiligen **Individualarbeitsvertrag**. Die tatsächliche Arbeitszeit ist nur zugrunde zu legen, wenn deren Umfang dauerhaft von den Festlegungen im Arbeitsvertrag abweicht.[85] 43

Zur Ermittlung des Schwellenwerts ist nicht entscheidend die Zahl der tatsächlich beschäftigten Arbeitnehmer, sondern die der **„in der Regel" im Betrieb Beschäftigten**. Es kommt dabei nicht auf den Zeitpunkt der Beendigung des Arbeitsverhältnisses an, sondern auf den 44

82 Vgl. Ascheid/Preis/Schmidt/*Moll*, § 23 KSchG Rn 32f.
83 Vgl. Ascheid/Preis/Schmidt/*Moll*, § 23 KSchG Rn 32c.
84 BAG v. 21.9.2006, NZA 2007, 438; Ascheid/Preis/Schmidt/*Moll*, § 23 KSchG Rn 32d.
85 Ausführlich Ascheid/Preis/Schmidt/*Moll*, § 23 KSchG Rn 31.

Zeitpunkt des **Zugangs der Kündigung.**[86] Abzustellen ist auf die Zahl der regelmäßig beschäftigten **ständigen Arbeitnehmer** bei **normaler Betriebstätigkeit.**[87] Die Beschäftigtenlage, die im Allgemeinen für den Betrieb kennzeichnend ist, ist durch einen **Rückblick** auf die bisherige personelle Situation und eine Einbeziehung der **zukünftigen Entwicklung** festzustellen, wobei Zeiten außergewöhnlich hohen oder niedrigen Geschäftsanfalls nicht zu berücksichtigen sind.[88] Bei der Berechnung des Schwellenwerts ist der gekündigte Arbeitnehmer auch dann mit zu berücksichtigen, wenn der Arbeitsplatz nicht mehr neu besetzt werden soll. Die Unternehmerentscheidung, den Betrieb stillzulegen oder durch Abbau von Arbeitsplätzen einzuschränken, führt nur dazu, dass künftig eine andere, regelmäßige Arbeitnehmerzahl gegeben sein soll. Im Kündigungszeitpunkt ist demgegenüber für den Betrieb noch die bisherige Belegschaftsstärke kennzeichnend.[89]

45 Arbeitnehmer, deren **Arbeitsverhältnis ruht** (z.B. wegen Mutterschutz, Elternzeit, Wehr- oder Zivildienst) sind regelmäßig **mitzurechnen.**[90] Etwas anderes gilt, wenn ein **Vertreter** eingestellt ist.[91] Für die Elternzeit bestimmt dies § 21 Abs. 7 S. 1 und 2 BErzGG ausdrücklich. Dieser Rechtsgedanke findet auch im Übrigen Anwendung. **Auszubildende** werden nach § 23 Abs. 1 S. 2 KSchG bei der Ermittlung der Beschäftigtenzahl gleichfalls nicht mitgezählt.

46 Nach der Rspr. des BAG muss der **Arbeitnehmer** insgesamt das Vorliegen der **Mindestbeschäftigtenzahl** des Betriebes für das Eingreifen des Kündigungsschutzes **darlegen und beweisen.** An diesem Grundsatz hält das BAG auch nach Heraufsetzung des Schwellenwertes zum 1.1.2004 und der damit verbundenen komplexen Berechnungen ausdrücklich fest.[92] Es besteht aber eine abgestufte Darlegungs- und Beweislast in dem Sinne, dass es ausreicht, wenn der Arbeitnehmer zunächst schlüssig das Vorhandensein von sechs bzw. elf Arbeitverhältnissen darlegt. Es ist dann Sache des Arbeitgebers, substantiert zu Umfang und Struktur der Mitarbeiterschaft und ihrer arbeitsvertraglichen Vereinbarungen vorzutragen.[93]

47 *Praxishinweis*

Grundsätzlich reicht bei der Einreichung der Kündigungsschutzklage (vgl. Formulierungsbeispiel Rn 309) die **Behauptung**, dass der Betrieb mehr als fünf bzw. mehr als zehn Arbeitnehmer beschäftigt. Erst wenn daraufhin der **Arbeitgeber** die Anwendbarkeit des KSchG **bestreitet**, muss der Arbeitnehmer die Namen der angeblich beschäftigten Arbeitnehmer und gegebenenfalls ungefähre Angaben zu deren regelmäßiger Arbeitszeit machen. In der Regel lassen die ArbG auch eine beschreibende Angabe (z.B. „ein weiterer Vollzeitbeschäftigter Arbeitnehmer im Außendienst") genügen.

Der **Arbeitnehmeranwalt** wird seinen Mandanten im Fall des Bestreitens durch den Arbeitgeber nach den beschäftigten „Köpfen" zu fragen haben. Es sollte geprüft werden, ob Familienangehörige in den Büchern als Arbeitnehmer geführt oder auf der Internetseite, in der Telefon- und/oder Faxliste oder dem internen Verteiler von E-Mails (vermeintliche) Arbeitnehmer aufgeführt werden. Auch die Anzahl der eingerichteten Arbeitsplätze (z.B. Ausstattung mit PC) könnte ein Anhaltspunkt sein.

86 BAG v. 31.1.1991, NZA 1991, 561; BAG v. 24.2.2005, NZA 2005, 764, 765.
87 KR/*Weigand*, § 23 KSchG Rn 37.
88 BAG v. 31.1.1991, NZA 1991, 562; BAG v. 24.2.2005, NZA 2005, 764, 765.
89 BAG v. 22.1.2004, NZA 2004, 479.
90 BAG v. 31.1.1991, NZA 1991, 562.
91 Vgl. ausführlich KR/*Weigand* § 23 KSchG Rn 39.
92 BAG v. 26.6.2008, DB 2008, 2311; ebenso Ascheid/Preis/Schmidt/*Moll*, § 23 KSchG Rn 48; a.A. KR/*Weigand*, § 23 KSchG Rn 54a ff.; Henssler/Willemsen/Kalb/*Pods/Quecke*, § 23 KSchG Rn 17.
93 BAG v. 26.6.2008, DB 2008, 2311; BAG v. 24.2.2005, NZA 2005, 764, 765.

Die oben (Rn 5) dargelegten Zahlen belegen, dass natürlich das Eingreifen des KSchG von zentraler Bedeutung für das Erzielen einer (angemessenen) Abfindung ist. Nach dem Prinzip der Sachnähe ist es dann Aufgabe des Arbeitgebers nach § 138 Abs. 2 ZPO substantiierte Angaben dazu zu machen, warum der Schwellenwert nicht überschritten wird. Er kann z.B. im Einzelnen darlegen und unter Beweis stellen, dass die benannten Arbeitnehmer freie Mitarbeiter, Handelsvertreter, ausschließlich Gesellschafter, Geschäftsführer, Leiharbeitnehmer, Fremdarbeitnehmer, nicht in der Regel beschäftigt sind oder eine geringere regelmäßige Arbeitszeit haben, als der Arbeitnehmer vorgetragen hat.

4. Wartezeit

a) Beschäftigungsdauer von mehr als sechs Monaten

Nach § 1 Abs. 1 KSchG besteht Kündigungsschutz, wenn das Arbeitsverhältnis in demselben 48
Betrieb oder Unternehmen länger als sechs Monate bestanden hat. Die Wartezeit soll dem Arbeitgeber die Möglichkeit eröffnen, den Arbeitnehmer für einen Zeitraum von sechs Monaten zu erproben, bevor das KSchG eingreift.[94] Die Wartezeit kann wegen des einseitig zwingenden Charakters des KSchG **nicht verlängert** werden.[95] Wird z.B. wegen längerer Erkrankung die Probezeit über sechs Monate hinaus verlängert (vgl. § 5 S. 2 BAT), greift das KSchG ein.[96] Dies gilt auch, wenn einzelvertraglich von vornherein eine längere Probezeit vereinbart worden ist.[97] Die Wartezeit kann **verkürzt** oder ausgeschlossen werden.[98] Von dieser Möglichkeit wird in der Praxis insb. bei Vorbeschäftigungszeiten im selben Unternehmen oder einem anderen Unternehmen des Konzerns, im Anschluss an eine Ausbildung und bei einem Wechsel des öffentlichen Arbeitgebers Gebrauch gemacht. Der Verzicht auf die Wartezeit kann auch konkludent erfolgen.[99]

Formulierungsbeispiel 49

§ **Beginn und Anrechnung der Beschäftigungszeit**

Der Arbeitnehmer wird ab dem *(aktuelles Datum)* weiterbeschäftigt. Die Probezeit ist bereits erfüllt (bzw. die Probezeit ist am *(Datum)* erfüllt). Mit Wirkung des in Satz 1 genannten Datums gilt unter Anrechnung der bisherigen Betriebszugehörigkeit ausschließlich dieser Arbeitsvertrag. Die Betriebszugehörigkeit besteht seit

b) Berechnung

Die Frist beginnt grundsätzlich mit dem Tag der **Arbeitsaufnahme** durch den Arbeitneh- 50
mer.[100] Dies gilt auch, wenn der Arbeitsvertrag erst nach der Arbeitsaufnahme unterzeichnet wird.[101] Maßgeblich für den Ablauf der Sechs-Monats-Frist ist der kalendermäßig feststellbare rechtliche Bestand des Arbeitsverhältnisses.[102] Wird ein Arbeitnehmer z.B. am 1.1.2009

94 BAG v. 26.9.1990, NZA 1991, 309.
95 ErfK/*Oetker*, § 1 KSchG Rn 33.
96 KR/*Griebeling*, § 1 KSchG Rn 98; so für den BAT *Dassau/Wiesend-Rothbrust*, § 5 BAT Rn 9.
97 LAG Frankfurt v. 13.3.1986, NZA 1987, 384.
98 BAG v. 28.2.1990, NZA 1990, 858.
99 Anschaulicher Fall bei LAG Köln v. 15.12.2006, BB 2007, 336.
100 BAG v. 27.6.2002, NZA 2003, 377.
101 BAG v. 27.6.2002, NZA 2003, 377.
102 ErfK/*Oetker*, § 1 KSchG Rn 36; Stahlhacke/Preis/Vossen/*Preis*, Rn 903.

eingestellt, besteht ab 1.7.2009 Kündigungsschutz, wenn die Kündigungserklärung nicht vor Ablauf der Frist, also dem 1.7.2009, zugeht. Nicht maßgebend ist der Tag, an dem die Kündigungsfrist abläuft. Besteht in dem vorgenannten Beispiel eine zweiwöchige Kündigungsfrist (vgl. § 622 Abs. 3 BGB), kann noch am 30.6.2009 zum 14.7.2009 ohne Eingreifen des KSchG gekündigt werden.[103]

51 Zeiten, in denen das **Arbeitsverhältnis ruht**, werden auf die Wartezeit **angerechnet**. Dies gilt für Zeiten des Grundwehrdienstes, der Wehrübung, einer Eignungsübung und des Zivildienstes (§§ 6 Abs. 2, 10 ArbPlSchG, § 6 EignübungsG, § 78 ZDG).

52 Zeiten eines früheren Arbeitsverhältnisses mit demselben Arbeitgeber sind auf die Wartezeit anzurechnen, wenn das neue Arbeitsverhältnis mit dem früheren in einem **engen zeitlichen und sachlichen Zusammenhang** steht.[104] In der Regel werden nur kurzfristige rechtliche Unterbrechungen von einigen Tagen oder wenigen Wochen zu einer Anrechnung der bisherigen Dauer des Arbeitsverhältnisses führen.[105] Diese Grundsätze gelten auch für **Tagesarbeitsverhältnisse**, die aufgrund einer Rahmenvereinbarung abgeschlossen werden.[106] Das BAG hat eine Anrechnung bei einer Unterbrechung von mehr als drei Wochen verneint.[107] Jedoch lässt sich eine feste zeitliche Grenze nicht ziehen, ausschlaggebend sind vielmehr die Umstände des Einzelfalls.[108] Je länger die Unterbrechung gedauert hat, desto gewichtiger müssen die für einen sachlichen Zusammenhang sprechenden Umstände sein.[109] Neben der Dauer der Unterbrechung kommt es für die Zusammenrechnung von Beschäftigungszeiten auf ihren **Anlass** und auf die **Art** der **Weiterbeschäftigung** an.[110] Es wird i.d.R. kein enger sachlicher Zusammenhang vorliegen, wenn der Arbeitnehmer gekündigt hat.

53 Unmittelbar vorausgegangene Vertragszeiten im Rahmen eines befristeten Arbeitsverhältnisses sind anzurechnen.[111] Bei einem **Betriebsinhaberwechsel** sind die beim Betriebsveräußerer erbrachten Beschäftigungszeiten bei der Berechnung der Wartezeit für eine vom Betriebsübernehmer ausgesprochene Kündigung zu berücksichtigen.[112] Dies gilt auch dann, wenn zum Zeitpunkt des Betriebsübergangs das Arbeitsverhältnis kurzfristig unterbrochen war, die Arbeitsverhältnisse aber in einem engen sachlichen Zusammenhang stehen.[113] Nicht anzurechnen sind Zeiten in einem **anderen Status**, z.B. freier Mitarbeiter, Beamter, Leiharbeitnehmer oder Geschäftsführer.[114] Allerdings lässt es das BAG grundsätzlich zu, durch vertragliche Vereinbarung eine an sich anrechnungsunfähige frühere Beschäftigungszeit bei demselben Arbeitgeber oder bei einem anderen Unternehmen auf die Dauer der Betriebs-

103 Vgl. zu den seltenen Fällen einer rechtsmissbräuchlichen Kündigung in diesem Fall ErfK/*Oetker*, § 1 KSchG Rn 50.
104 BAG v. 9.2.2000, NZA 2000, 721; BAG v. 16.4.2003, NZA 2004, 40, 42; BAG v. 22.5.2003, NZA 2004, 399; BAG v. 22.9.2005, NZA 2006, 429.
105 BAG v. 27.6.2002, NZA 2003, 145; BAG 22.9.2005, NZA 2006, 429, 430; KR-*Griebeling*, § 1 KSchG Rn 110.
106 BAG v. 16.4.2003, NZA 2004, 40, 42.
107 BAG v. 9.8.2000, RzK I 4d Nr. 24; BAG 22.9.2005, NZA 2006, 429, 430; eingehend KR-*Griebeling*,§ 1 KSchG Rn 110.
108 BAG v. 22.9.2005, NZA 2006, 429, 430; KR-*Griebeling*, § 1 KSchG Rn 110.
109 BAG v. 20.8.1998, NZA 1999, 481; BAG v. 22.9.2005 NZA 2006, 429, 430.
110 BAG v. 20.8.1998, NZA 1999, 481; BAG v. 22.9.2005 NZA 2006, 429, 430; BAG v. 19.6.2007, NZA 2007 1103, 1104.
111 BAG v. 12.2.1981, EzA § 611 BGB Probearbeitsverhältnis Nr. 5.
112 BAG v. 5.2.2004, NZA 2004, 845.
113 BAG v. 27.6.2002, NZA 2003, 145.
114 ErfK/*Oetker*, § 1 KSchG Rn 36.

zugehörigkeit anzurechnen, sofern diese nicht allein die Umgehung der Sozialauswahl bezweckt.[115] Das BAG hält einen Anrechnungswillen der Parteien für gegeben, wenn sie nach Beendigung eines Geschäftsführervertrags vereinbaren, den Betreffenden ohne wesentliche Änderung der Arbeitsaufgaben im Rahmen eines Arbeitsverhältnisses weiterzubeschäftigen.[116] Eine **berufliche Ausbildungszeit**, insb. eine Lehrzeit ist in die Wartezeit einzurechnen,[117] soweit sie nach Vollendung des 25. Lebensjahres liegt.[118] Ein betriebliches **Praktikum**, das der beruflichen Fortbildung gedient hat, ist nur anzurechnen, wenn es im Rahmen eines Arbeitsverhältnisses abgeleistet worden ist.[119] Entsprechendes gilt für das von einem Sozialhilfeempfänger auf Veranlassung des Sozialhilfeträgers im Rahmen einer berufspraktischen Qualifizierungsmaßnahme absolvierte betriebliche Praktikum.[120]

III. Allgemeine Prinzipien zur Überprüfung von Kündigungen

1. Ultima-ratio-Prinzip

Aus dem ultima-ratio-Prinzip, das unmittelbar aus § 1 Abs. 2 KSchG abgeleitet wird,[121] folgt insb. der **Vorrang** der **Änderungskündigung vor** der **Beendigungskündigung**. Lässt sich eine Beendigungskündigung durch Ausspruch einer Versetzung, einer Änderungskündigung (vgl. dazu Rn 108 ff.) oder durch ein sonstiges milderes Mittel vermeiden, muss der Arbeitgeber zunächst von diesem milderen Mittel Gebrauch machen.[122] Der Vorrang gilt nicht nur für die betriebsbedingte (dazu ausführlich Rn 60), sondern auch für die personen- und die verhaltensbedingte Kündigung.[123] 54

2. Prognoseprinzip

Maßgeblich für die Beurteilung einer **Kündigung** sind die objektiven Verhältnisse zum Zeitpunkt ihres **Zugangs**. Später eintretende Umstände können die Wirksamkeit der Kündigung grundsätzlich nicht mehr beeinflussen.[124] Andererseits können Kündigungsgründe, die erst nach Zugang der Kündigung entstanden sind, nur Anlass für eine erneute Kündigung bilden, eine bereits ausgesprochene hingegen nachträglich nicht rechtfertigen. Alle Kündigungsgründe sind zukunftsbezogen. Dies folgt aus § 1 Abs. 2 KSchG, wonach die geltend gemachten Kündigungsgründe einer Weiterbeschäftigung des Arbeitnehmers entgegenstehen müssen. Die Wirksamkeit einer Kündigung lässt sich deshalb stets nur auf der Grundlage einer **Prognose** beurteilen.[125] Dementsprechend bleibt eine einmal ausgesprochene, sozial gerechtfertigte betriebsbedingte Kündigung rechtswirksam, wenn sich die **Verhältnisse nachträglich ändern** (z.B. im Laufe der Kündigungsfrist neue, bis dahin nicht erwartete Aufträge ein- 55

115 BAG v. 2.6.2005, NZA 2006, 207; *KR-Griebeling*, § 1 KSchG Rn 672.
116 BAG v. 24.11.2005, NZA 2006, 366, 369.
117 BAG v. 25.4.1985, NZA 1986, 64.
118 BAG v. 2.12.1999, NZA 2000, 720.
119 BAG v. 18.11.1999, NZA 2000, 529.
120 LAG Hamm v. 8.7.2003, NZA-RR 2003, 633.
121 Vgl. ErfK/*Oetker*, § 1 KSchG Rn 74.
122 BAG v. 21.4.2005, NZA 2005, 1289.
123 BAG v. 23.4.2008, DB 2008, 2091; BAG v. 6.10.2005, NZA 2006, 431; *Horcher*, RdA 2009, 31; KR/*Griebeling*, § 1 Rn 228.
124 Vgl. nur BAG v. 15.8.1994, EzA § 1 KSchG Krankheit Nr. 16.
125 BVerfG v. 21.2.1995, NZA 1995, 619.

gehen oder die Absicht, den Betrieb oder eine Betriebsabteilung stillzulegen, aufgegeben wird).[126] Allerdings kommt im Falle einer **Fehlprognose** ein **Wiedereinstellungsanspruch** in Betracht (vgl. dazu Rn 94).

3. Interessenabwägung

56 Bei **betriebsbedingten** Kündigungen ist nach der Rspr. des BAG nur in seltenen Ausnahmefällen eine Abwägung der beiderseitigen Interessen bei einer an sich betriebsbedingten Kündigung vorzunehmen.[127] Ist mit der Feststellung der dringenden betrieblichen Erfordernisse unter Einbeziehung einer fehlenden zumutbaren Weiterbeschäftigungsmöglichkeit der gesetzliche Kündigungsgrund gegeben, so ist nach richtiger Auffassung für eine zusätzliche Interessenabwägung kein Raum.[128] Die vom Arbeitgeber verfolgten Ziele können nicht durch die möglicherweise entstehenden persönlichen Nachteile der betroffenen Arbeitnehmer in Frage gestellt werden. Das Kündigungsrecht darf erforderliche Kündigungen nicht verhindern.[129] Das BAG[130] hält eine einzelfallbezogene Interessenabwägung bei betriebsbedingten Kündigungsgründen nicht für völlig ausgeschlossen. Wenn überhaupt, könne sich dies allenfalls in seltenen Ausnahmefällen zugunsten des Arbeitnehmers auswirken. Jedenfalls sind nach Auffassung des BAG die aufgestellten Voraussetzungen für eine derartige „Härtefallregelung" so hoch anzusetzen, dass kaum mehr Raum für eine praktische Anwendung einer solchen Interessenabwägung bleibt.[131]

57 Bei der **verhaltens- und personenbedingten** Kündigung ist eine Abwägung der kollidierenden Interessen darauf zu beschränken, das Gewicht der Vertragsbeeinträchtigung im Einzelfall festzustellen. Es ist auf die vom Gesetzgeber getroffenen Wertungen abzustellen.[132] Billigkeitserwägungen, die keinen Bezug zum konkreten Kündigungsgrund haben, sind nicht relevant.[133]

58 *Praxishinweis*

Leider ist insb. erstinstanzlich festzustellen, dass über eine „Interessenabwägung" eigentlich sozial gerechtfertigte Kündigung für unwirksam erklärt werden. In der Berufungsinstanz sind solche Entscheidungen selten. Rechtsanwälte sollten mehr Mut aufbringen, in zweiter Instanz eine Entscheidung herbeizuführen. Ohne dies statistisch belegen zu können, steigen nach der praktischen Erfahrung des Autors die Chancen, eine arbeitgeberseitige Kündigung durchzusetzen in der Berufung signifikant.

126 BAG v. 27.2.1997, EzA § 1 KSchG Wiedereinstellungsanspruch Nr. 1.

127 BAG v. 30.4.1987, AP Nr. 42 zu § 1 KSchG 1969 Betriebsbedingte Kündigung.

128 LAG Bremen v. 9.1.1998, AP Nr. 193 zu § 613a BGB; LAG Düsseldorf v. 2.12.1983, DB 1984, 618, 619; Stahlhacke/Preis/Vossen/*Preis*, Rn 922; Ascheid/Preis/Schmidt/*Kiel*, § 1 KSchG, Rn 651 ff.; *Berkowsky*, Betriebsbedingte Kündigung, § 7 Rn 120; *Bitter/Kiel*, RdA 1994, 333, 346; *Boewer*, FS Gaul, S. 19, 27; ErfK/*Oetker*, Rn 236; KR/*Etzel*, 7. Aufl., § 1 KSchG Rn 549; anders in Ausnahmefällen jetzt KR/*Griebeling*, § 1 KSchG Rn 549.

129 So zutreffend Ascheid/Preis/Schmidt/*Kiel*, § 1 KSchG Rn 651; ebenso *Berkowsky*, Betriebsbedingte Kündigung, § 6 Rn 5, *Preis*, NZA 1995, 241.

130 BAG v. 16.6.2005, NZA 2006, 270, 272.

131 BAG v. 20.1.2005, NZA 2005, 687, 689; BAG v. 16.6.2005, NZA 2006, 270, 272; zustimmend KR/*Griebeling*, § 1 KSchG Rn 549.

132 *V. Hoyningen-Huene/Linck*, § 1 Rn 200; ErfK/*Oetker*, § 1 KSchG Rn 83.

133 Vgl. Stahlhacke/Preis/Vossen/*Preis*, Rn 922.

4. Einfluss des AGG auf den allgemeinen Kündigungsschutz

In § 2 Abs. 4 AGG ist geregelt, dass für Kündigungen ausschließlich die Bestimmungen zum allgemeinen und besonderen Kündigungsschutz gelten. Diese Formulierung hat die Frage aufgeworfen, ob der gemeinschaftsrechtlich geforderte Diskriminierungsschutz bei der Überprüfung von Kündigungen tatsächlich keinerlei Rolle spielen soll und darf.[134] Nach der Rechtsprechung des BAG sind die Diskriminierungsverbote der §§ 1–10 AGG im Rahmen der Prüfung der Sozialwidrigkeit von Kündigungen zu beachten. Eine Kündigung kann also sozialwidrig sein, wenn sie gegen Diskriminierungsverbote verstößt.[135] Beispielsweise kann eine Sozialauswahl gegen das Verbot der Altersdiskriminierung verstoßen. Ebenso kann die unternehmerische Entscheidung selbst gegen das AGG verstoßen und damit unwirksam sein.[136] Die Regelung in § 2 Abs. 4 AGG habe letztlich nur die Funktion, die Entstehung eines „zweiten Kündigungsrechts" neben dem bisherigen Kündigungsschutzrecht zu verhindern. 59

IV. Betriebsbedingte Gründe

Es ist bereits (Rn 3) gezeigt worden, dass gegen **betriebsbedingte Kündigungen seltener geklagt** wird als gegen verhaltens- und personenbedingte Kündigungen. Bei betriebsbedingten Kündigungen erleichtert der Grundsatz der freien unternehmerischen Entscheidung die Kündigung. Demgegenüber bestehen hohe Anforderungen bei verhaltensbedingten Kündigungen, z.B. wegen Schlechtleistung, oder bei krankheitsbedingten Kündigungen. Durch das Gesetz zu Reformen am Arbeitsmarkt[137] ist die Sozialauswahl und die Herausnahme leistungsstarker Arbeitnehmer aus der Sozialauswahl und sind Kündigungen im Rahmen einer Betriebsänderung wesentlich erleichtert worden. Der Rechtsanwalt wird – sofern der Sachverhalt dies zulässt – am ehesten den Ausspruch einer betriebsbedingten Kündigung empfehlen. Aufgrund der Konjunkturlage wird der im Arbeitsrecht tätige Rechtsanwalt derzeit überwiegend mit betriebsbedingten Kündigungen betraut sein. Aus diesen Gründen soll nachfolgend besonderer Wert auf die Darstellung der betriebsbedingten Kündigung gelegt werden. Dreh- und Angelpunkt einer wirksamen betriebsbedingten Kündigung ist die **unternehmerische Entscheidung**. In der Praxis scheitern die meisten betriebsbedingten Kündigungen bereits daran, dass hierzu nicht ausreichend vorgetragen wird.[138] 60

Prüfungssystematik: 61

- Die ordentliche Kündigung des Arbeitgebers ist sozial gerechtfertigt, wenn sie durch dringende betriebliche Erfordernisse (1. Rn 62 ff.) bedingt ist, die einer Weiterbeschäftigung des Arbeitnehmers in diesem Betrieb (f und II. 3. Rn 25) entgegenstehen.
- Dafür muss eine auf außer- oder innerbetrieblichen Gründen beruhende (b Rn 69 ff.) unternehmerische Entscheidung (a) vorliegen, deren innerbetriebliche Umsetzung (c Rn 75 ff.)

134 Vgl. *Bayreuther*, DB 2006, 1843; *Hamacher/Ulrich*, NZA 2007, 659; *Kamanabrou*, RdA 2007, 205; Ascheid/Preis/Schmidt/*Preis*, Grundlagen J Rn 71d.

135 BAG v. 6.11.2008, NZA 2009, 361; vgl. ausführlich hierzu KR/*Treber*, § 2 AGG Rn 7 ff.; *Adomeit/Mohr*, NJW 2009, 2255; *Lingemann/Beck*, NZA 2009, 577; *Schiefer*, DB 2009, 733.

136 LAG Hamm v. 17.7.2008, NZA-RR 2009, 13 (Änderung des Anforderungsprofils für einen Arbeitsplatz in der Weise, dass zukünftig die deutsche Sprache in Wort und Schrift beherrscht werden muss, Verstoß gegen § 2 Abs. 1 Nr. 2 AGG); aufgehoben durch BAG v. 28.1.2010 – 2 AZR 764/08, da nach Ansicht des BAG keine Diskriminierung vorliegt.

137 BGBl I 2003 S. 3002.

138 Vgl. dazu instruktiv *Gilberg*, NZA 2003, 817 ff.

zu einem nachvollziehbaren Arbeitskräfteüberhang und damit zum Wegfall der vom Arbeitnehmer arbeitsvertraglich geschuldeten Tätigkeit führt (e Rn 88 ff.).

- Die unternehmerische Entscheidung unterliegt einer Missbrauchskontrolle (d Rn 80 ff.). Ändert sich die im Zeitpunkt der Kündigungserklärung zutreffende Prognose nachträglich und besteht weiter ein Beschäftigungsbedarf, kann ein Wiedereinstellungsanspruch des Arbeitnehmers bestehen (g Rn 94 ff.).
- Der Arbeitnehmer darf nicht auf einem anderen freien Arbeitsplatz weiterbeschäftigt werden können (2. Rn 96 ff.).
- Darüber hinaus hat der Arbeitgeber bei seiner Auswahlentscheidung soziale Gesichtspunkte ausreichend zu berücksichtigen (3. Rn 132 ff.).

1. Dringende betriebliche Erfordernisse

a) Unternehmerentscheidung

62 Mit Unternehmerentscheidung ist die **Organisationsentscheidung** gemeint, deren praktischer Umsetzung gleichsam zwingend die Kündigungsentscheidung und der wiederum der Kündigungsausspruch folgt. So liegt eine derartige Organisationsentscheidung z.B. darin, dass der Unternehmer sich dazu entschließt, (nur) die EDV-Abteilung zu schließen und diese Aufgaben auf ein Fremdunternehmen zu übertragen. Folge dieser Organisationsentscheidung ist, dass den beschäftigten Fach- und Führungskräften gekündigt und ein freier Arbeitsplatz in der Verwaltung mit einem ehemaligen Mitarbeiter der Verwaltung der EDV-Abteilung besetzt wird. Rspr. und Lit. gehen davon aus, dass eine **betriebsbedingte Kündigung immer** auf einer derartigen **unternehmerischen Entscheidung beruht**. Das BAG versteht hierunter, die Bestimmung der Unternehmenspolitik, die der Geschäftsführung zugrunde liegt.[139] Die Kündigung selbst ist nach der Rspr. des BAG keine unternehmerische Entscheidung in diesem Sinn (vgl. dazu Rn 80).

63 Der freien Unternehmerentscheidung in Unternehmen der Privatwirtschaft entspricht im **öffentlichen Dienst** die Freiheit der Entscheidung des öffentlichen Arbeitgebers bzw. des Gesetzgebers. Der öffentliche Arbeitgeber bzw. der Gesetzgeber kann frei darüber bestimmen, welche Aufgaben mit welchen Haushaltsmitteln erledigt werden sollen. Er legt durch Ausführung des Stellenplanes fest, mit welchen und mit wie vielen Personen die Aufgaben erledigt werden sollen.[140] So kann das betriebliche Erfordernis für eine betriebsbedingte Kündigung darin liegen, dass in einem Haushaltsplan eine konkrete Stelle gestrichen oder ein so genannter kw-Vermerk angebracht wird.[141]

64 Die **Praxis** des Rechtsanwalts sieht häufig anders aus. Das Unternehmen kommt typischerweise mit der Vorstellung, Personalkosten zu reduzieren, einen bestimmten Prozentsatz der Arbeitsverhältnisse zu beenden, aus einer bestimmten Abteilung die Hälfte der Mitarbeiter zu entlassen, eine bestimmte Anzahl von Stellen abzubauen oder – das ist wohl der häufigste Fall – einen bestimmten Arbeitnehmer zu entlassen. Regelmäßig wird es zunächst die Aufgabe des Rechtsanwalts sein, die unternehmerischen Vorstellungen als gerichtlich verwertbare Organisationsentscheidung zu fixieren. Diese sollte dann in der gesellschaftsrechtlich

139 BAG v. 20.2.1986, AP Nr. 11 zu § 1 KSchG; BAG v. 24.4.1997, AP Nr. 42 zu § 2 KSchG 1969.

140 BAG (GS) v. 28.11.1956, AP Nr. 2 zu § 1 KSchG 1951; BAG v. 3.5.1978, AP Nr. 5 zu § 1 KSchG 1969 Betriebsbedingte Kündigung; BAG v. 22.5.3003, NZA 2004, 343; BAG v. 7.10.2004, NZA 2005, 352.

141 BAG v. 23.11.2004, NZA 2005, 986.

vorgesehenen Weise beschlossen werden.[142] Nur dann lässt sich unmissverständlich vortragen, **wer wann welche unternehmerische Entscheidung getroffen** hat.[143] Nach richtiger Auffassung kann es im Fall der abgeschlossenen Organisationsänderung nicht darauf ankommen, wer genau wann vorher eine Organisationsentscheidung getroffen hat.[144] Aus Gründen der Darlegungs- und Beweislast sowie aus taktischen Gründen ist es dennoch generell sinnvoll, einen schriftlichen Gesellschafter-, Geschäftsführer- oder Vorstandsbeschluss über die Organisationsentscheidung im Kündigungsschutzprozess vorzulegen. In der Praxis ist eine Beweiserhebung über einen schriftlichen Beschluss selten. Dieser kann wie folgt lauten:[145]

Formulierungsbeispiel 65
Gesellschafterbeschluss
Unter Verzicht auf jegliche Form- und Ladungsvorschriften treten die Gesellschafter der Firma ___, Herr ___ und Herr ___ zu einer außerordentlichen Gesellschafterversammlung zusammen. Es wird folgendes beschlossen: Die technische Abteilung für den Fuhrpark wird mit Wirkung zum ___ geschlossen. Die Wartung und Instandhaltung des Fuhrparks wird zukünftig durch Vertragswerkstätten oder sonstige Fremdfirmen erbracht.

Formulierungsbeispiel 66
Personalangelegenheiten
Die Tätigkeiten im Bereich Projektleitung sollen ab ___ nur noch durch jeweils einen Projektleiter für die Bereiche ___ und ___ übernommen werden. Die anderen Stellen werden gestrichen. Neueinstellungen in diesen Funktionen werden bis zur Verbesserung der Auftragslage nicht vorgenommen.

Formulierungsbeispiel 67
Gesellschafterversammlung
Die Gesellschafter der ___ beschließen, dass mit Wirkung zum ___ (möglichst Zeitpunkt des Ablaufes der Kündigungsfrist) sämtliche Eingaben in das ___-System ___ dergestalt durchgeführt werden müssen, dass die Belege von der jeweiligen Sachbearbeiterin oder dem jeweiligen Sachbearbeiter buchhalterisch vorbereitet, kontiert, direkt in das ___-System eingegeben und die Konten dann unmittelbar abgestimmt werden. Diese Bearbeitungsschritte sollen nur noch vollständig von einer Mitarbeiterin oder einem Mitarbeiter in einem Arbeitsgang ausgeführt werden. Zur Qualitätssicherung dieser Aufgaben werden nur noch Arbeitnehmer eingesetzt, die mindestens ausgebildete ___ sind.

Praxishinweis 68
In den Fällen, in denen die Organisationsentscheidung durch den alleinvertretungsberechtigten oder durch mehrere allein- oder gesamtvertretungsberechtigte **GmbH-Geschäftsführer** getroffen wird, kommt ein **Zeugenbeweis** nicht in Betracht, da der bzw. die Geschäftsführer **Partei** des Kündigungsrechtsstreits sind. Es ist daher sinnvoll, zunächst ein „Führungskräfte-Treffen" einzuberufen, in dem die beabsichtigte Organisationsentscheidung diskutiert und beschlossen wird (Formulierungsbeispiel Personalangelegenheiten). Diese sollten zum Teil als Zeugen und zum Teil als instruierte Vertreter

142 Ein gesellschaftsrechtlich wirksamer Beschluss ist nicht notwendig, BAG v. 5.4.2001, NZA 2001, 949.
143 BAG v. 17.6.1999, NZA 1999, 1098.
144 So *Gilberg*, NZA 2003, 817, 820.
145 Weitere Bsp. bei *Gilberg*, NZA 2003, 817, 818; vgl. auch BAG v. 20.3.2003, NZA 2003, 1027, 1029; BAG v. 22.3.2001, NZA 2002, 1349,1354.

für die mündliche Verhandlung des Kündigungsschutzprozesses in Betracht kommen. In einem weiteren Beschluss sollte dann lediglich die Umsetzung dieser Entscheidung beschlossen werden. Diese Überlegungen können natürlich auch auf andere Gesellschaftsformen zutreffen.
Der **Arbeitnehmeranwalt** muss lediglich das Vorliegen einer unternehmerischen Entscheidung **bestreiten**.

b) Außer- und innerbetriebliche Gründe

69 Dringende betriebliche Erfordernisse, die einer Weiterbeschäftigung des Arbeitnehmers entgegenstehen, können sich nach der Rspr. des BAG[146] aus außerbetrieblichen wie auch aus innerbetrieblichen Umständen ergeben. Diese Unterscheidung wird vorgenommen, um die Kündigungsgründe systematisch zu erfassen und ist für die Darlegungs- und Beweislast bedeutsam.[147]

70 Zu den **innerbetrieblichen Gründen** zählen Rationalisierungsmaßnahmen, Umstellungen oder Einschränkungen der Produktion, Zusammenlegung von Arbeitsbereichen, Produktionsverlagerung ins Ausland oder auf Fremdunternehmen, Stilllegung eines Betriebes oder Betriebsteils und die Entscheidung, den Personalbestand auf Dauer zu reduzieren.[148] Innerbetriebliche Gründe können **nicht** darauf **überprüft** werden, ob sie durch **äußere Anlässe erforderlich** geworden und darüber hinaus **geeignet** sind, den mit ihr **verfolgten Zweck** zu **erreichen.**[149] Es ist nur zu prüfen, ob eine derartige **unternehmerische Entscheidung** tatsächlich **vorliegt** und durch ihre **Umsetzung** das **Beschäftigungsbedürfnis** im behaupteten Umfang **entfallen** ist. Der nicht auf Schlagworte beschränkte Vortrag des Arbeitgebers muss erkennen lassen, ob das Bedürfnis an der Tätigkeit des gekündigten Arbeitnehmers wegfällt.[150]

71 Zu den **außerbetrieblichen Gründen** zählen Absatzschwierigkeiten, Auftragsmangel, Auftragsverlust, Umsatzrückgang, Streichung von Haushaltsmitteln und Wegfall von Drittmitteln. Bei **außerbetrieblichen Gründen** muss der Arbeitgeber sowohl die **Entwicklung** der **Umsatzzahlen** oder der **Auftragsbestände** als auch deren **unmittelbare Auswirkung** auf den **Arbeitsplatz** im Einzelnen **darlegen**. Außerbetriebliche Ursachen müssen innerbetrieblich umgesetzt werden, etwa durch Betriebs- oder Produktionseinschränkung, Rationalisierungs- oder Umstrukturierungsmaßnahmen oder Stilllegung von Betriebsabteilungen.

72 Die außerbetrieblichen Umstände müssen **unmittelbar** zum **Wegfall** der **Beschäftigungsmöglichkeit** führen.[151] Dies gilt auch, wenn der Arbeitgeber geltend macht, infolge der technischen Entwicklung – zum Beispiel durch EDV-Technik – seien Arbeitsmöglichkeiten entfallen.[152] Die durch außerbetriebliche Gründe verursachte und darauf gestützte Unternehmerentscheidung führt zu einer **Selbstbindung** des Arbeitgebers. Er darf das Personal nur insoweit abbauen, wie dies die zur Rechtfertigung der Kündigung benannte außerbetriebliche Ursache erfordert.[153] Soweit der Arbeitgeber sich auf außerbetriebliche Gründe als Ursache seiner

146 BAG v. 17.6.1999, NZA 1999, 1095; BAG v. 13.6.2002, NZA 2003, 608; BAG v. 26.9.2002, NZA 2003, 549, 550.

147 Eingehend *Ascheid*, NZA 1991, 873, 876.

148 Vgl. nur BAG v. 13.6.2002, NZA 2003, 608 m.w.N.

149 BAG v. 17.6.1999, NZA 1999, 1095.

150 BAG v. 13.6.2002, NZA 2003, 608, 610.

151 BAG v. 15.6.1989, AP Nr. 45 zu § 1 KSchG 1969 Betriebsbedingte Kündigung.

152 BAG v. 29.1.1997, RzK I 5c Nr. 82.

153 BAG v. 15.6.1989, NZA 1990, 65.

Kündigung beruft, unterwirft er die Kündigung in vollem Umfang der arbeitsgerichtlichen Überprüfung, die andererseits verkürzt wird, wenn er sich allein auf die getroffene Unternehmerentscheidung beruft. Außerbetriebliche Gründe, die **nur** zum **Anlass** für eine auf **innerbetrieblichen Gründen beruhende organisatorische Maßnahme** genommen werden, führen **nicht** zu dem **erweiterten Prüfungsmaßstab**.[154]

Praxishinweis 73

Der **Arbeitgeberanwalt** wird sich inhaltlich **immer** auf **innerbetriebliche Gründe berufen.** Das bedeutet, dass er die unternehmerische Entscheidung (vgl. oben Rn 61 ff.) damit begründet, dass der Geschäftsführer, der Vorstand oder die Gesellschafter eine bestimmte Maßnahme beschlossen haben (vgl. Formulierungsbeispiel Rn 65 ff.). In diesem Beschluss sollte keinerlei Bezug zu außerbetrieblichen Ursachen, wie z.B. zu einem bestimmten Auftragsverlust hergestellt werden. Leicht nachvollziehbare außerbetriebliche Umstände, die Anlass einer unternehmerischen Entscheidung gewesen sind, können und sollten in der **Erwiderung** auf die **Kündigungsschutzklage** zur Verdeutlichung der Unternehmerentscheidung kurz vorgetragen werden. Es sollte ausdrücklich darauf hingewiesen werden, dass sie nur Anlass der auf innerbetrieblichen Gründen beruhenden Organisationsentscheidung waren. Die **wirtschaftliche Situation** des Unternehmens ist im Fall innerbetrieblicher Gründe **irrelevant**.

Formulierungsbeispiel 74

Im Rahmen des „Führungskräftetreffens" ist von den dort anwesenden Führungskräften nach ausführlicher Diskussion der wirtschaftlichen Situation des Betriebs sowie der Marktlage die Entscheidung getroffen worden, mit Wirkung ab nur noch mit Projektleitern – jeweils einem im Bereich , und – die vorhandenen Projekte der Beklagten zu betreuen. Mit Wirkung zum sollen alle darüber hinausgehenden Projektleitungstätigkeiten entfallen und dementsprechend die anderen Stellen der Projektleiter, sofern nicht bereits geschehen, gestrichen und nicht wieder besetzt werden. Der alleinvertretungsberechtigte Geschäftsführer der Beklagten, Herr , hat am den Beschluss gefasst, diese Entscheidung umzusetzen.

Beweis: Vorlage des Protokolls des vom in Kopie als **Anlage B 1 sowie** des Beschlusses des Geschäftsführers Herrn vom in Kopie als **Anlage B 2** sowie Zeugnis des sowie Parteivernehmung des Geschäftsführers Herrn , beide zu laden über die Beklagte.

Die vorbeschriebene unternehmerische Entscheidung vom beruht ausschließlich auf innerbetrieblichen Gründen. Sie ist durch die nachfolgenden tatsächlichen Umstände beeinflusst worden:

1. Wie sich im Einzelnen aus dem „Business Plan " ergibt, sind für die Beklagte für das Geschäftsjahr neu zu akquirieren und abzuschließende Projekte geplant worden.
2. Aus diesem Grund ging die Beklagte davon aus, im Geschäftsjahr neue Projekte zu akquirieren und abzuschließen und dementsprechend für die dann aktuell laufenden Projekte Projektleiter einsetzen zu müssen. Diese Planung war Grundlage der Planung der notwendigen Anzahl von Projektleitern.

Beweis: wie vor sowie Zeugnis des , zu laden über die Beklagte.

154 BAG v. 30.4.1987, AP Nr. 42 zu § 1 KSchG Betriebsbedingte Kündigung; s. auch BAG v. 17.6.1999, NZA 1999, 1157, 1160.

c) Umsetzung der Unternehmerentscheidung

75 Um kündigungsrelevant sein zu können, muss die Unternehmerentscheidung vom Arbeitgeber umgesetzt werden. Die Organisationsentscheidung muss zu einer **Organisationsänderung** führen. Die Organisationsänderung kann zum Zeitpunkt des Zugangs der Kündigung bereits abgeschlossen, eingeleitet oder beabsichtigt sein. Im ersteren Fall muss der Arbeitgeber den oder die Arbeitnehmer i.d.R. sofort freistellen. Der Arbeitgeber muss im Kündigungsschutzprozess **Tatsachen vortragen**, aus denen zu schließen ist, dass die **unternehmerische Entscheidung** tatsächlich **durchgeführt** worden ist oder das aufgrund der **Umsetzung** dieser Entscheidung davon auszugehen ist, dass sie sich **zum Kündigungstermin realisieren** wird. Sie muss **„greifbare Formen"** angenommen haben.[155]

76 Solche greifbaren Formen liegen vor, wenn im Zeitpunkt des Ausspruchs der Kündigung aufgrund einer vernünftigen, betriebswirtschaftlichen Betrachtung davon auszugehen ist, zum Zeitpunkt des Kündigungstermins sei **mit einiger Sicherheit** der Eintritt eines die Entlassung erforderlich machenden betrieblichen Grundes gegeben.[156] In der Regel wird ein verbindlicher Beschluss des zuständigen Organs des Unternehmens[157] oder die Aufnahme von Interessenausgleichsverhandlungen reichen.[158] Entscheidend ist der Beweis, dass die Kündigung aufgrund einer vernünftigen und ernsthaften Prognose ausgesprochen wurde, nach der zum Kündigungstermin der Arbeitsplatz entfällt.[159]

77 Dies ist nach der Rspr. des BAG nicht der Fall bei Arbeitnehmern in **Block-Altersteilzeit**, die sich bereits in der Freistellungsphase befinden. Deren Beschäftigungsbedarf sei bereits entfallen.[160] In der Praxis wird man vortragen, dass in Folge der Organisationsentscheidung z.B. Miet- oder Leasingverträge gekündigt, Maschinen oder sonstige Geräte zurückgegeben oder verkauft worden sind, der Verkauf oder Vertrieb bestimmter Produkte eingestellt, dass die vorher vom Arbeitnehmer wahrgenommenen Arbeiten von bestimmten Arbeitnehmern tatsächlich ohne Anfall von Überstunden miterledigt werden, dass ein bestimmter Unternehmensbereich eingestellt oder dass ein Interessenausgleich über die Maßnahme abgeschlossen worden ist.[161]

78 *Formulierungsbeispiel*

Die vorbeschriebene unternehmerische Entscheidung ist vollständig umgesetzt worden. Die Beklagte erbringt seit sämtliche Projektleitungsaufgaben durch die Projektleiter . Alle übrigen Arbeitnehmer mit Projektleitungsaufgaben sind ausgeschieden und die Stellen sind nicht wieder besetzt worden. Der Bereich ist mit Wirkung vom eingestellt worden.

Beweis: Zeugnis des , zu laden über die Beklagte.

155 BAG v. 28.4.1988, AP Nr. 74 zu § 613a BGB; BAG v. 19.6.1991, AP Nr. 53 zu § 1 KSchG 1969 Betriebsbedingte Kündigung; BAG v. 27.11.2003, NZA 2004, 477.

156 BAG v. 27.11.2003, NZA 2004, 477.

157 Z.B. Stilllegungsbeschluss der Mitgliederversammlung eines Vereins, an den der Vorstand gebunden ist, BAG v. 19.6.1991, NZA 1991, 891; Auflösungsbeschluss der Holdinggesellschaft und zusätzlich Stilllegungsbeschluss der Gesellschafterversammlung, BAG v. 5.4.2001, NZA 2001, 949; Beschlussfassungsprotokoll der Geschäftsführung, Durchführung der Anhörung nach § 102 und Erstattung einer Massenentlassungsanzeige, BAG v. 18.1.2001, NZA 2001, 719.

158 BAG v. 18.9.2003, NZA 2004, 375, 377.

159 BAG v. 11.3.1998, NZA 1998, 879; BAG v. 13.6.2002, NZA 2003, 608, 610; vgl. auch *Gilberg*, NZA 2003, 817, 821.

160 BAG v. 5.12.2002, NZA 2003, 789.

161 Hierzu BAG v. 5.12.2002, NZA 2003, 849, 851.

Auch bei einer **Betriebs(teil-)stilllegung** muss die unternehmerische Entscheidung zum Zeitpunkt des Zugangs der Kündigung bereits greifbare Formen angenommen haben und eine vernünftige betriebswirtschaftliche Betrachtung muss die **Prognose** rechtfertigen, dass bis zum **Ablauf** der **Kündigungsfrist** der **Arbeitnehmer entbehrt** werden kann.[162] Diese Voraussetzungen liegen nicht vor, wenn sich ein Arbeitgeber an der Neuausschreibung eines auslaufenden Auftrags beteiligt und die Entscheidung über die Neuvergabe noch offen ist.[163] Eine vor der Vergabeentscheidung ausgesprochene Kündigung ist als sog. **Vorratskündigung** sozial ungerechtfertigt. 79

d) Missbrauchskontrolle

Das BAG[164] geht in st. Rspr. von dem **Grundsatz** der **freien Unternehmerentscheidung** aus. 80 Die unternehmerische Entscheidung ist **nicht** auf ihre **sachliche Rechtfertigung** oder ihre Zweckmäßigkeit zu überprüfen, sondern **nur** darauf, ob sie offenbar **unsachlich, unvernünftig oder willkürlich** ist.[165] Insb. ist nicht zu prüfen, ob die durch die Kündigung zu erwartenden Vorteile des Arbeitgebers in einem vernünftigen Verhältnis zu den Nachteilen stehen, die sich für den betreffenden Arbeitnehmer ergeben.[166] Auch umgesetzte Fehldispositionen des Arbeitgebers sind hinzunehmen.[167] An diesen Grundsätzen hat die Regelung in § 2 Abs. 1 SGB III nichts geändert.[168] Mangels Einbindung in eine unternehmerische Konzeption liegt nach der Rspr. des BAG in dem **Ausspruch** der **Kündigung** als solcher **keine** der arbeitsgerichtlichen Kontrolle entzogene kündigungsbegründete **Unternehmerentscheidung**.[169]

Im Rahmen der Missbrauchskontrolle ist auch zu prüfen, ob ein **Umgehungsfall** vorliegt.[170] 81 Der Arbeitgeber handelt nach der Rspr. des BAG missbräuchlich, wenn er durch **Bildung separater betrieblicher Organisationsstrukturen** seinen Betrieb in mehrere Teile aufspaltet, **um** Arbeitnehmern den **allgemeinen Kündigungsschutz zu entziehen** und ihnen „frei" kündigen zu können.[171] Die Gründung einer i.S.v. § 2 Abs. 2 Nr. 2 UStG finanziell, wirtschaftlich und organisatorisch in das Unternehmen des Arbeitgebers eingegliederten **Organgesellschaft** und die Übertragung der Arbeiten einzelner Abteilungen auf diese Gesellschaft ist rechtsmissbräuchlich und damit kündigungsrechtlich unbeachtlich, wenn die Wahl dieser Organisationsform in erster Linie dem Zweck dient, den Arbeitnehmern der betroffenen Bereiche ihren Kündigungsschutz zu nehmen und sich von ihnen „frei" zu trennen, damit die Arbeit in Zukunft von anderen, schlechter bezahlten Arbeitnehmern verrichtet wird.[172] Als rechtsmissbräuchlich ist auch angesehen worden, „einen Arbeitnehmer durch die Bildung separater betrieblicher Organisationsstrukturen bei unverändertem Beschäftigungsbedarf aus

162 BAG v. 5.12.2002, NZA 2003, 849, 851; BAG v. 10.10.1996, NZA 1997, 92.

163 BAG v. 12.4.2002, NZA 2002, 1205; BAG v. 18.9.2003, NZA 2004, 375, 377.

164 BAG v. 24.10.1979, AP Nr. 8 zu § 1 KSchG Betriebsbedingte Kündigung; BAG v. 30.4.1987, AP Nr. 42 zu § 1 KSchG Betriebsbedingte Kündigung.

165 BAG v. 25.4.2002, NZA 2003 605, 606; BAG v. 13.6.2002, NZA 2003, 608, 610.

166 BAG v. 30.4.1987, AP Nr. 42 zu § 1 KSchG Betriebsbedingte Kündigung; KR/*Griebeling*, § 1 KSchG Rn 522 ff.; ErfK/*Oetker*, § 1 KSchG Rn 239.

167 LAG Köln v. 25.8.1994, LAGE KSchG § 1 Betriebsbedingte Kündigung Nr. 27; ErfK/*Oetker*, § 1 Rn 239.

168 ErfK/*Oetker*, § 1 KSchG Rn 239; *Bauer/Hausmann*, NZA 1997, 1100; a.A. *Schaub*, NZA 1997, 810; *Gagel*, BB 2001, 358.

169 BAG v. 20.2.1986, AP Nr. 11 zu § 1 KSchG; BAG v. 17.6.1999, NZA 1999, 1098.

170 So BAG v. 26.9.2002, NZA 2003, 549, 551.

171 BAG v. 12.11.1998, NZA 1999, 590.

172 BAG v. 26.9.2002, NZA 2003, 549, 551, 552.

dem Betrieb zu drängen, indem die tatsächlichen Betriebsabläufe und die hierarchischen Weisungswege als solche unangetastet gelassen und nur, gewissermaßen pro forma, in allein zu diesem Zweck erdachte rechtliche Gefüge eingepasst werden".[173] Ein Rechtsmissbrauch liegt auch vor, wenn sich die Umgestaltung von Arbeitsabläufen als rechtswidrige Maßregelung im Sinne des § 612a BGB erweist.[174]

82 Unzulässig ist eine sog. **Austauschkündigung**. Ein verringerter Personalbedarf besteht tatsächlich nicht, wenn der Unternehmer lediglich das Ziel verfolgt, den unveränderten Personalbedarf auf anderem Wege – hier durch **Leiharbeitnehmer** – zu befriedigen.[175]

83 Anerkannt ist eine innerbetriebliche Umstrukturierungsmaßnahme (Einführung eines neuen Vertriebssystems), zu der auch die Umgestaltung der zugrunde liegenden Vertragsform für die Vertriebsmitarbeiter (**freies Mitarbeiterverhältnis statt Arbeitsverhältnis**) gehört. Zu prüfen ist neben der Missbrauchskontrolle, ob die Strukturmaßnahme tatsächlich durchgeführt worden ist.[176] Keine Austauschkündigung liegt vor, wenn die bislang von Arbeitnehmern ausgeübten Tätigkeiten nunmehr von – nicht nur auf dem Papier – freien Mitarbeitern[177] oder selbstständigen Unternehmen[178] oder von ehrenamtlichen Hilfskräften[179] ausgeführt werden sollen.

Die Streichung einer Hierarchieebene kann eine betriebsbedingte Kündigung rechtfertigen, bedarf jedoch sorgfältiger Begründung durch den Arbeitgeber. Läuft die unternehmerische Entscheidung letztlich nur auf den Abbau einer Hierarchieebene hinaus, verbunden mit einer Neuverteilung der der dem betroffenen Arbeitnehmer bisher zugewiesenen Aufgaben, bedarf dies der Konkretisierung, damit geprüft werden kann, ob der Arbeitsplatz tatsächlich entfallen ist.[180]

84 Die **Organisationsentscheidung** des **öffentlichen Arbeitgebers**, eine Angestelltenstelle, auf der hoheitliche Aufgaben erledigt werden, in eine **Beamtenstelle umzuwandeln** und mit einem Beamten zu besetzen, kann ein dringendes betriebliches Erfordernis zur Kündigung des bisherigen Stelleninhabers darstellen, wenn dieser die Voraussetzungen für eine Übernahme in ein Beamtenverhältnis nicht erfüllt.[181] Im Fall einer **Stellenplanreduzierung** im öffentlichen Dienst ist ein auf den Stellenbedarf der jeweiligen Dienststelle zugeschnittenes Konzept der zuständigen Verwaltung notwendig.[182]

85 Zusätzlich zur Missbrauchskontrolle unterliegt die Unternehmerentscheidung einer **Rechtskontrolle**.[183] Sie darf nicht gegen **gesetzliche**[184] oder den Arbeitgeber bindende **tarifvertragliche Regelungen**[185] verstoßen.

86 In der **Praxis** ist festzustellen, dass die Gerichte nur selten eine willkürliche Unternehmerentscheidung annehmen. Selbst in einem Fall des Autors, in dem kurze Zeit nacheinander zwei

173 BAG v. 23.4.2008, NZA 2008, 939.
174 BAG v. 30.4.2004, DB 2004, 1890.
175 BAG v. 26.9.1996, NZA 1997, 202; BAG v. 16.12.2004, NZA 2005, 761.
176 BAG v. 9.5.1996, NZA 1996, 1145.
177 BAG v. 13.3.2008, NZA 2008, 878; s.a. BAG v. 8.11.2007, NZA 2008, 936, 939.
178 BAG v. 13.3.2008, NZA 2008, 878.
179 BAG v. 18.9.2008 – 2 AZR 560/07, Juris.
180 BAG v. 13.2.2008, NZA 2008, 819, 820.
181 BAG v. 21.9.2000, NZA 2001, 255.
182 BAG v. 18.11.1999, NZA 2000, 484.
183 BAG v. 21.9.2006, NZA 2007, 431, 433; BAG v. 4.5.2006, NZA 2006, 1096, 1098; ErfK/*Oetker*, § 1 KSchG Rn 240.
184 BAG v. 24.4.1997, AP Nr. 42 zu § 2 KSchG 1969.
185 BAG v. 18.12.1997, AP Nr. 46 zu § 2 KSchG 1969; BAG v. 17.6.1999, NZA 1999, 1157.

rentable Abteilungen geschlossen wurden, in denen acht von neun Betriebsratsmitgliedern beschäftigt und den Kündigungen mehrere Beschlussverfahren vorangegangen waren, waren mehrere Kammern eines ArbG sowie eines LAG nicht bereit über eine Missbrauchskontrolle auch nur nachzudenken.

Der **Arbeitgeber** hat darzulegen, dass überhaupt eine **unternehmerische Entscheidung** getroffen ist, die die Kündigung erforderlich macht. Sache des **Arbeitnehmers** ist es sodann, die Umstände darzulegen und zu beweisen, aus denen sich ergeben soll, dass die getroffene **unternehmerische Entscheidung offensichtlich unsachlich, unvernünftig** oder **willkürlich** ist.[186] Für eine bereits durchgeführte Rationalisierungsmaßnahme spricht die (tatsächliche) Vermutung, dass sie aus sachlichen Gründen erfolgt und als solche anzuerkennen ist. 87

e) Nachvollziehbarer Arbeitskräfteüberhang

Es liegen dringende betriebliche Gründe für eine Kündigung i.S.d. § 1 Abs. 2 KSchG vor, wenn sich der Arbeitgeber zu einer **organisatorischen Maßnahme** entschließt, bei deren **innerbetrieblicher Umsetzung** das **Bedürfnis** für die **Weiterbeschäftigung** eines oder mehrerer **Arbeitnehmer** überhaupt oder unter Zugrundelegung des Vertragsinhalts für den bisherigen Einsatz **entfällt**.[187] Von den ArbG (nur) nachzuprüfen ist, ob eine derartige unternehmerische Entscheidung tatsächlich vorliegt und durch ihre Umsetzung das Beschäftigungsbedürfnis für die gekündigten Arbeitnehmer entfallen ist. 88

Nach der Rspr. des BAG stellt auch eine **Personalreduzierung** durch **Leistungsverdichtung** eine freie Unternehmerentscheidung dar, die als solche anzuerkennen und lediglich der Missbrauchskontrolle unterliegt. Es gehört zur Organisation und Gestaltung des Betriebes, neben der Anschaffung von Betriebsmitteln und der Gestaltung der Arbeitsabläufe, die Stärke der Belegschaft, mit der das Betriebsziel erreicht werden soll, festzulegen bzw. zu bestimmen, wie viele Arbeitnehmer die anfallenden Arbeiten verrichten sollen. Dazu gehört auch die Entscheidung über die Kapazität an Arbeitskräften, an Arbeitszeit und wie diese Kapazität – z.B. auf die Ladenöffnungszeiten – verteilt werden soll. Die Unternehmerentscheidung kann also auch allein darin bestehen, künftig auf Dauer mit weniger Personal zu arbeiten. Der rationelle Einsatz des Personals ist Sache der Unternehmerentscheidung.[188] 89

Gegenstand einer unternehmerischen Entscheidung kann auch die **Änderung des Anforderungsprofils** für einen Arbeitsplatz und die nachfolgende Kündigung des bisherigen Stelleninhabers sein. Allerdings hat der Arbeitgeber hinsichtlich der zusätzlich geforderten Qualifikation darzulegen, dass es sich nicht nur um „wünschenswerte Voraussetzungen“, sondern um nachvollziehbare, arbeitsplatzbezogene Kriterien für die Stellenprofilierung handelt.[189]

Eine solche **Unternehmerentscheidung** ist hinsichtlich ihrer **organisatorischen Durchführbarkeit** und hinsichtlich des **Begriffs „Dauer“** zu **verdeutlichen**, um dem Gericht im Hinblick auf die gesetzlich dem Arbeitgeber auferlegte Darlegungslast (§ 1 Abs. 2 S. 4 KSchG) eine Überprüfung zu ermöglichen. **Je näher** die eigentliche **Organisationsentscheidung** an den **Kündigungsentschluss rückt**, **um so mehr** muss der **Arbeitgeber** durch **Tatsachenvortrag** 90

186 BAG v. 17.10.1980, EzA § 1 KSchG Betriebsbedingte Kündigung Nr. 15.

187 St. Rspr., BAG v. 21.9.2000, NZA 2001, 535; BAG v. 25.4.2002, NZA 2003, 605, 606.

188 BAG v. 24.4.1997, NZA 1997,1047; vgl. auch BAG v. 6.11.1996, AP Nr. 26 zu § 78a BetrVG 1972; a.A. *Preis*, NZA 1997, 1073, 1079.

189 BAG v. 10.7.2008, NZA 2009, 209; BAG v. 7.7.2005, NZA 2006, 266, 268.

verdeutlichen, dass ein **Beschäftigungsbedürfnis** für den Arbeitnehmer **entfallen** ist.[190] Der Arbeitgeber muss nachprüfbar darlegen, welche organisatorischen oder technischen Maßnahmen er im Einzelnen getroffen hat, die den Wegfall der Beschäftigungsmöglichkeit für den gekündigten Arbeitnehmer als dringend erforderlich i.S.d. § 1 Abs. 2 KSchG erscheinen lassen. Es ist vom ArbG zu prüfen, ob die Arbeitsaufgaben tatsächlich – **ohne überobligatorische Leistungen** der verbleibenden Arbeitnehmer[191] – so umorganisiert werden bzw. worden sind, dass ein **Arbeitskräfteüberhang** entsteht.[192] Diese Grundsätze gelten auch, wenn sich die unternehmerische Entscheidung **nur** auf einen **einzelnen Arbeitsplatz bezieht** und damit **mit** dem **Kündigungsentschluss zusammenfällt**.[193] Entsprechendes gilt für den Entschluss des Arbeitgebers, den Personalbestand nur um eine Stelle zu verringern.[194]

91 Dementsprechend stellt z.B. die Entscheidung des Arbeitgebers, in einem installierten und unverändert fortbestehenden Produktionssektor die bislang von vier Arbeitnehmern vollschichtig durchgeführten Arbeiten künftig aus Kostengründen nur noch von zwei Arbeitnehmern wahrnehmen zu lassen, eine freie Unternehmerentscheidung dar, die nach den vorgenannten Maßstäben zu überprüfen ist. In diesem Fall der Leistungsverdichtung muss ein diese **Maßnahme tatsächlich ermöglichendes Konzept** – sei es in Form einer organisatorischen Änderung der Arbeitsabläufe, einer Produktionseinschränkung oder sonstiger tatsächlicher Rationalisierungsmaßnahmen – **nachvollziehbar aufgezeigt** werden.[195] Der Arbeitgeber muss im Kündigungsschutzprozess konkrete Angaben dazu machen, wie sich die Verringerung der Produktion auf die **Arbeitsmenge auswirkt** und in welchem Umfang dadurch ein **konkreter Arbeitskräfteüberhang** entsteht.[196] Dazu muss i.d.R. substantiiert dargelegt werden, welche **Aufgaben** der **Kläger** zum Zeitpunkt des Ausspruches der Kündigung arbeitsvertragsgemäß im Einzelnen wahrgenommen und **inwieweit** genau diese **umorganisiert** wurden.[197]

92 *Formulierungsbeispiel*

1. Die Funktion ___, die die Klägerin ausgeübt hat, ist aufgrund der von der Beklagten am ___ durch ___ getroffenen unternehmerischen Entscheidung und den darauf beruhenden organisatorischen Änderungen bezüglich der vorher von der Klägerin wahrgenommenen Aufgaben, jedenfalls mit Wirkung zum ___ entfallen. Entsprechend ist die Klägerin in der Anlage 1 zum Interessenausgleich aufgeführt.

Beweis: Vorlage des Interessenausgleichs vom ___ nebst Anlage 1 in Kopie als Anlage B ___ sowie Zeugnis ___, zu laden über die Beklagte.

Die Aufgaben der Klägerin als ___ in der ___-Abteilung haben sich vor Ausspruch der Kündigung wie folgt aufgeteilt:

- 60 % ___-Aufgaben, insbesondere ___.
- 20 % ___.
- 5 % ___.

190 BAG v. 17.6.1999, NZA 1999, 1098; s. auch BAG v. 17.6.1999, NZA 1999, 1095; BAG v. 26.9.2002, NZA 2003, 549, 551.

191 Hierzu BAG v. 27.9.2001, NZA 1277, 1280.

192 BAG v. 17.6.1999, NZA 1999, 1095; BAG v. 27.9.2001, NZA 2002, 1277; BAG v. 10.10.2002, AP Nr. 123 zu § 1 KSchG 1969 Betriebsbedingte Kündigung.

193 BAG v. 17.6.1999, NZA 1999, 1098; BAG v. 17.6.1999, NZA 1999, 1095; BAG v. 18.10.2000, NZA 2001, 437; BAG v. 12.4.2002, NZA 2002, 1175 (LS).

194 BAG v. 17.6.1999, NZA 1999, 1098.

195 Vgl. LAG Düss. v. 18.11.1997, LAGE § 1 KSchG Betriebsbedingte Kündigung Nr. 46.

196 Vgl. nur BAG v. 17.6.1999, NZA 1999, 1157, 1160.

197 BAG v. 13.6.2002, NZA 2003, 608, 610, 611; vgl. auch *Gilberg*, NZA 2003, 817, 821.

- 5 % .
- 10 % .

Beweis: Zeugnis des , zu laden über die Beklagte.

Diese Aufgaben sind entfallen bzw. auf andere Mitarbeiter übertragen worden. Im Einzelnen:

a) Die 60 % -Tätigkeiten sind zum vollständig entfallen. Die -Aufgaben, also das Erstellen von sind zum entfallen. Ferner ist das zum entfallen, da inzwischen das Programm die Aufgaben der seit übernimmt.

Beweis: wie vor.

b) Der Mutterkonzern der Beklagten, die , hat am entschieden, dass mit Wirkung zum von deren Hauptsitz aus in die betreut werden.

Beweis: Vorlage des vom in Kopie als Anlage B sowie Zeugnis des , zu laden über die Beklagte.

Das ist ebenfalls zum entfallen. Mit der Übernahme der zu den -Organisationen im Ausland am hat die auch die Führung des übernommen.

Beweis: Vorlage des vom in Kopie als Anlage B sowie Zeugnis des , zu laden über die Beklagte.

c) Die Erstellung eines mit dem Programm ist seit dem abgeschlossen. Die von Veränderungen des ist in den Prozess der integriert worden. Bei wird die Veränderung direkt über die ohnehin notwendige Eingabe in das -Programm übernommen. Diese Tätigkeit wird von im Rahmen der miterledigt.

Beweis: Vorlage des vom in Kopie als Anlage B sowie Zeugnis des , zu laden über die Beklagte.

d) Die sind aufgrund der wirtschaftlichen Lage zum vollständig eingestellt worden.

Beweis: Vorlage des vom in Kopie als Anlage B sowie Zeugnis des , zu laden über die Beklagte.

e) Die Pflege der -Datenbank wird zukünftig in das -System integriert und entfällt damit ab .

Beweis: Zeugnis des , zu laden über die Beklagte.

f) Die Tätigkeit wird seit dem dergestalt durchgeführt, dass Dieses bei der Beklagten zum eingeführte Modell hat sich bewährt. Auch die -Planung der wird von den -Abteilungen seit dem erarbeitet. Etwa entstehende Aufsichts- und Koordinationsfunktionen des Prozesses werden seit dem von der wahrgenommen.

Beweis: Vorlage des vom in Kopie als Anlage B sowie Zeugnis der , zu laden über die Beklagte.

Damit sind jedenfalls zum mindestens % der Tätigkeiten der Klägerin entfallen.

g) Die restlichen Tätigkeiten, die zuvor von der Klägerin ausgeübt worden sind, werden von den verbliebenen Mitarbeitern der -Abteilung mit wahrgenommen. Die Arbeitsbelastung in der -Abteilung ist insgesamt zurückgegangen. Ferner sind Aufgaben der zum den Fachabteilungen übertragen worden. Aufgaben des ____ werden seit ____ zentral über die ____ wahrgenommen. Die ____ werden seit ____ zentral von der ____-Abteilung der ____ bearbeitet. Schließlich ist ____. Damit ist ein erheblicher Teil der Aufgaben, der bisher von der ____-Abteilung der Beklagten wahrgenommen wurde, entfallen. Dadurch ist es möglich, dass der verbleibende Anteil von rund ____ % der nicht entfallenen Aufgaben der Klägerin von der ____, der ____ dem ____ und dem ____ miterledigt werden.

Beweis: Zeugnis des ____, zu laden über die Beklagte.

Insgesamt sind damit 100 % der Aufgaben der Funktion ____ und damit der Arbeitsplatz der Klägerin entfallen. Damit liegen dringende betriebliche Erfordernisse vor, die einer Weiterbeschäftigung der Klägerin in dem Betrieb der Beklagten entgegenstehen.

f) Betriebsbezogenheit

93 Maßgebend dafür, ob dringende betriebliche Erfordernisse zum Wegfall von Beschäftigungsmöglichkeiten geführt haben, sind allein die Verhältnisse des **Betriebs**, in dem der Arbeitnehmer beschäftigt ist. Der allgemeine Kündigungsschutz ist betriebsbezogen.[198] Es gilt der allgemeine Betriebsbegriff des KSchG (ausführlich hierzu Rn 25). Eine Beschränkung der Überprüfung der beabsichtigten Kündigung auf die Verhältnisse eines **Betriebsteils** oder einer **Betriebsabteilung** ist nicht möglich.[199] Die Unrentabilität einer unselbstständigen Betriebsabteilung stellt nach der Rspr. des BAG ein dringendes betriebliches Erfordernis dar, wenn sie auf das wirtschaftliche Ergebnis des Gesamtbetriebs durchschlägt und ohne Anpassung der Personalkosten Beendigungskündigungen nicht zu vermeiden wären.[200] Jedenfalls für die Feststellung eines dringenden betrieblichen Erfordernisses ist auch **nicht** auf das **Unternehmen** oder gar den **Konzern** abzustellen.[201]

g) Wiedereinstellungsanspruch

94 Der Grundsatz, dass später eintretende Umstände die Wirksamkeit einer Kündigung grundsätzlich nicht mehr beeinflussen können, gilt auch dann, wenn der Arbeitgeber seine Kündigungsentscheidung auf eine aus seiner Sicht im Zeitpunkt der Kündigungserklärung **zutreffende Prognose** stützt, die sich **nachträglich** als **unrichtig erweist**. Die Kündigung wird auch dann **nicht sozialwidrig** (vgl. bereits Rn 55). Allerdings kann der Arbeitgeber trotz der wirksamen Kündigung verpflichtet sein, den Arbeitnehmer wieder einzustellen.[202] Ein Wiedereinstellungsanspruch wird bei einer endgültig beschlossenen **Betriebs(teil-)stilllegung** angenommen, die wegen einer nach Ausspruch der Kündigung vereinbarten Betriebsübernahme nicht vollzogen wird. Er kommt allerdings grundsätzlich **nach Ablauf der Kündigungsfrist nicht mehr** in Betracht (ausführlich dazu siehe § 10 Rn 62).[203] Darüber hinaus

198 BAG v. 22.5.1986, AP Nr. 4 zu § 1 KSchG 1969 Konzern; BAG v. 11.10.1989, AP Nr. 47 zu § 1 KSchG 1969 Betriebsbedingte Kündigung; ErfK/*Oetker*, § 1 KSchG Rn 216.

199 BAG 11.10.1989, AP Nr. 47 zu § 1 KSchG 1969 Betriebsbedingte Kündigung.

200 BAG v. 12.11.1998, NZA 1999, 471.

201 BAG v. 20.1.1994, NZA 1994, 653.

202 BAG v. 27.2.1997, EzA § 1 KSchG Wiedereinstellungsanspruch Nr. 1; BAG v. 28.6.2000, AP Nr. 6 zu § 1 KSchG 1969 Wiedereinstellung.

203 BAG v. 6.8.1997, EzA § 1 KSchG Wiedereinstellungsanspruch Nr. 2; BAG v. 4.12.1997, EzA § 1 KSchG Wiedereinstellungsanspruch Nr. 3; vgl. auch BAG v. 12.11.1998, NJW 1999, 1132; BAG v. 13.11.1997, NZA 1998, 251; im Einzelnen *Matthes*, NZA 2000, 1073.

besteht kein Anspruch auf Wiedereinstellung des Arbeitnehmers gegen den Betriebserwerber nach einer Betriebsveräußerung im Insolvenzverfahren.[204]

Die gegenüber dem Zeitpunkt der Kündigung veränderte Situation kann eine **Hinweispflicht des Arbeitgebers** begründen. Dies gilt jedenfalls dann, wenn die **fehlerhafte Prognose** seinem Verantwortungsbereich **zuzurechnen** ist. Besetzt der Arbeitgeber gleichwohl den Arbeitsplatz anderweitig, kann er gezwungen sein, den nachträglich eingestellten Arbeitnehmer zu entlassen, um den Wiedereinstellungsanspruch des zuvor rechtswirksam gekündigten Arbeitnehmers zu erfüllen.[205] Der Arbeitnehmeranwalt sollte in einem Schreiben an den Arbeitgeber derartige Informationen erbitten (siehe § 43 Rn 14) und sich beim Betriebsrat nach einer etwaigen Änderung der Verhältnisse erkundigen. 95

2. Fehlende Möglichkeit der Weiterbeschäftigung

a) Möglichkeit der Weiterbeschäftigung in demselben Betrieb oder einem anderen Betrieb des Unternehmens

Eine Kündigung, die aufgrund einer zum Wegfall des bisherigen Arbeitsplatzes führenden organisatorischen Maßnahme ausgesprochen worden ist, ist nur dann durch ein dringendes betriebliches Erfordernis „bedingt", wenn der Arbeitgeber **keine Möglichkeit** hat, den Arbeitnehmer **anderweitig zu beschäftigen**. Der nach der Generalklausel des § 1 Abs. 2 S. 1 KSchG zu prüfende ultima-ratio-Grundsatz wird in § 1 Abs. 2 S. 2 Nr. 1 Buchst. b KSchG normativ konkretisiert. Danach ist die Kündigung sozial ungerechtfertigt, wenn der Arbeitnehmer an einem **anderen Arbeitsplatz** in **demselben Betrieb** oder in einem **anderen Betrieb** des **Unternehmens weiterbeschäftigt** werden kann. Entsprechendes gilt nach § 1 Abs. 2 S. 2 Nr. 2 Buchst. b KSchG, wenn in **Betrieben und Verwaltungen** des **öffentlichen Rechts** der Arbeitnehmer an einem anderen Arbeitsplatz in derselben Dienststelle oder in einer anderen Dienststelle desselben Verwaltungszweiges an demselben Dienstort einschließlich seines Einzugsgebiets weiterbeschäftigt werden kann. Die Gesamtheit der Dienststellen in dem umschriebenen Bereich entspricht dem Unternehmen im Bereich der Privatwirtschaft (vgl. auch Rn 28).[206] Die Weiterbeschäftigungspflicht gilt unabhängig davon, ob ein Widerspruch des zuständigen Betriebsrats bzw. der zuständigen Personalvertretung vorliegt.[207] 96

Prüfungssystematik: 97

- Die Weiterbeschäftigung muss aber sowohl dem Arbeitnehmer als auch dem Arbeitgeber objektiv möglich und zumutbar sein.
- Dies setzt voraus, dass in dem Betrieb oder Unternehmen (cc Rn 105) ein
  - freier (aa Rn 98 ff.) und
  - vergleichbarer (bb Rn 103 ff.)
  - Arbeitsplatz vorhanden ist und
- der Arbeitnehmer über die hierfür erforderlichen Fähigkeiten und Kenntnisse verfügt.[208]

204 BAG v. 13.5.2004, BB 2005, 383.

205 BAG v. 27.2.1997, EzA § 1 KSchG Wiedereinstellungsanspruch Nr. 1; Ascheid/Preis/Schmidt/*Kiel*, § 1 KSchG Rn 839; a.A. *Boewer*, NZA 1999, 1177, 1181, nur Schadensersatzanspruch in Geld.

206 BAG v. 15.12.1994, NZA 1995, 413; BAG v. 25.4.2002, NZA 2003, 605, 606.

207 BAG v. 17.5.1984, NZA 1985, 489; BAG v. 15.12.1994, NZA 1995, 413; BAG v. 25.4.2002, NZA 2003, 605, 606.

208 BAG v. 21.9.2000, NZA 2001, 535.

aa) Freier Arbeitsplatz

98 Die Möglichkeit einer anderweitigen Beschäftigung setzt das Vorhandensein eines freien Arbeitsplatzes voraus.[209] Als „frei" sind solche Arbeitsplätze anzusehen, die zum Zeitpunkt des **Zugangs** der **Kündigung unbesetzt** sind.[210] Ausreichend ist es auch, wenn ein Arbeitsplatz innerhalb der **Kündigungsfrist frei wird**.[211] Steht zum Zeitpunkt des Zugangs der Kündigungserklärung fest, dass ein anderer vergleichbarer Arbeitsplatz **nach Ablauf** der **Kündigungsfrist frei wird**, auf dem der Arbeitnehmer beschäftigt werden könnte, so ist die Kündigung unwirksam, wenn es dem **Arbeitgeber zuzumuten** ist, diesen **Zeitraum zu überbrücken**.[212] Zumutbar ist dabei jedenfalls die Überbrückung eines Zeitraums, den ein anderer Stellenbewerber für die **Einarbeitung** benötigen würde.[213] Ein mögliches frei werden im Rahmen der üblichen Personalfluktuation reicht nicht.[214] Der Arbeitsplatz eines erkrankten Arbeitnehmers ist selbst dann nicht frei, wenn es wahrscheinlich ist oder gar feststeht, dass der erkrankte Arbeitnehmer nicht zurückkehrt.[215]

99 Der Arbeitgeber darf die **Weiterbeschäftigung** nicht dadurch **vereiteln**, dass er, ohne die Grundsätze der Sozialauswahl zu beachten, die freien Arbeitsplätze besetzt[216] oder externe Bewerber einstellt. Der Arbeitgeber kann sich nach dem Rechtsgedanken des § 162 BGB nicht auf einen von ihm selbst treuwidrig durch eine vorgezogene Stellenbesetzung verursachten Wegfall freier Arbeitsplätze im Kündigungszeitpunkt berufen. Werden z.B. im Zusammenhang mit der Umstrukturierung und Privatisierung der Hausmeisterdienste einer Universität neue Stellen – hier Kraftfahrer – geschaffen, so hat der Arbeitgeber durch eine **Sozialauswahl** nach den Grundsätzen des § 1 Abs. 3 KSchG zu entscheiden, welche von der Organisationsentscheidung betroffenen Arbeitnehmer er auf diesen neuen Stellen weiterbeschäftigt.[217] Muss der Arbeitgeber damit rechnen, dass ein Arbeitnehmer im Fall des Teilbetriebsübergangs dem Übergang seines Arbeitsverhältnis widersprechen wird, muss er einem solchen Arbeitnehmer einen vorhandenen freien Arbeitsplatz anbieten.[218]

100 Entsprechendes gilt, wenn die unternehmensbezogene Weiterbeschäftigungspflicht dazu führt, dass **mehrere Arbeitnehmer** aus verschiedenen Betrieben eines Unternehmens um **denselben Arbeitsplatz** in einem der Betriebe **konkurrieren.** In diesem Fall hat der Arbeitgeber bei seiner Entscheidung über die Besetzung des Arbeitsplatzes die **sozialen Belange** der betroffenen Arbeitnehmer **zu berücksichtigen.**[219] Nach der Rspr. des BAG sprechen gewichtige Argumente dafür, in derartigen Fällen eine Sozialauswahl gem. § 1 Abs. 3 KSchG vorzunehmen, zumindest wenn um freie Arbeitsplätze in einem Betrieb des Unternehmens ausschließlich Arbeitnehmer aus verschiedenen anderen Betrieben des Unternehmens konkurrieren.[220]

209 St. Rspr. seit BAG v. 13.9.1973, BAGE 25, 278.
210 St. Rspr. BAG v. 15.12.1994, NZA 1995, 521.
211 BAG v. 29.3.1990, EzA § 1 KSchG Soziale Auswahl Nr. 29.
212 BAG v. 15.12.1994, NZA 1995, 413.
213 BAG v. 15.12.1994, NZA 1995, 413; BAG v. 7.3.1996, AP Nr. 76 zu § 1 KSchG 1969 Betriebsbedingte Kündigung; ErfK/*Oetker*, § 1 KSchG Rn 250.
214 *V. Hoyningen-Huene/Linck*, § 1 KSchG Rn 749.
215 BAG v. 2.2.2006, EzA § 1 KSchG Betriebsbedingte Kündigung Nr. 144.
216 BAG v. 21.9.2000, EzA § 1 KSchG Betriebsbedingte Kündigung Nr. 107.
217 BAG v. 25.4.2002, NZA 2003, 605.
218 BAG v. 15.8.2002, EzA § 1 KSchG Betriebsbedingte Kündigung Nr. 123.
219 BAG v. 21.9.2000, NZA 2001, 535; BAG v. 15.12.1994, NZA 1995, 413.
220 BAG v. 21.9.2000, NZA 2001, 535.

Als frei sind regelmäßig auch die mit **Leiharbeitnehmern** besetzten Arbeitsplätze anzusehen.[221] Nach anderer Auffassung gelten mit Leiharbeitnehmern besetzte (Dauer-)Arbeitsplätze nur dann als „freie Arbeitsplätze", wenn es nicht zur Organisationsentscheidung des Unternehmens gehört, auf diesen Arbeitsplätzen dauerhaft Leiharbeitnehmer zu beschäftigen.[222] 101

Stellt die Zuweisung des freien Arbeitsplatzes für den zu kündigenden Arbeitnehmer eine **Versetzung** i.S.v. § 95 Abs. 3 BetrVG dar und hat der Betriebsrat seine Zustimmung versagt, besteht kein freier Arbeitsplatz. Der Arbeitgeber braucht kein Zustimmungsersetzungsverfahren durchzuführen.[223] Das gilt auch, wenn der Arbeitgeber darlegen kann, dass ein nach § 99 Abs. 2 BetrVG beachtlicher Grund vorgelegen hat und dass der Betriebsrat im Fall eines Zustimmungsersuchens die Zustimmung verweigert hätte.[224] 102

bb) Vergleichbarer Arbeitsplatz

Die Möglichkeit der Weiterbeschäftigung bezieht sich zunächst nur auf vergleichbare (gleichwertige) freie Arbeitsplätze (vgl. dazu auch Rn 97).[225] Der Arbeitnehmer kann **nicht** verlangen, zur Vermeidung einer betriebsbedingten Kündigung **befördert** und auf einem **höherwertigen Arbeitsplatz** beschäftigt zu werden.[226] Kurze Einarbeitungszeiten für den neuen Arbeitsplatz sind zu berücksichtigen.[227] Allein die **höhere Vergütung** auf dem anderen Arbeitsplatz schließt die Weiterbeschäftigung nicht von vornherein aus. Verlagert der Arbeitgeber Beschäftigungsmöglichkeiten von einem Betrieb des Unternehmens in einen anderen, so genießt das Arbeitsverhältnis des bisherigen Arbeitsplatzinhabers auch dann Bestandsschutz, wenn die Arbeit höher vergütet wird, sofern sie nur dieselbe oder zumindest ganz überwiegend gleich geblieben ist.[228] Dennoch kann der höheren Vergütung indizielle Bedeutung beizumessen sein. 103

In erster Linie muss jedoch eine **tätigkeitsbezogene Überprüfung** der **Vergleichbarkeit** vorgenommen werden. Maßgebend ist, ob der Arbeitnehmer, dessen Arbeitsplatz weggefallen ist, einen anderen Arbeitsplatz ausfüllen kann. Dies ist anzunehmen, wenn der Arbeitnehmer aufgrund seiner Fähigkeiten und seiner Ausbildung(en) in der Lage ist, eine andersartige, aber gleichwertige oder geringwertigere Tätigkeit zu leisten.[229] Es liegt im freien unternehmerischen Ermessen, das Anforderungsprofil des Arbeitsplatzes zu bestimmen.[230] Die Entscheidung des Arbeitgebers, bestimmte Tätigkeiten nur von Arbeitnehmern mit bestimmten Qualifikationen ausführen zu lassen, ist von den Arbeitsgerichten zu respektieren, wenn die Qualifikationsmerkmale einen nachvollziehbaren Bezug zur Organisation der auszuführenden Arbeiten haben. Eine vom Arbeitgeber geforderte „mehrjährige Berufserfahrung" kann zur sachgerechten Erledigung der Arbeitsaufgabe ein solches, nachvollziehbares Kriterium 104

221 LAG Berlin-Brandenburg v. 11.3.2009, ZTR 2009, 387; LAG Hamm v. 5.3.2007DB 2007, 1701; Ascheid/Preis/Schmidt/*Kiel*, § 1 KSchG Rn 606; Henssler/Willemsen/Kalb/*Quecke*, § 1 KSchG Rn 272; Stahlhacke/Preis/Vossen/*Preis*, Rn 1023; *Düwell/Dahl*, DB 2007, 1699.

222 KR/*Griebeling*, § 1 KSchG Rn 219a; v. *Hoyningen-Huene/Linck*, § 1 KSchG Rn 751 m.w.N.

223 BAG v. 29.1.1997, EzA § 1 KSchG Krankheit Nr. 42.

224 BAG v. 13.9.1977, EzA § 102 BetrVG 1972 Nr. 7; ErfK/*Oetker*, § 1 KSchG Rn 257; krit. KR/*Griebeling*, § 1 KSchG Rn 223.

225 BAG v. 25.4.2002, NZA 2003, 605.

226 BAG v.29.3.1990, EzA § 1 KSchG Soziale Auswahl Nr. 29.

227 Vgl. *v. Hoyningen-Huene/Linck*, § 1 KSchG Rn 758.

228 BAG v. 5.10.1995, NZA 1996, 524; a.A. *v. Hoyningen-Huene/Linck*, § 1 KSchG Rn 719.

229 BAG v. 5.10.1995, NZA 1996, 524.

230 BAG v. 10.11.1994, EzA § 1 KSchG Betriebsbedingte Kündigung Nr. 77; BAG v. 7.11.1996, EzA § 1 KSchG Betriebsbedingte Kündigung Nr. 88; BAG v. 24.6.2004, NZA 2004, 1268.

sein (im entschiedenen Fall im Bereich des Verkaufs).[231] Vergleichbar ist ein Arbeitsplatz, wenn der Arbeitgeber den Arbeitnehmer dort aufgrund seines Weisungsrechts ohne Änderung des Arbeitsvertrages weiterbeschäftigen kann. Das Weisungsrecht und damit die Vergleichbarkeit des Arbeitsplatzes hängt von der inhaltlichen **Ausgestaltung** des **Arbeitsvertrages** ab (vgl. Rn 140).[232]

cc) Betrieb oder Unternehmen

105 Das Kündigungsschutzgesetz ist **betriebsbezogen** in § 1 Abs. 2 S. 1 KSchG und im Rahmen der Weiterbeschäftigung auf einem anderen Arbeitsplatz **unternehmensbezogen** gem. § 1 Abs. 2 S. 2 KSchG anzuwenden,[233] also bezogen z.B. auf die GmbH (vgl. zum Betriebsbegriff Rn 25). Eine Weiterbeschäftigungsmöglichkeit ist auch bei einem anderen Arbeitgeber zu prüfen, wenn dieser mit dem Vertragsarbeitgeber einen Gemeinschaftsbetrieb unterhält.[234]

Nur **ausnahmsweise** kommt ein **konzerndimensionaler Kündigungsschutz** in Betracht. Er kann sich ergeben, soweit ein anderes Konzernunternehmen ausdrücklich seine Bereitschaft zur Übernahme erklärt hat, der Arbeitnehmer von vornherein für den Konzernbereich eingestellt, ihm eine entsprechende Zusage erteilt oder die Übernahme durch ein anderes Konzernunternehmen in Aussicht gestellt worden ist. Die tatsächliche Versetzung von Arbeitnehmern innerhalb eines Konzerns allein führt zu keiner Weiterbeschäftigungspflicht.[235] Eine konzernbezogene Weiterbeschäftigungspflicht setzt nach der Rspr. des BAG einen **bestimmenden Einfluss** des Beschäftigungsunternehmens gegenüber dem anderen Konzernunternehmen voraus. Die Entscheidung dürfe nicht dem grundsätzlich zur Übernahme bereiten Unternehmen vorbehalten sein.[236]

b) Möglichkeit der Weiterbeschäftigung nach Umschulungs- oder Fortbildungsmaßnahmen

106 Nach § 1 Abs. 2 S. 3 Hs. 1 KSchG ist die Kündigung auch sozialwidrig, wenn die **Weiterbeschäftigung** des Arbeitnehmers nach zumutbaren **Umschulungs- oder Fortbildungsmaßnahmen** möglich ist und der Arbeitnehmer sein **Einverständnis** hiermit erklärt hat. Der Arbeitgeber ist zur Abwendung der Kündigung durch Umschulungs- oder Fortbildungsmaßnahmen nur dann verpflichtet, wenn bei Ausspruch der Kündigung ein entsprechender anderweitiger **Arbeitsplatz frei** (dazu Rn 98) oder mit hinreichender Sicherheit voraussehbar ist, dass nach **Abschluss** der **Maßnahme** eine **Beschäftigungsmöglichkeit** aufgrund der durch die Fortbildung oder Umschulung erworbenen Qualifikation besteht. Die Umschulungs- oder Fortbildungsmaßnahme muss für den Arbeitgeber zumutbar sein. Dies hängt vor allem von der Erfolgsaussicht der Maßnahme und von der bisherigen sowie der noch zu erwartenden Beschäftigungsdauer des Arbeitnehmers ab.[237]

231 BAG v. 24.6.2004, NZA, 2004, 1268.
232 So BAG v. 15.12.1994, NZA 1995, 521, 525; ebenso Ascheid/Preis/Schmidt/*Kiel*, § 1 KSchG Rn 609.
233 BAG v. 23.11.2004, NZA 2005, 929.
234 BAG v. 15.2.2007, DB 2007, 1759.
235 BAG v. 18.9.2003, NZA 2004, 375, 379.
236 BAG v. 14.10.1982, BAGE 41, 72; BAG v. 18.9.2003, NZA 2004, 375, 378, 379; BAG v. 23.11.2004, NZA 2005, 929; vgl. hierzu krit. Stahlhacke/Preis/Vossen/*Preis*, Rn 1014 ff.; ausführlich Ascheid/Preis/Schmidt/*Kiel*, § 1 KSchG Rn 590 ff.
237 BAG v. 10.11.1994, EzA § 1 KSchG Betriebsbedingte Kündigung Nr. 77.

Welche Dauer der Fortbildungs- oder Umschulungsmaßnahme dem Arbeitgeber zugemutet werden kann, ist höchstrichterlich nicht entschieden. Als normativer Anhaltspunkt für die **Höchstdauer** der Maßnahme soll sich die längste gesetzliche Kündigungsfrist nach § 622 BGB (sieben Monate) anbieten.[238] Steht zum Zeitpunkt der Kündigung fest, dass die Maßnahme durch arbeitsförderungsrechtliche Leistungen gefördert wird, soll wegen der Regelung in § 2 SGB III eine längere Überbrückung oder Umschulung zumutbar sein.[239] In der **Praxis** der ArbG wird als **Faustformel** i.d.R. eine maximale Schulungsdauer von **drei Monaten** angenommen. 107

c) Möglichkeit der Weiterbeschäftigung unter geänderten Arbeitsbedingungen

Nach § 1 Abs. 2 S. 3 Hs. 2 KSchG ist die Kündigung sozialwidrig, wenn die **Weiterbeschäftigung** auf einem anderen Arbeitsplatz zu **geänderten Arbeitsbedingungen** möglich ist und der Arbeitnehmer sich damit **einverstanden** erklärt hat. Aus dem Grundsatz der Verhältnismäßigkeit ergibt sich, dass der Arbeitgeber vor jeder ordentlichen Beendigungskündigung von sich aus dem Arbeitnehmer eine beiden Parteien objektiv mögliche und zumutbare Weiterbeschäftigung auf einem freien Arbeitsplatz zu geänderten Bedingungen **anbieten** muss.[240] Er muss aber keine einvernehmliche Lösung mit dem Arbeitnehmer suchen. Er kann gleich eine Änderungskündigung erklären.[241] Ein Änderungsangebot bzw. eine Änderungskündigung kann nur dann unterbleiben, wenn der Arbeitgeber bei vernünftiger Betrachtung nicht mit einer Annahme des neuen Vertragsangebots durch den Arbeitnehmer rechnen konnte. Dies gilt nach der Rspr. des BAG nur für Extremfälle (z.B. Angebot einer Pförtnerstelle an den bisherigen Personalchef).[242] Einem Vollzeitarbeitnehmer sind auch Teilzeitstellen und solche mit erheblichem Einkommensverlust anzubieten.[243] Der Arbeitgeber braucht nicht eine freie Mitarbeit anzubieten.[244] 108

Macht der Arbeitgeber ein Änderungsangebot ohne gleichzeitige Kündigung, hat er klarzustellen, dass bei Ablehnung des Änderungsangebots mit einer **Kündigung** zu rechnen ist und innerhalb welcher Frist der Arbeitnehmer das Angebot annehmen bzw. ablehnen kann. Dem Arbeitnehmer brauchte in diesem Fall nach der bisherigen Rspr. des BAG eine **Überlegungsfrist** von (nur) einer Woche eingeräumt zu werden.[245] In einer neueren Entscheidung hat das BAG – unter Hinweis auf die längere Frist des § 2 S. 2 KSchG – erhebliche Bedenken gegen eine derartig kurze Überlegungsfrist geäußert.[246] Die Frist wird wohl generell drei Wochen betragen müssen. Versäumt der Arbeitgeber den Hinweis auf die mögliche Kündigung, scheitert die Beendigungskündigung allein daran.[247] Der Arbeitnehmer kann entsprechend § 2 109

238 So *Bitter/Kiel*, RdA 1994, 344; Stahlhacke/Preis/Vossen/*Preis*, Rn 1018; Ascheid/Preis/Schmidt/*Kiel*, § 1 KSchG, Rn 620.

239 Vgl. Stahlhacke/Preis/Vossen/*Preis*, Rn 1018; siehe auch Gagel/*Bepler*, § 2 SGB III Rn 42 f.

240 BAG v. 27.9.1984, NZA 1985, 455; BAG v. 21.4.2005, NZA 2005, 1289, 1291; BAG v. 21.4.2005, NZA 2005, 1294, 1295.

241 BAG v. 21.4.2005, NZA 2005, 1289, 1292.

242 BAG v. 21.4.2005, NZA 2005, 1289, 1291; BAG v. 5.6.2008 – 2 AZR 107/07.

243 BAG v. 21.4.2005, NZA 2005, 1289, 1292.

244 BAG v. 21.2.2002, NZA 2002, 1416.

245 BAG v. 27.9.1984, NZA 1985, 455.

246 BAG v. 21.4.2005, NZA 2005, 1289.

247 BAG v. 29.11.1990, RzK I 5a Nr. 4.

KSchG das Änderungsangebot fristgemäß unter **Vorbehalt** annehmen (vgl. dazu Rn 289). Dann bleibt dem Arbeitgeber nur die Möglichkeit der **Änderungskündigung**.[248]

110 Macht der Arbeitgeber vor Ausspruch einer Kündigung dem Arbeitnehmer das Angebot, den Vertrag einer bestehenden Weiterbeschäftigungsmöglichkeit anzupassen und **lehnt** der Arbeitnehmer dieses **Angebot ab**, so ist der Arbeitgeber nach der neuesten Rechtsprechung des BAG dennoch **verpflichtet**, eine **Änderungskündigung auszusprechen**. Eine sofortige Beendigungskündigung ist dagegen zulässig, wenn der Arbeitnehmer unmissverständlich zum Ausdruck gebracht hat, er werde die geänderten Arbeitsbedingungen im Fall des Ausspruchs einer Änderungskündigung nicht – auch nicht unter dem Vorbehalt der sozialen Rechtfertigung – annehmen.[249] Allein die Ablehnung eines der Kündigung vorangegangenen Angebots auf einvernehmliche Abänderung des Arbeitvertrages enthebt den Arbeitgeber noch nicht von der Verpflichtung, das Änderungsangebot mit einer nachfolgenden Beendigungskündigung erneut zu verbinden.[250] Lehnt es der Arbeitnehmer etwa ab, unter Verzicht auf die ihm zustehende Kündigungsfrist sofort in eine Vertragsänderung zu schlechteren Bedingungen einzuwilligen, so lässt dies noch nicht ohne weiteres die Schlussfolgerung zu, er hätte auch eine entsprechende Änderungskündigung unter Einhaltung der ordentlichen Kündigungsfrist nicht einmal unter Vorbehalt angenommen.[251]

111 *Formulierungsbeispiel*

Sehr geehrter Herr ____ hiermit bieten wir Ihnen eine Weiterbeschäftigung zu geänderten Arbeitsbedingungen ab dem ____ an. Sie können ab dem ____ im Bereich ____ als ____ beschäftigt werden. Sie wären in dieser Funktion dem ____ -Leiter ____, derzeit Herr ____, unterstellt. In dieser Funktion haben Sie keine ____-Aufgaben mehr. Sie wären in Vergütungsgruppe ____ des ____ Tarifvertrages ____ eingruppiert. Alle übrigen Regelungen Ihres Arbeitsvertrages würden unverändert fortgelten.

Diese Änderung würde dazu führen, dass § ____ Ihres Arbeitsvertrages mit Wirkung zum ____ wie folgt geändert würde:

„§(____) Aufgabengebiet und Vertragsbeginn

Sie werden mit Wirkung vom ____ als ____ im Bereich ____ weiterbeschäftigt.

Die Betriebszugehörigkeit besteht seit ____."

Bitte teilen Sie uns bis zum ____ *(Frist: drei Wochen)* schriftlich mit, ob Sie das vorstehende Angebot annehmen. Bei Ablehnung dieses Änderungsangebotes oder im Fall der Nichtäußerung innerhalb der Frist, werden wir eine ordentliche (Beendigungs-) Kündigung erklären."

d) Sonstige anerkannte mildere Mittel

112 Bei einem **nur vorübergehend verringerten Personalbedarf** kann die Erforderlichkeit der Kündigung schon daran scheitern, dass die Personalauslastung in absehbarer Zeit wieder zu erwarten ist. In diesem Fall kann die **Arbeitsstreckung** ein durchaus geeignetes, milderes Mittel darstellen.[252]

248 BAG v. 27.9.1984, NZA 1985, 455; KR/*Griebeling*, § 1 KSchG Rn 227.

249 BAG v. 21.4.2005, NZA 2005, 1289; BAG v. 13.2.2008, EzA § 1 KSchG Betriebsbedingte Kündigung Nr. 158; KR/*Griebeling*, § 1 KSchG Rn 227.

250 BAG v. 21.4.2005, NZA 2005, 1289.

251 BAG v. 21.4.2005, NZA 2005, 1294.

252 BAG v. 7.2.1985, EzA § 1 KSchG Soziale Auswahl Nr. 20; vgl. dazu Stahlhacke/Preis/Vossen/*Preis*, Rn 1019.

Nach der Rspr. des BAG kommt eine Umstellung auf **Teilzeitbeschäftigung** zur Vermeidung einer betriebsbedingten Kündigung nicht in Betracht. Es ist der autonomen Entscheidung des Arbeitgebers vorbehalten, ob er Arbeitsaufgaben durch Vollzeit- oder Teilzeitkräfte erledigen lässt.[253] Eine **allgemeine Arbeitszeitverkürzung** als milderes Mittel scheidet grundsätzlich ebenfalls aus, weil dem regelmäßig zwingende tarif-, mitbestimmungs- und individualrechtliche Schranken entgegenstehen.[254] Fällt der **Beschäftigungsbedarf** für einen vollzeitbeschäftigten Arbeitnehmer **teilweise weg**, ist der Arbeitgeber verpflichtet, diesem Arbeitnehmer ein Teilzeitarbeitsverhältnis anzubieten (vgl. auch Rn 108).[255] Fraglich ist, ob der Arbeitgeber im Falle der Verlagerung von Aufgaben auf freie Mitarbeiter verpflichtet ist, den zur Kündigung anstehenden Arbeitnehmern im Wege der Änderungskündigung eine Weiterarbeit als freie Mitarbeiter anzubieten. Dies dürfte zu verneinen sein.[256] 113

Der Arbeitgeber muss sich auf den möglichen **Abbau** von **Überstunden** verweisen lassen, wenn im Zeitpunkt der Kündigung von **vergleichbaren Arbeitnehmern** derselben Abteilung Überstunden in **erheblichem Umfang** geleistet werden und dies nicht zur Überbrückung eines vorübergehenden Engpasses notwendig ist.[257] Haben die Arbeitnehmer eines Betriebs im Rahmen einer Jahresarbeitszeitregelung in erheblichem Umfang Guthabenstunden angespart, so hat der Arbeitgeber bei schlechter Auslastung der Arbeitnehmer zunächst Guthabenstunden aller Arbeitnehmer abzubauen, ehe er einzelnen Arbeitnehmern betriebsbedingt kündigt.[258] 114

Das BAG hat die Einführung von **Kurzarbeit** als Möglichkeit zur Vermeidung betriebsbedingter Kündigungen grundsätzlich anerkannt, soweit der eingetretene Beschäftigungsmangel dadurch aufgefangen werden kann.[259] Sie ist nur bei einem **vorübergehenden Arbeitsmangel** möglich,[260] nicht wenn die Unternehmerentscheidung zur Kündigung auf einen dauerhaft geringeren Personalbedarf ausgerichtet ist. Der Arbeitgeber benötigt zur Einführung von Kurzarbeit die Zustimmung des Betriebsrats. Zumutbar kann die Einführung von Kurzarbeit deshalb nur sein, wenn der **Betriebsrat** sein **Einverständnis** erteilt. Vom Arbeitgeber kann nicht verlangt werden, die Einigungsstelle anzurufen.[261] Das BAG erkennt die unternehmerische Entscheidungsfreiheit an, auf die **Einführung** von **Kurzarbeit** zu **verzichten** und stattdessen betriebsbedingte Kündigungen auszusprechen, soweit der **Betriebsrat** von seinem **Initiativrecht** zur Einführung der Kurzarbeit nach § 87 Abs. 1 Nr. 3 BetrVG **keinen Gebrauch** gemacht hat.[262] Soweit der Arbeitgeber aufgrund des Arbeitsmangels bereits Kurzarbeit eingeführt hat, schließt dies betriebsbedingte Kündigungen als zusätzliche Maßnahmen nicht aus.[263] 115

253 BAG v. 19.5.1993, AP Nr. 31 zu § 2 KSchG 1969.

254 LAG Hamm v. 15.12.1982, ZIP 1983, 212.

255 Ascheid/Preis/Schmidt/*Kiel*, § 1 KSchG Rn 578.

256 Ebenso *v. Hoyningen-Huene/Linck*, § 1 KSchG Rn 142; KR/*Rost*, § 2 KSchG Rn 112.

257 Vgl. nur Ascheid/Preis/Schmidt/*Kiel*, § 1 KSchG Rn 567 m.w.N.

258 BAG v. 8.11.2007, EzA § 1 KSchG Betriebsbedingte Kündigung Nr. 157.

259 Zur uneinheitlichen Rspr. des BAG vgl. Ascheid/Preis/Schmidt/*Kiel*, § 1 KSchG Rn 571; Stahlhacke/Preis/Vossen/*Preis*, Rn 1021.

260 BAG v. 15.6.1989, NZA 1990, 65.

261 BAG v. 11.9.1986, EzA § 1 KSchG Betriebsbedingte Kündigung Nr. 54.

262 BAG v. 4.3.1986, AP Nr. 3 zu § 87 BetrVG 1972 Kurzarbeit; BAG v. 11.9.1986, EzA § 1 KSchG Betriebsbedingte Kündigung Nr. 54.

263 BAG v. 26.6.1997, NZA 1997, 1286; ausführlich Ascheid/Preis/Schmidt/*Kiel*, § 1 KSchG Rn 576.

e) Darlegungs- und Beweislast

116 Nach § 1 Abs. 2 S. 4 KSchG hat der **Arbeitgeber** die Tatsachen zu beweisen, die die Kündigung bedingen. Er trägt damit in vollem Umfang die Darlegungs- und Beweislast dafür, dass die Kündigung auf dringenden betrieblichen Erfordernissen beruht. Die Rspr. stellt **hohe Anforderungen** an die Erfüllung der Darlegungs- und Beweislast (zur Darlegungs- und Beweislast bei der unternehmerischen Entscheidung Rn 64 und Rn 69). Gelegentlich rügt das BAG allerdings die Instanzgerichte wegen einer „Überdehnung" der Darlegungslast des Arbeitgebers.[264]

117 Soweit es um **Weiterbeschäftigungsmöglichkeiten** oder **mildere Mittel** geht, nimmt das BAG eine **abgestufte Darlegungs- und Beweislast** an.[265] Es genügt der allgemeine Vortrag des **Arbeitgebers**, dass mit dem Wegfall des Arbeitsplatzes eine **Weiterbeschäftigung** des Arbeitnehmers **ausscheidet**. Es ist dann Sache des Arbeitnehmers, eine **Weiterbeschäftigungsmöglichkeit** auf einem anderen Arbeitsplatz[266] oder etwa in Betracht kommende mildere Mittel vorzutragen. Dabei genügt es für die Darlegung des Arbeitnehmers, wenn er angibt, welche Art der Beschäftigung gemeint ist. Er muss im Allgemeinen keinen konkreten freien Arbeitsplatz benennen. Erst danach hat der Arbeitgeber vorzutragen und im Streitfall zu beweisen, aus welchen Gründen die **Beschäftigung** auf einem entsprechenden **freien Arbeitsplatz nicht möglich** oder das mildere Mittel nicht einsetzbar ist.[267]

118 *Praxishinweis*

Der **Arbeitgeberanwalt** wird in der Erwiderung auf die Kündigungsschutzklage lediglich vortragen, eine Weiterbeschäftigung auf einem anderen Arbeitsplatz sei nicht möglich.

Der **Arbeitnehmeranwalt** wird dann vortragen, in welchen Bereichen und in welcher Funktion eine anderweitige Beschäftigung auf einem freien Arbeitsplatz vorstellbar sei oder besser auf welchem konkreten freien Arbeitsplatz im Betrieb, Unternehmen oder ggf. im Konzern eine Weiterbeschäftigung, ggf. zu geänderten Bedingungen, mit denen der Arbeitnehmer einverstanden ist, möglich ist. Ggf. wird er konkrete Fortbildungsmaßnahmen benennen, die die Weiterbeschäftigung auf einem bestimmten freien Arbeitsplatz ermöglichen. Schließlich wird er zu etwaigen milderen Mitteln konkret vortragen, etwa dass in einem bestimmten Zeitraum in der Abteilung, in der der Arbeitnehmer beschäftigt war, erhebliche Überstunden gemacht worden sind oder dort Leiharbeitnehmer eingesetzt werden.

f) Vermutung dringender betrieblicher Erfordernisse bei Interessenausgleich mit Namensliste

119 Betriebsbedingte Kündigungen aufgrund einer Betriebsänderung nach § 111 BetrVG unterliegen erleichterten Voraussetzungen. Es wird nach § 1 Abs. 5 S. 1 KSchG **vermutet**, dass die **Kündigung** durch **dringende betriebliche Erfordernisse bedingt** ist, wenn die **zu kündigenden Arbeitnehmer** in einem **Interessenausgleich namentlich bezeichnet** sind. Damit soll die Rechts- und Planungssicherheit bei der Entlassung einer größeren Anzahl von Arbeitnehmern erhöht werden.[268] Die Regelung ist § 125 InsO nachgebildet. Für den Schwellen-

264 Vgl. z.B. BAG v. 18.10.2006, NZA 2007, 552, 556.
265 BAG v. 15.8.2002, NZA 2003, 430.
266 BAG v. 20.1.1994, NZA 1994, 653.
267 Ausführlich BAG v. 15.8.2002, NZA 2003, 430, 431.
268 So die Begründung des Regierungsentwurfs, BT-Drucks 15/1204, S. 9.

wert von 21 Arbeitnehmern des § 111 BetrVG wird nicht auf den Betrieb, sondern auf das **Unternehmen** abgestellt, mit der Konsequenz, dass in kleineren Betrieben solcher Unternehmen schon ein Interessenausgleich abgeschlossen werden kann, wenn 20 %, mindestens aber **sechs Arbeitnehmer** von einer **Betriebsänderung** betroffen sind.[269]

Praxishinweis 120

Der Arbeitgeberanwalt wird im Zusammenhang mit Restrukturierungsmaßnahmen, insbesondere bei Ausspruch einer Mehrzahl von Kündigungen generell zu überlegen haben, ob die Maßnahme nicht so durchgeführt wird, dass in jedem Fall eine Betriebsänderung vorliegt und dann ein Interessenausgleich mit Namensliste und ein Sozialplan abgeschlossen werden. Dies gilt insb. bei vorhandenen Sozialplänen, die eine schnelle Einigung mit dem Betriebsrat ermöglichen. Dann besteht bei der Durchsetzung der Kündigungen eine relativ große Rechtssicherheit. Man wird dies insb. erwägen, wenn die von der Betriebsänderung betroffenen Arbeitnehmer eine hohe Betriebszugehörigkeit und/oder ein hohes Lebensalter und/oder besonderen Kündigungsschutz (dazu ausführlich siehe § 6 Rn 1 ff.) haben.

Aufgrund der Regelung in § 1a KSchG werden sich Betriebsräte tendenziell seltener auf Sozialpläne mit Abfindungszahlungen unterhalb eines halben Bruttomonatsgehalts pro Beschäftigungsjahr einlassen. Wer sich im „**Randbereich**" einer **Betriebsänderung** bewegt und glaubt, mit Kündigungsgrund und Sozialauswahl keine Probleme zu bekommen, wird die Strukturveränderung so durchführen, dass die Voraussetzungen einer Betriebsänderung nicht vorliegen. Bei **größeren Massenentlassungen**, die nach früherer Rechtslage nur sehr schwer rechtssicher durchzuführen waren, bringt die Regelung erhebliche Erleichterung. Dies gilt insb. vor dem Hintergrund, dass inzwischen viele Betriebsräte wissen, dass gerade bei auf Innovation angewiesenen Unternehmen eine strenge Sozialauswahl sich sehr nachteilig auf die Wettbewerbsfähigkeit des Unternehmens auswirken kann.

Nach der Rspr. des BAG hat der **Arbeitgeber** die Vermutungsbasis dafür, dass eine **Be- 121 triebsänderung** nach § 111 BetrVG vorlag, für die Kündigung des Arbeitnehmers **kausal** war und der **Arbeitnehmer** ordnungsgemäß in einem **Interessenausgleich benannt** ist, substantiiert darzulegen und gegebenenfalls zu **beweisen**.[270] Die Rechtswirkung des § 1 Abs. 5 S. 1 KSchG tritt nur ein, wenn der Interessenausgleich in jeder Hinsicht wirksam abgeschlossen worden ist.[271] Der Arbeitgeber hat u.a. das ordnungsgemäße Zustandekommen eines Interessenausgleichs darzulegen.[272] Das bedeutet, dass die **Zuständigkeit** des Betriebs- bzw. Gesamt- oder Konzernbetriebsrats für den Abschluss des Interessenausgleichs vom Arbeitgeber dargelegt werden muss. Der Arbeitnehmer muss allerdings **Mängel** in der **Beschlussfassung** des Betriebsrats beweisen, z.B. wenn er einwenden will, der Betriebsratsvorsitzende habe ohne einen entsprechenden Beschluss des Betriebsrats unterzeichnet,[273] ein Delegationsbeschluss nach § 58 Abs. 2 S. 1 BetrVG sei nicht ordnungsgemäß zu Stande gekommen oder die Entscheidungsbefugnis sei gem. § 58 Abs. 2 S. 2 BetrVG vorbehalten worden. Der Arbeitnehmer muss auch darlegen, dass seine Benennung im Interessenausgleich zu Unrecht erfolgt ist. Erst dann ist der Arbeitgeber zu einem weitergehenden Vortrag bzgl. der ordnungsgemäßen Benennung verpflichtet.

269 *Löwisch*, NZA 2003, 689, 692.

270 BAG v. 7.5.1998, NZA 1998, 933.

271 *V. Hoyningen-Huene/Linck*, § 1 KSchG Rn 983; KR/*Griebeling*, § 1 KSchG Rn 703a; ErfK/*Oetker*, § 1 KSchG Rn 363.

272 BAG v. 6.12.2001, EZA § 1 KSchG Interessenausgleich Nr. 9.

273 BAG v. 21.2.2002, EzA § 1 KSchG Interessenausgleich Nr. 10.

122 Ferner muss der Arbeitgeber das Vorliegen einer **Betriebsänderung** nach § 111 BetrVG darlegen und ggf. beweisen. Dabei kommt es nicht darauf an, welche der in § 111 S. 2 BetrVG geregelten Tatbestände die Maßnahme betrifft. Dieselbe Maßnahme des Unternehmens kann auch mehrere Tatbestände der Betriebsänderung i.S.v. § 111 S. 2 BetrVG erfüllen.[274] Bei einem Personalabbau, der die Zahlen und Prozentangaben nach § 17 Abs. 1 KSchG erreicht, ist es – wenn mindestens 5 % der Belegschaft entlassen werden sollen – unbeachtlich, ob die Schwelle der Sozialplanpflichtigkeit eines Personalabbaus nach § 112a BetrVG überschritten wird.[275]

123 Zur Feststellung der tatbestandlichen Voraussetzungen des § 1 Abs. 5 S. 1 KSchG ist erforderlich, dass der **Arbeitnehmer** in einem formwirksam zustande gekommenen **Interessenausgleich** als **zu kündigender Arbeitnehmer bezeichnet** worden ist. Allein aus der Existenz eines Interessenausgleichs und einer Namensliste als Anlage kann nicht auf die Ordnungsgemäßheit der Sozialauswahl geschlossen werden. Die Namensliste muss eine **abschließende Festlegung** der zu kündigenden Arbeitnehmer enthalten. Sie darf nicht nur als Planungsgrundlage dienen.[276]

124 Der Arbeitgeber hat ferner eine feste Verbindung von Interessenausgleich und Namensliste darzulegen.[277] Die nach § 112 Abs. 1 S. 1 BetrVG erforderliche **Schriftform** ist gewahrt, wenn die nicht unterschriebene **Namensliste** mit dem **unterschriebenen Interessenausgleich** mittels **Heftmaschine fest verbunden** war.[278] Der einseitige Hinweis im Interessenausgleich auf eine Anlage reicht ebenso wenig wie die Verwahrung in einer Plastikhülle innerhalb eines Ordners.[279]

125 *Praxishinweis*

Interessenausgleich und Namensliste – in der Praxis regelmäßig als Anlage 1 bezeichnet – sollten fest verbunden und beide Dokumente unterzeichnet werden. Es bietet sich das Binden der Dokumente an. Die Namensliste sollte ausdrücklich als Anlage zu einem mit Datum bezeichneten Interessenausgleich bezeichnet und ihrerseits mit einem Datum versehen sein. Will man die Dokumente – insb. aus Gründen des Datenschutzes und der Geheimhaltung der auf der Liste enthaltenen Namen – getrennt verwenden, müssen beide Dokumente entsprechend den Anforderungen von § 126 BGB i.V.m. § 112 Abs. 1 S. 1 BetrVG von einer für den Arbeitgeber (allein-)vertretungsberechtigten Person und vom Betriebsratsvorsitzenden unterzeichnet werden.[280] Die durchaus gängige Praxis, nach Abschluss des Interessenausgleichs die Namensliste zu verändern, führt zum Verlust der Privilegierung.

126 Hat der Arbeitgeber die Voraussetzungen für die Anwendung der Vermutungsregelung des § 1 Abs. 5 S. 1 KSchG dargelegt, muss der **Arbeitnehmer** seinerseits **darlegen**, dass eine **Beschäftigungsmöglichkeit** für ihn **nicht weggefallen** ist. Er muss das **Gegenteil beweisen**. Ein **Anscheinsbeweis reicht nicht** aus. Es ist ein substantiierter Tatsachenvortrag unter Beweis zu stellen, der den gesetzlich vermuteten Umstand nicht nur in Zweifel zieht, sondern

274 BAG v. 21.2.2001, EzA § 1 KSchG Interessenausgleich Nr. 8.

275 BAG v. 8.11.1988, AP Nr. 18 zu § 113 BetrVG 1972.

276 BAG v. 6.12.2001, EZA § 1 KSchG Interessenausgleich Nr. 9.

277 BAG v. 6.12.2001, EZA § 1 KSchG Interessenausgleich Nr. 9.

278 BAG v. 7.5.1998, AP Nr. 1 zu § 1 KSchG 1969 Namensliste Nr. 1; BAG v. 21.2.2001, EzA § 1 KSchG Interessenausgleich Nr. 8.

279 BAG v. 20.5.1999 – 2 AZR 278/98 – n.v.

280 BAG v. 21.2.2002, EzA § 1 KSchG Interessenausgleich Nr. 10.

ausschließt, anderenfalls liegt der Versuch eines unzulässigen Ausforschungsbeweises vor.[281] Verbleibende **Zweifel** gehen **zu Lasten** des **Arbeitnehmers**.[282] Insb. wenn der Arbeitgeber den Arbeitnehmer sofort mit Ausspruch der Kündigung freistellt, wird der Arbeitnehmer kaum substantiiert vortragen können, dass die von ihm ausgeführten Tätigkeiten nicht entfallen sind. Der den Arbeitnehmer vertretende Rechtsanwalt wird dann typischerweise nur über den Betriebsrat an die notwendigen Informationen kommen.

Nach § 1 Abs. 5 S. 1 KSchG wird sowohl das Vorliegen der notwendigen betrieblichen Erfordernisse, die einer Weiterbeschäftigung im Rahmen der bisherigen Beschäftigungsmöglichkeiten entgegenstehen als **auch** die **fehlende Möglichkeit** des Einsatzes im Rahmen **anderer freier Beschäftigungsmöglichkeiten** i.S.v. § 1 Abs. 2 S. 2 KSchG **vermutet**.[283] Die vorgenannten Grundsätze gelten entsprechend. Der Arbeitnehmer muss den vollen (Gegen-) Beweis führen, dass ein freier Arbeitsplatz im Betrieb oder Unternehmen besteht (ausführlich dazu Rn 117). 127

Praxishinweis 128

Der **Arbeitnehmeranwalt** muss also z.B. vortragen, dass in der Niederlassung Hamburg in der Abteilung Lebensversicherung eine Position als Sachbearbeiter für Lebensversicherungen zum Zeitpunkt der Kündigung frei war oder innerhalb der Kündigungsfrist freigeworden ist (vgl. ausführlich Rn 98 ff.). Diese Information wird der Rechtsanwalt sich aus der einschlägigen Tageszeitung, dem Internet, dem Intranet, dem schwarzen Brett oder aus Fachzeitschriften besorgen müssen. Er wird sich vernünftigerweise auch an den Betriebsrat wenden. Inzwischen ist es in vielen Unternehmen, insb. des „Neuen Marktes" üblich, dass Stellenangebote auch in Zeiten des Personalabbaus geschaltet werden, um den Markt zu sondieren oder nach außen eine bestimmte wirtschaftliche Situation zu signalisieren. Das kann dem Arbeitgeber zum Verhängnis werden.

Die Regelung gilt auch für **Änderungskündigungen**, die durch eine Betriebsänderung veranlasst sind.[284] Die vorstehenden Ausführungen zur Darlegungs- und Beweislast gelten entsprechend.[285] Lässt sich in einem späteren Kündigungsschutzprozess nicht mehr klären, ob eine Weiterbeschäftigung des Arbeitnehmers zu den alten Arbeitsbedingungen möglich gewesen wäre, geht dies zu Lasten des Arbeitnehmers.[286] Auch Namenslisten in einem **freiwilligen Interessenausgleich** sind erfasst.[287] 129

Nach § 1 Abs. 5 S. 3 KSchG gilt die Vermutung der Betriebsbedingtheit der Kündigung nicht, wenn die **Sachlage** sich nach Zustandekommen des Interessenausgleichs **wesentlich geändert** hat. Maßgeblicher Zeitpunkt für die Beurteilung ist der Zeitpunkt des **Zugangs** der **Kündigung**. Bei späteren Änderungen kommt nur ein Wiedereinstellungsanspruch (dazu Rn 94 f.) in Betracht.[288] In der Praxis werden diese Voraussetzungen vor allem vorliegen, wenn sich nach Abschluss des Interessenausgleichs eine Reihe von Arbeitnehmern melden, 130

281 BAG v. 7.5.1998, NZA 1998, 933; BAG v. 22.1.2004 AP Nr. 1 zu § 112 BetrVG 1972 Namensliste; Ascheid/Preis/Schmidt/*Kiel*, § 1 KSchG Rn 809.

282 ErfK/*Oetker*, § 1 KSchG Rn 364.

283 BAG v. 7.5.1998, NZA 1998, 933.

284 BAG v. 22.1.2004 AP Nr. 1 zu § 112 BetrVG 1972 Namensliste; KR/*Griebeling* § 1 KSchG Rn 703e; ErfK/*Oetker*, § 1 KSchG Rn 363.

285 KR-*Rost*, § 2 KSchG Rn 160; ErfK/*Oetker*, § 2 KSchG Rn 74.

286 Vgl. *Löwisch*, NZA 2003, 689, 692; *ders.*, bereits RdA 1997, 80, 81.

287 *Schiefer*, NZA 1997, 917; Fitting u.a./*Schmidt*, BetrVG, §§ 112, 112a Rn 63; *Zwanziger*, AuR 1997, 427.

288 BAG v. 21.2.2001, EzA § 1 KSchG Interessenausgleich Nr. 8; *Fischermeier*, NZA 1997, 1089, 1098; ErfK/*Oetker* § 1 KSchG Rn 367.

die das Unternehmen freiwillig gegen Zahlung einer Abfindung verlassen wollen und der Arbeitgeber damit einverstanden ist. Entsprechendes gilt im Fall des Erwerbs eines Betriebes, der geschlossen werden sollte.[289]

g) Druckkündigung

131 Nach der Rspr. des BAG kann in engen Grenzen eine Druckkündigung aus dringenden betrieblichen Erfordernissen gerechtfertigt sein.[290] Der Arbeitgeber muss sich zunächst **schützend vor** den betroffenen **Arbeitnehmer stellen**. Soweit die Belegschaft dennoch nicht von ihrem Verlangen Abstand nimmt und dem Arbeitgeber **schwere wirtschaftliche Schäden** drohen, kann eine Kündigung gerechtfertigt sein, wenn sie als **einziges Mittel** bleibt, um Schäden abzuwenden.[291] Der Arbeitgeber kann sich nicht auf eine Drucksituation berufen, die er selbst vorwerfbar herbeigeführt hat.[292]

3. Soziale Auswahl

132 Kommen für eine betriebsbedingte Kündigung mehrere Arbeitnehmer in Betracht, muss der Arbeitgeber einen dieser Arbeitnehmer als Kündigungsadressaten auswählen. Die inhaltlichen Leitlinien für diese Auswahlentscheidung sind in § 1 Abs. 3 KSchG normiert. Führt der Arbeitgeber die Sozialauswahl fehlerhaft oder gar nicht durch, ist dies unbeachtlich, solange er „zufällig" dem sozial schwächsten Arbeitnehmer gekündigt hat.[293]

Im Übrigen gilt Folgendes: Eine fehlerhafte Auswahlentscheidung bewirkt bei einer Mehrzahl von Kündigungen nicht zwingend die Unwirksamkeit aller Kündigungen gegenüber sozial schwächeren Arbeitnehmern. Unterläuft bei der Sozialauswahl ein Fehler mit der Folge, dass einem Arbeitnehmer, der bei richtiger Sozialauswahl zur Kündigung angestanden hätte, nicht gekündigt wird, so wurden nach der bisherigen Rechtsprechung die Kündigungen aller gekündigten Arbeitnehmer als unwirksam angesehen. Dies galt, obwohl bei fehlerfreier Erstellung der Rangfolge nur ein Arbeitnehmer von der Kündigungsliste zu nehmen gewesen wäre („Domino-Theorie"). Diese Rechtsprechung gilt heute nicht mehr. Kann der Arbeitgeber im Kündigungsschutzprozess aufzeigen, dass der gekündigte Arbeitnehmer auch bei richtiger Sozialauswahl zur Kündigung angestanden hätte, ist die Kündigung nicht wegen fehlerhafter Sozialauswahl unwirksam.[294] Dies gilt jedenfalls dann, wenn der Sozialauswahl ein mitbestimmtes Punktschema zugrunde liegt. Ob es in anderen Fällen bei der Domino-Theorie bleibt, erscheint noch nicht abschließend geklärt.[295]

133 **Prüfungssystematik:**

- Eine betriebsbedingte Kündigung ist trotz des Vorliegens dringender betrieblicher Erfordernisse (vgl. Rn 62 ff.) sozial ungerechtfertigt, wenn der Arbeitgeber bei der Entscheidung, welchen oder welche Arbeitnehmer er entlässt, soziale Gesichtspunkte nicht oder

289 Vgl. auch ErfK/*Oetker*, § 1 KSchG Rn 367.

290 BAG v. 19.6.1986, EzA § 1 KSchG Betriebsbedingte Kündigung Nr. 39.

291 BAG v. 10.12.1992, EzA § 611 BGB Kirchliche Arbeitnehmer Nr. 38.

292 BAG v. 26.1.1962, AP Nr. 8 zu § 626 BGB Druckkündigung.

293 BAG v. 24.2.2000, NZA 2000, 764; BAG v. 9.11.2006, NZA 2007, 549, 550.

294 BAG v. 9.11.2006, NZA 2007, 549, 550; hierzu *Gaul/Bonanni*, BB 2008, 218, 223.

295 Für den generellen Wegfall der „Domino-Theorie": KR/*Griebeling*, § 1 KSchG Nr. 658; Stahlhacke/Preis/Vossen/*Preis*, Rn 1144; *Bauer/Gotham*, BB 2007, 1729; Ascheid/Preis/Schmidt/*Kiel*, § 1 KSchG Rn 782.

nicht ausreichend berücksichtigt (3. Rn 132 ff.), § 1 Abs. 3 S. 1 KSchG. Die Überprüfung der Auswahlentscheidung erfolgt in drei Schritten.

- Zunächst wird der Kreis der vergleichbaren und deshalb für eine Sozialauswahl in Betracht kommenden Arbeitnehmer ermittelt (b Rn 136). Entscheidend ist, ob der Arbeitnehmer aufgrund seiner Fähigkeiten und Kenntnisse (aa Rn 137 ff.) sowie nach dem Inhalt seines Arbeitsvertrages die Tätigkeit ausführen (bb Rn 140 ff.) kann und diese derselben Ebene in der Betriebshierarchie zuzuordnen ist (cc Rn 145).
- Im zweiten Schritt wird die eigentliche Sozialauswahl (im engeren Sinne) vorgenommen (c Rn 147 ff.), die nach sozialen Gesichtspunkten ausgerichtet ist (§ 1 Abs. 3 S. 1 KSchG) ist.
- Im dritten Schritt wird geprüft, ob an sich einzubeziehende, weniger schutzwürdige Arbeitnehmer deshalb nicht in die Sozialauswahl einzubeziehen sind, weil deren Weiterbeschäftigung, insbesondere wegen ihrer Kenntnisse, Fähigkeiten und Leistungen oder zur Sicherung einer ausgewogenen Personalstruktur des Betriebes, im berechtigten betrieblichen Interesse liegt (f Rn 162 ff.), § 1 Abs. 3 S. 2 KSchG (sog. Leistungsträgerregelung). Diese Prüfung erfolgt grundsätzlich nur betriebsbezogen (a Rn 134 ff.).
- Bei namentlicher Nennung des Arbeitnehmers in einem Interessenausgleich kann die soziale Auswahl nur auf grobe Fehlerhaftigkeit überprüft werden (e Rn 155 ff.). Entsprechendes gilt, wenn für den Betrieb sog. Auswahlrichtlinien bestehen (g Rn 169).

a) Betriebsbezug

134 Die soziale Auswahl ist **betriebsbezogen** ausgestaltet[296] (vgl. zum Betriebsbegriff Rn 25 ff.). **Arbeitnehmer**, die in einem **anderen Betrieb** des Unternehmens oder gar in einem anderen Konzernunternehmen beschäftigt sind, werden bei der Sozialauswahl **nicht berücksichtigt**. Der Auswahlkreis ist innerhalb eines Betriebes **nicht** auf die betroffene **Betriebsabteilung beschränkt**, sondern bezieht sich auf den gesamten Betrieb.[297] Das bedeutet, dass z.B. bei einem Reinigungsunternehmen, das Reinigungskräfte in verschiedenen Reinigungsobjekten einsetzt, die Sozialauswahl auf alle vergleichbaren Arbeitnehmer objektübergreifend zu erstrecken ist.[298] Auch bei beabsichtigter Teilbetriebsstilllegung und Teilbetriebsübergang ist eine auf den gesamten Betrieb bezogene Sozialauswahl durchzuführen, einschließlich des Betriebsteils, der übergehen soll.[299] Auch wenn in den Arbeitsverträgen der betroffenen Arbeitnehmer ein **unternehmensweites Versetzungsrecht** vereinbart ist, ist die Sozialauswahl auf den Betrieb zu begrenzen, in dem das betriebliche Erfordernis, etwa die Personalstärke dem gesunkenen Arbeitsanfall anzupassen, besteht.[300]

135 Zu einer **unternehmensübergreifenden Sozialauswahl** kommt es ausnahmsweise, wenn die Voraussetzungen eines **Gemeinschaftsbetriebes** vorliegen[301] (hierzu Rn 31 ff.). Eine unternehmensübergreifende Sozialauswahl ist **nicht vorzunehmen,** wenn im Zeitpunkt der Kündigung der eine der beiden Betriebe, die zusammen einen Gemeinschaftsbetrieb gebildet haben, zwar noch nicht stillgelegt ist, aber aufgrund einer **unternehmerischen Entscheidung**, die schon greifbare Formen angenommen hat, feststeht, dass er **bei Ablauf der Kündigungs-**

296 BAG v. 15.12.1994, EzA § 1 KSchG Betriebsbedingte Kündigung Nr. 76; BAG v. 2.6.2005, NZA 2005, 1175.
297 BAG v. 15.6.1989, EzA § 1 KSchG Soziale Auswahl Nr. 27.
298 BAG v. 17.1.2002, NZA 2002, 759 (LS).
299 BAG v. 28.10.2004, NZA 2005, 285.
300 BAG v. 2.6.2005, NZA 2005, 1175; BAG v. 15.12.2005, NZA 2006, 590, 591.
301 BAG v. 5.5.1994, EzA § 1 KSchG Soziale Auswahl Nr. 31; BAG v. 27.11.2003, NZA 2004, 477.

frist des Arbeitnehmers **stillgelegt** sein wird.[302] Im öffentlichen Dienst erfolgt die Sozialauswahl Dienststellen bezogen.[303]

b) Vergleichbare Arbeitnehmer

136 Die soziale Auswahl nach § 1 Abs. 3 S. 1 KSchG erstreckt sich nur auf **Arbeitnehmer,** die **miteinander verglichen** werden können. Vergleichbarkeit in diesem Sinne bedeutet **Austauschbarkeit**. Es kommt darauf an, ob der Arbeitnehmer, dessen Arbeitsplatz weggefallen ist, die **Aufgaben anderer Arbeitnehmer übernehmen** kann. Entscheidend ist, ob der Arbeitnehmer aufgrund seiner **Fähigkeiten** und **Kenntnisse tatsächlich** (aa Rn 137 ff.) sowie nach dem **Inhalt** seines **Arbeitsvertrages** rechtlich (bb Rn 140 ff.) eine **andersartige**, aber **gleichwertige Tätigkeit ausführen** kann, also mit dem Arbeitsplatzinhaber austauschbar ist, wobei genau genommen nur zu prüfen ist, ob der unmittelbar kündigungsbedrohte Arbeitnehmer den fortbestehenden Arbeitsplatz aufgrund seiner Qualifikation übernehmen kann und rechtlich übernehmen darf.[304] Arbeitnehmer auf verschiedenen Ebenen der Betriebshierarchie sind nicht vergleichbar (cc Rn 145).

aa) Fähigkeiten und Kenntnisse

137 Die Austauschbarkeit richtet sich in erster Linie nach **arbeitsplatzbezogenen Merkmalen**, d.h. nach der ausgeübten Tätigkeit. Dies gilt nicht nur bei Identität der Arbeitsplätze, sondern auch dann, wenn der Arbeitnehmer aufgrund seiner Tätigkeit und Ausbildung eine andersartige, aber gleichwertige Tätigkeit ausführen kann.[305] Der Arbeitnehmer muss also aufgrund seiner bisherigen Aufgaben im Betrieb und/oder angesichts seiner beruflichen Qualifikation dazu in der Lage sein, die andersartige, aber gleichwertige Arbeit eines anderen Arbeitnehmers zu verrichten. Bei einer partiellen Identität der Aufgabenbereiche kommt es darauf an, ob der Arbeitnehmer, dessen Arbeitsplatz wegfällt, aufgrund seiner tatsächlichen Kenntnisse und Fähigkeiten die Funktion anderer Arbeitnehmer ausüben kann.[306] Die Vergleichbarkeit wird nicht dadurch ausgeschlossen, dass einzelne Arbeitnehmer bestimmte Tätigkeiten besonders beherrschen.[307] Objektive Merkmale zur Ermittlung der Vergleichbarkeit sind z.B. Berufsausbildung, Zugehörigkeit zur **gleichen Berufsgruppe** (z.B. Personalsachbearbeiter, Facharbeiter, Techniker, Senior, Projektleiter, Sekretariatsmitarbeiter, Außendienstmitarbeiter, Fahrer) und zur gleichen Betriebshierarchieebene.[308]

138 In der Praxis der ArbG wird eine Vergleichbarkeit regelmäßig innerhalb einer tariflichen Vergütungs- oder Lohngruppe angenommen, obwohl nach der Rspr. des BAG[309] die **tarifliche Eingruppierung** nur in engen Grenzen zur Feststellung der Austauschbarkeit herangezogen werden kann. Bei ausgesprochenen Hilfstätigkeiten soll der identischen Eingruppierung ein ausreichender Indizwert zukommen. Umgekehrt steht bei identischem Aufgabenbereich eine

302 BAG v. 27.11.2003, NZA 2004, 477; BAG v. 24.2.2005, NZA 2005, 867.

303 *Lingemann/Grothe*, NZA 1999, 1072, 1075.

304 Ausführlich Ascheid/Preis/Schmidt/*Kiel*, § 1 KSchG Rn 664 ff.

305 BAG v. 5.12.2002, NZA 2003, 849, 851.

306 BAG v. 17.9.1998, AP Nr. 36 zu § 1 KSchG Soziale Auswahl; ausführlich Ascheid/Preis/Schmidt/*Kiel*, § 1 KSchG Rn 681 ff.

307 BAG v. 5.6.2008 – 2 AZR 907/06, Juris.

308 Vgl. Ascheid/Preis/Schmidt/*Kiel*, § 1 KSchG Rn 682.

309 BAG v. 5.12.2002, NZA 2003, 849, 851; BAG v. 2.2.2006, EzA § 1 KSchG Betriebsbedingte Kündigung Nr. 144.

unterschiedliche Vergütung der Vergleichbarkeit nicht entgegen.[310] Eine Vergleichbarkeit über mehrere Entgeltgruppen hinweg besteht nicht.[311] Bei einer **betriebsbedingten Kündigung** im **öffentlichen Dienst** beschränkt sich die Sozialauswahl nach § 1 Abs. 3 KSchG grundsätzlich auf die **Arbeitnehmer derselben Vergütungsgruppe**. Nur diese sind miteinander **vergleichbar**.[312]

Umschulungs- oder Fortbildungsmaßnahmen braucht der Arbeitgeber nicht durchzuführen. Eine Austauschbarkeit ist nur anzunehmen, wenn aufgrund der fachlichen Qualifikation des unmittelbar betroffenen Arbeitnehmers aufgrund der Art des Arbeitsplatzes eine alsbaldige personelle Einsetzbarkeit nach einer relativ **kurzen Einarbeitungszeit** gegeben ist.[313] Dabei hat der Arbeitgeber einen **Beurteilungsspielraum**.[314] Das BAG sieht zu Recht bereits eine dreimonatige Einarbeitungszeit als zu lang an.[315] 139

bb) Arbeitsvertrag

An der **Vergleichbarkeit fehlt** es, wenn der Arbeitgeber den kündigungsbedrohten Arbeitnehmer **nicht einseitig** ohne Änderung des Arbeitsvertrages oder Ausspruch einer Änderungskündigung auf den **anderen Arbeitsplatz um- oder versetzen** kann.[316] Anders ausgedrückt sind diejenigen Arbeitnehmer vergleichbar, die kraft **Direktionsrecht** mit den anderen Aufgaben beschäftigt werden können.[317] Der Kreis der vergleichbaren Arbeitnehmer hängt also von der jeweiligen **Arbeitsvertragsgestaltung** ab.[318] Je genauer arbeitsvertraglich die Tätigkeit und/oder Funktion beschrieben ist, desto kleiner ist der Kreis der vergleichbaren Arbeitnehmer. Aus der Vertragspraxis kann auf den Vertragsinhalt geschlossen werden, wenn die Praxis den Vertragsparteien bekannt war und von ihnen gebilligt wurde.[319] 140

Praxishinweis 141

Bei der Arbeitsvertragsgestaltung sollte auf eine genaue Beschreibung der vom Arbeitnehmer zu leistenden Tätigkeit und eine abgrenzbare Funktionsbezeichnung (z.B. nicht Sachbearbeiter, sondern Sachbearbeiter Lebensversicherung in der Sparte Risikolebensversicherung oder nicht Redakteur, sondern Politikredakteur bei der Zeitschrift Gala)[320] geachtet werden. Auf die üblichen Versetzungsklauseln sollte verzichtet werden. In einem unbelasteten Arbeitsverhältnis wird der Arbeitnehmer i.d.R. unabhängig vom Vertragsinhalt andere Tätigkeiten übernehmen. Lehnt der Arbeitnehmer dies ab, wird man ihm auch kaum aufgrund des Vertragsinhalts die Tätigkeit gegen seinen Willen zuweisen.

Dass andere, grundsätzlich vergleichbare Arbeitnehmer **Schichtarbeit** und **Wochenenddienst** leisten, steht der Vergleichbarkeit nicht entgegen. Individualarbeitsrechtlich kann der Arbeitgeber in Ausübung seines Direktionsrechts die Lage der Arbeitszeit einseitig fest- 142

310 KR/*Griebeling*, § 1 KSchG Rn 618.
311 BAG v. 5.12.2003, NZA 2003, 849.
312 BAG v. 23.11.2004, NZA 2005, 986.
313 BAG v. 5.12.2002, NZA 2003, 849, 851; BAG v. 18.10.2006, NZA 2007, 798, 800; BAG v. 31.5.2007, NZA 2008, 33, 37.
314 Ascheid/Preis/Schmidt/*Kiel*, § 1 KSchG Rn 683.
315 BAG v. 5.5.1994, NZA 1994, 1023; BAG v. 24.5.2005, NZA 2005, 1302, 1306: „(relativ) kurzer Zeitraum".
316 BAG v. 5.12.2002, NZA 2003, 849, 851; BAG v. 15.8.2002, NZA 2003, 430, 432; BAG v. 24.5.2005, NZA 2006, 31, 34.
317 BAG v. 31.5.2007, NZA 2008, 33, 38; vgl. ErfK/*Oetker*, § 1 KSchG Rn 323.
318 BAG v. 17.2.2000, NZA 2000, 822; BAG v. 17.9.1998, NZA 1998, 1332; a.A. *Löwisch*, KSchG, § 1 Rn 340.
319 BAG v. 15.8.2002, NZA 2003, 430, 432.
320 Vgl. dazu BAG v. 17.2.2000, AP Nr. 46 zu § 1 KSchG 1969 Soziale Auswahl.

setzen und auch die Leistung von Schichtdienst anordnen, soweit keine entgegenstehenden vertraglichen Regelungen getroffen worden sind.[321] Sind besondere Arbeitszeiten einzelvertraglich vereinbart, besteht keine Vergleichbarkeit (hier Schicht- und Wechselschichtbetrieb mit Sonn- und Feiertagsarbeit von Reinigungskräften in einem Theater, der den Aufführungszeiten des Theaters einzelvertraglich angepasst ist).[322]

143 Arbeitnehmer, deren Arbeitsverhältnisse aufgrund gesetzlicher,[323] tarif-[324] oder einzelvertraglicher[325] Regelung **ordentlich nicht gekündigt** werden können, **scheiden** allein aus diesem Grund aus der **Sozialauswahl aus**.[326] Es sind nur solche Arbeitnehmer vergleichbar, denen in Vollzug einer zu ihren Lasten ergangenen Auswahlentscheidung ordentlich gekündigt werden kann.[327] Personen, zu deren Kündigung die Zustimmung einer Behörde notwendig ist, insb. bei Mutterschutz, § 9 Abs. 3 MuSchG, Elternzeit, § 18 Abs. 1 S. 2 BEEG oder Schwerbehinderung, § 85 SGB IX (eingehend vgl. § 7 Rn 2 ff., 29 ff., 45 ff.), sind nur in die Sozialauswahl einzubeziehen, wenn die **Zustimmung** der zuständigen **Behörde**, z.B. des Integrationsamtes erteilt ist und bis zum Ausspruch der Kündigung vorliegt.[328] Diese Grundsätze, wonach gesetzliche Kündigungsverbote zur Herausnahme der betreffenden Personen aus der Sozialauswahl führen, gelten auch dann, wenn im Zeitpunkt der beabsichtigten Kündigung der Sonderkündigungsschutz voraussichtlich alsbald auslaufen wird.[329] Maßgeblich ist der Zeitpunkt des Kündigungszugangs. Der Arbeitgeber ist nicht verpflichtet, mit der Kündigung bis zum Auslaufen des Sonderkündigungsschutzes zu warten.[330]

144 **Befristet beschäftigte Arbeitnehmer** unterfallen nicht der Sozialauswahl, wenn ihr Arbeitsverhältnis mit Ablauf der Befristungszeit endet, weil ein ordentliches Kündigungsrecht weder arbeits- noch tarifvertraglich geregelt ist (vgl. § 17 Rn 19).[331] Grundsätzlich ist davon auszugehen, dass das befristete Arbeitsverhältnis mit Ablauf der Zeit endet, für die es eingegangen ist und eine vorzeitige ordentliche Kündigung deshalb ausgeschlossen ist.[332] Teilzeitbeschäftigte dürfen gegenüber Vollzeitbeschäftigten nicht benachteiligt werden (§ 4 Abs. 1 S. 1 TzBfG). Dies gilt auch im Rahmen sozialer Auswahl. Daraus wird abgeleitet, dass **Voll- und Teilzeitkräfte** trotz unterschiedlicher individueller Dauer der Arbeitszeit miteinander **vergleichbar** sind.[333] Anders ist es, wenn eine Organisationsentscheidung vorliegt, nach der bestimmte Arbeiten nur von Vollzeitbeschäftigten ausgeübt werden.[334] Eine soziale Auswahl ist auch zwischen Teilzeitbeschäftigten mit unterschiedlichen Arbeitszeiten vorzunehmen.[335]

321 BAG v. 23.11.2000, NZA 2001, 601.
322 BAG v. 24.5.2005, NZA 2006, 31, 34.
323 Eingehend Ascheid/Preis/Schmidt/*Kiel*, § 1 KSchG Rn 700 ff.
324 Vgl. ErfK/*Oetker*, § 1 KSchG Rn 312.
325 ErfK/*Oetker*, § 1 KSchG Rn 313; vgl. aber BAG v. 2.6.2005, NZA 2005, 1175; LAG Sachsen v. 10.10.2001, NZA 2002, 905.
326 BAG v. 17.6.1999, NZA 1999, 1157; BAG v. 21.4.2005, NZA 2005, 1307, 1308; BAG v. 17.11.2005, NZA 2006, 370, 371; ausführlich Ascheid/Preis/Schmidt/*Kiel*, § 1 KSchG Rn 700 ff.
327 BAG v. 8.8.1985, NZA 1986, 679.
328 ErfK/*Oetker*, § 1 KSchG Rn 310 m.w.N.
329 BAG v. 21.4.2005, NZA 2005, 1307, 1309; KR/*Griebeling*, § 1 KSchG Rn 664a.
330 BAG v. 21.4.2005, NZA 2005, 1307, 1309.
331 Ascheid/Preis/Schmidt/*Kiel*, § 1 KSchG Rn 711; ErfK/*Oetker*, § 1 KSchG Rn 310.
332 BAG v. 19.6.1980, AP Nr. 55 zu § 620 BGB Befristeter Arbeitsvertrag; ErfK/*Oetker*, § 1 KSchG Rn 473.
333 Ausführlich Ascheid/Preis/Schmidt/*Kiel*, § 1 KSchG Rn 689 ff.
334 Ausführlich Ascheid/Preis/Schmidt/*Kiel*, § 1 KSchG Rn 693; zum öffentlichen Dienst BAG v. 12.8.1999, NZA 2000, 30.
335 BAG v. 15.7.2004, NZA 2005, 523.

Zur sozialen Vergleichbarkeit, wenn Arbeitnehmer dem Übergang ihres Arbeitsverhältnisses nach **§ 613a BGB** widersprechen, vgl. § 10 Rn 50 ff.

cc) Dieselbe Ebene der Betriebshierarchie

Der notwendige Vergleich vollzieht sich grundsätzlich **nur** auf **derselben Ebene** der **Betriebshierarchie (horizontale Vergleichbarkeit)**. Arbeitnehmer auf verschiedenen Ebenen der Betriebshierarchie sind nicht vergleichbar.[336] Dies gilt auch, wenn der Arbeitnehmer bereit ist, zu schlechteren Arbeitsbedingungen weiterbeschäftigt zu werden.[337] Z.B. sind Erzieherinnen mit Leitungsaufgaben nicht mit Erzieherinnen vergleichbar.[338] 145

Praxishinweis 146
In der Praxis erwarten die Arbeitsgerichte, dass der (Gegen-)Beweis einer horizontalen Vergleichbarkeit durch Vorlage eines **Organigramms** angetreten wird.

c) Soziale Gesichtspunkte

Nach der Neuregelung von § 1 Abs. 3 S. 1 KSchG sind im Rahmen der Sozialauswahl die Dauer der **Betriebszugehörigkeit**, das **Lebensalter**, die **Unterhaltspflichten** und die **Schwerbehinderung** des Arbeitnehmers zu berücksichtigen. Keinem dieser Kriterien kommt ein genereller und absoluter Vorrang zu.[339] Es bestehen bzgl. der Gewichtung keine abstrakten Vorgaben.[340] Bei der Beurteilung der Sozialauswahl sind **nur** die **sozialen Daten** zu berücksichtigen, die bereits im Zeitpunkt des **Zugangs** der Kündigung vorlagen.[341] Später eintretende Umstände (z.B. Erhöhung der Zahl der Unterhaltspflichten) bewirken nicht die nachträgliche Sozialwidrigkeit einer zunächst sozial gerechtfertigten betriebsbedingten Kündigung. Das Gesetz räumt dem Arbeitgeber einen **Wertungsspielraum** ein („… nicht oder nicht ausreichend berücksichtigt …").[342] Die Auswahlentscheidung muss nur vertretbar sein und nicht unbedingt der Entscheidung entsprechen, die das Gericht getroffen hätte, wenn es eigenverantwortlich soziale Erwägungen hätte anstellen müssen. Nur **deutlich schutzwürdigere Arbeitnehmer** können mit Erfolg die Fehlerhaftigkeit der sozialen Auswahl rügen.[343] Im Übrigen kann auch die unrichtige oder unvollständige Berücksichtigung sozialer Gesichtspunkte zu einer zutreffenden Auswahlentscheidung führen, wenn sich der Fehler nicht auswirkt. Es kommt nicht auf die Begründung, sondern auf das Ergebnis der Auswahlentscheidung an.[344] **Unbillige Härten** im Einzellfall können neben den Grunddaten nicht (mehr) beachtet werden.[345] Tut der Arbeitgeber dies dennoch, trägt er im Prozess ein hohes Risiko. 147

In der Praxis erfolgt die Gewichtung der Sozialkriterien häufig durch Punktetabellen. Das BAG hat in der Entscheidung vom 6.11.2008 folgendes Punkteschema für zulässig erachtet:[346]

336 BAG v. 6.7.2006, NZA 2007, 139, 143; BAG v. 23.11.2000, NZA 2001, 601; ErfK/*Oetker*, § 1 KSchG Rn 328.
337 BAG v. 29.3.1990, EzA § 1 KSchG Soziale Auswahl Nr. 29.
338 BAG v. 23.11.2000, NZA 2001, 601.
339 Ausführlich dazu BAG v. 5.12.2003, NZA 2003, 791, 793, 794.
340 So BAG v. 5.12.2003, NZA 2003, 791, 794.
341 BAG v. 15.3.1984, NZA 1984, 226.
342 BAG v. 5.12.2003, NZA 2003, 791, 793.
343 So BAG v. 5.12.2003, NZA 2003, 791, 793.
344 BAG v. 20.10.1983, AP Nr. 13 zu § 1 KSchG 1969.
345 Vgl. ErfK/*Oetker*, § 1 KSchG Rn 335; a.A. *v. Hoyningen-Huene/Linck*, § 1 KSchG Rn 930.
346 BAG v. 6.11.2008, NZA 2009, 361, 365; dazu *Lingemann/Beck*, NZA 2009, 577.

Kriterium		Punkte
1. Lebensalter	für jedes vollendete Jahr nach dem 18. Lebensjahr	1 Punkt je Lebensjahr
2. Dauer der Betriebszugehörigkeit	für jedes Beschäftigungsjahr	1,5 Punkte
3. Unterhaltspflichten	Ehegatte/eingetragener Lebenspartner	5 Punkte
	je Kind	7 Punkte
4. Schwerbehinderte		11 Punkte
oder Gleichgestellte		9 Punkte

148 Der **Betriebszugehörigkeit** kommt bei der sozialen Auswahl in der betrieblichen und unterinstanzlichen arbeitsgerichtlichen Praxis regelmäßig die ausschlaggebende Bedeutung zu. Bei der Berechnung der Dauer der Betriebszugehörigkeit ist nicht nur die gegenwärtige Beschäftigung zu berücksichtigen, sondern auch ein vorausgegangenes Arbeitsverhältnis bei demselben Arbeitgeber, das auch zu einer Anrechnung auf die Wartezeit nach § 1 Abs. 1 KSchG führen würde (vgl. Rn 48 ff.). Eine weitergehende Berücksichtigung früherer Beschäftigungszeiten oder von Zeiten der Beschäftigung bei anderen – z.B. konzernangehörigen – Unternehmen ist nur möglich, wenn dies vertraglich vereinbart ist. Die vertragliche Anerkennung von Vordienstzeiten aus einem früheren Arbeitsverhältnis mit einem anderen Arbeitgeber muss grundsätzlich auch für die Sozialauswahl gelten.[347] Vorbeschäftigungszeiten sind auch dann zu berücksichtigen, wenn der Arbeitgeber sich im Rahmen eines Prozessvergleiches verpflichtet hat, diese Zeiten anzurechnen.[348]

149 Die Schwierigkeiten, die mit der Suche nach einem neuen Arbeitsplatz verbunden sind, sind jüngeren Arbeitnehmern regelmäßig eher zuzumuten als einem älteren, dessen Chancen auf dem Arbeitsmarkt häufig geringer sind. Andererseits sind jüngere Arbeitnehmer zum Unterhalt ihrer Familie häufig stärker auf ein Erwerbseinkommen angewiesen als ältere Arbeitnehmer. Das **Lebensalter** bildet insofern eine ambivalente Größe.[349] Die Berücksichtigung des Lebensalters stellt zwar eine an das Alter anknüpfende unterschiedliche Behandlung i.S.v. § 2 Abs. 1 Nr. 2 AGG dar; sie ist jedoch regelmäßig nach § 10 S. 1 und 2 AGG gerechtfertigt, weil sie den typischerweise schlechteren Chancen von älteren Arbeitnehmern auf dem Arbeitsmarkt Rechnung trägt.[350]

150 Das Ausmaß der **Unterhaltspflichten** stellt ein wichtiges Indiz für die soziale Schutzbedürftigkeit eines Arbeitnehmers dar. Hinsichtlich der Unterhaltspflicht kommt es nicht auf die numerische Anzahl der unterhaltspflichtigen Personen an (vgl. §§ 1360 ff., 1569 ff. BGB), sondern es ist auf die **Höhe** der **Unterhaltsleistungen** abzustellen, weil sich die Unterhaltspflicht des Arbeitnehmers mindert, wenn andere Personen (Ehegatten) entsprechende Unterhaltsleistungen erbringen.[351] Nicht entscheidend ist hingegen, ob der Arbeitnehmer seiner

347 *V. Hoyningen-Huene/Linck*, § 1 KSchG Rn 934.

348 BAG v. 2.6.2005, NZA 2006, 207.

349 BAG v. 6.11.2008, NZA 2009, 391; Ascheid/Preis/Schmidt/*Kiel*, § 1 KSchG Rn 717 ff.

350 BAG v. 6.11.2008, NZA 2009, 391; vgl. hierzu *Adomeit/Mohr*, NJW 2009, 2255, 2257.

351 BAG v. 21.1.1999, NZA 1999, 866.

Unterhaltspflicht tatsächlich nachkommt.[352] Das BAG hat die Frage, ob der Arbeitgeber sich bei der Ermittlung der Unterhaltspflichten auf die Eintragungen in der Lohnsteuerkarte verlassen darf, zuletzt offen gelassen.[353]

Die Berücksichtigung der **Schwerbehinderung** bei der Sozialauswahl ist nunmehr in § 1 Abs. 3 S. 1 KSchG ausdrücklich gesetzlich normiert. Sie war bereits in der Praxis üblich. Menschen sind schwerbehindert gem. § 2 Abs. 2 SGB IX, wenn ein Grad der Behinderung (GdB) von wenigstens 50 vorliegt und der Wohnsitz, der gewöhnliche Aufenthalt oder die Beschäftigung auf einem Arbeitsplatz i.S.d. § 73 SGB IX rechtmäßig im Geltungsbereich des SGB IX liegt. Gem. § 2 Abs. 3 SGB IX werden schwerbehinderten Menschen gleichgestellt behinderte Menschen mit einem GdB von weniger als 50, aber wenigstens 30, bei denen die übrigen Voraussetzungen des § 2 Abs. 2 SGB IX vorliegen und die Gleichstellung aufgrund der Voraussetzungen § 2 Abs. 3 SGB IX durch das zuständige Arbeitsamt anerkannt ist. Der Grad der Behinderung wird gem. § 69 SGB IX auf Antrag durch die Versorgungsämter festgestellt (vgl. § 7 Rn 58). 151

d) Darlegungs- und Beweislast

Nach § 1 Abs. 3 S. 3 KSchG obliegt die Darlegungs- und objektive Beweislast für die Tatsachen, aus denen sich die Unrichtigkeit der Sozialauswahl ergibt, zunächst dem Arbeitnehmer. Nach st. Rspr. des BAG[354] ist dabei von einer **abgestuften Darlegungslast** auszugehen. Es ist danach zunächst Sache des Arbeitnehmers, die Fehlerhaftigkeit der Sozialauswahl darzulegen, sofern er über die hierzu erforderlichen Informationen verfügt. Soweit der Arbeitnehmer hierzu nicht in der Lage ist und deswegen den Arbeitgeber zur **Mitteilung** der **Gründe auffordert**, die ihn zur Auswahl veranlasst haben (zum Schreiben an den Arbeitgeber vgl. § 43 Rn 14), hat der Arbeitgeber im Prozess substantiiert seine subjektiven, tatsächlich angestellten Überlegungen vorzutragen. Der Arbeitnehmer hat keinen Anspruch auf die vollständige Auflistung der Sozialdaten aller objektiv vergleichbaren Arbeitnehmer. Gibt der Arbeitgeber keine oder keine vollständige Auskunft, so kann der Arbeitnehmer, wenn ihm die entsprechend eigene Kenntnis fehlt, die Namen der sozial stärkeren Arbeitnehmer nicht nennen. In diesem Fall wird der Vortrag des Arbeitnehmers, es seien sozial stärkere Arbeitnehmer als er vorhanden, als schlüssig und ausreichend behandelt. Gleiches gilt, wenn dem Vortrag des Arbeitgebers zu entnehmen ist, dass er die Sozialauswahl nicht unter Berücksichtigung des Vortrags des Arbeitnehmers auf, aus dessen Sicht, vergleichbare Arbeitnehmer erstreckt hat und wenn er es unterlässt, seinen Vortrag im Prozess zu ergänzen. 152

Demnach ist es im Prozess zunächst Sache des Arbeitnehmers, zu begründen, warum er mit Arbeitnehmern einer bestimmten Gruppe vergleichbar ist. Die bloße Behauptung, eine Vergleichbarkeit sei gegeben, reicht aber hierzu nicht aus. Soweit es ihm möglich ist, hat er darzulegen, welche **Qualifikationsanforderungen** bei der Ausübung der Tätigkeiten, für die er sich geeignet hält, zu erfüllen ist. Gleichzeitig hat er mitzuteilen, welche Fertigkeiten er wann und wie erworben hat und ob sie ihn zur Ausfüllung des von ihm angestrebten Arbeitsplatzes befähigen. Soweit er von einer gewissen Einarbeitungszeit ausgeht, hat er die von ihm ange- 153

352 *Bader*, NZA 1996, 1125, 1128; ErfK/*Oetker*, § 1 KSchG Rn 333.

353 BAG v. 17.1.2008, DB 2008, 1688; für eine Erkundigungspflicht des Arbeitgebers LAG Rheinland-Pfalz v. 12.7.2006, NZA-RR 2007, 247, 248; Ascheid/Preis/Schmidt/*Kiel*, § 1 KSchG Rn 734; *v. Hoyningen-Huene/Linck*, § 1 KSchG Rn 948.

354 BAG 24.5.2005, NZA 2005, 1302, 1306; BAG v. 5.12.2002, NZA 2003, 849, 851; BAG v. 15.6.1989, NZA 1990, 226.

nommene Dauer anzugeben und zu begründen.[355] Ergibt sich bereits aus dem Vortrag des Arbeitgebers, dass er den **Kreis** der **vergleichbaren Arbeitnehmer** im Rahmen seiner Auswahlentscheidung objektiv **zu eng** gezogen hat, so spricht eine **tatsächliche Vermutung** dafür, dass diese **Sozialauswahl** auch im Ergebnis **fehlerhaft** ist. Wenn keine weiteren Tatsachen vorgetragen werden, wird die Behauptung des Arbeitnehmers, soziale Gesichtspunkte seien nicht ausreichend berücksichtigt, als unstreitig behandelt.[356]

154 *Praxishinweis*

Der **Arbeitgeber** muss sich vor Durchführung der Sozialauswahl die aktuellen Grunddaten besorgen.[357] Dies wird für Lebensalter und Betriebszugehörigkeit unproblematisch sein. Regelmäßig wird der Arbeitgeber nicht wissen, in welcher Höhe der Arbeitnehmer Dritten gegenüber zum Unterhalt verpflichtet ist. Die Lohnsteuerkarte gibt darüber nicht in allen Fällen Auskunft. Dem Arbeitgeber ist daher zu raten, die vergleichbaren **Arbeitnehmer** vor Durchführung der Sozialauswahl zu **befragen**, in welchem **Umfang Unterhaltspflichten** tatsächlich bestehen (vgl. oben Rn 150). Ob der Arbeitgeber den Arbeitnehmer auch nach einer etwaigen Schwerbehinderteneigenschaft befragt, wird er sich sehr genau überlegen, da in der Praxis häufig erst die Frage zur Antragstellung führt (vgl. auch § 7 Rn 59 ff.). Andererseits wird im Fall der betriebsbedingten Kündigung regelmäßig die Zustimmung erteilt. Muss nach Zugang der Kündigung und Berufung auf den besonderen Kündigungsschutz durch den Arbeitnehmer das Zustimmungsverfahren durchgeführt werden, führt dies regelmäßig zu einer mehrmonatigen Verzögerung des Ablaufes der Zahlungsverpflichtung.

Der **Arbeitnehmeranwalt** wird in jedem Fall die Ordnungsgemäßheit der **Sozialauswahl rügen**, den Arbeitgeber zur **Mitteilung** der **Gründe auffordern**, die ihn zur Auswahl oder zur Herausnahme von Leistungsträgern veranlasst haben (Formulierungsbeispiel siehe § 43 Rn 14) und genau prüfen, ob die vom Arbeitgeber vorgetragene Auswahl den – in der Praxis häufig verkannten – Grundsätzen (vgl. Rn 147 ff.) entspricht. Nach Auskunftserteilung durch den Arbeitgeber, muss der Arbeitnehmer Arbeitskollegen namentlich benennen oder zumindest umschreiben (z.B. Arbeitnehmer in der Einkaufssachbearbeitung, deren Namen der Kläger nicht kennt), die mit ihm (auch) vergleichbar (z.B. ebenfalls Sachbearbeiter mit kaufmännischer Ausbildung) sind und z.B. eine kürzere Betriebszugehörigkeit aufweisen und auch angesichts der weiteren Sozialdaten (z.B. ca. 28 Jahre alt, nach Kenntnis des Klägers ledig, nicht schwerbehindert und erst seit ca. zwei Jahren im Betrieb beschäftigt) deutlich weniger sozial schutzwürdig sind.[358]

e) Vermutung ordnungsgemäßer Sozialauswahl bei Interessenausgleich mit Namensliste

155 Bei Kündigungen aufgrund einer Betriebsänderung nach § 111 BetrVG kann nach § 1 Abs. 5 S. 2 KSchG die Sozialauswahl bei Vorliegen der übrigen Voraussetzungen des § 1 Abs. 5 S. 1 KSchG (dazu ausführlich Rn 119 ff.) nur auf **grobe Fehlerhaftigkeit** überprüft werden. Nach der Rspr. des BAG bezieht sich die Beschränkung der Prüfungsmöglichkeit nicht nur auf die **Sozialindikatoren** und **deren Gewichtung**, sondern auch auf die **Bildung** der **aus-**

355 BAG v. 5.12.2002, NZA 2003, 849, 852 m.w.N.

356 BAG v. 15.6.1989, NZA 1990, 226.

357 Vgl. nur Ascheid/Preis/Schmidt/*Kiel*, § 1 KSchG Rn 733.

358 BAG v. 6.12.2001, EZA § 1 KSchG Interessenausgleich Nr. 9.

wahlrelevanten Gruppe.[359] Der Maßstab der **groben Fehlerhaftigkeit** bezieht sich nach zutreffender Auffassung auch auf die Gründe für die **Ausklammerung** einzelner **Arbeitnehmer** aus der **Sozialauswahl** nach § 1 Abs. 3 S. 2 KSchG.[360] Diese Frage wird jedoch erst dann relevant, wenn der gekündigte Arbeitnehmer darlegen und gegebenenfalls beweisen kann, dass ein vergleichbarer, aber nicht namentlich benannter Arbeitnehmer nach den Sozialkriterien weniger schutzwürdig wäre. Selbst wenn die Namensliste auf einem AGG-widrigen Sozialplan beruht, bleibt die Vermutung für den Wegfall des Beschäftigungsbedürfnisses und das Fehlen einer anderweitigen Beschäftigungsmöglichkeit erhalten.[361]

Grob fehlerhaft ist die soziale Auswahl nur dann, wenn die **Gewichtung** der sozialen Kriterien Alter, Betriebszugehörigkeit, Unterhaltspflichten und – neuerdings – Schwerbehinderung **jede Ausgewogenheit vermissen lässt,** das heißt wenn einzelne Sozialdaten überhaupt nicht, eindeutig unzureichend oder mit eindeutig überhöhter Bedeutung berücksichtigt wurden.[362] Nach der Rspr. des BAG ist aus Gründen der Rechtssicherheit der Beurteilung der Betriebspartner für die Richtigkeit der Auswahl eine hohe Präferenz einzuräumen.[363] So ist es z.B. nicht zu beanstanden, wenn die Betriebspartner in einem Interessenausgleich bei der Berücksichtigung der sozialen Kriterien das Schwergewicht auf die Unterhaltspflichten der betroffenen Arbeitnehmer legen und die anderen Sozialkriterien geringer bewerten. Das Gesetz legt nicht fest, wie die vier Sozialdaten (Lebensalter, Betriebszugehörigkeit, Unterhaltspflichten und Schwerbehinderung) gegeneinander zu gewichten sind. **156**

Insbesondere kommt der **Betriebszugehörigkeit keine Priorität** zu.[364] Bei in etwa gleichlanger Betriebszugehörigkeit führt der Umstand, dass ein Ehepartner arbeitslos ist, bei einem anderen Arbeitnehmer der Ehepartner aber berufstätig, jedenfalls dann nicht zu einer groben Fehlerhaftigkeit i.S.v. § 1 Abs. 5 KSchG, wenn der Ehepartner zum Zeitpunkt des Zugangs der Kündigung Arbeitslosenunterstützung bezieht und damit ebenfalls tatsächlich zum Lebensunterhalt beiträgt.[365] Dementsprechend liegen die Voraussetzungen der groben Fehlerhaftigkeit noch nicht vor, wenn zwei Arbeitnehmer in etwa eine gleichlange Betriebzugehörigkeit aufweisen, der eine Arbeitnehmer aber 35 Jahre alt und sein Ehepartner arbeitslos, der andere Arbeitnehmer 25 Jahre alt und der Ehepartner berufstätig ist. In der Altersgruppe der 25 bis 35-jährigen führt nach der Rspr. des BAG der Altersunterschied allein nicht zu einem erheblichen Unterschied in der sozialen Schutzbedürftigkeit. Die Entscheidung für den 25-jährigen Arbeitnehmer ist nicht grob fehlerhaft.[366] Es ist auch zulässig, der Beschäftigungszeit und den Unterhaltsverpflichtungen ein deutlich stärkeres Gewicht einzuräumen als dem Lebensalter.[367] **157**

Die Kündigung ist **nicht** nach § 1 Abs. 3 KSchG **sozialwidrig**, wenn der **Arbeitnehmer** im Kündigungsschutzprozess die **soziale Auswahl nicht oder nicht ordnungsgemäß rügt**, in **158**

359 BAG v. 7.5.1998, NZA 1998, 933; BAG v. 21.1.1999, NZA 1999, 866; vgl. auch *Neef*, NZA 1997, 65, 69.

360 LAG Niedersachsen v. 23.5.2005, NZA-RR 2005, 584; Begründung des Regierungsentwurfs, BT-Drucks 15/1204, S. 12; KR/*Griebeling*, § 1 KSchG Rn 703o; Ascheid/Preis/Schmidt/*Kiel*, § 1 KSchG Rn 801; ErfK/*Oetker*, § 1 KSchG Rn 366; zur alten Rechtslage: BAG v. 23.11.2000, NZA 2001, 601; BAG v. 10.2.1999, NZA 1999, 702; BAG v. 7.5.1998, NZA 1998, 933; offen gelassen in BAG v. 12.4.2002, NZA 2003, 42.

361 BAG v. 6.11.2008, NZA 2009, 361, 365; *Lingemann/Beck*, NZA 2009, 577, 581.

362 BAG v. 5.6.2008 – 2 AZR 907/06, BAG v. 2.12.1999, NZA 2000, 531; KR/*Griebeling*, § 1 KSchG Rn 697 ErfK/*Oetker*, § 1 KSchG Rn 358.

363 BAG v. 7.5.1998, NZA 1998, 933.

364 BAG v. 2.12.1999, NZA 2000, 531.

365 BAG v. 21.1.1999, NZA 1999, 866.

366 BAG v. 21.1.1999, NZA 1999, 866.

367 BAG v. 23.11.2000, NZA 2001, 601.

dem er zum Beispiel nur das Unterbleiben eines Tätigwerdens beanstandet oder wenn schon nach seinem eigenem Sachvortrag im Ergebnis keine Verletzung sozialer Gesichtspunkte vorliegt. Dann ist auch unerheblich, inwieweit der Arbeitgeber sich im Kündigungsschutzprozess auf soziale Auswahlüberlegungen stützen kann, die er nicht dem Betriebsrat im Rahmen der Beteiligung nach § 102 BetrVG mitgeteilt hat.[368] Die **Grundsätze** der **abgestuften Darlegungslast** (vgl. Rn 152) gelten unverändert auch für die gerichtliche Überprüfung auf grobe Fehlerhaftigkeit.[369] Insbesondere genügt der Arbeitnehmer nicht durch ein pauschales Auskunftsverlangen seiner Darlegungslast. Durch das Auskunftsverlangen des Arbeitnehmers geht allerdings die Darlegungslast auf den Arbeitgeber über. Es reicht aber, wenn dieser darlegt, dass bestimmte Arbeitnehmer nicht vergleichbar sind. Dann ist es wiederum Sache des Arbeitnehmers aufzuzeigen, dass eine grob fehlerhafte Auswahl vorliegt.[370]

159 Auch wenn ein Arbeitnehmer in einer Namensliste aufgenommen worden ist, kann er im Kündigungsschutzprozess gem. § 1 Abs. 3 S. 1 Hs. 2 KSchG **verlangen**, dass der Arbeitgeber die **Gründe** angibt, die zu der getroffenen **sozialen Auswahl** geführt haben. Dazu gehören gegebenenfalls auch die **betrieblichen Interessen**, die den Arbeitgeber zur Ausklammerung an sich vergleichbarer Arbeitnehmer aus der sozialen Auswahl gem. § 1 Abs. 3 S. 2 KSchG veranlasst haben. Kommt der Arbeitgeber dem Verlangen des Arbeitnehmers nicht nach, ist die streitige Kündigung ohne weiteres als **sozialwidrig** anzusehen. Auf den Prüfungsmaßstab der groben Fehlerhaftigkeit der sozialen Auswahl kommt es dann nicht an.[371]

160 Einem Arbeitnehmer soll auch dann i.S.v. § 1 Abs. 5 S. 1 KSchG gekündigt werden, wenn die Kündigung im Interessenausgleich von dem **Widerspruch** des **Arbeitnehmers gegen** den **Übergang** seines **Arbeitsverhältnisses** gem. § 613a BGB abhängig gemacht wird.[372] Trotz der Regelung in § 1 Abs. 5 S. 2 KSchG ist generell eine **Auswahl nach sozialen Gesichtspunkten** i.S.v. § 1 Abs. 3 KSchG vorzunehmen. Dies gilt grundsätzlich auch im Fall des Widerspruchs des Arbeitnehmers gegen den Übergang seines Arbeitsverhältnisses auf den Erwerber eines Teilbetriebs.[373] Die Berufung auf eine fehlerhafte Sozialauswahl kann nicht als treuwidrig angesehen werden, weil der Arbeitnehmer nicht besondere Gründe für seinen Widerspruch vorbringt.[374]

161 Maßgeblicher Zeitpunkt für die Beurteilung, ob sich die **Sachlage** i.S.v. § 1 Abs. 5 S. 3 KSchG **wesentlich geändert** hat, ist der Zeitpunkt des Zugangs der Kündigung. Bei späteren Änderungen kommt nur ein Wiedereinstellungsanspruch in Betracht (vgl. Rn 94).[375] Es stellt nach der Rspr. des BAG keine beachtliche Änderung der Sachlage nach dem Zustandekommen eines Interessenausgleichs dar, wenn sich die betriebliche Maßnahme – hier Ausgründung einer Service-GmbH – zunächst verzögert und der Arbeitgeber sich nach Ausspruch der Kündigung gegenüber dem Arbeitnehmer entschließt, die Maßnahme nicht vorzunehmen. Außerdem kommen die Vermutungen der Betriebsbedingtheit der Kündigung und der geänderte Prüfungsmaßstab für die Sozialauswahl nur dann nicht zur Anwendung, wenn

368 BAG v. 24.2.2000, NZA 2000, 785.
369 BAG v. 7.5.1998, NZA 1998, 933; BAG v. 24.2.2000, NZA 2000, 785.
370 BAG v. 24.2.2000, NZA 2000, 785.
371 BAG v. 10.2.1999, NZA 1999, 702.
372 BAG v. 24.2.2000, NZA 2000, 785.
373 Vgl. BAG v. 18.3.1999, AP Nr. 41 zu § 1 KSchG 1969 Soziale Auswahl.
374 BAG v. 24.2.2000, NZA 2000, 785.
375 BAG v. 21.2.2001, EzA § 1 KSchG Interessenausgleich Nr. 8; ebenso *Löwisch*, RdA 1997, 80, 82; *Fischermeier*, NZA 1997, 1089, 1098.

sich die Sachlage nach dem Zustandekommen des Interessenausgleichs so wesentlich geändert hat, dass von einem **Wegfall** der **Geschäftsgrundlage** auszugehen ist.[376]

f) Leistungsträgerregelung

Nach § 1 Abs. 3 S. 2 KSchG sind Arbeitnehmer nicht in die soziale Auswahl einzubeziehen, deren **Weiterbeschäftigung**, insb. wegen ihrer Kenntnisse, Fähigkeiten und Leistungen oder zur Sicherung einer ausgewogenen Personalstruktur des Betriebes, im **berechtigten betrieblichen Interesse** liegt. Die Regelung ist nicht abschließend. Es sind auch andere berechtigte betriebliche Belange denkbar, z.B. besondere Kundenkontakte oder Produkterfahrung.[377] Es reichen reine Nützlichkeitserwägungen, wenn sie aus betrieblichen Interessen hergeleitet werden (z.B. Ablaufstörungen).[378] Es muss sich aber um Interessen des Betriebes handeln. Eine besondere Verbundenheit zwischen Arbeitgeber und Arbeitnehmer kann deshalb kein betriebliches Interesse im Sinne des § 1 Abs. 3 KSchG begründen.[379] 162

Mit der Regelung in § 1 Abs. 3 S. 2 KSchG hat der Gesetzgeber die **Erhaltung** einer **ausgewogenen Personalstruktur** ausdrücklich als ein berechtigtes betriebliches Interesse anerkannt. Dies trägt dem Umstand Rechnung, dass insbesondere bei Massenentlassungen[380] die soziale Auswahl nur anhand der Kriterien Betriebszugehörigkeit, Lebensalter, Unterhaltspflichten und Schwerbehinderung des Arbeitnehmers dazu führen kann, dass sich die bisherige Personalstruktur des Betriebes nachhaltig verschlechtert. Vor allem die bisherige Altersstruktur der Belegschaft ändert sich in der Regel durch eine Sozialauswahl nach den Kriterien des § 1 Abs. 3 S. 1 KSchG. Ohne Ausnahmevorschrift ließe sich bei der Kündigung eines erheblichen Teils der Arbeitnehmer eine den berechtigten betrieblichen Interessen zuwiderlaufende Überalterung der Belegschaft kaum vermeiden. Da das Gesetz nur die Sicherung einer ausgewogenen Personalstruktur als betriebliches Interesse anerkennt, ist es **nicht** zulässig, im Zuge einer Massenkündigung die bisherige **Personalstruktur** des Betriebs zu **verbessern**. 163

Nach diesen Grundsätzen ist es zulässig, in einer bestimmten Beschäftigungsgruppe nicht generell eine Sozialauswahl durchzuführen, sondern vorab Altersgruppen zu bilden und lediglich **innerhalb** dieser **Altersgruppen** die **Sozialauswahl** vorzunehmen.[381] Hieran hat sich auch nach Inkrafttreten des AGG nichts geändert.[382] Nach richtiger Auffassung unterliegt auch eine derartige Bildung von Altersgruppen nach § 1 Abs. 3 S. 2 KSchG der Privilegierung der Überprüfung nur auf grobe Fehlerhaftigkeit.[383] Es ist zulässig, Altersgruppen anhand abstrakter Kriterien in Schritten von je zehn Lebensjahren zu bilden. Auch eine engere Staffelung kurz vor Eintritt des Rentenalters ist sachgerecht.[384] Wechselnde Zeitsprünge sind nur zulässig, wenn es hierfür besondere sachliche Gründe gibt.[385] Eine Altersstaffelrege- 164

376 BAG v. 21.2.2001, EzA § 1 KSchG Interessenausgleich Nr. 8; vgl. auch LAG Köln v. 1.8.1997, LAGE KSchG § 1 Interessenausgleich Nr. 1.

377 Vgl. auch ErfK/*Oetker*, § 1 KSchG Rn 346.

378 BAG v. 5.12.2002, NZA 2003, 849; *Thüsing/Wege*, RdA 2005, 12, 13.

379 *Thüsing/Wege*, RdA 2005, 12, 13.

380 Zum alten Recht vgl. BAG v. 5.12.2002, NZA 2003, 849, 853.

381 BAG v. 23.11.2000, NZA 2001, 601.

382 BAG v. 6.11.2008, NZA 2009, 391; vgl. hierzu ausführlich *Lingemann/Beck*, NZA 2009, 577; *Gaul/Bonanni*, BB 2008, 218; *Neufeld*, Anmerkung zu ArbG Bielefeld v. 25.4.2007, BB 2007, 1961, 1963.

383 Vgl. dazu BAG v. 23.11.2000, NZA 2001, 601.

384 BAG v. 23.11.2000, NZA 2001, 601; allg. zur Gruppenbildung Ascheid/Preis/Schmidt/*Kiel*, § 1 KSchG, Rn 770 ff.

385 *Thüsing/Wege*, RdA 2005, 12, 20; LAG Hamm, NZA-RR 2004, 132, 133.

lung bietet eine besondere Gewähr für eine sachgerechte Lösung unter Berücksichtigung der betrieblichen und der Arbeitnehmerinteressen, wenn sie in einem Tarifvertrag, in einer **Betriebsvereinbarung** nach § 95 BetrVG oder in einer entsprechenden Richtlinie nach dem Personalvertretungsgesetz i.S.v. § 1 Abs. 4 KSchG festgesetzt ist.[386] Die Bewertung der sozialen Gesichtspunkte im Verhältnis zueinander ist in diesem Fall **nur** auf **grobe Fehlerhaftigkeit** nach § 1 Abs. 4 KSchG überprüfbar (vgl. auch Rn 155). Der Arbeitgeber, der sich auf die Sicherung einer ausgewogenen Personalstruktur beruft, hat darzulegen, wie die Personalstruktur beschaffen ist und welche Struktur erreicht werden soll.[387]

165 Nach der Rspr. des BAG muss der Arbeitgeber bei der Herausnahme von „Leistungsträgern" aus der Sozialauswahl die **Interessen** des sozial schwächeren Arbeitnehmers, die im Kontext mit der Sozialauswahl berechtigt sind, berücksichtigen und gegen das betriebliche Interesse an der Herausnahme des Leistungsträgers **abwägen.**[388] **Je schwerer** dabei das **soziale Interesse wiegt, umso gewichtiger** müssen die **Gründe** für die **Ausklammerung** des **Leistungsträgers** sein.[389] In dem der Entscheidung des BAG zugrunde liegenden Fall waren von 13 Mitarbeitern in der „Offsetvorbereitung" zehn Mitarbeiter als „Leistungsträger" angesehen und nicht in die soziale Auswahl einbezogen worden. Besonders krass war der Vergleich zu einer Arbeitnehmerin F, die zum Zeitpunkt der Kündigung 27 Jahre alt, unverheiratet war und keine Unterhaltsverpflichtungen hatte. Der Kläger war demgegenüber 41 Jahre alt, verheiratet und hatte zwei Kinder. Er wies eine Beschäftigungszeit von 19 Jahren auf. Die Arbeitnehmerin F von acht Jahren.[390] Das BAG hat festgestellt, dass der Kläger eklatant schutzbedürftiger als Frau F gewesen sei. Die Arbeitgeberin habe lediglich eine druckspezifische Ausbildung als betriebliches Interesse vorgetragen und nicht im Einzelnen substantiiert dargelegt, warum diese Ausbildung für den Betrieb von Nutzen sein würde. Letztlich habe sich die Unterscheidung auf die vage Erwartung reduziert, die druckspezifische Ausbildung werde sich früher oder später einmal als nützlich erweisen.

166 *Praxishinweis*

Aus der Entscheidung des BAG ist für die Praxis zu folgern, dass die Herausnahme von Leistungsträgern aus einer Gruppe vergleichbarer Arbeitnehmer die Ausnahme und nicht die Regel sein muss. Die Gerichte werden es – unabhängig von Rechtsfragen – nicht akzeptieren, dass die Sozialauswahl durch die reine Behauptung, eine Vielzahl von Arbeitnehmern seien Leistungsträger, zu einer Bestenauslese wird. Der Arbeitgeber wird nach wie vor substantiiert zu dem betrieblichen Interesse an der Herausnahme aus der Sozialauswahl vorzutragen haben. Dabei wird er im Vortrag zu berücksichtigen haben, dass er auch das Interesse des Arbeitnehmers an der Weiterbeschäftigung bewertet und gegen das betriebliche Interesse abzuwägen hat.

167 *Formulierungsbeispiel*

Die Beklagte hat Herrn ____ aus der Sozialauswahl herausgenommen (1), im Übrigen ist dieser aber nicht weniger sozial schutzwürdig als der Kläger (2).

386 BAG v. 23.11.2000, NZA 2001, 601.

387 LAG Schleswig-Holstein v. 9.11.2004, NZA-RR 2005, 545 zur Kündigung in der Insolvenz.

388 BAG v. 7.12.2006, NZA-RR 2007, 460; BAG v. 12.4.2002, NZA 2003, 42; zu Recht krit. ErfK/*Oetker*, § 1 KSchG Rn 342; a.A. *Bauer*, NZA 2004, 38, 41.

389 So BAG v. 12.2.2002. NZA 2003, 42; LAG Köln v. 24.3.2005, NZA-RR 2006, 20; ebenso *Preis*, NZA 1997, 1073, 1084; *Löwisch*, NZA 1996, 1009, 1011; *Kittner*, AuR 1997, 182, 187; a.A. KR/*Oetker*, § 1 KSchG Rn 342, *Bader*, NZA 1996, 1125, 1129; *v. Hoyningen-Huene/Linck*, DB 1997, 41.

390 BAG v. 12.2.2002, NZA 2003, 42.

1. Herr war von bis Leiter bei der GmbH in . Dieses Unternehmen setzt europaweit die Software der Beklagten ein. Herr hat die Neueinführung dieser Software im Bereich geleitet. Herr ist bei der GmbH im besten Einvernehmen ausgeschieden und unterhält seit der Beschäftigung bei der Beklagten für diese beste geschäftliche Kontakte zur GmbH. Dadurch dass Herr die GmbH und deren Tochterunternehmen über die Beklagte betreut, ist zu diesem Unternehmen ein enger Geschäftskontakt erwachsen. Dieser Geschäftskontakt würde gefährdet, wenn Herr bei der Beklagten ausscheiden würde.
Beweis: Zeugnis des , zu laden über die Beklagte.
Zudem verfügt Herr aufgrund der praktischen Umsetzung einer Implementierung der Software über besondere praktische Kenntnisse und Fähigkeiten bei der Einführung und Umsetzung der Software der Beklagten in einem Großunternehmen. Hinzu kommt, dass Herr auch über besondere theoretische Kenntnisse in diesem Bereich verfügt. Herr hat eine Ausbildung in der mit dem Erwerb eines Zertifikats als mit der Note abgeschlossen. Die Inhalte der Ausbildung waren auf abgestellt.
Beweis: Vorlage des Zertifikats nebst Lehrinhalten in Kopie als Anlage B .
Die Weiterbeschäftigung von Herrn ist auch wegen dessen deutlich größerer Leistungsfähigkeit im betrieblichen Interesse. Bereits aus dem Zeugnis vom ergibt sich, dass Herr In dem Zeugnis heißt es weiter wörtlich: „ “. Diese hervorragende, in der Zeugnissprache als sehr gut zu bewertende Leistung hat sich auch in dem Herrn von der Beklagten ausgestellten Zwischenzeugnis fortgesetzt.
Beweis: Vorlage des Zwischenzeugnisses in Kopie als Anlage B .
Demgegenüber hat der Kläger durchschnittliche Leistungen gezeigt. Aus dem Zeugnis vom ergibt sich, dass .
Ein besonderer Leistungsunterschied zwischen Herrn und der Klägerin ergibt sich auch dadurch, dass Herr hervorragende Sprachkenntnisse besitzt und darüber hinaus gut spricht. Wie aus dem bereits als Anlage B vorgelegten Zwischenzeugnis der GmbH vom ersichtlich ist, beherrscht „Herr in Wort und Schrift. Dank seiner ausgezeichneten -Kenntnisse, stellt es für ihn kein Problem dar, mit unseren Kunden zu kommunizieren“. Darüber hinaus ergibt sich aus dem bereits als Anlage B vorgelegten Zertifikat als , dass er besonders in Wirtschafts- ausgebildet und mit „sehr gut“ bewertet worden ist. Ferner ergibt sich aus seinem Lebenslauf, dass er gute -Kenntnisse hat, .
Beweis: Vorlage des Lebenslaufes vom in Kopie als Anlage B .
Bei der Beklagten handelt es sich um ein Unternehmen des Konzerns, der weltweit tätig ist. Bei den Produkten der Beklagten handelt es sich um weltweit einsetzbare -Produkte. Gerade der Bereich ist international geprägt und es sind besondere Sprachkenntnisse, insbesondere der Sprache erforderlich. Es muss ständig Korrespondenz und Kommunikation in Sprache geführt werden. Auch innerhalb des Konzerns und des Hauses der Beklagten wird vielfach auf korrespondiert oder es werden jedenfalls Fachbegriffe verwendet.
Beweis: Vorlage des Prospekts der in Kopie als Anlage B sowie Zeugnis des , zu laden über die Beklagte.
Dass der Kläger über unzureichende Sprachkenntnisse verfügt, ergibt sich .

> 2. Letztlich kann aber dahinstehen, ob die Beklagte berechtigt war, den Kläger aus der Sozialauswahl herauszunehmen. Er ist nicht mehr sozial schutzwürdig als Herr [redacted]. Jedenfalls hat sich die Beklagte im Rahmen des ihr gesetzlich eingeräumten Beurteilungsspielraums gehalten. Herr [redacted] ist am [redacted] geboren und seit dem [redacted] bei der Beklagten beschäftigt.
> Vor diesem Hintergrund hat die Beklagte die Sozialauswahl vorsorglich so beurteilt, dass die [redacted] Monate längere Betriebszugehörigkeit als wichtigstes Sozialauswahlkriterium das höhere Lebensalter des Klägers aufwiegt, zumal mit [redacted] Jahren zum Kündigungszeitpunkt nicht ein Alter vorliegt, in dem eine erneute Anstellung typischerweise ausgeschlossen ist.

168 Eine **erheblich geringere Krankheitsanfälligkeit** bestimmter Arbeitnehmer kommt als **Kriterium** zur **Einschränkung** der **Sozialauswahl** nicht in Betracht. Etwas anderes kann allenfalls dann gelten, wenn die betreffenden Arbeitnehmer mit Schlüsselpositionen betraut sind.[391]

g) Kollektivrechtliche Auswahlrichtlinien

169 Die Bewertung der in § 1 Abs. 3 S. 1 KSchG benannten **Sozialdaten im Verhältnis zueinander** kann nach § 1 Abs. 4 KSchG nur auf **grobe Fehlerhaftigkeit** (vgl. ausführlich Rn 155) überprüft werden, wenn sie in einem **Tarifvertrag**, einer **Betriebsvereinbarung** nach § 95 BetrVG oder in einer entsprechenden Richtlinie nach den Personalvertretungsgesetzen (**Dienstvereinbarung**) festgelegt sind.[392]

V. Absolute Sozialwidrigkeitsgründe

1. Erweiterter Kündigungsschutz

170 Nach § 1 Abs. 2 S. 2 KSchG ist die Kündigung auch sozial ungerechtfertigt, wenn in Betrieben des privaten Rechts die Kündigung gegen eine Richtlinie nach § 95 BetrVG verstößt oder der Arbeitnehmer an einem anderen Arbeitsplatz in demselben Betrieb oder in einem anderen Betrieb desselben Unternehmens weiterbeschäftigt werden kann und der Betriebsrat widersprochen hat. Für Betriebe und Verwaltungen des öffentlichen Rechts gilt Entsprechendes, soweit die Kündigung gegen eine Richtlinie über die personelle Auswahl bei Kündigungen verstößt oder der Arbeitnehmer an einem anderen Arbeitsplatz in derselben Dienststelle oder einer anderen Dienststelle desselben Verwaltungszweiges an dem selben Dienstort weiterbeschäftigt werden kann und die zuständige Personalvertretung aus einem dieser Gründe Einwendungen erhoben hat. Die Regelung knüpft damit an das Widerspruchsrecht des Betriebsrats nach § 102 Abs. 3 BetrVG und die Einwendungsmöglichkeiten des Personalrats nach § 79 Abs. 1 BPersVG bzw. nach den Landespersonalvertretungsgesetzen an. Wie sich aus dem Wortlaut des § 1 Abs. 2 S. 2 KSchG ergibt, wird mit dieser Regelung der Kündigungsschutz erweitert. Stellt das ArbG im Kündigungsschutzprozess fest, dass der **form- und fristgerecht eingelegte Widerspruch** des **Betriebs- bzw. Personalrats begründet** war, so ist die **Kündigung** allein aus diesem Grunde **sozialwidrig.** Die sonst (teilweise) **notwendige Interessenabwägung** (vgl. Rn 56 ff.) **entfällt.** Es handelt sich deshalb um absolute

391 BAG v. 31.5.2007, NZA 2007, 1362.

392 Ausführlich ErfK/*Oetker*, § 1 KSchG Rn 351 ff.

Sozialwidrigkeitsgründe.[393] Die praktische Bedeutung dieses Unterschiedes für den Kündigungsschutzprozess ist begrenzt.

Die Widerspruchsgründe beziehen sich nicht nur auf **betriebsbedingte**, sondern gleichermaßen auf **verhaltens- und personenbedingte** Umstände.[394] Die im Gesetz aufgezählten Tatbestände sind im Rahmen der Sozialwidrigkeitsprüfung auch dann zu berücksichtigen, wenn im Betrieb **kein Betriebsrat** gebildet ist oder es an einem fristgerechten **Widerspruch fehlt**. In diesem Fall sind die Widerspruchsgründe nach § 1 Abs. 2 S. 2 KSchG im Rahmen der **Interessenabwägung** nach dem Grundsatz der Verhältnismäßigkeit in die Prüfung einzubeziehen.[395] 171

2. Widerspruch des Betriebs- oder Personalrats

Voraussetzung für den erweiterten Kündigungsschutz des Arbeitnehmers nach § 1 Abs. 2 S. 2 und 3 KSchG ist ein **form- und fristgerechter Widerspruch** des Betriebsrats nach § 102 Abs. 2 und 3 BetrVG bzw. des Personalrats nach § 79 Abs. 1 BPersVG bzw. den Landespersonalvertretungsgesetzen. Der Widerspruch bedarf der Schriftform und einer **konkreten, fallbezogenen Begründung**, die sich also nicht in einer bloßen Wiederholung des Gesetzeswortlautes erschöpft (eingehend zu den formalen Voraussetzungen sowie zu den Widerspruchsgründen siehe § 12 Rn 126 ff.). Der form- und fristgerechte Widerspruch bewirkt die **Erweiterung** des **Kündigungsschutzes** nach § 1 Abs. 2 S. 2 KSchG und löst unter den Voraussetzungen des § 102 Abs. 5 BetrVG den **betriebsverfassungsrechtlichen Weiterbeschäftigungsanspruch** bis zur rechtskräftigen Entscheidung des Kündigungsschutzverfahrens (ausführlich siehe § 13 Rn 4 ff.) aus. 172

Praxishinweis 173

Die hohen Anforderungen in der Rspr. an die Begründung des Widerspruchs werden in der Praxis von den Betriebs- und Personalräten häufig nicht erfüllt. Der Rechtsanwalt des Arbeitnehmers wird daher diese prozesstaktisch und wirtschaftlich besonders relevante Möglichkeit nur nutzen können, wenn er rechtzeitig mit dem Betriebs- oder Personalrat in Kontakt tritt und die Formulierung des Widerspruchs überprüft.

VI. Personenbedingte Gründe

1. Vorliegen personenbedingter Kündigungsgründe

Nach § 1 Abs. 2 S. 1 KSchG ist eine Kündigung sozial ungerechtfertigt, wenn sie nicht durch Gründe, die in der Person des Arbeitnehmers liegen, bedingt ist. Ein personenbedingter Kündigungsgrund kommt in Betracht, wenn der Arbeitnehmer die **Fähigkeiten** oder **Eignung** zur **Erfüllung** der geschuldeten **Arbeitsleistung verloren** hat. Die **Erreichung** des **Vertragszwecks** muss durch diesen Umstand nicht nur vorübergehend zumindest teilweise **unmöglich** sein.[396] 174

Sog. **objektive Leistungsmängel** liegen vor, wenn außerhalb der Persönlichkeit des Arbeitnehmers liegende, zur Verrichtung der Arbeit erforderliche Voraussetzungen fehlen bzw. 175

393 BAG v. 13.9.1973, EzA § 102 BetrVG 1972 Nr. 7.

394 BAG v. 22.7.1982, EzA § 1 KSchG Verhaltensbedingte Kündigung Nr. 10.

395 BAG v. 13.9.1973, EzA § 102 BetrVG 1972 Nr. 7.

396 So BAG v. 10.10.2002, NZA 2003, 483, 485; Vgl. ErfK/*Oetker*, § 1 KSchG Rn 103 ff.; KR/*Griebeling*, § 1 KSchG Rn 265 ff.; ausführlich zur personenbedingten Kündigung *Berkowsky*, NZA-RR 2001, 393 und 449.

rechtliche oder tatsächliche Leistungshindernisse bestehen (z.B. Krankheit, berufliche Zulassung, insb. staatliche Lehrbefähigung, ärztliche Approbation oder sonstige Berufsausübungserlaubnis, Befähigungsnachweis, Fahrerlaubnis, Arbeitserlaubnis, Straf- oder Untersuchungshaft, Immatrikulation). **Subjektive Leistungsmängel** liegen vor, wenn dem Arbeitnehmer Eigenschaften fehlen, die er dem Arbeitsvertragsinhalt nach haben müsste, z.B. mangelnde Fähigkeit zur Menschenführung,[397] fundamentale, unüberwindbare Glaubenshindernisse[398] oder persönliche Ungeeignetheit aus charakterlichen Gründen.[399]

2. Allgemeine Prüfungssystematik

a) Negativprognose

176 Auch zur Rechtfertigung der personenbedingten Kündigung ist eine **Negativprognose** erforderlich. Im Zeitpunkt der Kündigung muss die auf **konkrete Tatsachen** gestützte Prognose (vgl. allgemein zum Prognoseprinzip Rn 55) gerechtfertigt sein, dass der Arbeitnehmer in Zukunft die von ihm **geschuldete Arbeitsleistung** ganz oder teilweise **nicht** mehr in ausreichendem Maße **erbringen** kann.[400]

b) Erhebliche Beeinträchtigung betrieblicher Interessen

177 Die Leistungsunfähigkeit oder -einschränkung des Arbeitnehmers muss zu einer **konkreten** und erheblichen **Beeinträchtigung** der **betrieblichen** oder wirtschaftlichen **Interessen** des Arbeitgebers führen, die im Zeitpunkt der Kündigung noch andauert.[401] Nicht ausreichend sind rein abstrakte Gefährdungen des Betriebs.

c) Weiterbeschäftigung auf einem freien Arbeitsplatz oder sonstige mildere Mittel

178 Nach dem ultima-ratio-Prinzip (vgl. allgemein dazu Rn 54) muss der Arbeitgeber vorrangig **mildere Mittel auszuschöpfen**, soweit dadurch die betrieblichen oder vertraglichen Interessen hinreichend gewahrt werden. Insoweit gelten die bereits zur betriebsbedingten Kündigung dargelegten Grundsätze entsprechend. Insb. ist jeweils die Möglichkeit einer **Weiterbeschäftigung** auf einem **anderen freien** (vgl. Rn 98), vergleichbaren (vgl. Rn 103) **Arbeitsplatz** im Betrieb oder Unternehmen, auf dem die Leistungsmängel des Arbeitnehmers sich nicht oder nur noch unbedeutend auswirken, ggf. nach Änderung der Arbeitsbedingungen (vgl. Rn 108) oder nach zumutbaren Umschulungsmaßnahmen (vgl. Rn 106) zu prüfen.

179 Da personenbedingte Umstände verschuldensunabhängig sind, ist eine **Abmahnung grundsätzlich nicht erforderlich**.[402] **Anders** kann es bei **subjektiven Eignungsmängeln** sein. So hat das BAG bei einem Orchestermusiker eine Ermahnung als notwendig angesehen, um ihn auf Leistungsmängel hinzuweisen (vgl. auch Rn 204).[403]

397 Vgl. BAG v. 31.1.1996, AP Nr. 13 zu § 626 BGB Druckkündigung.
398 BAG v. 10.10.2002, NZA 2003, 483, 485.
399 BAG v. 29.7.1976, EzA § 1 KSchG Nr. 34.
400 BAG v. 10.10.2002, NZA 2003, 483, 485.
401 BAG v. 10.10.2002, NZA 2003, 483, 485; BAG v. 28.2.1990, NZA 1990, 727.
402 Stahlhacke/Preis/Vossen/*Preis*, Rn 1190.
403 BAG v. 15.8.1984, AP Nr. 8 zu § 1 KSchG 1969

d) Interessenabwägung

An die Interessenabwägung sind nach der Rspr. des BAG **strenge Maßstäbe** anzulegen.[404] Es ist zu prüfen, ob der Arbeitgeber die aufgrund des personenbedingten Kündigungsgrundes eingetretene Störung des Arbeitsverhältnisses billigerweise noch hinnehmen muss oder ob die Kündigung bei verständiger Würdigung und Abwägung der beiderseitigen Interessen der Vertragsparteien und des Betriebes billigenswert und angemessen erscheint.[405] 180

Im Rahmen der Interessenabwägung ist die Dauer der **Betriebszugehörigkeit**, das **Lebensalter**, die sozialen Verhältnisse des Arbeitnehmers (**Unterhaltspflichten**), die Lage auf dem **Arbeitsmarkt**, die **Ursachen** des personenbedingten Grundes und die **wirtschaftliche Situation** des **Arbeitgebers** zu berücksichtigen. Je länger der Arbeitnehmer zur Zufriedenheit des Arbeitgebers seinen arbeitsvertraglichen Pflichten nachgekommen ist, desto erheblicher muss das Ausmaß der betrieblichen und der wirtschaftlichen Belastungen des Arbeitgebers sein.[406] 181

3. Krankheit

In der Praxis des arbeitsrechtlich tätigen Rechtsanwalts kommt typischer Weise die krankheitsbedingte Kündigung[407] unter den personenbedingten Kündigungen am häufigsten vor. Im Gegensatz zu einer sich hartnäckig in den Unternehmen und bei Arbeitnehmern haltenden Meinung kann der Arbeitgeber während der Erkrankung kündigen. Die Kündigung geht auch während der Erkrankung wirksam zu (vgl. § 1 Rn 65). Allerdings stellt die Rspr. des BAG[408] hohe Anforderungen an eine krankheitsbedingte Kündigung. 182

Eine Kündigung allein wegen krankheitsbedingter Fehlzeiten verstößt nicht gegen das AGG. Das AGG schützt nur vor einer Ungleichbehandlung wegen einer *Behinderung*. Die Begriffe *Krankheit* und *Behinderung* können nicht gleichgesetzt werden.[409] Beruhen jedoch krankheitsbedingte Fehlzeiten auf einer Behinderung, kann eine Kündigung gemäß § 7 Abs. 1 AGG i.V.m. § 134 BGB nichtig sein, sofern nicht die Voraussetzungen des § 8 AGG vorliegen.[410]

In der Rechtsprechung des BAG hat sich das folgende **Prüfungsschema** herausgebildet:

Negative Gesundheitsprognose 183

Zunächst ist eine negative Gesundheitsprognose hinsichtlich des voraussichtlichen Gesundheitszustandes in der Zukunft notwendig. Es müssen zum Zeitpunkt des Zugangs der Kündigung objektive Tatsachen vorliegen, die die Besorgnis weiterer Erkrankungen im bisherigen Umfang rechtfertigen. Die Beweislast trägt der Arbeitgeber. Grundsätzlich wird dies durch ärztliches Sachverständigengutachten eines Arbeitsmediziners bewiesen. Der Arbeitgeber kann auch eine besondere gesundheitliche Anfälligkeit des Arbeitnehmers vortragen, etwa eine psychische Labilität, eine Hypochondrie oder ähnliches. Häufige Erkrankungen in der

404 Zu Recht krit. Stahlhacke/Preis/Vossen/*Preis*, Rn 1190.

405 So BAG v. 10.10.2002, NZA 2003, 483, 485; vgl. auch KR/*Griebeling*, § 1 KSchG Rn 273 ff.

406 Vgl. ErfK/*Oetker*, § 1 KSchG Rn 108 f.

407 Ausführlich zur krankheitsbedingten Kündigung *Lepke*, Kündigung bei Krankheit.

408 BAG v. 5.7.1990, NZA 1991, 185; BAG v. 29.4.1999, NZA 1999, 978; BAG v. 20.1.2000, NZA 2000, 768.

409 BAG v. 28.6.2007, NZA 2007, 1049; BAG v. 24.1.2008, NZA-RR 2008, 405; LAG Düsseldorf v. 14.5.2008 – 12 Sa 256/08; vgl. auch EuGH v. 11.7.2006 – C-13/05 (Chacón Navas), NZA 2006, 839; KR/*Griebeling*, § 1 Rn 320; *Domröse*, NZA 2006, 1320; *Schrader/Müller*, SAE 2007, 222.

410 Vgl. allgemein zur Berücksichtigung des AGG bei der Prüfung der Sozialwidrigkeit von Kündigungen BAG v. 6.11.2008, NZA 2009, 391.

Vergangenheit können eine Indizwirkung begründen. Das Wiederauftreten von Grundleiden indiziert eine hohe Wiederholungsgefahr. Dann hat der Arbeitnehmer seinerseits darzulegen, weshalb mit einer alsbaldigen Genesung zu rechnen ist. Die Indizwirkung entfällt, wenn die Krankheit auf einem Betriebsunfall, einmaligen Ursachen[411] oder einer lang zurückliegenden Krankheit beruht, die seit dem nicht mehr aufgetreten oder aus anderen Gründen ausgeheilt ist.[412]

184 **Erhebliche Beeinträchtigung betrieblicher Interessen**

Die prognostizierten Fehlzeiten sind nur dann geeignet, eine krankheitsbedingte Kündigung sozial zu rechtfertigen, wenn sie zu konkreten Betriebsablaufstörungen oder zu erheblichen wirtschaftlichen Belastungen, insb. durch hohe Entgeltfortzahlungskosten führen. Diese Voraussetzungen sind regelmäßig gegeben, wenn der Arbeitnehmer für einen längeren Zeitraum als sechs Wochen pro Jahr Entgeltfortzahlung wegen Arbeitsunfähigkeit infolge Krankheit (vgl. § 3 Abs. 1 EFZG) oder Maßnahmen der medizinischen Vorsorge oder Rehabilitation (vgl. § 11 Abs. 1 EFZG) erhält. Maßgeblich sind allein die vorgenannten berücksichtigungsfähigen Krankheitszeiten.

185 **Interessenabwägung**

Im Rahmen der Interessenabwägung ist zu prüfen, ob die vom Arbeitgeber vorgetragene Beeinträchtigungen betrieblicher Interessen aufgrund der Besonderheiten des Einzelfalls vom Arbeitgeber noch hinzunehmen oder ein solches Ausmaß erreicht haben, dass sie ihm nicht mehr zuzumuten sind. Dabei ist allgemein zu berücksichtigen, ob die Erkrankungen auf betriebliche Ursachen zurückzuführen sind, ob bzw. wie lange das Arbeitsverhältnis bisher ungestört verlaufen ist, ferner das Alter und der Familienstand des Arbeitnehmers bzw. sonstige soziale Belange (vgl. Rn 180). Im Rahmen der Interessenabwägung sind auch etwa eingetretene Betriebsablaufstörungen, insbesondere deren Häufigkeit und Umfang zu berücksichtigen und ob der Arbeitgeber zusätzlich mit den Kosten für eine Personalreserve belastet ist, die allerdings nicht erforderlich ist.

186 **Durchführung eines betrieblichen Eingliederungsmanagements?**

§ 84 Abs. 2 SGB IX schreibt die Durchführung eines betrieblichen Eingliederungsmanagements vor. Der Arbeitgeber ist danach bei sechswöchiger ununterbrochener oder wiederholter Arbeitsunfähigkeit innerhalb eines Jahres verpflichtet, mit der zuständigen Interessenvertretung nach § 93 SGB IX (insb. Betriebsrat bzw. Personalrat), bei schwerbehinderten Menschen außerdem mit der Schwerbehindertenvertretung und der betroffenen Person geeignete Maßnahmen zur Überwindung der Arbeitsunfähigkeit zu klären bzw. zu besprechen, mit welchen Leistungen oder Hilfen erneuter Arbeitsunfähigkeit vorgebeugt und der Arbeitsplatz erhalten werden kann. Die Einzelheiten werden unter § 7 Rn 70 behandelt. Streit besteht über den Anwendungsbereich des § 84 Abs. 2 SGB IX. Ungeachtet des Regelungsortes im SGB IX gilt diese Vorschrift auch für nicht behinderte Menschen. Die Durchführung eines betrieblichen Wiedereingliederungsmanagements ist keine formelle Wirksamkeitsvoraussetzung für die krankheitsbedingte Kündigung. Kündigt der Arbeitgeber jedoch, ohne zuvor das Eingliederungsmanagement durchgeführt zu haben, kann dies Folgen für die Darlegungs- und Beweislast haben. Der Arbeitgeber kann sich dann bspw. nicht pauschal darauf berufen, ihm seien keine alternativen leidensgerechten Einsatzmöglichkeiten bekannt. Im Ergebnis ist eine Kündigung dann sozial ungerechtfertigt, wenn bei ordnungsgemäßer Durchführung des Präventionsverfahrens eine Weiterbeschäftigung hätte ermöglicht werden können. Hätte dieses dagegen

411 BAG v. 12.12.1996, EzA § 1 KSchG Krankheit Nr. 41.
412 BAG v. 14.1.1993, NZA 1994, 309.

von vornherein keinen Erfolg gehabt, ist die Kündigung nicht unverhältnismäßig und somit nicht wegen des unterbliebenen Präventionsverfahrens sozial ungerechtfertigt.[413]

Leidensgerechter Arbeitsplatz 187

Nach der Rspr. des BAG[414] hat der Arbeitgeber ferner zu prüfen, ob er den Arbeitnehmer auf einem anderen, leidensgerechten Arbeitsplatz im Betrieb oder Unternehmen weiterbeschäftigen kann. Diese Verpflichtung besteht, wenn ein gleichwertiger oder jedenfalls zumutbarer Arbeitsplatz frei und der Arbeitnehmer für die dort zu leistende Arbeit geeignet ist. Nach der Rspr. des BAG[415] ist der Arbeitgeber verpflichtet, einen solchen Arbeitsplatz auch durch Ausübung seines Direktionsrechts frei zu machen. Er muss sich, soweit damit eine Versetzung im Sinne der §§ 95 Abs. 3, 99 Abs. 1 BetrVG verbunden ist, um die notwendige Zustimmung des Betriebsrats bemühen. Die Durchführung eines Zustimmungsersetzungsverfahrens (§ 99 Abs. 4 BetrVG) ist unzumutbar.

In der Rspr. des BAG werden vier Fallgruppen unterschieden, die kündigungsrechtlich 188
grundsätzlich nach den dargestellten Kriterien einer krankheitsbedingten Kündigung zu beurteilen sind, aber eine Reihe von Besonderheiten aufweisen und nachfolgend im Einzelnen dargestellt werden.

a) Dauernde Leistungsunfähigkeit

Bei krankheitsbedingter dauernder Leistungsunfähigkeit ist i.d.R. ohne weiteres von einer **erheblichen Beeinträchtigung betrieblicher Interessen auszugehen.**[416] Diese Voraussetzung muss das ArbG feststellen. In der Regel ist das **Gutachten** eines Arbeitsmediziners einzuholen, wenn der Arbeitnehmer die dauernde Leistungsunfähigkeit bestreitet und dem Gericht die erforderliche Sachkunde fehlt.[417] Im Fall der festgestellten **Berufsunfähigkeit** und **Erwerbsunfähigkeit** ist eine dauernde Leistungsunfähigkeit anzunehmen.[418] Die Gewährung einer **befristeten Erwerbsunfähigkeitsrente** kann eine Kündigung wegen dauernder Arbeitsunfähigkeit rechtfertigen.[419] Dem steht nicht entgegen, dass das Arbeitsverhältnis nach tariflichen Regelungen – hier § 59 Abs. 1 BAT (vgl. jetzt § 33 Abs. 2 TVöD) – während dieser Zeit ruht.[420] Ist der Arbeitnehmer **tariflich ordentlich unkündbar**, kommt eine außerordentliche Kündigung mit sozialer Auslauffrist in Betracht, wenn auch kein freier leidensgerechter Arbeitsplatz vorhanden ist.[421] Von einer dauernden Leistungsunfähigkeit ist auch dann auszugehen, wenn der Arbeitnehmer **alkoholabhängig** ist und Entziehungskuren keinen Erfolg gezeigt haben.[422] 189

413 BAG v.12.7.2007, NZA 2008, 173; BAG v. 23.4.2008, DB 2008, 2091; *Joussen*, DB 2009, 286; KR/*Griebeling*, § 1 Rn 215a.
414 BAG v. 29.1.1997, NZA 1997, 709.
415 BAG v. 29.1.1997, NZA 1997, 709.
416 Vgl. BAG v. 12.4.2002, NZA 2002, 1081, 1083; BAG v. 29.4.1999, NZA 1999, 978; ebenso Ascheid/Preis/Schmidt/*Dörner*, § 1 KSchG Rn 193.
417 BAG v. 28.2.1990, NZA 1990, 727.
418 LAG Hamm v. 11.7.1996, ARST 1997, 69.
419 BAG v. 3.12.1998, NZA 1999, 440.
420 So BAG v. 3.12.1998, EzA § 1 KSchG Krankheit Nr. 45.
421 BAG v. 18.1.2001, AP Nr. 1 zu § 28 LPVG Niedersachsen.
422 Vgl. BAG v. 12.4.2002, NZA 2002, 1081, 1083; ebenso ErfK/*Oetker*, § 1 KSchG Rn 128.

b) Lang andauernde Leistungsunfähigkeit

190 Wird die arbeitsvertraglich geschuldete Leistung für einen längeren zusammenhängenden Zeitraum nicht erbracht, kann eine ordentliche Kündigung sozial gerechtfertigt sein, auch wenn die Genesung des Arbeitnehmers nicht ausgeschlossen ist.[423] Nach der neueren Rspr. des BAG[424] steht die **Ungewissheit** der **Wiederherstellung** der **Arbeitsfähigkeit** einer krankheitsbedingten dauernden Leistungsunfähigkeit erst dann gleich, wenn in den nächsten **24 Monaten** mit einer **anderen Prognose nicht gerechnet** werden kann. Die spätere Entwicklung einer Krankheit nach Ausspruch der Kündigung kann weder zur Bestätigung noch zur Korrektur der Prognose verwertet werden. Es ist allein auf den **Kündigungszeitpunkt** abzustellen.[425] Es ist nicht ausgeschlossen, dass sich die Beeinträchtigung der betrieblichen Interessen auch aus anderen Gründen ergibt. Bei Vorliegen dieser Voraussetzungen ist die Beeinträchtigung betrieblicher Interessen lediglich ohne weiteres feststellbar.[426] Eine Ungewissheit der Wiederherstellung der Arbeitsfähigkeit des bereits mehrere Monate erkrankten, nicht schwerbehinderten Arbeitnehmers ist auch anzunehmen, wenn dieser auf Anfrage des Arbeitgebers zum einen mitteilt, bei nicht leidensgerechter Umgestaltung seines Arbeitsplatzes werde er wieder arbeitsunfähig erkranken und zum anderen ausführt, er wolle den bisher ausgeübten Beruf zukünftig nicht mehr ausüben, da er dazu körperlich nicht mehr in der Lage sei.[427]

191 Hinsichtlich der negativen Gesundheitsprognose genügt der Arbeitgeber seiner **Darlegungslast** zunächst, wenn er die bisherige Dauer der Erkrankung sowie die ihm bekannten Krankheitsursachen darlegt. Wenn der Arbeitnehmer konkret ggf. unter Entbindung seiner Ärzte von der Schweigepflicht dartut, dass mit einer früheren Genesung zu rechnen ist, obliegt dem Arbeitgeber der Beweis für die Berechtigung der negativen Prognose, den er i.d.R. nur durch ein **medizinisches Sachverständigengutachten** erbringen kann.[428] Für die Praxis relevant ist, dass das BAG[429] es hat genügen lassen, dass der Kläger erklärt hatte, nach seinem „subjektiven Befinden" sei mit einer Genesung in absehbarer Zeit zu rechnen und der (behandelnde) Arzt eine schriftliche Erklärung mit einer günstigen Prognose abgegeben hatte. Ferner hat das BAG[430] festgestellt, dass es dem Arbeitnehmer nicht verwehrt sei, die von der Beklagten behauptete negative Gesundheitsprognose zu bestreiten, selbst wenn er sich vorprozessual zu Unrecht geweigert habe, seine Ärzte von der Schweigepflicht zu entbinden.

192 *Praxishinweis*

Der Arbeitgeber kann und sollte den Arbeitnehmer nach der voraussichtlichen Dauer der Leistungsunfähigkeit **befragen**.[431] Auf entsprechende Aufforderung ist vom Arbeitnehmer ein ärztliches Attest beizubringen.[432] Jedenfalls hat der Arbeitnehmer sich bei einzelver-

423 BAG v. 28.2.1990, NZA 1990, 727; ebenso ErfK/*Oetker*, § 1 KSchG Rn 129.

424 BAG v. 19.4.2007, NZA 2007, 1041, 1042; BAG v. 12.4.2002, NZA 2002, 1081, 1083; BAG v. 29.4.1999, NZA 1999, 978.

425 BAG v. 12.4.2002, NZA 2002, 1081, 1085; BAG v. 29.4.1999, NZA 1999, 978.

426 BAG v. 12.4.2002, NZA 1081, 1085.

427 LAG Niedersachsen v. 29.3.2005, NZA-RR 2005, 523.

428 So BAG v. 12.4.2002, NZA 2002, 1081, 1083, 1084.

429 BAG v. 12.4.2002, NZA 2002, 1081, 1084.

430 BAG v. 12.4.2002, NZA 2002, 1081, 1084.

431 KR/*Griebeling*, § 1 KSchG Rn 367.

432 So richtig KR/*Griebeling*, § 1 KSchG Rn 367; KR/*Etzel*, 7. Aufl., § 1 KSchG Rn 367; a.A. *Lepke*, Rn 100 m.w.N. zum Streitstand.

traglicher Vereinbarung ärztlich untersuchen zu lassen.[433] Dementsprechend sollte arbeitsvertraglich eine Untersuchung vor Arbeitsantritt geregelt werden (vgl. das Formulierungsbeispiel Rn 193), damit eine krankheitsbedingte Kündigung im Vorfeld vermieden werden kann und ergänzend dazu das Recht, den Arbeitnehmer durch einen vom Arbeitgeber zu bestimmenden (Vertrauens-)Arzt im Zusammenhang mit einer Arbeitsunfähigkeit untersuchen zu lassen. Die nachfolgende Formulierung ist der tariflichen Regelung in § 7 Abs. 2 BAT (vgl. jetzt § 3 Abs. 4 TVöD) nachgebildet.

Formulierungsbeispiel 193

§ Gehaltsfortzahlung im Krankheitsfall/Untersuchung durch einen vom Arbeitgeber zu bestimmenden Vertrauensarzt

(1) Im Falle der krankheitsbedingten Arbeitsunfähigkeit erhält der Angestellte für einen Zeitraum von sechs Wochen die Vergütung gem. § nach den jeweils gültigen gesetzlichen Regelungen.

(2) Die Arbeitgeberin kann bei gegebener Veranlassung durch Zeugnis eines von ihm bestimmten Arztes feststellen lassen, ob der Angestellte für die von ihm arbeitsvertraglich zu leistenden Tätigkeiten arbeitsfähig oder frei von ansteckenden Krankheiten ist. Von der Befugnis darf nicht willkürlich Gebrauch gemacht werden. Die Kosten der Untersuchung trägt die Arbeitgeberin. Der Angestellte entbindet den Arzt von der ärztlichen Schweigepflicht, allerdings nur, soweit es zur Beurteilung der Arbeitsfähigkeit bzw. dem Nichtvorhandensein von ansteckenden Krankheiten notwendig ist. Das Ergebnis der ärztlichen Untersuchung ist dem Angestellten auf seinen Antrag bekannt zu geben. Es besteht keine Verpflichtung der Arbeitgeberin, ärztliche Untersuchungen durch die Berufsgenossenschaft zu bezahlen.

(3) Treten häufig sog. Kurzerkrankungen auf, ist der Angestellte auf entsprechende schriftliche Aufforderung des Arbeitgebers verpflichtet, diejenigen Krankheitsursachen zu benennen, auf denen die Erkrankungen beruhen. Dabei hat er anzugeben, ob die Krankheitsursache ausgeheilt ist, es sich um eine einmalige Ursache (z.B. Unfall) oder einen Betriebsunfall handelt oder die Krankheitsursache lange zurück liegt und seit dem nicht mehr aufgetreten ist. Kann der Arbeitnehmer keine Auskunft geben, muss er den Arzt diesbezüglich von der Schweigepflicht entbinden. Von der Befugnis darf nicht willkürlich Gebrauch gemacht werden. Die Kosten einer etwaigen ärztlichen Untersuchung oder Begutachtung trägt die Arbeitgeberin. Der Angestellte entbindet den Arzt von der ärztlichen Schweigepflicht, allerdings nur, soweit es zur Beurteilung der Krankheitsursachen notwendig ist. Das Ergebnis der ärztlichen Untersuchung ist dem Angestellten auf seinen Antrag bekannt zu geben.

c) Häufige Kurzerkrankungen

Darunter werden **Leistungsausfälle** verstanden, die jeweils für sich genommen von kurzer Dauer sind und sich **häufig wiederholen**.[434] Damit soll gegenüber der lang andauernden (vgl. Rn 190) und dauernden Leistungsunfähigkeit (vgl. Rn 189) abgegrenzt werden. Dementsprechend sind alle sich wiederholenden Leistungsausfälle ohne zeitliche Beschränkung gemeint. 194

433 So *Lepke*, Rn 100; ebenso *Hümmerich*, § 1 Rn 82a; so offensichtlich auch BAG v. 12.4.2002, NZA 2002, 1081, 1084; a.A. *Preis*, S. 845 f.

434 ErfK/*Oetker*, § 1 KSchG Rn 138.

Wiederholte eintägige Erkrankungen fallen darunter[435] ebenso wie mehr als sechswöchige Erkrankungen, die sich wiederholen.

Praxishinweis:
Fehlzeiten, die bereits zur Begründung einer früheren krankheitsbedingten Kündigung herangezogen worden sind und in dem Vorprozess die negative Prognose noch nicht belegen konnten, können zur Begründung einer aktuellen negativen Gesundheitsprognose im Rahmen einer zweiten Kündigung erneut vorgetragen werden.[436]

195 Eine negative Gesundheitsprognose (erste Prüfungsstufe) kann bereits dann getroffen werden, wenn der über einen längeren Beobachtungszeitraum festgestellte Umfang der bisherigen Erkrankungen weitere entsprechende Krankheitszeiträume in der Zukunft **indiziert**.[437] Im Allgemeinen ist bei bereits länger bestehenden Arbeitsverhältnissen von einem **Beobachtungszeitraum** auszugehen, der zwischen 15[438] und 24[439] Monaten betragen muss. Wenn das Arbeitsverhältnis erst seit relativ kurzer Zeit besteht, kann auch ein kürzerer Zeitraum ausreichend sein. Bei einer erst seit kurzem aufgetretenen Krankheit kann auf künftige Fehlzeiten geschlossen werden, soweit ein entsprechendes ärztliches Gutachten vorliegt.[440] Weiter relevant ist, ob die Erkrankungen eine **steigende**, **gleichbleibende** oder **fallende Tendenz** aufweisen und ob sie mit einer gewissen Häufigkeit und Regelmäßigkeit auftreten.[441] Unerheblich ist, mit welcher Dauer der Fehlzeiten aufgrund der anzustellenden Prognose künftig zu rechnen ist.[442] Dies ist erst bei der Prüfung der sozialen Rechtfertigung der Kündigung in der zweiten Stufe (betriebliche Beeinträchtigung) und in der dritten Stufe (nicht mehr hinzunehmende Belastung) von Bedeutung. Bei herausgehobenen Positionen bzw. besonderen Funktionen können u.U. auch nur geringe Fehlzeiten eine Kündigung rechtfertigen.[443] Von Interesse können in diesem Zusammenhang die durchschnittlichen krankheitsbedingten Fehltage sein, die seit einigen Jahren zwischen 7,5 und 8,5 Fehltagen pro Jahr schwanken. Nach der Auswertung von Daten von zwei Millionen Versicherten der KKH-Allianz Krankenkasse fehlten Arbeitnehmer im ersten Halbjahr 2009 an durchschnittlich 8,5 Tagen.[444]

196 Soweit die Indizwirkung der in der Vergangenheit aufgetretenen Fehlzeiten greift, hat der **Arbeitnehmer** nach § 138 Abs. 2 ZPO darzulegen, weshalb nach seiner Auffassung mit der **Fortsetzung** der **Fehlzeiten** in Zukunft gleichwohl **nicht zu rechnen** ist. Hat er selbst keine ausreichende Kenntnis über seinen Gesundheitszustand, genügt er seiner Mitwirkungspflicht, wenn er die Behauptung des Arbeitgebers bestreitet und den behandelnden **Arzt** von der **Schweigepflicht entbindet**.[445] Trägt er selbst konkrete Umstände vor, so müssen sie geeignet sein, die Indizwirkung der bisherigen Fehlzeiten zu erschüttern. Der Arbeitnehmer braucht nicht den Gegenbeweis zu führen, dass mit weiteren künftigen Erkrankungen nicht zu rechnen sei.[446]

435 BAG v. 23.9.1992, EzA § 1 KSchG Krankheit Nr. 37.
436 BAG v. 10.11.2005, NZA 2006, 655.
437 Zuletzt BAG v. 12.4.2002, NZA 2002, 181, 183.
438 So BAG v. 19.5.1993, RzK I 5g Nr. 32; *v. Hoyningen-Huene/Linck*, § 1 KSchG Rn 227a.
439 So KR/*Griebeling*, § 1 KSchG Rn 330; ebenso LAG Hamm v. 14.12.1996, LAGE § 1 KSchG Krankheit Nr. 26.
440 BAG v. 23.6.1983, EzA § 1 KSchG Krankheit Nr. 12; ebenso KR/*Griebeling*, § 1 KSchG Rn 330.
441 BAG v. 6.9.1989, EzA § 1 KSchG Krankheit Nr. 26.
442 KR/*Griebeling*, § 1 KSchG Rn 332; a.A. LAG Hamm v. 4.12.1996, LAGE § 1 KSchG Krankheit Nr. 26.
443 Z.B. 7,2 % bzw. 20 Arbeitstage jährlich bei einem Kraftfahrer im ärztlichen Notfalldienst: BAG v. 29.8.1984 – 7 AZR 15/83 – n.v.
444 Zitiert nach: Die Welt v. 4.7.2009.
445 Vgl. nur BAG v. 12.4.2002, NZA 2002, 1081, 1083.
446 BAG v. 20.1.1994, AP Nr. 21 zu § 1 KSchG 1969.

Praxishinweis 197

Der **Arbeitnehmeranwalt** wird, sofern aufgrund des Umfangs der Arbeitsunfähigkeitszeiten eine Indizwirkung besteht und der Arbeitgeber sich darauf beruft, eine ärztliche Bescheinigung vorlegen, aus der sich ergibt, dass eine negative Gesundheitsprognose nicht besteht bzw. zukünftig nicht mehr mit erheblichen Fehlzeiten zu rechnen ist. Alternativ oder zusätzlich wird er vortragen, welche Krankheitszeiträume auf ausgeheilten, lang zurückliegenden oder einmaligen Ursachen beruhen und nicht mehr seit einem bestimmten Datum aufgetreten oder auf Betriebsunfälle zurückzuführen sind, die möglicherweise gar der Arbeitgeber verschuldet hat (hier bestehen ggf. nach § 326 Abs. 2 BGB Erfüllungsansprüche ohne die zeitliche Begrenzung des § 3 Abs. 1 EFZG, die in der Praxis nur selten beachtet werden).[447]

Der **Arbeitgeber** sollte sich nicht auf die Indizwirkung der bisherigen Erkrankungen verlassen, da diese nach dem Vortrag des Arbeitnehmeranwalts leicht in sich zusammenfallen kann. Er wird vielmehr den Arbeitnehmer vor Ausspruch der Kündigung auffordern, für alle von ihm in den letzten drei bis vier Jahren vor Ausspruch der Kündigung aufgezeichneten Entgeltfortzahlungszeiträume[448] die Krankheitsursachen zu benennen. Kann der Arbeitnehmer keine Auskunft geben, muss er den Arzt diesbezüglich von der Schweigepflicht entbinden. Im Weigerungsfalle wird der Arbeitgeber eine Abmahnung[449] erteilen und danach erneut auffordern und ggf. eine verhaltensbedingte Kündigung aussprechen. Im Übrigen sollte er bei zukünftigen Erkrankungen die Stelle festlegen, bei der sich der Arbeitnehmer krank zu melden hat und konsequent nach der Krankheitsursache fragen. Schließlich sollte er die Möglichkeit der Überprüfung der Krankheitsursachen durch einen Vertrauensarzt nutzen (vgl. dazu das Formulierungsbeispiel Rn 193). Erst danach sollte eine negative Gesundheitsprognose geprüft werden.

Die krankheitsbedingten Leistungsausfälle müssen zu einer erheblichen Beeinträchtigung betrieblicher Interessen (zweite Prüfungsstufe) durch **Betriebsablaufstörungen** oder durch **unzumutbare wirtschaftliche Belastungen**, insb. durch besonders hohe Entgeltfortzahlungskosten führen und können jeweils für sich allein die Voraussetzungen der zweiten Prüfungsstufe erfüllen. Zu den Betriebsablaufstörungen zählen z.B. Überlastung der Arbeitskollegen z.B. durch Überstunden, Verlust von Aufträgen, Nichtauslastung oder Stillstand von Maschinen etc. Zu den wirtschaftlichen Belastungen zählen z.B. Entgeltfortzahlungskosten, Überstundenzuschläge, Kosten für Ersatzkräfte oder Produktionsausfallkosten. Sie müssen vom Arbeitgeber **konkret dargelegt** und unter Beweis gestellt werden. Es sind nur **Entgeltfortzahlungskosten** für einen Zeitraum von **mehr als sechs Wochen** pro Jahr relevant. Der Zeitraum von sechs Wochen bleibt auch dann maßgebend, wenn aufgrund tarifvertraglicher Regelungen Entgeltfortzahlung für eine längere Zeit zu leisten ist.[450] 198

Praxishinweis 199

Der **Arbeitnehmeranwalt** wird Betriebsablaufstörungen mit Nichtwissen bestreiten und im Übrigen prüfen, ob sie auf nicht berücksichtigungsfähigen Krankheitszeiten beruhen. Der **Arbeitgeber** wird sämtliche (berücksichtigungsfähige) Krankheitszeiträume der letzten drei bis vier Jahre, mindestens aber der letzten zwei Jahre vortragen und die Entgeltfortzahlungskosten pro Jahr ausweisen. Er wird ggf. zeigen, dass das Arbeitsverhält-

447 Palandt/*Heinrichs*, § 326 BGB Rn 4, 9; ErfK/*Preis*, § 611 Rn 678; Bühnenoberschiedsgericht Hamburg, NJW 1995, 903, 904; vgl. auch BAG v. 17.12.1968, AP Nr. 2 zu § 324 BGB.

448 Vgl. dazu KR/*Griebeling*, § 1 KSchG Rn 329.

449 Vgl. BAG v. 12.4.2002, NZA 2002, 1081, 1084.

450 BAG v. 6.9.1989, AP Nr. 23 zu § 1 KSchG Krankheit.

nis von Anfang an oder nur für kurze Zeit – evtl. für die Probezeit – nicht ungestört verlaufen ist (dritte Stufe). Ferner wird er die ggf. deutlich geringeren Krankheitszeiten vergleichbarer Arbeitnehmer vortragen. In der Praxis vom Arbeitgeberanwalt kaum zu erlangen sind Informationen, welche Betriebsabläufe konkret durch den Ausfall beeinträchtigt worden sind und welche Probleme oder Kosten direkt dadurch verursacht worden sind. Meistens wird die Arbeit „irgendwie mit erledigt". Einfach vorzutragen sind diejenigen Kosten, die durch Inanspruchnahme von Leiharbeitskräften entstehen.

200 Nach der Rspr. des BAG ist im Rahmen der Interessenabwägung (dritte Prüfungsstufe) zu prüfen sei, ob und **wie lange** das **Arbeitsverhältnis ungestört** gelaufen[451] ist, ob der Arbeitgeber eine **Personalreserve** vorhält und neben **Betriebsablaufstörungen** auch noch **hohe Entgeltfortzahlungskosten** aufzuwenden hatte. Darüber hinaus sind das **Alter**, der **Familienstand** und die **Unterhaltspflichten** des Arbeitnehmers[452] und eine **Schwerbehinderung** zu berücksichtigen.[453] Letzteres Kriterium wird nach der Änderung des § 1 Abs. 3 KSchG (vgl. Rn 151) auch bei einer krankheitsbedingten Kündigung noch stärkere Berücksichtigung finden. Sind die Fehlzeiten Folge einer **betriebsbedingten Erkrankung**, so muss der Arbeitgeber in besonderem Maße auf die Belange des Arbeitnehmers Rücksicht nehmen. Dies gilt vor allem, wenn die Arbeitsunfähigkeit auf einem **Betriebsunfall** beruht. Dann ist auch die Verschuldensfrage von Bedeutung. Im Rahmen der Interessenabwägung ist (auch) auf einen **Vergleich** mit den **Arbeitnehmern** abzustellen, die unter entsprechenden Arbeitsbedingungen tätig sind.[454]

d) Krankheitsbedingte Leistungsminderung

201 Auch eine **krankheitsbedingte, nachhaltige Leistungsminderung** kann die Kündigung sozial rechtfertigen. Dies kommt allerdings nur bei erheblichen Beeinträchtigungen der Leistungsfähigkeit in Betracht.[455] Die Kündigung wegen krankheitsbedingter Leistungsminderung ist im Falle einer schwerbehinderten, langjährig beschäftigten Arbeitnehmerin als sozial gerechtfertigt angesehen worden, die 2/3 der Normalleistung hat erbringen können.[456]

4. Alkohol- und sonstige Drogenabhängigkeit

202 Auf die Kündigung wegen Alkohol- und sonstige Drogenabhängigkeit sind die für die **krankheitsbedingte Kündigung** entwickelten Grundsätze anzuwenden, sofern die jeweiligen Leistungsausfälle Folge einer Abhängigkeit sind.[457] Eine **negative Prognose** ist anzunehmen, wenn der Arbeitnehmer im Zeitpunkt der Kündigung **nicht therapiebereit** ist. Erst nach Zugang der Kündigung erklärte Therapiebereitschaft kann nicht zur Korrektur der Prognose herangezogen werden.[458] Nach der Rspr. des BAG ist ein Arbeitgeber, der einem alkoholkranken Arbeitnehmer aus personenbedingten Gründen kündigen will, in der Regel nach dem Grundsatz der Verhältnismäßigkeit gehalten, ihm zuvor die **Chance** zu einer **Entzie-**

451 BAG v. 15.2.1984, EzA § 1 KSchG Krankheit Nr. 15; KR/*Griebeling*, § 1 KSchG Rn 353.
452 BAG v. 12.12.1996, EzA § 1 KSchG Krankheit Nr. 41.
453 BAG v. 20.1.2000, NZA 2000, 768.
454 BAG v. 10.5.1990, EzA § 1 KSchG Krankheit Nr. 31; *v. Hoyningen-Huene/Linck*, § 1 KSchG Rn 386.
455 LAG Köln v. 21.12.1995, BB 1996, 1992; Stahlhacke/Preis/Vossen/*Preis*, Rn 1239.
456 BAG v. 26.9.1991, EzA § 1 KSchG Personenbedingte Kündigung Nr. 10.
457 BAG v. 13.12.1990, EzA § 1 KSchG Krankheit Nr. 33; Stahlhacke/Preis/Vossen/*Preis*, Rn 1204.
458 BAG v. 9.4.1987, AP Nr. 18 zu § 1 KSchG 1969 Krankheit.

hungskur zu geben.[459] Dies gilt nicht, soweit sie nur geringe Erfolgsaussicht verspricht oder dringende betriebliche Gründe dazu zwingen, den Arbeitsplatz auf Dauer anders zu besetzen.[460] Mit Zustimmung des Arbeitnehmers ist es zulässig, eine Alkomatmessung zur Feststellung des Alkoholspiegels durchzuführen.[461]

5. Arbeitserlaubnis

Ist einem ausländischen Arbeitnehmer die erforderliche Arbeitserlaubnis versagt worden (zur Befristung und auflösenden Bedingung in diesem Fall vgl. § 17 Rn 128), führt dies nicht zur Nichtigkeit des Arbeitsvertrages gem. § 134 BGB, sondern zu einem **Beschäftigungsverbot**. Das Fehlen oder das Erlöschen der Arbeitserlaubnis rechtfertigt grundsätzlich eine personenbedingte Kündigung. Allerdings sind, soweit in **absehbarer Zeit** mit der **erneuten Erteilung zu rechnen** ist, vom Arbeitgeber **Überbrückungsmaßnahmen** zu verlangen, falls nicht zwingende betriebliche Gründe entgegenstehen. Entsprechendes gilt, wenn die erforderlichen beruflichen Qualifikationsnachweise (Zulassung als Rechtsanwalt, Approbation) nicht vorliegen bzw. später wegfallen.[462] In diesen Fällen ist insb. auch eine Weiterbeschäftigung auf einem freien Arbeitsplatz zu prüfen (vgl. Rn 98 ff.). Ebenso ist allgemein anerkannt, dass der Verlust einer Fahrerlaubnis bei einem Kraftfahrer einen personenbedingten Grund zur Kündigung – und sogar einen wichtigen Grund zur außerordentlichen Kündigung – darstellen kann. Der Verlust des Führerscheins führt zu einem gesetzlichen Beschäftigungsverbot.[463] Diese Grundsätze sind auf den Entzug einer innerbetrieblich notwendigen Fahrerlaubnis im öffentlichen Personennahverkehr nur eingeschränkt übertragbar.[464] 203

6. Eignung

Eine fehlende Eignung, und zwar sowohl **fachlicher**, als auch **körperlicher** oder **persönlicher** Art, die nicht durch Verschulden verursacht ist, kann eine personenbedingte Kündigung rechtfertigen. Ist der Arbeitnehmer subjektiv nicht in der Lage die vertraglich geschuldete Arbeitsleistung zu erbringen, so ist nach der Rspr. des BAG eine **Kündigungsandrohung** erforderlich Ist bspw. ein Arbeitnehmer nicht in der Lage, in deutscher Sprache abgefasste Arbeitsanweisungen zu lesen, so kann eine ordentliche Kündigung gerechtfertigt sein, wenn dem Arbeitnehmer zuvor ausreichend Gelegenheit zum notwendigen Spracherwerb gegeben worden ist. Es stellt keine nach § 3 Abs. 2 AGG verbotene mittelbare Benachteiligung wegen der ethnischen Herkunft dar, wenn der Arbeitgeber von seinen Arbeitnehmern die Kenntnis der deutschen Schriftsprache verlangt, soweit sie für deren Tätigkeit erforderlich ist.[465] Eine persönliche Ungeeignetheit kann sich aus **erheblichen Lohnpfändungen** bei einem Arbeitnehmer in Vertrauensstellung mit Vermögensbetreuungspflichten ergeben, wenn sich aus der Art und Höhe der Schulden ergibt, dass der Arbeitnehmer voraussichtlich noch längere Zeit in ungeordneten 204

459 BAG v. 17.6.1999, EzA § 1 KSchG Wiedereinstellungsanspruch Nr. 4; KR/*Griebeling*, § 1 KSchG Rn 286.

460 LAG Hamm v. 2.5.1986, LAGE § 1 KSchG Personenbedingte Kündigung Nr. 4.

461 BAG v. 26.1.1995, AP Nr. 34 zu § 1 KSchG 1969 Verhaltensbedingte Kündigung; allgemein hierzu *Diller/Powietzka*, NZA 2001, 1227.

462 BAG v. 15.8.1984, EzA § 1 KSchG Nr. 40; BAG v. 31.1.1996, NZA 1996, 819; ErfK/*Oetker*, § 1 KSchG Rn 158.

463 BAG v. 30.5.1978, DB 1978, 1790; BAG v. 25.4.1996, NZA 1996, 1201; Stahlhacke/Preis/Vossen/*Preis*, Rn 1207; KR/Griebeling, § 1 KSchG Rn 292 f.

464 BAG v. 5.6.2008, DB 2009, 123.

465 BAG v. 28.1.2010 – 2 AZR 764/08 (Pressemitteilung).

wirtschaftlichen Verhältnissen leben wird.[466] Unter Umständen können fundamentale, unüberwindbare **Glaubens- und Gewissenshindernisse** eines Arbeitnehmers, die ihm eine bestimmte Tätigkeit verbieten, eine personenbedingte Kündigung rechtfertigen, soweit keine andere Beschäftigungsmöglichkeit besteht und der Arbeitgeber konkrete betriebliche Störungen oder wirtschaftliche Einbußen nachweist.[467] Dies gilt auch, wenn die **Leistung unverschuldet nicht voll erbracht** werden kann oder sich die **Leistungsfähigkeit mindert**.[468] Eine Leistungsminderung ist allerdings nach der Rspr. des BAG[469] erst dann kündigungsrechtlich relevant, wenn bei einem über längere Zeit erheblich leistungsschwachen Arbeitnehmer – im entschiedenen Fall ca. 50 bis 60 % der Leistungsfähigkeit vergleichbarer Arbeitnehmer – auch für die Zukunft mit einer **schweren Störung** des **Arbeitsvertragsgleichgewichts** zu rechnen ist. Voraussetzung ist ferner, dass ein milderes Mittel zur Wiederherstellung des Vertragsgleichgewichts nicht zur Verfügung steht und dem Schutz älterer, langjährig beschäftigter und erkrankter Arbeitnehmer ausreichend Rechnung getragen wird. Bei einer Kündigung gegenüber einem leistungsschwachen Arbeitnehmer kann sowohl eine Kündigung aus verhaltens- als auch aus personenbedingten Gründen sozial gerechtfertigt sein (vgl. auch Rn 232). Eine personenbedingte Kündigung kommt in Betracht, wenn bei einem über längere Zeit erheblich leistungsschwachen Arbeitnehmer auch für die Zukunft mit einer schweren Störung des Vertragsgleichgewichts zu rechnen ist. Diese Voraussetzungen können bei völliger Erfolglosigkeit des Arbeitnehmers im Akquisitionsgeschäft gegeben sein.[470]

205 Um einen Fall persönlicher Ungeeignetheit handelt es sich auch, wenn die Beschäftigung eines Arbeitnehmers einem gesetzlichen Verbot zuwiderläuft. In einem vom Bundesarbeitsgericht entschiedenen Fall hatte der Arbeitgeber einem Arbeitnehmer, den er ausschließlich an Sonntagen beschäftigt hatte, gekündigt, weil er seine gesetzliche Verpflichtung zur Gewährung eines Ersatzruhetags nach § 11 Abs. 3 ArbZG nicht erfüllen konnte und den Arbeitnehmer daher gar nicht erst beschäftigen durfte. Der Arbeitnehmer arbeitete nämlich montags bis samstags für einen anderen Arbeitgeber. Die gesetzlichen Vorschriften über Sonntagsarbeit (§§ 9 ff. ArbZG) gelten arbeitgeberübergreifend.[471]

Die Beschäftigung als „studentische Hilfskraft" setzt regelmäßig voraus, dass der Arbeitnehmer einem Studium nachgeht. Entfällt diese Voraussetzung infolge einer Exmatrikulation, ist eine Kündigung aus personenbedingten Gründen gerechtfertigt.[472] Andererseits liegt kein personenbedingter Grund vor, wenn ein „jobbender" Student aufgrund seiner überlangen Studiendauer von den Sozialversicherungsträgern nicht mehr als sozialversicherungsfrei angesehen wird.[473]

7. Inhaftierung des Arbeitnehmers

206 Wird der Arbeitnehmer zu einer Freiheitsstrafe verurteilt, befindet er sich in Untersuchungshaft und ist die der verletzten Strafvorschrift zugrunde liegende Tat an sich kündigungsrecht-

466 BAG v. 10.10.2002, NZA 2003, 483, 485; BAG v. 15.10.1992, RzK I 5 h Nr. 22.
467 BVerfG v. 30.7.2003, NZA 2003, 959; BAG v. 10.10.2002 („Verkäuferin mit Kopftuch"), NZA 2003, 483; ErfK/*Oetker*, § 1 KSchG Rn 165.
468 ErfK/*Oetker*, § 1 KSchG Rn 167.
469 BAG v. 11.12.2003, NZA 2004, 784.
470 BAG v. 3.6.2004, NZA 2004, 1380.
471 BAG v. 24.2.2005, NZA 2005, 759.
472 BAG v. 18.9.2008, NZA 2009, 425.
473 BAG v. 18.1.2007, NZA 2007, 680.

lich nicht relevant, steht durch die Strafverbüßung der Arbeitserbringung ein Grund entgegen, der dem Arbeitnehmer zuzurechnen ist und bei dem eine personenbedingte Kündigung in Betracht kommt.[474] Es besteht keine bestimmte Mindest- oder Regeldauer.[475] Es hängt vom Ausmaß der betrieblichen Auswirkung ab, ob die haftbedingte Nichterfüllung der Arbeitspflicht durch den Arbeitnehmer eine personenbedingte ordentliche oder gar eine außerordentliche Kündigung zu rechtfertigen vermag.[476] Nach der Rspr. des BAG[477] ist auch zu prüfen, welche Maßnahmen für den Arbeitgeber zumutbar sind, um den haftbedingten Arbeitsausfall des Arbeitnehmers zu überbrücken.

8. Pensionsalter

Das Erreichen eines bestimmten Lebensalters, insb. des 65. Lebensjahres, ist in der privaten 207
Wirtschaft für sich allein **kein personenbedingter Kündigungsgrund**.[478] Dies ergibt sich aus § 41 S. 1 SGB VI. Auch die Möglichkeit, Altersteilzeit in Anspruch zu nehmen, kann nicht als Kündigungsgrund herangezogen werden, § 8 Abs. 1 ATG. Nach h.M. kann die Kündigung eines Arbeitnehmers sozial gerechtfertigt sein, wenn dieser das **65. Lebensjahr überschritten** hat und durch die Altersrente und ggf. zusätzlich durch die Betriebsrente ausreichend abgesichert ist, wenn der Arbeitgeber einen vernünftigen Altersaufbau der Belegschaft erreichen und Aufstiegschancen innerhalb des Unternehmens eröffnen will.[479] Durch nachfolgende arbeitsvertraglichen Formulierung werden diese Probleme vermieden:

> *Formulierungsbeispiel* 208
> **§ Beendigung des Vertragsverhältnisses im Rentenfall**
> Das Arbeitsverhältnis endet, ohne das es einer Kündigung bedarf, mit Ablauf des Monats, in dem der Arbeitnehmer das 65. Lebensjahr vollendet. Es endet in jedem Falle mit Ablauf des Monats, in welchem dem Arbeitnehmer ein Bescheid eines Rentenversicherungsträgers zum Bezug einer Rente wegen Alters, wegen Berufs- oder Erwerbsunfähigkeit als Vollrente oder ein Bescheid der gesetzlichen Unfallversicherung zum Bezug einer Unfallrente als Vollrente zugestellt wird. Beginnt die Rente wegen Unfall, Berufs- oder Erwerbsunfähigkeit erst nach Zustellung des Rentenbescheids, endet das Arbeitsverhältnis mit Ablauf des dem Rentenbeginn vorangehenden Tages. Das Arbeitsverhältnis endet nicht, wenn nach dem Bescheid des Rentenversicherungsträgers eine Rente auf Zeit (§ 102 Abs. 2 SGB VI) gewährt wird. In diesem Falle ruht das Arbeitsverhältnis mit allen Rechten und Pflichten von dem Tag an, der auf den nach Satz 1 oder 2 maßgeblichen Zeitpunkt folgt, bis zum Ablauf des Tages, bis zu dem die Zeitrente bewilligt wird, längstens jedoch bis zum Ablauf des Tages, an dem das Arbeitsverhältnis endet.[480] Das Arbeitverhältnis endet, ohne dass es einer Kündigung bedarf, auch in den Fällen der Sätze 4 und 5, wenn weitere sachliche Gründe, insbesondere betriebliche oder wirtschaft-

474 BAG v. 22.9.1994, NZA 1995, 119; Ascheid/Preis/Schmidt/*Dörner*, § 1 KSchG Rn 242.
475 So Ascheid/Preis/Schmidt/*Dörner*, § 1 KSchG Rn 242.
476 BAG v. 15.11.1984, NZA 1985, 661.
477 BAG v. 15.11.1984, NZA 1985, 661.
478 Vgl. KR/*Griebeling*, § 1 KSchG Rn 289.
479 BAG v. 28.9.1961, AP Nr. 1 zu § 1 KSchG Personenbedingte Kündigung; *v. Hoyningen-Huene/Linck*, § 1 KSchG Rn 306; ErfK/*Oetker*, § 1 KSchG Rn 154; a.A. Ascheid/Preis/Schmidt/*Dörner*, § 1 KSchG Rn 252; lediglich zur Erhaltung, nicht Veränderung der bisherigen Personalstruktur: KR/*Griebeling*, § 1 KSchG Rn 640.
480 Vgl. dazu BAG v. 27.10.1988, NZA 1989, 643.

liche Beeinträchtigungen, vorliegen. Der Arbeitnehmer hat die Arbeitgeberin von der Zustellung eines Bescheides unverzüglich zu unterrichten.

9. Sicherheitsbedenken

209 Insb. im militärischen und polizeilichen Bereich (z.B. bei sog. Angestellten im Polizeidienst) sowie bei Sicherheitsdienstleistungsunternehmen können auch Sicherheitsbedenken die persönliche Nichteignung des Arbeitnehmers begründen.[481] Hierzu bedarf es jedoch seitens des Arbeitgebers der Darlegung entsprechender Umstände unter Anführung greifbarer Tatsachen, die den Sicherheitsbereich bzw. die Sicherheitsinteressen des Arbeitgebers konkret beeinträchtigen.[482] Dies wird etwa bei konkreten Sicherheitsbedenken – z.B. wegen einschlägigen Vorstrafen – gegen einen Arbeitnehmer der Fall sein, der in einem Sicherheitsunternehmen als Geldtransporteur arbeitet. Soweit es um derartige Vertrauenspositionen geht, können auch vor Beginn des Arbeitsverhältnisses liegende, dem Arbeitgeber bei der Einstellung nicht bekannte Umstände und Ereignisse eine Kündigung rechtfertigen.[483]

10. Straftaten im außerdienstlichen Bereich

210 Straftaten im außerdienstlichen Bereich können die Eignung des Arbeitnehmers für die vertraglich geschuldete Tätigkeit beeinträchtigten, wenn von ihm negative Auswirkungen auf die arbeitsrechtlichen Beziehungen ausgehen.[484] So z.B. bei Vermögensdelikten von Arbeitnehmern mit Vermögensbetreuungspflichten oder bei Sexualdelikten von Lehrern und Erziehern oder Straßenverkehrsdelikte bei Berufskraftfahrern.[485]

11. Minderleistung

211 Eine Kündigung gegenüber einem Arbeitnehmer wegen Minderleistung kann als personenbedingte Kündigung gerechtfertigt sein, wenn bei einem über längere Zeit erheblich leistungsschwachen Arbeitnehmer auch für die Zukunft mit einer schweren Störung des Vertragsgleichgewichts zu rechnen ist. Davon ist bei einer völligen Erfolglosigkeit eines Arbeitnehmers im Akquisitionsgeschäft auszugehen.[486] Eine personenbedingte Kündigung wegen Minderleistung setzt nicht voraus, dass der Arbeitnehmer gegen eine subjektiv zu bestimmende Arbeitspflicht verstößt. Es kommt vielmehr darauf an, ob die Arbeitsleistung die berechtigte Gleichwertigkeitserwartung des Arbeitgebers in einem Maße unterschreitet, das dem Arbeitgeber das Festhalten am Arbeitsverhältnis unzumutbar macht.[487] Im Prozess hat der Arbeitgeber dabei im Rahmen der abgestuften Darlegungslast zunächst nur die Minderleistung vorzutragen. Ist dies geschehen, muss der Arbeitnehmer erläutern, warum er trotz unterdurchschnittlicher Leistungen seine Leistungsfähigkeit ausgeschöpft hat bzw. woran die Störung des Leistungsgleichgewichts liegen könnte und ob in Zukunft eine Besserung zu erwarten ist.

481 So zutreffend Ascheid/Preis/Schmidt/*Dörner*, § 1 KSchG Rn 254.
482 Vgl. BAG v. 20.7.1989, NZA 1990, 614; ErfK/*Oetker*, § 1 KSchG Rn 169.
483 BAG v. 5.4.2001, NZA 2001, 954.
484 So Ascheid/Preis/Schmidt/*Dörner*, § 1KSchG Rn 257; ebenso *v. Hoyningen-Huene/Linck*, § 1 KSchG Rn 311.
485 Weitere Bsp. bei Ascheid/Preis/Schmidt/*Dörner*, § 1 KSchG Rn 258.
486 BAG v. 3.6.2004, NZA 2004, 1380.
487 BAG v. 11.12.2003, NZA 2004, 784; vgl. auch *Sasse*, ZTR 2009, 186.

VII. Verhaltensbedingte Gründe

1. Vorliegen verhaltensbedingter Kündigungsgründe

Nach § 1 Abs. 2 S. 1 KSchG ist eine Kündigung sozial ungerechtfertigt, wenn sie nicht durch Gründe, die in dem Verhalten des Arbeitnehmers liegen, bedingt ist. Dies kann nur ein Verhalten sein, das dem Arbeitnehmer **vorwerfbar** und von ihm **steuerbar** ist.[488] Dieses Verhalten ist tatbestandlich, wenn es zu vorwerfbaren, also schuldhaften **Verletzungen** von **Haupt- oder Nebenpflichten** aus dem Arbeitsverhältnis führt.[489] In der anwaltlichen Praxis ist bei verhaltensbedingten Kündigungen i.d.R. die Frage zentral, ob eine formell und materiell wirksame Abmahnung für eine vergleichbare Pflichtverletzung vorliegt oder eine Abmahnung ausnahmsweise entbehrlich war. Wegen ihrer besonderen Bedeutung wird diese Frage gesondert unter VIII. (Rn 243 ff.) behandelt. Im Übrigen liegen die praktischen Probleme der verhaltensbedingten Kündigung nicht so sehr in der Einhaltung einer bestimmten Prüfungssystematik, sondern in der Einzellfallrechtsprechung des BAG zu bestimmten Fallgruppen. Die wichtigsten Fälle werden unter 4. behandelt (Rn 221 ff.). 212

2. Allgemeine Prüfungssystematik

a) Arbeitspflichtverletzung

Es ist zu prüfen, ob der Arbeitnehmer durch sein Verhalten gegen arbeitsvertragliche Haupt- oder Nebenpflichten verstoßen hat. Der Arbeitnehmer ist verpflichtet, alles zu unterlassen, was die Funktionsfähigkeit des Betriebes und die notwendige betriebliche Ordnung gefährdet oder beeinträchtigt. Darüber hinaus ist er gehalten, außerhalb des Vertragsverhältnisses alles zu unterlassen, was geeignet ist, den Vertragszweck zu gefährden, insb. das gegenseitige, vertragsnotwendige Vertrauen zu erschüttern.[490] 213

b) Negative Zukunftsprognose

Das Arbeitsverhältnis muss durch die Vertragspflichtverletzung konkret beeinträchtigt worden sein.[491] Derartige konkrete Beeinträchtigungen müssen auch in Zukunft zu befürchten sein,[492] es muss eine **Wiederholungsgefahr** bestehen.[493] 214

c) Abmahnung

Grundsätzlich ist eine Abmahnung wegen eines vergleichbaren Fehlverhaltens Wirksamkeitsvoraussetzung einer verhaltensbedingten Kündigung. Dies gilt bei jedem steuerbaren Verhalten. Die Abmahnung gehört zur sachlichen Begründetheit (jedenfalls) der verhaltens- 215

488 ErfK/*Oetker*, § 1 KSchG Rn 188.

489 BAG v. 7.12.1988, AP Nr. 26 zu § 1 KSchG 1969 Verhaltensbedingte Kündigung; *v. Hoyningen-Huene/Linck*, § 1 KSchG Rn 461 ff.

490 BAG v. 12.1.2006, NZA 2006, 917; BAG v. 11.3.1999, AP Nr. 149 zu § 626 BGB; *v. Hoyningen-Huene/Linck*, § 1 KSchG Rn 464.

491 BAG v. 17.6.2003, ZTR 2004, 25, 26.

492 So Ascheid/Preis/Schmidt/*Dörner*, § 1 KSchG Rn 272a; *v. Hoyningen-Huene/Linck*, § 1 KSchG Rn 468.

493 BAG v. 19.4.2007, NZA-RR 2007, 571; BAG v. 12.1.2006, NZA 2006, 917; BAG v. 26.1.1995, NZA 1995, 517; vgl. auch ErfK/*Oetker*, § 1 KSchG Rn 196 ff.

bedingten Kündigung (ausführlich ab Rn 243 ff.). Im Rahmen der nachfolgend unter 4. (Rn 221 ff.) zu behandelnden Einzelfälle wird nicht gesondert auf die Erforderlichkeit einer Abmahnung eingegangen.

d) Weiterbeschäftigung auf einem anderen freien Arbeitsplatz

216 Auch bei der verhaltensbedingten Kündigung ist zu prüfen, ob es möglich und zumutbar ist, den Arbeitnehmer auf einem anderen freien Arbeitsplatz weiter zu beschäftigen. Es gelten grundsätzlich die gleichen Grundsätze wie bei der betriebsbedingten Kündigung (vgl. Rn 98 ff.). Der Arbeitgeber braucht sich jedoch auf die Möglichkeit der Weiterbeschäftigung nur dann verweisen zu lassen, wenn davon auszugehen ist, dass sich das **Fehlverhalten** auf dem neuen Arbeitsplatz **nicht** mehr **auswirken** wird („arbeitsplatzbezogene Pflichtverletzung").[494] An die Unzumutbarkeit der anderweitigen Beschäftigung sind insb. bei vorwerfbarem Verhalten des Arbeitnehmers keine zu hohen Anforderungen zu stellen.[495]

e) Interessenabwägung

217 Im Wege der Interessenabwägung (vgl. allgemein dazu Rn 56 ff.) ist zu ermitteln, ob dem Arbeitgeber die **Fortsetzung** des Arbeitsverhältnisses noch **zugemutet** werden kann. Die Lösung des Arbeitsverhältnisses muss in Abwägung der Interessen beider Parteien billigenswert und angemessen erscheinen. Nach der Rspr. des BAG[496] muss das Fehlverhalten des Arbeitnehmers im Einzelfall dazu geeignet sein, einen ruhig und verständig urteilenden Arbeitgeber zur Kündigung zu bestimmen. Bei der Abwägung sind die Intensität und Beharrlichkeit der Vertragsverletzung, frühere Pflichtwidrigkeiten des Arbeitnehmers sowie das Maß des Verschuldens von Bedeutung.[497] Abwägungsgesichtspunkte können auch betriebliche Beeinträchtigungen, wie z.B. Betriebsablaufsstörungen, Vermögensschäden oder Rufschädigungen sein.[498] Auch ein etwaiges Mitverschulden des Arbeitgebers ist im Rahmen der Interessenabwägung zu berücksichtigen. Dem Lebensalter kommt bei verhaltensbedingten Kündigungen nur eine untergeordnete Bedeutung zu.[499] Unerheblich sind Unterhaltspflichten.[500] Zu Gunsten des Arbeitnehmers kann sich die Dauer der Betriebszugehörigkeit ohne Pflichtverletzungen auswirken.[501] Kündigungsgründe, die dem Arbeitgeber bereits längere Zeit bekannt sind, verlieren an Gewicht.[502]

Bei einem öffentlichen Arbeitgeber kann auch der mit der Pflichtverletzung verbundene Ansehensverlust in der Öffentlichkeit bzw. die Gefahr eines Ansehensverlusts zu Lasten des Arbeitnehmers ins Gewicht fallen.[503]

494 BAG v. 6.10.2005, NZA 2006, 431; BAG v. 22.7.1982, EzA § 1 KSchG Verhaltensbedingte Kündigung Nr. 10.
495 BAG v. 6.10.2005, NZA 2006, 431; Ascheid/Preis/Schmidt/*Dörner*, § 1 KSchG Rn 273; KR/*Griebeling*, § 1 Rn 407.
496 BAG v. 17.6.2003, ZTR 2004, 25, 26.
497 BAG v. 21.1.1999, AP Nr. 151 zu § 626 BGB.
498 BAG v. 17.1.1991, AP Nr. 25 zu § 1 KSchG 1969, Verhaltensbedingte Kündigung.
499 BAG v. 5.4.2001, BB 2001, 2052.
500 BAG v. 5.4.2001, BB 2001, 2052.
501 BAG v. 2.3.1989, EzA § 626 BGB n.F. Nr. 118.
502 BAG v. 4.3.1980, EzA § 1 KSchG Tendenzbetrieb Nr. 8.
503 BAG v. 14.2.1996, NZA 1996, 873; BAG v. 5.6.2008, ZTR 2009, 37, 39 (exhibitionistische Handlungen am Rathausfenster); LAG Köln v. 14.12.1998, ZTR 1999, 274.

f) Verschulden

218 Eine verhaltensbedingte Kündigung kommt grundsätzlich nur bei schuldhaftem, d.h. vorsätzlichem oder fahrlässigem Verhalten in Betracht (§ 276 Abs. 1 BGB).[504]

3. Darlegungs- und Beweislast

219 Nach § 1 Abs. 2 S. 4 KSchG hat der **Arbeitgeber** die Tatsachen zu beweisen, die die Kündigung bedingen. Der Arbeitgeber muss die **schuldhafte Vertragsverletzung** nebst ihrer **betrieblichen Auswirkung** darlegen und ggf. beweisen. Das gilt **auch** für solche Umstände, die einen **Rechtfertigungs- oder Entschuldigungsgrund** für das Fehlverhalten des Arbeitnehmers **ausschließen.**[505] Dementsprechend hat der Arbeitgeber vorgetragene Entlastungsgründe zu widerlegen. Diese Grundsätze bedeuten für die Praxis, dass z.B. bei einer Kündigung wegen unentschuldigtem Fehlen der Arbeitgeber zunächst nur die Dauer der Fehlzeiten vorzutragen hat. Bestreitet der Arbeitnehmer substantiiert, dass er unentschuldigt gefehlt hat, muss der Arbeitgeber darlegen und beweisen, dass ein Entschuldigungsgrund nicht vorliegt. Beruft der Arbeitnehmer sich auf das Bestehen einer Arbeitsunfähigkeit, so muss er entweder ein Attest vorlegen oder erklären, warum er nicht zum Arzt gehen konnte und welche Krankheit er hatte.[506] Z.B. eine vom Arbeitnehmer behauptete Urlaubsbewilligung hat der Arbeitgeber zu widerlegen, soweit konkrete Umstände vom Arbeitnehmer vorgetragen sind, wann und von wem ihm der Urlaub bewilligt worden sein soll.[507]

220 Das Vorliegen einer wirksamen **Abmahnung** ist gleichfalls darzulegen und zu beweisen. Es reicht, wenn der Arbeitgeber zunächst nur vorträgt, dass der Arbeitnehmer abgemahnt wurde. Bestreitet der Arbeitnehmer das Vorliegen einer wirksamen Abmahnung, so hat der Arbeitgeber die Umstände darzulegen und zu beweisen, die die Abmahnung rechtfertigen. Dazu gehört insb. das Vorliegen eines Pflichtenverstoßes. Dies gilt auch, wenn dieser im Kündigungsschutzverfahren erstmals bestritten wird.

4. Fallgruppen anerkannter Arbeitspflichtverletzungen

a) Alkohol- und Drogenmissbrauch

221 Alkohol- und Drogenmissbrauch kann eine verhaltensbedingte Kündigung rechtfertigen, wenn dadurch eine Beeinträchtigung der Arbeitsleistung eintritt oder wenn der Arbeitnehmer durch den Alkohol- oder Drogenkonsum sich oder andere **gefährdet**.[508] Hat der Arbeitnehmer eine Funktion inne, bei der Alkohol- oder Drogenkonsum besonders gefährdend für sich oder andere wirkt, wie z.B. bei Berufskraftfahrern, Ärzten oder Piloten, kann schon ein einmaliger Verstoß gegen das **Alkoholverbot** während der Arbeitszeit einen verhaltensbedingten Kündigungsgrund darstellen.[509] **Alkoholbedingte Schlecht- oder Minderleistungen** können nach allg. Grundsätzen eine verhaltensbedingte Kündigung rechtfertigen. Eine Pflichtverletzung liegt ebenfalls vor, wenn der Arbeitnehmer gegen wirksame einzelvertrag-

504 BAG v. 21.5.1992, AP Nr. 28 zu § 1 KSchG 1969 Verhaltensbedingte Kündigung.
505 Ascheid/Preis/Schmidt/*Dörner*, § 1 KSchG Rn 439; *v. Hoyningen-Huene/Linck*, § 1 KSchG Rn 534 f.
506 BAG v. 12.8.1976, AP Nr. 3 zu § 1 KSchG 1969.
507 BAG v. 29.11.1989, EzA § 626 n.F. Nr. 89.
508 BAG v. 26.1.1995, NZA § 1 KSchG Verhaltensbedingte Kündigung Nr. 46; KR/*Griebeling*, § 1 KSchG Rn 421.
509 Ascheid/Preis/Schmidt/*Dörner*, § 1 KSchG Rn 310; LAG Nürnberg v. 17.12.2002, LAGE BGB § 626 Nr. 147.

liche oder kollektivrechtliche Alkoholverbote verstößt.[510] Dies gilt auch, wenn es nicht zu konkreten Störungen im betrieblichen Ablauf kommt.[511] Die vorgenannten Grundsätze sind dann nicht anzuwenden, wenn der Arbeitnehmer alkohol- oder drogenabhängig ist. In diesem Fall kann nur aus krankheitsbedingten Gründen gekündigt werden (vgl. Rn 202). Auch der Verstoß gegen ein betriebliches **Rauchverbot** kann die ordentliche Kündigung rechtfertigen.[512]

b) Anzeigen und Zeugenaussagen

222 Strafanzeigen oder Anzeigen bei Verwaltungsbehörden gegen den Arbeitgeber können diesen zur verhaltensbedingten Kündigung berechtigten, wenn diese Anzeigen **ohne sachlichen Grund** erfolgen. Dies gilt insb. für die wahrheitswidrige Behauptung gegenüber Ermittlungsbehörden.[513] Die kündigungsrechtlich erhebliche Verletzung arbeitsvertraglicher Nebenpflichten kann sich im Zusammenhang mit der Erstattung einer Strafanzeige im Einzelfall aber auch aus anderen Umständen ergeben.[514] Eine Anzeige ist nicht kündigungsrelevant, wenn der Arbeitnehmer berechtigte eigene Interessen wahrnimmt und sich zuvor erfolglos mit dem Arbeitgeber in Verbindung gesetzt hat.[515] Nach der Rspr. des BVerfG ist die **Aussage** eines Arbeitnehmers gegen seinen Arbeitgeber in einem staatsanwaltlichen **Ermittlungsverfahren** sowie die Übergabe von Unterlagen auf Aufforderung der Staatsanwaltschaft, grundsätzlich nicht geeignet, eine Kündigung zu rechtfertigen.[516] Der Arbeitnehmer handelt allerdings vertragswidrig, wenn er **unmittelbar** die **Presse einschaltet** und sich nicht an die zuständige Behörde wendet.[517]

c) Arbeitsverweigerung

223 Die Weigerung eines Arbeitnehmers, die vertraglich geschuldete Leistung zu erbringen, kann eine verhaltensbedingte Kündigung rechtfertigen.[518] Dies gilt nur, wenn der Arbeitnehmer arbeitsvertraglich **verpflichtet** ist, die ihm zugewiesene Tätigkeit auszuüben. Dies gilt insb. bei unberechtigter Ablehnung von **Überstunden**.[519] Entsprechendes gilt für **eigenmächtigen Urlaubsantritt** oder sonstige Freizeitnahme, soweit der beantragte, aber nicht bewilligte Urlaub (bzw. Freizeit) zu Recht abgelehnt worden ist.[520] Macht ein Arbeitnehmer zulässigerweise von einem **Zurückbehaltungsrecht** gem. § 273 BGB Gebrauch, so liegt ein verhaltensbedingter Kündigungsgrund nicht vor.[521] Hat ein Arbeitnehmer im Rahmen eines **Kündigungsschutzprozesses** in erster Instanz obsiegt, soll es keine Arbeitsverweigerung

510 BAG v. 26.1.1995, AP Nr. 34 zu § 1 KSchG 1969 Verhaltensbedingte Kündigung.
511 KR/*Griebeling*, § 1 KSchG Rn 424.
512 LAG Düsseldorf v. 17.6.1997, NZA 1998, 945 (LS).
513 Vgl. *Berkowski*, NZA-RR 2001, 16; KR/*Griebeling*, § 1 KSchG Rn 428.
514 BAG v. 3.7.2003, NZA 2004, 427.
515 BAG v. 3.7.2003, NZA 2004, 427; KR/*Griebeling*, § 1 KSchG Rn 427a.
516 BVerfG v. 2.7.2001, NZA 2001, 888.
517 ArbG Berlin v. 29.5.1990, EzA § 1 KSchG Verhaltensbedingte Kündigung Nr. 31; lesenswert zum Ganzen (sog. „Whistleblowing“): *Herbert/Oberrath*, NZA 2005, 193 ff.
518 BAG v. 25.10.1989, EzA § 1 KSchG Verhaltensbedingte Kündigung Nr. 30; KR-*Griebeling*, § 1 KSchG Rn 433.
519 LAG Frankfurt v. 21.3.1986, LAGE § 626 BGB Nr. 25.
520 BAG v. 25.2.1983, EzA § 626 BGB n.F. Nr. 83.
521 BAG v. 9.5.1996, AP Nr. 5 zu § 273 BGB: Zurückbehaltungsrecht wegen ausstehender Vergütungsansprüche.

darstellen, wenn er ein Angebot des Arbeitgebers nicht annimmt, nach dem Kündigungstermin zu arbeiten, sofern der Arbeitgeber die Kündigung nicht für gegenstandslos erklärt.[522]

d) Vermögensdelikte zum Nachteil des Arbeitgebers

Vermögensdelikte zum Nachteil des Arbeitgebers rechtfertigen regelmäßig eine verhaltensbedingte Kündigung. Der damit verbundene Vertrauensbruch wird einer weiteren Zusammenarbeit in den meisten Fällen entgegenstehen. Derzeit wird diskutiert, ob dies auch bei „Bagatellfällen" gilt. Anlass für die Kontroverse ist eine Entscheidung des LAG Berlin-Brandenburg vom 24.2.2009. Das LAG hatte eine Kündigung wegen Unterschlagung von zwei Leergutbons im Gesamtwert von 1,30 EUR für wirksam erklärt.[523] Die herrschende Meinung in der Literatur lehnt eine Geringfügigkeitsgrenze ab.[524] Auch in der Rechtsprechung des BAG ist seit jeher anerkannt, dass Vermögensdelikte mit geringfügigem wirtschaftlichem Schaden eine außerordentliche oder ordentliche Kündigung rechtfertigen können, sofern im Rahmen einer einzelfallbezogenen Abwägung der Vertrauensverlust das Bestandsinteresse des Arbeitnehmers überwiegt.[525] 224

e) Außerbetriebliches Verhalten

Außerdienstliches Verhalten ist grundsätzlich nicht geeignet, eine verhaltensbedingte Kündigung zu rechtfertigen. Etwas anderes gilt, wenn sich aus dem außerdienstlichen Verhalten unmittelbare Einwirkungen auf das Arbeitsverhältnis ergeben, wenn also das **Arbeitsverhältnis konkret berührt** wird.[526] Bei Lehrern und Erziehern kann eine Verurteilung wegen vorsätzlicher Körperverletzung zu Lasten eines Kindes einen Kündigungsgrund darstellen, soweit hierdurch ernsthafte Zweifel an der Zuverlässigkeit des Arbeitnehmers für die Erfüllung seiner arbeitsvertraglichen Aufgaben begründet werden.[527] Gleiches gilt für strafbare Handlungen des Arbeitnehmers. Auch sie sind nur dann kündigungsrelevant, wenn sie einen Bezug zum Arbeitsverhältnis haben.[528] Eine Hehlerei des Arbeitnehmers mit gestohlenen Handys eines in Geschäftsbeziehung zum Arbeitgeber stehenden Kunden, wenn sie sich auf dem Parkplatz des Betriebs ereignet, verletzt das Integritätsinteresse des Arbeitgebers erheblich und führt zu einer kündigungsrechtlich beachtlichen Nebenpflichtverletzung. Der Arbeitgeber braucht nicht zu dulden, dass sein Betriebsgelände von Mitarbeitern für strafbare Privatgeschäfte genutzt wird.[529] 225

Nach der Rspr. des BVerfG[530] hat aufgrund der Verfassungsgarantie des kirchlichen Selbstbestimmungsrechts (Art. 140 GG i.V.m. Art. 137 Abs. 3 WRV) die Kirche das Recht, über 226

522 LAG Mecklenburg-Vorpommern v. 23.11.2000, NZA-RR 2001, 187.

523 LAG Berlin/Brandenburg v. 24.2.2009 (Fall „Emmely"), NZA-RR 2009, 188; zur Revision zugelassen (Az. 2 AZR 541/09): BAG v. 28.7.2009 – 3 AZN 224/09.

524 *Reuter*, NZA 2009, 594; *Schlachter*, NZA 2005, 433; a.A. *Klueß*, NZA 2009, 337.

525 BAG v. 17.5.1984, NZA 1985, 91 („Verzehr eines Stücks Bienenstich im Wert von 1 DM"); BAG v. 29.11.1985, Juris („Diebstahl eines Päckchens Zigaretten"); BAG v. 12.8.1999, NZA 2000, 421 („Diebstahl von Waren des Arbeitgebers im Wert von 19,97 DM"); BAG v. 11.12.2003, NZA 2004, 486 („Entwendung von unstreitig unverkäuflicher Ware – 62 Minifläschchen Alkohol"), vgl. auch unten Rn 267.

526 BAG v. 24.9.1987, AP Nr. 19 zu § 1 KSchG 1969 Verhaltensbedingte Kündigung.

527 LAG Berlin v. 15.12.1989, BB 1990, 286.

528 BAG v. 6.11.2003, NZA 2004, 919.

529 BAG v. 6.11.2003, NZA 2004, 919.

530 BVerfG v. 4.6.1985, EzA § 611 BGB Kirchliche Arbeitnehmer Nr. 24.

die Maßstäbe vertraglicher Loyalitätspflichten zu befinden. Auch die Entscheidung darüber, ob und wie für die innerhalb der im kirchlichen Dienst tätigen Mitarbeiter eine Abstufung der Loyalitätspflichten eingreifen soll, unterliegt grundsätzlich dem kirchlichen Bestimmungsrecht. So bindet für den Bereich der Katholischen Kirche die „Grundordnung des kirchlichen Dienstes im Rahmen kirchlicher Arbeitsverhältnisse" die kündigungsschutzrechtliche Beurteilung jedenfalls insoweit, wie es um das Gewicht des Loyalitätsverstoßes geht. Dennoch gibt es auch im Bereich der Kirchen keine absoluten Kündigungsgründe. Eine umfassende Interessenabwägung ist geboten, bei der die Grundsätze des kirchlichen Selbstbestimmungsrechts zu beachten sind.[531] So stellt die Wiederverheiratung eines geschiedenen Mitarbeiters der katholischen Kirche bzw. die Heirat eines kirchlichen Mitarbeiters mit einem geschiedenen Partner, soweit dem Mitarbeiter die gesteigerte Loyalitätspflicht im Sinne der Grundordnung auferlegt ist, einen Grund zur verhaltensbedingten Kündigung dar.[532]

f) Beleidigungen

227 Beleidigt der Arbeitnehmer den Arbeitgeber, dessen Vertreter oder Arbeitskollegen und führt dies zu einer erheblichen Ehrverletzung des Betroffenen, so ist eine verhaltensbedingte – ggf. außerordentliche – Kündigung gerechtfertigt.[533] Bei einer Beleidigung ist stets zu prüfen, inwieweit die **Auseinandersetzung** vom Arbeitgeber mit **verursacht** worden ist.[534] Im Rahmen der Interessenabwägung soll der betriebliche oder branchenübliche Umgangston sowie der Bildungsgrad und psychische Zustand des Arbeitnehmers, die Gesprächssituation und schließlich Ort und Zeitpunkt des Geschehens zugunsten des Arbeitnehmers zu berücksichtigen sein.[535] Es soll den Arbeitnehmer entlasten, wenn er beleidigende Äußerungen über Vorgesetzte, den Arbeitgeber oder nicht anwesende Kollegen in der Annahme macht, die Erklärung würde nicht über den Kreis der Gesprächsteilnehmer hinausgehen.[536] Ferner ist stets zu berücksichtigen, inwieweit Äußerungen des Arbeitnehmers von der Meinungsfreiheit aus Art. 5 Abs. 1 GG, oder aber bei Äußerungen im Zusammenhang mit gewerkschaftlicher Tätigkeit aus Art. 9 Abs. 3 GG geschützt sind.[537]

228 Entsprechend rechtfertigen auch **Tätlichkeiten** gegenüber Arbeitskollegen eine – ggf. außerordentliche – verhaltensbedingte Kündigung.[538]

g) Betriebliche Ordnung

229 Dem Arbeitnehmer obliegt die vertragliche Nebenpflicht, die zur Aufrechterhaltung der betrieblichen Ordnung aufgestellten Regeln zu beachten. Verstößt ein Arbeitnehmer gegen die betriebliche Ordnung, so kann dies eine verhaltensbedingte Kündigung rechtfertigen.[539]

531 BAG v. 18.11.1986, EzA § 611 BGB Kirchliche Arbeitnehmer Nr. 26.

532 BAG v. 18.11.1986, EzA § 611 BGB Kirchliche Arbeitnehmer Nr. 26.

533 BAG v. 6.11.2003, ZTR 2004, 261; BAG v 11.7.1991, RzK I 5 i Nr. 68; LAG Köln v. 21.8.1998, NZA-RR 1999, 186; KR/*Griebeling*, § 1 KSchG Rn 462 f.

534 BAG v. 19.12.1985, AP Nr. 1 zu § 133b GewO.

535 Vgl. dazu Ascheid/Preis/Schmidt/*Dörner,* § 1 KSchG Rn 296; KR/*Griebeling*, § 1 KSchG Rn 463.

536 So aber LAG Köln v. 15.12.2003, NZA-RR 2004, 527; LAG Köln v. 18.4.1997, LAGE § 626 BGB Nr. 111; BAG v. 30.11.1972, AP Nr. 66 zu § 626 BGB.

537 BAG v. 24.6.2004, NZA 2005, 158.

538 BAG v. 6.10.2005, NZA 2006, 431; BAG v. 30.9.1993, RzK I 5 i Nr. 85.

539 Vgl. KR/*Griebeling*, § 1 Rn 467.

Dies gilt auch für einen Verstoß gegen eine **Kleiderordnung**. Grundsätzlich kann ein Arbeitgeber von seinen Arbeitnehmern mit Kundenkontakt erwarten, dass sie sich dem Charakter des Handelsgeschäfts und dessen Kundenstamm entsprechend branchenüblich kleiden. Eine solche Pflicht kann, durch eine ausdrückliche vertragliche Vereinbarung im Arbeitsvertrag, eine Regelung in einer Betriebsvereinbarung (§ 87 Abs. 1 Nr. 1 BetrVG), durch eine Weisung des Arbeitgeber begründet werden oder sich aus einer vertraglichen Rücksichtnahmepflicht (§ 241 Abs. 2 BGB) ergeben. Das danach grundsätzlich dem Arbeitgeber zustehende Weisungsrecht darf jedoch nach § 315 Abs. 1 BGB nur nach billigem Ermessen ausgeübt werden. Die Billigkeit wird inhaltlich durch die Grundrechte mitbestimmt. Will eine Arbeitnehmerin ihre Arbeit nur noch mit dem Tragen eines – islamischen – **Kopftuches** durchführen, kann der Arbeitgeber auch unter Berücksichtigung seiner grundrechtlich geschützten Unternehmerfreiheiten nicht ohne weiteres von der Arbeitnehmerin die Einhaltung eines im Betrieb allgemein üblichen Bekleidungsstandards verlangen und die Arbeitnehmerin zu einer Arbeitsleistung ohne Kopftuch auffordern. Sowohl bei der Ausübung des Weisungsrechts des Arbeitgebers als auch bei der Ausgestaltung von vertraglichen Rücksichtnahmepflichten ist das durch Art. 4 Abs. 1 und Abs. 2 GG grundrechtlich geschützte Anliegen einer Arbeitnehmerin, aus religiösen Gründen ein Kopftuch bei der Arbeit zu tragen, zu beachten. Ob und in welcher Intensität die durch Art. 12 Abs. 1 GG grundrechtlich geschützte Unternehmerfreiheit durch das Tragen eines Kopftuches von einer Arbeitnehmerin, z.B. in Form von betrieblichen Störungen oder wirtschaftlichen Einbußen, betroffen wird, muss der Arbeitgeber konkret darlegen.[540] 230

Auch eine wiederholte schuldhafte **Unpünktlichkeit** stellt eine Verletzung der Arbeitspflicht dar und kann dementsprechend eine Kündigung grundsätzlich rechtfertigten.[541] Häufige Verspätungen eines Auslieferungsfahrers sind üblicherweise mit Betriebsablaufstörungen verbunden, die der Arbeitgeber regelmäßig nicht im Einzelnen darlegen und beweisen muss.[542] 231

h) Fehl-, Schlecht- oder Minderleistung

Der Arbeitnehmer schuldet diejenige Arbeitsleistung, die er bei angemessener Anspannung seiner individuellen Kräfte und Fähigkeiten erbringen kann.[543] Beruhen Schlecht- oder Minderleistung auf einer mangelnden Eignung des Arbeitnehmers für die ihm übertragenden Aufgaben, kommt eine personenbedingte Kündigung in Betracht (vgl. dazu Rn 206). Beruht die Schlecht- oder Minderleistung auf krankheitsbedingten Gründen, kommt ebenfalls nur eine personenbedingte Kündigung in Betracht (vgl. Rn 201). Eine verhaltensbedingte Kündigung gegenüber einem **leistungsschwachen Arbeitnehmer** setzt voraus, dass dem Arbeitnehmer eine Pflichtverletzung **vorzuwerfen** ist. Ein Arbeitnehmer genügt, mangels anderer Vereinbarungen – seiner Vertragspflicht – wenn er unter angemessener Ausschöpfung seiner persönlichen Leistungsfähigkeit arbeitet. Er verstößt gegen seine Arbeitspflicht nicht allein dadurch, dass er eine vom Arbeitgeber gesetzte Norm oder die Durchschnittsleistung aller Arbeitnehmer unterschreitet. Nach der Rspr. des BAG[544] kann allerdings die längerfristige deutliche Unterschreitung des Durchschnitts ein Anhaltspunkt dafür sein, dass der Arbeitneh- 232

540 BAG v. 10.10.2002, NZA 483, 485, 486; bestätigt durch BVerfG v. 30.7.2003, NZA 2003, 959.

541 LAG Schleswig-Holstein v. 28.11.2006, NZA-RR 2007, 129; BAG v. 15.11.2001, NZA 2002, 968; BAG v. 27.2.1997, NZA 1997, 761.

542 BAG v. 15.11.2001, NZA 2002, 968, 970; vgl. auch LAG Köln v. 20.10.2008, ZTR 2009, 154.

543 KR/*Griebeling*, § 1 KSchG Rn 448.

544 Vgl. BAG v. 17.1.2008, NZA 2008, 693; BAG v. 11.12.2003, NZA 2004, 784.

mer weniger arbeitet als er könnte, also vorwerfbar seine arbeitsvertraglichen Pflichten verletzt. Legt der Arbeitgeber dies im Prozess dar, so muss der Arbeitnehmer erläutern, warum er trotz unterdurchschnittlicher Leistungen seine Leistungsfähigkeit ausschöpft. Beispielsweise kann sich ein Außendienstmitarbeiter auf ein ungünstig zugeschnittenes Außendienstgebiet, einen verkehrsungünstig gelegenen Standort seiner Agentur, die regional starke Verbreitung von Konkurrenzprodukten oder auf eine geringere Finanzkraft der erreichbaren Kundschaft berufen und damit unterdurchschnittliche Akquisitionserfolge rechtfertigen.[545]

233 *Praxishinweis*

Nach der Rspr. des BAG sind die Anforderungen an eine Kündigung wegen Schlecht- oder Minderleistung derart hoch, dass diese Art der Kündigung nur dann in Erwägung zu ziehen ist, wenn die Arbeitsleistung des zu kündigenden Arbeitnehmers wie die vergleichbarer Arbeitnehmer eindeutig zu quantifizieren und damit eine durchschnittliche Leistungsfähigkeit messbar ist. Ferner ist eine erfolglose Abmahnung und ein ausreichender Bewährungszeitraum nach Ausspruch der Abmahnung (vgl. Rn 266) erforderlich. Bei Tätigkeiten, die nicht quantifizier- oder messbar sind, sollten nur einzelne Pflichtverletzungen abgemahnt werden. Hier bietet es sich an, schriftlich bestimmte Arbeitsanweisungen generell oder im Einzelfall zu fixieren, damit der einzuhaltende Maßstab quantifizierbar ist. Sind diese Voraussetzungen nicht einzuhalten, sollte geprüft werden, ob die vom Arbeitnehmer ausgeübte Funktion zukünftig entfallen kann.

Der **Arbeitnehmeranwalt** muss bei behaupteter Schlecht- oder Minderleistung diese und dass eine bestimmte Leistung der durchschnittlich zu erbringenden Arbeitsleistung entspricht, lediglich bestreiten. Bei Schlechtleistung im Einzelfall braucht er lediglich zu bestreiten, dass eine entsprechende Leistungsanweisung und eine Schlechtleistung vorliegt.

i) Gehaltspfändungen

234 Gehaltspfändungen können eine ordentliche Kündigung rechtfertigen, wenn zahlreiche Pfändungen für den Arbeitgeber einen **erheblichen**, über das Übliche hinausgehenden **Arbeitsaufwand** in der Gehaltsbuchhaltung verursachen.[546] Diese Voraussetzungen sind jedenfalls bei einem Arbeitsverhältnis gegeben, das noch nicht über einen längeren Zeitraum bestand, wenn mehr als zehn Pfändungen innerhalb eines Jahres durchgeführt werden[547] (zur Entbehrlichkeit einer Abmahnung in derartigen Fällen Rn 270).

j) Pflichtverletzungen im Zusammenhang mit der Arbeitsunfähigkeit

235 Wiederholte Verletzungen der **Anzeige- und Nachweispflichten** gem. § 5 Abs. 1 und 2 EFZG bei Erkrankungen und Folgeerkrankungen können den Arbeitgeber grundsätzlich berechtigen, eine ordentliche Kündigung auszusprechen.[548] Das **Vortäuschen** einer **Krankheit** oder die **Krankheitsandrohung**[549] können eine – ggf. außerordentliche – verhaltensbedingte

545 Vgl. zur Abmahnung wegen Minderleistung: BAG v. 27.11.2008 – 2 AZR 675/07.

546 BAG v. 4.11.1981, AP Nr. 4 zu § 1 KSchG 1969 Verhaltensbedingte Kündigung; BAG v. 4.3.2004, NZA 2004, 717.

547 LAG Berlin v. 10.9.1975, NJW 1976, 263.

548 BAG v. 16.8.1991, EzA § 1 KSchG Verhaltensbedingte Kündigung Nr. 41; LAG Köln v. 1.6.1995, ZTR 1996, 131; Ascheid/Preis/Schmidt/*Dörner*, § 1 KSchG Rn 314 ff.

549 BAG v. 17.6.2003, NZA 2004, 564; LAG Köln v. 14.9.2000, LAGE BGB § 626 Nr. 130b.

Kündigung rechtfertigen (vgl. Rn 269). Auch die **Arbeitsleistung während** der **Krankheit** kann einen Kündigungsgrund darstellen (vgl. Rn 269).

k) Private Nutzung betrieblicher Telefon- und Datenverarbeitungsanlagen sowie Internetzugänge

In der Lit. wird in Anlehnung an die Rspr. zu **ungenehmigten Privattelefonaten**[550] überwie- 236
gend angenommen, dass private Internetnutzung im Regelfall nicht ohne ein **ausdrückliches Verbot** oder eine vorausgegangene einschlägige Abmahnung eine Kündigung rechtfertigen kann.[551] Dies hat das LAG Köln für die **private Nutzung der betrieblichen Computeranlage** bestätigt.[552] Fehlt eine arbeitsvertragliche Regelung, so soll der Arbeitnehmer in der Regel berechtigter Weise von der Duldung der privaten Nutzung von betrieblichen Kommunikationseinrichtungen wie Internet und Telefon in angemessenem Umfang ausgehen dürfen.[553]

Die kündigungsrechtliche Relevanz der privaten Internetnutzung am Arbeitsplatz ist durch 237
das BAG weitgehend geklärt worden. Im Grundsatz rechtfertigt eine zeitlich intensive Nutzung des Internets während der Arbeitszeit zu privaten Zwecken, auch wenn der Arbeitgeber die Privatnutzung nicht ausdrücklich verboten hat, eine ordentliche oder außerordentliche Kündigung – auch ohne vorherige Abmahnung. Dies gilt insbesondere dann, wenn der Arbeitnehmer auf Internetseiten mit pornographischem Inhalt zugreift. Ob die Kündigung sozial gerechtfertigt ist, ist aber nur aufgrund einer Gesamtabwägung der Umstände des Einzelfalles festzustellen. Hierbei sind nach Auffassung des BAG die Dauer der privaten Nutzung, die dadurch beim Arbeitgeber entstandenen Kosten, die Beschäftigungsdauer des Arbeitnehmers und ein möglicher Imageverlust des Arbeitgebers durch das Aufrufen pornographischer Seiten zu berücksichtigen.[554] Um derartige Probleme in der Praxis zu vermeiden, bietet sich folgende arbeitsvertragliche Formulierung an:

Formulierungsbeispiel 238
§ Nutzung der betrieblichen Telekommunikationsmittel und Datenverarbeitungsanlagen sowie des betrieblichen Telefonanschlusses
(1) Die Nutzung des betrieblichen EDV-Systems, des Internetanschlusses sowie die Nutzung des E-Mail-Systems darf ausschließlich nur für dienstliche Zwecke erfolgen. Eine private Nutzung durch den Arbeitnehmer ist nicht gestattet. Das Internet darf nur mit der gültigen persönlichen Zugangsberechtigung genutzt werden. User-ID und Passwort dürfen grundsätzlich nicht an Dritte weitergegeben werden. Ausnahmsweise sind User-ID und Passwort auf ausdrückliche Anweisung dem Netzwerkadministrator bekannt zu geben. Der Arbeitgeber behält sich auf diese Weise den Zugang zur gesamten Computeranlage vor. Im übrigen gelten die Regelungen der Internet-Policy der -Gruppe.

550 BAG v. 4.3.2004, NZA 2004, 717; ArbG Düsseldorf v. 1.8.2001, NZA 2001, 1386; ebenso KR/*Fischermeier*, § 626 BGB Rn 445; *v. Hoyningen-Huene/Linck*, § 1 KSchG Rn 650.

551 LAG Niedersachsen v. 13.1.1998, NZA-RR 1998, 259; LAG Köln v. 2.7.1998, LAGE § 1 KSchG Verhaltensbedingte Kündigung Nr. 66; zur Nutzung von Sex-Hotlines während der Arbeitszeit nach Vornahme technischer Manipulationen: LAG Köln v. 13.3.2002 NZA-RR 2002, 577.

552 LAG Köln v. 15.12.2003, NZA-RR 2004, 527.

553 LAG Köln v. 11.2.2005, NZA 2006, 106 (LS).

554 BAG v. 7.7.2005, NZA 2006, 98; BAG v. 12.1.2006, NZA 2006, 980; *Kramer*, NZA 2007, 1338.

(2) Es dürfen keine fremden Programme/Dateien auf die Festplatte kopiert, über Diskette, CD-ROM, ähnliche Datenträger oder das Internet auf dem Rechner installiert und/ oder eingesetzt werden. Auf Virenkontrolle ist zu achten. Virenschutzprogramme sind zu nutzen. Auftretende Störungen, die mit einem Virenbefall in Zusammenhang stehen könnten, sind umgehend der Netzverwaltung zu melden. Das Abrufen, Anbieten oder Verbreiten von rechtswidrigen Inhalten, insbesondere rassistischer oder pornographischer Art ist verboten.
(3) Die Arbeitgeberin ist berechtigt, jede Nutzung des E-Mail-Systems und des Internets für die Dauer von maximal drei Monaten zu speichern, um die Einhaltung der obigen Bestimmungen anhand der gespeicherten Daten zu überprüfen. Der Arbeitnehmer erteilt insoweit seine Einwilligung gem. § 4a BDSG.
(4) Für den Fall seiner betrieblichen Abwesenheit (Urlaub, Krankheit etc.) hat der Arbeitnehmer eigenverantwortlich eine automatisierte Antwort an den Absender eingehender E-Mails einzurichten, die den Absender über die Abwesenheit des Arbeitnehmers informiert und einen Hinweis auf den zuständigen Vertreter und dessen Telefonnummer enthält.
(5) Dem Arbeitnehmer wird von der Arbeitgeberin ein Telefon- und Telefaxanschluss ausschließlich zur betrieblichen Nutzung zur Verfügung gestellt. Die Arbeitgeberin ist Anschlussinhaberin. Ihr ist es gestattet, jederzeit einen Einzelgesprächsnachweis von der Telefongesellschaft oder dem Provider anzufordern und auszuwerten. Eine private Nutzung des Anschlusses durch den Arbeitnehmer ist nicht gestattet.
(6) Dem Arbeitnehmer wird von der Arbeitgeberin ein Handy nebst entsprechendem Telefonvertrag zur betrieblichen Nutzung zur Verfügung gestellt. Die Arbeitgeberin ist Anschlussinhaberin. Ihr ist es gestattet, jederzeit einen Einzelgesprächsnachweis von der Telefongesellschaft oder dem Provider anzufordern und auszuwerten. Eine private Nutzung des Anschlusses durch den Arbeitnehmer ist gestattet, soweit es sich um kurze Telefonate handelt, die durch die Reisetätigkeit des Arbeitnehmers veranlasst sind (z.B. Benachrichtigung des (Ehe-)Partners über eine verspätete Einsatzrückkehr). Die Arbeitgeberin trägt die Kosten derartiger privater Telefonate in Höhe von pauschal 30 EUR. Der Arbeitnehmer ist verpflichtet, über diesen Betrag hinausgehende private Telefonate gegenüber der Arbeitgeberin unaufgefordert unter Vorlage des Einzelgesprächsnachweises abzurechnen.

l) Sexuelle Belästigung

239 Sexuelle Belästigung am Arbeitsplatz ist jedes vorsätzliche, sexuell bestimmte Verhalten, dass die Würde von Beschäftigten am Arbeitsplatz verletzt. Dazu gehören u.a. sexuelle Handlungen und Aufforderungen, sexuell bestimmte körperliche Berührungen, Bemerkungen sexuellen Inhalts sowie Zeigen und das sichtbare Anbringen von pornografischen Darstellungen, die von den Betroffenen erkennbar abgelehnt werden (vgl. § 3 Abs. 4 AGG, bis 17.8.2006: § 2 BeschSchG). Sexuelle Belästigung am Arbeitsplatz stellt eine arbeitsvertragliche Pflichtverletzung dar (§§ 1, 3 Abs. 4, 4, 12 AGG, § 2 Abs. 3 BeschSchG) und kann eine verhaltensbedingte Kündigung rechtfertigen.[555] Eine Kündigung kann auch zulässig sein,

555 Vgl. BAG v. 25.3.2004, NZA 2004, 1214; LAG Hamm v. 10.3.1999, KSchG § 1 Verhaltensbedingte Kündigung Nr. 75; LAG Hamburg v. 21.10.1998, LAGE BeschG § 4 Nr. 3; KR/*Griebeling*, § 1 KSchG Rn 500; anschaulicher Fall bei LAG Niedersachsen v. 25.11.2008, NZA-RR 2009, 249.

wenn die gesetzlichen Voraussetzungen der sexuellen Belästigung nicht erfüllt sind.[556] Vom Arbeitgeber zu treffende vorbeugende Schutzmaßnahmen gegen sexuelle Belästigung am Arbeitsplatz berechtigen ihn nicht, den wegen sexueller Belästigung beschuldigten Arbeitnehmer zu entlassen, wenn ihm eine entsprechende Tat nicht nachgewiesen werden kann. Allerdings ist eine Kündigung wegen des Verdachts sexueller Belästigung nach den allg. Grundsätzen zulässig, wird i.d.R. aber nur ausnahmsweise in Betracht kommen.[557]

m) Tarifliche Regelung

Verstöße gegen tarifvertragliche Regelungen können eine Vertragspflichtverletzung darstellen. Z.B. hat das BAG[558] eine ungenehmigte Geschenkannahme (§ 10 BAT bzw. § 3 Abs. 2 TVöD) als ausreichenden Grund für eine verhaltensbedingte – ggf. außerordentliche – Kündigung angenommen. Im entschiedenen Fall hatte ein Pflegebedürftiger seine ihm vom Träger des Pflegedienstes zugewiesene Pflegekraft zur Erbin eingesetzt, ohne dass die Arbeitnehmerin sich die Annahme der Erbschaft beim Arbeitgeber hatte genehmigen lassen. 240

n) Wettbewerbs- und Nebentätigkeit

Während des bestehenden Arbeitsverhältnisses ist dem Arbeitnehmer jegliche **Konkurrenztätigkeit** untersagt, ohne dass dies einer arbeitsvertraglichen Vereinbarung bedarf.[559] Ein Verstoß gegen diese Verpflichtung rechtfertigt eine ordentliche verhaltensbedingte, zumeist sogar die fristlose Kündigung.[560] Auch wenn der Arbeitnehmer im Anschluss an eine von ihm angegriffene, **unwirksame** außerordentliche **Kündigung** des Arbeitsverhältnisses gegen das vertragliche Wettbewerbsverbot verstößt, kann dies einen wichtigen Grund i.S.v. § 626 Abs. 1 BGB bzw. einen verhaltensbedingten Grund i.S.v. § 1 Abs. 2 S. 1 KSchG bilden. Soweit er die Unwirksamkeit der Kündigung geltend macht, muss der Arbeitnehmer sich i.S.d. fortbestehenden Arbeitsverhältnisses vertragsgemäß verhalten.[561] Zu prüfen ist allerdings, ob der Arbeitgeber (konkludent) auf die Einhaltung des Wettbewerbsverbots verzichtet hat. Dies kann der Fall sein, wenn der Arbeitnehmer für den Lauf der ordentlichen Kündigungsfrist unter Anrechnung anderweitigen Verdienstes freigestellt wird.[562] 241

Besteht keine besondere vertragliche Regelung, nach der dem Arbeitnehmer eine Nebentätigkeit nur nach ausdrücklicher Genehmigung durch den Arbeitgeber erlaubt ist, stellt es keine arbeitsvertragliche Pflichtverletzung dar, wenn der Arbeitnehmer eine Nebentätigkeit ausübt. Ist eine solche Verpflichtung **individualarbeitsrechtlich** vorgesehen, kann eine verhaltensbedingte Kündigung in Betracht kommen.[563] 242

556 Sächsisches LAG v. 10.3.2000, LAGE BGB § 626 Nr. 130.
557 BAG v. 8.6.2000, NZA 2001, 91.
558 BAG v. 17.6.2003, ZTR 2004, 25, 26.
559 BAG v. 25.4.1991, EzA § 626 BGB n.F. Nr. 140.
560 BAG v. 16.8.1990, EzA § 4 KSchG n.F. Nr. 38.
561 BAG v. 25.4.1991, NZA 1992, 212.
562 BAG v. 6.9.2006, NZA 2007, 36; kritisch hierzu KR/*Griebeling*, § 1 KSchG Rn 493b.
563 Vgl. KR/*Griebeling,* § 1 KSchG Rn 492.

VIII. Abmahnung

1. Überblick

243 Die Abmahnung ist weder gesetzlich noch tarifvertraglich geregelt. Sie ist von der Rspr. entwickelt, stellt also typisches **Richterrecht** dar. Die Notwendigkeit der Abmahnung ergibt sich aus dem **ultima-ratio-Prinzip** (allg. dazu Rn 54) und dem Rechtsgedanken des § 323 Abs. 1 BGB.[564] Im Übrigen ist die Abmahnung erforderlich, um die negative Zukunftsprognose begründen zu können (vgl. dazu Rn 214).

244 Grundsätzlich ist eine **Abmahnung wegen** eines **vergleichbaren Fehlverhaltens Wirksamkeitsvoraussetzung** einer **verhaltensbedingten Kündigung**. In seltenen Ausnahmefällen wird dies auch bei bestimmten personenbedingten Kündigungsgründen angenommen (vgl. dazu Rn 178). Wird eine ordentliche Kündigung mit einem Sachverhalt begründet, der sowohl personen- als auch verhaltensbedingte Gründe betrifft (sog. Kündigung wegen eines **Mischtatbestandes**), richtet sich der Prüfungsmaßstab in erster Linie danach, welchem Bereich die Störung des Arbeitsverhältnisses primär zuzuordnen ist.[565] Ist die Störung primär dem Verhaltensbereich zuzuordnen, so ist eine vorherige vergebliche Abmahnung Voraussetzung für die Wirksamkeit einer Kündigung.

245 Die Abmahnung soll den Arbeitnehmer an seine vertraglichen Pflichten erinnern und deren künftige Einhaltung verlangen (**Rügefunktion**).[566] Zum anderen kommt der Abmahnung eine **Warnfunktion** zu. Dem Arbeitnehmer soll deutlich vor Augen geführt werden, dass sein Verhalten den Bestand oder Inhalt seines Arbeitsverhältnisses gefährdet.[567] Daneben hat die Abmahnung **Dokumentationsfunktion.**[568]

246 Eine Abmahnung liegt vor, wenn der Arbeitgeber in einer für den Arbeitnehmer hinreichend deutlich erkennbaren Art und Weise **Leistungsmängel beanstandet** und damit den **Hinweis** verbindet, dass im Wiederholungsfalle der Inhalt oder der **Bestand** des **Arbeitsverhältnisses gefährdet** sei.[569]

2. Notwendiger Inhalt der Abmahnung

247 Aus der kündigungsrechtlichen Warnfunktion der Abmahnung ergibt sich **zwingend** folgender Mindestinhalt einer Abmahnung:

- **konkrete Bezeichnung des Fehlverhaltens und**
- **Androhung arbeitsrechtlicher Konsequenzen für Inhalt und Bestand des Arbeitsverhältnisses im Wiederholungsfall.**

Fehlt eine dieser beiden Voraussetzungen, so ist die Abmahnung **unwirksam**.

564 Vgl. Ascheid/Preis/Schmidt/*Dörner*, § 1 KSchG Rn 343; *v. Hoyningen-Huene/Linck*, § 1 KSchG Rn 479.
565 BAG v. 21.1.1999, NZA 1999, 3140.
566 BAG v. 17.2.1994, EzA § 611 BGB Abmahnung Nr. 30.
567 BAG v. 21.5.1992, DB 1992, 2143; LAG Hamm v. 9.1.1992, ZTR 1992, 202.
568 BAG v. 13.3.1987, AP Nr. 3 zu § 87 BetrVG 1972.
569 BAG v. 18.1.1980, AP Nr. 3 zu § 1 KSchG 1969 Verhaltensbedingte Kündigung.

a) Konkrete Bezeichnung (eines) Fehlverhaltens

Nach der Rspr. des BAG[570] muss der Arbeitgeber in einer für den Arbeitnehmer **„hinreichend deutlich erkennbaren Art und Weise" Leistungsmängel beanstanden**. Der Arbeitnehmer soll eindeutig und unmissverständlich ersehen können, was ihm zum Vorwurf gemacht wird, welches Verhalten der Arbeitgeber missbilligt und in welcher Hinsicht seine Leistungen nicht dessen Anforderungen entsprechen.[571] Es **genügt** also **nicht**, die **Pflichtverletzungen** lediglich **allgemein zu umschreiben** und hierbei nur schlagwortartige Bezeichnungen zu gebrauchen. Die Abmahnung muss **inhaltlich bestimmt** sein.[572] Eine Abmahnung wegen „mangelhafter Leistungen", wegen „ungebührlichen Verhaltens", wegen „häufiger Verspätung", wegen „Unzuverlässigkeit" etc. ist zu unsubstantiiert. Dies gilt erst Recht für die – in der Praxis häufig anzutreffende – Formulierung: „Ihre Leistungen lassen zu wünschen übrig" oder pauschalen Hinweise wie „wegen der Ihnen bekannten Vorkommnisse" oder „aus gegebenem Anlass". Eine Bezugnahme im Abmahnungsschreiben auf ein vorangegangenes Gespräch zwischen Arbeitgeber und Arbeitnehmer ist nur zulässig, wenn sich hieraus unmissverständlich die Beanstandungen des Arbeitgebers ergeben.[573] Soll ein außerdienstliches Verhalten abgemahnt werden, bedarf es der vorherigen Aufstellung klarer und verhältnismäßiger Verhaltensregeln.[574] 248

Praxishinweis: 249

Im Fall der Minderleistung ist wichtig, dass der Arbeitnehmer im Abmahnungsschreiben nicht aufgefordert werden darf, „durchschnittliche Arbeitsergebnisse" zu erzielen, denn eine solche Verpflichtung besteht nicht. Der Arbeitnehmer darf lediglich unter Hinweis auf die Unterdurchschnittlichkeit der bisher erzielten Ergebnisse aufgefordert werden, seine persönliche Leistungsfähigkeit auszuschöpfen.[575]

Eine Abmahnung kann sich grundsätzlich auch auf **mehrere Beanstandungen** beziehen. Nach der Rspr. des BAG hat der Arbeitnehmer, wenn in einem Abmahnungsschreiben mehrere Pflichtverletzungen gleichzeitig gerügt werden und davon nicht alle zutreffen, einen Anspruch auf Entfernung des vollständigen Abmahnungsschreibens. Die Abmahnung kann also nicht teilweise aufrechterhalten werden. Soweit auch nur ein Vorwurf unbegründet ist, muss die Abmahnung insgesamt aus der Personalakte entfernt werden. Allerdings kann der Arbeitgeber anschließend eine auf die zutreffenden Pflichtverletzungen begrenzte Abmahnung aussprechen.[576] 250

Praxishinweis 251

In der Praxis scheitern die meisten Abmahnungen daran, dass sie das Fehlverhalten nicht konkret genug bezeichnen. Als Grundsatz sollte gelten, in der Abmahnung das Fehlverhalten so genau zu beschreiben, wie beim Tatsachenvortrag für eine verhaltensbedingte Kündigung im Kündigungsschutzprozess. In einer Abmahnung sollte immer **nur eine Pflichtverletzung** abgemahnt werden. Hat der Arbeitnehmer mehrere Pflichtverletzungen begangen, sollten mehrere (unterschiedliche) Abmahnungen erteilt werden.

570 BAG v. 9.8.1984, NZA 1985, 125; BAG v. 27.11.1985, NZA 1986, 227.
571 Vgl. BAG v. 17.1.2008, NZA 2008, 693.
572 BAG v. 18.1.1980, AP Nr. 3 zu § 1 KSchG 1969 Verhaltensbedingte Kündigung.
573 BAG v. 27.11.1985, NZA 1986, 227.
574 BAG v. 23.6.2009 – 2 AZR 283/08, Juris.
575 Vgl. BAG v. 27.11.2008 – 2 AZR 675/07, Juris.
576 BAG v. 13.3.1991, NZA 1991, 768.

b) Androhung arbeitsrechtlicher Konsequenzen

252 Der Arbeitnehmer muss aufgefordert werden, das beanstandete Verhalten abzustellen bzw. nicht zu wiederholen. Für den Wiederholungsfall sind ihm arbeitsrechtliche Konsequenzen anzudrohen. Diese arbeitsrechtlichen Konsequenzen müssen benannt werden. Es reicht die Ankündigung, dass der **Inhalt oder Bestand** des **Arbeitsverhältnisses gefährdet** ist. Allgemeine Wendungen wie „arbeitsrechtliche Konsequenzen" oder Ihr Verhalten können wir auf Dauer nicht hinnehmen" sind nicht ausreichend. Es ist für die Wirksamkeit nicht erforderlich, dass das Wort Abmahnung ausdrücklich benutzt wird.[577] In der Praxis sollte eine Abmahnung allerdings als solche bezeichnet werden. Fehlt eine Androhung arbeitsrechtlicher Konsequenzen, handelt es sich **lediglich** um eine **Ermahnung**, die als Voraussetzung einer ordentlichen verhaltensbedingten Kündigung nicht ausreicht.

c) Abmahnungsberechtigung

253 Für eine wirksame Abmahnung ist es nicht erforderlich, dass der Abmahnende kündigungsberechtigt ist. Hierfür kommen alle Mitarbeiter in Betracht, die befugt sind, verbindliche Anweisungen bezüglich des Ortes, der Zeit sowie der Art und Weise der geschuldeten Arbeitsleistung zu erteilen.[578] So ist z.B. der Chefarzt gegenüber den nachgeordneten Ärzten und dem Pflegepersonal abmahnungsberechtigt, obwohl er i.d.R. nicht kündigungsberechtigt ist.[579] Gleiches gilt für den Meister gegenüber den ihm nachgeordneten Arbeitskräften.[580] Maßgebend ist, dass das **Direktionsrecht** an die **abmahnende Person** gegenüber der abzumahnenden – hierarchisch darunter liegenden – Person von der kündigungsberechtigten Person (Arbeitgeber bzw. Arbeitgeber-Vertreter, z.B. Behördenleiter) **wirksam übertragen** worden ist. Liegen diese Voraussetzungen nicht vor, kann der Arbeitnehmer die Abmahnungserklärung gem. § 174 BGB mangels Vorlage einer Vollmachtsurkunde zurückweisen. Die Abmahnung ist dann unwirksam. Von dieser Möglichkeit wird in der anwaltlichen Praxis nur selten Gebrauch gemacht.

d) Kein Formerfordernis

254 Die Einhaltung der **Schriftform** ist **keine Wirksamkeitsvoraussetzung** der Abmahnung. Der Arbeitgeber hat im Kündigungsschutzprozess die **Darlegungs- und Beweislast** für die vorherige ergebnislos gebliebene und **wirksam erteilte Abmahnung** (vgl. Rn 220). Dieser Beweis lässt sich in der Praxis durch Zeugen häufig nur schwer führen, weil diese in der Verhandlung entweder das Fehlverhalten nicht genau genug schildern oder vergessen, dass und wie genau sie arbeitsrechtliche Konsequenzen angedroht haben.

255 Teilweise sehen **tarifliche Regelungen**[581] ein **besonderes Anhörungsrecht** des Arbeitnehmers vor **Aufnahme belastender Schriftstücke** in die **Personalakten** vor.[582] Bei Verletzung des Anhörungsrechts hat der Arbeitnehmer grundsätzlich einen Anspruch auf Entfernung der Abmahnung aus seinen Personalakten. Dies gilt selbst dann, wenn die Abmahnung in der Sa-

577 Vgl. BAG v. 7.11.1979, AP Nr. 3 zu § 87 BetrVG 1972 Betriebsbuße.
578 BAG v. 18.1.1980, AP Nr. 3 zu § 1 KSchG 1969 Verhaltensbedingte Kündigung.
579 BAG v. 18.1.1980, AP Nr. 3 zu § 1 KSchG 1969 Verhaltensbedingte Kündigung.
580 Vgl. *Beckerle/Schuster*, Rn 86 m.w.N.
581 Vgl. z.B. § 13 Abs. 2 BAT.
582 Vgl. *Wilhelm*, NZA 2002, 449, 452.

che gerechtfertigt ist, also auf zutreffenden Tatsachen beruht.[583] Gleichwohl behält die Abmahnung nach der Rspr. des BAG die regelmäßig vor einer verhaltensbedingten Kündigung erforderliche Warnfunktion.[584]

e) Zugang der Abmahnung

Die Abmahnung muss, um wirksam zu werden, dem Arbeitnehmer zugehen. Hierfür gelten die Grundsätze über den Zugang von Willenserklärungen, §§ 130 ff. BGB, wie sie auch für die Kündigungserklärung gelten (vgl. § 1 Rn 59). Aus Gründen der Rechtssicherheit wird sich der Arbeitgeber den Zugang der Abmahnung schriftlich bestätigen lassen. 256

f) Kenntnisnahme durch Arbeitnehmer

Dem Arbeitnehmer muss die Abmahnung nicht nur zugehen, sondern er muss auch den **Inhalt** der **Abmahnung** zur **Kenntnis nehmen**. Gegenüber einem ausländischen Arbeitnehmer, der die deutsche Sprache nicht beherrscht, liegt eine wirksame Abmahnung erst vor, wenn sie ihm in seine Muttersprache übersetzt wird.[585] In der Praxis wird der Arbeitgeber bei nicht einwandfreien Sprachkenntnissen immer die Abmahnung in deutscher Sprache und als beglaubigte Übersetzung in der Muttersprache abfassen. 257

3. Zeitpunkt der Abmahnung

Hier geht es um die Frage, innerhalb welchen Zeitraums nach dem zu rügenden Vorfall der Arbeitgeber die Abmahnung aussprechen muss. 258

a) Verwirkung

Das Recht zur Kündigung kann wegen Verwirkung unbeachtlich werden. Eine Verwirkung tritt insoweit ein, wenn der Kündigende längere Zeit untätig gewesen ist, d.h. trotz Vorliegens eines Kündigungsgrundes die Kündigung nicht ausgesprochen hat, obwohl ihm dies möglich und zumutbar war, und dadurch beim Kündigungsempfänger das Vertrauen erweckt hat, die Kündigung werde unterbleiben. Die Verwirkung setzt nämlich zweierlei voraus, zum einen den Ablauf einer gewissen Zeit (**Zeitmoment**) und zum anderen ein bestimmtes Verhalten des Gläubigers und ein „Sich-Einrichten" des Schuldners hierauf (**Umstandsmoment**). Diese Grundsätze gelten nach allg. Auffassung auch für die Abmahnung.[586] Leider lassen sich konkrete Zeitangaben nicht machen. Die Zweiwochenfrist des § 626 Abs. 2 BGB gilt nicht analog.[587] Nach der Rspr. des BAG gibt es **keine Regelausschlussfrist**, innerhalb derer eine Pflichtverletzung abgemahnt werden muss.[588] 259

583 BAG v. 16.11.1989, AP Nr. 2 zu § 13 BAT m. Anm. *Conze*.

584 BAG v. 21.5.1992, AP Nr. 28 zu § 1 KSchG 1969 Verhaltensbedingte Kündigung; ebenso LAG Hamm v. 9.1.1992, ZTR 1992, 202.

585 BAG v. 9.8.1984, NZA 1985, 124.

586 So BAG v. 14.12.1994, NZA 1995, 676, 678.

587 Vgl. *Beckerle/Schuster*, Rn 98 ff. m.w.N.

588 BAG v. 14.12.1994, NZA 1995, 676, 678; grundlegend BAG v. 15.1.1986, NZA 1986, 421, wo ausdrücklich eine Frist von vier Wochen als zulässig angesehen wurde.

b) Keine Geltung tarifvertraglicher Ausschlussfristen

260 Das BAG hat seine Rspr. ausdrücklich geändert und festgestellt, dass das Recht des Arbeitgebers, dem Arbeitnehmer eine schriftliche Abmahnung zu erteilen und diese zur Personalakte zu nehmen, nicht einer tariflichen Ausschlussfrist – hier § 70 BAT (vgl. jetzt § 37 TVöD) – unterliegt.[589]

4. Wirkungslosigkeit von Abmahnungen

261 Eine Abmahnung, die rechtswirksam erteilt worden ist, kann später wirkungslos werden. Hier sind im Wesentlichen drei Fälle zu unterscheiden:

a) Mangelnde Ernstlichkeit

262 Die Warnfunktion einer Abmahnung kann erheblich dadurch abgeschwächt werden, dass der Arbeitgeber bei ständig neuen Pflichtverletzungen des Arbeitnehmers stets **nur** mit einer **Kündigung droht**, ohne jemals arbeitsrechtliche Konsequenzen folgen zu lassen.[590] Andererseits kann bei für sich genommen geringfügigen Pflichtverletzungen eines Arbeitnehmers mit hohem sozialen Besitzstand – hier Betriebsratsvorsitzender mit über 20-jähriger Betriebszugehörigkeit – je nach den Umständen eine einmalige Abmahnung nicht ausreichen, den Arbeitnehmer hinreichend zu warnen, dass er bei weiteren gleichartigen Pflichtverletzungen seinen Arbeitsplatz aufs Spiel setzt. Hat der Arbeitgeber durch zahlreiche Abmahnungen wegen gleichartiger Pflichtverletzungen – hier neun Abmahnungen wegen verspäteter Arbeitsaufnahme – deren Warnfunktion zunächst abgeschwächt, so muss er die (letzte) **Abmahnung** vor Ausspruch der Kündigung **eindringlich gestalten**.[591] Gleichwohl wird die in der Abmahnung enthaltende Warnung nicht dadurch entwertet, dass sie beim Arbeitnehmer die Hoffnung offen lässt, der Arbeitgeber werde vielleicht „Gnade vor Recht ergehen lassen“. Ansonsten wäre der ruhig und verständig abwägende, im Zweifel eher zur Nachsicht neigende Arbeitgeber benachteiligt.[592] In welcher Form dies zu geschehen hat (eindringliches Abmahnungsgespräch, besonders hervorgehobener Text, „letztmalige Abmahnung“ etc.) hängt von den Umständen des Einzelfalles ab.[593]

b) Wirkungsdauer und Tilgung

263 Gemeint ist die Frage, nach Ablauf welcher Zeit der Arbeitgeber von sich aus tätig werden muss, um die Abmahnung und deren Folgen zu beseitigen bzw. die Abmahnung auch bei Verbleib in der Personalakte kündigungsrechtlich keine Wirkung mehr entfalten kann. Nach der Rspr. des BAG besteht **keine bestimmte Frist**.[594] Eine ursprünglich berechtigte Abmahnung kann durch Zeitablauf gegenstandslos werden. Insb. kann es nach einer längeren Zeit einwandfreier Führung des Arbeitnehmers dem Arbeitgeber verwehrt sein, sich auf früher ab-

589 BAG v. 14.12.1994, NZA 1995, 676.

590 BAG v. 15.11.2001, NZA 2002, 968 („leere Drohung“).

591 BAG v. 15.11.2001, DB 2002, 689.

592 BAG v. 16.9.2004, NZA 2005, 459.

593 BAG v. 15.11.2001, NZA 2002, 968, 969 f.

594 BAG v. 10.10.2002, ZTR 2003, 583; BAG v. 18.11.1986, AP Nr. 17 zu § 1 KSchG 1969 Verhaltensbedingte Kündigung m. krit. Anm. *Conze* = NZA 1987, 418.

gemahnte Pflichtverstöße des Arbeitnehmers zu berufen. Eine Abmahnung verliert ihre Bedeutung, wenn aufgrund Zeitablaufs oder neuer Umstände (z.B. einer späteren unklaren Reaktion des Arbeitgebers auf ähnliche Pflichtverletzungen anderer Arbeitnehmer) der Arbeitnehmer wieder im Ungewissen sein kann, was der Arbeitgeber von ihm erwartet bzw. wie er auf eine etwaige Pflichtverletzung reagieren wird. Hierbei ist insb. die Art der Verfehlung und das Verhalten des Arbeitgebers im Anschluss an die Abmahnung zu beurteilen.

Für die **Praxis** sollte jedoch folgendes als **Richtschnur** angesehen werden: 264

- bei **leichteren Pflichtverletzungen** (z.B. geringe Unpünktlichkeit, geringfügige Schlechtleistung, insb. bei längeren beanstandungsfreien Zeiträumen) wird eine Wirkungsdauer von sechs Monaten bis zu einem Jahr anzunehmen sein,
- bei **mittelschweren Pflichtverletzungen** (erhebliche Schlechtleistung, verspätete Krankmeldung, insb. wenn die Verfehlungen zu konkreten Beeinträchtigungen des Betriebsablaufs führen) eine Wirkungsdauer von ein bis drei Jahren und
- bei **schweren Pflichtverletzungen** (z.B. Trunkenheit im Dienst, Beleidigungen, Tätlichkeiten, längeres unentschuldigtes Fehlen) bis zu fünf Jahren.

Ein **Anspruch** auf **Entfernung** berechtigter Abmahnungen aus der **Personalakte** allein **wegen Zeitablaufs** besteht grundsätzlich nicht. Erforderlich ist vielmehr eine Einzelfallprüfung. Eine Interessenabwägung muss ergeben, dass eine weitere Aufbewahrung der Aktenvorgänge zu unzumutbaren Nachteilen für den Arbeitnehmer führt, andererseits aber die beurkundeten Vorgänge für das Arbeitsverhältnis rechtlich bedeutungslos geworden sind (zu den Rechtsmitteln gegen Abmahnungen vgl. Rn 280 ff.).[595] Wegen des Bewährungsaufstieges und des Grundsatzes der Bestenauslese bei Beförderungen werden solche Nachteile im öffentlichen Dienst regelmäßig vorliegen. 265

c) (Bewährungs-) Zeitraum zwischen Abmahnung und Kündigung

Aus dem Sinn und Zweck der Abmahnung folgt, dass der Zeitraum zwischen Abmahnung und Kündigung nicht zu kurz bemessen sein darf. Dies gilt insbesondere bei **Leistungsmängeln** im eigentlichen Sinn, also unzureichenden Arbeitsleistungen hinsichtlich Qualität und Quantität.[596] 266

5. Erforderlichkeit einer Abmahnung – Steuerbares Verhalten

Nach der neueren Rspr. des BAG ist eine Abmahnung erforderlich, wenn wegen eines nicht vertragsgerechten, **steuerbaren Verhaltens** gekündigt werden soll.[597] Dies gilt, wenn erwartet werden kann, dass in Zukunft eine **Wiederherstellung** der **Vertragstreue und** des **Vertrauens erwartet** werden kann.[598] Die frühere Unterscheidung zwischen Störungen im Leistungsbereich einerseits und Störungen im Vertrauensbereich und betrieblichen Bereich andererseits hat das BAG aufgegeben. Damit ist sowohl bei Störungen im Leistungsbereich als auch bei Störungen im Vertrauensbereich i.d.R. eine Abmahnung erforderlich.[599] 267

595 BAG v. 8.2.1989, ZTR 89, 236.

596 BAG v. 15.3.1983, DB 1983, 1930 nur neun Arbeitstage zwischen Abmahnung und Kündigung zu geringer Zeitraum; LAG Hessen v. 26.4.1999, NZA-RR 1999, 637.

597 So BAG v. 17.6.2003, ZTR 2004, 25, 26.

598 BAG v. 17.6.2003, ZTR 2004, 25, 26; BAG v. 10.2.1999, NZA 1999, 708; BAG v. 11.3.1999, NZA 1999, 818.

599 Ausführlich Ascheid/Preis/Schmidt/*Dörner*, § 1 KSchG Rn 368 ff.; ErfK/*Müller-Gloge*, § 626 BGB Rn 27f.; KR/*Fischermeier*, § 626 BGB Rn 237 ff.; vgl. auch *Walker*, NZA 1995, 601, 604.

268 Bei einer Kündigung aus verhaltensbedingten Gründen ist eine Abmahnung jedenfalls dann entbehrlich, wenn es sich um **schwere Pflichtverletzungen** handelt, deren **Rechtswidrigkeit** für den Arbeitnehmer **ohne weiteres erkennbar** ist und bei denen eine **Hinnahme** des **Verhaltens** durch den Arbeitgeber **offensichtlich ausgeschlossen** ist.[600] Dies gilt insb. bei Vermögensdelikten zu Lasten des Arbeitgebers.[601] Die Faustformel ist, ob dem Arbeitnehmer **bewusst** ist, seinen **Arbeitsplatz aufs Spiel zu setzen**.[602] So muss ein Arbeitnehmer in einem Kaufhausbetrieb davon ausgehen, dass er mit einem (versuchten) Diebstahl oder einer Unterschlagung, auch **geringwertiger Sachen**, im Betrieb seines Arbeitgebers seinen Arbeitsplatz aufs Spiel setzt. Eine Abmahnung ist bei derartigen Pflichtverstößen regelmäßig nicht erforderlich. In dem Fall hatte die Arbeitnehmerin 62 „Minifläschchen Alkoholika" und zwei angebrochene Rollen Küchenpapier versucht zu entwenden. Die Ware war abgeschrieben und sollte an Betriebsangehörige verschenkt bzw. zu karitativen Zwecken zur Verfügung gestellt werden.[603] Die Abmahnung ist dann ferner entbehrlich, wenn der Arbeitnehmer **nicht Willens** oder **nicht in der Lage** ist, sich **vertragstreu** zu verhalten.[604] Dementsprechend ist i.d.R. bei personenbedingten Kündigungen eine Abmahnung entbehrlich (vgl. Rn 179).

269 **Regelmäßig** wird bei den nachfolgenden Pflichtverletzungen eine **Abmahnung** vor einer verhaltensbedingten Kündigung **erforderlich** sein: Minder-/Schlechtleistung, verbale sexuelle Belästigung,[605] unentschuldigtes Fehlen,[606] Unpünktlichkeit,[607] Verletzung der Anzeige- und Nachweispflicht bei Krankheit,[608] fehlende Führungseigenschaften,[609] alkoholbedingtes Fehlverhalten,[610] Verletzung der Pflicht zur amtsärztlichen Untersuchung,[611] Verletzung arbeitsvertraglicher Pflichten in Zusammenhang mit der Wahrnehmung des Betriebs- oder Personalratsratsamtes,[612] Ausübung einer Nebentätigkeit während einer ärztlich attestierten Arbeitsunfähigkeit, Arbeitsbummelei und Arbeitsverweigerung,[613] Verletzung der Pflicht eine Arbeitszeitkarte zu führen,[614] und Anwendung kirchenrechtlich unzulässiger Behandlungsmethoden durch einen Arzt in einem kirchlichen Krankenhaus.[615]

270 **In der Regel** wird bei den nachfolgenden Pflichtverletzungen eine **Abmahnung** vor einer verhaltensbedingten Kündigung **nicht erforderlich** sein: exzessive private Internetnutzung mit Aufruf pornographischer Seiten,[616] vorsätzliche Manipulation an einer Zeiterfassungs-

600 BAG v. 10.2.1999, NZA 1999, 708; *v. Hoyningen-Huene/Linck*, § 1 KSchG Rn 487.

601 BAG v. 10.2.1999, NZA 1999, 708; BAG v. 1.7.1999, NZA 1999, 1270; ArbG Frankfurt, v. 2.1.2002, NZA 2002, 1093, 1094.

602 So von *v. Hoyningen-Huene/Linck*, § 1 KSchG Rn 487.

603 BAG v. 11.12.2003, NZA 2004, 486.

604 BAG v. 26.1.1995, NZA 1995, 517, 520.

605 LAG Niedersachsen v. 25.11.2008, NZA-RR 2009, 249.

606 BAG v. 9.8.1984, NZA 1985, 124.

607 BAG v. 17.3.1988, NZA 1989, 261.

608 BAG v. 31.8.1989, NZA 1990, 433; BAG v. 16.8.1991, DB 1992,1479.

609 BAG v. 29.7.1976, DB 1976, 2356.

610 BAG v. 22.7.1982, DB 1983, 180; LAG Hamm v.15.12.1989, EzBAT § 53 BAT Verhaltensbedingte Kündigung Nr. 22; LAG Hamm v. 23.8.1990, LAGE § 626 BGB Nr. 52.

611 BAG v. 25.6.1992, NZA 1993, 81, 82 f.; BAG v. 12.4.2002, NZA 2002, 1081, 1084.

612 BAG v. 15.7.1992, NZA 1993, 220 ff.; BAG v. 10.11.1993, NZA 1994, 500 ff.; BAG v. 31.8.1994, NZA 1995, 225, 227; ausführlich Ascheid/Preis/Schmidt/*Dörner*, § 1 KSchG Rn 353.

613 BAG v. 17.2.1994, NZA 94, 656 ff. im Zusammenhang mit unberechtigter Arbeitsverweigerung wegen noch nicht wirksamen Anspruch auf Elternzeit.

614 BAG v. 8.9.1993, NZA 94, 631 f.

615 BAG v. 7.10.1993, NZA 1994, 443.

616 BAG v. 7.7.2005, NZA 2006, 98.

karte,[617] Fälschen einer Arbeitsunfähigkeitsbescheinigung,[618] vorsätzliches Ausstellen unrichtiger Reisekostenabrechnungen, erheblicher Spesenbetrug bzw. sonstiger Betrug, Unterschlagung eines Geldbetrages, Diebstahl,[619] unsittliches Verhalten und sexuelle Belästigung,[620] Annahme von Schmiergeldern,[621] Verstöße gegen ein Wettbewerbsverbot,[622] erheblicher Loyalitätsverstoß durch einen Arbeitnehmer in einer Führungsposition,[623] Vorteilsnahme,[624] Verdachtskündigung,[625] Krankheitsandrohung bei Nichtgewährung von Urlaub,[626] Weitergabe von Kenntnissen und Informationen durch einen Arbeitnehmervertreter im Aufsichtsrat an Dritte,[627] erhebliche unsachliche Angriffe eines Arbeitnehmers auf Kollegen und Vorgesetzte mit beleidigendem Charakter,[628] „Götzzitat" gegenüber dem Arbeitgeber oder Vorgesetzten[629] und sonstige schwere Beleidigung,[630] Tätlichkeiten unter Arbeitskollegen,[631] und Ausübung einer schichtweisen Vollzeitbeschäftigung während einer attestierten Arbeitsunfähigkeit, wenn der Heilerfolg gefährdet wird.[632]

6. Abmahnung in Sonderfällen

a) Abmahnung gegenüber Auszubildenden

Aufgrund des noch ungefestigten Verhaltens des Auszubildenden wird sehr viel **eher** als bei einem ausgebildeten Arbeitnehmer eine Abmahnung vor Ausspruch einer Kündigung **notwendig** sein. Dies kommt in erster Linie bei verhaltensbedingten Gründen in Betracht, die die Eignung des Auszubildenden für den späteren Beruf in Frage stellen (vgl. § 8 Rn 14 ff.). 271

b) Abmahnung vor Änderungskündigung

Das BAG hat im Fall einer Änderungskündigung wegen **Leistungsmängeln** eine vorherige Abmahnung ebenso für notwendig gehalten wie bei einer auf verhaltensbedingte Gründe gestützten Änderungskündigung.[633] Auch im Falle einer **Versetzung** an einen anderen Dienstort wegen **Leistungsmängeln** kann die gebotene Interessenabwägung ergeben, dass der Ar- 272

617 BAG v. 12.8.1999, AP Nr. 51 zu § 123 BGB; LAG Berlin v. 6.6.1998, LAGE Verhaltensbedingte Kündigung Nr. 18; LAG Hamm v. 20.2.1986, DB 1986, 1338; LAG Berlin v. 6.6.1988, DB 1988, 1908; LAG Hamm v. 5.7.1988, LAGE § 1 KSchG Verhaltensbedingte Kündigung Nr. 23.
618 LAG Bremen v. 15.2.1985, BB 1985, 1129.
619 BAG v. 17.5.1984, NZA 1985, 91; BAG v. 13.12.1984, NZA 1985, 288; BAG v. 2.4.1987 RzK I 6d Nr. 7; LAG Köln v. 12.12.1989, LAGE § 1 KSchG Verhaltensbedingte Kündigung Nr. 25.
620 BAG v. 9.1.1986, NZA 1986, 467.
621 LAG Berlin v. 16.5.1978, BB 1978, 1570; LAG Köln v. 4.1.1984, DB 1984, 1101.
622 BAG v. 16.8.1990, NZA 1991, 141.
623 BAG v. 11.3.1999, NZA 1999, 587.
624 LAG Schleswig-Holstein v. 11.6.1987, EzBAT Nr. 14 zu § 53 BAT Verhaltensbedingte Kündigung.
625 BAG v. 11.4.1985, AP Nr. 39 zu § 102 BetrVG 1972.
626 BAG v. 5.11.1992, NZA 1993, 308.
627 BAG v. 4.4.1974, AP Nr. 1 zu § 626 BGB Arbeitnehmervertreter im Aufsichtsrat.
628 BAG v. 3.2.1982, AP Nr. 1 zu § 72 BPersVG.
629 LAG Frankfurt v. 13.2.1984, NZA 1984, 200.
630 BAG v. 5.11.1992, AuR 1993, 124.
631 BAG v. 31.3.1993, NZA 1994, 409, 412.
632 BAG v. 26.8.1993, NZA 1994, 63, 66; ebenso LAG München v. 9.9.1982, DB 1983, 193.
633 BAG v. 12.9.1980, AuR 1981, 60; BAG v. 29.5.1985, RzK I 1 Nr. 7; BAG v. 21.11.1985, NZA 1986, 713.

beitgeber das beanstandete Verhalten zunächst gegenüber dem Arbeitnehmer unter Hinweis auf die sonst drohende Versetzung abmahnen muss.[634]

c) Keine Abmahnung bei Nichtanwendbarkeit des KSchG

273 Eine Abmahnung ist nur erforderlich, wenn das KSchG auf das Arbeitsverhältnis Anwendung findet.[635] Dementsprechend ist erst nach Ablauf der **Wartezeit** des § 1 Abs. 1 KSchG (vgl. dazu Rn 48 ff.) die Erteilung einer vorherigen Abmahnung Wirksamkeitsvoraussetzung einer verhaltensbedingten Kündigung. In **Kleinbetrieben** muss überhaupt nicht abgemahnt werden (vgl. zum Begriff Rn 38 ff.). Etwas anderes kann nur bei widersprüchlichem Verhalten nach § 242 BGB gelten.[636] Die (fristlose) Kündigung des Dienstverhältnisses eines GmbH-**Geschäftsführers** hat regelmäßig eine Abmahnung nicht zur Voraussetzung.[637]

d) Abmahnung von Betriebs- oder Personalratsmitgliedern

274 Auch die Abmahnung von Betriebsrats- oder Personalratsmitgliedern ist grundsätzlich **zulässig**, wenn zumindest **auch Verletzungen arbeitsvertraglicher Pflichten** gerügt werden.[638] So ist etwa die Abmahnung eines Betriebsratsmitgliedes wegen Arbeitsverweigerung aufgrund einer **nicht erforderlichen Schulungsmaßnahme** jedenfalls dann berechtigt, wenn bei sorgfältiger objektiver Prüfung für jeden Dritten ohne weiteres erkennbar war, dass die Teilnahme an der Schulungsmaßnahme für dieses Betriebsratsmitglied nicht erforderlich war.[639] Dagegen ist die Abmahnung eines Betriebsratsmitgliedes unwirksam, wenn ein Betriebsratsmitglied der objektiv fehlerhaften Ansicht ist, eine Betriebsratsaufgabe wahrzunehmen, wenn es sich um die **Verkennung schwieriger und ungeklärter Rechtsfragen** handelt.[640] Die Pflicht eines nicht freigestellten Betriebsratsmitgliedes, sich vor Beginn der **Betriebsratstätigkeit** beim Arbeitgeber **abzumelden,** kann Gegenstand einer Abmahnung sein.[641] Soweit es sich um einen bloßen Verstoß gegen betriebsverfassungsrechtliche Amtspflichten handelt, ist eine Abmahnung unzulässig (sog. betriebsverfassungsrechtliche Abmahnung).[642]

7. Verhältnis von Abmahnung und Kündigung

a) Gleichartigkeit der Pflichtverletzungen

275 Der Arbeitgeber kann sich nur auf eine Abmahnung berufen, wenn sie einen vergleichbaren Sachverhalt wie die anschließende Kündigung betrifft. Nach der Rspr. des BAG muss ein **gleichartiges Fehlverhalten**[643] vorliegen, Abmahnung und Kündigung müssen in einem **in-**

634 BAG v. 30.10.1985, NZA 1986, 713.
635 BAG v. 21.2.2001, NZA 2001, 951.
636 BAG v. 21.2.2001, NZA 2001, 951; BAG v. 29.7.1976, AP Nr. 9 zu § 1 KSchG Verhaltensbedingte Kündigung.
637 BGH v. 14.2.2000, NJW 2000, 1638.
638 BAG v. 6.8.1981, AP Nr. 39 zu § 37 BetrVG 1972.
639 BAG v. 10.11.1993, NZA 1994, 500.
640 BAG v. 31.8.1994, NZA 1995, 224.
641 BAG v. 15.7.1992, NZA 1993, 220.
642 BAG v. 15.7.1992, NZA 1993, 220.
643 BAG v. 17.3.1988, NZA 1989, 261.

neren Zusammenhang stehen.[644] Was darunter im Einzelfall zu verstehen ist, ist insb. in Folge mangelnder Kasuistik nur schwer zu sagen. Das LAG Berlin hat das mehrfache zu späte Aufsuchen und das zu frühe Verlassen des Arbeitsplatzes, das vorzeitige Verlassen einer Baustelle, sowie Kartenspielen während der Arbeitszeit als gleichartige Pflichtverletzungen angesehen.[645] Eine Gleichartigkeit besteht auch, wenn die Abmahnung mehrere, verschiedenartige Vertragsverletzungen zum Gegenstand hat und Ausdruck einer allgemeinen Unzufriedenheit mit dem **Leistungs-** oder **Ordnungsverhalten** des Arbeitnehmers ist.[646]

b) Anzahl der Abmahnungen

Eine bestimmte Anzahl von Abmahnungen ist grundsätzlich nicht notwendig, bevor eine Kündigung wegen gleichartiger Vertragsverletzung ausgesprochen werden kann. **Grundsätzlich** ist nur **eine Abmahnung** bei **gleichartigen Sachverhalten erforderlich**. Etwas anderes kann sich nur ausnahmsweise bei **hohen sozialem Bestandsschutz** des Arbeitnehmers, insb. bei sog. Unkündbarkeit nach tarifvertraglichen Vorschriften bzw. hoher Dauer der Betriebszugehörigkeit und bei **leichten Vertragsverstößen**, sofern überhaupt wegen des Verhältnismäßigkeitsprinzips wirksam abgemahnt werden kann, ergeben.[647] **276**

c) Kündigungsverzicht durch Abmahnungserteilung

Das Kündigungsrecht erlischt durch Verzicht, wenn der Kündigungsberechtigte wegen des ihm bekannten Kündigungssachverhalts eine Abmahnung ausspricht und sich die für die Kündigung maßgebenden Umstände nicht später geändert haben.[648] Das BAG hat ausdrücklich offen gelassen, ob dies mangels entsprechender „Warnfunktion" auch für eine nicht mit einem ausdrücklichen Hinweis auf die Gefährdung des künftigen Bestandes des Arbeitsverhältnisses versehenen bloßen „Ermahnung" bzw. eine bloße Vertragsrüge anzunehmen ist. Ein Verzicht ist nach der Rspr. des BAG nur dann anzunehmen, wenn die Vertragsrüge deutlich und unzweifelhaft zu erkennen gibt, dass der Arbeitgeber den vertraglichen Pflichtenverstoß hiermit als ausreichend sanktioniert und die Sache als „erledigt" ansieht.[649] **277**

8. Beteiligung des Betriebs- oder Personalrats

Die Abmahnung ist **mitbestimmungsfrei**. Nur wenn sie einen über die Funktion der Abmahnung hinausgehenden Strafcharakter hat (Entzug bestimmter Vergünstigungen, Beförderungssperre), liegt eine Betriebsbuße vor, die der Mitbestimmung des Betriebs- bzw. Personalrats (§ 87 Abs. 1 Nr. 1 BetrVG, § 75 Abs. 3 Nr. 15 BPersVG) unterliegt. Dies ist i.d.R. nur bei Bestehen einer betrieblichen Bußordnung anzunehmen. Auch die Schwerbehindertenvertretung hat gem. § 95 Abs. 2 S. 1 SGB IX kein Mitbestimmungsrecht. Auf **Länderebene** bestehen personalvertretungsrechtliche Bestimmungen, die eine Beteiligung des Personalrates bei Abmahnungen vorschreiben (z.B. § 74 LPVG Nordrhein-Westfalen und § 80 Abs. 3 S. 1 Saarländisches PersVG, sowie § 78 Abs. 2 Nr. 15 LPersVG 1992 Rheinland-Pfalz). **278**

644 BAG v. 16.1.1992, NZA 1992, 1023.
645 BAG v. 18.1.1988, EzBAT § 54 BAT Arbeitsverweigerung Nr. 2.
646 LAG Reinland-Pfalz v. 5.11.1982, DB 1983, 1554.
647 Vgl. *v. Hoyningen-Huene/Linck*, § 1 KSchG Rn 509; KR/*Fischermeier*, § 626 BGB Rn 274.
648 BAG v. 6.3.2003, NZA 2003, 1389.
649 BAG v. 6.3.2003, NZA 2003, 1389; vgl. auch BAG v. 9.3.1995, NZA 1996, 875, 878.

279 Der Arbeitgeber ist nicht verpflichtet den Betriebs- oder Personalrat von einer Abmahnung zu informieren oder diesem eine Kopie zu überlassen. Bei einer auf die Abmahnung folgenden **Kündigung** ist der Betriebs- bzw. Personalrat über die erteilte **Abmahnung** einschließlich einer bereits vorliegenden **Gegendarstellung** zu **informieren**. Ansonsten liegt eine nichtordnungsgemäße Anhörung (vgl. § 12 Rn 81) vor, mit der Folge, dass die Kündigung unwirksam ist.[650]

9. Rechtsmittel gegen Abmahnungen

a) Anspruch auf Entfernung unberechtigter Abmahnungen aus der Personalakte

280 Nach st. Rspr. des BAG kann der Arbeitnehmer darauf klagen, dass eine zu Unrecht erteilte Abmahnung aus der Personalakte entfernt wird. Dabei kommt es nicht darauf an, ob der Verbleib der objektiv zu Unrecht erteilten Abmahnung konkrete Beeinträchtigungen für das berufliche Fortkommen erwarten lässt.[651]

281 *Formulierungsbeispiel*
Es wird beantragt,
die Beklagte zu verurteilen, das Abmahnungsschreiben vom aus der Personalakte des Klägers zu entfernen.

282 Nach **Beendigung** des **Arbeitsverhältnisses** hat der Arbeitnehmer regelmäßig keinen Anspruch mehr auf Entfernung einer zu Unrecht erteilten Abmahnung aus der Personalakte. Ein solcher Anspruch kann aber dann gegeben sein, wenn **objektive Anhaltspunkte** dafür bestehen, dass die Abmahnung dem Arbeitnehmer auch noch nach Beendigung des Arbeitsverhältnisses **schaden** kann. Dafür ist der Arbeitnehmer darlegungs- und beweispflichtig.[652] Im öffentlichen Dienst ist eine Abmahnung regelmäßig geeignet das berufliche Fortkommen zu verhindern.[653] Ferner ist anerkannt, dass Abmahnungen sowohl **isoliert**, als auch **erst** im **Kündigungsrechtsstreit** gerichtlich überprüft werden können. Eine Klagfrist existiert nicht.[654] Der Entfernungsanspruch unterliegt nicht einer tariflichen Ausschlussfrist. Er kann allerdings nach den allgemeinen Regeln verwirken.[655] Das BAG nimmt bei Arbeitsverhältnissen, die länger als ein Jahr bestehen, einen Streitwert von drei Bruttomonatsgehältern an.[656]

283 Auch eine **unwirksame Kündigung** kann die Funktion einer **Abmahnung** erfüllen.[657] Dies gilt auch für eine einvernehmlich zurückgenommene Kündigung mit feststehendem Sachverhalt.[658] Auch ein später nicht weiter durchgeführtes Beschlussverfahren auf Zustimmungsersetzung wegen häufiger Pflichtverletzung des betreffenden Arbeitnehmers nach § 103 Abs. 1 BetrVG kann Abmahnungsfunktion haben.[659]

650 BAG v. 31.8.1989, AP Nr. 1 zu § 77 LPVG Schleswig-Holstein.
651 BAG v. 5.8.1992, NZA 1993, 838.
652 BAG v. 14.9.1994, NZA 1995, 220.
653 BAG v. 14.9.1994, NZA 1995, 220; LAG Köln v. 16.9.1994, ZTR 1995, 377.
654 Vgl. auch *v. Hoyningen-Huene/Linck*, § 1 KSchG Rn 525.
655 BAG v. 14.12.1994, NZA 1995, 676.
656 BAG v. 30.11.1984, NZA 1985, 369.
657 BAG v. 31.8.1989, ZTR 1990, 213.
658 LAG Hessen v. 11.6.1993, NZA 1994, 886.
659 BAG v. 15.11.2001, NZA 2002, 968, 970.

b) Widerrufsanspruch

Darüber hinaus hat der Arbeitnehmer bei einem objektiv rechtswidrigen Eingriff in sein Persönlichkeitsrecht analog §§ 242, 1004 BGB einen Anspruch auf Widerruf bzw. Beseitigung der Beeinträchtigung durch die Abmahnung. Das allgemeine Persönlichkeitsrecht wird durch unrichtige oder abwertende, sein berufliches Fortkommen betreffende Tatsachenbehauptungen bzw. Äußerungen beeinträchtigt.[660] Der Arbeitnehmer kann deshalb **Rücknahme** einer unberechtigten missbilligenden Äußerung – in Form von Rügen, Ermahnung, Verwarnung oder Abmahnung –, die zur Personalakte genommen worden sind, verlangen, wenn sie nach Form und Inhalt geeignet ist, ihn in seiner Rechtsstellung zu beeinträchtigen.[661] Auch nach Entfernung einer Abmahnung aus der Personalakte ist der Arbeitnehmer nicht gehindert, einen Anspruch auf Widerruf der in der Abmahnung abgegebenen Erklärung gerichtlich geltend zu machen.[662] Voraussetzung dafür ist das Andauern einer Rechtsverletzung. 284

> *Formulierungsbeispiel* 285
> „Es wird beantragt,
> die Beklagte zu verurteilen, die Behauptungen in der Abmahnung vom ______ zu widerrufen."

c) Recht auf Gegendarstellung

Nach tariflichen Bestimmungen kann das Recht bestehen, eine **Gegendarstellung** zum Abmahnungssachverhalt in die Personalakte aufnehmen zu lassen (z.B. § 13 Abs. 2 S. 2 BAT). 286

Der Arbeitgeber muss die Gegendarstellung unmittelbar im Anschluss an die Abmahnung in die Personalakte heften und dort zumindest solange aufbewahren, wie auch die Abmahnung aufbewahrt wird.

IX. Änderungskündigung

1. Überblick

Kündigt der Arbeitgeber das Arbeitsverhältnis und bietet er dem Arbeitnehmer im Zusammenhang mit der Kündigung die Fortsetzung des Arbeitsverhältnisses zu geänderten Bedingungen an, so kann der Arbeitnehmer dieses Angebot unter dem Vorbehalt annehmen, dass die Änderung der Arbeitsbedingungen nicht sozial ungerechtfertigt ist, § 2 S. 1 KSchG. § 2 KSchG soll den Arbeitnehmer vor einseitigen Veränderungen des Arbeitsvertragsinhalts schützen.[663] Die Änderungskündigung ist ein zusammengesetztes Rechtsgeschäft aus **Kündigung** und – i.d.R. gleichzeitigem[664] – **Vertragsangebot** des Arbeitgebers. Auf die Änderungskündigung sind alle für Kündigungen anwendbaren Regelungen – auch einzelvertragliche und tarifliche[665] – anzuwenden (zur Beteiligung des Betriebsrats nach § 102 und ggf. 287

660 BAG v. 21.2.1979, AP Nr. 13 zu § 847 BGB.

661 BAG v. 27.11.1985, NZA 1986, 227.

662 BAG v. 15.4.1999, NZA 1999, 1037.

663 BAG v. 7.6.1973, AP Nr. 1 zu § 626 BGB Änderungskündigung; krit. dazu ErfK/*Oetker*, § 2 KSchG Rn 3; Ascheid/Preis/Schmidt/*Künzl*, § 2 KSchG Rn 24; *Hromadka*, NZA 1996, 1, 3.

664 Dazu ErfK/*Oetker*, § 2 KSchG Rn 11.

665 Dazu ErfK/*Oetker*, § 2 KSchG Rn 2.

nach § 99 BetrVG vgl. § 12 Rn 3 ff. und 30 ff.).[666] Das **Schriftformerfordernis** des § 623 BGB erstreckt sich bei einer Änderungskündigung auch auf das **Änderungsangebot**.[667] Zur **Eindeutigkeit** der Änderungskündigung gehört auch die genaue Bezeichnung der neuen Arbeitsbedingungen. Fehlt es daran, ist die Änderungskündigung unwirksam (Formulierungsbeispiel vgl. § 1 Rn 16).[668] Noch nicht abschließend geklärt ist, ob das Unterbreiten mehrerer, alternativer Änderungsangebote, unter denen der Arbeitnehmer wählen können soll, zulässig ist. Das BAG[669] scheint dem Arbeitgeber die Möglichkeit von Alternativangeboten „in Zweifelsfällen" zuzubilligen. Das LAG Hamm[670] hält die Angebote nicht für unwirksam; es fordert jedoch, dass jedes von ihnen für sich genommen hinreichend bestimmt sein muss. Die Unwirksamkeit eines Alternativangebots führt demnach zugleich zur Unwirksamkeit des Änderungsangebots insgesamt und damit auch zur Unwirksamkeit der Änderungskündigung als solcher.

288 Die ordentliche Änderungskündigung (zur – grundsätzlich zulässigen, aber in der Praxis seltenen – außerordentlichen Änderungskündigung vgl. § 2 Rn 5) kann als betriebsbedingte, personen- oder verhaltensbedingte Kündigung erklärt werden. Die unter II. bis VIII. behandelten Grundsätze gelten für die ordentliche Änderungskündigung entsprechend. Soweit der Arbeitgeber aufgrund des ihm zustehenden **Direktionsrechts** befugt ist, Änderungen der Arbeitsbedingungen vorzunehmen, bedarf es keiner Änderungskündigung. In diesem Fall verstößt eine gleichwohl ausgesprochene Änderungskündigung, die die Beendigung des Arbeitsverhältnisses nach sich ziehen kann, gegen das Verhältnismäßigkeitsprinzip und ist deshalb unwirksam (zum Vorrang der Änderungs- vor der Beendigungskündigung vgl. Rn 54).[671]

2. Annahme, Annahme unter Vorbehalt, Ablehnung

289 Ist dem Arbeitnehmer eine ordentliche Änderungskündigung zugegangen, kann er das Änderungsangebot vorbehaltlos **annehmen**. Damit wird der Arbeitsvertragsinhalt zu dem im Kündigungsschreiben genannten Zeitpunkt wirksam geändert. Die Frist für die Annahme bestimmt sich nach § 147 Abs. 2 BGB„[672] sofern der Arbeitgeber keine Frist für die vorbehaltlose Annahme des Änderungsangebots gesetzt hat.

290 Der Arbeitnehmer kann – wozu ihm aus anwaltlicher Sicht praktisch immer zu raten ist – das Änderungsangebot unter dem **Vorbehalt annehmen**, dass die Änderung der Arbeitsbedingungen sozial gerechtfertigt ist. Dann ist der Arbeitnehmer verpflichtet, zunächst zu den geänderten Bedingungen weiterzuarbeiten.[673] Nach richtiger Auffassung ist der Arbeitnehmer verpflichtet, ab Zugang der Änderungskündigung unter den geänderten Bedingungen zu arbeiten, wenn er diese unter Vorbehalt annimmt und die Änderungen nach dem Änderungs-

666 BAG v. 10.12.1992, EzA § 315 BGB Nr. 40.

667 BAG v. 16.9.2004, NZA 2005, 635.

668 BAG v. 15.1.2009 – 2 AZR 641/07; BAG v. 18.1.2007, DB 2007, 2097; KR/*Rost*, § 2 KSchG Rn 28b.

669 BAG v. 28.10.1999, NZA 2000, 825.

670 LAG Hamm v. 7.9.2007 – 4 Sa 423/07; ebenso Ascheid/Preis/Schmidt/*Künzl*, § 2 Rn 17; a.A. ArbG Düsseldorf v. 18.10.2005, NZA-RR 2006, 21, 22 f.; ErfK/*Oetker*, § 2 KSchG Rn 10.

671 BAG v. 28.4.1982, EzA § 2 KSchG Nr. 4.

672 BAG v. 6.2.2003, AP Nr. 71 zu § 2 KSchG 1969; BAG v. 21.4.2005, NZA 2005, 1289, 1293; BAG v. 1.2.2007, NZA 2007, 925; KR/*Rost*, § 2 KSchG Rn 77a.

673 Dazu BAG v. 18.1.1990, EzA § 1 KSchG Betriebsbedingte Kündigung Nr. 65.

angebot sofort in Kraft treten sollen.[674] Er muss den Vorbehalt dem Arbeitgeber gegenüber innerhalb der Kündigungsfrist, spätestens jedoch **innerhalb von drei Wochen** nach Zugang der Kündigung **erklären**. Setzt der Arbeitgeber im Kündigungsschreiben eine kürzere Frist für die Annahme oder Ablehnung des Änderungsangebots, führt dies nicht zur Unwirksamkeit der Kündigung. Vielmehr wird die gesetzliche Annahmefrist des § 2 S. 2 KSchG in Lauf gesetzt.[675] Ferner muss er innerhalb von drei Wochen nach Zugang der Änderungskündigung **Kündigungsschutzklage erheben**.

Formulierungsbeispiel 291

Annahme unter Vorbehalt, Schreiben des Arbeitnehmers an den Arbeitgeber

Mit Schreiben vom haben Sie mir zum mit dem Angebot gekündigt, mich zu den dort genannten geänderten Bedingungen weiter zu beschäftigen. Ich nehme dieses Angebot unter dem Vorbehalt an, dass diese Änderung nicht sozial ungerechtfertigt ist.

Klagantrag

Es wird beantragt,

festzustellen, dass die Änderung der Arbeitsbedingungen durch die Änderungskündigung vom zugegangen am unwirksam ist.

Letztlich besteht für den Arbeitnehmer die Möglichkeit, das Änderungsangebot **abzulehnen**. 292
Dann wird die Kündigung behandelt wie eine „normale" Beendigungskündigung[676] (zu den Einzelheiten des Kündigungsschutzprozesses gegen Änderungskündigungen siehe § 26 Rn 1 ff.).

3. Prüfungssystematik

Bei der Beurteilung der Sozialwidrigkeit der Änderungskündigung ist zu prüfen, ob die Än- 293
derung der Arbeitsbedingungen sozial gerechtfertigt ist, nicht die Beendigung des Arbeitsverhältnisses. Nach st. Rspr. des BAG[677] besteht ein **zweistufiges Prüfungsverfahren**, wonach im ersten Schritt zu prüfen ist, ob für die Vertragsänderung ein **Grund** in der Person oder dem Verhalten des Arbeitnehmers liegt oder ob dringende betriebliche Erfordernisse das Änderungsangebot nach § 1 Abs. 2 KSchG bedingen. Liegt ein Kündigungsgrund vor, ist zu prüfen, ob sich der Arbeitgeber darauf beschränkt hat, **nur** solche **Änderungen** vorzuschlagen, die der **Arbeitnehmer billigerweise hinnehmen** muss. Der Arbeitnehmer muss im Rahmen einer Änderungskündigung nur solche Änderungen der Arbeitsbedingungen billigerweise hinnehmen, die dem Grundsatz der Verhältnismäßigkeit entsprechen.[678] Die Änderungen müssen geeignet und erforderlich sein, um den Inhalt des Arbeitsvertrages den geänderten Beschäftigungsmöglichkeiten anzupassen. Ein Änderungsangebot, dessen Inhalt den arbeitsrechtlichen Gleichbehandlungsgrundsatz verletzt, widerspricht dem Grundsatz der Verhältnismäßigkeit. Es muss vom Arbeitnehmer nicht billigerweise hingenommen werden und führt zur Unwirksamkeit der Änderungskündigung.

674 Vgl. dazu ErfK/*Oetker*, § 2 KSchG Rn 38; *v. Hoyningen-Huene/Linck*, § 2 KSchG Rn 231.

675 BAG v. 18.5.2006, NZA 2006, 621; BAG v. 1.2.2007, NZA 2007, 925; *Berkowsky*, NZA 2008, 26.

676 Vgl. ErfK/*Oetker*, § 2 KSchG Rn 31; ausführlich zum Prüfungsmaßstab in diesem Fall *v. Hoyningen-Huene/Linck*, § 2 KSchG Rn 176 ff.

677 BAG v. 27.3.2003, NZA 2003, 1029, 1030; ebenso ErfK/*Oetker*, § 2 KSchG Rn 42.

678 Nachfolgend zum Ganzen: BAG v. 3.7.2003, DB 2004, 655, 655.

294 Auch bei einer betriebsbedingten Änderungskündigung sind die Grundsätze der **Sozialauswahl** zu berücksichtigen[679] (vgl. Rn 132 ff.). Bei einer mit der Änderungskündigung verbundenen Versetzung sind nur Arbeitnehmer vergleichbar, die hinsichtlich ihrer bisherigen Tätigkeiten austauschbar und darüber hinaus in der Lage sind, den neuen Arbeitsplatz auszufüllen.[680] Die Bewertung der Auswahlkriterien muss im Hinblick auf die Änderung der Arbeitsbedingungen erfolgen. Neben der Dauer der Betriebszugehörigkeit, dem Lebensalter, den Unterhaltsverpflichtungen und einer etwaigen Schwerbehinderung (vgl. Rn 147 ff.) kommt es darauf an, welchen Arbeitnehmer die Änderung der Arbeitsbedingungen am härtesten trifft, wem eine Umstellung auf die neue Tätigkeit nach seiner Vorbildung und nach seinen persönlichen Eigenschaften leichter oder schwerer fällt.[681] Unterhaltspflichten gewinnen im Rahmen der sozialen Auswahl nur dann Bedeutung, wenn mit der Änderungskündigung auch eine Reduzierung der Bezüge verbunden ist.[682]

295 Eine Änderungskündigung ist ferner unzulässig, wenn der Arbeitnehmer zwar an einem **anderen Arbeitsplatz**, jedoch ohne Änderung der Arbeitsbedingungen **weiterbeschäftigt** werden kann (vgl. Rn 96 ff.). Eine Versetzung darf zudem nicht gegen eine Auswahlrichtlinie verstoßen (vgl. Rn 169).

296 Eine Änderungskündigung verstößt gegen den Grundsatz der **Verhältnismäßigkeit**, wenn sie nicht erforderlich ist, weil die angestrebte Änderung der Arbeitsbedingungen bereits aufgrund anderer Umstände (im entschiedenen Fall durch Abschluss einer Betriebsvereinbarung) eingetreten ist. Dennoch ist die Änderungsschutzklage in einem solchen Fall unbegründet, da Voraussetzung ist, dass das Arbeitsverhältnis zu dem Termin, zu dem die Änderungskündigung ausgesprochen wird, noch zu unveränderten Bedingungen besteht.[683]

4. Betriebsbedingte Änderungskündigung

a) Entgeltreduzierung

297 Hat sich die bisherige Tätigkeit des Arbeitnehmers nicht verändert, so ist eine – isolierte – Reduzierung der vereinbarten Vergütung durch eine betriebsbedingte Änderungskündigung nach der Rspr. des BAG[684] nur unter besonderen (engen) Voraussetzungen zulässig.[685] Grundsätzlich sind einmal geschlossene Verträge einzuhalten. Die Dringlichkeit eines schwerwiegenden Eingriffs in das Leistungs-Gehaltsgefüge, wie es die Änderungskündigung zur Durchsetzung einer erheblichen Gehaltssenkung darstellt, ist nur begründet, wenn bei Aufrechterhaltung der bisherigen Personalkostenstruktur weitere, betrieblich nicht mehr auffangbare Verluste entstehen, die absehbar zu einer Reduzierung der Belegschaft oder sogar zu einer Schließung des Betriebes führen.[686] Regelmäßig setzt deshalb eine solche Situation einen **umfassenden Sanierungsplan** voraus, der alle gegenüber der beabsichtigten Änderungskündigung milderen Mittel ausschöpft.[687] Vom Arbeitgeber ist in diesem Zusammen-

679 BAG v. 18.1.2007, DB 2007, 2097; Vgl. ErfK/*Oetker*, § 2 KSchG Rn 52.
680 BAG v. 13.6.1986, Nr. 13 zu § 1 KSchG 1969 Soziale Auswahl.
681 BAG v. 13.6.1986, AP Nr. 13 zu § 1 KSchG 1969 Soziale Auswahl; BAG v. 13.6.1986, AP Nr. 19 zu § 2 KSchG 1969.
682 BAG v. 19.5.1993, EzA § 1 KSchG Betriebsbedingte Kündigung Nr. 73.
683 BAG v. 24.8.2004, NZA 2005, 51.
684 BAG v. 16.5.2002, NZA 2003, 147; BAG v. 27.9.2001, NZA 2002, 750; BAG v. 1.3.2007, NZA 2007, 1445.
685 Allgemein dazu KR/*Rost*, § 2 KSchG Rn 107a ff.; *Reiserer*, NZA 2007, 1249; *Fischermeier*, NZA 2000, 737.
686 BAG v. 23.6.2005, NZA 2006, 92, 96.
687 BAG v. 23.6.2005, NZA 2006, 92, 96.

hang zu verlangen, dass er die Finanzlage des Betriebs, den Anteil der Personalkosten, die Auswirkungen der erstrebten Kostensenkung für den Betrieb und für die Arbeitnehmer darstellt und ferner darlegt, warum andere Maßnahmen nicht in Betracht kommen.[688] Der Arbeitgeber muss substantiiert darlegen, dass eine Kosteneinsparung auf anderem Wege nicht mehr möglich ist.[689] Diese Grundsätze gelten auch dann, wenn der Arbeitgeber durch das Änderungsangebot nicht nur die Vergütung, sondern auch die Tätigkeit ändert. Eine Rechtfertigung der vorgeschlagenen Vergütung ist nur dann entbehrlich, wenn sich die geänderte Vergütung für die neue Tätigkeit aus einem im Betrieb angewandten Vergütungssystem ergibt.[690]

Die Unrentabilität des Betriebes kann einer Weiterbeschäftigung des Arbeitnehmers zu unveränderten Bedingungen des Arbeitsvertrages entgegenstehen und ein dringendes betriebliches Erfordernis zur Änderung der Arbeitsbedingungen sein. So kommt etwa bei einem durch die **hohe Vergütung** wirtschaftlich für den Betrieb nicht mehr tragbaren Arbeitnehmer nach dem Grundsatz der Verhältnismäßigkeit keine Beendigungs-, sondern nur eine Änderungskündigung in Betracht. Das bedeutet allerdings nicht, dass die dringenden betrieblichen Erfordernisse schon im Zeitpunkt der Kündigung einer Weiterbeschäftigung der Arbeitnehmers im Betrieb dergestalt entgegenstehen müssen, dass der Arbeitgeber mit dem Ausspruch einer Änderungskündigung warten muss, bis sein Ruin unmittelbar bevorsteht. Prüfungsmaßstab ist, ob die schlechte Geschäftslage einer Weiterbeschäftigung des Arbeitnehmers zu unveränderten Bedingungen entgegensteht.[691] **298**

Bei unterschiedlichen Vergütungsansprüchen der Arbeitnehmer **rechtfertigt** die **Gleichbehandlung keine Änderungskündigung**. Dem Arbeitgeber, der mit einzelnen Arbeitnehmern einzelvertraglich eine höhere Vergütung vereinbart hat als sie dem betrieblichen Niveau entspricht, ist es verwehrt, die Vergütung unter Berufung auf den Gleichbehandlungsgrundsatz dem (niedrigeren) Entgelt der übrigen Arbeitnehmer anzupassen.[692] Dies folgt schon aus dem Rechtsatz, dass beim Abschluss eines Arbeitsvertrages der Grundsatz der Vertragsfreiheit Vorrang zu dem arbeitsrechtlichen Gleichbehandlungsgrundsatz hat.[693] Der Gleichbehandlungsgrundsatz dient allein zur Begründung von Rechten, nicht aber zu deren Einschränkung.[694] Eine Änderungskündigung ist auch nicht allein deshalb sozial gerechtfertigt, weil eine neue gesetzliche Regelung die Möglichkeit vorsieht, durch Parteivereinbarung einen geringeren Lohn festzulegen, als er dem Arbeitnehmer bisher gesetzlich oder vertraglich zustand und der Arbeitnehmer eine solche, ihm angebotene Änderung ablehnt.[695] **299**

Ändert sich die Vergütung bei Änderung tatsächlicher Umstände, z.B. der Anzahl der unterstellten Arbeitnehmer, infolge **Tarifautomatik**, bedarf es keiner Änderungskündigung.[696] **300**

Die irrtümliche **Eingruppierung** eines Arbeitnehmers in eine zu hohe Vergütungsgruppe kann die betriebsbedingte Änderungskündigung mit dem Ziel der Rückgruppierung in die tariflich richtige Vergütungsgruppe rechtfertigen.[697] Für eine sog. **korrigierende Rückgrup-** **301**

688 BAG v. 27.9.2001, NZA 2002, 750; BAG v. 16.5.2002, NZA 2003, 147, 149.
689 BAG v. 20.8.1998, EzA § 2 KSchG Nr. 31; BAG v. 23.6.2005, NZA 2006, 92, 96.
690 BAG v. 23.6.2005, NZA 2006, 92, 96.
691 BAG v. 27.9.2001, NZA 2002, 750, 754; BAG v. 1.7.1999, NZA 1999, 1336.
692 BAG v. 1.7.1999, NZA 1999, 1336; BAG v. 12.1.2006, NZA 2006, 587.
693 BAG v. 4.5.1962, NJW 1962, 1459.
694 BAG v. 16.5.2002, NZA 2003, 147, 149.
695 BAG v. 12.1.2006, NZA 2006, 587.
696 So BAG v. 7.11.2001, NZA 2002, 860.
697 BAG v. 15.3.1991, BB 1991, 2228.

pierung (im öffentlichen Dienst) soll nach der Rspr. des BAG keine Änderungskündigung erforderlich sein.[698] Es bedarf ebenfalls keiner Änderungskündigung bei rechtsgrundlos gezahlter tariflicher Vergütung. Sie lässt sich ohne weiteres berichtigen, sofern nicht zugleich ein einzelvertraglicher Vergütungsanspruch besteht.[699] Ob ein einzelvertraglicher Anspruch besteht, ist durch Auslegung des Arbeitsvertrages zu ermitteln. Eine nur formularmäßige Verweisung auf eine bestimmte Vergütungsgruppe wird regelmäßig nur als deklaratorische Erklärung, nicht als konstitutive einzelvertragliche Zusage anzusehen sein.[700]

b) Nebenabreden

302 Nach der st. Rspr. des BAG[701] kann ein dringendes betriebliches Erfordernis zur Änderung der Arbeitsbedingungen in Betracht kommen, wenn die Parteien eine **Nebenabrede** zum Arbeitsvertrag vereinbart haben, die an **Umstände anknüpft**, die **erkennbar nicht während** der **gesamten Dauer** des **Arbeitsverhältnisses gleich bleiben müssen**. Möchte sich der Arbeitgeber wegen veränderter Umstände von einer solchen Nebenabrede lösen, so kann dies eine Änderungskündigung erforderlich machen, wenn die Parteien nicht von vornherein in der Nebenabrede einen Widerrufsvorbehalt vereinbart haben.[702] So kann z.B. ein **Mietzuschuss**, der ursprünglich die Preisdifferenz zwischen einer billigen Werkwohnung und einer Wohnung auf dem freien Markt ausgleichen sollte, wegen veränderter Umstände nicht mehr gerechtfertigt sein.[703] Durften die Kontrollschaffner eines Verkehrsunternehmens zunächst ihre Arbeit an der ihrer Wohnung nächstgelegenen Haltestelle aufnehmen, so können betriebliche Gründe für die geänderte Regelung bestehen, dass die Arbeit nunmehr stets vom Betriebshof aus aufzunehmen ist.[704] Hat der Arbeitgeber mit seinen Arbeitnehmern anlässlich des Umzugs des Betriebes an einen mit öffentlichen Verkehrsmitteln nicht oder nur schwer erreichbaren Ort vereinbart, einen **kostenlosen Werksbusverkehr** vom bisherigen Betriebsort an die neue Betriebsstätte einzurichten und zu unterhalten, so kann eine erhebliche Veränderung der bei der Vereinbarung zugrunde gelegten Umstände ein dringendes betriebliches Erfordernis zur Änderungskündigung darstellen. Es ist stets zu prüfen, ob sich die der ursprünglichen Vereinbarungen zugrunde liegenden Umstände so stark geändert haben, dass sie eine Änderung der Arbeitsbedingungen erforderlich machen und ob sich der Arbeitgeber darauf beschränkt hat, dem Arbeitnehmer nur solche Änderungen vorzuschlagen, die dieser billigerweise hinnehmen muss.[705]

c) Versetzungen

303 Die Übertragung der Aufgaben von **Außendienstmitarbeitern** in der klinischen Begleitforschung eines Pharmaunternehmens auf ein Drittunternehmen kann zum Wegfall ihrer Arbeitsplätze und zu einem dringenden betrieblichen Erfordernis für eine ordentliche Änderungskündigung nach § 1 Abs. 2 KSchG führen. Bietet der Arbeitgeber die Fortsetzung des

698 BAG v. 11.6.1997, NZA-RR 1998, 140; BAG v. 9.7.1997, ZTR 1998, 175.
699 BAG v. 23.4.1986, AP Nr. 118 zu §§ 22, 23 BAT 1975; LAG Köln v. 26.1.1994, ZTR 1994, 374.
700 BAG v. 30.5.1990, EzA § 99 BetrVG 1972 Nr. 89.
701 BAG v. 27.3.2003, NZA 2003, 1029, 1030 f.; BAG v. 18.11.1999, NZA 2000, 484; BAG v. 1.7.1999, NZA 1999, 1336.
702 BAG v. 27.3.2003, NZA 2003, 1029, 1030 f.; vgl. auch BAG v. 21.11.2000, NZA 2001, 492.
703 BAG v. 28.4.1982, AP Nr. 3 zu § 2 KSchG 1969.
704 BAG v. 26.7.2001, EZ BAT § 8 Direktionsrecht Nr. 50.
705 BAG v. 27.3.2003, NZA 2003, 1029.

Arbeitsverhältnisses zu geänderten Arbeitsbedingungen (hier: statt Außen- nunmehr eine Innendiensttätigkeit im weit vom Wohnort der Arbeitnehmerin entfernten Firmensitz) an, so ist ein solches Angebot nicht deshalb unbillig, weil der Arbeitnehmerin eine freie Mitarbeit im bisherigen Arbeitsgebiet und vom bisherigen Standort aus hätte angeboten werden können. Das mögliche Angebot einer freien Mitarbeit ist grundsätzlich kein „milderes Mittel" gegenüber dem Angebot einer Weiterbeschäftigung zu geänderten Bedingungen als Arbeitnehmer.[706]

Eine Änderungskündigung ist im Sinne des Verhältnismäßigkeitsgrundsatzes erforderlich, wenn es dem Arbeitgeber nicht möglich ist, durch andere technische, organisatorische oder wirtschaftliche Maßnahmen zu erreichen, dass ein Vertrieb zukünftig von einem **anderen Standort** aus betrieben werden kann. Dabei sind nur solche Mittel bei der Erforderlichkeitsprüfung zu berücksichtigen, die gleich wirksam sind, um das unternehmerische Ziel zu erreichen. Zum Vergleich können nicht solche Mittel herangezogen werden, die zur beabsichtigten Zweckerreichung weniger oder sogar ungeeignet sind.[707] 304

Der Entzug einer **Zusatzfunktion** im Wege der Änderungskündigung ist sozial gerechtfertigt, wenn kein Bedarf für die Wahrnehmung weitergehender Aufgaben mehr besteht. Die Änderungskündigung kann auch sozial gerechtfertigt sein, soweit die Übertragung der Funktion einem Widerrufsvorbehalt unterlag und der Widerruf billigem Ermessen entspricht.[708] 305

d) Veränderung der Arbeitszeit

Betriebliche Erfordernisse können die Einführung von **Kurzarbeit** bedingen, wenn der Arbeitskräftebedarf vorübergehend sinkt.[709] Auf der Grundlage eines plausiblen unternehmerischen Konzeptes kann auch eine Reduzierung der Arbeitszeit in Betracht kommen, wenn dies mit einer Leistungsverdichtung verbunden ist.[710] Auch eine Erhöhung der täglichen Arbeitszeit kommt im Einzelfall in Betracht, wenn sonst zur Leistung der Mehrarbeit eine weitere Arbeitskraft eingestellt werden müsste.[711] Entschließt sich der Arbeitgeber, Mehrarbeit verstärkt durch Freizeitausgleich abzugelten, so kann dies je nach den Umständen eine Änderungskündigung mit dem Ziel sozial rechtfertigen, von der vereinbarten pauschalierten Mehrarbeitsvergütung zur „Spitzabrechnung" der tatsächlich geleisteten Mehrarbeit überzugehen.[712] 306

Der Entschluss, einem verringerten Arbeitskräftebedarf statt durch Beendigungskündigungen durch Änderungskündigung mit dem Ziel von **Teilzeitbeschäftigungen** Rechnung zu tragen, kann die Kündigung sozial rechtfertigen. Ob der Arbeitgeber diesen Weg wählt oder eine Beendigungskündigung ausspricht, unterliegt seiner unternehmerischen Entscheidung.[713] Gleiches gilt, wenn sich der Arbeitgeber zu einer betrieblichen Umorganisation entschließt, die zu einer anderen zeitlichen Lage und Herabsetzung der Arbeitszeit führt.[714] Um- 307

706 BAG v. 21.2.2002, NZA 2002, 1416 (LS); vgl. auch BAG v. 27.9.2001, NZA 2001, 696; KR/*Rost*, § 2 KSchG Rn 112; *v. Hoyningen-Huene/Linck*, § 2 KSchG Rn 142.

707 BAG v. 27.9.2001, NZA 2002, 696 (LS); BAG v. 29.3.1990, NZA 1991, 181.

708 BAG v. 15.11.1995, NZA 1996, 603.

709 BAG v. 7.2.1985, AP Nr. 9 zu § 1 KSchG 1969 Soziale Auswahl.

710 BAG v. 24.4.1997, AP Nr. 42 zu § 2 KSchG 1969.

711 LAG Berlin v. 15.6.1981, DB 1982, 334.

712 BAG v. 23.11.2000, NZA 2001, 492.

713 BAG v. 19.5.1993, AP Nr. 31 zu § 2 KSchG 1969.

714 BAG v. 22.4.2004, NZA 2004, 1158.

gekehrt ist der Arbeitgeber aufgrund unternehmerischer Entscheidungsfreiheit berechtigt, das Beschäftigungsvolumen auszuweiten und von Teilzeit- auf Vollzeitarbeit umzusteigen. Er ist jedoch darauf angewiesen, den Teilzeitkräften zunächst eine Vertragsänderung zur Ausdehnung der Arbeitszeit anzubieten.[715]

5. Personenbedingte Änderungskündigung

308 In der Praxis kommt eine personenbedingte Änderungskündigung insb. dann in Betracht, wenn wegen zunehmenden Alters oder gesundheitlicher Probleme die **Leistungsfähigkeit abnimmt** (vgl. dazu auch Rn 189 ff.), aber andere angemessene Arbeitsplätze vorhanden sind.[716]

309 Eine Änderungskündigung kann sozial gerechtfertigt sein, wenn die objektiv nicht ausräumbare Befürchtung besteht, dass der Arbeitnehmer den **Sicherheitsanforderungen** nicht (mehr) entspricht.[717] Der Arbeitgeber hat im Einzelnen die Tatsachen darzulegen und gegebenenfalls zu beweisen, aus denen die fehlende Eignung bzw. Fähigkeit des Arbeitnehmers zur Erbringung seiner ordnungsgemäßen Arbeitsleistung folgt.[718]

6. Verhaltensbedingte Änderungskündigung

310 Eine verhaltensbedingte Änderungskündigung ist insb. zu erwägen, wenn durch eine Änderung der Arbeitsbedingungen mit dem Ende eines vertragswidrigen Verhaltens gerechnet werden kann, z.B. bei einer Versetzung wegen dauernder Streitigkeiten mit einem Kollegen.[719]

X. Muster: Kündigungsschutzklage

311 Dem Fall liegen zwei betriebsbedingte Kündigungen zugrunde, die im Zusammenhang mit einer vom Arbeitgeber behaupteten Betriebsstilllegung ausgesprochen worden sind. Der (rechtzeitige) Zugang war streitig. Weil eine Betriebsänderung vorliegt und die ordnungsgemäße Durchführung eines Interessenausgleichs bestritten wird, werden Nachteilsausgleichsansprüche geltend gemacht. Häufig bestehen spezielle tarifliche Regelungen bei umfangreichen Betriebsschließungen im Einzellfall oder Rationalisierungstarifverträge allgemein für Fälle des Personalabbaus, die die Zahlung einer Abfindung vorsehen. Ergänzend oder stattdessen kann ein Sozialplan vereinbart worden sein. Hierauf ist der Hilfsantrag zu 7. gerichtet. Es war die Zuständigkeit des Betriebsrats streitig.

715 LAG Berlin v. 10.9.1996, LAGE § 2 KSchG Nr. 20.
716 Vgl. BAG v. 21.1.1993, NZA 1993, 1099.
717 LAG Köln v. 9.2.2000, NZA 2001, 34, 35.
718 Vgl. hierzu LAG Köln v. 9.2.2000, NZA 2001, 34, 35.
719 BAG v. 10.11.1988, AP Nr. 1 zu § 1 KSchG 1969 Abmahnung.

▼

Klage

des Arbeitnehmers Herrn …

– Kläger –

Prozessbev.: …

gegen

die … GmbH, vertreten durch die Geschäftsführer Herrn … und Frau … …, …

– Beklagte –

wegen Kündigung, Weiterbeschäftigung, Zeugnis, Sozialplanabfindung und Nachteilsausgleich.

Wir beantragen,

1. festzustellen, dass das zwischen den Parteien bestehende Arbeitsverhältnis durch die von der Beklagten ausgesprochene Kündigung vom …, dem Kläger zugegangen am …, nicht zum … aufgelöst worden ist,
2. festzustellen, dass das zwischen den Parteien bestehende Arbeitsverhältnis auch durch die von der Beklagten ausgesprochene Kündigung vom …, dem Kläger zugegangen am …, nicht zum … aufgelöst worden ist,
3. festzustellen, dass das zwischen den Parteien bestehende Arbeitsverhältnis auch nicht durch andere Beendigungstatbestände endet, sondern zu unveränderten Bedingungen über den … hinaus fortbesteht,
4. die Beklagte für den Fall des Obsiegens mit dem Antrag zu Ziffer 2. zu verurteilen, den Kläger entsprechend seinem Arbeitsvertrag vom … zu unveränderten Bedingungen als …, bis zur rechtskräftigen Entscheidung über den Feststellungsantrag zu Ziffer 2. weiterzubeschäftigen.
   Für den Fall, dass dem Antrag zu Ziffer 1. und/oder 2. stattgegeben wird,
5. die Beklagte zu verurteilen, an den Kläger … EUR *(Gehalt bis Kammerverhandlung)* abzüglich … EUR gewährten Arbeitslosengeldes nebst Zinsen in Höhe von 5 Prozentpunkten über dem jeweiligen Basiszinssatz auf … EUR *(Monatsgehalt)* seit dem … *(Tag nach Fälligkeit)*, auf … EUR *(etc.)* zu zahlen.
   Für den Fall, dass dem Antrag zu Ziffer 1. und/oder 2. nicht stattgegeben wird,
6. die Beklagte zu verurteilen, dem Kläger ein qualifiziertes Zeugnis zu erteilen, das sich auf Art und Dauer sowie Führung und Leistung im Arbeitsverhältnis erstreckt.
   Für den Fall, dass dem Antrag zu Ziffer 1. und dem Antrag zu Ziffer 2. nicht stattgegeben wird,
7. die Beklagte zu verurteilen, dem Kläger die Abfindung nach dem am … geschlossenen Sozialplan in Höhe von … EUR zu zahlen.
   Für den Fall, dass dem Antrag zu Ziffer 1. und/oder 2. nicht stattgegeben wird,
8. die Beklagte zu verurteilen, dem Kläger im Wege des Nachteilsausgleichs eine Abfindung für den Verlust seines Arbeitsplatzes zu zahlen, die in das Ermessen des Gerichts gestellt wird, aber … EUR nicht unterschreiten sollte.

Begründung

I.

Der Kläger wendet sich mit seiner Klage gegen die ihm gegenüber ausgesprochenen ordentlichen Kündigungen seines Arbeitsverhältnisses. Hilfsweise macht er die Zahlung einer Abfindung aus einem Sozialplan sowie im Wege des Nachteilsausgleichs geltend. Im Einzelnen:

1. Der am … geborene Kläger war zum Zeitpunkt des Zugangs der Kündigung … Jahre alt und hat … Kinder im Alter von … und … Jahren, denen gegen-

über er unterhaltspflichtig ist. Ferner ist er gegenüber seiner Ehefrau und gegenüber unterhaltspflichtig. Seine Unterhaltspflicht beträgt monatlich insgesamt . Der Kläger ist mit einem GdB von schwerbehindert.

2. Bei der Beklagten handelt es sich um eine -prozentige Tochter der AG. Die Beklagte und das Mutterunternehmen betreiben *(Unternehmensgegenstand).* Die Beklagte beschäftigt ca. Arbeitnehmer. Im Konzern der sind ca. Arbeitnehmer beschäftigt.
   Der Kläger ist seit bei der Beklagten als im Bereich in der Abteilung beschäftigt. Die Einzelheiten des Arbeitsverhältnisses regelt der als
   Anlage K 1
   beigefügte Arbeitsvertrag vom Ausweislich des Arbeitsvertrages beträgt die Kündigungsfrist nach Ablauf der sechsmonatigen Probezeit . Auf das Arbeitsverhältnis ist Kraft *(einzelvertraglicher Inbezugnahme/beiderseitiger Tarifbindung/Allgemeinverbindlichkeitserklärung/betrieblicher Übung/kein Tarifvertrag)* der Tarifvertrag vom anwendbar.
3. Ausweislich seiner als
   Anlage K 2
   in Kopie beigefügten Verdienstabrechnung für den Monat Dezember hat der Kläger im Jahr ein steuerpflichtiges Bruttojahreseinkommen in Höhe von EUR erzielt. Daraus errechnet sich ein durchschnittlicher Bruttomonatsverdienst in Höhe von EUR sowie ein Bruttoquartalsverdienst in Höhe von EUR.
4. Mit Schreiben vom , dem Kläger zugegangen am , hat die Beklagte das Arbeitsverhältnis zum ordentlich gekündigt.
   Beweis: Vorlage des Kündigungsschreibens vom in Kopie als **Anlage K 3**.
5. Es wird mit Nichtwissen bestritten, dass die Beklagte den zuständigen Betriebsrat vor Ausspruch der Kündigung ordnungsgemäß angehört hat.
6. Die Beklagte soll nach eigenen Angaben die Arbeitsverhältnisse mit ca. Arbeitnehmern gekündigt haben. Sollte dies zutreffend sein, was mit Nichtwissen bestritten wird, läge eine Betriebsänderung i.S.v. § 111 S. 3 Nr. 1 bzw. § 112 BetrVG vor. Es wird bestritten, dass die Beklagte vor Durchführung der Betriebsänderung einen Interessenausgleich wirksam herbeigeführt und/oder im ausreichenden Maße versucht hat.
7. Unter dem Datum haben die Beklagte sowie der bei ihrer Niederlassung bestehende Betriebsrat einen Sozialplan abgeschlossen. Dieser sieht vor, dass alle Arbeitnehmer der Niederlassung, deren Arbeitsverhältnis im Rahmen der im Interessenausgleich vom beschriebenen Betriebsänderung beendet wird, eine Abfindung erhalten, die sich wie folgt berechnet: *(Es folgt weiterer Vortrag zur ordnungsgemäßen Berechnung der Sozialplanabfindung).*
8. Mit Schreiben vom haben die Prozessbevollmächtigten des Klägers die Beklagte gebeten, bis zum zu erklären, dass das Arbeitsverhältnis mit dem Kläger aufgrund des Zugangs der Kündigungserklärung am frühestens zum enden kann, und dass das Arbeitsverhältnis bis zu diesem Zeitpunkt ordnungsgemäß abgerechnet wird. Darüber hinaus wurden sämtliche Ansprüche auf rückständiges und zukünftiges Arbeitsentgelt – gleich welcher Art und welcher Bezeichnung, einschließlich Gehalt, Zulagen, freiwilliger Leistungen, Urlaubs- und Weihnachtsgeld sowie eventuelle Gehaltserhöhungen – ausdrücklich geltend gemacht.
   Ferner wurde die Beklagte gebeten, die der Kündigung zugrunde liegenden Gründe sowie die Gründe, die zu einer etwa getroffenen Sozialauswahl oder zur Herausnahme einzelner Arbeitnehmer aus der Sozialauswahl geführt haben, mitzuteilen. Darüber hinaus wurde die Beklagte aufgefordert zu erklären, dass der Kläger im Falle des Obsiegens mit der Kündigungsschutzklage in erster Instanz bis zum Ende des Rechtsstreits weiterbeschäftigt wird und dass andere Beendigungstatbestände als die im Kündigungsschreiben vom und erwähnten nicht in Rede stehen. Außerdem wurde die Beklagte gebeten zu erklären, dass Sie dem Kläger ein qualifiziertes wohlwollendes berufsförderndes Zeugnis erteilt.

Darüber hinaus haben die Prozessbevollmächtigten des Klägers die Beklagte in diesem Schreiben gebeten zu erklären, dass Sie dem Kläger für den Fall, dass sich die Kündigung als wirksam erweisen sollte, die Abfindung nach dem Sozialplan vom gewähren, und zwar unter Berücksichtigung der Beschäftigungszeit bis zum .
Schließlich wurde die Beklagte gebeten zu erklären, dass sie dem Kläger für den Fall, dass sich die Kündigung als wirksam erweisen sollte, aufgrund der nicht ordnungsgemäßen Durchführung des Interessenausgleichs, Nachteilsausgleich i.S.v. § 113 BetrVG gewähren wird, sofern dieser höher ist, als die Abfindung nach dem Sozialplan vom .
Beweis: Vorlage des Schreibens vom in Kopie als **Anlage K 4.**
Auf dieses Schreiben hat die Beklagte bis heute nicht reagiert.

9. Der Kläger ist seit arbeitslos. Er erhält monatlich EUR Arbeitslosengeld.
Beweis: Vorlage des Bescheides vom in Kopie als **Anlage K 5.**
Anderweitigen Verdienst hat er seit dem nicht erzielt. Er hat sich mehrfach auf freie Stellen beworben.

II.

Die dem Kläger gegenüber ausgesprochene Kündigung ist unwirksam (1.). Sollte die Kündigung wirksam sein, stünde dem Kläger eine Abfindung nach dem zwischen der Beklagten und deren Betriebsrat geschlossenen Sozialplan zu (2.). Jedenfalls könnte der Kläger im Wege des Nachteilsausgleichs die Zahlung einer Abfindung für den Verlust seines Arbeitsplatzes beanspruchen (3.).

Die ausgesprochenen Kündigungen beendigen das Arbeitsverhältnis nicht zum , weil die arbeitsvertraglich vereinbarte Kündigungsfrist von nicht gewahrt worden ist. Die Kündigung ist dem Kläger erst am zugegangen.

1. Die Kündigung ist darüber hinaus sozial nicht gerechtfertigt. Kündigungsgründe gem. § 1 KSchG, insbesondere betriebsbedingte, liegen nicht vor.
2. Für den Fall, dass die dem Kläger gegenüber ausgesprochene Kündigung wirksam sein sollte, könnte er im Wege des Nachteilsausgleichs eine Abfindung nach § 113 BetrVG beanspruchen.
Die Entlassung von über % der bei der Beklagten beschäftigten Arbeitnehmer stellt eine Betriebsänderung i.S.v. § 111 S. 3 Nr. 1 BetrVG dar. Da die Beklagte nicht wirksam versucht hat, über diese Betriebsänderung einen Interessenausgleich mit dem zuständigen Betriebsrat herbeizuführen, hat der Kläger gem. § 113 BetrVG i.V.m. § 10 KSchG Anspruch auf Zahlung einer Abfindung. Der zwischen der Beklagten und dem Betriebsrat der Niederlassung herbeigeführte Interessenausgleich stellt keinen ausreichenden Versuch i.S.d. § 113 Abs. 3 BetrVG dar. Verhandlungen mit dem falschen Betriebsrat reichen nicht aus, um der Nachteilsausgleichspflicht zu entgehen (BAG v. 24.1.1996, AP Nr. 16 zu § 50 BetrVG 1972). Die Abfindung sollte aufgrund der -jährigen Betriebszugehörigkeit des Klägers nicht unter Bruttomonatsverdiensten liegen. *(hierzu sollte weiter vorgetragen werden!)*
3. Neben der Abfindung nach § 113 BetrVG hat der Kläger Anspruch auf Zahlung einer Abfindung aus dem Sozialplan vom . Der Sozialplan sieht vor, dass alle Arbeitnehmer der Beklagten, deren Arbeitsverhältnis im Rahmen der im Interessenausgleich vom beschriebenen Betriebsänderung beendet wird, eine Abfindung erhalten.
Die Grundabfindung berechnet sich aus .
Daraus ergibt sich insgesamt ein Abfindungsbetrag in Höhe von EUR.
4. Zu den übrigen gestellten Anträgen wird erläuternd auf Folgendes hingewiesen:
   a) Der Klageantrag zu Ziffer 3. beinhaltet eine selbstständige allgemeine Feststellungsklage gem. § 256 ZPO. Dem Kläger sind zwar derzeit keine anderen möglichen Beendigungsgründe außer den mit den Klageanträgen zu 1. und 2. angegriffenen Kündigungen vom und vom bekannt. Es besteht jedoch die Gefahr, dass die Beklagte im Verlaufe des Verfahrens weitere (vorsorgliche) Kündigungen ausspricht. Dies ergibt sich bereits daraus, dass sie auf das Schreiben der jetzigen Prozessbevollmächtigten des Klägers vom keine Erklärung abgegeben hat, dass weitere Be-

endigungstatbestände nicht in Rede stehen. Im Übrigen hat die Beklagte bereits zwei Kündigungen erklärt, eine davon weil Zweifel an der formalen Wirksamkeit der ersten Kündigung bestehen. Da weitere formale Mängel der Kündigung geltend gemacht werden, ist davon auszugehen, dass die Beklagte weitere (vorsorgliche) Kündigungen aussprechen wird. Es wird daher mit dem Klageantrag zu 3. die Feststellung begehrt, dass das Arbeitsverhältnis auch durch solche weiteren Kündigungen nicht beendet wird.

b) Nach der Rechtsprechung des Bundesarbeitsgerichts hat der Kläger einen Anspruch auf Weiterbeschäftigung zu den gleichen vertraglichen Konditionen, wenn er erstinstanzlich mit seiner Klage obsiegt (BAG (GS) v. 27.2.1985, AP Nr. 14 zu § 611 BGB Beschäftigungspflicht). Hierauf ist der Klageantrag zu Ziffer 4. gerichtet.

c) Mit dem Klageantrag zu Ziffer 5. macht der Kläger seine Vergütung für die Monate bis einschließlich geltend. Neben seiner Grundvergütung wird auch die monatlich geltend gemacht.

(Unterschrift)

▲

§ 4 Anzeigepflichtige Entlassungen (sog. Massenentlassungen)

Dr. Stephan Pauly

Inhalt

Rn

I. Einführung 1

II. Anzeigepflicht nach § 17 Abs. 1 KSchG 3
1. Betrieb 5
2. Arbeitnehmer 7
3. Entlassung 9
4. Rahmenfrist 24

III. Beteiligung des Betriebsrates 28
1. Schriftliche Unterrichtung gem. § 17 Abs. 2 S. 1 KSchG 29
2. Beratung gem. § 17 Abs. 2 S. 2 KSchG 33
3. Einholung der Stellungnahme des Betriebsrates gem. § 17 Abs. 3 S. 2 KSchG 35
4. Zuleitung einer Abschrift der Anzeige an den Betriebsrat gem. § 17 Abs. 3 S. 6 KSchG 39
5. Konzernklausel gem. § 17 Abs. 3a KSchG 40
6. Gewährleistung der Mitbestimmungsrechte gem. § 87 Abs. 1 Nr. 3 BetrVG, falls Kurzarbeit gem. § 19 Abs. 1 KSchG eingeführt wird 41

IV. Inhalt der Anzeige gem. § 17 KSchG 42
1. Muss-Inhalt 43
2. Soll-Inhalt 46
3. Schriftform 48

V. Rechtsfolgen 50
1. Entlassungssperre 50
2. Entscheidung der Agentur für Arbeit 51
3. Sperrfrist 55
4. Freifrist 60
5. Kurzarbeit 61
6. Rechtsfolgen bei Fehlen der Massenentlassungsanzeige 62
7. Rechtsfolgen der unwirksamen Massenentlassungsanzeige 63
8. Rechtsfolgen bei nichtrechtzeitiger Massenentlassungsanzeige 64
9. Verzicht auf den Massenentlassungsschutz 65

VI. Massenentlassung und betriebsbedingte Kündigung 66

VII. Sonstige Rechte der Arbeitnehmervertretungen 67

VIII. Checkliste 68

Literatur

Appel, Die „Junk"-Entscheidung des EuGH zur Massenentlassung – Nur eine Aufforderung an den Gesetzgeber?, DB 2005, 1002; **Bauer/Krieger**, Die Sperrfrist bei der Massenentlassungsanzeige – Mindestkündigungsfrist oder zwingende Vorlaufzeit vor dem Ausspruch von Kündigungen, NZA 2009, 174; **Bauer/Krieger/Powietzka**, Geänderte Voraussetzungen für Massenentlassungen nach der „Junk"-Entscheidung des EuGH?, DB 2005, 445; **dies.**, Erstes BAG-Urteil nach der „Junk"-Entscheidung des EuGH – Endlich Klarheit bei Massenentlassungen?, DB 2005, 1570; **Braun**, Handlungsoptionen bei Massenentlassungsanzeigen seit der Junk-Entscheidung des EuGH, ArbRB 2005, 209; **Diller**, Junk – Vorabentscheidungsersuchen – Massenentlassung – Anzeigepflicht (f), EuroAS 2005, 37; **Dornbusch/Wolff**, Paradigmenwechsel bei Massenentlassungen, BB 2005, 885; **Ferme**, Neues Recht der Massenentlassungen nach §§ 17, 18 KSchG?, ZIP 2005, 593; **Grimm**, Zur Auslegung der Massenentlassungsrichtlinie (f), EWiR 2005, 213; **Hamm**, Massenentlassungen, AiB 2005, 436; **Jacobs/Naber**, Massenentlassungen – Kündigungserklärung als Zeitpunkt der Entlassung, SAE 2006, 61; **Kleinebrink**, Die Massenentlassungsanzeige nach „Junk", FA 2005, 130; **Löwisch**, Umsetzung des Junk-Urteils als Aufgabe des Gesetzgebers, GPR 2005, 150; **Nicolai**, Neue Regeln für Massenentlassungen?, NZA 2005, 206; **Osnabrügge**, Massenentlassungen – Kein russisches Roulette für Arbeitgeber, NJW 2005, 1093; **Riesenhuber/Domröse**, Die Entlassung nach der Massenentlassungsrichtlinie, EWS 2005, 97; **Riesenhuber/Domröse**, Richtlinienkonforme Auslegung der §§ 17, 18 KSchG und Rechtsfolgen fehlerhafter Massenentlassungen, NZA 2005, 568; **Schiek**, Auslegung von § 17 KSchG im Lichte der Rechtsprechung des EuGH, ArbuR 2006, 41; **Wolter**, Wende im Recht der Massenentlassung, ArbuR 2005, 135.

I. Einführung

1 Solange eine Anzeige nach dem KSchG vom Arbeitgeber nicht wirksam erstattet ist, sind anzeigepflichtige Entlassungen rechtsunwirksam. Dasselbe gilt, wenn die Anzeige zwar wirksam erstattet wurde, die angezeigten Entlassungen aber **während** der Entlassungssperre vorgenommen werden.

2 Der Arbeitgeber ist verpflichtet, der Agentur für Arbeit Anzeige zu erstatten, bevor er eine anzeigepflichtige Kündigung ausspricht. Die Kündigung kann unmittelbar nach Eingang der wirksamen Anzeige bei der Agentur für Arbeit ausgesprochen werden. Ist die Zustimmung weder vor noch nach dem vorgesehenen Kündigungszeitpunkt beantragt worden, steht damit fest, dass das Arbeitsverhältnis durch die entsprechende Kündigung nicht aufgelöst worden ist.[1]

II. Anzeigepflicht nach § 17 Abs. 1 KSchG

3 Nach § 17 Abs. 1 KSchG sind Kündigungen **anzeigepflichtig**, wenn in Betrieben mit i.d.R. 21–59 Arbeitnehmern **mindestens sechs** Arbeitnehmern, in Betrieben mit i.d.R. 60–250 Arbeitnehmern **mindestens 10 %** der im Betrieb regelmäßig beschäftigten Arbeitnehmer, in Betrieben mit i.d.R. 251–499 Arbeitnehmern **mindestens 26** Arbeitnehmern, in Betrieben mit i.d.R. 500 Arbeitnehmern und mehr **mindestens 30** Arbeitnehmern **innerhalb von 30 Kalendertagen** gekündigt werden soll. Den Kündigungen stehen andere Beendigungen des Arbeitsverhältnisses gleich, die vom Arbeitgeber veranlasst werden (vgl. unten Rn 10 ff.).

4 Maßgebend ist die Zahl der **tatsächlich** gekündigten Arbeitnehmer. § 23 Abs. 1 S. 3 KSchG gilt nicht.[2]

1. Betrieb

5 Die Anzeigepflicht nach § 17 KSchG gilt nach § 23 Abs. 2 KSchG für **Betriebe** und **Verwaltungen des privaten Rechts** sowie für **Betriebe**, die von einer **öffentlichen Verwaltung** geführt werden, sobald sie wirtschaftliche Zwecke verfolgen. Sie gilt nicht für **Seeschiffe** und ihre Besatzung (§ 23 Abs. 2 S. 2 KSchG), jedoch für die Besatzungen der **Binnenschiffe** und **Luftfahrzeuge**, und so genannte **Ausnahmebetriebe** gem. § 22 KSchG, d.h. bei Entlassungen in **Saison- und Kampagnebetrieben**, die durch die Eigenart dieser Betriebe bedingt sind. Die Anzeigepflicht nach § 17 KSchG ist **betriebsbezogen**, nicht unternehmensbezogen.

6 Es gilt der **betriebsverfassungsrechtliche Betriebsbegriff** gem. §§ 1, 4 BetrVG. Daher sind in Betriebsteilen und Nebenbetrieben beschäftigte Arbeitnehmer beim Fehlen der Voraussetz-

1 BAG v. 13.4.2000, NZA 2001, 144 = AP Nr. 3 zu § 18 KSchG 1969 = DB 2000, 2175.
2 MünchArb/*Berkowsky*, § 156 Rn 19.

zungen von § 1 BetrVG dem Hauptbetrieb zuzuordnen.[3] Der Betrieb muss i.d.R. **mindestens 21 Arbeitnehmer** beschäftigen. Entlassungen in **Kleinbetrieben** sind nicht anzeigepflichtig, da §§ 17 ff. KSchG keine Anwendung auf Betriebe finden, die i.d.R. nicht mehr als 20 Arbeitnehmer beschäftigen.

2. Arbeitnehmer

Es gilt der Arbeitnehmer-Begriff des § 1 KSchG. Dazu gehören auch **Auszubildende**, **Volontäre**, **Praktikanten**, **Umschüler**, **Teilzeitbeschäftigte** und **Kurzarbeiter**, nicht jedoch freie Mitarbeiter, freie Handelsvertreter, Heimarbeiter sowie alle sonstigen Selbstständigen, auch wenn es sich um arbeitnehmerähnliche Selbstständige handelt. **Mitarbeitende Familienangehörige**, die aufgrund eines Arbeitsvertrages und nicht lediglich aufgrund familienrechtlicher Mitarbeitspflichten tätig sind, werden mitberücksichtigt. 7

Nach § 17 Abs. 5 KSchG gelten in Betrieben einer juristischen Person nicht als Arbeitnehmer die Mitglieder des Organs, das zur gesetzlichen Vertretung der juristischen Person berufen ist (Vorstandsmitglieder, GmbH-Geschäftsführer); in Betrieben einer Personengesamtheit, die durch Gesetz, Satzung oder Gesellschaftsvertrag zur Vertretung der Personengesamtheit berufenen Personen sowie leitende Angestellte (Geschäftsführer, Betriebsleiter), soweit diese zur selbstständigen Einstellung oder Entlassung von Arbeitnehmern berechtigt sind, Heimarbeiter und andere arbeitnehmerähnliche Personen, z.B. Handelsvertreter oder freie Mitarbeiter. 8

3. Entlassung

Anzuzeigen sind nach dem Wortlaut des Gesetzes „**Entlassungen**". Entlassung ist nach dem allgemeinen Sprachgebrauch nur die aufgrund einer ordentlichen Kündigung des Arbeitgebers erfolgte Beendigung des Arbeitsverhältnisses. Nach der früheren Rechtsprechung des BAG war „Entlassung" i.S.d. §§ 17, 18 KSchG nicht schon die Kündigung, sondern die mit ihr beabsichtigte tatsächliche Beendigung des Arbeitsverhältnisses. Maßgeblich für die Anzeigepflicht war deshalb nicht der Zeitpunkt des Kündigungsausspruchs, sondern der Zeitpunkt der tatsächlichen Vollziehung der Entlassung.[4] Die Anzeige brauchte also nicht vor Ausspruch der Kündigung zu erfolgen, sondern erst vor der rechtlichen Beendigung des Arbeitsverhältnisses. Der EuGH[5] hat entschieden, dass „Entlassung" die **Kündigungserklärung des Arbeitgebers** sei. Bis zum Bekanntwerden der Entscheidung des EuGH vom 27.1.2005[6] durften Arbeitgeber auf die ständige Rechtsprechung des BAG und die durchgängige Verwaltungspraxis der Agenturen für Arbeit vertrauen, wonach die Anzeige auch noch nach Erklärung der Kündigung erfolgen konnte.[7] 9

Nunmehr gilt Folgendes: Nach § 18 Abs. 1 KSchG werden Entlassungen, die nach § 17 KSchG anzuzeigen sind, vor Ablauf eines Monats nach Eingang der Anzeige nur mit Zustim- 10

3 BAG v. 13.3.1969, AP Nr. 10 zu § 15 KSchG = DB 1969, 1298; KR/*Weigand*, § 17 KSchG Rn 16–18.

4 BAG v. 13.4.2000, NZA 2001, 144 = AP Nr. 3 zu § 18 KSchG 1969 = DB 2000, 2175; BAG v. 6.12.1973, BAGE 25, 430; BAG v. 31.7.1986, AP Nr. 5 zu § 17 KSchG 1969 = EzA § 17 KSchG Nr. 3; BAG v. 8.6.1989, AP Nr. 6 zu § 17 KSchG 1969 = EzA § 17 KSchG Nr. 4; BAG v. 24.10.1996, BAGE 84, 267 = NZA 1997, 373.

5 EuGH v. 27.1.2005, NZA 2005, 213.

6 EuGH v. 27.1.2005, NZA 2005, 213.

7 BAG v. 20.9.2006, AP Nr. 24 zu § 17 KSchG 1969.

mung der Agentur für Arbeit wirksam. Bis zum Ablauf der gesetzlichen Frist kann eine vom Arbeitgeber erklärte Kündigung keine Wirkung entfalten. Die Kündigung nach Anzeigenerstattung bleibt aber als Rechtsgeschäft grundsätzlich wirksam; sie beendet das Arbeitsverhältnis, sofern dieses Ende vor dem Ende der Sperrfrist liegen sollte, nur nicht zu dem in der Kündigungserklärung genannten Zeitpunkt. Nach der gesetzlichen Formulierung des § 18 Abs. 1 KSchG kann eine Kündigung schon unmittelbar nach Erstattung (Eingang) der Anzeige bei der Agentur für Arbeit ausgesprochen werden. Die Gesetzesfassung verbietet den Ausspruch der Kündigung vor dem Ablauf der Sperrfrist nicht, auch wenn man unter „Entlassung“ im Sinne der Norm die Kündigung versteht. Aus dem Gesetzeswortlaut lässt sich lediglich entnehmen, dass die Entlassung – auch bei ordnungsgemäßer Anzeige – grundsätzlich nicht ohne Einhaltung einer Mindestfrist von einem Monat vollzogen werden kann. Geregelt wird insoweit der Vollzug der Entlassung. Das Wirksamwerden i.S.v. § 18 KSchG bezieht sich damit auf den Eintritt der Rechtsfolgen der Kündigung. Diese treten mit Ablauf der Kündigungsfrist ein. Der Gesetzeswortlaut umschreibt nur einen „Mindestzeitraum“, der zwischen der Anzeigenerstattung und der tatsächlichen Beendigung des Arbeitsverhältnisses liegen muss.[8]

11 Dem steht auch nicht die Richtlinie 98/59/EG vom 20.7.1998 *(Massenentlassungsrichtlinie – MERL)* entgegen. Nach Art. 3 Abs. 1 MERL hat der Arbeitgeber der zuständigen Behörde alle beabsichtigten Massenentlassungen schriftlich anzuzeigen. Nach Art. 4 MERL (Entlassungssperre) gelten die der zuständigen Behörde angezeigten beabsichtigten Massenentlassungen frühestens dreißig Tage nach Eingang der in Art. 3 Abs. 1 MERL genannten Anzeige als wirksam; die im Fall der Einzelkündigung für die Kündigungsfrist geltenden Bestimmungen bleiben unberührt. Die Mitgliedstaaten können der zuständigen Behörde jedoch die Möglichkeit einräumen, die Frist des Unterabsatzes 1 zu verkürzen. Nach Art. 4 Abs. 2 MERL muss die Frist des Absatzes 1 von der zuständigen Behörde dazu genutzt werden, nach Lösungen für die durch die beabsichtigten Massenentlassungen aufgeworfenen Probleme zu suchen. Dementsprechend hat der Europäische Gerichtshof[9] zur Frage des vorlegenden Gerichts, ob der Arbeitgeber Massenentlassungen vornehmen darf, bevor das Anzeigeverfahren nach Art. 3 und 4 MERL beendet ist, ausgeführt: „Nach Art. 4 Abs. 2 der Richtlinie besteht der Zweck der Anzeige darin, es der zuständigen Behörde zu ermöglichen, nach Lösungen für die durch die beabsichtigten Massenentlassungen aufgeworfenen Probleme zu suchen. Weiter muss die zuständige Behörde nach dieser Bestimmung die Frist des Art. 4 Abs. 1 für die Suche nach solchen Lösungen nutzen. Nach Art. 4 Abs. 1 Unterabs. 1 der Richtlinie werden die Massenentlassungen, d.h. die Kündigungen der Arbeitsverträge, erst mit dem Ablauf der geltenden Frist wirksam.“ Nach der Rechtsprechung des EuGH entspricht diese Frist „folglich dem Mindestzeitraum, der der zuständigen Behörde für die Suche nach Lösungen zur Verfügung stehen muss. Da nach Art. 4 Abs. 1 Unterabs. 1 der Richtlinie die im Fall der Einzelkündigung für die Kündigungsfrist geltenden Bestimmungen ausdrücklich unberührt bleiben, muss sich diese Bestimmung zwangsläufig auf den Fall bereits ausgesprochener Kündigungen beziehen, die eine solche Frist in Gang setzen“.[10]

12 Aus der Entscheidung des Europäischen Gerichtshofs folgt somit, dass die Art. 3 und Art. 4 MERL einer Kündigung von Arbeitsverhältnissen während des durch sie geregelten Verfahrens nicht entgegenstehen, sofern diese Kündigung nach der Anzeige der beabsichtigten Massenentlassung bei der zuständigen Behörde erfolgt. D.h. eine Kündigung kann nach Anzei-

8 BAG v. 6.11.2008, DB 2009, 515.

9 EuGH v. 27.1.2005, NZA 2005, 213 = AP Nr. 18 zu § 17 KSchG 1969 = DB 2005, 453.

10 BAG v. 6.11.2008, DB 2009, 515.

generstattung erfolgen, die betroffenen Arbeitnehmer dürfen nur nicht vor Ablauf der Monatsfrist des § 18 Abs. 1 KSchG – oder im Fall des § 18 Abs. 2 KSchG der längstens zweimonatigen Frist – aus dem Arbeitsverhältnis ausscheiden. Dementsprechend werden von der „Sperrfrist" nur solche Kündigungen unmittelbar erfasst, deren Kündigungsfristen kürzer als die Sperrfrist sind. Etabliert demnach § 18 Abs. 1 KSchG lediglich einen Mindestzeitraum bis zur Beendigung des Arbeitsverhältnisses, so verlängert die gesetzliche Regelung die Kündigungsfrist nicht über diesen Mindestzeitraum hinaus oder verschiebt gar den Beginn der Kündigungsfrist.[11]

Umfasst werden betriebs-, personen- und verhaltensbedingte Kündigungen.[12] **Entlassung** i.S.d. § 17 ff. KSchG war nach bisheriger Rechtsprechung nicht nur die tatsächliche Beendigung des Arbeitsverhältnisses aufgrund einer ordentlichen arbeitgeberseitigen Kündigung.[13] 13

Nach § 17 Abs. 1 S. 2 KSchG standen danach den Entlassungen andere Beendigungen des Arbeitsverhältnisses gleich, die vom Arbeitgeber veranlasst wurden, z.B. arbeitgeberseitig veranlasste **Eigenkündigungen** der Arbeitnehmer,[14] **Abwicklungs- oder Aufhebungsverträge**.[15] Unberücksichtigt blieb dagegen die Beendigung von Arbeitsverhältnissen, soweit sie durch den Arbeitnehmer oder im gegenseitigen Einvernehmen, also nicht vom Arbeitgeber veranlasst, war. 14

Für die Praxis ist davon auszugehen, dass Entlassung i.S.d. § 17 KSchG jede vom Arbeitgeber erklärte fristgemäße (ordentliche) Kündigung ist. Entlassungen stehen andere Beendigungen des Arbeitsverhältnisses gleich, wenn sie vom Arbeitgeber veranlasst werden. 15

Nach § 17 Abs. 4 KSchG werden **fristlose Entlassungen** aus wichtigem Grund gem. § 626 Abs. 1 BGB nicht mitgerechnet. Entlassungen, die auf einer **Befristung** des Arbeitsverhältnisses beruhen, führen ebenso wenig zu einer Anzeigepflicht wie Entlassungen, bei denen die Arbeitnehmer in den **Ruhestand** oder in eine **selbstständige Tätigkeit** überwechseln. 16

Kündigungen des Insolvenzverwalters nach § 113 InsO zählen mit. 17

Arbeitnehmer, die nach § 102 Abs. 5 BetrVG weiterbeschäftigt werden müssen, sind nach herrschender Meinung mitzurechnen.[16] Werden gekündigte Arbeitnehmer aufgrund eines Weiterbeschäftigungsurteils weiter beschäftigt, zählen sie ebenfalls mit.[17] 18

Änderungskündigungen werden nur erfasst, wenn sie tatsächlich zur Entlassung führen.[18] 19

Praxishinweis 20

Regelmäßig ist nicht vorhersehbar, ob die Arbeitnehmer das Änderungsangebot annehmen. Deshalb empfiehlt sich bei Massenänderungskündigungen die Erstattung einer vorsorglichen Anzeige an die Agentur für Arbeit bzw. die Mitberücksichtigung der Änderungskündigungen bei der Anzeige für den Fall, dass das Änderungsangebot nicht angenommen wird und die Arbeitsverhältnisse tatsächlich beendet werden.

Wie dem Tatbestandsmerkmal „**in der Regel**" zu entnehmen ist, kommt es für den betrieblichen Geltungsbereich nicht auf die Anzahl der im konkreten Zeitpunkt der Kündigung be- 21

11 BAG v. 6.11.2008, DB 2009, 515.
12 BAG v. 13.3.1969, EzA § 15 KSchG Nr. 1; KR/*Weigand*, § 17 KSchG Rn 47.
13 BAG v. 6.12.1973, AP Nr. 1 zu § 17 KSchG 1969 = DB 1974, 1119; BAG v. 31.7.1986, DB 1987, 1591.
14 BAG v. 6.12.1973, AP Nr. 1 zu § 17 KSchG 1969 = DB 1974, 1119; BAG v. 31.7.1986, DB 1987, 1591.
15 BAG v. 13.11.1996, NZA 1997, 390; BAG v. 11.3.1999, NZA 1999, 761 = AP Nr. 12 zu § 17 KSchG 1969.
16 MünchArb/*Berkowsky*, § 156 Rn 17.
17 MünchArb/*Berkowsky*, § 156 Rn 17.
18 BAG v. 10.3.1982, AP Nr. 2 zu § 2 KSchG 1969 = NJW 1982, 2839 = DB 1982, 1520.

schäftigten Arbeitnehmer an. Es ist – wie etwa auch bei den Regelungen von § 23 Abs. 1 S. 2 KSchG, § 111 S. 1 BetrVG – auf die Regelanzahl abzustellen. Dies ist nicht die durchschnittliche Beschäftigtenzahl in einem bestimmten Zeitraum, sondern die normale Beschäftigtenzahl des Betriebes, d.h. diejenige Personalstärke, die für den Betrieb im Allgemeinen, also bei regelmäßigem Gang des Betriebes kennzeichnend ist. Erforderlich ist ein Rückblick auf die bisherige personelle Stärke des Betriebes und eine Einschätzung der zukünftigen Entwicklung, wobei Zeiten außergewöhnlich hohen oder niedrigen Geschäftsanfalls nicht zu berücksichtigen sind.[19]

22 Im Fall einer **Betriebsstilllegung** ist dagegen eine Zukunftsprognose nicht möglich, da nur ein Rückblick auf die bisherige Belegschaftsstärke in Betracht kommt. Im Stilllegungsfall ist auch bei einem sukzessiven Vorgehen des Arbeitgebers mit mehreren Kündigungswellen der Zeitpunkt maßgeblich, in dem zuletzt noch eine normale Betriebstätigkeit entfaltet wurde. Die durch die Kündigungen jeweils reduzierten Belegschaftsstärken sind aufgrund der vorherigen Stilllegungsentscheidung nicht mehr kennzeichnend für die regelmäßige Beschäftigtenzahl. Sie sind nur noch Stufen der Auflösung des Betriebes.

23 Etwas anderes gilt jedoch, wenn mehreren aufeinander folgenden Personalreduzierungsmaßnahmen kein einheitlicher Stilllegungsentschluss zugrunde liegt, sondern wenn der endgültigen Stilllegung zunächst eine oder mehrere Betriebseinschränkungen vorausgingen. Wird der Betrieb zunächst mit entsprechend verminderter Belegschaftsstärke fortgeführt, wird diese zu der normalen, den Betrieb kennzeichnenden Belegschaftsstärke. Dafür ist kein bestimmter Mindestzeitraum erforderlich.[20]

4. Rahmenfrist

24 Alle zu berücksichtigenden Kündigungen **innerhalb von 30 Kalendertagen (Rahmenfrist)** sind zusammenzurechnen. Es handelt sich hierbei um einen zusammenhängenden Zeitraum, der sowohl in die Zukunft als auch in die Vergangenheit greifen kann. Der 30-Kalendertage-Zeitraum ist deshalb für jeden Entlassungstermin neu festzulegen. Beginn und Ende dieser Frist bestimmen sich nach den §§ 187 Abs. 1 und 188 Abs. 1 BGB.

25 *Beispiel 1*
Ein Betrieb mit i.d.R. 59 Arbeitnehmern (§ 17 Abs. 1 Nr. 1 KSchG) kündigt drei Arbeitnehmern mit Ablauf des 16.2. Die Frist des 30-Kalendertage-Zeitraums läuft vom 16.2. bis zum 17.3.; **in einem Schaltjahr** vom 16.2. bis zum 16.3. Diese Kündigungen sind, wenn keine weiteren Kündigungen folgen, nicht anzeigepflichtig, weil innerhalb dieser Frist die im Gesetz vorgeschriebene Mindestzahl (sechs) nicht erreicht wird.

26 *Beispiel 2*
Kündigt derselbe Betrieb mit Ablauf des 28.2. **(kein Schaltjahr)** weiteren drei Arbeitnehmern, so fallen diese Kündigungen in den 30-Kalendertage-Zeitraum vom 16.2. bis zum 17.3. (Beispiel 1). Sie sind mit den Kündigungen, die mit Ablauf des 16.2. erfolgen, zusammenzurechnen. Da jetzt innerhalb des 30-Kalendertage-Zeitraums die im Gesetz

19 BAG v. 13.4.2000, NZA 2001, 144 ff. = AP Nr. 3 zu § 18 KSchG 1969 = DB 2000, 2175; BAG v. 31.7.1986, AP Nr. 5 zu § 17 KSchG 1969 = EzA § 17 KSchG Nr. 3; BAG v. 8.6.1989, AP Nr. 6 zu § 17 KSchG 1969 = EzA § 17 KSchG Nr. 4; vgl. dazu auch BAG v. 22.1.2004 – 2 AZR 237/03 – m. Anm. Osnabrügge AWR 2004, 84.

20 BAG v. 13.4.2000, NZA 2001, 144 ff. = AP Nr. 3 zu § 18 KSchG 1969 = DB 2000, 2175; BAG v. 31.7.1986, AP Nr. 5 zu § 17 KSchG 1969 = EzA § 17 KSchG Nr. 3; BAG v. 8.6.1989, AP Nr. 6 zu § 17 KSchG 1969 = EzA § 17 KSchG Nr. 4; BAG v. 9.5.1995, AP Nr. 33 zu § 111 BetrVG 1972 = EzA § 111 BetrVG 1972 Nr. 30.

vorgeschriebene Mindestzahl (sechs) erreicht wird, sind **alle** Kündigungen – auch die Kündigungen am 16.2. – anzeigepflichtig.

Beispiel 3 27
Derselbe Betrieb kündigt am 18.3. weiteren drei Arbeitnehmern. Diese Kündigungen liegen außerhalb des 30-Kalendertage-Zeitraums des Beispiels 1. Sie fallen aber in den 30-Kalendertage-Zeitraum, dessen Frist mit dem Tage der Kündigungen am 28.2. beginnt (Beispiel 2) und bis 29.3. läuft. Da innerhalb dieses Zeitraums – die Kündigungen am 28.2. und am 18.3. sind zusammenzurechnen – ebenfalls die im Gesetz vorgeschriebene Mindestzahl (sechs) erreicht wird, unterliegen auch die Kündigungen am 18.3. der Anzeigepflicht.

III. Beteiligung des Betriebsrates

§ 17 Abs. 2 KSchG regelt umfangreiche Auskunfts-, Unterrichtungs- und Beratungspflichten des Arbeitgebers über das „Ob" und das „Wie" der Kündigungen. 28

1. Schriftliche Unterrichtung gem. § 17 Abs. 2 S. 1 KSchG

Nach § 17 Abs. 2 S. 1 KSchG hat der Arbeitgeber den Betriebsrat rechtzeitig zu **unterrichten**, falls er beabsichtigt, nach § 17 Abs. 1 KSchG anzeigepflichtige Kündigungen vorzunehmen. Die Anzeige hat **schriftlich** und **rechtzeitig** vor den beabsichtigten Kündigungen zu erfolgen. In der Anzeige hat der Arbeitgeber dem Betriebsrat die zweckdienlichen Auskünfte zu erteilen und ihn über die Gründe für die geplanten Kündigungen, die Zahl und die Berufsgruppen der Arbeitnehmer, denen gekündigt werden soll, die Zahl und die Berufsgruppen der i.d.R. beschäftigten Arbeitnehmer, das Datum, an dem die Kündigung ausgesprochen werden soll, die vorgesehenen Kriterien für die Auswahl der zu kündigenden Arbeitnehmer und die für die Berechnung etwaiger Abfindungen vorgesehenen Kriterien zu unterrichten. Außerdem hat er weitere zweckdienliche Auskünfte zu erteilen, wie z.B. den geplanten Zeitpunkt der Beendigung des Arbeitsverhältnisses. 29

Die Unterrichtung muss schriftlich erfolgen. Gleichzeitig muss der Arbeitgeber eine Abschrift seiner an den Betriebsrat gerichteten Mitteilung der für den Betriebssitz zuständigen Agentur für Arbeit zuleiten. Ist der Anzeige die Stellungnahme des Betriebsrates nicht beigefügt, so ist die Anzeige wirksam, wenn der Arbeitgeber glaubhaft macht, dass er den Betriebsrat mindestens zwei Wochen vor Erstattung der Anzeige schriftlich unterrichtet hat, und er den Stand der Beratung darlegt. 30

Praxishinweis 31
Die Zuleitung der Abschrift einer an den Betriebsrat gerichteten Mitteilung an die Agentur für Arbeit ersetzt **nicht** die Anzeige nach § 17 KSchG.

Die Benachrichtigung nach § 17 Abs. 2 KSchG kann mit der Anhörung nach § 102 BetrVG verbunden werden. Es ist nicht erforderlich, getrennte Verfahren gegenüber dem Betriebsrat einzuhalten. Der Arbeitgeber muss allerdings klar zu erkennen geben, dass er mit seiner Unterrichtung sowohl die Unterrichtung nach § 17 Abs. 2 KSchG als auch die Anhörung nach § 102 BetrVG durchführen will. 32

2. Beratung gem. § 17 Abs. 2 S. 2 KSchG

33 Nach § 17 Abs. 2 S. 2 KSchG haben Arbeitgeber und Betriebsrat darüber zu **beraten**, ob und auf welche Weise Kündigungen vermieden oder eingeschränkt und ihre Folgen verhindert werden können. Die Verpflichtung der Beteiligten zur Beratung korrespondiert mit den Pflichten aus §§ 92, 111 BetrVG. Insoweit kommt eine Verbindung der Verfahren in Betracht, wobei ausdrücklich darauf hingewiesen werden muss, dass die Beratung zugleich auch in Erfüllung der gesetzlichen Verpflichtung aus § 17 Abs. 2 S. 2 KSchG erfolgt.

34 *Praxishinweis*
Es empfiehlt sich, nach Aufnahme der Verhandlungen mit dem Betriebsrat auch Kontakt zur Agentur für Arbeit aufzunehmen, um das Prozedere in zeitlicher Hinsicht abzustimmen. Mit der Agentur für Arbeit muss geklärt werden, ob diese von der Möglichkeit des § 18 Abs. 2 KSchG Gebrauch machen will, die Sperrfrist auf zwei Monate auszudehnen.

3. Einholung der Stellungnahme des Betriebsrates gem. § 17 Abs. 3 S. 2 KSchG

35 Nach § 17 Abs. 3 KSchG ist eine Anzeige nur wirksam, wenn ihr eine **Stellungnahme** des Betriebsrates beigefügt wird oder der Arbeitgeber glaubhaft macht, dass er den Betriebsrat mindestens zwei Wochen vor der Anzeige gem. § 17 Abs. 2 KSchG unterrichtet hat und er den Stand der Beratung darlegt. Da bei Fehlen einer Unterrichtung weder die eine noch die andere Voraussetzung erfüllt werden kann – der Betriebsrat hat in diesem Fall keinen Anlass zu einer Stellungnahme –, ist die Einhaltung der Unterrichtungspflicht nach § 17 Abs. 2 KSchG zumindest mittelbare Wirksamkeitsvoraussetzung für die Anzeige. Ebenso ist Wirksamkeitsvoraussetzung der Anzeige gem. § 17 Abs. 2 KSchG die Beratung der Möglichkeiten, Kündigungen zu vermeiden oder einzuschränken und ihre Folgen zu mildern.

36 Sind bei einer Kündigung aufgrund einer Betriebsänderung nach § 111 BetrVG Arbeitnehmer, denen gekündigt werden soll, in einem Interessenausgleich zwischen Arbeitgeber und Betriebsrat namentlich bezeichnet, wird nach § 1 Abs. 5 KSchG vermutet, dass die Kündigung durch dringende betriebliche Erfordernisse i.S.d. § 1 Abs. 2 KSchG bedingt ist. Der Interessenausgleich nach § 1 Abs. 5 S. 1 KSchG ersetzt die Stellungnahme des Betriebsrates nach § 17 Abs. 3 S. 2 KSchG.

37 Zwar ist nach § 17 Abs. 3 S. 1 und S. 2 KSchG eine beigefügte Stellungnahme des Betriebsrats Wirksamkeitsvoraussetzung für die Massenentlassungsanzeige, ihr Fehlen führt aber nicht zwingend und dauerhaft zur Unwirksamkeit der Anzeige. Die fehlende Stellungnahme des Betriebsrats kann nachgereicht werden unter der Voraussetzung, dass der Betriebsrat mindestens zwei Wochen vor Anzeigeerstattung, also vor Vollständigkeit der Anzeige nach § 17 Abs. 2 S. 1 KSchG, unterrichtet worden ist (§ 17 Abs. 3 S. 3 KSchG).[21]

38 Ein vor der „Entlassung" abgeschlossener Interessenausgleich erfüllt die Beratungspflicht nach § 17 Abs. 2 S. 2 KSchG. Dagegen ist es weder nach nationalem Recht noch nach Art 2 Abs. 1, Abs. 2 EGRL 59/98 Voraussetzung, dass außer der Unterrichtung des Betriebsrats und Beratung mit dem Betriebsrat auch eine Einigung vor „Durchführung der Massenentlassung" erzielt worden sein muss. Auch nach der Rechtsprechungsänderung durch den EuGH, die unter Entlassung nicht mehr die Beendigung des Arbeitsverhältnisses nach Ablauf der Kündigungsfrist, sondern den Ausspruch der Kündigung selbst versteht, ist aus der Konsulta-

21 BAG v. 21.5.2008, NZA 2008, 753.

tionspflicht nach § 17 Abs. 2 S. 2 KSchG keine Pflicht zur Verständigung über den Umfang und die Folgen der Massenentlassung abzuleiten. Der Betriebsrat muss unterrichtet und es muss mit ihm beraten worden sein, dagegen muss eine Einigung vor Durchführung der Massenentlassung mit ihm nicht erzielt werden.[22]

4. Zuleitung einer Abschrift der Anzeige an den Betriebsrat gem. § 17 Abs. 3 S. 6 KSchG

Nach § 17 Abs. 3 S. 6 KSchG hat der Arbeitgeber dem Betriebsrat eine Abschrift der Anzeige zuzuleiten, die er gegenüber der Agentur für Arbeit abgibt. 39

5. Konzernklausel gem. § 17 Abs. 3a KSchG

Nach § 17 Abs. 3a KSchG gelten die Auskunfts-, Beratungs- und Anzeigepflichten des § 17 Abs. 1 bis 3 KSchG auch dann, wenn die Entscheidung über die Kündigungen von einem den Arbeitgeber beherrschenden Unternehmen getroffen wurde. Bezüglich des Begriffes des beherrschenden Unternehmens ist an die Regelung gem. §§ 17, 18 AktG anzuknüpfen.[23] Der Arbeitgeber kann sich nicht darauf berufen, dass das für die Kündigungen verantwortliche Unternehmen die notwendigen Auskünfte nicht übermittelt hat. 40

6. Gewährleistung der Mitbestimmungsrechte gem. § 87 Abs. 1 Nr. 3 BetrVG, falls Kurzarbeit gem. § 19 Abs. 1 KSchG eingeführt wird

Sofern beabsichtigt ist, Kurzarbeit gem. § 19 Abs. 1 KSchG einzuführen, ist darauf zu achten, dass die Mitbestimmungsrechte des Betriebsrates gem. § 87 Abs. 1 Nr. 3 BetrVG gewährleistet sind. 41

IV. Inhalt der Anzeige gem. § 17 KSchG

§ 17 Abs. 3 KSchG unterscheidet zwischen Angaben, die in der Anzeige enthalten sein **müssen** und solchen, die in ihr enthalten sein **sollen**. 42

1. Muss-Inhalt

Die Anzeige **muss** Angaben über den Namen des Arbeitgebers, den Sitz und die Art des Betriebes enthalten, ferner die Gründe für die genannten Kündigungen, die Zahl und die Berufsgruppen der zu Kündigenden und der i.d.R. beschäftigten Arbeitnehmer, den Zeitpunkt, an dem die Kündigungen ausgesprochen werden sollen und die vorgesehenen Kriterien für die Auswahl der zu kündigenden Arbeitnehmer (§ 17 Abs. 3 S. 4 KSchG). 43

> *Praxishinweis* 44
> Fehlt auch nur eine dieser Angaben, ist die Anzeige unwirksam!

22 BAG v. 21.5.2008, NZA 2008, 753.

23 KR/*Weigand*, § 17 KSchG, Rn 98b; vgl. *Hüffer*, § 17 AktG, Rn 4 ff.

45 Auch eine **vorsorgliche** Anzeige muss die in § 17 Abs. 2 S. 4 KSchG vorgeschriebenen Angaben enthalten.[24]

2. Soll-Inhalt

46 In der Anzeige **sollen** ferner im Einvernehmen mit dem Betriebsrat für die Arbeitsvermittlung Angaben über Geschlecht, Alter, Beruf und Staatsangehörigkeit der zu entlassenden Arbeitnehmer gemacht werden.

47 *Praxishinweis*

Empfohlen wird eine namentliche Liste der Arbeitnehmer, die gekündigt werden sollen. Zur Vermeidung von Rechtsnachteilen ist es zulässig, diese Angaben mit dem Vorbehalt zu versehen, dass sich der Plan für die Kündigungen noch ändern kann.

Die Namensliste mit den ergänzenden Angaben ist nicht Voraussetzung für die Wirksamkeit der Anzeige. Sie kann auch nachgereicht werden.

3. Schriftform

48 Die Anzeige ist schriftlich zu erstatten. Der Arbeitgeber kann sich eines Bevollmächtigten bedienen. Wegen der Schriftform (§ 17 Abs. 3 S. 2 KSchG) muss die Anzeige vom Arbeitgeber oder seinem Bevollmächtigten eigenhändig unterschrieben werden. Eine telefonische oder mündliche Anzeige genügt nicht.

49 *Praxishinweis*

Wir empfehlen die Verwendung der von der Bundesagentur für Arbeit bereitgestellten **Vordrucke für anzeigepflichtige Entlassungen**:

- Anzeige von Entlassungen: BA-KSchG 2
- Anlage zur Anzeige von Entlassungen: BA-KSchG 2a
- Liste der zur Entlassung vorgesehenen Arbeitnehmer: BA-KSchG 3
- Antrag auf Anerkennung als Ausnahmebetrieb: BA-KSchG 9

Die Vordrucke sind im Internet unter www.arbeitsagentur.de (dort unter „Informationen für Arbeitgeber, Arbeitsmarkt, Anzeigepflichtige Entlassungen, Link und Dateiliste, Dokumente") abrufbar.

V. Rechtsfolgen

1. Entlassungssperre

50 Die Entlassungssperre nach § 18 Abs. 1 KSchG hindert weder den Ausspruch einer Kündigung nach Anzeige der Massenentlassung bei der Agentur für Arbeit, noch verlängert die Sperrfrist die gesetzlichen Kündigungsfristen.[25]

24 BAG v. 2.2.1984 – 2 AZR 392/82 – n.v.
25 BAG v. 6.11.2008, DB 2009, 515.

2. Entscheidung der Agentur für Arbeit

Die Entscheidung der Agentur für Arbeit nach § 18 Abs. 1 und 2 KSchG erfolgt durch den Vorsitzenden der Geschäftsführung der Agentur, wenn die Zahl der Kündigungen weniger als 50 beträgt, oder einen bei der Agentur gebildeten „Ausschuss für anzeigepflichtige Entlassungen", der vor seiner Entscheidung den Arbeitgeber und den Betriebsrat anzuhören hat. Arbeitgeber und Betriebsrat haben dem Ausschuss die für die Beurteilung des Falles erforderlich gehaltenen Auskünfte zu erteilen. Der Ausschuss hat sowohl das Interesse des Arbeitgebers als auch das der zu entlassenden Arbeitnehmer, das öffentliche Interesse und die Lage des gesamten Arbeitsmarktes unter besonderer Beachtung des Wirtschaftszweiges, dem der Betrieb angehört, zu berücksichtigen, bevor er die Entscheidung trifft, ob die nach § 17 KSchG anzeigepflichtigen Kündigungen bereits vor Ablauf eines Monats nach Eingang der Anzeige wirksam werden, ob die Zustimmung rückwirkend bis zum Tage der Antragstellung erteilt wird oder ob die Kündigungen von längstens zwei Monaten nach Eingang der Anzeige bei der Agentur für Arbeit wirksam werden. 51

Gegen die Entscheidung des „Ausschusses für anzeigepflichtige Entlassungen" oder des Vorsitzenden der Geschäftsführung ist Widerspruch zulässig. Der **Widerspruch** ist binnen eines Monats nach Bekanntgabe der Entscheidung schriftlich einzureichen oder die Niederschrift zu erklären, und zwar bei dem „Ausschuss für anzeigepflichtige Entlassungen oder beim Vorsitzenden der Geschäftsführung derjenigen Dienststelle, bei der die Entscheidung getroffen worden ist. 52

Die Arbeitsgerichte können etwaige Fehler bei der Einreichung der Massenentlassungsanzeige gem. § 17 Abs. 3 KSchG im Kündigungsschutzprozess nicht mehr nachprüfen, wenn die Agentur für Arbeit auf diese Anzeige eine Entscheidung über die festzusetzende Sperrfrist getroffen hat. Die Agentur für Arbeit stellt damit inzidenter fest, dass eine wirksame Massenentlassungsanzeige vorliegt.[26] Die Arbeitsgerichte sind durch die Bestandskraft des Verwaltungsaktes gehindert, im Kündigungsschutzprozess die Entscheidung der Arbeitsverwaltung nachzuprüfen. Die Bindung der Arbeitsgerichte an eine rechtskräftige Zulassung der Entlassung durch die Agentur für Arbeit auch im Falle der Verletzung von Verpflichtungen durch den Arbeitgeber im Rahmen des Anzeigeverfahrens nach § 17 KSchG verstößt nicht gegen Art. 6 der Massenentlassungsrichtlinie (EGRL 59/98).[27] 53

Ein Arbeitnehmer ist im Verfahren des besonderen Kündigungsschutzes bei Massenentlassungen nicht beteiligt, ihm kommt der Schutz nur mittelbar zugute. In eigenen Rechten wird er durch dieses Verfahren nicht verletzt. § 17 KSchG ist auch kein Schutzgesetz i.S.d. § 823 Abs. 2 BGB zugunsten der Arbeitnehmer.[28] 54

3. Sperrfrist

Mit dem Eingang der Massenentlassungsanzeige bei der Agentur für Arbeit tritt zunächst eine **Sperrfrist** von einem Monat in Kraft (§ 18 Abs. 1 KSchG), die im Einzelfall durch die Agentur auf längstens zwei Monate verlängert werden kann. Beginn und Ende der Sperrfrist 55

26 LAG Hamm (Westfalen) v. 24.4.2002, LAG-Report 2003, 117.

27 LAG Hamburg v. 29.8.2002 – 7 Sa 11/02, Revision eingelegt Az. 2 AZR 537/02, EzA-SD 2003, Nr. 1, 6.

28 SG Berlin v. 2.2.2006 – S 60 AL 2953/05 – juris.

bestimmen sich nach den §§ 187 Abs. 1 und 188 Abs. 2, 3 BGB.[29] Die Sperrfrist hat die Wirkung einer **Mindestkündigungsfrist**.[30]

56 *Beispiel 1*
Am 16.3. geht bei der zuständigen Agentur für Arbeit eine wirksam erstattete Anzeige gem. § 17 KSchG ein. Die Monatsfrist beginnt nach § 187 Abs. 1 BGB am 17.3. und endet nach § 188 Abs. 2 BGB am 16.4. Die Kündigungen werden somit nach Ablauf des 16.4. wirksam.

57 *Beispiel 2*
Am 28.2. geht bei der zuständigen Agentur für Arbeit eine Anzeige gem. § 17 KSchG ein. Die Anzeige enthält keine Angaben über den Zeitraum, in dem die Kündigungen ausgesprochen werden sollen. Die fehlenden Angaben werden jedoch am 2.3. (Eingang bei der Agentur für Arbeit) nachgereicht. Die Anzeige gem. § 17 KSchG wird erst mit dem Eingang der nachgereichten Angaben wirksam. Die Monatsfrist beginnt deshalb nach § 187 Abs. 1 BGB am 3.3. und endet nach § 188 Abs. 2 BGB am 2.4. Die Kündigungen werden somit nach Ablauf des 2.4. rechtswirksam.

58 *Beispiel 3*
Am 15.1. geht bei der zuständigen Agentur für Arbeit eine Anzeige gem. § 17 KSchG ein. Die Anzeige enthält keine Angaben über die Gründe für die Kündigungen, ihr ist auch keine Stellungnahme des Betriebsrates beigefügt. Die Gründe für die Kündigungen werden am 20.1., die Stellungnahme des Betriebsrates wird am 31.1. (Eingang bei der Agentur für Arbeit) nachgereicht.
Die Anzeige gem. § 17 KSchG wird erst mit dem Eingang der Stellungnahme des Betriebsrates wirksam. Die Monatsfrist beginnt deshalb nach § 187 Abs. 1 BGB am 1.2. und endet nach § 188 Abs. 3 BGB am 28.2., **in einem Schaltjahr** am 29.2. Die Kündigungen werden somit nach Ablauf des 28.2. bzw. 29.2. rechtswirksam.

59 Die Sperrfrist des § 18 Abs. 1 KSchG beginnt erst dann zu laufen, wenn der Arbeitgeber die – bei seiner Anzeige gem. § 17 Abs. 3 KSchG zunächst fehlende – Stellungnahme des Betriebsrates nachreicht. In diesem Fall wird das Arbeitsverhältnis eines Arbeitnehmers nicht bereits mit Ablauf der Frist gem. § 18 Abs. 1 KSchG gelöst, sondern erst zum nach § 622 Abs. 2 BGB Tarif- oder Arbeitsvertrag nächstzulässigen Termin.[31]

4. Freifrist

60 Die Regelung zur so genannten **Freifrist** (§ 18 Abs. 4 KSchG) ist aufgrund der EuGH-Rechtsprechung ohne Anwendungsbereich. Nach § 18 Abs. 4 KSchG ist der Ausspruch der Kündigungen innerhalb von 90 Tagen nach Erstattung der Anzeige möglich. Die Kündigungen können unmittelbar nach Erstattung der Massenentlassungsanzeige ausgesprochen werden. Bei **Kündigungsfristen**, die die Dauer von Entlassungssperre und Freifrist übersteigen, ist keine erneute Anzeige bei der Agentur für Arbeit erforderlich.

29 KR/*Weigand*, § 18 KSchG Rn 8.
30 *Bauer/Krieger*, NZA 2009, 174, 175; *Bauer/Krieger/Powietzka*, DB 2005, 445, 447.
31 LAG Frankfurt v. 16.3.1990, DB 1991, 658.

5. Kurzarbeit

Nach § 19 Abs. 1 KSchG kann die Bundesagentur für Arbeit auf Antrag des Arbeitgebers die **Einführung von Kurzarbeit** zulassen, wenn der Arbeitgeber nicht mehr in der Lage ist, die Arbeitnehmer bis zum Wirksamwerden der Entlassung zu beschäftigen.[32] Da das Recht des Arbeitgebers, nach § 19 Abs. 1 KSchG Kurzarbeit einzuführen, ein einseitiges Gestaltungsrecht ist, erweitert die Regelung die Individualrechte des Arbeitgebers. Da es sich nicht um eine Kündigung handelt, greift der Sonderkündigungsschutz nicht ein. Der Betriebsrat hat auch im Rahmen des § 19 KSchG beim „Ob“ und „Wie“ der Kurzarbeit mitzubestimmen. Nach § 19 Abs. 3 KSchG gilt der **Vorrang des Tarifvertrages** gegenüber tarifgebundenen Arbeitnehmern. Eine unterschiedliche Behandlung tarifgebundener und nicht gebundener Arbeitnehmer ist zulässig.[33] 61

Der Arbeitgeber muss von der Ermächtigung, Kurzarbeit einzuführen, keinen Gebrauch machen. Die Einführung der Kurzarbeit ist gegenüber den betroffenen Arbeitnehmern anzukündigen.

6. Rechtsfolgen bei Fehlen der Massenentlassungsanzeige

Bei fehlender Massenentlassungsanzeige ist die Kündigung unwirksam. Der Arbeitnehmer muss die Unwirksamkeit der Kündigung jedoch geltend machen, wenn er hieraus Rechte ableiten will.[34] Akzeptiert der Arbeitnehmer die Entlassung, kann sich der Arbeitgeber nicht auf die fehlende Anzeige berufen. Eine gänzlich unterbliebene Massenentlassungsanzeige führt dazu, dass das Arbeitsverhältnis nicht zu dem in der Kündigung genannten Termin endet, denn die Entlassung darf nicht vollzogen werden, auch wenn es für die Wirksamkeit der Kündigung nicht darauf ankommt, ob eine Massenentlassungsanzeige nach § 17 KSchG nicht erfolgt ist. Im Fall der Nichtanzeige der Massenentlassung führen die Rechtsprechung des BAG[35] und die Entscheidung des EuGH[36] zu demselben Ergebnis, nämlich dazu, dass das Arbeitsverhältnis zum in der Kündigung vorgesehenen Termin nicht aufgelöst wurde.[37] 62

7. Rechtsfolgen der unwirksamen Massenentlassungsanzeige

Ist die Massenentlassungsanzeige unwirksam, werden anzeigepflichtige Entlassungen nicht wirksam. Der Arbeitgeber kann die Einrede der Verwirkung erheben, wenn die Unwirksamkeit erst geltend gemacht wird, wenn der Arbeitnehmer bereits ausgeschieden ist und keine Anhaltspunkte dafür erkennbar sind, dass der Arbeitnehmer die Entlassung nicht akzeptieren wollte. Der Arbeitnehmer muss im Kündigungsschutzprozess die Unwirksamkeit der Kündigung nach §§ 17 ff. KSchG geltend machen, damit er nicht mit diesem Vortrag später präkludiert wird. 63

32 Vgl. im Einzelnen: MünchArb/*Berkowsky*, § 156 Rn 50 ff.; ErfK/*Kiel*, § 19 KSchG Rn 3 ff.

33 MünchArb/*Berkowsky*, § 156 Rn 55.

34 BAG v. 8.6.1998, AP Nr. 6 zu § 17 KSchG 1969 = NZA 1990, 224.

35 BAG v. 13.4.2000, NZA 2001, 144.

36 EuGH v. 27.1.2005, NZA 2005, 213.

37 BAG v. 16.6.2005, NZA 2005, 1109.

8. Rechtsfolgen bei nichtrechtzeitiger Massenentlassungsanzeige

64 Ob eine nichtrechtzeitige Massenentlassungsanzeige zur Unwirksamkeit der Kündigung führt oder auch weiterhin nur die Entlassung nicht vollzogen werden kann, hat das BAG[38] offengelassen.

9. Verzicht auf den Massenentlassungsschutz

65 Ein wirksamer Verzicht des Arbeitnehmers auf den Massenentlassungsschutz nach §§ 17 ff. KSchG ist vor der Entlassung oder in einem Aufhebungsvertrag unwirksam. Nach Abschluss des Aufhebungsvertrages ist ein solcher Verzicht möglich.[39]

VI. Massenentlassung und betriebsbedingte Kündigung

66 Materiellrechtlich gilt auch bei Massenentlassungen § 1 KSchG, einschließlich der Sozialauswahl.

VII. Sonstige Rechte der Arbeitnehmervertretungen

67 Die Mitwirkungsrechte des Betriebsrates gem. §§ 92, 111 ff. BetrVG sind zu beachten. Der Wirtschaftsausschuss ist gem. § 106 BetrVG zu beteiligen. Die Anhörung des Betriebsrates gem. § 102 BetrVG ist bei jeder einzelnen Kündigung durchzuführen. Nach §§ 32 Abs. 2 Nr. 10, 33 Abs. 1 Nr. 3 EBRG ist der Europäische Betriebsrat bei Massenentlassungen zu unterrichten und anzuhören.[40]

VIII. Checkliste

68
- Personalliste erstellen (lfd. Nr.; Name, Vorname; Geburtsdatum; Eintrittsdatum; Familienstand; unterhaltsberechtigte Kinder; Tätigkeit; besondere Umstände, z.B. Sonderkündigungsschutz, soziale Härten usw.; Kündigungsfristen (Vertrag, Tarif, Gesetz); Bruttomonatsgehalt; Dauer der Betriebszugehörigkeit)
- Vorbereitung des Kataloges gem. § 17 Abs. 2 S. 1 Nr. 1–6 KSchG
- Vorbereitung des Kataloges gem. § 17 Abs. 3 S. 4 und 5 KSchG
- Entwurf der Anzeige nach § 17 KSchG
- Entwürfe der Einholung der Stellungnahme des Betriebsrates und der Zuleitung der Anzeige an den Betriebsrat
- Schriftliche Unterrichtung und Erteilung weiterer zweckdienlicher Auskünfte gem. § 17 Abs. 2 S. 1 KSchG
- Beratung der Möglichkeiten, Entlassungen zu vermeiden usw. (§ 17 Abs. 2 S. 2 KSchG)
- Einholung der Stellungnahme des Betriebsrates gem. § 17 Abs. 3 KSchG
- Zuleitung einer Abschrift der Anzeige gem. § 17 Abs. 1 KSchG an den Betriebsrat (§ 17 Abs. 3 S. 6 KSchG)
- Gewährleistung der Mitbestimmungsrechte gem. § 87 Abs. 1 Nr. 3 BetrVG, falls Kurzarbeit gem. § 19 Abs. 1 KSchG eingeführt wird

38 BAG v. 23.3.2006, NZA 2006, 971 ff.
39 BAG v. 11.3.1999, AP Nr. 12 zu § 17 KSchG 1969 = NZA 1999, 761.
40 Vgl. näher KR/*Weigand*, § 17 KSchG Rn 71a f.

- Massenentlassungsanzeige gem. § 17 KSchG
- Auskunftserteilung und Stellungnahme gem. § 20 Abs. 1 und 2 KSchG
- Unterrichtung und Anhörung des Europäischen Betriebsrates nach §§ 32, 33 EBRG
- Beteiligung des Betriebsrates nach §§ 92, 111 ff. BetrVG
- Beteiligung des Wirtschaftsausschusses nach § 106 BetrVG
- Anhörung des Betriebsrates zu jeder einzelnen Kündigung nach § 102 BetrVG
- Ausspruch der Kündigung ist innerhalb von 90 Tagen nach Erstattung der Anzeige möglich

§ 5 Abfindungsanspruch bei betriebsbedingten Kündigungen, § 1a KSchG

Dr. Stephan Osnabrügge

Inhalt

Rn

I. Einführung ... 1

II. Anspruchsinhalt und Anspruchsvoraussetzungen ... 5
1. Gesetzlicher oder rechtsgeschäftlicher Anspruch? ... 5
2. Voraussetzungen des Anspruchs ... 11
   a) Geltung des Kündigungsschutzgesetzes ... 11
   b) Kündigung wegen dringender betrieblicher Erfordernisse nach § 1 Abs. 2 S. 1 KSchG ... 13
   c) Hinweis des Arbeitgebers (Angebot) ... 19
   d) Verstreichenlassen der Klagefrist (Annahme) ... 26
3. Rechtsfolgen ... 30
4. Einzelprobleme ... 47
   a) Niedrigeres Angebot ... 47
   b) Höheres Angebot ... 50
   c) Nachträgliche Zulassung der Klage (§ 5 KSchG) ... 52
   d) Klagerücknahme im Prozess ... 56
   e) § 6 KSchG ... 57
5. Sozialversicherungsrechtliche Rahmenbedingungen ... 59
6. Steuerliche Rahmenbedingungen ... 61

III. Beratungshinweise ... 62

IV. Muster: Kündigung, verbunden mit einem Angebot nach § 1a KSchG .. 68

Literatur

Altenburg/Reufels/Leister, Der Verzicht auf den Abfindungsanspruch aus § 1a KSchG, NZA 2006, 71; **Bauer**, Mutlose Kündigungsschutzreform, NZA 2003, 366; **ders.**, Weniger Kündigungsschutz = mehr Beschäftigung? – Die Arbeitgebersicht, Beilage zu NZA Heft 21/2003, 47; **ders.**, Kernprobleme individualrechtlicher Vertragsgestaltung, vertragliche Beendigung von Arbeitsverhältnissen, Brennpunkte des Arbeitsrechts 2005, 157; **Bauer/Preis/Schunder**, Der Regierungsentwurf eines Gesetzes zu Reformen am Arbeitsmarkt vom 18.6.2003, NZA 2003, 704; **Gaul/Bonanni**, Agenda 2010: Änderungen im Kündigungsschutzrecht und beim Arbeitslosengeld, ArbRB 2003, 177; **Giesen/Besgen**, Fallstricke des neuen gesetzlichen Abfindungsanspruchs, NJW 2004, 185; **Grobys**, Der gesetzliche Abfindungsanspruch in der betrieblichen Praxis, DB 2003, 2174; **Löwisch**, Die kündigungsrechtlichen Vorschläge der „Agenda 2010“, NZA 2003, 689; **Meinel**, Agenda 2010 – Regierungsentwurf zu Reformen am Arbeitsmarkt, DB 2003, 1438; **Meixner**, Neue arbeitsrechtliche Regelungen 2004, **Nägele**, Neuerungen durch die Agenda 2010 – Kündigung mit Abfindungsanspruch, ArbRB 2003, 274; **Nicolai**, Das neue Kündigungsrecht, 2004; **Peters-Lange/Gagel**, Arbeitsförderungsrechtliche Konsequenzen aus § 1a KSchG, NZA 2005, 740; **Preis**, Die „Reform“ des Kündigungsschutzrechts, DB 2004, 70; *ders.*, Die „Reform“ des Kündigungsschutzrechts, http://www.aus-portal.de/aktuell/standpunkte/media/Kündigungsschutzgesetz-2004-Standpunkt.pdf; **Raab**, Der Abfindungsanspruch gemäß § 1a KSchG, RdA 2005, 1; **Schmitt-Rolfes**, Aufhebungs- und Abwicklungsvertrag unter Berücksichtigung der Abfindungsregel nach § 1a KSchG, NZA Beilage 1/2005, 3; **von Steinau-Steinrück/Paul**, § 1a KSchG – Die wichtigsten Anwendungsfragen, NJW-Spezial 2004, 225; **Thüsing/Stelljes**, Fragen zum Entwurf eines Gesetzes zu Reformen am Arbeitsmarkt, BB 2003, 1673; **Thüsing/Wege**, Der Abfindungsanspruch des § 1a KSchG, JuS 2006, 97; **ders.**, Sozialplanabfindung: Turboprämie ausgebremst?, DB 2005, 2634; **Tschöpe**, Steuerliche Begünstigungen von Abfindungen – nicht für Abfindungen nach § 1a KSchG?, NZA 2006, 23; **Ulrici/Mohnke**, Abfindung nach § 1a KSchG trotz Kündigungsschutzklage, NZA 2006, 77; **Willemsen/Annuß**, Kündigungsschutz nach der Reform, NJW 2004, 177; **Wolff**, Abwicklungsvereinbarung am Ende? Konsequenzen der neuesten Rechtsprechung des BSG zur Sperrzeit für die Praxis, DStR 2005, 115; **Wolter**, Reformbedarf beim Kündigungsrecht aus Arbeitnehmersicht, NZA 2003, 1068; **Zeising**, Die Geltung der Drei-Wochen-Frist des § 4 Satz 1 KSchG bei behördlichen Zustimmungserfordernissen – Realität oder bloße Fiktion?, DB 2005, 1626.

I. Einführung

1 § 1a ist durch das Gesetz zu Reformen am Arbeitsmarkt mit Wirkung zum 1.1.2004 in das KSchG eingefügt worden.[1] Der Einfügung ging ein langwieriges Gesetzgebungsverfahren voraus, das erst durch die Verhandlungen im Vermittlungsausschuss Mitte Dezember 2003 sein Ende fand. § 1a KSchG ist indes seit dem ursprünglichen Gesetzgebungsvorschlag[2] nicht geändert worden. Die amtliche Gesetzesbegründung befindet sich in BT-Drucks 15/1204, S. 12 ff. Die Aufsätze, die sich überwiegend noch mit dem Gesetzgebungsentwurf beschäftigen, sind aus diesem Grunde aktuell geblieben.[3]

2 Im Ergebnis erschöpft sich die Regelung des § 1a KSchG in einer deklaratorischen Aufzeigung einer Möglichkeit, die der Arbeitgeber ohnehin bei Ausspruch einer Kündigung hat. Die einzigen **zwei Regelungsinhalte** des § 1a KSchG sind die **Fiktion der Abgabe einer Willenserklärung (Annahmeerklärung) des Arbeitnehmers** und die **Festlegung einer gesetzlich determinierten Rechtsfolge für den Fall des Zustandekommens des Vertrages auf diese Weise**. Auswirkungen über den Bereich der individuellen Kündigung hinaus hat § 1a KSchG nach der Rechtsprechung des BAG nicht. Insbesondere ist § 1a KSchG kein allgemeiner Rechtsgrundsatz zu entnehmen, wonach Abfindungsansprüche an einen Rechtsmittelverzicht geknüpft werden dürfte. Ein Anspruch auf Abfindung nach einem Sozialplan darf auch weiterhin nicht von einem Klageverzicht des Arbeitnehmers abhängig gemacht werden.[4]

3 In der Literatur sind vielfältig **rechtspolitische Bedenken** hinsichtlich der Auswirkungen des § 1a KSchG angeführt worden. So merkt *Meinel*[5] an, dass zukünftig Sozialplanverhandlungen, bei denen eine Abfindungsquote unter 0,5 festgelegt wird, nicht mehr denkbar seien. In der anwaltlichen Beratung hat sich dies nicht bestätigt. Zwar existiert insbesondere bei den Betriebsparteien nach wie vor verbreitet der Irrglaube, es gäbe eine zwingende gesetzliche Regelung zur Abfindungshöhe, was sich aber erfahrungsgemäß unter Verweis auf den insoweit klaren Gesetzeswortlaut („kann") richtig stellen lässt. Die befürchteten Auswirkungen auf die Abfindungshöhen sind aber in der Praxis nicht eingetreten. Da § 1a KSchG vollkommen losgelöst von den individuellen betrieblichen Belangen des Arbeitgebers und der Arbeitnehmer ist, liegt auf der Hand, dass die Quote des § 1a KSchG in Verhandlungen um einen Sozialplan, bei dem es gerade um die Berücksichtigung dieser Belange geht, nicht vorgreiflich sein kann.

4 Festzuhalten bleibt in jedem Fall, dass durch § 1a KSchG die **weiteren Möglichkeiten** der Gestaltung im Vorfeld oder im Nachgang zu einer Kündigung nicht beeinträchtigt werden. Es bleibt weiterhin unbenommen, einen **Aufhebungs- oder Abwicklungsvertrag** zu schließen. Es bleibt darüber hinaus dem Arbeitgeber unbenommen, (auch) eine betriebsbedingte Kündigung auszusprechen, ohne hierbei eine Abfindung anzubieten. Letztlich sind auch die Befürchtungen in Bezug auf die Abfindungsquoten in Prozessvergleichen, wonach die Arbeitsrichter die Quote von 0,5 als nahezu unverrückbar ansehen könnten,[6] ebenfalls nicht ein-

1 BGBl I 2003, S. 3002.

2 BT-Drucks 15/1204, S. 5.

3 Vgl. *Bauer*, NZA 2003, 366; *Bauer*, Beilage zu NZA Heft 21/2003, 47; *Bauer/Preis/Schunder*, NZA 2003, 704; *Grobys*, DB 2003, 2174; *Löwisch*, NZA 2003, 689; *Meinel*, DB 2003, 1438; *Thüsing/Stelljes*, BB 2003, 1673; *Wolter*, NZA 2003, 1068; *Gaul/Bonanni*, ArbRB 2003, 177; *Nägele*, ArbRB 2003, 274; *Giesen/Besgen*, NJW 2004, 185; *Preis*, DB 2004, 70; *Preis*: http://www.aus-portal.de/aktuell/standpunkte/media/Kündigungsschutzgesetz–2004–Standpunkt.pdf.

4 BAG v. 15.2.2005, DB 2005, 2245, 2246; BAG v. 31.5.2005, DB 2005, 1744; *Thüsing*, DB 2005, 2634.

5 *Meinel*, DB 2003, 1438, 1439.

6 So *Meinel*, DB 2003, 1438, 1439; *Bauer*, NZA 2003, 366, 368.

getreten. Die praktische Erfahrung zeigt, dass die Arbeitsgerichte ihre Vergleichsvorschläge überwiegend an der persönlichen Situation der Parteien sowie der ersten Einschätzung zur Aussicht der Kündigungsschutzklage orientieren.

II. Anspruchsinhalt und Anspruchsvoraussetzungen

1. Gesetzlicher oder rechtsgeschäftlicher Anspruch?

Umstritten ist in der Literatur, ob die Konsequenz des § 1a KSchG ein **gesetzlicher** oder ein **rechtsgeschäftlicher Anspruch** ist. Auswirkungen hat diese Streitfrage auf die Möglichkeit, die rechtserhebliche Erklärung anzufechten. Unterschiede ergeben sich weiter, wenn der Arbeitnehmer Klage erhebt und diese dann später zurücknimmt. Gem. § 279 ZPO ist diese Klage als nicht anhängig geworden anzusehen. Für einen gesetzlichen Anspruch könnte diese Fiktion möglicherweise auf die Anspruchsvoraussetzungen durchschlagen und den Anspruch – nachträglich – begründen (vgl. Rn 56). 5

Ein Teil von Rechtsprechung und Literatur[7] ist der Ansicht, § 1a KSchG begründe einen gesetzlichen Abfindungsanspruch. Scheinbare Unterstützung findet dies in der Gesetzesbegründung, in der der Anspruch ausdrücklich als „gesetzlicher Abfindungsanspruch" bezeichnet wird.[8] Daneben wird vertreten, es handle sich um einen gänzlich neuen Kündigungstypus, nämlich eine „Abfindungskündigung mit Wahlrecht".[9] 6

Der Aufbau des Anspruchs ist indes nicht der eines gesetzlichen Anspruchs. Gesetzliche Ansprüche sind typischerweise ausschließlich abhängig von dem Bestehen einer bestimmten, faktisch gegebenen Situation. So entstehen durch die Schwangerschaft gesetzliche Ansprüche der Mutter; durch die Geburt entsteht ein gesetzlicher Anspruch auf Mutterschaftsgeld. § 1a KSchG macht dagegen das Entstehen des Anspruchs abhängig von rechtsgeschäftlichen Handlungen zweier Parteien. Dies ist die typische Konstellation eines **rechtsgeschäftlichen Vertragsschlusses**. Gegen die Annahme eines rechtsgeschäftlichen Angebots kann auch nicht angeführt werden, dass ein Aufhebungsvertrag gem. § 623 BGB der Schriftform bedürfe.[10] Denn Gegenstand des Vertrages ist nicht die Beendigung des Arbeitsverhältnisses, sondern die Pflicht zur Zahlung einer Abfindung. Gegenstand ist auch nicht etwa ein Klageverzicht des Arbeitnehmers.[11] Das Verstreichenlassen der Klagefrist ist objektive Bedingung des Vertragsschlusses, nicht aber Vertragsgegenstand. 7

Vor diesem Hintergrund ist der Ansicht zuzustimmen, dass § 1a KSchG das Zustandekommen eines rechtsgeschäftlichen Anspruchs bezeichnet.[12] Dem hat sich nun wohl auch das BAG angeschlossen, wenn auch die entsprechenden Ausführungen, wonach der Abfindungsanspruch seinem Charakter nach einer einzelvertraglichen vereinbarten Abfindung entspreche, nicht die konkrete Entscheidung tragen.[13] Auf die Frage, ob alleine das Schweigen des 8

7 *Grobys*, DB 2003, 2174; *Giesen/Besgen*, NJW 2004, 185; *Willemsen/Annuß*, NJW 2004, 177, 182; *Thüsing/Wege*, JuS 2006, 97, 99; *Altenburg/Reufels/Leister*, NZA 2006, 71, 73 ff.; ArbG Siegen v. 9.6.2005, NZA 2005, 935.

8 BT-Drucks 15/1204, S. 12.

9 *Schmitt-Rolfes*, NZA Beil 1/2005, 3, 7.

10 *Schmitt-Rolfes*, NZA Beil 1/2005, 3, 7.

11 *Schmitt-Rolfes*, NZA Beil 1/2005, 3, 7.

12 So auch *Löwisch*, NZA 2003, 689, 694; *Preis*, http://www.aus-portal.de/aktuell/standpunkte/media/Kündigungsschutzgesetz-2004-Standpunkt.pdf, S. 2; *Preis*, DB 2004, 70, 71; offen gelassen von LAG Hamm v. 7.6.2005, BZA 2005, 1123.

13 BAG v. 31.5.2005, NZA 2005, 997 unter II. 1. b) cc) der Gründe.

Arbeitnehmers das Rechtsgeschäft begründen kann, kommt es in diesem Zusammenhang nicht an. Denn das Gesetz knüpft den Vertragsschluss nicht an eine wörtliche Äußerung oder ein Schweigen, sondern an ein bestimmtes **Verhalten** des Arbeitnehmers. Der Arbeitnehmer bringt nach der Vorstellung des Gesetzes seinen Annahmewillen erkennbar durch ein **Unterlassen** einer Handlung und nicht durch Schweigen zum Ausdruck. Dieses ist das Unterlassen, innerhalb der Drei-Wochen-Frist des § 4 KSchG eine Klage auf Feststellung zu erheben, dass das Arbeitsverhältnis fortbesteht. Dass an eine solche **objektiv erkennbare Betätigung des Annahmewillens** und damit an einen gesetzlich klar definierten Tatbestand eine Erklärungswirkung geknüpft wird, ist der Standardfall einer **gesetzlich fingierten Willenserklärung**.[14] Fragen der Geschäftsfähigkeit, Stellvertretung und Anfechtung lassen sich nach den allgemeinen Grundsätzen lösen.[15]

9 Hierdurch wird auch deutlich, woraus sich der gesetzlich vorgeschriebene **Hinweis** des Arbeitgebers auf die **Rechtsfolgen des Unterlassens** rechtfertigt: da das Unterlassen grundsätzlich kein rechtsgeschäftsrelevantes Handeln darstellt, muss sichergestellt werden, dass der Arbeitnehmer in der konkreten Situation darüber aufgeklärt wird, dass aufgrund der gesetzlichen Fiktionswirkung durch das Unterlassen (ausnahmsweise) eine rechtsgeschäftliche Wirkung erzielt wird.[16]

10 Auch die Gesetzesbegründung stützt bei richtiger Lesart im Ergebnis die Annahme eines rechtsgeschäftlichen Anspruchs. Zwar ist zutreffend, dass die Gesetzesbegründung von einem „gesetzlichen Abfindungsanspruch" spricht. In der Gesetzesbegründung findet sich jedoch auch der Satz „Eine ausdrückliche Erklärung des Arbeitnehmers, dass er die gesetzliche Abfindung beanspruchen will, wird nicht gefordert".[17] Mit der Bezeichnung „gesetzlich" ist nicht das Entstehen des Anspruchs, sondern vielmehr nur dessen Höhe gemeint, vergleiche hierzu noch unten, Rn 45 ff.

2. Voraussetzungen des Anspruchs

a) Geltung des Kündigungsschutzgesetzes

11 § 1a KSchG steht in systematischem Zusammenhang mit § 1 KSchG. Grundlegende Voraussetzung dafür, dass der Anspruch auf dem gesetzlich fixierten Wege entstehen kann, ist daher die **Geltung des Kündigungsschutzgesetzes gem. § 23 KSchG**.[18] Dies ergibt sich insbesondere daraus, dass § 23 KSchG auch in seiner neuen Fassung § 1a KSchG nicht ausdrücklich als einen der Paragraphen aufzählt, die ungeachtet der Betriebsgröße gelten.

12 Nicht notwendig ist dagegen, dass der Arbeitnehmer die **persönlichen Voraussetzungen** des Kündigungsschutzes erfüllt. Denn § 1a KSchG nimmt § 1 KSchG nicht ausdrücklich in einen Rechtsgrund-Bezug. Die Gesetzesbegründung geht demgegenüber davon aus, dass § 1a KSchG nur dann gilt, wenn das Arbeitsverhältnis mindestens sechs Monate bestanden hat.[19]

14 MüKo-BGB/*Kramer*, vor § 116 Rn 30.
15 *Löwisch*, NZA 2003, 689, 694.
16 Vgl. so auch BT-Drucks 15/1204, S. 12.
17 BT-Drucks 15/1204, S. 12.
18 So auch *Giesen/Besgen*, NJW 2004, 185, 186; a.A.: *Nicolai*, Rn 119.
19 BT-Drucks 15/1204, S. 12 f.

b) Kündigung wegen dringender betrieblicher Erfordernisse nach § 1 Abs. 2 S. 1 KSchG

Nach dem ausdrücklichen Wortlaut ist Voraussetzung, dass der Arbeitgeber **wegen dringender betrieblicher Erfordernisse nach § 1 Abs. 2 S. 1 KSchG** kündigt. 13

Die erste sich in diesem Zusammenhang stellende Frage ist, ob der Hinweis auf § 1 Abs. 2 S. 1 KSchG bedingt, dass nur **ordentliche Kündigungen** Gegenstand eines Angebots nach § 1a KSchG sein können. Zutreffend dürfte sein, dass § 1a KSchG sich nur auf ordentliche Kündigungen bezieht.[20] Zum einen ergibt sich dies ausdrücklich aus der Gesetzesbegründung.[21] Zum anderen stehen die durch § 1a Abs. 1 S. 1 KSchG in Bezug genommenen „dringenden betrieblichen Erfordernisse nach § 1 Abs. 1 S. 1 KSchG" in einem systematischen Zusammenhang mit der ordentlichen Kündigung. Dringende betriebliche Belange, die im Rahmen des § 626 BGB einen wichtigen Grund zur Kündigung darstellen, sind gerade keine betrieblichen Belange des § 1 Abs. 1 KSchG, sondern solche des § 626 BGB. 14

Für verhaltens- oder personenbedingte ordentliche Kündigungen besteht die Möglichkeit des § 1a KSchG nicht.[22] § 1a KSchG ist auch auf eine aus dringenden betrieblichen Gründen ausgesprochene **Änderungskündigung** anwendbar, soweit diese wegen Nichtannahme oder vorbehaltloser Ablehnung des Änderungsangebots zur Beendigung des Arbeitsverhältnisses führt.[23] 15

Eine weitere sich ergebende Frage ist, ob es ausreicht, dass der Arbeitgeber sich auf die dringenden betrieblichen Gründe beruft, oder ob diese tatsächlich vorliegen müssen. Nach dem Wortlaut der Norm müssen die dringenden betrieblichen Gründe tatsächlich vorliegen („wegen dringender betrieblicher Erfordernisse", nicht: „unter Berufung auf dringende betriebliche Erfordernisse"). In der Literatur bildet sich die herrschende Meinung heraus, dass die **Berufung auf dringende betriebliche Erfordernisse** ausreicht.[24] 16

Praxishinweis 17

In der Praxis dürfte dieses Problem nicht relevant werden, da es an einem Kläger fehlt. Kommt nämlich ein Abfindungsanspruch nach § 1a KSchG zustande, so wird der Arbeitnehmer sich nicht mehr darauf berufen können, dass die Kündigung nicht durch dringende betriebliche Erfordernisse gerechtfertigt ist, denn die Klagefrist ist verstrichen. Zu dem Sonderfall der §§ 5, 6 KSchG vgl. Rn 50 ff. Der Arbeitgeber wird sich zur Abwehr des Anspruchs des Arbeitnehmers ebenfalls nicht darauf berufen können, dass keine dringenden betrieblichen Gründe vorliegen. Denn das Gesetz verlangt zusätzlich den Hinweis des Arbeitgebers auf das Vorliegen der dringenden betrieblichen Erfordernisse. Eine spätere Berufung darauf, dass solche tatsächlich nicht vorgelegen haben, wäre widersprüchlich und rechtsmissbräuchlich.

Relevant ist die Frage allerdings in **sozialrechtlicher Hinsicht**. Obwohl die BA-Dienstanweisung 144.140 (Stand:12/2009) nämlich feststellt, dass im Falle der Abfindung gem. § 1a KSchG in der Regel keine weiteren Sachverhaltsfeststellungen notwendig sind, kann im Falle einer „offensichtlich rechtswidrigen" Kündigung, die mit einer Ab-

20 So auch *Nägele*, ArbRB 2003, 274, 275; a.A.: *Grobys*, DB 2003, 2174; *Giesen/Besgen*, NJW 2004, 185, 186.

21 BT-Drucks 15/1204, S. 12: „Der Abfindungsanspruch ist auf ordentliche Kündigungen beschränkt."

22 *Nicolai*, Rn 118.

23 BAG v. 13.12.2007, NZA 2008, 528.

24 *Nägele*, ArbRB 2003, 274, 275; *Grobys*, DB 2003, 2174, 2176; *Giesen/Besgen*, NJW 2004, 185, 186; *Steinau-Steinrück/Paul*, NJW-Spezial 2004, 225.

findung nach § 1a KSchG verbunden wird, eine Sperrzeit eintreten.[25] Denn die Hinnahme einer offensichtlich rechtswidrigen Kündigung kann auf einen Beteiligungssachverhalt hindeuten. Auch wenn es sich um eine Kündigung nach § 1a KSchG handelt, kann also eine Sperrzeit drohen, wenn z.B. ein Kündigungsverbot besteht oder Beteiligungsrechte nicht gewahrt sind.

18 Ausfluss der Tatsache, dass nach dem Wortlaut des Gesetzes die dringenden betrieblichen Gründe tatsächlich vorliegen müssen, ist indes auch, dass die Möglichkeit des § 1a KSchG verschlossen ist, wenn ein tarif- oder einzelvertragliches **Kündigungsverbot** besteht.[26]

c) Hinweis des Arbeitgebers (Angebot)

19 § 1a KSchG setzt voraus, dass der Arbeitgeber in der Kündigungserklärung darauf hinweist, dass die Kündigung **auf dringende betriebliche Erfordernisse gestützt** ist und **der Arbeitnehmer bei Verstreichenlassen der Klagefrist die Abfindung beanspruchen kann**.

20 Der Hinweis unterliegt grundsätzlich dem **Schriftformerfordernis** des § 623 BGB. Ausgeschlossen ist damit, dass ein Abfindungsanspruch aufgrund betrieblicher Übung entsteht. Der Hinweis nach § 1a KSchG ist nach hier vertretener Auffassung Bestandteil eines rechtsgeschäftlichen Angebots und hat daher rechtsgeschäftlichen Charakter.[27] Ein **Widerruf des Angebots** ist nicht möglich.

21 Das Entstehen des Anspruchs setzt lediglich den Hinweis darauf voraus, dass die Kündigung auf dringende betriebliche Erfordernisse gestützt wird. Eine **nähere Begründung** des Arbeitgebers hierzu ist nicht erforderlich.[28]

22 **Nicht erforderlich** ist ein Hinweis auf die **Höhe der Abfindung**. Es ist daher im Grundsatz unerheblich, wenn der Arbeitgeber über die normierten Erfordernisse hinausgeht und einen Abfindungsbetrag ausweist.[29] Nimmt der Arbeitgeber jedoch eine bestimmte Abfindungshöhe auf, so läuft er Gefahr, sich an eine mögliche falsche Berechnung gebunden zu sehen.

23 *Praxishinweis*
Es kann bereits in diesem Zusammenhang nur geraten werden, bei Nutzung der Möglichkeit des § 1a KSchG die arbeitgeberseitige Erklärung möglichst nahe an dem Gesetzeswortlaut zu halten. Es sollte von Seiten des Rechtsanwalts insbesondere ausdrücklich davon abgeraten werden, die Höhe der Abfindung mit in das Angebot aufzunehmen.

24 Die Tatsache, dass die Höhe der Abfindung nicht benannt werden muss, weist den Hinweis des Arbeitgebers, in dem rechtsgeschäftlich das Angebot auf Abschluss eines Vertrages zu sehen ist, als **atypisches Angebot** aus. Grundsätzlich muss ein Angebot nämlich alle notwendigen Bestandteile enthalten, um den Vertrag inhaltlich zu bestimmen. Hierzu gehört grundsätzlich auch die Höhe von Leistung und Gegenleistung. Nach der Vorstellung des Gesetzgebers ist dies nicht notwendig, weil sich die Höhe des Anspruchs aus dem Gesetz, § 1a Abs. 2 KSchG, ergibt. Die gesetzliche Konkretisierung in § 1a Abs. 2 KSchG rechtfertigt somit die unvollständige Gestalt des rechtsgeschäftlichen Angebots. Zu dem in diesem Zusam-

25 DA Alg-Alhi 12/2009, 144.13, 144.17.
26 So auch: *Nicolai*, Rn 118.
27 So auch *Thüsing/Wege*, JuS 2006, 97.
28 BT-Drucks 15/1204, S. 12; LAG Hamm v. 7.6.2005, NZA 2005, 1123.
29 A.A.: *Nägele*, ArbRB 2003, 274, 275, der annimmt, dass das Angebot dann nicht gesetzeskonform sei. *Nicolai* (Rn 122) rät dagegen ausdrücklich zur Aufnahme der Abfindungshöhe.

menhang entstehenden Problem bei Unterbreitung eines in der Höhe bezifferten, die gesetzliche Vorgabe jedoch unterschreitenden Angebots vgl. Rn 47 ff.

Fehlt der Mindestinhalt des Angebots, entsteht aufgrund des Verstreichenlassens der Klagefrist **kein Anspruch** des Arbeitnehmers. Dies gilt insbesondere für ein Angebot, das nicht auf die rechtsgeschäftlichen Konsequenzen des Verstreichenlassens der Klagefrist hinweist; denn dem Unterlassen der Klageerhebung kann nur nach vorheriger Belehrung rechtsgeschäftlicher Charakter beigemessen werden. Weist der Arbeitgeber in seiner Kündigung darauf hin, dass er bereit ist, dem Arbeitnehmer eine Abfindung zu zahlen, wenn dieser die Kündigung rechtswirksam werden lässt, so stellt dies **kein Angebot nach § 1a KSchG** dar.[30] Lässt der Arbeitnehmer vor diesem Hintergrund die Klagefrist verstreichen, kommt eine nachträgliche Zulassung gem. § 5 Abs. 1 S. 1 KSchG nicht in Betracht.[31] Denn der Arbeitnehmer war nicht an der Erhebung der Klage gehindert, sondern hat lediglich über den vorgestellten Eintritt einer Rechtsfolge geirrt. Die Lösung liegt vielmehr auf der Sekundärebene, nämlich in einem Schadensersatzanspruch gem. §§ 280 Abs. 1, 241 Abs. 2 BGB, sofern dem Arbeitgeber ein vertragswidriges und schuldhaftes Verhalten zur Last fällt.[32] Entgegen *Giesen/Besgen* wird sich dieser Anspruch auf **Naturalrestitution** richten. Dies bedeutet, dass der Arbeitnehmer so zu stellen ist, als ob die Klage von ihm rechtzeitig erhoben worden wäre. Das – sachlich zuständige – Arbeitsgericht wird also inzidenter die Begründetheit der Kündigungsschutzklage zu prüfen haben. Hätte diese Erfolg gehabt, so hat der Arbeitnehmer einen Wiedereinstellungsanspruch; im entgegengesetzten Falle besteht auch kein Anspruch auf Zahlung einer Abfindung. 25

d) Verstreichenlassen der Klagefrist (Annahme)

Weitere Voraussetzungen für das Zustandekommen des (in seiner Höhe) gesetzlich fixierten Anspruchs ist das Unterlassen der Klageerhebung durch den Arbeitnehmer nach vorheriger Belehrung über die Folgen dieses Unterlassens. Der Arbeitnehmer darf **innerhalb der Klagefrist des § 4 KSchG keine Klage erheben**. Damit steht aufgrund des eindeutigen Gesetzeswortlautes fest, dass jede Klageerhebung schadet. Erhebt der Arbeitnehmer somit eine Kündigungsschutzklage und nimmt diese später zurück, kann ein Anspruch nach § 1a KSchG nicht entstehen.[33] 26

Mit „Verstreichenlassen der Klagefrist" ist ausschließlich die Drei-Wochen-Frist des § 4 KSchG gemeint. Nach Ablauf von drei Wochen nach Zugang der Kündigungserklärung ist der Anspruch somit **aufschiebend bedingt entstanden**. Es handelt sich insbesondere nicht nur um ein Anwartschaftsrecht.[34] Denn ein Anwartschaftsrecht entsteht immer dann, wenn nicht alle Voraussetzungen des Vollrechts gegeben sind. Dies ist hier nicht der Fall. Lediglich ordnet das Gesetz an, dass die **Fälligkeit** der Abfindung später eintritt, nämlich mit Ablauf der Kündigungsfrist. Die Fälligkeit ist jedoch keine Anspruchsvoraussetzung. 27

Das Gesetz verweist auf die Klagefrist des § 4 S. 1 KSchG bezüglich deren Länge. Wann diese Frist beginnt und wann sie endet, bestimmt sich ausschließlich nach § 4 KSchG. Hängt also die Wirksamkeit der Kündigung von der Zustimmung einer Behörde ab, so beginnt die 28

30 So ausdrücklich LAG Hamm v. 7.6.2005, NZA 2005, 1123; a.A.: ArbG Halberstadt v. 2.11.2004, AuA 2005, 567.
31 A.A.: *Giesen/Besgen*, NJW 2004, 185, 187.
32 So auch *Giesen/Besgen*, NJW 2004, 185, 187 f.
33 So auch *Nägele*, ArbRB 2003, 274, 276; *Grobys*, DB 2003, 2174, 2175; *Giesen/Besgen*, NJW 2004, 185, 188.
34 A.A.: „Anspruch entsteht erst mit Ablauf der Kündigungsfrist": BAG v 10.5.2007, NZA 2007, 1043; „Anwartschaftsrecht": *Grobys*, DB 2003, 2174, 2175.

Klagefrist auch erst mit Bekanntgabe der behördlichen Entscheidung an den Arbeitnehmer, § 4 S. 4 KSchG. Für die umständliche Konstruktion eines nachträglichen Entfallens des Abfindungsanspruchs[35] fehlt daher das Bedürfnis.

29 Bei dem Verstreichenlassen handelt es sich, wie unter Rn 8 dargestellt, um eine **gesetzlich fingierte Willenserklärung**. Es ist dem Arbeitnehmer somit grundsätzlich möglich, die **Anfechtung** zu erklären. Kein möglicher Anfechtungsgrund ist aber nach der allgemeinen Rechtsgeschäftslehre der Irrtum über die Rechtswirkung der Erklärung. Aus diesem Grunde verpflichtet § 1a Abs. 1 KSchG den Arbeitgeber zu dem Hinweis auf die Wirkung des Verstreichenlassens der Klagefrist. Nach dem Inhalt des Angebots soll die Klageerhebung die einzige Handlung sein, die eine Ablehnung des Angebots zum Ausdruck bringt. Demnach kann eine im Zusammenhang mit der Übergabe der Kündigung ausdrücklich geäußerte spontane Ablehnung des Arbeitnehmers dann, wenn er danach gleichwohl die Klagefrist verstreichen lässt, nicht als Ablehnung des Angebots nach § 1a KSchG verstanden werden.[36]

3. Rechtsfolgen

30 Liegt ein der gesetzlichen Vorgabe entsprechendes Angebot des Arbeitgebers vor und lässt der Arbeitnehmer die Klagefrist verstreichen, so entsteht ein auf den Ablauf der Kündigungsfrist **aufschiebend bedingter Anspruch** des Arbeitnehmers auf Zahlung einer Abfindung in einer **gesetzlich definierten Höhe.**[37] Das Verstreichen der Kündigungsfrist ist keine echte Anspruchsvoraussetzung, sondern eine objektive Notwendigkeit des Bedingungseintritts. Die Konstruktion des § 1a KSchG ist die typische Konstruktion eines aufschiebend bedingten Anspruchs, der als unbedingter Anspruch nicht bereits mit dem Verstreichenlassen der Klagefrist, sondern erst mit Bedingungseintritt entsteht. Deshalb ist auch ein (teilweiser) Verzicht des Arbeitnehmers nach Verstreichenlassen der Klagefrist und vor Eintritt der Bedingung (Ende der Kündigungsfrist) ohne weiteres möglich.[38]

31 Tritt die Bedingung (Ende des Arbeitsverhältnisses) nicht ein, so erwächst der unter einer Bedingung stehende Anspruch nicht zum „Vollrecht"[39] Dieser Fall kann eintreten, wenn der Arbeitgeber nach Ablauf der Klagefrist, jedoch vor Verstreichen der Kündigungsfrist das Arbeitsverhältnis zu einem früheren Zeitpunkt beendet (sog. „**Gleichwohlkündigung**"). Dies kann im Wege der **ordentlichen Kündigung** passieren, wenn die zuerst ausgesprochene ordentliche Kündigung eine längere Kündigungsfrist als die gesetzlich, tarifvertraglich oder arbeitsvertraglich zugrunde zu legende Kündigungsfrist vorsah. Insbesondere kann dies aber auch im Falle einer **außerordentlichen Kündigung** der Fall sein.

32 *Praxishinweis*

Die Konstruktion des aufschiebend bedingten Anspruchs hat insbesondere zwei Konsequenzen:

1. Der Arbeitnehmer trägt das **Insolvenzrisiko**. Fällt der Arbeitgeber in der Situation des § 1a KSchG nach Verstreichen der Klagefrist in die Insolvenz, so ist die Forderung auf

35 *Zeising/Kröpelin*, DB 2005, 1626, 1628.

36 Diese Auslegung halten unter Verweis auf § 146 Alt. 1 BGB aber *Thüsing/Wege* für richtig.

37 A.A.: BAG v 10.5.2007, NZA 2007, 1043.

38 A.A. auf Grundlage der Annahme, es handle sich um einen gesetzlichen Anspruch, *Altenburg/Reufels/Leister*, NZA 2006, 71: Der Arbeitnehmer sei vor sich selbst zu schützen.

39 BT-Drucks 15/1204, S. 12; so auch *Preis*, DB 2004, 70, 75; *Willemsen/Annuß*, NJW 2004, 177, 181; *Schmitt-Rolfes*, NZA *Beil* 1/2005, 3, 7; vgl. zur Gleichwohlkündigung nach Abschluss eines eine Abfindung versprechenden Aufhebungsvertrages: BAG v. 29.1.1997, NZA 1997, 813.

Zahlung der Abfindung eine einfache Insolvenzforderung nach §§ 38, 108 Abs. 2 InsO, sofern nicht § 55 Abs. 1 Nr. 2 Alt. 2 InsO greift.

2. Da der Anspruch nur aufschiebend bedingt entsteht, ist er vor Eintritt der Bedingung **nicht vererblich**.[40]

Für den Arbeitgeber wichtigste Rechtsfolge ist es, dass infolge des Verstreichenlassens der Klagefrist gem. § 7 KSchG die Kündigung als **sozial gerechtfertigt** gilt. Nach den Änderungen der §§ 4, 13 KSchG durch das „Gesetz zu Reformen am Arbeitsmarkt" vom 24.12.2003 sind hierdurch auch alle anderen Gründe, die der Rechtmäßigkeit der (schriftlich ausgesprochenen) Kündigung entgegenstehen könnten, erledigt. Es hindert beispielsweise die Rechtmäßigkeit der Kündigung auch nicht, wenn vor der Kündigung der Betriebsrat nicht angehört worden ist. 33

Infolge des Verstreichenlassens der Klagefrist erwirbt der Arbeitnehmer einen gesetzlich definierten, aber noch aufschiebend bedingten, Anspruch, dessen Höhe sich aus § 1a Abs. 2 KSchG ergibt. Das einzige „gesetzliche" an dem Abfindungsanspruch bei betriebsbedingter Kündigung nach § 1a KSchG ist die **Höhe des Anspruchs**. 34

Die gesetzlich fixierte Höhe bezieht sich ausschließlich auf das Zustandekommen der Abfindungsvereinbarung im Wege des § 1a Abs. 1 KSchG. Es besteht daher keine Notwendigkeit, die Abfindungshöhe etwa als „gesetzlichen Mindeststandard" zu betrachten. Lediglich dann, wenn eine Abfindungsvereinbarung durch ein dem § 1a KSchG entsprechendes Angebot und eine Annahme durch Verstreichenlassen der Klagefrist zustande kommt, gilt § 1a Abs. 2 KSchG. § 1a KSchG ist eine **Ausnahmevorschrift**, da sie durch eine atypische Willenserklärung und eine gesetzliche Fiktion einen Anspruch zustande kommen lässt. Ausnahmevorschriften sind eng auszulegen. Es gibt keinen Grund dafür, dass die für diese Ausnahmevorschrift vorgesehene Rechtsfolge nunmehr die gesetzliche Grundregel sein sollte. 35

Die Höhe der Abfindung setzt sich aus **zwei Komponenten** zusammen, dem Faktor „Betriebszugehörigkeit" und der „Höhe des Bemessungsgehaltes". 36

Der Faktor „Dauer der Betriebszugehörigkeit" bemisst sich nach der Grundregel der **vollen Jahre**. Er beträgt für **jedes Jahr des Bestehens des Arbeitsverhältnisses** 0,5. 37

Beispiel 38
Ist ein Arbeitnehmer zwei Jahre und vier Monate bei einem Arbeitgeber beschäftigt, so besteht das Arbeitsverhältnis zwei volle Jahre. Der Faktor beträgt somit (2 × 0,5 =) 1.

Bei der Dauer des Arbeitsverhältnisses ist ein Zeitraum von mehr als sechs Monaten auf ein volles Jahr aufzurunden (§ 1a Abs. 2 S. 1 KSchG). Unklar ist nach dem Wortlaut, ob diese Aufrundungsregelung generell nur für den Zeitraum zwischen den ersten sechs Monaten Betriebszugehörigkeit und der Vollendung des ersten Jahres gilt. Nach der Gesetzesbegründung liegt letzteres nahe. Dort heißt es: *„Durch die Aufrundungsregel wird sichergestellt, dass auch derjenige Arbeitnehmer eine Abfindung beanspruchen kann, der nach Ablauf der für den Kündigungsschutz maßgebenden sechsmonatigen Wartezeit, aber vor Ablauf des ersten Beschäftigungsjahres ausscheidet."*[41] 39

Da nicht ersichtlich ist, woraus sich die Besserstellung der kürzer im Betrieb befindlichen Arbeitnehmer rechtfertigen soll, wird man annehmen müssen, dass die Aufrundungsregel für die gesamte Dauer der Betriebszugehörigkeit gilt. 40

40 ArbG Siegen v. 9.6.2005 – 1 Ca 843/05 – n.v.; vgl. für die vergleichbare Konstellation bei einem Aufhebungsvertrag BAG v. 26.8.1997, AP Nr. 8 zu § 620 BGB Aufhebungsvertrag; *Nägele*, ArbRB 2003, 274, 275.

41 BT-Drucks 15/1204, 12 f.

41 *Beispiel*

Besteht das Arbeitsverhältnis zwei Jahre, sechs Monate und einen Tag, so beträgt der Faktor (3 × 0,5 =) 1,5.

42 Abgestellt wird auf das **Bestehen des Arbeitsverhältnisses**. Maßgeblich ist also, wie lange das Arbeitsverhältnis zum Zeitpunkt seiner Beendigung, mithin mit Ablauf der Kündigungsfrist, bestanden hat.

43 *Praxishinweis*

Bei Arbeitsverhältnissen, die kürzer als ein Jahr bestanden haben, legt die arbeitsgerichtliche Abfindungspraxis üblicherweise nicht die Formel 0,5 × Betriebszugehörigkeit zugrunde, sondern die Formel 1,0 × Betriebszugehörigkeit. § 1a KSchG sieht hierzu aber keine abweichende Regelung vor. § 1a Abs. 2 KSchG führt also bei kurzen Arbeitsverhältnissen zu einer arbeitgeberfreundlicheren Lösung als eine solche vor dem Arbeitsgericht zu erwarten stünde.

44 Der zweite Faktor ist der **Monatsverdienst**. Für diesen gilt § 10 Abs. 3 KSchG entsprechend.

45 Unter Monatsverdienst ist diejenige Geld- und Sachleistung zu verstehen, die der Arbeitnehmer bei der für ihn maßgebenden regelmäßigen Arbeitszeit in dem Monat erhält, in dem das Arbeitsverhältnis endet.[42] Hierbei kommt es auf den **regelmäßigen Monatsverdienst** an. Alle unregelmäßigen Schwankungen sind somit beiseite zu lassen. Insoweit **Überstunden** unregelmäßig anfallen, zählen sie also nicht zu dem regelmäßigen Monatsverdienst. Hat der Arbeitnehmer dagegen regelmäßig Überstunden in einem bestimmten Umfang geleistet, so sind diese zu berücksichtigen.[43] Zu den weiteren Einzelheiten wird verwiesen auf die einschlägige Literatur.[44]

46 *Praxishinweis*

Die strikte Beachtung der gesetzlichen Höhe hat vor allem einen sozialversicherungsrechtlichen Hintergrund. Nach der aktuellen Anweisungslage der BA ist eine Kündigung nach § 1a KSchG gegenüber dem einfachen Abwicklungsvertrag privilegiert. Während im Falle des Abwicklungsvertrages eine Arbeitsaufgabe angenommen wird mit der Konsequenz der Sperrzeit, gilt dies nicht im Fall der Annahme eines Angebots nach § 1a KSchG – vorausgesetzt, die Abfindungsquote entspricht der gesetzlichen Regelung.[45]

Sowohl Arbeitgeber (diese aus Interesse an einer Annahme des Angebots) als auch Arbeitnehmer (zur Vermeidung einer Sperrzeit) sind daher gut beraten, entweder die konkrete Abfindung strikt nach den Vorgaben des § 1a KSchG zu beziffern, oder – besser – die Summe offenzulassen und durch einen Hinweis auf § 1a Abs. 2 KSchG zu ersetzen. Ob die korrekte Abfindungshöhe eingehalten worden ist, wird durch die AA aufgrund der in der Arbeitsbescheinigung zu tätigenden Angaben kontrolliert.

42 KR/*Spilger*, § 10 KSchG Rn 27.

43 KR/*Spilger*, § 10 KSchG Rn 29; *Hueck/v. Hoyningen-Huene*, § 10 KSchG Rn 5.

44 Vgl. insbesondere KR/*Spilger*, § 10 KSchG Rn 27 ff.; *Hueck/v. Hoyningen-Huene*, § 10 KSchG Rn 4 ff.; ErfK/*Ascheid*, § 10 KSchG Rn 2 ff.

45 DA Alg-Alhi 12/2009, 144.13: Weicht die Höhe der Abfindung von der gesetzlichen Höhe ab und beruht dies auf einer Vereinbarung, so liegt eine vorausgegangene Absprache vor, die eine Sperrzeit bedingt. Auch die eingeschränkte Sachverhaltsaufklärung nach DA 144.140 gilt nicht, wenn die Abfindung von der gesetzlichen Höhe abweicht. Anders aber das SG Duisburg v. 19.10.2006, S 12 (31) AL 46/06 – juris: „Die Hinnahme einer arbeitgeberseitigen Kündigung begründet auch dann keine Sperrzeit i.S.v. § 144 Abs. 1 S. 2 Nr. 1 SGB III, wenn die Kündigung mit einer über den Betrag des § 1a KSchG hinausgehenden Abfindung verbunden ist, die für den Fall gezahlt wird, dass gegen die Kündigung keine Kündigungsschutzklage erhoben wird und Arbeitgeber und Arbeitnehmer vor der bevorstehenden Kündigung darüber Gespräche geführt haben."

4. Einzelprobleme

a) Niedrigeres Angebot

Der Hinweis auf die Höhe der Abfindung gehört nicht zu den essentialia negotii des Angebots nach § 1a Abs. 1 KSchG. Nimmt der Arbeitgeber einen Hinweis auf diese Höhe auf und kommt der Vertrag im Übrigen nach Maßgabe des § 1a Abs. 1 KSchG zustande, so tritt die **gesetzlich fixierte Rechtsfolge des § 1a Abs. 2 KSchG** ein. Dass der Arbeitgeber sein Angebot mit einer zusätzlichen Information versehen hat, schadet nicht, solange deutlich ist, dass der Arbeitgeber ein Angebot nach § 1a KSchG unterbreiten möchte. Ob dies so ist, muss sich aus der Erklärung des Arbeitgebers ergeben. Diese steht nach den allgemeinen Grundsätzen der Auslegung offen. Anhaltspunkt wird insbesondere sein, ob der Arbeitgeber die Hinweise nach § 1a Abs. 1 KSchG aufgenommen hat. Entspricht bei einem ausdrücklichen Hinweis auf § 1a KSchG die Summe nicht den gesetzlichen Vorgaben, so wird – für den Arbeitgeber im besten Falle – der Grundsatz falsa demonstratio non nocet gelten. Beziffert der Arbeitgeber dagegen ohne ausdrücklichen Hinweis auf § 1a KSchG eine niedrigere Summe als die, die § 1a Abs. 2 KSchG entspricht, lässt sich kein rechtsgeschäftlicher Wille des Arbeitgebers entnehmen, eine Bindung nach § 1a KSchG eingehen zu wollen.[46] Zur Vermeidung jeglichen Risikos muss allerdings davon abgeraten werden, eine Summe zu beziffern. 47

Bietet der Arbeitgeber nach seiner insoweit ausdrücklichen Erklärung **außerhalb des § 1a KSchG** eine niedrigere Abfindung als die dort gesetzlich fixierte an, so kann auf Grundlage dieses Angebots nach allgemeinen Regeln ein **Abwicklungsvertrag** zustande kommen. Die Regelung des § 1a KSchG setzt keinen generell unabdingbaren Mindestabfindungsanspruch bei Ausspruch betriebsbedingter Kündigungen fest.[47] Dies setzt indes voraus, dass das Angebot des Arbeitgebers hinreichend konkret ist. Das Privileg des atypischen, unvollständigen Angebots gilt nur im Rahmen des § 1a KSchG als Ausnahmevorschrift. Weiterhin setzt das Zustandekommen des Abwicklungsvertrages eine Annahme durch den Arbeitnehmer voraus. Diese kann grundsätzlich nicht durch bloßes Nichtstun erfolgen. Es bedarf vielmehr einer erkennbaren Betätigung des Annahmewillens. Das bloße Verstreichenlassen der Klagefrist kann in diesem Zusammenhang selbst dann nicht als Bestätigung des Annahmewillens gewertet werden, wenn der Arbeitgeber darauf hinweist, dass er das Angebot dann als angenommen betrachten möchte.[48] Abgesehen davon, dass in diesem Fall die Auslegung voraussichtlich ergeben wird, dass der Arbeitgeber sich ohnehin im Rahmen des § 1a KSchG halten wollte, kann nämlich der Arbeitgeber einseitig nicht darüber disponieren, dass ein Nichtstun des Arbeitnehmers einen Vertrag begründet. Dies setzte eine einverständliche Vereinbarung darüber voraus, dass das Nichtstun Erklärungszeichen sein soll.[49] 48

Eine andere Frage ist es dann, wie lange in diesem Falle das Angebot des Arbeitgebers gilt. *Giesen/Besgen* nehmen an, dass das Angebot bis über das Ende des Arbeitsverhältnisses hinaus für den Arbeitgeber bindend ist.[50] Wie lange das Angebot tatsächlich gilt, wird sich aus §§ 145 ff. BGB für jeden Einzelfall bestimmen lassen müssen. Hat der Arbeitgeber das Verstreichenlassen der Klagefrist zur Voraussetzung gemacht, so muss dies nicht zwingend heißen, dass die Annahme des Arbeitnehmers auch noch nach Ablauf der Klagefrist erklärt 49

46 So im Ergebnis auch: *Willemsen/Annuß*, NJW 2004, 177, 183.
47 BAG v. 13.12.2007, NZA 2008, 528.
48 So auch *Bauer*, Sonderbeilage zu NZA Heft 21/2003, 47, 49.
49 Vgl. MüKo-BGB/*Kramer*, vor § 116 Rn 24.
50 *Giesen/Besgen*, NJW 2004, 185, 187.

werden kann. Selbstverständlich kann das Angebot auch dahin gehen, dass sich der Arbeitnehmer bereits vor Ablauf der Klagefrist verpflichtet, diese nicht zur Klageerhebung zu nutzen.

b) Höheres Angebot

50 Die Ausführungen zum niedrigeren Angebot gelten sinngemäß auch für ein höheres Angebot des Arbeitgebers. Da die Höhe der Abfindung im Falle des Zustandekommens des Vertrages gem. § 1a KSchG gesetzlich fixiert ist, ändert ein höheres Angebot des Arbeitgebers hieran grundsätzlich nichts, so der Vertrag auf dem Wege des § 1a KSchG zustande kommt.

51 Der Arbeitnehmer kann, wenn der Arbeitgeber sich nach Verstreichenlassen der Klagefrist auf diesen Standpunkt stellt, seine Willenserklärung wegen Irrtums über deren Inhalt (gewollt: Annahme des Angebots auf eine höhere Abfindung; gesagt: Annahme der gesetzlichen Abfindung) **anfechten**. Nach Anfechtung ist der Arbeitnehmer durch die abgegebene Willenserklärung nicht mehr an der Erhebung der Klage gehindert, so dass eine verspätete Klagezulassung nach § 5 KSchG in Betracht kommt. Da es hierfür in der Regel keine Grundlage geben wird, da der Arbeitnehmer nicht an der Klageerhebung gehindert war, sondern diese nur wegen eines nicht zutreffenden Motivs unterließ, ist er auf die Geltendmachung eines **Sekundäranspruchs** gem. §§ 280, 241 BGB verwiesen.

c) Nachträgliche Zulassung der Klage (§ 5 KSchG)

52 Nach den dargestellten Grundsätzen ist der Anspruch mit Verstreichenlassen der Drei-Wochen-Frist des § 4 KSchG aufschiebend bedingt entstanden. Wie das Schicksal des Anspruchs sich entscheidet, wenn der Arbeitnehmer nach Verstreichenlassen der Klagefrist die Möglichkeit des **§ 5 KSchG** wählt, ist streitig. Nach einer Ansicht soll der Anspruch des Arbeitnehmers „entfallen“, weil der rechtliche Grund hierfür entfalle.[51] Richtigerweise ändert die nachträgliche Klagezulassung nichts daran, dass der Anspruch mit Verstreichenlassen der Klagefrist entstanden ist. Sowohl die verspätet mit einem Antrag auf nachträgliche Klagezulassung erhobene Klage wie auch die einfach nur verspätet erhobene Klage lassen aber erkennen, dass der Arbeitnehmer die nach § 1a KSchG gesetzlich fingierte Willenserklärung so nicht abgeben wollte, sich also im Irrtum über den Erklärungsinhalt seiner Erklärung befand. Er ficht daher durch die verspätete Klageerhebung diese gesetzlich fingierte Erklärung an und macht sie damit nichtig und unwirksam. Im Ergebnis entfällt damit auch der Abfindungsanspruch.[52] Für den Arbeitgeber liegt überdies ein Fall der **Störung der Geschäftsgrundlage** nach § 313 BGB vor. Geschäftsgrundlage des Vertrages war es, dass es nicht zu einer gerichtlichen Auseinandersetzung kommen sollte.

53 Das BAG[53] hat mittlerweile klargestellt, dass im Falle des Antrags auf nachträgliche Klagezulassung der – bereits entstandene – Anspruch auf die Abfindung entfällt: Die gesetzliche Regelung will gerichtliche Auseinandersetzungen der Arbeitsvertragsparteien vermeiden und den Parteien eine einfache, effiziente und kostengünstige außergerichtliche Option zu einem fairen Interessenausgleich zur Verfügung stellen. Diesem Zweck entspricht es, einem

51 *Löwisch*, NZA 2003, 689, 694; *Nägele*, ArbRB 2003, 274, 276; zum Entfallen des rechtlichen Grundes: *Nicolai*, Rn 128.

52 Zu demselben Ergebnis kommt auch das BAG v. 20.08.2009, NZA 2009, 1197.

53 BAG v. 20.08.2009, NZA 2009, 1197; BAG v. 13.12.2007, NZA 2008, 696.

Arbeitnehmer die Abfindung zu versagen, wenn er eine gerichtliche Auseinandersetzung eingeleitet hat. Dies gilt auch für eine nach Ablauf der dreiwöchigen Klagefrist eingereichte (Kündigungsschutz-)Klage und einen Antrag des Arbeitnehmers auf nachträgliche Klagezulassung nach § 5 KSchG. Zwar regele § 1a Abs. 1 KSchG diesen Fall nicht ausdrücklich. Aus dem Sinn und Zweck der gesetzlichen Regelung folge aber, dass ein Anspruch nach § 1a Abs. 1 KSchG mit der Antragstellung auf nachträgliche Zulassung der Kündigungsschutzklage entfalle. Der Arbeitgeber sähe sich ansonsten durch den nachträglichen Klagezulassungsantrag nunmehr doch mit einer gerichtlichen Auseinandersetzung über die Beendigung des Arbeitsverhältnisses konfrontiert, die er gerade mit dem Angebot einer Abfindungszahlung vermeiden wollte. Dasselbe gilt dann, wenn die Klage verspätet erhoben, aber nicht mit einem Antrag auf nachträgliche Zulassung verbunden wird, z.B. deswegen, weil der Arbeitnehmer der Auffassung ist, die Klagefrist sei gewahrt.

So zutreffend das Ergebnis ist, so wenig überzeugend ist die dogmatische Begründung, die das BAG findet: Das BAG distanziert sich nämlich davon, dass der Anspruch mit Ablauf der Klagefrist des § 4 KSchG bereits (aufschiebend bedingt) entsteht, um sich nicht dem Vorwurf auszusetzen, das Entfallen eines bereits entstandenen Anspruch sei nicht erklärlich. Es begründet dann das – richtige Ergebnis – dann damit, es liege kein „Verstreichenlassen der Klagefrist“ vor. Angesichts des klaren Verweises auf § 4 KSchG, der alleine auf das objektive Verstreichen der Frist abstellt und nicht auf subjektive Momente beim Arbeitnehmer überzeugt dies nicht. 54

Sollte bereits eine Abfindung gezahlt worden sein, so kann der Arbeitgeber diese nach §§ 346 ff. BGB rückfordern. 55

d) Klagerücknahme im Prozess

Nimmt der Arbeitnehmer im laufenden Kündigungsschutzprozess die Klage zurück, so ist der Rechtsstreit zwar in **prozessualer Hinsicht** gem. § 269 Abs. 3 S. 1 ZPO als nicht anhängig geworden anzusehen. Die für diesen Fall befürwortete Konsequenz, dass der Anspruch auf die Abfindung nach § 1a KSchG „wieder entsteht“[54] ist aber nicht zutreffend. Die Ausdehnung der Rücknahmefiktion auch auf den Abfindungsanspruch würde das gesetzgeberische Ziel konterkarieren, einen Abfindungsanspruch bei betriebsbedingter Kündigung nur im Falle der Vermeidung einer gerichtlichen Auseinandersetzung zu begründen. Dem widerspräche es, wenn der Arbeitnehmer zunächst die Entwicklung des Kündigungsschutzprozesses abwarten und die Klage bei sich abzeichnender Erfolglosigkeit zurücknehmen könnte, um noch in den Genuss der vom Arbeitgeber mit dem Hinweis nach § 1a Abs. 1 S. 2 KSchG angebotenen Abfindung kommen zu können. Um die Beseitigung eben dieser Unwägbarkeiten aber ist es dem Gesetzgeber mit der Schaffung des § 1a KSchG gegangen.[55] 56

e) § 6 KSchG

§ 6 KSchG in der seit 2004 geltenden Fassung führt nicht zu Schwierigkeiten bei der Beurteilung des Abfindungsanspruchs nach § 1a KSchG. § 6 KSchG erfordert eine Geltendmachung im Klagewege, dass eine rechtswirksame Kündigung nicht vorliege. § 1a KSchG knüpft daran an, dass der Arbeitnehmer keine Klage „auf Feststellung, erhoben hat, dass das Arbeits- 57

54 *Bauer*, Sonderbeilage zu NZA Heft 21/2003, 47, 49.
55 BAG v. 13.12.2007, NZA 2008, 696.

verhältnis durch die Kündigung nicht aufgelöst ist". Die gesetzliche Regelung will gerichtliche Auseinandersetzungen der Arbeitsvertragsparteien vermeiden und den Parteien eine einfache, effiziente und kostengünstige außergerichtliche Möglichkeit zu einem angemessenen Interessenausgleich zur Verfügung stellen. Diesem Zweck entspricht es, einem Arbeitnehmer im Ergebnis die Abfindung zu versagen, wenn er eine gerichtliche Auseinandersetzung über die Wirksamkeit der Kündigung eingeleitet hat und zwar unabhängig davon, mit welchem formalen Antrag.[56]

58 § 6 KSchG wird auf den Fall analog angewandt, dass der Kläger innerhalb von drei Wochen nach Zugang im Rahmen einer sonstigen Klage die Unwirksamkeit der Kündigung inzidenter gerichtlich geltend macht. Auch hierin liegt aber die Einleitung einer gerichtlichen Auseinandersetzung über die Wirksamkeit der Kündigung, solange die Feststellung, dass die Kündigung das Arbeitsverhältnis nicht beendet hat, als Ergebnis des Prozesses in Rechtskraft erwachsen kann. Solange dies der Fall ist, entsteht also ebenfalls kein Abfindungsanspruch.[57]

5. Sozialversicherungsrechtliche Rahmenbedingungen

59 Das Arbeitsverhältnis wird auch im Falle des § 1a KSchG nicht durch eine Vereinbarung, sondern durch die **arbeitgeberseitige Kündigung** beendet. Es liegt somit kein Tatbestand der **Arbeitsaufgabe** i.S.d. § 144 SGB III vor. Die Anweisungslage ist diesbezüglich eindeutig.[58] Die Konstellation des § 1a KSchG ist zu vergleichen mit dem Abschluss eines Abwicklungsvertrages nach einer erfolgten arbeitgeberseitigen Kündigung.[59] Wie bei dieser ist jedoch zu beachten, dass nach der DA 144.17 der Bundesagentur für Arbeit die Hinnahme einer Kündigung eine Sperrzeit auslösen kann, wenn der Arbeitnehmer finanzielle Vergünstigungen hinnimmt und dabei die Rechtswidrigkeit der Kündigung erkennt oder die Rechtswidrigkeit für ihn offensichtlich ist. Die **Hinnahme einer arbeitgeberseitigen Kündigung** soll nach einer Entscheidung des SG Duisburg auch dann keine Sperrzeit i.S.v. § 144 Abs. 1 S 2 Nr. 1 SGB III begründen, wenn die Kündigung mit einer **über den Betrag des § 1a KSchG hinausgehenden Abfindung** verbunden ist, die für den Fall gezahlt wird, dass gegen die Kündigung keine Kündigungsschutzklage erhoben wird, und Arbeitgeber und Arbeitnehmer vor der bevorstehenden Kündigung darüber Gespräche geführt haben.[60] Auch nach dem BSG spricht eine den Satz des § 1a KSchG übersteigende Abfindung nicht zwingend für eine Manipulation bzw. eine abgesprochene Arbeitsaufgabe.[61]

60 Da das Arbeitsverhältnis durch eine arbeitgeberseitige Kündigung gelöst würde, kann für Beendigungstermine vor dem 31.1.2006 ein **Erstattungstatbestand** nach § 147a SGB III a.F. grundsätzlich eintreten, es sei denn, dem Arbeitgeber tritt ein Ausnahmetatbestand nach § 147a S. 2 SGB III zur Seite.

56 Vgl. BAG v. 20.08.2009, NZA 2009, 1197; BAG v. 13.12.2007, NZA 2008, 696.

57 Ascheid/Preis/Schmidt/*Hesse*, KR § 6 KSchG, Rn 4.

58 DA Alg-Alhi 12/2009, 144.13; vgl. zur Problematik auch *Peters-Lange/Gagel*, NZA 2005, 740.

59 Entgegen *Nägele*, ArbRB 2003, 274, 276, ist die Situation nicht mit dem Abschluss eines „Aufhebungsvertrages" zu vergleichen. Denn das Arbeitsverhältnis wird durch die Kündigung des Arbeitgebers gelöst.

60 SG Duisburg v. 19.10.2006, S 12 (31) AL 46/06 – juris. A.A.: DA Alg-Alhi 12/2009, 144.13.

61 BSG v. 17.10.2007, NZA-RR 2008, 383.

6. Steuerliche Rahmenbedingungen

61 Die im Rahmen eines Anspruchs nach § 1a KSchG gezahlte Abfindung ist wie jede Abfindung auch vollständig steuerbelastet, jedoch im Rahmen der Tarifermäßigung gem. §§ 34, 24 Nr. 1b EStG privilegiert.

III. Beratungshinweise

62 Im Grundsatz kann es weder dem Arbeitgeber noch dem Arbeitnehmer geraten werden, ein Angebot nach § 1a KSchG abzugeben bzw. anzunehmen.

63 Der **Arbeitgeber** wird durch Abgabe eines entsprechenden Angebots in aller Regel seine Rechtsposition verschlechtern. Nimmt der Arbeitnehmer das Angebot nicht an, sondern erhebt Kündigungsschutzklage, wird es dem Arbeitgeber schwer fallen, Argumente dafür zu finden, eine geringere als die einmal angebotene Abfindung zu zahlen.

64 Vor diesem Hintergrund kann dem **Arbeitnehmer** nur geraten werden, trotz des existenten Angebots eine Kündigungsschutzklage zu erheben. Liegt die Rechtslage nicht absolut eindeutig auf der Hand, spricht die Statistik dafür, dass der Arbeitgeber sich auch im Laufe des Prozesses noch auf eine Abfindung – die nicht unterhalb des bereits existenten Angebots liegen wird – einlassen wird.

65 Für den **Arbeitnehmer** ist weiterhin zu beachten, dass durch § 1a KSchG ein Vertrag zustande kommt. Dieser ist **nicht vollstreckbar**. Möchte der Arbeitnehmer also Vollstreckungssicherheit haben, so muss er den Weg über den **Prozessvergleich** wählen. Dieser ist gem. § 194 Abs. 1 Nr. 1 ZPO vollstreckbar.

66 Darüber hinaus muss dem Rechtsanwalt geraten werden, den Arbeitnehmer auf das **Insolvenzrisiko** (vgl. Rn 31), und die Problematik der fehlenden **Vererblichkeit** (vgl. Rn 31) hinzuweisen.

67 Der den Arbeitnehmer beratende Rechtsanwalt sollte – mit einem Angebot nach § 1a KSchG konfrontiert – in jedem Fall die gesetzlich normierten Auskunftsrechte des Arbeitnehmers gem. § 1 Abs. 3 Hs. 2 KSchG auf Begründung der Sozialauswahl geltend machen. Entscheidet sich der Mandant mangels entsprechender Auskünfte des Arbeitgebers zur Klageerhebung und verwirkt hiermit die Möglichkeit auf die angebotene Abfindung, und unterliegt er schließlich im Prozess, bleibt die Möglichkeit, einen Schadensersatzanspruch gegen den Arbeitgeber wegen Verletzung der Auskunftspflicht geltend zu machen.[62]

IV. Muster: Kündigung, verbunden mit einem Angebot nach § 1a KSchG

▼ 68

Sehr geehrte/r Herr/Frau ,

hiermit kündigen wir Ihr Arbeitsverhältnis ordentlich fristgemäß zum , hilfsweise zum nächsten rechtlich möglichen Termin.

Die Kündigung ist auf dringende betriebliche Erfordernisse gem. § 1 Abs. 2 S. 1 KSchG gestützt.

62 Vgl. *Ulrici/Mohnke*, NZA 2006, 77.

Sofern Sie die dreiwöchige Klagefrist des § 4 KSchG verstreichen lassen, können Sie eine Abfindung in gesetzlich bestimmter Höhe beanspruchen. Die Höhe dieser Abfindung beträgt 0,5 Monatsverdienste für jedes Jahr des Bestehens des Arbeitsverhältnisses mit der Maßgabe, dass bei der Ermittlung der Dauer des Arbeitsverhältnisses ein Zeitraum von mehr als sechs Monaten auf ein volles Jahr aufzurunden ist.

Das Angebot einer Abfindung erfolgt aus rein sozialen Gründen. Wir möchten betonen, dass wir der Überzeugung sind, dass die angeführten dringenden betrieblichen Erfordernisse die Kündigung tragen und diese rechtmäßig ist.

Mit freundlichen Grüßen

▲

§ 6 Kündigungsschutz außerhalb des KSchG

Dr. Stephan Osnabrügge

Inhalt

	Rn
I. Einführung	1
II. Der allgemeine Kündigungsschutz außerhalb des KSchG	5
1. Verfassungsrechtlicher Hintergrund	5
2. Ansichten in der Literatur	10
3. Die Rechtsprechung des BAG zu Kündigungen außerhalb des KSchG	15
4. Die Rechtmäßigkeit von Kündigungen in der anwaltlichen Praxis	22

Literatur

Ascheid, Beweislastfragen im Kündigungsschutzprozess, 1989; **Falder**, Kündigungsschutz für alle – Wunschdenken oder Realität, NZA 1998, 1254; **Gragert**, Kündigungsschutz in Kleinbetrieben, NZA 2000, 961; **Lettl**, Der arbeitsrechtliche Kündigungsschutz nach den zivilrechtlichen Generalklauseln, NZA-RR 2004, 57; **Oetker**, Gibt es einen Kündigungsschutz außerhalb des Kündigungsschutzgesetzes?, AuR 1997, 41; **Preis**, Der Kündigungsschutz außerhalb des Kündigungsschutzgesetzes, NZA 1997, 1256.

I. Einführung

Kündigungsschutz ist in Deutschland ein Begriff, dessen Inhalt dem KSchG zugewiesen wird. Das KSchG beschränkt seine Anwendbarkeit indes in sachlicher und personaler Hinsicht (vgl. § 3 Rn 17 ff.). Verfassungsrechtlich ist dies zulässig.[1] **1**

Jede Kündigungserklärung ist – unabhängig von der Geltung des KSchG – den allgemeinen Voraussetzungen einer rechtsgeschäftlichen Willenserklärung unterworfen. Verstöße gegen diese Vorschriften können im Rahmen eines „Kündigungsschutzes“ geltend gemacht werden, was nach § 13 KSchG innerhalb der Frist des § 4 KSchG zu geschehen hat. Darüber hinaus normieren die Vorschriften des BGB besondere Vorgaben für die Kündigungserklärung, z.B. die Schriftform. Der Kündigende hat gem. § 622 BGB Kündigungsfristen und Kündigungstermine zu wahren. Diese Beschränkung der Rechtsausübung ist zu trennen von dem Schutz gegen eine unzulässige Rechtsausübung und daher nicht Gegenstand dieses Paragraphen (im Einzelnen vgl. § 3 Rn 1 ff.). Nicht behandelt werden sollen auch Kündigungsverbote, die sich aus Spezialgesetzen ergeben, z.B. dem MuSchG oder SGB IX (hierzu genauer vgl. § 7 Rn 1 ff.). **2**

Der Gesetzgeber hat mit dem „Gesetz zu Reformen am Arbeitsmarkt“ vom 24.12.2003[2] einmal mehr bestätigt, dass der sachliche Anwendungsbereich des KSchG Einschränkung finden soll. Er hat durch die Neufassung des § 23 KSchG den Anwendungsbereich aus arbeitsmarktpolitischen Gründen eingeschränkt. Hieraus ist der klare gesetzgeberische Wille ersichtlich, außerhalb des KSchG grundsätzlich keinen sozialen Kündigungsschutz Anwendung finden zu lassen. Gleichwohl sind auch Kündigungen außerhalb des Anwendungsberei- **3**

1 BVerfG v. 27.1.1998, AP Nr. 17 zu § 23 KSchG 1969 = NZA 1998, 470.
2 BGBl I 2003, 3002.

ches des KSchG nach Stimmen in der Literatur Einschränkungen unterworfen, die an die Anforderungen des KSchG angelehnt werden sollen (vgl. auch Rn 10 ff.).

4 Gegenstand dieses Kapitels ist ausschließlich die Frage, welche **allgemeinen Maßstäbe** an einen etwaigen Kündigungsschutz außerhalb des personalen und sachlichen Anwendungsbereiches des KSchG zu stellen sind.

II. Der allgemeine Kündigungsschutz außerhalb des KSchG

1. Verfassungsrechtlicher Hintergrund

5 Der Schutz des Arbeitsplatzes ist mehr als bei anderen Vertragstypen Anliegen des Gesetzgebers. Die speziellen Kündigungsverbote sind unmittelbarer Ausdruck eines **verfassungsrechtlichen Schutzes**. So gebietet Art. 6 GG den Schutz von Ehe und Familie. Art. 6 Abs. 4 GG hat diesen Schutz konkretisiert und ausgestaltet auf den Anspruch einer jeden Mutter auf den Schutz der Gemeinschaft. Besondere Kündigungsverbote wie § 9 MuSchG, § 18 BEEG tragen dem Rechnung. In der gleichen Weise konkretisieren § 1 AGG den nach Art. 3 Abs. 2 GG gebotenen Schutz vor geschlechtsdiskriminierendem Verhalten sowie § 85 SGB IX den nach Art. 3 Abs. 3 S. 2 GG gebotenen Schutz vor Benachteiligungen wegen einer Behinderung.

6 Ein allgemeiner Anspruch auf Gewährleistung eines Kündigungsschutzes lässt sich nach Ansicht des BVerfG nicht aus **Art. 12 Abs. 1 GG** herleiten. Durch Art. 12 GG wird der Einzelne in seinem Entschluss, eine konkrete Beschäftigungsmöglichkeit in dem gewählten Beruf zu ergreifen oder ein bestehendes Arbeitsverhältnis beizubehalten oder aufzugeben, zwar vor staatlichen Maßnahmen geschützt, die ihn am Erwerb eines zur Verfügung stehenden Arbeitsplatzes hindern oder zur Annahme, Beibehaltung oder Aufgabe eines bestimmten Arbeitsplatzes zwingen. Jedoch ist mit der Berufswahlfreiheit weder ein Anspruch auf Bereitstellung eines Arbeitsplatzes eigener Wahl noch eine Bestandsgarantie für den einmal gewählten Arbeitsplatz verbunden. Ebenso wenig gewährt Art. 12 Abs. 1 GG einen unmittelbaren Schutz gegen den Verlust des Arbeitsplatzes aufgrund privater Disposition. Insofern obliegt dem Staat aber eine aus dem Grundrecht folgende Schutzpflicht, der die geltenden Kündigungsvorschriften Rechnung tragen.[3]

7 Das BVerfG hat im Ergebnis den Ausschluss der nicht unter den Anwendungsbereich des KSchG fallenden Arbeitnehmer aus dem besonderen Kündigungsschutz bestätigt. Der Gesetzgeber habe mit § 23 KSchG einen Ausgleich zwischen den grundrechtlich geschützten Belangen der Arbeitsvertragsparteien getroffen. Dieser Ausdruck der praktischen Konkordanz genüge den aus den Grundrechtsnormen abzuleitenden Schutzpflichten. Das BVerfG sieht den einzelnen Arbeitnehmer, der nicht dem Schutzbereich des KSchG unterfällt jedoch auch **nicht schutzlos**. Wo die Bestimmungen des KSchG nicht mehr griffen, seien die Arbeitnehmer durch die zivilrechtlichen Generalklauseln vor einer sitten- oder treuwidrigen Ausübung des Kündigungsrechts des Arbeitgebers geschützt. Im Rahmen dieser Generalklausel sei auch der objektive Gehalt der Grundrechte zu beachten.[4]

3 BVerfG v. 27.1.1998, AP Nr. 17 zu § 23 KSchG 1969.
4 BVerfG v. 27.1.1998, AP Nr. 17 zu § 23 KSchG 1969.

Zu der hier interessierenden Frage des Kündigungsschutzes außerhalb des KSchG führt das BVerfG dann weiter aus: 8

„In sachlicher Hinsicht geht es vor allem darum, Arbeitnehmer vor willkürlichen oder auf sachfremden Motiven beruhenden Kündigungen zu schützen. Zutreffend werden in der Literatur als Beispiele dafür Diskriminierungen i.S.v. Art. 3 Abs. 3 GG genannt. Soweit unter mehreren Arbeitnehmern eine Auswahl zu treffen ist, gebietet der verfassungsrechtliche Schutz des Arbeitsplatzes i.V.m. dem Sozialstaatsprinzip ein gewisses Maß an sozialer Rücksichtnahme. Schließlich darf auch ein durch langjährige Mitarbeit erdientes Vertrauen in den Fortbestand eines Arbeitsverhältnisses nicht unberücksichtigt bleiben."[5]

Das BVerfG hat somit die den Anwendungsbereich des KSchG in sachlicher und personaler Hinsicht einschränkende Norm des § 23 KSchG mit der Maßgabe für verfassungskonform erklärt, dass auch außerhalb des Anwendungsbereiches des KSchG ein **sozialer Mindestschutz** existiert. Dieselben Ausführungen gelten sinngemäß für Kündigungen, die innerhalb der Wartefrist des § 1 KSchG erfolgen. 9

2. Ansichten in der Literatur

In der Literatur wurde zunächst (allerdings noch vor den grundlegenden Entscheidungen des BVerfG) darum gestritten, ob es außerhalb des KSchG einen **allgemeinen Schutz vor willkürlichen Kündigungen** gebe. Diese Frage wurde häufig verbunden mit der Konkretisierung von Fallgestaltungen sittenwidriger oder treuwidriger Kündigungen, die bereits gegen §§ 138, 242 BGB verstoßen.[6] 10

In diesem Rahmen wurde einerseits vertreten, dass es außerhalb des Anwendungsbereiches des KSchG keinen Kündigungsschutz vor grundlosen Kündigungen gebe. Die Entscheidung des Gesetzgebers, den Kündigungsschutz auf die dem KSchG unterworfenen Personen zu beschränken, sei insoweit zu akzeptieren. Andererseits seien die von der Rspr. entwickelten Grundsätze zur Sozialauswahl im Anwendungsbereich des Einigungsvertrages[7] als Ausdruck eines allgemeinen Rechtsgedankens anwendbar. Der Arbeitgeber habe auch außerhalb des Anwendungsbereiches des § 1 Abs. 3 KSchG bei seiner Auswahlentscheidung die wenn auch weiten Grenzen des Ermessens einzuhalten. Der Arbeitgeber müsse einseitige, einzelne Arbeitnehmer treffende Kündigungsentscheidungen nach **vernünftigen, sachlichen Gesichtspunkten** treffen und die **Grundsätze billigen Ermessens** wahren.[8] 11

An anderer Stelle wird dagegen vertreten, dass jede Kündigung grundsätzlich an sachliche Motive zu binden sei. Wenn die grundrechtlichen Schutzpflichten im Rahmen der ordentlichen Kündigung überhaupt einen sinnvollen Anwendungsbereich finden sollten, dann müssten die grundrechtsgeleiteten Interpretationen der zivilrechtlichen Generalklauseln sicherstellen, dass der Arbeitnehmer den Arbeitsplatz nicht ohne sachbezogene und anerkennenswerte Gründe gegen seinen Willen verlieren dürfe.[9] Insbesondere *Oetker*[10] schließt daraus, dass jede Kündigung außerhalb des KSchG als Ausfluss des § 242 BGB darauf geprüft werden muss, ob **sachliche Gründe** für sie vorliegen. Als Maßstab für die 12

5 BVerfG v. 27.1.1998, AP Nr. 17 zu § 23 KSchG 1969.
6 Vgl. z.B. *Preis*, NZA 1997, 1256, 1264 ff.; *Oetker*, AuR 1997, 41, 49 ff.
7 Vgl. z.B. BAG v. 29.8.1996, NZA 1997, 604, 605.
8 *Preis*, NZA 1997, 1256, 1268.
9 *Oetker*, AuR 1997, 41, 51.
10 AuR 1997, 41, 51.

Sachbezogenheit legt *Oetker* die Maßstäbe des KSchG zugrunde. Hiernach muss sich der Arbeitgeber für jede Kündigung auch außerhalb des personalen und sachlichen Anwendungsbereiches des KSchG auf eine **soziale Rechtfertigung** stützen. Solche können alle Gründe sein, die in der Person oder dem Verhalten des Arbeitnehmers liegen oder bei denen es sich um betriebliche Gründe handelt.

13 Allen in der neueren Literatur vertretenen Ansichten ist gemein, dass sie die Rechtfertigung des Schutzniveaus nicht etwa auf eine „unmittelbare Drittwirkung" der Grundrechte stützen. Entsprechend der neueren Grundrechtsdogmatik kann sich ein grundrechtlich legitimierter Schutz ausschließlich auf die Generalklauseln des Zivilrechtes stützen, in die die Wertungen des GG einfließen.

14 In der neueren Literatur wird demgemäß die Lösung für den Kündigungsschutz außerhalb des Anwendungsbereiches des KSchG in einer Auslegung des § 242 BGB gesucht. Die §§ 138, 612a BGB, die konkretes sittenwidriges Verhalten sanktionierten, reichten nicht aus, um den verfassungsrechtlich gebotenen Mindestschutz zu sichern. Diese Normen erfassten nämlich nur krasse Fälle der Sittenwidrigkeit. Andererseits sei die gesetzgeberische Entscheidung zu respektieren, wonach ein mit dem KSchG vergleichbarer Kündigungsschutz außerhalb des Anwendungsbereiches des Gesetzes gerade nicht gewährleistet werden solle.[11] Außerhalb des Anwendungsbereiches des KSchG sei der Arbeitnehmer folglich über § 242 BGB lediglich im Rahmen einer Missbrauchskontrolle vor Kündigungen geschützt, beispielsweise vor Kündigungen, deren Grund in keinem Zusammenhang mit dem Arbeitsverhältnis steht.[12] Hat der Arbeitgeber Auswahlentscheidungen zu treffen, so habe er ein gewisses Grundmaß an **sozialer Rücksichtnahme** zu wahren.[13]

3. Die Rechtsprechung des BAG zu Kündigungen außerhalb des KSchG

15 Das BAG unterstreicht zunächst eindeutig, dass der durch Generalklauseln vermittelte Schutz nicht dazu führen dürfe, dass den Kleinunternehmern praktisch die im KSchG vorgegebenen Maßstäbe der Sozialwidrigkeit auferlegt würden.[14] Für die Bestimmung des Inhalts und der Grenzen eines Kündigungsschutzes außerhalb des Kündigungsschutzgesetzes sei die Bedeutung grundrechtlicher Schutzpflichten, insbesondere der objektive Gehalt des Art. 12 Abs. 1 GG, zu beachten. Der durch die zivilrechtlichen Generalklauseln des § 138 und § 242 BGB vermittelte verfassungsrechtliche Schutz sei umso schwächer, je stärker die mit der Kleinbetriebsklausel geschützten Grundrechtspositionen des Arbeitgebers im Einzelfall betroffen seien. Es gehe vor allem darum, Arbeitnehmer vor willkürlichen oder auf sachfremden Motiven beruhenden Kündigungen zu schützen, z.B. Diskriminierungen i.S.v. Art. 3 Abs. 3 GG.[15] Es obliegt dabei insbesondere grundsätzlich dem Arbeitnehmer darzulegen und zu beweisen, dass die Kündigung nach § 242 BGB treuwidrig ist. Die Regel des § 1 Abs. 2 S. 4 KSchG, wonach der Arbeitgeber die Tatsachen zu beweisen hat, die die Kündigung bedingen, gilt außerhalb des Kündigungsschutzgesetzes nicht.[16] Demgemäß sind die Grundsätze des KSchG nicht – auch nicht durch § 242 BGB – auf Kündigungen übertragbar, die au-

11 *Gragert*, NZA 2000, 961.

12 MünchArb/*Wank*, § 122 Rn 34 ff.; *Lettl*, NZA-RR 2004, 57.

13 MünchArb/*Wank*, § 122 Rn 38; *Lettl*, NZA-RR 2004, 57, 63.

14 BAG v. 21.2.2001, AP Nr. 26 zu § 611 BGB Abmahnung; BAG v. 12.11.1998, AP Nr. 20 zu § 23 KSchG 1969.

15 BAG v. 25.4.2001, NZA 2002, 87, 89.

16 BAG v. 25.4.2001, NZA 2002, 87, 89; BAG v. 21.2.2001, NZA 2001, 833.

ßerhalb des Anwendungsbereiches des KSchG ausgesprochen werden. Insbesondere existiert **kein allgemeines Sachgrunderfordernis** für Kündigungen.[17]

Kündigungen, die an das **Verhalten des Arbeitnehmers** anknüpfen, bedürfen außerhalb des Anwendungsbereiches des KSchG keiner Abmahnung.[18] Wendet der Arbeitnehmer ein, die Kündigung beruhe auf willkürlichen Motiven, so ist zur Widerlegung dieses Einwandes ein irgendwie einleuchtender Grund für die Kündigung notwendig. Dies ist z.B. in vertrauensrelevanten Bereichen gegeben, wenn der Arbeitgeber aufgrund objektiver Tatsachen vortragen kann, das Vertrauen in die Loyalität des Arbeitnehmers verloren zu haben und die Tatsachen eine solche Möglichkeit jedenfalls nicht als ausgeschlossen erscheinen lassen. Dies ist z.B. bei nicht aufklärbaren **Kassendefiziten** der Fall.[19] Auch in einem Kleinbetrieb wird aber nach der Rechtsprechung das **Tragen eines Kopftuches** in aller Regel nicht geeignet sein, eine Kündigung zu bedingen. Zwar kann ein Arbeitgeber grundsätzlich von seiner Arbeitnehmerin mit Kundenkontakt erwarten, sich dem Charakter des Handelsgeschäfts und dessen Kundenstamm entsprechend branchenüblich zu kleiden. Das BAG stützt seine – das Tragen eines Kopftusches betreffende – Leitentscheidung aber auf verfassungsrechtliche Erwägungen zugunsten der Religionsfreiheit der Arbeitnehmerin; diese verfassungsrechtlichen Gewährleistungen fließen über § 315 BGB in das Arbeitsverhältnis ein und gelten somit auch außerhalb des KSchG.[20] 16

Insoweit die Rspr. sich mit den Gründen für eine Kündigung außerhalb des KSchG überhaupt auseinander setzt, handelt es sich bezeichnenderweise um solche Gründe, die an sich geeignet sind, einen Verstoß gegen die guten Sitten zu begründen und daher die Kündigung bereits nach § 138 BGB sittenwidrig oder nach § 242 BGB treuwidrig zu machen. Zu den typischen Tatbeständen einer treuwidrigen Kündigung zählen Rechtsmissbrauch und Diskriminierungen.[21] Zu nennen sind hier z.B. **personenbezogene Kündigungsgründe**, die das Dienstverhältnis nicht berühren, beispielsweise an die Homosexualität des Arbeitnehmers anknüpfen.[22] Der Grundsatz von Treu und Glauben (§ 242 BGB) bildet eine allen Rechten, Rechtslagen und Rechtsnormen immanente Inhaltsbegrenzung. Im Rahmen einer solchen, einerseits die Grundrechte der Vertragsfreiheit (Kündigungsfreiheit) und andererseits die Rechte auf Achtung der Menschenwürde sowie auf freie Entfaltung der Persönlichkeit konkretisierenden Generalklausel sind diese Rechte gegeneinander abzuwägen. Deshalb sei es rechtsmissbräuchlich, wenn der Arbeitgeber unter Ausnutzung der Privatautonomie dem Arbeitnehmer nur wegen seines **persönlichen (Sexual-)Verhaltens** innerhalb der Probezeit kündige.[23] Kündigt der Arbeitgeber fristgerecht einem mit einem **HIV-Virus** infizierten Arbeitnehmer, der noch nicht den allgemeinen Kündigungsschutz nach § 1 Abs. 1 KSchG genießt, so ist die Kündigung aber jedenfalls nicht sittenwidrig nach § 138 Abs. 1 BGB, wenn der Arbeitnehmer nach Kenntnis von der Infektion einen Selbsttötungsversuch unternommen hat, danach längere Zeit (im Fall: nahezu drei Monate) arbeitsunfähig krank war, dieser Zustand nach einem vor Ausspruch der Kündigung vorgelegten ärztlichen Attest „bis auf weiteres" fortbestehen sollte und diese Umstände für den Kündigungsentschluss jedenfalls mitbestimmend waren. Eine unter solchen Umständen ausgesprochene Kündigung ist ferner 17

17 BAG v. 23.11.1961, AP Nr. 22 zu § 138 BGB; *Preis*, NZA 1997, 1256, 1265; *Lettl*, NZA-RR 2004, 57, 60.
18 BAG v. 21.2.2001, AP Nr. 26 zu § 611 BGB Abmahnung.
19 BAG v. 25.4.2001, NZA 2002, 87, 90.
20 BAG v. 10.10.2002, NZA 2003, 483, 485.
21 LAG Schleswig-Holstein v. 27.5.2009 – 3 Sa 74/09 – juris.
22 BAG v. 23.6.1994, AP Nr. 9 zu § 242 BGB Kündigung.
23 BAG v. 23.6.1994, AP Nr. 9 zu § 242 BGB Kündigung.

nicht nach § 242 BGB treuwidrig und verstößt auch nicht gegen das Diskriminierungsverbot des Art. 3 Abs. 3 GG und das Maßregelungsverbot des § 612a BGB. Denn eine mehrere Monate währende **Arbeitsunfähigkeit von nicht absehbarer Dauer** ist selbst im Geltungsbereich des KSchG an sich geeignet, einen Kündigungsgrund abzugeben. Auf die weiteren Voraussetzungen, die sich nach § 1 KSchG ergäben, kommt es mangels der Anwendbarkeitsvoraussetzungen nicht an. Gehe der Arbeitgeber bei Ausspruch der Kündigung daher von einem solchen Grundtatbestand aus, so verstoße die Kündigung auch bei Anlegung eines objektiven Wertmaßstabes nicht gegen das Anstandsgefühl aller billig und gerecht Denkenden.[24] Nicht sittenwidrig ist es auch, einem Arbeitnehmer wegen einer durch einen Betriebsunfall verursachten Arbeitsunfähigkeit in der Probezeit zu kündigen.[25]

18 Darüber hinaus beschäftigt sich die Rechtsprechung des BAG im Wesentlichen mit der Frage von **betriebsbedingt veranlassten Kündigungen** und insbesondere mit der **sozialen Auswahl außerhalb des KSchG**. Soweit unter mehreren Arbeitnehmern eine Auswahl zu treffen sei, gebiete der verfassungsrechtliche Schutz des Arbeitsplatzes in Verbindung mit dem Sozialstaatsprinzip ein gewisses **Maß an sozialer Rücksichtnahme**. Zwar ist den Arbeitnehmern in Kleinbetrieben das größere rechtliche Risiko eines Arbeitsplatzverlustes angesichts der schwerwiegenden und grundrechtlich geschützten Belange der Arbeitgeber zuzumuten, denn aufgrund der Geltung der Generalklauseln seien sie nicht völlig schutzlos gestellt.[26] Jedoch dürfe ein durch langjährige Mitarbeit erdientes Vertrauen in den Fortbestand des Arbeitsverhältnisses nicht völlig unberücksichtigt bleiben.[27]

19 Das BAG überträgt ausdrücklich die zum Einigungsvertrag entwickelten Grundsätze[28] auf die Kündigung außerhalb des Anwendungsbereiches des KSchG. Der Arbeitgeber müsse eine einseitige, einzelne Arbeitnehmer belastende Auswahlentscheidung nach **vernünftigen, sachlichen, billiges Ermessen wahrenden Gesichtspunkten** treffen. Dies bedeute allerdings nicht, dass damit im Kleinbetrieb die Grundsätze des § 1 KSchG über die Sozialauswahl entsprechend anwendbar seien. Die Herausnahme des Kleinbetriebes aus dem Geltungsbereich des KSchG trage ihrerseits gewichtigen, durch Art. 12 Abs. 1 GG geschützten Belangen des Kleinunternehmers Rechnung, dessen Kündigungsrecht in hohem Maße schutzwürdig sei. Die Auswahlentscheidung des Arbeitgebers könne deshalb nur darauf geprüft werden, ob sie unter Berücksichtigung der Belange des Arbeitnehmers am Erhalt seines Arbeitsplatzes und der dargelegten Interessen des Kleinunternehmers gegen **Treu und Glauben** verstoße.[29] Ein solcher Treueverstoß bei der Kündigung des sozial schutzbedürftigen Arbeitnehmers sei umso eher anzunehmen, je weniger bei der Auswahlentscheidung eigene Interessen des Arbeitgebers eine Rolle gespielt hätten. Habe der Arbeitgeber keine **spezifischen eigenen Interessen**, einem bestimmten Arbeitnehmer zu kündigen bzw. einem anderen vergleichbaren Arbeitnehmer nicht zu kündigen und entlasse er gleichwohl den Arbeitnehmer mit der bei weitem längsten Betriebszugehörigkeit, dem höchsten Alter und den meisten Unterhaltspflichten, so spreche alles dafür, dass der Arbeitgeber bei seiner Entscheidung das **verfassungsrechtlich gebotene Mindestmaß an sozialer Rücksichtnahme** außer Acht gelassen habe. Bestehen andererseits derartige betriebliche, persönliche oder sonstige

24 BAG v. 16.2.1989, AP Nr. 46 zu § 138 BGB.
25 LAG Schleswig-Holstein v. 27.5.2009 – 3 Sa 74/09 – juris.
26 BVerfG v. 27.1.1998, NZA 1998, 470; BAG v. 6.2.2003, NZA 2003, 717, 718.
27 BAG v. 21.2.2001, AP Nr. 12 zu § 242 BGB Kündigung = BB 2001, 1683; BVerfG v. 27.1.1998, AP Nr. 18 zu § 23 KSchG 1969.
28 Vgl. BAG v. 19.1.1995, AP Nr. 12 zu Art. 13 Einigungsvertrag.
29 BAG v. 21.2.2001, AP Nr. 12 zu § 242 BGB Kündigung = BB 2001, 1683.

Interessen des Arbeitgebers, so sei der durch § 242 BGB vermittelte Grundrechtsschutz des Arbeitnehmers umso schwächer, je stärker die mit der Kleinbetriebsklausel geschützten Grundrechtspositionen des Arbeitgebers im Einzelfall betroffen seien. In sachlicher Hinsicht gehe es vor allem darum, Arbeitnehmer **vor willkürlichen oder auf sachfremden Motiven beruhenden Kündigungen** zu schützen.[30]

Da es nur um das gebotene Mindestmaß an sozialer Rücksichtnahme geht, braucht der Arbeitgeber auch keine Vergleichsgruppen zu bilden, innerhalb derer er dann eine soziale Auswahl trifft. Dem Arbeitgeber ist nicht etwa eine – ansonsten unvermeidliche – sorgfältige rechtliche Vorprüfung abzuverlangen, wie sie bei Bildung der auswahlrelevanten Personenkreise nach dem Kündigungsschutzgesetz erforderlich ist. Dem Kleinunternehmer soll gerade auch der mit einem Kündigungsschutzprozess und seiner Vorbereitung verbundene Verwaltungsaufwand erspart bleiben. Da es in der Sache allein um einen Ausschluss von Willkür und sachfremden Motiven geht, ist nur die vollkommene Außerachtlassung eines Vergleichs unter dem Gebot der sozialen Rücksichtnahme relevant. Nur, wenn sich aus dem Vorbringen des Arbeitnehmers auf den ersten Blick ergibt, dass der Arbeitgeber bei Wahrung der gebotenen mindesten Rücksichtnahme nicht kündigen durfte, kann es auf die Rechtfertigung der Auswahlentscheidung nach sozialen Gesichtspunkten ankommen. Nur dann kann von einem insoweit vorliegenden **„evidenten" Auswahlfehler** gesprochen werden.[31] 20

Dies hat des Weiteren zur Konsequenz, dass der innerhalb des Anwendungsbereiches des KSchG geltende **Vorrang der Änderungskündigung** nicht gilt. Es ist schon dann nicht in grobem Maße unsachlich und daher angreifbar, dem einen und nicht dem anderen Arbeitnehmer zu kündigen, wenn der später Gekündigte nur auf Grundlage einer Vertragsänderung hätte weiterbeschäftigt werden können. Folglich kann der dann gekündigte Arbeitnehmer auch nicht mit Erfolg einwenden, er hätte aufgrund eigener Bereitschaft zur Vertragsänderung mit den aus der Gruppe der vergleichbaren Arbeitnehmer ausgeschiedenen Kollegen verglichen werden müssen. Der Vorrang der Änderungskündigung gilt nicht außerhalb des KSchG.

Es obliegt grundsätzlich dem Arbeitnehmer **darzulegen und zu beweisen**, dass die Kündigung nach § 242 BGB treuwidrig ist.[32] Die Regel des § 1 Abs. 2 S. 4 KSchG, wonach der Arbeitgeber die Tatsachen zu beweisen hat, die die Kündigung bedingen, gilt außerhalb des Kündigungsschutzgesetzes nicht. Der verfassungsrechtlich gebotene Schutz des Arbeitnehmers ist jedoch im Prozessrecht dadurch gewährleistet, dass die **Grundsätze der abgestuften Darlegungs- und Beweislast** anzuwenden sind.[33] In einem ersten Schritt muss der Arbeitnehmer, der die Auswahlüberlegungen des Arbeitgebers, die zu seiner Kündigung geführt haben, regelmäßig nicht kennt, einen Sachverhalt vortragen, der die Treuwidrigkeit der Kündigung nach § 242 BGB indiziert. Ist danach auf den ersten Blick erkennbar, dass der Arbeitgeber einen erheblich weniger schutzbedürftigen, vergleichbaren Arbeitnehmer als den Kläger weiterbeschäftigt, so spricht dies dafür, dass der Arbeitgeber das erforderliche Mindestmaß an sozialer Rücksichtnahme außer Acht gelassen hat und deshalb die Kündigung treuwidrig (§ 242 BGB) ist. Der Arbeitgeber muss sich aus diesem Grunde dann nach § 138 Abs. 2 ZPO qualifiziert auf diesen Vortrag einlassen, um ihn zu entkräften. In diesem Zusammenhang obliegt es dem Arbeitgeber aus Gründen der Sachnähe auch, Angaben zu 21

30 BAG v. 21.2.2001, AP Nr. 12 zu § 242 BGB Kündigung = BB 2001, 1683; BAG v. 6.2.2003, NZA 2003, 717, 718.

31 BAG v. 6.2.2003, NZA 2003, 717, 719.

32 BAG v. 22.05.2003, AP Nr. 18 zu § 1 KSchG 1969 Wartezeit; LAG Schleswig-Holstein v. 27.5.2009 – 3 Sa 74/09 – juris.

33 BAG v. 6.2.2003, NZA 2003, 717, 718.

seinen Auswahlüberlegungen zu machen. Kommt er dieser sekundären Behauptungslast nicht nach, gilt der schlüssige Sachvortrag des Arbeitnehmers gem. § 138 Abs. 3 ZPO als zugestanden. Trägt der Arbeitgeber hingegen die betrieblichen, persönlichen oder sonstigen Gründe vor, die ihn dazu bewogen haben, den auf den ersten Blick sozial schutzbedürftigeren Arbeitnehmer zu entlassen, so muss der Arbeitnehmer die Tatsachen beweisen, aus denen sich die Treuwidrigkeit der Kündigung ergeben soll.[34]

4. Die Rechtmäßigkeit von Kündigungen in der anwaltlichen Praxis

22 Für den die Kündigung beratenden Rechtsanwalt ist zunächst festzuhalten, dass Kündigungen außerhalb des personalen und sachlichen Anwendungsbereiches des KSchG **nicht der Systematik des KSchG** unterworfen sind. Dies bedeutet insbesondere, dass Kündigungen, die an **Verhaltensweisen** des Arbeitnehmers oder Umstände in der Person des Arbeitnehmers anknüpfen, keiner der Systematik des § 1 KSchG entsprechenden Anforderungen bedürfen. Insbesondere bedarf eine Kündigung, die an das Verhalten des Arbeitnehmers anknüpft, keiner Abmahnung. Unbeeinträchtigt hiervon bleibt das Erfordernis der Rechtsprechung, Arbeitnehmer im Falle einer Verdachtskündigung anzuhören.[35]

23 Nach der Rechtsprechung des BAG folgt ganz allgemein aus der Anwendung der Generalklausel des § 242 BGB **kein Sachgrunderfordernis** außerhalb des Anwendungsbereiches des KSchG. § 242 BGB schützt als Einfallstor der grundrechtlichen Grundwertungen nur vor evident sachwidrigen Kündigungen. Kündigungen, die diesen Maßstab erfüllen, werden in aller Regel bereits nach § 138 BGB nichtig sein.

24 Der Arbeitgeber ist, da er keines Sachgrundes zum Ausspruch der Kündigung bedarf, auch nicht verpflichtet, einen **Kündigungsgrund anzugeben**. Auch der verfassungsrechtlich gebotene Mindestschutz des Arbeitsplatzes vor privater Disposition erfordert es nicht, die Angabe des Kündigungsgrundes zur Wirksamkeitsvoraussetzung der Kündigung zu erheben.[36]

25 Kündigt der Arbeitgeber aus Gründen, die an die **betriebliche Situation** anknüpfen und hat er gleichzeitig eine **Auswahl zwischen mehreren Arbeitnehmern** zu treffen, so muss diese Auswahl einem „gewissen Maß an sozialer Rücksichtnahme" genügen. Jedoch fließt über dieses Einfallstor nicht etwa die allgemeine Sozialauswahl nach § 1 Abs. 3 KSchG ein. Vielmehr schützt auch dieser Maßstab nur vor **evident willkürlicher Auswahl**. Der Arbeitgeber ist insbesondere also nicht verpflichtet, die vorhandenen Arbeitnehmer nach einem Punktesystem zu erfassen oder einen Kriterienkatalog aufzustellen. Lediglich ist der Arbeitgeber verpflichtet, ein Grundmaß an sozialer Rücksichtnahme walten zu lassen. Erfasst werden hier insbesondere Fälle, denen die Unsachlichkeit „auf die Stirn geschrieben" steht. Nach der Rechtsprechung des BAG[37] ist insbesondere das Interesse des Arbeitgebers an der Kündigung zu berücksichtigen. Je stärker der Arbeitgeber ein eigenes Interesse daran darlegen kann, gerade diesem Arbeitnehmer zu kündigen, umso weniger weit reicht der Vergleich zu § 1 Abs. 3 KSchG.

26 Dafür, dass die Kündigung auf evident sachwidrigen Gründen beruht, ist der **Arbeitnehmer beweisbelastet**.[38] Anders als bei der Frage des Sachgrundes regelt sich die **Beweislast** zur so-

34 BAG v. 6.2.2003, NZA 2003, 717, 719.

35 BAG v. 13.9.1995, AP Nr. 25 zu § 626 BGB Verdacht strafbarer Handlung.

36 BAG v. 21.2.2001, AP Nr. 12 zu § 242 BGB Kündigung = BB 2001, 1683.

37 Insbesondere BAG v. 21.2.2001, AP Nr. 12 zu § 242 BGB Kündigung = BB 2001, 1683.

38 BAG v. 23.6.1994, AP Nr. 9 zu § 242 BGB Kündigung = DB 1994, 2190; *Ascheid*, S. 208, 211.

zialen Auswahl nach den Grundsätzen der abgestuften Darlegungs- und Beweislast. Grundsätzlich obliegt es dem Arbeitnehmer, darzulegen und zu beweisen, dass die Kündigung nach § 242 BGB treuwidrig ist. Die Regel des **§ 1 Abs. 2 S. 4 KSchG**, wonach der Arbeitgeber die Tatsachen zu beweisen hat, die die Kündigung bedingen, **gilt außerhalb des KSchG nicht**. Der verfassungsrechtlich gebotene Schutz des Arbeitnehmers auch im Prozessrecht ist jedoch dadurch gewährleistet, dass auch insoweit die Grundsätze der abgestuften Darlegungs- und Beweislast gelten.

Praxishinweis **27**

Der Arbeitgeber ist daher grundsätzlich nicht verpflichtet, sich zur Begründung der Kündigung zu äußern.

Der den Arbeitnehmer vertretende Rechtsanwalt wird zu beachten haben, dass das übliche Muster für Kündigungsschutzklagen nicht ausreichend ist, da das Bestreiten des Vorliegens von die Kündigung sozial rechtfertigenden Tatsachen nicht ausreicht, die Rechtswidrigkeit der Kündigung zu begründen.

Der den Arbeitgeber vertretende Rechtsanwalt sollte stets den mangelnden Vortrag der Gegenseite ausdrücklich rügen und auf die Unterschiede zur Kündigung im Rahmen des KSchG hinweisen. Im Übrigen kommt es darauf an, sachnahe Argumente für die Kündigung anzuführen. Hierbei gelten letztlich dieselben Grundsätze wie hinsichtlich der Betriebsratsanhörung innerhalb der Probezeit: Führt der Arbeitgeber annähernd (z.B. durch vorherige Personalgespräche oder eine Abmahnung) objektivierbare subjektive Eindrücke beispielsweise der Leistungsfähigkeit des Arbeitnehmers an, so muss dies für eine Begründung ausreichen. Denn mangels Geltung des KSchG kommt es auf das objektive Vorliegen solcher Defizite gerade nicht an.

§ 7 Sonderkündigungsschutz

Dr. Klaus Pawlak

Inhalt

Rn

I. Einführung ... 1

II. Kündigungsschutz nach dem MuSchG ... 2
1. Geltungsbereich und Dauer ... 3
2. Voraussetzungen des Kündigungsschutzes ... 4
   a) Schwangerschaft ... 4
   b) Kündigung durch den Arbeitgeber ... 6
   c) Kenntnis des Arbeitgebers ... 7
   d) Versäumung der Mitteilungsfrist 12
      aa) Nachträgliche Mitteilung binnen zwei Wochen ab Zugang der Kündigung ... 12
      bb) Unverschuldet verspätete Mitteilung ... 13
3. Rechtsfolge ... 16
4. Ausnahme vom Kündigungsschutz .. 19
   a) Antrag des Arbeitgebers ... 20
   b) Entscheidung der Behörde ... 24

III. Kündigungsschutz nach dem BEEG ... 29
1. Geltungsbereich und Dauer ... 30
2. Voraussetzungen des Kündigungsschutzes ... 34
   a) Kündigungsschutz nach Verlangen von Elternzeit und während der Elternzeit ... 35
   b) Kündigungsschutz bei Teilzeitarbeit während der Elternzeit ... 37
   c) Kündigungsschutz bei Teilzeitarbeit ohne Elternzeit in besonderen Fällen ... 39
3. Rechtsfolge ... 40
4. Ausnahme vom Kündigungsschutz .. 41

IV. Kündigungsschutz nach dem PflegeZG ... 45
1. Geltungsbereich und Dauer ... 46
2. Voraussetzungen des Kündigungsschutzes ... 47
   a) Voraussetzungen der kurzzeitigen Arbeitsverhinderung nach § 2 PflegeZG ... 49
   b) Voraussetzungen der Pflegezeit nach §§ 3, 4 PflegeZG ... 50
3. Rechtsfolge ... 52
4. Ausnahme vom Kündigungsschutz .. 53

V. Kündigungsschutz schwerbehinderter Arbeitnehmer ... 54
1. Geltungsbereich und gesetzliche Ausnahmen ... 55
2. Voraussetzungen des Kündigungsschutzes ... 58
   a) Schwerbehinderteneigenschaft .. 58
   b) Gleichgestellte ... 63
   c) Kenntnis des Arbeitgebers ... 66
   d) Präventive Maßnahmen, insbesondere betriebliches Eingliederungsmanagement ... 70
3. Rechtsfolge ... 72
4. Ausnahme vom Kündigungsschutz .. 74
   a) Ordentliche Kündigung ... 75
   b) Außerordentliche Kündigung ... 82
5. Betriebsratsanhörung ... 89
6. Rechtsmittel ... 90

VI. Kündigungsschutz von Betriebsratsmitgliedern und anderen Amtsinhabern ... 91
1. Geltungsbereich und Dauer ... 92
2. Umfang des Kündigungsschutzes ... 100
   a) Ordentliche Kündigung ... 100
      aa) Unzulässigkeit ordentlicher Kündigung ... 100
      bb) Ausnahme bei Betriebs- oder Betriebsteilstilllegung ... 103
   b) Außerordentliche Kündigung ... 107
      aa) Wichtiger Grund ... 108
      bb) Zustimmung des Betriebsrats 111
      cc) Ersetzung der Zustimmung .. 116
3. Rechtsfolge ... 119

VII. Sonstige Fälle besonderen Kündigungsschutzes ... 120

Literatur

Balders/Lepping, Das betriebliche Eingliederungsmanagement, NZA 2005, 854; **Bauer/Powietzka**, Kündigung schwerbehinderter Arbeitnehmer – Nachweis, Sozialauswahl, Klagefrist und Reformbedarf, NZA-RR 2004, 505; **Bitzer**, Sonderkündigungsschutz schwerbehinderter Menschen, NZA 2006, 1082; **Böggemann**, Betriebsstilllegung während der Elternzeit, NVwZ 2009, 819; **Brose**, Das betriebliche Eingliederungsmanagement nach § 84 Abs. 2 SGB IX als eine neue Wirksamkeitsvoraussetzung für die krankheitsbedingte Kündigung?, DB 2005, 390; **Diller**, Der Wahnsinn hat Methode (Teil II), NZA 2004, 579; **Düwell**, Der Kündigungsschutz schwerbehinderter Beschäftigter nach der Novelle vom 23.4.2004, DB 2004, 2811; **Ganz**, Nicht gleich das Kind mit dem Bade ausschütten, NZA 2006, 24; **Göttling/Neumann**, Leicht verständlicher Kündigungsschutz schwerbehinderter Menschen, NZA-RR 2007, 281; **Gravenhorst**, Plädoyer für einen Systemwechsel beim Sonderkündigungsschutz behinderter Arbeitnehmer, NZA 2005, 803; **Griebeling**, Neues im Sonderkündigungsschutz schwerbehinderter Menschen, NZA 2005, 494; **Joussen**, Streitfragen aus dem Pflegezeitgesetz, NZA 2009, 69; **Kiel**, Die Kündigung unkündbarer Arbeitnehmer, NZA 2005, 18; **Müller/Stuhlmann**, Das neue Pflegezeitgesetz – eine Übersicht –, ZTR 2008, 290; **Preis/Nehring**, Das Pflegezeitgesetz, NZA 2008, 729; **Rost**, Neues zum Kündigungsrecht, NZA Sonderbeilage 1/2004, 35; **Schäfer**, „Schwebende Wirksamkeit" von Kündigungen, NZA 2004, 833; **Schwab/Ehrhard**, Sonderkündigungsschutz für Datenschutzbeauftragte, NZA 2009, 1118.

I. Einführung

1 Neben dem allgemeinen Kündigungsschutz nach dem KSchG gibt es eine Reihe weiterer Kündigungsbeschränkungen, durch die bestimmte Arbeitnehmer in besonderer Weise vor arbeitgeberseitigen Kündigungen geschützt werden. In Abgrenzung zum allgemeinen Kündigungsschutz spricht man hier vom **besonderen Kündigungsschutz**. Der Gesetzgeber hat in diesen Fällen die Kündigung durch den Arbeitgeber entweder von der Zustimmung einer staatlichen Behörde abhängig gemacht oder das Arbeitsverhältnis z.B. durch den Ausschluss der ordentlichen Kündigung privilegiert. Die Stellung eines Auflösungsantrags durch den Arbeitgeber ist nicht von vornherein ausgeschlossen, jedoch dürfen die Auflösungsgründe nicht mit dem besonderen Kündigungsschutz im Zusammenhang stehen. Besonderen Kündigungsschutzregelungen unterliegen insbesondere Mütter und Schwangere (vgl. Rn 2 ff.), Elternzeitberechtigte (vgl. Rn 29 ff.), Arbeitnehmer, die Pflegezeit in Anspruch nehmen (vgl. Rn 45 ff.), schwerbehinderte Menschen (vgl. Rn 54 ff.) sowie Betriebsratsmitglieder (vgl. Rn 91 ff.).

II. Kündigungsschutz nach dem MuSchG

2 Das Kündigungsverbot ist bereits aufgrund Art. 10 der Mutterschutzrichtlinie 92/85/EWG EG-rechtlich geboten.[1]

Das primäre Anliegen des mutterschutzrechtlichen Kündigungsschutzes besteht darin, der werdenden Mutter und der Wöchnerin trotz ihrer etwa mutterschaftsbedingten Leistungsminderung oder Arbeitsunfähigkeit den Arbeitsplatz als wirtschaftliche Existenzgrundlage zu erhalten und sie vor den psychischen Belastungen eines Kündigungsschutzprozesses zu schützen.

1. Geltungsbereich und Dauer

3 Nach der zentralen Regelung des § 9 Abs. 1 S. 1 MuSchG ist die Kündigung gegenüber einer Frau, während der Schwangerschaft und bis zum Ablauf von vier Monaten nach der Entbindung unzulässig, wenn dem Arbeitgeber zur Zeit der Kündigung die Schwangerschaft oder

1 Vgl. auch EuGH v. 11.10.2007, NZA 2007, 1272.

Entbindung bekannt war oder innerhalb zweier Wochen nach Zugang der Kündigung mitgeteilt wird. Gem. § 1 gilt das MuSchG für Frauen, die in einem **Arbeitsverhältnis** stehen, sowie für weibliche in Heimarbeit Beschäftigte und ihnen Gleichgestellte, soweit sie am Stück mitarbeiten. Das MuSchG ist somit auf alle Formen der Teilzeitbeschäftigung, auf geringfügig Beschäftigte und auf befristete Arbeitsverhältnisse ebenso wie auf Aushilfs-, Probe- und nebenberuflich geführte Arbeitsverhältnisse anwendbar. Über § 3 Abs. 2 BBiG genießen auch minderjährige Auszubildende den besonderen Kündigungsschutz.[2] Der Mutterschutz greift bereits mit dem Abschluss des Arbeitsvertrages ein, ohne dass es auf den Zeitpunkt der Arbeitsaufnahme ankommt.[3] Selbstständige und freie Mitarbeiterinnen genießen dagegen keinen mutterschutzrechtlichen Kündigungsschutz. Eine GmbH-Geschäftsführerin genießt ebenfalls nicht den Schutz des § 9 MuSchG, da sie nicht in einem Arbeitsverhältnis steht.[4] Handelt es sich um ein bloß faktisches Arbeitsverhältnis, gilt § 9 MuSchG nicht, weil ein solches Arbeitsverhältnis jederzeit ohne Kündigung beendet werden kann.

2. Voraussetzungen des Kündigungsschutzes

a) Schwangerschaft

Das absolute Kündigungsverbot setzt **objektiv** die **Schwangerschaft** im Zeitpunkt des Zugangs der Kündigungserklärung voraus.[5] Zur Feststellung des Beginns der Schwangerschaft ist von dem in einem ärztlichen Attest prognostizierten Entbindungstag um 280 Tage zurückzurechnen, wobei der voraussichtliche Entbindungstag nicht mitzurechnen ist.[6] Der Arbeitgeber kann den Beweiswert der ärztlichen Bescheinigung nur erschüttern, wenn er darlegen und beweisen kann, dass das Vorliegen einer Schwangerschaft bei Kündigungszugang gesicherten wissenschaftlichen Erkenntnissen widersprechen würde.[7] Ergibt sich nach dieser Berechnung, dass die Schwangerschaft erst nach Zugang der Kündigung eingetreten ist, oder wird eine Schwangerschaft lediglich irrtümlich angenommen, greift § 9 MuSchG nicht ein. Ob eine Bauchhöhlenschwangerschaft ausreicht, ist höchstrichterlich noch nicht geklärt, dürfte aber im Hinblick auf den Schutzzweck der Norm zu bejahen sein. 4

Die Schwangerschaft muss zu einer **Entbindung** geführt haben, sonst entfällt der Mutterschutz.[8] Eine Entbindung im Sinne des Gesetzes liegt auch bei Früh- und Totgeburten vor.[9] Bei einer Fehlgeburt wird die Schwangerschaft dagegen ohne Entbindung beendet. Eine Fehlgeburt liegt vor, wenn sich bei der Leibesfrucht kein Lebensmerkmal gezeigt und ihr Gewicht weniger als 500 Gramm betragen hat.[10] Ebenfalls keine Entbindung liegt gemeinhin bei einem Schwangerschaftsabbruch vor, sodass hier der besondere Kündigungsschutz nicht eingreift. Etwas anderes gilt aber dann, wenn die Leibesfrucht ein Gewicht von mindestens 500 Gramm hat und der Schwangerschaftsabbruch bzw. die Einleitung der Geburt medizinisch indiziert war.[11] 5

2 BVerwG v. 26.8.1970, AP Nr. 32 zu § 9 MuSchG = NJW 1971, 1328.
3 LAG Düsseldorf v. 11.6.1992, NZA 1993, 1041; KR/*Bader*, § 9 MuSchG Rn 13.
4 *Stahlhacke/Preis/Vossen*, Rn 1291.
5 BVerfG v. 14.7.1981, DB 1981, 1939; BAG v. 13.6.1996, NZA 1996, 1154 = DB 1996, 2135.
6 BAG v. 12.12.1985, NZA 1986, 613; BAG v. 7.5.1998, AP Nr. 24 zu § 9 MuSchG 1968 = NZA 1998, 1049.
7 Vgl. hierzu BAG v. 7.5.1998, DB 1998, 1039.
8 LAG Köln v. 21.1.2000, NZA-RR 2001, 303.
9 Vgl. BAG v. 12.3.1997, AP Nr. 4 zu § 6 MuSchG = NZA 1997, 764.
10 Vgl. § 29 der Verordnung zur Ausführung des PStG.
11 BAG v. 15.12.2005, NZA 2006, 994 ff.

b) Kündigung durch den Arbeitgeber

6 Von dem Kündigungsverbot werden **alle Arten der Kündigung** einschließlich der Änderungskündigung, der Kündigung im Rahmen von Massenentlassungen, der Betriebsstilllegung und der Insolvenz erfasst.[12] Das mutterschutzrechtliche Kündigungsverbot gilt auch für Kündigungen vor Dienstantritt sowie für außerordentliche Kündigungen, selbst bei gravierenden arbeitsvertraglichen Pflichtverstößen. Allerdings verbietet § 9 MuSchG nur die **arbeitgeberseitige Kündigung**, andere Beendigungstatbestände werden dadurch nicht berührt. So endet ein wirksam befristetes Arbeitsverhältnis auch während der Schwangerschaft zu dem im Arbeitsvertrag vereinbarten Zeitpunkt.[13] Gleiches gilt für die Beendigung eines Arbeitsverhältnisses während der Schutzzeiten durch einen Auflösungsvertrag.[14] Des Weiteren kann der Arbeitsvertrag auch aus Gründen, die nicht in der Schwangerschaft begründet sind, angefochten werden.[15]

c) Kenntnis des Arbeitgebers

7 Der Kündigungsschutz greift nur bei **positiver Kenntnis** des Arbeitgebers von der Schwangerschaft bei Abgabe der Kündigungserklärung ein. Weder treffen den Arbeitgeber in diesem Zusammenhang besondere Nachforschungspflichten noch fällt ihm fahrlässige bzw. grob fahrlässige Unkenntnis zur Last. Die schwangere Arbeitnehmerin kann sich deshalb nicht darauf berufen, man habe ihren Zustand doch erkennen können. Will sie sich auf den Sonderkündigungsschutz berufen, hat sie selbst dafür Sorge zu tragen, dass die Mitteilung über die Schwangerschaft dem Arbeitgeber zugeht. Da dem Arbeitgeber bei der Einstellung kein Fragerecht nach einer Schwangerschaft zusteht, wäre es systemwidrig, ihm während des bestehenden Arbeitsverhältnisses bestimmte Nachforschungs- oder Erkundigungspflichten aufzuerlegen.[16] Eine bloße Vermutung des Arbeitgebers begründet daher noch keine fahrlässige Unkenntnis.

8 Eine besondere Form ist für die Kenntniserlangung nicht vorgeschrieben. In den meisten Fällen wird der Arbeitgeber aufgrund der Mitteilungspflicht gem. § 5 Abs. 1 MuSchG ausdrücklich von der schwangeren Arbeitnehmerin informiert, wobei ein Verstoß gegen § 5 Abs. 1 MuSchG allerdings keine Auswirkungen auf den Sonderkündigungsschutz hat.

9 *Formulierungsbeispiel*
Sehr geehrte Damen und Herren,
ausweislich des beigefügten ärztlichen Attestes bin ich in der ____ Woche schwanger. Als voraussichtlicher Tag der Entbindung wurde der ____ errechnet. Bitte bestätigen Sie mir den Erhalt dieses Schreibens.
Mit freundlichen Grüßen

10 Die positive Kenntnis kann der Arbeitgeber auch durch die eigene Wahrnehmung oder zufälligen oder beabsichtigten Benachrichtigungen von dritten Personen wie bspw. Arbeitskollegen oder Betriebsratsmitgliedern erhalten haben. Beruht die Kenntnis auf der eigenen Wahrnehmung, kommt es auf die Umstände des Einzelfalls an, ob die äußeren Anzeichen

12 ErfK/*Schlachter*, § 9 MuSchG Rn 4.
13 BAG v. 23.10.1991, AP Nr. 45 zu § 611 BGB = DB 1992, 2637.
14 ErfK/*Schlachter*, § 9 MuSchG Rn 17.
15 BAG v. 6.10.1962, EzA § 119 BGB Nr. 1; vgl. hierzu aber auch EuGH v. 27.2.2003, NZA 2003, 373: keine Anfechtung bei Irrtum über Schwangerschaft.
16 Vgl. BAG v. 15.10.1992, AP Nr. 8 zu § 611a BGB = NZA 1993, 257.

tatsächlich geeignet waren, dem Arbeitgeber ein über eine bloße Vermutung hinausgehendes sicheres Wissen (positive Kenntnis) zu verschaffen.

Der Kenntnis des Arbeitgebers steht die **Kenntnis seiner Vertreter** gleich. Entscheidendes Kriterium für die Vertretereigenschaft ist die Personalkompetenz. Arbeitgeberstellung haben deshalb nicht nur kündigungsberechtigte Personen inne, sondern kann auch Personalsachbearbeitern zukommen, sofern diese nicht nur untergeordnete Schreibtätigkeiten ausüben.[17] Nicht ausreichend ist die Mitteilung an den Betriebsrat oder Werksarzt, da diese keine Vertreter des Arbeitgebers sind.[18] Auch die Mitteilung an den Vorarbeiter oder Dienstvorgesetzten genügt üblicherweise nicht.[19] 11

d) Versäumung der Mitteilungsfrist

aa) Nachträgliche Mitteilung binnen zwei Wochen ab Zugang der Kündigung

Der positiven Kenntnis ist gem. § 9 Abs. 1 S. 1 MuSchG der Fall gleichgestellt, dass die Arbeitnehmerin den Arbeitgeber innerhalb von zwei Wochen nach Kündigungszugang über die Schwangerschaft informiert. Die Unwirksamkeit der Kündigung wird bereits durch die nachträgliche **Mitteilung** herbeigeführt; der **Nachweis** der Schwangerschaft ist nicht erforderlich. Dieser kann nach Aufforderung des Arbeitgebers auch noch nach Ablauf der Zwei-Wochen-Frist innerhalb einer angemessenen Frist erbracht werden. 12

bb) Unverschuldet verspätete Mitteilung

Selbst die Versäumung der Ausschlussfrist führt nicht zwangsläufig zum Verlust des besonderen Kündigungsschutzes. Das Überschreiten der Mitteilungsfrist ist gem. § 9 Abs. 1 S. 1 a.E. MuSchG **unschädlich**, wenn es auf einem von der Frau nicht zu vertretenden Grund beruht und die Mitteilung unverzüglich nachgeholt wird.[20] 13

Nicht zu vertreten ist die Fristversäumnis regelmäßig, wenn die Frau zum Zeitpunkt des Zugangs der Kündigung keine Kenntnis von ihrer Schwangerschaft hatte. Fehldiagnosen des Arztes sind ihr nicht zuzurechnen. Ein zum Verlust des besonderen Kündigungsschutzes führender Verstoß gegen die Mitteilungspflicht kann daher von vornherein nur dann gegeben sein, wenn die Arbeitnehmerin entweder von der Schwangerschaft positive Kenntnis hat oder zwingende Anhaltspunkte einer Schwangerschaft ignoriert.[21] Das Risiko des rechtzeitigen Zugangs der Schwangerschaftsmitteilung trägt die Arbeitnehmerin nur, wenn sie ein Verschulden trifft. Ansonsten werden ihr Hindernisse bei der Übermittlung nicht zugerechnet, sodass grundsätzlich die rechtzeitige Absendung genügt. Auch der vollständige Verlust einer nur per einfachen Brief abgesandten Schwangerschaftsmitteilung darf daher nach der Rechtsprechung des BAG nicht zu Lasten der Arbeitnehmerin gehen.[22] 14

Die Mitteilung von der Schwangerschaft muss **unverzüglich** nachgeholt werden. Hierfür ist weder eine Mindest- noch eine Höchstfrist vorgesehen. Vielmehr ist auf die Umstände des Einzelfalles abzustellen und zu prüfen, ob die Mitteilung ohne schuldhaftes Zögern i.S.d. 15

17 KR/*Bader*, § 9 MuSchG Rn 36.
18 Vgl. BAG v. 13.4.1956, AP Nr. 9 zu § 9 MuSchG; Ascheid/Preis/Schmidt/*Rolfs*, § 9 MuSchG Rn 32.
19 Vgl. BAG v. 18.2.1965, AP Nr. 26 zu § 9 MuSchG; KR/*Bader*, § 9 MuSchG Rn 36.
20 Vgl. BAG v. 26.9.2002, AP Nr. 31 zu § 9 MuSchG 1968 = DB 2003, 1448.
21 BAG v. 13.6.1996, AP Nr. 22 zu § 9 MuSchG = NZA 1996, 1154 = BB 1997, 50.
22 BAG v. 16.5.2002, AP Nr. 30 zu § 9 MuSchG 1968 = DB 2002, 2602 = NJW 2003, 308.

§ 121 BGB erfolgt ist.[23] Die nachgeholte Mitteilung innerhalb von einer Woche dürfte daher regelmäßig ausreichend sein.

3. Rechtsfolge

16 Die **Kündigung** einer Arbeitnehmerin während der Schwangerschaft und bis zum Ablauf von vier Monaten nach der Entbindung ist gem. § 9 Abs. 1 S. 1 MuSchG i.V.m. § 134 BGB **nichtig**. Die Sperre des Kündigungsrechts erfasst grundsätzlich jede Kündigung, also auch eine außerordentliche Kündigung bei einer besonders schweren arbeitsvertraglichen Verletzung, eine Änderungskündigung oder eine Kündigung in der Insolvenz. Eine dennoch erfolgte Kündigung ist offensichtlich unwirksam, sodass die Arbeitnehmerin, noch bevor das Arbeitsgericht zugunsten der Arbeitnehmerin entschieden hat, einen Weiterbeschäftigungsanspruch geltend machen kann[24] und bei Nichtbeschäftigung und Vorliegen der weiteren Voraussetzungen Anspruch auf Annahmeverzugslohn hat.[25]

17 Aufgrund der zwingenden gesetzlichen Regelung des § 9 MuSchG kann weder vor Ausspruch der Kündigung auf den Kündigungsschutz verzichtet werden, noch kann die Kündigung dahin umgedeutet werden, dass sie erst nach Ablauf der Mutterschutzfrist wirksam werden soll. Ebenso kann eine Kündigung nicht in eine Anfechtung wegen Irrtums oder Täuschung umgedeutet werden.[26]

18 *Praxishinweis*
Das MSchG bietet keinen Schutz gegen Versetzungen, die Einführung von Kurzarbeit oder andere Änderungen der Arbeitsbedingungen. Eine Verschlechterung der Arbeitsbedingungen durch kollektivrechtliche Regelungen bleibt grundsätzlich möglich.

4. Ausnahme vom Kündigungsschutz

19 Rechtsdogmatisch sieht § 9 MuSchG ein absolutes **Kündigungsverbot mit Erlaubnisvorbehalt** vor. Das Kündigungsverbot greift demzufolge nicht ein, wenn die zuständige Behörde die Kündigung für zulässig erklärt hat. Gem. § 9 Abs. 3 MuSchG kann die für den Arbeitsschutz zuständige oberste Landesbehörde oder die von ihr bestimmte Stelle nur in besonderen Fällen, die nicht mit dem Zustand einer Frau während der Schwangerschaft oder ihrer Lage bis zum Ablauf von vier Monaten nach der Entbindung im Zusammenhang stehen, ausnahmsweise die Kündigung für zulässig erklären.

a) Antrag des Arbeitgebers

20 Die rechtswirksame Zulässigkeitserklärung der zuständigen Behörde setzt zunächst einen ordnungsgemäßen Antrag des Arbeitgebers voraus. Der Antrag kann zwar **formfrei**, also auch mündlich bzw. telefonisch gestellt werden. Da die Behörde jedoch die beantragte Zustimmung nur dann erteilen wird, wenn ihr zuvor eine dezidierte Überprüfung der angegebenen Gründe möglich war, empfiehlt es sich, den Antrag schriftlich zu stellen und umfassend unter Angabe aller Tatsachen und Beweismittel zu begründen.

23 BAG v. 20.5.1988, AP Nr. 16 zu § 9 MuSchG 1968 = NZA 1988, 799.
24 BAG v. 27.2.1985, EzA § 611 BGB Beschäftigungspflicht Nr. 9.
25 LAG Hamm v. 14.3.1995, EzA § 615 BGB Nr. 85 = LAGE § 615 BGB Nr. 43.
26 BAG v. 14.10.1975, AP Nr. 4 zu § 9 MuSchG 1968 = BB 1975, 1638 = DB 1976, 104.

Praxishinweis 21
Dem Antrag wird zweckmäßigerweise die Anhörung des Betriebsrats beigefügt. In der Anhörung muss darauf hingewiesen werden, dass die Kündigung erst nach Zustimmung der Behörde ausgesprochen werden soll. Ist der Betriebsrat noch nicht angehört worden, so ist dieser unmittelbar nach Zugang der Zulässigkeitserklärung anzuhören. Die Kündigung ist unverzüglich nach der Stellungnahme bzw. nach Ablauf der Anhörungsfrist auszusprechen.

Der Antrag muss bei der zuständigen Behörde gestellt werden. Dies sind in den meisten Bundesländern die Gewerbeaufsichtsämter oder die Ämter für Arbeitsschutz.[27] Die **Zustimmung** der zuständigen Behörde muss **vor Ausspruch der Kündigung** vorliegen. Eine bereits vorher ausgesprochene Kündigung ist unheilbar nichtig und kann durch die Behörde auch nicht nachträglich genehmigt werden, selbst wenn objektiv die Voraussetzungen für eine Zulässigkeitserklärung vorliegen. Konsequenterweise ist daher auch eine Kündigung unter der Bedingung, dass die Zulassung von der zuständigen Behörde erteilt wird, unwirksam. 22

Praxishinweis 23
Ist eine außerordentliche Kündigung beabsichtigt, ist der Antrag fristgebunden. Er ist in diesem Fall innerhalb von zwei Wochen nach Kenntnis des Kündigungsgrundes zu stellen. Sobald die Zulässigkeitserklärung durch die Behörde vorliegt, hat der Arbeitgeber die beabsichtigte außerordentliche Kündigung unverzüglich zu erklären.

b) Entscheidung der Behörde

Die Behörde kann (nicht: muss) der beabsichtigten Kündigung zustimmen, wenn ein **„besonderer Fall"** i.S.d. § 9 Abs. 3 MuSchG vorliegt. Ein besonderer Fall ist nur in **engen Ausnahmesituationen** gegeben, z.B. bei Straftaten der Arbeitnehmerin oder einer Betriebsstilllegung. Wirtschaftliche Gründe führen regelmäßig noch nicht dazu, die Interessen der Arbeitnehmerin hinter die Interessen des Arbeitgebers zurücktreten zu lassen. Bei der Angabe von betriebsbedingten Gründen wird die Behörde die Zustimmung davon abhängig machen, ob tatsächlich keine Möglichkeit mehr besteht, die Arbeitnehmerin weiter zu beschäftigen. Das ist nicht bereits bei einem bloßen Wegfall des konkreten Arbeitsplatzes der Fall, kommt aber dann in Betracht, wenn der einzige Betrieb eines Unternehmens komplett und endgültig stillgelegt wird.[28] 24

Praxishinweis 25
Das Vorliegen eines „besonderen Falls" i.S.d. § 9 MuSchG ist nicht zu verwechseln mit dem „wichtigen Grund" i.S.d. § 626 Abs. 1 BGB. Der inhaltliche Maßstab für die Annahme eines besonderen Falls ist aus Sicht des Arbeitgebers ein anderer (i.d.R. noch enger) als bei einer „normalen" außerordentlichen Kündigung und nicht primär an der Zumutbarkeit der Weiterbeschäftigung, sondern an dem gesetzgeberischen Schutzzweck des § 9 MuSchG orientiert.

Der „besondere Fall" i.S.d. § 9 Abs. 3 S. 1 MuSchG stellt einen **unbestimmten Rechtsbegriff** dar und ist in vollem Umfang vom Verwaltungsgericht gerichtlich nachprüfbar.[29] 26

27 Eine Übersicht der Zuständigkeiten findet sich unter www.ni-d.de/Doc/gewauf.html.

28 Vgl. BAG v. 25.3.2004, AP Nr. 36 zu § 9 MuSchG 1968 = NZA 2004, 1064; BVerwG v. 18.8.1977, AP Nr. 5 zu § 9 MuSchG; VG Hannover v. 12.12.2000, NZA-RR 2002, 136.

29 Vgl. BVerwG v. 29.10.1958, AP Nr. 14 zu § 9 MuSchG = NJW 1959, 690; BVerwG v. 18.8.1977, AP Nr. 5 zu § 9 MuSchG.

Wird der besondere Fall bejaht, räumt § 9 Abs. 3 MuSchG der Behörde gleichwohl ein **Ermessen** ein, ob der beabsichtigten Kündigung zugestimmt wird oder nicht („kann"). Erteilt die Behörde die Zulässigkeitserklärung für die Kündigung, ist hierdurch die Kündigungssperre des § 9 MuSchG aufgehoben. Gem. § 9 Abs. 3 S. 2 MuSchG bedarf die Kündigung der schriftlichen Form und muss den zulässigen Kündigungsgrund angeben. Der Arbeitgeber kann sich im Kündigungsschutzverfahren nur auf die im Kündigungsschreiben mitgeteilten Gründe berufen.

27 Der Wegfall der Kündigungssperre bedeutet noch nicht, dass die Kündigung auch wirksam ist. Erhebt die Arbeitnehmerin **Kündigungsschutzklage**, entscheidet allein das Arbeitsgericht über die Rechtmäßigkeit der Kündigung. Die Unwirksamkeit der Kündigung muss gem. § 4 KSchG innerhalb von drei Wochen geltend gemacht werden.[30] Gem. § 5 Abs. 1 S. 2 KSchG ist die Klage jedoch nachträglich zuzulassen, wenn die Arbeitnehmerin von ihrer Schwangerschaft aus einem von ihr nicht zu vertretenden Grund erst nach Ablauf der Drei-Wochen-Frist des § 4 KSchG Kenntnis erlangt hat. Ob eine Kündigung i.S.d. § 1 Abs. 2 KSchG sozial gerechtfertigt ist, ein wichtiger Grund i.S.d. § 626 Abs. 1 BGB vorliegt, die Betriebsratsanhörung ordnungsgemäß durchgeführt oder die Kündigungsfrist eingehalten wurde etc. ist unabhängig von den Vorschriften des MuSchG zu beurteilen.

28 Gegen die Entscheidung der Behörde stehen dem Arbeitgeber und der Arbeitnehmerin das **Widerspruchs- und Klageverfahren** zur Verfügung. Widerspruch und Anfechtungsklage der schwangeren Arbeitnehmerin führen nicht zur Unwirksamkeit der Kündigung. Durch den Suspensiveffekt des Widerspruchs entfallen die Rechtswirkungen der Zulässigkeitserklärung nur vorläufig. Die **Zulässigkeitserklärung** ist daher **„schwebend wirksam"**.[31] Der Arbeitgeber ist somit berechtigt, aufgrund der Zulässigkeitserklärung die Kündigung auszusprechen. Wird die Zulässigkeitserklärung im Rechtsmittelverfahren allerdings aufgehoben, so wird die Kündigung rückwirkend unwirksam. An den bestandskräftigen Verwaltungsakt sind die Arbeitsgerichte gebunden.[32] Ob der arbeitsgerichtliche Rechtsstreit bis zum Abschluss des verwaltungsrechtlichen Rechtsstreits auszusetzen ist, entscheidet das Gericht nach pflichtgemäßem Ermessen.[33]

III. Kündigungsschutz nach dem BEEG

29 Ergänzt wird das mutterschutzrechtliche Kündigungsverbot durch den Kündigungsschutz während der Elternzeit gem. § 18 BEEG. Der Sonderkündigungsschutz des § 18 BEEG ist vom Gesetzgeber in enger Anlehnung an § 9 MuSchG ausgestaltet worden.

1. Geltungsbereich und Dauer

30 In **sachlicher Hinsicht** knüpft der Sonderkündigungsschutz ebenso wie das MuSchG an das Arbeitsverhältnis an und erfasst sowohl ordentliche als auch außerordentliche Kündigungen,

30 BAG v. 19.2.2009, NZA 2009, 980.

31 BAG v. 17.6.2003, AP Nr. 33 zu § 9 MuSchG = NZA 2003, 1329; vgl. auch LAG Rheinland-Pfalz v. 14.2.1996, NZA 1996, 984 = DB 1996, 1291; a.A. z.B. Ascheid/Preis/Schmidt/*Rolfs*, § 9 MuSchG Rn 84c; ErfK/*Schlachter*, § 9 MuSchG Rn 14 für den Fall, dass die Arbeitnehmerin gegen den Bescheid bereits Widerspruch oder Klage erhoben hat; zusammenfassend *Schäfer*, NZA 2004, 833; *Rost*, NZA Sonderbeilage 1/2004, 34, 41 sieht gesetzgeberischen Handlungsbedarf.

32 BAG v. 20.1.2005, AP Nr. 8 zu § 18 BErzGG = NZA 2005, 687.

33 BAG v. 26.9.1991, AP Nr. 28 zu § 1 KSchG 1969 = NZA 1992, 1073.

Massenkündigungen i.S.v. §§ 17 ff. KSchG sowie Kündigungen im Insolvenzverfahren und Änderungskündigungen. Liegen mehrere Arbeitsverhältnisse vor, kann sich die elternzeitberechtigte Person entscheiden, ob sie die Elternzeit nur in einem oder in allen Arbeitsverhältnissen in Anspruch nehmen will. Selbstständige, freie Mitarbeiter und GmbH-Geschäftsführer unterfallen dagegen nicht dem Sonderkündigungsschutz, da sie in keinem Arbeitsverhältnis stehen und dementsprechend keine Elternzeit verlangen können.

In **persönlicher Hinsicht** erstreckt sich der Sonderkündigungsschutz auf alle Personen, die berechtigt sind, Elternzeit in Anspruch zu nehmen, vgl. §§ 15, 20 BEEG. Gem. § 15 Abs. 1a BEEG können dies unter bestimmten Voraussetzungen auch Großeltern sein, allerdings dann nicht, sofern bereits einer der Elternteile selbst Elternzeit beansprucht. Auch wenn das Arbeitsverhältnis erst nach der Geburt des Kindes begründet wurde, kann das Kündigungsverbot des § 18 BEEG gelten.[34] Weitergehend als § 9 MuSchG werden in den Anwendungsbereich des § 18 BEEG auch Väter, und zwar leibliche, Stief- und Adoptivväter mit einbezogen.[35] In gleicher Weise gilt dies für den „nichtehelichen Vater“, d.h. für den leiblichen Vater, der vom gemeinsamen Sorgerecht keinen Gebrauch gemacht hat, sofern er mit dem zu betreuenden Kind in einem Haushalt lebt, sowie für Stief- und Adoptivmütter und allen Heimarbeiterinnen Gleichgestellten. Zu beachten ist stets, dass die elternzeitberechtigte Person mit dem Kind in einem **Familienhaushalt** lebt und das Kind selbst betreut und erzieht. 31

Der Sonderkündigungsschutz nach § 18 Abs. 1 BEEG greift **bereits zu dem Zeitpunkt** ein, von dem an **Elternzeit verlangt** worden ist, frühestens jedoch acht Wochen vor Beginn der Elternzeit.[36] Soll die Elternzeit unmittelbar nach der Geburt des Kindes oder nach der Mutterschutzfrist beginnen, muss sie spätestens sieben Wochen vor Beginn verlangt werden (sonst acht Wochen), § 16 Abs. 1 BEEG. Entscheidend ist also nicht der tatsächliche Beginn der Elternzeit, sondern der **Tag der Geltendmachung**.[37] Da es für die Rechtmäßigkeit der Kündigung maßgeblich auf den Zugang der Kündigungserklärung ankommt, ist eine arbeitgeberseitige Kündigung wirksam, wenn sie vor dem Verlangen dem Elternzeitberechtigten zugeht, auch wenn die Kündigungsfrist erst innerhalb der Schutzfrist abläuft. Im Fall des § 18 Abs. 2 Nr. 2 BEEG beginnt der Sonderkündigungsschutz mit dem Zeitpunkt, zu dem die Elternzeit frühestens hätte angetreten werden können. Das Kündigungsverbot endet für den Arbeitgeber mit dem Ablauf der Elternzeit, also auch, wenn diese vorzeitig endet. Einen nachwirkenden Kündigungsschutz sieht das BEEG nicht vor. 32

> *Praxishinweis* 33
> Der Arbeitgeber darf die Kündigung erst nach Ablauf der Elternzeit aussprechen, d.h., sie darf erst dann zugehen. Spricht der Arbeitgeber eine Kündigung aus, die noch während der Elternzeit zugeht, unterliegt diese dem Kündigungsverbot des § 18 BEEG, auch wenn sie das Arbeitsverhältnis erst nach Ablauf der Elternzeit beenden soll.

34 BAG v. 11.3.1999, AP Nr. 4 zu § 18 BErzGG = NZA 1999, 1047.

35 Vgl. BAG v. 17.2.1994, EzA § 611 BGB Abmahnung Nr. 30 = NZA 1994, 656 = NJW 1994, 2246.

36 Eine solche „Vorverlagerung“ des Sonderkündigungsschutzes kommt jedoch nicht bei einem Antrag auf Verlängerung der bereits festgelegten Elternzeit in Betracht, vgl. LAG Berlin v. 15.12.2004, NZA-RR 2005, 474.

37 Vgl. BAG v. 5.6.2007, NZA 2007, 1352; vgl. zur Frage der Rechtsmissbräuchlichkeit: LAG Niedersachsen v. 2.7.2004, NZA-RR 2005, 250.

2. Voraussetzungen des Kündigungsschutzes

34 Der Sonderkündigungsschutz nach dem BEEG lässt sich in **drei Fallgruppen** unterteilen: Dem Kündigungsschutz nach dem Verlangen von Elternzeit und während der Elternzeit, dem Kündigungsschutz bei Teilzeitarbeit während der Elternzeit sowie dem Kündigungsschutz bei Teilzeitarbeit ohne Elternzeit in besonderen Fällen.

a) Kündigungsschutz nach Verlangen von Elternzeit und während der Elternzeit

35 Der besondere Kündigungsschutz nach dem Verlangen der und während der Elternzeit setzt voraus, dass der elternzeitberechtigten Person ein Anspruch auf Elternzeit zusteht, der geltend gemacht oder verwirklicht wurde. Ob ein Anspruch auf Elternzeit besteht, ist nach der **objektiven Rechtslage** zu beurteilen. Liegen die Voraussetzungen für die Inanspruchnahme von Elternzeit nicht vor, weil z.B. das zu betreuende Kind nicht im gemeinsamen Haushalt lebt, besteht kein Sonderkündigungsschutz. Die Elternzeit muss nicht in dem Arbeitsverhältnis genommen werden, das zur Zeit der Geburt des Kindes bestand. Besonders kündigungsgeschützt ist daher auch die elternzeitberechtigte Person, die in einem neuen Arbeitsverhältnis Elternzeit geltend macht, die beim früheren Arbeitgeber noch nicht vollständig genommen wurde.[38]

36 Die Elternzeit muss **wirksam verlangt** worden sein. Gem. § 16 Abs. 1 S. 1 BEEG ist das Verlangen innerhalb einer bestimmten Frist zu erklären und gleichzeitig anzugeben, für welche Zeiträume die Elternzeit genommen werden soll. Die bloße Beantragung von Elterngeld stellt weder ein Verlangen dar, noch führt sie zu einer Elternzeit „von Amts wegen". Liegt kein wirksames Verlangen vor, geht der besondere Kündigungsschutz dennoch nicht verloren, wenn das Verlangen nachgebessert wird und somit den gesetzlichen Voraussetzungen genügt. In diesem sowie in dem Fall, dass die Frist für die Geltendmachung nicht eingehalten worden ist, verschiebt sich lediglich der Zeitpunkt des Eingreifens der Elternzeit.[39]

b) Kündigungsschutz bei Teilzeitarbeit während der Elternzeit

37 § 18 Abs. 2 Nr. 1 BEEG gewährt den besonderen Kündigungsschutz auch den Elternzeitberechtigten, die bei ihrem Arbeitgeber Teilzeitarbeit leisten. Die Teilzeitarbeit muss sich im gesetzlich vorgegebenen Rahmen des § 15 Abs. 4 S. 1 BEEG halten und darf **30 Stunden** in der Woche nicht überschreiten. Wird die wöchentliche Arbeitszeit von 30 Stunden nicht nur vorübergehend, z.B. wegen vereinzelter Überstunden infolge erhöhten Arbeitsanfalls, sondern **dauerhaft** überschritten, entfällt der besondere Kündigungsschutz.[40] § 18 Abs. 2 Nr. 1 BEEG schützt sowohl das ursprüngliche Vollzeitarbeitsverhältnis als auch das neu begründete Teilzeitarbeitsverhältnis, das i.d.R. bis zum Ablauf der Elternzeit befristet ist. Will der Arbeitgeber das Teilzeitarbeitsverhältnis beenden oder die Arbeitszeit verringern, benötigt er entweder die Zustimmung des Elternzeitberechtigten oder die behördliche Erlaubnis.[41]

38 BAG v. 11.3.1999, AP Nr. 4 zu § 18 BErzGG = NZA 1999, 1047.
39 Vgl. BAG v. 17.2.1994, AP Nr. 166 zu § 626 BGB = NZA 1994, 656.
40 *Stahlhacke/Preis/Vossen*, Rn 1433.
41 Vgl. BAG v. 28.6.1995, EzA Nr. 8 zu § 15 BErzGG = NZA 1996, 151.

Wird die Teilzeittätigkeit während der Elternzeit nicht bei demselben, sondern bei einem **anderen Arbeitgeber** ausgeübt, ist dieses Teilzeitarbeitsverhältnis nicht besonders kündigungsgeschützt.[42] Der Wortlaut des § 18 Abs. 2 Nr. 1 BEEG stellt ausschließlich auf den bisherigen Arbeitgeber ab. Wird in dem Teilzeitarbeitsverhältnis bei dem anderen Arbeitgeber die gesetzlich vorgeschriebene Arbeitszeitgrenze von 30 Stunden wöchentlich dauerhaft überschritten, unterliegt das Arbeitsverhältnis des Elternzeitberechtigten weder beim bisherigen noch beim neuen Arbeitgeber dem besonderen Kündigungsschutz.[43] 38

c) Kündigungsschutz bei Teilzeitarbeit ohne Elternzeit in besonderen Fällen

§ 18 Abs. 2 Nr. 2 BEEG schützt auch die Personen in besonderer Weise vor Kündigungen, die keine Elternzeit in Anspruch nehmen, weil sie **bereits vor der Geburt** des Kindes im Umfang von **höchstens 30 Stunden** pro Woche bei ihrem Arbeitgeber in Teilzeit gearbeitet haben und diese Tätigkeit weiterhin im selben Umfang ausüben wollen. Sofern die Voraussetzungen für die Inanspruchnahme von Elternzeit nach § 15 BEEG vorliegen und **zudem** Elterngeld beansprucht werden kann, sollen diese Elternzeitberechtigten in gleicher Weise vor Kündigungen geschützt sein, wie die Personen, die tatsächlich Elternzeit in Anspruch nehmen.[44] Dieser Sonderkündigungsschutz besteht auch dann, wenn das Teilzeitarbeitsverhältnis erst nach der Geburt des Kindes begründet wurde.[45] Zu beachten ist in diesem Zusammenhang, dass der Sonderkündigungsschutz des § 18 Abs. 2 Nr. 2 BEEG den Anspruch auf Elternzeit nach § 15 BEEG und den Anspruch auf Elterngeld kumulativ verlangt, der Anspruch auf Elterngeld jedoch gem. § 4 BEEG nur für 14 bzw. 12 Monate besteht und demzufolge auch der besondere Kündigungsschutz in dieser Konstellation nicht für drei Jahre, sondern nur für die Zeit des Bezugszeitraums des Elterngelds eingreift.[46] 39

3. Rechtsfolge

Ebenso wie § 9 MuSchG beinhaltet § 18 BEEG ein gesetzliches Verbot i.S.d. § 134 BGB, mit der Folge, dass eine Kündigung ohne behördliche Erlaubnis **unheilbar nichtig** ist. Es gelten die gleichen Grundsätze wie bei einem Verstoß gegen das Kündigungsverbot nach § 9 MuSchG. Die Unwirksamkeit der Kündigung muss gem. § 4 KSchG innerhalb von drei Wochen geltend gemacht werden. 40

4. Ausnahme vom Kündigungsschutz

In gleicher Weise wie bei § 9 MuSchG greift das Kündigungsverbot nicht ein, wenn die zuständige Behörde die Kündigung für zulässig erklärt hat. Im Hinblick auf das Verfahren gelten die gleichen Grundsätze wie beim Mutterschutz, wobei allerdings das BEEG keine Form für den Ausspruch der Kündigung wie in § 9 Abs. 3 S. 2 MuSchG regelt. Das Schriftformerfordernis ergibt sich hier aus § 623 BGB. Für die Erlaubniserteilung ist ebenso wie bei § 9 41

42 BAG v. 2.2.2006, AP BErzGG § 18 Nr. 10 = NZA 2006, 678.
43 Ascheid/Preis/Schmidt/*Rolfs*, § 18 BEEG Rn 8.
44 Vgl. BAG v. 27.3.2003, AP Nr. 6 zu § 18 BErzGG = ArbuR 2003, 187 = ZTR 2003, 580.
45 Vgl. BAG v. 27.3.2003, AP Nr. 6 zu § 18 BErzGG = ArbuR 2003, 187 = ZTR 2003, 580.
46 Vgl. LAG Berlin v. 15.12.2005, NZA-RR 2005, 475; a.A. Ascheid/Preis/Schmidt/*Rolfs*, § 18 BEEG Rn 10.

Abs. 3 S. 1 MuSchG die für den Arbeitsschutz zuständige oberste Landesbehörde oder die von ihr bestimmte Stelle zuständig (vgl. Rn 22).

42 *Praxishinweis*

Erklärt die zuständige Behörde nach § 18 BEEG „eine Kündigung“ für zulässig und ist eine zunächst durch den Prozessbevollmächtigten des Arbeitgebers ausgesprochene Kündigung mangels Vorlage einer Originalvollmacht gem. § 174 BGB unwirksam, so muss der Arbeitgeber für eine sodann folgende Kündigung, der der gleiche Sachverhalt zugrunde liegt, nicht noch einmal bei der Behörde die Zulässigkeitserklärung beantragen.[47]

43 Zu beachten ist, dass der für die Zustimmung nach § 18 Abs. 1 S. 2 BEEG erforderliche **„besondere Fall“** trotz des identischen Wortlauts einem **anderen Maßstab** als in § 9 Abs. 3 S. 1 MuSchG unterliegt. Der Ermessensspielraum der Behörde ist im Anwendungsbereich des BEEG größer, weil zum einen der Schutzzweck des mutterschutzrechtlichen Kündigungsverbots verfassungsrechtlich durch Art. 6 Abs. 4 GG getragen wird und zum anderen das Kündigungsverbot nach dem BEEG regelmäßig wesentlich länger andauert als das nach dem MuSchG.[48] Einigkeit besteht jedoch darüber, dass eine dauerhafte Betriebsstilllegung einen besonderen Fall i.S.d. § 18 Abs. 1 S. 2 BErzGG darstellt und der Kündigungsschutz der betroffenen Elternzeitler durch allgemeine Verwaltungsvorschriften (die z.B. eine soziale Auslauffrist bis zum Ende der Elternzeit vorsehen) nicht erweitert wird.[49] Einer Betriebsschließung steht es gleich, wenn ein Betriebsteil stillgelegt, einer umfassenden technischen Modernisierung unterzogen und nach Wiedereröffnung vollständig automatisch und ohne Personal betrieben wird.[50] Der Arbeitsplatz, an den der Arbeitnehmer nach der Elternzeit zurückkehren könnte, existiert nicht mehr.[51]

44 *Praxishinweis*

Die Kündigungsverbote nach § 9 MuSchG und § 18 BErzGG stehen nebeneinander, sodass der Arbeitgeber bei Vorliegen von Mutterschaft und Elternzeit für eine Kündigung zwei verschiedene Zulässigkeitserklärungen einholen muss. Auch die Zuständigkeit ein und derselben Behörde vermag hieran nichts zu ändern. Beide Zulässigkeitserklärungen müssen vor Ausspruch der beabsichtigten Kündigung vorliegen.[52]

IV. Kündigungsschutz nach dem PflegeZG

45 Am 1.7.2008 ist das Gesetz über die Pflegezeit in Kraft getreten. Das Ziel dieses Gesetzes ist, wie in § 1 PflegeZG normiert, Beschäftigten die Möglichkeit zu eröffnen, pflegebedürftige nahe Angehörige in häuslicher Umgebung zu pflegen, ohne dass berufliche Nachteile eintreten. Damit soll eine bessere Vereinbarkeit von Beruf und familiärer Pflege geschaffen werden.[53] Das Gesetz unterscheidet dabei zwischen der **kurzzeitigen Arbeitsverhinderung** und der **Pflegezeit**.

47 LAG Köln v. 21.4.2006, 11 Sa 143/06. Will der Arbeitgeber allerdings jedes Risiko ausschließen, sollte er die Zustimmung zur Kündigung erneut beantragen.

48 Vgl. hierzu BAG v. 6.7.1995, AP Nr. 3 zu § 58 AGB-DDR = NZA 1995, 1161; vgl. auch KR/*Bader*, § 18 BEEG Rn 32.

49 Vgl. BAG v. 20.1.2005, AP Nr. 8 zu § 18 BErzGG = NZA 2005, 687; BVerwG v. 20.9.2009 – 5 C 32.08 – Pressemitteilung Nr. 60/2009.

50 VGH Mannheim v. 20.2.2007, NZA-RR 2007, 290.

51 Vgl. zur Betriebsstilllegung während der Elternzeit allgemein *Böggemann*, NVwZ 2009, 819.

52 BAG v. 31.2.1993, AP Nr. 20 zu § 9 MuSchG 1968 = NZA 1993, 646 = BB 1993, 1221 = DB 1993, 1783.

53 BT-Drucks 16/7439 S. 91.

1. Geltungsbereich und Dauer

Das PflegeZG gilt gem. § 1 nicht nur für Arbeitnehmer, sondern generell für **Beschäftigte**. 46
Der Begriff des Beschäftigten ist in § 7 Abs. 1 PflegeZG definiert. Danach sind Beschäftige im Sinne des PflegeZG Arbeitnehmer, die zu ihrer Berufsbildung Beschäftigten sowie Personen, die wegen ihrer wirtschaftlichen Unselbstständigkeit als arbeitnehmerähnliche Personen anzusehen sind, wozu ausdrücklich auch die in Heimarbeit Beschäftigten und die ihnen Gleichgestellten gehören.[54] Der Sonderkündigungsschutz besteht von der Ankündigung der Inanspruchnahme bis zur Beendigung der kurzzeitigen Arbeitsverhinderung nach § 2 PflegeZG oder der Pflegezeit nach §§ 3, 4 PflegeZG. Die kurzzeitige Arbeitsverhinderung besteht maximal für einen Zeitraum von **zehn Tagen**. Die Pflegezeit kann bis zu einem Zeitraum von **sechs Monaten** beansprucht werden.

2. Voraussetzungen des Kündigungsschutzes

Der in § 5 Abs. 1 PflegeZG geregelte Kündigungsschutz setzt voraus, dass eine kurzzeitige 47
Arbeitsverhinderung oder Pflegezeit bei einem **nahen Angehörigen** vorliegt.

> *Praxishinweis*
> Ob das Arbeitsverhältnis unter den Anwendungsbereich des KSchG fällt, ist unerheblich. Auch in Kleinbetrieben und bei einer Beschäftigungsdauer von weniger als sechs Monaten kann der Sonderkündigungsschutz nach § 5 PflegeZG daher bestehen.

In § 7 Abs. 3 PflegeZG ist der Begriff des nahen Angehörigen definiert. Danach sind nahe 48
Angehörige nach Nr. 1 Großeltern, Eltern und Schwiegereltern; nach Nr. 2 Ehegatten, Lebenspartner, Partner einer eheähnlichen Gemeinschaft und Geschwister; nach Nr. 3 Kinder, Adoptiv- oder Pflegekinder, die Kinder, Adoptiv- oder Pflegekinder des Ehegatten oder Lebenspartners, Schwiegerkinder und Enkelkinder. Onkel und Tanten sowie Kinder des Partners einer eheähnlichen Gemeinschaft werden also nicht erfasst.

a) Voraussetzungen der kurzzeitigen Arbeitsverhinderung nach § 2 PflegeZG

Es muss eine **akute Pflegebedürftigkeit** vorliegen. Wer pflegebedürftig im Sinne des Pfle- 49
geZG ist, wird in § 7 Abs. 4 PflegeZG definiert. Demnach sind Personen, die die Voraussetzungen nach §§ 14 und 15 SGB XI erfüllen oder voraussichtlich erfüllen werden, pflegebedürftig, also Personen, die zumindest Pflegestufe I erfüllen.[55]

> *Praxishinweis*
> Da es sich um akute Pflegesituationen handelt, liegt regelmäßig eine Entscheidung der Pflegekasse über die Pflegestufe noch nicht vor. Es ist daher eine auf objektiven Umständen basierende Prognose zu treffen, dass der Eintritt der Pflegebedürftigkeit wahrscheinlich ist.

Die Pflegesituation ist akut, wenn ein Pflegefall plötzlich auftritt und der nahe Angehörige darauf zeitnah und zügig reagieren muss, um eine sofortige pflegerische Versorgung zu gewährleisten.[56] Eine bereits bestehende Pflegebedürftigkeit, die unverändert ist, genügt

54 Kritisch zum Sonderkündigungsschutz für arbeitnehmerähnliche Personen z.B. *Preis/Nehring*, NZA 2008, 730.
55 ErfK/*Gallner*, § 2 PflegeZG Rn 2.
56 BT-Drucks 16/7439 S. 90; *Preis/Nehring*, NZA 2008, 730.

nicht.[57] Zum anderen muss die Arbeitsbefreiung deswegen erforderlich sein.[58] Der Beschäftigte ist verpflichtet, dem Arbeitgeber unverzüglich die Arbeitsverhinderung und deren voraussichtliche Dauer nach § 2 Abs. 2 S. 1 PflegeZG mitzuteilen. Die zehn Arbeitstage müssen nicht zusammenhängend genommen werden. Der Arbeitgeber hat dann das Recht, eine ärztliche Bescheinigung, die insbesondere über die Notwendigkeit der Pflegemaßnahmen Auskunft gibt, vom Arbeitnehmer zu verlangen. Der Anspruch auf kurzzeitige Freistellung besteht unabhängig von einer bestimmten Belegschaftsgröße.

b) Voraussetzungen der Pflegezeit nach §§ 3, 4 PflegeZG

50 Der Anspruch auf Pflegezeit besteht nur gegenüber Arbeitgebern mit in der Regel mehr als 15 Beschäftigten.

> *Beachte*
> Anders als im KSchG wird hier **nach „Köpfen" gezählt**.[59] Neben Arbeitnehmern werden auch die in § 7 Abs. 1 PflegeZG genannten Personen mitgezählt. Zudem kommt es nicht auf den Betriebsbegriff nach dem KSchG an, entscheidend ist der Arbeitgeberbegriff in § 7 Abs. 2 PflegeZG.[60]

Voraussetzung für die Inanspruchnahme ist die Pflege eines nahen Angehörigen in **häuslicher Umgebung**. Im Unterschied zu § 2 PflegeZG genügt die bloß voraussichtliche Pflegebedürftigkeit nicht. Die Begrifflichkeit „häusliche Umgebung" ist weit zu verstehen und dient in erster Linie der Abgrenzung zur Betreuung in Pflegeheimen.[61] Eine wöchentliche Mindestpflegezeit ist nicht erforderlich.

51 Der Beschäftige muss die begehrte Pflegezeit dem Arbeitgeber spätestens zehn Arbeitstage vor Beginn der Pflegezeit **schriftlich ankündigen** und gleichzeitig erklären, für welchen Zeitraum die Freistellung von der Arbeitsleistung in Anspruch genommen werden soll. Erforderlich ist zumindest ein bestimmbares Datum. Die Angabe „nach der Entlassung aus dem Krankenhaus" genügt demgegenüber nicht den Anforderungen.

> *Praxishinweis*
> Wird die Ankündigungsfrist von zehn Tagen versäumt, führt dies nicht zur Unwirksamkeit des Antrags. Der Beginn der Pflegezeit wird aber entsprechend nach hinten geschoben.

Der Beschäftigte hat die Pflicht, die Pflegebedürftigkeit durch Vorlage einer geeigneten Bescheinigung nachzuweisen. Der Nachweis erfolgt in der Praxis regelmäßig über eine Bescheinigung der Pflegekasse oder des Medizinischen Dienstes der Krankenkasse. Entscheidend ist das objektive Vorliegen der Pflegebedürftigkeit bei Beginn der Freistellung. Diese kann auch rückwirkend festgestellt werden.

Eine vorzeitige Beendigung der Pflegezeit ist nur mit Zustimmung des Arbeitgebers möglich. Etwas anderes gilt aber dann, wenn die Pflegebedürftigkeit nicht mehr besteht oder die häusliche Pflege unmöglich oder unzumutbar wird. In gleicher Weise ist gem. § 4 Abs. 1 S. 2 PflegeZG eine Verlängerung der Pflegezeit von der Zustimmung des Arbeit-

57 ErfK/*Gallner*, § 2 PflegeZG Rn 2; *Preis/Nehring*, NZA 2008, 730.
58 ErfK/*Gallner*, § 2 PflegeZG Rn 2; *Müller/Stuhlmann*, ZTR 2008, 290.
59 ErfK/*Gallner*, § 3 PflegeZG Rn 1.
60 ErfK/*Gallner*, § 3PflegeZG Rn 1.
61 *Joussen*, NZA 2009, 72; *Preis/Nehring* NZA 2008, 733.

gebers abhängig, die der Arbeitnehmer jedoch unter den Voraussetzungen des § 4 Abs. 1 S. 3 PflegeZG verlangen kann.

3. Rechtsfolge

Der Arbeitgeber darf das Beschäftigungsverhältnis nach § 5 Abs. 1 PflegeZG von der Ankündigung bis zur Beendigung der kurzzeitigen Arbeitsverhinderung oder der Pflegezeit **nicht kündigen**. Die Ankündigung der kurzzeitigen Verhinderung dürfte die Mitteilung nach § 2 Abs. 2 PflegeZG sein.[62] Die durch das PflegeZG begründeten Rechte sind dabei zugunsten des Beschäftigten nach § 8 PflegeZG einseitig zwingend. 52

Eine dennoch erklärte Kündigung ist nach § 5 Abs. 1 PflegeZG i.V.m. § 134 BGB nichtig. Hiervon erfasst sind alle Kündigungsarten.[63]

Praxistipp
Die Regelung in § 5 Abs. 1 PflegeZG zeigt aber auch, dass eine Kündigung nicht gegen das PflegeZG verstößt, wenn sie dem Beschäftigten zugeht, bevor dieser die kurzzeitige Arbeitsbefreiung oder Pflegezeit angekündigt hat, auch wenn das Arbeitsverhältnis erst zu einem innerhalb des Schutzzeitraums des PflegeZG liegenden Termin beendet werden soll.[64]

4. Ausnahme vom Kündigungsschutz

Nur in Ausnahmefällen kann eine **Kündigung** von der für den Arbeitsschutz zuständigen obersten Landesbehörde oder der von ihr bestimmten Stelle **für zulässig erklärt werden**. An einen Ausnahmefall werden hohe Anforderungen gestellt. Ein Ausnahmefall wird regelmäßig beispielsweise bei einer beabsichtigten Betriebsschließung vorliegen.[65] Allgemeine Verwaltungsvorschriften sind hierzu bisher nicht erlassen worden. 53

V. Kündigungsschutz schwerbehinderter Arbeitnehmer

Schwerbehinderte Arbeitnehmer genießen einen besonderen Kündigungs- und Entlassungsschutz durch das SGB IX. Die Regelungen in §§ 85–92 SGB IX haben zum 1.7.2001 die vormals geltenden §§ 15–22 SchwbG abgelöst und entsprechen diesen weitestgehend. Weitere Ergänzungen dieser Normen sind durch das Gesetz zur Förderung der Ausbildung und Beschäftigung schwerbehinderter Menschen vorgenommen worden und beanspruchen seit dem 1.5.2004 Geltung. Der besondere Bestandsschutz erfasst die Arbeitsverhältnisse **schwerbehinderter Menschen** (§ 85 SGB IX) und ihnen **Gleichgestellter** (§ 68 SGB IX) und bezweckt den Schutz vor Kündigungen aus Gründen der Schwerbehinderung. Die Kündigung eines schwerbehinderten Arbeitnehmers ist nur mit der vorherigen Zustimmung des Integrationsamts möglich. Der besondere Kündigungsschutz schwerbehinderter Arbeitnehmer wird zunehmend kritisch gesehen. Auch wenn man nicht der Auffassung sein sollte, dass er mehr Einstellungshindernis als Schutz des Arbeitsplatzes ist, steht doch außer Frage, 54

62 *Preis/Nehring*, NZA 2008, 735.
63 *Joussen*, NZA 2009, 73.
64 *Preis/Nehring*, NZA 2008, 735.
65 BT-Drucks 16/7439 S. 93.

dass er zumindest reformbedürftig ist.[66] Erstrebenswert wäre insbesondere eine Vereinfachung des Verfahrens dergestalt, dass es (nur) darauf ankommt, ob eine Schwerbehinderung vor Ausspruch der Kündigung formal festgestellt und nachgewiesen oder offenkundig ist.[67]

1. Geltungsbereich und gesetzliche Ausnahmen

55 Der Kündigungsschutz der §§ 85 ff. SGB IX besteht in allen Betrieben, **unabhängig** von der **Zahl der** beschäftigten **Arbeitnehmer**. Er besteht auch dann, wenn der schwerbehinderte Arbeitnehmer über die in § 71 SGB IX vorgeschriebene Pflichtzahl hinaus beschäftigt wird. Vom besonderen Kündigungsschutz erfasst sind grundsätzlich alle Kündigungen, also ordentliche und außerordentliche, Änderungs- und Massenkündigungen, Kündigungen in der Insolvenz etc.

56 Erforderlich ist das Vorliegen eines **Arbeitsverhältnisses**. Über § 127 Abs. 2 S. 2 SGB IX sind auch schwerbehinderte Menschen, die in Heimarbeit beschäftigt sind, in den Schutzbereich einbezogen. Für arbeitnehmerähnliche Personen gilt dies nur dann, wenn sie aufgrund eines Arbeitsvertrags beschäftigt werden, nicht dagegen, sofern sie aufgrund eines selbstständigen Dienstvertrages tätig werden.[68] Auszubildende sind über § 3 Abs. 2 BBiG vom besonderen Kündigungsschutz erfasst. Im Gegensatz zu leitenden Angestellten erstreckt sich der Anwendungsbereich nicht auf Vertreter juristischer Personen, da diese keine Arbeitnehmer sind.[69] Arbeitsvertragliche Klauseln, die den Verzicht des besonderen Kündigungsschutzes zum Gegenstand haben, sind unwirksam.

57 Der besondere Kündigungsschutz entfällt in einer Reihe von Fällen, die § 90 SGB IX enumerativ aufzählt. Zu beachten ist insbesondere die dem allgemeinen Kündigungsschutz des KSchG entsprechende Wartezeit von sechs Monaten und die Sonderregelung für Arbeitnehmer, die das 58. Lebensjahr vollendet sowie einen darüber hinausgehenden Anspruch der in § 90 Abs. 1 Nr. 3 SGB IX beschriebenen Art haben.[70]

2. Voraussetzungen des Kündigungsschutzes

a) Schwerbehinderteneigenschaft

58 Menschen sind i.S.d. § 2 Abs. 2 SGB IX schwerbehindert, wenn bei ihnen ein **Grad der Behinderung (GdB) von wenigstens 50** vorliegt und sie ihren Wohnsitz, ihren gewöhnlichen Aufenthalt oder ihre Beschäftigung auf einem Arbeitsplatz i.S.d. § 73 rechtmäßig im Geltungsbereich des SGB IX haben. Der Grad der Behinderung wird gem. § 69 SGB IX auf Antrag durch die Versorgungsämter[71] festgestellt, wobei der Feststellung nur deklaratorische

66 Vgl. hierzu etwa *Ganz*, NZA 2006, 24; *Gravenhorst*, NZA 2005, 803.

67 So auch *Bitzer*, NZA 2006, 1085.

68 Vgl. BAG v. 17.6.1999, AP Nr. 39 zu § 17a GVG = AP Nr. 5 zu § 611 BGB Arbeitnehmerähnlichkeit = NZA 1999, 1175.

69 Vgl. BAG v. 26.5.1999, AP Nr. 106 zu § 611 BGB Abhängigkeit = AP Nr. 10 zu § 35 GmbHG = NZA 1999, 987; BVerwG v. 8.3.1999, NZA 1999, 826; LSG Niedersachsen-Bremen v. 12.3.2003 – L 4 KR 255/00 – n.v.

70 Sechsmonatige Wartezeit gilt u.U. dann nicht, wenn der Arbeitgeber selbst das Arbeitsverhältnis unterbrochen hat, vgl. BAG v. 19.6.2007, NZA 2007, 1103.

71 Eine Übersicht über die zuständigen Versorgungsämter findet sich unter www.global-help.de/behoerden-versorgungsaemter-20060102/1-cm.shtml.

Bedeutung zukommt.[72] Das SGB IX knüpft den Sonderkündigungsschutz im Grundsatz an den objektiven Bestand der Schwerbehinderteneigenschaft.

Um einer missbräuchlichen Antragstellung des Arbeitnehmers im Zusammenhang mit einer bevorstehenden Kündigung entgegenzuwirken, hat der Gesetzgeber mit Wirkung zum 1.5.2004 in § 90 Abs. 2a SGB IX den besonderen Kündigungsschutz eingeschränkt. Nach dieser Norm findet der Schwerbehindertenschutz des § 85 SGB IX nur dann Anwendung, wenn die Schwerbehinderteneigenschaft offenkundig oder nachgewiesen ist oder das Versorgungsamt in den Fristen des § 69 Abs. 1 S. 2 SGB IX trotz ausreichender Mitwirkung des Antragstellers keine Feststellung getroffen hat. Die Frist des § 69 Abs. 1 S. 2 SGB IX beträgt gem. § 14 Abs. 2 S. 2 und 4 sowie Abs. 5 S. 2 und 5 SGB IX maximal drei Wochen nach Antragseingang, falls für die Feststellung kein Gutachten erforderlich ist, bzw. maximal sieben Wochen nach Antragseingang für den Fall der Notwendigkeit der Gutachtenerstellung. 59

Praxishinweis 60

Will sich der schwerbehinderte Arbeitnehmer im Kündigungsschutzprozess auf den besonderen Kündigungsschutz nach §§ 85 ff. SGB IX berufen, muss er darlegen und beweisen, dass er einen Antrag beim Versorgungsamt auf Anerkennung der Schwerbehinderung gestellt und diesen Antrag mit vollständigen Angaben sowie den erforderlichen Unterlagen versehen hat. Zudem muss der Antrag so rechtzeitig gestellt worden sein, dass noch vor Zugang der Kündigung eine positive Entscheidung über den Antrag möglich gewesen wäre. Bleibt er hierfür beweispflichtig, verhilft ihm selbst ein später festgestellter GdB von 50 nicht mehr zur Anwendbarkeit des besonderen Kündigungsschutzes.

Zusammengefasst bedeutet dies für den besonderen Kündigungsschutz, dass er jedenfalls dann gegeben ist, wenn bei Kündigungszugang bereits ein **bestandskräftiger Feststellungsbescheid** vorlag. Ebenfalls ist der Arbeitnehmer sonderkündigungsgeschützt, wenn der Arbeitnehmer seinen Antrag spätestens drei Wochen vor Ausspruch der Kündigung eingereicht hat und dieser positiv beschieden wird. In diesem Fall genießt der Arbeitnehmer bereits mit Antragstellung den Sonderkündigungsschutz.[73] 61

Nach Auffassung des BAG soll der Sonderkündigungsschutz zudem auch dann eingreifen, wenn im Zeitpunkt der Kündigung zunächst ein Bescheid vorliegt, wonach kein GdB von mindestens 50 vorliegt, aber dieser Bescheid nicht bestandskräftig ist und später aufgehoben wird.[74] Diese Auffassung des BAG führt in der Praxis zu großen Problemen, da der Arbeitgeber entweder gezwungen ist, die Rechtskraft eines sozialgerichtlichen Verfahrens über die Schwerbehinderteneigenschaft abzuwarten oder den Arbeitnehmer befragen zu müssen, ob und in welchem Stadium ggf. ein Anerkennungsverfahren derzeit betrieben wird. Zudem führt die Auffassung des BAG zu der Konsequenz, dass derartige Verfahren nach dem ersten Bescheid weiterbetrieben werden, obwohl sie aussichtslos sind.[75] Unabhängig davon ist der Arbeitnehmer sonderkündigungsgeschützt, wenn er einen Antrag auf Anerkennung der Schwerbehinderteneigenschaft gestellt hat **und** das Versorgungsamt ohne Verschulden des Arbeitnehmers den Antrag bisher nicht bescheiden konnte.

72 Vgl. BVerwG v. 15.12.1988, NZA 1989, 554; LAG Niedersachsen v. 15.6.2000, LAGE § 15 SchwbG 1986 Nr. 9 = NZA-RR 2000, 636.

73 BAG v. 29.11.2007, NZA 2008, 361.

74 BAG v. 6.9.2007, NZA 2008, 407.

75 In diesem Fall geht aber wohl auch das BAG davon aus, dass der Sonderkündigungsschutz dann entfällt, vgl. BAG v. 6.9.2007, NZA 2008, 407.

62 Damit ergibt sich durch die Regelung des § 90 Abs. 2a SGB IX – abgestellt auf den Zeitpunkt der Kündigung – folgende Übersicht:

Feststellungsbescheid mit GdB von 50 oder mehr liegt vor	Sonderkündigungsschutz gem. § 90 Abs. 2a Alt. 1 SGB IX
Schwerbehinderung offensichtlich	Sonderkündigungsschutz gem. § 90 Abs. 2a Alt. 1 SGB IX
Antrag gestellt, Bescheid liegt noch nicht vor, Frist des § 69 Abs. 1 S. 2 ist erreicht, keine fehlende Mitwirkung	Sonderkündigungsschutz gem. § 90 Abs. 2a Alt. 2 SGB IX
GdB von 30 oder 40 festgestellt, Änderungsantrag gestellt, Bescheid liegt noch nicht vor, Frist des § 69 Abs. 1 S. 2 erreicht, keine fehlende Mitwirkung	Sonderkündigungsschutz gem. § 90 Abs. 2a Alt. 2 SGB IX (Behandlung wie neuer Antrag)
Antrag gestellt, Bescheid liegt noch nicht vor, Frist des § 69 Abs. 1 S. 2 noch nicht erreicht	Kein Sonderkündigungsschutz, § 90 Abs. 2a Alt. 2 SGB IX liegt nicht vor
Antrag gestellt, Bescheid liegt noch nicht vor, Frist des § 69 Abs. 1 S. 2 erreicht, fehlende Mitwirkung	Kein Sonderkündigungsschutz, § 90 Abs. 2a Alt. 2 SGB IX
GdB von 30 oder 40 festgestellt, Änderungsantrag gestellt, Bescheid liegt noch nicht vor, Frist des § 69 Abs. 1 S. 2 erreicht, fehlende Mitwirkung	Kein Sonderkündigungsschutz, § 90 Abs. 2a Alt. 2 SGB IX (Behandlung wie neuer Antrag)

b) Gleichgestellte

63 Der besondere Kündigungsschutz nach § 85 SGB IX gilt ebenso für gleichgestellte behinderte Menschen. Eine Gleichstellung kann gem. § 2 Abs. 3 SGB IX erlangen, wer einen **GdB** von weniger als 50, aber **wenigstens 30** hat und infolge seiner Behinderung ohne die Gleichstellung einen geeigneten Arbeitsplatz nicht erlangen oder nicht behalten kann. Der Antrag auf Gleichstellung ist bei der zuständigen Agentur für Arbeit zu stellen. Die Gleichstellung, die gem. § 68 Abs. 2 S. 3 SGB IX auch befristet werden kann, ist ein konstitutiver Verwaltungsakt.

64 Die gesetzlichen Einschränkungen des § 90 Abs. 2a SGB IX gelten auch für das Gleichstellungsverfahren, d.h. auch die gleichgestellten Arbeitnehmer sind vom Sonderkündigungsschutz ausgeschlossen, wenn sie ihren Gleichstellungsantrag nicht mindestens drei Wochen vor Zugang der Kündigung gestellt haben.[76]

76 BAG v. 1.3.2007, NZA 2008, 302. Durch diese Entscheidung dürfte das BAG den Streit um die Auslegung des § 90 Abs. 2a SGB IX beendet haben. Vgl. hierzu auch *Göttling/Neumann*, NZA-RR 2007, 281.

Damit ergibt sich für das Gleichstellungsverfahren durch die Regelung des § 90 Abs. 2a SGB IX folgende Übersicht: 65

Gleichstellungsbescheid der Agentur für Arbeit liegt vor	Sonderkündigungsschutz gem. § 90 Abs. 2a Alt. 1 SGB IX
Antrag auf Gleichstellung gestellt, Bescheid liegt noch nicht vor	Vorliegen Sonderkündigungsschutz umstritten
Antrag auf Gleichstellung gestellt, ablehnender Bescheid liegt vor, Widerspruch bzw. Klage anhängig	Kein Sonderkündigungsschutz

c) Kenntnis des Arbeitgebers

Da § 85 SGB IX allein darauf abstellt, ob es sich um ein Arbeitsverhältnis eines schwerbehinderten Menschen handelt, kommt es nicht darauf an, ob dem Arbeitgeber bei Ausspruch der Kündigung die Schwerbehinderteneigenschaft bekannt war.[77] Der Arbeitgeber läuft daher stets Gefahr, dass eine ausgesprochene Kündigung aufgrund der Regelungen des SGB IX unwirksam ist. 66

Etwas anderes ergibt sich auch nicht aus der Regelung des § 90 Abs. 2a SGB IX. Zwar wird in diesem Zusammenhang teilweise darauf abgestellt, dass die Gesetzesänderung eine Obliegenheit des schwerbehinderten Arbeitnehmers begründe, die behördlich festgestellte Schwerbehinderung vor Zugang der Kündigung dem Arbeitgeber vorzulegen und die gesamte Rechtsprechung, wonach sich der Arbeitnehmer auch noch nach Zugang der Kündigung mit Erfolg auf seine Schwerbehinderteneigenschaft berufen kann, als überholt angesehen.[78] So weit dürfte die Gesetzesintention jedoch nicht reichen. Weder aus dem Wortlaut des Gesetzes noch aus der Gesetzesbegründung ergibt sich, dass der Nachweis gegenüber dem Arbeitgeber vor Kündigungsausspruch zu erbringen ist und somit die bisherige Rechtslage grundsätzlich modifiziert werden sollte. Im Gegenteil ist der Gesetzesbegründung zu entnehmen, dass der Nachweis durch einen Feststellungsbescheid nach § 69 Abs. 1 SGB IX oder durch Feststellungen nach § 69 Abs. 2 SGB IX zu führen sei. Diese Feststellungen müssen jedoch nicht dem Arbeitgeber bekannt gegeben werden, um wirksam zu werden.[79] 67

Der Arbeitnehmer ist aber in jedem Fall verpflichtet, nach Zugang der Kündigung, den Arbeitgeber über seine Schwerbehinderteneigenschaft, eine Gleichstellung oder ein eingeleitetes Antragsverfahren in Kenntnis zu setzen. Die Frist, innerhalb derer die **Unterrichtung** zu erfolgen hat, beträgt sowohl für die ordentliche als auch für die außerordentliche Kündigung drei Wochen nach Zugang der Kündigung. Während dieses Zeitraums müssen zumindest ausreichende Anhaltspunkte mitgeteilt werden, aus denen der Arbeitgeber ersehen kann, dass er zur Einleitung einer Kündigung die Zustimmung des Integrationsamtes einholen muss.[80] Der Arbeitnehmer darf die Drei-Wochen-Frist für die Unterrichtung grundsätzlich 68

77 Vgl. LAG Düsseldorf v. 17.9.1975, BB 1976, 419; LAG Berlin v. 1.11.2002 – 19 Sa 1498/02 – n.v.
78 So *Bauer/Powietzka*, NZA-RR 2004, 505, 507.
79 Vgl. hierzu *Griebeling*, NZA 2005, 494, 497 m.w.N.
80 BAG v. 12.1.2006, NZA 2006, 1035.

voll ausschöpfen, ohne sich rechtsmissbräuchlich zu verhalten.[81] Erfolgt die Unterrichtung jedoch nicht rechtzeitig, ist der besondere Kündigungsschutz wegen Zeitablaufs verwirkt.[82]

69 *Praxishinweis*

Der Arbeitnehmeranwalt wird aufgrund des dadurch entstehenden Zeitgewinns regelmäßig dazu raten, die Drei-Wochen-Frist auszunutzen. Zur Vermeidung von haftungsrechtlichen Ansprüchen ist jedoch unbedingt darauf zu achten, dass die Mitteilung dem Arbeitgeber rechtzeitig zugeht. Bei einer Mitteilung in der Klageschrift ist dies nicht sichergestellt, da die Zustellung oftmals länger als drei Wochen dauert.

d) Präventive Maßnahmen, insbesondere betriebliches Eingliederungsmanagement

70 Bevor der Arbeitgeber sich entschließt, das Arbeitsverhältnis eines schwerbehinderten Arbeitnehmers zu kündigen, hat er gem. § 84 Abs. 1 SGB IX beim Eintreten von personen-, verhaltens- oder betriebsbedingten Schwierigkeiten im Arbeitsverhältnis, die zu dessen Gefährdung führen könnten, möglichst frühzeitig die Schwerbehindertenvertretung, den Betriebs- oder Personalrat sowie das Integrationsamt einzuschalten. Mit ihnen hat der Arbeitgeber alle Möglichkeiten und zur Verfügung stehenden Hilfen sowie mögliche finanzielle Leistungen zu erörtern, mit denen die Schwierigkeiten beseitigt werden können, um das Arbeitsverhältnis möglichst dauerhaft fortzusetzen. Eine Erweiterung und Konkretisierung erfährt dieser **Präventionsauftrag** in **§ 84 Abs. 2 SGB IX** für die Fälle, in denen das Arbeitsverhältnis aus gesundheitlichen Gründen gefährdet wird. Ist der schwerbehinderte Arbeitnehmer innerhalb eines Jahres länger als sechs Wochen ununterbrochen oder wiederholt arbeitsunfähig, muss der Arbeitgeber mit dem Betriebs- oder Personalrat und der Schwerbehindertenvertretung mit Zustimmung und Beteiligung des betroffenen Arbeitnehmers die Möglichkeiten klären, wie die Arbeitsunfähigkeit möglichst überwunden, mit welchen Hilfen oder Leistungen einer erneuten Arbeitsunfähigkeit vorgebeugt und wie der Arbeitsplatz erhalten werden kann (**betriebliches Eingliederungsmanagement**).

71 *Praxishinweis*

Der Ablauf des betrieblichen Eingliederungsmanagements stellt sich regelmäßig wie folgt dar: Zunächst muss die gesundheitliche Einschränkung des betroffenen Arbeitnehmers erkannt werden. Handlungsbedarf besteht bei ununterbrochener oder wiederholter sechswöchiger Arbeitsunfähigkeit innerhalb eines Jahres sowie bei gesundheitlichen Einschränkungen, die den Arbeitsplatz des betroffenen Arbeitnehmers unangemessen erscheinen lassen. Da die gesetzliche Regelung den Arbeitgeber zur Aktivität verpflichtet, nimmt dieser Kontakt zum betroffenen Arbeitnehmer auf und versucht, die Möglichkeiten eines weiteren Einsatzes und die Ziele und Vorstellungen des Arbeitnehmers abzuklären. Alle sich hieraus ergebenden weiteren Schritte bedürfen der Zustimmung des Arbeitnehmers. Besteht weiterer Handlungsbedarf schaltet der Arbeitgeber – soweit vorhanden – die Schwerbehindertenvertretung und den Betriebsrat ein, ggf. wird der Werks- oder Betriebsarzt hinzugezogen. Schließlich werden zwischen den Beteiligten die Möglichkeiten erörtert, wie die Arbeitsunfähigkeit überwunden, mit welchen Leistungen oder Hilfen erneuter Arbeitsunfähigkeit vorgebeugt und der Arbeitsplatz erhalten werden kann. Zur Umsetzung von außerbetrieblichen bzw. Unterstützungsmaßnahmen der Rehabilitationsträger zieht der Ar-

81 BAG v. 16.1.1985, AP Nr. 14 zu § 12 SchwbG = NZA 1986, 31 = DB 1985, 2106.

82 BAG v. 5.7.1990, AP Nr. 1 zu § 15 SchwbG 1986 = NZA 1991, 667 = NJW 1991, 1908; vgl. aber auch BAG v. 20.1.2005, AP Nr. 8 zu § 18 BErzGG = NZA 2005, 689 bei Kenntniserlangung durch Betriebsratsanhörung.

beitgeber das Integrationsamt hinzu. Auch Krankenkassen, Berufsgenossenschaften, Rentenversicherungsträger und Agenturen für Arbeit bieten Unterstützung an. Gem. § 83 Abs. 2a Nr. 5 SGB IX können in einer Integrationsvereinbarung Regelungen zur Durchführung einer betrieblichen Prävention (betriebliches Eingliederungsmanagement) und zur Gesundheitsförderung getroffen werden.

Im Falle einer Kündigung innerhalb der Wartezeit des § 1 Abs. 1 KSchG hat eine unterbliebene Durchführung der in § 84 Abs. 1 und 2 SGB IX genannten Verfahren keine kündigungsrechtlichen Folgen.[83]

3. Rechtsfolge

Eine ohne vorherige Erlaubnis des Integrationsamtes erklärte Kündigung ist gem. § 85 SGB IX i.V.m. § 134 BGB **nichtig**. Es gelten die gleichen Grundsätze wie bei einem Verstoß gegen die Kündigungsverbote nach § 9 MuSchG und § 18 BEEG. Die Unwirksamkeit der Kündigung muss gem. § 4 KSchG innerhalb von drei Wochen geltend gemacht werden. Kündigt der Arbeitgeber dagegen einem schwerbehinderten Arbeitnehmer in Kenntnis von dessen Schwerbehinderteneigenschaft, ohne zuvor nach § 85 SGB IX die erforderliche Zustimmung des Integrationsamtes einzuholen, kann der Arbeitnehmer die Unwirksamkeit der Kündigung bis zur Grenze der Verwirkung gerichtlich geltend machen. Nach § 4 S. 4 KSchG beginnt in derartigen Fällen die dreiwöchige Klagefrist erst ab der Bekanntgabe der Entscheidung der Behörde an den Arbeitnehmer.[84] 72

Die Durchführung des Präventionsverfahrens nach § 84 Abs. 1 und 2 SGB IX ist keine formelle Wirksamkeitsvoraussetzung für den Ausspruch einer Kündigung.[85] Damit steht im Einklang, dass die Vorschrift selbst keine Sanktionen vorsieht. Sie stellt allerdings eine Konkretisierung des dem gesamten Kündigungsschutzrecht innewohnenden Verhältnismäßigkeitsgrundsatzes dar.[86] Von einer Kündigungsrelevanz ist damit dann auszugehen, wenn der schwerbehinderte Arbeitnehmer tatsächlich darlegen kann, dass die Kündigung bei ordnungsgemäßer Durchführung der Präventionsmaßnahmen hätte vermieden werden können. In diesem Fall wäre der Arbeitgeber gehalten, im Prozess das Gegenteil zu beweisen. Steht die Pflichtverletzung dagegen in keinem Zusammenhang mit der Behinderung und verspricht das Präventionsverfahren keinen Erfolg, braucht es nicht durchgeführt zu werden.[87] Das Präventionsverfahren muss daher zumindest geeignet sein, die auftretenden Schwierigkeiten im Arbeitsverhältnis zu beseitigen, damit die Unterlassung des Verfahrens zu Lasten des Arbeitgebers Berücksichtigung finden kann. Dies ist bei schweren Pflichtverletzungen regelmäßig nicht der Fall. 73

4. Ausnahme vom Kündigungsschutz

Das absolute Kündigungsverbot greift nicht ein, wenn das **Integrationsamt die Zustimmung** zur beabsichtigten Kündigung **erteilt hat**. Die Zustimmung hat der Arbeitgeber gem. 74

83 BAG v. 28.6.2007, NZA 2007, 1049.

84 BAG v. 13.2.2008, NZA 2008, 1055.

85 BAG v. 7.12.2006, NZA 2007, 617; BAG v. 12.7.2007, NZA 2008, 173; vgl. auch schon LAG Berlin v. 27.10.2005, NZA-RR 2006, 184.

86 *Balders/Lepping*, NZA 2005, 854, 857, wollen keinerlei Sanktionen an den Verstoß gegen § 84 Abs. 1 und 2 SGB IX knüpfen.

87 BAG v. 7.12.2006, NZA 2007, 617; BAG v. 12.7.2007, NZA 2008, 173.

§ 87 Abs. 1 SGB IX **vor Ausspruch der Kündigung** schriftlich, und zwar in doppelter Ausfertigung, bei dem für den Sitz des Betriebes oder der Dienststelle zuständigen Integrationsamtes zu beantragen.[88] Zuvor ist die Schwerbehindertenvertretung gem. § 95 Abs. 2 SGB IX über den beabsichtigten Antrag anzuhören, und es ist ihr Gelegenheit zur Stellungnahme zu geben. Das Antragsverfahren für die ordentliche Kündigung ist in §§ 87–89 SGB IX, das für die außerordentliche in § 91 SGB IX geregelt.

a) Ordentliche Kündigung

75 Gem. § 88 Abs. 1 SGB IX **soll** das Integrationsamt seine Entscheidung **innerhalb eines Monats** ab Antragseingang treffen. Wird die Frist überschritten, hat dies auf die Wirksamkeit der Entscheidung keinen Einfluss. Die Zustimmungserklärung wird dadurch auch nicht entbehrlich. Unter den Voraussetzungen des § 75 VwGO kann Untätigkeitsklage erhoben werden.

76 Das Integrationsamt hat gem. § 20 SGB X den Sachverhalt **von Amts wegen** zu ermitteln und eine Entscheidung nach pflichtgemäßem Ermessen zu treffen. Im Rahmen der Ermessensentscheidung ist das Interesse des Arbeitgebers, den Betrieb nach primär wirtschaftlichen Gesichtspunkten zu führen, gegen das Interesse des betroffenen schwerbehinderten Menschen, seinen Arbeitsplatz zu erhalten, abzuwägen.[89] Es gilt daher einerseits, Nachteile des schwerbehinderten Menschen auf dem allgemeinen Arbeitsmarkt auszugleichen und andererseits zu vermeiden, dem Arbeitgeber einseitig Lohnzahlungspflichten aufzuerlegen.[90]

77 Das **Ermessen** des Integrationsamtes wird durch die Fallgruppen in § 89 SGB IX **eingeschränkt**. So ist z.B. gem. § 89 Abs. 1 S. 1 SGB IX die Zustimmung zu erteilen, wenn ein Betrieb stillgelegt wird und zwischen dem Tag des Zugangs der Kündigung und dem Tag, bis zu dem Lohn gezahlt wird, mindestens drei Monate liegen. Gem. § 88 Abs. 5 SGB IX ist in den Fällen des § 89 Abs. 1 S. 1 und Abs. 3 SGB IX die Entscheidung über den Antrag auf Zustimmung zur Kündigung innerhalb eines Monats zu treffen, ansonsten gilt die Zustimmung als erteilt (Zustimmungsfiktion durch Fristablauf). Praxisrelevant ist ferner die Vorschrift des § 89 Abs. 2 SGB IX, wonach die Zustimmung erteilt werden soll, wenn dem schwerbehinderten Menschen von demselben oder einem anderen Arbeitgeber ein anderer angemessener und zumutbarer Arbeitsplatz verbindlich angeboten worden ist.

78 *Praxishinweis*

Das Integrationsamt nimmt keine abschließende arbeitsrechtliche Beurteilung, sondern lediglich eine Interessenabwägung vor. Es prüft daher nicht, ob die beabsichtigte Kündigung sozial gerechtfertigt ist oder ein wichtiger Grund vorliegt. Diese Entscheidung bleibt den Arbeitsgerichten vorbehalten.

79 Das Integrationsamt kann entweder die Zustimmung zur Kündigung erteilen, den Antrag ablehnen oder ein sog. Negativattest erteilen. Dieses **Negativattest** wird dann erteilt, wenn das Integrationsamt zu dem Ergebnis kommt, dass die Kündigung nicht zustimmungsbedürftig ist und beseitigt – ebenso wie die Zustimmung – die Kündigungssperre des § 85 SGB IX.[91]

88 Eine Übersicht der zuständigen Integrationsämter findet sich unter www.integrationsaemter.de unter „Kontakt".

89 Vgl. VGH Kassel v. 17.11.1992, NZA 1993, 946.

90 Vgl. BAG v. 26.9.1991, AP Nr. 28 zu § 1 KSchG 1969 Krankheit = NZA 1992, 1073 = BB 1992, 1930; OVG NRW v. 23.1.1992, NZA 1992, 844 = BB 1992, 926.

91 BAG v. 27.5.1983, AP Nr. 12 zu § 12 SchwbG = BB 1984, 212 = DB 1984, 134; KR/*Etzel*, §§ 85–90 SGB IX Rn 54.

Wird die Zustimmung zur beabsichtigten Kündigung oder ein Negativattest erteilt, kann der Arbeitgeber gem. § 88 Abs. 3 SGB IX die **Kündigung nur innerhalb eines Monats erklären**, d.h., die Kündigung muss innerhalb eines Monats nach Erhalt des Zustimmungsbescheids dem schwerbehinderten Arbeitnehmer zugehen.[92] Die Monatsfrist beginnt mit der Zustellung der Entscheidung des Integrationsamtes an den Arbeitgeber zu laufen.[93] Dem Arbeitgeber soll hierdurch die Möglichkeit genommen werden, lediglich vorsorglich eine Erlaubnis zur Kündigung einzuholen, um dann irgendwann einmal bei Bedarf kündigen zu können. Bleibt der Kündigungsgrund unverändert, kann der Arbeitgeber in diesem Zeitraum auch mehrfach kündigen, ohne eine erneute Zustimmung einholen zu müssen.[94] Bei Fristversäumung tritt das Kündigungsverbot des § 85 SGB IX wieder in Kraft, ohne dass eine Wiedereinsetzung in den vorherigen Stand vorgesehen wäre.[95] 80

Die Frist für die ordentliche Kündigung eines schwerbehinderten Arbeitnehmers beträgt gem. § 86 SGB IX mindestens **vier Wochen**. Diese **Mindestkündigungsfrist** gilt auch für den Fall, dass ein anwendbarer Tarifvertrag eine kürzere Kündigungsfrist vorsieht. 81

b) Außerordentliche Kündigung

Im Falle einer beabsichtigten außerordentlichen Kündigung kann der Arbeitgeber gem. § 91 Abs. 2 S. 1 SGB IX den **Antrag** auf Zustimmung nur **innerhalb von zwei Wochen** stellen, nachdem er von den für die Kündigung maßgebenden Tatsachen Kenntnis erlangt hat. Für die Kenntniserlangung gelten die Grundsätze des § 626 Abs. 2 S. 2 BGB. Die Vorschrift des § 91 Abs. 2 S. 1 SGB IX verdrängt die Kündigungserklärungsfrist des § 626 Abs. 2 BGB nicht. Die Fristen des § 626 Abs. 2 BGB und des § 91 Abs. 2 S. 1 SGB IX stehen selbstständig nebeneinander und verdrängen einander nicht.[96] Gem. § 91 Abs. 3 SGB IX muss das Integrationsamt seine **Entscheidung innerhalb von zwei Wochen treffen**, anderenfalls gilt die Zustimmung – anders als bei der ordentlichen Kündigung – als erteilt. 82

Praxishinweis 83

Da zur Berechnung sowohl der Frist des § 91 Abs. 2 SGB IX als auch der des § 91 Abs. 3 SGB IX der Tag des Antrageingangs beim Integrationsamt maßgeblich ist, sollte besonderes Augenmerk auf den sicheren Zugang sowie dessen beweiskräftigen Nachweis gelegt werden. Die Antragstellung per Telefax ist ausreichend, eine telefonische Antragstellung wegen § 87 Abs. 1 S. 1 i.V.m. § 91 Abs. 1 SGB IX unzulässig.

„Getroffen" ist die Entscheidung, wenn sie innerhalb der Frist des § 91 Abs. 3 den Machtbereich des Integrationsamtes verlassen hat.[97] Auf den **Zugang** beim Arbeitgeber kommt es insoweit **nicht** an. § 91 SGB IX ist im Verhältnis zu § 88 SGB IX die speziellere Regelung.[98] Auch wenn der Arbeitgeber am letzten Tag der Zwei-Wochen-Frist noch keine Mitteilung vom Integrationsamt erhalten hat, darf er nicht auf die Zustimmungsfiktion vertrauen. Selbstverständlich ist der Arbeitgeber berechtigt, telefonisch beim Integrationsamt nachzufragen, 84

92 Vgl. LAG Köln v. 27.2.1997, LAGE § 18 SchwbG 1986 Nr. 1 = NZA-RR 1997, 337; BAG v. 15.5.1997, AP Nr. 45 zu § 123 BGB = NZA 1998, 33.

93 BAG v. 16.10.1991, AP Nr. 1 zu § 18 SchwbG 1986 = NZA 1992, 503; KR/*Etzel*, §§ 85–90 SGB IX Rn 128.

94 BAG v. 8.11.2007, NZA 2008, 471. Auf § 102 BetrVG ist diese Entscheidung nicht ohne weiteres übertragbar.

95 KR/*Etzel*, §§ 85–90 SGB IX Rn 127; *Stahlhacke/Preis/Vossen*, Rn 1536.

96 BAG v. 1.2.2007, NZA 2007, 744; BAG v. 2.3.2006, NZA 2006, 1211.

97 BAG v. 16.3.1983, NJW 1984, 1374; BAG v. 9.2.1994, DB 1994, 1627.

98 BAG v. 12.5.2005, NZA 2005, 1173.

ob seinem Antrag entsprochen wurde. Wird diese Frage bejaht, ist die Entscheidung bekannt gegeben worden und er kann die Kündigung aussprechen.[99]

85 Auch bei der außerordentlichen Kündigung steht die Entscheidung über die Zustimmung grundsätzlich im Ermessen des Integrationsamtes, allerdings soll es gem. § 91 Abs. 4 SGB IX bei **fehlendem Zusammenhang zwischen Kündigungsgrund und Behinderung** im Regelfall keine andere Entscheidung treffen, als die vom Arbeitgeber beantragte Zustimmung, sofern nicht ein besonderer sachlicher Grund ausnahmsweise eine Abweichung rechtfertigt. Eine dauernde Arbeitsunfähigkeit ist auch bei einem tariflich unkündbaren, schwerbehinderten Arbeitnehmer nicht grundsätzlich als wichtiger Grund i.S.d. § 626 BGB ungeeignet.[100]

86 Aufgrund des Umstandes, dass der Arbeitgeber auch vor Ausspruch einer außerordentlichen Kündigung die Zustimmung des Integrationsamtes einholen muss, bestimmt § 91 Abs. 5 SGB IX, dass die Kündigung auch noch nach Ablauf der Zwei-Wochen-Frist des § 626 Abs. 2 BGB ausgesprochen werden kann, wenn die Kündigung **unverzüglich**, d.h. sofort nach Erteilung der Zustimmung erklärt wird. Wird die Zustimmung zur außerordentlichen Kündigung erst vom Widerspruchsausschuss erteilt, muss die Kündigung ebenfalls unverzüglich nach sicherer Kenntnis der Entscheidung erklärt werden. Hierfür reicht die mündliche Bekanntgabe aus, dass dem Widerspruch stattgegeben wird.[101] Sofern die Zustimmung des Integrationsamtes ausnahmsweise schon vor Ablauf der Zwei-Wochen-Frist des § 626 Abs. 2 BGB vorliegt, ist der Arbeitgeber berechtigt, diese Frist voll auszuschöpfen.[102]

87 *Praxishinweis*

Da die Zustimmung des Integrationsamtes zu einer außerordentlichen Kündigung nicht in der Weise umdeutungsfähig ist, dass sie auch für eine ordentliche Kündigung gelten soll, sollte aus Arbeitgebersicht bei einer beabsichtigten außerordentlichen Kündigung neben dem darauf gerichteten Zustimmungsverfahren zudem die Zustimmung für den Ausspruch einer ordentlichen Kündigung beantragt werden.

88 Die Mindestkündigungsfrist von vier Wochen nach § 86 SGB IX gilt gem. § 91 Abs. 1 SGB IX für außerordentliche Kündigungen nicht.

5. Betriebsratsanhörung

89 Der Arbeitgeber kann den Betriebsrat vor der Antragstellung, in der Zeit zwischen Antragstellung und Entscheidung des Integrationsamtes und nach Antragstellung anhören.[103] Dies gilt sowohl für die ordentliche als auch die außerordentliche Kündigung. Im Hinblick auf die außerordentliche Kündigung ist zu beachten, dass der Betriebsrat unmittelbar nach Erteilung der Zustimmung angehört und die Kündigung sofort nach Eingang der abschließenden Stellungnahme des Betriebsrats bzw. nach Ablauf der Drei-Tages-Frist des § 102 Abs. 2 S. 3 BetrVG erklärt wird. Erklärt i.S.d. § 91 Abs. 5 SGB IX ist eine Kündigung dann, wenn sie dem Arbeitnehmer zugegangen ist.[104] Um nicht in zeitliche Bedrängnis zu geraten, ist für die arbeitgeberseitige Beratung daher zu empfehlen, die **Betriebsratsanhörung zumindest parallel zum Zustimmungsverfahren** durchzuführen. Generell ist zu beachten, dass

99 Nicht ausreichend ist dagegen die Mitteilung, die Zustimmung werde „voraussichtlich" erteilt.

100 BAG v. 13.5.2004, AP Nr. 12 zu § 626 BGB Krankheit = NZA 2004, 1271 = ZTR 2005, 163.

101 BAG v. 21.4.2005, AP Nr. 4 zu § 91 SGB IX = NZA 2005, 991.

102 BAG v. 15.11.2001, DB 2002, 1509.

103 BAG v. 3.7.1980, DB 1981, 103.

104 LAG Rheinland-Pfalz v. 31.3.2004, NZA-RR 2005, 71.

auch vor dem Ausspruch einer zweiten, ggf. nur vorsorglich erklärten Kündigung, eine erneute Anhörung des Betriebsrats erfolgen muss.

6. Rechtsmittel

Gem. § 88 Abs. 4 SGB IX, der über § 91 Abs. 1 SGB IX auch für die außerordentliche Kündigung gilt, haben Widerspruch und Anfechtungsklage gegen die Zustimmung des Integrationsamtes **keine aufschiebende Wirkung**. Der Arbeitgeber ist daher berechtigt, die Kündigung auch ohne Bestandskraft der Entscheidung des Integrationsamtes auszusprechen. Wird die Entscheidung des Integrationsamtes allerdings später aufgehoben, so wird die Kündigung rückwirkend unwirksam. 90

VI. Kündigungsschutz von Betriebsratsmitgliedern und anderen Amtsinhabern

Um die Unabhängigkeit für die Ausübung des Amtes und die Kontinuität der Amtsführung während der Wahlperiode sicherzustellen, gewährt § 15 KSchG den Mitgliedern des Betriebsrats sowie anderen, im Einzelnen näher bezeichneten Arbeitnehmervertretungen einen besonderen Kündigungsschutz, der in seiner Kernaussage die **ordentliche Kündigung** ausschließt. Darüber hinaus darf die zulässige **außerordentliche Kündigung** nur nach Zustimmung des Betriebsrats gem. § 103 BetrVG oder einer rechtskräftigen arbeitsgerichtlichen Zustimmungsersetzung ausgesprochen werden.[105] 91

1. Geltungsbereich und Dauer

§ 15 Abs. 1 KSchG gewährt den besonderen Kündigungsschutz Betriebsratsmitgliedern, Mitgliedern einer Jugend- und Auszubildendenvertretung sowie der Arbeitnehmervertretung auf Schiffen. Die Regelung ist **zwingend**, sodass ein Verzicht des Arbeitnehmers vor Ausspruch der Kündigung nicht in Betracht kommt. Nach Erhalt der Kündigung bleibt es dagegen dem Betroffenen überlassen, ob er sich gegen die Kündigung wehren oder bspw. das Arbeitsverhältnis einvernehmlich beenden möchte.[106] Mit der Beendigung des Arbeitsverhältnisses endet dann auch das Amt in der Arbeitnehmervertretung. Das gilt auch, wenn das Arbeitsverhältnis mit dem jeweiligen Amtsträger wirksam befristet oder in zulässiger Weise eine auflösende Bedingung vereinbart worden ist. 92

Der Schutz des § 15 Abs. 1 KSchG erstreckt sich auf alle ordnungsgemäß gewählten **Betriebsratsmitglieder**. War die Betriebsratswahl wegen eines besonders schweren Mangels nichtig, besteht zu keinem Zeitpunkt besonderer Kündigungsschutz.[107] Ist die Betriebsratswahl zwar nicht nichtig, aber erfolgreich angefochten worden, bleibt der Kündigungsschutz bis zur rechtskräftigen Entscheidung bestehen.[108] Gem. § 15 Abs. 1 S. 2 KSchG entfällt dann allerdings der nachwirkende Kündigungsschutz.[109] Dem besonderen Kündigungsschutz 93

105 Vgl. hierzu auch *Diller*, NZA 2004, 579 ff. mit verschiedenen Fallbeispielen zum Risiko des Arbeitgebers.

106 Vgl. SG Mannheim v. 30.3.1990, BB 1990, 2496.

107 BAG v. 27.4.1976, AP Nr. 4 zu § 19 BetrVG 1972 = NJW 1976, 2229.

108 BAG v. 13.3.1991, AP Nr. 20 zu § 19 BetrVG 1972.

109 Ggf. hat das Betriebsratsmitglied aber nachwirkenden Kündigungsschutz als Wahlbewerber, § 15 Abs. 3 S. 2 KSchG.

unterliegen alle Mitglieder des Gesamt- und Konzernbetriebsrats, da diese immer auch Mitglieder des Betriebsrats sind. Der Kündigungsschutz setzt mit Beginn der Amtszeit ein und **endet** gem. § 15 Abs. 1 S. 2 KSchG **ein Jahr nach Beendigung der Amtszeit**, und zwar auch dann, wenn das Betriebsratsmitglied sein Amt selbst niedergelegt hat.[110]

94 Ebenfalls kündigungsgeschützt sind **Mitglieder des Wahlvorstands**. Der Schutz beginnt gem. § 15 Abs. 3 S. 1 KSchG mit dem Zeitpunkt der Bestellung und besteht bis zur Bekanntgabe des Wahlergebnisses. Der **nachwirkende Kündigungsschutz** ist im Vergleich zu den Betriebsratsmitgliedern kürzer ausgestaltet und beträgt gem. § 15 Abs. 3 S. 2 KSchG **sechs Monate** ab Bekanntgabe des Wahlergebnisses. Nicht kündigungsgeschützt sind die Bewerber für die Wahl zum Wahlvorstand.[111]

95 Einen ähnlichen Schutz wie die Mitglieder des Wahlvorstands genießen die **Wahlbewerber** zum Betriebsrat. In zeitlicher Hinsicht setzt der Schutz gem. § 15 Abs. 3 S. 1 KSchG im Zeitpunkt der Aufstellung des Wahlvorschlags ein.[112] Auch die Übernahmepflicht des § 15 Abs. 5 KSchG gilt uneingeschränkt für Wahlbewerber.[113] Der besondere Kündigungsschutz endet mit der Bekanntgabe des Wahlergebnisses und **wirkt** gem. § 15 Abs. 3 S. 2 KSchG **sechs Monate nach**.

96 *Praxishinweis*

Nach Beendigung des nachwirkenden Kündigungsschutzes kann der Arbeitgeber dem erfolglosen Wahlbewerber wieder wie jedem anderen Arbeitnehmer kündigen. Er ist hierbei nicht gehindert, die Kündigung auf Umstände zu stützen, die sich innerhalb der Schutzfrist ereignet haben.[114]

97 Bei **Ersatzmitgliedern des Betriebsrats** kommt es für die Anwendbarkeit des besonderen Kündigungsschutzes darauf an, ob diese für ein zeitweilig verhindertes ordentliches Betriebsratsmitglied nachgerückt sind. Zeitweilig verhindert ist das Betriebsratsmitglied, wenn es aus tatsächlichen oder rechtlichen Gründen nicht in der Lage ist, sein Amt auszuüben (z.B. Arbeitsunfähigkeit, Urlaub). Der Kündigungsschutz des § 15 Abs. 1 KSchG beginnt mit dem Vertretungsfall, d.h. am ersten Tag der Verhinderung, und besteht während der gesamten Dauer der Verhinderung.[115] Nachwirkenden Kündigungsschutz haben nicht nur dauerhaft, sondern auch nur vorübergehend nachrückende Ersatzmitglieder.[116] Genießt das nur vorübergehend nachgerückte Ersatzmitglied insoweit lediglich nachwirkenden Kündigungsschutz, bedarf es keiner Zustimmung des Betriebsrats gem. § 103 BetrVG.[117] Ist das Ersatzmitglied noch nicht nachgerückt, besteht nur der nachwirkende Kündigungsschutz als Wahlbewerber.

98 *Praxishinweis*

Wird der Vertretungsfall rechtsmissbräuchlich herbeigeführt, indem die zeitweilige Verhinderung nur vorgetäuscht wird, um dem Ersatzmitglied den besonderen Kündigungsschutz zu verschaffen, ist dieser nicht gegeben. Ein solches „Erschleichen“ des Schutzes

110 Vgl. BAG v. 5.7.1979, AP Nr. 6 zu § 15 KSchG 1969 = DB 1979, 2327; *Schaub*, Arbeitsrechts-Handbuch, § 143 Rn 8.

111 *v. Hoyningen-Huene/Linck*, § 15 Rn 20 m.w.N.

112 KR/*Etzel*, § 103 BetrVG Rn 23.

113 BAG v. 12.3.2009, NZA 2009, 1264.

114 BAG v. 13.6.1996, AP Nr. 2 zu § 15 KSchG Wahlbewerber = NZA 1996, 1032 = BB 1996, 2098.

115 Vgl. BAG v. 17.1.1979, AP Nr. 5 zu § 15 KSchG 1969 = BB 1979, 888 = DB 1979, 1136.

116 BAG v. 6.9.1979, AP Nr. 7 zu § 15 KSchG 1969 = BB 1980, 317 = DB 1980, 451.

117 BAG v. 18.5.2006, NZA 2006, 1037.

wird jedoch noch nicht ohne weiteres angenommen, wenn sich ein Betriebsratsmitglied krank meldet, ohne objektiv arbeitsunfähig zu sein.[118]

Über § 96 Abs. 3 SGB IX unterliegen auch die **Mitglieder der Schwerbehindertenvertretung** dem besonderen Kündigungsschutz des § 15 Abs. 1 KSchG, sodass die nachfolgenden Ausführungen ebenso entsprechend gelten wie für **Personalratsmitglieder** (§ 15 Abs. 2 KSchG) und die sonstigen in § 15 KSchG genannten Amtsträger. Nicht besonders geschützt sind dagegen Mitglieder des Wirtschaftsausschusses, einer Einigungsstelle, Arbeitnehmervertreter im Aufsichtsrat oder gewerkschaftliche Vertrauensleute. 99

2. Umfang des Kündigungsschutzes

a) Ordentliche Kündigung

aa) Unzulässigkeit ordentlicher Kündigung

Genießt ein betriebsverfassungsrechtlicher Amtsträger während der Amtszeit oder im Nachwirkungszeitraum den besonderen Kündigungsschutz, ist eine **ordentliche Kündigung** durch den Arbeitgeber grundsätzlich **unzulässig**. Auch in der Insolvenz genießen Betriebsratsmitglieder besonderen Kündigungsschutz. Sie sind daher nicht in die Sozialauswahl einzubeziehen.[119] Ausnahmen sieht das Gesetz nur für den Fall der Stilllegung des Betriebs oder einer Betriebsabteilung gem. § 15 Abs. 4, 5 KSchG vor (vgl. Rn 103 ff.). Unterbunden ist der Ausspruch, nicht das Wirksamwerden einer Kündigung. Eine vor Beginn des Schutzzeitraumes dem Arbeitnehmer zugegangene Kündigung ist daher jedenfalls nicht deswegen unwirksam, weil die Kündigungsfrist erst im Schutzzeitraum abläuft. 100

Unzulässig ist auch eine ordentliche **Änderungskündigung**[120] und nach der Rspr. des BAG auch die **Massenänderungskündigung**.[121] Das bedeutet, dass eine ordentliche Änderungskündigung (z.B. zur Herabgruppierung) selbst dann nicht ausgesprochen werden darf, wenn gleichzeitig allen anderen Arbeitnehmern des Betriebs eine derartige Änderungskündigung erklärt wird und die Arbeitsbedingungen des Betriebsratsmitglieds lediglich denen der anderen Arbeitnehmer angepasst werden sollen. 101

Eine nach § 15 Abs. 1–3 KSchG erklärte ordentliche Kündigung ist gem. § 134 BGB **nichtig**. Dies gilt selbst dann, wenn ein wichtiger Grund i.S.d. § 626 Abs. 1 BGB vorliegt, der Arbeitgeber aber nicht außerordentlich, sondern nur ordentlich gekündigt hat.[122] Verweigert der Arbeitgeber die Weiterbeschäftigung, gerät er in Annahmeverzug. 102

bb) Ausnahme bei Betriebs- oder Betriebsteilstilllegung

Im Falle einer Betriebsstilllegung macht das KSchG vom absoluten Kündigungsverbot eine Ausnahme und lässt gem. § 15 Abs. 4 KSchG auch die ordentliche Kündigung zu, sofern keine Weiterbeschäftigungsmöglichkeit in einem anderen Betrieb des Unternehmens besteht.[123] Der **frühestmögliche Kündigungstermin** ist gem. § 15 Abs. 4 der **Zeitpunkt der** 103

118 BAG v. 5.9.1986, AP Nr. 26 zu § 15 KSchG 1969 = DB 1987, 1641 = BB 1987, 1319.

119 BAG v. 17.11.2005, NZA 2006, 370.

120 BAG v. 6.3.1986, AP Nr. 19 zu § 15 KSchG 1969 = NZA 1987, 102.

121 BAG v. 7.10.2004, AP Nr. 56 zu § 15 KSchG 1969 = NZA 2005, 156; BAG v. 6.3.1986, AP Nr. 19 zu § 15 KSchG 1969 = NZA 1987, 102; BAG v. 9.4.1987, AP 28 zu § 15 KSchG 1969 = NZA 1987, 807 = DB 1987, 2209.

122 BAG v. 5.7.1979, AP Nr. 6 zu § 15 KSchG 1969 = DB 1979, 2327.

123 BAG v. 13.8.1992, AP Nr. 32 zu § 15 KSchG 1969 = NZA 1993, 224 = DB 1993, 1424.

Betriebsstilllegung, es sei denn, dass die Kündigung zu einem früheren Zeitpunkt durch zwingende betriebliche Erfordernisse bedingt ist. Das kann z.B. dann der Fall sein, wenn nur noch Restarbeiten zur Abwicklung der Stilllegung auszuführen sind und hierfür bestimmte andere Arbeitnehmer des Betriebs unentbehrlich sind. Erfolgt keine Betriebsstilllegung, weil der Betrieb zuvor veräußert wird, ist die Kündigung wegen des Übergangs auf den Betriebserwerber gem. § 613a Abs. 4 BGB unwirksam.

104 *Praxishinweis*

Der Zeitpunkt der Betriebsstilllegung markiert nur den frühestmöglichen Kündigungstermin, ersetzt jedoch nicht die individuelle Kündigungsfrist. Reicht diese aufgrund vertraglicher, tarifvertraglicher oder gesetzlicher Vorschriften über den geplanten Zeitpunkt der Betriebsstilllegung hinaus, kann das Arbeitsverhältnis erst zu diesem Zeitpunkt beendet werden.[124]

105 Bei der Stilllegung einer Betriebsabteilung lässt § 15 Abs. 5 KSchG die ordentliche Kündigung erst dann zu, wenn die geschützte Person nicht in eine andere Betriebsabteilung übernommen werden kann. Die **Übernahmepflicht des Arbeitgebers** bezieht sich auf einen gleichwertigen, nicht auf einen geringerwertigen Arbeitsplatz.[125] Sind in einer anderen Betriebsabteilung alle gleichwertigen Arbeitsplätze mit anderen Arbeitnehmern besetzt, muss der Arbeitgeber prüfen, ob er einen dieser Arbeitsplätze frei kündigen kann.[126] Im Rahmen dieser Prüfung haben die Interessen der über § 15 Abs. 5 KSchG geschützten Person nicht automatisch Vorrang, vielmehr ist eine umfassende Interessenabwägung im Einzelfall vorzunehmen. Ein Anspruch auf Beförderung, also auf einen höherwertigen Arbeitsplatz in einer anderen Betriebsabteilung besteht dagegen nicht.[127] Anderenfalls würde gegen das Verbot der Besserstellung von Betriebsräten gem. § 78 S. 2 BetrVG verstoßen werden, da nicht besonders geschützte Arbeitnehmer bei einem Wegfall der Beschäftigungsmöglichkeit auch keinen Anspruch auf Beförderung haben.

106 Vor Ausspruch einer ordentlichen Kündigung nach § 15 Abs. 4 oder 5 BetrVG ist der **Betriebsrat gem. § 102 BetrVG anzuhören**. § 103 BetrVG ist nicht anwendbar, weil es sich nicht um eine außerordentliche Kündigung handelt. Dies gilt auch im Falle der tariflichen Unkündbarkeit, obwohl hier nur eine außerordentliche Kündigung unter Einhaltung der ordentlichen Kündigungsfrist möglich ist.[128]

b) Außerordentliche Kündigung

107 Das betriebsverfassungsrechtliche Mandat schützt nicht uneingeschränkt vor Kündigungen. Den in § 15 Abs. 1–3 KSchG geschützten Personen kann außerordentlich gekündigt werden, wenn zum einen ein **wichtiger Grund** i.S.d. § 626 Abs. 1 BGB vorliegt und zum anderen der Betriebsrat der Kündigung **zugestimmt** hat oder die Zustimmung durch das Arbeitsgericht ersetzt worden ist.

124 BAG v. 29.3.1977, AP Nr. 11 zu § 102 BetrVG 1972 = BB 1977, 947; BAG v. 20.1.1984, AP Nr. 16 zu § 15 KSchG = DB 1984, 1248.

125 BAG v. 2.3.2006, NZA 2006, 988; *v. Hoyningen-Huene/Linck*, § 15 Rn 182 m.w.N.

126 BAG v. 2.3.2006, NZA 2006, 988; BAG v. 18.10.2000, AP Nr. 49 zu § 15 KSchG 1969 = NZA 2001, 321 = DB 2001, 1729.

127 LAG Hamm v. 13.6.2008, 13 Sa 244/08 – Revision zugelassen; a.A. LAG Rheinland-Pfalz v. 13.11.2007, 1 Sa 914/06.

128 BAG v. 18.9.1997, AP Nr. 35 zu § 103 BetrVG 1972 = NZA 1998, 189 = DB 1998, 210.

aa) Wichtiger Grund

Gem. § 626 Abs. 1 BGB ist eine Kündigung zulässig, wenn die Fortsetzung des Arbeitsverhältnisses bis zum Ablauf der Kündigungsfrist dem Arbeitgeber **nicht mehr zuzumuten** ist, wobei alle Umstände des Einzelfalles zu berücksichtigen und die widerstreitenden Interessen abzuwägen sind. Bei der Beurteilung der Zumutbarkeit ist die Kündigungsfrist zugrunde zu legen, die ohne den besonderen Kündigungsschutz bei einer ordentlichen Kündigung gelten würde.[129] Für die Beurteilung des wichtigen Grundes steht die durch § 15 KSchG geschützte Person im Grundsatz jedem anderen Arbeitnehmer gleich. Der betriebsverfassungsrechtliche Amtsinhaber darf zwar wegen der Wahrnehmung seiner Funktion gem. § 78 BetrVG nicht benachteiligt werden, andererseits ist der geschützte Personenkreis aber auch nicht besser zu behandeln als andere Mitarbeiter im Betrieb.[130] Eine verhaltensbedingte außerordentliche Kündigung mit notwendiger Auslauffrist ist allerdings nicht möglich, da sich hier die Benachteiligungsgefahr realisieren würde, die § 15 KSchG gerade ausschließen will.[131] 108

Als **wichtiger Grund** kommen insbesondere schwere Verletzungen von **arbeitsvertraglichen** Haupt- oder Nebenpflichten in Betracht, z.B. vorsätzliche gerichtliche Falschaussage gegen den Arbeitgeber[132] oder zu Lasten des Arbeitgebers begangene Vermögensdelikte.[133] Werden dagegen ausschließlich **betriebsverfassungsrechtliche** Amtspflichten (z.B. Verstoß gegen die Verschwiegenheitspflicht nach § 79 BetrVG) verletzt, scheidet eine außerordentliche Kündigung aus.[134] In diesem Fall ist der Arbeitgeber berechtigt, das Amtsenthebungsverfahren nach § 23 Abs. 1 BetrVG einzuleiten. Dies kann z.B. dann der Fall sein, wenn das Betriebsratsmitglied zur Erreichung individueller Ziele ankündigt, Kollegen auf möglicherweise noch nicht erfüllte Ansprüche aus dem BUrlG oder dem EFZG aufmerksam zu machen.[135] Treffen Arbeitsvertrags- und Amtspflichtverletzungen zusammen, was in der Praxis häufig vorkommt, sind an das Vorliegen des wichtigen Grundes besonders strenge Anforderungen zu stellen.[136] Die zweiwöchige Ausschlussfrist des § 626 Abs. 2 BGB gilt auch im Anwendungsbereich des § 15 KSchG. 109

Auch eine **außerordentliche Änderungskündigung** kann unter bestimmten Voraussetzungen zulässig sein. Ein wichtiger Grund für eine außerordentliche Kündigung setzt zunächst auf Seiten des Arbeitgebers voraus, dass für ihn die Fortsetzung des Arbeitsverhältnisses zu den bisherigen Bedingungen unzumutbar geworden ist, d.h. die erstrebten Änderungen unabweisbar notwendig sind.[137] Darüber hinaus müssen die neuen Arbeitsbedingungen dem Gekündigten zumutbar sein.[138] Beide Voraussetzungen müssen **kumulativ** vorliegen. Während das BAG im Falle der außerordentlichen Beendigungskündigung bei der Zumutbarkeitsprüfung auf die fiktive ordentliche Kündigungsfrist abstellt (vgl. Rn 108), legt es bei der außer- 110

129 BAG v. 6.3.1986, AP Nr. 19 zu § 15 KSchG 1969 = NZA 1987, 102; BAG v. 18.2.1993, AP Nr. 35 zu § 15 KSchG 1969 = NZA 1994, 74 = BB 1993, 2381.

130 BAG v. 16.10.1986, AP Nr. 95 zu § 626 BGB = NZA 1987, 393; LAG Köln v. 28.11.1996, NZA 1997, 1166.

131 BAG v. 17.1.2008, NZA 2008, 777.

132 LAG Berlin v. 29.8.1988, NZA 1989, 280; vgl. auch LAG Hamm v. 28.11.2003 = NZA-RR 2004, 475: Ungerechtfertigte Strafanzeige gegen Geschäftsführer.

133 BAG v. 16.12.2004, AP Nr. 191 zu § 626 BGB = NZR-RR 2005, 615.

134 BAG v. 8.8.1968, AP Nr. 57 zu § 626 BGB = DB 1968, 1816; BAG v. 16.10.1986, AP Nr. 95 zu § 626 BGB = NZA 1987, 393.

135 ArbG München v. 25.9.2006, AuA 2007, 58.

136 BAG v. 16.10.1986, AP Nr. 95 zu § 626 BGB = NZA 1987, 393; kritisch Ascheid/Preis/Schmidt/*Linck*, § 15 KSchG, Rn 1340; vgl. ferner LAG Niedersachsen v. 25.10.2004, NZA-RR 2005, 530.

137 Vgl. BAG v. 17.3.2005, AP Nr. 58 zu § 15 KSchG 1969 = NZA 2005, 949.

138 BAG v. 27.9.2001, EzA § 15 KSchG n.F. Nr. 54 = NZA 2002, 815.

ordentlichen Änderungskündigung einen anderen Maßstab zugrunde und stellt auf die Dauer des besonderen Kündigungsschutzes einschließlich des Nachwirkungszeitraums ab.[139]

bb) Zustimmung des Betriebsrats

111 Beabsichtigt der Arbeitgeber die außerordentliche Kündigung einer der geschützten Personen, ist gem. § 103 Abs. 1 BetrVG die Zustimmung des Betriebsrats notwendig.[140] Die **Zustimmung** ist **Wirksamkeitsvoraussetzung** und muss ausnahmslos **vor Ausspruch der Kündigung** vorliegen; eine nachträgliche Genehmigung ist rechtlich bedeutungslos.[141] Der Betriebsrat darf seine Zustimmung nur verweigern, wenn er der Auffassung ist, die Kündigung sei unwirksam, weil entweder der wichtige Grund fehlt oder ein anderer Unwirksamkeitsgrund gegeben ist.

112 *Praxishinweis*

Die Kündigung eines als Tendenzträger beschäftigten Betriebsratsmitglieds aus tendenzbezogenen Gründen bedarf nicht der Zustimmung des Betriebsrats nach § 103 Abs. 1 BetrVG. In diesem Fall ist der Betriebsrat nur nach § 102 BetrVG anzuhören.[142]

113 Das **Verfahren** stellt sich wie folgt dar: Der Arbeitgeber muss die Zustimmung innerhalb der Frist des § 626 Abs. 2 BGB beim Betriebsrat beantragen und ihm die Gründe für die beabsichtigte außerordentliche Kündigung angeben.[143] Der Betriebsrat ist entsprechend § 102 Abs. 2 S. 3 BetrVG verpflichtet, seine Entscheidung dem Arbeitgeber unverzüglich, spätestens innerhalb von **drei Kalendertagen** (nicht Werk- bzw. Arbeitstagen) mitzuteilen. Die Mitteilung ist formlos möglich. Gibt er innerhalb der Frist keine zustimmende Erklärung ab, gilt dies als Verweigerung der Zustimmung.[144]

114 *Praxishinweis*

Das Betriebsratsmitglied, dem gekündigt werden soll, gilt als zeitweilig verhindert und darf daher an der Beratung und Beschlussfassung des Betriebsrats über die Kündigung nicht teilnehmen. Für das betroffene Betriebsratsmitglied ist ein Ersatzmitglied nach § 25 Abs. 1 BetrVG zu laden.[145]

115 Erteilt der Betriebsrat die Zustimmung, kann der Arbeitgeber unter Beachtung der **Zwei-Wochen-Frist** des § 626 Abs. 2 BGB die Kündigung aussprechen, d.h., die Kündigung muss dem Arbeitnehmer innerhalb von zwei Wochen nach Kenntniserlangung des Arbeitgebers vom wichtigen Grund zugegangen sein. Das erforderliche Zustimmungsverfahren verlängert die Frist des § 626 Abs. 2 BGB nicht.[146] Der Arbeitgeber ist nicht verpflichtet, dem außerordentlich zu kündigenden Betriebsratsmitglied die vom Betriebsrat erteilte Zustimmung in schriftlicher Form zusammen mit der Kündigung vorzulegen.[147] Die Zustimmung des Betriebsrats nach § 103 BetrVG ist keine Zustimmung i.S.d. §§ 182 Abs. 1, 3 und 111 S. 2, 3

139 BAG v. 21.6.1995, AP Nr. 36 zu § 15 KSchG 1969 = NZA 1995, 1157 = BB 1995, 2113.

140 Das Zustimmungsrecht kann auf einen Betriebsausschuss übertragen werden, BAG v. 17.3.2005, AP Nr. 4 zu § 27 BetrVG 1972.

141 BAG v. 4.3.1976, AP Nr. 5 zu § 103 BetrVG 1972 = DB 1976, 1160 = NJW 1976, 1368; BAG v. 1.12.1977, NJW 1978, 661.

142 BAG v. 28.8.2003, AP Nr. 49 zu § 103 BetrVG 1972 = NZA 2004, 501.

143 Zur ausreichenden Unterrichtung gehört auch die Mitteilung derjenigen Tatsachen, aus denen sich die Einhaltung der Ausschlussfrist des § 626 Abs. 2 BGB ergibt, LAG Hessen v. 28.8.2008, 20 TaBV 244/07.

144 BAG v. 10.12.1992, AP Nr. 30 zu § 103 BetrVG 1972 = NZA 1993, 500 = BB 1993, 889.

145 BAG v. 23.8.1994, AP Nr. 17 zu § 103 BetrVG 1972 = NZA 1985, 254 = DB 1985, 554.

146 BAG v. 18.8.1977, AP Nr. 10 zu § 103 BetrVG 1972 = DB 1978, 109 = BB 1978, 43.

147 BAG v. 4.3.2004, AP Nr. 50 zu § 103 BetrVG 1972 = NZA 2004, 717.

BGB. Eine Zurückweisung der Kündigung kommt auch bei fehlender Vorlage der Zustimmungserklärung somit nicht in Betracht.

cc) Ersetzung der Zustimmung

Hat der Betriebsrat seine Zustimmung zur Kündigung verweigert, kann der Arbeitgeber nach 116
§ 103 Abs. 2 BetrVG beim Arbeitsgericht deren Ersetzung beantragen. Bei der Antragstellung sind in zeitlicher Hinsicht bestimmte Vorgaben zwingend zu beachten. So darf der Antrag gem. § 103 Abs. 2 BetrVG einerseits **nicht vor** erfolgter **Zustimmungsverweigerung** oder dem Ablauf der dreitägigen Äußerungsfrist, muss andererseits aber noch **innerhalb der Zwei-Wochen-Frist des § 626 Abs. 2 BGB** beim Arbeitsgericht gestellt werden.[148] Im Rahmen eines Zustimmungsersetzungsverfahrens kann der Arbeitgeber auch solche Umstände zur Begründung seines Antrags heranziehen, die erst nach Ausspruch der außerordentlichen Kündigung entstanden sind.[149] Scheidet ein Betriebsratsmitglied während des Zustimmungsersetzungsverfahrens nach § 103 BetrVG aufgrund einer Neuwahl des Betriebsrats aus dem Betriebsrat aus, ist für eine am ersten Arbeitstag nach Ablauf der Amtszeit ausgesprochene außerordentliche Kündigung eine Anhörung des neuen Betriebsrats nicht erforderlich, da die Zustimmungsverweigerung des früheren Betriebsrats fortwirkt.[150]

Praxishinweis 117
Der Zustimmungsersetzungsantrag kann weder unter einer Bedingung noch vorsorglich gestellt werden und ist deshalb unheilbar unwirksam, wenn er unter der Bedingung gestellt wird, dass der Betriebsrat die Zustimmung zu der beabsichtigten Kündigung verweigert. Gleichfalls ist ein vor der Entscheidung des Betriebsrats gestellter unbedingter vorsorglicher Ersetzungsantrag unzulässig und daher nicht geeignet, die Ausschlussfrist des § 626 Abs. 2 BGB zu wahren.

Über den Zustimmungsersetzungsantrag entscheidet das Arbeitsgericht gem. § 84 ArbGG im 118
Beschlussverfahren und prüft, ob die beabsichtigte Kündigung aus einem wichtigen Grund gerechtfertigt ist. Es trifft eine Rechtsentscheidung, die praktisch den **Kündigungsschutzprozess vorwegnimmt**. Hat das Arbeitsgericht die Zustimmung rechtskräftig ersetzt, muss der Arbeitgeber die Kündigung unverzüglich aussprechen.[151] Eine erneute Überlegungsfrist steht ihm nicht zu. Eine **Freistellung** des Betriebsratsmitglieds während des arbeitsgerichtlichen Zustimmungsersetzungsverfahrens kommt dann in Betracht, wenn besondere Umstände, die regelmäßig über den wichtigen Grund hinaus gehen müssen, eine Verhinderung der Beschäftigung geradezu gebieten. Können derartige Umstände nicht substantiiert dargelegt werden, kann das Betriebsratsmitglied seinen Weiterbeschäftigungsanspruch mit Hilfe einer einstweiligen Verfügung durchsetzen.[152]

3. Rechtsfolge

Der Arbeitgeber kann die außerordentliche Kündigung erst dann wirksam aussprechen, wenn 119
die Zustimmung des Betriebsrats vorliegt oder der Beschluss über die Ersetzung der verweigerten Zustimmung rechtskräftig oder unanfechtbar ist. Eine vor diesem Zeitpunkt aus-

148 Vgl. BAG v. 7.5.1986, AP Nr. 18 zu § 103 BetrVG 1972 = NZA 1986, 719 = DB 1986, 1882.
149 BAG v. 23.4.2008, NZA 2008, 1081.
150 BAG v. 8.6.2000, AP Nr. 41 zu § 103 BetrVG 1972 = NZA 2000, 899 = DB 2000, 1772.
151 Vgl. BAG v. 17.9.1981, AP Nr. 14 zu § 103 BetrVG 1972 = DB 1982, 2041; *v. Hoyningen-Huene/Linck*, § 15 Rn 143 m.w.N.
152 Vgl. LAG Köln v. 2.8.2005, NZA-RR 2006, 28.

gesprochene Kündigung ist nicht nur schwebend unwirksam, sondern wegen Verstoßes gegen § 134 BGB **unheilbar nichtig**. Es kommt insoweit weder auf ein Verschulden des Arbeitgebers, noch auf eine nachträgliche Genehmigung des Betriebsrats an.[153] Die Unwirksamkeit der (ordentlichen oder außerordentlichen) Kündigung muss gem. § 4 KSchG innerhalb von drei Wochen geltend gemacht werden.

VII. Sonstige Fälle besonderen Kündigungsschutzes

120 Der betriebliche Datenschutzbeauftragte genießt gem. § 4f Abs. 3 S. 5 BDSG Sonderkündigungsschutz, der nach Abberufung gem. § 4f Abs. 3 S. 6 BDSG noch für ein Jahr nachwirkt.[154] Datenschutzbeauftragte sind seit dem 1.9.2009 nur noch außerordentlich kündbar, wobei keine Zustimmung eines Mitbestimmungsgremiums erforderlich ist. Art. 48 Abs. 2 GG verleiht dem Bundestagsabgeordneten sowie dem wahlberechtigten Bewerber auf ein solches Mandat einen besonderen, verfassungsrechtlich garantierten Kündigungsschutz. Soll der Inhaber eines Bergmannsversorgungsscheines ordentlich gekündigt werden, bedarf es zuvor der Zustimmung der Zentralstelle. Wehrdienst Leistende sind über § 2 Abs. 1 ArbPlSchG, der gem. § 78 Abs. 1 ZDG entsprechend auf Zivildienst Leistende anwendbar ist, vor ordentlichen Kündigungen besonders geschützt. Dies gilt auch gem. § 19 MAVO und § 21 Abs. 2 MVG-EKD für Mitglieder in Arbeitnehmergremien der römisch-katholischen bzw. der evangelischen Kirche. Besonderheiten im Kündigungsschutzrecht bestehen ferner für den Immissionsschutzbeauftragten nach § 58 Abs. 2 BImSchG sowie den Abfallbeauftragten nach § 55 Abs. 3 KrW-/AbfG.[155] Zur Kündigung im Berufsausbildungsverhältnis vgl. § 7, zum Kündigungsschutz bei Massenentlassungen vgl. § 3.[156]

153 Vgl. BAG v. 22.8.1974, AP Nr. 1 zu § 103 BetrVG = BB 1974, 1578 = DB 1974, 2310.

154 Vgl. hierzu *Schwab/Ehrhard*, NZA 2009, 1118.

155 Vgl. BAG v. 26.3.2009, DB 2009, 1653.

156 Zur sozialen Auswahl zwischen Arbeitnehmern mit Sonderkündigungsschutz und tariflich Unkündbaren vgl. *Kiel*, NZA 2005, 18, 28.

§ 8 Kündigung im Berufsausbildungsverhältnis

Hans-Walter Theiss

Inhalt

	Rn
I. Einführung	1
II. Einvernehmliche Beendigung des Berufsausbildungsverhältnisses	3
1. Zulässigkeit des Aufhebungsvertrages	4
2. Form und Inhalt des Aufhebungsvertrages	7
3. Checkliste: Aufhebungsvertrag mit Auszubildendem nach Ende der Probezeit	12
4. Muster: Aufhebungsvereinbarung	13
III. Kündigung des Berufsausbildungsverhältnisses	14
1. Kündigung innerhalb der Probezeit	15
a) Beginn und Ende der Probezeit	16
b) Formelle Wirksamkeitsvoraussetzungen	17
c) Besondere Schutzvorschriften	20
d) Sonderfall: Kündigung vor Beginn der Berufsausbildung	21
2. Kündigung nach Ende der Probezeit	22
a) Kündigung aus wichtigem Grund	23
b) Form und Inhalt	25
c) Fristen	26
d) Mitbestimmung/Sonderkündigungsschutz	27
e) Güteverfahren	29
f) Anerkannte Gründe	30
g) Checkliste: Kündigung durch Ausbildungsbetrieb nach Ende der Probezeit	32

Literatur

Becker-Schaffner, Der Aufhebungsvertrag in der Rechtsprechung, BB 1981, 1340; **Große**, Rechtliche Gestaltungsmöglichkeiten zur vorzeitigen Beendigung des Berufsausbildungsverhältnisses, BB 1993, 2081; **Herkert**, Kommentar zum BBiG, Loseblatt, Stand September 2009; **Hoß/Erich**, Hinweis- und Aufklärungspflichten des Arbeitgebers beim Abschluß von Aufhebungsverträgen, DB 1997, 625; **Jagenlauf**, Fragen bei der Anwendung des Berufsbildungsgesetzes in der Praxis, BB 1970, 1356; **Kotthaus**, Der arbeitsrechtliche Aufhebungsvertrag, 1987; **Kreuzfeld/Kramer**, Rechtsfragen der Kündigung des Berufsausbildungsverhältnisses, DB 1995, 975; **Müller**, Arbeitsrechtliche Aufhebungsverträge 1991; **Natzel**, Berufsbildungsrecht, 3. Aufl. 1982; **ders.**, Das neue Berufsbildungsgesetz, DB 2005, 610; **Opolony**, Die Beendigung von Berufsausbildungsverhältnissen, BB 1999, 1706; **Preis/Gotthardt**, Schriftformerfordernis für Kündigungen, Aufhebungsverträge und Befristungen nach § 623 BGB, NZA 2000, 348; **Richardi/Annuß**, Der neue § 623 BGB – Eine Falle im Arbeitsrecht?, NJW 2000, 1231; **Weber**, Kommentar zum BBiG, 13. Aufl. 1999; **Wißkirchen/Worzalla**, Aktuelle Fragen zu arbeitsrechtlichen Aufhebungsverträgen, DB 1994, 577.

I. Einführung

Das am 1.4.2005 neu in Kraft getreten Berufsbildungsreformgesetz hat das aus dem Jahr 1969 stammende BBiG zwar grundlegend mit einer neuen Systematik versehen, die ausbildungsvertragsrechtlichen Vorschriften haben aber nur marginale materielle Veränderungen erfahren. Dabei wurden die Vorschriften über die Kündigung (§ 22 BBiG) sowie der Schadensersatzanspruch für den Fall der vorzeitigen Beendigung des Berufsausbildungsverhältnisses inhaltlich unverändert übernommen. Die Probezeit, in welcher das Ausbildungsverhältnis problemlos gekündigt werden kann, wurde in § 20 BBiG jetzt um einen auf vier Monate verändert. Weiter aktualisiert wurde das Gesetz hinsichtlich der Erprobung neuer Ausbildungsberufe (§ 6 BBIG), bei der Anrechnung beruflicher Vorbildung (§ 7 BBIG), hin- 1 sichtlich der Kriterien zur Eignung der Ausbildungsstätte (§ 27 und 30 BBIG), durch die Europaklausel (§ 31 BBIG) sowie in den §§ 36, 50, 53, 57, 58, 63 und 70 BBIG, die sich mit Fragen der beruflichen Fortbildung, Umschulung sowie der Gleichstellung von Zeugnissen befassen. Diese Normen betreffen jedoch nicht den Bereich der Kündigung von Berufsausbildungsverhältnissen.

2 Bei einer durchschnittlichen Auszubildendenzahl von ca. 1.650.000 Auszubildenden jährlich wird im Schnitt jeder vierte Vertrag während der Ausbildung gelöst.[1] Etwa ein Viertel aller Vertragslösungen (26 %) wird dabei unproblematisch in der Probezeit vollzogen. Über 30.000 Vertragslösungen fallen in die Zeit nach der Probezeit, davon 50 % ins erste Ausbildungsjahr. Eine Studie des Bundesinstitutes für Berufsbildung belegt, dass die Gründe für diese Trennungen, überwiegend (mit ca. 70 %) in der betrieblichen Sphäre angesiedelt waren. Bei den betrieblichen Gründen, die von den Befragungsteilnehmern genannt wurden, dominierten Konflikte mit Ausbildern oder Betriebsinhabern. Allein diese statistische Auswertung zeigt, dass viel Konfliktpotential bei der Beendigung des Berufsausbildungsverhältnisses besteht und dies gerade dann, wenn die in § 20 BBiG normierte Probezeit abgelaufen ist.

Seit 2006 liegen keine neuen Angaben zum Anteil der vorzeitig gelösten Ausbildungsverträge vor. Es ist jedoch anzunehmen, dass die Zahl der vorzeitig aufgelösten Ausbildungsverträge auch heute, wie 2006, bei circa 20 % liegen dürfte.[2]

II. Einvernehmliche Beendigung des Berufsausbildungsverhältnisses

3 Ein Berufsausbildungsverhältnis kann grundsätzlich einvernehmlich durch schriftlichen **Aufhebungsvertrag** beendet werden.[3] Nach der Rspr. des BAG ist die vertraglich vereinbarte Aufhebung eines Arbeitsverhältnisses grundsätzlich zulässig und nicht durch Kündigung – oder Kündigungsschutzvorschriften – ausgeschlossen.[4] So lassen sich Streitigkeiten über die Folgen einer vorzeitigen Ausbildungsbeendigung meist vermeiden.

1. Zulässigkeit des Aufhebungsvertrages

4 Dem Grundsatz der Vertragsfreiheit in den §§ 241, 305 BGB lässt sich entnehmen, dass die Vertragsparteien ein bestehendes vertragliches Schuldverhältnis durch Vereinbarung eines neuen Vertrages beenden können. Dieser Grundsatz wird auch auf Arbeits- und Berufsausbildungsverhältnisse angewendet.[5]

5 Solange dieser Aufhebungsvertrag zwingende Kündigungsvorschriften nicht umgeht, was der Fall wäre, wenn der Zweck einer unabdingbaren Rechtsnorm dadurch vereitelt wird, dass andere rechtliche Gestaltungsmöglichkeiten missbräuchlich verwendet werden,[6] bleibt er zulässig. Ebenso wie § 626 BGB ist § 22 Abs. 2 Nr. 1 BBiG, nach dem ein Berufsausbildungsverhältnis nach Ablauf der Probezeit, von dem Fall der Berufsaufgabe abgesehen, nur

1 www.berufsbildungsbericht.info (Stand März 2003).
2 Berufsbildungsbericht 2009, www.bmbf.de
3 Allg. M., vgl. *Herkert*, § 14 Rn 1, *Weber*, § 14 Anm. 1; *Bauer*, Rn 308; *Große*, BB 1993, 2081.
4 Vgl. BAG v. 19.12.1974, AP Nr. 3 zu § 620 Beendigung; BAG v. 13.12.1984, DB 1985, 1026 = BB 1985, 930.
5 *Jagenlauf*, BB 1970, 1356.
6 *Müller*, S. 116; *Opolony*, BB 1999, 1708.

noch aus wichtigem Grund gekündigt werden kann, zwingendes Recht.[7] Insofern darf auch der für die Wirksamkeit einer außerordentlichen Kündigung erforderliche wichtige Grund nicht durch besondere vertragliche Gestaltungen beseitigt oder eingeschränkt und dadurch die dem Ausschluss der ordentlichen Kündigung liegende Schutzvorschrift umgangen werden. Dies ist nach Auffassung des BAG dann anzunehmen, wenn das Ausbildungsverhältnis enden soll, sobald das Zeugnis des Auszubildenden in einem Fach die Note „mangelhaft“ erreicht.[8]

Da der Auflösungsvertrag gerade im Ausbildungsverhältnis Rechtsfolgen auslöst, die bisweilen erhebliche Nachteile für den Auszubildenden darstellen, ist umstritten, ob den Arbeitgeber eine umfassende Hinweis- und Aufklärungspflicht hinsichtlich dieser Nachteile trifft. 6
Das BAG geht hier von einer restriktiven Aufklärungspflicht des Arbeitgebers aus und vertritt die Auffassung, dass sich der Arbeitnehmer vor Abschluss des Aufhebungsvertrages grundsätzlich selbst Klarheit über die rechtlichen Folgen verschaffen müsse, wenn er die Beendigung von diesen Folgen abhängig machen wolle.[9] Hinweispflichten können deshalb nur in engen Grenzen angenommen werden.[10] In der instanzgerichtlichen Rechtsprechung[11] und der Literatur[12] wird demgegenüber die Auffassung vertreten, der Arbeitgeber müsse alles dafür tun, eventuelle Schäden, die dem Arbeitnehmer durch den Abschluss des Aufhebungsvertrages entstehen können, abzuwenden.

2. Form und Inhalt des Aufhebungsvertrages

§ 623 BGB begründet seit dem 1.5.2000 ein konstitutives Schriftformerfordernis und verlangt bei Kündigungen oder Auflösungsverträgen zu ihrer Wirksamkeit die Schriftform. 7
Dass sich das Schriftformerfordernis i.S.v. § 623 BGB auch auf den Aufhebungsvertrag im Ausbildungsverhältnis bezieht, ist dabei im Hinblick auf § 10 Abs. 2 BBiG unstreitig.[13] Soweit es sich um einen Auszubildenden handelt, der volljährig ist, wird man eine Mitwirkung des Betriebsrates bei einem Aufhebungsvertrag ebenso wenig fordern müssen, wie die Zustimmung oder Genehmigung staatlicher Stellen[14] bei einer eventuellen Schwerbehinderung oder Schwangerschaft.[15]

Ist der Auszubildende allerdings selbst Mitglied der Jugend- und Auszubildendenvertretung oder des Betriebsrats, so kann er auf seine Rechte aus § 78a BetrVG nur dann wirksam verzichten, wenn der Aufhebungsvertrag innerhalb der letzten drei Monate des Ausbildungsverhältnisses abgeschlossen wurde. Vor diesem Zeitpunkt abgeschlossene Aufhebungsverträge sind unwirksam.[16] 8

7 BAG v. 13.12.1984, DB 1985, 1026 = BB 1985, 930.
8 BAG v. 13.12.1984, DB 1985, 1026 = BB 1985, 930.
9 BAG v. 10.3.1988, DB 1988, 2006; BAG v. 13.11.1996, NZA 1997, 390, 392.
10 *Wißkirchen/Worzalla*, DB 1994, 577.
11 ArbG Freiburg v. 20.6.1991, DB 1991, 2600; ArbG Hamburg v. 10.12.1990, BB 1991, 625; ArbG Wetzlar v. 7.8.1989, DB 1991, 976.
12 MüKo-BGB/*Schwerdtner*, vor § 620 Rn 15.
13 ErfK/*Müller-Glöge*, § 623 BGB Rn 16; so auch *Preis/Gotthardt*, NZA 2000, 348, 354; *Richardi/Annuß*, NJW 2000, 1231, 1232.
14 LAG München v. 2.11.1977, EzA § 305 BGB Nr. 3.
15 *Große*, BB 1993, 2081.
16 LAG Frankfurt v. 9.8.1974, EzA § 87a BetrVG Nr. 2.

9 Ist der Auszubildende minderjährig, so bedarf seine auf die Vertragsbeendigung gerichtete Willenserklärung der Zustimmung seines gesetzlichen Vertreters (§ 111 BGB).[17] Der Ausnahmetatbestand des § 113 Abs. 1 S. 1 BGB kann auf Ausbildungsverhältnisse nicht angewendet werden, da von dieser Norm nur die Dienst- und Arbeitsverhältnisse erfasst sind, während beim Ausbildungsverhältnis gem. § 1 Abs. 2, 3 BBiG der Ausbildungszweck im Vordergrund steht.[18]

10 Während dem außergerichtlichen Aufhebungsvertrag einige Unsicherheiten anhaften, kann dieser auch in der Form eines Prozessvergleichs vereinbart werden und hat dann, nach Vermittlung durch das Gericht, die höchste Akzeptanz unter den Beteiligten, da jede Hinweispflicht des Arbeitgebers dort endet, wo der Auszubildende durch einen Anwalt oder Gewerkschaftsfunktionär vertreten wird.[19] In diesen Fällen obliegt dem Arbeitgeber keinerlei Aufklärungspflicht.

11 *Praxishinweis*

Ein Aufhebungsvertrag, der die vorzeitige Beendigung der Berufsausbildung regelt, bedarf grundsätzlich keiner Begründung. Diese empfiehlt sich allerdings, wenn von Seiten des Auszubildenden die Kündigung betrieben wird, da einige Manteltarifverträge für Aufhebungsverträge eine Widerrufsfrist von bis zu vier Wochen vorsehen. Durch die Fixierung der Kündigungsgründe des § 22 Abs. 2 Nr. 2 BBiG wird für diesen Fall einer Anfechtung des Aufhebungsvertrages Einhalt geboten.

3. Checkliste: Aufhebungsvertrag mit Auszubildendem nach Ende der Probezeit

12
- Der Aufhebungsvertrag darf zwingende Kündigungsschutzvorschriften nicht umgehen.
- Aufklärung durch den Arbeitgeber bzgl. der Rechtswirkungen und -folgen der Vereinbarung (str., ob erforderlich, und wenn ja, wie weit die Erklärung zu gehen hat; Sonderkündigungsschutz beachten: Schwerbehinderung, Schwangerschaft).
- Mitglieder der Auszubildendenvertretung können einen Aufhebungsvertrag nur in den letzten drei Monaten ihrer Ausbildung begründen.
- Formelle Erfordernisse:
- Schriftform gem. § 623 BGB i.V.m. § 22 Abs. 3 BBiG
- Datum der Beendigung,
- Freistellung, Urlaub,
- Zeugnis, Arbeitspapiere,
- Verschwiegenheitspflicht, Betriebsgeheimnisse,
- Bei Minderjährigen: Zustimmung des gesetzlichen Vertreters.
- Herausgabe von Firmeneigentum, EDV, Schlüssel, Firmenausweisen oder/und Berufsbekleidung.
- Hinweise auf Verpflichtung zur Arbeitslosmeldung.

17 ArbG Stade v. 19.11.1965, ARSt 1966 Nr. 35.
18 Palandt/*Heinrichs*, § 113 Rn 3; *Bauer*, Rn 308; *Große*, BB 1993, 2981.
19 *Hoß/Erich*, DB 1997, 625.

4. Muster: Aufhebungsvereinbarung

▼ 13

Zwischen

und

Frau/Herrn wird folgende Vereinbarung geschlossen:

1. Die Parteien stimmen darin überein, dass alle zwischen ihnen bestehenden Vertragsverhältnisse, insbesondere auch das Berufsausbildungsverhältnis einvernehmlich zum aufgelöst werden.
2. Frau/Herr wird mit dem Tag des Abschlusses dieser Vereinbarung unter Anrechnung aller noch bestehender oder nach Abschluss dieser Vereinbarung entstehenden Urlaubsansprüche sowie eventuell bestehender Ansprüche auf Überstundenausgleich von der Arbeit freigestellt. Für die Dauer der Freistellung wird das Ausbildungsverhältnis ordnungsgemäß abgewickelt, insbesondere werden die Bezüge von Frau/Herrn weitergezahlt.
3. Der Arbeitgeber verpflichtet sich, Frau/Herrn bezogen auf das Ausbildungsverhältnis ein Zeugnis zu erteilen, das sich auf Führung und Leistung erstreckt und Frau/Herrn in ihrem/seinem beruflichen Fortkommen nicht behindert.
4. Frau/Herr erklärt, darauf hingewiesen worden zu sein, dass die bestehende Schweigepflicht über das Bestehen aller Mandatsverhältnisse sowie deren Inhalt und alle weiteren Tatsachen, über die Frau/Herr im Zuge ihrer/seiner Ausbildung Kenntnis erlangt hat, auch nach Beendigung des Ausbildungsverhältnisses fortbesteht.
5. Frau/Herr erklärt, darauf hingewiesen worden zu sein, dass sie/er zur Vermeidung von Nachteilen beim Arbeitslosengeld/bei der Arbeitslosenhilfe verpflichtet ist, sich unverzüglich nach Abschluss dieser Vereinbarung bei der für sie/ihn zuständigen Agentur für Arbeit als arbeitssuchend bzw. auf der Suche nach einer neuen Ausbildungsstelle zu melden.
6. Alle Parteien erklären, nach Abschluss dieser Vereinbarung ein durch alle Parteien im Original unterzeichnetes Exemplar dieser Vereinbarung erhalten zu haben.
7. Mit Erfüllung dieser Vereinbarung sind alle Ansprüche von Frau/Herrn gegen den Arbeitgeber erfüllt.

(Ort, Datum) (Unterschriften)

▲

III. Kündigung des Berufsausbildungsverhältnisses

Gelingt es den Parteien nicht, sich im Rahmen eines Aufhebungsvertrages zu einigen, so ist 14
der Weg der Kündigung nach § 22 BBiG zu gehen. Welche Voraussetzungen die Kündigung dabei erfüllen muss, richtet sich danach, ob der Vertrag während der Probezeit oder danach beendet wird:

1. Kündigung innerhalb der Probezeit

Gem. § 22 Abs. 1 BBiG kann das Berufsausbildungsverhältnis jederzeit ohne Einhalten einer 15
Kündigungsfrist in der Probezeit beendet werden. In dieser vereinbarten Probezeit kann das Berufsausbildungsverhältnis von beiden Seiten ohne Angabe von Gründen gekündigt wer-

den. Den Vertragsparteien wird somit die Möglichkeit gegeben, ihre einmal getroffene Entscheidung einfach und schnell widerrufen zu können.

a) Beginn und Ende der Probezeit

16 § 20 S. 2 BBiG fixiert die Probezeit auf höchstens vier Monate und mindestens einen Monat. Dabei ist anerkannt,[20] dass eine z.B. durch Krankheit unterbrochene Probezeit um die Unterbrechung verlängert werden kann, sofern die Vertragsparteien dies vereinbart haben. Dies soll insbesondere dann gelten, wenn die Unterbrechung der Ausbildung ein Drittel der Probezeit beträgt.[21]

b) Formelle Wirksamkeitsvoraussetzungen

17 Wie auch beim Aufhebungsvertrag hängt die Wirksamkeit der Kündigung von der Schriftform der Kündigungserklärung ab. Dies ergibt sich jetzt aus § 22 Abs. 3 BBiG und § 623 BGB. § 22 Abs. 3 BBiG verlangt die Angabe der Kündigungsgründe, wenn der Auszubildende kündigt, weil er die Berufsausbildung aufgeben oder sich für eine andere Berufstätigkeit ausbilden lassen will.

18 Für den Zugang der Kündigung gelten die allgemeinen Zugangserfordernisse: Die Kündigungserklärung muss derart in den Macht- oder Herrschaftsbereich des Empfängers gelangt sein, dass dieser unter normalen Umständen davon Kenntnis erlangen kann. Bei einem minderjährigen Auszubildenden muss die Kündigung dem gesetzlichen Vertreter zugehen, im Regelfall also einem Elternteil (§ 1629 Abs. 1 Satz 2 BGB).

19 Kündigt der minderjährige Auszubildende, kann er dies nur mit Zustimmung der Erziehungsberechtigten.[22]

c) Besondere Schutzvorschriften

20 MuSchG und Schwerbehindertenrecht gelten im vollen Umfang auch für Auszubildende. So ist bei einer Schwangeren das Kündigungsverbot des § 9 Abs. 1 MuSchG bis zum Ablauf von vier Monaten nach der Entbindung zu beachten. Bei einem schwerbehinderten Auszubildenden ist gem. §§ 85 ff. SGB IX die vorherige Zustimmung des Integrationsamtes einzuholen.

d) Sonderfall: Kündigung vor Beginn der Berufsausbildung

21 In Fällen, in denen sich die Auszubildenden oftmals für mehrere Berufsausbildungen gleichzeitig beworben haben, kommt es immer wieder zu Kündigungen noch vor Beginn der Berufsausbildung, da sich in der Zwischenzeit ein Ausbildungsplatz für den erstrangig begehrten Berufswunsch findet. In derartigen Fällen sind die Regelungen für eine Kündigung innerhalb der Probezeit entsprechend anwendbar.[23] Es wäre als reiner Formalismus anzuse-

20 *Natzel*, S. 167; BAG v. 15.1.1981, AP BBiG § 13 Nr. 1; ErfK/*Schlachter*, § 20 BiBiG Rn 2; Schaub/*Schaub*, § 174 Rn 78.

21 BAG v. 15.1.1981, AP BBiG § 13 Nr. 1.

22 Palandt/*Heinrichs*, § 113 Rn 3.

23 *Große*, BB 1993, 2082; BAG v. 17.9.1987, BB 1988, 1462 = DB 1988, 1454.

hen, wenn man dem Auszubildenden zumuten würde, seine Ausbildung erst antreten zu müssen, um danach sein Recht zur Kündigung innerhalb der Probezeit wahrnehmen zu können.

2. Kündigung nach Ende der Probezeit

Für den Auszubildenden ergibt sich aus § 22 Abs. 2 Nr. 2 BBiG die Möglichkeit, die Berufsausbildung mit einer Frist von vier Wochen zu kündigen, wenn er die Berufsausbildung aufgeben oder eine Ausbildung in einem anderen Beruf beginnen möchte. Hiermit trägt der Gesetzgeber dem Wunsch des Auszubildenden Rechnung, mangels weiteren Interesses am ursprünglichen Berufsziel festhalten zu müssen. Der Auszubildende muss diesen Wunsch nur ernsthaft gegenüber dem Ausbildenden erklären. Bei dieser Berufsaufgabekündigung genügt es, wenn der Auszubildende den ernsthaften Willen zum Berufswechsel oder zur Berufsaufgabe zum Ausdruck bringt. Wird die Kündigung ohne Einhaltung der Frist ausgesprochen, so wird sie im Allgemeinen nach § 139 BGB in eine fristgemäße Kündigung umgedeutet. 22

Kündigt der Auszubildende, so ist darauf zu achten, dass die Kündigung eine Begründung gemäß § 22 Abs. 2 Nr. 2 BBIG enthält, die erkennbar den Wunsch zur Berufsaufgabe enthält. Eine derartige Kündigung darf auch durch den Arbeitgeber vorbereitet werden. Unterzeichnet der Auszubildende diese nur, so besteht die Gefahr, dass diese Erklärung ihm in einem eventuellen Rechtsstreit nicht zugerechnet werden wird.

a) Kündigung aus wichtigem Grund

Das Berufsausbildungsverhältnis kann gem. § 22 Abs. 2 Nr. 1 BBiG von beiden Parteien aus einem wichtigen Grund ohne Einhalten einer Kündigungsfrist gekündigt werden. Für den Begriff des wichtigen Grundes wendet die Rechtsprechung aufgrund gewisser Übereinstimmungen von Dienst- und Ausbildungsverhältnissen die Generalklausel des § 626 Abs. 1 BGB entsprechend an.[24] Ein wichtiger Grund wird angenommen, wenn das Ausbildungsziel erheblich gefährdet und die Fortsetzung des Ausbildungsverhältnisses unzumutbar ist. Aus der Zwecksetzung von Erziehung und Ausbildung des Auszubildenden folgt, dass im Allgemeinen solche Gründe zur außerordentlichen Kündigung berechtigen, die von einem verständigen Ausbilder nicht mehr akzeptiert werden können. Hierbei ist auf die Jugendlichkeit und den Entwicklungsprozess des Auszubildenden Rücksicht zu nehmen; der Grad der geistigen, charakterlichen und körperlichen Reife muss gleichfalls Berücksichtigung finden. Zusätzlich ist bei der Interessenabwägung die Dauer der im Zeitpunkt der Kündigung zurückgelegten Ausbildungszeit im Verhältnis zur gesamten Ausbildungszeit zu berücksichtigen. Je kürzer die Zeit bis zur Beendigung des Berufsausbildungsverhältnisses noch ist, umso strenger haben die Anforderungen an den wichtigen Grund zu sein.[25] 23

> *Praxishinweis* 24
> Die Kündigungsgründe müssen auf nachprüfbaren Tatsachen beruhen, weshalb pauschale Werturteile nicht ausreichen.[26]

24 *Große*, BB 1993, 2083.

25 BAG v. 10.5.1973, EzA BBiG § 15 Nr. 2; LAG Köln v. 26.6.1987, LAGE § 615 BGB Nr. 12; LAG Düsseldorf v. 15.4.1993, EzA BBiG § 15 Abs. 2 Nr. 1 Nr. 76.

26 *Große*, BB 1993, 2083.

b) Form und Inhalt

25 Für die Kündigung aus wichtigem Grund gilt auch das Formerfordernis des § 22 Abs. 3 BBiG i.V.m. § 623 BGB. Dabei reicht es nicht aus, wenn sich die Begründung allein auf das Gesetz bezieht, vielmehr muss der Arbeitgeber den die Kündigung begründenden Sachverhalt darstellen.[27] Im Fall der Minderjährigkeit des Auszubildenden hat die Begründung auch gegenüber dem gesetzlichen Vertreter zu erfolgen und muss diesem zugehen.

c) Fristen

26 Auch für das Berufsausbildungsverhältnis gilt gem. § 22 Abs. 4 BBiG, dass eine außerordentliche Kündigung dann unwirksam ist, wenn die Kündigungsgründe dem Kündigenden länger als zwei Wochen bekannt sind. Diese Frist beginnt mit der Kenntnis von den die Kündigung rechtfertigenden Tatsachen.

d) Mitbestimmung/Sonderkündigungsschutz

27 Auch Auszubildende während ihrer Berufsausbildung sind Arbeitnehmer i.S.d. § 5 Abs. 1 BetrVG, weshalb vor dem Ausspruch der Kündigung gegenüber dem Auszubildenden der Betriebsrat unter Mitteilung der aus Arbeitgebersicht maßgeblichen Kündigungsgründe gem. § 102 BetrVG anzuhören ist. Der Arbeitgeber hat den Betriebsrat derart konkret über die für ihn tragenden Gründe zu informieren, dass dieser sich ein eigenständiges Urteil über die Stichhaltigkeit der Kündigungsgründe bilden und dazu Stellung nehmen kann.[28]

28 Gleichfalls sind die Sonderkündigungsvorschriften nach MuSchG und SGB IX zu beachten. Die Vorschriften des SGB IX über die erforderliche vorherige Zustimmung zur Kündigung eines Schwerbehinderten sind auch bei einer außerordentlichen Kündigung eines schwerbehinderten Auszubildenden zu beachten.[29] Dies lässt sich aus der allgemein gehaltenen Definition in § 68 Abs. 1 SGB IX sowie der in § 73 Abs. 1 SGB IX enthaltenen Regelung ableiten, nach der Arbeitsplätze im Sinne dieses Gesetzes auch Stellen sind, auf denen Auszubildende beschäftigt werden.

e) Güteverfahren

29 Liegen die persönlichen und betrieblichen Voraussetzungen des KSchG vor, so ist nach der Rechtsprechung des BAG zu unterscheiden, ob zur Beilegung von Streitigkeiten zwischen Auszubildenden und Ausbildern ein Ausschuss nach § 111 Abs. 2 ArbGG eingerichtet ist. Besteht ein solcher Ausschuss nicht, so muss der Auszubildende die Klagefrist nach §§ 13, 4 KSchG einhalten, um eine fiktive Wirksamkeit der Kündigung zu vermeiden.[30] Besteht dagegen ein solcher Ausschuss, so muss dieser angerufen werden.[31] Es soll dann das Verfahren nach § 111 Abs. 2 ArbGG gelten, ohne dass zunächst die Klagefrist eingehalten werden muss.[32]

27 BAG v. 10.2.1999, AP BMT G II § 54 Nr. 2; BAG v. 22.2.1972, AP BBiG § 15 Nr. 1; LAG Köln v. 18.2.2004, ZTR 2004, 606.

28 BAG v. 27.6.1985, DB 1986, 332.

29 BAG v. 10.12.1987, AP SchwbG § 18 Nr. 11; vgl. ausführlich BAG v. 5.7.1990, DB 1991, 2679.

30 BAG v. 5.7.1990, NJW 1991, 2101.

31 BAG v. 25.11.1976, AP BBiG § 15 Nr. 4; BAG, AP Nr. 2 zu § 111, ArbG 1993.

32 BAG v. 13.4.1989, AP Nr. 21 zu § 4 KSchG 1969 = DB 1990, 586.

f) Anerkannte Gründe

Folgende Gründe sind als ausreichend für eine außerordentliche Kündigung durch den Ausbildungsbetrieb angesehen worden: 30

- Ein Verstoß des Auszubildenden gegen das Betäubungsmittelgesetz, wenn die Straftat im Betrieb begangen wurde, nicht jedoch ohne weiteres, wenn sie außerhalb des Betriebs begangen wurde.[33]
- Der Auszubildende hält sich trotz wiederholter mündlicher Abmahnungen nicht an die festgelegten Ausbildungszeiten und versäumt wiederholt den Berufsschulunterricht unentschuldigt.[34]
- Diebstähle berechtigen in der Regel dann zur Kündigung, wenn nach Treu und Glauben die Fortsetzung des Ausbildungsverhältnisses billigerweise nicht erwartet werden kann.[35]
- Beharrliche Nichtvorlage oder verspätete Vorlage von Berichtsheften kann nach vorheriger Abmahnung ein wichtiger Kündigungsgrund sein.[36]
- Ausländerfeindliche Äußerungen können eine fristlose Kündigung rechtfertigen (Beispiel: Stanzen eines Blechschildes „Arbeit macht frei – Türkei schönes Land" und dessen Anbringung an der Werkbank eines türkischen Auszubildenden).[37]
- Der Auszubildende droht seinem/n Vorgesetzten erkennbar ernsthaft mit der Anwendung von Gewalt.[38]
- Unmöglichkeit der Ausbildung wegen irreparabler Gesundheitsschäden.[39]
- Stilllegung oder wesentliche betriebliche Einschränkung der Ausbildungsstätte.[40]
- Medikamentenverwechslung berechtigt im wiederholten Fall nach Abmahnung zur fristlosen Kündigung.[41]

Folgende Fälle sind als ausreichend für eine außerordentliche Kündigung durch den Auszubildenden angesehen worden: 31

- Schwerer Verstoß gegen Bestimmungen des Jugendarbeitschutzgesetzes.[42]
- Dem Ausbildenden wurde die Ausbildungsberechtigung entzogen.[43]
- Die dauernde Beschäftigung in einem Serienfertigungsbetrieb mit stets wiederkehrenden mechanischen Arbeiten.[44]
- Eine unzureichende Ausbildung trotz mehrmaliger Beschwerden.[45]

33 ArbG Wilhelmshaven v. 16.4.1982, EzB § 15 Abs. 2 Nr. 1 BBIG Nr. 47.
34 LAG München v. 14.3.1978, EzB § 15 Abs. 2 Nr. 1 BBiG Nr. 34; LAG Düsseldorf v. 15.4.1993, EzA BBiG § 15 Abs. 2 Nr. 1 Nr. 76.
35 LAG Düsseldorf v. 6.11.1973, DB 1974, 928.
36 Hessisches LAG v. 3.11.1997, BB 1998, 2268.
37 LAG Berlin v. 2.10.1997, NZA 1999, 1270; BAG v. 1.7.1990, AP BBiG § 15 Nr. 11.
38 LAG Düsseldorf v. 13.2.1990, EzA § 15 Abs. 2 Nr. 1 BBiG Nr. 73.
39 Küttner/*Kania*, Nr. 73 Rn 57.
40 BAG v. 3.12.1998, AP InsO § 113 Nr. 1.
41 ArbG Koblenz Urt. v. 9.8.2006 – 4 Ca 2687/05.
42 BAG v. 28.10.1971, EzA BGB § 626 n.F. Nr. 9.
43 ArbG Celle v. 15.12.1971 – 2 Ca 333/71 – n.v.
44 LAG Hamm v. 26.11.1954, BB 1955, 290.
45 LAG Düsseldorf v. 20.12.1960, DB 1961, 342.

g) Checkliste: Kündigung durch Ausbildungsbetrieb nach Ende der Probezeit

32
- Liegt ein wichtiger Grund vor, der die außerordentliche Kündigung tragen könnte?
  - Ausbildungsziel erheblich gefährdet?
  - Fortsetzung der Ausbildung unzumutbar?
  - Abmahnung bereits erfolgt oder sogar entbehrlich?
  - Steht der Auszubildende kurz vor der Abschlussprüfung?
- Die Kündigung muss innerhalb von zwei Wochen nach Kenntnis des wichtigen Grundes erklärt werden und bei Minderjährigkeit des Auszubildenden einem der Erziehungsberechtigten zugehen.
  - Güteverfahren erforderlich?
  - Betriebsrats- oder Personalratsanhörung erforderlich
  - Sonderkündigungsschutz beachten: Schwerbehinderung, Schwangerschaft, Mitglied der Auszubildendenvertretung?
- Formelle Erfordernisse:
  - Schriftform gem. § 623 BGB i.V.m. § 22 Abs. 3 BBiG,
  - Datum der Beendigung,
  - Freistellung, Urlaub,
  - Zeugnis, Arbeitspapiere,
  - Verschwiegenheitspflicht, Betriebsgeheimnisse.
- Herausgabe von Firmeneigentum, EDV, Schlüssel, Firmenausweisen oder/und Berufsbekleidung.
- Hinweise auf Verpflichtung zur Arbeitslosmeldung.

§ 9 Kündigung im Arbeitskampf

Sebastian Witt

Inhalt

Rn

I. Grundlagen ... 1
1. Rechtsgrundlagen ... 2
2. Begriffsbestimmung ... 3
3. Parteien des Arbeitskampfes (im engeren Sinne) ... 4

II. Arbeitskampfmaßnahmen im engeren Sinne (Streiks und Aussperrungen) ... 9
1. Der Streik ... 10
a) Erscheinungsformen ... 11
b) Voraussetzungen des rechtmäßigen Streiks ... 16
c) Folgen eines rechtmäßigen Streiks ... 25
aa) Abmahnung und Kündigung wegen des Arbeitskampfes ... 26
bb) Kündigung aus anderen Gründen als dem Arbeitskampf ... 27
cc) Beteiligungsrechte des Betriebsrats ... 30
d) Folgen eines rechtswidrigen Streiks ... 32
aa) Kündigung ... 33
bb) Beteiligungsrechte des Betriebsrats ... 36
cc) Aussperrung als Reaktion des Arbeitgebers ... 37
e) Neutralitätspflicht des Staates, Leistungen der Arbeitsförderung ... 38
2. Die Aussperrung ... 39
a) Suspendierende Aussperrung als Angriffsmittel (Angriffsaussperrung) ... 40
b) Aussperrung als Reaktion auf einen Streik (Abwehraussperrung) ... 41
c) Folgen rechtmäßiger Aussperrungen ... 42
d) Folgen rechtswidriger Aussperrungen ... 43
e) Sonderfall: Lösende Aussperrung ... 44

III. Arbeitskampfmaßnahmen im weiteren Sinne (hier: Massenänderungskündigung) ... 46
1. Die Massenänderungskündigung des Arbeitgebers ... 47
2. Massenänderungskündigung der Arbeitnehmer ... 49

Literatur

Gamillscheg, Kollektives Arbeitsrecht, Bd. 1, 1997; **Knipp**, Praxis des Arbeitsrechts, 2001.

I. Grundlagen

Für den Kündigungsschutz im „Arbeitskampf" kommt es zunächst darauf an, den Begriff des „Arbeitskampfes" und seine Grundlagen zu klären. 1

1. Rechtsgrundlagen

Zu dem Begriff und den Voraussetzungen des Arbeitskampfes schweigt das Gesetz im Wesentlichen. Obgleich Arbeitskämpfe in Art. 9 Abs. 3 GG vorausgesetzt und dadurch grundsätzlich für zulässig erklärt werden, fehlt es an einer gesetzlichen Definition bzw. Regelung, unter welchen Voraussetzungen welche Arbeitskampfmaßnahmen ergriffen werden dürfen. 2

Auch andere gesetzliche Bestimmungen – wie bspw. Art. 6 Nr. 4 der Europäischen Sozialcharta oder die Verfassungen der Länder Bremen, Rheinland-Pfalz und Berlin, die jeweils das Recht auf Streik vorsehen – geben insoweit keinen Aufschluss. Das Recht des Arbeitskampfrechts wird deshalb nur durch gesetzesvertretendes **Richterrecht** geprägt. Wesentlich für das heutige Verständnis des Arbeitskampfrechts sind dabei vor allem die Entscheidungen des Großen Senats des Bundesarbeitsgerichts vom 28.1.1955[1] und 21.4.1971.[2]

2. Begriffsbestimmung

3 Arbeitskampf ist im weitesten Sinne jede kollektiv durchgeführte Maßnahme von Arbeitnehmern oder Arbeitgebern, die die Gegenseite zielgerichtet unter Druck setzen soll.[3] Deshalb zählt bspw. auch die gemeinsame Ausübung arbeitsvertraglicher Rechte (z.B. von Zurückbehaltungsrechten oder der gemeinsame Ausspruch von (Änderungs-) Kündigungen) zum Arbeitskampf. Im engeren Sinne versteht man unter Arbeitskampf die kollektive Verweigerung arbeitsvertraglicher Pflichten, die auf die Initiative einer Tarifpartei zurückzuführen ist: Das klassische Kampfmittel der Arbeitnehmer ist dabei der Streik, bei dem die Arbeit niedergelegt wird. Dem Arbeitgeber steht die Aussperrung offen, d.h. die generelle Zurückweisung der Arbeitsleistung unter Verweigerung der Lohnzahlung. Die Aussperrung kann eine Reaktion auf einen begonnenen Streik sein (Abwehraussperrung) oder von den Arbeitgebern als Angriffsmittel genutzt werden (Angriffsaussperrung); eine Sonderform, die so genannte lösende Aussperrung, ist heute nahezu bedeutungslos geworden.

3. Parteien des Arbeitskampfes (im engeren Sinne)

4 Wie sich aus dem Zusammenhang des Art. 9 Abs. 3 GG ergibt, ist das Recht zum Arbeitskampf zunächst einmal den Koalitionen, d.h. den Tarifparteien vorbehalten.

5 Damit können **Streiks auf Arbeitnehmerseite zwar** grundsätzlich **nur durch die Gewerkschaften** durchgeführt werden; die Rechtsprechung billigt aber auch nicht organisierten Arbeitnehmern das Recht auf Streikteilnahme zu, sofern sie ein berechtigtes Eigeninteresse am Ausgang des Arbeitskampfes haben.

6 *Beispiel*

Ein nicht verbandsangehöriger Arbeitgeber behandelt die nicht organisierten und gewerkschaftsangehörigen Arbeitnehmer seines Betriebes gleich. In diesem Fall haben auch die nicht organisierten Arbeitnehmer ein berechtigtes Interesse an einem Arbeitskampf, der auf die Verbesserung ihrer Arbeitsbedingungen abzielt. Sie sind berechtigt, den Streik zu unterstützen.

Dasselbe Recht kann den Arbeitnehmern eines nicht tarifgebundenen Arbeitgebers zustehen, wenn ihr standardisierter Arbeitsvertrag auf einen Tarifvertrag „in seiner jeweils geltenden Fassung" verweist.

7 Die **Aussperrung ist** grundsätzlich **den Arbeitgeberverbänden** vorbehalten und erstreckt sich in **Ausnahmefällen** auch auf Arbeitgeber, die nicht organisiert sind.[4] So sind Arbeit-

1 BAG GS v. 28.1.1955, BB 1955, 412 = SAE 1956, 10 = AP Nr. 1 zu Art. 9 GG Arbeitskampf.
2 BAG GS v. 21.4.1971, BB 1971, 701 = NJW 1971, 1668 = AP Nr. 43 zu Art. 9 GG Arbeitskampf.
3 ErfK/*Dieterich*, Art. 9 GG Rn 91; HWK/*Hergenröder*, Art. 9 Rn 146.
4 Vgl. BAG v. 22.3.1994, NJW 1995, 477 = NZA 1994, 1097; BAG v. 18.2.2003, NZA 2003, 866.

geber, die keinem Arbeitgeberverband angehören, zur Aussperrung berechtigt, wenn um einen Firmentarifvertrag für ihr Unternehmen gekämpft wird.

Der **Arbeitskampf** muss sich grundsätzlich **gegen den anderen Tarifpartner** richten. So kann auch ein nicht verbandsangehöriger Arbeitgeber bestreikt werden, um den Abschluss eines Firmentarifvertrages zu erzwingen.[5] Nach der Rechtsprechung kann sich eine Aussperrung im Übrigen – als Umkehrschluss zum uneingeschränkten Recht auf Streikteilnahme – auch gegen nicht gewerkschaftsangehörige Arbeitnehmer richten.[6] 8

Darüber hinaus hat das BAG zwischenzeitlich auch so genannte Unterstützungs- oder Sympathiestreiks grundsätzlich für zulässig erklärt.[7] Danach können Gewerkschaften zu Streikmaßnahmen aufrufen, um Dritte zum Abschluss von Tarifverträgen zu veranlassen. Darauf, ob die unterstützende und die tarifschließende Gewerkschaft identisch sind, soll es nicht entscheidend ankommen; denn maßgeblich sei letztlich das Ziel der Gestaltung von Arbeitsbedingungen. Dadurch können sich Streiks nunmehr auch gegen andere Unternehmen als den Tarifpartner richten. Verboten sind lediglich solche Unterstützungsstreiks, die offensichtlich ungeeignet, nicht erforderlich oder unangemessen sind.

II. Arbeitskampfmaßnahmen im engeren Sinne (Streiks und Aussperrungen)

Für das Verständnis von Streiks und Aussperrungen und der damit verbunden Auswirkungen auf das Arbeitsverhältnis hat die Entscheidung des Großen Senats des Bundesarbeitsgerichts vom 28.1.1955[8] grundlegende Bedeutung: Während eines rechtmäßigen Streiks (siehe Rn 16 f.) bzw. einer rechtmäßigen Aussperrung (vgl. Rn 39 ff.) sind **die wechselseitigen Hauptleistungspflichten des Arbeitsverhältnisses suspendiert**.[9] Weder sind die Arbeitnehmer zur Arbeitsleistung verpflichtet noch schuldet der aussperrende Arbeitgeber den hiervon betroffenen Mitarbeitern eine Vergütung. Dies hat erhebliche Auswirkungen für die Reaktionsmöglichkeiten der jeweils anderen Arbeitsvertragspartei im Arbeitskampf. 9

1. Der Streik

Bei dem Streik handelt es sich um die praktisch bedeutsamste oder zumindest bekannteste Arbeitskampfmaßnahme, mit der Gewerkschaften Druck auf Arbeitgeber ausüben. 10

a) Erscheinungsformen

Da es den Tarifpartnern frei steht, ihre Arbeitskampfmittel selbst zu wählen, haben die Gewerkschaften verschiedene Streikformen entwickelt:[10] 11

5 Vgl. hierzu bspw. BAG v. 18.2.2003, NZA 2003, 866.

6 BAG GS v. 28.1.1955, BB 1955, 412 = SAE 1956, 10 = AP Nr. 1 zu Art. 9 GG Arbeitskampf; BAG GS v. 21.4.1971, BB 1971, 701 = NJW 1971, 1668 = AP Nr. 43 zu Art. 9 GG Arbeitskampf.

7 BAG v. 19.6.2007, NZA 2007, 1055.

8 BAG GS v. 28.1.1955, BB 1955, 412 = SAE 1956, 10 = AP Nr. 1 zu Art 9. GG Arbeitskampf.

9 Vgl. zuletzt BAG v. 26.7.2005, NZA 2005, 1402 = DB 2006, 393.

10 Für die Darstellung weiterer Streikformen und deren Zulässigkeit muss auf die einschlägige Spezialliteratur verwiesen werden, bspw. *Knipp*, Rn 1355; ErfK/*Dieterich*, Art. 9 GG Rn 196.

12 Bekannt sind zunächst die so genannten **Warnstreiks**, bei denen die Arbeit stets nur für einen kurzen Zeitraum niedergelegt wird. Hierdurch wollen die Arbeitnehmer ihre Bereitschaft zum Dauerstreik deutlich machen. Warnstreiks sind nach der Rechtsprechung zulässige Arbeitskampfmittel der Arbeitnehmer.[11]

13 Unzulässig ist hingegen der sog. „**Bummelstreik**" bzw. „Dienst nach Vorschrift". Bei dieser Streikform legen die Arbeitnehmer ihre Arbeit nicht nieder, sondern setzen den Arbeitgeber durch die Art ihrer Arbeitsleistung unter Druck, indem die Arbeit bspw. besonders langsam ausgeübt wird. In diesen Fällen verlieren die Arbeitnehmer ihren Lohnanspruch grundsätzlich nicht, da es sich nur um eine Schlechtleistung und keine Arbeitsniederlegung handelt. Da durch derartige Kampfmaßnahmen allein der Arbeitgeber geschädigt wird, sind diese unzulässig.[12]

14 Gleiches gilt für die übertriebene Beachtung von Vorschriften, die allein auf eine Störung der Arbeitsabläufe abzielt, oder den sog. „**Bleistiftstreik**". Hierbei erbringen die Arbeitnehmer zwar ihre Tätigkeit, unterlassen jedoch die Dokumentation, die für die Abrechnung ihrer Leistungen gegenüber Dritten erforderlich ist.

15 Zulässig sind wiederum **Teilstreiks**, bei denen die Gewerkschaften zwar – anders als beim so genannten Voll- oder **Flächenstreik** – nur einen begrenzten räumlichen/betrieblichen Kampfrahmen wählen, und dabei besonders sensible Punkte der Produktionsabläufe bestreiken. Diese „Nadelstichmaßnahmen" werden von der Rechtsprechung unter dem Stichwort „neue Beweglichkeit" zusammengefasst. Sie sind heute sehr häufig, da die Gewerkschaften nur geringe finanzielle Unterstützungsleistungen an ihre Mitglieder zahlen müssen, aber einen größtmöglichen Druck auf die Arbeitgeber erzielen.

Eine erst seit dem Jahr 2007 anerkannte zulässige Streikform ist der so genannte Unterstützungsstreik (vgl. Rn 8). Er soll den bestreikten Arbeitgeber veranlassen, auf den tarifschließenden Arbeitgeber einzuwirken bzw. diesen durch eine Unterbrechung der Zulieferungen mittelbar treffen.

b) Voraussetzungen des rechtmäßigen Streiks

16 Die Rechtmäßigkeit aller zulässigen Streikformen beurteilt die Rechtsprechung mangels gesetzlicher Regelungen anhand folgender Kriterien:

17 Zunächst muss es sich um eine **von der Gewerkschaft organisierte oder zumindest geleitete** kollektive Arbeitsniederlegung handeln.[13] Nach der Rechtsprechung kommt es für die Rechtmäßigkeit des Streiks nicht darauf an, ob er von einer Gewerkschaft initiiert oder aber von ihr aufgenommen wurde.[14] Entscheidend ist nur, dass es sich um die Ausübung von Koalitionsrechten handelt.

18 Hiervon muss eine Arbeitskampfmaßnahme unterschieden werden, die auf dem Entschluss einer zufälligen, vorübergehend gebildeten Arbeitnehmergruppe (Ad-Hoc-Koalition) basiert. Sie kann nicht Grundlage eines Streiks sein,[15] sondern allenfalls gemeinschaftlicher Arbeitskampfmaßnahmen im weiteren Sinne.

11 BAG v. 21.6.1988, NZA 1988, 846 = BB 1988, 2461; BAG v. 31.10.1995, NZA 1996, 389 = NJW 1996, 1844.
12 MünchArb/*Otto*, Bd. 3, § 286 Rn 53.
13 BAG GS v. 28.1.1955, BB 1955, 412 = SAE 1956, 10 = AP Nr. 1 zu Art. 9 GG Arbeitskampf.
14 BAG v. 31.10.1995, NZA 1996, 389 = NJW 1996, 1844.
15 BAG GS v. 28.1.1955, BB 1955, 412 = SAE 1956, 10 = AP Nr. 1 zu Art. 9 GG Arbeitskampf.

Für die Rechtmäßigkeit des Streiks kommt es im Übrigen nicht darauf an, ob die nach der Satzung der Gewerkschaft erforderlichen Formalien eingehalten worden sind. Deshalb ist auch der satzungswidrige Streik nicht zwingend arbeitskampfwidrig.[16] 19

Weitere Voraussetzung eines rechtmäßigen Streiks ist die Beachtung der sog. **Friedenspflicht**. 20 Jeder Tarifvertrag dient dazu, die Arbeitsbedingungen für eine bestimmte Zeitdauer festzuschreiben und weitere Auseinandersetzungen hierüber zu verhindern. Nur so ist dem Arbeitgeber die ungestörte Produktion möglich. Aus diesem Grunde beinhaltet jeder Tarifvertrag – immanent – die so genannte **relative Friedenspflicht**, die den Tarifpartnern für die Laufzeit des Tarifvertrages den Arbeitskampf über seine Inhalte verbietet;[17] unbenommen bleibt der Gewerkschaft jedoch auch während dieser Zeit der Anfang zum Unterstützungsstreik.[18]

Eine verstärkte Form der relativen Friedenspflicht ist die **absolute Friedenspflicht**, die ausdrücklich vereinbart werden muss.[19] 21 Sie untersagt den Tarifparteien für die Vertragslaufzeit jede Form von Arbeitskampf – unabhängig davon, ob das Streikziel bereits Gegenstand von Tarifbestimmungen ist oder nicht.

Die Gewerkschaft muss mit dem Streik die **Durchsetzung tariflich regelbarer Ziele** (vgl. 22 hierzu § 1 TVG) bezwecken;[20] ein nicht tarifbezogener Streik ist rechtswidrig.

Bei der Einleitung und Durchführung des Streiks ist zwingend der **Grundsatz der Verhältnismäßigkeit** zu beachten.[21] 23 Deshalb darf ein Streik – auch ein Warnstreik – nur als **ultima ratio** eingesetzt werden, wenn die friedlichen **Verhandlungen** über den Abschluss eines Tarifvertrages **gescheitert** sind und alle **weniger einschneidenden Mittel zuvor ausgeschöpft** wurden.

Zudem gebietet die Verhältnismäßigkeit den Gewerkschaften, übermäßige Schäden von dem 24 Arbeitgeber, Dritten oder dem Gemeinwohl abzuwenden. Hierzu muss sie – trotz der Arbeitsniederlegung – dafür Sorge tragen, dass **Not- und Erhaltungsmaßnahmen** durchgeführt werden, mit denen Anlagen und Betriebsmittel in einem Zustand verbleiben, der die Wiederaufnahme der Arbeit nach der Beendigung des Arbeitskampfes ermöglicht.[22] Lässt die Gewerkschaft den erforderlichen Notdienst während des Arbeitskampfes nicht zu, ist der gesamte Streik rechtswidrig.

c) Folgen eines rechtmäßigen Streiks

Während eines rechtmäßigen Streiks ist die Arbeitspflicht der Arbeitnehmer suspendiert. Da 25 sie keine Arbeitsleistung erbringen müssen, ist ihre Arbeitsniederlegung nicht arbeitsvertragswidrig.[23]

16 *Gamillscheg*, S. 1153; *Knipp*, Rn 1355.

17 BAG v. 27.6.1989, NZA 1989, 969 = DB 1989, 2228; BAG v. 18.2.2003, NZA 2003, 866; BAG v. 10.12.2002, NZA 2003, 734 = SAE 2003, 277 m. Anm. *Besgen*; ErfK/*Dieterich*, Art. 9 GG Rn 125.

18 BAG v. 19.6.2007, NZA 2007, 1055.

19 BAG v. 18.2.2003, NZA 2003, 866; ErfK/*Dieterich*, Art. 9 GG Rn 125.

20 BVerfG v. 26.6.1991, NJW 1991, 2549 = NZA 1991, 809 = BB 1991, 1565; BAG v. 27.6.1989, NZA 1989, 969; ErfK/*Dieterich*, Art. 9 GG Rn 114.

21 BAG GS v. 21.4.1971, BB 1971, 701 = NJW 1971, 1668 = AP Nr. 43 zu Art. 9 GG Arbeitskampf; BAG v. 10.6.1980, BB 1980, 1525; BAG v. 12.3.1985, NZA 1985, 537 = NJW 1985, 2548; BAG v. 19.6.2007, NZA 2007, 1055; ErfK/*Dieterich*, Art. 9 GG Rn 129.

22 ErfK/*Dieterich*, Art. 9 GG Rn 180 ff.; *Gamillscheg*, S. 1166 ff.

23 BAG GS v. 28.1.1955, BB 1955, 412 = SAE 1956, 10 = AP Nr. 1 zu Art. 9 GG Arbeitskampf; BAG v. 22.3.1994, NJW 1995, 477 = NZA 1994, 1097; ErfK/*Dieterich*, Art. 9 GG Rn 212.

aa) Abmahnung und Kündigung wegen des Arbeitskampfes

26 Dem bestreikten Arbeitgeber ist es deshalb **nicht möglich, aus der rechtmäßigen Arbeitsverweigerung Konsequenzen zu ziehen**. Eine **Abmahnung** scheitert daher ebenso[24] wie eine Kündigung, die auf dem Arbeitskampf basiert.[25] Im Geltungsbereich des **Kündigungsschutzgesetzes** folgt dies für die ordentliche Kündigung bereits aus § 1 KSchG, da den Streikteilnehmern kein Fehlverhalten vorgeworfen werden kann. Aber auch dem nicht kündigungsgeschützten Arbeitnehmer kann nicht rechtswirksam ordentlich gekündigt werden, da er nach § 612a BGB nicht für die berechtigte Wahrnehmung eigener Rechte im Arbeitsverhältnis, d.h. die Streikteilnahme, benachteiligt werden darf. Die **fristlose Kündigung** nach § 626 BGB scheitert ebenfalls, weil kein Fehlverhalten des Arbeitnehmers vorliegt.

bb) Kündigung aus anderen Gründen als dem Arbeitskampf

27 Der Arbeitgeber ist allerdings **berechtigt**, seine Arbeitnehmer **aus anderen Gründen** als der Arbeitsverweigerung **abzumahnen oder zu kündigen**.[26]

28 *Beispiel*[27]

Der Arbeitnehmer will nach einem gewerkschaftlichen Aufruf an einem – rechtmäßigen – Warnstreik teilnehmen. Entgegen den betrieblichen Gepflogenheiten stempelt er nicht aus, als er seinen Arbeitsplatz für die Streikteilnahme verlässt. Der Arbeitgeber ist in dieser Situation berechtigt, den Arbeitnehmer wegen des Fehlverhaltens abzumahnen. Zum einen handelt es sich um eine vertragliche Nebenpflicht, die nicht von der suspendierenden Wirkung eines Streiks erfasst wird. Zum anderen tritt die Suspensionswirkung erst mit der Teilnahme am Streik ein. Das Ausstempeln liegt jedoch zeitlich davor.

29 Da die **vertraglichen Nebenpflichten nicht suspendiert** werden, können auch Verstöße gegen Wettbewerbsverbote, etc. arbeitsrechtliche Konsequenzen nach sich ziehen. Da also alle Umstände, die ihre Ursache nicht in der Streikteilnahme bzw. Suspendierung haben, als tragfähige Kündigungsgründe in Betracht kommen, ist der Arbeitgeber auch berechtigt, dem Arbeitnehmer gegebenenfalls betriebs- oder personenbedingt oder außerordentlich verhaltensbedingt zu kündigen.

cc) Beteiligungsrechte des Betriebsrats

30 Die Beteiligungs- und Mitbestimmungsrechte des Betriebsrats bleiben während des Arbeitskampfes grundsätzlich **unverändert** bestehen. Deshalb bedarf die Kündigung eines Arbeitnehmers im Regelfall weiterhin des Verfahrens nach § 102 BetrVG bzw. § 103 BetrVG. Dies ist Folge des § 74 Abs. 2 BetrVG, der die Neutralitätspflicht des Betriebsrats (jedenfalls der Mandatsausübung[28]) in Bezug auf Arbeitskämpfe regelt.

31 Die Rechtsprechung hat jedoch erkannt, dass den möglicherweise ebenfalls streikenden Betriebsräten mit den Beteiligungsrechten ein weiteres Druckinstrument gegen den Arbeitgeber zur Verfügung steht, um die Arbeitnehmerinteressen durchzusetzen. Da dies zu einer erheblichen Belastung des bestreikten Arbeitgebers bzw. einer Einschränkung seiner Handlungsfähigkeit (bspw. bei der Anordnung von Mehrarbeit für die nicht streikenden Arbeitnehmer über § 87 Abs. 1 Nr. 3 BetrVG) führen kann, **entfallen die Mitbestimmungs- und Betei-**

24 ArbG München v. 6.11.1984, DB 1985, 818.
25 ErfK/*Dieterich*, Art. 9 GG Rn 212; *Gamillscheg*, S. 1187.
26 ErfK/*Dieterich*, Art. 9 GG Rn 212.
27 Nach ArbG Herford v. 30.10.2003– 1 Ca 912/02 – n.v.; vgl. auch LAG Hamm v. 25.5.1993 – 4 Sa 11/93 – n.v.
28 ErfK/*Kania*, § 74 BetrVG Rn 12.

ligungsrechte des Betriebsrats für Maßnahmen, die arbeitskampfrelevant oder -bedingt sind und mit denen der Arbeitgeber arbeitskampfbezogen tätig wird oder reagiert.[29] Dadurch unterfällt bspw. die Kündigung wegen Streikexzesses (also einer unverhältnismäßigen Streikmaßnahme) nicht der Mitbestimmung nach §§ 102, 103 BetrVG.[30] Ob Notdienstmaßnahmen der Beteiligung des Betriebsrats unterliegen, ist im Übrigen streitig.[31]

d) Folgen eines rechtswidrigen Streiks

Während eines rechtswidrigen Streiks tritt die Suspensionswirkung nicht ein, so dass die Arbeitnehmer weiterhin ihre Arbeitsleistung zu erbringen haben. 32

aa) Kündigung

Jede Arbeitsverweigerung ist in dieser Situation arbeitsvertragswidrig und kann insb. im Hinblick auf die **unberechtigte Arbeitsniederlegung** eine **Abmahnung** oder **Kündigung** nach sich ziehen.[32] 33

Im **Kleinbetrieb** bedarf es grds. keiner Abmahnung, bevor die ordentliche Kündigung ausgesprochen wird (siehe § 3 Rn 273). Findet das **Kündigungsschutzgesetz** Anwendung, ist vor einer ordentlichen Kündigung grds. die vorangegangene **Abmahnung** des Arbeitnehmers erforderlich. Der Arbeitgeber hat die Streikteilnehmer daher unter Hinweis auf die ansonsten drohende Kündigung des Arbeitsverhältnisses zur Arbeitsleistung aufzufordern. Erst wenn auch diese Maßnahme nicht zur Wiederaufnahme der Tätigkeit geführt hat, kommt die Kündigung des Arbeitsvertrages in Betracht. Eine **außerordentliche Kündigung** ist regelmäßig nur dann rechtswirksam, wenn der Arbeitnehmer zuvor abgemahnt wurde. 34

Der Arbeitgeber ist nicht gezwungen, entweder allen rechtswidrig Streikenden oder keinem zu kündigen. Er kann sich vielmehr – um Druck auszuüben – auf einen Teil der Streikteilnehmer oder gar einzelne Arbeitnehmer beschränken. Das Bundesarbeitsgericht hat in einer früheren Entscheidung eine derartige **„herausgreifende Kündigungen"** sogar gebilligt, obwohl die Auswahlentscheidung willkürlich getroffen wurde.[33] 35

bb) Beteiligungsrechte des Betriebsrats

Während eines Arbeitskampfes bestehen die Beteiligungsrechte des Betriebsrats zwar grundsätzlich fort. Um aber die Funktionsfähigkeit des Betriebes und die Handlungsfähigkeit des Arbeitgebers zu erhalten, **entfällt die betriebliche Mitbestimmung** während Arbeitskämpfen **für alle arbeitskampfbedingten und -relevanten Maßnahmen**, mit denen der Arbeitgeber reagiert oder tätig wird (siehe Rn 26). 36

cc) Aussperrung als Reaktion des Arbeitgebers

Während eines rechtswidrigen Streiks ist der Arbeitgeber berechtigt, die Streikteilnehmer suspendierend (siehe Rn 40) oder sogar lösend (vgl. Rn 44 f.) auszusperren und dadurch ihre Arbeitsverhältnisse fristlos zu beenden, sofern der Betroffene keinen besonderen Kündigungsschutz genießt. In der Praxis tritt die lösende Aussperrung nicht auf. 37

29 BAG v. 22.12.1980, NJW 1981, 937 = BB 1981, 609; ErfK/*Kania*, § 74 BetrVG Rn 14.

30 BAG v. 14.2.1978, NJW 1979, 236 = BB 1978, 1115.

31 Vgl. hierzu ErfK/*Kania*, § 74 BetrVG Rn 15.

32 BAG GS v. 21.4.1971, BB 1971, 701 = NJW 1971, 1668 = AP Nr. 43 zu Art. 9 GG Arbeitskampf; ErfK/*Dieterich*, Art. 9 GG Rn 233.

33 BAG v. 21.10.1969, NJW 1970, 486 = BB 1970, 126.

e) Neutralitätspflicht des Staates, Leistungen der Arbeitsförderung

38 Für Leistungen der Arbeitsförderung (Kurzarbeitergeld, Arbeitslosengeld) gilt der **Grundsatz der Unparteilichkeit** (§§ 146, 174 SGB III). Deshalb ist die **Gewährung von Kurzarbeitergeld ausgeschlossen**, wenn der Arbeitsausfall auf dem Arbeitskampf beruht (§ 174 Abs. 2 SGB III).[34] Zudem **ruht der Anspruch auf Arbeitslosengeld**, wenn zwischen dem Eintritt der Arbeitslosigkeit und dem Arbeitskampf ein ursächlicher Zusammenhang besteht (§ 146 SGB III).

2. Die Aussperrung

39 Bei der Aussperrung handelt es sich um das Arbeitkampfmittel der Arbeitgeber. Es kann als Angriffsmittel eingesetzt werden, um die Gewerkschaften durch Druck zum Abschluss veränderter Tarifbedingungen zu veranlassen. Häufiger aber wird die Aussperrung als Reaktion auf einen Streik eingesetzt. Beide Formen haben – ebenso wie der rechtmäßige Streik – **suspendierende Wirkung**, wenn sie rechtmäßig durchgeführt werden. Die Sonderform der lösenden Aussperrung, mit der zwar keine suspendierende Wirkung eintritt, aber die Arbeitsverhältnisse der betroffenen Arbeitnehmer beendet werden, ist heute praktisch ohne Bedeutung.

a) Suspendierende Aussperrung als Angriffsmittel (Angriffsaussperrung)

40 Mit der suspendierenden Angriffsaussperrung ergreifen die Arbeitgeber bzw. deren Verbände die Initiative, um Arbeitsbedingungen durch den Abschluss von Tarifverträgen zu verändern. Nach der Rechtsprechung folgt diese Arbeitskampfmaßnahme grundsätzlich denselben Voraussetzungen wie ein Streik:

- Zunächst muss es sich um eine **von einem Arbeitgeberverband veranlasste Arbeitskampfmaßnahme** handeln. Nur in Ausnahmefällen sind nicht organisierte Arbeitgeber berechtigt, ihre Arbeitnehmer auszusperren.
- Die Aussperrung darf weder gegen eine tarifvertragsimmanente **relative Friedenspflicht** noch eine ausdrücklich vereinbarte **absolute Friedenspflicht** verstoßen.
- Die aussperrenden Arbeitgeber müssen mit ihrer Maßnahme **tariflich regelbare Ziele** verfolgen.
- Letztlich muss die Maßnahme **verhältnismäßig** sein. Dies schließt es nicht aus, dass sonderkündigungsgeschützte Arbeitnehmer (bspw. Arbeitnehmerinnen in Mutterschutz oder schwer behinderte Menschen) von der Arbeitskampfmaßnahme betroffen werden.[35]

b) Aussperrung als Reaktion auf einen Streik (Abwehraussperrung)

41 Der Arbeitgeber kann mit der Abwehraussperrung auf Streikmaßnahmen reagieren, um selbst mit einer suspendierten Vergütungspflicht Druck auf die Arbeitnehmer auszuüben. Da ihm dies aber nur mittelbar gelingen kann, indem er seine Maßnahme gegen Arbeitnehmer richtet, die nicht streiken (die Gehaltsansprüche der Streikteilnehmer sind ohnehin suspendiert), muss er nach der Rspr. besondere Voraussetzungen einhalten:

34 Vgl. auch Küttner/*Voelzke*, Personalbuch 2009, Stichwort: Arbeitskampf (Vergütung), Rn 37 m.w.H.
35 BAG v. 7.6.1988, NJW 1989, 315 = NZA 1988, 890.

- Die Abwehraussperrung muss – weil es sich um eine Arbeitskampfmaßnahme im engeren Sinne handelt – **von einem Arbeitgeberverband organisiert oder geleitet** sein. Nicht verbandsangehörige Arbeitgeber können nur in Ausnahmefällen aussperren.
- Die Abwehraussperrung muss als Reaktion auf einen (rechtmäßigen oder rechtswidrigen) Streik initiiert worden sein. Der Arbeitgeber muss dazu ausdr. oder konkludent gegenüber den Gewerkschaften bzw. betroffenen Arbeitnehmern erklären, dass er sich dem **Streik beugt**.[36] Es genügt deshalb nicht, dass er die Mitarbeiter „nach Hause schickt", ohne ihnen den Streik als Anlass hierfür zu nennen.[37]
- Auf Grund des **Verhältnismäßigkeitsprinzips** darf die Aussperrung den Arbeitskampfrahmen weder in räumlicher noch in sachlicher Hinsicht ausweiten. In engen Grenzen ist es jedoch zulässig, dass nicht streikende Arbeitnehmer von der Abwehraussperrung betroffen werden:[38] Sind weniger als 25 % der Arbeitnehmer im Tarifgebiet zum Streik aufgerufen, darf der Arbeitgeberverband den Kampfrahmen auf bis zu 25 % der Arbeitnehmer erweitern; hat die Gewerkschaft mehr als 25 %, aber weniger als 50 % der Arbeitnehmer zur Arbeitsniederlegung bewogen, ist der Arbeitgeber berechtigt, bis zu 50 % der betroffenen Arbeitnehmer auszusperren; richtet sich der Streikaufruf an 50 % oder mehr Prozent der Arbeitnehmer, ist der Arbeitgeber im Umfang der Aussperrung frei.[39] Er ist **berechtigt, die Aussperrung auch gegen nicht gewerkschaftsangehörige[40] oder sonderkündigungsgeschützte[41] Arbeitnehmer** zu richten.

c) Folgen rechtmäßiger Aussperrungen

Die rechtmäßige Aussperrung führt – mit Ausnahme der lösenden Aussperrung – zur Suspendierung der wechselseitigen Hauptleistungspflichten im Arbeitsverhältnis mit den betroffenen Arbeitnehmern. Die ausgesperrten Arbeitnehmer sind deshalb nicht berechtigt, ihr Arbeitsverhältnis aufgrund der unterlassenen Vergütungszahlung außerordentlich zu kündigen. Ihnen bleibt die ordentliche Kündigung. **42**

d) Folgen rechtswidriger Aussperrungen

Da die rechtswidrige Aussperrung nicht dazu führt, dass die Vergütungspflicht entfällt, hat der Arbeitgeber nach § 615 BGB weiterhin das Gehalt zu zahlen. Die hiervon betroffenen Arbeitnehmer haben zudem das Recht – nach Abmahnung –, ihr Arbeitsverhältnis **außerordentlich zu kündigen** und können ggf. **Schadensersatzansprüche** nach § 628 Abs. 2 BGB geltend machen. **43**

e) Sonderfall: Lösende Aussperrung

Die lösende Aussperrung ist heute nahezu bedeutungslos und dadurch ein überwiegend **theoretisches Problem**: Der Große Senat des Bundesarbeitsgerichts hat in seiner Entscheidung **44**

36 BAG v. 27.6.1995, NZA 1996, 212 = BB 1996, 218; ErfK/*Dieterich*, Art. 9 GG Rn 259.
37 ErfK/Dieterich, Art. 9 GG Rn 259.
38 BAG v. 10.6.1980, BB 1980, 1525; BAG v. 12.3.1985, NZA 1985, 537 = NJW 1985, 2548.
39 BAG v. 10.6.1980, BB 1980, 1525; diff. ErfK/*Dieterich*, Art. 9 GG Rn 241 ff.
40 BAG GS v. 21.4.1971, BB 1971, 701 = NJW 1971, 1668; BAG v. 22.10.86, NZA 1987, 494 = DB 1987, 1363; BAG v. 22.3.1994, NJW 1995, 477 = NZA 1994, 1097; BAG v. 18.2.2003, NZA 2003, 866.
41 ErfK/*Dieterich*, Art. 9 GG Rn 254 f.

vom 21.4.1971[42] festgehalten, dass es den arbeitskampfberechtigten Arbeitgebern im Einzelfall offen stehen muss, **Arbeitsverhältnisse arbeitskampfbedingt mit sofortiger Wirkung zu beenden** (lösende Aussperrung), ohne auf das Instrument der Kündigung angewiesen zu sein. Da es sich aber um eine Arbeitskampfmaßnahme mit besonders einschneidenden Folgen handelt, darf sie allenfalls in Ausnahmefällen, bspw. rechtswidrigen Streiks mit erheblichen negativen Auswirkungen für den Arbeitgeber, ergriffen werden. Die lösende Aussperrung darf sich **nicht gegen Arbeitnehmer** richten, **die Sonderkündigungsschutz** genießen.[43] Der **Betriebsrat ist nicht zu beteiligen**.

45 Den Arbeitnehmern, deren Arbeitsverhältnis durch die lösende Aussperrung beendet wurde, steht nach der Rechtsprechung mit der Beendigung des Arbeitskampfes ein **Wiedereinstellungsanspruch nach billigem Ermessen** zu.[44] Sind ihre Arbeitsplätze zwischenzeitlich anderweitig besetzt worden oder nicht mehr vorhanden, muss der Arbeitgeber zwischen mehreren Arbeitnehmern, die für einen Arbeitsplatz die Wiedereinstellung verlangen können, eine **Sozialauswahl** (§ 1 KSchG) treffen. Gerade deshalb und wegen der fehlenden Vorteile (Sonderkündigungsschutz bleibt bestehen), werden lösende Aussperrungen heute nicht mehr durchgeführt.

III. Arbeitskampfmaßnahmen im weiteren Sinne (hier: Massenänderungskündigung)

46 Den o.g. Arbeitskampfmitteln (Streik und Aussperrung) ist gemeinsam, dass sie grundsätzlich nur von Arbeitgeberverbänden und Gewerkschaften initiiert werden können. Die nicht organisierten Arbeitgeber oder Arbeitnehmer können deshalb nur über individualrechtliche Mittel Druck auf die jeweils andere Arbeitsvertragspartei erzeugen. Eine Möglichkeit hierzu ist die so genannte Massenänderungskündigung. Sie setzt sich aus einer **Vielzahl ausgesprochener Änderungskündigungen** zusammen.

1. Die Massenänderungskündigung des Arbeitgebers

47 Arbeitgeber können einer Vielzahl von Arbeitnehmern mit dem Ziel der Veränderung von Arbeitsbedingungen kündigen. Dies führt jedoch – da es sich nicht um eine Arbeitskampfmaßnahme im engeren Sinne handelt – nicht zur Suspendierung der wechselseitigen Hauptleistungspflichten. Wählt ein Arbeitgeber diese Möglichkeit, muss **jede einzelne Änderungskündigung** rechtswirksam erklärt werden, d.h. im kündigungsgeschützten Arbeitsverhältnis insb. **sozial gerechtfertigt** sein (§§ 2, 1 KSchG, siehe § 3 Rn 273). Da es sich um eine Vielzahl von Kündigungsmaßnahmen handelt, muss ggf. eine **Massenentlassungsanzeige nach § 17 KSchG** (siehe § 3) erfolgen, da die Kündigungen andernfalls scheitern. Zudem ist der Betriebsrat bei jeder einzelnen Änderungskündigung, aus denen sich die Massenänderungskündigung zusammensetzt, nach §§ 102, 103 BetrVG zu beteiligen.

48 Die Massenänderungskündigung stellt keine Maßnahme i.S.v. **§ 25 KSchG** dar, die von den Vorschriften des Kündigungsschutzgesetzes entbunden ist.[45] Dieser Vorschrift, die bereits

42 BAG GS v. 21.4.1971, BB 1971, 701 = NJW 1971, 1668 = AP Nr. 43 zu Art. 9 GG Arbeitskampf.

43 BAG GS v. 21.4.1971, BB 1971, 701 = NJW 1971, 1668 = AP Nr. 43 zu Art. 9 GG Arbeitskampf; KR/*Weigand*, § 25 KSchG Rn 10.

44 BAG GS v. 21.4.1971, BB 1971, 701 = NJW 1971, 1668 = AP Nr. 43 zu Art. 9 GG Arbeitskampf.

45 KR/*Weigand*, § 25 KSchG Rn 30 f.

in das Kündigungsschutzgesetz 1951 aufgenommen und seitdem nicht wieder gestrichen wurde, liegt das überholte Verständnis zugrunde, dass bestreikte Arbeitgeber keine Möglichkeit haben, sich kollektivrechtlich gegen den Arbeitskampf zu wehren und das Arbeitsverhältnis kündigen müssen. Da es dem Arbeitgeber bei rechtmäßigen Streiks nicht möglich ist, das Arbeitsverhältnis zu kündigen, sollte er von den Voraussetzungen der §§ 1 ff. KSchG befreit sein, um die Kampfparität wieder herzustellen. Auf Grund der Rechtsprechung, dass Arbeitgeber zur Aussperrung berechtigt sind, hat **§ 25 KSchG keine Bedeutung** mehr.

2. Massenänderungskündigung der Arbeitnehmer

Auch die Arbeitnehmer haben die Möglichkeit, zusammen eine Vielzahl von Änderungskündigungen (jeder einzelne Mitarbeiter für sich) auszusprechen, um die Konditionen ihrer Arbeitsverträge zu ändern. Dieser Fall wird allerdings praktisch nicht auftreten, da er – sofern der Arbeitgeber das Änderungsangebot ablehnt – zwingend zur Beendigung des Arbeitsverhältnisses führt. 49

§ 10 Kündigung bei Betriebsübergang

Dr. Nicolai Besgen

Inhalt

Rn

I. Einführung 1

II. Der Betriebsübergang: Begriff und Tatbestandsvoraussetzungen 2
1. Verständnis der Norm 2
2. Begriff der wirtschaftlichen Einheit 4
3. Teilbetrieb 9
4. Rechtsgeschäftlicher Übergang 11
5. Übergang auf einen anderen Inhaber 12
   a) Tatsächliche Weiterführung der Geschäftstätigkeit erforderlich 12
   b) Abgrenzung zum Gesellschafterwechsel/share deal 13
6. Abgrenzungstatbestände 14
   a) Funktionsnachfolge 14
   b) Betriebsstilllegung 16
7. Rechtsfolgen – Übergang der Arbeitsverhältnisse 20

III. Unterrichtungspflichten des Arbeitgebers und Widerspruchsrecht der Arbeitnehmer 21
1. Sinn und Zweck der Neuregelung 21
2. Unterrichtungspflichten des Arbeitgebers 23
   a) Inhalt 23
   b) Form 31
   c) Fehlerhafte Unterrichtung 33
3. Widerspruchsrecht der Arbeitnehmer 34
   a) Inhalt, Adressat, Form 34
   b) Frist 36
   c) Abweichende Vereinbarung, Verzicht, Widerruf 38

IV. Die Kündigung bei Betriebsübergang 40
1. Grundsätze 40
2. Kündigung „wegen“ Betriebsübergang 41
3. Umgehung durch Eigenkündigung, Befristung oder Auflösungsvertrag .. 42
4. Nachteilige Vereinbarungen anlässlich des Betriebsübergangs unwirksam 43
5. Die Kündigung aus anderen Gründen beim Betriebsübergang 45
6. Sanierungskonzepte des Betriebsveräußerers/Betriebserwerbers 47
   a) Grundsätze 47
   b) Personalreduzierung beim Veräußerer wegen „Erhöhung der Verkäuflichkeit“ 48
   c) Kündigung nach Erwerberkonzept 49
7. Widerspruch des Arbeitnehmers gegen den Betriebsübergang und Sozialauswahl 50

V. Sonderkündigungsschutz beim Betriebsübergang 55
1. Grundsätze 55
2. Betriebsräte 57
3. Schwerbehinderte Menschen 58
4. Arbeitnehmer in Mutterschutz, Elternzeit und Pflegezeit 59
5. Tariflich unkündbare Arbeitnehmer .. 60

VI. Wiedereinstellungs- und/oder Vertragsfortsetzungsanspruch 61
1. Grundsätze 61
2. Wiedereinstellungsanspruch gegen Altarbeitgeber 62
3. Vertragsfortsetzungsanspruch gegen den Betriebserwerber 63
4. Wiedereinstellungsanspruch in der Insolvenz 64

VII. Prozessuale Fragen 65
1. Klageart 65
2. Passivlegitimation bei Kündigungsausspruch vor Betriebsübergang 66
3. Passivlegitimation bei Kündigungsausspruch nach Betriebsübergang ... 67
4. Annahmeverzug 69
5. Auflösungsantrag 70
6. Darlegungs- und Beweislast 71
7. Klagefrist 72

Literatur

Annuß/Stamer, Die Kündigung des Betriebsveräußerers auf Erwerberkonzept, NZA 2003, 1247; **Bauer**, Christel Schmidt lässt grüßen: Neue Hürden des EuGH für Auftragsvergabe, NZA 2004, 14; **Berkowsky**, Auflösungsantrag und Betriebsübergang – Auflösungsantrag des Betriebsveräußerers nach § 9 KSchG trotz Betriebsübergangs?, NZI 2006, 81; **Besgen**, Schwerbehindertenrecht Arbeitsrechtliche Besonderheiten, 1. Auflage 2009; **ders.**, Sonderkündigungsschutz schwerbehinderter Menschen, B+P 2003, 361; **ders.**, Auflösungsantrag und Betriebsübergang?, B+P 2005, 822; **Besgen/Plack**, Das Pflegezeitgesetz, 1. Auflage 2009; **Besgen/Prinz**, Handbuch Internet.Arbeitsrecht, 3. Auflage 2009; **Gaul**, Sozialauswahl nach Widerspruch gegen Betriebsübergang, NZA 2005, 730; **ders.**, Das Arbeitsrecht der Betriebs- und Unternehmensspaltung: Gestaltung von Betriebsübergang, Outsourcing, Umwandlung, 2002; **Gaul/Niklas**, Wie gewonnen, so zerronnen: Unterrichtung, Widerspruch und Verwirkung bei § 613a BGB, DB 2009, 452; **Gehlhaar**, Widerspruch gegen Betriebsübergang nach Verfügung über das Arbeitsverhältnis, BB 2009, 1182; **Haarmeyer/Wutzke/Förster**, Handbuch zur Insolvenzordnung, 3. Auflage 2001; **Hunold**, Ausgewählte Rechtsprechung zum Betriebsübergang, NZA-RR 2003, 505, 561; **Löwisch**, Die Einbeziehung widersprechender Arbeitnehmer in die Sozialauswahl im Veräußererbetrieb, SAE 2008, 329; **Luke**, Gilt die dreiwöchige Klagefrist des § 4 KSchG auch für den Wiedereinstellungsanspruch?, NZA 2005, 92; **Lunk**, Schadensersatz wegen Verstoßes gegen die Unterrichtungspflicht bei einem Betriebsübergang gemäß § 613a Abs. 5 BGB, RdA 2009, 48; **Lunk/Möller**, Folgeprobleme nach Widerspruch gegen einen Betriebsteilübergang, NZA 2004, 9; **Meyer**, Neue Fragen einer Kündigung bei Widerspruch gegen „Betriebsübergang", NZA 2005, 9; **Moll**, Betriebsübergang und Betriebsänderung, RdA 2003, 129; **ders.**, Die Rechtsstellung des Arbeitnehmers nach einem Betriebsübergang, NJW 1993, 2017; **Müller-Bonanni**, Betriebsübergang – ja oder nein? – Die aktuelle Rechtsprechung zum Tatbestand des § 613a BGB, NZA Beilage 2009, Nr. 1 S. 13; **Neef**, Betriebsübergang und Betriebsänderung – Eine Analyse der Rechtsprechung, NZA 1994, 101; **Pauly**, Zur Sozialauswahl nach Widerspruch des Gekündigten gegen den Betriebsübergang – Neue Rechtsprechung des BAG, ZTR 2009, 63; **Plössner**, Der (Teil-)Betriebsübergang im Insolvenzverfahren nach der neueren nationalen wie gemeinschaftsrechtlichen Rechtsprechung, NZI 2003, 401; **Rieble**, Kollektivwiderspruch nach § 613a VI BGB, NZA 2005, 1; **ders.**, Widerspruch (§ 613a VI BGB) nach Aufhebungsvertrag, NZA 2009, 401; **Schiefer/Pogge**, Betriebsübergang und dessen Folgen – Tatbestandsvoraussetzungen des § 613a BGB und Fortgeltung kollektiv-rechtlicher Regelungen, NJW 2003, 3734; **Schumacher-Mohr**, Zulässigkeit einer betriebsbedingten Kündigung durch den Veräußerer bei Betriebsübergang, NZA 2004, 629; **Wellensiek**, Probleme bei der Betriebsveräußerung aus der Insolvenz, NZI 2005, 603; **Willemsen/Hohenstatt/Schweibert/Seibt**, Umstrukturierung und Übertragung von Unternehmen, 3. Auflage 2008; **Willemsen**, Outsourcing nach „Güney-Görres" – Von der eigenwirtschaftlichen Nutzung zum Kern der Wertschöpfung, NZA 2006, 1185; **ders.**, Aktuelles zum Betriebsübergang – § 613a BGB im Spannungsfeld von deutschem und europäischem Recht, NJW 2007, 2065.

I. Einführung

1 Geht ein Betrieb oder Betriebsteil durch Rechtsgeschäft auf einen neuen Inhaber über, so tritt dieser in die Rechte und Pflichten aus den im Zeitpunkt des Übergangs bestehenden Arbeitsverhältnissen ein, § 613a Abs. 1 BGB. Damit kommt es zu einem **gesetzlichen Arbeitgeberwechsel**, der das bestehende Arbeitsverhältnis im Übrigen unverändert lässt. Die Kündigung des Arbeitsverhältnisses **wegen** des Betriebsübergangs ist nach § 613a Abs. 4 BGB unzulässig. Mit dem Verlust des bisherigen Arbeitgebers soll der Arbeitnehmer nicht auch seinen Arbeitsplatz verlieren. Möglich ist aber die Kündigung aus **anderen Gründen**, also aus verhaltens-, personen- oder betriebsbedingten Gründen. Die Rechtsfolgen des Betriebsübergangs werden nicht selten unwissentlich ausgelöst; der Gesetzestext allein hilft dabei kaum weiter. Notwendig ist vielmehr eine genaue Kenntnis der umfangreichen Rspr. der Arbeitsgerichte und des EuGH. Die Hauptprobleme liegen in der Frage, ob überhaupt ein Betriebsübergang vorliegt und welche Kündigungsmöglichkeiten sowohl für den Veräußerer als auch den Erwerber bestehen.

II. Der Betriebsübergang: Begriff und Tatbestandsvoraussetzungen

1. Verständnis der Norm

Für das Verständnis der Norm ist eine kurze Darstellung der **Rechtsprechungsgeschichte** unumgänglich. Das BAG knüpfte ursprünglich allein an die betriebsverfassungsrechtliche Terminologie des Betriebs bzw. Betriebsteils an und legte damit die herkömmliche Definition des Betriebs als eine organisatorische Einheit, in der Personen mit Hilfe persönlicher, sächlicher oder immaterieller Mittel bestimmte arbeitstechnische Zwecke fortgesetzt verfolgen, zugrunde. Der Übergang der Arbeitsverhältnisse selbst wurde als Rechtsfolge des Betriebsübergangs angesehen. Im Zuge der **verstärkten europarechtlichen Auswirkungen** auf das nationale Arbeitsrecht zeigten sich in den 90er-Jahren jedoch die Schwächen dieser herkömmlichen Betrachtungsweise. In modernen Dienstleistungsbetrieben wird eine betriebliche Einheit nicht mehr durch sächliche Mittel definiert, sondern vielmehr durch die Arbeitnehmer selbst, die die Dienstleistungen erbringen. In zwei Grundsatzentscheidungen aus den Jahren 1994 und 1997 hat der EuGH daher die Schwächen der traditionellen (nationalen) Definition des Betriebsbegriffs aufgezeigt.[1] Im Vordergrund steht nunmehr nicht mehr der Begriff des Betriebs oder Betriebsteils, sondern der **Begriff der wirtschaftlichen Einheit**. 2

Dieser Rspr. hat sich das BAG angeschlossen.[2] Die Begriffsbestimmung ist dabei keinesfalls abgeschlossen. Nach wie vor erscheinen eine Vielzahl von Entscheidungen aller Arbeitsgerichte, aber auch weiterhin des EuGH.[3] In Zweifelsfällen sollte man sich daher stets Sinn und Zweck der Vorschrift vor Augen führen: Die weitgehenden Rechtsfolgen des § 613a BGB sollen den Erwerber treffen, der das wirtschaftliche Substrat aus der übergegangenen Einheit zieht.[4] 3

2. Begriff der wirtschaftlichen Einheit

Ausschlaggebend für die Prüfung ist damit nicht der Betriebsbegriff, sondern der vom EuGH angewandte Begriff der wirtschaftlichen Einheit. Ob diese wirtschaftliche Einheit ihre Identität bewahrt, ist nach sämtlichen, den betreffenden Vorgang kennzeichnenden Tatsachen im Rahmen einer umfassenden Gesamtwürdigung zu prüfen.[5] Folgende Kriterien sind von Bedeutung (**7-Punkte-Katalog**): 4

- Die Art des betreffenden Unternehmens oder Betriebs,
- der Übergang oder Nichtübergang der materiellen Aktiva wie Gebäude und bewegliche Güter,
- der Wert der immateriellen Aktiva zum Zeitpunkt des Übergangs,
- die Übernahme oder Nichtübernahme der Hauptbelegschaft auf den neuen Inhaber,
- der Übergang oder Nichtübergang der Kundschaft,

1 EuGH v. 14.4.1994, NZA 1994, 545 = AP Nr. 106 zu § 613a BGB „Christel Schmidt"; EuGH v. 11.3.1997, NZA 1997, 433 = EzA Nr. 145 zu § 613a BGB „Ayse Süzen". Die geänderte Betriebsübergangsrichtlinie hat dieser Rspr. in Art. 1 Abs. 1b Rechnung getragen, vgl. RL 2001/23/EG. Der Text der RL kann im Internet unter http://eur-lex.europa.eu abgerufen werden.

2 BAG v. 22.5.1997, NZA 1997, 1050; seitdem st. Rspr. zuletzt etwa BAG v. 24.5.2005, NZA 2006, 31.

3 EuGH v. 15.12.2005, BB 2006, 272 = NZA 2006, 29; zuletzt EuGH v. 12.2.2009, NZA 2009, 251.

4 So ErfK/*Preis*, § 613a BGB Rn 5; aktuell zum Tatbestand des § 613a BGB *Müller-Bonanni*, NZA-Beil. 2009, Nr. 1, 13 ff.

5 Siehe z.B. BAG v. 22.7.2004, NZA 2004, 1384.

- der Grad der Ähnlichkeit zwischen der vor und der nach dem Übergang verrichteten Tätigkeit sowie
- die Dauer einer eventuellen Unterbrechung dieser Tätigkeit.

5 Jedem dieser Kriterien kann **im Einzelfall unterschiedliches Gewicht** zukommen. Nicht zuletzt hängt dies von der betroffenen Branche ab. Handelt es sich z.B. um einen Betrieb aus dem Produktionsgewerbe, stehen die materiellen Aktiva im Vordergrund; bei einem Dienstleistungsbetrieb kommt es hingegen mehr auf die persönlichen Betriebsmittel, insbesondere auf die **Gesamtheit der Arbeitnehmer**, an. Dies soll anhand der folgenden zwei Beispiele verdeutlicht werden:

6 *Beispiel 1*

Die Fa. A betreibt am Standort A eine Schuhfabrik. Die Produktionsstätte zeichnet sich durch eine hohe Anzahl von Maschinen aus, die zur Herstellung der Schuhe benötigt werden. Der Konkurrent, die Fa. B am Standort B, übernimmt nun die Fa. A insgesamt mit sämtlichen Gebäuden, Maschinen und beweglichen Gütern. Auch der gesamte Kundenstamm wird übernommen.

Hierbei handelt es sich um einen klassischen Fall des Betriebsübergangs. Der Wert der Fa. wird durch die materiellen Aktiva bestimmt. Diese werden von einem Betriebserwerber übernommen. Es handelt sich um einen Betriebsübergang mit der Folge, dass der Betriebserwerber B verpflichtet ist, sämtliche Arbeitnehmer der Fa. A zu übernehmen.

7 *Beispiel 2*

Eine Reinigungskraft ist zur Reinigung ausschließlich in einem bestimmten Unternehmen eingesetzt. Der Reinigungsauftrag wird gekündigt. Nunmehr vergibt das Unternehmen einen neuen Reinigungsauftrag und die neue Fa. stellt über 85 % der bislang tätigen Reinigungskräfte einschließlich der Vorarbeiterin ein. Unsere Reinigungskraft wurde bei dieser Neueinstellung jedoch nicht berücksichtigt, bekam aber auch keine Kündigung ihres bisherigen Arbeitgebers.

Hier wurde eine organisierte Gesamtheit als wirtschaftliche Einheit im Sinne der Rspr. des EuGH übernommen. Diese Gesamtheit von Arbeitnehmern wird im Wesentlichen von der menschlichen Arbeitskraft, dem Reinigungspersonal, dargestellt. Wesentliche Betriebsmittel sind nicht vorhanden. Das Arbeitsverhältnis der Reinigungskraft ist daher nach § 613a BGB kraft Gesetz auf die neue Fa. übergegangen, die zudem verpflichtet ist, auch die fehlenden 15 % weiter zu beschäftigen.

8 *Praxishinweis*

Die nationalen Gerichte bis hin zum BAG haben sich an den Vorgaben des EuGH zu orientieren. Für die Ausfüllung des umstrittenen Betriebsbegriffs ist dennoch vorrangig auf die umfangreiche Rspr. der nationalen Arbeitsgerichte zurückzugreifen. Diese Rspr. kann an dieser Stelle nicht umfassend dargestellt werden, so dass für weitere Einzelheiten auf die weiterführende Literatur verwiesen werden muss.[6] Bei jeder Prüfung hat man sich zu gegenwärtigen, dass ein Betriebsübergang die **Wahrung der Identität des Betriebs** beim Erwerber erfordert und nicht lediglich aus dem Untergang der früheren Identität beim Betriebsveräußerer folgt. Es ist also grds. stets eine **Vorher-Nachher-Prüfung** vorzunehmen. Wer sich als Übernehmer sächlicher, immaterieller oder personeller Mittel „in ein gemachtes Bett legt", unterliegt den weitgehenden Rechtsfolgen des § 613a

6 Guter Überblick bei ErfK/*Preis*, § 613a BGB Rn 10 ff.; *Müller-Bonanni*, NZA-Beil. 2009, Nr. 1 S. 13 ff.; siehe auch den älteren umfangreichen zweiteiligen Aufsatz von *Hunold*, NZA-RR 2003, 505, 561.

BGB. Dies gilt nach der neuen Rechtsprechung des EuGH sogar dann, wenn der übertragene Unternehmens- oder Betriebsteil seine organisatorische Selbstständigkeit nicht bewahrt, sondern verliert.[7]

3. Teilbetrieb

Einzelne Betriebsmittel stellen regelmäßig keine organisierte Gesamtheit von Personen und Sachen dar mit der Folge, dass deren Einzelübertragung die Rechtsfolgen des § 613a BGB grundsätzlich nicht auslöst. Dies schließt jedoch nicht aus, dass ein nach § 613a Abs. 1 S. 1 BGB **selbstständig übergangsfähiger Betriebsteil** übertragen wird. Dies wiederum setzt aber voraus, dass innerhalb des betrieblichen Gesamtzwecks ein **abgrenzbarer Teilzweck** verfolgt wird.[8] Dabei reicht es nach Auffassung des BAG nicht aus, dass ein oder mehrere Betriebsmittel ständig einem bestimmten Teilzweck zugeordnet werden;[9] vielmehr sind an einen Teilbetriebsübergang hohe Anforderungen zu stellen, die nur im Einzelfall erfüllt sein werden.[10] 9

Um einen selbstständig übertragungsfähigen Betriebsteil annehmen zu können, bedarf die Teilorganisation bereits beim früheren Betriebsinhaber einer organisatorischen **Selbstständigkeit**, die umfassend darzulegen ist.[11] Werden z.B. einzelne Mitarbeiter des Wareneingangs einer Lagerverwaltung von einem anderen Arbeitgeber übernommen und in dessen Abteilung „Wareneingang und Logistik" eingegliedert, so wird die wirtschaftliche Einheit „Wareneingang" nicht im Wesentlichen unverändert fortgeführt mit der Folge, dass § 613a BGB nicht zur Anwendung kommt.[12] 10

4. Rechtsgeschäftlicher Übergang

Weitere Voraussetzung für den Eintritt der Rechtsfolgen des § 613a BGB ist der Übergang des Betriebs/der wirtschaftlichen Einheit **durch Rechtsgeschäft**. Als Rechtsgeschäft können der Betriebsveräußerung z.B. zugrunde liegen: Kauf, Schenkung, Pacht, Nießbrauch, Vermietung sowie eine Kombination mehrerer Veräußerungsgeschäfte. Dabei kommt es nicht darauf an, ob die Rechtsgeschäfte mit dem bisherigen Inhaber oder aber mit Dritten, z.B. mit einer Vielzahl von Eigentümern der sächlichen Betriebsmittel, abgeschlossen werden.[13] 11

5. Übergang auf einen anderen Inhaber

a) Tatsächliche Weiterführung der Geschäftstätigkeit erforderlich

Der Betriebsübergang erfordert ferner, dass eine Änderung in der Person desjenigen erfolgt, der über die **arbeitsrechtliche Organisations- und Leitungsmacht** verfügt. Dabei kommt es nicht darauf an, ob es sich um eine natürliche Person, eine Gesamthand oder eine juristi- 12

7 EuGH v. 12.2.2009, NZA 2009, 251.
8 BAG v. 27.10.2005, NZA 2006, 263.
9 BAG v. 26.8.1999, DB 2000, 94 – Lkw-Fall.
10 Vgl. auch BAG v. 8.8.2002, NZA 2003, 315; BAG v. 18.4.2002, NZA 2002, 1207; vgl. auch BAG v. 25.9.2003 NZA 2004, 1406; BAG v. 30.10.2008, DB 2009, 739 ff.
11 BAG v. 8.8.2002, NZA 2003, 315; BAG v. 16.5.2002, AP Nr. 237 zu § 613a BGB.
12 BAG v. 17.4.2003 AP Nr. 253 zu § 613a BGB; siehe aber auch EuGH v. 12.2.2009, NZA 2009, 251.
13 BAG v. 25.5.1985, EzA § 613a BGB Nr. 46.

sche Person handelt. Maßgeblich ist ein Wechsel der Rechtspersönlichkeit des Betriebsinhabers. Allerdings genügt nach der neueren Rspr. des BAG nicht die bloße Möglichkeit zu einer unveränderten Fortsetzung des Betriebs für die Annahme eines Betriebsübergangs.[14] Wesentliches Kriterium für den Übergang ist die **tatsächliche Weiterführung oder Wiederaufnahme** der Geschäftstätigkeit beim Wechsel der natürlichen oder juristischen Person, die für den Betrieb verantwortlich ist.[15] Dabei bedarf es nicht einer besonderen Übertragung der Leitungsmacht; ausschlaggebend ist allein der Wechsel in der Person des Inhabers.[16] Bei schrittweisem Übergang der Betriebsmittel kommt es auf den Übergang der wesentlichen Betriebsmittel und der nicht mehr rückgängig zu machenden Übergangsentscheidung an.[17] Dies gilt auch für die Rückgabe eines verpachteten Betriebs an den Verpächter nach Ablauf des Pachtverhältnisses. Voraussetzung für einen Betriebsübergang ist deshalb, dass der Verpächter den Betrieb tatsächlich selbst weiterführt.[18]

b) Abgrenzung zum Gesellschafterwechsel/share deal

13 Abzugrenzen ist jedoch der Betriebsübergang vom alleinigen Gesellschafterwechsel.[19] Werden lediglich **Geschäftsanteile einer Kapitalgesellschaft veräußert** (sog. share deal), kommt es nur zu einem Wechsel des Inhabers der weiter bestehenden Gesellschaft, die ihrerseits mit den Arbeitnehmern als Arbeitgeber verbunden ist. Die Gesellschaft besteht damit trotz der Übertragung der Geschäftsanteile in ihrer bisherigen Identität fort. Da damit auch das Vermögen unverändert diesem weiter fortbestehenden Rechtsträger zugeordnet wird, bestehen auch die Arbeitsverträge zu diesem Rechtsträger fort. Dies schließt dann aber zwingend eine Anwendbarkeit von § 613a BGB aus, so dass auch ein anderer Arbeitgeber nicht in die Arbeitsverhältnisse eintreten kann. Mit anderen Worten: Der Arbeitgeber bleibt die Gesellschaft, deren Anteile lediglich verkauft werden.

6. Abgrenzungstatbestände

a) Funktionsnachfolge

14 Der Betriebsübergang ist von der sog. Funktionsnachfolge abzugrenzen. Wird lediglich eine bestimmte Tätigkeit bei einem Erwerber fortgeführt, ohne dass materielle oder immaterielle Aktiva übernommen werden, liegt grundsätzlich kein Betriebsübergang vor.[20] Gerade der **Verlust eines Auftrages** an einen Mitbewerber stellt damit regelmäßig lediglich einen Fall der Auftrags- bzw. Funktionsnachfolge dar und führt nicht zu den Rechtsfolgen des § 613a BGB.[21] Dies wird meist auch beim klassischen **Outsourcing** der Fall sein, wenn die bislang im eigenen Betrieb durchgeführten Aufgaben nunmehr fremd vergeben werden und der neue Auftragneh-

14 BAG v. 18.3.1999, AP Nr. 190 zu § 613a BGB = NZA 1999, 869.
15 So ausdrücklich BAG v. 21.2.2008, NZA 2008, 825.
16 BAG v. 12.11.1998, NZA 1999, 310.
17 BAG v. 16.2.1993, DB 1993, 1374.
18 BAG v. 18.3.1999, DB 1999, 1223 unter Hinweis auf die Rspr. des EuGH v. 10.12.1998, NZA 1999, 189, 253.
19 BAG v. 12.7.1990, NZA 1991, 63; BAG v. 14.8.2007, NZA 2007, 1428.
20 BAG v. 24.5.2005, NZA 2006, 31; BAG v. 13.11.1997, DB 1998, 316; BAG v. 22.1.1998, EzA § 613a BGB Nr. 162; BAG v. 10.12.1998, DB 1999, 539; vgl. auch BAG v. 27.10.2005, NZA 2006, 263; BAG v. 30.10.2008, DB 2008, 739 ff.
21 BAG v. 14.8.2007, NZA 2007, 1431.

mer weder Arbeitsmittel noch Personal übernimmt.[22] Problematisch wird es in diesen Fällen erst dann, wenn der Mitbewerber den überwiegenden Teil des Personals des bisherigen Auftragnehmers übernimmt. Wenn der neue Auftragnehmer nicht nur die betreffende Tätigkeit weiterführt, sondern auch einen nach Zahl und Sachkunde wesentlichen Teil des Personals übernimmt, das sein Vorgänger gezielt für diese Tätigkeit eingesetzt hatte, kann es über die Funktionsnachfolge hinaus zum Betriebsübergang kommen.[23] Es kann deshalb sein, dass der Mitbewerber bzw. neue Auftragnehmer es selbst in der Hand hat, einen Betriebsübergang herbeizuführen. In diesem Zusammenhang ist allerdings die neuere Rechtsprechung des EuGH,[24] der sich die Rechtsprechung des BAG angeschlossen hat,[25] zu beachten. Das Kriterium der eigenwirtschaflichen Nutzung wurde aufgegeben und abgestellt wird nunmehr allein auf den Wertschöpfungsgedanken. Betriebsmittel sind nunmehr wesentlich, wenn bei wertender Betrachtungsweise ihr Einsatz den eigentlichen Kern des zur Wertschöpfung erforderlichen Funktionszusammenhangs ausmacht. In früheren Fällen einer Funktionsnachfolge kann es nunmehr nach dieser Rechtsprechung zu einem Betriebsübergang kommen.

Praxishinweis **15**

In Fällen, in denen das wirtschaftliche Substrat eines Unternehmens im Wesentlichen durch die menschliche Arbeitskraft gekennzeichnet ist, vorrangig also im Dienstleistungsgewerbe (Reinigung und Bewachung), kann ein Betriebsübergang dann ausgeschlossen sein, wenn der **wesentliche Teil der Arbeitnehmer** nicht übernommen bzw. eingestellt wird. Jedenfalls sollte nicht der ganz überwiegende Teil der Arbeitnehmerschaft übernommen werden. Nach dem BAG reicht dabei ein Anteil von 60 % oder 75 % der früheren Beschäftigten noch nicht aus, um die Übernahme der Hauptbelegschaft feststellen zu können; jedenfalls dann nicht, wenn keine hohen Anforderungen an die **Qualifikation** der Arbeitnehmer zu stellen sind.[26] Wesentliches Indiz für die Annahme eines Betriebsübergangs ist in solchen Fällen, ob die bisher bestehende Arbeitsorganisation bewahrt wird, also auch sog. **Know-how-Träger** übernommen werden. Ist dies der Fall, kann auch die Übernahme einer geringeren Anzahl von Arbeitnehmern ausreichen.[27]

b) Betriebsstilllegung

In der betrieblichen Praxis wird häufig unter Verkennung des Betriebsübergangs von einer Betriebsstilllegung einerseits und einer Betriebsneugründung andererseits ausgegangen. Die unternehmerische Entscheidung, dass der bisherige Betriebsinhaber seinen Betrieb aufgibt, ist nämlich immer dann irrelevant, wenn der Betrieb als solcher fortgeführt wird, wenn auch mit einem neuen Inhaber. In diesen Fällen liegt keine Betriebsaufgabe, Betriebsschließung oder Betriebsstilllegung vor. Eine **Betriebsstilllegung und** ein **Betriebsübergang schließen sich** vielmehr **gegenseitig aus**.[28] **16**

22 BAG v. 22.1.1998, NZA 1998, 536; BAG v. 25.9.2008, EzA § 613a BGB 2002 Nr. 98; vgl. auch EuGH v. 20.11.2003, NZA 2003, 1385 – Carlito Abler; dazu *Bauer*, NZA 1004, 14.

23 So zur Bewachung eines Truppenübungsplatzes BAG v. 25.9.2008, EzA § 613a BGB 2002 Nr. 98.

24 EuGH v. 15.12.2005, NZA 2006, 29.

25 BAG v. 13.6.2006, NZA 2006, 1106 (Flughafenentscheidung); BAG v. 2.3.2006, NZA 2006, 1105 (Bereederung eines Forschungsschiffes); BAG v. 6.4.2006, NZA 2006, 723 (Neuvergabe eines Druckservice-Auftrages; siehe dazu *Willemsen*, NZA 2006, 1185; *ders.*, NJW 2007, 2065.

26 BAG v. 24.5.2005, NZA 2006, 31 (60 %); BAG v. 10.12.1998, DB 1999, 539 (75 %).

27 BAG v. 9.2.1994, NZA 1994, 612.

28 BAG v. 16.5.2002, NZA 2003, 93.

17 *Beispiel*
Ein Tankstellenbesitzer gibt aus Altersgründen seine Tankstelle auf und veräußert die Tankstelle mit Grundstück an einen Käufer zum 1.1.2010. Seinen Arbeitnehmern gegenüber kündigt er zum 31.12.2009 wegen „Betriebsschließung".
Hier handelt es sich im Rechtssinn um einen Betriebsübergang, nicht um eine Betriebsschließung. Die Folge: Die Kündigungen sind nach § 613a Abs. 4 BGB unwirksam, der neue Tankstellenbesitzer tritt ab 1.1.2010 in die bisherigen Arbeitsverhältnisse kraft Gesetz ein.

18 Umgekehrt kann je nach den Umständen des Einzelfalls auch bei späterer Fortführung des Betriebs dennoch eine Betriebsstilllegung vorliegen. Von einer Betriebsstilllegung im Rechtssinne ist immer dann zu sprechen, wenn der Unternehmer den **ernstlichen und endgültigen Entschluss** gefasst und auch durchgeführt hat, die Betriebs- und Produktionsgemeinschaft auf unbestimmte Dauer aufzugeben.[29] Für diese Stilllegungsabsicht kommt es auf den **Zeitpunkt der Kündigung** an; eine spätere Veräußerung aufgrund neuer Umstände kann nicht als Gesetzesumgehung behandelt werden (zu den Auswirkungen auf den Kündigungsschutz und einem etwaigen Wiedereinstellungsanspruch siehe Rn 62). Befindet sich der Arbeitgeber demgegenüber noch in ernsthaften **Verkaufsverhandlungen und/oder Verkaufsüberlegungen**, so kann von einer endgültigen Stilllegungsabsicht nicht gesprochen werden. Kommt es im zeitlichen Zusammenhang mit derartigen Überlegungen zu einer Betriebsveräußerung und Betriebsfortführung, so ist ein Betriebsübergang gegeben.

19 *Praxishinweis*
Bei einer geplanten Betriebsveräußerung erscheint es wenig sinnvoll, der Belegschaft eine Stilllegungsabsicht vorzuspielen und die Arbeitsverhältnisse zu kündigen. Dies kann und wird zu bösen Überraschungen führen. Zu empfehlen ist in derartigen Fällen das Gespräch zwischen Altarbeitgeber/Neuarbeitgeber und Belegschaft unter Beachtung der Vorschrift des § 613a BGB.

7. Rechtsfolgen – Übergang der Arbeitsverhältnisse

20 Erfasst werden von dem Betriebsübergang die bestehenden Arbeitsverhältnisse. Nach der Rspr. des EuGH und der zugrunde liegenden Richtlinie ist dabei auf den nationalen Arbeitnehmerbegriff abzustellen.[30] Damit werden selbstständige Dienstverhältnisse und/oder Beamtenverhältnisse vom Anwendungsbereich der Vorschrift ausgenommen. Aus diesem Grund kann auch der Anstellungsvertrag eines GmbH-Geschäftsführers nicht nach § 613a BGB auf einen Betriebserwerber übergehen.[31] Ebenso wenig findet § 613a BGB auf Verträge freier Mitarbeiter, arbeitnehmerähnlicher Personen sowie auf Heimarbeitsverhältnisse[32] Anwendung. Schließlich gilt die Vorschrift auch nicht für Ruhestandsverhältnisse,[33] so dass der Erwerber Versorgungsansprüche von Arbeitnehmern, die bereits vor dem Betriebsübergang in den Ruhestand getreten sind, nicht erfüllen muss.[34]

29 BAG v. 22.5.1997, NZA 1997, 1050; BAG v. 16.5.2002, NZA 2003, 93.
30 Vgl. Art. 2 Abs. 1d der RL 2001/23/EG v. 12.3.2001; vgl. ferner EuGH v. 14.9.2000, NZA 2000, 1279.
31 BAG v. 13.2.2003, DB 2003, 942.
32 BAG v. 24.3.1998, AP Nr. 178 zu § 613a BGB.
33 BAG v. 23.3.2004, NZA 2005, 711; BAG v. 14.9.1999 – 3 AZR 273/98 – n.v.
34 Vgl. dazu m.w.N. MünchArb/*Wank*, § 102 Rn 139.

III. Unterrichtungspflichten des Arbeitgebers und Widerspruchsrecht der Arbeitnehmer

1. Sinn und Zweck der Neuregelung

Mit Wirkung zum 1.4.2002 ist die für den Betriebsübergang maßgebliche Vorschrift § 613a BGB durch zwei weitere Absätze 5 und 6 ergänzt worden. Die Neuregelung dient der Umsetzung des Art. 7 Abs. 6 der RL 2001/23/EG des Rates vom 12.3.2001.[35] Der neue Abs. 5 enthält nun die Verpflichtung der an einem Betriebsübergang bzw. einer Umwandlung beteiligten Rechtsträger, die von dem Übertragungsvorgang betroffenen Arbeitnehmer zu unterrichten. Darüber hinaus nahm der Gesetzgeber in Abs. 6 das bereits richterlich anerkannte Widerspruchsrechts der Arbeitnehmer auf. 21

Die Neuregelung verfolgt den **Zweck**, die Arbeitnehmer genauer über den Betriebsübergang und seine Folgen zu informieren, damit jeder Einzelne auf gesicherter Grundlage entscheiden kann, ob er dem Betriebsübergang zustimmen oder dem Arbeitgeberwechsel widersprechen möchte. Darüber hinaus soll dem bisherigen und dem neuen Arbeitgeber Planungssicherheit gegeben werden. 22

2. Unterrichtungspflichten des Arbeitgebers

a) Inhalt

Die Unterrichtungspflicht nach § 613a Abs. 5 BGB besteht **zwingend gegenüber jedem Arbeitnehmer** und ist dementsprechend unabhängig von der Betriebsgröße. Unterrichtungspflichtig sind sowohl der bisherige als auch der neue Inhaber des Betriebs. Nach der Gesetzesbegründung[36] sollen sich Betriebsveräußerer und Betriebserwerber untereinander verständigen, in welcher Weise sie ihre Pflicht gemeinsam erfüllen. 23

> *Praxishinweis* 24
> Es empfiehlt sich deshalb, dass sich beide Arbeitgeber zunächst besprechen und ggf. **gleich lautende Erklärungen nach außen abgeben**. Auf diese Weise können auch Auseinandersetzungen über die Frage, ob der Unterrichtungspflicht genügt worden ist, vermieden werden.

Inhaltlich muss zunächst über den Zeitpunkt des Übergangs informiert werden. Entscheidend ist dabei der **Zeitpunkt**, in dem der neue Betriebserwerber aufgrund rechtsgeschäftlicher Übereinkunft **tatsächlich** in die Lage versetzt wird, die Leitungsmacht im Betrieb auszuüben.[37] 25

Weiterhin muss der **Grund** für den Übergang genannt werden. Dies bedeutet nun nicht, dass eine detaillierte, mit betriebswirtschaftlichen Zahlen unterlegte Rechtfertigung des Betriebsübergangs verlangt werden kann. Ausschlaggebend ist vielmehr die **schlagwortartige Nennung** der den Betriebsübergang tragenden Motivation, z.B. Verkauf, wirtschaftliche Einsparung etc.[38] 26

35 Der Text der RL kann im Internet unter http://europa.eu.int/eur-lex/de/index.html abgerufen werden, dort dann weiter unter „Gesetzgebung“ das Jahr und die Nummer der RL eingeben.

36 BT-Drucks 14/77/60, S. 19.

37 BAG v. 26.3.1996, NZA 1997, 94; BAG v. 31.1.2008, NZA 2008, 642, 643.

38 BAG v. 13.7.2006, NZA 2006, 1268, 1271.

27 Daneben verlangt Abs. 5 die Unterrichtung der von einem Übergang betroffenen Arbeitnehmer über die für sie eintretenden **rechtlichen, wirtschaftlichen und sozialen Folgen** des Übergangs. Diese Folgen ergeben sich in erster Linie aus den unverändert fortbestehenden Regelungen des § 613a Abs. 1 bis 4 BGB. In neuester Rechtsprechung hat das BAG nun auch die Unterrichtung über mittelbare Folgen des Betriebsübergangs als erforderlich anerkannt.[39]

28 Dies betrifft die Fragen

- der Weitergeltung oder Änderung der bisherigen Rechte und Pflichten aus dem Arbeitsverhältnis,
- der Haftung des bisherigen Arbeitgebers und des neuen Inhabers gegenüber dem Arbeitnehmer,[40]
- des Kündigungsschutzes,
- der individualrechtlichen und/oder kollektivrechtlichen Fortgeltung von Tarifverträgen und Betriebsvereinbarungen[41] und
- inwieweit bewegliches und Immobiliarvermögen des Betriebs übernommen werden.[42]

29 Schließlich fordert § 613a Abs. 5 BGB die Unterrichtung der Arbeitnehmer über die für sie **in Aussicht genommenen Maßnahmen**. Dazu gehören in erster Linie der beabsichtigte Abschluss eines Interessenausgleichs und Sozialplans einschließlich der in dieser Vereinbarung geregelten Inhalte.

30 *Praxishinweis*
Über den Unterrichtungszeitpunkt enthält das Gesetz keine Regelung. Es empfiehlt sich aber die Unterrichtung jedenfalls bis spätestens einen Monat vor dem geplanten Betriebsübergang durchzuführen. Auf diese Weise erlangt man **Klarheit** über den Kreis der widersprechenden Arbeitnehmer. Wird demgegenüber bereits viele Monate vor dem eigentlichen Betriebsübergang informiert, besteht ein nicht unerhebliches **Risiko**, dass sich die tatsächlichen Verhältnisse später noch ändern mit dem Risiko, dass die Arbeitnehmer sich auf eine fehlerhafte Unterrichtung berufen.

b) Form

31 Die Form der Unterrichtung der von dem Übergang betroffenen Arbeitnehmer hat nach § 613a Abs. 5 BGB in **Textform** zu erfolgen (vgl. § 126b BGB). Ist durch Gesetz Textform vorgeschrieben, muss die Erklärung so abgegeben werden, dass sie in Schriftzeichen lesbar und die Person des Erklärenden, z.B. durch Namensnennung oder eingescannte Unterschrift, erkennbar ist. Auf diese Weise hat der Arbeitnehmer bei der Unterrichtung in Textform die Möglichkeit, die für ihn neuen und nicht sofort überschaubaren Informationen nachzulesen, sich weitergehend zu erkundigen und ggf. beraten zu lassen und auf dieser Grundlage zu entscheiden, ob er dem Übergang des Arbeitsverhältnisses widersprechen will.[43]

39 BAG v. 31.1.2008, NZA 2008, 642 ff.; kritisch dazu *Lunk*, RdA 2009, 48 ff.

40 Insbesondere zur Information über die beschränkte gesamtschuldnerische Nachhaftung des Veräußerers BAG v. 20.3.2008, NZA 2008,1354; BAG v. 24.7.2008 – 8 AZR 166/07; BAG v. 21.8.2008, NZA-RR 2009, 62; BAG v. 22.1.2009, NZA 2009, 547; ausführlich *Gaul/Niklas*, DB 2009, 452 ff.

41 Vgl. dazu *Schiefer/Pogge*, NJW 2003, 3734; *Moll*, RdA 2003, 129.

42 BAG v. 31.1.2008, NZA 2008, 642.

43 Vgl. auch BT-Drucks 14/7760, S. 19.

Praxishinweis 32
Für den handelnden Arbeitgeber besteht dann allerdings das Risiko, im Nachhinein den Zugang der Unterrichtung nicht nachweisen zu können. Er sollte deshalb eine Unterrichtungsform wählen, durch die spätere Nachweisprobleme vermieden werden können. Es empfiehlt sich deshalb, die Unterrichtung in Papierform vorzunehmen und sich ggf. den Empfang bestätigen zu lassen.

c) Fehlerhafte Unterrichtung

Gesetzlich ungeregelt ist ferner die Frage, welche Rechtsfolgen bei einer unterbliebenen und/oder fehlerhaften Unterrichtung eintreten. Erfolgt keine Unterrichtung, kann auch die einmonatige Widerspruchsfrist nach § 613a Abs. 6 BGB nicht ausgelöst werden.[44] Die Verletzung der Unterrichtungspflicht führt jedoch nicht zur Unwirksamkeit einer Kündigung.[45] In der arbeitsrechtlichen Literatur und nun auch in der höchstrichterlichen Rechtsprechung wird zudem darauf hingewiesen, dass Mängel bei der Unterrichtung ggf. **Schadensersatzpflichten** sowohl des bisherigen als auch des neuen Arbeitgebers auslösen können.[46] Das BAG hat entschieden, dass der Arbeitnehmer, der sich auf eine nicht vollständige Unterrichtung beruft, verlangen kann, so gestellt zu werden, wie er bei ordnungsgemäßer und vollständiger Unterrichtung gestanden hätte.[47] Die fehlerhafte Unterrichtung muss allerdings kausal für den eingetretenen Schaden sein, was nicht der Fall ist, wenn der Arbeitnehmer durch Ausübung seines noch bestehenden Widerspruchsrechts den Schaden in dem von ihm gewünschten Sinn vermeiden kann.[48] Der Praxis kann daher nur dringend empfohlen werden, größtmögliche Sorgfalt auf die Information bzw. Unterrichtung der Arbeitnehmer zu verwenden. 33

3. Widerspruchsrecht der Arbeitnehmer

a) Inhalt, Adressat, Form

Der Widerspruch muss nicht gesondert begründet werden. Ausreichend ist die Erklärung des Arbeitnehmers, mit dem Übergang seines Arbeitsverhältnisses auf den neuen Arbeitgeber nicht einverstanden zu sein. **Adressat des Widerspruchs** ist nach § 613a Abs. 6 S. 2 BGB der bisherige Arbeitgeber (Betriebsveräußerer) **oder** der neue Inhaber (Betriebserwerber). 34

Der **Widerspruch muss schriftlich** erklärt werden. Die Textform nach § 126b BGB ist hier nicht ausreichend, sondern es bedarf einer eigenhändigen Unterzeichnung der Erklärungen nach § 126 Abs. 1 BGB, ähnlich wie beim Schriftformerfordernis für Kündigungen oder Auflösungsverträge, § 623 BGB.[49] Der bislang zulässige mündliche Widerspruch ist nicht mehr möglich. Die **Nichteinhaltung** des Schriftformerfordernisses führt zur **Unwirksamkeit des Widerspruchs**. 35

44 BAG v. 24.5.2005, NZA 2005, 1302.
45 BAG v. 24.5.2005, NZA 2005, 1302.
46 Vgl. ErfK/*Preis*, § 613a BGB Rn 94 m.w.N.
47 BAG v. 31.1.2008, NZA 2008, 642, 644; BAG v. 20.3.2008, NZA 2008, 1297; BAG v. 24.7.2008 – 8 AZR 109/07 – n.v.; BAG v. 27.11.2008 – 8 AZR 1023/06 – n.v.
48 BAG v. 20.3.2008, NZA 2008, 1297; BAG v. 24.7.2008 – 8 AZR 109/07 – n.v.; zum Ganzen *Lunk*, RdA 2009, 48 ff.
49 *Giesen*, in: Besgen/Prinz, Handbuch Internet.Arbeitsrecht, 2. Aufl. 2009, § 8 Rn 155.

b) Frist

36 Die Frist für die Ausübung des Widerspruchsrechts beträgt nun **einen Monat**. Sie beginnt nunmehr in jedem Falle mit Zugang der Unterrichtung in Textform nach § 613a Abs. 5 BGB. Aber nur eine ordnungsgemäße Unterrichtung setzt die Widerspruchsfrist in Lauf.[50] Andernfalls wird die Ausübung des Widerspruchsrechts nur durch die **Verwirkung** begrenzt.[51] Der Arbeitnehmer kann bei ordnungsgemäßer Unterrichtung mit der Ausübung seines Widerspruchsrechts nicht mehr bis zum Zeitpunkt des Übergangs warten. Innerhalb der Monatsfrist kann der Arbeitnehmer sein Widerspruchsrecht aber auch dann noch ausüben, wenn das Arbeitsverhältnis schon beendet ist.[52] Für die beteiligten Arbeitgeber hat die Beschränkung auf die Monatsfrist den **Vorteil**, dass sie sich bei rechtzeitiger und ordnungsgemäßer Unterrichtung sich schon frühzeitig darauf einstellen können, mit welchen Arbeitnehmern sie künftig rechnen können und ob ggf. Neueinstellungen vorgenommen werden müssen.

37 Kommt es zum Widerspruch, hängt der weitere Bestand des Arbeitsverhältnisses mit dem Altarbeitgeber dann davon ab, ob bei ihm das Arbeitsverhältnis fortgeführt werden kann oder nicht. Hat der Altarbeitgeber z.B. seinen gesamten Betrieb veräußert, so kann er nach dem Widerspruch des Arbeitnehmers das Arbeitsverhältnis fristgerecht kündigen (zu etwaigen Problemen bei einer dann erforderlichen Sozialauswahl siehe Rn 50 ff.). Zu beachten ist schließlich, dass die **Ausübung des Widerspruchsrechts nicht an einen sachlichen Grund gebunden** ist, denn ansonsten würde das Widerspruchsrecht des Arbeitnehmers entwertet[53] (zum kollektiven Widerspruch siehe Rn 54).

c) Abweichende Vereinbarung, Verzicht, Widerruf

38 Schließlich besteht unabhängig von der nach Abs. 5 erforderlichen Unterrichtung auch die Möglichkeit, eine Vereinbarung zwischen dem betroffenen Arbeitnehmer und seinem bisherigen Arbeitgeber sowie dem neuen Inhaber zur **Überleitung des Arbeitsverhältnisses** auf den Betriebserwerber abzuschließen.[54] In diesem Fall ruht die Fortführung des Arbeitsvertrags auf einem eigenständigen Rechtsgrund, so dass die Unterrichtungspflichten des § 613a Abs. 5 BGB nicht zur Anwendung kommen.

39 Auf das Widerspruchsrecht kann pauschal **nicht verzichtet werden**. Insbesondere kann nicht schon bei Abschluss des Arbeitsvertrages präventiv für einen möglichen späteren Betriebsübergang das Widerspruchsrecht ausgeschlossen werden.[55] Allerdings hat die Rspr. in der Vergangenheit den Verzicht auf den Widerspruch anlässlich eines **konkret bevorstehenden Betriebsübergangs** für zulässig angesehen.[56] Diese Rspr. ist weiterhin anzuwenden. Aber: der Verzicht auf das Widerspruchsrecht beinhaltet nicht den Verzicht auf die ordnungs-

50 Aus der neueren Rechtsprechung BAG v. 15.2.2007, NZA 2007, 793; BAG v. 20.3.2008, NZA 2008,1354. Das BAG stellt strenge Anforderungen an eine Verwirkung und legt besonderes Gewicht auf das Umstandsmoment BAG v. 13.7.2006, NZA 2006, 1406; BAG v. 27.11.2008 – 8 AZR 1021/06 – n.v.; BAG v. 27.11.2008 – 8 AZR 225/07 – n.v.; ausführlich zum Ganzen *Gaul/Niklas*, DB 2009, 452 ff.; kritisch *Gehlhaar*, BB 2009, 1182; *Rieble*, NZA 2009, 401 ff.

51 BAG v. 20.3.2008, NZA 2008,1354; BAG v. 27.11.2008 – 8 AZR 225/07 – n.v.

52 BAG v. 20.3.2008, NZA 2008,1354, 1358.

53 BAG v. 30.9.2004, NZA 2005, 43; BAG v. 19.3.1998, NZA 1998, 750.

54 BAG v. 19.3.1998, NZA 1998, 750 = AP Nr. 177 zu § 613a BGB.

55 Zur Verwirkung des Widerspruchsrechts s.o.

56 BAG v. 19.3.1998, NZA 1998, 750 = AP Nr. 177 zu § 613a BGB; vgl. auch ErfK/*Preis*, § 613a BGB Rn 102.

gemäße Unterrichtung, die in jedem Fall durchzuführen ist. Ist der Widerspruch einmal erklärt, kann der Arbeitnehmer diesen nicht mehr einseitig nach Zugang beim Arbeitgeber widerrufen oder mit einem Vorbehalt versehen.[57] Ein **Widerspruchsrecht** besteht jedoch in den Fällen **von vornherein nicht**, in denen der bisherige Rechtsträger erlischt und der neue Arbeitgeber durch gesellschaftsrechtliche Gesamtrechtsnachfolge in die Arbeitsverhältnisse eintritt.[58]

IV. Die Kündigung bei Betriebsübergang

1. Grundsätze

Nach § 613a Abs. 4 S. 1 BGB ist die Kündigung eines Arbeitsverhältnisses aus Anlass des Betriebsübergangs durch den bisherigen oder den neuen Arbeitgeber rechtsunwirksam. Allerdings: Das Kündigungsrecht aus anderen Gründen bleibt unberührt. Mit dem Begriff „Kündigung" ist **jede Kündigungsart** gemeint, also sowohl die ordentliche (fristgerechte) als auch die außerordentliche (fristlose) Kündigung und die Änderungskündigung. 40

2. Kündigung „wegen" Betriebsübergang

Der Wortlaut des § 613a Abs. 4 S. 1 BGB bezieht die Unwirksamkeit nur auf Kündigungen, die **wegen** eines Betriebsübergangs erfolgen. Die entscheidende Frage bei einer im zeitlichen Zusammenhang mit einem Betriebsübergang ausgesprochenen Kündigung ist damit, wann eine Kündigung **wegen** des Betriebsübergangs ausgesprochen ist. Eine solche Kündigung liegt nach der Rspr. des BAG dann vor, wenn das **Motiv der Kündigung** wesentlich durch Betriebsinhaberwechsel bedingt ist, wenn mit anderen Worten der Betriebsübergang nicht nur der äußere Anlass, sondern der **tragende Beweggrund** für die Kündigung gewesen ist. Dabei ist ausschließlich auf die **Verhältnisse im Zeitpunkt des Zugangs der Kündigung** abzustellen.[59] Hingegen kann ein **eigenes Sanierungskonzept** des Veräußerers zur Verbesserung des Betriebes einen sachlichen Grund darstellen, der aus sich heraus die Kündigung zu rechtfertigen vermag.[60] 41

3. Umgehung durch Eigenkündigung, Befristung oder Auflösungsvertrag

Unzulässig ist im Übrigen eine Umgehung der Rechtsfolgen des § 613a BGB in der Form, dass der Arbeitnehmer mit dem Hinweis auf die bevorstehende Betriebsveräußerung und auf Arbeitsplatzgarantien des Betriebserwerbers veranlasst wird, sein Arbeitsverhältnis mit dem bisherigen Arbeitgeber selbst fristlos zu kündigen oder einem **Auflösungsvertrag** zuzustimmen, um damit dem neuen Betriebsinhaber den **Abschluss neuer Arbeitsverträge** zu ermöglichen. Derartige Eigenkündigungen oder Auflösungsverträge sind wegen **gesetzeswidriger Umgehung** des Kündigungsverbotes nach § 613a Abs. 4 BGB **unwirksam**.[61] 42

57 BAG v. 30.10.2003, NZA 2004, 481.

58 BAG v. 21.2.2008, NZA 2008, 815.

59 BAG v. 16.5.2002, NZA 2003, 93.

60 BAG v. 20.9.2006, NZA 2007, 387, 389.

61 BAG v. 28.4.1987, EzA § 613a BGB Nr. 67; BAG v. 10.12.1998, NZA 1999, 422; BAG v. 18.8.2005, DB 2006, 107; BAG v. 23.11.2006, NZA 2007, 866; BAG v. 25.10.2007, BB 2008, 1175 mit Anm. *Vogel/Neufeld*.

Vereinbarungen, die auf das **endgültige Ausscheiden** des Arbeitnehmers abzielen, sind demgegenüber zulässig.[62]

Unzulässig ist schließlich die **Befristung** eines Arbeitsverhältnisses, wenn sie allein darauf abzielt, den durch § 613a BGB bezweckten Bestandsschutz zu vereiteln.[63]

Ein zwischen dem Betriebsveräußerer und dem Arbeitnehmer geschlossener **Prozessvergleich** über die Beendigung des Arbeitsverhältnisses hingegen wirkt auch für und gegen den Betriebserwerber, wenn der Vergleichsabschluss nach dem Betriebsübergang erfolgte.[64]

4. Nachteilige Vereinbarungen anlässlich des Betriebsübergangs unwirksam

43 In der Praxis kommt es immer wieder vor, dass anlässlich eines Betriebsübergangs zwischen Arbeitnehmern und Betriebserwerbern neue vertragliche Vereinbarungen geschlossen werden. Folgende Grundsätze gelten:

44 Einvernehmen besteht zunächst darüber, dass § 613a BGB **zwingendes Recht** darstellt. Zu Lasten der Arbeitnehmer können dessen Rechtsfolgen weder durch Vereinbarung zwischen Betriebsveräußerer und Erwerber noch durch Vereinbarung zwischen Betriebsveräußerer und den vom Betriebsübergang betroffenen Arbeitnehmern ausgeschlossen oder modifiziert werden. Unzulässig ist demnach insbesondere z.B. eine arbeitsvertragliche Vereinbarung, die im Falle des Betriebsinhaberwechsels den Übergang des Arbeitsverhältnisses ausschließt. Wo allerdings eine **Umgehung** des § 613a BGB nicht zu befürchten ist, sind anlässlich eines konkreten Betriebsübergangs getroffene Vereinbarungen der Arbeitnehmer mit dem Betriebsveräußerer und/oder Betriebserwerber grds. zulässig. Der Schutzgedanke der Bestimmung will nämlich den Arbeitnehmer allein vor ungerechtfertigten Nachteilen bewahren, nicht jedoch seine Vertragsfreiheit generell einschränken. Bedenken gegen die Wirksamkeit einer solchen Vereinbarung ergeben sich allenfalls dann, wenn die Vereinbarung zum Nachteil des Arbeitnehmers vom bisherigen Arbeitsvertrag abweicht.[65] Das BAG fordert daher einen sachlichen Grund für inhaltsändernde Abreden.[66] In der Praxis wird man sich daher darauf einstellen müssen, dass nur solche Vereinbarungen anlässlich eines Betriebsübergangs möglich sind, mit denen die zwingenden Rechtsfolgen des § 613a BGB und der damit bezweckte Schutz nicht beeinträchtigt werden. Zulässige Änderungsvereinbarungen sind damit nahezu ausgeschlossen. Demgegenüber ist es ohne Weiteres zulässig, wenn der Arbeitnehmer das Arbeitsverhältnis mit dem Erwerber nach dem Betriebsübergang einvernehmlich beendet.[67]

5. Die Kündigung aus anderen Gründen beim Betriebsübergang

45 Da die Vorschrift des § 613a BGB lediglich den Bestandsschutz der Arbeitsverhältnisse anlässlich des Betriebsübergangs garantiert, nicht aber die Geltendmachung anderer Kündigungsgründe ausschließen will, können der Altarbeitgeber oder der Neuarbeitgeber durchaus

62 BAG v. 18.8.2005, DB 2006, 107.

63 BAG v. 15.2.1995, NZA 1995, 987.

64 BAG v. 24.8.2006, NJW 2007, 797.

65 Vgl. weiter BGH v. 26.3.1987, AP Nr. 66 zu § 613a BGB; dazu auch BAG v. 17.1.1980, BB 1980, 319; ferner BAG v. 12.5.1992, NZA 1992, 1080.

66 BAG v. 18.8.2005, DB 2006, 107.

67 BAG v. 29.10.1975, NJW 1976, 535.

im zeitlichen Zusammenhang mit dem Betriebsübergang kündigen, wenn sie hierfür **andere triftige Gründe** als gerade den Betriebsübergang selbst besitzen.[68] Solche anderen Gründe können wichtige Gründe zur fristlosen Kündigung des Arbeitsverhältnisses gem. § 626 BGB sein, aber auch Gründe im Verhalten oder in der Person des Arbeitnehmers i.S.d. § 1 Abs. 2 KSchG.

Praxishinweis 46
Für die praktische Unterscheidung zwischen einer Kündigung „wegen" des Betriebsübergangs und einer Kündigung aus anderen triftigen Gründen bietet sich die Vergleichsfrage an, ob es auch ohne den Betriebsübergang zu der betreffenden Kündigung gekommen wäre. Ist diese Vergleichsfrage zu bejahen, so ist die Kündigung nicht „wegen" des Betriebsübergangs ausgesprochen worden.

6. Sanierungskonzepte des Betriebsveräußerers/Betriebserwerbers

a) Grundsätze

Eine Kündigung erfolgt **wegen** des Betriebsübergangs, wenn dieser der tragende Grund, 47
nicht nur der äußere Anlass für die Kündigung ist. Das Kündigungsverbot ist also dann nicht einschlägig, wenn es **neben dem Betriebsübergang einen sachlichen Grund gibt**, der „aus sich heraus" die Kündigung zu rechtfertigen vermag.[69] Es schützt damit nicht vor Risiken, die sich jederzeit unabhängig vom Betriebsübergang aktualisieren können und führt nach der ständigen Rspr. des BAG insbesondere nicht zur Lähmung der als notwenig erachteten unternehmerischen Maßnahmen.[70] Allerdings sind Betriebsveräußerer und Betriebserwerber gehindert, bei der Übernahme der Belegschaft eine Bestenauslese mit dem Ziel zu treffen, sich insbesondere von dem besonders schutzwürdigen älteren, schwerbehinderten, unkündbaren oder sonst sozial schwächeren Arbeitnehmer zu trennen. Dementsprechend genügt auch die Forderung eines Betriebserwerbers, **die Belegschaft vor dem Betriebsübergang zu verkleinern**, für sich nicht, so dass ein Interessent den Erwerb des Betriebs nicht von Kündigungen abhängig machen darf. Das BAG hat nun aber mit einer Entscheidung aus dem Jahre 2003 die **Möglichkeiten einer sanierenden Kündigung** erheblich erweitert.[71] Sinn und Zweck der Regelungen des § 613a BGB ist es nämlich nicht, den Erwerber auch bei einer aufgrund betriebswirtschaftlicher Gesichtspunkte voraussehbar fehlenden Beschäftigungsmöglichkeit zu verpflichten, das Arbeitsverhältnis mit einem Arbeitnehmer noch einmal künstlich zu verlängern, damit er selbst die Kündigung aus betriebsbedingten Gründen aussprechen kann.[72] **Zulässige Konzepte** sind daher insbesondere Personalreduzierung beim Betriebsveräußerer zur „Erhöhung der Verkäuflichkeit" sowie die vorweggenommene Verwirklichung eines Erwerberkonzeptes. Dabei gelten die dargestellten Grundsätze uneingeschränkt auch im Insolvenzverfahren, § 128 InsO.[73]

68 Vgl. auch EuGH v. 12.3.1998, NZA 1998, 529.
69 BAG v. 20.9.2006, NZA 2007, 387.
70 BAG v. 18.7.1996, AP Nr. 147 zu § 613a BGB = NZA 1997, 148; BAG v. 20.3.2003, AP Nr. 250 zu § 613a BGB = DB 2003, 1906, jeweils m.w.N.
71 BAG v. 20.3.2003, AP Nr. 250 zu § 613a BGB = DB 2003, 1906.
72 BAG v. 20.3.2003, AP Nr. 250 zu § 613a BGB = DB 2003, 1906.
73 *Plössner*, NZI 2003, 401; *Wellensiek*, NZI 2005, 603.

b) Personalreduzierung beim Veräußerer wegen „Erhöhung der Verkäuflichkeit“

48 Bei dieser Alternative handelt es sich um den klassischen Fall einer **Sanierungskündigung**. Der bisherige Betriebsinhaber ist zur Fortführung des Betriebs nicht mehr in der Lage und daher auf eine Veräußerung seines Unternehmens angewiesen. Um den Verkauf attraktiv zu gestalten, muss der **Betrieb rationalisiert** werden. Die Fortführung des Betriebs setzt daher in diesen Fällen neben dem Betriebsübergang weiter voraus, dass ein **Strukturplan** durchgeführt und der Betrieb verkleinert wird. Diesem Zweck dienen die betriebsbedingten Kündigungen. Das BAG verneint in diesen Fällen eine Unwirksamkeit der Kündigungen nach § 613a Abs. 4 S. 1 BGB. Freilich müssen im Übrigen die weiteren Anforderungen an eine betriebsbedingte Kündigung nach dem KSchG erfüllt sein, insbesondere muss eine Sozialauswahl durchgeführt werden.[74] Personalreduzierungen mit dem Ziel der Sanierung können daher betriebsbedingte Kündigungen auch dann rechtfertigen, wenn der Betriebsinhaber sie in enger zeitlicher Nähe zu einem Betriebsübergang ausspricht.[75] Wenn daher eine Kündigung von einem Betriebsinhaber, unabhängig von der Veräußerung, aus notwendigen betriebsbedingten Gründen ausgesprochen werden müsste, verstößt sie nicht gegen das Verbot des § 613a Abs. 4 S. 1 BGB.[76]

c) Kündigung nach Erwerberkonzept

49 Beabsichtigt der Betriebserwerber den zu übernehmenden Betrieb nur mit einer geringeren Anzahl von Arbeitnehmern weiterzuführen und sollen die Kündigungen bereits **vor** dem Betriebsübergang von dem bisherigen Betriebsinhaber ausgesprochen und durchgeführt werden, wird diese Problematik als **Veräußererkündigung aufgrund eines Erwerberkonzeptes** bezeichnet. Die Zulässigkeit solcher vorweggenommener Kündigungen ist ganz überwiegend anerkannt und hat durch die **Grundsatzentscheidung**[77] des BAG vom 20.3.2003 zu weitgehender Rechtssicherheit in der Praxis geführt. Auch hier gilt, dass ein **verbindliches Konzept oder ein Sanierungsplan** des Erwerbers vorliegen müssen, deren Durchführung im Zeitpunkt des Zugangs der Kündigungserklärungen bereits greifbare Formen angenommen hat. Ist dies der Fall, steht der Zulässigkeit einer Kündigung der Schutzgedanke des § 613a Abs. 4 BGB nicht entgegen.[78]

7. Widerspruch des Arbeitnehmers gegen den Betriebsübergang und Sozialauswahl

50 Widerspricht der Arbeitnehmer dem Betriebsübergang, verbleibt sein Arbeitsverhältnis beim bisherigen Arbeitgeber (Betriebsveräußerer). Kann dieser den Arbeitnehmer wegen der Betriebsveräußerung mangels vorhandenen Arbeitsplatzes nicht mehr weiterbeschäftigen, berechtigt dies grds. zur betriebsbedingten Kündigung. Es stellt sich dann zwangsläufig die Frage, ob die betriebsbedingte Kündigung denjenigen Arbeitnehmer trifft, der dem Übergang

74 BAG v. 18.7.1996, AP Nr. 147 zu § 613a BGB = NZA 1997, 148.
75 *Stahlhacke/Preis/Vossen*, Rn 980.
76 BAG v. 20.9.2006, NZA 2007, 387.
77 BAG v. 20.3.2003, AP Nr. 250 zu § 613a BGB = DB 2003, 1906.
78 BAG v. 20.3.2003, AP Nr. 250 zu § 613a BGB = DB 2003, 1906; dazu auch der Kommentar von *Annuß/Stamer*, NZA 2003, 1247; ferner *Schumacher-Mohr*, NZA 2004, 629.

seines Arbeitsverhältnisses widersprochen hat oder ob der ehemalige Betriebsinhaber nach § 1 Abs. 3 KSchG **unter allen verbliebenen Arbeitnehmern eine Sozialauswahl** durchführen muss.[79]

Hier war nach früherer Rechtsprechung zu differenzieren: Wurde der **gesamte Betrieb** übertragen, schied nach der Rechtsprechung des BAG eine Sozialauswahl aus, da es niemanden mehr gibt, mit dem der widersprechende Arbeitnehmer verglichen werden könnte. Verbleibt jedoch bei dem ehemaligen Betriebsinhaber noch ein **Restbetrieb**, insbesondere in Fällen des Teilbetriebsübergangs, sollten nach Auffassung des BAG **objektiv vertretbare Gründe** für den Widerspruch Berücksichtigung finden.[80] Ein solcher objektiver Grund konnte z.B. darin liegen, dass der neue Arbeitgeber als unzuverlässig bekannt ist, es sich lediglich um einen **Kleinbetrieb** handelt, der mit dem Verlust des Kündigungsschutzes verbunden ist, fehlende Bonität oder Verlust der Sozialplanpflichtigkeit.[81] Ein großzügiger Maßstab war allerdings nach Auffassung des BAG zugunsten des widersprechenden Arbeitnehmers nicht geboten.[82] Problematisch waren auch die Fälle, in denen der Arbeitnehmer dem Übergang seines Arbeitsverhältnisses allein aus dem Grund widerspricht, um an etwaigen Abfindungsregelungen/Sozialplanabfindungen des Veräußerers teilnehmen zu können. Nach überwiegender Auffassung sollte hier der Abfindungsanspruch nach den allgemeinen Grundsätzen von Treu und Glauben nach § 242 BGB entfallen.[83] Nach einer **Rechtsprechungsänderung** des zweiten Senates des BAG können die Gründe für den Widerspruch des Arbeitnehmers gegen den Übergang seines Arbeitsverhältnisses nicht mehr berücksichtigt werden.[84] Die soziale Rechtfertigung einer Kündigung bestimmt sich nun allein nach den in § 1 Abs. 3 S. 1 KSchG aufgeführten Kriterien. Der Arbeitnehmer, der dem Übergang seines Arbeitsverhältnisses auf den Betriebserwerber widersprochen hat, kann sich bei einer nachfolgenden, vom Betriebsveräußerer ausgesprochenen Kündigung daher auf eine mangelhafte Sozialauswahl berufen, ohne dass seine Beweggründe für den Widerspruch mit berücksichtigt werden. Der Senat begründet seine Rechtsprechungsänderung damit, dass die für die Sozialauswahl relevanten Kriterien abschließend in § 1 Abs. 3 S. 1 KSchG aufgezählt seien. Auch der Weg über § 1 Abs. 3 S. 2 KSchG soll verstellt sein. Denn die Herausnahme der nicht widersprechenden Arbeitnehmer aus der Sozialauswahl stelle regelmäßig keine Möglichkeit dar, alle nicht vom Betriebsübergang betroffenen Arbeitnehmer aus der Sozialauswahl herauszunehmen. Weiter lasse sich eine solche Nichtberücksichtigung dieser Arbeitnehmer schwerlich allein mit der Sicherung einer ausgewogenen Personalstruktur rechtfertigen.[85] In Zukunft wird es daher nicht mehr möglich sein, den Widerspruch des Arbeitnehmers gegen den Betriebsübergang in einer nachfolgenden Sozialauswahl zu seinem Nachteil zu berücksichtigen. Deshalb wird teilweise in der Literatur das Institut der **Verwirkung** im Verhältnis des widersprechenden Arbeitnehmers zum Betriebsveräußerer bejaht.[86] Hat der widersprechende 51

79 Zum Betriebsbegriff bei Kündigung nach Widerspruch vgl. BAG v. 31.5.2007, NZA 2008, 33 ff.; *Löwisch*, SAE 2008, 329.

80 BAG v. 7.4.1993, NZA 1993, 795; BAG v. 5.12.2002, NZA 2003, 1168; vgl. auch BAG v. 25.4.2002, NZA 2003, 605; ferner BAG v. 22.4.2004, NZA 2004, 1389.

81 Weiterführende Nachweise zu möglichen Sachgründen bei Staudinger/*Richardi/Annuß*, § 613a Rn 135; *Moll*, NJW 1993, 2017; *Neef*, NZA 1994, 101; *Gaul*, NZA 2005, 730.

82 BAG v. 18.3.1999, NZA 1999, 870.

83 In diesem Sinne wohl BAG v. 24.11.1993, NZA 1994, 564; weitere Nachweise bei ErfK/*Preis*, § 613a BGB Rn 109.

84 BAG v. 31.5.2007, NZA 2008, 33, 38; kritisch dazu *Pauly*, ZTR 2009, 63 ff.

85 BAG v. 31.5.2007, NZA 2008, 33, 39.

86 *Löwisch*, SAE 2008, 329, 331; kritisch zur Verwirkung *Gehlhaar*, BB 2009, 1182 ff.

Arbeitnehmer, der zuerst den Eindruck erweckt hat, beim Betriebserwerber bleiben zu wollen, erst nachträglich aufgrund einer fehlerhaften Widerrufsbelehrung widersprochen, verstieße er gegen Treu und Glauben, wenn er sich nun gegenüber den beim Betriebsveräußerer gebliebenen Arbeitnehmern in der Sozialauswahl auf eine höhere soziale Schutzbedürftigkeit beriefe.

52 Beim sog. **Teilbetriebsübergang** gelten keine Besonderheiten. Auch hier ist der Arbeitnehmer berechtigt, dem Betriebsübergang zu widersprechen.[87] Allerdings stellt sich dann das bereits oben dargestellte Problem der Sozialauswahl. Es müssen also **berechtigte Gründe** des Arbeitnehmers vorliegen, der sich auf die soziale Auswahl zu Lasten seiner Arbeitskollegen berufen möchte.[88] Wird ein Betriebsteil stillgelegt und soll der andere Betriebsteil auf einen Erwerber übertragen werden, ist eine auf den gesamten Betrieb, einschließlich des später übergehenden Betriebsteils, bezogenen Sozialauswahl durchzuführen.[89]

53 Auch ein tariflich unkündbarer Arbeitnehmer kann nach Widerspruch gegen den Übergang seines Arbeitsverhältnisses ggf. außerordentlich, **unter Einräumung einer sozialen Auslauffrist**, aus betriebsbedingten Gründen gekündigt werden. Allerdings darf es ihm wegen seiner Unkündbarkeit i.d.R. nicht zum Nachteil gereichen, dass er einen Arbeitgeberwechsel abgelehnt hat. Der Arbeitgeber muss deshalb alle zumutbaren, einer Weiterbeschäftigung ermöglichenden Mittel ausschöpfen, um eine Weiterbeschäftigung des unkündbaren Arbeitnehmers zu ermöglichen.[90] Dies beinhaltet auch, vor Ablauf der einmonatigen Widerspruchsfrist Arbeitsplätze freizuhalten und Neueinstellungen zu unterlassen.[91]

54 Übt eine Vielzahl von Arbeitnehmern das Widerspruchsrecht aus, kann der Betriebsübergang verhindert werden, wenn die widersprechenden Arbeitnehmer für einen ordnungsgemäßen Betriebsablauf notwendig sind. Die kollektive Ausübung des Widerspruchsrechts wird dennoch grundsätzlich als zulässig angesehen.[92] Allerdings darf der Widerspruch nicht missbraucht werden. Dies ist beispielsweise der Fall, wenn die Widerspruchsausübung von der Motivation getragen ist, den Betriebsübergang als solchen zu verhindern oder aber Vergünstigungen zu erzielen, auf die die Arbeitnehmer keinen Rechtsanspruch haben.[93]

V. Sonderkündigungsschutz beim Betriebsübergang

1. Grundsätze

55 Der Betriebsübergang lässt den **Sonderkündigungsschutz** als solchen **unberührt**. Soweit deshalb z.B. Betriebsräte, Schwangere oder Arbeitnehmer in der Elternzeit, schwerbehinderte Menschen, tarifvertraglich ordentlich unkündbare Arbeitnehmer oder aber auch Auszubildende und Wehr- bzw. Zivildienstleistende von einem Betriebsübergang betroffen sind, bleibt deren Sonderkündigungsschutz unverändert erhalten. Geht der Betrieb auf einen Betriebserwerber über, tritt dieser in sämtliche Arbeitsverhältnisse mit allen Rechten und Pflichten ein, wozu auch der bestehende Sonderkündigungsschutz gehört. In diesem Zusam-

87 BAG v. 24.2.2000, NZA 2000, 764.

88 BAG v. 7.4.1993, NZA 1993, 795; BAG v. 18.3.1999, NZA 1999, 870.

89 BAG v. 29.10.2004, NZA 2005, 285.

90 BAG v. 17.9.1998, NZA 1999, 258.

91 BAG v. 15.8.2002, NZA 2003, 430; abl. dazu *Lunk/Möller*, NZA 2004, 9.

92 BAG v. 30.9.2004, NZA 2005, 43 mit zahlreichen weiteren Nachweisen.

93 BAG v. 30.9.2004, NZA 2005, 43; siehe zu dem Urteil auch *Rieble*, NZA 2005, 1; ferner ErfK/*Preis*, § 613a BGB Rn 110.

menhang muss sich der Betriebserwerber die **Kenntnis** des Betriebsveräußerers von der Schwerbehinderteneigenschaft des Arbeitnehmers **zurechnen** lassen.[94]

Überdies haben auch die sonderkündigungsgeschützten Arbeitnehmer das Recht, dem Betriebsübergang zu widersprechen. Dies birgt allerdings das Risiko, dass der Betriebsveräußerer sie nicht mehr beschäftigen kann. Ist der Betrieb insgesamt übergegangen und auch keine andere Betriebsstätte beim Veräußerer verblieben, sind betriebsbedingte Kündigungen auch der sonderkündigungsgeschützten Arbeitnehmer grundsätzlich nach § 1 KSchG sozial gerechtfertigt. Freilich müssen auch die **übrigen Voraussetzungen** eingehalten, insbesondere die behördlichen Zustimmungen eingeholt werden. Für die weiteren Einzelheiten wird auf die einschlägigen Darstellungen in diesem Handbuch verwiesen (§ 7). 56

2. Betriebsräte

Betriebsräte werden betriebsbezogen gebildet. Geht daher ein Betrieb unverändert auf einen Betriebserwerber über, **bleibt der gebildete Betriebsrat im Amt** und der Kündigungsschutz nach § 15 KSchG unverändert erhalten. Es gelten uneingeschränkt die allgemeinen Grundsätze (siehe § 7 Rn 91 ff.). Entsprechendes gilt grundsätzlich auch für einen **Betriebsteilübergang**. Widerspricht ein Betriebsratsmitglied dem Betriebsübergang, muss der Betriebsveräußerer seine Weiterbeschäftigungsmöglichkeiten prüfen (vgl. auch § 15 Abs. 5 KSchG). Regelmäßig wird das Betriebsratsmitglied durch den Widerspruch aus dem beim Betriebserwerber fortbestehenden Betriebsrat ausscheiden. In diesen Fällen besteht dennoch der einjährige **nachwirkende Sonderkündigungsschutz** nach § 15 Abs. 1 S. 2 KSchG beim Betriebsveräußerer fort, der die Weiterbeschäftigungsmöglichkeiten für das ehemalige Betriebsratsmitglied prüfen muss und nur bei jeglichen fehlenden Weiterbeschäftigungsmöglichkeiten betriebsbedingt kündigen kann.[95] 57

3. Schwerbehinderte Menschen

Schwerbehinderten Menschen kann nur mit Zustimmung des Integrationsamtes ordentlich oder außerordentlich gekündigt werden.[96] Diese Grundsätze gelten uneingeschränkt auch beim Betriebsübergang. Insoweit kann auf die ausführliche Darstellung unter § 7 (siehe § 7 Rn 54 ff.) verwiesen werden. 58

4. Arbeitnehmer in Mutterschutz, Elternzeit und Pflegezeit

Keine Besonderheiten ergeben sich ferner hinsichtlich des besonderen Kündigungsschutzes nach § 9 MuSchG bzw. § 18 BEEG für Schwangere und Arbeitnehmer in der Elternzeit sowie Sonderkündigungsschutz nach § 5 PflegeZG.[97] **Probleme** können sich allenfalls dann ergeben, wenn dem Betriebserwerber dieser Sonderkündigungsschutz nicht bekannt ist. Eine Kenntnis des früheren Arbeitgebers muss er sich nicht zurechnen lassen.[98] Im Übrigen wird 59

94 BAG v. 11.12.2008, NZA 2009, 556.
95 Für die weiteren Einzelheiten siehe die ausführliche Darstellung von *Gaul*, § 20 Rn 158 ff.
96 Dazu allgemein *Besgen*, Schwerbehindertenrecht Arbeitsrechtliche Besonderheiten, 2009.
97 Dazu allgemein *Besgen/Plack*, Das Pflegezeitgesetz, 2009.
98 Str., wie hier *Gaul*, § 20 Rn 182 m.w.N. auch zur gegenteiligen Auffassung.

auf eine Entscheidung des OVG NW vom 21.3.2000 hingewiesen.[99] Danach können nur die Arbeitsgerichte verbindlich feststellen, ob ein Betrieb stillgelegt worden oder auf einen anderen Inhaber nach § 613a BGB übergegangen ist. Ist der Betriebsübergang streitig, darf die zuständige Behörde die **Zulässigkeitserklärung** nach § 18 BEEG nicht mit der Begründung verweigern, der Betrieb sei von einem anderen Inhaber übernommen worden. Für die weiteren Voraussetzungen an eine Kündigung nach § 9 MuSchG bzw. § 18 BEEG wird auf die Darstellung in § 7 (siehe § 7 Rn 2 ff., 29 ff.) verwiesen.

5. Tariflich unkündbare Arbeitnehmer

60 Bei tariflich ordentlich unkündbaren Arbeitnehmern gelten ebenfalls keine Besonderheiten. Die Arbeitsverhältnisse gehen mit allen Rechten und Pflichten, also auch mit dem Sonderkündigungsschutz, auf den Betriebserwerber über. Für die weiteren Einzelheiten wird auf die Darstellung unter § 2 (siehe § 2 Rn 7 ff.) verwiesen.

Widerspricht hingegen der Unkündbare dem Betriebsübergang, ist der Betriebsveräußerer zunächst verpflichtet, die ordentlich kündbaren Arbeitnehmer auf vergleichbaren Arbeitsplätzen zu entlassen. Dies gilt nach der **strengen Rspr. des BAG** selbst dann, wenn diese ordentlich kündbaren Arbeitnehmer von dem Betriebs- oder Betriebsteilübergang nicht betroffen waren.[100] Vielmehr muss der Arbeitgeber bei dem Widerspruch eines unkündbaren Arbeitnehmers alle zumutbaren, eine Weiterbeschäftigung ermöglichenden Mittel ausschöpfen. Dazu gehört ggf. auch das Freimachen eines geeigneten Arbeitsplatzes oder dessen Schaffung durch eine **entsprechende Umorganisation** sowie die Beachtung freiwerdender geeigneter Arbeitsplätze aufgrund der üblichen Fluktuation.[101] Legt der Arbeitnehmer näher dar, wie er sich eine anderweitige Beschäftigung vorstellt, muss der Arbeitgeber eingehend erläutern, aus welchem Grund eine Beschäftigung auf einem entsprechenden Arbeitsplatz nicht möglich ist.[102] Für die Darlegungen des Arbeitnehmers soll es dabei genügen, wenn er angibt, an welchen Betrieb er denkt und welche Art der Beschäftigung gemeint ist.[103]

VI. Wiedereinstellungs- und/oder Vertragsfortsetzungsanspruch

1. Grundsätze

61 Die Wirksamkeit von Kündigungen beurteilt sich nach den **Umständen zum Zeitpunkt der Kündigung**. Wird daher die unternehmerische Entscheidung getroffen, einen Betrieb stillzulegen, rechtfertigt dies die betriebsbedingte Kündigung. Fällt jedoch der Kündigungsgrund nachträglich weg, ist dieses Ergebnis für den Arbeitnehmer unbillig. Es muss deshalb ein Anspruch bestehen, die Wirkungen der ausgesprochenen Kündigungen wieder rückgängig zu machen und das Arbeitsverhältnis fortzusetzen. In Rspr. und Literatur ist deshalb ein **Wiedereinstellungsanspruch anerkannt** (allgemein dazu siehe § 3 Rn 94 f.). Diese Grundsätze gelten uneingeschränkt auch für den Betriebsübergang. Kommt es also nicht zu der beabsich-

99 OVG NRW v. 21.3.2000, EzA § 18 BErzGG Nr. 5 = NZA-RR 2000, 406.

100 Kritisch dazu *Meyer*, NZA 2005, 9.

101 BAG v. 17.9.1998, AP Nr. 148 zu § 626 BGB = NZA 1999, 258.

102 Vgl. auch BAG v. 24.3.1983, AP Nr. 12 zu § 1 KSchG 1969 Betriebsbedingte Kündigung.

103 Die Literatur ist hier strenger und geht von einer Verwirkung des Sonderkündigungsschutzes aus, wenn ohne sachlichen Grund ein Widerspruch erklärt wird; vgl. *Willemsen u.a.*, G Rn 184 m.w.N., kritisch zur Verwirkung *Gehlhaar*, BB 2009, 1182 ff.

tigten Stilllegung, sondern (später) zu einem Betriebsübergang, haben sich die Umstände nach Ausspruch der Kündigung wesentlich geändert. Zudem können sich die objektiven Voraussetzungen eines Betriebsübergangs auch unabhängig und ohne Willen des kündigenden Arbeitgebers ergeben. Es gilt insbesondere in Fällen der **Auftragsneuvergabe**, in denen der bisherige Arbeitgeber infolge des Auftragsverlustes allen Arbeitnehmern kündigt und ein neuer Auftragnehmer den wesentlichen Teil der Belegschaft übernimmt. Wie bereits dargestellt (siehe oben Rn 16 f.) kommt es auch in diesen Fällen zu einem Betriebsübergang, da die Arbeitnehmerschaft das wirtschaftliche Substrat und damit eine wirtschaftliche Einheit darstellt. Unterschieden wird dabei zwischen einem Wiedereinstellungsanspruch gegen den bisherigen Arbeitgeber bzw. Betriebsveräußerer und dem neuen Arbeitgeber bzw. Betriebserwerber.

2. Wiedereinstellungsanspruch gegen Altarbeitgeber

Entscheidet sich der bisherige Arbeitgeber zunächst dazu, einen Betrieb bzw. eine Betriebs- 62
abteilung stillzulegen, kündigt daraufhin den betroffenen Arbeitnehmern betriebsbedingt und entschließt sich schließlich **während des Laufs der Kündigungsfrist** zu einem Betriebsübergang auf einen neuen Betriebsinhaber, erweist sich die ursprüngliche **Prognosegrundlage** für die notwendige Betriebsstilllegung als falsch.[104] Der Arbeitnehmer kann daher in diesen Fällen gegen den kündigenden Arbeitgeber einen Wiedereinstellungsanspruch geltend machen.[105] Hat allerdings der Arbeitgeber mit Rücksicht auf die (angenommene) Wirksamkeit der Kündigung **bereits Dispositionen getroffen** und ist ihm daher die unveränderte Fortsetzung des Arbeitsverhältnisses nicht mehr zumutbar, kann dies einen Wiedereinstellungsanspruch ausschließen.[106] Dies gilt z.B., wenn der potentielle Erwerber das Unternehmen nur mit einer geringeren Arbeitnehmerzahl fortführen möchte. Kann der Arbeitgeber von den wieder einzustellenden Arbeitnehmern nur einen Teil berücksichtigen, ist er verpflichtet, bei der Auswahl soziale Gesichtspunkte zugrunde zu legen.[107]

3. Vertragsfortsetzungsanspruch gegen den Betriebserwerber

Kommt es nach Ausspruch der Kündigung zu einem Betriebsübergang, hat der gekündigte 63
Arbeitnehmer einen **Vertragsfortsetzungsanspruch** gegen den neuen Arbeitgeber bzw. Betriebserwerber. Dieser Anspruch kann allerdings nicht nur während des Laufs der Kündigungsfrist, sondern auch **nach Ablauf der Kündigungsfrist**, mithin nach Beendigung des Arbeitsverhältnisses, geltend gemacht werden. Nicht in allen Fällen ist nämlich dem Arbeitnehmer der Betriebsübergang bekannt. Erlangt er aber erst zu einem **späteren Zeitpunkt** (nach Ablauf der Frist) Kenntnis, ist dies von ihm nicht zu vertreten. Auch können zwischen der beabsichtigten Betriebsstilllegung und dem späteren Betriebsübergang **längere Unterbrechungen** von einigen Monaten liegen. Richtigerweise muss man daher für den Beginn von Fristen auf die Kenntnis von dem Betriebsübergang abstellen und die Frist zur Geltend-

104 Siehe aus jüngerer Zeit BAG v. 29.9.2005, NZA 2006, 720.

105 BAG v. 27.2.1997, AP Nr. 1 zu § 1 KSchG 1969 Wiedereinstellung = NZA 1997, 757; BAG v. 4.12.1997, NZA 1998, 701; BAG v. 2.12.1999, NZA 2000, 531.

106 BAG v. 27.2.1997, AP Nr. 1 zu § 1 KSchG 1969 Wiedereinstellung = NZA 1997, 757.

107 BAG v. 28.6.2000, AP Nr. 6 zu § 1 KSchG 1969 Wiedereinstellung = NZA 2000, 1097.

machung des Vertragsfortsetzungsanspruchs an die einmonatige Widerspruchsfrist des § 613a Abs. 6 S. 1 BGB anbinden.[108]

4. Wiedereinstellungsanspruch in der Insolvenz

64 Besonderheiten bestehen für den Wiedereinstellungsanspruch in der Insolvenz. Die Einzelheiten waren bis zum Grundsatzurteil des BAG v. 28.10.2004 heftig umstritten.[109] Nach dieser Entscheidung ist der Wiedereinstellungsanspruch in der Insolvenz nunmehr zeitlich begrenzt. Nach Ablauf der Frist einer insolvenzbedingten Kündigung besteht **kein Anspruch auf Wiedereinstellung bzw. Fortsetzung** des Arbeitsverhältnisses.[110] Gleichgültig ist, ob es sich um eine zerschlagende oder eine sanierende Insolvenz handelt.

VII. Prozessuale Fragen

1. Klageart

65 Beruft sich der Arbeitnehmer auf die Unwirksamkeit der Kündigung nach § 613a Abs. 4 BGB, so kann diese Unwirksamkeit mit der **allgemeinen Feststellungsklage** nach § 256 ZPO geltend gemacht werden. Liegen daneben auch Gründe für eine fehlende soziale Rechtfertigung vor, so muss **eine Klage nach § 4 KSchG** erhoben werden. Dabei ist auf das Ziel der Klage zu achten. Das **erforderliche rechtliche Interesse** i.S.d. § 256 ZPO setzt stets voraus, dass weitere Ansprüche vorbereitet oder gesichert werden, z.B. Lohnansprüche. Kommt es hingegen dem klagenden Arbeitnehmer vorrangig darauf an, den Erwerber zu verklagen, weil er Ansprüche gegen ihn geltend machen will, muss er den Übergang seines Arbeitsverhältnisses feststellen lassen. Die Wirksamkeit der Kündigung ist dann allerdings als Vorfrage zu klären. Es besteht in diesem Fall die Möglichkeit, dem früheren Betriebsinhaber gem. §§ 72 ff. ZPO den Streit zu verkünden.[111]

2. Passivlegitimation bei Kündigungsausspruch vor Betriebsübergang

66 Passivlegitimiert ist grundsätzlich der Arbeitgeber, der die Kündigung ausgesprochen hat.[112] Hat der Arbeitnehmer gegen seinen Arbeitgeber Kündigungsschutzklage erhoben und kommt es nunmehr zu einem Betriebsübergang, so hat dies nach § 265 ZPO keinen Einfluss auf den Prozess. Die **Rechtskraft** des Urteils wirkt nach § 325 ZPO auch gegenüber dem Erwerber.[113] Der Erwerber kann das Verfahren dann nur mit Zustimmung des Arbeitnehmers übernehmen. Ist unklar, ob ein Betriebsübergang vorliegt, sollte der Arbeitnehmer die Kündi-

108 Auf die Kenntnis von den Umständen des Betriebsübergangs stellt auch das BAG in der Entscheidung vom 12.11.1998, AP Nr. 5 zu § 1 KSchG 1969 Wiedereinstellung = NZA 1999, 311 ab. Teilweise wird eine kürzere Frist von drei Wochen gefordert, angelehnt an § 4 KSchG, so ErfK/*Preis*, § 613a BGB Rn 165; differenzierend *Luke*, NZA 2005, 92.

109 BAG v. 28.10.2004, NZA 2005, 405; zum Streit etwa *Plössner*, NZI 2003, 401; *Haarmeyer/Wutzke/Förster*, Kap. 5 Rn 298 f. m.w.N.

110 BAG v. 28.10.2004, NZA 2005, 405; ErfK/*Preis*, § 613a BGB Rn 165.

111 Vgl. ErfK/*Preis*, § 613a BGB Rn 174 f.

112 BAG v. 18.3.1999, DB 1999, 1612.

113 Vgl. auch BAG v. 9.7.2003 – 5 AZR 595/02 – n.v.

gungsschutzklage zugleich gegen den alten Arbeitgeber und gegen den mutmaßlichen Betriebserwerber richten; diese sind dann Streitgenossen.[114]

3. Passivlegitimation bei Kündigungsausspruch nach Betriebsübergang

Die Vorschrift des § 325 ZPO findet hingegen dann keine Anwendung, wenn der Betriebsübergang schon **vor** Eintritt der Rechtshängigkeit der Kündigungsschutzklage vollzogen wurde.[115] Stützt daher ein Arbeitnehmer eine Kündigungsschutzklage gegen einen Betriebsveräußerer allein auf die Behauptung, der Betrieb sei vor der Kündigung auf einen Erwerber übergegangen, so führt dies zur **Unschlüssigkeit** der Klage.[116] 67

Ist der **Betriebsübergang bereits vor Ausspruch der Kündigung erfolgt**, war der Kündigende zu diesem Zeitpunkt nicht mehr sein Arbeitgeber. Eine Feststellungsklage gegen den Veräußerer ist in diesem Fall nur ausnahmsweise dann zulässig, wenn der Arbeitnehmer dem Betriebsübergang **widersprochen** hat.[117]

Hat dagegen der Erwerber nach Betriebsübergang die Kündigung ausgesprochen, so richtet sich die Klage allein gegen ihn. Weigert sich in diesem Fall der Betriebserwerber, den Arbeitnehmer zu beschäftigen, so kann gegen den Erwerber **Leistungsklage auf Beschäftigung** erhoben werden. 68

4. Annahmeverzug

Bei einer erfolgreichen Kündigungsschutzklage gegen den bisherigen Arbeitgeber, muss sich der Erwerber den gegen **den früheren Inhaber eingetretenen Annahmeverzug zurechnen** lassen.[118] Annahmeverzug tritt schon dann ein, wenn der Arbeitgeber vor dem Betriebsübergang erklärt, eine Weiterbeschäftigung des Arbeitnehmers sei nicht möglich, da sein Arbeitsplatz weggefallen sei und ein gleichwertiger nicht zur Verfügung stehe.[119] Nach der Rspr. des BAG kann dem Arbeitnehmer jedoch ein Vorwurf daraus gemacht werden, wenn er während des Annahmeverzuges vorsätzlich untätig bleibt oder die Aufnahme der Arbeit bewusst verhindert. Dies gilt selbst dann, wenn der Arbeitnehmer in zulässiger Weise von seinem Widerspruchsrecht Gebrauch gemacht hat.[120] 69

5. Auflösungsantrag

Besonderheiten gelten für den Auflösungsantrag: Erhebt der Arbeitnehmer gegen seinen Arbeitgeber, der ihm gekündigt hat, die Kündigungsschutzklage und kommt es nunmehr **nach Rechtshängigkeit** des Kündigungsschutzantrages zu einem Betriebsübergang, so kann ein **Auflösungsantrag nur dann** erfolgreich durchgesetzt werden, wenn der Auflösungszeit- 70

114 BAG v. 24.6.2004 – 2 AZR 221/03 – n.v.
115 BAG v. 18.2.1999, NZA 1999, 648.
116 BAG v. 15.12.2005, NZA 2006, 597; BAG v. 27.10.2005 – 8 AZR 568/04 – n.v.; BAG v. 18.4.2002, AP Nr. 232 zu § 613a BGB; BAG v. 20.3.2003, BB 2003, 1793.
117 LAG Köln v. 18.3.1994, NZA 1994, 815; LAG Hamm v. 17.5.1993, ArbuR 1993, 306.
118 BAG v. 21.3.1991, DB 1991, 1886.
119 BAG v. 27.11.2008 – 8 AZR 199/07 – n.v.
120 BAG v. 19.3.1998, DB 1998, 1416.

punkt zeitlich vor dem Betriebsübergang liegt.[121] Nach Betriebsübergang besteht zu dem Altarbeitgeber kein Arbeitsverhältnis mehr, so dass dieser auch für einen Auflösungsantrag **nicht passivlegitimiert** ist.[122]

6. Darlegungs- und Beweislast

71 Die **Beweislast** dafür, dass eine Kündigung aus Anlass („wegen") des Betriebsübergangs ausgesprochen worden ist, **trifft den Arbeitnehmer**. Seine Nachweispflicht ist jedoch dahin gehend erleichtert, dass er sich zunächst auf den Betriebsübergang beziehen kann. Sodann trifft den Arbeitgeber im Sinne einer **abgestuften Darlegung** die Pflicht zum Nachweis, dass andere Gründe für die ausgesprochene Kündigung maßgebend waren.[123] Diese Gründe müsste dann der Arbeitnehmer seinerseits in dem Sinne widerlegen, dass auch der Betriebsübergang das bestimmende Kündigungsmotiv war.

7. Klagefrist

72 Bis zum 31.12.2003 bestand für Arbeitnehmer die Möglichkeit, die Unwirksamkeit einer Kündigung wegen Verstoßes gegen § 613a Abs. 4 BGB mit der allgemeinen Feststellungsklage nach § 256 ZPO auch nach Ablauf der dreiwöchigen Klagefrist des § 4 KSchG geltend zu machen. Dies wurde jedoch mit Wirkung zum 1.1.2004 grundlegend geändert. Der Gesetzgeber hat in dem nunmehr geänderten § 4 KSchG eine **allgemeine dreiwöchige Klagefrist** eingeführt (siehe § 21 Rn 1 ff.), die sich nach den Gesetzesmaterialien ausdrücklich auch auf solche Gründe bezieht, die außerhalb von § 1 KSchG zur Unwirksamkeit der Kündigung führen können.[124] Auch das Kündigungsverbot des § 613a BGB wird damit von der allgemeinen Drei-Wochen-Frist erfasst. Macht der Arbeitnehmer demnach eine Klage wegen Unwirksamkeit der Kündigung nach dieser Vorschrift nicht innerhalb von drei Wochen geltend, wird die Kündigung nach § 7 KSchG wirksam (siehe § 21 Rn 55 ff.).

121 BAG v. 24.5.2005, NZA 2005, 1178; dazu auch *Besgen*, B+P 2005, 822; ferner *Berkowsky*, NZI 2006, 81.
122 BAG v. 20.3.1997, DB 1997, 1823.
123 BAG v. 5.12.1985, DB 1986, 1290.
124 BT-Drucks 15/1204, S. 9 f.

§ 11 Kündigung und Unternehmensumwandlung

Dr. Nicolai Besgen

Inhalt

	Rn
I. Einführung	1
II. Arten der Umwandlung	2
III. Kündigungsschutz bei Umwandlungen	3
1. Umwandlungsrecht und Betriebsübergang	3
a) Grundsätze	3
b) Sonderfall: Widerspruch des Arbeitnehmers bei Verschmelzung/Aufspaltung	4
2. Kündigungsrechtliche Stellung der Arbeitnehmer bei Umwandlungen	6
3. Kündigungsschutz im Gemeinschaftsbetrieb	8

Literatur

Altenburg/Leister, Der Widerspruch des Arbeitnehmers beim umwandlungsbedingten Betriebsübergang und seine Folgen, NZA 2005, 15; **Bachner**, Individualarbeits- und kollektivrechtliche Auswirkungen des neuen Umwandlungsgesetzes, NJW 1995, 2881; **Bauer/Lingemann**, Das neue Umwandlungsrecht und seine arbeitsrechtlichen Auswirkungen, NZA 1994, 1057; **Boecken**, Unternehmensumwandlungen und Arbeitsrecht, 1996; **Däubler**, Das Arbeitsrecht im neuen Umwandlungsgesetz, RdA 1995, 136; **Düwell**, Zweites Gesetz zur Änderung des Umwandlungsgesetzes, FA 2007, 204; **Gaul**, Das Arbeitsrecht der Betriebs- und Unternehmensspaltung: Gestaltung von Betriebsübergang, Outsourcing, Umwandlung, 2002; **Graef**, Das Widerspruchsrecht nach § 613a VI BGB beim umwandlungsbedingten Erlöschen des übertragenden Rechtsträgers, NZA 2006, 1078; **Haas/Salamon**, Umwandlungsrechtlicher Betriebsübergang: außerordentliche Arbeitnehmerkündigung oder Widerspruchsrecht, FA 2009, 66; **Lutter/Winter** (Hrsg.), Umwandlungsgesetz (UmwG), Kommentar, 4. Auflage 2009; **Widmann/Mayer** (Hrsg.), Umwandlungsrecht, Loseblatt, Stand 2009; **Willemsen**, Arbeitsrecht im Umwandlungsgesetz – 10 Fragen aus der Sicht der Praxis, NZA 1996, 791; **Willemsen/Hohenstatt/Schweibert/Seibt**, Umstrukturierung und Übertragung von Unternehmen, 3. Auflage 2008.

I. Einführung

Der Begriff der Unternehmensumwandlung stammt aus dem Umwandlungsgesetz (UmwG), das am 1.1.1995 in Kraft getreten ist. Das UmwG ist **in erster Linie ein gesellschaftsrechtliches Gesetz**. Es regelt Strukturänderungen **am** Unternehmen, nicht **im** Unternehmen.[1] Im Grundsatz gelten auch bei der Unternehmensumwandlung die allgemeinen arbeitsrechtlichen Regeln. Dennoch berührt auch das Umwandlungsrecht die arbeitsrechtliche Stellung der Arbeitnehmer und der Betriebsvertretungen. In das UmwG wurden deshalb in den §§ 322 bis 324 Vorschriften aufgenommen, die die arbeitsrechtliche und kündigungsrechtliche Stellung der betroffenen Arbeitnehmer regeln sollen. Soweit in diesen Vorschriften spezielle Abweichungen von den allgemeinen Regeln des Kündigungsschutzrechts normiert sind, werden diese nachfolgend dargestellt. Für die gesellschaftsrechtliche Bedeutung des Umwandlungsrechts selbst muss hingegen auf die Spezialliteratur verwiesen werden.[2] 1

1 So *Willemsen*, NZA 1996, 791.

2 *Lutter/Winter*, Kommentar zum UmwG; *Gaul*, Das Arbeitsrecht der Betriebs- und Unternehmensspaltung: Gestaltung von Betriebsübergang Outsourcing Umwandlung, 2002; *Widmann/Mayer*, Umwandlungsrecht, Loseblatt. Eine gute Einführung in das Umwandlungsrecht mit zahlreichen Beispielen und seinen Auswirkungen auf das Arbeitsrecht findet sich in dem Aufsatz von *Willemsen*, NZA 1996, 791; *Düwell*, FA 2007, 204 ff.

II. Arten der Umwandlung

2 Dem UmwG liegt ein **numerus clausus** der Umwandlungsarten zugrunde. Es gilt daher die in § 1 UmwG aufgeführte **abschließende Aufzählung**, nämlich:

- Verschmelzung (§§ 2 ff. UmwG),
- Spaltung (Aufspaltung, Abspaltung, Ausgliederung, §§ 123 ff. UmwG),
- Vermögensübertragung (§§ 174 ff. UmwG) und
- Formwechsel (§§ 190 ff. UmwG).

III. Kündigungsschutz bei Umwandlungen

1. Umwandlungsrecht und Betriebsübergang

a) Grundsätze

3 Die nach dem UmwG zu beurteilenden Vorgänge werden regelmäßig **Betriebsübergänge** darstellen. Die Regelung des § 324 UmwG stellt insoweit klar, dass § 613a Abs. 1, 4 bis 6 BGB durch die Wirkungen der Eintragung einer Verschmelzung, Spaltung oder Vermögensübertragung **unberührt** bleiben. Der Verweis bezieht sich auf den Übergang der Arbeitsverhältnisse und deren inhaltlichen Bestandsschutz (Abs. 1), den Kündigungsschutz (Abs. 4) sowie die Regelungen zur Unterrichtung und zum Widerspruchsrecht der Arbeitnehmer (Abs. 5 und 6). Mit der Vorschrift des § 324 UmwG ist damit klargestellt, dass bei allen relevanten Umwandlungen von einer **uneingeschränkten Anwendbarkeit** des § 613a Abs. 1 und 4 bis 6 BGB auszugehen ist. Auch in Fällen der **Gesamtrechtsnachfolge** kommt damit § 613a BGB zur Anwendung und scheitert nicht an dem fehlenden Merkmal einer Übertragung „**durch Rechtsgeschäft**". Allerdings bedeutet dies nicht, dass die Rechtsfolgen des § 613a BGB nun in allen Fällen einer Unternehmensumwandlung automatisch eintreten. Vielmehr muss in jedem Fall gesondert geprüft werden, ob ein Betriebsübergang **tatsächlich** vorliegt, wenn auch im Wege der sog. Gesamtrechtsnachfolge. Es handelt sich damit also um eine Rechtsgrund- und nicht um eine Rechtsfolgenverweisung.[3] Die Voraussetzungen des Betriebsübergangs, insbesondere der Übergang eines Betriebs und/oder Betriebsteils, bestimmen sich daher bei Unternehmensumwandlungen nach § 613a Abs. 1 S. 1 BGB, so dass auf diese Ausführungen umfassend verwiesen werden kann (vgl. § 10 Rn 1 ff.).

b) Sonderfall: Widerspruch des Arbeitnehmers bei Verschmelzung/Aufspaltung

4 Das von der Rechtsprechung entwickelte Widerspruchsrecht (dazu allg. vgl. § 10 Rn 34 ff.) gilt grundsätzlich auch im Falle einer Umwandlung, § 324 UmwG i.V.m. § 613a Abs. 6 BGB. Umstritten ist dabei jedoch im Einzelnen, ob dies auch im Falle einer Verschmelzung bzw. Aufspaltung gilt, denn für diesen Sonderfall der Umwandlung gehört der bisherige Arbeitgeber auf zu existieren mit der weiteren Folge, dass ein nicht existenter Arbeitgeber auch nicht mehr kündigen kann. Aufgrund dieser schon ungewöhnlichen Konstellation wer-

3 H.M., vgl. z.B. Ascheid/Preis/Schmidt/*Steffan*, § 324 UmwG Rn 3; MünchArb/*Wank*, § 102 Rn 187 f.; *Altenburg/Leister*, NZA 2005, 15.

den in der arbeitsrechtlichen Literatur die **unterschiedlichsten Ansichten** vertreten.[4] Nachdem höchstrichterliche Rechtsprechung dazu lange ausstand, hat das BAG nun entschieden, dass ein Widerspruchsrecht nicht besteht, wenn das Arbeitsverhältnis wegen gesellschaftsrechtlicher Gesamtsrechtsnachfolge auf einen neuen Arbeitgeber übergegangen ist.[5] Stattdessen soll dem Arbeitnehmer, der nicht bei dem neuen Arbeitgeber arbeiten will, ein außerordentliches Kündigungsrecht zustehen.[6]

Praxishinweis 5

Das europarechtlich vorgegebene Widerspruchsrecht wird man dem Arbeitnehmer auch in den Fällen der Verschmelzung bzw. Aufspaltung nicht aberkennen können. Widerspricht aber der Arbeitnehmer **nach** der Umwandlung, verbleibt sein Arbeitsverhältnis dennoch bei dem neuen Arbeitgeber und dieser ist dann zum Ausspruch einer **betriebsbedingten ordentlichen Kündigung** berechtigt; ein fristloses Kündigungsrecht besteht nicht. Weigert sich allerdings der Arbeitnehmer, für die Dauer der Kündigungsfrist bei dem neuen Arbeitgeber/Rechtsträger zu arbeiten, wird er regelmäßig seine Lohnansprüche nach § 615 S. 2 BGB verlieren.[7] Umgekehrt hat selbstverständlich der Arbeitnehmer ein fristloses Lösungsrecht, denn eine Verpflichtung zur Fortsetzung des Arbeitsverhältnisses mit einem fremden Rechtsträger besteht nicht.

2. Kündigungsrechtliche Stellung der Arbeitnehmer bei Umwandlungen

Die kündigungsrechtliche Stellung eines Arbeitnehmers bei Umwandlungen ist in § 323 Abs. 1 UmwG geregelt. Danach verschlechtert sich die kündigungsrechtliche Stellung eines Arbeitnehmers, der vor dem Wirksamwerden einer Spaltung oder Teilübertragung nach dem Dritten oder Vierten Buch zu dem übertragenden Rechtsträger in einem Arbeitsverhältnis steht, aufgrund der Spaltung oder Teilübertragung für die **Dauer von zwei Jahren** ab dem Zeitpunkt ihres Wirksamwerdens nicht. Die Vorschrift ist nicht nur kompliziert formuliert, sondern auch hinsichtlich ihres Regelungsinhalts umstritten. Soweit ersichtlich, hat sich in der Literatur folgende „Faustregel" durchgesetzt: Die bisher für das Arbeitsverhältnis maßgeblichen kündigungsrechtlichen Normen werden auch nach der Spaltung oder Teilübertragung angewandt. Es muss also für die Dauer von zwei Jahren kündigungsrechtlich so getan werden, als habe die Spaltung oder die Teilübertragung nicht stattgefunden.[8] 6

Bedeutung erlangt die Vorschrift mithin vorrangig in solchen Fällen, in denen nach der Umwandlung in dem Unternehmen **kein allgemeiner Kündigungsschutz** mehr besteht, etwa weil es sich dort nunmehr um einen **Kleinbetrieb** i.S.v. § 23 Abs. 1 KSchG handelt. Umstritten ist auch die Frage der **Sozialauswahl** nach § 1 Abs. 3 KSchG. Zum Teil wird hier in der Literatur angenommen, diese beziehe sich auch auf Arbeitnehmer des früheren Betriebs.[9] Dies ergibt jedoch keinen Sinn und kann daher nicht in Betracht kommen. Der neue Rechts- 7

4 Vgl. *Altenburg/Leister*, NZA 2005, 15; *Bauer/Lingemann*, NZA 1994, 1057; *Bachner*, NJW 1995, 2881; *Däubler*, RdA 1995, 136; *Graef*, NZA 2006, 1078; *Willemsen*, G Rn 178; Staudinger/*Richardi/Annuß*, § 613a Rn 129; Lutter/*Joost*, § 324 Rn 66; *Gaul*, § 11 Rn 33 ff.

5 BAG v. 21.2.2008, NZA 2008, 815. Vgl. zur Instanzrechtsprechung ArbG Münster v. 14.4.2000, DB 2000, 1882 = NZA-RR 2000, 476; LAG Düsseldorf v. 15.11.2002 – 9 Sa 945/02 – n.v.

6 BAG v. 21.2.2008, NZA 2008, 815, 818. Vertiefend zur neuen Rechtsprechung *Haas/Salamon,* FA 2009, 66.

7 Vgl. BAG v. 19.3.1998, AP Nr. 177 zu § 613a BGB = NZA 1998, 750.

8 So MünchArb/*Wank*, § 102 Rn 207 und dort Fn 637 mit weiteren zahlreichen Nachweisen.

9 *Düwell*, NZA 1996, 393, 397; *Bachner*, NJW 1995, 2881, 2884.

träger im Sinne des Umwandlungsrechts ist nicht befugt, Arbeitnehmern des früheren Betriebs zu kündigen. Zudem steht dies auch in Widerspruch zu der Regelung des § 322 UmwG, wonach bei Fortführung eines Betriebs nach erfolgter Spaltung oder Teilübertragung durch die beteiligten Rechtsträger dieser Betrieb als Gemeinschaftsbetrieb anzusehen ist (siehe § 1 Rn 33 ff.). Würde dieses Ergebnis schon nach § 323 Abs. 1 UmwG (jedenfalls für zwei Jahre) gelten, wäre § 322 UmwG weitestgehend überflüssig.[10] **Eine unternehmensübergreifende** Anwendbarkeit von § 1 KSchG wird damit über § 323 Abs. 1 UmwG **nicht begründet**. Einigkeit besteht hingegen darin, dass eine analoge Anwendung der Vorschrift des § 323 Abs. 1 UmwG auf Fälle außerhalb des Umwandlungsrechts ausscheidet.

3. Kündigungsschutz im Gemeinschaftsbetrieb

8 Führen die an einer Spaltung beteiligten Rechtsträger einen Betrieb gemeinsam, regelt § 322 UmwG, dass der Gemeinschaftsbetrieb als „**Betrieb im Sinne des Kündigungsschutzrechts**" gilt. Zum Gemeinschaftsbetrieb siehe § 3 Rn 31 ff. Bedeutung hat der Gemeinschaftsbetrieb insbesondere für den Schwellenwert des § 23 KSchG (siehe § 3 Rn 38 ff.), Weiterbeschäftigungsmöglichkeiten (siehe § 3 Rn 96 ff.), die Sozialauswahl nach § 1 Abs. 3 KSchG, die im gesamten gemeinsamen Betrieb zu erfolgen hat[11] (siehe § 3 Rn 132 ff.) sowie betriebsverfassungsrechtliche Fragen bei der Übernahme von Betriebsratsmitgliedern nach § 15 Abs. 5 KSchG (siehe § 7 Rn 103 ff.). Bei der Massenentlassungsanzeige (siehe § 4 Rn 7) kommt es auf die Anzahl der im Gemeinschaftsbetrieb insgesamt vorhandenen Arbeitnehmer an.[12]

10 Vgl. *Gaul*, § 20 Rn 124 m.w.N.; Ascheid/Preis/Schmidt/*Steffan*, § 323 UmwG Rn 7.

11 BAG v. 24.2.2005, NZA 2005, 867; BAG v. 13.6.1985, NZA 1986, 600; BAG v. 5.5.1994, NZA 1994, 1023.

12 Vgl. *Boecken*, Rn 299; KR/*Weigand*, § 17 KSchG Rn 15.

§ 12 Die Mitbestimmung des Betriebsrats bei Kündigungen

Dr. Jürgen Peter

Inhalt

Rn

I. Einführung ... 1

II. Die Beteiligung des Betriebsrats bei Kündigungen nach § 102 Abs. 1 BetrVG ... 3
1. Geltungs- und Anwendungsbereich, Abgrenzungen ... 3
2. Gegenstand des Anhörungsverfahrens ... 34
   a) Kündigung des Arbeitsverhältnisses durch den Arbeitgeber ... 35
   b) Sonstige Beendigungstatbestände ... 40
3. Das Anhörungsverfahren – Überblick und Grundsätze ... 47
   a) Sinn und Zweck und Beteiligungsart ... 49
   b) Kündigungsfreiheit und Verzicht 50
4. Einleitung des Verfahrens ... 53
   a) Form der Mitteilung ... 54
   b) Mitteilungsfrist ... 56
   c) Adressat (der „richtige" Betriebsrat) ... 58
5. Inhalt der Anhörungsmitteilung ... 64
   a) Grundsätze und Grenzen ... 64
      aa) Kenntnis des Betriebsrats ... 65
      bb) Kenntnis des Arbeitnehmers . 66
      cc) Datenschutz ... 67
   b) Art der Kündigung und Kündigungsabsicht ... 68
   c) Kündigungsfrist, Kündigungszeitpunkt und Kündigungstermin 69
   d) Person des Arbeitnehmers/Sozialdaten ... 70
   e) Kündigungsgründe – Allgemeines und Grundsatz der subjektiven Determination ... 71
   f) Personenbedingte Kündigung ... 76
   g) Verhaltensbedingte Kündigung .. 80
   h) Betriebsbedingte Kündigung ... 84
   i) Änderungskündigung ... 91
   j) Verdachtskündigung ... 92
   k) Arbeitnehmer ohne Kündigungsschutz ... 94
   l) Außerordentliche Kündigung ... 96

Rn

   m) Nachschieben von Kündigungsgründen ... 101
   n) Checkliste „Allgemeiner Mindestinhalt" ... 103
6. Durchführung des Verfahrens ... 104
7. Abschluss des Verfahrens ... 107
   a) Reaktion des Betriebsrats bei der ordentlichen Kündigung ... 109
      aa) Bedenken ... 110
      bb) Widerspruch ... 113
      cc) Zustimmung und Verzicht ... 114
   b) Reaktion bei der außerordentlichen Kündigung ... 117
      aa) Bedenken ... 118
      bb) Zustimmung und Verzicht ... 121
   c) Fristabreden ... 122
   d) Änderung und Aufhebung der Stellungnahme ... 124
   e) Checkliste ... 125
8. Das Widerspruchsrecht des Betriebsrats – Inhalt, Ausübung und Wirkungen ... 126
   a) Frist ... 129
   b) Form ... 130
   c) Inhalt ... 133
      aa) Soziale Gesichtspunkte ... 134
      bb) Verstoß gegen Auswahlrichtlinie ... 135
      cc) Weiterbeschäftigungsmöglichkeit zu gleichen Bedingungen ... 136
      dd) Weiterbeschäftigungsmöglichkeit nach Fortbildung oder Umschulung ... 137
      ee) Weiterbeschäftigungsmöglichkeit zu geänderten Bedingungen ... 138
   d) Änderungskündigung ... 139
   e) Außerordentliche Kündigung ... 141
   f) Rechtsfolgen des Widerspruchs . 143
   g) Checkliste ... 147
9. Die Kündigung nach Verfahrensabschluss ... 148
10. Mängel des Anhörungsverfahrens ... 149

Rn
11. Rechtsfolgen der Mängel des Anhörungsverfahrens 158
a) Verstoß gegen BetrVG 159
b) Unwirksamkeit der Kündigung an sich 161
c) Verwertungsverbot („Nachschieben von Gründen") 165
d) Auflösungsantrag § 9 KSchG 172
e) Checkliste 174

Rn
III. Die Beteiligung des Betriebsrats bei Kündigungen nach § 102 Abs. 6 BetrVG 175

IV. Die Beteiligung des Betriebsrats nach dem KSchG gem. § 102 Abs. 7 BetrVG 179

V. Die Beteiligung des Betriebsrats nach § 103 BetrVG 180

Literatur

Bader, Die Anhörung des Betriebsrats – Eine Darstellung anhand der neuen Rspr., NZA-RR 2000, 57; **Bauer/Powietzka**, Kündigung schwerbehinderter Arbeitnehmer – Nachweis, Sozialauswahl, Klagefrist und Reformbedarf, NZA-RR 2004, 505; **Berkowsky**, Die Beteiligung des Betriebsrats bei Kündigungen, 1996; **Bleistein/Thiel**, Kommentar zur Rahmenordnung für eine Mitarbeitervertretungsordnung, 5. Aufl. 2006; **Dzida/Hohenstatt**, Tendenzschutz nur gegenüber Tendenzträgern?, NZA 2004, 1084; **Empter/Frick**, System Arbeitsmarkt – Chancen für eine Reform des Arbeitsrechts, 2006, 60 ff.; **Griebeling**, Bestreiten der Betriebsratsanhörung mit Nichtwissen – Rechtsprechungsänderung im Stillen?, NZA 2007, 540 ff.; **Hertzfeld**, Auflösungsantrag bei Unwirksamkeit der Kündigung aus „anderen als den in § 1 II und III KSchG bezeichneten Gründen", NZA 2004, 298; **Hümmerich/Mauer**, Neue BAG-Rspr. zur Anhörung des Betriebsrats bei Kündigungen, DB 1997, 163; **Jaeger/Röder/Heckelmann**, Praxishandbuch Betriebsverfassungsrecht, 2003; **Kirsch/Strybny**, „Tücken" bei der Betriebsratsanhörung im Zusammenhang mit Kündigungen, BB 2005, 10; **Kleinebrink**, Ermittlung von Unterhaltspflichten des Arbeitnehmers vor Sozialauswahl und Betriebsratsanhörung, DB 2005, 2522; **Lorenzen/Schmitt/Etzel**, Bundespersonalvertretungsgesetz, Kommentar, Loseblatt; **Preis**, Die „Reform" des Kündigungsschutzrechts, DB 2004, 70; **Mühlhausen**, Nochmals: Zulässiges Bestreiten der Betriebsratsanhörung mit Nichtwissen, NZA 2006, 967 ff.; **Richardi**, Arbeitsrecht in der Kirche, 5. Aufl. 2009; **Richardi/Dörner/Weber**, Personalvertretungsrecht, 3. Aufl. 2008; **Rossa/Salamon**, Personalabbau trotz Nichtbeteiligung des Betriebsrats bei Auswahlrichtlinien?, NJW 2008, 1991 ff.; **Tschöpe**, Der arbeitgeberseitige Auflösungsantrag im Kündigungsschutzprozess – offene Fragen, in: FS Schwerdtner, 2003, S. 217; **Willemsen/Hohenstadt/Schweibert/Seibt**, Umstrukturierung und Übertragung von Unternehmen, 3. Aufl. 2008.

I. Einführung

1 § 102 BetrVG gewährt **präventiven Kündigungsschutz** dadurch, dass der Betriebsrat vor Ausspruch einer Kündigung anzuhören ist. Die Nichtbeachtung des Anhörungsrechts hat die Unwirksamkeit der Kündigung zur Folge. Der Arbeitgeber, der zu kündigen beabsichtigt, soll durch die Verpflichtung zur Anhörung gezwungen werden, Bedenken des Betriebsrats hinsichtlich der beabsichtigten außerordentlichen oder ordentlichen Kündigung zu berücksichtigen. Eine Bindungswirkung ist allerdings nicht vorgesehen. Der Arbeitgeber bleibt auch dann, wenn der Betriebsrat Bedenken oder gar Widerspruch erhebt, in seiner Entscheidung, ob gekündigt werden soll oder nicht, frei. Dabei hat die Erhebung eines Widerspruchs durch den Betriebsrat allerdings zur Folge, dass gem. § 102 Abs. 5 BetrVG ein vorläufiger Weiterbeschäftigungsanspruch ausgelöst wird und nach § 1 Abs. 2 S. 2 KSchG ein absoluter Sozialwidrigkeitsgrund begründet werden kann.

2 Die Verpflichtung, den Betriebsrat anzuhören, betrifft dabei **nur** die arbeitgeberseitige **Kündigung**, keine sonstigen Beendigungstatbestände. Auch Abmahnung und der Auflösungsantrag gem. § 9 KSchG werden vom Anhörungsrecht nicht umfasst. Im Übrigen ist die Anhörung aber vor jeder Kündigung geboten. Der Ausspruch der Kündigung ist erst nach

Abschluss des Anhörungsverfahrens wirksam. Das Anhörungsverfahren endet entweder durch abschließende Stellungnahme des Betriebsrats oder durch Fristablauf. Mängel des Anhörungsverfahrens, die aus dem Bereich des Arbeitgebers resultieren, haben die Unwirksamkeit der ausgesprochenen Kündigung zur Folge. Fehler, die dem Bereich des Betriebsrats zuzurechnen sind, haben die Unwirksamkeit nicht zur Folge, es sei denn, die Verfahrensfehler sind durch den Arbeitgeber veranlasst.

II. Die Beteiligung des Betriebsrats bei Kündigungen nach § 102 Abs. 1 BetrVG

1. Geltungs- und Anwendungsbereich, Abgrenzungen

Die Durchführung des Beteiligungsverfahrens nach § 102 BetrVG im **Geltungsbereich** des **BetrVG** ist immer dann erforderlich, wenn der Ausspruch einer **arbeitgeberseitigen Kündigung** beabsichtigt ist, diese Kündigung gegenüber einem **Arbeitnehmer i.S.v. § 5 Abs. 1 BetrVG** erfolgen soll und in dem betroffenen Betrieb des Unternehmens ein **funktionsfähiger Betriebsrat** zum Zeitpunkt der mitzuteilenden Kündigungsabsicht besteht. 3

Das Anhörungsrecht nach § 102 Abs. 1 BetrVG gilt für **alle Betriebe**, in denen ein Betriebsrat nach § 1 BetrVG gewählt worden ist. Eine bestimmte Zahl beschäftigter Arbeitnehmer oberhalb der Schwelle des § 1 BetrVG muss dabei nicht erreicht werden. 4

Aufgrund des **Territorialitätsprinzips**, das auch das BetrVG beherrscht, sind alle selbstständigen Betriebe erfasst, die im Geltungsbereich des Grundgesetzes der Bundesrepublik Deutschland liegen. Daher gilt § 102 BetrVG auch für Betriebe ausländischer Unternehmen, die im Inland gelegen sind. Die Nationalität der Arbeitnehmer ist ebenso wenig entscheidend wie die Frage, welches Arbeitsvertragsstatut von den Arbeitsvertragsparteien berufen wurde. Grundsätzlich findet das BetrVG auf Arbeitnehmer in Betrieben deutscher Unternehmen im Ausland keine Anwendung.[1] Der Betriebsrat eines (inländischen) Betriebs ist aber anzuhören, wenn der Arbeitnehmer eines inländischen Betriebs nur vorübergehend zur Arbeitsleistung ins Ausland entsandt worden ist, damit seine Betriebszugehörigkeit nicht beendet wurde und diesem Arbeitnehmer nunmehr gekündigt werden soll.[2] 5

In **Tendenzbetrieben** muss der Betriebsrat vor der Kündigung von Tendenzträgern ebenfalls angehört werden. Nach der Rspr. des BAG sind ihm alle Gründe, auch tendenzbezogene, mitzuteilen.[3] Dabei ist es dem Betriebsrat allerdings verwehrt, gegen die tendenzbedingten Motive der beabsichtigten Kündigung Einwendungen zu erheben, sondern er kann Bedenken nur hinsichtlich sozialer Gesichtspunkte geltend machen.[4] Bei einer ausschließlich **tendenzbezogenen Kündigung** steht dem Betriebsrat daher **kein Widerspruchsrecht** nach § 102 Abs. 3 BetrVG zu, so dass das Entstehen eines weiteren **Beschäftigungsanspruchs** nach § 102 Abs. 5 BetrVG ausgeschlossen ist.[5] 6

Nach **§ 130 BetrVG** findet das Gesetz keine Anwendung auf Verwaltungen und Betriebe des Bundes, der Länder, der Gemeinden und sonstiger Körperschaften, Anstalten und Stiftungen des **öffentlichen Rechts**. Fällt also ein Arbeitsverhältnis in den Bereich des öffentlichen 7

1 Zur gleichgelagerten Thematik der Anwendbarkeit des KSchG vgl. BAG v. 26.3.2009, DB 2009, 1409.
2 Vgl. BAG v. 21.10.1980, NJW 1981, 1175.
3 BAG v. 7.1.1975, AP Nr. 4 zu § 118 BetrVG 1972; vgl. auch BAG v. 28.8.2003, NZA 2004, 501.
4 BAG v. 7.1.1975, AP Nr. 4 zu § 118 BetrVG 1972; vgl. auch BAG v. 28.8.2003, NZA 2004, 501.
5 Wie hier KR/*Etzel*, § 102 BetrVG Rn 13; *Fitting*, § 118 BetrVG Rn 38; *Richardi/Thüsing*, § 118 BetrVG Rn 160.

Dienstes (Bund), dann tritt an die Stelle der Beteiligung des Betriebsrats nach § 102 BetrVG die Beteiligung des Personalrats nach den §§ 72, 79 BPersVG. Nach diesen Normen hat der Personalrat bei der ordentlichen Kündigung ein Mitwirkungsrecht, bei der außerordentlichen Kündigung ist er (lediglich) anzuhören. Bei Arbeitsverhältnissen mit Ländern und Gemeinden gelten die gesonderten Regeln der jeweiligen Landespersonalvertretungsgesetze. Diese sehen für die Beteiligung des Personalrats mehrheitlich echte Mitbestimmungsrechte in dem Sinne vor, dass eine Kündigung, vor allem die ordentliche Kündigung, der Zustimmung des Personalrats bedarf. Eine ohne erteilte Zustimmung erklärte Kündigung ist unwirksam.[6] Die allgemeinen **Grundsätze** zum **§ 102 BetrVG** sind aber auch bei diesen Lebenssachverhalten im Zweifel entsprechend **heranzuziehen**.

8 Handelt es sich bei dem zu beurteilenden Lebenssachverhalt um ein **kirchliches Mitarbeiterverhältnis**, ist **§ 118 Abs. 2 BetrVG** zu berücksichtigen. Danach findet das BetrVG keine Anwendung auf Religionsgemeinschaften und ihre karitativen und erzieherischen Einrichtungen. Dies gilt unabhängig davon, in welcher Rechtsform diese Einrichtungen erscheinen. Bei einem kirchlichen Mitarbeiterverhältnis sind die Mitarbeitervertretungsregeln der evangelischen Kirche und die der katholischen Kirche zu berücksichtigen. Soweit Regelungen über eine Anhörung der Mitarbeitervertretung im kirchlichen Bereich auslegungsbedürftig oder lückenhaft sind, sind die Grundsätze zu § 102 BetrVG entsprechend heranzuziehen, wenn die kirchlichen Regelungen § 102 BetrVG nachgebildet sind.[7]

9 Einschränkungen gelten im Rahmen eines **Arbeitskampfs**. Wenn und soweit die Kündigung aus arbeitskampfbedingten Gründen erfolgt, entfällt nach zutreffender Auffassung des BAG die Pflicht, gem. § 102 BetrVG den Betriebsrat anzuhören.[8] Im Übrigen, wenn also eine Kündigung ausgesprochen wird, die nicht mit der Kampfabwehr im Zusammenhang steht, ist zuvor anzuhören.[9]

10 Entgegen oftmals in der Praxis anzutreffender Auffassungen werden die Beteiligungstatbestände des BetrVG bei **Eilfällen** nicht, bei **Notfällen** nur in engen Grenzen außer Kraft gesetzt. Für § 102 BetrVG ist anerkannt, dass Eil- und Notfälle den Beteiligungstatbestand nicht außer Kraft setzen.

11 Der **allgemeine persönliche Anwendungsbereich** des § 102 BetrVG erstreckt sich auf alle Arbeitnehmer i.S.d. § 5 Abs. 1 BetrVG. Erfasst werden Arbeiter, Angestellte, zu ihrer Berufsausbildung Beschäftigte, Teilzeitarbeitnehmer, Arbeitnehmer auf Abruf. Die Art des Arbeitsverhältnisses spielt keine Rolle. Es werden deshalb **Probe- und Aushilfsarbeitsverhältnisse** und auch Arbeitsverhältnisse während der **Wartezeit** nach § 1 KSchG und in sonstigen Fällen fehlenden Kündigungsschutzes von § 102 BetrVG erfasst.[10] Auch wenn das **Arbeitsverhältnis ruht**, z.B. wegen Wehrdienst oder Elternzeit, ist der Betriebsrat anzuhören.

12 Damit entfällt eine Verpflichtung zur Anhörung gegenüber **freien Mitarbeitern**, da diese nicht unter den Anwendungsbereich des § 5 Abs. 1 BetrVG fallen. Da mit der Abgrenzung

6 Vgl. zum BPersVG *Lorenzen/Schmitt/Etzel*, BPersVG; *Richardi/Dörner/Weber*, Personalvertretungsrecht, 3. Aufl. 2008; KR/*Etzel*, 1851 ff.

7 Vgl. LAG Köln v. 18.1.1995, NZA 1995, 1200; vgl. zur Kündigung kirchlicher Arbeitnehmer KR/*Fischermeier*, 2029 ff.; vgl. zur (katholischen) Mitarbeitervertretungsordnung *Bleistein/Thiel*, Kommentar zur Rahmenordnung für eine Mitarbeitervertretungsordnung, 5. Aufl. 2006.

8 BAG v. 6.3.1979, AP Nr. 20 zu § 102 BetrVG 1972.

9 BAG v. 6.3.1979, AP Nr. 20 zu § 102 BetrVG 1972; vgl. auch *Kirsch/Strybny*, S. 11.

10 Vgl. BAG v. 16.9.2004, AP Nr. 142 zu § 102 BetrVG 1972; BAG v. 23.6.2005, NZA 2005, 1233; BAG v. 23.4.2009, NZA 2009, 959.

von Arbeitnehmern/freien Mitarbeitern in der Praxis Schwierigkeiten verbunden sind und freie Mitarbeiter oftmals Kündigungsschutzklage mit dem Vortrag erheben, sie seien „tatsächlich" Arbeitnehmer, ist in derartigen Fällen zu empfehlen, eine vorsorgliche Betriebsratsanhörung durchzuführen.

> *Formulierungsbeispiel* 13
> Vorsorgliche Anhörung gem. § 102 BetrVG
> Sehr geehrte(r) Herr/Frau ,
> in Ihrer Eigenschaft als Vorsitzende(r) des Betriebsrats der -GmbH teilen wir Ihnen mit, dass der Ausspruch einer ordentlichen Kündigung gegenüber Herrn/Frau beabsichtigt ist.
> Wir weisen darauf hin, dass es sich nur um eine vorsorgliche Anhörung handelt, da Herr/Frau als freie(r) Mitarbeiter(in) für die -GmbH tätig ist. Ohne Anerkennung einer Rechtspflicht und ausschließlich aus Gründen rechtlicher Vorsorge für den Fall, dass Herr/Frau im Rahmen eines arbeitsgerichtlichen Verfahrens die Auffassung vertreten sollte, dass zwischen der -GmbH und Herrn/Frau ein Arbeitsverhältnis vorgelegen haben sollte, wird hiermit das Anhörungsverfahren gem. § 102 BetrVG eingeleitet.
> Insoweit führen wir Folgendes aus: .

Bei der Kündigung **leitender Angestellter** i.S.v. § 5 Abs. 3 BetrVG ist die Anhörung des Be- 14
triebsrats nicht erforderlich. Es besteht für den Arbeitgeber, der zu kündigen beabsichtigt, nach § 105 BetrVG lediglich die kollektivrechtliche Verpflichtung, eine personelle Veränderung eines leitenden Angestellten i.S.v. § 5 Abs. 3 BetrVG dem Betriebsrat rechtzeitig mitzuteilen. Verpflichtungen nach Maßgabe des SprAuG oder sonstiger Rechtsnormen bleiben in Ansehung leitender Angestellter unberührt.

Findet danach eine Beteiligung gem. **§ 31 SprAuG** statt, gelten die zu § 102 BetrVG darzustel- 15
lenden Prinzipien entsprechend. Der Arbeitgeber hat nach § 31 Abs. 2 SprAuG den Sprecherausschuss **anzuhören** und ihm die Gründe für die Kündigung mitzuteilen. Nach § 31 Abs. 2 S. 3 SprAuG ist eine ohne Anhörung des Sprecherausschusses ausgesprochene Kündigung unwirksam. Im Gegensatz zu § 102 Abs. 3 und Abs. 5 BetrVG steht dem Sprecherausschuss nach § 31 SprAuG **kein Widerspruchsrecht** zu. Ein gesetzlicher Weiterbeschäftigungsanspruch des gekündigten leitenden Angestellten kommt daher nicht in Betracht. Weiterbeschäftigung kann u.U. nur dann von dem gekündigten leitenden Angestellten verlangt werden, wenn seiner Kündigungsschutzklage vor dem Arbeitsgericht stattgegeben worden ist.

Schwierigkeiten können sich in der Praxis insbesondere daraus ergeben, dass häufig nicht 16
klar ist, ob der zu kündigende Arbeitnehmer leitender Angestellter i.S.v. § 5 Abs. 3 BetrVG ist oder nicht. Dabei ersetzt die **Mitteilung** nach **§ 105 BetrVG** weder eine Anhörung nach § 102 BetrVG noch kann sie in eine solche umgedeutet werden.[11] Es bestehen hingegen keine Bedenken, unter ausdrücklicher Kennzeichnung die Mitteilung nach § 105 BetrVG und eine (vorsorgliche) Anhörung nach § 102 BetrVG miteinander zu verbinden.

> *Formulierungsbeispiel* 17
> Mitteilung nach § 105 BetrVG/Vorsorgliche Anhörung nach § 102 BetrVG
> Sehr geehrte(r) Herr/Frau ,
> wir teilen Ihnen mit, dass die -AG gegenüber Herrn/Frau den Ausspruch einer ordentlichen Kündigung beabsichtigt.

11 Vgl. BAG v. 19.8.1975, DB 1975, 2231.

Mit diesem Schreiben kommen wir unserer Ihnen gegenüber nach § 105 BetrVG obliegenden Verpflichtung zur Mitteilung über die beabsichtigte Kündigung des Herrn/der Frau ______ nach. Herr/Frau ______ ist leitende(r) Angestellte(r) i.S.v. § 5 Abs. 3 BetrVG.
Es wird ausdrücklich darauf hingewiesen, dass dieses Schreiben zugleich auch der vorsorglichen Anhörung des Betriebsrats nach § 102 BetrVG dient. Die Anhörung insoweit erfolgt ohne Anerkennung einer Rechtspflicht und ausschließlich aus Gründen rechtlicher Vorsorge für den Fall, dass sich im Rahmen eines etwaigen arbeitsgerichtlichen Verfahrens herausstellen sollte, dass Herr/Frau ______ kein(e) leitende(r) Angestellte(r) ist.
Mit dieser einschränkenden Maßgabe teilen wir Ihnen daher weiter Folgendes mit: ______

18 **Leiharbeitnehmer** sind trotz § 7 S. 2 BetrVG gem. § 14 AÜG keine Arbeitnehmer im Entleiherbetrieb, so dass dessen Betriebsrat nicht anzuhören ist, wenn sie ihren Einsatz im Entleiherbetrieb beenden. Leiharbeitnehmer sind Arbeitnehmer des Verleihers. Es ist daher der Betriebsrat, der für den Verleiherbetrieb zuständig ist, anzuhören, wenn der Verleiher seinem verliehenen Leiharbeitnehmer kündigen will. Der Betriebsrat im Betrieb des Entleihers ist hingegen zuständig, wenn Arbeitsüberlassungsverträge nach § 9 AÜG unwirksam sind, so dass über § 10 AÜG ein Arbeitsverhältnis zwischen Entleiher und Arbeitnehmer als zustande gekommen gilt.

19 Nach § 5 Abs. 1 S. 2 BetrVG gelten als Arbeitnehmer i.S.d. BetrVG auch die in **Heimarbeit Beschäftigten**, die in der Hauptsache für den Betrieb arbeiten. Liegen diese Voraussetzungen vor, dann greift auch die Anhörungspflicht nach § 102 Abs. 1 BetrVG für diesen Personenkreis ein.[12] In Heimarbeit Beschäftigte können aber keinen Weiterbeschäftigungsanspruch nach § 102 Abs. 5 BetrVG geltend machen, weil sie keinen Kündigungsschutz nach den Vorschriften des KSchG genießen. Im **Baugewerbe** ist es verkehrsüblich, dass Arbeitnehmer zu einer **Arbeitsgemeinschaft** abgestellt/entsandt werden, an der der Arbeitgeber beteiligt ist. Geschieht dies, dann bestimmt § 9 des allgemeinverbindlichen **Bundesrahmentarifvertrags** für das **Baugewerbe**, dass während der Dauer der Freistellung das Arbeitsverhältnis des Arbeitnehmers zum Stammbetrieb ruht. Mit der Arbeitsgemeinschaft wird ein Arbeitsverhältnis begründet und mit der Beendigung dieses Arbeitsverhältnisses lebt das Arbeitsverhältnis zum Stammbetrieb grundsätzlich wieder auf. Ordnet in derartigen Fällen die Arbeitsgemeinschaft die Rückkehr des Arbeitnehmers zum Stammbetrieb einseitig an, handelt es sich um eine Kündigung, die der Anhörung des Betriebsrats der **Arbeitsgemeinschaft** bedarf. Dies gilt unabhängig davon, wie die „Rückkehrmaßnahme“ bezeichnet wird (z.B. Rückkehrverfügung/Rückversetzung/Rückzuweisung etc.). Im Übrigen ist vor jeder Kündigung des Arbeitsverhältnisses durch die Arbeitsgemeinschaft deren Betriebsrat nach § 102 BetrVG anzuhören. Eine Anhörung des Betriebsrats des **Stammbetriebs** ist in diesen Fällen nicht erforderlich. Dies gilt auch bei einer berechtigten außerordentlichen Kündigung, die nach Maßgabe des allgemeinverbindlichen Bundesrahmentarifvertrags zur Folge hat, dass das Arbeitsverhältnis zum Stammarbeitgeber nicht wieder auflebt.

20 Auch bei Kündigungen, die in den Anwendungsbereich des **MuSchG** und/oder des **SGB IX** fallen, sind die Regeln des § 102 BetrVG einzuhalten, wobei die betriebsverfassungsrechtliche Beteiligung vor, während oder nach dem jeweiligen Zustimmungsverfahren durchgeführt werden kann.[13]

12 BAG v. 7.11.1995, NZA 1996, 380; vgl. zu den weitergehenden Fragen der Kündigung von Schwerbehinderten *Bauer/Powietzka*, NZA-RR 2004, 505.

13 BAG v. 1.4.1981, AP Nr. 23 zu § 102 BetrVG 1972; vgl. BAG v. 23.10.2008, DB 2009, 1248.

§ 102 Abs. 1 S. 1 BetrVG bestimmt, dass der **Betriebsrat** vor jeder Kündigung zu hören ist. Gemeint ist hiermit der in dem für den Arbeitnehmer **zuständigen Betrieb** wirksam gewählte und noch zum Zeitpunkt der beabsichtigten Kündigungserklärung bestehende Betriebsrat. Fällt also ein Betrieb grundsätzlich in den Anwendungsbereich des BetrVG, ist ein Betriebsrat aber entgegen § 1 Abs. 1 S. 1 BetrVG nicht gewählt worden, so kann ein nicht gewählter Betriebsrat auch nicht beteiligt und nicht angehört werden. An die Stelle eines nicht gewählten Betriebsrats tritt nicht der Gesamtbetriebsrat oder der Konzernbetriebsrat oder eine sonstige Mitarbeitervertretung. Etwas anderes ergibt sich auch nicht aus § 50 Abs. 1 BetrVG, da der Gesamtbetriebsrat nicht gesetzlich berechtigt ist, in betriebsratslosen Betrieben die Rolle des örtlichen Betriebsrats zu übernehmen und Angelegenheiten zu regeln, für die nur ein örtlicher Betriebsrat zuständig wäre. Existiert dieser nicht, kann der Gesamtbetriebsrat die nur dem örtlichen Betriebsrat zustehenden Mitbestimmungsrechte nicht ausüben. 21

Eine Beteiligung findet ferner nicht statt, wenn die **Wahl** des Betriebsrats **nichtig** ist. Dies ist nur in sehr seltenen Ausnahmefällen der Fall. Hierauf sollte sich ein Arbeitgeber nicht verlassen, es sei denn, er kann „ganz sicher" sein, dass die Wahl des Betriebsrats nichtig war. Eine **vorsorgliche Anhörung** ohne Anerkennung einer Rechtspflicht ist daher zu empfehlen. War die **Wahl** des Betriebsrats nur **anfechtbar**, ist insbesondere die Frist des § 19 Abs. 2 S. 2 BetrVG abgelaufen, ist ein derartig fehlerhaft gewählter Betriebsrat vor Ausspruch der Kündigung anzuhören. Ist die Frist des § 19 Abs. 2 S. 2 BetrVG noch nicht abgelaufen und die Anfechtung der Betriebsratswahl eingeleitet, dann besteht die Pflicht zur Anhörung des Betriebsrats bis zur rechtskräftigen Entscheidung im Anfechtungsverfahren.[14] Der Betrieb des Unternehmens wird erst mit Rechtskraft der arbeitsgerichtlichen Entscheidung betriebsratslos, wenn die Betriebsratswahl für unwirksam erklärt wird, so dass erst zu diesem Zeitpunkt die Beteiligung des Betriebsrats gem. § 102 BetrVG entfällt. Dies bedeutet, dass eine vom Betriebsrat abgegebene Stellungnahme, insbesondere ein Widerspruch gem. § 102 Abs. 3 BetrVG, rechtswirksam bleibt. Die Feststellung der Unwirksamkeit (anders: bei Nichtigkeit) einer Betriebsratswahl entfaltet keine Rückwirkungen. Sie wirkt lediglich für die Zukunft. 22

Besondere Aufmerksamkeit ist geboten, wenn betriebliche Veränderungen vorgenommen werden, die zum Erlöschen des Betriebs durch **Identitätsveränderung** und damit gegebenenfalls auch zum **Erlöschen eines Mandats des Betriebsrats** führen können. In diesem Zusammenhang ist zu prüfen, ob ein Betriebsrat (noch) besteht und weiterhin, ob die Voraussetzungen eines **Übergangs- oder Restmandats** gegeben sind.[15] Die Anhörung des Betriebsrats entfällt auch nicht, weil in einem **Gemeinschaftsbetrieb** ein Unternehmen seine betriebliche Tätigkeit einstellt, denn der für den Gemeinschaftsbetrieb gewählte Betriebsrat bleibt für den verbleibenden Betrieb zuständig.[16] Der Betriebsrat ist auch dann anzuhören, wenn durch die Stilllegung eines der beteiligten Unternehmen unter die vorgeschriebene Anzahl von Betriebsratsmitgliedern sinkt; dies gilt nach der Rechtsprechung selbst dann, wenn nur noch ein Betriebsratsmitglied im Amt ist.[17] Wenn zum Zeitpunkt der beabsichtigten Kündigungserklärung die **Wahl** eines Betriebsrats im betroffenen Betrieb **erstmalig** erfolgt, dann besteht bis zur Konstituierung des Betriebsrats nach § 29 Abs. 1 BetrVG i.V.m. § 26 BetrVG keine Anhörungspflicht, denn die Befugnis zur Amtsausübung des Betriebsrats entsteht erst durch dessen **Konstituierung**. 23

14 BAG v. 9.5.1996, NZA 1996, 1145.
15 Vgl. BAG v. 19.11.2003, NJW 2004, 1613.
16 BAG v. 19.11.2003, NJW 2004, 1613.
17 BAG v. 19.11.2003, NJW 2004, 1613.

Der Arbeitgeber ist nach zutreffender Auffassung des BAG auch nicht verpflichtet, mit dem Ausspruch einer Kündigung zuzuwarten, bis sich der Betriebsrat konstituiert hat.[18]

24 Hinsichtlich der Beendigung der **Amtszeit des Betriebsrats** ist danach zu unterscheiden, ob die Amtszeit gem. § 21 S. 3 BetrVG endet oder ob ein Tatbestand nach § 13 BetrVG vorliegt. Ferner sind die Regeln der §§ 21a und 21b BetrVG zu beachten. Wenn die Amtszeit nach § 21 S. 3 BetrVG endet, ohne dass im Betrieb ein neuer Betriebsrat gewählt wird, dann entfällt der Beteiligungstatbestand gem. § 102 BetrVG, da ein Betriebsrat nicht mehr besteht. Der „alte" Betriebsrat ist nicht befugt, Geschäfte über den Beendigungszeitpunkt der Amtszeit hinaus fortzuführen. Wenn nach § 13 Abs. 1 BetrVG innerhalb des für die regelmäßigen Wahlen zum Betriebsrat festgelegten Zeitraums oder nach § 13 Abs. 2 BetrVG vorzeitig ein neuer Betriebsrat gewählt wird, dann endet die Amtszeit des bisherigen Betriebsrats mit der **Bekanntgabe des Wahlergebnisses** des neugewählten Betriebsrats. Bis zur Bekanntgabe des Wahlergebnisses ist der „alte" Betriebsrat anzuhören, da er nach § 22 BetrVG die Geschäfte bis zur Wahl des neuen Betriebsrats weiterführt. Insoweit ist auch zu bedenken, dass der „alte" Betriebsrat auch dann zu beteiligen ist, wenn er nicht mehr über die gesetzlich erforderliche Zahl von Betriebsratsmitgliedern verfügt, da nach der Rspr. des BAG für die übergangsweise Wahrnehmung der Geschäfte nach § 22 BetrVG die **Beschlussfähigkeit** i.S.v. § 33 Abs. 2 BetrVG nicht erforderlich ist.[19] Im Extremfall hat daher auch dann eine Anhörung zu erfolgen, wenn nur noch ein Betriebsratsmitglied verblieben ist und die Übergangsgeschäfte wahrnimmt.

25 Wird der Betrieb des Unternehmens, dessen zugehörigem Arbeitnehmer gekündigt werden soll, **stillgelegt**, endet das Betriebsratsamt ebenfalls. In diesen Fällen steht dem Betriebsrat jedoch über § 21b BetrVG ein Restmandat zu, so dass der Betriebsrat in Ausübung des **Restmandats** auch zu den nach Stilllegung des Betriebs noch erfolgenden Kündigungen anzuhören ist. Dies gilt auch bei Kündigungen, die nur aus Gründen rechtlicher Vorsorge wiederholend im Zusammenhang mit der Stilllegung ausgesprochen werden. Es gilt auch, wenn die Betriebsratsmitglieder wegen der Beendigung ihrer Arbeitsverhältnisse beim Arbeitgeber bereits ausgeschieden sind.[20] Bei Betriebsspaltungen und -zusammenlegungen sind die Voraussetzungen des **Übergangsmandats** zu prüfen. Wenn und soweit dieses besteht, bleibt der bisherige Betriebsrat in den nach § 21a BetrVG geltenden Grenzen für die Beteiligung nach § 102 BetrVG zuständig.

26 Von der Frage des Bestehens eines Betriebsrats ist dessen **Funktionsfähigkeit** zu unterscheiden. Anerkannt ist, dass auch bei Bestehen eines Betriebsrats die Beteiligung nach § 102 BetrVG dann entfällt, wenn der Betriebsrat funktionsunfähig ist. Bei der **Annahme** der **Funktionsunfähigkeit** des Betriebsrats ist wiederum aus Sicht des Arbeitgebers Vorsicht geboten. Der bloße Umstand, dass etliche Betriebsratsmitglieder und Ersatzmitglieder verhindert sind, hat die Funktionsunfähigkeit nicht unmittelbar zur Folge. Dies gilt auch dann, wenn das gesetzliche Quorum für die Beschlussfähigkeit des Betriebsrats gem. § 33 Abs. 2 BetrVG nicht mehr erreicht werden kann, da nach der Rspr. des BAG in einem solchen Fall die verbliebenen Mitglieder in entsprechender Anwendung des § 22 BetrVG befugt sind, die Aufgaben des Betriebsrats wahrzunehmen.[21]

18 BAG v. 23.8.1984, NZA 1985, 566.
19 BAG v. 18.8.1982, AP Nr. 24 zu § 102 BetrVG 1972.
20 BAG v. 14.10.1982, DB 1983, 2635.
21 BAG v. 18.8.1982, DB 1983, 288.

Entsprechend ist für den Fall **urlaubsbedingter Abwesenheit** zu entscheiden. Auch hier ist die Vorschrift des **§ 22 BetrVG** ggf. **analog** heranzuziehen, mit der Folge, dass die verbliebenen Betriebsratsmitglieder anzuhören sind. Für den Fall des allg. angeordneten Betriebsurlaubs ist die Rechtslage streitig. Teilweise wird vertreten, dass bei Betriebsurlaub und Nichtanwesenheit auch nur eines Betriebsratsmitglieds im Betrieb der Arbeitgeber mit der Kündigung zu warten habe, es sei denn, dies sei z.B. wegen des Ablaufs der Frist nach § 626 Abs. 2 BGB nicht zuzumuten. Teilweise wird die Auffassung vertreten, dass während eines allg. Betriebsurlaubs eine Fristenhemmung eintritt. Schließlich wird die Auffassung vertreten, dass kein Fall der Funktionsunfähigkeit vorliege, da es in die Organisationsverantwortlichkeit des Betriebsrats falle, für die Dauer des Betriebsurlaubs eine Regelung zu treffen, die sicherstellt, dass die Beteiligungstatbestände erfüllt werden können.[22] **27**

Praxishinweis **28**

In Anbetracht der Tatsache, dass diese Rechtsfrage umstritten ist, empfiehlt es sich, **klare Verfahrensregelungen** zwischen Arbeitgeber und Betriebsrat für den Fall etwaiger Kündigungen während eines allgemeinen Betriebsurlaubs zu treffen. Geschieht dies nicht, dann ist dem Arbeitgeber zu empfehlen, in jedem Fall zu versuchen, den Betriebsratsvorsitzenden und dessen Stellvertreter zu erreichen. Die Versuche sind entsprechend zu dokumentieren. Nach Rückkehr aus dem Betriebsurlaub sollte dann vorsorglich die Anhörung nachgeholt werden und – ebenfalls vorsorglich – eine weitere Kündigung ausgesprochen werden.

Entsprechend ist für den Fall **krankheitsbedingter Funktionsunfähigkeit** des Betriebsrats zu verfahren. Auch in diesen Fällen ist es zu empfehlen, unter entsprechender Dokumentation den Versuch zu unternehmen, den Betriebsrat zu erreichen. Dem Betriebsrat obliegt es als betriebsverfassungsrechtliche Pflicht, für Fälle vorhersehbarer Funktionsunfähigkeit innerorganisatorische Regelungen zu treffen. **29**

Im Zusammenhang mit auszusprechenden Kündigungen, insbesondere Änderungskündigungen, aber auch bei Beendigungskündigungen, können **weitere Beteiligungstatbestände** gegeben sein. Dies kann z.B. die §§ 80, 92, 92a, 99, 106, 111 ff. BetrVG betreffen. Insoweit wird auf die einschlägige betriebsverfassungsrechtliche Literatur verwiesen. Aus Sicht des Arbeitgebers ist bei der **Antragsformulierung** (mündlich oder schriftlich) deutlich zu unterscheiden, aus welchem Rechtsgrund Mitteilungen an den Betriebsrat gemacht werden. **30**

Werden durch einen Kündigungssachverhalt mehrere Beteiligungsrechte des BetrVG oder anderer Gesetze angesprochen, sind die einzelnen Beteiligungstatbestände gesondert zu prüfen und ggf. einzuhalten. **31**

Formulierungsbeispiel **32**

An den Vorsitzenden des Betriebsrats der -GmbH
Herrn
im Hause
Anhörung gem. § 102 BetrVG und Antrag auf Zustimmung gem. § 99 BetrVG

Besondere Beteiligungsrechte des Betriebsrats bestehen schließlich nach Maßgabe des **UmwG**. Auch diese Beteiligungsrechte sind neben den Vorschriften des BetrVG zu berück- **33**

22 Vgl. zum Streitstand KR/*Etzel*, § 102 BetrVG Rn 24 ff. m.w.N.

sichtigen, wobei in der Praxis insbesondere Schnittstellenprobleme im Zusammenhang mit den Vorschriften der §§ 111 ff. BetrVG auftreten können.[23]

2. Gegenstand des Anhörungsverfahrens

34 Gegenstand des Anhörungsverfahrens ist die **arbeitgeberseitige Beendigung** des Arbeitsverhältnisses durch Kündigung. Die **Arbeitnehmerkündigung** wird nicht erfasst. Sonstige Beendigungstatbestände und damit im Zusammenhang stehende Lebenssachverhalte werden von § 102 BetrVG ebenfalls nicht erfasst. § 102 BetrVG „erledigt" auch nicht sonstige weitere Beteiligungstatbestände, die in Abhängigkeit vom jeweiligen Einzelfall nach dem BetrVG oder anderen Gesetzen zusätzlich gegeben sein können.

a) Kündigung des Arbeitsverhältnisses durch den Arbeitgeber

35 Die Verpflichtung zur Anhörung betrifft **jede Kündigung**: die ordentliche, die außerordentliche, die vorsorgliche, die wiederholende, die Änderungskündigung, die Kündigung in den ersten sechs Monaten, die Kündigung in der Probezeit, die Kündigung in sonstigen Fällen fehlenden Kündigungsschutzes, die Kündigung von befristeten Arbeitsverhältnissen – sofern überhaupt zulässig – und die Kündigung in „vermeintlichen" Eilfällen.

36 Besondere Sorgfalt ist bei sog. **Wiederholungskündigungen** und bei sog. **„Vorratsanhörungen"** geboten. Spricht der Arbeitgeber eine Kündigung aus, die er auf den gleichen Sachverhalt stützt, zu dem bereits eine Betriebsratsanhörung erfolgt ist, dann kann der Arbeitgeber eine derartige Kündigung ohne erneute Betriebsratsbeteiligung aussprechen, wenn ein zeitlicher Zusammenhang zur Anhörung besteht und der Kündigungssachverhalt sich nicht geändert hat. Derartige Konstellationen kommen insbesondere dann vor, wenn der Arbeitgeber Zweifel hat, ob die Kündigung zugegangen ist oder sonstige Wirksamkeitszweifel bestehen. Dabei vertritt das BAG die Auffassung, dass eine erneute Beteiligungspflicht regelmäßig dann gegeben ist, wenn die „erste" Kündigung dem Arbeitnehmer bereits zugegangen ist.[24] Das BAG stellt auf einen **Anhörungsverbrauch** ab und fragt, ob der Arbeitgeber seinen ursprünglichen Kündigungswillen bereits verwirklicht hat. Dabei nimmt das BAG einen Verbrauch des Kündigungsrechts sogar dann an, wenn ein Bevollmächtigter für den Arbeitgeber kündigt und dieser wegen nachträglich eingetretener Zweifel an der Zurechenbarkeit der ersten Kündigung eine „neue" Kündigung ausspricht.[25] Nach der Rechtsprechung ist danach eine erneute Beteiligung des Betriebsrats nach einer bereits ausgesprochenen Kündigung nur dann entbehrlich, wenn das frühere Anhörungsverfahren ordnungsgemäß war, der Betriebsrat der Kündigung vorbehaltlos zugestimmt hat und die Wiederholungskündigung in engem zeitlichem Zusammenhang ausgesprochen und auf denselben Sachverhalt gestützt wird.[26] Auch wenn in der Literatur[27] zu Recht darauf hingewiesen wird, dass der Arbeitgeber in den „Heilungsfällen" (Formnichtigkeit, Bevollmächtigung, Sicherstellung Zugang) keinen neuen Kündigungsentschluss gefasst hat mit der Folge, dass „eigentlich" der Betriebsrat nicht noch Mal zu beteiligen ist, ist der Praxis dringend zu raten, eine neue Betriebsratsanhörung durchzuführen, um den restriktiven An-

23 Umfassend hierzu *Willemsen u.a.*, S. 339 ff.

24 Vgl. BAG v. 2.10.1989, NZA 1990, 748; BAG v. 16.9.1993, NZA 1994, 311; BAG v. 10.11.2005, NZA 2006, 491; BAG v. 3.4.2008, NJW 2008, 3084; vgl. auch *Lingemann/Beck*, NZA 2007, 225 ff.

25 Vgl. BAG v. 31.1.1996, NZA 1996, 649; BAG v. 5.9.2002, ZdR 2003, 153.

26 BAG v. 16.9.1993, NZA 1994, 311.

27 Vgl. Ascheid/Preis/Schmidt/*Koch*, § 102 BetrVG Rn 26.

forderungen des BAG im Zweifel Rechnung zu tragen. Diese Empfehlungen gelten auch nach der Entscheidung des **BAG vom 3.4.2008.**[28] Mit dieser Entscheidung hat das BAG seine vorgenannte Spruchpraxis nicht aufgegeben, wonach jede Kündigung des Arbeitgebers der vorherigen Anhörung des Betriebsrats bedarf; die restriktive Rechtsprechung wurde vielmehr bestätigt. Bei der äußerst seltenen **Ausnahmekonstellation**, über die das BAG zu entscheiden hatte, war davon auszugehen, dass vor der ausgesprochenen ersten Kündigung des Arbeitgebers überhaupt noch keine Stellungnahme des Betriebsrats vorlag, so dass unter betriebsverfassungsrechtlichen Gesichtspunkten erst die weitere ausgesprochene zweite Kündigung nach Anhörung des Betriebsrats ausgesprochen worden ist. Das BAG hat diesen Sonderfall so behandelt, als hätte der Arbeitgeber zunächst ohne Einschaltung des Betriebsrats gekündigt und sodann nach ordnungsgemäßer Anhörung des Betriebsrats eine weitere Kündigung ausgesprochen. Dies ist zutreffend, denn es macht keinen Unterschied, ob der Arbeitgeber vor Ausspruch einer Kündigung von der erforderlichen Anhörung des Betriebsrats gänzlich absieht oder, ohne die Stellungnahme des Betriebsrats abzuwarten, kündigt. Die weitere Kündigung leidet dann nicht an dem Mangel der Anhörung, wenn sich der Betriebsrat mit der Anhörung des Arbeitgebers – trotz bereits ausgesprochener (erster) Kündigung – noch beschäftigt und dazu abschließend Stellung nimmt und der Arbeitgeber anschließend die weitere (zweite) Kündigung ausspricht, denn entscheidend ist, dass der Betriebsrat bei **jeder** vom Arbeitgeber beabsichtigten **Kündigung** seine ihm gesetzlich eingeräumten Rechte unter Ausschöpfung der dafür vorgesehenen Fristen wahrnehmen kann.[29]

Von der Problematik der sog. Wiederholungskündigung zu unterscheiden ist die Frage der 37
sog. **Vorratsanhörung**. Von einer solchen wird immer dann gesprochen, wenn der Arbeitgeber zu einem bestimmten Kündigungssachverhalt den Betriebsrat nach § 102 BetrVG beteiligt, den Ausspruch der Kündigung aber erst mit einem erheblichen zeitlichen Abstand zur Anhörung des Betriebsrats ausspricht. Kommt es im Zusammenhang mit dem Zeitablauf zu einer wesentlichen Änderung der Sachlage, insbesondere zum Hinzutreten neuer Kündigungsgründe, dann ist der Betriebsrat in jedem Fall nochmals anzuhören.[30] Da teilweise in der Instanzrechtsprechung strenge Anforderungen gestellt werden,[31] sollte in der Praxis dafür Sorge getragen werden, dass der Kündigungsausspruch zeitnah im Zusammenhang mit dem Abschluss des Beteiligungsverfahrens erfolgt. Ein längeres Zuwarten führt nicht nur zu dem Risiko, dass (instanz)gerichtlich eine erneute Anhörung verlangt wird, sondern möglicherweise auch dazu, dass die ursprüngliche Anhörung für unwirksam erklärt wird, weil das längere Zuwarten als Fehlen einer ernsthaften oder abschließend gebildeten Kündigungsabsicht gewertet wird. Zuwarten ist allerdings möglich, wenn der Arbeitgeber auf etwaig erforderliche Zustimmungen von Behörden (z.B. im Zusammenhang mit der Kündigung eines schwerbehinderten Mitarbeiters) wartet. Der Arbeitgeber ist in diesen Fällen dann nur verpflichtet, unverzüglich nach Erhalt der behördlichen Zustimmung die Kündigung auszusprechen.[32]

Streitig ist die Frage, ob auch im Falle einer **Teilkündigung** bzw. eines **Widerrufs von Leis-** 38
tungen ein Anhörungsrecht nach § 102 BetrVG bestehen kann. Wenn man überhaupt eine Teilkündigung als zulässig ansieht, dürfte eine Anhörungspflicht gleichwohl nicht zu bejahen sein, da diese nicht auf die Beendigung des Arbeitsverhältnisses gerichtet ist.[33] Entsprechen-

28 BAG v. 3.4.2008, NZA 2008, 807.

29 Vgl. nochmals BAG v. 3.4.2008, NZA 2008, 807.

30 BAG v. 26.5.1977, NJW 1978, 603.

31 Vgl. etwa LAG Hamm v. 29.8.1977, DB 1978, 259; LAG Frankfurt v. 18.3.1976, DB 1977, 125.

32 Vgl. BAG v. 20.1.2000, NZA 2001, 768.

33 So auch *Kirsch/Strybny*, S. 11.

des gilt für den Widerruf einzelner Leistungen im Arbeitsverhältnis nach den vom BAG insoweit entwickelten Grundsätzen. Nichtsdestotrotz sei an dieser Stelle darauf hingewiesen, dass teilweise die Auffassung vertreten wird, dass die Regelung des § 102 Abs. 1 BetrVG analog heranzuziehen sei.[34] In ganz besonders entscheidenden Fällen sollte daher wiederum aus Gründen äußerster anwaltlicher Vorsorge die Anwendbarkeit des § 102 Abs. 1 BetrVG mindestens in Betracht gezogen werden. Nach zutreffender herrschender Meinung ist eine Beteiligung nicht geboten, da durch eine Teilkündigung die Stellung des Arbeitnehmers in der Belegschaft nicht berührt wird.[35]

39 Bei einer **Kündigung vor Vertragsbeginn** ist danach zu unterscheiden, ob der Arbeitnehmer, dem gekündigt werden soll, bereits im betriebsverfassungsrechtlichen Sinne betriebszugehörig ist. Ist diese Frage zu bejahen, ist auch bei einer Kündigung vor Vertragsbeginn die Anhörung des Betriebsrats geboten.[36] Fehlt es an der betriebsverfassungsrechtlichen Zugehörigkeit des Arbeitnehmers, bedarf es insoweit keiner Anhörung.[37]

b) Sonstige Beendigungstatbestände

40 Der Betriebsrat ist nach § 102 BetrVG nur zu beteiligen, wenn das Arbeitsverhältnis durch eine Kündigung des Arbeitgebers enden soll. Endet das Arbeitsverhältnis durch **Eigenkündigung** des **Arbeitnehmers** oder durch sonstige Gründe, die keine Kündigung darstellen, besteht das Beteiligungsrecht des Betriebsrats nicht. **Keine Anhörungspflicht** besteht daher, wenn ein wirksam **befristetes Arbeitsverhältnis** durch Zeitablauf oder Fiktion gem. § 17 TzBfG, § 7 KSchG endet. Das Beteiligungsrecht besteht auch nicht, wenn ein **auflösend bedingtes Arbeitsverhältnis** durch Eintritt der Bedingung gem. § 158 Abs. 2 BGB i.V.m. § 21 TzBfG endet. Die Mitteilung des Arbeitgebers, dass ein befristeter Arbeitsvertrag nicht verlängert werde, oder eine mit der Befristung des Vertrags begründete Ablehnung der Weiterbeschäftigung stellen ebenso wenig eine Kündigungserklärung dar[38] wie die schriftliche Unterrichtung des Arbeitnehmers durch den Arbeitgeber gem. § 15 Abs. 2 TzBfG. Zu beachten ist jedoch, dass dann, wenn der Arbeitgeber die vorgenannten Erklärungen mit einer eigenständigen hilfsweisen Kündigungserklärung verbindet, diese **hilfsweise Kündigung** der Anhörungspflicht des § 102 BetrVG unterfällt.

41 Eine Anhörungspflicht besteht ebenfalls nicht, wenn das Arbeitsverhältnis durch **Aufhebungsvertrag** aufgelöst wird.[39] Liegt ein „echter“ Abwicklungsvertrag vor, der das Arbeitsverhältnis nicht beendet, sondern nach Zugang einer Kündigung vertragliche Regelungen zur Abwicklung des beendeten Arbeitsverhältnisses trifft,[40] dann bedarf es ebenfalls keiner Anhörung. Davon unberührt bleibt die zuvor ausgesprochene Kündigung. Diese ist ebenso beteiligungspflichtig wie eine Kündigung, der eine (unwirksame) „mündliche Absprache“ der Vertragsparteien vorausgegangen ist.[41] Der Anhörung unterliegen auch nicht sonstige Zusammenhangstatbestände, auf die sich der Arbeitgeber beruft, um entweder vom Arbeitsvertrag loszukommen oder geltend zu machen, dass kein Arbeitsvertrag vorliege.

34 Vgl. *Stahlhacke/Preis/Vossen*, § 14 Rn 372 m.w.N.
35 Vgl. *Fitting u.a.*, § 102 Rn 5 m.w.N.
36 Vgl. LAG Frankfurt a.M. v. 31.5.1985, DB 1985, 2689.
37 Zutreffend Ascheid/Preis/Schmidt/*Koch*, § 102 BetrVG Rn 30; a.A. *Kirsch/Strybny*, S. 11.
38 Vgl. BAG v. 24.10.1979, AP Nr. 49 zu § 620 BGB Befristeter Arbeitsvertrag.
39 Vgl. BAG v. 28.6.2005, NZA 2006, 48.
40 Vgl. *Hümmerich*, NZA 1994, 200 ff.
41 BAG v. 28.6.2005, NZA 2006, 48.

Dies betrifft die **Nichtigkeit** des Arbeitsvertrags ebenso wie die Geltendmachung eines vermeintlich schwebend unwirksamen Arbeitsvertrags, die Berufung auf den Wegfall der **Geschäftsgrundlage** und die **Anfechtung** des Arbeitsvertrags. Daher ist auch die einseitige Lösungserklärung bei einem **faktischen Arbeitsverhältnis** nicht beteiligungspflichtig. Der Betriebsrat ist nach § 102 BetrVG auch nicht zu beteiligen, wenn das **Berufsausbildungsverhältnis** mit Bestehen der Abschlussprüfung bzw. mit dem Ablauf der Ausbildungszeit endet.

Eine **Anhörungspflicht** des Betriebsrats **entfällt** ferner dann, wenn der Betriebsrat die Kündigung des Arbeitnehmers selbst betreibt, also die **Entlassung** eines Arbeitnehmers nach **§ 104 BetrVG** verlangt.[42] Fraglich ist, ob Entsprechendes auch gilt, wenn bei der Einstellung eines Arbeitnehmers das Mitbestimmungsrecht gem. **§ 99 BetrVG** verletzt wurde und der Betriebsrat in diesem Zusammenhang die Aufhebung der personellen Maßnahme verlangt, das Arbeitsverhältnis aber wegen der individualrechtlichen Bindung des Arbeitgebers nur durch eine Kündigung aufgelöst werden kann. Hier sollte mindestens vorsorglich seitens des Arbeitgebers eine Anhörung nach § 102 BetrVG in Betracht gezogen werden. 42

Auch die vorgeschalteten Institute **Abmahnung**, **Ermahnung**, **Rüge**, die oftmals ein Kündigungsszenario vorbereiten, sind mitbestimmungsfrei. Entsprechendes gilt auch für den **Auflösungsantrag** nach **§ 9 KSchG**. Wenn der Arbeitgeber im Rahmen eines Kündigungsschutzprozesses gem. § 9 Abs. 1 S. 2 KSchG beantragt, das Arbeitsverhältnis gegen Zahlung einer angemessenen Abfindung aufzulösen, ist dieser Antrag auf die Beendigung des Arbeitsverhältnisses gerichtet. Gleichwohl besteht keine Veranlassung, § 102 BetrVG anzuwenden, da die entsprechende Einflussnahmemöglichkeit des Betriebsrats hinsichtlich des Ausscheidens des zu kündigenden Mitarbeiters über die Anhörung zur Kündigung gegeben war.[43] 43

Nach § 1 Abs. 5 KSchG besteht die Möglichkeit, in einem **Interessenausgleich** zwischen Arbeitgeber und Betriebsrat Arbeitnehmer, denen gekündigt werden soll, namentlich zu bezeichnen. Der Gesetzgeber hat allerdings nicht angeordnet, dass auch die Anhörung nach § 102 Abs. 1 BetrVG damit gegenstandslos wird. Die Betriebsparteien können die Anhörung aber mit den Verhandlungen über den Interessenausgleich/Sozialplan verbinden. Hierbei ist allerdings zu berücksichtigen, dass an die Mitteilungspflichten des Arbeitgebers im Rahmen der Anhörung keine erleichterten Anforderungen gestellt werden.[44] Dies bedeutet insbesondere, dass bei dem **Bestreiten** der ordnungsgemäßen **Betriebsratsanhörung** durch den Arbeitgeber dargelegt werden muss, wann der Betriebsrat über die Gründe der Kündigung, die Person des betroffenen Arbeitnehmers und die Art der Kündigung in Kenntnis gesetzt wurde. Einer näheren Darlegung der Kündigungsgründe bedarf es ausnahmsweise nur dann nicht, wenn der **Betriebsrat** bei Einleitung des Anhörungsverfahrens bereits über den erforderlichen **Kenntnisstand** verfügt, um zu der konkret beabsichtigten Kündigung die erforderliche Stellungnahme abgeben zu können. Insoweit ist auf den Kenntnisstand der Personen, die gem. § 26 Abs. 2 S. 2 BetrVG zur Entgegennahme von Erklärungen zuständig sind, abzustellen. In diesem Zusammenhang hat sich der Betriebsrat Informationen als bekannt zurechnen zu lassen, die im Hinblick auf die betriebsbedingte Kündigung eines Arbeitnehmers im Rahmen der Interessenausgleichsverhandlungen oder im Zusammenhang mit einem Verfahren z.B. gem. § 85 ff. SGB IX beim Integrationsamt bekannt geworden sind. Dem **Arbeitgeber** 44

42 BAG v. 15.5.1997, AP Nr. 1 zu § 104 BetrVG 1972.

43 So zutreffend auch *Tschöpe*, in: FS Schwerdtner, S. 217, 237.

44 So ausdrücklich BAG v. 28.8.2003, AP Nr. 134 zu § 102 BetrVG 1972; s.a. BAG v. 27.11.2003, NZA 204, 752; BAG v. 23.10.2008, DB 2009, 1248.

obliegt es aber nach der Rechtsprechung des BAG, die Übermittlung der für die einzelne Kündigung eines Arbeitnehmers erforderlichen Informationen im Rahmen solcher Verhandlungen **darzulegen** und ggf. **zu beweisen**. Der bloße Vortrag, die Informationen seien dem Betriebsrat im Rahmen von Interessenausgleichsverhandlungen zugänglich gemacht worden, genügt nicht. Zu beachten ist in der Praxis auch, dass gem. § 1 Abs. 5 S. 4 KSchG der **Interessenausgleich mit Namensliste** lediglich die Stellungnahme des Betriebsrats nach **§ 17 Abs. 3 S. 2 KSchG** ersetzt, nicht hingegen die Informationen im Zusammenhang mit § 102 BetrVG.[45]

45 Auch bei beabsichtigten **Massenentlassungen** sind neben den sonstigen nach §§ 17 ff. KSchG zu beachtenden Schritten unter Berücksichtigung der §§ 92, 111, 112, 106 BetrVG auch die Anhörungsverpflichtungen des § 102 BetrVG zu beachten. Zu den Einzelheiten von Massenkündigungen vgl. im Übrigen § 4.

46 Die Betriebsratsanhörung nach § 102 BetrVG ist ebenfalls dann erforderlich, wenn es sich um eine Kündigung durch den **Insolvenzverwalter** handelt. Auch insoweit bestehen aus der Sicht des § 102 BetrVG keine Besonderheiten. Zu den Einzelheiten der Kündigung in der Insolvenz vgl. im Übrigen § 15.

3. Das Anhörungsverfahren – Überblick und Grundsätze

47 Im Mittelpunkt der Vorschrift des § 102 BetrVG steht das **Anhörungsverfahren**. Dieses gliedert sich ablaufmäßig in die drei Abschnitte **Einleitung**, **Durchführung** und **Abschluss**. Gegenständlich ist die Unterrichtung des Betriebsrats durch den Arbeitgeber über die beabsichtigte Kündigung („**Mitteilung**") und die Äußerung des Betriebsrats zu dieser Kündigung („**Stellungnahme**") zu unterscheiden. Das Gesetz schreibt in § 102 Abs. 1 S. 2 BetrVG lediglich vor, dass der Arbeitgeber die Gründe für die Kündigung mitzuteilen habe. Das Verfahren endet mit abschließender Stellungnahme des Betriebsrats oder Fristablauf. Der Durchführung eines **Einigungsstellenverfahrens** bedarf es vor Ausspruch der Kündigung ebenso wenig wie der **Ersetzung der Zustimmung** des Betriebsrats durch das ArbG, es sei denn, es liegt eine Betriebsvereinbarung gem. § 102 Abs. 6 BetrVG vor. Obwohl das Beteiligungsrecht des Betriebsrats insbesondere nach dem Wortlaut der Norm „eigentlich" eher schwach ausgestaltet ist, führt das rechtlich bedenkliche[46] Übermaß der Anforderungen, die seitens der Rspr. an eine ordnungsgemäße Betriebsratsanhörung gestellt werden, zu enormen Schwierigkeiten im Vorfeld der Umsetzung von Kündigungsentscheidungen.

48 Zu beachten ist in diesem Zusammenhang, dass nach Auffassung des BAG eine unzureichende, also **nicht ordnungsgemäße** Betriebsratsanhörung einer Kündigung ohne Anhörung des Betriebsrats gleichsteht.[47] Ist eine Kündigung nach diesen und den nachfolgend noch darzulegenden Maßgaben gem. § 102 Abs. 1 S. 3 BetrVG unwirksam, verbleibt dem Arbeitgeber nur die Möglichkeit, nach erneuter Betriebsratsanhörung eine neue Kündigung auszusprechen. Der Arbeitnehmer hat die Möglichkeit, innerhalb von drei Wochen gem. § 4 KSchG die Unwirksamkeit der Kündigung wegen fehlender bzw. nicht ordnungsgemäßer Betriebsratsanhörung geltend zu machen. Rügt der Arbeitnehmer diese Unwirksamkeit zunächst nicht, erhebt aber innerhalb der Frist des § 4 KSchG rechtzeitig Klage mit anderen Un-

45 Vgl. nochmals BAG vom 23.10.2008, DB 2009, 1248.

46 *Peter*, in: Empter/Frick, System Arbeitsmarkt, 2006, 60, 71 ff.

47 Vgl. BAG v. 4.8.1975, AP Nr. 4 zu § 102 BetrVG 1972; BAG v. 16.9.1993, AP Nr. 62 zu § 102 BetrVG 1972; BAG v. 27.11.2003, AP Nr. 136 zu § 102 BetrVG 1972.

wirksamkeitsgründen, kann er diese Begründung über § 6 KSchG nachholen. An alledem ändert auch ein ggf. erklärtes ausdrückliches Einverständnis des Betriebsrats mit einer beabsichtigten Kündigung grundsätzlich nichts.[48]

a) Sinn und Zweck und Beteiligungsart

Für das Anhörungsverfahren nach § 102 BetrVG gilt **nicht** das **positive Konsensprinzip**; es ist nicht einmal eine Stellungnahme des Betriebsrats erforderlich. Der Arbeitgeber ist lediglich verpflichtet, dem Betriebsrat Gelegenheit zu geben, ihm seine Überlegungen zur Kündigungsabsicht mitzuteilen. Deshalb ist es auch unerheblich, ob der Arbeitgeber bei Einleitung des Anhörungsverfahrens bereits fest zur Kündigung entschlossen ist.[49] Soweit keine Vereinbarung zwischen Arbeitgeber und Betriebsrat nach § 102 Abs. 6 BetrVG getroffen wurde, beschränkt sich die Beteiligung des Betriebsrats bei Kündigungen also auf die Anhörung. **Anhörung** bedeutet, dass der Betriebsrat durch den Arbeitgeber zu unterrichten ist und die Gelegenheit erhält, seinerseits Stellung zu nehmen. Der Arbeitgeber ist aber nicht verpflichtet, sich auf eine Besprechung oder Diskussion einzulassen, es sei denn, eine entsprechende Vorgehensweise würde sich aus **§ 2 Abs. 1 BetrVG** (Grundsatz der vertrauensvollen Zusammenarbeit) durch **innerbetriebliche Konkretisierung** ergeben. Das Anhörungsverfahren soll den Arbeitgeber dazu veranlassen, seine Kündigungsentscheidung zu überprüfen. Er soll ggf. vom Betriebsrat vorgetragene Bedenken berücksichtigen und unter Umständen sogar vom Ausspruch einer Kündigung absehen. Ziel des Beteiligungsverfahrens ist es, den Betriebspartner von der jeweiligen anderen Sicht der Dinge zu informieren und ggf. zu überzeugen. 49

b) Kündigungsfreiheit und Verzicht

Eine **Bindungswirkung** hat der Gesetzgeber **nicht** vorgesehen. Dies gilt auch dann, wenn der Betriebsrat gegenüber einer ordentlichen Kündigung Widerspruch erhebt. Der Arbeitgeber bleibt in seiner Entscheidung, ob er kündigen will oder nicht, frei. Die einzige Möglichkeit, diese Kündigungsfreiheit des Arbeitgebers einzuschränken, besteht für den Betriebsrat, wenn der Arbeitgeber dies mit dem Betriebspartner über § 102 Abs. 6 BetrVG in Form einer Betriebsvereinbarung vereinbart und seine Kündigungsfreiheit von der Zustimmung des Betriebsrats freiwillig abhängig macht. 50

Der **Arbeitnehmer**, dem gekündigt werden soll, kann rechtswirksam nicht vorab auf die Beteiligung des Betriebsrats an seiner Kündigung **verzichten**, da es sich um ein Recht des Betriebsrats handelt, zu jeder beabsichtigten Kündigung gehört zu werden und hier aus kollektivrechtlicher betrieblicher Sicht seine eigene Stellungnahme einzubringen. Eine andere Frage ist allerdings, ob ein Arbeitnehmer, der nach Bekanntwerden der Kündigungsabsicht gegenüber dem Arbeitgeber erklärt hat, auf die Anhörung des Betriebsrats verzichten zu wollen, sich im Anschluss daran im Laufe eines Kündigungsschutzprozesses wirksam auf die fehlende Anhörung berufen kann. Diese Frage wird streitig beantwortet.[50] Gute Gründe sprechen dafür, dem Arbeitnehmer diese Berufungsmöglichkeit zu versagen, da es treuwidrig ist, erst „zu verzichten" und dann „den Verzicht auszunutzen". Andererseits ist der kündigende Arbeitgeber schlecht beraten, sich auf den Verzicht zu verlassen, so dass damit gerechnet 51

48 Vgl. BAG v. 28.2.1974, AP Nr. 2 zu § 102 BetrVG 1972; vgl. zu einem Ausnahmefall: BAG v. 16.3.1978, AP Nr. 15 zu § 102 BetrVG 1972.
49 BAG v. 13.11.1975, AP Nr. 7 zu § 102 BetrVG 1972.
50 Vgl. Richardi/*Richardi/Thüsing*, § 102 Rn 133 m.w.N.

werden muss, dass trotz einer entsprechenden „Verzichtserklärung“ des Arbeitnehmers die Rspr. die Kündigung auch an § 102 BetrVG prüft. Der Betriebsrat sollte daher mindestens vorsorglich in jedem Fall auch dann nach § 102 BetrVG beteiligt werden, wenn der Arbeitnehmer zuvor auf die Anhörung „verzichtet“ hat.

52 Ein **genereller Verzicht** des **Betriebsrats** im Vorfeld von beabsichtigten Kündigungen ist betriebsverfassungsrechtlich unwirksam. Anders ist es jedoch, wenn der Betriebsrat nach Erhalt der Mitteilungen seitens des Arbeitgebers nach ordnungsgemäßer Beratung und Beschlussfassung sich dazu entschließt „zu verzichten“, also keine Stellungnahme abzugeben. Hierbei liegt kein betriebsverfassungsrechtlich unwirksamer Vorabverzicht auf ein gesetzlich gewährtes Beteiligungsrecht vor. Der Betriebsrat reagiert im konkreten Fall dann nur in einer ihm zustehenden Variante durch verfahrensabschließende Erklärung.

4. Einleitung des Verfahrens

53 Das **Anhörungsverfahren**, die Unterrichtung des Betriebsrats durch den Arbeitgeber, wird **eingeleitet** durch Abgabe einer ordnungs- und fristgemäßen, allerdings formlosen **Erklärung** gegenüber dem zuständigen Betriebsrat.

a) Form der Mitteilung

54 Eine bestimmte **Form** der Mitteilung an den Betriebsrat schreibt das Gesetz nicht vor. Die Unterrichtung hat grundsätzlich während der **Arbeitszeit** und in den **Betriebsräumen** stattzufinden. Weist allerdings der Betriebsratsvorsitzende etwa eine telefonische Mitteilung, die er zu Hause erhält, nicht zurück, wird damit die Äußerungsfrist in Lauf gesetzt.[51] Die Anhörung muss also nicht schriftlich erfolgen. Es reicht grundsätzlich, den Betriebsrat mündlich zu unterrichten und ihn so anzuhören. Das Problem kann allenfalls darin bestehen, dass der Arbeitgeber im nachfolgenden individualarbeitsrechtlichen Kündigungsschutzprozess in vollem Umfange darlegungs- und beweisbelastet für die ordnungsgemäße Anhörung des Betriebsrats ist.[52] Die Prüfung von Beweismitteln ist daher geboten.

55 Entgegen einer vielfach anzutreffenden Auffassung in der Praxis ist der Arbeitgeber auch nicht verpflichtet, dem Betriebsrat gegenüber **Unterlagen** vorzulegen oder **Beweismittel** anzugeben.[53] Die Anhörung des Betriebsrats bedarf dabei auch dann nicht der Schriftform bzw. der Übergabe vorhandener schriftlicher Unterlagen, wenn der Kündigungssachverhalt ungewöhnlich komplex ist.[54] Der Arbeitgeber ist auch nicht verpflichtet, dem Betriebsrat Umstände mitzuteilen, die für die Glaubwürdigkeit von Zeugen oder anderer Beweismittel von Bedeutung sind. Etwas anderes kann sich allerdings dann über § 2 Abs. 1 BetrVG ergeben, wenn der Arbeitgeber in der Vergangenheit immer wieder Unterlagen und Beweismittel vorgetragen, vorgelegt oder angegeben hat. Sollte sich die Mitteilungspflicht über § 2 Abs. 1 BetrVG in Ausnahmefällen auf ein derartig umfassendes Vorlageprozedere konkretisieren, müsste nach der Rspr. des BAG[55] konsequenterweise auch deren Nichtbeobachtung zur Unwirksamkeit der Kündigung nach § 102 Abs. 1 S. 3 BetrVG führen.

51 BAG v. 27.8.1982, AP Nr. 25 zu § 102 BetrVG 1972.
52 BAG v. 19.8.1975, AP Nr. 5 zu § 102 BetrVG 1972.
53 BAG v. 6.2.1997, AP Nr. 85 zu § 102 BetrVG 1972.
54 BAG v. 6.2.1997, AP Nr. 85 zu § 102 BetrVG 1972.
55 Vgl. BAG v. 4.8.1975, AP Nr. 4 zu § 102 BetrVG 1972; BAG v. 16.9.1993, AP Nr. 62 zu § 102 BetrVG 1972.

b) Mitteilungsfrist

§ 102 Abs. 1 S. 1 BetrVG bestimmt lediglich, dass der Betriebsrat „**vor**" jeder Kündigung zu hören ist. Eine konkrete **Frist** wird vom Gesetzgeber nicht festgelegt. Diese ergibt sich aber **mittelbar** bezogen auf den vom Arbeitgeber beabsichtigten **Kündigungszeitpunkt** daraus, dass der Betriebsrat gem. § 102 Abs. 2 S. 1 BetrVG Bedenken gegen eine **ordentliche Kündigung** spätestens innerhalb einer Woche schriftlich mitzuteilen hat. Nach § 102 Abs. 2 S. 3 BetrVG hat der Betriebsrat Bedenken, die gegenüber einer **außerordentlichen Kündigung** bestehen, unverzüglich, spätestens jedoch innerhalb von drei Tagen schriftlich mitzuteilen. Da die Ausschlussfrist des § 626 Abs. 2 BGB durch die Äußerungsfrist nach § 102 Abs. 2 S. 3 BetrVG nicht verlängert wird, muss die Mitteilung an den Betriebsrat innerhalb der Ausschlussfrist des § 626 Abs. 2 BGB so rechtzeitig erfolgen, dass die Anhörungsfrist (längstens drei Tage) gewahrt ist. Das Anhörungsverfahren muss also abgeschlossen sein, bevor die Kündigungserklärung den Machtbereich des Arbeitgebers endgültig[56] verlassen hat. 56

Entsprechendes gilt auch, wenn der Arbeitgeber vor Ausspruch einer Kündigung die **Zustimmung** einer staatlichen **Behörde** einholen muss. Dies gilt etwa bei einer Arbeitnehmerin, die unter das MuSchG fällt, und bei der Kündigung eines Menschen mit Behinderung gem. §§ 85, 91 Abs. 1 SGB IX. Hierbei besteht zunächst Einvernehmen, dass das Anhörungsverfahren sowohl **vor** dem Antrag auf Erteilung der Zustimmung als auch noch **während** des Verwaltungsverfahrens oder **nach** dessen Ende eingeleitet werden kann.[57] Auch bei einer außerordentlichen Kündigung kann der Arbeitnehmer das Anhörungsverfahren erst nach Erteilung der Zustimmung bzw. nach Eintritt der Zustimmungsfiktion gem. § 91 Abs. 3 S. 2 SGB IX einleiten. Entscheidet sich der Arbeitgeber hierzu, dann muss er unverzüglich nach Vorliegen der Zustimmung – sei es durch zustimmenden Bescheid, sei es durch Eintritt der Zustimmungsfiktion gem. § 91 Abs. 3 S. 2 SGB IX – das Anhörungsverfahren mit dem Betriebsrat durchführen und im Anschluss hieran wiederum unverzüglich die außerordentliche Kündigung aussprechen. Für die entsprechenden zeitlichen Zusammenhänge und die zeitnahe Umsetzung ist der Arbeitgeber im Prozess ggf. darlegungs- und beweisbelastet, so dass entsprechende Dokumentationen geboten sind. 57

c) Adressat (der „richtige" Betriebsrat)

Die Einleitung des Verfahrens hat gegenüber dem „**richtigen**" **Betriebsrat** zu erfolgen. Die Mitteilung des Arbeitgebers ist gegenüber dem Betriebsrat, also gegenüber dem Vorsitzenden des Betriebsrats bzw. im Falle dessen Verhinderung seinem Stellvertreter gem. § 26 Abs. 3 S. 2 BetrVG, zu erklären. Hat der Betriebsrat einen besonderen **Ausschuss** (Personalausschuss) gebildet, der für die Beteiligung nach § 102 BetrVG zuständig ist, so ist in einem derartigen Fall der Vorsitzende des Ausschusses berechtigt, die Mitteilung des Arbeitgebers nach § 102 Abs. 1 BetrVG entgegenzunehmen.[58] Der Betriebsrat kann auch ein anderes Mitglied zur Entgegennahme ermächtigen, wobei dieses lediglich Erklärungsbote des Arbeitgebers ist, mit der Folge, dass die Mitteilung erst wirksam zugeht, wenn sie dem Betriebsratsausschuss, also dessen Vorsitzenden, zugeht. Sind der Betriebsratsvorsitzende und sein Stellvertreter im Urlaub und sind für diesen Fall keine **Vertretungsregelungen** (mit dem Ar- 58

56 BAG v. 8.4.2003, NZA 2003, 961.

57 BAG v. 1.4.1981, AP Nr. 23 zu § 102 BetrVG 1972; vgl. BAG v. 23.10.2008, DB 2009, 1248; zu Folgeproblemen der Kündigung von schwerbehinderten Arbeitnehmern: *Bauer/Powietzka*, NZA-RR 2004, 505.

58 BAG v. 4.8.1975, AP Nr. 4 zu § 102 BetrVG 1972.

beitgeber) getroffen, dann ist nach der Rspr. des BAG jedes Betriebsratsmitglied berechtigt, die Mitteilung des Arbeitgebers für den Betriebsrat entgegenzunehmen.[59] Für den Fall, dass alle Betriebsratsmitglieder verhindert sind, genügt der Arbeitgeber seinen Mitteilungspflichten dadurch, dass er die Mitteilung dem Betriebsrat nach allg. Regeln zugehen lässt. Die vom Arbeitgeber abgegebene Mitteilung ist gegenüber dem Betriebsrat wirksam, wenn bei mündlicher Abgabe die empfangsberechtigte Person diese Mitteilung wahrgenommen und verstanden hat.[60] Bei schriftlicher Abgabe gelten die **allgemeinen Zugangsregeln** bei empfangsberechtigten Personen. Grundsätzlich sind Mitteilungen innerhalb der Arbeitszeit und innerhalb der Betriebsräume abzugeben.

59 *Praxishinweis*

Der Arbeitgeber muss darauf achten, dass der von der Kündigung bedrohte Arbeitnehmer dem Betrieb, für den der Betriebsrat gebildet worden ist, angehört. Die Anhörung eines falschen Betriebsrats macht die Kündigung **unwirksam**. Insbesondere in Fällen **vorübergehender Entsendung** eines Arbeitnehmers in einen anderen Betrieb ist zu prüfen, zu welchem Betrieb die Zugehörigkeit im betriebsverfassungsrechtlichen Sinne besteht. Im Zweifel sollten vorsorglich **beide Betriebsräte** angehört werden.

60 Besonderheiten gelten bei einem **Betriebsübergang**. Hier ist zu differenzieren. Wird ein ganzer Betrieb übertragen und als eigenständige organisatorische Einheit fortgeführt bei **Wahrung** der **Betriebsidentität**, dann bleibt der bisherige Betriebsrat in unveränderter Form bestehen, so dass der „alte" Betriebsrat anzuhören ist. Kommt es zur **Spaltung** und **Zusammenlegung** von Betriebsteilen mit daraus resultierendem **Verlust** der **Betriebsidentität**, dann kommt in Abhängigkeit von den konkreten Umständen des Einzelfalls ein Übergangsmandat des „alten" Betriebsrats in Betracht. Dieser Betriebsrat ist dann auch für die Wahrnehmung der Mitbestimmungsrechte zuständig, bis ein neuer Betriebsrat gewählt wird. Überträgt der Veräußerer einen **Betrieb** oder **Betriebsteil**, der sodann in einen Betrieb des Erwerbers **eingegliedert** wird, entfällt ein Übergangsmandat, wenn in dem Betrieb des Erwerbers ein Betriebsrat besteht (vgl. § 21a Abs. 1 S. 1 BetrVG). Der „neue" Betriebsrat ist dann für die Anhörung zuständig. Als Ausfluss des Übergangsmandats ist der „alte" Betriebsrat zu beteiligen, wenn ein beim Veräußerer bisher **unselbstständiger Betriebsteil** vom Erwerber als selbstständiger Betrieb fortgeführt wird.

61 Wenn der Arbeitnehmer von seinem **Widerspruchsrecht** nach § 613a Abs. 6 S. 1 BGB Gebrauch macht mit der Folge, dass der Betriebsveräußerer gegenüber dem Arbeitnehmer eine (betriebsbedingte) Kündigung ausspricht, entsteht „anhörungsrechtlich" eine komplizierte Situation. Klar ist, dass keinesfalls der Betriebsrat des Erwerberbetriebs zuständig ist. Unklar ist hingegen, ob und ggf. welcher Betriebsrat auf Seiten des Betriebsveräußerers zuständig ist. Nach Auffassung des BAG hängt die Beantwortung der Frage davon ab, ob der bisherige Arbeitgeber den widersprechenden Arbeitnehmer einem bestimmten Betrieb zuweist. Ist dies, was in der Praxis oftmals vorkommen kann, nicht geschehen, ergibt sich jedenfalls keine „Ersatzzuständigkeit" eines ggf. existierenden Gesamtbetriebsrats.[61] In diesen Fällen kann der Arbeitnehmer also mit seinem Widerspruch auch den Schutz des § 102 BetrVG verlieren. Dessen ungeachtet sollte der kündigende Altarbeitgeber vorsorglich den bzw. alle nach dem Lebenssachverhalt in Betracht kommenden (örtlichen) Betriebsräte anhören.

59 Vgl. BAG v. 27.6.1985, AP Nr. 37 zu § 102 BetrVG 1972.
60 BAG v. 27.8.1982, AP Nr. 25 zu § 102 BetrVG 1972.
61 BAG v. 21.3.1996, AP Nr. 81 zu § 102 BetrVG 1972.

Ausnahmsweise kann der **Gesamtbetriebsrat** für die Anhörung zuständig sein. Hierbei dürfte aus rechtstatsächlichen Gründen allerdings nur der Fall in Betracht kommen, dass der Betriebsrat die **Angelegenheit** durch wirksamen Beschluss in einer bestimmten Kündigungsangelegenheit auf den Gesamtbetriebsrat gem. § 50 Abs. 1 BetrVG **überträgt**. Überträgt ein Betriebsrat alle Personalangelegenheiten dem Gesamtbetriebsrat, ist diese Übertragung offensichtlich gesetzeswidrig. Der Arbeitgeber ist dann verpflichtet, den fehlerhaft übertragenden Betriebsrat anzuhören.[62] 62

Bei der Kündigung eines Mitarbeiters mit nur vorübergehender Eingliederung, typischerweise bei einem sog. **„Trainee“**, richtet sich die Zuständigkeit des Betriebsrats bei Kündigungen nach der konkreten Ausgestaltung des Trainee-Verhältnisses, insbesondere danach, ob die Ausbildung von einer Stelle organisiert und überwacht wird und ob die für das Arbeitsverhältnis grundlegenden Entscheidungen dort oder im Einsatzbetrieb getroffen werden.[63] Kündigt der Arbeitgeber einem Arbeitnehmer, der in einem Betriebsteil/einer Niederlassung des Arbeitgebers tätig ist, und haben die Arbeitnehmer dieser Niederlassung nicht an der Betriebsratswahl des Stammbetriebs teilgenommen, dann braucht der Arbeitgeber den Betriebsrat des Stammbetriebs zur Kündigung eines in der Niederlassung beschäftigten Arbeitnehmers auch dann nicht nach § 102 BetrVG anzuhören, wenn es sich bei der Niederlassung nur um einen Betriebsteil handelt, der auch nicht wegen räumlich weiter Entfernung vom Hauptbetrieb als selbstständiger Betriebsteil gilt.[64] 63

5. Inhalt der Anhörungsmitteilung

a) Grundsätze und Grenzen

Der Arbeitgeber hat dem Betriebsrat seine **Absicht** mitzuteilen, einem bestimmten Arbeitnehmer – oder mehreren Arbeitnehmern – zu kündigen. Hierbei ist es nicht erforderlich, dass der Arbeitgeber den Betriebsrat ausdrücklich auffordert, zu der beabsichtigten Kündigung Stellung zu nehmen. Diese Aufforderung ergibt sich sinngemäß aus dem Gesetzeswortlaut des § 102 Abs. 2 BetrVG. Im Übrigen geht das BAG zutreffend davon aus, dass die **Aufforderung** zur **Stellungnahme** in aller Regel in der Mitteilung des Arbeitgebers über die Kündigungsabsicht zu sehen ist.[65] 64

aa) Kenntnis des Betriebsrats

Im Rahmen des Anhörungsverfahrens gilt als allgemeiner Grundsatz, dass der Arbeitgeber den Betriebsrat nicht über diejenigen Umstände zu informieren hat, die dem Betriebsrat bereits bekannt sind. Für die Wissenszurechnung ist der Kenntnisstand der Personen entscheidend, die zur Entgegennahme von Erklärungen nach § 26 Abs. 3 S. 2 BetrVG berechtigt oder hierzu ausdrücklich ermächtigt sind.[66] Kenntnis liegt oftmals bei den sog. **Sozialdaten** des Arbeitnehmers vor. Gerade in Zeiten computermäßig gestützter und erfasster Personalinformationssysteme mit bestehenden Zugangsrechten des Betriebsrats kann davon ausgegangen werden, dass der Betriebsrat diese Informationen bereits kennt. 65

62 Vgl. LAG Köln v. 20.12.1983, DB 1984, 937.

63 BAG v. 12.5.2005, DB 2005, 2141.

64 BAG v. 3.6.2004, NZA 2005, 175; a.A. *Fitting u.a.*, § 102 BetrVG Rn 20c.

65 Vgl. BAG v. 28.2.1974, AP Nr. 2 zu § 102 BetrVG 1972.

66 Vgl. BAG v. 27.6.1985, AP Nr. 37 zu § 102 BetrVG 1972.

bb) Kenntnis des Arbeitnehmers

66 Die **Kenntnis** des **Arbeitnehmers** von den Gründen, die den Arbeitgeber dazu bewegen, eine Kündigung auszusprechen, ist für § 102 BetrVG **unerheblich**. Abzustellen ist ausschließlich auf die Kenntnis des Betriebsrats. Diese Kenntnis kann natürlich durch Mitteilung des betroffenen Arbeitnehmers herbeigeführt werden. Der Arbeitgeber sollte sich hierauf nicht verlassen, da er auch hinsichtlich der Vorkenntnis des Betriebsrats darlegungs- und beweisbelastet ist.

cc) Datenschutz

67 Wie bei sonstigen Beteiligungstatbeständen des BetrVG gilt auch im Zusammenhang mit § 102 BetrVG, dass der Arbeitgeber sich nicht zur Einschränkung seiner Mitteilungspflichten auf datenschutzrechtliche Tatbestände gegenüber dem Betriebsrat berufen kann. Dies ergibt sich schon daraus, dass der Betriebsrat seinerseits den gesetzlichen Bindungen und insbesondere einer speziellen strafbewehrten betriebsverfassungsrechtlichen Verschwiegenheitspflicht unterliegt (vgl. §§ 79, 120 BetrVG).

b) Art der Kündigung und Kündigungsabsicht

68 Der Arbeitgeber hat dem Betriebsrat seine **Absicht** mitzuteilen, einem bestimmten Arbeitnehmer – oder ggf. mehreren Arbeitnehmern – kündigen zu wollen. Es muss für den Betriebsrat erkennbar sein, dass es sich um eine Beteiligung nach § 102 Abs. 1 BetrVG handelt. Unabdingbar ist die Mitteilung, ob eine ordentliche oder eine außerordentliche Kündigung beabsichtigt ist.[67] Wenn der Arbeitgeber neben einer außerordentlichen Kündigung vorsorglich oder **hilfsweise** eine **ordentliche Kündigung** aussprechen will, dann muss er den Betriebsrat hierauf deutlich hinweisen,[68] denn die Anhörung zu einer außerordentlichen Kündigung ersetzt nicht die Anhörung zu einer vorsorglichen/hilfsweise beabsichtigten ordentlichen Kündigung.[69] Bei einer Änderungskündigung ist dem Betriebsrat auch das Änderungsangebot mitzuteilen.[70] Besteht für den zu kündigenden Arbeitnehmer Sonderkündigungsschutz, dann gehört zur ordnungsgemäßen Anhörung eine entsprechende Unterrichtung des Betriebsrats auch insoweit.

c) Kündigungsfrist, Kündigungszeitpunkt und Kündigungstermin

69 Nach der Rspr. ist zwischen **Kündigungsfrist** und **Kündigungstermin** zu unterscheiden. Der Arbeitgeber muss dem Betriebsrat grundsätzlich die Kündigungsfrist mitteilen; etwas anderes gilt, wenn der Betriebsrat über die tatsächlichen Umstände für die Berechnung der Kündigungsfrist unterrichtet ist.[71] Soweit der Arbeitgeber von einer unzutreffenden Kündigungsfrist ausgeht, führt dies nach der Rspr. für sich allein noch nicht zur fehlerhaften Anhörung des Betriebsrats und damit nicht zur Unwirksamkeit der Kündigung.[72] Die Angabe des konkreten Kündigungstermins kann i.d.R. nicht verlangt werden, zumal zum Zeitpunkt der Anhörung nicht mit Sicherheit feststeht, zu welchem Zeitpunkt die beabsichtigte Kündigung

67 BAG v. 29.8.1991, AP Nr. 58 zu § 102 BetrVG 1972.
68 BAG v. 16.3.1978, AP Nr. 15 zu § 102 BetrVG 1972.
69 BAG v. 29.8.1991, AP Nr. 58 zu § 102 BetrVG 1972.
70 BAG v. 30.11.1989, AP Nr. 53 zu § 102 BetrVG 1972.
71 BAG v. 24.10.1996, AP Nr. 8 zu § 17 KSchG 1969.
72 BAG v. 29.1.1986, AP Nr. 42 zu § 102 BetrVG 1972.

zugehen wird.[73] Der Zeitpunkt aber, zu dem die Kündigung beabsichtigt ist, sollte angegeben werden. Jedenfalls darf der Arbeitgeber nicht völlig offen lassen, wann, unter Einhaltung welcher Frist und zu welchem Zeitpunkt die Kündigung ausgesprochen werden soll. Ist es dem Arbeitgeber nicht möglich, einen Kündigungstermin zu nennen, weil noch die **Zustimmung** etwa des **Integrationsamts** nach § 85 SGB IX einzuholen ist, genügt es, wenn der Betriebsrat bei dessen Nichtkenntnis auf die einzuholende Zustimmung hingewiesen wird. Dies sollte vorsorglich immer ausdrücklich geschehen, denn in dem Hinweis des Arbeitgebers auf die noch ausstehende Zustimmung ist die Erklärung zu sehen, dass der Arbeitgeber unmittelbar nach Erteilung der Zustimmung die Kündigung zum nächstmöglichen Kündigungstermin aussprechen wird. In diesem Fall ist es nicht erforderlich, den Betriebsrat bei unverändertem Sachverhalt nach Erteilung der Zustimmung erneut zu beteiligen. Dies gilt auch dann, wenn das Zustimmungsverfahren zeitlich länger andauert. Beabsichtigt der Arbeitgeber eine **Betriebsstilllegung**, dann ist grundsätzlich das genaue Datum der Betriebsstilllegung vom Arbeitgeber dem Betriebsrat mitzuteilen. Ist vor der beabsichtigten Betriebsstilllegung nach §§ 111 ff. BetrVG das **Interessenausgleichsverfahren** nach § 112 BetrVG durchzuführen, dann hat der Arbeitgeber dem Betriebsrat nach Abschluss dieses Verfahrens den beabsichtigten Zeitpunkt der Betriebsstilllegung mitzuteilen. Eine vor dem Verfahren nach § 112 BetrVG geäußerte Mitbestimmung ist hingegen nicht zureichend, da zu diesem Zeitpunkt noch gar nicht endgültig feststehen kann, ob der Betrieb tatsächlich und zu welchem Zeitpunkt stillgelegt werden wird.

d) Person des Arbeitnehmers/Sozialdaten

Anzugeben sind zunächst der Name des Arbeitnehmers und alle Umstände, die zu seiner Identifizierung notwendig sind. Die Frage, ob und welche **Sozialdaten** bei der Betriebsratsanhörung zur Kündigung mitzuteilen sind, wird von der Rspr. im Übrigen nicht einheitlich beantwortet. Die jüngere Rspr. des BAG tendiert dahin, Sozialdaten seien mitzuteilen, soweit sie dem Arbeitgeber bekannt und bei seinem Kündigungsentschluss berücksichtigt worden seien. Darauf wird man sich jedoch nicht ohne weiteres verlassen können. Die Verpflichtung zur Angabe der Sozialdaten ist nicht – wie der Kündigungssachverhalt selbst – subjektiv determiniert. Vielmehr wird hier durchaus ein **objektiver Maßstab** angelegt. Dem Betriebsrat sind zumindest das Lebensalter und die Dauer der Betriebszugehörigkeit des betroffenen Arbeitnehmers mitzuteilen, soweit dem Arbeitgeber diese Daten bekannt sind und er (objektiv) davon ausgehen muss, dass sie für die Beurteilung der Wirksamkeit der Kündigung von Bedeutung sind. Für die Praxis ist daher zu empfehlen, im Rahmen der Betriebsratsanhörung die sozialen Grunddaten (Alter, Familienstand, Unterhaltsverpflichtungen, Schwerbehinderung, Betriebszugehörigkeit und sonstige besondere soziale Umstände) auch dann mitzuteilen, wenn sie vor dem Hintergrund des Kündigungssachverhalts (etwa schwerwiegende, vorsätzliche Vertragsverletzung i.S.d. § 626 Abs. 1 BGB) den Kündigungsentschluss nicht beeinflusst haben, auch wenn bei besonders gravierenden Kündigungsgründen die ungenaue Angabe der Sozialdaten unschädlich sein soll.[74] Unter Berücksichtigung der Entscheidung des BAG vom 6.11.2008,[75] in der das BAG festgestellt hat, dass auch **der Verstoß gegen die Diskriminierungsverbote** der §§ 1 bis 10 AGG zur **Sozialwidrigkeit der Kündigung** nach § 1 KSchG führen kann, kann für die Praxis nur **dringend angeraten werden**, unabhän- 70

73 BAG v. 28.2.1974, AP Nr. 2 zu § 102 BetrVG 1972.

74 BAG v. 15.11.1995, NZA 1996, 419; vgl. BAG v. 29.1.1997, DB 1997, 1411.

75 BAG v. 6.11.2008, DB 2009, 626.

gig von etwaigen Ausnahmen bei der Verpflichtung zur vollständigen Angabe von Sozialdaten die Sozialdaten vorsorglich immer vollständig mitzuteilen. Nach Auffassung des BAG sind die **Diskriminierungsverbote** des AGG bei der Auslegung der unbestimmten Rechtsbegriffe des KSchG in der Weise zu beachten, dass sie **Konkretisierungen** des Begriffs der **Sozialwidrigkeit** darstellen. Ähnlich hat das BAG für die Vorschriften der **§§ 84 Abs. 1 und 84 Abs. 2 SGB IX** entschieden. Auch in diesem Zusammenhang prüft das BAG die Verletzung von Rechtsvorschriften im Rahmen der gesetzlichen Vorgaben des KSchG.[76] Die dem Arbeitgeber bekannten Daten sind dem Betriebsrat **unaufgefordert mitzuteilen**. Der Arbeitgeber ist allerdings nicht verpflichtet, die Richtigkeit dokumentierter Daten zu überprüfen. Er kann mangels anderweitiger Kenntnis daher auch von **Eintragungen** in der **Lohnsteuerkarte** ausgehen, hat dies aber gegenüber dem Betriebsrat entsprechend zu kennzeichnen.[77]

e) Kündigungsgründe – Allgemeines und Grundsatz der subjektiven Determination

71 Die **besondere Problematik** des **Anhörungsverfahrens** für den Arbeitgeber beruht auf der Notwendigkeit, die Gründe für die beabsichtigte Kündigung **vollständig** mitzuteilen. Auszugehen ist vom Sinn des Anhörungsverfahrens. Dem Betriebsrat soll Gelegenheit gegeben werden, zu der beabsichtigten Kündigung aus der Sicht des Arbeitnehmers Stellung zu nehmen und auf die Kündigungsentscheidung Einfluss zu nehmen. Dieser **Zweck** kann nicht erreicht werden ohne die Kenntnis der für den Arbeitgeber maßgeblichen vollständigen Umstände. Aus der Zweckbestimmung der Anhörung folgt auch, dass dem Betriebsrat auch die vom Arbeitgeber bedachten Umstände mitzuteilen sind, die gegen die beabsichtigte Kündigung sprechen. Nur so wird dem Betriebsrat ein **umfassendes Bild** vermittelt, das ihn in die Lage versetzt, den Arbeitgeber zu verstehen und auf die Willensbildung des Arbeitgebers Einfluss zu nehmen.

72 *Praxishinweis*

Pauschale, **schlagwortartige** oder **stichwortartige Bezeichnungen** der Kündigungsgründe werden dem Anhörungsverfahren nicht gerecht; ebenso wenig darf sich der Arbeitgeber auf die Mitteilung bloßer **Werturteile** beschränken. Der für die Kündigung maßgebende Sachverhalt ist vielmehr so zu umschreiben, dass der Betriebsrat ohne zusätzliche eigene Nachforschungen in die Lage versetzt wird, die Stichhaltigkeit der Kündigungsgründe zu prüfen und sich über seine Stellungnahme schlüssig zu werden.[78]

73 Stichwortartige Umschreibungen der Kündigungsgründe können ausnahmsweise genügen, wenn sie sich auf betriebliche Verhältnisse beziehen, die der Betriebsrat kennt und zu würdigen vermag. Zudem ist der **Kenntnisstand des Betriebsratsvorsitzenden** von Bedeutung, dem der Arbeitgeber die Kündigungsabsicht mitteilt (vgl. § 26 Abs. 2 S. 2 BetrVG). Soweit der Betriebsrat nicht nur aufgrund zufälliger privater Kenntnis von den maßgeblichen, die Kündigungsabsicht tragenden Umständen weiß, fällt es in den Verantwortungs- und Zuständigkeitsbereich des Betriebsrats, dass sein Vorsitzender ihm den notwendigen Kenntnisstand vermittelt.[79]

76 Vgl. BAG v. 7.12.2006, BAGE 120, 293; BAG v. 12.7.2007, AP Nr. 28 zu § 1 KSchG 1969 Personenbedingte Kündigung.

77 BAG v. 24.11.2005, AP Nr. 43 zu § 1 KSchG 1969 Krankheit; BAG vom 23.3.2006, NZA 2006, 971.

78 BAG v. 15.11.1995, NZA 1996, 419.

79 BAG v. 9.10.1996, AP Nr. 19 zu § 102 BetrVG 1972.

Die im Einzelnen noch zu besprechende Mitteilungspflicht des Arbeitgebers gegenüber dem Betriebsrat ist also „subjektiv determiniert".[80] Dies bedeutet, dass der Arbeitgeber dem Betriebsrat nur diejenigen Umstände mitteilen muss, die er selbst zum Anlass für die Kündigung nehmen will. Der **Grundsatz der subjektiven Determination** ist nicht zu verwechseln und hat nichts mit einer **bewusst unvollständigen Unterrichtung** des Betriebsrats zu tun. Wenn der Arbeitgeber den Betriebsrat bewusst unvollständig unterrichtet, ihm also wider besseres Wissen Tatsachen, die vorliegen und für seine Kündigungsentscheidung relevant sind, verschweigt, dann ist diese Kündigung nach § 102 Abs. 1 S. 2 BetrVG unwirksam. Subjektive Determination bedeutet „nur", dass der Arbeitgeber sich darauf beschränken kann, diejenigen Umstände mitzuteilen, die für ihn maßgeblich sind, ihn veranlassen, die Kündigung auszusprechen. 74

Der „**Nachteil**" einer entsprechenden subjektiven Beschränkung besteht darin, dass der Arbeitgeber sich im nachfolgenden individualrechtlichen Kündigungsschutzprozess auch nur auf diejenigen Gründe berufen kann, auf die er die Kündigung gegenüber dem Betriebsrat gestützt hat. Stützt er sich auf andere Gründe, dann mögen diese kündigungsschutzrechtlich wirksam sein; sie sind aber kollektivrechtlich unwirksam mit der Folge, dass deswegen über § 102 Abs. 1 S. 2 BetrVG ein **Verwertungsverbot** im Kündigungsschutzprozess eintritt. 75

f) Personenbedingte Kündigung

Bei der **personenbedingten Kündigung** hat der Arbeitgeber dem Betriebsrat all diejenigen Umstände mitzuteilen, auf die er die Kündigung stützen will. Stimmen diese Gründe mit den Gründen überein, die zur sozialen Rechtfertigung einer personenbedingten Kündigung erforderlich sind, dann bezieht sich die Mitteilungspflicht auf all diejenigen Umstände, die sich nach den „kündigungsschutzrechtlichen Regeln" bei personenbedingten Kündigungen ergeben,[81] also alle **personenbedingt relevanten Umstände**, die aus der Sicht des Arbeitgebers die soziale Rechtfertigung der Kündigung tragen. Bei der **krankheitsbedingten Kündigung** sind dies u.a. 76

- die bisherigen Fehlzeiten (Einzelauflistung, keine pauschale Mitteilung)
- die daraus entstandenen und zu erwartenden Betriebsbeeinträchtigungen/-störungen und wirtschaftlichen Belastungen
- die zukünftige prognostizierte Gesundheitsentwicklung
- die konkret entstandenen und zu erwartenden Entgeltfortzahlungskosten.

Einschränkungen gelten insoweit natürlich, soweit der Betriebsrat die (betrieblichen) Folgen wiederholter Fehlzeiten kennt.[82] Bei der Kündigung wegen **langanhaltender Erkrankung** genügt es grundsätzlich, wenn dem Betriebsrat mitgeteilt wird, seit wann der Arbeitnehmer ununterbrochen krankheitsbedingt arbeitsunfähig ist. Stützt der Arbeitgeber hierauf die **negative Zukunftsprognose**, bedarf es i.d.R. keiner weitergehenden Darlegung betrieblicher Beeinträchtigungen.[83] Die Angabe der **Art der Krankheit** kann jedenfalls dann unterbleiben, wenn sich diese aus dem ärztlichen Attest ergibt, der Arbeitnehmer insoweit keine Angaben macht oder seinen Arzt nicht von der Schweigepflicht entbindet.[84] Angaben über eine stufenweise 77

80 Vgl. u.a. BAG v. 24.2.2000, AP Nr. 47 zu § 1 KSchG 1969 Soziale Auswahl; BAG v. 15.7.2004, NZA 2005, 523.
81 Vgl. zu den Einzelheiten der personenbedingten Kündigung § 2.
82 BAG v. 24.11.1983, NZA 1984, 93.
83 Vgl. BAG v. 30.1.1986, NZA 1987, 555.
84 Vgl. LAG Hamm v. 25.11.1987, NZA 1988, 483.

Wiedereingliederung gem. § 74 SGB V sind ebenso anzugeben wie die Durchführung/Nichtdurchführung und das eventuelle Ergebnis eines betrieblichen **Eingliederungsmanagements**.

78 Ggf. ist in der Anhörung zu unterscheiden, ob die Kündigung auf der Basis einer **negativen Gesundheitsprognose** oder einer feststehenden **dauerhaften Arbeitsunfähigkeit** erfolgen soll. Besonderes Augenmerk ist auf die Vollständigkeit der Darlegung der Beeinträchtigung betrieblicher Interessen zu legen. Der Arbeitgeber ist in diesem Zusammenhang gehalten, nicht nur die bisherigen Fehlzeiten und die Art der Erkrankungen mitzuteilen, sondern auch die **wirtschaftlichen Belastungen** und **Betriebsbeeinträchtigungen**, die entstanden sind und mit denen realistischerweise gerechnet werden kann.[85]

79 In diesen Zusammenhängen ist auch deutlich die **Trennung** von **personenbedingten** und **verhaltensbedingten** Gründen zu berücksichtigen. Sollte der Arbeitgeber den Fehler begehen, (entschuldigte) krankheitsbedingte sowie ggf. unzutreffend unentschuldigte Fehlzeiten miteinander zu vermischen, kann die Anhörung allein deshalb fehlerhaft sein. Der Arbeitgeber muss sich entscheiden, ob er den Betriebsrat **nur** zu einer **krankheitsbedingten** oder ggf. auch **(vorsorglich)** zu einer **verhaltensbedingten** Kündigung anhört. Dies sollte in der Anhörung deutlich getrennt werden. Ggf. sind **zwei** (überwiegend identische) **Anhörungen** zu empfehlen. Liegen, wie oft bei alkoholbedingten Kündigungen oder Kündigungen wegen Schlechtleistung/krankheitsbedingter Leistungsminderung, Grenzfälle vor, ist dringend zu empfehlen, den Betriebsrat zu beiden in Betracht kommenden Alternativen anzuhören, da im Kündigungsschutzverfahren ansonsten ein **Nachschieben des Kündigungsgrunds** ausgeschlossen ist (vgl. unten Rn 101 f.).

g) Verhaltensbedingte Kündigung

80 Auch bei der **verhaltensbedingten Kündigung** muss der Arbeitgeber dem Betriebsrat all diejenigen Umstände mitteilen, auf die er, der Arbeitgeber, die Kündigung stützen will. Stimmen auch diese Überlegungen mit den Gründen überein, die eine verhaltensbedingte Kündigung sozial rechtfertigen, sind diese Gründe umfassend und vollständig vorzutragen.[86] Dazu gehört u.a.

- die Beschreibung des kündigungsbegründenden, aus der Sicht des Arbeitgebers pflichtwidrigen Verhaltens des Arbeitnehmers (Verletzung Haupt- oder Nebenpflicht)[87]
- die Darlegung eingetretener Störungen und der nachteiligen Auswirkungen im Bereich des Arbeitgebers einschl. der daraus abzuleitenden zukünftig erwarteten negativen Folgen
- die Interessenabwägung Arbeitnehmer/Arbeitgeber
- die Einhaltung des Ultima-ratio-Prinzips z.B. durch Abmahnung.

81 Wenn also der Arbeitgeber den zu kündigenden Arbeitnehmer **abgemahnt** hat und er dies in seine Kündigungsüberlegungen mit einbezieht, ist dem Betriebsrat Datum und Inhalt und bei arbeitgeberseitiger Berücksichtigung einer **Gegendarstellung** des Arbeitnehmers auch diese mitzuteilen.[88] Zieht der Arbeitgeber Umstände, die vorliegen und im Rahmen der von ihm vorgenommenen Interessenabwägung von Bedeutung sind, für seinen Kündigungsentschluss

85 Vgl. BAG v. 24.11.1983, AP Nr. 30 zu § 102 BetrVG 1972; BAG v. 9.4.1987, AP Nr. 18 zu § 1 KSchG 1969 Krankheit.

86 Zu den Einzelheiten der verhaltensbedingten Kündigung vgl. § 2.

87 Vgl. BAG v. 18.5.1994, DB 1994, 1984.

88 Vgl. BAG v. 31.8.1989, NZA 1990, 1928; BAG v. 17.2.1994, NJW 1994, 2783.

heran, dann sind auch alle diese den Arbeitnehmer entlastenden Umstände dem Betriebsrat mitzuteilen.[89] Entsprechendes gilt, wenn der Arbeitgeber den betroffenen Arbeitnehmer zu dem kündigungsbegründenden Sachverhalt angehört hat. In diesem Fall sind dem Betriebsrat die Tatsachen und Umstände der Anhörung, ihr Inhalt und Ergebnis mitzuteilen. Ebenso sind dann sonstige Argumente des betroffenen Arbeitnehmers, die dieser im Zusammenhang mit der Kündigung dem Arbeitgeber gegenüber zu seiner Rechtfertigung oder Entschuldigung mitgeteilt hat und die dieser in seine Kündigungsüberlegungen mit einbezieht,[90] zu benennen. Einschränkungen ergeben sich hinsichtlich der Angabe von Lebensalter, Betriebszugehörigkeit und Familienstatus, da bei einer verhaltensbedingten Kündigung eine **Sozialauswahl** nicht stattfindet. Die Mitteilung dieser Daten kann aber im Rahmen der vom Arbeitgeber vorgenommenen **Interessenabwägung** Relevanz erlangen.

In diesem Zusammenhang hat das Bundesarbeitsgericht entschieden,[91] dass der Grundsatz der subjektiven Determination des Anhörungsverfahrens nicht dazu führt, dass auf eine **Mitteilung persönlicher Umstände** ganz verzichtet werden kann, auch wenn der Arbeitgeber sie nicht berücksichtigt hat. Der Arbeitgeber ist von daher gehalten, im Allgemeinen das **Lebensalter** und die **Dauer der Betriebszugehörigkeit** sowie einen eventuellen **Sonderkündigungsschutz** dem Betriebsrat mitzuteilen. Dies soll auch für eine verhaltensbedingte Kündigung gelten, da dem Betriebsrat keine persönlichen Umstände vorenthalten werden dürfen, die sich im Rahmen einer **Interessenabwägung** zugunsten des Arbeitnehmers auswirken können. Nach der hier vertretenen Auffassung ist die Einschränkung der Angaben der Sozialdaten unter Berücksichtigung der Rechtsprechung des BAG zum AGG (vgl. oben Rn 70) ohnehin obsolet. Aus Gründen rechtlicher Vorsorge ist nochmals dringend zu empfehlen, sämtliche Sozialdaten jeweils vollständig mitzuteilen. 82

Nach der Rechtsprechung des BAG muss der Arbeitgeber bei **wiederholtem Zuspätkommen** nicht die Betriebsstörungen im Einzelnen mitteilen, da derartige Verspätungsfolgen regelmäßig bekannt seien.[92] Auch bei besonders schwerwiegendem Fehlverhalten soll es nicht erforderlich sein, die Störung des Betriebsablaufs gesondert darzulegen. Insoweit ist aus anwaltlicher Sicht wiederum Vorsicht angeraten. Nach Möglichkeit sollten auch diese Informationen so vollständig wie irgend möglich und nach der tatsächlichen Prognose im Zeitpunkt des Fassens des Kündigungsentschlusses mitgeteilt werden. Die **Unkalkulierbarkeit** insbesondere der **instanzgerichtlichen Rechtsprechung** zu § 102 BetrVG gebietet im Zusammenhang mit § 102 BetrVG besondere anwaltliche Vorsicht und Sorgfalt. Zu beachten ist auch, dass die bloße Darstellung eines **Fehlverhaltens des Arbeitnehmers** ohne Bekanntgabe der Kündigungsabsicht nicht ausreichend ist, es sei denn, dem Betriebsrat ist positiv oder durch eindeutige Umstände die Kündigungsabsicht des Arbeitgebers bekannt. Kündigt der Arbeitnehmer das Entstehen einer Fehlzeit an und hört der Arbeitgeber den Betriebsrat dazu an, dann ist § 102 BetrVG verletzt, wenn der Arbeitgeber dann ohne eine neuerliche Anhörung nach Eintritt der tatsächlichen Fehlzeit kündigt.[93] In diesem Zusammenhang ist deutlich zwischen einer **Tatkündigung** und einer **Verdachtskündigung** auch im Rahmen des § 102 BetrVG zu unterscheiden (zu den Einzelheiten vgl. unten Rn 92 ff.). 83

89 Vgl. BAG v. 2.3.1989, NZA 1989, 755; BAG v. 26.1.1995, NZA 1995, 517.

90 Vgl. BAG v. 31.8.1989, NZA 1990, 658.

91 BAG v. 6.10.2005, DB 2006, 675.

92 Vgl. BAG v. 27.7.1997, AP Nr. 36 zu § 1 KSchG 1969 Verhaltensbedingte Kündigung.

93 Vgl. BAG v. 19.1.1983, AP Nr. 28 zu § 102 BetrVG 1972.

h) Betriebsbedingte Kündigung

84 Entsprechend ist bei der **betriebsbedingten Kündigung** zu verfahren. Auch hier muss der Arbeitgeber dem Betriebsrat all diejenigen Umstände mitteilen, auf die er die Kündigung stützen will. Stimmt seine Willensbildung mit Rechtfertigungsgründen des KSchG überein, sind all diejenigen Tatsachen mitzuteilen, die die Kündigung sozial gerechtfertigt sein lassen.[94] Daher sind je nach Fallkonstellation Angaben notwendig u.a. zu

- den außerbetrieblichen Gründen, die dem Kündigungsentschluss zugrunde liegen
- den innerbetrieblichen Gründen, die zum Wegfall der Beschäftigungsmöglichkeit führen
- der unternehmerischen Entscheidung (Inhalt und Umfang)
- dem Wegfall des Beschäftigungsbedürfnisses bezogen auf den betroffenen Arbeitsplatz
- der Dringlichkeit der Kündigung (u.a. fehlende Weiterbeschäftigungsmöglichkeit)
- der Sozialauswahl (Kriterien, Maßstäbe, Namen, Sozialdaten, Gewichtung)
- der Herausnahme von Arbeitnehmern aus der Sozialauswahl
- dem Entfallen einer Sozialauswahl.

85 Zu den mitzuteilenden Tatsachen zählen auch die Gründe, die den Betriebsrat nach § 102 Abs. 3 Nr. 2 bis 5 BetrVG zum Widerspruch berechtigen können.[95] Dabei reicht es nicht aus, lediglich pauschal anzugeben, dass „**Auftragsmangel**" vorliege oder „**Rationalisierungsmaßnahmen**" durchgeführt werden müssen. In diesem Zusammenhang muss der Arbeitgeber vielmehr so **substantiiert** vortragen, dass dem Betriebsrat die **Gesamtlage** vor Augen geführt wird. Da im Zusammenhang mit betriebsbedingten Kündigungen oftmals ohnehin Gespräche und Verhandlungen wegen abzuschließender Interessenausgleiche und Sozialpläne stattfinden, kann sich der Arbeitgeber in diesem Zusammenhang dann auf die insoweit dem Betriebsrat bereits zur Verfügung gestellten Auskünfte und Unterlagen beziehen. Will der Arbeitgeber den Betrieb stilllegen, dann muss er auch den **Stilllegungszeitpunkt** mitteilen.[96] Auch bei Vorliegen eines **Interessenausgleichs mit Namensliste** (vgl. § 1 Abs. 5 KSchG; § 125 Abs. 1 S. 1 InsO) unterliegt die Betriebsratsanhörung keinen erleichterten Anforderungen.[97]

86 Der Arbeitgeber hat auch die Dringlichkeit darzulegen, insbesondere mitzuteilen, ob die beabsichtigte Kündigung durch andere Maßnahmen vermeidbar war. Wenn der Arbeitgeber keine Möglichkeit sieht, den zu kündigenden Arbeitnehmer auf einem anderen Arbeitsplatz weiter zu beschäftigen, genügt ein Hinweis auf **fehlende Weiterbeschäftigungsmöglichkeiten**.[98] Hat der Betriebsrat jedoch vor Einleitung des Anhörungsverfahrens Auskunft über Weiterbeschäftigungsmöglichkeiten für den zu kündigenden Arbeitnehmer auf einem konkret benannten freien bzw. frei gewordenen Arbeitsplatz verlangt, dann hat der Arbeitgeber dem Betriebsrat mitzuteilen, warum aus seiner Sicht eine Weiterbeschäftigung des Arbeitnehmers auf diesem Arbeitsplatz nicht möglich ist.[99] Liegt eine fehlerhafte objektive Information hinsichtlich des vom Betriebsrat benannten Arbeitsplatzes durch den Arbeitgeber vor und rügt der Betriebsrat dies innerhalb der Frist des § 102 Abs. 2 BetrVG unter Angabe des zutreffenden Sachverhalts, dann ist der Arbeitgeber nach der Rspr. des BAG verpflichtet,

94 Zu den Einzelheiten der betriebsbedingten Kündigung vgl. § 2.
95 BAG v. 6.7.1978, AP Nr. 16 zu § 102 BetrVG 1972.
96 KR/*Etzel*, § 102 BetrVG Rn 62d.
97 Vgl. BAG v. 23.10.2008, BB 1758 ff.; vgl. auch BAG v. 28.8.2003, AP Nr. 134 zu § 102 BetrVG 1972.
98 BAG v. 15.3.2001, AP Nr. 46 zu § 4 KSchG 1969 = DB 2001, 1680.
99 BAG v. 15.3.2001, AP Nr. 46 zu § 4 KSchG 1969 = DB 2001, 1680.

dem Betriebsrat ergänzend mitzuteilen, warum aus seiner Sicht eine Weiterbeschäftigung auf diesem Arbeitsplatz nicht in Betracht kommt.[100]

Anzugeben sind ferner (unaufgefordert) auch die Überlegungen zur Sozialauswahl.[101] Der Arbeitgeber muss also die **Sozialdaten** des **ausgewählten Arbeitnehmers** und mit ihm **vergleichbarer Arbeitnehmer** nachvollziehbar unterbreiten und mitteilen, nach welchen **Kriterien** der Arbeitgeber die Sozialauswahl vorgenommen hat und welche **Maßstäbe** er der Auswahl im konkreten Fall zugrunde gelegt hat. Hierbei kommt es wiederum natürlich nur auf die Kriterien und Maßstäbe an, die der Arbeitgeber zur Grundlage seiner Kündigungsentscheidung gemacht hat. Wenn der Arbeitgeber bestimmte **Arbeitnehmer als nicht vergleichbar** ansieht, so hat er auch diese Erwägungen dem Betriebsrat mitzuteilen.[102] Beabsichtigt der Arbeitgeber eine **stufenweise Betriebsstilllegung**, dann ist er verpflichtet, neben dem Termin der endgültigen Stilllegung dem Betriebsrat gegenüber mitzuteilen, in welcher zeitlichen Reihenfolge welche Bereiche eingeschränkt werden, welche Arbeitnehmer zunächst weiterbeschäftigt und zu welchem Zeitpunkt welche Arbeitnehmer entlassen werden. 87

Führt die Umsetzung der unternehmerischen Entscheidung allerdings dazu, dass nur **ein bestimmter Arbeitnehmer** betroffen ist oder eine **Stilllegung** des gesamten Betriebs vorliegt, ergeben sich Einschränkungen bezüglich der Mitteilung von Sozialdaten.[103] So hat das BAG entschieden, dass der Arbeitgeber den Betriebsrat nicht über Familienstand und Unterhaltspflichten der zu kündigenden Arbeitnehmer unterrichten muss, wenn eine Sozialauswahl nach der für den Betriebsrat erkennbaren Auffassung des Arbeitgebers wegen der Stilllegung des gesamten Betriebs nicht vorzunehmen ist.[104] Dabei hat das BAG offen gelassen, ob der Arbeitgeber die für die Berechnung der Kündigungsfrist maßgeblichen Daten Lebensalter und Eintrittsdatum in jedem Fall mitteilen muss.[105] Im Zusammenhang mit der Ermittlung von persönlichen Daten und Unterhaltspflichten hat das LAG Schleswig-Holstein entschieden, dass der Arbeitgeber sich grundsätzlich im Rahmen der Betriebsratsanhörung auf die Richtigkeit der in der Steuerkarte als amtlichem Dokument vermerkten persönlichen Daten des Arbeitnehmers verlassen darf, sofern der Arbeitgeber keine gegenteilige Kenntnis hat.[106] Diese Auffassung ist vom BAG bestätigt worden.[107] Das LAG vertritt weiterhin die zutreffende Auffassung, dass den Arbeitnehmer die Obliegenheit treffe, seine persönlichen Daten wie Anschrift, Familienstand und Anzahl unterhaltsberechtigter Personen dem Arbeitgeber mitzuteilen, so dass eigene Nachforschungen durch den Arbeitgeber in aller Regel nicht anzustellen seien.[108] 88

Der Arbeitgeber ist ferner gehalten, von sich aus im Zusammenhang mit der Sozialauswahl die Gründe mitzuteilen, die ihn dazu bewogen haben, bestimmte **Arbeitnehmer** nach § 1 Abs. 3 S. 2 KSchG von der Sozialauswahl **auszunehmen**. Nach der derzeitigen Fassung des 89

100 BAG v. 17.2.2000, AP Nr. 113 zu § 102 BetrVG 1972; BAG v. 15.3.2001, AP Nr. 46 zu § 4 KSchG 1969 = DB 2001, 1680.

101 BAG v. 29.3.1984, NZA 1984, 169.

102 Vgl. BAG v. 20.5.1999, AP Nr. 4 zu § 1 KSchG 1969 Namensliste.

103 Vgl. LAG Frankfurt v. 24.1.2000, NZA-RR 2001, 34; BAG v. 13.5.2004, NZA 2004, 1038.

104 BAG v. 13.5.2004, NZA 2004, 1038.

105 BAG v. 13.5.2004, NZA 2004, 1038.

106 LAG Schleswig-Holstein v. 10.8.2004, NZA-RR 2004, 582.

107 Vgl. BAG v. 6.7.2006, AP Nr. 80 zu § 1 KSchG 1969; BAG v. 17.1.2008, AP Nr. 96 zu § 1 KSchG 1969 Soziale Auswahl.

108 LAG Schleswig-Holstein v. 10.8.2004, NZA-RR 2004, 582; vgl. insoweit auch *Kleinebrink*, S. 2522 zur Ermittlung von Unterhaltspflichten vor Sozialauswahl und Betriebsratsanhörung.

KSchG sind also mindestens Angaben zur Dauer der Betriebszugehörigkeit, des Lebensalters, der Unterhaltspflichten und evtl. bestehender Schwerbehinderung ebenso erforderlich wie substantiierte Ausführungen zu herausgenommenen Arbeitnehmern sowohl hinsichtlich deren Kenntnisse, Fähigkeiten und Leistungen und dem **berechtigten betrieblichen Interesse** an deren Weiterbeschäftigung und/oder – falls dies für die Kündigungsentscheidung maßgebend ist –, dass deren Herausnahme zur Sicherung einer ausgewogenen Personalstruktur des Betriebs im berechtigten betrieblichen Interesse liegt. Besonderheiten können sich im Übrigen bei der Mitteilung von Sozialauswahldaten ergeben, wenn ein Arbeitnehmer nach **§ 613a Abs. 6 BGB** dem Übergang seines Arbeitsverhältnisses (ohne sachlichen Grund) widerspricht.[109] Schon wegen der Rechtsprechung des BAG im Zusammenhang mit dem AGG sollten alle relevanten Sozialdaten vollständig mitgeteilt werden (siehe oben Rn 70).

90 Zu beachten ist bei betriebsbedingten Kündigungen auch die Regelung des **§ 95 BetrVG** sowie die dort dazu ergangene jüngere Rechtsprechung. Nach § 95 Abs. 1 BetrVG bedürfen **Richtlinien** über die personelle **Auswahl** bei **Kündigungen** der Zustimmung des Betriebsrats, wobei nach Auffassung des BAG jedes **Punkteschema** über die Durchführung einer Sozialauswahl **mitbestimmungspflichtig** ist.[110] In diesem Zusammenhang hat das BAG entschieden, dass ein **Verstoß** des Arbeitgebers gegen ein Mitbestimmungsrecht des Betriebsrats aus **§ 95 BetrVG nicht** die **individualrechtliche Wirksamkeit** einer in Umsetzung des Punkteschemas ausgesprochenen betriebsbedingten Kündigung **berührt**.[111] Unberührt von dieser Rechtsprechung des BAG bleibt allerdings die dargelegte Verpflichtung des Arbeitgebers, im Rahmen des Anhörungsverfahrens nach § 102 BetrVG die entsprechenden Angaben im Zusammenhang mit der Durchführung einer Sozialauswahl zu tätigen.

i) Änderungskündigung

91 Die dargestellten allgemeinen Anhörungsgrundsätze gelten auch bei einer Änderungskündigung. Orientiert sich der Arbeitgeber bei seinem Kündigungsentschluss an den Regeln des KSchG, dann hat er dem Betriebsrat nachvollziehbar mitzuteilen, welche **Gründe** die Beendigung des Arbeitsverhältnisses rechtfertigen sollen, für den Fall, dass der betroffene Arbeitnehmer das Änderungsangebot nicht annimmt, welche **Arbeitsbedingungen** dem betroffenen Arbeitnehmer angeboten werden sollen, und welche Überlegungen den Arbeitgeber dazu bewogen haben, gerade diese Arbeitsbedingungen anzubieten. Nur bei **Kenntnis** des **Änderungsangebots** kann der Betriebsrat die Tragweite der Kündigung insgesamt beurteilen und insbesondere prüfen, ob er Widerspruch erheben möchte.[112] Bei der Anhörung sollte deutlich – ggf. auch drucktechnisch – herausgehoben werden, dass im Falle der **Ablehnung des Änderungsangebots** durch den Arbeitnehmer die **Beendigungskündigung** beabsichtigt ist.[113]

j) Verdachtskündigung

92 Eine **Verdachtskündigung** liegt immer dann vor, wenn der Arbeitgeber die Kündigung darauf stützen möchte, dass der zu kündigende Arbeitnehmer im Verdacht stehe, eine Vertrags-

109 Vgl. BAG v. 24.2.2000, NZA 2000, 746; BAG v. 21.2.2000, NZA 2000, 764.
110 Vgl. BAG v. 26.7.2005, NZA 2005, 1372.
111 Vgl. BAG v. 6.7.2006, NJW 2007, 460; BAG v. 6.7.2006, NZA 2007, 197.
112 Vgl. BAG v. 10.3.1982, NJW 1982, 2839.
113 Zu den Einzelheiten der Änderungskündigung vgl. § 2.

verletzung, meist eine Straftat oder einen Vertrauensbruch, begangen zu haben. Dabei kann die Verdachtskündigung sowohl als **ordentliche** als auch als **außerordentliche Verdachtskündigung** ausgesprochen werden.[114] Zu beachten ist in diesem Zusammenhang, dass der Arbeitgeber dann, wenn er den Betriebsrat nach § 102 BetrVG zu einer angeblich begangenen Tat/Pflichtverletzung angehört hat, die Kündigung später nicht mehr auf den Verdacht der Tat/Pflichtverletzung stützen kann, wenn die Tat/Pflichtverletzung sich nicht beweisen lässt. In diesem Fall muss der Arbeitgeber den Betriebsrat zur Verdachtskündigung **(erneut)** zuvor **anhören.**[115] Stützt der Arbeitgeber seine Kündigungsabsicht alleine auf den Verdacht einer Tat/Pflichtverletzung, dann reicht selbstverständlich die Anhörung zu dieser beabsichtigten Verdachtskündigung. Steht aufgrund der Sachverhaltsumstände allerdings die Vollendung der Tat/Pflichtverletzung im Raume, bietet es sich an, den Betriebsrat zu einer dann gegebenen verhaltensbedingten, ggf. zugleich auch personenbedingten Tatkündigung anzuhören und **hilfsweise** auch zu einer **entsprechenden Verdachtskündigung**, wenn und soweit der Ausspruch einer solchen in diesem Zusammenhang vom Arbeitgeber beabsichtigt ist, was für die **Praxis** zu **empfehlen** wäre. Sowohl bei der ausschließlichen als auch bei der hilfsweisen Verdachtskündigung sind dann u.a. anzugeben

- Verdachtsmomente (konkrete Tatsachen als Verdachtsgrundlage)
- Konkrete Aufklärungsbemühungen und konkrete Ergebnisse, einschl. entlastender Umstände[116]
- Anhörung des Arbeitnehmers (Name, Zeit, Inhalt, Ergebnis).

Die Frage, ob der Arbeitgeber den Betriebsrat dann, wenn er ihn zu einer beabsichtigten **Verdachtskündigung** angehört hat, die Kündigung im Kündigungsschutzprozess auch auf die erwiesene Tat/Pflichtverletzung stützen kann, ohne den Betriebsrat erneut anhören zu müssen, ist streitig. Insoweit empfiehlt es sich für die Praxis, jedenfalls **vorsorglich** eine **erneute Anhörung** bezogen auf die dann feststehende Tat/Pflichtverletzung vorzunehmen.[117] 93

k) Arbeitnehmer ohne Kündigungsschutz

Bei Arbeitnehmern, die (noch) nicht oder nicht mehr unter das KSchG fallen, sind grundsätzlich keine geringeren Anforderungen an die Mitteilungspflichten des Arbeitgebers zu stellen als bei Arbeitnehmern, die unter das KSchG fallen.[118] Es bedarf auch insoweit der Angabe der konkreten Umstände und der subjektiven Vorstellungen des Arbeitgebers, warum er die Kündigung aussprechen möchte, wobei formelhafte Sätze („ist ungeeignet") nicht ausreichen.[119] Weiterhin ist auch bei Kündigungen außerhalb des KSchG insbesondere nach dem Beschluss des BVerfG[120] zu berücksichtigen, dass eine Kündigung weder willkürlich sein noch auf sachfremden Motiven beruhen darf. Wenn unter mehreren Arbeitnehmern eine Auswahl getroffen wurde, dann ist der Arbeitgeber auch außerhalb des KSchG zu einem gewissen Maß an **sozialer Rücksichtnahme** verpflichtet. Ebenso darf auch ein durch langjährige Mitarbeit erdientes **Vertrauen** in den **Fortbestand** des Arbeitsverhältnisses nicht unberück- 94

114 BAG v. 10.2.1977, DB 1977, 1273.

115 Vgl. BAG v. 3.4.1986, DB 1986, 2187; BAG v. 2.3.1989, NZA 1989, 755; BAG v. 23.4.2008, AP Nr. 56 zu § 103 BetrVG 1972.

116 Vgl. BAG v. 6.2.1997, NZA 1997, 656.

117 Vgl. *Wlotzke/Preis/Kreft*, § 102 Rn 67; zu den Einzelheiten der Verdachtskündigung vgl. § 2.

118 BAG v. 16.9.2004, AP Nr. 142 zu § 102 BetrVG 1972.

119 Vgl. BAG v. 18.5.1994, NZA 1995, 24; BAG v. 22.9.2005, NZA 2006, 429; BAG v. 23.4.2009.

120 BVerfG v. 27.1.1998, NZA 1998, 470; vgl. BAG v. 21.2.2001, DB 2001, 1677.

sichtigt bleiben.[121] Berücksichtigt der kündigende Arbeitgeber all diese Aspekte und legt sie seiner Kündigungsentscheidung zugrunde, dann sind auch diese Umstände dem Betriebsrat mitzuteilen.

95 Der Grundsatz, dass auch bei **fehlendem Kündigungsschutz** eine vorherige Anhörung des Betriebs- und Personalrats erforderlich ist, wurde vom BAG bestätigt.[122] Das BAG weist in seiner Entscheidung darauf hin, dass die Wartezeit nach § 1 Abs. 1 KSchG dazu dient, dem Arbeitgeber Gelegenheit zu geben, sich eine abschließende Meinung über Leistungs- und Führungsverhalten des Arbeitnehmers zu bilden, wobei die Überprüfung objektiven Maßstäben nicht zwingend zugänglich sein muss. Konsequenz dieser Entscheidung des BAG ist, dass **fehlende Angaben** zu den **Sozialdaten** des Arbeitnehmers, insbesondere zu Lebensalter und Unterhaltspflichten, dem Sinn und Zweck der Entscheidung nach grundsätzlich **nicht zur Fehlerhaftigkeit** der **Betriebsratsanhörung** führen können. Dies ist jedenfalls dann anzunehmen, wenn die Kündigung wegen unzureichender Arbeitsleistung und mangelnder Bewährung ausgesprochen werden soll. Lebensalter und Unterhaltspflichten sind in derartigen Fällen für die Kündigungsentscheidung des Arbeitgebers nicht maßgeblich, weil die Kündigung innerhalb der ersten sechs Monate keiner sozialen Rechtfertigung bedarf. Aus Gründen des „sichersten Wegs" und wegen der **Rechtsprechung zum AGG** (vgl. oben Rn 70) ist der Praxis zu empfehlen, diese regelmäßig ja ohnehin vorliegenden Daten dem Betriebsrat **gleichwohl vollständig mitzuteilen**.

l) Außerordentliche Kündigung

96 Für die Anhörung des Betriebsrats bei **außerordentlichen Kündigungen** gelten grundsätzlich dieselben Grundsätze wie für die ordentlichen Kündigungen. Die Anhörung umfasst also regelmäßig insbesondere neben den allgemeinen notwendigen Informationen

- Tatsachen, die den wichtigen Grund nach § 626 Abs. 1 BGB ergeben
- Zeitpunkt der Kenntniserlangung
- Umstände, die die Unzumutbarkeit der Fortsetzung des Arbeitsverhältnisses – auch bis zum Ablauf der ordentlichen Kündigungsfrist – ergeben, einschließlich Fehlen milderer Mittel
- die Darlegung der durchgeführten Interessenabwägung (Name, Inhalt und Ergebnis)
- ggf. erfolgte Abmahnungen/Gegendarstellungen.

97 Der Arbeitgeber hat also insbesondere Tatsachen mitzuteilen, denen zufolge es **unzumutbar** ist, bis zum **Ablauf** der ordentlichen **Kündigungsfrist** zuzuwarten. Zu bedenken ist, dass **Sozialdaten** im Rahmen der gebotenen **Interessenabwägung** von Bedeutung sein können. Hierbei steht die fehlende Mitteilung der genauen Sozialdaten des zu kündigenden Arbeitnehmers an den Betriebsrat der Wirksamkeit einer außerordentlichen Kündigung dann nicht entgegen, wenn es dem Arbeitgeber wegen der **Schwere der Kündigungsvorwürfe** auf die genauen Sozialdaten ersichtlich nicht ankommt, der Betriebsrat die ungefähren Daten kennt und er daher die Kündigungsabsicht des Arbeitgebers ausreichend beurteilen kann.[123] Im Hinblick auf die angegebene Rechtsprechung zum AGG ist aber auch an dieser Stelle noch einmal darauf hinzuweisen, dass es **sicherer** ist, auch in dieser Konstellation die **vollständigen Sozialdaten** mitzuteilen.

121 Vgl. auch *Berkowsky*, NJW 2009, 113 ff.
122 BAG v. 23.4.2009.
123 BAG v. 15.11.1995, AP Nr. 73 zu § 102 BetrVG 1972.

Besonderheiten gelten bei der außerordentlichen Kündigung eines **tariflich unkündbaren Arbeitnehmers**. Kann diesem z.B. aus betriebsbedingten Gründen ausnahmsweise unter Einhaltung der ordentlichen Kündigungsfrist gekündigt werden, etwa weil der Arbeitsplatz weggefallen ist und keine andere Weiterbeschäftigungsmöglichkeit besteht, dann hat die **Beteiligung des Betriebsrats** den **Regeln** über die Beteiligung des Betriebsrats bei **ordentlichen Kündigungen** zu entsprechen. Dies bedeutet, dass der Arbeitgeber, der in diesem Fall zu einer Sozialauswahl entsprechend § 1 Abs. 3 KSchG verpflichtet ist, dem Betriebsrat auch alle relevanten Sozialdaten der in die Auswahl einzubeziehenden Arbeitnehmer mitzuteilen hat.[124] Nach der Rechtsprechung des BAG ist der Betriebsrat bei der Anhörung daher nicht nur über den Umstand in Kenntnis zu setzen, dass eine **außerordentliche Kündigung** gem. § 626 BGB ausgesprochen werden soll, die erst nach Ablauf der für eine ordentliche Kündigung des Arbeitsverhältnisses geltenden **Auslauffrist** wirksam werden soll. Ganz wichtig ist für die Praxis, dass nach der Rechtsprechung des BAG dem Arbeitnehmer im Rahmen von § 102 BetrVG in derartigen Fällen der Schutz gewährt werden soll, der bei einer ordentlichen Kündigung gegeben ist. Dies bedeutet, dass der Arbeitgeber dem Betriebsrat **nicht** nur die **Anhörungsfrist** von **drei Kalendertagen**, **sondern** die **Wochenfrist** nach § 102 Abs. 2 S. 1 BetrVG einräumen muss. Kündigt der Arbeitgeber einem ordentlich unkündbaren Arbeitnehmer vor Ablauf dieser Frist, obwohl bis dahin keine abschließende Stellungnahme des Betriebsrats vorliegt, ist die Kündigung unwirksam mit damit in derartigen Fällen wegen des Kündigungsverbrauchs verbundenen **verheerenden Folgen für den Arbeitgeber**. In diesen Ausnahmefällen wird dem Betriebsrat auch das Recht zugebilligt, der Kündigung unter Bezugnahme auf die in § 102 BetrVG genannten Gründe mit der Folge zu widersprechen, dass **trotz** Vorliegen einer **außerordentlichen Kündigung** ein **gesetzlicher Weiterbeschäftigungsanspruch** entstehen kann.[125] 98

Der Arbeitgeber kann die beabsichtigte **außerordentliche Kündigung** aussprechen, wenn er den Betriebsrat ordnungsgemäß unterrichtet hat und sobald sich der Betriebsrat innerhalb der **Drei-Tage-Frist** des § 102 Abs. 2 BetrVG abschließend geäußert hat oder nachdem die Drei-Tage-Frist ohne Reaktion des Betriebsrats abgelaufen ist. 99

Praxishinweis 100

Die Kündigungsausschlussfrist von zwei Wochen nach § 626 Abs. 2 BGB wird durch die Äußerungsfrist durch den Betriebsrat **nicht** verlängert.

Bei Ausspruch einer hilfsweisen ordentlichen Kündigung ist der Ablauf der Wochenfrist **abzuwarten**, es sei denn, das Anhörungsverfahren endet durch vorherige abschließende Äußerung des Betriebsrats auch insoweit.

m) Nachschieben von Kündigungsgründen

Das **Nachschieben von Kündigungsgründen** im Rahmen des **Anhörungsverfahrens** ist **vor Ausspruch der Kündigung** zulässig.[126] Es ist jedoch zu beachten, dass mit dem Nachschieben innerhalb des Anhörungsverfahrens die einschlägigen Fristen des § 102 Abs. 2 BetrVG ggf. **neu** zu laufen beginnen. Möglich ist es auch, dass der Arbeitgeber Kündigungsgründe nachschiebt, von denen er erst nachträglich erfährt. Bezogen auf diese Gründe ist eine weitere Anhörung des Betriebsrats erforderlich, wenn diese Kündigungsgründe in einem anschließenden Kündigungsschutzprozess Verwendung finden können sollen. 101

124 BAG v. 5.2.1998, AP Nr. 143 zu § 626 BGB.
125 BAG, a.a.O.; BAG v. 12.1.2006.
126 BAG v. 6.2.1997, AP Nr. 85 zu § 102 BetrVG 1972.

102 Ein Nachschieben von **Kündigungsgründen nach Zugang** der Kündigungserklärung, die erst **nach diesem Zeitpunkt entstanden** sind, ist betriebsverfassungsrechtlich nicht möglich. Derartige Gründe können nur zum Anlass einer neuen (zweiten) Kündigung genommen werden, die dann wiederum einer ordnungsgemäßen Anhörung nach § 102 BetrVG bedarf, sofern zu diesem Zeitpunkt die übrigen Voraussetzungen für das Erfordernis eines Anhörungsverfahrens (z.B. Bestehen des Betriebsrats) noch gegeben sind.

n) Checkliste „Allgemeiner Mindestinhalt"

103 Will man halbwegs auf der sicheren Seite sein, sollte – zumindest vorsorglich – regelmäßig Folgendes als Mindestinformation mitgeteilt werden:

- Person des zu kündigenden Arbeitnehmers
- Alter
- Soziale Verhältnisse (Familienstand, Unterhaltspflichten, Schwerbehinderung, sonstige erhebliche soziale Umstände)
- Dauer der Betriebszugehörigkeit
- Bestehender Sonderkündigungsschutz
- Wesentliche Arbeitsvertragsbedingungen (Gehalt, Eingruppierung, Tätigkeit)
- Konkreter Arbeitsplatz des betroffenen Arbeitnehmers
- Kündigungszeitpunkt
- Kündigungstermin
- Kündigungsfrist
- Kündigungsart
- Kündigungsgründe
- Nichtbestehen einer anderweitigen Beschäftigungsmöglichkeit

6. Durchführung des Verfahrens

104 Hat der Arbeitgeber seine Mitteilungspflicht ordnungsgemäß erfüllt, besteht für den Betriebsrat Gelegenheit, zu der beabsichtigten Kündigung des Arbeitgebers **Stellung** zu nehmen. Hat der Betriebsrat gegen die Kündigung **Bedenken**, so hat er diese unter Angabe der Gründe dem Arbeitgeber schriftlich mitzuteilen, und zwar bei einer **ordentlichen Kündigung** spätestens innerhalb **einer Woche** gem. § 102 Abs. 2 S. 1 BetrVG. Bei einer **außerordentlichen Kündigung** hat die Stellungnahme **„unverzüglich"**, spätestens jedoch innerhalb von **drei Tagen** gem. § 102 Abs. 2 S. 3 BetrVG zu erfolgen. Bei der ordentlichen Kündigung besteht weiterhin die Möglichkeit, nach Maßgabe des § 102 Abs. 3 BetrVG zu widersprechen. Für die Stellungnahme (Bedenken und/oder Widerspruch) und das durchzuführende Verfahren ist der anhörungsberechtigte Betriebsrat zuständig, der nach Eingang der Mitteilung des Arbeitgebers für dieses Verfahren auch zuständig bleibt.

105 Nach Erhalt der Anhörungsmitteilung hat der Betriebsratsvorsitzende eine Betriebsratssitzung einzuberufen. Hierbei ist die **Tagesordnung** gem. § 29 Abs. 2 BetrVG rechtzeitig mitzuteilen. Die Mitglieder des Betriebsrats sind zu informieren. Nach § 102 Abs. 2 S. 4 BetrVG ist der zu kündigende Arbeitnehmer anzuhören. Verzichtet der Betriebsrat hierauf, wird dadurch das Anhörungsverfahren nicht unwirksam. Eine etwaige **Stellungnahme** des Betriebsrats erfolgt gem. § 33 BetrVG durch **Beschluss.** Dies gilt auch für die Entscheidung eines nach § 28 Abs. 1 S. 2 BetrVG berufenen Ausschusses. Zu beachten ist, dass es sich bei der Kündigung eines Arbeitsverhältnisses nicht um ein laufendes Geschäft i.S.v. § 27 Abs. 3 S. 1 BetrVG handelt. Eine De-

legation des Organs auf den Vorsitzenden bzw. ein einfaches Mitglied kommt ebenfalls nicht in Betracht. Der darin liegende Verzicht auf Beteiligungsrechte ist rechtsunwirksam. Nach herrschender Meinung genügt das so genannte **Umlaufverfahren** für den Beschluss nach § 33 BetrVG nicht. Es ist also notwendig, die Beratung in einer Sitzung des Betriebsrats oder des dafür zuständigen Ausschusses durchzuführen. Nimmt der Arbeitgeber an der Betriebsratssitzung, in der über die Stellungnahme zur beabsichtigten Kündigung beschlossen werden soll, teil, dann berührt dies die Ordnungsgemäßheit des Anhörungsverfahrens nicht.[127]

Nach § 102 Abs. 2 S. 4 BetrVG soll der Betriebsrat, soweit dies erforderlich scheint, vor seiner Stellungnahme den betroffenen **Arbeitnehmer hören**. Mit dieser Anhörung soll zum einen dem Arbeitnehmer die Möglichkeit gegeben werden, aus seiner Sicht den Sachverhalt darzustellen. Ferner soll der Betriebsrat in Anbetracht der Widerspruchsgründe nach § 102 Abs. 3 Nr. 3 bis 5 BetrVG auch feststellen, ob der Arbeitnehmer z.B. sein **Einverständnis** zu einer Weiterbeschäftigung unter geänderten Vertragsbedingungen erklärt hat oder erklären würde. 106

7. Abschluss des Verfahrens

Beendet wird das Anhörungsverfahren spätestens durch **Ablauf** der **Äußerungsfrist** von einer Woche nach § 102 Abs. 2 S. 1 BetrVG (bei ordentlicher Kündigung) bzw. von (längstens) drei Tagen nach § 102 Abs. 2 S. 3 BetrVG (bei außerordentlicher Kündigung). Eine frühere Beendigung des Anhörungsverfahrens tritt ein, wenn dem Arbeitgeber eine **abschließende Stellungnahme** des Betriebsrats zugeht, die auch in der Erklärung liegen kann, sich zu der Kündigung nicht äußern zu wollen.[128] 107

Praxishinweis 108
Liegt eine abschließende Stellungnahme des Betriebsrats vor, dann kann der Arbeitgeber die Kündigung auch vor Ablauf der Frist des § 102 Abs. 2 BetrVG aussprechen, auch wenn die abschließende Stellungnahme des Betriebsrats fehlerhaft zustande gekommen ist.[129] In der Praxis ist allerdings sehr sorgfältig darauf zu achten, dass tatsächlich eine abschließende Stellungnahme des Betriebsrats vorliegt. Es bietet sich insoweit an, entweder entsprechend einschlägige Formulare gemeinsam mit dem Betriebsrat zu benutzen, die eine etwaige Stellungnahme ausdrücklich als „abschließend" bezeichnen oder aber den Betriebsrat in jedem Fall mit dem Mitteilungsschreiben ausdrücklich um eine „abschließende Stellungnahme" zu bitten.

a) Reaktion des Betriebsrats bei der ordentlichen Kündigung

Beabsichtigt der Arbeitgeber, eine ordentliche Kündigung auszusprechen, dann entscheidet der Betriebsrat nach pflichtgemäßem **Ermessen**, wie er hierauf reagiert. Grundsätzlich sind möglich das Erheben von **Bedenken**, der **Widerspruch**, die **Zustimmung** und der **Verzicht** auf eine Stellungnahme. 109

aa) Bedenken

Wenn der Betriebsrat gegen eine ordentliche Kündigung Bedenken hat, dann verpflichtet ihn § 102 Abs. 2 S. 1 BetrVG, diese Bedenken unter **Angabe von Gründen** spätestens innerhalb 110

127 BAG v. 24.3.1977, NJW 1978, 122.
128 BAG v. 12.3.1987, AP Nr. 47 zu § 102 BetrVG 1972.
129 BAG v. 24.6.2004, NZA 2004, 1330.

einer Woche dem Arbeitgeber schriftlich mitzuteilen. Eine Verlängerung der Frist durch Vereinbarung der Betriebsparteien ist möglich. Lässt der Betriebsrat diese Frist verstreichen, dann gilt seine Zustimmung nach § 102 Abs. 2 S. 1 BetrVG als erteilt. Das Verfahren ist abgeschlossen. Deshalb kann der Arbeitgeber dann kündigen. Äußert der Betriebsrat Bedenken, können dies Bedenken jedweder Art sein. Die Äußerung von Bedenken führt nicht zu einem gesetzlichen Weiterbeschäftigungsanspruch. Dieser setzt einen Widerspruch des Betriebsrats voraus. Auch bestehen keine unmittelbaren Auswirkungen auf einen evtl. Kündigungsschutzprozess. Allenfalls wird die prozessuale Situation des Arbeitnehmers dadurch verbessert, dass er die Argumente des Betriebsrats sich zu Eigen machen und dem Gericht schriftsätzlich präsentieren kann.

111 Für die **Fristberechnung** gelten die allgemeinen Vorschriften der §§ 186 ff. BGB. Die Frist beginnt danach an dem Tag, der auf den Tag folgt, an dem die Mitteilung des Arbeitgebers zur Einleitung des Verfahrens dem Betriebsrat zugeht. Dieser Tag ist nicht mitzurechnen.

112 Im Übrigen ist bei der Bestimmung des Fristendes § 193 BGB zu beachten. Ist der letzte Tag ein Samstag, Sonntag oder gesetzlicher Feiertag, so endet gem. § 188 BGB die Frist mit Ablauf des nächsten Werktags.

bb) Widerspruch

113 Der Betriebsrat kann nach § 102 Abs. 3 BetrVG einer **ordentlichen Kündigung widersprechen**, wenn einer der in § 102 Abs. 3 BetrVG genannten Gründe vorliegt (zu den Einzelheiten insoweit siehe Rn 126 ff.).

cc) Zustimmung und Verzicht

114 Wenn der Betriebsrat der beabsichtigten Kündigung **zustimmt**, was sowohl schriftlich als auch mündlich als auch in sonstiger Weise geschehen kann, dann ist mit der Mitteilung dieses Beschlusses des Betriebsrats gegenüber dem Arbeitgeber das **Anhörungsverfahren abgeschlossen**. Der Arbeitgeber kann deshalb die beabsichtigte Kündigung aussprechen. Widerruft der Betriebsrat seinen Beschluss nach dessen Zugang beim Arbeitgeber, hat dies keine Rechtswirkung. Grundsätzlich scheidet auch eine Anfechtung des Betriebsratsbeschlusses aus. Beruht der Beschluss allerdings auf einer arglistigen Täuschung oder Drohung durch den Arbeitgeber, dann ist die Ordnungsgemäßheit des Anhörungsverfahrens nach § 102 BetrVG zu verneinen. Die gleichwohl vom Arbeitgeber ausgesprochene Kündigung ist unwirksam.

115 Entscheidet sich der Betriebsrat dazu, keine Stellungnahme zu der beabsichtigten Kündigung abzugeben, **ohne** dies dem Arbeitgeber **mitzuteilen**, dann ist das Anhörungsverfahren erst mit Ablauf der Wochenfrist nach § 102 Abs. 2 S. 2 BetrVG abgeschlossen, denn die Zustimmung des Betriebsrats gilt in diesem Fall als erteilt.

116 Entscheidet sich der Betriebsrat, keine Stellungnahme abzugeben und **teilt** er dies dem Arbeitgeber vor Ablauf der Wochenfrist **mit**, ist das Anhörungsverfahren bereits mit Zugang dieser Mitteilungserklärung abgeschlossen, so dass der Arbeitgeber deshalb dann auch vor Ablauf der Wochenfrist die Kündigung aussprechen kann.

b) Reaktion bei der außerordentlichen Kündigung

117 Bei der außerordentlichen Kündigung gilt grundsätzlich das Gleiche wie bei der ordentlichen Kündigung. Der Betriebsrat kann sich auch hier entscheiden, ob er Bedenken erhebt, zustimmt oder auf eine Stellungnahme verzichtet. Bei der außerordentlichen Kündigung besteht hingegen **kein Recht** des Betriebsrats, **zu widersprechen**. Beabsichtigt der Arbeitgeber

im Zusammenhang mit einer außerordentlichen Kündigung **hilfsweise** eine **ordentliche Kündigung** auszusprechen, dann gelten bezogen auf die hilfsweise Kündigung die aufgezeigten Grundsätze für eine „normale" ordentliche Kündigung. Aus Sicht des Arbeitgebers ist darauf zu achten, dass die hilfsweise ordentliche Kündigung ggf. nicht vor Ablauf des Anhörungsverfahrens bezogen auf die ordentliche Kündigung ausgesprochen wird. In diesen praktischen Regelfällen ist daher nicht zuletzt auch wegen § 626 Abs. 2 BGB oftmals der Ausspruch zweier voneinander **getrennter Kündigungen** erforderlich. Dies gilt jedenfalls dann, wenn sich eine etwaige (abschließende) Stellungnahme des Betriebsrats nur auf die außerordentliche Kündigung, nicht aber auf die hilfsweise ordentliche Kündigung bezieht.

aa) Bedenken

Wenn der Betriebsrat gegenüber einer außerordentlichen Kündigung **Bedenken** hat, muss er dies unter Angabe von Gründen dem Arbeitgeber **unverzüglich**, spätestens jedoch innerhalb von **drei Tagen** schriftlich mitteilen. Für den Fristbeginn gelten auch hier die allgemeinen Vorschriften des BGB. Die Frist des § 626 Abs. 2 BGB bleibt von alledem unberührt. 118

Der Ablauf der Frist kann auch vor drei Tagen liegen. Dies dürfte der praktische Ausnahmefall sein, auf den sich der kündigungswillige Arbeitgeber nicht verlassen sollte. Zwar hat der Betriebsrat grundsätzlich **kein Recht auf Ausschöpfung** der Frist, da er gesetzlich verpflichtet ist, ohne schuldhaftes Zögern (§ 102 Abs. 2 S. 3 BetrVG i.V.m. § 121 Abs. 1 BGB) eine Beschlussfassung herbeizuführen. Der kündigungswillige Arbeitgeber sollte den Kündigungsablauf jedoch so organisieren, dass die Drei-Tage-Frist innerhalb der Zwei-Wochen-Frist des § 626 Abs. 2 BGB abgewartet werden kann. 119

Etwaige Bedenken (jedweder Art) sind wiederum **schriftlich** mitzuteilen. Wenn der Betriebsrat innerhalb der Drei-Tage-Frist keine Bedenken erhebt oder die gesetzlich hierfür vorgesehene Form nicht einhält, gilt die Zustimmung ebenfalls als erteilt. Die vom Gesetz bei der ordentlichen Kündigung ausdrücklich angeordnete **Zustimmungsfiktion** ist **entsprechend** anzuwenden (§ 102 Abs. 2 S. 1 BetrVG analog). Da mit der Zustimmungserteilung das Anhörungsverfahren abgeschlossen ist, kann der Arbeitgeber deshalb nach Fristablauf die außerordentliche Kündigung betriebsverfassungsrechtlich wirksam aussprechen. 120

bb) Zustimmung und Verzicht

Stimmt der Betriebsrat der außerordentlichen Kündigung ausdrücklich zu oder erklärt er vor Ablauf der Drei-Tage-Frist, dass er keine Stellungnahme abzugeben beabsichtige, was ebenfalls schriftlich, mündlich oder in sonstiger Weise geschehen kann, ist bereits zu diesem Zeitpunkt das Anhörungsverfahren abgeschlossen. Der Arbeitgeber kann deshalb die außerordentliche Kündigung auch vor Ablauf der Drei-Tage-Frist betriebsverfassungsrechtlich wirksam aussprechen. 121

c) Fristabreden

Zwischen den Betriebsparteien, Betriebsrat und Arbeitgeber, ist es selbstverständlich möglich, die **Frist** zur Stellungnahme zu **verlängern**. Aus der Tatsache, dass eine derartige Vereinbarung rechtlich zulässig und wirksam ist, folgt jedoch weder eine Verpflichtung des Arbeitgebers, einer beantragten Fristverlängerung zu entsprechen, noch ein Anspruch des Betriebsrats, dass der Arbeitgeber die Frist verlängert. Auch die Tatsache, dass es sich um eine Vielzahl von Kündigungen z.B. im Rahmen einer Umstrukturierung des Unternehmens oder des Betriebs handelt, begründet keine entsprechenden Rechtspflichten. Der Arbeitgeber 122 handelt auch nicht rechtsmissbräuchlich, wenn er vom Betriebsrat beantragte Fristverlängerungen ablehnt, weil er sonst z.B. nicht in der Lage wäre, die gegenüber dem Arbeitnehmer zu beachtenden Kündigungsfristen einzuhalten.[130] Für die Praxis dürfte es sich jedoch im beiderseitigen Interesse der Betriebsparteien anbieten, für derartige Massenverfahren verfahrensrechtliche Regelungen unter Einschluss der berechtigten beiderseitigen Interessen (fristgerechte Kündigungen; Stellungnahmemöglichkeit) abzusprechen.

123 Nicht eindeutig ist die Rechtslage hinsichtlich der einvernehmlichen **Abkürzung** von **Fristen**. Sofern mit einer entsprechenden Vereinbarung kein Vorabverzicht verbunden ist, sind derartige Vereinbarungen zulässig. Andernfalls wäre die Abgabe einer verfahrensabschließenden Erklärung des Betriebsrats vor Fristablauf unzulässig und damit unwirksam, was unangemessen wäre, da der **Betriebsrat** insoweit schließlich **„Herr des Verfahrens“** ist. Entscheidend ist in diesem Zusammenhang, dass der Arbeitgeber keinen Anspruch auf Abkürzung der gesetzlich eingeräumten Stellungnahmefrist hat. Zu beachten ist aus der Sicht des Betriebsrats, dass dieser nicht generell die eingeräumten Fristen voll ausschöpfen darf, sondern insbesondere bei außerordentlichen Kündigungen gesetzlich verpflichtet ist, unverzüglich eine Sitzung einzuberufen, über die Kündigung zu beraten und dem Arbeitgeber die Stellungnahme zukommen zu lassen.

d) Änderung und Aufhebung der Stellungnahme

124 Der Betriebsrat ist grundsätzlich berechtigt, eine einmal beschlossene **Stellungnahme abzuändern** oder **aufzuheben** (**„Rücknahme“**). Dies gilt jedenfalls dann, solange die Stellungnahme dem Arbeitgeber noch nicht zugegangen ist, da mit Zugang der Stellungnahme das Anhörungsverfahren nach § 102 BetrVG abgeschlossen ist. Es bestehen allerdings keine Bedenken, zu einer Änderung oder Aufhebung der Stellungnahme in Abstimmung mit dem Arbeitgeber zu kommen. Einen Anspruch auf Berücksichtigung hat der Betriebsrat insoweit allerdings nicht. Davon zu unterscheiden ist die Frage, welche **Wirkung** eine derartige Änderung/Rücknahme hinsichtlich des Weiterbeschäftigungsanspruchs des Arbeitnehmers hat. Insoweit besteht Einvernehmen, dass die Abänderung des Beschlusses des Betriebsrats jedenfalls dann keine Auswirkungen hat, wenn die Kündigung dem Arbeitnehmer bereits zugegangen ist, da es ab diesem Zeitpunkt in dessen Entscheidungshoheit liegt, ob er die weiteren Tatbestandsvoraussetzungen für das Entstehen des gesetzlichen Weiterbeschäftigungsanspruchs (Erhebung der Kündigungsschutzklage, Geltendmachung der Sozialwidrigkeit, Äußerung des Weiterbeschäftigungsverlangens) herbeiführen will. Ist die Kündigungserklärung dem Arbeitnehmer hingegen noch nicht zugegangen, bestehen keine Bedenken, die Stellungnahme im prozeduralen Einvernehmen der Betriebsparteien abzuändern.

e) Checkliste

125
- Anwendungsbereich BetrVG (territorial, persönlich, sachlich)
- Sonstige Beteiligungstatbestände BetrVG/andere Gesetze
- Kündigungsentschlussgründe überprüfen
- Einleitung Anhörungsverfahren (ggf. mit Unterlagen)
- Abschließende Stellungnahme/Fristablauf
- Verzicht auf Ausspruch Kündigung/Kündigungsausspruch.

130 Vgl. BAG v. 14.8.1986, NZA 1987, 601.

8. Das Widerspruchsrecht des Betriebsrats – Inhalt, Ausübung und Wirkungen

Der Betriebsrat kann einer **ordentlichen Kündigung** widersprechen, wenn einer der in § 102 Abs. 3 BetrVG genannten Gründe vorliegt. Der Widerspruch muss innerhalb einer Woche als Widerspruch erkennbar schriftlich beim Arbeitgeber erhoben werden. Dabei umfasst die Schriftform auch die **Angabe** der **Widerspruchsgründe**. Eine Bezugnahme auf einen vorangegangenen mündlichen Widerspruch ist unwirksam. Die Begründung des Widerspruchs darf sich nicht auf die bloße Wiedergabe des Gesetzeswortlauts beschränken. Es liegt dann kein ordnungsgemäßer wirksamer Widerspruch vor. Der Betriebsrat hat in der Begründung unter Angabe von Fakten darzulegen, warum die Voraussetzungen der gesetzlichen Widerspruchsgründe im konkreten Fall vorliegen. 126

Widerspricht der Betriebsrat ordnungsgemäß, dann entsteht unter den weiteren Voraussetzungen von § 102 Abs. 5 BetrVG für den Arbeitnehmer ein gesetzlicher **Anspruch auf Weiterbeschäftigung**. Hat der Betriebsrat aus den in § 102 Abs. 3 Nr. 2 bis 5 BetrVG genannten Gründen widersprochen, dann liegt ein **absoluter Sozialwidrigkeitsgrund** gem. § 1 Abs. 2 S. 3 Nr. 1 und S. 3 KSchG vor, wenn der behauptete Widerspruchsgrund tatsächlich gegeben ist. 127

Der Betriebsrat ist in seiner **Entscheidung**, ob er widersprechen will, **frei**. Er ist nur berechtigt, nicht aber verpflichtet, Widerspruch nach § 102 Abs. 3 BetrVG zu erheben. Unterbleibt ein Widerspruch des Betriebsrats, dann besteht kein Weiterbeschäftigungsanspruch zugunsten des Arbeitnehmers nach § 102 Abs. 5 BetrVG. Die Nichterhebung des Widerspruchs stellt auch keine **Pflichtverletzung** i.S.v. § 23 Abs. 1 BetrVG dar. Dem Arbeitnehmer steht gegenüber dem Betriebsrat kein Anspruch auf Erhebung des Widerspruchs zu. Dem gemäß hat der Arbeitnehmer auch keinen **Anspruch auf Schadensersatz** gegenüber dem Betriebsrat für den Fall, dass es der Betriebsrat trotz des Vorliegens der Voraussetzungen des § 102 Abs. 3 BetrVG unterlässt, den Widerspruch zu erheben. 128

a) Frist

Der Betriebsrat muss innerhalb einer Woche widersprechen gem. § 102 Abs. 3 i.V.m. Abs. 2 S. 1 BetrVG. Die Frist beginnt, wenn dem Betriebsratsvorsitzenden oder einem anderen vertretungsberechtigten Mitglied des Betriebsrats die Erklärung des Arbeitgebers über die Kündigungsabsicht zugegangen ist. Für die Fristberechnung gelten die allgemeinen Vorschriften (vgl. §§ 187 ff. BGB). Die Frist endet mit Ablauf ihres letzten Tags um 24.00 Uhr. Der Betriebsschluss ist insoweit nicht entscheidend.[131] Arbeitgeber und Betriebsrat können die **Anhörungsfrist** einvernehmlich **verlängern**. Einen Anspruch auf Verlängerung hat der Betriebsrat nicht.[132] Ebenso ist es möglich, dass die Betriebsparteien eine **Verkürzung** vereinbaren, da der Betriebsrat auch ohne Ausschöpfung der Frist berechtigt ist, eine verfahrensabschließende Erklärung abzugeben. 129

b) Form

§ 102 Abs. 3 BetrVG verweist hinsichtlich der Frist auf § 102 Abs. 2 S. 1 BetrVG. Nach einhelliger Auffassung gilt diese **Verweisung** ebenfalls für das **Erfordernis** der **Schriftform**, 130

131 Vgl. Ascheid/Preis/Schmidt/*Koch*, § 102 BetrVG Rn 130.
132 Vgl. BAG v. 14.8.1986, AP Nr. 43 zu § 102 BetrVG 1972.

denn wenn bereits für die Äußerung jedweder Bedenken Schriftform erforderlich ist, muss dies erst recht für den „rechtlich gravierenderen" Widerspruch des Betriebsrats gelten. Dies bedeutet, dass der Widerspruch nach § 102 Abs. 3 i.V.m. § 102 Abs. 2 S. 1 BetrVG dem Arbeitgeber gegenüber schriftlich zu erklären ist. Der Betriebsratsvorsitzende oder ein entsprechend bevollmächtigtes Mitglied bzw. in Vertretungsfällen dessen Stellvertreter muss die Erklärung also eigenhändig unterzeichnen (vgl. § 126 BGB). Nach umstrittener Auffassung soll zur Wahrung der Schriftform i.S.d. § 102 Abs. 2 S. 1 BetrVG auch eine Erklärung per **Telefax** ausreichen.[133] Das BAG hat im Zusammenhang mit der Erklärung der Zustimmungsverweigerung des Betriebsrats gem. § 99 BetrVG entschieden, dass dort die Erklärung per **Textform gem. § 126b BGB**/Telefax zureichend ist.[134]

131 Die Stellungnahme des Betriebsrats sollte auch eindeutig als **Widerspruch gekennzeichnet** werden, um zu vermeiden, dass sie entweder vom Arbeitgeber oder vom Arbeitnehmer lediglich als „Äußerung von Bedenken" gewertet wird. Im Zusammenhang mit der Beschlussfassung durch den Betriebsrat ist zu beachten, dass Voraussetzung für die Wirksamkeit des Widerspruchs die Ordnungsgemäßheit der Beschlussfassung ist. Der Grundsatz, dass Fehler des Betriebsrats während des Anhörungsverfahrens die Kündigung nicht unwirksam machen, beruht auf entsprechenden Vertrauensschutzerwägungen zugunsten des Arbeitgebers hinsichtlich des Abschlusses des Anhörungsverfahrens. Liegt (objektiv) **kein ordnungsgemäßer Betriebsratsbeschluss vor, ist der Widerspruch unwirksam.**

132 Der **Widerspruch** des Betriebsrats ist auch zu **konkretisieren** und zu **substantiieren**. Insbesondere reicht es für einen ordnungsgemäßen Widerspruch nicht aus, dass der Betriebsrat den Gesetzeswortlaut wiederholt oder sich in Allgemeinfloskeln („offensichtlich unbegründet"; „nichtig"; „nicht überzeugend") ergeht. Es muss nach den am konkreten Fall orientierten Argumenten des Betriebsrats möglich sein, dass der vom Betriebsrat geltend gemachte Widerspruchsgrund vorliegt.

c) Inhalt

133 Der Betriebsrat muss sich bei dem Widerspruch auf einen der in § 102 Abs. 3 BetrVG **abschließend** aufgezählten **Widerspruchsgründe** berufen.

aa) Soziale Gesichtspunkte

134 Der Betriebsrat kann nach § 102 Abs. 3 Nr. 1 BetrVG widersprechen, wenn der Arbeitgeber bei der Auswahl des zu kündigenden Arbeitnehmers **soziale Gesichtspunkte** nicht oder nicht genügend berücksichtigt hat. Daher kommt dieser Widerspruchsgrund auch nur in Betracht, wenn es um eine betriebsbedingte Kündigung geht. Hierbei ist ein Vergleich nur mit den Arbeitnehmern des betroffenen Betriebs vorzunehmen. Die Vorschrift knüpft an § 1 Abs. 3 KSchG an. Da nach dieser Vorschrift bei der Sozialauswahl auf die Dauer der Betriebszugehörigkeit, das Lebensalter, die Unterhaltspflichten und die Schwerbehinderung des Arbeitnehmers abgestellt wird, kann der Betriebsrat seinen Widerspruch nur auf die Nichtbeachtung bzw. nicht ausreichende Beachtung dieser gesetzlich genannten Kriterien stützen. Der Betriebsrat kann ferner geltend machen, dass die Herausnahme von Mitarbeitern, deren Weiterbeschäftigung insbesondere wegen derer Kenntnisse, Fähigkeiten und Leistungen oder zur Sicherung einer ausgewogenen Personalstruktur im berechtigten betrieblichen Interesse lie-

133 Vgl. KR/*Etzel*, § 102 Rn 142 m.w.N.

134 Vgl. BAG v. 11.6.2002, DB 2003, 160; BAG v. 9.12.2008, NZA 2009, 627; BAG v. 10.3.2009, NZA 2009, 622.

ge, fehlerhaft war, da dies Bestandteil der Sozialauswahl nach § 1 Abs. 3 KSchG ist. Der Betriebsrat ist gehalten, die Gründe, die er aus sozialen Gesichtspunkten geltend machen will, auf den Fall bezogen substantiiert zu **konkretisieren.**[135]

bb) Verstoß gegen Auswahlrichtlinie

Nach § 102 Abs. 3 Nr. 2 BetrVG kann der Betriebsrat den Widerspruch darauf stützen, dass **135**
die Kündigung gegen eine **Auswahlrichtlinie** nach § 95 BetrVG verstoße. Wenn im Betrieb eine Auswahlrichtlinie besteht, diese auf den Kündigungssachverhalt Anwendung findet und der Arbeitgeber hiervon abweicht, ist der Widerspruch des Betriebsrats begründet. Auch insoweit ist der Betriebsrat verpflichtet, **konkrete Tatsachen** anzugeben, aus denen sich die Möglichkeit eines Verstoßes der beabsichtigten Kündigung gegen die Auswahlrichtlinie ergibt.

cc) Weiterbeschäftigungsmöglichkeit zu gleichen Bedingungen

Der Betriebsrat kann der Kündigung ferner widersprechen, wenn der zu kündigende Arbeit- **136**
nehmer an einem **anderen Arbeitsplatz** im selben Betrieb oder in einem anderen Betrieb des Unternehmens weiterbeschäftigt werden kann. Dieser Widerspruchsgrund entspricht dem in § 1 Abs. 2 S. 2 Nr. 1 KSchG verankerten **Sozialwidrigkeitsgrund**. Es muss sich dabei allerdings um einen **freien Arbeitsplatz** handeln, auf den der Arbeitnehmer kraft **Direktionsrechts** versetzt werden kann.[136] Der Arbeitsplatz muss frei im Rechtssinne sein. Der Arbeitgeber ist nicht verpflichtet, einen Arbeitsplatz zu schaffen oder einen Arbeitsplatz freizumachen. Frei im Rechtssinne sind allerdings auch Arbeitsplätze, die bei Ablauf der Kündigungsfrist frei sein werden bzw. in absehbarer Zeit nach Ablauf der Kündigungsfrist, die einer angemessenen Einarbeitungszeit entspricht, unbesetzt sein werden.[137] Nach dem klaren Wortlaut des Gesetzes muss sich der Arbeitsplatz im Betrieb oder in dem Unternehmen befinden. Anderweitige **Konzernbeschäftigungsmöglichkeiten** sind grundsätzlich nicht zu berücksichtigen.[138] Der Betriebsrat ist dabei verpflichtet, die anderweitige Beschäftigungsmöglichkeit in **bestimmbarer Weise** anzugeben.

dd) Weiterbeschäftigungsmöglichkeit nach Fortbildung oder Umschulung

Der Widerspruch ist schließlich begründet, wenn der Betriebsrat ihn darauf stützen kann, **137**
dass die Weiterbeschäftigung des Arbeitnehmers nach zumutbaren **Umschulungs- oder Fortbildungsmaßnahmen** möglich ist. Die Zumutbarkeit richtet sich daher sowohl nach zeitlichen und finanziellen Kriterien als auch nach den Erfolgsaussichten der Umschulung. Auch muss eine **hinreichende Wahrscheinlichkeit** dafür bestehen, dass zum Zeitpunkt der Beendigung der Maßnahme ein entsprechender Arbeitsplatz frei ist. Dieser Widerspruchsgrund entspricht § 1 Abs. 2 S. 3 KSchG. Es kommt ebenfalls jeder freie Arbeitsplatz in Betracht. Der betroffene Arbeitnehmer soll insoweit sein Einverständnis erklären.[139]

ee) Weiterbeschäftigungsmöglichkeit zu geänderten Bedingungen

Der Betriebsrat kann schließlich gem. § 102 Abs. 3 Nr. 5 BetrVG widersprechen, wenn der **138**
Arbeitnehmer zu **geänderten Bedingungen** weiterbeschäftigt werden kann. In diesem Fall

135 BAG Urt. v. 9.7.2003, NZA 2003, 1191.
136 Richardi/*Richardi/Thüsing*, § 102 Rn 179.
137 Vgl. BAG v. 15.12.1994, AP Nr. 67 zu § 1 KSchG 1969 Betriebsbedingte Kündigung.
138 Vgl. Ascheid/Preis/Schmidt/*Koch*, § 102 BetrVG Rn 197.
139 Vgl. Ascheid/Preis/Schmidt/*Koch*, § 102 BetrVG Rn 202.

muss der **Arbeitnehmer** sein **Einverständnis** hierzu erklären.[140] Dieses Einverständnis muss bei Zugang des Widerspruchs beim Arbeitgeber vorliegen. Es kann sowohl dem Betriebsrat als auch dem Arbeitgeber gegenüber erklärt und mit dem Vorbehalt nach § 2 KSchG erklärt werden. Der Arbeitnehmer kann sein Einverständnis allerdings mit der Erklärung verbinden, dass die vorgeschlagene Vertragsänderung einer gerichtlichen Nachprüfung auf ihre soziale Rechtfertigung standhält. Der Betriebsrat hat bei dem Widerspruch konkret die aus seiner Sicht abzuändernden Vertragsbedingungen aufzuzeigen sowie darzulegen, in welchem Bereich des Betriebs oder Unternehmens ein freier Arbeitsplatz gegeben ist und dass der Arbeitnehmer mit einer entsprechenden Verwendung einverstanden ist.

d) Änderungskündigung

139 Das Recht des Betriebsrats zu widersprechen, besteht grundsätzlich auch bei einer Änderungskündigung. Hierbei ist jedoch zu beachten, dass der Widerspruch dann, wenn der Arbeitnehmer das in der Änderungskündigung enthaltene Angebot zur Fortsetzung des Arbeitsverhältnisses zu geänderten Arbeitsbedingungen unter dem **Vorbehalt** des § 2 KSchG angenommen hat, für den Arbeitnehmer kein Anspruch auf vorläufige Weiterbeschäftigung gem. § 102 Abs. 5 BetrVG bis zum rechtskräftigen Abschluss des Kündigungsrechtsstreits zu unveränderten Arbeitsbedingungen entsteht.

140 Etwas anderes gilt dann, wenn der Arbeitnehmer das Änderungsangebot des Arbeitgebers abgelehnt hat, so dass die Änderungskündigung die Rechtswirkung einer Beendigungskündigung hat.

e) Außerordentliche Kündigung

141 Beabsichtigt der Arbeitgeber, einem Arbeitnehmer **außerordentlich** zu kündigen, ist ein Widerspruch des Betriebsrats grundsätzlich nicht möglich, da das Gesetz die Möglichkeit eines Widerspruchs ausdrücklich auf die Fälle einer ordentlichen Kündigung beschränkt. Eine **Ausnahme** gilt insoweit nur für den Fall der außerordentlichen Kündigung mit einer der ordentlichen Kündigungsfrist entsprechenden Auslauffrist bei Arbeitnehmern, denen gegenüber eine ordentliche Kündigung ausgeschlossen ist. Die Kündigung eines **ordentlich nicht kündbaren Arbeitnehmers** entspricht hinsichtlich des Anhörungsverfahrens nach § 102 BetrVG der Beteiligung wie bei dem Ausspruch einer ordentlichen Kündigung, so dass der Arbeitgeber dem Betriebsrat in diesen Fällen die einwöchige Frist gem. § 102 Abs. 2 S. 1 BetrVG einzuräumen hat.[141]

142 *Formulierungsbeispiel*

-GmbH

z.H. Herrn

Anhörungsverfahren zur beabsichtigten Kündigung gegenüber Herrn/Frau

Stellungnahme des Betriebsrats (Widerspruch und Bedenken)

Sehr geehrter Herr ,

hiermit teile ich Ihnen mit, dass der Betriebsrat am beschlossen hat, Widerspruch gegen die beabsichtigte Kündigung zu erheben. Zur Begründung des Widerspruchs be-

140 Vgl. Ascheid/Preis/Schmidt/*Koch*, § 102 BetrVG Rn 203.

141 BAG v. 18.10.2000, NZA 2001, 219; BAG v. 12.1.2006, AP Nr. 13 zu § 626 BGB Krankheit.

ruft sich der Betriebsrat auf den Widerspruchsgrund des § 102 Abs. 3 Nr. 1 und § 102 Abs. 3 Nr. 5 BetrVG. Im Einzelnen begründen wir den Widerspruch wie folgt:
Darüber hinaus hat der Betriebsrat beschlossen, gegenüber der beabsichtigten Kündigung Bedenken zu erheben.
Unsere Bedenken tragen wir wie folgt vor:

(Unterschrift Betriebsratsvorsitzender)

f) Rechtsfolgen des Widerspruchs

Wenn der Betriebsrat der Kündigung nach § 102 Abs. 3 BetrVG **ordnungsgemäß wider-** 143
sprochen hat, ist der Arbeitgeber gem. § 102 Abs. 4 BetrVG verpflichtet, dem Arbeitnehmer mit der Kündigung eine **Abschrift der Stellungnahme** des Betriebsrats zuzuleiten. Da das Gesetz ausdrücklich von Stellungnahme spricht, beschränkt sich die Zuleitungspflicht des Arbeitgebers nicht auf einen etwaigen Widerspruchstext, sondern umfasst auch vom Betriebsrat gem. § 102 Abs. 2 S. 1 BetrVG ggf. geäußerte Bedenken. Ein Verstoß gegen § 102 Abs. 4 BetrVG führt nicht zur Unwirksamkeit der gleichwohl ausgesprochenen Kündigung.

Praxishinweis 144
Der Widerspruch des Betriebsrats führt nicht dazu, dass der Arbeitgeber die Kündigung nicht aussprechen darf. Der Arbeitgeber ist nach wie vor frei, die beabsichtigte Kündigung auszusprechen.

Zweite Rechtsfolge des ordnungsgemäßen Widerspruchs des Betriebsrats ist ferner das **Ent-** 145
stehen eines **Weiterbeschäftigungsanspruchs** zugunsten des Arbeitnehmers nach § 102 Abs. 5 S. 1 BetrVG bei Vorliegen der im Einzelnen in § 13 (vgl. § 13 Rn 4 ff.) erörterten weiteren Voraussetzungen.

Dritte Rechtsfolge des ordnungsgemäßen Widerspruchs des Betriebsrats ist das **Entstehen** 146
eines **absoluten Sozialwidrigkeitsgrunds** gem. § 1 Abs. 2 S. 2 Nr. 1 und § 1 Abs. 2 S. 3 KSchG mit der Folge, dass die entsprechende Kündigung sozial ungerechtfertigt ist.

g) Checkliste

- Liegt ein Widerspruch des Betriebsrats vor? 147
- Ist der Widerspruch fristgerecht erfolgt?
- Ist der Widerspruch schriftlich erfolgt?
- Ist der Widerspruch inhaltlich konkretisiert erfolgt?
- Zuleitung der Stellungnahme des Betriebsrats an den Arbeitnehmer.

9. Die Kündigung nach Verfahrensabschluss

Ist das Verfahren durch Zustimmung, Fristablauf oder Zugang einer abschließenden Stel- 148
lungnahme/Reaktion des Betriebsrats abgeschlossen, kann der Arbeitgeber die beabsichtigte Kündigung aussprechen. Die Kündigung ist ausgesprochen, wenn das Kündigungsschreiben den Machtbereich des Arbeitgebers derart verlassen hat, dass er keinen Einfluss mehr auf die Zustellung hat.[142] Steht der Ausspruch der Kündigung im Zusammenhang mit einem

142 BAG v. 8.4.2003, NZA 2003, 961.

nach **§§ 111, 112 BetrVG** durchzuführenden Interessenausgleichsverfahren, dann kann der Arbeitgeber die Kündigung gleichwohl aussprechen. Zwar verletzt er damit die Rechte des Betriebsrats nach § 112 BetrVG. Die **Sanktion** hierfür ist jedoch in **§ 113 BetrVG** abschließend geregelt; die Kündigung ist allein deshalb nicht unwirksam.

10. Mängel des Anhörungsverfahrens

149 Während des Anhörungsverfahrens können Fehler sowohl durch den Arbeitgeber als auch durch den Betriebsrat gemacht werden. Nach der Rspr. des BAG steht ein **Fehler** des **Arbeitgebers**, begangen bei der Einleitung, Durchführung und beim Abschluss des Verfahrens der Nichtanhörung gleich mit der Folge, dass die Kündigung nach § 102 Abs. 1 S. 3 BetrVG (analog) ebenfalls betriebsverfassungsrechtlich unwirksam ist.[143]

150 Begeht der Arbeitgeber den Fehler, den Betriebsrat **nicht anzuhören** oder den **falschen Betriebsrat** anzuhören, führt dies zwingend zur betriebsverfassungsrechtlichen Unwirksamkeit der Kündigung nach § 102 Abs. 1 S. 2 BetrVG.

151 Mängel bei der Einleitung des Verfahrens, insbesondere Fehler durch nicht ordnungsgemäße Erfüllung der gebotenen Mitteilungspflichten des Arbeitgebers, gehen ebenfalls zu Lasten des Arbeitgebers. Die Kündigung ist unwirksam gem. § 102 Abs. 1 S. 3 BetrVG, es sei denn, in der Beschränkung der Informationsgabe ist „nur" eine **subjektive Determination** der Kündigungsgründe zu sehen.

152 Hat der Arbeitgeber das Anhörungsverfahren ordnungsgemäß eingeleitet, dann sind **interne Willensbildungsmängel** des **Betriebsrats** unerheblich, es sei denn, diese wären durch ein unsachgemäßes Verhalten des Arbeitgebers veranlasst worden. Nach der zutreffenden Rspr. des BAG ist der Arbeitgeber nicht verpflichtet, sich zu vergewissern, ob die Erklärung des Betriebsratsvorsitzenden sachlich und prozedual richtig ist.[144] Dies gilt grundsätzlich auch dann, wenn der Arbeitgeber weiß oder vermuten kann, dass das Verfahren des Betriebsrats nicht fehlerfrei verlaufen ist.[145] Zu den Fehlern, die danach die Ordnungsgemäßheit des Anhörungsverfahrens nicht berühren, gehören z.B. die **fehlerhafte Besetzung** des Betriebsrats bei der Beschlussfassung oder die Entscheidung im **Umlaufverfahren**.[146]

153 Etwas anderes gilt dann, wenn für den Arbeitgeber z.B. **offenkundig** ist, dass der Betriebsratsvorsitzende wegen der Kürze der Zeit ein ordnungsgemäßes Betriebsratsverfahren nicht durchführen konnte oder wenn der **Arbeitgeber** durch sein **unsachgemäßes Verhalten** Mängel bei der Beteiligung des Betriebsrats veranlasst, z.B. wenn er die gesetzliche Anhörungsfrist für den Betriebsrat einseitig verkürzt und dies ursächlich für eine fehlerhafte Beschlussfassung des Betriebsrats ist.[147] Soweit allerdings die Stellungnahme zur Kündigung von dem einzelnen Betriebsratsmitglied abgegeben wird und dem Arbeitgeber positiv bekannt ist, dass sich der Betriebsrat mit der Kündigung noch nicht befasst hat, ist das Anhörungsverfahren nach § 102 Abs. 1 BetrVG nicht vollzogen. Es handelt sich dann bei der Erklärung des Betriebsratsvorsitzenden nicht um die Mitteilung einer Stellungnahme des Betriebsrats, sondern um die persönliche Stellungnahme, die das Anhörungsverfahren nicht abschließt. Eine

143 Vgl. u.a. BAG v. 16.9.1993, AP Nr. 62 zu § 102 BetrVG 1972.
144 BAG v. 15.11.1995, AP Nr. 73 zu § 102 BetrVG 1972 = NZA 1996, 419.
145 BAG v. 2.4.1976, AP Nr. 9 zu § 102 BetrVG 1972.
146 KR/*Etzel*, § 102 BetrVG Rn 116.
147 BAG v. 15.11.1995, AP Nr. 73 zu § 102 BetrVG 1972 = NZA 1996, 419.

gleichwohl in Kenntnis dieses Umstands ausgesprochene Kündigung ist unwirksam.[148] Wenn der Arbeitgeber, der positiv weiß, dass die Beschlussfassung des Betriebsrats ohne Unterrichtung sämtlicher Mitglieder erfolgt ist, allerdings erst nach Ablauf der Frist des § 102 Abs. 2 S. 3 BetrVG kündigt, soll die Kenntnis dieses Mangels hingegen nicht zur Unwirksamkeit der Kündigung nach § 102 Abs. 1 BetrVG führen.[149]

In einer Entscheidung vom 24.6.2004[150] hat das BAG diese Grundsätze bestätigt und präzisiert. Danach liegt eine Verletzung von § 102 Abs. 1 BetrVG nur vor, wenn dem Arbeitgeber bei der ihm obliegenden Einleitung des Beteiligungsverfahrens ein Fehler unterläuft. Mängel, die im Verantwortungsbereich des Betriebsrats entstehen, führen danach grundsätzlich nicht zur Unwirksamkeit der Kündigung. Dies gilt selbst dann, wenn der Arbeitgeber im Kündigungszeitpunkt weiß oder erkennen kann, dass der Betriebsrat die Angelegenheit nicht fehlerfrei behandelt hat. Mögliche Mängel bei der Beschlussfassung des Betriebsrats, beispielsweise eine fehlerhafte Besetzung des Betriebsrats, berühren deshalb grundsätzlich die Ordnungsgemäßheit des Anhörungsverfahrens nach § 102 Abs. 1 BetrVG nicht. Etwas anderes kann nach Auffassung des BAG nur dann gelten, wenn der Arbeitgeber den Fehler bei der Willensbildung des Betriebsrats durch unsachgemäßes Verhalten selbst veranlasst bzw. beeinflusst hat.[151] **154**

Kündigt der Arbeitgeber **vor** einer **Stellungnahme** des Betriebsrats, die das Anhörungsverfahren abschließt, oder **vor Fristablauf**, dann ist die vorzeitig ausgesprochene Kündigung gem. § 102 Abs. 1 S. 3 BetrVG (analog) unwirksam. Mängel bei Abschluss des Verfahrens gehen also regelmäßig zu Lasten des Arbeitgebers. In diesem Zusammenhang hat das BAG entschieden,[152] dass die Kündigung nicht vor Ablauf der Anhörungsfrist ausgesprochen ist, wenn der Arbeitgeber am letzten Tag der Anhörungsfrist kurz vor Dienstschluss das Kündigungsschreiben einem Kurierdienst übergibt mit dem Auftrag, dieses am nächsten Tag zuzustellen. Zwar könne – so das BAG – der Betriebsrat theoretisch noch am letzten Tag der Anhörungsfrist bis 24.00 Uhr einschl. zu der Kündigungsabsicht Stellung nehmen. Wenn aber der Arbeitgeber sicherstellt, dass er in dem wenig wahrscheinlichen Fall einer nachträglichen Stellungnahme, bezogen auf die Absendung des Schriftstücks, noch reagieren und den Zugang des Kündigungsschreibens verhindern kann, behält der Betriebsrat eine hinreichende Einflussmöglichkeit auf die Entscheidung des Arbeitgebers. Etwas anderes gilt daher dann, wenn der Arbeitgeber durch Absendung oder Übergabe des physischen Schriftstücks keine Zustellungseinflussnahme mehr hat. **155**

Eine **nachträgliche Zustimmung** des Betriebsrats, nachdem die Unwirksamkeit wegen eines Verfahrensmangels bei Einleitung, Durchführung oder Abschluss eingetreten ist, kann die Unwirksamkeit nicht heilen. Der Arbeitgeber muss ggf. nach abermaliger Anhörung erneut kündigen. **156**

Nach der Rspr. des BAG muss der Arbeitgeber den Betriebsrat ebenfalls **erneut anhören**, wenn er erst längere Zeit nach Anhörung des Betriebsrats die Kündigung ausspricht und der Kündigungssachverhalt sich inzwischen geändert hat.[153] **157**

148 BAG v. 15.11.1995, AP Nr. 73 zu § 102 BetrVG 1972 = NZA 1996, 419.
149 Vgl. LAG Köln v. 14.12.1995, NZA-RR 1996, 376 (str.).
150 BAG v. 24.6.2004, NZA 2004, 1330.
151 BAG v. 24.6.2004, NZA 2004, 1330; vgl. auch BAG v. 16.1.2003, NZA 2003, 927.
152 BAG v. 8.4.2003, NZA 2003, 961.
153 BAG v. 11.10.1989, AP Nr. 55 zu § 102 BetrVG 1972.

11. Rechtsfolgen der Mängel des Anhörungsverfahrens

158 Ist das Anhörungsverfahren nicht oder nicht ordnungsgemäß durchgeführt, führt dies zur **Unwirksamkeit** der **Kündigung** gem. § 102 Abs. 1 S. 3 BetrVG. Sind dem Betriebsrat bestimmte Gründe nicht oder nicht ordnungsgemäß mitgeteilt worden, führt dies unter der Voraussetzung, dass sich der Arbeitnehmer im Kündigungsschutzprozess hierauf beruft, zu einem **Verwertungsverbot** hinsichtlich der nicht bzw. nicht ordnungsgemäß mitgeteilten Gründe. Die betriebsverfassungsrechtliche Unwirksamkeit nach § 102 Abs. 1 S. 3 BetrVG führt nach h.M. weiter dazu, dass der Arbeitgeber im Kündigungsschutzprozess **keinen Auflösungsantrag** nach § 9 KSchG stellen kann.[154]

a) Verstoß gegen BetrVG

159 Unterlässt der Arbeitgeber in Kenntnis des Beteiligungsrechts des Betriebsrats bewusst die Anhörung im Zusammenhang mit beabsichtigten Kündigungen, dann stellt dies einen **betriebsverfassungsrechtlichen Verstoß** dar, an den sich unter den weiteren Voraussetzungen des § 23 BetrVG entsprechende **betriebsverfassungsrechtliche Sanktionen** anknüpfen können. Auch kommt dann, wenn der betriebsverfassungsrechtliche Verstoß im Hinblick auf konkret bevorstehende Kündigungen erkennbar ist, ein **Unterlassungsanspruch** des **Betriebsrats** gegenüber dem Arbeitgeber in Betracht, weil der Arbeitgeber bei beabsichtigter Nichtbeteiligung den betriebsverfassungsrechtlichen Anspruch des Betriebsrats auf Mitwirkung bei Kündigungen verletzt.

160 Der Betriebsrat ist allerdings nicht berechtigt, ohne weiteren betriebsverfassungsrechtlichen Anlass (konkret bevorstehende rechtsunwirksame Kündigungen) die Unwirksamkeit der Kündigung gerichtlich feststellen zu lassen. Hierzu fehlt es am **Rechtsschutzbedürfnis**. Die Unwirksamkeitsrechtsfolge der Kündigung, also den Fortbestand des Arbeitsverhältnisses, geltend zu machen, ist Angelegenheit des Arbeitnehmers, nicht des Betriebsrats.

b) Unwirksamkeit der Kündigung an sich

161 Hat der Arbeitgeber es unterlassen, den Betriebsrat anzuhören, oder hat er die Kündigung ausgesprochen, bevor das Anhörungsverfahren abgeschlossen war, ist die Kündigung aus betriebsverfassungsrechtlichen Gründen unwirksam (vgl. § 102 Abs. 1 S. 3 BetrVG). Will der Arbeitnehmer sich auf die **Unwirksamkeit** nach § 102 Abs. 1 S. 3 BetrVG **berufen**, dann muss er nach **§ 4 S. 1 KSchG** innerhalb von **drei Wochen** nach Zugang der schriftlichen Kündigung Klage beim ArbG auf Feststellung erheben, dass das Arbeitsverhältnis durch die Kündigung nicht aufgelöst ist. Unterlässt der Arbeitnehmer dies, dann gilt die **Kündigung** nach § 7 KSchG als von Anfang an **rechtswirksam**. Dem Arbeitnehmer ist es ab diesem Zeitraum verwehrt, sich im Kündigungsschutzprozess auf die betriebsverfassungsrechtliche Unwirksamkeit der Kündigung zu berufen. Eine Ausnahme besteht nur dann, wenn der Arbeitnehmer innerhalb der Drei-Wochen-Frist des § 4 KSchG Kündigungsschutzklage erhoben hat und dabei andere Unwirksamkeitsgründe (z.B. Gründe, die die Kündigung sozial ungerechtfertigt machen) vorgetragen hat. Dann kann er sich bis zum Schluss der mündlichen Verhandlung in der I. Instanz zur Begründung der Unwirksamkeit der Kündigung auch auf innerhalb der Klagefrist des § 4 S. 1 KSchG nicht geltend gemachte Gründe (hier also: § 102 Abs. 1 S. 3 BetrVG) berufen. Unterlässt der Arbeitnehmer dies trotz eines Hinweises

154 Vgl. hierzu *Hertzfeld*, NZA 2004, 298; BAG v. 28.8.2008, NZA 2009, 275.

des ArbG nach § 6 S. 2 KSchG, ist die Berufung des Arbeitnehmers auf den Unwirksamkeitsgrund nach § 102 Abs. 1 S. 3 BetrVG endgültig nicht (mehr) möglich.

Nimmt man an, dass der Arbeitnehmer sich innerhalb der Drei-Wochen-Frist des § 4 KSchG oder – nach § 6 KSchG – bis zum Schluss der mündlichen Verhandlung I. Instanz prozessual auf die Unwirksamkeit berufen will, ist es hierfür erforderlich, dass der **Arbeitnehmer** sich im Kündigungsschutzprozess zur Frage der **Betriebsratsanhörung** ausdrücklich **äußert**. Tut er das nicht, hat der Arbeitgeber keine Veranlassung, seinerseits zu diesem Themenkreis Stellung zu nehmen.[155] Eine Prüfung von Amts wegen findet nicht statt. Will der Arbeitnehmer also die Unwirksamkeit rügen, dann hat er **substantiiert** zur Frage der Betriebsratsanhörung **vorzutragen**. Insoweit genügt es zunächst, wenn der Arbeitnehmer nähere Umstände nicht kennt, dass er ohne nähere Substantiierung behauptet, dass ein Betriebsrat besteht und der Betriebsrat nicht oder nicht ordnungsgemäß angehört worden sei.[156] Hat sich der Arbeitgeber bereits geäußert, etwa durch den simplen Satz: „Der Betriebsrat wurde angehört“, genügt für den Arbeitnehmer, wenn er nähere Umstände nicht kennt, insoweit das **Bestreiten** mit Nichtwissen.[157] 162

Sind dem Arbeitnehmer allerdings nähere Umstände der Betriebsratsanhörung bekannt, etwa weil der Betriebsrat den Arbeitnehmer informiert hat oder der Arbeitgeber sein Anhörungsschreiben und die Stellungnahme des Betriebsrats dem Arbeitnehmer übermittelt hat, dann ist der Arbeitnehmer prozessual verpflichtet, seinen Kenntnisstand substantiiert darzulegen. In diesen Fällen hat der Arbeitgeber nun wiederum seinerseits in Abhängigkeit von dem Substantiierungsgrad des Arbeitnehmers im Einzelnen vorzutragen, dass und in welcher Weise die Anhörung stattgefunden hat, wann, wer und von wem der Betriebsrat unterrichtet worden ist und welche Informationen wem, wann und wie erteilt worden sind. Wenn sich der Arbeitgeber in diesem Sinne substantiiert und vollständig zur Anhörung des Betriebsrats äußert, dann ist es wiederum Angelegenheit des Arbeitnehmers, seinerseits substantiiert dazu Stellung zu nehmen, inwieweit das Vorbringen des Arbeitgebers unzutreffend ist.[158] Der Arbeitnehmer darf sich nach einem entsprechenden Prozessvortrag des Arbeitgebers dann nicht mehr darauf beschränken, die ordnungsgemäße Betriebsratsanhörung pauschal mit Nichtwissen zu bestreiten. Der Arbeitnehmer hat vielmehr im Einzelnen zu bezeichnen, ob er (weiterhin) rügen will, der Betriebsrat sei entgegen der Behauptung des Arbeitgebers überhaupt nicht angehört worden oder in welchen einzelnen Punkten er die tatsächlichen Erklärungen des Arbeitgebers über die Betriebsratsanhörung für falsch oder die dem Betriebsrat mitgeteilten Tatsachen für unvollständig hält.[159] Unterlässt der Arbeitnehmer eine entsprechend erneute Substantiierung, dann hat der Arbeitgeber die ordnungsgemäße Anhörung, ohne dass es weiterer Ausführungen bedarf, hinreichend dargelegt. Kommt der Arbeitnehmer seinen Substantiierungspflichten hingegen nach, dann ist ergänzender und vertiefender Sachvortrag des Arbeitgebers erforderlich.[160] 163

Seit der **Änderung** des **KSchG** zum 1.1.2004 gilt für alle Klagen, die sich gegen die schriftliche arbeitgeberseitige Kündigung eines Arbeitsverhältnisses richten, unabhängig vom Inhalt der Klagebegründung und damit **auch** für die **allgemeine Feststellungsklage außerhalb** 164

155 Vgl. BAG v. 23.6.1983, AP Nr. 10 zu § 1 KSchG Krankheit.

156 BAG v. 16.3.2000, NZA 2000, 1332; BAG v. 23.6.2005, NZA 2005, 1233.

157 BAG v. 16.3.2000, NZA 2000, 1332; BAG v. 23.6.2005, NZA 2005, 1233; vgl. auch *Mühlhausen*, NZA 2006, 967, und die Erwiderung von *Griebeling*, NZA 2007, 540.

158 Vgl. BAG v. 16.3.2000, NZA 2000, 1332; BAG v. 23.6.2005, NZA 2005, 1233.

159 BAG v. 23.6.2005, NZA 2005, 1233.

160 Vgl. nochmals BAG v. 23.6.2005, NZA 2005, 1233.

des **KSchG**, eine **einheitliche Klagefrist** von drei Wochen. Bedauerlicherweise hat es der Gesetzgeber insoweit unterlassen, sachlich gebotene konsequente Regeln durch Einführung einer allgemeinen materiellen Ausschlussfrist, mindestens aber durch Einführung einer prozessualen Ausschlussfrist auch für sonstige Beendigungstatbestände (z.B. Streitigkeiten im Zusammenhang mit einer Anfechtung) einzuführen.[161] Der eingeführten „Verschärfung" steht die „Erleichterung" im Rahmen von § 6 KSchG gegenüber, wobei allerdings daran gedacht werden muss, dass neben § 6 KSchG unverändert die prozessualen Präklusionsvorschriften der §§ 61a Abs. 5, 67 ArbGG Anwendung finden, nach denen ein verspäteter Sachvortrag unbeachtlich sein kann.[162]

c) Verwertungsverbot („Nachschieben von Gründen")

165 Hat der Arbeitgeber den Betriebsrat vor Ausspruch der Kündigung zwar angehört, zeigt sich jedoch im Rahmen des Kündigungsschutzprozesses, dass die aus der Sicht des Arbeitgebers dem Betriebsrat mitgeteilten Gründe nicht ausreichen, um die objektiven Voraussetzungen des Kündigungsgrunds zu erfüllen, dann greift in Abhängigkeit von der konkreten Einzelfallsituation als Rechtsfolge zu Lasten des Arbeitgebers ein **betriebsverfassungsrechtliches Verwertungsverbot** hinsichtlich „nachzuschiebender" Kündigungsgründe ein. Geht man dabei zunächst davon aus, dass der Arbeitnehmer in Kenntnis der neuen Kündigungsregeln aus Gründen anwaltlicher Vorsorge alle Unwirksamkeitsgründe innerhalb von drei Wochen nach Zugang der schriftlichen Kündigungserklärung, spätestens über § 6 KSchG bis zum Abschluss der mündlichen Verhandlung I. Instanz geltend macht, dann ist im Übrigen hinsichtlich **„nachzuschiebender" Kündigungsgründe** wie folgt zu unterscheiden.

166 Lagen die **Kündigungsgründe vor Zugang** der Kündigungserklärung vor und waren sie dem **Arbeitgeber bekannt**, dann kann der Arbeitgeber sich materiellkündigungsrechtlich hierauf berufen. Die Berufung auf diese Kündigungsgründe scheitert jedoch als Sanktion für die Nichtanhörung des Betriebsrats insoweit aus betriebsverfassungsrechtlichen Gründen daran, dass die Nichtmitteilung vorhandener und bekannter Kündigungsgründe zu einem prozessualen betriebsverfassungsrechtlichen **Verwertungsverbot** führt.[163] Der Arbeitgeber hätte den Betriebsrat anhören müssen, wenn er die Kündigung auch auf vorhandene und bekannte Gründe stützen will. Hat er dies – etwa wegen seiner **subjektiven Determination** – unterlassen, ist er nun gehindert, diese (objektiv vorliegenden Gründe) im Kündigungsprozess zu verwenden, nachzuschieben. Dies sei an einem pointierten Beispiel verdeutlicht.

167 *Beispiel*

Beabsichtigt der Arbeitgeber, einem Arbeitnehmer verhaltensbedingt zu kündigen, und liegen bereits zwei (objektiv richtige und formwirksame) Abmahnungen vor, auf die der Arbeitgeber seinen Kündigungsentschluss deshalb nicht stützen will, weil nach seiner subjektiven Einschätzung der jüngste verschuldete Pflichtverstoß des Arbeitnehmers so gravierend ist, dass dies zwar nicht zur außerordentlichen, aber „nach seiner festen Überzeugung sicher" für eine ordentliche Kündigung „reicht". Daher teilt er bei der Anhörung dem Betriebsrat die Abmahnungen nicht mit, erfüllt im Übrigen aber seine Mitteilungspflichten ordnungsgemäß. Nach Abschluss des Anhörungsverfahrens durch Fristablauf spricht der Arbeitgeber dann die ordentliche fristgerechte Kündigung aus. Im Kündi-

161 Vgl. insoweit auch *Preis*, DB 2004, 70; *Bauer/Krieger*, S. 157; *Peter*, in: Empter/Frick, System Arbeitsmarkt, 2006, 60, 65.

162 Vgl. zu alledem ausführlich *Preis*, DB 2004, 70.

163 St. Rspr., vgl. BAG v. 26.9.1991, AP Nr. 28 zu § 1 KSchG 1969 Krankheit = DB 1992, 2196.

gungsschutzprozess macht der Arbeitnehmer geltend, die Kündigung sei schon deshalb unwirksam, weil er vorher nicht wirksam abgemahnt worden sei. Der Arbeitgeber tritt dieser Behauptung unter Vorlage der beiden Abmahnungen entgegen – und: verliert den Kündigungsschutzprozess.
Der Prozess geht allerdings nicht verloren, weil die Kündigung nach § 102 Abs. 1 S. 3 BetrVG unwirksam ist. Dies ist sie nicht. Unterlässt der Arbeitgeber die Mitteilung der Abmahnungen, weil er diese bei seiner Kündigungsentscheidung nicht berücksichtigt hat, dann scheitert die Kündigung nicht an § 102 Abs. 1 BetrVG, denn die Anhörung erfolgte ordnungsgemäß, da der Arbeitgeber dem Betriebsrat die Gründe mitgeteilt hat, auf die er seine Kündigungsabsicht gegründet hat. Das Problem besteht nur darin, dass es dem Arbeitgeber verwehrt ist, sich im Kündigungsschutzverfahren auf die dem Betriebsrat nicht mitgeteilten Abmahnungen als Wirksamkeitsvoraussetzung für die verhaltensbedingte Kündigung zu berufen. Ist aber nach den Maßstäben des § 1 Abs. 2 KSchG, wie regelmäßig, bei der verhaltensbedingten Kündigung mindestens eine Abmahnung erforderlich, scheitert die Kündigung dann trotz Vorliegen der Abmahnungen daran, dass sich der Arbeitgeber wegen des betriebsverfassungsrechtlichen Verwertungsverbots auf diese Abmahnungen im Kündigungsschutzprozess nicht berufen darf.

Lagen die **Kündigungsgründe**, auf die der Arbeitgeber sich im Kündigungsschutzprozess stützen möchte, **vor Zugang** der Kündigungserklärung **vor**, waren sie dem **Arbeitgeber** zu diesem Zeitpunkt aber **unbekannt**, dann kann der Arbeitgeber sich materiellkündigungsrechtlich zur Begründung der Kündigung auf diese Gründe berufen. Die Berufung auf diese Gründe scheitert aber (zunächst) jedoch wiederum daran, dass der Betriebsrat (bisher) zu diesen Gründen nicht angehört wurde, mit der Folge, dass (zunächst) das betriebsverfassungsrechtliche Verwertungsverbot eingreift. Holt der Arbeitgeber allerdings die (bisher) fehlende Anhörung (jetzt) nach, dann kann er sich nach Abschluss dieser nachgeholten Anhörung auf die (objektiv zum Zeitpunkt des Zugangs der Kündigungserklärung vorliegenden) Gründe (nunmehr) berufen, sie also im Prozess verwerten. 168

Das betriebsverfassungsrechtliche **Verwertungsverbot** greift allerdings dann **nicht** ein, wenn es sich bei den Kündigungsargumenten des Arbeitgebers nicht um „Kündigungsgründe", sondern um **Kündigungserhellungs-**, **Kündigungserläuterungs-** oder **Kündigungskonkretisierungsgründe** handelt. Dann ist der Arbeitgeber weder materiellkündigungsrechtlich noch betriebsverfassungsrechtlich daran gehindert, diese Argumente zur „Erhellung" der im Übrigen argumentativ prozessual wirksam herangezogenen Kündigungsgründe zu verwenden. Dies gilt allerdings dann nicht, wenn die „Kündigungserhellungsgründe" dem bisherigen Vortrag oder Sachverhalt erst das Gewicht eines kündigungsrechtlich erheblichen Grunds verschaffen, den bisherigen Gesamtsachverhalt gleichsam erst über die kündigungsrechtlich erhebliche Schwelle schieben.[164] 169

Zwei „**Ausnahmen**" sind in diesem Zusammenhang zu bedenken. Lagen Kündigungsgründe, auf die der Arbeitgeber sich im Kündigungsschutzprozess zur Rechtfertigung seiner Kündigung stützen möchte, bei Zugang der Kündigungserklärung nicht vor, sondern sind sie erst später entstanden, dann ist der Arbeitgeber schon materiellkündigungsrechtlich gehindert, diese zur Begründung der ausgesprochenen Kündigung zu verwenden, da es nach allg. kündigungsrechtlichen Prinzipien für die Wirksamkeit bzw. Unwirksamkeit der Kündigung auf das Vorliegen von Kündigungsgründen im Zeitpunkt des Zugangs der Kündigungserklärung ankommt. Auf das betriebsverfassungsrechtliche Verwertungsverbot kommt es in diesem 170

164 Vgl. BAG v. 26.9.1991, NZA 1992, 1073.

Fall nicht an. Derartige Kündigungsgründe können nur für eine neue Kündigung mit neuer Betriebsratsanhörung nach § 102 BetrVG zum Anlass genommen werden.

171 Auch folgende Konstellation fällt **nicht** unter das betriebsverfassungsrechtliche **Verwertungsverbot**. Erfährt der Arbeitgeber noch vor Ausspruch der Kündigung von weiteren Kündigungsgründen, die ihm zum Zeitpunkt der Unterrichtung des Betriebsrats nicht bekannt waren, dann ist der Arbeitgeber verpflichtet, in einem solchen Fall bei noch **laufendem Anhörungsverfahren** den Betriebsrat ergänzend zu unterrichten. Ist das **Anhörungsverfahren** bereits **abgeschlossen**, muss der **Betriebsrat** ebenfalls **ergänzend erneut angehört** werden. Da es im ersten Fall zu einer Verlängerung der Frist des § 102 Abs. 2 BetrVG und im zweiten Fall zu einem neuen Fristlauf nach § 102 Abs. 2 BetrVG kommt, bietet es sich an, in diesen Fällen mit dem Betriebsrat konkrete Fristabsprachen zu treffen. Der Arbeitgeber muss hierbei berücksichtigen, dass sich durch derartige ergänzende Anhörungen der Zeitpunkt des Ausspruchs der beabsichtigten Kündigung verzögert, mit der Folge, dass die Frist nach § 626 Abs. 2 BGB abgelaufen sein kann und/oder längere Kündigungsfristen zu berücksichtigen sind. Verfährt der Arbeitgeber entsprechend betriebsverfassungsrechtlich korrekt und spricht die Kündigung erst nach Abschluss des ergänzenden Anhörungsverfahrens aus, dann greift selbstverständlich für diese Kündigungsgründe das betriebsverfassungsrechtliche **Verwertungsverbot** nicht ein.

d) Auflösungsantrag § 9 KSchG

172 Der Arbeitgeber ist nach § 9 Abs. 1 S. 2 KSchG berechtigt, einen Antrag auf **Auflösung** des Arbeitsverhältnisses zu stellen, wenn Gründe vorliegen, die eine den Betriebszwecken dienliche weitere Zusammenarbeit zwischen Arbeitgeber und Arbeitnehmer nicht erwarten lassen. In diesem Zusammenhang stellt sich die Frage, ob ein betriebsverfassungsrechtliches **Verwertungsverbot** für nicht mitgeteilte Kündigungsgründe sich auch auf die Verwendung dieser Gründe als Auflösungsgründe erstreckt. Das BAG hat entschieden, dass dies nicht der Fall ist. Es ist dem Arbeitgeber, der eine entsprechende Auflösung beantragt, prozessual also gestattet, auch solche Kündigungsgründe, die er dem Betriebsrat nicht bzw. nicht richtig mitgeteilt hat, zur **Begründung** des **Auflösungsantrags** zu verwenden.[165]

173 Die weitere Frage, ob der Arbeitgeber mit der **Stellung** des **Auflösungsantrags ausgeschlossen** ist, wenn der Unwirksamkeitsgrund des § 102 Abs. 1 S. 3 BetrVG gegeben ist, wird vom BAG bejaht,[166] so dass dann, wenn die **Kündigung auch aus anderen Gründen als** denen der **Sozialwidrigkeit** (z.B. § 102 Abs. 1 S. 3 BetrVG) **unwirksam** ist, ein arbeitgeberseitiger Auflösungsantrag nicht gestellt werden darf. Dies soll allerdings nur dann gelten, wenn die **anderweitige Unwirksamkeit** Folge eines Verstoßes gegen eine **Schutznorm des Arbeitnehmers** ist, z.B. § 102 BetrVG[167] (zu den Einzelheiten bei Auflösungsanträgen vgl. § 25 Rn 7 ff.).

e) Checkliste

174
- Liegen Anhörungsmängel vor (arbeitgeberseitig; betriebsratsseitig)?
- Liegt Unwirksamkeit vor?

165 BAG v. 10.10.2002, DB 2003, 999.

166 BAG v. 9.10.1979, BAGE 95, 348; BAG v. 27.9.2001, NZA 2002, 1171; BAG v. 10.2.2005, EzA § 174 BGB 2002 Nr. 3; BAG v. 28.8.2008, NZA 2009, 275.

167 Vgl. BAG, a.a.O.; BAG v. 10.11.1994, AP Nr. 24 zu § 9 KSchG 1969.

- Greift das betriebsverfassungsrechtliche Verwertungsgebot?
- Erhebung der prozessual notwendigen Rüge
- Stellung eines Auflösungsantrags (Arbeitgeber/Arbeitnehmer).

III. Die Beteiligung des Betriebsrats bei Kündigungen nach § 102 Abs. 6 BetrVG

§ 102 Abs. 6 BetrVG ermöglicht es den Betriebsparteien zu vereinbaren, dass Kündigungen des Arbeitgebers der **Zustimmung** des **Betriebsrats** bedürfen. Der Abschluss einer entsprechenden Betriebsvereinbarung kann allerdings nicht erzwungen werden, da es sich um einen **Regelungsgegenstand** der **freiwilligen Mitbestimmung** handelt. Die Betriebsvereinbarung kann für alle Arten von Kündigungen abgeschlossen werden. Geschieht dies auch für außerordentliche Kündigungen, muss beachtet werden, dass die für sonderkündigungsgeschützte Personen bestehende gesetzliche Regelung des **§ 103 BetrVG** nicht berührt wird. Ferner ist zu beachten, dass durch eine Betriebsvereinbarung nach § 102 Abs. 6 BetrVG die **Zwei-Wochen-Frist** des **§ 626 Abs. 2 BGB** nicht berührt wird. Der Arbeitgeber muss in diesem Fall – also bei einer außerordentlichen Kündigung – den Betriebsrat so rechtzeitig beteiligen, dass dieser unter Wahrung der gesetzlichen Drei-Tage-Frist zustimmen kann. Verweigert der Betriebsrat unter der Geltung einer entsprechenden Betriebsvereinbarung die Erteilung der Zustimmung, dann muss der Arbeitgeber innerhalb der Zwei-Wochen-Frist des § 626 Abs. 2 BGB die **Einigungsstelle** anrufen und die **Ersetzung** der vom Betriebsrat verweigerten Zustimmung beantragen. Ersetzt der Spruch der Einigungsstelle die verweigerte Zustimmung, dann muss der Arbeitgeber die Kündigung unverzüglich aussprechen. 175

Den Betriebsparteien steht es im Rahmen des § 102 Abs. 6 BetrVG selbstverständlich auch frei, Regelungen oberhalb des Anhörungsverfahrens nach § 102 Abs. 1 BetrVG aber unterhalb der Stufe eines Zustimmungserfordernisses nach § 102 Abs. 6 BetrVG zu treffen. 176

Wenn die Betriebsparteien eine entsprechende Betriebsvereinbarung nach § 102 Abs. 6 BetrVG abgeschlossen haben, bedeutet dies, dass eine Kündigung erst nach Erteilung der Zustimmung durch den Betriebsrat oder nach Ersetzung der Zustimmung des Betriebsrats durch die Einigungsstelle ausgesprochen werden kann. Das betriebsverfassungsrechtliche **Verwertungsverbot** findet in Verfahren nach § 102 Abs. 6 BetrVG **keine (entsprechende) Anwendung** im **Einigungsstellenverfahren**. Der Arbeitgeber ist insoweit nicht präkludiert, sondern kann auch nicht bzw. nicht vollständig mitgeteilte Kündigungsgründe im Einigungsstellenverfahren nachschieben. 177

Da das Zustimmungsverfahren nach § 102 Abs. 6 BetrVG das Anhörungsverfahren nach § 102 Abs. 1 BetrVG ersetzt, besteht für den Betriebsrat auch keine Möglichkeit, einer Kündigung nach § 102 Abs. 3 BetrVG zu widersprechen. Damit kann **kein gesetzlicher Weiterbeschäftigungsanspruch** des Arbeitnehmers nach § 102 Abs. 5 BetrVG entstehen. 178

IV. Die Beteiligung des Betriebsrats nach dem KSchG gem. § 102 Abs. 7 BetrVG

§ 102 Abs. 7 BetrVG bestimmt, dass die Vorschriften über die Beteiligung des Betriebsrats nach dem KSchG unberührt bleiben. Dies bedeutet, dass neben dem Beteiligungstatbestand nach § 102 Abs. 1 oder Abs. 6 BetrVG die kündigungsschutzrechtlichen Beteiligungstatbestände nach **§§ 3 und 17 KSchG** erhalten bleiben. In diesem Zusammenhang ist zu beach- 179 ten, dass die Stellungnahme des Betriebsrats im Anhörungsverfahren nach § 102 BetrVG nicht die Mitteilung nach § 3 KSchG ersetzt. Auch hemmt die Erhebung des Einspruchs des Arbeitnehmers beim Betriebsrat nach § 3 KSchG nicht die Klagefrist nach § 4 KSchG.

V. Die Beteiligung des Betriebsrats nach § 103 BetrVG

180 § 103 BetrVG schützt **Funktionsträger**, insbesondere Mitglieder des **Betriebsrats** und **Wahlbewerber** vor dem Verlust ihrer betriebsverfassungsrechtlichen Stellung durch ungerechtfertigte **außerordentliche Kündigungen** und Versetzungen. Eine **ordentliche Kündigung** ist **grundsätzlich** und für bestimmte Fristen **ausgeschlossen**. Ausnahmen gelten lediglich für den Fall der **Betriebsstilllegung** oder der **Stilllegung** einer **Betriebsabteilung**. Eine außerordentliche Kündigung ist möglich. § 103 Abs. 1 BetrVG verfolgt das gleiche Ziel wie § 15 KSchG. Das Zustimmungserfordernis des § 103 Abs. 1 BetrVG verdrängt in seinem Anwendungsbereich die Pflicht zur Anhörung des Betriebsrats nach § 102 Abs. 1 S. 1 BetrVG. § 102 BetrVG findet jedoch entsprechende Anwendung bezüglich der Anforderungen an die Unterrichtung des Betriebsrats durch den Arbeitgeber. Bei der **Erklärungsfrist** des Betriebsrats findet **§ 102 BetrVG** ebenfalls **entsprechende Anwendung**. Einvernehmen besteht, dass die Zustimmungsfiktion des § 102 Abs. 2 S. 2 BetrVG keine Anwendung findet, da ansonsten der gewollte verstärkte Schutz der betriebsverfassungsrechtlichen Funktionsträger leer liefe.

181 Im Übrigen richtet sich die Frage der **Wirksamkeit** der **außerordentlichen Kündigung** kündigungsschutzrechtlich nach § 626 BGB, wobei im Rahmen der anzustellenden **Interessenabwägung** Belange der Arbeitnehmervertretung, insbesondere des Betriebsrats zu berücksichtigen sind.

182 Zu beachten ist, dass auch in der **Insolvenz** Betriebsratsmitglieder den besonderen Kündigungsschutz nach § 15 KSchG besitzen; sie sind daher nicht in die Sozialauswahl einzubeziehen.[168]

183 Das Erfordernis, die **Zustimmung** des Betriebsrats einzuholen, erstreckt sich auf den Beendigungstatbestand **Kündigung**. Soll das Arbeitsverhältnis eines der nach § 103 Abs. 1 BetrVG geschützten Funktionsträger aus **anderen Gründen**, etwa durch **Aufhebungsvertrag**, enden, ist eine **Beteiligung** nach § 103 Abs. 1 BetrVG **nicht erforderlich**.

184 Da nach **§ 15 Abs. 1, Abs. 3 KSchG** die ordentliche Kündigung der Funktionsträger ausgeschlossen ist, muss es sich bei der Kündigung im Zusammenhang mit § 103 BetrVG um eine **außerordentliche Kündigung** handeln. Das Zustimmungserfordernis gilt dabei nicht nur für **Beendigungskündigungen**, sondern auch für **Änderungskündigungen**.[169] Hält man mit dem BAG eine **außerordentliche Kündigung mit Auslauffrist** bei § 15 KSchG nicht für ausgeschlossen,[170] dann bedarf auch eine derartige Kündigung gem. § 103 Abs. 1 BetrVG der vorherigen **Zustimmung** des Betriebsrats.

185 Als Kündigungsgründe kommen all diejenigen in Betracht, die auch bei nicht sonderkündigungsgeschützten Funktionsträgern gegeben sind, also **verhaltens-, personen- und betriebsbedingte**.

168 Vgl. BAG v. 17.11.2005, NZA 2006, 370.
169 Vgl. BAG v. 6.3.1986, AP Nr. 19 zu § 15 KSchG 1969.
170 Vgl. BAG v. 5.7.1979, AP Nr. 6 zu § 15 KSchG 1969.

Bei der **betriebsbedingten Beendigungskündigung** sind § 15 Abs. 4 und 5 KSchG zu beachten. Nach diesen Vorschriften kann einem **Amtsträger** bzw. **Wahlbewerber** bei **Betriebsstilllegung** oder **Betriebsabteilungsstilllegung** ordentlich gekündigt werden, frühestens zum **Zeitpunkt der Stilllegung**. Ist Derartiges beabsichtigt, dann ist der **Betriebsrat** insoweit lediglich nach § 102 BetrVG anzuhören; eine **Zustimmung** nach **§ 103 S. 1 BetrVG** ist **nicht** erforderlich. Das **Zustimmungserfordernis** ist ebenfalls **nicht** gegeben, wenn eine Kündigung, die nach **§ 15 Abs. 4 und 5 KSchG** als ordentliche Kündigung zulässig ist, nur deshalb als außerordentliche ausgesprochen wird, weil der Betroffene aufgrund tarifvertraglicher Bestimmungen ordentlich unkündbar ist.[171] 186

Liegen diese Ausnahmefälle nicht vor, dann ist auch bei der **außerordentlichen betriebsbedingten Beendigungskündigung** das Zustimmungserfordernis nach § 103 Abs. 1 BetrVG gegeben. 187

In der Praxis kommt es häufiger zu **außerordentlichen betriebsbedingten Änderungskündigungen**. Auch insoweit ist **§ 103 Abs. 1 BetrVG** anzuwenden.[172] 188

Nach der Rechtsprechung des BAG findet eine **teleologische Reduktion des § 103 Abs. 1 BetrVG** im Zusammenhang mit **Massenänderungskündigungen** auch dann **nicht statt**, wenn bei Massenänderungskündigungen außer den Funktionsträgern/Wahlbewerbern weitere Arbeitnehmer betroffen sind. **Auch in diesen Fällen** bleibt es bei der **Anwendbarkeit** des **§ 103 Abs. 1 BetrVG.**[173] 189

Nach herrschender Meinung bedarf es bei einer sog. **Kampfkündigung nicht** der **Zustimmung** des Betriebsrats gem. § 103 Abs. 1 BetrVG. Von einer Kampfkündigung wird immer dann gesprochen, wenn der Arbeitgeber mit einer außerordentlichen Kündigung auf ein rechtswidriges Verhalten des Amtsträgers/Wahlbewerbers im Rahmen eines Arbeitskampfes reagieren will. Der Arbeitgeber muss jedoch gem. § 103 Abs. 2 BetrVG die **Zustimmung der Ersetzung** beim **Arbeitsgericht** beantragen.[174] 190

Zu den **geschützten Personen** i.S.d. § 103 Abs. 1 BetrVG gehören zunächst die dort aufgeführten **Arbeitnehmervertreter**. Erfasst sind aber auch **Mitglieder betriebsübergreifender Vertretungen**, ebenso die Mitglieder von Arbeitnehmervertretungen in gewählten Strukturen gem. § 3 Abs. 1 Nr. 1–3 BetrVG sowie betriebsübergreifende Schwerbehindertenvertreter und **Vertrauenspersonen von Menschen mit Behinderungen** (vgl. § 96 Abs. 3 S. 1 und § 97 Abs. 7 i.V.m. § 96 Abs. 3 S. 1 SGB IX). 191

Ersatzmitglieder genießen den Schutz des § 103 BetrVG, wenn sie endgültig für ein ausgeschiedenes Mitglied nachrücken oder ein zeitweilig verhindertes Mitglied vertreten. Das **stellvertretende Mitglied einer Schwerbehindertenvertretung** ist gem. § 96 Abs. 3 S. 2 SGB IX i.V.m. § 103 BetrVG für die Zeit der Vertretung und ggf. bei der Heranziehung zu bestimmten Aufgaben geschützt. 192

§ 103 BetrVG erfasst auch **Mitglieder des Wahlvorstands** und **Wahlbewerber**. Im Gegensatz zu § 15 Abs. 3a KSchG besteht hingegen **kein Kündigungsschutz für Wahlinitiatoren**, die in § 103 Abs. 1 BetrVG nicht genannt sind. **Bewerber** und **Vorstand** für die **Wahl zur Schwerbehindertenvertretung** sind nach § 94 Abs. 6 S. 2 SGB IX geschützt, wobei vor der außerordentlichen Kündigung eines Arbeitnehmervertreters mit Behinderung **zusätzlich die Zustimmung des Integrationsamts gem. §§ 91, 85 SGB IX** einzuholen ist. 193

171 Vgl. BAG v. 18.9.1997, AP Nr. 35 zu § 103 BetrVG 1972.

172 Vgl. BAG v. 10.2.1999, AP Nr. 42 zu § 15 KSchG 1969.

173 Vgl. BAG v. 7.10.2004, NZA 2005, 156.

174 Vgl. BAG v. 14.2.1978, AP Nr. 57 zu GG Art. 9 Arbeitskampf.

194 **Kandidaten** für ein **Amt** im **Wahlvorstand** sind **keine sondergeschützten** Personen, was sich nach herrschender Meinung aus dem Zusammenhang mit **§ 15 Abs. 3 S. 1 KSchG** ergeben soll. Nach dieser Vorschrift beginnt der Kündigungsschutz für ein Mitglied des Wahlvorstands erst mit dessen Bestellung.

195 Soll ein **Tendenzträger** gekündigt werden, der Arbeitnehmervertreter ist, und soll die Kündigung auf **tendenzbezogene Gründe** gestützt werden, dann soll das Zustimmungserfordernis nach § 103 Abs. 1 BetrVG nicht greifen.

196 **§ 103 BetrVG** gewährt **keinen nachwirkenden Kündigungsschutz**. Die vom Anwendungsbereich erfassten Personen werden **nur geschützt** in ihrer **betriebsverfassungsrechtlichen Stellung**, also sobald und solange sie diese Amtsstellung inne haben, wobei die Mitglieder der Arbeitnehmervertretungen den Schutz für die gesamte Dauer ihrer Mitgliedschaft, also während ihrer Amtszeit, genießen. Die **Amtszeit** beginnt mit der Bekanntgabe des Wahlergebnisses oder, wenn die zuvor gewählte Arbeitnehmervertretung noch im Amt ist, im Anschluss an deren Amtszeit. Mit **Ablauf der Amtszeit** gem. § 24 Nr. 1 BetrVG endet sodann auch der Schutz des § 103 BetrVG. Entsprechendes gilt für Ersatzmitglieder.

197 Bei **Mitgliedern des Wahlvorstands** und bei **Wahlbewerbern** ergeben sich Beginn und Ende des Anwendungsbereichs des § 103 BetrVG aus § 15 Abs. 3 S. 1 KSchG. Danach ist bei Mitgliedern des Wahlvorstands die Bestellung, bei Wahlbewerbern die Aufstellung des Wahlvorschlags für den Schutzbeginn entscheidend, wobei Mitglieder des Wahlvorstands den Schutz des § 103 BetrVG dann nicht genießen, wenn die Bestellung zum Wahlvorstand aufgrund schwerwiegender Verfahrensverstöße nichtig ist.[175] Der Schutz des § 103 BetrVG endet für **Mitglieder des Wahlvorstands** und für **Wahlbewerber** mit Bekanntgabe des Wahlergebnisses.

198 In diesem Zusammenhang kann es zu der Konstellation kommen, dass ein Bewerber bereits gewählt, aber noch nicht im Amt ist, da seine Amtszeit deshalb noch nicht begonnen hat, weil die abzulösende Arbeitnehmervertretung ihrerseits noch im Amt ist. In diesen Fällen ist eine **analoge Anwendung** des **§ 103 BetrVG** geboten, damit ein lückenloser Schutz des ehemaligen, nun gewählten Bewerbers auch vor Amtsantritt gewährleistet ist.

199 Existiert im Betrieb **kein Betriebsrat**, dann bedarf die Durchführung einer Betriebsratswahl gleichwohl des Schutzes gem. § 103 BetrVG. Der Arbeitgeber ist daher verpflichtet, die **gerichtliche Ersetzung der Zustimmung** zu beantragen, wenn einem **Mitglied des Wahlvorstands** bzw. einem **Wahlbewerber** außerordentlich gekündigt werden soll.[176] Zu beachten ist, dass auch dann, wenn die Zahl der Betriebsratsmitglieder nicht mehr der **gesetzlichen Mitgliedszahl** gem. §§ 9, 11 BetrVG entspricht oder ein **Rücktrittsbeschluss** gem. § 13 Abs. 2 Nr. 1 bis 3 BetrVG vorliegt, das Zustimmungsverfahren einzuhalten ist. Im Zweifel führt der bestehende bzw. zurückgetretene Betriebsrat die Geschäfte **gem. § 22 BetrVG** weiter, längstens allerdings bis zum Ablauf der regulären Amtszeit. Sind Betriebsratsmitglieder als Betroffene im Zustimmungsverfahren **im Rechtssinne verhindert** und stehen **Ersatzmitglieder** nicht in entsprechender Anzahl zur Verfügung, nimmt der Restbetriebsrat gem. **§ 22 BetrVG** analog das Mitbestimmungsverfahren wahr.[177]

175 Vgl. BAG v. 29.9.1988, AP Nr. 76 zu § 613a BGB.
176 Vgl. BAG v. 12.8.1976, AP Nr. 2 zu § 15 KSchG 1969.
177 Vgl. BAG v. 16.10.1986, AP Nr. 95 zu § 626 BGB.

Beabsichtigt der Arbeitgeber, **allen Betriebsratsmitgliedern** außerordentlich zu kündigen und sind **keine nachrückenden Ersatzmitglieder** vorhanden, dann ist der Arbeitgeber verpflichtet, unmittelbar die Zustimmung gerichtlich ersetzen zu lassen.[178] 200

Beantragt der Arbeitgeber die **Zustimmung des Betriebsrats**, dann ist er verpflichtet, Kündigungsgründe und -umstände anzugeben. Insoweit ist sowohl hinsichtlich des Zeitpunkts als auch hinsichtlich des **Umfangs** und **Inhalts** der Unterrichtungspflicht auf die Grundsätze bei **§ 102 BetrVG** zu verweisen, die entsprechend Anwendung finden.[179] 201

Das **Zustimmungsverfahren** muss so **rechtzeitig** eingeleitet werden, dass vor Ausspruch der Kündigung die **Zwei-Wochen-Frist** des § 626 Abs. 2 BGB noch gewahrt werden kann. 202

Praxishinweis 203

Das Verfahren zur Beteiligung des Betriebsrats hat wiederum keinen Einfluss auf die Kündigungsfrist des § 626 Abs. 2 BGB. Der Arbeitgeber ist daher gut beraten, dem Betriebsrat eine **angemessene Äußerungsfrist** in analoger Anwendung von § 102 Abs. 3 i.V.m. § 102 Abs. 2 S. 3 BetrVG zu setzen. Äußert sich der Betriebsrat innerhalb der ihm gesetzten Frist nicht, dann gilt sein Schweigen im Rahmen von § 103 BetrVG nicht wie bei § 102 Abs. 2 S. 3 BetrVG als Zustimmung, sondern als **Ablehnung**.
Der Arbeitgeber ist betriebsverfassungsrechtlich nur dann berechtigt, die beabsichtigte Kündigung auszusprechen, wenn der Betriebsrat ausdrücklich zugestimmt hat.

Nach Eingang des arbeitgeberseitigen Antrags ist der Betriebsrat verpflichtet, eine **Betriebsratssitzung** abzuhalten. Zustimmung oder Zustimmungsverweigerung im Zusammenhang mit § 103 BetrVG setzen wie auch im Übrigen einen **Beschluss des Betriebsrats** voraus, wobei die Verfahrensvorschriften der **§§ 26 ff. BetrVG** anzuwenden sind. Die Entscheidung kann einem **Betriebsausschuss** gem. § 27 Abs. 2 S. 2 BetrVG oder einem **besonderen Ausschuss** nach § 28 BetrVG übertragen werden,[180] wobei eine Formulierung „Übertragung aller mitbestimmungsrelevanten Personalmaßnahmen der §§ 99 bis 103 BetrVG" im Übertragungsbeschluss nach Auffassung des BAG hinreichend präzise sein soll.[181] 204

Wenn der Betriebsrat **nicht ordnungsgemäß** im Zusammenhang mit einem arbeitgeberseitigen Antrag nach § 103 BetrVG beschließt, gilt zugunsten des Arbeitgebers der **Grundsatz des Vertrauensschutzes** dann, wenn der Arbeitgeber die Tatsachen nicht kennt oder kennen muss, aus denen die Unwirksamkeit des Beschlusses folgt. Er darf dann auf die **Wirksamkeit** eines **Zustimmungsbeschlusses** vertrauen, wenn ihm der Betriebsratsvorsitzende mitteilt, der Betriebsrat habe die beantragte Zustimmung erteilt; eine **Erkundigungspflicht** des Arbeitgebers besteht **nicht**.[182] 205

Der Betriebsrat ist verpflichtet, eine **abschließende Erklärung** gegenüber dem Arbeitgeber zu verfassen. Solange eine abschließende Zustimmungserklärung nicht vorliegt, etwa, weil der Betriebsrat dem Arbeitgeber mitteilt, er wünsche noch weitere Informationen, dann kann der Arbeitgeber erkennen, dass der Betriebsrat die beabsichtigte Kündigung noch weiter erörtern und sich eine endgültige Entscheidung vorbehalten will. In dieser Situation darf der Arbeitgeber auch dann, wenn der Betriebsratsvorsitzende aufgrund eines entsprechenden Gremiumsbeschlusses mitteilt, der Betriebsrat stimme der Kündigung an sich zu, die **Kündi-** 206

178 Vgl. BAG v. 16.12.1982, AP Nr. 13 zu § 15 KSchG 1969.
179 Vgl. BAG v. 23.4.2008, AP Nr. 56 zu § 103 BetrVG 1972.
180 Vgl. BAG v. 17.3.2005, AP Nr. 4 zu § 27 BetrVG 1972.
181 BAG a.a.O.
182 Vgl. BAG v. 23.8.1984, AP Nr. 17 zu § 103 BetrVG 1972.

gung noch **nicht aussprechen**, da eine abschließende Zustimmungserklärung des Betriebsrats noch nicht vorliegt.[183]

207 Hinsichtlich der **Äußerungsfristen** gelten die Vorschriften des **§ 102 Abs. 2 S. 3 BetrVG** analog, so dass die Zustimmung des Betriebsrats innerhalb von drei Tagen seit Unterrichtung durch den Arbeitgeber vorliegen muss.

208 Die **Zustimmungsfiktion** des § 102 Abs. 2 S. 2 BetrVG **gilt nicht**.

209 Erteilt der Betriebsrat seine Zustimmung nach Ablauf der Frist, ist die Zustimmung auch dann wirksam, wenn bereits das Zustimmungsersetzungsverfahren eingeleitet ist, da der **Betriebsrat** bis zur rechtskräftigen Ersetzung der Zustimmung **Herr des Verfahrens** nach § 103 Abs. 1 BetrVG bleibt.[184] In diesem Fall erledigt sich ein bereits eingeleitetes **gerichtliches Zustimmungsersetzungsverfahren.**[185]

210 Der Betriebsrat hat bei seiner Entscheidung über die beantragte Zustimmung zu prüfen, ob ein **wichtiger Grund** i.S.d. § 626 BGB vorliegt, der die außerordentliche Kündigung auch unter Berücksichtigung von berechtigten Aspekten der betroffenen Arbeitnehmervertretung rechtfertigt. Zu prüfen ist weiterhin, ob die **Ausschlussfrist** des § 626 Abs. 2 BGB eingehalten wurde. Immer dann, wenn diese Voraussetzungen vorliegen, besteht **kein Entscheidungsspielraum** seitens des Betriebsrats. Der **Betriebsrat** ist unter diesen Voraussetzungen zur Erteilung **der Zustimmung verpflichtet**.[186]

211 Wenn der Betriebsrat die Zustimmung ausdrücklich verweigert oder sich nicht innerhalb der entsprechenden Frist geäußert hat, kann der Arbeitgeber im **Beschlussverfahren** nach §§ 2a, 80 ff. ArbGG beim Arbeitsgericht die Ersetzung der Zustimmung beantragen. In diesem Verfahren ist auch der betroffene **Arbeitnehmer** nach § 103 Abs. 2 S. 2 BetrVG **Beteiligter**.

212 Zu beachten ist, dass der **Ersetzungsantrag unzulässig** ist, wenn er vor Ablauf der Äußerungsfrist des Betriebsrats gestellt wird. Der Antrag auf Ersetzung der Zustimmung muss innerhalb der **Zwei-Wochen-Frist** des § 626 Abs. 2 BGB gestellt werden. Die Frist wird durch das Zustimmungsverfahren des Betriebsrats weder unterbrochen noch gehemmt.[187] Wird der Antrag verfristet, dann ist dieser nicht unzulässig, sondern **unbegründet**, da es sich bei **§ 626 Abs. 2 BGB** um eine **materielle Ausschlussfrist** handelt.[188]

213 Das **Arbeitsgericht ersetzt** die **Zustimmung** zur außerordentlichen Kündigung, wenn sie bei Anwendung des Prüfungsmaßstabs des § 626 BGB unter Berücksichtigung aller Umstände gerechtfertigt ist. Hierbei wird auch geprüft, ob der Ersetzungsantrag innerhalb der Zwei-Wochen-Frist nach § 626 Abs. 2 BGB gestellt wurde.

214 Der Arbeitgeber kann auch im Ersetzungsverfahren grundsätzlich **Kündigungsgründe nachschieben**. Dies gilt insbesondere für solche Gründe, die nach der Einleitung des Zustimmungsersetzungsverfahrens entstanden sind. Der Arbeitgeber muss **zuvor** jedoch den **Betriebsrat erneut unterrichtet** und dessen Zustimmung **erfolglos beantragt** haben.[189]

215 Die Kündigung kann erst dann wirksam ausgesprochen werden, wenn die **Ersetzung der Zustimmung rechtskräftig** erfolgt ist. Wenn der Arbeitgeber den Fehler begangen hat, die

183 Vgl. BAG v. 1.12.1977, AP Nr. 11 zu § 103 BetrVG 1972.
184 Vgl. BAG v. 17.9.1981, AP Nr. 14 zu § 103 BetrVG 1972.
185 Vgl. BAG v. 23.6.1993, AP Nr. 2 zu § 83a ArbGG 1979.
186 Vgl. BAG v. 25.3.1976, AP Nr. 6 zu § 103 BetrVG 1972.
187 Vgl. BAG v. 18.8.1977, AP Nr. 10 zu § 103 BetrVG 1972.
188 Vgl. BAG v. 20.3.1975, AP Nr. 2 zu § 103 BetrVG 1972.
189 Vgl. BAG v. 23.4.2008, AP Nr. 56 zu § 103 BetrVG 1972.

Kündigung bereits auszusprechen, bevor die rechtskräftige Ersetzung vorliegt, dann ist diese nichtig. Der Zustimmungsersetzungsantrag ist dann unbegründet.[190]

Wenn der Betriebsrat seine Zustimmung verweigert hat, dann ist der **Arbeitnehmer** bis zur rechtskräftigen Ersetzung der Zustimmung durch das Arbeitsgericht **weiter zu beschäftigen**. Ein ggf. zugunsten des Arbeitgebers bestehendes **Recht zur Freistellung** bleibt hiervon allerdings unberührt. Der Arbeitgeber ist auch berechtigt, seine betriebsverfassungsrechtlichen Funktionen weiter auszuüben. Die bloße Tatsache der Zustimmungsverweigerung bzw. die Einleitung des Zustimmungsersetzungsverfahrens für sich alleine befugt den Arbeitgeber nicht, den Arbeitnehmer bis zum Abschluss des Verfahrens freizustellen. Liegen aber die übrigen Voraussetzungen für eine **wirksame Freistellungserklärung** vor, dann ist diese auch in derartigen Situationen möglich. Der Arbeitnehmer als Mitglied des Betriebsrats ist grundsätzlich auch nicht gehindert, den **Betrieb** zu **betreten**, um sein Amt auszuüben. Etwas anderes gilt nur dann, wenn Gründe für den berechtigten Ausspruch eines Hausverbots vorliegen und dieses **Hausverbot** vom Arbeitgeber auch ausgesprochen wurde und dem Arbeitnehmer zugegangen ist. 216

Nach der Rechtsprechung des BAG ist die **Zustimmung** des Betriebsrats **keine Zustimmung** im Sinne der **§§ 182 ff. BGB**, mit der Folge, dass der Arbeitnehmer die Kündigung daher nicht nach **§ 182 Abs. 3 BGB i.V.m. § 111 S. 2, 3 BGB** zurückweisen kann, weil ihm der Arbeitgeber die vom Betriebsrat erteilte Zustimmung nicht in schriftlicher Form vorgelegt hat.[191] 217

Wenn der Betriebsrat der Kündigung zugestimmt hat oder die Arbeitsgerichtsbarkeit die Zustimmung rechtskräftig ersetzt hat und der Arbeitgeber sodann **unverzüglich** die **außerordentliche Kündigung** ausgesprochen hat, kann sich der Arbeitnehmer gegen die ausgesprochene Kündigung mit der **Kündigungsschutzklage** wehren, wobei allerdings zu berücksichtigen ist, dass die Entscheidung des Arbeitsgerichts im Zustimmungsersetzungsverfahren dem materiellen Kündigungsschutzprozess vorgreift.[192] 218

Praxishinweis 219

Der Arbeitgeber ist verpflichtet, die Kündigung unverzüglich nach rechtskräftiger Ersetzung der Zustimmung auszusprechen. Andernfalls verwirkt das Kündigungsrecht. Die Kündigungsausschlussfrist des § 626 Abs. 2 BGB von zwei Wochen gilt nicht; **unverzüglich** ist hier deutlich kürzer („**sofort**").

Der **Arbeitnehmer** ist daher **gehindert**, sich auf Gesichtspunkte zu stützen, die er im Beschlussverfahren als Beteiligter bereits geltend gemacht hat oder hätte geltend machen können. Insoweit entfaltet eine die **Zustimmung des Betriebsrats** ersetzende rechtskräftige gerichtliche Entscheidung **präjudizielle Wirkung** für das nachfolgende materielle Kündigungsschutzverfahren.[193] Eine **entsprechende Wirkung** entfaltet auch die **Feststellung** des **Arbeitsgerichts**, dass eine außerordentliche Kündigung **nicht** der **Zustimmung** des **Betriebsrats bedarf** mit der Folge, dass sich der Arbeitnehmer nicht darauf berufen kann, dass die Kündigung mangels Zustimmung des Betriebsrats unwirksam sei.[194] 220

Kommt es im Zusammenhang mit dem Sachverhalt, auf den zunächst die außerordentliche Kündigung gestützt wurde, zum Ausspruch einer ordentlichen Kündigung, besteht hingegen **keine Bindungswirkung**.[195] 221

190 Vgl. BAG v. 20.3.1975, AP Nr. 2 zu § 103 BetrVG 1972.
191 Vgl. BAG v. 4.3.2004, AP Nr. 50 zu § 103 BetrVG 1972.
192 Vgl. BAG v. 21.1.1990, AP Nr. 28 zu § 103 BetrVG 1972.
193 Vgl. BAG v. 11.5.2000, AP Nr. 42 zu § 103 BetrVG 1972.
194 Vgl. BAG v. 18.9.1997, AP Nr. 35 zu § 103 BetrVG 1972.
195 Vgl. BAG v. 15.8.2002, AP Nr. 48 zu § 103 BetrVG 1972.

§ 13 Der Weiterbeschäftigungsanspruch des Arbeitnehmers

Dr. Karl-Peter Pühler

Inhalt

Rn

I. Einführung ... 1

II. Der gesetzliche Weiterbeschäftigungsanspruch gem. § 102 Abs. 5 BetrVG/§ 79 Abs. 2 BPersVG ... 3
1. Voraussetzungen des Weiterbeschäftigungsanspruchs gem. § 102 Abs. 5 BetrVG ... 4
   a) Kündigung des Arbeitgebers ... 5
   b) Widerspruch des Betriebsrats ... 7
   c) Erhebung der Kündigungsschutzklage ... 8
   d) Verlangen nach Weiterbeschäftigung ... 9
2. Anspruchsinhalt ... 11
3. Beendigung des Weiterbeschäftigungsanspruches ... 13
   a) Entbindung des Arbeitgebers von der Weiterbeschäftigungspflicht ... 14
      aa) Mangelnde Erfolgsaussicht der Klage ... 15
      bb) Mutwilligkeit der Klage ... 16
      cc) Unzumutbare wirtschaftliche Belastung ... 17
      dd) Offensichtlich unbegründeter Widerspruch des Betriebsrats ... 18
      ee) Verfahren ... 19
   b) Sonstige Beendigungsgründe ... 20
4. Rechtsfolgen der Entbindung und Rückabwicklung ... 23
5. Anspruchsdurchsetzung ... 25
6. Der gesetzliche Weiterbeschäftigungsanspruch gem. § 79 Abs. 2 BPersVG ... 29
7. Checkliste ... 30

Rn

III. Der allgemeine Weiterbeschäftigungsanspruch ... 31
1. Voraussetzungen ... 32
   a) Beendigungstatbestand ... 35
   b) Interessenabwägung ... 36
      aa) Zeitraum nach Ablauf der Kündigungsfrist bis zum ersten der Kündigungsschutzklage stattgebenden Urteil ... 37
      bb) Zeitraum nach stattgebendem Instanzurteil bis zu einem abweisenden Instanzurteil oder bis zum rechtskräftigen Verfahrensabschluss ... 38
      cc) Zeitraum nach klageabweisendem Instanzurteil bis zu einem stattgebenden Urteil oder bis zum rechtskräftigen Verfahrensabschluss ... 40
      dd) Abwägung bei offensichtlich unwirksamer Kündigung ... 41
      ee) Abwägung bei besonderem Beschäftigungsinteresse des Arbeitnehmers ... 42
2. Beendigung des allgemeinen Weiterbeschäftigungsanspruches ... 43
3. Anspruchsinhalt und Rückabwicklung ... 47
   a) Erzwungene Weiterbeschäftigung ... 49
   b) Vereinbarte Weiterbeschäftigung ... 51
4. Anspruchsdurchsetzung ... 54
5. Böswilliges Unterlassen anderweitigen Erwerbs und Schriftform gem. § 14 Abs. 4 TzBfG ... 57
6. Checkliste ... 64

Literatur

Bayreuther, Formlose Weiterbeschäftigung während des Kündigungsrechtsstreits – Grundstein für ein unbefristetes Arbeitsverhältnis?, DB 2003, 1736; **Bengelsdorf**, Die Anwendbarkeit der §§ 14 IV, 21 TzBfG auf die Weiterbeschäftigungsverhältnisse während eines Kündigungsschutzverfahrens, NZA 2005, 277; **Dollmann**, Chancen und Risiken im Umgang mit dem allgemeinen Weiterbeschäftigungsanspruch in Bestandsschutzstreitigkeiten, BB 2003, 2681; **Krause**, Nach der Kündigung: Weiterbeschäftigung, Freistellung, Annahmeverzug, NZA Beilage 1/2005, S. 51; **Reidel**,

Die Einstweilige Verfügung auf (Weiter)Beschäftigung – eine vom Verschwinden bedrohte Rechtsschutzform?, NZA 2000, 454; **Tschöpe**, Weiterbeschäftigung während des Kündigungsrechtsstreits: Neue Trends beim Annahmeverzug des Arbeitgebers, DB 2004, 434.

I. Einführung

1 Dem Arbeitnehmer steht während eines bestehenden Arbeitsverhältnisses ein Anspruch auf Beschäftigung zu. Nach (faktischer) Beendigung des Arbeitsverhältnisses kann sich hieran mit Zugang einer außerordentlichen fristlosen Kündigung oder nach Ablauf der ordentlichen Kündigungsfrist ein Weiterbeschäftigungsanspruch (im Folgenden: WBA) anschließen. Ein WBA besteht längstens bis zu einer **rechtskräftigen Entscheidung** über den Bestand des Arbeitsverhältnisses im Rahmen des gerichtlichen Verfahrens. Wird rechtskräftig entschieden, dass die Kündigung unwirksam war, schließt sich ein Beschäftigungsanspruch an, sofern zwischenzeitlich nicht weitere Beendigungstatbestände wirksam eingetreten sind (z.B. Folgekündigung, Aufhebungsvertrag, Befristungsablauf). Wird die Kündigungsschutzklage abgewiesen, kann es zu **Rückabwicklungen** des Weiterbeschäftigungsverhältnisses kommen.

2 Ein allgemeiner WBA kommt grundsätzlich in Betracht bei einer **offensichtlich unwirksamen Kündigung** im unmittelbaren Anschluss an das Ausscheiden aus dem Betrieb sowie nach einem **obsiegenden Urteil in der I. Instanz** im Rahmen eines Kündigungsschutzverfahrens, unabhängig davon, ob in dem betroffenen Betrieb bzw. der betroffenen Dienststelle ein Betriebsrat oder Personalrat existiert. Ein gesetzlicher WBA kann bei einer ordentlichen Kündigung nach einem form- und fristgerechten Widerspruch des Betriebsrats bzw. Personalrats nach § 102 Abs. 5 S. 2 BetrVG bzw. § 79 Abs. 2 BPersVG gegeben sein, wenn der Arbeitnehmer fristgerecht Kündigungsschutzklage erhebt, sich auf die Sozialwidrigkeit der Kündigung beruft und sein Weiterbeschäftigungsverlangen gegenüber dem Arbeitgeber geltend macht.

II. Der gesetzliche Weiterbeschäftigungsanspruch gem. § 102 Abs. 5 BetrVG/§ 79 Abs. 2 BPersVG

3 § 102 Abs. 5 BetrVG gewährt dem Arbeitnehmer einen Anspruch, bis zum rechtskräftigen Abschluss des Rechtsstreits **zu unveränderten Arbeitsbedingungen** weiterbeschäftigt zu werden. Dieser Anspruch ist unabhängig davon, ob die ausgesprochene Kündigung unwirksam oder wirksam ist. Die Weiterbeschäftigungspflicht besteht auch dann, wenn das Arbeitsgericht die Kündigungsschutzklage abgewiesen hat, aber die Tatbestandsvoraussetzungen des § 102 Abs. 5 BetrVG weiterhin erfüllt sind. Ist eine **offensichtlich wirksame** Kündigung gegeben, kommt eine **Entbindung** des Arbeitgebers von der Verpflichtung zur Weiterbeschäftigung nach § 102 Abs. 5 S. 2 Nr. 1 BetrVG in Betracht. Grundsätzlich setzt der WBA voraus, dass ein **Betriebsrat** auf der Basis einer Wahl amtiert, die nicht nichtig ist. In betriebsratslosen Betrieben oder bei nichtiger Betriebsratswahl ist ein Anspruch gem. § 102 Abs. 5 BetrVG nicht gegeben. Der WBA gilt für Arbeitnehmer i.S.v. § 5 Abs. 1 BetrVG. Für **leitende Angestellte** ist kein gesetzlicher WBA vorgesehen; insbesondere ergibt sich ein solcher nicht aus dem SprAuG.

1. Voraussetzungen des Weiterbeschäftigungsanspruchs gem. § 102 Abs. 5 BetrVG

Der gesetzliche WBA nach § 102 Abs. 5 S. 1 BetrVG setzt voraus, dass eine **ordentliche Arbeitgeberkündigung** ausgesprochen wurde, der Betriebsrat frist- und formgerecht **Widerspruch** erhoben hat und das Arbeitsverhältnis unter das **KSchG** fällt. Ferner ist Voraussetzung, dass der Arbeitnehmer innerhalb der Drei-Wochen-Frist des § 4 KSchG **Kündigungsschutzklage** erhoben hat, dabei geltend macht, dass die Kündigung sozial ungerechtfertigt ist, und seine **Weiterbeschäftigung** gegenüber dem Arbeitgeber **verlangt**. 4

a) Kündigung des Arbeitgebers

Der gesetzliche WBA besteht nur bei einer **ordentlichen Arbeitgeber-Kündigung** des Arbeitsverhältnisses. Kündigt der Arbeitgeber einem tariflich oder vertraglich **unkündbaren** Arbeitnehmer außerordentlich mit einer sozialen Auslauffrist, dann sind für Widerspruch und den WBA nach der Rspr. des BAG § 102 Abs. 3, 5 BetrVG entsprechend anzuwenden.[1] Kündigt der Arbeitgeber das Arbeitsverhältnis **außerordentlich** aus wichtigem Grund nach § 626 Abs. 1 BGB, dann scheidet der Anspruch nach § 102 Abs. 5 BetrVG auch dann aus, wenn vorsorglich zugleich eine ordentliche Kündigung erklärt wird.[2] Anders ist nur dann zu entscheiden, wenn der Arbeitgeber die außerordentliche Kündigung „zurücknimmt", deren Unwirksamkeit durch Teilurteil rechtskräftig festgestellt wird, oder durch eine gerichtliche Entscheidung die Unwirksamkeit der außerordentlichen Kündigung festgestellt wird oder die ausgesprochene außerordentliche Kündigung offensichtlich i.S.d. Rspr. des BAG unwirksam ist.[3] 5

Bei einer **Änderungskündigung** ist hinsichtlich des WBA zu differenzieren. Wenn der Arbeitnehmer das Änderungsangebot nicht fristgerecht annimmt, handelt es sich bei der Änderungskündigung um eine Beendigungskündigung, so dass bei Vorliegen der übrigen tatbestandsmäßigen Voraussetzungen ein WBA besteht.[4] Wenn der Arbeitnehmer das Angebot des Arbeitgebers unter dem Vorbehalt gem. § 2 KSchG annimmt, besteht ein WBA jedenfalls dann nicht, wenn der Arbeitnehmer zu den geänderten Arbeitsbedingungen tätig wird.[5]Anders ist zu entscheiden, wenn der Arbeitgeber den Arbeitnehmer zu den geänderten Bedingungen nicht beschäftigen kann, weil der Betriebsrat der mit einer Änderungskündigung oftmals verbundenen Versetzung (§ 95 Abs. 3 BetrVG) gem. § 99 Abs. 1 BetrVG seine Zustimmung verweigert hat, diese noch nicht ersetzt ist und der Arbeitgeber nicht über § 100 Abs. 1 BetrVG vorgeht. In diesem Fall kommt ein WBA auch bei Annahme des Änderungsangebots unter Vorbehalt in Betracht.[6] Kommt es im weiteren Verlauf zu einer nachträglichen Erteilung der Zustimmung bzw. zur Ersetzung derselben, dann entfällt der WBA. 6

b) Widerspruch des Betriebsrats

Der WBA nach § 102 Abs. 5 BetrVG setzt voraus, dass der **Betriebsrat** der ordentlichen Kündigung frist- und formgerecht **widersprochen** hat. 7

1 BAG v. 5.2.1998, AP Nr. 143 zu § 626 BGB.
2 LAG Hamm v. 18.5.1982, DB 1982, 1679.
3 Vgl. Ascheid/Preis/Schmidt/*Koch*, § 102 BetrVG Rn 186.
4 Vgl. ErfK/*Kania*, § 102 BetrVG Rn 32.
5 BAG v. 18.1.1990, AP Nr. 27 zu § 2 KSchG 1969.
6 Vgl. Ascheid/Preis/Schmidt/*Koch*, § 102 BetrVG Rn 187.

c) Erhebung der Kündigungsschutzklage

8 Voraussetzung des gesetzlichen WBA ist weiterhin, dass neben dem Widerspruch des Betriebsrats der Arbeitnehmer **Kündigungsschutzklage** nach § 4 S. 1 KSchG erhebt. Der Arbeitnehmer muss also unter den **persönlichen Anwendungsbereich** des KSchG fallen und mit der Klage geltend machen, dass das Arbeitsverhältnis durch die Kündigung nicht aufgelöst worden ist, und die Sozialwidrigkeit rügen. Die Geltendmachung anderer Unwirksamkeitsgründe reicht nicht aus. Dies gilt auch nach der Neufassung des § 4 KSchG unter Erweiterung der Drei-Wochen-Frist auf sonstige Unwirksamkeitsgründe der schriftlichen Kündigung, da der Gesetzgeber § 102 Abs. 3 BetrVG unverändert gelassen hat und der gesetzliche WBA auf den dortigen Widerspruchsgründen basiert. Voraussetzung ist auch, dass der **betriebliche Geltungsbereich** des **KSchG** zu bejahen ist. Sind diese Voraussetzungen nicht gegeben, ist der gesetzliche WBA zu verneinen. Rügt der Arbeitnehmer die Sozialwidrigkeit nicht innerhalb der Drei-Wochen-Frist des § 4 S. 1 KSchG, hat der Arbeitnehmer gleichwohl fristgerecht Klage erhoben und holt die Berufung auf die Sozialwidrigkeit über § 6 KSchG Kündigung nach, dann entsteht der WBA erst im Zeitpunkt der Nachholung. Beantragt der Arbeitnehmer die nachträgliche Zulassung einer verspäteten Kündigungsschutzklage über § 5 KSchG, beginnt der WBA frühestens mit Rechtskraft des entsprechend gewährenden Beschlusses.

d) Verlangen nach Weiterbeschäftigung

9 Der gesetzliche WBA erfordert ferner, dass der Arbeitnehmer seine **Weiterbeschäftigung** gegenüber dem Arbeitgeber ausdrücklich **verlangt**. Die Erhebung der Kündigungsschutzklage allein ist insoweit nicht hinreichend. Ebenfalls reicht es nicht aus, seine Arbeitsleistung anzubieten. Der Arbeitnehmer muss vielmehr gegenüber dem Arbeitgeber erklären, dass er nach § 102 Abs. 5 S. 1 BetrVG bis zur rechtskräftigen Entscheidung des Prozesses weiterbeschäftigt werden möchte. Dem Arbeitgeber muss durch das ausdrückliche Weiterbeschäftigungsverlangen die Möglichkeit gegeben werden, sich ggf. auf dem Wege der einstweiligen Verfügung gem. § 102 Abs. 5 S. 2 BetrVG von seiner Verpflichtung zur Weiterbeschäftigung entbinden zu lassen.[7] Das Verlangen nach Weiterbeschäftigung kann grundsätzlich **formlos** geltend gemacht werden. Auch sieht das Gesetz **keine Frist** vor. Es ist aber eine unverzügliche Geltendmachung im Zusammenhang mit der Kündigung und der auslaufenden Kündigungsfrist geboten. Nur dann, wenn die Kündigungsfrist kürzer als die Klagefrist gem. §§ 4, 7 KSchG ist, kann sich der Arbeitnehmer mit der Geltendmachung bis zum Ablauf der Klagefrist Zeit lassen.[8] Nach einer neueren Entscheidung des BAG ist es ausreichend, wenn der Arbeitnehmer das Weiterbeschäftigungsverlangen am ersten Arbeitstag nach Ablauf der Kündigungsfrist äußert.[9]

7 Vgl. Ascheid/Preis/Schmidt/*Koch*, § 102 BetrVG Rn 206.

8 BAG v. 17.6.1999, AP Nr. 11 zu § 102 BetrVG 1972 Weiterbeschäftigung.

9 BAG v. 11.5.2000, AP Nr. 13 zu § 102 BetrVG 1972 Weiterbeschäftigung = NZA 2000, 1055.

Formulierungsbeispiel 10
-GmbH
z.Hd. des Personalleiters Herrn
Verlangen gem. § 102 Abs. 5 BetrVG
Sehr geehrter Herr ,
hiermit mache ich gem. § 102 Abs. 5 BetrVG meinen Anspruch auf vorläufige Weiterbeschäftigung zu vertragsgemäßen Bedingungen bis zum rechtskräftigen Abschluss des Kündigungsverfahrens (Az.:) unter Bezugnahme auf den vom Betriebsrat in seiner Stellungnahme vom gegen die Kündigung vom erhobenen Widerspruch geltend.

2. Anspruchsinhalt

Das gesetzliche Weiterbeschäftigungsverhältnis setzt das bisherige Arbeitsverhältnis **auf-** 11
lösend bedingt durch die rechtskräftige Abweisung der Kündigungsschutzklage fort.[10] Der Arbeitnehmer hat also im gesetzlichen Weiterbeschäftigungszeitraum die Rechte und Pflichten wie im ungekündigten Arbeitsverhältnis. Der WBA geht allerdings nicht weiter als die Rechtspositionen, die der Arbeitnehmer in einem ungekündigten Arbeitsverhältnis hatte. Der Arbeitnehmer soll weder schlechter, aber auch nicht besser gestellt werden. Das **Direktionsrecht** des Arbeitgebers besteht ebenso selbstverständlich fort, wie es auch möglich ist, den Arbeitnehmer unter den allgemeinen Voraussetzungen **freizustellen** und zu **versetzen**.[11] Der Arbeitnehmer ist nach Auffassung des BAG nicht verpflichtet, einen titulierten WBA tatsächlich gegen den Willen des Arbeitgebers durchzusetzen oder von sich aus zur Arbeit zu erscheinen.[12] Nach der Rspr. des BAG hat das Unterlassen auch keine Auswirkungen auf seinen **Verzugslohnanspruch**. Der Verzug wird erst durch die Aufforderung des Arbeitgebers, zur Arbeit zu erscheinen, beendet.[13] Die entsprechende Verpflichtung des Arbeitgebers besteht auch dann fort, wenn die Kündigungsschutzklage zunächst abgewiesen wird, da für den Eintritt des Annahmeverzugs im Rahmen von § 102 Abs. 5 BetrVG kein obsiegendes Urteil des Arbeitnehmers erforderlich ist. Der Arbeitgeber ist daher gehalten zu überprüfen, ob ein **Beendigungstatbestand** vorliegt, insbesondere, ob Entbindungsgründe gem. § 102 Abs. 5 S. 2 BetrVG gegeben sind.

Wenn der Arbeitnehmer hingegen im Rahmen des WBA die Arbeit antritt, kann er sich von 12
dem Weiterbeschäftigungsverhältnis **nicht einseitig lossagen**; auch er ist auf den Ausspruch einer Kündigung beschränkt.[14] Der Arbeitnehmer ist selbstverständlich auch verpflichtet, auf Aufforderung des Arbeitgebers nach erfolgreicher Geltendmachung des WBA tätig zu werden. Eine Arbeitsverweigerung während des Weiterbeschäftigungsverhältnisses begründet ebenso wie im ungekündigten Arbeitsverhältnis eine Pflichtverletzung des Arbeitnehmers, die den Arbeitgeber ggf. zum Ausspruch einer außerordentlich fristlosen/ordentlichen Kündigung berechtigen kann.

10 BAG v. 12.9.1985, NZA 1986, 424 = DB 1986, 752.
11 Vgl. BAG v. 26.10.2004, AP Nr. 41 zu § 99 BetrVG 1972 Versetzung.
12 BAG v. 22.2.2000, AP Nr. 2 zu § 11 KSchG 1969 = NZA 2000, 817.
13 BAG v. 22.2.2000, AP Nr. 2 zu § 11 KSchG 1969 = NZA 2000, 817.
14 Vgl. Ascheid/Preis/Schmidt/*Koch*, § 102 BetrVG Rn 228.

3. Beendigung des Weiterbeschäftigungsanspruches

13 Der WBA des Arbeitnehmers nach § 102 Abs. 5 BetrVG endet entweder durch **gerichtliche Entbindung** des Arbeitgebers von der Verpflichtung zur Weiterbeschäftigung oder aus **sonstigen Gründen**.

a) Entbindung des Arbeitgebers von der Weiterbeschäftigungspflicht

14 Auf Antrag des Arbeitgebers kann das Arbeitsgericht diesen nach § 102 Abs. 5 S. 2 BetrVG durch **einstweilige Verfügung** von der Verpflichtung zur **Weiterbeschäftigung entbinden**. Voraussetzung dafür ist, dass die Klage des Arbeitnehmers keine hinreichende Aussicht auf Erfolg bietet oder mutwillig erscheint oder die Weiterbeschäftigung des Arbeitnehmers zu einer unzumutbaren wirtschaftlichen Belastung des Arbeitgebers führen würde oder der Widerspruch des Betriebsrats offensichtlich unbegründet war. Die gesetzlich benannten Entbindungsgründe sind abschließend.

aa) Mangelnde Erfolgsaussicht der Klage

15 Gem. § 102 Abs. 5 S. 2 Nr. 1 BetrVG kann der Arbeitgeber von der Weiterbeschäftigung entbunden werden, wenn die Kündigungsschutzklage keine Aussicht auf Erfolg bietet. Dies ist der Fall, wenn sie **offensichtlich** oder mit ganz **erheblicher Wahrscheinlichkeit** abgewiesen werden wird. Die Darlegungs- und Beweislast liegt beim Arbeitgeber. Das Arbeitsgericht prüft nicht nur die Widerspruchsgründe des Betriebsrats, sondern auch das gesamte Vorbringen des Arbeitnehmers.

bb) Mutwilligkeit der Klage

16 Eine Entbindung erfolgt ebenfalls, wenn die Klage mutwillig im Rechtssinne ist. Eine Klage ist mutwillig, wenn eine **verständige Partei** ihre Rechte nicht oder nicht in gleicher Weise verfolgen würde.[15] Wegen der weiteren Einzelheiten kann auf die einschlägige Kommentierung zu § 114 ZPO verwiesen werden.

cc) Unzumutbare wirtschaftliche Belastung

17 Der Arbeitgeber ist dann von der Weiterbeschäftigungspflicht zu entbinden, wenn eine unzumutbare wirtschaftliche Belastung zu bejahen ist. Die Belastung muss sehr erheblich sein. In der Praxis dürfte dieser Entbindungsgrund vor allem bei einer Vielzahl gleichgerichteter betriebsbedingter Kündigungen in Betracht kommen.

dd) Offensichtlich unbegründeter Widerspruch des Betriebsrats

18 Die Entbindung des Arbeitgebers findet nach § 102 Abs. 5 S. 2 Nr. 3 BetrVG statt, wenn der Widerspruch des Betriebsrats offensichtlich unbegründet ist; die Unbegründetheit bei unbefangener Betrachtung sich also ohne weiteres aufdrängt.[16] Dies ist z.B. der Fall, wenn ein Verstoß gegen § 95 BetrVG gerügt wird, obwohl keine Auswahlrichtlinien bestehen oder die Rüge mangelnder Sozialauswahl bei einer verhaltensbedingten Kündigung erhoben wird.[17] Der Arbeitgeber muss diesen für die Beurteilung des Gerichts erforderlichen Grund glaubhaft machen. Der Widerspruch des Betriebsrats muss im Zeitpunkt seiner Erhebung offensichtlich unbegrün-

15 Vgl. Zöller/*Philippi*, § 114 Rn 30.

16 Vgl. ArbG Stuttgart v. 5.6.1996, NZA-RR 1997, 260; Ascheid/Preis/Schmidt/*Koch*, § 102 BetrVG Rn 223.

17 Vgl. LAG Düsseldorf v. 2.9.1975, DB 1975, 1995.

det sein. Hat der Betriebsrat einen Widerspruch überhaupt nicht oder nicht ordnungsgemäß begründet, oder ist der Widerspruch verfristet, besteht von vornherein kein WBA.

ee) Verfahren

19 Der Arbeitgeber muss die Entbindung von der Weiterbeschäftigungsverpflichtung durch einen Antrag auf **Einstweilige Verfügung** vor dem Arbeitsgericht geltend machen. Der Antrag ist nicht fristgebunden. Für die Geltendmachung gelten die allgemeinen (prozessualen) Vorschriften, also auch die Regeln über Verzicht und Verwirkung. Das Gericht entscheidet im Urteilsverfahren.[18] Der Arbeitgeber kann auch nach einer rechtskräftigen **Abweisung** des Antrages einen **erneuten Antrag** stellen, wobei der neue Antrag aber nur auf neue Tatsachen gestützt werden kann, die nach der rechtskräftigen ersten Entscheidung entstanden sind. Der Verfügungsanspruch ist durch den Arbeitgeber glaubhaft zu machen. Ein Verfügungsgrund muss in Anbetracht der gesetzlichen Verweisung nicht vorliegen.[19]

b) Sonstige Beendigungsgründe

20 Die Weiterbeschäftigungspflicht entfällt, wenn der Arbeitnehmer die **Drei-Wochen-Frist** des § 4 KSchG **versäumt** oder er seine Klage nur auf **sonstige Unwirksamkeitsgründe** stützt. Nimmt der Arbeitnehmer die **Kündigungsschutzklage zurück** oder stellt er einen **Antrag** nach **§ 9 KSchG** auf Auflösung des Arbeitsverhältnisses, entfällt der WBA ebenfalls. Nach herrschender Meinung genügt das Stellen eines entsprechenden Auflösungsantrags durch den Arbeitgeber nicht, um den WBA entfallen zu lassen.[20]

21 Das kraft Gesetzes entstandene Schuldverhältnis endet ferner mit **Eintritt der Rechtskraft** des Urteils; der Ausspruch einer Kündigung ist nicht erforderlich. Wird die Kündigungsschutzklage des Arbeitnehmers also abgewiesen, dann endet mit Rechtskraft der Entscheidung auch das Weiterbeschäftigungsverhältnis nach § 102 Abs. 5 BetrVG. Hat der Arbeitnehmer gegen eine abweisende Entscheidung **Nichtzulassungsbeschwerde** gem. § 72a ArbGG erhoben, hat die Einlegung der Beschwerde nach § 72a Abs. 4 ArbGG aufschiebende Wirkung. Das Weiterbeschäftigungsverhältnis endet dann erst mit Zustellung einer abweisenden Entscheidung des BAG.[21]

22 Eine Beendigung des Weiterbeschäftigungsverhältnisses tritt früher ein, wenn sich die Arbeitsvertragsparteien über die Beendigung des Arbeitsverhältnisses in einem **Vergleich** verständigen. **Kündigt** der **Arbeitgeber** das Arbeitsverhältnis erneut, dann endet mit Zugang der außerordentlichen fristlosen Kündigung bzw. mit Ablauf der Kündigungsfrist bei einer ordentlichen Kündigung das (erste) gesetzliche Weiterbeschäftigungsverhältnis. Es kann sich jedoch bei Vorliegen der Voraussetzungen nach § 102 Abs. 5 S. 1 BetrVG ein erneutes (zweites) gesetzliches Weiterbeschäftigungsverhältnis anschließen.

4. Rechtsfolgen der Entbindung und Rückabwicklung

23 Wenn das Arbeitsgericht den Arbeitgeber von der Weiterbeschäftigungspflicht entbindet, hat dies zur Folge, dass das gesetzliche Weiterbeschäftigungsverhältnis gem. § 102 Abs. 5 S. 1

18 LAG Düsseldorf v. 21.6.1974, DB 1975, 2112.
19 Vgl. LAG Köln v. 19.5.1983, DB 1983, 2368.
20 Vgl. Ascheid/Preis/Schmidt/*Koch*, § 102 BetrVG Rn 205.
21 Vgl. Ascheid/Preis/Schmidt/*Koch*, § 102 BetrVG Rn 205.

BetrVG – **ex nunc** – endet. Hat der Arbeitgeber den Arbeitnehmer bis zu dieser Entscheidung tatsächlich beschäftigt, dann bleiben die bis dahin angefallenen **Vergütungsansprüche** gem. § 611 Abs. 1 BGB i.V.m. § 102 Abs. 5 S. 1 BetrVG bestehen.[22] Entsprechendes gilt für Ansprüche auf **Verzugslohn** nach Maßgabe der §§ 611 Abs. 1, 615 S. 1 BGB i.V.m. § 102 Abs. 5 S. 1 BetrVG.[23]

24 Da das Weiterbeschäftigungsverhältnis die gesetzlich angeordnete auflösend bedingte Fortsetzung des Arbeitsverhältnisses darstellt, kommt es bei rechtskräftiger Abweisung der Kündigungsschutzklage im Allgemeinen nicht zu einer **Rückabwicklung**. Der Beendigungszeitpunkt wird um die Dauer des gesetzlichen Weiterbeschäftigungsverhältnisses hinausgeschoben. Etwas anderes kann nur dann in Betracht kommen, wenn das Arbeitsverhältnis nach erfolgreichem Auflösungsantrag des Arbeitgebers durch gerichtliches Urteil gem. § 9 Abs. 1 S. 2 KSchG i.V.m. § 9 Abs. 2 KSchG zu einem früheren Zeitpunkt aufgelöst wird. In diesem Fall können die allgemeinen Rückabwicklungsgrundsätze über §§ 812 ff. BGB eingreifen.

5. Anspruchsdurchsetzung

25 Der Arbeitnehmer kann nach **Ablehnung** des geltend gemachten **Weiterbeschäftigungsverlangens** durch den Arbeitgeber den gesetzlichen WBA klageweise und damit im Wege der **objektiven Klagehäufung** auch im Rahmen eines Kündigungsschutzverfahrens oder bei Vorliegen der entspr. Voraussetzungen im Wege der **Einstweiligen Verfügung** durchsetzen. In diesem Zusammenhang hat der Arbeitnehmer die Erhebung des Widerspruchs und die Klageerhebung nach dem KSchG vorzutragen, glaubhaft zu machen bzw. im Urteilsverfahren zu beweisen. Sehr streitig ist, ob bei der Weiterbeschäftigungsverfügung gem. § 102 Abs. 5 S. 1 BetrVG ein Verfügungsgrund darzulegen ist,[24] wofür die besseren Argumente sprechen. Aus Sicht des Arbeitgebers ist zu beachten, dass dieser sich im Verfahren der gerichtlichen Geltendmachung des WBA nicht auf solche Gründe berufen kann, die eine Entbindung von der Weiterbeschäftigungspflicht rechtfertigen könnten. Der Arbeitgeber kann also vortragen, der Betriebsrat habe nicht form- und fristgerecht widersprochen. Er kann sich jedoch nicht auf Gründe stützen, die eine Entbindung von der Weiterbeschäftigungsverpflichtung nach § 102 Abs. 5 S. 2 BetrVG rechtfertigen können.[25]

26 Aus dem Klageantrag muss sich wegen der Vollstreckbarkeit der Inhalt des WBA mit hinreichender Deutlichkeit ergeben.[26]

27 *Formulierungsbeispiel*
Die Beklagte wird verurteilt, den Kläger bis zum rechtskräftigen Abschluss des Verfahrens mit dem Az. zu unveränderten Arbeitsbedingungen als *(genaue Darlegung der vertraglich vereinbarten Tätigkeit)* zu beschäftigen.

28 Zur **Zwangsvollstreckung** siehe § 36.

22 Vgl. BAG v. 7.3.1996, NZA 1996, 930.
23 Vgl. BAG v. 7.3.1996, NZA 1996, 930.
24 Vgl. Ascheid/Preis/Schmidt/*Koch*, § 102 BetrVG Rn 213 m.w.N.; umfassend zu dieser Problematik *Reidel*, NZA 2000, 454.
25 Vgl. LAG München v. 10.2.1994, NZA 1994, 997; Küttner/*Kania*, Nr. 464 Rn 8 m.w.N.
26 Vgl. LAG Schleswig-Holstein, NZA 1987, 322.

6. Der gesetzliche Weiterbeschäftigungsanspruch gem. § 79 Abs. 2 BPersVG

Arbeitnehmer, auf deren Arbeitsverhältnisse das BPersVG (bzw. bei Beschäftigten der Länder und Gemeinden die entsprechenden Vorschriften der Landespersonalvertretungsgesetze) Anwendung findet, kann ein WBA nach § 79 Abs. 2 S. 1 BPersVG zustehen. Da die Vorschrift im Wesentlichen § 102 Abs. 5 BetrVG entspricht, kann auf die o.g. Grundsätze verwiesen werden. 29

7. Checkliste

- Ordentliche Arbeitgeber-Kündigung (bei „Unkündbaren“: auch außerordentliche Kündigung) 30
- Ordnungsgemäßer Widerspruch Betriebsrat (Frist, Form, Inhalt)
- Erhebung Kündigungsschutzklage (drei Wochen)
- Rüge Sozialwidrigkeit (drei Wochen)
- Verlangen nach Weiterbeschäftigung
- Entbindungsgründe gem. § 102 Abs. 5 BetrVG
- Sonstige Beendigungsgründe.

III. Der allgemeine Weiterbeschäftigungsanspruch

Außerhalb des gesetzlichen WBA hat das BAG im Wege **richterlicher Rechtsfortbildung** einen sog. **allgemeinen WBA** während der Dauer des Kündigungsschutzprozesses entwickelt.[27] Der allgemeine WBA besteht losgelöst vom gesetzlichen WBA. Beide Ansprüche können – bei der ordentlichen Kündigung – **nebeneinander** bestehen. Der allgemeine WBA richtet sich ausschließlich nach den vom BAG entwickelten Grundsätzen, denen zufolge in Abhängigkeit von der gegebenen prozessualen Situation ein Anspruch des Arbeitnehmers auf Weiterbeschäftigung zu bejahen ist, sofern dem nicht überwiegende Interessen des Arbeitgebers entgegenstehen.[28] 31

1. Voraussetzungen

Der **Große Senat** des BAG hat dem gekündigten Arbeitnehmer einen allgemeinen WBA für die Dauer des von ihm angestrengten **Kündigungsschutzverfahrens** bei der **ordentlichen Kündigung** über den Ablauf der Kündigungsfrist hinaus und bei einer **fristlosen Kündigung** über deren Zugang hinaus zugebilligt, wenn die Kündigungsschutzklage des Arbeitnehmers vor dem Arbeitsgericht erfolgreich gewesen ist und besondere Interessen des Arbeitgebers an der Nichtbeschäftigung nicht bestehen.[29] Nach der Entscheidung des BAG kommt ein WBA des Arbeitnehmers deshalb in Betracht, weil bei Obsiegen im Rahmen der angestrengten Kündigungsschutzklage regelmäßig die **Interessen** des **Arbeitnehmers** an seiner Weiterbeschäftigung **überwiegen**.[30] Der allgemeine WBA besteht hingegen nicht, wenn **überwie-** 32

27 BAG (GS) v. 27.2.1985, AP Nr. 14 zu § 611 BGB Beschäftigungspflicht = NJW 1985, 2968.
28 BAG (GS) v. 27.2.1985, AP Nr. 14 zu § 611 BGB Beschäftigungspflicht = NJW 1985, 2968.
29 BAG (GS) v. 27.2.1985, AP Nr. 14 zu § 611 BGB Beschäftigungspflicht = NJW 1985, 2968.
30 BAG (GS) v. 27.2.1985, AP Nr. 14 zu § 611 BGB Beschäftigungspflicht = NJW 1985, 2968.

gende Interessen des Arbeitgebers entgegenstehen.[31] In diesem Fall muss der Arbeitgeber darlegen und beweisen, dass er ein überwiegendes Interesse daran hat, gerade diesen Arbeitnehmer nicht weiter beschäftigen zu müssen. In diesem Zusammenhang rechtfertigen Umstände, die einen Arbeitgeber auch bei einem ungekündigten Arbeitsverhältnis zur **vorläufigen Freistellung** berechtigen würden (Verdacht von Unredlichkeiten, Straftaten, Verrat von Betriebsgeheimnissen) ein entsprechendes überwiegendes Arbeitgeberinteresse. In Betracht kommt ferner zugunsten des Arbeitgebers auch **Auftragsmangel**, also die fehlende Möglichkeit, den Arbeitnehmer tatsächlich zu beschäftigen.[32]

33 Bei dem Ausspruch einer **Änderungskündigung** ist wiederum zu differenzieren: Wenn der Arbeitnehmer das Änderungsangebot unter Vorbehalt ablehnt, streiten die Parteien allein um den Fortbestand des Arbeitsverhältnisses. Dies hat zur Folge, dass der Arbeitnehmer Weiterbeschäftigung verlangen kann, sofern die übrigen Voraussetzungen des allgemeinen WBA gegeben sind. Nimmt der Arbeitnehmer das Änderungsangebot unter Vorbehalt der sozialen Rechtfertigung an, dann ist er auch verpflichtet, zu den geänderten Bedingungen weiterzuarbeiten. Der allgemeine WBA kommt dann grundsätzlich nicht in Betracht. Anders dürfte wiederum zu entscheiden sein, wenn die tatsächliche Beschäftigung z.B. daran scheitert, dass der Betriebsrat nach § 99 BetrVG wegen der mit der Änderungskündigung möglicherweise verbundenen Versetzung (vgl. § 95 Abs. 3 BetrVG) nicht zugestimmt hat. Insoweit kann auf die Ausführungen zum gesetzlichen WBA verwiesen werden.

34 Im Übrigen müssen folgende Voraussetzungen vorliegen, damit der allgemeine WBA zu bejahen ist:

a) Beendigungstatbestand

35 Als Beendigungstatbestand kommt sowohl eine **ordentliche** als auch – anders als bei § 102 Abs. 5 BetrVG – eine **außerordentliche Kündigung** in Betracht. Auch bei Streit um den Fortbestand eines Arbeitsverhältnisses wegen eines **Aufhebungsvertrages** und bei Streit um die Wirksamkeit einer **Befristung** und im Zusammenhang mit einer **auflösenden Bedingung** gelten die von der Rspr. entwickelten Grundsätze.[33]

b) Interessenabwägung

36 Letztlich basiert der allgemeine WBA nach der Rspr. auf einer Konkretisierung der Grundsätze von Treu und Glauben; es ist also eine **Abwägung der beiderseitigen Interessen** vorzunehmen. Während bei einem ungekündigten Arbeitsverhältnis das Interesse des Arbeitnehmers an seiner Beschäftigung schwerer wiegt als dasjenige des Arbeitgebers an einer Suspendierung, ändert sich mit Ausspruch einer Kündigung und Ablauf der Kündigungsfrist diese Interessenlage. Der Gesetzgeber hat den eintretenden Schwebezustand nach Ausspruch der Kündigung und nach Erhebung der Kündigungsschutzklage anerkannt. Eine erneute Interessenänderung tritt daher nur dann ein, wenn ein obsiegendes Urteil im Kündigungsrechtsstreit vorliegt. Dementsprechend ergibt sich Folgendes.

31 BAG (GS) v. 27.2.1985, AP Nr. 14 zu § 611 BGB Beschäftigungspflicht = NJW 1985, 2968.

32 BAG (GS) v. 27.2.1985, AP Nr. 14 zu § 611 BGB Beschäftigungspflicht = NJW 1985, 2968.

33 BAG v. 15.3.1989, AP Nr. 126 zu § 620 BGB Befristeter Arbeitsvertrag; BAG v. 26.6.1996, BB 1996, 2204; BAG v. 22.3.1996, BB 1997, 420.

aa) Zeitraum nach Ablauf der Kündigungsfrist bis zum ersten der Kündigungsschutzklage stattgebenden Urteil

In dem Zeitraum nach Ablauf der Kündigungsfrist bis zum ersten der Kündigungsschutzklage stattgebenden Urteil besteht als **Regel** der **allgemeine WBA** des Arbeitnehmers **nicht**. Es überwiegt insoweit das Interesse des Arbeitgebers an der Nichtbeschäftigung. Eine **Ausnahme** besteht dann, wenn die Kündigung offensichtlich unwirksam ist oder der Arbeitnehmer ein besonderes schutzwürdiges Interesse an der tatsächlichen Beschäftigung hat. 37

bb) Zeitraum nach stattgebendem Instanzurteil bis zu einem abweisenden Instanzurteil oder bis zum rechtskräftigen Verfahrensabschluss

In dem Zeitraum nach stattgebendem Instanzurteil bis zu einem abweisenden Instanzurteil oder bis zum rechtskräftigen Verfahrensabschluss ist als **Regel** der **allgemeine WBA** des Arbeitnehmers zu **bejahen**. 38

Nur **ausnahmsweise** dann, wenn besondere schutzwürdige Interessen des Arbeitgebers gegeben sind, kann das Interesse des Arbeitgebers an einer Nichtbeschäftigung überwiegen. Als derartige Ausnahmefälle kommen auch insoweit Gründe in Betracht, die den Arbeitgeber während des Bestands eines ungekündigten Arbeitsverhältnisses berechtigen, den Arbeitnehmer nicht zu beschäftigen. Ferner überwiegen die Interessen des Arbeitgebers an der Nichtbeschäftigung bei fehlender Möglichkeit zur tatsächlichen Beschäftigung, Wegfall der Vertrauensgrundlage oder einer möglichen Gefährdung von Betriebsgeheimnissen. Entsprechend ist zu entscheiden, wenn der Arbeitgeber im Kündigungsschutzprozess eines **leitenden Angestellten** einen zulässigen Auflösungsantrag gestellt und Tatsachen vorgetragen hat, die seine Interessen an der Nichtbeschäftigung überwiegen lassen.[34] 39

cc) Zeitraum nach klageabweisendem Instanzurteil bis zu einem stattgebenden Urteil oder bis zum rechtskräftigen Verfahrensabschluss

In dem Zeitraum nach klageabweisendem Instanzurteil bis zu einem stattgebenden Urteil oder bis zum rechtskräftigen Verfahrensabschluss besteht als **Regel** der **allgemeine WBA nicht**. Als **Ausnahmetatbestand** kann hier nur eingreifen, dass dem Arbeitnehmer ein besonderes schutzwürdiges Interesse an tatsächlicher Beschäftigung zuzubilligen ist. 40

dd) Abwägung bei offensichtlich unwirksamer Kündigung

Wenn eine **Kündigung offensichtlich unwirksam** ist, besteht nach Auffassung des BAG kein ernstzunehmender Zweifel am Fortbestand des Arbeitsverhältnisses. In diesen Fällen kann nach der Rspr. ein Interesse des Arbeitgebers, den Arbeitnehmer für die Dauer des Verfahrens nicht weiter zu beschäftigen, grundsätzlich nicht anerkannt werden. Insoweit ist zu beachten, dass von der Rspr. das Tatbestandsmerkmal „offensichtlich unwirksame Kündigung" sehr eng definiert wird. Eine solche liegt nur dann vor, wenn sich bereits aus dem unstreitigen Sachverhalt die Unwirksamkeit aufdrängt, also offen erkennbar ist.[35] Derartige Fälle sind selten. Eine entsprechende Unwirksamkeit ist z.B. dann zu bejahen, wenn die Kündigung unstreitig bei Bestehen eines zuständigen **Betriebsrats ohne dessen Anhörung** erfolgt ist oder bei unstreitigem Erfordernis einer behördlichen Zustimmung, diese ebenfalls unstreitig nicht eingeholt wurde. Ferner ist der Tatbestand bei einem offenkundigen Verstoß gegen **§ 623 BGB** zu bejahen. Ist eine Kündigung in diesem Sinne offensichtlich unwirksam, 41

34 BAG v. 16.11.1995, AP Nr. 54 zu Einigungsvertrag Anlage I Kapitel XIX = NZA 1996, 589.
35 BAG (GS) v. 27.2.1985, NZA 1985, 702.

dann besteht der WBA mit Ablauf der ordentlichen Kündigungsfrist bzw. bei der außerordentlichen fristlosen Kündigung mit deren Zugang.

ee) Abwägung bei besonderem Beschäftigungsinteresse des Arbeitnehmers

42 Macht der **Arbeitnehmer** ein **besonderes Beschäftigungsinteresse** geltend, dann muss er rechtlich erhebliche Interessen darlegen, die die pauschale Interessenabwägung des BAG als nicht gerechtfertigt erscheinen lassen. Es muss also zur Überzeugung des Gerichts vorgetragen werden, ggf. glaubhaft gemacht bzw. bewiesen werden, dass das Beschäftigungsinteresse des Arbeitnehmers bereits im Zeitraum vor einem ersten Urteil im Kündigungsschutzprozess das grundsätzlich zu bejahende Interesse des Arbeitgebers, den Arbeitnehmer nicht zu beschäftigen, überwiegt. Entsprechendes gilt nach einem klageabweisenden Urteil. Nach der Entscheidung des BAG werden hierfür nur sehr **seltene Ausnahmefälle** in Betracht kommen. Der Arbeitnehmer hat Umstände anzuführen und ggf. glaubhaft zu machen bzw. zu beweisen, die über das generelle Beschäftigungsinteresse im ungekündigten Arbeitsverhältnis hinausgehen. In diesem Zusammenhang sind Situationen zu benennen, in denen durch die Nichtweiterbeschäftigung die Erhaltung oder Erlangung einer besonderen **beruflichen Qualifikation ernstlich** in Frage gestellt wird. In Betracht kommen weiter **rechtserhebliche** Aspekte der **Geltung in der Berufswelt** und der **Erhalt** von sehr spezifischen **Fachkenntnissen.**[36]

2. Beendigung des allgemeinen Weiterbeschäftigungsanspruches

43 Der allgemeine WBA endet mit der **rechtskräftigen Entscheidung** im Kündigungsschutzprozess. Wird die **Kündigungsschutzklage abgewiesen**, hat ein Arbeitsverhältnis über den Ablauf der Kündigungsfrist hinaus nicht bestanden. Das erzwungene Weiterbeschäftigungsverhältnis ist nach den Grundsätzen der **ungerechtfertigten Bereicherung** rückabzuwickeln. Das einvernehmlich gestaltete Weiterbeschäftigungsverhältnis ist nach den vereinbarten Regelungen ggf. rückabzuwickeln.

44 Wird hingegen der **Kündigungsschutzklage stattgegeben**, ist also rechtskräftig festgestellt, dass die Kündigung das Arbeitsverhältnis nicht aufgelöst hat, hat das Arbeitsverhältnis fortbestanden. Der allgemeine WBA entfällt, der ursprüngliche Beschäftigungsanspruch setzt sich fort. Dem Arbeitnehmer steht ein Anspruch gem. §§ 611, 615 S. 1 BGB, § 11 KSchG zu. Dieser Anspruch gewährt dem Arbeitnehmer dann, wenn das Weiterbeschäftigungs„entgelt“ niedriger als das vertraglich vereinbarte Entgelt war, einen entsprechenden Differenzanspruch.

45 Der allgemeine WBA endet schließlich mit **Ausspruch** einer **neuen Kündigung**. Spricht der Arbeitgeber nach erstinstanzlicher Verurteilung eine neue Kündigung aus, die auf einen neuen Sachverhalt gestützt wird, und tritt er mit der Berufung oder der Vollstreckungsgegenklage unter Hinweis auf die weitere Kündigung dem WBA des Arbeitnehmers entgegen, dann entfällt der Anspruch auf Weiterbeschäftigung grundsätzlich bis zu einer Entscheidung des Arbeitsgerichts über die zweite Kündigung. Das gilt allerdings dann nicht, wenn die zweite Kündigung offensichtlich **unwirksam** ist. In diesem Fall endet der WBA des Arbeitnehmers nicht. Der WBA endet ferner nicht, wenn die zweite Kündigung auf diejenigen Kündigungsgründe gestützt wird, die nach Auffassung des Arbeitsgerichts schon für die erste Kündigung nicht ausgereicht haben. Hiervon ist allerdings dann wiederum eine Ausnahme

36 BAG (GS) v. 27.2.1985, NZA 1985, 702; vgl. auch BAG v. 8.4.1988, NZA 1988, 741; LAG Berlin v. 22.2.1991, BB 1991, 1050.

zu machen, wenn die erste Kündigung aus formellen Gründen (z.B. Verstoß gegen § 102 Abs. 1 S. 1 BetrVG) für unwirksam erklärt worden ist und die zweite Kündigung nach Behebung des formalen Mangels (neue Anhörung des Betriebsrats) auf dieselben sachlichen Gründe gestützt wird wie die erste Kündigung.

46 Der allgemeine WBA endet schließlich dann, wenn die **Weiterbeschäftigung** für den Arbeitgeber **unzumutbar** oder unmöglich wird. Dies kann entweder der Fall sein, wenn durch einen **Auflösungsantrag** der Ausgang des Rechtsstreits erneut ungewiss wird oder Unzumutbarkeitsgründe in der Person oder dem Verhalten des Arbeitnehmers auftreten, die seitens des Arbeitgebers eine **Suspendierung** des Arbeitsverhältnisses rechtfertigen würden oder auch bei endgültigem Wegfall des Arbeitsplatzes.

3. Anspruchsinhalt und Rückabwicklung

47 Das BAG hat keine abschließende Stellung zu Fragen des **Anspruchsinhaltes** und der damit im Zusammenhang stehenden **Rückabwicklung** des Weiterbeschäftigungsverhältnisses genommen. Eindeutig ist, dass auch der allgemeine Beschäftigungsanspruch maximal soweit reichen kann wie die Rechte und Pflichten aus dem „alten" Arbeitsverhältnis, es sei denn, die Parteien vereinbaren privatautonom Abweichendes. Auch der allgemeine Weiterbeschäftigungsanspruch geht damit nicht weiter als die Rechtspositionen, die der Arbeitnehmer in einem ungekündigten Arbeitsverhältnis hatte. Das Direktionsrecht des Arbeitgebers besteht ebenso fort wie es auch möglich ist, den Arbeitnehmer unter den allgemeinen Voraussetzungen freizustellen und zu versetzen.[37] Das Problem der Rückabwicklung stellt sich, wenn die **Kündigungsschutzklage** letztinstanzlich **abgewiesen** wird, das Arbeitsverhältnis im **Vergleichswege** rückwirkend beendet wird oder das Arbeitsverhältnis durch **Auflösungsurteil** gem. § 9 Abs. 1 i.V.m. Abs. 2 KSchG zu einem früheren Zeitpunkt als dem Beendigungszeitpunkt des WBA aufgelöst wird. In diesen Fällen ist hinsichtlich der Rückabwicklungsregeln danach zu differenzieren, ob das Weiterbeschäftigungsverhältnis in der Zwischenzeit parteiautonom einvernehmlich fortgesetzt wurde oder ob der Arbeitnehmer lediglich zur Abwendung der Zwangsvollstreckung (weiter)beschäftigt wurde. Wenn rechtskräftig feststeht, dass die Kündigung unwirksam ist, dann hat das Arbeitsverhältnis fortbestanden. Haben sich für die Zeit der vereinbarten/erzwungenen Weiterbeschäftigung in der Abwicklung Unterschiede zum ursprünglichen Arbeitsverhältnis ergeben, steht dem Arbeitnehmer ein entsprechender Differenzanspruch zu. Haben die Parteien aber während des Weiterbeschäftigungszeitraums die Inhalte des ursprünglichen Arbeitsverhältnisses zur Anwendung gebracht, hat der Arbeitnehmer i.d.R. ohnehin das gleiche erhalten, was er auch während des ursprünglichen Arbeitsverhältnisses bekommen hätte.

48 Nach dem BAG ist der allgemeine WBA auf rein tatsächliche (vertragsgemäße) Weiterbeschäftigung gerichtet. Eine Verpflichtung des Arbeitnehmers zur Arbeitsleistung soll nicht bestehen. Es soll dem Arbeitnehmer freistehen, ob er von der Weiterbeschäftigungsmöglichkeit Gebrauch macht oder nicht. Fordert hingegen der Arbeitgeber den Arbeitnehmer nach der Verurteilung zum Arbeitsantritt auf, dann ist regelmäßig im Nichtantritt der Beschäftigung wegen des geltend gemachten WBA ein **böswilliges Unterlassen** anderweitigen Erwerbs i.S.d. § 11 KSchG, § 615 S. 2 BGB zu sehen, es sei denn, im Einzelfall liegen besondere Umstände vor, die den Nichtantritt der Arbeit rechtfertigten.[38]

37 Vgl. nochmals BAG v. 26.10.2004, AP Nr. 41 zu BetrVG 1972 § 99 Versetzung.

38 BAG v. 24.9.2003, NZA 2004, 90; LAG Köln v. 14.12.1995, NZA-RR 1996, 361.

a) Erzwungene Weiterbeschäftigung

49 Treffen die Parteien keine privatautonome Regelung im Zusammenhang mit einem geltend gemachten WBA, dann wird der Arbeitnehmer nur zur **Abwendung der Zwangsvollstreckung** weiterbeschäftigt. Der Arbeitgeber will damit einerseits sein **Annahmeverzugslohnrisiko** reduzieren, andererseits die **Zwangsvollstreckung abwenden**. Darüber hinausgehende Erklärungstatbestände wird man dem Verhalten des Arbeitgebers nicht unterstellen können und dürfen. Während der so erzwungenen Weiterbeschäftigung besteht weder ein Anspruch auf Entgeltfortzahlung im Krankheitsfall noch ein Urlaubsanspruch.[39] Dies bedeutet weiter, dass der Arbeitnehmer dann, wenn die Kündigung sich als wirksam herausstellt, gegen den Arbeitgeber auch „nur" Anspruch auf **Wertersatz** nach den Grundsätzen der **ungerechtfertigten Bereicherung** gem. § 812 Abs. 1 S. 1 Alt. 1 BGB hat. Der Arbeitgeber hat dann, da er die erhaltenen Arbeitsleistungen nicht wieder herausgeben kann, Wertersatz nach § 818 Abs. 2 BGB zu leisten.[40] Der Wertersatz bestimmt sich nach der für die erbrachte Arbeitsleistung üblichen Vergütung, wobei man sich teilweise an tariflichen Vorgaben orientiert.[41]

50 Folgt man dieser Meinung, dann sind auch tarifliche Jahressonderleistungen und tarifliche Ansprüche zu gewähren. Hat der Arbeitgeber für **Krankheit**, **Urlaub** und andere Arbeitsverhinderungen während des Weiterbeschäftigungszeitraums keine Vergütung gezahlt, dann scheidet im Falle der Wirksamkeit der Kündigung ein entsprechender Zahlungsanspruch des Arbeitnehmers aus, weil der Arbeitgeber insoweit nicht bereichert ist. Entsprechende **Zahlungen**, jedenfalls dann, wenn sie **unter Vorbehalt** erfolgten, können als ungerechtfertigte Bereicherung herausverlangt werden. Der (erzwungene) WBA kann bei alledem aus seiner Natur heraus nicht weiter gehen als der zuvor bestehende arbeitsvertragliche Beschäftigungsanspruch.

b) Vereinbarte Weiterbeschäftigung

51 Den Arbeitsvertragsparteien steht es frei, bei Geltendmachung des WBA **Regelungen** zu treffen, wie dieses Weiterbeschäftigungsverhältnis **inhaltlich ausgestaltet** sein soll. Treffen die Parteien eine entsprechende Vereinbarung, dann richten sich **im Zweifel**, sofern die Parteien nichts anderes bestimmen, die Rechte und Pflichten nach dem **ursprünglichen Arbeitsverhältnis**. In diesen Fällen hat dann der Arbeitnehmer Anspruch auf die vertraglichen Entgelte, also auch Anspruch auf Vergütungsfortzahlung im Krankheitsfall[42] und auf Gratifikationen und sonstige vereinbarte (Neben)Leistungen.[43]

52 Die Voraussetzungen für das Vorliegen einer entsprechenden Vereinbarung zur einvernehmlichen Fortsetzung des Arbeitsverhältnisses einschließlich der damit verbundenen Inhalte sind vom Arbeitnehmer darzulegen und ggf. zu beweisen.[44] Ob und welchen Inhalt die Parteien dem Weiterbeschäftigungsverhältnis beilegen, unterliegt ihrer **Vereinbarung**. Allein die Verurteilung zur Weiterbeschäftigung bewirkt nicht, dass das gekündigte Arbeitsverhältnis auflösend bedingt durch die rechtskräftige Entscheidung über die Kündigungsschutzklage fortbesteht.[45] Aus der vorbehaltlosen Weiterarbeit und der vorbehaltlo-

39 BAG v. 17.1.1991, NZA 1991, 769.
40 BAG v. 10.3.1987, DB 1987, 1045.
41 Vgl. BAG v. 12.2.1992, NZA 1993, 177; BAG v. 10.3.1987, DB 1987, 1045.
42 BAG v. 15.1.1986, NZA 1986, 561.
43 BAG v. 4.9.1986, DB 1987, 1154.
44 Vgl. BAG v. 17.1.1991, NZA 1991, 769.
45 Vgl. BAG v. 17.1.1991, NZA 1991, 769.

sen Vergütungsfortzahlung können sich aber **Indiztatbestände** für die Fortsetzung des bisherigen Arbeitsverhältnisses ergeben.

Haben die Parteien also eine vertragliche Vereinbarung über die Weiterbeschäftigung getrof- 53
fen, in der eine auflösend bedingte Fortsetzung des Arbeitsverhältnisses bis zur rechtskräftigen Entscheidung des Kündigungsrechtsstreits vereinbart wurde, dann beruht das Weiterbeschäftigungsverhältnis auf der parteiautonom getroffenen Abrede. Für diesen Fall ist eine **Rückabwicklung** der beiderseitigen Ansprüche **nicht erforderlich**, da die Parteien die Fortsetzung/Ausgestaltung des (Weiterbeschäftigungs-)Arbeitsverhältnisses einvernehmlich festgelegt haben. Die gewährten ausgetauschten Leistungen entsprechen der vertraglichen Abrede, Bereicherungsrecht wird nicht „gebraucht“.

4. Anspruchsdurchsetzung

Der WBA wird nach Abwägung der jeweils anzustellenden **taktischen Überlegungen** regel- 54
mäßig gemeinsam mit der Kündigungsschutzklage in einem Verfahren verfolgt. Der allgemeine WBA kann dabei sowohl als **unechter Hilfsantrag** für den Fall des Obsiegens mit dem Kündigungsschutzantrag gestellt werden. Es ist auch möglich, ihn als **eigenständigen Antrag** im Wege der objektiven Klagehäufung geltend zu machen. Aus dem Antrag muss sich der **Inhalt** des WBA mit hinreichender Deutlichkeit ergeben, da es ansonsten dem Weiterbeschäftigungstitel an einem vollstreckbaren Inhalt mangelt. Demgemäß müssen dem Tenor die genauen **Einzelheiten der Beschäftigung** zu entnehmen sein. In jedem Fall ist auch die **Beschränkung** der Weiterbeschäftigungspflicht für die **Zeit** des Kündigungsschutzverfahrens mit in den Klageantrag aufzunehmen.

> *Formulierungsbeispiel* 55
> Der Beklagte wird verurteilt, für den Fall des Obsiegens hinsichtlich des Antrages zu 1. *(Kündigungsschutzantrag)*, die Klägerin ab dem ____ *(Ablauf der Kündigungsfrist)* als ____ *(genaue Darlegung der vertraglich vereinbarten Tätigkeit)* bis zur rechtskräftigen Entscheidung des Verfahrens mit dem Az. ____ zu beschäftigen.

Zur **Zwangsvollstreckung** vgl. § 36. 56

5. Böswilliges Unterlassen anderweitigen Erwerbs und Schriftform gem. § 14 Abs. 4 TzBfG

Wenn der Arbeitgeber bei gestelltem Weiterbeschäftigungsantrag oder nach entsprechendem 57
Obsiegen des Arbeitnehmers anbietet, diesen vorläufig bis Verfahrensabschluss weiterbeschäftigen zu wollen und der **Arbeitnehmer** dies **ablehnt**, ist fraglich, ob ein **böswilliges Unterlassen** anderweitigen Erwerbs i.S.d. § 615 S. 2 BGB, § 11 KSchG vorliegt. Nach der Rspr. des BAG handelt ein Arbeitnehmer böswillig, wenn er trotz zumutbarer Arbeitsmöglichkeit untätig bleibt. Eine Schädigungsabsicht ist nicht erforderlich.[46] Böswilliges Verhalten liegt daher vor, wenn der Arbeitnehmer einerseits eine Beschäftigung zu den bisherigen Bedingungen verlange, andererseits ein entsprechendes Angebot des Arbeitgebers ablehne.[47] Die Tatsache, dass „nur“ ein Prozessarbeitsverhältnis, nicht aber Erfüllung des bisherigen Arbeitsverhältnisses angeboten werde, steht dem nicht entgegen. Anders ist nur dann zu ent-

46 BAG v. 24.9.2003, NZA 2004, 90.
47 BAG v. 24.9.2003, NZA 2004, 90.

scheiden, wenn wegen gegebener Kündigungsumstände eine Unzumutbarkeit im Rechtssinne vorliegt, wobei der Arbeitnehmer, der einen WBA geltend gemacht hat, die mangelnde Zumutbarkeit der Beschäftigung konkret darlegen und ggf. beweisen muss. Dies gilt auch dann, wenn der Arbeitgeber an einer außerordentlichen Kündigung festhält und damit zum Ausdruck bringt, die Fortsetzung des Arbeitsverhältnisses sei für ihn unzumutbar.[48]

58 **Nimmt** der **Arbeitnehmer** ein zumutbares Angebot des Arbeitgebers **an**, stellt sich die weitere Frage, ob eine **schriftliche Abrede** gem. **§ 14 Abs. 4 TzBfG** zu treffen ist, um der gesetzlichen Sanktion des § 16 S. 1 TzBfG – Fiktion eines unbefristeten Arbeitsverhältnisses – zu entgehen. Dies wird vom BAG bejaht.[49] Das BAG stellt insoweit fest, dass die Vorschriften des TzBfG auch für eine arbeitsvertragliche Vereinbarung über eine befristete Weiterbeschäftigung des Arbeitnehmers bis zur rechtskräftigen Entscheidung eines Kündigungsrechtsstreits Anwendung finden. Da das LAG die Erklärungen der Parteien revisionsfest als originäre vertragliche Vereinbarung über eine befristete Beschäftigung des Klägers bis zum Abschluss des Kündigungsrechtsstreits ausgelegt hatte, war das BAG an diese Tatsachenfeststellung gebunden. Von daher ist es konsequent, zu einer Feststellung i.S.d. BAG zu gelangen.[50] Dies hat zur Folge, dass eine entsprechende vertragliche Vereinbarung nach § 14 Abs. 4 TzBfG zu ihrer Wirksamkeit der Schriftform bedarf. Wird die Schriftform nicht beachtet, dann ist die Befristung rechtsunwirksam und der Arbeitsvertrag gilt nach § 16 S. 1 TzBfG als auf unbestimmte Zeit geschlossen mit der weiteren Folge, dass zu seiner Beendigung eine **(neue) Kündigung** ausgesprochen werden muss.

59 Da die Parteien ohnehin ausdrücklich regeln sollten, dass eine Beschäftigung nur zur **Abwendung der Zwangsvollstreckung**/Reduzierung des Annahmeverzugsrisikos erfolgt, ist es geboten, entsprechende schriftliche Vereinbarungen zu treffen. Hierbei reicht es nach den Grundsätzen, die zum TzBfG gelten, aus, dass die **Befristung** als solche **formwirksam** gestaltet ist. Es ist nicht erforderlich, Einzelheiten des **Prozessarbeitsverhältnisses** im Übrigen schriftlich zu fixieren, wenngleich sich dies aus praktischen Gründen ebenfalls anbieten dürfte. Bei der Formulierung sind vorsorglich die erhöhten Anforderungen der §§ 305 ff. BGB, insbesondere § 307 Abs. 1 S. 2 BGB zu berücksichtigen.

60 *Formulierungsbeispiel*

1. Die Parteien vereinbaren, dass Herr/Frau ___ vorläufig bis zum rechtskräftigen Abschluss des beim ArbG ___ anhängigen Verfahrens mit dem Az. ___ wegen der Kündigung/Kündigungen vom ___ zu unveränderten Bedingungen/zu folgenden Bedingungen ___ als ___ weiterbeschäftigt wird.
2. Das Arbeitsverhältnis ist auflösend bedingt durch den rechtskräftigen Abschluss des in Ziff. 1 genannten Verfahrens. Das Arbeitsverhältnis endet zu diesem Zeitpunkt, ohne dass es einer gesonderten Kündigung bedarf.

61 Alternativ zum Vertrag ohne gerichtliche Mitwirkung bietet sich unter Verweis auf § 14 Abs. 1 S. 2 Nr. 8 TzBfG auch der Abschluss eines gerichtlichen Vergleichs an.

62 Auf Weiterbeschäftigungsverhältnisse nach **§ 102 Abs. 5 BetrVG, § 79 Abs. 2 BPersVG** ist die Rspr. des BAG nicht anzuwenden, da es sich bei dem WBA nach § 102 Abs. 5 BetrVG,

48 BAG v. 24.9.2003, NZA 2004, 90; zustimmend *Tschöpe*, DB 2004, 434, 436.

49 BAG v. 22.10.2003, NJW 2004, 3586; LAG Niedersachsen v. 17.2.2004, NZA-RR 2004, 472; LAG Nürnberg v. 25.6.2004, NZA-RR 2005, 18; vgl. auch *Bayreuther*, DB 2003, 1736; *Dollmann*, BB 2003, 2681; *Krause*, NZA Beilage 1/2005, S. 51.

50 A.A. *Bayreuther*, DB 2003, 1736; *Bengelsdorf*, NZA 2005, 277; kritisch auch *Tschöpe*, DB 2004, 434, 436 f.

§ 79 Abs. 2 BPersVG um einen von Gesetzes wegen auflösend bedingten und damit zulässigen Befristungsgrund gem. §§ 21, 14 Abs. 1 S. 1 TzBfG handelt.[51]

Praxishinweis 63

Wenn der Arbeitgeber den Arbeitnehmer nur zur Vermeidung der Zwangsvollstreckung, was zur Vermeidung von Missverständnissen deutlich und damit nach Möglichkeit schriftlich dokumentiert werden sollte, beschäftigt, dann schließt er nach der Rechtsprechung des BAG[52] keinen Arbeitsvertrag. Dies würde in Konsequenz der Entscheidung des BAG vom 24.9.2003[53] an sich eine schriftliche Vereinbarung entbehrlich machen. Eine entsprechende Entscheidung des BAG zu dieser Weiterbeschäftigungsvariante liegt aber bisher nicht vor. Jedenfalls aus Gründen rechtlicher Vorsorge sollte deshalb dem Schriftformgebot des § 14 Abs. 4 TzBfG Rechnung getragen werden.[54] Sollte sich der Arbeitnehmer weigern, die Befristung eines Prozessarbeitsverhältnisses schriftlich zu vereinbaren, ist der Arbeitgeber gut beraten, den Arbeitnehmer nicht zu beschäftigen.[55] Der Arbeitgeber ist in dieser Situation berechtigt, dem Arbeitnehmer später böswilliges Unterlassen anderweitigen Erwerbs entgegenzuhalten.[56]

6. Checkliste

- Ordentliche oder außerordentliche Arbeitgeber-Kündigung 64
- Sonstige Bestandsstreitigkeit (Aufhebungsvertrag, Befristung, auflösende Bedingung)
- Offensichtlich unwirksame Kündigung
- Besonderes Beschäftigungsinteresse des Arbeitnehmers
- Überwiegendes Arbeitgeber-Interesse an Nichtbeschäftigung/Entbindungsgründe
- Obsiegendes Urteil für den Arbeitnehmer
- Abweisendes Urteil/Auflösungsantrag/neue Kündigung
- Angebot zur Beschäftigung an den Arbeitnehmer? (Chance: Reduzierung Verzugslohn; Risiko: Kündigungsgrund)
- Ablehnung des Angebots durch den Arbeitnehmer? (Risiko: § 615 S. 2 BGB)
- Vertragliche Abrede treffen (§ 14 Abs. 4 TzBfG) oder Vorbehalt („Abwendung Zwangsvollstreckung") erklären.

51 Weitergehend *Bengelsdorf*, NZA 2005, 277, der das Schriftlichkeitsgebot auf kein Weiterbeschäftigungsverhältnis anwenden will.

52 BAG v. 10.3.1987, DB 1987, 1045.

53 BAG v. 24.9.2003, NZA 2004, 90.

54 Vgl. auch *Tschöpe*, DB 2004, 434, 437: „In der Praxis ist deshalb Vorsicht geboten!".

55 So auch *Tschöpe*, DB 2004, 434, 437.

56 So auch *Tschöpe*, DB 2004, 434, 437; vgl. auch *Dollmann*, BB 2003, 2681, 2687 u. *Bayreuther*, NZA 2003, 1365, 1367.

§ 14 Die Kündigung von Organen (AG-Vorstand und GmbH-Geschäftsführer)

Dr. Jürgen Peter

Inhalt

Rn

I. Einführung ... 1

II. Einleitende Fragestellungen ... 2
1. Koppelung von Amt und Dienstvertrag ... 2
2. Abmahnung ... 7
3. Begründungspflicht ... 8
4. Fristen ... 9
5. Sonstige Beendigungstatbestände ... 10
6. Zuständigkeiten ... 11
7. Vertretungsbefugnis ... 18

III. Kündigung von Vorstandsmitgliedern der AG ... 19
1. Ordentliche Kündigung ... 19
2. Außerordentliche Kündigung ... 21
3. Kündigung durch das Vorstandsmitglied ... 26

IV. Kündigung von Geschäftsführern der GmbH ... 28
1. Ordentliche Kündigung ... 28
2. Außerordentliche Kündigung ... 29
3. Kündigung durch den Geschäftsführer ... 30

V. Rechtsfolgen und Fragen bei Beendigung der Stellung als Vorstand/ Geschäftsführer ... 31

VI. Arbeitsrechtliche Aspekte ... 35
1. Vertretungsberechtigtes Organ und Arbeitnehmereigenschaft ... 36
2. Umwandlung des Dienstverhältnisses in ein Arbeitsverhältnis, insbesondere die Weiterbeschäftigung nach Aufgabe der Organstellung ... 37
3. Drittanstellungen ... 38
4. Ruhen des Arbeitsverhältnisses ... 40
5. Die Anwendung des Kündigungsschutzgesetzes auf vertretungsberechtigte Organe ... 46

VII. Checkliste ... 51

Literatur

Aktiengesetz, hrsg. v. Schmidt/Lutter, 1. Band, 1. Aufl. 2008; **Ascheid/Preis/Schmidt**, Kündigungsrecht, 3. Aufl. 2007; **Baeck/Hopfner**, Schlüssige Aufhebungsverträge mit Organmitgliedern auch nach Inkrafttreten des § 623 BGB, DB 2000, 1914; **Bauer**, Rechtliche und taktische Probleme bei der Beendigung von Vorstandsverhältnissen, DB 1992, 1413; **ders.**, Kündigung und Kündigungsschutz vertretungsberechtigter Organmitglieder, BB 1994, 855; **Bauer/Arnold**, Kein Kündigungsschutz für „Arbeitnehmer-Geschäftsführer" – oder doch?, DB 2008, 350; **Bauer/Diller/Krets**, BGH contra BAG: Schadensersatz nach § 628 Abs. 2 BGB wegen Abberufung und/oder Nichtbestellung eines GmbH-Geschäftsführers, DB 2003, 2687; **Bauer/Krets**, Gesellschaftsrechtliche Sonderregeln bei der Beendigung von Vorstands- und Geschäftsführerverträgen, DB 2003, 811; **Baumbach/Hueck**, GmbH-Gesetz, 19. Aufl. 2010; **Beckmann**, Rechtsschutz bei Freistellung des Arbeitnehmers/Geschäftsführers, NZA 2004, 1131; **Boemke**, Das Dienstverhältnis des GmbH-Geschäftsführers zwischen Gesellschafts- und Arbeitsrecht, ZfA 1998, 209; **Boewer/Gaul/Otto**, 2. Gesetz zur Vereinfachung der Wahl der Arbeitnehmervertreter in den Aufsichtsrat und seine Auswirkungen auf die GmbH, GmbHR 2004, 1065; **Buchner/Schlobach**, Die Auswirkung der Umwandlung von Gesellschaften auf die Rechtstellung ihrer Organpersonen, GmbHR 2004, 1; **Busch/Schönhöft**, Anwendbarkeit des TzBfG auf den Geschäftsführer-Anstellungsvertrag?, DB 2007, 2650; **Dollmann**, Die Rückkehr vom ruhenden Arbeitsverhältnis des Geschäftsführers durch § 623 BGB, BB 2003, 1838; **Fischer**, Die Bestellung von Arbeitnehmern zu Organmitgliedern juristischer Personen und das Schicksal ihres Arbeitsvertrages, NJW 2003, 2417; **ders.**, Geschäftsführerdienstverträge und Urkundenprozess, NJW 2003, 333 f.; **Fleischer**, Handbuch des Vorstandsrechts, 2006; **Goette**, Die GmbH, 2. Aufl. 2002; **Haase**, Das ruhende Arbeitsverhältnis eines zum Vertretungsorgan einer GmbH bestellten Arbeitnehmers und das Schriftformerfordernis gem. § 623 BGB, GmbHR 2004, 279; **Hansen/Kelber/Zeißig/Breezmann/Confurius**, Rechtsstellung der Führungskräfte im Unternehmen, 2006; **Henssler**, Das Anstellungsverhältnis der Organmitglieder, RdA 1992, 289; **Hillmann-Stadtfeld**, Beendigung von Geschäftsführerdienstverträgen, GmbHR 2004, 1457; **Holthausen/Steinkraus**, Die janusköpfige Rechtsstellung des GmbH-Geschäftsführers im Arbeitsrecht, NZA-RR 2002, 281; **Hüffer**, Aktiengesetz, 8. Aufl. 2008; **Köhler**, Fehlerhafte Vorstandsverträge, NZG 2008, 161; **KR/Gemeinschaftskommentar** zum Kündigungsschutzgesetz und sonstigen kündigungsschutzrechtlichen Vorschriften, 9. Aufl. 2009; **Leuering**, Die Zurückweisung von einseitigen Rechtsgeschäften des Aufsichtsrats nach § 174 BGB, NZG 2004, 120; **Lutter/Hommelhoff**, GmbH-Gesetz, 17. Aufl. 2009; **Moll**, Beschäftigung des Geschäftsführers/Vorstandsmitglieds nach Beendigung der Organstellung?, in: FS Schwerdtner, 2003, S. 453 ff.; **ders.**, Arbeitsverhältnis nach „Beförderung" zum Organmitglied, GmbHR 2008, 1024; **Münchener Handbuch des Gesellschaftsrechts**, Band 3, hrsg. v. Priester/Mayer, 3. Aufl. 2009, Band 4, hrsg. v. Hoffmann-Becking, 3. Aufl. 2007 (zitiert: MünchGes/*Bearbeiter*); **Münchener Kommentar zum Aktiengesetz**, hrsg. v. Kropff/Semler, 3. Aufl. 2008 (zitiert: MüKo-AktG/*Bearbeiter*); **Nägele**, Der Anstellungsvertrag des Geschäftsführers, BB 2001, 305; **Reiserer**, Kündigung des Dienstvertrags des GmbH-Geschäftsführers, DB 2006, 1787; **dies.**, Die anwaltliche Vertretung von Geschäftsführern und Vorständen bei Abberufung und Kündigung, DB 2008, 167; **Rowedder/Schmidt-Leithoff**, GmbH-Gesetz, Kommentar, 4. Aufl. 2002; **Schockenhoff/Topf**, Formelle Wirksamkeitsanforderungen an die Abberufung eines Vorstandsmitglieds und die Kündigung seines Anstellungsvertrags, DB 2005, 539; **Scholz**, Kommentar zum GmbH-Gesetz, 10. Aufl. 2010; **Schrader/Schubert**, Der Geschäftsführer als Arbeitnehmer, DB 2005, 1457; **Trappehl/Scheuer**, Abmahnung jetzt auch bei Vorständen und Geschäftsführern Kündigungsvoraussetzung?, DB 2005, 1276; **Tschöpe/Wortmann**, Abberufung und außerordentliche Kündigung von Geschäftsführern und Organvertretern – Grundlagen und Verfahrensfragen, NZG 2009, 85; **dies.**, Der wichtige Grund bei Abberufung und außerordentlichen Kündigungen von Geschäftsführern und Organvertretern, NZG 2009, 161; **Ulmer/Habersack/Henssler**, Mitbestimmungsrecht, 2. Aufl. 2006; **Wlotzke/Wissmann/Koberski/Kleinsorge**, Mitbestimmungsrecht, 3. Aufl. 2008; **Zimmer**, Kündigungen im Management: § 623 BGB gilt nicht für GmbH-Geschäftsführer und AG-Vorstände, BB 2003, 1175.

I. Einführung

1 Bei der Kündigung von Organen ist zwischen dem körperschaftlichen Bestellungs- und dem schuldrechtlichen Anstellungsverhältnis zu unterscheiden. Dies ergibt sich u.a. auch aus dem Wortlaut des § 84 Abs. 3 S. 5 AktG, § 38 Abs. 1 GmbHG. Am **Regelbeispiel** des jeweils **wirksam bestellten (Fremd-)Geschäftsführers** der GmbH und des **(Fremd-)Vorstands** der AG sollen zu berücksichtigende Aspekte der **Kündigung** des Dienstvertrags angesprochen werden.

II. Einleitende Fragestellungen

1. Koppelung von Amt und Dienstvertrag

2 Die Trennung zwischen dem **körperschaftlichen Bestellungsverhältnis** und dem **schuldrechtlichen Anstellungsverhältnis** führt dazu, dass die Beendigung des einen Verhältnisses nicht notwendigerweise die Beendigung des anderen Verhältnisses zur Folge hat. Die Trennungstheorie gilt sowohl für das **Bestellungsszenario** (Bestellung als Vorstand/Geschäftsführer; Abschluss eines Dienstvertrags) als auch für das **Abberufungsszenario** (Abberufung als Vorstand/Geschäftsführer; Kündigung des Dienstvertrags). Körperschaftliches Bestellungs- und schuldrechtliches Anstellungsverhältnis stellen sich nicht als **einheitliches Rechtsgeschäft** i.S.d. § 139 BGB dar.[1]

3 Es ist aber möglich, beide Rechtsverhältnisse miteinander zu **verknüpfen**. Hierbei kann die organschaftliche Bestellung durch den wirksamen Abschluss eines Anstellungsvertrags

1 Vgl. BGH v. 24.11.1980, NJW 1981, 757; BGH v. 28.10.2002, GmbHR 2003, 100.

gem. § 158 Abs. 1 BGB aufschiebend bedingt vorgenommen werden. Ebenso kann die erforderliche Zustimmung des Vorstands/Geschäftsführers zu seiner Bestellung unter der aufschiebenden Bedingung eines wirksam geschlossenen Anstellungsvertrags erfolgen. Sowohl bei der AG als auch bei der GmbH ist es möglich, Widerruf der Organbestellung und Beendigung des Dienstvertrags zu koppeln, zwischen beiden einen Gleichlauf herzustellen mit der Folge, dass mit dem Ende der Bestellung zum Mitglied des Vorstands bzw. zum Mitglied der Geschäftsführung der Dienstvertrag endet.[2] Dies gilt grundsätzlich auch nach Entscheidungen des BGH,[3] in denen wegen eines zu starken **Überrumpelungseffekts** und wegen eines möglichen **Verstoßes gegen § 622 Abs. 6 BGB** die Wirksamkeit in Frage gestellt wurde.[4] Eine entsprechende Klausel könnte etwa wie folgt lauten.

Formulierungsbeispiel 4
Dieser Vertrag wird mindestens für ___ Jahre, längstens jedoch für die Zeit abgeschlossen, während der der Vorstand/Geschäftsführer als Organ der Gesellschaft bestellt ist. Der Vertrag endet also, sobald die Bestellung als Organ endet, sei es durch Zeitablauf, durch einen Widerruf der Bestellung oder in sonstiger Weise. Beide Seiten sind unter Berücksichtigung gesetzlicher Vorgaben im Übrigen berechtigt, den Vertrag unter Anwendung der Frist des § 622 BGB zu kündigen.

Ist eine entsprechende **Koppelung** wirksam **vereinbart**, endet das Anstellungsverhältnis mit 5
Beendigung der Organstellung; des Ausspruchs einer **gesonderten Kündigung** bedarf es dann nicht. Auch bei Koppelungsklauseln führt der Widerruf der Bestellung allerdings nur dann zur **sofortigen Beendigung** des Anstellungsvertrags, wenn insoweit ein wichtiger Grund i.S.d. § 626 BGB vorliegt. Ansonsten gelten entweder die vertraglich vereinbarten Fristen oder es sind die Fristen des § 622 BGB heranzuziehen.[5]

Ist **keine** entsprechende **Koppelung** zwischen organschaftlichem Verhältnis und Anstel- 6
lungsverhältnis vertraglich wirksam vereinbart, dann bedarf die „vollständige" Beendigung neben der Abberufung noch der ordentlichen oder außerordentlichen Kündigung des Dienstvertrags. Insoweit gilt sowohl bei der AG als auch der GmbH, dass die Kündigungserklärung allgemeinen Regeln folgt. **§ 623 BGB** findet nach dem klaren Wortlaut der Norm auf Dienstverträge keine Anwendung.[6] Als **Kündigungsfristen** sind die vertraglichen Bestimmungen oder bei deren Fehlen die Vorschriften des § 622 BGB heranzuziehen.[7]

2. Abmahnung

Vor Ausspruch einer Kündigung des Dienstvertrags des Vorstandsmitglieds oder des GmbH- 7
Geschäftsführers bedarf es regelmäßig keiner vorherigen **Abmahnung**.[8] Insoweit gilt auch nach Einführung des § 314 BGB im Verhältnis zu § 626 BGB nichts anderes, da die kündi-

2 BGH v. 29.5.1989, NJW 1989, 2683.

3 BGH v. 1.12.1997, DB 1998, 874; BGH v. 21.6.1999, DB 1999, 2103; vgl. auch *Hillmann-Stadtfeld*, GmbHR 2004, 1457.

4 Vgl. zum Streitstand *Tschöpe/Wortmann*, NZG 2009, 85 ff.

5 MüKo-AktG/*Hefermehl/Spindler*, § 84 Rn 137 m.w.N.; *Hillmann-Stadtfeld*, GmbHR 2004, 1457; *Tschöpe/Wortmann*, NZG 2009, 85, 86.

6 *Zimmer*, BB 2003, 1175; OLG Düsseldorf NZG 2004, 478; *Goette*, GmbH, § 8 Rn 90; *Baumbach/Huck/Noack*, § 35 Rn 217 u. 256.

7 MüKo-AktG/*Hefermehl/Spindler*, § 84 Rn 137.

8 BGH v. 14.2.2000, NJW 2000, 1638; BGH v. 10.9.2001, DB 2001, 2438; zustimmend *Trappehl/Scheuer*, DB 2005, 1276 m.w.N.; *Reiserer*, DB 2006, 1787; vgl. auch BGH v. 10.9.2001, DB 2001, 2438.

gungsrechtliche Vorschrift als lex specialis anzusehen ist. Jedenfalls bei schwerwiegenden Pflichtverletzungen ist daher nicht von einem Abmahnungserfordernis auszugehen, zumal selbst im Arbeitsrecht in entsprechenden Konstellationen eine vorherige Abmahnung nicht geboten ist.

3. Begründungspflicht

8 Die Kündigung bedarf auch keiner **Begründung**, es sei denn, zwischen den Parteien ist Derartiges vertraglich vereinbart. Spricht die Gesellschaft die Kündigung unter Benennung von Kündigungsgründen aus, ist sie gleichwohl nicht gehindert, **weitere Kündigungsgründe „nachzuschieben"**.[9] Dies gilt nur dann nicht, wenn das gekündigte Organmitglied annehmen durfte, die Gesellschaft werde sich bezogen auf die konkrete Kündigung auf den benannten Grund beschränken.[10] Zu beachten ist beim **Nachschieben von Kündigungsgründen**, dass bei der außerordentlichen Kündigung die Kenntnis nicht länger als zwei Wochen zuvor erlangt worden sein darf. Kündigungsgründe, die nach Ausspruch der Kündigung entstehen, können zwar nicht zur Begründung dieser Kündigung herangezogen werden, wohl aber als sog. **Kündigungserhellungs- oder Kündigungsverstärkungsgründe** in Betracht kommen.

4. Fristen

9 Im Gegensatz zum Widerruf des Bestellungsakts (vgl. § 84 AktG, § 38 GmbHG) ist die **außerordentliche Kündigung** des Dienstvertrags streng **fristgebunden**. Die Kündigungserklärung muss gem. **§ 626 Abs. 2 BGB** innerhalb von **zwei Wochen** nach dem Zeitpunkt, in dem der Kündigungsberechtigte von den für die Kündigung maßgebenden Tatsachen Kenntnis erlangt hat, zugegangen sein.[11] Nach der Rspr. des BGH ist maßgebend für den **Beginn der Frist** des § 626 Abs. 2 BGB die **Sitzung** des **Aufsichtsrats** bzw. der **Gesellschafterversammlung**, die das Verhalten des Vorstands bzw. Geschäftsführers zum Gegenstand hat. Hat bereits zuvor ein Organmitglied bzw. ein Mitglied des zuständigen Kollektivorgans Kenntnis erhalten, setzt dies allein die Frist des § 626 Abs. 2 BGB nicht in Lauf.[12] Etwas anderes gilt dann, wenn der Kenntnisträger die nach Erlangung der Kenntnis mögliche Einberufung des zuständigen Organs (Aufsichtsrat; Gesellschafterversammlung) verzögert.[13] Ist dies der Fall, dann muss sich die Gesellschaft so behandeln lassen, als wäre die Gesellschafterversammlung mit der gebotenen Beschleunigung einberufen und abgehalten worden. Die Frist des § 626 Abs. 2 S. 1 BGB läuft dann ab diesem **„fiktiven" Zeitpunkt**. Haben einzelne Mitglieder des für die Kündigung zuständigen Organs nur deshalb keine Kenntnis, weil sie trotz ordnungsgemäßer Ladung zu der Organversammlung noch nicht erschienen sind, dann beginnt die Frist gleichwohl ab dem Zeitpunkt der Versammlung zu laufen. Verzögert sich die ordnungsgemäße Organversammlung deshalb, weil es an formellen Mängeln, die die Gesellschaft zu vertreten hat, fehlt, ist ebenfalls von dem „fiktiven" Zeitpunkt hinsichtlich des Fristablaufs auszugehen.

9 Vgl. auch BGH v. 1.12.2003, NJW 2004, 1528.

10 Vgl. BGH v. 14.10.1991, DB 1992, 260.

11 Vgl. OLG Düsseldorf v. 4.3.2003, NZG 2004, 869.

12 BGH v. 10.9.2001, DB 2001, 2438.

13 BGH v. 15.6.1998, NJW 1998, 3274; OLG Köln v. 6.12.1999, NZG 2000, 551; OLG Karlsruhe v. 28.4.2004, NZA 2005, 300.

5. Sonstige Beendigungstatbestände

Der **Dienstvertrag** endet neben **ordentlicher/außerordentlicher Kündigung** auch nach **§ 620 BGB**. Eine Befristung ist wirksam, ohne dass es eines sachlichen Grundes für die Befristung bedarf. Der Dienstvertrag endet dann mit Erreichung des **Zwecks** oder der vereinbarten **Zeit**. Entsprechendes gilt, wenn der Anstellungsvertrag unter einer **auflösenden Bedingung** steht.[14] Schließlich ist die **einvernehmliche Beendigung** der Dienstverträge möglich. Hierzu ist allerdings ebenso wie bei sonstigen Beendigungstatbeständen die Zustimmung des Organs, das auf Seiten der juristischen Person für die Zustimmung zu Kündigungen zuständig ist, erforderlich. Als weitere Beendigungsgründe kommen – praktisch eher selten – sowohl die **Anfechtung** gem. §§ 119, 123 BGB in Betracht als auch die Berufung auf den **Wegfall der Geschäftsgrundlage**. Liegt ein **fehlerhaftes Dienstverhältnis** mit dem Vorstand oder Geschäftsführer vor, endet dies ebenso wie ein faktisches Arbeitsverhältnis durch Abgabe einer entsprechenden **Lösungserklärung** durch eine der beteiligten Parteien.[15] Bei einer **Verschmelzung** nach dem **Umwandlungsgesetz** geht mit Eintragung der Verschmelzung in das Handelsregister der Dienstvertrag des Organs auf den übernehmenden Rechtsträger über. Das Amt mit der verschmelzenden Gesellschaft erlischt (vgl. § 20 Abs. 1 Nr. 2 UmwG). Bei der **umwandlungsrechtlichen Aufspaltung** verliert das Organ sein Amt beim Erlöschen der Gesellschaft. Der Dienstvertrag geht auf den zur Übernahme bestimmten Rechtsträger über. Bei einer **umwandlungsrechtlichen Abspaltung** wird hingegen nur ein Teil des Vermögens übertragen. Die übertragende Gesellschaft wird dementsprechend nicht aufgelöst, sondern bleibt bestehen. Das Organ der übertragenden/abspaltenden Gesellschaft bleibt daher im Amt; der Dienstvertrag unberührt. Auch die **umwandlungsrechtliche Ausgliederung** hat wie die Abspaltung keine dienstrechtliche Relevanz. Die Gesellschaft bleibt bestehen, Geschäftsführer/Vorstand bleiben im Amt, die Dienstverträge unberührt. Auch beim **Rechtsformwechsel** nach Maßgabe der **§§ 190 ff. UmwG** gilt Entsprechendes. Zwar endet das Amt mit dem Wirksamwerden des Formwechsels, der Verlust der Organstellung hat jedoch auch im Fall des Formwechsels nicht automatisch die Beendigung des Dienstvertrags zur Folge.[16] 10

6. Zuständigkeiten

Die **Beendigungserklärungen** greifen nur dann durch, wenn sie auf der Basis wirksam gefasster **Beschlüsse** des zuständigen Organs der Gesellschaft ausgesprochen werden. Insoweit gilt grundsätzlich und im Zweifel für die Zuständigkeit eine **Annexkompetenz** zugunsten derjenigen Organe, die auch für die Organbestellung und den Abschluss des Dienstvertrags zuständig sind. Besonderheiten ergeben sich insoweit bei **mitbestimmten Gesellschaften.** 11

Bei der AG ist für die **Kündigung** der **Aufsichtsrat** der Gesellschaft zuständig. Dies gilt insbesondere dann, wenn die Kündigung zusammen mit dem Widerruf der Bestellung ausgesprochen wird. Die Kündigungszuständigkeit kann auf einen Ausschuss delegiert werden. Dieser darf aber nicht durch vorzeitige Entscheidung über die Kündigung die Entscheidung des **Aufsichtsratsplenums** über den Widerruf präjudizieren. Auch bei dem Abschluss von **Aufhebungsverträgen** ist die Zuständigkeit des Aufsichtsrats gegeben. 12

14 OLG Stuttgart v. 11.2.2004, GmbHR 2004, 417.

15 Vgl. zur Frage fehlerhafter Vorstandsverträge umfassend *Köhler*, NZG 2008, 162 ff.

16 Vgl. *Lutter/Decher*, UmwG, § 202 Rn 44.

13 Bei der **GmbH** ist zuständig für Widerruf der Bestellung und damit für den Ausspruch der Kündigung die **Gesellschafterversammlung.**[17] Bei mitbestimmten Gesellschaften tritt an ihre Stelle der **Aufsichtsrat.**[18] Existiert bei einer GmbH ein **fakultativer Aufsichtsrat**, dann ist dieser zuständig, soweit der Gesellschaftsvertrag keine abweichende Regelung gem. § 52 Abs. 1 GmbHG i.V.m. § 112 AktG enthält.[19]

14 Fällt die AG oder die GmbH in den Anwendungsbereich des **Drittelbeteiligungsgesetzes**, dann verbleibt es bei der ursprünglichen Zuständigkeit.

15 Fällt die GmbH oder die AG unter das **Mitbestimmungsgesetz**,[20] dann ist zu beachten, dass der Aufsichtsrat einer derartigen Gesellschaft paritätisch zu besetzen ist. Dem Vorsitzenden des Aufsichtsrats steht ein sog. **Zweitstimmrecht** zu. Dem Vorstand bzw. der Geschäftsführung muss dann ein **Arbeitsdirektor** angehören. In diesen Fällen erfolgt die Bestellung der Organmitglieder in dem besonderen Verfahren des **§ 31 MitbestG**. Dabei ist im ersten Wahlgang eine Mehrheit von **2/3 der Mitglieder** des Aufsichtsrats erforderlich. Wird diese nicht erreicht, so muss der **Vermittlungsausschuss** dem Aufsichtsrat binnen eines Monats einen neuen Vorschlag machen. Hierüber wird in einem **zweiten Wahlgang** abgestimmt. Bei diesem zweiten Wahlgang reicht für die Bestellung die **absolute Mehrheit** der Stimmen aller Mitglieder aus. Wird diese nicht erreicht, so kann bei einer erneuten Abstimmung der Vorsitzende seine **Zweitstimme** einsetzen, um die absolute Mehrheit zu erreichen. In dem Verfahren nach **§ 31 MitbestG** ist auch der **Arbeitsdirektor** zu bestellen. Er muss dem jeweiligen Vertretungsorgan (Vorstand/Geschäftsführung) als gleichberechtigtes Mitglied gem. **§ 33 MitbestG** angehören. Ihm ist mit der Bestellung die Zuständigkeit für **Personal- und Sozialangelegenheiten** zuzuweisen.

16 Für den **Widerruf** der Bestellung gelten die gleichen Zuständigkeiten und Mehrheitsregeln wie für die Bestellung. Zu beachten ist, dass der Widerruf bei mitbestimmten Gesellschaften nur aus wichtigem Grund gem. § 31 Abs. 1 S. 1 MitbestG, § 84 Abs. 3 AktG ausgesprochen werden kann. Die Zuständigkeit für Abschluss und Beendigung des Dienstvertrags von Vorstandsmitgliedern und Geschäftsführern und damit auch für den Ausspruch der **Kündigung** steht dem **Aufsichtsrat** als **Annexkompetenz** zu seiner Bestellungs- und Abschlusskompetenz zu. Dies gilt dann auch für den Abschluss von **Aufhebungsverträgen.**[21]

17 Kommt es zu einem **Auseinanderfallen** von **Zuständigkeiten**, ist zu bedenken, dass alle Handlungen auf wirksamen Beschlussermächtigungen beruhen müssen. Besteht beispielsweise die Notwendigkeit, **Kündigungsgründe nachzuschieben**, ist dies materiellkündigungsrechtlich unproblematisch, wenn die Gründe im Zeitpunkt des Zugangs der Kündigungserklärung vorgelegen haben. Fällt die Zuständigkeit zur Abgabe der Kündigungserklärung und die Vertretung im Prozess auseinander, dann können diese Gründe nicht ohne weiteres im Prozess nachgeschoben werden.[22] Dabei soll nach Auffassung des BGH eine **gesonderte Beschlussfassung** bei der **AG nicht erforderlich** sein, weil der Aufsichtsrat die Gesellschaft im Prozess gem. § 112 AktG allein vertritt. Kommt es hingegen bei der **GmbH** zu einem Auseinanderfallen zwischen kündigendem Organ (Gesellschafterversammlung) und Prozessvertretungsorgan

17 BGH v. 25.3.1991, DB 1991, 1065.

18 BGH v. 14.11.1983, DB 1984, 104.

19 Vgl. BGH v. 24.11.2003, GmbHR 2004, 259.

20 Vgl. hierzu *Ulmer/Habersack/Henssler*, Mitbestimmungsrecht, 2. Aufl. 2006; *Wlotzke/Wißmann/Koberski/Kleinsorge*, Mitbestimmungsrecht, 3. Aufl. 2008.

21 Vgl. u.a. BGH v. 14.11.1983, DB 1984, 104; vgl. zu den hier aus Gründen praktischer Relevanz nicht erwähnten Montanmitbestimmungsgesetzen die ausführliche Darstellung bei MünchArb/*Wissmann*, §§ 375–386.

22 Vgl. BGH v. 29.3.1973, DB 1973, 1010.

(gesonderter Vertreter, Geschäftsführung), dann bedarf es eines **Beschlusses der Gesellschafterversammlung**, damit das Prozessvertretungsorgan die Kündigung auch auf nachgeschobene Kündigungsgründe stützen kann.[23] Aus Gründen **beraterischer Vorsorge** empfiehlt es sich, bei **AG und GmbH vorsorglich** einen **erneuten Beschluss** des Organs, das für die Kündigung zuständig ist, beim Nachschieben von Kündigungsgründen herbeizuführen.[24]

7. Vertretungsbefugnis

Sowohl die **Gesellschafterversammlung** als auch der **Aufsichtsrat** bei GmbH und AG können sich für den Ausspruch der jeweiligen Erklärungen nach allgemeinen Grundsätzen eines **Dritten** (Bevollmächtigter/einzelner Mitglieder des Organs/einzelner Gesellschafter/Mitglieder der Geschäftsleitung/Mitglieder des Vorstands) bedienen. Dem steht bei der Aktiengesellschaft insbesondere **§ 111 Abs. 5 AktG** nicht entgegen, da insoweit entscheidend ist, dass das Aufsichtsratsmitglied bei der ordnungsgemäßen **Beschlussfassung** als **Wirksamkeitsvoraussetzung** für die Kündigung tätig geworden ist. Die entsprechende Bevollmächtigung/Ermächtigung, die wiederum im Beschlusswege zu erfolgen hat, ist nach § 167 BGB **formfrei** möglich. Eine **Zurückweisung** nach **§§ 174, 180 BGB** ist dabei zulässig, so etwa, wenn das vom Aufsichtsrat ermächtigte Mitglied bei der Kündigung eines Vorstandsmitglieds die ermächtigende Urkunde nicht vorlegt.[25] Auch wenn von Rechts wegen bei der Abgabe der Kündigungserklärung der **Kündigungsbeschluss** des zuständigen Organs selbst nicht vorgelegt werden muss, sollte dies aus **Gründen rechtlicher Vorsorge** gleichwohl getan und damit der Beschluss über die Abberufung und Kündigung des Organs ebenfalls der bzw. den Erklärungen (Abberufung, Kündigung, Bevollmächtigung/Ermächtigung) beigefügt werden. 18

III. Kündigung von Vorstandsmitgliedern der AG

1. Ordentliche Kündigung

Die **ordentliche Kündigung** des Dienstvertrags des Vorstandsmitglieds ist in der Praxis weniger relevant als der Ausspruch der **außerordentlichen Kündigung**. Zu berücksichtigen ist zunächst, dass der Anstellungsvertrag dann, wenn er auf unbestimmte Zeit abgeschlossen ist, gem. **§ 84 Abs. 1 S. 5 i.V.m. § 84 Abs. 1 AktG** mit Ablauf der gesetzlich festgelegten Fünf-Jahres-Frist endet. Eine ordentliche Kündigung ist nur zulässig, wenn zuvor oder gleichzeitig die Bestellung aus wichtigem Grund widerrufen wird. Gem. **§ 620 Abs. 1 BGB, § 84 Abs. 1 S. 1 AktG** ist eine Auflösung des Dienstverhältnisses also vor Ablauf der Zeit ausgeschlossen, es sei denn, es liegen wichtige Gründe nach **§ 626 Abs. 1 BGB** vor. 19

Haben die Parteien eine **Koppelungsklausel** vereinbart, bedarf es keines gesonderten Ausspruchs einer Kündigung mehr. Zu beachten ist in diesen Fällen, dass der Widerruf, der nicht zugleich einen wichtigen Grund nach § 626 BGB darstellt, nur bewirkt, dass das Dienstver- 20

23 Vgl. BGH v. 17.10.1983, WM 1984, 29; zur Zwei-Mann-GmbH: BGH v. 14.10.1991, DB 1992, 260; vgl. zum Nachschieben von Kündigungsgründen ferner BGH v. 1.12.2003, NJW 2004, 1528 und zum Nachschieben eines wichtigen Grundes durch den Insolvenzverwalter BGH v. 20.6.2005, DB 2005, 1849.

24 So auch *Bauer/Krets*, DB 2003, 811, 817.

25 OLG Düsseldorf v. 17.11.2003, DB 2004, 920; vgl. auch *Leuering*, NZG 2004, 120 und *Schockenhoff/Topf*, DB 2005, 539.

hältnis mit Ablauf der Frist des **§ 622 BGB** endet.[26] Die Vorschrift des **§ 624 BGB** kommt wegen der Regelungen des § 84 Abs. 1 S. 1 AktG in der Praxis nicht zur Anwendung.

2. Außerordentliche Kündigung

21 Nach **§ 626 Abs. 1 BGB** kann der Dienstvertrag eines Vorstandsmitglieds **aus wichtigem Grund** gekündigt werden. Voraussetzung für die außerordentliche fristlose Kündigung ist das Vorliegen eines **wichtigen Grundes i.S.d. § 626 Abs. 1 BGB** und die Einhaltung der **Zwei-Wochen-Frist** des **§ 626 Abs. 2 BGB**. Die Voraussetzungen des wichtigen Grundes i.S.d. § 626 Abs. 1 BGB unterscheiden sich von denjenigen des § 84 Abs. 3 S. 1 AktG. Als „Regel“ kann gelten, dass der wichtige Grund i.S.d. § 626 BGB einen wichtigen Grund nach § 84 Abs. 3 S. 1 AktG darstellt, wohingegen umgekehrt der wichtige Grund i.S.d. § 84 Abs. 3 S. 1 AktG nicht immer den Anforderungen des § 626 BGB genügt.

22 Die **Prüfung** zu **§ 626 BGB** erfolgt **zweistufig**. Zunächst ist zu fragen, ob das Vorstandsmitglied seine Pflichten, die sich aus Gesetz, Satzung und Anstellungsvertrag ergeben, (grob) verletzt hat. Auf der zweiten Stufe ist zu prüfen, ob die festgestellte **Pflichtverletzung** eine außerordentliche Kündigung rechtfertigt. Es ist also eine **Interessenabwägung** erforderlich, ob der Gesellschaft trotz der Pflichtverletzung eine Fortsetzung des Anstellungsvertrags bis zur ordentlichen Beendigung zumutbar ist. Hierbei sind insbesondere die Schwere der Verfehlungen einschließlich des Verschuldens des Vorstandsmitglieds ebenso zu berücksichtigen wie eventuelle Wiederholungsgefahren, die Folgen für die Gesellschaft, Erfolge, Dienstzeit und Verdienste des Vorstandsmitgliedes, weiterhin auch dessen Lebensalter und die Folgen für den Betroffenen.[27]

23 Als **Beispiel** kommen etwa in Betracht Vermögensschädigungen der Gesellschaft, Verstöße gegen Zustimmungsvorbehalte, strafbare Handlungen, Verletzung von Geschäftsgeheimnissen, Vornahme verbotener Insidergeschäfte, unberechtigte Amtsniederlegung seitens des Vorstandsmitglieds, Bilanzmanipulation und verursachte Zerwürfnisse mit anderen Organmitgliedern und/oder den Gesellschaftern.[28]

24 In diesem Zusammenhang ist bei der Bestimmung des **Pflichtenkreises** des **Vorstandsmitglieds** auch zu berücksichtigen, dass teilweise eine **Gesamtverantwortung** des Gesamtvorstands besteht, auch wenn für die Detailfragen eine Einzelressortzuständigkeit vereinbart wurde. Dies gilt insbesondere für den haftungsträchtigen Bereich gem. § 91 Abs. 2 AktG **(Risk-Management)**.

25 Die außerordentliche Kündigung muss wiederum innerhalb der **Frist** des **§ 626 Abs. 2 BGB** erfolgen. Entscheidend ist die Kenntnis des Aufsichtsratgremiums. Anders als beim Widerruf der Bestellung ist es möglich, die Kündigung des Anstellungsvertrags und damit zusammenhängende sonstige Beendigungstatbestände, insbesondere die einvernehmliche Beendigung, auf einen gesonderten **Ausschuss** (in der Praxis i.d.R. Präsidialausschuss/Personalausschuss) zu delegieren. Der **Personalausschuss** darf allerdings durch seine Regelungen der **Widerrufsentscheidung** des **Aufsichtsratsplenums** nicht vorgreifen. Der Anstellungsvertrag darf damit nicht gekündigt werden, solange das Aufsichtsratsplenum nicht über die Beendigung der Organstellung entschieden hat.

26 Vgl. BGH v. 29.5.1989, NJW 1989, 2683.

27 Vgl. MünchGes/*Wiesner*, § 21 Rn 74.

28 Vgl. BGH v. 15.10.1996, NJW 1997, 130; BGH v. 10.9.2001, NZG 2002, 46; BGH v. 28.10.2002, NZG 2003, 86.

3. Kündigung durch das Vorstandsmitglied

Das Vorstandsmitglied kann seine Organstellung durch „Rücktritt", also durch Erklärung der **Amtsniederlegung** gegenüber dem Aufsichtsrat (§ 112 AktG), **einseitig beenden.**[29] Diese Befugnis ist für alle Organstellungen anerkannt.[30] Streitig ist in diesem Zusammenhang, ob entsprechend der Regelung des **§ 84 Abs. 3 AktG** hierzu ein **wichtiger Grund** erforderlich ist.[31] Die Rechtsprechung hat das Erfordernis für GmbH-Geschäftsführer aufgegeben.[32] Nach *Hüffer*[33] soll diese Lösung für das Aktienrecht zu übernehmen sein. Das die Amtsniederlegung beabsichtigende Vorstandsmitglied tut gleichwohl gut daran, vorab zu prüfen, ob in Anlehnung an die Regelung des § 84 Abs. 3 AktG ein Regeltatbestandsmerkmal (z.B. Vertrauensverlust) gegeben ist. Sollte ausnahmsweise kein wichtiger Grund für die Amtsniederlegung vorliegen, kommt eine fristlose Aufgabe der Organstellung jedenfalls dann in Betracht, wenn auch der Anstellungsvertrag mit sofortiger Wirkung gekündigt werden kann. Ebenso wie für den umgekehrten Fall der Abberufung durch die Gesellschaft, ist die Niederlegung seitens des Vorstandsmitglieds in entsprechender Anwendung des § 84 Abs. 3 S. 4 AktG sofort wirksam.[34] Die allgemeinen Grundsätze zur Frage der Abgabe der **Erklärung zur Unzeit** oder des **rechtsmissbräuchlichen Verhaltens** finden Anwendung.[35] 26

Kommt es zur **Niederlegung des Amts**, ist damit rechtlich nicht unbedingt die Kündigung des Anstellungsverhältnisses verbunden. Das Vorstandsmitglied kann den Anstellungsvertrag dann, wenn die Voraussetzungen des § 626 BGB vorliegen, ebenfalls aus wichtigem Grund kündigen. Die Erklärung ist nach **§ 112 AktG** gegenüber dem **Aufsichtsrat** abzugeben. Ein **besonderes Kündigungsrecht** besteht nach **§ 87 AktG** bei Herabsetzung der Bezüge eines Vorstandsmitglieds. Auch die **einvernehmliche Beendigung** des Anstellungsvertrags ist möglich. Insoweit ist zu berücksichtigen, dass der bei einer AG oftmals eingerichtete **Präsidialausschuss/Personalausschuss** wiederum die Abberufungsentscheidung des Gesamtgremiums des Aufsichtsrats nicht durch eine vorzeitige Vertragsbeendigung beeinflussen darf. 27

IV. Kündigung von Geschäftsführern der GmbH

1. Ordentliche Kündigung

Der Anstellungsvertrag des GmbH-Geschäftsführers kann im Wege der ordentlichen Kündigung von beiden Seiten durch einseitige, empfangsbedürftige Willenserklärung beendet werden. Dabei bedarf die **ordentliche Kündigung des Anstellungsverhältnisses** des GmbH-Geschäftsführers mit Rücksicht auf seine Vertrauensstellung als organschaftlicher Vertreter mit Unternehmerfunktion **keines sie rechtfertigenden Grundes**. Die Kündigung ist, sofern ihre formellen Voraussetzungen erfüllt sind, auch dann wirksam, wenn sie sich auf keinen anderen Grund als den Willen des kündigungsberechtigten Organs stützen kann.[36] Nach h.M. finden – vorbehaltlich vertraglicher Kündigungsfristen – die Regelungen des **§ 622 BGB** Anwendung.[37] 28

29 Vgl. etwa BGH v. 8.2.1993, NJW 1993, 1198 (zur GmbH).
30 Vgl. BGH v. 8.2.1993, NJW 1993, 1198.
31 Dies hat die früher h.M. verlangt; vgl. BGH v. 14.7.1980, NJW 1980, 2415.
32 Vgl. nochmals BGH v. 8.2.1993, NJW 1993, 1198.
33 *Hüffer*, § 84 AktG, Rn 36.
34 BGH WM 1984, 532.
35 Vgl. *Hüffer*, AktG § 84 Rn 36 a.E.
36 BGH v. 3.11.2003, GmbHR 2004, 57.
37 Vgl. statt vieler *Bauer*, BB 1994, 855.

Die ordentliche Kündigung ist nach **§ 620 Abs. 2 BGB** allerdings dann ausgeschlossen, wenn der Geschäftsführer-Vertrag **befristet** ist, es sei denn, die Parteien behalten sich auch für diesen Fall eine ordentliche Kündigung ausdrücklich vor. Im Übrigen können sich GmbH-Geschäftsführer auch auf die Vorschrift des **§ 624 BGB** berufen.

2. Außerordentliche Kündigung

29 Bei der außerordentlichen Kündigung gelten die Ausführungen, die zur außerordentlichen Kündigung bei Vorstandsmitgliedern gemacht wurden, entsprechend. Dies gilt sowohl für die Zweistufigkeit der Prüfung als auch für die dort erwähnten Beispiele.[38]

3. Kündigung durch den Geschäftsführer

30 Auch der GmbH-Geschäftsführer ist berechtigt, sein Amt niederzulegen. Dabei ist es nach Auffassung der Rechtsprechung nicht erforderlich, dass sich der GmbH-Geschäftsführer zumindest auf einen **wichtigen Grund** beruft.[39] Dies darf nur nicht zur Unzeit geschehen oder sich als Ausfluss rechtsmissbräuchlichen Verhaltens darstellen. Die **Amtsniederlegung** kann aber **nicht wirksam gegenüber** einem **Mitgeschäftsführer** erklärt werden.[40] Auch für den Geschäftsführer gelten die Ausführungen zur **ordentlichen/außerordentlichen** Kündigung **entsprechend**. Ein wichtiger Grund für die Kündigung des Anstellungsverhältnisses ist z.B. der Ausspruch einer außerordentlichen fristlosen Kündigung durch die Gesellschaft ohne das Vorliegen eines wichtigen Grundes.

V. Rechtsfolgen und Fragen bei Beendigung der Stellung als Vorstand/Geschäftsführer

31 Mit der Beendigung des Anstellungsverhältnisses hat das (ehemalige) Organ keinen Anspruch mehr auf **Bezüge** für eine aktive Tätigkeit.[41] Ggf. bestehen Ansprüche auf **Versorgungsbezüge**. Der Vorstand/Geschäftsführer hat gem. §§ 675 ff., 259 BGB sämtliche **Geschäftsunterlagen** herauszugeben. Ein **Zurückbehaltungsrecht** steht ihm nicht zu. Ein Anspruch auf **Weiterbeschäftigung** besteht ebenfalls nicht. Der Vorstand/Geschäftsführer hat auch alle **Ämter niederzulegen**, die er nur aufgrund der Tätigkeit für die Gesellschaft erlangt hat. Ihm steht ein Zeugnis, auf Verlangen ein **qualifiziertes Zeugnis** gem. **§ 630 BGB**, zu. Nach **§ 629 BGB** hat der Vorstand/Geschäftsführer Anspruch auf Freizeitgewährung zur Stellungsuche. Ein auch privat genutzter **Dienstwagen** ist herauszugeben. Die Frage, wie hinsichtlich des Anspruchs auf **Resturlaub** bzw. **Urlaubsabgeltung** zu verfahren ist, richtet sich nach den vertraglichen Vereinbarungen. Der Vorstand/Geschäftsführer ist bei **schwebenden Geschäften** und hinsichtlich von **Vermögenswerten**, die seitens der Gesellschaft überlassen wurden, verpflichtet, **Rechnung** zu legen. Der Vorstand/Geschäftsführer hat dann **Wettbewerb** zu unterlassen, wenn dies für die Zeit nach dem Ausscheiden wirksam

38 Vgl. ergänzend zur GmbH OLG Celle v. 4.2.2004, GmbHR 2004, 425; BGH v. 20.6.2005, NZA 2005, 1415; LG Berlin v. 10.11.2003, GmbHR 2004, 741; OLG Celle v. 4.2.2004, NZG 2004, 475.

39 Vgl. BGH v. 8.2.1993, NJW 1993, 1198; BGH v. 26.6.1995, NJW 1995, 2850.

40 OLG Düsseldorf v. 3.6.2005, DB 2005, 1451.

41 Vgl. zur Möglichkeit, die Bezüge des ehemaligen Organs mittels Urkundsklage geltend zu machen: *Fischer*, NJW 2003, 333 f.

vereinbart ist. Während des eventuellen Laufs einer Kündigungsfrist gelten die gesetzlichen Wettbewerbsverbote (vgl. **§ 88 AktG, § 60 HGB**) auch bei erfolgter **Freistellung**.

Im Zusammenhang mit dem **Widerruf der Bestellung** kann sich die Frage stellen, ob das (ehemalige) Organ verpflichtet ist, wenn durch den Widerruf der Organstellung das Dienstverhältnis nicht unmittelbar beendet worden ist, das **Angebot** zu einer **anderen Beschäftigung** im Unternehmen für die Restlaufzeit des Vertrags zu akzeptieren. Dies ist regelmäßig dann zu verneinen, wenn der Vertrag vorsieht, dass der Vorstand/Geschäftsführer nur Dienste als Organ schuldet.[42] Weiterhin ist zu prüfen, ob bei Nichttätigwerden des Organs im Übrigen die Vorschrift des § 615 S. 2 BGB eingreift. Voraussetzung ist in jedem Fall das Vorliegen von **Annahmeverzug** der Gesellschaft. Dabei ist nach der Rspr. regelmäßig für den Eintritt des Annahmeverzugs der kündigenden Gesellschaft der **Widerspruch** des gekündigten Organs und ein **wörtliches Angebot** seiner Dienste notwendig. Letzteres ist nur dann nicht erforderlich, wenn die Gesellschaft erkennen lässt, dass sie nicht bereit ist, den Vorstand/Geschäftsführer weiter zu beschäftigen, u.a. also, wenn die Gesellschaft ein anderes Organmitglied bestellt, dem bisherigen Organ Hausverbot erteilt oder die Abgabe der überlassenen Schlüssel verlangt.[43] Erzielt das gekündigte Organ **anderweitigen Verdienst**, dann muss sich der Vorstand/Geschäftsführer diesen nach § 615 S. 2 BGB anrechnen lassen, es sei denn, es sind anderweitige vertragliche Regelungen getroffen. Die **Darlegungs- und Beweislast** für die Eingehung eines neuen Dienstverhältnisses trifft dabei die Gesellschaft. Der Vorstand/Geschäftsführer ist verpflichtet, die Dauer und die Höhe des erzielten Entgelts darzulegen.[44] 32

Unterschiedliche Auffassungen finden sich in der Rechtsprechung zu der Frage, ob ein Organmitglied (dort: GmbH-Geschäftsführer) **Schadensersatzansprüche** nach **§ 628 Abs. 2 BGB** dann geltend machen kann, wenn die Gesellschaft sich im Anstellungsvertrag schuldrechtlich zur Einräumung der Geschäftsführerstellung verpflichtet hat, dies dann aber unterlässt. Der BGH[45] hat insoweit entschieden, dass der Widerruf der Bestellung eines GmbH-Geschäftsführers kein vertragswidriges Verhalten der Gesellschaft i.S.d. § 628 Abs. 2 BGB darstelle, während das BAG[46] meint, dass die unterbliebene Bestellung trotz entsprechender vertraglicher Bestellungszusage eine Pflichtverletzung darstelle und zu Schadensersatzansprüchen nach § 628 Abs. 2 BGB führen könne. 33

Insoweit ist bei dem **GmbH-Geschäftsführer** zu berücksichtigen, dass das GmbHG bei der nicht mitbestimmten GmbH die **freie Widerruflichkeit** nach § 38 Abs. 1 GmbHG vorsieht. Hier ist fraglich, ob ein gesellschaftsrechtswidriges Vorgehen der GmbH bejaht werden kann. Dessen ungeachtet sind allerdings vertragliche Regeln verletzbar, wenn sie wirksam vereinbart wurden. Daher ist zu überlegen, ob die Wirksamkeit nicht schon daran scheitert, dass die Klausel eine freie Entscheidung der Gesellschafterversammlung unzulässig präjudiziert. Beim **AG-Vorstand** kommt wegen § 84 Abs. 3 S. 1 AktG dann, wenn der Widerruf ohne wichtigen Grund erfolgt, eine außerordentliche Kündigung des Anstellungsvertrags durch das Vorstandsmitglied in Betracht, so dass in diesen Fällen Ansprüche nach § 628 Abs. 2 BGB gegeben sein können. Entsprechendes gilt bei der **GmbH** jedenfalls dann, wenn die freie Widerruflichkeit nicht gegeben (z.B. **mitbestimmte GmbH**) oder eingeschränkt ist oder wenn die nicht erfolgte Bestellung bzw. die Abberufung aus unsachlichen Gründen erfolgt.[47] 34

42 So im Ergebnis auch *Moll*, Festschrift Schwerdtner, S. 462 ff.; a.A. BGH v. 9.2.1978, NJW 1978, 1435.

43 Vgl. BGH v. 9.10.2000, NZG 2001, 76.

44 BGH v. 9.10.2000, NZG 2001, 76.

45 BGH v. 28.10.2002, NJW 2003, 351.

46 BAG v. 8.8.2002, NZA 2000, 1323.

47 Vgl. insoweit auch *Bauer/Diller/Krets*, DB 2003, 2687; *Moll*, Festschrift Schwerdtner, S. 453, 457 m.w.N.

VI. Arbeitsrechtliche Aspekte

35 Unter **„normalen“ Umständen** stellt sich im Zusammenhang mit der Beendigung der Vorstandsbestellung des AG-Vorstands und der Geschäftsführer-Stellung des GmbH-Geschäftsführers die Frage nicht, ob der Vorstand/Geschäftsführer Arbeitnehmer ist und ob auf das Dienstverhältnis des Organs arbeitsrechtliche Normen Anwendung finden. Dies ergibt sich teilweise schon unmittelbar aus den Anordnungen des Gesetzgebers, siehe etwa § 5 Abs. 2 Nr. 1 BetrVG. Anlass zur Diskussion über den Zusammenhang von Arbeitsrecht und Organmitgliedsrecht ergibt sich bei Lichte besehen immer nur in Konstellationen, die durch **bestimmte Besonderheiten** gekennzeichnet sind. Es ist also zu überlegen, ob und wann als **Ausnahmefall** zur Regel ein Arbeitsverhältnis vorliegt, mit der Folge, dass dann selbstverständlich auch Arbeitsrecht zur Anwendung kommt (zu Fragen der **Rechtswegzuständigkeit** im Zusammenhang mit Klagen von Organen juristischer Personen siehe § 20 Rn 57 ff.).

1. Vertretungsberechtigtes Organ und Arbeitnehmereigenschaft

36 Der **BGH** hat bereits mit Urteil vom 11.7.1953[48] das Vorliegen eines Arbeitsverhältnisses verneint und festgestellt, dass der **Geschäftsführer** der GmbH **nicht Arbeitnehmer** der Gesellschaft ist. Entsprechendes vertritt auch das **BAG**, das mit Beschluss vom 6.5.1999 entschieden hat, dass durch den **Anstellungsvertrag i.d.R.** ein **freies Dienstverhältnis** und nur **ausnahmsweise** „im Einzelfall“ ein **Arbeitsverhältnis** begründet werde.[49] Die unterschiedliche Auffassung der beiden Bundesgerichte geht also letztlich dahin, ob es „möglich“ ist, ein Arbeitsverhältnis zu begründen, was das BAG bejaht, wohingegen für den „Normalfall“ Übereinstimmung zwischen BAG und BGH besteht, dass „i.d.R.“ ein freies Dienstverhältnis besteht. Die vom BAG grundsätzlich als Möglichkeit in Betracht gezogene **Ausnahmekonstellation** soll etwa dann gegeben sein, wenn das Organmitglied seine Arbeitszeit nicht frei und eigenverantwortlich gestalten könne, sich den Urlaub genehmigen lassen müsse und nicht der Gesellschafterebene, sondern Mitgeschäftsführern Bericht zu erstatten habe. Auch komme eine Arbeitnehmer-Stellung bei einer Mehrpersonengeschäftsführung sowie bei stellvertretenden Geschäftsführern in Betracht.[50] Auch der AG-Vorstand ist „i.d.R.“ nicht Arbeitnehmer.[51] Ausnahmen werden im Zusammenhang mit Drittanstellungen im Konzern diskutiert.[52] Daneben wird bei AG-Vorstand und GmbH-Geschäftsführer „in Einzelfällen“ daran gedacht, bestimmte arbeitsrechtliche Normen entsprechend anzuwenden.[53]

2. Umwandlung des Dienstverhältnisses in ein Arbeitsverhältnis, insbesondere die Weiterbeschäftigung nach Aufgabe der Organstellung

37 Wird das Vorstandsmitglied oder der Geschäftsführer nach seiner Abberufung als Organmitglied weiterbeschäftigt, hat die bloße Tatsache der **Weiterbeschäftigung** zunächst **keinen Ein-**

48 BGHZ 10, 187 = NJW 1953, 1465.

49 BAG v. 6.5.1999, AP Nr. 46 zu § 5 ArbGG 1979; vgl. auch BAG v. 25.10.2007, DB 2008, 355.

50 Vgl. BAG v. 26.5.1999, AP Nr. 10 zu § 35 GmbHG.

51 Vgl. MüKo-AktG/*Hefermehl/Spindler*, § 84 Rn 43 m.w.N.

52 MüKo-AktG/*Hefermehl/Spindler*, § 84 Rn 43.

53 MüKo-AktG/*Hefermehl/Spindler*, § 84 Rn 43 m.w.N. zu AG und GmbH; vgl. auch *Boemke*, ZfA 1998, 209 ff. u. *Henssler*, RdA 1992, 289; *Schrader/Schubert*, DB 2005, 1457; zur Frage der Anwendbarkeit des TzBfG vgl. *Busch/Schönhöft*, DB 2007, 2650 ff.

fluss auf die materiellrechtliche Einordnung des Anstellungsverhältnisses. Eine Umwandlung des Dienstverhältnisses in ein Arbeitsverhältnis erfolgt **nicht automatisch** mit der bloßen Abberufung.[54] Es ist den Parteien aber freigestellt, einvernehmlich das Dienstverhältnis nunmehr in ein Arbeitsverhältnis umzuwandeln. Dies muss dann aber auch entsprechend geschehen. Geschieht dies nicht, erfolgt keine „Umwandlung", auch dann nicht, wenn der Vorstand/Geschäftsführer als Organ abberufen und gleichzeitig von der Erbringung der **Dienstleistung** bis zur Beendigung des Anstellungsvertrags **freigestellt** wird. Entsprechendes gilt auch bei der **Umwandlung** einer **GmbH** in eine **GmbH & Co. KG**. Nach Auffassung des BGH mutiert das organschaftliche Anstellungsverhältnis des Geschäftsführers einer GmbH durch deren Umwandlung in eine GmbH & Co. KG und seine Bestellung zum Geschäftsführer der Komplementär-GmbH **nicht** zu einem dem Kündigungsschutz unterliegenden **Arbeitsverhältnis**.[55]

3. Drittanstellungen

In der Praxis kommen gerade innerhalb eines Konzerns oftmals Situationen vor, die zu einer sog. „Drittanstellung" des Organs führen. Diese liegt vor, wenn das Organverhältnis nicht zu der Gesellschaft besteht, mit der der Anstellungsvertrag geschlossen ist. Es ist dann zu prüfen, ob es sich um ein **einheitliches Anstellungsverhältnis** handelt oder ob **getrennte Rechtsverhältnisse** vorliegen, die dann gesondert zu qualifizieren sind. Liegt ein einheitlicher Vertrag vor, dann bleibt es i.d.R. bei der dienstvertraglichen Qualifizierung des Anstellungsverhältnisses. So z.B., wenn bei einer GmbH & Co. KG ein Geschäftsführer angestellt wird, der zu der GmbH in einem Organverhältnis steht und mit der KG einen Anstellungsvertrag schließt, der in unmittelbarem Zusammenhang steht mit dem Organverhältnis bei der GmbH. Entsprechend kann ein Anstellungsverhältnis zu einer Holdinggesellschaft begründet werden ausschließlich zum Zweck der Übernahme des Vorstands- oder Geschäftsführer-Amtes einer Tochtergesellschaft. 38

Anders ist jedenfalls dann zu entscheiden, wenn das Organmitglied bei der Gesellschaft, bei der das Anstellungsverhältnis begründet ist, **sonstige Tätigkeiten** ausübt. Es liegen dann regelmäßig zwei gesondert zu qualifizierende Vertragsverhältnisse vor, wobei ein Anstellungsverhältnis als Arbeitsverhältnis anzusehen ist, wenn man bei Anwendung der „üblichen" Abgrenzungskriterien zwischen Arbeitsvertrag und Dienstvertrag zu einem entsprechenden Ergebnis gelangt.[56] 39

4. Ruhen des Arbeitsverhältnisses

Eine weitere Sonderkonstellation kann vorliegen, wenn der Vorstand/Geschäftsführer **zuvor** bereits bei der Gesellschaft, für die er nun als Organ tätig ist, in einem **Arbeitsverhältnis** gestanden hat. Nachdem das BAG früher die Auffassung vertreten hat, dass das Arbeitsverhältnis eines Arbeitnehmers nach Bestellung zum Organmitglied im Zweifel als **ruhendes Arbeitsverhältnis** anzusehen sei,[57] vertritt das BAG nunmehr[58] den Standpunkt, dass in 40

54 BAG v. 28.6.1995, BB 1996, 113, 114; BGH v. 10.1.2000, NZA 2000, 376; a.A. OLG Frankfurt v. 11.5.1999, NZA-RR 2000, 385.

55 BGH v. 8.1.2007, NZG 2007, 590.

56 So zutreffend BAG v. 26.5.1999, AP Nr. 10 zu § 35 GmbHG.

57 BAG v. 9.5.1985, AP Nr. 3 zu § 5 ArbGG 1979; vgl. auch *Dollmann*, BB 2003, 1838 m.w.N.

58 BAG v. 25.4.2002, NZA 2003, 272; BAG v. 18.12.1996, BB 1997, 667; BAG v. 8.6.2000, NZA 2000,1013; vgl. auch BAG v. 24.11.2005– 2 AZR 614/04 – n.v.; BAG v. 7.10.1993, DB 1994, 428.

Ermangelung weiterer Anhaltspunkte **eine Vermutung** dafür spreche, dass nach dem Willen der Parteien neben einem Geschäftsführer-Dienstvertrag **nicht noch** ein **Arbeitsverhältnis** ruhend fortbestehen soll. Die Variante einer konkludenten Aufhebung ist also vom BAG angenommen und akzeptiert worden.[59]

41 Seit dem 1.5.2000 ist **§ 623 BGB** dahingehend verändert worden, dass für die Aufhebung eines Arbeitsverhältnisses die Einhaltung der gesetzlichen **Schriftform** verlangt wird. In diesem Zusammenhang ist die vorgenannte Rechtsprechung des Bundesarbeitsgerichts in Frage gestellt worden, insbesondere mit der Erwähnung, dass eine konkludente Aufhebung des Arbeitsverhältnisses nicht (mehr) in Betracht komme.[60] Das Bundesarbeitsgericht hat zwischenzeitlich jedoch seine vorgenannten Grundsätze bestätigt. Schließt ein Arbeitnehmer mit seinem Arbeitgeber einen schriftlichen Geschäftsführer-Dienstvertrag, dann wird vermutet, dass das bis dahin bestehende Arbeitsverhältnis mit Beginn des Geschäftsführer-Dienstverhältnisses einvernehmlich beendet werde, soweit nicht klar und eindeutig etwas anderes vertraglich vereinbart worden sei. Durch einen schriftlichen Geschäftsführer-Dienstvertrag werde in diesen Fällen das Schriftformerfordernis des § 623 BGB für den Auflösungsvertrag gewahrt.[61]

42 Ist damit für die Praxis zumindest für den „Normalfall" der „Beförderung" eines Arbeitnehmers zum Organmitglied der gleichen Gesellschaft[62] unabhängig von bestehenden dogmatischen Bedenken Klarheit geschaffen,[63] bleiben zwei weitere Konstellationen zu berücksichtigen, in denen die Rechtsprechung des BAG nicht unmittelbar zur Anwendung gebracht werden kann. Dies betrifft zum einen den Fall, dass die Vertragspartner von (früherem) Arbeitsvertrag und (späterem) Geschäftsführer-Dienstvertrag auseinanderfallen, wie es typischerweise bei einer Geschäftsführertätigkeit in einem anderen Konzernunternehmen der Fall ist. Weiterhin bleibt die Variante zu berücksichtigen, dass einer Geschäftsführerbestellung ein mündlich abgeschlossener Dienstvertrag zugrunde liegt.[64]

43 In diesen Konstellationen ist auch nach der Rechtsprechung des BAG eine ausdrückliche Aufhebungsvereinbarung außerhalb des Dienstvertrags geboten. Insoweit bestünde zwar auch die Möglichkeit, dass der (alte) Arbeitgeber den neuen „Dienstvertrag" mit unterzeichnet. In der Praxis empfiehlt es sich zur Vermeidung weiterer Probleme durch die Drittunterschrift aber, dass bei Auseinanderfallen der Parteien die Rechtsverhältnisse getrennt ausdrücklich schriftlich beendet bzw. begründet werden. Bei dem lediglich mündlich vorgenommenen Dienstvertragsabschluss ist die Formvorschrift des § 623 BGB offensichtlich nicht gewahrt, so dass hier eine ausdrückliche Aufhebungsvereinbarung nach wie vor geboten ist.

44 Aus Sicht des Beraters ist der Klarheit wegen nach wie vor anzuraten, jedenfalls in den benannten verbleibenden Konstellationen, eine ausdrückliche Abrede zur Aufhebung des (ehemaligen) Arbeitsverhältnisses zu treffen. Zur Vermeidung von Vertretungsproblemen sollte dabei die Aufhebung mit dem (alten) Arbeitgeber erfolgen. Grundsätzlich ist es natürlich auch möglich, dass die Aufhebung innerhalb des neuen Geschäftsführer-Dienstvertrags erfolgt und – aus Rechtssicherheitsgründen – der alte Arbeitgeber diesen Vertrag mit unterzeichnet. Eine entsprechende Klausel, die auch drucktechnisch hervorgehoben werden sollte, kann z.B. wie folgt lauten:

59 Vgl. BAG v. 25.4.2002, NZA 2003, 272.

60 Vgl. *Fischer*, NJW 2003, 2417 m.w.N.; *Haase*, GmbHR 2004, 279; *Baeck/Hopfner*, DB 2000, 1914.

61 BAG v. 19.7.2007, BB 2008, 390.

62 Vgl. hierzu *Moll*, GmbHR 2008, 1024 ff.

63 Vgl. insoweit *Lembke*, BB 2008, 393.

64 Vgl. hierzu LAG Bremen v. 2.3.2006, NZA-RR 2006, 321; LAG Niedersachsen vom 7.3.2007, NZA-RR 2007, 522.

Formulierungsbeispiel 45
Mit Abschluss dieses Vorstands- bzw. Geschäftsführer-Dienstvertrags wird der bisher zwischen den Parteien bestehende Arbeitsvertrag vom entschädigungslos/gegen Zahlung einer Abfindung in Höhe von EUR brutto aufgehoben.

5. Die Anwendung des Kündigungsschutzgesetzes auf vertretungsberechtigte Organe

§ 14 Abs. 1 Nr. 1 KSchG bestimmt, dass die Vorschriften der §§ 1 bis 13 KSchG nicht gel- 46
ten in Betrieben einer juristischen Person für die Mitglieder des Organs, das zur gesetzlichen Vertretung der juristischen Person berufen ist. Die Vorschrift findet also **unmittelbar Anwendung** auf **Vorstände** von AG und **Geschäftsführer** von Gesellschaften mit beschränkter Haftung. Nach dem eindeutigen Wortlaut der Vorschrift genießen weder Vorstände noch Geschäftsführer Kündigungsschutz. Dabei kann letztlich sogar dahinstehen, ob das jeweilige Anstellungsverhältnis als Dienstvertrag oder Arbeitsvertrag zu qualifizieren ist, da § 14 Abs. 1 KSchG insoweit eine **negative Fiktion** enthält mit der Folge, dass die dort bezeichneten Personengruppen aufgrund ihrer organschaftlichen Stellung aus dem Anwendungsbereich des allgemeinen Kündigungsschutzes ausgeklammert sind.[65]

Anderes kann nur in den dargestellten **Sonderkonstellationen** (ruhendes Arbeitsverhältnis, 47
Drittanstellung, umgewandeltes Dienstverhältnis) gelten. Kommt es zum **Wiederaufleben** eines **ruhenden Arbeitsverhältnisses** oder kommt es aufgrund Parteivereinbarung zur **ausdrücklichen Umwandlung** eines Dienstvertrags in einen Arbeitsvertrag, dann findet selbstverständlich § 14 Abs. 1 KSchG keine Anwendung. Zu prüfen ist dann, ob die Voraussetzungen des § 14 Abs. 2 KSchG vorliegen. Ist auch dies zu verneinen, liegt ein „normales" Arbeitsverhältnis vor mit der Folge, dass die **§§ 1 bis 13 KSchG** in **vollem Umfange** greifen.

Bei der **Drittanstellungskonstellation** stellt sich die Frage, ob § 14 Abs. 1 KSchG nur im 48
Verhältnis zur Organgesellschaft oder auch zum Drittunternehmen zur Anwendung kommt. Das BAG meint insoweit, dass die negative Fiktion des § 14 Abs. 1 KSchG nur dann zur Anwendung komme, wenn das Organverhältnis und das Anstellungsverhältnis zwischen denselben Parteien bestehe, der Geschäftsführer also einen Anstellungsvertrag mit der GmbH habe, bei der er zum Geschäftsführer bestellt sei. Habe der Geschäftsführer hingegen bei der GmbH & Co. KG seinen Anstellungsvertrag mit der Kommanditgesellschaft oder im Konzernunternehmen mit der Muttergesellschaft abgeschlossen, sei die Anwendbarkeit des KSchG jedenfalls nicht über § 14 Abs. 1 KSchG ausgeschlossen.[66] Entscheidend ist in diesen Fällen aber nicht, wie weit die negative Fiktion des § 14 Abs. 1 KSchG reicht, sondern entscheidend ist, ob bei dem anstellenden Drittunternehmen ein Arbeitsverhältnis oder ein freies Dienstverhältnis vorliegt. Handelt es sich um ein Arbeitsverhältnis, dann gelten die §§ 1 bis 13 KSchG entweder mit der Einschränkung gem. § 14 Abs. 2 KSchG oder bei Nichtvorliegen dieser Voraussetzungen uneingeschränkt. Bei dem Geschäftsführer einer **GmbH & Co. KG** ist die Regelung in **§ 14 Abs. 1 Nr. 1 KSchG** also nur im unmittelbaren Verhältnis der vertretenen juristischen Personen zu ihrem Organvertreter anzuwenden. Die Bestimmung findet **keine Anwendung**, wenn es sich um ein Vertragsverhältnis zur **KG und nicht zur Komplementär-GmbH** handelt.[67] Hierbei bleibt es auch in Ansehung der Entscheidung des BAG vom

65 Vgl. Ascheid/Preis/Schmidt/*Biebl*, § 14 KSchG Rn 3 m.w.N.
66 BAG v. 20.10.1995, NZA 1996, 200; vgl. auch BAG v. 15.4.1982, NJW 1983, 2405.
67 Vgl. nochmals BAG v. 15.4.1982, NJW 1983, 2405; BAG v. 20.10.1995, NZA 1996, 200.

20.8.2003, die sich mit der Auslegung des § 5 Abs. 1 bis 3 ArbGG im Hinblick auf die Geschäftsführer einer GmbH & Co. KG befasst.[68] Das BAG hat in dieser Entscheidung ausdrücklich darauf hingewiesen, dass die Regelung in § 14 Abs. 1 KSchG einen anderen Inhalt als die Regelung in § 5 Abs. 3 ArbGG habe.[69] Wenn also bei einer GmbH & Co. KG ein Arbeitsverhältnis zwischen dem **Geschäftsführer** der GmbH und der **KG** besteht, dann findet nach Auffassung des **BAG** (nach wie vor) auf dieses Arbeitsverhältnis das **KSchG Anwendung**.[70]

49 Im Jahre 2005[71] hat das BAG entschieden, dass bei einer **GmbH & Co. KG**, wenn ein Arbeitnehmer zum Geschäftsführer der persönlich haftenden GmbH aufgestiegen und dann als Geschäftsführer wieder abberufen wird, das **alte Arbeitsverhältnis** in der Regel **nicht wieder auflebt**. Vereinbaren die Parteien jedoch nach der Kündigung des Geschäftsführervertrags eine Weiterbeschäftigung des Betreffenden ohne wesentliche Änderung seiner Arbeitsaufgaben im Rahmen eines Arbeitsverhältnisses, so lässt dies mangels abweichender Vereinbarung **regelmäßig** auf den **Parteiwillen** schließen, die Beschäftigungszeit als Geschäftsführer auf das neu begründete Arbeitsverhältnis anzurechnen.[72] Auch insoweit empfiehlt es sich in der Praxis **dringend, ausdrückliche Regelungen** zu treffen, damit diese **Zweifelsregelung** nach der Rechtsprechung des BAG **nicht zur Anwendung gelangt**, denn das BAG hat ausdrücklich festgestellt, dass ein abweichender Parteiwille, der dahin zielt, die frühere Beschäftigungszeit als Geschäftsführer unberücksichtigt zu lassen, nur dann beachtlich sei, wenn er **in dem neuen Arbeitsvertrag hinreichend deutlich** zum Ausdruck kommt.[73]

50 In einer Entscheidung aus dem Jahre 2007 hat das BAG zwischenzeitlich seine Rechtsprechung in diesem Zusammenhang ergänzt.[74] Das BAG hatte über die Kündigung eines mit der Konzernobergesellschaft bestehenden Arbeitsverhältnisses zu entscheiden. Dieses Arbeitsverhältnis war während der Tätigkeit des Klägers als Geschäftsführer für eine Konzerntochtergesellschaft auf diese im Wege des Betriebsübergangs gem. § 613a BGB übergegangen. Das BAG wies die Klage auf Feststellung der Unwirksamkeit der Kündigung des Arbeitsverhältnisses ab. Obwohl zwischen den Parteien nach Auffassung des BAG ein Arbeitsverhältnis bestand, greife der allgemeine Kündigungsschutz wegen § 14 Abs. 1 Nr. 1 KSchG nicht ein. Insoweit bestätigte das BAG die auch bisher schon von der herrschenden Rechtsprechung vertretene Auffassung, dass § 14 Abs. 1 Nr. 1 KSchG eine umfassende negative Fiktion enthalte.[75] Dies bedeutet, dass immer dann, wenn der Geschäftsführer zum Zeitpunkt des Zugangs der Kündigung noch sein Geschäftsführeramt inne hat, die Vorschriften des ersten Abschnitts des KSchG auf die Kündigung seines Anstellungsverhältnisses unabhängig davon keine Anwendung finden, ob es sich um einen Dienstvertrag oder um einen Arbeitsvertrag handelt. Der klagende Geschäftsführer hatte also im Ergebnis keinen Vorteil davon, dass er nach Ansicht des BAG kein freier Dienstnehmer, sondern Arbeitnehmer war. Dabei stellte das BAG maßgebend darauf ab, dass zwischen den Parteien im Ergebnis nur ein einziges Schuldverhältnis außerhalb des Organverhältnisses bestand. In diesem Zusam-

68 BAG v. 20.8.2003, NZA 2003, 1108.
69 BAG a.a.O.
70 Vgl. auch BAG v. 15.4.1982, NJW 1983, 2405.
71 BAG v. 24.11.2005, NJW 2006, 1899.
72 BAG a.a.O.
73 BAG a.a.O.
74 BAG v. 25.10.2007, DB 2008, 355.
75 BAG v. 25.10.2007, DB 2008, 355; BGH v. 8.1.2007, DB 2007, 1072; BAG v. 17.1.2002, DB 2002, 1945; BGH v. 10.1.2000, DB 2000, 813.

menhang erkannte das BAG weiterhin, dass die Geschäftsführertätigkeit für die Konzerntochtergesellschaft erbracht wurde im Rahmen des mit der Konzernobergesellschaft abgeschlossenen Arbeitsvertrags. Dieses Arbeitsverhältnis sei nach § 613a BGB auf die Tochtergesellschaft übergegangen und auch danach die einzige schuldrechtliche Grundlage der Organstellung des Klägers geblieben.

VII. Checkliste

- Bestellung/Dienstvertrag wirksam? 51
- Zuständige Organe bestimmen (MitbestG prüfen).
- Beschlussfassung Widerruf/Kündigung (Fristen).
- Ausspruch Widerruf/Kündigung.
- Einvernehmliches Beendigungsszenario prüfen.
- Sind Sonderkonstellationen gegeben?
  - Liegt ausnahmsweise ein Arbeitsvertrag vor?
  - Umwandlung Dienstvertrag in Arbeitsvertrag?
  - Drittanstellung?
  - Ruhendes Arbeitsverhältnis?

§ 15 Kündigung und Insolvenz

Wolfgang Arens, Barbara Brenner, Dr. Helmut Hemmerling

Inhalt

Rn

I. Einführung ... 1
1. Die Zielsetzung des Insolvenzverfahrens ... 2
2. Eröffnungs- und eröffnetes Verfahren ... 5
a) „Eröffnungs-" oder „Antragsverfahren" (sog. „vorläufiges Insolvenzverfahren") ... 6
b) Eröffnetes Verfahren ... 19
aa) Forderungen, die vor dem Eröffnungsbeschluss entstanden sind ... 25
bb) Forderungen, die nach dem Eröffnungsbeschluss entstanden sind ... 29

II. Kündigungsrecht in der Eröffnungsphase ... 30
1. Kündigung durch wen? ... 32
2. Freistellung ... 39
3. Der Insolvenzgeldanspruch des Arbeitnehmers ... 41
a) Rechtsgrundlagen ... 42
b) Anspruchsberechtigter Personenkreis ... 44
c) Weitere Anspruchsvoraussetzungen ... 49
d) Inhalt und Umfang des Anspruchs ... 52
e) Ausschlussfrist ... 56
f) EU-Richtlinie zum Insolvenzgeld und ihre Umsetzung in Deutschland ... 59
g) Vorschuss und Vorfinanzierung von Insolvenzgeld ... 64
aa) Die Vorschussregelung des § 186 SGB III ... 65
bb) „Vorfinanzierung" von Insolvenzgeld gem. § 188 Abs. 4 SGB III ... 69
h) Begrenzung des Insolvenzgeldes ... 71
i) Prozessuales ... 76

Rn

III. Kündigungsrecht und sonstige Gestaltungsrechte im eröffneten Verfahren ... 77
1. Die einschlägigen arbeitsrechtlichen Vorschriften der InsO ... 77
2. Individualarbeitsrecht ... 83
a) Verkürzte Kündigungsfrist des § 113 Abs. 1 S. 2 InsO ... 83
b) Nachkündigung durch den Insolvenzverwalter ... 88
c) Kündigungsschutzklage ... 90
d) Anmeldung von Kurzarbeit gem. §§ 169 ff. SGB III ... 93
e) Freistellung und Weiterbeschäftigungsanspruch ... 94
3. Kollektivarbeitsrecht ... 96
a) Kündigung von Betriebsvereinbarungen gem. § 120 InsO ... 97
b) Betriebsänderung und Sozialplanansprüche unter der Geltung der Insolvenzordnung ... 99

IV. Betriebsveräußerung unter der Geltung der Insolvenzordnung (§ 128 InsO) ... 116

V. Sanierung durch Auffang- und Transfergesellschaften, Beschäftigungs- und Qualifizierungsgesellschaften (BQG) ... 122
1. Einleitung ... 122
2. Rechtliche Struktur ... 123
a) Übergang der Beschäftigungsverhältnisse auf die BQG ... 126
aa) Alter Arbeitgeber/Arbeitnehmer ... 127
bb) Arbeitnehmer/BQG ... 128
(1) Pflichten der Vertragsparteien ... 129
(2) Freistellung und kurzfristiges Ausscheiden ... 130
(3) Leiharbeitsverhältnis ... 131
cc) Alter Arbeitgeber/BQG ... 132

Rn

b) Kein Betriebsübergang auf die BQG nach § 613a BGB 135
c) Fortführung der Geschäftstätigkeit durch die Auffanggesellschaft 136
3. Wirksamkeit der Gestaltung 137
4. Allgemeine Aufklärungs- und Unterrichtungspflichten nach § 613a Abs. 5 BGB 143

VI. Arbeitnehmeransprüche im massearmen Verfahren 147

VII. Betriebliche Altersversorgung in der Insolvenz 153

VIII. Internationales Insolvenzarbeitsrecht 154
1. Hauptverwaltungssitz innerhalb der EU 155
2. Hauptverwaltungssitz außerhalb der EU 159

Rn

IX. Fazit 161

X. Muster 166
1. Vorläufiges Insolvenzverfahren: Bestellung eines sog. „schwachen" vorläufigen Insolvenzverwalters 166
2. Vorläufiges Insolvenzverfahren: Bestellung eines sog. „starken" vorläufigen Insolvenzverwalters 167
3. Sonderermächtigung des „schwachen" vorläufigen Verwalters zum Abschluss von Verträgen zu Lasten der künftigen Insolvenzmasse 168
4. Übertragung der Arbeitgeberfunktion auf den „schwachen" vorläufigen Insolvenzverwalter 169
5. Eröffnungsbeschluss 170

Literatur

Ahrens, Sozialpläne im Insolvenzverfahren, ZInsO 2003, 581; **Annuß/Lembke**, Arbeitsrechtliche Umstrukturierung in der Insolvenz, 2005; **Arens/Brand**, Arbeits- und Sozialrecht in der Insolvenz, 2009; **Bauer/Lingemann**, Anwaltsformularbuch Arbeitsrecht, 2. Aufl. 2004; **Beck/Depré** (Hrsg.), Praxis der Insolvenz, 2003; **Berscheid**, Arbeitsverhältnisse in der Insolvenz, 1999; **ders.**, Ausgewählte arbeitsrechtliche Probleme im Insolvenzeröffnungsverfahren, NZI 2000, 1; **ders.**, Antrag auf Insolvenzeröffnung als EG-rechtlich maßgeblicher Zeitpunkt für den Insg-Anspruch, ZInsO 2003, 498; **ders.**, Fehlerfestival im Insolvenzeröffnungsverfahren und bei Verfahrenseröffnung, ZInsO 2001, 989; **Berscheid/Kunz/Brand** (Hrsg.), Praxis des Arbeitsrechts, 2003; **Braun/Wierzioch**, Neue Entwicklungen beim Insolvenzgeld, ZIP 2003, 2001; **Düwell/Hümmerich/Boecken**, AnwaltKommentar Arbeitsrecht, 2. Aufl. 2010; **Eidenmüller**, Wettbewerb der Gesellschaftsrechte in Europa, ZIP 2002, 2233; **Gagel**, SGB II/SGB III, Stand: Mai 2010; **Gänßbauer**, Beschäftigungs- und Qualifizierungsgesellschaften zur Unternehmenssanierung in der Insolvenz, Diss. 2002; **Groß, Paul J.**, Sanierung durch Fortführungsgesellschaften 1988; **Hess**, Insolvenzgeld, Kommentierung der §§ 183 ff. SGB III, 1999; **Kegel/Schurig**, Internationales Privatrecht, 9. Aufl. 2004; **Kocher**, Interessenausgleichsverhandlungen mit einem nach Insolvenzeröffnung gewählten Betriebsrat, NZI 2003, 527; **Küttner**, Personalhandbuch 2005, 12. Aufl. 2005; **Rödder/Hötzel/Mueller-Thuns**, Unternehmenskauf – Unternehmensverkauf, 2003; **Schaub**, Arbeitsrechts-Handbuch, 13. Aufl. 2010, § 93; **Uhlenbruck/Hirte/Vallender** (Hrsg.), Insolvenzordnung, Kommentar, 13. Aufl. 2010; **Weyand/Düwell**, Das neue Arbeitsrecht – Hartz-Gesetze und Agenda 2010 in der arbeits- und sozialrechtlichen Praxis, 2005; **Zwanziger**, Das Arbeitsrecht der InsO, 4. Aufl. 2010.

I. Einführung

1 Im Insolvenzfall, und später auch im Insolvenzverfahren, gilt das **Arbeitsrecht** – mit Ausnahme der unten aufgeführten Besonderheiten – **ohne Einschränkung** fort. Daran hat auch die Insolvenzordnung (InsO)[1] nichts geändert, die – soweit nicht arbeitsrechtliche Vorschriften der §§ 113, 120 ff. InsO bereits vorzeitig zum 1.10.2006 in Kraft gesetzt worden waren –

1 V. 5.10.1994, BGBl I S. 2866, zuletzt geändert durch Art. 8 Abs. 7 des Gesetzes v. 29.10.2009, BGBl. I S. 2355.

am 1.1.1999 in Kraft getreten ist und sowohl die Konkursordnung (KO) in den alten Bundesländern als auch die vorübergehend eingeführte Gesamtvollstreckungsordnung (GesO) in den neuen Bundesländern abgelöst hat. Dies wird insbesondere hinsichtlich des KSchG, des BetrVG und § 613a BGB als besonders sanierungsfeindlich empfunden. Lediglich für den Geltungsbereich der GesO hatte der Gesetzgeber die Vorschrift des § 613a BGB kurzzeitig außer Kraft gesetzt. Obwohl diese „613a–Pause" durchaus förderlich war für Betriebsübernahmen und damit für den Arbeitsplatzerhalt, hat der Gesetzgeber der InsO die Geltung des § 613a BGB im Rahmen der InsO auch für die neuen Bundesländer wieder eingeführt.

1. Die Zielsetzung des Insolvenzverfahrens

Das vornehmliche Ziel des Insolvenzverfahrens ist seit Einführung der InsO neben der gleichmäßigen Gläubigerbefriedigung (§ 1 InsO) auch die **Fortführung** und der **Erhalt** des Unternehmens (vgl. § 1 S. 1 Alt. 2 InsO). Dazu hat der Gesetzgeber die Fortführungspflicht für den vorläufigen Verwalter (§ 22 Abs. 1 Nr. 2 und 3 InsO) sowie in den §§ 217 ff. und 270 ff. InsO das Insolvenzplanverfahren und die Eigenverwaltung vorgesehen. 2

Bei allen Bemühungen um Kostensenkung und somit eine Fortführung des insolventen Unternehmens steht der Personalabbau deutlich im Vordergrund. Dabei ist zu beachten, dass die Insolvenz grundsätzlich kein Recht zur **außerordentlichen Kündigung** vermittelt. Das ist nichts Ungewöhnliches, denn die Insolvenz gibt dem Unternehmer ja auch kein Sonderrecht, seine übrigen Verträge fristlos zu kündigen. Die Insolvenz des Unternehmens ist aber auch für sich gesehen kein Grund für eine **ordentliche Kündigung** der dortigen Arbeitsverhältnisse. Auch der Insolvenzverwalter benötigt unter der **Geltung des Kündigungsschutzgesetzes** taugliche Kündigungsgründe i.S.v. § 1 KSchG. 3

Durch den **Eröffnungsbeschluss** werden sämtliche vertraglichen Schuldverhältnisse – mit wenigen Ausnahmen – ohne weiteres suspendiert[2] bzw. der Insolvenzverwalter kann wählen, ob er den Vertrag erfüllen will oder nicht.[3] **Arbeitsverträge**, die nicht zuvor bereits wirksam gekündigt waren, bleiben demgegenüber grundsätzlich über den Eröffnungszeitpunkt hinaus erhalten. Sie werden durch den Eröffnungsbeschluss also nicht umgestaltet. Sie können auch im eröffneten Verfahren trotz ansonsten günstiger Sanierungsprognose nur gegen Auflösung liquider Reserven abgebaut werden, und zwar auch um den Preis, dass eine anschließende Sanierung aus Eigenmitteln nicht mehr finanziert werden kann. 4

2. Eröffnungs- und eröffnetes Verfahren

Im Insolvenzrecht ist zunächst zu unterscheiden zwischen dem Eröffnungsverfahren, das mit der Antragstellung beginnt und mit der Entscheidung des Gerichts über die Eröffnung oder die Abweisung mangels Masse endet, und dem eröffneten Verfahren, das mit dem Eröffnungsbeschluss beginnt. 5

2 Früher galt die „Erlöschenstheorie", die der BGH aber mit Urteil v. 25.4.2002, ZIP 2002, 1093 endlich aufgegeben hat.

3 Bsp. § 103 InsO: „beidseits unerfüllte Verträge".

a) „Eröffnungs-" oder „Antragsverfahren" (sog. „vorläufiges Insolvenzverfahren")

6 Geht bei Gericht ein Antrag auf Eröffnung eines Insolvenzverfahrens ein, so beginnt das sog. „Eröffnungs-" oder „Antragsverfahren", auch „vorläufiges Insolvenzverfahren" genannt. In dieser Phase hat das Gericht **von Amts wegen** zu ermitteln,

- ob der behauptete Eröffnungsgrund tatsächlich vorliegt,
- ob ausreichendes Vermögen („Masse") vorhanden ist, um die Kosten des Verfahrens zu decken, notfalls ob der antragstellende Gläubiger bereit ist, einen Massekostenvorschuss einzuzahlen, und
- ob Fortführungsaussichten bestehen.

7 Dazu bestellt das Gericht in aller Regel einen erfahrenen Insolvenzverwalter zum **Gutachter**. Die Kosten für den Gutachter, der nach den Vorschriften des ZSEG entschädigt wird, sind „Auslagen" i.S.d. §§ 55 Abs. 1, 58 Abs. 2 GKG. Sie können deshalb dem antragstellenden Gläubiger als Zweitschuldner auferlegt werden.[4]

8 Gleichzeitig ordnet das Gericht **Sicherungsmaßnahmen** zum Schutz des schuldnerischen Vermögens gem. § 21 InsO an. Darunter fällt vornehmlich die Bestellung eines vorläufigen Insolvenzverwalters, der mit Sicherungsaufgaben beauftragt wird (vgl. Muster unter Rn 166). Dessen Gebühren sind weder Gerichtskosten noch Auslagen im Sinne des GKG. Sie können dem antragstellenden Gläubiger daher nach derzeit herrschender Meinung nicht auferlegt werden.[5]

9 Hat ein **Gläubiger** oder ein nicht vertretungsberechtigter Gesellschafter einen Antrag auf Eröffnung des Insolvenzverfahrens über das Vermögen der Schuldnerunternehmens gestellt (sog. „**Fremdantrag**"), so prüft das Gericht zunächst die Zulässigkeit des Antrags und wird sodann den Schuldner anhören, bevor es Sicherungsanordnungen trifft. Hat dagegen der **Schuldner** selbst den Antrag gestellt (sog. „**Eigenantrag**"), so kann das Gericht im Beschlusswege unverzüglich Sicherungsmaßnahmen anordnen.

10 **Zuständig** ist das Amtsgericht, in dessen Bezirk das Schuldnerunternehmen seinen Hauptverwaltungssitz hat. Probleme und vor allem Missbrauchsmöglichkeiten und Informationsdefizite für die Gläubiger ergeben sich, wenn der tatsächliche Hauptverwaltungssitz vom Registersitz weg verlegt wird. Denn der Gesetzgeber hat angeordnet, dass in diesen Fällen der **faktische Hauptverwaltungssitz** (sog. COMI = „Center Of Main Interests") maßgeblich ist (§ 3 Abs. 1 S. 2 InsO, ebenso: Art. 3 Abs. 2 EUInsVO[6]). Diese Entscheidung des Gesetzgebers war von praktischen Erwägungen motiviert. Er hat dabei verkannt, dass dies für die betroffenen Gläubiger mit erheblichen **Nachteilen** verbunden ist, weil sie keine Möglichkeit haben herauszufinden, an welchem Ort auf dem Gebiet der Bundesrepublik (inzwischen auch europaweit, wie die Anhäufung von Insolvenzverfahren über englische „Ltd.'s" mit Sitz im Inland zeigt), das Insolvenzverfahren beantragt wurde, so dass sie ihre Rechte im Zweifel nicht oder nicht rechtzeitig geltend machen können. Gerade das soll ja durch eine kreative Gestaltung der Insolvenzschuldner auch vermieden werden. Der Gesetzgeber hat dem Vorschub geleistet. M.E. hätte es vollauf genügt, das Gericht am **Registersitz** für ausschließlich zuständig zu halten, ihm aber die Möglichkeit zu geben, das Verfahren an ein anderes Gericht

4 Vgl. *Uhlenbruck*, § 26 Rn 28 ff.

5 Vgl. *Uhlenbruck*, § 26 Rn 32 ff. m.w.N.

6 VO (EG) Nr. 1346/2000 des Rates der Europäischen Gemeinschaften vom 29.5.2000 über Insolvenzverfahren, AblEG L 160/1, in Kraft mit unmittelbarer Geltung seit dem 31.5.2002; dazu Kölner Schrift zur Insolvenzordnung/*Mankowski*, 3. Aufl. 2009, Kap. 47 Rn 17 ff.

zu verweisen, wenn es das im Sinne der Gläubiger für tunlich hält. Dies böte den betroffenen Gläubigern die Möglichkeit, sich beim Insolvenzgericht am Ort des Registersitzes, der ja als einziger bekannt sein dürfte, zu erkundigen.

Der Berater eines Gläubigers achtet dabei auf Datum und Uhrzeit sowie auf **Art und Umfang der angeordneten Sicherungsmaßnahmen**. Für die nachfolgenden Rechtsgeschäfte kommt es nämlich darauf an, ob, mit welchem Umfang und ab wann die Verfügungsbefugnis auf einen Dritten übergegangen ist. 11

In aller Regel wird ein sog. „**schwacher**" **vorläufiger Verwalter** bestellt. Das heißt, Verfügungen des Schuldnerunternehmens sind nur mit Zustimmung des vorläufigen Verwalters wirksam (sog. „Zustimmungsvorbehalt", § 21 Abs. 2 Nr. 2 Alt. 2 InsO; vgl. Muster unter Rn 166). Ist also lediglich ein **Zustimmungsvorbehalt** angeordnet, so ist eine Verfügung nur dann wirksam, wenn das alte Management sie getroffen und der vorläufige Verwalter seine Zustimmung erteilt hat. Die **Beweislast** für alles hat auch hier derjenige, der sich auf die Wirksamkeit der Maßnahme beruft.[7] 12

Unheilbar **unwirksam** ist in diesem Fall also eine Verfügung, die der vorläufige „schwache" Verwalter **allein** vorgenommen hat, was in der Praxis aber gleichwohl häufig vorkommt. Kündigt also der vorläufige „schwache" Verwalter ein Arbeitsverhältnis allein, so ist diese Kündigung unwirksam.[8] 13

Aber auch dann, wenn Verfügungen korrekt getroffen werden, ist Vorsicht geboten, denn der Eröffnungsbeschluss **verhindert** die spätere Erfüllung aus der Masse. Aus der künftigen Masse darf der Verwalter Verpflichtungen, die das Unternehmen mit seiner Zustimmung vor der Eröffnung eingegangen ist, nach der Eröffnung nicht erfüllen. 14

Verbindlichkeiten aus der Zeit **vor** der Eröffnung dürfen gem. § 55 Abs. 2 InsO nur dann aus Mitteln der Masse erfüllt werden, wenn der vorläufige Insolvenzverwalter 15

- entweder mit umfassender Verfügungsbefugnis ausgestattet wurde (sog. „starker" vorläufiger Verwalter, § 21 Abs. 2 Nr. 2 Alt. 1 InsO i.V.m. § 22 Abs. 1 InsO), oder
- vom Gericht zur Vornahme der streitgegenständlichen Handlung speziell ermächtigt wurde (§ 22 Abs. 2 InsO; vgl. Muster unter Rn 168, 169).

Der Berater eines Vertragspartners des schuldnerischen Unternehmens wird also darauf zu achten haben, ob bei Vornahme der streitgegenständlichen Handlung eine **korrekte gerichtliche Ermächtigung** vorlag. Ggf. muss sie zuvor beschafft werden. Unwirksam sind seit dem Urteil des BGH v. 18.7.2002[9] dagegen Gerichtsbeschlüsse, die eine Generalermächtigung des Inhalts vorsehen, dass der vorläufige Verwalter ermächtigt wird, „mit rechtlicher Wirkung für die Schuldnerin zu handeln", ohne jedoch gleichzeitig ein allgemeines Verfügungsverbot zu verhängen (solche Anordnungen befanden sich vor dem Urteil des BGH in den Musterbeschlüssen der Landesjustizverwaltung NRW; nach dem Urteil des BGH sind diese Beschlüsse künftig nichtig und daher ganzheitlich unbeachtlich). Man wollte damit offenbar die Begründung von Masseverbindlichkeiten umgehen, die mit einer Übertragung der Verfügungsbefugnis gesetzlich verbunden sind. Dieser Umgehungspraxis hat der BGH mit der Ankündigung der Nichtigkeit des gesamten Beschlusses eine juristische Ohrfeige erteilt. 16

7 Kölner Schrift zur Insolvenzordnung/*Düwell*, 3. Aufl. 2009, Kap. 37 Rn 21 ff.; differenzierend Kölner Schrift zur Insolvenzordnung/*Berscheid*, 3. Aufl. 2009, Kap. 34 Rn 26 f.

8 Zur Rechtsstellung des vorläufigen Verwalters siehe *Schaub*, Arb-HbB, § 93 Rn 8; Kölner Schrift zur Insolvenzordnung/*Berscheid*, 3. Aufl. 2009, Kap. 34 Rn 12 ff.

9 IX ZR 195/01, ZIP 2002, 1625 m. Anm. *Prütting/Stickelbrock*, ZIP 2002, 1608.

17 Schließlich sei noch darauf hingewiesen, dass – entgegen weit verbreiteter Meinung auch unter der Richterschaft – Prozesse in diesem Stadium des Verfahrens **noch nicht unterbrochen** sind. Gem. § 240 ZPO bewirken nur der Eröffnungsbeschluss (vgl. Muster unter Rn 170) und im Antragsverfahren die Bestellung eines sog. „starken“ vorläufigen Verwalters (vgl. Muster unter Rn 167) die Unterbrechung des Verfahrens.[10]

18 Vollstreckungen in das Schuldnervermögen, die einen Monat vor Antragstellung ausgebracht wurden, sind gem. § 88 InsO rückwirkend unwirksam, wenn das Verfahren eröffnet wird. Diese Anordnung reicht zum Schutz des Schuldnervermögens eigentlich aus. Das Insolvenzgericht ordnet in aller Regel gleichwohl ein ausdrückliches Vollstreckungsverbot an. Stehen sich jedoch eine **einstweilige Verfügung** eines Zivilgerichts und ein **Vollstreckungsverbot** des Insolvenzgerichts gegenüber, so ist durchaus nicht klar, welche Verfügung überwiegt. Rein faktisch überwiegt das Vollstreckungsverbot, weil sich im Zweifel kein Gerichtsvollzieher finden wird, der trotz des Vollstreckungsverbots zeitnah tätig wird.

b) Eröffnetes Verfahren

19 Mit dem Eröffnungsbeschluss (vgl. Muster unter Rn 170) geht die Verfügungsbefugnis und damit die Arbeitgeberfunktion automatisch auf den **Insolvenzverwalter** über (§ 80 InsO), es sei denn, die **Eigenverwaltung** wäre angeordnet. In diesem Falle hat der Verwalter nur eine Überwachungsfunktion mit eingeschränkten Befugnissen.[11] Gleichzeitig geht die Zuständigkeit des Richters gem. §§ 3 Ziff. 2, 18 RPflG auf den Rechtspfleger über, eine Praxis, die noch aus der Zeit der Zerschlagung von Unternehmen stammt und dringend aufgegeben werden muss.[12]

20 Der Eröffnungsbeschluss enthält folgende **Fristen und Termine**:

- Frist zur Forderungsanmeldung,
- Termin zur ersten Gläubigerversammlung (sog. „Berichtstermin“),
- Termin zur Prüfung und Feststellung der angemeldeten Forderungen („Prüftermin“).

21 Die Frist zur Forderungsanmeldung ist zwar **keine Ausschlussfrist** (§ 177 InsO). Stimm- und teilnahmeberechtigt in der ersten Gläubigerversammlung ist jedoch nur, wer vor diesem Termin eine Forderung zur Tabelle angemeldet hat und diese unbestritten ist (§ 77 InsO). Beschlüsse, in denen die Anmeldefrist erst nach der Gläubigerversammlung abläuft, sind daher irreführend und führen häufig zur Verärgerung der anwesenden Gläubiger.

22 Mit dem Eröffnungsbeschluss werden Gerichtsprozesse gem. § 240 ZPO **unterbrochen**, bis der Verwalter sie aufnimmt, Verträge mit Ausnahme der im Gesetz genannten werden automatisch suspendiert. Es entsteht eine völlig neue Vermögensmasse, die streng zu separieren ist.

23 Der Anspruch auf Lohn- und Gehaltszahlung, Ausstellung von Zeugnissen etc. richtet sich jetzt gegen den **Insolvenzverwalter**, der ab sofort in personam **Partei** von Zahlungs- und sonstigen Klagen wird. Bei Leistungsklagen ist er „in seiner Eigenschaft als Insolvenzverwalter über das Vermögen der X-GmbH“ in Anspruch zu nehmen. Dadurch wird deutlich, dass die Zahlung nicht aus seinem Privatvermögen verlangt wird, sondern – wie geschuldet – aus der von ihm verwalteten Masse. **Zwangsgelder** zur Durchsetzung von unvertretbaren Handlungen, z.B. dem Ausstellen von Zeugnissen,[13] werden jedoch gegen ihn persönlich festgesetzt.

10 Dazu *Arens/Brand*, § 1, Rn 17 ff.

11 Zur Eigenverwaltung ausführlich: *Beck/Depré*, S. 1447 ff. und *Uhlenbruck*, § 270 Rn 1 ff.

12 Vgl. bereits Kritik bei *Brenner*, Anm. zu AG Hechingen v. 8.6.2001, EWiR 2002 (14), 635; *ders.*, Anm. zu AG Hamburg v. 14.5.2003, EWiR 2003 (18), 925.

13 Zum Zeugnisanspruch in der Insolvenz siehe *Arens/Brand*, § 3, Rn 28 ff.

Im Zeitpunkt der Eröffnung wechselt die Qualität der Forderungen gegen das Schuldnerunternehmen: 24

aa) Forderungen, die vor dem Eröffnungsbeschluss entstanden sind

Sämtliche Forderungen aus dem Arbeitsverhältnis, die vor dem Eröffnungszeitpunkt entstanden sind, sind sog. „**einfache Insolvenzforderungen**" (§ 38 InsO). Sie müssen zur Tabelle angemeldet werden. Der Arbeitnehmer hat nach der Eröffnung nur einen Anspruch auf Feststellung dieser Forderungen zur Tabelle. Klagen auf Zahlung rückständigen Gehalts sind im vorläufigen Verfahren daher zwar noch gegen das Schuldnerunternehmen zu richten. Durch die Eröffnung des Verfahrens wird der Prozess jedoch unterbrochen und er kann danach auch nur noch mit einer Änderung des Klageantrages („Antrag auf Feststellung zur Tabelle") fortgesetzt werden. 25

Dies gilt gem. § 55 Abs. 2 InsO auch dann, wenn die **Verfügungsbefugnis** auf den vorläufigen Verwalter **übergegangen** war, dieser die Dienstleistung des Arbeitnehmers aber nicht in Anspruch genommen, sondern den Arbeitnehmer freigestellt hatte. In diesem Falle kann der Arbeitnehmer zwar den Verzugslohn geltend machen, muss diesen Anspruch aber zur Tabelle anmelden.[14] 26

Da der Arbeitnehmer jedoch gem. § 183 SGB III einen Anspruch auf Zahlung des Bruttogehalts für die letzten drei Monate vor dem Eröffnungs- oder Abweisungsbeschluss hat („**Insolvenzgeld**", früher: „Konkursausfallgeld" gem. §§ 141a ff. AFG, Abk.: „KauG"; vgl. dazu unten Rn 41 ff.), kann er seinen Verdienstausfall zumindest für drei Monate anderweitig realisieren. 27

Praxishinweis 28

Von einem Rechtsstreit in dieser Phase ist deshalb aus Kostengründen abzuraten. Die Einreichung der Klage könnte sogar einen Haftungsgrund für den rechtlichen Vertreter darstellen, wenn damit zu rechnen ist, dass der Verwalter die Ansprüche ohne weiteres anerkennen wird.

bb) Forderungen, die nach dem Eröffnungsbeschluss entstanden sind

Vom Zeitpunkt der Eröffnung an richten sich neu entstandene Forderungen gegen die **neue Insolvenzmasse**. Maßgeblich sind Stunde und Minute des Eröffnungsbeschlusses (ist keine Stunde angegeben, gilt die Mittagsstunde als Eröffnungszeitpunkt). Für Arbeitsverhältnisse ordnet § 108 InsO an, dass diese fortbestehen. Allerdings können Ansprüche hieraus aus der Zeit vor der Eröffnung nicht der neuen Insolvenzmasse angelastet werden (§ 108 Abs. 2 InsO). Da es sich gem. § 105 InsO um eine teilbare Leistung handelt, ist der Lohnanspruch bis zur Stunde der Eröffnung gem. § 108 Abs. 2 InsO zur Tabelle anzumelden. Bei einer Fortführung betrifft dies in der Regel die Arbeitsverwaltung, weil in den meisten Fällen Insolvenzgeld bezogen wurde und die Ansprüche der Arbeitnehmer mit der **Beantragung von Insolvenzgeld** qua **cessio legis** auf die Arbeitsverwaltung übergegangen sind (§ 187 SGB III).[15] 29

II. Kündigungsrecht in der Eröffnungsphase

In der Phase des vorläufigen Insolvenzverfahrens ist die Rechtslage besonders unsicher. Viele Beteiligte, selbst Richter, Gerichtsvollzieher und Anwälte lassen sich durch den Ge- 30

14 *Uhlenbruck*, § 108 Rn 48.

15 Dazu *Arens/Brand*, § 3, Rn 62 ff., Rn 283 ff.

richtsbeschluss zur **Anordnung von Sicherungsmaßnahmen** (siehe Muster unter Rn 166) zu der Annahme verleiten, es handele sich um den Eröffnungsbeschluss und der (vorläufige) Verwalter sei allein verfügungsberechtigt. Dem ist aber nicht so, wie oben ausgeführt wurde.

31 *Praxishinweis*
Gleichwohl ist der Beschluss genau zu lesen, denn es kommt in der Tat vor, dass der vorläufige Verwalter mit Verfügungsbefugnis ausgestattet wird (sog. „starker" vorläufiger Verwalter; vgl. Muster unter Rn 167).

1. Kündigung durch wen?

32 Wird – wie meist – nur ein sog. „schwacher vorläufiger Verwalter" bestellt, so behält der **Schuldner** vollumfänglich die **Arbeitgeberrolle** mit sämtlichen Rechten und Pflichten. Diese sind i.d.R. nur insoweit eingeschränkt, als „Verfügungen" über das schuldnerische „Vermögen" nur mit Zustimmung des vorläufigen Verwalters wirksam sind. Alle Handlungen dagegen, die keinen Verfügungscharakter haben, dürfen allein von dem alten Management vorgenommen werden und sind insoweit auch wirksam. Eine Ausnahme gilt nur, wenn dem „schwachen" vorläufigen Verwalter im gerichtlichen Bestellungsbeschluss die **Arbeitgeberbefugnis** zugesprochen wird (vgl. Muster unter Rn 169).[16]

33 Für die arbeitsrechtliche Praxis bedeutet dies:

- Das alte Management ist in sämtlichen Angelegenheiten nach wie vor zuständig, der Geschäftsführer bzw. der Schuldner übt nach wie vor die **Arbeitgeberfunktion** aus.
- Ob **Kündigungen** des alten Managements **ohne Zustimmung** wirksam sind, hängt davon ab, ob man Kündigungen unter Verfügungen i.S.v. § 21 InsO subsumieren will. Dagegen spricht, dass die Masse im Regelfall dadurch nicht belastet, sondern entlastet wird, und § 21 InsO nur weitere Belastungen der Masse verhindern soll. Das BAG ist der Auffassung, dass es sich bei der Kündigung eines Arbeitsverhältnisses um eine Verfügung über einen Vermögensgegenstand handelt, und legt hierbei die allgemeinen Maßstäbe an.[17] Nach Auffassung des BAG ist sogar die höchstpersönlich erteilte, schriftliche Zustimmung erforderlich. Eine Zustimmung durch eine beauftragte Person („pro abs.") reiche nicht, mit der Folge, dass die Kündigung unwirksam ist. Die Zustimmung des vorläufigen Insolvenzverwalters ist **in urkundlicher Form beizufügen**, andernfalls kann sie nach § 182 Abs. 3 BGB i.V.m. § 111 S. 2 BGB zurückgewiesen werden.[18]
- **Finanzielle Ansprüche** aus einer fehlerhaften Kündigung oder Interessenausgleichsansprüche werden aber trotz korrekter Zustimmung des vorläufigen Verwalters nicht Masseverbindlichkeiten, sondern müssen zur **Tabelle** angemeldet werden.[19]
- Hat das Gericht die Verfügungsbefugnis in seinem Beschluss insoweit auf den vorläufigen Verwalter übertragen, so ist die **Kündigungsschutzklage** gleichwohl gegen das Schuldnerunternehmen zu richten.[20]
- Der Schuldner bleibt auch **Prozesspartei** hinsichtlich der anhängigen Prozesse.

16 Dazu *Arens/Brand*, § 1, Rn 21 ff.

17 BAG v. 10.10.2002, ZIP 2003, 1161, dazu EWiR 2004, 709 (*Peters-Lange*); a.A. *Uhlenbruck*, Anm. zur Vorinstanz, LAGE InsO § 21 Nr. 1, S. 8 und *Berscheid*, ZInsO 2001, 989, 991.

18 BAG v. 10.10.2002 – 2 AZR 532/01, ZIP 2003, 1161, dazu EWiR 2004, 709 (*Peters-Lange*); AnwKomm-ArbR/*Roesner*, § 113 InsO Rn 35.

19 BAG v. 31.7.2002 – 10 AZR 275/01, DZWiR 2003, 107 (Sozialplanansprüche) und BAG v. 4.12.2002 – 10 AZR 16/02, ZIP 2003, 311 (Nachteilsausgleichsanspruch).

20 Siehe dazu *Berscheid*, ZInsO 1998, 9, 11; kritisch *Arens/Brand*, § 1, Rn 21 f.

- Neueinstellungen, Gehaltszusagen etc. des Schuldners sind in jedem Fall nur wirksam, wenn der vorläufige Verwalter zugestimmt hat.
- **Zeugnisse, Arbeits- und Verdienstbescheinigungen** etc. hat das alte Management auszustellen.[21]

Der künftige Vertragspartner muss deshalb darauf achten, ob der vorläufige Verwalter in **nachweisbarer Form** der Begründung seines Arbeitsverhältnisses, einer Gehaltszusage oder -erhöhung etc. des alten Managements zugestimmt hat. Hat er das nicht getan, so war die Verfügung unwirksam; etwa bereits ausgezahlte Gelder sind zurückzuzahlen, da sie ohne Rechtsgrund geleistet wurden. Auf mangelnde Kenntnis kann der Vertragspartner sich nicht berufen, da der Zustimmungsvorbehalt in den örtlichen Gazetten veröffentlicht und damit absolut wirksam wird. 34

Praxishinweis 35
Diese Anordnungen werden im Internet veröffentlicht („www.insolvenzbekanntmachungen.de").

In der Praxis sind in dieser Phase zumeist keine Kündigungen zu erwarten, sofern eine Fortführung – wenn auch nur vorübergehend – in Betracht kommt. Denn die Finanzierung der Arbeitskraft wird für einen Zeitraum von bis zu drei Monaten bis zur Eröffnung oder zur Abweisung mangels Masse über das Insolvenzgeld (siehe Rn 41 ff.), also von dritter Seite, sichergestellt. Erst **nach der Eröffnung**, wenn absehbar ist, dass die Arbeitskraft nicht weiter benötigt wird, ist es sinnvoll, Kündigungen auszusprechen. Dann kann der Verwalter im Übrigen auch die verkürzten Kündigungsfristen des § 113 InsO nutzen, auf die später einzugehen sein wird (siehe Rn 83 ff.). 36

Sobald der vorläufige Verwalter also den Personalbestand selbst gestalten will, wird er sich u.a. auch, um Klarheit über die Befugnisse herzustellen, eine entsprechende, auf ihn allein lautende **Kündigungsermächtigung** vom Gericht erteilen lassen (vgl. Muster unter Rn 169; die Ermächtigung wurde hier von vornherein in den Beschluss zur Anordnung von Sicherungsmaßnahmen aufgenommen). Das Gericht wird darauf zu achten haben, dass es gleichzeitig mit der Spezialermächtigung dem Schuldnerunternehmen insoweit ein Verfügungsverbot erteilt. 37

Eine Kündigungsermächtigung ist ebenso sinnvoll, wenn der Zeitraum, in dem Insolvenzgeld gezahlt wird, bereits abgelaufen war, und der vorläufige Verwalter eine **günstige Kündigungsfrist** nutzen möchte. Er genießt in dieser Phase, was die Kündigungsfristen betrifft, allerdings keinerlei Privilegien;[22] die vertraglichen, tarifvertraglichen bzw. gesetzlichen Kündigungsfristen des § 622 BGB finden ohne Einschränkungen Anwendung. 38

2. Freistellung

Ursprünglich pflegten die vorläufigen Verwalter die Übung, Arbeitnehmer, die zur einstweiligen Fortführung des Betriebes nicht mehr benötigt wurden, von ihrer Arbeitsverpflichtung freizustellen. Das erfolgte vor dem Hintergrund, dass lange Zeit nicht sicher war, ob die 39

21 Nur ausnahmsweise geht diese Pflicht auf den späteren Verwalter über: BAG v. 30.1.1991, AP Nr. 18 zu § 630 BGB; AnwKomm-ArbR/*Roesner*, § 113 InsO Rn 102 f.; krit.: *Berscheid*, in: Berscheid/Kunz/Brand, Teil 4, Rn 1816 ff. m.w.N.

22 BAG v. 3.12.1998 – 2 AZR 425/98, BB 1998, 2642 = ZIP 1999, 370, dazu EWiR 1999, 267 (*Oetker*); BAG v. 6.7.2000 – 2 AZR 695/99, ZIP 2000, 1941, dazu EWiR 2001, 27 (*Moll*); so auch ArbG Frankfurt v. 13.9.2000 – 9 Ca 7063/99, InVo 2000, 418.

gem. § 187 SGB III auf die Arbeitsverwaltung übergegangenen Ansprüche der Arbeitnehmer wegen Insolvenzgelds **Masseansprüche** wurden, d.h., aus der Masse vorweg bedient werden mussten. Dies sollte nämlich gem. § 55 Abs. 2 InsO immer dann der Fall sein, wenn der vorläufige Insolvenzverwalter die Dienste aus einem Dauerschuldverhältnis tatsächlich in Anspruch genommen hatte. Aus der Systematik war eigentlich klar, dass nur der vorläufige Verwalter mit Verfügungsmacht gemeint war. Gleichwohl bestand ein unabweisbares Risiko, dass die Rechtsprechung die Auslegung anders vornehmen könnte.

40 Die Unsicherheit wurde deshalb auf Druck der Verwalter mit dem Insolvenzrechtsänderungsgesetz vom 26.10.2001[23] beseitigt. Gem. dem neu angefügten § 55 Abs. 3 InsO sind die nach § 187 SGB III auf die Bundesagentur für Arbeit übergegangenen Forderungen immer nur einfache Insolvenzforderungen, und zwar nunmehr sogar auch dann, wenn der vorläufige Verwalter mit Verfügungsbefugnis ausgestattet war.[24] Freistellungen erfolgen in der Praxis seither – jedenfalls in dieser Phase des Insolvenzverfahrens (zur Freistellung im eröffneten Verfahren siehe Rn 94) – kaum noch.

3. Der Insolvenzgeldanspruch des Arbeitnehmers

41 Wie unter Rn 27 bereits erwähnt, vermittelt § 183 SGB III den Arbeitnehmern einen Anspruch auf Zahlung des Bruttolohnes für einen Zeitraum von **drei Monaten**, wenn über den Antrag auf Eröffnung des Insolvenzverfahrens, gleich wer ihn gestellt hat, eine Entscheidung ergeht.[25] Der Anspruch entsteht unabhängig davon, ob das Verfahren eröffnet oder mangels Masse abgewiesen wird, und wird von dem Zeitpunkt der Entscheidung an zurückgerechnet, und nicht, wie in der EU-RiLi 80/987 (siehe Rn 42) ursprünglich vorgesehen war, vom Zeitpunkt des Antrages an. Auch der EuGH hatte entschieden, dass der **Referenzzeitraum** des früheren Kaug nach EG-Recht (Richtlinie 80/987/EWG v. 20.10.1980)[26] schon mit Stellung des Insolvenzantrags bestimmt werde (siehe Rn 63).

a) Rechtsgrundlagen

42 Rechtsgrundlagen für die Zahlung von Insolvenzgeld sind

- seit dem 1.1.1999 die §§ 183–189 SGB III (vorher: §§ 141a ff. AFG),
- die **Durchführungs-Anweisung** der Bundesagentur für Arbeit zum Insolvenzgeld und
- die Richtlinie 80/987/EWG des Rates zur Angleichung der Rechtsvorschriften der Mitgliedstaaten über den Schutz der Arbeitnehmer bei Zahlungsunfähigkeit des Arbeitgebers vom 20.10.1980 („**Insolvenzgeldrichtlinie**").[27]

43 Daneben bestehen folgende Vorschriften mit Bezug auf das Insolvenzgeld: §§ 314, 316, 320 Abs. 2, 321 Nr. 1, 2 und 4, 324 Abs. 3, 327 Abs. 3 und 358–362 SGB III. Während der Gesetzgeber im SGB III den Begriff „**Insolvenzgeld**" verwendet hat, spricht er im EGInsO vom „**Insolvenzausfallgeld**". Die Begriffe werden also synonym verwendet.

23 BGBl I S. 2710, 2711; in Kraft seit dem1.12.2001.

24 Siehe auch schon BAG v. 3.4.2001 – 9 AZR 143/00, ZInsO 2001, 1174 und BAG v. 3.4.2001 – 9 AZR 301/00, BB 2001, 2530 (*Abele*) = InVo 2002, 100, dazu EWiR 2001, 1063 (*Bork*).

25 Zum Insolvenzgeld siehe auch *Schaub*, Arb-HbB, § 93 Rn 29 ff.

26 EuGH v. 15.5.2003 – C-160/01, NZI 2003, 394 (*D. Andres/Motz*) = ZInsO 2003, 514.

27 ABlEG Nr. L 283/23.

b) Anspruchsberechtigter Personenkreis

Anspruchsberechtigt sind **Arbeitnehmer** und arbeitnehmerähnliche Personen. Der Begriff des Arbeitnehmers ist gesetzlich nicht definiert. Er wird aus der Gesetzessystematik dem Recht der Arbeitsförderung entlehnt (§§ 25 ff. SGB III); darüber hinaus soll aber auch § 7 Abs. 1 SGB IV zur Anwendung kommen.[28] 44

Arbeitnehmer i.S.d. §§ 183 ff. SGB III sind demnach Personen, die eine **Erwerbstätigkeit** in **persönlicher Abhängigkeit** zu einem **Arbeitgeber** ausüben. Dazu gehören auch **leitende Angestellte**, insbesondere der **Fremdgeschäftsführer** des Schuldnerunternehmens. Aber auch Gesellschafter-Geschäftsführer können bezugsberechtigte Personen sein, es sei denn, dass sie über eine Beteiligung am Unternehmen verfügen, die ihnen einen maßgeblichen Einfluss auf die Entscheidungsfindung in der Gesellschafterversammlung einräumt (sog. „Sperrminorität"). Streit mit der Arbeitsverwaltung entsteht in diesem Zusammenhang immer dann, wenn der Fremdgeschäftsführer in einem engen Verwandtschaftsverhältnis zu einem Gesellschafter oder gar dem Alleingesellschafter steht (Ehegattenmodell). Aber auch in diesen Fällen ist das Bezugsrecht anzuerkennen, solange nicht festgestellt wird, dass der Geschäftsführer anstelle des Gesellschafters die faktische Leitungsmacht innehat. Denn dann fehlt es faktisch an der Abhängigkeit, die im Rahmen des § 183 SGB III verlangt wird.[29] 45

Auch **versicherungsfreie Personen** wie Studenten, Rentner und geringfügig Beschäftigte sind anspruchsberechtigt.[30] Ebenso Personen, die als „**Scheinselbstständige**" zu behandeln sind.[31] 46

Im Ergebnis wird also nicht der Arbeitnehmerbegriff aus dem Sozialversicherungsrecht angewandt, sondern vielmehr ein **autonomer Arbeitnehmerbegriff**. Dabei kommt es weder auf die Dauer oder den Umfang der Beschäftigung des Antragstellers an noch auf die Beitragspflicht oder die Beitragsfreiheit. Ein beitragspflichtiges Beschäftigungsverhältnis kann aber nicht schon deshalb angenommen werden, weil **Beiträge zur Arbeitslosenversicherung bezahlt** worden sind.[32] Maßgeblich ist allein der Umstand, dass in dem Drei-Monats-Zeitraum eine Arbeitsleistung erbracht worden ist, und der Anspruchssteller nicht selbständig tätig war. Abgrenzungskriterien sind auch hier 47

- das eigene Unternehmerrisiko,
- die Verfügungsmöglichkeit über die eigene Arbeitskraft und
- die Möglichkeit, frei über Arbeitsort und Arbeitszeit zu verfügen.[33]

Die **Abkoppelung von der Beitragszahlung** zur gesetzlichen Sozialversicherung und damit vom sozialversicherungsrechtlichen Arbeitnehmerbegriff ist nur daraus zu erklären, dass der Fonds, aus dem das Insolvenzgeld gezahlt wird, nicht aus den Pflichtbeiträgen zur Sozialversicherung gespeist wird. Vielmehr handelt es sich um einen selbständigen Fonds, in den allein die Arbeitgeber Beiträge einzahlen müssen. Die Arbeitnehmer werden an dieser Beitragspflicht, im Gegensatz zu den Beiträgen zur gesetzlichen Sozialversicherung, nicht beteiligt. Die Beiträge werden über die für den Betrieb zuständigen Berufsgenossenschaften erhoben und sind Pflichtbeiträge. Die Arbeitsverwaltung ist dagegen nur für die Verteilung 48

28 Vgl. im Einzelnen *Berscheid*, Arbeitsverhältnisse, Rn 822 ff.

29 Vgl. *Arens/Brand*, § 3, Rn 75 ff.; *Hess*, Rn 48.

30 Eine umfassende Kasuistik findet sich bei *Arens/Brand*, § 3, Rn 71 ff.; *Hess*, Rn 15 ff.

31 Vgl. *Arens/Brand*, § 3, Rn 109 ff.

32 BSG v. 9.2.1995 – 7 RAr 76/94, EzA § 100 AFG Nr. 1; LSG Hessen v. 19.2.1993 – L 10/Ar 1227/91, NJW-RR 1994, 613.

33 Vgl. *Berscheid*, Rn 823 ff., der die Abgrenzung aus § 84 Abs. 1 S. 2 HGB herleitet; Checkliste bei *Arens/Brand*, § 3, Rn 120.

zuständig. Das **umlagefinanzierte Insolvenzgeldverfahren** ist nach Auffassung des BSG weder verfassungsrechtlich (Art. 14 GG) noch europarechtlich (verbotene Beihilfe?) zu beanstanden.[34]

c) Weitere Anspruchsvoraussetzungen

49 Das Insolvenzgeld wird gewährt, wenn eines der folgenden drei **Insolvenzereignisse** eingetreten ist:

- die Abweisung eines Insolvenzantrages mangels einer kostendeckenden Masse (§ 183 Abs. 1 S. 1 Nr. 1 SGB III),
- die Eröffnung eines Insolvenzverfahrens (§ 183 Abs. 1 S. 1 Nr. 2 SGB III) oder
- die vollständige Betriebseinstellung bei vorliegender Insolvenz, jedoch ohne dass ein Insolvenzantrag gestellt würde (§ 183 Abs. 1 S. 1 Nr. 3 SGB III); dies gilt jedoch nur dann, wenn die Eröffnung eines solchen Verfahrens mangels Masse offensichtlich nicht in Betracht kam.[35]

50 Darüber hinaus muss es sich um ein **inländisches Beschäftigungsverhältnis** handeln (§ 183 Abs. 1 S. 1 SGB III n.F.), ohne dass der Arbeitnehmer allerdings seinen Wohnsitz notwendigerweise im Inland haben muss. Ein Anspruch auf Insolvenzgeld entsteht im Inland auch dann nicht, wenn es sich um ein **ausländisches Insolvenzereignis** handelt. Hat jedoch ein Arbeitnehmer im Ausland für einen insolvent gewordenen inländischen Arbeitgeber gearbeitet und war das Arbeitsverhältnis zeitlich begrenzt und lag der rechtliche und tatsächliche Schwerpunkt des Arbeitsverhältnisses im Inland, dann besteht ein Anspruch dieses Arbeitnehmers auf Insolvenzausfallgeld.[36]

51 Schließlich ist die Auszahlung des Insolvenzgeldes davon abhängig, dass der Arbeitnehmer während des Insolvenzgeldzeitraumes auch tatsächlich seine Arbeitskraft eingesetzt und nicht von seinem **Zurückbehaltungsrecht** Gebrauch gemacht hat. Wählt er das Zurückbehaltungsrecht, so kann er allenfalls das niedrigere Arbeitslosengeld beanspruchen. Etwas anderes gilt nur dann, wenn der Arbeitgeber ihn freigestellt hat. Die Beweislast trägt der Arbeitnehmer.

d) Inhalt und Umfang des Anspruchs

52 Schließlich sind nur solche Ansprüche erfasst, die sich auf **Arbeitsentgelt** beziehen. Schadensersatzansprüche für die Zeit nach der Beendigung eines Arbeitsverhältnisses, z.B. der Schadensersatzanspruch wegen unberechtigter fristloser Kündigung, fallen nicht unter die Regelung.

53 Vom Insolvenzgeldanspruch umfasst ist der **Bruttolohn** sowie der **Gesamtsozialversicherungsanspruch**. Darin liegt die Motivation der Sozialversicherungsträger und der Finanzverwaltung begründet, frühzeitig einen Fremdantrag auf Eröffnung eines Insolvenzverfahrens zu stellen. Denn nur dann erhalten sie ihre Beiträge bzw. die Lohnsteuer aus dem Fonds für Insolvenzgeld vollständig erstattet. Insbesondere bei hohen Lohnsummen ist diese Praxis zu beobachten. Ist eine außergerichtliche Sanierung geplant, so muss mit diesen Beteiligten deshalb frühzeitig Kontakt aufgenommen und nach Möglichkeit eine Einigung herbeigeführt werden.

34 BSG v. 21.10.1999 – B 11/10 AL 8/98 R, ZInsO 2000, 174.
35 Vgl. *Arens/Brand*, § 3, Rn 127 ff.
36 BSG v. 21.9.1983 – 10 RAr 6/82, ZIP 1984, 469.

Zum Arbeitsentgelt im Sinne der Insolvenzgeldvorschriften zählen grundsätzlich auch die Vergütung für Mehrarbeit, Überstunden, Nachtzuschläge, vermögenswirksame Leistungen, Tantiemen, Sachbezüge, Urlaubs- und Weihnachtsgeld, Provisionen etc. (vgl. Insolvenzgeld-DA Ziff. 7.2 Abs. 1 zu § 183 SGB III).[37] Von dem Bruttolohn werden die **gesetzlichen Abzüge** vorgenommen, von dem errechneten Nettolohn werden Ansprüche aus einer evtl. anderweitigen Beschäftigung abgezogen (§ 615 BGB). 54

Dem Antrag sind die **letzten drei Monatsgehaltsabrechnungen** beizufügen. Die Lohn- und Gehaltsabrechnungen hat das alte Management auszustellen, wenn nicht die Arbeitgeberfunktion auf den vorläufigen Verwalter übertragen wurde. Probleme praktischer Art bereiten dabei vor allem die Lohnabrechnungen im Baugewerbe. Deshalb achten die vorläufigen Verwalter darauf, dass ihnen nur die Befugnis Kündigungen auszusprechen übertragen wird, nicht aber die vollständige Arbeitgeberfunktion. Wurde dagegen ein sog. „starker" vorläufiger Verwalter bestellt, so ist dieser Schuldner der Leistung.[38] 55

e) Ausschlussfrist

Die Beantragung von Insolvenzgeld ist fristgebunden; die Frist **beträgt zwei Monate** ab der Veröffentlichung des Gerichtsentscheids über die Eröffnung des Verfahrens oder die Abweisung des Antrags „mangels Masse" (§ 324 Abs. 3 SGB III); bei der Berechnung der Frist zählt der Tag, an dem die Entscheidung ergangen ist, nicht mit. 56

Bei der Zwei-Monats-Frist handelt es sich um eine **Ausschlussfrist**. Diese Ausschlussfrist hat **materiell-rechtliche Wirkung**, was zur Folge hat, dass bei Versäumung der Frist eine Wiedereinsetzung in den vorigen Stand ausscheidet.[39] Hat der Arbeitnehmer die Einhaltung der Frist versäumt, ohne dass ihn daran ein Verschulden traf, so beginnt die Frist für ihn neu mit dem Wegfall des Hindernisses zu laufen. Der Arbeitnehmer wird jedoch an der Frist festgehalten, wenn das Hindernis bereits während des Laufs der ordentlichen Frist weggefallen war, und es dem Arbeitnehmer mit zumutbarer Anstrengung möglich gewesen wäre, die Frist noch einzuhalten.[40] 57

Eine Fristversäumnis ist ferner dann unschädlich, wenn der Arbeitnehmer in **Unkenntnis** des Insolvenzereignisses weitergearbeitet hatte und ihm die Unkenntnis auch nicht anzulasten war. Wegen der Publizität des Gerichtsentscheids kommt diese Möglichkeit aber nur in Betracht, wenn der dritte o.g. Auslösungsgrund gem. § 183 Abs. 1 S. 1 Nr. 3 SGB III vorlag, nämlich die vollständige Einstellung des insolventen Betriebs ohne Insolvenzantrag. 58

f) EU-Richtlinie zum Insolvenzgeld und ihre Umsetzung in Deutschland

Die inländischen Vorschriften zur Zahlung von Insolvenzgeld gehen auf das **Gesetz über Konkursausfallgeld** aus dem Jahre 1974 zurück. Dieses Gesetz sowie auch die nachfolgend erlassenen Gesetze sahen einen Bezugszeitraum von drei Monaten vor – zurückgerechnet ab der Gerichtsentscheidung über die Eröffnung des Insolvenzverfahrens oder die Abweisung mangels Masse. Wenn die Löhne und Gehälter also bis zur Antragstellung noch bezahlt wor- 59

37 Vgl. *Arens/Brand*, § 3, Rn 194 ff. und Rn 245 ff.

38 Zu den Einzelheiten siehe *Berscheid*, S. 295 ff., und *Beck/Depré*, S. 942 ff., 962.

39 BSG v. 26.8.1983 – 10 RAr 1/82, ZIP 1983, 1353; BSG v. 30.4.1996 – 10 RAr 8/94, ZIP 1996, 1623, dazu EWiR 1996, 961 (*Peters-Lange*).

40 Vgl. *Hess*, §§ 323, 324 SGB III, Rn 20 m. Hinw. a. BSG v. 14.8.1984 – 10 RAr 16/83.

den waren, so ermöglichte diese Regelung es dem vorläufigen Verwalter, noch einige Wochen bis volle drei Monate weiterzuproduzieren, ohne Löhne zahlen zu müssen.

60 Im Jahre 1980 verabschiedete der Rat der Europäischen Gemeinschaften die „EU-Richtlinie zur Angleichung der Rechtsvorschriften der Mitgliedstaaten über den Schutz der Arbeitnehmer bei Zahlungsunfähigkeit des Arbeitgebers" (**EU-Insolvenzgeld-Richtlinie**).

61 *Praxishinweis*

Diese Richtlinie wird häufig „Insolvenz-Richtlinie" genannt. Davon sollte nun aber Abstand genommen werden, da es zwischenzeitlich eine Richtlinie gab, die offiziell „Insolvenz-Richtlinie" hieß und das grenzüberschreitende Insolvenzverfahren regeln sollte. Diese Richtlinie wurde zwar nie ratifiziert, der Richtlinieninhalt wurde aber zwischenzeitlich in Form einer EU-Verordnung (sog. „EuInsVO" oder „Insolvenz-VO") verabschiedet; gleichwohl besteht in der Praxis Verwechslungsgefahr. Vorliegend wird daher vorgeschlagen, den Begriff „Insolvenzgeld-Richtlinie" zu verwenden.

62 Die Richtlinie sah als **Referenzzeitpunkt** für die Berechnung der Drei-Monats-Frist nicht den Gerichtsentscheid vor, sondern den Eingang des Eröffnungsantrags bei Gericht. Dieser Referenzzeitpunkt wurde vom Gesetzgeber der §§ 183 ff. SGB III, die am 1.1.1999 (zeitgleich mit der InsO) in Kraft traten, jedoch nicht übernommen mit der Folge, dass anspruchsberechtigte Arbeitnehmer die Bundesregierung wegen fehlerhafter Umsetzung der EU-Richtlinie auf Schadensersatz für den Zeitraum vor Antragstellung hätten in Anspruch nehmen können, sofern sie aus diesem Zeitraum noch Lohn- und Gehaltsrückstände hatten.

63 Diese fehlerhafte Umsetzung wurde vom **EuGH** in zwei Entscheidungen zum italienischen Recht, das ebenfalls auf den Gerichtsbeschluss abstellte,[41] sowie zum deutschen Recht im Jahre 2003[42] als Richtlinienverstoß auch eindeutig gerügt. In der Zwischenzeit wurde die Insolvenzgeld-Richtlinie aber dahin abgeändert, dass es den Mitgliedstaaten offen steht, den Referenzzeitpunkt selbst festzulegen.[43]

g) Vorschuss und Vorfinanzierung von Insolvenzgeld

64 Die Arbeitnehmer können sich einen Vorschuss auf das Insolvenzgeld auszahlen lassen; der vorläufige Verwalter kann das Insolvenzgeld für „seine" Belegschaft über eine Bank vorfinanzieren lassen.[44]

aa) Die Vorschussregelung des § 186 SGB III

65 Das Insolvenzgeld kann bevorschusst werden, um den Arbeitnehmern, die u.U. bereits seit längerem keine Vergütung mehr erhalten haben, ein Abwarten der Bearbeitungsfristen (die durchschnittliche Bearbeitungsfrist kann je nach Dienststelle **ca. sechs Wochen** betragen) nicht zuzumuten. Die Höhe der Vorschüsse liegt im billigen Ermessen der Arbeitsverwaltung.

41 EuGH v. 10.7.1997 – C-94/95 und 95/95, NZA 1997, 985; EuGH v. 10.7.1997 – C-373/95, NZA 1997, 988; zu alledem auch *Berscheid*, ZInsO 2003, 498 ff.

42 EuGH v. 15.5.2003, ZIP 2003, 1000 auf Vorlage des SG Leipzig.

43 RiLi 2002/74/EG des EU-Parlaments und des Rates v. 23.9.2002, ABlEG Nr. L 270/10.

44 Vgl. *Arens/Brand*, § 3, Rn 307 ff.

Während die Vorschusszahlung in der Vergangenheit (§ 141f AFG) daran gebunden war, 66

- dass das Insolvenzereignis bereits eingetreten,
- dass das Arbeitsverhältnis bereits beendet war **und**
- dass die Voraussetzungen für den Anspruch auf Insolvenzgeld mit hinreichender Wahrscheinlichkeit erfüllt werden,

hat der Gesetzgeber auf Anregung des BSG[45] von ersterem Kriterium Abstand genommen. Gem. § 186 Nr. 1 SGB III kann der Vorschuss nunmehr bereits dann gewährt werden, wenn nur die **Eröffnung des Insolvenzverfahrens beantragt** wurde.

Allerdings ist der Gesetzgeber nicht davon abgerückt, dass in jedem Falle das Arbeitsverhält- 67
nis **beendet** worden sein muss (§ 186 Nr. 2 SGB III). Die Regelung wurde daher zu Recht kritisiert,[46] da es der Fortführung eines Unternehmens widerspricht, wenn die Arbeitsverhältnisse vorzeitig beendet werden.

Andererseits sollte das Insolvenzgeld nicht nur bei der Liquidation von Unternehmen einge- 68
setzt werden, sondern es besteht, da es ausschließlich unternehmensseitig finanziert ist, eine gewisse Berechtigung, es durchaus als Sanierungsinstrumentarium für Unternehmen einzusetzen. Da eine weitere Gesetzesänderung aber offenbar nicht geplant ist, behilft die Praxis sich einstweilen mit der sog. „Vorfinanzierung" von Insolvenzgeld.

bb) „Vorfinanzierung" von Insolvenzgeld gem. § 188 Abs. 4 SGB III

Bei der Vorfinanzierung gewährt nicht die Arbeitsverwaltung den Vorschuss aus eigenen 69
Mitteln, sondern der **Verwalter** handelt mit seiner Hausbank oder einer anderen Bank einen **Kredit** in Höhe der künftigen Insolvenzgeldansprüche aus. Daraus bezahlt er die Nettolöhne im Insolvenzgeldzeitraum. Im Gegenzug treten die betroffenen Arbeitnehmer ihren Anspruch auf Insolvenzgeld unwiderruflich an die finanzierende Bank ab. Die Abtretbarkeit und Pfändbarkeit war bereits nach § 141k Abs. 2a AFG bekannt. Durch § 188 Abs. 4 SGB III wurde sie durch folgende Voraussetzungen beschränkt:

- die **Zustimmung** durch die Agenturen für Arbeit (Ausschlussgrund!), die vorab oder nachträglich im Wege der Genehmigung eingeholt werden kann,
- eine **positive Fortführungsprognose**, die der beantragende vorläufige Verwalter gutachterlich nachzuweisen hat, und
- den voraussichtlichen **Erhalt eines erheblichen Anteils der Arbeitsplätze**.

Das Nähere regelt die DA für Insolvenzgeld.[47]

Je nach Insolvenzverwalter und Dienststelle der Arbeitsverwaltung werden die Zustimmun- 70
gen inzwischen binnen kürzester Frist erteilt, so dass die Vorfinanzierung inzwischen ein gängiges Instrumentarium zur Zwischenfinanzierung der Löhne geworden ist. **Ungeklärt** ist die Rechtslage noch für den Fall, dass der Antrag auf Eröffnung des Insolvenzverfahrens vor der gerichtlichen Entscheidung **zurückgenommen** wurde. Die Rücknahme eines solchen Antrags ist jederzeit möglich und beendet mit Eingang bei Gericht das vorläufige Verfahren und damit auch die Befugnisse des vorläufigen Verwalters. In diesem Fall gelangt der Insolvenzgeldanspruch nicht zur Entstehung, denn die richterliche Entscheidung als Insolvenzereignis gem. § 183 SGB III entfällt. Ob § 183 Nr. 3 SGB III greift, bleibt abzuwarten. War das vorfinanzierte Insolvenzgeld an die Arbeitnehmer aber – wie meist, wenn der vorläufige

45 BSG v. 22.3.1995, BSGE 76, 67 = ZIP 1995, 935.
46 Vgl. *Beck/Depré*, S. 963 ff.
47 Vgl. *Arens/Brand*, § 3, Rn 307 ff.

Verwalter auf die Arbeitskräfte angewiesen ist – vorbehaltlos gezahlt worden, so hat dieses Problem die Arbeitnehmer nicht zu bekümmern. Dieses Risiko verbleibt bei der vorfinanzierenden Bank, wenn keine andere Abrede getroffen wird.

h) Begrenzung des Insolvenzgeldes

71 Bis zum 31.12.2003 galt noch die Regelung, dass das Insolvenzgeld in Höhe des jeweiligen Bruttolohns beansprucht werden konnte. Am 1.1.2004 wurde § 185 Abs. 1 SGB III jedoch dahin gehend geändert, dass die Höhe des Insolvenzgeldes summenmäßig **nach oben begrenzt** ist, nämlich auf einen Betrag in Höhe der **Beitragsbemessungsgrenze**, also für die alten Bundesländer auf maximal 5.500 EUR brutto monatlich und für die neuen Bundesländer auf maximal 4.650 EUR brutto monatlich (für 2010).

72 Das bedeutet nicht, dass der Kreis der Anspruchsberechtigten **eingeschränkt** werden sollte, so dass nur noch Arbeitnehmer anspruchsberechtigt wären, deren Einkommen unterhalb der Beitragsbemessungsgrenze liegt, und die somit sozialversicherungspflichtig sind, sondern lediglich die Einführung einer **summenmäßigen Kappungsgrenze** für alle Anspruchsberechtigten.

73 Der Arbeitskreis der Insolvenzverwalter Deutschland e.V. (A.I.D.) sowie andere einschlägige Gremien befürchten nun, dass den Verwaltern im Eröffnungsverfahren das mittlere Management nicht mehr zur Verfügung stehen könnte, weil die betroffenen Mitarbeiter sich vorzeitig wegbewerben werden, noch bevor eine Sanierung überhaupt begonnen hat. Um die betroffenen Arbeitnehmer zu halten, müsste die **Differenz** zum tatsächlich geschuldeten Bruttolohn wohl **aus der Masse** gezahlt werden, vorausgesetzt, der vorläufige Verwalter lässt sich entsprechend ermächtigen. Dadurch würden die Mittel für die Sanierung weiter geschmälert. Die Einführung einer Kappungsgrenze könnte sich somit als sanierungsfeindlich erweisen. Derzeit werden Studien dazu angelegt, um Erfahrungswerte zu sammeln und ggf. eine Rücknahme der Kappungsgrenze anzuregen.

74 Man mag damit rechnen, dass es sich um einige wenige Einzelfälle handeln wird, denn in den allermeisten Fällen handelt es sich bei dem angesprochenen Personenkreis um GmbH-Geschäftsführer, auf deren Mitarbeit der vorläufige Verwalter ohnehin tunlichst verzichten wird. Aber gerade in den Fällen, in denen das mittlere und obere Management benötigt wird, wird es sich eher um sanierungsfähige Unternehmen handeln. Da es sich bei den Beiträgen zum Insolvenzgeldfonds aber um **indirekte Lohnnebenkosten** handelt, bleibt abzuwarten, ob das Interesse an der Kostenentlastung der Unternehmen das Sanierungsinteresse von mittelständischen Unternehmen überwiegen wird.

75 Da es sich bei dem Fonds für Insolvenzgeld, wie bereits betont, um einen rein **unternehmensfinanzierten Fonds** handelt, spricht einiges dafür, die Unternehmen **selbst** entscheiden zu lassen, wie sie im Sanierungsfalle versichert sein wollen.

i) Prozessuales

76 Beim Insolvenzgeld handelt es sich um eine Regelung der Sozialgesetzgebung. Insolvenzgeldansprüche richten sich zwar gegen die Bundesagentur für Arbeit, müssen aber vor den **Sozialgerichten** durchgesetzt werden.

III. Kündigungsrecht und sonstige Gestaltungsrechte im eröffneten Verfahren

1. Die einschlägigen arbeitsrechtlichen Vorschriften der InsO

Wie unter Rn 1 bereits erwähnt, gilt das Arbeitsrecht in der Insolvenz des Arbeitgebers grundsätzlich uneingeschränkt fort. Der Verwalter unterliegt also denselben Kündigungsbeschränkungen bzw. -voraussetzungen wie ein Arbeitgeber außerhalb eines Insolvenzverfahrens. So hat er insbesondere den **allgemeinen Kündigungsschutz** nach §§ 1 ff. KSchG und den **Sonderkündigungsschutz** für die betroffenen Arbeitnehmergruppen nach dem SGB IX, dem MuSchG, dem § 15 KSchG für Betriebsräte usw. zu beachten. 77

Sonderregelungen zum Arbeitsrecht in der Insolvenz sind auf einige wenige Vorschriften beschränkt. Sie finden sich im 2. Abschnitt des 3. Teils der InsO in den 78

- §§ 113, 114 InsO (Individualarbeitsrecht)
- §§ 120–127 InsO (Kollektivarbeitsrecht) und in
- § 128 InsO (Betriebsveräußerung).

Zunächst fällt aber vor allem auf, dass die **Vorrechte**, die die Arbeitnehmer wegen ihres rückständigen Arbeitslohns gem. § 59 Abs. 1 Nr. 3 KO und § 61 Abs. 1 Nr. 1 KO noch unter der Geltung der KO hatten, mit dem In-Kraft-Treten der InsO **ersatzlos gestrichen** wurden (die Arbeitnehmer konnten nach dieser Regelung ihren rückständigen Bruttolohn für sechs Monate vorweg aus der Masse beanspruchen, was dazu führte, dass wegen der hohen Massekosten kaum ein Verfahren zur Eröffnung gelangte). 79

Die InsO greift sodann mit den o.g. Vorschriften den Schutz des Arbeitsrechts in der Insolvenz auf, der auch bereits unter der Konkursordnung (KO) grundsätzlich galt. Während die KO aber nur eine einzige Anordnung zum Arbeitsvertrag traf (§ 22 KO: Beide Seiten sind (nur) zu einer fristgerechten Kündigung berechtigt), von der summenmäßigen Begrenzung von Sozialplanansprüchen nach dem Sozialplankonkursgesetz einmal abgesehen, so finden sich in der InsO nunmehr eine Reihe von Vorschriften, die dem Insolvenzverwalter die **Fortführung eines Betriebes erleichtern** sollen. 80

Dazu gehören 81

- die generell auf drei Monate verkürzte Kündigungsfrist des § 113 Abs. 1 InsO
- die Ausdehnung der Drei-Wochen-Frist für Kündigungsschutzklagen auch auf außerhalb des § 1 Abs. 2 und 3 KSchG liegende Unwirksamkeitsgründe gem. § 113 Abs. 2 InsO a.F. (jetzt allgemein: § 4 KSchG n.F.)
- die Möglichkeit zur Vereinfachung der Sozialauswahl gem. § 125 Abs. 1 Nr. 2 InsO
- die Einführung von Beweiserleichterungen und eines vereinfachten Beschlussverfahrens gem. § 126 InsO
- eine Ausdehnung der o.g. Vorschriften auf den Erwerber im Falle des Betriebsübergangs gem. § 128 InsO.

Nachfolgend werden die Maßnahmen im Einzelnen dargestellt. Dabei ist zu unterscheiden zwischen Maßnahmen auf dem Gebiet des Individualarbeitsrechts und des Kollektivarbeitsrechts. 82

2. Individualarbeitsrecht

a) Verkürzte Kündigungsfrist des § 113 Abs. 1 S. 2 InsO

83 § 113 Abs. 1 InsO lautet: „Ein Dienstverhältnis, bei dem der Schuldner der Dienstberechtigte ist, kann vom Insolvenzverwalter und vom anderen Teil ohne Rücksicht auf eine vereinbarte Vertragsdauer oder einen vereinbarten Ausschluss des Rechts zur ordentlichen Kündigung gekündigt werden. Die Kündigungsfrist beträgt drei Monate zum Monatsende, wenn nicht eine kürzere Frist maßgeblich ist."

84 Damit werden sämtliche anderen Kündigungsfristen **abbedungen**, unabhängig davon, auf welchem Rechtsgrund sie beruhen. § 113 Abs. 1 InsO gilt auch für ansonsten **ordentlich nicht kündbare Arbeitsverhältnisse**, etwa befristete Arbeitsverhältnisse[48] oder tariflich unkündbare Arbeitsverhältnisse.[49] Das gilt aber weiterhin auch für Kündigungen, die ansonsten nur unter qualifizierten Voraussetzungen ausgesprochen werden können, beispielsweise nach tarifvertraglicher Regelung nur gegen Zahlung einer Abfindung.[50] Verfassungsrechtliche Bedenken gegen die verkürzte Kündigungsfrist bestehen nach Auffassung des BAG[51] und des BVerfG[52] nicht.

85 § 113 InsO ist gem. § 119 InsO auch **zwingendes Recht**, d.h., die verkürzte Kündigungsfrist kann im Vorhinein weder ausgeschlossen noch eingeschränkt werden. Davon zu unterscheiden ist der Fall, dass der Insolvenzverwalter von diesem Recht keinen Gebrauch macht, etwa, weil er den Betrieb über den Insolvenzgeldzeitraum hinaus fortführen will. Zu unterscheiden von der Frage der Verkürzung längerer tariflicher oder vertraglicher Kündigungsfristen auf die 3-Monats-Frist gem. § 113 Abs. 1 Satz 2 InsO bzw. der Geltung der dortigen 3-Monats-Frist auch für unkündbare Arbeitsverhältnisse ist die Frage, welche **Kündigungsfristen innerhalb der 3-Monats-Frist** gem. § 113 Abs. 1 Satz 2 InsO gelten. Das BAG hat für diese Fälle festgestellt, dass die längere vertragliche (oder tarifliche) Kündigungsfrist maßgeblich sei, sofern sie nur im Rahmen der Höchstfrist des § 113 Abs. 1 Satz 2 InsO von drei Monaten liege. § 113 InsO habe die bisherige Vorschrift des § 22 KO vollständig ersetzt.[53]

86 *Praxishinweis*

In der Praxis werden die Eröffnungsbeschlüsse häufig erst zum Monatsersten gefasst. Dies erfolgt nach Absprache zwischen Insolvenzverwalter und Gericht, um den **Insolvenzgeldzeitraum voll auszuschöpfen**. Dadurch versäumen die Insolvenzverwalter aber gleichzeitig die erste Kündigungsmöglichkeit, so dass sie fristgerecht nur noch zum Ende des vierten Monats nach der Eröffnung kündigen können. Die Verwalter sind daher vereinzelt schon dazu übergegangen, die Verfahren drei Arbeitstage vor dem Monatsersten eröffnen zu lassen, damit sie die Kündigungen noch rechtzeitig zustellen kön-

48 LAG Düsseldorf v. 5.11.1999, BB 2000, 622; LAG Hamm v. 8.12.1999, ZInsO 2000, 408.

49 BAG v. 5.2.1998, ZInsO 1998, 142; BAG v. 19.1.2000, ZInsO 2000, 568 = ZIP 2000, 985, dazu EWiR 2000, 685 (*Moll*); BAG v. 6.7.2000, ZInsO 2000, 568.

50 LAG Hamm v. 26.11.1998, ZInsO 1999, 302, dazu EWiR 1999, 467 (*Moll*), LAG Schleswig-Holstein v. 28.4.2004, ZInsO 2004, 1328; a.A. LAG Baden-Württemberg v. 9.11.1998, ZInsO 1999, 423 für den Fall eines tarifvertraglichen Zustimmungserfordernisses des Betriebsrats.

51 Z.B. BAG v. 16.6.1999, ZIP 1999, 1933; BAG v. 19.1.2000, NZA 2000, 658.; dazu auch AnwKomm-ArbR/*Roesner*, § 113 InsO Rn 74 f.

52 BVerfG v. 8.2.1999 – 1 BvL 25/97, ZIP 1999, 1221, dazu EWiR 1999, 1067 (*Moll*) bzw. v. 21.5.1999 – 1 BvL 22/98, ZIP 1999, 1219.

53 BAG v. 3.12.1998, ZIP 1999, 370, dazu EWiR 1999, 267 (*Oetker*); BAG v. 6.7.2000, ZIP 2000, 1941, dazu EWiR 2001, 27 (*Moll*).

nen. Dadurch verlieren sie das Insolvenzgeld für drei bis fünf Tage, sparen aber einen vollen Brutto-Monatslohn, weil sie die Kündigungsfrist nach unten ausschöpfen können. Bei größeren Betrieben geht es dabei um erhebliche Summen, so dass der Masse ein erheblicher Schaden entsteht, wenn der Verwalter die erste Kündigungsmöglichkeit verstreichen lässt. Da er als Gutachter zumeist eine Empfehlung an das Gericht ausspricht, zum Monatsersten zu eröffnen, kommt hier eine persönliche Haftung gegenüber den übrigen Gläubigern in Betracht.

Der Verwalter hat jedoch nicht viel zu befürchten, da er zu dem Zeitpunkt nur als Gutachter gehandelt hat, die Haftung des Gutachters in Deutschland aber zu vernachlässigen ist. Daran hat auch die Reform des Schadensersatzrechts nichts verändert. Demgegenüber kommt ein Amtshaftungsanspruch des Richters, der das Verfahren ohne Grund zu spät eröffnet, schon eher in Betracht, vorausgesetzt, das Gutachten lag ihm rechtzeitig vor.

Die Absprachen zwischen Insolvenzverwalter und Gericht über den Eröffnungszeitpunkt gelten – jedenfalls hinsichtlich der Ausschöpfung des Insolvenzgeldzeitraums – inzwischen als unangreifbar.

Dem **vorläufigen Insolvenzverwalter** steht dagegen die Befugnis, das Arbeitsverhältnis mit 87
der verkürzten Frist nach § 113 Abs. 1 Satz 2 InsO zu kündigen, auch dann nicht zu, wenn ihm vom Insolvenzgericht gem. § 22 Abs. 1 Nr. 2 die Verwaltungs- und Verfügungsbefugnis über das Schuldnervermögen übertragen worden ist, es sich also um einen „starken“ Insolvenzverwalter handelt.[54]

b) Nachkündigung durch den Insolvenzverwalter

Hatte der Unternehmer im vorläufigen Insolvenzverfahren oder noch früher bereits selbst 88
eine ordentliche Kündigung ausgesprochen und ist die Frist des § 113 Abs. 1 InsO demgegenüber kürzer, so kann der Insolvenzverwalter nach einhelliger Ansicht sein **Kündigungsrecht nochmals ausüben**.[55] Denn zum einen sind die Arbeitsverhältnisse in diesem Augenblick noch nicht beendet, zum anderen handelt es sich um ein originäres Kündigungsrecht der Verwalters, der mit dem früheren Arbeitgeber weder personenidentisch noch Rechtsnachfolger desselben ist.

Unklar ist, ob dies auch für die **Eigenverwaltung** gilt. Denn hier ist der Arbeitgeber zumin- 89
dest personenidentisch. Sinn und Zweck des § 113 InsO lag aber darin, die Masse nicht unnötig mit Arbeitnehmeransprüchen zu überfrachten, die der Sanierung nicht dienlich wären. Auf diesem Hintergrund muss wohl davon ausgegangen werden, dass das Nachkündigungsrecht auch für die Eigenverwaltung gilt.

c) Kündigungsschutzklage

Will der gekündigte Arbeitnehmer geltend machen, dass die Kündigung durch den Insol- 90
venzverwalter unwirksam ist, so muss er innerhalb von **drei Wochen** nach Zugang der Kündigung Klage beim Arbeitsgericht auf Feststellung erheben, dass das Arbeitsverhältnis durch die Kündigung nicht aufgelöst ist.

54 BAG v. 20.1.2005, ZIP 2005, 1289; AnwKomm-ArbR/*Roesner*, § 113 InsO Rn 36.

55 BAG v. 8.4.2003, ZIP 2003, 1260; BAG v. 22.5.2003, ZIP 2003, 1670 (in Bestätigung von LAG Hamm, ZIP 2002, 1857).

91 In § 113 Abs. 2 InsO a.F. hatte der Gesetzgeber die Drei-Wochen-Frist für sämtliche Unwirksamkeitsgründe angeordnet. Die Drei-Wochen-Frist gilt im Insolvenzverfahren demnach nicht mehr nur für die Rüge der fehlerhaften Sozialauswahl, sondern auch für alle anderen Unwirksamkeitsgründe. **§ 113 Abs. 2 InsO** war somit **lex specialis** gegenüber § 4 S. 1 KSchG. § 113 Abs. 2 InsO verwies im Übrigen (nur) auf § 4 S. 4 und § 5 KSchG. Unklar war dadurch, ob § 6 KSchG auch auf Klagen gegen den Insolvenzverwalter anzuwenden sei, ob also der Arbeitnehmer, der seine Kündigungsschutzklage gegen den Insolvenzverwalter gem. § 113 Abs. 2 InsO fristgerecht eingereicht, aber nur auf Gründe gestützt hatte, die außerhalb des § 1 Abs. 2 und 3 KSchG lagen, die Unwirksamkeitsrügen gem. § 1 Abs. 2 und 3 KSchG gleichfalls noch bis zum Schluss der mündlichen Verhandlung in der I. Instanz nachschieben kann.

92 Diese Unklarheit ist nun beseitigt: Durch Art. 4 des Gesetzes zu Reformen am Arbeitsmarkt vom 30.12.2003 wurde § 113 Abs. 2 InsO a.F. mit Wirkung vom 1.1.2004 gestrichen und sein Inhalt nunmehr in **§ 4 KSchG** aufgenommen. Dadurch ist die Verweisung auf § 4 KSchG naturgemäß weggefallen. Durch den Wegfall der Spezialnorm und ihrer Verweisung auf § 4 S. 4 und § 5 KSchG drängt sich schon allein aufgrund der Gesetzessystematik der Gedanke auf, dass § 6 KSchG auch bei Klagen gegen den Insolvenzverwalter anzuwenden sein soll.

d) Anmeldung von Kurzarbeit gem. §§ 169 ff. SGB III

93 Neben Kündigungsmaßnahmen bleibt dem Insolvenzverwalter wie jedem Arbeitgeber die Möglichkeit eröffnet, Kurzarbeit zu beantragen. Er wird diese Möglichkeit vornehmlich für eine **Interimszeit** nutzen, wenn er eine Fortführung beabsichtigt.

e) Freistellung und Weiterbeschäftigungsanspruch

94 Zusätzlich zur Kündigung kommt es vor, dass der Verwalter Arbeitnehmer von ihrer Arbeitsleistung freistellt. Dies wird er immer dann tun, wenn er vorübergehend den Lohn nicht weiterzahlen kann. Der Arbeitnehmer verliert zwar dadurch nicht seinen Lohnanspruch; denn dieser wandelt sich gem. § 615 BGB in einen **Verzugslohnanspruch** um. Durch die Freistellung wird jedoch erreicht, dass er einstweilen Arbeitslosengeld beantragen und vorzeitig auf Arbeitssuche gehen kann. Seine Ansprüche gehen insoweit gem. § 115 SGB X auf die Arbeitsverwaltung über. Die Differenz zu seinem Arbeitslohn verbleibt dem Arbeitnehmer als Anspruch gegenüber der Insolvenzmasse.

95 Die Rspr. geht mit diesem Instrumentarium inzwischen großzügig um, wenn ein sachlicher Grund für die Freistellung nachgewiesen wird. Zwar hat der Arbeitnehmer grundsätzlich einen Beschäftigungsanspruch auch in der Insolvenz; wird jedoch seine Arbeitsleistung – etwa mangels Auftragsvolumens – bis zur Beendigung des Arbeitsverhältnisses nicht benötigt, so wird der Insolvenzverwalter von der Beschäftigungspflicht befreit. Er ist bei der Freistellung jedoch an die Grenzen des billigen Ermessens gem. § 315 Abs. 2 BGB gebunden.[56] Stellt der Insolvenzverwalter die Arbeitnehmer von der Arbeitsleistung nach der Eröffnung des Insolvenzverfahrens frei, stellen die Ansprüche der Arbeitnehmer sonstige Masseverbindlichkeiten i.S.v. § 209 Abs. 1 Nr. 3 InsO dar. Nach der Rechtsprechung des BAG[57] begründet der Insolvenzverwalter **Neumasseverbindlichkeiten** i.S.d. § 209 Abs. 2 Nr. 2 InsO bei Unterlassung der frühestmöglichen Kündigung nach **Masseunzulänglichkeitsanzeige**, und zwar auch bei frei-

56 LAG Hamm v. 27.9.2000 – 2 Sa 1178/00, ZIP 2001, 435.

57 BAG v. 31.3.2004, ZIP 2004, 1323, dazu EWiR 2004, 815 (*Bork*); *Bayreuther*, ZIP 2008, 573; zur Abgrenzung der Alt- und der Neumasseverbindlichkeiten siehe auch BGH v. 13.4.2006, ZInsO 2006, 541.

gestellten Arbeitnehmern. Der Rang einer Forderung auf Arbeitsvergütung als Masseverbindlichkeit wird durch die nach der Anzeige der (drohenden) Masseunzulänglichkeit zu treffende Entscheidung des Insolvenzverwalters bestimmt, ob er das Arbeitsverhältnis unverzüglich kündigt oder ob er es (zunächst) fortsetzt. Als Masseverbindlichkeit i.S.d. § 209 Abs. 2 Nr. 2 InsO gilt die Arbeitsvergütung für die Zeit nach dem ersten Termin, zu dem der Insolvenzverwalter nach Anzeige der Masseunzulänglichkeit kündigen konnte. Dies gilt auch dann, wenn der Arbeitnehmer von der Arbeitsleistung freigestellt wird.[58]

3. Kollektivarbeitsrecht

Neben den verkürzten Fristen des § 113 InsO hat der Gesetzgeber weitere Erleichterungen für den Insolvenzverwalter vorgesehen: 96

a) Kündigung von Betriebsvereinbarungen gem. § 120 InsO

Betriebsvereinbarungen, die Leistungen vorsehen, die die Insolvenzmasse belasten, können gem. § 120 Abs. 1 InsO ebenfalls mit einer verkürzten Kündigungsfrist von **drei Monaten** oder – bei Vorliegen eines wichtigen Grundes – fristlos (§ 120 Abs. 2 InsO) gekündigt werden. 97

Ein wichtiger Grund kann darin liegen, dass der Verwalter vor die Wahl gestellt wird, das Unternehmen für eine übertragende Sanierung zu **erhalten** oder das Verfahren wegen nachträglicher Massearmut unverzüglich **einstellen zu lassen**. Mit letzterer Maßnahme wäre der Rechtsträger erloschen, für die Gläubiger würde ein Vermögenswert vernichtet, für einen Teil der Arbeitnehmer würden die letzten Aussichten, den Arbeitsplatz zu erhalten, ebenfalls vernichtet. In einer solchen Situation kann eine fristlose Kündigung von Betriebsvereinbarungen ausnahmsweise als begründet angesehen werden. 98

b) Betriebsänderung und Sozialplanansprüche unter der Geltung der Insolvenzordnung

Plant der Insolvenzverwalter eine Betriebsänderung im eröffneten Insolvenzverfahren, so hat er dieselben Vorschriften zu beachten wie das Management außerhalb der InsO, allerdings mit folgenden **Erleichterungen**: 99

- Gem. § 121 InsO muss nur dann ein **Vermittlungsversuch** des Präsidenten des Landesarbeitsamts (jetzt: Regionaldirektion) vorgeschaltet werden, wenn sowohl der Insolvenzverwalter als auch der Betriebsrat dies wünschen. 100
- Das Verfahren nach § 112 Abs. 2 BetrVG ist entbehrlich, wenn ein Interessenausgleich nicht binnen drei Wochen nach Verhandlungsbeginn oder schriftlicher Aufforderung zur Aufnahme von Verhandlungen zustande kommt. In diesem Fall, oder wenn kein Betriebsrat gebildet wurde, kann der Verwalter sofort die **Zustimmung des Arbeitsgerichts** zu der geplanten Maßnahme beantragen (§ 122 InsO). Ein Nachteilsausgleich nach § 113 Abs. 3 BetrVG findet in diesem Falle nicht statt, wenn das Arbeitsgericht dem Insolvenzverwalter durch Beschluss die Durchführung der beabsichtigten Betriebsänderung gestattet.[59] 101

58 Dazu im Einzelnen *Arens/Brand*, § 1, Rn 119 ff., 126 ff.

59 *Arens/Brand*, § 2, Rn 106 ff. Zum Nachteilsausgleich, wenn ein erst nach Insolvenzeröffnung gewählter Betriebsrat nicht beteiligt wurde, vgl. BAG v. 18.11.2003, ZIP 2004, 235; siehe auch *Kocher*, NZI 2003, 527.

- Gegen diesen Beschluss des Arbeitsgerichts findet binnen eines Monats nach Zustellung des Beschlusses in seiner vollständigen Form die **Rechtsbeschwerde zum BAG** statt, wenn sie zugelassen wird. § 72 Abs. 2 und 3 ArbGG gilt entsprechend. Da es sich um ein recht neues Rechtsgebiet handelt, wird die Beschwerde in der Praxis häufig zugelassen.

102 - Sozialplanansprüche sind doppelt gedeckelt: Zunächst ist jeder Einzelanspruch auf das 2,5fache Monatsverdienst beschränkt (**absolute Obergrenze**). Insgesamt darf der Verwalter aber nur ein Drittel der freien Masse für Sozialplanansprüche ausgeben (**relative Obergrenze**). Da die freie Masse erst am Ende des Verfahrens feststehen wird, darf der Verwalter nur mit Zustimmung des Gerichts **Abschlagszahlungen** auf Sozialplanansprüche vornehmen.[60]

- **Zwangsvollstreckungen** in die Masse wegen Sozialplanforderungen sind generell unzulässig (§ 123 Abs. 3 S. 2 InsO).[61]

103 - Wird ein Sozialplan vor der Eröffnung von dem **„schwachen“ vorläufigen Verwalter** aufgestellt, so ist er unwirksam. Ansprüche hieraus dürfen aus der Masse nicht erfüllt werden.[62] Etwas anders gilt nur, wenn der vorläufige Verwalter entsprechend gerichtlich ermächtigt war.

104 - Ein Sozialplan, der bis zu drei Monate vor dem Eröffnungsantrag aufgestellt worden ist, kann sowohl vom Insolvenzverwalter als auch von dem Betriebsrat **widerrufen** werden (§ 124 InsO). Die betroffenen Arbeitnehmer können in einem neuen Sozialplan berücksichtigt werden. Diese Regelung ergeht rein zeitlich in Anlehnung an die Insolvenzanfechtungsvorschriften zur inkongruenten Deckung. Allerdings kann nicht der einzelne Leistungsempfänger widerrufen, etwa, weil er einer nachteiligen Regelung zugestimmt hat. Insoweit erfährt der Betriebsrat eine Privilegierung. Die Berücksichtigung der Sozialplanleistungen im Insolvenzverfahren für die bereits in einen früheren Sozialplan aufgenommenen Arbeitnehmer hat den Vorteil, dass diese Leistungen aus dem Sozialplan nach der Verfahrenseröffnung ungekürzt aus der Insolvenzmasse zu zahlen sind.

105 Im Rahmen einer Betriebsänderung nach § 111 BetrVG und unter der Voraussetzung, dass ein Interessenausgleich zustande gekommen ist, in denen die Arbeitnehmer, denen gekündigt werden soll, namentlich genannt sind (sog. „**qualifizierter Interessenausgleich**“), gewährt § 125 InsO dem Verwalter folgende Erleichterungen im Rahmen des Kündigungsschutzes:[63]

106 - Es wird vermutet, dass die Kündigung der Arbeitsverhältnisse der bezeichneten Arbeitnehmer durch dringende betriebliche Erfordernisse, die einer Weiterbeschäftigung in diesem Betrieb oder einer Weiterbeschäftigung zu unveränderten Arbeitsbedingungen entgegenstehen, bedingt ist. Insoweit treffen nunmehr den klagenden Arbeitnehmer die volle **Darlegungslast** und die **Beweislast** des Gegenteils.

107 - Hinsichtlich der **Sozialauswahl** hat der Verwalter nur noch nach
- der Dauer der Betriebszugehörigkeit,
- dem Lebensalter
- Unterhaltspflichten und

60 *Arens/Brand*, § 2, Rn 260 ff.; AnwKomm-ArbR/*Marquardt,* § 123 InsO Rn 14 ff.

61 Ausführlich zum Sozialplan in der Insolvenz: *Ahrens*, ZInsO 2003, 581; *Arens/Brand*, § 2, Rn 201 ff.; AnwKomm-ArbR/*Marquardt,* § 123 InsO Rn 1 ff.

62 BAG v. 31.7.2002, ZIP 2002, 2051; Anm. *Moll/Langhoff*, EWiR 2003, 283.

63 *Arens/Brand*, § 2, Rn 122 ff.; AnwKomm-ArbR/*Marquardt,* § 125 InsO Rn 3 ff.

- ggf. Schwerbehinderung

zu differenzieren. Im Rahmen dieser Kriterien ist es ihm möglich, **Leistungsträger** von Nicht-Leistungsträgern zu unterscheiden.

- Die Auswahl der zu kündigenden Mitarbeiter kann auch nur noch auf **grobe Fehlerhaftigkeit** nachgeprüft werden. Grobe Fehlerhaftigkeit ist ausgeschlossen, wenn eine **ausgewogene Personalstruktur erhalten oder geschaffen** wird. 108
- Der qualifizierte Interessenausgleich ersetzt gem. § 125 Abs. 2 InsO die **Stellungnahme des Betriebsrats nach § 17 Abs. 3 S. 2 KSchG**. Die Stellungnahmepflicht nach § 102 BetrVG bleibt demgegenüber aber bestehen. 109
- Schließlich gilt auch hier wiederum die Drei-Wochen-Frist für die **Anrufung des Arbeitsgerichts**, wenn kein Interessenausgleich zustande kommt. Die Zustimmung des Betriebsrats ist auch hier durch das Arbeitsgericht substituierbar. Das Gericht wird demnach feststellen, 110
  - dass die Kündigungen durch dringende betriebliche Bedürfnisse bedingt und zudem
  - sozial gerechtfertigt sind.

  Beteiligte sind neben dem Verwalter und dem Betriebsrat nunmehr auch diejenigen Arbeitnehmer, die nicht mit der Beendigung der Arbeitsverhältnisse oder mit den veränderten Arbeitsbedingungen einverstanden sind.

Das BAG kommt dem Verwalter hier sehr weit entgegen. Mit Urteil vom 5.12.2002[64] hat es die Rspr. des LAG Hamm als Vorinstanz bestätigt und eine Kündigung von 30 % der Belegschaft durch den Verwalter für wirksam erklärt. Der Verwalter hatte beschlossen, die Nylonfaserproduktion des Betriebes stillzulegen. Hiervon waren 497 Arbeitsplätze von 1.000 betroffen. Der Verwalter hatte die Sozialauswahl mit Zustimmung des Betriebsrats aber nicht auf den gesamten Betrieb bezogen, sondern auf einzelne Betriebsteile beschränkt, und dort jeweils 30 % der Belegschaft gekündigt. Dagegen wehrte sich der Kläger mit dem Argument, die Kündigung sei sozial nicht gerechtfertigt. Der Verwalter war der Auffassung, dass es ihm nicht zuzumuten sei, unter den erschwerten Bedingungen einer Sanierung mehr als 30 % eines eingespielten Teams auseinanderzureißen. Der Austausch von 30 % eines Teams sei vielmehr die Obergrenze, deren Überschreitung eine erhebliche Betriebsstörung verursachen würde. 111

Das BAG hat bestätigt, 112

- dass die Entscheidung, einen Betriebsteil zu schließen, keiner Zweckmäßigkeitsprüfung unterliegt, ferner,
- dass die Sozialauswahl lediglich auf grobe Fehler hin überprüft werden darf, und schließlich,
- dass „betriebliche Ablaufstörungen im Zusammenhang mit einer Massenkündigung als berechtigte betriebliche Bedürfnisse i.S.v. § 1 Abs. 3 S. 2 KSchG einer Auswahl nach sozialen Gesichtspunkten entgegenstehen“ können.

Andererseits hat es einer **pauschalen Quotenregelung** eine Absage erteilt, denn sie begründe die Vermutung für die soziale Unausgewogenheit der Personalstruktur. Es hat dem Verwalter aufgegeben, die begrenzten Austauschmöglichkeiten des Klägers plausibel darzulegen, und den Rechtsstreit insoweit zurückverwiesen. 113

Im Ergebnis hat der Verwalter also im Gegensatz zu dem Management außerhalb des Insolvenzverfahrens einen erheblich **weiteren Handlungsspielraum bei Betriebsänderungen**. Ob eine Personalstruktur in einem krisenhaften Unternehmen ausgewogen ist, hängt von der 114

64 ZIP 2003, 1766 f.

Aufgabenstellung des Unternehmens ab. Auch in der sozialen Marktwirtschaft ist es die vornehmlichste Aufgabe eines insolventen Unternehmens, am Markt zu überleben. Erst wenn es wieder Gewinne macht, kann es wieder mit sozialen Aufgaben belastet werden. In der Krise kann die Personalstruktur daher dann ausgewogen sein, wenn nur Leistungsträger an Bord sind, wogegen das Unternehmen dann, wenn es sich wieder im sicheren Fahrwasser bewegt, auch leistungsschwächere Mitarbeiter wieder verkraften kann.

115 *Praxishinweis*
Wenn Leistungsdefizite von Mitarbeitern Ursache für den mangelnden Erfolg des Unternehmens sein sollten, so wird es dem Unternehmer kaum gelingen, eine Kündigung durchzusetzen. Dem kann nur dadurch begegnet werden, dass rechtzeitig vor Einstellung der Mitarbeiter ein möglichst genaues Leistungsprofil für die zu besetzende Stelle erstellt und vereinbart wird. Es genügt also nicht, eine Sekretärin einzustellen, die laut Zeugnis irgendwann einmal 240 Anschläge fehlerfrei beherrschte; besser ist es, diese Leistung für die Zukunft zu vereinbaren.

IV. Betriebsveräußerung unter der Geltung der Insolvenzordnung (§ 128 InsO)

116 Im Bereich der Betriebsveräußerung in der Insolvenz sind vor allem **§ 128 InsO und § 613a Abs. 4 BGB** einschlägig. § 128 InsO sieht hierzu vor, dass die unter Rn 105 ff. zum KSchG genannten Erleichterungen auch dem Erwerber des Betriebes zu Gute kommen, wenn er das Unternehmen aus der Insolvenzmasse erwirbt. Kündigt der Erwerber also erst nach der Übernahme, so genießt er dieselben Erleichterungen wie der Insolvenzverwalter (§§ 125–127 InsO). Er ist an dem verkürzten Beschlussverfahren nach § 126 InsO beteiligt. Die Nachprüfbarkeit seiner Kündigungsentscheidung ist in gleicher Weise beschränkt.[65]

117 Diese gesetzliche Regelung wurde vom BAG auf die Anwendung des § 613a Abs. 4 BGB ausgedehnt.[66] § 613a Abs. 4 BGB soll demnach bei einer „**Kündigung nach dem Erwerberkonzept**“ nicht zur Anwendung kommen, obwohl der Insolvenzverwalter nur einen Tag vor der Veräußerung des Betriebes gekündigt hatte, wenn

- ein **verbindlicher Sanierungsplan** des Erwerbers vorliegt,
- dessen Durchführung im Zeitpunkt des Zugangs der Kündigungserklärung bereits „**greifbare Formen**“ angenommen hatte, und
- wenn sich aus ihm ergibt, dass der klagende Arbeitnehmer bei dem Erwerber genauso wenig Beschäftigungsmöglichkeiten haben würde wie bei dem Veräußerer.

118 In seiner Begründung betont der Senat, dass der Gesetzgeber mit Einführung des § 613a Abs. 4 BGB „keine künstliche Verlängerung des Arbeitsverhältnisses“ herbeiführen wollte.

119 Die Kündigungsmaßnahme muss aber von vornherein als Maßnahme im Rahmen einer **übertragenden Sanierung**, also einer Betriebsveräußerung, gekennzeichnet werden. Einen Erwerber, der nicht von vornherein an der Maßnahme beteiligt war, wird die Anwendung des § 613a Abs. 4 BGB nach wie vor in voller Härte treffen. Ihm bleiben dann nur die im Rahmen des § 613a Abs. 4 BGB ansonsten zulässigen Abwehrmittel (z.B. Vereinbarung neutralisie-

65 Einzelheiten bei *Berscheid*, in: Uhlenbruck, InsO, § 128 Rn 6 ff.; AnwKomm-ArbR/*Marquardt*, § 128 InsO Rn 7 f.

66 BAG v. 20.3.2003 – 8 AZR 97/02, ZIP 2003, 1671 (sog. „antizipiertes Erwerbermodell“).

render Betriebsvereinbarungen, evtl. Wechsel der Tarifvertrages durch rechtzeitige Aufspaltung des eigenen Betriebs etc.).

Erfolgt die Übernahme **arbeitsrechtlich ungeplant**, so reduzieren die Risiken aus § 613a BGB ganz erheblich den Kaufpreis. Seit der Rechtsprechung des BAG zum „Erwerbermodell" wird dies nur noch bei Zeitdruck seitens des Verwalters in Betracht kommen und ansonsten für diesen einen Haftungsfall darstellen, wenn er die arbeitsrechtlichen Möglichkeiten zuvor nicht ausgeschöpft hatte. 120

Idealerweise werden Insolvenzverwalter und Erwerber die Pflichten des Verwalters und den Ablauf des Betriebsübergangs **vertraglich** festlegen. Soll die Betriebsänderung noch vom Verwalter vorgenommen werden, so ist darauf zu achten, dass der Stichtag für den Betriebsübergang nicht vor dem Erwachsen der letzten Kündigung in Rechtskraft vereinbart wird.[67] 121

V. Sanierung durch Auffang- und Transfergesellschaften, Beschäftigungs- und Qualifizierungsgesellschaften (BQG)

1. Einleitung

Zur Sanierung eines krisenbehafteten Unternehmens ist es regelmäßig von besonderer Bedeutung, schnell und nachhaltig die fixen Kosten für die Betriebsführung, insbesondere die Personalkosten, senken zu können. Investoren schrecken häufig vor einer Übernahme des Geschäftsbetriebes zurück, weil § 613a BGB eingreift und die Beschäftigungsverhältnisse in ihren ursprünglichen Bedingungen übernommen werden müssen. In dieser Gemengelage gegenläufiger Interessen kommt die Einschaltung einer sog. Transfergesellschaft oder Beschäftigungs- und Qualifizierungsgesellschaft (BQG) in Betracht. Sie ist ein weiterer praktischer Weg neben der Antizipation des Erwerberkonzepts und der sog. Listenkündigung. Sie trägt dem Bedürfnis der Unternehmens- und Sanierungspraxis nach einer sicheren und insbesondere kalkulierbaren Lösung Rechnung.[68] 122

2. Rechtliche Struktur

Grundidee des Einsatzes einer BQG ist der schnelle Personalabbau beim insolventen Arbeitgeber durch **einvernehmliche Überleitung der Arbeitsverhältnisse** in die BQG, in der sie qualifiziert, fortgebildet und auf eine Anschlussbeschäftigung im ersten Arbeitsmarkt oder bei einer Auffanggesellschaft vorbereitet werden. Dabei kann die BQG als Vehikel zur Personalreduzierung ohne komplette Stilllegung der Produktion und zur Vorbereitung einer übertragenden Sanierung dienen. Die Übernahme eines Teils der Arbeitnehmer durch eine Auffanggesellschaft ist dem Transfer der Arbeitnehmer in die BQG zeitlich nachgeschaltet. Dies kann durch Arbeitnehmerüberlassung von der BQG bzw. deren Tochtergesellschaft an die Auffanggesellschaft sein oder durch Begründung neuer Beschäftigungsverhältnisse der in der BQG platzierten Arbeitnehmer mit der Auffanggesellschaft. 123

67 Einzelheiten bei *Rödder/Hötzel/Müller-Thuns*, S. 68 ff.

68 *Gänßbauer*, Beschäftigungs- und Qualifizierungsgesellschaften zur Unternehmenssanierung in der Insolvenz, Diss. 2002; Küttner/*Kania*, Kap. 98, Rn 1 ff.; *Gaul/Otto*, NZA 2004, 1301 ff.; *Praß/Sämisch*, ZInsO 2004, 1284 ff.; *Staufenbiel*, Transfergesellschaften im Insolvenzverfahren, ZInsO 2010, 497 ff.; *Arens/Brand*, § 3, Rn 400 ff. und 482 ff.

124 Die BQG ist in der Regel eine eigenständige juristische Person, die zumeist in der Rechtsform der GmbH organisiert ist.[69] Entweder gründet das Insolvenzunternehmen selbst eine Beschäftigungs-/Qualifizierungsgesellschaft ad hoc oder er schaltet einen externen Dienstleister ein, was sich in der Praxis vielfach bewährt hat.[70]

125 Zweck der BQG ist es, Arbeitnehmer des in der Krise befindlichen Unternehmens in ein Beschäftigungsverhältnis innerhalb einer betriebsorganisatorisch selbständigen Einheit zu übernehmen, in der sog. „**Kurzarbeit-Null**" gem. § 216b SGB III durchgeführt wird. Im Vordergrund des Beschäftigungsverhältnisses mit der BQG steht die Qualifizierung und Fortbildung der Arbeitnehmer zur Vorbereitung auf die Wiedereingliederung in den ersten Arbeitsmarkt. Die BQG übernimmt auch die Vermittlung der Arbeitnehmer in neue Beschäftigungsverhältnisse, was nach dem Wegfall der Erlaubnispflicht für Arbeitsvermittlung ohne weiteres möglich ist.[71] Zum Teil überlässt die BQG oder auch deren Tochtergesellschaft die Arbeitnehmer an andere Gesellschaften und wird als Verleiher tätig. Sie bedarf hierzu regelmäßig der Erlaubnis zur **Arbeitnehmerüberlassung** gem. § 1 Abs. 1 S. 1 AÜG.

a) Übergang der Beschäftigungsverhältnisse auf die BQG

126 Grundidee der Umstrukturierung und der Einschaltung einer externen BQG ist, dass alle vorgesehenen Arbeitnehmer einvernehmlich ihr Beschäftigungsverhältnis zum Altarbeitgeber auflösen und ein neues Beschäftigungsverhältnis mit der BQG begründen. Dies geschieht im Rahmen eines **dreiseitigen Vertrags** zwischen dem Altarbeitgeber, der BQG und dem betroffenen Arbeitnehmer.[72] Unter Hinweis auf Haftungsgründe wird empfohlen, getrennte Verträge abzuschließen.[73] Da das BQG-Modell häufig nur bei Beteiligung aller vorgesehenen Mitarbeiter funktioniert, geben zunächst die Arbeitnehmer ein Vertragsangebot gegenüber einem Treuhänder ab, der mit dem Insolvenzverwalter/Sanierer den Rücklauf auswertet.[74] Die Angebote werden dann vom Insolvenzverwalter angenommen, wenn sich genügend Arbeitnehmer für den Abschluss des dreiseitigen Vertrages ausgesprochen haben, **Transferkurzarbeitergeld** gewährt wird und die Finanzierung des BQG im Übrigen gesichert ist.[75]

Es sind folgende Vertragsbeziehungen zu unterscheiden:

aa) Alter Arbeitgeber/Arbeitnehmer

127 Das bisherige Beschäftigungsverhältnis wird durch schriftlichen **Aufhebungsvertrag** (§ 623 BGB) einvernehmlich beendet. Zur Schonung der Insolvenzmasse können die Kündigungsfristen abgekürzt werden. Wenn das Arbeitsverhältnis bereits außer Vollzug gesetzt war, kann der Auflösungszeitpunkt auch in der Vergangenheit liegen.[76]

69 *Gänßbauer*, S. 97 ff.; *Gaul/Kliemt*, NZA 2000, 674; *Annuß/Lembke*, Arbeitsrechtliche Umstrukturierung in der Insolvenz, Rn 452 ff.

70 *Gaul/Kliemt*, NZA 2000, 674, 675 und 677; *Gaul/Otto*, NZA 2004, 1101, 1103 f.

71 *Meyer*, NZS 2002, 578, 579; *Ries*, NZI 2002, 521, 524.

72 Küttner/*Kania*, Kap. 98, Rn 3; *Gänßbauer*, S. 237 ff.

73 *Meyer*, NZS 2002, 578, 580.

74 *Ries*, NZI 2002, 521, 526 f.

75 *Annuß/Lembke*, Rn 474 ff.; BAG v. 21.1.1999 ZIP 1999, 1572, LS 4.

76 BAG v. 10.12.1998 ZIP 1999, 320 = NZA 1999, 422, 424; BAG v. 21.1.1999 ZIP 1999, 1572.

bb) Arbeitnehmer/BQG

Zugleich mit dem Ausscheiden beim Altarbeitgeber schließt der Arbeitnehmer mit der BQG einen neuen Arbeitsvertrag ab, der einige Besonderheiten aufweist und primär auf Qualifizierung und Vermittlung gerichtet ist. Der Arbeitsvertrag wird ohne sachlichen Grund gem. **§ 14 Abs. 2 TzBfG** auf die Dauer bis zu einem Jahr befristet. Zweck der Befristung ist es insbesondere, die Dauer des Arbeitsverhältnisses mit der Dauer der Förderung durch Kurzarbeitergeld abzustimmen.[77] 128

(1) Pflichten der Vertragsparteien

In der BQG wird sog. „**Kurzarbeit-Null**" geleistet, das heißt die Wochenarbeitszeit beträgt 0 Stunden. Die Arbeitnehmer sind jedoch verpflichtet, die angebotenen **Qualifizierungs- und Fortbildungsmaßnahmen** wahrzunehmen, die Vermittlungsbemühungen der BQG zu unterstützen und auch Beschäftigungsverhältnisse bei Dritten anzunehmen. Dafür erhält der Arbeitnehmer von der Agentur für Arbeit **Transferkurzarbeitergeld** gem. § 216b SGB III, das in der Praxis regelmäßig durch Zuschüsse des insolventen Unternehmens bzw. des Insolvenzverwalters auf 80 % oder 100 % aufgestockt wird.[78] 129

(2) Freistellung und kurzfristiges Ausscheiden

Typischerweise ist auch vorgesehen, dass der Arbeitnehmer für eine Tätigkeit in einem anderen Unternehmen freigestellt und das **Arbeitsverhältnis zur BQG ruhend gestellt** wird. Der Arbeitnehmer kann auch mit einer kurzen Ankündigungsfrist ausscheiden, wenn er eine Anschlussbeschäftigung gefunden hat. Scheidet er vorzeitig aus, hat er nicht automatisch einen Anspruch auf Auszahlung der dadurch bei der BQG entstehenden Ersparnisse.[79] 130

(3) Leiharbeitsverhältnis

In der Praxis werden die Arbeitnehmer von der BQG bzw. von einer Tochtergesellschaft der BQG auch an das personalabgebende Unternehmen oder an Dritte zur Arbeitsleistung überlassen. So kann der Geschäftsbetrieb in bestimmten Unternehmensbereichen oder Betriebsteilen für eine Übergangsperiode fortgesetzt werden. Dabei handelt es sich regelmäßig um gewerbliche **Arbeitnehmerüberlassung**, weshalb im Arbeitsverhältnis zwischen BQG und Arbeitnehmer die Nachweispflicht des § 11 AÜG sowie das Schlechterstellungsverbot nach § 10 AÜG zu beachten sind. Problematisch ist jedoch, dass bei der Arbeitnehmerüberlassung die Voraussetzungen für die Gewährung von Transferkurzarbeitergeld nach § 216b SGB III wohl nicht gegeben sind, wenn der Arbeitnehmer im Rahmen der Arbeitnehmerüberlassung wieder im Betrieb des abgebenden Arbeitgebers eingesetzt wird. Nach Auffassung der Bundesagentur fehlt es an einem dauerhaften Arbeitsausfall i.S.d. § 216b Abs. 1 Nr. 1 SGB III, wenn die Arbeitnehmer der BQG im Rahmen eines Zweitarbeitsverhältnisses auf Arbeitsplätzen des personalabgebenden Betriebs beschäftigt werden.[80] Außerdem ist der Anspruch auf Transferkurzarbeitergeld nach § 216b Abs. 7 SGB III ausgeschlossen. 131

cc) Alter Arbeitgeber/BQG

Drittes Element des Sanierungskonzepts unter Einschaltung einer BQG ist der zwischen Insolvenzverwalter und der BQG abgeschlossene **Dienstleistungs- und Kooperationsvertrag**, 132

77 *Meyer*, NZS 2002, 580 f.; Küttner/*Kania*, Kap. 98, Rn 3; *Annuß/Lembke*, Rn 478 ff.
78 *Gaul/Kliemt*, NZA 2000, 674, 677; *Annuß/Lembke*, Rn 483 f.
79 *Annuß/Lembke*, Rn 487 m. Hinw. a. Küttner/*Kania*, Kap. 98, Rn 3; BAG, Urt. v. 20.8.2002 AiB 2004, 55 f.
80 *Gaul/Otto*, NZA 2004, 1307; *Gaul/Bonanni/Otto*, DB 2003, 2386, 2389.

in dem die von der BQG geschuldeten Qualifzierungs-, Fortbildungs- und Vermittlungsdienste geregelt sind und andererseits die Vergütungs- und Finanzierungspflichten sowie die sonstigen Leistungen des Insolvenzverwalters festgelegt werden.[81]

133 Zu den **Finanzierungslasten** des Altarbeitgebers zählen insbesondere Zuschläge zum Transferkurzarbeitergeld, eventuelle Prämien, die Verwaltungskosten für die BQG und etwaige Anteile an Weiterbildungs- und Qualifizierungskosten sowie die sog. **Remanenzkosten**. Das sind die Arbeitgeber- und Arbeitnehmerbeiträge zur Sozialversicherung (Kranken-, Renten- und Pflegeversicherung, nicht Arbeitslosenversicherung und Entgeltzahlungen an Urlaubs- und Feiertagen). Sie belaufen sich auf ca. 40 % des bisherigen Arbeitgeberbruttoaufwands.[82] An Urlaubs- und Feiertagen leistet die BA nicht, da die Arbeit nicht mangels Beschäftigungsmöglichkeit ausfällt.[83]

134 Eine Regelung über die sog. **Abgangsersparnis** ist empfehlenswert. Diese Regelung betrifft die Frage, was mit dem der BQG zur Verfügung gestellten Geld passiert, das am Ende der Förderung übrig bleibt, weil Arbeitnehmer aufgrund schnellerer Vermittlung auf einen neuen Arbeitsplatz früher als erwartet aus der BQG ausgeschieden sind.

b) Kein Betriebsübergang auf die BQG nach § 613a BGB

135 Der Transfer der Arbeitnehmer vom insolventen Unternehmen zur BQG findet weder aufgrund eines Betriebsübergangs nach § 613a BGB statt noch begründet er einen Betriebsübergang. Die BQG übernimmt außer den Arbeitnehmern keine materiellen oder immateriellen Betriebsmittel und verfolgt mit der Qualifizierung, Fortbildung und Vermittlung der Arbeitnehmer völlig andere Betriebszwecke als der abgebende Arbeitgeber, sodass bei der erforderlichen Gesamtbetrachtung nicht von einem Übergang einer wirtschaftlichen Einheit gesprochen werden kann, die ihre Identität gewahrt hat. Die **Nichtanwendbarkeit von § 613a BGB** hat zur Folge, dass die BQG nicht an die im insolventen Unternehmen geltenden Arbeitsbedingungen gebunden ist[84] und insbesondere keine Ansprüche auf betriebliche Altersversorgung übernehmen muss.[85]

c) Fortführung der Geschäftstätigkeit durch die Auffanggesellschaft

136 Nach Überleitung der Arbeitsverhältnisse in die BQG werden typischerweise die Betriebsmittel im Wege eines **Asset Deals** vom insolventen Unternehmen auf die bereits vorhandene oder neu zu gründende Auffanggesellschaft übertragen. Die **Auffanggesellschaft** führt den Betrieb im geplanten Umfang fort und bietet insbesondere ausgewählten Arbeitnehmern der BQG neue Arbeitsverträge an. Auf diesem Weg kann sie sich die sog. Wunschbelegschaft zusammenstellen, wobei auch im Übrigen die Arbeitsbedingungen vom Ursprungsarbeitsverhältnis abweichen können. Dies geschieht in aller Regel in einem engen zeitlichen Zusammenhang mit dem Transfer der Arbeitnehmer in die BQG.[86]

81 *Ries*, NZI 2002, 527; Vertragsmuster bei *Bauer/Haußmann* in: Bauer/Lingemann/Giller/Haußmann, M 39.6.1, S. 804 ff.

82 *Ries*, NZI 2002, 521, 525.

83 *Growe*, AiB 1998, 260 f; zu den Finanzierungskosten allgemein: *Gaul/Kliemt*, NZA 2000, 674, 677 f.; *Gänßbauer*, S. 158; *Ries*, NZI 2002, 525 f.

84 BAG v. 18.8.2005 ZIP 2006, 148, 150 f; *Gaul/Otto*, ZIP 2006, 646 f.

85 *Bachner/Schindele*, NZA 1999, 130, 135; Küttner/*Kania*, Kap. 98, Rn 3; *Annuß/Lembke*, Rn 496.

86 Im „Dörris-Scharmann-Fall" lag zwischen Aufnahme der Arbeitnehmer in die BQG und Einstellung eines Teils der Belegschaft in der Auffanggesellschaft weniger als ein Monat. Vgl. BAG v. 10.12.1998 ZIP 1999, 320 = NZA 1999, 422.

3. Wirksamkeit der Gestaltung

In zwei Entscheidungen hat das Bundesarbeitsgericht die Umstrukturierungspraxis unter Einschaltung einer BQG bereits im Prinzip gebilligt[87] und die Praxis in einer neueren Entscheidung im Wesentlichen bestätigt. 137

Anders als beim sog. **Lemgoer Modell** tritt hier neben die vom abgebenden Arbeitgeber veranlasste Eigenkündigung oder den Aufhebungsvertrag die sofortige Begründung eines neuen Beschäftigungsverhältnisses. Nach der bisherigen Spruchpraxis des BAG ist deshalb eine **Umgehung des § 613a BGB** bzw. eine Nichtigkeit der entsprechenden Kündigungen oder Aufhebungsverträge **nicht gegeben**. § 613a BGB biete lediglich Schutz vor einer einvernehmlichen Veränderung des Arbeitsvertragsinhalts ohne sachlichen Grund, nicht aber vor einer einvernehmlichen Beendigung des Arbeitsverhältnisses ohne sachlichen Grund.[88] Die Arbeitsvertragsparteien können ihr Rechtsverhältnis im Zusammenhang mit einem Betriebsübergang auch ohne Vorliegen eines sachlichen Grunds wirksam durch Aufhebungsvertrag auflösen, wenn die Vereinbarung auf das endgültige Ausscheiden aus dem Betrieb gerichtet ist.[89] Das BAG sah den Unterschied zum Lemgoer Modell darin, dass der dreiseitige Aufhebungs- und Arbeitsvertrag zwischen dem insolventen Unternehmen, Arbeitnehmer und BQG auf das endgültige Ausscheiden des Arbeitnehmers aus dem Betrieb des insolventen Unternehmens gerichtet war und nicht von vornherein auf die Wiedereinstellung bei der Auffanggesellschaft, die das Geschäft schließlich fortführte. Der Abschluss des dreiseitigen Vertrags sei ein Risikogeschäft für den Arbeitnehmer. Dass die Auffanggesellschaft alle oder nahezu alle Beschäftigten des insolventen Unternehmens einstellen würde, sei gerade nicht versprochen worden.[90] Eine objektive Gesetzesumgehung liege aber dann vor, wenn bei Abschluss des Aufhebungsvertrages zugleich ein neues Arbeitsverhältnis zum Betriebsübernehmer vereinbart oder zumindest verbindlich in Aussicht gestellt wird. Dies ist beim dreiseitigen Vertrag aber gerade nicht der Fall. Der Arbeitnehmer wird darüber in Kenntnis gesetzt, dass eine Einstellung bei der Auffanggesellschaft ungewiss ist, da die Betriebsfortführung im Hinblick auf die Insolvenz des Vorgängerunternehmens nur mit verminderter Belegschaft überhaupt möglich ist. Insgesamt verneint das BAG daher die Nichtigkeit des Aufhebungsvertrages wegen Umgehung gem. § 613a BGB.[91] 138

Sofern den Arbeitnehmern vor Abschluss des dreiseitigen Vertrages klare Angaben über den Zweck des gesamten Modells gemacht wurden, liegen ein **Irrtum** und eine **arglistige Täuschung** der Arbeitnehmer, die zur Anfechtung des Aufhebungsvertrags nach den §§ 119, 123 BGB berechtigen würden, fern. Das BAG betonte in einer älteren Entscheidung, die Annahme eines Irrtums oder einer Täuschung sei schon deshalb fernliegend, weil sowohl die Gewerkschaft als auch der Betriebsrat das Modell unterstützt hätten. Dies zeigt, wie wichtig es in der Praxis ist, Betriebsrat und Gewerkschaft frühzeitig einzubeziehen.[92] Allerdings ist ein Aufhebungsvertrag unwirksam, wenn das Unternehmen den Arbeitnehmer insofern ge- 139

87 BAG v. 10.12.1998, ZIP 1999, 320 = NZA 1999, 422; BAG v. 18.8.2005, ZIP 2006, 148 ff., *Gänßbauer*, S. 165 ff. m.w.N.; BAG v. 21.1.1999= ZIP 1999, 1572; *Annuß/Lembke*, Rn 504 ff., *Gaul/Otto*, ZIP 2006, 148 ff.

88 So insbesondere BAG v. 18.8.2005, ZIP 2006, 148, 150 f.

89 BAG v. 10.12.1998, ZIP 1999, 320 = NZA 1999, 422, 424 f.; BAG v. 21.1.1999, ZIP 1999, 1572 LS 2; BAG v. 18.8.2005, ZIP 2006, 148, 150 f.

90 BAG v. 10.12.1998, ZIP 1999, 320 = NZA 1999, 422, 424; BAG v. 18.8.2005, ZIP 2006, 148, 150 f.

91 BAG v. 10.12.1998, ZIP 1999, 320 = NZA 1999, 422; BAG ZIP 1999, 1572; BAG v. 18.8.2005, ZIP 2006, 148, 150 f.; BAG v. 23.11.2006, ZIP 2007, 643; Küttner/*Kania*, Kap. 98, Rn 6.

92 BAG v. 21.1.1999, ZIP 1999, 1574.

täuscht hat, dass es vorspiegelt, der Betrieb solle stillgelegt werden und es würden nur noch Restaufträge abgearbeitet.

140 Auch der **Wegfall der Geschäftsgrundlage** wurde vom BAG in den bisher ergangenen Entscheidungen verneint. Im Hinblick auf die im Vertrag angelegte Risikoverteilung fehlt es an einem Wegfall der Geschäftsgrundlage, da das Bundesarbeitsgericht den Abschluss des Vertrags als Risikogeschäft des Arbeitnehmers ansieht.

141 Der **Anspruch auf Fortsetzung des Arbeitsverhältnisses** bei der Auffanggesellschaft, auf die der Betrieb nach Beendigung des Beschäftigungsverhältnisses übergegangen ist, wurde ebenfalls verneint. Aufgrund richtlinienkonformer Auslegung des § 613a BGB vertrat das BAG bislang zwar grundsätzlich die Ansicht, dass der Arbeitnehmer gegenüber dem Betriebserwerber auch noch nach Ablauf der Kündigungsfrist verlangen kann, zu unveränderten Arbeitsbedingungen unter Wahrung des Besitzstandes eingestellt zu werden, wenn es nach Zugang der betriebsbedingten Kündigung zu einem Betriebsübergang kommt. In der Entscheidung vom 10.12.1998 hat das BAG für den Fall des im Insolvenzverfahren vollzogenen Betriebsübergangs einen **Fortsetzungs- bzw. Wiedereinstellungsanspruch** gegenüber dem Betriebserwerber abgelehnt, weil dies europarechtlich nicht geboten sei. Außerdem kam ein Fortsetzungs- bzw. Wiedereinstellungsanspruch deshalb nicht in Betracht, weil der Arbeitnehmer nicht durch Kündigung sondern durch Aufhebungsvertrag ausgeschieden war.[93]

142 Das LAG Bremen ist in einer Entscheidung vom 26.8.2004[94] von diesen Entscheidungsgrundsätzen jedoch abgewichen und hat im dortigen Fall den dreiseitigen Vertrag zwischen Arbeitnehmer, bisherigem Arbeitgeber und der BQG wegen der Umgehung des § 613a BGB für nichtig gehalten.[95]

4. Allgemeine Aufklärungs- und Unterrichtungspflichten nach § 613a Abs. 5 BGB

143 Die dargestellte Rechtsprechung zeigt, dass bei Umstrukturierungen in der Insolvenz unter Einschaltung einer BQG die richtige Kommunikation gegenüber den Arbeitnehmern vor Abschluss des dreiseitigen Vertrags unabdingbar ist.

144 Erteilt der Arbeitgeber dem Arbeitnehmer Auskünfte, so müssen sie richtig und vollständig sein. Im Hinblick auf diese **allgemeinen Aufklärungspflichten** ist es wichtig, den Arbeitnehmern den Risikocharakter des dreiseitigen Vertrags vor Augen zu führen und klare Angaben über den Zweck des Modells zu machen. Insbesondere darf gegenüber den Arbeitnehmern nicht ein neues Arbeitsverhältnis in der den Geschäftsbetrieb fortführenden Auffanggesellschaft verbindlich in Aussicht gestellt werden, sonst sind die Aufhebungsverträge wegen der Umgehung des § 613a BGB nichtig und die Arbeitsverhältnisse gehen mit den im insolventen Unternehmen geltenden Arbeitsbedingungen über.[96]

145 Nach § 613a Abs. 5 BGB hat der bisherige Arbeitgeber oder der neue Inhaber die von einem Übergang betroffenen Arbeitnehmer vor dem Übergang **in Textform zu unterrichten**, und zwar über den geplanten Zeitpunkt des Übergangs, den Grund für den Übergang, die rechtlichen, wirtschaftlichen und sozialen Folgen des Übergangs für die Arbeitnehmer und die

93 Im Einzelnen hierzu: *Annuß/Lembke*, Rn 516 ff.
94 ZIP 2004, 2452 ff. = BB 2005, 665 ff.
95 Im Einzelnen hierzu: *Annuß/Lembke*, Rn 531 ff.
96 So insbesondere BAG v. 18.8.2005, ZIP 2006, 148, 150 f.

hinsichtlich der Arbeitnehmer in Aussicht genommenen Maßnahmen. Nach h.M. handelt es sich dabei um eine echte Rechtspflicht, deren Verletzung Schadensersatzansprüche auslösen kann.[97]

Macht der Arbeitnehmer im vorliegenden Kontext geltend, bei ordnungsgemäßer Unterrichtung den Aufhebungsvertrag nicht unterschrieben und sich auf den Übergang seines Arbeitsverhältnisses berufen zu haben, besteht das Risiko darin, dass der Arbeitnehmer von der Auffanggesellschaft zu unveränderten Bedingungen wieder eingestellt werden muss. Derartige Schadensersatzansprüche dürften in der vorliegenden Konstellation im Ergebnis nicht bestehen, denn die Unterrichtungspflicht nach § 613 a Abs. 5 BGB ist zwar bereits vor dem Betriebsübergang erfüllt, wird jedoch erst eine logische Sekunde vor dem Betriebsübergang fällig. Wann der Veräußerer und der Erwerber die Unterrichtungspflicht erfüllen, bleibt ihnen überlassen; sanktionslos können sie das in der letzten Sekunde vor dem Betriebsübergang noch tun. Ist im Zeitpunkt des Betriebsübergangs aber das Arbeitsverhältnis zwischen dem insolventen Unternehmen und Arbeitnehmer wirksam durch Aufhebungsvertrag beendet, können den Insolvenzverwalter **Unterrichtungspflichten nach § 613a Abs. 5 BGB** nicht mehr treffen. Festzuhalten ist aber, dass diese Frage noch nicht diskutiert, geschweige denn entschieden wurde. Es kann nicht ausgeschlossen werden, dass die Rechtsprechung über § 242 BGB die Fälligkeit der Unterrichtungspflicht gem. § 613a Abs. 5 BGB annimmt, wenn über die Person des Erwerbers und die in § 613a Abs. 5 BGB angesprochenen Punkte Klarheit besteht. Vorsichtigen Insolvenzverwaltern ist daher zu empfehlen, die Arbeitnehmer gem. § 613a Abs. 5 BGB über einen möglichen Betriebsübergang zur Auffanggesellschaft zu informieren, freilich mit der Klarstellung, dass der Übergang aller Arbeitsverhältnisse nach § 613a Abs. 1 BGB die sanierende Umstrukturierung des insolventen Unternehmens über das BQG-Modell vereiteln würde. 146

VI. Arbeitnehmeransprüche im massearmen Verfahren

Die Insolvenzordnung unterscheidet zwischen „**Massearmut**" (§ 207 InsO) und „**Masseunzulänglichkeit**" (§ 208 InsO). „Massearmut" liegt vor, wenn sich nach der Eröffnung herausstellt, dass nicht einmal die Kosten des Verfahrens (Verwaltervergütung und Gerichtsgebühren) gedeckt sind, während das Gesetz von „Masseunzulänglichkeit" spricht, wenn zwar die Kosten aus der Masse bezahlt werden können, nicht jedoch die übrigen Masseverbindlichkeiten (z.B. Arbeitslohn). 147

Die Anzeige der Masseunzulänglichkeit bewirkt gem. **§ 209 InsO** im Wesentlichen, dass die noch vorhandene Masse in folgender Reihenfolge zu verwenden ist: 148

- zunächst zur vollständigen Deckung der Verfahrenskosten (i.e. Verwaltervergütung und -auslagen, Gerichtskosten),
- dann zur Bezahlung derjenigen Verbindlichkeiten, die nach der Anzeige neu begründet wurden,
- und erst danach zur Bezahlung der Verbindlichkeiten, die zwischen Verfahrenseröffnung und Massearmutsanzeige begründet wurden,

und zwar bei gleichem Rang nach dem Verhältnis ihrer Beträge. Die Einhaltung der Rangfolge kann durch Einsicht der Schlussrechnungslegung bei Gericht überprüft werden.

97 LAG Berlin, NZA-RR 2005, 125; *Willemsen/Lembke*, NJW 2002, 1559, 1161; *Gaul/Otto*, DB 2002, 634, 639; *Nehls*, NZA 2002, 822, 824; ErfK/*Preis*, § 613a BGB Rn 90; A.A: *Bauer/v. Steinau-Steinrück*, ZIP 2002, 457, 458; *Grobys*, BB 2002, 726 f.

149 Für **Arbeitsverhältnisse und sonstige Dauerschuldverhältnisse** gilt Folgendes: Nach der Anzeige der Masseunzulänglichkeit hat der Verwalter den betroffenen Arbeitnehmern unverzüglich zu kündigen und sie – sofern er die Arbeitsleistung nicht benötigt – freizustellen. Versäumt er den ersten möglichen Kündigungstermin, so hat er die Ansprüche aus der Zeit zwischen dem frühestmöglichen und dem tatsächlichen Beendigungstermin wieder vorweg aus der Masse zu bezahlen. Hatte der Verwalter die Gegenleistung jedoch entgegengenommen, so muss er die laufenden Ansprüche aus der Masse weiterzahlen, allerdings nur an Rangstelle 2.

150 „Frühestmöglich" bezieht sich dabei auf die **rechtliche** Möglichkeit. Auch im Bereich der Masseunzulänglichkeit gelten die Kündigungsschutzvorschriften nämlich uneingeschränkt weiter. Sind der Kündigung also z.B. noch Interessenausgleichsverhandlungen, Anhörungsverfahren etc. vorgeschaltet, so ist deren Beendigung abzuwarten, bevor die Kündigung ausgesprochen werden kann. Kündigt der Verwalter vorzeitig, so ist die Kündigung unwirksam. Das gilt auch für die Kündigung von leitenden Angestellten.[98]

151 Erleidet ein Arbeitnehmer einen Ausfall, kommt eine **Haftung** des Insolvenzverwalters nach §§ 60, 61 InsO in Betracht. Allerdings führt hier ein Vermögensvergleich bei rechtmäßigem Alternativverhalten häufig zu dem Ergebnis, dass gar kein Schaden entstanden ist. Der Verwalter haftet allerdings nur für die gewillkürten Masseverbindlichkeiten, während er für den Ausfall von oktroyierten Masseverbindlichkeiten, z.B. Arbeitslöhne, grundsätzlich nicht haftet. Etwas anderes gilt aber dann, wenn der Verwalter eine frühere Kündigungsmöglichkeiten versäumt hat, soweit dem Arbeitnehmer dadurch ein Schaden entstanden ist.

152 Voraussetzung für die Haftung ist allerdings, dass der Verwalter die Masseunzulänglichkeit bei pflichtgemäßer Liquiditätsplanung rechtzeitig hätte erkennen können. Für mangelndes **Verschulden** muss er sich entlasten (§ 61 S. 2 InsO). Der Verwalter haftet dem Geschädigten grundsätzlich persönlich. Der Anspruch richtet sich also nicht gegen ihn „in seiner Eigenschaft als Insolvenzverwalter über das Vermögen der X-GmbH", sondern gegen ihn persönlich. Der Schaden kann auch nicht auf die Masse abgewälzt werden, ist aber in der Regel auf Kosten der Masse versichert.

VII. Betriebliche Altersversorgung in der Insolvenz

153 Die Verpflichtungen aus einer betrieblichen Altersversorgungszusage gehen gem. § 7 BetrAVG in der Insolvenz auf den **Pensionssicherungsverein** (PSV) über.[99] Dort bleiben sie auch dann, wenn es zu einem Erwerb des Unternehmens aus der Insolvenz kommt. Der Erwerber übernimmt gem. § 613a Abs. 4 BGB den Arbeitsvertrag „so wie er ist", also auch behaftet mit einer betrieblichen Altersversorgungszusage. Er haftet jedoch lediglich für die Ansprüche, die der Arbeitnehmer seit dem Betriebsübergang neu erworben hat, sofern er den Betrieb nach der Eröffnung des Insolvenzverfahrens erworben hat.[100] **Rückständige Ansprüche** auf Leistungen der betrieblichen Altersversorgung haben mit Inkrafttreten der InsO die früheren Vorrechte nach der KO verloren. Sie sind einfache Insolvenzforderungen.

98 BAG v. 4.6.2003, ZIP 2003, 1850; BAG v. 31.3.2004, ZIP 2004, 1323, dazu EWiR 2004, 815 (*Bork*); *Bayreuther*, ZIP 2008, 573; zur Abgrenzung der Alt- und der Neumasseverbindlichkeiten siehe auch BGH v. 13.4.2006, ZInsO 2006, 541.

99 Ausführlich dazu: *Berscheid*, Arbeitsverhältnisse, Rn 942 ff.; *Arens/Brand*, § 5, Rn 1 ff.

100 BAG v. 4.7.1989, KTS 1990, 110; *Berscheid*, Arbeitsverhältnisse, Rn 961 ff. m. Hinw. auf BAG v. 11.2.1992, KTS 1992, 658 ff. und BAG v. 23.7.1991, KTS 1992, 142 = NZA 1992, 217.

Die Insolvenzsicherung durch §§ 7–19 BetrAVG bleibt davon unberührt.[101] Ist zwischen Arbeitgeber und Arbeitnehmer allerdings rechtskräftig festgestellt, dass keine Leistungsansprüche aus der betrieblichen Altersversorgung bestehen, gilt dies auch für die Eintrittspflicht des Trägers der Insolvenzsicherung (PSV).[102]

VIII. Internationales Insolvenzarbeitsrecht

Schließlich soll noch kurz auf die Rechtsstellung der Arbeitnehmer eingegangen werden, deren Arbeitsverträge **Auslandsberührung** haben. Dies betrifft insbesondere diejenigen Unternehmen, die im Ausland ihren Sitz haben, aber im Inland über eine Zweigniederlassung tätig sind, oder im Inland lediglich eine Betriebsstätte haben, in der Mitarbeiter beschäftigt werden. In letzter Zeit beschäftigen zudem die ausländischen „Ltd.'s" besonders die Insolvenzgerichte.[103] Sofern dort neben dem Geschäftsführer überhaupt Arbeitnehmer beschäftigt werden, könnte die Problematik deshalb in Zukunft häufiger auftreten als bisher. **154**

1. Hauptverwaltungssitz innerhalb der EU

Auf Insolvenzverfahren über das Vermögen von Unternehmen, die ihren Sitz im Gebiet eines Mitgliedstaats haben, findet – mit Ausnahme von Dänemark – seit dem 31.5.2002 die **Europäische Insolvenzverordnung** („EuInsVO")[104] unmittelbar Anwendung. Demnach beherrscht das Insolvenzrecht desjenigen Staates grundsätzlich die Rechtsverhältnisse, auf dessen Gebiet das Unternehmen seinen **faktischen Hauptverwaltungssitz** hat (sog. COMI = „Center Of Main Interests"). Dabei bereitet die Abgrenzung von rein insolvenzrechtlichen Vorschriften und rein arbeitsrechtlichen Vorschriften Schwierigkeiten, wie gerade das Beispiel der Insolvenzsicherung der betrieblichen Altersversorgung deutlich macht. **155**

Gem. Art. 10 EuInsVO gilt für sämtliche Wirkungen des Insolvenzverfahrens auf einen Arbeitsvertrag und auf das Arbeitsverhältnis an sich jedoch weiterhin ausschließlich das Recht des Mitgliedstaats, das auf den Arbeitsvertrag anzuwenden ist. Unklar ist nach wie vor ob der **Insolvenzgeldanspruch** arbeits-, sozial- oder insolvenzrechtlich angeknüpft werden muss. **156**

Nach europäischen international-privatrechtlichen Grundsätzen ist auf Arbeitsverhältnisse regelmäßig dasjenige Recht anwendbar, das an dem Ort gilt, an dem die **Arbeitsleistung** für gewöhnlich **zu erbringen** ist (Art. 30 Abs. 2 EGBGB, der insoweit Art. 6 des Rom-Übereinkommens entspricht). Etwas anderes kann aber vereinbart werden (Art. 30 Abs. 1 EGBGB). Art. 30 EGBGB gilt allerdings nicht im **Kollektivarbeitsrecht**.[105] **157**

Ist der deutsche Arbeitnehmer also bei einer französischen Gesellschaft mit Sitz in Frankreich beschäftigt und hat er seine Arbeitsleistung gewöhnlich in deren Zweigniederlassung in Deutschland zu erbringen, so ist auf den Arbeitsvertrag deutsches Recht anzuwenden, wenn nichts anderes vereinbart ist. Fällt die französische Arbeitgeberin in Insolvenz, so **158**

101 *Kania*, DStR 1996, 832, 836; *Langohr-Plato*, ZInsO 1998, 368, 369; *Wohlleben*, DB 1998, 1230; umfassend auch *Paulsdorff*, in: Kölner Schrift zur InsO, 2. Aufl. 2000, S. 1155 ff.

102 BAG v. 23.3.1999, ZIP 1999, 1058, dazu EWiR 1999, 925 (*Griebeling*); zur verfahrensrechtlichen Stellung des PSV im Insolvenzverfahren *Gareis*, ZInsO 2007, 23.

103 Vgl. AG Hamburg v. 14.5.2003 m. Anm. *Brenner*, EWiR 2003, 925; zur speziell arbeitsrechtlichen Problematik der Zwangsöffnung für ausländische Gesellschaftsformen siehe auch *Eidenmüller*, ZIP 2002, 2233, 2236.

104 VO (EG) Nr. 1346/2000 des Rates v. 29.5.2000, ABlEG 2000 Nr. L 160/1.

105 *Kegel/Schurig*, S. 682 ff.

kommt gem. Art. 3 EuInsVO eigentlich das französische Insolvenzrecht zur Anwendung; Art. 10 EuInsVO verweist jedoch insoweit auf das Recht des Arbeitsvertrages. Die Vorschrift ist als **Rechtsfolgenverweisung** zu verstehen, so dass auf das Arbeitsverhältnis auch die deutschen Insolvenzvorschriften anzuwenden sind.

Die Frage des Vorrangs von Arbeitnehmerforderungen richtet sich jedoch wieder nach dem französischen Insolvenzrecht,[106] das insoweit wesentlich großzügiger ist als das deutsche Recht.

2. Hauptverwaltungssitz außerhalb der EU

159 Befindet sich der Hauptverwaltungssitz des Arbeitgebers dagegen nicht im Geltungsbereich der EuInsVO, also z.B. in Dänemark, in der Schweiz oder in Übersee, so gilt grundsätzlich **dortiges** Insolvenzrecht. In diesem Fall ist nach bilateralen Staatsverträgen zu suchen. Anderenfalls muss der Streit entschieden werden, ob es sich bei der einen oder anderen Vorschrift um eine rein arbeitsrechtliche oder eine rein insolvenzrechtliche Vorschrift handelt.

160 In diesen Fällen ist aber bereits unklar, welches **materielle Arbeitsrecht** den Vertrag beherrscht. Wird ein inländisches Gericht angerufen, so wird dieses Art. 30 EGBGB (dt.) anwenden und prüfen, wo die Arbeitsleistung für gewöhnlich zu erbringen ist. Wird ein ausländisches Gericht angerufen, so wird es seine eigene Rechtsordnung befragen, nach der Arbeitsverträge möglicherweise anders angeknüpft werden, etwa an den Sitz des Arbeitgebers.

IX. Fazit

161 Das vornehmliche Ziel des Insolvenzverfahrens, nämlich die **Fortführung von Betrieben**, wird derzeit noch nicht zufrieden stellend erreicht. Denn insolvenzbedingte Kündigungen werden noch immer gleichgesetzt mit Kündigungen zum Zwecke der Gewinnmaximierung. Die meisten insolventen Unternehmen sind aber gerade nicht in der Lage, Sozialplanansprüche zu bedienen, oder sie sind insolvent, gerade weil sie in der Vergangenheit hohe Sozialplanansprüche erfüllen mussten. Die Mitarbeiter von „armen" Unternehmungen haben deshalb geringere Chancen auf Erhalt zumindest eines Teils ihrer Arbeitsplätze in der Insolvenz.

162 Diejenigen Insolvenzverfahren, die wegen der drohenden **Sozialplanansprüche** gar nicht erst eröffnet werden können, oder in denen der Verwalter noch nachträglich Massearmut anmelden muss, weil er die Sozialplanansprüche nicht erfüllen kann, oder weil er das Unternehmen wegen des § 613a BGB nicht verkaufen kann, sind daher Legion. Unternehmen, die aus eigener Kraft sanieren möchten, sind auf den guten Willen ihrer Mitarbeiter, der Gewerkschaft und der Arbeitsverwaltung sowie auf einen kooperativen Betriebsrat angewiesen, wenn die Sanierung nachhaltig gelingen soll. Das gibt den Arbeitnehmern eine Macht, die mitunter nicht verantwortungsbewusst ausgeübt wird.

163 Die Agenturen für Arbeit, Gerichte und sogar die Gewerkschaften helfen aber bereits mit **flexiblen Modellen**, z.B.

- der Genehmigung von Sozialplänen, die auf Null lauten,
- der Genehmigung von Lohnabtretungen im Verfahren zur Vorfinanzierung von Insolvenzgeld,

106 Vgl. *Virgos/Schmit*, Report on the Convention on Insolvency Proceedings, sub Art. 10. abgedr. bei Moss/Fletcher/Isaacs, The EC Regulation on Insolvency Proceedines, Oxford Univ. Press 2002.

- der Genehmigung der Auslagerung von Arbeitnehmern in Beschäftigungs- und Qualifizierungs-Gesellschaften.
- Als weitere Hilfestellung ist die Rechtsprechung zur „Kündigung nach dem Erwerberkonzept" im Urteil des BAG vom 20.3.2003[107] zu werten.

Ein Schattendasein führt dagegen das **Modell der vorübergehenden, fristlosen Kündigung** 164
ohne Abfindung, aber mit Wiedereinstellungszusage nach gelungener Sanierung. Das Modell wird von Forderungsgläubigern im Rahmen des außergerichtlichen und gerichtlichen Sanierungsverfahrens durchaus verwendet (Bsp.: Forderungserlass gegen Besserungsschein).

In der Praxis überwiegt demgegenüber das „Alles-oder-Nichts-Prinzip": Entweder alle Ar- 165
beitsplätze werden gerettet oder keiner. Das ist unnötig, teuer und im Sinne des Erhalts von Unternehmen nicht zielführend. Für den Berater des Betriebsrates, aber auch des einzelnen Arbeitnehmers lohnt es sich deshalb durchaus, entsprechend flexible Vorschläge vorzulegen, um den Arbeitsplatzverlust so gering wie möglich zu gestalten.

X. Muster

1. Vorläufiges Insolvenzverfahren: Bestellung eines sog. „schwachen" vorläufigen Insolvenzverwalters

▼ 166

Amtsgericht

Beschluss

In dem Insolvenzeröffnungsverfahren über das Vermögen wird heute, am , um Uhr, zur Sicherung der künftigen Insolvenzmasse und zur Aufklärung des Sachverhalts angeordnet (§§ 21, 22 InsO):

Verfügung der Schuldnerin über Gegenstände ihres Vermögens sind nur noch mit Zustimmung des vorläufigen Insolvenzverwalters wirksam (§ 21 Abs. 2 Nr. 2 Alt. 2 InsO).

Der vorläufige Insolvenzverwalter ist nicht allgemeiner Vertreter der Schuldnerin. Er hat die Aufgabe, durch Überwachung der Schuldnerin deren Vermögen zu sichern und zu erhalten. Er wird ermächtigt, mit rechtlicher Wirkung für die Schuldnerin zu handeln, ist jedoch, unbeschadet der Wirksamkeit der Handlung, verpflichtet, diese Befugnis nur wahrzunehmen, soweit es zur Erfüllung seiner Aufgabe schon vor der Verfahrenseröffnung dringend erforderlich ist.

Den Schuldnern der Schuldnerin (Drittschuldnern) wird verboten, an die Schuldnerin zu zahlen. Der vorläufige Insolvenzverwalter wird ermächtigt, Bankguthaben und sonstige Forderungen der Schuldnerin einzuziehen sowie eingehende Gelder entgegenzunehmen. Die Drittschuldner werden aufgefordert, nur noch unter Beachtung dieser Anordnung zu leisten (§ 23 Abs. 1 S. 3 InsO).

Maßnahmen der Zwangsvollstreckung einschließlich der Vollziehung eines Arrests oder einer einstweiligen Verfügung gegen die Schuldnerin werden untersagt, soweit nicht unbewegliche Gegenstände betroffen sind; bereits begonnene Maßnahmen werden einstweilen eingestellt (§ 21 Abs. 2 Nr. 3 InsO).

Der vorläufige Insolvenzverwalter ist berechtigt, die Geschäftsräume und betrieblichen Einrichtungen der Schuldnerin einschließlich der Nebenräume zu betreten und dort Nachforschungen anzustellen. Er ist berechtigt, Auskünfte über die schuldnerischen Vermögensverhältnisse bei Dritten einzuholen.

107 ZIP 2003, 1671, s.o. Rn 117 (Fn 35).

Die Schuldnerin hat dem vorläufigen Insolvenzverwalter Einsicht in die Bücher und Geschäftspapiere zu gestatten und sie ihm auf Verlangen bis zur Entscheidung über die Eröffnung des Verfahrens herauszugeben. Sie hat ihm alle Auskünfte zu erteilen, die zur Sicherung der künftigen Insolvenzmasse und zur Aufklärung der schuldnerischen Vermögensverhältnisse erforderlich sind. Bei Missachtung dieser Pflicht kann das Gericht die Schuldnerin oder ihre organschaftlichen Vertreter zur Abgabe der eidesstattlichen Versicherung laden, zwangsweise vorführen lassen oder in Haft nehmen (§§ 22 Abs. 3, 97, 98, 101 InsO).

Der vorläufige Insolvenzverwalter wird zugleich beauftragt, als Sachverständiger zu prüfen, ob ein nach der Rechtsform der Schuldnerin maßgebender Eröffnungsgrund vorliegt und welche Aussichten für eine Fortführung des schuldnerischen Unternehmens bestehen. Er hat ferner zu prüfen, ob das schuldnerische Vermögen die Kosten des Verfahrens decken wird (§ 22 Abs. 1 Nr. 3, Abs. 2 InsO).

Falls der vorläufige Insolvenzverwalter den Auftrag nicht innerhalb von 4 Wochen vollständig erfüllen kann, ist dem Gericht ein Zwischenbericht zu erstatten.

Der vorläufige Insolvenzverwalter wird beauftragt, die nach § 23 Abs. 1 InsO zu bewirkenden Zustellungen an die Schuldnerin und an die Schuldner der Schuldnerin (Drittschuldner) sowie an die Gläubiger durchzuführen (§ 8 Abs. 3 InsO).

Amtsgericht

Richter/in am Amtsgericht

▲

2. Vorläufiges Insolvenzverfahren: Bestellung eines sog. „starken" vorläufigen Insolvenzverwalters

167 ▼

Amtsgericht

Beschluss

In dem Insolvenzeröffnungsverfahren über das Vermögen der vertreten durch die wird heute, am , um Uhr, zur Sicherung der künftigen Insolvenzmasse und zur Aufklärung des Sachverhalts angeordnet (§§ 21, 22 InsO):

Zum vorläufigen Insolvenzverwalter wird Herr Rechtsanwalt bestellt.

Der Schuldnerin wird ein allgemeines Verfügungsverbot auferlegt (§ 21 Abs. 2 Nr. 2 InsO): die Verwaltungs- und Verfügungsbefugnis über das schuldnerische Vermögen einschließlich des Rechts zum Einzug von Bankguthaben und anderen Forderungen geht damit auf den vorläufigen Insolvenzverwalter über. Die Schuldner der Schuldnerin werden aufgefordert, nur noch unter Beachtung dieser Anordnung zu leisten (§ 23 Abs. 1 S. 3 InsO).

Dieser Beschluss hat die in § 240 ZPO bezeichneten Wirkungen.

Maßnahmen der Zwangsvollstreckung einschließlich der Vollziehung eines Arrests oder einer einstweiligen Verfügung gegen die Schuldnerin werden untersagt, soweit nicht unbewegliche Gegenstände betroffen sind; bereits begonnene Maßnahmen werden einstweilen eingestellt (§ 21 Abs. 2 Nr. 3 InsO).

Der vorläufige Insolvenzverwalter ist berechtigt, die Geschäftsräume und betrieblichen Einrichtungen des Schuldners einschließlich der Nebenräume zu betreten und dort Nachforschungen anzustellen. Der Schuldner hat ihm Einsicht in die Bücher und Geschäftspapiere zu gestatten und sie dem vorläufigen Insolvenzverwalter auf Verlangen bis zur Entscheidung über die Eröffnung des Verfahrens herauszugeben. Er hat dem vorläufigen Insolvenzverwalter alle Auskünfte zu erteilen, die zur Sicherung der künftigen Insolvenzmasse und zur Aufklärung der schuldnerischen Vermögensverhältnisse erforderlich sind. Bei Missachtung dieser Pflicht kann das Gericht den Schuldner oder organschaftliche Vertreter zur Abgabe der eidesstattlichen Versicherung laden, zwangsweise vorführen lassen oder in Haft nehmen (§§ 22 Abs. 3, 97, 98, 101 InsO).

Der vorläufige Insolvenzverwalter wird zugleich beauftragt, als Sachverständiger zu prüfen, ob ein nach der Rechtsform der Schuldnerin maßgebender Eröffnungsgrund vorliegt und welche Aussichten für eine Fortführung des schuldnerischen Unternehmens bestehen. Er/Sie hat ferner zu prüfen, ob das schuldnerische Vermögen die Kosten des Verfahrens decken wird (§ 22 Abs. 1 Nr. 3, Abs. 2 InsO).

Amtsgericht

Richter/in am Amtsgericht

▲

3. Sonderermächtigung des „schwachen" vorläufigen Verwalters zum Abschluss von Verträgen zu Lasten der künftigen Insolvenzmasse

▼ 168

Amtsgericht

Beschluss

In dem Insolvenzeröffnungsverfahren über das Vermögen wird heute, am um Uhr, zur Sicherung der künftigen Insolvenzmasse angeordnet:

1. Der Schuldnerin wird bezüglich des Abschlusses von Warenlieferverträgen und bezüglich des Abschlusses von Zentralregulierungsverträgen ein besonderes Verfügungsverbot auferlegt (§ 21 Abs. 2 Nr. 2 Alt. 1 InsO). Die Verwaltungs- und Verfügungsbefugnis über das Vermögen der Schuldnerin geht insoweit auf den vorläufigen Insolvenzverwalter über.
   Die Schuldner der Schuldnerin werden aufgefordert, nur noch unter Beachtung dieser Anordnung zu leisten (§ 23 Abs. 1 S. 3 InsO).
2. Der vorläufige Insolvenzverwalter wird gleichzeitig ermächtigt (§ 22 Abs. 2 InsO), zu Lasten der späteren Insolvenzmasse a) Lieferverträge und Zentralregulierungsverträge abzuschließen b) Verträge zur Regelung der Aus- und Absonderungsrechte mit Wirkung für und gegen die künftige Insolvenzmasse abzuschließen.

Amtsgericht

Richter/in am Amtsgericht

▲

4. Übertragung der Arbeitgeberfunktion auf den „schwachen“ vorläufigen Insolvenzverwalter

169 ▼

Amtsgericht

Beschluss

In dem Insolvenzeröffnungsverfahren über das Vermögen

der im Handelsregister des Amtsgerichts unter HRB eingetragenen vertreten durch den Geschäftsführer wird heute, am , um Uhr, zur Sicherung der künftigen Insolvenzmasse und zur Aufklärung des Sachverhalts angeordnet (§§ 21, 22 InsO):

Zum vorläufigen Insolvenzverwalter wird Rechtsanwalt bestellt.

Verfügungen der Schuldnerin über Gegenstände ihres Vermögens sind nur noch mit Zustimmung des vorläufigen Insolvenzverwalters wirksam (§ 21 Abs. 2 Nr. 2 Alt. 2 InsO).

Der vorläufige Insolvenzverwalter ist nicht allgemeiner Vertreter der Schuldnerin. Er hat die Aufgabe, durch Überwachung der Schuldnerin deren Vermögen zu sichern und zu erhalten.

Das Recht zur Ausübung der Arbeitgeberbefugnisse einschließlich der Ermächtigung, Kündigungen auszusprechen und mit einem vorhandenen Betriebsrat Interessenausgleichs- und Sozialplanverhandlungen zu führen, wird dem vorläufigen Insolvenzverwalter übertragen.

Den Schuldnern der Schuldnerin (Drittschuldnern) wird verboten, an die Schuldnerin zu zahlen. Der vorläufige Insolvenzverwalter wird ermächtigt, Bankguthaben und sonstige Forderungen der Schuldnerin einzuziehen sowie eingehende Gelder entgegenzunehmen. Die Drittschuldner werden aufgefordert, nur noch unter Beachtung dieser Anordnung zu leisten (§ 23 Abs. 1 S. 3 InsO).

Maßnahmen der Zwangsvollstreckung einschließlich der Vollziehung eines Arrests oder einer einstweiligen Verfügung gegen die Schuldnerin werden untersagt, soweit nicht unbewegliche Gegenstände betroffen sind; bereits begonnene Maßnahmen werden einstweilen eingestellt (§ 21 Abs. 2 Nr. 3 InsO).

Amtsgericht

Richter/in am Amtsgericht

▲

5. Eröffnungsbeschluss

170 ▼

Amtsgericht

Insolvenzabteilung

Eröffnungsbeschluss

Über das Vermögen der – Schuldnerin –

wird wegen Zahlungsunfähigkeit

heute, am um Uhr, das Insolvenzverfahren eröffnet.

Zum Insolvenzverwalter wird ernannt Forderungen der Insolvenzgläubiger sind bis zum unter Beachtung des § 174 InsO beim Insolvenzverwalter anzumelden.

Die Gläubiger werden aufgefordert, dem Insolvenzverwalter unverzüglich mitzuteilen, welche Sicherungsrechte sie an beweglichen Sachen oder an Rechten der Schuldnerin in Anspruch nehmen. Der Gegenstand, an dem das Sicherungsrecht beansprucht wird, die Art und der Entstehungsgrund des Sicherungsrechts sowie die gesicherte Forderung sind zu bezeichnen. Wer diese Mitteilung schuldhaft unterlässt oder verzögert, haftet für den daraus entstanden Schaden (§ 28 Abs. 2 InsO).

Wer Verpflichtungen gegenüber der Schuldnerin hat, wird aufgefordert, nicht mehr an diese zu leisten, sondern nur noch an den Insolvenzverwalter.

Termin zur Gläubigerversammlung, in der auf der Grundlage eines Berichts des Insolvenzverwalters über den Fortgang des Verfahrens beschlossen wird (Berichtstermin), und Termin zur Prüfung der angemeldeten Forderungen ist am um Uhr, im Gebäude des Amtsgerichts .

Der Termin dient zugleich der Beschlussfassung der Gläubiger über

- die Person des Insolvenzverwalters,
- den Gläubigerausschuss,
- die Bestimmung der Hinterlegungsstelle (§ 149 InsO),
- ggf. die Genehmigung besonders bedeutsamer Rechtshandlungen des Insolvenzverwalters (§§ 160–163 InsO),
- die Fortführung des Unternehmens (§ 157 InsO)

sowie zur Anhörung über eine evtl. Verfahrenseinstellung mangels Masse (§ 207 InsO).

Amtsgericht

Richter/in am Amtsgericht

▲

§ 16 Nachvertragliches Wettbewerbsverbot

Dr. Stephan Osnabrügge

Inhalt

	Rn
I. Ausgangspunkt	1
II. Fragen der Vertragsgestaltung	8
III. Pflichten aus dem Wettbewerbsverbot und Sanktionen	13
1. Pflichten des Arbeitnehmers	13
2. Pflichten des Arbeitgebers	25
IV. Die Karenzentschädigung	26
V. Das „fehlerhafte Wettbewerbsverbot“	33
1. Mangel der Schriftform, § 74 Abs. 1 HGB	34
2. Mängel im Zusammenhang mit der Karenzentschädigung, §§ 74 Abs. 2, 75d HGB	36
3. Mangel des berechtigten geschäftlichen Interesses, § 74a Abs. 1 S. 1 HGB	41
4. Unbillige Erschwernis, § 74a Abs. 1 S. 2 HGB	46
5. Zeitliche Überdehnung, § 74a Abs. 1 S. 3 HGB	49
6. Bedingte Wettbewerbsverbote/Wettbewerbsverbote mit Wahlrecht	51
7. Nichtige Wettbewerbsverbote	53
VI. Loslösung von rechtmäßigen Wettbewerbsverboten	56
1. Verzicht gem. § 75a HGB	56
2. Außerordentliche Kündigung durch den Arbeitnehmer, § 75 Abs. 1 HGB	72
3. Außerordentliche Kündigung des Arbeitgebers, § 75 Abs. 3 HGB	77
4. Lösung des Wettbewerbsverbots bei ordentlicher Kündigung des Arbeitgebers, § 75 Abs. 2 HGB	81
5. Einvernehmliche Aufhebung des Wettbewerbsverbotes/vertragliche Erweiterung der gesetzlichen Lösungsrechte	86
VII. Muster	87
1. Wettbewerbsverbotsklausel	87
2. Fristsetzung zur Unterlassung des Wettbewerbes	88
3. Rücktritt vom Wettbewerbsverbot	89
4. Verzichtserklärung gem. § 75a HGB	90

Literatur

Bauer/Diller, Wettbewerbsverbote, 5. Auflage 2009; **Baumbach/Hopt**, Handelsgesetzbuch, 34. Auflage, 2009; Gemeinschaftskommentar zum HGB, 7. Auflage Jahr 2007; Kasseler Kommentar Sozialversicherungsrecht, Stand: 63. ErgLfg. 2009; **Küstner/Thome**, Handbuch des gesamten Außendienstrechts, Bd. 1, 3. Auflage 2000; Münchener Kommentar zum Handelsgesetzbuch, Bd. 1, 2. Auflage 2005; **Richardi/Wlotzke**, Münchener Handbuch zum Arbeitsrecht, Bd. 2, 3. Auflage 2009; **Wertheimer**, Wirksamkeit nachvertraglicher Wettbewerbsverbote bei nicht kündigungsbedingter Beendigung des Arbeitsverhältnisses, NZA 1997, 522.

I. Ausgangspunkt

Während des Arbeitsverhältnisses ist ein Arbeitnehmer verpflichtet, jeden Wettbewerb zu dem Arbeitgeber zu unterlassen. Das in § 60 HGB geregelte Wettbewerbsverbot für Handlungsgehilfen enthält nach Ansicht des BAG einen allgemeinen Rechtsgedanken, der dem 1

Arbeitsvertrag immanent ist und aus der Treuepflicht des Arbeitnehmers resultiert.[1] Während der Arbeitnehmer während des Bestandes des Arbeitsverhältnisses grundsätzlich nicht gehindert ist, eine Nebentätigkeit auszuüben, es sei denn, der Arbeitsvertrag verbietet ihm dies, ist eine Nebentätigkeit, die einen Wettbewerb bedeuten würde, also auch ohne weitere Erwähnung im Arbeitsvertrag verboten. Dabei ist es unerheblich, ob Rechtsgrundlage dieses Wettbewerbsverbotes eine analoge Anwendung des § 60 HGB ist[2] oder eine auf § 242 BGB beruhende vertragliche Nebenpflicht.[3] Verstöße gegen das vertragliche Wettbewerbsverbot können mit arbeitsrechtlichen Sanktionen von der Abmahnung bis hin zur außerordentlichen Kündigung geahndet werden. Der Arbeitgeber muss keine zusätzliche Leistung zu der arbeitsvertraglich zugesagten Leistung erbringen (Karenzentschädigung), um den Arbeitnehmer an das Wettbewerbsverbot zu binden.

2 Für die Zeit **nach Ende des Arbeitsverhältnisses** existiert hingegen kein grundsätzliches Wettbewerbsverbot. Da die Verwertung der individuellen Fähigkeiten und Kenntnisse typischerweise das Kapital des Arbeitnehmers ist, gibt es keinen Grund, den Arbeitnehmer auch jenseits des Arbeitsvertrages davon abzuhalten, dieses persönliche Kapital zu verwerten. Ist dem Arbeitgeber daran gelegen, den Arbeitnehmer auch nach Ende des Arbeitsverhältnisses davon abzuhalten, in einen Wettbewerb zu treten, so muss **ausdrücklich** ein nachvertragliches Wettbewerbsverbot im Arbeitsvertrag vereinbart werden. Ohne ausdrückliche Vereinbarung existiert kein solches Verbot.

3 Die Arbeitsvertragsparteien sind nicht frei in den Inhalten der Regelung zu einem nachvertraglichen Wettbewerbsverbot. Ausgangspunkt hierzu ist, dass der Gesetzgeber für Handlungsgehilfen seit jeher erkannt hatte, dass das vertragliche Verbot, das individuelle, persönliche Kapital auch nach Ende des synallagmatischen Vertragsverhältnisses zu verwerten, einer Gegenleistung des Prinzipals bedarf. Auf diesem Gedanken basieren die §§ 74 ff. HGB. Das BAG hat bereits 1969 erkannt, dass in Arbeitsverhältnissen die Interessenslage vergleichbar ist und deshalb die §§ 74 ff. HGB im Wege der Rechtsfortbildung auch auf alle Arbeitsverhältnisses angewandt.[4] Mit Wirkung zum 1.1.2003 ist der vormalig beschränkte Geltungsbereich der GewO auf Arbeitnehmer erweitert worden. Nach **§ 6 Abs. 2 GewO** finden nun die Bestimmungen des Abschnitts 1 des Titels VII auch auf alle Arbeitnehmer Anwendung. Der somit auch einbezogene § 110 GewO bestimmt, dass im Falle der Vereinbarung eines nachvertraglichen Wettbewerbsverbotes die §§ 74 bis 75 f. HGB entsprechende Anwendung finden. Der Gesetzgeber hat somit die bereits gefestigte Rechtsprechung bestätigt und nunmehr auch die gesetzliche Grundlage für die entsprechende Anwendung der §§ 74 ff. HGB geschaffen.

4 Ein Wettbewerbsverbot im Sinne des § 110 GewO, §§ 74 ff. HGB ist jede Vereinbarung, die den Arbeitnehmer für die Zeit nach Beendigung des Arbeitsverhältnisses in seiner beruflichen/gewerblichen Tätigkeit beschränkt. Maßgeblicher Anknüpfungspunkt ist somit das rechtliche Ende des Arbeitsverhältnisses. Kein nachvertragliches Wettbewerbsverbot ist daher eine Vereinbarung, nach der dem Arbeitnehmer auch während der Zeit einer vereinbarten Freistellung bis zum rechtlichen Ende des arbeitsrechtlichen Verhältnisses ein Wettbewerb untersagt ist. Bei einer solchen Vereinbarung handelt es sich lediglich um die rein deklaratorische Wiedergabe des ohnehin existierenden vertraglichen Wettbewerbsverbotes.

1 BAG v. 26.9.2007, NZA 2007, 1436; BAG v. 17.10.1969, AP Nr. 7 zu § 611 BGB Treuepflicht; MünchArb/*Wank*, § 130 Rn 1; MüKo-HGB/*v. Hoyningen-Huene*, § 60 Rn 8.

2 MünchArb/*Wank*, § 130 Rn 1.

3 MüKo-HGB/*v. Hoyningen-Huene*, § 60 Rn 8.

4 Stg. Rspr. seit BAG v. 16.5.1969, AP Nr. 23 zu § 133f GewO; vgl. auch BAG v. 13.9.1969, AP Nr. 24 zu § 611 BGB Konkurrenzklausel.

Praxishinweis 5
In Freistellungsvereinbarungen sollte auf entsprechende Klauseln verzichtet werden, um nicht den Anschein zu setzen, ein (auch nachvertragliches und daher Karenzentschädigungspflicht auslösendes) Wettbewerbsverbot vereinbart zu haben.

Ob eine konkrete Absprache, die geeignet ist, das berufliche Fortkommen des Arbeitnehmers zu erschweren, als Wettbewerbsverbot im Sinne der §§ 74 ff. HGB auszulegen ist, bestimmt sich nach dem **Schutzzweck der Normen**. Normzweck der §§ 74 ff. HGB ist es, Eingriffe in die Berufsausübungsfreiheit an gesetzliche Voraussetzungen zu binden und zugunsten des Arbeitnehmers zu kompensieren.[5] Für die Anwendbarkeit der §§ 74 ff. HGB spielt es daher keine Rolle, ob das Verbot, sich beruflich im Wettbewerb zu betätigen, nur geographisch beschränkt vereinbart wird, oder ohne eine solche Beschränkung. Die §§ 74 ff. HGB finden auch dann Anwendung, wenn die Wettbewerbstätigkeit nicht verboten ist, jedoch durch anderweitige Einschränkungen und vertragliche Verpflichtungen eine unbillige Erschwerung einer beruflichen Tätigkeit vorliegt.[6] Zu solchen Klauseln gehören **Mandantenschutzklauseln**. Bei diesen Klauseltypen wird Arbeitnehmern untersagt, nach Ende des Arbeitsverhältnisses mit Kunden des Arbeitgebers in eine Geschäftsbeziehung zu treten. Verbreitet sind Mandantenschutzklauseln in steuerberatenden und juristischen Berufen. Mandantenschutzklauseln unterliegen aufgrund ihrer erheblichen Einschränkung der weiteren Berufstätigkeit den Grenzen der §§ 74 ff. HGB.[7] Von den Mandantenschutzklauseln sind solche Klauseln zu unterscheiden, nach denen zwar der geschäftliche Kontakt zu ehemaligen Kunden nicht untersagt wird, der Arbeitnehmer sich aber verpflichtet, einen bestimmten Umsatzanteil des hiermit getätigten Geschäftes an seinen ehemaligen Arbeitgeber abzuführen. Solche **Mandantenübernahmeklauseln** sind nach dem Schutzzweck der §§ 74 ff. HGB dann ohne weiteres zulässig, wenn sie dem Schutz eines berechtigten Interesses des Arbeitgebers dienen und das berufliche Fortkommen des Arbeitnehmers nicht unbillig erschweren.[8] Es bestehen daher – angelehnt an die Rechtsprechung des BAG zu Widerrufsvorbehalten – keine Bedenken gegen eine solche Klausel, wenn die Abführungspflicht 20 % und die Bindungsdauer 2 Jahre nicht überschreitet.[9] 6

Bei Mandantenschutzklauseln gegenüber angestellten Rechtsanwälten ist § 3 Abs. 2 BRAO zu beachten. 7

II. Fragen der Vertragsgestaltung

Die Wettbewerbsabrede bedarf nach § 74 Abs. 1 HGB der **Schriftform** nach § 126 BGB. Die Schriftform setzt voraus, dass entweder Arbeitgeber und Arbeitnehmer auf ein und derselben Urkunde unterschreiben oder jeder von beiden auf der für den anderen bestimmten Urkunde. Das Wettbewerbsverbot muss von der Unterschrift/den Unterschriften räumlich abgeschlossen werden. Eine Einbindung in den Arbeitsvertrag reicht daher aus. Entsprechend der Rechtsprechung zu Namenslisten im Rahmen des § 1 KSchG reicht es aus, wenn durch eine feste Verbindung mit dem Arbeitsvertrag eine Gesamturkunde geschaffen wird.[10] Nicht ausrei- 8

5 MüKo-HGB/*v. Hoyningen-Huene*, § 74 Rn 2.
6 BAG v. 7.8.2002, NZA 2002, 1282.
7 BAG v. 27.9.1988, NZA 1989, 467; *Bauer/Diller*, Rn 147 ff.; ErfK/*Schaub*, § 74 HGB Rn 5; MüKo-HGB/*v. Hoyningen-Huene*, § 74 Rn 11.
8 BAG v. 7.8.2002, NZA 2002, 1282.
9 *Bauer/Diller*, Rn 169.
10 Vgl. BAG v. 30.10.1984, DB 1985, 709.

chend ist hingegen, wenn zwar auf eine externe weitere Regelung zum Wettbewerbsverbot verwiesen wird, diese aber nicht Bestandteil des Arbeitsvertrages und das Schriftstück, mit dem die Wettbewerbsklausel festgehalten wird, nicht unterzeichnet ist.[11] Die Parteien müssen im Rahmen des Schriftformerfordernisses die wesentlichen Bestandteile des Wettbewerbsverbotes regeln. Hierzu gehören die Tatsache des Wettbewerbsverbotes, die Tatsache der Entschädigungspflicht und die Höhe der Entschädigung sowie die Dauer des Wettbewerbsverbotes. Im Übrigen haben die Parteien die Möglichkeit, auf die gesetzlichen Regelungen zu verweisen.[12]

9 *Praxishinweis*

Da der Arbeitgeber die Beweislast für den Inhalt des Wettbewerbsverbotes trägt, empfiehlt es sich, in der schriftlichen Niederlegung nicht nur die obigen Bestandteile zu fixieren, sondern alle Bestandteile, die für Entstehen und Wirksamkeit des Wettbewerbsverbotes von Bedeutung sind. Dies sind:

- die Parteien des Wettbewerbsverbotes;
- der geographische und inhaltliche Umfang des Wettbewerbsverbotes;
- die Dauer des Wettbewerbsverbotes;
- die unbedingte Verpflichtung zur Zahlung der Karenzentschädigung;
- eine Bestätigung, wonach die Urkunde gem. § 74 Abs. 1 HGB ausgehändigt worden ist.

10 Ist das Wettbewerbsverbot schriftlich fixiert, so muss die diese Fixierung tragende Urkunde dem Arbeitnehmer ausgehändigt werden, § 74 Abs. 1 HGB. Nach der Norm muss die Urkunde als solche ausgehändigt werden. Nicht ausreichend ist ein schriftlicher Nachweis gem. § 2 NachwG. Der Arbeitgeber trägt für die Aushändigung die Beweislast.[13]

11 Seit dem 1.1.2002 unterliegen formularmäßig vereinbarte Wettbewerbsabreden der AGB-Kontrolle nach §§ 305 ff. BGB. Seit dem 1.7.2003 gilt dies auch für Altverträge. Zu beachten sind insbesondere die Regelungen der §§ 305c Abs. 1, 307 Abs. 2 BGB und § 305c Abs. 2 BGB. Es gilt das **Transparenzgebot,** wonach deutlich sein muss, welchen Inhalt das jeweilige Verbot hat. Unklarheiten gehen gem. § 305c Abs. 2 BGB zu Lasten des Arbeitgebers. Das Wettbewerbsverbot muss **deutlich herausgestellt** sein. Gleichwohl in der Praxis verbreitet, soll eine Platzierung unter dem Punkt „Verschiedenes" ohne weitere drucktechnische Hervorhebung zu einer Unwirksamkeit führen.[14] Dasselbe gilt, wenn das Wettbewerbsverbot unter dem Punkt „Beendigung des Arbeitsverhältnisses" erwähnt wird oder an einer anderen Stelle, sofern die Überschrift im Hinblick auf das Wettbewerbsverbot missverständlich ist.[15]

12 Nach einem **Betriebsübergang** bedarf es keiner erneuten schriftlichen Fixierung, da alle bestehenden Rechte und Pflichten gem. § 613a Abs. 1 BGB auf den Erwerber übergehen.[16] Hinsichtlich der Wirksamkeit des Wettbewerbsverbotes kommt es nunmehr aber auf den neuen Arbeitgeber an. Liegt bei diesem kein berechtigtes Interesse an der Einhaltung des Wettbewerbsverbotes vor, so entfällt das Wettbewerbsverbot.[17]

11 LAG Köln v. 14.12.1983, EzA § 74 HGB Nr. 43; LAG Hamm v. 27.3.1974, DB 1974, 1118.
12 MüKo-HGB/*v. Hoyningen-Huene*, § 74 Rn 36.
13 MünchArb/*Wank*, § 130 Rn 8.
14 ArbG Bremen v. 30.1.2003, LAGE Nr. 3 zu § 309 BGB 2002.
15 BAG v. 27.4.2000, NZA 2001, 274.
16 *Baumbach/Hopt*, § 74 Rn 9.
17 BVerfG v. 10.11.1998, NJW 1999, 935; MünchArb/*Wank*, § 130 Rn 40.

III. Pflichten aus dem Wettbewerbsverbot und Sanktionen

1. Pflichten des Arbeitnehmers

13 Der Arbeitnehmer hat aufgrund des Wettbewerbsverbotes den Wettbewerb in dem festgelegten Umfang und für die festgelegte Zeit zu unterlassen. Verletzt der Arbeitnehmer das Wettbewerbsverbot, so hat der Arbeitgeber zunächst einen **Auskunftsanspruch**. Der Auskunftsanspruch ist bereits dann begründet, wenn der Arbeitgeber die auf Tatsachen begründete Vermutung hat, dass der Arbeitnehmer sich nicht an das Wettbewerbsverbot hält.[18] Für die Anhaltspunkte, die den Verdacht des Arbeitgebers begründen, reicht nach der Rechtsprechung des BAG bereits eine **geringe Wahrscheinlichkeit** aus.[19] Der Auskunftsanspruch kann bereits im Vorhinein vertraglich vereinbart werden.[20]

14 *Praxishinweis*
Bereits in der Wettbewerbsabrede kann für die Zeit nach Beendigung des Arbeitsverhältnisses ein jederzeit ausübbares und an keine weiteren Voraussetzungen geknüpftes Auskunftsrecht des Arbeitgebers vereinbart werden.

15 Der Arbeitgeber kann das Auskunftsverlangen gerichtlich durchsetzen. Zielführend ist regelmäßig die Erhebung einer **Stufenklage**. Besteht Grund zu der Annahme, dass die Auskunft unrichtig oder unvollständig ist, kann gem. § 259 Abs. 2 BGB die Abgabe einer eidesstattlichen Versicherung verlangt werden.

16 Steht eine Verletzung der Wettbewerbsabrede fest, hat der Arbeitgeber einen **Unterlassungsanspruch** auf Unterlassung des Wettbewerbes. Der Unterlassungsanspruch kann durch Klage, jedoch auch durch einstweilige Verfügung geltend gemacht werden (siehe Rn 20). Für die Unterlassungsklage ist der Rechtsweg zu den Arbeitsgerichten eröffnet.

17 *Formulierungsbeispiel*
Die Formulierung des Klageantrages ist davon abhängig, ob der Arbeitgeber weiß, für welchen neuen Arbeitgeber der ehemalige Arbeitnehmer Wettbewerb macht. Der Klageantrag lautet dann:
Der Beklagte wird verurteilt, bis zum jegliche Tätigkeit für die (neuer Arbeitgeber) zu unterlassen.
Weiß der Arbeitgeber hingegen nicht, für wen der Arbeitnehmer in den Wettbewerb getreten ist, muss ein unkonkretisierter Antrag erhoben werden, der im Wortlaut dem Wortlaut des Wettbewerbsverbotes entspricht und z.B. lauten kann:
Der Beklagte wird verurteilt, es bis zum zu unterlassen, in selbstständiger, unselbstständiger oder sonstiger Weise für ein Unternehmen tätig zu werden, welches mit der Klägerin in direktem oder indirektem Wettbewerb steht.[21]

18 Die **Vollstreckung** eines entsprechenden Unterlassungstitels richtet sich nach § 890 ZPO (vgl. § 36 Rn 251 ff.).[22]

19 Der Arbeitnehmer ist infolge des Wettbewerbsverbotes und des hierzu existenten Titels, verpflichtet, seine Konkurrenztätigkeit sofort einzustellen. Er kann sich nicht darauf berufen, sich hierdurch in dem neuen Arbeitsverhältnis pflichtwidrig zu verhalten. Die möglicher-

18 BAG v. 22.4.1967, AP Nr. 12 zu § 242 BGB Auskunftspflicht.
19 BAG v. 22.4.1967, AP Nr. 12 zu § 242 BGB Auskunftspflicht.
20 BAG v. 22.4.1967, AP Nr. 12 zu § 242 BGB Auskunftspflicht.
21 Vgl. zur Antragsformulierung: *Bauer/Diller*, Rn 597 f.
22 *Bauer/Diller*, Rn 604.

weise auszusprechende außerordentliche Kündigung des neuen Arbeitsverhältnisses ist für den Arbeitnehmer hinnehmbar.

20 Der Unterlassungsanspruch kann auch im Wege der **einstweiligen Verfügung** geltend gemacht werden. Die Anträge entsprechen den Anträgen im Klageverfahren. Notwendig darüber hinaus die Darlegung der **Eilbedürftigkeit**. Sowohl der Verfügungsanspruch als auch der Verfügungsgrund sind mit geeigneten prozessualen Mitteln glaubhaft zu machen. Die Arbeitsgerichte stellen dabei wegen der Beschränkung der Rechte aus Art. 12 Abs. 1 GG zu Recht an den **Verfügungsgrund** hohe Anforderungen. Der Arbeitgeber muss begründen können, warum durch eine Fortsetzung des Wettbewerbes die Verwirklichung seiner Rechte vereitelt oder wesentlich erschwert werden würden. Dabei liegt nach der Rechtsprechung alleine in der Verletzung des Wettbewerbsverbotes kein ausreichender Verfügungsgrund.[23] Wie auch in wettbewerbsrechtlichen Streitigkeiten entfällt der Verfügungsgrund, wenn der Arbeitgeber durch ein zu langes Hinwarten selber verdeutlicht, dass die Angelegenheit nicht eilbedürftig ist. Insofern darf der Arbeitgeber regelmäßig nicht länger als vier Wochen ab Kenntnis mit der Antragstellung warten.

21 Der Arbeitgeber hat des Weiteren einen Unterlassungsanspruch gegen den neuen Arbeitgeber aus §§ 823, 1004 BGB (Eingriff in den eingerichteten und ausgeübten Gewerbebetrieb).

22 Für die Zeit des Verstoßes gegen das Wettbewerbsverbot **entfällt die Entschädigungspflicht**, da das Unterlassen eines Wettbewerbes einerseits und die Zahlung der Karenzentschädigung andererseits in einem synallagmatischen Verhältnis stehen.[24] Karenzentschädigung, die der Arbeitgeber während des Wettbewerbsverstoßes bereits gezahlt hat, kann er nach §§ 812 ff. BGB zurückfordern. Solange der Arbeitgeber allerdings die Wettbewerbsabrede nicht löst, besteht diese grundsätzlich fort. Stellt also der Arbeitnehmer den Wettbewerb ein, erwächst auch wiederum der Anspruch auf Karenzentschädigung.

23 Die grundsätzlich bestehende Möglichkeit, **Schadensersatz** zu verlangen[25] hat wenig praktische Relevanz, da die Schadensbezifferung erhebliche Probleme bereitet. Insbesondere scheuen die Arbeitsgerichte sich, den Schaden richterlich zu schätzen.

24 *Praxishinweis*

Wegen der Schwierigkeit, einen Schadensersatz zu beziffern, muss erwogen werden, die Wettbewerbsabrede mit der Vereinbarung einer Vertragsstrafe zu verbinden. Nach wohl h.M. ist § 309 Nr. 6 BGB auf diesen Fall nicht anwendbar, da die Aufnahme einer Wettbewerbstätigkeit keine „Lösung vom Vertrag" im Sinne des § 309 Nr. 6 BGB ist.[26] Trotz des Verstoßes gegen das Wettbewerbsverbot ist eine Rückkehr zu rechtstreuem Verhalten noch möglich. Aus diesem Grunde kann der Arbeitgeber in aller Regel nicht ohne weitere Fristsetzung vom Wettbewerbsverbot zurücktreten. Der Arbeitgeber ist also gehalten, im Falle der Verletzung und des beabsichtigten Rücktritts dem Arbeitnehmer zunächst gem. § 323 Abs. 1 BGB eine Frist für die Einhaltung des Wettbewerbsverbotes zu setzen. Kehrt der Arbeitnehmer bis zum Ablauf dieser Frist nicht zu rechtstreuem Verhalten zurück, kann der Arbeitgeber vom Wettbewerbsverbot zurücktreten. Aufgrund des Charakters eines Dauerschuldverhältnisses wirkt der Rücktritt aber nicht ex tunc sondern ex nunc.

Muster zum Mahnschreiben und zum Rücktritt finden sich im Anhang.

23 LAG Baden-Württemberg, BB 1968, 708.

24 BAG v. 5.8.1968, AP Nr. 24 zu § 74 HGB.

25 Vgl. *Bauer/Diller*, Rn 622 ff.

26 Weitere Details zur Zulässigkeit und Verhandlung von Vertragsstrafen: *Bauer/Diller*, Rn 631 ff.

2. Pflichten des Arbeitgebers

Der Arbeitgeber ist zur Zahlung der Karenzentschädigung verpflichtet (zur Höhe sowie zu den sozialversicherungsrechtlichen und steuerrechtlichen Rahmendaten vgl. Rn 30 ff.). Kommt der Arbeitgeber der Pflicht zur Zahlung der Karenzentschädigung nicht nach, ist diese vor den zuständigen Arbeitsgerichten selbstständig einklagbar. 25

IV. Die Karenzentschädigung

Im deutschen Recht gilt mittlerweile ausnahmslos der Grundsatz der bezahlten Karenz. Alle Ausnahmen, die eine entschädigungslose Wettbewerbsklausel zuließen, sind mittlerweile für nichtig erklärt oder abgeschafft. 26

Nach der gesetzlichen Regelung muss der Arbeitgeber für jedes Jahr des Verbotes mindestens die Hälfte der von dem Arbeitnehmer zuletzt bezogenen vertragsgemäßen Leistungen zahlen, § 74 Abs. 2 HGB. Die Karenzentschädigung ist in entsprechenden Anteilen gem. § 74b HGB am Schluss jedes Monats zu zahlen. 27

Die Karenzentschädigung errechnet sich gem. § 74 Abs. 2 HGB anhand der zuletzt bezogenen vertragsgemäßen Leistungen. Vertragsgemäße Leistungen sind sämtliche Geld- und Sachleistungen. Sachleistungen sind in Geldwert umzurechnen. Dies gilt beispielsweise für den Dienstwagen. Es empfiehlt sich, sich an den steuerlichen Regelungen zu orientieren. Hiernach rechnet der Dienstwagen mit monatlich 1 % des Brutto-Listenanschaffungswertes. Zu den Details der Berechnung wird auf die hierzu vorhandene ausführliche Literatur verwiesen.[27] 28

Die Karenzentschädigung wird nicht unabhängig von der Tätigkeit des Arbeitnehmers gezahlt. Nimmt der Arbeitnehmer eine anderweitige Tätigkeit auf, so hat er sich das hieraus erwirtschaftete Einkommen anrechnen zu lassen. Eine **Anrechnung** erfolgt, wenn und soweit die Summe aus Karenzentschädigung und anderweitigem Einkommen mehr als 1/10 über dem früheren Entgelt liegt, § 74c Abs. 1 HGB. Musste der Arbeitnehmer seinen Wohnsitz aufgrund des Wettbewerbsverbotes verlegen, erhöht sich diese Grenze. Der Arbeitnehmer kann dann anrechnungsfrei 125 % seines bisherigen Entgelts beziehen. Anrechenbar sind auch Leistungen aus der Arbeitslosenversicherung, sofern diese eine entsprechende Höhe erreichen. Das böswillige Unterlassen einer anderweitigen Tätigkeit steht dem tatsächlichen Erwerb gleich und führt somit zur Anrechnung, § 74c Abs. 1 S. 1 HGB. Maßnahmen der Qualifizierung füllen allerdings die Karenzzeit, ohne dass hierin ein böswilliges Unterlassen läge.[28] 29

Die Karenzentschädigung wird **sozialversicherungsfrei** gezahlt. Da die Karenzentschädigung kein Arbeitsentgelt im Sinne § 14 SGB IV ist, unterliegt sie in der Sozial- und Arbeitslosenversicherung nicht der Beitragspflicht. Die Karenzentschädigung lässt sich wie auch eine Abfindung nicht der früheren Beschäftigung zuordnen.[29] 30

Der Anspruch auf Karenzentschädigung unterliegt nicht dem **Anspruchsübergang nach § 115 SGB X**, da es sich nicht um Arbeitsentgelt handelt.[30] 31

Steuerlich sind Karenzentschädigungen Einkünfte aus nichtselbstständiger Tätigkeit, die wie Arbeitsentgelt zu versteuern sind.[31] 32

27 Vgl. z.B. *Bauer/Diller*, Rn 238 ff. m.w.N.
28 Vgl. LAG Köln v. 4.5.2004, BB 2005, 457.
29 Kasseler Kommentar/*Seewald*, § 14 SGB IV Rn 28.
30 BGH v. 15.4.1991, DB 1991, 1508.
31 LAG Hamm v. 1.7.1987, LAGE Nr. 3 zu § 74 HGB; *Bauer/Diller*, Rn 797.

V. Das „fehlerhafte Wettbewerbsverbot"

33 Das Gesetz kennt differenzierte Regelungen für den Fall, dass das Wettbewerbsverbot nicht den Voraussetzungen der §§ 74 ff. HGB entspricht.

1. Mangel der Schriftform, § 74 Abs. 1 HGB

34 Sind die Formvorschriften des § 74 HGB nicht gewahrt, so ist das Wettbewerbsverbot **nichtig**. Weder der Arbeitgeber noch der Arbeitnehmer sind an das Wettbewerbsverbot gebunden. Gleichwohl die §§ 74 ff. HGB den Grundsatz kennen, dass bestimmte Fehler zu Lasten des Prinzipals/Arbeitgebers gehen, ist die Berufung auf eine solche Nichtigkeit in der Regel nicht treuwidrig.[32] Anderes soll aber dann gelten, wenn der Arbeitgeber den Formmangel selber verschuldet hat.[33]

35 *Praxishinweis*
Nach § 305c Abs. 2 BGB gehen inhaltliche Unklarheiten in AGB zu Lasten des Verwenders. Formfehler gehen zwar nur dann zu Lasten des Arbeitgebers, wenn er diese verursacht hat. Dies aber ist schnell der Fall, wenn der Arbeitgeber Herr über das Verfahren zum Vertragsschluss ist, also wie üblich den Vertrag unterschriftsfertig vorlegt. Der Arbeitgeber ist also gut beraten, Wert auf eine vollständige und rechtmäßige Gestaltung des Wettbewerbsverbots zu legen.

2. Mängel im Zusammenhang mit der Karenzentschädigung, §§ 74 Abs. 2, 75d HGB

36 Der Arbeitgeber ist verpflichtet, **ausdrücklich** die Zahlung einer Karenzentschädigung zuzusagen. Dies ergibt sich aus § 74 Abs. 2 HGB. Der allgemeine Hinweis auf §§ 74 ff. HGB reicht hierzu nicht aus, weil der Arbeitnehmer nicht mit hinreichender Sicherheit erkennen kann, welche Rechte und Pflichten er hat.[34] Fehlt eine Entschädigungszusage, so steht dies nach der Rechtsprechung der Nichtigkeit gleich.[35] In der Konsequenz braucht der Arbeitnehmer sich nicht an das Wettbewerbsverbot zu halten, kann jedoch auch keine Entschädigung verlangen.[36] Dies gilt selbst dann, wenn sich der Arbeitnehmer in der irrigen Annahme an das Wettbewerbsverbot gehalten hat, dieses sei wirksam. Somit führt das Fehlen der Zusage einer Karenzentschädigung faktisch zur **Nichtigkeit**.[37]

37 Ist zwar eine Karenzentschädigung zugesagt, **unterschreitet** diese aber die Maßgabe des § 74b bzw. § 74 Abs. 2 HGB, so führt dies nicht zur Nichtigkeit des Wettbewerbsverbotes. Vielmehr ist das Wettbewerbsverbot lediglich für den Arbeitnehmer **unverbindlich.** Dies ergibt sich aus § 74a Abs. 1 S. 2 HGB. Der Arbeitnehmer hat ein **Wahlrecht**, ob er die Abrede gelten lassen will oder nicht. Dieses Wahlrecht ist unwiderruflich und muss zu Beginn der Karenzzeit ausgeübt werden.[38] Entscheidet sich der Arbeitnehmer dafür, sich nicht an das

32 BAG v. 26.9.1957, AP Nr. 2 zu § 74 HGB; MüKo-HGB/*v. Hoyningen-Huene*, § 74 Rn 40; *Baumbach/Hopt*, § 74 Rn 19.

33 BAG v. 23.11.2004, DB 2005, 671; *Baumbach/Hopt,* § 74 Rn 19.

34 BAG v. 5.9.1995, AP Nr. 67 zu § 74 HGB; LAG Bremen v. 4.5.1966, DB 1966, 1440.

35 BAG v. 5.3.1994, DB 1995, 50; BAG v. 18.1.2000 – 9 AZR 929/98 – (n.v., Fundstelle bei juris).

36 BAG v. 3.5.1994, AP Nr. 65 zu § 74 HGB.

37 MüKo-HGB/*v. Hoyningen-Huene*, § 74 Rn 49; ErfK/*Schaub*, § 74 Rn 35; GK-HGB/*Etzel*, §§ 74–75d HGB Rn 34.

38 BAG v. 24.4.1980, AP Nr. 37 zu § 74 HGB.

Wettbewerbsverbot zu halten und übt das Wahlrecht wirksam und durch ausdrückliche Erklärung aus, entfällt die Verpflichtung des Arbeitgebers zur Zahlung einer Karenzentschädigung. Entscheidet sich der Arbeitnehmer allerdings dafür, sich an das Wettbewerbsverbot zu halten, hat er nicht nur einen Anspruch auf die vereinbarte (zu geringe) Karenzentschädigung, sondern auf die gesetzlich fixierte Karenzentschädigung. Hierfür spricht der Gesetzeszweck des § 74 Abs. 2 HGB.[39] Während für die Loslösung von einem unverbindlichen Wettbewerbsverbot unstreitig eine ausdrückliche Erklärung erforderlich ist, soll es für ein Festhalten hieran ausreichen, wenn der Arbeitnehmer konkludent zu verstehen gibt, sich an das Wettbewerbsverbot zu halten.[40] Ausreichend sein soll es bereits, wenn der Arbeitnehmer eine Tätigkeit aufnimmt, die – die Wirksamkeit des Wettbewerbsverbotes unterstellt – nicht wettbewerbswidrig wäre.[41]

Dem Interesse des Arbeitgebers soll dadurch Rechnung getragen werden, dass dieser in Anlehnung an § 264 Abs. 2 S. 1 BGB die Möglichkeit hat, den betroffenen Arbeitnehmer unter Bestimmung einer angemessenen Frist zur Vornahme der Wahl aufzufordern.[42] Diese Ansicht ist abzulehnen. Sie ist zum einen dogmatisch inkonsistent: Wenn der Arbeitnehmer das Wahlrecht konkludent, also durch schlüssiges Verhalten ausübt, bedarf es keiner weiteren Ausübung, zu der gem. § 264 Abs. 2 S. 1 BGB aufgefordert werden kann. Vielmehr ist das Wahlrecht ausgeübt, und diese Ausübung ist und bleibt unwiderruflich. Zum anderen trägt die Gegenansicht den berechtigten Interessen an der Rechtssicherheit nicht nur des Arbeitgebers, sondern auch des Arbeitnehmers nicht Rechnung. Der Arbeitnehmer hat ein eigenes rechtliches Interesse daran, Rechtssicherheit darüber zu haben, ob er innerhalb der vereinbarten Zeit des Wettbewerbsverbotes eine wettbewerbswidrige Tätigkeit aufnehmen kann. Dies gilt auch dann, wenn er unmittelbar zu Beginn der Karenzzeit eine nicht wettbewerbswidrige Tätigkeit aufnimmt. Denn beendet er diese Tätigkeit innerhalb der Karenzzeit und nimmt dann eine andere, wettbewerbswidrige Tätigkeit auf, würde er ansonsten einem bestehenden Wettbewerbsverbot zuwiderhandeln und sich schadensersatzpflichtig machen. Ein entsprechendes Interesse hat natürlich auch der Arbeitgeber, der wissen muss, ob der Arbeitnehmer das Wettbewerbsverbot gelten lassen möchte oder nicht. Für den Arbeitgeber knüpfen hieran nicht nur Zahlungspflichten an, sondern auch Gestaltungsmöglichkeiten. Zu fordern ist daher, dass im Falle des unverbindlichen Wettbewerbsverbotes der Arbeitnehmer **spätestens zu Beginn der Karenz** seine Entscheidung über die Gültigkeit oder Ungültigkeit des Wettbewerbsverbotes trifft und diese (empfangsbedürftig) mitteilt. Unterlässt der Arbeitnehmer die Mitteilung, so wird das Wettbewerbsverbot verbindlich, und es besteht – außer im Falle der einvernehmlichen Aufhebung – keine Möglichkeit mehr für den Arbeitnehmer, sich hiervon zu lösen. 38

Praxishinweis 39

Der **Arbeitgeber** sollte die Rechtsprechung des BAG seinem Handeln zugrunde legen. Erkennt er, dass ein vereinbartes Wettbewerbsverbot unverbindlich ist, so sollte er den Arbeitnehmer bereits vor Beginn der Karenz zu einer Entscheidung auffordern.

Der anwaltliche Berater des **Arbeitnehmers** sollte im Falle des unverbindlichen Wettbewerbsverbotes dahingehend beraten, eine ausdrückliche Entscheidung zu treffen. Auch nach der Rechtsprechung des BAG besteht ansonsten die Gefahr, dass der Arbeit-

39 BAG v. 9.1.1990, AP Nr. 59 zu § 74 HGB; MüKo-HGB/*v. Hoyningen-Huene,* § 74 Rn 53.

40 BAG v. 22.5.1990, AP Nr. 60 zu § 74 HGB; LAG Hamm v. 21.1.1981, DB 1981, 1243; MüKo-HGB/*v. Hoyningen-Huene*, § 74 Rn 52.

41 MüKo-HGB/*v. Hoyningen-Huene*, § 74 Rn 52.

42 MüKo-HGB/*v. Hoyningen-Huene*, § 74 Rn 52.

nehmer an das Wettbewerbsverbot gebunden ist, obwohl er glaubt, von dem Wettbewerbsverbot frei zu sein. Aufgrund der Anrechnung anderweitigen Erwerbs gem. § 74c HGB bedeutet dies für den Arbeitnehmer in aller Regel keinen Vorteil.

40 Der Arbeitgeber hat hingegen bei einer Unterschreitung der gesetzlichen Höhe der Karenzentschädigung kein Wahlrecht. Er kann sich gem. § 75d HGB auf das Wettbewerbsverbot nicht berufen. Das Verbot der zu geringen Karenzentschädigung gem. §§ 74 Abs. 2, 75d HGB gilt auch für Tarifverträge.[43]

3. Mangel des berechtigten geschäftlichen Interesses, § 74a Abs. 1 S. 1 HGB

41 Hat der Arbeitgeber entgegen § 74a S. 1 HGB kein berechtigtes Interesse an dem Wettbewerbsverbot, so ist dieses insoweit **unverbindlich**, als es nicht zum Schutz eines berechtigten Interesses dient. Die Unverbindlichkeit knüpft an den Schutzzweck der §§ 74 ff. HGB an. Der Arbeitgeber soll durch die Möglichkeit eines Wettbewerbsverbotes nur vor solchen geschäftlichen Nachteilen geschützt werden, die sich bei einer späteren Konkurrenztätigkeit ergeben könnten. Die Möglichkeit, den Arbeitnehmer aus anderen Gründen in der weiteren Berufsausübung zu knebeln, soll nicht eröffnet sein.

42 Für die Beurteilung des mangelnden Interesses kommt es auf den Zeitpunkt an, zu dem sich eine Partei hierauf beruft.[44] Das berechtigte Interesse muss somit **während der gesamten Dauer des Wettbewerbsverbotes** vorliegen. Um ein berechtigtes Interesse des Arbeitgebers abzubilden, muss ein inhaltlicher Zusammenhang zwischen der bisherigen Tätigkeit des Arbeitnehmers und dem Inhalt des Verbotes bestehen. Es muss aus dem Verbot deutlich werden, dass dem Arbeitnehmer eine zeitnahe Verwertung der beim Arbeitgeber erworbenen Kenntnisse und Kontakte verboten wird.[45] Dabei muss es sich um ein eigenes Interesse des Arbeitgebers handeln; es besteht somit nicht die Möglichkeit, ein Wettbewerbsverbot zugunsten eines Dritten zu verabreden.[46]

43 Als problematisch kann sich dies im **Konzernverbund** herausstellen. Dabei scheint Einigkeit zu bestehen, dass der Begriff des Arbeitgebers insoweit über den reinen Vertragspartner hinausgehen kann. Wenn der Arbeitgeber ein Interesse an der Verhinderung eines Wettbewerbes zugunsten von anderen Unternehmen hat, die aber in seinem Eigentum stehen, soll ein berechtigtes Interesse (auch) des Vertragsarbeitgebers gegeben sein.[47] Ein entsprechendes Interesse soll anzunehmen sein, wenn der Arbeitnehmer zuvor in wettbewerbsrelevanter Weise auch für die Konzernunternehmen tätig war und eine enge, strukturell verfestigte Verbindung zwischen beiden Unternehmen besteht.[48]

44 Liegt kein berechtigtes Interesse des Arbeitgebers im Sinne § 74a HGB vor, so ist das Wettbewerbsverbot „insoweit" **unverbindlich**. Der Arbeitnehmer hat grundsätzlich ein Wahlrecht, sich an das Wettbewerbsverbot zu halten oder nicht (vgl. Rn 37 ff.). Besteht ein teilweises Interesse des Arbeitgebers im Sinne § 74a Abs. 1 HGB, geht das Wettbewerbsverbot also inhaltlich lediglich über das bestehende berechtigte Interesse hinaus, so besteht eine

43 *Baumbach/Hopt*, § 75d HGB Rn 3.
44 MüKo-HGB/*v. Hoyningen-Huene*, § 74a Rn 4.
45 BAG v. 16.1.1970, AP Nr. 4 zu § 74a HGB; MüKo-HGB/*v. Hoyningen-Huene*, § 74a Rn 5.
46 MüKo-HGB/*v. Hoyningen-Huene*, § 74a Rn 8.
47 MüKo-HGB/*v. Hoyningen-Huene*, § 74a Rn 8.
48 *Bauer/Diller*, Rn 205 ff.

Teilverbindlichkeit. An den wirksamen Teil des Wettbewerbsverbotes ist der Arbeitnehmer auch dann gebunden, wenn er keine Erfüllung wählt. Insofern gilt der Grundsatz einer geltungserhaltenden Reduktion aufgrund ausdrücklicher gesetzlicher Anordnung.[49] Im Falle der Teilunverbindlichkeit stellt sich die Frage der **Auswirkungen auf den Entschädigungsanspruch**. Wählt der Arbeitnehmer die Erfüllung, so besteht der Entschädigungsanspruch in voller Höhe. Beruft sich der Arbeitnehmer indes auf die Unverbindlichkeit, so reduziert sich der Anspruch auf Karenzentschädigung nicht. Selbst wenn der inhaltliche Umfang des Wettbewerbsverbotes teilbar ist, so gilt dies nicht in demselben Maße für die Höhe der Karenzentschädigung, da diese gesetzlich ausschließlich an den letzten Verdienst anknüpft.[50]

Die Rechtsfolge der teilweisen Unverbindlichkeit kann im Falle des mangelnden Interesses des Arbeitgebers nicht durch Zahlung einer höheren Karenzentschädigung als der gesetzlich vorgesehenen kompensiert werden. 45

4. Unbillige Erschwernis, § 74a Abs. 1 S. 2 HGB

Wettbewerbsverbote sollen einen billigen Ausgleich zwischen dem Interesse des Arbeitgebers am Unterlassen des Wettbewerbes und dem Interesse des Arbeitnehmers auf berufliches Fortkommen darstellen. Aus diesem Grunde ordnet § 74a Abs. 1 S. 2 HGB an, dass ein Wettbewerbsverbot unverbindlich ist, soweit es eine unbillige Erschwernis des Fortkommens des Arbeitnehmers enthält. Die Frage der unbilligen Erschwernis muss im Einzelfall unter Berücksichtigung aller Umstände geprüft werden, insbesondere der individuellen Rahmendaten des Arbeitnehmers (Alter, Ausbildung, vorherige Stellung, konkrete weitere Berufschancen nach hypothetischer Wahrung des Verbots), der Höhe der Entschädigung und dem geographischen und zeitlichen Umfang des Wettbewerbsverbotes. Regelmäßig sind beispielsweise **geographisch nicht begrenzte Wettbewerbsverbote** eine unbillige Erschwernis.[51] 46

Eine – stets in einem Wettbewerbsverbot liegende – Erschwerung des Fortkommens kann hinnehmbar sein, wenn der Arbeitgeber eine höhere als die gesetzlich verpflichtende Entschädigung zusagt.[52] Ebenso kann eine deutliche zeitliche Begrenzung unterhalb der Maximaldauer gem. § 74a S. 3 HGB zu einer Wirksamkeit eines ansonsten unbillig beschwerenden Verbotes führen. Dies ergibt sich daraus, dass § 74a Abs. 1 S. 3 HGB eine unwiderlegbare Vermutung dafür enthält, dass ein Wettbewerbsverbot unbillig beschwerend ist, wenn es für mehr als zwei Jahre abgeschlossen ist. Dann muss eine kürzere Dauer als zwei Jahre grundsätzlich geeignet sein, eine ansonsten bestehende Unbilligkeit zugunsten des Arbeitgebers zu korrigieren. 47

Lässt sich im Einzelfall eine unbillige Erschwerung des Fortkommens feststellen, so ist das Wettbewerbsverbot wiederum **unverbindlich**. Der Arbeitnehmer hat die Möglichkeit, zu Beginn der Karenz und im Übrigen unwiderruflich mitzuteilen, dass er sich an das Wettbewerbsverbot halten werde, oder sich von dem Wettbewerbsverbot loszusagen. Der Arbeitgeber hat diese Möglichkeit nicht (vgl. Rn 37 ff.). 48

49 BAG v. 2.2.1968, AP Nr. 22 zu § 74 HGB; MüKo-HGB/*v. Hoyningen-Huene,* § 74a Rn 20; LAG Hamm v. 14.4.2003, NZA-RR 2003, 513, 515.

50 MüKo-HGB/*v. Hoyningen-Huene,* § 74a Rn 22.

51 *Küttner/Reinecke*, Ziffer 460 Rn 15; MüKo-HGB/*v. Hoyningen-Huene*, § 74a Rn 11.

52 BAG v. 5.12.1966, AP Nr. 19 zu § 133f GewO; MünchArb/*Wank*, § 130 Rn 22; MüKo-HGB/*v. Hoyningen-Huene*, § 74a Rn 9.

5. Zeitliche Überdehnung, § 74a Abs. 1 S. 3 HGB

49 Ein Wettbewerbsverbot kann maximal auf die Zeit von zwei Jahren seit Beendigung des Arbeitsverhältnisses vereinbart werden. Das Gesetz enthält eine **nicht auslegbare Höchstfrist** und eine unwiderlegbare Vermutung dafür, dass im Falle der Überschreitung der Höchstfrist eine unbillige Erschwerung des Fortkommens gegeben ist.[53] Für die Berechnung der 2-Jahres-Frist kommt es auf die rechtliche Beendigung des Arbeitsverhältnisses, nicht auf die Beendigung des (sozialversicherungspflichtigen) Beschäftigungsverhältnisses an.[54]

50 Die Überschreitung der Höchstdauer führt nicht zur vollständigen Unverbindlichkeit der Wettbewerbsabrede. Vielmehr hat der Arbeitnehmer die Möglichkeit, sich für die Zeit **jenseits der gesetzlichen Höchstgrenze** vom Wettbewerbsverbot freizusagen. Bis zu diesem Zeitpunkt ist das Wettbewerbsverbot auch für den Arbeitnehmer verbindlich.[55]

6. Bedingte Wettbewerbsverbote/Wettbewerbsverbote mit Wahlrecht

51 Die Möglichkeiten des Arbeitgebers, sich von einmal vereinbarten Wettbewerbsverboten zu lösen, sind gesetzlich beschränkt (vgl. Rn 56 ff.). Aus diesem Grunde sind nach der Rechtsprechung Wettbewerbsverbote unverbindlich, bei denen es der Entscheidung des Arbeitgebers überlassen sein soll, ob der Arbeitnehmer nach Beendigung des Arbeitsverhältnisses einen Wettbewerb zu unterlassen hat oder nicht, sog. „**bedingte Wettbewerbsverbote**“.[56] Unter demselben Gesichtspunkt ist auch eine solche Klausel unwirksam, die dem Arbeitgeber ermöglicht, den örtlichen oder sachlichen Umfang des Verbotes bei Beendigung des Arbeitsverhältnisses festzulegen.[57] Ob dies allerdings in jedem Fall gilt, ist durchaus fraglich. Der Arbeitgeber hat ein berechtigtes Interesse daran, einen örtlichen oder sachlichen Geltungsbereich bei Ende des Arbeitsverhältnisses festzulegen. Denn überschreitet der örtliche oder sachliche Geltungsbereich das Interesse des Arbeitgebers, so folgt gem. § 74a Abs. 1 S. 2 HGB eine **Unverbindlichkeit** des Wettbewerbsverbotes. Da nicht in jedem Falle zu Beginn des Arbeitsverhältnisses absehbar ist, ob und inwieweit der Arbeitgeber bei Ende des Arbeitsverhältnisses ein berechtigtes Interesse hat, hilft es lediglich der Rechtssicherheit, wenn der Arbeitgeber den sachlichen Geltungsbereich bei Ende des Arbeitsverhältnisses festlegen darf. Dies gilt erst recht dann, wenn ein Anspruch auf Karenzentschädigung absprachegemäß von der verbleibenden Gestaltungsbefugnis des Arbeitgebers unbenommen bleiben soll.[58]

52 Folgt man der Rechtsprechung, wonach jegliche bedingte Wettbewerbsverbote und Wettbewerbsverbote mit Wahlrecht/Leistungsbestimmungsrecht unverbindlich sind, so hat der Arbeitnehmer wiederum das Wahlrecht, sich an das Wettbewerbsverbot zu halten oder nicht (zu den Einzelheiten vgl. Rn 37 ff.). Der Arbeitgeber hat kein solches Wahlrecht; für ihn ist das Wettbewerbsverbot in der Gestalt, die es durch die autonome Entscheidung des Arbeitnehmers erhält, verbindlich.

53 MüKo-HGB/*v. Hoyningen-Huene*, § 74a Rn 14.
54 MüKo-HGB/*v. Hoyningen-Huene*, § 74a Rn 15.
55 BAG v. 2.12.1966, AP Nr. 18 zu § 133f GewO; LAG Düsseldorf v. 4.3.1997, NZA-RR 1998, 58; *Baumbach/Hopt*, § 74a Rn 4, MüKo-HGB/*v. Hoyningen-Huene*, § 74a Rn 17.
56 BAG v. 16.12.1986, DB 1987, 2047; *Küttner/Reinecke*, Ziffer 460 Rn 16.
57 BAG v. 5.9.1995, DB 1996, 284; LAG Düsseldorf v. 10.2.1993, LAGE Nr. 7 zu § 74 HGB.
58 Ebenso LAG Düsseldorf v. 3.8.1993, BB 1993, 2382.

7. Nichtige Wettbewerbsverbote

§ 74a Abs. 2 HGB sieht vor, dass ein Wettbewerbsverbot nichtig ist, wenn der Arbeitnehmer zum Zeitpunkt des Abschlusses des Wettbewerbsverbotes **minderjährig** ist. Da § 74a Abs. 2 HGB lex specialis zu §§ 106 ff. BGB ist, gilt die Nichtigkeit auch dann, wenn eine Einwilligung des gesetzlichen Vertreters gem. § 107 BGB vorliegt.[59] Wettbewerbsverbote sind damit insbesondere in **Berufsbildungsverträgen** unzulässig. Wird nach Eintritt der Volljährigkeit des Arbeitnehmers ein erneutes Wettbewerbsverbot vereinbart, so liegt hierin eine Bestätigung des vormals nichtigen Rechtsgeschäftes gem. § 141 BGB. Das neue Wettbewerbsverbot kann, sofern es die sonstigen Voraussetzungen wahrt, wirksam sein. 53

Ist das Wettbewerbsverbot nichtig, so hat der Arbeitnehmer kein Wahlrecht, sich hieran zu halten oder nicht. Der Arbeitgeber ist ebenfalls an das Wettbewerbsverbot nicht gebunden. 54

Die übrigen Nichtigkeitsgründe des § 74a HGB spielen im Arbeitsrecht keine Rolle. Die Abrede zwischen dem Unternehmer und einem Dritten, den Arbeitnehmer nicht zu beschäftigen, mag gem. § 74a Abs. 2 HGB nichtig sein. Hieraus resultiert jedoch kein Anspruch des betroffenen Arbeitnehmers auf Abschluss eines Arbeitsvertrages mit dem Dritten, weshalb die Nichtigkeit keine Konsequenzen hat (zu konzernweiten Wettbewerbsklauseln vgl. Rn 43). 55

VI. Loslösung von rechtmäßigen Wettbewerbsverboten

1. Verzicht gem. § 75a HGB

Gem. § 75a HGB hat der Arbeitgeber die Möglichkeit, einseitig auf das Wettbewerbsverbot zu verzichten. Hiermit hat der Arbeitgeber die Möglichkeit, auf geänderte wirtschaftliche Rahmendaten zu reagieren, auf ein gemindertes oder entfallendes wirtschaftliches Interesse am Verzicht auf Wettbewerb oder schlicht dem Umstand Rechnung zu tragen, dass sich im Laufe des Arbeitsverhältnisses erwiesen hat, dass der Verzicht des Arbeitnehmers auf Wettbewerb die Zahlung der Karenzentschädigung nicht wert ist. Der Arbeitnehmer hat kein entsprechendes Loslösungsrecht. 56

Der Verzicht muss gem. § 75a HGB bis **spätestens zum Ende des Arbeitsverhältnisses** erklärt werden. Gemeint ist das rechtliche Ende des Arbeitsverhältnisses, nicht der Ausspruch der Kündigung oder das Ende des Beschäftigungsverhältnisses. Der Verzicht kann somit auch noch nach Ausspruch einer ordentlichen Kündigung und nach Ausspruch einer außerordentlichen Kündigung mit sozialer Auslauffrist bis zum letzten Tag des rechtlichen Bestandes des Arbeitsverhältnisses ausgesprochen werden. Unerheblich ist, ob der Arbeitnehmer seit Ausspruch der Kündigung noch gearbeitet oder bereits das Beschäftigungsverhältnis beendet hat.[60] Zwischen dem Akt zur Beendigung des Arbeitsverhältnisses und dem Ausspruch des Verzichtes besteht grundsätzlich kein rechtlicher Zusammenhang. Der Arbeitgeber hat die Möglichkeit, den Verzicht auch schon weit vor der Beendigung des Arbeitsverhältnisses auszusprechen. Im Hinblick auf die Rechtsfolgen des Verzichtes (vgl. Rn 67 ff.) kann es Sinn machen, den Verzicht mindestens ein Jahr vor Ende des Arbeitsverhältnisses auszusprechen. Bei einer fristlosen, außerordentlichen Kündigung muss der Verzicht spätestens mit Zugang der Kündigung dem Arbeitnehmer zugegangen sein und somit ausgesprochen werden. Geht zunächst die außerordentliche Kündigung zu und später dann, sei es auch einige Stunden später, der Verzicht, so erfolgt der Verzicht verspätet und kann keine Wirkung erzie- 57

59 *Bauer/Diller*, Rn 365; MüKo-HGB/*v. Hoyningen-Huene*, § 74a Rn 27.
60 MünchArb/*Wank*, § 31 Rn 45; *Bauer/Diller*, Rn 377.

len. Denn wie die außerordentliche Kündigung ist auch die Ausübung des Verzichts eine empfangsbedürftige Willenserklärung. Nach richtiger Ansicht ist ein **gleichzeitig mit der Kündigung** erklärter Verzicht noch ausreichend.[61]

58 *Praxishinweis*

Rechtstechnisch ist die Aussage, ein gleichzeitig mit der Kündigung ausgesprochener Verzicht reiche noch aus, richtig. In der Praxis kann dies aber erhebliche Gefahren insbesondere für den anwaltlichen Berater mit sich bringen.

Wird der Verzicht auf einem **gesonderten Schreiben** ausgesprochen und gemeinsam mit der Kündigung übergeben, so kommt es streng genommen darauf an, ob zunächst die Kündigung oder der Verzicht übergeben wird (in den Empfangsbereich gelangt). Wird in einem solchen Fall die Kündigung durch Boten oder per Post zugestellt, kann sich der Arbeitgeber nur dann auf eine Gleichzeitigkeit berufen, wenn beide Erklärungen in ein und demselben Umschlag enthalten sind. Denn dann gehen beide Erklärungen im Moment des Einwurfes zu, da der Arbeitnehmer von diesem Moment an die Möglichkeit hatte, von beiden Erklärungen Kenntnis zu nehmen. Werden beide Erklärungen (Verzicht und Kündigung) hingegen gemeinsam auf einem Schriftstück niedergelegt, geht dieses Schriftstück unabhängig von der Reihenfolge der Erklärungen insgesamt dem Arbeitnehmer zu, wenn es so in seinen Empfangsbereich gelangt, dass er die Möglichkeit hat, hiervon Kenntnis zu nehmen. Es kommt daher in diesem Fall auf die Reihenfolge der Erklärungen nicht an.

Zur Vermeidung von Haftungsrisiken ist zu empfehlen, den Verzicht und die außerordentliche Kündigung **in einem gemeinsamen Schriftstück** niederzulegen. Es empfiehlt sich weiterhin, in diesem Schriftstück zunächst den Verzicht auf das Wettbewerbsverbot auszusprechen und danach erst die außerordentliche Kündigung.

59 Der Verzicht kann auch in einem **Aufhebungsvertrag** enthalten sein. Beendet der Aufhebungsvertrag das Arbeitsverhältnis mit sofortiger Wirkung oder mit Wirkung für die Zukunft, ist der Verzicht gem. § 75a HGB ordnungsgemäß erklärt. Problematisch ist dies nur dann, wenn der Aufhebungsvertrag das Arbeitsverhältnis **rückwirkend** beendet. Nach richtiger Ansicht ist aber auch ein insoweit im Vertrag selber erklärter Verzicht noch wirksam.[62] Denn entscheidend ist nach § 75a HGB, dass der Verzicht vor Beendigung des Arbeitsverhältnisses ausgesprochen wird. Wird das Arbeitsverhältnis rückwirkend durch Aufhebungsvertrag beendet, so wird diese Beendigungswirkung gleichwohl erst mit Abschluss des Aufhebungsvertrages erzeugt, selbst wenn die weiteren Wirkungen der Beendigungen rückwirkend eintreten sollen. Maßgeblicher Zeitpunkt für die Beendigung im Sinne des § 75a HGB ist somit der Abschluss des Aufhebungsvertrages.

60 § 75a HGB ist **nicht dispositiv**. Klauseln, wonach der Arbeitgeber das Recht aus § 75a HGB auch noch nach Beendigung des Arbeitsvertrages haben soll, sind daher unwirksam.[63]

61 Der Verzicht muss gem. § 75a HGB schriftlich erfolgen. Es gilt § 126 BGB. Die Voraussetzungen der Schriftform müssen vor Beendigung des Arbeitsverhältnisses gewahrt sein, um zu einer wirksamen Verzichtserklärung kommen zu können. Eine Versendung vorab per Telefax reicht somit nicht aus. Der Verzicht ist eine einseitige Willenserklärung, so dass § 174 BGB Anwendung findet.

61 BAG v. 17.2.1987, AP Nr. 4 zu § 75a HGB; BAG v. 31.7.2002, EWiR 2003, 227; *Bauer/Diller*, Rn 378; MüKo-HGB/*v. Hoyningen-Huene*, § 75a Rn 6.

62 MüKo-HGB/*v. Hoyningen-Huene*, § 75a Rn 6; *Bauer/Diller*, Rn 378.

63 *Bauer/Diller*, Rn 397.

Praxishinweis 62

Dass die Rüge nach § 174 BGB noch unverzüglich, d.h. in aller Regel noch nach 7 Tagen erfolgen kann, beinhaltet ein erhebliches **Haftungsrisiko**. Der Arbeitnehmer kann bei kurz vor rechtlichem Ende des Arbeitsverhältnisses ausgesprochenen Verzichtserklärungen noch nach Beendigung des Arbeitsverhältnisses rügen und hat damit die Möglichkeit, einen wirksamen Verzicht auszusprechen, endgültig zunichte zu machen.

Wird ein Verzicht unmittelbar durch einen Beauftragten des Auftraggebers ausgesprochen, so ist auf eine wirksame Vertretung des Arbeitgebers zu achten. Notfalls ist eine Original-Vollmachtsurkunde beizulegen. Einer Vollmachtsurkunde im Original bedarf es in jedem Fall, wenn der Ausspruch durch einen Rechtsanwalt des Arbeitgebers erfolgt.

Die Erklärung, die den Verzicht auf das Wettbewerbsverbot enthält, ist eine rechtsgestaltende Willenserklärung. Sie muss, da sie einer Auslegung grundsätzlich offen ist, zumindest nach Auslegung den rechtsgeschäftlichen Willen des Arbeitgebers, auf das Wettbewerbsverbot verzichten zu wollen, erkennen lassen. Die Verwendung des Wortes „Verzicht" ist daher nicht zwingend notwendig. Der Arbeitgeber muss aber deutlich machen, dass der Arbeitgeber dem Arbeitnehmer ab sofort die Möglichkeit einräumt, Wettbewerb zu machen. Er muss nicht deutlich machen, dass die Verpflichtung zur Zahlung der Entschädigung noch ein weiteres Jahr besteht. Diese Rechtsfolge ergibt sich aus dem Gesetz.[64] Die bloße Ausgleichsquittung, z.B. in einem Aufhebungsvertrag, reicht nicht aus, ein Wettbewerbsverbot zu beseitigen.[65] 63

Der Verzicht muss unbedingt erfolgen, da er **bedingungsfeindlich** ist. Aus diesem Grunde ist die bedingungslose Beendigung des Arbeitsverhältnisses verbunden mit dem Angebot, das Arbeitsverhältnis ohne Wettbewerbsverbot fortzusetzen (**Änderungskündigung**) kein Verzicht im Sinne des § 75a HGB.[66] Denn die Beendigung des Wettbewerbsverbotes soll in diesem Falle einvernehmlich erzeugt werden. Es handelt sich um das Angebot zum Abschluss eines Aufhebungsvertrages hinsichtlich des Wettbewerbsverbotes. Nimmt der Arbeitnehmer dieses Angebot nicht an, soll es bei der Beendigung des Arbeitsverhältnisses verbleiben. Diese Erklärung ist keiner Auslegung dahingehend zugänglich, dass der Arbeitgeber auch im Falle der Beendigung ohne weiteren Abschluss eines neuen Arbeitsvertrages einen Verzicht auf das Wettbewerbsverbot aussprechen wollte. Auch in diesem Falle besteht aber weiterhin die Möglichkeit des Arbeitgebers, noch vor rechtlichem Ende des Arbeitsverhältnisses (also vor Ablauf der Kündigungsfrist) einen Verzicht auf das Wettbewerbsverbot gem. § 75a HGB auszusprechen. 64

Praxishinweis 65

Rechtliche Auseinandersetzungen darüber, ob ein Verzicht wirksam ausgesprochen worden ist oder nicht, beinhalten regelmäßig ein hohes wirtschaftliches Volumen und sind deshalb unerfreulich. Sie können durch eine ausdrückliche und unauslegbare Verzichtserklärung ohne weiteres vermieden werden.

Formulierungsbeispiel 66

Es wird empfohlen, für die Verzichtserklärung den Wortlaut des Gesetzes zu nutzen. Die Verzichtserklärung sollte lauten:

„Hiermit verzichten wir mit sofortiger Wirkung auf die Einhaltung des Wettbewerbsverbotes. Sie sind daher gem. § 75a HGB mit sofortiger Wirkung frei darin, in einen Wettbewerb einzutreten. Die weiteren Wirkungen der Verzichtserklärungen bestimmen sich nach § 75a HGB."

64 *Bauer/Diller*, Rn 384.
65 BAG v. 20.10.1981, BB 1982, 861; LAG Düsseldorf v. 6.6.1974, DB 1974, 1915; *Bauer/Diller*, Rn 385.
66 BAG v. 10.9.1985, AP Nr. 49 zu § 74 HGB.

67 Ist ein Verzicht wirksam ausgesprochen, so hat dieser zur Konsequenz, dass der **Arbeitnehmer** mit sofortiger Wirkung von der Einhaltung des Wettbewerbsverbotes frei wird. Dauert das Arbeitsverhältnis noch an, so hat der Wegfall des Wettbewerbsverbotes faktisch keine Konsequenzen, da das vertragliche Wettbewerbsverbot nach § 60 HGB das nachvertragliche Wettbewerbsverbot überlagert. Nach dem rechtlichen Ende des Arbeitsverhältnisses kann der Arbeitgeber vom Moment des Zuganges der Verzichtserklärung an Wettbewerb ausüben.

68 Der **Arbeitgeber** wird nicht mit sofortiger Wirkung von der Zahlung der Karenzentschädigung frei, sondern erst nach Ablauf von einem Jahr ab Zugang der Verzichtserklärung. Geht die Verzichtserklärung länger als ein Jahr vor Beendigung des Arbeitsverhältnisses bei dem Arbeitnehmer ein, so hat der Arbeitgeber also die Möglichkeit, endgültig die Pflicht zur Zahlung der Karenzentschädigung zu beseitigen.

69 Versucht der Arbeitgeber, durch eine Verzichtserklärung gem. § 75a HGB ein **nichtiges Wettbewerbsverbot** zu beseitigen, so hat die Erklärung keine Wirkung und geht ins Leere. Versucht der Arbeitgeber, ein **unverbindliches Verbot** zu beseitigen, so kommt es darauf an, ob zunächst der Verzicht oder zunächst die Wahlerklärung des Arbeitnehmers erfolgt. Erfolgt zunächst der Verzicht, bleibt für eine Wahl des Arbeitnehmers kein Raum mehr. Die Rechtsfolgen ergeben sich aus § 75a HGB.[67] Entscheidet sich zunächst der Arbeitnehmer für die Einhaltung des Verbotes und möchte der Arbeitgeber danach den Verzicht gem. § 75a HGB erklären, so ist dies möglich. Denn die Entscheidung des Arbeitnehmers zugunsten des Verbotes kann keine anderen Wirkungen erzeugen, als ein von Anfang an wirksames Wettbewerbsverbot erzeugt hätte.

70 Spricht der Arbeitgeber einen Verzicht nach der rechtlichen Beendigung des Arbeitsverhältnisses aus, so muss durch Auslegung ermittelt werden, ob der Arbeitgeber tatsächlich auch im Hinblick auf das bereits beendete Arbeitsverhältnis wollte, dass der Arbeitnehmer zur Aufnahme von Wettbewerb frei ist. Nur in diesem Falle entfallen die Wirkungen des Wettbewerbsverbotes auf Seiten des Arbeitnehmers mit sofortiger Wirkung, der Arbeitgeber ist aber, da die befreiende Wirkung nach § 75a HGB nicht mehr eintreten kann, zur Fortzahlung der Karenzentschädigung für die vereinbarte Dauer verpflichtet. Regelmäßig kommt in solchen Fällen aber eine **Umdeutung** der Erklärung des Arbeitnehmers in ein Angebot auf einvernehmliche Aufhebung des Wettbewerbsverbotes in Betracht.

71 *Praxishinweis*

Für den Arbeitgeber kann auch ein nach Beendigung des Arbeitsvertrages erklärter einseitiger Verzicht sinnvoll sein. Zwar hat ein solcher Verzicht nicht die zeitlich begrenzende Wirkung des § 75a HGB auf die Karenzentschädigung. Er ermöglicht dem Arbeitnehmer aber die Erzielung von Arbeitseinkommen ohne Rechtsverstoß und Schadensersatzpflicht und bietet somit die Chance, die Höhe der Karenzentschädigung gem. § 74c HGB zu mindern.

2. Außerordentliche Kündigung durch den Arbeitnehmer, § 75 Abs. 1 HGB

72 Setzt der Arbeitgeber einen wichtigen Grund zur Beendigung des Dienstverhältnisses gem. § 626 Abs. 1 BGB, hat der Arbeitnehmer hinsichtlich des Wettbewerbsverbotes ein **Wahlrecht**. Er kann sich zum einen an das Wettbewerbsverbot halten und auf Zahlung der Ka-

67 LAG Köln v. 16.12.1999, MDR 2000, 960; *Bauer/Diller*, Rn 395a.

renzentschädigung bestehen. Er kann zum anderen das Recht zum Widerruf gem. § 75 Abs. 1 HGB ausüben.

Die Ausübung des Wahlrechtes nach § 75 Abs. 1 HGB setzt voraus, dass der Arbeitnehmer das Arbeitsverhältnis außerordentlich aufgrund eines vertragswidrigen Verhaltens des Arbeitgebers kündigt. Nach der Rechtsprechung setzt das Lösungsrecht nach § 75 Abs. 1 HGB nicht voraus, dass das Arbeitsverhältnis tatsächlich gem. § 626 Abs. 1 BGB gekündigt ist. Lediglich objektiv muss ein vertragswidriges Verhalten des Arbeitgebers vorliegen, das den Arbeitnehmer zur Kündigung berechtigt hätte. Das Lösungsrecht nach § 75 Abs. 1 HGB besteht unter diesen Umständen auch dann, wenn der Arbeitnehmer eine ordentliche Kündigung ausspricht oder vor Gericht einen Auflösungsantrag stellt.[68] Das Lösungsrecht nach § 75 Abs. 1 HGB besteht aber auch in diesem Falle nur solange, wie der Arbeitnehmer berechtigt wäre, das Arbeitsverhältnis außerordentlich zu kündigen. Lässt der Arbeitnehmer also die 2-Wochen-Frist des § 626 Abs. 2 BGB verstreichen, erlischt das Recht zur außerordentlichen Kündigung und damit auch das Recht zur Lösung vom Wettbewerbsverbot.[69] 73

Die Lösungserklärung nach § 75 Abs. 1 HGB ist eine form- und empfangsbedürftige Willenserklärung. Sie verlangt Schriftform und den Zugang beim Arbeitgeber. 74

Die Lösungserklärung muss innerhalb von einem Monat nach der Kündigung ausgesprochen werden. Der Fristbeginn stellt auf den Zugang der Kündigung beim Arbeitgeber ab. 75

Praxishinweis 76

Kommt es nach Ausspruch einer Kündigung zu einem Rechtsstreit über die Wirksamkeit der Kündigung und vergleichen sich die Parteien im Rechtsstreit auf ein Ende des Arbeitsverhältnisses, so kann es problematisch sein, ob ein neues Lösungsrecht des Arbeitnehmers nach § 75 Abs. 1 HGB erwächst.[70] Aus diesem Grunde sollte in einem solchen Vergleich das Schicksal des Wettbewerbsverbotes mit geregelt werden.

Die Erklärung des Arbeitnehmers nach § 75 Abs. 1 HGB wirkt ex tunc. Erfolgt die Erklärung also zum spätestmöglichen Zeitpunkt (einen Monat nach Zugang der Kündigung) bei einer außerordentlichen Kündigung, so wird aufgrund der Erklärung der Arbeitnehmer rückwirkend zur rechtlichen Beendigung des Arbeitsverhältnisses von der Einhaltung des Wettbewerbsverbotes frei. Eventuell bis zu diesem Zeitpunkt gezahlte Karenzentschädigungen sind nach § 812 Abs. 1 S. 2 BGB zurückzugewähren.

3. Außerordentliche Kündigung des Arbeitgebers, § 75 Abs. 3 HGB

Die Rechtsfolgen einer außerordentlichen Kündigung des Arbeitgebers bestimmen sich dem Gesetzeswortlaut zufolge nach § 75 Abs. 3 HGB. Danach hat der Arbeitgeber im Falle einer außerordentlichen Kündigung wegen vertragswidrigen Verhaltens des Arbeitnehmers ein Wahlrecht hinsichtlich des Wettbewerbsverbotes. Ungeachtet dessen entfällt nach § 75 Abs. 3 HGB der Anspruch des Arbeitnehmers auf Karenzentschädigung. 77

Das BAG hat § 75 Abs. 3 HGB für **verfassungswidrig und nichtig** erklärt.[71] Die Vorschrift stellt entgegen Art. 3 GG den Arbeitnehmer schlechter als den Arbeitgeber. Während der Arbeitnehmer im Falle der außerordentlichen Kündigung nur ein Wahlrecht zwischen Fort- 78

68 BAG v. 26.9.1963, AP Nr. 1 zu § 75 HGB; *Wertheimer*, NZA 1997, 524; *Bauer/Diller*, Rn 425.

69 *Bauer/Diller*, Rn 427.

70 BAG v. 26.1.1973, AP Nr. 4 zu § 75 HGB; vgl. hierzu OLG Schleswig v. 17.3.2000, NZG 2000, 894; *Bauer/Diller*, Rn 431.

71 BAG v. 23.2.1977, AP Nr. 6 zu § 75 HGB.

bestehen und Wegfall des Wettbewerbsverbotes hat, soll nach dem Gesetzeswortlaut der Arbeitgeber die Möglichkeit haben, am Wettbewerbsverbot festzuhalten, ohne jedoch eine Karenzentschädigung zahlen zu müssen.

79 Durch den Wegfall des § 75 Abs. 3 HGB entsteht eine Regelungslücke. Diese Lücke wird durch eine **analoge Anwendung des § 75 Abs. 1 HGB** auch auf Fälle des § 75 Abs. 3 HGB geschlossen.[72] Hat also der Arbeitnehmer durch vertragswidriges Verhalten Grund zum Ausspruch einer fristlosen Kündigung nach § 626 Abs. 1 BGB gegeben, stehen dem Arbeitgeber dieselben Rechte zu, wie dem Arbeitnehmer im vergleichbaren Fall (siehe Rn 72 ff.).

80 Obwohl § 75 Abs. 3 HGB nichtig ist, stellt die durch Richterrecht geschaffene analoge Anwendung des § 75 Abs. 1 HGB für Fälle, in denen der Arbeitgeber das Arbeitsverhältnis außerordentlich wegen vertragswidrigem Verhaltens des Gehilfen kündigt oder kündigen könnte eine abschließende Regelung für diesen tatbestandlichen Anwendungsbereich dar. Die Berechtigung hierzu ergibt sich aus § 75 Abs. 2 S. 1 HGB („*Es sei denn, dass für die Kündigung ein erheblicher Anlass in der Person des Gehilfen vorliegt.*“).

4. Lösung des Wettbewerbsverbots bei ordentlicher Kündigung des Arbeitgebers, § 75 Abs. 2 HGB

81 § 75 Abs. 2 HGB gibt dem Arbeitnehmer („*in gleicher Weise*“) das Recht zu Lösung des Wettbewerbsverbotes in allen Fällen, in denen der Arbeitgeber das Arbeitsverhältnis kündigt, es sei denn, es handelt sich um einen Fall der außerordentlichen Kündigung wegen erheblicher, durch den Arbeitnehmer veranlasster Gründe (dann analoge Anwendung des § 75 Abs. 1 HGB) oder der Arbeitgeber erklärt bei der Kündigung seine Bereitschaft, für die Dauer des Wettbewerbsverbotes die vollen, zuletzt vom Arbeitnehmer bezogenen Bezüge anstelle der ansonsten nur regelmäßig in Höhe von 50 % der Bezüge bestehenden Karenzentschädigung fortzuzahlen. Solche erheblichen, in der Person des Arbeitnehmers liegenden Gründe müssen keine vertragswidrigen Verhaltensweisen sein. Es kommen alle personen- und verhaltensbedingte Kündigungsgründe in Betracht.[73]

82 Für alle sonstigen Fälle der ordentlichen Kündigung des Arbeitgebers, auf die die beiden Bereichsausnahmen nicht zutreffen, gilt somit § 75 Abs. 2 HGB. Die Norm findet auf alle Fallgestaltungen Anwendung, in denen der Arbeitgeber eine ordentliche Kündigung ausspricht sowie auf Fälle, in denen er eine außerordentliche Kündigung ausspricht, die gleichwohl nicht zur Anwendung des § 75 Abs. 1 HGB führt. Dies ist dann gegeben, wenn eine außerordentliche Kündigung nicht auf vertragswidrigem Verhalten des Arbeitnehmers beruht. Auf die Wirksamkeit der Kündigung kommt es nicht an. Entscheidend ist lediglich, dass der Arbeitgeber eine entsprechende Kündigung ausspricht.[74] Wie auch in allen anderen Fällen der Lösung vom Wettbewerbsverbot entfällt das Wettbewerbsverbot nicht von selber. Vielmehr muss die Lösung **ausdrücklich erklärt** werden. Dies ergibt sich aus dem Verweis auf § 75 Abs. 1 HGB („*in gleicher Weise*“). Der Arbeitnehmer muss durch rechtsgeschäftliche, empfangsbedürftige und formbedürftige Erklärung die Lösung vom Wettbewerbsverbot erklären; andernfalls bleibt er an das Wettbewerbsverbot gebunden.

72 BAG v. 23.2.1977, AP Nr. 6 zu § 75 HGB; BAG v. 19.5.1998, AP Nr. 10 zu § 75 HGB.
73 *Bauer/Diller*, Rn 454.
74 *Bauer/Diller*, Rn 453.

Praxishinweis 83
Der anwaltliche Berater sollte beachten, dass das Wettbewerbsverbot nicht von selber entfällt und deshalb veranlassen, dass eine entsprechende bestimmende Erklärung des Arbeitnehmers abgegeben wird. Der Arbeitnehmer trägt ansonsten das Risiko seiner wettbewerbswidrigen Handlungen.

Die weiteren Folgen bestimmen sich nach § 75 Abs. 1 HGB (siehe Rn 72 ff.). 84

Übt der Arbeitnehmer sein Lösungsrecht nach § 75 Abs. 2 HGB im Falle einer ordentlichen 85
Beendigungskündigung aus und beruft sich der Arbeitgeber darauf, dass ein solches Lösungsrecht wegen eines erheblichen Anlasses in der Person des Gehilfen nicht bestanden habe, so trägt für die Ausübung des Lösungsrechtes der Arbeitnehmer die **Beweislast**. Für die erhobenen Gegeneinwände trägt die Beweislast der Arbeitgeber.[75] Dies ergibt sich aus der gesetzlichen Formulierung „es sei denn".

5. Einvernehmliche Aufhebung des Wettbewerbsverbotes/vertragliche Erweiterung der gesetzlichen Lösungsrechte

Die Parteien haben jederzeit die Möglichkeit, durch eine vertragliche Regelung das bestehende 86
Wettbewerbsverbot aufzuheben und hierbei auch zu regeln, dass keine Karenzentschädigung zu zahlen ist. Eine einzelvertragliche Regelung beispielsweise auch über die Grenzen des § 75a HGB hinaus ist somit jederzeit möglich. Nicht zulässig ist eine Erweiterung der Rechte des Arbeitgebers nach Wahl des Arbeitgebers. Insofern stellt § 75d HGB eine gesetzliche Grenze dar.

VII. Muster

1. Wettbewerbsverbotsklausel

▼ 87

(1) Dem Arbeitnehmer ist es untersagt, für die Dauer von zwei Jahren nach Beendigung dieses Vertrages in selbstständiger, unselbstständiger oder sonstiger Weise für ein Unternehmen tätig zu werden, welches mit dem Arbeitgeber im direkten oder indirekten Wettbewerb steht oder mit einem Wettbewerbsunternehmen verbunden ist. In gleicher Weise ist es dem Arbeitnehmer untersagt, während der Dauer dieses Verbots ein solches Unternehmen zu errichten, zu erwerben oder sich hieran unmittelbar oder mittelbar zu beteiligen. Das Wettbewerbsverbot gilt auch zugunsten der mit dem Arbeitgeber verbundnen Unternehmen.

(2) Während der Dauer des Wettbewerbsverbots erhält der Arbeitnehmer eine Entschädigung, die für jedes Jahr des Verbots die Hälfte der von dem Arbeitnehmer zuletzt bezogenen vertragsmäßigen Leistungen beträgt.

(3) Der Arbeitnehmer muss sich anderweitigen Erwerb nach Maßgabe von § 74c HGB auf die Entschädigung anrechnen lassen. Der Arbeitnehmer hat jeweils zum Quartalsende unaufgefordert mitzuteilen, ob und in welcher Höhe er anderweitige Einkünfte bezieht. Auf Verlangen sind die Angaben zu belegen. Kommt der Arbeitnehmer der Nachweispflicht nicht nach, so steht dem Arbeitgeber ein vollständiges Zurückbehaltungsrecht an der Entschädigung zu.

(4) Für jeden Fall der Zuwiderhandlung gegen das Verbot hat der Arbeitnehmer eine Vertragsstrafe von 5.100,00 EUR zu zahlen. Im Fall eines Dauerverstoßes wird die Vertragsstrafe für je-

75 GK-HGB/*Etzel*, §§ 54 bis 75b Rn 77; MüKo-HGB/*v. Hoyningen-Huene,* § 75 Rn 14; *Bauer/Diller*, Rn 455.

den angefangenen Monat neu verwirkt. Die Geltendmachung eines darüber hinausgehenden Schadens bleibt vorbehalten.

(5) Das Wettbewerbsverbot gilt auch mit einem Rechtsnachfolger des Arbeitgebers, insbesondere geht es bei einer Veräußerung des Betriebs auf den Erwerber über. Der Arbeitnehmer ist mit dem Übergang der Rechte aus dieser Vereinbarung auf den Rechtsnachfolger einverstanden.

(6) Das Wettbewerbsverbot tritt nicht in Kraft, wenn der Arbeitnehmer bei seinem Ausscheiden das gesetzliche Alter für die Altersrente vollendet oder das Arbeitsverhältnis weniger als ein Jahr bestanden hat.

(7) Im Übrigen gelten die Vorschriften der §§ 74 ff. HGB.

▲

2. Fristsetzung zur Unterlassung des Wettbewerbes

88 ▼

Sehr geehrte/r Herr/Frau ,

gem. § Ihres Arbeitsvertrages unterliegen Sie einem nachvertraglichen Wettbewerbsverbot. Uns ist zur Kenntnis gelangt, dass Sie gegen dieses Wettbewerbsverbot verstoßen haben, indem Sie mit der Firma in ein Anstellungsverhältnis getreten sind.

Wir fordern Sie auf, diesen Verstoß gegen das Wettbewerbsverbot innerhalb einer Frist bis zum einzustellen, indem Sie Ihr Arbeitsverhältnis bei der Firma beenden. Für die Zukunft fordern wir Sie zur Unterlassung weiteren Wettbewerbes auf.

Kommen Sie der Verpflichtung nicht nach, werden wir vom Wettbewerbsverbot zurücktreten. Die Geltendmachung weiterer Rechte, insbesondere von Auskunftsrechten sowie die Geltendmachung von Schadensersatz bleibt vorbehalten.

Mit freundlichen Grüßen

▲

3. Rücktritt vom Wettbewerbsverbot

89 ▼

Sehr geehrte/r Herr/Frau ,

mit Schreiben vom hatten wir Sie unter Fristsetzung aufgefordert, Ihre Tätigkeit für die Firma zu beenden, da hierin ein Verstoß gegen das zwischen uns bestehende Wettbewerbsverbot liegt. Ungeachtet der Fristsetzung sind Sie nach wie vor für die Firma tätig und treten somit mit uns in weiteren Wettbewerb. Wir treten deshalb gem. § 323 BGB vom Wettbewerbsverbot zurück mit der Wirkung, dass die Pflicht zur Zahlung der Karenzentschädigung ab sofort entfällt und wir an das Wettbewerbsverbot nicht mehr gebunden sind.

Mit freundlichen Grüßen

▲

4. Verzichtserklärung gem. § 75a HGB

▼ 90

Hiermit verzichten wir mit sofortiger Wirkung auf die Einhaltung des Wettbewerbsverbotes. Sie sind daher gem. § 75a HGB mit sofortiger Wirkung frei darin, in einen Wettbewerb einzutreten. Die weiteren Wirkungen der Verzichtserklärungen bestimmen sich nach § 75a HGB.

▲

Teil 2 Befristung und auflösende Bedingung

§ 17 Beendigung durch Befristung

Jan Ruge

Inhalt

	Rn
I. Überblick	1
II. Allgemeine Regeln zur wirksamen Befristung nach dem TzBfG	7
1. Schriftform	8
2. Fortsetzung des Arbeitsverhältnisses	14
3. Kündigung	18
4. Entfristungsklage	21
5. Befristung und Schwangerschaft	38
6. Maßgeblicher Überprüfungszeitpunkt	40
7. Nachträgliche Befristung eines unbefristeten Arbeitsverhältnisses	42
8. Keine Angabe des Befristungsgrundes und/oder der Rechtsgrundlage	44
9. Befristung einzelner Arbeitsbedingungen	50
10. Keine sachliche Rechtfertigung der Befristungsdauer	52
11. Befristung in Kleinbetrieben, während der Wartezeit und bei leitenden Angestellten	53
12. Befristungen mit Leiharbeitnehmern	55
13. Befristungen im öffentlichen Dienst	56
III. Sachgrundlose Befristungen nach dem TzBfG	58
1. Maximal vier Befristungen in zwei Jahren	61
2. Neueinstellung	67
3. Befristete Arbeitsverträge mit Arbeitnehmern, die das 52. Lebensjahr vollendet haben	75
a) Rechtslage bis zum 30.4.2007	76
b) Rechtslage seit dem 1.5.2007	77
aa) Voraussetzungen	78
bb) Viermonatszeitraum	79
cc) Verfahren	80
4. Erleichterung befristeter Einstellungen für Unternehmensneugründungen	81
a) Unternehmensneugründung	82
b) Sachgrundlose Befristung bis zur Dauer von vier Jahren	88
c) Neueinstellung	90
5. Tariföffnungsklausel	91
IV. Sachgrundbefristungen nach dem TzBfG	92
1. Allgemeines	93
2. Die Fallgruppen des § 14 Abs. 1 S. 2 TzBfG	94
a) Nr. 1 – Vorübergehender Arbeitskräftebedarf	94
b) Nr. 2 – Erstanstellung im Anschluss an Ausbildung oder Studium	99
c) Nr. 3 – Vertretung	106
aa) Allgemeine Grundsätze	107
bb) Elternzeitvertretung	112
d) Nr. 4 – Eigenart der Arbeitsleistung	116
e) Nr. 5 – Erprobung	120
f) Nr. 6 – Gründe in der Person des Arbeitnehmers	124
aa) Soziale Überbrückung	125
bb) Befristung auf eigenen Wunsch	127
cc) Arbeitserlaubnis und sonstige Einstellungs- und Beschäftigungsvoraussetzungen	129
dd) Ausbildung	138
ee) Studenten	140
ff) Altersgrenze	142
g) Nr. 7 – Haushaltsrechtliche Gründe	145
h) Nr. 8 – Gerichtlicher Vergleich	153
i) Sonstige sachliche Gründe	156
V. Beteiligung des Betriebs- oder Personalrats beim Abschluss von befristeten Arbeitsverträgen	160
1. Mitbestimmungsrecht des Personalrates	160

Rn
a) Mitbestimmungsrecht bei Einstellung ... 161
b) Mitbestimmungsrecht bei Befristung ... 166

Rn
2. Mitbestimmungsrecht des Betriebsrats ... 172

VI. Muster: Entfristungsklage ... 176

Literatur

Bader, Sachgrundlose Befristungen mit älteren Arbeitnehmerinnen und Arbeitnehmern neu geregelt (§ 14 III TzBfG), NZA 2007, 713; **Bahnsen**, Altersgrenzen im Arbeitsrecht, NJW 2008, 407; **Bauer**, Sachgrundlose Altersbefristung nach den „Hartz-Gesetzen", NZA 2003, 30; **Benecke**, Befristete Arbeitszeiterhöhung – Sachgrund, RdA 2005, 47; **Bengelsdorf**, Die Anwendbarkeit der §§ 14 IV, 21 TzBfG auf die Weiterbeschäftigungsverhältnisse während eines Kündigungsschutzverfahrens, NZA 2005, 277; **Boemke/Lembke**, AÜG, Nachtrag 2003; **Boewer**, Teilzeit- und Befristungsgesetz, 3. Auflage 2008; **Brose**, Sachgrundlose Befristung und betriebsbedingte Kündigung von Leiharbeitnehmern – Ein unausgewogenes Rechtsprechungskonzept, DB 2008, 1378; **Bruns**, Befristung von Arbeitsverträgen mit Sporttrainern, NZA 2008, 1269; **Dassau**, Das Gesetz über Teilzeitarbeit und befristete Arbeitsverträge, ZTR 2001, 64; **Däubler**, Das geplante Teilzeit- und Befristungsgesetz, ZIP 2000, 1961; **ders.**, Das neue Teilzeit- und Befristungsgesetz, ZIP 2001, 217; **Dörner**, Der befristete Arbeitsvertrag, 2004; **ders.**, Die Befristung von Arbeitsverträgen nach § 620 BGB und § 1 BeschFG 1996 – Rückblick und Ausblick, ZTR 2001, 491; **Frik**, Die Befristung von Leiharbeitsverträgen nach dem Teilzeit- und Befristungsgesetz, NZA 2005, 386; **Grimm/Brock**, Sachgrundlose Befristung der Arbeitsverhältnisse älterer Menschen, ArbRB 2007, 154; **dies.** Neue Regelaltersgrenze in der Rentenversicherung und Altersgrenzenvereinbarungen, ArbRB 2007, 210; **Hromadka**, Das neue Teilzeit- und Befristungsgesetz, NJW 2001, 400; **ders.**, Befristete und bedingte Arbeitsverhältnisse neu geregelt, BB 2001, 621; **Hunold**, Mehrfachbestimmungen heute, NZA 1997, 741; **Kliemt**, Das neue Befristungsrecht, NZA 2001, 296; **Koch**, Die Rechtsprechung des BAG zur Zulässigkeit befristeter Arbeitsverhältnisse, NZA 1985, 345; **Kokemoor**, Neuregelung der Arbeitnehmerüberlassung durch die Hartz-Umsetzungsgesetze, NZA 2003, 238; **Lembke**, Befristung von Arbeitsverträgen mit Leiharbeitnehmern nach „Hartz I", DB 2003, 2702; **Löwisch**, „Zuvor" bedeutet nicht: „In aller Vergangenheit", Zur Auslegung von § 14 Abs. 2 S. 2 Teilzeit- und Befristungsgesetz, BB 2001, 254; **ders.**, Die kündigungsrechtlichen Vorschläge der Agenda 2010, NZA 2003, 689; **Lunk/Leder**, Teilbefristungen – Neues Recht und alte Regelungen?, NZA 2008, 504; **Meinel/Heyn/Herms**, Teilzeit- und Befristungsgesetz, 3. Auflage 2009; **Mennemeyer/Keysers**, Befristungen im öffentlichen Dienst – Die Klassiker, NZA 2008, 670; **Oetker/Kiel**, Die „Neueinstellung" als Grund für den Abschluss befristeter Arbeitsverträge (Art. 1 Abs. 1 BeschFG 1985), DB 1989, 576; **Pawlak/Lüderitz**, Führung auf Probe und Führung auf Zeit im Tarifrecht des öffentlichen Dienstes, ZTR 2008, 642; **Petrovicki**, Projektbefristung von Arbeitsverhältnissen, NZA 2006, 411; **Peuker/Ullmann**, Kündigungsschutz unter Druck: Zurück zur Realität, AiB 2003, 261; **Plander**, Sachgründe für Kettenarbeitsverhältnisse und deren Grenzen nach neuem Recht, ZTR 2001, 499; **Preis**, Flexibilität und Rigorismus im Befristungsrecht, NZA 2005, 714; **Preis/Gotthardt**, Das Teilzeit- und Befristungsgesetz, DB 2001, 151; **dies.**, Neuregelung der Teilzeitarbeit und befristeten Arbeitsverhältnisse, DB 2000, 2065; **dies.**, Schriftformerfordernis für Kündigungen, Aufhebungsverträge und Befristungen nach § 623 BGB, NZA 2000, 348; **Richardi/Annuß**, Gesetzliche Neuregelung von Teilzeitarbeit und Befristung, BB 2000, 2204; **Röthel**, Europäische Rechtsetzung im sozialen Dialog, NZA 2000, 65; **Schiefer**, Entwurf eines Gesetzes über Teilzeitarbeit und befristete Arbeitsverhältnisse und zur Änderung und Aufhebung arbeitsrechtlicher Bestimmungen, DB 2000, 2118; **Schiefer/Köster/Korte**, Befristung von Arbeitsverträgen – Die neue Altersbefristung nach § 14 Abs. 3 TzBfG, DB 2007, 1081; **Schlachter**, Befristete Einstellung nach Abschluss der Ausbildung – Sachgrund erforderlich?, NZA 2003, 1180; **Schmidt**, Die neue EG-Richtlinie zur Teilzeitarbeit, NZA 1998, 576.

I. Überblick

1 Das Gesetz über Teilzeitarbeit und befristete Arbeitsverträge[1] enthält in seinem Artikel 1 das Teilzeit- und Befristungsgesetz (TzBfG), das die Zulässigkeit der Befristung von Arbeitsverhältnissen umfassend und weitgehend zusammenhängend regelt. Das Gesetz ist gem. Art. 4

1 BGBl I 2000, S. 1966.

zum **1.1.2001 in Kraft getreten**. Es enthält keine Übergangsregelung. Die Wirksamkeit einer nach Inkrafttreten des TzBfG vereinbarten Verlängerung eines nach § 1 Abs. 1 BeschFG befristeten Arbeitsvertrags richtet sich nach dem TzBfG.[2] Durch Art. 3 ist das Beschäftigungsförderungsgesetz **(BeschFG) aufgehoben** worden. Mit dem TzBfG sind die **europäischen Richtlinien 97/81/EG über Teilzeitarbeit**[3] sowie **99/70/EG über befristete Arbeitsverträge**[4] in nationales Recht **umgesetzt** worden. Den Richtlinien liegen Rahmenvereinbarungen der europäischen Sozialpartner (EGB, UNICE, CEEP) zugrunde, und zwar über Teilzeitarbeit[5] und über befristete Arbeitsverträge.[6]

Im Jahr **2006** hat der Anteil befristeter Arbeitsverträge in der Bundesrepublik Deutschland insgesamt ca. **14,8 %** betragen.[7] Der Wert hat sich in den letzten Jahren stark erhöht und liegt mittlerweile im **europaweiten Durchschnitt**.[8] 2

Insb. im öffentlichen Dienst werden teilweise mehr befristete als unbefristete Arbeitsverhältnisse vereinbart. Dementsprechend wird auch die Anzahl von Entfristungsklagen und damit entsprechende forensische Mandate zunehmen. Dies ergibt sich auch aus dem Umstand, dass **20 % aller Beendigungen** von Arbeitsverhältnissen durch Auslaufen einer Befristung eintreten.[9] 3

Die **besondere praktische Bedeutung** der Regelungen der Befristung im TzBfG für den **Rechtsanwalt besteht** darin, dass **Befristungen** für die Unternehmen das **Mittel** einer **konjunkturell angepassten Personalpolitik** darstellen. Der auch beratend tätige Rechtsanwalt sollte seinen Arbeitgebermandanten jedenfalls bei Neueinstellungen grundsätzlich den **Abschluss** von **befristeten Arbeitsverträgen** unter Ausnutzung der Regeln der sachgrundlosen Befristung **empfehlen**. Nach Ausschöpfung des zulässigen Befristungszeitraumes von zwei bzw. vier Jahren sollte grundsätzlich eine Befristung aus Sachgründen erwogen werden. Insb. in der derzeitigen wirtschaftlichen Situation unterliegt der Abschluss befristeter Arbeitsverträge überwiegend keinen Akzeptanzproblemen bei neu einzustellenden Arbeitnehmern. Dies gilt auch für hochqualifizierte Tätigkeiten und für Führungskräfte. 4

Die Bestimmungen des allgemeinen und des besonderen Kündigungsschutzes finden auf die Beendigung des in zulässiger Weise befristeten Arbeitsverhältnisses durch Zeitablauf keine Anwendung. Ebenso entfällt die Beteiligung des Betriebs- oder Personalrats nach § 102 BetrVG, § 79 BPersVG. Mit der Befristung kann der von den zwingenden **Kündigungsschutzbestimmungen begründete Bestands- und Inhaltsschutz** des Arbeitsverhältnisses **unterlaufen** werden. Dieser Wertungswiderspruch hat die Rspr. veranlasst, das Prinzip des § 620 BGB umzukehren und die Befristung eines Arbeitsverhältnisses nur zuzulassen, soweit sie durch einen **sachlichen Grund** gerechtfertigt ist.[10] Dieser Rspr. folgend lässt das TzBfG grundsätzlich eine Befristung des Arbeitsverhältnisses aus sachlichem Grund zu (§ 14 Abs. 1 TzBfG). Ausnahmsweise ist eine **Befristung ohne Sachgrund** bis zur Dauer von **zwei Jahren** zulässig, wenn es sich um eine **Neueinstellung** handelt (§ 14 Abs. 2 TzBfG) bzw. bis 5

2 BAG v. 15.1.2003, NZA 2003, 914.
3 Eingehend *Schmidt*, NZA 1998, 576.
4 Eingehend *Röthel*, NZA 2000, 65.
5 RV-TzA, ABl EG Nr. L 14, S. 9.
6 RV-B, ABl EG 1999 Nr. L 175, S. 43.
7 Quelle: Statistisches Bundesamt (2008) Fachserie 1 Reihe 4.1.1 „Mikrozensus, Stand und Entwicklung der Erwerbstätigkeit 2006".
8 Den höchsten Anteil an befristeten Arbeitsverhältnissen besitzt Spanien mit 30,6 % (Stand 2003).
9 Vgl. *Peuker/Ullmann*, AiB 2003, 261, 263.
10 St. Rspr. seit BAG (GS) v. 12.10.1960, AP Nr. 16 zu § 620 BGB befristeter Arbeitsvertrag.

zu **vier Jahren** in den ersten vier Jahren nach **Neugründung** eines Unternehmens (§ 14 Abs. 2a TzBfG). Eine sachgrundlose Befristung bis zu einer Dauer von fünf Jahren ist bei älteren Arbeitnehmern zulässig, wenn der Arbeitnehmer bei der Neueinstellung das 52. Lebensjahr bereits vollendet hat und zuvor mindestens vier Monate beschäftigungslos gewesen ist oder an einer Fördermaßnahme teilgenommen hat (§ 14 Abs. 3 TzBfG n.F.).

6 Nachfolgend sollen zunächst die im TzBfG geregelten allgemeinen Grundsätze über den wirksamen Abschluss befristeter Arbeitsverhältnisse behandelt werden (Rn 7 ff.). Danach werden die (formalen) Voraussetzungen sachgrundloser Befristungen (Rn 56 ff.), die möglichen Fälle einer Befristung mit Sachgrund (Rn 90 ff.) und die Mitbestimmungsrechte des Betriebs- und Personalrats beim Abschluss befristeter Arbeitsverträge dargestellt (Rn 158 ff.). Eine Musterentfristungsklage (Rn 174 ff.) rundet die Darstellung ab.

II. Allgemeine Regeln zur wirksamen Befristung nach dem TzBfG

7 Nachfolgend werden die allgemeinen Regeln behandelt, die für die wirksame Befristung von Arbeitsverhältnissen gelten.

1. Schriftform

8 Die **Befristung** eines Arbeitsvertrags bedarf der **Schriftform,** § 14 Abs. 4 TzBfG. Das Schriftformerfordernis gilt für **jede Befristungsabrede** einschließlich der Vereinbarung über eine **Verlängerung**[11] oder eine **nachträgliche Verkürzung** der **Befristungsdauer.**[12] Nicht dem Schriftformerfordernis unterliegt die Befristung einzelner Arbeitsbedingungen im Rahmen eines unbefristeten Arbeitsverhältnisses (z.B. befristete Erhöhung der Arbeitszeit).[13] Dem Schriftformerfordernis unterliegt die Tatsache der Befristung. Daneben bedarf bei der kalendermäßigen Befristung das **Enddatum** oder die **Dauer** der **schriftlichen Vereinbarung**. Nicht erforderlich ist, dass der der Befristung zugrunde liegende sachliche Grund schriftlich vereinbart worden ist.[14]

9 *Formulierungsbeispiel*

„§ ___ **Befristung des Arbeitsverhältnisses**

Der Arbeitnehmer wird von ___ bis ___ befristet für ___ Monate eingestellt. Das Arbeitsverhältnis endet nach Ablauf der Frist, ohne dass es einer Kündigung bedarf."

oder

„§ ___ Verlängerung der Befristung des Arbeitsverhältnisses

Der Arbeitnehmer wird von ___ bis ___ befristet für ___ Monate weiterbeschäftigt. Im Übrigen verbleibt es bei den Regelungen des Arbeitsvertrags vom ___"

10 Das Schriftformerfordernis gilt auch für die einvernehmliche **arbeitsvertragliche Vereinbarung** über die **befristete Weiterbeschäftigung** des Arbeitnehmers bis zur rechtskräftigen Entscheidung des **Kündigungsrechtsstreits** (zur Formulierung siehe Rn 131).[15] Anders ist

11 *Preis/Gotthardt*, NZA 2000, 348, 349.

12 Kittner/Däubler/Zwanziger/*Däubler*, § 14 TzBfG Rn 182.

13 BAG v. 3.9.2003, NZA 2004, 255; *Dörner*, Rn 70.

14 BAG v. 23.6.2004, NZA 2004, 1333.

15 BAG v. 22.10.2003, NZA 2004, 1275; LAG Niedersachsen v. 30.9.2003, NZA-RR 2004, 194; v. 17.2.2004, NZA-RR 2004, 472; LAG Nürnberg v. 25.6.2004, NZA-RR 2005, 18; ErfK/*Müller-Glöge*, § 21 TzBfG, Rn 8; **a.A.** *Bengelsdorf*, NZA 2005, 277, 281.

es bei einem Weiterbeschäftigungsverhältnis, das auf einem entsprechendem, vorläufig vollstreckbaren Urteil des Arbeits- bzw. Landesgerichts im Kündigungsschutzprozess beruht und der Arbeitgeber den Arbeitnehmer lediglich zur Abwendung der Zwangsvollstreckung beschäftigt.[16] Entsprechendes gilt für die vom Arbeitnehmer verlangte und damit ebenfalls erzwungene Weiterbeschäftigung gem. § 102 Abs. 5 BetrVG.[17]

Notwendig ist die **Unterzeichnung** der Befristungsabrede durch die **Parteien** auf der **gleichen Urkunde,** § 126 BGB. Daher muss die Befristungsvereinbarung dem Arbeitnehmer im Original vorgelegt werden und von einer vertretungsberechtigten Person des Arbeitgebers eigenhändig unterzeichnet sein. Ein **Telefax** ist ebenso wenig ausreichend wie eine einfache **E-Mail**.[18] Eine elektronische Form gem. § 126a Abs. 1 BGB ist möglich.[19] Die Schriftform wird auch durch den Abschluss eines gerichtlichen Vergleichs[20] oder eines nach § 278 Abs. 6 ZPO protokollierten gerichtlichen Vergleichs auf Vorschlag der Parteien[21] gewahrt. 11

Die **Schriftform** der Befristung eines Arbeitsvertrags ist **nicht gewahrt**, wenn die Parteien **zunächst nur mündlich** einen befristeten Arbeitsvertrag vereinbaren und sie diesen Vertrag einschließlich der Befristungsabrede nach Antritt der Arbeit schriftlich niederlegen. Die nur mündlich vereinbarte Befristung ist mangels Schriftform nach **§ 125 BGB** nichtig mit der Folge, dass ein **unbefristetes Arbeitsverhältnis** entsteht. Die spätere schriftliche Niederlegung des Vertrags führt nicht zur Wirksamkeit der Befristung.[22] Die Geltendmachung der Formnichtigkeit einer vor Vertragsbeginn nur mündlich vereinbarten Befristung durch den Arbeitnehmer verstößt auch nicht gegen Treu und Glauben gem. § 242 BGB, wenn der Arbeitnehmer sich mit der Befristung einverstanden erklärt und nach Vertragsbeginn den die Befristung enthaltenden schriftlichen Arbeitsvertrag unterzeichnet.[23] 12

Haben die Parteien hingegen vor Unterzeichnung mündlich keine Befristung vereinbart, enthält der Arbeitsvertrag eine eigenständige, dem Schriftformgebot genügende Befristung.[24] Das Gleiche gilt nach Auffassung des Bundesarbeitsgerichts, wenn die Parteien mündlich eine Befristungsabrede getroffen hatten, die inhaltlich nicht mit der in dem schriftlichen Arbeitsvertrag enthaltenen Befristung übereinstimmt. Ist die vereinbarte Befristung dann auch sachlich gerechtfertigt, ist sie wirksam.[25] Kein Verstoß gegen das Schriftformerfordernis liegt nach Auffassung des Bundesarbeitsgerichts auch dann vor, wenn der Arbeitgeber dem Arbeitnehmer vor Vertragsbeginn einen von ihm bereits unterzeichneten schriftlichen Arbeitsvertrag mit der Bitte um Rücksendung eines unterzeichneten Exemplars übersendet und der Arbeitnehmer dieses erst nach Arbeitsaufnahme übergibt oder gar erst danach unterschreibt. In einem solchen Fall kann der Arbeitnehmer das Vertragsangebot des Arbeitgebers grundsätzlich nur durch die Unterzeichnung der Urkunde annehmen. Durch die Arbeitsaufnahme wird also nach Auffassung des BAG ein Arbeitsverhältnis nicht begründet, wenn der

16 ErfK/*Müller-Glöge*, § 14 TzBfG, Rn 76; *Bengelsdorf*, NZA 2005, 277, 278.

17 *Bengelsdorf*, NZA 2005, 277, 279.

18 *Meinel/Heyn/Herms*, § 14 Rn 108; Kittner/Däubler/Zwanziger/*Däubler*, § 14 TzBfG Rn 108; zum Telefax: BGH v. 30.7.1997, NJW 1997, 3169, 3170.

19 Vgl. *Dörner*, Rn 80.

20 ArbG Berlin v. 15.10.2008, BB 2008, 2568; ErfK/*Müller-Glöge*, § 14 TzBfG, Rn 121.

21 BAG v. 23.11.2006, NZA 2007, 466.

22 BAG v. 1.12.2004, NZA 2005, 575; BAG v. 16.3.2005, NZA 2005, 923; vergleiche hierzu auch *Preis*, NZA 2005, 714, 716 und *Bahnsen*, NZA 2005, 676.

23 BAG v. 16.3.2005, NZA 2005, 924.

24 BAG v. 13.6.2007, NZA 2008, 108.

25 BAG v 13.6.2007, NZA 2008, 108.

Arbeitgeber sein Angebot auf Abschluss eines befristeten Arbeitsvertrags von der Rückgabe des unterzeichneten Arbeitsvertrags abhängig macht.[26]

In einem Formulararbeitsvertrag ist die Befristung nur dann wirksam, wenn sie für den Arbeitnehmer hinreichend transparent gestaltet wird. Macht der Arbeitgeber neben einer drucktechnisch hervorgehobenen allgemeinen Befristung des Arbeitsvertrages eine weitere Befristung bis zum Ende der Probezeit nicht hinreichend deutlich, verstößt eine solche Regelung gegen § 305c BGB und wird damit kein wirksamer Vertragsbestandteil.[27]

13 Wird die Schriftform nicht eingehalten, so gilt der Vertrag als auf unbestimmte Zeit geschlossen, § 16 S. 1 TzBfG. Er kann in diesem Fall ordentlich gekündigt werden, auch wenn die Parteien keine Kündigungsmöglichkeit vereinbart haben, § 16 S. 2 TzBfG. Sofern das Kündigungsschutzgesetz anwendbar ist, bedarf es hierfür allerdings eines Kündigungsgrundes.

2. Fortsetzung des Arbeitsverhältnisses

14 § 15 Abs. 5 TzBfG bestimmt, dass ein **befristetes Arbeitsverhältnis** als auf unbestimmte Zeit verlängert gilt, wenn es **nach Ablauf** der Zeit, für die es eingegangen ist, **mit Wissen** des **Arbeitgebers fortgesetzt** wird und der Arbeitgeber **nicht unverzüglich widerspricht**. Diese Regelung entspricht damit hinsichtlich des Zeitablaufes dem § 625 BGB und dehnt die Regelung auf den Fall der Zweckbefristung aus. § 15 Abs. 5 TzBfG ist eine **zwingende Regelung** (vgl. § 22 Abs. 1 TzBfG), während § 625 BGB dispositiv war.[28]

15 Voraussetzung ist eine **tatsächliche Fortführung** des Arbeitsverhältnisses im **unmittelbaren Anschluss** an das Ende der Befristung. Der Arbeitnehmer muss seine Arbeitsleistung bewusst und in der Bereitschaft fortsetzen, seine Pflichten aus dem Arbeitsvertrag weiterhin zu erfüllen.[29] Ein lediglich konkludent zum Ausdruck gebrachter Wille reicht zur Fortsetzung des Arbeitsverhältnisses nicht aus.[30] Die Arbeitsleistung muss tatsächlich erbracht werden.[31] Die Tätigkeit muss nicht an demselben Arbeitsplatz fortgesetzt werden.[32] Die Regelung findet keine Anwendung auf die Fortsetzung einzelner Arbeitsbedingungen nach Befristungsablauf.[33]

16 Es muss eine für den Arbeitgeber **erkennbare Tätigkeit** des Arbeitnehmers vorliegen.[34] Die erforderliche Kenntnis des Arbeitgebers liegt nicht vor, wenn eine Außendiensttätigkeit fortgesetzt wird, ohne dass dies von anderen Betriebsangehörigen bemerkt wird[35] oder wenn nur die unmittelbaren Arbeitskollegen die Fortsetzung der Tätigkeit zur Kenntnis nehmen.[36] Vielmehr ist notwendig, dass der Arbeitgeber selbst oder solche **Personen** informiert sind,

26 BAG v. 16.4.2008, NZA 2008, 1184.
27 BAG v. 16.4.2008, NZA 2008, 876.
28 BAG v. 11.8.1988, NZA 1989, 595.
29 BAG v. 18.10.2006, 7 AZR 749/05, n.V.
30 BAG v. 2.12.1998, NZA 1999, 482, 483.
31 ErfK/*Müller-Glöge*, § 15 TzBfG Rn 27 m.w.N.
32 *Meinel/Heyn/Herms*, § 15 Rn 45; Kittner/Däubler/Zwanziger/*Däubler*, § 625 BGB Rn 10; *Boewer*, TzBfG, § 15 Rn 68.
33 BAG v. 3.9.2003, NZA 2004, 255, 257.
34 BAG v. 30.11.1984, AP Nr. 1 zu § 22 MTV Ausbildung; BAG v. 1.12.1960, AP Nr. 1 zu § 625 BGB; KR/*Fischermeier*, § 625 BGB Rn 26.
35 LAG Frankfurt v. 15.10.1971, AR-Blattei, Kündigungsschutz: Entsch. 131; Kittner/Däubler/Zwanziger/*Däubler*, § 625 BGB Rn 15.
36 ErfK/*Müller-Glöge*, § 15 TzBfG Rn 28.

die über den **Abschluss** von **Arbeitsverträgen entscheiden** können.[37] Dabei reicht es allerdings aus, wenn eine Person Kenntnis hat, die zwar nach der internen Geschäftsverteilung nicht zur Einstellung befugt ist, die jedoch mit Duldung des Arbeitgebers Einstellungen vornimmt (sog. Duldungsvollmacht). Gleiches gilt für den Fall einer Anscheinsvollmacht, also wenn der Arbeitgeber zwar nichts von der Vornahme von Einstellungen wusste, er dies aber hätte erkennen und verhindern können. In beiden Fällen kann der Arbeitnehmer darauf vertrauen, dass die entscheidende Stelle von seiner Weiterarbeit informiert ist und deshalb Gelegenheit zur Reaktion hat.[38]

Der Arbeitgeber kann bei Vorliegen der Voraussetzungen des § 15 Abs. 5 TzBfG dessen **Rechtsfolgen ausschließen**, wenn er der **Weiterbeschäftigung unverzüglich widerspricht**.[39] Ein solcher Widerspruch kann bereits vor Ablauf des Arbeitsverhältnisses ausdrücklich oder konkludent erfolgen,[40] z.B. durch ein Schreiben, mit dem der Arbeitgeber kurz vor Ablauf der Befristung auf die Beendigung des Arbeitsverhältnisses zu einem bestimmten Datum hinweist. Der Arbeitgeber kann auch bereits widersprechen, wenn der Arbeitnehmer an ihn wegen einer Vertragsfortsetzung nach Ablauf der vereinbarten Befristung herantritt. Die Ablehnung des Wunsches des Arbeitnehmers auf einvernehmliche Fortsetzung des Arbeitsverhältnisses stellt regelmäßig einen Widerspruch im Sinne des § 15 Abs. 5 TzBfG dar.[41] Die Rechtsfolgen werden auch durch eine vorherige konkludente Einigung über eine befristete Fortsetzung des Arbeitsverhältnisses ausgeschlossen.[42] Schon das vor Ablauf der Befristung erfolgende Angebot eines befristeten Anschlussarbeitsvertrags hindert den Eintritt der Fiktion des § 15 Abs. 5 TzBfG. Das soll nach der Rechtsprechung des BAG selbst dann gelten, wenn der angebotene Vertrag letztlich nicht zustande kommt, der Arbeitnehmer aber zunächst weiterbeschäftigt worden war.[43] 17

3. Kündigung

Ein befristetes Arbeitsverhältnis kann aus wichtigem Grund **außerordentlich** gekündigt werden, § 626 BGB. 18

Eine **ordentliche** Kündigung ist nach § 15 Abs. 3 TzBfG nur zulässig, wenn dies **einzelvertraglich** oder in einem anwendbaren **Tarifvertrag** (z.B. Nr. 7 zu SR 2 y BAT bzw. § 30 Abs. 4 und 5 TVöD/TV-L) geregelt ist. Dementsprechend **sollte** in **jedem befristeten Arbeitsvertrag** ein **ordentliches Kündigungsrecht vereinbart** werden. Im Fall der ordentlichen Kündigung ist, sofern die allgemeinen Voraussetzungen vorliegen, das KSchG anwendbar. Ergänzend sollte eine Regelung zur Freistellung des Arbeitnehmers im Fall der Kündigung aufgenommen werden. Im Fall der Vereinbarung eines ordentlichen Kündigungsrechts sind befristet und unbefristet beschäftigte Arbeitnehmer i.S.v. § 1 Abs. 3 S. 1 KSchG sozial vergleichbar, sonst nicht.[44] 19

37 Kittner/Däubler/Zwanziger/*Däubler*, § 625 BGB Rn 15; ErfK/*Müller-Glöge*, § 15 TzBfG Rn 28.
38 Kittner/Däubler/Zwanziger/*Däubler*, § 625 BGB Rn 15.
39 Vgl. zu § 625 BGB BAG v. 30.11.1984, AP Nr. 1 zu § 22 MTV Ausbildung; KR/*Fischermeier*, § 625 BGB Rn 29.
40 BAG v. 3.12.1997, NZA 1998, 1000; BAG v. 26.7.2000, NZA 2001, 261, 262.
41 BAG v. 11.7.2007, NZA 2008, 1207.
42 BAG v. 2.12.1998, NZA 1999, 482; BAG v. 26.7.2000, NZA 2001, 261, 262.
43 BAG v. 5.5.2004, NZA 2004, 1346, 1347.
44 Ascheid/Preis/Schmidt/*Kiel*, § 1 KSchG Rn 711; ErfK/*Oetker*, § 1 KSchG Rn 310; BAG v. 19.6.1980, AP Nr. 55 zu § 620 BGB Befristeter Arbeitsvertrag.

20 *Formulierungsbeispiel*

„§ Vertragsdauer, Kündigung und Freistellung

(1) Das zwischen den Parteien bestehende Arbeitsverhältnis ist nach § dieses Vertrags befristet.

(2) Das Arbeitsverhältnis kann während der ersten sechs Monate seines Bestandes (Probezeit) von beiden Parteien mit einer Frist von zwei Wochen gekündigt werden. Danach ist die Kündigung für beide Parteien unter Einhaltung der in § 622 Abs. 2 BGB genannten Fristen möglich. Das Recht zur fristlosen Kündigung aus wichtigem Grund bleibt unberührt. Eine fristlose Kündigung gilt im Falle ihrer Unwirksamkeit zugleich als fristgemäße Kündigung zum nächstzulässigen Termin. Kündigungen bedürfen zu ihrer Wirksamkeit der Schriftform (§ 623 BGB).

4. Entfristungsklage

21 Gem. § 17 S. 1 TzBfG muss der Arbeitnehmer, der geltend machen will, dass die Befristung eines Arbeitsvertrags rechtsunwirksam ist, innerhalb von **drei Wochen nach** dem **vereinbarten Ende** des befristeten Arbeitsvertrags **Klage** beim Arbeitsgericht auf Feststellung erheben, dass das Arbeitsverhältnis aufgrund der Befristung nicht beendet ist (zur Musterentfristungsklage vgl. Rn 174 ff.).

22 *Formulierungsbeispiel*

„Es wird beantragt,

festzustellen, dass das Arbeitsverhältnis der Parteien nicht aufgrund der Befristungsabrede vom zum endet."

23 § 17 TzBfG ist grundsätzlich auf **alle Unwirksamkeitsgründe** anzuwenden, unabhängig davon, auf welcher Rechtsgrundlage die Befristung beruht und welche Gründe der Arbeitnehmer gegen die Wirksamkeit der Befristung anführt.[45] Dementsprechend kann die Unwirksamkeit wegen Nichteinhaltung der Schriftform, wegen nicht ordnungsgemäßer Betriebs- oder Personalratsanhörung (ausführlich vgl. Rn 158 ff.) oder nach dem Wissenschaftszeitvertragsgesetz (WissZeitVG) nur innerhalb der Drei-Wochen-Frist geltend gemacht werden.[46] § 17 TzBfG gilt, anders als § 1 Abs. 5 BeschFG,[47] infolge der Verweisung in § 21 TzBfG auch für **auflösend bedingte Arbeitsverträge** (hierzu vgl. § 18 Rn 9). Die Klagefrist gilt nicht für die Geltendmachung des Bestandes eines unbefristeten Arbeitsverhältnisses, das wegen der tatsächlichen und unmittelbaren Fortsetzung der Beschäftigung nach Ablauf der Befristungszeit gem. § 15 Abs. 5 TzBfG fingiert wird.[48] Die Klagefrist gilt des Weiteren nicht, wenn die Parteien ausschließlich darüber streiten, ob eine auflösende Bedingung für die Beendigung des Arbeitsverhältnisses tatsächlich eingetreten ist, da der Arbeitnehmer in diesem Fall nicht die Rechtsunwirksamkeit der auflösenden Bedingung i.S.d. §§ 21, 17 S. 1 TzBfG geltend macht.[49]

45 *Meinel/Heyn/Herms*, § 17 Rn 2; Kittner/Däubler/Zwanziger/*Däubler*, § 17 TzBfG Rn 2; Ascheid/Preis/Schmidt/*Backhaus*, § 17 TzBfG Rn 11.

46 BT-Drucks 14/4374, S. 21.

47 BAG v. 23.2.2000, NZA 2000, 821.

48 *Meinel/Heyn/Herms*, § 17 Rn 6; Ascheid/Preis/Schmidt/*Backhaus*, § 17 TzBfG Rn 45; **a.A.** Kittner/Däubler/Zwanziger/*Däubler*, § 17 TzBfG Rn 6.

49 BAG v. 23.6.2004, NZA 2005, 520, m.w.N.

Mit der **Versäumung** der **Klagefrist** werden alle Voraussetzungen einer **rechtswirksamen Befristung fingiert**.[50] Die Befristung gilt nach § 17 S. 2 TzBfG i.V.m. § 7 KSchG als von Anfang an rechtswirksam. Mit der Rücknahme einer Entfristungsklage entfällt deren fristwahrende Wirkung und es tritt die Fiktion des § 7 KSchG i.V.m. § 17 TzBfG ein, sofern zu diesem Zeitpunkt die Drei-Wochen-Frist bereits abgelaufen ist[51] (hierzu ausführlich siehe § 21 Rn 1 ff.). 24

Die §§ 5–7 KSchG sind entsprechend anzuwenden, was bedeutet, dass eine **verspätete Klage zuzulassen** ist, wenn der Arbeitnehmer trotz Anwendung aller zuzumutenden Sorgfalt **verhindert** war, die Klagefrist von drei Wochen einzuhalten (§ 5 KSchG). Der Antrag ist allerdings nur innerhalb von **zwei Wochen** nach **Wegfall** des **Hindernisses** zulässig. Nach Ablauf von **sechs Monaten**, vom Ende der versäumten Frist an gerechnet, kann der **Antrag nicht mehr gestellt** werden, § 5 Abs. 3 KSchG (hierzu ausführlich siehe § 21 Rn 55 ff.). 25

Es **genügt,** wenn die Unwirksamkeit der Befristung im Wege einer **Lohnklage** geltend gemacht wird, § 6 KSchG (hierzu ausführlich siehe § 21 Rn 23 f.). Dann muss der Arbeitnehmer bis zum Schluss der mündlichen Verhandlung erster Instanz die Unwirksamkeit der Befristung nach § 17 S. 1 TzBfG geltend machen.[52] **Nicht** ausreichend ist eine **allgemeine Feststellungsklage** („dass das zwischen den Parteien bestehende Arbeitsverhältnis über den Termin hinaus als unbefristetes Arbeitsverhältnis fortbesteht.") oder eine Leistungsklage auf Freistellung von der Verpflichtung zur Arbeitsleistung.[53] 26

Nach ständiger Rspr. des BAG[54] ist bei **mehreren aufeinander folgenden befristeten Arbeitsverträgen** grundsätzlich **nur** die **Befristung** des **letzten Arbeitsvertrags** auf ihre Rechtfertigung zu **prüfen**. Durch den Abschluss eines weiteren befristeten Arbeitsvertrags stellen die Parteien ihr Arbeitsverhältnis auf eine neue Rechtsgrundlage, die künftig für ihre Rechtsbeziehung allein maßgebend ist. Damit wird zugleich ein etwaiges unbefristetes Arbeitsverhältnis aufgehoben. Anders verhält es sich, wenn die Parteien in einem nachfolgenden befristeten Arbeitsvertrag dem Arbeitnehmer – ausdrücklich oder konkludent – das Recht vorbehalten, die Wirksamkeit der vorangegangenen Befristung prüfen zu lassen. In diesem Fall ist die arbeitsgerichtliche Befristungskontrolle auch für den davor liegenden Vertrag eröffnet.[55] Hat der Arbeitnehmer die Unwirksamkeit der Befristung mit einer **Befristungskontrollklage** nach § 17 S. 1 TzBfG geltend gemacht und schließen die Parteien nach Zustellung der Klage bei dem Arbeitgeber einen **weiteren befristeten Arbeitsvertrag** ab, darf der Arbeitnehmer als Empfänger des Vertragsangebots des Arbeitgebers der ausdrücklichen Erklärung den zusätzlichen Inhalt entnehmen, dieser Vertrag solle nur dann das Arbeitsverhältnis der Parteien regeln, wenn nicht bereits der der gerichtlichen Kontrolle übergebene Arbeitsvertrag maßgeblich für das Arbeitsverhältnis ist.[56] Etwas anderes muss der Arbeitnehmer dem Angebot nur entnehmen, wenn dieses den Hinweise auf die ansonsten regelmäßig eintretende Rechtsfolge der Aufhebung des vorangegangenen Vertrags enthält. Diese Grundsätze gelten entsprechend für den Abschluss mehrerer aufeinander folgender Verträge zur befristeten Aufstockung der regelmäßigen Arbeitszeit.[57] Von einem solchen 27

50 BAG v. 9.2.2000, NZA 2000, 721; BAG v. 16.4.2003, NZA 2004, 283.
51 BAG v. 26.6.2002, NZA 220.
52 BAG v. 16.4.2003, NZA 2004, 283.
53 BAG v. 16.4.2003, NZA 2004, 283.
54 BAG v. 10.3.2004, NZA 2004, 925; BAG v. 27.7.2005, NZA 2006, 40; BAG v. 18.6.2008, NZA 2009, 35.
55 BAG v. 14.2.2007, NZA 2007, 803.
56 BAG v. 13.10.2004, NZA 2005, 401; BAG v. 27.7.2005, NZA 2006, 40.
57 BAG v. 27.7.2005, NZA 2006, 40.

konkludenten Vorbehalt kann nicht ausgegangen werden, wenn der Vertrag nach Einreichung, aber vor Zustellung der Entfristungsklage beim Arbeitgeber abgeschlossen wird.[58]

28 Im Übrigen gilt nach der Rspr. des BAG[59] der Grundsatz, dass bei mehreren zeitlich nacheinander geschalteten Befristungen **jeder Vertrag** zu überprüfen ist, der **unter Einhaltung** der **Klagefrist** des § 17 TzBfG **angegriffen** worden ist.

29 Soweit es sich bei dem letzten Vertrag nur um einen unselbstständigen **Annex** handelt, ist der **Sachgrund** anhand des **Vorgängervertrags** zu überprüfen.[60] Zur Annahme eines solchen Annexes reicht es aber nicht aus, dass der letzte und der vorletzte Vertrag in den Vertragsbedingungen übereinstimmen und auch die zu erfüllende Arbeitsaufgabe die gleiche geblieben ist. Es müssen vielmehr besondere Umstände hinzukommen, damit aus dem Abschluss des befristeten Arbeitsvertrags nicht geschlossen werden kann, der alte Vertrag solle für die Zukunft nicht mehr gelten. Solche besonderen Umstände liegen vor, wenn es sich bei dem Anschlussvertrag um eine verhältnismäßig geringfügige Korrektur des in dem früheren Vertrag vereinbarten Endzeitpunktes handelt, diese Korrektur sich am Sachgrund der Befristung des früheren Vertrags orientiert und allein in der Anpassung der ursprünglich vereinbarten Vertragszeit an später eingetretene, nicht vorhergesehene Umstände besteht.[61]

30 *Praxishinweis*

Ist die rechtswirksame Befristung eines Arbeitsvertrags zweifelhaft und muss der Arbeitgeber von der Erhebung einer Entfristungsklage ausgehen, kann es sich anbieten, dem Arbeitnehmer (evtl. auch vorzeitig) einen weiteren (nunmehr wirksamen) befristeten Arbeitvertrag für relativ kurze Dauer (z.B. sechs Monate bis ein Jahr) anzubieten. Unterzeichnet er die Vertragsverlängerung und verstreicht die Drei-Wochen-Frist, wird nur noch der letzte befristete Vertrag auf seine Wirksamkeit hin überprüft. Der Arbeitnehmer kann seinerseits rechtzeitig Entfristungsklage erheben, den Arbeitgeber davon in Kenntnis setzen und den Verlängerungsvertrag annehmen unter dem Vorbehalt, dass nicht bereits aus Rechtsgründen ein unbefristetes Arbeitsverhältnis besteht.

31 § 17 S. 3 TzBfG erfasst den Fall, dass das **Arbeitsverhältnis ohne Vereinbarung** einer neuen Rechtsgrundlage **über** das **vereinbarte Ende hinaus fortgesetzt** wird. In diesem Fall beginnt die dreiwöchige Frist gem. § 17 S. 1 TzBfG erst zu laufen, wenn dem Arbeitnehmer die schriftliche Erklärung des Arbeitgebers, dass das Arbeitsverhältnis aufgrund der Befristung beendet sei (§ 15 Abs. 2 TzBfG), zugegangen ist.[62]

32 Bedarf die wirksame Vereinbarung einer Befristung nach allgemeinen Grundsätzen einer **sachlichen Rechtfertigung**, umfasst die Darlegungs- und Beweislast deren tatsächliche Grundlagen. Demzufolge ist durchweg der **Arbeitgeber darlegungs- und beweisbelastet**.[63]

33 **Ungeklärt** ist, wen die **Darlegungs- und Beweislast** hinsichtlich der **Voraussetzungen** der in § 14 Abs. 2 S. 2 TzBfG normierten Ausnahme, also des **Bestehens** eines **früheren Arbeitsvertrags** der Parteien trifft. Das BAG hatte zu § 1 Abs. 1 S. 1 BeschFG in der Fassung von 1985 entschieden, der Arbeitgeber trage die Darlegungs- und Beweislast, wenn er sich

58 BAG v. 13.10.2004, NZA 2005, 401, 402; BAG v. 10.3.2004, NZA 2004, 925.

59 BAG v. 22.3.2000, NZA 2000, 884, 885; BAG v. 26.7.2000, AP Nr. 26 zu § 1 BeschFG 1985; so auch Ascheid/Preis/Schmidt/*Backhaus*, § 14 TzBfG Rn 66.

60 Vgl. BAG v. 25.8.2004, NZA 2005, 357.

61 BAG v. 21.1.1987, AP Nr. 4 zu § 620 BGB Hochschule; vgl. auch BAG v. 25.8.2004, NZA 2005, 357.

62 Zu den div. Problemen der missglückten Norm *Meinel/Heyn/Herms*, § 17 Rn 9 ff.; *Boewer*, TzBfG, § 17 Rn 22 ff.; *Preis/Gotthardt*, DB 2001, 151 ff.

63 ErfK/*Müller-Glöge*, § 620 BGB Rn 37; Ascheid/Preis/Schmidt/*Backhaus*, § 14 TzBfG Rn 76.

auf einen Ausnahmetatbestand stütze.[64] In einer neueren Entscheidung[65] vertritt das BAG dagegen die Auffassung, mit der Neufassung des BeschFG habe sich das Regel-Ausnahme-Verhältnis dahingehend geändert, dass die nunmehr voraussetzungslos möglichen befristeten Arbeitsverträge die Regel und das in § 1 Abs. 3 BeschFG normierte Anschlussverbot die Ausnahme sei. Demzufolge trage der Arbeitnehmer die Darlegungs- und Beweislast. Dem BAG ist zu Recht vorgeworfen worden, es verkenne das Regel-Ausnahme-Verhältnis.[66] Der neu gefasste § 14 Abs. 2 TzBfG wird nach h.M. als Ausnahmevorschrift gewertet.[67] Dementsprechend trägt der **Arbeitgeber** nach h.M. auch insoweit die Darlegungs- und Beweislast.[68] Allerdings wird es reichen, wenn er zunächst behauptet, dass zuvor kein Arbeitsverhältnis bestanden hat. Dann muss der Arbeitnehmer seinerseits darlegen und unter Beweis stellen, dass und wann zuvor ein Arbeitsverhältnis zu dem Arbeitgeber bestanden hat. Der Arbeitgeber muss hierzu wiederum substantiiert erwidern und ggf. Beweis anbieten.

Der **Arbeitgeber** hat auch dann die volle **Beweispflicht**, wenn er sich bei einem **Streit** über **34**
die **Dauer** der Befristung auf die **frühere Vertragsbeendigung beruft**.[69]

Der **Arbeitnehmer kann weder vor noch bei Vereinbarung** einer Befristung wirksam **auf** **35**
die spätere **Erhebung** einer **Befristungskontrollklage verzichten**.[70] Das folgt aus §§ 22, 17 S. 1 TzBfG. Die Geltendmachung der Unwirksamkeit einer Befristung durch den Arbeitnehmer ist **nicht** deshalb **rechtsmissbräuchlich** gem. § 242 BGB, weil sich der Arbeitgeber nur aufgrund der **Zusicherung** des **Arbeitnehmers,** mit der befristeten Beschäftigung einverstanden zu sein und **keine Befristungskontrollklage erheben zu wollen**, zum Abschluss des befristeten Arbeitsvertrags bereit erklärt hat.[71]

Die Rspr. hat in Rechtsstreitigkeiten über die Wirksamkeit einer Befristung die Grundsätze **36**
des Großen Senats[72] über die vorläufige Weiterbeschäftigung in Kündigungsrechtsstreitigkeiten entsprechend angewendet.[73] Dementsprechend sollte – in der Regel als Antrag zu 2. – der allgemeine **Weiterbeschäftigungsantrag**, wie er auch in Kündigungsschutzprozessen üblich ist, gestellt werden.

> *Formulierungsbeispiel* **37**
> „Für den Fall des Obsiegens mit dem Antrag zu 1. wird beantragt,
> die Beklagte zu verurteilen, den Kläger entsprechend seinem Arbeitsvertrag vom
> zu unveränderten Bedingungen als bis zur rechtskräftigen Entscheidung über den Antrag zu 1. weiterzubeschäftigen."

5. Befristung und Schwangerschaft

Eine **Befristung** ist **wirksam**, wenn die Voraussetzungen einer wirksamen Befristung bei **38**
Abschluss des Arbeitsvertrags bestanden haben, und die Arbeitnehmerin während der **Laufzeit** des befristeten Arbeitsvertrags **schwanger** wird. Selbst die Kenntnis des Arbeitgebers

64 BAG v. 6.12.1989, NZA 1990, 741.
65 BAG v. 28.6.2000, NZA 2000, 1110.
66 KR/*Lipke*, § 620 BGB Rn 125; Ascheid/Preis/Schmidt/*Backhaus*, § 14 TzBfG Rn 76.
67 Ascheid/Preis/Schmidt/*Backhaus*, § 14 TzBfG Rn 76.
68 Ascheid/Preis/Schmidt/*Backhaus*, § 14 TzBfG Rn 76.
69 BAG v. 12.10.1994, NZA 1995, 780.
70 BAG v. 18.6.2008, NZA 2009, 35.
71 BAG v. 19.1.2005, NZA 2005, 896.
72 BAG v. 27.2.1985, NZA 1985, 702.
73 BAG v. 13.6.1985, NZA 1986, 562; BAG v. 26.6.1996, AP Nr. 23 zu § 620 BGB Bedingung.

von der bereits bestehenden Schwangerschaft verwehrt es ihm nicht, (nur) einen befristeten Arbeitsvertrag mit der Arbeitnehmerin abzuschließen.[74] Der Arbeitgeber kann auch im Fall einer Schwangerschaft von einer weiteren Befristung Abstand nehmen. Er darf allerdings die **Schwangerschaft nicht** zum **Anlass** der **Befristung** und einer darauf beruhenden Beendigung nehmen.[75]

39 **Unzulässig** ist auch die **Nichterneuerung** eines **befristeten Arbeitsvertrags,** der zu einer **Abfolge** von **befristeten Verträgen** gehört, wenn die Nichterneuerung ihren **Grund** in der **Schwangerschaft** der Arbeitnehmerin hat. Die Nichterneuerung stellt dann eine unmittelbare Diskriminierung aufgrund des Geschlechts dar, die gegen Art. 2 Abs. 1 und Art. 3 Abs. 1 Richtlinie 76/207/EWG verstößt.[76] Ob eine Abfolge von befristeten Arbeitsverträgen beabsichtigt war, kann regelmäßig vom Betriebs- oder Personalrat erfragt werden, da diesem häufig mitgeteilt wird, wenn eine mehrfache Befristung beabsichtigt ist.

6. Maßgeblicher Überprüfungszeitpunkt

40 Ob ein ausreichender sachlicher Grund, der geeignet ist, die Befristung zu rechtfertigen, vorliegt, beurteilt sich nach den Verhältnissen im Zeitpunkt des **Abschlusses** des **Arbeitsvertrags**.[77] Der **Wegfall** des **sachlichen Grundes** zu einem späteren Zeitpunkt **steht** der **Wirksamkeit** der Befristung **nicht entgegen**.[78] Ein Arbeitnehmer hat nach Ablauf eines wirksam befristeten Arbeitsverhältnisses grundsätzlich auch dann keinen Anspruch auf Wiedereinstellung, wenn sich entgegen der ursprünglichen Prognose aufgrund neuer Umstände eine Möglichkeit zur Weiterbeschäftigung ergibt.[79]

41 In **Ausnahmefällen** hat die Rspr. früher geprüft, ob bei wirksamen Befristungen, deren sachlicher Grund später wegfällt, die Grundsätze zum Rechtsmissbrauch und zum Erhalt des Vertrauensschutzes eine unbefristete Fortsetzung des Arbeitsverhältnisses zur Folge haben. Die Berufung auf eine wirksame Befristung sei **rechtsmissbräuchlich**, wenn der befristet eingestellte **Arbeitnehmer** aufgrund des Verhaltens des Arbeitgebers berechtigterweise davon **ausgehen** konnte, er **werde** im Anschluss an den Zeitvertrag **weiterbeschäftigt** werden. Allein die **subjektive Erwartung genüge** allerdings **nicht**. Vielmehr sei **erforderlich,** dass der **Arbeitgeber** bei Vertragsschluss oder während der Laufzeit des Zeitvertrages **objektiv** einen **Vertrauenstatbestand schaffe**.[80] Nunmehr hat das BAG entschieden, dass allein aus der Inanspruchnahme von Vertrauen kein Anspruch auf eine Weiterbeschäftigung hergeleitet werden könne. Ein zu Unrecht enttäuschtes Vertrauen könne ausschließlich zum Ersatz des aufgrund des Vertrauens entstandenen Schadens verpflichten.[81]

74 BAG v. 6.11.1996, NZA 1997, 1222, 1223.

75 BVerfG v. 24.9.1990, AP Nr. 136a zu § 620 BGB Befristeter Arbeitsvertrag.

76 EuGH v. 4.10.2001, NZA 2001, 1243.

77 St. Rspr. seit BAG (GS) v. 12.10.1960, AP Nr. 16 zu § 620 BGB Befristeter Arbeitsvertrag; BAG v. 20.2.2002, AP Nr. 18 zu § 620 BGB Altersgrenze.

78 BAG v. 15.8.2001– 7 AZR 144/00 – n.v.; ErfK/*Müller-Glöge*, § 14 TzBfG Rn 16.

79 BAG v. 20.2.2002, NZA 2002, 896, 897; **a.A.** *Auktor*, ZTR 2002, 550, 551.

80 BAG v. 24.10.2001, NZA 2003, 153.

81 BAG v. 26.4.2006, NZA 2007, 55; BAG v. 13.8.2008, NZA 2009, 27.

7. Nachträgliche Befristung eines unbefristeten Arbeitsverhältnisses

Nach der Rspr. des BAG[82] bedarf grundsätzlich auch die – generell zulässige – **nachträgliche Befristung** eines unbefristeten Arbeitsvertrags eines **sachlichen Grundes**. Bei Vorliegen eines sachlichen Grundes ist die nachträgliche Befristung eines zuvor unbefristeten Arbeitsvertrags auch dann rechtswirksam, wenn sich der Arbeitnehmer des Bestehens eines **unbefristeten Arbeitsverhältnisses nicht bewusst** war und deshalb nicht den Willen hatte, auf seinen Bestandsschutz zu verzichten.[83] Die nachträgliche Befristung kann durch eine Änderungskündigung des Arbeitgebers herbeigeführt werden, wenn diese sachlich gerechtfertigt ist.[84] Das Vorliegen eines sachlichen Grundes wird dabei vom ArbG inzident geprüft. Der Arbeitnehmer kann das Vorliegen eines sachlichen Grundes gerichtlich überprüfen, wenn er die ihm angebotene nachträgliche Befristung zunächst unter Vorbehalt annimmt.[85] Dies müsste auch bei vorbehaltloser Annahme und Klagerhebung innerhalb der Drei-Wochen-Frist gelten (vgl. Rn 27).[86] 42

In **sozialversicherungsrechtlicher Hinsicht** ist zu beachten, dass sich ein Arbeitnehmer, der von sich aus von einem unbefristeten in ein befristetes Arbeitsverhältnis „wechselt", grundsätzlich versicherungswidrig i.S.d. § 144 Abs. 1 Nr. 1 SGB III verhält und im Fall der Arbeitslosigkeit mit einer **Sperrzeit** belegt wird. Etwas anderes gilt jedoch dann, wenn der Arbeitnehmer einen **wichtigen Grund** für die Lösung eines unbefristeten Beschäftigungsverhältnisses zugunsten der Aufnahme einer befristeten Beschäftigung hat. Ein wichtiger Grund liegt vor, wenn im Zeitpunkt der Lösung objektiv eine konkrete Aussicht bestand, dass das neue Beschäftigungsverhältnis sich in ein dauerhaftes umwandelt.[87] 43

8. Keine Angabe des Befristungsgrundes und/oder der Rechtsgrundlage

Sofern keine abweichenden spezialgesetzlichen oder tarifvertraglichen Regelungen eingreifen (wie z.B. § 2 SR 2y BAT für den öffentlichen Dienst; anders jetzt § 30 TVöD/TV-L), setzt eine **Sachgrundbefristung** nach § 14 Abs. 1 TzBfG grundsätzlich **nicht** voraus, dass der **Befristungsgrund Vertragsinhalt** geworden oder dem Arbeitnehmer bei Vertragsschluss mitgeteilt worden ist.[88] Auch bei der Regelung der Erprobung als Sachgrund nach § 14 Abs. 1 S. 2 Nr. 5 TzBfG ist die Angabe im Arbeitsvertrag nicht erforderlich.[89] Die Anwendbarkeit des § 14 Abs. 1 TzBfG setzt keine Vereinbarung der Parteien voraus, die Befristung auf das TzBfG zu stützen.[90] **Ausreichend** ist, dass der **sachliche Grund bei Vertragsschluss objektiv vorliegt**.[91] 44

82 BAG v. 24.1.1996, NZA 1996, 1089; BAG v. 28.1.1998, NZA 1998, 821; BAG v. 8.7.1998, NZA 1999, 81; BAG v. 26.8.1998, NZA 1999, 476.

83 BAG v. 24.1.1996, a.a.O.; BAG v. 28.1.1998, a.a.O.; vgl. auch Ascheid/Preis/Schmidt/*Backhaus*, § 14 TzBfG Rn 20.

84 BAG v. 25.4.1996, NZA 1996, 1197, 1198.

85 BAG v. 8.7.1998, NZA 1999, 81.

86 Vgl. BAG v. 26.7.2000, NZA 2001, 264, 265.

87 BSG v. 26.10.2004, NZA-RR 2005, 217.

88 St. Rspr., vgl. nur BAG v. 24.4.1996, AP Nr. 180 zu § 620 BGB befristeter Arbeitsvertrag; BAG v. 15.8.2001, DB 2002, 152; BAG v. 4.12.2002, NZA 2003, 916, 917.

89 BAG v. 23.6.2004, NZA 2004, 1333; so auch ErfK/*Müller-Glöge*, § 14 Rn 21, 49; KR/*Lipke*, § 14 Rn 217; **a.A.** MünchArbR/*Wank*, § 116 Rn 92.

90 BAG v. 16.4.2003, NZA 2004, 40, 42.

91 BAG v. 5.6.2002, NZA 2003, 241; BAG v. 4.12.2002, NZA 2003, 916, 917; BAG v. 16.4.2003, NZA 2004, 40, 42; LAG Niedersachsen v. 4.7.2003, NZA-RR 2004, 13.

45 Ist der angegebene Sachgrund nicht geeignet, die Befristung zu rechtfertigen, so kann der Arbeitgeber sich grundsätzlich zusätzlich auf eine sachgrundlose Befristung nach § 14 Abs. 2 TzBfG berufen, wenn dessen tatbestandliche Voraussetzungen bei Abschluss des Vertrags gegeben waren.[92] Dies gilt auch für den Arbeitgeber des öffentlichen Dienstes.[93] Auch § 14 Abs. 2 TzBfG muss nicht explizit im Vertrag genannt sein, um sich darauf berufen zu können. Auf diese Rechtfertigungsmöglichkeit kann nicht zurückgegriffen werden, wenn die Vertragsparteien die Anwendung des § 14 Abs. 2 TzBfG ausdrücklich oder konkludent **abbedungen** haben. Enthält der Arbeitsvertrag eine **genaue Beschreibung** der **sachlichen Begründung** für die Befristung des Arbeitsvertrags und nicht nur einen einfachen Hinweis auf den Sachgrund und akzeptiert der Arbeitnehmer das Vertragsangebot mit diesem Inhalt, ist die Anwendung der Regelungen über die sachgrundlose Befristung von den Parteien abbedungen.[94] Dies ist nicht bereits anzunehmen, wenn die Parteien nur einen Sachgrund – hier § 97 AFG – im Arbeitsvertrag nennen.[95]

46 Etwas Anderes gilt lediglich bei der Zweckbefristung. Bei der **Zweckbefristung** muss der Vertragszweck schriftlich vereinbart sein, weil die Vertragsdauer bei der Zweckbefristung von dem Vertragszweck abhängt.[96]

47 Für den Fall einer **sachgrundlosen Befristung** ist es nicht erforderlich, dass die Arbeitsvertragsparteien eine (sachgrundlose) Befristung nach dem TzBfG vereinbaren oder im Arbeitsvertrag das TzBfG als Grund für die Befristung angegeben wird.[97] Der Arbeitgeber kann sich auf eine sachgrundlose Befristung auch gegenüber einem ehemaligen Auszubildenden berufen, den er im Anschluss an die Ausbildung befristet weiterbeschäftigt hat.[98]

48 *Formulierungsbeispiel*

„§ **Zeit- und Zweckbefristung, Anzeige Vertragsbeendigung und Kündigung**

(1) Das zwischen den Parteien bestehende Arbeitsverhältnis ist nach § dieses Vertrags zweckbefristet für die Dauer der Arbeit an dem Projekt Die Arbeitgeberin geht davon aus, dass das Projekt rund drei Jahre dauern wird. Das Arbeitsverhältnis endet, ohne dass es einer Kündigung bedarf, zwei Wochen nach der schriftlichen Anzeige der Beendigung des Projekts, spätestens am

(2) Das Arbeitsverhältnis kann während der ersten sechs Monate seines Bestandes (Probezeit) von beiden Parteien mit einer Frist von zwei Wochen gekündigt werden. Danach ist die Kündigung für beide Parteien unter Einhaltung der in § 622 Abs. 2 BGB genannten Fristen möglich. Das Recht zur fristlosen Kündigung aus wichtigem Grund bleibt unberührt. Eine fristlose Kündigung gilt im Falle ihrer Unwirksamkeit zugleich als fristgemäße Kündigung zum nächstzulässigen Termin. Kündigungen bedürfen zu ihrer Wirksamkeit der Schriftform (§ 623 BGB).“

92 Vgl. BAG v. 4.12.2002, NZA 2003, 916, 917.

93 BAG v. 16.3.2005, NZA 2005, 923, 926.

94 BAG v. 5.6.2002, NZA 2003, 149; vgl. auch BAG v. 4.12.2002, NZA 2003, 916, 917.

95 BAG v. 4.6.2003, NZA 2003, 1143.

96 BAG v. 21.12.2005, DB 2006, 564; *Meinel/Heyn/Herms*, § 14 Rn 13; ErfK/*Müller-Glöge*, § 14 TzBfG Rn 21; *Boewer*, TzBfG, § 14 Rn 90.

97 So für das BeschFG: BAG v. 24.10.2001, NZA 2002, 1335; BAG v. 26.6.2002, NZA 2002, 1360; so für das TzBfG: LAG Niedersachsen v. 4.7.2003, LAGE § 14 TzBfG Nr. 11.

98 So LAG Niedersachsen v. 4.7.2003, LAGE § 14 TzBfG Nr. 11.

Praxishinweis 49
In einem befristeten Arbeitsvertrag der Privatwirtschaft sollte bei einer Sachgrundbefristung nach § 14 Abs. 1 TzBfG nicht der Sachgrund für die Befristung im Arbeitsvertrag angegeben werden. Auch bei einer sachgrundlosen Befristung nach § 14 Abs. 2 TzBfG sollte kein besonderer Hinweis auf eine sachgrundlose Befristung bzw. auf § 14 Abs. 2 TzBfG enthalten sein (vgl. das Formulierungsbeispiel unter Rn 9).

9. Befristung einzelner Arbeitsbedingungen

Die Befristung einzelner Arbeitsbedingungen ohne Sachgrund galt auch unter Geltung des 50
TzBfG grundsätzlich als unzulässig.[99] Zur Rechtfertigung benötigte der Arbeitgeber vielmehr einen Sachgrund.[100] Dies galt auch dann, wenn die vertragliche Vereinbarung über die Befristung auf der Grundlage eines Tarifvertrags oder einer schuldrechtlichen Vereinbarung tariffähiger Koalitionen beruht.[101] Auf § 14 Abs. 1 TzBfG kann die Befristung einzelner Arbeitsvertragsbedingungen nicht gestützt werden.[102] Praktisch wird dies insbesondere bei einer befristeten Arbeitszeiterhöhung oder der befristeten Übertragung einer bestimmten (Führungs-)Funktion. Nach neuer Rechtsprechung des BAG[103] ist für ab dem 1.1.2002 getroffene Vereinbarungen über die Befristungen einzelner Arbeitsvertragsbedingungen ein **sachlicher Grund nicht mehr erforderlich**. Die Angemessenheit und somit Wirksamkeit der Befristung einzelner Vertragsbedingungen richtet sich ausschließlich nach den §§ 305 ff. BGB. Unwirksam ist eine Befristung daher, wenn der **Arbeitnehmer durch** die **Befristung entgegen Treu und Glauben unangemessen benachteiligt** wird. Dabei ist eine umfassende Interessenabwägung vorzunehmen. Im konkreten Fall sind die Interessen des Arbeitgebers an der befristeten Arbeitszeiterhöhung zwar für überwiegend erachtet worden, aber das BAG hat auch klargestellt, dass die Ungewissheit über den künftigen Arbeitskräftebedarf nicht ausreicht, um die Befristung der Arbeitszeiterhöhung zu rechtfertigen. Besteht allerdings ein sachlicher Grund für die Befristung im Sinne des § 14 Abs. 1 TzBfG, liegt regelmäßig keine unangemessene Benachteiligung des Arbeitnehmers vor.[104]

Das Schriftformerfordernis des § 14 Abs. 4 TzBfG erfasst nicht die Befristung einzelner Ar- 51
beitsvertragsbedingungen im Rahmen eines unbefristeten Arbeitsverhältnisses.[105] Daher kann eine befristete Erhöhung der Arbeitszeit auch mündlich wirksam vereinbart werden, wenn das Arbeitsverhältnis als solches unbefristet fortbesteht.[106] Dennoch ist stets zu einer schriftlichen Vereinbarung zu raten. Dies gilt schon deshalb, weil in der Praxis die Unterscheidung zwischen der Befristung des gesamten Vertrages und der Befristung lediglich einzelner Arbeitsbedingungen nicht immer eindeutig ist.

99 BAG v. 14.1.2004, NZA 2004, 719.
100 BAG v. 23.1.2002, NZA 2003, 104; BAG v. 4.6.2003, ZTR 2003, 579; vgl. auch Ascheid/Preis/Schmidt/*Backhaus*, § 14 TzBfG Rn 412; BAG v. 14.1.2004, NZA 2004, 719; vgl. hierzu auch *Benecke*, RdA 2005, 47.
101 BAG v. 14.1.2004, NZA 2004, 719.
102 BAG v. 23.1.2002, NZA 2003, 104; BAG v. 4.6.2003, NZA 2003, 1424 (LS); BAG v. 14.1.2004, NZA 2004, 719.
103 BAG v. 27.7.2005, NZA 2006, 40.
104 BAG v. 8.8.2007, NZA 2008, 229; *Lunk/Leder*, NZA 2008, 504.
105 BAG v. 18.6.2008, 7 AZR 245/07, n.v.
106 BAG v. 3.9.2003, NZA 2004, 255.

Praxishinweis
Will der Arbeitnehmer die Rechtmäßigkeit der Befristung einzelner Vertragsbedingungen überprüfen lassen, so findet die Drei-Wochen-Frist des § 17 S. 1 TzBfG keine Anwendung.[107] Vielmehr kann der Arbeitnehmer bis zur Grenze der Verwirkung eine Feststellungsklage nach § 256 Abs. 1 ZPO erheben.[108] In der Praxis ist eine Klagerhebung innerhalb der Drei-Wochen-Frist zu empfehlen.

10. Keine sachliche Rechtfertigung der Befristungsdauer

52 Während früher gerade die gewählte Dauer der Befristung sachlich gerechtfertigt sein musste,[109] bedarf es nach neuerer Rspr. des BAG zur Wirksamkeit einer vereinbarten Befristung neben einem Befristungsgrund keiner **sachlichen Rechtfertigung** der **gewählten Befristungsdauer**. Die vereinbarte Befristungsdauer darf sich lediglich nicht so weit vom angegebenen Sachgrund entfernen, dass sich daraus ergibt, dass dieser tatsächlich nicht besteht oder **nur vorgeschoben** ist.[110]

11. Befristung in Kleinbetrieben, während der Wartezeit und bei leitenden Angestellten

53 Nach früherem Recht bedurfte eine Befristung eines Sachgrundes, wenn durch sie Bestandsschutznormen, wie z.B. das KSchG, zum Nachteil des Arbeitnehmers umgangen wurden.[111] In Kleinbetrieben und in den ersten sechs Monaten eines Arbeitsverhältnisses war deswegen eine Befristung ohne Sachgrund unbegrenzt möglich. Nach der Begründung des Gesetzesentwurfes sollte dies auch nach Inkrafttreten des TzBfG der Fall sein.[112] Nach ganz h.M.[113] ist durch das Regel-Ausnahmeverhältnis in § 14 TzBfG und mangels anderer als der in § 14 Abs. 2 und 3 TzBfG normierten Ausnahmen vom Sachgrunderfordernis des § 14 Abs. 1 TzBfG das Erfordernis eines sachlichen Grundes von seinen richterrechtlichen Ursprüngen gelöst worden. Deshalb ist **auch in** einem **Kleinbetrieb** im Sinne des § 23 Abs. 1 KSchG **und** bei **Arbeitsverträgen mit bis zu halbjähriger Dauer** ein **Sachgrund** für die **Befristung erforderlich**.[114]

54 Bei leitenden Angestellten bestehen nach h.M. **dieselben Anforderungen** an einen **Sachgrund** nach § 14 Abs. 1 TzBfG wie bei sonstigen Arbeitnehmern. Während das BAG[115] aus der unterschiedlichen kündigungsschutzrechtlichen Situation der leitenden Angestellten frü-

107 BAG v. 4.6.2003, NZA 2003, 1424 (LS).

108 BAG v. 23.1.2002, NZA 2003, 104; BAG v. 27.7.2005, NZA 2006, 40; ErfK/*Müller-Glöge*, § 17 TzBfG Rn 6; KR/*Lipke*, § 17 TzBfG Rn 10.

109 BAG v. 3.10.1984, AP Nr. 88 zu § 620 BGB Befristeter Arbeitsvertrag.

110 BAG v. 26.8.1988, NZA 1989, 965; BAG v. 12.2.1997, NZA 1997, 941; BAG v. 21.2.2001, AP Nr. 226 zu § 620 BGB Befristeter Arbeitsvertrag; BAG v. 13.10.2004, NZA 2005, 469.

111 BAG v. 16.4.2003, NZA 2004, 40, 41.

112 BT-Drucks 14/4374, S. 18.

113 Ascheid/Preis/Schmidt/*Backhaus*, § 14 TzBfG Rn 8, 15, 30 ff.; *Dörner*, ZTR 2001, 485, 491; *Dassau*, ZTR 2001, 64, 68; *Hromadka*, NZA 2001, 400, 404; ErfK/*Müller-Glöge*, § 14 TzBfG Rn 9; *Boewer*, TzBfG, § 14 Rn 35; so jetzt auch BAG v. 6.11.2003, NZA 2005, 218; a.A. *Schiefer*, DB 2000, 2118, 2121.

114 BAG v. 6.11.2003, NZA 2005, 218; *Meinel/Heyn/Herms*, § 14 Rn 3.

115 BAG v. 26.4.1979, AP Nr. 47 zu § 620 BGB befristeter Arbeitsvertrag.

her folgerte, dass eine Befristung ohne Sachgrund möglich sei, wenn eine angemessene Abfindung im Arbeitsvertrag vorgesehen wäre, gilt dies nach dem TzBfG nicht mehr.[116]

12. Befristungen mit Leiharbeitnehmern

Seit dem 1.1.2004 gelten die **allgemeinen Regeln** der **§§ 14 ff. TzBfG auch** für **Leiharbeitsverhältnisse** (vgl. § 19 S. 1 AÜG).[117] Strittig war, ob die Grundsätze nach dem TzBfG auch für die **Arbeitnehmerüberlassung** galten. Die Bundesagentur für Arbeit stand bereits zum BeschFG auf diesem Standpunkt.[118] Die Anwendung des TzBfG wurde vom Schrifttum teilweise mit der Begründung bejaht, unbegrenzte Kettenbefristungen i.S.d. § 9 Nr. 2 Alt. 2 AÜG seien gemeinschaftsrechtswidrig.[119] 55

13. Befristungen im öffentlichen Dienst

Der **öffentliche Arbeitgeber** hat beim Abschluss von befristeten Arbeitsverträgen mit Sachgrund neben den Regelungen des TzBfG die besonderen Regelungen des § 30 TVöD/TV-L zu beachten. Voraussetzung für die Geltung des § 30 TVöD/TV-L ist die Tarifgebundenheit der Vertragsparteien zum Zeitpunkt des Abschlusses des befristeten Arbeitsvertrages, § 4 Abs. 1 TVG. Nach § 30 Abs. 1 S. 1 TVöD/TV-L i.V.m. § 14 Abs. 1 TzBfG bedarf es zur Befristung eines Arbeitsvertrages mit einem Beschäftigten grundsätzlich eines **sachlichen Grundes**. Für Beschäftigte, für die die Regelungen des Tarifgebiets West Anwendung finden und deren Tätigkeit vor dem 1.1.2005 der Rentenversicherung der Angestellten unterlegen hätte, gelten die zusätzlichen Regelungen des § 30 Abs. 2 bis 5 TVöD/TV-L. Die Besonderheiten gelten daher nicht für den Bereich des früheren BAT-O sowie für Arbeiter. Nach § 30 Abs. 2 S. 1 TVöD/TV-L sind kalendermäßig befristete Arbeitsverträge mit sachlichem Grund nur zulässig, wenn die Dauer des einzelnen Vertrages **fünf Jahre** nicht übersteigt. Durch die Aneinanderreihung mehrerer befristeter Arbeitsverträge, die insgesamt die Höchstdauer von fünf Jahren überschreitet, wird diese tarifliche Bestimmung allerdings objektiv nicht umgangen, so dass diese Regelung immer nur auf den jeweils (neu) abgeschlossenen Vertrag anzuwenden ist.[120] 56

Nr. 2 Abs. 1 Unterabs. 1 **SR 2y BAT** schrieb vor, dass in dem schriftlich abzuschließenden Arbeitsvertrag (§ 4 BAT; jetzt § 2 Abs. 1 TVöD/TV-L) auch vereinbart werden muss, ob der Arbeitnehmer als Zeitangestellter, als Angestellter für Aufgaben von begrenzter Dauer oder als Aushilfsangestellter eingestellt wird. Nach ständiger Rechtsprechung des BAG erforderte die Tarifvorschrift zwar nicht die Vereinbarung des sachlichen **Befristungsgrundes**, wohl aber die Vereinbarung der Befristungsgrundform (Zeitangestellter, Angestellter für Aufgaben von begrenzter Dauer bzw. Aushilfsangestellter).[121] Dies hatte zur Folge, dass ein Arbeitgeber des öffentlichen Dienstes sich zur sachlichen Rechtfertigung der Befristung eines Arbeitsvertrages nicht auf Sachgründe berufen konnte, die einer Befristungsgrundform

116 Kittner/Däubler/Zwanziger/*Däubler*, § 14 TzBfG Rn 22; *Meinel/Heyn/Herms*, § 14 Rn 15; *Boewer*, TzBfG, § 14 Rn 37; differenzierend Ascheid/Preis/Schmidt/*Backhaus*, § 14 TzBfG Rn 19.

117 Ausführlich *Lembke*, DB 2003, 2702; *Kokemoor*, NZA 2003, 238; *Frik*, NZA 2005, 386; Entwurfsbegr. Hartz-UmsetzungsG 1, BT-Drucks 15/25, S. 39.

118 BA-Runderlass v. 6.3.1998 i.d.F. vom 14.8.1998 S. I/2.

119 *Meinel/Heyn/Herms*, § 23 Rn 37; a.A. *Boemke/Lembke*, AÜG, Nachtrag, 2003, § 9 Rn 92 m.w.N.

120 Ruge/Krömer/Pawlak/Rabe v. Pappenheim/*Ruge*, S. 81.

121 BAG v. 28.3.2007, NZA 2007, 937.

zuzuordnen sind, die im Arbeitsvertrag nicht vereinbart wurde.[122] Die Regelung ist nicht in den TVöD/TV-L übernommen worden. Mithin besteht nunmehr kein Erfordernis mehr für die Angabe des Befristungsgrundes im Arbeitsvertrag. Auch die Unterscheidung von Zeitangestellten, Angestellten, die mit Aufgaben von begrenzter Dauer beschäftigt werden, und Aushilfsangestellten ist weggefallen.

Neu im TVöD und TV-L sind die Befristungsregelungen der §§ 31, 32 TVöD/TV-L, die den allgemeinen Befristungsregelungen in § 30 TVöD/TV-L vorgehen.[123] Die Instrumente sollen dazu dienen, durch erprobte Führungskräfte einen flexibleren und besseren Personaleinsatz der Beschäftigten zu erreichen. Bei Führungsfunktionen soll der Arbeitgeber in die Lage versetzt werden, die Eignung eines Bewerbers zu prüfen, um gegebenenfalls eine andere Personalentscheidung treffen zu können.[124]

§ 31 TVöD/TV-L regelt die befristete **Übertragung einer Führungsposition zur Probe** für einen Zeitraum von maximal **zwei Jahren**. Da die Befristung zur Erprobung ein anerkannter Sachgrund gemäß § 14 Abs. 1 S. 2 Nr. 5 TzBfG ist, ist die Befristung zur Probe grundsätzlich auch bei internen Bewerbern, die bereits zuvor in einem Arbeitsverhältnis mit demselben Arbeitgeber standen, zulässig. Bei externen Bewerbern wäre über § 14 Abs. 2 TzBfG – sogar ohne Sachgrund – ebenfalls eine Befristung bis zur Dauer von zwei Jahren zulässig. Da nach § 14 Abs. 2 TzBfG eine dreimalige Verlängerung zulässig ist, ist die Regelung des § 31 Abs. 1 TVöD/TV-L für den Arbeitnehmer günstiger, so dass insoweit keine Bedenken an der Zulässigkeit der Regelung bestehen.[125]

57 Im Gegensatz zur Führung auf Probe ist die **Führung auf Zeit** nach § 32 TVöD/TV-L nicht auf eine dauerhafte Übertragung der Führungsfunktion gerichtet. Führungspositionen können als befristetes Arbeitsverhältnis bis zu einer Dauer von **vier Jahren** übertragen werden. An der Zulässigkeit dieser Regelung bestehen zumindest bei externen Bewerbern keine Zweifel. Da § 14 Abs. 2 S. 3 und 4 TzBfG die Möglichkeit vorsieht, dass die Tarifvertragsparteien die Zahl der Verlängerungen und die Höchstdauer der Befristung abweichend von § 14 Abs. 2 S. 1 TzBfG festlegen und die Tarifvertragsparteien des TVöD/TV-L hiervon Gebrauch gemacht haben, dürfte diese Regelung zulässig sein.[126] Allerdings ist zu beachten, dass dies nur bei einer Neueinstellung im Sinne des § 14 Abs. 2 TzBfG gilt. Diese Einschränkung gilt also auch im Rahmen des § 32 Abs. 1 TVöD/TV-L.

Bei internen Bewerbern gemäß § 32 Abs. 3 TVöD/TV-L bestehen Zweifel an der Zulässigkeit der Regelung des § 32 TVöD/TV-L. Zwar findet § 14 TzBfG keine Anwendung, da es sich um die Befristung einer Arbeitsbedingung handelt, so dass die Wirksamkeit ausschließlich an den §§ 305 ff. BGB zu messen ist. Allerdings ist fraglich, ob die in § 32 TVöD/TV-L mögliche Befristungsdauer bei internen Bewerbern einer Inhaltskontrolle standhält. Die Regelung könnte eine unangemessene Benachteiligung des Beschäftigten darstellen. Gegen eine unangemessene Benachteiligung und damit für eine Wirksamkeit sprechen dagegen insbesondere die Regelungen über die besondere Vergütung für interne Bewerber.[127]

122 BAG v. 17.4.2002, ZTR 2002, 599; BAG v. 16.7.2008, NZA 2008, 1347.
123 Ausführlich dazu *Pawlak/Lüderitz*, ZTR 2008, 642.
124 Ruge/Krömer/Pawlak/Rabe v. Pappenheim/*Ruge*, S. 82.
125 Ruge/Krömer/Pawlak/Rabe v. Pappenheim/*Ruge*, S. 82.
126 Ebenso Sponer/Steinherr/*Steinherr*, § 32 TVöD Rn 3.
127 *Pawlak/Lüderitz*, ZTR 2008, 642.

III. Sachgrundlose Befristungen nach dem TzBfG

Gemäß § 14 Abs. 1 TzBfG ist die Befristung eines Arbeitsvertrags zulässig, wenn sie durch einen sachlichen Grund gerechtfertigt ist. Als Ausnahme zu § 14 Abs. 1 TzBfG regelt **§ 14 Abs. 2 TzBfG** die **Voraussetzungen**, unter denen ein **befristeter Arbeitsvertrag ausnahmsweise ohne sachlichen Grund** abgeschlossen werden darf. Diese (formalen) Voraussetzungen werden nachfolgend im Einzelnen dargestellt. 58

Ist die **Befristung** gemessen an § 14 TzBfG **nicht zulässig**, **gilt** der befristete Arbeitsvertrag nach § 16 S. 1 TzBfG als **auf unbestimmte Zeit geschlossen** und kann **frühestens zum vereinbarten Ende gekündigt** werden. Eine frühere Kündigung ist nur möglich, wenn die Unwirksamkeit der Befristung ausschließlich auf dem Mangel der Schriftform nach § 14 Abs. 4 TzBfG beruht, § 16 S. 2 TzBfG, oder **einzel- oder tarifvertraglich** eine **Kündigungsmöglichkeit** während der Befristung **vereinbart** ist, § 16 S. 1 Hs. 2 TzBfG i.V.m. § 15 Abs. 3 TzBfG. Für den Ausspruch der Kündigung sind jedoch die allgemeinen Kündigungsvoraussetzungen zu beachten. 59

Nach dem Koalitionsvertrag von CDU/CSU und SPD vom 11.11.2005[128] (Nr. 2.7.1) sollte die Möglichkeit der sachgrundlosen Befristung gestrichen werden. Gleichzeitig sollte die Option eingeräumt werden, an Stelle der gesetzlichen Regelwartezeit von sechs Monaten bei der Begründung des Arbeitsverhältnisses mit dem Einzustellenden eine Wartezeit von bis zu 24 Monaten zu vereinbaren. Die Option sollte auch bei einer erneuten Einstellung bei demselben Arbeitgeber entstehen, wenn seit dem vorhergehenden Arbeitsvertrag mindestens sechs Monate vergangen sind. Für Existenzgründer sollte die Möglichkeit der sachgrundlosen Befristung erhalten bleiben.[129] Eine Umsetzung dieser Vorhaben ist derzeit aber nicht zu erwarten. Ob diese Vorhaben nach der Bundestagswahl wieder auf die Tagesordnung kommen, bleibt abzuwarten. 60

1. Maximal vier Befristungen in zwei Jahren

Gemäß § 14 Abs. 2 TzBfG ist die kalendermäßige Befristung eines Arbeitsvertrags **ohne** Vorliegen eines **sachlichen Grundes bis** zur Dauer von **zwei Jahren** zulässig. Innerhalb dieser Gesamtdauer kann ein befristeter Vertrag **bis zu dreimal verlängert** werden, so dass äußerstenfalls **vier Befristungen innerhalb** von **zwei Jahren aneinandergereiht** werden können. Nach § 14 Abs. 2 S. 1 Hs. 2 TzBfG konnte ein gem. § 1 Abs. 1 BeschFG befristeter Arbeitsvertrag auch nach dem 31.12.2000 bis zur Dauer von zwei Jahren verlängert werden.[130] 61

Praxishinweis 62

Nach § 14 Abs. 2 TzBfG kann einem beabsichtigten **längerfristigen Vertrag** eine **Probezeit** in Form eines befristeten Arbeitsvertrags eine bis zu zwei Jahre dauernde Probezeit in Form eines befristeten Arbeitsvertrags vorgeschaltet werden. Davon sollte in der Praxis der Arbeitsvertragsgestaltung Gebrauch gemacht werden.

Die Höchstdauer bemisst sich vom vereinbarten **Beginn** bis zur vereinbarten **Beendigung** des **Arbeitsverhältnisses**. Dass der Vertragsschluss bereits früher erfolgt sein kann, bleibt außer Betracht.[131] In der Praxis muss penibel darauf geachtet werden, dass für die Befristun- 63

128 Abgedruckt in NZA 2005, Heft 22 IX ff.
129 Vgl. auch § 17 Rn 17 ff.
130 BAG v. 15.1.2003, NZA 2003, 914.
131 *Meinel/Heyn/Herms*, § 14 Rn 75.

gen die Zweijahresgrenze nicht überschritten wird (z.B. vom 1.1.2010 längstens bis zum 31.12.2011, nicht 1.1.2012). Dies erfordert vor allem eine saubere Führung der Personalakten.

64 Nach dem Gesetzeswortlaut ist eine Verlängerung nur möglich, wenn sie **vor Ablauf** der **vorhergehenden Befristung vereinbart** wurde und der **Verlängerungszeitraum** sich **nahtlos anschließt**.[132] Eine auch nur kurzfristige Unterbrechung des Arbeitsverhältnisses hindert eine Verlängerung. Das bedeutet, dass bei einer bis zum 31.12. laufenden Befristung nicht wirksam am 2.1. des Folgejahres ein Verlängerungsvertrag abgeschlossen werden kann.

Keine Verlängerung liegt vor, wenn die bisherigen Vertragsbedingungen verändert werden. Eine Vertragsverlängerung liegt vor, wenn nur die Vertragsdauer geändert wird, die **übrigen Vertragsbestandteile** aber **unberührt** bleiben.[133] Einer Verlängerung im Sinne des § 14 Abs. 2 S. 1 TzBfG steht nicht entgegen, dass die Parteien in der Verlängerungsvereinbarung die Vertragsbedingungen des befristeten Arbeitsvertrages an die zum Zeitpunkt der Verlängerung geltende Rechtslage anpassen.[134] Um eine solche Anpassung handelt es sich nach Ansicht des LAG Rheinland-Pfalz, wenn der tarifgebundene Arbeitgeber den Arbeitsvertrag lediglich vom BAT/MTArb auf den TVöD umstellt, da im öffentlichen Dienst Normvollzug gilt.[135]

65 Vereinbaren die Arbeitsvertragsparteien während der Dauer eines sachgrundlos befristeten Arbeitsvertrags unter Beibehaltung der Vertragslaufzeit eine Änderung der Arbeitsbedingungen, unterliegt diese Vereinbarung nicht der Befristungskontrolle, weil die Vereinbarung keine neue Befristungsabrede enthält.[136] Einer Verlängerung eines sachgrundlos befristeten Arbeitsverhältnisses steht auch die Erhöhung der Arbeitszeit nicht entgegen, wenn der Arbeitgeber damit dem Begehren des Arbeitnehmers nach einer Verlängerung der Arbeitszeit entsprechend § 9 TzBfG Rechnung trägt.[137]

66 *Praxishinweis*

Bei einer Verlängerung des befristeten Arbeitsvertrags ohne Sachgrund bis zur Höchstdauer von zwei Jahren muss der Arbeitsvertrag – mit Ausnahme der Vertragslaufzeit – unverändert bleiben. Insbesondere dürfen sich Funktion, Arbeitsaufgaben und Vergütung des Arbeitnehmers nicht ändern (vgl. das Formulierungsbeispiel unter Rn 9).

2. Neueinstellung

67 Nach § 14 Abs. 2 S. 2 TzBfG ist die erleichterte, sachgrundlose Befristung gänzlich unzulässig, wenn mit demselben Arbeitgeber **zuvor** ein befristetes, auch sachlich gerechtfertigtes oder ein unbefristetes **Arbeitsverhältnis bestanden** hat. Dies gilt auch dann, wenn das neue Arbeitsverhältnis nur für die Dauer von maximal sechs Monaten befristet werden soll.[138] Der umgekehrte Fall, der Anschluss eines sachlich gerechtfertigten befristeten Arbeitsvertrags an einen nach § 14 Abs. 2 S. 1 TzBfG befristeten, bleibt weiterhin zulässig.

132 Vgl. *Hunold*, NZA 1997, 741, 742; so auch BAG v. 26.7.2000, NZA 2001, 546; BAG v. 25.10.2000, NZA 2001, 659; BAG v. 15.1.2003, NZA 2003, 914; BAG v. 16.3.2005, NZA 2005, 923;BAG v. 19.10.2005, DB 2006, 220; BAG v. 20.2.2008, NZA 2008, 883.

133 BAG v. 26.7.2000, a.a.O.; 15.1.2003, NZA 2003, 914; 19.10.2005, DB 2006, 220; ErfK/*Müller-Glöge*, § 14 TzBfG Rn 88.

134 BAG v. 23.8.2006 – 7 AZR 12/06, NZA 2007, 204; BAG v. 20.2.2008, NZA 2008, 883.

135 LAG Rheinland-Pfalz v. 25.8.2008, 5 Sa 424/08.

136 BAG v. 19.10.2005, DB 2006, 220.

137 BAG v. 16.1.2008, NZA 2008, 701.

138 BAG v. 6.11.2003, NZA 2005, 218.

Wie schon die Vorgängerregelung soll § 14 Abs. 2 S. 2 TzBfG der Einschränkung von Kettenarbeitsverträgen dienen.[139]

Die sachgrundlose Befristung nach § 14 Abs. 2 S. 2 TzBfG ist **unzulässig**, wenn **irgendwann** mit **demselben Arbeitgeber** ein **Arbeitsverhältnis** bestanden hat. Jedes zeitlich noch so entfernt liegende vorangegangene Arbeitsverhältnis mit dem Arbeitgeber, gleich ob es befristet oder unbefristet war, gleich ob ein Sachgrund vorlag oder nicht, schließt „**lebenslänglich**" eine sachgrundlose Befristung nach § 14 Abs. 2 S. 1 TzBfG aus.[140] Dies gilt auch für ein Aushilfsarbeitsverhältnis oder ein kurzfristiges Arbeitsverhältnis mit einem Studenten. Das gilt nicht für die Verlängerung eines nach § 1 Abs. 1 BeschFG befristeten Arbeitsvertrags.[141] 68

§ 14 Abs. 2 S. 2 TzBfG schließt die Zulässigkeit einer sachgrundlosen Befristung nur bei einem vorausgegangenen Arbeitsverhältnis aus. Damit bleibt grundsätzlich ein vorausgegangenes **anderes Vertragsverhältnis unschädlich** (z.B. freier Mitarbeitervertrag, Werkvertrag, Auftragverhältnis).[142] Das **Berufsausbildungsverhältnis** ist kein vorangegangenes Arbeitsverhältnis i.S.v. § 14 Abs. 2 S. 2 TzBfG.[143] Im Anschluss an ein Berufsausbildungsverhältnis kann daher eine sachgrundlose Befristung nach § 14 Abs. 2 TzBfG erfolgen.[144] Berufsvorbereitende Beschäftigungen (z.B. Praktikant, Volontariat, Umschulungsverhältnis) schließen eine sachgrundlose Befristung nur aus, wenn sie im Rahmen eines Arbeitsverhältnisses erfolgt sind.[145] Ein vorangegangenes Arbeitsverhältnis liegt nicht vor, wenn der Arbeitnehmer als **Leiharbeitnehmer** bei dem Arbeitgeber tätig war.[146] 69

Maßgeblich ist das Bestehen eines vorangegangenen Arbeitsverhältnisses mit **„demselben Arbeitgeber"**. Arbeitgeber ist der **Vertragsarbeitgeber**, also die natürliche oder juristische Person, die mit dem Arbeitnehmer den Arbeitsvertrag geschlossen hat.[147] Die Ausnutzung der durch das Gesetz vorgesehenen Gestaltungsmöglichkeiten kann unter bestimmten Voraussetzungen rechtsmissbräuchlich sein.[148] Von einer missbräuchlichen, dem Zweck des Gesetzes widersprechenden Gestaltung kann insbesondere dann gesprochen werden, wenn mehrere rechtlich und tatsächlich verbundene Vertragsarbeitgeber in **bewusstem und gewolltem Zusammenwirken abwechselnd** mit einem Arbeitnehmer **befristete Arbeitsverträge** schließen, eine Befristung ohne Auswechselung des Arbeitgebers nicht mehr möglich wäre und der Wechsel ausschließlich deshalb erfolgt, um auf diese Weise über die nach dem TzBfG vorgesehenen Befristungsmöglichkeiten hinaus sachgrundlose Befristungen aneinanderreihen zu können.[149] 70

139 BT-Drucks 14/4374, S. 14.

140 Ascheid/Preis/Schmidt/*Backhaus*, § 14 TzBfG Rn 381; *Schiefer*, DB 2000, 2118, 2122; *Hromadka*, NJW 2001, 400, 404; *Preis/Gotthardt*, DB 2000, 2065, 2072; *Richardi/Annuß*, BB 2000, 2204; *Preis*, NZA 2005, 714, 715; dagegen für teleologische Reduktion *Löwisch*, BB 2001, 254 f.

141 BAG v. 15.1.2003, NZA 2003, 914.

142 BAG v. 19.10.2005, DB 2006, 220; Ascheid/Preis/Schmidt/*Backhaus*, § 14 TzBfG Rn 384; Kittner/Däubler/Zwanziger/*Däubler*, § 14 TzBfG Rn 393.

143 Begründung zum Regierungsentwurf, BT-Drucks 14/4374, S. 20; h.M., vgl. ErfK/*Müller-Glöge*, § 14 TzBfG Rn 94 m.w.N.; ebenso LAG Niedersachsen v. 4.7.2003, NZA-RR 2004, 13; LAG Baden-Württemberg v. 9.10.2008, DB 2008, 2660; a.A. Kittner/Däubler/Zwanziger/*Däubler*, § 14 TzBfG Rn 160.

144 *Meinel/Heyn/Herms*, § 14 Rn 79; a.A. Kittner/Däubler/Zwanziger/*Däubler*, § 14 TzBfG Rn 160.

145 BAG v. 19.10.2005, DB 2006, 220; *Meinel/Heyn/Herms*, § 14 Rn 81.

146 BAG v. 8.12.1999, NZA 1989, 459, 460; LAG Niedersachsen v. 29.1.2003, NZA-RR 2003, 624; BAG v. 18.10.2006, NZA 2007, 443; kritisch *Brose*, DB 2008, 1378.

147 BAG v. 25.4.2001, NZA 2001, 1384; BAG v. 10.11.2004, NZA 2005, 514; BAG v. 16.7.2008, NZA 2008, 1347.

148 So zum BeschFG: BAG v. 8.12.1988, AP Nr. 6 zu § 1 BeschFG 1985.

149 BAG v. 25.4.2001, NZA 2001, 1384.

71 Vorangegangene Tätigkeiten für ein anderes Unternehmen des **Konzerns** schließen eine Befristung nach § 14 Abs. 2 TzBfG **nicht** aus.[150]

72 Beim **Betriebsübergang** liegt kein vorangegangenes Arbeitsverhältnis mit demselben Arbeitgeber vor, wenn das **Arbeitsverhältnis zum Betriebsveräußerer** im Zeitpunkt des Betriebsübergangs **bereits beendet** war.[151] Auch eine Verschmelzung nach § 20 Abs. 1 Nr. 1 UmwG führt nicht dazu, dass übertragender und übernehmender Rechtsträger rechtlich als derselbe Arbeitgeber anzusehen sind.[152]

73 Die Schwierigkeit für den Arbeitgeber besteht darin, bei Einstellung eines Arbeitnehmers zu prüfen und zu erkennen, ob dieser bereits Jahre oder Jahrzehnte zuvor einmal (kurzfristig) bei ihm beschäftigt war. Dem Arbeitgeber wird daher ausweislich der Gesetzesbegründung bereits im **Einstellungsgespräch** ausdrücklich ein **Fragerecht** zugestanden.[153] Dem Arbeitgeber ist nicht abzuverlangen, die Personalakten aller jemals beschäftigten Arbeitnehmer jahrzehntelang aufzubewahren und durchzuforsten.[154] Der vom Gesetzgeber aufgezeigte Weg soll es dem Arbeitgeber ermöglichen, den Arbeitsvertrag gegebenenfalls wegen arglistiger Täuschung nach § 123 BGB anzufechten. Häufiger wird der Fall sein, dass der Arbeitnehmer unwissentlich eine Vorbeschäftigung verschweigt, weil er sie wegen Rechtsnachfolge, einer identitätswahrenden Umwandlung oder eines neuen Firmennamens nicht erkannt hat. In solchen Fällen ist eine Anfechtung des Arbeitgebers nach § 119 BGB zulässig.[155]

74 *Formulierungsbeispiel*

„§ Erklärungen des Arbeitnehmers

Der Arbeitnehmer versichert ausdrücklich und wahrheitsgemäß, dass er bisher noch zu keinem Zeitpunkt in einem befristeten oder unbefristeten Arbeitsverhältnis zur Arbeitgeberin oder einem Rechtsvorgänger gestanden hat. Dies gilt auch für Aushilfsarbeitsverhältnisse, eine geringfügige Beschäftigung, eine Urlaubsvertretung, ein Probearbeitsverhältnis, ein Praktikum oder Ähnliches.

Ferner versichert der Arbeitnehmer ausdrücklich und wahrheitsgemäß, alle vorgenannten Angaben sowie diejenigen in dem Fragebogen für Angestellte, der als Anlage diesem Arbeitsvertrag beigefügt und Bestandteil dieses Vertrags ist, wahrheitsgemäß und vollständig gemacht zu haben.

Es wird ausdrücklich darauf hingewiesen, dass keine, nur teilweise oder unwahre Angaben zur Anfechtung des Arbeitsvertrags bzw. zur fristlosen oder ersatzweise ordentlichen Kündigung führen können."

3. Befristete Arbeitsverträge mit Arbeitnehmern, die das 52. Lebensjahr vollendet haben

75 Die Rechtslage zur Befristung von Arbeitsverträgen mit älteren Arbeitnehmern hat in den vergangenen Jahren eine wiederholte Änderung erfahren. Die zunächst im TzBfG enthaltene Regelung ist auf gemeinschaftsrechtliche Schranken gestoßen.

150 *Meinel/Heyn/Herms*, § 14 Rn 83, *Boewer*, TzBfG, § 14 Rn 235; zum Teil abweichend Kittner/Däubler/Zwanziger/*Däubler*, § 14 TzBfG Rn 162.

151 BAG v. 10.11.2004, NZA 2005, 514; *Oetker/Kiel*, DB 1989, 576, 579; *Meinel/Heyn/Herms*, § 14 Rn 84.

152 BAG v. 10.11.2004, NZA 2005, 514, 516.

153 BT-Drucks 14/4374, S. 19.

154 KR/*Lipke*, § 14 TzBfG Rn 431.

155 KR/*Lipke*, § 14 TzBfG Rn 431.

a) Rechtslage bis zum 30.4.2007

Die Regelung des § 14 Abs. 3 TzBfG sah in der alten Fassung eine von § 14 Abs. 2 TzBfG abweichende, erleichterte Befristung für Arbeitnehmer vor, die das 52. Lebensjahr vollendet haben. Mit diesen Arbeitnehmern sollten **Zeit- und Zweckbefristungen ohne Sachgrund** in **unbegrenzter Länge** abgeschlossen **und/oder** in unbegrenzter Zahl **verlängert** werden können.[156] Diese Altersgrenze war zunächst befristet bis zum 31.12.2006, § 14 Abs. 3 S. 4 TzBfG a.F. 76

Im Schrifttum[157] war lebhaft die Frage diskutiert worden, ob § 14 Abs. 3 TzBfG a.F. **europarechtskonform** ist und welche Rechtsfolgen daraus ggf. abzuleiten sind. Das Arbeitsgericht München hat mit Beschluss vom 29.10.2003 dem EuGH diese Rechtsfrage vorgelegt.[158] Der **EuGH**[159] hat mit Urteil vom 22.11.2005 entschieden, dass das Gemeinschaftsrecht und insbesondere Art. 6 Abs. 1 der Richtlinie 2000/78/EG der Regelung in § 14 Abs. 3 S. 4 TzBfG a.F. entgegenstehen. Eine Regelung, die das Alter des betroffenen Arbeitnehmers als einziges Kriterium für die Befristung des Arbeitsvertrages festlegt, ohne dass nachgewiesen wäre, dass die Festlegung der Altersgrenze als solche – unabhängig von anderen Erwägungen im Zusammenhang mit der Struktur des jeweiligen Arbeitsmarktes und der persönlichen Situation des Betroffenen – zur Erreichung des Zieles der beruflichen Eingliederung arbeitsloser älterer Arbeitnehmer objektiv erforderlich ist, geht über das hinaus, was zur Erreichung des verfolgten Zieles angemessen und erforderlich ist. Eine große, ausschließlich nach dem Lebensalter definierte Gruppe von Arbeitnehmern laufe in Anwendung einer solchen Regelung während eines erheblichen Teils ihres Berufslebens Gefahr, von festen Beschäftigungsverhältnissen ausgeschlossen zu sein.

Der EuGH hat weiter ausgesprochen, dass es den nationalen Gerichten obliege, die volle Wirksamkeit des allgemeinen Verbots der Diskriminierung wegen Alters zu gewährleisten, indem sie **jede entgegenstehende Bestimmung** des **nationalen Rechts unangewendet** lassen, auch wenn die Frist für die Umsetzung noch nicht abgelaufen ist. Damit soll die Richtlinie nach Auffassung des EuGH unabhängig von der Umsetzung **auch zwischen Privaten unmittelbar gelten**. Dies folgt nach Ansicht des EuGH daraus, dass der Grundsatz der Gleichbehandlung in Beschäftigung und Beruf nicht in der Richtlinie 2000/78 selbst verankert ist. Das **Verbot der Diskriminierung wegen Alters** stelle vielmehr einen **allgemeinen Grundsatz des Gemeinschaftsrechts** dar.[160] Damit sind allein auf § 14 Abs. 3 S. 4 TzBfG a.F. gestützte sachgrundlose **Befristungen unwirksam**. Das BAG hat mittlerweile entschieden, dass kein Vertrauensschutz für Arbeitgeber gegeben ist. Dies folgt nach Ansicht des BAG daraus, dass der EuGH den Ausspruch über die Unanwendbarkeit von § 14 Abs. 3 S. 4 TzBfG a.F. zeitlich nicht begrenzt hat und zudem Arbeitgeber nicht auf die Wirksamkeit der Norm vertrauen durften, da die Vereinbarkeit der Norm mit Gemeinschaftsrecht von Anfang an im arbeitsrechtlichen Schrifttum in Zweifel gezogen worden war.[161]

Da sich der EuGH in der Entscheidung vom 22.11.2005 explizit nur zu einem Verstoß des § 14 Abs. 3 S. 4 TzBfG a.F. (Altersgrenze 52 Jahre) gegen die Richtlinie 2000/78/EG äußer-

156 ErfK/*Müller-Glöge*, § 14 TzBfG Rn 108.

157 Vgl. Ascheid/Preis/Schmidt/*Backhaus*, § 14 TzBfG Rn 417 f.; *Däubler*, ZIP 2000, 1961, 1967; KR/*Lipke*, § 14 TzBfG Rn 476; ErfK/*Müller-Glöge*, § 14 TzBfG Rn 109, 110; *Preis/Gotthardt*, DB 2000, 2065, 2072; *Bauer*, NZA 2003, 30.

158 ArbG München, Vorlagebeschluss vom 29.10.2003, NZA-RR 2005, 43.

159 EuGH v. 22.11.2005 – Rs. C 144/04 (Mangold), NZA 2005, 1345.

160 EuGH v. 22.11.2005 – Rs. C 144/04 (Mangold), NZA 2005, 1345.

161 BAG v. 26.4.2006, NZA 2006, 1162.

te, hat das BAG mit Beschluss vom 16.10.2008 dem EuGH nunmehr die Frage vorgelegt, ob vor dem 1.5.2007 vereinbarte Befristungen auch wegen Verstoßes des § 14 Abs. 3 S. 1 TzBfG a.F. (Altersgrenze 58 Jahre) gemeinschaftsrechtswidrig sind.[162]

b) Rechtslage seit dem 1.5.2007

77 § 14 Abs. 3 TzBfG ist nunmehr durch das Gesetz zur Verbesserung der Beschäftigungschancen älterer Menschen v. 19.4.2007[163] mit Wirkung zum 1.5.2007 neu gefasst worden.[164]

Danach ist für eine auf Abs. 3 gerichtete sachgrundlose Befristung nicht mehr ausschließlich die Vollendung des 52. Lebensjahres maßgeblich. Der befristet eingestellte Arbeitnehmer muss darüber hinaus unmittelbar vor Beginn des Arbeitsverhältnisses mindestens vier Monate beschäftigungslos im Sinne des § 199 Abs. 1 Nr. 1 SGB III gewesen sein, Transferkurzarbeitergeld nach § 216b SGB III bezogen oder an einer öffentlich geförderten Beschäftigungsmaßnahme nach dem SGB II oder SGB III teilgenommen haben. Sind diese Voraussetzungen erfüllt, kann der Arbeitnehmer bis zu einer Dauer von fünf Jahren sachgrundlos befristet eingestellt werden. Bis zu der genannten Höchstdauer ist nach § 14 Abs. 3 S. 2 TzBfG auch die mehrfache Verlängerung des Arbeitsvertrages zulässig.

aa) Voraussetzungen

78 Voraussetzung einer Befristung nach § 14 Abs. 3 TzBfG ist zunächst die **Vollendung des 52. Lebensjahres**. Entscheidend dafür ist nach dem Gesetzeswortlaut der Beginn des Arbeitsverhältnisses, nicht etwa der Zeitpunkt des Vertragsschlusses.[165]

Außerdem muss ein beschäftigungspolitisches Erfordernis gegeben sein. Der Gesetzeszweck zielt darauf ab, die Einstellung älterer Arbeitnehmer nicht lediglich aufgrund des fortgeschrittenen Alters zu privilegieren. Das Gesetz fordert darüber hinaus einen konkreten beschäftigungspolitischen Anlass, der einen älteren Arbeitnehmer nach mindestens viermonatiger Unterbrechung zurück in den ersten Arbeitsmarkt holt.

Als solcher kommt zunächst eine **Beschäftigungslosigkeit** im Sinne des § 119 Abs. 1 Nr. 1 SGB III in Betracht. Mit dem sozialrechtlichen Begriff der Beschäftigungslosigkeit hat sich der Gesetzgeber für den weiteren Begriff entschieden und die Möglichkeit einer längeren Befristung älterer Arbeitnehmer nicht vom Bestehen eines Arbeitsverhältnisses abhängig gemacht. Erfasst werden damit auch solche Arbeitnehmer, die Angehörige pflegten, eine Freiheitsstrafe verbüßten, an einer Rehabilitationsmaßnahme teilnahmen oder vorübergehend erwerbsunfähig waren.[166] Nicht beschäftigungslos im Sinne von § 14 Abs. 3 TzBfG sind dagegen Arbeitnehmer, die eine geringfügige Beschäftigung von weniger als 15 Stunden gemäß § 119 SGB III ausüben.[167]

Ausreichender beschäftigungspolitischer Anlass ist auch der mindestens viermonatiger Bezug von **Transferkurzarbeitergeld** nach § 216b SGB III. Zwar besteht für solche Arbeitnehmer weiterhin ein Arbeitsverhältnis mit dem bisherigen Arbeitgeber oder einer externen Transfergesellschaft fort. Sie werden aber nicht mehr zu Arbeitszwecken eingesetzt, sondern

162 BAG v. 16.10.2008, 7 AZR 253/07 (A).

163 BGBl I S. 538.

164 Zur Europarechtskonformität der Neufassung *Rolfs*, NZA 2008, Beilage 1, 8.

165 HWK/*Schmalenberg*, § 14 TzBfG, Rn 125.

166 BT-Drucks 16/3793, S. 7.

167 BT-Drucks 16/3793, S. 9.

durchlaufen lediglich Qualifizierungs-und Weiterbildungsmaßnahmen. Schließlich genügt die Teilnahme an einer geförderten **Beschäftigungsmaßnahme** nach dem SGB II oder dem SGB III. Dazu zählen etwa Arbeitsbeschaffungsmaßnahmen (§§ 260 ff. SGB III), Eingliederungszuschüsse für schwer vermittelbare Arbeitnehmer (§ 218 Abs. 1 SGB III) oder Eingliederungsleistungen an erwerbsfähige Hilfebedürftige, z.B. die sogenannten „Ein-Euro-Jobs" (§ 16d SGB II).

bb) Viermonatszeitraum

Der beschäftigungspolitische Rechtfertigungsgrund muss bis zum Beginn des befristeten Arbeitsverhältnisses **mindestens vier Monate** betragen haben. Die Frist muss spätestens am Tag vor Beginn des befristeten Vertrages abgelaufen sein. Fraglich ist, ob die genannten vier Monate in einem zusammenhängenden Zeitraum angefallen sein müssen. Nach der Gesetzesbegründung sollen Unterbrechungen der Beschäftigungslosigkeit durch zwischenzeitliche Beschäftigungsverhältnisse unbeachtlich sein, damit eigeninitiative Bemühungen der Arbeitsuchenden gefördert werden.[168] **79**

cc) Verfahren

Die nach § 14 Abs. 3 TzBfG längste zulässige Befristung beträgt **fünf Jahre**, gerechnet ab dem Beginn des Arbeitsverhältnisses. Bis zu einer Gesamtdauer von fünf Jahren ist auch die Verlängerung eines befristeten Arbeitsverhältnisses beliebig häufig möglich. Ist ein nach Abs. 3 befristetes Arbeitsverhältnis einmal ausgelaufen, kann auch danach eine weitere Befristung auf Grundlage derselben Norm erfolgen. Voraussetzung ist dann allerdings erneut ein vorheriger, mindestens vier Monate währender beschäftigungspolitischer Anlass.[169] Da das Gesetz in Abs. 3 keine Abs. 2 S. 2 entsprechende Sperrwirkung vorsieht, kann eine weitere Befristung desselben Arbeitnehmers auch dann noch erfolgen, wenn der komplette Fünfjahreszeitraum abgelaufen ist und eine neue, mindestens vier Monate währende Beschäftigungslosigkeit oder vergleichbare Fördermaßnahme vorgelegen hat.[170] **80**

Dem Arbeitgeber ist bei Abschluss des Vertrages ein **Fragerecht** zuzubilligen, um die Voraussetzungen für eine Befristung nach § 14 Abs. 3 TzBfG in Erfahrung zu bringen.[171] Von Bedeutung ist dies vor allem für das erforderliche viermonatige beschäftigungspolitische Erfordernis. Hat der Arbeitnehmer hier falsche Auskünfte erteilt, steht dem Arbeitgeber ein Anfechtungsrecht nach § 123 BGB zur Verfügung.

> *Praxishinweis*
> Der Arbeitgeber sollte bei Abschluss des Arbeitsvertrages von diesem Fragerecht Gebrauch machen, um die Zulässigkeit der gewünschten Befristung sicherzustellen.

168 BT-Drucks 16/3793 S. 8; KR/*Lipke*, § 14 TzBfG, Rn 493; aA Erfk/*Müller-Glöge*, § 14 TzBfG, Rn 111d; Ascheid/Preis/Schmidt/*Backhaus*, § 14 TzBfG, Rn 432.

169 KR/*Lipke*, § 14 TzBfG, Rn 501; *Schiefer/Köster/Korte*, DB 2007, 1081.

170 ErfK/*Müller-Glöge*, § 14 TzBfG, Rn 112b; *Grimm/Brock*, ArbRB 2007, 154; a.A. KR/*Lipke*, § 14 TzBfG, Rn 500; Ascheid/Preis/Schmidt/*Backhaus*, § 14 TzBfG, Rn 435f; *Bader*, NZA 2007, 713.

171 BT-Drucks 16/3793 S. 10.

4. Erleichterung befristeter Einstellungen für Unternehmensneugründungen

81 Nach dem zum 1.1.2004 neu eingefügten § 14 Abs. 2a S. 1 TzBfG,[172] ist „in den ersten vier Jahren nach der Gründung eines Unternehmens die kalendermäßige Befristung eines Arbeitsvertrags ohne Vorliegen eines sachlichen Grundes bis zur Dauer von vier Jahren zulässig; bis zu dieser Gesamtdauer von vier Jahren ist auch die mehrfache Verlängerung eines kalendermäßig befristeten Arbeitsvertrags zulässig“. Sinn der Regelung ist es, **Existenzgründern** die Entscheidung für **Einstellungen** zu **erleichtern**.

a) Unternehmensneugründung

82 Die erleichterte Möglichkeit der Befristung findet nur Anwendung auf **neu gegründete Unternehmen** in den **ersten vier Jahren nach Aufnahme ihrer Tätigkeit**. Nach § 14 Abs. 2a S. 3 TzBfG ist für den Zeitpunkt der Gründung die Aufnahme der Erwerbstätigkeit i.S.v. § 138 AO maßgebend.[173]

83 Entsprechend der Regelung in § 112a Abs. 2 BetrVG sollen nur erstmalige Neugründungen privilegiert werden, **nicht** Neugründungen im Zusammenhang mit der rechtlichen **Umstrukturierung** von Unternehmen und Konzernen, § 114 Abs. 2a S. 2 TzBfG. Die Aufspaltung eines seit länger als vier Jahren bestehenden Unternehmens auf mehrere neu gegründete Unternehmen und die Abspaltung von Unternehmensteilen auf neu gegründete Tochterunternehmen ermöglicht keine Inanspruchnahme der Regelung. Entsprechendes gilt für die Verschmelzung von Unternehmen auf ein neu gegründetes Unternehmen, den reinen Formwechsel oder die Vermögensübertragung auf einen neuen Rechtsträger.[174]

84 Das BAG hat zu § 112a Abs. 2 BetrVG entschieden, dass es für die Ausnahme von der Sozialplanpflicht nicht darauf ankommt, ob der Betrieb des neugegründeten Unternehmens schon länger bestanden hat oder von dem **neugegründeten Unternehmen gem. § 613a BGB übernommen** worden ist.[175] Diese Rspr. ist nach der ausdrücklichen Anknüpfung im Gesetzeswortlaut und in der Begründung des Gesetzentwurfs[176] zu § 112a BetrVG auch auf § 14 Abs. 2a TzBfG übertragbar. Insb. ermöglicht diese Konstellation die beabsichtigte „Brücke in eine Dauerbeschäftigung“. Auch in diesem Fall liegt ein „unternehmerisches Neuengagement“ vor.[177]

85 Fraglich ist, ob sich ein Unternehmen auf diese Regelung berufen kann, das zwar bereits länger als vier Jahre am Markt tätig ist, aber sich in einem bestimmten Geschäftsfeld erstmalig engagiert und zu diesem Zweck eine neue GmbH als **Tochterunternehmen gründet**. Unter Zugrundelegung der im vorhergehenden Absatz genannten Argumente, dürfte auch einer derartigen Unternehmensgründung die Privilegierung zugute kommen. Der Personalbedarf ist auch für ein solches Unternehmen vergleichbar schwer zu kalkulieren, wie bei dem klassischen Existenzgründer. Auch in diesem Fall handelt es sich um ein unternehmerisches Neuengagement.[178] Die Grenze liegt dort, wo lediglich eine Änderung bestehender rechtlicher Strukturen von bestehenden Unternehmen erfolgt. Nur dies verbietet § 14 Abs. 2a S. 2 TzBfG.

172 Gesetz zu Reformen am Arbeitsmarkt v. 24.12.2003, BGBl I 2003 S. 3002.
173 Ausführlich *Dörner*, Rn 594c.
174 Ebenso *Dörner*, Rn 594d; vgl. auch *Lembke*, DB 2003, 2702, 2703.
175 BAG v. 13.6.1989, AP Nr. 3 zu § 112a BetrVG; BAG v. 11.12.1996, AP Nr. 110 zu § 112 BetrVG.
176 BT-Drucks 15/1204, S. 10.
177 Vgl. BT-Drucks 15/1204, S. 10; vgl. auch *Dörner*, Rn 594e.
178 Vgl. BT-Drucks 15/1204, S. 10.

Ebenfalls keine Gründung eines Unternehmens i.S.v. § 14 Abs. 2a TzBfG liegt vor, wenn ein bestehendes Unternehmen einen **weiteren Betrieb** eröffnet. Entsprechendes gilt, wenn der Betrieb nur verlegt wird. 86

Auch Unternehmen, die am 1.1.2004 noch nicht älter als vier Jahre alt waren, konnten von der Regelung Gebrauch machen. Sie mussten lediglich darauf achten, dass die befristete Beschäftigung vor Ablauf der vier Jahre begann.[179] Es ist auch zulässig, ein zunächst nach § 14 Abs. 2 TzBfG befristetes Arbeitsverhältnis nach § 14 Abs. 2a TzBfG auf bis zu vier Jahre zu verlängern.[180] Unzulässig ist es, ein bereits zwei Jahre nach § 14 Abs. 2 TzBfG befristetes Arbeitsverhältnis nach § 14 Abs. 2a TzBfG um (weitere) vier Jahre zu verlängern, so dass es insgesamt sechs Jahre sachgrundlos befristet ist.[181] 87

b) Sachgrundlose Befristung bis zur Dauer von vier Jahren

Für die **Berechnung** der **Vierjahresfrist** gelten die §§ 187 Abs. 1, 188 Abs. 2 BGB. Die zeitliche Höchstdauer der vierjährigen Befristung bemisst sich ab dem vereinbarten Beginn des Arbeitsvertrags, nicht ab dem Tag der Unterzeichnung. 88

Nimmt ein Unternehmen seine Erwerbstätigkeit zum 1.1.2004 auf, so kann es eine sachgrundlose Befristung am 1.1.2004 bis zum 31.12.2007 für maximal vier Jahre abschließen. Es könnte z.B. auch ein befristetes Arbeitsverhältnis vom 1.1. bis zum 31.3.2004 abschließen und diese Befristung dann in Drei- oder Sechsmonatszeiträumen bis zur Gesamtdauer von vier Jahren, also bis zum 31.12.2007 beliebig oft verlängern. Eine Verlängerung liegt allerdings nur vor, wenn sie vor Ablauf der vorhergehenden Befristung vereinbart wurde, der Verlängerungszeitraum sich nahtlos anschließt und die bisherigen Vertragsbedingungen nicht verändert werden (ausführlich siehe Rn 56 ff.).

Das Unternehmen könnte nach dem Wortlaut von § 14 Abs. 2a S. 1 Hs. 1 TzBfG aber auch noch am 31.12.2007 (erstmalig) ein am selben Tag beginnendes befristetes Arbeitsverhältnis bis zum 30.12.2011 abschließen.[182] Darüber hinaus besteht die Möglichkeit am 31.12.2007 ein nur z.B. drei- oder sechs Monate befristetes Arbeitsverhältnis abzuschließen und dies bis zur Gesamtdauer von vier Jahren, also ebenfalls bis zum 30.12.2011 beliebig oft zu verlängern. Nach dem Wortlaut der Regelung können bei Existenzneugründungen im Extremfall bis zur Dauer von **acht Jahren** nach der Gründung in unbegrenzter Zahl sachgrundlose Befristungen – mit unterschiedlichen Arbeitnehmern – vereinbart werden.[183]

Mit dem einzelnen Arbeitnehmer besteht jedoch eine Höchstbefristungsdauer von vier Jahren. Es ist somit unzulässig, zunächst das Arbeitsverhältnis eines Arbeitnehmers bis zum 31.12.2007 zu befristen und am 31.12.2007 diese Befristung erneut um vier Jahre zu verlängern. Nach dem eindeutigen Wortlaut von § 14 Abs. 2a S. 1 TzBfG kann nach der Neugründung die Zeitbefristung „eines Arbeitsvertrags" bis zur Dauer von vier Jahren sachgrundlos vereinbart werden und bis zu „dieser" Gesamtdauer von vier Jahren mehrfach verlängert werden. Mit einem Arbeitnehmer besteht eine Höchstbefristungsgrenze von vier Jahren. 89

179 *Dörner*, Rn 594m.

180 So BAG v. 15.1.2003, NZA 2003, 914 zur Verlängerung nach § 14 Abs. 2 S. 1 TzBfG bei einem zuvor nach § 1 Abs. 1 BeschFG sachgrundlos befristeten Arbeitsverhältnis.

181 Auch BAG v. 15.1.2003, a.a.O. prüft, ob die Höchstbefristungsdauer – in dem Fall zwei Jahre nach § 14 Abs. 2 S. 1 TzBfG – eingehalten worden ist.

182 Vgl. auch *Dörner*, Rn 594 f.

183 Ascheid/Preis/Schmidt/*Backhaus*, § 14 TzBfG Rn 415k; ErfK/*Müller-Glöge*, § 14 TzBfG Rn 105; a.A. ArbG Berlin v. 2.4.2008 – 39 Ca 1961/08; KR/*Lipke*, § 14 TzBfG Rn 462.

c) Neueinstellung

90 Besonders zu beachten ist, dass nach § 14 Abs. 2a S. 4 TzBfG auf die **Befristung bei Existenzneugründungen** § 14 Abs. 2 S. 2–4 TzBfG entsprechende Anwendung findet. Danach ist die sachgrundlose Befristung unzulässig, wenn mit demselben Arbeitgeber zuvor ein befristetes oder unbefristetes Arbeitsverhältnis bestanden hat. Entsprechend den oben unter 2. dargestellten Grundsätzen (vgl. Rn 56 ff.), ist eine Befristung oder deren Verlängerung auch bei Existenzgründungen nur zulässig, wenn es sich um eine Neueinstellung handelt. Entsprechend wäre es z.B. unzulässig, einen Arbeitnehmer in einem neu gegründeten Unternehmen vom 1.1. bis 30.9.2004 befristet zu beschäftigen und dann erneut vom 1.4. bis 31.12.2007. Entsprechendes gilt, wenn der Arbeitnehmer zunächst zum 1.1.2004 unbefristet eingestellt, ihm zum 31.12.2004 gekündigt worden wäre und er am 1.10.2007 befristet für vier Jahre wieder eingestellt werden würde. Bei Unternehmensneugründungen durch natürliche Personen bedeutet dies, dass Arbeitnehmer aus einem früheren Arbeitsverhältnis zu der natürlichen Person nicht unter Inanspruchnahme der Privilegierung eingestellt werden können.[184]

5. Tariföffnungsklausel

91 § 14 Abs. 2 S. 3 und 4 TzBfG enthält eine Tariföffnungsklausel für die **erleichterte Befristung ohne Sachgrund**, die nach oben wie nach unten **Abweichungen** von der **zeitlichen Höchstgrenze** und der **Höchstzahl** der **Verlängerungen** zulässt. Eine Ausdehnung zu Lasten der Arbeitnehmer kannte das BeschFG nicht.[185] Von dieser Möglichkeit kann in kirchlichen Arbeitsrechtsregelungen kein Gebrauch gemacht werden, da es sich insoweit nicht um Tarifverträge i.S.d. § 14 Abs. 2 S. 3 TzBfG handelt.[186] Zulässig ist es weiterhin, durch Tarifvertrag die sachgrundlose Befristung gänzlich auszuschließen. Tarifverträge können also vorsehen, dass die Befristung eines Arbeitsvertrags stets einen sachlichen Grund erfordert.[187] Die Tarifvertragsparteien haben bisher von der Tariföffnungsklausel nur begrenzt Gebrauch gemacht (vgl. § 42 TVöD-BT-E für Beschäftigte in kommunalen Entsorgungsbetrieben).[188]

IV. Sachgrundbefristungen nach dem TzBfG

92 Gemäß § 14 Abs. 1 S. 1 TzBfG ist die Befristung eines Arbeitsvertrags zulässig, wenn sie durch einen sachlichen Grund gerechtfertigt ist.

1. Allgemeines

93 § 14 Abs. 1 S. 2 TzBfG benennt **acht Fälle** eines **sachlichen Grundes.** Liegt ein solcher vor, bedarf es **keiner Prüfung anhand allgemeiner Merkmale** mehr.[189] Die Aufzählung ist nach ganz h.M. sowie dem eindeutigen Wortlaut („insbesondere") **nicht abschließend**.[190] Nach

184 So auch *Löwisch*, NZA 2003, 689, 694.
185 Ascheid/Preis/Schmidt/*Backhaus*, § 14 TzBfG Rn 408.
186 BAG v. 25.3.2009, 7 AZR 710/07.
187 BAG v. 21.2.2001, NZA 2001, 1141, 1142.
188 Ruge/Krömer/Pawlak/Rabe v. Pappenheim/*Ruge*, S. 85.
189 ErfK/*Müller-Glöge*, § 14 TzBfG Rn 4; KR/*Lipke*, § 620 BGB Rn 124.
190 ErfK/*Müller-Glöge*, § 14 TzBfG Rn 5; *Boewer*, TzBfG, § 14 Rn 39; zu europarechtlichen Einschränkungen KR/*Lipke*, § 14 TzBfG Rn 347.

der Intention des Gesetzgebers dient die nicht abschließende Aufzählung der Befristungsgründe in § 14 Abs. 1 TzBfG dazu, die bisherige Rspr. zur Auslegung heranziehen zu können. Zudem wird dadurch eine Berücksichtigung anderer Sachgründe sowie die Entwicklung neuer Befristungstatbestände durch die Praxis nicht ausgeschlossen.[191] Die Norm kodifiziert also zum einen die Rspr. des BAG, stellt zum anderen aber auch eine normative Grundentscheidung dar, die von der Rspr. zu berücksichtigen sein wird.

2. Die Fallgruppen des § 14 Abs. 1 S. 2 TzBfG

a) Nr. 1 – Vorübergehender Arbeitskräftebedarf

§ 14 Abs. 1 S. 2 Nr. 1 TzBfG erlaubt die Befristung eines Arbeitsverhältnisses, wenn der be- 94
triebliche Bedarf an der Arbeitsleistung nur vorübergehend besteht. Hierbei handelt es sich um einen sehr allgemeinen **Oberbegriff möglicher Sachgründe**. Der vorübergehende betriebliche Bedarf kann in Form eines vorübergehend erhöhten Arbeitskräftebedarfs (z.B. Schlussverkauf, zeitlich begrenztes Projekt) oder eines **vorhersehbar künftig wegfallenden Arbeitskräftebedarfs** (z.B. Abwicklungsarbeiten bis zur Betriebsschließung) bestehen. Der Wegfall muss nicht auf Dauer eintreten, sondern kann wie in Saison- oder Kampagnenbetrieben mit großer Regelmäßigkeit wieder auftreten (sog. **periodisch wiederkehrender Arbeitsanfall**).[192]

Der Arbeitgeber muss zum Zeitpunkt des Vertragsschlusses aufgrund **greifbarer Tatsachen** 95
mit **hinreichender Sicherheit** annehmen können, dass der Arbeitskräftebedarf in Zukunft wegfallen wird.[193] Ob der betrieblich vorübergehende Mehrbedarf zeitlich beschränkt ist, bestimmt sich in erster Linie nach **objektiven Maßstäben** und nicht nach der subjektiven Einschätzung des Arbeitgebers.[194] Es kommt auf die **konkreten Tatsachen** an, die der Arbeitgeber seiner Prognose zugrunde gelegt hat und die den Wegfall des Bedarfs „hinreichend sicher" machen.[195] Bei einer projektbedingten Erhöhung des Personalbedarfs muss sich diese Prognose nur auf das konkrete Projekt beziehen.[196] Daher ist die Prognose des Arbeitgebers nicht deshalb unzutreffend, weil der Arbeitnehmer aufgrund seiner Qualifikation nach Fristablauf auf einem freien Arbeitsplatz in einem anderen Projekt hätte beschäftigt werden können und der Arbeitgeber dies bei Vertragsschluss erkennen konnte.[197] Wird ein Arbeitnehmer befristet projektbezogen angestellt, aber überwiegend mit projektfremden Tätigkeiten beschäftigt, spricht dies gegen einen sachlichen Befristungsgrund. Nur wenn die Änderung der für die Befristung ursächlichen Umstände bei Vertragsbeginn nicht absehbar war, ist die Befristung gerechtfertigt.[198]

Der Sachgrund der Vertretung ist auch gegeben, wenn bei Vertragsschluss feststeht, dass nach dem Wegfall des Befristungsgrundes etwaige weitere, einen neuerlichen vorübergehenden Mehrbedarf begründende Maßnahmen erst nach einer Unterbrechung von vielen Wochen[199] durchgeführt werden können.[200]

191 BT-Drucks 14/4374, S. 13, 18.

192 Vgl. BAG v. 29.1.1987, AP Nr. 1 zu § 620 BGB Saisonarbeit; ErfK/*Müller-Glöge*, § 14 TzBfG Rn 23; a.A. Kittner/Däubler/Zwanziger/*Däubler*, § 14 TzBfG Rn 52.

193 BAG v. 14.1.1982, AP Nr. 64 zu § 620 BGB Befristeter Arbeitsvertrag.

194 BAG v. 28.3.2001, EzA § 620 BGB Nr. 175.

195 BAG v. 22.3.2000, EzA § 620 BGB Nr. 170; BAG v. 20.2.2008, AP Nr. 45 zu § 14 TzBfG.

196 BAG v. 25.8.2004, NZA 2005, 357; vgl. hierzu ausführlich *Petrovicki*, NZA 2006, 411.

197 BAG v. 25.8.2004, NZA 2005, 357.

198 BAG v. 7.5.2008 – 7 AZR 146/07.

199 Eine beispielhafte oder gar konkrete Zahl nennt das BAG indes nicht, vgl. BAG v. 11.2.2004, NZA 2004, 978, 980.

200 BAG v. 11.2.2004, NZA 2004, 978, 980.

96 Ein vorübergehender Mehrbedarf an Arbeitskräften kann den Einsatz von sog. Tagesaushilfen nach einer **Rahmenvereinbarung** rechtfertigen. Schließen die Parteien nach Maßgabe der Rahmenvereinbarung auf jeweils einen Tag befristete Einzelarbeitsverträge, unterliegen diese der arbeitsgerichtlichen Befristungskontrolle.[201]

Die Zahl der befristet eingestellten Arbeitnehmer hat sich im Rahmen des vorübergehenden Mehr- bzw. Minderbedarfs zu halten und darf diesen nicht überschreiten.[202]

97 Zum Sachgrund eines vorübergehenden Mehrbedarfs gilt nach ständiger Rspr. des BAG eine **abgestufte Darlegungslast**. Behauptet der Arbeitnehmer einen dauerhaften Bedarf des Arbeitgebers an seiner Arbeitsleistung, ist der Arbeitgeber gehalten, diejenigen Tatsachen vorzutragen, die eine entsprechende Prognose über Umfang und Dauer des voraussichtlichen Mehrbedarfs zulassen. Dazu sind die Grundlagen dieses Wahrscheinlichkeitsurteils auszuweisen, der Arbeitgeber hat seine Erkenntnisquellen offen zu legen.[203] Diese Prognose hat sich auch darauf zu beziehen, ob im Zeitpunkt des Ablaufs der Befristung mit hinreichender Wahrscheinlichkeit kein Bedarf mehr an der Weiterbeschäftigung des Arbeitnehmers besteht. Wird die Prognose des Arbeitgebers durch die spätere Entwicklung bestätigt, besteht eine ausreichende Vermutung dafür, dass sie hinreichend fundiert erstellt worden ist. Es ist dann Sache des Arbeitnehmers, Tatsachen vorzutragen, nach denen zumindest im Zeitpunkt des Vertragsabschlusses diese Prognose nicht gerechtfertigt war. Hat sich die Prognose nicht bestätigt, muss der Arbeitgeber die ihm bei Vertragsabschluss bekannten Tatsachen vorbringen, die ihm jedenfalls zum damaligen Zeitpunkt den hinreichend sicheren Schluss darauf erlaubten, dass nach Ablauf der Befristung kein konkreter Bedarf mehr an der Arbeitsleistung des eingestellten Arbeitnehmers besteht.

98 Von diesem Fall, dass von vorneherein feststeht, dass nur ein vorübergehender Bedarf an zusätzlichen Arbeitskräften besteht, ist die jeder wirtschaftlichen Tätigkeit innewohnende Unsicherheit über die künftige Entwicklung und den damit verbundenen Arbeitskräftebedarf zu unterscheiden. Letzterer Fall stellt nach der Rspr. des BAG keinen Befristungsgrund dar.[204] Die **bloße Unsicherheit** über die **zukünftige Entwicklung** des **Personalbedarfs** gehört vielmehr zum **unternehmerischen Risiko**, das der Arbeitgeber nicht durch den Abschluss befristeter Arbeitsverträge auf seine Arbeitnehmer abwälzen kann.[205] So stellt allein die zeitlich befristete Übertragung sozialstaatlicher Aufgaben – hier Durchführung von Ausbildungsmaßnahmen im Auftrag der Bundesagentur für Arbeit – für den Auftragnehmer jedenfalls dann keinen sachlichen Grund für die Befristung des Arbeitsverhältnisses mit den projektbezogen beschäftigten Arbeitnehmern dar, wenn es sich bei der Maßnahme nicht um ein zeitlich begrenztes Projekt, sondern um eine Daueraufgabe des staatlichen Auftraggebers handelt.[206] Der Arbeitgeber kann sich also zur sachlichen Rechtfertigung einer Befristung auf eine Tätigkeit in einem zeitlich begrenzten Projekt nur dann berufen, wenn es sich bei den im Rahmen des Projektes zu bewältigenden Aufgaben um eine auf vorübergehende Dauer angelegte und gegenüber den sogenannten Daueraufgaben des Arbeitgebers abgrenzbare Zusatzaufgabe handelt.[207] Dies ist nicht der Fall bei Tätigkeiten, die der Arbeitgeber im Rahmen des von ihm verfolgten Betriebs-

201 BAG v. 16.4.2003, NZA 2004, 40.
202 BAG v. 12.9.1996, EzA § 620 BGB Nr. 142.
203 BAG v. 10.6.1992, EzA § 620 BGB Nr. 116; BAG v. 12.9.1996, a.a.O.
204 BAG v. 4.12.2003, NZA 2004, 64 (LS); BAG v. 11.12.1991, AP Nr. 145 zu § 620 BGB Befristeter Arbeitsvertrag; BAG v. 8.4.1992, AP Nr. 146 zu § 620 BGB Befristeter Arbeitsvertrag.
205 KR/*Lipke*, § 14 TzBfG Rn 91; ErfK/*Müller-Glöge*, § 14 TzBfG Rn 23.
206 BAG v. 4.12.2003, NZA 2004, 64 (LS).
207 BAG v. 7.11.2007, NZA 2008, 467.

zwecks dauerhaft wahrnimmt oder zu deren Durchführung er verpflichtet ist. Demgegenüber spricht es regelmäßig für das Vorliegen eines zeitlich befristeten Projektes, wenn dem Arbeitgeber für die Durchführung der in dem Projekt verfolgten Tätigkeiten von einem Dritten finanzielle Mittel oder sonstige Sachleistungen zur Verfügung gestellt werden.[208]

Auch kein nur vorübergehender betrieblicher Bedarf an der Arbeitsleistung besteht, wenn der Arbeitgeber einen Arbeitnehmer nur deshalb befristet einstellt, weil er beabsichtigt, die diesem übertragenen Arbeitsaufgaben zu einem späteren Zeitpunkt dauerhaft durch Leiharbeitnehmer erledigen zu lassen.[209] Durch den Einsatz von Leiharbeitnehmern entfällt lediglich der Bedarf an der Beschäftigung von Arbeitnehmern, die in einem durch Arbeitsvertrag begründeten Arbeitsverhältnis zum Betriebsinhaber stehen. Darauf kommt es jedoch für den Sachgrund des vorübergehenden betrieblichen Bedarfs an der Arbeitsleistung nicht an, sondern auf den Beschäftigungsbedarf innerhalb der betrieblichen Organisation. Der betriebliche Bedarf an der Arbeitsleistung besteht so lange, wie der Arbeitgeber die von dem befristet eingestellten Arbeitnehmer ausgeübten Tätigkeiten innerhalb seiner betrieblichen Organisation erledigt. Dies ist nach Ansicht des BAG auch dann der Fall, wenn der Arbeitgeber die Arbeiten mit Hilfe von Leiharbeitnehmern verrichtet.[210] Der für die Zukunft geplante Einsatz von Leiharbeitnehmern ist auch kein sonstiger, in § 14 Abs. 1 S. 2 Nr. 1 TzBfG nicht genannter Sachgrund, der die Befristung des Arbeitsvertrages mit einem in der Zwischenzeit beschäftigten Arbeitnehmer rechtfertigen könnte.[211]

b) Nr. 2 – Erstanstellung im Anschluss an Ausbildung oder Studium

Nach § 14 Abs. 1 S. 2 Nr. TzBfG liegt ein sachlicher Grund vor, wenn die Befristung im Anschluss an eine Ausbildung oder ein Studium erfolgt, um den Übergang des Arbeitnehmers in eine Anschlussbeschäftigung zu erleichtern.[212] 99

Die tarifvertragliche Verpflichtung, den Auszubildenden für eine Mindestzeit zu übernehmen, stellte nach der bisherigen Rspr. des BAG einen Sachgrund in Gestalt eines **sozialen Überbrückungstatbestandes** dar.[213] Ausweislich der Regierungsbegründung soll der neu gefasste Sachgrund **über** den **bisherigen Befristungstatbestand** der tariflichen Verpflichtung **hinausgehen.**[214] 100

Weder der Begriff der „Ausbildung" noch der des „Studiums" sind im Gesetz definiert. Dies gilt auch für das Merkmal „Anschluss". Angesichts der Intention des Gesetzgebers ist davon auszugehen, dass die **Begriffe** eher **großzügig ausgelegt** werden dürften.[215] 101

Das befristete Arbeitsverhältnis eines zuvor als Auszubildenden beschäftigten Arbeitnehmers muss spätestens am Tag nach Beendigung des Ausbildungsverhältnisses begründet werden. Wird der Ausgebildete im **Anschluss** an das **Ausbildungsverhältnis ohne Befristungsabrede weiter beschäftigt,** greift die Fiktion des § 24 BBiG ein, wonach ein **Arbeitsverhältnis** auf **unbestimmte Zeit** als begründet gilt.[216] 102

208 BAG v. 7.11.2007, NZA 2008, 467.
209 BAG v. 17.1.2007, NZA 2007, 566.
210 BAG v. 17.1.2007, NZA 2007, 566, 569.
211 BAG v. 17.1.2007, NZA 2007, 566.
212 Ausführlich *Schlachter*, NZA 2003, 1180.
213 BAG v. 14.10.1997, AP Nr. 155 zu § 1 Tarifverträge Metallindustrie.
214 BT-Drucks 14/4374, S. 19.
215 *Meinel/Heyn/Herms*, TzBfG, § 14 Rn 24.
216 ErfK/*Müller-Glöge*, § 14 TzBfG Rn 30.

103 Die Erstanstellung muss einerseits im Anschluss an die Ausbildung oder das Studium begründet werden. Dementsprechend **schließt** ein zwischenzeitlich von dem Arbeitnehmer aufgenommenes **Arbeits- oder Beschäftigungsverhältnis** einen Anschluss i.S.v. Nr. 2 regelmäßig **aus.**[217]

104 Nach richtiger Auffassung besteht andererseits **keine Frist**, innerhalb derer die **Erstanstellung** zustande kommen muss.[218] Vielmehr soll die Regelung auch die Befristung von Arbeitsverhältnissen mit Langzeitarbeitslosen nach Umschulungen oder die Befristung mit im Anschluss an ihr Studium arbeitslos gewordenen Akademikern ermöglichen.[219]

105 Eine Erleichterung des Übergangs in eine Anschlussbeschäftigung kann allein in der Verbesserung der Vermittlungschancen auf dem Arbeitsmarkt durch Erwerb praktischer Berufserfahrung liegen. Aus diesem Grund und weil dem Gesetzeswortlaut keine Einschränkungen zu entnehmen sind, besteht nach § 14 Abs. 1 S. 2 Nr. 2 TzBfG **keine höchstzulässige Befristungsdauer**.[220] Allerdings ermöglicht § 14 Abs. 1 S. 2 Nr. 2 TzBfG lediglich den einmaligen Abschluss eines befristeten Arbeitsvertrages nach dem Ende der Ausbildung. Weitere befristete Arbeitsverträge können auf diesen Sachgrund nicht mehr gestützt werden.[221]

c) Nr. 3 – Vertretung

106 Nach § 14 Abs. 1 S. 2 Nr. 3 TzBfG liegt ein sachlicher Grund vor, wenn der Arbeitnehmer zur Vertretung eines anderen Arbeitnehmers beschäftigt wird. Die Einstellung eines Arbeitnehmers zur Vertretung eines anderen Arbeitnehmers, der erkrankt, beurlaubt oder aus anderen Gründen vorübergehend an der Arbeitsleistung verhindert ist, ist als sachlicher Befristungsgrund seit langem anerkannt.[222] In der Praxis wichtigster Vertretungsfall ist die Inanspruchnahme von Elternzeit bzw. der Mutterschutzfristen nach dem MuSchG. Weitere Fälle sind Erholungs- und Sonderurlaubsvertretungen, die Vertretung für einen abgeordneten, für einen ins Ausland entsendeten oder für einen aufgrund der Bestimmungen des BetrVG oder der Personalvertretungsgesetze freigestellten Arbeitnehmer[223] sowie die Vertretung für einen vom Dienst suspendierten Beamten.[224]

aa) Allgemeine Grundsätze

107 Der Befristungsgrund des § 14 Abs. 1 S. 2 Nr. 3 TzBfG liegt darin, dass der Arbeitgeber seinen Arbeitskräftebedarf an sich bereits durch den Arbeitsvertrag bzw. das Beamtenverhältnis mit dem Vertretenen abgedeckt hat und deshalb an der Arbeitskraft des Vertreters von vornherein nur ein **vorübergehender,** zeitlich durch die **Rückkehr** des **Vertretenen begrenzter**

217 ErfK/*Müller-Glöge,* § 14 TzBfG Rn 32; *Boewer*, TzBfG, § 14 Rn 117.

218 *Meinel/Heyn/Herms,* TzBfG, § 14 Rn 25; *Boewer*, TzBfG, § 14 Rn 117, ErfK/*Müller-Glöge,* § 14 TzBfG Rn 32; a.A. KR/*Lipke*, § 14 TzBfG Rn 127; *Kliemt*, NZA 2001, 296, 297 (Frist sechs Monate); *Däubler*, ZIP 2001, 217, 223 (Frist drei Monate).

219 So auch ErfK/*Müller-Glöge*, a.a.O.

220 ErfK/*Müller-Glöge*, § 14 TzBfG Rn 33; **a.A.** KR/*Lipke*, § 14 TzBfG Rn 129, der eine Befristungshöchstgrenze von zwei Jahren zulassen will, m.w.N. zum Streitstand.

221 BAG v. 10.10.2007, NZA 2008, 295; LAG Berlin-Brandenburg v. 19.9.2008, PersR 2009, 90.

222 BAG v. 8.9.1983, AP Nr. 77 zu § 620 BGB Befristeter Arbeitsvertrag m. Anm. *Koller*; BAG v. 11.12.1991, AP Nr. 141 zu § 620 BGB Befristeter Arbeitsvertrag; BAG v. 21.2.2001, AP Nr. 226 zu § 620 BGB Befristeter Arbeitsvertrag.

223 ErfK/*Müller-Glöge*, § 14 TzBfG Rn 34.

224 ErfK/*Müller-Glöge*, § 14 TzBfG Rn 39.

Bedarf besteht.[225] Teil des Sachgrundes ist daher eine Prognose des Arbeitgebers über den voraussichtlichen Wegfall des Vertretungsbedarfs durch die Rückkehr des zu vertretenden Mitarbeiters. Von der Rückkehr kann grundsätzlich ausgegangen werden.[226] Auch eine wiederholte Befristung wegen der mehrfachen Verhinderung bzw. Verlängerung der Beurlaubung der zu vertretenden Stammkraft steht der Prognose des künftigen Wegfalls des Vertretungsbedarfs nicht entgegen.[227] Die Prognose muss sich nicht auf den Zeitpunkt der Rückkehr und damit auf die Dauer des Vertretungsbedarfs erstrecken.[228] Ist der vertretene Arbeitnehmer teilzeitbeschäftigt, rechtfertigt der Sachgrund der Vertretung nicht die Befristung des Arbeitsvertrags einer vollzeitbeschäftigten Vertretungskraft.[229]

Sofern nicht besondere Umstände vorliegen, kann der Arbeitgeber in Fällen der **Krankheitsvertretung** davon ausgehen, dass die zu vertretende Stammkraft zurückkehren wird.[230] 108
Die Prognose, der erkrankte Mitarbeiter werde an seinen Arbeitsplatz zurückkehren, ist Teil des Sachgrundes der Befristung.[231] Besondere Umstände, die Zweifel an der Rückkehr der Stammkraft begründen können, liegen nicht in dem Umstand, dass die Stammkraft bereits längere Zeit erkrankt ist. Es gibt keinen allgemeinen Erfahrungssatz, dass längere Zeit erkrankte Arbeitnehmer ihre Arbeit überhaupt nicht wieder aufnehmen werden. Der Arbeitgeber ist nicht verpflichtet, von sich aus Erkundigungen über die gesundheitliche Entwicklung des erkrankten Arbeitnehmers einzuholen.[232] Nur wenn der Arbeitgeber weiß, dass der Vertretene nicht auf seinen Arbeitsplatz zurückkehren wird oder aufgrund besonderer Umstände daran **erhebliche Zweifel** hat, kann die Befristung des Arbeitsvertrags sachlich nicht gerechtfertigt sein.[233] Dies setzt voraus, dass der zu vertretende Arbeitnehmer dem Arbeitgeber bereits vor dem Abschluss des befristeten Arbeitsvertrags mit der Vertretungskraft verbindlich erklärt hat, dass er die Arbeit nicht wieder aufnehmen werde. Eine unverbindliche Ankündigung reicht nicht aus. Solange die Stammkraft einen Anspruch darauf hat, die Tätigkeit wieder aufzunehmen, muss und darf der Arbeitgeber mit deren Rückkehr rechnen.[234]

Für eine Vereinbarung, die als Beendigungstatbestand des Arbeitsverhältnisses das Ausscheiden des Vertretenen vorsieht, fehlt in aller Regel der Sachgrund.[235] Ein sachlicher 109
Grund für die Befristung liegt auch nicht vor, wenn der Vertrag bis zum Ausscheiden des Vertretenen befristet ist.[236] Der Sachgrund der Vertretung rechtfertigt regelmäßig **kein Abstellen** auf das **Ausscheiden** des **Vertretenen** aus dem Arbeitsverhältnis. Denn mit dem Ausscheiden des Vertretenen entfällt nicht zwangsläufig der von diesem abgedeckte Arbeitskräf-

225 BAG v. 21.3.1990, AP Nr. 135 zu § 620 BGB Befristeter Arbeitsvertrag; BAG v. 22.11.1995, NZA 1996, 878; BAG v. 26.6.1996, NZA 1997, 200; BAG v. 24.9.1997, NZA 1998, 419; BAG v. 8.7.1998, NZA 1998, 1279; BAG v. 21.2.2001, BAGE 97, 86; BAG v. 5.6.2002, AP Nr. 235 zu § 620 BGB Befristeter Arbeitsvertrag; BAG v. 4.6.2003, NZA-RR 2003, 621.

226 Vgl. BAG v. 11.12.1991, AP Nr. 141 zu § 620 BGB Befristeter Arbeitsvertrag; BAG v. 22.11.1995, a.a.O.; BAG v. 24.9.1997, a.a.O; BAG v. 13.10.2004, NZA 2005, 469, 471.

227 So BAG v. 2.7.2003, DB 2004, 80; BAG v. 4.6.2003, NZA-RR 2003, 621.

228 BAG v. 6.12.2000, NZA 2001, 721; BAG v. 21.2.2001, NZA 2001, 1382; BAG v. 5.6.2002, AP Nr. 235 zu § 620 BGB Befristeter Arbeitsvertrag.

229 BAG v. 4.6.2003, NZA-RR 2003, 621.

230 BAG v. 21.2.2001, NZA 2001, 1382; BAG v. 2.7.2003, DB 2004, 80.

231 BAG v. 23.1.2002, AP Nr. 231 zu § 620 BGB Befristeter Arbeitsvertrag.

232 BAG v. 21.2.2001, NZA 2001, 1382; für Beurlaubung BAG v. 4.6.2003, NZA-RR 2003, 621.

233 BAG v. 23.1.2002, NZA 2002, 665; BAG v. 21.2.2001, AP Nr. 226 zu § 620 BGB Befristeter Arbeitsvertrag, 86; BAG v. 4.6.2003, NZA-RR 2003, 621.

234 BAG v. 2.7.2003, AP Nr. 254 zu § 620 Befristeter Arbeitsvertrag; BAG v. 13.6.2007, 7 AZR 747/05, n.V.

235 BAG v. 24.9.1997, NZA 1998, 419.

236 BAG v. 23.1.2002 u. 24.9.1997, AP Nr. 231 u. 192 zu § 620 BGB Befristeter Arbeitsvertrag.

tebedarf. Die zeitliche Begrenzung kann sich aus anderen Umständen ergeben. Dazu muss im Zeitpunkt des Abschlusses des befristeten Arbeitsvertrags aufgrund konkreter Anhaltspunkte zu erwarten sein, dass mit dem Ausscheiden des Vertretenen auch der Bedarf an einer entsprechenden Arbeitsleistung der Vertretungskraft entfällt. Das hat der Arbeitgeber darzulegen.[237] Als Sachgrund kann die Entscheidung des Arbeitgebers in Betracht kommen, den Arbeitsplatz nach dem Ausscheiden des Stelleninhabers mit einem Mitarbeiter zu besetzen, der über bestimmte Anforderungen verfügt. Dem Arbeitgeber obliegt im Streitfall die Darlegung der Tatsachen zu der von ihm getroffenen Entscheidung über die anderweitige Besetzung des Arbeitsplatzes.[238]

110 Der zur Vertretung eines zeitweilig ausfallenden Mitarbeiters befristet eingestellte Arbeitnehmer braucht **nicht** zur **Verrichtung derselben Aufgaben eingestellt** zu werden, die der ausgefallene Mitarbeiter innehatte. Erforderlich ist nur, dass durch den zeitweiligen Ausfall des Mitarbeiters ein vorübergehender Beschäftigungsbedarf entstanden ist und die befristete Einstellung gerade wegen dieses Bedarfes erfolgt. Ob und wie der Arbeitgeber anlässlich dieser Einstellung die Arbeitsaufgaben umverteilt, ist unerheblich.[239] Notwendig, aber auch ausreichend ist, dass zwischen dem zeitweiligen Ausfall eines Mitarbeiters und dem dadurch hervorgerufenen Vertretungsbedarf einerseits und der befristeten Einstellung der Vertretungskraft andererseits ein **Kausalzusammenhang** besteht (sog. mittelbare Vertretung). Bei der unmittelbaren Vertretung bedarf dieser Kausalzusammenhang regelmäßig keiner weiteren Darlegung. Sollen die Aufgaben des vorübergehend ausfallenden Mitarbeiters nicht unmittelbar von der Vertretungskraft übernommen werden, muss der Arbeitgeber zur Darlegung des vom Arbeitnehmer bestrittenen Kausalzusammenhangs deutlich machen, in welcher Weise die befristete Einstellung der Befriedigung des Vertretungsbedarfs dienen sollte.[240] Dies kann geschehen, indem er das bei Abschluss des befristeten Arbeitsvertrags vorhandene **Vertretungskonzept** schildert. Die einzige Möglichkeit der Darlegung des Kausalzusammenhangs ist dies jedoch nicht.[241] Die Voraussetzung des Kausalzusammenhangs kann auch bereits dann gegeben sein, wenn der Arbeitgeber rechtlich und tatsächlich die Möglichkeit hatte, den zu vertretenden Arbeitnehmer in den Arbeitsbereich des Vertreters umzusetzen. Dies ist der Fall, wenn der Arbeitgeber die von der Vertretungskraft ausgeübten Tätigkeiten dem Vertretenen im Wege des Direktionsrechts zuweisen konnte.[242] An dieser Voraussetzung fehlt es dagegen, wenn der Vertreter mit Aufgaben betraut wird, die um zwei Vergütungsgruppen höher bewertet sind als die arbeitsvertraglich geschuldeten Tätigkeiten des zu Vertretenden.[243] Der erforderliche ursächliche Zusammenhang besteht nicht, wenn der Arbeitgeber den vorübergehenden Ausfall eines Mitarbeiters zum Anlass nimmt, die dadurch frei werdenden Mittel dafür zu verwenden, andere Aufgaben durch die Aushilfskraft erledigen zu lassen, ohne dass diese in einer mittelbaren Beziehung zu den Arbeitsaufgaben des zeitweilig ausgefallenen Mitarbeiters stehen.[244]

111 Von einer rechtlich zu missbilligenden **Dauervertretung** wird gesprochen, wenn bei Abschluss des Arbeitsvertrags eine über den Endtermin der Befristung hinausgehende Beschäf-

237 BAG v. 8.7.1998, NZA 1998, 1279, 1280; BAG v. 5.6.2002, EzA § 620 BGB Nr. 192.

238 BAG v. 5.6.2002, EzA § 620 BGB Nr. 192.

239 BAG v. 8.5.1985, AP Nr. 97 zu § 620 BGB Befristeter Arbeitsvertrag; BAG v. 15.8.2001, DB 2002, 152, 153; vgl. auch KR/*Lipke*, § 14 TzBfG, Rn 138.

240 BAG v. 27.10.2004, NZA 2005, 473; BAG v. 15.2.2006, NZA 2006, 781; *Mennemeyer/Keysers*, NZA 2008, 670.

241 *Meinel/Heyn/Herms*, TzBfG, § 14 Rn 31.

242 BAG v. 10.3.2004, NZA 2005, 320; LAG Köln v. 26.11.2008, 9 Sa 846/08.

243 LAG Köln v. 11.5.2005, NZA-RR 2006, 104.

244 BAG v. 25.8.2004, NZA 2005, 472.

tigung beabsichtigt ist.[245] Eine unzulässige Dauervertretung liegt noch **nicht** deshalb vor, weil bei Ablauf eines mit der Vertretung begründeten befristeten Vertrags **weiterer Vertretungsbedarf besteht**. Es genügt auch nicht, dass zur Zeit des Abschlusses eines dieser Arbeitsverträge vorhersehbar war, dass nach Ablauf der Befristung weiterer Vertretungsbedarf besteht.[246] Dem Arbeitgeber steht es frei, ob er bei einem neuen, nach Ablauf der Befristung eintretenden Vertretungsfall wiederum für eine Vertretung sorgt, ob er einen anderen Arbeitnehmer mit der Vertretung betraut oder ob er sich in anderer Weise behilft.[247] Der Arbeitgeber ist nicht zur Bildung einer Personalreserve verpflichtet.[248] Bei mehr als ein- oder zweimaliger Wiederholung von Fristverträgen zur Vertretung sind an den **Grund** der Befristung **strengere Anforderungen** zu stellen. Die Prognose des Arbeitgebers, nach Ablauf der Befristung werde kein Bedarf mehr an der Arbeitsleistung des befristet eingestellten Arbeitnehmers bestehen, gebietet dann eine erhöhte Sorgfalt.[249] Bei der nochmaligen Befristung eines bereits langjährig zur Vertretung befristet beschäftigten Arbeitnehmers ist eine genaue Darlegung der Tatsachen zu verlangen, aufgrund derer er davon ausgehen durfte, diesmal werde der Beschäftigungsbedarf tatsächlich sein Ende finden.[250] Da es in der Organisationsmacht des Arbeitgebers liegt, wie er den anfallenden Vertretungsbedarf befriedigt, kann ihm nicht entgegen gehalten werden, die Vielzahl immer wiederkehrender Vertretungsfälle zeige die Notwendigkeit einer dauerhaften Beschäftigung zusätzlicher Arbeitskräfte. Eine **zeitliche Grenze** bei der eine mehrmalige Vertretung in einen Dauertatbestand umschlägt, lässt sich **nicht festlegen**.[251]

bb) Elternzeitvertretung

§ 23 TzBfG stellt klar, dass § 21 Abs. 1 BEEG eine **eigenständige Rechtsgrundlage** für eine Befristung ist.[252] Liegen die in § 21 Abs. 1 BEEG normierten Tatbestandsvoraussetzungen vor, ist ein sachlicher Grund, der die Befristung eines Arbeitsverhältnisses rechtfertigt, gegeben, ohne dass noch weitere Voraussetzungen hinzukommen müssen. 112

Nach § 21 Abs. 1 BEEG liegt ein sachlicher Grund für die Befristung vor, wenn ein Arbeitnehmer zur Vertretung eines anderen Arbeitnehmers für die Dauer der **Beschäftigungsverbote** nach dem **MuSchG oder** für die Dauer der **Elternzeit** oder Teile hiervon eingestellt wird. Entsprechendes gilt für Zeiten des **Sonderurlaubs zur Kindesbetreuung** z.B. nach § 50 Abs. 2 BAT bzw. § 28 TVöD/TV-L. Gem. § 21 Abs. 2 BEEG kann die Befristung über die vorgenannten Zeiten hinaus auf notwendige Zeiten einer **Einarbeitung** ausgedehnt werden. 113

Nach der Rspr. des BAG[253] ist insb. bei der Elternzeitvertretung eine **kombinierte Zeit- und Zweckbefristung** zulässig. Dies ergibt sich jetzt auch aus § 3 Abs. 1 S. 2 TzBfG. Eine etwaige Unwirksamkeit der Zweckbefristung hat auf die zugleich vereinbarte Zeitbefristung keinen Einfluss. Sie führt nur dazu, dass das Arbeitsverhältnis nicht bereits aufgrund der etwaigen früheren Zweckerfüllung endet, sondern bis zum Ablauf der vorgesehenen Höchstfrist fortbesteht. 114

245 BAG v. 3.10.1984, NZA 1985, 561; BAG v. 27.1.1998, NZA 1998, 1127, 1129.
246 BAG v. 3.10.1984, a.a.O.; BAG v. 27.1.1998, a.a.O.
247 BAG v. 6.6.1984, NZA 1985, 90; BAG v. 27.1.1998, a.a.O.
248 BAG v. 27.1.1998, a.a.O.
249 BAG v. 11.11.1998, EZA § 620 BGB Nr. 155.
250 BAG v. 6.12.2000, EZA § 620 BGB Nr. 172; vgl. auch KR/*Lipke*, § 14 TzBfG Rn 146.
251 KR/*Lipke*, § 14 TzBfG Rn 148; a.A. Kittner/Däubler/Zwanziger/*Däubler*, § 14 TzBfG Rn 63 f.
252 KR/*Lipke*, § 21 BEEG Rn 3; vgl. auch BAG v. 6.12.2000, AP Nr. 22 zu § 2 SR 2y BAT.
253 BAG v. 15.8.2001, DB 2002, 152, 153.

115 *Formulierungsbeispiel*
„Die Arbeitnehmerin wird für die Dauer der Elternzeit von Frau [Name], längstens aber bis zum [Datum] eingestellt."

d) Nr. 4 – Eigenart der Arbeitsleistung

116 Nach § 14 Abs. 1 S. 2 Nr. 4 TzBfG liegt ein sachlicher Grund vor, wenn die Eigenart der Arbeitsleistung die Befristung rechtfertigt. Dieser beispielhaft genannte Sachgrund war als Begriff in der bisherigen Typologie der Rspr. vor Inkrafttreten des TzBfG nicht bekannt. Ausweislich der Gesetzesbegründung[254] soll er sich z.B. auf das von der Rspr. abgeleitete Recht der **Rundfunk- und Fernsehanstalten bzw. der Medien** beziehen, programmgestaltende Arbeitnehmer nur für eine bestimmte Zeit zu beschäftigen und das Befristungsrecht der **Theater** abdecken. Erleichterte Befristungen sollen dem Innovationsbedürfnis Rechnung tragen.[255] Entsprechendes gilt für befristete Arbeitsverträge mit **Journalisten, Künstlern**, Wissenschaftlern bzw. wissenschaftlichen Mitarbeitern in bestimmten Bereichen, wie z.B. den Parlamentsfraktionen.[256]

117 Bei Befristungen im **Wissenschafts- und Forschungsbereich** sind die speziellen Regelungen im Wissenschaftszeitvertragsgesetz (WissZeitVG) zu beachten.

118 Eine Befristung nach § 14 Abs. 1 S. 2 Nr. 4 TzBfG ist nur bei Arbeitnehmern zulässig, die den Tendenzzweck verkörpern und dem diesen unmittelbar beeinflussenden Kreis von Arbeitnehmern (sog. **Tendenzträger**).[257]

119 Auch Befristungen im Bereich des **Sports** fallen unter Nr. 4 (vgl. auch § 18 Rn 17). Das BAG hat Befristungen mit Sporttrainern im Spitzensport zugelassen.[258] Auch für Sportler sind im Profibereich Befristungen üblich und in der Regel auch zulässig. Der professionelle Sport steht dem Unterhaltungsbereich so nahe, dass in gleicher Weise mit Rücksicht auf das Abwechslungsbedürfnis des Publikums ein Bedarf an personellem Wechsel besteht (sog. **Verschleißtatbestand**).[259]

e) Nr. 5 – Erprobung

120 Nach § 14 Abs. 1 S. 2 Nr. 5 TzBfG liegt ein sachlicher Grund vor, wenn die Befristung zur Erprobung erfolgt. Nach der amtlichen Begründung zum Regierungsentwurf ist damit die st. Rspr. des BAG übernommen worden.[260] Danach rechtfertigt eine Tätigkeit zur Erprobung den Abschluss eines befristeten Arbeitsvertrags. Das gilt auch, wenn tarifvertraglich eine bestimmte Frist für die Erprobung vorgegeben, aber im Einzelfall eine längere Erprobungszeit erforderlich ist.[261]

254 BT-Drucks 14/4374, S. 19; ebenso BAG v. 26.7.2006, NZA 2007, 147.

255 BVerfG v. 13.1.1982, AP Nr. 48 zu § 611 BGB Abhängigkeit; BVerfG v. 28.6.1983, AP Nr. 4 zu Art. 5 Abs. 1 GG Rundfunkfreiheit; BVerfG v. 18.2.2000, AP Nr. 9 zu Art. 5 Abs. 1 GG Rundfunkfreiheit.

256 KR/*Lipke*, § 14 TzBfG Rn 171 ff.; *Meinel/Heyn/Herms*, TzBfG, § 14 Rn 38 ff.; vgl. auch ErfK/*Müller-Glöge*, § 14 Rn 46 ff.

257 KR/*Lipke*, § 14 TzBfG Rn 172; ErfK/*Müller-Glöge*, § 14 TzBfG Rn 65.

258 BAG v. 29.10.1998, NZA 1999, 646, vgl. auch BAG v. 4.12.2002, NZA 2003, 611.

259 KR/*Lipke*, § 14 TzBfG Rn 171; ErfK/*Müller-Glöge*, § 14 TzBfG Rn 46; a.A. *Bruns*, NZA 2008, 1269.

260 BT-Drucks 14/4374, S. 19.

261 BAG v. 15.3.1978, AP Nr. 45 zu § 620 BGB Befristeter Arbeitsvertrag.

Nach der Rspr. des BAG sind **nur** ausnahmsweise mehr als sechs Monate Probezeit erforderlich. Branchenüblichkeit, Schwierigkeit der Arbeitsaufgabe und Person des Arbeitnehmers können eine längere Probezeit rechtfertigen.[262] Das ist beispielsweise der Fall, wenn ein Arbeitnehmer seit vielen Jahren nicht mehr in dem von ihm erlernten Beruf tätig gewesen ist und sich erst wieder einarbeiten und bewähren muss.[263] Dementsprechend werden Befristungen nach § 14 Abs. 1 S. 2 Nr. 5 TzBfG **regelmäßig drei bis sechs Monate** betragen können und nur ausnahmsweise eine Befristung bis zu 12 Monaten oder sogar länger rechtfertigen können.[264] 121

Eine Befristung nach § 14 Abs. 1 S. 2 Nr. 5 TzBfG ist **unzulässig**, wenn dem Arbeitgeber die **Eignung** des Arbeitnehmers schon aus einer vorhergehenden Beschäftigung **bekannt** ist.[265] Dagegen ist es zulässig, eine **erneute Befristung zur Erprobung** zu vereinbaren, wenn der Arbeitnehmer in einer höherwertigen Tätigkeit eingesetzt wird.[266] 122

Die Befristung eines neuen Arbeitsvertrags mit einem bei Beendigung des früheren Arbeitsverhältnisses **alkoholkranken Arbeitnehmer** ist sachlich als Anwendungsfall von § 14 Abs. 1 S. 2 Nr. 5 TzBfG gerechtfertigt, wenn nach einer inzwischen abgeschlossenen Entziehungskur die **Rückfallgefahr** erprobt und dem Arbeitnehmer eine Bewährungschance gegeben werden soll.[267] 123

f) Nr. 6 – Gründe in der Person des Arbeitnehmers

Nach § 14 Abs. 1 S. 2 Nr. 6 TzBfG liegt ein sachlicher Grund vor, wenn in der Person des Arbeitnehmers liegende Gründe die Befristung rechtfertigen. Von in der Person des Arbeitnehmers liegenden Gründen ist in der Terminologie der Rspr. des BAG bislang keine Rede. Sie soll nach der Gesetzesbegründung[268] die anerkannten Fälle der **sozialen Überbrückung** erfassen, z.B. die befristete Beschäftigung bis zum Beginn einer bereits feststehenden anderen Beschäftigung, des Wehr- oder Zivildienstes oder eines Studiums. Als weiterer Grund wird in der Gesetzesbegründung die Befristung für die Dauer einer befristeten Aufenthalts- oder Arbeitserlaubnis genannt, soweit zum Zeitpunkt des Vertragsschlusses hinreichend gewiss ist, dass die eine Beschäftigung tragenden Erlaubnisse nicht verlängert werden. Nachfolgend sollen die wichtigsten Fälle der personenbedingten Sachgründe näher dargestellt werden. 124

aa) Soziale Überbrückung

Als personenbedingte Sachgründe sind in der Vergangenheit **Übergangsregelungen** gewertet worden, bei denen der Arbeitgeber dem Arbeitnehmer mit Rücksicht auf dessen persönliche Verhältnisse aus sozialen Erwägungen eine vorübergehende Beschäftigung ermöglicht hat.[269] Ein solcher Fall ist angenommen worden bei einer befristeten Fortsetzung des Arbeitsverhältnisses zum Erwerb eines Versorgungsanspruches,[270] nach Beendigung des Ausbildungsverhältnisses bei einer befristeten Fortsetzung des Arbeitsverhältnisses zur Stellen- 125

262 BAG v. 24.1.2008, NZA 2008, 521.
263 BAG v. 13.12.1962, AP Nr. 24 zu § 620 BGB Befristeter Arbeitsvertrag.
264 Eingehend KR/*Lipke*, § 14 TzBfG Rn 219 ff.
265 KR/*Lipke*, § 14 TzBfG Rn 213; ErfK/*Müller-Glöge*, § 14 TzBfG Rn 50.
266 BAG v. 23.6.2004, NZA 2004, 1333.
267 LAG Köln v. 5.3.1998, NZA 1999, 321; LAG Köln v. 24.8.2007, ZTR 2008, 110.
268 BT-Drucks 14/4374, S. 19.
269 KR/*Lipke*, § 14 TzBfG Rn 250 m.w.N.
270 *Koch*, NZA 1985, 345, 348; so auch KR/*Lipke*, § 14 TzBfG Rn 252.

suche als „soziale Auslauffrist",[271] bei einer befristeten Fortsetzung des Arbeitsverhältnisses zum Erwerb einer fehlenden Qualifikation[272] und einem beruflichen Übergang nach bestandener Facharztprüfung.[273] Der Sachgrund der sozialen Überbrückung setzt dabei nicht voraus, dass es dem Arbeitnehmer gerade auf den Abschluss eines befristeten Arbeitsvertrages ankommt.[274]

126 Das BAG hat in der Vergangenheit das Vorliegen derartiger sozialer Gründe nach sehr strengen Maßstäben überprüft. Voraussetzung für die Gültigkeit einer solchen Befristung sei, dass gerade die **sozialen Belange** des **Arbeitnehmers** und **nicht** die **Interessen** des **Betriebs** im Vordergrund der Überlegungen des Arbeitgebers gestanden haben und für den Abschluss des befristeten Arbeitsverhältnisses **ausschlaggebend** waren.[275] Es darf ohne den sozialen Überbrückungszweck nicht zum Abschluss eines Arbeitsvertrags, auch nicht eines befristeten Arbeitsvertrags kommen.[276] Hierfür sei der Arbeitgeber darlegungs- und beweispflichtig. Diese Voraussetzungen liegen nicht vor, wenn der Arbeitnehmer auf einer vorübergehend freien Beamtenstelle eingesetzt und er quasi als Vertretungskraft vorrangig im arbeitgeberseitigen Interesse beschäftigt wird.[277] Es bleibt abzuwarten, ob die vom BAG entwickelten strengen Anforderungen auch unter Geltung des TzBfG weiter unverändert aufrechterhalten werden.

bb) Befristung auf eigenen Wunsch

127 Das BAG geht in st. Rspr. davon aus, dass der Wunsch des Arbeitnehmers auf eine befristete Beschäftigung die Befristung eines Arbeitsverhältnisses rechtfertigen kann.[278] Das BAG fordert **objektive Anhaltspunkte** zum Zeitpunkt des Vertragsschlusses, aus denen gefolgert werden kann, dass der Arbeitnehmer ein **Interesse** an einer **befristeten Beschäftigung** hat.[279] Entscheidend ist, ob der Arbeitnehmer auch bei einem Angebot des Arbeitgebers auf Abschluss eines unbefristeten Arbeitsvertrags nur ein befristetes Arbeitsverhältnis vereinbart hätte.[280]

128 Der Wunsch eines ausländischen Arbeitnehmers, nach einer bestimmten Zeit in seine Heimat zurückzukehren, rechtfertigt eine Befristung des Arbeitsverhältnisses. Er kann sich nach Ablauf der Befristung nicht darauf berufen, dass er in Wirklichkeit eine Rückkehr in seine Heimat nicht geplant hatte.[281]

cc) Arbeitserlaubnis und sonstige Einstellungs- und Beschäftigungsvoraussetzungen

129 Die Befristung eines Arbeitsvertrags mit einem Ausländer ist sachlich gerechtfertigt, wenn dem Arbeitnehmer eine befristete Arbeitserlaubnis erteilt worden ist und im Zeitpunkt des Vertragsschlusses die hinreichend **zuverlässige Prognose** gestellt werden kann, dass es zu

271 BAG v. 12.12.1984, AP Nr. 85 zu § 620 BGB Befristeter Arbeitsvertrag.
272 BAG v. 11.12.1985, EzA § 620 BGB Nr. 78.
273 BAG v. 19.8.1992– 7 AZR 493/91 – n.v.
274 LAG Rheinland-Pfalz v. 30.6.2005 – 1 Sa 1020/04 – NZA-RR 2006, 107.
275 BAG v. 3.10.1984, AP Nr. 88 zu § 620 BGB Befristeter Arbeitsvertrag.
276 BAG v. 23.1.2002, EzA § 620 BGB Nr. 186; so auch *Boewer*, TzBfG, § 14 Rn 185.
277 BAG v. 7.7.1999, EzA § 620 BGB Nr. 165.
278 BAG v. 26.4.1985, AP Nr. 91 zu § 620 BGB Befristeter Arbeitsvertrag m.w.N.; BAG v. 6.11.1996, NZA 1997, 1222, 1223.
279 BAG v. 26.4.1985, a.a.O.; BAG v. 6.11.1996, a.a.O.
280 BAG v. 6.11.1996, NZA 1997, 1222; BAG v. 4.6.2003, ZTR 2003, 579; BAG v. 16.4.2003, NZA 2004, 40, 43; BAG v. 19.1.2005, NZA 2005, 896; KR/*Lipke*, § 14 TzBfG Rn 246.
281 LAG Köln v. 4.5.2001, AE 2001, 104.

keiner Verlängerung der Arbeitserlaubnis kommen wird.[282] Die Befristung mit einem ausländischen Arbeitnehmer kann zeitlich befristet, zweckbefristet oder auflösend bedingt für den Fall der Nichterteilung der Arbeitserlaubnis gestaltet werden.[283]

Darüber hinaus ist es zulässig, das Arbeitsverhältnis befristet oder auflösend bedingt an be- **130**
stimmte **Einstellungs- oder Beschäftigungsvoraussetzungen** zu knüpfen. Z.B. ist es zulässig, ein Arbeitsverhältnis unter dem Vorbehalt einer vom (Amts-) Arzt noch festzustellenden **gesundheitlichen Eignung** vorläufig zu befristen oder – besser – daran eine auflösende Bedingung zu knüpfen.[284]

Formulierungsvorschlag **131**

„§ Befristung des Arbeitsverhältnisses

(1) Der Arbeitnehmer wird von bis befristet für Monate eingestellt. Das Arbeitsverhältnis endet nach Ablauf der Frist, ohne dass es einer Kündigung bedarf.

(2) Die ersten sechs Monate gelten als Probezeit.

(3) Die Einstellung des Arbeitnehmers erfolgt unabhängig von der Regelung in Abs. 1 unter der auflösenden Bedingung gesundheitlicher Eignung für die vorgesehene Aufgabe. Der Arbeitnehmer erklärt sich mit einer für ihn unentgeltlichen Untersuchung durch einen Vertrauensarzt, der von der Arbeitgeberin benannt wird, einverstanden. Der Arbeitnehmer entbindet den Arzt von der ärztlichen Schweigepflicht, allerdings nur, soweit es zur Beurteilung der gesundheitlichen Eignung notwendig ist. Das Arbeitsverhältnis endet zwei Wochen nach Zugang der schriftlichen Unterrichtung des Arbeitnehmers durch die Arbeitgeberin über die gesundheitliche Nichteignung, die bindend von dem von der Arbeitgeberin beauftragten Vertrauensarzt festgestellt wird.“

Zulässig – und ratsam – ist es auch, das Rechtsverhältnis des gekündigten Arbeitnehmers **132**
während der **Weiterbeschäftigung** nach dem sog. allgemeinen Weiterbeschäftigungsanspruch oder nach § 102 Abs. 5 BetrVG unter die auflösende Bedingung der Abweisung der Kündigungsschutzklage zu stellen[285] (vgl. auch Rn 10).

Formulierungsvorschlag **133**

„§ 1 Beschäftigung zur Vermeidung der Zwangsvollstreckung

(1) Der Arbeitnehmer wird zur Vermeidung der Zwangsvollstreckung des von ihm gestellten Weiterbeschäftigungsantrages im Kündigungsrechtsstreit beim Arbeitsgericht , Az. , unter der auflösenden Bedingung der rechtskräftigen Abweisung der Kündigungsschutzklage ab bei der Arbeitgeberin als beschäftigt. Dieses Rechtsverhältnis endet zwei Wochen nach Zugang der schriftlichen Unterrichtung des Arbeitnehmers durch die Arbeitgeberin über den Bedingungseintritt.

(2) Im Fall der rechtskräftigen Abweisung der Kündigungsschutzklage, kann der Arbeitnehmer, abgesehen von Vergütungsansprüchen, keinerlei Rechte aus der Beschäftigung herleiten. Vergütungsansprüche bestehen nur für Zeiten der tatsächlichen Erbringung der Arbeitsleistung. Im Übrigen bleiben die Regelungen des Arbeitsvertrags vom unberührt.“

282 BAG v. 12.1.2000, AP Nr. 217 zu § 620 BGB befristeter Arbeitsvertrag; KR/*Lipke*, § 14 TzBfG, Rn 279.

283 LAG Köln v. 18.4.1997, NZA-RR 1997, 446; KR/*Lipke*, § 14 TzBfG Rn 279.

284 LAG Köln v. 12.3.1991, LAGE § 620 BGB Bedingung Nr. 3; ebenso KR/*Lipke*, § 14 TzBfG Rn 286.

285 BAG v. 4.9.1986, EZA § 611 BGB Beschäftigungspflicht Nr. 27; die Vereinbarung muss schriftlich geschlossen werden, BAG v. 22.10.2003, NZA 2004, 1275.

134 Entsprechendes gilt für die Einstellung unter der auflösenden Bedingung der mangelnden **Zustimmung** durch den **Betriebs- oder Personalrat**[286] oder anderer Gremien (z.B. Gemeinde- oder Verwaltungsrat).

135 Soziale Gesichtspunkte sind auch maßgebend, wenn die Befristung aufgrund der Gewährung einer **Arbeitsbeschaffungsmaßnahme** (ABM) erfolgt. Die Gewährung einer ABM durch die Arbeitsverwaltung stellt nach st. Rspr. des BAG[287] eine sachliche Rechtfertigung der Befristung dar, wenn der Arbeitnehmer im Rahmen der ABM **zugewiesen** worden ist und die **Dauer der Befristung** mit der **Dauer** der **Zuweisung übereinstimmt**. Der Sachgrund liegt in der Zusage der Übernahme eines erheblichen Kostenanteils durch die Arbeitsagentur. Die ArbG sind **nicht** befugt zu **prüfen,** ob die gesetzlichen **Voraussetzungen** einer **Arbeitsbeschaffungsmaßnahme** vorgelegen haben.[288] Eine darauf gestützte Befristung kann auch zur Verrichtung von Daueraufgaben sachlich gerechtfertigt sein, wenn der Arbeitgeber die Daueraufgabe ohne die Zuweisung nicht bzw. nicht sofort hätte verrichten lassen.[289] Die Förderung der Beschäftigung durch die Arbeitsverwaltung im Rahmen einer Arbeitsbeschaffungsmaßnahme kann auch eine Zweckbefristung für die längstens dreijährige Gesamtdauer der Förderung einschließlich etwaiger Verlängerungen rechtfertigen. Dass die Verlängerung von einer entsprechenden Antragstellung des Arbeitgebers abhängt, steht dem nicht entgegen. Die gegenüber der Arbeitsverwaltung bestehende Verpflichtung des Arbeitgebers, den Arbeitnehmer nach dem Ende der Förderung in ein Arbeitsverhältnis zu übernehmen, führt ebenfalls nicht zur Unwirksamkeit der Befristung. Auch ein Anspruch auf den Abschluss eines unbefristeten Arbeitsvertrags ergibt sich daraus nicht. Dieser kann sich aber aus einer Zusage des Arbeitgebers, den Arbeitnehmer in ein unbefristetes Arbeitsverhältnis zu übernehmen, ergeben.[290]

136 Die Gewährung eines **Eingliederungszuschusses** für **ältere Arbeitnehmer** ist kein Sachgrund für die Befristung des mit einem älteren Arbeitnehmer abgeschlossenen Arbeitsvertrags. Der Eingliederungszuschuss für ältere Arbeitnehmer nach § 218 Abs. 1 Nr. 3 SGB III a.F. (jetzt § 223 SGB III n.F.) dient – anders als nach der Vorgängerregelung des § 97 AFG – nicht der Arbeitsbeschaffung, sondern soll nach § 217 SGB III Minderleistung ausgleichen, die dem Arbeitgeber durch die Beschäftigung förderungsbedürftiger Arbeitnehmer entstehen.[291]

137 **Sozialhilfemaßnahmen** nach den §§ 14 ff. SGB II können die Befristung eines Arbeitsvertrags, der als Hilfe zur Arbeit abgeschlossen wird, sachlich rechtfertigen.[292]

dd) Ausbildung

138 Zu Zwecken der **Aus-, Fort- oder Weiterbildung** kann ein befristetes Ausbildungsverhältnis zulässig begründet werden, sofern dem Arbeitnehmer **keine Daueraufgaben** übertragen werden.[293]

139 Tätigkeiten als wissenschaftliche Mitarbeiter zum Zweck spezieller Fort- und Weiterbildung (z.B. Promotion) können die Befristung des Arbeitsvertrags sachlich rechtfertigen, gleichgül-

286 BAG v. 17.2.1983, EZA § 620 BGB Nr. 62.
287 BAG v. 12.6.1987, NZA 1988, 468; BAG v. 2.12.1998, NZA 1999, 482, 483.
288 BAG v. 12.6.1987, ZTR 1988, 224.
289 BAG v. 20.12.1995, NZA 1996, 642.
290 BAG v. 19.1.2005, NZA 2005, 873.
291 BAG v. 4.6.2003, NZA 2003, 1143.
292 BAG v. 7.7.1999, NZA 2000, 542 zu den früheren §§ 18 ff. BSHG.
293 ErfK/*Müller-Glöge*, § 14 TzBfG Rn 53.

tig, ob nach dem Arbeitsvertrag im prozentualen oder zeitlichen Umfang eine Freistellung von Dienstaufgaben erfolgt. Nach der Rspr. des BAG braucht die Befristung des Arbeitsvertrags hierbei nicht den gesamten, zum Abschluss des Qualifizierungsvorhabens erforderlichen Zeitraum erfassen. Es soll ein Zeitraum genügen, in dem das **Vorhaben nachhaltig gefördert** werden kann.[294]

ee) Studenten

140 Nach der Rspr. des BAG **rechtfertigt der Umstand allein,** dass der Arbeitnehmer mit einer sogenannten **Nebentätigkeit** nicht seinen vollen Lebensunterhalt verdient, noch **nicht die Befristung des Arbeitsvertrags**.[295] Die Befristung von Arbeitsverträgen mit Studenten, die neben ihrem Studium bezahlte Beschäftigungsmöglichkeiten suchen, ist sachlich gerechtfertigt, wenn die Befristung erforderlich ist, um die Erwerbstätigkeit den immer wieder wechselnden Erfordernissen ihres Studiums anzupassen.[296] Wird dem Interesse des Studenten, die von ihm zu erbringende Arbeitsleistung mit den wechselnden Erfordernissen des Studiums in Einklang zu bringen, bereits durch eine entsprechend **flexible Ausgestaltung** des Arbeitsverhältnisses Rechnung getragen, ist eine Befristung unter dem Gesichtspunkt der Anpassung der Erwerbstätigkeit an die Erfordernisse des Studiums sachlich nicht gerechtfertigt.[297]

141 *Praxishinweis*

Dementsprechend sollten mit Studenten kurze sachgrundlose Befristungen nach § 14 Abs. 2 TzBfG und ggf. zusätzlich eine Zweckbefristung oder eine auflösende Bedingung, insbesondere bezogen auf die Exmatrikulation vereinbart werden. Zusammen mit dem ebenfalls zu vereinbarenden ordentlichen Kündigungsrecht (vgl. Rn 20) besteht dann eine höchstmögliche Flexibilität.

ff) Altersgrenze

142 Die in einem Arbeitsvertrag, einer Betriebsvereinbarung oder einem Tarifvertrag für den Zeitpunkt der Vollendung eines bestimmten Lebensalters vorgesehene Beendigung des Arbeitsverhältnisses ohne Ausspruch einer Kündigung ist keine auflösende Bedingung, sondern eine **Höchstbefristung**. Entscheidend ist, ob die Vertragsparteien den Eintritt als gewiss oder ungewiss ansehen. Das Erreichen einer Altersgrenze werden sie als gewiss beurteilen.[298] Letztlich kommt es darauf nicht entscheidend an, denn das TzBfG verlangt für die Höchstbefristung wie für die auflösende Bedingung gleichermaßen einen **sachlichen Grund**, § 21 TzBfG.

143 Die typische Regelung, wonach das Arbeitsverhältnis mit **Erreichen der Regelaltersgrenze** des Arbeitnehmers enden soll, wird **in der Regel sachlich gerechtfertigt** sein, vgl. auch § 41 SGB VI.[299] Auch seit dem Inkrafttreten des AGG ist eine Altersbefristung sachlich dann gerechtfertigt, wenn der Arbeitnehmer bei Überschreiten der Altersgrenze **wirtschaftlich abgesichert** ist, z.B. durch die gesetzliche Altersrente wegen Erreichens der Regelaltersgrenze[300]

294 BAG v. 27.1.1988, AP Nr. 6 zu § 620 BGB Hochschule.
295 BAG v. 10.8.1994, NZA 1995, 30.
296 BAG v. 16.4.2003, NZA 2004, 40, 42; BAG v. 10.8.1994, NZA 1995, 30.
297 BAG v. 16.4.2003, NZA 2004, 40, 42.
298 BAG v. 14.8.2002, NZA 2003, 1397; BAG v. 27.7.2005, NZA 2006, 37; ErfK/*Müller-Glöge*, § 14 TzBfG Rn 56; KR/*Lipke*, § 14 TzBfG Rn 289.
299 BAG v. 20.11.1987, NZA 1988, 617; BAG v. 19.11.2003, NZA 2004, 1336; ErfK/*Müller-Glöge*, § 14 TzBfG Rn 56.
300 BAG v. 18.6.2008, NZA 2008, 1302; BAG v. 27.7.2005, NZA 2006, 37.

oder Zahlungen von einem berufsständischen Versorgungswerk. Maßgeblich ist, ob zum Zeitpunkt des Vertragsschlusses die Möglichkeit des Aufbaus einer Altersrente bestanden hat. Die konkrete wirtschaftliche Absicherung des einzelnen Arbeitnehmers ist dagegen nicht von Bedeutung.[301] Wählt der Arbeitnehmer später eine andere Versorgungsform, ist die Befristung dennoch wirksam.[302] Ob die in vielen vertraglichen Regelungen noch immer übliche Befristung des Arbeitsverhältnisses auf das **65. Lebensjahr** nach der stufenweisen Erhöhung des Regelrenteneintrittsalters auf das 67. Lebensjahr gemäß § 41 S. 2 SGB VI als auf das Erreichen der Regelaltersgrenze gewollt ausgelegt werden kann, ist fraglich.[303] Der EuGH hat einen Verstoß von Altersbefristungen gegen die Antidiskriminierungsrichtlinie 2000/78/EG mit der Begründung verneint, Art. 6 Abs. 1 der Richtlinie ermögliche eine objektive und angemessene Ungleichbehandlung, die im Rahmen des nationalen Rechts ein legitimes Ziel verfolge.[304] Bei gespannter Arbeitsmarktlage zählt dazu insbesondere auch die Beschäftigungsförderung jüngerer Menschen.

Die Befristung auf einen **früheren Zeitpunkt** als das Erreichen der Regelaltersgrenze ist möglich, wenn ab einem bestimmten Lebensalter wegen der vom Arbeitnehmer ausgeübten Tätigkeit eine **Gefährdung wichtiger Rechtsgüter** zu erwarten ist.[305] Für das Kabinenpersonal in Flugzeugen hat das BAG eine Altersgrenze von 55 Jahren[306] ebenso für sachwidrig erklärt wie eine Altersgrenze von 60 Jahren.[307] Einzelvertraglich kann ein früheres Ausscheiden nach § 41 S. 2 SGB VI nur innerhalb der letzten drei Jahre vor dem gewünschten Zeitpunkt abgeschlossen werden oder muss jedenfalls innerhalb dieses Zeitraums vom Arbeitnehmer bestätigt werden.

144 Wird ein Angestellter des **öffentlichen Dienstes berufs- oder erwerbsunfähig**, endet das Arbeitsverhältnis aufgrund der in § 59 BAT bzw. § 33 Abs. 2 TVöD/TV-L geregelten auflösenden Bedingung nach bestimmten Auslauffristen.[308] Der Feststellung der Erwerbsunfähigkeit ist der Bescheid eines Versicherungsträgers über die Gewährung eines Vorschusses über die künftige Rente dann gleichzustellen, wenn darin schon der Rentenanspruch dem Grunde nach anerkannt wird. Setzt der Arbeitnehmer ungeachtet der Beendigung des Arbeitsverhältnisses seine Tätigkeit fort, erfolgt die Rückabwicklung nach Bereichungsrecht.[309] Endet das Arbeitsverhältnis wegen **Gewährung** einer **Rente auf Zeit**, muss tariflich für den Fall der Wiederherstellung der Berufsfähigkeit ein **unbedingter Wiedereinstellungsanspruch** des Arbeitnehmers vorgesehen sein, um der grundrechtlichen Schutzpflicht zu genügen.[310]

g) Nr. 7 – Haushaltsrechtliche Gründe

145 Nach § 14 Abs. 1 S. 2 Nr. 7 TzBfG liegt ein sachlicher Grund vor, wenn der Arbeitnehmer aus Haushaltsmitteln vergütet wird, die haushaltsrechtlich für eine befristete Beschäftigung bestimmt sind, und er entsprechend beschäftigt wird.

301 BAG v. 18.6.2008, NZA 2008, 1302.
302 BAG v. 27.7.2005, NZA 2006,37; LAG Hamburg v. 29.7.2004, NZA-RR 2004, 206.
303 *Grimm/Brock*, ArbRB 2007, 210; einschränkend ErfK/*Rolfs*, § 41 SGB VI, Rn 9a, der eine derartige Auslegung nur für bis zum 31.12.2007 abgeschlossene Verträge vornehmen will.
304 EuGH v. 5.3.2009, Rs. C-388/07; EuGH v. 16.10.2007, NZA 2007, 1219.
305 BAG v. 16.10.2008, 7 AZR 253/07 (A).
306 BAG v. 31.7.2002, NZA 2002, 1155.
307 BAG v. 16.10.2008, 7 AZR 253/07 (A).
308 BAG v. 24.1.1996, NZA 1996, 823; BAG v. 26.9.2001, NZA 2002, 584.
309 BAG v. 30.4.1997, NZA 1998, 199.
310 BAG v. 23.2.2000, NZA 2000, 894.

Durch die Regelung des § 14 Abs. 1 Nr. 7 TzBfG ist es zu einer **Lockerung** der **Anforderungen** an den Sachgrund bei einer haushaltsrechtlich begründeten Befristung gekommen. Der gesetzlich festgelegte Sachgrund in Nr. 7 geht **zugunsten** der **Arbeitgeber** der **öffentlichen Hand** über die Grenzen der bisherigen Rspr. hinaus.[311] Voraussetzung für die Wirksamkeit der Befristung ist, dass die Mittel **haushaltsrechtlich** für die **befristete Beschäftigung bestimmt** sind und der **Arbeitnehmer zu Lasten** dieser **Mittel eingestellt** und beschäftigt wird.[312] Als Bsp. wird in der Gesetzesbegründung die Gewährung begrenzter Haushaltsmittel für bestimmte Forschungsprojekte genannt. Es ist also nicht genügend, wenn der befristet eingestellte Arbeitnehmer aus Mitteln vergütet wird, die der Haushaltsgesetzgeber für die befristete Beschäftigung von Aushilfsangestellten bereitgestellt hat. Erforderlich ist darüber hinaus, dass der Arbeitnehmer auch entsprechend beschäftigt wird, das heißt es müssen die Voraussetzungen einer Beschäftigung als Aushilfsangestellter (im entschiedenen Fall gemäß SR 2 y Ziffer 1 c BAT) tatsächlich erfüllt sein.[313] Erforderlich ist jedenfalls die überwiegende Beschäftigung des befristet eingestellten Arbeitnehmers entsprechend der Zweckbindung der bereitgestellten Haushaltsmittel.[314] Es ist dagegen nicht mehr erforderlich nachzuweisen, dass der Haushaltsgesetzgeber sich gerade mit den Verhältnissen der Stelle befasst hat, auf der ein Arbeitnehmer befristet beschäftigt werden soll. Die Zweckbindung von Haushaltsmitteln für befristete Arbeitsverhältnisse genügt.[315] Die Ausweisung von Haushaltsmitteln für die befristete Beschäftigung von Arbeitnehmern ohne eine besondere Zweckbestimmung erfüllt den Tatbestand des § 14 Abs. 1 S. 2 Nr. 7 TzBfG dagegen nicht und stellt dementsprechend auch keinen sachlichen Grund für den Abschluss eines befristeten Arbeitsvertrages dar.[316] Die Mittel müssen erkennbar für eine zeitlich begrenzte Aufgabe gewidmet sein.[317] Erfolgt die Befristung aufgrund eines vorübergehenden Mehrbedarfs, muss eine Prognose den Mehrbedarf mindestens für die gesamte Dauer des befristeten Arbeitsverhältnisses ergeben.[318] 146

Von der gesetzlichen Privilegierung in Nr. 7 sind alle nach dem **öffentlichen Haushaltsrecht** aufgestellten Haushaltspläne umfasst. Hierzu gehören die Haushalte der Gebietskörperschaften. Privatisierte Unternehmen der öffentlichen Hand können sich nicht auf Nr. 7 berufen.[319] 147

Dem neuen Befristungsgrund in Nr. 7 wird entgegengehalten, dass ihm offenbar allein fiskalische Interessen zugrunde liegen, die zu einer unvertretbaren Privilegierung des öffentlichen Dienstes führen und geradezu einer missbräuchlichen Ausnutzung dieses Sachgrundes Tür und Tor öffnen.[320] Darüber hinaus sind Bedenken geäußert worden, ob die Nr. 7 den europarechtlichen Vorgaben entspricht.[321] 148

Im Streit über die Wirksamkeit einer Befristung nach Nr. 7 hat der öffentliche Arbeitgeber darzulegen, dass er seine Prognose zur vorübergehenden Beschäftigung des befristet einge- 149

311 KR/*Lipke*, § 14 TzBfG Rn 302.

312 BT-Drucks 14/4374; vgl. auch KR/*Lipke*, § 14 TzBfG Rn 305.

313 LAG Köln v. 11.5.2005, NZA-RR 2006, 104.

314 BAG v. 7.5.2008, NZA 2008, 880.

315 KR/*Lipke*, § 14 TzBfG Rn 305; *Dörner*, Rn 213.

316 BAG v. 18.10.2006 – 7 AZR 419/05.

317 So BVerfG v. 24.4.1996, AP Nr. 2 zu § 57a HRG; BAG v. 16.10.2008 – 7 AZR 360/07 – n.v.; ebenso ErfK/*Müller-Glöge*, § 14 TzBfG Rn 72.

318 LAG Berlin-Brandenburg v. 12.11.2008, ZTR 2009, 99.

319 ErfK/*Müller-Glöge*, § 14 TzBfG Rn 72 m.w.N.

320 *Plander*, ZTR 2001, 499, 501 f.; *Preis/Gotthardt*, DB 2000, 2065, 2071; Ascheid/Preis/Schmidt/*Backhaus*, § 14 TzBfG Rn 103; a.A. KR/*Lipke*, § 14 TzBfG Rn 303, *Kliemt*, NZA 2001, 298; *Hromadka*, BB 2001, 625.

321 *Plander*, a.a.O; *Dörner*, Rn 216 ff.

stellten Arbeitnehmers auf haushaltsrechtliche Vorgaben gestützt hat und der eingestellte Arbeitnehmer in eine Stelle eingewiesen wurde, die der befristeten Bewilligung von Haushaltsstellen, einer begrenzten Verpflichtungsermächtigung oder einer verbindlichen Erläuterung durch Haushaltsvermerk zuzuordnen ist.[322]

150 Bei der Konkretisierung des Befristungsgrundes ist nach wie vor von dem Grundsatz auszugehen, dass **haushaltsrechtliche Erwägungen** als solche **keinen sachlichen Grund** für die Befristung von Arbeitsverträgen darstellen können, weil das Haushaltsrecht des öffentlichen Dienstes keinen unmittelbaren Einfluss auf die Gestaltung von Arbeitsverhältnissen hat. Die bloße Unsicherheit, ob der nächste Haushaltsplan Mittel für eine bestimmte Stelle vorsieht, kann daher kein sachlicher Grund für die Befristung eines Arbeitsverhältnisses sein.[323] Die Begrenzung des Haushalts auf ein Jahr kann ebenso wenig die Befristung begründen, wie allgemeine Einsparungen.[324] Wie bei privaten Arbeitgebern auch, rechtfertigt die bloße Unsicherheit über die künftige Entwicklung des Arbeitskräftebedarfs die Befristung des Arbeitsverhältnisses nicht.[325] Allein der undatierte haushaltsrechtliche kw-Vermerk rechtfertigt die Befristung nicht.[326]

151 Sieht ein Haushaltsgesetz dagegen vor, dass die in Folge der vorübergehenden Beurlaubung von ständigem Lehrpersonal freiwerdenden Haushaltsmittel für die **Einstellung von Hilfs- oder Aushilfskräften** verwendet werden können, vermag dies die Befristung der Arbeitsverträge mit Hilfs- und Aushilfslehrern sachlich zu rechtfertigen.[327] Ebenso begründet die im Haushaltsgesetz vorgesehene Verwendung von Planstellen, deren Inhaber keine oder keine vollen Bezüge erhalten, zur Vergütung von Aushilfskräften einen Befristungsgrund.[328] Eine Befristung ist auch sachlich gerechtfertigt, wenn die befristete Einstellung nur aufgrund von Haushaltsmitteln ermöglicht wird, die durch die zeitweise Beurlaubung von anderen Arbeitskräften vorübergehend frei geworden sind.[329]

152 Entsprechendes gilt auch im Bereich der sogenannten **Drittmittelfinanzierungen** (z.B. im Forschungs- und Hochschulbereich). Die Unsicherheit zukünftiger Finanzierungen stellt grundsätzlich keinen sachlichen Grund für die Befristung dar,[330] es darf vielmehr mit der **Weitergewährung** der Drittmittel über den Projektzeitraum hinaus **nicht zu rechnen** sein. Die Befristung ist wirksam, wenn im Zeitpunkt des Abschlusses des befristeten Arbeitsvertrags **konkrete Anhaltspunkte** dafür bestehen, dass nach dem **Ende** der **Vertragslaufzeit keine weiteren Projekte** mehr durchzuführen sind, bei denen der Arbeitnehmer eingesetzt werden könnte.[331] Nicht erforderlich ist allerdings, dass der Arbeitnehmer im Rahmen des drittmittelfinanzierten Projekts beschäftigt wird und diesem Projekt zuzuordnende Arbeitsaufgaben wahrnimmt.[332]

322 Vgl. *Thüringer* LAG v. 6.2.2001– 7 SA 338/00 – n.v.

323 BAG v. 29.8.1979, AP Nr. 50 zu § 620 BGB Befristeter Arbeitsvertrag.

324 Vgl. auch BAG v. 27.1.1988, AP Nr. 116 zu § 620 Befristeter Arbeitsvertrag: die haushaltsjahrbezogene Bewilligung der Mittel reiche für die Befristung nicht aus.

325 BAG v. 22.3.2000, NZA 2000, 881.

326 BAG v. 16.1.1987, NZA 1988, 279; ebenso ErfK/*Müller-Glöge*, § 14 TzBfG Rn 72.

327 BAG v. 27.2.1987, AP Nr. 112 zu § 620 BGB Befristeter Arbeitsvertrag.

328 BAG v. 24.9.1997 – 7 AZR 654/96 – n.v.

329 BAG v. 15.8.2001, NZA 2002, 85.

330 BAG v. 15.1.1997, NZA 1998, 29, 31.

331 BAG v. 7.4.2004, NZA 2004, 944.

332 BAG v. 7.7.1999, NZA 2000, 591; BAG v. 15.1.1997, AP Nr. 14 zu § 57b HGB.

h) Nr. 8 – Gerichtlicher Vergleich

Nach § 14 Abs. 1 S. 2 Nr. 8 TzBfG liegt ein sachlicher Grund vor, wenn die Befristung auf einem **gerichtlichen** Vergleich beruht. Da mit der Nr. 8 ausweislich der Gesetzesbegründung an die st. Rspr. des BAG angeknüpft werden soll, ist teilweise die Auffassung vertreten worden, die Regelung gelte nur, wenn gerichtlich über den **Fortbestand des Arbeitsverhältnisses** gestritten werde.[333] Dem Wortlaut ist eine derartig einschränkende Auslegung nicht zu entnehmen,[334] dementsprechend kann ein Vergleich i.S.v. Nr. 8 auch im Fall des Streits über rückständige Lohnansprüche oder den Neuabschluss eines Arbeitsvertrags geschlossen werden. Da in derartigen Fällen in der Praxis letztlich immer über die Höhe einer etwaigen Abfindung gestritten wird, hat dieser Streit eher akademische Bedeutung. Allerdings hat das BAG klargestellt, dass der Sachgrund des gerichtlichen Vergleiches neben der Mitwirkung des Gerichts beim Zustandekommen eines befristeten Arbeitsverhältnisses das Bestehen eines offenen Streits der Parteien über die Rechtslage hinsichtlich des zwischen ihnen bestehenden Rechtsverhältnisses zum Zeitpunkt des Vergleichsschlusses voraussetzt.[335] **153**

Ein Sachgrund für die Befristung im Sinne des § 14 Abs. 1 S. 2 Nr. 8 TzBfG liegt auch vor, wenn der Vergleich im Wege des § 278 Abs. 6 ZPO zustande gekommen ist, wenn also die Parteien eines Rechtsstreits einen gerichtlichen Vergleichsvorschlag durch Schriftsatz angenommen haben oder dem Gericht schriftlich einen Vergleichsvorschlag unterbreiten und das Gericht daraufhin den Vergleich durch Beschluss festgestellt hat. Dies steht einer Protokollierung nach § 127a BGB gleich.[336]

Der **außergerichtliche Vergleich** fällt **nicht** unter Nr. 8. Außergerichtliche Vergleiche bedürfen deshalb eines Sachgrundes nach Nr. 1–7, wenn sie den Streit über den Bestand eines Arbeitsverhältnisses durch eine erneute Befristung beenden wollen.[337] Denkbar ist insbesondere, dass die erneute Befristung im Interesse des Arbeitnehmers liegt (ausdrücklicher Wunsch gemäß Nr. 6) und damit dieser Sachgrund die Befristung rechtfertigt.[338] **154**

Ein für die anwaltliche Praxis wichtiger Anwendungsfall ist die vom Arbeitgeber dem gekündigten Arbeitnehmer für die Dauer des **laufenden Kündigungsrechtsstreits** angebotene **vorläufige Weiterbeschäftigung** (vgl. Rn 37, 131 f.). In diesem Fall kann das Arbeitsverhältnis auflösend bedingt unter der entsprechenden Rechtsbedingung der rechtskräftigen Abweisung der Kündigungsschutzklage fortgesetzt werden. Insofern bedarf es im Fall eines auflösend bedingten Arbeitsvertrags gem. § 21 TzBfG i.V.m. § 14 Abs. 1 TzBfG eines Sachgrundes.[339] Ein entsprechender **Vergleich** könnte in der **Güte- oder Kammerverhandlung** des Kündigungsschutzverfahrens **protokolliert** werden (zur Formulierung vgl. Rn 132).[340] Nunmehr kann ein solcher gerichtlicher Vergleich gem. § 278 Abs. 6 ZPO auch dadurch geschlossen werden, dass die Parteien einen schriftlichen Vergleichsvorschlag des Gerichts durch Schriftsatz gegenüber dem Gericht annehmen oder dem Gericht schriftlich einen gleichlautenden Vergleichsvorschlag unterbreiten, und das Gericht das Zustandekommen und den Inhalt des Vergleichs durch Beschluss feststellt. **155**

333 Vgl. nur Kittner/Däubler/Zwanziger/*Däubler*, § 14 TzBfG Rn 120.
334 So auch ErfK/*Müller-Glöge*, § 14 TzBfG Rn 75.
335 BAG v. 26.4.2006, NZA 2006, 1431.
336 BAG v. 23.11.2006, NZA 2007, 466.
337 KR/*Lipke*, § 14 TzBfG Rn 345.
338 *Hromadka*, BB 2001, 621, 625; *Kliemt*, NZA 2001, 298.
339 LAG Hamm v. 16.1.2003, LAG Report 2003, 167, 168 f.
340 Vgl. ErfK/*Müller-Glöge*, § 14 TzBfG Rn 81.

i) Sonstige sachliche Gründe

156 Da § 14 Abs. 1 S. 2 TzBfG keine abschließende Aufzählung von sachlichen Gründen enthält,[341] bleibt auch in der Zukunft die Befristung aufgrund neu entwickelter Befristungsgründe sowie aufgrund von bereits in der Rspr. des BAG anerkannten Befristungsgründen möglich. Die Gesetzesbegründung nennt als weitere Befristungsgründe z.B. **Arbeitsbeschaffungs- und Strukturanpassungsmaßnahmen**.[342] Diese sind richtiger Weise systematisch § 14 Abs. 1 S. 2 Nr. 6 TzBfG zuzuordnen.

157 In der Gesetzesbegründung wird der Fall genannt, dass die eigentlich für einen Arbeitsplatz vorgesehene Person erst zu einem zukünftigen Zeitpunkt zur Verfügung steht, der Arbeitsplatz in der Zwischenzeit jedoch befristet besetzt werden soll.[343] Nach der Rspr. des BAG ist die Befristung eines Arbeitsverhältnisses auch sachlich gerechtfertigt, wenn der befristet eingestellte Arbeitnehmer bis zu dem Zeitpunkt beschäftigt werden soll, in dem ein **Auszubildender** des Arbeitgebers seine **Berufsausbildung beendet** und der Arbeitgeber dessen **Übernahme** in ein Arbeitsverhältnis **zugesagt** hat **oder** zumindest **konkret beabsichtigt**.[344] Der Befristungsgrund setzt nicht voraus, dass der Arbeitgeber dem Auszubildenden die Übernahme in das Arbeitsverhältnis bereits konkret zugesagt hat.[345] Ob diese Grundsätze auch auf andere Fälle, in denen der Arbeitgeber eine befristete Einstellung vornimmt, um den Zeitraum bis zur Arbeitsaufnahme eines anderen von ihm eingestellten Arbeitnehmers zu überbrücken, übertragbar sind, hat das BAG zunächst ausdrücklich offen gelassen.[346] Nunmehr hat das BAG festgestellt, dass die **vorübergehende Beschäftigung** eines Arbeitnehmers auf einem Arbeitsplatz, der zu einem späteren Zeitpunkt dauerhaft mit einem anderen Arbeitnehmer besetzt werden soll, die Befristung des Arbeitsvertrags nach § 14 Abs. 1 TzBfG sachlich rechtfertigen kann, wenn im Zeitpunkt des Abschlusses des befristeten Vertrags zwischen dem Arbeitgeber und dem anderen Arbeitnehmer bereits eine vertragliche Bindung besteht.[347]

158 Die Befristung eines **Auslandsarbeitsverhältnisses** ist wirksam, wenn sie dazu dient, die deutsche Sozialversicherung gem. § 4 SGB IV während einer Entsendung ins Ausland und dem gleichzeitig vereinbarten Ruhen des Arbeitverhältnisses im Inland, zu erhalten.[348]

159 Auch die Anhängigkeit einer **Konkurrentenklage** um eine dauerhaft zu besetzende Stelle kann die Befristung eines Arbeitsvertrags mit einem auf dieser Stelle beschäftigten Arbeitnehmer bis zum Abschluss des Rechtsstreits mit dem Konkurrenten sachlich rechtfertigen.[349]

341 So ausdrücklich BAG v. 13.10.2004, NZA 2005, 401, 402.
342 BT-Drucks 14/4374, S. 18.
343 BT-Drucks 14/4374, S. 18.
344 BAG v. 21.4.1993, NZA 1994, 167; BAG v. 6.1.1996, NZA 1997, 1222, 1223.
345 BAG v. 19.9.2001, EzA § 620 BGB Nr. 181.
346 BAG v. 6.1.1996, NZA 1997, 1222, 1223.
347 BAG v. 13.10.2004, NZA 2005, 401, 402; zur alten Rechtslage BAG v. 3.7.1990, AP Nr. 33 zu § 620 BGB Befristeter Arbeitsvertrag.
348 BAG v. 14.7.2005, NZA 2005, 1411.
349 BAG v. 16.3.2005, NZA 2005, 923, 924.

V. Beteiligung des Betriebs- oder Personalrats beim Abschluss von befristeten Arbeitsverträgen

1. Mitbestimmungsrecht des Personalrates

Die Mitbestimmung des Personalrats hängt von der Ausgestaltung des anwendbaren Landes- bzw. des Bundespersonalvertretungsgesetzes ab. Grundsätzlich hat der Personalrat ein **Mitbestimmungsrecht** bei Einstellungen. Dazu gehört auch die **Begründung befristeter Arbeitsverhältnisse** (siehe unten Rn 160 ff.). Einige Personalvertretungsgesetze sehen aber nicht nur bei der Einstellung, sondern auch bei der **Befristung** ausdrücklich ein Mitbestimmungsrecht vor. In diesem Fall ergibt sich eine abweichende Rechtsfolge, wenn der Personalrat nicht ordnungsgemäß beteiligt wird (siehe Rn 165 ff.). 160

a) Mitbestimmungsrecht bei Einstellung

Dem Personalrat steht bei der Einstellung eines befristet beschäftigten Arbeitnehmers ein Mitbestimmungsrecht zu (vgl. § 75 Abs. 1 Nr. 1 BPersVG, § 87 Abs. 1 Nr. 2 HmbPersVG). Dies gilt auch dann, wenn mit einem Arbeitnehmer nach Antritt der Elternzeit eine aushilfsweise befristete Teilzeitbeschäftigung auf dem bisherigen Arbeitsplatz vereinbart wird.[350] Die **Verlängerung** eines befristeten Arbeitsverhältnisses über den Befristungszeitpunkt hinaus, sowie die **Umwandlung** eines befristeten in ein unbefristetes Arbeitsverhältnis stellen personalvertretungsrechtlich eine Einstellung dar.[351] 161

Die **Zustimmung** des Personalrats betrifft die ihm **mitgeteilten Angaben** zur Befristungsdauer und zum Befristungsgrund. Will der Arbeitgeber bei der Vertragsgestaltung mit dem einzelnen Arbeitnehmer davon **abweichen**, bedarf es der **erneuten Zustimmung** des Personalrats nach vorheriger Einleitung des Mitbestimmungsverfahrens.[352] 162

Beteiligt die Dienststelle den Personalrat bei Abschluss eines befristeten Arbeitsvertrags nicht und liegt eine Einstellung vor, so darf die Dienststelle die Maßnahme nicht durchführen. Gemäß § 69 Abs. 1 BPersVG kann eine Maßnahme, die der Mitbestimmung des Personalrats unterliegt, nur mit seiner Zustimmung getroffen werden. Allerdings ist ein **Arbeitsvertrag** nach der Rspr. des BAG **nicht unwirksam**, weil der Personalrat der Einstellung nicht zugestimmt hat.[353] Die Dienststelle darf den Arbeitnehmer **nicht beschäftigen**, bis die Personalvertretung ihre Zustimmung erteilt hat und bleibt arbeitsvertraglich zur **Zahlung** der **Vergütung verpflichtet**.[354] Unter Zugrundelegung der Theorie der Wirksamkeitsvoraussetzung[355] bestehen erhebliche Zweifel an der Richtigkeit dieser Auffassung. 163

Nach der Rspr. des BAG ist eine zum Zwecke der Verlängerung des Arbeitsverhältnisses getroffene Befristungsabrede **keine Änderung** des **Arbeitsvertrags** i.S.v. **§ 87 Abs. 1 Nr. 7 HmbPersVG a.F.**[356] Entsprechendes soll für § 80 Abs. 1 Nr. 9 SächsPersVG gelten.[357] 164

350 BAG v. 28.4.1998, NZA 1998, 1352.
351 BVerwG v. 1.2.1989, ZTR 1989, 323.
352 BAG v. 27.9.2000, NZA 2001, 339.
353 BAG v. 2.7.1980, PersV 1982, 368.
354 Für BetrVG: BAG v. 16.1.1991, DB 1991, 1284; BAG v. 30.5.1990, DB 1991, 338.
355 Allgemein dazu Fitting u.a. BetrVG, § 87 Rn 492; GK-BetrVG/*Wiese*, § 87 BetrVG Rn 119 m.w.N.
356 BAG v. 21.2.2001, NZA 2001, 1382; BAG v. 4.12.2002, NZA 2003, 916, 918.
357 BAG v. 26.6.2002 – 7 AZR 92/01 – n.v.

165 Will der Personalrat seine Zustimmung verweigern, so muss er sich im Geltungsbereich des BPersVG hierbei auf die **Zustimmungsverweigerungsgründe** des **§ 77 Abs. 2 BPersVG berufen.** Der Personalrat ist etwa berechtigt, darauf zu achten, dass bei einer Neueinstellung nach Protokollnotiz 4 zu Nr. 1 SR 2 y BAT (bzw. § 30 Abs. 2 S. 2 TVöD/TV-L) **bisher befristet Beschäftigten** die zu besetzende **Stelle übertragen** wird. Die Zustimmungsverweigerung kann damit begründet werden, dass die Dienststelle diesen Beschäftigten überhaupt nicht in die Auswahl mit einbezogen hat.[358]

b) Mitbestimmungsrecht bei Befristung

166 Einige Landespersonalvertretungsgesetze (z.B. Brandenburg, Rheinland-Pfalz, Berlin) sehen neben der Mitbestimmung bei der Einstellung ausdrücklich eine Mitbestimmung bei Befristungen vor. Nach der Rspr. des BAG ist eine ohne Zustimmung des Personalrats vereinbarte **Befristung unwirksam**, wenn nach dem entsprechenden Landespersonalvertretungsgesetz eine der Mitbestimmung des Personalrats unterliegende Maßnahme nur mit dessen Zustimmung getroffen werden kann und der Landesgesetzgeber das Mitbestimmungsrecht des Personalrats nicht nur auf die Einstellung eines Arbeitnehmers, sondern auch auf die Befristung des Arbeitsverhältnisses erstreckt hat.[359] Der Arbeitnehmer kann bei Abschluss des befristeten Vertrages nicht wirksam auf die Mitbestimmung des Personalrats oder auf die Geltendmachung der Unwirksamkeit der Befristung verzichten.[360]

167 Die Rechtsfolge der Unwirksamkeit ergibt sich aus dem Sinn und Zweck der Regelung und der vom BAG entwickelten **Theorie der Wirksamkeitsvoraussetzungen**. Die **Zustimmung** kann auch **nicht nachträglich** erteilt werden.[361]

168 Der Arbeitgeber genügt seiner Unterrichtungspflicht, wenn er dem Personalrat den **Sachgrund** für die Befristung **mitteilt**. Er ist nur auf Aufforderung des Personalrats verpflichtet, diesem die näheren Umstände, die die Befristung im Einzelnen rechtfertigen sollen, darzulegen, nicht jedoch unaufgefordert von sich aus.[362] Hat der Arbeitgeber dem Personalrat einmal den Sachgrund der Befristung mitgeteilt, kann er diesen nach Auffassung des LAG Berlin-Brandenburg nachträglich nicht mehr gegen einen anderen Sachgrund austauschen. Als anderer Sachgrund gilt auch die sachgrundlose Befristung nach § 14 Abs. 2 TzBfG.[363] In Anbetracht der nicht erforderlichen Angabe eines Befristungsgrundes im Arbeitsvertrag erscheint diese Auffassung aus Sicht des Verfassers jedoch zweifelhaft.

169 Unbedingt zu beachten ist, dass die **Befristungsdauer**, für die die Zustimmung des Personalrats beantragt worden ist und die tatsächlich mit dem Arbeitnehmer vereinbarte Befristungsdauer übereinstimmen. Jedenfalls für den Fall, dass die Parteien eine kürzere Vertragsdauer vereinbaren, als der Arbeitgeber in der Beantragung der Zustimmung angegeben hatte, ist we-

358 OVG Berlin v. 20.11.1989, PersR 1990, 265.

359 Vgl. BAG v. 8.7.1998, NZA 1998, 1296; BAG v. 9.6.1999, AP Nr. 2 zu § 63 LPVG Brandenburg; BAG v. 13.4.1994, NZA 1994, 1099; BAG v. 20.2.2002, NZA 2002, 811; BAG v. 6.8.1997, NZA 1998, 220, 221; BAG v. 9.6.1999, NZA 2000, 109; BAG v. 13.4.1994, NZA 1994, 1099; LAG Brandenburg v. 8.1.1997, ZTR 1997, 384; LAG Rheinland-Pfalz v. 28.2.2001, NZA-RR 2002, 166; LAG Brandenburg v. 9.2.2006, NZA-RR 2007, 53.

360 BAG v. 18.6.2008, NZA 2009, 35.

361 BAG v. 20.2.2002, a.a.O.

362 BAG v. 10.3.2004, NZA 2005, 320.

363 LAG Berlin-Brandenburg v. 19.9.2008, PersR 2009, 90.

gen der Verletzung des Mitbestimmungsrechts des Personalrats die Befristung unwirksam, mit der Folge, dass zwischen den Parteien ein **unbefristetes Arbeitsverhältnis** besteht.[364]

Die Befristung ist mangels **ordnungsgemäßer Zustimmung des Personalrats** unwirksam, 170 wenn es sich um eine pauschale, im Vorhinein für einen bestimmten Zeitraum erfolgte Zustimmung des Personalrats zu jeglichen, im Zeitpunkt der Beschlussfassung nicht näher bezeichneten Befristungen handelt.[365]

Die fehlende Mitbestimmung des Personalrats führt dagegen nicht zur Unwirksamkeit der 171 Befristung, wenn das Landespersonalvertretungsgesetz lediglich ein **Mitbestimmungsrecht** bei der **Verlängerung** der **Befristung** vorsieht, nicht aber hinsichtlich der Befristung selbst. In einem solchen Fall betrifft das **Mitbestimmungsrecht** die aufgrund der Verlängerung eines befristeten Vertrags erfolgende **Einstellung des Arbeitnehmers**.[366]

Zudem kann sich das Berufen auf die fehlende Personalratszustimmung zur Befristung im Einzelfall als treuwidrig darstellen. Veranlasst ein Arbeitnehmer unter Einbeziehung des Personalrats den Arbeitgeber zum Abschluss eines weiteren befristeten Arbeitsvertrages, so kann sich der Arbeitnehmer nicht auf die fehlende Zustimmung des Personalrats zu der getroffenen Befristungsvereinbarung berufen, wenn die Befristung kurz nach dem Geltendmachen des Fortsetzungsbegehrens beginnen soll.[367] Im zugrundeliegenden Fall hatte sich die Arbeitnehmerin kurz vor Ablauf der Befristung – unter Einschaltung des Personalrates – an den Arbeitgeber gewandt und um eine weitere Befristung gebeten. In einem solchen Fall kann sich die Arbeitnehmerin nach Ansicht des LAG Rheinland-Pfalz nicht auf die fehlende Zustimmung berufen, da eine ordnungsgemäße Personalratsbeteiligung aufgrund des zeitlichen Ablaufs nicht mehr zu erwarten war.[368]

2. Mitbestimmungsrecht des Betriebsrats

Der Betriebsrat ist vor der Einstellung eines befristet beschäftigten Arbeitnehmers gem. § 99 172 Abs. 1 BetrVG zu beteiligen. Eine **Einstellung** im Sinne des § 99 BetrVG ist auch die **Verlängerung** des befristeten Vertrags nach § 14 Abs. 2 und Abs. 3 TzBfG und eine **unbefristete Fortsetzung** des bisher befristeten Arbeitsverhältnisses oder eine Fortführung über eine vorgesehene **Altersgrenze** hinaus.[369] Auch der Fall des Arbeitnehmers, der nach Antritt der **Elternzeit** mit dem bisherigen Arbeitgeber die Aufnahme einer **aushilfsweise befristeten Teilzeitbeschäftigung** auf dem bisherigen Arbeitsplatz vereinbart, unterliegt der Mitbestimmung des Betriebsrates.[370] Kein erneutes Mitbestimmungsverfahren ist erforderlich, wenn der Arbeitgeber beabsichtigt, den nach Bewährung in einem befristeten Arbeitsverhältnis stehenden Arbeitnehmer unbefristet weiterzubeschäftigen und der Betriebsrat über diese Absicht bei der Einstellung auch unterrichtet worden ist.[371]

364 BAG v. 13.4.1994, a.a.O.; BAG v. 8.7.1998, a.a.O.
365 LAG Köln v. 26.11.2003, NZA-RR 2004, 560.
366 BAG v. 5.5.2004, NZA 2004, 1346 zu § 75 Abs. 1 Nr. 3 ThürPersVG.
367 LAG Rheinland-Pfalz v. 30.6.2005, NZA-RR 2006, 107.
368 LAG Rheinland-Pfalz v. 30.6.2005, NZA-RR 2006, 107, 110.
369 BAG v. 16.7.1985, EzA § 99 BetrVG Nr. 40; LAG Hamburg v. 23.1.1997, NZA-RR 1997, 292; LAG Rheinland-Pfalz v. 28.1.2001, ZTR 2001, 477.
370 BAG v. 28.4.1998, EzA § 99 Einstellung Nr. 5.
371 BAG v. 7.8.1990, EzA § 99 BetrVG 1972 Nr. 91.

173 Die Unterrichtungspflicht des Arbeitgebers erstreckt sich auf die Mitteilung des Vorliegens und der Dauer einer Befristung.[372] Der Normzweck des § 99 Abs. 1 BetrVG verlangt jedoch keine Information des Betriebsrats darüber, ob die Befristung mit oder ohne sachlichen Grund erfolgen und auf welchen Sachgrund die Befristung gegebenenfalls gestützt werden soll. Mit dem Beteiligungsrecht nach § 99 BetrVG soll der Betriebsrat bei der Einstellung die kollektiven Interessen des Betriebes wahren, insbesondere verhindern können, dass infolge der Einstellung im Betrieb beschäftigte Arbeitnehmer gekündigt werden oder sonstige Nachteile erleiden (§ 99 Abs. 2 Nr. 3 BetrVG) oder in Aussicht genommene Bewerber den Betriebsfrieden stören (§ 99 Abs. 2 Nr. 6 BetrVG).[373] Hierfür ist die Mitteilung des Vorliegens oder des Inhalts eines Sachgrunds nicht erforderlich.

174 Eine **Einstellung** unter Verletzung des Mitbestimmungsrechts ist **wirksam.**[374] Allerdings darf der Arbeitgeber den betriebsverfassungswidrig eingestellten Arbeitnehmer **nicht beschäftigen**, solange die Zustimmung des Betriebsrats nicht vorliegt, bleibt aber zur **Lohnzahlung** verpflichtet.[375] Nach § 101 S. 1 BetrVG kann der Betriebsrat verlangen, dass der Arbeitgeber die ohne Zustimmung des Betriebsrats durchgeführte personelle Maßnahme wieder aufhebt. Für den Fall der Einstellung kann der Betriebsrat deshalb verlangen, dass der betreffende Arbeitnehmer im Betrieb nicht beschäftigt wird.[376]

175 Der Betriebsrat kann seine Zustimmung zu einer beabsichtigten Einstellung lediglich aus den in § 99 Abs. 2 BetrVG genannten Gründen verweigern. Zu diesen Gründen gehört nach ganz h.M. **nicht** das **Fehlen** eines **sachlichen Grundes** oder das Fehlen der **Voraussetzungen** einer **erleichterten Befristung**, denn dem Betriebsrat steht keine Inhaltskontrolle des Arbeitsvertrags zu.[377] Nicht die Einstellung, sondern die vorgesehene Art der Beendigung des Arbeitsverhältnisses verstößt gegen das Gesetz.[378] Ausnahmen können sich aus einer tariflichen Regelung ergeben, die eine befristete Beschäftigung verbietet oder einschränkt, und dadurch das Beteiligungsrecht des Betriebsrats über § 99 Abs. 2 Nr. 1 BetrVG hinaus im kollektiven Sinne verstärken soll.[379]

VI. Muster: Entfristungsklage

176 Das Muster betrifft die Befristung eines Arbeitsverhältnisses im öffentlichen Dienst, auf das der TVöD und damit auch die Sonderregelung des § 30 TVöD Anwendung findet.

▼

„Arbeitsgericht

Klage

des – Kläger –

Prozessbevollmächtigter:

372 BAG v. 20.12.1998, AP Nr. 62 zu § 99 BetrVG 1972.

373 BAG v. 7.8.1990, EzA § 99 BetrVG 1972 Nr. 91.

374 BAG v. 5.4.2001, NZA 2001, 893.

375 BAG v. 2.7.1980, EzA zu § 99 BetrVG 1972 Nr. 28.

376 BAG v. 5.4.2001, AP Nr. 174 zu § 626 BGB.

377 BAG v. 28.6.1994, NZA 1995, 387, 388; Ascheid/Preis/Schmidt/*Backhaus*, Vor § 14 TzBfG Rn 28; a.A. Däubler/Kittner/Klebe/*Kittner*, BetrVG, § 99 Rn 172.

378 BAG v. 28.6.1994, a.a.O.

379 BAG v. 28.6.1994, a.a.O.

gegen

die , vertreten durch – Beklagte –

wegen Entfristung und Weiterbeschäftigung.

Wir beantragen,

1. festzustellen, dass das Arbeitsverhältnis der Parteien nicht aufgrund der Befristungsabrede vom zum endet.
2. festzustellen, dass das Arbeitsverhältnis der Parteien auch nicht aufgrund der Befristungsabrede vom zum endet.

Für den Fall des Obsiegens mit dem Antrag zu 1. und/oder zu 2. wird beantragt,

3. die Beklagte zu verurteilen, den Kläger entsprechend seinem Arbeitsvertrag vom zu unveränderten Bedingungen als bis zur rechtskräftigen Entscheidung über den Antrag zu 1. zu beschäftigen.

Begründung:

Der Kläger wendet sich gegen die Befristung seines Arbeitsverhältnisses und begehrt Weiterbeschäftigung.

I.

Der Kläger ist seit dem als bei der beschäftigt.

1. Mit Arbeitsvertrag vom wurde der Kläger befristet für die Dauer von Monaten bis zum befristet als eingestellt. Der TVöD gilt für das Arbeitsverhältnis der Parteien kraft einzelvertraglicher Bezugnahme.
   Beweis: Vorlage des Arbeitsvertrags vom in Kopie als Anlage K 1.
   Der Kläger hat im Jahr ein Bruttojahresgehalt in Höhe von EUR brutto erzielt. Daraus errechnet sich ein durchschnittlicher Bruttomonatsverdienst in Höhe von EUR brutto. Der durchschnittliche Quartalsverdienst des Klägers beträgt demnach EUR brutto.
   Beweis: Vorlage der Gehaltsabrechnung des Klägers für Dezember in Kopie als Anlage K 2.
2. Nachdem der Kläger Anfang des Jahres zunächst bis einschließlich Januar im Erholungsurlaub war, arbeitete er anschließend vom bis Januar wie bisher als der Beklagten, ohne dass zwischen den Parteien ein (weiterer) schriftlicher Arbeitsvertrag geschlossen wurde. Hiervon hatten bei der Beklagten deren Leiter Herr sowie der Kenntnis. Herr ist Vertreter der Beklagten und ist zu Entscheidungen in personellen Angelegenheiten und auch zum Abschluss von Arbeitsverhältnissen und zur Entscheidung über die Einstellung von Arbeitnehmern bei der bevollmächtigt. Am Januar schlossen die Parteien einen vom Januar bis befristeten Arbeitsvertrag.
   Beweis: Vorlage des Arbeitsvertrags vom in Kopie als **Anlage K 1.**
   Diese Befristungsabrede wurde auf gestützt.
3. Es wird mit Nichtwissen bestritten, dass der in der Dienststelle bestehende Personalrat vor der Einstellung des Klägers und vor Abschluss des Weiteren befristeten Arbeitsvertrags ordnungsgemäß beteiligt wurde.
4. Mit Schreiben vom ist die Beklagte gebeten worden, dem Kläger ein qualifiziertes Zwischenzeugnis zu erteilen und zu erklären, dass der Kläger auch nach dem bis zum rechtkräftigen Abschluss des Rechtsstreites zu unveränderten Bedingungen als weiter beschäftigen wird.

Beweis: Vorlage des Schreibens an die Beklagte vom in Kopie als **Anlage K 3.**

Entsprechende Erklärungen wurden nicht abgegeben.

II.

1. Bereits die Befristungsabrede im Arbeitsvertrag vom ist unwirksam.
   Gem. § 15 Abs. 5 TzBfG gilt ein Arbeitsverhältnis als auf unbestimmte Zeit verlängert, wenn es nach Ablauf der Zeit, für die es eingegangen ist mit Wissen des Arbeitgebers fortgesetzt wird.
   Das Arbeitsverhältnis der Parteien war zunächst bis befristet. Im Januar ist das Arbeitsverhältnis fortgesetzt worden, indem der Kläger mit Wissen des Leiters der Herrn sowie des seine Arbeitsleistung als erbracht hat, obwohl kein schriftlicher befristeter Arbeitsvertrag geschlossen worden war. Herr hat als Vertreter der Beklagten der Arbeitsaufnahme durch den Kläger nicht widersprochen.
2. Auch die Befristungsabrede im Arbeitsvertrag vom ist unwirksam.
3. Ein sachlicher Grund für die Befristung besteht nicht. Die Tätigkeit des Klägers als ist eine Daueraufgabe. Eine Befristung ohne sachlichen Grund ist gem. § 30 Abs. 1 S. 1 TVöD unter den Voraussetzungen des § 14 Abs. 2 und Abs. 3 TzBfG zwar grundsätzlich möglich, diese Voraussetzungen liegen jedoch nicht vor, da zwischen den Parteien bereits ein befristetes Arbeitsverhältnis für die Dauer von zwei Jahren bestand und auch keine Neueinstellung vorliegen würde.
4. Die Rspr. hat in Streitigkeiten über die Wirksamkeit einer Befristung die Grundsätze des Großen Senats des Bundesarbeitsgerichts[380] über die vorläufige Weiterbeschäftigung in Kündigungsrechtsstreitigkeiten entsprechend angewendet.[381] Dementsprechend ist der Kläger zu unveränderten Arbeitsbedingungen weiter zu beschäftigen, wenn er erstinstanzlich mit der Entfristungsklage obsiegt. Hierauf ist der Klageantrag zu 3. gerichtet. In Bezug auf die Weiterbeschäftigung des Klägers ist keine Erklärung der Beklagten abgegeben worden, so dass der Antrag notwendig ist.
5. Der Kläger macht zur Wahrung der Ausschlussfrist nach § 37 TVöD sämtliche Ansprüche aus dem Arbeitsverhältnis geltend. Insb. solche Ansprüche, die vom Ausgang dieses Rechtsstreits abhängen, wie Ansprüche auf Annahmeverzugslohn, Urlaubs- und etwaige Urlaubsabgeltungsansprüche, Zahlung der Zuwendung und des Urlaubsgeldes.

Rechtsanwalt“

▲

380 BAG GS v. 27.2.1985, AP Nr. 14 zu § 611 BGB Beschäftigungspflicht.

381 BAG v. 13.6.1985, AP Nr. 19 zu § 611 BGB Beschäftigungspflicht; BAG v. 26.6.1996, AP Nr. 23 zu § 620 BGB Bedingung.

§ 18 Beendigung durch auflösende Bedingung

Jan Ruge

Inhalt

	Rn
I. Überblick	1
II. Sachgrundbefristungen	5
1. Allgemeines	5
2. Schriftform	8
3. Klage	9
4. Einzelne Sachgründe nach § 14 Abs. 1 S. 2 TzBfG	12
a) Nr. 1 – Vorübergehender Arbeitskräftebedarf	12
b) Nr. 2 – Erstanstellung im Anschluss an Ausbildung oder Studium	13
c) Nr. 3 – Vertretung	14
d) Nr. 4 – Eigenart der Arbeitsleistung	15
e) Nr. 5 – Erprobung	18
f) Nr. 6 – Gründe in der Person des Arbeitnehmers	19
g) Nr. 7 – Haushaltsrechtliche Gründe	21
h) Nr. 8 – Gerichtlicher Vergleich	22
5. Sonstige Gründe	23
6. Kein Eingreifen sonstiger Unwirksamkeitsgründe	26
7. Rechtsfolgen unwirksamer auflösender Bedingungen	28

Literatur

Dörner, Der befristete Arbeitsvertrag, 2004; **Joch/Klichowski**, Die Vereinbarung auflösender Bedingungen in Darstellerverträgen – Kunstfreiheit als Sachgrund, NZA 2004, 302; **Koppenfels-Spies**, Die Beendigung des Arbeitsverhältnisses durch auflösende Bedingung, ArbuR 2004, 209; **Meinel/Heyn/Herms**, Teilzeit- und Befristungsgesetz (TzBfG), Kommentar, 3. Aufl. 2009.

I. Überblick

Ein Rechtsgeschäft kann gem. § 158 BGB unter einer **aufschiebenden** oder **auflösenden Bedingung** geschlossen werden. Der Eintritt der auflösenden Bedingung beendet das Dauerschuldverhältnis, ohne dass es einer Kündigung bedarf. 1

Auflösend bedingte Arbeitsverträge sind solche, deren Ende von einem **ungewissen Ereignis** abhängt, dessen **Eintritt nicht Voraussetzung** des **Vertrages** ist.[1] Soweit nach der **Prognose** des Arbeitgebers **sicher** ist, dass das zukünftige Ereignis eintreten wird und lediglich der Zeitpunkt noch ungewiss ist, liegt eine **Zweckbefristung** vor. Ist nicht nur das „Wann“, sondern insbesondere das „Ob“ ungewiss, handelt es sich um eine auflösende Bedingung. 2

Bereits vor Geltung des TzBfG waren nach der Rspr. des BAG **auflösende Bedingungen** bei Arbeitsverträgen für **zulässig** erachtet und hinsichtlich der Voraussetzungen (sachlicher Grund) den **befristeten Arbeitsverhältnissen** weitgehend **gleichgestellt** worden.[2] 3

Mit Inkrafttreten des TzBfG sind **auflösend bedingte Arbeitsverträge** gem. § 21 TzBfG den mit Sachgrund befristeten Arbeitsverträgen gesetzlich weitgehend gleichgestellt worden. 4

1 ErfK/*Müller-Glöge*, § 21 TzBfG Rn 3; KR/*Bader*, § 21 TzBfG Rn 1.
2 BAG v. 17.5.1962, AP Nr. 2 zu § 620 BGB Bedingung.

II. Sachgrundbefristungen

1. Allgemeines

5 Gem. §§ 21, 14 Abs. 1 TzBfG sind die Regelungen über das **Sachgrunderfordernis** nunmehr auch auf auflösend bedingte Arbeitsverträge anwendbar. Wegen der begrenzten Verweisung von § 21 TzBfG auf § 14 Abs. 1 und 4 TzBfG ist es dem **Arbeitgeber verwehrt**, sich in Ermangelung eines Sachgrundes auf eine **sachgrundlose Befristung** nach § 14 Abs. 2 TzBfG zu berufen.[3]

6 Auf die Umgehung zwingender Kündigungsschutzbestimmungen kommt es nun nicht mehr an. Dennoch können sich aus dem Grundgesetz oder anderen gesetzlichen Regelungen Wertungen ergeben, die dazu führen, dass bestimmte Konstellationen nicht als legitimer Sachgrund für eine auflösende Bedingung anzuerkennen sind.[4] Da § 14 Abs. 1 TzBfG **keine Wartezeit oder Kleinbetriebsklausel** vorsieht, ist für jede auflösende Bedingung ein Sachgrund erforderlich, gleichgültig, ob sie innerhalb der ersten sechs Monate des Arbeitsverhältnisses oder in einem Kleinbetrieb abgeschlossen wird.[5] Die Vereinbarung einer auflösenden Bedingung für einzelne Vertragsbedingungen bedarf daher, erst Recht, wenn der Inhalt dem Änderungsschutz des § 2 KSchG unterliegt, einer sachlichen Begründung, da sie andernfalls unwirksam ist.[6]

7 Bei der auflösenden Bedingung muss es sich in der Regel um ein **objektives Ereignis** handeln, dessen **Eintritt unabhängig** vom **Willen** des **Arbeitgebers** ist (Formulierungsbeispiel siehe § 17 Rn 130 und 132). Unproblematisch sind Bedingungen, die ausschließlich vom Willen des Arbeitnehmers abhängen, z.B. das Recht des Arbeitnehmers „jederzeit" aufhören zu dürfen oder bis zum Antritt eines Studiums weiterarbeiten zu können.[7]

2. Schriftform

8 Gem. §§ 21, 14 Abs. 4 TzBfG bedarf die Vereinbarung einer auflösenden Bedingung zu ihrer Wirksamkeit der **Schriftform**.[8] Die Vereinbarung muss **ausdrücklich** und **unmissverständlich** getroffen werden. Wegen der besonders einschneidenden Wirkung kann eine Bedingung in der Regel nicht im Wege ergänzender Vertragsauslegung ermittelt werden.[9] Im Rahmen eines gerichtlichen Vergleichs wird die Formvorschrift des § 14 Abs. 4 TzBfG durch das Protokoll erfüllt, § 127a BGB (vgl. § 17 Rn 152).[10]

3. Klage

9 § 17 TzBfG gilt infolge der Verweisung in § 21 TzBfG **auch** für **auflösend bedingte Arbeitsverträge**. Es muss daher innerhalb von drei Wochen nach dem Zeitpunkt der objektiven Zweckerreichung Klage erhoben werden.[11]

3 *Meinel/Heyn/Herms*, § 21 Rn 26.
4 KR/*Bader*, § 21TzBfG Rn 19 i.
5 Ascheid/Preis/Schmidt/*Backhaus*, § 21 TzBfG Rn 9.
6 LAG Köln v. 10.7.2003, ZTR 2002, 580.
7 Potestativbedingungen – KR/*Bader*, § 21 TzBfG Rn 20.
8 LAG Niedersachsen v. 4.9.2006, NZA-RR 2007, 67.
9 Staudinger/*Preis*, § 620 BGB Rn 28.
10 *Dörner*, Rn 80.
11 So KR/*Lipke/Bader*, § 17 TzBfG Rn 19 ff.

Formulierungsbeispiel 10
„Es wird beantragt,
festzustellen, dass das Arbeitsverhältnis der Parteien nicht durch eine auflösende Bedingung mit Wirkung zum beendet worden ist, sondern über diesen Tag hinaus bis zum fortbesteht.“

Die Klagefrist des § 17 TzBfG gilt nicht, wenn die Parteien ausschließlich darüber streiten, 11
ob eine auflösende Bedingung für die Beendigung des Arbeitsverhältnisses tatsächlich eingetreten ist, da der Arbeitnehmer in diesem Fall nicht die Rechtsunwirksamkeit der auflösenden Bedingung i.S.d. §§ 21, 17 S. 1 TzBfG geltend macht.[12]

4. Einzelne Sachgründe nach § 14 Abs. 1 S. 2 TzBfG

a) Nr. 1 – Vorübergehender Arbeitskräftebedarf

Ein vorübergehend bestehender betrieblicher Bedarf an der Arbeitsleistung wird in der Regel 12
keinen sachlichen Grund für eine auflösende Bedingung darstellen.[13] Anknüpfungspunkt für die Rechtfertigung einer Befristung nach § 14 Abs. 1 S. 2 Nr. 1 TzBfG ist die auf eine hinreichende Tatsachengrundlage gestützte Prognose des Arbeitgebers eines nur vorübergehenden Arbeitskräftebedarfs. Da eine auflösende Bedingung in Abgrenzung zur Zweckbefristung aber gerade von einem in der Zukunft liegenden **ungewissen Ereignis** abhängt, ist eine derartige **Prognoseentscheidung** regelmäßig **nicht möglich**.[14] Da sich in derartigen ungewissen Ereignissen gerade das **Unternehmerrisiko** manifestiert, darf es durch die Vereinbarung einer auflösenden Bedingung **nicht** zur **Abwälzung** dieses **Risikos** auf den **Arbeitnehmer** kommen.

b) Nr. 2 – Erstanstellung im Anschluss an Ausbildung oder Studium

Auflösende Bedingungen im Anschluss an eine Ausbildung oder ein Studium haben zwar nur 13
eine geringe Praxisrelevanz, sind aber gleichwohl **zulässig**, wenn z.B. eine Folgebeschäftigung zur auflösenden Bedingung erhoben wird.[15] Weil es mit der Überbrückungsfunktion der Nr. 2 nicht vereinbar sei, dass es im Einzelfall zu sehr langen Arbeitsverhältnissen kommen könne, wird teilweise vertreten, eine derartige Befristung sei nur dann sachlich gerechtfertigt, wenn sie mit einer Höchstbefristung gekoppelt werde.[16]

c) Nr. 3 – Vertretung

Vertretungsfälle können unproblematisch als auflösend bedingte Arbeitsverträge ausgestaltet 14
sein, wenn das Ende des Vertretungsbedarfs von der **ungewissen Rückkehr** eines **anderen Arbeitnehmers** abhängt (ansonsten handelt es sich um eine Zweckbefristung).[17]

12 BAG v. 23.6.2004, NZA 2005, 520, m.w.N.
13 *Meinel/Heyn/Herms*, § 21 Rn 10.
14 Vgl. auch BAG v. 7.7.1999, NZA 2000, 591.
15 *Meinel/Heyn/Herms*, § 21 Rn 11.
16 KR/*Bader*, § 21 TzBfG Rn 24.
17 KR/*Bader*, § 21 TzBfG Rn 25.

d) Nr. 4 – Eigenart der Arbeitsleistung

15 Nach der Begründung des Regierungsentwurfs[18] bezieht sich § 14 Abs. 1 S. 2 Nr. 4 TzBfG insbesondere auf die **Programmplanung** von **Rundfunkanstalten** und anderen **Medien- und Kunstbereichen.** Durch die der künstlerischen Gestaltungsfreiheit eingeräumte Entscheidungsmacht weist der Bedingungseintritt ein starkes arbeitgeberseitiges voluntatives Element auf.[19] Nach wohl h.M. soll die Eigenart der Arbeitsleistung deshalb in der Regel nicht zur Rechtfertigung einer auflösenden Bedingung führen können. Auch hier sei die Abwälzung des Unternehmerrisikos auf den Arbeitnehmer unzulässig.[20]

16 Nunmehr hat das BAG[21] entschieden, dass eine arbeitsvertraglich vereinbarte auflösende Bedingung dann sachlich gerechtfertigt ist, wenn sie **Ausdruck künstlerischer Gestaltungsfreiheit** ist. Die Klägerin des zugrunde liegenden Rechtsstreits war als Darstellerin einer bestimmten Rolle in einer Fernsehserie beschäftigt. Der Arbeitsvertrag war befristet und enthielt darüber hinaus die Regelung, dass der Vertrag mit einer Ankündigungsfrist von vier Wochen auch dann enden solle, wenn die Rolle „nicht mehr in der Serie enthalten ist". Als die Zuschauerquote der Serie sank, entschied die Beklagte die Rolle zu streichen. Das BAG hat festgestellt, dass diese Entscheidung zulässig gewesen sei, da sie maßgeblich auf künstlerischen Erwägungen beruht hätte.[22]

17 Nach der Rspr. des BAG kann eine auflösende Bedingung in dem Arbeitsvertrag eines (Fußball-)**Trainers** sachlich gerechtfertigt sein, die an den Verbleib in einer bestimmten Spielklasse anknüpft. In dem Fall galt der Arbeitsvertrag für die Teilnahme der Mannschaft am Spielbetrieb der ersten und zweiten Bundesliga.[23]

e) Nr. 5 – Erprobung

18 Nach der Rspr. des BAG ist der Erprobungszweck als Sachgrund einer auflösenden Bedingung anerkannt.[24]

f) Nr. 6 – Gründe in der Person des Arbeitnehmers

19 Unproblematisch zulässig sind Bedingungen, die auf Wunsch des Arbeitnehmers vereinbart werden (z.B. bis zur Zuweisung eines Studienplatzes). Auch die Verknüpfung des Bestandes des Arbeitsverhältnisses mit dem Ergebnis einer **ärztlichen Einstellungsuntersuchung** ist grundsätzlich zulässig (Formulierungsbeispiel siehe § 17 Rn 130).[25] In diesen Zusammenhang ist auch der Eignungswegfall des Arbeitnehmers als sachlicher Grund einer auflösenden Bedingung nach Nr. 6 einzuordnen, wenn entweder die körperliche Eignung oder eine behördliche Zustimmung im laufenden Arbeitsverhältnis wegfällt.[26]

18 BT-Drucks 14/4372, S. 19.
19 KR/*Bader*, § 21 TzBfG Rn 27; HaKo/*Mestwerdt*, § 21 TzBfG Rn 15.
20 *Meinel/Heyn/Herms*, § 21 Rn 12.
21 BAG v. 2.7.2003, NZA 2004, 311; vgl. auch LAG Köln v. 22.6.1998, NZA-RR 1999, 512.
22 Ausführlich dazu *Joch/Klichoski*, NZA 2004, 302.
23 BAG v. 4.12.2002, AP Nr. 28 zu § 620 BGB Bedingung = NZA 2003, 611.
24 BAG v. 7.5.1980, AP Nr. 36 zu § 611 BGB Abhängigkeit; LAG Rheinland-Pfalz v. 1.12.2006 – 3 Sa 725/06.
25 LAG Berlin v. 16.7.1990, DB 1990, 2223.
26 BAG v. 25.8.1999, EzA § 620 BGB Bedingung Nr. 13.

Unzulässig soll eine Vereinbarung sein, nach der dass das Arbeitsverhältnis automatisch endet, wenn der als Sachbearbeiter beschäftigte Arbeitnehmer den für diese Tätigkeit nicht erforderlichen, aber als Ausdruck der **Unternehmensphilosophie** vom Arbeitgeber vorausgesetzten Abschluss als staatlich geprüfter Versicherungskaufmann nicht erwirbt.[27] Allein die Unternehmensphilosophie stelle **keinen sachlichen Grund** dar. Richtigerweise handelt es sich um einen personenbedingten Grund (Einstellungs- und Beschäftigungsvoraussetzungen, vgl. § 17 Rn 128 ff.), der eine Befristung bzw. auflösende Bedingung nur zulässt, wenn eine Ausbildung zwingende Voraussetzung für die Ausübung eines Berufes ist (z.B. Zweites Staatsexamen für Rechtsanwalt). Dasselbe gilt für eine Einsatzgenehmigung zur Tätigkeit für die US-Streitkräfte, deren Entzug dem Arbeitgeber jede Möglichkeit zur Beschäftigung des Arbeitnehmers nimmt.[28] 20

g) Nr. 7 – Haushaltsrechtliche Gründe

Haushaltsrechtliche Aspekte sind **nicht** geeignet eine **auflösende Bedingung** zu rechtfertigen, da es sich gerade nicht um ein in der Zukunft liegendes ungewisses Ereignis handelt.[29] 21

h) Nr. 8 – Gerichtlicher Vergleich

Ein sachlicher Grund für eine auflösende Bedingung eines Arbeitsverhältnisses kann auch in einem gerichtlichen Vergleich liegen.[30] 22

5. Sonstige Gründe

Die gesetzliche Neuregelung führt nicht zur Unzulässigkeit der nach der bisherigen Rspr. des BAG als zulässig erachteten Bedingungen. So sind insbesondere Vereinbarungen von **Altersgrenzen** als auflösende Bedingung weiterhin **zulässig** (vgl. auch § 17 Rn 141 ff.).[31] Der Grundsatz, dass es insoweit eines rechtfertigenden Sachgrundes bedarf, bindet auch die Tarifvertragsparteien. Die von der Rspr. entwickelten Grundsätze zur arbeitsgerichtlichen Befristungskontrolle sind **nicht tarifdispositiv**. Daher bedürfen auch tarifliche Normen über Befristungen und auflösende Bedingungen zu ihrer Wirksamkeit eines sie rechtfertigenden Sachgrundes.[32] 23

Auch die **Verweigerung** des **Betriebsrates**, seine **Zustimmung** zur **Einstellung** zu erteilen, kann die auflösende Bedingung des Arbeitsverhältnisses rechtfertigen.[33] Eine derartige auflösende Bedingung sei in beiderseitigem Interesse, da man ein Arbeitnehmerinteresse unterstellen könne, kein von vornherein „belastetes" Arbeitsverhältnis einzugehen.[34] 24

27 LAG Hamm v. 10.7.2003, ZTR 2003, 629 (Revision zugelassen).
28 BAG v. 19.3.2008, NZA-RR 2008, 570; LAG Rheinland-Pfalz v. 27.6.2008, 6 Sa 81/08.
29 Ascheid/Preis/Schmidt/*Backhaus*, § 21 TzBfG Rn 23; anders aber wohl LAG Saarland v. 13.12.2006, 2 Sa 70/06.
30 BAG v. 9.2.1984, EzA § 620 BGB Bedingung Nr. 2.
31 Vgl. BAG v. 21.7.2004, NZA 2004, 1352; BAG v. 16.10.2008, 7 AZR 185/07.
32 BAG v. 31.7.2002, AP Nr. 237 zu § 620 BGB Befristeter Arbeitsvertrag.
33 Vgl. BAG v. 17.2.1983, AP Nr. 74 zu § 620 BGB Befristeter Arbeitsvertrag.
34 Kittner/Däubler/Zwanziger/*Däubler*, § 21 TzBfG Rn 15.

25 Grundsätzlich zulässig ist die Vereinbarung, dass das Arbeitsverhältnis durch den Eintritt der **Erwerbsunfähigkeit** auflösend bedingt wird.[35] Allerdings muss der Zeitpunkt exakt bestimmt werden, eine pauschale Verweisung auf den Eintritt der Erwerbsunfähigkeit genügt nicht.[36] Entscheidend ist nicht die Erwerbsunfähigkeit oder Erwerbsminderung als solche, sondern die fehlende Weiterbeschäftigungsmöglichkeit für den Arbeitgeber.[37] Nach **§ 59 Abs. 1 Unterabs. 1 BAT**[38] **endet** das **Arbeitsverhältnis** eines Angestellten mit Ablauf des Monats, in dem der **Bescheid** eines **Rentenversicherungsträgers** zugestellt wird und durch den festgestellt wird, dass der **Angestellte erwerbsgemindert** ist. Die Beendigung des Arbeitsverhältnisses tritt auch ein, wenn der **Anspruch auf unbefristete Rente** wegen Erwerbsminderung nach Eintritt der formellen Bestandskraft des Rentenbescheids entfällt, weil der Rentenversicherungsträger dem Antrag des Arbeitnehmers auf Abänderung des Bescheids entsprochen hat und nunmehr nur eine befristete Rente gewährt wird.[39] Gleiches gilt, wenn der Rentenversicherungsträger den Rentenbescheid später zurücknimmt.[40] Die Beendigung des Arbeitsverhältnisses tritt dagegen nicht ein, wenn der Arbeitnehmer gegen den Rentenbescheid innerhalb der Widerspruchsfrist des § 84 SGG Widerspruch einlegt und den Rentenantrag zurücknimmt oder seinen Antrag auf Gewährung einer Zeitrente beschränkt.[41]

6. Kein Eingreifen sonstiger Unwirksamkeitsgründe

26 Schließlich dürfen auflösende Bedingungen nicht gegen ein **gesetzliches Verbot** nach § 134 BGB oder gegen die **guten Sitten** nach § 138 BGB verstoßen. So kann eine **Eheschließung**, eine **Schwangerschaft** oder ein **Gewerkschaftsbeitritt bzw. -austritt** nicht als auflösende Bedingung vereinbart werden.[42]

27 Auch verhaltens- und personenbedingte Gründe dürfen nicht zum Anlass einer auflösenden Bedingung gemacht werden, wenn dadurch der **gesetzliche Kündigungsschutz** oder die Regeln über die außerordentliche Kündigung umgangen werden sollen.[43] Da die **Vereinbarung** von **absoluten Kündigungsgründen unzulässig** ist, ist auch die Vereinbarung einer auflösenden Bedingung, wie die **Nichtrückkehr** aus dem **Urlaub**,[44] der Konsum von **Alkohol** oder das **Entfallen** einer **Drittmittelfinanzierung** unzulässig.

7. Rechtsfolgen unwirksamer auflösender Bedingungen

28 Gem. § 21 TzBfG gilt auch § 16 TzBfG für die auflösend bedingten Arbeitsverhältnisse entsprechend. Ist eine auflösende Bedingung unwirksam, so entsteht ein **unbedingtes Arbeitsverhältnis**. Liegt ein Verstoß gegen § 14 Abs. 1 TzBfG vor, kann der Arbeitgeber das Arbeitsverhältnis, vorbehaltlich einer weitergehenden Vereinbarung nach § 15 Abs. 3 TzBfG, **nicht vor Eintritt** der **auflösenden Bedingung ordentlich kündigen**. Der Arbeitnehmer

35 BAG v. 24.6.1987, NZA 1987, 815; BAG v. 23.2.2000, NZA 2000, 776.
36 BAG v. 27.10.1988, AP Nr. 16 zu § 620 BGB.
37 BAG v. 18.10.2006, 7 AZR 662/05.
38 Vgl. auch § 33 Abs. 2 TVöD.
39 BAG v. 23.6.2004, NZA 2005, 520.
40 BAG v. 3.9.2003, NZA 2004, 328.
41 BAG v. 3.9.2003, NZA 2004, 328.
42 KR/*Bader*, § 21 TzBfG Rn 53 f. m.w.N.
43 *Meinel/Heyn/Herms*, § 21 Rn 21.
44 Vgl. auch BAG v. 19.12.1974, AP Nr. 3 zu § 620 BGB Bedingung.

kann seinerseits das Arbeitsverhältnis jederzeit ordentlich kündigen. Dem Arbeitgeber ist deshalb grundsätzlich anzuraten, ein **ordentliches Kündigungsrecht** vertraglich zu **vereinbaren**.

Sofern gegen das Schriftformerfordernis nach § 14 Abs. 4 TzBfG verstoßen wurde, können beide Seiten das Vertragsverhältnis auch vor dem eigentlichen Beendigungszeitpunkt ordentlich kündigen. 29

Teil 3 Abwicklungs- und Aufhebungsvertrag

§ 19 Abwicklungs- und Aufhebungsvertrag

Dr. Oliver Vahle

Inhalt

	Rn
I. Einführung	1
II. Inhaltliche Ausgestaltung	3
1. Beendigungsklausel	6
2. Abfindungsklausel	8
3. Abwicklungsklausel	11
4. Freistellungsklausel	12
5. Zeugnisklausel	16
6. Verschwiegenheitsklausel	17
7. Belehrungsklausel	18
8. Wiedereinstellungsklausel	21
9. Erledigungsklausel	22
III. Form	23
IV. Nichtigkeit	26
1. Nichtigkeit infolge Anfechtung	26
2. Nichtigkeit gem. § 134 BGB oder § 138 BGB	33
V. Widerruf	36
VI. Gleichwohlkündigung	38
VII. Steuerrechtliche Behandlung von Abfindungszahlungen	39
1. Steuerbegünstigung von Abfindungen gem. §§ 24, 34 EStG	41
a) Entschädigung	42
b) Zusammenballung	45
c) Fünftelungsregelung	46
2. Lohnsteueranrufungsauskunftsverfahren	47
VIII. Muster: Aufhebungsvertrag	48
IX. Muster: Abwicklungsvertrag	49

Literatur

Bauer, Steuerliche Tücken bei Aufhebungsverträgen, NZA 1996, 729; **Schlegel**, Versicherungs- und Beitragspflicht bei Freistellung von der Arbeit, NZA 2005, 972.

I. Einführung

In der anwaltlichen Praxis kommt dem Abwicklungs- und Aufhebungsvertrag zur Vermeidung bzw. Beilegung eines arbeitsgerichtlichen Kündigungsrechtsstreits erhebliche Bedeutung zu. Während der Aufhebungsvertrag das Arbeitsverhältnis (nicht den Arbeitsvertrag!) im gegenseitigen Einvernehmen tatsächlich aufhebt, also selbst den Beendigungstatbestand setzt, knüpft der Abwicklungsvertrag an einen bereits bestehenden Beendigungstatbestand (z.B. Kündigung oder Anfechtung) an, welcher im Nachhinein vertraglich hingenommen wird. Gemein haben beide Vertragsformen, dass mit ihnen die Beendigungsmodalitäten abschließend geregelt werden sollen, um somit Rechtssicherheit über das Ende des Arbeitsverhältnisses sowie dessen rechtliche Folgen zu erzeugen. 1

Nachfolgend werden die inhaltlichen Ausgestaltungsmöglichkeiten, die einzuhaltende Form und die Voraussetzungen einer nachträglichen Beseitigung von Abwicklungs- und Auf- 2 hebungsverträgen aufgezeigt. Darüber hinaus wird die Besteuerung von Abfindungen skizziert. Am Ende des Kapitels befindet sich jeweils ein Muster eines Abwicklungs- und Aufhebungsvertrags. Die möglichen Auswirkungen von Abwicklungs- und Aufhebungsverträgen auf den Arbeitslosengeldanspruch werden in einem gesonderten Kapitel erläutert (vgl. § 32 Rn 2 ff., 51 ff.).

II. Inhaltliche Ausgestaltung

3 Oftmals gilt es im Vorfeld einer Kündigung zu entscheiden, ob statt der Kündigung ein Aufhebungsvertrag geschlossen oder die Kündigung ausgesprochen und anschließend ein Abwicklungsvertrag vereinbart wird. Der Aufhebungsvertrag ist ein gängiges Instrument, um Arbeitsverhältnisse kurzfristig ohne Einhaltung der Kündigungsfrist zu beenden. Für den **Arbeitgeber** bietet er den **Vorteil**, dass der allgemeine und der besondere Kündigungsschutz nicht greifen und der Betriebsrat nicht zu beteiligen ist. Der für den Arbeitnehmer größte Nachteil des Abwicklungs- und Aufhebungsvertrags liegt in dessen Auswirkungen auf den Arbeitslosengeldanspruch. Beide Vertragsformen haben grundsätzlich den Eintritt einer Sperrzeit (vgl. § 32 Rn 6 ff.), ggf. sogar die Anrechnung der Abfindung auf das Arbeitslosengeld (vgl. § 32 Rn 51 ff.) zur Folge. Beim arbeitsgerichtlichen Vergleich drohen diese Nachteile in der Regel nicht. Dem Arbeitnehmer ist daher grundsätzlich von dem Abschluss eines Aufhebungs- oder Abwicklungsvertrags abzuraten, sofern er nicht bereits ein Anschlussarbeitsverhältnis sicher in Aussicht hat.

4 In Zusammenhang mit der inhaltlichen Ausgestaltung von Abwicklungs- und Aufhebungsverträgen gilt es die §§ 305 ff. BGB zu beachten, soweit die Vertragsbedingungen zwischen den Parteien nicht im Einzelnen ausgehandelt worden sind, sondern vom Arbeitgeber für eine Vielzahl von Fällen (mindestens drei) vorformuliert und gestellt wurden. Nachdem das BAG entschieden hat, dass der Arbeitnehmer Verbraucher ist,[1] ist davon auszugehen, dass gem. § 310 Abs. 3 Nr. 2 BGB die §§ 306, 307–309 BGB selbst dann Anwendung finden, wenn die vom Arbeitgeber vorformulierten Vertragsbedingungen nur zur einmaligen Verwendung bestimmt sind, soweit der Arbeitnehmer auf deren Inhalt keinen Einfluss nehmen kann. Allerdings erstreckt sich jedenfalls die Inhaltskontrolle gem. § 307 Abs. 3 BGB stets nur auf solche allgemeinen Geschäftsbedingungen, durch die von Rechtsvorschriften abweichende oder diese ergänzende Regelungen vereinbart werden. Abreden über den unmittelbaren Gegenstand der Hauptleistung unterliegen aus Gründen der Vertragsfreiheit regelmäßig keiner Kontrolle.[2] Beim Aufhebungsvertrag stellt die vereinbarte Beendigung des Arbeitsverhältnisses die Hauptleistungspflicht dar, durch die als solche nicht von Rechtsvorschriften abgewichen wird. Eine Inhaltskontrolle nach den §§ 307 Abs. 1, 308, 309 BGB scheidet insoweit daher aus. Es verbleibt bei der Transparenzkontrolle. Etwas anderes gilt für Abwicklungsverträge, da hier durch den Klageverzicht eine von Rechtsvorschriften (§ 4 S. 1 KSchG) abweichende Regelung i.S.v. § 307 Abs. 3 BGB getroffen wird.

5 Die inhaltliche Ausgestaltung von Abwicklungs- und Aufhebungsverträgen hängt vom jeweiligen Einzelfall ab. Beide Vertragsformen unterscheiden sich im Wesentlichen lediglich hinsichtlich der Beendigungsklausel, denn auch der Aufhebungsvertrag enthält zusätzlich regelmäßig Regelungen über die Abwicklung des Arbeitsverhältnisses. Zur Vermeidung mög-

1 BAG v. 25.5.2005, AP Nr. 1 zu § 310 BGB = NZA 2005, 1111; BAG v. 31.8.2005, 5 AZR 545/04 AP Nr. 8 zu § 6 ArbZG = NZA 2006, 324.

2 BAG v. 22.4.2004, AP Nr. 65 zu § 123 BGB = NZA 2004, 1295.

licher Folgestreitigkeiten empfiehlt es sich, bei beiden Vertragsformen jedenfalls die nachfolgenden Punkte zu regeln, welche darüber hinaus in den Musterverträgen am Ende dieses Kapitels ausformuliert sind (vgl. Rn 48 f.).

1. Beendigungsklausel

Anlass und Zeitpunkt der Beendigung des Arbeitsverhältnisses sollten insbesondere im **Aufhebungsvertrag** Erwähnung finden. Hatte der Arbeitnehmer objektiv einen wichtigen Grund für den Abschluss des Aufhebungsvertrages, droht keine Sperrzeit nach § 144 SGB III (vgl. § 32 Rn 25 ff.). Es empfiehlt sich daher, den Anlass für den Abschluss des Aufhebungsvertrages in der Beendigungsklausel zu erwähnen. Gleiches gilt für den Beendigungszeitpunkt. Wurde die für den Arbeitgeber maßgebliche Kündigungsfrist eingehalten, droht kein Ruhen des Arbeitslosengeldanspruchs nach § 143a SGB III (vgl. § 32 Rn 51 ff.). In diesem Zusammenhang sei vor der Rückdatierung von Aufhebungsverträgen gewarnt. Dies kann einen Betrug zu Lasten der Arbeitsverwaltung darstellen. Erhält der Arbeitnehmer eine Abfindung, sollte die Beendigungsklausel darüber hinaus den Hinweis enthalten, dass das Arbeitsverhältnis auf Veranlassung des Arbeitgebers beendet worden ist, da die Abfindung nach den §§ 34, 24 EStG regelmäßig nur bei einer vom Arbeitgeber veranlassten Auflösung des Arbeitsverhältnisses in Grenzen steuerbegünstigt ist (vgl. Rn 41 ff.). 6

Im Rahmen eines **Abwicklungsvertrags** wird in der Beendigungsklausel bestätigt, dass das Arbeitsverhältnis durch die Kündigung mit Ablauf der einzuhaltenden Kündigungsfrist sein Ende finden wird. Darüber hinaus verpflichtet sich der Arbeitnehmer, gegen die Kündigung keine Kündigungsschutzklage zu erheben bzw. eine bereits erhobene Klage zurückzunehmen. Nach der Rspr. des BAG stellt ein solcher Klageverzicht allerdings eine unangemessene Benachteiligung i.S.v. § 307 Abs. 1 S. 1 BGB dar, wenn dem Arbeitnehmer keine kompensatorische Gegenleistung (z.B. Hinausschieben des Beendigungszeitpunktes, Zahlung einer Abfindung, Verzicht auf Schadensersatz) versprochen wird.[3] 7

2. Abfindungsklausel

Die Abfindungsklausel findet sich in nahezu jedem Abwicklungs- und Aufhebungsvertrag. Hinsichtlich der **Höhe der Abfindung** hat sich bereits vor der Einführung des § 1a KSchG ein halbes Bruttomonatsgehalt pro Beschäftigungsjahr als Verhandlungsbasis eingebürgert. Insbesondere bei kürzeren Beschäftigungszeiten wird hiervon in der Praxis nach oben abgewichen. Enthält die Abfindungsklausel keine eindeutige Regelung, handelt es sich im Allgemeinen um einen Bruttobetrag, welcher u.U. nach den §§ 34, 24 EStG steuerbegünstigt ist.[4] Die Abfindung unterliegt nicht der Beitragspflicht zur Sozialversicherung, soweit sie keine versteckten Arbeitsentgeltbestandteile enthält.[5] 8

Erklärt sich der Arbeitgeber bereit, eine Abfindung für den Verlust des Arbeitsplatzes zu zahlen, gilt es insbesondere, die Fälligkeit des Abfindungsanspruchs explizit zu regeln. Ist diese nicht festgelegt, so kann sich der Fälligkeitszeitpunkt aus den Umständen ergeben (§ 271 Abs. 1 BGB). Soll die Abfindung als Ausgleich für den Verlust des Arbeitsplatzes entsprechend §§ 9, 10 KSchG gezahlt werden, so liegen regelmäßig Umstände i.S.d. § 271 Abs. 1 9

3 BAG v. 6.9.2007, AP Nr. 62 zu § 4 KSchG 1969 = NZA 2008, 219.
4 LAG Berlin v. 21.2.1994, NZA 1995, 792 = BB 1994, 1865.
5 BSG v. 25.10.1990, EzA § 9 KSchG n.F. Nr. 38.

BGB vor, aus denen sich als Fälligkeitszeitpunkt derjenige der Beendigung des Arbeitsverhältnisses ergibt.[6] Eine Fälligkeitsvereinbarung empfiehlt sich unter Umständen auch unter steuerrechtlichen Gesichtspunkten. Nach dem Zuflussprinzip des § 11 Abs. 1 EStG ist die Abfindung in dem Jahr zu versteuern, in welchem sie dem Arbeitnehmer ausgezahlt wird. Eine Fälligkeitsvereinbarung mit dem Ziel der Steueroptimierung ist grundsätzlich legitim. Eine rechtsmissbräuchliche Gestaltung i.S.v. § 42 AO kommt nur in Betracht, wenn der Zahlungszeitpunkt willkürlich ist und keinen Bezug zum wirtschaftlichen Hindergrund hat.[7]

10 Der Abfindungsanspruch ist wie jede andere Forderung auch vererblich. Wird die Abfindung für den Verlust des Arbeitsplatzes gezahlt, kann die Auslegung der Abfindungsklausel nach der Rspr. des BAG ergeben, dass der Abfindungsanspruch nicht bereits mit Vertragsschluss entstehen soll, sondern erst zum vereinbarten Ausscheidenstermin.[8] Verstirbt der Arbeitnehmer vorher, kommt der Abfindungsanspruch nicht zur Entstehung. Diese Unsicherheit kann man wirksam umgehen, indem man die sofortige Vererblichkeit des Abfindungsanspruchs vereinbart.

3. Abwicklungsklausel

11 Um die ordnungsgemäße Abrechnung bis zum Beendigungszeitpunkt zu gewährleisten, sollte im Rahmen einer Abwicklungsklausel klargestellt werden, dass und in welchem Umfang dem Arbeitnehmer die vertraglich geschuldete monatliche Vergütung weiter gewährt wird. Eine Regelung empfiehlt sich auch hinsichtlich eines etwaigen **Zielbonus**, da die dem Bonus zugrunde liegende Zielvereinbarung aufgrund der Beendigung des Arbeitsverhältnisses oder der vorherigen Freistellung regelmäßig nicht mehr oder nur noch zum Teil erfüllt werden kann.

4. Freistellungsklausel

12 Der Arbeitgeber hat im bestehenden Arbeitsverhältnis grundsätzlich nicht das Recht, den Arbeitnehmer einseitig von der Verpflichtung zur Erbringung der Arbeitsleistung freizustellen. Im Rahmen eines Abwicklungs- oder Aufhebungsvertrags wird eine solche widerrufliche oder unwiderrufliche Freistellung bis zum Ende der Kündigungsfrist unter Fortzahlung der Bezüge dagegen regelmäßig vereinbart.

13 *Praxishinweis*

Die Spitzenverbände der Krankenkassen, des VDR (Verband deutscher Rentenversicherungsträger) und der BA haben auf einer gemeinsamen Besprechung vom 5./6. Juli 2005 den Standpunkt vertreten, dass das sozialversicherungspflichtige Beschäftigungsverhältnis bei einer einvernehmlichen unwiderruflichen Freistellung des Arbeitnehmers von der Arbeitsleistung mit dem letzten Arbeitstag endet, weil danach auf Seiten des Arbeitnehmers die Weisungsgebundenheit endet und auf Seiten des Arbeitgebers das Weisungsrecht.[9] Nach dieser Auffassung würden mit dem letzten Arbeitstag grundsätzlich

6 BAG v. 15.7.2004, AP Nr. 1 zu § 271 BGB = NZA 2005, 292.

7 FG Niedersachsen v. 19.2.2009, 5 K 79/06 (Revision eingelegt, BFH: IX R 15/09); zitiert nach Juris.

8 BAG v. 26.8.1997, AP Nr. 8 zu § 620 BGB Aufhebungsvertrag = NZA 1998, 643 = BB 1998, 700.

9 Vgl. hierzu das Besprechungsergebnis der Spitzenverbände der Krankenkassen, des VDR und der BA über Fragen des gemeinsamen Beitragseinzugs am 5./6.7.2005 unter Nr. 4 http://www.tk-online.de/centaurus/generator/tk-online.de/m01__firmenkunden/r05__downloads/04__besprechungsergebnisse/besprechung__melde__2005__07__05.pdf,property=Data.pdf; a.A. *Schlegel*, NZA 2005, 972.

auch die tatbestandlichen Voraussetzungen für die Versicherungspflicht in der Kranken-, Pflege-, Renten- und Arbeitslosenversicherung entfallen. Nachdem das BSG nunmehr entschieden hat, dass auch bei unwiderruflicher entgeltlicher Freistellung ein sozialversicherungspflichtiges Beschäftigungsverhältnis vorliegen kann, sind unwiderrufliche Freistellungsvereinbarungen in Abwicklungs- und Aufhebungsverträgen unter sozialversicherungsrechtlichen Aspekten grds. wieder unproblematisch möglich.[10]

Um sicherzustellen, dass der Arbeitnehmer sich während der Freistellung einen anderweitigen Erwerb nach § 615 S. 2 BGB anrechnen lassen muss, sollte eine entsprechende Regelung mit in die Freistellungsklausel aufgenommen werden. Ohne **entsprechenden Vorbehalt** kommt § 615 S. 2 BGB bei einer Freistellungsvereinbarung grundsätzlich nicht zur Anwendung, da dem Arbeitgeber mangels Arbeitspflicht des Arbeitnehmers die Gläubigerstellung fehlt.[11] 14

Soll mit der Freistellung zugleich der verbleibende Resturlaub des Arbeitnehmers gewährt werden, muss dies explizit geregelt werden, da der Urlaubsanspruch durch die bloße Freistellungsvereinbarung nicht erlischt.[12] 15

5. Zeugnisklausel

Der Zeugnisanspruch sollte im Rahmen des Abwicklungs- und Aufhebungsvertrags unbedingt mit geregelt werden, jedenfalls im Hinblick auf die zumeist strittige Leistungsbeurteilung des Arbeitnehmers sowie dessen Führungsverhalten. Solange die Parteien sich in Abwicklungs- oder Aufhebungsvertragsverhandlungen befinden, ist der Arbeitgeber zumeist auch noch dazu bereit, in das Zeugnis eine Dankes- und Bedauernsformel mit aufzunehmen. Hierauf besteht nach der Rspr. des BAG kein Anspruch.[13] 16

6. Verschwiegenheitsklausel

Da der Arbeitnehmer auch nach der Beendigung des Arbeitsverhältnisses zur Verschwiegenheit über Geschäfts- und Betriebsgeheimnisse verpflichtet ist,[14] empfiehlt sich zur Klarstellung die Aufnahme einer entsprechenden Klausel. Ein Betriebsgeheimnis liegt vor, wenn Tatsachen im Zusammenhang mit einem Geschäftsbetrieb, die nur einem eng begrenzten Personenkreis bekannt und nicht offenkundig sind, nach dem Willen des Arbeitgebers aufgrund eines berechtigten wirtschaftlichen Interesses geheim gehalten werden.[15] 17

7. Belehrungsklausel

Der Arbeitnehmer muss sich nach der Rspr. des BAG vor Abschluss eines Vertrags, durch den das Arbeitsverhältnis aufgelöst werden soll, grundsätzlich selbst über die rechtlichen Folgen dieses Schritts Klarheit verschaffen, wenn er von diesen die Beendigung abhängig machen will.[16] Der Arbeitgeber muss den Arbeitnehmer allerdings **aufklären**, wenn die Ab- 18

10 BSG v. 24.9.2008, NZA 2009, 559.
11 BAG v. 19.3.2002, NZA 2002, 1055 = BB 2002, 1703.
12 BAG v. 9.6.1998, AP Nr. 23 zu § 7 BUrlG = NZA 1999, 80 = DB 1999, 52.
13 BAG v. 20.2.2001, AP Nr. 26 zu § 630 = NZA 2001, 843 = BB 2001, 1957.
14 BAG v. 15.12.1987, AP Nr. 5 zu § 611 BGB Betriebsgeheimnis = NZA 1988, 502 = DB 1988, 1020.
15 BAG v. 16.3.1982, AP Nr. 1 zu § 611 BGB Betriebsgeheimnis = BB 1982, 1792 = DB 1982, 2247.
16 BAG v. 11.12.2001, AP Nr. 2 zu § 1 BetrAVG Auskunft = NZA 2002, 1150 = DB 2002, 2387.

wägung der beiderseitigen Interessen unter Billigkeitsgesichtspunkten und unter Berücksichtigung aller Umstände des Einzelfalls ergibt, dass der Arbeitnehmer durch eine sachgerechte und vom Arbeitgeber redlicherweise zu erwartende Aufklärung vor der Auflösung des Arbeitsverhältnisses bewahrt werden muss, weil er sich durch sie in Bezug auf die Altersversorgung oder das Arbeitslosengeld aus Unkenntnis selbst schädigen würde.[17]

19 Vor dem Hintergrund dieser wenig griffigen Rspr. ist es **dringend anzuraten**, den Arbeitnehmer auf die möglichen rechtlichen Folgen, insbesondere **drohende Versorgungseinbußen oder eine Sperrfrist, konkret hinzuweisen**, wenn die Initiative zum Aufhebungsvertrag vom Arbeitgeber ausgeht. Wünscht der Arbeitnehmer von sich aus die Lösung des Arbeitsverhältnisses, sollte ihm jedenfalls die Möglichkeit eingeräumt werden, sich vor Abschluss eines Aufhebungsvertrags über die möglichen rechtlichen Folgen selbst zu informieren. Eine darüber hinausgehende Hinweispflicht sollte vertraglich abbedungen werden.

20 Eine **Hinweispflicht** besteht für den Arbeitgeber gem. § 2 Abs. 2 Nr. 3 SGB III im Hinblick auf die Meldepflicht des Arbeitnehmers bei der Agentur für Arbeit nach § 38 Abs. 1 SGB III. Danach ist der Arbeitnehmer verpflichtet, sich spätestens drei Monate vor Beendigung des Arbeitsverhältnisses arbeitssuchend zu melden. Liegen zwischen der Kenntnis des Beendigungszeitpunkts und der Beendigung des Arbeitsverhältnisses weniger als drei Monate, hat die Meldung innerhalb von drei Tagen ab Kenntnis des Beendigungszeitpunkts zu erfolgen. Verstößt der Arbeitgeber gegen diese Pflicht, begründet der unterlassene Hinweis nach der Rspr. des BAG allerdings keinen Schadensersatzanspruch des Arbeitnehmers gegen den Arbeitgeber.[18]

8. Wiedereinstellungsklausel

21 Ergibt sich in der Zeit zwischen dem Abschluss eines Aufhebungsvertrags und dem vereinbarten Vertragsende unvorhergesehen eine Weiterbeschäftigungsmöglichkeit für den Arbeitnehmer, so ist der Aufhebungsvertrag nach den Regeln über den Wegfall der Geschäftsgrundlage anzupassen, wenn der Aufhebungsvertrag auf Veranlassung des Arbeitgebers zur Vermeidung einer betriebsbedingten Kündigung zustande gekommen ist.[19] Die Vertragsanpassung kann dabei auch in einer Wiedereinstellung liegen. Vor diesem Hintergrund kann es sich empfehlen, eine entsprechende Klausel aufzunehmen, in welcher der Arbeitnehmer auf die Geltendmachung seines Wiedereinstellungsanspruchs verzichtet.

9. Erledigungsklausel

22 Eine **Ausgleichsklausel**, wonach sämtliche Ansprüche aus und in Verbindung mit dem Arbeitsverhältnis mit Erfüllung der Verpflichtungen aus dem Vertrag als erledigt anzusehen sind, gehört ebenfalls zum Standardinhalt eines jeden Abwicklungs- und Aufhebungsvertrags. Sie sind im Interesse klarer Verhältnisse grundsätzlich weit auszulegen.[20] Zu beachten

17 BAG v. 10.3.1988, AP Nr. 99 zu § 611 BGB Fürsorgepflicht = NZA 1988, 837 = BB 1988, 1962; BAG v. 13.11.1984, AP Nr. 5 zu § 1 BetrAVG; BAG v. 18.9.1984, AP Nr. 6 zu § 1 BetrAVG.

18 BAG v. 29.9.2005, NZA 2005, 1406.

19 BAG v. 8.5.2008, AP Nr. 40 zu § 620 BGB Aufhebungsvertrag = NZA 2008, 1148 = NJW 2008, 3372.

20 BAG v. 19.11.2003, AP Nr. 50 zu § 611 BGB Konkurrenzklausel = NZA 2004, 554; BAG v. 28.7.2004, AP Nr. 258 zu § 611 BGB Gratifikation = NZA 2004, 1097; BAG v. 22.10.2008, DB 2009, 404.

ist in diesem Zusammenhang, dass zahlreiche Ansprüche, wie z.B. auf Zeugniserteilung,[21] betriebliche Altersversorgung[22] und der nach § 13 BUrlG unverzichtbare Anspruch auf Urlaub, nicht von solchen Erledigungsklauseln erfasst werden. Damit die Klausel einer etwaigen AGB-Kontrolle (§ 305c Abs. 1 BGB) standhält, empfiehlt sich ferner deren drucktechnische Hervorhebung.

III. Form

Der Abschluss des **Abwicklungsvertrags** ist grundsätzlich **formfrei** möglich. Zu beachten ist aber, dass so genannte Klageverzichtsverträge, die im unmittelbaren zeitlichen und sachlichen Zusammenhang mit dem Ausspruch einer Kündigung getroffen werden, nach der Rspr. des BAG nicht als klassische Abwicklungsverträge, sondern als Auflösungsverträge i.S.v. § 623 BGB angesehen werden und daher dem Schriftformerfordernis unterliegen. Entscheidend für die Einordnung als Auflösungsvertrag sei die Tatsache, dass bei dem Klageverzichtsvertrag nicht die Kündigung, sondern der Klageverzicht die Auflösung des Arbeitsverhältnisses bedinge.[23] 23

Der **Aufhebungsvertrag** unterliegt hingegen gem. § 623 BGB immer dem gesetzlichen **Schriftformerfordernis**. Diesem genügt der Aufhebungsvertrag gem. § 126 Abs. 2 S. 1 BGB nur, wenn dieselbe Vertragsurkunde von beiden Parteien eigenhändig durch Namensunterschrift unterzeichnet wird. Ein Austausch einseitiger schriftlicher Angebots- bzw. Annahmeerklärungen reicht daher nicht aus. Bei mehreren gleich lautenden Exemplaren ist die Schriftform gem. § 126 Abs. 2 S. 2 BGB auch gewahrt, wenn jede Partei den für die jeweils andere bestimmten Aufhebungsvertrag unterzeichnet. 24

Da eine dem Schriftformerfordernis unterliegende empfangsbedürftige Willenserklärung erst wirksam wird, wenn sie dem Empfänger **formgerecht zugeht**, genügt die Zustellung der unterzeichneten Vertragsurkunde per Telefax nicht dem gesetzlichen Schriftformerfordernis und hat die Nichtigkeit des Vertrags gem. § 125 S. 1 BGB zur Folge. Das Schriftformerfordernis wird auch durch gerichtlichen Vergleich gewahrt, da dieser die die Schriftform ersetzende notarielle Beurkundung ersetzt (§ 126 Abs. 4 i.V.m. § 127 a BGB analog).[24] Eine Ersetzung der Schriftform durch elektronische Form scheidet hingegen nach § 623 Hs. 2 BGB aus. 25

IV. Nichtigkeit

1. Nichtigkeit infolge Anfechtung

Hat der Arbeitnehmer einen Aufhebungsvertrag oder nach einer arbeitgeberseitigen Kündigung einen Abwicklungsvertrag mit dem Arbeitgeber geschlossen, sind verschiedene Fallgestaltungen denkbar, bei denen dem Arbeitnehmer ein Anfechtungsrecht nach § 123 Abs. 1 BGB zustehen kann. Von besonderer praktischer Relevanz sind dabei vor allem die Fälle, in denen der Arbeitgeber für den Fall des Nichtzustandekommens eines Aufhebungsvertrags damit droht, dem Arbeitnehmer fristlos zu kündigen oder eine Strafanzeige zu erstatten. 26

21 BAG v. 16.9.1974, AP Nr. 9 zu § 630 BGB = NJW 1975, 407.
22 BAG v. 14.8.1990, AP Nr. 4 zu § 3 BetrAVG = NZA 1991, 174 = DB 1991, 501.
23 BAG v. 19.4.2007, AP Nr. 9 zu § 623 BGB = NZA 2007, 1227.
24 BAG v. 23.11.2006, AP Nr. 8 zu § 623 BGB = NZA 2007, 466.

27 Ist der Arbeitnehmer zur Annahme eines Aufhebungsvertrags widerrechtlich durch **Drohung** bestimmt worden, so kann er seine Willenserklärung gem. § 123 Abs. 1 S. 1 Alt. 1 BGB aus diesem Grunde anfechten. Hat der Arbeitgeber das Einverständnis des Arbeitnehmers zum Abschluss eines Aufhebungsvertrags durch das In-Aussichtstellen einer außerordentlichen Kündigung erzielt, ist eine solche Drohung nach der Rspr. des BAG **widerrechtlich** i.S.v. § 123 Abs. 1 S. 1 Alt. 2 BGB, wenn ein verständiger Arbeitgeber eine solche Kündigung nicht ernsthaft in Erwägung ziehen durfte.[25] Der Arbeitgeber hat einen Beurteilungsspielraum. Es ist nicht erforderlich, dass die angedrohte Kündigung, wenn sie ausgesprochen worden wäre, sich in einem Kündigungsschutzprozess als rechtsbeständig erwiesen hätte.[26] Die Widerrechtlichkeit der Drohung wird auch nicht durch eine dem Arbeitnehmer vom Arbeitgeber eingeräumte Bedenkzeit beseitigt. Allerdings kann eine solche Bedenkzeit die Kausalität der Drohung für den späteren Abschluss des Aufhebungsvertrags beseitigen, wenn der Arbeitnehmer die Bedenkzeit dazu genutzt hat, den Aufhebungsvertrag zu seinen Gunsten nachzuverhandeln.[27]

28 Nach der Rspr. des BAG finden diese Grundsätze entsprechende Anwendung, wenn der Arbeitgeber für den Fall der Ablehnung seines Aufhebungsvertragsangebots mit einer Strafanzeige droht.[28] Eine solche Drohung ist nicht rechtswidrig, wenn der Arbeitgeber einen hinreichenden Verdacht auf eine gegen ihn gerichtete Straftat hat.

29 Eine Anfechtung kommt ferner in Betracht, wenn der Arbeitgeber dem Arbeitnehmer den Wegfall des Arbeitsplatzes vortäuscht und der Arbeitnehmer den Abwicklungs- oder Aufhebungsvertrag ob dieser Täuschung abschließt. Ist der Arbeitnehmer zur Annahme eines Abwicklungs- oder Aufhebungsvertrags durch **arglistige Täuschung** bestimmt worden, so kann er seine Willenserklärung gem. § 123 Abs. 1 S. 1 Alt. 1 BGB anfechten.

30 Die binnen **Jahresfrist** geltend gemachte wirksame Anfechtung eines Abwicklungs- oder Aufhebungsvertrags führt gem. §§ 123, 124 BGB zu deren Nichtigkeit.

31 *Praxishinweis*

Im Falle der Anfechtung eines Abwicklungsvertrags droht nach § 7 KSchG die Wirksamkeit der zuvor ausgesprochenen Kündigung, wenn die Drei-Wochen-Frist des § 4 KSchG bereits verstrichen ist. In diesem Fall kann allenfalls noch durch einen Antrag auf nachträgliche Zulassung der Kündigungsschutzklage nach § 5 KSchG der Fortbestand des Arbeitsverhältnisses gewährleistet werden.

32 Dagegen ist eine Anfechtung ausgeschlossen, wenn der Arbeitnehmer sich lediglich in Bezug auf die sozialversicherungsrechtlichen Folgen[29] oder seinen bestehenden Kündigungsschutz[30] geirrt hat.

2. Nichtigkeit gem. § 134 BGB oder § 138 BGB

33 Wie jeder Vertrag kann auch der Abwicklungs- und Aufhebungsvertrag wegen Verstoßes gegen die guten Sitten (§ 138 BGB) oder ein gesetzliches Verbot (§ 134 BGB) nichtig sein.

25 BAG v. 30.9.1993, AP Nr. 37 zu § 123 BGB = NZA 1994, 209 = BB 1994, 785.
26 BAG v. 5.12.2002, DB 2003, 1685.
27 BAG v. 28.11.2007, AP Nr. 36 zu § 620 BGB Aufhebungsvertrag = NZA 2008, 348.
28 BAG v. 30.1.1986, NZA 1988, 91.
29 BAG v. 10.3.1988, AP Nr. 99 zu § 611 BGB Fürsorgepflicht = NZA 88, 837 = DB 1988, 2006.
30 BAG v. 16.2.1983, AP Nr. 22 zu § 123 BGB = NJW 83, 2958 = DB 1983, 1663; BAG v. 6.2.1992, AP Nr. 13 zu § 119 BGB = NJW 92, 2173 = BB 1992, 790.

Wird ein Aufhebungsvertrag rückdatiert, um die Folgen des § 143a SGB III zu umgehen, verstößt dieser Vertrag gegen § 138 BGB, wenn beide Parteien diesen Zweck verfolgen und der Hauptzweck des Aufhebungsvertrags in der Täuschung der Bundesagentur für Arbeit liegt.[31] 34

Wird ein Aufhebungsvertrag im Zusammenhang mit einem Betriebsübergang geschlossen, so ist dieser wegen objektiver Umgehung des § 613a BGB nach § 134 BGB nichtig, wenn er nicht auf das endgültige Ausscheiden des Arbeitnehmers gerichtet ist, sondern allein dem Zweck dient, im Anschluss mit dem Betriebserwerber eine neues, für diesen günstigeres Arbeitsverhältnis einzugehen.[32] 35

V. Widerruf

Wird der Arbeitnehmer von seinem Arbeitgeber an seinem **Arbeitsplatz** zum Abschluss eines Abwicklungs- oder Aufhebungsvertrags bestimmt und hat der Vertrag eine entgeltliche Leistung, wie z.B. die Zahlung einer Abfindung zum Gegenstand, so stellt sich die Frage, ob dem Arbeitnehmer nach den §§ 312 Abs. 1, 355 BGB ein Widerrufsrecht zusteht. Nach der Rspr. des BAG findet **§ 312 BGB** jedoch auf im Betrieb geschlossene arbeitsvertragliche Aufhebungsverträge **keine Anwendung**.[33] Nach der Entstehungsgeschichte, der gesetzlichen Systematik sowie nach Sinn und Zweck des § 312 BGB seien derartige Beendigungsvereinbarungen grundsätzlich nicht vom Anwendungsbereich der Norm erfasst. Sie werden nicht in einer für das abzuschließende Rechtsgeschäft atypischen Umgebung abgeschlossen. Das Personalbüro des Arbeitgebers sei vielmehr ein Ort, an dem typischerweise arbeitsrechtliche Fragen vertraglich geregelt werden. Von einer überraschenden Situation aufgrund des Verhandlungsortes, wie sie dem Widerrufsrecht bei Haustürgeschäften als „besonderer Vertriebsform" zugrunde liegt, könne deshalb keine Rede sein. 36

Praxishinweis 37

Im Falle der Anwendbarkeit von Tarifverträgen ist stets zu prüfen, ob ein tarifvertragliches Widerrufsrecht vom Abwicklungs- bzw. Aufhebungsvertrag besteht.

VI. Gleichwohlkündigung

Auch nach Abschluss eines Aufhebungs- oder Abwicklungsvertrags ist der Arbeitgeber grundsätzlich nicht gehindert, das Arbeitsverhältnis aus anderen ihm nach Vertragsschluss bekannt gewordenen Gründen zu kündigen. Zu denken ist hier insbesondere an die Fälle, in denen der Arbeitnehmer nach Vertragsschluss vom Arbeitgeber verdächtigt wird, diesem gegenüber eine **Straftat** begangen zu haben.[34] Da regelmäßig davon auszugehen ist, dass der Aufhebungsvertrag unter der aufschiebenden Bedingung geschlossen worden ist, dass das Arbeitsverhältnis bis zum vorgesehenen Beendigungszeitpunkt fortbesteht, wird der geschlossene Aufhebungsvertrag mit der Kündigung gegenstandslos.[35] 38

31 LAG Baden-Württemberg v. 22.5.1991, EzA § 611 BGB Nr. 9 Aufhebungsvertrag = BB 1991, 2225.

32 BAG v. 28.4.1987, AP Nr. 5 zu § 1 BetrAVG = NZA 1988, 198; BAG v. 10.12.1998, AP Nr. 16 zu § 134 BGB = NZA 1999, 422 = BB 1999, 1274; BAG v. 21.5.2008, AP Nr. 354 zu § 613a BGB = NZA 2009, 144.

33 BAG v. 27.11.2003, AP Nr. 1 zu § 312 BGB = NZA 2004, 597; BAG v 22.4.2004, AP Nr. 65 zu § 123 BGB = NZA 2004, 1295.

34 BAG v. 5.4.2001, AP Nr. 34 zu § 626 BGB Verdacht strafbarer Handlung = NZA 2001, 837 = BB 2001, 2062.

35 BAG v. 29.1.1997, AP Nr. 131 zu § 626 BGB = NZA 1997, 813 = DB 1997, 1411.

VII. Steuerrechtliche Behandlung von Abfindungszahlungen

39 Sowohl Abwicklungs- als auch Aufhebungsverträge sehen regelmäßig die Zahlung einer Abfindung als Entschädigung für den Verlust des Arbeitsplatzes vor. Abfindungen, welche anlässlich der Beendigung eines Arbeitsverhältnisses vom Arbeitgeber an den ausscheidenden Arbeitnehmer gezahlt werden, unterliegen grundsätzlich in vollem Umfang der Einkommenssteuer. Mit Wirkung zum 1.1.2006 ist die (teilweise) Steuerfreiheit derartige Abfindungen gem. § 3 Nr. 9 EStG vom Gesetzgeber aufgehoben worden.[36] Nach § 3 Nr. 9 EStG in seiner bis zum 31.12.2005 geltenden Fassung waren Abfindungen wegen einer vom Arbeitgeber veranlassten oder gerichtlich ausgesprochenen Auflösung des Arbeitsverhältnisses bis zu einem Betrag von 7.200 EUR steuerfrei. Hatte der Arbeitnehmer das 50. Lebensjahr vollendet und hatte das Dienstverhältnis mindestens 15 Jahre bestanden, so betrug der steuerfreie Höchstbetrag 9.000 EUR. Hatte der Arbeitnehmer das 55. Lebensjahr vollendet und hatte das Dienstverhältnis 20 Jahre bestanden, so betrug der steuerfreie Höchstbetrag 11.000 EUR.

40 Nach § 52 Abs. 4a EStG ist § 3 Nr. 9 EStG in seiner bis zum 31.12.2005 geltenden Fassung weiter anzuwenden für vor dem 1.1.2006 entstandene Ansprüche auf Abfindungen sowie für Abfindungen wegen einer vor dem 1.1.2006 getroffenen Gerichtsentscheidung oder einer am 31.12.2005 anhängigen Klage, soweit die Abfindung dem Arbeitnehmer noch vor dem 1.1.2008 tatsächlich zugeflossen ist.[37] § 3 Nr. 9 EStG gilt in der bis zum 31.12.2005 geltenden Fassung also nur noch für Altfälle. Allerdings können Abfindungszahlungen gem. §§ 24, 34 EStG nach wie vor steuerbegünstigt sein.

1. Steuerbegünstigung von Abfindungen gem. §§ 24, 34 EStG

41 Die Höhe des steuerpflichtigen Lohns bestimmt sich nach dem einkommenssteuerlichen Zuflussprinzip. Eine Abfindungszahlung erhöht das zu versteuernde Einkommen des Arbeitnehmers in dem Jahr, in dem ihm die Abfindung zufließt, also in dem Jahr, in dem der Arbeitnehmer die wirtschaftliche Verfügungsmacht über den Abfindungsbetrag erlangt. Diese Einbeziehung der Abfindungszahlung in einen Veranlagungszeitraum kann zu einer unangemessenen Härte führen, weil dadurch auch die laufenden Einkünfte von der durch die Abfindung ausgelösten **Progressionswirkung** erfasst und entsprechend höher besteuert werden. Um die Progressionswirkung zu mildern, gestattet § 34 EStG die Besteuerung von Entschädigungen i.S.d. § 24 EStG mit einem ermäßigten Steuersatz.

a) Entschädigung

42 Nach § 24 Nr. 1 i.V.m. § 34 Abs. 1 und 2 Nr. 2 EStG muss es sich bei der Zahlung um eine Entschädigung als Ersatz für entgangene oder entgehende Einnahmen oder für die Aufgabe oder Nichtausübung einer Tätigkeit handeln. Die Zahlung der Abfindung muss eine **Gegenleistung für den Verlust des Arbeitsplatzes** darstellen.[38] Dies ist nicht der Fall, wenn die Beendigung des Arbeitsverhältnisses lediglich den Anlass für die Zahlung darstellt. Werden daher mit der Abfindung bis zum Zeitpunkt der Beendigung erdiente bzw. entstandene Ansprüche, wie z.B. noch nicht genommener Urlaub, rückständiger Lohn oder Tantiemeansprüche mit abgegolten, handelt es sich insoweit nicht um eine steuerbegünstigte Entschädigung.

36 Vgl. Gesetz zum Einstieg in ein steuerliches Sofortprogramm vom 22.12.2005.

37 Vgl. zur bis zum 31.12.2005 geltenden Rechtslage die 2. Aufl. des Handbuch Kündigungsrecht, S. 533 ff.

38 BFH v. 13.10.1978, BStBl II 1979 S. 155 = BB 1979, 304 = DB 1979, 481.

Ferner muss die Zahlung nach der Rspr. des BFH auf einer neuen Rechts- und Billigkeitsgrundlage beruhen.[39] Daran kann es fehlen, wenn die Abfindungszahlung bereits im Arbeitsvertrag zugesagt worden ist. Die Zahlung stellt darüber hinaus nur dann eine Entschädigung als Ersatz für entgangene oder entgehende Einnahmen dar, wenn der Steuerpflichtige unter erheblichem rechtlichen, wirtschaftlichen oder tatsächlichen Druck gehandelt hat,[40] d.h. auf Veranlassung des Arbeitgebers. 43

Das Arbeitsverhältnis muss im Übrigen tatsächlich enden. Im Falle einer ausgesprochenen Änderungskündigung kommt eine Steuerbegünstigung nur dann in Betracht, wenn der Arbeitnehmer das Änderungsangebot abgelehnt hat.[41] Abfindungen, die im Zusammenhang mit einem Betriebsübergang gewährt werden, sind nicht steuerbegünstigt.[42] 44

b) Zusammenballung

Entschädigungszahlungen i.S.v. § 24 EStG sind nur dann nach § 34 EStG steuerbegünstigt, wenn es dadurch zu einer Zusammenballung von Einkünften kommt, welche sich bei normalem Ablauf auf mehrere Jahre verteilt hätten.[43] Dies setzt voraus, dass die Entschädigung **innerhalb eines Kalenderjahres** gezahlt wird. Nicht erforderlich ist hingegen, dass die Abfindung in einem Betrag geleistet wird. Auch über mehrere Monate verteilte Raten können zur Steuerbegünstigung führen. Übersteigt die Entschädigung die bis zum Ende des Veranlagungszeitraums entgehenden Einnahmen nicht, und erzielt der Steuerpflichtige keine weiteren Einnahmen, die er bei der Fortsetzung des Arbeitsverhältnisses nicht gehabt hätte, soll nach der Rspr. des BFH dennoch keine Zusammenballung von Einkünften vorliegen.[44] 45

c) Fünftelungsregelung

Nach der sog. Fünftelungsregelung des § 34 Abs. 1 S. 2 EStG wird die Steuer so berechnet, als sei die **Abfindung verteilt auf fünf Jahre zugeflossen.**[45] Zunächst wird nach den Steuertabellen die Einkommenssteuer für das ohne die Abfindung zu berechnende Einkommen ermittelt. Anschließend wird die Einkommenssteuer auf das Einkommen unter Hinzurechnung eines Fünftels der Abfindung berechnet. Die Differenz dieser beiden Steuerbeträge wird dann mit fünf multipliziert. Dieser Betrag entspricht der auf die Abfindung entfallenden Einkommenssteuer. Addiert man diesen Betrag mit der Einkommensteuer auf das übrige Einkommen (ohne Abfindung), stellt dieser Betrag die Gesamtsteuerbelastung dar. Je niedriger sich der Arbeitnehmer in der Progression befindet, desto günstiger wirkt sich die Fünftelungsregelung für ihn aus. Wer mit seiner Vergütung bereits die höchste Progressionsstufe erreicht hat, für den wirkt sich die Fünftelungsregelung auf die Abfindung regelmäßig nicht steuerbegünstigend aus. 46

39 BFH v. 27.2.1991, BStBl II S. 703.

40 BFH v. 13.2.1987, BStBl II S. 386 = DB 1987, 1070.

41 BFH v. 28.11.1991, BFH/NV 1992, 305.

42 BFH v. 10.10.2001, NZA 2002, 376 = BB 2002, 399.

43 BFH v. 20.7.1988, BStBl S. 936.

44 BFH v. 4.3.1998, NZA-RR 1998, 418 = BB 1998, 1347 = DB 1998, 1266.

45 Vgl. dazu eingehend *H/S-Hümmerich*, § 11 Rn 230 ff.

2. Lohnsteueranrufungsauskunftsverfahren

47 Bestehen vor Abschluss eines Abwicklungs- bzw. Aufhebungsvertrags Zweifel über die steuerrechtliche Behandlung der Abfindung, können sowohl Arbeitgeber als auch Arbeitnehmer nach § 42e EStG beim **Betriebsstättenfinanzamt** eine Lohnsteuerauskunft einholen. Das Betriebsstättenfinanzamt ist zur Auskunft verpflichtet. Allerdings entfaltet die Anrufungsauskunft des Arbeitgebers keinerlei Bindungswirkung für das für den Arbeitnehmer zuständige Wohnsitzfinanzamt im Rahmen des Veranlagungsverfahrens.[46]

VIII. Muster: Aufhebungsvertrag

48 ▼

Aufhebungsvertrag

Zwischen

GmbH,

– Arbeitgeberin –

und

Herrn/Frau , wohnhaft

– Arbeitnehmer –

wird Folgendes vereinbart:

§ 1 Beendigung des Arbeitsverhältnisses

Die Parteien sind sich darüber einig, dass das zwischen ihnen bestehende Arbeitsverhältnis zur Vermeidung einer ansonsten unumgänglichen betriebsbedingten Kündigung auf Veranlassung der Arbeitgeberin einvernehmlich und unter Einhaltung der ordentlichen Kündigungsfrist mit Ablauf des sein Ende finden wird.

§ 2 Abfindung

Als Entschädigung für den betriebsbedingten Verlust des Arbeitsplatzes erhält der Arbeitnehmer eine Abfindung entsprechend §§ 9, 10 KSchG in Höhe von

EUR,

in Worten: EUR. Der am fällige Anspruch auf die Abfindung entsteht unmittelbar mit Unterzeichnung dieser Vereinbarung und ist damit ab diesem Zeitpunkt vererblich. Die Abfindung reduziert sich um den nach § 115 SGB X auf die Bundesagentur für Arbeit übergegangenen Betrag.

§ 3 Abwicklung

Das Arbeitsverhältnis wird bis zu dem in § 1 genannten Beendigungszeitpunkt ordnungsgemäß abwickelt. Bis zu dem vorgenannten Zeitpunkt erhält der Arbeitnehmer seine gesamten bisherigen Bezüge weitergezahlt. An zukünftigen allgemeinen Gehaltserhöhungen nimmt der Arbeitnehmer teil. Der von dem Arbeitnehmer verdiente Zielbonus für das Jahr beträgt EUR.

§ 4 Urlaub und Freistellung

Die Arbeitgeberin gewährt dem Arbeitnehmer mit der Unterzeichnung dieser Vereinbarung bis zum ( ) auf dessen Wunsch seinen verbleibenden Resturlaub von insgesamt ( )

46 BFH v. 9.10.1992, DB 1993, 73.

Arbeitstagen. Im Anschluss daran wird der Arbeitnehmer unter Fortzahlung seiner vertragsgemäßen Bezüge gem. § 3 bis zu dem in § 1 genannten rechtlichen Beendigungszeitpunkt des Arbeitsverhältnisses unwiderruflich freigestellt. In der Freistellungsphase wird etwaig anderweitig erzielter Zwischenverdienst gem. § 615 S. 2 BGB auf die Bezüge des Arbeitnehmers angerechnet.

Der Arbeitnehmer kann das Arbeitsverhältnis durch schriftliche Anzeige gegenüber der Arbeitgeberin bereits vor Ablauf des in § 1 genannten Beendigungszeitpunkts beenden. Die in § 2 genannte Abfindungssumme wird in diesem Fall um die aufgrund der vorzeitigen Beendigung nach § 3 nicht mehr geschuldete monatliche Bruttovergütung erhöht.

§ 5 Zeugnis

Die Arbeitgeberin verpflichtet sich, dem Arbeitnehmer ein wohlwollendes, qualifiziertes Zeugnis über die Gesamtdauer seiner Beschäftigung unter dem Ausstellungsdatum zu erteilen. Endet das Arbeitsverhältnis zu einem früheren Zeitpunkt, wird das Zeugnis unter dem Ausstellungsdatum der tatsächlichen Beendigung erteilt.

Der Arbeitnehmer erhält Gelegenheit, der Arbeitgeberin einen eigenen Zeugnisentwurf zu übermitteln, auf dessen Basis das Zeugnis erstellt wird. Von dem Inhalt des Zeugnisentwurfs darf nur aus wichtigem Grund abgewichen werden. Auch für den Fall, dass der Arbeitnehmer keinen Zeugnisentwurf einreicht, gilt Folgendes: Die Leistungsbeurteilung schließt zusammenfassend mit folgendem Ergebnis: „Herr/Frau hat die ihm/ihr übertragenen Aufgaben stets zu unserer vollsten Zufriedenheit erledigt." Die zeugnisübliche Führungs- bzw. Verhaltensbeurteilung zu Vorgesetzten, Kollegen und Kunden schließt zusammenfassend mit folgendem Ergebnis: „Sein/Ihr Verhalten zu Vorgesetzten, Arbeitskollegen und Kunden war stets vorbildlich." Das Zeugnis enthält die Schlussformel: „Infolge dringender betrieblicher Gründe scheidet Herr/Frau im besten Einvernehmen zum aus unserem Unternehmen aus. Mit Herrn/Frau verlieren wir eine/n allseits geschätzte/n Mitarbeiter/in, was wir sehr bedauern. Wir bedanken uns bei Herrn/Frau für die in unseren Diensten geleistete Arbeit und wünschen ihm/ihr für die Zukunft alles Gute."

§ 6 Verschwiegenheit

Die Parteien vereinbaren, über den Inhalt dieser Vereinbarung, insbesondere über die Höhe der Abfindung, Stillschweigen zu bewahren. Dies gilt nicht für gesetzliche Informationspflichten gegenüber Behörden oder sonst zuständigen öffentlich-rechtlichen Stellen.

Der Arbeitnehmer ist verpflichtet, sämtliche ihm während seiner Tätigkeit bekannt gewordenen betriebsinternen Angelegenheiten, vor allem Geschäfts- und Betriebsgeheimnisse, geheim zu halten.

§ 7 Rückgabe von Firmeneigentum

Der Arbeitnehmer wird sämtliche ihm von der Arbeitgeberin überlassenen Firmenunterlagen und sonstige Gegenstände, die im Eigentum der Arbeitgeberin stehen, ohne ausdrückliche Aufforderung unverzüglich herausgeben.

§ 8 Wiedereinstellungsanspruch

Der Arbeitnehmer verzichtet auf einen etwaigen Wiedereinstellungsanspruch.

§ 9 Erledigungsklausel

Mit der Erfüllung der in dieser Vereinbarung enthaltenen Verpflichtungen sind sämtliche gegenseitigen Ansprüche aus und im Zusammenhang mit dem Arbeitsverhältnis sowie aus Anlass seiner Beendigung, gleich aus welchem Rechtsgrund, mögen sie bekannt sein oder nicht, abschließend geregelt und erledigt. Ausgenommen hiervon sind lediglich etwaige Ansprüche auf …

§ 10 Belehrung

Der Arbeitnehmer ist darüber informiert, dass durch diese Vereinbarung eventuell nachteilige Folgen in der Sozialversicherung, insbesondere beim Arbeitslosengeld, eintreten können und verbindliche Auskünfte nur die Agentur für Arbeit erteilt. Dem Arbeitnehmer wurde Gelegenheit gegeben, diese Auskünfte einzuholen. Vor diesem Hintergrund verzichtet der Arbeitnehmer auf eine weitergehende Belehrung durch den Arbeitgeber.

Der Arbeitnehmer wird darauf hingewiesen, dass er nach dem Gesetz verpflicht ist, sich spätestens drei Monate vor Beendigung des Arbeitsverhältnisses persönlich bei der Agentur für Arbeit arbeitssuchend zu melden. Endet das Arbeitsverhältnis aufgrund dieser Vereinbarung in weniger als drei Monaten, hat die Meldung innerhalb von drei Tagen nach Abschluss dieses Vertrags zu erfolgen. Andernfalls wird eine einwöchige Sperrzeit verhängt. Ferner verkürzt sich die Dauer des Anspruchs auf Arbeitslosengeld um die Anzahl der Tage der Sperrzeit.

§ 11 Salvatorische Klausel

Sollten Bestimmungen dieser Vereinbarung ganz oder teilweise nicht wirksam oder nicht durchführbar sein oder ihre Rechtswirksamkeit oder Durchführbarkeit später verlieren, so soll hierdurch die Gültigkeit der übrigen Bestimmungen der Vereinbarung nicht berührt werden. Die Parteien verpflichten sich, anstelle einer unwirksamen oder undurchführbaren Bestimmung eine dieser Bestimmung möglichst nahe kommende, wirksame Regelung zu treffen.

§ 12 Vertragsausfertigungen

Von dieser Vereinbarung haben beide Parteien je eine Ausfertigung erhalten.

▲

IX. Muster: Abwicklungsvertrag

49 ▼

Abwicklungsvertrag

Zwischen

___ GmbH,

– Arbeitgeberin –

und

Herrn/Frau ___, wohnhaft ___

– Arbeitnehmer –

wird Folgendes vereinbart:

§ 1 Beendigung des Arbeitsverhältnisses

Die Parteien sind sich einig, dass das zwischen ihnen bestehende Arbeitsverhältnis durch die von der Arbeitgeberin ausgesprochene ordentliche betriebsbedingte Kündigung vom ___ fristgemäß am ___ endet. Der Arbeitnehmer wird gegen die Kündigung keine Kündigungsschutzklage erheben.[47]

§§ 2 ff.

Vgl. Muster Aufhebungsvertrag

▲

47 Nach der Rspr. des BAG soll ein solcher Klageverzicht einer Inhaltskontrolle nach § 307 Abs. 1 S. 1 BGB nur standhalten, wenn dem Arbeitnehmer eine kompensatorische Gegenleistung (z.B. Hinausschieben des Beendigungszeitpunktes, Zahlung einer Abfindung, Verzicht auf Schadensersatz) versprochen wird, vgl. BAG v. 6.9.2007, AP Nr. 62 zu § 4 KSchG 1969 = NZA 2008, 219.

Teil 4 Der Kündigungsschutzprozess

§ 20 Der Rechtsweg zu den Arbeitsgerichten

Peter Friedhofen

Inhalt

	Rn
I. Einführung	1
1. Allgemeines	1
2. Eigenständiger Rechtsweg	2
3. Schiedsvertrag in Arbeitsstreitigkeiten	3
4. Internationale Zuständigkeit	4
5. Rechtswegzuständigkeit und Verweisung des Rechtsstreites	6
6. Sachliche Zuständigkeit	10
7. Einstweiliges Verfügungsverfahren	11
8. Prozesskostenhilfeverfahren	12
9. Wirkung der Entscheidung	13
II. Prüfung der Rechtswegzuständigkeit	18
1. Allgemeines	18
2. Begriff des Arbeitnehmers	19
3. Persönliche Abhängigkeit	28
4. Beschäftigte in der Berufsausbildung	31
a) Allgemeines/erfasster Personenkreis	31
b) Schlichtungsausschüsse	33
c) Zuständigkeit	34
d) Anrufungsfrist	36
5. Besondere Personengruppen	38
6. Statusklage	47
7. Die Anwendung arbeitsrechtlicher Vorschriften auf die Rechtsverhältnisse arbeitnehmerähnlicher Personen	48
8. Handelsvertreter	54
9. Vertreter von juristischen Personen und Personengesamtheiten	57
III. Rechtswegbesonderheiten	69
1. Sachentscheidungsvoraussetzung	69
2. Klagehäufung	70
3. Die sog. Sic-non-Fälle, Aut-aut-Fälle und Et-et-Fälle	72
a) Sic-non-Fall	73
b) Zusammenhangszuständigkeit nach § 2 Abs. 3 ArbGG	79
c) Aut-aut-Fall	87
d) Et-et-Fall	89
e) Wahlfeststellung	91
IV. Die örtliche Zuständigkeit	92
1. Allgemeines	92
2. Rügelose Einlassung	93
3. Die Bestimmung der örtlichen Zuständigkeit	96
4. Gerichtsstandsvereinbarungen	104
5. Alleinentscheidung durch den Vorsitzenden	107

Literatur

Brehm/John/Preusche, § 29 ZPO und Erfüllungsortvereinbarungen, insbesondere in Arbeitsverträgen, NJW 1975, 26; **Reinhard/Böggemann**, Gesetz zur Änderung des Sozialgerichtsgesetzes und des Arbeitsgerichtsgesetzes – Änderungen des ArbGG – Jede gute Regelung lässt Raum für Verbesserungen, NJW 2008, 1265; **Zwanziger**, Probleme der Neuregelung des Verweisungsrechts im arbeitsrechtlichen Verfahren, DB 1991, 2239.

I. Einführung

1. Allgemeines

1 § 48 Abs. 1 ArbGG bestimmt, dass für die Zulässigkeit des Rechtsweges und der Verfahrensart sowie für die sachliche und örtliche Zuständigkeit die §§ 17–17b GVG mit bestimmten Maßgaben entsprechend gelten. Gem. § 2 Abs. 1 Nr. 3 Buchst. a und b ArbGG sind die Gerichte für Arbeitssachen **ausschließlich zuständig** für bürgerliche Rechtsstreitigkeiten zwischen Arbeitnehmern und Arbeitgebern aus dem Arbeitsverhältnis sowie über das Bestehen oder Nichtbestehen eines Arbeitsverhältnisses. Für die in diesem Handbuch in erster Linie dargestellten Kündigungsrechtsstreitigkeiten und Rechtsstreitigkeiten betreffend die Arbeitnehmereigenschaft und die Arbeitgebereigenschaft (Statusklagen) sind die Arbeitsgerichte ausschließlich rechtswegzuständig. Die ausschließliche arbeitsgerichtliche Zuständigkeit besteht des Weiteren für bürgerliche Rechtsstreitigkeiten zwischen Arbeitnehmern und Arbeitgebern aus Verhandlungen über die Eingehung eines Arbeitsverhältnisses und aus dessen Nachwirkungen sowie aus unerlaubten Handlungen, soweit diese mit dem Arbeitsverhältnis in Zusammenhang stehen, sowie bei Streitigkeiten über Arbeitspapiere (§ 2 Abs. 1 Nr. 3 Buchst. c–e ArbGG).

2. Eigenständiger Rechtsweg

2 Die Arbeitsgerichtsbarkeit stellt gegenüber allen anderen Gerichtsbarkeiten einschließlich der ordentlichen Gerichtsbarkeit einen eigenständigen Rechtsweg dar.[1] Dies folgt aus § 48 ArbGG und §§ 17a ff. GVG.[2] Über die Zulässigkeit des Rechtsweges wird in einem besonderen Vorwegverfahren entschieden, § 17a Abs. 2–4 GVG i.V.m. § 48 ArbGG. Eine Klageabweisung wegen Unzulässigkeit ist damit ausgeschlossen; vielmehr muss der Rechtsstreit bei Unzulässigkeit des Rechtsweges an das zuständige Gericht verwiesen werden, § 48 ArbGG, § 17a Abs. 2 S. 1 GVG. Nur eine **rechtskräftige** und damit bindende **Verweisung** eines anderen Gerichts kann die Zuständigkeit der Arbeitsgerichte trotz ihrer Nichtzuständigkeit begründen. Wegen der ausschließlichen Zuständigkeit der Arbeitsgerichte für die vorgenannten Streitigkeiten kann – von Ausnahmen abgesehen – die Rechtswegzuständigkeit auch nicht durch rügelose Einlassung begründet werden. Eine Ausnahme bilden die Rechtsstreitigkeiten zwischen juristischen Personen und ihren Organmitgliedern, die gem. § 2 Abs. 4 ArbGG **aufgrund einer Vereinbarung** vor die Arbeitsgerichte gebracht werden können. Letzteres kann auch durch rügelose Einlassung auf eine Klage geschehen.[3]

3. Schiedsvertrag in Arbeitsstreitigkeiten

3 Auch durch **Schiedsvertrag** kann die ausschließliche Zuständigkeit der Arbeitsgerichte nicht ausgeschlossen werden. Ausnahmen hiervon gelten für die in § 101 Abs. 1 ArbGG genannten bürgerlichen Rechtsstreitigkeiten zwischen Tarifvertragsparteien und die in § 101 Abs. 2 ArbGG genannten bürgerlichen Rechtsstreitigkeiten aus einem Arbeitsverhältnis von Bühnenkünstlern, Filmschaffenden, Artisten oder Kapitänen und Besatzungsmitgliedern im Sinne des Seemannsgesetzes, wenn deren Arbeitsverhältnis einem Tarifvertrag mit Schieds-

1 BAG v. 28.4.1992, AP Nr. 11 zu § 50 BetrVG 1972.
2 *Germelmann u.a.*, § 48 Rn 3.
3 *Germelmann u.a.*, § 2 Rn 137.

gerichtsvereinbarung unterfällt. Die tarifvertragliche Vereinbarung gilt nur für tarifgebundene Personen, erstreckt sich aber auch auf Parteien, deren Verhältnisse sich aus anderen Gründen nach dem Tarifvertrag regeln, wenn die Parteien dies ausdrücklich und schriftlich vereinbart haben.

4. Internationale Zuständigkeit

Die internationale Zuständigkeit[4] ist von § 48 ArbGG nicht erfasst. Sie ist stets und in allen Instanzen **von Amts wegen zu prüfende Prozessvoraussetzung**.[5] Ob die deutschen Arbeitsgerichte international zuständig sind, richtet sich primär nach den entsprechenden Vorschriften in den Verfahrensgesetzen und in internationalen Abkommen sowie nach europarechtlichen Vorschriften.[6] Für die Arbeitnehmerentsendung ist in § 8 S. 1 AEntG bestimmt, dass ein nach Deutschland entsandter Arbeitnehmer eine Klage auf Gewährung der Arbeitsbedingungen nach §§ 1, 1a und 7 AEntG für die Entsendezeit auch vor einem deutschen Arbeitsgericht erheben kann. Ob und inwieweit ein Ausländer deutscher Gerichtsbarkeit unterliegt, ist in §§ 18–20 GVG geregelt. 4

Die **Immunität** hat ihre völkerrechtliche Kodifizierung im Wiener Übereinkommen vom 18.4.1961 über diplomatische Beziehungen erfahren. Das Übereinkommen wird ergänzt durch ein Fakultativprotokoll über die obligatorische Beilegung von Streitigkeiten. Beide Übereinkommen sind von der Bundesrepublik ratifiziert.[7] Die BRD kann im Arbeitsrecht in internationalen Verträgen die deutsche Gerichtsbarkeit vertraglich ausschließen.[8] Nicht von der deutschen Gerichtsbarkeit befreit waren die bei den Stationierungskräften beschäftigten Arbeitnehmer.[9] Anders ist es dagegen bei dem zivilen Gefolge der Truppen.[10] Ausländische Staaten unterliegen in sog. Bestandsschutzstreitigkeiten mit an ihren diplomatischen Vertretungen in Deutschland nach privatem Recht beschäftigten Ortskräften, soweit diese keine hoheitlichen Aufgaben zu erfüllen haben, der deutschen Gerichtsbarkeit. Dies gilt auch und insbesondere für die Anwendung des Kündigungsschutzgesetzes.[11] Der deutschen Gerichtsbarkeit hingegen sind nicht unterworfen die arbeitsrechtlichen Bestandsstreitigkeiten mit Konsulatsangestellten, die nach dem Inhalt ihres Arbeitsverhältnisses originär konsularische bzw. hoheitliche Aufgaben wahrzunehmen haben.[12] 5

5. Rechtswegzuständigkeit und Verweisung des Rechtsstreites

Die **Zuständigkeitsprüfung** erfolgt **von Amts wegen**. Ein Verweisungsantrag ist nicht erforderlich. Wirksame Zuständigkeitsvereinbarungen sind dabei zu berücksichtigen. Stellt das Arbeitsgericht seine Unzuständigkeit fest, verweist es nach Anhörung der Parteien das Verfahren an das zuständige Gericht durch Beschluss (§ 48 Abs. 1 ArbGG, § 17a Abs. 2 6

4 Zu weiteren Einzelfragen der internationalen Zuständigkeit wird auf die Kommentierung bei *Germelmann u.a.*, Einleitung Rn 231–234, § 1 Rn 30–41 sowie auf *Schaub*, Arbeitsgerichtsverfahren, § 8 verwiesen.

5 BAG v. 19.3.1996, AP Nr. 2 zu § 328 ZPO.

6 BAG v. 17.7.1997, EzA § 23 ZPO Nr. 1.

7 *Schaub*, Arbeitsgerichtsverfahren, § 8 Rn 1.

8 BAG v. 25.1.1973, AP Nr. 1 zu Art. 25 GG.

9 BAG v. 24.1.1958, AP Nr. 12 zu Art. 44 Truppenvertrag; BAG v. 28.4.1993, AP Nr. 24 zu § 113 BetrVG 1972.

10 BAG, AP Nr. 1 zu Art. 71 ZA-Nato-Truppenstatut.

11 BAG v. 20.11.1997, NZA 1998, 813.

12 BAG v. 3.7.1996, AP Nr. 1 zu § 20 GVG.

GVG). Der Beschluss kann ohne mündliche Verhandlung ergehen. Er ist zu begründen. Gegen den Beschluss ist die sofortige Beschwerde gegeben. Der rechtskräftige **Verweisungsbeschluss** bindet im Umfang des Beschlusses das Gericht, an das verwiesen worden ist, hinsichtlich des Rechtswegs.[13] Das Gericht, an das verwiesen worden ist, kann dann nur noch bei Fehlen der örtlichen Zuständigkeit weiter verweisen.[14]

7 Bejaht das Gericht seine Zuständigkeit, kann es dies **vorab** durch Beschluss, der ebenfalls der sofortigen Beschwerde unterliegt, entscheiden. Das Gericht muss vorab entscheiden, wenn eine Partei die Zuständigkeit rügt. Im **Hauptsacheverfahren** prüft das Rechtsmittelgericht die Zuständigkeit dann nicht mehr (§ 17a Abs. 5 GVG). Kommt es nicht zu einem sog. Vorabverfahren und hält das angerufene Gericht erster Instanz – ausdrücklich oder stillschweigend – seine Zuständigkeit für gegeben, prüft das Rechtsmittelgericht diese Frage nicht mehr (§ 17a Abs. 5 GVG). Ist die Zuständigkeit des angerufenen Gerichts nicht gerügt worden, so kann das Gericht in den Gründen des Endurteils entscheiden.

8 Der Beschluss nach § 17a Abs. 4 GVG kann ohne mündliche Verhandlung ergehen, aber stets durch die Kammer (Ausnahme: bei örtlicher Unzuständigkeit; hier entscheidet der Vorsitzende gem. § 53 Abs. 1 S. 1 ArbGG allein).

9 Hervorzuheben ist noch einmal, dass die §§ 48 ArbGG, 17, 17a und 17b GVG nicht die Frage der **internationalen Zuständigkeit** regeln.

6. Sachliche Zuständigkeit

10 Die Erwähnung der sachlichen Zuständigkeit in § 48 Abs. 1 ArbGG beruht auf einem redaktionellen Versehen und ist deshalb gegenstandslos.[15]

7. Einstweiliges Verfügungsverfahren

11 Auch in Verfahren des **vorläufigen Rechtsschutzes** finden die allgemeinen Regeln des Prozessrechtes Anwendung, sofern die Eigenheit des vorläufigen Verfahrens dem nicht entgegensteht.[16] Dass eine einschränkungslose Anwendung des § 48 Abs. 1 ArbGG i.V.m. §§ 17–17b GVG für die Verfahren des vorläufigen Rechtsschutzes den Zweck des vorläufigen Verfahrens vereiteln oder jedenfalls erheblich gefährden kann, ist ohne Weiteres einsichtig und führt deshalb zu der berechtigten Frage, wie die vorgenannten Bestimmungen mit Rücksicht auf den Zweck des einstweiligen Rechtsschutzes anzuwenden sind. Dabei ist mit dem BAG[17] davon auszugehen, dass es keiner Anhörung des Antragsgegners bedarf, wenn die Sache derart eilbedürftig ist, dass über sie ohne mündliche Verhandlung entschieden werden soll, da der Antragsgegner dann ohnehin nicht zu beteiligen ist. Geboten ist indessen schon wegen der Wahlmöglichkeit nach § 17a Abs. 2 S. 2 GVG eine Anhörung des Antragstellers, die notfalls wegen der Eilbedürftigkeit auch telefonisch erfolgen kann. In diesem Falle entscheidet dann das Arbeitsgericht ohne mündliche Verhandlung durch Beschluss. Die Entscheidung trifft der Kammervorsitzende allein gem. § 53 Abs. 1 S. 1 ArbGG.

13 BAG v. 14.1.1994, BB 1994, 2075.
14 BAG v. 1.7.1992, AP Nr. 39 zu § 36 ZPO.
15 BAG v. 26.3.1992, AP Nr. 7 zu § 48 ArbGG 1979.
16 *Zwanziger*, DB 1991, 2239, 2240.
17 BAG v. 11.1.1982, AP Nr. 27 zu § 36 ZPO.

Dies gilt auch im Verweisungsverfahren, § 48 Abs. 1 Nr. 2 ArbGG wird insoweit überlagert.[18] Findet eine **mündliche Verhandlung** statt, steht der Anhörung der Parteien nichts im Wege, und es ist dann auch durch die Kammer zu entscheiden.

8. Prozesskostenhilfeverfahren

Für das vorgeschaltete PKH-Verfahren passen die Regelungen über die Verweisung nicht. 12
Bei diesem PKH-Verfahren liegt noch keine Rechtshängigkeit vor. Eine entsprechende Anwendbarkeit des § 48 ArbGG ist deshalb ausgeschlossen.[19] Im Übrigen passen die Regelungen der §§ 17 ff. GVG nicht zu dem **eingeschränkten Entscheidungsrahmen** dieses Verfahrensteils.[20] Die Zulässigkeit des Rechtsweges kann aber im Rahmen der Erfolgsaussicht geprüft werden. Gegebenenfalls kann aus diesem Grund die PKH wegen fehlender Erfolgsaussicht verweigert werden, wenn es an der Zuständigkeit des angerufenen Gerichts fehlt. Der Antragsteller ist vor der Entscheidung auf bestehende Zuständigkeitsbedenken hinzuweisen. Er kann dann den PKH-Antrag zurücknehmen oder die formlose Abgabe an das andere Gericht beantragen. Ist gleichwohl ein Verweisungsbeschluss im PKH-Bewilligungsverfahren ergangen, soll er nach Ansicht des BAG in entsprechender Anwendung von § 17a Abs. 2 S. 3 GVG binden, allerdings nur für das PKH-Verfahren, nicht auch für das nachfolgende Hauptverfahren.[21]

9. Wirkung der Entscheidung

Nach Eintritt der Rechtskraft des Verweisungsbeschlusses wird der Rechtsstreit mit Eingang 13
der Akte bei dem Adressatgericht anhängig, § 17b Abs. 1 S. 1 GVG. Die Versendung der Akte darf allerdings erst nach Eintritt der Rechtskraft erfolgen. Die Wirkungen der Rechtshängigkeit bleiben bestehen, § 17b Abs. 1 S. 2 GVG. Der Verweisungsbeschluss nach § 17a Abs. 2 GVG stellt für das Adressatgericht und alle Instanzen den zulässigen Rechtsweg verbindlich fest.[22] Die **Bindungswirkung** besteht nur dann nicht, wenn der Beschluss offenbar gesetzeswidrig ist.[23] Die materiell-rechtlichen Wirkungen der Klageerhebung treten schon bei Einreichung der Klage bei dem unzuständigen Gericht ein. Dasselbe gilt für die Erhebung einer Kündigungsschutzklage bei einem unzuständigen Gericht.

Der rechtskräftige Verweisungsbeschluss bindet auch dann, wenn er **fehlerhaft zustande ge-** 14
kommen ist oder wenn er inhaltlich unrichtig ist.[24] Selbst grundlegende Fehler und Irrtümer können grundsätzlich nur im Rahmen der sofortigen Beschwerde nach § 17a Abs. 4 GVG bzw. im Rahmen der Beschwerde, wenn sie in dem Beschluss zugelassen worden ist, berücksichtigt werden. Eine Ausnahme wird indessen dann für möglich gehalten, wenn nicht nur Gesetzesrecht, sondern Verfassungsrecht verletzt worden ist.[25]

Entscheidet das Arbeitsgericht über die Zulässigkeit des Rechtsweges in der Hauptsacheent- 15
scheidung selbst, weil eine **Rüge** durch die Parteien **nicht erhoben** worden ist, tritt die Bin-

18 Ebenso *Germelmann u.a.*, § 48 Rn 21 f.
19 *Germelmann u.a.*, § 48 Rn 16; GK-ArbGG/*Bader*, § 48 Rn 41.
20 OVG Münster v. 28.4.1993, NJW 1993, 2766; offen gelassen in BAG v. 27.10.1992, NZA 1993, 285, 286.
21 BAG v. 27.10.1992, EzA § 17a GVG Nr. 2; *Germelmann u.a.*, § 48 Rn 17; GK-ArbGG/*Bader*, § 48 Rn 41.
22 BAG v. 4.1.1993, AP Nr. 42 zu § 36 ZPO.
23 BAG v. 4.1.1993, AP Nr. 42 zu § 36 ZPO.
24 BGH v. 24.2.2000, MDR 2000, 598.
25 Vgl. dazu *Germelmann u.a.*, § 48 Rn 56 m.w.N.

dungswirkung unmittelbar ein. Eine erstmalige Rüge in der Rechtsmittelinstanz ist nicht möglich, § 17a Abs. 5 GVG i.V.m. § 65 ArbGG.[26] Entscheidet das Arbeitsgericht entgegen § 48 Abs. 1 i.V.m. § 17a Abs. 3 S. 2 GVG trotz einer Rüge ohne Vorabentscheidung in der Hauptsache selbst, tritt eine Bindungswirkung gem. § 17a Abs. 5 GVG nicht ein. Die beschwerte Partei kann wahlweise sofortige Beschwerde gem. § 17a Abs. 4 S. 2 GVG oder das Rechtsmittel einlegen, das gegen die Hauptsacheentscheidung gegeben ist.[27]

16 Ist eine **Bindungswirkung** eines Verweisungsbeschlusses ausnahmsweise **zu verneinen**, kann die Wirkung des § 17b Abs. 1 S. 1 GVG, nämlich das Anhängigwerden beim Adressatgericht, nicht eintreten. Der Rechtsstreit bleibt bei dem verweisenden Gericht anhängig, er ist von dem Adressatgericht an das Ausgangsgericht zurückzugeben.[28] Kommt es trotz der Regelungen des § 17a ff. GVG zu einem negativen Kompetenzstreit zwischen Gerichten verschiedener Gerichtsbarkeiten, gibt es keine ausdrücklich im Gesetz vorgesehene Lösungsmöglichkeit. Zur Vermeidung einer Rechtsverweigerung bleibt dann nur noch die Möglichkeit, § 36 Abs. 1 Nr. 6 ZPO entsprechend anzuwenden.[29] Die Bestimmung des zuständigen Gerichtes hat trotz der Neuregelung in § 36 Abs. 2 und 3 ZPO durch das Oberste Bundesgericht zu erfolgen, das zuerst in der Sache angegangen wurde.[30]

17 Gem. § 17 Abs. 2 S. 1 GVG entscheidet das Gericht des zulässigen Rechtsweges den Rechtsstreit unter allen in Betracht kommenden rechtlichen Gesichtspunkten. Art. 14 Abs. 3 S. 4 und Art. 34 S. 3 GG bleiben unberührt. Damit ist das rechtswegzuständige Gericht berechtigt und verpflichtet, **alle Anspruchsgrundlagen** zu prüfen, auch wenn sie eigentlich in einem anderen Rechtsweg zu prüfen wären. Der Umfang der Entscheidungsbefugnis gilt nur für den jeweiligen prozessualen Anspruch, wenn er auf Grundlagen beruht, die verschiedenen Rechtswegen zugeordnet sind. Ist es hingegen so, dass die Streitgegenstände verschiedenen Rechtswegzuständigkeiten zugehören, so ist nach bestrittener Meinung abzutrennen und zu verweisen. Bemerkenswert ist in diesem Zusammenhang die Entscheidung des BAG vom 11.6.2003. Danach findet § 2 Abs. 3 ArbGG keine Anwendung, wenn die Zuständigkeit für die Zusammenhangsklage allein aus der Verbindung mit einem Sic-non-Antrag folgen kann. Auf diese Entscheidung wird noch im Folgenden eingegangen werden.

II. Prüfung der Rechtswegzuständigkeit

1. Allgemeines

18 Die von Amts wegen erfolgende Prüfung der Zulässigkeit des beschrittenen Rechtsweges obliegt in erster Linie dem erstinstanzlichen Gericht. Im Hinblick auf die **ausschließliche Rechtswegzuständigkeit** der Arbeitsgerichte für bürgerliche Streitigkeiten zwischen Arbeitnehmern und Arbeitgebern aus dem Arbeitsverhältnis sowie über Bestehen oder Nichtbestehen eines Arbeitsverhältnisses (§ 2 Abs. 1 Nr. 3 Buchst. a und b ArbGG) bereiten die Fälle keine Probleme, in denen das Rechtsverhältnis zwischen den Parteien eindeutig als Arbeitsverhältnis zu qualifizieren ist. Unproblematisch sind auch die Fälle, in denen das Arbeitsgerichtsgesetz selbst die Rechtswegzuständigkeit der Arbeitsgerichte ausdrücklich bestimmt. Dies ist z.B. bei den arbeitnehmerähnlichen Personen der Fall (§ 5 Abs. 1 S. 2 ArbGG). Um-

26 *Germelmann u.a.*, § 48 Rn 56.

27 BAG v. 26.3.1992, AP Nr. 7 zu § 48 ArbGG 1979; *Germelmann u.a.*, § 48 Rn 57.

28 GK-ArbGG/*Bader*, § 48 Rn 81.

29 BAG v. 22.7.1998, NZA 1998, 1190 f.; *Germelmann u.a.*, § 48 Rn 63a.

30 *Germelmann u.a.*, § 48 Rn 62.

stritten ist hingegen die Rechtslage, wenn bei einer beim Arbeitsgericht erhobenen Klage das Begehren des Klägers auf konkurrierende Ansprüche gestützt wird, die teilweise zur Zuständigkeit anderer Gerichte gehören (siehe Rn 87 ff.).

2. Begriff des Arbeitnehmers

§ 5 ArbGG ergänzt die Zuständigkeitsregelung des § 2 ArbGG, soweit sie an den Arbeitnehmerbegriff anknüpft. Gem. § 5 Abs. 1 S. 1 ArbGG sind Arbeitnehmer im Sinne des ArbGG Arbeiter und Angestellte sowie die zu ihrer Berufsausbildung Beschäftigten. Gem. S. 2 gelten als Arbeitnehmer auch die in Heimarbeit Beschäftigten und die ihnen Gleichgestellten sowie sonstige Personen, die wegen ihrer wirtschaftlichen Unselbstständigkeit als arbeitnehmerähnliche Personen anzusehen sind. § 5 Abs. 1 S. 3 ArbGG bestimmt – insoweit unmissverständlich –, dass in Betrieben einer juristischen Person oder einer Personengesamtheit Personen, die kraft Gesetzes, Satzung oder Gesellschaftsvertrag allein oder als Mitglieder des Vertretungsorgans zur Vertretung der juristischen Person oder der Personengesamtheit berufen sind, **nicht als Arbeitnehmer gelten**. 19

Gem. § 5 Abs. 2 ArbGG sind **Beamte** als solche keine Arbeitnehmer. 20

Gem. § 5 Abs. 3 S 1 ArbGG gelten **Handelsvertreter** nur dann als Arbeitnehmer im Sinne dieses Gesetzes, wenn sie zu dem Personenkreis gehören, für den nach § 92a HGB die untere Grenze der vertraglichen Leistungen des Unternehmers festgesetzt werden kann, und wenn sie während der letzten sechs Monate des Vertragsverhältnisses, bei kürzerer Vertragsdauer während dieser, im Durchschnitt monatlich nicht mehr als 1.000 EUR aufgrund des Vertragsverhältnisses an Vergütung einschließlich Provision und Ersatz für im regelmäßigen Geschäftsbetrieb entstandene Aufwendungen bezogen haben. 21

Arbeitnehmer ist, wer aufgrund privatrechtlichen Vertrags oder eines ihm gleichgestellten Rechtsverhältnisses im Dienste eines Anderen in persönlicher Abhängigkeit zur Arbeit verpflichtet ist.[31] 22

Es besteht Einigkeit darüber, dass der Arbeitnehmer **abhängige, fremdbestimmte Arbeit**, der Selbstständige hingegen eine selbstbestimmte Tätigkeit leistet.[32] 23

Die **persönliche Weisungsgebundenheit** oder **Weisungsunterworfenheit** kennzeichnet in erster Linie das Arbeitsverhältnis. Ob es sich um einen Arbeiter oder Angestellten handelt, ist für den Arbeitnehmerbegriff ohne rechtliche Bedeutung. Es handelt sich nur um Untergliederungen des Arbeitnehmerbegriffs, die historisch zu erklären sind. 24

Die Abgrenzung des Arbeitnehmers vom **freien Mitarbeiter** bestimmt sich nach dem zugrunde liegenden Rechtsverhältnis. Über dessen rechtliche Einordnung entscheidet der tatsächlich praktizierte Geschäftsinhalt, also die vertragliche Praxis, und nicht die Bezeichnung des Rechtsverhältnisses bzw. die von den Parteien gewünschte Rechtsfolge. Der Geschäftsinhalt kann sich aus den Vereinbarungen der praktischen Durchführung des Vertrages ergeben. Widersprechen sich schriftliche Vereinbarungen und die Vertragspraxis, ist die praktische Durchführung maßgebend.[33] Sprechen die tatsächlichen Feststellungen über die Gestaltung der Rechtsbeziehungen gleichgewichtig für die Einordnung als freier Mitarbeiter 25

31 BAG v. 22.3.1995, AP Nr. 21 zu § 5 ArbGG; st.Rspr.
32 *Schaub*, Arbeitsrechts-Handbuch, § 8 Rn 2.
33 BAG v. 3.4.1990, AP Nr. 11 zu § 2 HAG.

wie für die Einordnung als Arbeitnehmer, so hat der im Vertrag zum Ausdruck gekommene Wille der Vertragspartner Vorrang.[34]

26 Die Arbeit muss aufgrund **privatrechtlicher Verpflichtung oder** eines **gleichgestellten Rechtsverhältnisses** geschuldet werden. Damit erfasst die Definition auch das **faktische Arbeitsverhältnis**, das bei Arbeitsleistungen trotz unwirksamer oder fehlender Vereinbarung angenommen wird und führt zur ausschließlichen arbeitsgerichtlichen Rechtswegzuständigkeit.

27 Arbeitsleistungen aufgrund öffentlich-rechtlicher Verpflichtung führen nicht zu einem Arbeitsverhältnis. Deshalb sind auch Beamte gem. § 5 Abs. 2 ArbGG als solche keine Arbeitnehmer. Straf- und Untersuchungsgefangene oder Sozialhilfeempfänger, die zur gemeinnützigen und zusätzlichen Arbeit aufgrund Verwaltungsaktes herangezogen werden, zählen ebenfalls nicht zu den Arbeitnehmern.[35]

3. Persönliche Abhängigkeit

28 Der Begriff des Arbeitnehmers und der Begriff des Arbeitsverhältnisses setzen voraus, dass die Arbeit **in persönlicher Abhängigkeit** im Dienste eines anderen geleistet wird. Nach der ständigen Rechtsprechung des BAG grenzt sich das Arbeitsverhältnis von den Dienstverhältnissen des freien Mitarbeiters durch den Grad der persönlichen Abhängigkeit des zur Dienstleistung Verpflichteten ab. Die persönliche Abhängigkeit manifestiert sich erstens durch das Weisungsrecht des Arbeitgebers (Direktionsrecht) nach Art, Ort und Zeit der zu leistenden Arbeit, zweitens durch die Übernahme fremdgeplanter, fremdnütziger und von fremder Risikobereitschaft getragener Arbeit, drittens durch die Eingliederung in einen fremden Produktionsbereich und viertens durch die persönliche Verpflichtung zur Arbeitsleistung.[36] Das Weisungsrecht ist indessen nur ein relativ zu verwendendes Abgrenzungsmerkmal. Je differenzierter die Tätigkeit ist, umso weniger ist Raum für arbeitgeberseitige Weisungen.

29 Ein typisches **Abgrenzungsmerkmal** enthält § 84 Abs. 1 S. 2 HGB. Danach ist selbstständig, wer im Wesentlichen frei seine Tätigkeit gestalten und seine Arbeitszeit bestimmen kann. Diese Bestimmung beinhaltet über ihren unmittelbaren Anwendungsbereich zur Abgrenzung des selbstständigen Handelsvertreters vom abhängig beschäftigten Handlungsgehilfen eine allgemeine gesetzgeberische Wertung, die bei der Abgrenzung des Dienstvertrages vom Arbeitsvertrag zu beachten ist, zumal es sich insoweit um die einzige Norm handelt, die derartige Abgrenzungskriterien enthält.[37] Sind alle wesentlichen Umstände, unter denen die Leistung zu erbringen ist, vertraglich geregelt und ist deshalb kein Raum mehr für ein einseitiges Weisungsrecht des Arbeitgebers, fehlt es an der für das Arbeitsverhältnis vorausgesetzten persönlichen Abhängigkeit.[38]

30 Eine **wirtschaftliche Abhängigkeit** ist für das Arbeitsverhältnis weder erforderlich noch ausreichend.[39] Wirtschaftliche Abhängigkeit kennzeichnet die arbeitnehmerähnliche Person i.S.d. § 5 Abs. 1 S. 2 ArbGG (siehe Rn 45 ff.).

34 BAG v. 14.2.1974, AP Nr. 12 zu § 611 BGB Abhängigkeit; GK-ArbGG/*Wenzel*, § 5 Rn 25 m.w.N.

35 GK-ArbGG/*Wenzel*, § 5 Rn 30, § 2 Rn 68 ff.

36 Vgl. weitergehend *Schaub*, Arbeitsrechts-Handbuch, § 3 Rn 17 ff.; GK-ArbGG/*Wenzel*, § 5 Rn 31 ff.; umfangreiche Darstellungen von Einzelfällen in GK-ArbGG/*Wenzel*, § 5 Rn 35–94 und *Schaub*, Arbeitsrechts-Handbuch, § 8 Rn 38 verwiesen.

37 BAG v. 21.2.1990, AP Nr. 57 zu § 611 BGB Abhängigkeit, st.Rspr.

38 BAG v. 28.11.1990, ZTR 1991, 435.

39 BAG v. 30.9.1998, AP Nr. 103 zu § 611 BGB Abhängigkeit.

4. Beschäftigte in der Berufsausbildung

a) Allgemeines/erfasster Personenkreis

Die zu ihrer **Berufsausbildung Beschäftigten** sind Arbeitnehmer i.S.v. § 5 Abs. 1 S. 1 ArbGG. Gem. § 1 Abs. 1 BBiG sind Berufsbildung im Sinne des BBiG die Berufsausbildungsvorbereitung, die Berufsausbildung, die berufliche Fortbildung und die berufliche Umschulung. Der Bereich der Berufsausbildungsvorbereitung ist durch Gesetz vom 23.12.2002[40] in § 1 Abs. 1 BBiG zusätzlich eingefügt worden. Gem. § 1a BBiG dient die Berufsausbildungsvorbereitung dem Ziel, an eine Berufsausbildung in einem anerkannten Ausbildungsberuf oder eine gleichwertige Berufsausbildung heranzuführen. Berufsausbildung ist nicht nur die im BBiG geregelte breit angelegte berufliche Grundbildung, sondern jede Maßnahme, die berufliche Kenntnisse und Fähigkeiten auf betrieblicher Ebene vermittelt und aufgrund privatrechtlicher Vereinbarung erfolgt.[41] 31

Im Arbeitsgerichtsprozess sind unter Berufsausbildung i.S.v. § 5 Abs. 1 S. 1 ArbGG nach übereinstimmender Auffassung in Rechtsprechung und Literatur **alle Bereiche der Berufsbildung nach § 1 Abs. 1 BBiG** zu verstehen. Das gilt auch für den neu eingefügten Bereich der Berufsausbildungsvorbereitung. Es war auch schon bisher anerkannt, dass Teilnehmer an berufsvorbereitenden Maßnahmen zu den zur Berufsausbildung Beschäftigten zählen.[42] Zu den zur Berufsausbildung Beschäftigten zählen Umschüler, Teilnehmer an berufsvorbereitenden Maßnahmen, Anlernlinge, Praktikanten und Volontäre, sofern der Volontär zur Arbeitsleistung verpflichtet ist und sein Praktikum nicht Teil einer öffentlich-rechtlich geregelten Schul- oder Hochschulausbildung ist. Der sog. Anlernling, der für eine bestimmte betriebliche Tätigkeit angelernt wird, wird vielfach in einem Arbeitsverhältnis stehen. So sehen es auch die Tarifvertragsparteien, die bestimmte Vergütungsgruppen für Anlernlinge geschaffen haben. Auszubildende, die in einem Beamten- oder Soldatenverhältnis stehen, zählen nicht zu den zur Berufsausbildung Beschäftigten i.S.v. § 5 Abs. 1 S. 1 ArbGG. Die ausschließliche Zuständigkeit der Arbeitsgerichte besteht für den oben genannten Personenkreis kraft ausdrücklicher Bestimmung in § 5 Abs. 1 S. 1 ArbGG, ohne dass es darauf ankommt, ob es sich bei dem Berufsausbildungsverhältnis um ein Arbeitsverhältnis oder ein Rechtsverhältnis besonderer Art handelt. Für Rechtsstreitigkeiten aus dem Ausbildungsverhältnis sind die Arbeitsgerichte zuständig. 32

b) Schlichtungsausschüsse

Gem. § 111 Abs. 2 ArbGG können zur Beilegung von Streitigkeiten zwischen Ausbildenden und Auszubildenden aus einem bestehenden Berufsausbildungsverhältnis im Bereich des Handwerks die Handwerksinnungen, im Übrigen die zuständigen Stellen im Sinne des BBiG Ausschüsse bilden, denen Arbeitgeber und Arbeitnehmer **in gleicher Zahl** angehören müssen. Der Ausschuss hat die Parteien mündlich zu hören. Wird der von ihm gefällte Spruch nicht innerhalb einer Woche von beiden Parteien anerkannt, so kann binnen zwei Wochen nach ergangenem Spruch Klage beim zuständigen Arbeitsgericht erhoben werden. **Der Klage muss in allen Fällen die Verhandlung vor dem Ausschuss vorangegangen sein**. 33

40 BGBl I S. 4621.

41 BAG v. 24.9.1981, AP Nr. 26 zu § 5 BetrVG 1972.

42 BAG v. 10.2.1981, AP Nr. 25 zu § 5 BetrVG 1972.

c) Zuständigkeit

34 Der Schlichtungsausschuss ist zuständig zur Beilegung von Streitigkeiten zwischen Ausbildenden und Auszubildenden aus einem **bestehenden** Berufsausbildungsverhältnis. Er ist nicht zuständig, wenn das Ausbildungsverhältnis beendet ist. Das BAG hält den Schlichtungsausschuss auch für Streitigkeiten über die Beendigung des Ausbildungsverhältnisses für zuständig.[43] Für die Auffassung des BAG spricht die Entstehungsgeschichte des § 111 ArbGG.[44]

35 Ist ein Schlichtungsausschuss gebildet, ist dessen **Anrufung** grundsätzlich Voraussetzung der arbeitsgerichtlichen Klage.[45] Diese **Prozessvoraussetzung** ist von Amts wegen zu prüfen. Die vor Anrufung des Schlichtungsausschusses eingereichte Klage ist unzulässig, wird aber nachträglich zulässig, wenn das nach Klageerhebung eingeleitete Schlichtungsverfahren beendet und der Spruch nicht anerkannt wurde. Die Anrufung des Schlichtungsausschusses steht nicht zur Disposition der Parteien. Das Arbeitsgericht wird auch nicht durch rügelose Einlassung in entsprechender Anwendung des § 295 ZPO zuständig. Die Rechtslage ist indessen umstritten.[46]

d) Anrufungsfrist

36 Ob der Schlichtungsausschuss bei Streitigkeiten über die Wirksamkeit der Kündigung des Ausbildungsverhältnisses aus wichtigem Grund (§ 15 BBiG) gem. § 13 Abs. 1 S. 2 KSchG innerhalb der Drei-Wochen-Frist des § 4 KSchG angerufen werden muss, ist streitig. Für die Geltung der Drei-Wochen-Frist spricht die nunmehr geltende einheitliche Klagefrist von drei Wochen.

37 Wird der **Spruch des Ausschusses** von den Parteien **nicht anerkannt**, so hat die unterlegene Partei die Möglichkeit, binnen zwei Wochen seit Verkündung des Beschlusses bzw. der Zustellung das Arbeitsgericht anzurufen. Die Klagefrist beginnt nur, wenn eine Rechtsmittelbelehrung nach § 9, 5 S. 3 ArbGG erteilt worden ist.[47] Eine verspätet eingereichte Klage ist unzulässig. Für die Fristversäumung gilt indessen § 233 ZPO entsprechend. Dies kann, worauf *Schaub*[48] zu Recht hinweist, zu absonderlichen Ergebnissen führen.

5. Besondere Personengruppen

38 § 5 ArbGG nimmt anders als § 5 Abs. 2 BetrVG **nicht bestimmte Personengruppen** vom Arbeitnehmerbegriff aus. Gem. § 5 Abs. 2 Nr. 3, 4 und 5 BetrVG gelten nicht als Arbeitnehmer im Sinne des BetrVG Personen, deren Beschäftigung nicht in erster Linie ihrem Erwerb dient, sondern vorwiegend durch Beweggründe karitativer oder religiöser Art bestimmt ist, sowie Personen, deren Beschäftigung nicht in erster Linie ihrem Erwerb dient und die vorwiegend zu ihrer Heilung, Wiedereingewöhnung, sittlichen Besserung oder Erziehung beschäftigt werden sowie der Ehegatte, der Lebenspartner, Verwandte und Verschwägerte ersten Grades, die in häuslicher Gemeinschaft mit dem Arbeitgeber leben.

43 BAG v. 18.9.1975, AP Nr. 2 zu § 111 ArbGG 1953.
44 *Germelmann u.a.*, § 111 Rn 17 m.w.N.
45 BAG v. 25.11.1976, AP Nr. 4 zu § 15 BBiG.
46 Vgl. dazu *Schaub*, Arbeitsgerichtsverfahren, § 11 Rn 17; *Germelmann u.a.*, § 111 Rn 20; GK-ArbGG/*Ascheid*, § 111 Rn 12.
47 BAG v. 9.10.1979, AP Nr. 3 zu § 111 ArbGG; *Schaub*, Arbeitsgerichtsverfahren, § 11 Rn 21.
48 *Schaub*, Arbeitsgerichtsverfahren, § 11 Rn 21.

Ob die in **§ 5 Abs. 2 Nr. 3, 4 und 5 BetrVG** genannten Personen Arbeitnehmer im Sinne des ArbGG sind, ist besonders zu prüfen. Anerkannt ist, dass Angehörige religiöser Orden in ihrem Verhältnis zum Orden nicht in einem Arbeitsverhältnis stehen. Das hat die Rechtsprechung für die Schwestern des Deutschen Roten Kreuzes entschieden, die zur Schwesternschaft ebenfalls nicht in einem Arbeitsverhältnis stehen.[49] 39

Personen, die unter den **Anwendungsbereich des § 5 Abs. 2 Nr. 4 BetrVG** fallen, werden vielfach deshalb keine Arbeitnehmer sein, weil ihrer Beschäftigung kein privatrechtlicher Vertrag zugrunde liegt. 40

Familienangehörige können zueinander in einem Arbeitsverhältnis stehen, sofern sie nicht überwiegend auf familienrechtlicher Grundlage tätig werden.[50] 41

Nach allgemeiner Auffassung begründet der **Entwicklungshelfervertrag** kein Arbeitsverhältnis. Für Rechtsstreitigkeiten mit dem Träger des Entwicklungsdienstes wird indessen durch § 2 Abs. 1 Nr. 7 ArbGG der Rechtsweg zu den Arbeitsgerichten eröffnet. 42

Gem. § 2 Abs. 1 Nr. 8 ArbGG sind die Arbeitsgerichte ausschließlich zuständig für bürgerliche Rechtsstreitigkeiten zwischen den Trägern eines **freiwilligen sozialen Jahres** und Helfer nach dem Gesetz zur Förderung eines freiwilligen sozialen Jahres und bürgerliche Rechtsstreitigkeiten zwischen den Trägern des **freiwilligen ökologischen Jahres** und Teilnehmern nach dem Gesetz zur Förderung eines freiwilligen ökologischen Jahres. Die Helfer sind keine Arbeitnehmer des Trägers. 43

Gem. § 5 Abs. 1 S. 2 ArbGG gelten als Arbeitnehmer auch die in **Heimarbeit Beschäftigten und die ihnen Gleichgestellten** (§ 1 HAG vom 14.3.1951)[51] sowie sonstige Personen, die wegen ihrer wirtschaftlichen Unselbstständigkeit als arbeitnehmerähnliche Personen anzusehen sind. 44

Für diesen Personenkreis eröffnet § 5 ArbGG den Rechtsweg zu den Arbeitsgerichten, obwohl in Heimarbeit Beschäftigte nicht unter den Schutz des KSchG fallen.[52] Ob jemand Arbeitnehmer ist, hängt nach herrschender Meinung insbesondere von dem Grad der persönlichen Abhängigkeit ab, in dem der Dienstverpflichtete zum Dienstberechtigten steht.[53] Von den Arbeitnehmern zu unterscheiden sind „Dienstleistende“, die ihre Dienste in verhältnismäßiger persönlicher Unabhängigkeit leisten, die indessen wegen ihrer wirtschaftlichen Abhängigkeit den typischen Arbeitnehmern vergleichbar sind. Man spricht deshalb von arbeitnehmerähnlichen Personen.[54] Bei dieser Personengruppe handelt es sich einmal um die **Heimarbeiter**, des Weiteren um die sog. **kleinen Handelsvertreter** und die sog. **freien Mitarbeiter** in künstlerischen, schriftstellerischen und journalistischen Berufen (vgl. zum Ganzen auch § 2 in diesem Handbuch). Wenn es sich bei den vorgenannten Personen aufgrund der fehlenden oder eingeschränkten persönlichen Abhängigkeiten nicht um Arbeitnehmer handelt, finden auf diese arbeitnehmerähnlichen Personen die für die Arbeitnehmer geltenden Gesetze grundsätzliche **keine direkte Anwendung**. Die wirtschaftliche Unselbstständigkeit der vorgenannten Personengruppen rechtfertigt aber eine teilweise entsprechende An- 45

49 BAG v. 20.2.1986, AP Nr. 2 zu § 5 BetrVG 1972 Rotes Kreuz.
50 Vgl. dazu insgesamt GK-ArbGG/*Wenzel*, § 5 Rn 107–118.
51 BGBl I S. 191.
52 BAG v. 24.3.1998, AP Nr. 178 zu § 613a BGB; KR/*Rost*, Arbeitnehmerähnliche Personen, Rn 147.
53 BAG v. 12.9.1996, AP Nr. 122 zu § 611 BGB Lehrer, Dozenten.
54 Vgl. dazu KR/*Rost*, Arbeitnehmerähnliche Personen, Rn 2 ff.

wendung der für die Arbeitnehmer einschlägigen Bestimmungen. Das gilt insbesondere auch für die **Beendigung** der Rechtsverhältnisse arbeitnehmerähnlicher Personen.[55]

46 § 12a TVG enthält eine umfassende **Legaldefinition für arbeitnehmerähnliche Personen**. Das BAG definiert arbeitnehmerähnliche Personen in ständiger Rspr. als Selbstständige, die sich von Arbeitnehmern durch den Grad der persönlichen Abhängigkeit unterscheiden. Der Begriff der arbeitnehmerähnlichen Person lässt sich wie folgt definieren: „Arbeitnehmerähnliche Person ist, wer, ohne Arbeitnehmer zu sein, aufgrund eines Dienst- oder Werkvertrages oder eines ähnlichen Rechtsverhältnisses in wirtschaftlicher Abhängigkeit Dienst- oder Werkleistungen persönlich und im Wesentlichen ohne Mitarbeit von Arbeitnehmern erbringt und vergleichbar einem Arbeitnehmer sozial schutzbedürftig ist.“[56]

6. Statusklage

47 Ist der Dienstverpflichtete der Auffassung, das zwischen ihm und dem Dienstberechtigten bestehende Rechtsverhältnis sei ein Arbeitsverhältnis, kann er die sog. **Statusklage beim Arbeitsgericht** erheben. Für diese Statusklage ist das Arbeitsgericht rechtswegzuständig. Kommt das Arbeitsgericht zum Ergebnis, dass ein Arbeitsverhältnis nicht besteht, ist die Klage als unbegründet abzuweisen. Meistens sind bei diesen Statusklagen auch die „Arbeitsbedingungen“ streitig. Aus Gründen der Prozessökonomie kann zunächst grundsätzlich die Frage der Arbeitnehmereigenschaft zur Entscheidung des Arbeitsgerichts gestellt werden, ohne den Feststellungsantrag mit Konkretisierungen zum Inhalt des vermeintlichen Arbeitsverhältnisses zu befrachten.[57] Für eine Klage, die ausschließlich auf die Feststellung gerichtet ist, dass in der Vergangenheit ein Arbeitsverhältnis bestanden habe, besteht nur dann ein Feststellungsinteresse, wenn sich aus der Feststellung Folgen für Gegenwart oder Zukunft ergeben.[58]

7. Die Anwendung arbeitsrechtlicher Vorschriften auf die Rechtsverhältnisse arbeitnehmerähnlicher Personen

48 Ausdrücklich **gleichgestellt** werden den Arbeitnehmern die arbeitnehmerähnlichen Personen in § 5 ArbGG, § 2 Abs. 2 Nr. 3 ArbSchG, § 2 BUrlG, § 1 Abs. 2 BeschSchutzG und § 12a TVG. Weitere Gesetze beziehen einzelne Gruppen arbeitnehmerähnlicher Personen in ihren Schutz ein.

49 Das KSchG setzt in § 1 Abs. 1 voraus, dass es sich um die Kündigung eines Arbeitsverhältnisses gegenüber einem Arbeitnehmer handelt. Eine Ausnahme gilt indessen für die in Heimarbeit Beschäftigten, die Mitglied eines Betriebsverfassungsorgans sind. § 29a HAG übernimmt insoweit den Schutz des § 15 KSchG.

50 **Unanwendbar** sind auch die **Kündigungsschutzbestimmungen einzelner Sondergesetze** wie z.B. § 9 MuSchG, §§ 85 ff. SGB IX, § 2 ArbPlSchG. Ausnahmen gelten indessen wiederum für die in Heimarbeit Beschäftigten, auf deren Rechtsverhältnisse diese Regelungen kraft ausdrücklicher Verweisung Anwendung finden, dies auch teilweise für die arbeitnehmerähnlichen Handelsvertreter.[59]

55 KR/*Rost*, Arbeitnehmerähnliche Personen, Rn 4.
56 KR/*Rost*, Arbeitnehmerähnliche Personen, Rn 9a m.w. zahlreichen N.
57 BAG v. 9.9.1981, AP Nr. 38 zu § 611 BGB Abhängigkeit.
58 BAG v. 3.3.1999, EzA § 256 ZPO Nr. 50.
59 Vgl. dazu insgesamt KR/*Rost*, Arbeitnehmerähnliche Personen, Rn 33 ff., 147 ff.

Unanwendbar sind auch die **besonderen Kündigungsfristen** für Arbeitsverhältnisse, § 622 BGB. Für die in Heimarbeit Beschäftigten gilt die Sonderregelung des § 29 HAG. 51

Des Weiteren **unanwendbar** ist auch **§ 613a BGB** und mithin auch § 613a Abs. 4 BGB. Die arbeitnehmerähnliche Person steht nicht in einem Arbeitsverhältnis. § 613a BGB findet auch keine entsprechende Anwendung auf arbeitnehmerähnliche Personen.[60] 52

Auch für die Beschäftigungsverhältnisse arbeitnehmerähnlicher Personen gelten die **Generalklauseln** der §§ 138, 242 BGB. Über diese Generalklauseln ist der aus Art. 12 Abs. 1 GG gebotene Mindestkündigungsschutz zu gewährleisten.[61] 53

8. Handelsvertreter

Für **Streitigkeiten aus dem Handelsvertreterverhältnis** sind im Allgemeinen die ordentlichen Gerichte zuständig. Ist die betreffende Person Handelsvertreter, ist sie nicht Arbeitnehmer. Die Zuständigkeit der Arbeitsgerichte ist nur dann gegeben, wenn der Handelsvertreter in arbeitnehmerähnlicher Abhängigkeit steht. Dies ist nach § 5 Abs. 3 ArbGG der Fall, wenn der Handelsvertreter sog. **Ein-Firmen-Vertreter** i.S.d. § 92a HGB ist und während der letzten sechs Monate im Durchschnitt monatlich nicht mehr als 1.000 EUR an Vergütung, Provision und Auslagenerstattung bezogen hat. 54

Handelsvertreter ist gem. § 84 HGB, wer als selbstständiger Gewerbetreibender ständig damit betraut ist, für einen anderen Unternehmer Geschäfte zu vermitteln oder in dessen Namen abzuschließen. **Selbstständig** ist nach der Definition des § 84 Abs. 1 S. 22 HGB, wer im Wesentlichen frei seine Tätigkeit gestalten und seine Arbeitszeit bestimmen kann. Wer ohne selbstständig zu sein ständig damit betraut ist, für einen Unternehmer Geschäfte zu vermitteln oder in dessen Namen abzuschließen, gilt nach § 84 Abs. 2 HGB als Angestellter. 55

Die **Abgrenzung** des Handelsvertreters vom Arbeitnehmer richtet sich nach den gesamten Einzelfallumständen. 56

9. Vertreter von juristischen Personen und Personengesamtheiten

Nach § 5 Abs. 1 S. 3 ArbGG gelten Personen, die kraft Gesetzes, Satzung oder Gesellschaftsvertrag allein oder als Mitglieder des Vertretungsorgans zur Vertretung einer juristischen Person oder einer Personengesamtheit berufen sind, nicht als Arbeitnehmer. Für Rechtsstreitigkeiten aus ihrem Anstellungsverhältnis zur juristischen Person oder zur Personengesamtheit ist der ordentliche Rechtsweg gegeben. Allerdings können gem. § 2 Abs. 4 ArbGG **aufgrund einer Vereinbarung** auch bürgerliche Rechtsstreitigkeiten zwischen juristischen Personen des Privatrechts und Personen, die kraft Gesetzes allein oder als Mitglieder des Vertretungsorgans der juristischen Personen zu deren Vertretung berufen sind, vor die Gerichte für Arbeitssachen gebracht werden. 57

Die Gerichte für Arbeitssachen sind indessen bei dem vorgenannten Personenkreis dann rechtswegzuständig, wenn die Rechtsstreitigkeit nicht das der Organstellung zugrunde lie- 58

60 BAG v. 3.7.1980, EzA § 613a BGB Nr. 29; BAG v. 24.3.1998, AP Nr. 178 zu § 613a BGB; KR/*Rost*, Arbeitnehmerähnliche Personen, Rn 38 m.w.N.

61 BVerfG v. 21.6.2006, NZA 2006, 913; BVerfG v. 27.1.1998, EzA § 23 KSchG Nr. 17; KR/*Rost*, Arbeitnehmerähnliche Personen, Rn 69, 148.

gende Rechtsverhältnis, sondern eine **weitere Rechtsbeziehung** der Parteien betrifft.[62] Die vorgenannten Personen nehmen in aller Regel Arbeitgeberfunktionen wahr und werden deshalb nicht als Arbeitnehmer im Sinne des ArbGG angesehen.

59 Der GmbH-Geschäftsführer ist gesetzlicher Vertreter der GmbH und kein Arbeitnehmer. Dies gilt auch für den Geschäftsführer einen **Vor-GmbH**. Der Geschäftsführer kann nicht geltend machen, dass ihm im Innenverhältnis nur die Stellung eines Arbeitnehmers eingeräumt worden sei. Dem steht der abgeschlossene Geschäftsführervertrag entgegen.[63] Unterbleibt die vorgesehene Bestellung zum Geschäftsführer, so wird der Dienstnehmer dadurch nicht zum Arbeitnehmer.[64] Auch die Abberufung aus der Organstellung macht den Geschäftsführer nicht automatisch zum Arbeitnehmer.[65]

60 Ein bestehendes Arbeitsverhältnis wird indessen nicht ohne Weiteres beendet, wenn ein Arbeitnehmer zum **Geschäftsführer einer konzernabhängigen GmbH** bestellt wird.[66] Ein Gesamtprokurist einer GmbH & Co. KG ist regelmäßig deren Arbeitnehmer. Wird er allerdings zum Mitgeschäftsführer der Komplementär-GmbH berufen, so ist er kraft Gesetzes zur Vertretung dieser Personengesamtheit berufen und gilt daher nach § 5 Abs. 1 S. 3 nicht mehr als Arbeitnehmer im Sinne des ArbGG.[67] Besondere **Vertreter eines Vereins** nach § 30 BGB gelten nach § 5 Abs. 1 S. 3 ArbGG nur dann nicht als Arbeitnehmer im Sinne des ArbGG, wenn ihre Vertretungsmacht auf der Satzung beruht, also die Satzung die Bestellung ausdrücklich zulässt.[68] Vertretungsorgan ist beim **eingetragenen Verein** und bei der **Stiftung** der Vorstand. Bei der **AG** ist es der Vorstand nach § 78 AktG, bei der **eingetragenen Genossenschaft** der Vorstand nach § 24 GenG, bei der **KGaA** der persönlich haftende Gesellschafter nach § 278 AktG i.V.m. §§ 61, 125 HGB.

61 Der **Gesellschafter einer GmbH**, dem **mehr als 50 % der Stimmen** zustehen, kann auch dann nicht Arbeitnehmer dieser Gesellschaft sein, wenn er nicht Geschäftsführer ist.[69]

62 **Personengesamtheiten** i.S.d. § 5 Abs. 1 S. 3 ArbGG sind die nicht rechtsfähigen Gesellschaften und Vereinigungen wie die OHG, KG, die GbR sowie der nicht rechtsfähige Verein und schließlich die Gewerkschaften. Die OHG und die KG werden durch ihre persönlich haftenden Gesellschafter vertreten. Der **Kommanditist** ist nicht gesetzlicher Vertreter der KG.[70] Der Geschäftsführer der Komplementär-GmbH einer KG ist kraft Gesetzes zur Vertretung dieser Personengesamtheit berufen und gilt daher nach § 5 Abs. 1 S. 3 ArbGG nicht als Arbeitnehmer i.S.d. Arbeitsgerichtsgesetzes[71]

63 Der Geschäftsführer einer **Kreishandwerkerschaft** ist deren gesetzlicher Vertreter i.S.d. § 5 Abs. 1 S. 3 ArbGG.[72] Voraussetzung ist, dass der Geschäftsführer einer Kreishandwerkerschaft diese kraft Satzung in den laufenden Geschäften vertritt. Das gilt auch dann, wenn die Parteien ausdrücklich einen Arbeitsvertrag abgeschlossen haben.

62 BAG v. 23.8.2001, AP Nr. 54 zu § 5 ArbGG 1979.
63 BAG v. 13.5.1996, AP Nr. 27 zu § 5 ArbGG 1979.
64 BFH v. 12.12.2007, NV 2008, 376; BAG v. 25.6.1997, AP Nr. 36 zu § 5 ArbGG 1979.
65 GK-ArbGG/*Wenzel*, § 5 Rn 166.
66 BAG v. 20.10.1995, AP Nr. 36 zu § 2 ArbGG.
67 BAG v. 20.8.2003, AP Nr. 58 zu § 5 ArbGG 1979.
68 BAG v. 5.5.1997, AP Nr. 31 zu § 5 ArbGG 1979.
69 BAG v. 6.5.1998, AP Nr. 95 zu § 611 BGB Abhängigkeit.
70 BAG v. 26.6.1967, AP Nr. 30 zu § 2 ArbGG 1953 Zuständigkeitsprüfung.
71 BAG v. 20.8.2003, AP Nr. 58 zu § 5 ArbGG 1979.
72 BAG v. 11.4.1997, AP Nr. 47 zu § 2 ArbGG 1979.

Besteht zwischen dem **Geschäftsführer einer Tochter-GmbH** und der Muttergesellschaft ein Arbeitsverhältnis, ist für Streitigkeiten aus dem Arbeitsverhältnis die Arbeitsgerichtsbarkeit zuständig. Dies gilt auch dann, wenn die Kündigung dieses Arbeitsverhältnisses mit Vorgängen aus der Tätigkeit des Geschäftsführers der Tochter-GmbH begründet wird.[73] 64

Bestand vor der Bestellung zur Vertretung zum Bestellungsorgan ein Arbeitsverhältnis zur Gesellschaft, wird dieses **im Zweifel** mit Abschluss des Geschäftsführer-Dienstvertrages **aufgehoben**.[74] Dabei ist indessen die Formvorschrift des § 623 BGB zu beachten. Für Streitigkeiten aus dem früheren Arbeitsverhältnis bleibt die Arbeitsgerichtsbarkeit zuständig.[75] 65

Aufgrund der **Fiktionswirkung** von § 5 Abs. 1 S. 3 ArbGG ist die arbeitsgerichtliche Rechtswegzuständigkeit weder für die Streitigkeiten des GmbH-Geschäftsführers aus seiner Organstellung noch für Streitigkeiten aus dem **Anstellungsverhältnis** gegeben. Dies gilt auch dann, wenn der Geschäftsführer geltend macht, er sei in Wahrheit Arbeitnehmer (siehe auch Rn 73 ff.). 66

Nicht ausgeschlossen ist, dass eine sog. **Doppelstellung** als Arbeitnehmer und Organvertreter vorliegt (vgl. § 12).[76] 67

Nach § 5 Abs. 1 S. 3 ArbGG gelten als Arbeitnehmer nicht die **gesetzlichen Vertreter**. Rechtsgeschäftlich begründete Vertretungsmacht lässt indessen die Rechtswegzuständigkeit der Gerichte für Arbeitssachen unberührt. In den Fällen der rechtsgeschäftlich begründeten Vertretungsmacht ist dann zu prüfen, ob das zugrunde liegende Rechtsverhältnis ein Arbeitsverhältnis ist. Dann ist die arbeitsgerichtliche Zuständigkeit gegeben. Andernfalls gehört der Rechtsstreit vor die ordentlichen Gerichte. 68

III. Rechtswegbesonderheiten

1. Sachentscheidungsvoraussetzung

Die Rechtswegzuständigkeit des Gerichtes ist unverzichtbare **Sachentscheidungsvoraussetzung**. Die rechtliche Beurteilung durch die Parteien ist nicht maßgebend. Es kommt allein auf die rechtliche Qualifizierung durch das Gericht aufgrund des tatsächlichen Vorbringens des Klägers an. Davon ist eine Ausnahme zu machen im sog. Sic-non-Fall (siehe Rn 73 ff.). Die bloße, wenn auch schlüssige Behauptung der die Rechtswegzuständigkeit begründenden Tatsachen durch den Kläger genügt nicht.[77] Sind die zuständigkeitsbegründenden Tatsachen streitig, ist also insbesondere streitig, ob es sich um ein Arbeitsverhältnis handelt, aus dem Ansprüche geltend gemacht werden, so ist über diese Beweis zu erheben, es sei denn, die Rechtswegzuständigkeit zum Arbeitsgericht ergibt sich aus dem arbeitnehmerähnlichen Status und damit aus § 5 Abs. 1 S. 2 ArbGG oder aus § 5 Abs. 3 ArbGG. Daraus folgt: Ergibt sich aus dem Vorbringen des Klägers, dass die Zuständigkeit des Arbeitsgerichts nicht gegeben ist, ist sein Vorbringen also für die Rechtswegzuständigkeit **unschlüssig**, ist die Rechtswegzuständigkeit zum Arbeitsgericht nicht gegeben. Ist sein Vortrag hingegen **schlüssig** für 69

73 BFH/NV 2008, 376; BAG v. 22.2.1974, AP Nr. 19 zu § 5 ArbGG 1953.

74 BAG v. 25.4.2002, EzA § 543 ZPO Nr. 11; BAG v. 8.6.2000, AP Nr. 49 zu § 5 ArbGG 1979.

75 BAG v. 20.4.1998, NZA 1998, 1247.

76 KR/*Rost*, § 14 KSchG Rn 6.

77 BAG vom 10.12.1996, AP Nr. 4 zu § 2 ArbGG 1979 Zuständigkeitsprüfung; BAG v. 28.10.1993, AP Nr. 19 zu § 2 ArbGG 1979.

die Rechtswegzuständigkeit des Arbeitsgerichts, kann er sie aber im Bestreitensfall nicht beweisen, ist ebenfalls die Rechtswegzuständigkeit zum Arbeitsgericht nicht gegeben.

2. Klagehäufung

70 Bei **objektiver oder subjektiver Klagehäufung** muss die Rechtswegzuständigkeit für jeden Klageanspruch gesondert geprüft und festgestellt werden. Zur Problematik der **Zusammenhangsklage** siehe Rn 79 ff. Ist die Rechtswegzuständigkeit der Arbeitsgerichte festgestellt, ist der Klageanspruch gem. § 17 Abs. 2 GVG unter allen rechtlichen Gesichtspunkten zu prüfen.

71 Ist für einen zusammen mit einem arbeitsrechtlichen Anspruch geltend gemachten Klageanspruch oder für die Widerklage die Rechtswegzuständigkeit der Gerichte für Arbeitssachen nicht gegeben, ist das Verfahren abzutrennen und insoweit an das rechtswegzuständige Gericht zu verweisen. Bürgerlich-rechtliche Ansprüche, die an sich in die Zuständigkeit der ordentlichen Gerichte fallen, können aber sowohl im Wege der Klagehäufung als auch im Wege der Widerklage in den Arbeitsrechtsstreit einbezogen werden, wenn wegen des rechtlichen oder unmittelbar wirtschaftlichen Zusammenhangs die Zusammenhangszuständigkeit nach § 2 Abs. 3 ArbGG gegeben ist.[78]

3. Die sog. Sic-non-Fälle, Aut-aut-Fälle und Et-et-Fälle

72 Schwierigkeiten bei der Bestimmung der Rechtswegzuständigkeit der Gerichte für Arbeitssachen bereiten die Fälle, in denen die Arbeitnehmereigenschaft des Klägers bzw. sein Status als arbeitnehmerähnliche Person (die, wie oben ausgeführt, zur Rechtswegzuständigkeit der Gerichte für Arbeitssachen gem. § 5 Abs. 1 S. 2 ArbGG führt) streitig ist bzw. in denen sich nicht die Rechtswegzuständigkeit der Gerichte für Arbeitssachen aus einer ausdrücklichen Rechtswegszuständigkeitsbestimmung (wie z.B. beim Entwicklungshelfer) ergibt. Bei der Prüfung der arbeitsgerichtlichen Rechtswegzuständigkeit sind dabei mehrere Fallgruppen zu unterscheiden.[79]

a) Sic-non-Fall

73 Ein Sic-non-Fall liegt vor, wenn der erhobene Anspruch nur auf eine Anspruchsgrundlage gestützt werden kann, die eindeutig in die Rechtswegzuständigkeit des angerufenen Gerichtes fällt und dabei fraglich oder bestritten ist, ob die Voraussetzungen der Anspruchsgrundlage vorliegen.

74 *Beispiele*

- Der Kläger verlangt Urlaubsabgeltung gem. § 7 Abs. 4 BUrlG.
- Der Kläger, der nach Auffassung der Beklagten als selbstständiger Handelsvertreter eingestellt und beschäftigt worden ist, wendet sich gegen eine ordentliche Kündigung seines Rechtsverhältnisses mit dem Feststellungsantrag nach § 4 Abs. 1 S. 1 KSchG mit der Begründung, er habe in Wahrheit mit einem solchen Grad persönlicher Abhängigkeit und Weisungsgebundenheit Arbeit geleistet, sodass sein Rechtsverhältnis als Arbeitsverhältnis zu werten sei und deshalb sei die ordentliche Kündi-

78 GK-ArbGG/*Wenzel*, § 2 Rn 274.

79 *Schaub*, Arbeitsgerichtsverfahren, § 10 Rn 33 ff.; GK-ArbGG/*Wenzel*, § 2 Rn 280 ff.; *Germelmann u.a.*, § 2 Rn 189 ff.

gung gem. § 1 Abs. 2 KSchG sozial ungerechtfertigt. Der Antrag lautet: „Es wird festgestellt, dass zwischen den Parteien ein Arbeitsverhältnis besteht und dieses nicht durch die ordentliche Kündigung der Beklagten vom aufgelöst worden ist."

- Der im Handelsregister eingetragene Fremdgeschäftsführer einer GmbH wendet sich gegen die ordentliche Kündigung des der Organbestellung zugrunde liegenden Rechtsverhältnisses mit der Klage nach § 4 Abs. 1 S. 1 KSchG und behauptet dazu, er stehe zur Beklagten nicht in einem freien Dienstverhältnis, sondern aufgrund des Grades der persönlichen Abhängigkeit in einem Arbeitsverhältnis.

Allen drei Beispielsfällen ist gemeinsam, dass die sog. Rechtswegkompetenz der Arbeitsgerichte für die Entscheidung über den geltend gemachten Urlaubsabgeltungsanspruch wie auch über das Bestehen der Arbeitnehmereigenschaft als Voraussetzung für die Anwendbarkeit des Kündigungsschutzgesetzes zweifellos gegeben ist. In den vorgenannten Fällen ist der Vortrag des Klägers, er sei Arbeitnehmer, sowohl für die Rechtswegzuständigkeit des angerufenen Arbeitsgerichtes als auch für die materielle Begründetheit der Klage entscheidend. Die sog. zuständigkeits- und anspruchsbegründenden Tatsachen fallen zusammen. Man spricht von **doppelrelevanten Tatsachen**. Die Klage kann also nur dann Erfolg haben, wenn der Kläger in einem Arbeitsverhältnis zur Beklagten steht. Im Rahmen der Prüfung und Entscheidung über die Rechtswegzuständigkeit, über die vorab durch Beschluss zu entscheiden ist, bedarf es keiner Beweisaufnahme über das Vorliegen der Arbeitnehmereigenschaft des Klägers. Dafür reicht der schlüssige Vortrag des Klägers aus. Damit ist die Rechtswegzuständigkeit gegeben. Kommt das angerufene Arbeitsgericht, dessen örtliche Zuständigkeit hier unterstellt wird, im Rahmen der Prüfung der Begründetheit der Klage zum Ergebnis, dass für die Arbeitnehmereigenschaft schlüssig vorgetragen ist und der Vortrag der Beklagten insoweit unerheblich ist, ist die Arbeitnehmereigenschaft gegeben. Kommt das Arbeitsgericht zum Ergebnis, dass über die Arbeitnehmereigenschaft im Rahmen der materiellen Begründetheit der Klage Beweis zu erheben ist, so ist eine entsprechende Beweisaufnahme durchzuführen. Ergibt die Beweisaufnahme, dass kein Arbeitsverhältnis vorliegt, ist die **Klage als unbegründet abzuweisen**. In diesem Fall kommt eine **Verweisung an ein Gericht eines anderen Rechtsweges nicht in Betracht**, weil es in diesen Beispielsfällen nur um die Entscheidung über einen Anspruch, für den die Arbeitsgerichtsbarkeit zweifellos rechtswegzuständig ist, geht und weitere Ansprüche, die möglicherweise mit arbeitsrechtlichen Anspruchsgrundlagen in Konkurrenz stehen, nicht geltend gemacht sind. Kommt das Arbeitsgericht zum Ergebnis, dass zwischen den Parteien ein Arbeitsverhältnis besteht, muss es über den Urlaubsabgeltungsanspruch bzw. über die soziale Rechtfertigung der ordentlichen Kündigung entscheiden. 75

In den Fällen, in denen das Arbeitsgericht das Bestehen eines Arbeitsverhältnisses verneint, ergeht wie gesagt klagabweisendes Sachurteil. Keinesfalls wird der Rechtsstreit verwiesen. Dazu hat das BAG wörtlich ausgeführt: „Wird der Rechtsstreit nicht verwiesen, erhält der Kläger eine – wenn auch klageabweisende – Sachentscheidung des Gerichts, vor dem er geklagt hat. Mehr kann er nicht verlangen."[80] Nicht zu verwechseln sind die vorgenannten Fälle, in denen es um die Feststellung des Arbeitsverhältnisses bzw. der Arbeitnehmereigenschaft als doppelrelevante, nämlich zuständigkeits- und anspruchsbegründende Tatsachen geht, mit den Fällen, in denen der Kläger die Feststellung begehrt, dass ein **bestehendes Rechtsverhältnis** durch eine Kündigung der Beklagten beendet worden ist. Die Rechtswegzuständigkeit des Arbeitsgerichts ist nämlich nur dann gegeben, wenn das Rechtsverhältnis tatsächlich ein Arbeitsverhältnis ist (siehe auch Rn 90). 76

80 BAG v. 24.4.1996, AP Nr. 1 zu § 2 ArbGG 1979 Zuständigkeitsprüfung; ebenso BAG v. 9.10.1996, AP Nr. 2 zu § 2 ArbGG Nr. 2 Zuständigkeitsprüfung.

77 Das BAG hat in seinem jüngst veröffentlichten Urteil vom 3.2.2009 entschieden, dass die Fiktion des § 5 Abs. 1 S. 3 ArbGG unabhängig davon gilt, ob das der Organstellung zugrunde liegende Rechtsverhältnis materiellrechtlich ein freies Dienstverhältnis oder ein Arbeitsverhältnis ist. Auch wenn das Anstellungsverhältnis zwischen juristischer Person und Vertretungsorgan wegen starker interner Weisungsabhängigkeit als Arbeitsverhältnis anzusehen ist und deshalb dem materiellen Arbeitsrecht unterliegt, sind zur Entscheidung von Rechtsstreitigkeiten aus dieser Rechtsbeziehung die ordentlichen Gerichte berufen. Nur dann, wenn die Rechtsstreitigkeit zwischen dem Mitglied des Vertretungsorgans und der juristischen Person nicht das der Organstellung zugrunde liegende Rechtsverhältnis, sondern eine weitere Rechtsbeziehung betrifft, greift die Fiktion des § 5 Abs. 1 S. 3 ArbGG nicht ein.[81]

Diese Entscheidung ist die klare Konsequenz der gesetzlichen Fiktion und aus Gründen der Rechtssicherheit zu begrüßen. Eine Verkürzung des Rechtsschutzes steht hierdurch aber nicht zu befürchten. Notfalls können auch die ordentlichen Gerichte das Kündigungsschutzgesetz anwenden.

78 Es ist umstritten, ob die bloße Behauptung oder Rechtsauffassung des Klägers, er sei Arbeitnehmer, im sog. Sic-non-Fall genügt oder ob er für seine Rechtsauffassung schlüssigen Tatsachenvortrag zu unterbreiten hat. Während das BAG für die Bejahung der arbeitsgerichtlichen Rechtswegzuständigkeit die bloße Behauptung des Klägers bzw. dessen Rechtsauffassung hat genügen lassen,[82] hat der BGH in diesen Fällen der doppelrelevanten Tatsachen für die Annahme der Zulässigkeit des Rechtsweges schlüssigen Tatsachenvortrag gefordert.[83] Das BAG hat an seiner Rechtsprechung festgehalten.[84] Dies macht auch Sinn, jedenfalls für die Bejahung der Rechtswegzuständigkeit. Unterbreitet der Kläger keinen schlüssigen Sachvortrag für die Annahme eines Arbeitsverhältnisses, auch nicht auf entsprechenden Hinweis des Gerichts, dann ist zwar die Rechtswegzuständigkeit gegeben, die Klage aber als unbegründet abzuweisen. Dieses Risiko hat der Kläger zu tragen. Bestand nämlich Grund zu der Annahme, dass kein Arbeitsverhältnis besteht, hätte er die Klage vor dem ordentlichen Gericht erheben können.

b) Zusammenhangszuständigkeit nach § 2 Abs. 3 ArbGG

79 Hier ist **äußerste Vorsicht** geboten: Gem. § 2 Abs. 3 ArbGG können vor die Arbeitsgerichte auch nicht unter die Absätze eins und zwei fallende Rechtsstreitigkeiten gebracht werden, wenn der Anspruch mit einer bei einem Arbeitsgericht anhängigen oder gleichzeitig anhängig werdenden bürgerlichen Rechtsstreitigkeit der in den Absätzen eins und zwei bezeichneten Art in rechtlichem oder unmittelbar wirtschaftlichem Zusammenhang steht und für seine Geltendmachung nicht die ausschließliche Zuständigkeit eines anderen Gerichts gegeben ist.

80 Ergibt sich die Rechtswegzuständigkeit der Arbeitsgerichte im sog. Sic-non-Fall aus der Verfolgung eines nur vor dem Arbeitsgericht realisierbaren Klagebegehrens, wie es bei der Erhebung der Kündigungsschutzklage oder bei der Statusklage der Fall ist, so ist bislang vielfach die Auffassung vertreten worden, dass der Rechtsweg zu den Arbeitsgerichten auch für weitere Ansprüche durch die **Zusammenhangszuständigkeit nach § 2 Abs. 3 ArbGG** begründet werden kann. Dieser in der Tat fehlerhaften Rechtsauffassung ist das BAG in einer aktu-

81 BAG v. 3.2.2009, NJW 2009, 2078.

82 BAG v. 24.4.1996, AP Nr. 1 zu § 2 ArbGG 1979 Zuständigkeitsprüfung; ebenso BAG v. 9.10.1996, AP Nr. 2 zu § 2 ArbGG Nr. 2 Zuständigkeitsprüfung.

83 BGH v. 30.10.2003, NJW-RR 2004, 935; BGH v. 11.7.1996, NJW 1996, 3012.

84 BAG v. 24.4.1996, AP Nr. 1 zu § 2 ArbGG 1979 Zuständigkeitsprüfung.

ellen Entscheidung vom 11.6.2003[85] nicht gefolgt. In diesem Fall stritten die Parteien über das **Bestehen eines Arbeitsverhältnisses** (Statusklage; Feststellungsantrag zu 1) und in diesem Zusammenhang über die **Wirksamkeit einer fristlosen Kündigung** (Feststellungsantrag zu 2). Daneben begehrte der Kläger **Zahlung von Vergütung, Schadensersatz und Aufwendungsersatz** (Leistungsanträge zu 3–5). Der Kläger hat die Auffassung vertreten, der „Vertrag über freie Mitarbeit als Fernseh-Producer" sei u.a. aufgrund seiner Weisungsgebundenheit als Arbeitsverhältnis zu qualifizieren. Ein wichtiger Grund zur außerordentlichen Kündigung liege nicht vor. Die Beklagte hat Klageabweisung beantragt und für die Anträge zu 3–5 die Zulässigkeit des Rechtswegs zu den Gerichten für Arbeitssachen gerügt. Das Arbeitsgericht hat den Rechtsweg zu den Arbeitsgerichten hinsichtlich dieser Anträge für zulässig erklärt. Das LAG hat die sofortige Beschwerde der Beklagten zurückgewiesen und die Rechtsbeschwerde zugelassen.

Das BAG hält die zulässige Rechtsbeschwerde für begründet. Sie führte zur Aufhebung des 81
angefochtenen Beschlusses und zur Verweisung des Rechtsstreits hinsichtlich der abgetrennten Anträge zu 3–5 an das zuständige Landgericht. Das BAG hat ausgeführt, dass sich die Zuständigkeit der Gerichte für Arbeitssachen entgegen der Auffassung des LAG nicht aus § 2 Abs. 3 ArbGG ergibt. Für die Anträge des Klägers zu 1 und 2 (Statusklage und Feststellungsklage bezüglich der fristlosen Kündigung) hat es die sachliche Zuständigkeit der Arbeitsgerichte gem. § 2 Abs. 1 Nr. 3 Buchst. b ArbGG angenommen. Denn der Kläger begehrt mit den Anträgen zu 1 und 2 die Feststellung, dass bis zum 31.12.2001 ein Arbeitsverhältnis zwischen den Parteien bestand und das Arbeitsverhältnis nicht durch die fristlose Kündigung der Beklagten beendet wurde. Hierbei handelt es sich um sog. Sic-non-Fälle im Sinne der Senatsrechtsprechung. In diesen Fällen hängt der Erfolg der Klage nach der Antragstellung auch von Tatsachen ab, die zugleich für die Bestimmung des Rechtswegs entscheidend sind. Die beantragten Feststellungen setzen voraus, dass in Zeiten der Kündigung ein Arbeitsverhältnis zwischen den Parteien tatsächlich bestanden hat. Andernfalls sind die Anträge schon deshalb unbegründet.[86]

Das BAG hat weiter ausgeführt: Für die angekündigten Anträge zu 3–5 besteht keine Zusam- 82
menhangszuständigkeit nach § 2 Abs. 3 ArbGG. Ein **Sic-non-Antrag kann für Zusammenhangsklagen nicht die Zuständigkeit der Gerichte für Arbeitssachen begründen**. § 2 Abs. 3 ArbGG findet keine Anwendung, wenn die Zuständigkeit für die Zusammenhangsklage allein aus der Verbindung mit einem Sic-non-Antrag folgen kann. Das BVerfG hat zu Recht auf die Gefahr einer Manipulation bei der Auswahl des zuständigen Gerichts durch die klagende Partei hingewiesen, wenn diese im Wege der Zusammenhangsklage mit einem Sic-non-Fall weitere Streitgegenstände verbindet.[87] So könnten im Zusammenhang mit einer Statusklage, die nur erhoben wird, um den Rechtsstreit vor die Arbeitsgerichte zu bringen, Streitgegenstände vor die Gerichte für Arbeitssachen gelangen, für die andere Gerichte sachlich zuständig sind. Das wäre mit Art. 101 Abs. 1 S. 2 GG nicht vereinbar, wonach der erkennende Richter normativ bestimmt sein muss. Der für den Einzelfall zuständige Richter hat aufgrund allgemeiner Kriterien festzustehen, um der Gefahr manipulierender Einflüsse – gleich von welcher Seite – vorzubeugen. Eine mit Art. 101 GG nicht zu vereinbarende Rechtswegerschleichung kann nicht dadurch wirksam verhindert werden, dass dem Kläger

85 BAG v. 11.6.2003, AP Nr. 85 zu § 2 ArbGG 1979.

86 BAG v. 11.6.2003, AP Nr. 85 zu § 2 ArbGG 1979 unter Hinweis auf BAG v. 26.5.1999, AP Nr. 10 zu § 35 GmbHG sowie auf BAG v. 20.9.2000 – 5 AZR 271/99 – n.v. sowie BAG v. 17.1.2001 – 5 AZB 18/00 – n.v.

87 BVerfG v. 31.8.1999, AP Nr. 6 zu § 2 ArbGG 1979 Zuständigkeitsprüfung.

die Berufung auf die Zusammenhangszuständigkeit in Missbrauchsfällen nach Treu und Glauben versagt wird. Hierfür fehlt es an handhabbaren und hinreichend klaren Kriterien.

83 Werden zusätzlich zu einem Feststellungsantrag, der einen Sic-non-Fall im Sinne der Senatsrechtsprechung darstellt, weitere Leistungsanträge gestellt, muss für diese die sachliche Zuständigkeit der Gerichte für Arbeitssachen nach § 2 Abs. 1 oder 2 ArbGG gesondert festgestellt werden.

84 Nach Auffassung des BAG hat der Kläger die Voraussetzungen eines Arbeitsverhältnisses im Streitfall nicht schlüssig dargelegt. Es hat die Arbeitnehmereigenschaft des Klägers verneint und ebenso einen arbeitnehmerähnlichen Status, der zur Rechtswegzuständigkeit der Arbeitsgerichte gem. § 5 Abs. 1 S. 2 ArbGG hätte führen können.

85 **Konsequenz:** Wäre der Kläger Arbeitnehmer gewesen, hätte die Rechtswegzuständigkeit der Arbeitsgerichte bejaht werden müssen, und es hätte eine Sachentscheidung ergehen müssen. War der Kläger nicht Arbeitnehmer oder nicht zumindest arbeitnehmerähnliche Person, ist die Rechtswegzuständigkeit nicht gegeben. Allerdings könnten die Leistungsanträge auf andere Anspruchsgrundlagen als arbeitsrechtliche Anspruchsgrundlagen gestützt werden, sodass die Verweisung in die ordentliche Gerichtsbarkeit richtig ist. Diese Entscheidung des BAG dürfte für die Arbeitsgerichte erster Instanz dazu führen, dass in den sog. Sic-non-Fällen zunächst nur die Rechtswegzuständigkeit für die Statusklage oder die Kündigungsfeststellungsklage festgestellt wird. Kommt es dann zur Klageabweisung, weil kein Arbeitsverhältnis besteht, ist in diesen Fällen die Rechtswegzuständigkeit für die Zusammenhangsklage zu verneinen. Der Rechtsstreit ist dann in den richtigen Rechtsweg zu verweisen.

86 *Praxishinweis*

Wendet sich der Kläger gegen die Wirksamkeit einer außerordentlichen Kündigung und macht er geltend, er sei Arbeitnehmer, so ist zu beachten, dass § 626 BGB sowohl für das Arbeitsverhältnis als auch für das freie Dienstverhältnis anzuwenden ist. Lässt sich das Klagebegehren widerspruchsfrei sowohl arbeitsrechtlich als auch zivilrechtlich begründen, so kann die arbeitsgerichtliche Rechtswegzuständigkeit nicht von der bloßen Rechtsbehauptung des Klägers abhängen. Die Rechtswegzuständigkeit der Arbeitsgerichte muss mindestens schlüssig dargetan werden (Et-et-Fall).

c) Aut-aut-Fall

87 Ein sog. Aut-aut-Fall liegt vor, wenn mehrere Anspruchsgrundlagen in Betracht kommen, die in Frage kommenden Anspruchsgrundlagen sich aber gegenseitig ausschließen.

88 In den Fällen, in denen sich die in Betracht kommenden Anspruchsgrundlagen wechselseitig rechtlich ausschließen, hat das BAG entschieden, dass die Gerichte für Arbeitssachen vorab zu prüfen haben, ob wirklich ein Arbeitsverhältnis vorliegt. Liegt kein Arbeitsverhältnis vor, ist an das zuständige Gericht zu verweisen.[88] Der fünfte Senat des BAG hat festgestellt, dass die bloße Rechtsansicht des Klägers über seinen Arbeitnehmerstatus die arbeitsgerichtliche Zuständigkeit **weder in den Aut-aut-Fällen noch in den Et-et-Fällen begründen kann**, sondern die Fragestellung dahin gehend zu formulieren sei, ob der schlüssige Tatsachenvortrag für sich genommen ausreicht oder ob dieses Vorbringen nötigenfalls auch bewiesen werden muss.[89] Im Hinblick auf die Entscheidung des fünften Senats vom 11.6.2003

88 BAG v. 10.12.1996, AP Nr. 4 zu § 2 ArbGG 1979 Zuständigkeitsprüfung.

89 BAG v. 10.12.1996, AP Nr. 4 zu § 2 ArbGG 1979 Zuständigkeitsprüfung; *Schaub*, Arbeitsgerichtsverfahren, § 10 Rn 36.

zur Rechtswegzuständigkeit bei der sog. Zusammenhangsklage und die Ausführungen des fünften Senats zur Gefahr einer Manipulation bei der Auswahl des zuständigen Gerichts wird diesseits die Auffassung vertreten, dass davon auszugehen sein wird, dass in den Aut-aut-Fällen über das Bestehen eines Arbeitsverhältnisses zur Begründung der Rechtswegzuständigkeit die Gerichte für Arbeitssachen notfalls Beweis zu erheben haben. Liegt ein Arbeitsverhältnis nicht vor, sind die Arbeitsgerichte nicht zuständig. Dann ist in den zuständigen Rechtsweg zu verweisen.

d) Et-et-Fall

Et-et-Fälle liegen vor, wenn der geltend gemachte Anspruch widerspruchslos sowohl auf eine arbeitsrechtliche als auch auf eine bürgerlich-rechtliche Anspruchsgrundlage gestützt werden kann. 89

Beispiel 90
Es werden Vergütungsansprüche aus einem Arbeitsverhältnis geltend gemacht, das der Beklagte für ein Dienstverhältnis hält. Vom sog. Aut-aut-Fall unterscheidet sich der Et-et-Fall dadurch, dass es zwar Anspruchsgrundlagen verschiedener Rechtswege gibt, dass sie sich aber nicht als selbstständige prozessuale Ansprüche gegenseitig ausschließen.[90] Ein sog. Et-et-Fall liegt z.B. dann vor, wenn sich der Kläger gegen eine fristlose Kündigung seines **Rechtsverhältnisses** mit einer Klage vor den Gerichten für Arbeitssachen zur Wehr setzt, das der Kläger für ein Arbeitsverhältnis und die Beklagte für ein freies Dienstverhältnis hält. Der fünfte Senat des BAG hat diesen Fall als Et-et-Fall eingestuft und dabei entscheidend darauf abgehoben, dass die Klage nach Lage des Falles unabhängig davon, ob der Kläger in einem Arbeitsverhältnis oder in einem freien Dienstverhältnis stand, Erfolg haben konnte, da es sich um ein befristetes Vertragsverhältnis handelte, für das keine ordentliche Kündigung vorgesehen war.[91] Es kommt allein darauf an, ob die Zuständigkeit der Arbeitsgerichte gegeben ist, weil ein Zuständigkeitstatbestand des § 2 ArbGG erfüllt ist. Das zuständige Gericht hat den Klageanspruch unter allen in Frage kommenden rechtlichen Gesichtspunkten zu prüfen, § 17 Abs. 2 GVG. Die Zuständigkeit des Gerichtes kann für einen prozessualen Klageanspruch nur einheitlich bejaht oder verneint werden. Eine Aufspaltung nach einzelnen Anspruchsgrundlagen ist nicht möglich.[92]

e) Wahlfeststellung

Werden Ansprüche aus einem Arbeitsverhältnis geltend gemacht und besteht Streit über den Arbeitnehmerstatus, ist der Kläger aber jedenfalls arbeitnehmerähnliche Person i.S.d. § 5 Abs. 1 S. 2 ArbGG, ist die Rechtswegzuständigkeit der Gerichte für Arbeitssachen gegeben. Insoweit ist eine **Wahlfeststellung** zulässig.[93] 91

90 GK-ArbGG/*Wenzel*, § 2 Rn 290.
91 BAG v. 10.12.1996, AP Nr. 4 zu § 2 ArbGG 1979 Zuständigkeitsprüfung.
92 So zutreffend *Germelmann u.a.*, § 2 Rn 197.
93 BAG v. 14.1.1997, AP Nr. 41 zu § 2 ArbGG 1979; BAG v. 16.7.1997, AP Nr. 37 zu § 5 ArbGG 1979.

IV. Die örtliche Zuständigkeit

1. Allgemeines

92 Das ArbGG enthielt bis zum 1.4.2008 keine eigenständigen Vorschriften über die örtliche Zuständigkeit im Urteilsverfahren. Durch das Gesetz zur Änderung des Sozialgerichtsgesetzes und des Arbeitsgerichtsgesetzes vom 26.3.2008 wurde mit § 48 Abs. 1a eine Regelung über den Gerichtsstand des Arbeitsortes in den Gesetzestext eingefügt.

Darüber hinaus enthält nur § 48 Abs. 2 ArbGG eine besondere Regelung über die örtliche Zuständigkeit. Gem. § 48 Abs. 2 ArbGG können die Tarifvertragsparteien im Tarifvertrag die Zuständigkeit eines an sich örtlich unzuständigen Arbeitsgerichtes festlegen für bürgerliche Rechtsstreitigkeiten zwischen Arbeitnehmern und Arbeitgebern aus einem Arbeitsverhältnis und aus Verhandlungen über die Eingehung eines Arbeitsverhältnisses, das sich nach einem Tarifvertrag bestimmt. Im Geltungsbereich eines solchen Tarifvertrages gelten die tarifvertraglichen Bestimmungen über das örtlich zuständige Arbeitsgericht zwischen nicht tarifgebundenen Arbeitgebern und Arbeitnehmern, wenn die Anwendung des gesamten Tarifvertrags zwischen ihnen vereinbart ist.

2. Rügelose Einlassung

93 § 46 Abs. 2 ArbGG verweist wegen der örtlichen Zuständigkeit auf die §§ 12–40 ZPO.

94 Nicht nur die Kündigungsschutzklage, sondern jede Klage ist beim örtlich zuständigen Arbeitsgericht zu erheben. Zur Wahrung der dreiwöchigen Klagefrist, die seit dem 1.1.2004 erheblich an Bedeutung gewonnen hat, genügt auch die Klageerhebung vor dem örtlich unzuständigen Arbeitsgericht.

95 Die Zuständigkeit eines an sich örtlich unzuständigen Gerichts kann auch durch **rügelose Einlassung zur Hauptsache** begründet werden, sofern der Beklagte über die Unzuständigkeit des Gerichts und die Bedeutung seiner rügelosen Einlassung vorher gem. § 504 ZPO belehrt worden ist, § 39 ZPO. Eine Erörterung der Streitsache in der Güteverhandlung ist noch keine Verhandlung zur Hauptsache. Die **Zuständigkeit des örtlich unzuständigen Gerichts** wird erst dann begründet, wenn der Beklagte nach der entsprechenden Belehrung durch das Gericht rügelos weiter verhandelt. Ist der Beklagte nicht über die örtliche Unzuständigkeit belehrt worden, kann er jederzeit die Unzuständigkeit rügen und so einen Beschluss nach § 17a Abs. 3 GVG herbeiführen. Indessen kann durch die rügelose Einlassung die Zuständigkeit des Gerichtes dann nicht begründet werden, wenn es sich um eine nicht vermögensrechtliche Streitigkeit handelt oder wenn für die Streitigkeit ein ausschließlicher Gerichtsstand begründet ist, § 40 Abs. 2 S. 2 ZPO. Letzteres gilt nicht für den als ausschließlich vereinbarten Gerichtsstand.[94] Bei dem Streit um das Bestehen, das Nichtbestehen oder die Wirksamkeit einer Kündigung eines Arbeitsverhältnisses handelt es sich indessen um eine vermögensrechtliche Streitigkeit.[95]

94 *Germelmann u.a.*, § 2 Rn 177 f.

95 BAG v. 22.5.1984, EzA § 64 ArbGG 1979 Nr. 14.

3. Die Bestimmung der örtlichen Zuständigkeit

Die ZPO unterscheidet zwischen dem **allgemeinen Gerichtsstand** einer Person und **besonderen ausschließlichen Gerichtsständen**. Kommen für eine Klage mehrere Gerichtsstände in Betracht, so hat der Kläger ein Wahlrecht, § 35 ZPO. 96

Ist der Arbeitgeber eine **natürliche Person**, so bestimmt sich sein **allgemeiner Gerichtsstand nach seinem Wohnsitz** (§§ 12, 13 ZPO). 97

Ist der Arbeitgeber eine **juristische Person**, so wird der allgemeine Gerichtsstand durch ihren **Sitz** bestimmt (§ 17 ZPO). 98

Der **besondere Gerichtsstand der Niederlassung** gem. § 21 ZPO ist für die Kündigungsschutzklage nur dann gegeben, wenn der Arbeitsvertrag von der Niederlassung aus oder in der Niederlassung geschlossen worden ist.[96] Wird der Arbeitnehmer am Ort der Niederlassung beschäftigt bzw. bezieht sich der Arbeitsvertrag gerade auf die Niederlassung, dann ist dies auch der Gerichtsstand des Erfüllungsortes gem. § 29 ZPO. 99

Der **besondere Gerichtsstand des Erfüllungsortes** (§ 29 ZPO) regelt, dass das Gericht des Ortes zuständig ist, an dem die streitige Verpflichtung zu erfüllen ist. Bei einer Kündigungsschutzklage, der Klage auf Feststellung des Bestehens eines Arbeitsverhältnisses und der Statusklage ist der **Gerichtsstand des Erfüllungsortes** regelmäßig der **Sitz** des Arbeitgebers. Dies gilt zweifellos in den Fällen, in denen der Arbeitnehmer dort am Sitz des Betriebes ständig beschäftigt wird.[97] Nach zutreffender Auffassung kommt es in erster Linie darauf an, wo der Schwerpunkt des Arbeitsverhältnisses liegt.[98] Ist die Arbeitsleistung an ständig wechselnden Orten zu erbringen, so richtet sich der Erfüllungsort nach dem Ort des Betriebes, von dem aus der Arbeitnehmer seine Anweisungen erhält.[99] Der Schwerpunkt eines Arbeitsverhältnisses ist bei nicht ständiger Beschäftigung am gleichen Ort häufig schwierig zu bestimmen. 100

Mit Wirkung zum 1.4.2008 wurde ein neuer Gerichtsstand, der **besondere Gerichtsstand des Arbeitsortes** (§ 48 Abs. 1a ArbGG), in das ArbGG eingefügt. Arbeitnehmer können seitdem auch Klage vor dem Arbeitsgericht erheben, in dessen Bezirk sie für gewöhnlich ihre Arbeit leisten. Soweit der Arbeitsort nicht gleichzeitig der Erfüllungsort ist, war dies bis dahin nicht möglich. Diese Neuregelung ist insbesondere für Außendienstmitarbeiter interessant, da diese ihren Arbeitgeber nun nicht mehr am Sitz des Unternehmens verklagen müssen. Die Neuregelung macht eine Differenzierung zwischen den Erfüllungsorten der einzelnen Pflichten aus dem Arbeitsverhältnis und die Bestimmung eines einheitlichen Erfüllungsorts nach § 269 BGB im Prinzip überflüssig. 101

Hinsichtlich des Arbeitsortes ist es unerheblich, ob an dem Ort der Arbeitsleistung eine Betriebsstätte des Arbeitgebers besteht, ob und von wo aus Arbeitsanweisungen erteilt werden oder wo die Zahlung der Vergütung veranlasst wird.[100] Erfolgt aber die Erbringung der Arbeitsleistung gewöhnlich an mehreren Orten, ist der Ort zu bestimmen, an dem die Arbeitsleistung überwiegend erbracht wird.

Dies kann auch der Ort sein, an dem die Arbeit gemessen an der Gesamtdauer des Arbeitsverhältnisses erst kurzzeitig geleistet wurde, wenn auf der Grundlage des Arbeitsvertrags an diesem Ort die Arbeitsleistung bis auf Weiteres verrichtet werden soll. Der gewöhnliche Ar-

96 KR/*Friedrich*, § 4 KSchG Rn 174 mit Darstellung des Meinungsstreits.
97 BAG v. 3.12.1985, AP Nr. 5 zu § 1 TVG-Tarifverträge: Großhandel.
98 *Germelmann u.a.*, § 2 Rn 155.
99 KR/*Friedrich*, § 4 KSchG Rn 175 m.w.N.
100 *Reinhard/Böggemann*, NJW 2008, 1265.

beitsort ändert sich nicht dadurch, dass die Arbeitnehmerin oder der Arbeitnehmer die Arbeitsleistung vorübergehend an einem anderen Ort erbringt.[101]

102 Für **Außendienstmitarbeiter** ist zur Bestimmung des Gerichtsstandes nunmehr insbesondere der § 48 Abs. 1a S. 2 ArbGG entscheidend. Ist nämlich ein gewöhnlicher Arbeitsort im Sinne des Satzes 1 nicht feststellbar, ist das Arbeitsgericht örtlich zuständig, von dessen Bezirk aus der Arbeitnehmer gewöhnlich seine Arbeit verrichtet oder zuletzt gewöhnlich verrichtet hat. Durch die Gesetzesänderung hat daher die zuvor zutreffende Auffassung hinsichtlich dieser Problematik Einzug in den Gesetzestext erhalten.[102]

103 Für die Bestimmung des Schwerpunktes des Arbeitsverhältnisses kommt es auf alle Einzelfallumstände an. In diesem Zusammenhang kann auch eine Vereinbarung der Parteien über den jeweiligen Erfüllungsort von Bedeutung sein.[103] Eine solche Vereinbarung kann aber nicht den Gerichtsstand des tatsächlichen Leistungsortes ausschließen.[104] Voraussetzung ist, dass am Ort der tatsächlichen Arbeitsleistung oder des Schwerpunktes eine betriebliche Organisation mit eigener auf das Arbeitsverhältnis bezogener Funktion besteht.

4. Gerichtsstandsvereinbarungen

104 Ein an sich örtlich unzuständiges Gericht kann auch durch die Vereinbarung eines Gerichtsstandes zuständig werden. Nach § 38 ZPO sind Vereinbarungen über die Zuständigkeit des Gerichtes in Einzel- wie Musterarbeitsverträgen grundsätzlich unwirksam. Gerichtsstandsvereinbarungen sind aber unter den Voraussetzungen des § 38 Abs. 2 und 3 ZPO zulässig. Eine Gerichtsstandsvereinbarung kann nach § 38 Abs. 2 ZPO zunächst dann geschlossen werden, wenn eine der Parteien im Inland **keinen allgemeinen Gerichtsstand** hat. Einer solchen Vereinbarung steht nicht entgegen, dass ein besonderer Gerichtsstand gegeben ist.[105] Die Vereinbarung muss schriftlich geschlossen oder schriftlich bestätigt werden. Die Einhaltung der Form bestimmt sich nach deutschem Recht. Diese Vereinbarung muss sich auf ein bestimmtes Rechtsverhältnis und sich aus ihm ergebende Streitigkeiten beziehen; andernfalls ist sie unwirksam, § 40 Abs. 1 ZPO.

105 Nach § 38 Abs. 3 Nr. 1ZPO ist eine Gerichtsstandsvereinbarung immer dann zulässig, **wenn eine Streitigkeit zwischen den Parteien bereits entstanden ist**. Zur Wirksamkeit bedarf sie der Schriftform. Gem. § 38 Abs. 3 Nr. 2 ZPO kann auch ein Gerichtsstand für den Fall vereinbart werden, dass die zu verklagende Partei nach Abschluss der Gerichtsstandsvereinbarung ihren Wohnsitz oder gewöhnlichen Aufenthalt ins Ausland verlegt und damit ihren allgemeinen Gerichtsstand im Inland verliert. Auch hier gilt wiederum das Schriftformerfordernis.

106 Für arbeitsrechtliche Streitigkeiten zwischen Angehörigen von Mitgliedstaaten der Europäischen Gemeinschaft gilt das Übereinkommen der Europäischen Gemeinschaft über die gerichtliche Zuständigkeit und die Vollstreckung gerichtlicher Entscheidung in Zivil- und Han-

101 BT-Drucks 16/7716.

102 Vgl. hierzu BAG v. 18.2.1988, RzK I 10a Nr. 8; BAG v. 12.6.1986, AP Nr. 1 zu Art. 5 Brüsseler Abkommen; EuGH v. 9.1.1997, AP Nr. 2 zu Art. 5 Brüssler Abkommen; *Germelmann u.a.*, § 2 Rn 163 m.w.N.

103 *Germelmann u.a.*, § 2 Rn 155.

104 *Germelmann u.a..*, a.a.O. unter Hinweis auf *Brehm/John/Preusche*, NJW 1975, 26.

105 BAG v. 27.1.1983, AP Nr. 12 zu § 38 ZPO Internationale Zuständigkeit.

delssachen, EuGVÜ. Seine Vorschriften sind zwingend und gehen den Regelungen der ZPO vor.[106]

5. Alleinentscheidung durch den Vorsitzenden

Gem. § 55 Abs. 1 Nr. 7 ArbGG entscheidet der Vorsitzende allein über die örtliche Zuständigkeit. 107

106 Siehe dazu *Germelmann u.a.*, § 2 Rn 168 und § 1 Rn 32 ff.

§ 21 Der Kündigungsschutzprozess im Allgemeinen

Peter Friedhofen

Inhalt

Rn

I. Einführung ... 1
1. Die neue einheitliche Klagefrist ... 1
2. Die Bedeutung der einheitlichen Klagefrist ... 4
3. Die Ergänzung des § 5 KSchG für Fälle unverschuldeter Nichtkenntnis von der Schwangerschaft ... 6
4. Fristberechnung bei behördlicher Zustimmung ... 7
5. Änderungskündigung ... 9

II. Punktuelle Streitgegenstandstheorie und ihre Folgen ... 10
1. Allgemeines ... 10
2. Folgerungen ... 11
3. Der Schleppnetzantrag ... 15
4. Mögliche Folgen aus der einheitlichen Klagefrist ... 18
5. Klagefrist bei Anfechtung des Arbeitsvertrags durch Arbeitgeber? ... 19

III. Besonderheiten ... 20
1. Entfristungsklage ... 20
2. Kündigung durch den Insolvenzverwalter ... 21
3. Andere Klagen als die Feststellungsklage nach § 4 KSchG ... 22

IV. Keine Unterbrechung der Verjährung eines auf Annahmeverzug gestützten Vergütungsanpruchs durch Erhebung der Kündigungsschutzklage 25

V. Wahrung tarifvertraglicher Ausschlussfristen durch die Kündigungsschutzklage ... 26

VI. Der zu verklagende Arbeitgeber ... 33

VII. Die dreiwöchige Klagefrist ... 36
1. Allgemeines ... 36
2. Ausschlussfrist ... 37
3. Fristberechnung ... 38
4. Klageerhebung ... 39
5. Richtige Bezeichnung des Arbeitgebers ... 40
6. Inhalt der Klageschrift ... 41
7. Schlüssigkeit der Kündigungsschutzklage ... 42
8. Die eigenhändige Unterschrift ... 46
9. Der PKH-Antrag ... 47
10. Die Prüfung der Einhaltung der Klagefrist ... 48

VIII. Ausnahmen vom Lauf der Drei-Wochen-Frist ab Kündigungszugang ... 50
1. Fristberechnung bei nachträglicher Zustimmung der Behörde ... 50
2. Die Klagefrist bei zum Wehrdienst Einberufenen und Wehrdienstleistenden ... 53
3. Beginn der dreiwöchigen Klagefrist bei Besatzungsmitgliedern von Seeschiffen, Binnenschiffen und Luftfahrzeugen ... 54

IX. Folgen der Versäumung der Drei-Wochen-Frist gem. § 7 KSchG ... 55

X. Darlegungs- und Beweislast ... 61

XI. Die gerichtliche Geltendmachung des Beschäftigungsanspruchs und des Weiterbeschäftigungsanspruchs ... 65
1. Allgemeines ... 65
2. Der Beschäftigungsanspruch ... 66
3. Der Weiterbeschäftigungsanspruch . 67
4. Die gerichtliche Entscheidung ... 70
5. Praxis ... 71
6. Wichtige Rechtsprechung des BAG. 72
7. Betriebsübergang ... 80

XII. Das klageabweisende Urteil im Kündigungsschutzprozess ... 81

XIII. Das der Klage stattgebende Urteil 84

Literatur

v. Altrock, Die „abgestufte Darlegungs- und Beweislast" – Rechtsinstitut eigener Art im Kündigungsschutzprozeß?, DB 1987, 433; **Kreitner**, Kündigung beim Betriebsübergang, FA 1998, 2; **Preis**, Die „Reform" des Kündigungsschutzrechts, DB 2004, 70.

I. Einführung

1. Die neue einheitliche Klagefrist

1 Die für den Kündigungsschutzprozess wichtigste Änderung seit dem 1.1.2004 ist die **einheitliche Klagefrist von drei Wochen**. Aufgrund des Reformgesetzes gilt jetzt für alle Klagen, die sich gegen eine schriftliche arbeitgeberseitige Kündigung eines Arbeitsverhältnisses richten, unabhängig vom Inhalt der Klagebegründung eine einheitliche Klagefrist von drei Wochen. Hat der Arbeitgeber nur mündlich gekündigt, so gilt die Drei-Wochen-Frist nicht. Damit wird dem Schriftformerfordernis der Kündigung nach § 623 BGB ausdrücklich Rechnung getragen. Es soll verhindert werden, dass eine wegen Nichteinhaltung der Schriftform unwirksame Kündigung aufgrund der Fiktionswirkung des § 7 KSchG Rechtswirksamkeit erlangt.

2 Die Geltung der dreiwöchigen Klagefrist für alle Unwirksamkeitsgründe folgt für **ordentliche Kündigungen** bei Anwendbarkeit des KSchG aus § 4 S. 1 KSchG, für ordentliche Kündigungen, bei denen das KSchG keine Anwendung findet, sei es, dass es sich um einen Kleinbetrieb handelt oder sei es, dass die Wartezeit gem. § 1 Abs. 1 KSchG im Zeitpunkt des Zugangs der Kündigung noch nicht vollendet ist, aus § 23 Abs. 1 S. 2 i.V.m. § 4 S. 1 KSchG. Sie folgt für **außerordentliche Kündigungen** im Anwendungsbereich des KSchG aus § 13 Abs. 1 S. 2 i.V.m. § 4 S. 1 KSchG und für außerordentliche Kündigungen außerhalb der Anwendbarkeit des KSchG aus § 23 Abs. 1 S. 2 i.V.m. §§ 13 Abs. 1 S. 2, 4 S. 1 KSchG.

3 Hingegen ist die Geltendmachung der Nichteinhaltung der richtigen Kündigungsfrist kein Fall der Geltendmachung der Unwirksamkeit der Kündigung. Die dreiwöchige Klagefrist braucht nicht eingehalten zu werden.

Sie gilt auch nicht entsprechend.[1]

2. Die Bedeutung der einheitlichen Klagefrist

4 Die neue einheitliche Klagefrist von drei Wochen, die alle Unwirksamkeitsgründe erfasst, bedeutet indessen nicht, dass alle Unwirksamkeitsgründe innerhalb der Drei-Wochen-Frist geltend gemacht werden müssen. Dies ergibt sich aus dem neu gefassten **§ 6 KSchG**. Hat ein Arbeitnehmer innerhalb von drei Wochen nach Zugang der schriftlichen Kündigung im Klagewege geltend gemacht, dass eine rechtswirksame Kündigung nicht vorliege, so kann er sich in diesem Verfahren bis zum Schluss der mündlichen Verhandlung erster Instanz zur Begründung der Unwirksamkeit der Kündigung auch auf innerhalb der Klagefrist nicht geltend gemachte Gründe berufen. Das Arbeitsgericht soll ihn hierauf hinweisen. Ist also ein Unwirksamkeitsgrund innerhalb der dreiwöchigen Klagefrist geltend gemacht worden, kann sich der Kläger auch nach Ablauf der Klagefrist auf weitere Unwirksamkeitsgründe berufen. Hier gilt es indessen zu beachten, dass gem. § 61a Abs. 5 und 6 ArbGG Angriffs- und Verteidigungsmittel, die erst nach Ablauf wirksam gesetzter Ausschlussfristen vorgebracht werden,

1 BAG v. 15.12.2005, AP Nr. 55 zu § 4 KSchG 1969.

nur zuzulassen sind, wenn nach der freien Überzeugung des Gerichtes ihre Zulassung die Erledigung des Rechtsstreits nicht verzögert oder wenn die Partei die Verspätung genügend entschuldigt. Aus diesem Grunde wird **dringend empfohlen**, dass alle denkbaren und ernsthaft in Betracht kommenden Unwirksamkeitsgründe möglichst innerhalb der dreiwöchigen Klagefrist, spätestens jedoch innerhalb der vom Vorsitzenden in der Güteverhandlung gesetzten Ausschlussfrist geltend gemacht werden.

Praxishinweis 5

Taktische Spielchen mit dem Ziel, den Kündigungsschutzprozess zu Lasten des Arbeitgebers in die Länge zu ziehen, können bei Fristversäumung teuer werden.

3. Die Ergänzung des § 5 KSchG für Fälle unverschuldeter Nichtkenntnis von der Schwangerschaft

Gem. § 9 Abs. 1 S. 1 MuSchG ist die Kündigung gegenüber einer Frau während der Schwangerschaft und bis zum Ablauf von vier Monaten nach der Entbindung unzulässig, wenn dem Arbeitgeber zur Zeit der Kündigung die Schwangerschaft oder Entbindung bekannt war oder innerhalb von zwei Wochen nach Zugang der Kündigung mitgeteilt wird; das Überschreiten dieser Frist ist unschädlich, wenn es auf einem von der Frau nicht zu vertretenden Grund beruht und die Mitteilung unverzüglich nachgeholt wird. Liegen die tatbestandlichen Voraussetzungen des nicht zu vertretenden Grundes und die unverzügliche Nachholung der Schwangerschaftsmitteilung vor, bleibt der Arbeitnehmerin der besondere Kündigungsschutz nach § 9 MuSchG erhalten. Die Mitteilung der Schwangerschaft kann auch noch nach Ablauf der Klagefrist erfolgen. Wegen dieser Besonderheit ist im Rahmen der **Zulassung verspäteter Klagen gem. § 5 KSchG** dessen Absatz 1 um einen Satz 2 erweitert worden: „Gleiches gilt, wenn eine Frau von ihrer Schwangerschaft aus einem von ihr nicht zu vertretenden Grund erst nach Ablauf der Frist des § 4 S. 1 KSchG Kenntnis erlangt hat.“ 6

4. Fristberechnung bei behördlicher Zustimmung

Soweit die **Kündigung der Zustimmung einer Behörde** bedarf, **läuft** die **Frist** zur Anrufung des Arbeitsgerichtes **erst von der Bekanntgabe der Entscheidung der Behörde an den Arbeitnehmer ab**, § 4 S. 4 KSchG. Geht die behördliche Zustimmungserklärung schon vor Zugang der Kündigung dem Arbeitnehmer zu, verbleibt es bei dem Lauf der Drei-Wochen-Frist ab Zugang der Kündigung nach § 4 S. 1 KSchG.[2] Weiß der Arbeitnehmer um die Zustimmungsbedürftigkeit der Kündigung, kann er sich im Falle einer Kündigung bei Unkenntnis über den Inhalt der behördlichen Zustimmungserklärung zunächst darauf verlassen, dass die Kündigung mangels Zustimmung der Behörde unwirksam ist. Erst ab der Bekanntgabe der Entscheidung einer Behörde an den Arbeitnehmer soll in diesen Fällen gem. § 4 S. 4 KSchG die dreiwöchige Klagefrist zu laufen beginnen. 7

In den Fällen des § 9 Abs. 3 MuSchG, § 18 BEEG, § 85 SGB IX erlangt der Arbeitgeber vor Zugang der zustimmenden behördlichen Entscheidung an den Arbeitnehmer jedenfalls nicht innerhalb der dreiwöchigen Klagefrist ab Zugang der Kündigung entsprechende Rechtsklarheit. Eine ohne Bekanntgabe einer behördlichen Zulässigkeitserklärung an den Arbeitnehmer diesem gegenüber ausgesprochene Kündigung setzt den Lauf der Drei-Wochen-Frist wie in 8

2 KR/*Friedrich*, § 4 KSchG Rn 197.

§ 4 S. 4 KSchG nicht in Gang.[3] *Preis* wirft zu Recht die Frage auf, ob der Arbeitnehmer das Fehlen einer Zulässigkeitserklärung – bis zur Grenze der Verwirkung – jederzeit geltend machen kann. *Preis* weist zu Recht darauf hin, dass sich der Arbeitnehmer auf § 4 S. 4 KSchG nur verlassen könne, wenn der Arbeitgeber überhaupt wisse, dass ein behördliches Verfahren einzuleiten sei. Kennt der Arbeitgeber die Schwangerschaft oder die Schwerbehinderteneigenschaft nicht und kündigt konsequenterweise ohne behördliche Zustimmungserklärung, ist ab Kündigungszugang die dreiwöchige Klagefrist einzuhalten, es sei denn, es liegt ein Fall des § 5 Abs. 1 S. 2 KSchG vor.

5. Änderungskündigung

9 Hat der Arbeitgeber eine Änderungskündigung ausgesprochen, gilt auch hier die einheitliche Klagefrist von drei Wochen für die Geltendmachung der Unwirksamkeit. Gem. § 4 S. 2 KSchG ist im Fall der Änderungskündigung die Klage auf Feststellung zu erheben, dass die **Änderung der Arbeitsbedingungen sozial ungerechtfertigt** oder **aus anderen Gründen rechtsunwirksam** ist.

II. Punktuelle Streitgegenstandstheorie und ihre Folgen

1. Allgemeines

10 Gem. § 4 S. 1 KSchG muss ein Arbeitnehmer, der geltend machen will, dass eine Kündigung sozial ungerechtfertigt oder aus anderen Gründen rechtsunwirksam ist, innerhalb von drei Wochen nach Zugang der schriftlichen Kündigung Klage beim Arbeitsgericht auf **Feststellung** erheben, dass das **Arbeitsverhältnis durch die Kündigung nicht aufgelöst** ist. Entspricht der Feststellungsantrag des klagenden Arbeitnehmers dem Wortlaut des § 4 S. 1 KSchG, ist nach herrschender Meinung Streitgegenstand allein die Frage, ob das **Arbeitsverhältnis durch diese Kündigung zu einem bestimmten Termin aufgelöst** worden ist oder nicht, sog. **punktuelle Streitgegenstandstheorie**.[4] Die herrschende Meinung ist richtig. Es wird aber auch die Auffassung vertreten, Streitgegenstand des Kündigungsschutzprozesses sei der **Bestand des Arbeitsverhältnisses zur Zeit der letzten mündlichen Verhandlung**, sog. **weiter bestandsrechtlicher Streitgegenstandsbegriff**.[5]

2. Folgerungen

11 Aus der **punktuellen Streitgegenstandstheorie** folgt, dass jede Kündigung, sei es eine außerordentliche, eine ordentliche, eine vorsorglich ordentliche, eine vorsorglich außerordentliche, eine entfristete, eine bedingte innerhalb der dreiwöchigen Klagefrist zur Meidung der Fiktion des § 7 KSchG angegriffen werden muss, und zwar auch dann, wenn eine weitere Kündigung oder wenn weitere Kündigungen während eines bereits laufenden Kündigungsschutzverfahrens gegenüber dem Arbeitnehmer ausgesprochen werden.

3 *Preis*, DB 2004, 70, 77.

4 St. Rspr.: BAG v. 13.11.1997, Nr. 169 zu § 613a BGB; BAG v. 18.3.1999, EzA § 613a BGB Nr. 179; vgl. auch KR/*Friedrich*, § 4 KSchG Rn 225 m.w.N.

5 KR/*Friedrich*, § 4 KSchG Rn 226 m.w.N.

12 Im Hinblick auf die punktuelle Streitgegenstandstheorie ist in jedem Fall, erst Recht in dem Fall, dass mehrere Kündigungen ausgesprochen worden sind, die mit der Feststellungsklage angegriffen werden sollen, darauf zu achten, dass der Klageantrag klar und präzise formuliert ist, indem jede Kündigung im Klageantrag selbst erwähnt ist.

13 *Formulierungsbeispiel*
Es wird festgestellt, dass das zwischen den Parteien bestehende Arbeitsverhältnis weder durch die außerordentliche Kündigung der Beklagten vom noch durch die ordentliche Kündigung der Beklagten vom zum Ablauf des (*Datum des Ablaufs der Kündigungsfrist*) noch durch die vorsorgliche Kündigung der Beklagten vom zum Ablauf des aufgelöst worden ist bzw. aufgelöst werden wird bzw. aufgelöst wird.

14 Möglich sind auch in diesem vorgenannten Fall drei **separate** Feststellungsanträge, und zwar bezogen auf jede einzelne Kündigung.

3. Der Schleppnetzantrag

15 Der Kläger bestimmt durch die konkrete Fassung des Klageantrages oder der Klageanträge den Streitgegenstand des Kündigungsschutzprozesses. Zusätzlich zu der Kündigungsfeststellungsklage, die den punktuellen Streitgegenstand bildet, kann er eine Feststellungsklage nach **§ 256 ZPO** erheben. Für diese Feststellungsklage besteht das nach § 256 ZPO erforderliche Feststellungsinteresse dann, wenn nicht nur eine Kündigung angegriffen werden soll, sondern davon auszugehen oder zumindest nicht auszuschließen ist, dass der Arbeitgeber andere Auflösungstatbestände in den Prozess einführt. Dies hat der Kläger in der Klagebegründung auszuführen. Eine Klagerweiterung mit dem Feststellungsantrag, **dass das zwischen den Parteien bestehende Arbeitsverhältnis ungekündigt** (oder unverändert) **fortbesteht**, bestimmt den Fortbestand des Arbeitsverhältnisses bis zum Zeitpunkt der letzten mündlichen Verhandlung in der Tatsacheninstanz zum Streitgegenstand.[6]

16 Hat der Arbeitnehmer nur eine den punktuellen Streitgegenstand auslösende Feststellungsklage erhoben, muss er bei erneuter Kündigung, auch im Falle einer vorsorglichen Kündigung, erneut unter Einhaltung der dreiwöchigen Klagefrist den eingeschränkten Feststellungsantrag entweder durch eine neue Klage oder durch eine Klagerweiterung erheben, um die Fiktionswirkung des § 7 KSchG zu vermeiden. Ist hingegen schon die Feststellungsklage nach § 256 ZPO mit dem erweiterten Streitgegenstand (= Fortbestand des Arbeitsverhältnisses im Zeitpunkt der letzten mündlichen Verhandlung) bereits erhoben, so ist die Erhebung einer neuen Kündigungsschutzklage oder eine Klagerweiterung nicht nötig. Das ist, worauf *Friedrich*[7] zutreffend hinweist, Folge des umfassenden Streitgegenstandes der Feststellungsklage nach § 256 ZPO. Den erweiterten Feststellungsantrag nennt man **Schleppnetzantrag**. Die darauf basierende **Schleppnetztheorie** besagt, dass auch noch nach Ablauf der Drei-Wochen-Frist Kündigungen in den Prozess eingeführt und deren Unwirksamkeit reklamiert werden können, ebenso wie andere Beendigungstatbestände in Abrede gestellt werden können.

17 *Praxishinweis*
Es wird deshalb dringend angeraten, in jedem Fall mit der sog. punktuellen Kündigungsschutzklage im Wege der Klagerweiterung den Schleppnetzantrag zu verbinden. Führt

6 KR/*Friedrich*, § 4 KSchG Rn 238.

7 Zum Ganzen vgl. KR/*Friedrich*, § 4 KSchG Rn 238–249 m. zahlreichen w.N. aus Rspr. und Literatur.

der Arbeitgeber keinen weiteren Beendigungstatbestand in den Prozess ein, ist allerdings der Schleppnetzantrag als unzulässig abzuweisen.

4. Mögliche Folgen aus der einheitlichen Klagefrist

18 Es ist nicht auszuschließen, dass die Diskussion über den Inhalt und den Umfang der Rechtsfolgen des Schleppnetzantrages und über die Berechtigung der Schleppnetztheorie in Anbetracht der Einführung einer einheitlichen Klagefrist, die letztendlich auch den berechtigten Interessen der Arbeitgeberseite dient, wieder ausbrechen wird. Soweit ersichtlich, findet sich dazu in den Gesetzmaterialien nichts. Ob der Gesetzgeber das Problem gesehen hat, lässt sich so ohne weiteres auch nicht feststellen. Um Haftungsfälle auszuschließen, ist insoweit dringend zu empfehlen, trotz des bereits gestellten Schleppnetzantrages jede weitere Kündigung innerhalb der dreiwöchigen Klagefrist **separat** mit der **punktuellen Feststellungsklage** anzugreifen.

5. Klagefrist bei Anfechtung des Arbeitsvertrags durch Arbeitgeber?

19 Das BAG hat bisher offen gelassen, ob die unter den Geltungsbereich des KSchG fallenden Arbeitnehmer bei einer **Anfechtung** des Arbeitsvertrages durch den Arbeitgeber die Klagefrist des § 4 i.V.m. § 13 Abs. 1 KSchG zu beachten haben.[8] Auch hier empfiehlt sich dringend die zumindest vorsorgliche Einhaltung der dreiwöchigen Klagefrist entsprechend §§ 4 S. 1, 13 Abs. 1 KSchG.

III. Besonderheiten

1. Entfristungsklage

20 Sie ist zwar keine Kündigungsschutzklage; gleichwohl ist die Rechtsunwirksamkeit einer Befristung des Arbeitsverhältnisses innerhalb von **drei Wochen** nach dem vereinbarten Ende des befristeten Arbeitsvertrages durch Klage auf **Feststellung**, dass das Arbeitsverhältnis aufgrund der Befristung nicht beendet ist, geltend zu machen. Dabei gelten die §§ 5 bis 7 KSchG entsprechend, § 17 S. 1 und 2 TzBfG.

2. Kündigung durch den Insolvenzverwalter

21 Auch hier gilt nunmehr die dreiwöchige Klagefrist gem. § 4 S. 1 bzw. nach § 13 Abs. 1 i.V.m. § 4 S. 1 KSchG. Durch Art. 4 des Gesetzes zu Reformen am Arbeitsmarkt vom 24.12.2003[9] ist die bisher in § 113 Abs. 2 InsO für alle Unwirksamkeitsgründe geltende dreiwöchige Klagefrist **aufgehoben** worden.

8 BAG v. 14.12.1979, EzA § 119 BGB Nr. 11; KR/*Friedrich*, § 4 KSchG Rn 16a m.w. zahlreichen N. zur abweichenden h.M.

9 BGBl I S. 3002, 3004.

3. Andere Klagen als die Feststellungsklage nach § 4 KSchG

Klagt der Arbeitnehmer auf Abfindungszahlung gem. §§ 9, 10 KSchG, beinhaltet dieser Klageantrag außer dem Auflösungsantrag auch den Antrag auf Feststellung der Unwirksamkeit der Kündigung.[10] Allerdings muss auch hier die dreiwöchige **Klagefrist gewahrt** sein. Ist sie nicht gewahrt, muss die Fiktionswirkung des § 7 KSchG eingreifen. 22

Klagt der Arbeitnehmer auf Lohnzahlung nach Ablauf der Kündigungsfrist oder für Zeiten nach Zugang der außerordentlichen Kündigung, so setzt ein der Klage stattgebendes Leistungsurteil voraus, dass das Arbeitsverhältnis durch die Kündigung nicht beendet worden ist. Eine Feststellungsklage i.S.d. § 4 KSchG ist aber deshalb erforderlich, weil sich die Rechtskraftwirkung des Leistungsurteils nicht zugleich auf die Entscheidungsgründe erstreckt. Auch die **Weiterbeschäftigungsklage** genügt insoweit nicht.[11] 23

Hat allerdings der Arbeitnehmer die Lohnzahlungsklage oder die Weiterbeschäftigungsklage innerhalb der dreiwöchigen Klagefrist erhoben, ist in entsprechender Anwendung des § 6 KSchG auch noch nach Ablauf der dreiwöchigen Klagefrist die entsprechende Feststellungsklage möglich.[12] 24

IV. Keine Unterbrechung der Verjährung eines auf Annahmeverzug gestützten Vergütungsanpruchs durch Erhebung der Kündigungsschutzklage

Nach ständiger Rspr. des BAG[13] unterbricht die Feststellungsklage nach § 4 KSchG nicht die Verjährung von Vergütungsansprüchen. Lohn- bzw. Vergütungsansprüche sind **nicht Streitgegenstand der Kündigungsschutzklage**. Im Übrigen ist der Annahmeverzug des Arbeitgebers (§ 615 BGB) auch noch von anderen Voraussetzungen abhängig, wie z.B. einem wirksamen Angebot der Arbeitsleistung, der Leistungswilligkeit und der Leistungsfähigkeit sowie einem anderweitig erworbenen oder böswillig unterlassenen Zwischenverdienst.[14] Man mag diese Rechtslage für sehr unbefriedigend halten.[15] Im Hinblick auf die insoweit gefestigte Rechtsprechung des BAG[16] ist dringend zu empfehlen, die Vergütungsansprüche für die Zeit nach Ablauf der Kündigungsfrist bzw. für die Zeit nach Zugang der fristlosen bzw. außerordentlichen Kündigung jeweils durch **Leistungsklage** geltend zu machen. 25

V. Wahrung tarifvertraglicher Ausschlussfristen durch die Kündigungsschutzklage

Hier ist zu differenzieren. Beinhaltet eine einstufige Ausschlussfrist kein besonderes Formerfordernis für die Geltendmachung einer Forderung, so ist die Erhebung der Kündigungsschutzklage zur fristgerechten Geltendmachung für Ansprüche aus Annahmeverzug ausrei- 26

10 BAG v. 23.6.1993, EzA § 64 ArbGG 1979 Nr. 30.
11 KR/*Friedrich*, § 4 KSchG Rn 20.
12 KR/*Friedrich*, § 4 KSchG Rn 21.
13 BAG v. 7.11.1991, EzA § 209 BGB Nr. 5.
14 Zutreffend KR/*Friedrich*, § 4 KSchG Rn 30.
15 Siehe dazu KR/*Friedrich*, § 4 KSchG Rn 31–36a.
16 Vgl. dazu BAG v. 7.11.2002 – 2 AZR 297/01 = AP Nr. 13 zu § 580 ZPO.

chend.[17] Richtet sich der geltend gemachte Anspruch hingegen auf Geld, ist die Kündigungsschutzklage allerdings nicht geeignet, eine Ausschlussfrist zu wahren, mit der die gerichtliche Geltendmachung von Ansprüchen verlangt wird.

Die gerichtliche Verfolgung von Vergütungsansprüchen setzt die Einreichung einer Klage voraus, deren Streitgegenstand diese Ansprüche sind. Gegenstand einer Kündigungsschutzklage ist demgegenüber die Wirksamkeit einer Kündigung. Sie enthält auch dann keine gerichtliche Geltendmachung von Zahlungsansprüchen, wenn diese vom Bestehen des Arbeitsverhältnisses abhängen.[18]

Verlangt die einstufige Ausschlussfrist nur eine **formlose oder schriftliche Geltendmachung**, genügt die Erhebung der Kündigungsschutzklage zur Wahrung der Ausschlussfrist für die Geltendmachung von Ansprüchen, die während des Kündigungsschutzprozesses fällig werden und von seinem Ausgang abhängen.

27 *Praxishinweis*

Um dies auch dem Arbeitgeber schon mit der Kündigungsschutzklage zu verdeutlichen, wird empfohlen, in die Kündigungsschutzklage einen Passus aufzunehmen, möglichst am Ende, dass mit dieser Kündigungsschutzklage sämtliche vom Ausgang des Kündigungsrechtsstreits abhängigen Vergütungsansprüche mit geltend gemacht werden.

28 Es ist unschädlich, dass in diesen Fällen die Kündigungsschutzklage regelmäßig vor **Fälligkeit der Zahlungsansprüche** erhoben wird. Der Warnfunktion der Ausschlussfrist ist genügt, wenn der Arbeitnehmer seinen Anspruch vorzeitig geltend macht.[19] Anders ist es hingegen, wenn nach der tarifvertraglichen Ausschlussklausel die Ausschlussfrist erst mit rechtskräftigem Abschluss des Kündigungsschutzprozesses beginnt.[20] Die Erhebung einer Klage wahrt die Schriftform, wenn die Zustellung innerhalb der Ausschlussfrist erfolgt.[21]

29 Anders ist die Rechtslage, wenn die Ausschlussfrist neben der außergerichtlichen auch eine gerichtliche Geltendmachung der Ansprüche verlangt. Während die erste Stufe durch die Erhebung der Kündigungsschutzklage gewahrt wird, ist für die gerichtliche Geltendmachung von Vergütungsansprüchen die Erhebung einer **fristgerechten Zahlungsklage** erforderlich. Wie bereits oben (siehe Rn 24) ausgeführt, ist der Lohnanspruch nicht Streitgegenstand des Kündigungsschutzprozesses. Obsiegt der Arbeitnehmer im Kündigungsschutzprozess, so steht damit noch nicht fest, ob und in welcher Höhe er einen Vergütungsanspruch hat. Das BAG folgert daraus, dass dann, wenn die Ausschlussfrist **gerichtliche Geltendmachung** vorschreibt, nur die **Zahlungsklage** ausreicht.[22] Obwohl diese Rechtsprechung des BAG auf teils heftige Kritik gestoßen ist,[23] hat sich das BAG bisher außer Stande gesehen, andere Lösungsansätze anzuerkennen.

30 Regelt eine zweistufige tarifliche Verfallklausel, dass die Ausschlussfrist für die Geltendmachung von Ansprüchen, deren Bestand vom Ausgang eines Kündigungsschutzprozesses abhängig ist, erst mit dem Abschluss des Kündigungsschutzprozesses beginnt, kann der Arbeitnehmer solche Ansprüche vor diesem Zeitpunkt nicht fristwahrend geltend machen.[24]

17 BAG v. 26.4.2006, AP Nr. 188 zu § 4 TVG Ausschlussfristen.
18 BAG v. 26.4.2006, AP Nr. 188 zu § 4 TVG Ausschlussfristen.
19 KR/*Friedrich*, § 4 KSchG Rn 40.
20 BAG v. 22.10.1980, EzA § 4 TVG Ausschlussfristen Nr. 44.
21 KR/*Friedrich*, § 4 KSchG Rn 40 m.w.N.
22 BAG v. 9.8.1990, AP Nr. 46 zu § 615 BGB; BAG v. 7.11.1991, AP Nr. 114 zu § 4 TVG Ausschlussfrist.
23 Siehe dazu insbesondere KR/*Friedrich*, § 4 KSchG Rn 44 ff. m. zahlreichen N.
24 BAG v. 22.10.1980, EzA § 4 TVG Ausschlussfristen Nr. 44.

Tarifliche Verfallklauseln kommen nicht nur zur Anwendung im Falle beiderseitiger Tarifgebundenheit, sondern auch im Falle der Allgemeinverbindlicherklärung eines Tarifvertrages sowie im Fall der einzelvertraglichen Inbezugnahme. 31

Urlaubs- und Urlaubsabgeltungsansprüche können während des Laufes des Kündigungsschutzprozesses erlöschen, weil das Urlaubsjahr inzwischen abgelaufen ist oder tarifliche Verfallfristen ablaufen. In der Kündigungsschutzklage sollte deshalb der Urlaubs- bzw. der Urlaubsabgeltungsanspruch angemahnt werden. Kann der Urlaub in dem entsprechenden Urlaubsjahr oder Übertragungszeitraum nicht mehr gewährt werden, setzt er sich, wenn er angemahnt worden ist, in einen Schadensersatzanspruch um.[25] 32

VI. Der zu verklagende Arbeitgeber

Die Kündigungsfeststellungsklage wie auch die sog. Statusklage (Klage auf Feststellung eines Arbeitsverhältnisses) sind gegen den **Arbeitgeber** zu richten. Der Arbeitgeber ist der Vertragspartner oder derjenige, der vom Arbeitnehmer als Vertragspartner in Anspruch genommen werden soll. Richtet der Arbeitnehmer die Kündigungsschutzklage oder Kündigungsfeststellungsklage gegen eine falsche Person, läuft die Klagefrist gegen den richtigen Arbeitgeber ab.[26] Der Arbeitnehmer in einem **Leiharbeitsverhältnis** hat die Klage gegen den **Verleiher** zu richten. Auch bei der Arbeitnehmerüberlassung ist der Verleiher zu verklagen, es sei denn, der Arbeitnehmer beruft sich auf die Fiktion des § 10 Abs. 1 AÜG; dann ist der **Entleiher** zu verklagen. 33

Ist einem Arbeitnehmer **vor einem Betriebsübergang** i.S.d. § 613a BGB gekündigt worden, ist der bisherige Arbeitgeber, der gekündigt hat, zu verklagen oder der Prozess gegen ihn fortzusetzen; er ist weiter passiv legitimiert oder prozessführungsbefugt, und zwar unabhängig davon, ob die Klage vor oder nach Betriebsübergang erhoben wird.[27] Ist streitig, ob ein Betriebsübergang stattgefunden hat – mit oder ohne vorhergehende Kündigung durch den Betriebsveräußerer – ist eine gesonderte Feststellungsklage gegen den Übernehmer zu erheben.[28] 34

Praxishinweis 35

Im Hinblick auf die einheitliche Klagefrist von drei Wochen, die auch für den Unwirksamkeitsgrund des § 613a Abs. 4 S. 1 BGB gilt, ist im Umgang mit veralteter Literatur und Rechtsprechung Vorsicht geboten. Auch bei Kündigungen im Zusammenhang mit Betriebsübergängen oder vermeintlichen Betriebsübergängen sollte unbedingt die dreiwöchige Klagefrist mit der entsprechenden Feststellungsklage gewahrt werden. Es ist ratsam, gegen die Kündigung Kündigungsschutzklage gem. § 4 KSchG zu erheben. Eine weitere Klage, und zwar eine Feststellungsklage nach § 256 ZPO auf Feststellung, dass zwischen den Parteien ein Arbeitsverhältnis seit dem besteht, sollte gegen den Erwerber bzw. den vermeintlichen Betriebserwerber gerichtet werden.[29] Dabei sollte der Betriebserwerber nicht nur bedingt verklagt werden; eine evtl. subjektive Klagehäufung wird für unzulässig gehalten.[30]

25 BAG v. 24.11.1992, AP Nr. 23 zu § 1 BUrlG.

26 *Schaub*, Arbeitsrechts-Handbuch, § 136 Rn 5.

27 KR/*Friedrich*, § 4 KSchG Rn 96 f. m.w.N. und Hinweis auf die abweichende Auffassung des LAG Hamm.

28 BAG v. 14.2.1978, EzA § 102 BetrVG 1972 Nr. 33.

29 Zum Streitstand vgl. insbesondere KR/*Friedrich*, § 4 KSchG Rn 96a–97.

30 KR/Friedrich, § 4 KSchG Rn 96a–97 unter Hinweis auf *Kreitner*, FA 1998, 3.

VII. Die dreiwöchige Klagefrist

1. Allgemeines

36 Durch die am 1.1.2003 in Kraft getretene **einheitliche Klagefrist** von drei Wochen für alle Unwirksamkeitsgründe, die gegen eine Kündigung vorgebracht werden können (vgl. Rn 1 ff.) hat die Bedeutung der dreiwöchigen Klageerhebungsfrist erheblich an Bedeutung gewonnen. Hat der Arbeitnehmer innerhalb der dreiwöchigen Klagefrist nur einen Unwirksamkeitsgrund geltend gemacht, kann er weitere Unwirksamkeitsgründe innerhalb der verlängerten Anrufungsfrist gem. § 6 KSchG in den Prozess einführen. Wird die Rechtsunwirksamkeit einer Kündigung hingegen nicht innerhalb der dreiwöchigen Klagefrist und damit rechtzeitig geltend gemacht, so gilt die Kündigung gem. § 7 KSchG als von Anfang rechtswirksam, abgesehen vom Fall der nachträglichen Klagezulassung.

2. Ausschlussfrist

37 Die dreiwöchige Klagefrist ist nach herrschender Meinung eine **Ausschlussfrist**; sie ist zwingend und unterliegt nicht der Parteidisposition.[31] Ist die dreiwöchige Klagefrist nicht gewahrt und wird sie auch nicht nachträglich zugelassen, so erlangt die Kündigung kraft der Fiktionswirkung gem. § 7 KSchG Wirksamkeit, und zwar nicht mehr beschränkt auf die soziale Rechtfertigung nach dem KSchG, sondern nunmehr unter allen in Betracht kommenden Gründen, aus denen sich die Unwirksamkeit der Kündigung ergeben könnte. Ist also die Klage nicht innerhalb der Klagefrist erhoben worden und ist sie auch nicht nachträglich zuzulassen, dann spielt es keine Rolle mehr, ob z.B. der Betriebsrat vor Kündigungsausspruch ordnungsgemäß gem. § 102 BetrVG beteiligt worden ist (zum Fall der behördlichen Zustimmungserklärung siehe Rn 50 ff.). Zu den Besonderheiten bei der Kündigung von Berufsausbildungsverhältnissen siehe § 6 in diesem Handbuch.

3. Fristberechnung

38 Die Klagefrist beginnt mit dem Zugang der Kündigung; der Tag des Zugangs wird bei der Berechnung der Klagefrist nach § 187 Abs. 1 BGB nicht mitgerechnet. Die Frist beginnt am nächsten Tag. Die Frist endet mit dem Ablauf des Tages der dritten Woche, der durch seine Benennung dem Tag entspricht, an dem die Kündigung zuging (§ 188 Abs. 2 BGB). Fällt der letzte Tag der Frist auf einen Sonntag, einen staatlich anerkannten Feiertag oder auf einen Samstag, endet die Frist gem. § 193 BGB am darauf folgenden Werktag.

4. Klageerhebung

39 Die **Klageerhebung** geschieht durch Einreichung der Klageschrift entsprechend den Voraussetzungen von § 253 ZPO. Die Klage kann auch mündlich zur Niederschrift der Geschäftsstelle oder der Rechtsantragstelle des Arbeitsgerichts erhoben werden. Das Arbeitsgericht hat eine beglaubigte Abschrift der Klage von Amts wegen zuzustellen. Die Klagefrist ist gewahrt, wenn die fristgerecht eingegangene Klage **demnächst** dem Arbeitgeber zugestellt

31 Vgl. BAG v. 11.12.2008, NZA 2009, 692, BAG v. 26.6.1986, EzA § 4 n.F. KSchG Nr. 25; KR/*Friedrich*, § 4 KSchG Rn 136–138 m.w.N.

wird (§ 46 Abs. 2 ArbGG i.V.m. § 167 ZPO). Die Klage kann auch durch **Fax** erhoben werden.[32] Auch eine telegrafische oder fernschriftliche Klage wahrt die Frist.[33]

5. Richtige Bezeichnung des Arbeitgebers

Die Kündigungsschutzklage ist gegen den Arbeitgeber zu richten. Er ist richtig zu bezeichnen. Dazu gehört auch die ordnungsgemäße Bezeichnung der Vertretungsverhältnisse. Die gegen die **falsche Partei** gerichtete Kündigungsschutzklage wahrt die dreiwöchige Klagefrist **nicht**. Ist allerdings der Arbeitgeber nur unrichtig oder unvollständig bezeichnet, besteht indessen über die Identität der beklagten Partei kein Streit, so kann das Beklagtenrubrum berichtigt werden. Das ist kein Fall des gewillkürten Parteiwechsels, sondern nur eine Berichtigung der Parteibezeichnung.[34] **40**

6. Inhalt der Klageschrift

Die Klageschrift muss den konkreten Klageantrag beinhalten. Zum Klageantrag, der den Umfang des Streitgegenstandes bestimmt, siehe Rn 10–18. **41**

7. Schlüssigkeit der Kündigungsschutzklage

Stützt der Kläger die Unwirksamkeit der Kündigung auf fehlende soziale Rechtfertigung (§ 1 KSchG), so muss sich aus dem Klagevortrag schlüssig die Anwendbarkeit des KSchG auf dieses Arbeitsverhältnis ergeben. Nach der ab 1.1.2004 geltenden neuen Rechtslage wird zu **differenzieren** sein zwischen den sog. Alt-Fällen und den Neu-Fällen, also zwischen den Arbeitnehmern, die vor dem 1.1.2004 eingestellt worden sind und denjenigen, die danach eingestellt worden sind (zum Ganzen vgl. auch § 2 in diesem Handbuch). **42**

Stützt der Kläger die Rechtsunwirksamkeit der Kündigung allein oder zusätzlich zu anderen Unwirksamkeitsgründen auf die fehlerhafte Anhörung des Betriebsrats (§ 102 BetrVG), so reicht zunächst die **Rüge**: „Es wird mit Nichtwissen bestritten, dass der bei der Beklagten bestehende Betriebsrat ordnungsgemäß im Rahmen des Anhörungsverfahrens nach § 102 BetrVG vor Ausspruch der streitbefangenen Kündigung beteiligt worden ist. Die Beklagte mag den ordnungsgemäßen Gang des Anhörungsverfahrens vortragen. Dazu behält sich der Kläger eine weitergehende substantiierte Stellungnahme vor." **43**

Wird die Rechtsunwirksamkeit einer Kündigung auf § 174 BGB gestützt, also darauf, dass die die Kündigung unterzeichnende Person oder die die Kündigung unterzeichnenden Personen nicht zur Kündigung berechtigt waren und dem Kündigungsschreiben keine Original-Vollmacht beigelegen hat, so muss die diesbezügliche **Rüge** der fehlenden Vollmacht **unverzüglich** gegenüber dem Gegner erhoben werden, sodass die entsprechende Rüge allein in der Klageschrift, die möglicherweise erst Wochen danach dem Arbeitgeber zugestellt wird, nicht fristwahrend sein dürfte. Die Rüge sollte deshalb unmittelbar und zum frühestmöglichen Zeitpunkt dem Arbeitgeber gegenüber erklärt werden. **44**

32 LAG Rheinland-Pfalz v. 24.2.2001, LAGE § 4 KSchG Nr. 45.

33 KR/*Friedrich*, § 4 KSchG Rn 148 m.w.N.

34 BAG v. 1.3.2007, AP Nr. 60 zu § 4 KSchG 1969; KR/*Friedrich*, § 4 KSchG Rn 155 m.w.N.

45 Stützt der Kläger die Rechtsunwirksamkeit der Kündigung auf eine nicht vorgenommene oder nicht ausreichende soziale Auswahl, so bedarf es einer entsprechenden Rüge in der Klageschrift. Hat der Arbeitnehmer die Kündigungsschutzklage fristgerecht erhoben und die Sozialwidrigkeit der Kündigung geltend gemacht und/oder andere Unwirksamkeitsgründe geltend gemacht, dann kann er die Rüge der nicht ordnungsgemäßen Sozialauswahl gem. § 6 KSchG bis zum Schluss der mündlichen Verhandlung erster Instanz erheben.

8. Die eigenhändige Unterschrift

46 Die Klageschrift bedarf der **eigenhändigen Unterschrift** des Klägers oder des beauftragten Bevollmächtigten. Sonst stellt die Klage grundsätzlich nur einen unbeachtlichen Klageentwurf dar (§§ 253 Abs. 4, 130 Nr. 6 ZPO). Wird die Klage per Fax erhoben, genügt die Wiedergabe der Unterschrift in der Kopie (§ 130 Nr. 6 ZPO). Ist die Klageschrift nicht eigenhändig unterschrieben, kann gleichwohl eine ordnungsgemäße Klage vorliegen, wenn sich aus einem beigefügten Schriftstück ergibt, dass die Klage mit Wissen und Wollen des Verfassers bei Gericht eingegangen ist.[35] Hat ein Rechtsanwalt die Klageschrift nicht unterschrieben, so reicht es nach BAG[36] nicht für eine ordnungsgemäße Klageerhebung aus, wenn eine vom Arbeitnehmer eigenhändig unterschriebene Prozessvollmacht dem Klageentwurf beigefügt war. Auf die ordnungsgemäße Unterzeichnung der Klageschrift kann aber vom Arbeitgeber gem. § 295 Abs. 1 ZPO wirksam verzichtet werden.[37]

9. Der PKH-Antrag

47 Der **Antrag auf Gewährung von Prozesskostenhilfe wahrt die dreiwöchige Klagefrist nicht**, wenn dem Prozesskostenhilfegesuch die Kopie einer beabsichtigten Klage beigefügt ist, und zwar auch dann nicht, wenn der Rechtsanwalt die Kopie unterzeichnet hat. Fristwahrend ist nur die fristgerecht eingehende unbedingte Klageerhebung, von den Fällen der nachträglichen Zulassung einmal abgesehen.[38]

10. Die Prüfung der Einhaltung der Klagefrist

48 Das Gericht hat im Hinblick auf die Fiktionswirkung des § 7 KSchG **von Amts wegen zu prüfen, ob die Klagefrist eingehalten ist**. Ist der Zeitpunkt des Zugangs der Kündigung unstreitig, prüft das Gericht nicht von Amts wegen, ob dieser Vortrag zutreffend ist. Besteht indessen Streit über die Frage des Kündigungszugangs, trägt der Arbeitgeber die **Darlegungs- und Beweislast**. Kann der Zugang der Kündigung nicht vom Arbeitgeber bewiesen werden, hat das Gericht festzustellen, dass das Arbeitsverhältnis zwischen den Parteien durch diese Kündigung nicht aufgelöst worden ist. Es gibt keinen Anscheinsbeweis dafür, dass abgesandte Briefe den Empfänger erreicht haben.[39] Nach Auffassung des BVerfG[40] kann die Tatsache, dass ein ord-

35 BVerfG v. 19.2.1963, BVerfGE 15, 288.
36 BAG v. 26.6.1986, EzA § 4 n.F. KSchG Nr. 25.
37 BAG v. 26.6.1986, EzA § 4 n.F. KSchG Nr. 25.
38 Siehe dazu KR/*Friedrich*, § 4 KSchG Rn 166a.
39 BGH 27.5.1957, BGHZ 24, 309, 312; KR/*Friedrich*, § 4 KSchG Rn 133a.
40 BVerfG v. 10.3.1992, NJW 1992, 2217.

nungsgemäß adressiertes Schreiben nicht an den Absender zurückgelangt ist, als Beweisanzeichen für einen Zugang angesehen werden.[41]

Praxishinweis 49
Ist die Übergabe der schriftlichen Kündigung im Betrieb nicht möglich, sollte das Kündigungsschreiben, nachdem es dem Boten zur Kenntnis gebracht worden ist, in den Briefumschlag eingelegt werden und von dem Boten unter der dem Arbeitgeber bekannten Wohnanschrift des Arbeitnehmers entweder dem Arbeitnehmer selbst übergeben werden oder in dessen Briefkasten gesteckt werden. Darüber sollte ein Vermerk gefertigt werden, der vom Boten unterschrieben wird. Dieser Vermerk sollte zur Personalakte genommen werden. Im Streitfall kann dann der Bote als Zeuge bei Gericht aussagen.

VIII. Ausnahmen vom Lauf der Drei-Wochen-Frist ab Kündigungszugang

1. Fristberechnung bei nachträglicher Zustimmung der Behörde

Soweit die Kündigung der Zustimmung einer Behörde bedarf, läuft die Frist zur Anrufung des Arbeitsgerichtes erst von der Bekanntgabe der Entscheidung an den Arbeitnehmer ab, § 4 S. 4 KSchG. Diese Bestimmung gilt aber nur für die Fälle der **nachträglichen Zustimmung der Behörde zur Kündigung**. § 4 S. 4 KSchG bezieht sich mithin nicht auf die Fälle, bei denen die Wirksamkeit der Kündigung der **vorherigen Zustimmung einer Behörde** bedarf[42] (siehe auch Rn 7, 8). In den Fällen, in denen die behördliche Zustimmungserklärung dem Arbeitgeber und dem Arbeitnehmer vor Zugang der Kündigungserklärung bekannt gegeben worden ist, bleibt es allerdings für den Beginn des Laufs der Drei-Wochen-Frist beim Zeitpunkt des Zugangs der Kündigung. Erfolgt die Bekanntgabe der behördlichen Entscheidung an den Arbeitnehmer erst nach dem Zugang der Kündigung, läuft die Drei-Wochen-Frist erst ab dem Zeitpunkt der Bekanntgabe der behördlichen Entscheidung. Die Bekanntgabe der behördlichen Entscheidung an den Arbeitnehmer ist nicht etwa gleichzusetzen mit einer Mitteilung des Arbeitgebers an den Arbeitnehmer, die Behörde habe der Kündigung zugestimmt. Der Arbeitnehmer soll vielmehr prüfen können, dass wirklich eine behördliche Zustimmung vorliegt und aus welchen Gründen sie erteilt wurde.[43] 50

Der **vorherigen Zustimmung einer Behörde** bedarf z.B. die Kündigung einer Schwangeren (§ 9 MuSchG) und eines **schwerbehinderten Menschen** (§ 85 SGB IX).[44] § 4 S. 4 KSchG gilt nur beim Erfordernis der **nachträglichen** behördlichen Zustimmung zu einer bereits ausgesprochenen Kündigung. Die Bedeutung dieser Vorschrift ist relativ gering. Es geht dabei um die Kündigung von religiös, rassisch oder politisch verfolgten Personen der NS-Zeit[45] bzw. für die Kündigung bei Inhabern von Bergmannsversorgungsscheinen in Nordrhein-Westfalen.[46] 51

Hat die Behörde die erforderliche Zustimmung erteilt und ist sie dem Arbeitnehmer bekannt gemacht, läuft die dreiwöchige Klagefrist **ab Bekanntgabe der behördlichen Entscheidung** an den Arbeitnehmer, und zwar auch dann, wenn Rechtsmittel des Arbeitnehmers ge- 52

41 Ascheid/Preis/Schmidt/*Ascheid*, § 4 KSchG Rn 90.
42 Ascheid/Preis/Schmidt/*Ascheid*, § 4 KSchG Rn 104; KR/*Friedrich*, § 4 KSchG Rn 197.
43 BAG v. 25.2.1982, n.v.; BAG v. 17.2.1982, EzA § 15 SchwbG Nr. 1; KR/*Friedrich*, § 4 KSchG Rn 197 f.
44 Siehe hierzu auch BAG v. 13.2.2008, AP Nr. 5 zu § 85 SGB IX.
45 KR/*Friedrich*, § 4 KSchG Rn 199.
46 GVBl NZW 1983, 636.

gen die behördliche Zustimmung eingelegt werden. Dies ergibt sich klar aus § 4 S. 4 KSchG, wonach die Frist zur Anrufung des Arbeitsgerichts mit der Bekanntgabe der behördlichen Entscheidung, hingegen nicht erst mit deren Rechts- oder Bestandskraft zu laufen beginnt.[47]

2. Die Klagefrist bei zum Wehrdienst Einberufenen und Wehrdienstleistenden

53 Gem. § 2 Abs. 4 ArbPlSchG i.d.F. der Bekanntmachung vom 14.2.2001 beginnt die dreiwöchige Klagefrist des § 4 S. 1 KSchG erst zwei Wochen nach Ende des Wehrdienstes zu laufen, wenn dem Arbeitnehmer eine Kündigung nach der Zustellung des Einberufungsbescheides oder während des Wehrdienstes zugeht. Wegen der ab 1.1.2004 geltenden einheitlichen Klagefrist von drei Wochen ist die Rechtsunwirksamkeit einer solchen Kündigung nunmehr immer **innerhalb dieser Drei-Wochen-Frist** durch rechtzeitige Klagerhebung geltend zu machen, wobei allerdings die dreiwöchige Klagefrist erst **zwei Wochen nach Ende des Wehrdienstes** zu laufen beginnt. Die zum Wehrdienst Einberufenen und die Wehrdienstleistenden haben vom Tag der Entlassung aus dem Wehrdienst an gerechnet **fünf Wochen** Zeit für die Erhebung der Kündigungsschutzklage.[48] Für Wehrpflichtige, die an freiwilligen Wehrübungen teilnehmen, die nicht länger als sechs Wochen im Kalenderjahr dauern, gilt § 2 Abs. 4 ArbPlSchG mit der Maßgabe, dass die dreiwöchige Klagefrist erst zwei Wochen nach dem Ende der Wehrübung zu laufen beginnt.[49]

3. Beginn der dreiwöchigen Klagefrist bei Besatzungsmitgliedern von Seeschiffen, Binnenschiffen und Luftfahrzeugen

54 Gem. § 24 Abs. 3 S. 1 KSchG ist die Klage nach § 4 KSchG binnen drei Wochen, nachdem das Besatzungsmitglied zum Sitz des Betriebes zurückgekehrt ist, zu erheben, **spätestens** jedoch binnen **sechs Wochen nach Zugang der Kündigung**. Wird die Kündigung während der Fahrt des Schiffes oder des Luftfahrzeuges ausgesprochen, so beginnt die sechswöchige Frist nicht vor dem Tage, an dem das Schiff oder das Luftfahrzeug einen deutschen Hafen oder Liegeplatz erreicht hat, § 24 Abs. 3 S. 2 KSchG. § 24 Abs. 3 S. 3 KSchG ändert dementsprechend auch die Drei-Wochen-Frist des § 4 KSchG.

IX. Folgen der Versäumung der Drei-Wochen-Frist gem. § 7 KSchG

55 § 7 KSchG ist durch das Gesetz zu Reformen am Arbeitsmarkt mit Wirkung vom 1.1.2004 neu gefasst worden. Nunmehr gilt die **Kündigung als von Anfang an rechtswirksam, wenn** die **Rechtsunwirksamkeit** einer Kündigung **nicht rechtzeitig geltend gemacht** wird (§§ 4 S. 1, 5, 6 KSchG). Wie oben bereits ausgeführt, muss die Rechtsunwirksamkeit einer Kündigung binnen der dreiwöchigen Klagefrist (von den vorbesprochenen Ausnahmen mit verlängerten Fristen einmal abgesehen) durch fristgerechte Klagerhebung geltend gemacht werden, um die Fiktionswirkung des § 7 KSchG nicht eintreten zu lassen. Die Fiktionswirkung nach § 7 KSchG tritt ebenfalls dann nicht ein, wenn die Klage nachträglich zugelassen wird bzw. wenn innerhalb der verlängerten Anrufungsfrist gem. § 6 KSchG die Rechts-

47 KR/*Friedrich*, § 4 KSchG Rn 201.
48 KR/*Friedrich*, § 4 KSchG Rn 213.
49 KR/*Friedrich*, § 4 KSchG Rn 214 m.w.N.

unwirksamkeit der Kündigung nach Ablauf der Drei-Wochen-Frist, allerdings nach fristgerechter Erhebung, weitere Unwirksamkeitsgründe gegen die Kündigung geltend gemacht werden. Diese Rechtsfolge ergibt sich aus dem Klammerzusatz in § 7 Hs. 1 KSchG, wo §§ 4 S. 1, 5 und 6 KSchG ausdrücklich in Bezug genommen sind.

Das neue Recht hat folgende **Konsequenz**: Ist die Rechtsunwirksamkeit einer Kündigung nicht innerhalb der dreiwöchigen Klagefrist bzw. der in besonderen Fällen verlängerten Klagefrist durch fristgerecht eingereichte Kündigungsfeststellungsklage geltend gemacht worden und ist sie auch nicht nach § 5 KSchG nachträglich zuzulassen, so gilt die Kündigung gem. § 7 KSchG als von Anfang an rechtswirksam. Die Versäumung der maßgeblichen Klagefrist heilt jeden Mangel der Kündigung, abgesehen von dem Fall, dass die Klage nachträglich zuzulassen ist. 56

Die Klagefrist gilt für jede Kündigung im Anwendungsbereich des KSchG und außerhalb seines Anwendungsbereiches. Sie gilt für außerordentliche und fristlose sowie für entfristete, vorsorgliche und jede andere Kündigung. 57

Hat der Arbeitnehmer gem. § 4 S. 1 KSchG oder gem. § 13 Abs. 1 S. 2 KSchG i.V.m. § 4 S. 1 KSchG die Rechtsunwirksamkeit einer Kündigung rechtzeitig innerhalb der maßgeblichen Klagefrist geltend gemacht oder ist die Klage auf seinen Antrag hin nachträglich zugelassen worden, so kann der Arbeitnehmer innerhalb der verlängerten Anrufungsfrist des § 6 KSchG weitere Unwirksamkeitsgründe in den Prozess einführen. 58

§ 7 KSchG heilt so nach neuem Recht rückwirkend jedwede Rechtsunwirksamkeit mit Ausnahme des Schriftformerfordernisses gem. § 623 BGB. 59

Nach der neuen Rechtslage wird es, wenn der Arbeitgeber eine schriftliche Kündigung ausgesprochen hat, im Hinblick auf die einheitliche Klagefrist, die für alle Unwirksamkeitsgründe gilt, insoweit keine **Verwirkungstatbestände** bei verspäteter Klageerhebung und nicht vorliegenden Gründen für eine nachträgliche Zulassung mehr geben können. 60

X. Darlegungs- und Beweislast

Grundsätzlich muss die Partei, die sich auf die für sie günstige Norm beruft, deren tatsächliche Voraussetzungen darlegen und beweisen.[50] Den **Arbeitnehmer** trifft die Darlegungs- und Beweislast dafür, dass das Arbeitsverhältnis dem Anwendungsbereich des KSchG unterfällt. Der Arbeitnehmer muss die Umstände darlegen und im Streitfall beweisen, aus denen seine Arbeitnehmereigenschaft im Sinne des KSchG folgt.[51] Der Arbeitnehmer muss also darlegen und im Streitfall beweisen, dass er Arbeitnehmer ist und dass sein Arbeitsverhältnis in demselben Betrieb oder Unternehmen ohne Unterbrechung länger als sechs Monate bestanden hat (§ 1 Abs. 1 KSchG). 61

Nach § 1 Abs. 2 S. 4 KSchG hat der **Arbeitgeber** die Tatsachen zu beweisen, die die Kündigung bedingen. Zu den **die Kündigung bedingenden Tatsachen** gehören grundsätzlich alle Umstände, die eine Kündigung als personen-, verhaltens- oder betriebsbedingt erscheinen lässt.[52] Der Beweislast folgt auch die Darlegungslast. Der Arbeitgeber hat im Kündigungs- 62

50 Ascheid/Preis/Schmidt/*Preis*, Grundlagen J Rn 75 m.w.N.

51 KR/Griebeling, § 1 KSchG Rn 89.

52 KR/*Griebeling*, § 1 KSchG Rn 261.

schutzprozess die **Kündigungsgründe substantiiert darzulegen.**[53] Dabei müssen die Kündigungsgründe so substantiiert dargelegt werden, dass sie vom Arbeitnehmer mit konkreten Gegentatsachen bestritten werden können. Schlagwortartige Umschreibungen genügen dieser substantiierten Darlegungslast nicht. Die Substantiierungslast des Arbeitgebers erstreckt sich nicht nur auf die unmittelbaren Kündigungstatsachen, sondern auch auf solche Umstände, die **Rechtfertigungsgründe für das Verhalten des Arbeitnehmers ausschließen.**[54] Dabei richtet sich der Umfang der dem Arbeitgeber obliegenden Darlegungslast/Substantiierungslast nach dem Grad der substantiierten Einlassung des Arbeitnehmers.[55] Man spricht insoweit von der **abgestuften Darlegungs- und Beweislast.**[56] Der Umfang der Darlegungs- und Beweislast richtet sich maßgeblich nach der Art des jeweiligen Kündigungsgrundes (dazu siehe § 2 in diesem Handbuch).

63 Gem. § 1 Abs. 3 S. 3 KSchG hat der Arbeitnehmer die Tatsachen darzulegen und im Streitfall zu beweisen, aus denen sich ein Fehler in der sozialen Auswahl ergibt. Nach BAG gilt für die abgestufte Darlegungslast zwischen Arbeitgeber und Arbeitnehmer im Bereich der Sozialauswahl Folgendes: Kennt der Arbeitnehmer die für die soziale Auswahl maßgeblichen Tatsachen nicht, genügt der Arbeitnehmer seiner Darlegungslast zunächst dadurch, dass er **pauschal die Rüge der fehlerhaften Sozialauswahl oder der nicht stattgefundenen Sozialauswahl erhebt** und den Arbeitgeber auffordert, die Gründe darzulegen, die ihn zu der konkreten Auswahl veranlasst haben.[57] Dann geht zunächst die Darlegungslast auf den Arbeitgeber über. Erfüllt der Arbeitgeber die ihm obliegende Darlegungslast im Kündigungsschutzprozess nicht oder nicht vollständig, dann bedarf es insoweit keiner weiteren Darlegungen des Arbeitnehmers, da er die Rüge der fehlerhaften Sozialauswahl deshalb nicht weiter substantiieren kann, weil der Arbeitgeber seiner Auskunftspflicht und Darlegungslast nicht nachgekommen ist.[58] Kommt der Arbeitgeber der ihm obliegenden Darlegungslast vollständig nach, so hat der Arbeitnehmer wieder die volle Darlegungs- und Beweislast für eine objektiv fehlerhafte Auswahlentscheidung.[59]

64 Für die rechtsvernichtende Einwendung der Nichtigkeit einer Kündigung trägt prinzipiell der Arbeitnehmer die Beweislast.[60]

XI. Die gerichtliche Geltendmachung des Beschäftigungsanspruchs und des Weiterbeschäftigungsanspruchs

1. Allgemeines

65 Zur formellen und materiellen Unterscheidung zwischen Beschäftigungsanspruch und Weiterbeschäftigungsanspruch siehe § 11. Zur Zwangsvollstreckung des Beschäftigungs- und Weiterbeschäftigungsanspruchs siehe § 36.

53 BAG v. 2.11.1983, EzA § 1 KSchG Krankheit Nr. 13; KR/*Etzel*, § 1 KSchG Rn 261.
54 KR/*Griebeling*, § 1 KSchG Rn 262.
55 BAG v. 22.7.1982, EzA § 1 KSchG Verhaltensbedingte Kündigung Nr. 10.
56 *v. Altrock*, DB 1987, 433.
57 Vgl. BAG v. 8.5.2008, NZA 2008, 1148.
58 BAG v. 21.12.1983, EzA § 1 KSchG Betriebsbedingte Kündigung Nr. 29; BAG v. 8.8.1985, EzA § 1 KSchG Soziale Auswahl Nr. 21; KR/*Griebeling*, § 1 KSchG Rn 683 ff.
59 KR/*Griebeling*, § 1 KSchG Rn 687.
60 Ascheid/Preis/Schmidt/*Preis*, Grundlagen J Rn 72–79.

2. Der Beschäftigungsanspruch

Der **während des Bestehens eines Arbeitsverhältnisses** bestehende **Beschäftigungsanspruch** kann vom Arbeitnehmer durch **Leistungsklage** geltend gemacht werden. Das ordentliche Erkenntnisverfahren ist dafür häufig und insbesondere in der heutigen Situation der deutlichen Überlastung der Arbeitsgerichte nur bedingt geeignet, effektiven Rechtsschutz zu gewährleisten. Deshalb wird der Beschäftigungsanspruch häufig mittels einstweiliger Verfügung geltend gemacht. 66

3. Der Weiterbeschäftigungsanspruch

Der **Weiterbeschäftigungsanspruch für die Dauer des Kündigungsrechtsstreits** kann entweder mit einer separaten **Leistungsklage** in einem eigenständigen Prozess oder durch **Klagerweiterung der Kündigungsschutzklage geltend gemacht werden**. Der Weiterbeschäftigungsanspruch kann auch als unechter Hilfsantrag für den Fall des Obsiegens mit dem Kündigungsschutzantrag gestellt werden (sog. uneigentlicher Hilfsantrag).[61] Die Beschränkung der Weiterbeschäftigungspflicht für die Zeit des Kündigungsschutzprozesses ist in den Klageantrag mit aufzunehmen.[62] 67

Für die Weiterbeschäftigungsklage besteht nur dann ein **Rechtsschutzbedürfnis**, wenn aus dem Weiterbeschäftigungsantrag auch vollstreckt werden kann. Deshalb muss der Antrag auch inhaltlich so bestimmt sein, dass er die **Art der Tätigkeit, mit der der Arbeitnehmer weiterbeschäftigt werden** soll, konkret beschreibt. 68

> *Formulierungsbeispiel* 69
> Der/die Beklagte wird verurteilt, den Kläger/die Klägerin bis zum rechtskräftigen Abschluss des Kündigungsrechtsstreits als (*hier ist die konkrete Tätigkeit anzugeben wie z.B. Leiter der Einkaufsabteilung oder Maschinenbediener oder Altenpflegehelferin*) zu unveränderten Bedingungen weiterzubeschäftigen.

4. Die gerichtliche Entscheidung

Über den Weiterbeschäftigungsanspruch ist zusammen mit der Entscheidung über die Wirksamkeit der Kündigung zu entscheiden, es sei denn, der Rechtsstreit wäre nur bezüglich der Kündigungsfeststellungsklage entscheidungsreif. Dieser Fall kann z.B. eintreten, wenn – abweichend vom Regelfall – die besondere Interessenlage der Parteien (vgl. dazu die Ausführungen zum Weiterbeschäftigungsanspruch, § 11) weiteren Sachvortrag der Parteien erfordert. Eine **Aussetzung** der Entscheidung über den Weiterbeschäftigungsantrag kommt regelmäßig nicht in Betracht.[63] Da der Weiterbeschäftigungsanspruch nicht vom rechtskräftigen Abschluss des Kündigungsschutzprozesses abhängig ist, fehlt es an einer Vorgreiflichkeit i.S.d. § 148 ZPO.[64] Dem Weiterbeschäftigungsverlangen ist regelmäßig stattzugeben, wenn das Arbeitsgericht auf Unwirksamkeit der Kündigung erkennt und der Arbeitgeber 70

61 BAG v. 8.4.1988, EzA § 611 BGB Beschäftigungspflicht Nr. 30.
62 Ascheid/Preis/Schmidt/*Koch*, § 102 BetrVG Rn 243.
63 BAG v. 27.2.1985, EzA § 611 BGB Beschäftigungspflicht Nr. 9.
64 Ascheid/Preis/Schmidt/*Koch*, § 102 BetrVG Rn 243.

keine Tatsachen für ein überwiegendes Interesse an der Nichtbeschäftigung des Arbeitnehmers vorgetragen hat.[65]

5. Praxis

71 In der gerichtlichen Praxis kommt es nach Einschätzung des Verfassers nur relativ selten zur vorläufigen Weiterbeschäftigung des Arbeitnehmers im laufenden Kündigungsschutzverfahren, sei es, dass der Arbeitgeber eine solche dem Arbeitnehmer anbietet, sei es, dass der Arbeitgeber dem erstinstanzlich ausgeurteilten Weiterbeschäftigungsanspruch nachkommen möchte, sei es, dass der Arbeitnehmer mit Zwangsvollstreckungsmaßnahmen den ausgeurteilten Weiterbeschäftigungsanspruch durchsetzt (zu den unterschiedlichen Gestaltungsmöglichkeiten vgl. §§ 11 und 29). Diese selten anzutreffende tatsächlich erfolgende vorläufige Weiterbeschäftigung während des Kündigungsschutzverfahrens steht in **krassem Missverhältnis** zur Häufigkeit der Geltendmachung des Weiterbeschäftigungsanspruchs im Kündigungsschutzprozess, mag dies auch auf das Formularklagewesen oder auf andere Gründe zurückzuführen sein. Viele Arbeitnehmer wollen nach der Kündigung ihres Arbeitsverhältnisses aus teilweise durchaus nachvollziehbaren Gründen nicht wieder in diesem Betrieb oder Unternehmen arbeiten, obwohl der vorläufige Weiterbeschäftigungsanspruch im Wege der Klagehäufung rechtshängig gemacht worden ist.

6. Wichtige Rechtsprechung des BAG

72 In diesem Zusammenhang ist auf die bemerkenswerte Entscheidung des BAG vom 24.9.2003[66] hinzuweisen. Erwirkt der Arbeitnehmer beim Arbeitsgericht die Verurteilung des Arbeitgebers zur vorläufigen Weiterbeschäftigung bis zum rechtskräftigen Abschluss des Kündigungsrechtsstreits, so ist ihm mangels besonderer, von ihm darzulegender Umstände nicht unzumutbar (§ 11 Abs. 1 Nr. 2 KSchG), der Aufforderung des Arbeitgebers nachzukommen, die Beschäftigung entsprechend der arbeitsgerichtlichen Entscheidung vorläufig wieder aufzunehmen.[67]

73 *Praxishinweis*

Der Verfasser empfiehlt dringend die Lektüre von Tatbestand und Entscheidungsgründen der vorzitierten Entscheidung.

74 Der mehr als 20 Jahre bei der Beklagten beschäftigte Kläger hatte am 13.11.2009 einen Wortwechsel mit dem ihm vorgesetzten Prokuristen. Dabei schrie der Kläger den Prokuristen im Beisein einer Arbeitskollegin an, er sei „das größte A..., das im Betrieb rumlaufe“. Die Beklagte kündigte fristlos und hilfsweise fristgerecht. Das Arbeitsgericht erkannte auf Unwirksamkeit der außerordentlichen und vorsorglich ordentlichen Kündigung und verurteilte die Beklagte antragsgemäß zur Weiterbeschäftigung des Klägers. Dieses Urteil wurde der Beklagten am 30.3.2010 zugestellt. Am 29.3.2010 schrieb die Beklagte an den Kläger: „Aufgrund des ergangenen Teilurteils fordern wir Sie hiermit auf, ihre Beschäftigung mit sofortiger Wirkung wieder aufzunehmen. Verstehen Sie diese Beschäftigung nicht als normale Weiterbeschäftigung, sondern als Prozessbeschäftigung, geltend bis zum rechtskräftigen Abschluss des Verfahrens.“

65 LAG Köln v. 17.5.1991, NZA 1992, 84.

66 BAG v. 24.9.2003, AP Nr. 4 zu § 11 KSchG 1969.

67 BAG v. 24.9.2003, AP Nr. 4 zu § 11 KSchG 1969.

Die Prozessbevollmächtigte des Klägers antwortete darauf am Dienstag, 6.4.2010: „Unter Bezugnahme auf Ihr Schreiben vom 29.3.2010 teilen wir Ihnen mit, dass unser Mandant an einem Prozessrechts-Arbeitsverhältnis nicht interessiert ist. Sie haben unserem Mandanten verhaltensbedingt gekündigt. Zu der Annahme eines Prozessrechts-Arbeitsverhältnisses ist er damit auch nicht verpflichtet.“ 75

Der Kläger hat bis zur Revisionsinstanz geltend gemacht, die Beklagte habe sich im Anspruchszeitraum in Annahmeverzug befunden. Auf die geschuldete Arbeitsvergütung sei nur das gezahlte Arbeitslosengeld, aber nichts unter dem Gesichtspunkt des böswilligen Unterlassens eines anderweitigen Erwerbs anzurechnen. Ihm sei es nicht zumutbar gewesen, das Angebot auf Weiterbeschäftigung in einem „Prozessrechtsarbeitsverhältnis“ anzunehmen. Die Beklagte habe eine verhaltensbedingte außerordentliche Kündigung aufgrund einer persönlichen Auseinandersetzung ausgesprochen und an dieser Kündigung festgehalten. 76

Das BAG hat erkannt, dass sich die Beklagte im Streitzeitraum zwar im Annahmeverzug mit der Rechtsfolge des § 615 S. 1 BGB befunden habe, der Kläger sich jedoch den Wert desjenigen anrechnen lassen müsse, was er **bei der Beklagten zu erwerben unterlassen hat** (§ 11 S. 1 Nr. 2 KSchG). Die **Anrechnung entspreche der vereinbarten Vergütung,** sodass der **Kläger nichts mehr verlangen könne**. Der Annahmeverzug wurde im Streitfall nicht durch einen für die Dauer des Kündigungsrechtsstreits befristeten neuen Arbeitsvertrag zu den bisherigen Bedingungen oder eines durch die rechtskräftige Feststellung der Wirksamkeit der Kündigung auflösend bedingte Fortsetzung des Vertrages beendet. Zwar kann der Kläger nach § 615 S. 1 BGB von der Beklagten die vereinbarte Vergütung verlangen, ohne zur Nachleistung verpflichtet zu sein. Sowohl nach § 615 S. 2 BGB als auch nach § 11 S. 1 Nr. 2 KSchG müsse sich der Arbeitnehmer auf den Annahmeverzugslohn den Wert desjenigen anrechnen lassen, was er durch anderweitige Verwendung seiner Dienste zu erwerben böswillig unterlässt. Der Arbeitnehmer unterlasse **böswillig** anderweitigen Verdienst, wenn er vorsätzlich ohne ausreichenden Grund Arbeit ablehne oder vorsätzlich verhindere, dass ihm Arbeit angeboten werde. Böswilligkeit setzt nicht voraus, dass der Arbeitnehmer in der Absicht handelt, den Arbeitgeber zu schädigen. Es genügt das vorsätzliche Außerachtlassen einer dem Arbeitnehmer bekannten Gelegenheit zur Erwerbsarbeit. Die vorsätzliche Untätigkeit muss vorwerfbar sein. Eine Anrechnung kommt auch in Betracht, wenn der Arbeitgeber, der sich mit der Annahme der Dienste in Verzug befindet, Arbeit anbietet. Dies gilt insbesondere für den Fall einer bis zur endgültigen Entscheidung des Kündigungsrechtsstreits befristeten Weiterbeschäftigung zu denselben Arbeitsbedingungen. Allein darauf abzustellen, dass der Arbeitgeber das Arbeitsangebot nicht in Erfüllung des bisherigen Arbeitsvertrages abgibt, würde dem flexiblen Maßstab der Zumutbarkeit nicht gerecht. Der Kläger musste die etwa noch bestehende Gefahr von Unzuträglichkeiten einer Beschäftigung vor einer abschließenden gerichtlichen Entscheidung schon deswegen aushalten, weil er in Kenntnis aller Umstände die Verurteilung der Beklagten zur vorläufigen Weiterbeschäftigung bis zum rechtskräftigen Abschluss des Kündigungsrechtsstreits beantragt und erwirkt hatte. Mit seiner Antragstellung im Termin vom hat er bekundet, dass ihm die vorläufige Weiterbeschäftigung zumutbar sei. Danach ist nichts mehr geschehen, was zu einer abweichenden Beurteilung führen könnte.[68] 77

Die vorzitierte Entscheidung betrifft den Fall einer verhaltensbedingte Kündigung. Das BAG ist der Auffassung, dass der Arbeitnehmer, der die vorläufige Weiterbeschäftigung für die Kündigungsschutzprozessdauer prozessual geltend macht, damit auch klar zu erkennen gibt, 78

68 BAG v. 24.9.2003, AP Nr. 4 zu § 11 KSchG 1969.

dass die vorläufige Weiterbeschäftigung nicht unzumutbar ist. Dies gilt natürlich erst recht in den Fällen, in denen der Arbeitgeber die Kündigung auf dringende betriebliche Erfordernisse stützt. Welche sachlichen Argumente will der Arbeitnehmer in diesem Fall gegen die Zumutbarkeit einer vorläufigen Weiterbeschäftigung einbringen? Dies gilt auch für die Fälle der krankheitsbedingten Kündigung.

Fazit: Wer einen Weiterbeschäftigungsantrag stellt, muss sich auch danach behandeln lassen.

79 Zu der Frage, ob und ggf. unter welchen Voraussetzungen die **wirksame Vereinbarung** einer vorläufigen befristeten Weiterbeschäftigung für die Prozessdauer oder die durch die rechtskräftige Abweisung der Kündigungsschutzklage auflösend bedingte Weiterbeschäftigung der Schriftform bedarf (§§ 14 Abs. 4, 21 i.V.m. § 14 Abs. 4 TzBfG), wird auf § 11 hingewiesen.

7. Betriebsübergang

80 Bei einem Betriebsübergang während der **Rechtshängigkeit der Kündigungsschutz- und Weiterbeschäftigungsklage** kann der Beschäftigungsanspruch nach § 265 ZPO mit der Kündigungsschutzklage weiterhin gegen den bisherigen Arbeitgeber geltend gemacht werden. Eine Vollstreckung ist nach § 325 ZPO i.V.m. § 272 ZPO auch gegen den neuen Arbeitgeber möglich, sofern nicht der Arbeitnehmer dem Übergang widersprochen hat.[69] Der ursprünglich gegen den Betriebsveräußerer gerichtete Weiterbeschäftigungsantrag kann aber auch gegen den Betriebserwerber gerichtet werden.

XII. Das klageabweisende Urteil im Kündigungsschutzprozess

81 Weist das Gericht die Kündigungsschutzklage mit dem Antrag nach § 4 S. 1 KSchG ab, weil es die Kündigung für sozial gerechtfertigt erachtet bzw. im Fall der Nichtgeltung des KSchG die Kündigung nicht aus anderen Rechtsgründen unwirksam ist, so steht mit Rechtskraft dieses Urteils **die Auflösung des Arbeitsverhältnisses durch diese bestimmte Kündigung fest**. Durch die Einführung der neuen einheitlichen Klagefrist von drei Wochen für alle Unwirksamkeitsgründe mit der Besonderheit, dass dann, wenn innerhalb der Klagefrist ein zur Unwirksamkeit der Kündigung führender Mangel geltend gemacht worden ist, innerhalb der verlängerten Anrufungsfrist des § 6 KSchG bis zum Schluss der mündlichen Verhandlung erster Instanz weitere Unwirksamkeitsgründe geltend gemacht werden können, folgt, dass mit der rechtskräftigen Abweisung der Kündigungsschutzklage feststeht, dass das Arbeitsverhältnis durch diese bestimmte Kündigung aufgelöst ist. Das Arbeitsgericht hat nämlich nur über die Unwirksamkeitsgründe zu befinden, die rechtzeitig in den Kündigungsschutzprozess eingeführt worden sind.

82 Im Hinblick auf die nunmehr geltende einheitliche Klagefrist stellt sich nicht mehr die Frage (anders noch nach bis zum 31.12.2003 geltendem Recht), ob der Arbeitnehmer in einem weiteren Prozess geltend machen kann, die Kündigung sei aus anderen Gründen als denen, mit denen das Gericht sich schon im Vorprozess befasst hat, rechtsunwirksam. Mit der rechtskräftigen Abweisung der Kündigungsschutzklage steht fest, dass die Kündigung unter allen in Betracht kommenden Unwirksamkeitsgründen, seien sie geltend gemacht oder auch nicht geltend gemacht bzw. verspätet geltend gemacht, **nicht unwirksam** ist und das Arbeitsverhältnis aufgelöst hat. Schon zum bisher geltenden Recht war die Auffassung vertreten wor-

69 Ascheid/Preis/Schmidt/*Koch*, § 102 BetrVG Rn 244; KR/*Etzel*, § 102 BetrVG Rn 287.

den, dass Sinn und Zweck der Klagefrist und die daran geknüpfte Rechtsfolge der §§ 7, 13 Abs. 1 S. 2 KSchG dahin gingen, möglichst bald Klarheit über den Fortbestand oder das Ende des Arbeitsverhältnisses zu schaffen.[70] Das gilt nunmehr erst recht seit der Änderung des §§ 4 S. 1, 6 und 7 KSchG. Ist ein Grund, aus dem sich die Unwirksamkeit einer Kündigung ergeben kann, weder innerhalb der Klagefrist noch innerhalb der verlängerten Anrufungsfrist des § 6 KSchG in den Prozess eingeführt worden und ist die Klage auch nicht nachträglich zuzulassen, dann steht fest, dass das Recht zur Geltendmachung eines weiteren Unwirksamkeitsgrundes in einem späteren Prozess verbraucht ist.

Hat der Arbeitnehmer über die Kündigungsfeststellungsklage hinaus eine allgemeine Feststellungsklage auf Fortbestand des Arbeitsverhältnisses gem. § 256 ZPO erhoben, ist Streitgegenstand der Fortbestand des Arbeitsverhältnisses im Zeitpunkt der letzten mündlichen Verhandlung. Bei rechtskräftiger Klagabweisung steht fest, dass im Zeitpunkt der letzten mündlichen Verhandlung ein Arbeitsverhältnis nicht bzw. nicht mehr bestanden hat.[71] 83

XIII. Das der Klage stattgebende Urteil

Erachtet das Gericht die arbeitgeberseitige Kündigung – aus welchem Grunde auch immer – für unwirksam und gibt es der Feststellungsklage nach § 4 S. 1 KSchG (mit punktuellem Streitgegenstand, siehe Rn 10–14) statt, dann ist mit Rechtskraft des Urteils darüber entschieden, dass das **Arbeitsverhältnis durch diese Kündigung nicht aufgelöst** ist. Dieses Urteil beinhaltet nach ständiger Rechtsprechung des BAG zugleich die Feststellung, dass zum **Zeitpunkt des Zugangs der Kündigung** oder zu dem des **Kündigungstermins** ein Arbeitsverhältnis bestanden hat.[72] Die Rechtsprechung des BAG ist richtig. Erkennt das Gericht auf Unwirksamkeit der Kündigung eines Arbeitsverhältnisses, so wird in den Entscheidungsgründen entweder ausdrücklich oder zumindest inzident das Bestehen eines Arbeitsverhältnisses als denklogische Voraussetzung bejaht. Ist also rechtskräftig entschieden worden, dass das Arbeitsverhältnis durch eine bestimmte Kündigung nicht aufgelöst worden ist, kann der Arbeitgeber nicht demgegenüber mit Erfolg geltend machen, es habe im Kündigungszeitpunkt oder im Zeitpunkt des Ablaufs der Kündigungsfrist kein Arbeitsverhältnis bestanden. 84

Hat der Arbeitnehmer eine selbstständige Klage nach § 256 ZPO erhoben (z.B. mit dem Antrag festzustellen, dass das Arbeitsverhältnis auch nicht durch andere Beendigungstatbestände aufgelöst worden ist und über einen bestimmten Zeitpunkt hinaus unverändert fortbesteht) und gibt das Arbeitsgericht für den Fall der Zulässigkeit dieser Feststellungsklage (vgl. Rn 15) dieser Feststellungsklage statt, so steht mit Rechtskraft dieses Urteils fest, dass im Zeitpunkt der letzten mündlichen Verhandlung ein Arbeitsverhältnis zwischen den Parteien bestanden hat und nicht durch die vom Arbeitgeber geltend gemachten Beendigungstatbestände beendet worden ist. 85

Zum Auflösungsurteil siehe § 25, zum Urteil bei Änderungskündigungen siehe § 26, jeweils in diesem Handbuch. 86

70 KR/*Friedrich*, § 4 KSchG Rn 253a.

71 KR/*Friedrich*, § 4 KSchG Rn 254.

72 BAG v. 13.3.1997, AP Nr. 38 zu § 4 KSchG 1969; BAG v. 28.10.1993, AP Nr. 19 zu § 3 ArbGG 1979; BAG v. 27.1.1994, AP Nr. 28 zu § 4 KSchG 1969; BAG v. 28.2.1995, AP Nr. 17 zu § 17a GVG; KR/*Friedrich*, § 4 KSchG Rn 141, Rn 255 m.w.N. auch zu den Abweichungen der Fassungen in der Literatur.

§ 22 Die Zulassung verspäteter Klagen

Peter Friedhofen

Inhalt

	Rn
I. Einführung	1
II. Normzweck	6
III. Voraussetzungen für die nachträgliche Zulassung	10
1. Verspätete Klageerhebung	10
2. Die zuzumutende Sorgfalt	11
3. Einzelfälle zur Versäumung der Klagefrist	13
a) Abwarten	13
b) Arbeitgeber	14
c) Arbeitsgericht	15
d) Ausländische Arbeitnehmer	16
e) Auskunftseinholung/falsche Auskunft	17
f) Beurteilung der Erfolgsaussichten einer Kündigungsschutzklage	19
g) Familienangehörige	20
h) Krankheit	21
i) Ortsabwesenheit des Arbeitnehmers	23
j) Verschulden des Vertreters	25
k) Vergleichsverhandlungen	28
IV. Antrag auf nachträgliche Zulassung	29
1. Form des Antrags	29
2. Inhalt des Antrags	30
3. Begründungsfrist	33
4. Antragsfrist	36
5. Fristberechnung	39
6. Keine Wiedereinsetzung in den vorigen Stand	40
V. Entscheidung über den Antrag	42
1. Zuständigkeit	42
2. Zulässigkeit des Antrags	43
3. Begründetheit des Antrags	44

Literatur

Giesen/Besgen, Fallstricke des neuen gesetzlichen Abfindungsanspruchs, NJW 2004, 185; **Preis**, Die „Reform" des Kündigungsschutzrechts, DB 2004, 70; **Reinecke**, Die Entscheidung über die nachträgliche Zulassung der Kündigungsschutzklage bei Säumnis einer der Parteien, NZA 1985, 243; **Willemsen/Annuß**, Kündigungsschutz nach der Reform, NJW 2004, 177.

I. Einführung

Durch die Änderung des § 4 KSchG i.V.m. § 23 Abs. 1 S. 2 bis 4 KSchG, wonach die dreiwöchige Klagefrist nicht mehr nur im Hinblick auf die Sozialwidrigkeit der Kündigung, sondern für die Geltendmachung aller Unwirksamkeitsgründe zu beachten ist, hat die nachträgliche Klagezulassung gem. § 5 KSchG wegen der Fiktionswirkung des § 7 KSchG verstärkt an Bedeutung gewonnen (siehe § 21 Rn 36 f.). 1

Auch im Rahmen des neu geschaffenen sog. gesetzlichen Abfindungsanspruchs bei betriebsbedingter Kündigung gem. § 1a KSchG ergeben sich neue Problemgestaltungen.[1] Nach **§ 1a Abs. 1 S. 1 KSchG** ist Tatbestandsvoraussetzung für das Entstehen des Abfindungsanspruchs, dass der Arbeitnehmer bis zum Ablauf der Frist des § 4 S. 1 KSchG **keine Klage auf Feststellung** erhebt, dass das Arbeitsverhältnis durch die Kündigung nicht aufgelöst ist. 2

1 *Preis*, DB 2004, 70, 74; *Giesen/Besgen*, NJW 2004, 185; *Willemsen/Annuß*, NJW 2004, 177, 182.

Unabhängig davon, ob man in dem Verstreichenlassen der Klagefrist durch den Arbeitnehmer eine rechtsgeschäftliche Willenserklärung sieht (konkludente Annahme des Abfindungsangebotes des Arbeitgebers)[2] oder ob man dem Verstreichenlassen der Klagefrist durch den Arbeitnehmer keinen rechtsgeschäftlichen Charakter beimisst,[3] so scheint es jedenfalls nicht umstritten zu sein, dass auch bei einer arbeitgeberseitigen Kündigung nach § 1a KSchG mit Abfindungsangebot dem Arbeitnehmer nicht die Möglichkeit genommen werden soll, durch die nachträgliche Klagezulassung nach § 5 KSchG zum einen die Fiktionswirkung des § 7 KSchG zu beseitigen und zum anderen dem Verstreichenlassen der Klagefrist die entsprechende Wirkung im Rahmen des § 1a KSchG zu beseitigen, sei es nun als konkludente Annahmeerklärung oder als Verhalten des Arbeitnehmers ohne rechtsgeschäftlichen Charakter oder als Realakt. Hat ein Arbeitnehmer etwa wegen Krankheit oder Urlaub die Klagefrist unverschuldet i.S.v. § 5 Abs. 1 KSchG nicht gewahrt und wird die nachträgliche Zulassung der Klage unter den weiteren Voraussetzungen des § 5 KSchG rechtskräftig zugelassen, so ist zum einen die Fiktionswirkung des § 7 KSchG beseitigt. Zum anderen stellt sich die Frage, welche Auswirkungen dies auf den Abfindungsanspruch oder die möglicherweise schon ausgezahlte Abfindung hat.

3 Der Gesetzgeber hat diese Frage nicht gesehen,[4] jedenfalls regelt § 1a KSchG nicht, welche Rechtsfolgen eintreten sollen, wenn der Antrag des Arbeitnehmers auf nachträgliche Zulassung der Klage erfolgreich ist. *Willemsen/Annuß* gehen von einer planwidrigen Regelungslücke aus, für deren Schließung wesentlich darauf abzustellen sei, dass der Anspruch nach § 1a KSchG nur dann bestehen soll, wenn dadurch eine **dauerhafte Streitschlichtung** ermöglicht wird.[5] Diesem Regelungsanliegen des Gesetzgebers dürfte nur dadurch ausreichend Rechnung getragen werden können, dass § 1a KSchG insoweit eine Korrektur erfährt, als der Abfindungsanspruch bzw. die Anwartschaft auf ihn immer dann mit Ex-tunc-Wirkung entfällt, wenn der Antrag auf nachträgliche Klagezulassung gem. § 3 KSchG gestellt wird.[6] Dabei sei es unerheblich, ob die Klage im späteren Verfahren auch tatsächlich erfolgreich sei oder nicht.[7] Der Arbeitgeber muss dann die Abfindung nicht zahlen, da keine Abfindungsvereinbarung besteht. Hat er schon gezahlt, kann er die Abfindung wegen Wegfalls des Rechtsgrundes nach § 812 Abs. 1 S. 2 Alt. 1 BGB zurückfordern.[8]

4 Hat der Arbeitgeber bei der Kündigung **§ 1a KSchG fehlerhaft angewandt**, kommt ebenfalls die Zulassung der nach Fristablauf erhobenen Kündigungsschutzklage nach § 5 Abs. 1 KSchG in Betracht. Dass der Arbeitnehmer trotz Anwendung aller ihm nach Lage der Umstände zuzumutenden Sorgfalt verhindert war, die Klage fristgerecht zu erheben, liegt zumindest dann auf der Hand, wenn er zunächst von einem wirksamen Abfindungsangebot ausgehen durfte und der Arbeitgeber der Abfindungsvereinbarung nach Ablauf der Klagefrist durch Anfechtung oder Rücktritt die Wirksamkeit nimmt. Daneben gilt § 5 KSchG auch bei einer Anfechtung durch den Arbeitnehmer wegen arglistiger Täuschung.[9]

5 § 5 KSchG gilt nur noch in den Fällen, in denen der Arbeitgeber eine schriftliche Kündigung ausgesprochen hat. Dies ergibt sich aus der Neufassung des § 5 Abs. 1 KSchG: „... nach Zu-

2 So *Preis*, DB 2004, 70 ff.
3 So *Giesen/Besgen*, NJW 2004, 185; so wohl auch *Willemsen/Annuß*, NJW 2004, 177, 182.
4 *Preis*, DB 2004, 70, 74.
5 *Willemsen/Annuß*, NJW 2004, 177, 182.
6 *Willemsen/Annuß*, NJW 2004, 177, 182.
7 *Willemsen/Annuß*, NJW 2004, 177, 182; ebenso *Preis*, DB 2004, 70, 74.
8 *Preis*, DB 2004, 70, 74.
9 *Preis*, DB 2004, 70, 74; *Giesen/Besgen*, NJW 2004, 185, 187.

gang der schriftlichen Kündigung zu erheben ..." und entspricht insoweit der Neufassung des § 4 S. 1 KSchG „... nach Zugang der schriftlichen Kündigung ...".

II. Normzweck

Erhebt der Arbeitnehmer gegen eine schriftliche Kündigung des Arbeitgebers innerhalb der seit dem 1.1.2004 eingeführten zur Geltendmachung von Unwirksamkeitsgründen **einheitlichen Klagefrist von drei Wochen des § 4 S. 1 KSchG** keine Kündigungsschutzklage, tritt die Wirkung des § 7 KSchG ein; danach gilt die Kündigung als von Anfang an rechtswirksam, wenn die Rechtsunwirksamkeit einer Kündigung nicht rechtzeitig geltend gemacht wird (§§ 4 S. 1, 5 und 6 KSchG). Es wird nicht nur die mögliche Sozialwidrigkeit der Kündigung geheilt, sondern jegliche Rechtsunwirksamkeit, gleichgültig, auf welchen Vorschriften sie beruht, mit Ausnahme des Schriftformerfordernisses gem. § 623 BGB. Die dreiwöchige Klagefrist ist eine **Ausschlussfrist** (siehe § 21 Rn 37). Versäumt der Arbeitnehmer diese Ausschlussfrist, dann verliert er nicht nur die Klagebefugnis, sondern auch seine materielle Rechtsstellung, die sich aus der rechtsunwirksamen Kündigung ergibt. Nach Einführung der neuen einheitlichen Klagefrist kann es nicht mehr ernsthaften Zweifeln unterliegen, dass die dreiwöchige Klagefrist nicht nur eine prozessuale Klageerhebungsfrist ist, sondern dass sie dem materiellen Recht zuzuordnen ist.[10] 6

Der Arbeitgeber hat ein berechtigtes Interesse daran, möglichst frühzeitig Klarheit über die Wirksamkeit oder Unwirksamkeit einer Kündigung zu erhalten. Die strikte Fiktionswirkung des § 7 KSchG, die die rückwirkende Heilung der Kündigung anordnet, erscheint indessen dann unbillig, wenn der Arbeitnehmer **trotz Anwendung** aller ihm nach Lage der Umstände **zuzumutenden Sorgfalt verhindert** war, die **Drei-Wochen-Frist einzuhalten**. Für diese Fälle gibt § 5 KSchG die Möglichkeit der nachträglichen Zulassung, allerdings unter recht stringenten Voraussetzungen. U.a. muss der Antrag auf nachträgliche Zulassung **innerhalb von zwei Wochen nach Behebung des Hindernisses, spätestens aber binnen sechs Monaten nach Ende der versäumten Frist** beim Arbeitsgericht gestellt werden. 7

Wird dem Antrag auf nachträgliche Zulassung rechtskräftig stattgegeben, entfällt die nach § 7 KSchG fingierte Rechtswirksamkeit der Kündigung. 8

Hat der Antrag auf nachträgliche Zulassung rechtskräftig keinen Erfolg, **ist die Kündigungsschutzklage als unbegründet abzuweisen.**[11] 9

III. Voraussetzungen für die nachträgliche Zulassung

1. Verspätete Klageerhebung

Die nachträgliche Zulassung setzt voraus, dass die Klage nicht innerhalb der Drei-Wochen-Frist erhoben worden ist. Ist der Zeitpunkt des Kündigungszugangs streitig, so ist nach hier vertretener Auffassung darüber zunächst Beweis zu erheben. Erst wenn das Arbeitsgericht nach einer entsprechenden Beweisaufnahme zum Ergebnis gekommen ist, dass die Kündigungsschutzklage außerhalb der Drei-Wochen-Frist bei Gericht eingereicht worden ist, kann es sich mit dem Antrag nach § 5 KSchG befassen. Es **reicht** also **nicht** aus, dass nur **Zweifel** darüber bestehen, ob die Klagefrist versäumt worden ist. Nach anderer Auffassung 10

10 Zum bisherigen Streitstand: KR/*Friedrich*, § 4 KSchG Rn 136 m.w.N.

11 Ascheid/Preis/Schmidt/*Ascheid*, § 5 KSchG Rn 4; KR/*Friedrich*, § 5 KSchG Rn 7, § 4 Rn 217 ff.

darf bei Streitigkeiten über den Zeitpunkt des Zugangs der Kündigungserklärung dieser Streit nicht in das Verfahren über die nachträgliche Zulassung verlagert werden.[12] Hält das Arbeitsgericht die Klageerhebung für rechtzeitig, hat es in der Hauptsache zu entscheiden. Hält es die Klage für verspätet, hat es über den Antrag nach § 5 KSchG auf nachträgliche Zulassung zu entscheiden. Hält das Arbeitsgericht die Klageerhebung für rechtzeitig, ist über den Antrag auf nachträgliche Zulassung nicht zu entscheiden. Der Antrag nach § 5 KSchG ist dann als Hilfsantrag für den Fall aufzufassen, dass nach Auffassung des Arbeitsgerichtes die Klage verspätet erhoben worden ist.[13]

2. Die zuzumutende Sorgfalt

11 Den Arbeitnehmer darf an der Versäumung der Drei-Wochen-Frist **kein Verschulden** treffen. Regelmäßig darf ihm noch nicht einmal **leichte Fahrlässigkeit vorwerfbar** sein.[14] Aus der Formulierung in § 5 Abs. 1 KSchG, wonach ein Arbeitnehmer „trotz Anwendung aller ihm nach Lage der Umstände zuzumutenden Sorgfalt verhindert war …“, schließt die herrschende Meinung, dass auf die dem Arbeitnehmer **konkret zuzumutende Sorgfaltspflicht** abzustellen ist. Es kommt also darauf an, zu welchem Personenkreis der Arbeitnehmer gehört und wie sich seine persönlichen Verhältnisse darstellen. Damit gilt ein **subjektiver Maßstab**. Entscheidend ist, welches Maß an Sorgfalt dem konkreten Arbeitnehmer in seiner konkreten Situation abgefordert werden kann. Schon vor Einführung der neuen einheitlichen Klagefrist ist die Auffassung vertreten worden, dass mit den §§ 4, 7 KSchG die Schaffung klarer Rechtsverhältnisse in den Vordergrund gestellt worden sei. Danach soll der Arbeitgeber im Grunde nach Ablauf der Drei-Wochen-Frist davon ausgehen können, dass die Kündigung jedenfalls wirksam geworden sei. Deswegen müsse im Interesse der Rechtssicherheit die Klagefrist eingehalten werden. Deswegen sei auch in aller Regel zu fordern, dass den Arbeitnehmer an der Versäumung der Drei-Wochen-Frist kein Verschulden treffe, auch nicht in Form leichter Fahrlässigkeit. Einem Arbeitnehmer könne bei der Verfolgung einer für ihn so wichtigen Angelegenheit, ob sein Arbeitsverhältnis durch eine Kündigung beendet worden sei oder nicht, eine gesteigerte Sorgfalt abverlangt werden.[15]

12 Hier ist nunmehr äußerste **Vorsicht geboten**. Der Gesetzgeber hat durch die Einführung der neuen einheitlichen Klagefrist dem Interesse des Arbeitgebers an einer schnellen Klärung der Rechtslage ein erheblich größeres Gewicht beigemessen als dies nach dem alten Rechtszustand angenommen werden konnte. Während nach altem Recht alle möglichen Unwirksamkeitsgründe auch noch durch eine Klagerhebung nach drei Wochen nach Zugang der Kündigung geltend gemacht werden konnten, muss nunmehr ein Arbeitnehmer gegen eine schriftliche Kündigung des Arbeitgebers binnen drei Wochen nach Zugang der Kündigung Kündigungsschutzklage erheben und sich dabei zumindest auf einen Unwirksamkeitsgrund berufen, um die Fiktionswirkung des § 7 KSchG nicht eintreten zu lassen. Damit gewinnt das Argument der Rechtssicherheit für den Arbeitgeber erheblich an Bedeutung. Dies wird nicht ohne Auswirkungen bleiben können für die Prüfung, wie viel Sorgfalt dem Arbeitnehmer im konkreten Fall in seiner konkreten Situation abzuverlangen ist.

12 KR/*Friedrich*, § 5 KSchG Rn 157.

13 BAG v. 28.4.1983, EzA § 5 KSchG Nr. 20; BAG v. 5.4.1984, EzA § 5 KSchG Nr. 21.

14 Ascheid/Preis/Schmidt/*Ascheid*, § 5 KSchG Rn 10; KR/*Friedrich*, § 5 KSchG Rn 10 m.w.N.

15 So KR/*Friedrich*, § 5 KSchG Rn 13 m.w.N.

3. Einzelfälle zur Versäumung der Klagefrist

a) Abwarten

Der Arbeitnehmer kann mit der Klageerhebung bis zum letzten Augenblick warten. Dann trägt er aber auch das Risiko, dass eine rechtzeitige Klageerhebung nicht mehr gelingt.[16] Die nachträgliche Zulassung der Klage ist nicht gerechtfertigt, wenn der Arbeitnehmer einen **Parallelprozess** oder die **Entscheidung der Rechtsschutzversicherung** oder die **Bewilligung von Prozesskostenhilfe** abwartet und dadurch die Klagefrist versäumt.[17] **Auf amtliche Brieflaufzeiten** darf sich der Arbeitnehmer verlassen.[18] Wer allerdings bis zum letzten Tag der Drei-Wochen-Frist mit der Postaufgabe zuwartet, trägt das Risiko des nicht rechtzeitigen Klageingangs. 13

b) Arbeitgeber

Den Arbeitgeber trifft **keine Verpflichtung**, den Arbeitnehmer auf die Klagefrist hinzuweisen.[19] Hält der Arbeitgeber den Arbeitnehmer **arglistig von der rechtzeitigen Erhebung der Kündigungsschutzklage** ab, ist die Kündigungsschutzklage zuzulassen.[20] Allerdings rechtfertigt der im Kündigungsschreiben erklärte Vorbehalt, die Kündigung bei Erfüllung bestimmter Voraussetzungen zurückzunehmen, nicht die nachträgliche Klagezulassung.[21] Kündigt der Arbeitgeber unter einem falschen Briefkopf, kann die Kündigungsschutzklage jedenfalls dann nachträglich zugelassen werden, wenn der Arbeitnehmer keinen schriftlichen Arbeitsvertrag hat und auf dem Gelände der auf dem Briefkopf angegebenen Firma arbeitet.[22] Anders ist es natürlich, wenn der Arbeitgeber in der Kündigungsschutzklage lediglich falsch bezeichnet ist und über die Identität der beklagten Partei kein Streit besteht. In diesen Fällen kommt eine Rubrumsberichtigung in Betracht. 14

c) Arbeitsgericht

Der Arbeitnehmer darf darauf vertrauen, dass das Arbeitsgericht über einen **Nachtbriefkasten** verfügt, der den Zeitpunkt des Klageeinwurfs dokumentiert.[23] Ist ein Nachtbriefkasten indessen nicht vorhanden und wirft der Arbeitnehmer die Klageschrift am letzten Tag der Klagefrist in den regulären Briefkasten des Gerichts ein, ist die Klage rechtzeitig eingereicht.[24] Erhebt der Arbeitnehmer selbst Kündigungsschutzklage, muss das Gericht ihn auf Mängel der Kündigungsschutzklage hinweisen. Die Kündigungsschutzklage ist nachträglich zuzulassen, wenn der Kläger die Klageschrift nicht unterschrieben hat, die Unterschrift aber innerhalb der dreiwöchigen Klagefrist hätte nachgeholt werden können, wenn das Gericht den Kläger darauf alsbald hingewiesen hätte.[25] 15

16 KR/*Friedrich*, § 5 KSchG Rn 20 m.w.N.
17 KR/*Friedrich*, § 5 KSchG Rn 18, 19, 28 jeweils m.w.N.
18 BVerfG v. 4.12.1979, BVerfGE 53, 25; BAG v. 24.11.1977, EzA §§ 232–233 ZPO Nr. 18.
19 Ascheid/Preis/Schmidt/*Ascheid*, § 5 KSchG Rn 16.
20 LAG Köln v. 9.10.2000, ARST 2001 164; Ascheid/Preis/Schmidt/*Ascheid*, § 5 KSchG Rn 16 m.w.N.
21 LAG Köln v. 26.11.1999, LAGE § 5 KSchG Nr. 97.
22 KR/*Friedrich*, § 5 KSchG Rn 40a, 40b m.w. Bsp. aus der Rspr.
23 Ascheid/Preis/Schmidt/*Ascheid*, § 5 KSchG Rn 19 m.w.N.
24 BAG v. 22.2.1980, EzA KSchG § 1 Krankheit Nr. 5.
25 KR/*Friedrich*, § 5 KSchG Rn 29; Ascheid/Preis/Schmidt/*Ascheid*, § 5 KSchG Rn 18.

d) Ausländische Arbeitnehmer

16 Den Arbeitgeber trifft auch gegenüber einem ausländischen Arbeitnehmer keine Pflicht, auf die Notwendigkeit der Einhaltung der Klagefrist hinzuweisen.[26] Die Unkenntnis des Arbeitnehmers von der dreiwöchigen Klagefrist führt nicht zur nachträglichen Zulassung, weil heute jeder Arbeitnehmer die Grundzüge des Kündigungsschutzrechtes kennen muss oder sich diese Kenntnisse alsbald nach Zugang der Kündigungserklärung bei einer zuverlässigen Stelle verschaffen muss.[27] Kennt der ausländische Arbeitnehmer die Klagefrist nicht, handelt er nur schuldhaft, wenn er nach dem Zugang der Kündigung nicht **rechtzeitig Rechtsrat** einholt. Besteht für ihn keine Möglichkeit dazu, so ist die Klage nachträglich zuzulassen.[28] Unterlässt ein der deutschen Sprache nicht mächtiger ausländischer Arbeitnehmer, sich das Kündigungsschreiben übersetzen zu lassen, obwohl die Möglichkeit dazu bestand, kommt eine nachträgliche Klagezulassung nicht in Betracht. Zu den Sorgfaltspflichten eines jeden Arbeitnehmers, auch eines ausländischen Arbeitnehmers, gehört es, dass er sich alsbald Kenntnis vom Inhalt des Schreibens seines Arbeitgebers verschafft. Kann er allerdings glaubhaft machen, dass er das Schreiben nicht übersetzen lassen konnte, etwa bei einem Aufenthalt im Ausland, kann eine nachträgliche Zulassung in Betracht kommen. Nichtstun ist jedenfalls schuldhaft.[29]

e) Auskunftseinholung/falsche Auskunft

17 Holt der Arbeitnehmer bei einer **zuverlässigen Stelle Auskunft** über die Klagefrist oder über die Möglichkeiten, gegen eine Kündigung vorgehen zu können, ein, und wird ihm falsche Auskunft erteilt, führt dies zur nachträglichen Zulassung der Kündigungsschutzklage.[30] Der Arbeitnehmer muss gegenüber der um Auskunft ersuchten Stelle sein Anliegen konkret deutlich machen. Der Arbeitnehmer darf sich nicht – aus welchen Gründen auch immer – „abwimmeln" lassen.[31] Als **zuverlässige Stellen** sind angesehen worden unter der Voraussetzung, dass dort auch die jeweils mit Rechtsangelegenheiten befassten Personen um Auskunft oder Rechtsrat gebeten worden sind: **Rechtsberatungsstelle einer Gewerkschaft,**[32] **Rechtsantragstelle eines Arbeitsgerichts,**[33] **Rechtsanwälte**[34] – dies gilt nicht, wenn die Rechtsauskunft für den Arbeitnehmer erkennbar falsch ist[35] –, **Sozialsekretäre des CDA.**[36]

18 Als nicht geeignete Stellen sind angesehen worden: **Geschäftsstelle des Arbeitsgerichts,**[37] **Arbeitsamt,**[38] **Betriebsrat**[39] (allerdings kann bei einer falschen Auskunft durch den Be-

26 BAG v. 26.8.1993, AP Nr. 8 zu § 72 LPVG NW; KR/*Friedrich*, § 5 KSchG Rn 64.
27 KR/*Friedrich*, § 5 KSchG Rn 64 m.w.N. auch zum Streitstand in Rspr. und Literatur.
28 KR/*Friedrich*, § 5 KSchG Rn 64 m.w.N.
29 KR/*Friedrich*, § 5 KSchG Rn 64a.
30 Ascheid/Preis/Schmidt/*Ascheid*, § 5 KSchG Rn 58 ff.; KR/*Friedrich*, § 5 KSchG Rn 30 m.w.N.
31 Ascheid/Preis/Schmidt/*Ascheid*, § 5 KSchG Rn 57; KR/*Friedrich*, § 5 KSchG Rn 35 a.
32 LAG Köln v. 13.9.1982, EzA § 5 KSchG Nr. 16.
33 LAG BW v. 11.4.1988, NZA 1989, 153.
34 LAG Köln v. 30.8.1989, LAGE § 5 KSchG Nr. 42.
35 LAG Köln v. 30.8.1989, LAGE § 5 KSchG Nr. 42.
36 LAG Düsseldorf v. 26.7.1976, EzA § 5 KSchG Nr. 1; KR/*Friedrich*, § 5 KSchG Rn 31.
37 LAG Köln v. 28.11.1985, LAGE § 5 KSchG Nr. 1; a.A. KR/*Friedrich*, § 5 KSchG Rn 31.
38 LAG Düsseldorf v. 25.4.1991, LAGE § 5 KSchG Nr. 41; a.A. je nach Sachlage KR/*Friedrich*, § 5 KSchG Rn 31.
39 LAG Berlin v. 17.6.1991, LAGE § 5 KSchG Nr. 52; *Löwisch*, Rn 7; Ascheid/Preis/Schmidt/*Ascheid*, § 5 KSchG Rn 60 m.w.N.

triebsrat die Situation dann anders zu beurteilen sein, wenn es sich um einen Großbetrieb handelt und der Betriebsrat eine Fachkompetenz aufgrund bestimmter Umstände kundtut),[40] **gewerkschaftlicher Vertrauensmann**.[41]

f) Beurteilung der Erfolgsaussichten einer Kündigungsschutzklage

Beurteilungsfehler in tatsächlicher und rechtlicher Hinsicht bilden keinen ausreichenden Entschuldigungsgrund für die verspätete Klagerhebung. Ebenso kann der bloße **Irrtum über die Erfolgsaussichten** einer Kündigungsschutzklage nicht die nachträgliche Klagezulassung rechtfertigen. Es gehört zur Sorgfaltspflicht bzw. Obliegenheit eines jeden Arbeitnehmers, sich zeitnah nach dem Zugang des Kündigungsschreibens bei einer zuverlässigen Stelle darüber beraten zu lassen, ob und ggf. welche Klagefrist einzuhalten ist. Dies gilt erst recht nach Einführung der neuen einheitlichen Klagefrist von drei Wochen. 19

g) Familienangehörige

Den Arbeitnehmer trifft bei Zugang der Kündigung (Aushändigung an einen Familienangehörigen) die Darlegungs- und Beweislast dafür, dass er vom Zugang der Kündigung keine Kenntnis gehabt hat.[42] Kein Verschulden liegt vor, wenn der Briefkasten regelmäßig durch ein bestimmtes Familienmitglied geleert wird und dieses die Kündigung dem Arbeitnehmer nicht aushändigt.[43] 20

h) Krankheit

Krankheit kann nur dann die nachträgliche Zulassung der Kündigungsschutzklage rechtfertigen, wenn die **Erkrankung die rechtzeitige Klageerhebung objektiv unmöglich gemacht hat.**[44] Solange die **Krankheit nicht die Entscheidungsfähigkeit beeinträchtigt**, kann der Arbeitnehmer seine Rechte auch dadurch ausreichend wahrnehmen, indem er Angehörige oder Bekannte mit der Klageerhebung beauftragt. Der Arbeitnehmer kann sogar durch Telegramm Klage erheben, auch durch Telefax oder Telekopie. Er kann sogar im Notfall **telefonisch** zu Protokoll der Geschäftsstelle des Arbeitsgerichtes Klage erheben. Soweit dies dem Arbeitnehmer während des Laufes der Drei-Wochen-Frist konkret zumutbar ist, muss er die dreiwöchige Klagefrist einhalten. Dies gilt auch im Fall eines **Krankenhausaufenthalts**. Die nachträgliche Klagezulassung kommt nur in Betracht, wenn die klinische Behandlung während des Laufs der Klagefrist Außenkontakte ausschließt oder doch so erschwert, dass die Wahrnehmung der gegebenen Kontaktmöglichkeiten unzumutbar war.[45] **Leichte Erkrankungen** rechtfertigen nicht die nachträgliche Klagezulassung. 21

Die Rechtsprechung zur Frage, unter welchen Voraussetzungen eine Krankheit den Arbeitnehmer „unverschuldet" daran hindert, die Klage rechtzeitig beim Arbeitsgericht einzurei- 22

40 LAG Frankfurt/M. v. 20.9.1974, DB 1974, 2016; so auch KR/*Friedrich*, § 5 KSchG Rn 33.
41 ArbG Wiesbaden v. 27.8.1980, ARST 1980, Nr. 1231; Ascheid/Preis/Schmidt/*Ascheid*, § 5 Rn 60.
42 LAG Berlin v. 4.1.1982, EzA § 5 KSchG Nr. 15.
43 LAG Frankfurt/M. v. 15.11.1988, LAGE § 5 KSchG Nr. 41; Ascheid/Preis/Schmidt/*Ascheid*, § 5 KSchG Rn 34.
44 *Schaub*, Arbeitsrechts-Handbuch, § 136 II 3 Rn 44; KR/*Friedrich*, § 5 KSchG Rn 42.
45 KR/*Friedrich*, § 5 KSchG Rn 43, 44 m.w.N.

chen, ist nicht einheitlich.[46] *Friedrich*[47] weist zu Recht darauf hin, dass zunehmend die Auffassung vertreten wird, die Erkrankung sei im Allgemeinen dann als Hindernis für die rechtzeitige Klage anzuerkennen und die Kündigungsschutzklage nachträglich zuzulassen, wenn sie den Arbeitnehmer daran hindere, selbst eine für eine Rechtsberatung geeignete Stelle aufzusuchen. Es ist *Friedrich* darin zuzustimmen, dass an die Einreichung der Kündigungsschutzklage keine strengen Anforderungen gestellt werden, so dass daran festzuhalten ist, dass der Arbeitnehmer auch bei einem Krankenhausaufenthalt jedenfalls dann für die rechtzeitige Klagerhebung Sorge zu tragen hat, wenn seine Entschlussfähigkeit nicht nachhaltig beeinträchtigt ist. Dies gilt erst recht, nachdem der Gesetzgeber durch die Einführung der neuen einheitlichen Klagefrist zu erkennen gegeben hat, dass der Arbeitgeber in allen Fällen, in denen er eine schriftliche Kündigung des Arbeitsverhältnisses ausgesprochen hat, ein berechtigtes Interesse daran hat, relativ zeitnah zum Ablauf der dreiwöchigen Klagefrist zu erfahren, ob die Kündigung gemäß der Fiktionswirkung des § 7 KSchG wirksam geworden ist oder nicht.

i) Ortsabwesenheit des Arbeitnehmers

23 Zum Problemkreis des **Zugangs der Kündigung gegenüber einem Abwesenden** vgl. zunächst § 1 in diesem Handbuch. Gem. § 130 Abs. 1 BGB wird eine Willenserklärung (Kündigung), die einem Abwesenden gegenüber abgegeben wird, in dem Zeitpunkt wirksam, in dem sie ihm zugeht. Die Kündigungserklärung ist in dem Zeitpunkt zugegangen, indem sie so in den **Machtbereich des Empfängers** gelangt ist, dass bei Annahme gewöhnlicher Verhältnisse damit zu rechnen ist, dass der Empfänger von ihr Kenntnis nehmen konnte.[48] Der Einwurf in den Briefkasten unter der Wohnungsanschrift (Heimatanschrift) des Arbeitnehmers bewirkt in dem Augenblick den Zugang, in dem mit der Leerung des Briefkastens zu rechnen ist, also entweder noch an demselben Tag, wenn an diesem Tag verkehrsüblicherweise noch mit der Leerung des Briefkastens gerechnet werden kann, sonst am Folgetag. Dies gilt auch dann, wenn der Arbeitnehmer **im Zeitpunkt des Zugangs der Kündigung ortsabwesend** ist, sei es urlaubsbedingt oder aus anderen Gründen.[49] Vorgesagtes gilt unabhängig davon, ob dem Arbeitgeber die urlaubsbedingte oder aus anderen Gründen **veranlasste Ortsabwesenheit des Arbeitnehmers, dessen Urlaubsanschrift oder Kuranschrift bekannt war oder nicht**.[50] Es besteht kein zwingender Anlass, in den Fällen, in denen dem Arbeitgeber die Urlaubs- oder Kuranschrift des Arbeitnehmers bekannt ist, den Zugang der an die Heimatanschrift des Arbeitnehmers gerichteten Kündigungserklärung erst in dem Zeitpunkt eintreten zu lassen, in dem der Arbeitnehmer aus dem Urlaub zurückkehrt.[51] Diese Auffassung überzeugt schon deshalb nicht, weil der Arbeitgeber bestimmte Kündigungstermine und Kündigungsfristen sowie bei einer fristlosen Kündigung die Ausschlussfrist gem. § 626 Abs. 2 BGB einzuhalten hat und dem Arbeitgeber nicht das Risiko der Versäumung dieser Fristen in Folge Ortsabwesenheit des Arbeitnehmers aufgebürdet werden kann. Es ist auch nicht einzusehen, dass dem Arbeitgeber insbesondere beim Auslandsaufenthalt des Arbeitnehmers das häufig nicht kalkulierbare Übermittlungsrisiko aufgebürdet wird. Von dem an

46 KR/*Friedrich*, § 5 KSchG Rn 43–49.
47 KR/*Friedrich*, § 5 KSchG Rn 43–49.
48 BAG v. 16.3.1988, AP Nr. 16 zu § 130 BGB; BAG v. 25.4.1996, EzA § 130 BGB Nr. 27.
49 BAG v. 16.3.1988, AP Nr. 16 zu § 130 BGB; KR/*Friedrich*, § 5 KSchG Rn 60; Ascheid/Preis/Schmidt/*Ascheid*, § 5 KSchG Rn 49.
50 KR/*Friedrich*, § 4 KSchG Rn 109 ff.
51 So aber noch Ascheid/Preis/Schmidt/*Ascheid*, § 5 KSchG Rn 49 f.

objektiven und generellen Kriterien orientierten Zugangsbegriff des Bürgerlichen Rechtes sollte auch im Arbeitsrecht nicht ohne Not abgewichen werden.[52] Geht man – wie hier – davon aus, dass der Zugang der an die Heimatanschrift des Arbeitnehmers gerichteten Kündigungserklärung in dem Zeitpunkt bewirkt wird, in dem der Arbeitnehmer, wäre er zu Hause, vom Kündigungsschreiben Kenntnis nehmen könnte, geht dem Arbeitnehmer weder der Schutz des KSchG noch das Recht verloren, gegen die Kündigung andere Unwirksamkeitsgründe geltend zu machen. Versäumt der Arbeitnehmer aus den vorgenannten Gründen (Ortsabwesenheit wegen Urlaub oder Kur oder aus sonstigen Gründen) unverschuldet i.S.v. § 5 Abs. 1 KSchG die Klagefrist, dann ist die Klage nachträglich zuzulassen.

Geht dem Arbeitnehmer die Kündigungserklärung während der **Ortsabwesenheit** oder eines **Auslandsaufenthaltes** dort zu, ist die Klage innerhalb von drei Wochen zu erheben. Der Arbeitnehmer muss alle Kommunikationsmöglichkeiten nutzen, um eine rechtzeitige Klageerhebung zu erreichen.[53] 24

j) Verschulden des Vertreters

Handelt der Arbeitnehmer durch einen **gesetzlichen Vertreter**, muss er sich **dessen Verschulden** gem. § 51 Abs. 2 ZPO anrechnen lassen.[54] 25

Bei **rechtsgeschäftlicher Vertretung** muss sich der Arbeitnehmer nur dann das Verschulden dieses Vertreters zurechnen lassen, wenn sich die Vertretungsmacht auf die Prozessführung bezieht.[55] 26

War es bisher noch lebhaft umstritten,[56] ob sich der Arbeitnehmer das Verschulden seines Prozessbevollmächtigten hinsichtlich der Versäumung der Klagefrist des §°4 S.°1 KSchG anrechnen lassen muss, so hat das BAG jüngst entschieden, dass ein Verschulden des Prozessbevollmächtigten (dies gilt nicht nur für bevollmächtigte Rechtsanwälte, sondern ebenso für bevollmächtigte Vertreter einer Gewerkschaft, die dann ihrerseits den Klageauftrag an die DGB Rechtsschutz GmbH weitergeben) an einer verspäteten Klagerhebung dabei einer verschuldeten Fristversäumnis des Arbeitnehmers in Anwendung des § 85 Abs. 2 ZPO gleichsteht.[57] 27

k) Vergleichsverhandlungen

Schweben zwischen Arbeitnehmer und Arbeitgeber **Vergleichsverhandlungen**, wird die dreiwöchige Klagefrist weder gehemmt noch unterbrochen. Der Arbeitnehmer muss fristgerecht Feststellungsklage erheben.[58] Hat indessen der Arbeitgeber den Arbeitnehmer unter Hinweis auf die schwebenden Vergleichsverhandlungen veranlasst, vorerst von einer Klageerhebung abzusehen, wird die Klage nachträglich zuzulassen sein.[59] 28

52 KR/*Friedrich*, § 4 KSchG Rn 111.

53 KR/*Friedrich*, § 5 KSchG Rn 35b; Ascheid/Preis/Schmidt/*Ascheid*, § 5 KSchG Rn 50.

54 KR/*Friedrich*, § 5 KSchG Rn 69a; Ascheid/Preis/Schmidt/*Ascheid*, § 5 KSchG Rn 35.

55 KR/*Friedrich*, § 5 KSchG Rn 69a.

56 Vgl. dazu die umfassende Darstellung der herrschenden und nicht herrschenden Rspr. und Literatur bei KR/*Friedrich*, § 5 KSchG Rn 69b und 70.

57 BAG v. 28.5.2009, Az: 2 AZR 548/08, BAG v. 11.12.2008, DB 2009, 1354.

58 Ascheid/Preis/Schmidt/*Ascheid*, § 5 KSchG Rn 63; KR/*Friedrich*, § 5 KSchG Rn 66.

59 LAG Köln v. 26.11.1999, LAGE § 5 KSchG Nr. 97; Ascheid/Preis/Schmidt/*Ascheid*, § 5 KSchG Rn 63; KR/*Friedrich*, § 5 KSchG Rn 66.

IV. Antrag auf nachträgliche Zulassung

1. Form des Antrags

29 Die nachträgliche Zulassung setzt gem. § 5 Abs. 1 S. 1 letzter Hs. KSchG einen **Antrag auf nachträgliche Zulassung** voraus. An die Form des Antrags werden keine hohen Anforderungen gestellt. Es muss aber deutlich werden, dass die Zulassung einer verspäteten Klage erstrebt wird. Die verspätete Klageerhebung allein beeinhaltet keinen Zulassungsantrag. Es muss der Wille für eine nachträgliche Klagezulassung erkennbar sein.[60] § 236 Abs. 2 S. 2 ZPO, wonach Wiedereinsetzung auch ohne ausdrücklichen Antrag gewährt werden kann, ist nicht entsprechend anwendbar.[61]

2. Inhalt des Antrags

30 Gem. § 5 Abs. 2 S. 1 KSchG ist mit dem **Antrag die Klageerhebung zu verbinden**. Ist die Klage bereits eingereicht, so ist auf sie im Antrag Bezug zu nehmen. Die Klageerhebung kann aber auch noch nach Antragseinreichung nachgeholt werden, wenn dies innerhalb der Zwei-Wochen-Frist geschieht.[62]

31 Nach § 5 Abs. 2 S. 2 KSchG muss der Antrag ferner die Angabe der die nachträgliche Zulassung begründenden Tatsachen und der Mittel für deren Glaubhaftmachung enthalten. Der Kläger hat diejenigen Tatsachen vorzutragen, anhand derer das Gericht prüfen kann, ob der Arbeitnehmer trotz Anwendung aller ihm nach Lage der Umstände zuzumutenden Sorgfalt verhindert war, die Klage fristgerecht einzureichen. Dazu ist ein **umfassender Sachvortrag** erforderlich, um das fehlende Verschulden an der Fristversäumung gem. § 5 Abs. 1 KSchG prüfen zu können. Der Arbeitnehmer hat in den Fällen der Ortsabwesenheit z.B. die genauen Zeitpunkte der Abreise und der Rückkehr, des Auffindens der Kündigungserklärung etc. darzulegen. In den Fällen verspäteter Postbeförderung hat er z.B. darzulegen, wann die Klageschrift gefertigt worden ist, wann sie mit welcher Versendungsart bei der Post aufgegeben worden ist, ob er Erkundigungen zur Postlaufzeit eingeholt hat und wenn ja, mit welchem Ergebnis.

32 **Mittel der Glaubhaftmachung** sind in dem Antrag anzugeben. Das ist z.B. die Berufung auf Zeugen, Urkunden, amtliche Auskünfte, eidesstattliche Versicherungen und schriftliche Zeugenaussagen. Der Kläger muss die Tatsachen glaubhaft machen, die den Schluss zulassen, dass er unverschuldet i.S.d. § 5 Abs. 1 KSchG die Klagefrist versäumt hat.[63]

3. Begründungsfrist

33 Die Begründung des Antrags und die Angabe der Mittel der Glaubhaftmachung können auch noch **nach dem Antrag nachgeholt werden**, soweit dies innerhalb der Zwei-Wochen-Frist (§ 5 Abs. 3 S. 1 KSchG) geschieht. Es reicht also aus, dass der Antrag nebst Begründung und Angabe der Mittel der Glaubhaftmachung am Ende der Antragsfrist vorliegen.[64] **Nach Ablauf der Frist** vorgetragene Gründe und bezeichnete Mittel der Glaubhaftmachung sind

60 KR/*Friedrich*, § 5 KSchG Rn 78 f.; Ascheid/Preis/Schmidt/*Ascheid*, § 5 KSchG Rn 64.
61 KR/*Friedrich*, § 5 KSchG Rn 79.
62 Ascheid/Preis/Schmidt/*Ascheid*, § 5 KSchG Rn 68; KR/*Friedrich*, § 5 KSchG Rn 80.
63 Ascheid/Preis/Schmidt/*Ascheid*, § 5 KSchG Rn 70; KR/*Friedrich*, § 5 KSchG Rn 83.
64 LAG Frankfurt/M. v. 8.11.1991, LAGE § 5 KSchG Nr. 54; Ascheid/Preis/Schmidt/*Ascheid*, § 5 KSchG Rn 71; KR/*Friedrich*, § 5 KSchG Rn 84.

nicht **mehr zu berücksichtigen**.[65] Innerhalb der Antragsfrist vorgebrachte Gründe und Mittel der Glaubhaftmachung können indessen nach Fristablauf noch ergänzt oder substantiiert werden, insbesondere dann, wenn das Gericht um entsprechenden Vortrag im Rahmen seiner Hinweispflicht nach § 139 ZPO gebeten hat.[66]

Gründe und Mittel der Glaubhaftmachung, die nicht innerhalb der Zwei-Wochen-Frist dem Arbeitsgericht vorgetragen sind, können auch **nicht mehr in** der **Beschwerdeinstanz nachgeschoben** werden. Dies gilt nicht für bloße Ergänzungen und Substantiierungen von bereits innerhalb der Antragsfrist vorgebrachten Gründen und Mitteln der Glaubhaftmachung.[67] 34

Die **Mittel der Glaubhaftmachung** müssen im Antrag **nur angegeben** werden, sie müssen also dem Antrag **nicht beigefügt werden**. Die Glaubhaftmachung ist an die zweiwöchige Antragsfrist nicht gebunden. Sie kann bis zur Entscheidung beigebracht werden.[68] 35

4. Antragsfrist

Der Antrag auf nachträgliche Zulassung ist nur innerhalb von zwei Wochen **nach Behebung des Hindernisses** zulässig (§ 5 Abs. 3 S. 1 KSchG). Gem. § 5 Abs. 3 S. 2 KSchG kann er nach Ablauf **von sechs Monaten**, vom Ende der versäumten Frist an gerechnet, nicht mehr gestellt werden. 36

Die **Zwei-Wochen-Frist** beginnt mit der **Behebung des Hindernisses für die Einhaltung der Klagefrist**. Im Hinblick auf den für § 5 Abs. 1 KSchG anzuwendenden subjektiven Beurteilungsmaßstab einerseits und die Sorgfaltspflicht des Arbeitnehmers andererseits beginnt die Antragsfrist spätestens mit der positiven Kenntnis vom Wegfall des Hindernisses für die Klageerhebung, frühestens in dem Zeitpunkt, in dem der Arbeitnehmer die entsprechende Kenntnis vom Wegfall des Hindernisses bei Anwendung der ihm konkret zuzumutenden Sorgfalt hätte erlangen können.[69] Ist das Hindernis während der Klagefrist behoben, muss der Arbeitnehmer alle Anstrengungen unternehmen, um die Klage fristgerecht zu erheben. Nur dann, wenn der Arbeitnehmer die Klage unverschuldet i.S.v. § 5 Abs. 1 KSchG nicht mehr fristgerecht einreichen kann, kann der Antrag auf nachträgliche Klagezulassung erfolgreich sein.[70] Die **Unkenntnis** von der verspäteten Klageerhebung darf gem. § 5 Abs. 1 KSchG nicht verschuldet sein. Deshalb kommt es nicht allein und entscheidend auf die **positive Kenntnis der verspäteten Klageerhebung** für den Beginn des Laufs der Zwei-Wochen-Frist an, sondern maßgeblich ist, ob der Arbeitnehmer nicht schon zu einem früheren Zeitpunkt bei der ihm konkret zuzumutenden Sorgfalt Kenntnis von der Verspätung hätte erlangen können.[71] 37

65 Ascheid/Preis/Schmidt/*Ascheid*, § 5 KSchG Rn 72; KR/*Friedrich*, § 5 KSchG Rn 86; LAG Hamm v. 11.4.1988, NZA 1989, 153.

66 LAG Nürnberg v. 6.11.1995, LAGE § 5 KSchG Nr. 71; LAG BW v. 11.4.1988, NZA 1989, 153; LAG Rheinland-Pfalz v. 28.5.1997, NZA 1998, 55 f.; Ascheid/Preis/Schmidt/*Ascheid*, § 5 KSchG Rn 72; KR/*Friedrich*, § 5 KSchG Rn 87.

67 LAG Bremen v. 17.2.1988, DB 1988, 814; Ascheid/Preis/Schmidt/*Ascheid*, § 5 KSchG Rn 73; KR/*Friedrich*, § 5 KSchG Rn 88.

68 LAG Köln v. 6.9.1996, LAGE § 5 KSchG Nr. 80; Ascheid/Preis/Schmidt/*Ascheid*, § 5 KSchG Rn 75; KR/*Friedrich*, § 5 KSchG Rn 95.

69 LAG Köln v. 8.11.1994, LAGE § 5 KSchG Nr. 70; LAG Hamm v. 4.11.1996, LAGE § 5 KSchG Nr. 81; Ascheid/Preis/Schmidt/*Ascheid*, § 5 KSchG Rn 79; KR/*Friedrich*, § 5 KSchG Rn 104a.

70 Ascheid/Preis/Schmidt/*Ascheid*, § 5 KSchG Rn 81.

71 Ähnl. KR/*Friedrich*, § 5 KSchG Rn 110 f. m.w.N.

38 Ist die **Frist von sechs Monaten nach § 5 Abs. 3 S. 2 KSchG abgelaufen**, ist der Antrag auf nachträgliche Klagezulassung **unzulässig**.[72] Nach LAG Hamm vom 29.10.1987[73] gilt dies auch dann, wenn sich der Arbeitnehmer darauf beruft, der Arbeitgeber habe ihn arglistig von der Klageerhebung abgehalten.

5. Fristberechnung

39 Der Tag, an dem das Hindernis für die Klageerhebung entfällt, wird nicht mitgerechnet. Es gelten insoweit die allgemeinen Vorschriften, §§ 187 ff. BGB. Fällt das Ende der Antragsfrist auf einen Samstag, Sonn- oder Feiertag, läuft die Antragsfrist erst am darauf folgenden Werktag ab, § 193 BGB.[74]

6. Keine Wiedereinsetzung in den vorigen Stand

40 Eine **Wiedereinsetzung in den vorigen Stand** bei Versäumung der Zwei-Wochen-Frist wie auch bei Versäumung der Sechs-Monats-Frist ist **ausgeschlossen**.[75] Nach Ablauf der Sechs-Monats-Frist nach § 5 Abs. 3 S. 2 KSchG gibt es keine prozessuale Möglichkeit mehr, die Folgen einer unterlassenen Feststellungsklage – und dies bezieht sich nun auf alle Unwirksamkeitsgründe, nicht nur auf die Sozialwidrigkeit bzw. das Vorliegen eines wichtigen Grundes bei einer außerordentlichen Kündigung – zu heilen. Wegen der Fiktionswirkung des § 7 KSchG ist die Regelung in § 5 KSchG eine abschließende Regelung.[76]

41 Der Arbeitnehmer trägt die **Darlegungs- und Beweislast** dafür, dass er die Antragsfrist des § 5 Abs. 3 KSchG gewahrt hat.[77] Zur Darlegungslast gehört auch der Vortrag, ab welchem Zeitpunkt das Hindernis behoben war.

V. Entscheidung über den Antrag

1. Zuständigkeit

42 Nach dem bis zum 31.3.2008 geltenden § 5 Abs. 4 KSchG hatte das Arbeitsgericht über den Antrag gesondert durch Beschluss zu entscheiden.[78] Die Entscheidung konnte ohne mündliche Verhandlung ergehen. Daher war es unzulässig, über eine verspätete Klage und einen hierzu gestellten Zulassungsantrag zusammen im Urteil zu entscheiden.[79] Wurde also über die Zulassung im Beschlussverfahren entschieden, betrieb das Gericht das Hauptverfahren über die Kündigungsschutzklage zweckmäßigerweise erst nach Rechtskraft des Beschlusses weiter.[80]

72 LAG Hamm v. 29.10.1997, LAGE § 5 KSchG Nr. 33; KR/*Friedrich*, § 5 KSchG Rn 119; Ascheid/Preis/Schmidt/*Ascheid*, § 5 KSchG Rn 87.

73 LAGE § 5 KSchG Nr. 33.

74 Ascheid/Preis/Schmidt/*Ascheid*, § 5 KSchG Rn 86; KR/*Friedrich*, § 5 KSchG Rn 120 m.w.N.

75 BAG v. 16.3.1988, AP Nr. 16 zu § 130 BGB; KR/*Friedrich*, § 5 KSchG Rn 122 m. zahlreichen N.

76 Ascheid/Preis/Schmidt/*Ascheid*, § 5 KSchG Rn 89.

77 KR/*Friedrich*, § 5 KSchG Rn 124; LAG BW v. 4.4.1989, NZA 1989, 824.

78 ErfK/*Kiel*, § 5 KSchG Rn 28.

79 Vgl. BAG v. 14.10.1982, AP ArbGG 1979 § 72 Nr. 2; KR/*Friedrich*, § 5 KSchG Rn 127.

80 KR/*Friedrich*, § 5 KSchG Rn 169.

Nach § 5 Abs. 4 S. 1 KSchG n.F. ist das Verfahren über den Antrag auf nachträgliche Zulassung nunmehr mit dem Verfahren über die Klage zu verbinden, wodurch auf das bisher obligatorische Zwischenverfahren verzichtet wird. Das Arbeitsgericht entscheidet über die nachträgliche Klagezulassung und Klage in der Regel durch Urteil.[81] Das Arbeitsgericht kann das Verfahren jedoch zunächst auf die Verhandlung und Entscheidung über den Antrag auf nachträgliche Zulassung beschränken. In diesem Fall ergeht die Entscheidung durch Zwischenurteil, das wie ein Endurteil angefochten werden kann.

2. Zulässigkeit des Antrags

Der Antrag ist zulässig, wenn die Klage auf Feststellung der Rechtsunwirksamkeit der Kündigung erhoben ist, ferner die Antragsfrist gewahrt ist und innerhalb der Antragsfrist der Antrag begründet worden ist und die Mittel der Glaubhaftmachung bezeichnet sind. Fehlt es an einem dieser Erfordernisse, ist der Antrag durch Urteil als unzulässig abzuweisen. 43

3. Begründetheit des Antrags

Im Rahmen der Begründetheit des Antrags ist nur zu prüfen, ob die zur Begründung der nachträglichen Zulassung vorgetragenen Tatsachen die nachträgliche Klagezulassung rechtfertigen und ob ausreichende Glaubhaftmachung vorliegt. 44

Die erleichterte Beweisführung im Verfahren nach § 5 KSchG ist auf die Frage beschränkt, ob die – etwa verspätete – Klageerhebung verschuldet ist. Es ist nach überwiegender Auffassung nicht zu prüfen, wann die Kündigung dem Arbeitnehmer zugegangen ist, also ob die Klage überhaupt verspätet erhoben worden ist.[82] Es wird also bei der Entscheidung über den Antrag auf nachträgliche Zulassung der Klage die **Versäumung der Drei-Wochen-Frist unterstellt**.[83] Diese Auffassung stößt schon deshalb auf erhebliche Bedenken, weil es kaum vorstellbar ist, dass der Gesetzgeber das Gericht zu einer vorsorglichen Prüfung der Rechtslage hat veranlassen wollen. Das kann allenfalls für Ausnahmefälle gelten. Bereitet die Aufklärung über den Zeitpunkt des Zugangs der Kündigung und damit auch die Feststellung, ob die Klagefrist überhaupt versäumt worden ist, keine besonderen Schwierigkeiten, dann kann nicht einfach dahingestellt bleiben, ob die Klagefrist eingehalten ist oder nicht. 45

Die **Erfolgsaussichten** der Kündigungsschutzklage werden im Zulassungsverfahren **nicht geprüft**. Nicht zu prüfen sind auch sämtliche Einwendungen des Arbeitgebers gegen die materielle Berechtigung der Kündigung. 46

Die **Mittel zur Glaubhaftmachung** müssen zur anberaumten mündlichen Verhandlung vorliegen. **Benannte Zeugen** sind vom Kläger zum Verhandlungstermin zu stellen.[84] Es steht im pflichtgemäßen Ermessen des Kammervorsitzenden, ob er gem. § 56 ArbGG benannte Zeugen zum Verhandlungstermin lädt.[85] Ist ein Beweismittel nicht sofort verfügbar, geht das nach § 294 Abs. 2 ZPO zu Lasten desjenigen, der sich auf das Beweismittel beruft.[86] 47

81 ErfK/*Kiel*, § 5 KSchG Rn 28.

82 Vgl. dazu KR/*Friedrich*, § 5 KSchG Rn 135 m.w.N.

83 KR/*Friedrich*, § 5 KSchG Rn 134.

84 LAG Düsseldorf v. 9.3.1971, DB 1972, 53; LAG BW v. 8.3.1988, LAGE § 5 KSchG Nr. 37; KR/*Friedrich*, § 5 KSchG Rn 139; a.A. *Schaub*, Arbeitsrechts-Handbuch, § 136 II 1 Rn 35.

85 KR/*Friedrich*, § 5 KSchG Rn 141.

86 LAG München v. 3.11.1975, DB 1976, 732; LAG Baden-Württemberg v. 8.3.1988, LAGE KSchG 1969 § 5 Nr. 37.

48 Werden die Zeugen nicht zum Verhandlungstermin gestellt oder erscheinen sie nicht trotz entsprechender Ladung durch das Gericht, so ist eine **Vertagung unzulässig.**[87]

Erscheint der Kläger nicht zum Verhandlungstermin (Gütetermin oder Kammertermin), ist **auf Antrag des Arbeitgebers die Kündigungsschutzklage durch Versäumnisurteil im Ganzen abzuweisen.**[88] Legt der Arbeitnehmer rechtzeitig gegen das Versäumnisurteil Einspruch ein, ist dann über den Antrag auf nachträgliche Zulassung zu entscheiden.[89] Erscheint der beklagte Arbeitgeber nicht, so darf ein der Kündigungsschutzklage stattgebendes Versäumnisurteil nur dann ergehen, wenn das Arbeitsgericht die Kündigungsschutzklage für rechtzeitig hält.[90] Anderenfalls hat die Kammer über die Frage der nachträglichen Klagezulassung vorab zu entscheiden.

87 KR/*Friedrich*, § 5 KSchG Rn 141.

88 *Reinecke*, NZA 1985, 243; KR/*Friedrich*, § 5 KSchG Rn 148a, 148b; Ascheid/Preis/Schmidt/*Ascheid*, § 5 KSchG Rn 101.

89 Ascheid/Preis/Schmidt/*Ascheid*, § 5 KSchG Rn 101; KR/*Friedrich*, § 5 KSchG Rn 148a.

90 So zutreffend KR/*Friedrich*, § 5 KSchG Rn 148a.

§ 23 Die Güteverhandlung

Peter Friedhofen

Inhalt

	Rn
I. Einführung	1
II. Die Güteverhandlung	4
1. Vorbereitung der Güteverhandlung	4
2. Persönliches Erscheinen	5
3. Die Verhandlung	7
4. Klagerücknahme	13
5. Anerkenntnis und Verzicht	14
6. Vergleich	16
7. Zulässigkeitsrügen	19
III. Alleinentscheidung durch den Vorsitzenden	20
1. Die Alleinentscheidungsbefugnis	20
2. Die Alleinentscheidung auf Antrag beider Parteien	23
IV. Beweisbeschluss vor der streitigen Verhandlung, § 55 Abs. 4 ArbGG	29

Literatur

Schmidt/Schwab/Wildschütz, Die Auswirkungen der Reform des Zivilprozesses auf das arbeitsgerichtliche Verfahren (Teil 1), NZA 2001 1161.

I. Einführung

Die mündliche Verhandlung beginnt mit einer Verhandlung **vor dem Vorsitzenden zum Zwecke der gütlichen Einigung der Parteien** (Güteverhandlung), § 54 Abs. 1 S. 1 ArbGG. Der Vorsitzende hat zu diesem Zweck das gesamte Streitverhältnis mit den Parteien unter freier Würdigung aller Umstände zu erörtern, § 54 Abs. 1 S. 2 ArbGG. Der Vorsitzende kann die Güteverhandlung mit Zustimmung der Parteien in einem weiteren Termin, der alsbald stattzufinden hat, fortsetzen, § 54 Abs. 1 S. 5 ArbGG. Die Durchführung der Güteverhandlung ist im Urteilsverfahren mit Ausnahme des einstweiligen Rechtsschutzes **obligatorisch**. Erscheinen oder verhandeln beide Parteien in der Güteverhandlung nicht, so ist das Ruhen des Verfahrens anzuordnen, § 54 Abs. 5 S. 1 ArbGG. 1

Bei Klageänderung oder Klageerweiterung nach der Güteverhandlung ist eine weitere Güteverhandlung nicht erforderlich.[1] 2

Die Güteverhandlung ist ein **besonderer Verfahrensabschnitt** im Rahmen der einheitlichen mündlichen Verhandlung.[2] In der Güteverhandlung soll möglichst „unter freier Würdigung aller Umstände“ eine Einigung der Parteien erreicht werden. Darüber hinaus dient die Güteverhandlung der Vorbereitung der streitigen Verhandlung. 3

1 *Germelmann u.a.*, § 54 Rn 7.

2 *Germelmann u.a.*, § 54 Rn 1, 7.

II. Die Güteverhandlung

1. Vorbereitung der Güteverhandlung

4 Zur Güteverhandlung liegt dem Kammervorsitzenden in aller Regel nur die Klageschrift vor, ggf. noch ein Bestellungsschriftsatz des gegnerischen Prozessbevollmächtigten und, wenn der Gütetermin nicht alsbald stattfindet, auch noch eine Klageerwiderung, obwohl gem. § 47 Abs. 2 ArbGG eine Aufforderung an den Beklagten, sich auf die Klage schriftlich zu äußern, in der Regel nicht erfolgt. Die Güteverhandlung vor dem Vorsitzenden mit dem Ziel der gütlichen Einigung soll nicht durch einen schriftlichen Einlassungszwang schon zur Güteverhandlung erschwert werden. Zwar ist im Einzelnen umstritten, welche vorbereitenden Maßnahmen der Vorsitzende zur Güteverhandlung treffen kann.[3] Praktische Auswirkungen hat dieser Streit in aller Regel nicht.

2. Persönliches Erscheinen

5 Der Vorsitzende kann gem. § 51 Abs. 1 S. 1 ArbGG das persönliche Erscheinen der Parteien in jeder Lage des Rechtsstreits anordnen, und damit auch schon zur Güteverhandlung.

6 *Praxishinweis*

Der Vorsitzende kann **Akten beiziehen**, auf die schriftsätzlich Bezug genommen worden ist.

3. Die Verhandlung

7 Der Vorsitzende hat das gesamte Streitverhältnis mit den Parteien **unter freier Würdigung aller Umstände** zu erörtern, § 54 Abs. 1 S. 2 ArbGG. Er hat mit den Parteien die Erfolgsaussichten der Klage unter Einschluss des in aller Regel in der Güteverhandlung erfolgenden mündlichen Vortrags des Beklagten zur erörtern, auf rechtliche Probleme, insbesondere die jeweilige Darlegungs- und Beweislast hinzuweisen und, soweit notwendig, die Parteien gem. § 139 ZPO richterlich aufzuklären.

8 Zur Aufklärung des Sachverhaltes kann der Vorsitzende alle Handlungen vornehmen, die sofort erfolgen können, § 54 Abs. 1 S. 3 ArbGG. Er kann sich z.B. Urkunden oder Unterlagen zur Einsichtnahme vorlegen lassen. Er kann die Parteien zu konkreten Punkten befragen. Eine Beweisaufnahme in der Güteverhandlung ist grundsätzlich unzulässig (§ 58 Abs. 1 ArbGG); eine rein informatorische Befragung anwesender Zeugen wie auch Sachverständiger ist hingegen zulässig.[4]

9 *Praxishinweis*

Davon sollte nur sehr zurückhaltend Gebrauch gemacht werden, um eine erforderliche Beweisaufnahme vor der Kammer unbelastet durchführen zu können.

10 **Eidliche Vernehmungen sind jedoch ausgeschlossen**, § 54 Abs. 1 S. 4 ArbGG.

11 Mit **Zustimmung der Parteien** kann der Vorsitzende die Güteverhandlung in einem weiteren Termin fortsetzen, der **alsbald** stattzufinden hat. Ein weiterer Gütetermin empfiehlt

3 *Germelmann u.a.*, § 54 Rn 13 ff.; *Schaub*, Arbeitsgerichtsverfahren, § 28 Rn 7.

4 *Germelmann u.a.*, § 54 Rn 26.

sich vor allen Dingen dann, wenn nach dem Eindruck des Vorsitzenden eine gütliche Einigung in dem nächsten Gütetermin zu erwarten ist.

Regelmäßig werden in der Güteverhandlung die **Anträge nicht gestellt**. Dies geschieht regelmäßig erst in der streitigen Verhandlung. Die Anträge können aber schon in der Güteverhandlung zu Protokoll genommen werden. 12

4. Klagerücknahme

Die Klage kann bis zum Stellen der Anträge ohne **Einwilligung des Beklagten** zurückgenommen werden, § 54 Abs. 2 S. 1 ArbGG. In diesem Fall entstehen keine Gerichtskosten. Eine Kostenerstattungspflicht hinsichtlich der außergerichtlichen Kosten besteht gem. § 12a Abs. 1 ArbGG nicht. Deswegen ist in aller Regel ein Beschluss über die Kostentragungspflicht nach Klagerücknahme entbehrlich. Die Klagerücknahme ist gem. § 160 Abs. 3 Nr. 8 ZPO zu protokollieren. 13

5. Anerkenntnis und Verzicht

Im Gütetermin kann der Kläger auf den geltend gemachten Anspruch gem. § 306 ZPO verzichten. Der Beklagte kann den Anspruch des Klägers anerkennen, § 307 ZPO. Beide Erklärungen sind zu protokollieren (§ 160 Abs. 3 Nr. 1 ZPO) und genehmigungspflichtig (§ 162 Abs. 1 ZPO). Gem. § 55 Abs. 1 Nr. 2 und 3 ArbGG **entscheidet der Vorsitzende allein** bei **Verzicht** oder **Anerkenntnis**. Ob der Vorsitzende in diesen Fällen noch in der Güteverhandlung entscheiden kann oder ob das Güteverfahren zunächst beendet sein muss, damit der Vorsitzende das Alleinentscheidungsrecht nach § 55 ArbGG ausüben kann, ist umstritten, indessen auch von untergeordneter Bedeutung.[5] 14

In der Güteverhandlung erklärte gerichtliche Geständnisse nach § 288 ZPO haben nur dann bindende Wirkung, wenn sie zu Protokoll erklärt worden sind. 15

6. Vergleich

Der Abschluss eines Vergleichs ist in die Niederschrift aufzunehmen, § 54 Abs. 3 ArbGG. Er ist gem. § 160 Abs. 3 Nr. 1 ZPO zu protokollieren. Er ist den Parteien vorzulesen bzw. vorzuspielen und von den Parteien zu genehmigen. Aus dem Prozessvergleich kann die Zwangsvollstreckung betrieben werden (§ 794 ZPO). 16

Gem. § 278 Abs. 6 ZPO kann das Gericht den Parteien einen Vergleichsvorschlag unterbreiten und den Parteien eine Annahmefrist setzen. Erklären beide Seiten die Annahme des Vergleichsvorschlages, stellt der Vorsitzende das Zustandekommen des Vergleiches durch Beschluss fest. 17

Die **Erledigung der Hauptsache** kann in der Güteverhandlung erklärt werden (§ 91a ZPO). Der Kostentragungsbeschluss kann ohne mündliche Verhandlung und deshalb gem. § 53 ArbGG durch den Vorsitzenden allein ergehen. 18

5 Vgl. zum Ganzen *Germelmann u.a.*., § 54 Rn 8, 34.

7. Zulässigkeitsrügen

19 Gem. § 54 Abs. 2 S. 3 ArbGG sind § 39 S. 1 ZPO und § 282 Abs. 3 S. 1 ZPO nicht anzuwenden. Dies bedeutet, dass Rügen die Rechtswegzuständigkeit oder die örtliche Zuständigkeit oder die Zulässigkeit betreffend, nicht bereits in der Güteverhandlung erhoben werden müssen. Durch die rügelose Einlassung in der Güteverhandlung verliert eine Partei nicht das Recht, die Rüge nach der Güteverhandlung zu erheben.

III. Alleinentscheidung durch den Vorsitzenden

1. Die Alleinentscheidungsbefugnis

20 Gem. § 55 Abs. 1 ArbGG entscheidet der Vorsitzende allein

1. bei Zurücknahme der Klage;
2. bei Verzicht auf den geltend gemachten Anspruch;
3. bei Anerkenntnis des geltend gemachten Anspruchs;
4. bei Säumnis einer Partei;

4a. über die Verwerfung des Einspruchs gegen ein Versäumnisurteil oder einen Vollstreckungsbescheid als unzulässig

5. bei Säumnis beider Parteien;
6. über die einstweilige Einstellung der Zwangsvollstreckung;
7. über die örtliche Zuständigkeit;
8. über die Aussetzung des Verfahrens;
9. wenn nur noch über die Kosten zu entscheiden ist;
10. bei Entscheidungen über eine Berichtigung des Tatbestandes, soweit nicht eine Partei eine mündliche Verhandlung hierfür beantragt;
11. im Fall des § 11 Abs. 3 über die Zurückweisung des Bevollmächtigten oder die Untersagung der weiteren Vertretung.

21 Gem. § 55 Abs. 2 ArbGG kann der Vorsitzende in den Fällen des Abs. 1 Nr. 1, 3 und 4a bis 10 eine Entscheidung ohne mündliche Verhandlung treffen. Dies gilt mit Zustimmung der Parteien auch in dem Fall des Abs. 1 Nr. 2.

22 Der Vorsitzende hat in allen Fällen des § 55 Abs. 1 ArbGG ein **Alleinentscheidungsrecht**, unabhängig davon, ob eine mündliche Verhandlung stattfindet oder nicht. Die Aufzählung in § 55 Abs. 1 ArbGG ist abschließend.

2. Die Alleinentscheidung auf Antrag beider Parteien

23 Gem. § 55 Abs. 3 ArbGG **entscheidet der Vorsitzende allein**, wenn in der Verhandlung, die sich unmittelbar an die Güteverhandlung anschließt, eine das Verfahren beendende Entscheidung ergehen kann und die Parteien übereinstimmend eine Entscheidung durch den Vorsitzenden beantragen; der Antrag ist in die Niederschrift aufzunehmen.

24 Die Güteverhandlung muss beendet sein. Das ist sie, weil sie nicht zur gütlichen Einigung oder sonstigen Erledigung des Rechtsstreits geführt hat. In **unmittelbarem Anschluss** an die Güteverhandlung bedeutet, dass die Fortsetzung des Verfahrens ohne wesentliche Unterbrechung stattfinden muss.[6]

6 *Germelmann u.a.*, § 55 Rn 41.

Praxishinweis 25
Dabei ist im Interesse der Parteien, die die Alleinentscheidung des Vorsitzenden beantragen, allzu große Förmelei zu vermeiden. Es soll im Interesse der Parteien eine schnelle Entscheidung durch den Vorsitzenden ermöglicht werden, sodass im Interesse der rechtsuchenden Parteien auch eine kurzfristige Unterbrechung, in der der Vorsitzende eine andere Sache verhandelt, um dann die streitige Verhandlung mit den Parteien zu beginnen, der Alleinentscheidungsbefugnis nicht im Wege stehen kann.[7]

Die **Alleinentscheidungs-Kompetenz** dient der Verfahrensbeschleunigung. Deswegen muss **eine das Verfahren beendende Entscheidung** ergehen **können**. Es genügt also die Möglichkeit einer verfahrensbeendenden Entscheidung. Die Durchführung einer Beweisaufnahme ist möglich, sofern die Beweismittel präsent sind. Stellt sich gleichwohl heraus, dass die Sache nicht entscheidungsreif ist, so ist Termin zur streitigen Verhandlung vor der Kammer zu bestimmen.[8] Da in diesem Fall der Beschleunigungseffekt nicht mehr eintreten kann, ist der Ausschluss der ehrenamtlichen Richter bei der Entscheidungsfindung nicht mehr gerechtfertigt.[9] Die in der Verhandlung vor dem Vorsitzenden vorgenommenen Prozesshandlungen bleiben indessen wirksam.[10] Das Einverständnis der Parteien mit der Alleinentscheidung des Vorsitzenden kann sich auf abtrennbare Streitgegenstände beschränken. 26

Über die **Zulässigkeit des Rechtsweges** und die **nachträgliche Zulassung** kann nur die **Kammer** entscheiden, unabhängig davon, ob mündlich verhandelt wird oder nicht (§ 5 Abs. 2 S. 1 KSchG; § 48 Abs. 1 Nr. 2 ArbGG). 27

Praxishinweis 28
In der Praxis wird von der Alleinentscheidungs-Kompetenz des Vorsitzenden leider viel zu wenig Gebrauch gemacht. Dies ist kaum nachvollziehbar. Ist ein Rechtsstreit durch entsprechende Sachverhaltsaufklärung in der Güteverhandlung entscheidungsreif – jedenfalls in den Fällen, in denen es keiner Beweisaufnahme bedarf –, so dürfte die Alleinentscheidung durch den Vorsitzenden im wohlverstandenen Interesse beider Parteien liegen, es sei denn, das Hinauszögern einer gerichtlichen Entscheidung ist gewollt. Die Rechtsmittel gegen eine Alleinentscheidung des Vorsitzenden sind dieselben, wie wenn die Entscheidung durch die voll besetzte Kammer ergangen wäre.

IV. Beweisbeschluss vor der streitigen Verhandlung, § 55 Abs. 4 ArbGG

Im Interesse der Verfahrensbeschleunigung kann der **Vorsitzende vor der streitigen Verhandlung einen Beweisbeschluss erlassen**, soweit er eine Beweisaufnahme durch den ersuchten Richter oder eine schriftliche Beantwortung der Beweisfrage nach § 377 Abs. 3 ZPO oder die Einholung amtlicher Auskünfte oder eine Parteivernehmung oder die Einholung eines schriftlichen Sachverständigen-Gutachtens anordnet. Bis auf die Parteivernehmung können diese Anordnungen vor der streitigen Verhandlung ausgeführt werden. 29

7 Anders *Germelmann u.a.*, § 55 Rn 41.
8 *Schaub*, Arbeitsgerichtsverfahren, § 28 Rn 23; *Germelmann u.a.*, § 55 Rn 42.
9 *Schaub*, Arbeitsgerichtsverfahren, § 28 Rn 23; *Germelmann u.a.*, § 55 Rn 42.
10 *Germelmann u.a.*, § 55 Rn 42 m.w.N.

§ 24 Der Kammertermin

Peter Friedhofen

Inhalt

	Rn
I. Einführung	1
II. Streitige Verhandlung	5
1. Die Aufforderung zur Klageerwiderung binnen einer angemessenen Frist	8
2. Auflage an den Kläger	9
3. Zurückweisung verspäteten Vortrags	10

Literatur

Gift/Baur, Das Urteilsverfahren vor den Gerichten für Arbeitssachen, 1993; **Düwell/Lipke**, Arbeitsgerichtsverfahren, Kommentar, 2000.

I. Einführung

1 Der Vorsitzende hat die **streitige Verhandlung so vorzubereiten,** dass sie **möglichst in einem Termin zu Ende** geführt werden kann, §§ 56 Abs. 1 S. 1, 57 Abs. 1 S. 1 ArbGG. Ist das nicht durchführbar, insbesondere weil eine Beweisaufnahme nicht sofort stattfinden kann, so ist der Termin zur weiteren Verhandlung, die sich alsbald anschließen soll, sofort zu verkünden, § 57 Abs. 1 S. 2 ArbGG. Die gütliche Erledigung des Rechtsstreits soll während des ganzen Verfahrens angestrebt werden, § 57 Abs. 2 ArbGG.

2 **Kündigungsverfahren** sind gem. § 61a ArbGG **besonders zu fördern**. Verfahren in Rechtsstreitigkeiten über das Bestehen, das Nichtbestehen oder die Kündigung eines Arbeitsverhältnisses sind vorrangig zu erledigen, § 61a Abs. 1 ArbGG. Bleibt die Güteverhandlung erfolglos oder wird das Verfahren nicht in einer sich unmittelbar anschließenden weiteren Verhandlung abgeschlossen, fordert der Vorsitzende den Beklagten auf, binnen einer angemessenen Frist, die mindestens zwei Wochen betragen muss, im Einzelnen unter Beweisantritt schriftlich die Klage zu erwidern, wenn der Beklagte noch nicht oder nicht ausreichend auf die Klage erwidert hat, § 61a Abs. 3 ArbGG.

3 Der Vorsitzende kann dem Kläger zur schriftlichen Stellungnahme auf die Klageerwiderung eine **angemessene Frist** setzen, die mindestens zwei Wochen betragen muss, § 61a Abs. 4 ArbGG. Angriffs- und Verteidigungsmittel, die erst nach Ablauf dieser Fristen vorgebracht werden, sind nur zuzulassen, wenn nach der freien Überzeugung des Gerichts ihre Zulassung die Erledigung des Rechtsstreits nicht verzögert oder wenn die Partei die Verspätung genügend entschuldigt. Die Parteien sind über die Folgen der Fristversäumung zu belehren, § 61a Abs. 5 und 6 ArbGG.

4 Damit die streitige Verhandlung möglichst in einem Termin zu Ende geführt werden kann, soll der Vorsitzende, soweit es sachdienlich erscheint, insbesondere den Parteien die Ergänzung oder Erläuterung ihrer vorbereitenden Schriftsätze sowie die Vorlegung von Urkunden und von anderen zur Niederlegung bei Gericht geeigneten Gegenständen aufgeben, insbesondere eine Frist zur Erklärung über bestimmte klärungsbedürftige Punkte setzen sowie amtliche Auskünfte einholen und das persönliche Erscheinen der Parteien anordnen sowie Zeugen,

auf die sich eine Partei bezogen hat, und Sachverständige zur mündlichen Verhandlung laden, § 56 Abs. 1 ArbGG.

II. Streitige Verhandlung

5 Nach der Vorstellung des Gesetzgebers soll sich die **streitige Verhandlung vor der Kammer** unmittelbar an die erfolglose Güteverhandlung anschließen. Dies ergibt sich aus § 61a Abs. 3 ArbGG.

6 *Praxishinweis*
Diese Vorstellung ist jedenfalls in Zeiten extrem hoher Eingangszahlen und einer stark steigenden Anzahl von Bestandsschutzstreitigkeiten realitätsfern. Deswegen findet in aller Regel eine Güteverhandlung vor dem Vorsitzenden statt. Können sich die Parteien nicht in der Güteverhandlung einigen und wird der Rechtsstreit nicht anderweitig, etwa durch Klagerücknahme oder Anerkenntnis, einer Erledigung zugeführt, bestimmt der Vorsitzende einen Termin zur streitigen Verhandlung vor der Kammer und wird dazu die entsprechenden Auflagen erteilen. Eine Güteverhandlung vor dem Vorsitzenden mit sich unmittelbar daran anschließender Verhandlung vor der Kammer wird allenfalls dann in Betracht kommen, wenn eine Partei oder beide Parteien von weit her anreisen müssen und der Streitstoff so ist, dass kaum in der Güteverhandlung mit einer Einigung der Parteien zu rechnen ist.

7 Die besondere Prozessförderungspflicht in Kündigungsverfahren gem. § 61a ArbGG erstreckt sich auf die Ansprüche, die zusammen mit einer Bestandsstreitigkeit geltend gemacht werden, wie z.B. die **Klagerweiterung auf Vergütungszahlung, auf Weiterbeschäftigung und Zeugniserteilung**.

Von der besonderen Prozessförderungspflicht nicht erfasst werden Rechtsstreitigkeiten darüber, ob früher einmal zwischen den Parteien ein Arbeitsverhältnis bestanden hat. Ebenso nicht erfasst werden Rechtsstreitigkeiten, in denen das Arbeitsverhältnis unstreitig noch besteht.[1]

1. Die Aufforderung zur Klageerwiderung binnen einer angemessenen Frist

8 Gerade im Hinblick auf die Möglichkeit, verspätetes Vorbringen gem. § 61a Abs. 5 ArbGG zurückzuweisen, stellt sich die Frage, wie konkret die Auflage des Vorsitzenden zur Vorbereitung der streitigen Verhandlung sein muss. Während *Germelmann*[2] die Auffassung vertritt, die **Auflage** des Vorsitzenden müsse, wenn die Verspätungsfolge des Abs. 5 eintreten solle, **konkret** gestaltet sein, wird diese Auffassung von anderen Autoren nicht geteilt.[3] Eine für alle Fälle allgemein gültige Regel lässt sich nicht aufstellen. Hat der Beklagte nicht oder nicht ausreichend Stellung genommen, ist die Aufforderung des Vorsitzenden zur **Klageerwiderung unter Beweisantritt im Einzelnen binnen einer bestimmten Frist** ausreichend, um die Verspätungsfolge des § 61a Abs. 5 ArbGG auslösen zu können. Sind die klärungsbedürftigen Punkte für den Vorsitzenden bei Auflagenerteilung erkennbar, dann muss

1 Vgl. *Germelmann u.a.*, § 61a Rn 5, 6 f.
2 *Germelmann u.a.*, § 61a Rn 13, § 56 Rn 7.
3 *Gift/Baur*, E Rn 805; Düwell/Lipke/*Ziemann*, § 61a Rn 10.

er dem Beklagten eine präzise Auflage erteilen, wenn die Klageerwiderungsfrist **präkludierende Wirkung** haben soll. Auch im Rahmen der Vorbereitungsmaßnahmen ist die **Grenze** zur unstatthaften **Amtsermittlung** und zur **Parteilichkeit** stets zu beachten. **Jeder eine Seite begünstigende Hinweis erweist sich als belastend für die Gegenseite.**[4] Die Aufforderung zur Ergänzung und Erläuterung an eine Partei muss immer einen **konkreten Anknüpfungspunkt** im bisherigen Vorbringen der Partei haben.[5]

2. Auflage an den Kläger

Im Hinblick auf die abgestufte Darlegungs- und Beweislast im Kündigungsschutzprozess ist die **Notwendigkeit einer Replik** die Regel, sodass es regelmäßig zur entsprechenden Auflage an den Kläger zur Vorbereitung der streitigen Verhandlung vor der Kammer kommt. Nur dann, wenn der Beklagte nichts Erhebliches vorgetragen hat, bedarf es keiner Replik. Dies weiß indessen der Vorsitzende bei Auflagenerteilung nicht. Auch hier lässt sich nicht von vornherein eine allgemein gültige Regel aufstellen, ob sich der Vorsitzende bei der Auflage an den Kläger mit einer allgemein gehaltenen Auflage begnügen kann oder ob er die Auflage zu konkretisieren hat. Hier gilt dasjenige, was oben (siehe Rn 8) zur Auflage an den Beklagten ausgeführt ist. Es ist nicht die Aufgabe des Vorsitzenden, dem Kläger, der die soziale Auswahl bisher nicht gerügt hat, in einer Auflage mitzuteilen, was alles vorgetragen werden müsse, um eine entsprechende Darlegungslast auf der Gegenseite entstehen zu lassen. Es ist auch nicht die Aufgabe des Vorsitzenden, einer Partei im Rahmen der Auflagenerteilung zu erklären, wie substantiiert ein Bestreiten sein muss, um erheblich zu sein. Erst dann, wenn aus dem Vortrag einer Partei erkennbar wird, auf welche Gründe sie sich zur Geltendmachung der Unwirksamkeit der Kündigung etwa beruft und genügt der bisherige Vortrag nicht, kommt eine ergänzende Auflage des Vorsitzenden in Betracht. Hat der Kläger mit der Erhebung der Kündigungsschutzklage beispielsweise nur die **Sozialwidrigkeit einer Kündigung** geltend gemacht, dann weiß der Vorsitzende, auch wenn der Beklagte vorgetragen hat, nicht, welche Tatsachen der Kläger bestreiten will oder nicht. Erst dann, wenn erkennbar ist, welche Tatsachen der Kläger bestreiten will, kommt eine ergänzende Auflage in Betracht. 9

3. Zurückweisung verspäteten Vortrags

Die Zurückweisung setzt zunächst voraus, dass die Partei über die Folge der Fristversäumung belehrt worden ist, § 61a Abs. 6 ArbGG. Sind die Parteien anwaltlich vertreten, muss ein Hinweis auf die gesetzliche Bestimmung als ausreichend erachtet werden.[6] Sind die Parteien hingegen nicht anwaltlich vertreten, sind sie konkret zu belehren. 10

Eine **Verzögerung** liegt vor, wenn die Zulassung verspäteten Vorbringens zur Anberaumung eines weiteren Termins führte. Aber selbst bei deutlicher Fristüberschreitung darf das Gericht das Vorbringen dann nicht als verspätet zurückweisen, wenn das Gericht bis zum angesetzten Verhandlungstermin noch ausreichend Zeit hat, etwa benannte Zeugen zu laden, in Bezug genommene Urkunden anzufordern etc. Auch verspätet benannte, aber zum Termin präsentierte 11

4 GK-ArbGG/*Dörner*, § 56 Rn 8.

5 GK-ArbGG/*Dörner*, § 56 Rn 8.

6 Zutreffend LAG Schleswig-Holstein v. 12.1.1989, NJW-RR 1989, 441 f.

Zeugen sind vom Gericht zu vernehmen.[7] Allerdings kann das Gericht, das für eine Verhandlung nach dem bisherigen Sach- und Streitstand etwa eine 30-minütige Verhandlungsdauer anberaumt hat, durch die Stellung präsenter Zeugen nicht dazu gezwungen werden, die vorgesehenen 30 Minuten um mehrere Stunden zu überschreiten.

12 *Praxishinweis*

Jeder Richter wird seinen Verhandlungstermin bezüglich Anzahl und Schwierigkeit so terminieren, dass er auch noch mit den Beisitzern in der Lage ist, den Streitstoff innerhalb angemessener Zeit intellektuell zu verarbeiten und richtig würdigen zu können. Die Grenzen mögen fließend sein. Bei der heutigen arbeitsgerichtlichen Termindichte ist es unzumutbar, wenn statt der vorgesehenen fünf Zeugen, die geladen worden sind, in einem weiteren Verfahren noch sieben weitere Zeugen, die präsentiert worden sind, vernommen werden sollen.

13 Gleichwohl sollte mit der Zurückweisung verspäteten Vorbringens sorgsam umgegangen werden: **Vor der Zurückweisung** ist auf jeden Fall **rechtliches Gehör** zu gewähren.

14 **Wird die Verspätung genügend entschuldigt**, ist der verspätete Vortrag zuzulassen. Als Entschuldigungsgründe kommen grundsätzlich alle Hindernisse und Umstände in Betracht, die dazu geführt haben, dass die Partei oder der Prozessbevollmächtigte nicht in der Lage waren, die Frist einzuhalten.

15 Das Gericht entscheidet in Ausübung **pflichtgemäßen Ermessens**, ob eine eingetretene Verzögerung ausreichend entschuldigt wird. Darüber entscheidet die Kammer zugleich mit der Hauptsache. Ist Vorbringen fehlerhaft als verspätet zurückgewiesen worden, kann dies im Berufungsverfahren gerügt werden. Ist verspätetes Vorbringen vom Arbeitsgericht zu Recht zurückgewiesen worden, kann es auch im Berufungsverfahren nicht mehr geltend gemacht werden.[8] Hat das Arbeitsgericht hingegen zu Unrecht verspätetes Parteivorbringen zugelassen, ist dies unanfechtbar.[9]

7 BAG v. 23.11.1988, NZA 1989, 436; *Germelmann u.a.*, § 56 Rn 35.

8 *Germelmann u.a.*, § 56 Rn 42; *Schaub*, Arbeitsgerichtsverfahren, § 51 Rn 136.

9 *Schaub*, Arbeitsgerichtsverfahren, § 51 Rn 138.

§ 25 Die Auflösung des Arbeitsverhältnisses durch Urteil und Abfindung

Dr. Klaus Rinck

Inhalt

	Rn
I. Einführung	1
II. Der Auflösungsantrag	3
1. Allgemeine Voraussetzungen des Auflösungsantrages	3
2. Form, Inhalt und Zeitpunkt des Auflösungsantrages	9
3. Auflösungsgründe	16
a) Gründe für einen arbeitnehmerseitigen Auflösungsantrag	16
b) Gründe für einen arbeitgeberseitigen Auflösungsantrag	23
c) Auflösungsantrag beider Parteien	32
III. Bemessungsfaktoren für die Höhe der auszuurteilenden Abfindung	33
IV. Gerichtliche Entscheidung im Kündigungsschutzprozess mit Auflösungsantrag und Rechtsmittel	39
V. Verhältnis zu anderen Ansprüchen	41
VI. Streitwert	45

Literatur

Bauer/Krets, Auflösungsantrag im Rahmen einer Änderungsschutzklage, DB 2002, 1937; **Berkowsky**, Auflösungsantrag und Betriebsübergang – Auflösungsantrag des Betriebsveräußerers nach § 9 KSchG trotz Betriebsübergangs?, NZI 2006, 81; **Hertzfeld**, Auflösungsantrag bei Unwirksamkeit der Kündigung aus „anderen als den in § 1 Abs. 2 und 3 KSchG bezeichneten Gründen", NZA 2004, 298; **Holthausen**, Der Auflösungsantrag nach §§ 9, 14 KSchG – Taktisches Gestaltungsmittel des Arbeitgebers im Kündigungsschutzprozess, NZA-RR 2007, 449; **Keßler**, Der Auflösungsantrag nach § 9 KSchG im Spiegel der Judikatur, NZA-RR 2002, 1; **Leisten**, Der beiderseitige Auflösungsantrag im Kündigungsschutzprozess, BB 1994, 2138; **Lunk**, Auflösungsantrag (§ 9 KSchG) und Betriebsratsanhörung, NZA 2000, 807; **Stefan Müller**, Auflösungsantrag des Arbeitgebers und Weiterbeschäftigungsanspruch des Arbeitnehmers im Lichte der Rechtsprechung, BB 2004, 1849; **ders.**, Änderungskündigung und Auflösungsantrag nach § 9 Abs. 1 S. 2 KSchG, DB 2002, 2597; **ders.**, Betriebsratsanhörung bei einem Auflösungsantrag nach § 9 Abs. 1 S. 2 KSchG, BB 2002, 2014; **ders.**, Die Rechtsprechung zum Auflösungsantrag des Arbeitgebers (§ 9 I 2 KSchG) in den Jahren 2003 bis 2008, NZA-RR 2009, 289; **Nägele**, Auflösungsantrag bei besonderem Kündigungsschutz, ArbRB 2005, 143.

I. Einführung

Das Kündigungsschutzgesetz ist nach seiner Konzeption ein „Bestandsschutzgesetz" und kein „Abfindungsgesetz".[1] Die Regelung des § 9 KSchG durchbricht dieses Prinzip. Sie ist gemäß ihrem Charakter als **Ausnahmeregelung** eng auszulegen,[2] was in der Praxis auch regelmäßig geschieht. § 9 KSchG dient dem Ausgleich der wechselseitigen Interessen der Arbeitgeber und Arbeitnehmer bei der Auflösung zerrütteter Arbeitsverhältnisse und ist verfassungsrechtlich nicht zu beanstanden.[3] 1

1 BAG v. 5.11.1964, BAGE 16, 285 = DB 1965, 403; BAG v. 26.11.1981, DB 1982, 757 = NJW 1982, 2015; BAG v. 7.5.1987, NZA 1988, 15 = DB 1988, 450; BAG v. 20.5.1988, RzK I 11 b Nr. 7.

2 BAG v. 7.5.1987, NZA 1988, 15 = DB 1988, 450.

3 BVerfG v. 22.10.2004, NZA 2005, 41 = AP Nr. 49 zu § 9 KSchG 1969.

2 Der Auflösungsantrag kann sowohl vom Arbeitnehmer als auch vom Arbeitgeber gestellt werden. Die jeweiligen Voraussetzungen hierfür sind unterschiedlich. Auf Antrag des **Arbeitnehmers** hat das Gericht das Arbeitsverhältnis aufzulösen, wenn ihm die Fortsetzung des Arbeitsverhältnisses nicht zuzumuten ist (§ 9 Abs. 1 S. 1 KSchG). Der **arbeitgeberseitige** Auflösungsantrag setzt voraus, dass eine den Betriebszwecken dienliche weitere Zusammenarbeit zwischen Arbeitgeber und Arbeitnehmer nicht zu erwarten ist (§ 9 Abs. 1 S. 2 KSchG). Ist der Arbeitnehmer **leitender Angestellter** im Sinne des § 14 Abs. 2 S. 1 KSchG, bedarf der Auflösungsantrag des Arbeitgebers **keiner Begründung** (§ 14 Abs. 2 S. 2 KSchG). Besonderheiten gelten für den Fall, dass beide Parteien einen Auflösungsantrag stellen.

II. Der Auflösungsantrag

1. Allgemeine Voraussetzungen des Auflösungsantrages

3 Ein Auflösungsantrag kann nur im Rahmen eines **anhängigen Kündigungsschutzprozesses** gestellt werden. Das bedeutet, dass weder der Arbeitnehmer noch der Arbeitgeber bloß aufgrund im Arbeitsverhältnis eingetretener Störungen einen isolierten Auflösungsantrag bei Gericht stellen können, sondern nur im Zusammenhang mit einer bereits ausgesprochenen Kündigung. Zudem muss der Arbeitnehmer die ihm gegenüber ausgesprochene außerordentliche oder ordentliche Kündigung **mit einer Kündigungsschutzklage angreifen** und kann dann in diesem Rahmen den Auflösungsantrag als **zusätzlichen** Antrag stellen. Der Arbeitgeber kann den Auflösungsantrag ebenfalls nur im laufenden, gegen ihn betriebenen Kündigungsschutzverfahren anbringen und wird ihn dann meist **hilfsweise** zu dem Klageabweisungsantrag stellen. Ein Antrag auf Auflösung des Arbeitsverhältnisses kann nur gestellt werden, wenn für das Arbeitsverhältnis der **persönliche** (§ 1 Abs. 1 KSchG) und der **sachliche** (§§ 23 ff. KSchG) **Anwendungsbereich** des Kündigungsschutzgesetzes eröffnet ist.

4 § 9 Abs. 1 S. 1 und 2 KSchG gehen davon aus, dass eine **ordentliche** Kündigung gegenüber dem Arbeitnehmer ausgesprochen wurde. Ist die Kündigung sozialwidrig und liegen die übrigen Voraussetzungen gem. § 9 Abs. 1 S. 1 oder S. 2 KSchG vor, so löst das Gericht auf arbeitnehmer- bzw. arbeitgeberseitigen Antrag das Arbeitsverhältnis zu **dem Zeitpunkt** auf, zu dem es **bei sozial gerechtfertigter Kündigung geendet hätte (§ 9 Abs. 2 KSchG)**. Ist die ordentliche Kündigung fristgerecht (oder unter Gewährung einer längeren als der gesetzlich, tarif- oder einzelvertraglich einzuhaltenden Frist) erfolgt, so wird der darin ausgesprochene Beendigungszeitpunkt auch der Auflösung zugrunde gelegt, Hat der Arbeitgeber hingegen die einzuhaltende ordentliche Kündigungsfrist unzulässig verkürzt, so wird das Arbeitsverhältnis zu dem sich bei **zutreffender Fristberechnung** ergebenden Beendigungszeitpunkt aufgelöst.

5 Aus § 13 Abs. 1 S. 3 KSchG ergibt sich, dass auch im Falle einer **außerordentlichen** Kündigung eine Auflösung des Arbeitsverhältnisses beantragt werden kann. Allerdings kann der Antrag im Unterschied zur ordentlichen Kündigung **nur vom Arbeitnehmer** gestellt werden. Ein Auflösungsantrag des Arbeitgebers kann sich nach § 13 Abs. 1 S. 3 KSchG **nicht** auf eine außerordentliche Kündigung beziehen. Dies gilt auch für eine hilfsweise außerordentliche Kündigung mit Auslauffrist im Falle der Unkündbarkeit.[4] Im Falle eines **arbeitnehmerseitigen Antrages** hat das Gericht bei einer **außerordentlichen fristlosen Kündigung** den **Tag des Zugangs** als **Auflösungszeitpunkt** anzusetzen. Bei außerordentlicher

4 BAG v. 26.3.2009, NZA 2009, 679.

Kündigung mit notwendiger oder sozialer **Auslauffrist** wird der Tag zugrunde gelegt, mit dessen Ablauf das Arbeitsverhältnis nach der Kündigungserklärung enden sollte.[5] Das gilt ausweislich des Wortlautes („… den Zeitpunkt festzulegen, **zu dem** die außerordentliche Kündigung ausgesprochen wurde …“) auch unter der Regelung des § 13 Abs. 1 S. 4 KSchG 2004. Der Arbeitnehmer muss sich vor diesem Hintergrund überlegen, ob ein Auflösungsantrag auf der Grundlage einer außerordentlichen fristlosen Kündigung für ihn sinnvoll erscheint. Hat der Arbeitgeber eine fristlose, **hilfsweise fristgerechte** Kündigung ausgesprochen (was sich auch im Wege der Auslegung ergeben kann), wird der Arbeitnehmer regelmäßig die Auflösung des Arbeitsverhältnisses auf der Grundlage (nur) der **fristgerechten Kündigung** beantragen, was zulässig ist.[6] Es ist darauf zu achten, dass dies in Antrag und Begründung hinreichend deutlich zum Ausdruck kommt.

Im Hinblick auf die Frage, ob ein Auflösungsantrag auch gegenüber einer **Änderungskündigung** möglich ist, muss differenziert werden. Nimmt der Arbeitnehmer das Änderungsangebot unter dem Vorbehalt der Überprüfung der sozialen Rechtfertigung der Änderungskündigung an, ist für einen Auflösungsantrag **kein Raum mehr**,[7] da dann Streitgegenstand allein die Frage ist, ob die **Änderung der Arbeitsbedingungen** sozial ungerechtfertigt oder aus anderen Gründen rechtsunwirksam ist (vgl. § 4 S. 2 KSchG). Die Parteien streiten in diesem Fall gerade nicht um die Sozialwidrigkeit der Kündigung, sondern lediglich um die soziale Rechtfertigung des Änderungsangebotes. Anders liegt es, wenn der Arbeitnehmer das Änderungsangebot nicht annimmt. Für diesen Fall wirkt die Kündigung als reine **Beendigungskündigung** und wird auch als solche angegriffen, so dass die **allgemeinen Regelungen** im Hinblick auf einen Auflösungsantrag bei Beendigungskündigungen Anwendung finden.[8] 6

Eine Auflösung des Arbeitsverhältnisses kann nur bei **sozial nicht gerechtfertigter** Kündigung im Sinne des **KSchG** erfolgen. Das bedeutet, dass eine Kündigung, die **ausschließlich** aus anderen Gründen **unwirksam** ist, beispielsweise wegen fehlerhafter Betriebsratsanhörung oder wegen eines Verstoßes gegen besonderen Kündigungsschutz, nicht die Grundlage für einen Auflösungsantrag bilden kann. Das geht zwar aus dem Wortlaut des § 9 Abs. 1 S. 1 KSchG nicht unmittelbar hervor, lässt sich aber aus der Stellung der Vorschrift im KSchG sowie der Formulierung des § 9 Abs. 2 KSchG („… an dem es bei sozial gerechtfertigter Kündigung geendet hätte…“) schlussfolgern. Ist die Kündigung nicht lediglich sozialwidrig, sondern **darüber hinaus** auch aus anderen Rechtsgründen unwirksam, so ist **streitig**, ob eine Auflösung des Arbeitsverhältnisses auf entsprechenden Antrag geschehen kann. Das BAG ist der Auffassung, dass der **Arbeitnehmer** für solche Fälle die Auflösung des Arbeitsverhältnisses verlangen kann,[9] ein Antrag des **Arbeitgebers** jedoch voraussetzt, dass eine Kündigung „nur“ sozialwidrig und nicht auch aus anderen Gründen unwirksam ist.[10] Lediglich in dem Fall, dass die Norm, aus der der Arbeitnehmer die Unwirksamkeit der Kündigung neben der Sozialwidrigkeit herleitet, nicht den Zweck verfolgt, ihm einen zusätzlichen Schutz zu verschaffen, sondern allein der Wahrung der Interessen Dritter dient, steht die sich daraus ergebende Unwirksamkeit der Kündigung dem Auflösungsantrag des Arbeit- 7

5 BAG v. 22.2.1968, BAGE 20, 324 = DB 1968, 671.

6 BAG v. 26.8.1993, NZA 1994, 70 = DB 1994, 432.

7 LAG Berlin v. 2.3.1984, DB 1984, 2464; LAG Rheinland-Pfalz v. 24.1.1986, DB 1986, 1728 = LAGE § 2 KSchG Nr. 2; LAG München v. 29.10.1987, RzK I 11 b Nr. 6; LAG Hamm v. 4.6.1998, RzK I 7 c Nr. 9.

8 BAG v. 29.1.1981, DB 1981, 2438 = NJW 1982, 1118; BAG v. 20.11.1997, RzK I 11 c Nr. 13.

9 BAG v. 29.1.1981, DB 1981, 2438 = NJW 1982, 1118; BAG v. 30.4.1987, RzK I 11 b Nr. 5.

10 BAG v. 9.10.1979, DB 1980, 501 = NJW 1980, 1484; BAG v. 10.11.1994, NZA 1995, 309 = DB 1995, 735; BAG v. 21.9.2000, NZA 2001, 102 = DB 2001, 48; BAG v. 28.11.2007, NZA-RR 2008, 344; BAG v. 28.8.2008, NZA 2009, 275; BAG v. 28.5.2009 – 2 AZR 949/07 – juris.

gebers nicht entgegen.[11] Diese Gegenausnahme kommt in der Praxis aber selten zum Tragen. So sind z.B. die Pflicht zur Beteiligung des Personalrats[12] ebenso wie zwischen den Parteien vertraglich vereinbarte Kündigungsbeschränkungen[13] oder der Sonderkündigungsschutz der schwerbehinderten Menschen[14] Schutznormen zugunsten des Arbeitnehmers. Der Arbeitgeber kann zudem eine Auflösung des Arbeitsverhältnisses verlangen, wenn er **mehrere Kündigungsgründe** geltend macht und **einer** der geltend gemachten Kündigungssachverhalte ausschließlich nach § 1 KSchG wegen Sozialwidrigkeit zur Unwirksamkeit der Kündigung führt. Unschädlich ist dann, dass die Kündigung bzgl. eines weiteren geltend gemachten Sachverhaltes noch unter weiteren Mängeln (z.B. diesbezüglich nicht ordnungsgemäße Anhörung des Betriebsrates) leidet.[15]

8 Die Auflösung des Arbeitsverhältnisses auf Antrag gem. §§ 9, 10 KSchG setzt außerdem voraus, dass ein Arbeitsverhältnis **auch noch zum Auflösungszeitpunkt besteht**. Eine gerichtliche Auflösung ist also dann nicht mehr möglich, wenn das Arbeitsverhältnis bereits aus anderen Gründen **vor** dem Auflösungszeitpunkt geendet hat.[16] Daher kann, wenn der Arbeitnehmer während des Kündigungsschutzprozesses **vor** dem Termin stirbt, zu dem ihm gekündigt worden ist, ein Auflösungsantrag keinen Erfolg mehr haben.[17] Ergeht das Urteil jedoch noch zu Lebzeiten des Arbeitnehmers und wird dieses Auflösungsurteil vor dem nach § 9 Abs. 2 KSchG zu bestimmenden Auflösungszeitpunkt rechtskräftig, wie dies bei langen Kündigungsfristen möglich ist, so soll nach – problematischer – Auffassung des BAG die Verpflichtung des Arbeitgebers zur Zahlung der im Urteil festgesetzten Abfindung nicht entfallen, wenn der Arbeitnehmer vor dem Auflösungszeitpunkt stirbt.[18] Hat das Arbeitsverhältnis **nach** dem vom Gericht nach § 9 Abs. 2 KSchG festzusetzenden Zeitpunkt, aber vor Erlass des Auflösungsurteils, aus anderen Gründen (Tod des Arbeitnehmers, Erreichen der tariflich festgelegten Altersgrenze, weitere Kündigung) geendet, so steht dies einer gerichtlichen Auflösung des Arbeitsverhältnisses nicht entgegen.[19] Besteht zwischen den Parteien über einen anderen Tatbestand, der das Arbeitsverhältnis möglicherweise vor dem Auflösungszeitpunkt beendet (z.B. vorgreifliche Kündigung), noch Streit, wird regelmäßig wegen der Bedeutung einer früheren Beendigung des Arbeitsverhältnisses für den Auflösungs- als auch für den Kündigungsschutzantrag der gesamte Kündigungsschutzrechtsstreit **auszusetzen** sein. Es ist in aller Regel ermessensfehlerhaft, über einen Kündigungsschutzantrag hinsichtlich einer Kündigung und über einen darauf bezogenen Auflösungsantrag eher zu entscheiden als über einen zeitlich vorgehenden Auflösungsantrag.[20]

11 BAG v. 10.11.1994, AP KSchG 1969 § 9 Nr. 24 = EzA KSchG § 9 n.F. Nr. 43; BAG v. 27.9.2001, AP KSchG 1969 § 9 Nr. 41; BAG v. 28.8.2008, NZA 2009, 275; BAG v. 26.3.2009, NZA 2009, 679.

12 BAG v. 27.9.2001, AP KSchG 1969 § 9 Nr. 41; BAG v. 28.8.2008, NZA 2009, 275.

13 BAG v. 26.3.2009, NZA 2009, 679; vgl. auch BAG v. 20.6.1986, RzK I 11a Nr. 14.

14 BAG v. 28.5.2009 – 2 AZR 949/07 – juris.

15 BAG v. 9.10.1979, DB 1980, 501 = NJW 1980, 1484; BAG v. 21.9.2000, NZA 2001, 102 = DB 2001, 48.

16 BAG v. 15.12.1960, BAGE 10, 244 = DB 1961, 208; BAG v. 25.6.1987, NZA 1988, 466 = DB 1988, 864.

17 BAG v. 15.12.1960, BAGE 10, 244 = DB 1961, 208.

18 BAG v. 25.6.1987, NZA 1988, 466 = DB 1988, 864.

19 BAG v. 21.1.1965, BAGE 17, 46; BAG v. 17.9.1987, RzK I 11 a Nr. 16; BAG v. 24.5.2005, NZA 2005, 1178 = DB 2005, 2082.

20 BAG v. 27.4.2006, NZA 2007, 229.

2. Form, Inhalt und Zeitpunkt des Auflösungsantrages

Der Auflösungsantrag kann bei einer ordentlichen Kündigung sowohl vom Arbeitnehmer wie auch vom Arbeitgeber, bei einer außerordentlichen Kündigung nur vom Arbeitnehmer (§ 13 Abs. 1 S. 3 KSchG, vgl. Rn 5), gestellt werden. Dem Auflösungsantrag des Arbeitnehmers kommt der Charakter eines **uneigentlichen Eventualantrages** zu, da **er nur für den Fall der Begründetheit** der **Kündigungsschutzklage** gestellt ist.[21] Hingegen ist der Auflösungsantrag des Arbeitgebers nach seiner Rechtsnatur ein **echter Eventualantrag,**[22] da er gerade für den Fall gestellt wird, dass der Arbeitgeber mit seinem Klageabweisungsantrag hinsichtlich des Kündigungsschutzantrages **unterliegt**. In den seltenen Fällen, in denen der Arbeitgeber die Sozialwidrigkeit der Kündigung nicht bestreitet, kann er sich auf den Auflösungsantrag – als **Hauptantrag** – beschränken. 9

Der Auflösungsantrag ist **Prozesshandlung** und unterliegt damit den für diese geltenden allgemeinen Voraussetzungen. 10

Praxishinweis 11

In der Kammerverhandlung ist besonders darauf zu achten, den (oft erst in einem späteren Schriftsatz enthaltenen) Auflösungsantrag ausdrücklich zu stellen und darauf zu achten, dass die Antragstellung in das Protokoll aufgenommen wird. Allein aus der schriftsätzlichen Ankündigung eines Auflösungsantrages und dem Umstand, dass der Auflösungsantrag vom Vorsitzenden „referiert" wurde und Gegenstand der Erörterung des Sach- und Streitgegenstands war, kann nach Auffassung des Bundesarbeitsgerichts[23] nicht mit der gebotenen Eindeutigkeit geschlossen werden, dass die Partei diesen Antrag zur Entscheidung des Gerichts stellen wollte.

Der Inhalt des Antrages folgt für das arbeitnehmer- wie arbeitgeberseitige Auflösungsgesuch grundsätzlich den gleichen Regeln. Er kann sich auf das Begehren beschränken, das Arbeitsverhältnis aufzulösen. Bilden **mehrere Kündigungen** den Gegenstand des Rechtsstreits, ist allerdings zu konkretisieren, auf der Basis welcher Kündigung die Auflösung beantragt wird, ggf. sind Haupt- und Hilfsanträge zu bilden, um Auslegungsprobleme zu vermeiden. Auflösungsanträge, die auf unterschiedliche Kündigungen bezogen sind, haben unterschiedliche Streitgegenstände.[24] Begehrt der Arbeitgeber in Bezug auf mehrere Kündigungen hilfsweise jeweils die Auflösung des Arbeitsverhältnisses, so sollte er klarstellen, ob eine Auflösung nur für den Fall begehrt wird, dass keine Kündigung zum Erfolg führt (Auflösungsanträge sind insgesamt hilfsweise zu den Kündigungsschutzklage-Abweisungsanträgen gestellt), oder ob der einzelne Auflösungsantrag bereits für den Fall des Unterliegens mit dem jeweiligen Kündigungsschutzklage-Abweisungsantrag gestellt ist.[25] Nicht zwingend erforderlich, aber sinnvoll und üblich sind die Angabe des **Auflösungszeitpunktes** und die Klarstellung, dass die Auflösung **gegen Zahlung einer Abfindung erfolgen soll**. Von einer Bezifferung der begehrten Abfindung im Antrag sollte abgesehen werden, da die Gefahr besteht, dass der Betrag als Mindest- (Arbeitnehmer) oder Maximal- (Arbeitgeber) Betrag angesehen wird, was nach verbreiteter Ansicht zur Unzulässigkeit des Antrages führt.[26] Durchweg üblich und für die spätere Feststellung einer Beschwer im Rahmen eines etwa nachfolgenden 12

21 BAG v. 5.11.1964, DB 1965, 403 = NJW 1965, 787; LAG Hamm v. 3.12.1998, AE 2000, 41.

22 BAG v. 18.12.1980, DB 1981, 1624 = NJW 1981, 2316; BAG v. 16.11.1995, NZA 1996, 589 = DB 1996, 838.

23 BAG v. 28.8.2008, NZA 2009, 275.

24 BAG v. 27.4.2006, NZA 2007, 229.

25 Instruktiv hierzu BAG v. 28.5.2009, NJW 2009, 2973 = NZA 2009, 966.

26 KR/*Spilger*, § 9 Rn 19; ErfK/*Ascheid*, § 9 Rn 33.

Berufungsverfahrens auch erforderlich[27] ist aber eine **Bezifferung** des ins Auge gefassten Betrages in der schriftsätzlichen **Begründung**, als Anregung an das Gericht, diese Umstände bei der Festsetzung nach § 10 KSchG zu berücksichtigen.

13 *Formulierungsbeispiel*
Es wird beantragt, das Arbeitsverhältnis (ggf.: aufgrund der ordentlichen Kündigung vom) zum gegen Zahlung einer durch das erkennende Gericht nach Maßgabe des § 10 KSchG festzusetzenden Abfindung aufzulösen.

14 Der Antrag kann **frühestens** zusammen mit der Erhebung der Kündigungsschutzklage gestellt werden. Hinsichtlich des **spätesten** möglichen Zeitpunktes regelt § 9 Abs. 1 S. 3 KSchG, dass sowohl Arbeitnehmer als auch Arbeitgeber den Antrag auf Auflösung **bis zum Schluss der letzten mündlichen Verhandlung in der Berufungsinstanz** stellen können. § 9 Abs. 1 S. 3 KSchG ist lex specialis gegenüber den verfahrensrechtlichen Beschränkungen der Klagerweiterung in der Berufungsinstanz, so dass ein erstmals in der Berufungsinstanz gestellter Auflösungsantrag auch nicht den Vorschriften über die Zulässigkeit der Klageänderung unterliegt.[28] Nur im Revisionsverfahren ist eine erstmalige Antragstellung nicht möglich. Die Zulässigkeit des arbeitnehmerseitigen Auflösungsantrages wird durch eine nach Antragstellung erfolgende Erklärung des Arbeitgebers, aus der Kündigung keine Rechte mehr herleiten zu wollen, nicht berührt.[29] Dies gilt ebenso für den Fall der vorangegangenen „Kündigungsrücknahme".[30] Dieser umgangssprachlich oft so bezeichnete Akt ist rechtlich zu bewerten als ein Angebot an den Arbeitnehmer, das Arbeitsverhältnis so fortzusetzen, als hätte es die streitgegenständliche Kündigung nicht gegeben. Der Arbeitnehmer kann das Angebot des Arbeitgebers annehmen oder auch ablehnen.[31] Für den Fall der **Ablehnung** kann der Arbeitnehmer einen Auflösungsantrag stellen. **In diesem Rahmen** hat er auch ein rechtlich schützenswertes Interesse an der Feststellung, dass die Kündigung sozial ungerechtfertigt ist. Von der Kündigungsrücknahme zu unterscheiden ist der Fall, dass ein in erster Instanz im Kündigungsschutzprozess **unterlegener Arbeitgeber** die hiergegen gerichtete **Berufung** später zurücknimmt. Hat in einer solchen Konstellation der Arbeitnehmer nicht bereits in erster Instanz einen Auflösungsantrag gestellt und bringt er diesen erst **nach Berufungseinlegung** durch den Arbeitgeber an, liegt hierin eine **unselbstständige Anschlussberufung**. Mit Berufungsrücknahme durch den Arbeitgeber wird dann der Auflösungsantrag des Arbeitnehmers – wie auch sonst im Falle der unselbstständigen Anschlussberufung – **unzulässig**.[32]

15 Bei der Prüfung, ob Auflösungsgründe vorliegen, geht es um die Anwendung unbestimmter Rechtsbegriffe. Die Wertung, ob im Einzelfall die Auflösung gerechtfertigt ist, obliegt deshalb in erster Linie den Tatsachengerichten, also den Arbeits- und Landesarbeitsgerichten. Das Bundesarbeitsgericht als Revisionsgericht kann nur nachprüfen, ob das Berufungsgericht die Voraussetzungen für den Auflösungsantrag verkannt und bei der Prüfung der vorgetragenen Auflösungsgründe alle wesentlichen Umstände vollständig und widerspruchsfrei gewürdigt hat.[33] Dementsprechend entscheidet sich das Schicksal eines Auflösungsantrages in aller

27 LAG Hessen v. 22.4.1997, NZA-RR 1998, 162; LAG Köln v. 21.3.2005, LAGE § 10 KSchG Nr. 5.
28 LAG Niedersachsen v. 4.6.2004, LAGReport 2005, 103.
29 BAG v. 29.1.1981, DB 1981, 2438 = NJW 1982, 1118.
30 BAG v. 19.8.1982, DB 1983, 663 = NJW 1983, 1628.
31 BAG v. 19.8.1982, DB 1983, 663 = NJW 1983, 1628.
32 BAG v. 3.4.2008, AP Nr. 56 zu § 9 KSchG 1969.
33 BAG v. 23.6.2005, AP KSchG 1969 § 9 Nr. 52; BAG v. 12.1.2006, AP KSchG 1969 § 1 Verhaltensbedingte Kündigung Nr. 53; BAG v. 6.9.2007, NJW 2008, 1097.

Regel – selbst bei bis zum Bundesarbeitsgericht geführten Streitigkeiten (nach dort ggf. erfolgender Rückverweisung) – spätestens in der zweiten Instanz.

3. Auflösungsgründe

a) Gründe für einen arbeitnehmerseitigen Auflösungsantrag

§ 9 Abs. 1 S. 1 KSchG bestimmt, dass ein Auflösungsantrag dann begründet ist, wenn dem Arbeitnehmer **die Fortsetzung des Arbeitsverhältnisses nicht zuzumuten ist**. Ein wichtiger Grund i.S. des § 626 Abs. 1 BGB, der zur fristlosen Kündigung berechtigt, macht stets auch die Fortsetzung des Arbeitsverhältnisses nach § 9 Abs. 1 S. 1 KSchG unzumutbar. Andererseits können schon solche Tatsachen die Fortsetzung des Arbeitsverhältnisses nach § 9 Abs. 1 S. 1 KSchG unzumutbar machen, die für eine fristlose Kündigung nicht ausreichen.[34] 16

Die Unzumutbarkeit der Fortsetzung des Arbeitsverhältnisses für den Arbeitnehmer kann sich aus der **Sozialwidrigkeit der vom Arbeitgeber erklärten Kündigung** bzw. aus im Zusammenhang mit der Kündigung stehenden Umständen ergeben. Aber auch Gründe, die **erst während des Kündigungsschutzrechtsstreits entstanden** sind, können die Unzumutbarkeit weiteren Zusammenarbeitens auslösen. 17

Im Zusammenhang mit der Kündigung können sich Auflösungsgründe insbesondere dann ergeben, wenn (zeitgleich mit Ausspruch der Kündigung oder auch im nachfolgenden Kündigungsschutzrechtsstreit zur Begründung der ausgesprochenen Kündigung) als Kündigungsgründe **leichtfertig unzutreffende ehrverletzende Behauptungen** vom Arbeitgeber über den Arbeitnehmer aufgestellt werden. Ein Auflösungsgrund liegt regelmäßig vor, wenn der Arbeitnehmer **ohne Vorhandensein objektiver Tatsachen** einer **Straftat** bezichtigt wird.[35] Als im Laufe des Kündigungsschutzrechtsstreits entstandene Gründe kommen insbesondere Umstände in Betracht, die für einen Empfänger in der Rolle des Arbeitnehmers den Schluss begründen, der **Arbeitgeber** werde den Arbeitnehmer **nach dessen Rückkehr in den Betrieb nicht korrekt behandeln**. So liegt es, wenn das Kündigungsschutzverfahren über eine offensichtlich sozialwidrige Kündigung seitens des Arbeitgebers mit einer derartigen Schärfe geführt worden ist, dass der Arbeitnehmer mit einem **schikanösen Verhalten** des Arbeitgebers und der anderen Mitarbeiter rechnen muss, wenn er seine Tätigkeit wieder aufnimmt.[36] Ein Auflösungsgrund kann auch durch **Einschüchterungen** während eines Kündigungsschutzverfahrens entstehen, so etwa durch mündliche Äußerungen des Arbeitgebers dahingehend, der Arbeitnehmer werde bei seiner Rückkehr in den Betrieb „sein blaues Wunder erleben". 18

Nicht als Auflösungsgrund geeignet ist jedoch die bloße Tatsache, dass der **Arbeitnehmer** zwischenzeitlich eine **andere Arbeitsstelle** gefunden hat, auch wenn dies in der Praxis immer wieder die Motivation für einen arbeitnehmerseitigen Auflösungsantrag darstellt. Allein der Umstand, dass ein **Kündigungsschutzprozess** geführt worden ist, begründet für den Arbeitnehmer ebenfalls noch nicht die Unzumutbarkeit einer weiteren Fortsetzung des Arbeitsverhältnisses; sonst wären sämtliche Auflösungsanträge ohne weiteres gerechtfertigt. **Unzutreffende Rechtsausführungen** in Schriftsätzen sind durch die Wahrnehmung berechtigter 19

34 BAG v. 26.11.1981, DB 1982, 757 = NJW 1982, 2015 (anders noch BAG v. 5.11.1964, BAGE 16, 285).

35 BAG v. 27.3.2003, NZA 2004, 512 = RzK I 11 b Nr. 19; LAG Schleswig-Holstein v. 25.2.2004, NZA-RR 2005, 132 = LAGReport 2004, 222; LAG Niedersachsen v. 4.6.2004, LAGReport 2005, 103.

36 BAG v. 27.3.2003, NZA 2004, 512 = RzK I 11 b Nr. 19.

Interessen gedeckt und können daher regelmäßig nicht als Auflösungsgrund herangezogen werden.[37] Auch die **Drohung** mit einer **erneuten**, nunmehr aus Sicht des Arbeitgebers nach § 1 KSchG sozial gerechtfertigten **Kündigung** ist ohne das Vorliegen weiterer Umstände nicht als rechtswidrig anzusehen und macht allein die Fortsetzung des Arbeitsverhältnisses für den Arbeitnehmer nicht unzumutbar.[38]

20 *Praxishinweis*

Zum Teil wird versucht, die Erfolgsaussichten eines Auflösungsantrages dadurch zu „befördern", dass der Arbeitnehmer oder sein Vertreter – beispielsweise indem er ohne hinreichenden Anlass Strafanzeige gegen den Arbeitgeber oder gegen dessen leitende Mitarbeiter stellt – das Klima zwischen den Parteien verschlechtert. Solche Tatbestände taugen nicht, um einen Auflösungsantrag zu begründen, da sie **treuwidrig** selbst herbeigeführt worden sind. Die vom BAG, für vom Arbeitgeber provozierte Auflösungsgründe, aufgestellten Rechtsgrundsätze[39] gelten auch in Bezug auf den arbeitnehmerseitigen Auflösungsantrag. Das Gericht wird in solchen Fällen regelmäßig selbst bei eingetretener Zerrüttung und Unzumutbarkeit den Auflösungsantrag abweisen, da dieser sich als **Rechtsmissbrauch** darstellt.

21 Die **uneingeschränkte** Verfolgung von **Weiterbeschäftigungs- und Auflösungsbegehren** (als Hauptanträge) ist nicht rechtsmissbräuchlich, aber regelmäßig widersprüchlich. Der Auffassung, dass die erstinstanzliche Verurteilung des Arbeitgebers zur Weiterbeschäftigung einem vom Arbeitnehmer im Berufungsverfahren gestellten Auflösungsantrag entgegensteht,[40] ist daher jedenfalls für den Fall zu folgen, dass der Weiterbeschäftigungsantrag als Hauptantrag gestellt war und das Auflösungsbegehren sich nicht etwa auf **nachträglich** erst eingetretene Umstände stützt. Wird der **Weiterbeschäftigungsantrag** nur **hilfsweise** für den Fall des Unterliegens mit dem Auflösungsantrag gestellt, kann mit guten Gründen die Auffassung vertreten werden, dass sich hieraus kein Widerspruch ergebe, da das erkennende Gericht nur für den Fall über das Weiterbeschäftigungsbegehren entscheide, dass nach seiner Auffassung dem Arbeitnehmer die tatsächliche Fortführung des Arbeitsverhältnisses nicht unzumutbar ist.[41] Soll allerdings das Auflösungsbegehren ernsthaft, gegebenenfalls auch im Rechtsmittelverfahren, verfolgt werden, empfiehlt es sich, von einem Weiterbeschäftigungsantrag ganz abzusehen. Dieser ist nur dann sinnvoll, wenn in der Zeit bis zum rechtskräftigen Abschluss des Verfahrens eine tatsächliche Beschäftigung auch erzwungen werden soll. Das tatsächliche Stattfinden einer solchen Beschäftigung auf Betreiben des Arbeitnehmers wird jedoch regelmäßig ein Indiz gegen die in der Hauptsache behauptete Unzumutbarkeit der Fortsetzung des Arbeitsverhältnisses bilden und so die Aussichten des Auflösungsantrages im Rechtsmittelverfahren schmälern.

22 Der **Arbeitnehmer** ist **vollumfänglich darlegungs- und beweispflichtig** für die von ihm angeführten Auflösungsgründe. Es bedarf des Vortrages **konkreter Tatsachen**, aus denen die Unzumutbarkeit einer weiteren Tätigkeit des Arbeitnehmers im Betrieb hergeleitet werden kann.

37 BAG v. 21.9.2000, NZA 2001, 255 = BAGE 95, 350.

38 BAG v. 27.3.2003, NZA 2004, 512 = RzK I 11 b Nr. 19.

39 BAG v. 15.2.1973, BAGE 25, 43 = DB 1973, 1559; BAG v. 7.3.2002, NZA 2003, 261 = DB 2003, 50; BAG v. 10.10.2002, DB 2003, 999 = RzK I 11 a Nr. 38; BAG v. 2.6.2005, NZA 2005, 1208.

40 LAG München v. 12.4.2005, ArbuR 2005, 463.

41 KR/*Spilger*, § 9 Rn 46a.

b) Gründe für einen arbeitgeberseitigen Auflösungsantrag

23 Das Arbeitsverhältnis ist auf Antrag des **Arbeitgebers** durch das Gericht gegen Zahlung einer Abfindung aufzulösen, wenn Gründe vorliegen, die **eine den Betriebszwecken dienliche weitere Zusammenarbeit zwischen Arbeitgeber und Arbeitnehmer nicht erwarten lassen** (§ 9 Abs. 1 S. 2 KSchG). Voraussetzung ist die Prognose einer schweren Beeinträchtigung des Austauschverhältnisses der Parteien.[42] Auch wenn das BAG betont, dass die Gründe nicht zwingend im Verhalten des Arbeitnehmers liegen müssen,[43] kommen in der Praxis regelmäßig nur Umstände in Betracht, die sich aus dem Verhalten des Arbeitnehmers **vor** oder **nach** der Kündigung ergeben und das Verhältnis des Arbeitnehmers zum Arbeitgeber bzw. zu Mitarbeitern des Arbeitgebers betreffen. Es ist dabei **nicht** erforderlich, dass der Arbeitnehmer hinsichtlich der Auflösungsgründe **schuldhaft** gehandelt hat.[44]

24 **Beleidigungen**, sonstige **ehrverletzende Äußerungen** oder **persönliche Angriffe** des Arbeitnehmers gegen Arbeitgeber, Vorgesetzte oder Kollegen sind als Auflösungsgrund geeignet.[45] Das gilt besonders dann, wenn der Arbeitnehmer diese Äußerungen in der **Öffentlichkeit** getätigt hat. Ein solches Verhalten des Arbeitnehmers kann einen Auflösungsantrag ebenfalls dann rechtfertigen, wenn es **im Prozess** geschieht.[46] Auch Äußerungen des **Prozessbevollmächtigten** des Arbeitnehmers im Kündigungsschutzrechtsstreit können die Auflösung des Arbeitsverhältnisses bedingen. Dies gilt auch für nicht vom Arbeitnehmer veranlasste Erklärungen des Prozessbevollmächtigten jedenfalls dann, wenn der Arbeitnehmer sich diese **zu eigen macht** und sich auch nachträglich nicht hiervon distanziert.[47] Hingegen reichen wirtschaftliche Schwierigkeiten des Arbeitgebers oder andere Umstände, die sich allein aus dem Betrieb ergeben und zum Arbeitnehmer selbst keinen Bezug haben, als Auflösungsgrund **nicht** aus. Auch die Charakterisierung des Arbeitnehmers als „unehrlich“ und als jemand, der in Verfolgung eigener Interessen „Grenzen überschreite“, korrespondiert nicht ausreichend mit den gesetzlichen Anforderungen an einen Auflösungsgrund. Störungen des erforderlichen Vertrauens, die der weiteren wechselseitigen Erfüllung der Vertragspflichten und dem Zusammenwirken zum Wohl des Betriebs entgegenstünden, müssen sich in greifbaren Tatsachen niederschlagen.[48]

25 Ein arbeitgeberseitiger Auflösungsantrag lässt sich allein durch die Geltendmachung von tendenzbedingten Gründen nicht rechtfertigen.[49] Der **Tendenzschutz**, den ein Presseunternehmen genießt, führt allenfalls zur Absenkung der Begründungsschwelle für einen vom Arbeitgeber gestellten Auflösungsantrag.[50] Schließt allerdings der Betriebszweck die Verfolgung einer grundrechtlich gewährleisteten **Tendenz** ein und ergeben sich hieraus **besondere Anforderungen an das Verhalten oder die Person des Arbeitnehmers**, kann daraus ein gestärktes Interesse des Arbeitgebers an der Vertragsauflösung gemäß § 9 Abs. 1 S. 2 KSchG folgen. Auch die Tatsache, dass sich ein Tendenzträger gegen eine Veröffent-

42 BAG v. 8.10.2009, DB 2010, 230.

43 BAG v. 2.6.2005, NZA 2005, 1208; BAG v. 23.6.2005, DB 2005, 2642 = NZA 2006, 363.

44 BAG v. 30.6.1959, RdA 1960, 78 = AP Nr. 56 zu § 1 KSchG 1951; BAG v. 2.6.2005, NZA 2005, 1208; BAG v. 23.6.2005, DB 2005, 2642 = NZA 2006, 363.

45 BAG v. 30.6.1959, RdA 1960, 78 = AP Nr. 56 zu § 1 KSchG 1951; BAG v. 10.10.2002, DB 2003, 999 = RzK I 11 a Nr. 38; BAG v. 6.11.2003, AP Nr. 46 zu § 1 KSchG 1969 Verhaltensbedingte Kündigung = RzK I 5 i Nr. 184.

46 BAG v. 21.9.2000, BAGE 95, 350 = NZA 2001, 255.

47 BAG v. 7.3.2002, NZA 2003, 261 = DB 2003, 50.

48 BAG v. 8.10.2009, DB 2010, 230.

49 LAG Hamburg v. 27.1.2005– 2 Sa 51/04 – juris.

50 LAG Sachsen-Anhalt v. 9.7.2002, NZA-RR 2003, 244 = RzK I 6 a Nr. 227.

lichung in der Presse des **eigenen Arbeitgebers** mit einer **Gegendarstellung** wendet, kann einer weiteren Zusammenarbeit des Arbeitgebers mit dem Tendenzträger entgegenstehen. Sowohl der Umstand eines gegen den Tendenzträger eingeleiteten **Ermittlungs- und Strafverfahrens** als auch der **Verdacht von Straftaten, die die Tendenz berühren könnten**, können bei der Frage, ob eine den Betriebszwecken dienliche weitere Zusammenarbeit mit dem Tendenzträger denkbar erscheint, Berücksichtigung finden.[51]

26 Der Arbeitgeber darf sich zur Begründung seines Auflösungsantrages grundsätzlich **auch** auf solche Sachverhalte berufen, mit denen er zuvor erfolglos die ausgesprochene Kündigung begründet hat. Er muss in diesen Fällen allerdings **zusätzlich greifbare Tatsachen** dafür vortragen, dass der Kündigungssachverhalt, obwohl er die Kündigung nicht rechtfertigt, gleichwohl so beschaffen ist, dass er eine gedeihliche Zusammenarbeit nicht mehr erwarten lässt.[52] Zudem wird der Arbeitgeber regelmäßig **weitere Umstände** benennen müssen, die das Zusammenarbeiten in Frage stellen, da der Auflösungsantrag des Arbeitgebers nach Auffassung des BAG[53] regelmäßig **nicht allein** mit dem Sachverhalt begründet werden kann, auf den die Kündigung gestützt worden ist. Hat der Arbeitgeber Gründe, auf die er die Kündigung gestützt hat, dem **Betriebs- bzw. Personalrat** nicht mitgeteilt und besteht deshalb im Kündigungsschutzprozess bezüglich dieser Gründe ein Verwertungsverbot, so ist er **nicht gehindert**, diese Gründe zur Stützung eines Auflösungsantrages nach § 9 Abs. 1 S. 2 KSchG heranzuziehen.[54]

27 **Maßgeblicher Zeitpunkt** für die Beurteilung der Frage, ob eine den Betriebszwecken dienliche weitere Zusammenarbeit zwischen Arbeitgeber und Arbeitnehmer zu erwarten ist, ist der Zeitpunkt der **letzten mündlichen Verhandlung in der Tatsacheninstanz**.[55] Der Auflösungsantrag ist trotz seiner nach § 9 Abs. 2 KSchG gesetzlich angeordneten Rückwirkung auf den Kündigungszeitpunkt in die Zukunft gerichtet. Während es für die Rechtswirksamkeit der Kündigung auf eine rückschauende Bewertung der vorgetragenen Kündigungsgründe ankommt, betrifft § 9 KSchG die künftige Gestaltung der Rechtsbeziehungen zwischen den Arbeitsvertragsparteien,[56] weswegen das Gericht eine **Vorausschau** dahingehend anzustellen hat, ob aufgrund des Verhaltens des Arbeitnehmers in der Vergangenheit künftig noch mit einer den Betriebszwecken dienenden weiteren Zusammenarbeit der Parteien zu rechnen ist. Aus diesen Rechtsgrundsätzen leitet sich her, dass – insbesondere bei längerer Dauer des Kündigungsrechtsstreits – zur Auflösung eines Arbeitsverhältnisses auf Antrag des Arbeitgebers an sich geeignete Gründe aufgrund der **zeitlichen Entwicklung** und damit verbundener veränderter tatsächlicher oder rechtlicher Umstände ihr **Gewicht verlieren** können.[57]

Im Fall eines **Betriebsüberganges** bleibt der **Betriebsveräußerer** jedenfalls dann befugt, aus eigenem Recht den Auflösungsantrag zu stellen, wenn der Betriebsübergang **nach** dem Kündigungsendtermin als beantragtem Auflösungszeitpunkt liegt. Da die an sich bei der Beurteilung eines Auflösungsantrags anzustellende Prognose in solchen Fällen nicht mehr erfol-

51 BAG v. 23.10.2008, BB 2009, 1186.

52 BVerfG v. 22.10.2004, NZA 2005, 41 = AP Nr. 49 zu § 9 KSchG 1969; LAG Hamburg v. 20.6.2005– 7 Sa 88/04 – juris.

53 BAG v. 23.6.2005, DB 2005, 2642 = NZA 2006, 363.

54 BAG v. 10.10.2002, DB 2003, 999 = RzK I 11 a Nr. 38 (anders noch BAG v. 18.12.1980, BAGE 34, 309).

55 BAG v. 29.3.1960, BAGE 9, 131; BAG v. 30.9.1976, BAGE 28, 196 = DB 1977, 358; BAG v. 25.11.1982, DB 1984, 883; BAG v. 30.4.1992, RzK I 11 a Nr. 20; BAG v. 7.3.2002, NZA 2003, 261 = DB 2003, 50; BAG v. 10.7.2008, NJW 2009, 1766.

56 BVerfG v. 22.10.2004, NZA 2005, 41 = AP Nr. 49 zu § 9 KSchG 1969; BAG v. 10.7.2008, NJW 2009, 1766.

57 BAG v. 7.3.2002, NZA 2003, 261 = DB 2003, 50; BAG v. 10.7.2008, NJW 2009, 1766.

gen kann, ist hierfür auf den Zeitraum zwischen dem Termin, zu dem die Kündigung gewirkt hätte, wenn sie sozial gerechtfertigt gewesen wäre, und dem Zeitpunkt des Betriebsübergangs abzustellen.[58]

Auch für den Auflösungsantrag des Arbeitgebers gilt, dass er dann zurückzuweisen ist, wenn er sich als **rechtsmissbräuchlich** erweist. Überwiegen die dem Arbeitgeber oder den Personen, für deren Verhalten er im Rahmen des Arbeitsverhältnisses nach § 278 BGB einzustehen hat, zuzurechnenden Anteile an der Verursachung der Spannungen gegenüber den Anteilen des Arbeitnehmers und hat der Arbeitgeber das von ihm jetzt beanstandete Verhalten des Arbeitnehmers **treuwidrig herbeigeführt** oder geradezu **provoziert**, so verstößt es regelmäßig gegen Treu und Glauben, wenn der Arbeitgeber nunmehr geltend macht, eine den Betriebszwecken dienliche weitere Zusammenarbeit zwischen den Parteien sei nicht mehr möglich.[59] 28

Im Zusammenhang mit der Kündigung **bestimmter Führungskräfte** ist die Sonderregelung des § 14 Abs. 2 S. 2 KSchG zu beachten. Hier bedarf der Antrag des Arbeitgebers auf Auflösung des Arbeitsverhältnisses **keiner** Begründung. In den Anwendungsbereich der Norm fallen gem. § 14 Abs. 2 S. 1 KSchG **Geschäftsführer, Betriebsleiter und ähnliche leitende Angestellte, soweit diese zur selbstständigen Einstellung oder Entlassung von Arbeitnehmern berechtigt sind**. Dabei ist der Begriff des Geschäftsführers, wie § 14 Abs. 1 KSchG zeigt, nicht im Sinne des Organs einer Gesellschaft mit beschränkter Haftung zu verstehen. 29

Praxishinweis 30

Relevant ist vor allem das Merkmal „zur selbstständigen Einstellung oder Entlassung von Arbeitnehmern berechtigt". Im Gegensatz zu § 5 Abs. 3 BetrVG reicht bereits die **Befugnis entweder zur Einstellung oder zur Entlassung von Arbeitnehmern** für die Eigenschaft als leitender Angestellter aus. Voraussetzung für die Anwendung der Vorschrift ist, dass die Personalkompetenz einen **wesentlichen Teil der ausgeübten Tätigkeit** des Angestellten ausmacht und somit seine Stellung prägt.[60] Eine ausreichende Personalverantwortung eines leitenden Angestellten i.S.d. § 14 Abs. 2 S. 1 KSchG kann bereits dann gegeben sein, wenn sie sich auf eine abgeschlossene Gruppe von Mitarbeitern bezieht, die für das Unternehmen von wesentlicher Bedeutung ist.[61] Es genügt jedoch nicht, wenn ein Angestellter zwar nach dem Vertrag die Personalkompetenzen i.S.d. § 14 Abs. 2 KSchG aufweist, diese vertraglichen Kompetenzen aber über einen längeren Zeitraum nicht ausübt.[62] Leitender Angestellter ist zudem nur, wer sowohl im Innen- als auch im Außenverhältnis zur **selbstständigen** Einstellung oder Entlassung befugt ist.[63] Die bloße Pflicht, bei der Einstellung oder Entlassung Richtlinien zu beachten oder Zweitunterschriften lediglich zu Kontrollzwecken einzuholen, lässt das Merkmal der Selbstständigkeit nicht entfallen, während das Erfordernis der **Zustimmung einer anderen Person** eine selbstständige Befugnis **ausschließt**.[64]

58 BAG v. 24.5.2005, NZA 2005, 1178 = DB 2005, 2082.

59 BAG v. 15.2.1973, BAGE 25, 43 = DB 1973, 1559; BAG v. 7.3.2002, NZA 2003, 261 = DB 2003, 50; BAG v. 10.10.2002, DB 2003, 999 = RzK I 11 a Nr. 38; BAG v. 2.6.2005, NZA 2005, 1208.

60 BAG v. 18.10.2000, NZA 2001, 437 = DB 2001, 652; BAG v. 10.10.2002, DB 2003, 506 = AP Nr. 123 zu § 1 KSchG 1969 Betriebsbedingte Kündigung.

61 BAG v. 27.9.2001, DB 2002, 1163 = NZA 2002, 1277.

62 BAG v. 10.10.2002, DB 2003, 506 = AP Nr. 123 zu § 1 KSchG 1969 Betriebsbedingte Kündigung.

63 BAG v. 27.9.2001, DB 2002, 1163 = NZA 2002, 1277.

64 LAG Niedersachsen v. 8.1.2004, LAGE § 14 KSchG Nr. 5 = NZA-RR 2004, 524.

31 Der **Arbeitgeber** trägt die **Darlegungs- und Beweislast** für das Vorliegen der Tatsachen, die seinen Auflösungsantrag rechtfertigen sollen.[65] Auch hier müssen **substantiiert** diejenigen **Tatsachen** vorgetragen werden, die eine den Betriebszwecken dienliche weitere Zusammenarbeit der Parteien als nicht mehr möglich erscheinen lassen.

c) Auflösungsantrag beider Parteien

32 Beantragen **sowohl Arbeitnehmer als auch Arbeitgeber** die Auflösung des Arbeitsverhältnisses, wird darin von der in der Rechtsprechung weit überwiegenden Auffassung der Beleg dafür gesehen, dass beide Parteien eine Fortsetzung des Arbeitsverhältnisses für nicht mehr durchführbar halten, so dass **ohne weitere Voraussetzungen** die **Auflösung** des Arbeitsverhältnisses durch das Gericht geboten sei.[66] Hiergegen werden in der Literatur[67] allerdings begründete Bedenken dahingehend erhoben, dass es für die **Bemessung** der Abfindung bedeutsam ist, **welche Partei** Auflösungstatsachen herbeigeführt hat, was bei einer lediglich aufgrund beiderseitigen Antrages erfolgenden Auflösung **offen** bleiben würde. Die Gegenauffassung will deshalb die Parteien, die beide eine Auflösung des Arbeitsverhältnisses anstreben, mit einigem Recht auf die Möglichkeit verweisen, einen Vergleich zu schließen.

III. Bemessungsfaktoren für die Höhe der auszuurteilenden Abfindung

33 § 10 KSchG enthält Bestimmungen zur Höhe der vom Gericht auszuurteilenden Abfindung. Aus § 10 Abs. 1 und 2 KSchG lassen sich zunächst **Höchstgrenzen** entnehmen. Danach ist als Abfindung ein Betrag **von bis zu zwölf Monatsverdiensten** festzusetzen (§ 10 Abs. 1 KSchG). Hat der Arbeitnehmer sowohl das 50. Lebensjahr vollendet als auch sein Arbeitsverhältnis mindestens 15 Jahre bestanden, so ist ein Betrag bis zu **15** Monatsverdiensten festzusetzen (§ 10 Abs. 2 S. 1 Hs. 1 KSchG). Bei Vollendung des 55. Lebensjahres und einem Bestand des Arbeitsverhältnisses für mindestens 20 Jahre kann ein Betrag von bis zu **18** Monatsverdiensten festgesetzt werden (§ 10 Abs. 2 S. 1 Hs. 2 KSchG). Diese Heraufsetzung auf 15 bzw. 18 Monatsverdienste gilt andererseits gem. § 10 Abs. 2 S. 2 KSchG 2004 wiederum **nicht**, wenn der Arbeitnehmer in dem Zeitpunkt, den das Gericht nach § 9 Abs. 2 KSchG für die Auflösung des Arbeitsverhältnisses festsetzt, das in der Vorschrift des SGB VI über die **Regelaltersrente** bezeichnete **Lebensalter** erreicht hat, was in der Praxis selten vorkommt.

34 § 10 Abs. 3 KSchG legt fest, was als **Monatsverdienst** gilt. Demnach ist zugrunde zu legen, was dem Arbeitnehmer bei der für ihn maßgebenden Arbeitszeit in dem Monat, in dem das Arbeitsverhältnis **endet** (§ 9 Abs. 2 KSchG), an **Geld- und Sachbezügen** zusteht.

35 Bezüglich des zugrunde zu legenden Gehalts ist vom **Bruttoverdienst** auszugehen und die **regelmäßige Arbeitszeit** des individuellen Arbeitnehmers und nicht dessen tatsächlich in dem letzten Monat des Arbeitsverhältnisses geleistete oder die regelmäßige betriebsübliche Arbeitszeit heranzuziehen. **Verdienstminderungen** durch Krankheit, Urlaub, Freistellung

65 BAG v. 30.9.1976, AP Nr. 3 zu § 9 KSchG 1969; BVerfG v. 22.10.2004, NZA 2005, 41.

66 LAG Berlin v. 8.8.1967, BB 1968, 207; LAG Köln v. 23.4.1993– 14 Sa 1065/92 – juris; LAG Hamm v. 3.12.1998– 4 Sa 703/98 – juris; LAG Köln v. 29.6.2001, NZA-RR 2002, 356.

67 KR/*Spilger*, § 9 Rn 66 m.w.N.

oder Kurzarbeit sind generell **nicht** zu berücksichtigen.[68] **Mehrverdienst** durch Überstunden ist **grundsätzlich unberücksichtigt** zu lassen; eine Ausnahme soll allerdings dann gelten, wenn der Arbeitnehmer während eines längeren Zeitraumes regelmäßig Überstunden in einem bestimmten Umfang geleistet hat.[69]

Bei der Berechnung sind grundsätzlich **alle Verdienstbestandteile** zu berücksichtigen, also die **Grundvergütung** (sei es festes Gehalt, sei es Zeitlohn), alle **Zulagen** und sonstigen Gehaltsbestandteile (Gefahrenzulage, Schicht- und Nachtarbeitszuschläge, Prämien, Provisionen, Tantiemen, Umsatzbeteiligungen), soweit sie nicht Aufwendungsersatzcharakter haben, **Sachbezüge** jeder Art, die mit ihrem Marktwert (und nicht mit ihrem Wert im Sinne der Sachbezugsverordnung) anzusetzen sind. Im Hinblick auf **Einmalzahlungen** (13. oder 14. Monatsgehalt, Weihnachts- oder Urlaubsgeld) besteht Einigkeit insoweit, dass diese, soweit sie **Zuwendungs- oder Entgeltcharakter** besitzen, im Wege der anteiligen Umlage auf den Monat zu berücksichtigen sind. Zahlungen mit Gratifikationscharakter werden nach herrschender Auffassung[70] hingegen **nicht** in die Berechnung mit einbezogen. 36

Praxishinweis 37

Von vielen Arbeitsgerichten wird auch bei der Berechnung der Abfindung in unmittelbarer Anwendung der §§ 9, 10 KSchG das nach den o.g. Grundsätzen bestimmte Monatsgehalt mit den sog. **Regelsatz**-Faktoren multipliziert, also diejenige Formel angewandt, die am meisten verbreitet sein dürfte in der Fassung

Bruttomonatsgehalt × 0,5 × Jahre der Betriebszugehörigkeit.

Nach zutreffender Auffassung sind allerdings die Bemessungsfaktoren differenzierter zu bestimmen. Als die beiden wichtigsten Daten sind die **Dauer des Arbeitsverhältnisses** sowie das **Lebensalter** des Arbeitnehmers anzusehen.[71] Auch die übrigen Sozialdaten des Arbeitnehmers, sein **Familienstand**, die Anzahl der **unterhaltsberechtigten Personen**, der **Gesundheitszustand**, das Vorliegen einer **Schwerbehinderung** und die **Vermittlungsfähigkeit auf dem Arbeitsmarkt** sind bei der Festsetzung der Abfindung angemessen zu berücksichtigen.[72] Daneben können die **Lage auf dem Arbeitsmarkt** und die Frage, ob der Arbeitnehmer bereits ein **neues Arbeitsverhältnis** begründen konnte, von Bedeutung sein. Schließlich kommt es auf das Maß der **Sozialwidrigkeit** der Kündigung sowie des hierbei anzunehmenden **Verschuldens** des Arbeitgebers an.[73] Dies liegt nach Auffassung der Rechtsprechung darin begründet, dass der Abfindung auch eine Sanktionsfunktion zukommt, um ungerechtfertigten Kündigungen vorzubeugen. Aus der Sphäre des **Arbeitgebers** ist **dessen wirtschaftliche Lage** als Umstand, der bei der Bemessung der Abfindung angemessen zu berücksichtigen ist, zu beachten.[74] Die Abfindungszahlung darf nicht zur Gefährdung des Unternehmens und damit anderer Arbeitsplätze führen. 38

68 KR/*Spilger,* § 10 Rn 27 ff.

69 *v. Hoyningen-Huene/Linck,* § 10 Rn 5; KR/*Spilger,* § 10 Rn 29.

70 *v. Hoyningen-Huene/Linck,* § 10 Rn 8; KR/*Spilger,* § 10 Rn 33; APS/*Biebl,* § 10 Rn 18; a.A. ErfK/*Ascheid,* § 10 Rn 3. Zur Abgrenzung von Gratifikationen und Leistungen mit Entgeltcharakter HzA Gr. 3/*Lipke*, Rn 16 ff.

71 BAG v. 8.12.1988 – 2 AZR 313/88 – juris.

72 BAG v. 8.12.1988 – 2 AZR 313/88 – juris; LAG Baden-Württemberg v. 12.4.2003 – 4 Sa 45/02 – juris.

73 BAG v. 15.2.1973, BAGE 25, 43 = DB 1973, 1559; BAG v. 25.11.1982, DB 1984, 883; BAG v. 20.11.1997, RzK I 11 c Nr. 13.

74 LAG Baden-Württemberg v. 12.4.2003 – 4 Sa 45/02 – juris.

IV. Gerichtliche Entscheidung im Kündigungsschutzprozess mit Auflösungsantrag und Rechtsmittel

39 Für das Gericht bestehen bei der Urteilsfindung grundsätzlich drei Möglichkeiten der Tenorierung. So kann die **Klage abgewiesen** werden, womit kein Raum mehr für eine Bescheidung des (arbeitnehmerseitigen oder arbeitgeberseitigen) Auflösungsantrages bleibt. Das Gericht kann die **Kündigung** wegen ihrer Sozialwidrigkeit für **unwirksam** erklären und den **Auflösungsantrag** (gleich welcher Seite) **zurückweisen**. Schließlich kann neben der Feststellung der Sozialwidrigkeit der Kündigung das Arbeitsverhältnis auf Antrag des Arbeitnehmers oder des Arbeitgebers **aufgelöst** werden.

40 Unterliegt der Arbeitgeber sowohl mit dem Hauptantrag auf Abweisung der Klage als auch mit seinem Auflösungsantrag, kann er, statt das Urteil in vollem Umfang zur Überprüfung zu stellen, auch die Entscheidung über den Auflösungsantrag **isoliert** angreifen, indem er das Rechtsmittel allein auf den Auflösungsanspruch beschränkt.[75] Hat das Arbeitsgericht angenommen, die Kündigung sei nicht nur sozialwidrig, sondern auch aus anderen Gründen rechtsunwirksam (was einem arbeitgeberseitigen Auflösungsantrag entgegenstehen würde), so kann (und muss) das Berufungsgericht auch im Falle einer auf den Auflösungsantrag beschränkten Berufung prüfen, aus welchen Gründen die Kündigung unwirksam ist; der Streitgegenstand des Auflösungsantrages wird durch die rechtskräftige Entscheidung über den Kündigungsschutzantrag und erst recht durch deren Begründung **nicht berührt**.[76]

V. Verhältnis zu anderen Ansprüchen

41 Wird von Seiten des Arbeitnehmers erwogen, einen Auflösungsantrag gem. §§ 9, 10 KSchG zu stellen, sollte in der anwaltlichen Beratung auch eine Prüfung durchgeführt werden, inwieweit ein Anspruch auf Schadensersatz gem. § 628 Abs. 2 BGB in Betracht kommt. Voraussetzung für einen solchen Schadensersatzanspruch ist zunächst ein Auflösungsverschulden des Vertragspartners, welches das Gewicht eines wichtigen Grundes i.S.d. § 626 Abs. 1 BGB hat.[77] Weiter bedarf es grundsätzlich des Ausspruchs einer außerordentlichen Kündigung durch den Anspruchsteller unter Wahrung der Zwei-Wochen-Frist des § 626 Abs. 2 BGB. Die Norm findet allerdings nach ständiger Rechtsprechung des BAG auch dann Anwendung, wenn das Arbeitsverhältnis anderweitig infolge vertragswidrigen schuldhaften Verhaltens des anderen Vertragsteils, insbesondere durch Auflösung gem. §§ 9, 13 Abs. 1 S. 3 KSchG,[78] oder auch durch außerordentliche Eigenkündigung des Arbeitnehmers mit Auslauffrist,[79] beendet worden ist, solange nur das Auflösungsverschulden den Merkmalen des wichtigen Grundes i.S.d. § 626 Abs. 1 BGB entspricht. Schließlich ist erforderlich, dass die Kündigung (oder Auflösung) durch das vertragswidrige Verhalten des anderen Teils veranlasst wird, dass also die Beendigung gerade wegen der Vertragswidrigkeit des Partners geschieht.[80] Der aus einer außerordentlichen Eigenkündigung resultierende Anspruch auf Schadensersatz gem. § 628 Abs. 2 BGB beinhaltet nach neuerer Rechtsprechung des BAG einen angemessenen Ausgleich für den Verlust des durch das KSchG vermittelten Bestandsschut-

75 BAG v. 29.1.1981, DB 1981, 2438 = NJW 1982, 1118.
76 BAG v. 27.9.2001, NZA 2002, 1171 = NJW 2002, 1287.
77 BAG v. 20.11.2003, DB 2004, 1272 = RzK I 6 i Nr. 17; BAG v. 22.1.2009, NZA 2009, 547.
78 BAG v. 17.1.2002, EzA § 628 BGB Nr. 20; BAG v. 12.6.2003, BAGE 106, 286 = AP Nr. 16 zu § 628 BGB.
79 BAG v. 22.1.2009, NZA 2009, 547.
80 BAG v. 20.11.2003, DB 2004, 1272 = RzK I 6 i Nr. 17.

zes, dessen Bemessung sich an §§ 9, 10 KSchG orientiert.[81] Dieser Entschädigungsanspruch wegen Verlustes des Bestandsschutzes setzt allerdings – neben der Anwendbarkeit des Kündigungsschutzgesetzes – voraus, dass der Arbeitgeber im Zeitpunkt der Arbeitnehmerkündigung das Arbeitsverhältnis seinerseits nicht selbst hätte kündigen dürfen.[82] Der Entschädigungsanspruch tritt im Regelfall kumulativ zum Anspruch auf Ersatz des etwa entstandenen Vergütungsausfalls hinzu,[83] wenn der Auflösungsantrag des Arbeitnehmers bei unberechtigter fristloser Kündigung des Arbeitgebers zum Kündigungstermin einer (umgedeuteten) ordentlichen Kündigung hätte gestellt werden können.[84]

Praxishinweis 42
Die Geltendmachung eines **Schadensersatzanspruchs wegen Auflösungsverschuldens** gem. § 628 Abs. 2 BGB kann eine wirtschaftlich interessante **Alternative** zum Auflösungsantrag gem. §§ 9, 10 KSchG vor allem dann darstellen, wenn das vertragswidrige schuldhafte Verhalten des Arbeitgebers erst **längere Zeit nach dem Ausspruch der Kündigung** auftritt. Droht der Arbeitgeber dem Arbeitnehmer beispielsweise in dem bereits zwei Jahre lang anhängigen Kündigungsschutzprozess für den Fall der Rückkehr in den Betrieb mit willkürlicher, nachteiliger Behandlung, kann die darauf gestützte arbeitnehmerseitige außerordentliche Kündigung dazu führen, dass der Arbeitnehmer (bei Feststellung der Unwirksamkeit der Arbeitgeberkündigung) **Annahmeverzugslohn** für die Zeit bis zu seiner außerordentlichen Kündigung und zusätzlich Schadensersatz gem. § 628 Abs. 2 BGB in Form einer **Abfindung** sowie Ersatz von **Vergütungsausfall** verlangen kann, während der statt dessen gestellte Antrag gem. §§ 9, 10 KSchG die Auflösung zu dem gem. § 9 Abs. 2 KSchG zu bestimmenden Zeitpunkt nach sich zieht, so dass zwar ebenfalls eine Abfindung, aber kein Annahmeverzugslohn in derartigem Umfang anfällt und auch Vergütungsausfall nicht gefordert werden kann.

Ein **durch § 15 KSchG geschützter** Arbeitnehmer, der sein Arbeitsverhältnis wegen eines 43
durch vertragswidriges Verhalten seines Arbeitgebers veranlassten Grundes gekündigt hat, hat keine weitergehenden Ansprüche auf Schadensersatz wegen Verlustes seines Arbeitsplatzes als ein nicht dem Sonderkündigungsschutz unterfallender Arbeitnehmer. Der Verlust dieses besonders geschützten Arbeitsplatzes begründet nach Auffassung des Bundesarbeitsgerichts[85] **keinen** über § 628 Abs. 2 BGB i.V.m. §§ 9, 10, 13 KSchG hinausgehenden Schadensersatzanspruch.

Ist dem Arbeitnehmer bereits im Rahmen der gerichtlichen Auflösung eines Arbeitsverhält- 44
nisses gem. §§ 9, 10 KSchG eine Abfindung zuerkannt worden, kann er einen **zusätzlichen** Anspruch auf Schadensersatz gem. § 628 Abs. 2 BGB nur noch eingeschränkt geltend machen. Soweit es sich um **unmittelbare**, bereits im Rahmen der Bemessung der Abfindung gem. §§ 9, 10 KSchG berücksichtigte bzw. zu berücksichtigende **Schäden** handelt, ist ein Schadensersatzanspruch wegen Auflösungsverschuldens aufgrund des unterbrochenen Rechtswidrigkeitszusammenhanges zwischen Auflösungsverschulden und dem durch die gerichtliche Auflösung entstehenden Schaden **ausgeschlossen**.[86] Das bedeutet, dass die bereits

81 BAG v. 26.7.2007, NZA 2007, 1419.
82 BAG v. 26.7.2007, NZA 2007, 1419; BAG v. 21.5.2008, NZA-RR 2009, 75.
83 BAG v. 26.7.2001, BAGE 98, 275; BAG v. 17.1.2002, EzA § 628 BGB Nr. 20; BAG v. 20.11.2003, DB 2004, 1272 = RzK I 6 i Nr. 17.
84 BAG v. 26.7.2007, NZA 2007, 1419.
85 BAG v. 21.5.2008, NZA-RR 2009, 75.
86 BAG v. 15.2.1973, BAGE 25, 43 = DB 1973, 1559; BAG v. 12.6.2003, BAGE 106, 286 = AP Nr. 16 zu § 628 BGB.

gem. §§ 9, 10 KSchG zugesprochene Abfindung selbstredend nicht ein weiteres Mal als Schadensposition geltend gemacht werden kann. Aber auch ein durch die auflösungsbedingte Beendigung eines Arbeitsverhältnisses eingetretener Verlust einer Anwartschaft auf **betriebliche Altersversorgung** kann dann nicht im Wege einer Schadenersatzklage gem. § 628 Abs. 2 BGB verlangt werden, denn der Verlust ist unmittelbare Folge der Auflösung des Arbeitsverhältnisses und stellt ein Bemessungskriterium für die Höhe der gem. §§ 9, 10 KSchG auszuurteilenden Abfindung dar.[87] Hingegen wird die Geltendmachung von Schäden, die wie z.B. eine Behinderung in der Stellensuche durch unrichtige Zeugniserteilung oder durch verspätete Herausgabe der Arbeitspapiere lediglich **mittelbar** durch die Auflösung des Arbeitsverhältnisses verursacht worden sind, durch die Verurteilung zur Zahlung einer Abfindung gem. §§ 9, 10 KSchG **nicht gehindert**.[88]

VI. Streitwert

45 Aus der Regelung des § 42 Abs. 4 S. 1 Hs. 2 GKG 2004, die bestimmt, dass eine Abfindung bei der Streitwertbemessung nicht hinzugerechnet wird, lässt sich der Schluss ziehen, dass der Auflösungsantrag, gleich welche Partei ihn stellt, bei der Streitwertbemessung nicht gesondert zu berücksichtigen ist.[89] Bei der Streitwertfestsetzung ist auch nicht etwa zwischen Auflösungsantrag und Abfindungsbetrag zu unterscheiden.[90]

87 BAG v. 12.6.2003, BAGE 106, 286 = AP Nr. 16 zu § 628 BGB.

88 BAG v. 22.4.1971, AP Nr. 24 zu § 7 KSchG; BAG v. 15.2.1973, BAGE 25, 43 = DB 1973, 1559; BAG v. 12.6.2003, BAGE 106, 286 = AP Nr. 16 zu § 628 BGB.

89 LAG Berlin v. 10.4.2001, LAGE § 12 ArbGG Streitwert Nr. 124a; LAG Brandenburg v. 17.4.2003, LAGE § 12 ArbGG Streitwert Nr. 129; LAG Hamburg v. 3.9.2003, LAGE § 12 ArbGG Streitwert Nr. 130; LAG Baden-Württemberg v. 22.9.2004, LAGE § 12 ArbGG Streitwert Nr. 132; LAG Nürnberg v. 29.8.2005, EzA-SD 2005, Nr. 21, 15.

90 So aber LAG Berlin v. 30.12.1999, LAGE § 12 ArbGG Streitwert Nr. 119b; dagegen LAG Nürnberg v. 29.8.2005, EzA-SD 2005, Nr. 21, 15.

§ 26 Der Kündigungsschutzprozess gegen Änderungskündigungen

Dr. Klaus Rinck

Inhalt

	Rn
I. Einführung	1
II. Merkmale der Änderungskündigung	5
1. Abgrenzung der Änderungskündigung von der Ausübung des Direktionsrechts	5
2. Abgrenzung der Änderungskündigung vom Widerrufsvorbehalt	11
3. Arten der Änderungskündigung	15
4. Sachlicher und zeitlicher Zusammenhang von Kündigung und Änderungsangebot	18
5. Inhalt des Änderungsangebotes	24
6. Ordentliche und außerordentliche Änderungskündigung	26
III. Reaktionsmöglichkeiten des betroffenen Arbeitnehmers	28
1. Vorbehaltlose Annahme des Änderungsangebotes	28
2. Annahme unter Vorbehalt	31
a) Form und Frist	32
b) Inhalt	37
3. Ablehnung	38
4. Sonstige Einigung	40
IV. Klageerhebung	41
1. Anträge	41
2. Klagefrist	49
V. Prüfung der sozialen Rechtfertigung im Prozess	50
1. Grundsätze der Prüfung	50
2. Die betriebsbedingte Änderungskündigung	53
a) Die ordentliche betriebsbedingte Änderungskündigung	53
b) Die außerordentliche betriebsbedingte Änderungskündigung	61
3. Die verhaltens- und personenbedingte Änderungskündigung	65
VI. Prüfung der Einhaltung der Beteiligungsrechte des Betriebsrates im Prozess	67
1. Anhörungserfordernis gem. § 102 BetrVG	67
2. Mitbestimmungsrechte gem. §§ 99 ff. BetrVG	68
3. Mitbestimmungsrechte gem. § 87 BetrVG	72
VII. Prüfung sonstiger Unwirksamkeitsgründe im Prozess	73
VIII. Auflösung des Arbeitsverhältnisses	75
IX. Streitwert	76

Literatur

Annuß/Bartz, Änderungskündigung schwer gemacht, NJW 2006, 2153; **Benecke**, Die „überflüssige Änderungskündigung" – ein Scheinproblem, NZA 2005, 1092; **Berkowsky**, Aktuelle Entwicklungen im Recht der Änderungskündigung, NZA-RR 2008, 337; **Boewer**, Streitgegenstand und Prüfungsmaßstab bei der Änderungsschutzklage, BB 1996, 2618; **Commandeur/Kleinebrink**, Die Änderungskündigung als Mittel zur Lösung von Zuordnungsproblemen, NJW 2005, 633; **Hohenstatt/Kock**, Die ordentliche Änderungskündigung mit sofortiger Wirkung, NZA 2004, 524; **Hromadka**, Die Änderungskündigung – eine Skizze, DB 2002, 1322; *ders.*, Nochmals: Die „überflüssige" Änderungskündigung, NZA 2008, 1338; **Hunold**, Die „überflüssige" Änderungskündigung, NZA 2008, 860; **Reiserer/Powietzka**, Änderungskündigung zur Entgeltsenkung, BB 2006, 1109; **Stoffels**, Gestaltungsmöglichkeiten durch Änderungskündigungen, ZfA 2002, 401; **Wagner**, Alternativangebote bei der Änderungskündigung gem. § 2 KSchG, NZA 2008, 1333.

I. Einführung

1 § 2 KSchG enthält die Legaldefinition der Änderungskündigung. Sie liegt vor, wenn der Arbeitgeber das Arbeitsverhältnis **kündigt** und dem Arbeitnehmer im Zusammenhang mit der Kündigung die Fortsetzung des Arbeitsverhältnisses zu **geänderten Arbeitsbedingungen** anbietet.

2 Die Änderungskündigung gibt dem Arbeitgeber ein Mittel an die Hand, um die Bedingungen des Arbeitsverhältnisses **einseitig** zu ändern. Für den Arbeitnehmer bedeutet die Änderungskündigung im Vergleich mit der Beendigungskündigung regelmäßig eine geringere wirtschaftliche und soziale Beeinträchtigung: Der Arbeitnehmer hat es in der Hand, durch die Annahme des mit der Kündigung zusammen ausgesprochenen Änderungsangebotes den Fortbestand seines Arbeitsverhältnisses zu sichern. § 2 S. 1 KSchG gewährt ihm die Möglichkeit, bei der Annahme des arbeitgeberseitigen Änderungsangebotes einen **Vorbehalt** auszusprechen. Dieser Vorbehalt, der darin besteht, dass die Änderung der Arbeitsbedingungen nicht sozial ungerechtfertigt ist, bildet die Grundlage für die in § 4 S. 2 KSchG vorgesehene **Änderungskündigungsschutzklage** (auch kurz: Änderungsschutzklage).

3 Gegenstand eines solchen Verfahrens ist dann lediglich, ob die Änderung der Arbeitsbedingungen sozial ungerechtfertigt oder aus einem sonstigen Grunde unwirksam ist. Der Bestand des Arbeitsverhältnisses als solcher steht nicht in Frage. Dringt der Arbeitnehmer mit seinem Änderungsschutzantrag durch, so gilt die Änderungskündigung als **von Anfang an rechtsunwirksam** (§ 8 KSchG). Wird die Klage des Arbeitnehmers abgewiesen, steht fest, dass das Arbeitsverhältnis mit dem Zeitpunkt des Auslaufens der Kündigungsfrist zu nunmehr **geänderten Bedingungen** fortbesteht.

4 Bei alledem ist zu beachten, dass der Arbeitgeber **nicht verpflichtet** ist, mit dem Änderungsangebot zugleich eine Kündigung auszusprechen, um dem Arbeitnehmer eine gerichtliche Prüfung zu ermöglichen, ob die erstrebte Änderung der arbeitsvertraglichen Bedingungen sozial gerechtfertigt ist. Er kann auch versuchen, im **Verhandlungswege** zunächst das Einverständnis des Arbeitnehmers, zu neuen Bedingungen zu arbeiten, zu erreichen. Erst dann, wenn der Arbeitnehmer das Angebot **nicht annimmt** und somit kein Änderungsvertrag zustande gekommen ist, muss der Arbeitgeber zur Durchsetzung der Vertragsänderung eine Änderungskündigung aussprechen.[1]

II. Merkmale der Änderungskündigung

1. Abgrenzung der Änderungskündigung von der Ausübung des Direktionsrechts

5 Der Arbeitgeber, der Änderungen im Arbeitsverhältnis und seiner konkreten Durchführung vornehmen will, muss sich zunächst über das jeweils zu wählende arbeitsrechtliche Instrument klar werden.

6 In jeder arbeitsvertraglichen Beziehung steht dem Arbeitgeber das Recht zu, die jeweils vom Arbeitnehmer geschuldete **Arbeitsleistung** zu **konkretisieren**. Soweit keine bindenden gesetzlichen, tarif- oder einzelarbeitsvertraglichen Regelungen einschränkender Art bestehen, kann der Arbeitgeber bestimmen, wann der Arbeitnehmer seine Arbeitsleistung an welchem Ort in welcher Art und Reihenfolge zu erbringen hat (§ 106 S. 1 GewO). Diese Befugnisse

1 BAG v. 13.3.2007, DB 2007, 2096.

werden als Direktions- oder Weisungsrecht des Arbeitgebers bezeichnet. Bei der Ausübung des Direktionsrechtes ist der Arbeitgeber jedoch nach Maßgabe des § 315 BGB beschränkt, sie darf nur nach **billigem Ermessen** geschehen.[2] Die Ausübung des Direktionsrechtes führt zu einer **sofortigen Konkretisierung**, ggf. auch **Änderung**, der Arbeitspflichten des Arbeitnehmers. Im Gegensatz dazu steht die ordentliche Änderungskündigung, die bei allen über eine bloße Konkretisierung hinausgehenden Maßnahmen notwendig wird und deren Ausübung stets der Einhaltung der regulären Kündigungsfristen bedarf. Auch unterscheiden sich die Ausübung des Weisungsrechtes und die Änderungskündigung darin, dass nur bei Letzterer das **Schriftformerfordernis** des § 623 BGB einzuhalten und die **Anhörung des Betriebsrates** gem. § 102 BetrVG durchzuführen ist. Eine **Mitbestimmung des Betriebsrates** gem. §§ 99 ff. BetrVG kommt hingegen sowohl im Falle der Änderungskündigung als auch bei der Ausübung des Direktionsrechts (nach grds. gleichen Maßstäben) in Betracht, wenn mit der betreffenden Maßnahme eine Umgruppierung oder Versetzung beabsichtigt ist. Die Abgrenzung des Anwendungsbereichs von Änderungskündigung und Direktionsrecht ist in generalisierender Form nicht möglich; maßgebend sind stets die Umstände des Einzelfalles. Bei Zweifelsfällen ist eine Annäherung über die einschlägige Kasuistik[3] zu empfehlen.

Für den Arbeitgeber ist die Frage, ob er sein Ziel im Wege der Ausübung des Direktionsrechtes erreichen kann oder ob es des Ausspruches einer Änderungskündigung bedarf, vor allem deswegen von Bedeutung, weil die Wahl des unzutreffenden Durchsetzungsmittels zu erheblichen Rechtsnachteilen führen kann. Das erschließt sich ohne Mühe für den Fall, dass eine Anordnung im Wege der Ausübung des **Direktionsrechts** ergeht, zu deren Durchsetzung es der Vornahme einer **Änderungskündigung** bedurft hätte: Die Weisung ist **unwirksam**, der Arbeitnehmer wird sie regelmäßig nicht befolgen müssen. Spricht nun der Arbeitgeber wegen der vermeintlichen Missachtung des Direktionsrechts eine verhaltensbedingte Beendigungskündigung aus, so ist diese unwirksam. Erhält der Arbeitgeber erst am Ende eines langwierigen Kündigungsschutzprozesses über die Fehlerhaftigkeit der Ausübung des Direktionsrechtes und die daraus folgende Unwirksamkeit der Beendigungskündigung Gewissheit, können daraus erhebliche finanzielle Belastungen, insbesondere in Form von Annahmeverzugslohnansprüchen des Arbeitnehmers, entstehen. 7

Aber auch der umgekehrte Fall, in welchem der Arbeitgeber dasjenige zum Gegenstand einer **Änderungskündigung** macht, was er durch schlichte Ausübung seines **Weisungsrechtes** hätte erreichen können, kann zu Friktionen führen. Nach verbreiteter Auffassung[4] ist eine derartige Änderungskündigung nicht erforderlich und damit stets **unverhältnismäßig** und **unwirksam**. Demgegenüber hat das Bundesarbeitsgericht bislang stets wie folgt differenziert: Eine wegen der Möglichkeit der Ausübung des Direktionsrechts bzw. eines vorbehaltenen Widerrufes „überflüssige" Änderungskündigung sei wegen der damit verbundenen **Bestandsgefährdung unverhältnismäßig** mit der Folge der Unwirksamkeit, wenn der Arbeitnehmer das Änderungsangebot nicht angenommen hat.[5] Demgegenüber liege ein solcher Verstoß gegen den Grundsatz der Verhältnismäßigkeit jedoch **nicht** vor, wenn der Ar- 8

2 BAG v. 27.3.1980, BAGE 33, 71 = DB 1980, 1603; BAG v. 12.12.1984, BAGE 47, 314 = NZA 1985, 321; BAG v. 13.3.2003, NZA 2004, 735 = DB 2003, 1960.

3 Umfangreiche Entscheidungsnachweise finden sich z.B. bei KR/*Rost*, § 2 KSchG Rn 45, 46.

4 KR/*Rost*, § 2 KSchG Rn 106c; *Boewer*, BB 1996, 2618; *v. Hoyningen-Huene/Linck*, § 2 Rn 32c; *Preis*, NZA 1997, 1073.

5 BAG v. 28.4.1982, BAGE 38, 348 = DB 1982, 1776; BAG v. 21.1.1988, RzK I 10 b Nr. 9; BAG v. 9.2.1989, RzK I 7 a Nr. 15.

beitnehmer das mit der Änderungskündigung verbundene Angebot **unter Vorbehalt** annehme; in den letztgenannten Fällen sei zu berücksichtigen, dass unverhältnismäßig allenfalls das Element der Kündigung sein könne, nicht dagegen das mit der Kündigung verbundene Änderungsangebot, welches allein Überprüfungsgegenstand der Änderungsschutzklage sei.[6] In einem neueren Urteil hat der **2. Senat** seine Behandlungsweise im Falle von Änderungsschutzklagen allerdings als „**bisherige Rechtsprechung**" bezeichnet und ausgeführt, ob hieran festzuhalten sei, bedürfe im konkreten Fall keiner Entscheidung.[7] Demgegenüber hat der **1. Senat** in einer anschließend ergangenen Entscheidung im Einklang mit der bisherigen BAG-Rechtsprechung daran **festgehalten**, dass eine Änderungsschutzklage keinen Erfolg haben könne, wenn die entsprechende Änderung der Arbeitsbedingungen im Zeitpunkt des Ausspruchs der Änderungskündigung bereits auf anderem Wege – etwa aufgrund wirksamer Ausübung des Direktionsrechts durch den Arbeitgeber oder aufgrund normativer Wirkung einer Betriebsvereinbarung – eingetreten sei.[8]

9 Für die Praxis bedeutet dies, dass der Arbeitgeber sich noch intensiver als bisher mit der Frage befassen muss, ob für die angestrebte Änderung tatsächlich der **Ausspruch einer Änderungskündigung erforderlich** ist, oder ob hierzu vielmehr sein **Direktionsrecht ausreicht**. Wenn er dennoch eine Änderungskündigung ausspricht, wo die Ausübung des Direktionsrechts bzw. eines Widerrufsvorbehaltes ausreichend gewesen wäre, hat er nach bisheriger – allerdings in Frage gestellter – BAG-Rechtsprechung im Falle der **Änderungsschutzklage** Aussichten, dass seine Maßnahme als wirksam angesehen wird, während für den Fall, dass der Arbeitnehmer das Änderungsangebot ausschlägt und eine **Kündigungsschutzklage** i.S.d. § 4 S. 1 KSchG erhebt, die Wahl des „falschen Mittels" der Änderungskündigung zur Unwirksamkeit der Maßnahme führen wird.

10 *Praxishinweis*

Besteht trotz gründlicher Prüfung Unsicherheit über die Art der zu wählenden Maßnahme, wird dem Arbeitgeber vor dem Hintergrund der neueren Entwicklung der Rechtsprechung des 2. Senats wohl zu raten sein, zunächst zu versuchen, die geplante Änderung nur im Wege der Ausübung des **Direktionsrechts** (bzw. eines Widerrufsvorbehaltes) durchzusetzen. Vielfach wird der Arbeitnehmer der Weisung folgen, weil er Bedenken hat, ansonsten eine unberechtigte Arbeitsverweigerung zu begehen und – ggf. nach Abmahnung – eine wirksame verhaltensbedingte Kündigung zu erhalten. Weigert sich der Arbeitnehmer hingegen, zu geänderten Bedingungen zu arbeiten, kann der Arbeitgeber die Weisung immer noch zurücknehmen, den Arbeitnehmer zunächst unverändert beschäftigen und nun über den Ausspruch einer Änderungskündigung nachdenken.

2. Abgrenzung der Änderungskündigung vom Widerrufsvorbehalt

11 Der Widerruf ist dem allgemeinen Direktionsrecht verwandt. Allerdings ist seine Ausübung nur auf der Grundlage einer Vereinbarung möglich. Der Arbeitgeber muss sich insoweit das Recht zur Änderung der betreffenden Vertragsbedingung **vertraglich vorbehalten**.

12 Das Instrument des Widerrufsvorbehaltes käme in Konflikt mit den nicht dispositiven Kündigungsschutzregelungen, wollte man es auf sämtliche Vertragsbedingungen anwenden. Dem-

6 BAG v. 26.1.1995, BAGE 79, 159 = NZA 1995, 626; BAG v. 15.11.1995, NZA 1996, 603 = DB 1996, 1680; BAG v. 9.7.1997, NZA 1998, 494 = DB 1998, 523; BAG v. 24.8.2004, NZA 2005, 51 = MDR 2005, 400.

7 BAG v. 6.9.2007, NZA-RR 2008, 291 = AP Nr. 135 zu § 2 KSchG 1969.

8 BAG v. 26.8.2008, NZA-RR 2009, 300 = DB 2009, 461.

entsprechend muss sich der Widerrufsvorbehalt auf **Nebenbestimmungen** beschränken, die meist besondere Zusatzleistungen, wie Sonderleistungen (Gratifikationen etc.), betreffen. Im Hinblick auf solche Zusatzleistungen ist die Vereinbarung eines Widerrufsvorbehalts zulässig, soweit der widerrufliche Anteil am Gesamtverdienst unter 25 bis 30 % liegt und der Tariflohn nicht unterschritten wird.[9] Formularmäßig verwendete einzelarbeitsvertragliche Widerrufsvorbehalte unterliegen der Inhaltskontrolle gem. §§ 305–310 BGB, sind also insbesondere daraufhin zu prüfen, ob sie dem Transparenzgebot des § 307 Abs. 1 S. 2 BGB und den Anforderungen des § 308 Nr. 4 BGB an Änderungsvorbehalte genügen.[10]

Ebenso wie das Direktionsrecht darf der Widerruf nur in den Grenzen billigen Ermessens ausgeübt werden und ist in diesem Rahmen gerichtlich überprüfbar. Der Arbeitnehmer kann wie im Falle des Direktionsrechtes zur Überprüfung der Rechtmäßigkeit der Maßnahme Feststellungsklage erheben, wobei die zeitlichen Vorgaben des § 4 KSchG weder hier noch dort gelten. 13

Falls der Arbeitgeber **Zweifel** an der wirksamen Vereinbarung des Widerrufsvorbehaltes bzw. an dessen Zulässigkeit hat oder davon ausgeht, dass die Ausübung des Widerrufsrechts möglicherweise nicht billigem Ermessen entspricht, kann er vorsorglich eine zusätzliche Änderungskündigung aussprechen. Es bestehen jedoch bei dieser Vorgehensweise die gleichen Risiken wie bereits im Zusammenhang mit der Ausübung des Direktionsrechts und der Änderungskündigung dargelegt (vgl. oben Rn 8–10). 14

3. Arten der Änderungskündigung

Die Änderungskündigung wird üblicherweise als **unbedingte Beendigungskündigung** ausgesprochen, verbunden mit einem Angebot der Fortsetzung des Arbeitsverhältnisses zu geänderten Bedingungen. Es ist aber ebenso möglich, eine **bedingte Kündigung** auszusprechen, wobei die (aufschiebende) Bedingung (also eine Bedingung i.S.d. § 158 Abs. 2 BGB) in der Ablehnung des Änderungsangebotes durch den Arbeitnehmer liegt. Zwar ist die Kündigung als einseitiges Rechtsgeschäft grundsätzlich **bedingungsfeindlich**, jedoch ist hier der Eintritt der Bedingung allein vom Willen des Kündigungsempfängers abhängig. Somit handelt es sich um eine zulässige **Potestativbedingung**. 15

Unzulässig, aber in der Praxis immer wieder anzutreffen, ist die sog. **(echte) Teilkündigung**. Der Arbeitgeber versucht hier, unter Aufrechterhaltung eines Teiles des Arbeitsverhältnisses den übrigen Teil zu kündigen. Im Gegensatz zur Änderungskündigung macht der Arbeitgeber bei der Teilkündigung nicht deutlich, dass es in der Hand des Arbeitnehmers liegt, die Fortsetzung des Arbeitsverhältnisses zu geänderten Bedingungen anzunehmen oder abzulehnen. Er schreibt dem Arbeitnehmer vielmehr einseitig vor, dass sein Arbeitsverhältnis nunmehr zu bestimmten, geänderten Bedingungen bestehe. Die Teilkündigung ist unzulässig, da das Arbeitsverhältnis nur als Ganzes gekündigt werden kann.[11] Die teilweise so bezeichnete **„unechte“ Teilkündigung** ist hingegen zulässig. Hierbei handelt es sich allerdings um nichts anderes als einen terminologisch nur anders erfassten Fall der Ausübung eines vorbehaltenen Rechtes zum Widerruf. 16

9 BAG v. 12.1.2005, NZA 2005, 465 = DB 2005, 669.

10 Näher hierzu HzA Gr. 3 (Gratifikationen/Sonderzahlungen) *Lipke/Rinck*, Rn 55 ff.

11 BAG v. 7.10.1982, BAGE 40, 199 = DB 1983, 1368; BAG v. 25.2.1988, BAGE 57, 344 = NZA 1988, 769; BAG v. 14.11.1990, BAGE 66, 214 = NZA 1991, 377; BAG v. 19.6.2001, NZA 2002, 397 = DB 2002, 223.

17 Auch eine Änderungskündigung kann mit einem Angebot verbunden werden, gemäß **§ 1a KSchG** für den Fall, dass der Arbeitnehmer binnen der Drei-Wochen-Frist des § 4 S. 1 und 2 KSchG keine Kündigungsschutzklage erhebt, ihm eine **Abfindung** zu zahlen. Der Arbeitnehmer hat dann einen Anspruch auf die Abfindung, wenn die Änderungskündigung wegen **Nichtannahme** oder **vorbehaltloser Ablehnung** des Änderungsangebotes (und Verstreichenlassen der Drei-Wochen-Frist ohne Erhebung einer Klage) zur **Beendigung des Arbeitsverhältnisses** führt.[12]

4. Sachlicher und zeitlicher Zusammenhang von Kündigung und Änderungsangebot

18 Die Kündigung sollte in der Praxis **nur zusammen mit dem Änderungsangebot** ausgesprochen werden. Dabei erstreckt sich das **Schriftformerfordernis** des § 623 BGB auch auf das Änderungsangebot, wobei es ausreichend ist, wenn der Inhalt des Änderungsangebotes im Kündigungsschreiben hinreichenden Anklang gefunden hat.[13] Sämtliche anderen Gestaltungen sind unwirksam oder bergen zumindest erhebliche Risiken in sich.

19 *Praxishinweis*

Nicht wenige Arbeitgeber unterbreiten dem Arbeitnehmer zunächst ein Änderungsangebot, stellen hierbei klar, dass bei Ablehnung des Angebotes eine Beendigungskündigung beabsichtigt ist, und räumen dem Arbeitnehmer eine Überlegungsfrist von einer Woche ein. Diese Handhabung kann zu Rechtsnachteilen führen.

20 Lehnt der Arbeitnehmer in o.g. Situation das Angebot ab, so führt die Auffassung, die eine Beendigungskündigung für möglich hält, ohne dass es des erneuten Änderungsangebotes in Form einer Änderungskündigung bedarf,[14] zu dem problematischen Ergebnis, dass die durch § 2 KSchG vorgesehene Zeitspanne mit der Einräumung einer bloßen Wochenfrist regelmäßig **verkürzt** wird. Außerdem wird dem Arbeitnehmer bei dieser Vorgehensweise die Möglichkeit genommen, das Änderungsangebot nur unter dem Vorbehalt der Überprüfung seiner sozialen Rechtfertigung anzunehmen. Daher ist der Arbeitgeber, der vor Ausspruch einer Kündigung dem Arbeitnehmer das Angebot macht, den Vertrag der noch bestehenden Weiterbeschäftigungsmöglichkeit anzupassen, nach neuerer BAG-Rechtsprechung im Falle der Ablehnung regelmäßig nach dem Verhältnismäßigkeitsgrundsatz verpflichtet, trotzdem eine Änderungskündigung auszusprechen. Eine Beendigungskündigung ist nur ausnahmsweise zulässig, nämlich dann, wenn der Arbeitnehmer **unmissverständlich** zum Ausdruck gebracht hat, er werde die geänderten Arbeitsbedingungen im Fall des Ausspruchs einer Änderungskündigung nicht, **auch nicht unter dem Vorbehalt ihrer sozialen Rechtfertigung,** annehmen.[15] Damit ist für die Praxis klar, dass der Arbeitgeber sich nach vorhergehendem Änderungsangebot nur dann auf eine Beendigungskündigung beschränken kann, wenn er eine daraufhin geschehene unbedingte und ernsthafte **Ablehnung** seines Änderungsangebotes durch den Arbeitnehmer – die **ausdrücklich** auch eine Annahme unter Vorbehalt ausschließt – im Prozess zweifelsfrei nachzuweisen vermag (zum Vorrang der Änderungskündigung vgl. auch § 3 Rn 54, 108 ff.).

12 BAG v. 13.12.2007, NZA 2008, 528 = DB 2008, 1272.

13 BAG v. 16.9.2004, NZA 2005, 635 = DB 2005, 395.

14 So noch BAG v. 27.9.1984, BAGE 47, 26 = DB 1985, 1186.

15 BAG v. 21.4.2005, NZA 2005, 1289 = DB 2005, 2528.

Praxishinweis 21
Völlig untunlich ist es, zunächst eine Beendigungskündigung auszusprechen und sodann ein Änderungsangebot in zeitlichem Abstand hierzu nachfolgen zu lassen. Zwar wird man im Einzelfall darüber nachdenken können, inwieweit in dem Nachschieben des Angebotes gleichzeitig die Wiederholung der Beendigungskündigung zu sehen ist. Die mit dieser Auslegungsfrage verbundenen Rechtsunsicherheiten sind für den Arbeitgeber jedoch regelmäßig unkalkulierbar.

Es ist zu bedenken, dass dem Arbeitnehmer stets eine **Überlegungsfrist** i.S.d. § 2 KSchG 22
eingeräumt werden muss; diese würde durch ein der Kündigung erst zeitlich nachfolgendes Änderungsangebot **unzulässig verkürzt**, da der Arbeitnehmer sich innerhalb eines Zeitraumes von drei Wochen nach Zugang der Beendigungskündigung gegen diese zur Wehr setzen muss, zu diesem Zeitpunkt aber noch keine Überlegungen bezüglich des Änderungsangebotes anstellen kann. Eine ohne vorheriges oder gleichzeitiges Angebot der geänderten Arbeitsbedingungen ausgesprochene Beendigungskündigung ist daher regelmäßig **sozialwidrig**.[16] Der Arbeitgeber kann in solchen Fällen noch versuchen, sich auf das Ergebnis einer **fiktiven Prüfung** zu berufen, d.h., zu argumentieren, dass der Arbeitnehmer die geänderten Arbeitsbedingungen auch bei einem entsprechenden Angebot vor oder mit Ausspruch der Kündigung **nicht**, auch nicht unter Vorbehalt, **angenommen hätte**. Die Rechtsprechung des Bundesarbeitsgerichts hierzu ist uneinheitlich. Während ein derartiger Einwand zunächst zugelassen wurde,[17] hat das Bundesarbeitsgericht in einer Entscheidung neueren Datums ausgeführt, es unterliege Bedenken, in derartigen Fällen fiktiv zu prüfen, ob der Arbeitnehmer die geänderten Arbeitsbedingungen bei einem entsprechenden Angebot vor oder mit Ausspruch der Kündigung zumindest unter Vorbehalt angenommen hätte,[18] in einem etwas späteren Urteil aber wiederum festgestellt, ein bestimmtes Verhalten des Arbeitnehmers indiziere auch, „dass er sich selbst bei Angebot einer derartigen Stelle vor Ausspruch der Kündigung in keinem Fall mit einer Annahme – auch nicht unter Vorbehalt – einverstanden erklärt hätte“.[19]

Verbindet der Arbeitgeber die Kündigung zutreffend mit dem Änderungsangebot, so hat er 23
dem Arbeitnehmer gem. § 2 S. 2 KSchG eine Frist von **mindestens drei Wochen** einzuräumen, binnen derer der Arbeitnehmer das Angebot unter dem Vorbehalt der Überprüfung der sozialen Rechtfertigung der Änderung der Arbeitsbedingungen annehmen kann. Unterschreitet der Arbeitgeber in seinem Angebot diese Mindestannahmefrist, führt dies nach – großzügiger – Rechtsprechung des Bundesarbeitsgerichts jedoch **nicht** zur Unwirksamkeit der Kündigung. Vielmehr setzt auch die **zu kurze Fristbestimmung** die **gesetzliche Annahmefrist** des § 2 S. 2 KSchG **in Lauf**.[20] Selbst mit der Formulierung „teilen Sie uns umgehend mit, ob Sie … einverstanden sind“ wird nach Auffassung des BAG eine Annahmefrist im Sinne des § 148 BGB bestimmt, die zwar zu kurz ist, an deren Stelle dann aber wiederum die Frist des § 2 S. 2 KSchG treten soll.[21]

16 BAG v. 17.5.2001, NZA 2002, 54; BAG v. 21.4.2005, NZA 2005, 1289 = DB 2005, 2528.
17 BAG v. 27.9.1984, BAGE 47, 26 = DB 1985, 1186.
18 BAG v. 21.4.2005, NZA 2005, 1289 = DB 2005, 2528.
19 BAG v. 21.9.2006, NZA 2007, 431 = AP Nr. 130 zu § 2 KSchG 1969.
20 BAG v. 18.5.2006, NZA 2006, 1092 = DB 2006, 1790.
21 BAG v. 1.2.2007, NZA 2007, 925 = DB 2007, 1474.

5. Inhalt des Änderungsangebotes

24 Das mit der Kündigung unterbreitete Änderungsangebot muss aus Gründen der Rechtssicherheit für den Empfänger bereits im Zeitpunkt des Zugangs hinreichend klar bestimmt sein, bzw. der Inhalt muss sich eindeutig bestimmen lassen. Es reicht weder aus, dass der Arbeitgeber das Änderungsangebot später klarstellt, noch, dass der gekündigte Arbeitnehmer sich die jeweils für ihn günstigsten Teile „heraussuchen" kann.[22]

25 Der Arbeitgeber muss bei Abfassung der Änderungskündigung beachten, dass sein Änderungsangebot nicht auf eine vor Ablauf der Kündigungsfrist des betreffenden Arbeitnehmers wirksam werdende Verschlechterung der Arbeitsbedingungen abzielen darf. Sein Angebot, die Arbeitsbedingungen schon vor Ablauf der ordentlichen Kündigungsfrist zu ändern, kann nicht allgemein als Angebot ausgelegt werden, die neuen Arbeitsbedingungen bei Unzulässigkeit der vorfristigen Änderung erst mit dem Ablauf der ordentlichen Kündigungsfrist eintreten zu lassen.[23]

6. Ordentliche und außerordentliche Änderungskündigung

26 Regelmäßig begegnet die Änderungskündigung in der Praxis als **ordentliche** Kündigung. § 2 KSchG ist auf diesen Fall zugeschnitten. Allerdings ist anerkannt, dass die Änderungskündigung **auch als außerordentliche** möglich ist.[24] Eine außerordentliche Änderungskündigung ist nur dann gerechtfertigt, wenn ein wichtiger Grund vorliegt. Die Fortsetzung des Arbeitsverhältnisses zu den bisherigen Bedingungen muss also dem Arbeitgeber unzumutbar und die sofortige Änderung der Arbeitsbedingungen muss für ihn unabweisbar notwendig sein[25] (vgl. unten Rn 61 ff. zur außerordentlichen betriebsbedingten Änderungskündigung; zur außerordentlichen Änderungskündigung eines nach § 15 KSchG geschützten Arbeitnehmers vgl. Rn 74).

27 Im Rahmen der außerordentlichen fristlosen Änderungskündigung ergibt sich das besondere Problem, dass eine **Kündigungsfrist**, wie § 2 KSchG sie voraussetzt, nicht gegeben ist. Es stellt sich die Frage, welche Frist dann für die unter Vorbehalt erfolgende Annahmeerklärung des Arbeitnehmers zur Anwendung gelangt. Das BAG[26] geht davon aus, dass der Arbeitnehmer sich in solchen Fällen **unverzüglich** (§ 121 BGB) zu diesem Angebot erklären muss, was nicht gleichbedeutend ist mit „sofort". Hier liegen besondere Haftungsrisiken für den Rechtsanwalt des Arbeitnehmers, da bei einer verzögerten Beratung eine unverzügliche Annahme unter Vorbehalt nicht mehr erklärt werden kann.

III. Reaktionsmöglichkeiten des betroffenen Arbeitnehmers

1. Vorbehaltlose Annahme des Änderungsangebotes

28 Der Arbeitnehmer kann das in der Änderungskündigung enthaltene Angebot des Arbeitgebers **vorbehaltlos** annehmen. Hierfür steht ihm eine **Mindestfrist i.S. des § 2 S. 2 KSchG**

22 BAG v. 15.1.2009, DB 2009, 1299.

23 BAG v. 21.9.2006, NZA 2007, 435 = DB 2007, 634.

24 BAG v. 6.3.1986, NZA 1987, 102 = DB 1986, 2605; BAG v. 21.6.1995, NZA 1995, 1157 = DB 1995, 2429.

25 BAG v. 6.3.1986, NZA 1987, 102 = DB 1986, 2605; BAG v. 21.6.1995, NZA 1995, 1157 = DB 1995, 2429; BAG v. 27.9.2001, NZA 2002, 815.

26 BAG v. 19.6.1986, NZA 1987, 94 = DB 1986, 2604; BAG v. 27.3.1987, NZA 1988, 737 = DB 1988, 1068.

zur Verfügung. Zwar betrifft § 2 S. 2 KSchG nach seinem Wortlaut lediglich die Vorbehaltserklärung, nicht jedoch die vorbehaltlose Annahme des Änderungsangebots. Indes ist diese Frist nach Auffassung des BAG[27] als Mindestfrist auch auf die vorbehaltlose Annahme des Änderungsangebots zu erstrecken. Die Vorbehaltserklärung stellt eine bedingte Annahme dar. Sie setzt deshalb ein annahmefähiges Angebot voraus. Ein befristetes Angebot erlischt jedoch mit Ablauf der Frist. Ein erloschenes Angebot ist kein Angebot und kann weder mit noch ohne Vorbehalt angenommen werden.

Andererseits ist die vorbehaltlose Annahme des in einer Änderungskündigung enthaltenen Än- 29
derungsangebotes **nicht** an die Höchstfrist von drei Wochen nach Zugang der Kündigung gem. § 2 S. 2 KSchG gebunden. Sie ist – falls der Arbeitgeber die Annahmefrist nicht konkret festsetzt – zulässig, solange der Arbeitgeber unter regelmäßigen Umständen eine Antwort auf das in seiner Änderungskündigung enthaltene Änderungsangebot erwarten darf (§ 147 BGB); insoweit ist das Planungsinteresse des Arbeitgebers im konkreten Fall zu berücksichtigen.[28]

Die vorbehaltlose Annahme eines Angebotes kommt – außer in den unproblematischen Fäl- 30
len, in denen der Arbeitnehmer mit der Änderung der Arbeitsbedingungen ohnehin einverstanden ist – deshalb vor allem dann in Betracht, wenn die Frist des § 2 S. 2 KSchG für eine Annahme unter Vorbehalt bereits **abgelaufen**, aber die vorbehaltlose Annahme noch möglich ist. Auf diese Weise kann der Arbeitnehmer sich immerhin den Bestand des Arbeitsverhältnisses zu geänderten Bedingungen sichern.[29] Übersteigt im einzelnen Fall die Drei-Wochen-Frist des § 4 S. 1 KSchG die Frist des § 2 S. 2 KSchG und ist letztere bereits abgelaufen, erstere jedoch noch nicht, kann eine vorbehaltlose Annahme in Betracht kommen, sofern sie nach den oben dargelegten Maßstäben noch möglich ist und der Arbeitnehmer das Risiko, sich mit einer Kündigungsschutzklage gegen die dann als **Beendigungskündigung** wirkende Maßnahme zu wenden, nicht eingehen will.

2. Annahme unter Vorbehalt

Der Arbeitnehmer kann das Angebot des Arbeitgebers unter Vorbehalt der Überprüfung der 31
sozialen Rechtfertigung der Änderungen annehmen. Dies ist regelmäßig der Auftakt zu einem „echten" Änderungskündigungsschutzprozess.

a) Form und Frist

Der Vorbehalt kann dem Arbeitgeber gegenüber **schriftlich oder mündlich** erfolgen, das 32
Gesetz schreibt insoweit keine Form vor. Theoretisch kann die Annahme der geänderten Vertragsbedingungen unter Vorbehalt auch durch **schlüssiges Verhalten** des Arbeitnehmers geschehen.

Die Fortsetzung des Arbeitsverhältnisses nach Ablauf der Kündigungsfrist unter Akzeptanz 33
der geänderten Bedingungen stellt allerdings gerade **kein** solches schlüssiges Verhalten dar. Vielmehr bringt der Arbeitnehmer regelmäßig mit dieser Handlung gerade eine **vorbehaltlose** Annahme des arbeitgeberseitigen Angebotes zum Ausdruck. Die stillschweigende Weiterarbeit des Arbeitnehmers nach Ablauf der Kündigungsfrist kann sich daher auf seine

27 BAG v. 18.5.2006, NZA 2006, 1092 = DB 2006, 1790.
28 BAG v. 6.2.2003, NZA 2003, 659 = DB 2003, 1178; a.A. die frühere obergerichtliche Rspr.: LAG Köln v. 10.2.2000, NZA-RR 2000, 303; LAG Stuttgart v. 30.10.1990, LAGE § 2 KSchG Nr. 12.
29 Vgl. dazu den Sachverhalt in BAG v. 6.2.2003, NZA 2003, 659 = DB 2003, 1178.

Rechte ungünstig auswirken. Es ist gerade auch deshalb von Seiten des beratenden Anwaltes für eine fristgerechte Erklärung des Vorbehaltes bzw. der Annahme unter Vorbehalt zu sorgen, weil nach vorbehaltloser Annahme des Änderungsangebotes keinerlei Kündigungsschutzklage mehr Aussicht auf Erfolg besitzt.

34 § 2 S. 2 KSchG ordnet an, dass der Vorbehalt dem Arbeitgeber **innerhalb der Kündigungsfrist**, spätestens jedoch innerhalb von **drei Wochen** nach Zugang der Kündigung erklärt werden muss.

35 Der erste Teil der Regelung ist teilweise nicht hinreichend bekannt. Mancher Anwalt geht davon aus, dass die Frist zur Erklärung der Annahme unter Vorbehalt stets drei Wochen betrage. Das führt meist in der Praxis deshalb nicht zu Nachteilen, weil die Kündigungsfrist regelmäßig länger als drei Wochen ist. In Probearbeitsverhältnissen, in denen die Kündigungsfrist nur zwei Wochen beträgt, ist wegen des fehlenden allgemeinen Kündigungsschutzes die Überprüfung einer Änderungskündigung auf ihre soziale Rechtfertigung hin regelmäßig nicht möglich. Zu beachten ist aber, dass zahlreiche **Tarifverträge** auch im Anwendungsbereich des KSchG 2004 (vgl. §§ 1 Abs. 1, 23 ff.) kürzere Kündigungsfristen als drei Wochen vorsehen. So ordnet beispielsweise der für allgemeinverbindlich erklärte Bundesrahmentarifvertrag für das Baugewerbe[30] für Arbeitsverhältnisse, die länger als sechs Monate, aber noch nicht drei Jahre bestehen, eine Kündigungsfrist von zwölf Werktagen an. Der ebenfalls allgemeinverbindliche Rahmentarifvertrag für das Gebäudereinigerhandwerk[31] sieht für Arbeitsverhältnisse, die noch nicht fünf Jahre bestehen, eine Kündigungsfrist von zwei Wochen vor. Hier muss die Erklärung der Annahme unter Vorbehalt sich an der dementsprechend kürzeren Kündigungsfrist orientieren, der Vorbehalt muss dem Arbeitgeber **innerhalb** der Kündigungsfrist zugehen.

36 Zweitens ist die Vorschrift auch insofern haftungsträchtig, als Prozessbevollmächtigte in dem praktisch häufigsten Fall, in dem die Kündigungsfrist länger als drei Wochen und somit die Drei-Wochen-Frist einzuhalten ist, die Annahme unter Vorbehalt teilweise nur in der **Kündigungsschutzklage** erklären, die sie dann erst gegen Ende der Drei-Wochen-Frist bei Gericht einreichen. Damit ist zwar – wegen § 167 ZPO – die Klagefrist gewahrt, oft aber nicht die Frist des **§ 2 S. 2 KSchG**, da es hierfür nicht auf den Eingang bei Gericht, sondern auf den **Zugang der Erklärung** – die hier erst mit Zustellung der Kündigungsschutzklage geschieht – beim Arbeitgeber ankommt und § 167 ZPO insoweit keine Anwendung findet. § 167 ZPO greift nur dann ein, wenn zur Wahrung der Frist gerade eine Klageerhebung oder eine Prozesshandlung erforderlich ist; das ist bzgl. der Erklärung nach § 2 S. 2 KSchG aber gerade nicht der Fall.[32] Die Annahme unter Vorbehalt muss daher stets auch in einem **außergerichtlichen Schreiben** erklärt werden, für dessen nachweisbare fristgerechte Zustellung Sorge getragen werden muss.

b) Inhalt

37 Aus der Erklärung muss zweierlei hervorgehen: Einerseits muss ihr klar zu entnehmen sein, dass der Arbeitnehmer das Änderungsangebot des Arbeitgebers **annimmt**. Diese Annahme kann nicht unter (sonstigen) Bedingungen oder unter Modifikationen erklärt werden, sondern

30 BRTV v. 4.7.2002, i.d.F. v. 17.12.2003, 29.7.2005 i.d.F. des ÄnderungsTV vom 20.8.2007, Tarifgebiet: BRD, persönlicher Geltungsbereich: gewerbliche Arbeitnehmer.

31 RTV v. 4.10.2003, Tarifgebiet: BRD, persönlicher Geltungsbereich: gewerbliche Arbeitnehmer.

32 BAG v. 17.6.1998, NZA 1998, 1225 = DB 1998, 2170; LAG Hamm v. 21.10.1999, ZInsO 2000, 351 (noch zu § 270 Abs. 3 ZPO a.F. = § 167 ZPO n.F.).

muss durch schlichtes „Ja" geschehen. Weiter muss aber auch der Vorbehalt in dem Schreiben klar erkennbar geäußert werden. Der Vorbehalt geht (nur) dahin, dass die Änderung der Arbeitsbedingungen **nicht sozial ungerechtfertigt** und dass die Änderungskündigung nicht aus sonstigen Gründen **unwirksam** ist.

3. Ablehnung

Der Arbeitnehmer hat drittens die Möglichkeit, das Änderungsangebot **abzulehnen**. Die Änderungskündigung gewinnt damit die Gestalt einer reinen Beendigungskündigung. Sie kann als solche nach den allgemein für Beendigungskündigungen geltenden Regelungen einer gerichtlichen Überprüfung unterzogen werden. In der Ablehnung der Fortsetzung des Arbeitsverhältnisses zu geänderten Arbeitsbedingungen kann allerdings ein **böswilliges Unterlassen** liegen, zumutbare Arbeit anzunehmen (§ 11 S. 1 Nr. 2 KSchG),[33] so dass sich der Arbeitnehmer den insoweit erzielbaren Verdienst auf etwaige Annahmeverzugslohnansprüche anrechnen lassen muss. Ob der Arbeitnehmer es böswillig unterlässt, eine zumutbare Arbeit aufzunehmen, wenn er das mit einer Änderungskündigung verbundene Arbeitsangebot ablehnt, ist nach den gesamten Umständen des konkreten Falles zu beurteilen. Die Zumutbarkeit der neuen Arbeitsbedingungen im Rahmen des § 11 S. 1 Nr. 2 KSchG ist allerdings nicht schon deshalb zu bejahen, weil Änderungsschutzklage erhoben wurde. Der Maßstab des § 2 Satz 1 KSchG ist ein anderer als der des § 11 S. 1 Nr. 2 KSchG.[34] 38

Praxishinweis 39

In der anwaltlichen Beratung sollte stets bedacht werden, dass der Arbeitnehmer unter Umständen seinen Arbeitsplatz durch die vorbehaltlose Ablehnung des Änderungsangebotes **vollständig verlieren** wird. Die Alternativen sind ihm eindringlich aufzuzeigen und zu erläutern. Die Ablehnung kommt regelmäßig nur dann in Betracht, wenn der Arbeitnehmer zu geänderten Bedingungen nicht mehr weiterarbeiten will oder kann.

4. Sonstige Einigung

Im Falle einer Änderungskündigung kann häufig der Weg einer **anderweitigen Einigung** mit Erfolg beschritten werden. Durch die Änderungskündigung macht der Arbeitgeber deutlich, dass er an einer **weiteren Zusammenarbeit** mit dem Arbeitnehmer, wenn auch zu geänderten Arbeitsbedingungen, interessiert ist. Meist wird im Zusammenhang mit der Kündigung nur **ein** in bestimmter Weise konkretisiertes **Änderungsangebot unterbreitet.** Oft kann der Arbeitnehmer dieses konkrete Änderungsangebot nicht akzeptieren, sich aber sehr wohl eine **anderweitige Änderung** der Arbeitsbedingungen vorstellen. Das kann die Basis für eine einvernehmliche Abänderung des Vertrages bilden. Eine solche kann besser im unmittelbaren zeitlichen Zusammenhang mit dem Ausspruch einer Änderungskündigung herbeigeführt werden, wenn das Arbeitsverhältnis der Parteien noch nicht durch eine gerichtliche Auseinandersetzung belastet ist. 40

33 BAG v. 16.6.2004, NZA 2004, 1155 = DB 2004, 2166; BAG v. 26.9.2007, DB 2008, 67 = NZA 2008, 1063.
34 BAG v. 11.10.2006, NJW 2007, 2060 = AP Nr. 119 zu § 615 BGB.

IV. Klageerhebung

1. Anträge

41 Hat der Arbeitnehmer eine fristgerechte Annahme des in der Änderungskündigung enthaltenen Änderungsangebotes unter ebenfalls fristgerechtem Vorbehalt i.S.d. § 2 S. 2 KSchG erklärt, wird er regelmäßig seinen Klageantrag in Anlehnung an § 4 S. 2 KSchG stellen. Das Gesetz bezieht zu Recht auch **sonstige**, außerhalb des KSchG liegende **Unwirksamkeitsgründe ein,** da auch ihre Einhaltung Prüfungsgegenstand der Änderungsschutzklage ist und zudem die Drei-Wochen-Frist im Grundsatz für die Geltendmachung aller Unwirksamkeitsgründe gilt. Dementsprechend ist der Änderungsschutzantrag regelmäßig wie folgt zu formulieren:

42 *Formulierungsbeispiel*
Es wird festgestellt, dass die Änderung der Arbeitsbedingungen durch die Kündigung der Beklagten vom sozial ungerechtfertigt oder aus anderen Gründen rechtsunwirksam ist.

43 Lehnt der Arbeitnehmer hingegen das Änderungsangebot ab, ist der gewöhnliche Kündigungsschutzantrag i.S.d. § 4 S. 1 KSchG zu stellen:

44 *Formulierungsbeispiel*
Es wird festgestellt, dass das Arbeitsverhältnis der Parteien durch die Kündigung vom nicht aufgelöst worden ist.

45 Schließlich kann zwischen den Parteien in bestimmten Fällen Streit darüber bestehen, ob der Arbeitnehmer, der das Angebot des Arbeitgebers vorbehaltlos angenommen hat, dies **fristgerecht** getan hat. Damit ist nicht die Wirksamkeit der Kündigung zu klären, sondern die Frage, ob zwischen den Parteien überhaupt ein **Arbeitsverhältnis** (zu geänderten Bedingungen) besteht. Dementsprechend ist hier der **allgemeine Feststellungsantrag** i.S.d. § 256 ZPO zu stellen. Er kann wie folgt gefasst werden:

46 *Formulierungsbeispiel*
Es wird festgestellt, dass zwischen den Parteien durch das Angebot der Beklagten vom und die Annahme dieses Angebotes durch den Kläger vom ein Arbeitsverhältnis über den (*Datum des in der Kündigung ausgesprochenen Beendigungszeitpunkts*) hinaus zu geänderten Bedingungen fortbesteht.
oder:
Es wird festgestellt, dass zwischen den Parteien mit Wirkung ab das Arbeitsverhältnis auf der Grundlage des Änderungsangebotes des Beklagten vom fortbesteht.[35]

47 Für die Frage, ob der Arbeitnehmer mit Erfolg einen Antrag auf **Weiterbeschäftigung** stellen kann, ist maßgeblich, ob er sich für eine **Annahme** des Änderungsangebotes **unter Vorbehalt** oder für eine **Ablehnung** entschieden hat. Im Falle der Ablehnung gelten die bei reinen Beendigungskündigungen allgemein anerkannten Grundsätze. Der Arbeitnehmer kann demnach einen Antrag auf Weiterbeschäftigung stellen, den er auf die Rspr. des Großen Senates des BAG zum allgemeinen Weiterbeschäftigungsanspruch[36] oder auch bei Vorliegen der entsprechenden Voraussetzungen auf § 102 Abs. 5 BetrVG stützen kann.

35 Vgl. die Antragstellung in BAG v. 6.2.2003, NZA 2003, 659 = DB 2003, 1178.
36 BAG (GS) v. 27.2.1985, BAGE 48, 122 = NZA 1985, 702.

48 Hat der Arbeitnehmer hingegen das Änderungsangebot des Arbeitgebers **unter Vorbehalt angenommen**, so ist er verpflichtet, bis zur rechtskräftigen Entscheidung zu den geänderten Arbeitsbedingungen zu arbeiten.[37] Der vom **Großen Senat anerkannte Weiterbeschäftigungsanspruch** regelt allein die Folgen einer Beendigungskündigung für die Dauer eines Bestandsstreites. Der Große Senat hat den Weiterbeschäftigungsanspruch aus der sich für den Arbeitgeber aus § 242 BGB, unter Berücksichtigung der verfassungsrechtlichen Wertentscheidungen der Art. 1 und 2 GG über den Persönlichkeitsschutz, ergebenden arbeitsvertraglichen Förderungspflicht der Beschäftigungsinteressen des Arbeitnehmers hergeleitet. Diese Argumentation greift dann nicht, wenn im Falle einer Änderungsschutzklage der Arbeitnehmer die geänderten Bedingungen unter Vorbehalt angenommen hat. Denn hier wird der Arbeitnehmer nach Ablauf der Kündigungsfrist **tatsächlich weiterbeschäftigt** – wenn auch zu anderen Arbeitsbedingungen. Den **Beschäftigungsinteressen** des Arbeitnehmers ist damit zunächst **gedient**.[38] Der Arbeitnehmer gibt durch die Vorbehaltsannahme selbst zu erkennen, dass ihm zunächst die Weiterbeschäftigung zu geänderten Bedingungen zumutbar erscheint.[39] Auch **§ 102 Abs. 5 BetrVG** gewährt im Falle der Änderungsschutzklage einen Weiterbeschäftigungsanspruch zu den ursprünglichen Arbeitsbedingungen **nicht**, da nach dem Wortlaut der Vorschrift Voraussetzung ist, dass der Arbeitnehmer sich gerichtlich gegen die Auflösung seines Arbeitsverhältnisses – und nicht bloß gegen die Änderung der Arbeitsbedingungen – wendet. Eine weitere Begründung für diesen Rechtszustand lässt sich darin sehen, dass dem Arbeitnehmer mit der Änderungsschutzklage ein Mittel an die Hand gegeben wird, **unter Erhalt seines Arbeitsplatzes** (wenn auch zu geänderten Bedingungen) die Änderung der Arbeitsbedingungen **gerichtlich überprüfen** zu lassen. Dieser Privilegierung des Arbeitnehmers soll dann auch der Vorteil des Arbeitgebers korrespondieren, dass während der „Schwebezeit" der gerichtlichen Überprüfung eine Beschäftigung des Arbeitnehmers zu den bereits geänderten Bedingungen stattfindet. Eine **Ausnahme** gilt nur dann, wenn die Änderung der Arbeitsbedingungen mit einer **Versetzung** oder Umgruppierung verbunden ist, die **§§ 99, 100 BetrVG Anwendung finden** und die Versetzung oder Umgruppierung nach diesen Vorschriften **nicht stattfinden** kann; der Arbeitnehmer ist dann in dem alten Arbeitsbereich weiterzubeschäftigen[40] (im Einzelnen vgl. Rn 68 ff.).

2. Klagefrist

49 Sowohl für den Fall der Annahme des Änderungsangebotes unter Vorbehalt als auch für den Fall von dessen Ablehnung gilt die **Drei-Wochen-Frist** des § 4 S. 1 KSchG. Auf die Klage selbst findet § 167 ZPO Anwendung, so dass eine Einreichung bei Gericht innerhalb der Drei-Wochen-Frist hinreichend ist. Im Falle eines Streites über die Wirksamkeit einer vorbehaltlosen Annahme greift die Frist des § 4 S. 1 KSchG nicht ein, man wird allerdings die allgemeinen Grundsätze zur Verwirkung anzuwenden haben.[41]

37 BAG v. 28.3.1985, NZA 1985, 709 = DB 1985, 2461; BAG v. 18.1.1990, NZA 1990, 734 = DB 1990, 1773; BAG v. 19.12.1991, RzK I 10 i Nr. 38; BAG v. 28.5.2009, NZA 2009, 954.

38 BAG v. 18.1.1990, NZA 1990, 734 = DB 1990, 1773.

39 BAG v. 28.5.2009, NZA 2009, 954.

40 BAG v. 30.9.1993, NZA 1994, 615 = DB 1994, 637; BAG v. 8.6.1995, RzK I 7 a Nr. 30.

41 Zur Verwirkung bei auf die Feststellung von Arbeitsverhältnissen gerichteten Klagen vgl. etwa BAG v. 1.12.2004, NZA 2005, 575 = NJW 2005, 2333 zu III. 1. der Gründe, m.w.N.

V. Prüfung der sozialen Rechtfertigung im Prozess

1. Grundsätze der Prüfung

50 Die soziale Rechtfertigung der Änderungskündigung hat im Gegensatz zur Beendigungskündigung **zwei** Voraussetzungen: Zum einen müssen der Fortsetzung des Arbeitsverhältnisses zu den bisherigen Bedingungen Gründe i.S.d. § 1 Abs. 2 KSchG entgegenstehen, also personen-, verhaltens- oder betriebsbedingte Gründe. Das entspricht im Wesentlichen dem Maßstab der Beendigungskündigung mit dem Unterschied, dass eben **nicht** der **Wegfall des Arbeitsplatzes durch eines der genannten Erfordernisse** bedingt sein muss, sondern lediglich die fehlende Möglichkeit der Aufrechterhaltung des Arbeitsverhältnisses im bisherigen Zustand. Es ist also zu prüfen, ob und in welchem Umfang das Beschäftigungsbedürfnis für den betreffenden Arbeitnehmer entfallen ist.[42] Weiter müssen aber auch, was in einer zweiten Stufe zu prüfen ist, die angebotenen **geänderten Bedingungen** dem **Verhältnismäßigkeitsgrundsatz**[43] entsprechen. Nichts anderes ist mit der vom BAG teilweise auch verwendeten Formulierung gemeint, die Änderungskündigung sei dann sozial gerechtfertigt, wenn dringende betriebliche Erfordernisse gem. § 1 Abs. 2 KSchG das Änderungsangebot bedingen und der Arbeitgeber sich bei einem an sich anerkennenswerten Anlass zur Änderungskündigung darauf beschränkt habe, **nur solche Änderungen** vorzuschlagen, die der Arbeitnehmer **billigerweise** hinnehmen muss.[44]

51 Es besteht Einigkeit darüber, dass die Formulierung des „billigerweise Hinnehmen-Müssens" nicht eine allgemeine Billigkeitsprüfung ins Spiel bringen soll, sondern vielmehr auch darauf angelegt ist zu prüfen, ob die geänderten Arbeitsbedingungen dem Arbeitnehmer **zumutbar** sind und gleichzeitig die **mildeste Möglichkeit des Eingriffs** darstellen, ob also nicht auch eine Änderung möglich gewesen wäre, die den Arbeitnehmer weniger beeinträchtigt. Letzteres leitet sich daraus her, dass auch die Änderungskündigung dem Grundsatz der Verhältnismäßigkeit unterliegt, der das gesamte Kündigungsschutzrecht beherrscht.[45] So ist z.B. die Umsetzung auf einen anderen Arbeitsplatz, die nicht mit einer derart weitgehenden Änderung verbunden ist wie das tatsächlich unterbreitete Änderungsangebot, weniger einschneidend; ist eine solche möglich, ist die tatsächlich ausgesprochene Änderung unverhältnismäßig, die Änderungskündigung ist damit sozial ungerechtfertigt. Wenn durch das Änderungsangebot neben der Tätigkeit (Arbeitsleistungspflicht) auch die Gegenleistung (Vergütung) geändert werden soll, sind beide Elemente des Änderungsangebots am Verhältnismäßigkeitsgrundsatz zu messen.[46] Zu dieser Fallgruppe der Unwirksamkeit der Änderungskündigung wegen ihrer **Unverhältnismäßigkeit** gehört auch die oben bereits erörterte Konstellation (siehe Rn 8 ff.), in welcher der Arbeitgeber die durch die Änderungskündigung bezweckte Modifikation auf dem Wege der Ausübung des **Direktionsrechts** bzw. eines Widerrufsvorbehaltes hätte erreichen können und der Arbeitnehmer Klage nach § 4 S. 1 KSchG erhebt.

42 BAG v. 30.5.1985, NZA 1986, 155 = DB 1986, 232; BAG v. 19.5.1993, NZA 1993, 1075 = DB 1993, 1879; BAG v. 12.11.1998, NZA 1999, 471 = DB 1999, 536; BAG v. 18.11.1999, NZA 2000, 484 = DB 2000, 883; BAG v. 16.5.2002, NZA 2003, 147 = NJW 2003, 1139.

43 BAG v. 3.7.2003, BAGE 107, 56 = DB 2004, 655; BAG v. 21.4.2005, NZA 2005, 1289 = DB 2005, 2528; BAG v. 16.6.2005, DB 2005, 2303 = ZIP 2005, 1842; BAG v. 23.6.2005, AP Nr. 81 zu § 2 KSchG = NZA 2006, 92.

44 BAG v. 15.3.1991, NZA 1992, 120 = AP Nr. 28 zu § 2 KSchG 1969 m.w.N. zur älteren Rspr.; BAG v. 24.4.1997, NZA 1997, 1047 = DB 1997, 1776; BAG v. 18.11.1999, NZA 2000, 484 = DB 2000, 883; BAG v. 27.9.2001, NZA 2002, 696; BAG v. 21.2.2002, DB 2002, 2276 = NZA 2002, 1416; BAG v. 16.5.2002, NZA 2003, 147 = NJW 2003, 1139; BAG v. 26.3.2009, NZA 2009, 679.

45 BAG v. 26.1.1995, BAGE 79, 169 = NZA 1995, 628; BAG v. 16.6.2005, DB 2005, 2303 = ZIP 2005, 1842.

46 BAG v. 29.3.2007, NZA 2007, 855.

Wird gegenüber **mehreren** Arbeitnehmern eine Änderungskündigung ausgesprochen, so kann ein **Änderungsangebot** auch dann dem Grundsatz der Verhältnismäßigkeit widersprechen, wenn es gegen den **Gleichbehandlungsgrundsatz** verstößt. Es muss vom Arbeitnehmer nicht billigerweise hingenommen werden und führt zur Unwirksamkeit der Änderungskündigung nach § 2 S. 1 KSchG i.V.m. § 1 Abs. 2 KSchG.[47] 52

2. Die betriebsbedingte Änderungskündigung

a) Die ordentliche betriebsbedingte Änderungskündigung

Die betriebsbedingte Änderungskündigung stellt den häufigsten Fall der Änderungskündigung dar. Sie tritt vor allem auf als Kündigung verbunden mit dem Angebot der **Versetzung** auf einen anderen **gleichwertigen oder geringwertigeren**, aber **zumutbaren Arbeitsplatz**. Hierbei handelt es sich letztlich nur um eine Variante der Beendigungskündigung, bei welcher der ursprüngliche Arbeitsplatz des Arbeitnehmers aus dringenden betrieblichen Gründen wegfällt, gleichzeitig aber im Unternehmen anderweitige freie Stellen vorhanden sind, die dem Arbeitnehmer nach den in § 1 KSchG aufgestellten Regelungen, soll die Kündigung sozial gerechtfertigt sein, angeboten werden müssen. Das Angebot einer bestehenden Weiterbeschäftigungsmöglichkeit kann lediglich in **Extremfällen** unterbleiben, wenn der Arbeitgeber bei vernünftiger Betrachtung nicht mit einer Annahme des neuen Vertragsangebotes durch den Arbeitnehmer rechnen konnte und ein derartiges Angebot vielmehr beleidigenden Charakter gehabt hätte.[48] Allein die hierarchische Rückstufung und die zu erwartenden erheblichen Vergütungseinbußen machen einen Sachverhalt noch nicht zu einem „Extremfall". Ein „beleidigender Charakter" kann gegeben sein, wenn der betroffene Arbeitnehmer so weit in der Personalhierarchie zurückgestuft würde, dass **viele seiner bisher Untergebenen ihm nunmehr Weisungen erteilen könnten** und deshalb erhebliche Konflikte zu erwarten sind.[49] Beruft sich der Arbeitnehmer trotz Kenntnis von einer freien, in der betrieblichen Hierarchie weit entfernten Stelle erst **lange nach Beginn der Auseinandersetzung** mit dem Arbeitgeber hierauf, spricht nach Auffassung des BAG vieles dafür, dass der Arbeitnehmer selbst von der Unzumutbarkeit der weiteren Beschäftigung auf dieser Stelle ausgeht, so dass ein entsprechendes Änderungsangebot ausnahmsweise auch nicht unterbreitet werden musste.[50] 53

Schwierigkeiten können auftreten, wenn sich die Höhe der Vergütung des anzubietenden Arbeitsplatzes nicht aus einem Tarifvertrag oder einer vom Arbeitgeber aufgestellten Vergütungsordnung ergibt, sondern der Arbeitgeber die Gehälter aller vergleichbaren Arbeitnehmer frei ausgehandelt hat. Das Bundesarbeitsgericht prüft hier nach den Grundsätzen der abgestuften Darlegungs- und Beweislast, ob die dem Arbeitnehmer konkret angebotene Vergütung dessen Änderungsschutz hinreichend berücksichtigt.[51] Der Arbeitgeber ist nicht verpflichtet, dem betroffenen Arbeitnehmer die höchste für vergleichbare Tätigkeiten gezahlte Vergütung anzubieten. Er hat diesen lediglich unter Berücksichtigung seines Änderungsschutzes in das frei ausgehandelte Vergütungsgefüge einzuordnen. Bietet er dabei dem Arbeitnehmer eine Vergütung an, die die durchschnittlich gezahlte Vergütung merklich unterschreitet, so muss er darlegen, welche weiteren Gesichtspunkte ihn zu dieser niedrigen Festsetzung bewogen haben. Bewegt sich demgegenüber die angebotene Vergütung ver- 54

47 BAG v. 3.7.2003, BAGE 107, 56 = DB 2004, 655.
48 BAG v. 21.4.2005, NZA 2005, 1289 = DB 2005, 2528.
49 BAG v. 21.9.2006, NZA 2007, 431 = DB 2007, 1032.
50 BAG v. 21.9.2006, NZA 2007, 431 = DB 2007, 1032.
51 BAG v. 3.4.2008, NZA 2008, 812 = DB 2008, 1686.

gleichsweise im oberen Bereich, spricht eine Vermutung dafür, dass der Arbeitnehmer sie billigerweise hinzunehmen hat. Es obliegt dann dem Arbeitnehmer, weitere Gesichtspunkte vorzutragen, die es gerade bei ihm unter Berücksichtigung seines Änderungsschutzes erfordern, dass seine geänderte Tätigkeit noch höher vergütet wird.[52]

55 Weiter ist bei **Arbeitsmangel** die betriebsbedingte Änderungskündigung in Form einer Änderung des Umfangs der Arbeitszeit anzutreffen, z.B., wenn eine **Vollzeitkraft** gekündigt und ihr gleichzeitig angeboten wird, das Arbeitsverhältnis in **Teilzeit** weiter zu führen. Dringende betriebliche Erfordernisse für eine solche Kündigung liegen vor, wenn sich die Arbeitsmenge auf dem Arbeitsplatz derart verändert hat, dass nur noch der entsprechende Teil des Arbeitsumfanges, der der reduzierten Arbeitszeit entspricht, zur Verfügung steht. Der Arbeitgeber ist grundsätzlich frei darin, zu entscheiden, ob er einer tatsächlich verringerten Arbeitsmenge den Personalbestand dadurch anpasst, dass er **mehrere Änderungskündigungen** ausspricht, oder ob er vielmehr zu einer entsprechend **geringeren Zahl von Beendigungskündigungen** greift.[53] Hierbei wird der Arbeitgeber allerdings ergänzend und sinngemäß die vom BAG im Hinblick auf die Sozialauswahl zwischen vergleichbaren Vollzeit- und Teilzeitkräften aufgestellten Grundsätze[54] zu beachten haben.

56 Im Falle **betriebsbedingter Massenänderungskündigungen** können Arbeitgeber und Betriebsrat einen **Interessenausgleich mit Namensliste** der zu kündigenden Arbeitnehmer vereinbaren. Die Regelung des **§ 1 Abs. 5 KSchG** gilt **auch** für **Änderungskündigungen**, wobei sich die Reichweite der danach eingreifenden Vermutung jedenfalls auf den **Wegfall des Beschäftigungsbedürfnisses zu den bisherigen Bedingungen** und das **Fehlen einer anderweitigen Beschäftigungsmöglichkeit im Betrieb** erstreckt.[55] Auf **außerordentliche** betriebsbedingte Änderungskündigungen findet § 1 Abs. 5 KSchG dagegen **keine** Anwendung.[56]

57 Ein **Sonderfall** der betriebsbedingten Änderungskündigung ist die zur Senkung der Lohnkosten erfolgende Verminderung der Vergütung der Arbeitnehmer bei gleichzeitiger Aufrechterhaltung des Umfanges der Arbeitsverpflichtungen („**Änderungskündigung wegen Unrentabilität**" oder „Änderungskündigung zum Zwecke der Entgeltabsenkung"). Hierzu führt das BAG in ständiger Rechtsprechung[57] aus, dass einmal geschlossene Verträge grundsätzlich einzuhalten sind. Geldmangel entlastet den Schuldner nicht. Auch kann eine mit einzelnen Arbeitnehmern einzelvertraglich vereinbarte höhere Vergütung, als sie dem betrieblichen Niveau entspricht, nicht unter Berufung auf den Gleichbehandlungsgrundsatz dem Lohn der übrigen Arbeitnehmer angepasst werden.[58] Das bloße Bestreben des Arbeitgebers, der mit anderen Arbeitnehmern Vereinbarungen zur Entgeltsenkung getroffen hat, zur Vereinheitlichung der Arbeitsbedingungen im Betrieb reicht als dringendes betriebliches Erfordernis, das einer Weiterbeschäftigung des Arbeitnehmers zu unveränderten Bedingungen entgegensteht, nicht aus.[59] Eine Änderungskündigung zur Entgeltabsenkung ist auch nicht allein deshalb sozial gerechtfertigt, weil eine neue gesetzliche Regelung die Möglichkeit vorsieht, durch Partei-

52 BAG v. 3.4.2008, NZA 2008, 812 = DB 2008, 1686.
53 BAG v. 19.5.1993, NZA 1993, 1075 = DB 1993, 1879.
54 BAG v. 3.12.1998, NZA 1999, 431 = DB 1999, 487; BAG v. 15.7.2004, NZA 2005, 523 = DB 2004, 2375.
55 BAG v. 19.6.2007, NZA 2008, 103 = BAGE 123, 160.
56 BAG v. 28.5.2009, NZA 2009, 954.
57 BAG v. 12.11.1998, NZA 1999, 471 = DB 1999, 536; BAG v. 27.9.2001, NZA 2002, 750 = DB 2002, 2169; BAG v. 16.5.2002, NZA 2003, 147 = DB 2002, 2725; BAG v. 23.6.2005, AP Nr. 81 zu § 2 KSchG.
58 BAG v. 1.7.1999, NZA 1999, 1336 = DB 1999, 2320; BAG v. 20.1.2000, NZA 2000, 592 = DB 2000, 1666.
59 BAG v. 12.1.2006, DB 2006, 1114 = BB 2006, 1115.

vereinbarung einen geringeren (tariflichen) Lohn festzulegen, als er dem Arbeitnehmer bisher gesetzlich oder vertraglich zustand.[60] Die Dringlichkeit eines schwerwiegenden Eingriffs in das Leistungs- und Lohngefüge, wie es die Änderungskündigung zur Durchsetzung einer erheblichen Lohnsenkung darstellt, ist deshalb **nur dann begründet**, wenn bei einer Aufrechterhaltung der bisherigen Personalkostenstruktur weitere, betrieblich nicht mehr auffangbare Verluste entstehen, die absehbar zu einer **Reduzierung der Belegschaft** oder sogar zu einer **Schließung des Betriebs** führen. Regelmäßig setzt eine solche Situation einen umfassenden **Sanierungsplan** voraus, der alle gegenüber der beabsichtigten Änderungskündigung milderen Mittel ausschöpft.[61] Vom Arbeitgeber ist in diesem Zusammenhang zu verlangen, dass er die Finanzlage des Betriebs, den Anteil der Personalkosten, die Auswirkung der erstrebten Kostensenkungen für den Betrieb und für die Arbeitnehmer darstellt und ferner darlegt, warum andere Maßnahmen nicht in Betracht kommen.[62] Als solche milderen Mittel können etwa die Absenkung von freiwilligen Zulagen, Rationalisierungsmaßnahmen und sonstige Einsparungen in Betracht kommen, wobei auch die Sanierungsfähigkeit des Betriebes und eigene Sanierungsbeiträge des Arbeitgebers bzw. Dritter (Banken) zu bewerten sind.[63] Ist die Kündigung bei Anlegung dieser Maßstäbe gerechtfertigt, so entfällt der Kündigungsgrund nicht dadurch, dass bereits 97 v.H. der Belegschaft eines Betriebes ein Änderungsangebot des Arbeitgebers zur Entgeltreduzierung angenommen haben und dadurch das Sanierungsziel in hinlänglichem Maße erreicht ist[64] (zur außerordentlichen Änderungskündigung ordentlich unkündbarer Arbeitnehmer zur Verhinderung einer Betriebsschließung wegen Insolvenz vgl. unten Rn 62).

Im Falle der Änderungskündigung wegen Unrentabilität ist auf die wirtschaftliche Situation des **Gesamtbetriebes** und nicht nur die eines unselbstständigen Betriebsteiles abzustellen. Die Unrentabilität einer unselbstständigen Betriebsabteilung stellt also nur dann ein dringendes betriebliches Erfordernis dar, wenn sie auf das wirtschaftliche Ergebnis des Gesamtbetriebes durchschlägt und ohne Anpassung der Personalkosten Beendigungskündigungen nicht zu vermeiden wären.[65] **58**

Innerhalb der Gruppe der Änderungskündigungen zur Kostensenkung stellen die Änderungskündigungen zur **Anpassung vertraglicher Nebenabreden** wiederum einen Sonderfall dar. Die arbeitgeberseitige Anpassung vertraglicher Nebenabreden, wie z.B. einer kostenlosen Beförderung zum Betriebssitz, der Zahlung eines Fahrtkostenzuschusses oder eines Mietzuschusses, an geänderte Umstände unterliegt **nicht** den gleichen strengen Maßstäben wie gewöhnliche Änderungskündigungen zur Entgeltabsenkung, bei denen auf den Grundlohn oder Zulagen zugegriffen wird.[66] Im Falle der Änderungskündigung zur Anpassung vertraglicher Nebenabreden ist stattdessen zu prüfen, ob sich im Zeitpunkt der Kündigung die der ursprünglichen Betriebsübung oder Vereinbarung zugrunde liegenden Umstände so stark geän- **59**

60 BAG v. 12.1.2006, DB 2006, 1114 = BB 2006, 1115.

61 BAG v. 12.11.1998, NZA 1999, 471 = DB 1999, 536; BAG v. 27.9.2001, NZA 2002, 750 = DB 2002, 2169; BAG v. 16.5.2002, NZA 2003, 147 = DB 2002, 2725; BAG v. 23.6.2005, AP Nr. 81 zu § 2 KSchG; BAG v. 29.11.2007 – n.v.

62 BAG v. 23.6.2005, AP Nr. 81 zu § 2 KSchG; BAG v. 29.11.2007 – n.v.; BAG v. 26.6.2008, NZA 2008, 1182 = DB 2008, 2141.

63 BAG v. 20.1.2000, NZA 2000, 592 = DB 2000, 1666.

64 BAG v. 26.6.2008, NZA 2008, 1182 = DB 2008, 2141.

65 BAG v. 20.3.1986, NZA 1986, 824 = DB 1986, 2442; BAG v. 11.10.1989, NZA 1990, 607 = DB 1990, 2024; BAG v. 20.8.1998, NZA 1999, 255 = DB 1999, 103; BAG v. 12.11.1998, NZA 1999, 471 = DB 1999, 536; BAG v. 1.7.1999, NZA 1999, 1336 = DB 1999, 2320; BAG v. 23.11.2000, FA 2001, 243.

66 BAG v. 27.3.2003, NZA 2003, 1029 = DB 2003, 1962.

dert haben, dass ein dringendes betriebliches Erfordernis vorliegt, diese abzuändern bzw. auslaufen zu lassen. Dabei wird der Arbeitnehmer weniger einschneidende Vertragsänderungen hinnehmen müssen, wenn die Parteien über die Dauer der Gewährung der Nebenleistung eine ausdrückliche Vereinbarung getroffen haben, als wenn dies nicht der Fall ist. Auch hier ist zu berücksichtigen, dass eine Änderungskündigung nur dann erforderlich und damit verhältnismäßig ist, wenn die Parteien nicht von vornherein in der Nebenabrede – wirksam – einen Widerrufsvorbehalt vereinbart haben.[67]

60 Die betriebsbedingte Änderungskündigung kommt schließlich im Bereich der **Herabgruppierung** („korrigierende Rückgruppierung") vor. Allerdings kann eine in Verkennung tariflicher Bestimmungen rechtsgrundlos gezahlte tarifliche Vergütung nach herrschender Auffassung vom Arbeitgeber berichtigt werden, sofern nicht zugleich ein einzelvertraglicher Vergütungsanspruch besteht, es bedarf hier zwar im Bereich des PersVG der Beteiligung des Personalrates,[68] aber keiner Änderungskündigung.[69] Liegt hingegen eine **einzelvertragliche Zusage** vor, ist eine Änderungskündigung erforderlich. Die irrtümliche Eingruppierung eines einzelnen Arbeitnehmers in eine zu hohe Vergütungsgruppe der für den öffentlichen Dienst geltenden Vergütungsordnung kann hierbei zu einem dringenden betrieblichen Erfordernis der Rückgruppierung in die tariflich richtige Vergütungsgruppe führen.[70] Von der korrigierenden Rückgruppierung zu unterscheiden sind die Fälle, in denen eine **nachträgliche Änderung** der Umstände eintritt, von denen die Eingruppierung des Arbeitnehmers abhängt. In solchen Fällen kann der Arbeitgeber die Vergütung entsprechend der geänderten Eingruppierung herabsetzen, ohne dass es einer Änderungskündigung bedarf.[71]

b) Die außerordentliche betriebsbedingte Änderungskündigung

61 Die Frage, ob eine außerordentliche betriebsbedingte Änderungskündigung möglich ist, spielt vor allem dann eine Rolle, wenn der betreffende Arbeitnehmer ordentlich unkündbar ist. Meist erlangen Arbeitnehmer eine solche Rechtsposition aufgrund tarifvertraglicher Vorschriften, seltener aufgrund individualarbeitsvertraglicher Regelungen. Eine außerordentliche Änderungskündigung eines ordentlich unkündbaren[72] Arbeitnehmers ist nach Auffassung des Bundesarbeitsgerichts[73] nur dann gerechtfertigt, wenn das geänderte unternehmerische Konzept die vorgeschlagene Änderung erzwingt. Der Arbeitgeber muss bereits bei Erstellung des unternehmerischen Konzepts die weitreichenden Verpflichtungen, die er in Form von vereinbarten Kündigungsausschlüssen eingegangen ist, berücksichtigen. Er muss insoweit darlegen, dass er alles Zumutbare unternommen hat, die durch die unternehmerische Entscheidung notwendig gewordenen Anpassungen auf das unbedingt erforderliche Maß zu beschränken.[74] Deshalb kann nicht jede mit dem Festhalten am Vertragsinhalt ver-

67 BAG v. 23.11.2000, NZA 2001, 492 = DB 2001, 1041; BAG v. 27.3.2003, NZA 2003, 1029 = DB 2003, 1962; BAG v. 23.6.2005, NZA 2006, 92 = DB 2006, 285.

68 BAG v. 30.5.1990, BAGE 65, 163 = NZA 1990, 899; BAG v. 8.8.1996, NZA-RR 1997, 76 = NZA 1997, 271 (anders noch BAG v. 21.4.1982, BAGE 38, 291 = DB 1982, 2521).

69 BAG v. 21.4.1982, BAGE 38, 291 = DB 1982, 2521; BAG v. 7.5.1986, BAGE 52, 33 = AP Nr. 12 zu § 4 BAT; BAG v. 8.8.1996, NZA-RR 1997, 76 = NZA 1997, 271; BAG v. 10.3.2004, NZA 2004, 1408.

70 BAG v. 15.3.1991, NZA 1992, 120 = AP Nr. 28 zu § 2 KSchG 1969.

71 BAG v. 19.3.2003, DB 2005, 342 = NZA-RR 2004, 220.

72 Im streitgegenständlichen Fall gem. dem MTV für die Angestellten der Metall- und Elektroindustrie in Berlin und Brandenburg, Tarifgebiet I, vom 10.5.1990 (Fassung vom 18.5.2002).

73 BAG v. 2.3.2006, NZA 2006, 985.

74 BAG v. 26.6.2008, BB 2009, 108 = AP Nr. 8 zu § 55 BAT.

bundene Last einen wichtigen Grund zur außerordentlichen Änderungskündigung bilden. So kann z.B. bei der örtlichen Verlagerung eines Betriebes die Einrichtung eines Heimarbeitsplatzes für den ordentlich unkündbaren Arbeitnehmer mit dem unternehmerischen Konzept des Arbeitgebers vereinbar sein und als Weiterbeschäftigungsmöglichkeit in Betracht kommen.

Auch eine Änderungskündigung zur Entgeltabsenkung (siehe oben Rn 57) kann als außer- 62
ordentliche – mit notwendiger sozialer Auslauffrist – gegenüber einem ordentlich unkündbaren Arbeitnehmer wirksam sein. Ein wichtiger Grund für eine solche Kündigung kann jedenfalls dann vorliegen, wenn die Änderung der Arbeitsbedingungen notwendig ist, um der konkreten Gefahr einer Betriebsschließung wegen Insolvenz zu begegnen. Der Arbeitgeber muss allerdings insoweit darlegen, dass die Sanierung mit den Eingriffen in die Arbeitsverträge steht und fällt und alle gegenüber der beabsichtigten Änderungskündigung milderen Mittel ausgeschöpft sind.[75]

Bei tariflich ordentlich unkündbaren Angestellten bzw. Arbeitnehmern des öffentlichen 63
Dienstes (vormals: § 53 Abs. 3 BAT; jetzt: § 34 Abs. 2 TVöD bzw. § 34 Abs. 2 TV-L) muss der Arbeitgeber vor einer außerordentlichen Änderungskündigung prüfen, ob der Arbeitnehmer durch Versetzung auf einen freien und gleichwertigen Arbeitsplatz weiterbeschäftigt werden kann. Dabei muss er auch absehbare Überbrückungszeiträume in Kauf nehmen und Reorganisationsmöglichkeiten einbeziehen (Umsetzungen, Änderung der Arbeitsverteilung).[76] Eine generelle Pflicht zur Freikündigung der Arbeitsplätze anderer Arbeitnehmer, die Kündigungsschutz nach dem KSchG genießen, hat das Bundesarbeitsgericht nicht bejaht. Es hat weiter ausgeführt, eine Freikündigungspflicht bestehe auf jeden Fall dann nicht, wenn der unkündbare Arbeitnehmer den ggf. freizukündigenden Arbeitsplatz nicht innerhalb der für einen qualifizierten Stellenbewerber ausreichenden Einarbeitungszeit ausfüllen könne.[77]

§ 55 Abs. 2 Unterabs. 1 BAT sah im Falle ordentlich unkündbarer Arbeitnehmer zwar die 64
Möglichkeit einer Änderungskündigung aus wichtigem Grund, insbesondere aufgrund dringender betrieblicher Erfordernisse, vor, beschränkte diese jedoch auf eine Herabgruppierung um eine Vergütungsgruppe. § 34 Abs. 2 S. 1 TVöD ordnet hingegen nur an, dass Beschäftigungsverhältnisse ordentlich unkündbarer Arbeitnehmer aus wichtigem Grund gekündigt werden können. Die Beschränkung einer Änderungskündigung auf die Herabgruppierung um maximal eine Gehaltsgruppe ist dementsprechend von § 34 Abs. 2 TVöD nicht übernommen worden mit der Folge, dass nunmehr gegenüber ordentlich unkündbaren Arbeitnehmern auch Änderungskündigungen mit Herabgruppierungen um mehrere Vergütungsgruppen möglich sind. Auch die Besitzstandsregelung des § 34 Abs. 2 S. 2 TVöD stellt nach Auffassung des Bundesarbeitsgerichts[78] nur auf die Tatsache der „tariflichen Unkündbarkeit" als solche ab. Bei dieser soll es „verbleiben". Eine Deutung, dass es insgesamt, also auch hinsichtlich der näheren Ausgestaltung der Unkündbarkeit, „beim Alten" verbleiben soll, lasse sich aus dem Wortlaut nicht entnehmen.

75 BAG v. 1.3.2007, NZA 2007, 1445 = DB 2007, 1413.
76 BAG v. 18.5.2006, NZA-RR 2007, 272 = BB 2007, 668.
77 BAG v. 18.5.2006, NZA-RR 2007, 272 = BB 2007, 668.
78 BAG v. 27.11.2008, MDR 2009, 700 = NZA 2009, 481.

3. Die verhaltens- und personenbedingte Änderungskündigung

65 Statt einer verhaltensbedingten Beendigungs- ist eine **verhaltensbedingte Änderungskündigung** vorzunehmen, wenn der Arbeitgeber die Möglichkeit besitzt, den Arbeitnehmer auf einem Arbeitsplatz einzusetzen, an dem eine **Störung** durch das beanstandete Verhalten **zukünftig nicht zu befürchten** ist. Das wird nur in Ausnahmefällen anzunehmen sein. Zu denken ist etwa an den Fall zweier Arbeitnehmer, die wegen persönlicher Animositäten nicht in einer Abteilung zusammen arbeiten können. Sofern die betrieblichen Voraussetzungen hierfür vorliegen, ist einer der beiden Arbeitnehmer in eine andere Abteilung zu versetzen – insbesondere dann, wenn an dem Streit der beiden Arbeitnehmer ein Schuldiger nicht ausgemacht werden kann –, anstatt einen oder gar beide Arbeitnehmer mit einer Beendigungskündigung zu überziehen. Darüber hinaus ist die verhaltensbedingte – außerordentliche – Änderungskündigung bei **ordentlich unkündbaren** Arbeitnehmern praktisch relevant, so etwa bei alkoholbedingten Pflichtverletzungen eines rückfällig gewordenen trunksüchtigen Dienststellenleiters[79] (vgl. §§ 53, 55 BAT bzw. nunmehr § 34 Abs. 2 TVöD).

66 Eine **personenbedingte Änderungskündigung** ist erforderlich, wenn bei mangelnder Leistungsfähigkeit des Arbeitnehmers, die durch Alter, Krankheit oder Unfall bedingt sein kann, ein **anderer, leidensgerechter Arbeitsplatz** zur Verfügung steht, auf den der Arbeitgeber den Arbeitnehmer nicht im Wege des Direktionsrechts versetzen kann. Vor allem dann, wenn der Arbeitnehmer Opfer eines Unfalles im Betrieb des Arbeitgebers geworden ist, geht die Änderungskündigung einer Beendigungskündigung vor, dann sogar verbunden mit der Maßgabe, dass der Arbeitgeber regelmäßig einen leidensgerechten Arbeitsplatz eigens für den betreffenden Arbeitnehmer zu schaffen hat. Eine **außerordentliche personenbedingte Änderungs-Druckkündigung** kann infolge von autoritärem Führungsstil und mangelnder Fähigkeit zur Menschenführung bei einem ordentlich unkündbaren Arbeitnehmer nach § 55 Abs. 1 BAT (jetzt: § 34 Abs. 2 S. 1 TVöD) gerechtfertigt sein.[80]

VI. Prüfung der Einhaltung der Beteiligungsrechte des Betriebsrates im Prozess

1. Anhörungserfordernis gem. § 102 BetrVG

67 Die für Beendigungskündigungen geltenden Regelungen des § 102 BetrVG sind ebenso auf die Änderungskündigung anzuwenden. Bei der Anhörung muss der Betriebsrat darüber informiert werden, dass eine Änderungs- und keine Beendigungskündigung ausgesprochen werden soll. Die **Gründe** für die Kündigung sind ebenso substantiiert mitzuteilen wie im Falle gewöhnlicher Beendigungskündigungen. Darüber hinaus ist der Betriebsrat über das **Änderungsangebot** genau in Kenntnis zu setzen,[81] insbesondere um diesem die Möglichkeit zu geben, zu prüfen, inwieweit eine andere, **mildere Änderung der Arbeitsbedingungen** in Betracht kommt. Hört der Arbeitgeber den Betriebsrat zunächst zu einer Beendigungskündigung an und spricht er sodann eine Änderungskündigung aus[82] oder wird umgekehrt der Betriebsrat zu einer Änderungskündigung angehört, dann aber eine Beendigungskündigung ausgesprochen, wird dies regelmäßig zur Unwirksamkeit der Betriebsratsanhörung und damit

79 BAG v. 7.12.1989, RzK I 7 c Nr. 7.
80 BAG v. 31.1.1996, NZA 1996, 581 = DB 1996, 990.
81 BAG v. 3.4.1987, NZA 1988, 37 = NJW 1988, 582; BAG v. 30.11.1989, NZA 1990, 529 = DB 1990, 993.
82 BAG v. 27.5.1982, DB 1984, 620.

auch der Kündigung führen. Im Falle des Ausspruchs einer Änderungskündigung hindert dies den Arbeitnehmer allerdings nicht daran, das Änderungsangebot des Arbeitgebers **vorbehaltlos** anzunehmen mit der Folge, dass regelmäßig eine entsprechende Änderung der Arbeitsbedingungen eintritt. Im Falle einer **außerordentlichen** (Beendigungs- oder Änderungs-) Kündigung **mit Auslauffrist** gegenüber einem tariflich unkündbaren Arbeitnehmer steht dem Betriebsrat **eine Woche** zur Stellungnahme gemäß § 102 Abs. 2 BetrVG zur Verfügung.[83]

2. Mitbestimmungsrechte gem. §§ 99 ff. BetrVG

Die in § 99 BetrVG geregelten Mitbestimmungsrechte des Betriebsrates bestehen nur in Un- 68
ternehmen mit i.d.R. mehr als **20 wahlberechtigten Arbeitnehmern**. Führen allerdings mehrere Unternehmen mit jeweils weniger als 20 wahlberechtigten Arbeitnehmern gemeinsam einen Betrieb, in dem insgesamt mehr als 20 wahlberechtigte Arbeitnehmer beschäftigt sind, so ist die Vorschrift des § 99 BetrVG auf Versetzungen in diesem Betrieb analog anwendbar.[84] Der Arbeitgeber hat in einem solchen Unternehmen den Betriebsrat nach Maßgabe des § 99 Abs. 1 BetrVG vor **jeder** Einstellung, Eingruppierung, Umgruppierung und Versetzung zu unterrichten. Änderungskündigungen sind von diesem Mitbestimmungsrecht nur dann betroffen, wenn sie eine **Umgruppierung** oder **Versetzung** nach sich ziehen. Der Betriebsrat kann seine Zustimmung zu der beabsichtigten Maßnahme nur dann verweigern, wenn er sich auf einen der in § 99 Abs. 2 Nr. 1 bis 6 BetrVG genannten Gründe stützen kann. Zu berücksichtigen ist, dass die (hier: Umgruppierungs- oder Versetzungs-) Maßnahme, sei sie im Rahmen einer Änderungskündigung erfolgt oder mittels Ausübung des arbeitgeberseitigen Direktionsrechts, ohne Zustimmung des Betriebsrates **nicht durchgeführt** werden kann. Im Anwendungsbereich der Personalvertretungsgesetze hat die Dienststelle hinsichtlich der Änderungskündigung das Mitwirkungsverfahren und ggf. (z.B. § 75 Abs. 1 Nr. 3 BPersVG) hinsichtlich einer damit verbundenen Umsetzung das Mitbestimmungsverfahren einzuleiten.[85]

Praxishinweis 69

Hat der Arbeitgeber dem Arbeitnehmer im Wege der Änderungskündigung, welche der Arbeitnehmer vorbehaltlos oder unter Vorbehalt angenommen hat, geänderte Arbeitsbedingungen angeboten, die eine **Versetzung** (oder **Umgruppierung**) beinhalten, und kann nach Ablauf der Kündigungsfrist der tatsächliche Einsatz des Arbeitnehmers auf der neuen Arbeitsstelle wegen fehlender Zustimmung des Betriebsrates nicht erfolgen, wird der Arbeitgeber die **Ersetzung** der Zustimmung des Betriebsrates durch das Arbeitsgericht beantragen, § 99 Abs. 4 BetrVG. Möglich ist allerdings auch, die personelle Maßnahme (hier: Versetzung) nach Ablauf der Kündigungsfrist **vorläufig durchzuführen**. Das setzt voraus, dass die sofortige Umsetzung der Maßnahme aus sachlichen Gründen **dringend erforderlich** ist. Der Arbeitgeber hat dann innerhalb von drei Tagen beim Arbeitsgericht die **Ersetzung** der Zustimmung des Betriebsrates und die Feststellung zu beantragen, dass die Maßnahme aus sachlichen Gründen dringend erforderlich war (§ 100 Abs. 1 und 2 BetrVG).

83 BAG v. 12.1.2006, ZTR 2006, 338.

84 BAG v. 29.9.2004, NZA 2005, 420 = DB 2005, 951.

85 BAG v. 6.8.2002, DB 2003, 104 = AP Nr. 80 zu § 75 BPersVG.

70 Die Durchführung des **Anhörungsverfahrens** gem. § 102 BetrVG ersetzt keineswegs das Mitbestimmungsverfahren gem. §§ 99 ff. BetrVG. Es ist auch nicht ausgeschlossen, dass der Betriebsrat in den beiden Verfahren zu unterschiedlichen Entscheidungen gelangt. Der Arbeitgeber kann allerdings das Anhörungsverfahren gem. § 102 Abs. 1 BetrVG mit der Unterrichtung nach § 99 Abs. 1 BetrVG verbinden. Die Zustimmung des Betriebsrats nach § 99 BetrVG ist Wirksamkeitsvoraussetzung **nur** für die tatsächliche Zuweisung des neuen Arbeitsbereichs nach Ablauf der Kündigungsfrist. Ist sie nicht erteilt oder ersetzt, führt dies **nicht** zur – endgültigen oder auch nur schwebenden – Unwirksamkeit der Änderungskündigung. Der Arbeitgeber kann nur die geänderten Vertragsbedingungen **nicht durchsetzen**, so lange das Verfahren nach § 99 BetrVG nicht ordnungsgemäß durchgeführt ist; der Arbeitnehmer ist dann in dem alten Arbeitsbereich weiterzubeschäftigen, der ihm nicht wirksam entzogen worden ist.[86]

71 Das Ergebnis eines im Beschlussverfahren durchzuführenden **Zustimmungsersetzungsverfahrens** über die zutreffende **Eingruppierung** (bzw. Umgruppierung) eines bestimmten Arbeitnehmers hat auch auf das individualrechtliche Verhältnis von Arbeitgeber und Arbeitnehmer Auswirkungen. Der Arbeitgeber kann sich dann im Rechtsstreit über eine Änderungskündigung nicht auf die Maßgeblichkeit einer von ihm vorgenommenen Umgruppierung des Arbeitnehmers berufen, welche dem Ergebnis des Beschlussverfahrens widerspricht.[87]

3. Mitbestimmungsrechte gem. § 87 BetrVG

72 Die Änderung der Arbeitsbedingungen, die mit der Änderungskündigung angestrebt wird, kann **mitbestimmungspflichtig** i.S.d. § 87 BetrVG sein, wenn einer der dort im Einzelnen genannten Tatbestände berührt wird. Die Wirksamkeit der Individualmaßnahme Änderungskündigung wird von der unterbliebenen Beteiligung des Betriebsrates nach § 87 BetrVG nicht berührt; jedoch kann der Arbeitgeber die Änderungskündigung **nicht umsetzen**, solange die Zustimmung des Betriebsrates i.S.d § 87 BetrVG nicht erteilt oder durch den Spruch der Einigungsstelle ersetzt worden ist.[88]

VII. Prüfung sonstiger Unwirksamkeitsgründe im Prozess

73 Im Rahmen des Änderungskündigungsschutzprozesses sind **allgemeine Unwirksamkeitsgründe**, wie sie insbesondere in den Vorschriften der §§ 613a Abs. 4, 623, 174 BGB normiert sind, ebenso zu beachten wie im Falle einer Beendigungskündigung. Gleichfalls gilt der **besondere Kündigungsschutz** des SGB IX, des MuSchG, des BEEG und anderer Spezialgesetze. Des Weiteren kann die ordentliche Änderungskündigung unzulässig sein, weil sie vertraglich oder tarifvertraglich ausgeschlossen ist.[89]

74 Die ordentliche Kündigung, also auch die ordentliche Änderungskündigung, von **Betriebsratsmitgliedern** und anderen in § 15 Abs. 1–3a KSchG genannten Personen, z.B. Wahlbewerbern,[90] ist nur in den Ausnahmefällen des § 15 Abs. 4 und 5 KSchG zulässig. Dieser

86 BAG v. 30.9.1993, NZA 1994, 615 = DB 1994, 637; BAG v. 8.6.1995, RzK I 7 a Nr. 30.
87 BAG v. 28.8.2008, NZA 2009, 505 = MDR 2009, 396.
88 BAG v. 17.6.1998, NZA 1998, 1225 = DB 1998, 2170; BAG v. 23.11.2000, FA 2001, 243.
89 BAG v. 10.3.1982, BAGE 38, 106 = DB 1982, 1520; BAG v. 27.9.2001, NZA 2002, 407.
90 BAG v. 12.3.2009, NZA 2009, 1264.

Kündigungsschutz gilt nach der Rechtsprechung des BAG nicht nur für eine ordentliche Änderungskündigung als Einzelmaßnahme,[91] sondern darüber hinaus uneingeschränkt auch für sog. **Massenänderungskündigungen**.[92] Der Arbeitgeber hat in Fällen geplanter Massenänderungskündigungen (z.B. Reduzierung der Arbeitszeit, Wegfall von Zulagen und Sonderzahlungen für die gesamte Belegschaft) je nach dem Gewicht der betriebsbedingten Gründe allenfalls die Möglichkeit, nach § 15 Abs. 1 KSchG, erforderlichenfalls nach Zustimmung des Betriebsrats bzw. deren Ersetzung nach § 103 BetrVG, eine **außerordentliche Änderungskündigung** aus wichtigem Grund auszusprechen.[93] Mit Recht wird gegen diese Auffassung des BAG einige Kritik angebracht.[94] Als **Einzelmaßnahme** ist eine außerordentliche fristlose Änderungskündigung nach § 15 KSchG, § 626 BGB (erforderlichenfalls im Wege des Verfahrens nach § 103 BetrVG) nur möglich, wenn dem Arbeitgeber bei einem vergleichbaren nicht unter § 15 KSchG fallenden Arbeitnehmer dessen Weiterbeschäftigung zu unveränderten Bedingungen bis zum Ablauf der einschlägigen ordentlichen Kündigungsfrist **unzumutbar** wäre. Die alsbaldige Änderung der Arbeitsbedingungen muss für den Arbeitgeber **unabweisbar notwendig** und die neuen Arbeitsbedingungen müssen dem Arbeitnehmer zumutbar sein, wobei es auf die Zumutbarkeit dann nicht ankommt, wenn die geänderten Arbeitsbedingungen die einzige Möglichkeit bilden, den Arbeitnehmer überhaupt weiterzubeschäftigen.[95] Handelt es sich um ein betriebliches Erfordernis, das bei vergleichbaren Arbeitnehmern ohne den Sonderkündigungsschutz des § 15 KSchG lediglich eine ordentliche Kündigung rechtfertigen kann, hat der Arbeitgeber bei dem Funktionsträger i.S.d. § 15 KSchG eine notwendige Auslauffrist entsprechend der fiktiven Kündigungsfrist einzuhalten, damit sich der Sonderkündigungsschutz nicht zu Lasten des besonders Geschützten auswirkt, außerdem muss der Arbeitgeber das ihm zumutbare **mildeste Mittel** wählen, um die Arbeitsbedingungen des Gekündigten an die veränderten betrieblichen Erfordernisse anzupassen.[96]

VIII. Auflösung des Arbeitsverhältnisses

Nimmt der Arbeitnehmer das Änderungsangebot **nicht** an, gelten für den Auflösungsantrag 75
die allgemeinen Regelungen,[97] da die Änderungskündigung insoweit der Beendigungskündigung vollständig gleich steht. Erklärt jedoch der Arbeitnehmer die Annahme des Änderungsangebotes unter **Vorbehalt**, kommt ein Auflösungsantrag **nicht mehr** in Betracht, da die Anwendung der §§ 9, 10 KSchG voraussetzt, dass nach arbeitgeberseitiger Kündigung der Bestand des Arbeitsverhältnisses im Ganzen zur Disposition steht.[98]

91 BAG v. 12.3.2009, NZA 2009, 1264.

92 BAG v. 29.1.1981, DB 1981, 2283 = NJW 1982, 252; BAG v. 2.4.1992, RzK II 1 c Nr. 2; BAG v. 7.10.2004, NZA 2005, 156 = DB 2005, 894; BAG v. 2.3.2006, NZA 2006, 988 = DB 2006, 2299.

93 BAG v. 7.10.2004, NZA 2005, 156 = DB 2005, 894.

94 *Richardi/Thüsing*, BetrVG § 78 Rn 27; *Fitting u.a.*, BetrVG § 103 Rn 12; *Preis*, Anm. zu AP Nr. 36 zu § 15 KSchG 1969.

95 BAG v. 6.3.1986, NZA 1987, 102 = DB 1986, 2605; BAG v. 21.6.1995, NZA 1995, 1157 = DB 1995, 2429; BAG v. 27.9.2001, NZA 2002, 815.

96 BAG v. 17.3.2005, NZA 2005, 949 = AP Nr. 58 zu § 15 KSchG 1969.

97 BAG v. 29.1.1981, NJW 1982, 1118 = DB 1981, 2438; BAG v. 20.11.1997, RzK I 11 c Nr. 13.

98 LAG Berlin v. 2.3.1984, DB 1984, 2464; LAG Rheinland-Pfalz v. 24.1.1986, DB 1986, 1728 = LAGE § 2 KSchG Nr. 2; LAG München v. 29.10.1987, RzK I 11 b Nr. 6.

IX. Streitwert

76 Der Streitwert einer im Anschluss an die Ablehnung des Änderungsangebotes erhobenen Klage nach **§ 4 S. 1 KSchG** ist nach den bei einer gewöhnlichen Beendigungskündigung geltenden Grundsätzen in Anwendung von § 42 Abs. 3 S. 1 GKG (i.d.F. vom 17.12.2008, gültig ab 1.9.2009; vormals § 42 Abs. 4 S. 1 GKG) zu ermitteln, bemisst sich also nach dem Betrag des für die Dauer eines Vierteljahrs zu leistenden Arbeitsentgelts. Der Streitwert einer **Änderungsschutzklage** (§ 4 S. 2 KSchG) richtet sich nach dem erkennbaren wirtschaftlichen Wert, der der konkreten streitigen Änderung der Arbeitsbedingungen für den Arbeitnehmer nach dessen Klagevorbringen zukommt. Maßgebend ist dabei gemäß § 42 Abs. 2 S. 1 GKG der **dreifache Jahresbetrag des Wertes der Änderung**, jedoch bildet der in § 42 Abs. 3 S. 1 GKG geregelte Betrag des für die Dauer eines Vierteljahrs zu leistenden (vollen) Arbeitsentgelts zur Vermeidung von Wertungswidersprüchen die **Obergrenze**.[99] Zum Teil wird auch § 42 Abs. 3 S. 1 GKG unmittelbar in Anwendung gebracht, die Änderungsschutzklage also wertmäßig wie eine Klage nach § 4 S. 1 KSchG behandelt.[100] Demgegenüber wird von Teilen der landesarbeitsgerichtlichen Rechtsprechung – gestützt auf eine modifizierte Anwendung des § 42 Abs. 3 S. 1 GKG – für Änderungsschutzklagen lediglich die **Vergütungsdifferenz für ein Vierteljahr** in Ansatz gebracht,[101] wobei allerdings teilweise angenommen wird, dass nach Gesichtspunkten des Prestiges und der Rehabilitation eine angemessene Erhöhung in Frage kommen kann. Eine vierte Meinung will Änderungsschutzklagen regelmäßig mit **zwei Monatsverdiensten** bewerten.[102] Schließlich wird vertreten, dass bei der Bestimmung des Streitwerts zwar grundsätzlich vom dreifachen Jahresbetrag der monatlichen Vergütungsdifferenz, höchstens jedoch vom Vierteljahresverdienst des § 42 Abs. 3 S. 1 GKG, auszugehen sei; da jedoch bei der Annahme unter Vorbehalt nicht der Bestand des Arbeitsverhältnisses in Streit stehe, sondern nur einzelne Arbeitsbedingungen, sei die Obergrenze des Vierteljahresverdienstes grundsätzlich zu halbieren,[103] so dass sich nach dieser Auffassung regelmäßig eine Bewertung mit 1,5 Monatsgehältern ergibt.

99 BAG v. 23.3.1989, DB 1989, 1880 = RzK I 10 l Nr. 41; LAG Hamburg v. 28.10.1996, LAGE § 12 ArbGG 1979 Streitwert Nr. 110; LAG Frankfurt v. 18.2.1999, DB 1999, 1276; LAG Rheinland-Pfalz v. 3.12.2004 – 10 Ta 241/04 – juris; LAG Köln v. 26.1.2005, LAGE § 42 GKG 2004 Nr. 3 = MDR 2005, 840; LAG Köln v. 22.3.2005, AE 2007, 276; LAG Köln v. 12.5.2005, NZA-RR 2006, 47; LAG Baden-Württemberg v. 31.7.2009, NZA-RR 2010, 47.

100 LAG Sachsen-Anhalt v. 12.12.2006, EzA-SD 2007, Nr. 1, 16.

101 LAG Hamm v. 19.10.1989, LAGE § 12 ArbGG 1979 Streitwert Nr. 82; LAG Thüringen v. 14.12.1999, RzK I 10 l Nr. 99; LAG Sachsen v. 31.5.2006, AE 2006, 303.

102 LAG Düsseldorf v. 16.10.2006 – 6 Ta 491/06 – juris m.w.N. dieser st. Rspr. des LAG Düsseldorf.

103 LAG Rheinland-Pfalz v. 11.6.2008, JurBüro 2008, 478; LAG Rheinland-Pfalz v. 25.7.2007, NZA-RR 2007, 604 m.w.N.

§ 27 Der Kündigungsschutzprozess in der II. Instanz

Dr. Rupert Czinczoll

Inhalt

	Rn
I. Der Zugang zum Rechtsmittelgericht	1
1. Statthaftigkeit der Berufung	2
2. Beschwer	3
a) Die formelle Beschwer	3
b) Die Beschwer bei Auflösungsanträgen	4
3. Das zuständige Gericht	9
a) Das Landesarbeitsgericht als Berufungsgericht	9
b) Die Zuständigkeitsprüfung in der Berufungsinstanz	10
aa) Die örtliche Zuständigkeit	10
bb) Die Zulässigkeit des Rechtswegs	11
4. Die Einlegung der Berufung	15
a) Anwaltszwang	15
b) Form	16
aa) Eigenhändig unterschriebenes Schriftstück	16
bb) Verwendung moderner Kommunikationsmittel	17
c) Inhalt der Berufungsschrift	18
aa) Notwendiger Mindestinhalt	18
bb) Beigabe einer vollständigen Urteilsabschrift	20
cc) Berufungsanträge	21
dd) Begründung der Berufung schon bei ihrer Einlegung	24
d) Die Berufungsfrist	26
aa) Dauer der Frist	26
bb) Beginn des Fristenlaufs	27
cc) Das Sonderproblem der Fünf-Monats-Frist des § 66 Abs. 1 S. 2 letzter Hs. ArbGG	31
dd) Einlegung der Berufung vor Urteilszustellung innerhalb der ersten fünf Monate ab Verkündung	35
ee) Rechtsnatur der Berufungsfrist; Wiedereinsetzung	38
ff) Wiederholte Einlegung der Berufung	39
e) Einlegung der Berufung und Prozesskostenhilfe	40
5. Die Berufungsbegründung	42
a) Die Berufungsbegründung als Zulässigkeitsvoraussetzung	42
b) Die Frist zur Berufungsbegründung	43
aa) Dauer der Frist	43
bb) Fristbeginn	44
cc) Verlängerung der Berufungsbegründungsfrist auf Antrag	45
dd) Wiedereinsetzung in den vorigen Stand	55
c) Inhaltliche Anforderungen an die Berufungsbegründung	56
aa) Berufung gegen ein „Urteil ohne Gründe"	58
bb) Berufung ausschließlich wegen neuer Angriffs- und Verteidigungsmittel	61
cc) Berufung in Auseinandersetzung mit dem erstinstanzlichen Urteil	63
d) Die substantiierte Berufungsbegründung als Voraussetzung für den Erfolg	69
6. Die Verwerfung der Berufung als unzulässig	74
7. Keine Zurückweisung der Berufung als unbegründet durch Beschluss	81
8. Der Eintritt des Berufungsbeklagten in das Verfahren und die Berufungsbeantwortung	82
a) Die Zustellung der Berufungs- und Berufungsbegründungsschrift	82
b) Die Berufungsbeantwortungsfrist und ihre Verlängerung	83
c) Folgen der Nichteinhaltung der Berufungsbeantwortungsfrist	85
9. Die Zulässigkeit neuen Vorbringens in der Berufungsinstanz	87
a) Erstinstanzlich zurückgewiesene Angriffs- und Verteidigungsmittel, § 67 Abs. 1 ArbGG	88
b) Verletzung richterlicher Schriftsatzfristen in I. Instanz, § 67 Abs. 2 ArbGG	89

Rn

c) Verletzung allgemeiner Prozessförderungspflichten in I. Instanz, § 67 Abs. 3 ArbGG 92
d) Aufnahme neuer Angriffs- und Verteidigungsmittel in die Berufungsbegründungs- oder -beantwortungsschrift 93
e) Verletzung richterlicher Schriftsatzfristen in II. Instanz, §§ 64 Abs. 7, 56 Abs. 2 ArbGG 94
f) Wann wird die Erledigung des Verfahrens durch verspätetes Vorbringen verzögert? 95

II. Klageänderung, Klageerweiterung, Klagerücknahme; Berufungsrücknahme, Berufungsverzicht 101
1. Klageänderung 101
2. Klageerweiterung 103
3. Der erstmals in der Berufungsinstanz gestellte Auflösungsantrag 104
4. (Teil-)Klagerücknahme 105
5. Berufungsrücknahme 106
6. Berufungsverzicht 107

III. Die Anschlussberufung 110

IV. Der Ablauf des Berufungsverfahrens 116
1. Der Gang des Verfahrens und seine voraussichtliche Dauer 116
a) Die Terminierung 116
b) Die mündliche Verhandlung vor dem Berufungsgericht 117
c) Die voraussichtliche Dauer des Berufungsverfahrens 120
2. Allgemeine Verfahrensgrundsätze .. 121
a) Verhältnis von ArbGG zu ZPO; Verhältnis von erst- zu zweitinstanzlichem Verfahren 121

Rn

b) Einige wichtige Besonderheiten . 122
aa) Die Zurückverweisung des Rechtsstreits an das Arbeitsgericht 123
bb) Säumnisverfahren 125
cc) Übertragung der Entscheidung auf den Vorsitzenden... 126
dd) Vereidigung von Zeugen als Ausnahme 128
ee) Anordnung des persönlichen Erscheinens der Parteien 129
3. Hinweise zur Prozesssituation im Berufungsstreit um eine Kündigung. 131
4. Die gütliche Einigung im Berufungsverfahren 134

V. Das Berufungsurteil und seine Anfechtbarkeit; Kosten und Streitwert 139
1. Das Berufungsurteil 139
2. Rechtsmittel und Rechtsbehelfe gegen das Berufungsurteil 140
a) Die Revision 140
b) Die Nichtzulassungsbeschwerde und die Rechtskraft des Berufungsurteils 144
c) Die Gehörsrüge nach § 78a ArbGG 146
d) Die sofortige Beschwerde wegen verspäteter Absetzung des Berufungsurteils nach § 72b ArbGG.. 149
3. Kosten und Streitwert 150

VI. Besondere Verfahrensarten im Streit um eine Kündigung 153
1. Die nachträgliche Zulassung einer verspäteten Kündigungsschutzklage 153
2. Beschwerde im Beschlussverfahren nach § 103 BetrVG 157

Literatur

Bepler, Änderungen im arbeitsgerichtlichen Verfahren durch das Anhörungsrügengesetz, RdA 2005, 65; **Bram**, Häufige Fehler bei der Einlegung und Begründung von Berufung und Beschwerde, FA 2005, 226; **Francken/Natter/Rieker**, Die Novellierung des Arbeitsgerichtsgesetzes und des § 5 KSchG durch das SGG/ArbGG-Änderungsgesetz, NZA 2008, 377; **Grotmann-Höfling**, Die Arbeitsgerichtsbarkeit 2006 im Lichte der Statistik, AuR 2007, 295; **ders.**, Vertretung vor den Gerichten für Arbeitssachen, AuR 2009, 392; **Holthaus/Koch**, Auswirkungen der Reform des Zivilprozessrechts auf arbeitsgerichtliche Verfahren, RdA 2002, 140; **Isenhardt**, Das Berufungsverfahren, in: FS zum hundertjährigen Bestehen des Deutschen Arbeitsgerichtsverbandes, 1994; **Lipke**, Die Berufung im arbeitsgerichtlichen Verfahren, AuR 2007, 1; **Schrader**, Anhörungsrügengesetz und Arbeitsgerichtsverfahren, NZA-RR 2006, 57; **Schwab**, Die Anschlussberufung im arbeitsgerichtlichen Verfahren, FA 2006, 130; **Zwanziger**, Entwicklungen im Nichtzulassungsbeschwerderecht, FA 2007, 332.

I. Der Zugang zum Rechtsmittelgericht

Die allermeisten Kündigungsschutzprozesse finden bereits vor dem Arbeitsgericht ihren rechtskräftigen Abschluss, sei es durch Vergleich, Urteil oder auf sonstige Weise. Nur knapp mehr als 5 % der eingereichten Klagen gelangen in die höhere Instanz.[1] Tendenziell handelt es sich dabei um schwierigere und/oder umfangreichere Verfahren. 1

1. Statthaftigkeit der Berufung

Das Rechtsmittel gegen ein streitiges Endurteil des Arbeitsgerichts ist die Berufung. In welchen Fällen die Berufung statthaft ist, regelt § 64 Abs. 2 ArbGG. § 64 Abs. 2 Buchst. c ArbGG eröffnet die Berufung speziell für Rechtsstreitigkeiten über das **Bestehen**, das **Nichtbestehen** oder die **Kündigung** eines Arbeitsverhältnisses. Auf die allgemeine Streitwertgrenze von 600 EUR gem. § 64 Abs. 2 Buchst. b ArbGG oder eine Zulassung der Berufung im arbeitsgerichtlichen Urteil gem. § 64 Abs. 2 Buchst. a ArbGG kommt es bei der Kündigungsschutzklage somit nicht an. Allerdings sind die Voraussetzungen gem. § 64 Abs. 2 Buchst. a und b ArbGG dann zu beachten, wenn mit der Kündigungsschutzklage noch weitere artfremde Streitgegenstände wie etwa Zahlungsansprüche geltend gemacht worden sind und wegen eines Unterliegens in diesen Punkten Berufung eingelegt werden soll.[2] 2

2. Beschwer

a) Die formelle Beschwer

Die zulässige Berufung setzt voraus, dass der Berufungsführer durch das arbeitsgerichtliche Urteil beschwert ist. Eine formelle Beschwer liegt vor, wenn und soweit das Urteil dem jeweiligen Rechtsschutzbegehren nicht gefolgt ist. Maßgeblicher Bezugspunkt sind dabei die zur Entscheidung gestellten **Anträge**.[3] So kann die obsiegende Partei mangels Beschwer nicht allein mit dem Ziel Berufung einlegen, die Klage in der II. Instanz noch zu erweitern[4] oder zu ändern.[5] Umgekehrt wird die Berufung mangels Beschwer unzulässig, wenn nach teilweiser Berufungs- oder Klagerücknahme nur noch erstmals in der Berufungsinstanz zur Entscheidung gestellte Streitgegenstände übrig bleiben.[6] Andererseits entfällt die Beschwer nicht allein wegen eines erstinstanzlichen Anerkenntnisses seitens des Berufungsführers.[7] 3

b) Die Beschwer bei Auflösungsanträgen

Mangels formeller Beschwer ist es dem im Kündigungsschutzprozess obsiegenden Arbeitnehmer **verwehrt**, nur deshalb Berufung einzulegen, um in der II. Instanz erstmals einen Auflösungsantrag nach §§ 9, 10 KSchG zu stellen[8] (zur Möglichkeit der Anschlussberufung 4

1 Näheres zur Statistik, bezogen auf das Jahr 2006, bei *Grotmann-Höfling*, AuR 2007, 295.

2 BAG v. 27.1.2004, AP Nr. 35 zu § 64 ArbGG 1979.

3 BAG v. 23.6.1993, NZA 1994, 265.

4 BGH v. 20.9.1983, VersR 1983, 1160; Zöller/*Heßler*, vor § 511 Rn 10a.

5 BAG v. 10.2.2005, NZA 2005, 597.

6 BAG v. 10.2.2005, NZA 2005, 597; LAG Köln v. 21.3.2005 – 2 (10) Sa 1632/04 betr. Hilfsantrag – n.v.; LAG Frankfurt v. 17.5.2004, LAGReport 2005, 128 betr. Widerklage.

7 LAG Hamm v. 16.11.2004 – 12 Sa 1045/04 – n.v.

8 BAG v. 3.4.2008, NJW 2008, 2605; BAG v. 23.6.1993, NZA 1994, 266 f.; KR/*Spilger*, § 9 KSchG Rn 97.

siehe auch Rn 111 f.). Auch ein erstinstanzlich gestellter und abgewiesener arbeitnehmerseitiger Auflösungsantrag kann in der Berufung nicht weiterverfolgt werden, wenn der Arbeitgeber rechtskräftig zur Weiterbeschäftigung verurteilt wurde.[9] Umgekehrt kann der Arbeitnehmer, dessen Auflösungsantrag stattgegeben worden ist, nicht Berufung einlegen, nur um den eigenen Auflösungsantrag wieder zurückzunehmen und die Fortsetzung des Arbeitsverhältnisses zu erreichen.[10]

Eine Partei ist auch nicht allein deshalb beschwert, weil bei von beiden Seiten gestellten Auflösungsanträgen das Gericht das Arbeitsverhältnis auf Antrag der anderen Partei auflöst.[11]

5 Unabhängig davon, ob dem Auflösungsantrag ein eigener Streitwert zukommt,[12] liegt dagegen die Beschwer vor, wenn ein Auflösungsantrag schon **dem Grunde nach abgewiesen** wird.[13] Gleiches gilt im umgekehrten Fall für die Partei, die sich gegen einen gegnerischen Auflösungsantrag gewehrt und verloren hat. Auch, wenn das Arbeitsgericht bei einem bezifferten Auflösungsantrag eine niedrigere Abfindung als beantragt festsetzt, hinter einem vom Arbeitnehmer angegebenen Mindestbetrag zurückbleibt oder – bei arbeitgeberseitigem oder beidseitigem Auflösungsantrag – eine vom Arbeitgeber genannte Höchstabfindungssumme überschreitet, ist die notwendige Beschwer zu bejahen.[14]

6 Geht es danach bei der Berufung nur noch um die **Höhe der Abfindung**, dürfte allerdings der Mindestbeschwerdewert gem. § 64 Abs. 2 Buchst. b ArbGG zu beachten und § 64 Abs. 2 Buchst. c ArbGG nicht mehr einschlägig sein.

7 Problematisch erscheint die Beschwer auch dann, wenn mit der Berufung nur noch die Höhe der festgesetzten Abfindung angegriffen wird, die Partei erstinstanzlich aber **keinerlei bezifferte Vorstellungen** über einen von ihr akzeptierten Mindestbetrag (Arbeitnehmer) oder Höchstbetrag (Arbeitgeber) geäußert hat. Richtigerweise ist in solchen Fällen die Beschwer zu verneinen.[15] Hängt die Festsetzung eines mit der Klage erstrebten Geldbetrages von der Ausübung billigen Ermessens durch das Gericht ab, lässt die höchstrichterliche Zivilrechtsprechung zwar ausnahmsweise unbezifferte Zahlungsanträge zu.[16] Zur Kompensation wird aber u.a. gerade verlangt, dass der Antragsteller in seiner Klagebegründung die Größenordnung seiner Vorstellungen, z.B. in Form eines Mindestbetrages, angibt.[17] Diese Vorstellungen dienen sodann auch der Bestimmung der formellen Beschwer bei der Rechtsmitteleinlegung.[18] Unterlässt es der Antragsteller, sein Rechtsschutzziel in der gebotenen Weise zu konkretisieren, kann auch eine Beschwer nicht festgestellt werden.

8 Die Auffassung, für den Arbeitnehmer sei eine Beschwer automatisch immer schon dann zu bejahen, wenn die festgesetzte Abfindung hinter der gesetzlichen Höchstgrenze zurückbleibt, erscheint demgegenüber kaum begründbar.[19]

9 LAG München v. 12.4.2005, ArbuR 2005, 463.
10 BAG v. 23.6.1993, NZA 1994, 266.
11 Ausführlich hierzu BAG v. 23.6.1993, NZA 1994, 264 ff.
12 Vgl. hierzu KR/*Spilger*, § 9 KSchG Rn 93 ff.
13 KR/*Spilger*, § 9 KSchG Rn 97.
14 KR/*Spilger*, § 9 KSchG Rn 97.
15 LAG Frankfurt v. 22.4.1997, LAGE § 64 ArbGG 1979 Nr. 33; *Germelmann u.a.*, § 64 Rn 14.
16 BGHZ 4, 142; BGHZ 45, 91.
17 BGH v. 21.6.1977, MDR 1978, 44; BGH v. 13.10.1981, NJW 1982, 340.
18 BGH v. 2.2.1999, NJW 1999, 1339; Zöller/*Greger*, § 253 Rn 14.
19 So aber KR/*Spilger*, § 9 KSchG Rn 98.

3. Das zuständige Gericht

a) Das Landesarbeitsgericht als Berufungsgericht

Zuständig für die Berufung in Kündigungsschutzsachen ist das Landesarbeitsgericht, in dessen Bezirk das Arbeitsgericht angesiedelt ist, das die anzugreifende Entscheidung erlassen hat. Obwohl der Ebene der Oberlandesgerichte vergleichbar, entscheidet das LAG nicht in Senatsbesetzung,[20] sondern durch **Kammern**, die wie beim erstinstanzlichen Gericht mit einem Berufsrichter als Vorsitzenden und je einem ehrenamtlichen Richter aus Arbeitgeber- und Arbeitnehmerkreisen besetzt ist. 9

b) Die Zuständigkeitsprüfung in der Berufungsinstanz

aa) Die örtliche Zuständigkeit

Im Hauptsacheverfahren der Berufungsinstanz prüft das LAG nicht die örtliche Zuständigkeit, § 64 Abs. 6 ArbGG, § 513 Abs. 2 ZPO. Gem. § 48 Abs. 1 Nr. 1 ArbGG sind Beschlüsse des Arbeitsgerichts über die örtliche Zuständigkeit **unanfechtbar**. Eine vom Gesetz somit ohnehin nicht vorgesehene Überprüfungsmöglichkeit durch das Rechtsmittelgericht kann auch dann nicht „wiederaufleben", wenn das Arbeitsgericht die in § 17a Abs. 3 S. 2 GVG i.V.m. § 48 Abs. 1 ArbGG angeordnete Verfahrensweise nicht beachtet hat.[21] 10

bb) Die Zulässigkeit des Rechtswegs

Im Kündigungsschutzprozess kann sich die Frage nach der Rechtswegzuständigkeit stellen, wenn außer der Wirksamkeit einer Kündigung zugleich auch der **Arbeitnehmerstatus** in Streit steht. Wie sich ausdrücklich aus § 65 ArbGG – ebenso § 17a Abs. 5 GVG – ergibt, wird auch die Zulässigkeit des Rechtswegs, wozu das Verhältnis zwischen ordentlicher Gerichtsbarkeit und Arbeitsgerichtsbarkeit gehört,[22] in der Berufungsinstanz nicht mehr geprüft. Das LAG ist insoweit an die vom Arbeitsgericht vorgenommenen Weichenstellungen und ggf. das Ergebnis eines Vorabentscheidungsverfahrens nach § 48 Abs. 1 ArbGG, § 17a Abs. 3 GVG gebunden. 11

§ 65 ArbGG greift auch dann ein, wenn die Frage der Zulässigkeit des Rechtswegs erstinstanzlich weder vom Gericht noch von den Parteien problematisiert worden ist und das Urteil hierzu schweigt.[23] Eine erstmals im Berufungsverfahren erhobene Rechtswegrüge kommt zu spät und vermag daran nichts mehr zu ändern.[24] 12

Hat das Arbeitsgericht hingegen unter Verletzung von § 48 Abs. 1 ArbGG, § 17a Abs. 3 S. 2 GVG in der Hauptsache durch Urteil entschieden, obwohl die **fehlende Rechtswegzuständigkeit gerügt** worden war, kommen die § 65 ArbGG, § 17a Abs. 5 GVG ihrem Sinn und Zweck nach nicht zur Anwendung.[25] Das LAG prüft den Rechtsweg und tritt ggf. seinerseits 13

20 Hierzu kritisch *Isenhardt*, S. 345.

21 BAG v. 5.9.1995, NZA 1996, 610; GK-ArbGG/*Vossen*, § 65 Rn 12; *Germelmann u.a.*, § 65 Rn 14 am Ende.

22 BAG v. 26.3.1992, NZA 1992, 954 ff.

23 LAG Rheinland-Pfalz v. 25.11.1991, NZA 1992, 473; GK-ArbGG/*Vossen*, § 65 Rn 7; vgl. auch BAG v. 14.12.1998, NZA 1999, 390 ff.

24 BAG v. 9.7.1996, NZA 1996, 1118; LAG Hamm v. 16.11.2004 – 12 Sa 1045/04 – n.v.

25 BAG v. 20.3.2001, NZA 2002, 444 ff.; BAG v. 21.8.1996, NZA 1996, 1342 f.; BAG v. 9.7.1996, NZA 1996, 1118; vgl. ferner BAG v. 19.3.2003, NZA 2003, 2355 f.; BGHZ 121, 367; BGHZ 130, 159; BVerwG v. 28.1.1994, NJW 1994, 956; GK-ArbGG/*Vossen*, § 65 Rn 7; *Germelmann u.a.*, § 65 Rn 14; Zöller/*Lückemann*, § 17a GVG Rn 18.

in das Vorabentscheidungsverfahren nach § 17a Abs. 3 GVG ein.[26] Ein Vorabentscheidungsverfahren ist jedoch entbehrlich, wenn das LAG den Rechtsweg für gegeben hält und keinen Grund für die Zulassung einer Rechtsbeschwerde nach § 17a Abs. 4 S. 4 GVG sieht.[27]

14 § 65 ArbGG beschränkt die Prüfungskompetenz des LAG ferner dann nicht, wenn erstmals in der Berufungsinstanz die Klage geändert oder Widerklage erhoben wird.[28]

4. Die Einlegung der Berufung

a) Anwaltszwang

15 Anders als in erster Instanz müssen sich die Parteien gem. § 11 Abs. 2 ArbGG vor dem LAG durch einen an einem deutschen Gericht zugelassenen Rechtsanwalt als Prozessbevollmächtigtem vertreten lassen. An dessen Stelle können gem. § 11 Abs. 2 S. 2 ArbGG auch Vertreter von Gewerkschaften oder Arbeitgebervereinigungen treten.[29] Der Prozessbevollmächtigte bedarf einer wirksamen **Vollmacht**. Eine von ihm zunächst vollmachtlos eingelegte Berufung kann nachträglich rückwirkend genehmigt werden.[30] Eine von der Partei selbst eingelegte Berufung ist unzulässig.[31] Ein zugelassener Rechtsanwalt kann sich in eigener Sache allerdings selbst vertreten.[32]

b) Form

aa) Eigenhändig unterschriebenes Schriftstück

16 Gem. § 64 Abs. 6 ArbGG i.V.m. § 519 ZPO ist bei dem Berufungsgericht eine Berufungsschrift einzureichen. Hierbei handelt es sich um einen sog. **bestimmenden Schriftsatz**.[33] Ein solcher bedarf, obwohl das im Gesetz nirgends ausdrücklich geregelt ist, nach einhelliger Meinung aller Bundesgerichte einer eigenhändigen Unterschrift des Prozessbevollmächtigten.[34]

bb) Verwendung moderner Kommunikationsmittel

17 Die Berufungsschrift kann auch per Telegramm, mittels Fernschreiben und als Telefax unmittelbar an das Berufungsgericht übermittelt werden. Bei der Verwendung eines Telefax darf allerdings nicht vergessen werden, dass die Kopiervorlage selbst von einem **postulationsfähigen Prozessbevollmächtigten** unterzeichnet sein und diese Unterschrift auf der bei Gericht eingehenden Kopie wiedergegeben werden muss.[35] Eine aufschlussreiche Übersicht über die Zulässigkeit der Übermittlung bestimmender Schriftsätze mit modernen Kommuni-

26 BAG v. 21.8.1996, NZA 1996, 1342; BAG v. 9.7.1996, NZA 1996, 1342; GK-ArbGG/*Vossen*, § 65 Rn 21 f.; für die Zivilgerichtsbarkeit: BGHZ 132, 245; Zöller/*Lückemann*, § 17a GVG Rn 18.

27 Für die Zivilgerichtsbarkeit: BGHZ 132, 245; Zöller/*Lückemann*, § 17a GVG Rn 18.

28 GK-ArbGG/*Vossen*, § 65 Rn 14; *Germelmann u.a.*, § 65 Rn 13; a.A.: LAG Köln v. 21.4.2004, LAGReport 2005, 63.

29 Zur Vertretungspraxis im Arbeitsgerichtsverfahren allgemein *Grotmann-Höfling*, AuR 2009, 392.

30 BGH v. 9.5.1984, VersR 1984, 781; GK-ArbGG/*Vossen*, § 66 Rn 63.

31 GK-ArbGG/*Vossen*, § 66 Rn 63; *Germelmann u.a.*, § 11 Rn 112, 117 f.; zur Vertretungspraxis im Arbeitsgerichtsverfahren allgemein *Grotmann-Höfling*, AuR 2009, 392.

32 LAG Frankfurt/Main v. 16.10.2007 – 4/18 Sa 574/07.

33 Zum Begriff: GK-ArbGG/*Vossen*, § 66 Rn 89a.

34 BAG v. 30.8.2000, BB 2000, 2476; BGH v. 31.7.2001, MDR 2001, 1256 f.; BGH v. 28.9.1998, NJW 1999, 60.

35 BGH v. 29.9.1998, NJW 1998, 3649; BGH v. 11.10.1989, NJW 1990, 188; GK-ArbGG/*Vossen*, § 66 Rn 74 ff.; *Bram*, FA 2005, 227.

kationsmitteln bieten die Entscheidung des Gemeinsamen Senats der Obersten Gerichtshöfe des Bundes vom 5.4.2000 und neuerdings auch die des BAG vom 5.8.2009.[36] Darin wird jetzt auch die elektronische Übertragung einer Textdatei mit eingescannter Unterschrift auf ein Faxgerät des Gerichts als formwirksam anerkannt.[37]

c) Inhalt der Berufungsschrift

aa) Notwendiger Mindestinhalt

Der notwendige Mindestinhalt der Berufungsschrift ergibt sich zunächst aus § 64 Abs. 6 ArbGG, § 519 Abs. 2 ZPO. Danach ist das **Urteil**, gegen das sich die Berufung richtet, genau zu bezeichnen, und die Erklärung abzugeben, dass gegen dieses Urteil **Berufung** eingelegt wird. 18

Darüber hinaus verlangt die Rechtsprechung seit Jahrzehnten, dass in der Berufungsschrift auch anzugeben ist, **für wen** das Rechtsmittel eingelegt wird und **gegen wen** es sich richtet.[38] Diese Angaben unterliegen dem Schriftformerfordernis und können nicht etwa telefonisch ergänzt werden.[39] Auch die ladungsfähige Anschrift des Berufungsbeklagten und seines Prozessbevollmächtigten sollten nicht fehlen. 19

bb) Beigabe einer vollständigen Urteilsabschrift

Es erscheint aus Gründen der Rechtsklarheit unbedingt empfehlenswert, der Sollvorschrift des **§ 519 Abs. 3 ZPO** Folge zu leisten und der Berufungsschrift eine vollständige Ausfertigung des angefochtenen Urteils beizufügen[40] sowie darüber hinaus nochmals gewissenhaft das Zustelldatum mitzuteilen. Zum einen kann dadurch gefährlichen Missverständnissen vorgebeugt werden, die etwa durch unbemerkte Schreibfehler bei der Angabe des Urteilsaktenzeichens, des Verkündungsdatums oder der Parteibezeichnungen verursacht werden können. Zum anderen wird das Berufungsgericht in die Lage versetzt, sich einen ersten Eindruck von dem zu erwartenden Streitgegenstand zu verschaffen; denn es ist zu bedenken, dass oft noch geraume Zeit vergeht, bis die beim Arbeitsgericht anzufordernde Prozessakte beim LAG eingeht. Handelt es sich bei dem neuen Berufungsverfahren z.B. um einen Kündigungsschutzprozess, kann von Anfang an der Vorschrift des § 64 Abs. 8 ArbGG Rechnung getragen werden, wonach auch in der II. Instanz Rechtsstreitigkeiten in Kündigungssachen vorrangig zu erledigen sind. 20

cc) Berufungsanträge

Die Berufungsanträge, also die Erklärung, inwieweit das Urteil angefochten wird und welche Abänderungen des Urteils beantragt werden, müssen in der Berufungsschrift nur enthalten sein, wenn mit ihr zugleich schon die **Berufungsbegründung** verbunden wird (siehe auch Rn 24 ff.). Andernfalls reicht es nach § 64 Abs. 6 ArbGG, § 520 Abs. 3 ZPO aus, wenn die Berufungsanträge in der gesonderten Berufungsbegründungsschrift nachgereicht werden.[41] 21

36 GmS-OGB NZA 2000, 959 f.; BAG v. 5.8.2009, NJW 2009, 3596; vgl. ferner ErfK/*Koch*, § 66 Rn 3.

37 GmS-OGB v. 5.4.2000, NZA 2000, 959 f.

38 BAG v. 20.2.1973, AP Nr. 19 zu § 518 ZPO; BAG v. 18.5.1976, AP Nr. 34 zu § 518 ZPO; BGH v. 5.10.2000, NJW-RR 2001, 572; BGH v. 13.1.2004, MDR 2004, 704; *Bram*, FA 2005, 228.

39 BGH v. 4.6.1997, NJW 1997, 3383.

40 *Bram*, FA 2005, 227 spricht von einem anwaltlichen Kunstfehler, wenn nicht mindestens eine Ablichtung des Urteilsdeckblatts beigefügt wird; ferner: GK-ArbGG/*Vossen*, § 66 Rn 97.

41 *Bram*, FA 2005, 228.

22 Steht für den Mandanten fest, dass er allenfalls **teilweise** Berufung einlegen will, überlegt er aber noch, ob die Berufung überhaupt durchgeführt werden soll, ist es aus Kostengründen angezeigt, schon bei Einlegung der Berufung deren Einschränkung klarzustellen. Wird nämlich erst später ein eingeschränkter Berufungsantrag gestellt und die Berufung dann gleichzeitig zurückgenommen, kann es passieren, dass das Gericht gleichwohl von dem höheren Streitwert ausgeht, weil es annimmt, die Antragsbeschränkung wäre bei Durchführung des Berufungsverfahrens nicht vorgenommen worden.[42]

23 Der Berufungsantrag muss **hinreichend bestimmt** sein. Insbesondere dürfen keine Zweifel entstehen, in welchem Umfang das Urteil angegriffen werden soll.[43] Eine speziell ausformulierte und schreibtechnisch hervorgehobene Antragstellung ist nicht vorgeschrieben, aber üblich und unbedingt sinnvoll. Notfalls reicht es aber aus, wenn Art und Umfang des Berufungsbegehrens aus dem Inhalt der Berufungsbegründung konkludent ersichtlich werden.[44]

dd) Begründung der Berufung schon bei ihrer Einlegung

24 Für die Begründung der Berufung räumt das Gesetz dem Berufungsführer in § 66 Abs. 1 ArbGG eine **Frist** ein, die doppelt so lang ist wie die Einlegungsfrist und auf Antrag auch noch verlängert werden kann (siehe unten Rn 45 ff.). § 520 Abs. 3 S. 1 ZPO erwähnt aber auch explizit die Möglichkeit, die Berufungsbegründung sogleich in die Berufungsschrift mit aufzunehmen. Vielfach werden der Verbindung der Berufungsbegründung mit der Berufungsschrift praktische Hindernisse entgegenstehen, wie z.B. eine Arbeitsüberlastung des Anwalts oder die Notwendigkeit, Besprechungstermine abzuwarten und Recherchen durchzuführen.

25 *Praxishinweis*

Ist der Mandant von Anfang an fest entschlossen, ins Rechtsmittel zu gehen, und bedarf es keiner umfangreichen Vorarbeiten, um die Berufung zu begründen, so stellt eine Aufnahme der Berufungsbegründung schon in die Berufungsschrift einen wirksamen Beitrag dazu dar, den Gang des Berufungsverfahrens zu beschleunigen;[45] denn der Eingang der Berufungsbegründung markiert den Zeitpunkt, in dem das Gericht terminiert.[46]

Im Übrigen kann die frühzeitig eingereichte Berufungsbegründung bis zum Ablauf der gesetzlichen Begründungsfrist notfalls auch noch ergänzt werden.

d) Die Berufungsfrist

aa) Dauer der Frist

26 Die Frist zur Einlegung der Berufung beträgt nach § 66 Abs. 1 S. 1 ArbGG **einen Monat**.

bb) Beginn des Fristenlaufs

27 Die Berufungsfrist beginnt im Regelfall mit der **Zustellung** des in vollständiger Form abgefassten, also mit Tatbestand und Entscheidungsgründen versehenen Urteils an den potentiel-

42 Nachweise zu dieser streitigen Problematik bei Zöller/*Herget*, § 3 Rn 16 Stichwort Berufung.

43 BGH v. 29.1.1987, MDR 1987, 579; LAG Hamm v. 3.5.1990, LAGE § 519b ZPO Nr. 5; GK-ArbGG/*Vossen*, § 66 Rn 127 f.

44 BAG v. 20.12.1988, NZA 1989, 393 ff.; BGH v. 29.1.1987, MDR 1987, 579; LAG Hamm v. 25.10.2005 – 4 Sa 1163/04; LAG Köln v. 24.3.2004 – 7 Sa 428/03 – n.v.; Zöller/*Heßler*, § 520 Rn 28.

45 Ebenso *Bram*, FA 2005, 226.

46 *Bram*, FA 2005, 226; GK-ArbGG/*Vossen*, § 66 Rn 150; *Germelmann u.a.*, § 66 Rn 47.

len Berufungsführer. Dies gilt jedenfalls dann, wenn die Zustellung des vollständigen Urteils innerhalb von fünf Monaten nach der Urteilsverkündung erfolgt (ansonsten vgl. Rn 31 ff.). Der Zeitpunkt der Übersendung des bloßen Verkündungsprotokolls ist dagegen stets irrelevant.

Dies setzt allerdings an sich voraus, dass das zugestellte Urteil eine **ordnungsgemäße Rechtsmittelbelehrung** enthält, vgl. § 9 Abs. 5 ArbGG. Zu beachten ist aber, dass nach der jüngeren Rechtsprechung des BAG zu den Fällen des fünf Monate nach Verkündung noch nicht zugestellten Urteils **der neugefasste § 66 Abs. 1 S. 2 ArbGG als Spezialnorm gegenüber § 9 Abs. 5 ArbGG** verstanden wird (siehe Rn 31 ff.).[47] 28

Dies spricht dafür, dass die Berufungsfrist auch dann spätestens fünf Monate ab der Urteilsverkündung zu laufen beginnt, wenn das mit Tatbestand und Entscheidungsgründen versehene Urteil vor Ablauf von fünf Monaten zugestellt wird, aber keine oder eine fehlerhafte Rechtsmittelbelehrung enthält.[48] 29

Die fehlerhafte Rechtsmittelbelehrung bleibt aber unabhängig davon für das Recht der Wiedereinsetzung in den vorigen Stand von Bedeutung.[49]

Das arbeitsgerichtliche Verfahren erster Instanz zeichnet sich durch die Besonderheit aus, dass dort – ohne Streitwertbegrenzung nach oben – Verfahren von erheblicher existenzieller Bedeutung – insbesondere Kündigungsschutzverfahren – geführt werden, aber kein Zwang zur Vertretung durch rechtskundige Prozessbevollmächtigte besteht. Die Belehrungspflicht und die Sanktionierung ihrer Verletzung durch das Gericht ist daher gerade zum Schutz der erstinstanzlich nicht rechtskundig beratenen Parteien eingeführt worden.[50] Dennoch darf sich grundsätzlich auch der Rechtskundige auf den Inhalt einer gerichtlichen Belehrung verlassen.[51] Ob indessen das Vertrauen auf eine gerichtliche Rechtsmittelbelehrung auch dann geschützt wird, wenn deren Fehlerhaftigkeit offenkundig erscheint, ist noch nicht abschließend geklärt.[52] 30

cc) Das Sonderproblem der Fünf-Monats-Frist des § 66 Abs. 1 S. 2 letzter Hs. ArbGG

Die zeitgleich mit der ZPO-Reform zum 1.1.2002 in Kraft gesetzte Neufassung des ArbGG besagt in § 66 Abs. 1 S. 2 letzter Hs., dass die Berufungsfrist – und ebenso auch die Berufungsbegründungsfrist – **spätestens mit Ablauf von fünf Monaten nach der Verkündung** des Urteils beginnt. 31

Damit werden gerade diejenigen Verfahren erfasst, in denen nach Ablauf von fünf Monaten seit Urteilsverkündung immer noch kein vollständiges, mit Tatbestand und Entscheidungsgründen versehenes Urteil zugestellt wurde. Solche Fälle kommen leider in den gegenwärtigen Zeiten einer exorbitanten Überlastung vieler Arbeitsgerichte nicht selten vor. 32

47 BAG v. 24.10.2006, NJW 2007, 862; BAG v. 28.10.2004, NZA 2005, 125; BAG v. 3.11.2004 – 4 AZR 531/03 – n.v.; BAG v. 2.6.2005, FA 2005, 274. Zur früheren Rechtslage vgl. dagegen z.B. BAG v. 8.6.2000, NZA 2001, 343; BAG v. 23.11.1994, NZA 1995, 654.

48 BAG v. 24.10.2006, NJW 2007, 862; LAG Köln v. 24.2.2005 – 10 Sa 927/04 – n.v.; ErfK/*Koch*, § 66 ArbGG Rn 11 f.; vgl. aber auch BAG v. 13.4.2005, NZA 2005, 836; *Düwell*, FA 2005, 78.

49 BAG v. 24.10.2006, NJW 2007, 862; BAG v. 16.12.2004, NZA 2005, 1133; BAG v. 13.4.2005, NZA 2005, 836; BAG v. 6.7.2005 – 4 AZR 35/04 – n.v.; LAG Baden-Württemberg v. 30.12.2004 – 2 Sa 38/04 – n.v.

50 BAG v. 13.4.2005, NZA 2005, 836.

51 BAG v. 5.2.2004, NZA 2004, 540; BAG v. 13.4.2005, NZA 2005, 836.

52 Bejahend: BAG v. 13.4.2005, NZA 2005, 836; verneinend: BAG v. 16.12.2004, NZA 2005, 1133; BAG v. 6.7.2005 – 4 AZR 35/04 – n.v.

Dabei gilt, dass die Frist auch dann genau fünf Monate nach dem Tag der Verkündung des Urteils zu laufen beginnt, wenn es sich bei diesem Tag des Fristbeginns um einen Samstag, Sonntag oder gesetzlichen Feiertag handelt. Nur auf das Frist**ende** findet § 222 ZPO Anwendung.[53]

33 *Praxishinweis*

Für den Anwalt erscheint es aus Gründen der Vorsorge geboten, beizeiten Beginn und Ende der Berufungsfrist des § 66 Abs. 1 S. 2 letzter Hs. ArbGG zu notieren. Muss dann tatsächlich Berufung eingelegt werden, bevor ein vollständiges Urteil vorliegt, kann unter Hinweis auf die noch nicht bekannten Entscheidungsgründe ein Antrag auf Verlängerung der Begründungsfrist gestellt werden; denn auch die zweimonatige Berufungsbegründungsfrist beginnt nach § 66 Abs. 1 S. 2 ArbGG spätestens fünf Monate nach Urteilsverkündung zu laufen (siehe Rn 44).

34 Ob einem solchen Verlängerungsantrag stattgegeben wird, kann nicht sicher prognostiziert werden. Das BAG lässt aber in solchen Fällen auch bisher schon eine Berufungsgründung genügen, die sich lediglich hypothetisch mit den vermeintlichen Urteilsgründen auseinander setzt und/oder sich auf die Rüge stützt, dass ein sog. „Urteil ohne Gründe“ vorliegt[54] (Näheres zur Berufungsbegründung bei einem „Urteil ohne Gründe“ siehe Rn 58).

dd) Einlegung der Berufung vor Urteilszustellung innerhalb der ersten fünf Monate ab Verkündung

35 Auch innerhalb der ersten fünf Monate nach Verkündung des Urteils kann wirksam Berufung eingelegt werden, noch bevor das vollständig ausgefertigte Urteil zugestellt wurde.[55] Nach altem Recht scheiterten solche Berufungen regelmäßig daran, dass sie innerhalb der durch die Einlegung der Berufung in Gang gesetzten Berufungsbegründungsfrist ohne das Urteil nicht sachgerecht begründet werden konnten und eine Verlängerung der Begründungsfrist zurecht nicht gewährt wurde.[56] Diese Problematik stellt sich nach neuem Recht nicht mehr, da der Beginn der Berufungsbegründungsfrist **nicht mehr** vom Zeitpunkt der **Einlegung** des Rechtsmittels abhängt und folglich auch bei vorzeitiger Einlegung der Berufung die Begründungsfrist erst mit der Urteilszustellung zu laufen beginnt.[57] Da der Berufungskläger somit zunächst nicht befürchten muss, dass die bereits kurz nach Urteilsverkündung eingelegte Berufung wegen nicht rechtzeitiger Begründung verworfen werden wird, sieht das LAG Düsseldorf hierin schon ein neues prozesstaktisches Mittel.[58]

36 Jedoch muss die Rspr. des BAG, wonach es als Rechtsmittelbegründung genügt, sich mit den hypothetischen Urteilsgründen auseinander zu setzen,[59] als Notbehelf auf Fälle, in denen den Parteien auch fünf Monate nach Verkündung noch kein vollständiges Urteil vorliegt, beschränkt bleiben. Die vom **BAG** vertretene gegenteilige Ansicht[60] erscheint **bedenklich**, da

53 LAG Köln v. 1.9.2006 – 4 Sa 365/06; *Germelmann u.a.*, § 66 Rn 17; zumindest ungenau: ErfK/*Koch*, § 66 ArbGG Rn 11 f.

54 BAG v. 13.9.1995, NZA 1996, 446 ff.; BAG v. 23.11.1994, NZA 1995, 656; grundsätzlich zum „Urteil ohne Gründe“: BVerfG v. 26.3.2001, AP Nr. 33 zu Art. 20 GG; GmS-OGB v. 27.4.1993, AP Nr. 21 zu § 551 ZPO; BAG v. 16.5.2002, AP Nr. 61 zu Art. 101 GG.

55 BAG v. 6.3.2003, NZA 2003, 814 f.; LAG Berlin-Brandenburg v. 23.4.2008 – 23 Sa 418/08; GK-ArbGG/*Vossen*, § 66 Rn 10; *Germelmann u.a.*, § 66 Rn 15.

56 Vgl. GK-ArbGG/*Vossen*, § 66 Rn 10.

57 Dies übersehen *Tschöpe*, Teil 5 D Rn 21 und wohl auch *Vossen*, GK-ArbGG, § 66 Rn 10. Zutreffend dagegen *Ostrowicz/Künzl/Schäfer*, Rn 188.

58 LAG Düsseldorf v. 21.1.2004, LAGReport 2004, 130.

59 BAG v. 13.9.1995, NZA 1996, 446 ff.

60 BAG v. 6.3.2003, NZA 2003, 814 f.

sie den Sinn der gesetzlichen Anordnung in Frage stellt, dass Tatbestand und Entscheidungsgründe eines erstinstanzlichen Urteils schriftlich abzufassen sind, und die Gefahr in sich birgt, die bisherigen Anforderungen an die Zulässigkeitsvoraussetzung der „Auseinandersetzung mit dem angegriffenen Urteil" (dazu siehe Rn 63) zu verwässern, obwohl §§ 520 Abs. 3, 529 Abs. 1 ZPO in ihrer Neufassung gerade das Gegenteil bezwecken. Ein Anliegen der ZPO-Reform bestand darin, das Berufungsverfahren zu konzentrieren; wer jedoch ein Urteil angreift, dessen „wahre Gründe" er (noch) nicht sicher kennt, wird im Zweifel nach dem Motto verfahren müssen: „Wer vieles bringt, wird manchem etwas bringen". Der spekulative Charakter einer solchen Berufungsbegründung belastet das Berufungsverfahren überdies mit unnötigen Unsicherheiten. Mittlerweile hat das BAG klargestellt, dass der im ersten Rechtszug Unterlegene, der seine Berufung ohne Not vor Zustellung des Urteils begründet, das Risiko tragen muss, dass seine Ausführungen die späteren Urteilsgründe verfehlen.[61]

Eine den Anforderungen entsprechende Berufungsbegründung kann nach richtiger Ansicht somit vor Zustellung des Urteils innerhalb der ersten fünf Monate ab Verkündung nicht erfolgen, es sei denn, dass die Berufung **ausnahmsweise** ausschließlich auf neue, in der ersten Instanz nicht vorgebrachte Tatsachen und/oder Beweismittel gestützt werden soll (siehe Rn 57).[62] 37

In jedem Fall unzulässig ist eine schon vor Verkündung des erstinstanzlichen Urteils eingelegte Berufung.[63]

ee) Rechtsnatur der Berufungsfrist; Wiedereinsetzung

Die Berufungsfrist ist eine **Notfrist**, die gem. § 224 Abs. 1 und 2 ZPO weder verlängert, noch verkürzt werden kann. Wird die Berufungsfrist unverschuldet versäumt, kann Wiedereinsetzung in den vorigen Stand beantragt werden. Auf das Verfahren zur Wiedereinsetzung sind die §§ 233 ff. ZPO und die dazu entwickelten allgemeinen Grundsätze anwendbar.[64] 38

ff) Wiederholte Einlegung der Berufung

Die Berufung kann während des Laufs der Berufungsfrist mehrfach eingelegt werden. Dies erscheint insbesondere dann angezeigt, wenn dem Prozessbevollmächtigten **Zweifel an der Zulässigkeit** der zuerst eingelegten Berufung kommen.[65] Ob es sich bei mehrfach eingereichten Berufungsschriften um ein und dieselbe Berufung oder mehrere unabhängig voneinander zu beurteilende Rechtsmittel handelt, ist Auslegungsfrage.[66] Werden im Zusammenhang mit einem Mandatswechsel unkoordiniert mehrere Berufungen eingelegt und eine davon wieder zurückgenommen, können nicht nur unnötige Kosten entstehen, sondern es kann sogar die Zulässigkeit des weiteren Berufungsverfahrens in Frage gestellt werden.[67] 39

61 BAG v. 16.6.2004, AP Nr. 2 zu § 551 ZPO 2002.

62 Ebenso: LAG Hamm v. 1.6.1994, LAGE § 66 ArbGG 1979 Nr. 13; LAG Frankfurt v. 21.1.1992, LAGE § 519 ZPO a.F. Nr. 7; LAG Köln v. 21.5.1992, LAGE § 519 ZPO a.F. Nr. 6; LAG Nürnberg v. 30.12.1986, LAGE § 519 ZPO a.F. Nr. 2; a.A.: BAG v. 6.3.2003, NZA 2003, 814 f.; BGH v. 24.6.1999, NJW 1999, 3269; GK-ArbGG/*Vossen*, § 66 Rn 134 d.

63 GK-ArbGG/*Vossen*, § 66 Rn 7 m.w.N.

64 Übersicht z.B. bei GK-ArbGG/*Vossen*, § 66 Rn 41 ff.

65 GK-ArbGG/*Vossen*, § 66 Rn 67.

66 BAG v. 17.10.1995, NZA 1996, 278; BAG v. 13.9.1995, NZA 1996, 446; BGH v. 10.7.1985, NJW 1985, 2834; GK-ArbGG/*Vossen*, § 66 Rn 66 ff.

67 BAG v. 18.11.2009 – 5 AZR 41/09; *Bram*, FA 2005, 226 f.

e) Einlegung der Berufung und Prozesskostenhilfe

40 Die Einlegung der Berufung unter einer Bedingung ist **unzulässig**.[68] Folglich kann die Berufung auch nicht unter der Bedingung eingelegt werden, dass dem Mandanten Prozesskostenhilfe (PKH) bewilligt wird.[69]

Natürlich ist es möglich, unbedingt Berufung einzulegen, gleichzeitig PKH zu beantragen und bei negativer PKH-Entscheidung die Berufung wieder zurückzunehmen. Dies löst jedoch Gebührentatbestände aus.

41 Soll die Berufung nur durchgeführt werden, wenn der Mandant dafür PKH erhält, erscheint daher folgende Vorgehensweise zweckmäßig: Bei dem Rechtsmittelgericht ist ein vollständiger, in jedem Fall **bis zum Ablauf der Berufungsfrist entscheidungsreifer PKH-Antrag** einzureichen. Dazu gehört eine aktuelle Erklärung über die persönlichen und wirtschaftlichen Verhältnisse nebst zugehörigen Belegen. Die Erfolgsaussichten der Berufung sind in dem Entwurf einer entsprechenden Berufungsbegründung darzustellen. Wird der PKH-Antrag bewilligt, kann nun Berufung eingelegt werden. Ist die Berufungsfrist bei Bekanntgabe der PKH-Entscheidung schon abgelaufen, wird bei rechtzeitigem Antrag problemlos Wiedereinsetzung in den vorigen Stand gewährt.[70] Dasselbe gilt, wenn der PKH-Antrag nur wegen mangelnder Erfolgsaussichten abgelehnt wird, der Mandant sich aber trotzdem zur Durchführung der Berufung entschließt.[71] Versagt das Gericht PKH hingegen mangels ausreichend belegter Bedürftigkeit, kommt es für die Erfolgsaussichten eines Wiedereinsetzungsgesuchs auch darauf an, ob sich die Partei für bedürftig halten durfte.[72]

Bei dem PKH-Antrag des Berufungsgegners ist nach § 119 Abs. 1 S. 2 ZPO nicht zu prüfen, ob die Rechtsverteidigung gegen die Berufung hinreichende Aussicht auf Erfolg verspricht.

5. Die Berufungsbegründung

a) Die Berufungsbegründung als Zulässigkeitsvoraussetzung

42 Eine Berufung, die nicht innerhalb der gesetzlich vorgesehenen oder antragsgemäß verlängerten Frist ordnungsgemäß begründet worden ist, ist gem. § 66 Abs. 2 S. 2 ArbGG, § 522 Abs. 1 ZPO als unzulässig zu verwerfen. Soweit die Berufungsbegründung nicht bereits in der Berufungsschrift enthalten ist (vgl. Rn 24 ff.), erfolgt sie durch fristgerechte Einreichung einer gesonderten Begründungsschrift, die dem Gegner durch das Gericht förmlich zugestellt wird.

b) Die Frist zur Berufungsbegründung

aa) Dauer der Frist

43 Die Frist zur Begründung der Berufung beträgt nach § 66 Abs. 1 S. 1 ArbGG **zwei Monate**, d.h. sie endet zwei Monate nach dem Fristbeginn i.S.d. § 66 Abs. 1 S. 2 ArbGG und nicht etwa einen Monat nach Ende der Einlegungsfrist.

68 BGH v. 24.5.2000, NJW-RR 2000, 1590; GK-ArbGG/*Vossen*, § 66 Rn 64.
69 BGH v. 24.5.2000, NJW-RR 2000, 1590; BGH v. 8.10.1992, VersR 1993, 713; GK-ArbGG/*Vossen*, § 66 Rn 64.
70 GK-ArbGG/*Vossen*, § 66 Rn 53a.
71 GK-ArbGG/*Vossen*, § 66 Rn 53a.
72 BGH v. 6.12.2000, NJW-RR 2001, 1146; BGH v. 24.6.1999, NJW 1999, 2823; GK-ArbGG/*Vossen*, § 66 Rn 54.

bb) Fristbeginn

Anders als nach der früheren Rechtslage knüpft der Fristbeginn nunmehr ebenfalls an die **Zustellung des in vollständiger Form abgefassten Urteils** an und nicht mehr an den Zeitpunkt, in welchem die Berufung eingelegt wurde (zum Sonderproblem des gar nicht oder jedenfalls nicht innerhalb von fünf Monaten ab Verkündung zugestellten Urteils siehe oben Rn 31 ff.). Diese Neuerung ist zu begrüßen. Zum einen erleichtert sie die Fristenkontrolle, zum anderen verschafft sie dem Anwalt größere Flexibilität und Handlungssicherheit. So braucht der Anwalt jetzt nicht mehr wie früher mit der Einlegung der Berufung bis zum letztmöglichen Termin zu warten, nur um die längstmögliche Zeit für die Berufungsbegründung herauszuholen. 44

Die Berufungsbegründungsfrist läuft im Übrigen auch dann, wenn die Berufung verspätet eingelegt wurde und deswegen noch ein Verfahren auf Wiedereinsetzung in den vorigen Stand anhängig ist.

cc) Verlängerung der Berufungsbegründungsfrist auf Antrag

§ 66 Abs. 1 S. 5 ArbGG sieht vor, dass die Berufungsbegründungsfrist auf Antrag vom Kammervorsitzenden einmal verlängert werden kann. 45

Der Verlängerungsantrag, der als bestimmender Schriftsatz ebenfalls dem Vertretungszwang unterliegt,[73] muss unbedingt **vor Ende der laufenden Frist** beim LAG eingehen.[74] Ist das der Fall, kann das Gericht die Verlängerung aber auch nach Fristablauf noch wirksam bewilligen.[75]

> *Praxishinweis* 46
>
> Es ist dringend zu empfehlen, den Verlängerungsantrag so rechtzeitig zu stellen, dass das Gericht bei normalem Lauf der Dinge nicht nur noch vor Fristablauf darüber entscheiden, sondern auch die Entscheidung mitteilen kann. Ggf. sollte auf der Geschäftsstelle rechtzeitig telefonisch das Ergebnis abgefragt werden. Zu der Frage, wann wegen der Versäumung der Begründungsfrist Wiedereinsetzung in den vorigen Stand gewährt werden kann, weil der Anwalt sich schuldlos, aber vergeblich darauf verlassen hat, dem Verlängerungsantrag werde stattgegeben, machen sich die Gerichte nämlich viele diffizile und nicht immer vorhersehbare Gedanken.[76]

In dem Verlängerungsantrag sollte der Prozessbevollmächtigte ein bestimmtes Enddatum angeben, bis zu dem er Fristverlängerung begehrt. Eine auf ein bestimmtes Ereignis abstellende Verlängerung, z.B. „bis zur Bescheidung des PKH-Antrags“, ist nicht möglich.[77] Die **Dauer der Verlängerung** liegt im pflichtgemäßen Ermessen des Gerichts. Das Gesetz macht insoweit keine Vorgaben. Dabei ist aber auch der allgemeine Beschleunigungsgrundsatz in § 9 Abs. 1 ArbGG und der besondere für Kündigungsschutzprozesse in § 64 Abs. 8 ArbGG in Rechnung zu stellen. In erster Linie wird es auf die Art der angegebenen Gründe ankommen. 47

73 BGH v. 22.10.1997, NJW 1998, 1155; GK-ArbGG/*Vossen*, § 66 Rn 110.

74 Instruktiv: BAG v. 4.6.2003, NZA 2003, 1087 ff.

75 BAG GS v. 24.8.1979, NJW 1980, 309 ff.; BGH GSZS v. 18.3.1982, NJW 1982, 1651.

76 Vgl. z.B. BVerfG v. 4.12.2000, NJW-RR 2001, 1076 f.; BVerfG v. 25.9.2000, NZA 2001, 118 f.; BAG v. 20.10.2004, NZA 2004, 1350; BAG v. 4.2.1994, NJW 1995, 150; BAG v. 27.9.1994, NJW 1995, 1446; BGH v. 23.6.1994, NJW 1994, 2957; BGH v. 11.11.1998, NJW 1999, 430; LAG Köln v. 9.9.1993, LAGE § 233 ZPO Nr. 15; LAG Berlin v. 10.5.2004 – 10 Sa 519/04 – n.v.; OLG Düsseldorf v. 19.1.2004, MDR 2004, 659; ferner. *Bram*, FA 2005, 226.

77 BGH VersR 1986, 91; Zöller/*Heßler*, § 520 Rn 17.

48 Eingebürgert hat sich für den Standardfall eine Verlängerung um bis zu einem Monat. In besonders gelagerten Ausnahmefällen, z.B. bei komplizierten Verfahren mit Auslandsbezug, kann auch eine mehrmonatige Verlängerung in Betracht kommen. Bei der Bemessung seines Verlängerungswunsches sollte der Anwalt in jedem Fall vor Augen haben, dass das Arbeitsgerichtsverfahren gem. § 66 Abs. 1 S. 5 ArbGG ausdrücklich **nur die einmalige Fristverlängerung** vorsieht.

49 *Praxishinweis*

Die in § 66 Abs. 1 S. 5 ArbGG angeordnete Beschränkung auf die einmalige Fristverlängerung gilt im Berufungsverfahren vor dem LAG als ehernes Gesetz, zu dem **keinerlei Ausnahmen** anerkannt sind. Das geht soweit, dass eine entgegen der Norm vom Gericht bewilligte weitere Verlängerung als nichtig und irrelevant angesehen wird und auch keinen Vertrauensschutz auslösen kann.[78]

50 Nach § 66 Abs. 1 S. 5 ArbGG setzt die Verlängerung der Frist voraus, dass nach der freien Überzeugung des Vorsitzenden der Rechtsstreit dadurch nicht verzögert wird oder die Partei erhebliche Gründe darlegt. Bedenkt man, dass das Berufungsgericht den Rechtsstreit regelmäßig nach Eingang der Berufungsbegründung terminiert,[79] wird das Verfahren streng genommen durch nahezu jede nicht nur marginale Verlängerung der Begründungsfrist verzögert.[80] Nach ihrem Sinn und Zweck sind die beiden im Gesetz alternativ genannten Verlängerungsvoraussetzungen einer **Gesamtschau** zu unterziehen: Es kommt letztlich darauf an, ob die im Einzelfall zu prognostizierende Verzögerung durch das Gewicht der dafür angegebenen Gründe gerechtfertigt werden kann. Je umfangreicher die gewünschte Verlängerung, desto gravierender müssen die Gründe sein.

51 **Typische Gründe** [81] für eine bis zu einmonatige Fristverlängerung können z.B. sein: Erkrankung oder Urlaub[82] des sachbearbeitenden Anwalts; Hindernisse bei der Informationsbeschaffung wie z.B. Abwesenheit der Partei oder sonstiger Auskunftspersonen; ernsthafte außergerichtliche Vergleichsverhandlungen, deren Erfolg die Durchführung der Berufung überflüssig machen kann; außergewöhnlicher Umfang des Prozessstoffes. Letztlich zählt auch eine vorübergehende über das übliche Maß hinausgehende Arbeitsbelastung des Prozessbevollmächtigten dazu.[83] Schließlich ist auch an die Problematik bei überfälliger Urteilszustellung zu denken.

52 Die Anforderungen, die die einzelnen Gerichte und Vorsitzenden an die Substantiierung der Gründe stellen, sind **regional unterschiedlich** und bisweilen ziemlich streng. Das BAG gesteht den Kammervorsitzenden zu, im Einzelfall eine Konkretisierung und Glaubhaftmachung der angegebenen Verlängerungsgründe zu verlangen, schreibt andererseits aber auch die Gewährung rechtlichen Gehörs vor, bevor der Antrag wegen unzulänglicher Begründung abgelehnt wird.[84] Letzteres ist dann oft nicht mehr durchführbar, wenn der Verlängerungsantrag erst kurz vor Fristablauf gestellt worden ist. In solchen Fällen hilft sich die Praxis der Gerichte vielfach damit, dass sie dem Antragsteller auf seinen an sich nicht genügend subs-

78 BAG v. 4.2.1994, NJW 1995, 150; BAG v. 13.9.1995, NJW 1996, 1430 f.; LAG Hamm v. 1.6.1994, LAGE § 66 ArbGG 1979 Nr. 13; *Germelmann u.a.*, § 66 Rn 38; GK-ArbGG/*Vossen*, § 66 Rn 109.

79 GK-ArbGG/*Vossen*, § 66 Rn 150; *Bram*, FA 2005, 226.

80 Ebenso: GK-ArbGG/*Vossen*, § 66 Rn 118.

81 Übersichtliche Zusammenstellung bei *Germelmann u.a.*, § 66 Rn 40.

82 Insoweit verneinend: *Germelmann u.a.*, § 66 Rn 40.

83 BAG v. 20.10.2004, NZA 2004, 1350.

84 BVerfG v. 12.1.2000, NZA 2000, 446 f., 556; BAG v. 4.2.1994, NJW 1995, 150; BAG. v. 27.9.1994, NJW 1995, 1446; vgl. ferner LAG Berlin v. 26.1.1990, BB 1990, 1068.

tantiierten Antrag hin eine nur kurze Fristverlängerung in der Größenordnung von ein bis zwei Wochen gewährt.

Praxishinweis 53
Einen Antrag auf Verlängerung der Berufungsbegründungsfrist sollte man nie lediglich mit einem bloßen **Schlagwort** wie etwa „**Arbeitsüberlastung**" begründen. Der Verlängerungsgrund sollte vielmehr mit wenigen Sätzen konkret und nachvollziehbar skizziert und, wenn ohne Mühe möglich, mit geeigneten Belegen glaubhaft gemacht werden.[85] Ansonsten erscheint die vom BAG postulierte „am Einzelfall orientierte Ermessensausübung"[86] wohl kaum möglich, und das Gericht wird für den substantiierten Antrag um so eher Verständnis aufbringen und diesen uneingeschränkt bewilligen. Zwar zeigt sich das BAG neuerdings scheinbar sehr großzügig, wenn es für den Regelfall den pauschalen Hinweis auf „Arbeitsüberlastung" genügen lassen will und eine Substantiierung nur für geboten hält, wenn Anhaltspunkte Zweifel an der Behauptung des Anwalts wecken.[87] Gleichzeitig stellt das BAG dem Vorsitzenden aber anheim, er könne die beantragte Verlängerungsdauer ja auch verkürzen und müsse beispielsweise die Monatsfrist nicht ausschöpfen.[88] Damit erhielte der Anwalt aber Steine statt Brot, da die Frist ja nur einmal verlängert werden kann.

Anders als in § 520 Abs. 2 S. 2 ZPO ist das Einverständnis des Gegners mit dem Antrag auf Fristverlängerung nicht maßgeblich. Psychologisch gesehen ist jedoch nicht zu leugnen, dass die Mitteilung des gegnerischen Einverständnisses geeignet ist, den Vorsitzenden einer großzügigen Handhabung geneigter zu machen. 54

dd) Wiedereinsetzung in den vorigen Stand

Gegen die schuldlose Versäumung der Berufungsbegründungsfrist kann nach allgemeinen Grundsätzen (§§ 233 ff. ZPO) Wiedereinsetzung in den vorigen Stand erzielt werden. 55

c) Inhaltliche Anforderungen an die Berufungsbegründung

Die Berufungsbegründung ist das **Herzstück des gesamten Berufungsverfahrens**. Nach den ihr zugehörigen Berufungsanträgen (dazu siehe oben Rn 21 ff.) und ihrem sachlichen Gehalt bestimmt sich der zweitinstanzliche Streitgegenstand. Die Konzentration auf den Inhalt der Berufungsbegründung wird insbesondere dadurch bewirkt, dass nach § 67 Abs. 4 S. 1 ArbGG auch sämtliche neuen Angriffs- und Verteidigungsmittel des Berufungsklägers, soweit sie nach § 67 Abs. 2 und 3 ArbGG überhaupt noch vorgebracht werden können, in die Berufungsbegründung aufzunehmen sind. 56

Gem. § 64 Abs. 6 S. 1 ArbGG gilt § 520 Abs. 3 S. 2 ZPO auch im Berufungsverfahren der Arbeitsgerichtsbarkeit mit der Korrektur, dass in § 520 Abs. 3 S. 2 Nr. 4 ZPO der § 67 Abs. 2 und 3 ArbGG an die Stelle von § 531 Abs. 2 ZPO tritt. Wie auch nach bisherigem Recht sind somit bestimmte **inhaltliche Mindestanforderungen** an die Berufungsbegründung nicht nur im Interesse der Erfolgsaussicht der Berufung in der Sache zu erfüllen, sondern **Zulässigkeitsvoraussetzung**. Bei Nichtbeachtung erfolgt die Verwerfung der Berufung als unzuläs- 57

85 Ebenso z.B. *Germelmann u.a.*, § 66 Rn 40.
86 BAG v. 20.10.2004, NZA 2004, 1351.
87 Kritisch hierzu auch *Germelmann u.a.*, § 66 Rn 40.
88 BAG v. 20.10.2004, NZA 2004, 1350.

sig. Die Berufungsgerichte nehmen diese Zulässigkeitsvoraussetzung zunehmend strenger in den Blick.

Bei der näheren Bestimmung dieser Begründungsanforderungen ist zwischen drei Grundsituationen zu unterscheiden:

aa) Berufung gegen ein „Urteil ohne Gründe"

58 Richtet sich die Berufung gegen ein „Urteil ohne Gründe", also ein solches, bei dem auch nach Ablauf von fünf Monaten seit seiner Verkündung Tatbestand und Entscheidungsgründe noch nicht vom Richter unterschrieben zur Geschäftsstelle gelangt sind (zur Berufungsfrist in solchen Fällen siehe Rn 31), kann eine Auseinandersetzung mit den Urteilsgründen naturgemäß nicht stattfinden. Hier ist dem Begründungserfordernis der Berufung bereits dadurch genüge getan, dass auf den **Verfahrensmangel der fehlenden Gründe hingewiesen** wird.[89] Auch reicht eine hypothetische Auseinandersetzung mit den Urteilsgründen, soweit der Berufungsführer anhand des Verlaufs der mündlichen Verhandlung vor dem Arbeitsgericht, des Inhalts von Auflagen-, Hinweis- oder Beweisbeschlüssen oder aus ähnlichen Quellen auf einen vermutlichen Kern der Entscheidungsgründe schließen kann.[90]

59 Eine solche hypothetische Berufungsbegründung kann mangels anderer Alternativen ferner dann angezeigt sein, wenn die Zustellung des Urteils **jenseits der Fünf-Monats-Grenze** erfolgt ist, obwohl das unterschriebene Urteil vor Ablauf von fünf Monaten zur Geschäftsstelle gelangt war, auch wenn es sich dann streng genommen nicht um ein „Urteil ohne Gründe" im Sinne der Verfassungsrechtssprechung[91] handelt.

60 In allen diesen Fällen beginnt der Prozess vor dem LAG praktisch von neuem, da eine **Zurückverweisung** an das Arbeitsgericht selbst bei dem Verfahrensmangel des „Urteils ohne Gründe" gem. § 68 ArbGG **ausgeschlossen** ist.[92] Im Gegensatz dazu sieht der neu geschaffene § 72b Abs. 5 ArbGG im Verhältnis der Berufungs- zur Revisionsinstanz eine Zurückverweisung ausdrücklich vor. Hier zeigt sich besonders sinnfällig, dass das Berufungsgericht im Arbeitsgerichtsverfahren nach wie vor als zweite Tatsacheninstanz zu bezeichnen ist.

bb) Berufung ausschließlich wegen neuer Angriffs- und Verteidigungsmittel

61 Soll die Berufung ausschließlich auf neue Angriffs- und Verteidigungsmittel gestützt werden – vgl. § 520 Abs. 3 S. 2 Nr. 4 ZPO –, die erstinstanzlich noch nicht vorgebracht wurden, so bedarf es ebenfalls keiner näheren Auseinandersetzung mit dem erstinstanzlichen Urteil, da dieses ja zu dem neuen Vorbringen noch keine Aussage enthalten kann. Eine solche Berufung kann auch schon **innerhalb der ersten fünf Monate** ab Urteilsverkündung eingelegt und begründet werden, bevor das vollständige Urteil zugestellt ist (siehe oben Rn 33).

62 Die Begründung einer solchen Berufung hat neben einer Darstellung der neuen Angriffs- und Verteidigungsmittel selbst auch Ausführungen dazu zu enthalten, warum das neue Vorbringen in rechtlicher Hinsicht für erheblich gehalten wird und warum es ungeachtet der Verspätungsvorschriften – siehe § 67 ArbGG – noch nicht präkludiert ist.

89 BAG v. 13.9.1995, NZA 1996, 446 ff.

90 BAG v. 13.9.1995, NZA 1996, 446 ff.

91 BVerfG v. 26.3.2001, AP Nr. 33 zu Art. 20 GG; BVerfG v. 14.3.2002, NZA 2002, 1170; BAG v. 8.6.2000, NZA 2001, 343; instruktiv auch BAG v. 25.9.2003 – 8 AZR472/02 – n.v.

92 BAG v. 24.4.1996, NZA 1997, 176.

cc) Berufung in Auseinandersetzung mit dem erstinstanzlichen Urteil

In allen anderen Fällen hat sich die Berufungsbegründung eingehend mit den Entscheidungsgründen des arbeitsgerichtlichen Urteils auseinander zu setzen.[93] Dies bedeutet: 63

Weicht die **Rechtsauffassung** des Berufungsführers von derjenigen des Arbeitsgerichts ab, ist die vermeintlich richtige Rechtsauffassung in Kontrast zu den Ausführungen des Arbeitsgerichts argumentativ zu begründen.[94] 64

Wird dem Arbeitsgericht vorgeworfen, es habe seiner Entscheidung einen **falschen Sachverhalt** zugrunde gelegt, ist der richtige Sachverhalt – unter konkreter Angabe der Fundstellen des eigenen Vorbringens erster Instanz – nochmals eingehend darzustellen.[95] Geht es um die Würdigung einer erstinstanzlich durchgeführten Beweisaufnahme, ist konkret aufzuzeigen, warum die Würdigung des Arbeitsgerichts falsch ist (siehe auch Rn 68). 65

Geht es in der Berufung um **mehrere Streitgegenstände**, muss sich die Begründung auf alle beziehen.[96] Ausnahmen werden nur dann anerkannt, wenn die Begründung eines Anspruchs unmittelbar und ausschließlich von der Begründetheit eines anderen abhängt.[97] Dies kann z.B. der Fall sein, wenn der allgemeine Weiterbeschäftigungsanspruch während des laufenden Kündigungsschutzrechtsstreits von nichts anderem abhängt als der Unwirksamkeit der vorhergehenden Kündigung.[98] 66

Nennt das Arbeitsgericht für seine Entscheidung **mehrere je für sich selbstständig tragende Alternativbegründungen**, muss sich die Berufungsbegründung mit jeder dieser Begründungen auseinander setzen.[99] 67

Beispiel 68
Das Arbeitsgericht führt aus, eine Kündigung sei unwirksam, weil ein ausreichender Kündigungsgrund i.S.v. § 1 Abs. 2 KSchG nicht gegeben sei. Überdies sei die Betriebsratsanhörung nicht ordnungsgemäß i.S.v. § 102 Abs. 1 BetrVG.

Wenn die obigen Anforderungen erfüllt sind, kommt es für die Zulässigkeit der Berufung dagegen nicht darauf an, ob das Berufungsvorbringen in sich schlüssig und rechtlich überzeugend ist oder gar schon auf den ersten Blick neben der Sache liegt.[100]

93 BAG v. 10.2.2005, NZA 2005, 597; BAG v. 16.6.2004, AP Nr. 2 zu § 551 ZPO 2002; BAG v. 6.3.2003, AP Nr. 32 zu § 64 ArbGG 1979; BAG v. 15.8.2002, AP Nr. 55 zu § 519 ZPO; LAG Berlin v. 29.6.1998, LAGE § 519 ZPO Nr. 13; LAG Düsseldorf v. 27.7.1999, NZA-RR 2000, 159 f.; LAG Frankfurt v. 12.8.1998, NZA-RR 1999, 160; BGH v. 24.1.2000, NJW 2000, 1576.

94 LAG Düsseldorf v. 27.7.1999, NZA-RR 2000, 159 f.

95 BGH v. 1.12.1987, MDR 1988, 400.

96 BAG v. 2.4.1987, NZA 1987, 808 ff.; BAG v. 16.4.1997, NZA 1998, 45 ff.; LAG Rheinland-Pfalz v. 11.1.2007 – 4 Sa 783/06; GK-ArbGG/*Vossen*, § 66 Rn 135.

97 BAG v. 24.3.1977, AP Nr. 12 zu § 630 BGB; BAG v. 2.4.1987, NZA 1987, 808 ff.; LAG Köln v. 14.7.2004 – 7 Sa 108/04, LAG-Report 2005, 203 ff.; GK-ArbGG/*Vossen*, § 66 Rn 135.

98 BAG v. 2.4.1987, NZA 1987, 808 ff.; LAG Köln v. 14.7.2004 – 7 Sa 108/04, LAG-Report 2005, 203 ff.

99 BAG v. 8.10.2008, NZA 2008, 1429; BAG v. 10.2.2005, NJW 2005, 1884; BAG v. 24.1.2001, FA 2001, 279; BAG v. 11.3.1998, EzA § 519 ZPO Nr. 10; LAG Rheinland-Pfalz v. 16.10.2008 – 10 Sa 347/08; LAG Nürnberg v. 21.2.2008 – 5 Sa 403/06; BGH v. 16.8.2000, NJW-RR 2001, 789 f.; OLG München v. 30.11.2001, NJW-RR 2002, 1216.

100 BGH v. 4.10.1999, NJW 1999, 3784; BGH v. 8.10.1976, VersR 1977, 152; GK-ArbGG/*Vossen*, § 66 Rn 134 a.

d) Die substantiierte Berufungsbegründung als Voraussetzung für den Erfolg

69 Unabhängig davon, dass die Berufungsbegründung die Zulässigkeitshürde nehmen muss, entscheidet ihr Inhalt aufgrund ihrer zentralen prozessualen Funktion für das Rechtsmittelverfahren zumeist über Erfolg oder Misserfolg der Berufung. Nicht zuletzt deshalb ist es wichtig, die Ausführungen des erstinstanzlichen Urteils in Gänze ernst zu nehmen und auch darauf zu achten, was ggf. „zwischen den Zeilen" zu lesen ist. So enthalten die Urteile des Arbeitsgerichts **bisweilen Andeutungen von „Was wäre wenn"-Charakter**. Sie sind mitunter versteckt in Wendungen, die mit „es kann dahingestellt bleiben, ob" o.Ä. beginnen. Dahinter verbergen sich gelegentlich Hinweise für die unterlegene Partei, die der Berufungsführer ernst nehmen und für sich nutzbar machen sollte.

70 Nicht selten scheitern Parteien erstinstanzlich daran, dass sie den Sachverhalt, der ihre Rechtsposition untermauern könnte, **nicht substantiiert genug** darstellen. So muss z.B. der Arbeitgeber, der aufgrund von anhaltendem Auftragsmangel Stellen reduziert, bei der betriebsbedingten Kündigung nicht nur und nicht einmal in erster Linie den Auftragsmangel darstellen, sondern dem Gericht vor allem plausibel machen, wie er ganz konkret die weiterhin anfallenden Arbeiten im Vergleich zu früher mit verringerter Mannschaft bewältigen will. Führt das erstinstanzliche Urteil aus, der Sachvortrag der unterlegenen Partei sei in bestimmter Hinsicht unsubstantiiert gewesen, sollte der Berufungsführer sich keinesfalls darauf beschränken, diese Aussage als solche anzugreifen, sondern versuchen, der Urteilsrüge Rechnung zu tragen und die verlangte Konkretisierung nachzuholen.

71 Wichtig ist es ferner, darauf zu achten, ob es ausreicht, nur die arbeitsgerichtliche Argumentation zu widerlegen, um dem eigenen Begehren zum Erfolg zu verhelfen. Geht es z.B. in einem Kündigungsschutzprozess zunächst in erster Linie darum, ob das KSchG im Hinblick auf eine ausreichende Anzahl von Beschäftigten gem. § 23 Abs. 1 S. 2 KSchG überhaupt Anwendung findet, so tut der erstinstanzlich unterlegene Arbeitgeber gut daran, nicht nur dagegen zu argumentieren, sondern zugleich auch die sachlichen Kündigungsgründe, soweit vorhanden, möglichst so darzustellen, dass sie vor § 1 Abs. 2 KSchG Bestand haben können. Kommt nämlich auch das Berufungsgericht zu dem Ergebnis, dass das KSchG anwendbar ist, kann er nicht damit rechnen, dass ihm zur sachgerechten Rechtfertigung seiner Kündigung noch eine Nachfrist gewährt wird.

72 Schwierig ist es erfahrungsgemäß auch, die **Wiederholung einer erstinstanzlich durchgeführten Beweisaufnahme in der Berufungsinstanz** zu erreichen.[101] Hierzu ist es erforderlich aufzuzeigen, dass die erstinstanzliche Beweiswürdigung in sich widersprüchlich, unvollständig oder aus anderen Gründen logisch nicht nachvollziehbar ist. Denkbar ist es auch, Tatsachen vorzutragen, die geeignet sind, die Glaubwürdigkeit der gegnerischen Zeugen in Zweifel zu ziehen. Will das Berufungsgericht die Glaubwürdigkeit eines Zeugen anders beurteilen als die erste Instanz, ist es jedenfalls gehalten, den Zeugen erneut zu vernehmen.[102]

73 **Bezugnahmen** auf den eigenen – oder auch den gegnerischen – Sachvortrag erster Instanz sollten nicht pauschal, sondern nur konkret vorgenommen werden und haben stets Schriftsatz und Seitenzahl des erstinstanzlichen Vorbringens und eine in Bezug genommene Anlage **exakt zu bezeichnen.**[103] Das Berufungsgericht ist nämlich nicht verpflichtet, sich aus einem

101 Instruktiv: LAG Rheinland-Pfalz v. 5.12.2008 – 9 Sa 454/08.
102 BGH NJW 1995, 1292; BGH NJW 1997, 466.
103 Vgl. GK-ArbGG/*Vossen*, § 66 Rn 139; *Bram*, FA 2005, 228.

Konglomerat oft umfangreichen erstinstanzlichen Vorbringens – Berufungsakten sind nicht selten mehrere hundert Seiten stark – selbst herauszusuchen, was dem Berufungsführer günstig sein könnte.[104]

6. Die Verwerfung der Berufung als unzulässig

Gem. § 66 Abs. 2 S. 2 Hs. 1 ArbGG i.V.m. § 522 Abs. 1 ZPO prüft das Berufungsgericht von Amts wegen, ob die Berufung an sich statthaft ist, ob sie in der gesetzlichen Form und Frist eingelegt und begründet wurde und ob die Begründung den inhaltlichen Mindestanforderungen für ihre Zulässigkeit entspricht. Fehlt es an einem dieser Erfordernisse, so wird die Berufung ganz oder teilweise **als unzulässig verworfen**. 74

Die Verwerfung kann durch **Beschluss** ergehen und bedarf dann keiner mündlichen Verhandlung. Gem. § 66 Abs. 2 S. 2 Hs. 2 ArbGG neuer Fassung entscheidet außerhalb der mündlichen Verhandlung der Vorsitzende alleine. Vor Erlass des Verwerfungsbeschlusses ist dem Berufungsführer rechtliches Gehör zu gewähren.[105] Über einen Wiedereinsetzungsantrag, der erst nach Erlass des Verwerfungsbeschlusses beim LAG eingeht, ist gesondert zu entscheiden.[106] 75

Bestehen nur gegen einen **Teil** der Berufung Zulässigkeitsbedenken, weil der Berufungsführer bei mehreren Streitgegenständen „vergessen" hat, sich zu jedem Streitgegenstand mit dem arbeitsgerichtlichen Urteil auseinander zu setzen, wird die (Teil-)Verwerfung i.d.R. erst im Rahmen des Endurteils erfolgen. 76

Anders als in § 522 Abs. 1 S. 4 ZPO für den Zivilprozess vorgesehen, findet gem. § 77 S. 1 ArbGG im Berufungsverfahren der Arbeitsgerichtsbarkeit die **Rechtsbeschwerde** gegen den Verwerfungsbeschluss nur statt, wenn das Gericht sie in dem Beschluss zugelassen hat. Für die Zulassung gelten die Grundsätze des § 72 Abs. 2 ArbGG. Eine Nichtzulassungsbeschwerde ist für solche Fälle nicht vorgesehen.[107] 77

Ein wegen Verletzung der Einlegungsfrist ergangener rechtskräftiger Verwerfungsbeschluss steht der nochmaligen Einlegung einer Berufung bei gleichem Sachverhalt entgegen.[108] Anders liegt es bei Verwerfung aus sonstigen Gründen bei noch laufender Berufungsfrist.[109] 78

Erweist sich die Berufung – z.B. wegen Verfristung – als unzulässig, kommt unter Umständen noch eine Umdeutung in eine zulässige Anschlussberufung (dazu siehe Rn 110 ff.) in Betracht, sofern deren Voraussetzungen eingehalten sind.[110] 79

Im Übrigen gehört die Zulässigkeit der Berufung auch in der Revisionsinstanz noch zu den von Amts wegen zu berücksichtigenden Prozessfortführungsvoraussetzungen.[111] 80

104 GK-ArbGG/*Vossen*, § 66 Rn 139.
105 BAG v. 15.8.1989, NZA 1990, 537.
106 BAG v. 24.11.1970, AP Nr. 54 zu § 233 ZPO; *Germelmann u.a.*, § 66 Rn 44.
107 BAG v. 23.5.2000, AP Nr. 10 zu § 77 ArbGG 1979; *Germelmann u.a.*, § 77 Rn 9 m.w.N.
108 BAG v. 21.8.2003, AP Nr. 9 zu § 318 ZPO; BAG v. 29.10.1976, EzA § 519b ZPO Nr. 2.
109 BGH v. 7.5.1981, NJW 1981, 1962; GK-ArbGG/*Vossen*, § 66 Rn 155.
110 BAG v.12.12.2006, NZA-RR 2007, 434; BAG v. 31.7.2007, AP § 77 ArbGG 1979 Nr. 11.
111 BAG v. 4.6.2003, NZA 2003, 1087 ff.

7. Keine Zurückweisung der Berufung als unbegründet durch Beschluss

81 § 522 Abs. 2 ZPO hat für den Zivilprozess die Möglichkeit eingeführt, eine Berufung, die von der Kammer einhellig von vornherein als aussichtslos beurteilt wird, ohne mündliche Verhandlung durch Beschluss zurückzuweisen. Gem. § 66 Abs. 2 S. 3 ArbGG gilt § 522 Abs. 2 ZPO jedoch **nicht** für das Berufungsverfahren in der Arbeitsgerichtsbarkeit.

8. Der Eintritt des Berufungsbeklagten in das Verfahren und die Berufungsbeantwortung

a) Die Zustellung der Berufungs- und Berufungsbegründungsschrift

82 Die Berufungsschrift und die Berufungsbegründung werden dem Berufungsbeklagten **von Amts wegen zugestellt**, § 521 Abs. 1 ZPO, und zwar zu Händen seines erstinstanzlichen Prozessbevollmächtigten, § 172 Abs. 2 ZPO, solange für die höhere Instanz kein anderer Prozessbevollmächtigter mandatiert ist. Selbst nach Mandatsbeendigung während des Rechtszugs bleibt der bisherige Prozessbevollmächtigte standesrechtlich verpflichtet, Zustellungen i.S.v. § 172 ZPO entgegenzunehmen und an die Partei weiterzuleiten, bis sich ein neuer Anwalt bestellt hat.[112] Hatte sich die Partei erstinstanzlich selbst vertreten, erfolgt die Zustellung an sie, verbunden mit dem Hinweis auf den Vertretungszwang vor dem Berufungsgericht.

b) Die Berufungsbeantwortungsfrist und ihre Verlängerung

83 Die Zustellung der Berufungsbegründung setzt, auch wenn sie bereits in der Berufungsschrift enthalten sein sollte, für den Berufungsbeklagten die Berufungsbeantwortungsfrist des § 66 Abs. 1 S. 3 ArbGG in Gang. Hierüber ist er vom Gericht zu belehren, § 66 Abs. 1 S. 4 ArbGG. Spätestens jetzt muss sich die bislang nicht vertretene Partei um eine Vertretung kümmern; denn die Berufungsbeantwortung muss von einem postulationsfähigen Prozessbevollmächtigten unterschrieben sein.[113]

84 Die **Berufungsbeantwortungsfrist** beträgt nach § 66 Abs. 1 S. 3 ArbGG **einen Monat**.

Die Berufungsbeantwortungsfrist kann unter denselben Voraussetzungen wie die Berufungsbegründungsfrist **auf Antrag einmal verlängert** werden (siehe Rn 42). Eine Verkürzung der Frist durch das Gericht ist nicht einseitig zulässig.[114] Bei günstiger Terminslage der Berufungskammer kann ein Fristverlängerungsantrag mit einem bereits anberaumten Verhandlungstermin in Kollision geraten. Erscheint die Fristverlängerung dem Berufungsgegner gleichwohl unerlässlich, muss zugleich Terminsverlegung beantragt und auf die Begründung des Verlängerungsantrags besondere Sorgfalt verwendet werden. Umgekehrt kann bei einem spät angesetzten Termin zur Begründung ausnahmsweise der Hinweis genügen, dass der Rechtsstreit durch die begehrte Fristverlängerung nicht verzögert wird.

112 Zöller/*Stöber*, § 172 ZPO Rn 11 m.w.N.
113 GK-ArbGG/*Vossen*, § 66 Rn 145.
114 *Germelmann u.a.*, § 66 Rn 27.

c) Folgen der Nichteinhaltung der Berufungsbeantwortungsfrist

Spezielle Sanktionen für die Nichteinhaltung der Berufungsbeantwortungsfrist sieht das Gesetz nicht vor. Jedoch unterliegt der Berufungsbeklagte, der die Berufungsbeantwortungsfrist nicht einhält, den **Verspätungsvorschriften**, insbesondere dem § 67 Abs. 4 ArbGG, und beeinträchtigt dadurch seine Verteidigungsmöglichkeiten erheblich.[115] Fehlt es in der Berufungsinstanz sogar an jeglichem Vorbringen des Berufungsbeklagten zur Sache, so gilt das tatsächliche Vorbringen des Berufungsführers nach § 138 Abs. 3 ZPO als zugestanden.[116] 85

Eine Wiedereinsetzung in den vorigen Stand i.S.v. §§ 233 ff. ZPO dürfte gegen die Versäumung der Berufungsbeantwortungsfrist weder möglich noch erforderlich sein. Eine unmittelbare Anwendung der Wiedereinsetzungsvorschriften scheidet schon deshalb aus, weil die Berufungsbeantwortungsfrist – die im Zivilprozess gem. § 521 Abs. 2 ZPO nur als richterliche Frist existiert – in § 233 ZPO nicht erwähnt wird. Der Gesichtspunkt, die Frist schuldlos versäumt zu haben, ist aber im Rahmen des **§ 67 Abs. 4 S. 2 ArbGG** ohnehin zu würdigen und führt bejahendenfalls dazu, dass die Verspätung des Vorbringens folgenlos bleibt. 86

9. Die Zulässigkeit neuen Vorbringens in der Berufungsinstanz

Für die Zulässigkeit neuer Angriffs- und Verteidigungsmittel enthält **§ 67 ArbGG eine Spezialnorm**, die für Berufungskläger wie Berufungsbeklagten gleichermaßen gilt. Danach ist zu differenzieren: 87

a) Erstinstanzlich zurückgewiesene Angriffs- und Verteidigungsmittel, § 67 Abs. 1 ArbGG

Wurden bestimmte Angriffs- und Verteidigungsmittel bereits erstinstanzlich als verspätet zurückgewiesen, prüft das Berufungsgericht, ob die Zurückweisung zu Recht erfolgte. Bejaht es dies, bleibt die Partei mit diesem Vorbringen auch in der Berufungsinstanz ausgeschlossen.[117] 88

b) Verletzung richterlicher Schriftsatzfristen in I. Instanz, § 67 Abs. 2 ArbGG

Erstinstanzlich soll der Vorsitzende zur Vorbereitung des Kammertermins den Parteien gem. § 56 Abs. 1 Nr. 1 ArbGG Erklärungsfristen über bestimmte klärungsbedürftige Punkte setzen. Speziell für Kündigungsschutzverfahren trägt **§ 61a Abs. 3 ArbGG** dem Vorsitzenden auf, dem Beklagten nach erfolgloser Güteverhandlung eine **Klageerwiderungsfrist** zu setzen. Nach § 61a Abs. 4 ArbGG kann dem Kläger sodann eine Frist zur schriftlichen Stellungnahme auf die Klageerwiderung gesetzt werden. 89

Hat das Arbeitsgericht von § 56 Abs. 1 Nr. 1 ArbGG und/oder von § 61a Abs. 3 bzw. Abs. 4 ArbGG normgerecht Gebrauch gemacht, so sind die betroffenen Parteien in der Berufungsinstanz mit jedwedem Vorbringen **ausgeschlossen**, was sie schon innerhalb der erstinstanzlich gesetzten Fristen hätten vorbringen können, es sei denn, sie überzeugen das Berufungs- 90

115 GK-ArbGG/*Vossen*, § 66 Rn 147; *Germelmann u.a.*, § 66 Rn 29.
116 LAG Nürnberg v. 13.5.2004, LAGE Nr. 21 zu § 66 ArbGG 1979.
117 LAG Köln v. 27.9.2006 – 7 Sa 514/06.

gericht, dass die Zulassung des Vorbringens den Berufungsrechtsstreit nicht verzögern würde, oder sie entschuldigen die Fristversäumung genügend.[118]

91 Zu beachten ist aber, dass die Verspätungsfolgen nur eintreten können, wenn das Arbeitsgericht die Partei, wie in § 56 Abs. 2 S. 2 ArbGG und in § 61a Abs. 6 ArbGG vorgeschrieben, über die möglichen Folgen der Fristversäumung belehrt hatte.

c) Verletzung allgemeiner Prozessförderungspflichten in I. Instanz, § 67 Abs. 3 ArbGG

92 Ferner bleibt Vorbringen ausgeschlossen, das die Partei erstinstanzlich unter grober Vernachlässigung ihrer in § 282 Abs. 2 und 3 ZPO normierten allgemeinen Prozessförderungspflicht nicht in das Verfahren eingeführt hat, es sei denn, dass seine Zulassung die Erledigung des Rechtsstreits nicht verzögert.[119]

d) Aufnahme neuer Angriffs- und Verteidigungsmittel in die Berufungsbegründungs- oder -beantwortungsschrift

93 Soweit nach alledem neues Vorbringen in der Berufungsinstanz noch zulässig ist, muss es je nach Prozessrolle der betroffenen Partei in die Berufungsbegründung bzw. in die Beantwortung der Berufung aufgenommen werden, § 67 Abs. 4 S. 1 ArbGG, es sei denn, die zugrunde liegenden Tatsachen entstehen erst später. Ansonsten kommt es wiederum darauf an, ob der Rechtsstreit verzögert oder die Verspätung genügend entschuldigt wird.[120]

e) Verletzung richterlicher Schriftsatzfristen in II. Instanz, §§ 64 Abs. 7, 56 Abs. 2 ArbGG

94 Schließlich gilt § 56 ArbGG über § 64 Abs. 7 ArbGG entsprechend auch für die Vorbereitung der mündlichen Verhandlung vor dem Berufungsgericht selbst. Hat der Vorsitzende der Berufungskammer Erklärungsfristen nach § 56 Abs. 1 Nr. 1 ArbGG gesetzt, treten bei ihrer Nichteinhaltung gem. §§ 64 Abs. 7, 56 Abs. 2 S. 1 ArbGG dieselben Verspätungsfolgen ein wie nach § 67 Abs. 2 ArbGG.

f) Wann wird die Erledigung des Verfahrens durch verspätetes Vorbringen verzögert?

95 Die herrschende Meinung in Rspr. und Literatur folgt zu Recht der sog. **absoluten Theorie**: Diese besagt, dass die Erledigung des Rechtsstreits immer dann verzögert wird, wenn das Verfahren bei Zulassung des Vorbringens länger dauert als bei seiner Zurückweisung.[121]

118 Vgl. einerseits LAG Rheinland-Pfalz v. 23.5.2005– 7 Sa 105/05 – n.v., andererseits LAG Rheinland-Pfalz v. 23.5.2005 – 7 Sa 4/05, AE 2006, 54 f.

119 LAG Köln v. 27.9.2006 – 7 Sa 514/06.

120 LAG Köln v. 7.6.2006, NZA-RR 2007, 156; LAG Köln v. 17.5.2006 – 6 Sa 1632/05; LAG Rheinland-Pfalz v. 3.5.2006 – 10 Sa 95/06; LAG Baden-Württemberg v. 31.3.2004 – 12 Sa 92/03 – n.v.; LAG Rheinland-Pfalz v. 13.4.2005, EzBAT Nr. 58 zu § 8 BAT Direktionsrecht; LAG Hamm v. 28.1.2004 – 18 Sa 1334/03 – n.v.

121 BGH v. 12.7.1979, NJW 1979, 1988; BGH v. 10.1.1983, NJW 1983, 1495; BGH v. 19.10.1988, NJW 1989, 719; GK-ArbGG/*Vossen*, § 67 Rn 40; *Schwab* in Schwab/Weth, § 67 Rn 29; Zöller/*Greger*, § 296 Rn 19 ff. m.N. auch der Gegenmeinung.

Das BVerfG hat die absolute Theorie nicht beanstandet, hält die Zurückweisung eines Vorbringens als verspätet im Einzelfall jedoch dann für rechtsmissbräuchlich, wenn sich sofort aufdrängt, dass dieselbe Verzögerung auch bei rechtzeitigem Vorbringen eingetreten wäre.[122]

Auch dann kommt eine Zurückweisung verspäteten Vorbringens nicht in Betracht, wenn die Pflichtwidrigkeit der Partei nicht die **alleinige Ursache** für die Verzögerung darstellt. Das wird insbesondere dann als gegeben angesehen, wenn das Gericht seinerseits die drohende Verzögerung noch durch zumutbare prozessleitende Maßnahmen hätte auffangen können.[123] 96

Erforderlich ist ferner, dass eine **Verzögerung des Rechtsstreits insgesamt** eintritt.[124] Ist z.B. der Rechtsstreit hinsichtlich einer Widerklage ohnehin nicht entscheidungsreif, kommt es nicht darauf an, ob ein verspätetes Vorbringen nunmehr auch die Erledigung der zuvor an sich entscheidungsreifen Klage verzögert. 97

Nach wie vor streitig ist die Frage, ob die eintretende **Verzögerung erheblich** sein muss – und, falls ja, was unter Erheblichkeit zu verstehen ist.[125] Geht man davon aus, dass die Berufungsgerichte i.d.R. im Wochenrhythmus terminieren, so dürfte jedenfalls bei einer Verzögerung um mehr als eine Woche die Anwendung der Verspätungsvorschriften gerechtfertigt sein, wenn die sonstigen Voraussetzungen gegeben sind. 98

Vereinfacht kann die Verspätungsfrage für die Praxis auf den Nenner gebracht werden: **Muss** der Rechtsstreit gerade wegen des verspäteten Vorbringens **vertagt werden**?[126] Ursachen für die Vertagungsnotwendigkeit sind dabei, dass der Gegner sich nicht mehr rechtzeitig in zumutbarer Weise zu dem neuen Vorbringen einlassen kann oder dass eine Beweisaufnahme notwendig wird, deren Durchführung in dem anberaumten Termin nicht mehr möglich ist. 99

Das Gesetz stellt dem Gericht ein reiches Arsenal an Verspätungsvorschriften zur Verfügung, bei deren Anwendung auf den Einzelfall jedoch teilweise diffizile Voraussetzungen zu beachten sind. Das führt leicht zu einer Gratwanderung zwischen dem Beschleunigungsgrundsatz einerseits und dem Recht auf faires Verfahren andererseits. Die Praxis der Berufungsgerichte macht daher von den Verspätungsvorschriften wohl überwiegend einen zurückhaltenden Gebrauch und beschränkt die Präklusion i.d.R. auf eher eindeutige Fälle. 100

II. Klageänderung, Klageerweiterung, Klagerücknahme; Berufungsrücknahme, Berufungsverzicht

1. Klageänderung

Die Voraussetzungen für eine Klageänderung in der Berufungsinstanz sind § 64 Abs. 6 ArbGG i.V.m. §§ 533, 263, 264 ZPO zu entnehmen. Für das Verfahren in der Arbeitsgerichtsbarkeit gelten insoweit keine Besonderheiten. 101

122 BVerfG v. 27.1.1995, NJW 1995, 1417; BVerfG v. 5.5.1987, MDR 1987, 904.

123 BAG v. 23.11.1988, NJW 1989, 1236 ff.; BVerfG v. 21.2.1990, NJW 1990, 2373; LAG Köln v. 4.2.1988, LAGE § 528 ZPO Nr. 3; LAG Hamm v. 2.2.1995, LAGE § 67 ArbGG 1979 Nr. 3; *Germelmann u.a.*, § 67 Rn 27; GK-ArbGG/*Vossen*, § 67 Rn 44 ff.

124 BGH v. 24.10.1984, NJW 1985, 3079; BGH v. 26.6.1980, NJW 1980, 2355; GK-ArbGG/*Vossen*, § 67 Rn 43.

125 Für das Erfordernis der Erheblichkeit: OLG Hamburg v. 7.3.1979, NJW 1979, 1717; Zöller/*Greger*, § 296 Rn 11; dagegen: OLG Stuttgart v. 24.7.1984, NJW 1984, 2538; GK-ArbGG/*Vossen*, § 67 Rn 42.

126 Wesentlich strenger *Schwab* in Schwab/Weth, § 67 Rn 32: Verzögerung des Termins um eine Stunde genügt.

Die **Anforderungen** an eine zulässige Klageänderung sind mit Inkrafttreten der ZPO-Reform **strenger** geworden. Es reicht nicht mehr aus, dass der Gegner in die Klageänderung einwilligt oder das Gericht die Klageänderung als sachdienlich ansieht, sondern die Klageänderung darf gem. § 533 Nr. 2 ZPO nur auf Tatsachen gestützt werden können, die das Gericht bei seiner Entscheidung ohnehin zugrunde zu legen hat.[127] Dies gilt auch für die nachträgliche objektive Klagehäufung, auf die nach h.M. § 263 ZPO und damit auch § 533 Nr. 2 ZPO entsprechend anzuwenden ist.[128]

102 Die Auswechslung der beklagten Partei und die Ausdehnung des Rechtsstreits auf weitere Beklagte werden überwiegend ebenfalls als Fälle einer Klageänderung im Sinne der §§ 263, 533 ZPO angesehen.[129] Deren Zulässigkeit in der Berufungsinstanz hängt zusätzlich davon ab, dass der neue Beklagte zustimmt.[130] Die Verweigerung der Zustimmung kann im Einzelfall aber auch als rechtsmissbräuchlich zu werten sein.[131] In Kündigungsschutzprozessen kann sich die Problematik insbesondere dann stellen, wenn es um § 613a BGB geht und das Verfahren auf den Betriebserwerber erstreckt werden soll.[132]

2. Klageerweiterung

103 Unproblematisch **zulässig** ist es dagegen weiterhin, einen bereits erstinstanzlich neben dem Kündigungsschutzantrag gestellten Zahlungsantrag auf Annahmeverzugslohn um weitere fällig gewordene Monatsbeträge zu erweitern; denn dabei handelt es sich um einen Fall des § 264 Nr. 2 ZPO, der weder Einwilligung des Gegners noch Sachdienlichkeit voraussetzt und bei dem die Voraussetzungen der §§ 533 Nr. 2, 529 Abs. 1 Nr. 2 ZPO regelmäßig vorliegen werden.[133]

3. Der erstmals in der Berufungsinstanz gestellte Auflösungsantrag

104 Eine Besonderheit gilt für den Auflösungsantrag nach §§ 9, 10 KSchG. § 9 Abs. 1 S. 3 KSchG bestimmt nämlich, dass Arbeitnehmer wie Arbeitgeber einen solchen Antrag bis zur letzten mündlichen Verhandlung vor dem Berufungsgericht stellen können. Die Norm wird als **lex specialis** sowohl gegenüber § 263 ZPO wie auch gegenüber den Verspätungsvorschriften verstanden.[134] Für einen solchen Antrag bedarf es daher in der Berufungsinstanz auch weder einer Einwilligung des Gegners noch einer Sachdienlichkeitsprüfung. Das Berufungsverfahren muss aber in ansonsten zulässiger Weise eingeleitet worden sein (vgl. auch Rn 4, 110 f.).

127 Zu den Anforderungen vgl. LAG Hamm v. 30.4.2004 – 15 Sa 1799/03 – n.v.; LAG Schleswig-Holstein v. 19.11.2008 – 6 Sa 221/08.

128 BAG v. 11.4.2006, AP ZPO § 533 Nr. 1; BAG v. 9.10.1975, AP Nr. 8 zu § 626 Ausschlussfrist; BGH v. 10.1.1985, NJW 1985, 1841 f.; Zöller/*Greger*, § 263 Rn 2.

129 BGHZ 65, 267; BGH v. 18.3.1997, NJW 1997, 2885; BGH v. 6.4.2000, NJW 2000, 1951; GK-ArbGG/*Vossen*, § 67 Rn 80b; vgl. ferner LAG Baden-Württemberg v. 6.6.2008 – 7 Sa 18/08; a.A.: Sächsisches LAG v. 9.3.2005, LAG-Report 2005, 251.

130 BGHZ 90,19; BGH v. 18.3.1997, NJW 1997, 2885; GK-ArbGG/*Vossen*, § 67 Rn 80b; *Germelmann u.a.*, § 64 Rn 91.

131 BGH v. 18.3.1997, NJW 1997, 2885; LAG Düsseldorf v. 19.12.2002 – 7 Sa 1181/02; GK-ArbGG/*Vossen*, § 67 Rn 80b.

132 *Germelmann u.a.*, § 64 Rn 91.

133 Vgl. Zöller/*Heßler*, § 533 Rn 3

134 KR/*Spilger*, § 9 KSchG Rn 20.

4. (Teil-)Klagerücknahme

Die erstinstanzlichen Anträge können im Laufe des Berufungsverfahrens i.S.v. § 264 Nr. 2 ZPO in der Hauptsache auch beschränkt werden. Da es sich dabei um eine (Teil-)Klagerücknahme handelt, bedarf diese nach § 269 Abs. 1 ZPO der **Einwilligung des Gegners**. 105

Die Klagerücknahme bewirkt gem. § 269 Abs. 3 S. 1 ZPO, dass der **Rechtsstreit** als **nicht anhängig geworden** anzusehen ist und ein bereits ergangenes, aber noch nicht rechtskräftiges Urteil wirkungslos wird, ohne dass es seiner Aufhebung bedarf. Aber eine zurückgenommene Klage kann grundsätzlich „von Neuem angestellt werden", § 269 Abs. 6 ZPO. Allerdings nützt dies im Kündigungsschutzprozess wegen der dann abgelaufenen Klagefrist des § 4 KSchG nichts.

5. Berufungsrücknahme

Von der Klagerücknahme in Voraussetzungen wie Wirkung **streng zu unterscheiden** ist die Berufungsrücknahme. Im Gegensatz zur Klagerücknahme bedarf die Berufungsrücknahme seit der ZPO-Reform **keiner Einwilligung des Gegners** mehr. Nach § 516 Abs. 1 ZPO ist sie bis zum Beginn der Verkündung des Berufungsurteils möglich. Sie hat den Verlust des eingelegten Rechtsmittels zur Folge und **führt im Regelfall zur Rechtskraft des angegriffenen Urteils**. 106

Schränkt der Berufungskläger während des Berufungsverfahrens, ohne durch äußere Umstände dazu genötigt zu sein, seine Anträge soweit ein, dass bei Anwendbarkeit des § 64 Abs. 2 Buchst. b ArbGG die Berufungssumme unterschritten wird, wird die Berufung unzulässig.[135]

6. Berufungsverzicht

Gem. § 64 Abs. 6 S. 1 ArbGG, § 515 ZPO kann die durch das erstinstanzliche Urteil beschwerte Partei auf das Rechtsmittel der Berufung auch ganz oder teilweise verzichten. Eine Verzichtserklärung liegt vor, wenn unmissverständlich zum Ausdruck gebracht wird, dass das ungünstige Urteil hingenommen und nicht (mehr) angefochten werden soll.[136] 107

Die Verzichtserklärung kann schon **vor** Erlass des Urteils gegenüber dem erstinstanzlichen Gericht abgegeben werden, ebenso gegenüber dem Berufungsgericht, aber auch außergerichtlich gegenüber dem Prozessgegner.

Die **gegenüber dem Gericht** abgegebene Verzichtserklärung ist **Prozesshandlung** und daher **unanfechtbar und unwiderruflich**.[137] Sie ist vom Berufungsgericht von Amts wegen zu beachten und führt zur Unzulässigkeit der Berufung. Der dem Gegner gegenüber erklärte Verzicht kann mit Zustimmung des Gegners rückgängig gemacht werden.[138] Ansonsten führt er gleichfalls zur Unzulässigkeit, aber nur, wenn dies durch entsprechende Einrede geltend gemacht wird.[139] 108

135 BAG v. 27.1.2004, AP Nr. 35 zu § 64 ArbGG 1979; BAG v. 9.7.2003, AP Nr. 33 zu § 64 ArbGG 1979.
136 BGH v. 6.3.1985, AP Nr. 3 zu § 514 ZPO; GK-ArbGG/*Vossen*, § 64 Rn 108.
137 BGH v. 6.3.1985, AP Nr. 3 zu § 514 ZPO; BGH v. 28.3.1989, AP Nr. 4 zu § 514 ZPO.
138 GK-ArbGG/*Vossen*, § 64 Rn 109.
139 BAG v. 16.3.2004, EzA § 8 TzBfG Nr. 8; BGH v. 12.3.2002, NJW 2002, 2109; GK-ArbGG/*Vossen*, § 64 Rn 110.

Aufgrund des im Berufungsverfahren herrschenden Vertretungszwangs kann gegenüber dem LAG nur ein postulationsfähiger Prozessbevollmächtigter die Verzichtserklärung abgeben. Vor dem Arbeitsgericht und dem Gegner gegenüber kann dies auch die Partei selbst.[140]

109 Erfüllt die unterlegene Partei das vorläufig vollstreckbare Urteil des Arbeitsgerichts zur Abwendung der Zwangsvollstreckung, liegt darin **kein** Rechtsmittelverzicht.[141] Jedoch sollte der Klarheit wegen stets eine Vorbehaltserklärung abgegeben werden. Ebenso wenig ist ein Rechtsmittelverzicht darin zu sehen, dass (zunächst) nur im Umfang eines Teiles der Beschwer Berufung eingelegt wird. Anders liegt es jedoch, wenn der Berufungsführer deutlich zum Ausdruck bringt, dass er das ihm nachteilige Urteil oder Teile davon akzeptiert.[142]

III. Die Anschlussberufung

110 Die Anschlussberufung ist im Verfahren der Arbeitsgerichtsbarkeit unter denselben Voraussetzungen möglich wie im allgemeinen Zivilprozess. Eigenständige Bedeutung hat nur die **unselbstständige Anschlussberufung**. Der Gesetzgeber hat den Geburtsfehler des reformierten § 522 Abs. 2 S. 2 ZPO inzwischen korrigiert: Nach aktueller Gesetzesfassung ist die Anschlussberufung jetzt **zulässig „bis zum Ablauf der dem Berufungsbeklagten gesetzten Frist zur Berufungserwiderung“**. Eine vom Gericht gewährte Verlängerung der Beantwortungsfrist wirkt sich daher jetzt auch auf die Einlegungsfrist für die Anschlussberufung aus. Damit ist der Gleichlauf mit der Berufungsbeantwortungsfrist nach § 66 Abs. 1 S. 3–5 ArbGG hergestellt. Hat die Anschließung eine Verurteilung zu künftig fällig werdenden wiederkehrenden Leistungen zum Gegenstand, entfällt die Frist nach § 524 Abs. 2 S. 3 ZPO sogar ganz.

Die Anschlussberufung wird durch Einreichen einer sog. Anschlussschrift beim Berufungsgericht eingelegt.

111 Die Anschlussberufung wurde bisher nicht als echtes Rechtsmittel angesehen, sondern nur als Möglichkeit, in das Berufungsverfahren des Gegners durch Stellen eigener Anträge einzugreifen.[143] Deshalb **setzt** die Anschlussberufung **keine eigene Beschwer voraus.**[144]

112 Im **Kündigungsschutzprozess** kann sich somit die erstinstanzlich obsiegende Partei der Berufung des Gegners anschließen, um jetzt erstmals einen **Auflösungsantrag** zu stellen.[145] § 9 Abs. 1 S. 3 KSchG ist hier auch gegenüber § 524 Abs. 2 S. 2 ZPO lex specialis. Der Auflösungsantrag bleibt also bis zum Schluss der Berufungsverhandlung möglich. Nimmt der Gegner seine Berufung wieder zurück, wird der Auflösungsantrag allerdings unzulässig.[146]

113 Gem. § 524 Abs. 3 S. 1 ZPO muss die Anschlussberufung **in der Anschlussschrift begründet** werden. Eine eigenständige Begründungsfrist i.S.v. § 66 Abs. 1 S. 1 ArbGG wird durch ihre Einlegung also nicht ausgelöst. Die Begründung dürfte jedoch noch bis zum Ablauf der Einlegungsfrist des § 524 Abs. 2 S. 2 ZPO ergänzt werden können. Die Zulassung neuen

140 BGH NJW-RR 1994, 386; Zöller/*Heßler*, § 515 Rn 4; GK-ArbGG/*Vossen*, § 64 Rn 109, 111.

141 BAG v. 24.10.1995, NZA 1996, 423.

142 BGH v. 6.3.1985, AP Nr. 3 zu § 514 ZPO; GK-ArbGG/*Vossen*, § 64 Rn 108.

143 BGH v. 12.10.1989, NJW 1990, 840; *Schwab* in Schwab/Weth, § 64 Rn 191; a.A.: Sächs. LAG v. 19.1.2005, MDR 2005, 719.

144 BAG v. 29.9.1993, NZA 1994, 761; BGH v. 14.5.1998, NJW 1998, 2224.

145 KR/*Spilger*, § 9 KSchG Rn 20.

146 BAG v. 3.4.2008, NJW 2008, 2605.

Vorbringens zur Begründung der Anschlussberufung unterliegt denselben Grundsätzen wie bei der Berufung. Insbesondere gilt § 67 ArbGG.[147]

Auf die Anschlussberufung hin ist dem Gegner, also dem eigentlichen Berufungsführer, ausreichend Gelegenheit zum rechtlichen Gehör einzuräumen. Dies kann sachgerecht durch eine Schriftsatzfrist i.S.v. §§ 64 Abs. 7, 56 Abs. 1 Nr. 1 ArbGG gewährleistet werden. Dagegen dürfte die Berufungsbeantwortungsfrist des § 66 Abs. 1 S. 3 ArbGG auf die Anschlussberufung auch nicht entsprechend anwendbar sein, insbesondere wenn man an der Auffassung festhält, dass die Anschlussberufung eben keinen Rechtsmittelcharakter besitzt. 114

Gem. § 524 Abs. 4 ZPO verliert die Anschlussberufung kraft Gesetzes ihre Wirkung und kann in der Sache nicht mehr beschieden werden, wenn die **Hauptberufung zurückgenommen** oder als **unzulässig verworfen** wird. Jedenfalls im ersteren Fall trägt der Hauptberufungskläger nach bisher h.M. auch die Kosten der von ihm zunichte gemachten Anschlussberufung.[148] Ob der Anschlussberufungskläger in die Rücknahme der Berufung eingewilligt hatte, spielt dabei nach neuem Recht keine Rolle mehr, da die Wirksamkeit der Rücknahme nicht mehr von seiner Einwilligung abhängig ist.[149] Das Sächsische LAG meint, nach der Gesetzesneuregelung handele es sich bei der Anschlussberufung nunmehr doch um ein echtes Rechtsmittel, das im Falle einer Rücknahme der Hauptberufung erfolglos bleibe. Daher sollen die Kosten der Anschlussberufung nach dieser Meinung dem Anschlussberufungskläger zur Last fallen.[150] 115

IV. Der Ablauf des Berufungsverfahrens

1. Der Gang des Verfahrens und seine voraussichtliche Dauer

a) Die Terminierung

Nach Eingang der Berufungsbegründung[151] setzt das Gericht einen Verhandlungstermin an, falls es keinen Grund erkennt, die Berufung ohne mündliche Verhandlung als unzulässig zu verwerfen. Dabei hat es die noch bevorstehende Berufungsbeantwortungsfrist einzukalkulieren. Schon deshalb kann der Verhandlungstermin **nicht früher als ca. sechs Wochen nach Eingang der Berufungsbegründung** bei Gericht stattfinden. In Anbetracht der Geschäftslage der Gerichte ist jedoch im Durchschnitt mit einem deutlich späteren Termin zu rechnen. Das Gericht wird sich bemühen, gem. § 64 Abs. 8 ArbGG Berufungen in Kündigungssachen vorrangig zu terminieren, jedoch sind die Spielräume hierfür erfahrungsgemäß nicht allzu groß. 116

b) Die mündliche Verhandlung vor dem Berufungsgericht

Ein eigener **Gütetermin** wie vor dem Arbeitsgericht ist in der Berufungsinstanz nicht vorgesehen. Der Ablauf des Verhandlungstermins ähnelt dem Ablauf eines Kammertermins vor dem Arbeitsgericht, nur dass gewöhnlich etwas mehr Zeit für die Erörterung der Sach- und Rechtslage zur Verfügung steht. Zu Beginn werden nochmals die Einhaltung der Einlegungs- und Begründungsfrist und etwaige im Einzelfall sonst bedeutsame Formalien überprüft. 117

147 GK-ArbGG/*Vossen*, § 64 Rn 106; vgl. ferner BGH v. 22.4.1982, NJW 1982, 1708 f.

148 Nachweise bei Zöller/*Heßler*, § 524 ZPO Rn 43.

149 GK-ArbGG/*Vossen*, § 64 Rn 107.

150 Sächs. LAG v. 19.1.2005, MDR 2005, 719.

151 GK-ArbGG/*Vossen*, § 66 Rn 150; *Bram*, FA 2005, 226.

Die eigentliche Verhandlung beginnt mit dem Stellen der Sachanträge.[152] Hält die Kammer aufgrund ihrer Vorberatung die Berufung für eindeutig aussichtslos, wird der Vorsitzende oft schon in dieser Phase eine Rücknahme der Berufung anregen.

118 Eine Entscheidung wird – nach entsprechender **Schlussberatung** der Kammer – entweder am Ende des Verhandlungstermins selbst bzw. im Rahmen einer „Sammelverkündung“ am Ende der jeweiligen Sitzung verkündet, oder es wird aus besonderem Anlass ein besonderer Verkündungstermin anberaumt, § 64 Abs. 6 S. 1 ArbGG, §§ 310 ff. ZPO.

119 Der auch für das Berufungsverfahren geltende gesetzliche Auftrag des § 57 Abs. 1 S. 1 ArbGG, wonach die Verhandlung „möglichst in einem Termin zu Ende zu führen ist“, wird in der Mehrzahl der Fälle erfüllt. Auch die Parteien müssen jedoch bei der Vorbereitung der Verhandlung und ihrer Durchführung daran mitarbeiten, dass Entscheidungsreife eintreten kann. Sieht man einmal von besonders umfangreichen oder komplizierten Verfahren ab, wird es zu einer **Vertagung** i.d.R. nur dann kommen, wenn eine Beweisaufnahme ansteht. Die abschließende Durchführung einer Beweisaufnahme schon im ersten Termin wird dagegen eher die Ausnahme bleiben müssen, etwa wenn nur ein oder zwei Auskunftspersonen (Zeugen oder Parteien) zu vernehmen sind und/oder die Beweisfrage besonders einfach ist.

c) Die voraussichtliche Dauer des Berufungsverfahrens

120 Die Statistik belegt, dass die Arbeitsgerichtsbarkeit dem an sie herangetragenen Anliegen einer beschleunigten Verfahrenserledigung trotz hoher Belastung insgesamt auch in der II. Instanz in erstaunlichem Maße gerecht wird. So haben die Landesarbeitsgerichte im Jahr 2006 11.197 Bestandsstreitigkeiten erledigt. Davon konnten 2.775 Fälle innerhalb von drei Monaten nach Eingang der Berufung abgeschlossen werden, 4.133 innerhalb von drei bis sechs Monaten und 3.385 innerhalb von sechs bis zwölf Monaten.[153] Damit dauerte das Berufungsverfahren nur in 8 % der Bestandsschutzfälle länger als 12 Monate.

Dabei ist zu bedenken, dass auch die Parteien etwa durch Ausschöpfen der Fristen bis zur letzten Minute oder durch Fristverlängerungs- und Vertagungsanträge nicht geringen Einfluss auf die Dauer des Verfahrens nehmen.

2. Allgemeine Verfahrensgrundsätze

a) Verhältnis von ArbGG zu ZPO; Verhältnis von erst- zu zweitinstanzlichem Verfahren

121 Ebenso wie im erstinstanzlichen Verfahren gilt auch für das Berufungsverfahren die Grundregel: Soweit das Arbeitsgerichtsgesetz nichts anderes bestimmt, gelten die Vorschriften der **ZPO** über das Berufungsverfahren **entsprechend**, § 64 Abs. 6 S. 1 ArbGG.

Spezielle Normen über das Berufungsverfahren enthalten §§ 64 bis 69 ArbGG. Daneben sind über die Verweisung in § 64 Abs. 7 ArbGG viele, aber nicht alle der Sonderregeln über das erstinstanzliche Verfahren vor dem Arbeitsgericht auch für das Berufungsverfahren verbindlich. Dabei ist besonders darauf zu achten, welche Sonderregeln des ArbGG, die für das Arbeitsgericht gelten, für das Berufungsverfahren gerade nicht in Bezug genommen sind.

152 BAG v. 1.12.2004 – 5 AZR 121/04, juris-PR extra 2005, 38.

153 *Grotmann-Höfling*, AuR 2007, 298.

b) Einige wichtige Besonderheiten

Die wichtigsten Spezialregelungen des ArbGG für das Berufungsverfahren, enthalten insbesondere in §§ 64–67 ArbGG, sind bereits im jeweiligen Sachzusammenhang behandelt worden. Die Entscheidung im Berufungsverfahren wird unten gesondert angesprochen (siehe Rn 138). Ergänzend soll im Folgenden noch auf einige weitere Eigenheiten eingegangen werden. 122

aa) Die Zurückverweisung des Rechtsstreits an das Arbeitsgericht

Die Möglichkeiten, den Rechtsstreit an das erstinstanzliche Gericht zurückzuverweisen, sind durch § 68 ArbGG gegenüber § 538 ZPO erheblich **eingeschränkt**. Nach § 68 ArbGG ist nämlich eine Zurückverweisung wegen „eines Mangels im Verfahren" unzulässig. Das soll auch für schwerste Verfahrensmängel gelten,[154] insbesondere auch, wenn ein sog. „Urteil ohne Gründe" (siehe Rn 55) vorliegt.[155] Für fünf Monate nach der Verkündung noch nicht abgesetzte Berufungsurteile schreibt § 72b Abs. 5 ArbGG jetzt die Zurückverweisung an das LAG ausdrücklich vor. Im Verhältnis LAG/Arbeitsgericht fehlt es jedoch an einer entsprechenden Norm. In diesem Verhältnis hat die Zurückverweisung daher – anders als im Verhältnis BAG/LAG – bisher kaum praktische Bedeutung. 123

Eine Ausnahme zu § 68 ArbGG wird grundsätzlich nur anerkannt, wenn der erstinstanzliche Verfahrensmangel eine prozessrechtswidrige Lage hervorruft, die fortdauert und im Berufungsverfahren nicht geheilt werden kann. Zunehmend gerät allerdings ins Blickfeld, dass durch § 68 ArbGG nur der Zurückverweisungsgrund des § 538 Abs. 2 Nr. 1 ZPO ausgeschlossen wird, während § 538 Abs. 2 Nr. 2 bis Nr. 7 ZPO auch im Verfahren vor den Landesarbeitsgerichten anwendbar bleibt.[156] Beispielsfälle für als zulässig angesehene Zurückverweisungen aus der jüngeren Praxis sind der Erlass eines Teilurteils ohne Vorliegen der Voraussetzungen des § 301 ZPO, ein zu Unrecht erlassenes zweites Versäumnisurteil, die unzutreffende Klageabweisung als unzulässig, die Verkündung eines Urteils trotz Verfahrensunterbrechung nach § 240 ZPO.[157] 124

bb) Säumnisverfahren

Eine der wichtigsten Verfahrensbesonderheiten des arbeitsgerichtlichen Verfahrens gilt auch für das Berufungsgericht: Gem. §§ 64 Abs. 7, 59 ArbGG beträgt die **Notfrist für den Einspruch gegen ein Versäumnisurteil** auch im Berufungsverfahren abweichend von §§ 539 Abs. 3, 339 Abs. 1 ZPO **nur eine Woche**.[158] 125

154 BAG v. 25.2.1988 – 2 AZR 500/87 – n.v.; BAG v. 13.9.1995, NZA 1996, 446; Sächs. LAG v. 10.11.1999, NZA-RR 2000, 609 f.; LAG Hamm v. 22.7.1987, LAGE § 80 BetrVG Nr. 6; GK-ArbGG/*Vossen*, § 68 Rn 5.

155 BAG v. 24.4.1996, NZA 1997, 176.

156 Übersicht bei *Germelmann u.a.*, § 68 Rn 10 ff.

157 BGH v. 12.1.1999, NJW 1999, 1035; LAG Köln v. 5.5.2004 – 7 Sa 65/04; LAG Köln v. 12.1.2005, LAG-Report 2005, 381; LAG Köln v. 9.9.2005 – 4 Sa 325/05; LAG Düsseldorf v. 28.2.1997, LAGE § 4 KSchG Nr. 35; LAG Hamburg v. 24.8.2007 – 6 Sa 28/07; LAG München v. 28.6.2005 – 6 Sa 1321/04; Sächs.LAG v. 16.8.2006 – 2 Sa 434/06; ablehnend für den Fall des fehlerhaften Teilurteils: LAG Hamm v. 3.1.2006 – 6 Sa 814/05; *Schwab* in Schwab/Weth, § 68 Rn 32 ff.; differenzierend hierzu: LAG Hamm v. 14.7.2005, NZA-RR 2006, 258. Zu weitgehend (Zurückverweisung auch bei Verletzung des § 6 S. 2 KSchG): LAG Berlin-Brandenburg v. 26.3.2009 – 25 Sa 148/09.

158 Zu den Voraussetzungen einer VU-Konstellation in der Berufungsinstanz: BAG v. 18.8.2004, NZA 2004, 1294; LAG Nürnberg v. 13.5.2004, LAGE Nr. 21 zu § 66 ArbGG 1979.

cc) Übertragung der Entscheidung auf den Vorsitzenden

126 Während im Zivilprozess die Berufungskammer die Entscheidung auf den Einzelrichter übertragen kann – vgl. § 523 Abs. 1 ZPO – werden aufgrund mündlicher Verhandlung zu treffende streitige Endentscheidungen im Urteilsverfahren vor dem LAG grundsätzlich immer von der **Kammer** getroffen. § 64 Abs. 6 S. 2 ArbGG besagt ausdrücklich, dass die Vorschriften der ZPO über das Verfahren vor dem Einzelrichter keine Anwendung finden.

127 Auch die für das erstinstanzliche Verfahren in § 55 Abs. 3 ArbGG eröffnete Option, auf übereinstimmenden Antrag beider Parteien eine sog. Alleinentscheidung durch den Vorsitzenden herbeiführen zu können, gilt nicht für das Berufungsverfahren. § 55 Abs. 3 ArbGG wird von der Verweisungsnorm des § 64 Abs. 7 ArbGG nämlich explizit ausgenommen. § 55 Abs. 1 ArbGG bleibt aber auch in der zweiten Instanz anwendbar. Demnach kann der Vorsitzende ohne die ehrenamtlichen Richter z.B. im Falle von Anspruchsverzicht, Anerkenntnis oder Säumnis entscheiden oder – neuerdings – wenn im Sinne von § 55 Abs. 1 Nr. 9 ArbGG nur noch die Kosten in Streit stehen.[159]

dd) Vereidigung von Zeugen als Ausnahme

128 § 58 Abs. 2 ArbGG, wonach Zeugen und Sachverständige nur zu beeidigen sind, „wenn die Kammer dies im Hinblick auf die Bedeutung des Zeugnisses für die Entscheidung" für notwendig erachtet, gilt ebenfalls für das Berufungsverfahren. Die Norm wird so ausgelegt, dass eine Beeidigung z.B. immer dann nicht in Betracht kommt, wenn die Kammer die Entscheidung nicht auf die Zeugenaussage stützen will, weil sie Zweifel an deren Richtigkeit hat.[160] **§ 58 Abs. 2 ArbGG** bleibt somit weit hinter **§ 391 ZPO** zurück, so dass Zeugen in der Arbeitsgerichtsbarkeit nur selten vereidigt werden.

ee) Anordnung des persönlichen Erscheinens der Parteien

129 Im Kündigungsschutzverfahren ist regelmäßig damit zu rechnen, dass das Berufungsgericht das persönliche Erscheinen der Parteien anordnet, §§ 64 Abs. 7, 51 Abs. 1 ArbGG. Eine solche Anordnung dient im Wesentlichen drei Zwecken: Zum Ersten ist die **Partei als Auskunftsperson** gefragt, wenn im Rahmen des Erörterungsgespräches ergänzende Informationen zum Sachverhalt erforderlich werden können. Zum Zweiten hat das Gericht ein berechtigtes Interesse daran, sich einen **persönlichen Eindruck von den Parteien**, aber auch von der zwischen ihnen herrschenden Stimmungslage zu verschaffen. Immerhin geht es um einen Konflikt um die Fortsetzung eines Dauerrechtsverhältnisses. Schließlich ist die Anwesenheit der Partei zweckmäßig, um eine **Entscheidung über das Ob und Wie einer gütlichen Einigung** treffen zu können; denn viele Prozessbevollmächtigte haben sich leider angewöhnt, in Abwesenheit ihrer Partei, wenn überhaupt, prinzipiell nur Widerrufsvergleiche abzuschließen.

130 Die in § 51 Abs. 2 ArbGG vorgesehene Sanktion, dass der Vorsitzende einen Prozessbevollmächtigten ausschließen kann, wenn die persönlich geladene Partei unbegründet ausbleibt und deshalb der Zweck der Anordnung ihres Erscheinens vereitelt wird, findet vor dem Berufungsgericht keine Anwendung. Dennoch sollte die Anordnung des persönlichen Erscheinens – auch abgesehen von dem sonst drohenden Ordnungsgeld – ernst genommen werden, weil ein unentschuldigtes Nichterscheinen einen schlechten Eindruck hinterlässt.[161]

159 Allgemein zu den Befugnissen des Vorsitzenden vgl. §§ 64 Abs. 7, 53 ArbGG.

160 Vgl. BAG v. 5.11.1992, NZA 1993, 308.

161 Ausführlich zur Ordnungsgeldproblematik: LAG Köln v. 13.2.2008, NZA-RR 2008, 491.

3. Hinweise zur Prozesssituation im Berufungsstreit um eine Kündigung

131 In der Berufungsinstanz kann sich die **Interessenlage** der Parteien eines Kündigungsstreits im Vergleich zur ersten Instanz erheblich ändern: Seit dem Ausspruch der Kündigung und oft auch schon seit dem Ende einer Kündigungsfrist ist jetzt regelmäßig geraume Zeit ins Land gegangen. Dies kann die Lage entspannt haben, etwa wenn der Arbeitnehmer zwischenzeitlich einen befriedigenden Alternativ-Job gefunden hat, die Parteien sich im Rahmen eines Prozessarbeitsverhältnisses wieder aneinander gewöhnt haben oder auch nur subjektiv des Streitens müde geworden sind. Genauso gut kann sich die Konfliktlage aber auch stetig weiter zuspitzen, z.B. wenn der Arbeitnehmer immer noch arbeitslos ist, das Annahmeverzugsrisiko des Arbeitgebers ins Unermessliche wächst und/oder weitere Streitpunkte aufgetreten sind.

132 Zudem gerät der Rechtsstreit jetzt in seine alles entscheidende Phase; denn wie die Statistik lehrt, bleibt den Parteien **jenseits des LAG** in aller Regel nur noch „**der blaue Himmel**“:[162] In den Berufungsverfahren, die durch streitiges Urteil enden, wurde in 2006 in 10,8 % der Fälle die Revision zugelassen, und die Erfolgsquote der Nichtzulassungsbeschwerde lag 2004 gerade einmal bei 6,3 %.[163]

133 Für die Parteien ist es für ihr weiteres Vorgehen von wesentlicher Bedeutung, dass sie sich dieser Umstände bewusst werden und ihre **aktuelle Interessenlage überdenken**. Eine Kernaufgabe ihrer Prozessbevollmächtigten besteht darin, ihnen dabei behilflich zu sein und, wenn nötig, auf die Sprünge zu helfen.

4. Die gütliche Einigung im Berufungsverfahren

134 §§ 64 Abs. 7, 57 Abs. 2 ArbGG schreiben auch dem Berufungsgericht vor: „Die gütliche Einigung des Rechtsstreits soll während des ganzen Verfahrens angestrebt werden.“ Die gütliche Einigung erscheint als das probateste Mittel, um den **Rechtsfrieden wiederherzustellen**; denn ein durch Vergleich beendeter Rechtsstreit hinterlässt keine Sieger und Besiegten und eröffnet den Parteien überdies sonst nicht vorhandene **Gestaltungsspielräume** (ausführlich zum Vergleich siehe § 28 in diesem Handbuch). Durch Vergleich wurden in 2006 38 % aller Berufungsverfahren erledigt gegenüber einer Quote der streitigen Urteile von ca. 33 %.[164]

135 Vor dem Berufungsgericht entspricht es oft dem Wunsch der Parteien, möglichst alle noch bestehenden Streitigkeiten umfassend beizulegen. Sind inzwischen **weitere Rechtsstreitigkeiten** anhängig, etwa über Annahmeverzug oder Zeugnisberichtigung, sollte der Prozessbevollmächtigte die Handakten auch dieser Verfahren vor dem Termin nochmals durchsehen und zur Verhandlung mitbringen. Dasselbe gilt für weitere Unterlagen, die für die Bezifferung etwaiger vergleichsweise zu regelnder Zahlungsansprüche erforderlich sein können (z.B. Arbeitslosengeldbescheid). Ohne Bezifferung keine Vollstreckbarkeit!

136 In Bestandsschutzstreitigkeiten legen Arbeitnehmer auch im Rahmen von Vergleichsverhandlungen tendenziell immer stärker Wert darauf, einen Arbeitsplatz zu behalten, während Abfindungsvergleiche an Attraktivität verloren zu haben scheinen. Gerade in der Berufungsinstanz kann daher ein Wiedereinstellungsvergleich einen für beide Seiten akzeptablen Kom-

162 *Isenhardt*, S. 343.
163 *Grotmann-Höfling*, AuR 2007, 298, 299.
164 *Grotmann-Höfling*, AuR 2007, 298.

promiss darstellen: Der Arbeitgeber stellt den Arbeitnehmer zu einem in naher Zukunft gelegenen Zeitpunkt unter Anrechnung seiner Vordienstzeiten wieder ein, während der Arbeitnehmer im Gegenzug ganz oder teilweise auf etwaige zwischenzeitlich aufgelaufene Annahmeverzugsansprüche verzichtet. Wird ein solcher Kompromiss, der auf eine weitere Zusammenarbeit der Parteien hinausläuft, angestrebt, erscheint es nach aller Erfahrung besonders wichtig, dass die Prozessbevollmächtigten um ein gutes Verhandlungsklima bemüht sind, sich im Ton gegenüber der anderen Partei mäßigen und diese nicht durch unnötige Provokationen verärgern.

137 Schließlich spielt vor dem Berufungsgericht – anders als beim Arbeitsgericht – auch die **Kostenregelung** eine Rolle, und zwar insbesondere dann, wenn eine oder gar beide Parteien nicht rechtsschutzversichert sind. Bei verteilten Prozesschancen ist es üblich, die Kosten des Berufungsverfahrens gegeneinander aufzuheben und es wegen der erstinstanzlichen Gerichtskosten bei der arbeitsgerichtlichen Kostenentscheidung zu belassen. Aber auch jede andere Kostenregelung ist denkbar.

138 Auch im Berufungsverfahren kann ein **Vergleich gem. § 278 Abs. 6 ZPO** im schriftlichen Verfahren festgestellt werden. Von dieser durch die ZPO-Reform neu eingeführten Möglichkeit wird in der Praxis zunehmend Gebrauch gemacht.

V. Das Berufungsurteil und seine Anfechtbarkeit; Kosten und Streitwert

1. Das Berufungsurteil

139 Das mit Tatbestand und Entscheidungsgründen vollständig ausgefertigte Urteil des Berufungsgerichts ist – anders als das erstinstanzliche Urteil – auch von den ehrenamtlichen Richtern zu unterschreiben. Näheres über die Urteilsgestaltung regelt § 69 ArbGG. Auch ein Berufungsurteil, das nach Ablauf von fünf Monaten noch nicht vollständig abgefasst und unterschrieben zur Geschäftsstelle gelangt ist (vgl. Rn 55 ff.), gilt als „Urteil ohne Gründe".[165]

2. Rechtsmittel und Rechtsbehelfe gegen das Berufungsurteil

a) Die Revision

140 Das Rechtsmittel gegen ein streitiges Endurteil des Berufungsgerichts ist die in §§ 72 ff. ArbGG geregelte Revision. Es handelt sich in der Arbeitsgerichtsbarkeit um eine **reine**, vom Streitwert unabhängige, **Zulassungsrevision**. Gem. §§ 72 Abs. 1 S. 2, 64 Abs. 3a ArbGG ist die Zulassung der Revision in den Tenor des Berufungsurteils aufzunehmen.

141 **Zulassungsgründe** waren **bisher nur** gem. § 72 Abs. 2 Nr. 1 ArbGG die **grundsätzliche Bedeutung** der Rechtssache und gem. § 72 Abs. 2 Nr. 2 ArbGG die sog. **Divergenz**. Dies hat sich im Zuge des Inkrafttretens des sog. Anhörungsrügengesetzes[166] zum 1.1.2005 geändert. Gem. § 72 Abs. 2 Nr. 3 ArbGG muss die Revision **nunmehr auch** dann zugelassen werden,

165 BVerfG v. 15.9.2003, NZA 2003, 1355 f.; BVerfG v. 26.3.2001, AP Nr. 33 zu Art. 20 GG; BAG v. 1.10.2003 – 1 ABN 62/01 – n.v.; GK-ArbGG/*Vossen*, § 66 Rn 134e.

166 Kompakte Übersichten hierzu bei *Düwell*, FA 2005, 75; *Gravenhorst*, NZA 2005, 24; *Treber*, NJW 2005, 97; umfassend und vertiefend: *Bepler*, RdA 2005, 65.

wenn **die sog. absoluten Revisionsgründe aus § 547 Nr. 1–5 ZPO** oder eine entscheidungserhebliche **Verletzung des Anspruchs auf rechtliches Gehör** geltend gemacht werden und vorliegen.

Die neuen Zulassungsgründe des § 72 Abs. 2 Nr. 3 ArbGG beruhen nahezu ausschließlich auf Fehlerlagen, die aus der Sphäre des Gerichts stammen. Gelangte das Berufungsgericht rechtzeitig vor Erlass seines Urteils, in dessen Tenor die Entscheidung über die Revisionszulassung aufzunehmen ist, zu der Einsicht, dass einer der in § 72 Abs. 2 Nr. 3 ArbGG erwähnten Zulassungsgründe vorliegt, täte es schon aus Gründen der Prozessökonomie in aller Regel besser daran, den Prozess fortzusetzen und den Fehler abzustellen, so dass er sich auf ein späteres Berufungsurteil nicht mehr auswirken kann. Es darf daher die Prognose gewagt werden, dass ein Berufungsurteil, in welchem ein LAG die Revision auf der Grundlage des § 72 Abs. 2 Nr. 3 ArbGG zulässt, sicher eine eher seltene Ausnahme bleiben wird.[167] **142**

Dennoch dürfte der neu eingeführte § 72 Abs. 2 Nr. 3 ArbGG nicht ohne praktische Bedeutung bleiben. Diese liegt allerdings weniger in der in der Norm enthaltenen Handlungsanweisung an das Berufungsgericht, als vielmehr darin, dass nach § 72a Abs. 3 S. 2 Nr. 3 ArbGG nunmehr auch auf § 72 Abs. 2 Nr. 3 ArbGG eine Nichtzulassungsbeschwerde gestützt werden kann (siehe Rn 144 f., 166). **143**

b) Die Nichtzulassungsbeschwerde und die Rechtskraft des Berufungsurteils

Wird die Revision nicht zugelassen, kann die unterlegene Partei **innerhalb eines Monats** ab Zustellung des vollständigen Berufungsurteils gem. § 72a ArbGG **beim BAG** Nichtzulassungsbeschwerde einlegen. Die Nichtzulassungsbeschwerde braucht nicht in die Rechtsmittelbelehrung aufgenommen zu werden, da es sich nur um einen sog. Rechtsbehelf handelt.[168] Dennoch tritt die Rechtskraft des Berufungsurteils frühestens mit Ablauf der Frist für die Nichtzulassungsbeschwerde ein; denn diese hat gem. § 72a Abs. 4 S. 1, Abs. 6 S. 5 ArbGG aufschiebende Wirkung. Nur deshalb kann dem für die Dauer des Kündigungsrechtsstreits gestellten Weiterbeschäftigungsantrag auch im Berufungsurteil ggf. noch stattgegeben werden. **144**

Die Anforderungen an die Begründung der Nichtzulassungsbeschwerde[169] waren nach der bisherigen Rechtsprechung des BAG jedoch so diffizil, dass die Erfolgsaussichten verschwindend gering waren (siehe Rn 132). Es bleibt abzuwarten, ob sich dies ändern wird, nachdem nun der Gesetzgeber die **Möglichkeiten der Nichtzulassungsbeschwerde erheblich erweitert** hat. Die Nichtzulassungsbeschwerde hat jetzt nicht nur aufgrund des Zusammenspiels mit § 72 Abs. 2 Nr. 3 ArbGG die **Funktion einer Gehörsrüge gegenüber einem Berufungsurteil** erhalten (vgl. Rn 142 f.), sondern es sind auch die in § 72a Abs. 1 ArbGG a.F. enthaltenen erheblichen Einschränkungen entfallen, die einer Beschwerde gegen die Nichtzulassung der Revision wegen grundsätzlicher Bedeutung der Rechtssache entgegenstanden. **145**

167 Ebenso: *Düwell*, FA 2005, 77.
168 BAG v. 9.7.2003, FA 2003, 371.
169 Siehe z.B. GK-ArbGG/*Mikosch*, § 72a Rn 52 ff.

c) Die Gehörsrüge nach § 78a ArbGG

146 In Anlehnung an § 321a ZPO n.F. hat der Gesetzgeber, eine Vorgabe des Bundesverfassungsgerichts erfüllend,[170] nunmehr wie in allen anderen Fachgerichtsbarkeiten auch in der Arbeitsgerichtsbarkeit mit § 78a ArbGG eine **Rüge der Verletzung des rechtlichen Gehörs** eingeführt. Die Rüge kann erhoben werden, wenn das Gericht beim Erlass einer Endentscheidung den Anspruch einer Partei auf Gewährung rechtlichen Gehörs in entscheidungserheblicher Weise verletzt hat und gegen diese Entscheidung kein anderes Rechtsmittel oder kein anderer Rechtsbehelf gegeben ist. In den höheren Instanzen besteht für die Einlegung der Rüge Vertretungszwang.[171]

147 Gegenüber Urteilen des LAG in Bestandsschutzstreitigkeiten kommt die Anhörungsrüge des § 78a ArbGG nicht in Betracht; denn auch wenn die Revision nicht zugelassen worden ist, ist zumindest die Nichtzulassungsbeschwerde gem. § 72a ArbGG statthaft. Die **Nichtzulassungsbeschwerde** ist **ein anderer Rechtsbehelf i.S.v. § 78a Abs. 1 Nr. 1 ArbGG.**[172] Gerade weil sich die Nichtzulassungsbeschwerde auch auf den neuen Zulassungsgrund der entscheidungserheblichen Verletzung rechtlichen Gehörs gem. § 72 Abs. 2 Nr. 3 ArbGG beziehen kann, übernimmt sie im regulären Urteilsverfahren vor dem LAG die Funktion der Gehörsrüge (vgl. Rn 141, 143).

148 Nur soweit das LAG Entscheidungen trifft, gegen die weder ein Rechtsmittel noch ein anderweitiger Rechtsbehelf statthaft ist, kann eine Gehörsrüge nach § 78a ArbGG auch ihm gegenüber erhoben werden. Das betrifft z.B. wegen § 72 Abs. 4 ArbGG Entscheidungen im einstweiligen Rechtsschutz.

Seit dem Inkrafttreten von § 78a ArbGG am 1.1.2005 ist eine außerordentliche Beschwerde wegen Verletzung des Anspruchs auf rechtliches Gehör nicht mehr statthaft.[173]

d) Die sofortige Beschwerde wegen verspäteter Absetzung des Berufungsurteils nach § 72b ArbGG

149 Eine weitere durch das sog. Anhörungsrügengesetz eingeführte Neuerung im Arbeitsgerichtsverfahren findet sich in § 72b ArbGG. Wurde das Endurteil eines LAG nicht binnen fünf Monaten seit seiner Verkündung vollständig abgefasst und mit den Unterschriften der Kammermitglieder versehen der Geschäftsstelle übergeben – dieser Tatbestand ist nicht mit dem der Urteilszustellung zu verwechseln![174] –, so kann es aus diesem Grund mit einer sofortigen Beschwerde zum BAG angefochten werden.

Die Beschwerde kann nur **innerhalb einer einmonatigen Notfrist** eingelegt werden, die fünf Monate nach der Verkündung des Urteils zu laufen beginnt. Ist die Beschwerde zulässig und begründet, hebt das BAG durch Beschluss das Berufungsurteil auf und verweist die Sache zur neuen Verhandlung und Entscheidung an das LAG zurück.

170 BVerfG v. 30.4.2003, BVerfGE 107, 395.

171 LAG Rheinland-Pfalz v. 2.2.2005, LAGReport 2005, 157.

172 BT-Drucks 15/3706, S. 15; LAG München v. 21.4.2005 – 3 Sa 257/04, LAGE § 78a ArbGG 1979 Nr. 1; *Bepler*, RdA 2005, 67; *Treber*, NJW 2005, 98.

173 BAG v. 8.8.2005, NZA 2005, 1318.

174 Kritisch insoweit *Gravenhorst*, NZA 2005, 27; *Treber*, NJW 2005, 101.

3. Kosten und Streitwert

Der Grundsatz, dass auch die obsiegende Partei die Kosten für die Hinzuziehung eines Prozessbevollmächtigten selbst zu tragen hat, gilt gem. § 12a Abs. 1 ArbGG nur für die erste Instanz. In der Berufungsinstanz findet also die **im Zivilprozess übliche Kostenerstattung zu Lasten des Unterlegenen** statt. 150

Die Vorschrift des § 61 Abs. 1 ArbGG, wonach der Wert des Streitgegenstands im Urteil festzusetzen ist, gilt nicht für das Berufungsurteil; denn die Zulässigkeit der Revision ist nicht streitwertabhängig. Gleichwohl nehmen nicht wenige Berufungskammern den Streitwert **fakultativ** in ihr Urteil auf. 151

Andernfalls erfolgt die Festsetzung des Gebührenstreitwerts auf Antrag durch Beschluss. An sich unterliegt der **Streitwertbeschluss des LAG** für das Berufungsverfahren keinem Rechtsmittel. Dies folgt aus §§ 68 Abs. 2 S. 6, 66 Abs. 3 S. 3 GKG bzw. § 33 Abs. 4 S. 3 RVG. Gerade deshalb ist jedoch jetzt eine **Anhörungsrüge** nach § 78a ArbGG möglich.[175] Jedenfalls in der Vergangenheit war auch eine sachgerecht begründete Gegenvorstellung keineswegs von vornherein aussichtslos. 152

VI. Besondere Verfahrensarten im Streit um eine Kündigung

1. Die nachträgliche Zulassung einer verspäteten Kündigungsschutzklage

Der Streit der Parteien gemäß § 5 KSchG um die nachträgliche Zulassung einer nach § 4 KSchG verspätet erhobenen Kündigungsschutzklage hat seit der Neufassung des § 4 KSchG, wonach die Drei-Wochen-Frist zur Klageerhebung jetzt für **alle Unwirksamkeitsgründe** einer Kündigung gilt, noch an Bedeutung gewonnen. Zu begrüßen ist daher, dass der Gesetzgeber mit Wirkung zum 1.4.2008 auch das Verfahren der nachträglichen Zulassung modernisiert und § 5 KSchG insoweit neu gefasst hat. 153

§ 5 Abs. 4 S. 1 KSchG schreibt jetzt für den Regelfall vor, dass das Verfahren über den Antrag auf nachträgliche Zulassung mit dem Verfahren über die Klage selbst zu verbinden ist.[176] Über die Fragen, ob die Kündigungsschutzklage verspätet erhoben wurde und ob der Antrag auf nachträgliche Zulassung zulässig und begründet ist, entscheidet das Arbeitsgericht dann zusammen mit allen anderen Problemen der Zulässigkeit und Begründetheit einheitlich durch Endurteil. Dieses kann durch Berufung angefochten werden. In der Berufungsinstanz entscheidet das LAG nun ebenfalls zugleich mit den übrigen Fallproblemen über die Themen des § 5 Abs. 1 bis 3 KSchG mit, ohne dass sich verfahrensrechtliche Besonderheiten ergeben.

Nach pflichtgemäßem Ermessen kann das Arbeitsgericht, wenn dies ausnahmsweise verfahrensökonomisch geboten erscheint, das Vorabverfahren über den Antrag auf nachträgliche Zulassung gemäß § 5 Abs. 4 S. 2 KSchG per unanfechtbarem Beschluss anordnen.[177] In diesem Fall entscheidet es über die nachträgliche Zulassung durch ein Zwischenurteil im Sinne von § 303 ZPO, das gemäß § 5 Abs. 4 S. 3 KSchG wie ein Endurteil mit der Berufung angefochten werden kann. Während des Rechtsmittelverfahrens kann und darf der Kündigungsschutzprozess durch das Arbeitsgericht nicht weiterbetrieben werden. Er wird gemäß § 148 154

175 Vgl. auch *Bepler*, RdA 2005, 67.

176 Zum Regel-Ausnahme-Verhältnis von § 5 Abs. 4 S. 1 und 2 KSchG: KR/*Friedrich*, § 5 KSchG Rn 169 f.

177 KR/*Friedrich*, § 5 KSchG Rn 169 a; *Francken/Natter/Rieker*, NZA 2008, 381.

ZPO auszusetzen sein.[178] Ob das LAG seinerseits ein gesondertes Vorabverfahren anordnen und über die nachträgliche Klagezulassung auch dann per revisiblem Zwischenurteil entscheiden kann, wenn das Arbeitsgericht zuvor durch Endurteil entschieden hatte, lässt sich dem Gesetz nicht zweifelsfrei entnehmen, dürfte aber zu bejahen sein.[179]

155 Unabhängig davon, ob das Arbeitsgericht durch Endurteil oder durch Zwischenurteil entschieden hat, stellt sich für das Berufungsgericht die Frage, ob es gegen seine Entscheidung die Revision zulässt. Die Antwort richtet sich nach den allgemeinen Regeln über die Revisionszulassung. Damit können aufgrund der gesetzlichen Neuregelung nunmehr erstmals Fragen von grundsätzlicher Bedeutung rund um das Recht der nachträglichen Klagezulassung und Probleme, die von den verschiedenen Landesarbeitsgerichten gegensätzlich beantwortet werden, einer Entscheidung durch das Revisionsgericht zugeführt werden; denn zum alten Recht vertrat das BAG die Ansicht, dass gegen die Entscheidung des LAG über die sofortige Beschwerde nach § 5 Abs. 4 S. 2 KSchG a.F. eine Rechtsbeschwerde nicht statthaft sei.[180]

156 Schließlich beseitigt § 5 Abs. 5 KSchG in seiner Neufassung die alte Streitfrage, wie zu verfahren ist, wenn das Arbeitsgericht über einen Antrag auf nachträgliche Zulassung nicht entschieden hat oder ein solcher Antrag erstmals vor dem LAG gestellt wird. Entgegen der früher wohl überwiegenden Auffassung ordnet § 5 Abs. 5 KSchG nun an, dass in solchen Fällen das LAG selbst zu entscheiden hat und eine Zurückverweisung an das Arbeitsgericht nicht mehr in Betracht kommt.[181] Auch diese gesetzgeberische Lösung erscheint im Interesse der Straffung des Verfahrens vernünftig. § 5 Abs. 5 S. 2 KSchG eröffnet dem Berufungsgericht hier ausdrücklich die Möglichkeit, gegebenenfalls auch per Zwischenurteil zu entscheiden, falls dies nach der Sachlage ausnahmsweise sinnvoll erscheint.

2. Beschwerde im Beschlussverfahren nach § 103 BetrVG

157 Beantragt der Arbeitgeber die Ersetzung der Zustimmung des Betriebsrats zu der außerordentlichen Kündigung eines betriebsverfassungsrechtlichen Funktionsträgers i.S.v. § 103 Abs. 2 BetrVG, so kann der erstinstanzlich unterlegene Verfahrensbeteiligte **Beschwerde zum LAG** einlegen. Dies gilt auch für den gem. § 103 Abs. 2 S. 2 BetrVG zwingend am Verfahren zu beteiligenden betroffenen Arbeitnehmer, und zwar unabhängig davon, ob auch der Betriebsrat Beschwerde einlegt.[182] Für das Verfahren vor dem LAG gelten die §§ 87–91 ArbGG.

178 KR/*Friedrich*, § 5 KSchG Rn 205 f.; *Schwab*, FA 2008, 136.
179 KR/*Friedrich*, § 5 KSchG Rn 191; *Francken/Natter/Rieker*, NZA 2008, 382.
180 BAG v. 20.8.2002, NZA 2002, 1228.
181 Zum alten Recht: LAG Baden-Württemberg v.13.5.2005, LAG-Report 2005, 306; Sächs. LAG v. 17.3.2004, EzA-SD 2004, Nr. 13, 14.
182 BAG v. 10.12.1992, NZA 1993, 501 ff.

§ 28 Die Beendigung des Kündigungsschutzprozesses durch Prozessvergleich

Dr. Klaus Rinck

Inhalt

	Rn
I. Einführung	1
II. Der Prozessvergleich	2
1. Zustandekommen	2
2. Inhalt	4
a) Beendigungsart und Zeitpunkt	7
b) Abfindung	18
c) Lohnzahlung und weitere Durchführung des Arbeitsverhältnisses	31
d) Urlaubsanspruch und Freistellung	42
e) Regelungen zur Erteilung eines Zeugnisses	55
f) Regelungen zur Erteilung von Arbeitspapieren	61
g) Sonstige Regelungsgegenstände; große Erledigungsklausel	64

Literatur

Bauer/Diller, Allgemeine Erledigungsklausel und nachvertragliches Wettbewerbsverbot – eine unendliche Geschichte?, BB 2004, 1274; **Bauer/Günther**, Die Freistellung von der Arbeitspflicht – Grundlagen und aktuelle Entwicklungen, DStR 2008, 2422; **Bergwitz**, Beschäftigungsverhältnis bei Freistellung, NZA 2009, 518; **Diller**, Fallstricke bei Erledigungsklauseln in Aufhebungsverträgen, FA 2000, 270; **Gagel**, Sperrzeitfragen bei arbeitsgerichtlichen Vergleichen, NZA 2005, 1328; **ders.**, Sperrzeit durch Abfindungsvertrag, ZIP 2005, 332; **Gaul/Niklas**, Neue Grundsätze zur Sperrzeit bei Aufhebungsvertrag, Abwicklungsvereinbarung und gerichtlichem Vergleich, NZA 2008, 137; **Hümmerich**, Sperrzeitrechtsprechung im Umbruch, NJW 2007, 1025; **Kroeschell**, Die neuen Regeln bei Aufhebungs- und Abwicklungsvereinbarungen, NZA 2008, 560; **Lembke**, Aufhebungsverträge: Neues zur Sperrzeit, DB 2008, 293; **Nägele**, Freistellung und anderweitiger Erwerb, NZA 2008, 1039.

I. Einführung

Arbeitsgerichtliche Rechtsstreitigkeiten werden in vergleichsweise geringem Umfang durch streitiges Urteil beendet. In I. Instanz betrifft diese Art der Erledigung etwa 7 % aller Eingänge.[1] Mehr als die Hälfte dieser Urteile wird einer zweitinstanzlichen Überprüfung zugeführt.[2] Von den in II. Instanz anhängigen Verfahren wird wiederum nur etwa ein Drittel streitig entschieden.[3] Im Rahmen der nichtstreitigen Erledigungen bildet der **Prozessvergleich** die zahlenmäßig bedeutsamste Fallgruppe.[4] Hinzu kommt, dass bei anderen Arten der nichtstreitigen Beendigung, beispielsweise der Klagerücknahme oder Erledigung durch sechsmonati- 1

1 Vgl. Ergebnisse der Statistik der Arbeitsgerichtsbarkeit 2008, Tätigkeit der Arbeitsgerichte: 448.455 erledigte Klagverfahren (Ziff. 14), davon 30.478 durch streitiges Urteil (Ziff. 1421), was 6,8 % entspricht.

2 Vgl. Ergebnisse der Statistik der Arbeitsgerichtsbarkeit 2008, Tätigkeit der Landesarbeitsgerichte: 19.387 eingereichte Berufungen (Ziff. 12).

3 Vgl. Ergebnisse der Statistik der Arbeitsgerichtsbarkeit 2008, Tätigkeit der Landesarbeitsgerichte: 19.267 erledigte Berufungen (Ziff. 14), davon 5.776 durch streitiges Urteil (Ziff. 1431), was 29,9 % entspricht.

4 Vgl. Ergebnisse der Statistik der Arbeitsgerichtsbarkeit 2008, Tätigkeit der Arbeitsgerichte: 201.296 Erledigungen durch Vergleich (Ziff. 1423), was 44,9 % aller erstinstanzlichen Erledigungen entspricht.

ges Nichtbetreiben des Verfahrens, ein außerprozessual getroffener Vergleich als **eigentliche Erledigungsursache** im Hintergrund steht. In materiellrechtlicher Hinsicht gelten für die außerprozessuale vergleichsweise Einigung die gleichen arbeitsrechtlichen Regeln wie für den Prozessvergleich.

II. Der Prozessvergleich

1. Zustandekommen

2 Der vor Gericht abgeschlossene Vergleich hat den Vorteil, **Vollstreckungstitel** zu sein (§ 794 Abs. 1 Nr. 1 ZPO). Soweit der zu schließende Vergleich Regelungen beinhaltet, deren Inhalt **vollstreckungsfähig** ist und gegebenenfalls vollstreckt werden muss, werden die Parteien regelmäßig eine gerichtliche Protokollierung vornehmen lassen. Das kann im normalen Verfahrensgang in der Güte- oder Kammerverhandlung geschehen. Bei einer während des Verfahrens in außergerichtlichen Gesprächen gefundenen Einigung kann ein **Termin zur Vergleichsprotokollierung** von den Parteien beantragt werden.

3 Gemäß **§ 278 Abs. 6 ZPO** können die Parteien auch eine **Protokollierung des Vergleichs im schriftlichen Verfahren** vornehmen lassen. Dabei teilt eine der Parteien dem Gericht die gemeinsam ins Auge gefasste vergleichsweise Lösung mit. Das Gericht unterbreitet dann den Parteien einen Vergleichsvorschlag, wobei es in aller Regel die bereits mitgeteilten Vorstellungen zugrunde legen wird, und setzt eine Frist, binnen derer der Vorschlag von den Parteien schriftlich anzunehmen ist. Gehen beide Annahmeerklärungen fristgerecht ein, stellt das Gericht durch Beschluss fest, dass zwischen den Parteien ein Vergleich mit einem bestimmten, im Beschluss genau wiedergegebenen Inhalt zustande gekommen ist. Es ist aber auch eine einfachere Handhabung möglich – und in der Praxis mittlerweile gebräuchlicher –, bei der das Gericht lediglich den eingereichten Schriftsatz, der das ausformulierte Angebot zum Vergleichsschluss enthält, der anderen Partei zur **schriftlichen Annahme** übersendet und nach deren Eingang durch Beschluss das Zustandekommen des Vergleichs feststellt. Der Beschluss ist **Vollstreckungstitel**. Das Verfahren wird durch den Beschluss formell beendet. Neben Verfahrens- und Einigungsgebühr entsteht hierbei auch eine Terminsgebühr i.S.d. Nr. 3104 Abs. 1 Nr. 1 RVG-VV, selbst wenn die Protokollierung erfolgt, ohne dass ein Gerichtstermin stattgefunden hat.[5]

2. Inhalt

4 Die Parteien können sich in ihrem Vergleich auf einen **Fortbestand** des Arbeitsverhältnisses einigen. Meist können sich aber im Ergebnis beide eine Fortführung des Arbeitsverhältnisses nicht vorstellen und vereinbaren daher eine **Beendigung**.

5 Soll eine **Aufrechterhaltung des Arbeitsverhältnisses zu unveränderten Arbeitsbedingungen** geschehen, ist die Erklärung des Arbeitgebers, aus der Kündigung keine Rechte mehr herzuleiten (sog. „Rücknahme" der Kündigung), der in der Praxis regelmäßig gewählte Weg. Der Arbeitnehmer wird dann seinerseits die **Kündigungsschutzklage zurücknehmen** oder den Rechtsstreit für erledigt erklären. Stattdessen kann aber ein Vergleichsschluss dann sinnvoll sein, wenn bestimmte Modalitäten der zukünftigen Fortführung des Arbeitsverhältnisses (z.B. Arbeitsort, Lage und Dauer der Arbeitszeit, Entlohnung) geregelt werden

5 BAG v. 20.6.2006, NZA 2006, 1060.

sollen oder wenn infolge der Kündigung Zeiten der Nichtbeschäftigung entstanden sind, bezüglich derer die Parteien einvernehmliche Regelungen treffen wollen (z.B. Anrechnung als Urlaub).

Im Folgenden sollen die typischen Regelungsinhalte des in der Praxis dominierenden **Beendigungsvergleiches** im Einzelnen dargestellt werden. 6

a) Beendigungsart und Zeitpunkt

Zu Ziffer 1 des Beendigungsvergleichs werden typischerweise Art und Zeitpunkt der Beendigung geregelt. 7

> *Formulierungsbeispiel* 8
> Die Parteien sind sich einig, dass ihr Arbeitsverhältnis aufgrund arbeitgeberseitiger ordentlicher fristgerechter betriebsbedingter Kündigung/*Kündigung aus betrieblichen Gründen* vom ___ zum ___ sein Ende gefunden hat/*finden wird.*

Durch die Erwähnung der Tatsache, dass die Kündigung **arbeitgeberseitig** ausgesprochen 9 wurde, wird der Agentur für Arbeit signalisiert, dass nicht der Arbeitnehmer das Beschäftigungsverhältnis gelöst hat und damit der Tatbestand des § 144 Abs. 1 Nr. 1 Alt. 1 SGB III (Eigenkündigung oder Aufhebungsvertrag), der zur Verhängung einer Sperrzeit führen kann, nicht vorliegt.

Nach Auffassung des BSG **löst** der Arbeitnehmer das **Beschäftigungsverhältnis**, wenn er 10 nach Ausspruch einer Kündigung des Arbeitgebers mit diesem innerhalb der Frist für die Erhebung der Kündigungsschutzklage eine **außergerichtliche Vereinbarung** über die Hinnahme der Kündigung (**Abwicklungsvereinbarung**) trifft, es sei denn, er kann sich auf einen die Verhängung der Sperrzeit ausschließenden wichtigen Grund berufen, was allerdings nur bei objektiv rechtmäßiger Arbeitgeberkündigung der Fall ist.[6] Der Arbeitnehmer löst das Beschäftigungsverhältnis durch die Vereinbarung über die Hinnahme einer Kündigung zwar grundsätzlich auch dann, wenn diese Vereinbarung im Rahmen eines **arbeitsgerichtlichen Vergleichs** geschlossen wird.[7] Allerdings zieht das BSG aus dem Umstand, dass der Arbeitnehmer schon nach bisheriger Rechtsprechung nicht verpflichtet ist, eine Kündigungsschutzklage zu erheben, den Schluss, dass er deshalb auch berechtigt sein muss, die Klage zurückzunehmen oder der **unsicheren Situation des Kündigungsschutzprozesses** dadurch Rechnung zu tragen, dass er **ein ihm günstiges Angebot annimmt**.[8] Bei einer durch **arbeitsgerichtlichen Vergleich** vereinbarten Lösung des Beschäftigungsverhältnisses kann sich der Arbeitnehmer regelmäßig auf einen wichtigen Grund berufen, es sei denn, es liegt ausnahmsweise eine Gesetzesumgehung zu Lasten der Versichertengemeinschaft vor. Letzteres ist anzunehmen bei **offensichtlich rechtswidrigen** oder **vom Arbeitnehmer initiierten** Kündigungen. Die Vereinbarung einer **Abfindung** deutet hingegen als solche grundsätzlich **nicht** auf Missbrauch hin. Dementsprechend wird der **Abschluss eines Prozessvergleichs** in einem Kündigungsschutzverfahren in der alltäglichen Handhabung der Agenturen für Arbeit meist **nicht** als Lösung des Beschäftigungsverhältnisses i.S.v. § 144 Abs. 1 Nr. 1 Alt. 1 SGB III angesehen. Ein Prozessvergleich ist deshalb in der Praxis gegenüber einer außergerichtlichen

6 BSG v. 18.12.2003, NZA 2004, 661 = DB 2004, 1514; in diese Richtungen bereits Erwägungen in BSG v. 9.11.1995, NZA-RR 1997, 109 = AP Nr. 4 zu § 119 AFG; BSG v. 25.4.2002, NZA-RR 2003, 162 = NZS 2003, 221.

7 BSG v. 17.10.2007, DB 2008, 1048 = NZA-RR 2008, 383.

8 BSG v. 17.10.2007, DB 2008, 1048 = NZA-RR 2008, 383; *Gagel*, jurisPR-SozR 15/2008 Anm. 1.

Abwicklungsvereinbarung insbesondere dann vorzuziehen, wenn (z.B. aufgrund besonders „sperrzeitfreudiger“ Handhabung der örtlichen Agentur für Arbeit) Einschränkungen beim Bezug von Arbeitslosengeld befürchtet werden.

11 Einigen sich die Parteien – wie regelmäßig – auf eine **ordentliche** Kündigung, ist dies im Vergleichstext festzuhalten. Das Vorliegen einer **außerordentlichen** Kündigung kann bei der Agentur für Arbeit die Prüfung auslösen, ob der Arbeitnehmer durch ein arbeitsvertragswidriges Verhalten Anlass für die Lösung des Beschäftigungsverhältnisses gegeben hat (§ 144 Abs. 1 Nr. 1 Alt. 2 SGB III), womit ebenfalls die Verhängung einer Sperrzeit verbunden sein kann. Dabei ist allerdings darauf hinzuweisen, dass die Verhängung einer Sperrzeit auch bei einer ordentlichen Kündigung geschehen kann, sofern diese auf verhaltensbedingten Gründen beruht.

12 Nicht jede ordentliche Kündigung hält die jeweils anzuwendenden Kündigungsfristen ein. Ist die Kündigung **fristgerecht**, sollte der Vergleich dies ausdrücklich feststellen. Eine Beendigung des Arbeitsverhältnisses ohne Einhaltung der zutreffenden Kündigungsfrist kann zu einem **Ruhen** des Anspruchs auf Arbeitslosengeld für gewisse Zeit führen, wenn der Arbeitnehmer wegen der Beendigung des Arbeitsverhältnisses eine Abfindung, Entschädigung oder ähnliche Leistung (Entlassungsentschädigung) erhalten oder zu beanspruchen hat (§ 143a SGB III). Zudem kann auch die Nichteinhaltung der Kündigungsfrist ein Indiz dafür bilden, dass der Arbeitnehmer durch ein arbeitsvertragswidriges Verhalten Anlass für die Lösung des Beschäftigungsverhältnisses gegeben hat, und damit die Verhängung einer **Sperrzeit** auslösen (§ 144 Abs. 1 Nr. 1 Alt. 2 SGB III). Richtet sich die für das Arbeitsverhältnis maßgebliche Kündigungsfrist nach einem **Tarifvertrag** und ist diese kürzer als die gesetzliche, empfiehlt es sich, folgenden anschließenden Satz mit aufzunehmen, um dem Sachbearbeiter der Agentur für Arbeit die Bearbeitung zu erleichtern und Missverständnisse zu vermeiden:

13 *Formulierungsbeispiel*

Die Kündigungsfrist beträgt gemäß dem auf das Arbeitsverhältnis der Parteien anzuwendenden Mantel-/*Rahmen*tarifvertrag für das (*Art des Gewerbes*) vorliegend Tage/*Wochen*/*Monate*.

14 Ist die Kündigung **betriebsbedingt**, sollte dies ausdrücklich seinen Niederschlag im Vergleichstext finden. Damit wird deutlich gemacht, dass nicht arbeitsvertragswidriges Verhalten die Ursache für die Kündigung war. So kann in der Praxis regelmäßig die Verhängung einer Sperrzeit gem. § 144 Abs. 1 Nr. 1 SGB III vermieden werden; dabei ist aber stets zu berücksichtigen, dass eine abweichende Entscheidung der Agentur für Arbeit nicht vollständig auszuschließen ist, weil der gerichtliche Vergleich für die **Feststellung**, ob eine **Sperrzeit** oder ein **Ruhenstatbestand** eingetreten ist, **keine bindende Wirkung** entfaltet.

15 Handelte es sich hingegen ausschließlich um eine – aus Sicht des Arbeitgebers – verhaltensbedingte Kündigung, sollte, auch wenn das Vorliegen der kündigungsrelevanten Tatsachen streitig ist, der Begriff der „betriebsbedingten Kündigung“ nicht verwendet werden. Was unter **betrieblich bedingten Erfordernissen** zu verstehen ist, wird in § 1 Abs. 2 KSchG legaldefiniert. Würden die Parteien übereinstimmend die Kündigung als betriebsbedingte bezeichnen, obwohl dies jeder tatsächlichen Grundlage entbehrt, allein um damit günstige sozialversicherungsrechtliche Konsequenzen für den Arbeitnehmer herbeizuführen, wird man dies als unzulässig ansehen müssen. Eine bloße **Umbenennung** des Kündigungsgrundes allein hat im Übrigen auch keinen Einfluss darauf, ob das Ende des Beschäftigungsverhältnisses durch ein arbeitsvertragswidriges Verhalten herbeigeführt worden ist. Für die Beurteilung des Vorliegens der Voraussetzungen einer Sperrzeit nach § 144 Abs. 1 Nr. 1 SGB III ist

es daher unerheblich, wenn im Kündigungsschutzprozess ein Vergleich mit dem in Wahrheit unzutreffenden Inhalt geschlossen wird, dass das Arbeitsverhältnis durch betriebsbedingte Kündigung beendet worden sei.[9]

Andererseits steht es den Parteien offen, sich in einem solchen Fall darüber zu verständigen, 16
dass verhaltensbedingte Gründe, die eine Kündigung zu rechtfertigen vermögen, nicht vorliegen, etwa weil der Arbeitgeber das behauptete, vom Arbeitnehmer bestrittene, Fehlverhalten nicht beweisen kann. Sind die Parteien sich damit im Ergebnis einig, dass die Kündigung unter einen der drei Rechtfertigungstatbestände des § 1 KSchG nicht subsumiert werden kann, wollen sie aber dennoch einvernehmlich das Arbeitsverhältnis beenden, wird regelmäßig im Vergleich die Formulierung **„aus betrieblichen Gründen"** gewählt. „Betriebliche Gründe" sind nicht gleichbedeutend mit den im KSchG genannten betriebsbedingten Gründen.[10] Es reicht für eine „Kündigung aus betrieblichen Gründen" aus, wenn die Kündigung einen **betrieblichen Bezug** hat. Der Begriff der Kündigung „aus betrieblichen Gründen" ist deshalb in dem weiten Sinne zu verstehen, dass hierunter alle Kündigungen fallen, die auch durch betriebliche Gründe veranlasst sind, wenn sie nur nicht aus verhaltensbedingten Gründen ausgesprochen wurden.[11] Betriebliche Gründe liegen damit auch dann vor, wenn ein „betriebliches Miteinander-Arbeiten" von Arbeitnehmer und Arbeitgeber aufgrund von Zwistigkeiten nicht mehr möglich erscheint.

Der **Beendigungszeitpunkt** ist unbedingt zu regeln. Es muss klar sein, bis zum welchem 17
Zeitpunkt die Pflichten der Parteien aus dem Arbeitsverhältnis, insbesondere zur Lohnzahlung und Arbeitserbringung, bestehen und auf welches Enddatum das Zeugnis und die sonstigen Arbeitspapiere auszustellen sind. Die weitere Angabe des **Datums des Kündigungsschreibens** ist bei Einhaltung der anzuwendenden Kündigungsfrist sinnvoll, damit diese Tatsache leicht nachvollzogen werden kann (vgl. Rn 12). Es kann auch hilfreich sein, zusätzlich das **Zugangsdatum** anzugeben, etwa dann, wenn die Kündigung das Datum des letzten Tages trägt, an dem sie zur Einhaltung der Kündigungsfrist noch fristgerecht ausgesprochen werden und zugehen konnte („Kündigung vom ..., zugegangen am gleichen Tag").

b) Abfindung

In der überwiegenden Zahl der Fälle einigen sich die Parteien darauf, dass im Zusammen- 18
hang mit der Beendigung des Arbeitsverhältnisses eine Abfindung zu zahlen ist.

> *Formulierungsbeispiele* 19
> Für den Verlust des Arbeitsplatzes zahlt der Beklagte an den Kläger in entsprechender Anwendung der §§ 9, 10 KSchG, §§ 24, 34 EStG eine Abfindung in Höhe von EUR brutto.
> Der Anspruch auf die Abfindung ist bereits jetzt entstanden und damit vererblich.
> Die Abfindung ist zum fällig und zahlbar.
> Der Kläger ist berechtigt, das Arbeitsverhältnis durch schriftliche Anzeige gegenüber dem Beklagten auch vor dem ohne Einhaltung einer Frist/*unter Einhaltung einer Ankündigungsfrist von Tagen/Wochen* zu beenden. Der Beklagte erklärt, dass eine vorzeitige Auflösung des Arbeitsverhältnisses in seinem betrieblichen Interesse liegt, da ein Arbeitsplatz für den Kläger nicht mehr vorhanden ist. Für jeden Monat einer

9 BSG v. 3.6.2004, NZA-RR 2005, 52 = NZA 2004, 1264.
10 BAG v. 21.11.2000, NZA 2001, 661 = DB 2001, 987.
11 BAG v. 21.11.2000, NZA 2001, 661 = DB 2001, 987.

> solchen vorzeitigen Beendigung des Arbeitsverhältnisses erhöht sich die oben genannte Abfindung um EUR brutto. Für Teile von Monaten wird die Erhöhung der Abfindung anteilig nach dem Verhältnis der nach dem vorzeitigen Beendigungsdatum liegenden Tage zu der Gesamtzahl der Tage des jeweiligen Monats berechnet.

20 Ist das Arbeitsverhältnis **zum Zeitpunkt des Vergleichsschlusses** nach dessen Regelungen bereits **beendet** und wird eine Regelung zum Zahlungstermin nicht getroffen, bewirkt dies **die sofortige Fälligkeit der Abfindung**. Kann der Arbeitgeber die Abfindungszahlung erst später oder nur in Raten leisten, sollten genaue Regelungen zur Fälligkeit in den Vergleichstext aufgenommen werden. Wird der Vergleich **vor dem vereinbarten Ende des Arbeitsverhältnisses** geschlossen und soll die Abfindung entsprechend §§ 9, 10 KSchG gezahlt werden, so liegen in aller Regel Umstände i.S.d. § 271 Abs. 1 BGB vor, aus denen sich als Fälligkeitszeitpunkt derjenige der **Beendigung des Arbeitsverhältnisses** ergibt.[12] In **Sonderkonstellationen** können nach § 271 Abs. 1 BGB zu berücksichtigende Umstände allerdings ausnahmsweise die Annahme einer **vorgezogenen Fälligkeit** rechtfertigen, wie z.B. ein etwa sich abzeichnendes Insolvenzrisiko des Arbeitgebers.[13] Der Arbeitgeber sollte vorsorglich die Aufnahme einer **Fälligkeitsregelung** in den Vergleich verlangen, nach welcher die Abfindung zum Ende des Arbeitsverhältnisses zahlbar ist, um Streitigkeiten über die Frage, ob ein Ausnahmefall im beschriebenen Sinn vorliegt, von vornherein den Boden zu entziehen.

21 Verstirbt der Arbeitnehmer vor dem im Abfindungsvergleich festgelegten Auflösungszeitpunkt, so geht der in einem Prozessvergleich vereinbarte **Abfindungsanspruch grundsätzlich** auf die **Erben** über. Etwas anderes gilt nur, wenn die Parteivereinbarung ergibt, dass das **Erleben** des vereinbarten Beendigungszeitpunkts **Vertragsinhalt** geworden ist.[14] Das BAG hält dabei allerdings ausdrücklich an der in zwei früheren Entscheidungen[15] vertretenen Auffassung fest, dass eine (dort jeweils in außergerichtlichen Aufhebungsverträgen enthaltene) Bestimmung, nach der die Abfindung zur Abmilderung der wirtschaftlichen Nachteile einer **Frühpensionierung** bestimmt ist, eine derartige **anderweitige Parteivereinbarung** darstellt, mit der Folge, dass der Abfindungsanspruch dann **nicht vererblich** ist. Ebenfalls betreffend einen Aufhebungsvertrag hatte das BAG zuvor entschieden, dass der Anspruch auf die Abfindung **nicht entsteht**, wenn der Arbeitnehmer vor der vereinbarten Beendigung des Arbeitsverhältnisses stirbt und die Parteien den Aufhebungsvertrag im Zuge einer geplanten Personalreduzierung geschlossen und dabei **auf Leistungen eines Sozialplanes verwiesen** haben, der den Anspruch auf die Abfindung u.a. davon abhängig macht, dass der Arbeitnehmer im Zeitpunkt der Beendigung des Arbeitsverhältnisses das 55. Lebensjahr vollendet hat, welches der Arbeitnehmer nicht mehr erreichte.[16] Hingegen führte die vorzunehmende Auslegung der jeweils zugrunde liegenden Vereinbarungen in drei vorangehenden Entscheidungen[17] dazu, dass das Erleben des vereinbarten Auflösungstermins durch den Arbeitnehmer nach Auffassung des BAG **keine Bedingung** für die Abfindungszahlung darstellte, so dass die Erben des Arbeitnehmers diese mit Erfolg fordern konnten.

12 BAG v. 15.7.2004, NZA 2005, 292 = DB 2004, 2430.

13 BAG v. 15.7.2004, NZA 2005, 292 = DB 2004, 2430, zu B II 2 g der Gründe.

14 BAG v. 22.5.2003, AP Nr. 8 zu § 767 ZPO = NZA 2004, 1352.

15 BAG v. 26.8.1997, NZA 1998, 643 = DB 1998, 1620; BAG v. 16.5.2000, NZA 2000, 1236 = DB 2001, 50.

16 BAG v. 25.9.1996, NZA 1997, 163 = DB 1997, 281.

17 BAG v. 16.10.1969, DB 1970, 259; BAG v. 29.11.1984 – 2 AZR 588/83 – juris; BAG v. 25.6.1987, NZA 1988, 466.

Praxishinweis 22
Der Arbeitnehmer bzw. sein Vertreter sollte daher aus Gründen der Rechtsklarheit und -sicherheit verlangen, dass eine Regelung in den Vergleich aufgenommen wird, nach welcher ein erst später fällig werdender Anspruch auf die Abfindung **sofort entsteht** und damit **vererblich** ist. Das gilt jedenfalls dann, wenn das Arbeitsverhältnis zu einem Zeitpunkt beendet werden soll, der **nicht unerheblich nach dem Zeitpunkt des Vergleichsschlusses** liegt.

Arbeitsentgelt, für das Beitragspflicht zu den **Sozialversicherungen** besteht, sind alle laufen- 23
den oder einmaligen Einnahmen aus einer Beschäftigung, gleichgültig, ob ein Rechtsanspruch auf die Einnahmen besteht, unter welcher Bezeichnung oder in welcher Form sie geleistet werden und ob sie unmittelbar aus der Beschäftigung oder im Zusammenhang mit ihr erzielt werden (§ 14 Abs. 1 S. 1 SGB IV). Eine wegen der Beendigung einer versicherungspflichtigen Beschäftigung als Entschädigung für die Zeit danach gezahlte **Abfindung** stellt keinen Zufluss aus der Beschäftigung, sondern für Zeiten **danach**, dar und ist deshalb **kein** in den Sozialversicherungen **beitragspflichtiges Arbeitsentgelt.**[18] Abfindungen nach §§ 9, 10 KSchG, die für den Verlust des Arbeitsplatzes gezahlt werden, unterliegen **auch dann nicht** der Beitragspflicht zur Sozialversicherung, wenn für sie (wie es seit dem 1.1.2006 der Regelfall ist) Einkommen- oder Lohnsteuer abzuführen ist.[19] Handelt es sich jedoch in Wahrheit um **rückständiges Arbeitsentgelt** (laufende Lohn- und Gehaltszahlungen aller Art, Sonderleistungen), das die Parteien im Beendigungsvergleich lediglich als Abfindung bezeichnen (sog. „**Scheinabfindung**“), sind die Zahlungen in den Sozialversicherungen beitragspflichtig.[20] Auch Abfindungen wegen Verringerung der Wochenarbeitszeit[21] oder wegen einer Rückführung auf die tarifliche Einstufung[22] bei **weiter bestehendem Beschäftigungsverhältnis** sind beitragspflichtig.

Steuerfreibeträge für Abfindungszahlungen gibt es seit dem 1.1.2006 **nicht mehr**. Art. 1 24
Nr. 1a des Gesetzes zum Einstieg in ein steuerliches Sofortprogramm vom 22.12.2005 hat die Regelung des § 3 Nr. 9 EStG, welche diese vorsah, ersatzlos **aufgehoben**.

An der steuerlichen Privilegierung der sog. „**Fünftelungsregelung**“, §§ 24, 34 EStG, hat sich 25
allerdings nichts geändert. § 34 Abs. 1 EStG dient dazu, dem Steuerpflichtigen entstehende Nachteile abzumildern, die durch einen zusammengeballten Zufluss von Einnahmen in einem Veranlagungszeitraum durch die damit verbundene Erhöhung der Steuerprogression entstehen. Dementsprechend sind Entschädigungen i.S.d. § 24 Nr. 1a, b EStG grundsätzlich nur dann außerordentliche Einkünfte des § 34 EStG, wenn die Entschädigungssumme so hoch ist, dass sie entgangenen Einnahmen entspricht, die sich der Höhe nach über den Veranlagungszeitraum hinaus erstrecken. Es müssen also die fiktiven Einnahmen ermittelt werden, die bei Fortsetzung des Arbeitsverhältnisses über den Kündigungsendzeitpunkt hinaus entstanden wären. Geht die Abfindung **betragsmäßig über die zusammengerechneten Bruttomonatseinkommen hinaus**, die, gerechnet ab dem Kündigungsendzeitpunkt **bis zum 31.12. des Jahres des tatsächlichen Ausscheidens** erreicht worden wären, handelt es sich um eine außerordentliche Einkunft i.S.d. § 34 EStG. Auf die Frage, zu welchem Zeitpunkt die Abfindung zufließt, kommt es im Hinblick auf das Tatbestandsmerkmal der außer-

18 BSG v. 21.2.1990, NJW 1990, 2274 = NZA 1990, 751.
19 BAG v. 9.11.1988, DB 1989, 327 = NZA 1989, 270.
20 BSG v. 21.2.1990, NJW 1990, 2274 = NZA 1990, 751; BSG v. 25.10.1990, RzK I 9 j Nr. 18.
21 BSG v. 28.1.1999, NZS 1999, 358 = MDR 1999, 685.
22 BSG v. 28.1.1999, BB 1999, 1928.

ordentlichen Einkunft i.S.d. § 34 EStG nicht an. Es kommt also nicht darauf an, ob die Abfindung noch im Jahr des Ausscheidens oder erst im Folgejahr ausgezahlt wird.

26 Weiter setzt das Merkmal der **Zusammenballung** grundsätzlich voraus, dass die Einkünfte aus der Entlassungsentschädigung **in einem Veranlagungszeitraum zufließen**, da durch eine Verteilung dieser zusätzlichen Einkünfte auf mehrere Veranlagungszeiträume bereits die Progressionswirkung abgemildert würde, so dass es der Anwendung des § 34 EStG zur Herstellung der Steuergerechtigkeit dann nicht bedarf. Die Tarifermäßigung nach § 34 EStG tritt also nicht ein, wenn eine Entschädigung auf zwei oder mehr Zahlungen verteilt wird, die in verschiedenen Veranlagungszeiträumen zufließen. Dementsprechend bestehen gegen eine Ratenzahlung, die sich innerhalb eines Veranlagungszeitraumes hält, unter dem Gesichtspunkt des § 34 EStG keine Bedenken.

27 Übersteigt das in dem Veranlagungszeitraum des Zuflusses der Abfindung erzielte sonstige Einkommen des Arbeitnehmers den Grundfreibetrag nach § 32a Abs. 1, 5 EStG, hält sich die durch § 34 EStG bewirkte steuerliche Entlastung in engen finanziellen Grenzen. Zu spürbaren steuerlichen Entlastungseffekten kommt es nur bei hohen bis sehr hohen Abfindungen. Steuerliche Gestaltungsmöglichkeiten bieten auch diejenigen Fälle, in denen dem Arbeitnehmer in einem Veranlagungszeitraum – z.B. in dem sich an die Beendigung des Arbeitsverhältnisses anschließenden Veranlagungszeitraum – kein oder nur ein geringes zu versteuerndes Einkommen zufließt. In diesen Fällen muss darauf geachtet werden, dass eine Zahlung der Abfindung durch den Arbeitgeber verbindlich erst für diesen Veranlagungszeitraum vereinbart wird. Soweit das zu versteuernde Einkommen des Arbeitnehmers – zuzüglich der nach § 32b EStG hinzuzurechnenden Beträge – in dem betreffenden Veranlagungszeitraum den Grundfreibetrag i.S.d. § 32a EStG in Höhe von 8.004 EUR[23] bzw. von 16.008 EUR[24] nicht erreicht, fällt für eine Abfindungszahlung, die sich in diesem Rahmen hält, die also zusammen mit dem übrigen zu versteuernden Einkommen und den nach § 32b EStG hinzuzurechnenden Beträgen den Grundfreibetrag nicht überschreitet, keine Einkommensteuer an. Auf eine Privilegierung gem. §§ 24, 34 EStG kommt es in diesen Fällen nicht an. § 32b EStG sieht – nur für die Berechnung des besonderen Steuersatzes, der dann auch auf die Entlassungsentschädigung anzuwenden ist – eine Vermehrung (oder Verminderung) des zu versteuernden Einkommens um die in § 32b Abs. 1 Nr. 1–5 EStG genannten Leistungen bzw. Einkünfte vor. Das bedeutet, dass insb. bezogenes Arbeitslosengeld, Insolvenzgeld und Krankengeld (aber auch noch weitere soziale Leistungen) in die Berechnung mit einzubeziehen sind. Es muss also in einem ersten Schritt das zu versteuernde Einkommen des betreffenden Veranlagungszeitraumes ermittelt werden, dann müssen zusätzlich bezogene Leistungen i.S.d. § 32b Abs. 1 EStG, insb. Arbeitslosengeld, berücksichtigt werden. Liegt der so ermittelte Betrag unterhalb des Grundfreibetrages i.S.d. § 32a EStG für Ledige bzw. – bei Zusammenveranlagung – für Verheiratete, ist Raum für einen im Ergebnis steuerfreien Zufluss einer Abfindung gegeben. Die in § 34 Abs. 1 S. 2 und 3 EStG festgelegte Fünftelungsregelung wirkt sich dabei im wirtschaftlichen Ergebnis so aus, dass eine Abfindung in Höhe des Fünffachen des jeweils noch „freien“ Grundfreibetrages steuerfrei gestellt werden kann.

28 Die Verwendung des Zusatzes „**brutto**“ macht deutlich, dass die Versteuerung der Abfindung zu Lasten des Arbeitnehmers erfolgt. Er hat allerdings regelmäßig **nur klarstellende Funktion**, da Abfindungsregelungen, die weder den Zusatz „brutto“ noch „netto“ enthalten,

23 Ab dem 1.1.2010 gültiger Grundfreibetrag für Ledige.

24 Ab dem 1.1.2010 gültiger Grundfreibetrag für Verheiratete bei Zusammenveranlagung.

im Zweifel dahin gehend auszulegen sind, dass eine **Bruttozahlung** geschuldet ist.[25] Liegt hingegen einer der seltenen Fälle vor, in denen die vereinbarte Abfindung dem Arbeitnehmer in der vollen vereinbarten Höhe – also nach Steuern – zufließen soll, ist der Zusatz „netto“ zu verwenden[26] oder ausdrücklich zu bestimmen, dass der Arbeitgeber die anfallenden Steuern trägt. Nicht sinnvoll ist die Verwendung der unklaren Formulierung, die Abfindung sei „brutto = netto“ zu zahlen. Bei einer an den §§ 133, 157 BGB ausgerichteten Auslegung kann der objektive Erklärungsinhalt dieser Klausel grundsätzlich **nicht** im Sinne einer Nettovereinbarung gedeutet werden.[27]

Ist zum Zeitpunkt des Vergleichsschlusses das Arbeitsverhältnis noch für die Dauer einer 29
längeren Kündigungsfrist fortzusetzen, haben aber die Parteien hieran kein Interesse, können sie dem **Arbeitnehmer** die **Option** einräumen, das Arbeitsverhältnis durch einseitige Erklärung zu einem vor dem Kündigungsendtermin liegenden Zeitpunkt zu beenden. Regelmäßig wird dabei als Anreiz für den Arbeitnehmer eine **Erhöhung** der zu zahlenden **Abfindung** vereinbart. Für den Arbeitgeber ist diese Lösung wirtschaftlich interessant, wenn er die Arbeitskraft des Arbeitnehmers nicht mehr nutzbringend einsetzen kann oder will und die vereinbarte Aufstockung der Abfindung unter dem ansonsten zu zahlenden Bruttoarbeitslohn, dem noch der Arbeitgeberanteil zur Sozialversicherung hinzuzurechnen ist, liegt. Der Arbeitnehmer wird die Option meist nur dann ausüben, wenn er noch innerhalb der Kündigungsfrist ein **neues Arbeitsverhältnis** begründen kann, da er ansonsten auf Arbeitslosengeld angewiesen ist und eine Verkürzung der Kündigungsfrist die Verhängung einer **Sperrzeit** gem. § 144 SGB III oder die Anordnung des **Ruhens** des Anspruchs gem. § 143a SGB III seitens der Agentur für Arbeit nach sich ziehen würde. Da das Arbeitsverhältnis für den Fall der Ausübung der Option tatsächlich zu einem bestimmten Zeitpunkt beendet wird, ist für die Zeit danach Arbeitslohn nicht geschuldet, dementsprechend findet im Falle einer solchen Vereinbarung auch keine Hinterziehung von Sozialversicherungsabgaben statt.

Praxishinweis 30
Die Höhe der zusätzlichen Abfindungszahlungen ist ebenso frei verhandelbar wie die Abfindung selbst. In der Praxis liegt sie – je nach Situation und Verhandlungsgeschick – meist zwischen einem zusätzlichen **Brutto-** und **Nettogehalt** pro Monat der vorzeitigen Beendigung.

c) Lohnzahlung und weitere Durchführung des Arbeitsverhältnisses

Liegt der **Beendigungszeitpunkt** des Arbeitsverhältnisses **vor** dem Tag des Vergleichs- 31
schlusses, kann Regelungsbedarf bezüglich bislang nicht erbrachter Zahlungen des Arbeitgebers bestehen. Ist das Arbeitsverhältnis zum Zeitpunkt des Vergleichsschlusses **noch nicht beendet**, kann geregelt werden, wie für die restliche Zeitspanne mit den Verpflichtungen der Parteien aus dem Arbeitsverhältnis verfahren werden soll.

Formulierungsbeispiele 32
Der Beklagte zahlt an den Kläger für *(Monat, Jahr)* einen Betrag von EUR brutto (ggf.: abzüglich bereits bezahlter EUR netto/*abzüglich auf die Agentur für Arbeit übergegangener Ansprüche in Höhe von EUR netto*).

25 BAG v. 21.11.1985, RzK I 9 j Nr. 2; LAG Berlin v. 5.2.1974, DB 1974, 1486; LAG Düsseldorf v. 17.10.1975, DB 1975, 2379.

26 LAG Düsseldorf v. 17.3.1970, DB 1970, 784.

27 BAG v. 21.11.1985, RzK I 9 j Nr. 2; LAG Bremen v. 22.1.1988, NZA 1988, 433; LAG Hessen v. 7.12.1988, DB 1989, 2080 = LAGE § 9 KSchG Nr. 10; LAG Köln v. 13.2.1997, FA 1998, 54.

Der Beklagte zahlt an den Kläger für das Jahr ____ eine Weihnachtsgratifikation in Höhe von ____ EUR brutto.
Der Beklagte rechnet das Arbeitsverhältnis mit dem Kläger für ____ *(Monat, Jahr)/ für die Zeit bis zum* ____ *(Beendigungsdatum)* auf der Basis eines monatlichen Bruttogehaltes/*auf der Basis eines Brutto-Stundenlohnes* von ____ EUR ab, erteilt Lohnabrechnungen und zahlt sich ergebende Nettobeträge (ggf.: *unter Berücksichtigung bereits erbrachter Zahlungen/unter Berücksichtigung von auf die Agentur für Arbeit oder sonstige Dritte übergegangenen Ansprüchen*) an den Kläger aus.
Die Parteien führen das Arbeitsverhältnis bis zu seinem Ende vertragsgerecht durch, der Kläger erbringt seine Arbeitsleistung und nimmt in Absprache mit dem Beklagten den ihm etwa noch zustehenden restlichen Urlaub, der Beklagte zahlt den dem Kläger zustehenden Arbeitslohn. Dabei sind sich die Parteien darüber einig, dass die Abrechnung und Lohnzahlung auf der Basis eines Bruttomonatsgehaltes/*eines Bruttostundenlohnes* von ____ EUR zu erfolgen hat.

33 Soweit **fällige Löhne** ausstehen, sollte der Arbeitnehmer bzw. sein Vertreter darauf achten, dass die Verpflichtung, diese zu zahlen, in den Vergleich aufgenommen wird. Eine ausdrückliche Regelung **muss** aus Sicht des Arbeitnehmers enthalten sein, wenn die Parteien im Rahmen des Vergleiches sämtliche finanziellen Ansprüche erledigen wollen (sog. „große Abgeltungs- oder Erledigungsklausel“, siehe Rn 64 ff.).

34 Steht der **zu zahlende fällige Betrag** fest, sei es, weil ein festes Bruttomonatsgehalt zu zahlen ist und unzweifelhaft für die gesamte Dauer des Monats eine tatsächliche Grundlage für den Anspruch besteht (erbrachte Arbeitsleistung, Krankheit innerhalb des Sechs-Wochen-Zeitraumes, Urlaub) oder weil der Arbeitgeber für den betreffenden Monat eine Lohnabrechnung erteilt hat, die der Arbeitnehmer als richtig anerkennt, sollte der Anwalt des Arbeitnehmers darauf hinwirken, dass der Vergleich eine Verpflichtung des Arbeitgebers zur Zahlung einer **bezifferten Summe** enthält. Nur mit der Formulierung „Der Beklagte zahlt an den Kläger einen Betrag von EUR“ ist ein **vollstreckbarer Titel** geschaffen. Für die Forderungsvollstreckung ist gem. §§ 828 Abs. 1, 764 Abs. 1 ZPO als Vollstreckungsgericht das **Amtsgericht**, nicht das Arbeitsgericht, zuständig.[28] Da für Anträge auf **Prozesskostenhilfe** in Zwangsvollstreckungsverfahren die Zuständigkeit des **Vollstreckungsgerichts** gegeben ist,[29] muss ein derartiger Antrag für die Forderungsvollstreckung ebenfalls beim **Amtsgericht** angebracht werden.

35 Der Arbeitgeber muss im Rahmen der Titulierung von Zahlungsansprüchen darauf achten, dass sämtliche von ihm bereits entrichteten **Bruttobeträge abgezogen** werden (z.B.: 1.000 EUR brutto sind bereits abgerechnet und vollständig [an den Arbeitnehmer, das Finanzamt und die für die Sozialversicherungsabgaben zuständige Einzugsstelle] ausgekehrt, 1.500 EUR brutto waren tatsächlich für den betreffenden Zeitraum geschuldet: Titulierung von nur noch 500 EUR brutto). Hat er Abgaben noch nicht abgeführt, sondern lediglich Nettolohnzahlungen an den Arbeitnehmer entrichtet, sind diese bei der Titulierung **separat beziffert** mit dem Zusatz „netto“ von der Bruttolohnforderung **abzusetzen** (Formulierungsbeispiel siehe Rn 32). Letzteres gilt auch für Zahlungen von **Arbeitslosengeld**, in deren Höhe der Arbeitnehmer aufgrund gesetzlichen Forderungsüberganges auf die Agentur für Arbeit (§ 115 SGB X) **nicht mehr Gläubiger** ist. Hat der Arbeitgeber zum Zeitpunkt des Vergleichsschlusses zwar noch nicht das Nettoentgelt an den Arbeitnehmer gezahlt, aber **bereits**

28 Vgl. im einzelnen zur Zwangsvollstreckung aus einem Zahlungstitel § 36 Rn 81–88.
29 OLG Celle v. 11.8.1981, NdsRpfl 1981, 232 = JurBüro 1982, 132.

Sozialabgaben und Steuern abgeführt, muss er darauf achten, dass diese Zahlungen berücksichtigt werden, dass also nicht der Brutto-, sondern nur der **Nettobetrag** tituliert wird. Geschieht in solchen Fällen (aus Sicht des Arbeitgebers: versehentlich) die Titulierung des Bruttobetrages und vollstreckt der Arbeitnehmer auch diesen, wird der Arbeitgeber den Einwand, er habe die Abgaben bereits vor Vergleichsabschluss bezahlt, **nicht** im Wege der Vollstreckungsgegenklage (§ 767 Abs. 2 ZPO) vorbringen können, da diese voraussetzt, dass der Klagende behaupten kann, die durch den Prozessvergleich begründete Forderung sei **nachträglich** weggefallen. Auch die Voraussetzungen für eine Klage auf Schadensersatz wegen Titelmissbrauchs dürften regelmäßig in solchen Fallkonstellationen nicht vorliegen, da ein solcher nach § 826 BGB über die materielle Unrichtigkeit des Vollstreckungsbescheids hinaus das Hinzutreten besonderer Umstände voraussetzt, die sich aus der Art und Weise der Titelerlangung oder der beabsichtigten Vollstreckung ergeben und die das Vorgehen des Gläubigers (hier: des Arbeitnehmers) als sittenwidrig prägen. Nur dann erscheint die Durchbrechung der Rechtskraft gerechtfertigt. Sofern der Titel nicht erschlichen worden ist, reicht die bloße Kenntnis des Gläubigers von der materiell-rechtlichen Unrichtigkeit des Titels nicht aus.[30] Eine Pflicht des Arbeitnehmers gegenüber dem Arbeitgeber, die erlangten Arbeitnehmeranteile zu Sozialversicherung und Steuern an Einzugsstelle bzw. Finanzamt abzuführen, ist in solchen Fällen ebenfalls nicht gegeben, da der Arbeitgeber seine Abführungspflichten hier ja bereits erfüllt hat.

Sind vom Arbeitgeber zum Zeitpunkt des Vergleichsschlusses noch keinerlei Zahlungen ge- 36
leistet worden und ist auch kein Forderungsübergang auf Dritte erfolgt, wird im Vergleich oft eine Titulierung der noch ausstehenden Lohnzahlung als Bruttobetrag vorgenommen. Der Arbeitgeber sollte auch hier bedenken, dass das Vollstreckungsorgan dann regelmäßig den gesamten Bruttobetrag beitreiben wird. Zwar entfaltet die **nach Vergleichsabschluss, aber vor Vollstreckung** erfolgende Abführung der Lohnsteuer an das Finanzamt und die Entrichtung der Sozialversicherungsbeiträge an die gem. §§ 28h, 28i SGB IV zuständige Einzugsstelle (meist die Krankenkasse) schuldbefreiende Wirkung auch gegenüber dem Arbeitnehmer. Den Erfüllungseinwand muss der Arbeitgeber allerdings, wenn der Arbeitnehmer gegenüber dem Vollstreckungsorgan nachhaltig auf der Beitreibung des gesamten Bruttobetrages besteht, im Wege der **Vollstreckungsgegenklage** gem. § 767 ZPO geltend machen.[31] Zudem kann sich, wenn der Arbeitgeber **die Abgaben zum Zeitpunkt der Vollstreckung noch nicht abgeführt hat** und folgerichtig der volle Bruttolohn vollstreckt und an den Arbeitnehmer ausgekehrt wird, das Problem stellen, dass Finanzamt und Einzugsstelle aufgrund der bestehen bleibenden öffentlich-rechtlichen Abführungspflicht – die Zahlung des Arbeitgebers an den Arbeitnehmer hat insoweit keine befreiende Wirkung – vom Arbeitgeber erneut die Zahlung der Abgaben fordern. Der Arbeitgeber kann nicht geltend machen, es sei vorrangig der Arbeitnehmer in Anspruch zu nehmen, da diesen auch nach Erlangung von Abgaben eine öffentlich-rechtliche Abführungspflicht nicht trifft. Allerdings ist der Arbeitnehmer nach obergerichtlicher Auffassung **gegenüber dem Arbeitgeber** verpflichtet, die im Wege der Zwangsvollstreckung erlangten Arbeitnehmeranteile zur Sozialversicherung an die Einzugsstelle abzuführen.[32] Wenn er diese Gelder für Luxusausgaben verbraucht, haftet er dem Arbeitgeber, der vom Sozialversicherungsträger wegen der Arbeitnehmeranteile nochmals in Anspruch genommen wird, nach Auffassung einiger Obergerichte wegen vor-

30 LAG Schleswig-Holstein v. 6.10.2006, NZA-RR 2007, 216 (für den Fall der Erlangung eines Zahlungstitels über den vollen Bruttobetrag im Wege des Mahnverfahrens).

31 Näher zur Zwangsvollstreckung aus einem Bruttolohntitel § 36 Rn 89–107.

32 LAG Berlin v. 16.5.1990, LAGE § 28g SGB IV Nr. 1.

sätzlicher sittenwidriger Schädigung (§ 826 BGB) und hat ihm den entstehenden Schaden zu ersetzen.[33] Fraglich ist jedoch, ob der Arbeitgeber diesen Anspruch dann auch erfolgreich realisieren kann (vgl. auch § 36 Rn 94). Der Arbeitgeber sollte, um all diese geschilderten Komplikationen zu vermeiden, wenn der Arbeitnehmer auf der Schaffung eines vollstreckbaren Titels besteht, versuchen, eine **Beschränkung der Titulierung auf den Nettolohn** auszuhandeln. Dies ist leichter zu erreichen, wenn für die betreffenden Zeiträume eine zutreffende, nachvollziehbare Lohnabrechnung erstellt worden ist, die dem Arbeitnehmer auch möglichst so zeitig vor dem Termin übermittelt wurde, dass er sie prüfen konnte.

37 **In manchen Fällen**, insbesondere wenn im Stundenlohn abgerechnet wird und eine Lohnabrechnung seitens des Beklagten noch nicht vorgelegt worden ist, Zeiträume unentschuldigten Fehlens aufgetreten sind oder noch nicht geklärt ist, ob die Voraussetzungen für einen Anspruch auf Entgeltfortzahlung im Krankheitsfall vorliegen, kann eine **Bezifferung**, obwohl der betreffende Lohn zur Zahlung fällig ist, in der Güteverhandlung **nicht erfolgen**. Teilweise wissen auch beide Parteien hinsichtlich zurückliegender Monate nicht, welche Nettolohnzahlungen auf die Verpflichtungen bereits erbracht worden sind. Teilweise kann der Arbeitnehmer schließlich **die Schaffung eines vollstreckbaren Titels im Verhandlungswege** gegen einen sich sträubenden Arbeitgeber **nicht erreichen,** wenn er z.B. die rückständigen Löhne noch nicht eingeklagt hat und der Arbeitgeber deswegen eine baldige Titulierung nicht fürchten muss.

38 Können oder sollen aus den genannten Gründen vollstreckungsfähige Formulierungen nicht verwendet werden, kann es sich empfehlen, zumindest die Abrechnungszeiträume und die **Abrechnungsgrundlagen**, also das Bruttomonatsgehalt oder den Bruttostundenlohn nebst der regelmäßigen wöchentlichen Stundenzahl, soweit wie möglich im Vergleich festzulegen. Damit ist (je nach der gewählten Formulierung vollständig oder teilweise) **Rechtsklarheit** hinsichtlich des Ob und der Höhe der Ansprüche geschaffen. Nicht außer Acht gelassen werden sollte aber, dass es zunächst eines Mahnverfahrens bzw. eines erneuten Rechtsstreites bedarf, um eine vollstreckbare Titulierung herbeizuführen, wenn die einvernehmliche Abwicklung misslingt und die Beträge zwangsweise beigetrieben werden sollen.

39 Der **Arbeitnehmer** sollte darauf achten, dass das Schicksal von **Sonderzahlungen** aller Art im Vergleich – ebenfalls möglichst vollstreckbar – geregelt wird. Regelmäßig ist besonders der Arbeitgeber an der vergleichsweisen Beilegung eines Kündigungsschutzrechtsstreits interessiert, womit in der Verhandlungsphase oft die Bereitschaft einhergeht, in Bezug auf Zahlungsansprüche Entgegenkommen zu zeigen. Ist die Beendigung des Arbeitsverhältnisses erst einmal **bestandskräftig geregelt**, kann der Arbeitgeber der Geltendmachung von Sonderleistungs- und anderen Zahlungsansprüchen gelassen entgegensehen und es nötigenfalls auch auf einen Rechtsstreit ankommen lassen. Aus **arbeitgeberseitiger** Sicht ist es dagegen meist ungünstig, diese Ansprüche zu thematisieren. Der geschickt agierende Arbeitgebervertreter wird eine „stillschweigende“ Erledigung streitiger Lohnforderungen favorisieren, indem er am Ende der Verhandlungen für die Aufnahme einer **Abgeltungsklausel** (großen Erledigungsklausel, siehe unten Rn 64 ff.) in den Vergleich sorgt. Ein unzureichend vorbereiteter Arbeitnehmervertreter wird oft nicht einmal bemerken, dass sein Mandant dadurch z.B. auf mögliche Gratifikationsansprüche verzichtet, die sich aus betrieblicher Übung oder aus dem Gleichbehandlungsgrundsatz ergeben können.

33 LAG Berlin v. 16.5.1990, LAGE § 28g SGB IV Nr. 1; LAG Baden-Württemberg v. 28.4.93, NZA 1994, 509 = LAGE § 826 BGB Nr. 1.

Dauert das Arbeitsverhältnis bei Vergleichsschluss noch an, ergeben sich regelmäßig weitere, **noch nicht fällige**, Lohnansprüche des Arbeitnehmers. Ihre Titulierung verbietet sich grundsätzlich, da bei Vergleichsschluss noch nicht feststeht, in welcher Höhe diese – von einer Gegenleistung abhängigen – Ansprüche überhaupt entstehen. Anders liegt es, wenn für die restliche Dauer des Arbeitsverhältnisses eine **bezahlte Freistellung** des Arbeitnehmers erfolgt **und** etwa erzielter **Zwischenverdienst nicht angerechnet** werden soll. Eine Titulierung der künftigen Lohnansprüche ist zwar auch dann in der arbeitsgerichtlichen Praxis unüblich, könnte aber durchaus bereits im Vergleich geschehen, wobei wegen der erst später eintretenden Fälligkeit das jeweilige **Fälligkeitsdatum** mit aufzunehmen ist. 40

Erstreckt sich das Arbeitsverhältnis über den Zeitpunkt des Vergleichsschlusses hinaus, können außerdem **Regelungen hinsichtlich der Arbeitsleistung** des Arbeitnehmers aufgenommen werden. Es kann (klarstellend) festgelegt werden, dass der Arbeitnehmer die vertragsgemäße Arbeitsleistung bis zum Ende des Arbeitsverhältnisses zu erbringen hat. Alternativ zur Festlegung der Arbeitsleistung kann eine bezahlte oder unbezahlte, widerrufliche oder unwiderrufliche, Freistellung von dieser Verpflichtung vereinbart werden (siehe Rn 48 ff.). 41

d) Urlaubsanspruch und Freistellung

Das Schicksal des **Urlaubsanspruchs** bedarf sowohl im bei Vergleichsschluss beendeten als auch noch nicht beendeten Arbeitsverhältnis besonderer Beachtung. Im **beendeten** Arbeitsverhältnis sollte die Einigkeit darüber, dass der Arbeitnehmer keine Urlaubsansprüche mehr besitzt, beispielsweise wie folgt geregelt werden: 42

> *Formulierungsbeispiele* 43
> Der Kläger hat den ihm zustehenden Urlaub vollständig in Natur erhalten./*Der Urlaub ist in Natur eingebracht.*

Das BUrlG ist in seinem Anwendungsbereich – also in Bezug auf die dort geregelten Mindesturlaubsansprüche – nicht abdingbar (vgl. § 13 Abs. 1 BUrlG). Der Arbeitnehmer kann auf seine **Mindesturlaubsansprüche nicht verzichten**. Insbesondere erfasst eine Abgeltungsklausel (große Erledigungsklausel) solche Mindesturlaubsansprüche bzw. -urlaubsabgeltungsansprüche nicht. Erzielen die Parteien jedoch Einigkeit darüber, dass der Arbeitnehmer seinen Urlaub vollständig genommen hat, kann dies im Wege eines **Tatsachenvergleiches** in das Verhandlungsergebnis Eingang finden. Steht nach übereinstimmender Auffassung der Parteien hingegen im beendeten Arbeitsverhältnis noch eine bestimmte Zahl von Urlaubstagen offen, sind die daraus resultierenden Urlaubsabgeltungsansprüche im Vergleich wie andere Zahlungsansprüche auch (siehe Rn 32 ff.) zu regeln. 44

Im **noch nicht beendeten** Arbeitsverhältnis werden zum Teil Vergleiche geschlossen, in denen die Zahl der noch offenen Urlaubstage einschließlich der genauen Lage der Urlaubnahme in der Zeitspanne bis zum Kündigungsendtermin festgelegt wird. Oft erfolgt auch eine Freistellung für die restliche Dauer des Arbeitsverhältnisses unter Anrechnung auf die Urlaubsansprüche des Arbeitnehmers, wobei, wenn der Freistellungszeitraum die Urlaubstage abdeckt bzw. übersteigt, oft geregelt wird, dass die Urlaubsansprüche damit erfüllt sind. Beides schließt jedoch entgegen der Erwartung manches Arbeitgebers den späteren Anfall einer Urlaubsabgeltung – zusätzlich zu dem für die Freistellungszeit anfallenden Lohn – nicht zwingend aus. Es kommt vor, dass der **Arbeitnehmer** nach Abschluss des Vergleiches überraschend **erkrankt** und für die restliche Dauer des Arbeitsverhältnisses leider auch nicht wieder gesundet. Der Erholungszweck des Urlaubes kann während der Zeit der Krankheit nicht erreicht werden mit der Folge, dass die Urlaubsansprüche des Arbeitnehmers nicht in Natur 45 erfüllt sind. Befürchtet der Arbeitgeber-Vertreter eine derartige Entwicklung, kann er – jedenfalls wenn zwischen den Parteien streitig ist, ob noch Urlaub offen steht – versuchen, im Vergleichswege Einigkeit darüber zu erzielen, dass der Arbeitnehmer den ihm zustehenden Urlaub bereits zum Zeitpunkt des Vergleichsschlusses tatsächlich vollständig erhalten hat. Gleichzeitig bietet der Arbeitgeber dem Arbeitnehmer für die restliche Dauer des Arbeitsverhältnisses eine Freistellung unter Fortzahlung der Bezüge an. Eine während der Freistellungszeit eintretende Erkrankung des Arbeitnehmers führt dann nicht zum Entstehen weiterer Zahlungsansprüche.

46 Bei der Ermittlung der noch offenen Urlaubsansprüche – sei es im beendeten, sei es im zur Zeit des Vergleichsschlusses noch nicht beendeten Arbeitsverhältnis – muss die grundlegende Umgestaltung des Urlaubsrechts in Folge der Entscheidung des **Europäischen Gerichtshofes**[34] berücksichtigt werden. Nach Auffassung des EuGH ist Art. 7 Abs. 1 der Richtlinie 2003/88 dahin auszulegen, dass er einzelstaatlichen Rechtsvorschriften oder Gepflogenheiten **entgegensteht**, nach denen der Anspruch auf bezahlten Jahresurlaub bei Ablauf des Bezugszeitraums und/oder eines im nationalen Recht festgelegten Übertragungszeitraums auch dann erlischt, wenn der Arbeitnehmer während des gesamten Bezugszeitraums oder eines Teils davon krankgeschrieben war und seine Arbeitsunfähigkeit bis zum Ende seines Arbeitsverhältnisses fortgedauert hat, weshalb er seinen Anspruch auf bezahlten Jahresurlaub nicht ausüben konnte. Das Bundesarbeitsgericht hat sich dieser Rechtsprechung zwischenzeitlich angeschlossen und erkannt, dass der **Anspruch auf Abgeltung gesetzlichen Voll- oder Teilurlaubs nicht erlischt**, wenn der Arbeitnehmer bis zum Ende des Urlaubsjahres und/oder des Übertragungszeitraums erkrankt und deshalb (durchgängig) **arbeitsunfähig** ist.[35] Gerade bei der vergleichsweisen Beendigung des Arbeitsverhältnisses eines wegen Langzeiterkrankung gekündigten und durchgängig bis zum Ende des Arbeitsverhältnisses (und ggf. auch darüber hinaus) erkrankten Arbeitnehmers muss sein anwaltlicher Vertreter daher berücksichtigen, dass Urlaubsabgeltungsansprüche für mehrere Jahre aufgelaufen sein können. Diese belaufen sich **jedenfalls** auf die Höhe des **gesetzlichen Mindesturlaubs** von 20 (bei einer Fünf-Tage-Woche) bzw. 24 (bei einer Sechs-Tage-Woche) Arbeitstagen pro Jahr, bei drei Kalenderjahren durchgängiger Arbeitsunfähigkeit bis zum Ende des Arbeitsverhältnisses und einer Fünf-Tage-Woche also z.B. auf die Vergütung für 60 Arbeitstage.

47 Dazu können noch Abgeltungsansprüche wegen nicht genommenen tarif- oder einzelarbeitsvertraglich über den gesetzlichen Mindesturlaub hinaus gewährten Urlaubs (sog. **Mehrurlaub** oder **übergesetzlicher Urlaub**) sowie nach besonderen gesetzlichen Vorschriften, z.B. § 125 SGB IX (Zusatzurlaub für schwerbehinderte Menschen), kommen. Das Bundesarbeitsgericht geht davon aus, dass die Parteien des Einzelarbeitsvertrages Urlaubs- und Urlaubsabgeltungsansprüche, die den von Art. 7 Abs. 1 der Arbeitszeitrichtlinie gewährleisteten und von § 3 Abs. 1 BUrlG begründeten Mindestjahresurlaubsanspruch von vier Wochen **übersteigen (sog. übergesetzlicher oder vertraglicher Mehrurlaub), frei regeln können**, dass also ihre Regelungsmacht nicht durch die für gesetzliche Urlaubsansprüche erforderliche richtlinienkonforme Fortbildung des § 7 Abs. 3 und 4 BUrlG beschränkt ist. Allerdings müssen für einen Regelungswillen der Parteien des Einzelarbeitsvertrags, der zwischen gesetzlichen und übergesetzlichen vertraglichen Ansprüchen unterscheidet, im Rahmen der Auslegung nach §§ 133, 157 BGB **deutliche Anhaltspunkte bestehen**,[36] es

34 EuGH v. 20.1.2009, NZA 2009, 135 = DB 2009, 234.
35 BAG v. 24.3.2009, NZA 2009, 538 = DB 2009, 1018.
36 BAG v. 24.3.2009, NZA 2009, 538 = DB 2009, 1018.

müssen also klare Differenzierungen im Arbeitsvertrag enthalten sein, die z.B. für den vertraglichen Mehrurlaub einen Verfall entsprechend den bisherigen Regeln anordnen. Greifen die Regelungen eines Tarifvertrages ein, ist ebenso zu prüfen, ob die Tarifvertragsparteien eine abweichende Regelung vorgenommen haben oder ob sie die Entstehung und den Verfall des tariflichen Mehr-Urlaubsanspruchs an die gesetzlichen Regelungen binden wollten.[37] In den meisten Arbeits- und auch Tarifverträgen sind derartige gesonderte Regelungen nicht enthalten, so dass der vertragliche Mehrurlaub **nicht verfallen** ist und der Abgeltungsanspruch des Arbeitnehmers diesen folglich auch umfasst.

Der Arbeitgeber hat häufig nach Ausspruch der Kündigung **kein Interesse** mehr an der Inanspruchnahme der Leistung des Arbeitnehmers für die restliche Dauer des Arbeitsverhältnisses. Das kann darin begründet liegen, dass schlicht **keine hinreichende Arbeitsmenge** vorhanden (betriebsbedingte Kündigung), das **Vertrauensverhältnis zerstört** oder die Arbeitsleistung nicht zufrieden stellend ist (verhaltensbedingte Kündigung). Zum Teil befürchtet der Arbeitgeber, dass ihm durch einen weiteren Verbleib des Arbeitnehmers im Betrieb **Nachteile** entstehen können (Mitnahme von Geschäftsgeheimnissen, Sabotage, Störung des Betriebsklimas). Der Hang des Arbeitnehmers zu weiterer Arbeitstätigkeit wird infolge des absehbaren Beschäftigungsendes häufig auch deutlich abnehmen. In solchen Fällen vereinbaren die Parteien oftmals die **Freistellung** des Arbeitnehmers von der Verpflichtung zur Arbeitsleistung für die restliche Dauer des Arbeitsverhältnisses. Die hierbei weit überwiegend vereinbarte **bezahlte Freistellung** kann zudem als neben oder statt einer Abfindung gewährter geldwerter Vorteil die Vergleichsverhandlungen positiv beeinflussen. 48

Erwägen die Parteien, in dem abzuschließenden Prozessvergleich eine Freistellung zu regeln, muss zunächst entschieden werden, ob diese **widerruflich** oder **unwiderruflich** ausgestaltet werden soll. Hier stellten sich in den letzten Jahren sozialversicherungsrechtliche Probleme, die zahlreiche Vergleichsschließende von der Vereinbarung einer unwiderruflichen Freistellung absehen ließen. Die Spitzenverbände der Krankenkassen, des Verbandes Deutscher Rentenversicherungsträger und der Bundesagentur für Arbeit vertraten aufgrund einer Besprechung vom 5./6.7.2005 die Auffassung, dass mit einer einvernehmlichen und unwiderruflichen Freistellung kein Beschäftigungsverhältnis im sozialversicherungsrechtlichen Sinn mehr bestehe, dementsprechend keine Beitragspflichten mehr zu den gesetzlichen Sozialversicherungen bestünden und – was sich für den Arbeitnehmer fatal auswirken kann – der Versicherungsschutz grundsätzlich entfalle. Diese Auffassung ist infolge einer zwischenzeitlich ergangenen Entscheidung des BSG **überholt**. Danach besteht das **sozialversicherungspflichtige Beschäftigungsverhältnis** und damit der Sozialversicherungsschutz in der gesetzlichen Kranken-, Pflege-, Renten-, Unfall- und Arbeitslosenversicherung **auch dann fort**, wenn einvernehmlich eine **unwiderrufliche Freistellung** vereinbart und das **Arbeitsentgelt weitergezahlt** wird.[38] Dementsprechend muss bei Prüfung der Frage, ob die Freistellung widerruflich oder unwiderruflich ausgestaltet wird, keine Rücksicht mehr auf sozialversicherungsrechtliche Erwägungen genommen werden. Andererseits besteht auch nicht mehr die Möglichkeit, durch Vereinbarung einer unwiderruflichen Freistellung Sozialversicherungsbeiträge zu sparen.[39] 49

Der Arbeitnehmer wird in der Regel die Vereinbarung einer **unwiderruflichen Freistellung** anstreben. Nur wenn er nicht damit rechnen muss, jederzeit wieder in den Betrieb gerufen zu werden, kann er z.B. ein „Sabbatical" einlegen. Nur für diesen Fall kann der Arbeitnehmer 50

37 Vgl. *Gaul/Josten/Strauf*, BB 2009, 497.
38 BSG v. 24.9.2008, NZA-RR 2009, 272 = BB 2009, 782.
39 *Bergwitz*, NZA 2009, 518.

auch sicher sein, über seine Arbeitskraft uneingeschränkt disponieren und ein anderes Arbeitsverhältnis begründen oder eine selbstständige Tätigkeit aufnehmen zu können. Zu beachten ist allerdings, dass (vorbehaltlich abweichender Regelung im Vergleich) für die Zeiten der (auch unwiderruflichen) Freistellung das **arbeitsvertragliche Wettbewerbsverbot** weiterhin gilt, der Arbeitnehmer also keine (selbstständige) Konkurrenztätigkeit zu seinem Arbeitgeber aufnehmen (Grundgedanke aus § 60 HGB) und auch keine Nebentätigkeit in Gestalt einer unselbstständigen Beschäftigung ausüben darf, welcher berechtigte Wettbewerbsinteressen des Arbeitgebers entgegenstehen. Der Arbeitgeber muss vor Vereinbarung einer unwiderruflichen Freistellung prüfen, ob er die Arbeitskraft des Arbeitnehmers wirklich nicht mehr benötigt. Häufig ist zumindest noch die Mitwirkung des Arbeitnehmers bei der Übergabe seines Arbeitsbereiches an einen Nachfolger erforderlich. Solche **Pflichten zu „Abwicklungsarbeiten"** sollten als entsprechende Einschränkungen einer unwiderruflichen Freistellung im Prozessvergleich klar geregelt werden. Die unwiderrufliche Freistellung des Arbeitnehmers von der Verpflichtung zur Erbringung der Arbeitsleistung hat für den Arbeitgeber den Vorteil, dass mit ihr im Gegensatz zur nur widerruflichen Freistellung Urlaubsansprüche des Arbeitnehmers erfüllt werden,[40] wenn sie – was allerdings erforderlich ist – **unter Anrechnung auf die Urlaubsansprüche des Arbeitnehmers** erfolgt. Weitere Voraussetzung ist allerdings, dass der oben Rn 45 bereits erläuterte „Störfall" einer längeren Erkrankung nicht eintritt.

51 Die nur **widerrufliche Freistellung** des Arbeitnehmers von der Verpflichtung zur Erbringung der Arbeitsleistung ist seit dem Entfallen der oben (siehe Rn 49) geschilderten sozialversicherungsrechtlichen Problematik in der Praxis arbeitsgerichtlicher Vergleichsprotokollierung seltener anzutreffen, eben weil sie für den Arbeitnehmer kaum Nutzen bringt. Vorsichtige Arbeitgeber, die sich die Möglichkeit erhalten wollen, den Arbeitnehmer im Bedarfsfalle in den Betrieb zurückzurufen, oder die während der restlichen Zeit des Arbeitsverhältnisses die Aufnahme einer anderweitigen Tätigkeit durch den Arbeitnehmer verhindern wollen, erklären sich zum Teil nur zu einer solchen Art der Freistellung bereit. Der Arbeitgeber hat dann aber darauf zu achten, dass dem Arbeitnehmer noch ausstehender **Urlaub** in der Freistellungszeit durch **Vereinbarung konkreter Zeitabschnitte** – für welche eine Inanspruchnahme der Arbeitskraft des Arbeitnehmers dann folgerichtig ausgeschlossen ist – gewährt wird. Eine widerrufliche Freistellung unter pauschal vom Arbeitgeber erklärter Anrechnung auf noch bestehenden Urlaub stellt keine wirksame Urlaubsgewährung dar.

52 Eine hinsichtlich der Frage der (Un-)Widerruflichkeit nicht näher konkretisierte Freistellung „unter Anrechung noch offener Urlaubsansprüche" ist regelmäßig dahingehend auszulegen, dass sie unwiderruflich erfolgt.[41] Eine klare Bezeichnung der Freistellung als widerruflich oder unwiderruflich ist der Rechtssicherheit allerdings dienlicher. Bei bekanntem und unstreitigem Umfang noch ausstehender Urlaubstage kann auch eine Aufteilung in einen unwiderruflichen und einen widerruflichen Teil der Freistellung erfolgen. Der unwiderrufliche Teil der Freistellung sollte dann aus Sicht des Arbeitgebers zeitlich früher liegen, damit der Arbeitgeber in der widerruflichen Phase noch reagieren kann, falls in der ersten Phase der Zweck der Urlaubsgewährung (z.B. wegen Krankheit) nicht erreicht werden kann. Die Vereinbarung kann wie folgt lauten:

40 BAG v. 19.3.2002, ZIP 2002, 2186 = BB 2002, 1703; vgl. auch BAG v. 9.6.1998, NZA 1999, 80.
41 BAG v. 14.3.2006, AP § 7 BUrlG Nr. 32.

Formulierungsbeispiele 53

Der Beklagte stellt den Kläger für die restliche Dauer des Arbeitsverhältnisses/*ab dem* unter Fortzahlung der vertragsgemäßen Vergütung und unter Anrechnung auf die noch offenen Urlaubsansprüche des Klägers (ggf.: sowie unter Anrechnung auf etwa noch offene Überstunden- und sonstige Arbeitszeitguthaben) unwiderruflich von der Verpflichtung zur Erbringung der Arbeitsleistung frei.

Der Kläger hat den ihm zustehenden Urlaub tatsächlich vollständig erhalten. Überstunden- und sonstige Arbeitszeitguthaben bestehen nicht. Der Kläger bleibt darüber hinaus bis zum Ende des Arbeitsverhältnisses bezahlt und unwiderruflich von der Verpflichtung zur Erbringung der Arbeitsleistung freigestellt.

Der Beklagte stellt den Kläger in der Zeit vom bis einschließlich zum Zweck der Gewährung der noch ausstehenden *(Zahl)* Urlaubstage unwiderruflich frei. Im Anschluss hieran stellt der Beklagte den Kläger bis zum Ende des Arbeitsverhältnisses widerruflich von der Verpflichtung zur Erbringung der Arbeitsleistung frei unter Fortzahlung der vertragsgemäßen Vergütung. Der Kläger ist verpflichtet, sich während der Zeit der widerruflichen Freistellung auf Abruf für Restarbeiten zur Verfügung zu halten. Die erforderlichen Restarbeiten bestehen insb. aus .

Vereinbaren die Parteien eine unwiderrufliche bezahlte Freistellung, ohne weitere Regelun- 54
gen hinsichtlich etwa vom Arbeitnehmer während dieser Zeit erzielten **anderweitigen Verdienstes** zu treffen, ist dieser sog. Zwischenverdienst auf das vom Arbeitgeber geschuldete Arbeitsentgelt grundsätzlich **nicht** anzurechnen.[42] Will der Arbeitgeber für diese Zeiten eine **Anrechnung von Zwischenverdienst** erreichen, muss er darauf dringen, dass dies **ausdrücklich in den Vergleich aufgenommen** wird. Gleichermaßen sollte der Arbeitgeber, wenn er – z.B. im Anschluss an einen Vergleich – einseitig eine Freistellung des Arbeitnehmers erklärt, hierbei klar zum Ausdruck bringen, dass die Freistellung nur mit der Maßgabe geschieht, dass der Arbeitnehmer sich etwa erzielten Zwischenverdienst auf seine während dieser Zeit entstehenden Lohnansprüche anrechnen lässt. Umgekehrt sollte der Arbeitnehmer in Zweifelsfällen, insbesondere dann, wenn im Vergleich eine Freistellung unter Fortzahlung der Bezüge geregelt, jedoch gleichzeitig eine Befugnis des Arbeitnehmers begründet wird, das Arbeitsverhältnis durch Eigenkündigung vorzeitig zu beenden, eine ausdrückliche Regelung verlangen, dass **erzielter Zwischenverdienst nicht angerechnet** wird, da obergerichtlich für einen solchen Fall angenommen worden ist, wegen der Kündigungsmöglichkeit sei (im Fall der Nichtausübung der Beendigungsoption und der Aufnahme einer anderweitigen Tätigkeit) der neue Verdienst anzurechnen.[43]

e) Regelungen zur Erteilung eines Zeugnisses

Der Arbeitnehmer ist gut beraten, die Aufnahme näherer Regelungen über die Erteilung eines 55
qualifizierten Zeugnisses in den Vergleich zu verlangen. Das gilt besonders, wenn im Arbeitsverhältnis Störungen aufgetreten sind oder aus sonstigen Gründen zu befürchten ist, dass der Arbeitgeber den ihm obliegenden Verpflichtungen nicht oder nicht ordnungsgemäß nachkommt.

42 BAG v. 19.3.2002, BB 2002, 1703 m.w.N.

43 LAG Hessen v. 2.12.1993, LAGE § 615 BGB Nr. 42.

56 *Formulierungsbeispiele*

Der Beklagte erteilt dem Kläger ein wohlwollendes, qualifiziertes Zeugnis, das sich auf Führung und Leistung erstreckt.

Der Beklagte erteilt dem Kläger ein Zwischenzeugnis und ein mit dem Ausstellungsdatum des ___ versehenes Endzeugnis auf Originalfirmenbriefbogen und leitet es dem Kläger/*dem Kläger-Vertreter* ungeknickt und ungefaltet zu. Das Zeugnis hat eine ausführliche Beschreibung der Tätigkeiten des Klägers zu enthalten und muss im Leistungs- und Verhaltensbereich die Note „gut" ausweisen.

Der Beklagte erteilt dem Kläger ein Endzeugnis, in welchem er Leistung und Verhalten des Klägers wie folgt bewerten wird: „Herr ___ hat die ihm übertragenen Aufgaben stets zu unserer vollen Zufriedenheit erledigt. Sein Verhalten gegenüber Vorgesetzten, Kunden und Mitarbeitern war stets einwandfrei." Der Schlusssatz des Zeugnisses wird lauten: „Wir bedauern sein Ausscheiden, danken ihm für die geleistete Tätigkeit und wünschen ihm für die Zukunft privat und beruflich alles Gute."

Der Beklagte erteilt dem Kläger ein Endzeugnis mit dem Datum des ___. Dabei wird er den Text des Zwischenzeugnisses vom ___ übernehmen und lediglich folgende Änderungen bzw. Anpassungen vornehmen: ___ (*genaue Beschreibung der Änderungen und Anpassungen*).

Der Beklagte erteilt dem Kläger ein Endzeugnis mit dem Datum des ___, wobei er textlich unverändert den in der heutigen Verhandlung zur Gerichtsakte gereichten Entwurf des Klägers übernehmen wird.

57 Hat der Arbeitgeber dem Arbeitnehmer bereits ein Zwischenzeugnis erteilt, gestalten sich die Verhandlungen über den Inhalt des Endzeugnisses oft einfacher. Es ist dann möglich, zunächst den Text des Zwischenzeugnisses zur Verhandlungsgrundlage zu machen; der Arbeitnehmer kann hier konkret vortragen, welche Änderungen er sich vorstellt. Gleiches gilt, falls der Arbeitgeber dem Arbeitnehmer bereits ein Endzeugnis erteilt hat und es um dessen **Abänderung** geht. Die Änderungen sollten dann nach Absatz und Wortlaut genau bezeichnet in den Vergleichstext mit aufgenommen werden.

58 Ist das bereits erteilte Zeugnis kaum verwertbar oder hat der Arbeitgeber noch kein Zeugnis erteilt, legt aber der Arbeitnehmer großen Wert auf einen bestimmten Inhalt, sollte er zu den Vergleichsverhandlungen einen **Zeugnisentwurf** mitführen. Zum Teil kann es sinnvoll sein, diesen der Gegenseite vorab zu übersenden. Es kann dann in den Vergleich aufgenommen werden, dass der Text des Entwurfes zur verbindlichen Grundlage des zu erteilenden Zeugnisses gemacht wird.

59 Soweit der Beendigungszeitpunkt des Arbeitsverhältnisses nicht unerhebliche Zeit nach dem Tag des Vergleichsschlusses liegt, sollte der Arbeitnehmer darauf bestehen, nicht nur ein End-, sondern auch ein **Zwischenzeugnis** zu erhalten. Oft sind Bewerbungen aus einem bestehenden Arbeitsverhältnis heraus erfolgreicher. Dass das Arbeitsverhältnis sich in einem arbeitgeberseitig gekündigten Zustand befindet, sollte dementsprechend aus dem Text des Zwischenzeugnisses nicht hervorgehen, was vorsorglich ausdrücklich im Vergleich vereinbart werden sollte.

60 Hält der Arbeitnehmer es nicht für erforderlich (oder nicht für durchsetzbar), dass dem zu erteilenden Zeugnis ein bestimmter Inhalt zugrunde gelegt wird, sollte er versuchen, zu erreichen, dass zumindest die **Benotung des Zeugnisses** im Vergleichswege festgelegt wird. Dabei wird der Arbeitnehmer nach Möglichkeit sowohl im Leistungs- als auch im Verhaltensbereich die Vereinbarung der Note „gut" oder auch – präziser – der **entsprechenden Formulierung** („stets zu unserer vollen Zufriedenheit"/„stets einwandfrei") anstreben.

Ein „sehr gutes“ Zeugnis sollte der Arbeitnehmer – abgesehen von Arbeitnehmern in Leitungspositionen oder in Branchen, in denen die Erteilung eines solchen Zeugnisses üblich ist – **nicht unbedingt** durchzusetzen versuchen. Es ist zu bedenken, dass derart ausgezeichnete Bewertungen Nachfragen der Personalsuchenden bei dem bisherigen Arbeitgeber verursachen können, bei denen die Wahrheit – oder das, was der bisherige Arbeitgeber dafür hält – ans Licht kommt.

f) Regelungen zur Erteilung von Arbeitspapieren

Die Aufnahme derartiger Regelungen in den Vergleich kommt vor allem dann in Betracht, 61
wenn der Arbeitnehmer-Vertreter den Eindruck hat, der Arbeitgeber werde aus Unordentlichkeit oder auch aus bösem Willen die **Arbeitspapiere nicht erteilen**. Die Regelung sollte in jedem Fall vollstreckbar abgefasst werden, da der Anspruch auf diese Papiere unstreitig besteht und mit einer nicht vollstreckbaren Regelung folglich nichts gewonnen ist.

> *Formulierungsbeispiele* 62
> Der Beklagte erteilt dem Kläger eine Lohnsteuerbescheinigung für das Jahr   /eine Arbeitsbescheinigung gem. § 312 SGB III/eine Kopie der An- und Abmeldebescheinigung zur Sozialversicherung gem. § 28a Abs. 1, 5 SGB IV.
> Der Beklagte übersendet die vorbezeichneten Arbeitspapiere dem Kläger unverzüglich/unverzüglich nach Beendigung des Arbeitsverhältnisses.
> Der Beklagte hält die vorbezeichneten Arbeitspapiere ab dem   zur Abholung durch den Kläger bereit.
> Der Beklagte erteilt dem Kläger eine ausgefüllte Arbeitsbescheinigung gem. § 312 SGB III, wobei er es in Übereinstimmung mit dem Inhalt des hier getroffenen Vergleiches unterlässt, in der Arbeitsbescheinigung zu behaupten, die Kündigung beruhe auf verhaltensbedingten Gründen.

Regelmäßig beschränkt sich der Vergleich aus Praktikabilitätsgründen auf die Verpflichtung 63
zur Erteilung eines bestimmten Arbeitspapiers. Der Zusatz, dass diese Erteilung „ordnungsgemäß“ zu geschehen habe, mag im Sinne einer Ermahnung an den Arbeitgeber gesehen werden, vollstreckbaren Inhalt hat er nicht. Soweit die Ausfüllung eines Arbeitspapiers mit einem bestimmten Inhalt für besonders wichtig angesehen wird, sollte dieser Punkt ausdrücklich in den Vergleich aufgenommen werden. Da der Arbeitgeber mit der Ausfüllung der Arbeitspapiere regelmäßig öffentlich-rechtlichen Verpflichtungen nachkommt, kann die Erteilung bestimmter Vorgaben im Vergleich allerdings problematisch sein.

g) Sonstige Regelungsgegenstände; große Erledigungsklausel

Im Rahmen des Arbeitsverhältnisses oder im Zusammenhang damit kann eine Vielzahl wei- 64
terer Ansprüche der Parteien gegeneinander bestehen. Es wird davon abgesehen, hier zu den zahlreichen in Frage kommenden Regelungsgegenständen Musterformulierungen aufzuführen. Entscheidend ist, dass der Anwalt mit seinem Mandanten vor dem Eintritt in Verhandlungen nach Art einer Checkliste mögliche weitere Ansprüche durchgehen sollte. Dies können sein:

- Ansprüche des Arbeitnehmers auf **Sonderleistungen jeder Art**, wie Urlaubsgeld, Weihnachtsgeld, Weihnachtsgratifikation, Jahressonderzahlung, 13. Monatsgehalt, Prämien, Provisionen usw.;

- **Aufwendungsersatzansprüche** der Parteien gegeneinander;
- **Schadensersatzansprüche** (meist des Arbeitgebers gegen den Arbeitnehmer, ggf. aber auch umgekehrt), insb. auch bislang unbekannte;
- Ansprüche des Arbeitgebers gegen den Arbeitnehmer auf **Rückgabe** eines zur Verfügung gestellten **Kraftfahrzeuges, Laptops, Handys** oder von anderen **Arbeitsgegenständen**;
- Ansprüche des Arbeitnehmers auf Herausgabe am Arbeitsplatz zurückgelassener eigener Arbeits- oder sonstiger Gegenstände;
- Ansprüche des Arbeitnehmers auf **betriebliche Altersversorgung**;
- Ansprüche aus Arbeitgeber- oder auch Arbeitnehmer**darlehen**,
- Ansprüche im Zusammenhang mit der **Vermietung einer (Dienst)wohnung**,
- Regelungsnotwendigkeiten bezüglich eines im Arbeitsvertrag geregelten **Wettbewerbsverbotes**.

65 *Praxishinweis*

Soweit in der Verhandlung, in der der Vergleichsabschluss erfolgen soll, **Unsicherheit** besteht, inwieweit noch **weitere Ansprüche** bestehen, empfiehlt es sich, darauf zu dringen, dass **lediglich der Rechtsstreit mit dem Vergleich erledigt wird**. Damit erhält man sich die Möglichkeit, den betreffenden Regelungsgegenstand bei später aufkommenden Streitigkeiten einer gerichtlichen Klärung zuzuführen. Allerdings ist zu berücksichtigen, dass eine Partei, meist der Arbeitgeber, die Zustimmung zu einem Vergleichsabschluss oft davon abhängig macht, dass damit zwischen den Parteien alles erledigt ist (dazu sogleich). Es ist deshalb sinnvoll, rechtzeitig gründlich mit dem Mandanten abzuklären, ob noch weitere Ansprüche gegenüber der anderen Partei geltend gemacht werden sollen.

66 Beabsichtigen die Parteien, ihre Rechtsbeziehungen in dem Vergleich abschließend zu regeln, ist eine sog. **„Ausgleichs-, Abgeltungs- oder große (bzw. generelle) Erledigungsklausel“** in den Vergleich aufzunehmen.

67 *Formulierungsbeispiele*

Mit Durchführung und Erfüllung des Vergleiches sind sämtliche wechselseitigen finanziellen Ansprüche der Parteien gegeneinander und der Rechtsstreit erledigt./
Damit sind alle beiderseitigen Ansprüche aus dem Arbeitsverhältnis und seiner Beendigung, gleichgültig welchen Rechtsgrundes, seien sie bekannt oder unbekannt, erledigt.

68 Die Erledigungsklausel wird in der gerichtlichen Praxis oft auf die **finanziellen** Ansprüche begrenzt, da erfahrungsgemäß meist noch nicht alle Arbeitspapiere seitens des Arbeitgebers erteilt bzw. ordnungsgemäß ausgefüllt sind und der Arbeitgeber hinsichtlich der Ausstellung etwa noch fehlender Arbeitspapiere selbstredend weiterhin verpflichtet bleiben soll.

Es ist allerdings zu bedenken, dass bei einigen weiteren Ansprüchen darüber gestritten werden kann, ob sie „finanzielle“ im Sinne der Klausel sind, z.B. bei Heraus- und Rückgabeansprüchen, bei Ansprüchen betreffend eine vermietete (Dienst-)Wohnung oder solchen bezüglich eines Wettbewerbsverbotes (siehe unten Rn 72 ff.). Sollen mit der Klausel auch derartige Ansprüche erledigt und abgegolten sein, empfiehlt sich die Verwendung des zweiten Formulierungsbeispiels, das **alle beiderseitigen** Ansprüche umfasst. Im Anschluss an diese Klausel können dann immer noch einzelne Ansprüche von der Erledigung ausgenommen werden, wie z.B. solche auf Erteilung von Arbeitspapieren.

69 Die Parteien müssen sich darüber im Klaren sein, dass große Erledigungsklauseln grundsätzlich **auch unbekannte Ansprüche** erfassen. Das gilt nicht nur für das zweite Formulierungs-

beispiel, das solche Ansprüche ausdrücklich bezeichnet. Auch die Klausel, die „sämtliche wechselseitigen finanziellen Ansprüche“ in Bezug nimmt, ist regelmäßig weit auszulegen, erstreckt sich also grundsätzlich ebenfalls auf unbekannte finanzielle Forderungen. Unter den zum Zeitpunkt des Vergleichsabschlusses unbekannten, erst später zutage tretenden Ansprüchen bilden **Schadensersatzansprüche** die häufigsten Fälle. Vor allem der Arbeitgeber sollte deshalb darauf aufmerksam gemacht werden, dass er sich mit dem Vergleichsschluss auch solcher Ansprüche begibt. Er sollte im Vorfeld soweit wie möglich überprüfen, ob seine Rechtsgüter von derartigen (arbeitnehmerseitig verursachten) Schäden betroffen sind bzw. sein könnten.

Ansprüche aus einer betrieblichen Altersversorgung sind im Zweifel von einer Ausgleichsklausel nicht umfasst.[44] Es ist dennoch üblich, klarstellend ihr Fortbestehen im Vergleich bzw. in der Ausgleichsklausel zu regeln. 70

Ebenfalls erfasst eine große Erledigungsklausel **nicht** etwaige bereits entstandene **tarifliche Ansprüche**, wie z.B. einen im Tarifvertrag geregelten Anspruch des Arbeitnehmers auf Zahlung einer Sonderleistung (Urlaubsgeld, Weihnachtsgratifikation usw.), wenn der Tarifvertrag kraft beiderseitiger Organisationszugehörigkeit oder kraft Allgemeinverbindlichkeit gilt. Diese Rechtsfolge ergibt sich aus § 4 Abs. 4 S. 1 TVG, wonach ein Verzicht auf entstandene tarifliche Rechte nur in einem von den Tarifvertragsparteien gebilligten Vergleich zulässig ist. Die Parteien können sich aber in einem **Tatsachenvergleich** – ähnlich wie bei nicht verzichtbaren Urlaubsansprüchen – darauf einigen, dass sämtliche tariflichen Ansprüche des Arbeitnehmers erfüllt sind. Gilt ein Tarifvertrag hingegen „nur“ kraft einzelarbeitsvertraglicher Vereinbarung, vermag die Ausgleichsklausel auch die daraus resultierenden tarifvertraglichen Ansprüche zu erfassen. 71

Im Zusammenhang mit dem Abschluss des Prozessvergleichs und der Entscheidung über den Umfang, in dem die rechtlichen Beziehungen der Parteien erledigt werden sollen, ist insb. eine Prüfung dahin gehend erforderlich, ob im Arbeitsvertrag ein **Wettbewerbsverbot** vorgesehen ist. Entspricht das Wettbewerbsverbot – auch unter Berücksichtigung der zu zahlenden Karenzentschädigung – den Vorstellungen des Arbeitgebers, weil er von einer Konkurrenztätigkeit des Arbeitnehmers erhebliche Nachteile erwartet, ist zu prüfen, ob die vertragliche Vereinbarung den Regelungen der §§ 74 ff. HGB entspricht. Insb. ist zu berücksichtigen, dass sich der Prinzipal nicht auf eine Vereinbarung berufen kann, durch die von den Vorschriften der §§ 74–75c HGB zum Nachteil des Handlungsgehilfen abgewichen wird (§ 75d S. 1 HGB). Mit einigem Verhandlungsgeschick können etwaige Mängel im Zuge der vergleichsweisen Einigung beseitigt und die nachvertraglichen Beziehungen der Parteien einem nunmehr wirksamen Wettbewerbsverbot unterworfen werden. 72

Praktisch häufiger sind allerdings die Fälle, in denen das formularmäßig vorgesehene Wettbewerbsverbot nicht oder nicht mehr im Interesse des Arbeitgebers liegt. Hier droht die Zahlung von wirtschaftlich häufig völlig nutzloser Karenzentschädigung in erheblichem Ausmaß. Der einseitige – schriftliche – Verzicht auf das Wettbewerbsverbot ist meist keine Lösung, da der Arbeitgeber erst mit dem Ablauf eines Jahres seit der Erklärung von der Verpflichtung zur Zahlung der Entschädigung frei wird (§ 75a HGB). Anzustreben ist eine (durch beiderseitige Erklärung erfolgende) **Aufhebung** des nachvertraglichen Wettbewerbsverbotes mit der Folge seines vollständigen Erlöschens. Für den Arbeitgebervertreter stellt sich hier jedoch das verhandlungstaktische Problem, dass er durch die Thematisierung des Wettbewerbsverbotes möglicherweise den Arbeitnehmer erst auf die entsprechende Ver- 73

44 BAG v. 17.10.2000, AP Nr. 56 zu § 1 BetrAVG Zusatzversorgungskassen.

tragsklausel aufmerksam macht mit der Folge, dass dieser einer ersatzlosen Aufhebung nicht zustimmt, vielmehr die Problematik der Karenzentschädigung zum Anlass für erhebliche weitere Zahlungsforderungen nimmt.

74 Dementsprechend wird in der Praxis von Arbeitgeberseite oft versucht, das Wettbewerbsverbot „geräuschlos" durch eine Ausgleichsklausel aufzuheben, bei deren Vereinbarung das Wettbewerbsverbot nicht erwähnt wird. In diesem Fall wird der Arbeitgebervertreter das zweite oben (siehe Rn 67) aufgeführte Formulierungsbeispiel vorschlagen, weil die Verwendung einer auf finanzielle Ansprüche beschränkten Ausgleichsklausel die Gefahr birgt, dass die Tatsacheninstanzen das nachvertragliche Wettbewerbsverbot damit als nicht aufgehoben ansehen, was nicht gegen anerkannte Auslegungsregeln, Erfahrungssätze und Denkgesetze verstößt und damit revisionsrechtlich nicht zu beanstanden ist.[45] Das BAG vertritt in ständiger Rspr. die Auffassung, dass Ausgleichsklauseln grundsätzlich weit auszulegen sind.[46] Es argumentiert, die Parteien wollten in solchen Vereinbarungen in der Regel das Arbeitsverhältnis abschließend bereinigen und alle Ansprüche erledigen, gleichgültig ob sie daran dachten oder nicht.[47] Dementsprechend hat sich in den letzten Jahren eine Rechtsprechung herausgebildet, die davon ausgeht, dass generelle Erledigungsklauseln die aus dem Arbeitsvertrag stammenden **Verpflichtungen bezüglich des Wettbewerbsverbots regelmäßig mit umfassen,** sei es, dass sie in einem Prozessvergleich,[48] sei es, dass sie in einem außergerichtlichen Aufhebungs- oder Abwicklungsvertrag[49] vereinbart werden. Abgeltungsklauseln halten, auch wenn sie nicht in einem Prozessvergleich, sondern außergerichtlich vereinbart werden, einer AGB-rechtlichen Prüfung regelmäßig stand. Sie sind insbesondere **nicht überraschend** i.S.v. § 305c BGB.[50] Sie sind in Aufhebungsverträgen oder Abwicklungsvereinbarungen nicht nur nicht ungewöhnlich, sondern im Gegenteil **die Regel**. Der Abwicklungsvertrag oder Aufhebungsvertrag soll die Rechtsbeziehung der Parteien beenden und drückt dies normalerweise in einer generellen Erledigungsklausel aus. In der Regel werden solche Punkte, die nicht erledigt sein sollen, ausdrücklich aufgeführt.[51] Auch wird der Arbeitnehmer durch eine Einbeziehung des Wettbewerbsverbots mitsamt Entschädigung **nicht unangemessen benachteiligt** i.S.d. § 307 Abs. 1 S. 2 BGB. Je nach Interessenlage kann es für einen Arbeitnehmer vorteilhaft sein, Wettbewerb treiben zu können, oder, falls er keine Gelegenheit dazu findet, die Karenzentschädigung zu beziehen. Eine Beurteilung im Nachhinein verbietet sich.[52]

75 Dennoch kann es, wenn das Wettbewerbsverbot nicht ausdrücklich aufgehoben, sondern nur eine allgemein gehaltene große Erledigungsklausel in den Vergleich oder Abwicklungsvertrag aufgenommen wird, noch zu Situationen rechtlicher Ungewissheit kommen. Der Arbeitnehmer kann etwa vorbringen, die Parteien seien sich bei Abschluss darüber einig gewesen, die Karenzentschädigung und das Wettbewerbsverbot aus der Abwicklungsvereinbarung herauszuhalten.[53] Für diesen ihm günstigen Umstand trägt der Arbeitnehmer dann allerdings die **Beweislast**. In diesem Rahmen ist zu beachten, dass in den Fällen, in denen ein Gespräch allein zwischen den Parteien oder allein zwischen dem Arbeitnehmer und einem Zeugen des

45 BAG v. 8.3.2006, NZA 2006, 854 = DB 2006, 1433.
46 BAG v. 31.7.2002, AP Nr. 48 zu § 611 BGB Konkurrenzklausel; BAG v. 7.9.2004, AP Nr. 11 zu § 75 HGB.
47 BAG v. 22.10.2008, NZA 2009, 139; BAG v. 19.11.2008, NZA 2009, 318.
48 BAG v. 22.10.2008, NZA 2009, 139.
49 BAG v. 19.11.2008, NZA 2009, 318 m.w.N.; BAG v. 24.6.2009, NJW 2009, 3529.
50 BAG v. 19.11.2008, NZA 2009, 318.
51 BAG v. 19.11.2008, NZA 2009, 318; BAG v. 24.6.2009, NJW 2009, 3529.
52 BAG v. 19.11.2008, NZA 2009, 318.
53 So geschehen in BAG v. 19.11.2008, NZA 2009, 318.

Arbeitgebers stattgefunden hat, der Arbeitnehmer als die für den Inhalt des Gesprächs beweisbelastete Partei Beweis antreten kann, indem er seine **eigene Anhörung oder Vernehmung** beantragt. Die Tatsacheninstanzen müssen dann den Arbeitnehmer entweder gem. § 448 ZPO (im Wege förmlicher Parteivernehmung) oder gem. § 141 ZPO (informatorisch) anhören, um ihn nicht in seinen Rechten aus Art. 103 Abs. 1 GG und aus Art. 2 Abs. 1 i.V.m. Art. 20 Abs. 3 GG zu verletzen.[54]

Es bleibt dementsprechend eine in jedem Einzelfall neu zu bedenkende Aufgabe des Arbeitgebers bzw. seines anwaltlichen Vertreters zu entscheiden, ob **größtmögliche Rechtssicherheit** erzielt werden soll (indem das Wettbewerbsverbot ausdrücklich aufgehoben wird), dies allerdings ggf. um den Preis weiterer Zahlungen, z.B. einer höheren Abfindung, oder ob der wahrscheinlich, aber nicht mit Sicherheit zum Erfolg führende **„kostengünstigere" Weg** einer „stillen" Aufhebung durch Vereinbarung einer nicht näher spezifizierten, aber möglichst weit gefassten, großen Erledigungsklausel gewählt wird. 76

54 BAG v. 19.11.2008, NZA 2009, 318.

§ 29 Die Geltendmachung von (Neben-)Ansprüchen im Kündigungsschutzprozess

Dr. Karl-Peter Pühler

Inhalt

	Rn
I. Einführung	1
II. Entgeltansprüche des Arbeitnehmers	2
1. Klage auf Bruttoentgelt	2
2. Arbeitslosengeld	5
3. Checkliste	8
III. Ansprüche auf Zeugniserteilung/Zeugnisberichtigung	9
1. Arbeitszeugnis	9
2. Geltendmachung	16
3. Klageantrag	17
4. Darlegungs- und Beweislast	19
5. Zeugniserteilung nach Verurteilung	20
6. Checkliste	21

Literatur

Hunoldt, Die Rechtsprechung zum Zeugnisrecht, NZA-RR 2001, 113; **Löw**, Aktuelle Rechtsfragen zum Arbeitszeugnis, NJW 2005, 3605; **Preis/Bender**, Recht und Zwang zur Lüge – Zwischen List, Tücke und Wohlwollen im Arbeitsleben, NZA 2005, 1321; **Schiller**, Der Zeugnisanspruch in der Insolvenz des Arbeitgebers, NZA 2005, 330; **Schlessmann**, Das Arbeitszeugnis, 19. Auflage 2010; **Tschöpe/Pirscher**, Der Arbeitnehmer als Verbraucher im Sinne des § 13 BGB, RdA 2004, 358.

I. Einführung

1 Bei der Beendigung eines Arbeitsverhältnisses bestehen zwischen den Parteien verschiedene Rechte und Pflichten, die im Zusammenhang mit einem Kündigungsschutzprozess Gegenstand von Auseinandersetzungen sein können. Wenn also im Folgenden von „Nebenansprüchen" die Rede ist, sind hiermit **nicht Nebenansprüche im zivilprozessualen Sinne** gemeint, sondern **Ansprüche**, die Arbeitnehmern oder Arbeitgebern **bei Beendigung des Arbeitsverhältnisses** zustehen können. In diesem Zusammenhang ist zu bedenken, dass die Erhebung der Kündigungsschutzklage nicht automatisch die Geltendmachung derartiger Ansprüche bewirkt. Entsprechendes gilt aus Arbeitgebersicht für den Klageabweisungsantrag, der ebenfalls nicht automatisch eine entsprechende Anspruchsgeltendmachung beinhaltet. Nachfolgend soll auf die Nebenansprüche Entgelt und Zeugnis eingegangen werden.

II. Entgeltansprüche des Arbeitnehmers

1. Klage auf Bruttoentgelt

2 Der **Entgeltanspruch** für den Zeitraum ab Ausspruch der Kündigung ergibt sich i.d.R. aus den §§ 611, 615 S. 1 BGB i.V.m. §§ 293 ff. BGB, wenn der Arbeitgeber dem Arbeitnehmer keinen funktionsfähigen Arbeitsplatz zur Verfügung gestellt hat, obwohl der Arbeitnehmer leistungsfähig und leistungsbereit war und das Arbeitsverhältnis nicht durch die Kündigung beendet worden ist. Dabei schuldet der Arbeitgeber, soweit einzel- oder tarifvertraglich nicht

ausdrücklich etwas anderes vereinbart ist, grundsätzlich den **Bruttolohn**, so dass auch die Entgeltklage auf den Bruttobetrag zu richten ist.[1]

3 Wenn der Arbeitgeber die geschuldete Zahlung nicht leistet, kann der Arbeitnehmer grundsätzlich die **Bruttovergütung** einklagen, wobei nach der Entscheidung des Großen Senats des BAG auch die **Zinsen** aus dem Bruttobetrag verlangt werden können.[2] Zu beachten ist insoweit, dass § 288 BGB seit der Schuldrechtsreform hinsichtlich der **Zinshöhe** zwischen Rechtsgeschäften, an denen ein Verbraucher beteiligt ist, und solchen, an denen ein Verbraucher nicht beteiligt ist, differenziert. Das BAG hat zwischenzeitlich entschieden, dass der Verzugszinssatz für Ansprüche eines Arbeitnehmers aus einem Altersteilzeitverhältnis fünf Prozentpunkte über dem Basiszinssatz beträgt.[3] Das BAG hat in einer weiteren Entscheidung klargestellt, dass der Arbeitsvertrag Verbrauchervertrag im Sinne von § 310 Abs. 3 BGB ist.[4] Daher ist die für den Arbeitnehmer geltend zu machende Forderung auf fünf Prozentpunkte über dem jeweiligen Basiszinssatz zu begrenzen.[5]

4 *Formulierungsbeispiel*
Die Beklagte wird verurteilt, an den Kläger EUR brutto nebst 5 % Zinsen über dem jeweiligen Basiszinssatz seit dem zu zahlen.

2. Arbeitslosengeld

5 Hinsichtlich der **Aktivlegitimation** ist zu bedenken, ob der Arbeitnehmer zwischenzeitlich von der Bundesagentur für Arbeit Arbeitslosengeld erhalten hat. Da der Arbeitnehmer bei Überleitung durch die Bundesagentur für Arbeit nicht mehr Gläubiger der Forderung ist, muss ein entsprechender Betrag in Abzug gebracht werden. Ein Antrag würde dann etwa wie folgt lauten.

6 *Formulierungsbeispiel*
Die Beklagte wird verurteilt, an den Kläger EUR brutto nebst 5 % Zinsen über dem jeweiligen Basiszinssatz abzüglich erhaltenen Arbeitslosengelds i.H.v. EUR zu zahlen.

7 Liegen die Voraussetzungen des § 46 Abs. 2 ArbGG, § 259 ZPO vor, kann ggf. auch Antrag auf zukünftige Leistungen gestellt werden.[6]

3. Checkliste

8
- Bruttovergütung ermitteln
- Einmalzahlungen/Sonderzahlungen beachten
- Verjährungsfristen beachten
- Ausschlussfristen beachten
- Zinsen geltend machen
- Ggf. Arbeitslosengeld in Abzug bringen
- In Ausnahmefällen: Klage auf zukünftige Leistung erheben.

1 BAG v. 21.4.1966, AP Nr. 13 zu § 611 BGB Lohnanspruch.
2 BAG (GS) v. 7.3.2001, AP Nr. 4 zu § 288 BGB = NZA 2001, 1195.
3 BAG v. 23.2.2005, NZA 2005, 694.
4 BAG v. 25.5.2005, DB 2005, 2136.
5 Der jeweils aktuell geltende Basiszinssatz ist abrufbar unter http://www.bundesbank.de/info/info_zinssaetze.php.
6 Vgl. LAG Düsseldorf v. 14.12.2000, NZA-RR 2001, 406.

III. Ansprüche auf Zeugniserteilung/Zeugnisberichtigung

1. Arbeitszeugnis

Nach § 109 Abs. 1 GewO i.V.m. § 630 S. 4 BGB hat der Arbeitnehmer bei Beendigung eines Arbeitsverhältnisses einen Anspruch auf ein schriftliches Zeugnis. Zeugnisansprüche können sich auch auf der Grundlage tarifvertraglicher Ansprüche (vgl. u.a. § 35 TVöD) oder auf gesetzlicher Basis (vgl. § 92 BBG) ergeben. Nach der Neufassung des § 630 BGB steht auch Dienstverpflichteten, die selbstständige Arbeit verrichten, ein Zeugnisanspruch zu. 9

Das Zeugnis muss nach § 109 Abs. 1 S. 2 GewO mindestens Angaben zu **Art und Dauer** der **Tätigkeit** enthalten (sog. einfaches Zeugnis). Der Arbeitnehmer kann **verlangen** – er muss dies dann aber auch entsprechend umsetzen –, dass sich die Angaben darüber hinaus auf **Leistung und Verhalten** im Arbeitsverhältnis erstrecken (sog. qualifiziertes Zeugnis). Nach § 109 Abs. 2 GewO muss das Zeugnis klar und verständlich formuliert sein. Es darf keine Merkmale oder Formulierungen enthalten, die den Zweck haben, eine andere als aus der äußeren Form oder aus dem Wortlaut ersichtliche Aussage über den Arbeitnehmer zu treffen. Eine Erteilung des Zeugnisses in elektronischer Form ist gem. § 109 Abs. 3 GewO ausgeschlossen. Der Anspruch aus § 109 GewO, § 630 S. 4 BGB richtet sich gegen den Arbeitgeber, der zur Ausstellung des Zeugnisses verpflichtet ist. Wird ein Arbeitsverhältnis dabei vor Insolvenzeröffnung beendet, bleibt der Arbeitgeber grundsätzlich Schuldner des Anspruchs auf Erteilung eines Arbeitszeugnisses.[7] Erlangt allerdings ein vorläufiger Insolvenzverwalter in vollem Umfang die Verfügungsbefugnis über die Arbeitsverhältnisse oder wird das Arbeitsverhältnis erst nach der Insolvenzeröffnung beendet, schuldet der Insolvenzverwalter das Arbeitszeugnis, unabhängig davon, ob und wie lange er den Arbeitnehmer beschäftigt hat oder eigene Kenntnisse über dessen Arbeitsleistung gewinnen konnte. Zur Erfüllung dieser Verpflichtung hat der Insolvenzverwalter einen Auskunftsanspruch nach § 97 InsO gegenüber dem Schuldner.[8] Der Arbeitgeber kann sich dabei durch einen Betriebsangehörigen vertreten lassen. Der Bevollmächtigte muss allerdings dem Arbeitnehmer hierarchisch übergeordnet sein. Der Zeugnisanspruch besteht unabhängig von etwaigen fälligen **Gegenansprüchen** des Arbeitgebers. Ein **Zurückbehaltungsrecht** des Arbeitgebers kommt nicht in Betracht.[9] Bei der Zeugnisschuld handelt es sich um eine Holschuld i.S.v. § 269 Abs. 2 BGB.[10] 10

Zu beachten ist, dass der Zeugnisanspruch tariflichen[11] und einzelvertraglichen **Ausschlussfristen**[12] unterliegt. Die Erhebung einer Kündigungsschutzklage wahrt die Ausschlussfrist nicht. Der Zeugnisanspruch unterliegt auch den allgemeinen Regeln der **Verwirkung**, wobei diese nach der Rspr. bereits nach zehn Monaten eingetreten sein kann.[13] Das Zeugnis ist bei Beendigung des Arbeitsverhältnisses zu erteilen.[14] Aus der Sicht des Arbeitnehmers, der die Auffassung vertritt, die ausgesprochene Kündigung sei unwirksam, kann es sich auch anbieten, zunächst ein Zwischenzeugnis (ggf. als Hilfsantrag ein Endzeugnis) zu verlangen. Ein 11

7 BAG v. 23.6.2004, NZA 2004, 1393.
8 BAG v. 23.6.2004, NZA 2004, 1393.
9 Vgl. BAG v. 16.9.1974, DB 1975, 155.
10 BAG v. 8.3.1995, AP Nr. 21 zu § 630 BGB.
11 BAG v. 23.2.1983, DB 1983, 2043.
12 BAG v. 23.2.1988, NZA 1991, 599.
13 BAG v. 16.10.2007, DB 2008, 245.
14 Vgl. BAG v. 23.2.1983, AP Nr. 10 zu § 70 BAT.

Zwischenzeugnis ist jedenfalls dann zu erteilen, wenn ein berechtigtes Interesse vorliegt.[15] Dieses ist in jedem Fall dann zu bejahen, wenn die Beendigung des Arbeitsverhältnisses im Raume steht oder bereits durch Ausspruch einer Kündigung herbeigeführt wurde. Entschließt sich der Arbeitnehmer zur Geltendmachung eines Zwischenzeugnisses, sollte dies entsprechend in den Klageantrag aufgenommen werden. Im Übrigen wird hinsichtlich der weiteren Einzelheiten, insbesondere Zeugnisform und Zeugnisinhalt, auf die entsprechende Spezialliteratur verwiesen.

12 Aus prozessualer Sicht ist danach zu unterscheiden, ob der Arbeitgeber überhaupt **kein Zeugnis** erteilt hat. In diesem Fall kann der Arbeitnehmer den Anspruch auf **Erteilung eines Zeugnisses** gem. § 2 Abs. 1 Nr. 3 Buchst. e ArbGG vor dem ArbG geltend machen.

13 *Formulierungsbeispiel*
Der Beklagte wird verurteilt, dem Kläger ein Zeugnis über Art und Dauer der Beschäftigung im Arbeitsverhältnis zu erteilen (einfaches Zeugnis).
Oder:
Die Beklagte wird verurteilt, der Klägerin ein Zeugnis über Art und Dauer der Beschäftigung im Arbeitsverhältnis zu erteilen, das sich auch auf Führung und Leistung erstreckt (qualifiziertes Zeugnis).

14 Hat der Arbeitgeber hingegen bereits ein Zeugnis erteilt, welches nach Auffassung des Arbeitnehmers nicht den formellen und materiellen Anforderungen, die nach der Zeugnisrechtsprechung des BAG zu erfüllen sind, entspricht, dann hat der Arbeitnehmer einen Anspruch auf **Berichtigung**, der – wohl überwiegend – als Erfüllungsanspruch beurteilt wird. Danach richtet sich der Anspruch regelmäßig auf Neuerteilung des Zeugnisses; eine Korrektur reicht nicht aus. Dieser Zeugnisberichtigungsanspruch besteht, wenn das Zeugnis unvollständig oder unrichtig ist und/oder gegen die Zeugnisgrundsätze des BAG verstößt. Insoweit ist zu bedenken, dass der Berichtigungsanspruch nur unter Berücksichtigung des grds. dem Arbeitgeber zustehenden Beurteilungsspielraums bei der Erstellung eines Zeugnisses besteht.

15 *Praxishinweis*
Der Arbeitnehmer hat keinen Anspruch darauf, dass im Wege der Berichtigung lediglich seine eigenen Formulierungen gebraucht werden, wenn das Zeugnis im Übrigen hinsichtlich der Tatsachenteile und Bewertungsteile „eigentlich“ nicht beanstandet werden kann.

2. Geltendmachung

16 Für die Geltendmachung des Zeugnisberichtigungsanspruchs gibt es keine gesetzliche Frist. Der Anspruch unterliegt aber tariflichen **Ausschlussfristen**. Der Anspruch kann auch **verwirkt werden**. Für die Praxis ist zu empfehlen, nach Erhalt eines Zeugnisses in jedem Fall den Vorbehalt gem. § 363 BGB zu erklären und ggf. auch innerhalb kurzer Frist den Berichtigungsanspruch geltend zu machen. Dies empfiehlt sich auch schon deshalb, weil mit einem ordnungsgemäßen Zeugnis der Arbeitnehmer seine Chancen auf eine neue Arbeitsstelle deutlich verbessert. Daher kann es auch im Interesse des kündigenden Arbeitgebers liegen, dem Arbeitnehmer mit prozessual gebotenen Vorbehalten ein „vernünftiges“ Zeugnis auszuhändigen.

15 Vgl. BAG v. 21.1.1993, NZA 1993, 1031.

3. Klageantrag

17 Das Berichtigungsverlangen, die ordnungsgemäße Geltendmachung des Berichtigungsanspruches, setzt einen klar **bestimmten Klageantrag** voraus. In der Begründung ist im Einzelnen anzugeben, auf welche formellen oder inhaltlichen Mängel der Berichtigungsanspruch gestützt wird. Es ist geboten, durch detaillierte Formulierungen anzugeben, in welchem Umfang und mit welchem Inhalt das Zeugnis geändert werden soll. In diesem Zusammenhang empfiehlt es sich, bei umfangreicheren Berichtigungsanträgen einen Hauptantrag zu stellen, der ein vollständig neu gefasstes Zeugnis zum Gegenstand hat, und ggf. einen Hilfsantrag zu stellen, der jeweils nur zu den einzelnen Beanstandungen genaue Formulierungen enthält.

18 *Formulierungsbeispiel*
Die Beklagte wird verurteilt, dem Kläger Zug um Zug[16] gegen Rückgabe des unter dem Datum erteilten Zeugnisses unter demselben Datum folgendes qualifiziertes Zeugnis zu erstellen und auszuhändigen:
„... (kompletten Zeugnistext beantragen)“
Hilfsweise
Die Beklagte wird verurteilt, dem Kläger Zug um Zug gegen Rückgabe des unter dem Datum erteilten Zeugnisses unter demselben Datum ein auf Führung und Leistung erstrecktes Zeugnis zu erteilen, in dem wie folgt aufgeführt und ergänzt wird:

4. Darlegungs- und Beweislast

19 Hinsichtlich der Darlegungs- und Beweislast haben sich folgende Grundsätze in der Praxis herausgebildet: Der Arbeitgeber ist darlegungs- und beweispflichtig für die Tatsachen, die dem Zeugnis und den darin enthaltenen Bewertungen zugrunde liegen. Bezieht sich der Streit zwischen den Parteien auf die Leistungsbeurteilung, gilt eine **abgestufte Darlegungs- und Beweislast**. Begehrt der Arbeitnehmer ein Zeugnis, welches überdurchschnittliche Leistungen bestätigt, ist er insoweit darlegungs- und beweisbelastet. Will der Arbeitgeber ein Zeugnis erstellen und aushändigen, welches Leistungen bestätigt, die unter dem Durchschnitt liegen, trägt der Arbeitgeber insoweit die Darlegungs- und Beweislast.[17]

5. Zeugniserteilung nach Verurteilung

20 Wenn sich der Arbeitnehmer mit seinem Zeugnisberichtigungsanspruch gerichtlich durchsetzt, hat der Arbeitgeber das Zeugnis mit dem Inhalt des Urteilstenors neu zu erstellen. Hat der Arbeitnehmer das Zeugnis zu Recht nicht als Erfüllung angenommen, so ist der Arbeitgeber bei der Erstellung des neuen Zeugnisses nicht berechtigt, das Verhalten schlechter zu beurteilen als in dem zunächst erteilten Zeugnis.[18] Etwas anderes gilt nur dann, wenn dem Arbeitgeber nachträglich Umstände bekannt geworden sind, die das Verhalten des Arbeitnehmers in einem anderen Licht erscheinen lassen.[19] Ein **Hinweis** auf das Urteil oder den Rechtsstreit ist im (neu) zu erstellenden Zeugnis **unzulässig**. Dabei ist das Zeugnis jedenfalls

16 Vgl. BAG v. 27.2.1987, AP Nr. 16 zu § 630 BGB = NZA 1987, 628.
17 Vgl. BAG v. 14.10.2003, NZA 2004, 842 = NJW 2004, 2770.
18 BAG v. 21.6.2005, DB 2005, 2360.
19 BAG v. 21.6.2005, DB 2005, 2360.

dann, wenn die verspätete Ausstellung nicht vom Arbeitnehmer zu vertreten ist und dieser insbesondere den Zeugniserteilungs- bzw. Zeugnisberichtigungsanspruch rechtzeitig im Zusammenhang mit der Beendigung des Arbeitsverhältnisses verlangt hat, auf das ursprüngliche Ausstellungsdatum (i.d.R.: Beendigungsdatum) zurückzudatieren.

6. Checkliste

21
- Entscheidung, ob einfaches/qualifiziertes Zeugnis
- Ggf. Verlangen eines qualifizierten Zeugnisses gegenüber Arbeitgeber
- Prüfung des Zeugnisses nach den Maßgaben der Zeugnisrechtsprechung des BAG; ggf. Vorbehalt erklären
- Zeitnahe Geltendmachung des Zeugnisberichtigungsanspruches
- Sorgfältige und detaillierte Antragstellung
- Kein Anspruch auf Verwendung von „Arbeitnehmerformulierungen“.

§ 30 Der einstweilige Rechtsschutz

Dr. Theo Kade

Inhalt

Rn

I. Einführung ... 1

II. Arrest und einstweilige Verfügung . 4
1. Verfahrensrechtliche Grundlagen ... 4
2. Arrest ... 12
3. Einstweilige Verfügung ... 15

III. Einzelfälle ... 17
1. Beschäftigung und Weiterbeschäftigung ... 17
   a) Beschäftigungsanspruch ... 17
   b) Allgemeiner Weiterbeschäftigungsanspruch ... 19
   c) Betriebsverfassungsrechtlicher Weiterbeschäftigungsanspruch .. 24
2. Arbeitsvergütung ... 30
3. Wettbewerbsverbot ... 42
4. Herausgabeansprüche ... 49
   a) Arbeitsmittel ... 49
   b) Dienstwagen ... 52
5. Arbeitspapiere, Zeugnis ... 55

IV. Antragsmuster ... 62
1. Arrest ... 62
2. Einstweilige Verfügung ... 63
   a) Betriebsverfassungsrechtlicher Weiterbeschäftigungsanspruch .. 63
   b) Arbeitsvergütung ... 64
   c) Wettbewerbsverbot ... 65
   d) Herausgabe eines Dienstwagens. 66
   e) Arbeitspapiere, Zeugnis ... 67

Literatur

Bauer/Diller, Wettbewerbsverbote, 5. Auflage 2009; **Clemenz,** Das einstweilige Verfügungsverfahren im Arbeitsrecht, NZA 2005, 129; **Corts**, Einstweilige Verfügung auf Urlaubsgewährung, NZA 1998, 357; **Heinze**, Einstweiliger Rechtsschutz im arbeitsgerichtlichen Verfahren, RdA 1986, 273; **Kleveman** (Hrsg.), Einstweiliger Rechtsschutz 2008; **Korinth**, Einstweiliger Rechtsschutz im Arbeitsgerichtsverfahren, 2000; **Reidel**, Die einstweilige Verfügung auf (Weiter-) Beschäftigung – eine vom Verschwinden bedrohte Rechtsschutzform?, NZA 2000, 454; **Reinhard/Kliemt**, Die Durchsetzung arbeitrechtlicher Ansprüche im Eilverfahren, NZA 2005, 545; **Vossen**, Die auf Zahlung der Arbeitsvergütung gerichtete einstweilige Verfügung, RdA 1991, 216.

I. Einführung

Der einstweilige Rechtsschutz ist für die arbeitsgerichtliche Praxis von erheblicher Bedeutung. Was für den Zivilprozess gilt, trifft auf das Verfahren vor den Arbeitsgerichten gleichermaßen zu, obwohl hier das **Beschleunigungsgebot** der §§ 9 Abs. 1, 56, 61a ArbGG gilt: Die häufig lange Dauer gerade der I. Instanz ist mit der Gefahr verbunden, dass bis zu ihrem Abschluss **vollendete Tatsachen** eintreten oder geschaffen werden, die die Durchsetzung des geltend gemachten Anspruchs erschweren, wenn nicht sogar vereiteln. 1

Um **effektiven Rechtsschutz** zu gewährleisten, können mit Arrest und einstweiliger Verfügung vorläufige Maßnahmen getroffen werden. Sie ergehen aufgrund eines **abgekürzten, summarischen Verfahrens**, das ohne notwendige mündliche Verhandlung auskommt, auf eine Beweisaufnahme verzichtet und auf eine **vorläufige Regelung** ausgerichtet ist. Arrest und einstweilige Verfügung dienen der **Sicherung** von Ansprüchen; sie sind nicht auf ihre unmittelbare Durchsetzung ausgerichtet. Die Entscheidung in der Hauptsache soll und darf grundsätzlich nicht vorweggenommen werden. Dennoch kommen unter besonderen Voraus- 2 setzungen auch Leistungsverfügungen in Betracht, die nicht nur zur Sicherung von Ansprüchen, sondern zu ihrer **Erfüllung** führen.

3 Vor den Arbeitsgerichten spielen Arrestverfahren keine wesentliche Rolle. Anders verhält es sich mit einstweiligen Verfügungen, die in Angelegenheiten des **Urteilsverfahrens** (§ 2 ArbGG) und des **Beschlussverfahrens** (§ 2a ArbGG) ein breites Anwendungsfeld finden. Auch im Zusammenhang mit Kündigungsschutzverfahren treten häufig Streitfragen auf, die alsbald zu entscheiden sind und deshalb Verfügungsanträge nahe legen. Hier stehen Ansprüche auf **Beschäftigung** oder **Weiterbeschäftigung** als Gegenstand des einstweiligen Rechtsschutzes im Vordergrund. Darüber hinaus geht es um Abwicklungsfragen, um **Arbeitsentgelt**, Abwehr von **Wettbewerbsverstößen**, **Herausgabeansprüche** und schließlich um **Arbeitspapiere** und **Zeugnis**.

II. Arrest und einstweilige Verfügung

1. Verfahrensrechtliche Grundlagen

4 Nach § 62 Abs. 2 S. 1 ArbGG finden auf den Arrest und die einstweilige Verfügung die Vorschriften der **§§ 916 ff. ZPO** Anwendung. Dies betrifft Angelegenheiten, die § 2 ArbGG dem Urteilsverfahren zuweist, also vornehmlich Rechtsstreitigkeiten zwischen Arbeitnehmern und Arbeitgebern. Für Angelegenheiten des Beschlussverfahrens nach § 2a ArbGG, insbesondere für betriebsverfassungsrechtliche Auseinandersetzungen, gilt die Verweisung über § 85 Abs. 2 ArbGG.

5 Arrest und einstweilige Verfügung sind nicht auf Erfüllung, sondern auf Sicherung oder einstweilige Regelung ausgerichtet, um einen bestehenden Zustand im Interesse des Gläubigers vor nachteiligen Veränderungen zu schützen, die die Durchsetzung seines Anspruchs vereiteln oder erschweren. **Streitgegenstand** des einstweiligen Rechtsschutzes ist deshalb nicht der Anspruch selbst, sondern die Zulässigkeit seiner (zwangsweisen) Sicherung.[1]

6 Dennoch wird durch die Zustellung des Arrest- und des Verfügungsantrages die Verjährung des zu sichernden Anspruchs gehemmt **(§ 204 Abs. 1 Nr. 9 BGB)**. Ungeklärt ist, ob das Arrest- oder Verfügungsgesuch das Erlöschen eines Anspruchs verhindert, der aufgrund einer **zweistufigen tariflichen Ausschlussklausel** gerichtlich geltend zu machen ist. Nach der Rspr. des BAG muss der betroffene Anspruch **Streitgegenstand** der Klage sein.[2] § 204 Abs. 1 Nr. 9 BGB stellt jedoch die Einleitung des Arrest- und des Verfügungsverfahrens der Klageerhebung in der Hauptsache gleich. Dies dürfte auch im Hinblick auf eine zweistufige Ausschlussfrist gelten.

7 Die Vorschriften über das Arrest- und das Verfügungsverfahren stimmen im Wesentlichen überein (§§ 916 ff., 936 ZPO). Zuständig ist das **Gericht der Hauptsache** (§§ 919, 937 Abs. 1 ZPO). Gericht der Hauptsache ist das **Arbeitsgericht**, bei dem der zu sichernde Anspruch bereits anhängig ist oder das im Hauptsacheverfahren zu entscheiden hätte. Soweit die Hauptsache sich bereits im **Berufungsverfahren** befindet, ist das **LAG** für Maßnahmen des einstweiligen Rechtsschutzes zuständig. Mit der **Rechtskraft** des Berufungsurteils und ebenso mit der Einlegung der **Revision** wird wiederum die Zuständigkeit des **Arbeitsgerichts** für das Arrest- und das Verfügungsverfahren begründet (§ 943 Abs. 1 ZPO).[3] Seit

1 Baumbach/*Hartmann*, Grundz. § 916 Rn 11; Thomas/Putzo/*Reichold*, vor § 916 Rn 8.
2 BAG v. 29.6.1989, AP Nr. 103 zu § 4 TVG Ausschlussfristen.
3 Vgl. BGH v. 12.12.1975, WM 1976, 134; Thomas/Putzo/*Reichold*, § 943 Rn 1.

der Änderung des GVG und des ArbGG durch das 4. VwGO-ÄndG v. 17.12.1990 bleibt für die Wahlzuständigkeit des **Amtsgerichts** nach § 919 ZPO und seine Notzuständigkeit nach § 942 ZPO im arbeitsgerichtlichen Verfahren kein Raum.[4]

Das Verfahren des einstweiligen Rechtsschutzes gliedert sich in zwei Teile, die **Anordnung** und die **Vollziehung** der Sicherung. Für das **Erkenntnisverfahren** gelten die allgemeinen Vorschriften **(§§ 46 ff. ArbGG)** mit zwei Besonderheiten: Die mündliche Verhandlung ist im Arrestprozess freigestellt (§ 922 Abs. 1 ZPO). Im Verfügungsverfahren kann nur in **dringenden Fällen ohne mündliche Verhandlung** entschieden werden (§ 62 Abs. 2 S. 2 ArbGG), selbst wenn der Antrag zurückgewiesen werden soll.[5] An die Stelle voller Beweisführung tritt die **Glaubhaftmachung** (§ 920 Abs. 2 ZPO), die mit dem Arrest- oder Verfügungsantrag zu verbinden ist.[6] 8

Maßnahmen des einstweiligen Rechtsschutzes ergehen, wenn folgende Voraussetzungen erfüllt sind: 9

- Arrest- oder Verfügungsanspruch,
- Arrest- oder Verfügungsgrund,
- Glaubhaftmachung.

Soweit das Gericht aufgrund mündlicher Verhandlung entscheidet, ergeht ein **Endurteil** (§ 922 Abs. 1 ZPO), gegen das unter den Voraussetzungen des § 64 ArbGG die **Berufung zulässig** ist. **Revision** und **Rechtsbeschwerde** gegen Entscheidungen des LAG sind **nicht statthaft** (§§ 72 Abs. 4, 77 S. 2 ArbGG). Ist eine mündliche Verhandlung nicht vorausgegangen, entscheidet das Arbeitsgericht durch **Beschluss** (§ 921 ZPO) des Kammervorsitzenden (§§ 53, 64 Abs. 7 ArbGG). Gegen den stattgebenden Beschluss kann **Widerspruch** eingelegt werden (§ 924 ZPO), über den die Kammer nach vorheriger mündlicher Verhandlung durch Endurteil entscheidet. Wird der Antrag ohne mündliche Verhandlung zurückgewiesen, findet gegen den Beschluss die **sofortige Beschwerde** statt (§ 567 ZPO). 10

Zu beachten ist die **Schadensersatzpflicht** nach § 945 ZPO für den Fall, dass sich die Anordnung eines Arrestes oder einer einstweiligen Verfügung als von Anfang an ungerechtfertigt erweist oder aufgrund der §§ 926 Abs. 2, 942 Abs. 3 ZPO aufgehoben wird. Zu ersetzen ist der Schaden, der dem Gegner aus der Vollziehung oder wegen der von ihm erbrachten Sicherheitsleistung entsteht. Der auf Schadensersatz in Anspruch genommene Antragsteller trägt die **Beweislast** dafür, dass sein Antrag auf Erlass des Arrestes bzw. der einstweiligen Verfügung von Anfang an gerechtfertigt war.[7] In betriebsverfassungsrechtlichen Streitigkeiten ist die Schadensersatzpflicht ausgeschlossen (§ 85 Abs. 2 S. 2 ArbGG). 11

2. Arrest

Der Arrest dient der Sicherung der Zwangsvollstreckung wegen einer **Geldforderung** oder wegen eines Anspruchs, der in eine solche übergehen kann; der Arrestanspruch braucht noch nicht fällig zu sein (§ 916 ZPO). Im Hinblick auf den Arrestgrund unterscheidet das Ge- 12

4 ErfK/*Koch*, § 62 ArbGG Rn 14, 20; *Germelmann u.a.*, § 62 Rn 67; a.A. LG Fulda v. 18.8.1995, NJW 1996, 265; MüKo-ZPO/*Drescher*, vor § 916 Rn 37 u. § 942 Rn 20; *Ostrowicz/Künzl/Schäfer*, Kap. 9 3.2; Thomas/Putzo/*Reichold*, § 919 Rn 8.

5 LAG Hamburg v. 18.7.2002, NZA-RR 2003, 104; LAG Frankfurt v. 28.1.2002, NZA-RR 2002, 424; ErfK/*Koch*, § 62 ArbGG Rn 20; *Ostrowicz/Künzl/Schäfer*, Kap. 9 3.3.2.

6 Im Einzelnen *Clemenz*, NZA 2005, 129, 130.

7 BGH v. 28.11.1991, NJW-RR 1992, 998.

setz zwischen dinglichem und persönlichem Arrest. Nach § 917 Abs. 1 ZPO findet der **dingliche Arrest** statt, wenn zu besorgen ist, dass ohne seine Verhängung die Vollstreckung des Urteils vereitelt oder wesentlich erschwert werden wird. Dazu genügt es, wenn das Urteil im Ausland vollstreckt werden müsste (§ 917 Abs. 2 ZPO). Der **persönliche Arrest** ist nach § 918 ZPO nur **subsidiär** zulässig, wenn dingliche Arrestmaßnahmen nicht möglich sind oder zur Sicherung des Anspruchs nicht ausreichen.

13 Der Arrestgrund als Zulässigkeitsvoraussetzung nach § 917 Abs. 1 ZPO kommt insbesondere bei **drohender Vermögensverschlechterung** in Betracht, die unmittelbar bevorstehen muss und noch nicht abgeschlossen sein darf: Der Schuldner verschiebt wesentliche Vermögensgegenstände oder verschwendet sie. Er führt seine Geschäfte leichtfertig, will das Land verlassen oder seinen Wohnsitz endgültig aufgeben, ohne einen neuen, festen Wohnsitz zu begründen. Aus einer drohenden Zwangsvollstreckung Dritter kann kein Arrestgrund abgeleitet werden, da der Arrest nicht dazu dient, die Lage des Antragstellers im Verhältnis zu anderen Gläubigern zu verbessern.[8] Ein Arrestgrund liegt hingegen vor, soweit der Schuldner das Vermögen des Gläubigers vorsätzlich durch eine Straftat schädigt.[9]

14 Arrestanspruch und -grund müssen grundsätzlich glaubhaft gemacht werden. Das Gericht kann allerdings auch ohne Glaubhaftmachung den Arrest gegen **Sicherheitsleistung** anordnen (§ 921 ZPO).

3. Einstweilige Verfügung

15 Einstweilige Verfügungen dienen der Sicherung eines Anspruchs auf eine gegenständliche Leistung **(§ 935 ZPO Sicherungsverfügung)** oder der einstweiligen Regelung eines streitigen Rechtsverhältnisses **(§ 940 ZPO Regelungsverfügung)**. Die Abgrenzung beider Verfügungsarten lässt sich nicht eindeutig bestimmen; sie ist auch für das Verfahren, den Inhalt der jeweiligen Maßnahme und die Rechtsfolgen im Grunde ohne Bedeutung. Meist werden die §§ 935, 940 ZPO nebeneinander genannt.

16 Die Sicherungs- wie die Regelungsverfügung soll nicht zur Erfüllung des geltend gemachten Anspruchs führen, sondern nur seine spätere Durchsetzung sichern. Über diese Schranke des einstweiligen Rechtsschutzes ist die Rspr. hinaus gegangen. Sie lässt unter besonderen Voraussetzungen auch **Leistungsverfügungen** zu, die auf § 940 ZPO gestützt werden und eine teilweise oder völlige Befriedigung des streitigen Anspruchs bewirken.

Da die Leistungsverfügung den Sicherungszweck des einstweiligen Rechtsschutzes überschreitet und einen irreversiblen Zustand schafft, werden an den Verfügungsgrund, nämlich die Abwendung wesentlicher Nachteile i.S.v. § 940 ZPO, **strenge Anforderungen** gestellt. Der Antragsteller muss auf die sofortige Erfüllung so dringend angewiesen sein, dass er ein ordentliches Verfahren nicht abwarten kann, ohne einen unverhältnismäßig großen Schaden zu erleiden oder – durch Nichterfüllung einer Geldforderung – in eine Notlage zu geraten.[10] Gegenstand einer Leistungsverfügung kann des Weiteren ein zeitgebundener Anspruch sein,

8 BGH v. 1.3.2007, NJW 2007, 2485; Baumbach/*Hartmann*, § 917 Rn 7; *Germelmann u.a.*, § 62 Rn 74; Zöller/*Vollkommer*, § 917 Rn 9; a.A. MüKo-ZPO/*Drescher*, § 917 Rn 8.

9 OLG Dresden v. 13.9.1998, MDR 1998, 795; LAG Hamm v. 9.7.1998, AE 1999, 118; LAG Frankfurt v. 12.1.1965, NJW 1965, 989; Baumbach/*Hartmann*, § 917 Rn 11; a.A. OLG Düsseldorf v. 20.10.1998, NJW-RR 1999, 1592; MüKo-ZPO/*Drescher*, § 917 Rn 6.

10 Baumbach/*Hartmann*, Grundz. § 916 Rn 6; ErfK/*Koch*, § 60 ArbGG Rn 19; *Ostrowicz/Künzl/Schäfer*, Kap. 9 2.2.4; Thomas/Putzo/*Reichold*, § 940 Rn 6.

dessen Erfüllung durch Zeitablauf ausgeschlossen wird. Dies gilt etwa für die Durchsetzung eines Urlaubsanspruchs im Wege einstweiliger Verfügung.[11]

III. Einzelfälle

1. Beschäftigung und Weiterbeschäftigung

a) Beschäftigungsanspruch

Im Vorfeld oder aus Anlass einer Kündigung werden Arbeitnehmer häufig von der Arbeitsleistung freigestellt (suspendiert). Die einseitige Freistellung widerspricht dem Anspruch des Arbeitnehmers auf **tatsächliche, vertragsgemäße Beschäftigung**, die er grundsätzlich bis zum Ablauf der Kündigungsfrist verlangen kann.[12] Will der suspendierte Arbeitnehmer seine Beschäftigung im Wege der Leistungsverfügung durchsetzen, wird er regelmäßig auf einen **Verfügungsanspruch** verweisen können. 17

Anders verhält es sich, wenn der Arbeitgeber sich im Arbeitsvertrag, was durchaus häufig insbesondere mit leitenden Angestellten vereinbart wird, die **Freistellung** für den Fall der Kündigung **vorbehalten** hat. Eine derartige Vereinbarung ist regelmäßig als wirksam anzusehen.[13] Als vorformulierte Vertragbedingung ist sie allerdings der **Inhaltskontrolle** unterworfen.[14] Formularmäßige Vertragsbestimmungen, die für jeden Fall einer Kündigung die einseitige Freistellung bis zum Ablauf der Kündigungsfrist ohne jede Einschränkung zulassen, sollen als unangemessene Benachteiligung an § 307 Abs. 1, Abs. 2 Nr. 2 BGB scheitern.[15] Im Übrigen kann die konkrete Ausübung des Freistellungsvorbehalts nach § 315 BGB überprüft werden.[16]

Besondere Anforderungen sind an den **Verfügungsgrund** zu stellen, da mit der Leistungsverfügung vollendete Tatsachen geschaffen werden. Der Verfügungsgrund ist nicht allein deshalb gegeben, weil der Beschäftigungsanspruch besteht und durch Zeitablauf vereitelt wird. Der Arbeitnehmer muss vielmehr auf die Erfüllung des Beschäftigungsanspruchs **dringend angewiesen** sein, etwa um seine beruflichen Chancen zu erhalten.[17] Das Gericht hat eine Interessenabwägung vorzunehmen und wird die einstweilige Verfügung nur erlassen, soweit ein **überwiegendes Interesse** des Arbeitnehmers an der Beschäftigung fest- 18

11 BAG v. 16.3.2000, NZA 2000, 1332; LAG Rheinland-Pfalz v. 7.3.2002, NZA-RR 2003, 130; LAG Hamburg v. 15.9.1989, LAGE § 7 BUrlG Nr. 26; LAG Köln v. 9.2.1991, NZA 1991, 397; ErfK/*Dörner*, § 7 BUrlG Rn 32; einschränkend LAG Hamm v. 31.1.1995, LAGE § 7 BUrlG Nr. 33; vgl. im Einzelnen *Corts*, NZA 1998, 357; Kleveman/*Braun*, § 12 Rn 56, 59; *Korinth*, Anh. zu §§ 935, 940 Rn 125; *Ostrowicz/Künzl/Schäfer*, Kap. 9 3.4.6.

12 LAG München v. 19.8.1992, NZA 1993, 1130; ErfK/*Preis*, § 611 BGB Rn 567; *Reidel*, NZA 2000, 454, 455; Schaub/*Koch*, ArbR-Hdb, § 110 Rn 10.

13 LAG Hamm v. 3.2.2004, NZA-RR 2005, 358; LAG Hamburg v. 10.6.1994, LAGE § 611 BGB Beschäftigungspflicht Nr. 37; ArbG Stralsund v. 11.8.2004, NZA-RR 2005, 23; *Ostrowicz/Künzl/Schäfer*, Kap. 9 3.4.1.1.; Schaub/*Koch*, § 110 Rn 9; einschränkend ErfK/*Preis*, § 611 BGB Rn 568 f.

14 ArbG Stralsund v. 11.8.2004, NZA-RR 2005, 23; ArbG Frankfurt v. 19.11.2003, NZA-RR 2004, 409; *Thüsing/Leder*, BB 2005, 1563, 1569.

15 LAG Baden-Württemberg v. 5.1.2007, LAGE § 1 KSchG Soziale Auswahl Nr. 52b; LAG München v. 7.5.2003, LAGE § 307 BGB 2002 Nr. 2; a.A. LAG Rheinland-Pfalz – 12 Sa 99/05 – juris.

16 LAG Hamm v. 3.2.2004, NZA-RR 2005, 358; ErfK/*Preis*, § 611 BGB Rn 568; Schaub/*Koch*, ArbR-Hdb, § 110 Rn 11.

17 LAG Hamm v. 18.2.1998, NZA-RR 1998, 422; LAG Frankfurt v. 23.3.1987, NZA 1988, 37; LAG Köln v. 9.2.1991, LAGE § 935 ZPO Nr. 3; ArbG Köln v. 9.5.1986, NZA-RR 1997, 186; *Heinze*, RdA 1986, 273, 282; *Reinhard/Kliemt*, NZA 2005, 545, 547; a.A. LAG München v. 18.9.2002, NZA-RR 2003, 269; LAG Chemnitz v. 8.3.1996, NZA-RR 1997, 4; Ascheid/Preis/Schmidt/*Koch*, § 102 BetrVG Rn 234; *Germelmann u.a.*, § 62 Rn 83; *Korinth*, Anh. zu §§ 935, 940 Rn 55; Schaub/*Koch*, ArbR-Hdb, § 110 Rn 7.

zustellen ist.[18] Ein dringendes Beschäftigungsinteresse ist bereits anzunehmen, wenn der Arbeitnehmer allein durch eine kurzzeitige Unterbrechung seiner Tätigkeit berufliche Fähigkeiten einbüßt und Nachteile erleidet.[19]

b) Allgemeiner Weiterbeschäftigungsanspruch

19 Von dem Beschäftigungsanspruch ist der allgemeine Weiterbeschäftigungsanspruch des Arbeitnehmers **nach Kündigung** des Arbeitsverhältnisses (d.h. nach fristloser Kündigung oder Ablauf der Kündigungsfrist) zu unterscheiden (siehe § 13 Rn 31 ff.). Er bezieht sich auf ein in seinem Bestand umstrittenes Arbeitsverhältnis.

20 Auf der Grundlage der Entscheidung des **GS des BAG v. 27.2.1985** scheitert der Antrag auf Erlass einer Leistungsverfügung auf Weiterbeschäftigung vor und während des erstinstanzlichen Kündigungsschutzverfahrens regelmäßig schon deshalb, weil es an einem **Verfügungsanspruch** fehlt, es sei denn, die Kündigung wäre **offensichtlich unwirksam**.[20] Offensichtliche Unwirksamkeit kann jedoch nur angenommen werden, wenn sie sich ohne weitere Nachprüfung geradezu aufdrängt, tragfähige Gründe schlechterdings nicht zu erkennen, Beteiligungs- oder Zustimmungserfordernisse (§§ 102 f. BetrVG, § 85 SGB IX, § 9 Abs. 3 MuSchG, § 18 BEEG) eindeutig nicht beachtet sind.[21]

21 Im Übrigen wird der Weiterbeschäftigungsanspruch dem gekündigten Arbeitnehmer nach der höchstrichterlichen Rspr. erst auf der **Grundlage eines erstinstanzlichen Urteils** zugebilligt, das die Unwirksamkeit der Kündigung festgestellt hat. Soweit der Arbeitnehmer im Kündigungsschutzverfahren zugleich auf Weiterbeschäftigung geklagt hat, kann er aus dem der Klage stattgebenden Urteil vollstrecken und so seine Weiterbeschäftigung durchsetzen. Auf einstweiligen Rechtsschutz ist er deshalb nicht angewiesen.

22 Anders verhält es sich, wenn der Arbeitnehmer ein **überragendes Interesse an der Weiterbeschäftigung** bereits während der Dauer des erstinstanzlichen Kündigungsschutzverfahrens glaubhaft macht.[22] Unter diesen Voraussetzungen kann eine Leistungsverfügung auf Weiterbeschäftigung vor oder während des erstinstanzlichen Kündigungsschutzverfahrens ergehen, soweit die Kündigung offensichtlich unwirksam ist oder der Arbeitnehmer Tatsachen glaubhaft macht, aus denen sich mit überwiegender Wahrscheinlichkeit ihre Unwirksamkeit ergibt.[23]

23 Nach einem der Kündigungsschutzklage stattgebenden Urteil kommt eine Leistungsverfügung auf Weiterbeschäftigung nicht in Betracht. Sie scheitert daran, dass es an einem Verfügungsgrund fehlt. Der Arbeitnehmer muss sich vorhalten lassen, die **Eilbedürftigkeit** selbst herbeigeführt zu haben, indem er es versäumt hat, im erstinstanzlichen Kündigungsschutzverfahren kumulativ den Weiterbeschäftigungsantrag zu stellen.[24]

18 *Ostrowicz/Künzl/Schäfer*, Kap. 9 3.4.1.2.

19 LAG Rheinland-Pfalz v. 21.8.1996, LAGE § 611 BGB Beschäftigungspflicht Nr. 19.

20 BAG v. 27.2.1985, NZA 1985, 702; dazu Ascheid/Preis/Schmidt/*Koch*, § 102 BetrVG Rn 235 ff.; ErfK/*Kiel*, § 4 KSchG Rn 42.

21 KR/*Etzel*, § 102 BetrVG Rn 274; *Reidel*, NZA 2000, 454, 461.

22 LAG Köln v. 26.11.1985, NZA 1996, 136; LAG Berlin v. 22.2.1991, NZA 1991, 472; Schaub/*Linck*, ArbR-Hdb, § 125 Rn 18.

23 LAG München v. 10.2.1994, LAGE § 102 BetrVG 1972 Beschäftigungspflicht Nr. 14; KR/*Etzel*, § 102 BetrVG Rn 289.

24 LAG Köln v. 18.8.2000, BB 2001, 103; LAG Köln v. 6.8.1996, LAGE § 611 BGB Beschäftigungspflicht Nr. 40; ErfK/*Ascheid*, § 5 KSchG Rn 102; *Germelmann u.a.*, § 62 Rn 86; KR/*Etzel*, § 102 BetrVG Rn 290; Schaub/*Linck*, ArbR-Hdb, § 125 Rn 18.

c) Betriebsverfassungsrechtlicher Weiterbeschäftigungsanspruch

Einen Sonderfall der Weiterbeschäftigung normiert § 102 Abs. 5 BetrVG (siehe § 13 Rn 3 ff.). Danach ist der Arbeitgeber verpflichtet, den ordentlich gekündigten Arbeitnehmer nach Ablauf der Kündigungsfrist bis zum rechtskräftigen Abschluss des Rechtsstreits zu unveränderten Bedingungen unter folgenden Voraussetzungen weiter zu beschäftigen: 24

- fristgerechter und ordnungsgemäßer **Widerspruch des Betriebsrats** nach § 102 Abs. 3 BetrVG,
- rechtzeitig erhobene **Kündigungsschutzklage**,
- **Weiterbeschäftigungsverlangen** des Arbeitnehmers.

Der betriebsverfassungsrechtliche Weiterbeschäftigungsanspruch kann im Wege einstweiliger Verfügung geltend gemacht und durchgesetzt werden. Für den **Verfügungsanspruch** muss der Arbeitnehmer die Voraussetzungen des § 102 Abs. 5 S. 1 BetrVG darlegen und glaubhaft machen.[25] 25

Umstritten ist, ob die Leistungsverfügung darüber hinaus einen besonderen **Verfügungsgrund** erfordert. Überwiegend wird angenommen, das besondere Sicherungsinteresse des Arbeitnehmers ergebe sich bereits aus der **Rechtsnatur des Weiterbeschäftigungsverhältnisses** mit der Folge, dass der drohende Zeitablauf als Verfügungsgrund genüge.[26] Dieser Ansicht wird mit der Begründung widersprochen, aus § 102 Abs. 5 S. 1 BetrVG folge nicht, dass an die Voraussetzungen einer einstweiligen Verfügung geringere Anforderungen als sonst zu stellen seien.[27] So wird der Verfügungsgrund in einem drohenden Verlust des Arbeitsplatzes gesehen, den der Arbeitgeber mit einem anderen Arbeitnehmer zu besetzen beabsichtigt.[28] 26

Der in Rspr. und Literatur überwiegend vertretenen Auffassung, wonach es im Rahmen des § 102 Abs. 5 S. 1 BetrVG eines besonderen Verfügungsgrundes nicht bedarf, ist zu folgen. Der hier normierte Weiterbeschäftigungsanspruch stellt der Sache nach bereits eine Regelung des vorläufigen Rechtsschutzes in Bezug auf das gekündigte Arbeitsverhältnis dar und nimmt eine Abwägung der Arbeitnehmer- und Arbeitgeberinteressen vor. Nach der Wertung des Gesetzes gebührt unter den Voraussetzungen des § 102 Abs. 5 S. 1 BetrVG dem **Beschäftigungsinteresse** des Arbeitnehmers für die Dauer des Kündigungsschutzverfahrens der **Vorrang**. Mit dieser Zweckbestimmung lässt es sich schwerlich vereinbaren, neben dem drohenden Rechtsverlust durch Zeitablauf zusätzlich ein besonderes Sicherungsinteresse des Arbeitnehmers als Voraussetzung für den Erlass einer einstweiligen Verfügung zu verlangen.[29] 27

Allerdings kann sich der Arbeitgeber gem. § 102 Abs. 5 S. 2 BetrVG durch einstweilige Verfügung von der Verpflichtung zur Weiterbeschäftigung nach Satz 1 **entbinden** lassen, wenn er glaubhaft macht, dass 28

25 Ascheid/Preis/Schmidt/*Koch*, § 102 BetrVG Rn 212; ErfK/*Kania*, § 102 BetrVG Rn 36; *Germelmann u.a.*, § 62 Rn 87; Kleveman/*Braun*, § 12 Rn 71 ff.; KR/*Etzel*, § 102 BetrVG Rn 234; *Ostrowicz/Künzl/Schäfer*, Kap. 9 3.4.4.

26 LAG Hamburg v. 14.9.1992, NZA 1993, 140; LAG Hamm v. 24.1.1994, LAGE § 102 BetrVG 1972 Beschäftigungspflicht Nr. 14; LAG Hamburg v. 25.1.1994, LAGE § 102 BetrVG 1972 Beschäftigungspflicht Nr. 21; LAG München v. 16.8.1995, LAGE § 102 BetrVG 1972 Beschäftigungspflicht Nr. 22; ErfK/*Kania*, § 102 BetrVG Rn 36; GK-BetrVG/*Raab*, § 102 Rn 187; KR/*Etzel*, § 102 BetrVG Rn 235; *Reidel*, NZA 2000, 454, 461; im Ergebnis ebenso *Ostrowicz/Künzl/Schäfer*, Kap. 9 3.4.4.2.

27 LAG München v. 10.2.1994, NZA 1994, 997; Hess/Schlochauer/*Schlochauer*, § 102 Rn 169; *Reinhard/Kliemt*, NZA 2005, 545, 548.

28 LAG Köln v. 2.8.1984, NZA 1984, 300; *Fitting u.a.*, § 102 Rn 116.

29 GK-BetrVG/*Raab*, § 102 Rn 176, 184.

- die Kündigungsschutzklage **keine hinreichende Aussicht auf Erfolg** biete oder mutwillig erscheine,
- die Weiterbeschäftigung des Arbeitnehmers zu einer **unzumutbaren wirtschaftlichen Belastung** des Arbeitgebers führe oder
- der **Widerspruch** des Betriebsrats nach § 102 Abs. 3 BetrVG **offensichtlich unbegründet** gewesen sei.

29 Die **Befreiungstatbestände** des § 102 Abs. 5 S. 2 Nr. 1–3 BetrVG sind **abschließend** geregelt. Der Arbeitgeber braucht darüber hinaus keinen Verfügungsgrund nach §§ 935, 940 ZPO glaubhaft zu machen.[30]

Der Anspruch auf Entbindung kann auch dem Verfügungsantrag des Arbeitnehmers entgegen gehalten werden. Der Arbeitgeber ist nicht darauf angewiesen, ein **selbstständiges Verfügungsverfahren** einzuleiten.[31] Wenn er geltend macht, dass die Voraussetzungen des § 102 Abs. 5 S. 2 BetrVG erfüllt sind und seine Entbindung von der Beschäftigungspflicht rechtfertigen, muss der Verfügungsantrag des Arbeitnehmers auf Weiterbeschäftigung zurückgewiesen werden. Jedenfalls kann der Arbeitgeber in dem von dem Arbeitnehmer eingeleiteten Verfügungsverfahren selbst den Antrag stellen, ihn im Wege einstweiliger Verfügung von der Weiterbeschäftigungspflicht zu entbinden.[32]

2. Arbeitsvergütung

30 Gegenstand einer einstweiligen Verfügung kann auch der Anspruch des Arbeitnehmers auf Lohn- oder Gehaltszahlung sein. Hier wird wiederum der Sicherungszweck der §§ 935, 940 ZPO überschritten. Die beantragte einstweilige Verfügung führt zu einer Befriedigung des Gläubigers. Deshalb müssen die besonderen Voraussetzungen der Leistungsverfügung insbesondere im Hinblick auf den Verfügungsgrund erfüllt sein.

31 Zunächst ist zu berücksichtigen, dass sich die von dem Arbeitnehmer beantragte Maßnahme auf eine **Geldforderung** bezieht, deren Sicherung dem **Arrest** nach § 916 ZPO vorbehalten bleibt. Arrest und einstweilige Verfügung sind weder austauschbar noch überschneiden sie sich in ihrem jeweiligen Anwendungsbereich; sie schließen sich vielmehr gegenseitig aus.[33]

32 Soweit der Antrag des Arbeitnehmers allein darauf gerichtet ist, seinen Vergütungsanspruch abzusichern, weil sonst die Vollstreckung des Urteils in der Hauptsache vereitelt oder wesentlich erschwert werden könnte, kommt nur die Anordnung eines Arrestes unter den Voraussetzungen der §§ 917 f. ZPO in Betracht. Ein Verfügungsantrag müsste als unzulässig zurückgewiesen werden. Das weitergehende Ziel, die Forderung nicht lediglich zu sichern, sondern durchzusetzen, weil der Arbeitnehmer auf die **Auszahlung** der ihm zustehenden Arbeitsvergütung dringend angewiesen ist, lässt sich nur über den Weg der **Leistungsverfügung** erreichen.

30 KR/*Etzel*, § 102 BetrVG Rn 222a; *Reinhard/Kliemt*, NZA 2005, 545, 549.

31 *Fitting u.a.*, § 102 Rn 117; GK-BetrVG/*Raab*, § 102 Rn 189; *Ostrowicz/Künzl/Schäfer*, Kap. 9 3.4.4; a.A. (2 Verfahren): LAG Schleswig-Holstein v. 5.3.1996, LAGE § 102 BetrVG 1972 Beschäftigungspflicht Nr. 23; LAG Hamburg v. 25.1.1994, LAGE § 102 BetrVG 1972 Beschäftigungspflicht Nr. 21; LAG Hamburg v. 24.1.1994, LAGE § 102 BetrVG 1972 Beschäftigungspflicht Nr. 14; LAG Düsseldorf v. 30.8.1977, DB 1977, 2383; KR/*Etzel*, § 102 BetrVG Rn 222a.

32 GK-BetrVG/*Raab*, § 102 Rn 187.

33 Baumbach/*Hartmann*, Grundz. § 916 Rn 3; Thomas/Putzo/*Reichold*, vor § 916 Rn 8; Zöller/*Vollkommer*, vor § 916 Rn 1.

Dennoch ist auch eine **Kombination** beider Anträge nicht völlig ausgeschlossen: Wenn etwa der Arbeitnehmer aus einem Zahlungsurteil im Ausland vollstrecken müsste (Arrestgrund nach § 917 Abs. 2 S. 1 ZPO) und er zugleich dringend auf die Lohnzahlung zur Bestreitung seines Lebensunterhaltes angewiesen ist, kann er in Höhe des **Notbedarfs** eine einstweilige Verfügung, im Übrigen wegen seiner weitergehenden Forderung einen dinglichen oder persönlichen Arrest beantragen.[34] 33

Der Arrest- und der Verfügungsanspruch stimmen überein. Voraussetzung ist ein **fortbestehendes Arbeitsverhältnis**, das von dem Arbeitnehmer glaubhaft gemacht werden muss. Dies gilt insbesondere für den Fall, dass das Arbeitsverhältnis gekündigt ist und die Arbeitsvergütung für einen Zeitraum nach Ablauf der Kündigungsfrist verlangt wird. Der Verfügungsanspruch ist nur begründet, wenn die Kündigung unwirksam ist und die Voraussetzungen des Annahmeverzuges (§ 615 S. 1 BGB) erfüllt sind. 34

Der Fortbestand des (bestrittenen) Arbeitsverhältnisses lässt sich im Verfahren des einstweiligen Rechtsschutzes nicht zuverlässig und abschließend feststellen. Für den Verfügungsanspruch wird es zwar im Allgemeinen ausreichen, wenn der **Kündigungsschutzklage erstinstanzlich stattgegeben** worden ist. In diesem Fall muss der Arbeitnehmer allerdings mit dem Einwand rechnen, dass es an einem **Verfügungsgrund** fehle, weil und soweit er den Kündigungsschutzantrag mit einer Zahlungsklage hätte verbinden können. 35

Im Übrigen aber kommt dem Arbeitnehmer auch im Verfahren des einstweiligen Rechtsschutzes zugute, dass der Arbeitgeber im Hinblick auf eine von ihm erklärte ordentliche Kündigung des (kündigungsgeschützten) Arbeitsverhältnisses nach **§ 1 Abs. 2 S. 4 KSchG** die Darlegungs- und Beweislast für die Tatsachen trägt, die die Kündigung nach § 1 Abs. 2 KSchG sozial rechtfertigen. Entsprechendes gilt für die Voraussetzungen außerordentlicher Kündigung nach § 626 Abs. 1 und 2 BGB.[35] Trägt der Arbeitgeber erhebliche Kündigungsgründe substantiiert vor, genügt es für den Verfügungsgrund, wenn der Arbeitnehmer sie hinreichend entkräftet und glaubhaft macht, dass die **überwiegende Wahrscheinlichkeit** für den Fortbestand des Arbeitsverhältnisses spricht.[36] 36

Da die auf Zahlung von Arbeitslohn gerichtete Leistungsverfügung über den eigentlichen Sicherungszweck des § 940 ZPO hinaus geht und zu einer (zumindest vorübergehenden) Befriedigung führt, sind an den **Verfügungsgrund strenge Anforderungen** zu stellen. Der Arbeitnehmer muss auf die geltend gemachte Arbeitsvergütung dringend angewiesen sein, um seinen notwendigen Lebensunterhalt zu bestreiten. Dies setzt voraus, dass er sich in einer **finanziellen Notlage** befindet und ihm andere Mittel, sonstige Einkünfte, Vermögenserträge, Unterhaltsleistungen, Ersparnisse nicht zur Verfügung stehen.[37] 37

Um die Notlage zu überbrücken, braucht der Arbeitnehmer keinen **Kredit** aufzunehmen. Andererseits muss er Darlehensmittel, die ihm bereits zur Verfügung stehen, einsetzen. An einem Verfügungsgrund fehlt es jedenfalls, wenn anzunehmen ist, dass die mit der Leistungsverfügung geltend gemachte Zahlung dazu dienen soll, den Kredit zurückzuzahlen.[38] 38

34 *Korinth*, Anh. zu §§ 935, 940 Rn 130.

35 *Vossen*, RdA 1991, 216, 224.

36 KR/*Spilger*, § 11 KSchG Rn 53; *Ostrowicz/Künzl/Schäfer*, Kap. 9 3.4.10.1; *Vossen*, RdA 1991, 216, 224.

37 LAG Köln v. 9.7.2007 – 5 Ta 188/07 – n.v.; LAG Bremen v. 5.12.1997, DB 1998, 1624; *Germelmann u.a.*, § 62 Rn 82; *Korinth*, Anh. zu §§ 935, 940 Rn 140; Kleveman/*Braun*, § 12 Rn 30; KR/*Spilger*, § 11 KSchG Rn 53; *Reinhard/Kliemt*, NZA 2005, 545, 552; *Vossen*, RdA 1991, 216, 220.

38 Kleveman/*Braun*, § 12 Rn 32; *Korinth*, Anh. zu §§ 935, 940 Rn 140.

39 Bezieht der Arbeitnehmer bereits **Arbeitslosengeld** oder **Sozialhilfe**, muss er sich darauf verweisen lassen. Andererseits ist es ihm nicht zuzumuten, zunächst Arbeitslosengeld oder Sozialhilfe zu beantragen.[39] Für das Sozialhilferecht gilt das Subsidiaritätsprinzip, das nach § 143 Abs. 1 SGB III auch auf die Leistungen der Arbeitslosenversicherung Anwendung findet.

40 Mit der Leistungsverfügung darf dem Arbeitnehmer die ihm zustehende Arbeitsvergütung nur in Höhe des dringend benötigten Lebensunterhaltes zugebilligt werden. Dabei wird vornehmlich auf die **Pfändungsfreibeträge** des § 850c ZPO,[40] teilweise auf die **Höhe des fiktiven Arbeitslosengeldes**[41] abgestellt. Im Einzelfall kann die Höhe des Verfügungsanspruchs auch mit einem konkreten Bedarf an Lebensunterhalt begründet und glaubhaft gemacht werden.[42]

41 Schließlich folgt aus der Erfüllungswirkung der Leistungsverfügung die Notwendigkeit ihrer **zeitlichen Beschränkung**. Im Rahmen des einstweiligen Rechtsschutzes kann Arbeitsvergütung für die **Vergangenheit** nur insoweit geltend gemacht werden, wie der Arbeitnehmer sie nicht zuvor im Wege der Leistungsklage hätte durchsetzen können. Erst **künftig fällig werdende Vergütungsansprüche** kommen als Gegenstand einstweiliger Verfügung für den Zeitraum in Betracht, der benötigt wird, um eine Leistungsklage erstinstanzlich durchzusetzen.[43]

3. Wettbewerbsverbot

42 Während des bestehenden Arbeitsverhältnisses ist der Arbeitnehmer grundsätzlich verpflichtet, jedwede Konkurrenztätigkeit zu Lasten seines Arbeitgebers zu unterlassen. Dieses Wettbewerbsverbot bedarf keiner arbeitsvertraglichen Vereinbarung, sondern folgt aus der dem Arbeitnehmer obliegenden **Treuepflicht**[44] und beruht auf § 60 Abs. 1 HGB, der auf kaufmännische Angestellte unmittelbar, auf die übrigen Arbeitnehmer entspr. anzuwenden ist. Nach Beendigung des Arbeitsverhältnisses ist der Arbeitnehmer, der sich nicht durch eine zulässige **Wettbewerbsvereinbarung nach §§ 74 ff. HGB** gebunden hat, hingegen frei, in Wettbewerb zu seinem früheren Arbeitgeber zu treten.[45]

43 Verstöße gegen das Wettbewerbsverbot muss der Arbeitgeber alsbald unterbinden können. Wegen der mit einer Unterlassungsklage verbundenen Verfahrensdauer ist er auf einstweiligen Rechtsschutz angewiesen. Effektiver Rechtsschutz lässt sich häufig allein auf diesem Weg erreichen. **Einstweilige Verfügungen** auf **Unterlassung** von Wettbewerbsverstößen werden deshalb von der Rspr. im Grundsatz als zulässig anerkannt.[46] Dabei handelt es sich um Leistungsverfügungen, die über die Sicherungsfunktion des § 940 ZPO hinaus gehen und dazu führen, dass der Unterlassungsanspruch des Arbeitgebers – zumindest vorübergehend – erfüllt wird.

39 *Germelmann u.a.*, § 62 Rn 82; *Korinth*, Anh. zu §§ 935, 940 Rn 140; *Reinhard/Kliemt*, NZA 2005, 545, 552; *Vossen*, RdA 1991, 216, 222; *Ostrowicz/Künzl/Schäfer*, Kap. 9 3.4.10.2 (Arbeitslosengeld).

40 LAG Kiel v. 26.8.1958, AP Nr. 1 zu § 940 ZPO; ArbG Siegen v. 25.10.1988 – 1 Ga 21/88 – n.v.; LAG Baden-Württemberg v. 19.4.1971, BB 1971, 977; Erman/*Hanau*, § 611 Rn 415; *Germelmann u.a.*, § 62 Rn 82; Kleveman/*Braun*, § 12 Rn 33; *Vossen*, RdA 1991, 216, 221.

41 LAG Baden-Württemberg v. 24.11.1967, BB 1968, 335; *Korinth*, Anh. zu §§ 935, 940 Rn 135.

42 Vgl. *Reinhard/Kliemt*, NZA 2005, 549, 552.

43 Kleveman/*Braun*, § 12 Rn 33; *Korinth*, Anh. zu §§ 935, 940 Rn 139; *Ostrowicz/Künzl/Schäfer*, Kap. 9 3.4.10.3; *Vossen*, RdA 1991, 216, 223.

44 BAG v. 26.1.1995, EzA § 626 BGB n.F. Nr. 155.

45 BAG v. 19.5.1998, EzA § 74 HGB Nr. 61.

46 LAG Nürnberg v. 31.7.2001, NZA-RR 2002, 272; LAG Hamm v. 7.4.1983, EzA § 935 ZPO Nr. 1; *Bauer/Diller*, Rn 608; GK-ArbGG/*Vossen*, § 62 Rn 79; ErfK/*Oetker*, § 61 HGB Rn 2; Kleveman/*Braun*, § 12 Rn 37; *Reinhard/Kliemt*, NZA 2005, 545, 550.

Der Verfügungsanspruch auf Unterlassung setzt neben dem bestehenden Arbeitsverhältnis oder einem nach §§ 74 ff. HGB zulässigen, nachvertraglichen Wettbewerbsverbot erhebliche Indizien für **tatsächliche** oder **geplante Wettbewerbsverstöße** voraus. Der Arbeitgeber muss deshalb eine konkrete Besorgnis der Verletzung darlegen und glaubhaft machen.[47] Darüber hinaus kann nur eine ganz **konkrete Wettbewerbstätigkeit** untersagt werden.[48] Damit wird ein weit gefasster Verfügungsantrag nicht ausgeschlossen, der sich nach den Umständen des Einzelfalles auch auf jegliche Tätigkeit für ein bestimmtes oder mehrere näher bezeichnete Konkurrenzunternehmen beziehen kann.[49] 44

Das auf die Treuepflicht des Arbeitnehmers bzw. auf § 60 Abs. 1 HGB gestützte Wettbewerbsverbot gilt während der **Dauer** des **rechtlichen Bestandes des Arbeitsverhältnisses** – also bis zum Ablauf der Kündigungsfrist, auch wenn der Arbeitnehmer freigestellt worden ist. Darüber hinaus ist der Arbeitnehmer an das Wettbewerbsverbot gebunden, solange er aufgrund des allgemeinen oder des betriebsverfassungsrechtlichen Weiterbeschäftigungsanspruchs tatsächlich weiter beschäftigt wird.[50] 45

An das vertragliche Wettbewerbsverbot soll der Arbeitnehmer, der Kündigungsschutzklage erhoben hat, auch im Falle fristloser Kündigung oder nach Ablauf der Kündigungsfrist gebunden bleiben. Das BAG begründet dies mit dem Verbot widersprüchlichen Verhaltens.[51] Der Arbeitgeber, der an der Kündigung festhält, den Arbeitnehmer aber ohne nachvertragliches Wettbewerbsverbot auf Unterlassung in Anspruch nimmt, handelt jedoch gleichermaßen widersprüchlich. Überdies trägt er das Risiko unwirksamer Kündigung.[52]

Besteht aufgrund einer vom Arbeitnehmer erklärten außerordentlichen Kündigung Streit darüber, ob das Arbeitsverhältnis beendet ist oder fortbesteht, muss der Arbeitgeber, der eine auf Wettbewerbsunterlassung gerichtete Leistungsverfügung beantragt, darlegen und glaubhaft machen, dass die Kündigung mit **überwiegender Wahrscheinlichkeit unwirksam** ist.[53] 46

Mit der Unterlassungsverfügung wird die Hauptsache vorweggenommen und eine Entscheidung getroffen, die nach ihrer Vollziehung nicht mehr rückgängig gemacht werden kann. Wegen der Endgültigkeit der Verfügung sind an den **Verfügungsgrund hohe Anforderungen** zu stellen.[54] 47

Dies gilt umso mehr, als der **Schadensersatzanspruch** aus § 945 ZPO keinen vollständigen Nachteilsausgleich gewährleistet. Denn dem Arbeitnehmer, dem zu Unrecht bestimmte Tätigkeiten durch einstweilige Verfügung untersagt worden sind, wird es häufig nicht gelingen, den Nachweis zu führen, dass ihm aus der Vollziehung der Verfügung ein konkreter, bezifferbarer Schaden entstanden ist.

Der These, mit den Voraussetzungen des Verfügungsanspruchs werde zugleich der Verfügungsgrund indiziert,[55] ist deshalb nicht zu folgen. Allein in der Verletzung des Wett-

47 LAG Baden-Württemberg v. 28.2.1986, NZA 1986, 641; *Bauer/Diller*, Rn 603.

48 *Korinth*, Anh. zu §§ 935, 940 Rn 12.

49 *Bauer/Diller*, Rn 598.

50 ErfK/*Oetker*, § 60 HGB Rn 3; *Korinth*, Anh. zu §§ 935, 940 Rn 8.

51 BAG v. 25.4.1991, NZA 1992, 214; dazu auch LAG Köln v. 26.6.2006, NZA-RR 2007, 73.

52 *Bauer/Diller*, Rn 22a; Kleveman/*Braun*, § 12 Rn 38.

53 LAG Hamm v. 7.4.1983, EzA § 935 ZPO Nr. 1; Kleveman/*Braun*, § 12 Rn 37; *Korinth*, Anh. zu §§ 935, 940 Rn 10; *Ostrowicz/Künzl/Schäfer*, Kap. 9 3.4.7.2; a.A. LAG Köln v. 14.11.1989, LAGE § 611 BGB Treuepflicht Nr. 1.

54 *Bauer/Diller*, Rn 611; *Germelmann u.a.*, § 62 Rn 94; *Ostrowicz/Künzl/Schäfer*, Kap. 9 3.4.7.3.

55 *Korinth*, Anh. zu §§ 935, 940 Rn 14.

bewerbsverbots liegt kein ausreichender Verfügungsgrund,[56] der vielmehr erst dann angenommen werden kann, wenn der Arbeitgeber glaubhaft macht, dass ihm aus der Konkurrenztätigkeit des Arbeitnehmers **erhebliche Nachteile** drohen.[57]

48 Aus der Endgültigkeit der Unterlassungsverfügung folgt weiterhin, dass sie nach ihrem Gegenstand auf das **unbedingt notwendige Maß** beschränkt bleiben und **zeitlich befristet** sein muss.[58] Für die Geltungsdauer der Verfügung bietet sich die Zeitspanne an, die benötigt wird, um bei sofortiger Klageerhebung ein erstinstanzliches Urteil in der Hauptsache zu erwirken.

4. Herausgabeansprüche

a) Arbeitsmittel

49 Der Arbeitnehmer ist verpflichtet, die ihm überlassenen Arbeitsmittel (z.B. Werkzeuge, Computer, Arbeitskleidung, Schlüssel, Geschäftsunterlagen, Schriftstücke, Zeichnungen, Kundenkarteien, Arbeitsergebnisse, ausschließlich dienstlich genutzter Pkw) **jederzeit** auf Verlangen des Arbeitgebers an ihn **herauszugeben**. Der Anspruch des Arbeitgebers folgt aus §§ 985 Abs. 1, 861 Abs. 1, 667 BGB analog. Auch während des bestehenden Arbeitsverhältnisses steht dem Arbeitnehmer weder ein **Recht zum Besitz** i.S.v. § 986 BGB noch ein **Zurückbehaltungsrecht** wegen eigener Ansprüche zu.[59]

50 Der Herausgabeanspruch kann im Wege einstweiliger (Leistungs-)Verfügung geltend gemacht werden.[60] Für den **Verfügungsanspruch**, den der Arbeitgeber vor Beendigung des (erstinstanzlichen) Kündigungsschutzverfahrens verfolgt, kommt es – entgegen in der Rspr. vertretener Auffassung[61] – nicht darauf an, ob die Kündigung mit hoher Wahrscheinlichkeit wirksam ist; denn die Herausgabe kann auch während des bestehenden Arbeitsverhältnisses jederzeit verlangt werden. Soweit der Arbeitgeber allerdings den Herausgabeanspruch gerade auf die Beendigung des Arbeitsverhältnisses stützt, wird er glaubhaft machen müssen, dass die von ihm erklärte, von dem Arbeitnehmer angegriffene Kündigung jedenfalls **nicht offensichtlich unwirksam** ist.[62]

51 Obwohl mit der Leistungsverfügung auf Herausgabe der Anspruch nicht nur gesichert, sondern über § 940 ZPO hinaus erfüllt wird, braucht der Arbeitgeber einen besonderen, konkreten **Verfügungsgrund nicht** glaubhaft zu machen.[63] Der Arbeitnehmer ist in Bezug auf die ihm von dem Arbeitgeber überlassenen Arbeitsmittel nicht Besitzer, sondern lediglich **Besitzdiener** i.S.v. § 855 BGB. Mit seiner Weigerung, Arbeitsmittel herauszugeben, begeht er **verbotene Eigenmacht**.[64] Unter den Voraussetzungen des § 858 BGB kann die Herausgabe

56 LAG Baden-Württemberg v. 24.11.1967, BB 1968, 708.

57 LAG Baden-Württemberg v. 7.9.1967, BB 1967, 1426; *Bauer/Diller*, Rn 611; *Ostrowicz/Künzl/Schäfer*, Kap. 9 3.4.7.3.

58 MüKo-ZPO/*Heinze* (2. Aufl.), § 935 Rn 40.

59 ErfK/*Preis*, § 611 BGB Rn 754; *Korinth*, Anh. zu §§ 935, 940 Rn 146; MünchArb/*Bayreuther*, § 89 Rn 4; Schaub/*Koch*, ArbR-Hdb, § 113 Rn 6.

60 Kleveman/*Braun*, § 12 Rn 45; *Korinth*, Anh. zu §§ 935, 940 Rn 146.

61 LAG Hamm v. 30.10.1973, DB 1973, 2306.

62 MüKo-ZPO/*Heinze* (2. Aufl.), § 935 Rn 50.

63 *Korinth*, Anh. zu §§ 935, 940 Rn 146; *Reinhard/Kliemt*, NZA 2005, 545, 553; a.A. LAG Hamm v. 30.10.1973, DB 1973, 2306.

64 ErfK/*Preis*, § 611 BGB Rn 754; *Korinth*, Anh. zu §§ 935, 940 Rn 146; Schaub/*Koch*, ArbR-Hdb, § 113 Rn 6.

im Wege einstweiliger Leistungsverfügung verlangt werden, ohne dass die Maßnahme zur Abwendung wesentlicher Nachteile i.S.v. § 940 ZPO erforderlich sein muss.[65]

b) Dienstwagen

Grundlegend anders zu beurteilen ist die Rechtslage, soweit der Arbeitgeber nach umstrittener Kündigung und einseitiger Freistellung bzw. nach Ablauf der Kündigungsfrist die **Herausgabe** eines **Dienstwagens** verlangt, den er dem Arbeitnehmer auch zur **privaten Nutzung** überlassen hat. Aufgrund des ihm eingeräumten Nutzungsrechtes ist der Arbeitnehmer nicht bloßer Besitzdiener, sondern **unmittelbarer Besitzer**. Ihm steht grds. für die Dauer des Arbeitsverhältnisses ein **Recht zum Besitz** nach § 986 BGB zu.[66] 52

Für den Verfügungsanspruch folgt daraus: Der Arbeitgeber hat glaubhaft zu machen, dass dem Arbeitnehmer ein Recht zum Besitz an dem Dienstwagen nicht mehr zusteht. Ihm kommen allerdings die Grundsätze des GS des BAG zum **allgemeinen Weiterbeschäftigungsanspruch**[67] zu Hilfe. Eine Kündigung, die nicht offensichtlich unwirksam ist, darf vollzogen werden, solange das Arbeitsgericht nicht die Unwirksamkeit der Kündigung festgestellt hat. Deshalb genügt es für den Verfügungsanspruch – soweit nicht die Voraussetzungen des betriebsverfassungsrechtlichen Weiterbeschäftigungsanspruchs erfüllt sind –, wenn der Arbeitgeber glaubhaft macht, dass die Kündigung **nicht offensichtlich unwirksam** ist.[68] Nach (einseitiger) **Freistellung** ist der Verfügungsanspruch – selbst vor Ablauf der Kündigungsfrist – ohne weiteres begründet, falls der Arbeitnehmer arbeitsvertraglich verpflichtet ist, den Dienstwagen in jedem Fall einer Freistellung zurückzugeben. 53

Der **Verfügungsgrund** muss zwar gleichfalls dargelegt und glaubhaft gemacht werden. Hier sind jedoch regelmäßig **keine besonderen Anforderungen** zu stellen. Denn wesentliche Nachteile i.S.v. § 940 ZPO drohen dem Arbeitgeber bereits deshalb, weil er ohne die Leistungsverfügung die (nun ausschließlich private) Nutzung des Dienstwagens durch den gekündigten Arbeitnehmer und die damit verbundene Wertminderung nach Beendigung des Arbeitsverhältnisses oder wirksamer Freistellung bis zum erstinstanzlichen Abschluss des Kündigungsschutzverfahrens dulden müsste.[69] 54

5. Arbeitspapiere, Zeugnis

In der arbeitsgerichtlichen Praxis kommen Verfügungsanträge, mit denen Arbeitnehmer die Herausgabe von Arbeitspapieren geltend machen, häufig vor; sie sind nach Kündigung und Ablauf der Kündigungsfrist durchweg **zulässig** und **begründet**.[70] Dies gilt selbst dann, wenn die Parteien über den Fortbestand des Arbeitsverhältnisses aufgrund einer Arbeitnehmerkündigung streiten. Denn für den Verfügungsanspruch kommt es nicht auf die rechtliche, 55

65 OLG Hamm v. 29.5.1991, NJW-RR 1991, 1526; OLG Köln v. 9.8.1995, VersR 1967, 465; Thomas/Putzo/*Reichold*, § 940 Rn 12.

66 OLG Düsseldorf v. 12.2.1986, NJW 1986, 2513; siehe auch OLG Düsseldorf v. 7.12.1983, MDR 1984, 411.

67 BAG v. 27.2.1985, NZA 1985, 702.

68 ArbG Wetzlar v. 1.8.1986, NZA 1987, 163; *Korinth*, Anh. zu §§ 935, 940 Rn 146; *Reinhard/Kliemt*, NZA 2005, 545, 553.

69 OLG Düsseldorf v. 7.12.1983, MDR 1984, 411.

70 *Germelmann u.a.*, § 62 Rn 90; *Korinth*, Anh. zu §§ 935, 940 Rn 152 f; *Ostrowicz/Künzl/Schäfer*, Kap. 9 3.4.11.2.

sondern auf die **tatsächliche Beendigung** des Arbeitsverhältnisses an. Dem Arbeitgeber steht ein Zurückbehaltungsrecht an den Arbeitspapieren nicht zu.[71]

56 An den **Verfügungsgrund** sind **keine erhebliche Anforderungen** zu stellen. Der Arbeitnehmer benötigt die Papiere regelmäßig, um seine berufliche Tätigkeit fortzusetzen oder Lohnersatzleistungen zu beantragen. Im Übrigen werden durch die einstweilige Verfügung schützenswerte Interessen des Arbeitgebers kaum beeinträchtigt.[72] Deshalb reicht es grundsätzlich aus, wenn (durch eidesstattliche Versicherung) glaubhaft gemacht wird, dass der Arbeitnehmer die Arbeitspapiere benötigt, um ein neues Arbeitsverhältnis anzutreten, und der Arbeitgeber sich mit ihrer Herausgabe in Verzug befindet.[73]

57 Die **Leistungsverfügung** bleibt allerdings auf die **Herausgabe** formal ordnungsgemäß und vollständig ausgefüllter Arbeitspapiere beschränkt.[74] Der Arbeitgeber ist zwar verpflichtet, die Arbeitspapiere (Arbeitsbescheinigung, Lohnsteuerkarte, Sozialversicherungsnachweis) nicht nur vollständig, sondern auch inhaltlich zutreffend auszufüllen. Für die Entscheidung über **Berichtigungsansprüche**, die sich auf öffentlich-rechtliche Arbeitspapiere beziehen, sind die Arbeitsgerichte jedoch nicht zuständig.[75] Soweit es um die Berichtigung rein arbeitsrechtlicher Papiere (Urlaubsbescheinigung, tarifliche Lohnnachweiskarten) geht, sind die Arbeitsgerichte zwar zuständig (§ 2 Abs. 1 Nr. 3e ArbGG). Der darauf gerichtete Verfügungsantrag wird jedoch regelmäßig daran scheitern, dass es an einem Verfügungsgrund fehlt.

58 Etwas anderes gilt für das **Versicherungsnachweisheft**, das der neue Arbeitgeber von der Sozialversicherung anfordern kann. Deshalb wird es insoweit regelmäßig an einem Verfügungsgrund fehlen.[76]

59 Auch die Erteilung eines einfachen oder qualifizierten **Zeugnisses** kann im Wege einstweiligen Rechtsschutzes geltend gemacht werden. Beruft sich der Arbeitgeber auf den Fortbestand des Arbeitsverhältnisses, während der Arbeitnehmer von wirksamer Beendigung ausgeht, steht dies der auf ein (qualifiziertes) Schlusszeugnis gerichteten Leistungsverfügung nicht entgegen. Der Arbeitnehmer braucht sich insbes. nicht auf ein **Zwischenzeugnis** verweisen zu lassen.[77]

60 Für den Verfügungsgrund genügt es, wenn der Arbeitnehmer glaubhaft macht, dass er für anstehende Bewerbungen auf das Zeugnis dringend angewiesen ist.[78]

61 In der Praxis wird dem Arbeitnehmer freilich die Leistungsverfügung im Allgemeinen wenig helfen. Denn im Rahmen des einstweiligen Rechtsschutzes kann er gegen den Widerstand des Arbeitgebers ein objektiv gutes, qualifiziertes Zeugnis regelmäßig nicht durchsetzen. An dem Eilbedürfnis wird es zwar nicht fehlen. Die Voraussetzungen einer **überdurchschnittlichen Leistungs-** und **Führungsbeurteilung** lassen sich jedoch schon im Rechtsstreit zur Hauptsache häufig nicht nachweisen. Dies gilt für die Glaubhaftmachung im sum-

71 Kleveman/*Braun*, § 12 Rn 53; *Ostrowicz/Künzl/Schäfer*, Kap. 9 3.4.11.2.

72 *Korinth*, Anh. zu §§ 935, 940 Rn 153; *Ostrowicz/Künzl/Schäfer*, Kap. 9 3.4.11.3.

73 *Germelmann u.a.*, § 62 Rn 90; Kleveman/*Braun*, § 12 Rn 53; a.A. *Reinhard/Kliemt*, NZA 2005, 545, 553.

74 *Korinth*, Anh. zu §§ 935, 940 Rn 151; *Ostrowicz/Künzl/Schäfer*, Kap. 9 3.4.11.2.

75 BAG v. 11.6.03 – 5 AZR 1/03 – n.v.; LAG Köln v. 19.7.1988, DB 1988, 60 (zur Arbeitsbescheinigung); LAG Schleswig-Holstein v. 9.10.1986, DB 1987, 896 (zum Sozialversicherungsnachweis); LAG Köln v. 20.9.1988, NZA 1989, 850 (zur Lohnsteuerkarte); *Korinth*, Anh. zu §§ 935, 940 Rn 151; *Ostrowicz/Künzl/Schäfer*, Kap. 9 3.4.11.2.

76 MüKo-ZPO/*Heinze* (2. Aufl.), § 935 Rn 87.

77 Vgl. BAG v. 27.2.1987, EzA § 630 BGB Nr. 11; *Ostrowicz/Künzl/Schäfer*, Kap. 9 3.4.12.1.

78 *Korinth*, Anh. zu §§ 935, 940 Rn 159; *Ostrowicz/Künzl/Schäfer*, Kap. 9 3.4.12.3.

marischen Verfügungsverfahren erst recht. Soweit der Antrag auf eine **Zeugnisberichtigung** ausgerichtet ist, die sich nicht darauf beschränkt, unsachliche Formulierungen auszuräumen, wird der Arbeitnehmer gleichfalls häufig bereits an dem Verfügungsanspruch scheitern.[79]

IV. Antragsmuster

1. Arrest

▼ 62

Arbeitsgericht

Antrag auf dinglichen Arrest und Arrestpfändung

des – Antragsteller –

gegen – Antragsgegner –

wegen: Arrest und Arrestpfändung.

Es wird beantragt – wegen der Dringlichkeit der Sache ohne mündliche Verhandlung, hilfsweise nach mündlicher Verhandlung –, folgenden Arrestbefehl und Arrestpfändungsbeschluss zu erlassen:

1. Wegen einer Gehaltsforderung des Antragstellers i.H.v. EUR nebst Zinsen i.H.v. 5 Prozent über dem Basiszinssatz seit dem sowie einer Kostenpauschale von EUR wird der dingliche Arrest in das gesamte Vermögen des Antragsgegners angeordnet.
2. Der Antragsgegner hat die Kosten des Arrestverfahrens zu tragen.
3. Die Vollziehung des Arrestes wird durch Hinterlegung durch den Antragsgegner in Höhe von EUR gehemmt.
4. In Vollziehung des Arrestes wird die angebliche Forderung des Antragsgegners gegen auf Rückzahlung eines Darlehens nebst Zinsen bis zum Höchstbetrag von EUR gepfändet. Der Antragsgegner hat sich jeder Verfügung über die Forderung zu enthalten. Der Drittschuldner darf an den Antragsgegner nicht mehr leisten.

▲

2. Einstweilige Verfügung

a) Betriebsverfassungsrechtlicher Weiterbeschäftigungsanspruch

▼ 63

Arbeitsgericht

Antrag auf Erlass einer einstweiligen Verfügung

des – Antragsteller –

gegen – Antragsgegner –

wegen: Weiterbeschäftigung nach § 102 Abs. 5 BetrVG.

Es wird beantragt – wegen der Dringlichkeit der Sache ohne mündliche Verhandlung, hilfsweise nach mündlicher Verhandlung –, folgende einstweilige Verfügung zu erlassen:

79 *Korinth*, Anh. zu §§ 935, 940 Rn 159.

Dem Antragsgegner wird aufgegeben, den Antragsteller bis zum erstinstanzlichen Abschluss des zwischen den Parteien anhängigen Kündigungsschutzverfahrens (ArbG , Az.) als *(genaue Bezeichnung der Tätigkeit, z.B. Leiter der Lohnbuchhaltung)* nach Maßgabe des Arbeitsvertrages vom weiter zu beschäftigen.

▲

b) Arbeitsvergütung

64 ▼

Arbeitsgericht

Antrag auf Erlass einer einstweiligen Verfügung

des – Antragsteller –

gegen – Antragsgegner –

wegen: Arbeitsvergütung.

Es wird beantragt – wegen der Dringlichkeit der Sache ohne mündliche Verhandlung, hilfsweise nach mündlicher Verhandlung –, folgende einstweilige Verfügung zu erlassen:

Dem Arbeitgeber wird aufgegeben, bis zur erstinstanzlichen Entscheidung über das Kündigungsschutzverfahren der Parteien (ArbG , Az.) als Abschlagszahlung auf die Vergütungsansprüche des Antragstellers monatlich im Voraus bis zum 3. eines jeden Monats, beginnend mit dem Monat , EUR netto an den Antragsteller zu zahlen.

▲

c) Wettbewerbsverbot

65 ▼

Arbeitsgericht

Antrag auf Erlass einer einstweiligen Verfügung

des

– Antragsteller –

gegen

– Antragsgegner –

wegen: Wettbewerbsverbot.

Es wird beantragt – wegen der Dringlichkeit der Sache ohne mündliche Verhandlung, hilfsweise nach mündlicher Verhandlung –, folgende einstweilige Verfügung zu erlassen:

Dem Antragsgegner wird bei Meidung eines vom Gericht für jeden Fall der Zuwiderhandlung festzusetzenden Zwangsgeldes – ersatzweise Zwangshaft – untersagt, bis zum für die Fa. tätig zu werden.

▲

d) Herausgabe eines Dienstwagens

▼ 66

Arbeitsgericht

Antrag auf Erlass einer einstweiligen Verfügung

des

– Antragsteller –

gegen

– Antragsgegner –

wegen: Herausgabe eines Dienstwagens.

Es wird beantragt – wegen der Dringlichkeit der Sache ohne mündliche Verhandlung, hilfsweise nach mündlicher Verhandlung –, folgende einstweilige Verfügung zu erlassen:

Dem Antragsgegner wird aufgegeben, an den Antragsteller den Pkw , amtl. Kennzeichen , herauszugeben.

▲

e) Arbeitspapiere, Zeugnis

▼ 67

Arbeitsgericht

Antrag auf Erlass einer einstweiligen Verfügung

des

– Antragsteller –

gegen

– Antragsgegner –

wegen: Herausgabe von Arbeitspapieren, Zeugnis.

Es wird beantragt – wegen der Dringlichkeit der Sache ohne mündliche Verhandlung, hilfsweise nach mündlicher Verhandlung –, folgende einstweilige Verfügung zu erlassen:

Dem Antragsgegner wird aufgegeben, an den Antragsteller die auf ihn lautende Lohnsteuerkarte sowie die Arbeitsbescheinigung, jeweils vollständig ausgefüllt, herauszugeben und ihm ein Endzeugnis zu erteilen, das sich auf Führung und Leistung erstreckt.

▲

Teil 5 Sozialversicherungsrecht

§ 31 Arbeitslosengeld I und II

Dr. Artur Kühnel/Susanne A. Becker

Inhalt

	Rn
I. Einführung	1
II. Arbeitslosengeld (I)	5
1. Voraussetzungen des Anspruchs	7
a) Arbeitslosigkeit	8
aa) Beschäftigungslosigkeit	9
bb) Eigenbemühungen	14
cc) Verfügbarkeit	21
b) Arbeitslosmeldung/Antrag	34
c) Erfüllung der Anwartschaftszeit	41
d) Keine Vollendung des 67. Lebensjahres	44
2. Ruhen des Anspruchs	46
3. Dauer des Anspruchs	50
4. Höhe des Anspruchs	54
a) Bemessungsentgelt	56
b) Leistungsentgelt	64
c) Leistungssatz	65
5. Erlöschen des Anspruchs	68
6. Sozialversicherungsschutz des Arbeitslosen	71
III. Arbeitslosengeld II	75
1. Vorbemerkung	76
2. Voraussetzungen des Anspruchs	82
a) Erwerbsfähigkeit	85
b) Hilfebedürftigkeit	91
aa) Ermittlung des Grundsicherungsbedarfs	92
bb) Zu berücksichtigendes Einkommen und/oder Vermögen	95
cc) Hilfe durch Dritte	99
dd) Aufnahme einer zumutbaren Arbeit	102
c) Bedarfsgemeinschaft	106
d) Antrag	112
3. Inhalt des Anspruchs: Grundsicherung	115
a) Regelleistung zur Sicherung des Unterhalts	116
b) Mehrbedarfe	122
c) Angemessene Kosten für Unterkunft und Heizung	123
d) Befristeter Zuschlag nach Bezug von Arbeitslosengeld	127
d) Sozialgeld	130
e) Berechnung	133
4. Verstöße gegen Mitwirkungs-/Meldeobliegenheiten	134
a) Verstoß gegen Mitwirkungsobliegenheiten	136
b) Verstoß gegen Meldeobliegenheiten	141
c) Sonderregelungen	144
d) Wirkung der Sanktionen	146
e) Sanktionen gegenüber Beziehern von Sozialgeld	148
5. Sozialversicherungsschutz	149

Literatur

Eicher/Spellbrink (Hrsg.), SGB II, 2. Auflage 2008; **Gagel** (Hrsg.), Sozialgesetzbuch III – Arbeitsförderung – mit SGB II – Grundsicherung für Arbeitssuchende, Loseblatt-Kommentar, Stand: 36. Erg.-Lfg. 2009; **Kreikebohm**, **Spellbrink**, **Waltermann** (Hrsg.), Kommentar zum Sozialrecht 2009 (zitiert: Kreikebohm/**Bearb.**); **Küttner** (Hrsg.), Personalhandbuch, 16. Auflage 2009 (Küttner/**Bearb.**); **Niesel** (Hrsg.), SGB III, 4. Auflage 2007; **ders.**, Kasseler Kommentar zum Sozialversicherungsrecht, Loseblattsammlung, Stand: 63. Erg.-Lfg. 2009 (zitiert: KassK/**Bearb.**); **Plagemann** (Hrsg.), Münchener Anwaltshandbuch Sozialrecht, 3. Auflage 2009; **Schlegel/Voelzke** (Hrsg.), SGB II Praxiskommentar SGB II, 2. Auflage 2007 (zitiert: Schlegel/Voelzke/**Bearb.**).

I. Einführung

1 Um eine sachgerechte und dem Mandanteninteresse dienende Beratung und Vertretung in Zusammenhang mit der Beendigung von Arbeitsverhältnissen bzw. im Rahmen von Kündigungs- und sonstigen Bestandsstreitigkeiten zu gewährleisten, müssen zwingend einige wichtige Vorschriften des Sozialversicherungsrechts beachtet werden. Andernfalls drohen dem Mandanten erhebliche finanzielle Nachteile. Zentrale Bedeutung haben insoweit die Vorschriften des SGB III[1] zum Arbeitslosengeld und des SGB II[2] zum Arbeitslosengeld II. Das Arbeitslosengeld wird zur Unterscheidung von dem Arbeitslosengeld II auch als Arbeitslosengeld I bezeichnet. Soweit der Gesetzgeber nur den Begriff Arbeitslosengeld verwendet hat, ist damit immer das Arbeitslosengeld I gemeint.

2 Für den **Arbeitnehmer** ist in erster Linie von Interesse, ob und welche Leistung er im Falle der Beendigung seines Arbeitsverhältnisses oder während eines Kündigungsrechtstreits mit dem Arbeitgeber von der Bundesagentur für Arbeit (BA)[3] beanspruchen kann und wie hoch diese Leistung sein wird. In erster Linie ist dabei an das Arbeitslosengeld zu denken. Der Arbeitnehmer will regelmäßig darüber beraten werden, welche Auswirkungen seine Mitwirkung an der Beendigung des Arbeitsverhältnisses oder etwa der Bezug von Leistungen vom Arbeitgeber aus Anlass der Beendigung des Arbeitsverhältnisses (z.B. Abfindung, Urlaubsabgeltung) auf einen etwaigen Leistungsanspruch gegenüber der BA haben können. Bei der Beratung und Vertretung von Arbeitnehmern in diesem Zusammenhang kann neben dem Arbeitslosengeld auch das Arbeitslosengeld II relevant werden. Von Interesse kann etwa sein, ob der Mandant Anspruch auf Arbeitslosengeld II hat, wenn er die Voraussetzungen für den Bezug des Arbeitslosengeldes nicht erfüllt oder für die Dauer einer Sperrzeit kein Arbeitslosengeld bezieht. Ebenfalls möglich ist es, dass dem Mandanten zwar ein Anspruch auf Arbeitslosengeld zusteht, dieser der Höhe nach jedoch so gering ist, dass der neben dem Arbeitslosengeld einen Anspruch auf Arbeitslosengeld II hat.

3 Für den **Arbeitgeber** haben eventuelle Leistungsansprüche des Arbeitnehmers gegenüber der BA sowie die mit dem Leistungsbezug zusammenhängenden Fragen in der Regel keine unmittelbare Bedeutung. Unmittelbare Bedeutung hat für den Arbeitgeber gegebenenfalls die Frage, in welchen Fällen er gegenüber der BA zur Erstattung von Leistungen verpflichtet ist, die von der BA an den Arbeitnehmer erbracht worden sind. Gleiches gilt für die Frage, wann und in welcher Höhe der Arbeitgeber Zahlungsansprüche des Arbeitnehmers nur durch die Zahlung an die BA erfüllen kann.

4 *Praxishinweis*

Auch wenn eventuelle Leistungsansprüche des Arbeitnehmers gegenüber der BA sowie die mit dem Leistungsbezug zusammenhängenden Fragen für den Arbeitgeber in der Regel keine unmittelbare Bedeutung haben, hilft die Kenntnis hiervon dem Arbeitgeber, da er mit dieser Kenntnis manches Vorgehen des Arbeitnehmers bzw. dessen Rechtsanwalts in Kündigungsschutzstreitigkeiten besser nachvollziehen kann oder sogar mit ihm rechnen muss (z.B. kann die Weigerung des Arbeitnehmers, einen Vergleich oder Aufhebungs-

1 Sozialgesetzbuch Drittes Buch, zuletzt geändert durch Art. 4 BürgerentlastungsG Krankenversicherung v. 16.7.2009 (BGBl I S. 1959).

2 Sozialgesetzbuch Zweites Buch, zuletzt geändert durch Art. 14b des Gesetzes zur Änderung arzneimittelrechtl. und anderer Vorschriften v. 17.7.2009 (BGBl I S. 1990).

3 Zur Rechtsnatur der BA und zur Gliederung der BA in Regionaldirektionen und Agenturen für Arbeit vgl. § 367 Abs. 1 und Abs. 2 SGB III. Zum Gerichtstand bei Klagen gegen die BA vgl. § 369 SGB III.

bzw. Abwicklungsvertrag bestimmten Inhalts abzuschließen, mit einer möglicherweise drohenden Sperrzeit sowie Kürzung des Leistungszeitraums zusammenhängen).

II. Arbeitslosengeld (I)

Das Arbeitslosengeld ist im SGB III (§§ 117–152) geregelt. Es ist eine **beitragsfinanzierte Leistung** zur wirtschaftlichen Existenzsicherung bei Arbeitslosigkeit, die keinen unmittelbaren Bezug zum Arbeitsmarkt, d.h. zur aktiven Arbeitsförderung hat.[4] Arbeitslosengeld ist eine Entgeltersatzleistung für Arbeitnehmer (§§ 3 Abs. 1 Nr. 8, 116 Nr. 1 SGB III). Die **Entgeltersatzfunktion** des Arbeitslosengeldes kommt insbesondere in den Vorschriften über die Leistungsberechnung, deren Ausgangspunkt das dem Arbeitnehmer entgehende Entgelt bildet, zum Ausdruck.[5] Aufgrund der Beitragsfinanzierung ist das Arbeitslosengeld grundsätzlich unabhängig von (sonstigem) Einkommen und Vermögen des Beziehers und seines Partners. 5

Arbeitnehmer haben in erster Linie bei Arbeitslosigkeit Anspruch auf Arbeitslosengeld (§ 117 Abs. 1 Nr. 1 SGB III). Daneben sieht das SGB III auch einen Anspruch auf Arbeitslosengeld bei beruflicher Weiterbildung (§§ 117 Abs. 1 Nr. 2, 124a SGB III)[6] sowie einen Anspruch auf Teilarbeitslosengeld vor (§ 150 SGB III).[7] 6

1. Voraussetzungen des Anspruchs

Ein Arbeitnehmer hat gemäß § 118 Abs. 1 SGB III Anspruch auf Arbeitslosengeld, wenn er **arbeitslos ist**, sich **arbeitslos gemeldet** und die **Anwartschaftszeit erfüllt** hat. Zudem wird Arbeitslosengeld gemäß § 117 Abs. 2 SGB III nur bis zum Ablauf des Monats gewährt, in dem der Leistungsempfänger das für die Regelaltersrente i.S.d. SGB VI erforderliche Lebensjahr vollendet. 7

a) Arbeitslosigkeit

Gemäß § 119 Abs. 1 SGB III[8] ist ein Arbeitnehmer arbeitslos, wenn er nicht in einem Beschäftigungsverhältnis steht (Beschäftigungslosigkeit), sich bemüht, seine Beschäftigungslosigkeit zu beenden (Eigenbemühungen) und den Vermittlungsbemühungen der Agentur für Arbeit zur Verfügung steht (Verfügbarkeit). 8

aa) Beschäftigungslosigkeit

Beschäftigungslosigkeit setzt nach § 119 Abs. 1 Nr. 1 SGB III voraus, dass der Arbeitnehmer nicht in einem Beschäftigungsverhältnis steht. Nicht in einem Beschäftigungsverhältnis i.S.d. § 119 Abs. 1 Nr. 1 SGB III steht generell derjenige, der seine Arbeitskraft nicht in persönlicher Abhängigkeit einem Dritten unterstellt, der also nicht der Verfügungsbefugnis (Direkti- 9

4 Gagel/*Steinmeyer,* § 116 Rn 3. Vgl. auch § 16 Abs. 2 SGB III, wonach Teilnehmer an Maßnahmen der aktiven Arbeitsmarktpolitik nicht als arbeitslos gelten.

5 Gagel/*Steinmeyer,* § 116 Rn 5.

6 Näher dazu Gagel/*Niewald,* § 124a Rn 1 ff.; Niesel/*Brand,* § 124a Rn 1 ff.

7 Vgl. hierzu Gagel/*Peters-Lange,* § 150 Rn 1 ff.; Niesel/*Brand,* § 150 Rn 1 ff.

8 Nicht gänzlich deckungsgleich mit der Definition des „Arbeitslosen" in § 16 Abs. 1 SGB III. Zum Inhalt des § 16 Abs. 1 SGB III vgl. Gagel/*Hünecke,* § 16 Rn 1–6.

onsrecht) eines Arbeitgebers unterworfen ist.[9] Das Beschäftigungsverhältnis (§ 7 SGB IV) ist aber nicht mit dem Arbeitsverhältnis identisch. Auch bei fortbestehendem Arbeitsverhältnis kann das Beschäftigungsverhältnis unterbrochen oder beendet sein. Umgekehrt kann ein Beschäftigungsverhältnis bestehen, ohne dass ein wirksames Arbeitsverhältnis gegeben ist. Entscheidend ist, dass der Arbeitslose seine Tätigkeit faktisch nicht (mehr) in persönlicher Abhängigkeit zu einem Dritten erbringt.[10]

10 Diese Aussage des § 119 Abs. 1 Nr. 1 SGB III gilt aber **nicht uneingeschränkt**. So schließt eine ehrenamtliche Betätigung Arbeitslosigkeit nicht aus, wenn dadurch die berufliche Eingliederung des Arbeitslosen nicht beeinträchtigt wird (§ 119 Abs. 2 SGB III).[11] Die bedeutendere Einschränkung ist aber in § 119 Abs. 3 SGB III geregelt.

11 Nach § 119 Abs. 3 S. 1 Hs. 1 SGB III wird die Beschäftigungslosigkeit durch die Ausübung einer **Erwerbstätigkeit** mit einer Arbeitszeit von **weniger als 15 Stunden wöchentlich** ebenfalls nicht ausgeschlossen. Erwerbstätigkeit in diesem Sinne kann eine Beschäftigung, eine selbstständige Tätigkeit oder eine Tätigkeit als mithelfender Familienangehöriger sein. Bei der Beurteilung, ob die Grenze von weniger als 15 Stunden wöchentlich eingehalten wird, kommt es auf eine vorausschauende Betrachtung an; entscheidend für die Prognose sind grundsätzlich die Merkmale und Umstände, wie sie bei Beginn der Erwerbstätigkeit vorliegen.[12] Unerheblich für die Beurteilung ist, ob und in welcher Höhe durch die kurzzeitige Erwerbstätigkeit Einkommen erzielt wird,[13] allerdings kommt es zu einer Anrechnung auf das Arbeitslosengeld nach § 141 SGB III, so dass dem Arbeitslosen regelmäßig lediglich ein Freibetrag in Höhe von 165 EUR verbleibt (zu Ausnahmen vgl. § 141 Abs. 2, 3 SGB III).[14] **Gelegentliche Abweichungen** von geringer Dauer bleiben bei der Beurteilung, ob die Grenze von weniger als 15 Stunden wöchentlich eingehalten wird, unberücksichtigt (§ 119 Abs. 3 S. 1 Hs. 2 SGB III). Die Zeiten mehrerer (nebeneinander ausgeübter) Erwerbstätigkeiten werden aber zusammengerechnet (§ 119 Abs. 3 S. 2 SGB III).

12 Eine **gelegentliche Abweichung** i.S.d. § 119 Abs. 3 S. 1 Hs. 2 SGB III liegt nur dann vor, wenn sie nicht voraussehbar war und nicht zu erwarten ist, dass sie sich innerhalb eines Jahres wiederholt.[15] Dies dürfte z.B. bei einer Krankheitsvertretung regelmäßig der Fall sein; problematischer ist hingegen eine Urlaubsvertretung. Wann eine Abweichung **von geringer Dauer** i.S.d. § 119 Abs. 3 S. 1 Hs. 2 SGB III vorliegt, kann nicht pauschal beantwortet werden.[16] Nach einer Entscheidung des BSG darf die Abweichung im Falle einer auf unbestimmte Zeit ausgeübten Erwerbstätigkeit maximal einen Zeitraum bis zu drei Wochen, bei monatlicher Abrechnung einen Zeitraum bis zu einem Monat betragen.[17] Die Durchführungsanweisungen der BA[18] sehen vor, dass eine Abweichung von geringer Dauer nur anzuerkennen ist, wenn die Abweichung bei einer befristeten Beschäftigung von mindestens vier Wo-

9 Vgl BSG v. 29.6.1995, SozR 3–4100 § 101 Nr. 6; Gagel/*Steinmeyer*, § 119 Rn 23 m.w.N; Niesel/*Brand*, § 119 Rn 10 f.

10 Zum Vorstehenden Gagel/*Steinmeyer*, § 119 Rn 31 ff.; Niesel/*Brand*, § 119 Rn 10 ff.

11 Vgl. hierzu die Verordnung über die ehrenamtliche Betätigung von Arbeitslosen v. 24.2.2002 (BGBl I S. 1783) i.d.F. v. 19.11.2004 (BGBl I S. 2902).

12 Ascheid/Preis/Schmidt/*Steinmeyer*, 3. Teil A. Rn 282; Gagel/*Steinmeyer*, § 119 Rn 68 ff. m.w.N.

13 Ascheid/Preis/Schmidt/*Steinmeyer*, 3. Teil A. Rn 280; Gagel/*Steinmeyer*, § 119 Rn 65; Niesel/*Brand*, § 119 Rn 29.

14 Zur Anrechnung nach § 141 SGB III vgl. Gagel/*Hünecke*, § 141 Rn 1 ff.

15 Vgl. BSG v. 14.7.1988, SozR 4100 § 115 Nr. 2; Gagel/*Steinmeyer*, § 119 Rn 101; Niesel/*Brand*, § 119 Rn 31; Plagemann/*Köhler*, § 14 Rn 2. Vgl. auch DA 1.4.1 zu § 119 SGB III, Stand: 12/2008.

16 Ascheid/Preis/Schmidt/*Steinmeyer*, 3. Teil A. Rn 294; Gagel/*Steinmeyer*, SGB III, § 119 Rn 102 f.

17 BSG v. 14.7.1988, SozR 4100 § 115 Nr. 2.

18 Vgl. www.arbeitsagentur.de unter: Veröffentlichungen > Weisungen > Arbeitslosengeld I.

chen nicht mehr als eine Woche, von mindestens acht Wochen nicht mehr als zwei zusammenhängende Wochen, von mindestens zwölf Wochen nicht mehr als drei zusammenhängende Wochen beträgt.[19] Bei einer unbefristeten Erwerbstätigkeit liegt eine Abweichung von geringer Dauer nur vor, wenn die Abweichung nicht mehr als drei zusammenhängende Wochen umfasst. Auf den Umfang der Arbeitszeitüberschreitung kommt es allerdings nicht an,[20] so dass innerhalb der Grenze der geringen Dauer sogar eine Vollzeittätigkeit der Beschäftigungslosigkeit nicht entgegensteht; hier können aber Probleme bezüglich der Verfügbarkeit des Arbeitslosen entstehen (dazu sogleich unter Rn 21 ff.).

Die **Zusammenrechnung mehrerer Erwerbstätigkeiten** richtet sich nach § 119 Abs. 3 S. 2 SGB III. Nicht zusammenzurechnen sind eine kurzzeitige Beschäftigung und eine Beschäftigung, die nicht kurzzeitig ist. In diesem Fall schließt bereits allein die mehr als kurzzeitige Beschäftigung die Arbeitslosigkeit aus.[21] 13

bb) Eigenbemühungen

§ 119 Abs. 1 Nr. 2 SGB III setzt voraus, dass sich der Arbeitnehmer bemüht, seine Beschäftigungslosigkeit zu beenden. Hierzu hat der Arbeitslose gemäß § 119 Abs. 4 S. 1 SGB III alle Möglichkeiten zur beruflichen Eingliederung zu nutzen, zu denen die im nicht abschließenden („insbesondere") Katalog des § 119 Abs. 4 S. 2 Nr. 1–3 SGB III aufgezählten Maßnahmen zählen. 14

Nach § 119 Abs. 4 S. 2 Nr. 1 SGB III hat der Arbeitslose seine Verpflichtungen aus der Eingliederungsvereinbarung (vgl. hierzu 37 Abs. 2, 3 SGB III) wahrzunehmen. Der Arbeitslose ist nicht verpflichtet, eine Eingliederungsvereinbarung mit der Agentur für Arbeit abzuschließen. Schließt er keine Eingliederungsvereinbarung ab, kann die Agentur für Arbeit einseitig entscheiden, welche Maßnahmen erforderlich sind.[22] 15

Gemäß § 119 Abs. 4 S. 2 Nr. 2 SGB III hat der Arbeitslose bei der Vermittlung durch Dritte mitzuwirken. Nach § 119 Abs. 4 S. 2 Nr. 3 SGB III hat er schließlich die Selbstinformationseinrichtungen der Agentur für Arbeit (vgl. § 41 SGB III) in Anspruch zu nehmen. 16

Zu erwartende Eigenbemühungen können gemäß den Durchführungsanweisungen der BA beispielsweise sein:[23] 17

- Auswertung von Stellenanzeigen in Zeitungen, Fachzeitschriften und anderen Medien (z.B. Regionalsender, Internet)
- Gezielte Initiativbewerbungen und -vorsprachen bei Arbeitgebern
- Arbeitsplatzsuche per Anzeige in Zeitungen und Fachzeitschriften
- Besuch von Arbeitsmarktbörsen
- Kontaktaufnahme zu privaten Vermittlern und Mitwirkung bei der beruflichen Eingliederung
- Eintragungen in so genannte Absolventenhandbücher, die Auswertung „schwarzer Bretter" an Werkstoren und bei Bildungseinrichtungen sowie von Aushängen (z.B. in Supermärkten)

Das Gebot zur Entfaltung von Eigenbemühungen ist nur eine Obliegenheit. Die Nachteile für den Arbeitslosen bei Nichterfüllung sind nach neuem Recht nicht zwangsläufig der Verlust 18

19 DA 1.4.1 zu § 119 SGB III, Stand: 11/2009. So auch Plagemann/*Köhler*, § 14 Rn 2.
20 DA 1.4.1 zu § 119 SGB III, Stand: 11/2009.
21 Ascheid/Preis/Schmidt/*Steinmeyer*, 3. Teil A. Rn 297; Gagel/*Steinmeyer*, § 119 Rn 106.
22 Zu Vorstehendem Gagel/*Peters-Lange*, § 35 Rn 29; Niesel/*Brand*, § 35 Rn 30.
23 DA 2.3 zu § 119 SGB III, Stand: 11/2009.

des Anspruches auf Arbeitslosengeld.[24] Als Rechtsfolge des fehlenden Nachweises von Eigenbemühungen sieht § 144 Abs. 1 S. 2 Nr. 3, Abs. 5 SGB III nämlich nunmehr die Verhängung einer Sperrzeit vor, wenn der Arbeitslose über diese Folge belehrt worden ist; die Sperrzeit hat zugleich die Kürzung der Anspruchsdauer um die Anzahl der Tage der Sperrzeit nach § 128 Abs. 1 Nr. 3 Alt. 2 SGB III zur Folge (vgl. hierzu näher in Kapitel § 32 Rn 45). Nur wenn der Arbeitslose überhaupt keine Eigenbemühungen entfaltet, verliert er seinen Anspruch auf Arbeitslosengeld.[25]

19 Die Kosten für die Eigenbemühungen hat der Arbeitslose grundsätzlich selbst zu tragen.[26] Es besteht jedoch unter Umständen die Möglichkeit z.B. der Erstattung von Kosten für Bewerbungen und Reisen nach vorheriger Abstimmung im Rahmen des § 45 SGB III.[27]

20 Ältere Arbeitnehmer, die das 58. Lebensjahr vollendet haben, müssen keine Eigenbemühungen nachweisen, wenn sie durch Erklärung gegenüber der Agentur für Arbeit Arbeitslosengeld unter erleichterten Voraussetzungen nach § 428 Abs. 1 S. 1 SGB III beziehen. Dies gilt ab dem 1.1.2008 allerdings nur noch, wenn der Anspruch bis zum 31.12.2007 entstanden ist und der Arbeitnehmer bis dahin das 58. Lebensjahr vollendet hat (§ 428 Abs. 1 S. 3 SGB III).

cc) Verfügbarkeit

21 Verfügbar i.S.d. § 119 Abs. 1 Nr. 3 SGB III ist ein Arbeitnehmer dann, wenn er den Vermittlungsbemühungen der Agentur für Arbeit zur Verfügung steht. Dies ist der Fall, wenn alle in § 119 Abs. 5 Nr. 1–4 SGB III geregelten Voraussetzungen (kumulativ) erfüllt sind oder ein Sonderfall der Verfügbarkeit nach § 120 SGB III vorliegt. Die Verfügbarkeit nach § 119 Abs. 5 SGB III setzt Arbeitsfähigkeit und entsprechende Arbeitsbereitschaft des Arbeitslosen voraus.[28]

22 Die **Arbeitsfähigkeit** ist in § 119 Abs. 5 Nr. 1–2 SGB III geregelt: § 119 Abs. 5 Nr. 1 SGB III setzt voraus, dass der Arbeitnehmer eine versicherungspflichtige, mindestens 15 Stunden wöchentlich umfassende zumutbare Beschäftigung unter den üblichen Bedingungen des für ihn in Betracht kommenden Arbeitsmarktes (tatsächlich) ausüben kann und (rechtlich auch) darf.[29] Gemäß § 119 Abs. 5 Nr. 2 SGB III ist erforderlich, dass der Arbeitnehmer Vorschlägen der Agentur für Arbeit zur beruflichen Eingliederung zeit- und ortsnah Folge leisten kann.

23 Die **Arbeitsbereitschaft** ist in § 119 Abs. 5 Nr. 3–4 SGB III geregelt: Nach § 119 Abs. 5 Nr. 3 SGB III muss der Arbeitnehmer bereit sein, jede Beschäftigung i.S.d. § 119 Abs. 5 Nr. 1 SGB III anzunehmen und auszuüben (befristete Ausnahme gemäß § 428 Abs. 1 S. 1 Alt. 2 SGB III für Arbeitslose, die das 58. Lebensjahr vollendet haben). Und nach § 119 Abs. 5 Nr. 4 SGB III muss der Arbeitnehmer bereit sein, an Maßnahmen der beruflichen Eingliederung in das Erwerbsleben teilzunehmen.

24 Der für den Arbeitslosen in Betracht kommende **Arbeitsmarkt** i.S.d. § 119 Abs. 5 Nr. 1 (und Nr. 3) SGB III wird durch die persönlichen Fähigkeiten und Kenntnisse des Arbeitslosen so-

24 Vgl. Niesel/*Brand,* § 119 Rn 50; Plagemann/*Köhler*, § 14 Rn 31.

25 Plagemann/*Köhler*, § 14 Rn 31. Vgl. auch BSG v. 31.1.2006, NZS 2006, 603. A.A. Niesel/*Niesel,* § 144 Rn 82.

26 Niesel/*Brand,* § 119 Rn 53; Plagemann/*Köhler*, § 14 Rn 29.

27 Vgl. zur bisherigen Fassung der §§ 45 f. SGB III Niesel/*Stratmann* § 45 Rn 1 ff. und § 46 Rn 1 ff sowie DA 2.2 zu § 119 SGB III, Stand: 11/2009.

28 Ascheid/Preis/Schmidt/*Steinmeyer,* 3. Teil A. Rn 319 ff.; Niesel/*Brand,* § 119 Rn 55; Plagemann/*Köhler*, § 14 Rn 10.

29 Vgl. zur Ausnahme bei Minderung der Leistungsfähigkeit nach § 125 SGB III Gagel/*Winkler,* § 125 Rn 1 ff.

wie seine körperliche Eignung bestimmt.[30] Mit den **üblichen Bedingungen** dieses Arbeitsmarktes sind vor allem die Dauer, Lage und Verteilung der Arbeitszeit angesprochen.[31] Mit der Begrenzung auf die üblichen Bedingungen des für den Arbeitslosen in Betracht kommenden Arbeitsmarktes soll sichergestellt werden, dass nur derjenige Arbeitslosengeld bezieht, der auch in Arbeit vermittelbar ist.[32]

Zumutbare Beschäftigungen i.S.d. § 119 Abs. 5 Nr. 1 (und Nr. 3) SGB III sind gemäß 25
§ 121 Abs. 1 SGB III alle der Arbeitsfähigkeit des Arbeitslosen entsprechenden Beschäftigungen, es sei denn, dass allgemeine oder personenbezogene Gründe der Zumutbarkeit entgegenstehen. Gemäß § 121 Abs. 5 SGB III ist eine Beschäftigung nicht schon deshalb unzumutbar, weil sie befristet ist, vorübergehend eine getrennte Haushaltsführung erfordert oder nicht zum Kreis der Beschäftigungen gehört, für die der Arbeitnehmer ausgebildet ist oder die er bisher ausgeübt hat.[33] Gleiches gilt für Teilzeitbeschäftigungen sowie die Aufnahme eines Leiharbeitsverhältnisses.[34]

Praxishinweis 26
Auch ein krankheitsbedingt arbeitsunfähiger Arbeitnehmer sollte sich im Falle der Beendigung seines Arbeitsverhältnisses vorsorglich arbeitslos melden, da die Arbeitsunfähigkeit vom Prinzip her nur tätigkeitsbezogen beurteilt wird und der Arbeitnehmer, wenn er im Hinblick auf andere (zumutbare) Beschäftigungen arbeitsfähig ist, trotz Arbeitsunfähigkeit für seine bisherige Tätigkeit verfügbar ist.[35] Ein Berufsschutz besteht gemäß § 121 Abs. 5 Alt. 3 SGB III gerade nicht.

Eine Beschäftigung ist dem Arbeitslosen gemäß § 121 Abs. 2 SGB III **aus allgemeinen** 27
Gründen unzumutbar, wenn die Beschäftigung gegen gesetzliche, tarifliche oder in Betriebsvereinbarungen festgelegte Bestimmungen über Arbeitsbedingungen oder gegen Bestimmungen des Arbeitsschutzes verstößt. Gegen tarifliche Bestimmungen verstoßen Arbeitsbedingungen allerdings nur dann, wenn die Tarifnormen unmittelbar und zwingend wirken, also Tarifgebundenheit gemäß § 3 TVG besteht oder die Tarifnormen allgemeinverbindlich sind (§ 5 Abs. 4 TVG).[36]

Eine Beschäftigung ist dem Arbeitslosen gemäß § 121 Abs. 3 S. 1 SGB III **aus personenbe-** 28
zogenen Gründen unzumutbar, wenn das daraus erzielbare Arbeitsentgelt erheblich niedriger ist als das der Bemessung des Arbeitslosengeldes zugrunde liegende Arbeitsentgelt (sog. **Entgeltschutz**). In den ersten drei Monaten der Arbeitslosigkeit ist eine Minderung um mehr als 20 % und in den folgenden drei Monaten um mehr als 30 % dieses Arbeitsentgelts nicht zumutbar (§ 121 Abs. 3 S. 2 SGB III).Vom siebten Monat der Arbeitslosigkeit an ist dem Arbeitslosen eine Beschäftigung nur dann nicht zumutbar, wenn das daraus erzielbare Nettoeinkommen unter Berücksichtigung der mit der Beschäftigung zusammenhängenden Aufwendungen niedriger ist als das Arbeitslosengeld (§ 121 Abs. 3 S. 3 SGB III).

Eine Beschäftigung ist dem Arbeitslosen gemäß § 121 Abs. 4 S. 1 SGB III **aus personenbe-** 29
zogenen Gründen auch dann **nicht zumutbar**, wenn die **täglichen Pendelzeiten** zwischen seiner Wohnung und der Arbeitsstätte im Vergleich zur Arbeitszeit unverhältnismäßig lang

30 Gagel/*Steinmeyer*, § 119 Rn 162 f.; Niesel/*Brand*, § 119 Rn 60; Plagemann/*Köhler*, § 14 Rn 11.
31 Ascheid/Preis/Schmidt/*Steinmeyer*, 3. Teil A. Rn 325; Niesel/*Brand*, § 119 Rn 62 ff.
32 Gagel/*Steinmeyer*, § 119 Rn 20.
33 Einschränkend zum Ausschluss jeglichen Berufsschutzes Gagel/*Steinmeyer*, § 121 Rn 28 ff., 104 ff.
34 Gagel/*Steinmeyer*, § 121 Rn 100, 102 f.; Plagemann/*Köhler*, § 14 Rn 38.
35 Plagemann/*Köhler*, § 14 Rn 13 f. Zum Fall des Eintritts krankheitsbedingter Arbeitsunfähigkeit während des Leistungsbezugs vgl. § 126 SGB III.
36 Vgl. Gagel/*Steinmeyer*, § 121 Rn 65; Plagemann/*Köhler*, § 14 Rn 33.

sind. Als unverhältnismäßig lang sind „im Regelfall" (Berücksichtigung der individuellen Verhältnisse!) Pendelzeiten von insgesamt mehr als zweieinhalb Stunden bei einer Arbeitszeit von mehr als sechs Stunden und Pendelzeiten von mehr als zwei Stunden bei einer Arbeitszeit von sechs Stunden und weniger anzusehen (§ 121 Abs. 4 S. 2 SGB III). Sind in einer Region unter vergleichbaren Arbeitnehmern längere Pendelzeiten üblich, bilden diese den Maßstab (§ 121 Abs. 4 S. 3 SGB III). Entscheidend für die Dauer der Pendelzeit sind die tatsächlichen Verhältnisse, das heißt bei der Benutzung öffentlicher Verkehrsmittel der tatsächliche Zeitaufwand inklusive Wartezeiten und bei der Benutzung eines eigenen Kraftfahrzeugs des Arbeitslosen die durchschnittliche Fahrtdauer; die Benutzung eines eigenen Kraftfahrzeugs ist in aller Regel zumutbar.[37] Ein **Umzug** zur Aufnahme einer Beschäftigung außerhalb des zumutbaren Pendelbereichs ist einem Arbeitslosen zumutbar, wenn nicht zu erwarten ist, dass der Arbeitslose innerhalb der ersten drei Monate der Arbeitslosigkeit eine Beschäftigung innerhalb des zumutbaren Pendelbereichs aufnehmen wird (§ 121 Abs. 4 S. 4 SGB III). Vom vierten Monat der Arbeitslosigkeit an ist einem Arbeitslosen ein Umzug zur Aufnahme einer Beschäftigung außerhalb des zumutbaren Pendelbereichs in der Regel zumutbar (§ 121 Abs. 4 S. 5 SGB III). Ein Umzug ist nicht zumutbar, wenn ihm ein wichtiger Grund entgegensteht; dieser kann sich insbesondere aus familiären Bindungen ergeben (§ 121 Abs. 4 S. 6, 7 SGB III).

30 Unter welchen Voraussetzungen der Arbeitslose den Vorschlägen der Agentur für Arbeit zur beruflichen Eingliederung zeit- und ortsnah Folge leisten kann (§ 119 Abs. 5 Nr. 2 SGB III), ist in der **Erreichbarkeits-Anordnung (EAO)**[38] geregelt. Gemäß § 1 Abs. 1 S. 1 Nr. 1–4 EAO kann Vorschlägen der Agentur für Arbeit zur beruflichen Eingliederung zeit- und ortsnah Folge leisten, wer in der Lage ist, unverzüglich Mitteilungen der Agentur für Arbeit persönlich zur Kenntnis zu nehmen (Nr. 1), die Agentur für Arbeit aufzusuchen (Nr. 2), mit einem möglichen Arbeitgeber oder Träger einer beruflichen Eingliederungsmaßnahme in Verbindung zu treten und bei Bedarf persönlich mit diesem zusammenzutreffen (Nr. 3) und eine vorgeschlagene Arbeit anzunehmen oder an einer beruflichen Eingliederungsmaßnahme teilzunehmen (Nr. 4). Der Arbeitslose hat deshalb gemäß § 1 Abs. 1 S. 2 EAO sicherzustellen, dass die Agentur für Arbeit ihn **persönlich an jedem Werktag** an seinem Wohnsitz oder gewöhnlichen Aufenthalt unter der von ihm benannten Anschrift (Wohnung) **durch Briefpost erreichen** kann. Dies erfordert, dass dem Arbeitslosen Briefpost unmittelbar, das heißt ohne Verzögerung und ohne Einschaltung Dritter zugehen kann.[39] Diese Voraussetzung ist auch erfüllt, wenn der Arbeitslose die an einem Samstag oder an einem Tag vor einem gesetzlichen Feiertag eingehende Post erst am folgenden Sonn- bzw. Feiertag zur Kenntnis nehmen kann (§ 1 Abs. 1 S. 3 EAO).[40] Die Stellung eines Postnachsendeantrags ist nicht ausreichend.[41] Bei älteren Arbeitnehmern, die das 58. Lebensjahr vollendet haben und Arbeitslosengeld unter erleichterten Voraussetzungen nach § 428 Abs. 1 S. 1 SGB III beziehen,

37 Gagel/*Steinmeyer*, § 121 Rn 79a f.; Plagemann/*Köhler*, § 14 Rn 35.

38 Anordnung des Verwaltungsrates der Bundesanstalt für Arbeit zur Pflicht des Arbeitslosen, Vorschlägen des Arbeitsamtes zur beruflichen Eingliederung zeit- und ortsnah Folge leisten zu können v. 23.10.1997 i.d.F. der Änderungsanordnung v. 16.11.2001.

39 BSG v. 2.3.2000, AP Nr. 1 zu § 119 SGB III; Niesel/*Brand*, § 119 Rn 79.

40 Vgl. schon BSG v. 3.5.2001, NZA-RR 2002, 36, 37.

41 Niesel/*Brand*, § 119 Rn 79; Plagemann/*Köhler*, § 14 Rn 21; BSG v. 30.6.2005, FA 2005, 387; BSG v. 20.6.2001, BSGE 88, 172, 177 = SozR 3–4300 § 119 Nr. 3. Anders bei einem Umzug des Arbeitslosen, zwar die DA 3.1.3.5.1 zu § 119 SGB III, Stand: 11/2009, die das BSG v. 9.8.2001, NZS 2002, 215, 216, aber als nicht vom gesetzlichen Rahmen gedeckt angesehen hat, so dass der Einwand des sich hierauf berufenden Arbeitslosen ohne Erfolg blieb.

reicht hingegen die Stellung eines Postnachsendeantrags aus.[42] § 428 Abs. 1 S. 1 SGB III gilt ab dem 1.1.2008 allerdings nur noch, wenn der Anspruch bis zum 31.12.2007 entstanden ist und der Arbeitnehmer bis dahin das 58. Lebensjahr vollendet hat (§ 428 Abs. 1 S. 3 SGB III). Unter bestimmten Voraussetzungen kann sich der Arbeitslose auch vorübergehend von seinem Wohnsitz oder gewöhnlichen Aufenthalt entfernen (vgl. § 2 EAO. Zum sog. Arbeitslosenurlaub vgl. § 3 EAO).

Praxishinweis 31

Den Anforderungen zur Erreichbarkeit genügt der Arbeitslose nur, wenn er sich täglich einmal in seiner Wohnung aufhält, um die Briefpost zur Kenntnis zu nehmen. Er kann sich also tagsüber außerhalb seiner Wohnung aufhalten, wenn er wenigstens einmal bis zum Ende des Tages nach dem gewöhnlichen Eingang der Briefpost zurückkehrt, um von etwaigen Mitteilungen Kenntnis zu erlangen und auf Aufforderungen am folgenden Tag reagieren zu können.[43]

Auch wenn die Voraussetzungen des § 119 Abs. 5 SGB III nicht erfüllt sind, kann sich die Verfügbarkeit des Arbeitnehmers in Sonderfällen aus § 120 SGB III[44] ergeben, von denen vorliegend nur die Regelung des § 120 Abs. 4 S. 1 und 2 SGB III angesprochen werden soll. Gemäß § 120 Abs. 4 S. 1 SGB III ist die Verfügbarkeit nicht dadurch ausgeschlossen, dass der Leistungsberechtigte **nur** bereit ist, **Teilzeitbeschäftigungen** auszuüben. Allerdings muss sich die Bereitschaft auf solche Teilzeitbeschäftigungen erstrecken, die versicherungspflichtig sind, mindestens 15 Stunden wöchentlich umfassen und den üblichen Bedingungen des für den Leistungsberechtigten in Betracht kommenden Arbeitsmarktes entsprechen. Zudem hat die Einschränkung auf Teilzeitbeschäftigungen regelmäßig ein der Höhe nach geringeres Arbeitslosengeld zur Folge (vgl. § 131 Abs. 5 S. 1 SGB III). Eine Einschränkung auf Teilzeitbeschäftigungen ist aber nicht zulässig, wenn sie aus Anlass eines konkreten Arbeits- oder Maßnahmeangebots erfolgt (§ 120 Abs. 4 S. 2 SGB III). Zweck dieser Beschränkung ist der Schutz vor Leistungsmissbrauch; dem Arbeitslosen droht eine Sperrzeit wegen Arbeitsablehnung nach § 144 Abs. 1 S. 2 Nr. 2 SGB III.[45] 32

Praxishinweis 33

Aufgrund dessen, dass eine Einschränkung auf Teilzeitbeschäftigungen nicht aus Anlass eines konkreten Arbeits- oder Maßnahmeangebots erfolgen darf (§ 120 Abs. 4 S. 2 SGB III), sollte ein entsprechender Beschränkungswunsch der Agentur für Arbeit so früh wie möglich mitgeteilt werden.[46] Zudem sollte stets bedacht werden, dass die Einschränkung auf Teilzeitbeschäftigungen die Senkung des Arbeitslosengeldanspruchs zur Folge hat.

b) Arbeitslosmeldung/Antrag

Gemäß § 122 Abs. 1 S. 1 SGB III hat sich der Arbeitslose **persönlich** bei der zuständigen Agentur für Arbeit arbeitslos zu melden. Eine telefonische oder schriftliche Arbeitslosmeldung oder eine Meldung durch einen Vertreter genügt nicht (Ausnahme: § 125 Abs. 1 S. 3 SGB III).[47] Mit der persönlichen Arbeitslosmeldung gilt der nach § 323 Abs. 1 S. 1 SGB III 34

42 BSG v. 30.6.2005, NZA-RR 2006, 160, 161 f.; Plagemann/*Köhler*, § 14 Rn 22.
43 Ascheid/Preis/Schmidt/*Steinmeyer*, 3. Teil A. Rn 348; Niesel/*Brand*, § 119 Rn 77.
44 Zum Inhalt und Zweck des § 120 SGB III vgl. insbesondere Gagel/*Steinmeyer*, § 120 Rn 1–2b sowie Rn 6–7a.
45 Ascheid/Preis/Schmidt/*Steinmeyer*, 3. Teil A. Rn 386; Gagel/*Steinmeyer*, § 120 Rn 144.
46 Ascheid/Preis/Schmidt/*Steinmeyer*, 3. Teil A. Rn 386.
47 Gagel/*Steinmeyer*, § 122 Rn 23; Plagemann/*Köhler*, § 14 Rn 43; DA 2.1 zu § 122 SGB III, Stand 9/2008.

für den Leistungsbezug erforderliche **Antrag** grundsätzlich als gestellt (§ 323 Abs. 1 S. 2 SGB III). Eine Arbeitslosmeldung ist gemäß § 122 Abs. 1 S. 2 SGB III auch zulässig, wenn die Arbeitslosigkeit noch nicht eingetreten, der Eintritt der Arbeitslosigkeit aber innerhalb der nächsten drei Monate zu erwarten ist. Umgekehrt kann Arbeitslosengeld auch erst nachträglich beantragt werden (§ 324 Abs. 2 S. 1 Alt. 3 SGB III); es wird allerdings **nicht rückwirkend** gewährt (§ 325 Abs. 2 S. 1 SGB III).

35 *Praxishinweis*
Der Arbeitnehmer, der sich nicht schon vor dem Eintritt der Arbeitslosigkeit arbeitslos melden kann, sollte die Arbeitslosmeldung umgehend vornehmen, da Arbeitslosengeld nicht rückwirkend gewährt wird.

36 **Zuständig** für die Arbeitslosmeldung ist die Agentur für Arbeit, in dessen Bezirk der Arbeitslose bei Eintritt der Arbeitslosigkeit seinen Wohnsitz oder gewöhnlichen Aufenthalt hat (§ 327 Abs. 1 S. 1 SGB III).[48] Ist die zuständige Agentur für Arbeit am ersten Tag der Beschäftigungslosigkeit des Arbeitslosen nicht dienstbereit, so wirkt eine persönliche Meldung an dem nächsten Tag, an dem die Agentur für Arbeit dienstbereit ist, auf den Tag zurück, an dem die Agentur für Arbeit nicht dienstbereit war (§ 122 Abs. 3 SGB III). Gleiches gilt für den Antrag nach § 323 Abs. 1 S. 1, 2 SGB III (§ 325 Abs. 2 S. 2 SGB III).

37 Die Wirkung der Arbeitslosmeldung erlischt bei einer mehr als sechswöchigen Unterbrechung der Arbeitslosigkeit (§ 122 Abs. 2 Nr. 1 SGB III). Sie erlischt im Übrigen auch mit der Aufnahme einer Erwerbstätigkeit, wenn der Arbeitslose diese der Agentur für Arbeit nicht unverzüglich (nach §§ 60 ff. SGB I) mitgeteilt hat (§ 122 Abs. 2 Nr. 2 SGB III).

38 Die sofortige Arbeitslosmeldung kann erforderlich sein, um die Anwartschaftszeit nach § 123 Abs. 1 S. 1 SGB III innerhalb der Rahmenfrist nach § 124 Abs. 1 SGB III zu erfüllen (dazu vgl. unten Rn 41 ff.). Bis zum 31.12.2004 war es andererseits bisweilen aber sinnvoll, mit der Arbeitslosmeldung abzuwarten, wenn ein bevorstehender Geburtstag und damit die Erreichung eines höheren Lebensalters zum Erwerb eines längeren Anspruchs auf Arbeitslosengeld führen würden. Seit dem 1.1.2005 ist letzteres nicht mehr erforderlich. Gemäß § 118 Abs. 2 SGB III kann der Arbeitnehmer bis zur Entscheidung über den Anspruch bestimmen, dass dieser nicht oder zu einem späteren Zeitpunkt entstehen soll.

39 *Praxishinweis*
Hat der Arbeitnehmer, dessen Beschäftigungsverhältnis geendet hat, demnächst Geburtstag und erreicht er damit ein Lebensalter, das zum Erwerb eines längeren Anspruchs auf Arbeitslosengeld führt, und muss er mit einer längeren Arbeitslosigkeit rechnen, braucht er nicht mit der Arbeitslosmeldung zu warten. Vielmehr kann er gemäß § 118 Abs. 2 SGB III gegenüber der Agentur für Arbeit erklären, dass der Anspruch erst nach Vollendung des nächsten Geburtstages entstehen soll. Bis zur Entstehung des Anspruchs muss der Arbeitslose seinen Lebensunterhalt aber selbst finanzieren und gegebenenfalls für seinen Krankenversicherungsschutz (vgl. §§ 19 Abs. 2 S. 1, 190 Abs. 2 SGB V) sorgen.

40 Von der Arbeitslosmeldung ist die Pflicht zur **frühzeitigen Arbeitssuchendmeldung** nach § 38 Abs. 1 SGB III zu **unterscheiden**. Gemäß § 38 Abs. 1 S. 1 SGB III sind Personen, deren Arbeits- oder Ausbildungsverhältnis endet, verpflichtet, sich spätestens drei Monate vor dessen Beendigung persönlich bei der Agentur für Arbeit arbeitssuchend zu melden. Liegen zwischen der Kenntnis des Beendigungszeitpunktes und der Beendigung des Arbeits- oder Aus-

48 Vgl. Suchfunktion unter www.arbeitsagentur.de: Startseite > Partner vor Ort: Suche der zuständigen Agentur für Arbeit nach Postleitzahl oder Ort.

bildungsverhältnisses weniger als drei Monate, hat die Meldung innerhalb von drei Tagen nach Kenntnis des Beendigungszeitpunktes zu erfolgen (§ 38 Abs. 1 S. 2 SGB III). Zur Wahrung der Frist nach den § 38 Abs. 1 S. 1 und S. 2 SGB III reicht eine Anzeige unter Angabe der persönlichen Daten und des Beendigungszeitpunktes aus, wenn die persönliche Meldung nach terminlicher Vereinbarung nachgeholt wird (§ 38 Abs. 1 S. 3 SGB III). Die Pflicht zur Meldung besteht unabhängig davon, ob der Fortbestand des Arbeits- oder Ausbildungsverhältnisses gerichtlich geltend gemacht oder vom Arbeitgeber in Aussicht gestellt wird (§ 38 Abs. 1 S. 4 SGB III). Der Verstoß gegen die Pflicht kann zur Verhängung einer Sperrzeit von einer Woche (§ 144 Abs. 1 S. 2 Nr. 7, Abs. 6 SGB III) und zur entsprechenden Kürzung der Dauer des Anspruchs auf Arbeitslosengeld (§ 128 Abs. 1 Nr. 3 SGB III) führen (Näheres hierzu vgl. § 32 Rn 38 ff.).

c) Erfüllung der Anwartschaftszeit

Gemäß §§ 123 Abs. 1 S. 1, 124 Abs. 1 SGB III hat die Anwartschaftszeit erfüllt, wer in der Rahmenfrist von zwei Jahren mindestens zwölf Monate[49] in einem Versicherungspflichtverhältnis gestanden hat. Die Rahmenfrist gemäß § 124 Abs. 1 SGB III ist eine in die Vergangenheit zu berechnende Frist und beginnt mit dem Tag vor der Erfüllung aller sonstigen Voraussetzungen für den Anspruch aus Arbeitslosengeld. Das Versicherungspflichtverhältnis ist in §§ 24 ff. SGB III geregelt. Wichtigster Fall ist die versicherungspflichtige Beschäftigung nach § 25 Abs. 1 S. 1 SGB III. 41

Die Rahmenfrist ragt gemäß § 124 Abs. 2 SGB III nicht in eine vorangegangene Rahmenfrist hinein, in der der Arbeitslose eine Anwartschaft erfüllt hatte. Dies entspricht dem im Bereich der Arbeitslosenversicherung geltenden Grundsatz, dass dieselben Beschäftigungszeiten nicht mehrfach zur Erfüllung einer Anwartschaft dienen können.[50] 42

Beispiel[51] 43

In der Zeit vom 1.1.1999 bis zum 31.12.2004 übt der Arbeitnehmer eine versicherungspflichtige Beschäftigung aus. Der Arbeitnehmer meldet sich arbeitslos und bezieht vom 1.1.2005 bis zum 31.5.2005 Arbeitslosengeld. Vom 1.6.2005 bis 28.2.2006 ist er in einem neuen Versicherungspflichtverhältnis tätig. Bei der erneuten Arbeitslosmeldung am 1.3.2006 verläuft die Rahmenfrist wegen § 124 Abs. 2 SGB III nur in der Zeit vom 1.1.2005 bis 28.2.2006. Die Anwartschaftszeit für einen neuen Anspruch auf Arbeitslosengeld ist nicht erfüllt, da innerhalb dieser Rahmenfrist keine zwölf Monate lang ein Versicherungspflichtverhältnis bestanden hat. Der Arbeitnehmer erhält aber Arbeitslosengeld auf Basis des am 1.1.2005 entstandenen Anspruchs; von dem Anspruch ist gemäß § 128 Abs. 1 Nr. 1 SGB III nur die vom 1.1.2005 bis zum 31.5.2005 abgelaufene Zeit verbraucht.

d) Keine Vollendung des 67. Lebensjahres

Eine allgemeine Grenze für den Leistungsbezug ist in § 117 Abs. 2 SGB III festgelegt. Danach wird Arbeitslosengeld nur bis zum Ablauf des Monats gewährt, in dem der Leistungsempfänger das für die Regelaltersrente i.S.d. SGB VI erforderliche Lebensjahr vollendet. 44

49 Siehe zur Ausnahme § 123 Abs. 2 SGB III.

50 BSG v. 11.6.1987, NZA 1988, 333, 334; Gagel/*Hünecke*, § 124 Rn 17.

51 Vgl. Gagel/*Hünecke*, § 124 Rn 17.

45 Gemäß § 35 S. 2 SGB VI wird das Ruhestandsalter mit Vollendung des 67. Lebensjahres gewöhnlich erreicht (vgl. aber auch § 235 SGB VI). Nach dem Willen des Gesetzgebers des SGB III soll die Sicherung der wirtschaftlichen Existenz ab diesem Zeitpunkt durch Ruhestandsbezüge bestritten werden.[52]

2. Ruhen des Anspruchs

46 Der Anspruch auf Arbeitslosengeld kann ruhen. Ruhenstatbestände sind in den §§ 142, 143, 143a, 144 und 146 SGB III geregelt.

47 Das Ruhen führt zu einer Zahlungssperre, das heißt der Anspruch bleibt zwar bestehen, kann aber im Ruhenszeitraum nicht geltend gemacht werden. Der Leistungsträger braucht den Anspruch nicht zu erfüllen.[53] Soweit es in § 128 SGB III ausdrücklich vorgesehen ist, führt das Ruhen auch zu einer Minderung der Dauer des Anspruchs auf Arbeitslosengeld.

48 Von besonderer praktischer Relevanz sind § 143 SGB III (Ruhen bei Arbeitsentgelt und Urlaubsabgeltung), § 143a SGB III (Ruhen bei Entlassungsentschädigung) und § 144 SGB III (Ruhen bei Sperrzeit). Diese Ruhenstatbestände werden in Kapitel § 32 behandelt.

49 *Praxishinweis*

Die Kenntnis der vorgenannten Vorschriften ist für den Rechtsanwalt, der einen Arbeitnehmer im Zusammenhang mit der Beendigung von dessen Beschäftigungsverhältnis berät und/oder vertritt (insbesondere Verhandlung von Abwicklungs- und Aufhebungsverträgen) **unerlässlich**. Hier bestehen Haftungsrisiken.

3. Dauer des Anspruchs

50 Die Dauer des Anspruchs auf Arbeitslosengeld richtet sich gemäß § 127 Abs. 1 S. 1 SGB III nach der Dauer des Versicherungspflichtverhältnisses innerhalb der um ein Jahr auf drei Jahre erweiterten Rahmenfrist sowie nach dem Lebensalter, das der Arbeitslose bei der Entstehung des Anspruchs vollendet hat.

51 Die Dauer des Anspruchs auf Arbeitslosengeld ist in § 127 Abs. 2 SGB III geregelt. Sie beträgt mindestens sechs und maximal 24 Monate. Die Dauer des Anspruchs beträgt jeweils die Hälfte der innerhalb der um ein Jahr auf drei Jahre erweiterten Rahmenfrist zurückgelegten Versicherungszeiten, wobei als Modifikation für die Anspruchsdauer von 15, 18 und 24 Monaten vorausgesetzt ist, dass der Arbeitslose bei der Entstehung des Anspruchs das 50., 55. bzw. 58. Lebensjahr vollendet hat. Für das Erreichen der Altersgrenze von 50, 55 bzw. 58 vollendeten Lebensjahren, die zu einer Dauer des Anspruchs von 15, 18 oder 24 Monaten führt, ist allein der Zeitpunkt der Entstehung des Anspruchs maßgeblich; eine Vollendung des jeweiligen Lebensjahres (erst) während des laufenden Bezugs des Arbeitslosengeldes führt nicht zu einer Verlängerung des Bezugszeitraums.[54]

52 Die soeben dargestellte Dauer des Anspruchs auf Arbeitslosengeld gilt für Ansprüche, die ab dem 1.1.2008 entstanden sind. Arbeitslose, deren Anspruch auf Arbeitslosengeld spätestens am 31.12.2007 entstanden ist, hatten vielfach noch Anspruch auf eine kürzere Bezugsdauer des Arbeitslosengeldes (§ 127 SGB III i.d.F. v. 31.12.2003; vgl. § 434l Abs. 1 SGB III), wo-

52 Gagel/*Steinmeyer*, § 117 Rn 9.

53 BSG v. 9.8.1990, SozR 3–4100 § 105a Nr. 2.

54 Siehe zu Ausnahmen § 127 Abs. 3 i.V.m. § 123 Abs. 2 SGB III.

bei sich am 31.12.2007 noch nicht erschöpfte Ansprüche gemäß § 434r Abs. 1 SGB III bei Arbeitslosen, die vor dem 1.1.2008 das 50. Lebensjahr vollendet haben, auf 15 Monate, bzw. das 58. Lebensjahr vollendet haben, auf 24 Monate verlängerten.[55]

Sofern der Anspruch auf Arbeitslosengeld wegen der Entstehung eines neuen Anspruchs erlischt (§ 147 Abs. 1 Nr. 1 SGB III), verlängert sich der neue Anspruch um die Restdauer des erloschenen Anspruchs, wenn nach der Entstehung des erloschenen Anspruchs noch nicht vier Jahre verstrichen sind (§ 127 Abs. 4 Hs. 1 SGB III). Die Verlängerung erfolgt längstens bis zu der dem Lebensalter des Arbeitslosen nach § 127 Abs. 2 SGB III zugeordneten Höchstdauer (§ 127 Abs. 4 Hs. 2 SGB III). Bis zum 31.1.2010 ist aus Vertrauensschutzgesichtspunkten als Höchstdauer mindestens die Restdauer des erloschenen Anspruchs zugrunde zu legen (§ 434l Abs. 2 SGB III). 53

4. Höhe des Anspruchs

Die Höhe des Anspruchs auf Arbeitslosengeld beträgt gemäß § 129 SGB III 60 % bzw. 67 % (Leistungssatz) des pauschalierten Nettoentgelts (Leistungsentgelt), das sich aus dem Bruttoentgelt ergibt, das der Arbeitslose im Bemessungszeitraum erzielt hat (Bemessungsentgelt). 54

Zunächst ist also das Bemessungsentgelt zu ermitteln. Aus dem Bemessungsentgelt wird durch pauschale Abzüge das Leistungsentgelt ermittelt. Durch Anwendung des einschlägigen Leistungssatzes auf das Leistungsentgelt wird schließlich die Höhe des Arbeitslosengeldes bestimmt. 55

a) Bemessungsentgelt

Bemessungsentgelt ist gemäß §§ 129, 131 Abs. 1 S. 1 SGB III das durchschnittlich auf den Tag entfallende beitragspflichtige (Brutto-)Arbeitsentgelt, das der Arbeitslose im Bemessungszeitraum erzielt hat. 56

Zum **erzielten Arbeitsentgelt** zählen alle laufenden oder einmaligen Einnahmen aus dem Beschäftigungsverhältnis, gleichgültig, ob ein Rechtsanspruch auf die Einnahmen besteht, unter welcher Bezeichnung oder in welcher Form sie geleistet werden und ob sie unmittelbar aus der Beschäftigung oder im Zusammenhang mit ihr erzielt werden (§§ 1 Abs. 1 S. 2, 14 Abs. 1 S. 1 SGB IV).[56] Arbeitsentgelte, auf die der Arbeitslose beim Ausscheiden aus dem Beschäftigungsverhältnis Anspruch hatte, gelten als erzielt, wenn sie zugeflossen oder nur wegen Zahlungsunfähigkeit des Arbeitgebers nicht zugeflossen sind (§ 131 Abs. 1 S. 2 SGB III). Nicht zum Arbeitsentgelt in diesem Sinne zählen gemäß § 131 Abs. 2 Nr. 1 SGB III Entgelte, die der Arbeitslose wegen der Beendigung des Arbeitsverhältnisses erhält oder die im Hinblick auf die Arbeitslosigkeit vereinbart worden sind. Abfindungen fallen nicht hierunter, da sie schon kein „beitragspflichtiges" Arbeitsentgelt i.S.d. § 131 Abs. 1 S. 1 SGB III darstellen.[57] Vielmehr sollen kurzfristige Manipulationen des Arbeitsentgelts verhindert werden, die ein höheres Arbeitslosengeld zum Ziel haben (z.B. Einmalzahlungen oder Gehaltserhöhungen kurz vor dem Ausscheiden aus dem Beschäftigungsverhältnis).[58] 57

55 Vgl. Plagemann/*Köhler*, § 14 Rn 66.

56 Vgl. Gagel/*Rolfs*, § 131 Rn 15, § 342 Rn 4 f.; Niesel/*Brand*, § 131 Rn 4.

57 Gagel/*Rolfs*, § 131 Rn 24 m.w.N.; Niesel/*Brand*, § 131 Rn 7.

58 Gagel/*Rolfs*, § 131 Rn 25. Zur Urlaubsabgeltung vgl. Gagel/*Rolfs*, § 131 Rn 26; Gagel/*Peters-Lange*, § 183 Rn 114 ff. m.w.N. und § 184 Rn 8 m.w.N.

Gemäß § 131 Abs. 2 Nr. 2 SGB III bleiben auch Entgelte außer Betracht, die als Wertguthaben nicht gemäß einer Vereinbarung über flexible Arbeitzeitregelungen (vgl. §§ 7 Abs. 1a, 23b SGB IV) verwendet werden.[59]

58 Der **Bemessungszeitraum** umfasst gemäß § 130 Abs. 1 S. 1 SGB III die beim Ausscheiden des Arbeitslosen aus dem Beschäftigungsverhältnis abgerechneten Entgeltabrechnungszeiträume der versicherungspflichtigen Beschäftigungen im Bemessungsrahmen. Außer Betracht bleibende Zeiten sind in § 130 Abs. 2 SGB III geregelt.

59 Der **Bemessungsrahmen** beträgt grundsätzlich ein Jahr, § 130 Abs. 1 S. 2 Hs. 1 SGB III. Er endet mit dem letzten Tag des letzten Versicherungspflichtverhältnisses vor der Entstehung des Anspruchs auf Arbeitslosengeld (§ 130 Abs. 1 S. 2 Hs. 2 SGB III). Ausnahmsweise erweitert sich der Bemessungsrahmen auf zwei Jahre unter den Voraussetzungen des § 130 Abs. 3 SGB III, insbesondere wenn der Bemessungszeitraum weniger als 150 Tage mit Anspruch auf Arbeitsentgelt enthält (Nr. 1).

60 **Entgeltabrechnungszeiträume** sind grundsätzlich die Zeiträume, in denen nach dem Inhalt des Beschäftigungsverhältnisses regelmäßig das laufende Arbeitsentgelt abgerechnet wird (z.B. Wochen oder Monate).[60] Zu prüfen ist also, welche Entgeltabrechnungszeiträume in den Bemessungsrahmen (i.d.R. ein Jahr) fallen. Es sind alle Entgeltabrechnungszeiträume der versicherungspflichtigen Beschäftigungen des Arbeitslosen in diesem Jahr zu addieren. Abrechnungszeiträume, die teilweise – und sei es nur um einen Tag – nicht in diesem Jahr liegen, scheiden (zunächst, vgl. aber § 130 Abs. 3 Nr. 1 SGB III) aus.[61]

61 Bemessungsentgelt ist danach also grundsätzlich das durchschnittlich auf den Tag entfallende beitragspflichtige Arbeitsentgelt, das der Arbeitslose im letzten Jahr vor Eintritt der Arbeitslosigkeit erzielt hat.

62 Hat der Arbeitslose innerhalb der letzten zwei Jahre vor der Entstehung des Anspruchs auf Arbeitslosengeld bereits Arbeitslosengeld bezogen, ist Bemessungsentgelt mindestens das Entgelt, nach dem das Arbeitslosengeld zuletzt bemessen worden ist (§ 131 Abs. 4 SGB III). Diese Härtefallregelung[62] soll Arbeitslose schützen, die ihre Arbeitslosigkeit durch die Annahme einer Beschäftigung beenden, in der sie ein geringeres Entgelt erzielen, als es der Bemessung des Arbeitslosengeldes zugrunde lag; damit sollen Hemmnisse, die einer Rückkehr in das Erwerbsleben entgegenstehen könnten, beseitigt werden.[63]

63 Kann ein Bemessungszeitraum von mindestens 150 Tagen mit Anspruch auf Arbeitsentgelt innerhalb des auf zwei Jahre erweiterten Bemessungsrahmens nicht festgestellt werden, ist gemäß § 132 Abs. 1 S. 1 SGB III als Bemessungsentgelt ein fiktives Arbeitsentgelt zugrunde zu legen. Die Einzelheiten dieser **fiktiven Bemessung** (Anteil an der Bezugsgröße nach § 18 Abs. 1 SGB IV[64] anhand einer Einordnung in Gruppen der beruflichen Qualifikation/Vermittelbarkeit) sind in § 132 Abs. 2 SGB III geregelt.

59 Vgl. hierzu Gagel/*Rolfs*, § 131 Rn 27 f.; Niesel/*Brand*, § 131 Rn 18.
60 Gagel/*Rolfs*, § 130 Rn 25.
61 Dazu Gagel/*Rolfs*, § 130 Rn 27.
62 BT-Drucks 13/4941 S. 178 zur Vorgängerregelung.
63 Gagel/*Rolfs*, § 131 Rn 4; Niesel/*Brand*, § 131 Rn 22.
64 Aktuelle Bezugsgröße unter http://www.abc-der-krankenkassen.de/rechengroessen.htm.

b) Leistungsentgelt

Leistungsentgelt ist das um pauschalierte Abzüge verminderte Bemessungsentgelt (§ 133 Abs. 1 S. 1 SGB III). Abgezogen wird eine Sozialversicherungspauschale in Höhe von 21 % (§ 133 Abs. 1 S. 2 Nr. 1 SGB III), die Lohnsteuer nach der Lohnsteuertabelle (§ 133 Abs. 1 S. 2 Nr. 2 SGB III) und der Solidaritätszuschlag (§ 133 Abs. 1 S. 2 Nr. 3 SGB III). Anders als unter dem bis zum 31.12.2004 geltenden Recht erfolgt kein Abzug von Kirchensteuer. In § 133 Abs. 2 SGB III ist geregelt, wann welche Lohnsteuerklasse maßgebend ist.[65] Bei der Berechnung der steuerlichen Abzüge (§ 133 Abs. 1 S. 2 Nr. 2, 3 SGB III) sind gemäß § 133 Abs. 1 S. 3 SGB III nur die allen Arbeitnehmern zustehenden Freibeträge und Pauschalen zu berücksichtigen. Manipulationen bezüglich der Höhe des Arbeitslosengeldes durch Wechsel der Lohnsteuerklasse bei Ehegatten soll durch eine Prüfung der Agenturen für Arbeit nach § 133 Abs. 3 SGB III entgegengewirkt werden.[66] **64**

c) Leistungssatz

Der Leistungssatz ist der Prozentsatz des Leistungsentgelts, das der Arbeitslose als Arbeitslosengeld beanspruchen kann.[67] Gemäß § 129 Nr. 1 SGB III gilt der erhöhte Leistungssatz von 67 % für Arbeitslose mit mindestens einem Kind im Sinne des Einkommensteuerrechts. Im Übrigen gilt gemäß § 129 Nr. 2 SGB III der allgemeine Leistungssatz von 60 %. **65**

Infolge der Pauschalierung der Abzüge (§ 133 SGB III), die eine Nichtberücksichtigung persönlicher Steuervorteile und von Beitragsfreiheit in anderen Versicherungszweigen zur Folge hat, der Aussparung einiger Lohnbestandteile (§§ 130 Abs. 2, 131 Abs. 2 SGB III) sowie der Möglichkeit der Herabbemessung (§ 131 Abs. 5 SGB III) erhält der Arbeitslose real aber unter Umständen einen geringeren Prozentsatz seiner früheren Nettoeinkünfte.[68] **66**

Das Arbeitslosengeld wird gemäß § 134 S. 1 SGB III für Kalendertage berechnet und geleistet.[69] Ist es für einen vollen Monat zu zahlen, ist dieser mit 30 Tagen anzusetzen (§ 134 S. 2 SGB III). **67**

5. Erlöschen des Anspruchs

Das Erlöschen des Anspruchs auf Arbeitslosengeld ist in § 147 SGB III geregelt. Gemäß § 147 Abs. 1 Nr. 1 SGB III erlischt der Anspruch auf Arbeitslosengeld mit der **Entstehung eines neuen Anspruchs**. Mit Anspruch ist hier nicht der konkrete Leistungsanspruch, sondern der Anspruch im Sinne einer Anwartschaft gemeint (§ 123 SGB III), der sich gemäß § 127 SGB III im Zeitpunkt der Arbeitslosigkeit und Arbeitslosmeldung aus den bisher zurückgelegten anrechenbaren Zeiten der Versicherungspflicht errechnet.[70] Dieser Anspruch endet nicht mit dem Ende der Arbeitslosigkeit; er wird lediglich durch Tage des Leistungsbezuges verbraucht (§ 128 Abs. 1 Nr. 1 SGB III). Der Rest der bei Entstehung des Anspruchs errechneten Leistungsdauer (§ 127 SGB III) bleibt als Guthaben erhalten. Bei Eintritt eines **68**

65 Näher siehe Gagel/*Rolfs*, § 133 Rn 31 ff.; Niesel/*Brand*, § 133 Rn 7 ff.; Plagemann/*Köhler*, § 14 Rn 63.

66 Vgl. näher hierzu Gagel/*Rolfs*, § 133 Rn 49 ff.; Niesel/*Brand*, § 133 Rn 11 ff.; Plagemann/*Köhler*, § 14 Rn 64.

67 Gagel/*Rolfs*, § 129 Rn 1.

68 Gagel/*Rolfs*, § 129 Rn 2.

69 Eine nicht verbindliche Selbstberechnung des täglichen/monatlichen Arbeitslosengeldes zur Erhaltung eines Orientierungswertes kann unter http://www.pub.arbeitsamt.de/selbst.php vorgenommen werden.

70 Hierzu und zum Folgenden Gagel/*Niewald*, § 147 Rn 5 ff. m.w.N.

neuen Leistungsfalles (nach zwischenzeitlich erfolgter neuer Beschäftigung) kann hierauf zurückgegriffen werden, das heißt der alte Anspruch wird weiter verbraucht. § 147 Abs. 1 Nr. 1 SGB III ändert diesen regelmäßigen Verlauf. Der Anspruch verändert sich, sobald der Arbeitslose eine neue Anwartschaft (§ 123 SGB III) erfüllt hat und alle sonstigen Voraussetzungen für den Anspruch erfüllt. Maßgeblich ist nunmehr zunächst einmal der aufgrund der neuen Anwartschaft erworbene Anspruch nach Dauer und Höhe. Der alte Anspruch erlischt, spielt also zunächst einmal keine Rolle mehr. Der alte Anspruch ist indes nicht bedeutungslos; er verlängert den neuen Anspruch im Rahmen von § 127 Abs. 4 SGB III.

69 Nach § 147 Abs. 1 Nr. 2 Hs. 1 SGB III erlischt der Anspruch auf Arbeitslosengeld auch, wenn der Arbeitslose Anlass für den Eintritt von **Sperrzeiten** mit einer Dauer von insgesamt **mindestens 21 Wochen** gegeben hat, er über den Eintritt der Sperrzeiten Bescheide erhalten hat und auf die Rechtsfolge hingewiesen worden ist. Gemäß § 147 Abs. 1 Nr. 2 Hs. 2 SGB III werden dabei auch Sperrzeiten berücksichtigt, die in einem Zeitraum von zwölf Monaten vor der Entstehung des Anspruchs eingetreten sind und nicht bereits zum Erlöschen des Anspruchs geführt haben. Auf die Einzelheiten dieses Erlöschenstatbestandes wird in Kapitel § 32 Rn 6 ff. eingegangen.

70 Der Anspruch auf Arbeitslosengeld kann nicht mehr geltend gemacht werden, wenn nach seiner Entstehung **vier Jahre** verstrichen sind (§ 147 Abs. 2 SGB III).

6. Sozialversicherungsschutz des Arbeitslosen

71 Die Bezieher von Arbeitslosengeld sind pflichtversichert in der gesetzlichen **Krankenversicherung** (§ 5 Abs. 1 Nr. 2 Hs. 1 Alt. 1 SGB V) und in der gesetzlichen **Pflegeversicherung** (§ 20 Abs. 1 S. 1 und S. 2 Nr. 2 Hs. 1 SGB XI). Erforderlich ist aber, dass das Arbeitslosengeld tatsächlich bezogen wird.[71]

72 In der gesetzlichen **Rentenversicherung** sind die Bezieher von Arbeitslosengeld pflichtversichert, wenn die Leistungsbezieher im letzten Jahr vor Beginn der Leistung zuletzt versicherungspflichtig waren (§ 3 S. 1 Nr. 3 Alt. 5 SGB VI); waren sie dies nicht, so können sie auf Antrag versicherungspflichtig werden (§ 4 Abs. 3 S. 1 Nr. 1 SGB VI). Auch hier ist der tatsächliche Bezug der Leistung erforderlich.[72]

73 Da die Versicherungspflicht in der gesetzlichen Kranken-, Pflege- und Rentenversicherung den tatsächlichen Bezug des Arbeitslosengeldes erfordert, besteht kein Versicherungsschutz während des Ruhens des Anspruchs auf Arbeitslosengeld, sofern und solange das Gesetz nicht einen nachwirkenden Versicherungsschutz gewährt (vgl. §§ 19 Abs. 2, 190 Abs. 2 SGB V: einmonatiger Versicherungsschutz in der Krankenversicherung nach dem Ende der Beschäftigung).[73]

74 Außerdem sind Personen, die Meldepflichten nach dem SGB III unterliegen, gesetzlich **unfallversichert**, wenn sie einer besonderen, an sie im Einzelfall gerichteten Aufforderung einer Dienststelle der BA nachkommen, diese oder eine andere Stelle auszusuchen (§ 2 Abs. 1 Nr. 14 SGB VII).

71 KassK/*Peters*, § 5 SGB V Rn 40.
72 KassK/*Gürtner*, § 3 SGB VI Rn 18.
73 Vgl. etwa Niesel/*Düe*, § 143 Rn 5.

III. Arbeitslosengeld II

Das Arbeitslosengeld II ist im **SGB II (Grundsicherung für Arbeitssuchende)** geregelt. Das SGB II wurde durch Art. 1 des Vierten Gesetzes für moderne Dienstleitungen am Arbeitsmarkt („**Hartz IV**“)[74] eingeführt und ist im Wesentlichen am 1.1.2005 in Kraft getreten. 75

1. Vorbemerkung

Aufgabe und **Ziel** der Grundsicherung für Arbeitssuchende sind in § 1 Abs. 1 SGB II genannt. Danach soll die Eigenverantwortung von erwerbsfähigen Hilfebedürftigen und mit ihnen in einer Bedarfsgemeinschaft lebenden Personen gestärkt und dazu beigetragen werden, dass sie ihren Lebensunterhalt unabhängig von der Grundsicherung aus eigenen Mitteln und Kräften bestreiten können (§ 1 Abs. 1 S. 1 SGB II). Ferner soll das SGB II erwerbsfähige Hilfebedürftige bei der Aufnahme und Beibehaltung einer Erwerbstätigkeit unterstützen und den Lebensunterhalt sichern, soweit sie ihn nicht auf andere Weise bestreiten können (§ 1 Abs. 1 S. 2 SGB II). Die Eigenverantwortung wird durch § 2 SGB II betont (Grundsatz des Forderns). Insbesondere haben erwerbsfähige Hilfebedürftige und die mit ihnen in einer Bedarfsgemeinschaft lebenden Personen in eigener Verantwortung alle Möglichkeiten zu nutzen, ihren Lebensunterhalt aus eigenen Mitteln und Kräften zu bestreiten (§ 2 Abs. 2 S. 1 SGB II). Leistungen nach dem SGB II sind also subsidiär zu den eigenen Mitteln und Kräften der Berechtigten. Innerhalb der Leistungen nach dem SGB II hat wiederum die Eingliederung in Arbeit (Hilfe zur Selbsthilfe) Vorrang vor den Leistungen zur Sicherung des Lebensunterhalts.[75] 76

Die Grundsicherung für Arbeitssuchende umfasst **Leistungen** zur Beendigung oder Verringerung der Hilfebedürftigkeit insbesondere durch Eingliederung in Arbeit (§§ 1 Abs. 2 Nr. 1, 14 ff. SGB II; Kapitel 3 Abschnitt 1 des SGB II) und Leistungen zur Sicherung des Lebensunterhalts (§§ 1 Abs. 2 Nr. 2, 19 ff. SGB II; Kapitel 3 Abschnitt 2 des SGB II). Letztere werden als **Arbeitslosengeld II** (§§ 19–27 SGB II) bzw. als **Sozialgeld** (§ 28 SGB II) gewährt. 77

Gemäß § 19 S. 1 SGB II erhalten erwerbsfähige Hilfebedürftige Arbeitslosengeld II. Nicht erwerbsfähige Hilfebedürftige, die mit erwerbsfähigen Hilfebedürftigen in Bedarfsgemeinschaft leben, erhalten Sozialgeld gemäß § 28 Abs. 1 S. 1 SGB II, soweit sie keinen Anspruch auf Leistungen der Grundsicherung im Alter und bei Erwerbsminderung nach dem Vierten Kapitel des SGB XII[76] haben. 78

Unter der Bezeichnung Arbeitslosengeld II sind ab dem 1.1.2005 die bisherigen Leistungen Arbeitslosenhilfe und Sozialhilfe zusammengeführt worden.[77] Im Gegensatz zum beitragsfinanzierten Arbeitslosengeld ist das Arbeitslosengeld II **steuerfinanziert**.[78] Anders als das Arbeitslosengeld und die frühere Arbeitslosenhilfe ist das Arbeitslosengeld II lediglich eine **bedarfsdeckende Sozialhilfeleistung**. Es steht grundsätzlich in keiner Beziehung mehr zu einer zuvor ausgeübten Beschäftigung.[79] Folglich orientiert sich das Arbeitslosengeld II nicht am früher vom Bezieher erzielten Entgelt, sondern dient dazu, dass einheitlich zu definie- 79

74 Gesetz v. 24.12.2003 (BGBl I S. 2954).

75 Zu Vorstehendem Eicher/Spellbrink/*Spellbrink*, § 1 Rn 9, 11; Kreikebohm/*Knickrehm*, § 1 Rn 2 m.w.N.

76 Sozialgesetzbuch Zwölftes Buch (Sozialhilfe), zuletzt geändert durch Gesetzes v. 22.12.2008 (BGBl I S. 2955).

77 Eicher/Spellbrink/*Spellbrink*, § 1 Rn 10; Küttner/*Voelzke*, Nr. 44, Rn 7; Plagemann/*Geiger*, § 17 Rn 1.

78 Eicher/Spellbrink/*Lang*, § 46 Rn 31.

79 Ascheid/Preis/Schmidt/*Steinmeyer*, 3. Teil A. Rn 853; Küttner/*Voelzke*, Nr. 44 Rn 7.

rende „soziokulturelle Existenzminimum"[80] abzudecken. Anders als beim Arbeitslosengeld ist das Arbeitslosengeld II damit abhängig von Einkommen und Vermögen des Beziehers und gegebenenfalls vorhandener weiterer Berechtigter.

80 *Praxishinweis*
Der vom Gesetzgeber gewählte Begriff „Arbeitslosengeld II" ist irreführend.[81] Anders als beim Arbeitslosengeld ist Arbeitslosigkeit für den Bezug von Arbeitslosengeld II keine Voraussetzung (vgl. nur § 30 SGB II sowie § 1 Abs. 1 S. 2 SGB II: „bei der Beibehaltung einer Erwerbstätigkeit unterstützen").[82] Auch setzt der Bezug von Arbeitslosengeld II keinen vorherigen Bezug von Arbeitslosengeld voraus (Ausnahme: Zuschlag gemäß §§ 19 S. 1 Nr. 2, 24 SGB II).[83] Schließlich schließt der Bezug von Arbeitslosengeld einen gleichzeitigen Bezug von Arbeitslosengeld II nicht aus.[84]

81 Vorbehaltlich der Option der Kommunen zur alleinigen **Zuständigkeit** nach § 6a SGB II besteht eine Aufgabenteilung der zuständigen Träger der Grundsicherung für Arbeitssuchende (BA sowie kommunale Träger) nach § 6 Abs. 1 S. 1 SGB II. Die örtliche Zuständigkeit ist in § 36 SGB II geregelt; sie richtet sich nach dem gewöhnlichen Aufenthalt des Betroffenen.

2. Voraussetzungen des Anspruchs

82 Anspruch auf Arbeitslosengeld II haben **erwerbsfähige Hilfebedürftige** (§ 19 S. 1 SGB II). Die allgemeine Berechtigung für Leistungen nach dem SGB II ist in § 7 SGB II geregelt. Formell ist gemäß § 37 Abs. 1 SGB II ein Antrag auf Leistungsgewährung erforderlich.

83 Leistungen nach dem SGB II erhalten gemäß § 7 Abs. 1 S. 1 Nr. 1–4 SGB II Personen, die

- das 15. Lebensjahr vollendet und das 65. Lebensjahr noch nicht vollendet haben (Nr. 1),
- erwerbsfähig sind (Nr. 2),
- hilfebedürftig sind (Nr. 3) und
- ihren gewöhnlichen Aufenthaltsort in der Bundesrepublik Deutschland haben (Nr. 4).

84 Ob der Betroffene erwerbsfähig und hilfebedürftig ist, wird einheitlich im Verfahren nach §§ 44a ff. SGB II, EinigungsStVV[85] festgestellt.

a) Erwerbsfähigkeit

85 Erwerbsfähig ist gemäß § 8 Abs. 1 SGB II, wer nicht wegen Krankheit[86] oder Behinderung[87] auf absehbare Zeit außerstande ist, unter den üblichen Bedingungen des allgemeinen Arbeitsmarktes mindestens drei Stunden täglich erwerbstätig zu sein. Für Ausländer gilt zusätzlich § 8 Abs. 2 SGB II, wonach die Aufnahme einer Beschäftigung zumindest erlaubnisfähig wäre.

80 BT-Drucks 15/1516, S. 56.
81 Vgl. Eicher/Spellbrink/*Lang*, § 19 Rn 31; Plagemann/*Geiger*, § 17 Rn 7.
82 Siehe Kreikebohm/*Knickrehm*, § 1 Rn 2; Plagemann/*Geiger*, § 17 Rn 7.
83 Plagemann/*Geiger*, § 17 Rn 7.
84 Vgl. hierzu Eicher/Spellbrink/*Spellbrink*, § 5 Rn 10, § 9 Rn 17; Küttner/*Voelzke*, Nr. 44 Rn 8.
85 Verordnung zur Regelung der Grundsätze des Verfahrens für die Arbeit der Einigungsstellen nach dem Zweiten Buch Sozialgesetzbuch v. 23.11.2004 (BGBl I S. 2916); Kreikebohm/*Knickrehm*, §§ 35–45 Rn 25 f. m.w.N.
86 Dazu Kreikebohm/*Knickrehm*, § 8 Rn 5 m.w.N.
87 Hierzu Kreikebohm/*Knickrehm*, § 8 Rn 5.

Die Definition des § 8 Abs. 1 SGB II lehnt sich an die Definition der vollen Erwerbsminderung in § 43 Abs. 2 S. 2 SGB VI an.[88] 86

Eine Verhinderung der Erwerbstätigkeit aus anderen **Gründen** als Krankheit oder Behinderung ist unbeachtlich.[89] Die Beurteilung der Erwerbsfähigkeit erfolgt insoweit allein aus gesundheitlicher Sicht.[90] 87

Auf **nicht absehbare Zeit** zur Erwerbstätigkeit außerstande, ist in Anlehnung an die zu § 43 Abs. 2 S. 2 SGB VI entwickelten Grundsätze ein Zeitraum von mindestens sechs Monaten zu verstehen.[91] 88

Auf die **üblichen Bedingungen des Arbeitsmarktes** nimmt auch § 119 Abs. 5 Nr. 1 SGB III bei der Ausgestaltung der Verfügbarkeit als Voraussetzung des Anspruchs auf Arbeitslosengeld Bezug; auf die entsprechenden obigen Ausführungen (siehe Rn 24 ff.) wird insoweit verwiesen. Der sprachliche Unterschied zwischen § 119 Abs. 5 Nr. 1 SGB III (Bedingungen des für den Betroffenen „in Betracht kommenden Arbeitsmarktes") und § 8 Abs. 1 SGB II (Bedingungen des „allgemeinen Arbeitsmarktes") hat insoweit wohl keine Bedeutung. 89

Die Bestimmung in § 8 Abs. 1 SGB II, dass eine Erwerbstätigkeit **mindestens drei Stunden täglich** möglich sein muss, ist auch im Hinblick auf die Regelung der Beschäftigungslosigkeit als Voraussetzung des Anspruchs auf Arbeitslosengeld in § 119 Abs. 1 Nr. 1, Abs. 3 SGB III stimmig, jedenfalls soweit man eine Fünf-Tage-Woche zugrunde legt. 90

b) Hilfebedürftigkeit

Hilfebedürftig ist gemäß § 9 Abs. 1 SGB II, wer seinen Lebensunterhalt, seine Eingliederung in Arbeit und den **Lebensunterhalt** der mit ihm in einer Bedarfsgemeinschaft lebenden Personen nicht oder **nicht ausreichend** aus eigenen Kräften und Mitteln **sichern** kann und die erforderliche Hilfe nicht von anderen, insbesondere von Angehörigen oder von Trägern anderer Sozialleistungen erhält. Eigene Kräfte und Mittel sind vor allem die Aufnahme einer **zumutbaren Arbeit** (§ 9 Abs. 1 Nr. 1 SGB II) und das zu berücksichtigende **Einkommen** und/ oder **Vermögen** (§ 9 Abs. 1 Nr. 2 SGB II). 91

§ 9 Abs. 4 SGB II stellt klar, dass auch derjenige hilfebedürftig ist, der zwar über **berücksichtigungsfähiges Vermögen** verfügt, dessen **sofortiger Verbrauch oder sofortige Verwertung** aber nicht möglich ist oder eine **besondere Härte** bedeuten würde. Seit dem 1.4.2006 findet sich diese Rechtsfolge in § 23 Abs. 5 SGB II, wonach die Leistungen in einem solchen Fall als **Darlehen** zu erbringen sind.

aa) Ermittlung des Grundsicherungsbedarfs

Die Beurteilung, ob der erwerbsfähige Hilfebedürftige und die mit ihm in einer Bedarfsgemeinschaft lebenden Personen ihren Lebensunterhalt aus eigenen Kräften und Mitteln sichern bzw. erforderliche Hilfe durch Dritte erhalten können oder nicht, setzt zunächst die Ermittlung ihres Grundsicherungsbedarfs voraus. 92

Der Grundsicherungsbedarf richtet sich grundsätzlich nicht nach dem individuellen Bedarf im Hinblick auf den früheren Lebensstandard, sondern umfasst nur das „soziokulturelle Exis- 93

88 Kreikebohm/*Knickrehm*, § 8 Rn 8; BT-Drucks 15/1516, S. 52; vgl. Plagemann/*Geiger*, § 17 Rn 26 f.
89 Kreikebohm/*Knickrehm*, § 8 Rn 6; Küttner/*Voelzke*, Nr. 44 Rn 10.
90 Vgl. Kreikebohm/*Knickrehm*, § 8 Rn 6; Plagemann/*Geiger*, § 17 Rn 26 f.
91 Kreikebohm/*Knickrehm*, § 8 Rn 11 m.w.N.; Küttner/*Voelzke*, Nr. 44 Rn 10.

tenzminimum"[92] und ist im Umkehrschluss zum Inhalt des Anspruchs auf Arbeitslosengeld II nach §§ 19 ff. SGB II zu bestimmen.[93] Der Grundsicherungsbedarf besteht also je nach Erfüllung der Voraussetzungen der §§ 19 ff. SGB II im Wesentlichen in der Regelleistung zur Sicherung des Unterhalts (§ 20 SGB II), den Leistungen für Mehrbedarfe (§ 21 SGB II), den Leistungen für Unterkunft und Heizung (§ 22 SGB II). Auf die einzelnen Leistungen wird beim Inhalt des Anspruchs näher eingegangen (siehe Rn 115 ff.).

Zum Arbeitslosengeld II gehören nach der Gesetzesänderung durch das Gesetz zur Fortentwicklung der Grundsicherung für Arbeitssuchende vom 20.7.2006[94] – mit Wirkung vom 1.8.2006 geändert – jetzt nur noch Leistungen zur Sicherung des Lebensunterhaltes einschließlich der angemessenen Kosten für Unterkunft und Heizung und ausdrücklich **nicht mehr** – wie es in § 19 S. 1 SGB II a.F. hieß – **„ein befristeter Zuschlag"**.

94 Ist in einer Bedarfsgemeinschaft nicht der gesamte Bedarf aus eigenen Kräften und Mitteln gedeckt, gilt jede Person der Bedarfsgemeinschaft im Verhältnis des eigenen Bedarfs zum Gesamtbedarf als hilfebedürftig (§ 9 Abs. 2 S. 3 SGB II).

bb) Zu berücksichtigendes Einkommen und/oder Vermögen

95 In einem zweiten Schritt ist zu ermitteln, ob der für den erwerbsfähigen Hilfebedürftigen und die mit ihm in einer Bedarfsgemeinschaft lebenden Personen ermittelte Grundsicherungsbedarf durch den Einsatz des zu berücksichtigenden Einkommens und/oder Vermögens gedeckt wird.

96 Den Grundsicherungsbedarf deckendes Einkommen und/oder Vermögen schließt Hilfsbedürftigkeit und damit den Bezug von Arbeitslosengeld II aus.[95] Soweit das zu berücksichtigende Einkommen und/oder Vermögen den Grundsicherungsbedarf nicht deckt, mindert es die Geldleistungen der zuständigen Träger (§ 19 S. 2 SGB II).

97 Wessen Einkommen und Vermögen neben dem eigenen zu berücksichtigen ist, richtet sich nach § 9 Abs. 2, 3 SGB II. Bei Personen, die in einer Bedarfsgemeinschaft leben, sind gemäß § 9 Abs. 2 S. 1 SGB II auch das Einkommen und Vermögen des Partners zu berücksichtigen. Bei unverheirateten Kindern, die mit ihren Eltern oder einem Elternteil in einer Bedarfsgemeinschaft leben und die die Leistungen zur Sicherung ihres Lebensunterhalts nicht aus ihrem eigenen Einkommen oder Vermögen beschaffen können, sind auch das Einkommen und Vermögen der Eltern oder des Elternteils zu berücksichtigen (§ 9 Abs. 2 S. 2 SGB II), es sei denn, dass das Kind schwanger ist oder sein Kind bis zur Vollendung des sechsten Lebensjahres betreut (§ 9 Abs. 3 SGB II).

98 In welchem Umfang Einkommen und/oder Vermögen des erwerbsfähigen Hilfebedürftigen zu berücksichtigen sind, bestimmt sich nach §§ 9 Abs. 4, 11, 12 SGB II[96] sowie der Alg II-V[97] und gegebenenfalls nach § 30 SGB II (Freibeträge bei Erwerbstätigkeit).[98]

92 BT-Drucks 15/1516, S. 56.
93 Siehe Eicher/Spellbrink/*Mecke*, § 9 Rn 19.
94 BGBl I 2006, 1706.
95 Kreikebohm/*Spellbrink* § 9 Rn 6.
96 Vgl. im Einzelnen hierzu Kreikebohm/*Spellbrink*, § 9 Rn 16 ff., § 11 Rn 5 ff., § 12 Rn 4 ff.; Plagemann/*Geiger*, § 17 Rn 179 f.
97 Verordnung zur Berechnung von Einkommen sowie zur Nichtberücksichtigung von Einkommen und Vermögen beim Arbeitslosengeld II/Sozialgeld in der ab 1.1.2008 geltenden Fassung vom 18.12.2008, BGBl I S. 2780, 2942; vgl. auch Kreikebohm/*Spellbrink*, § 9 Rn 3 ff.; § 13 Rn 3.
98 Vgl. Kreikebohm/*Spellbrink*, § 30 Rn 2 ff.; Küttner/*Voelzke*, Nr. 44 Rn 15.

cc) Hilfe durch Dritte

Hilfebedürftigkeit i.S.d. § 9 Abs. 1 S. 1 SGB II liegt schließlich auch bei mangelndem oder nicht ausreichendem zu berücksichtigenden Einkommen und Vermögen nur vor, wenn die erforderliche Hilfe nicht von anderen, insbesondere von Angehörigen oder von Trägern anderer Sozialleistungen zu erhalten ist. Erwerbsfähige Hilfebedürftige und die mit ihnen in einer Bedarfsgemeinschaft lebenden Personen haben in eigener Verantwortung alle Möglichkeiten zu nutzen, ihren Lebensunterhalt aus eigenen Mitteln und Kräften zu bestreiten (§ 2 Abs. 2 S. 1 SGB II). 99

Zur Nutzung aller Möglichkeiten zum Erhalt der erforderlichen Hilfe durch Dritte gehört etwa die Durchsetzung von Unterhaltsansprüchen, zivilrechtlichen Forderungen sowie von Ansprüchen auf vorrangige Sozialleistungen wie Kindergeld, Renten, Pflegegeld, Arbeitslosengeld. In Folge des in § 5 SGB II angeordneten Nachrangs der Leistungen des SGB II gegenüber den meisten anderen Sozialleistungen schließt § 9 Abs. 1 S. 1 SGB II die Hilfebedürftigkeit aus, wenn bzw. soweit die erforderliche Hilfe von Trägern anderer Sozialleistungen erbracht werden kann.[99] 100

Eine gesetzliche Vermutung hinsichtlich einer vorhandenen Hilfe durch Dritte enthält § 9 Abs. 5 SGB II. Danach wird widerlegbar[100] vermutet, dass Hilfebedürftige, die in **Haushaltsgemeinschaft** mit Verwandten oder Verschwägerten, von diesen Leistungen erhalten, soweit dies nach deren Einkommen und Vermögen erwartet werden kann. Eine Haushaltsgemeinschaft liegt vor, wenn Personen in einem gemeinsamen Haushalt zusammen leben und gemeinsam, „aus einem Topf" wirtschaften.[101] Die Vermutung bezieht sich sowohl auf das Vorliegen als auch auf den Umfang der Leistungen. Der Umfang der vermuteten Leistung richtet sich nach den Einkommens- und Vermögensverhältnissen des oder der Verwandten oder Verschwägerten. Ab welcher Einkommenshöhe und in welchem Umfang Leistungen des Verwandten oder Verschwägerten erwartet werden können und inwieweit Vermögen zu berücksichtigen ist, regeln die §§ 1 Abs. 2, 4 Alg II-V.[102] 101

dd) Aufnahme einer zumutbaren Arbeit

Der Grundsatz des Forderns der erwerbsfähigen Hilfebedürftigen gemäß § 2 SGB II wird durch § 10 SGB II hinsichtlich der Zumutbarkeit von Tätigkeiten und Maßnahmen zur Eingliederung in Arbeit konkretisiert. Die Vorschrift nennt die Tatbestände, die eine Arbeit ausnahmsweise unzumutbar erscheinen lassen und den erwerbsfähigen Hilfebedürftigen von der grundsätzlichen Arbeitsverpflichtung befreien. Sie definiert andererseits die maßgeblichen Kriterien, nach welchen einem Arbeitslosen Beschäftigungen mit der Folge zumutbar sind, dass im konkreten Weigerungsfall Leistungen gekürzt und gänzlich gestrichen werden können. Die Sanktionsmöglichkeiten sind in § 31 SGB II festgelegt. Grundsätzlich ist die Aufnahme einer zumutbaren Arbeit demnach trotz der Erwähnung in der Definition der Hilfsbedürftigkeit § 9 Abs. 1 S. 1 SGB II keine Voraussetzung für den Bezug von Arbeitslosengeld II. Allerdings führt die Nichtaufnahme einer zumutbaren Arbeit zu Sanktionen nach § 31 SGB II.[103] 102

Dem erwerbsfähigen Hilfebedürftigen ist gemäß § 10 Abs. 1 Hs. 1 SGB II **grundsätzlich jede Arbeit zumutbar**. Dazu zählen auch Ein-Euro-Jobs gemäß § 16d S. 2 SGB II, die je- 103

99 Zum Vorstehenden siehe Kreikebohm/*Knickrehm*, § 9 Rn 2 ff. m.w.N.
100 Siehe hierzu Kreikebohm/*Knickrehm*, § 9 Rn 16 f. m.w.N.
101 BT-Drucks 15/1516, S. 53; Kreikebohm/*Knickrehm*, § 9 Rn 19.
102 Vgl. im Einzelnen hierzu Kreikebohm/*Spellbrink*, § 9 Rn 20 ff.
103 Eicher/Spellbrink/*Mecke*, § 9 Rn 14; Kreikebohm/*Spellbrink*, § 10 Rn 3.

weils auf ihre Zweckmäßigkeit für eine dauerhafte Integration in das Erwerbsleben zu prüfen sind. Zur Zumutbarkeit von Ein-Euro-Jobs hat das BSG ausgeführt, dass der Ein-Euro-Job auch ein Zwischenschritt auf dem Weg zur endgültigen Integration in den Arbeitsmarkt sein kann.[104] Gesetzlich anerkannte Unzumutbarkeitsgründe sind in § 10 Abs. 1 Hs. 2 Nr. 1–5 SGB II geregelt. Neben den in § 10 Abs. 1 Hs. 2 Nr. 1–4 SGB II geregelten Fällen, in denen die Ausübung der Arbeit dem erwerbsfähigen Hilfebedürftigen, der Erziehung eines Kindes oder einem pflegebedürftigen Angehörigen erhebliche Nachteile bringen würde, ist in § 10 Abs. 1 Hs. 2 Nr. 5 SGB II geregelt, dass eine Arbeit auch dann nicht zumutbar ist, wenn ihr ein sonstiger wichtiger Grund entgegensteht. Nach § 10 Abs. 2 Nr. 1–4 SGB II ist eine Arbeit nicht schon deshalb unzumutbar, weil sie nicht einer früheren beruflichen Tätigkeit des erwerbsfähigen Hilfebedürftigen entspricht, für die er ausgebildet ist oder die er ausgeübt hat, sie im Hinblick auf seine Ausbildung als geringwertig anzusehen ist, der Beschäftigungsort vom Wohnort des erwerbsfähigen Hilfebedürftigen weiter entfernt als ein früherer Beschäftigungsort ist oder die Arbeitsbedingungen ungünstiger sind als bei den bisherigen Beschäftigungen des erwerbsfähigen Hilfebedürftigen.

104 Abweichend hiervon haben nach § 65 Abs. 4 S. 1 SGB II auch erwerbsfähige Hilfebedürftige Anspruch auf Leistungen zur Sicherung des Lebensunterhaltes, die das 58. Lebensjahr vollendet haben und die Regelvoraussetzungen des Anspruchs auf Leistungen zur Sicherung des Lebensunterhalts allein deshalb nicht erfüllen, weil sie nicht arbeitsbereit sind und nicht alle Möglichkeiten nutzen und nutzen wollen, ihre Hilfebedürftigkeit durch Aufnahme einer Arbeit zu beenden.

105 Vom 1.1.2008 an gilt dies nur noch, wenn der Anspruch vor dem 1.1.2008 entstanden ist und der erwerbsfähige Hilfebedürftige vor diesem Tag das 58. Lebensjahr vollendet hat (§ 65 Abs. 4 S. 2 SGB II). § 428 SGB III gilt insoweit entsprechend (§ 65 Abs. 4 S. 1 SGB II). Der hierunter fallende erwerbsfähige Hilfebedürftige braucht also keine Nachteile zu befürchten, wenn er eine zumutbare Arbeit nicht aufnimmt. § 65 Abs. 4 S. 1 SGB II ist systematisch damit eine Sonderregelung zu § 31 SGB II.[105]

c) Bedarfsgemeinschaft

106 Nach § 7 Abs. 2 S. 1 SGB II erhalten auch Personen, die mit erwerbsfähigen Hilfebedürftigen in einer Bedarfsgemeinschaft leben, Arbeitslosengeld II, wenn sie selbst erwerbsfähig sind. Soweit die Mitglieder der Bedarfsgemeinschaft nicht erwerbsfähig sind, erhalten sie anstelle des Arbeitslosengeldes II Sozialgeld nach Maßgabe des § 28 SGB II.

107 Die Bedarfsgemeinschaft ist kein eigenständiges Rechtssubjekt.[106] Anspruchsinhaber bleiben die einzelnen Individuen, die aber in ihren Rechten und Pflichten durch die Zuordnung zur Bedarfsgemeinschaft beeinflusst werden.

108 Zur Bedarfsgemeinschaft gehören nach § 7 Abs. 3 Nr. 1–4 SGB II:

- Erwerbsfähige Hilfebedürftige (Nr. 1),
- im Haushalt lebende Eltern oder der im Haushalt lebende Elternteil eines unverheirateten erwerbsfähigen Kindes; welches das 25. Lebensjahr noch nicht vollendet hat und der im Haushalt lebende Partner dieses Elternteils (Nr. 2),

104 BSG v. 16.12.2008 – B 4 AS 60/07R.

105 Eicher/Spellbrink/*Blüggel*, § 65 Rn 17.

106 Zum Folgenden Eicher/Spellbrink/*Spellbrink*, § 7 Rn 27; Kreikebohm/*Spellbrink*, § 7 Rn 12.

- als Partner der erwerbsfähigen Hilfebedürftigen: der nicht dauernd getrennt lebende[107] Ehegatte und Lebenspartner sowie die Personen, die mit erwerbsfähigen Hilfebedürftigen in eheähnlicher Gemeinschaft leben (Nr. 3),
- dem Haushalt angehörende unverheiratete Kinder der in den Nr. 1–3 genannten Personen, wenn sie das 25. Lebensjahr noch nicht vollendet haben, soweit sie nicht aus eigenem Einkommen oder Vermögen die Leistungen zur Sicherung ihres Lebensunterhalts beschaffen können (Nr. 4).

Nach dieser Rechtslage bilden nur unverheiratete Kinder, die das 25. Lebensjahr noch nicht vollendet haben, mit ihren Eltern eine Bedarfsgemeinschaft. Mit Wirkung zum 1.7.2006 wurde die Bedarfsgemeinschaft erweitert. Durch diese Gesetzesänderung werden nicht mehr nur minderjährige, sondern auch volljährige unverheiratete Kinder, die das 25. Lebensjahr noch nicht vollendet haben, in die Bedarfsgemeinschaft der Eltern mit einbezogen. Durch die Einbeziehung in die Bedarfsgemeinschaft reduziert sich die Regelleistung für diese Personengruppe von 100 auf 80 Prozent (§ 20 Abs. 1 S. 2 SGB II in der ab 1.7.2006 geltenden Fassung).[108] 109

Die Altersgrenze des vollendeten 15. Lebensjahres nach § 7 Abs. 1 S. 1 Nr. 1 SGB II gilt nur für die Anspruchsberechtigung des erwerbsfähigen Hilfebedürftigen selbst und nicht für weitere Mitglieder der Bedarfsgemeinschaft, wie der Klammerzusatz in § 7 Abs. 1 S. 1 SGB II und die Regelung in § 28 Abs. 1 S. 3 Nr. 1 SGB II zeigen. 110

Das Vorliegen einer Bedarfsgemeinschaft wird allein nach den formalen Voraussetzungen des § 7 Abs. 3 Nr. 1–4 SGB II (verwandtschaftliche oder partnerschaftliche Verbundenheit) bestimmt.[109] In einem Haushalt können auch mehrere Bedarfsgemeinschaften bestehen. Die Bedarfsgemeinschaft ist von der Haushaltsgemeinschaft nach § 9 Abs. 5 SGB II (siehe Rn 101) zu unterscheiden. Nicht zur Bedarfsgemeinschaft und auch nicht zur Haushaltsgemeinschaft zählen Mitbewohner, die lediglich gemeinsam ohne jedes weitere Zusammenwirtschaften eine Wohnung nutzen (Wohngemeinschaft). 111

d) Antrag

Leistungen der Grundsicherung für Arbeitssuchende und damit auch das Arbeitslosengeld II werden nur auf Antrag (§ 37 Abs. 1 SGB II) und **nicht rückwirkend** für Zeiten vor der Antragstellung (§ 37 Abs. 2 S. 1 SGB II) erbracht. 112

Treten die Anspruchsvoraussetzungen an einem Tag ein, an dem der zuständige Träger der Leistungen nicht geöffnet hat, so wirkt ein unverzüglich gestellter Antrag auf diesen Tag zurück (§ 37 Abs. 2 S. 2 SGB II). 113

Für **Bedarfsgemeinschaften** ist § 38 SGB II zu beachten. Soweit Anhaltspunkte nicht entgegenstehen, wird vermutet, dass der erwerbsfähige Hilfebedürftige bevollmächtigt ist, Leistungen nach dem SGB II auch für die mit ihm in einer Bedarfsgemeinschaft lebenden Personen zu beantragen und entgegenzunehmen (§ 38 S. 1 SGB II). Leben mehrere erwerbsfähige Hilfebedürftige in einer Bedarfsgemeinschaft, gilt diese Vermutung zugunsten desjenigen, der die Leistungen beantragt (§ 38 S. 2 SGB II). 114

107 Zum Begriff des dauernden Getrenntlebens Eicher/Spellbrink/*Spellbrink*, § 7 Rn 26.

108 BGBl I 2006, 558.

109 Zum Folgenden Eicher/Spellbrink/*Spellbrink*, § 7 Rn 22.

3. Inhalt des Anspruchs: Grundsicherung

115 Unter das Arbeitslosengeld II fallen nach § 19 S. 1 SGB II Leistungen zur Sicherung des Lebensunterhalts einschließlich der angemessenen Kosten für Unterkunft und Heizung (Nr. 1) und ausdrücklich nicht mehr – wie es in § 19 S. 1 SGB II a.F. hieß – „unter den Voraussetzungen des § 24 SGB II ein befristeter Zuschlag“.

Das Bundesverfassungsgericht hat jüngst[110] entschieden, dass die Regelleistungen nach dem SGB II nicht verfassungsgemäß sind. Der Gesetzgeber ist verpflichtet, die Regelleistung mit Wirkung für die Zukunft neu festzusetzen. Das BVerfG verlangt die Einführung einer Härtefallregelung. Bis zur Verabschiedung der vom BVerfG geforderten Härtefallregelung haben sich das BMAS und die BA am 17.2.2010 auf einen Katalog zur Härtefallregelung geeinigt. Im Übrigen gelten weiterhin die bisherigen Regelungen fort.

a) Regelleistung zur Sicherung des Unterhalts

116 Nach § 19 S. 1 Nr. 1 SGB II fallen unter das Arbeitslosengeld II Leistungen zur Sicherung des Lebensunterhalts. Die Regelleistung zur Sicherung des Lebensunterhalts ist in § 20 SGB II geregelt. Nach § 20 Abs. 1 SGB II **umfasst** die Regelleistung insbesondere Ernährung, Kleidung, Körperpflege, Hausrat, Haushaltsenergie ohne die auf die Heizung entfallenden Anteile, Bedarfe des täglichen Lebens sowie in vertretbarem Umfang auch Beziehungen zur Umwelt und eine Teilnahme am kulturellen Leben.

117 Die **Höhe** der Regelleistung ergibt sich aus § 20 Abs. 2, 2a, 3 SGB II. Hierbei ist eine Gesetzesänderung[111] zu beachten, die zum 1.7.2006 in Kraft getreten ist.

118 **Bis zum 30.6.2006** betrug die Regelleistung für Personen, die allein stehend oder allein erziehend sind oder deren Partner minderjährig ist, in den alten Bundesländern einschließlich Berlin (Ost) 345 EUR, in den neuen Bundesländern hingegen nur 331 EUR (§ 20 Abs. 2 SGB II a.F.). **Ab dem 1.7.2006** beträgt die Regelleistung für Personen, die allein stehend oder allein erziehend sind, im gesamten Bundesgebiet einheitlich 345 EUR (§ 20 Abs. 2 S. 1 SGB II n.F.). Der Gesetzgeber hält die mit unterschiedlichen Verbrauchsniveau, privaten Konsumverhalten und Einkommensniveau begründete Unterscheidung zwischen Ost und West nicht mehr für vertretbar.[112]

119 Die Regelleistung für sonstige erwerbsfähige Angehörige der Bedarfsgemeinschaft beträgt 80 % der Regelleistung nach § 20 Abs. 2 SGB II a.F. bzw. § 20 Abs. 2 S. 1 SGB II n.F. (§ 20 Abs. 3 S. 2 SGB II a.F. bzw. § 20 Abs. 2 S. 2 SGB II n.F.). Ab dem 1.7.2006 beträgt diese Regelleistung also 276 EUR.

120 Nach altem Recht konnten **Jugendliche** auf Kosten der Allgemeinheit eine **eigene Wohnung** beziehen, für die sie Leistungen für Unterkunft und Heizung und gleichzeitig auch die volle Regelleistung erhielten. Durch eine Neuregelung soll der Anreiz hierzu vermindert werden.[113] **Ab dem 1.7.2006** haben Arbeitslosengeld II-Empfänger, die das 25. Lebensjahr noch nicht vollendet haben, keinen grundsätzlichen Anspruch auf eine eigene Wohnung mehr. Sie erhalten, wenn sie die ohne Zusicherung des zuständigen kommunalen Leistungsträgers nach § 22

110 BVerfG v. 9.2.2010, NJW 2010, 505 f.

111 Art. 1 Nr. 5 Buchst. b des Gesetzes zur Änderung des Zweiten Buches Sozialgesetzbuch und anderer Gesetze v. 24.3.2006 (BGBl I S. 558).

112 BT-Drucks 16/99, S. 6.

113 BT-Drucks 16/688, S. 14.

Abs. 2a SGB II n.F. umziehen, (siehe auch Rn 125), gemäß § 20 Abs. 2a SGB II n.F. bis zur Vollendung des 25. Lebensjahres – ebenso wie die unter 18-Jährigen, die noch im Elternhaus wohnen – nur 80 % der Regelleistung nach § 20 Abs. 2 S. 1 SGB II n.F.

Haben zwei Angehörige der Bedarfsgemeinschaft das 18. Lebensjahr vollendet, beträgt die Regelleistung für Bewilligungszeiträume, die vor dem 1.7.2006 beginnen, gemäß § 20 Abs. 3 S. 1 SGB II a.F., § 68 Abs. 1 SGB II n.F. jeweils 90 % der Regelleistung nach § 20 Abs. 2 SGB II a.F. Ab dem 1.7.2006 knüpft diese Regelung nicht mehr an die Angehörigen der Bedarfsgemeinschaft, sondern an die Partner der Bedarfsgemeinschaft an (§§ 20 Abs. 3 S. 1, 68 Abs. 1 SGB II n.F.). Dies ist eine Folgeänderung der Einbeziehung der im Haushalt lebenden Kinder in die Bedarfsgemeinschaft, die das das 25. Lebensjahr noch nicht vollendet haben und bis dahin nur 80 % der Regelleistung nach § 20 Abs. 2 S. 1 SGB II n.F. erhalten sollen.[114] 121

b) Mehrbedarfe

Nach § 21 Abs. 1 SGB II umfassen Leistungen für Mehrbedarfe Bedarfe, die nicht durch die Regelleistung (§ 20 SGB II) abgedeckt sind. Die einzelnen Mehrbedarfe (z.B. für werdende Mütter, Alleinerziehende, Behinderte) sind in § 21 Abs. 2–5 SGB II geregelt.[115] Die Summe des insgesamt gezahlten Mehrbedarfs darf die Höhe der für erwerbsfähige Hilfebedürftige maßgebenden Regelleistung nicht übersteigen (§ 21 Abs. 6 SGB II). 122

c) Angemessene Kosten für Unterkunft und Heizung

Nach § 19 S. 1 Nr. 1 SGB II zählen zu den Leistungen zur Sicherung des Lebensunterhalts auch die angemessenen Kosten für Unterkunft und Heizung. Diese sind in § 22 SGB II geregelt. 123

Nach § 22 Abs. 1 S. 1 SGB II werden Leistungen für Unterkunft und Heizung in Höhe der **tatsächlichen Aufwendungen** erbracht, soweit diese **angemessen** sind. Die Angemessenheit der Unterkunftskosten ist nach der Rechtsprechung des Bundessozialgerichts in mehreren Schritten zu prüfen, und zwar nach Größe der konkret betroffenen Unterkunft, Wohnungsstandard, Struktur des Wohnungsmarktes (gibt es eine Unterkunftsalternative).[116] In angemessener Höhe sind auch Heizkosten vom Grundsicherungsträger als Leistung nach § 22 zu erbringen.[117] Soweit die Aufwendungen für die Unterkunft den der Besonderheit des Einzelfalles angemessenen Umfang übersteigen, sind sie gemäß § 22 Abs. 1 S. 3 SGB II als Bedarf des allein stehenden Hilfebedürftigen oder der Bedarfsgemeinschaft so lange zu berücksichtigen, wie es dem allein stehenden Hilfebedürftigen oder der Bedarfsgemeinschaft nicht möglich oder nicht zuzumuten ist, durch einen Wohnungswechsel, durch Vermieten oder auf andere Weise die Aufwendungen zu senken, in der Regel jedoch längstens für sechs Monate. 124

Nach § 22 Abs. 2a S. 1 SGB II n.F. (ab 1.7.2006) erhalten Personen, die das 25. Lebensjahr noch nicht vollendet haben und umziehen, Leistungen für Unterkunft und Heizung für die 125

114 Vgl. Kreikebohm/*Kothe*, § 20 Rn 25 ff.

115 Vgl. im Einzelnen Eicher/Spellbrink/*Lang*, § 21 Rn 16 ff.; Küttner/*Voelzke, Nr.* 44 Rn 33; Plagemann/*Geiger*, § 17 Rn 116 ff.; Schlegel/Voelzke/*Behrend*, § 21 Rn 17 ff.

116 BSG v. 7.11.2006, BSGE 97, 217 = SozR 4–4200 § 22 Nr. 1.

117 Ausführlich hierzu Schlegel/Voelzke/*Piepenstock*, § 22 Rn 46 ff.; Kreikebohm/*Knickrehm* § 22 Rn 10 f., 20 f.; Plagemann/*Geiger*, § 17 Rn 132 f.

Zeit nach einem Umzug bis zur Vollendung des 25. Lebensjahres nur, wenn dies durch den zuständigen kommunalen Leistungsträgers zugesichert worden ist. Wann die Zusicherung zu erteilen oder wann von ihrer Einholung abzusehen ist, ist in § 22 Abs. 2a S. 2, 3 SGB II n.F. geregelt.

126 Die Kosten für Unterkunft und Heizung sollen gemäß § 22 Abs. 4 SGB II von dem kommunalen Träger an den Vermieter oder andere Empfangsberechtigte gezahlt werden, wenn die zweckentsprechende Verwendung durch den Hilfebedürftigen nicht sichergestellt ist.

d) Befristeter Zuschlag nach Bezug von Arbeitslosengeld

127 Der befristete Zuschlag war in § 19 SGB II als Teil der Leistung Arbeitslosengeld II genannt. Seit dem 1.8.2006 ist dies nicht mehr der Fall. Seine Höhe hängt einerseits (§ 24 Abs. 2 Nr. 1 SGB II) ab von dem in der Vergangenheit nach dem SGB III bezogenen Arbeitslosengeld zzgl. Wohngeld nach dem WoGG. Andererseits ist die Höhe des erstmalig zu zahlenden Arbeitslosengelds II (vgl. § 19 Abs. 1 S. 1 SGB II i.V.m. den §§ 20–23 SGB II) und Sozialgeld (§ 28 SGB II) für die Berechnung von Bedeutung.

128 Soweit der erwerbsfähige Hilfebedürftige Arbeitslosengeld II innerhalb von zwei Jahren nach dem Ende des Bezugs von Arbeitslosengeld bezieht, erhält er in diesem Zeitraum einen monatlichen Zuschlag (§ 24 Abs. 1 S. 1 SGB II).

129 Der Zuschlag beträgt gemäß § 24 Abs. 2 SGB II zwei Drittel des Unterschiedsbetrages zwischen dem von dem erwerbsfähigen Hilfebedürftigen zuletzt bezogenen Arbeitslosengeld und dem nach dem Wohngeldgesetz erhaltenen Wohngeld einerseits und dem an den erwerbsfähigen Hilfebedürftigen und die mit ihm in Bedarfsgemeinschaft lebenden Angehörigen zu zahlenden Arbeitslosengeld II nach § 19 S. 1 Nr. 1, S. 2 SGB II oder Sozialgeld nach § 28 SGB II andererseits. Der Zuschlag ist im ersten Jahr bei erwerbsfähigen Hilfebedürftigen auf höchstens 160 EUR, bei Partnern auf insgesamt höchstens 320 EUR und für die mit dem Zuschlagsberechtigten in Bedarfsgemeinschaft zusammenlebenden minderjährigen (Beschränkung auf Minderjährige ist ab 1.7.2006 entfallen) Kinder auf höchstens 60 EUR pro Kind begrenzt (§ 24 Abs. 3 Nr. 1–3 SGB II). Nach Ablauf des ersten Jahres wird der Zuschlag gemäß § 24 Abs. 1 S. 2 SGB II um 50 % vermindert.

d) Sozialgeld

130 Nicht erwerbsfähige Angehörige, die mit erwerbsfähigen Hilfebedürftigen in Bedarfsgemeinschaft leben, erhalten gemäß § 28 Abs. 1 S. 1 SGB II Sozialgeld, soweit sie keinen Anspruch auf Leistungen nach dem Vierten Kapitel des SGB XII (§§ 41 ff. SGB XII, Grundsicherung im Alter und bei Erwerbsminderung) haben.

131 Nach § 28 Abs. 1 S. 2 SGB II umfasst das Sozialgeld die sich aus § 19 S. 1 SGB II ergebenden Leistungen, also die Leistungen zur Sicherung des Lebensunterhalts einschließlich der Kosten für Unterkunft und Heizung, wobei diese gemäß § 28 Abs. 1 S. 3 SGB II modifiziert gewährt werden. Insbesondere beträgt die Regelleistung bis zur Vollendung des 14. Lebensjahres 60 % und im 15. Lebensjahr 80 % der nach § 20 Abs. 2 SGB II maßgebenden Regelleistung (§ 28 Abs. 1 S. 3 Nr. 1 SGB II).

Gemäß §§ 28 Abs. 2, 19 S. 3 SGB II werden Geldleistungen der Bundesagentur für Arbeit und der kommunalen Träger durch das zu berücksichtigende Einkommen und Vermögen gemindert. Damit wird der allgemeine Grundsatz der Subsidiarität der Fürsorgeleistungen formuliert.[118] 132

e) Berechnung

Gemäß § 41 Abs. 1 S. 1 SGB II besteht der Anspruch auf Leistungen zur Sicherung des Lebensunterhalts für jeden Kalendertag. Der Monat wird mit 30 Tagen berechnet (§ 41 Abs. 1 S. 2 SGB II). Stehen die Leistungen nicht für einen vollen Monat zu, wird die Leistung anteilig erbracht (§ 41 Abs. 1 S. 3 SGB II). Die Leistungen sollen jeweils für sechs Monate bewilligt und monatlich im Voraus erbracht werden (§ 41 Abs. 1 S. 4 SGB II). Beträge, die nicht volle EUR ergeben, sind bis zu 0,49 EUR abzurunden und von 0,50 EUR an aufzurunden (§ 41 Abs. 2 SGB II). 133

4. Verstöße gegen Mitwirkungs-/Meldeobliegenheiten

§§ 31, 32 SGB II sanktionieren vorwerfbare Verstöße gegen Mitwirkungs- und Meldeobliegenheiten des erwerbsfähigen Hilfebedürftigen bzw. der Mitglieder der Bedarfsgemeinschaft durch Absenkung und Wegfall des Arbeitslosengeldes II bzw. des Sozialgeldes. 134

Die Sanktionen setzen jeweils voraus, dass vorher über die Rechtsfolgen **belehrt** wurde (§ 31 Abs. 1 S. 1, Abs. 2, Abs. 3 S. 5, Abs. 5 S. 3, Abs. 6 S. 4 SGB II).[119] 135

a) Verstoß gegen Mitwirkungsobliegenheiten

Nach § 31 Abs. 1 S. 1 SGB II wird das Arbeitslosengeld II unter **Wegfall des Zuschlags nach § 24 SGB II** in einer ersten Stufe um 30 % der für den erwerbsfähigen Hilfebedürftigen nach § 20 SGB II maßgebenden **Regelleistung abgesenkt**, wenn der erwerbsfähige Hilfebedürftige gegen eine der in § 31 Abs. 1 S. 1 Nr. 1–2 SGB II geregelten Obliegenheiten verstößt. 136

Nach § 31 Abs. 1 S. 1 Nr. 1 Buchst. a–d SGB II hat der erwerbsfähige Hilfebedürftige folgende **Mitwirkungsobliegenheiten**: Er hat eine ihm angebotene Eingliederungsvereinbarung abzuschließen, in der Eingliederungsvereinbarung festgelegte Pflichten zu erfüllen, insbesondere in ausreichendem Umfang Eigenbemühungen nachzuweisen, eine zumutbare Arbeit, Ausbildung oder Arbeitsgelegenheit aufzunehmen oder fortzuführen, oder zumutbare Arbeit nach § 16 Abs. 3 S. 2 auszuführen. Zudem darf der erwerbsfähige Hilfebedürftige nach § 31 Abs. 1 S. 1 Nr. 2 SGB II eine zumutbare Maßnahme zur Eingliederung in Arbeit nicht abbrechen oder Anlass für den Abbruch geben. Von praktischer Bedeutung ist die Weigerung, eine zumutbare Arbeit aufzunehmen (vgl. oben Rn 102 ff.). 137

§ 31 Abs. 1 S. 2 SGB II gilt nicht, wenn der erwerbsfähige Hilfebedürftige einen **wichtigen Grund** für sein Verhalten **nachweist** (§ 31 Abs. 1 S. 2 SGB II). Bei dem Tatbestandsmerkmal handelt es sich um einen unbestimmten Rechtsbegriff, dessen Auslegung bereits bei der Sperrzeit erhebliche Probleme bereitet, und der zu einer Fülle von Einzelfallentscheidungen geführt hat. Bei der Frage nach dem wichtigen Grund geht es inhaltlich um Zumutbarkeits- 138

118 Vgl. BT-Drucks 15/1516, S. 56.

119 Eicher/Spellbrink/*Rixen*, § 31 Rn 43 f.

erwägungen.[120] Es ist zu prüfen, ob dem erwerbsfähigen Hilfebedürftigen unter Berücksichtigung aller Umstände des Einzelfalles und unter Abwägung seiner berechtigten Interessen im Verhältnis zu den Interessen der Allgemeinheit ein anderes Verhalten zugemutet werden kann. Das Vorliegen eines wichtigen Grundes kann in Anlehnung an das Sperrzeitrecht des SGB III (wichtiger Grund i.S.d. § 144 Abs. 1 S. 1 SGB III) bestimmt werden.

139 Gemäß § 31 Abs. 3 S. 1 SGB II wird das Arbeitslosengeld II bei **wiederholter Pflichtverletzung** nach § 31 Abs. 1 SGB II zusätzlich um weitere 30 % der nach § 20 SGB II maßgebenden Regelleistung gemindert. Nach § 31 Abs. 3 S. 2 SGB II können auch die Leistungen nach den §§ 21 bis 23 SGB II (Mehrbedarfe, Unterkunftskosten, einmalige Leistungen) betroffen sein. Relevant wird nunmehr § 31 Abs. 3 S. 3 SGB II, wonach bei einer Minderung der Regelleistung um mehr als 30 % der zuständige Träger in angemessenem Umfang ergänzende Sachleistungen oder geldwerte Leistungen erbringen kann. Der zuständige Träger soll solche Leistungen erbringen, wenn der Hilfebedürftige mit minderjährigen Kindern in Bedarfsgemeinschaft lebt (§ 31 Abs. 3 S. 4 SGB II).

140 Nach § 31 Abs. 4 SGB II gilt § 31 Abs. 1, 3 SGB II bei den in § 31 Abs. 4 Nr. 1–3 SGB II geregelten Tatbeständen, die an **weiteres Verhalten des erwerbsfähigen Hilfebedürftigen** anknüpfen, entsprechend. Nach § 31 Abs. 4 Nr. 1 SGB II erfolgt eine Sanktionierung auch bei einem erwerbsfähigen Hilfebedürftigen, der nach Vollendung des 18. Lebensjahres sein Einkommen oder Vermögen in der Absicht vermindert hat, die Voraussetzungen für die Gewährung oder Erhöhung des Arbeitslosengeldes II herbeizuführen (Herbeiführung der Hilfebedürftigkeit).[121] § 31 Abs. 4 Nr. 2 SGB II sieht eine Sanktion gegenüber einem erwerbsfähigen Hilfebedürftigen vor, der trotz Belehrung über die Rechtsfolgen sein unwirtschaftliches Verhalten fortsetzt. **Unwirtschaftliches Verhalten** liegt vor, wenn der hilfebedürftige Erwerbsfähige unter Berücksichtigung der ihm durch die Allgemeinheit gewährten Hilfe bei allen oder einzelnen seiner Handlungen jede wirtschaftlich vernünftige Betrachtungsweise vermissen lässt und hierbei ein Verhalten zeigt, das vom Durchschnitt erheblich abweicht.[122] Nach § 31 Abs. 4 Nr. 3 SGB II erfolgt eine Sanktionierung zudem bei einem erwerbsfähigen Hilfebedürftigen, dessen Anspruch auf Arbeitslosengeld ruht oder erloschen ist, weil die Agentur für Arbeit den Eintritt einer Sperrzeit oder das Erlöschen des Anspruchs nach dem SGB III festgestellt hat oder der die im SGB III genannten Voraussetzungen für den Eintritt einer Sperrzeit erfüllt, die das Ruhen oder Erlöschen eines Anspruchs auf Arbeitslosengeld begründen (vgl. §§ 144, 147 Abs. 1 Nr. 2 SGB III). Diese Regelung soll das Sperrzeitrecht des SGB III vor Umgehungen schützen, indem sie sicherstellt, dass ein nach dem SGB III Nichtberechtigter seinen Bedarf nicht über das SGB II deckt.[123]

b) Verstoß gegen Meldeobliegenheiten

141 Kommt der erwerbsfähige Hilfebedürftige trotz schriftlicher Belehrung über die Rechtsfolgen einer Aufforderung des zuständigen Trägers, sich bei ihm zu melden oder bei einem ärztlichen oder psychologischen Untersuchungstermin zu erscheinen, nicht nach, und weist er keinen wichtigen Grund (siehe oben Rn 138) für sein Verhalten nach, tritt eine Minderung um 10 % der Regelsatzleistungen für die feste Dauer von drei Monaten ein (§ 31 Abs. 2 SGB II).

120 Zum Folgenden Eicher/Spellbrink/*Rixen*, § 10 Rn 8 m.w.N., § 31 Rn 2, 34 ff.; Kreikebohm/*Spellbrink*, § 31 Rn 35 f.

121 Vgl. Eicher/Spellbrink/*Rixen*, § 31 Rn 27 f.; Plagemann/*Geiger*, § 17, Rn 228.

122 BT-Drucks 15/1516, S. 61. Näher hierzu Eicher/Spellbrink/*Rixen*, § 31 Rn 29.

123 Eicher/Spellbrink/*Rixen*, § 31 Rn 30.

Unter wiederholten Pflichtverletzungen i.S.v. § 31 Abs. 3 SGB II ist die erneute Verwirklichung eines gleichartigen Sanktionstatbestandes aus dem Fallkatalog a) bis d) zu verstehen. Keine wiederholten Pflichtverletzungen sind Pflichtverstöße, die zeitgleich verwirklicht werden oder die zeitlich unmittelbar aufeinander folgen, ohne dass eine erste Sanktion schon festgesetzt wurde.[124] § 31 Abs. 3 SGB II unterscheidet zwischen einer zweiten und dritten Pflichtverletzung. Die zweite Sanktion führt zu einer Verdopplung der Leistungskürzung unter Einbeziehung sonstiger Leistungen einschließlich der Kosten für die Unterkunft nach § 22 SGB II. Es kann also höchstens um 60 % gekürzt werden, auch wenn die erste Pflichtverletzung zeitlich mit der wiederholten Sanktion zusammentrifft. 142

Nach § 31 Abs. 4 SGB II gilt § 31 Abs. 2, 3 SGB II bei den in § 31 Abs. 4 Nr. 1–3 SGB II geregelten Tatbeständen, die an **weiteres Verhalten des erwerbsfähigen Hilfebedürftigen** anknüpfen, entsprechend (siehe oben Rn 140). 143

c) Sonderregelungen

Bei erwerbsfähigen Hilfebedürftigen, die das 15. Lebensjahr, jedoch noch **nicht das 25. Lebensjahr vollendet** haben, wird das Arbeitslosengeld II unter den in § 31 Abs. 1 und 4 SGB II genannten Voraussetzungen auf die Leistungen nach § 22 SGB II (Kosten für Unterkunft und Heizung) beschränkt (§ 31 Abs. 5 S. 1 Hs. 1 SGB II). Die Regelleistung entfällt somit in voller Höhe. Die nach § 22 Abs. 1 angemessenen Kosten für Unterkunft und Heizung sollen gemäß § 31 Abs. 5 S. 1 Hs. 2 SGB II an den Vermieter oder andere Empfangsberechtigte gezahlt werden. Der zuständige Leistungsträger soll Leistungen nach § 31 Abs. 3 S. 3 SGB II (Mehrbedarfe, Unterkunftskosten, einmalige Leistungen nach den §§ 21 bis 23 SGB II) an den erwerbsfähigen Hilfebedürftigen erbringen (§ 31 Abs. 5 S. 2 SGB II). Nach Ansicht des Gesetzgebers steht den verschärften Sanktionen des § 31 Abs. 5 SGB II die Regelung des § 3 Abs. 2 S. 1 SGB II gegenüber, wonach erwerbsfähige Hilfsbedürftige, die das 25. Lebensjahr noch nicht vollendet haben, unverzüglich nach Antragstellung auf Leistungen nach dem SGB II in eine Arbeit, Ausbildung oder Arbeitsgelegenheit zu vermitteln sind.[125] 144

Soweit erwerbsfähige Hilfebedürftige, die das **58. Lebensjahr vollendet** haben, nicht arbeitsbereit sind und nicht alle Möglichkeiten nutzen und nutzen wollen, ihre Hilfebedürftigkeit durch Aufnahme einer Arbeit zu beenden, sind sie gemäß § 65 Abs. 4 S. 1 SGB II privilegiert (siehe Rn 104). Sie haben insoweit keine Sanktionen nach § 31 SGB II zu befürchten. 145

d) Wirkung der Sanktionen

Die Wirkungen der Sanktionen sind in § 31 Abs. 6 SGB II geregelt. Nach § 31 Abs. 6 S. 1 SGB II treten Absenkung und Wegfall mit Wirkung des Kalendermonats ein, der auf das Wirksamwerden des Verwaltungsaktes, der die Absenkung oder den Wegfall der Leistung feststellt, folgt. Diese Regelung stellt klar, dass die Sanktion nicht kraft Gesetzes eintritt, sondern (trotz Fehlen von Ermessen) der feststellenden Entscheidung durch **Verwaltungsakt** im 146

124 LSG Berlin-Brandenburg v. 12.10.2007, AS ER – BeckRS 2007, 48207; LSG NRW v. 24.9.2007, BeckRS 2007, 48248.

125 BT-Drucks 15/1516, S. 61; Schlegel/Voelzke/*Sonnhoff*, § 31 Rn 233 ff.

Einzelfall bedarf.[126] Absenkung und Wegfall dauern drei Monate (§ 31 Abs. 6 S. 2 SGB II), und zwar grundsätzlich ab dem Zeitpunkt der Bekanntgabe des Verwaltungsaktes.[127]

147 Während der Absenkung oder des Wegfalls der Leistung besteht gemäß § 31 Abs. 6 S. 3 SGB II kein Anspruch auf ergänzende Hilfe zum Lebensunterhalt nach den Vorschriften des SGB XII. Dem erwerbsfähigen Hilfebedürftigen soll praktisch keine Möglichkeit verbleiben, sich dem Zwang zur Ausschöpfung aller Möglichkeiten der Selbsthilfe zu entziehen.[128]

e) Sanktionen gegenüber Beziehern von Sozialgeld

148 Nach § 32 SGB II gilt § 31 Abs. 1–3 sowie Abs. 6 SGB II entsprechend für Bezieher von Sozialgeld, wenn bei diesen Personen die in § 31 Abs. 2 oder Abs. 4 Nr. 1 und 2 SGB II genannten Voraussetzungen vorliegen. Es handelt sich dabei um eine gemischte Tatbestands- (§ 31 Abs. 2 oder Abs. 4 Nr. 1 und 2 SGB II) und Rechtsfolgenverweisung (§ 31 Abs. 1–3, 6 SGB II), die den Beziehern von Sozialgeld Obliegenheiten auferlegt, die nicht mit der Erwerbstätigkeit zusammenhängen.[129]

5. Sozialversicherungsschutz

149 Die Bezieher von Arbeitslosengeld II sind pflichtversichert in der gesetzlichen **Krankenversicherung** (§ 5 Abs. 1 Nr. 2a SGB V) und in der gesetzlichen **Pflegeversicherung** (§ 20 Abs. 1 S. 1 und S. 2 Nr. 2a SGB XI), soweit sie nicht über die gesetzliche Krankenversicherung familienversichert (§§ 10 SGB V) sind. Erforderlich ist aber, dass das Arbeitslosengeld II tatsächlich bezogen wird.[130]

150 In der gesetzlichen **Rentenversicherung** sind die Bezieher von Arbeitslosengeld II ebenfalls pflichtversichert (§ 3 S. 1 Nr. 3a Hs. 1 SGB VI). Auch hier ist der tatsächliche Bezug der Leistung erforderlich.[131] Als beitragspflichtige Einnahme gilt ein Betrag in Höhe von 205 EUR (§ 166 Abs. 1 Nr. 2a Alt. 1 SGB VI).

151 Außerdem sind Personen, die Meldepflichten nach dem SGB II unterliegen, gesetzlich **unfallversichert**, wenn sie einer besonderen, an sie im Einzelfall gerichteten Aufforderung des zuständigen Leistungsträgers nachkommen, diese oder eine andere Stelle auszusuchen (§ 2 Abs. 1 Nr. 14 SGB VII).

152 Unter den Voraussetzungen des § 26 SGB II erhalten von Versicherungspflicht in den genannten Versicherungszweigen befreite Bezieher von Arbeitslosengeld II einen Beitragszuschuss.

153 Bezieher von **Sozialgeld** sind in den genannten Versicherungszweigen nicht pflichtversichert. Ihre Krankenbehandlung erfolgt gemäß § 48 SGB XII, soweit sie nicht über die Familienversicherung der gesetzlichen Kranken- und Pflegeversicherung erfasst sind.[132]

126 Eicher/Spellbrink/*Rixen*, § 31 Rn 55 f.
127 Eicher/Spellbrink/*Rixen*, § 31 Rn 56 f.; Plagemann/*Geiger*, § 17 Rn 242.
128 Eicher/Spellbrink/*Rixen*, § 31 Rn 61.
129 Im Einzelnen Eicher/Spellbrink/*Rixen*, § 32 Rn 1 ff.
130 Schlegel/Voelzke/*Radüge*, § 26 Rn 10 f.
131 Schlegel/Voelzke/*Hoehl*, § 44a Rn 36 f.
132 Eicher/Spellbrink/*Rixen*, § 26 Rn 2.

§ 32 Sperrzeittatbestände und Ruhen

Dr. Artur Kühnel

Inhalt

	Rn
I. Ruhen des Arbeitslosengeldanspruchs	1
II. Ruhenstatbestände	2
1. Ruhen des Anspruchs bei Sperrzeit	6
a) Sperrzeit bei Arbeitsaufgabe	8
aa) Lösen des Beschäftigungsverhältnisses	10
bb) Anlass durch vertragswidriges Verhalten	20
cc) Kausalität	21
dd) Verschulden	24
ee) Wichtiger Grund	25
ff) Beginn und Dauer der Sperrzeit	33
b) Sperrzeit bei verspäteter Arbeitsuchendmeldung	38
c) Weitere Sperrzeittatbestände	42
d) Wirkung der Sperrzeit	47
2. Ruhen des Anspruchs bei Entlassungsentschädigung	51
a) Entlassungsentschädigung	52
b) Maßgebliche Kündigungsfrist	54
c) Dauer des Ruhens	56
d) Gleichwohlgewährung	61
3. Ruhen des Anspruchs bei Entgelt und Urlaubsabgeltung	62

Literatur

Bauer/Krieger, Das Ende der außergerichtlichen Beilegung von Kündigungsstreitigkeiten?, NZA 2004, 640; **Gagel** (Hrsg.), Sozialgesetzbuch III – Arbeitsförderung, Loseblatt-Kommentar, Stand: 36. Erg.-Lfg. 2009; **Gaul/Niklas**, Neue Grundsätze zur Sperrzeit bei Aufhebungsvertrag, Abwicklungsvereinbarung und gerichtlichem Vergleich, NZA 2008, 137; **Hümmerich**, Sperrzeitrechtsprechung im Umbruch, NJW 2007, 1025; **Maties**, Die sozialrechtlichen Folgen der Beendigung des Arbeitsverhältnisses, NZS 2006, 73; **Niesel** (Hrsg.), SGB III, 4. Auflage 2007; **Voelzke**, Aktuelle Entwicklungen im Sperrzeitrecht, NZS 2005, 281.

I. Ruhen des Arbeitslosengeldanspruchs

Das SGB III enthält mehrere Vorschriften, die unter bestimmten Voraussetzungen das Ruhen 1
des Anspruchs auf Arbeitslosengeld vorsehen. Ruhen bedeutet nur, dass während des Ruhenszeitraumes das Arbeitslosengeld nicht geltend gemacht werden kann, also ein Leistungsverweigerungsrecht der Bundesagentur besteht.[1] Das Ruhen lässt den entstandenen Anspruch, das Stammrecht, als solchen aber unberührt. Nach Ablauf des Ruhenszeitraumes kann der konkrete Leistungsanspruch wieder geltend gemacht werden. Der Ruhenszeitraum wird auf die Anspruchsdauer nicht angerechnet, es sei denn, dass das Gesetz ausdrücklich etwas anderes bestimmt (vgl. § 128 SGB III). Die Ruhenswirkung tritt kraft Gesetzes ein, jedoch setzt die Einstellung der Zahlung des Arbeitslosengeldes die Aufhebung eines (irrtümlich) schon erlassenen Bewilligungsbescheides (§§ 45, 48 SGB X, 330 SGB III) voraus.

1 Zum Folgenden Ascheid/Preis/Schmidt/*Steinmeyer*, 3. Teil A. Rn 430; ErfK/*Rolfs*, § 143 SGB III Rn 2, § 143a SGB III Rn 36, § 144 SGB III Rn 53; Niesel/*Düe*, § 142 Rn 6.

II. Ruhenstatbestände

2 Der praktisch wichtigste Fall, in dem es zum Ruhen des Anspruchs auf Arbeitslosengeld kommt, ist die Verhängung einer **Sperrzeit** (§ 144 SGB III). Eine Sperrzeit wird verhängt, wenn sich der Arbeitnehmer versicherungswidrig verhält, ohne dafür einen wichtigen Grund zu haben. Für den Arbeitnehmer kann insbesondere die Mitwirkung an der Beendigung seines Arbeitsverhältnisses zur Folge haben, dass eine **Sperrzeit** eintritt. Diese hat neben dem Ruhen des Arbeitslosengeldanspruchs auch die Minderung der Anspruchsdauer (§ 128 SGB III) zur Folge.

3 Unabhängig von einer Sperrzeit und ohne Minderung der Anspruchsdauer kann eine Ruhenswirkung auch eintreten, wenn der Arbeitnehmer eine **Entlassungsentschädigung** erhalten hat, ohne dass die maßgebliche Kündigungsfrist eingehalten worden ist (§ 143a SGB III). Der Anspruchs auf Arbeitslosengeld ruht zudem, wenn der Arbeitnehmer trotz Arbeitslosigkeit noch **Arbeitsentgelt** erhält oder wenn er eine **Urlaubsabgeltung** erhalten hat (§ 143 SGB III).

4 *Praxishinweis*
Die Kenntnis der vorgenannten Vorschriften ist bei der Beratung und Vertretung von Mandanten in Zusammenhang mit der Beendigung von Arbeitsverhältnissen bzw. im Rahmen von Kündigungs- und sonstigen Bestandsstreitigkeiten und insbesondere für den an der Verhandlung von Abwicklungs- und Aufhebungsverträgen (siehe § 19) beteiligten Rechtsanwalt **unerlässlich**. Hier drohen Haftungsrisiken.

5 Weitere – hier nicht näher behandelte – Ruhenstatbestände sind in § 142 SGB III (Ruhen des Anspruchs bei anderen Sozialleistungen, z.B. Krankengeld, Mutterschaftsgeld) und in § 146 SGB III (Ruhen bei Arbeitskämpfen zur Vermeidung eines Eingriffs durch den Staat) geregelt.

1. Ruhen des Anspruchs bei Sperrzeit

6 Hat der Arbeitnehmer sich **versicherungswidrig verhalten**, ohne dafür einen wichtigen Grund zu haben, ruht der Anspruch für die Dauer einer Sperrzeit gemäß § 144 Abs. 1 S. 1 SGB III. Zweck der Sperrzeit ist es, die Versichertengemeinschaft typisierend gegen vom Versicherten selbst zu vertretende Risikofälle zu schützen.[2]

7 Wann versicherungswidriges Verhalten vorliegt, ist in § 144 Abs. 1 S. 2 SGB III geregelt. Die schon bisher bestehenden Tatbestände der Arbeitsaufgabe, der Arbeitsablehnung, der Ablehnung und des Abbruches einer beruflichen Eingliederungsmaßnahme werden seit dem 1.1.2005[3] durch die Sperrzeittatbestände der unzureichenden Eigenbemühungen und der Meldeversäumnis ergänzt. Seit dem 31.12.2005[4] ist der Sperrzeittatbestand der verspäteten Arbeitssuchendmeldung hinzugekommen.

a) Sperrzeit bei Arbeitsaufgabe

8 Eine Sperrzeit bei Arbeitsaufgabe (§ 144 Abs. 1 S. 2 Nr. 1 SGB III) erfolgt, wenn der Arbeitslose das Beschäftigungsverhältnis gelöst oder durch ein arbeitsvertragswidriges Verhal-

2 BSG v. 17.11.2005, AP Nr. 7 zu § 144 SGB III; ErfK/*Rolfs*, § 144 SGB III Rn 1.

3 Drittes Gesetz für moderne Dienstleistungen am Arbeitsmarkt v. 23.12.2003 (BGBl I S. 2848 – Hartz III).

4 Fünftes Gesetz zur Änderung des Dritten Buches Sozialgesetzbuch v. 22.12.2005 (BGBl I S. 3676).

ten Anlass für die Lösung des Beschäftigungsverhältnisses gegeben und dadurch vorsätzlich oder grob fahrlässig die Arbeitslosigkeit herbeigeführt hat.

Die Vorschrift soll die Gemeinschaft der Beitragszahler vor willkürlich oder sogar schuldhaft herbeigeführter Arbeitslosigkeit schützen.[5] 9

aa) Lösen des Beschäftigungsverhältnisses

Lösen i.S.d. § 144 Abs. 1 S. 2 Nr. 1 Alt. 1 SGB III bedeutet rechtlich Beendigung des Beschäftigungsverhältnisses, wobei hierfür grundsätzlich ein **aktives Mitwirken des Arbeitnehmers** erforderlich ist.[6] Neben der Eigenkündigung und dem Aufhebungsvertrag kommt auch die Beteiligung des Arbeitnehmers durch vorausgegangene Absprachen oder nachträgliche Einigung (Abwicklungsvertrag) in Betracht.[7] 10

Ein Lösen liegt bei einer **Eigenkündigung des Arbeitnehmers** vor.[8] Ebenso ist ein sonstiges Verhalten des Arbeitnehmers zu bewerten, das zumindest schlüssig zu erkennen gibt, dass der Arbeitnehmer das Beschäftigungsverhältnis nicht fortsetzen will. Dies kann etwa der Fall sein, wenn er nach einer Auseinandersetzung mit dem Arbeitgeber nicht mehr am Arbeitsplatz erscheint. Die Nichteinhaltung der Form nach § 623 BGB ist für das Lösen ohne Bedeutung.[9] 11

Ein Lösen liegt auch im Fall eines **Aufhebungsvertrages** vor, wobei unerheblich ist, auf wessen Initiative der Aufhebungsvertrag geschlossen worden ist.[10] Hat der Arbeitgeber die Beendigung vorgeschlagen oder gar darauf gedrängt, kann sich der Arbeitnehmer aber je nach den Umständen auf einen wichtigen Grund (vgl. Rn 25 ff.) berufen. Unerheblich ist auch, ob das Arbeits-/Beschäftigungsverhältnis auch durch rechtmäßige Kündigung hätte beendet werden können.[11] 12

Die **Hinnahme** einer rechtswidrigen **Kündigung** stellt grundsätzlich keinen Lösenstatbestand dar, da die Sperrzeit wegen Arbeitsaufgabe stets aktives Verhalten, nicht bloße Hinnahme einer rechtswidrigen Kündigung voraussetzt.[12] Dieser Grundsatz galt schon bisher aber dann nicht, wenn der Arbeitnehmer wegen einer vom Arbeitgeber in Aussicht gestellten finanziellen Vergünstigung bereits vor Ausspruch der Kündigung in den später zu schließenden Abwicklungsvertrag einwilligt.[13] In diesem Fall stellt der Abschluss des Abwicklungsvertrages ein Lösen i.S.v. § 144 Abs. 1 S. 2 Nr. 1 Alt. 1 SGB III dar, weil es sich in einem solchen Fall in Wirklichkeit um einen Aufhebungsvertrag handelt.[14] 13

5 BSG v. 25.4.1990, AP Nr. 2 zu § 119 AFG = NZA 1990, 791; ErfK/*Rolfs*, § 144 SGB III Rn 1.

6 BSG v. 18.12.2003, BSGE 92, 74 = NZA 2004, 661, 663 = NJW 2004, 3142; Niesel/*Niesel*, § 144 Rn 9.

7 Durchführungsanweisung (DA) 1.2.2. zu § 144 SGB III (Rn 144.13, 144.14), Stand 12/2009 (vgl. www.arbeitsagentur.de unter: Veröffentlichungen > Weisungen > Arbeitslosengeld I.); Gagel/*Winkler*, § 144 Rn 30, 40, 52; Niesel/*Niesel*, § 144 Rn 10, 30, 33.

8 Zum Folgenden Niesel/*Niesel*, § 144 Rn 10, 16.

9 Niesel/*Niesel*, § 144 Rn 16.

10 BSG v. 13.8.1986, NZA 1987, 180; BSG v. 5.6.1997, NZA-RR 1998, 184, 186; BSG v. 18.12.2003, BSGE 92, 74 = NZA 2004, 661, 662 = NJW 2004, 3142; Niesel/*Niesel*, § 144 Rn 30 f.

11 DA 1.2.1 zu § 144 SGB III (Rn 144.11), Stand 12/2009.

12 BAG v. 25.4.2002, AP Nr. 8 zu § 119 AFG = NZA 2003, 314; DA 1.2.1 zu § 144 SGB III (Rn 144.16), Stand 12/2009.

13 Zu vorausgegangenen Absprachen vgl. DA 1.2.2 zu § 144 SGB III (Rn 144.13 ff.), Stand 12/2009.

14 BSG v. 9.11.1995, AP Nr. 4 zu 19 AFG, NZA-RR 1997, 109.

14 Der Abschluss eines **Abwicklungsvertrages** ist mittlerweile grundsätzlich nicht mehr zur Vermeidung einer Sperrzeit geeignet.[15] Mit seiner Entscheidung vom 18.12.2003 hat das BSG[16] ausdrücklich klargestellt, dass der Arbeitnehmer auch im Falle eines Abwicklungsvertrages durch den Verzicht auf die Geltendmachung der Kündigungsschutzklage aktiv an der Herbeiführung seiner Beschäftigungslosigkeit mitwirkt, so dass ein Lösen des Beschäftigungsverhältnisses gegeben ist. Hierbei ist unerheblich, ob die Mitwirkung des Arbeitnehmers durch eine der Kündigung vorausgegangene Absprache oder erst nach Zugang der Kündigung innerhalb der Klagefrist des § 4 S. 1 KSchG erfolgt.[17] Sofern innerhalb der Frist zur Erhebung der Kündigungsschutzklage ein Abwicklungsvertrag geschlossen wird, liegt hierin zwar nach derzeitiger Rechtsprechung und den Durchführungsanweisungen der BA ein Lösen des Beschäftigungsverhältnisses vor (Gleichbehandlung mit Aufhebungsvertrag). Für dieses kann jedoch ein wichtiger Grund (vgl. Rn 25 ff.) bestehen.[18] Absprachen, die **nach** dem Ablauf der für die Kündigungsschutzklage geltenden Frist getroffen werden, führen grundsätzlich nicht zu einer Sperrzeitverhängung.[19]

15 *Praxishinweis*

Der früher als vermeintlicher Ausweg zur Vermeidung einer Sperrzeit angepriesene Abwicklungsvertrag[20] kann spätestens seit der Entscheidung des BSG vom 18.12.2003 nicht mehr ohne Risiko abgeschlossen werden, auch wenn es keine Absprache von Arbeitnehmer und Arbeitgeber vor Ausspruch der Kündigung gegeben hat. Es muss stets geprüft werden, ob sich der Arbeitnehmer gemäß der Rechtsprechung und gerade auch nach den Inhalten der Durchführungsanweisungen der BA auf einen wichtigen Grund zur Lösung des Beschäftigungsverhältnisses berufen kann.

16 *Formulierungsbeispiel*

Soll aus irgendwelchen Gründen dennoch außergerichtlich ein Abwicklungsvertrag geschlossen werden, kann versucht werden, das Risiko für den Arbeitnehmer mit einer Zusatzvereinbarung wie der nachfolgenden auf den Arbeitgeber zu verlagern:

Sollte aufgrund des Abwicklungsvertrags vom seitens der Agentur für Arbeit eine Sperrzeit nach § 144 Abs. 1 S. 2 Nr. 1 Alt. 1 SGB III verhängt werden und der Zeitraum des Arbeitslosengeldbezuges nach § 128 Abs. 1 Nr. 4 SGB III verkürzt werden, wird der Arbeitgeber dem Arbeitnehmer sämtliche dadurch entstehenden finanziellen Nachteile ausgleichen. Insbesondere wird der Arbeitgeber während der Sperrzeit Zahlungen in Höhe des fiktiven Arbeitslosengeldanspruches an den Arbeitnehmer leisten und dem Arbeitnehmer diejenigen Beiträge erstatten, welche er für Sozialversicherungen (z.B. Krankenversicherung oder Rentenversicherung) tatsächlich aufwendet oder aufwenden müsste, um den gleichen Status zu erhalten, wie ein Bezieher von Arbeitslosengeld. Sofern auf die vorgenannten Leistungen durch den Arbeitnehmer Einkommenssteuer, Solidaritätszuschlag und ggfs. Kirchensteuer zu zahlen sind, wird der Arbeitgeber an den Arbeitnehmer zusätzlich auch Zahlungen in entsprechender Höhe leisten bzw. direkt an das Finanzamt abführen. Auf die danach dem Arbeitnehmer geschuldeten Beträge zahlt der Arbeitgeber monatlich einen Abschlag in Höhe von EUR. Der Arbeit-

15 Vgl. hierzu Niesel/*Niesel*, § 144 Rn 33 ff.; ErfK/*Rolfs*, § 144 SGB III Rn 8.

16 Zum Folgenden BSG v. 18.12.2003, BSGE 92, 74 = NZA 2004, 661, 663 = NJW 2004, 3142. Vgl. bereits BSG v. 9.11.1995, BSGE 77, 48 = NZA-RR 1997, 109, 110.

17 Vgl. auch DA 1.2.2 zu § 144 SGB III (Rn 144.14), Stand 12/2009.

18 DA 9.1.2 f. zu § 144 SGB III (Rn 144.102 ff. und 109) Stand 12/2009.

19 Vgl. hierzu *Voelzke*, NZS 2005, 281, 285.

20 Vgl. etwa *Hümmerich*, NZA 1994, 200 ff.

nehmer ist verpflichtet/nicht verpflichtet, gegen einen etwaigen Sperrzeitbescheid der Agentur für Arbeit nach § 144 Abs. 1 S. 2 Nr. 1 Alt. 1 SGB III Widerspruch einzulegen.

Lässt der Arbeitnehmer die Frist zur Erhebung der Kündigungsschutzklage lediglich **untätig** verstreichen, hat er grundsätzlich nicht mit einer Sperrzeit zu rechnen, da er nicht verpflichtet ist, sich gegen die Kündigung zur Wehr zu setzen.[21] Dies gilt nach den Durchführungsanweisungen der BA an sich auch im Fall einer **offensichtlich rechtswidrigen Kündigung**,[22] allerdings mit der Einschränkung, dass in diesem Fall ein Untätigbleiben auf einen Beteiligungssachverhalt „hindeuten" könne.[23] Eine **offensichtlich rechtswidrige Kündigung** liegt insbesondere vor, wenn die maßgebende Kündigungsfrist nicht eingehalten worden ist, der Arbeitnehmer nach tarif- oder einzelvertraglichen Bestimmungen nur noch aus wichtigem Grund kündbar war oder der Arbeitnehmer **besonderen Kündigungsschutz** genießt und die Kündigung deshalb nichtig ist, z.B. nach § 9 MuSchG (Kündigung einer Frau während der Schwangerschaft oder bis zum Ablauf von vier Monaten nach der Entbindung), § 18 BEEG (Kündigung während der Elternzeit/Antragstellung ohne Zulässigkeitserklärung), § 85 SGB IX (Kündigung eines Schwerbehinderten) oder nach § 15 KSchG (Kündigung des Mitglieds eines Betriebsrats, einer Jugendvertretung oder Wahlvorständen).[24] 17

Bei Einhaltung der Voraussetzungen des **§ 1a KSchG**[25] kann nach den Durchführungsanweisungen der BA zwar nicht pauschal das Lösen des Arbeitsverhältnisses verneint werden.[26] Jedoch ist dies die Regel.[27] Werden für eine arbeitgeberseitige Beendigung des Arbeitsverhältnisses betriebsbedingte Gründe angegeben und wird eine Abfindung gemäß § 1a KSchG gezahlt, sind nach den Durchführungsanweisungen der BA i.d.R. keine weiteren Feststellungen zum Sachverhalt erforderlich und eine Sperrzeit wird nicht verhängt.[28] Der Arbeitnehmer bleibt im Unterschied zu einem Abwicklungsvertrag im Rahmen des § 1a KSchG lediglich untätig. Ein aktives Mitwirken an der Beendigung des Arbeitsverhältnisses kann ihm gerade nicht vorgeworfen werden. Voraussetzung ist allerdings, dass im Vorfeld keine Absprache mit dem Arbeitgeber getroffen wurde.[29] Zu einer Sperrzeit kommt es nämlich dann, wenn die Höhe der Abfindung von § 1a Abs. 2 KSchG abweicht und diese Abweichung auf einer Vereinbarung beruht.[30] 18

Wird ein **arbeitsgerichtlicher Vergleich** geschlossen, löst dies nach den Durchführungsanweisungen der BA grundsätzlich keine Sperrzeit aus.[31] Dies beruht wohl darauf, dass das BSG im Urteil vom 18.12.2003 in nicht tragenden Ausführungen eine besondere Betrachtung bei der Würdigung der tatsächlichen Umstände als Lösung des Beschäftigungsverhältnisses für Vereinbarungen erwogen hat, die ohne vorherige Absprache in einem arbeitsgerichtlichen Verfahren geschlossen werden.[32] Danach würde eine Lösung des Beschäftigungsverhältnisses nicht vorliegen, es sei denn, dass die rechtswidrige Arbeitgeberkündigung zusammen 19

21 BSG v. 25.4.2002, BSGE 89, 250 = NZA-RR 2003, 162, 163= SozR 3–4100 § 119 Nr. 24; BSG v. 15.5.1985, SozR 4100 § 119 Nr. 26 = NZA 1986, 109.
22 DA 1.2.2. zu § 144 SGB III (Rn 144.16), Stand 12/2009.
23 DA 1.2.2. zu § 144 SGB III (Rn 144. 17), Stand 12/2009.
24 DA 1.2.2. zu § 144 SGB III (Rn 144.17), Stand 12/2009.
25 Gesetz zu Reformen am Arbeitsmarkt v. 24.12.2003 (BGBl I S. 3002).
26 Vgl. DA 1.2.2 zu § 144 SGB III (Rn 144.13), Stand 12/2009.
27 Vgl. zum Folgenden ErfK/*Rolfs*, § 144 SGB III Rn 10.
28 DA 12.1 zu § 144 SGB III (Rn 144.140), Stand 12/2009.
29 Siehe hierzu *Maties*, NZA 2006, 73, 79.
30 DA 1.2.2 zu § 144 SGB III (Rn 144.13), Stand 12/2009.
31 DA 1.2.2 zu § 144 SGB III (Rn 144.19), Stand 12/2009.
32 BSG v. 18.12.2003, NZA 2004, 661.

mit einer Klage vereinbart wird, um über den arbeitsgerichtlichen Vergleich eine Sperrzeit zu vermeiden.[33] Diesen Ansatz hat das BSG mit Urteil vom 17.10.2007 verworfen und festgestellt, dass auch in diesen Fällen ein Lösen des Beschäftigungsverhältnisses zu sehen ist, die Tatsache des Vergleichsabschlusses vor dem Arbeitsgericht jedoch bedeutsam für die Frage ist, ob dem Arbeitnehmer ein wichtiger Grund (siehe unten Rn 25 ff.) zur Seite steht.[34]

bb) Anlass durch vertragswidriges Verhalten

20 Ein arbeitsvertragswidriges Verhalten im Sinne des § 144 Abs. 1 S. 2 Nr. 1 Alt. 2 SGB III bedeutet ein vorwerfbares Verhalten, das eine verhaltensbedingte Kündigung rechtfertigt.[35] Verhaltensbedingte Gründe sind alle Verletzungen der Vertragspflichten.[36] In seltenen Fällen kann auch ein personenbedingter Kündigungsgrund infolge eines außerdienstlichen Fehlverhaltens eine Sperrzeitverhängung rechtfertigen, etwa bei einem Entzug der Fahrerlaubnis eines Berufskraftfahrers infolge privater Trunkenheitsfahrt.[37] Die Fälle der betriebsbedingten Kündigung werden grundsätzlich nicht erfasst.[38]

cc) Kausalität

21 Der Arbeitnehmer muss gemäß § 144 Abs. 1 S. 2 Nr. 1 SGB III die Arbeitslosigkeit (gemeint ist Beschäftigungslosigkeit)[39] durch sein versicherungswidriges Verhalten herbeigeführt haben. Zwischen Lösung des Beschäftigungsverhältnisses und Arbeitslosigkeit muss also ein Kausalzusammenhang bestehen.

22 Keine Kausalität ist gegeben, wenn es lediglich zu einem **Arbeitsplatzwechsel** kommt, ohne dass Arbeitslosigkeit eintritt.[40] Dies gilt jedenfalls für den Wechsel in ein unbefristetes Arbeitsverhältnis auch dann, wenn dieses nach (kurzer) Zeit wieder beendet wird.[41] Der Wechsel in ein befristetes Arbeitsverhältnis wird unterschiedlich beurteilt.[42] Das BSG hat den Eintritt einer Sperrzeit – allerdings unter Hinweis auf einen wichtigen Grund des Arbeitnehmers (siehe Rn 25 ff.) – jedenfalls für den Fall ausgeschlossen, dass der Arbeitnehmer die konkrete Aussicht hatte, dass das befristete Arbeitsverhältnis später in ein unbefristetes umgewandelt werden könnte.[43] Auch die Durchführungsanweisungen der BA unterscheiden nach dem Lösen des Beschäftigungsverhältnisses und der Frage, ob hierfür ein wichtiger Grund vorliegt.[44] Von einem Lösen des Beschäftigungsverhältnisses geht die BA danach dann nicht mehr aus, wenn die Beschäftigungslosigkeit wegen der Beendigung der befristeten Beschäftigung erst

33 BSG v. 18.12.2003, NZA 2004, 661; vgl. auch *Bauer/Krieger*, NZA 2004, 640, 641; *Hümmerich*, NJW 2007, 1025, 1028, 1030; *Maties*, NZA 2006, 73, 79.

34 BSG v. 17.10.2007, NZA-RR 2008, 383, 385.

35 ErfK/*Rolfs*, § 144 SGB III Rn 13; Gagel/*Winkler*, § 144 Rn 66.

36 ErfK/*Rolfs*, § 144 SGB III Rn 14; Gagel/*Winkler*, § 144 Rn 66 ff.

37 BSG v. 6.3.2003, BSGE 91, 18, 19 ff. = NZS 2004, 165; a.A. ErfK/*Rolfs*, § 144 SGB III Rn 13 m.w.N.

38 ErfK/*Rolfs*, § 144 SGB III Rn 13; Niesel/*Niesel*, § 144 Rn 42.

39 Gagel/*Winkler*, § 144 Rn 75; DA 1.4 zu § 144 SGB III (Rn 144.24), Stand 12/2009.

40 Niesel/*Niesel*, § 144 Rn 20.

41 DA 1.4 zu § 144 SGB III (Rn 144.27), Stand 12/2009.

42 Vgl. hierzu BSG v. 26.10.2004, NJW 2005, 381 f. = NZA-RR 2005, 217, 218; Niesel/*Niesel*, § 144 Rn 21; ErfK/*Rolfs*, § 144 SGB III Rn 15.

43 BSG v. 26.10.2004, NJW 2005, 381 f. = NZA-RR 2005, 217, 218. Vgl. auch BSG v. 12.7.2006, AP Nr. 9 zu § 144 SGB III. Kritisch ErfK/*Rolfs*, § 144 SGB III Rn 15; Niesel/*Niesel*, § 144 Rn 19.

44 DA 1.4 zu § 144 SGB III (Rn 144.25, 144.26, 144.28), Stand 12/2009 einerseits und DA 9.1.1 zu § 144 SGB III (Rn 144.100), Stand 12/2009 anderseits.

mehr als ein Jahr nach der (sperrzeitrelevanten) Lösung des ursprünglichen Beschäftigungsverhältnisses eintritt.[45]

Für die Beurteilung der Kausalität ist der tatsächliche Geschehensablauf maßgeblich; es kommt also etwa nicht darauf an, ob der Arbeitnehmer der Beendigung des Beschäftigungsverhältnisses durch sein Verhalten lediglich zuvorgekommen ist.[46] Allerdings verkürzt sich die Dauer der Sperrzeit gemäß § 144 Abs. 3 S. 2 Nr. 1 und Nr. 2 Buchst. a SGB III, wenn das Arbeitsverhältnis ohnehin innerhalb von sechs bzw. zwölf Wochen geendet hätte. Zudem kann ein geringer Verursachungsbeitrag im Rahmen des § 144 Abs. 3 S. 2 Nr. 2, Buchst. b SGB III als besondere Härte zu berücksichtigen sein.[47] 23

dd) Verschulden

Der Eintritt einer Sperrzeit setzt ferner voraus, dass der Arbeitnehmer durch das Lösen des Arbeitsverhältnisses die Arbeitslosigkeit **vorsätzlich oder grob fahrlässig** herbeigeführt hat. Grobe Fahrlässigkeit ist grundsätzlich zu bejahen, wenn keine konkrete Aussicht auf ein Anschlussarbeitsverhältnis bestand.[48] Dabei liegt grobe Fahrlässigkeit noch nicht vor, wenn der Arbeitnehmer noch keine feste Zusage des neuen Arbeitgebers hat, sondern erst dann, wenn keine ernst zu nehmenden Aussichten auf einen neuen Arbeitsplatz bestanden haben.[49] Der Wechsel in ein Probearbeitsverhältnis ist dem Arbeitnehmer dann nicht vorzuwerfen, wenn er annehmen durfte, er werde den Anforderungen genügen und er nicht mit einer Kündigung rechnen musste.[50] 24

ee) Wichtiger Grund

Hatte der Arbeitnehmer einen wichtigen Grund für das Lösen seines Arbeitsverhältnisses, scheidet eine Sperrzeit nach § 144 Abs. 1 Nr. 1 SGB III aus. Ein wichtiger Grund ist immer dann gegeben, wenn Umstände vorliegen, unter denen nach verständiger Abwägung mit den Interessen der Versichertengemeinschaft dem Arbeitnehmer die Fortsetzung des Arbeitsverhältnisses **nicht zumutbar** war.[51] Der wichtige Grund muss nicht nur die Lösung des Beschäftigungsverhältnisses, sondern gerade auch den konkreten Zeitpunkt der Lösung decken.[52] 25

Als wichtige Gründe für ein Lösen des Arbeitsverhältnisses kommen z.B. in Betracht:[53] 26

- Gründe, die nach § 626 BGB zur fristlosen Kündigung durch den Arbeitnehmer berechtigen[54]
- Untertarifliche Bezahlung bei beiderseitiger Tarifgebundenheit oder Allgemeinverbindlichkeit des Tarifvertrags[55]
- Zuzug zum Ehepartner[56] oder eheähnlichen Lebenspartner[57]

45 DA 1.4 zu § 144 SGB III (Rn 144.25), Stand 12/2009.
46 Vgl. Niesel/*Niesel*, § 144 Rn 22 m.w.N.; ErfK/*Rolfs*, § 144 SGB III Rn 16.
47 Niesel/*Niesel*, § 144 Rn 23.
48 BSG v. 13.8.1986, NZA 1987, 180; BSG v. 25.10.1988, SozR 4100 § 119 Nr. 33.
49 BSG v. 18.2.1987, BSGE 61, 158, 161; vgl. auch ErfK/*Rolfs*, § 144 SGB III Rn 21.
50 BSG v. 26.10.2004, NJW 2005, 381 f. = NZA-RR 2005, 217, 218 f.
51 BSG v. 17.7.1964, BSGE 21, 205; BSG v. 20.4.1977, BSGE 43, 269; Gagel/*Winkler*, § 144 Rn 89.
52 BSG v. 25.4.2002, AP Nr. 1 zu § 128 SGB III = NZA-RR 2003, 105, 106; ErfK/*Rolfs*, § 144 SGB III Rn 27.
53 Siehe ferner DA 9.1.1 zu § 144 SGB III (Rn 144.84–100b), Stand 12/2009; Gagel/*Winkler*, Anh 1 zu § 144.
54 BSG v. 17.7.1964, BSGE 21, 205.
55 DA 9.1.1 zu § 144 SGB III (Rn 144.84), Stand 12/2009.
56 BSG v. 20.4.1977, BSGE 43, 269.
57 BSG v. 17.10.2002, NZS 2003, 546; BSG v. 29.4.1998, EzA § 144 SGB III Nr. 1.

- Mobbing[58]
- Erhalt des Arbeitsplatzes eines jüngeren Mitarbeiters, wenn der Aufhebungsvertrag die Folge einer krisenbedingten Personalreduzierung ist[59]
- Wechsel von unbefristetem in befristetes Arbeitsverhältnis, wenn Aussicht auf eine Umwandlung in ein dauerhaftes Beschäftigungsverhältnis bestand[60]
- Wechsel von unbefristetem in befristetes Arbeitsverhältnis, wenn der Wechsel zeitnah (unabwendbare Unterbrechung von max. einem Monat) erfolgt sowie die befristete Beschäftigung mindestens für zwei Monate eingegangen wird und
  - eine Tätigkeit in einem anderem Berufsfeld ausgeübt wird, in dem zusätzliche berufliche Fertigkeiten erlangt werden,
  - die befristete Beschäftigung der früher erworbenen höheren Qualifikation entspricht,
  - in der befristeten Beschäftigung ein erheblich höheres Arbeitsentgelt (mind. 10 %) erzielt wird oder
  - die unbefristete Beschäftigung in einem Leiharbeitsverhältnis war und zugunsten einer regulären günstigeren befristeten Beschäftigung aufgegeben wird.[61]
- Wechsel in eine Transfergesellschaft bei Förderung gemäß § 216b SGB III, wenn durch die Folgebeschäftigung die Arbeitslosigkeit nicht vor dem Zeitpunkt eintritt, zu dem das Arbeitsverhältnis durch die anderenfalls ausgesprochene Kündigung beendet worden wäre[62]
- Aufhebungsvertrag, wenn der Arbeitnehmer in die Namensliste nach § 1 Abs. 5 KSchG aufgenommen worden ist, weil er infolge der daraus resultierenden Vermutung der sozialen Rechtfertigung der Kündigung in seinen Möglichkeit, die drohende Kündigung gerichtlich anzugreifen, stark eingeschränkt ist[63]
- Aufhebungsvertrag bei bevorstehender objektiv rechtmäßiger Kündigung aus einem von dem Verhalten des Arbeitnehmers unabhängigen Grund, sofern dem Arbeitnehmer ein Abwarten nicht zumutbar ist[64] (s. dazu aber sogleich).

27 Wenn das Beschäftigungsverhältnis im Rahmen eines **arbeitsgerichtlichen Vergleichs** beendet wird, ist die Tatsache des Vergleichsabschlusses vor Gericht dem BSG zufolge für die Frage, ob dem Arbeitnehmer ein wichtiger Grund zur Seite steht, von Bedeutung.[65] Bei einer durch arbeitsgerichtlichen Vergleich vereinbarten Lösung des Beschäftigungsverhältnisses kann sich der Arbeitnehmer auf einen wichtigen Grund berufen, wenn dadurch das Ende des Beschäftigungsverhältnisses zeitlich nicht vorverlegt wird. Wenn der Arbeitnehmer bereits nicht zur Erhebung einer Kündigungsschutzklage gezwungen ist, ist von ihm auch nicht zu verlangen, einen dennoch zunächst angestrengten Prozess unter allen Umständen weiter zu verfolgen. Weitere Voraussetzung ist, dass keine Gesetzesumgehung zu Lasten der Versichertengemeinschaft vorliegt. Insoweit hat das BSG seine bisherige Rechtsprechung, wonach die Vereinbarung einer Abfindung nur bei objektiver Rechtmäßigkeit einer bereits aus-

58 DA 9.1.1 zu § 144 SGB III (Rn 144.88), Stand 12/2009.

59 BSG v. 13.3.1997, NZA-RR 1997, 495.

60 BSG v. 26.10.2004, NJW 2005, 381 f. = NZA-RR 2005, 217, 218; DA 9.1.1 zu § 144 SGB III (Rn 144.100), Stand 12/2009.

61 BSG v. 12.7.2006, NJW 2006, 3517, 3519; BSG v. 12.7.2006, AP Nr. 9 zu § 144 SGB III; DA 9.1.1 zu § 144 SGB III (Rn 144.100), Stand 12/2009.

62 DA 9.1.1 zu § 144 SGB III (Rn 144.98a), Stand 12/2009.

63 BSG v. 25.4.2002, NZA 2002, 1026 = NZA-RR 2003, 105.

64 BSG v. 25.4.2002, BSGE 89, 243 = SozR 3–4300 § 144 Nr. 8; BSG v. 17.11.2005 – B 11a/11 AL 69/04 L – n.v., m.w.N.

65 Zum Folgenden BSG v. 17.10.2007, NZA-RR 2008, 383, 385.

gesprochenen bzw. drohenden betriebsbedingten Kündigung sperrzeitunschädlich ist,[66] weiterentwickelt.[67] Der Frage nach der objektiven Rechtmäßigkeit der Kündigung ist dann nicht weiter nachzugehen, ein wichtiger Grund also anzunehmen, wenn die Parteien im Rahmen des eingeleiteten gerichtlichen Verfahrens die Beendigung des Beschäftigungsverhältnisses einvernehmlich außer Streit stellen und keine Anhaltspunkte dafür vorliegen, dass mit dem abgeschlossenen Vergleich zu Lasten der Versichertengemeinschaft manipuliert werden soll. Ungeklärt ist bisher noch, ob diese Erwägungen auf einen im Wege des § 278 Abs. 6 ZPO geschlossenen Vergleich (jedenfalls auf Basis eines Vorschlags der Parteien und nicht des Gerichts) übertragbar sind.[68]

Die **Vermeidung einer arbeitgeberseitigen Kündigung** stellt nach den Durchführungsanweisungen der BA grundsätzlich keinen wichtigen Grund für eine **einvernehmliche Beendigung** des Arbeitsverhältnisses durch Eigenkündigung des Arbeitnehmers oder einen Aufhebungsvertrag dar.[69] Gleiches gilt für einen Abwicklungsvertrag.[70] Dem Arbeitnehmer ist es in der Regel zuzumuten, die Kündigung des Arbeitgebers abzuwarten. Ein wichtiger Grund für eine Eigenkündigung bzw. den Abschluss eines Aufhebungsvertrages (Entsprechendes gilt für den Abwicklungsvertrag) liegt aber vor, wenn 28

- die Kündigung durch den Arbeitgeber mit Bestimmtheit in Aussicht gestellt worden ist,
- die drohende Arbeitgeberkündigung auf betriebliche Gründe gestützt würde,
- diese Kündigung zu demselben Zeitpunkt, in dem das Beschäftigungsverhältnis tatsächlich geendet hat, oder früher wirksam geworden wäre (bei einer einvernehmlichen Freistellung ist das fristgemäße Ende des Arbeitsverhältnisses maßgebend, wenn bis dahin Arbeitsentgelt gezahlt worden ist),
- im Falle der Arbeitgeberkündigung die Kündigungsfrist eingehalten würde,
- der Arbeitnehmer nicht unkündbar war und
- eine Abfindung von 0,5 Monatsgehältern, mindestens aber 0,25 (noch wesentlicher wirtschaftlicher Vorteil) für jedes Jahr des Arbeitsverhältnisses, an den Arbeitnehmer gezahlt wird. § 1a KSchG gilt entsprechend. Der Gedanke des § 1a KSchG, der für den Fall einer betriebsbedingten Arbeitgeberkündigung eine einfache Klärung der Voraussetzungen für die Beendigung des Arbeitsverhältnisses beinhaltet, wird auf die Lösung des Arbeitsverhältnisses durch den Arbeitnehmer übertragen. Auf die Rechtmäßigkeit der drohenden Arbeitgeberkündigung kommt es nicht an; diese wird nur geprüft, wenn die Abfindung unter 0,25 oder über 0,5 Monatsgehältern für jedes Jahr des Arbeitsverhältnisses beträgt.[71]

Ein wichtiger Grund für eine Eigenkündigung bzw. den Abschluss eines Aufhebungs- oder Abwicklungsvertrages liegt zudem auch dann vor, wenn 29

- die Kündigung durch den Arbeitgeber mit Bestimmtheit in Aussicht gestellt worden ist,
- die drohende Arbeitgeberkündigung auf betriebliche Gründe gestützt würde,
- diese Kündigung zu demselben Zeitpunkt, in dem das Beschäftigungsverhältnis tatsächlich geendet hat, oder früher wirksam geworden wäre (bei einer einvernehmlichen Freistellung ist das fristgemäße Ende des Arbeitsverhältnisses maßgebend, wenn bis dahin Arbeitsentgelt gezahlt worden ist),

66 Siehe hierzu BSG v. 18.12.2003, NZA 2004, 661, 664 m.w.N.
67 BSG v. 17.10.2007, NZA-RR 2008, 383, 386. Vgl. *Gaul/Niklas*, NZA 2008, 137, 142.
68 Vgl. hierzu *Gaul/Niklas*, NZA 2008, 137, 142 f.
69 DA 9.1.2 zu § 144 SGB III (Rn 144.101), Stand 12/2009.
70 DA 9.1.3 zu § 144 SGB III (Rn 144.109), Stand 12/2009.
71 DA 9.1.2 zu § 144 SGB III (Rn 144.102–103), Stand 12/2009. Vgl. *Gaul/Niklas*, NZA 2008, 137, 139.

- im Falle der Arbeitgeberkündigung die Kündigungsfrist eingehalten würde,
- der Arbeitnehmer nicht unkündbar war,
- die Kündigung rechtmäßig wäre und der Arbeitslose
- objektive Nachteile aus einer arbeitgeberseitigen Kündigung für sein berufliches Fortkommen vermieden hat oder
- sonstige Gründe darlegt, die auch darin liegen können, dass er Vergünstigungen erhält, auf die er im Fall der Kündigung keinen Anspruch hätte (z.B. Abfindungen, die unter 0,25 oder über 0,5 Monatsgehältern für jedes Jahr des Arbeitsverhältnisses betragen!). Dabei sind die Verhältnisse bei Auflösung des Beschäftigungsverhältnisses mit denen bei arbeitgeberseitiger Kündigung zu vergleichen. Solche Vergünstigungen sind z.B. Abfindungen, die nicht unter die in Rn 28 dargestellte Regelung fallen und auf die ohne Abschluss des Aufhebungsvertrages kein Anspruch bestanden hätte; würde auch bei einer Kündigung eine Abfindung gezahlt, muss die Abfindung bei einem Aufhebungsvertrag mindestens 10 % höher sein. Es kommt darauf an, dass die drohende Kündigung rechtmäßig wäre.[72]

30 Auch nach der bisherigen Rechtsprechung des BSG ist es dem Arbeitnehmer grundsätzlich zuzumuten, die **Kündigung abzuwarten**, sofern nicht besondere Umstände vorliegen.[73] Einen **wichtigen Grund** für den Abschluss eines Aufhebungsvertrags hat das BSG unter der Voraussetzung anerkannt, dass

- dem Arbeitnehmer eine rechtmäßige Kündigung aus einem von seinem Verhalten unabhängigen Grund droht und
- dem Arbeitnehmer ein Abwarten der Arbeitgeberkündigung nicht zuzumuten ist.[74]

Als Voraussetzung hat es dabei jedoch die objektive Rechtmäßigkeit der Kündigung gefordert, mittlerweile aber eine Einschränkung für Fälle angekündigt, in denen die Abfindungshöhe die in § 1a Abs. 2 KSchG vorgesehene Höhe nicht überschreitet[75] (zur bereits erfolgten Umsetzung[76] durch die BA siehe oben Rn 28). Es reicht insoweit nicht aus, wenn der Arbeitnehmer die drohende Kündigung für rechtmäßig gehalten hat oder halten durfte.[77] Unerheblich für das Vorliegen eines wichtigen Grundes ist daher auch, ob sich der Arbeitnehmer auf die Aussagen eines kompetenten Beraters (etwa Betriebsrat/Rechtsanwalt) verlassen hat. In diesem Fall kann jedoch eine besondere Härte nach § 144 Abs. 3 Nr. 2b SGB III wegen unvermeidbaren Irrtums vorliegen.[78]

31 Im Zusammenhang mit der vorzeitigen Beendigung zur Vermeidung der arbeitgeberseitigen Kündigung hat das BSG auf die Einhaltung des verfassungsrechtlichen Übermaßverbotes hingewiesen.[79] Dem tragen die Durchführungsanweisungen der BA dahingehend Rechnung, dass eine Kürzung nach § 144 Abs. 3 S. 2 SGB III (siehe Rn 33 ff.) in Betracht kommt, sofern

72 DA 9.1.2 zu § 144 SGB III (Rn 144.101–102, 144.104–108), Stand 12/2009. Vgl. BSG v. 12.7.2006, NZA 2006, 1359, 1361; *Gaul/Niklas*, NZA 2008, 137, 138 f.

73 Siehe BSG v. 25.4.2002, AP SGB III § 128 Nr. 1 = NZA-RR 2003, 105; BSG v. 17.10.2002, SozR 3–4300 § 144 Nr. 12.

74 BSG v. 25.4.2002, BSGE 89, 243 = SozR 3–4300 § 144 Nr. 8; BSG v. 17.11.2005, AP Nr. 7 zu § 144 SGB III m.w.N.

75 BSG v. 12.7.2006, NZA 2006, 1359, 1361. Vgl. hierzu *Hümmerich*, NJW 2007, 1025 ff.

76 Siehe hierzu auch *Gaul/Niklas*, NZA 2008, 137.

77 *Voelzke*, NZS 2005, 281, 286.

78 DA 9.0, 11.3 zu § 144 SGB III (Rn 144.80, 144.137), Stand 12/2009.

79 Siehe BSG v. 25.4.2002, AP SGB III § 128 Nr. 1 = NZA-RR 2003, 105; BSG v. 17.10.2002, SozR 3–4300 § 144 Nr. 12.

die Sperrzeit lediglich deswegen eintritt, weil dem Arbeitnehmer zuzumuten war, die arbeitgeberseitige Kündigung abzuwarten.[80]

Für das Fehlen eines wichtigen Grundes trägt die Agentur für Arbeit gemäß § 20 SGB X grundsätzlich die Feststellungs- und regelmäßig auch die **Beweislast**.[81] Allerdings trägt der Arbeitslose gem. § 144 Abs. 1 S. 4 SGB III die Darlegungs- und Beweislast für diejenigen Tatsachen, die in seiner Sphäre oder seinem Verantwortungsbereich liegen. Damit sind in erster Linie familiäre und gesundheitliche Gründe gemeint.[82] Die Beweislast für das Nichtvorliegen der objektiven Rechtmäßigkeit der Kündigung trägt die Agentur für Arbeit.[83] 32

ff) Beginn und Dauer der Sperrzeit

Die Regelsperrzeit wegen des Lösens des Beschäftigungsverhältnisses beträgt nach § 144 Abs. 3 S. 1 SGB III zwölf Wochen. Sie verkürzt sich gemäß § 144 Abs. 3 S. 2 Nr. 1 SGB III auf drei Wochen, wenn das Arbeitsverhältnis ohne den Sperrzeittatbestand ohnehin innerhalb von sechs Wochen geendet hätte, und gemäß § 144 Abs. 3 S. 2 Nr. 2 Buchst. a SGB III auf sechs Wochen, wenn das Arbeitsverhältnis ohne den Sperrzeittatbestand innerhalb von zwölf Wochen geendet hätte. 33

Ferner verkürzt sich die Sperrzeit gem. § 144 Abs. 3 S. 2 Nr. 2 Buchst. b SGB III auf sechs Wochen, wenn eine Sperrzeit von zwölf Wochen eine **besondere Härte** bedeuten würde. Insbesondere in den Fällen, in denen die Aufhebung des Arbeitsverhältnisses auf massiven Druck des Arbeitgebers zustande gekommen ist, kann in der zwölfwöchigen Sperrzeit eine besondere Härte liegen. 34

Praxishinweis 35

Hat die Agentur für Arbeit trotz der Geltendmachung eines wichtigen Grundes eine Regelsperrzeit von zwölf Wochen verhängt, sollte stets geprüft werden, ob dieser Grund nicht geeignet ist, eine Herabsetzung der Sperrzeit wegen einer besonderen Härte zu rechtfertigen.

Nach § 144 Abs. 2 S. 1 SGB III beginnt die Sperrzeit mit dem auf das die Sperrzeit begründende Ereignis folgenden Tag. Sperrzeitbegründendes Ereignis i.S.d. § 144 Abs. 1 S. 2 Nr. 1 SGB III ist die Lösung des Beschäftigungsverhältnisses.[84] Dieses ist mit dem Arbeitsverhältnis **nicht identisch** (vgl. § 31 Rn 9). Denkbar wäre somit eine 12-wöchige Freistellung durch den Arbeitgeber vor Ende des Arbeitsverhältnisses, um so die Sperrfrist ins Leere laufen zu lassen.[85] Hiermit stehen die Durchführungsanweisungen der BA allerdings nicht im Einklang. Danach soll bei einseitiger Freistellung nach Abschluss eines Aufhebungsvertrags die Sperrzeit erst mit dem Tag nach dem Ende des Arbeitsverhältnisses beginnen, nicht bereits mit dem ersten Tag der Freistellung.[86] 36

Etwas anderes gilt aber im Fall der durch arbeitsvertragswidriges Verhalten veranlassten unwirksamen außerordentlichen Arbeitgeberkündigung, die aber als ordentliche Kündigung wirksam gewesen wäre.[87] Hier beginnt die Sperrzeit erst am Tag nach Ablauf der ordentli- 37

80 DA 11.4 zu § 144 (Rn 144.139), Stand 12/2009.

81 BSG v. 26.11.1992, SozR 3–4100 § 119 Nr. 7.

82 Gagel/*Winkler*, SGB III, § 144 Rn 120.

83 Vgl. Niesel/*Niesel*, § 144 Rn 130.

84 BSG v. 10.8.2000 – B 11 AL 115/99 R – n.v.; BSG v. 18.12.2003, BSGE 92, 74 = NZA 2004, 661, 663 = NJW 2004, 3142; vgl. auch Niesel/*Niesel*, § 144 Rn 145.

85 Ausdrücklich hierzu BSG v. 25.4.2002, NZA-RR 2003. 105, 107.

86 DA 10 zu § 144 (Rn 144.121), Stand 12/2009. A.A. Niesel/*Niesel*, § 144 Rn 145.

87 Zum folgenden ErfK/*Rolfs*, § 144 SGB III Rn 57.

chen Kündigungsfrist.[88] Eine bereits verhängte Sperrzeit entfällt jedoch nicht dadurch rückwirkend, dass die Arbeitsvertragsparteien sich im Kündigungsschutzprozess vergleichsweise auf einen (noch) späteren Beendigungstermin einigen.

b) Sperrzeit bei verspäteter Arbeitsuchendmeldung

38 Mit Wirkung zum 31.12.2005[89] wurde § 140 SGB III aufgehoben und die Minderung der Anspruchsdauer wegen verspäteter Arbeitsuchendmeldung in § 128 Abs. 1 Nr. 3 SGB III aufgenommen. Gleichzeitig wurde in § 144 Abs. 1 S. 2 SGB III der Sperrzeittatbestand der verspäteten Arbeitsuchendmeldung als Nr. 7 angefügt.

39 Nach § 38 Abs. 1 SGB III (§ 37b a.F. SGB III) sind Personen, deren Arbeits- oder Ausbildungsverhältnis endet, verpflichtet, sich **spätestens drei Monate** vor dessen Beendigung bzw. **innerhalb von drei Tagen** nach Kenntnis des Beendigungszeitpunktes persönlich bei der Agentur für Arbeit arbeitsuchend zu melden. Eine Differenzierung zwischen befristeten und unbefristeten Arbeitsverhältnissen nimmt das Gesetz nicht mehr vor. Die Pflicht zur Meldung besteht unabhängig davon, ob der Fortbestand des Arbeits- oder Ausbildungsverhältnisses gerichtlich geltend gemacht oder vom Arbeitgeber in Aussicht gestellt wird. Keine Meldepflicht besteht gemäß § 38 Abs. 1 S. 5 SGB III bei einem betrieblichen Ausbildungsverhältnis.

40 Die Dauer einer Sperrzeit bei verspäteter Arbeitsuchendmeldung beträgt eine Woche (§ 144 Abs. 6 SGB III).

41 Die Verhängung einer Sperrzeit kommt aber dann nicht in Betracht, wenn der Arbeitnehmer seine Obliegenheit zur frühzeitigen Arbeitsuchendmeldung nach § 38 Abs. 1 SGB III unverschuldet nicht kennt.[90]

c) Weitere Sperrzeittatbestände

42 Eine Sperrzeit bei **Arbeitsablehnung** (§ 144 Abs. 1 S. 2 Nr. 2 SGB III) erfolgt, wenn der bei der Agentur für Arbeit als arbeitsuchend gemeldete Arbeitnehmer (§ 38 Abs. 1 SGB III) oder der Arbeitslose trotz Belehrung über die Rechtsfolgen eine von der Agentur für Arbeit unter Benennung des Arbeitgebers und der Art der Tätigkeit angebotene Beschäftigung nicht annimmt oder nicht antritt oder die Anbahnung eines solchen Beschäftigungsverhältnisses, insbesondere das Zustandekommen eines Vorstellungsgespräches, durch sein Verhalten verhindert.

43 Eine Sperrzeit bei **Ablehnung** einer beruflichen **Eingliederungsmaßnahme** (§ 144 Abs. 1 S. 2 Nr. 4 SGB III) erfolgt, wenn der Arbeitslose sich weigert, trotz Belehrung über die Rechtsfolgen an einer Maßnahme der Eignungsfeststellung, einer Trainingsmaßnahme oder einer Maßnahme zur beruflichen Ausbildung oder Weiterbildung oder einer Maßnahme zur Teilhabe am Arbeitsleben teilzunehmen. Eine Sperrzeit bei **Abbruch** einer beruflichen Eingliederungsmaßnahme (§ 144 Abs. 1 S. 2 Nr. 5 SGB III) wird verhängt, wenn der Arbeitslose die Teilnahme an einer in § 144 Abs. 1 S. 2 Nr. 4 SGB III genannten Maßnahme abbricht oder durch maßnahmewidriges Verhalten Anlass für den Ausschluss aus einer dieser Maßnahmen gibt.

88 BSG v. 25.4.1990, AP Nr. 2 zu § 119 AFG.

89 Fünftes Gesetz zur Änderung des Dritten Buches Sozialgesetzbuch v. 22.12.2005 (BGBl I S. 3676).

90 Zur alten Rechtslage §§ 37b, 140 SGB a.F.: BSG v. 25.5.2005, NJW 2005, 3803. Siehe auch BSG v. 18.8.2005, NZA-RR 2006, 48, 49, sowie BSG v. 28.8.2007, NZA-RR 2008, 93, 95.

Die Dauer der Sperrzeit bei Arbeitsablehnung, bei Ablehnung einer beruflichen Eingliederungsmaßnahme oder bei Abbruch einer beruflichen Eingliederungsmaßnahme beträgt gemäß § 144 Abs. 4 S. 1 Nr. 1–3 SGB III je Vorliegen eines erstmaligen oder bereits wiederholten Verstoßes drei, sechs oder zwölf Wochen (zu den Einzelheiten vgl. Nr. 1–3 in § 144 Abs. 4 S. 1 SGB III). Im Falle der Ablehnung einer Arbeit oder einer beruflichen Eingliederungsmaßnahme nach der Meldung zur frühzeitigen Arbeitssuche (§ 38 Abs. 1 SGB III) im Zusammenhang mit der Entstehung des Anspruchs gilt § 144 Abs. 4 S. 1 SGB III entsprechend (§ 144 Abs. 4 S. 2 SGB III). 44

Eine Sperrzeit bei **unzureichenden Eigenbemühungen** (§ 144 Abs. 1 S. 2 Nr. 3 SGB III) wird verhängt, wenn der Arbeitslose trotz Belehrung über die Rechtsfolgen die von der Agentur für Arbeit geforderten Eigenbemühungen nicht nachweist. Die Dauer einer Sperrzeit bei unzureichenden Eigenbemühungen beträgt zwei Wochen (§ 144 Abs. 5 SGB III). 45

Zu einer Sperrzeit bei **Meldeversäumnis** (§ 144 Abs. 1 S. 2 Nr. 6 SGB III) kommt es, wenn der Arbeitslose einer Aufforderung der Agentur für Arbeit, sich zu melden oder zu einem ärztlichen oder psychologischen Untersuchungstermin zu erscheinen (§ 309 SGB III), trotz Belehrung über die Rechtsfolgen nicht nachkommt. Die Dauer einer Sperrzeit bei Meldeversäumnis beträgt eine Woche (§ 144 Abs. 6 SGB III). 46

d) Wirkung der Sperrzeit

Nach § 144 Abs. 1 S. 1 SGB III führt die Sperrzeit zum **Ruhen des Anspruchs auf Arbeitslosengeld**, also zu einer zeitlichen Verschiebung der Arbeitslosengeldzahlung. Darüber hinaus mindert sich nach § 128 Abs. 1 Nr. 3 und Nr. 4 SGB III auch die Anspruchsdauer, und zwar um die Anzahl der Tage der Sperrzeit. Bei einer Sperrzeit wegen Arbeitsaufgabe in Höhe von zwölf Wochen mindert sich die Anspruchsdauer jedoch um mindestens ein Viertel (§ 128 Abs. 1 Nr. 4 Hs. 2 SGB III).[91] 47

In den Fällen des § 128 Abs. 1 Nr. 3 und 4 SGB III entfällt die Minderung für Sperrzeiten bei Abbruch einer beruflichen Eingliederungsmaßnahme oder Arbeitsaufgabe, wenn das Ereignis, das die Sperrzeit begründet, bei Erfüllung der Voraussetzungen für den Anspruch auf Arbeitslosengeld länger als ein Jahr zurückliegt (§ 128 Abs. 2 S. 2 SGB III). 48

Ist ein neuer Anspruch entstanden, erstreckt sich die Minderung gemäß § 128 Abs. 2 S. 4 SGB III nur auf die Restdauer des erloschenen Anspruchs (§ 127 Abs. 4 SGB III). 49

Im Falle wiederholter Sperrzeiten kann der Anspruch auf das Arbeitslosengeld nach § 147 Abs. 1 Nr. 2 SGB III vollständig erlöschen. Dies setzt jedoch voraus, dass die Arbeitsagentur den Arbeitnehmer bereits im ersten Sperrzeitbescheid über den Eintritt und die Rechtsfolgen einer zweiten Sperrzeit belehrt hatte.[92] 50

2. Ruhen des Anspruchs bei Entlassungsentschädigung

Nach § 143a Abs. 1 SGB III ruht der Anspruch auf das Arbeitslosengeld bis zu einem Jahr, wenn das Arbeitsverhältnis **ohne Einhaltung** einer der für den **Arbeitgeber** maßgeblichen ordentlichen **Kündigungsfrist** entsprechenden Frist vorzeitig beendet worden ist und der Arbeitnehmer wegen der Beendigung des Arbeitsverhältnisses eine **Entlassungsentschädi-** 51

91 Siehe dazu auch BSG v. 4.9.2001, AP AFG § 119 Nr. 7.
92 BSG v. 16.10.1990, SozR 3–4100 § 119 Nr. 4; ErfK/*Rolfs*, § 144 SGB III Rn 54.

gung erhalten oder zu beanspruchen hat. Überschneidet sich ein Ruhenszeitraum nach § 143a SGB III mit einem Ruhenszeitraum nach § 144 SGB III, führt dies nicht zu einer Addition der Ruhenszeiträume, da diese kalendermäßig ablaufen. Soweit sie zeitlich deckungsgleich sind, wirken sie sich faktisch nur einmal aus.[93]

a) Entlassungsentschädigung

52 Als Abfindung, Entschädigung oder ähnliche Leistung i.S.d. § 143a Abs. 1 S. 1 SGB III sind alle Geld- oder Sachbezüge anzusehen, die der Arbeitgeber für die Zeit nach Beendigung des Arbeitsverhältnisses wegen dessen Auflösung zahlt und zwar **unabhängig von** ihrem **Rechtsgrund** und ihrer **Bezeichnung** (z.B. Abfindungen nach § 9 KSchG, Leistungen für betriebliche Altersversorgung oder Schadensersatzansprüche des Arbeitnehmers nach § 628 Abs. 2 BGB).[94] Zwischen der **Beendigung und** der **Zahlung** muss lediglich ein **Kausalzusammenhang** bestehen, der anzunehmen ist, wenn der Arbeitnehmer die Leistung ohne die Auflösung nicht erhalten hätte. Auf die vorzeitige Beendigung kommt es für die Kausalität hingegen nicht an. Unerheblich ist also, ob die Abfindung auch bei Einhaltung der Kündigungsfrist gezahlt worden wäre.[95]

53 **Nicht** zu der Entlassungsentschädigung zu zählen sind solche Ansprüche, die vor oder nach der Beendigung des Arbeitsverhältnisses verdient worden sind und die nur anlässlich der Auflösung erfüllt werden, wie z.B. Betriebszugehörigkeitsprämien, Urlaubsabgeltungen oder Karenzentschädigungen.[96] Nach § 143a Abs. 1 S. 6 und 7 SGB III bleiben auch solche Leistungen unberücksichtigt, die der Arbeitgeber zur Aufstockung des Rentenanspruchs nach § 187a SGB VI aufwendet, um die wegen vorzeitiger Inanspruchnahme geminderte Rente auszugleichen.

b) Maßgebliche Kündigungsfrist

54 Die Entlassungsentschädigung führt nur dann zu einem Ruhen des Arbeitslosengeldanspruchs, wenn die Beendigung des Arbeitsverhältnisses für einen Zeitpunkt **vor Ablauf der ordentlichen Kündigungsfrist** des Arbeitgebers vereinbart wurde. § 143a SGB III fingiert, dass bei vorzeitiger Beendigung des Arbeitsverhältnisses die Entlassungsentschädigung auch das Arbeitsentgelt bis zum regulären Ablauf der Kündigungsfrist enthält.[97] Der Anspruch ruht aber selbst dann, wenn dem Arbeitnehmer (etwa wegen anhaltender Arbeitsunfähigkeit) kein Anspruch auf Arbeitsentgelt mehr zugestanden hätte.[98] Allein entscheidend ist grundsätzlich die für den Arbeitgeber maßgebliche Kündigungsfrist, welche sich aus Tarifvertrag, Arbeitsvertrag oder Gesetz ergeben kann. Entscheidend ist die objektive Rechtslage. Ein Irrtum der Parteien über die Kündigungsfrist ist daher unbeachtlich.[99]

93 ErfK/*Rolfs*, § 143a SGB III Rn 17; Gagel/*Gagel*, § 143a Rn 31.
94 Vgl. ErfK/*Rolfs*, § 143a SGB III Rn 3; Niesel/*Düe*, § 143a Rn 7 f.
95 BSG v. 21.9.1995, AP Nr. 13 zu § 117 AFG = NZA-RR 1996, 308.
96 Vgl. Gagel/*Gagel*, § 143a Rn 34–37; ErfK/*Rolfs*, § 143a SGB III Rn 10. Zur Urlaubsabgeltung siehe § 143 Abs. 2 SGB III sowie unten in Rn 64.
97 BVerfG v. 12.5.1976, AP Nr. 1 zu § 117 AFG = NJW 1976, 2117; BSG v. 21.5.1980, AP Nr. 2 zu § 117 AFG = BB 1981, 305.
98 BSG v. 20.1.2000, AP Nr. 18 zu § 117 AFG.
99 BSG v. 25.10.1989, SozR 4100 § 117 Nr. 26, 142.

Eine Ausnahme von der für den Arbeitgeber maßgeblichen ordentlichen Kündigungsfrist gilt für die Fälle, in denen der Kündigung ein Betriebsübergang vorausging. Hier ist auf die für den Betriebsveräußerer maßgebliche Kündigungsfrist abzustellen.[100] In § 143a Abs. 1 S. 3 SGB III sind darüber hinaus **vier Sonderregelungen** für besonders geschützte Arbeitnehmergruppen enthalten. Ist die ordentliche Kündigung **zeitlich unbegrenzt** ausgeschlossen, etwa wegen Erreichens einer Altersgrenze, gilt nach § 143a Abs. 1 S. 3 Nr. 1 SGB III eine fiktive Kündigungsfrist von 18 Monaten. Ist die ordentliche Kündigung **zeitlich unbegrenzt ausgeschlossen, aber** eine ausnahmsweise **fristgebundene außerordentliche Kündigung** aus wichtigem Grund möglich, gilt nach § 143a Abs. 1 S. 3 Nr. 2 Alt. 2 SGB III als fiktive Kündigungsfrist die Frist, die für die ordentliche Kündigung maßgebend gewesen wäre. Ist die ordentliche Kündigung **zeitlich begrenzt ausgeschlossen**, z.B. bei Schwangeren (§ 9 MuSchG), Schwerbehinderten (§ 85 SGB IX) oder Betriebsräten (§ 15 KSchG), gilt nach § 143a Abs. 1 S. 3 Nr. 2 Alt. 1 SGB III ebenfalls die an sich geltende ordentliche Kündigungsfrist als fiktive Kündigungsfrist. Kann dem Arbeitnehmer nur gegen Zahlung einer Entlassungsentschädigung ordentlich gekündigt werden, beträgt die fiktive Kündigungsfrist gemäß § 143a Abs. 1 S. 4 SGB III zwölf Monate. Damit werden die Fälle erfasst, in denen die ordentliche Kündigung vertraglich oder tarifvertraglich für den Arbeitgeber ausgeschlossen ist und nur für den Fall einer Abfindung wieder eröffnet wird, z.B. in einem Sozialplan.[101] 55

c) Dauer des Ruhens

Nach § 143a Abs. 1 S. 1 SGB III ruht der Arbeitslosengeldanspruch von dem Ende des Arbeitsverhältnisses an bis zu dem Tag, an dem das Arbeitsverhältnis bei Einhaltung der ordentlichen Kündigungsfrist geendet hätte. Der Ruhenszeitraum läuft kalendermäßig ab. Die Frist beginnt entweder mit Zugang der Kündigung oder bei einvernehmlicher Aufhebung mit dem Abschluss des Aufhebungsvertrages (§ 143a Abs. 1 S. 2 SGB III). Grundsätzlich ruht der Anspruch **bis** zum vollständigen **Ablauf** der nicht eingehaltenen **Kündigungsfrist**. In **§ 143a Abs. 2 SGB III** sind jedoch vier Regelungen enthalten, die das Ruhen des Arbeitslosengeldanspruchs **verkürzen** können. Greifen mehrere dieser Regelungen, gilt diejenige, die für den Arbeitnehmer am günstigsten ist.[102] 56

Nach § 143a Abs. 2 S. 1 SGB III ruht der Anspruch auf Arbeitslosengeld nicht länger als **ein Jahr**. 57

Nach § 143a Abs. 2 S. 2 Nr. 1 SGB III ruht der Anspruch auf Arbeitslosengeld höchstens so lange, wie der Arbeitslose im bestehenden Arbeitsverhältnis gebraucht hätte, um denjenigen Teil der Entlassungsentschädigung zu verdienen, der nicht als Ausgleich für den Verlust des Arbeitsplatzes, sondern als **Arbeitsentgelt** für die vorzeitige Auflösung des Arbeitsverhältnisses gezahlt worden ist. Das Gesetz legt diesen **Arbeitsentgeltanteil** in § 143a Abs. 2 S. 2 Nr. 1 SGB III pauschal mit 60 % der Entlassungsentschädigung fest. Nach § 143a Abs. 2 S. 3 bis 5 SGB III vermindert sich dieser Anteil je nach Lebensalter und Betriebszugehörigkeit und zwar um 5 % je fünf Jahre Betriebszugehörigkeit und kumulativ um 5 % je fünf Lebensjahre ab Vollendung des 35. Lebensjahres, jedoch nicht auf weniger als 25 % der Entlassungsentschädigung. Um den **Ruhenszeitraum** zu bestimmen, ist dieser Arbeitsentgeltanteil der Entlassungsentschädigung durch das zuletzt kalendertäglich bezogene Arbeitsentgelt zu 58

100 BSG v. 25.10.1989, SozR 4100 § 117 Nr. 26, 142.

101 BSG v. 29.1.2001, AP Nr. 19 zu § 117 AFG = NZA-RR 2002, 441.

102 ErfK/*Rolfs*, § 143a SGB III Rn 18.

teilen. Das zuletzt kalendertäglich verdiente Arbeitsentgelt berechnet sich im Grundsatz wie das Bemessungsentgelt nach § 132 SGB III.[103]

59 Nach § 143a Abs. 2 S. 2 Nr. 2 SGB III ruht der Anspruch auf Arbeitslosengeld bei einem **befristeten Arbeitsverhältnis** nicht länger als bis zu dem Tag, an dem es durch die Befristung ohnehin geendet hätte. Wird ein unbefristetes Arbeitsverhältnis durch eine Aufhebungsvereinbarung befristet, findet § 143a Abs. 2 S. 2 Nr. 2 SGB III keine Anwendung. Die Ruhensvoraussetzungen sind allein gem. § 143a Abs. 1 SGB III zu prüfen.[104]

60 Nach § 143a Abs. 2 S. 2 Nr. 3 SGB III ruht der Anspruch auf Arbeitslosengeld dann nicht, wenn der Arbeitgeber das Arbeitsverhältnis aus wichtigem Grund **fristlos hätte kündigen können**. In diesem Fall ist es nämlich ausgeschlossen, dass die Entlassungsentschädigung Vergütungsbestandteile für den Zeitraum vor Ablauf der ordentlichen Kündigungsfrist enthält.[105] Der Grund für die fristlose Kündigung muss jedoch bereits bei der Vereinbarung der Abfindung vorgelegen haben.[106] Dies muss gegebenenfalls vor den Sozialgerichten geklärt werden.

d) Gleichwohlgewährung

61 Nach § 143a Abs. 4 S. 1 SGB III erhält der Arbeitslose trotz des Ruhens des Anspruchs das volle Arbeitslosengeld, wenn er die Entlassungsentschädigung tatsächlich nicht erhalten hat. Allerdings geht in diesem Fall der Anspruch des Arbeitslosen auf die Abfindung nach §§ 143a Abs. 4 S. 1 SGB III, 115 Abs. 1 SGB X auf die **Agentur für Arbeit** über, soweit diese Arbeitslosengeld geleistet hat. Erhält der Bezieher des Arbeitslosengeldes die Entlassungsentschädigung trotz des Anspruchsübergangs und ist diese Zahlung gegenüber der Agentur für Arbeit wirksam, muss der Bezieher des Arbeitslosengeldes das erhaltene Arbeitslosengeld erstatten (§ 143a Abs. 4 S. 2 SGB III).

3. Ruhen des Anspruchs bei Entgelt und Urlaubsabgeltung

62 § 143 Abs. 1, 2 SGB III ordnet das Ruhen des Anspruchs auf Arbeitslosengeld an, wenn dem Arbeitnehmer Ansprüche gegen seinen Arbeitgeber zustehen. Die Vorschrift soll **Doppelzahlungen verhindern**, da die Entgeltersatzleistung Arbeitslosengeld nicht benötigt wird, solange trotz Arbeitslosigkeit kein Verdienstausfall eintritt.[107]

63 Gemäß § 143 Abs. 1 SGB III ruht der Anspruch auf Arbeitslosengeld während der Zeit, für die der Arbeitslose **Arbeitsentgelt** erhält oder zu beanspruchen hat. Diese Regelung wird relevant, wenn das (faktische) Beschäftigungsverhältnis geendet hat, obwohl das Arbeitsverhältnis noch besteht.[108] Zumeist handelt es sich um Fälle der Insolvenz des Arbeitgebers oder um Fälle unwirksamer Kündigungen. Der Begriff des Arbeitsentgelts ist nach arbeitsrechtlichen Regeln zu bestimmen.[109] Der Ruhenszeitraum beginnt mit dem Ende des Be-

103 Vgl. ErfK/*Rolfs*, § 143a SGB III Rn 29–31.
104 Niesel/*Düe*, § 143a Rn 39.
105 BSG v. 17.2.1981, SozR 4100 § 117 Nr. 5 = DB 1981, 1983.
106 Niesel/*Düe*, § 143a Rn 40.
107 ErfK/*Rolfs*, § 143 SGB III Rn 1 m.w.N.; Niesel/*Düe*, § 143 Rn 2.
108 Zum Folgenden ErfK/*Rolfs*, § 143 SGB III Rn 4; Niesel/*Düe*, § 143 Rn 7 f.
109 ErfK/*Rolfs*, § 143 SGB III Rn 5; Niesel/*Düe*, § 143 Rn 9.

schäftigungsverhältnisses und endet mit dem Ende des Arbeitsverhältnisses.[110] Wird in einem Vergleich, der die Beendigung des Arbeitsverhältnisses gegen Zahlung einer Abfindung vorsieht, eine Einigung über den Zeitpunkt der Beendigung des Arbeitsverhältnisses getroffen, die zeitlich nach dem Ende des Beschäftigungsverhältnisses liegt, können unter Umständen Teile der Abfindung als Arbeitsentgelt gewertet werden und zum Ruhen nach § 143 Abs. 1 SGB III führen, insbesondere wenn keine Regelung über die in der Zwischenzeit entstandenen Entgeltansprüche erfolgt.[111]

Hat der Arbeitslose wegen der Beendigung des Arbeitsverhältnisses eine **Urlaubsabgeltung** 64
(§ 7 Abs. 4 BUrlG) erhalten oder zu beanspruchen, so ruht der Anspruch auf Arbeitslosengeld gemäß § 143 Abs. 2 S. 1 SGB III für die Zeit des abgegoltenen Urlaubs. Der Ruhenszeitraum beginnt mit dem ersten Tag, der auf das Ende des Arbeitsverhältnisses folgt, und läuft kalendermäßig ab (§ 143 Abs. 2 S. 2 SGB III).

Nach § 143 Abs. 3 S. 1 SGB III erhält der Arbeitslose trotz des Ruhens des Anspruchs das 65
volle Arbeitslosengeld, wenn er die das Arbeitsentgelt oder die Urlaubsabgeltung tatsächlich nicht erhält (**Gleichwohlgewährung**). Typischer Fall der Gleichwohlgewährung ist der Bezug von Arbeitslosengeld während eines Kündigungsrechtsstreits, wenn sich im Ergebnis die Unwirksamkeit der Kündigung herausstellt und der Arbeitgeber Annahmeverzugslohn zahlen muss.[112] Allerdings geht in diesem Fall der Anspruch des Arbeitslosen auf das Arbeitsentgelt oder die Urlaubsabgeltung nach §§ 143 Abs. 3 S. 1 SGB III, 115 Abs. 1 SGB X auf die **Agentur für Arbeit** über, soweit diese Arbeitslosengeld geleistet hat. Erhält der Bezieher des Arbeitslosengeldes das Arbeitsentgelt oder die Urlaubsabgeltung trotz des Anspruchsübergangs und ist diese Zahlung gegenüber der Agentur für Arbeit wirksam, muss der Bezieher des Arbeitslosengeldes das erhaltene Arbeitslosengeld erstatten (§ 143 Abs. 3 S. 2 SGB III).

110 Niesel/*Düe*, § 143 Rn 12.

111 Vgl. näher hierzu Niesel/*Düe*, § 143 Rn 19 ff.

112 Vgl. ErfK/*Rolfs*, § 143 SGB III Rn 5.

§ 33 Erstattungspflicht des Arbeitgebers

Dr. Artur Kühnel

Inhalt

	Rn
I. Einführung	1
II. Voraussetzungen und Umfang der Erstattungspflicht	6
1. Allgemeines	6
2. Grundvoraussetzungen	9
3. Befreiungstatbestände	10
a) Kurzer Bestand des Arbeitsverhältnisses	11
b) Kleinstunternehmen	13
c) Arbeitnehmerkündigung ohne Abfindung	16
d) Sozial gerechtfertigte Kündigung	17
e) Berechtigung zur außerordentlichen Kündigung	24
f) Personalabbau	25
g) Unzumutbare Belastung	28
4. Erstattungsschuldner	29
5. Beginn und Umfang der Erstattungspflicht	32
6. Beratung und Vorabentscheidung	33
III. Vereinbarungen zur Vermeidung einer Erstattungspflicht	35

Literatur

Bayer, § 147a SGB III wieder eingeführt?, NZS 2008, 473; **Gagel** (Hrsg.), Sozialgesetzbuch III – Arbeitsförderung – mit SGB II – Grundsicherung für Arbeitssuchende, Loseblatt-Kommentar, Stand: 36. Erg.-Lfg. 2009; **Hoehl**, Erstattungspflicht des Arbeitgebers (§ 147a SGB III) und verlängertes Arbeitslosengeld, NZS 2008, 584; **Niesel** (Hrsg.), SGB III, 4. Auflage 2007; **Peters-Lange/Gagel**, Arbeitsförderungsrechtliche Konsequenzen aus § 1a KSchG, NZA 2005, 740; **Plagemann** (Hrsg.), Münchener Anwaltshandbuch Sozialrecht, 3. Auflage 2009.

I. Einführung

1 Für den Arbeitgeber kann die Beendigung des Arbeitsverhältnisses bei älteren Arbeitnehmern zur Folge haben, dass er nach § 147a SGB III der BA das Arbeitslosengeld für die Zeit nach Vollendung des 57. Lebensjahres des Arbeitslosen für längstens 32 Monate zu erstatten hat. § 147a SGB III bezweckt wie die fast gleich lautende Vorgängernorm des § 128 AFG in erster Linie die Stabilisierung der Beschäftigungsverhältnisse älterer Arbeitnehmer und die **Verhinderung von Frühverrentungen** älterer Arbeitnehmer zu Lasten der Arbeitslosenversicherung.[1] Zu beachten ist, dass die Vorschrift nur noch einen zeitlich begrenzten Anwendungsbereich hat:

2 Nach der Übergangsregelung des § 434l Abs. 3 SGB III war § 147a SGB III in der bis zum 31.12.2003 geltenden Fassung weiterhin anzuwenden, wenn der Anspruch auf Arbeitslosengeld bis zu diesem Tag entstanden ist oder wenn der Arbeitgeber das Arbeitsverhältnis bis zum 26.9.2003 beendet hat.

3 § 147a SGB III in der seit dem 1.1.2004 geltenden Fassung ist nach § 434l Abs. 4 SGB III nicht anzuwenden für Ansprüche auf Arbeitslosengeld, deren Dauer sich nach § 127 Abs. 2 SGB III in der vom 1.1.2004 an geltenden Fassung richtet (Ansprüche, die ab dem 1.2.2006 entstehen). Für Ansprüche, die seit dem 1.2.2006 entstanden sind, **entfällt** die **Erstattungs-**

1 BT-Drucks 12/3211, S. 17.

regelung also **ersatzlos**. Der Gesetzgeber hoffte, dass durch die zwischenzeitlich erfolgte Verkürzung der Bezugsdauer des Arbeitslosengeldes auf maximal 18 Monate die arbeitsförderungsrechtlichen Anreize zur Frühverrentung zu Lasten der Arbeitslosenversicherung beseitigt werden, wodurch die ursprüngliche, der Erstattungspflicht zugrunde liegende Begründung entfällt.[2] Mit Wirkung zum 1.1.2008 wurde die Bezugsdauer des Arbeitslosengeldes wieder auf bis zu 24 Monate verlängert, ohne dass der Gesetzgeber den zeitlichen Anwendungsbereich des § 147a SGB III verlängert hat. Allein durch die erfolgte Verlängerung der Bezugsdauer des Arbeitslosengeldes ist § 147a SGB III nicht wieder „eingeführt" worden.[3]

4 Die Erstattungspflicht tritt jedoch auch nach dem 31.1.2006 noch in den Fällen ein, in denen sich die Dauer des Anspruches auf Arbeitslosengeld gemäß § 434l Abs. 2 SGB III verlängert und der Arbeitnehmer noch die längere Bezugsdauer des Arbeitslosengeld in Anspruch nehmen kann.[4] Nach § 434l Abs. 2 SGB III war § 127 Abs. 4 SGB III bis zum 31.1.2010 mit der Maßgabe anzuwenden, dass als Höchstdauer des Anspruchs mindestens die Restdauer des erloschenen Anspruches zugrunde zu legen ist.

5 Auch wenn der Anreiz zur Frühverrentung und damit der Anwendungsbereich des § 147a SGB III durch die Verkürzung der Arbeitslosengeld-Anspruchsdauer seit dem 1.2.2006 stark eingeschränkt ist, ist die Kenntnis dieser Vorschrift für einen **Übergangszeitraum** weiterhin notwendig. Seine Bedeutung für die anwaltliche Praxis hat § 147a SGB III aber deutlich verloren.[5]

II. Voraussetzungen und Umfang der Erstattungspflicht

1. Allgemeines

6 Die Erstattungspflicht greift gemäß § 147a Abs. 1 S. 1 SGB III im Grundsatz immer dann ein, wenn der Arbeitslose innerhalb der letzten vier Jahre vor dem Tag der Arbeitslosigkeit mindestens 24 Monate in einem Versicherungspflichtverhältnis zu dem Arbeitgeber gestanden hat. Aufgrund der **Vierjahresklausel** muss dies nicht notwendigerweise der letzte Arbeitgeber sein.

7 *Praxishinweis*

Scheidet ein langjähriger älterer Arbeitnehmer durch Aufhebungsvertrag bei einem Arbeitgeber aus, weil er eine Anschlussbeschäftigung bei einem neuen Arbeitgeber hat, kann es dennoch zu einer Erstattungspflicht kommen, wenn das Anschlussarbeitsverhältnis vor Ablauf von 24 Monaten wieder beendet wird.

8 Neben dem Arbeitslosengeld umfasst die Erstattungspflicht nach § 147a Abs. 4 SGB III auch die auf das Arbeitslosengeld entfallenden Beiträge zur gesetzlichen Kranken- und Rentenversicherung. Die Erstattungspflicht erstreckt sich nicht auf das Arbeitslosengeld II.[6]

2 BT-Drucks 15/1587, S. 32; Gagel/*Rolfs*, § 147a Rn 365.

3 So aber *Bayer*, NZS 2008, 473, 474. Dagegen zu Recht *Hoehl*, NZS 2008 584, 585 f.

4 Durchführungsanweisung (DA) 6.2. zu § 147a SGB III (Rn 147a.155), Stand 3/2008 (vgl. www.arbeitsagentur.de unter: Veröffentlichungen > Weisungen > Arbeitslosengeld I.).

5 So ausdrücklich Plagemann/*Köhler*, § 14 Rn 217.

6 Vgl. Niesel/*Brand*, § 147a Rn 11; DA 1.0 zu § 147a SGB III (Rn 147a.2), Stand 3/2008.

2. Grundvoraussetzungen

Die Erstattungspflicht des Arbeitslosengeldes für einen Arbeitslosen knüpft an folgende Grundvoraussetzungen: 9

- Ausscheiden nach Vollendung des 55. Lebensjahres; Abzustellen ist hierbei auf die Rechtswirkungen des Beendigungstatbestands.[7] Maßgeblich ist also nicht der Zeitpunkt der Kündigungserklärung bzw. des Aufhebungsvertragsschlusses, sondern der Zeitpunkt, zu dem die Beendigungswirkung eintritt.
- Bezug von Arbeitslosengeld zwischen Vollendung des 57. und des 65. Lebensjahres
- mindestens 24 Monate beitragspflichtige Beschäftigung innerhalb der letzten vier Jahre vor dem Tag, an dem der Anspruch auf Arbeitslosengeld entsteht
- kein Bezug anderer Sozialleistungen (§ 147a Abs. 1 S. 2 Alt. 2 SGB III); unbedeutend ist, ob der Arbeitslose diese auch tatsächlich bezieht oder beantragt hat. Zu den Sozialleistungen zählen die Rente wegen Berufsunfähigkeit sowie die in § 142 Abs. 1 Nr. 2 bis 4 SGB III genannten Leistungen (Krankengeld, Versorgungskrankengeld, Verletztengeld, Mutterschaftsgeld oder Übergangsgeld, Rente wegen voller Erwerbsminderung, Altersrente, Knappschaftsausgleichsleistung oder ähnliche Leistungen öffentlich-rechtlicher Art wie z.B. Ruhegehälter von Beamten).

3. Befreiungstatbestände

Liegen die vorgenannten Voraussetzungen vor, ist stets zu prüfen, ob einer der in § 147a Abs. 1 S. 2 Nr. 1–7 und Abs. 2 SGB III normierten **Befreiungstatbestände** in Betracht kommt. Sobald und solange deren Voraussetzungen vorliegen, scheidet eine Erstattungspflicht aus. Die Voraussetzungen für den Nichteintritt der Erstattungspflicht sind vom Arbeitgeber darzulegen und nachzuweisen. Die Nichterweislichkeit der Befreiungstatbestandsvoraussetzungen nach Ausschöpfen der Ermittlungsmöglichkeiten geht zu Lasten des Arbeitgebers.[8] 10

a) Kurzer Bestand des Arbeitsverhältnisses

Die Erstattungspflicht ist gemäß § 147a Abs. 1 S. 2 Nr. 1 SGB III ausgeschlossen, wenn das Arbeitsverhältnis **innerhalb der letzten zwölf Jahre** vor dem Tag der Arbeitslosigkeit, durch den nach § 124 Abs. 1 SGB III die Rahmenfrist bestimmt wird, insgesamt **weniger als zehn Jahre** bestand. **Vorbeschäftigungszeiten** bei einem Betriebsübergang oder einer Verschmelzung werden angerechnet.[9] Im Falle des Betriebsübergangs haftet jedoch der bisherige Arbeitgeber, nicht hingegen der Betriebsübernehmer, sofern der Arbeitnehmer bereits vor dem Betriebsübergang ausgeschieden ist.[10] 11

Nach § 147a Abs. 5 S. 1 SGB III gelten bei der Berechnung der Beschäftigungszeiten **Konzernunternehmen** als ein einheitlicher Arbeitgeber. Entgegen dem Wortlaut dieser Vorschrift gelten als Konzernunternehmen nicht nur solche im Sinne des § 18 AktG, sondern auch Verbindungen von Unternehmen anderer Rechtsformen.[11] Der Erstattungsanspruch 12

7 Niesel/*Brand*, § 147a Rn 18.

8 DA 3.1. zu § 147a SGB III (Rn 147a.24), Stand 3/2008.

9 BSG v. 18.9.1997, NZA-RR 1998, 423 = BB 1998, 544; BSG v. 13.7.2006, NZA-RR 2007, 38, 39; vgl. auch DA 1.1. zu § 147a SGB III (Rn 147a.6), Stand 3/2008.

10 DA 1.1. zu § 147a SGB III (147a.6), Stand 3/2008.

11 Gagel/*Rolfs*, § 147a Rn 279; siehe dazu auch DA 3.2. zu § 147a SGB III (Rn 147a.26), Stand 3/2008.

der BA richtet sich dabei gegen das Unternehmen des Konzerns, bei dem der Arbeitnehmer zuletzt beschäftigt war, § 147a Abs. 5 S. 2 SGB III.

b) Kleinstunternehmen

13 Nach § 147a Abs. 1 S. 2 Nr. 2 Hs. 1 SGB III besteht keine Erstattungspflicht, wenn der Arbeitgeber darlegt und nachweist, dass er in der Regel **nicht mehr als 20 Arbeitnehmer ohne Auszubildende** beschäftigt. Abgestellt wird nicht auf den Betrieb, sondern den Arbeitgeber. Arbeitnehmer verschiedener Betriebe desselben Arbeitgebers sind daher zusammenzurechnen.[12] Maßstab für die Belegschaftsstärke ist das vorausgegangene Kalenderjahr (§ 147a Abs. 1 S. 2 Nr. 2 Hs. 2 SGB III). Für die Berechnung der Gesamtbelegschaft gelten die Grundsätze des nach § 147a Abs. 1 S. 2 Nr. 2 Hs. 2 SGB III für anwendbar erklärten § 3 Abs. 1 S. 2–6 des Aufwendungsausgleichsgesetzes (AAG),[13] der an die Stelle des § 10 Abs. 2 S. 2–6 des Lohnfortzahlungsgesetzes getreten ist. Dementsprechend werden Schwerbehinderte nicht mit in die Gesamtzahl der Beschäftigten eingerechnet (§ 3 Abs. 2 S. 5 AAG).[14] Arbeitnehmer, deren Arbeitszeit wöchentlich zehn Stunden oder monatlich 45 Stunden nicht übersteigt, werden mit 0,25, Arbeitnehmer, die wöchentlich regelmäßig nicht mehr als 20 Stunden zu leisten haben, mit 0,5 und Arbeitnehmer, die nicht mehr als 30 Stunden zu leisten haben, mit 0,75 angesetzt (§ 3 Abs. 2 S. 6 AAG).

14 Nach § 147a Abs. 2 Nr. 1 SGB III entfällt die Erstattungspflicht auch, wenn der Arbeitgeber nachweist, dass die Voraussetzungen des § 147a Abs. 2 S. 2 Nr. 2 SGB III im Vorjahr vorgelegen haben.

15 Bei Unternehmen mit nicht mehr als 40 bzw. 60 Arbeitnehmern reduziert sich der Erstattungsanspruch nach § 147a Abs. 3 SGB III um zwei Drittel bzw. ein Drittel.

c) Arbeitnehmerkündigung ohne Abfindung

16 Nach § 147a Abs. 1 S. 2 Nr. 3 SGB III entfällt die Erstattungspflicht des Arbeitgebers, wenn der Arbeitnehmer selbst kündigt und weder eine Abfindung noch eine Entschädigung oder ähnliche Leistung wegen der Beendigung des Arbeitsverhältnisses erhalten oder zu beanspruchen hat. Gleichgestellt sind diejenigen Fälle, in denen das Arbeitsverhältnis zwar formal bestehen bleibt, aber das Beschäftigungsverhältnis durch den Arbeitnehmer beendet wird.[15] Die Beendigung des Arbeitsverhältnisses durch **Aufhebungsvertrag** führt hingegen nicht zu einem Fortfall der Erstattungspflicht, selbst wenn er auf Initiative des Arbeitnehmers abgeschlossen worden ist.[16] Ein der Eigenkündigung nachfolgender **Abwicklungsvertrag** allein löst zwar grundsätzlich keine Erstattungspflicht aus.[17] Werden aber in einem der Eigenkündi-

12 BSG v. 14.12.2000, SozR 3–4100 § 128 Nr. 11 = NZA-RR 2001, 441; DA 3.3. zu § 147a SGB III (Rn 147a.32), Stand 3/2008.

13 Art. 1 des Gesetzes v. 22.12.2005 (BGBl I S. 3686), zuletzt geändert durch Art. 4d des Gesetzes vom 21.12.2008 (BGBl I 2940).

14 Gagel/*Rolfs*, § 147a Rn 128; Niesel/*Brand*, § 147a Rn 29.

15 BSG v. 18.9.1997, SozR 3–4100 § 128 Nr. 2; Gagel/*Rolfs*, § 147a Rn 137; Niesel/*Brand*, § 147a Rn 36; DA 3.4. zu § 147a SGB III (Rn 147a.39), Stand 3/2008.

16 BSG v. 21.9.2000, EzA § 147a SGB III Nr. 2; BSG vom 27.1.2005, NZS 2005, 328; DA 3.4. zu § 147a SGB III (Rn 147a.38), Stand 3/2008.

17 Zum Folgenden DA 3.4. zu § 147a SGB III (Rn 147a.41), Stand 3/2008.

gung nachfolgenden Abwicklungsvertrag **Leistungen des Arbeitgebers wegen** der **Beendigung** des Arbeitsverhältnisses **vereinbart**, besteht ein **innerer Zusammenhang** zwischen der Beendigung des Arbeitsverhältnisses und den Leistungen. Eine **Befreiung nach § 147a Abs. 1 S. 2 Nr. 3 SGB III** kommt dann **nicht in Betracht**. In diesem Fall wird ein verdeckter Aufhebungsvertrag angenommen, bei dem eine Befreiung von der Erstattungspflicht ausscheidet.[18] Maßgeblich für die Befreiung von der Erstattungspflicht ist, dass der Arbeitgeber dem Arbeitnehmer keinen Anreiz für eine Beendigung des Arbeitsverhältnisses gegeben hat.

d) Sozial gerechtfertigte Kündigung

Die Erstattungspflicht entfällt nach § 147a Abs. 1 S. 2 Nr. 4 SGB III, wenn die vom Arbeitgeber ausgesprochene Kündigung aus personen-, verhaltens- oder betriebsbedingten Gründen sozial gerechtfertigt i.S.v. § 1 KSchG war. Der Anwendungsbereich dieser Vorschrift erstreckt sich nur auf den Fall der ordentlichen Kündigung; für die außerordentliche Kündigung gilt § 147a Abs. 1 S. 2 Nr. 5 SGB III. Die arbeitsrechtliche Wirksamkeit der Kündigung im Übrigen ist für die Anwendbarkeit des Befreiungstatbestandes nach § 147a Abs. 1 S. 2 Nr. 4 SGB III nicht erforderlich. Entscheidend ist allein die materielle soziale Rechtfertigung der Kündigung. Auf Verstöße etwa gegen § 623 BGB oder § 102 BetrVG kommt es hingegen nicht an.[19] 17

Das Kündigungsrecht muss tatsächlich ausgeübt worden sein.[20] Lagen die Voraussetzungen für eine sozial gerechtfertigte Kündigung vor, haben die Parteien das Arbeitsverhältnis aber dennoch durch einen **Aufhebungsvertrag** beendet, kommt eine Befreiung von der Erstattungspflicht nach § 147a Abs. 1 S. 2 Nr. 4 SGB III nicht in Betracht.[21] Für den **unechten Abwicklungsvertrag**, bei dem das Arbeitsverhältnis durch vorherige Absprachen hinsichtlich Kündigung und Abwicklungsvertrag tatsächlich einvernehmlich beendet wird, gelten die gleichen Grundsätze wie beim Aufhebungsvertrag.[22] Im Falle eines erst nach Kündigungserklärung vereinbarten, **echten** Abwicklungsvertrages kann hingegen die Erstattungspflicht entfallen.[23] 18

Das Angebot des Arbeitgebers nach **§ 1a KSchG** hat keine Auswirkungen auf die Erstattungspflicht.[24] Auch bei Kündigungen nach § 1a KSchG ist die soziale Rechtfertigung von den Sozialgerichten nachzuprüfen.[25] 19

Im Rahmen **befristeter Arbeitsverhältnisse** tritt die Erstattungspflicht nicht ein, wenn der Arbeitgeber im Beendigungszeitpunkt berechtigt gewesen wäre, das Arbeitsverhältnis durch sozial gerechtfertigte Kündigung zu beenden, sofern keine Befristung vorgelegen hätte.[26] 20

Bei der Kündigung von Organmitgliedern besteht die Besonderheit, dass wegen § 14 Abs. 1 Nr. 1 KSchG der allgemeine Kündigungsschutz nicht eingreift. Das BSG hat daher im Fall 21

18 BSG v. 9.11.1995, SozR 3-4100 § 119 Nr. 9.
19 Niesel/*Brand*, § 147a Rn 38; Gagel/*Rolfs*, § 147a Rn 153.
20 DA 3.5.2. zu § 147a SGB III (Rn 147a.48), Stand 3/2008.
21 BSG v. 4.9.2001, AP Nr. 7 zu § 119 AFG = NZA-RR 2002, 328; DA 3.5.2. zu § 147a SGB III (Rn 147a.48), Stand 3/2008.
22 Gagel/*Rolfs*, § 147a Rn 162.
23 BSG v. 2.9.2004, SGb 2004, 629.
24 DA 3.5.2. zu § 147a SGB III (Rn 147a.50), Stand 3/2008; Peters-Lange/*Gagel*, NZA 2005, 740, 742.
25 Peters-Lange/*Gagel*, NZA 2005, 740, 743.
26 BSG v. 15.12.1999, AP AFG § 128 Nr. 2; BSG v. 16.10.2003, SozR 4-4300 § 147a Nr. 2; DA 3.6 zu § 147a SGB III (Rn 147a.74), Stand 3/2008.

eines GmbH-Geschäftsführers eine Befreiung von der Erstattungspflicht auch ohne das Vorliegen einer sozial gerechtfertigten Kündigung zugelassen.[27]

22 Nach § 147a Abs. 1 S. 2 Nr. 4 SGB III ist die Agentur für Arbeit an die **Entscheidung des Arbeitsgerichts** über die soziale Rechtfertigung gebunden, wobei § 7 KSchG nicht anwendbar ist. Eine arbeitsgerichtliche Entscheidung bindet die Agentur für Arbeit auch nur dann, wenn streitig durch Sachurteil über die soziale Rechtfertigung entschieden wird; Prozess- und Versäumnisurteile genügen ebenso wenig wie ein gerichtlicher Vergleich.[28]

23 Löst das Arbeitsgericht auf Antrag des Arbeitgebers das Arbeitsverhältnis gemäß **§ 9 KSchG** auf, weil die Fortsetzung des Arbeitsverhältnisses für ihn nicht zumutbar ist, scheidet eine Befreiung von der Erstattungspflicht aus.[29]

e) Berechtigung zur außerordentlichen Kündigung

24 Nach § 147a Abs. 1 S. 2 Nr. 5 SGB III entfällt die Erstattungspflicht, wenn der Arbeitgeber bei Beendigung des Arbeitsverhältnisses berechtigt war, das Arbeitsverhältnis aus wichtigem Grund fristlos oder mit sozialer Auslauffrist zu kündigen. Für den Befreiungstatbestand kommt es allein darauf an, dass er **objektiv zum Zeitpunkt der Beendigung des Arbeitsverhältnisses** vorlag. Anders als im Fall der ordentlichen Kündigung nach Nr. 4 ist die tatsächliche Ausübung des Kündigungsrechts bei dem Befreiungstatbestand nach Nr. 5 nicht erforderlich. Liegen die Voraussetzungen einer außerordentlichen Kündigung daher objektiv vor, kann die Beendigung des Arbeitsverhältnisses auch durch einen Aufhebungsvertrag herbeigeführt werden.[30] Dabei ist zu beachten, dass die Ausschlussfrist des § 626 Abs. 2 BGB auch bei Abschluss eines Aufhebungsvertrags einzuhalten ist.[31]

f) Personalabbau

25 Werden innerhalb eines Jahres mehr als 3 % der Belegschaft abgebaut, entfällt nach § 147a Abs. 1 S. 2 Nr. 6 SGB III die Erstattungspflicht, wenn der Anteil der 55-jährigen und älteren Arbeitnehmer an den Ausscheidenden den Anteil der 55-jährigen und älteren Arbeitnehmer an der Gesamtbelegschaft nicht übersteigt. Werden innerhalb eines Jahres mindestens 10 % der Belegschaft entlassen, darf der Anteil der ausscheidenden älteren Arbeitnehmer doppelt so hoch sein. Für die Ermittlung der Quote kommt es allein auf den Betrieb, nicht auf das Unternehmen an. Maßgeblich ist jeweils der Zeitraum von einem Jahr. Dieser kann sich auch auf die Zukunft erstrecken, sofern die entsprechenden arbeitsrechtlichen Schritte bereits eingeleitet worden sind.[32] Der Personalabbau muss den Betrieb betreffen, dem der Arbeitnehmer in den letzten zwei Jahren angehört hat.

26 Nach § 147a Abs. 1 S. 2 Nr. 7 SGB III entfällt die Erstattungspflicht auch, wenn der Arbeitnehmer im Rahmen eines kurzfristigen Personalabbaus von mindestens 20 % der Belegschaft aus dem Betrieb ausscheidet und der Personalabbau für den örtlichen Arbeitsmarkt von erheblicher Bedeutung ist. Kurzfristig ist der Personalabbau nach den Durchführungsanweisungen der BA,

27 BSG v. 16.10.2003, SozR 4–4300 § 147a Nr. 2.
28 DA 3.5.7 zu § 147a SGB III (Rn 147a.72), Stand 3/2008; vgl. auch Niesel/*Brand*, § 147a Rn 48.
29 Plagemann/*Köhler*, § 14 Rn 230.
30 DA 3.7 zu § 147a SGB III (Rn 147a.76), Stand 3/2008.
31 Niesel/*Brand*, § 147a Rn 52.
32 Gagel/*Rolfs*, § 147a Rn 190.

sofern er innerhalb von drei Monaten vorgenommen wird.[33] Anders als bei § 147a Abs. 1 S. 2 Nr. 6 SGB III kommt es hier auf den Anteil der älteren Arbeitnehmer nicht an.[34]

Praxishinweis 27
Im Falle des Personalabbaus sollte der Arbeitgeber von der Möglichkeit einer Vorabentscheidung durch die Agentur für Arbeit nach § 147a Abs. 6 S. 2 SGB III Gebrauch machen (vgl. Rn 34).

g) Unzumutbare Belastung

Nach dem Auffangtatbestand des § 147a Abs. 2 Nr. 2 SGB III entfällt die Erstattungspflicht 28
bei einem insolvenzfähigen Arbeitgeber, wenn die Erstattung eine unzumutbare Belastung für ihn bedeuten würde. Das ist immer dann der Fall, wenn durch die Erstattung der Fortbestand des Unternehmens oder die nach Durchführung des Personalabbaus verbleibenden Arbeitsplätze gefährdet wären. Zur Erfüllung seiner Nachweispflicht muss der Arbeitgeber nach § 147a Abs. 2 Nr. 2 S. 2 SGB III das Gutachten einer fachkundigen Stelle vorlegen. Anzuerkennen ist sind hierbei grundsätzlich nur das Gutachten eines öffentlich bestellten und vereidigten Sachverständigen; in einfach gelagerten Fällen kann auch das Gutachten eines Steuerberaters ausreichen.[35]

4. Erstattungsschuldner

Die Erstattungspflicht richtet sich gegen den Arbeitgeber, bei dem der Arbeitslose innerhalb 29
der letzten vier Jahre mindestens 24 Monate beitragspflichtig beschäftigt war. Dies ist nicht notwendigerweise der letzte Arbeitgeber.[36] Hat der Arbeitnehmer innerhalb des Zwei-Jahres-Zeitraums bei mehreren Arbeitgebern gearbeitet, scheidet ein Arbeitgeber in der Regel nach § 147a Abs. 1 S. 2 Nr. 1 SGB III aus. Hat der Arbeitnehmer gleichzeitig mehrere Beschäftigungsverhältnisse ausgeübt, kommt jedoch auch eine anteilige Erstattungspflicht beider Arbeitgeber in Betracht.[37]

Im Falle des Betriebsübergangs haftet der bisherige Arbeitgeber, nicht hingegen der Betriebs- 30
übernehmer, sofern der Arbeitnehmer bereits vor dem Betriebsübergang ausgeschieden ist.[38]

Innerhalb desselben Konzerns richtet sich der Erstattungsanspruch unabhängig von der Be- 31
schäftigungsdauer gegen den letzten Arbeitgeber, also gegen das Unternehmen des Konzerns, in dem der Arbeitnehmer zuletzt beschäftigt war.[39]

5. Beginn und Umfang der Erstattungspflicht

Die Erstattungspflicht beginnt mit Vollendung des 57. Lebensjahres des Arbeitslosen und er- 32
streckt sich auf einen Zeitraum von bis zu 32 Monaten (§ 147a Abs. 1 S. 1 SGB III). Gemäß § 147a Abs. 4 SGB III hat der Arbeitgeber auch für die von der Bundesagentur zu tragenden

33 DA 3.8.3 zu § 147a SGB III (Rn 147a.99), Stand 3/2008.
34 Plagemann/*Köhler*, § 14 Rn 239.
35 DA 3.9.1 zu § 147a SGB III (Rn 147a.109), Stand 3/2008; Niesel/*Brand*, § 147a Rn 87.
36 BSG v. 13.3.1990, SozR 3–4100 § 128a Nr. 1.
37 BSG v. 27.11.1984, BSGE 57, 253, 255; BSG v. 11.12.1986, SozR 2200§ 405 Nr. 12.
38 DA 1.1. zu § 147a SGB III (Rn 147a.6), Stand 3/2008.
39 Gagel/*Rolfs*, § 147a Rn 296.

Beiträge zur Kranken-, Renten sowie zur Pflegeversicherung aufzukommen. Der Erstattungsanspruch wird durch die Arbeitsagentur vierteljährlich nachträglich geltend gemacht. Die Erstattungspflicht endet mit Beginn des Monats, der auf die Vollendung des 67. Lebensjahres des Arbeitslosen folgt, da ab diesem Zeitpunkt nach § 117 Abs. 2 SGB III kein Anspruch mehr auf Arbeitslosengeld besteht.

6. Beratung und Vorabentscheidung

33 Nach § 147a Abs. 6 S. 1 SGB III kann sich der Arbeitgeber im Vorfeld personeller Maßnahmen durch die Arbeitsagentur beraten lassen. Dies gilt für sämtliche Voraussetzungen und Befreiungstatbestände des § 147a SGB III.

34 Die Möglichkeit des Vorabentscheidungsverfahrens nach § 147a Abs. 6 S. 2 SGB III besteht hingegen lediglich für die Feststellung der Voraussetzungen nach § 147a Abs. 1 S. 2 Nr. 6 und 7 SGB III. Durch die Vorabentscheidung gemäß § 147a Abs. 6 S. 2 SGB III soll Arbeitgeber und Betriebsrat das erforderliche Maß an Rechtssicherheit bei der Planung weit reichender unternehmerischer Entscheidungen gewährt werden.[40]

III. Vereinbarungen zur Vermeidung einer Erstattungspflicht

35 In der Praxis stellt sich die Frage, ob die Erstattungspflicht bei älteren Arbeitnehmern durch entsprechende **vertragliche Gestaltung** vermieden werden kann. Findet keiner der Befreiungstatbestände des § 147a Abs. 1 und 2 SGB III Anwendung, kann die Erstattungspflicht des Arbeitgebers praktisch nur noch vermieden werden, wenn der ausscheidende Arbeitnehmer solange kein Arbeitslosengeld beantragt, bis die Voraussetzung des § 147a Abs. 1 S. 1 SGB III – mindestens 24 Monate beitragspflichtige Beschäftigung innerhalb der letzten vier Jahre vor dem Tag, an dem der Anspruch auf Arbeitslosengeld entsteht – nicht mehr erfüllt werden kann.

36 Eine Vereinbarung, in der sich der Arbeitnehmer verpflichtet, keinen Antrag auf Arbeitslosengeld zu stellen, ist allerdings vom BAG wegen Verstoßes gegen zwingende Vorschriften des Sozialrechts nach § 32 SGB I für nichtig erklärt worden.[41] Einen solchen Verstoß kann man hingegen vermeiden, wenn es dem Arbeitnehmer überlassen bleibt, Arbeitslosengeld zu beantragen und lediglich vereinbart wird, dass der Arbeitgeber in diesem Fall berechtigt ist, die gewährte Überbrückungszahlung zu kürzen, soweit er Erstattungsleistungen nach § 147a SGB III an die Agentur für Arbeit erbringt. Eine solche Vereinbarung ist nach der Rspr. des BSG zulässig.[42] Denkbar ist auch eine Vereinbarung, wonach der Arbeitnehmer den Antrag auf die Gewährung von Arbeitslosengeld erst zu einem späteren Zeitpunkt geltend macht, sofern der Arbeitgeber sich zum Ausgleich der sozialversicherungsrechtlichen Nachteile für den Zeitraum bis zur Antragstellung verpflichtet.[43]

40 DA 3.8.4 zu § 147a SGB III (Rn 147a.106), Stand 3/2008.

41 BAG v. 22.6.1989, EzA § 128 AFG Nr. 2. Vgl. allgemein zu unzulässigen Vereinbarungen Gagel/*Rolfs*, § 147a Rn 342 ff.

42 BAG v. 25.1.2000, AP Nr. 3 zu § 128 AFG = NZA 2000, 886 = DB 2000, 1523; Gagel/*Rolfs*, § 147a Rn 351.

43 Vgl. allgemein zu Spielräumen für zulässige Vereinbarungen Gagel/*Rolfs*, § 147a Rn 353 ff.

Teil 6 Steuerrecht

§ 34 Steuerrechtliches Umfeld der Beendigung von Arbeitsverhältnissen

Dr. Stephan Pauly

Inhalt

	Rn
I. Abfindungen wegen Auflösung des Dienstverhältnisses	1
1. Wegfall der Steuerfreiheit nach § 3 Nr. 9 EStG	1
2. Abfindung	2
3. Steuerbegünstigung gemäß §§ 24, 34 EStG	28
4. „Brutto=Netto"-Klauseln	49
5. Abfindungen mit Auslandsbezug	52
II. Karenzentschädigungen	54

Literatur

Beckermann, Zweifelsfragen bei der Besteuerung von in Teilbeträgen gezahlten Entlassungsentschädigungen, DB 1986, 1427; **von Bornhaupt**, Steuerfreie Abfindungen wegen Auflösung von Dienstverhältnissen und steuerbegünstigte Entschädigung bei Arbeitnehmern, BB 1980, Beilage 7; **Forchhammer**, Lohnsteuerliche und umsatzsteuerliche Behandlung von Mehrfacharbeitsverträgen im Konzern, DStZ 1999, 153; **Gehrmann**, Steuerbegünstigungen für Abfindungsleistungen anlässlich der Auflösung von Arbeitsverhältnissen, StBp 1994, 221, 258; **Giloy**, Zukunftssicherung bei Auflösung des Dienstverhältnisses, BB 1983, 957; **Hartz/Meeßen/Wolf**, ABC-Führer Lohnsteuer; **Heidel/Pauly**, Steuerrecht in der anwaltlichen Praxis; **Macher**, Die Auflösung eines Arbeitsverhältnisses bei Zahlung einer Abfindung durch den Arbeitgeber, NZA 2005, 284; **ders.**, Abhängigkeit der Steuerfreiheit der Abfindung von der Zumutbarkeit weiterer Zusammenarbeit zwischen Arbeitnehmer und Arbeitgeber, NZA 2005, 864 ff.; **ders.**, Mögliche Steuerbegünstigung des Pensionsverzichts gegen Entschädigung, NZA 2003, 1324; **ders.**, GmbH-Geschäftsführer – nicht zwingend Arbeitnehmer (Änderung der Rechtsprechung), NZA 2005, 1344; **Naumann**, Steuerfreie Abfindungen gem. § 3 Nr. 9 S. 1 EStG bei Betriebsübergang?, BB 1998, 74; **Oeftering/Görbing**, Das gesamte Lohnsteuerrecht, Loseblattsammlung, 7. Aufl. 1998; **Offerhaus**, Wie hilft das Einkommensteuerrecht bei Verlust des Arbeitsplatzes?, DStR 1980, 475; **ders.**, Abfindungen des Arbeitgebers – steuerfrei, steuerbegünstigt oder voll steuerpflichtig?, DStZ 1981, 445; **ders.**, Anmerkung zu BFH Urteil vom 10.10.1986, StBp 1987, 71; **ders.**, Zur Besteuerung von Arbeitgeberleistungen bei Auflösung und Änderung eines Dienstverhältnisses, DB 1991, 2456; **Preuschoff**, Die Besteuerung von Abfindungen an Arbeitnehmerkommanditisten, BB 1999, 1464; **Pröpper**, Steuerfreie Abfindungen gemäß § 3 Nr. 9 EStG auch bei Kündigung nach Widerspruch gegen Betriebsübergang?, BB 2000, 1817; **Prinz**, Steuerbegünstigte Abfindungen – aktuelle Rechts- und Gestaltungsfragen, DStR 1998, 1585; **Ross**, Entlastungsentschädigungen und ermäßigter Steuersatz nach § 34 EStG – Anmerkungen zum BMF-Schreiben vom 18. Dezember 1998 (BStBl I 1998, 1512), DStZ 1999, 212; **Schaub**, Steuerrechtliche und sozialversicherungsrechtliche Behandlung der Abfindung, BB 1999, 1059; **Schindhelm/Grote**, Einkommensteuerbefreiung nach § 3 Nr. 9 EStG für Abfindungen bei Dienstverträgen von Mitunternehmern?, DB 1989, 700; **Schrader**, Aufhebungsverträge und Ausgleichszahlungen, NZA 2003, 593 ff.; **Strunk**, Die einkommensteuerrechtliche Behandlung von Entlassungsentschädigungen an Arbeitnehmer, DStR 1994, 1249; **Tausch/Plenker**, Änderungen durch das Gesetz zum Einstieg in ein steuerliches Sofortprogramm, DB 2006, 8 f.; **Tombers/Sauters**, Steuerliche Behandlung von Abfindungen wegen Auflösung des Dienst- oder Arbeitsverhältnisses, DB 1980, 709; **Wisskirchen**, Die steuerliche Behandlung von Entlassungsentschädigungen ab 1999, NZA 1999, 405.

I. Abfindungen wegen Auflösung des Dienstverhältnisses

1. Wegfall der Steuerfreiheit nach § 3 Nr. 9 EStG

1 Das Gesetz zum Einstieg in ein steuerliches Sofortprogramm vom 22.12.2005[1] brachte mit der Aufhebung des § 3 Nr. 9 EStG das Ende der Steuerfreiheit für Abfindungen. Die Aufhebung des § 3 Nr. 9 EStG galt erstmals für den Veranlagungszeitraum 2006. § 3 Nr. 9 EStG ist in der bis zum 31.12.2005 geltenden Fassung weiter anzuwenden für vor dem 1.1.2006 entstandene Ansprüche der Arbeitnehmer auf Abfindungen oder für Abfindungen wegen einer vor dem 1.1.2006 getroffenen Gerichtsentscheidung oder einer am 31.12.2005 anhängigen Klage, soweit die Abfindungen dem Arbeitnehmer vor dem 1.1.2008 zufließen (§ 52 Abs. 4a EStG). Abfindungen sind in der Regel außerordentliche Einkünfte i.S.d. §§ 34 Abs. 2 Nr. 2, 24 Nr. 1 EStG und damit **tarifbegünstigt**.

2. Abfindung

2 **Abfindungen wegen Auflösung des Dienstverhältnisses**[2] sind Leistungen, die der Arbeitnehmer als Ausgleich für die mit der Auflösung des Dienstverhältnisses verbundenen Nachteile, insbesondere des Verlustes des Arbeitsplatzes, erhält (sachlicher Zusammenhang). Ein zeitlicher Zusammenhang zwischen dem Zufluss der Abfindung und der Beendigung des Dienstverhältnisses ist daneben nicht erforderlich. Ein erhebliches zeitliches Auseinanderfallen der beiden Ereignisse kann jedoch den sachlichen Zusammenhang in Frage stellen. Abfindungen können in einer Summe, in Teilbeträgen oder in fortlaufenden Beträgen ausgezahlt werden.[3] Wird die Abfindung in Teilbeträgen oder in fortlaufenden Beträgen ausgezahlt, so sind die einzelnen Raten solange steuerfrei, bis der für den Arbeitnehmer maßgebende Freibetrag ausgeschöpft ist. Eine Verteilung des Freibetrages entsprechend der Laufzeit der Abfindungszahlung ist nicht zulässig. Vielmehr ist der Freibetrag bei den erstbezogenen Raten zu berücksichtigen. Ist der Abzug des Freibetrages teilweise unterblieben, obwohl die Höhe der Abfindungsrate den Abzug zugelassen hätte, so kann der Freibetrag insoweit nicht mehr bei Raten der Folgejahre berücksichtigt werden. Arbeitgeber und Arbeitnehmer können den Zeitpunkt des Zuflusses einer Abfindung oder eines Teilbetrags einer solchen beim Arbeitnehmer in der Weise steuerwirksam gestalten, dass sie deren ursprünglich vorgesehene Fälligkeit vor ihrem Eintritt auf einen späteren Zeitpunkt verschieben.[4]

3 Nicht zu den Abfindungen gehören andere Bezüge, die lediglich aus Anlass der Auflösung eines Dienstverhältnisses bezahlt werden. Dasselbe gilt für Zuwendungen, die bei einem Wechsel des Dienstverhältnisses vom neuen Arbeitgeber[5] oder anlässlich eines Arbeitgeberwechsels im Rahmen eines (Teil-)Betriebsübergangs[6] erbracht werden. Wird bei Ablauf eines befristeten Dienstverhältnisses eine Gratifikation oder eine besondere Zuwendung geleistet, so ist dies

1 BGBl I 2005 S. 3682; vgl. dazu *Tausch/Plenker*, DB 2006, 8 f.

2 Vgl. KR/*Vogt*, EStG, Rn 1 ff.; vgl. zu Zweifelsfragen im Zusammenhang mit der ertragsteuerlichen Behandlung von Entlassungsentschädigungen BMF-Schreiben v. 18.12.1998, BStBl I 1998, 1512 = DStR 1999, 112 ff. mit Anmerkung *Ross*, DStZ 1999, 212 ff.; vgl. zur steuerrechtlichen Behandlung der Abfindung *Schaub*, BB 1999, 1059; vgl. zur Besteuerung von Abfindungen an Arbeitnehmerkommanditisten *Preuschoff*, BB 1999, 1464.

3 BFH v. 11.1.1980, BStBl II 1980, 205 = BB 1980, 667.

4 BFH v. 11.11.2009, DB 2010, 148.

5 BFH v. 16.12.1992, BStBl II 1993, 447.

6 BFH v. 16.7.1997, BStBl II 1997, 666; vgl. dazu *Naumann*, BB 1998, 74 ff.

keine Abfindung.[7] **Keine Abfindung** sind auch Zahlungen zur Abgeltung vertraglicher Ansprüche, die der Arbeitnehmer aus dem Dienstverhältnis zum Zeitpunkt der Auflösung erlangt hat.[8] Dies gilt auch, wenn der Arbeitnehmer für den Abgeltungszeitraum von der Arbeit freigestellt worden ist.[9] Zahlungen, mit denen entgangene Verdienstmöglichkeiten für die Zeit nach Beendigung des Dienstverhältnisses abgegolten werden, sind in der Regel Abfindungen.[10] Es ist unerheblich, auf welcher Rechtsgrundlage die Zahlung der Abfindung beruht

Es muss sich um die **Beendigung einer nicht selbstständigen Tätigkeit** handeln. Die Rechtsprechung verlangt einen kausalen Zusammenhang zwischen der Auflösung des Dienstverhältnisses und der Abfindung.[11] §§ 24, 34 EStG sind deshalb nicht anwendbar, wenn rückständiges Arbeitseinkommen abgegolten wird. Abfindungen sind demnach nur solche Beträge, die der Arbeitnehmer bei Auflösung des Dienstverhältnisses über die vertragsgemäß schon entstandenen Bezüge hinaus erhält. Zahlungen des Arbeitgebers, die bereits verdiente Ansprüche abgelten, wie z.B. rückständiger Arbeitslohn, anteiliger Arbeitslohn, Urlaubsabgeltung, Weihnachtsgeld, Gratifikationen, Tantiemen oder bei rückwirkender Beendigung des Dienstverhältnisses bis zum steuerlich anzuerkennenden Zeitpunkt der Auflösung noch zustehende Gehaltsansprüche, sind weder Abfindung noch Entschädigung für den Verlust des Arbeitsplatzes. Das gilt auch für freiwillige Leistungen, wenn sie in gleicher Weise den verbleibenden Arbeitnehmern tatsächlich zugewendet werden. Der BFH stellt für die Steuerfreiheit auf den von den Parteien gewählten Beendigungszeitpunkt des Arbeitsverhältnisses ab.[12] War der Arbeitnehmer während des Abgeltungszeitraumes von der Arbeit freigestellt, handelt es sich nicht um eine Abfindung.[13] 4

In der Praxis führt dies zu einem gewissen Spielraum für die Parteien, die selbst bestimmen können, in welchem Umfange nach §§ 24, 34 EStG steuerbegünstigte Abfindungen an die Stelle von in vollem Umfang steuerpflichtigen Lohn- und Gehaltsansprüchen treten. Werden Bezüge als „Abfindung“ ausgezahlt, auf die bis zur Beendigung des Arbeitsverhältnisses Anspruch besteht, greifen §§ 24, 34 EStG nicht ein. Auf die von den Parteien gewählte Bezeichnung kommt es für die rechtliche Beurteilung nicht an. 5

Abfindungen sind auch für **Vorstandsmitglieder von Aktiengesellschaften, GmbH-Geschäftsführer** und **leitende Angestellte** nach §§ 24, 34 EStG steuerbegünstigt.[14] Letzteres kann für **Gesellschafter-Geschäftsführer einer GmbH** zweifelhaft sein, die wegen des Umfangs ihrer Beteiligung bestimmenden Einfluss auf die Gesellschaft haben.[15] Zwar wurden bislang auch (Allein- oder beherrschende Gesellschafter) Geschäftsführer einer GmbH steuerlich als Arbeitnehmer behandelt.[16] Hiervon ist der BFH[17] für die Umsatzsteuer abgedrückt. Offen ist, ob die aufgezeigten Grundsätze auch für die Einkommensteuer/Lohnsteuer gelten. Grund- 6

7 BFH v. 18.9.1991, BStBl II 1992, 34 betreffend ein tarifliches Übergangsgeld.

8 BFH v. 17.5.1977, BStBl II 1977, 735; BFH v. 24.4.1991, BStBl II 1991, 723.

9 BFH v. 27.4.1994, BStBl II 1994, 653.

10 BFH v. 13.10.1978, BStBl II 1979, 155.

11 BFH v. 13.10.1978, BStBl II 1979, 155 = BB 1979, 304.

12 BFH v. 17.5.1977, BStBl II 1977, 735 = BB 1977, 1288.

13 BFH v. 27.4.1994, BStBl II 1994, 653.

14 Vgl. *Bauer*, Arbeitsrechtliche Aufhebungsverträge, VII Rn 88; *Herrmann/Heuer/Raupach*, § 3 Nr. 9 EStG Rn 12; *Offerhaus*, DStZ 1981, 445, 446.

15 Vgl. *Oeftering/Görbing*, C § 3, Rn 24; *Offerhaus*, DStZ 1981, 445, 446.

16 Vgl. BFH v. 9.10.1996, BStBl II 1997, 225.

17 BFH v. 10.3.2005, DStR 2005, 919 m. Anm. *Macher*, NZA 2005, 1344.

sätzlich ist jedoch die Frage der Nicht-/Selbstständigkeit natürlicher Personen für Umsatzsteuer, Einkommensteuer einschließlich Lohnsteuer und Gewerbesteuer einheitlich zu beurteilen.[18]

7 **Ob bei geschäftsführenden Gesellschaftern von Personengesellschaften** eine Steuerermäßigung nach §§ 24, 34 EStG in Betracht kommt, hat der BFH offen gelassen. Das FG Köln[19] lehnt die Anwendung eines ermäßigten Steuersatzes gemäß § 34 Abs. 2 Nr. 2 EStG i.V.m. § 24 Nr. 1 Buchst. a EStG ab. Dagegen hatte das Finanzamt in dem vom BFH entschiedenen Fall dem dortigen Kläger die Tarifermäßigung gewährt.

8 **Ausgleichszahlungen gemäß § 89b HGB an Handelsvertreter** werden als Entschädigungen behandelt.[20] Nicht unter § 3 Nr. 9 EStG fallen **Übergangsgelder** und **Übergangsbeihilfen** aufgrund gesetzlicher Vorschriften wegen Entlassung aus einem Dienstverhältnis. Solche Zahlungen sind nach § 3 Nr. 10 EStG insgesamt steuerfrei.[21]

9 Die **Auflösung des Dienstverhältnisses** muss **vom Arbeitgeber „veranlasst"** sein. Es genügt also auch die einvernehmliche Auflösung auf Veranlassung des Arbeitgebers.[22] Ob und zu welchem Zeitpunkt das Dienstverhältnis aufgelöst worden ist, ist nach Bürgerlichem Recht bzw. Arbeitsrecht zu beurteilen.[23] Die Auflösung des Dienstverhältnisses wird von demjenigen veranlasst, der sie betreibt. Im Regelfall kann davon ausgegangen werden, dass bei Zahlung einer Abfindung der Arbeitgeber die Auflösung veranlasst hat.[24]

10 Eine **arbeitgeberseitige Veranlassung** der Auflösung des Dienstverhältnisses liegt z.B. in den folgenden Fällen vor: Der Arbeitgeber kündigt, ohne dass ein vertragswidriges Verhalten des Arbeitnehmers vorliegt. Der Arbeitgeber kündigt und das Arbeitsverhältnis wird auf Antrag des Arbeitgebers oder des Arbeitnehmers oder aufgrund beiderseitigen Antrags gemäß §§ 9, 10 KSchG durch Urteil aufgelöst. Der Arbeitnehmer spricht die Kündigung aus, weil der Arbeitgeber schwerwiegende Gründe gesetzt hat, durch die dem Arbeitnehmer die Fortsetzung des Dienstverhältnisses unzumutbar wird. Die Parteien vereinbaren ohne vorherige Kündigung die Auflösung des Dienstverhältnisses; die Veranlassung hierzu ist jedoch vom Arbeitgeber ausgegangen. Die Parteien vergleichen sich nach vorausgegangener arbeitgeberseitiger Kündigung außergerichtlich.[25]

11 Die Auflösung ist vom Arbeitgeber veranlasst, wenn dieser die entscheidenden Ursachen für die Auflösung gesetzt hat.[26] Der BFH früher hat die Auffassung vertreten, dem Arbeitnehmer müsse eine weitere Zusammenarbeit mit dem Arbeitgeber unzumutbar sein, damit eine arbeitgeberseitig veranlasste Beendigung des Arbeitsverhältnisses vorliege.[27] Diese Auffassung hat der BFH aufgegeben. Es kommt nicht darauf an, ob dem Arbeitnehmer eine weitere Zusammenarbeit mit dem Arbeitgeber noch zuzumuten ist.[28] Selbst in dem Fall, in dem der Arbeitgeber al-

18 *Macher*, NZA 2005, 1344.
19 FG Köln v. 20.9.1995, EFG 1996, 9.
20 FG Düsseldorf v. 12.3.1997, EFG 1997, 668.
21 Vgl. im Einzelnen *Blümich/Erhard*, § 3 EStG Rn 547 ff.
22 *Bauer*, Arbeitsrechtliche Aufhebungsverträge, Rn 903.
23 BFH v. 13.10.1978, BStBl II 1979, 155 = BB 1979, 304; BFH v. 11.1.1980, BStBl II 1980, 205.
24 BFH v. 10.11.2004, NJW 2005, 527 f. = DB 2005, 87 m. Anm. *Macher*, NZA 2005, 284 = BB 2005, 89.
25 *Bauer*, NZA 1991, 618; *Bauer*, Arbeitsrechtliche Aufhebungsverträge, VII Rn 7; BFH v. 18.12.1981, BB 1982, 538; so auch BdF-Schreiben v. 28.2.1979, BStBl I 1979, 144; R 9 Abs. 2 LStR.
26 BFH v. 17.5.1977, BStBl II 1977, 735 = BB 1977, 1288.
27 BFH v. 13.10.1978, BStBl II 1979, 155 = BB 1979, 204.
28 BFH v. 10.11.2004, NZA-RR 2005, 264 ff. m. Anm. *Macher*, NZA 2005, 864.

len Arbeitnehmern ab einem bestimmten Lebensalter die vorzeitige Pensionierung gegen Abfindung anbietet, soll die Steuerfreiheit nicht am Merkmal der Zumutbarkeit scheitern.[29]

Bei **Altersteilzeitmodellen** ist die Auflösung des Dienstverhältnisses nicht vom Arbeitgeber veranlasst, wenn die Altersteilzeit bis zum 65. Lebensjahr andauert. Vereinbaren Arbeitgeber und Arbeitnehmer, die bisherige Arbeitszeit durch Altersteilzeit zu vermindern und danach das Dienstverhältnis gegen eine Entlassungsentschädigung zu beenden, ist diese nur steuerfrei, wenn tatsächlich eine vorzeitige Auflösung des Dienstverhältnisses vereinbart wird. Bleibt es bei **Altersteilzeitmodellen** bei der tarif- oder einzelvertraglich vereinbarten Beendigung des Dienstverhältnisses mit Vollendung des 65. Lebensjahres, kommt eventuell eine Besteuerung als Entschädigung für die (Teil-) Aufgabe der bisherigen Tätigkeit nach der Fünftelregelung in Betracht, wenn eine Zusammenballung von Einkünften vorliegt (§ 24 Nr. 1 Buchst. b EStG i.V.m. § 34 Abs. 2 Nr. 2 EStG).[30] 12

Eine Abfindung liegt nicht vor, wenn maßgeblicher Grund der Leistung die Begründung eines neuen Dienstverhältnisses ist und sie vom neuen Arbeitgeber erbracht wird.[31] Vereinbaren die Parteien nach Beendigung des Dienstverhältnisses ein **neues Dienstverhältnis bei demselben Arbeitgeber zu wesentlich anderen Bedingungen**, ist eine Abfindung steuerfrei.[32] Die Begründung des neuen Dienstverhältnisses darf jedoch nicht maßgeblich für die Leistung der Abfindung sein;[33] die Abfindung muss für die Beendigung des alten Dienstverhältnisses gezahlt werden. Eine Steuerfreiheit der Abfindung kommt auch in Betracht, wenn dem auf Veranlassung des Arbeitgebers beendeten Arbeitsverhältnis ein **freies Mitarbeiterverhältnis**, z.B. aufgrund eines **Beratungsvertrags**, folgt. Hier bestehen allerdings erhebliche rechtliche Risiken, da die Abgrenzung, ob es sich um einen Arbeitnehmer oder um eine selbstständige Tätigkeit handelt, sehr schwierig ist. 13

Bei einer **Umsetzung innerhalb eines Konzerns** ist nach den Verhältnissen des Einzelfalls zu prüfen, ob die Umsetzung als Fortsetzung eines einheitlichen Dienstverhältnisses oder als neues Dienstverhältnis zu beurteilen ist.[34] Scheidet der Arbeitnehmer aus der einen Konzerngesellschaft gegen Zahlung einer Abfindung aus und begründet er gleichzeitig ein neues Arbeitsverhältnis mit einem verbundenen Unternehmen, so stellt sich die Frage, ob die Beendigung des Dienstverhältnisses die Anwendung der §§ 24, 34 EStG zur Folge hat. Dies hängt davon ab, ob das neue Dienstverhältnis als Fortsetzung des bisherigen Dienstverhältnisses anzusehen ist. Trotz der rechtlichen Selbstständigkeit der Arbeitgeber können das alte und das neue Arbeitsverhältnis in einer Weise miteinander verbunden sein, die gegen eine Auflösung spricht. Entscheidend ist, ob die Beteiligten nach den Umständen des Einzelfalles die Umsetzung als Fortsetzung eines einheitlichen Dienstverhältnisses ausgestaltet haben. Für die Fortsetzung des bisherigen Dienstverhältnisses sprechen z.B. ein zeitlich beschränktes Rückkehrrecht, die Anrechnung der bisherigen Dienstzeiten und die Weitergeltung der Pensionsordnung. Nach Auffassung des FG Hamburg[35] hängt eine Fortsetzung des Dienstverhältnisses nicht davon ab, ob das frühere Dienstverhältnis „in jeder Hinsicht" unverändert 14

29 BFH v. 11.1.1980, BStBl II 1980, 205 = BB 1980, 667.
30 Vgl. *Niermann*, DB 2001, 2415.
31 BFH v. 16.12.1992, BStBl II 1993, 447 = BFHE 170, 369.
32 BFH v. 10.10.1986, BStBl II 1987, 186.
33 Vgl. BFH v. 16.12.1993, DB 1993, 1334.
34 BFH v. 21.6.1990, BStBl II 1990, 1021; vgl. zu dieser Problematik im Einzelnen *Bauer*, Arbeitsrechtliche Aufhebungsverträge, VII Rn 15 f.; *Prinz*, DStR 1998, 1585, 1587; *Forchhammer*, DStZ 1999, 153, 159.
35 So auch FG Hamburg v. 27.5.1993, EFG 1994, 86 – rkr.

fortgeführt wird. Diese Rechtsprechung findet in der Literatur durchweg Zustimmung.[36] Erst recht ist von einem einheitlichen Dienstverhältnis im Sinne der BFH-Rechtsprechung auszugehen, wenn die Umsetzung aufgrund einer so genannten Konzernversetzungsklausel erfolgt. Dabei kann es keinen Unterschied machen, ob das einheitliche Dienstverhältnis im In- oder Ausland fortgeführt wird.[37]

15 Das FG Rheinland-Pfalz[38] hat entschieden, dass zwei Abfindungsfälle vorliegen, wenn ein **gleichzeitig bei zwei Gesellschaften tätiger Arbeitnehmer** auf Veranlassung des Arbeitgebers aus beiden Dienstverhältnissen jeweils gegen Abfindung ausscheidet. Der Arbeitnehmer könne in diesem Fall auch in den mehrfachen Genuss des Abfindungsfreibetrages kommen. Dies erscheine auch gerechtfertigt, denn der Arbeitnehmer habe den Nachteil, gleichzeitig aus mehreren Dienstverhältnissen ausscheiden zu müssen.

16 Eine Abfindungsvereinbarung kann steuerlich problematisch sein, wenn sich der Arbeitnehmer eindeutig vertragswidrig verhalten hat. Hier sind die Umstände des Einzelfalls zu berücksichtigen, weil nicht jedes **vertragswidrige Verhalten** eine ordentliche oder außerordentliche Kündigung rechtfertigt. Fehlt es beispielsweise an der bei einem Fehlverhalten im Vertrauensbereich erforderlichen Abmahnung, kann eine Kündigung unwirksam sein. In jedem Fall sollte in einem Aufhebungsvertrag die Veranlassung durch den Arbeitgeber schriftlich ausgedrückt werden. Derartige Formulierungen binden die Steuerverwaltung nicht. Sie sind jedoch nützlich, weil in diesen Fällen die Vermutung besteht, dass der Arbeitgeber die Auflösung veranlasst hat.[39]

17 Abfindungen können auch dann vorliegen, wenn der Arbeitgeber dem früheren Arbeitnehmer für die Zeit nach Auflösung des Dienstverhältnisses Beträge zahlt, auf die dieser bei Fortbestand des Dienstverhältnisses einen Anspruch gehabt hätte, der aber durch die Auflösung zivilrechtlich weggefallen ist.[40]

18 Dadurch eröffnen sich **vorteilhafte Gestaltungsmöglichkeiten**. Wird zum Beispiel das Arbeitsverhältnis vorzeitig, d.h. vor seinem vertraglichen Ablauf oder vor Ablauf der maßgeblichen Kündigungsfrist aufgelöst, sind Abfindungen zur Abgeltung von Ansprüchen, die bis zur regulären Beendigung des Arbeitsverhältnisses entstanden wären, steuerfrei.[41] Keine Abfindungen sind dagegen Zahlungen zur Abgeltung vertraglicher Ansprüche, die der Arbeitnehmer bis zur Auflösung des Arbeitsverhältnisses erlangt hat.[42]

19 Auch auf **Sozialplanabfindungen** im Sinne des § 112 BetrVG und Nachteilsausgleichsansprüchen im Sinne des § 113 BetrVG finden §§ 24, 34 EStG grundsätzlich Anwendung.[43]

20 Bei Verhandlungen über Aufhebungsvereinbarungen müssen sich die Parteien darüber klar sein, dass die **Bezeichnung einer Zahlung als „Abfindung" keine konstitutive Bedeutung** hat. Erhält ein Arbeitnehmer Zahlungen, die teilweise oder ganz Ansprüche auf Bezüge darstellen, die bis zur Beendigung eines Arbeitsverhältnisses entstanden sind, liegt keine steuerbefreite oder -begünstigte Gehaltszahlung vor. Maßgebend ist deshalb der Zeitpunkt der zi-

36 Vgl. *Forchhammer*, DStZ 1999, 153, 159 m.w.N.

37 *Bauer*, Arbeitsrechtliche Aufhebungsverträge, VII Rn 16.

38 FG Rheinland-Pfalz v. 28.6.1996, EFG 1997, 390 – rkr.

39 *Bauer*, Arbeitsrechtliche Aufhebungsverträge, VII Rn 11; *Offerhaus*, DStR 1980, 475; *ders.*, DStZ 1981, 447.

40 BFH v.11.1.1980, BStBl II 1980, 205.

41 BFH v. 17.5.1977, BStBl II 1977, 735 = BB 1977, 1288; BFH v. 13.10.1978, BStBl II 1979, 155 = BB 1979, 304; BFH v. 10.10.1986, BStBl II 1987, 186 = BB 1987, 457.

42 BB 2002, Beilage 1, 2.

43 Vgl. dazu im Einzelnen *Bauer*, Arbeitsrechtliche Aufhebungsverträge, VII Rn 10.

vilrechtlich wirksamen Beendigung des Arbeitsverhältnisses, ohne dass es darauf ankommt, dass sich der nach Beendigung des Arbeitsverhältnisses gezahlte Abfindungsvertrag ausschließlich oder zum Teil aus Beträgen zusammensetzt, auf die der Arbeitnehmer bei Einhaltung der ordentlichen Kündigungsfrist Anspruch gehabt hätte. Unschädlich ist es, wenn laufende (wiederkehrende) Bezüge gezahlt werden.[44]

Die Abfindung darf nicht in Raten bezahlt werden, da die **Verteilung der Abfindung** auf zwei Veranlagungszeiträume die Steuerbegünstigung nach § 34 EStG verhindert. Werden Zahlungen im Zusammenhang mit der Beendigung des Dienstverhältnisses, die in einem Vergleich als Abfindung und als Schmerzensgeld wegen Rufschädigung bezeichnet werden, für künftig entgehende Einnahmen zugesagt, sind diese grundsätzlich einheitlich zu beurteilen.[45] Wird einem Arbeitnehmer anlässlich der betriebsbedingten Aufhebung seines Arbeitsvertrages eine Erhöhung seiner Entlassungsentschädigung für den Fall zugesagt, dass künftig ein für ihn günstigerer Sozialplan aufgestellt werden sollte, so steht eine solche in einem späteren Veranlagungszeitraum zufließende Nachbesserung der tarifbegünstigten Besteuerung der Hauptentschädigung auch dann nicht entgegen, wenn sie 42,3 % der Hauptentschädigung beträgt.[46] 21

Die Abfindung kann auch vor dem vereinbarten Ende des Arbeitsverhältnisses ausgezahlt werden, ohne dass dadurch die Steuerbegünstigung nach §§ 24, 34 EStG berührt würde.[47] 22

Vom Arbeitgeber freiwillig übernommene Rentenversicherungsbeiträge im Sinne des § 187a SGB VI sind nach § 3 Nr. 28 EStG steuerfrei. Die Steuerfreiheit ist auf die Hälfte der insgesamt geleisteten zusätzlichen Rentenversicherungsbeiträge begrenzt, da auch Pflichtbeiträge des Arbeitgebers zur gesetzlichen Rentenversicherung nur in Höhe des halben Gesamtbeitrages steuerfrei sind. Die vom Arbeitgeber zusätzlich geleisteten Rentenversicherungsbeiträge nach § 187a SGB VI einschließlich darauf entfallender, gegebenenfalls vom Arbeitgeber getragener Steuerabzugsbeträge sind als Teil der Entschädigung im Sinne des § 24 Nr. 1 EStG, die im Zusammenhang mit der Auflösung eines Dienstverhältnisses geleistet wird, zu behandeln. 23

Wird dem Arbeitnehmer das **Recht** eingeräumt, das **Arbeitsverhältnis** abweichend von dem im Aufhebungsvertrag vereinbarten Zeitpunkt **vorzeitig zu beenden**, soll die Zahlung der auf den Zeitraum der vorzeitigen Beendigung entfallenden monatlichen Bezüge als Abfindung ebenfalls steuerbegünstigt sein. 24

Werden **Ruhegehaltsansprüche auf Wunsch des Arbeitnehmers kapitalisiert**, führt dies nicht zur Anwendung des § 24 EStG,[48] weil eine arbeitgeberseitige Veranlassung fehlt. Etwas anderes gilt, wenn die **Kapitalisierung wegen Liquidation des Arbeitgebers** erfolgt. In diesem Fall ist eine arbeitgeberseitige Veranlassung der Kapitalisierung zu bejahen, so dass eine Entschädigung im Sinne des § 24 EStG vorliegt.[49] 25

Besonderheiten gelten bei **vertretungsberechtigten Organmitgliedern**. Nach Auffassung des BFH[50] kommt keine Steuerbegünstigung in Betracht, weil ein bereits erdienter Anspruch erfüllt wird, wenn in Zusammenhang mit der Auflösung des Arbeitsverhältnisses Zahlungen zur Abgeltung einer betrieblichen Rentenanwartschaft geleistet werden. Unerheblich ist, ob 26

44 BFH v. 11.1.1980, BB 1980, 667.
45 BFH v. 16.11.2005, GmbHR 2006, 389 ff.
46 BFH v. 21.1.2004, NZA-RR 2005, 269 f.
47 *Bauer*, Arbeitsrechtliche Aufhebungsverträge, VII Rn 37.
48 BFH v. 9.7.1992, BFHE 168, 338; BFH v. 30.1.1991, BFH/NV 1992, 646; *Giloy*, BB 1983, 957.
49 BFH v. 5.10.1989, BStBl II 1990, 155; a.A. FG Saarland v. 9.2.1990, EFG 1990, 361.
50 BFH v. 24.4.1991, BStBl II 1991, 723 = DStR 1991, 903.

dem Arbeitnehmer bei Auflösung des Arbeitsverhältnisses ein Anspruch auf Auszahlung des Barwertes der Anwartschaft zusteht.[51]

27 Die Steuervergünstigung ist dann zu verneinen, wenn der Arbeitnehmer zwar keinen Zahlungsanspruch, wohl aber eine **unverfallbare Anwartschaft auf künftige Versorgungsleistungen** erworben hat. Der Arbeitgeber kann in diese gesicherte Rechtsposition nicht eingreifen. Etwas anderes gilt, wenn die Rentenanwartschaft noch verfallbar war und infolge der Auflösung des Arbeitsverhältnisses nicht zur Unverfallbarkeit erstarken konnte. Wenn die Abfindung diesen Nachteil ausgleichen soll, fällt sie unter § 3 Nr. 9 EStG.[52]

3. Steuerbegünstigung gemäß §§ 24, 34 EStG

28 Gemäß **§§ 24, 34 EStG** unterliegen Entschädigungen, die als Ersatz für entgangene oder entgehende Einnahmen geleistet werden, einem **ermäßigten Steuersatz**. Die Abfindung ist eine Entschädigung im Sinne des § 34 Abs. 1 EStG.[53] Die Lohnsteuer ist bei einem sonstigen Bezug i.S.d. § 34 Abs. 1 EStG in der Weise zu ermäßigen, dass der sonstige Bezug bei der Anwendung des § 39 Abs. 3 S. 5 EStG mit einem Fünftel anzusetzen und der Unterschiedsbetrag i.S.d. § 39b Abs. 3 S. 7 EStG zu verfünffachen ist (§ 39b Abs. 3 S. 9 EStG). § 39b Abs. 3 S. 10 EStG ist gestrichen. Unabhängig davon kann die Tarifermäßigung nach § 34 Abs. 1 EStG bei einer Veranlagung zur Einkommensteuer berücksichtigt werden (vgl. § 46 Abs. 2 Nr. 8 EStG). Bei der Prüfung der Frage, ob eine tarifbegünstigte Entschädigung i.S.d. § 34 Abs. 1 EStG vorliegt, ist der Teilbetrag, der nach § 3 Nr. 9 EStG steuerfrei ist, nicht zu berücksichtigen.[54]

29 Bei der Fünftelregelung rechnet der Arbeitgeber so, als würde der Arbeitnehmer über einen Zeitraum von fünf Jahren jeweils ein Fünftel der Abfindung erhalten. Dadurch bekommen die Arbeitnehmer einen steuerlichen Vorteil, die durch die Zahlung der Abfindung in eine hohe steuerliche Progression gelangen. Für Arbeitnehmer, die ohne die Abfindung nur ein **niedriges Einkommen** beziehen, kann die Abfindung zu überhöhten Steuerlasten führen. Dann wird die Fünftelregelung zum Steuervorteil. Für Arbeiter und Angestellte, die ohnehin ein **hohes Gehalt** bezogen haben, bringt die Fünftelreglung hingegen keinen Vorteil, wenn sie auch ohne die Abfindung dem sog. Spitzensteuersatz unterlagen. Die Regelung führt bei **mittleren Einkommen** zu einer merklichen Steuerbelastung. Im Einzelfall kann es sich anbieten, in die Aufhebungsvereinbarung eine **Fälligkeitsklausel** aufzunehmen, wonach die Abfindung erst Anfang Januar des Folgejahres zu zahlen ist. Dies ist dann empfehlenswert, wenn im Folgejahr mit wesentlich geringeren Einkünften zu rechnen ist, da die Hälfte des durchschnittlichen Steuersatzes auf der Grundlage des gesamten zu versteuernden Jahreseinkommens zu ermitteln ist.

30 Nach § 34 Abs. 1 EStG ist die auf **außerordentliche Einkünfte** entfallende Einkommensteuer wie folgt zu berechnen: Die für die außerordentlichen Einkünfte anzusetzende Einkommensteuer beträgt das Fünffache des Unterschiedsbetrages zwischen der Einkommensteuer für das um diese Einkünfte verminderte zu versteuernde Einkommen (so gen. verbleibendes zu versteuerndes Einkommen) und der Einkommensteuer für das verbleibende

51 A.A. FG Baden-Württemberg v. 27.4.1978, EFG 1978, 420; *von Bornhaupt*, BB 1980, Beilage 7, 8; *Heubeck/Höhne*, § 3 Rn 64.
52 BFH v. 24.4.1991, DStR 1991, 903.
53 Vgl. BFH v. 20.10.1978, BStBl II 1979, 176.
54 BFH v. 2.9.1992, BStBl II 1993, 52.

zu versteuernde Einkommen zzgl. eines Fünftels dieser Einkünfte. Ist das verbleibende zu versteuernde Einkommen negativ und das zu versteuernde Einkommen positiv, so beträgt die Einkommensteuer das Fünffache der auf 1/5 des zu versteuernden Einkommens entfallenden Einkommensteuer. Zur Abmilderung des Progressionsnachteiles erfolgt eine **Verteilung der Einkünfte** auf fünf Veranlagungszeiträume. Die Lohn- bzw. Einkommensteuer wird dabei in der Weise ermäßigt, dass die steuerpflichtige Entschädigung mit 1/5 des gezahlten Betrages angesetzt und die sich daraus ergebende Steuer mit dem Faktor 5 multipliziert wird. Diese Steuervergünstigung ist bei Arbeitnehmern vom Arbeitgeber bereits im Lohnsteuerabzugsverfahren anzuwenden.

Die **ermäßigte Besteuerung** erfordert keinen Antrag des Steuerpflichtigen, sondern ist **von Amts wegen zu beachten**.[55]

Es darf sich nicht um Zahlungen handeln, mit denen Ansprüche aus einem laufenden Arbeitsverhältnis erfüllt werden. Das gilt auch dann, wenn statt laufender Zahlungen eine einmalige Zahlung (Nachzahlung, Abfindung, Kapitalisierung) erfolgt.[56] Praktisch wird man die gleichen Beurteilungsmaßstäbe anzulegen haben wie früher nach § 3 Nr. 9 EStG.[57] 31

Außerordentliche Einkünfte im Sinne des § 34 Abs. 1 EStG sind stets die **Ausgleichszahlungen an Handelsvertreter** nach § 89b HGB (§ 24 Nr. 1 Buchst. c EStG). Regelmäßig sind Entschädigungen, die durch einen einmaligen größeren Betrag entgangene oder entgehende Einnahmen mehrerer Jahre abgelten, außerordentliche Einkünfte im Sinne des § 34 Abs. 1 EStG.[58] Abfindungen in Form von Einmalbeträgen wegen vom Arbeitgeber veranlassten oder durch Gerichtsurteil ausgesprochenen Auflösungen von Dienstverhältnissen werden in vollem Umfange als Entschädigung nach § 24 Nr. 1 Buchst. a EStG angesehen. 32

§§ 24, 34 EStG finden keine Anwendung, wenn dem Arbeitnehmer schon im Anstellungsvertrag für den Fall der Beendigung des Arbeitsverhältnisses ein Anspruch auf **Kapitalisierung einer verfallbaren Versorgungsanwartschaft** eingeräumt wurde.[59] In Abweichung davon hat der BFH[60] entschieden, dass eine Entschädigung im Sinne des § 24 Nr. 1 Buchst. a EStG auch dann vorliegt, wenn bereits bei Beginn des Dienstverhältnisses ein Ersatzanspruch für den Fall der betriebsbedingten Kündigung oder Nichtverlängerung des Dienstverhältnisses vereinbart wird. Wird die Kapitalisierung einer verfallbaren Versorgungsanwartschaft erst anlässlich des Ausscheidens des Arbeitnehmers vereinbart, handelt es sich um eine Entschädigung im Sinne des § 24 Nr. 1 Buchst. a EStG.[61] Die Abfindung, die ein Gesellschafter-Geschäftsführer, der seine GmbH-Anteile veräußert, für den Verzicht auf seine Pensionsansprüche gegen die GmbH erhält, kann eine Entschädigung i.S.d. § 24 Nr. 1 Buchst. a EStG sein.[62] 33

Besonderheiten gelten bei **Handelsvertretern**. Wird in einem vom Arbeitgeber veranlassten Vertrag über die Aufhebung eines Arbeitsvertrages vereinbart, dass der Arbeitnehmer bis zur Beendigung des Arbeitsverhältnisses einen mehrjährigen unbezahlten Übergangsurlaub nimmt, so sind die Zahlungen zum Ausgleich des unbezahlten Urlaubes sowie die Abfindung 34

55 *Schmidt/Seeger*, § 34 EStG Rn 6.

56 BFH v. 25.3.1975, BB 1975, 867.

57 BFH v. 20.10.1978, BStBl II 1979, 176; *Offerhaus*, DB 1982, Beilage 10.

58 BFH v. 12.12.1970, BStBl II 1971, 137; BFH v. 12.3.1975, BStBl II 1975, 485; BFH v. 21.11.1980, BStBl II 1981, 214.

59 BFH v. 27.2.1991, BStBl II 1991, 703; a.A. BFH v. 13.8.1975, BFHE 117, 40.

60 BFH v. 10.9.2003, BStBl II 2004, 349 = BFHE 204, 65.

61 *Bauer*, Arbeitsrechtliche Aufhebungsverträge, VII Rn 61.

62 BFH v. 10.4.2003, NZA-RR 2003, 599 ff. m. Anm. *Macher*, NZA 2003, 1324 ff.

wegen der vorzeitigen Beendigung des Arbeitsverhältnisses Entschädigungen im Sinne des § 24 Nr. 1 Buchst. a EStG.[63]

35 Die Rechtsprechung des BFH[64] führt zu einer Verschärfung der Rechtslage im Hinblick auf die Tarifbegünstigung für Entschädigungen nach §§ 24 Nr. 1, 34 EStG. Nach Auffassung des BFH ist eine Entschädigung nur dann tarifbegünstigt, wenn sie zu einer **Zusammenballung von Einkünften** innerhalb eines Veranlagungszeitraumes führt.[65] Übersteigt die anlässlich der Beendigung eines Arbeitsverhältnisses gezahlte Entschädigung die bis zum Ende des Veranlagungszeitraumes entgehenden Einnahmen nicht und bezieht der Steuerpflichtige keine weiteren Einnahmen, die er bei Fortsetzung des Arbeitsverhältnisses nicht bezogen hätte, so ist das Merkmal der Zusammenballung von Einkünften nicht erfüllt.

36 Die Anwendung der begünstigten Besteuerung nach § 34 Abs. 1 und 2 EStG setzt nach ständiger Rechtsprechung[66] voraus, dass die Entschädigungsleistungen zusammengeballt in einem Veranlagungszeitraum zufließen. Deshalb ist der **Zufluss mehrerer Teilbeträge in unterschiedlichen Veranlagungszeiträumen** schädlich.[67] Fließt also die Entschädigungsleistung in mehr als einem Veranlagungszeitraum zu, so scheidet die Anwendung des § 34 Abs. 1 EStG grundsätzlich aus. Die Rechtsprechung hat lediglich in zwei Ausnahmefällen den Zufluss in mehreren Veranlagungszeiträumen als unschädlich angesehen. Es handelte sich um den Fall, dass die Leistung der Entschädigung in einer Summe vorgesehen war, aber wegen der ungewöhnlichen Höhe und der besonderen Verhältnisse des Arbeitgebers auf zwei Jahre verteilt wurde sowie den Fall, dass der Entschädigungsempfänger zur Existenzsicherung auf den Bezug einer Vorauszahlung angewiesen war.[68] Es fehlt an einer Zusammenballung, wenn der Arbeitnehmer auf der Grundlage der in Zusammenhang mit der Auflösung des bisherigen Verhältnisses getroffenen Vereinbarung neben einer Einmalzahlung noch andere Entschädigungsleistungen erhält, die sich über mehr als einen Veranlagungszeitraum erstrecken. Die steuerfreien Anteile der Entschädigung können die Progression nicht beeinflussen, so dass es unschädlich ist, wenn sie in einem anderen Jahr als der steuerpflichtige Teil der Entschädigung zufließen.

37 Dementsprechend lässt die Finanzverwaltung auch pauschalbesteuerte Entschädigungsteile, z.B. Direktversicherungsbeiträge, außer Ansatz, weil der pauschalbesteuerte Arbeitslohn aufgrund § 40 Abs. 3 EStG nicht den Steuersatz des steuerpflichtigen Teiles der Entschädigung beeinflussen kann. In der Literatur wird die Auffassung vertreten, dies gelte entsprechend auch für die Teile der Entlassungsentschädigung, die sich beim Arbeitnehmer zugleich steuerrelevant auswirken, z.B. die Übernahme von vorweggenommenen Werbungskosten oder Betriebsausgaben für eine Ersatztätigkeit, Steuerberatungskosten usw.[69]

38 Ob eine **Zusammenballung** im Sinne des § 34 EStG vorliegt, ist nach der BFH-Entscheidung vom 4.3.1998[70] zu beurteilen. Übersteigt die anlässlich der Beendigung eines Dienstverhältnisses gezahlte Entschädigung die bis zum Ende des (Zufluss-) Veranlagungszeitraumes entgehenden Einnahmen nicht und bezieht der Steuerpflichtige keine weiteren

63 BFH v. 14.5.2003, NZA-RR 2004, 36 ff.

64 BFH v. 4.3.1998, BStBl II 1998, 787 = DStR 1998, 929; vgl. auch BFH v. 16.7.1997, BStBl II 1997, 753 = DStR 1997, 1531; BFH v. 6.9.1995, BFH/NV 1996, 204; kritisch: *Prinz*, DStR 1998, 1585, 1586 f.

65 Vgl. dazu BMF-Schreiben v. 18.12.1998, BStBl I 1998, 1512 ff. Rn 10–19; *Ross*, DStZ 1999, 212, 214 f.

66 Vgl. nur BFH v. 24.3.1993, BStBl II 1993, 497 m.w.N. = DStR 1993, 795.

67 BFH v. 21.3.1996, BStBl II 1996, 416 = DStR 1996, 1004.

68 BFH v. 2.9.1992, BStBl II 1993, 831.

69 *Ross*, DStZ 1999, 213, 214.

70 BFH v.4.3.1998, BStBl II 1998, 787 = DStR 1998, 929.

Einnahmen, die er bei Fortsetzung des Dienstverhältnisses nicht bezogen hätte, so ist das Merkmal der Zusammenballung von Einkünften nicht erfüllt.

Wenn die Entschädigung für den **Einnahmeverlust** mehrerer Jahre gewährt werden soll, ist dies für die Beurteilung der Zusammenballung ohne Bedeutung. Entscheidend ist vielmehr, ob es unter Einschluss der Entschädigung in Folge der Beendigung des Dienstverhältnisses in dem jeweiligen Veranlagungszeitraum insgesamt zu einer über die normalen Verhältnisse hinausgehenden Zusammenballung von Einkünften kommt.[71] Dagegen kommt es auf eine konkrete Progressionserhöhung nicht an.[72] Auch die Zusammenballung mit anderen laufenden Einkünften des Steuerpflichtigen ist keine weitere Voraussetzung für die Anwendung des § 34 Abs. 1 EStG.[73] Dies gilt insbesondere in den Fällen, in denen die Entschädigung die bis zum Jahresende entgehenden Einnahmen nur geringfügig übersteigt. Andererseits kommt § 34 Abs. 1 EStG unter dem Gesichtspunkt der Zusammenballung auch dann in Betracht, wenn im Jahr des Zuflusses der Entschädigung weitere Einkünfte erzielt werden, die der Steuerpflichtige nicht bezogen hätte, wenn das Dienstverhältnis ungestört fortgesetzt worden wäre und er dadurch mehr erhält, als er bei normalem Ablauf der Dinge erhalten hätte.[74] Bei der Berechnung der Einkünfte, die der Steuerpflichtige bei Fortbestand des Vertragsverhältnisses im Veranlagungszeitraum bezogen hätte, ist auf die Einkünfte des Vorjahres abzustellen.[75] 39

Die **erforderliche Vergleichsberechnung** ist grundsätzlich anhand der jeweiligen Einkünfte des Steuerpflichtigen laut Steuerbescheid/Steuererklärung vorzunehmen. Der entscheidungserhebliche potentielle Progressionsnachteil wird zunächst danach beurteilt, ob die Entlassungsentschädigung die bis zum Ende des (Zufluss-)Veranlagungszeitraumes entgehenden Einnahmen aus dem betreffenden Dienstverhältnis übersteigt oder nicht. Übersteigt die Entlassungsentschädigung die bis zum Ende des (Zufluss-)Veranlagungszeitraumes entgehenden Einnahmen, so wird die Zusammenballung stets bejaht. Die gegen Ende des Kalenderjahres vollzogene Auflösung des Dienstverhältnisses ist daher günstiger als eine zu Beginn des Kalenderjahres vorgenommene Auflösung. Bei dieser auf das Dienstverhältnis bezogenen Gegenüberstellung von Entlassungsentschädigung und wegfallenden Einnahmen bezieht die Finanzverwaltung steuerfreie Abfindungen ein.[76] Nach Auffassung der Finanzverwaltung ist es bei Einkünften im Sinne des § 19 EStG nicht zu beanstanden, wenn die erforderliche Vergleichsrechnung statt dessen anhand der betreffenden Einnahmen aus nicht selbstständiger Arbeit durchgeführt wird. In diesem Fall sind bei einer solchen Vergleichsrechnung nach Maßgabe der Einnahmen auch Abfindungen im Sinne des § 3 Nr. 9 EStG, pauschalbesteuerte Arbeitgeberleistungen und dem Progressionsvorbehalt unterliegende Lohnersatzleistungen einzubeziehen. 40

Ergibt die **auf das Dienstverhältnis bezogene Gegenüberstellung**, dass die Entlassungsentschädigung die bis zum Ende des Veranlagungszeitraumes entgehenden Einnahmen aus dem betreffenden Dienstverhältnis nicht übersteigt, so kommt es auf die übrigen Einkünfte des Arbeitnehmers an. Hat er keine übrigen Einkünfte oder nur solche, die er in gleicher Weise auch ohne die Auflösung des Dienstverhältnisses bezogen hätte, z.B. aus Vermietung und 41

71 BFH v. 4.3.1998, BStBl II 1998, 787 = DStR 1998, 929.

72 BFH v. 14.12.1982, BStBl II 1983, 221; BFH v. 21.3.1996, BStBl II 1996, 416 = DStR 1996, 1004; BFH v. 4.3.1998, BStBl II 1998, 787 = DStR 1998, 929.

73 BFH v. 13.11.1953, BStBl III 1954, 13.

74 BFH v. 4.3.1998, BStBl II 1998, 787 = DStR 1998, 929.

75 BFH v. 4.3.1998, BStBl II 1998, 787 = DStR 1998, 929.

76 *Ross*, DStZ 1999, 212, 214.

Verpachtung, kommt die Anwendung von § 34 Abs. 1 EStG nicht in Betracht. Hat er dagegen weitere Einkünfte, die er bei ungestörter Fortsetzung des Dienstverhältnisses nicht bezogen hätte, und übersteigen diese zusammen mit der Entlassungsentschädigung die entgehenden Einnahmen, so wird die Zusammenballung ebenfalls bejaht.[77]

42 Grundsätzlich sind die Einkünfte **Maßstab** für die nicht auf das Dienstverhältnis bezogene Gegenüberstellung im Rahmen **der erforderlichen Vergleichsberechnung**. Dies macht Sinn, weil die Einnahmen zumindest bei Gewinneinkünften keine zuverlässigen Aussagen über die daraus folgende Progressionswirkung erlauben, z.B. wenn sich der Arbeitnehmer selbstständig macht, und am Anfang Verluste erzielt. Dagegen kann bei Arbeitnehmereinkünften eher davon ausgegangen werden, dass höhere Einnahmen auch höhere Progression zur Folge haben. Bei Einkünften aus nicht selbstständiger Arbeit kann deshalb die erforderliche Vergleichsberechnung anhand der betreffenden Arbeitslöhne durchgeführt werden. Diese ermöglicht zugleich die Anwendung des § 34 Abs. 1 EStG bereits im Lohnsteuerabzugsverfahren.[78]

43 Unerheblich ist, ob die **Entschädigungsleistung** in Geld oder durch zusätzliche **Sachleistungen** des früheren Arbeitgebers erbracht wird. Es kann sich zum Beispiel bei der unentgeltlichen Nutzung des Dienstwagens oder des Firmentelefons, ohne dass der ausgeschiedene Mitarbeiter noch zu einer Dienstleistung verpflichtet wäre, um eine Entschädigung handeln. Handelt es sich um eine Entschädigung, ist dies für die Anwendung des § 34 EStG schädlich, wenn die steuerpflichtige Gesamtentschädigung (Einmalbetrag zzgl. zusätzlicher Entschädigungsleistungen) nicht in einem Kalenderjahr zufließt. Eine Entschädigung liegt in diesen Fällen z.B. dann nicht vor, wenn derartige zusätzliche Leistungen nicht nur bei vorzeitigem Ausscheiden, sondern auch in anderen Fällen, insbesondere bei altersbedingtem Ausscheiden, erbracht werden, z.B. Fortführung von Mietverhältnissen, Arbeitgeberdarlehen, Deputatlieferungen, Sondertarifen und der Weitergewährung von Rabatten. Lebenslänglich zugesagte Geld- oder Sachleistungen sind stets nach § 24 Nr. 2 EStG zu behandeln.

44 Die weitere unentgeltliche oder teilentgeltliche (zeitlich befristete) **Nutzung betrieblicher Einrichtungen**, z.B. Telefon, Fax-Gerät, Büro usw. ist regelmäßig **Teil der Entschädigung**. In den genannten Fällen wird dieser Teil des Entschädigungsanspruches durch die weitere Nutzung in dem jeweiligen Kalenderjahr erfüllt. § 34 EStG kann daher nicht angewendet werden, wenn die Wirtschaftsgüter auch in einem anderen als dem Veranlagungszeitraum genutzt werden, in dem die übrige Entschädigung zufließt. Das Gleiche gilt sinngemäß, wenn der frühere Arbeitgeber weiterhin die Kosten z.B. des Büropersonals trägt.

45 Ist die weitere **Nutzung einer Wohnung** Bestandteil der Entschädigungsvereinbarung, so ist die Mietverbilligung nur dann für die Zusammenballung von Einkünften schädlich, wenn sie mietrechtlich frei vereinbar und dem Grunde nach geldwerter Vorteil aus dem früheren Dienstverhältnis ist. Die Vereinbarung darf nicht auf die Lebenszeit des oder der Berechtigten abgeschlossen sein.

46 Die weitere unentgeltliche oder teilentgeltliche (zeitlich befristete) **Nutzung des Dienstwagens**, der nicht in das Eigentum des Arbeitnehmers übergeht, ist regelmäßig Teil der Entschädigung. In diesen Fällen wird dieser Teil des Entschädigungsanspruches durch die weitere Nutzung in dem jeweiligen Kalenderjahr erfüllt. § 34 EStG kann nach Auffassung der Finanzverwaltung nicht angewendet werden, wenn der Dienstwagen auch in einem anderen

77 *Ross*, DStZ 1999, 212, 214.

78 Vgl. zur Durchführung des Lohnsteuerabzuges *Heidel/Pauly*, § 8 Rn 16 ff.

als dem Veranlagungszeitraum genutzt wird, in dem die übrige Entschädigung zufließt.[79] Damit ist nach Auffassung der Finanzverwaltung der Abfindungszahlung die Steuerbegünstigung zu versagen, wenn die weitere – unentgeltliche oder teilentgeltliche – Nutzung des Dienstwagens über den Jahreswechsel hinaus gewährt wird. Diese Rechtsauffassung der Finanzverwaltung ist nicht unumstritten. Das FG Düsseldorf[80] bejaht eine Zusammenballung der Einkünfte, obwohl der Dienstwagen über den Jahreswechsel hinaus unentgeltlich zur Nutzung überlassen wurde, weil mit dem Nutzungswert für das Fahrzeug im Folgejahr nur ein verschwindend geringer Anteil an der Gesamtentschädigung zugeflossen ist. Das FG Baden-Württemberg[81] hat eine Nutzung des Dienstwagens über einen Zeitraum von 15 Monaten mit einem Nutzungswert von 11.760 EUR als noch geringfügig und daher unschädlich erachtet. Der Anteil des Nutzungswertes für den Dienstwagen lag in diesem Fall bei etwa 5 % der Gesamtentschädigung.

Der BFH[82] hat beide Urteile bestätigt und darauf hingewiesen, dass ergänzende Zusatzleistungen aus Gründen der sozialen Fürsorge, die für die Beurteilung der Hauptleistung als einer zusammengeballten Entschädigung i.S.d. § 34 Abs. 2 EStG unschädlich sind, weder eine Bedürftigkeit des entlassenen Arbeitnehmers noch eine nachvertragliche Fürsorgepflicht des Arbeitgebers im arbeitsrechtlichen Sinne voraussetzen. 47

Die Steuerbegünstigung nach § 34 EStG bringt keine spürbare Entlastung, wenn es sich um höhere Abfindungen handelt und der Arbeitnehmer einer hohen Progression unterliegt. Abfindungszahlungen für ältere Arbeitnehmer können steuerlich optimiert werden, indem Ausgleichszahlungen an die gesetzliche Rentenversicherung für diejenigen Arbeitnehmer geleistet werden, die vorzeitig unter Inkaufnahme von Rentenkürzungen nach dem Ausscheiden aus dem Arbeitsverhältnis eine gesetzliche Altersrente in Anspruch nehmen.[83] 48

4. „Brutto=Netto"-Klauseln

Arbeitsgerichtliche Vergleiche enthalten häufig die sog. **„Brutto=Netto"-Klausel**,[84] wonach ein an sich geschuldeter Bruttobetrag **zum Nominalwert netto** auszuzahlen ist. Eine derartige Regelung widerspricht dem Grundsatz, dass Abfindungen regelmäßig als Bruttoabfindungen zu verstehen sind. Ist von den Parteien wirtschaftlich gewollt, dass der Arbeitnehmer die anfallenden Steuern zu zahlen hat, sollte immer eine „Brutto"-Klausel vereinbart werden. 49

Nach dem Wegfall des § 3 Nr. 9 EStG muss der anwaltliche Vertreter des Arbeitgebers die Aufnahme einer „Brutto=Netto"-Klausel verhindern, damit seinem Mandanten keine Nachteile entstehen, da in diesem Fall eine Bruttovereinbarung allenfalls noch durch Auslegung der Klausel erreicht werden kann.[85] Der Arbeitnehmer trägt die Darlegungs- und Beweislast dafür, dass es sich um eine Nettovereinbarung handelt.[86] 50

79 BMF-Schreiben betreffend Zweifelsfragen im Zusammenhang mit der ertragsteuerlichen Behandlung von Entlassungsentschädigungen v. 18.12.1998, BStBl I 1998, 1512 Rn 18.

80 FG Düsseldorf v. 23.4.2001– 7 K 7144/97 E.

81 FG Baden-Württemberg v. 20.6.2000, 1 K 80/99.

82 BFH v. 3.7.2002, BFH/NV 2003, 448; BFH v. 3.7.2002, XI R 80/00 n.v.

83 Vgl. im Einzelnen: *Schrader*, NZA 2003, 593 ff.

84 Vgl. KR/*Becker*, § 10 KSchG Rn 88a; *Bauer*, Arbeitsrechtliche Aufhebungsverträge, VII Rn 94.

85 Vgl. dazu LAG Hamm, DB 1980, 2396; LAG Niedersachsen, BB 1985, 272; LAG Bremen, NZA 1988, 433; LAG Frankfurt, DB 1989, 2080; LAG Berlin, BB 1994, 1865; LAG Köln, LAGE § 9 KSchG Nr. 27.

86 LAG Niedersachsen, BB 1985, 272; LAG Bremen, NZA 1988, 433.

51 Verpflichtet sich der Arbeitgeber in einem Vergleich, an den Arbeitnehmer eine Abfindung für den Verlust des Arbeitsplatzes „Brutto=Netto“ zu zahlen, so führt dies nicht dazu, dass er die auf die Abfindung entfallende Einkommensteuer im Innenverhältnis zum Arbeitnehmer zu übernehmen hat, wenn beide Parteien sich über die Bedeutung der Floskel „Brutto=Netto“ keine Gedanken gemacht haben. Es fehlt dann an dem Willen zur entsprechenden rechtsgeschäftlichen Gestaltung ihrer Beziehungen.[87]

5. Abfindungen mit Auslandsbezug

52 Abfindungsfragen mit Auslandsbezug treten sowohl auf bei deutschen Unternehmen mit Auslandsengagements (**Outbound-Gestaltungen**) als auch bei im Inland tätigen Steuerausländern (**Inbound-Gestaltungen**). Bei der Gestaltung von Expatriate-Strukturen können sich komplexe doppelbesteuerungsrechtliche Probleme und Qualifikationskonflikte ergeben. Nicht unüblich sind bei internationalen Unternehmensgruppen länderübergreifende **Salary Split-Gestaltungen**, bei denen das Gesamtgehalt eines Arbeitnehmers verschiedenen Besteuerungshoheiten zugeordnet wird. Dies setzt separate Arbeitsverträge, eine angemessene Gehaltsaufteilung und entsprechende Nachweise durch Arbeitnehmer und Arbeitgeber voraus. In der Praxis sind derartige Gestaltungen häufig mit Steuerkompensationsvereinbarungen gekoppelt. Dadurch wird sichergestellt, dass die vom Arbeitnehmer zu tragende weltweite Steuerbelastung nicht größer wäre, als wenn er im Entsendestaat verblieben wäre.[88]

53 Die in Deutschland tätigen Tochtergesellschaften ausländischer Unternehmensgruppen beschäftigen häufig Arbeitnehmer der Muttergesellschaft. Diese Arbeitnehmer haben wegen befristeten Aufenthaltes oder als Grenzpendler weder Wohnsitz noch gewöhnlichen Aufenthalt im Inland. Scheiden derartige beschränkt Steuerpflichtige (§ 1 Abs. 4 EStG) mit Abfindungszahlungen aus dem Unternehmen aus, so ist die Tarifermäßigung des § 34 EStG wegen § 50 Abs. 1 EStG nicht anwendbar.

II. Karenzentschädigungen

54 An Arbeitnehmer gezahlte **Karenzentschädigungen**[89] sind Einkünfte aus nicht selbstständiger Tätigkeit, die wie Arbeitsentgelt zu versteuern sind.[90] Sie sind lohnsteuerpflichtiger Arbeitslohn.

55 Dies gilt auch dann, wenn die Karenzentschädigung in einem **Einmalbetrag** geleistet wird.[91] Vereinbaren die Parteien bei Beendigung des Arbeitsverhältnisses die Umwandlung eines wirksam vereinbarten nachvertraglichen Wettbewerbsverbotes in ein „entschädigungsloses“ und erhöhen sie die Abfindung wegen Verlustes des Arbeitsplatzes entsprechend der ansonsten zu zahlenden Karenzentschädigung, wird die Finanzverwaltung im Regelfall die Abfindung als Karenzentschädigung behandeln. Dies gilt jedenfalls dann, wenn der Abfindungsbetrag unverhältnismäßig hoch erscheint.

56 Darauf, ob die Verkürzung des Wettbewerbsverbotes und der Verzicht auf eine Entschädigung im Aufhebungsvertrag mit vereinbart oder in einer gesonderten Urkunde vereinbart

87 BAG v. 11.12.1997, BB 1997, 1850.
88 *Prinz*, DStR 1998, 1585, 1588 f. m.w.N.
89 *Bauer/Diller*, Wettbewerbsverbote, Rn 797 ff.
90 LAG Hamm v. 1.7.1987, LAGE Nr. 3 zu § 74 HGB.
91 BFH v. 13.2.1987, BStBl II 1987, 386.

wird, kommt es nicht an. Bei Entschädigungen für die Nichtausübung einer Tätigkeit gemäß § 24 Nr. 1 Buchst. b EStG ist es nach Auffassung des BFH nicht erforderlich, dass die Karenzentschädigung auf einer vom Anstellungsvertrag unabhängigen Rechts- oder Billigkeitsgrundlage beruht.[92] Daraus folgt, dass eine bereits im Anstellungsvertrag vereinbarte Karenzentschädigung unter §§ 24, 34 EStG fallen kann.[93] Dementsprechend hat der BFH[94] entschieden, dass das Entgelt für ein umfassendes Wettbewerbsverbot, das im Zusammenhang mit der Beendigung eines Arbeitsverhältnisses vereinbart worden ist, eine Entschädigung nach § 24 Nr. 1 Buchst. b i.V.m. § 22 Nr. 3 EStG darstellt. Dies gilt auch dann, wenn ungewiss ist, zu welcher Einkunftsart die Tätigkeit geführt hätte, auf deren Ausübung verzichtet worden ist. § 24 Nr. 1 Buchst. b EStG erfasst Karenzzahlungen, die „für" die Aufgabe oder Nichtausübung einer Tätigkeit – mithin als Gegenleistung für den Verzicht auf eine mögliche Einkunftserzielung – erbracht werden. Das ist bei Zahlungen, die als Entgelt für die Einhaltung eines Wettbewerbsverbotes geleistet werden, stets der Fall.

§ 24 Nr. 1 Buchst. b EStG findet auf **Karenzentschädigungen bei bereits im Arbeitsvertrag vereinbarten nachvertraglichen Wettbewerbsverboten** Anwendung.[95] 57

Nach der früheren Rechtsprechung des BFH setzte § 24 Nr. 1 Buchst. b EStG voraus, dass es 58 sich bei der **Entschädigung nicht** um eine **vertragliche Hauptleistung** handelt.[96] Dies hatte zur Folge, dass Karenzentschädigungen nur dann unter §§ 24 Nr. 1 Buchst. b, 34 EStG fielen, wenn das Wettbewerbsverbot bereits im Anstellungsvertrag vereinbart war. Bei dieser Gestaltung stellte das Wettbewerbsverbot eine Nebenabrede zum Arbeitsvertrag dar, so dass die Karenzentschädigung lediglich eine vertragliche Nebenleistung war.[97] Wurde dagegen das Wettbewerbsverbot erst beim Ausscheiden vereinbart, handelte es sich um ein vom beendeten Arbeitsverhältnis losgelöstes Vertragsverhältnis, in dem die Wettbewerbsunterlassungspflicht und die Karenzentschädigung gegenseitige Hauptpflichten darstellten. In diesem Fall war § 24 Nr. 1 Buchst. b EStG auf die Karenzentschädigung nicht anwendbar.[98] Dieser Auffassung ist zuerst das FG Baden-Württemberg entgegengetreten.[99] Nach Auffassung des FG Baden-Württemberg sind die §§ 24, 34 EStG auch bei Wettbewerbsverboten anzuwenden, die erst in einem Aufhebungsvertrag vereinbart werden. Der BFH[100] ist dieser Auffassung gefolgt und wendet § 24 Nr. 1 Buchst. b EStG auch dann an, wenn die Zahlungen für die Nichtausübung einer Tätigkeit (Karenzentschädigung) als vertragliche Hauptleistungspflicht vereinbart wird.

Voraussetzungen für die Anwendung eines ermäßigten Steuersatzes nach § 34 Abs. 1 EStG 59 können auch bei Karenzentschädigungen erfüllt sein. Die Anwendung des § 34 Abs. 1 und 2 EStG verlangt auch in den Fällen des § 24 Nr. 1 Buchst. b EStG, dass die Entschädigung für die Aufgabe oder Nichtausübung einer Tätigkeit, die sich bei normalem Ablauf über meh-

92 BFH v. 16.3.1993, DB 1993, 1269; BFH v. 13.2.1987, BStBl II 1987, 386; so auch *Schmidt/Seeger*, § 24 EStG Rn 15.

93 Vgl. dazu *Bauer/Diller*, Wettbewerbsverbote, Rn 805.

94 BFH v. 12.6.1996, BStBl II 1996, 516 = BFHE 180, 433 ff.

95 BFH v. 13.2.1987, BStBl II 1987, 386; vgl. dazu *Bauer/Diller*, Wettbewerbsverbote, Rn 800 ff.

96 BFH v. 21.9.1982, BStBl II 1983, 289; so auch FG München v. 2.9.1986, EFG 1987, 57; *Schmidt/Seeger*, § 24 EStG Rn 6.

97 BFH v. 13.9.1987, BStBl II 1987, 386.

98 BFH v. 21.9.1982, BStBl II 1983, 289.

99 FG Baden-Württemberg v. 20.1.1994 – 8 K 210/92 – n.v., zitiert nach *Bauer/Diller*, Wettbewerbsverbote, Rn 808.

100 BFH v. 12.6.1996, BFHE 180, 433, 435.

rere Jahre erstreckt hätte, vollständig in einem Betrag gezahlt wird und dadurch ein Progressionsnachteil entsteht.[101]

60 §§ 24, 34 EStG sind anwendbar, wenn die **Karenzentschädigung während eines Veranlagungszeitraumes** zufließt, während sich die ohne das Wettbewerbsverbot erzielbaren Einkünfte auf mehrere Veranlagungszeiträume erstreckt hätten.[102] Dagegen ist eine pauschale Entschädigungszahlung zur Abgeltung eines Wettbewerbsverbotes nicht gemäß §§ 34, 24 EStG zu besteuern, wenn sich das abgegoltene Wettbewerbsverbot lediglich auf einen einzigen Veranlagungszeitraum (im Regelfall das Kalenderjahr) erstreckt.[103]

61 Die Anwendung der §§ 24, 34 EStG scheidet aus, wenn die Entschädigung in dem Jahr gezahlt wird, in dem der Steuerpflichtige dem Tätigkeitsverbot unterliegt, da in diesem Fall die Entschädigung an die Stelle der sonst erzielten Einkünfte tritt. Etwas anderes gilt, wenn die Entschädigung in einem anderen Jahr als demjenigen gezahlt wird, in dem das Tätigkeitsverbot gilt und außerdem die Entschädigung mit weiteren Einkünften zusammenfällt, während der Steuerpflichtige im Jahr der entgangenen Einnahmen keine weiteren nennenswerten Einnahmen gehabt hat.[104]

62 Es kann sich deshalb anbieten, die gesamte **Karenzentschädigung** erst **nach Ablauf des Wettbewerbsverbotes** auszuzahlen, um auf diese Weise die Steuervorteile der §§ 24, 34 EStG zu sichern. Es bedarf der Prüfung im Einzelfall. In Zweifelsfällen sollte eine Anrufungsauskunft nach § 42e EStG eingeholt werden.[105]

101 BFH v. 16.3.1993, BStBl II 1993, 497 = BFHE 170, 445; BFH v. 12.6.1996, BFHE 180, 433, 435.
102 *Schmidt/Seeger*, § 34 EStG Rn 12; *Bauer/Diller*, Wettbewerbsverbote, Rn 802.
103 FG Niedersachsen v. 17.9.1986, EFG 1987, 231; *Bauer/Diller*, Wettbewerbsverbote, Rn 802.
104 BFH v. 17.12.1959, BStBl III 1960, 72; BFH v. 16.3.1993, DB 1993, 1269.
105 Vgl. dazu *Heidel/Pauly*, § 8 Rn 188 ff.

Teil 7 Betriebliche Altersversorgung

§ 35 Kündigung und betriebliche Altersversorgung

Dr. Karl-Peter Pühler

Inhalt

	Rn
I. Einführung	1
II. Begriff der betrieblichen Altersversorgung	5
1. Abgrenzung entsprechend einem biologischen Ereignis	7
2. Abgrenzung nach dem geforderten Versorgungszweck	8
3. Notwendige Abgrenzung aufgrund selbstfinanzierter Altersvorsorge	10
III. Geschützter Personenkreis	12
IV. Rechtsquellen der bAV	14
1. Vertragsfreiheit	15
2. Versorgungsverhältnis	18
3. Rechtsbegründungsakte	20
a) Individualrechtliche Rechtsbegründung	21
b) Kollektive Rechtsbegründung	23
c) Betriebliche Übung, Gleichbehandlung	25
V. Durchführungswege	26
1. Direktzusage	28
2. Direktversicherung	29
3. Pensionskasse	30
4. Pensionsfonds	31
5. Unterstützungskasse	32
VI. Leistungsarten	34
1. Leistungszusage	35
2. Beitragsorientierte Leistungszusage	37
3. Beitragszusage mit Mindestleistung	38
4. Entgeltumwandlung	39
5. Leistungsformen	42
VII. Unverfallbarkeit	47
1. Gesetzliche Unverfallbarkeit	49
a) Gesetzliche Unverfallbarkeitsvoraussetzungen	50
b) Höhe der unverfallbaren Anwartschaft	54
aa) Zeitanteiliges Verfahren	55
bb) Versicherungsvertragliche Lösung	56
cc) Aufgelaufene Leistung	57
dd) Angesammeltes Versorgungskapital mit Mindestleistung	58
VIII. Die bAV im Kündigungsschutzverfahren	59
1. Antragstellung im Kündigungsschutzverfahren	60
2. Unverfallbarkeit	61
3. Abfindung	63
4. Übertragung	66
5. Auskunftsansprüche	69
IX. Checkliste	71

Literatur

Andresen/Förster/Rößler, Arbeitsrecht der betrieblichen Altersversorgung, Loseblattausgabe, Stand 2009; **Blomeyer/Rolfs/Otto**, Betriebsrentengesetz, Kommentar, 4. Auflage 2006; **Cisch/Bleeck**, Rechtsprechung des BAG zur betrieblichen Altersversorgung 2008/2009, DB 2009, 1070; **Höfer**, Gesetz zur Verbesserung der betrieblichen Altersversorgung, Kommentar, Loseblattausgabe, Band I: Arbeitsrecht, Stand Mai 2008; **Kemper/Kisters-Kölkes/Berenz/Bode/Pühler**, BetrAVG, Kommentar, 3. Auflage 2008.

I. Einführung

1 Die meisten Arbeitgeber gewähren ihren Arbeitnehmern neben dem Arbeitsentgelt und weiteren Fürsorgeleistungen auch **Leistungen der betrieblichen Altersversorgung**. Ausnahmen bestehen lediglich bei kleineren Arbeitgebern mit einem geringen Personalbestand. Die Leistungen der betrieblichen Altersversorgung, die in den letzten Jahren zunehmend **Entgeltcharakter** tragen, sind eine Mischform aus einer Sozialleistung des Arbeitgebers und aus einem nach Abschluss des Arbeitsverhältnisses und Eintritt der vereinbarten Versorgungsvoraussetzungen gezahlten Arbeitsentgelt.

2 Dabei werden die Leistungen der betrieblichen Altersversorgung (bAV) neben der ersten Säule in der gesetzlichen Rentenversicherung und der dritten Säule, der privaten Eigenvorsorge, als zweite Säule der Altersversorgung bezeichnet (**3-Säulen-Modell**).[1] Dabei ist der Leistungskatalog der betrieblichen Altersversorgung nicht nur auf reine Altersleistungen gerichtet. Daneben werden auch Leistungen zur Absicherung der wirtschaftlichen Folgen beim Tod während und nach dem Arbeitsverhältnis und bei Invalidität versprochen. Ergänzend gewähren Arbeitgeber auch weitere Leistungen, die in der Regel zu Abgrenzungsfragen führen.

3 Im Kündigungsschutzprozess und in Verhandlungen über eine außergerichtliche Aufhebung von Arbeitsverträgen nach einer Kündigung wird die betriebliche Altersversorgung gerne ausgeklammert, weil es sich um einen Randbereich handelt, der nicht vollständig in das Bewusstsein der Vertragspartner eingeflossen ist. Oftmals bedarf es umfangreicher Rückfragen bei Dritten, um die korrekte Lösung zu erkennen. Gleichwohl haben die Sozialleistungen der betrieblichen Altersversorgung, die **die teuerste Form der betrieblichen Sozialleistungen** darstellen, erhebliche Bedeutung:

- Die Arbeitnehmer haben Interesse an einer Sicherung ihrer Rechte auch über die Beendigung des Arbeitsverhältnisses hinaus,
- die Arbeitgeber versuchen ihre Leistungsverpflichtungen auf den gesetzlichen Mindeststandard zu beschränken.

4 Generell erfordert die Regelung der betrieblichen Altersversorgung im Prozess und in der außergerichtlichen Aufhebungsverhandlung ein sorgfältiges Vorgehen und klare Grundlagen, weil die zugesagte betriebliche Altersversorgung oftmals die einzige Ausprägung aus dem Arbeitsverhältnis ist, bei der ein ausgeschiedener Arbeitnehmer dennoch auf Dauer in einem rechtlichen Band zum Arbeitgeber verbleibt.

Im Folgenden wird ein Überblick über den rechtlichen Rahmen in der betrieblichen Altersversorgung, über die im Betriebsrentengesetz geschützten und geregelten Durchführungswege und über die Inhalte der den Arbeitnehmern erteilten Versorgungszusagen dargestellt. Anschließend werden Hinweise zum Vorgehen im Prozess gegeben.

II. Begriff der betrieblichen Altersversorgung

5 Rechtliche Grundlage der betrieblichen Altersversorgung ist das Gesetz zur Verbesserung der betrieblichen Altersversorgung.[2] Dieses Gesetz ist als Arbeitnehmerschutzgesetz aus der vorher einschlägigen Rechtsprechung des Bundesarbeitsgerichts entstanden. Auch in den letzten Jahrzehnten nach dem Erlass des BetrAVG wird die Materie der betrieblichen Al-

1 Zur Bedeutung der bAV: *Höfer*, BetrAVG, Arbeitsrecht, Rn 1 ff.

2 Betriebsrentengesetz (BetrAVG) vom 19.12.1974 (BGBl I S. 3610), zuletzt geändert durch Art. 5 des Gesetzes vom 21.12.2008 (BGBl I S. 2940).

tersversorgung weitgehend durch die Rechtsprechung des 3. Senats des BAG bestimmt. Dieses Gesetz bestimmt den **Inhalt des Versorgungsverhältnisses** und ist weitgehend unabdingbar. Abweichungen sind nur zugunsten des Arbeitnehmers möglich, Ausnahmebestimmungen, die auch Regelungen zu ungunsten der Arbeitnehmer ermöglichen, ergeben sich bei tarifvertraglichen Regelungen im Rahmen des § 17 Abs. 3 BetrAVG.

Nach seinem **sachlichen Geltungsbereich** findet das BetrAVG nur auf Leistungen der bAV Anwendung. Bei diesen Leistungen handelt es sich um **Leistungen der Alters-, Invaliditäts- oder Hinterbliebenenversorgung, die aus Anlass des Arbeitsverhältnisses vom Arbeitgeber** zugesagt worden sind (§ 1 Abs. 1 S. 1 BetrAVG). Schwierig sind in der Praxis Abgrenzungen von anderen Arbeitgeberleistungen, weil die zwingenden Schutzvorschriften des BetrAVG (Unverfallbarkeit, Insolvenzsicherung, Anpassung) nur auf die Leistungen der betrieblichen Altersversorgung angewendet werden können. Abgrenzungsschwierigkeiten treten vor allem bei anderen betrieblichen Sozialleistungen auf (Beispiele: Übergangsgelder, Entgeltfortzahlungen, Sterbegelder, Vermögensbildung, Abfindungen, Jubiläums- und Treuegelder). Aufgrund der von der Rechtsprechung entwickelten Abgrenzungspraxis können die meisten Fragen nach dem folgenden Schema gelöst werden:[3] 6

1. Abgrenzung entsprechend einem biologischen Ereignis

Leistungen der betrieblichen Altersversorgung müssen durch ein **biologisches Ereignis** ausgelöst worden sein. Biologische Ereignisse sind dabei Alter, Invalidität oder Tod. Abgrenzungsprobleme können sich dabei ergeben, wenn Leistungen des Arbeitgebers vom vorzeitigen Ausscheiden des Arbeitnehmers vor Erreichen der üblichen Pensionierungsaltersgrenzen,[4] von einer Reduzierung der Lebensarbeitszeitkonten oder von einer Kündigung eines Arbeitsverhältnisses abhängig gemacht werden. Eine weitere denkbare Möglichkeit ist das Erreichen von bestimmten Dienstaltern oder Firmenjubiläen, bei denen entsprechende Leistungen gewährt werden. 7

2. Abgrenzung nach dem geforderten Versorgungszweck

Ferner muss die Leistung, damit sie unter den Schutzzweck des Betriebsrentengesetzes fällt, **dem geforderten Versorgungszweck dienen**. Abgrenzungsfragen ergeben sich hier beispielsweise bei der Gewährung von Todesfallleistungen an Begünstigte außerhalb des Familienverbands,[5] an nicht mehr unterhaltsbedürftige Kinder sowie bei Unterstützungsleistungen für Fälle der Arbeitslosigkeit, Krankheit und für Beerdigungskosten. 8

So wertet das BAG die Einräumung von Personalrabatten (z.B. durch verbilligten Strombezug) an Betriebsrentner und deren Hinterbliebene als bAV;[6] welche Konsequenzen bei der vorzeitigen Beendigung eines Arbeitsverhältnisses durch Kündigung oder Aufhebungsvereinbarung zu ziehen sind (z.B. die Anwendbarkeit der Unverfallbarkeitsregeln mit ausschließender Quotierung), hat das BAG allerdings offen gelassen. 9

3 BAG v. 8.5.1990, EzA § 7 BetrAVG Nr. 35.

4 BAG v. 28.10.2008, DB 2009, 1714.

5 LAG Hamm v. 17.12.1991, DB 1992, 535 zur Abgrenzung von Leistungen an Lebenspartner.

6 BAG v. 19.2.2008, AP Nr. 52 zu § 1 BetrAVG.

Praxishinweis
Soweit eine Leistung des Arbeitgebers zur bAV rechnet, ist sie im Zweifel vollständig als Betriebsrentenleistung zu behandeln.

3. Notwendige Abgrenzung aufgrund selbstfinanzierter Altersvorsorge

10 Die Definition in **§ 1 Abs. 1 S. 1 BetrAVG** versteht sich als **Legaldefinition** und ist abschließend. Weitere Voraussetzungen für die Anerkennung als bAV, wie sie beispielsweise im Steuerrecht vorherrschen, sind für die Anwendung des Arbeitnehmerschutzgesetzes nicht erforderlich.

11 Eine Abgrenzung ist allerdings erforderlich, weil seit der ab dem Jahr 2002 eingeführten steuerlichen Förderung von Altersvorsorgeleistungen (Riesterförderung), die durch einen Gehaltsverzicht des Arbeitnehmers selbst finanziert werden, neue Organisationsformen entwickelt worden sind. In der Praxis bestehen viele Fallgestaltungen, in denen der Arbeitgeber den Arbeitnehmern die Möglichkeit bietet, im Rahmen eines Sammelversicherungsvertrags zu günstigeren Konditionen eine private Lebensversicherung abzuschließen. In diesem Fall fehlt es an der Zusage einer Leistung der betrieblichen Altersversorgung, weil der Arbeitgeber sich nur als Serviceleistung zur Abführung von Beiträgen verpflichtet. Leistungen der betrieblichen Altersversorgung sind dagegen Versorgungszusagen, die der Arbeitgeber selbst durch die Abführung von Beiträgen aus verzichtetem Entgelt gewährt (**Entgeltumwandlung**).

III. Geschützter Personenkreis

12 Das Betriebsrentengesetz hat grundsätzlich eine umfassende Abgrenzung des Schutzbereichs vorgenommen. Erfasst werden deshalb Leistungen der betrieblichen Altersversorgung an **Arbeitnehmer** und die zu ihrer Berufsausbildung Beschäftigten (**Auszubildende**).[7] Darüber hinaus ist der Schutzbereich des Gesetzes erheblich umfassender. Es bezieht in seinen persönlichen Geltungsbereich auch Nichtarbeitnehmer ein, die gleichwohl von einem Arbeitgeber eine Versorgungszusage erhalten haben. Beispiele hierfür sind Geschäftsführer einer GmbH, Vorstandsmitglieder einer AG, Freiberufler (z.B. Rechtsanwälte), wenn ihnen bAV aus Anlass der Tätigkeit für den Arbeitgeber zugesagt worden ist (§ 17 Abs. 1 S. 2 BetrAVG).

13 Vom Schutzbereich ausgenommen sind jedoch **Unternehmer**, die für ihr eigenes Unternehmen tätig sind.[8] Bei Kapitalgesellschaften sind dies die Mehrheitsgesellschafter, bei Personengesellschaften die persönlich haftenden Gesellschafter. Allerdings fällt ein Minderheitsgesellschafter, der aufgrund einer geringen Kapitalbeteiligung und eines entsprechenden Stimmrechts nur unmaßgeblichen Einfluss auf die Gesellschaft hat, unter den Schutzrahmen des Betriebsrentengesetzes.[9] Die Abgrenzung im Einzelfall ist hierbei sorgfältig vorzunehmen, ob nicht trotz einer formalen Stellung als Minderheitsgesellschafter ein beherrschender Einfluss auf das Unternehmen ausgeübt werden kann.

7 § 15 Abs. 1 S. 1 BetrAVG
8 Merkblatt 300/M1 des PSVaG.
9 BGH v. 9.6.1980, DB 1980, 1215.

IV. Rechtsquellen der bAV

Die rechtliche Grundlage für die Gewährung von Leistungen der bAV entspricht den üblichen arbeitsrechtlichen Grundsätzen. 14

1. Vertragsfreiheit

Grundsätzlich ist der Arbeitgeber in seiner Entscheidung frei, ob und in welcher Höhe er Leistungen der betrieblichen Altersversorgung einführen möchte. Er kann ebenfalls frei entscheiden, ob er allein die Mittel für die Finanzierung der zugesagten bAV bereitstellen möchte, oder ob er den Arbeitnehmer an der Finanzierung beteiligt. **Einschränkungen der Vertragsfreiheit** ergeben sich aus den Regelungen des **BetrAVG**, aus den **Mitbestimmungsrechten** des Betriebs- oder Personalrats und aus den **allgemeinen arbeitsrechtlichen Grundsätzen**. 15

Wichtig bei der Auslegung von bAV-Zusagen im Kündigungsfall ist, dass **den Arbeitgeber** bei der Ausarbeitung von Versorgungszusagen eine **besondere Sorgfaltspflicht** trifft. Dies leitet die Rechtsprechung aus der Tatsache ab, dass bei der Formulierung der Texte von Versorgungszusagen der Arbeitnehmer kaum Verhandlungsparität hat, weil Versorgungszusagen in der Regel sehr komplex ausgestaltet sind. Deshalb gehen nach der Rechtsprechung des BAG unklare Regeln zulasten des Arbeitgebers (Unklarheitenregel).[10] 16

Eine in der Praxis wichtige Einschränkung der Vertragsfreiheit ist der seit 1.1.2002 eingeräumte **Anspruch auf Entgeltumwandlung**. Der Arbeitnehmer kann vom Arbeitgeber nach § 1a Abs. 1 BetrAVG verlangen, dass Teile seines Entgelts für eine bAV verwendet werden. Dabei ist die Durchführung dieses Anspruchs mittels einer Vereinbarung zu regeln. Soweit die sonstigen Ansprüche des Arbeitnehmers, vor allem der Anspruch auf Entgeltzahlung, durch **Tarifverträge** begründet sind, bedarf es zur Durchsetzung des Anspruchs auf Entgeltumwandlung einer entsprechenden **Öffnungsklausel**.[11] Besteht diese Öffnungsklausel nicht, so können nur übertariflich gewährte Entgeltbestandteile umgewandelt werden. Eine Regelung durch Betriebsvereinbarung reicht in diesem Fall zur Rechtsbegründung nicht aus. 17

2. Versorgungsverhältnis

Wegen der Komplexität der Materie spricht man bei der Festlegung der beiderseitigen Rechte und Pflichten zwischen dem Versorgungsberechtigten und dem Arbeitgeber von einem Versorgungsverhältnis. **Rechtsbegründungsakt** ist dabei eine **Versorgungszusage**, nach der während dem aktiven Arbeitsleben nur Versorgungsanwartschaften entstehen. Erst **mit Eintritt des Versorgungsfalls** führen die Versorgungsanwartschaften zu einem **Versorgungsanspruch**. 18

Nach der gesetzlichen Regelung werden Versorgungsleistungen entweder unmittelbar vom Arbeitgeber erbracht (Direktzusage) oder durch einen Dritten über eine mittelbare Versorgungszusage geleistet. Die **Versorgungszusage** muss dabei sowohl den **Leistungsplan** als auch den **Durchführungsweg**, über den die Versorgungsleistungen erbracht werden sollen, festlegen. Auch im Falle der mittelbaren Versorgungszusage **haftet der Arbeitgeber** für die Versorgungsleistungen **subsidiär** (§ 1 Abs. 1 S. 3 BetrAVG). 19

10 BAG v. 27.1.1988, EzA § 1 BetrAVG – Unterstützungskasse Nr. 11.

11 Vgl. § 17 Abs. 5 BetrAVG

3. Rechtsbegründungsakte

20 Wegen der unterschiedlichen Rechtsfolgen bei der Änderung von Versorgungszusagen, zu der auch eine Kündigung des Arbeitsverhältnisses führt, kommt es auf die Art der Rechtsbegründung der Versorgungszusage an.

a) Individualrechtliche Rechtsbegründung

21 Rechtsgrund einer **Einzelzusage** ist eine Vereinbarung zwischen dem Arbeitgeber und dem Arbeitnehmer, die Bestandteil des Arbeitsvertrags ist. Notwendiger Inhalt ist dabei der Leistungsplan, aus dem sich Art, Höhe und Voraussetzungen der versprochenen Versorgungsleistungen ergeben. Neben dieser vollständigen Regelung der betrieblichen Altersversorgung besteht auch weit verbreitet die Regelung, dynamisch mit einer **Jeweiligkeitsklausel** auf eine allgemeine betriebliche Versorgungsregelung kollektiver Art zu verweisen (z.B. eine Betriebsvereinbarung).

22 In der Rechtspraxis immer noch weit verbreitet sind Versorgungszusagen, die der Arbeitgeber nicht dem einzelnen Arbeitnehmer sondern der Gesamtbelegschaft oder einem Teil der Belegschaft erteilt hat. Nach der Auffassung des Bundesarbeitsgerichts handelt es sich hierbei um **vertragliche Einheitsregelungen** oder **Gesamtzusagen**. Beide Begründungsformen haben zwar einen kollektiven Bezug, stellen dogmatisch aber keine einzelvertragliche Rechtsgrundlage dar.[12] Kennzeichnend für diesen Rechtsbegründungsakt ist, dass es gemäß § 151 BGB keiner ausdrücklichen Annahmeerklärung durch den Arbeitnehmer bedarf.

b) Kollektive Rechtsbegründung

23 Die wichtigste kollektive Rechtsquelle ist die **Betriebsvereinbarung,** die in der Regel als freiwillige Betriebsvereinbarung ausgestaltet ist. Die Freiwilligkeit betrifft dabei die Frage des „ob“, die Festlegung der Höhe der Versorgungsmittel, die Wahl des Durchführungswegs und den Zweck der betrieblichen Altersversorgung. Mitbestimmungspflichtig sind die Gestaltung des Leistungsplans und die Verteilungsgrundsätze.[13]

24 Eine weitere Rechtsquelle kann auch eine **Vereinbarung mit dem Sprecherausschuss** sein, die ebenfalls eine kollektivrechtliche Quelle der bAV darstellt.[14]

c) Betriebliche Übung, Gleichbehandlung

25 Neben den vertraglichen Rechtsbegründungsmöglichkeiten ergeben sich Versorgungsanwartschaften auch nach den **Grundsätzen der betrieblichen Übung**[15] oder aufgrund des **Grundsatzes der Gleichbehandlung**.[16] Die Fragen der Gleichbehandlung betreffen nahezu alle möglichen Fallkonstellationen, meist geschlechtsbezogen oder vollzeit- und teilzeitbezogen. Gebote der Gleichbehandlung ergeben sich dabei auch daraus, weil der Europäische Gerichtshof bereits eine unzulässige Diskriminierung annimmt, wenn sich diese mittelbar ergibt.

12 BAG v. 16.9.1986, EzA § 77 BetrVG, 1972 Nr. 17.
13 BAG v. 18.9.2001, EzA § 1 BetrAVG Ablösung Nr. 31.
14 § 28 Abs. 2 S. 1 SprAuG.
15 BAG v. 25.6.2002, DB 2003, 1004.
16 § 1b Abs. 1 S. 4 BetrAVG.

V. Durchführungswege

Das Betriebsrentengesetz hat den Weg, auf dem der Arbeitgeber den Arbeitnehmern Leistungen der betrieblichen Altersversorgung verspricht, klar abgegrenzt. Die Durchführungswege unterscheiden sich vor allem durch ihre betriebswirtschaftlichen und steuerlichen Auswirkungen. **Fünf Durchführungswege** sind dabei zugelassen. 26

Die Wahl des Durchführungswegs obliegt dem Arbeitgeber, der nicht mit Mitbestimmung rechnen muss. Bei bAV durch Entgeltumwandlung kann allerdings der Arbeitnehmer auf die Wahl des Durchführungswegs Einfluss nehmen (vgl. hierzu die einschlägige Fachliteratur). 27

1. Direktzusage

Bei der Direktzusage verspricht der Arbeitgeber, **Versorgungsleistungen unmittelbar** aus seinen liquiden Mitteln zu erbringen. Er schaltet keinen externen Versorgungsträger ein und finanziert die Versorgungsverpflichtungen intern. Handels- und steuerrechtlich hat er hierfür Pensionsrückstellungen zu bilden. 28

Im Leistungsfall haben die Arbeitnehmer und die übrigen Versorgungsberechtigten einen **direkten Leistungsanspruch gegenüber dem Arbeitgeber**.

2. Direktversicherung

Beim mittelbaren Durchführungsweg der Direktversicherung schließt der Arbeitgeber eine Lebensversicherung auf das Leben des Arbeitnehmers ab. Arbeitgeber, Arbeitnehmer und Lebensversicherungsunternehmen stehen rechtlich in einem **Dreiecksverhältnis**, das durch entsprechende Rechtsbindungen bestimmt ist. Der Arbeitgeber räumt dem Arbeitnehmer und den übrigen Bezugsberechtigten (Hinterbliebenen) ein Bezugsrecht direkt gegenüber der Lebensversicherung ein. Der Arbeitgeber schuldet während des Arbeitsverhältnisses die Entrichtung des Versicherungsbeitrags. 29

3. Pensionskasse

Die Pensionskasse stellt eine besondere Form der Lebensversicherung dar, die für eine bestimmte Arbeitnehmergruppe Leistungen anbietet. Die Rechtsverhältnisse entsprechen weitgehend denen der Direktversicherung. Bei der Pensionskasse muss der Arbeitgeber durch Zuwendungen sicherstellen, dass die Versorgungsleistungen erbracht werden können. Ergänzende Beitragszahlungen durch die Arbeitnehmer sind möglich. 30

4. Pensionsfonds

Dieser jüngste Durchführungsweg wurde aufgrund von angloamerikanischen Vorbildern ins Gesetz aufgenommen, hat aber in der Praxis nur zu der Lebensversicherung ähnlichen Vorgehensweisen geführt. Auch die Rechtsverhältnisse sind ähnlich gestaltet. Unterschiede bestehen nur in der Kapitalanlage. 31

5. Unterstützungskasse

32 Die Unterstützungskasse ist ein singulärer Durchführungsweg der bAV in Deutschland. Kraft steuerrechtlicher Vorgabe darf die Unterstützungskasse keinen Rechtsanspruch auf die zugesagten Versorgungsleistungen einräumen. Die Unterstützungskasse wird durch Zuwendungen des beteiligten Arbeitgebers finanziert, wobei keinerlei Kapitalanlagebeschränkungen bestehen. Es bestehen rückgedeckte Unterstützungskassen (Finanzierung durch Rückdeckungs-Lebensversicherungen) oder nicht rückgedeckte Unterstützungskassen, bei denen der Arbeitgeber die Zuwendungen bei Bedarf und entsprechend den steuerrechtlichen Vorgaben abführt.

33 Für den Kündigungsschutzprozess und die außergerichtliche Aufhebungsvereinbarung ist von großer Bedeutung, dass eine exakte Ermittlung des vorhandenen Vereinbarungsstands vorgenommen wird. Neben den beschriebenen Durchführungswegen bestehen auch Kombinationen mehrerer Durchführungswege, die zum Teil durch steuerrechtliche Vorgaben entstanden sind.

VI. Leistungsarten

34 Die Leistungen der betrieblichen Altersversorgung zeigen sich im vereinbarten Leistungsplan. Im Leistungsplan werden entsprechend den Schutzregelungen des Betriebsrentengesetzes bestimmte, abgegrenzte Formen der Versorgungszusagen definiert.

1. Leistungszusage

35 Bei der klassischen Form der Leistungszusage verspricht der Arbeitgeber dem Arbeitnehmer und/oder seinen Hinterbliebenen **eine festgelegte Leistung bei Eintritt des Versorgungsfalls**. Inhalt der Versorgungszusage kann eine Alters-, Todesfall- und/oder Invaliditätsleistung sein.

36 Inhaltlich bestehen dabei verschiedene Formen der Leistungszusage. Einmal kann ein **fester Betrag**, abhängig von Dienstjahren oder sonstigen Voraussetzungen, als Altersrente versprochen werden. Daneben kann auch ein **bestimmter Prozentsatz** von einem Entgehalt, das vor dem Eintritt des Versorgungsfalls bezogen wird, versprochen werden. Hierbei wird zum Teil zwischen Leistungen bis zur Beitragsbemessungsgrenze in der gesetzlichen Rentenversicherung und oberhalb (höhere Leistungsquote) unterschieden. Weitere Gestaltungsformen sind denkbar.

2. Beitragsorientierte Leistungszusage

37 Bei der beitragsorientierten Leistungszusage bestimmt der Beitrag des Arbeitgebers, bezogen auf ein festes Leistungsmodell, den Inhalt der Versorgungszusage. Erforderlich ist dabei die Definition der Versorgungsleistung durch den festgelegten Beitrag, den Zins und bestimmte versicherungsmathematische Umrechnungsfaktoren. In der Regel werden bestimmte Verrentungstabellen vereinbart, aus denen die zugesagte Versorgungsleistung abgeleitet werden kann.

Bekannt sind dabei **Bausteinmodelle** oder **Kontenmodelle**, bei denen die Versorgungsleistungen im Versorgungsfall errechnet werden können.

3. Beitragszusage mit Mindestleistung

Erst seit dem 1.1.2002 ist die Beitragszusage mit Mindestleistung im Betriebsrentengesetz enthalten. Festgelegt wird dabei der Beitrag, die Leistung ist vom Anlageerfolg abhängig. Ein Zinssatz wird dabei nicht festgelegt. 38

Nach der gesetzlichen Regelung steht dem Arbeitnehmer in jedem Fall die Summe der aufgelaufenen Beiträge, saldiert mit den Prämien für Risikoleistungen, zu.

4. Entgeltumwandlung

Keine eigene Form der Leistungsgewährung ist die Entgeltumwandlung. Gleichwohl stellt sie eine von Gesetzes wegen geförderte Sonderform der bAV dar, bei der arbeitsrechtliche Besonderheiten auch im Kündigungsschutzverfahren zu beachten sind. 39

Der Arbeitnehmer verzichtet auf Entgelt, dafür erhält er vom Arbeitgeber Leistungen der betrieblichen Altersversorgung versprochen. Begrifflich gewährt auch in diesem Fall der **Arbeitgeber eine Versorgungszusage**, lediglich die **Finanzierung** erfolgt **durch Arbeitnehmergelder**. Der Gesetzgeber hat hierbei festgelegt, dass bei der Umwandlung dem Arbeitnehmer eine **wertgleiche Anwartschaft** auf Versorgungsleistungen zusteht. Bei fehlender Wertgleichheit ist der Arbeitgeber grundsätzlich verpflichtet, die Differenz in einer bestimmten Form auszugleichen.[17] 40

In jüngster Zeit hat es hier erhebliche Unsicherheiten gegeben, die sich aus der Praxis der Versicherungsunternehmen, sog. gezillmerte Tarife anzubieten, ergibt. Dies bedeutet, dass von den umgewandelten Versicherungsbeiträgen zunächst die Provisionen und Vertriebskosten der Versicherungsunternehmen abgezogen werden. Scheiden Arbeitnehmer vorzeitig aus dem Arbeitsverhältnis aus, stehen ihnen in der Regel geringere Mittel als Deckungskapital als die gezahlten Beiträge zur Verfügung. Eine eindeutige Regelung konnte noch nicht gefunden werden. Das BAG steht allerdings auf dem Standpunkt, dass der Arbeitgeber jedenfalls für bis zum 1.1.2005 erteilte Versorgungszusagen für die Differenz hinsichtlich der Gewährung einer betrieblichen Altersversorgung einzustehen hat.[18] 41

5. Leistungsformen

Hinsichtlich der Leistungsformen bestimmt der Arbeitgeber, welche Arten von Versorgungsleistungen er den Arbeitnehmern und unter welchen Voraussetzungen gewähren möchte. Eine Einschränkung kraft Gesetzes ist dabei, dass eine Versorgungsleistung wegen Alters auch eine vorzeitige Inanspruchnahme beinhalten muss (§ 6 BetrAVG). 42

Hinsichtlich der Versorgungsleistungen wegen Alters ist die Gewährung von monatlich fälligen **Rentenzahlungen** die üblichste Form. Daneben kommen auch **reine Kapitalleistungen** oder **Wahlmöglichkeiten** zwischen Kapital- und Rentenleistungen in der Praxis vor. 43

Neben der Altersleistung gewährt der Arbeitgeber auch **Invaliditätsleistungen**. Hierbei verwendet er zur Festlegung der Leistungsvoraussetzung entweder die in der gesetzlichen Rentenversicherung geregelte Form der Erwerbsminderung oder den entsprechenden privatrechtlichen Begriff der Berufsunfähigkeit. Einzelheiten müssen im Detail geklärt werden. 44

17 *Höfer*, BetrAVG, Arbeitsrecht, Rn 2565.

18 BAG v. 15.9.2009 – 3 AZR 03/09 – n.v.

45 Ferner kann der Arbeitgeber in die Versorgungszusage Regelungen aufnehmen, dass die Aufnahme in das Versorgungswerk von einem bestimmten **Lebensalter** abhängig ist und dass ggf. **Wartezeiten** zu berücksichtigen sind. Hierbei sind allerdings Rückwirkungen auf das allgemeine Gleichstellungsgesetz zu beachten.

46 Daneben enthalten die meisten Versorgungszusagen auch Leistungszusagen an **Hinterbliebene**. Meist handelt es sich um hinterbliebene Ehegatten, unterhaltsbedürftige Kinder und Partner einer nicht ehelichen Lebensgemeinschaft.

VII. Unverfallbarkeit

47 Eine im Kündigungsschutzverfahren bei Beendigung des Arbeitsverhältnisses **wesentliche Arbeitnehmerschutzvorschrift** ist die Regelung des § 1b i.V.m. § 2 BetrAVG über die Unverfallbarkeit. Diese Regelung besagt, dass die Versorgungsanwartschaften auch beim „Störfall" vorzeitige Beendigung des Arbeitsverhältnisses wegen ihres Entgeltcharakters aufrechterhalten bleiben, obwohl der Arbeitnehmer dem Betrieb nicht mehr die Treue halten kann. In der Praxis erhält die Unverfallbarkeitsregelung eine immer größere Bedeutung, weil durch verschiedene Wirtschaftskrisen erhebliche Bewegung in den Arbeitsmarkt geraten ist.

48 Wichtig ist bei den Unverfallbarkeitsregelungen, dass es sich um **Mindestnormen zugunsten des Arbeitnehmers** handelt. Der Arbeitgeber kann, wenn die gesetzlichen Tatbestandsvoraussetzungen erfüllt sind, also nur im Rahmen eines Tarifvertrags davon zu ungunsten des Arbeitnehmers abweichen. Hierbei darf jedoch der Tarifvertrag nicht völlig von der gesetzlichen Regelung der Unverfallbarkeitsvorschrift abweichen. Die Unverfallbarkeit selbst kann außerhalb des § 18 BetrAVG nicht abgedungen werden.

1. Gesetzliche Unverfallbarkeit

49 Die gesetzliche Unverfallbarkeit beschreibt die Voraussetzungen, bei deren Erfüllung eine Anwartschaft auf bAV dem Arbeitnehmer nicht mehr einseitig genommen werden darf. Die folgenden Voraussetzungen sind dabei gesetzlich festgelegt:

a) Gesetzliche Unverfallbarkeitsvoraussetzungen

50 Die Regelungen für den Schutz von Versorgungsanwartschaften bei vorzeitiger Vertragsbeendigung gelten nur für Versorgungszusagen, die der **Arbeitgeber finanziert**. Dies gilt allerdings auch dann, wenn der Arbeitnehmer sich teilweise an der Finanzierung aufgrund der getroffenen Rechtsbegründungsakte (z.B. einer Betriebsvereinbarung) zu beteiligen hat. Im Gegensatz dazu bestimmt § 1b Abs. 5 S. 1 BetrAVG, dass Versorgungsanwartschaften durch **Entgeltumwandlung oder Eigenbeiträge sofort gesetzlich unverfallbar** sind. Sie stehen im Ergebnis im Eigentum des Arbeitnehmers.

51 Der Eintritt der gesetzlichen Unverfallbarkeit ist von der **Dauer des Bestehens der Zusage** und dem **Lebensalter beim Ausscheiden** beim Arbeitgeber abhängig. Der gesetzliche Grundsatz lautet, dass Versorgungszusagen nach Vollendung des 30. Lebensjahres und einer Zusagedauer von mindestens fünf Jahren unverfallbar werden (§ 1b Abs. 1 S. 1 BetrAVG). Wegen der Übergangsvorschrift in § 30f BetrAVG gilt diese Regelung zwar nur für Zusagen, die ab dem 1.1.2001 erteilt worden sind. Für Altzusagen, die vor dem 1.1.2001 erteilt worden sind, wurde die frühere Regelung, die andere längere Voraussetzungen vorgesehen hat, wei-

ter angewendet. Allerdings ist die Diskussion der früheren Regelung überholt, weil seit dem 1.1.2006 auch Altzusagen wie Neuzusagen behandelt werden (vgl. § 30f Hs. 2 BetrAVG).

Somit sind Versorgungszusagen, die die gesetzlichen Voraussetzungen erfüllen, bei der Beendigung des Arbeitsverhältnisses unverfallbar und nicht einseitig wegnehmbar. Hat es im Laufe des Arbeitsverhältnisses Änderungen einer erteilten Versorgungszusage oder einen Wechsel des Durchführungswegs gegeben, gilt der **Grundsatz der Einheit der Versorgungszusage.**[19] Eine Ausnahme hierfür gilt nur dann, wenn verschiedene vom Arbeitgeber erteilte Zusagen nicht in einem sachlichen Zusammenhang stehen.[20] 52

Die **Dauer der Betriebszugehörigkeit** berechnet sich entsprechend der rechtlichen **Bestandsdauer des Arbeitsverhältnisses**. Berufsausbildungsverhältnisse werden dabei dem Arbeitsverhältnis gleichgestellt (§ 17 Abs. 1 S. 1 Hs. 1 BetrAVG). Zur Betriebszugehörigkeit rechnen auch Zeiten eines ruhenden Arbeitsverhältnisses und gesetzliche Erziehungszeiten.[21] 53

b) Höhe der unverfallbaren Anwartschaft

Die gesetzliche Unverfallbarkeitsregel kennt seit einigen Jahren mehrere Methoden für ihre Ermittlung. Hierbei ist zu entscheiden zwischen dem **zeitanteiligen Verfahren** gem. § 2 Abs. 1 BetrAVG und der **versicherungsvertraglichen Lösung** nach § 2 Abs. 2 S. 2 ff. BetrAVG. 54

aa) Zeitanteiliges Verfahren

Beim zeitanteiligen Berechnungsverfahren ist zunächst in einem ersten Schritt die Versorgungsleistung festzustellen, die ohne Beendigung des Arbeitsverhältnisses bei Eintritt des Versorgungsfalls zu erbringen wäre. Dabei erfolgt die Ermittlung jeweils nach der getroffenen Vereinbarung. Sodann wird in einem zweiten Schritt die erreichbare Leistung mit einem Unverfallbarkeitsfaktor gewichtet. Dieses auch als „m/n-tel-Verfahren" benannte Verfahren bedeutet, dass die tatsächlich abgeleistete Betriebszugehörigkeit durch die erreichbare Betriebszugehörigkeit bis zur Altersgrenze geteilt wird. Sodann wird in einem dritten Schritt die erreichbare Leistung mit dem Unverfallbarkeitsfaktor multipliziert. Diese Quote wird bei sämtlichen zusagten Versorgungsleistungen angewendet. 55

bb) Versicherungsvertragliche Lösung

Bei der versicherungsvertraglichen Lösung ist Voraussetzung, dass die als Altersversorgung versprochene Versicherung (Direktversicherung, Pensions- oder Pensionsfondszusage) dem ausscheidenden Arbeitnehmer übertragen wird. Faktisch wird dieser Versicherungsvertrag beitragsfrei gestellt und auf den ausgeschiedenen Arbeitnehmer übertragen. Dieses Verfahren dient vor allem der Verwaltungsvereinfachung. 56

cc) Aufgelaufene Leistung

Bei Versorgungszusagen, die über Entgeltumwandlungsvereinbarungen durch die Arbeitnehmer finanziert worden sind, gibt es als weitere Berechnungsmöglichkeit die Ermittlung der aufgelaufenen Leistung nach § 2 Abs. 5a BetrAVG. Diese auch bei beitragsorientierten Leistungszusagen, die vom Arbeitgeber finanziert sind, anwendbare Methode ermittelt als Höhe 57

19 BAG v. 28.3.1981, EzA § 1 BetrAVG Nr. 22.
20 BAG v. 28.4.1992, BetrAV 1992, 229.
21 BAG v. 15.2.1994, EzA § 1 BetrAVG, Gleichberechtigung Nr. 9.

der unverfallbaren Anwartschaft den bis zum Ausscheiden aufgelaufenen Beitrag einschließlich etwaiger Zinsgutschriften.

dd) Angesammeltes Versorgungskapital mit Mindestleistung

58 Bei dieser Methode, die bei allen versicherungsförmigen Durchführungswegen verwendet werden kann, entspricht die Höhe der unverfallbaren Anwartschaft den bis zum Ausscheiden gebildeten Versorgungskapital. Allerdings steht dem ausscheidenden Arbeitnehmer mindestens die Summe der bis dahin aufgelaufenen Beiträge abzüglich etwaiger Prämien für biometrische Risiken zu.

VIII. Die bAV im Kündigungsschutzverfahren

59 Sowohl im Kündigungsschutzprozess als auch bei der Verhandlung einer außergerichtlichen Aufhebungsvereinbarung ist sorgfältig darauf zu achten, dass die vorliegenden vertraglichen Vereinbarungen vertragsgerecht umgesetzt werden. In der Regel bedarf es auch zum Vollzug einer abschließenden Regelung für die bAV entsprechender Auskünfte von Dritten, insbesondere bei sämtlichen mittelbaren Durchführungswegen der betrieblichen Altersversorgung durch das Lebensversicherungsunternehmen, die Pensionskasse oder den Pensionsfonds. Entsprechendes gilt auch bei der kongruent rückgedeckten Unterstützungskasse.

1. Antragstellung im Kündigungsschutzverfahren

60 Ist im Rahmen des Kündigungsschutzverfahrens zu klären, welche Rechte beim vorzeitigen Ausscheiden aus dem Arbeitsverhältnis für den Arbeitnehmer als unverfallbar vereinbart sind, so ist im Bereich der betrieblichen Altersversorgung grundsätzlich ein **Feststellungsantrag ausreichend**. Das BAG anerkennt grundsätzlich ein Interesse an der Feststellung des Inhalts des Versorgungsverhältnisses und sieht einen Feststellungsantrag als geeignet an, so dass ein Verweis auf den Vorrang der Leistungsklage nicht entgegen gehalten werden kann.[22]

> *Formulierungsbeispiel*
> Es wird festgestellt, dass dem Kläger unverfallbare Ansprüche auf betriebliche Altersversorgung aus der Versorgungszusage vom ______ in Höhe von ______ zur Verfügung stehen.

2. Unverfallbarkeit

61 Wie bereits dargelegt, ist Voraussetzung für ein Fortbestehen der erteilten Versorgungszusage, dass die Voraussetzungen der gesetzlichen Unverfallbarkeitsregel erfüllt sind. Darüber hinaus besteht die Möglichkeit, dass der Arbeitgeber im Laufe des Arbeitsverhältnisses eine Versorgungszusage mit **vertraglicher Unverfallbarkeit** versprochen hat. Dies kann z.B. dann der Fall sein, wenn er mit der Versorgungszusage verspricht, dass auch vor Erreichen der gesetzlichen Voraussetzungen eine unverfallbare Leistung zustehen soll.

Ferner ist dies der Fall bei Entgeltumwandlungsverträgen, bei denen ebenfalls kraft Gesetzes die Unverfallbarkeit eintritt.

22 BAG v. 14.1.2006, AP Nr. 1 zu § 313 BGB Nr. 1, st. Rspr.

Von der Regelung der Unverfallbarkeit sind zu unterscheiden Regelungen, in denen die Erteilung der Versorgungszusage von einer arbeitsrechtlich vereinbarten **Wartezeit** abhängig gemacht wird. Ist die Wartezeit im Zeitpunkt des Eintretens der gesetzlichen Unverfallbarkeitsvoraussetzungen noch nicht eingetreten, so kann gleichwohl eine unverfallbare Leistung bestehen. Grundsätzlich ist eine Wartezeit als Leistungsausschlusszeit anzusehen, die auf Grundlage der Vertragsfreiheit vereinbart worden ist. Die Wartezeit kann **auch nach Beendigung des Arbeitsverhältnisses**, also der Wirksamkeit der Kündigung oder einer Aufhebungsvereinbarung, erfüllt werden, so dass sie auch nach dem Ausscheiden nicht hinderlich ist. 62

3. Abfindung

§ 3 BetrAVG verbietet die Abfindung von gesetzlich unverfallbaren Anwartschaften. Dieses **gesetzliche Verbot**, das nicht abdingbar ist, bezieht sich ausschließlich auf die Beendigung des Arbeitsverhältnisses, wenn in diesem Zusammenhang Abfindungsvereinbarungen abgeschlossen werden sollen (§ 3 Abs. 1 S. 1 BetrAVG). **Während des Arbeitsverhältnisses** können somit **Abfindungsvereinbarungen** abgeschlossen werden.[23] 63

Zulässig ist im Kündigungsfall allerdings die Abfindung von **Bagatellrenten**. Hierzu sieht das Gesetz die Möglichkeit vor, dass kleine Anwartschaften bis zu einer monatlichen Altersrente von **1 % der monatlichen Bezugsgröße nach § 18 SGB IV** oder entsprechende Kapitalbeträge in Höhe von 12/10 der Bezugsgröße rechtmäßig abgefunden werden dürfen. In dieser Größe genügt das einseitige Verlangen von Arbeitgeber oder Arbeitnehmer zur Durchsetzung. Die monatliche Bezugsgröße beträgt im Jahr 2010 2.640 EUR, so dass der Monatshöchstbetrag 26,40 EUR monatliche Rente, der Kapitalhöchstbetrag 3.168 EUR betragen würde. 64

Die Höhe der Abfindung bemisst sich nach § 3 Abs. 2 BetrAVG als **Barwert der zukünftigen Versorgungsleistung**. Die Berechnungsparameter sind dabei auf der Basis der für die jeweilige Durchführungsform festgelegten Rechnungsgrundlagen und Diskontierungszinssätze sowie nach den anerkannten Regeln der Versicherungsmathematik zu ermitteln. 65

Abfindungsvereinbarungen entgegen dem gesetzlichen Verbot sind nach **§ 134 BGB nichtig**.

4. Übertragung

Als weitere Lösungsmöglichkeit, mit der der Störfall der vorzeitigen Beendigung des Arbeitsverhältnisses hinsichtlich der bAV geklärt werden kann, steht die Übertragung der Versorgungszusage **auf einen Dritten** zur Verfügung. Nach § 4 Abs. 1 S. 1 BetrAVG handelt es sich dabei aber ausschließlich um einen **Nachfolgearbeitgeber**, eine **Pensionskasse**, eine Lebensversicherungsgesellschaft oder einen **öffentlich-rechtlichen Versorgungsträger**. Die schuldbefreiende Übertragung auf sonstige Personen ist nicht zulässig. 66

Voraussetzung für die Übertragung auf den neuen Arbeitgeber ist die **Zustimmung** des ausscheidenden **Arbeitnehmers** und eine **Übernahmevereinbarung** zwischen altem und neuem Arbeitgeber. Ist der neue Arbeitgeber damit einverstanden, kann der Arbeitnehmer bei Entgeltumwandlungszusagen unter bestimmten gesetzlich beschriebenen Voraussetzungen gegenüber dem alten Arbeitgeber die Übertragung der Versorgungszusage einseitig durchsetzen. 67

23 BAG v. 21.1.2003, BetrAV 2003, 782.

68 Bei der Einstellung der Betriebstätigkeit und der Liquidation des Unternehmens sind besondere Übernahmemöglichkeiten nach § 4 Abs. 3 BetrAVG zugelassen. In diesem Fall können laufende Leistungen oder unverfallbare Anwartschaften von einer Pensionskasse oder einem Lebensversicherungsunternehmen ohne Zustimmung des betroffenen Arbeitnehmers über **Liquidationsversicherungen** übernommen werden.

5. Auskunftsansprüche

69 Mit dem Inkrafttreten des Alterseinkünftegesetzes am 1.1.2005[24] wurden in § 4a BetrAVG erweiterte Auskunftspflichten für die Arbeitgeber geschaffen. Ggf. kann es sich bei sehr unklaren Versorgungsverhältnissen empfehlen, im Rahmen eines Klageverfahrens auch zunächst einen Auskunftsanspruch und sodann einen materiellen Leistungsanspruch zu erheben (**Stufenantrag**). Der Auskunftsanspruch des § 4a BetrAVG besteht sowohl während des laufenden Arbeitsverhältnisses als auch nach dessen Beendigung.

Der Auskunftsanspruch umfasst einmal die Höhe der unverfallbaren Anwartschaft, zum anderen den Übertragswert der Anwartschaft nach § 4 Abs. 3 BetrAVG für die Durchführung der **Portabilität**.

70 Grundsätzlich muss der Arbeitgeber die Auskunft vollständig und richtig erteilen.[25] Erteilt nicht der Arbeitgeber selbst, sondern ein von diesem beauftragter Versorgungsträger die Auskunft, so haftet der Arbeitgeber nach § 278 BGB für eine unrichtige Auskunft des Versorgungsträgers bei fahrlässiger Handlung.[26]

IX. Checkliste

71
- Feststellung der dem Arbeitnehmer erteilten Versorgungszusage(n)
- Prüfung von Durchführungsweg, Leistungsplan und Zusagedauer
- Ermittlung der unverfallbaren Anwartschaft oder Stellung eines Auskunftsverlangens
- Prüfung von Abfindung, Übertragung und Auskunftsansprüchen.

24 Gesetz zur Neuordnung der einkommenssteuerrechtlichen Behandlung von Altersvorsorgeaufwendungen und Altersbezügen v. 5.7.2004 (BGBl I S. 1427).

25 BAG v. 23.9.2003, EzA § 611 BGB 2002 Fürsorgepflicht Nr. 1.

26 BAG v. 21.11.2002, EzA § 611 BGB Fürsorgepflicht Nr. 61.

Teil 8 Aspekte der Zwangsvollstreckung

§ 36 Die Zwangsvollstreckung im Kontext einer Kündigung

Frank-Michael Goebel

Inhalt

Rn

I. Einführung ... 1

II. Rechtliche Grundlagen ... 4
1. Der Ausgangspunkt der Vollstreckung aus arbeitsrechtlichen Titeln ... 4
2. Die allgemeinen Voraussetzungen der Zwangsvollstreckung ... 9
a) Der vollstreckungsfähige Titel, insbesondere die vorläufige Vollstreckbarkeit ... 13
aa) Der Vollstreckungstitel ... 13
bb) Rechtskraft und vorläufige Vollstreckbarkeit ... 18
(1) Die Rechtskraft des Vollstreckungstitels ... 18
(2) Die vorläufige Vollstreckbarkeit des Titels. 20
(3) Die Einstellung der Zwangsvollstreckung aus einem vorläufig vollstreckbaren Titel ... 42
cc) Die Bestimmtheit des Vollstreckungstitels ... 54
b) Die Vollstreckungsklausel ... 65
c) Die Zustellung des Vollstreckungstitels ... 74
3. Die Zwangsvollstreckung aus einem Zahlungstitel ... 77
a) Allgemeines zur Zwangsvollstreckung aus einem Zahlungstitel ... 77
b) Die Zwangsvollstreckung aus einem Bruttolohntitel ... 85
c) Die Abfindungszahlung nach §§ 9, 10 KSchG ... 104
4. Die Zwangsvollstreckung aus einem Herausgabetitel ... 113
a) Die Herausgabevollstreckung im Kontext einer Kündigung ... 114
aa) Die Herausgabe von Arbeitspapieren ... 115
bb) Die Herausgabe von Arbeitsmitteln und -geräten ... 122
b) Die rechtlichen Grundlagen der Herausgabevollstreckung ... 127
5. Die Zwangsvollstreckung wegen einer vertretbaren oder unvertretbaren Handlung ... 138
a) Die Anwendungsfälle der Zwangsvollstreckung wegen einer vertretbaren oder unvertretbaren Handlung ... 139
aa) Der Anspruch auf Entfernung einer Abmahnung aus der Personalakte ... 140
bb) Der Anspruch auf Ausfüllung der Arbeitspapiere ... 142
cc) Der Anspruch auf Erteilung einer Lohnabrechnung und der Abrechnung von Provisionen ... 145
dd) Der Anspruch auf Erteilung eines Zeugnisses ... 155
b) Die Grundzüge der Zwangsvollstreckung einer vertretbaren Handlung ... 162
c) Die Grundzüge der Zwangsvollstreckung wegen einer unvertretbaren Handlung ... 172
d) Die Alternative der Verurteilung zur Zahlung einer Entschädigung nach § 61 Abs. 2 ArbGG ... 191
6. Die Vollstreckung des Weiterbeschäftigungsanspruchs ... 213
a) Die Vollstreckung des Weiterbeschäftigungsanspruches des Arbeitgebers gegen den Arbeitnehmer ... 213
b) Die Vollstreckung des Weiterbeschäftigungsanspruches des

Rn

Arbeitnehmers gegen den Arbeitgeber 224
aa) Die Bestimmtheit des Titels . 226
bb) Die Unmöglichkeit der Weiterbeschäftigung 231
cc) Der Übergang von Weiterbeschäftigungsanspruch zum Ersatzanspruch................ 242
dd) Die Vollstreckung des Weiterbeschäftigungsanspruchs nach § 888 ZPO... 245
7. Die Vollstreckung einer Unterlassungsverpflichtung 248

Literatur

Beckers, Die Abwendung der Vollstreckung aus arbeitsrechtlichen Titeln durch Sicherheitsleistung des Schuldners, NZA 1997, 1322; **Brox/Walker**, Zwangsvollstreckungsrecht, 8. Aufl. 2008; **Depré**, Die Praxis der Zwangsverwaltung, 4. Aufl. 2006; **Ernst**, Arbeitsrechtliche Abfindung, JurBüro 2002, 606; **Goebel**, AnwaltFormulare Zwangsvollstreckung, 3. Aufl. 2008 (zitiert: **Goebel**, Zwangsvollstreckung); **ders.**, Praxisausbildung Zwangsvollstreckungsrecht, 2005; **Göldner**, Die Problematik der Zeugniserteilung im Arbeitsrecht, ZfA 1991, 225; **Gottwald**, Zwangsvollstreckung, 5. Aufl. 2005; **Groeger**, Die vorläufige Vollstreckbarkeit arbeitsgerichtlicher Urteile, NZA 1994, 251; **Hartwig**, Die Zwangsvollstreckung im Arbeitsgerichtsverfahren, Jura 2009, 203; **Korinth**, Typische Fälle der Zwangsvollstreckung im Arbeitsrecht, ArbRB 2008, 129; **Nebe**, Pfändungs- und Aufrechnungsschutz arbeitnehmerähnlicher Personen, ZVI 2008,467; **Noe**, Ansprüche auf Arbeitszeugnisse erfolgreich vollstrecken, Arbeitsrecht aktiv 2009, 2; **Reichel**, Das EG-Vollstreckungstitel-Durchführungsgesetz und die Auswirkungen auf das arbeitsgerichtliche Verfahren, NZA 2005, 1096; **Schmidt**, Der Drittschuldnerprozess, JurBüro 2006, 344 und JurBüro 2008, 175; **Schuschke/Walker**, Vollstreckung und vorläufiger Rechtsschutz, 4. Aufl. 2008.

I. Einführung

1 Im Zusammenhang mit Auseinandersetzungen um eine berechtigte oder unberechtigte Kündigung können vielfältige Ansprüche zwischen Arbeitgeber und Arbeitnehmer entstehen, die nachfolgend auch durchgesetzt werden müssen:

- So kann ein (vorläufiger) Beschäftigungs- bzw. Weiterbeschäftigungsanspruch durchzusetzen sein.
- Ist die Kündigung des Arbeitnehmers ungerechtfertigt, jedoch eine Fortsetzung des Arbeitsverhältnisses nicht zumutbar, so kann das Gericht nach § 9 KSchG auf Antrag des Arbeitnehmers das Arbeitsverhältnis auflösen und den Arbeitgeber zur Zahlung einer angemessenen Abfindung verurteilen.
- Wird die Kündigung ausgesprochen oder eine Vertragsaufhebung in einem Vergleich vereinbart, können Ansprüche auf restliche Vergütung oder auf ein einfaches oder qualifiziertes Zeugnis durchzusetzen sein.
- Nicht selten verweigert der Arbeitgeber die Herausgabe von Arbeitspapieren und der Arbeitnehmer die Herausgabe von Arbeitsmitteln, die der Arbeitgeber zur Verfügung gestellt hat.
- Der Arbeitnehmer nimmt nach der Beendigung des Arbeitsverhältnisses eine neue Beschäftigung auf, die gegen seine nachvertraglichen Pflichten oder gegen ein ausdrückliches Wettbewerbsverbot verstößt.

2 Im Rahmen der nachfolgenden Darstellung sollen die rechtlichen Grundlagen der Zwangsvollstreckung arbeitsrechtlicher Titel unter besonderer Beachtung der im Zusammenhang mit einer Kündigung entstehenden Vollstreckungstitel erläutert werden. Im Rahmen eines solchen Handbuches können dabei nur die Besonderheiten des Arbeitsrechtes aufgearbeitet

werden. Soweit nachfolgend die Bestimmungen der ZPO Anwendung finden, wird allein die Überleitung in die Grundzüge der dortigen Verfahrensweise geleistet. Im Übrigen muss auf die Fachliteratur zur Zwangsvollstreckung nach der ZPO verwiesen werden.[1]

Eine Darstellung der umfangreichen Rechtsbehelfe der Zwangsvollstreckung ist in einem solchen Handbuch mit dem Schwerpunkt auf dem materiellen Recht nicht möglich. Insoweit bleiben die nachfolgenden Ausführungen auf die Darstellung beschränkt, in welchen Fällen welches Rechtsmittel statthaft ist. Eine Darstellung der Rechtsmittel nur im Überblick erscheint für die Praxis nicht hilfreich. Insoweit wird auf das Spezialwerk des Autors[2] mit der umfangreichen Darstellung der Rechtsmittel und ihrer Voraussetzungen einschließlich der Muster für alle Rechtsmittel verwiesen. 3

II. Rechtliche Grundlagen

1. Der Ausgangspunkt der Vollstreckung aus arbeitsrechtlichen Titeln

Ausgangspunkt der Zwangsvollstreckung aus arbeitsrechtlichen Titeln in Zusammenhang mit der Kündigung eines Arbeitsverhältnisses ist **§ 62 ArbGG**, der für das Urteilsverfahren einerseits die Frage der vorläufigen Vollstreckbarkeit arbeitsrechtlicher Titel regelt, andererseits die anwendbaren Vollstreckungsregeln der ZPO im Achten Buch, §§ 704 ff. ZPO benennt. Soweit § 62 ArbGG keine Sonderregelung enthält, finden die Vorschriften über die Zwangsvollstreckung nach der ZPO Anwendung.[3] 4

§ 62 ArbGG gilt dabei für alle Urteile der Arbeitsgerichte, gegen die ein Einspruch oder die Berufung zulässig ist. § 64 Abs. 7 ArbGG erklärt § 62 ArbGG auch für das Berufungsverfahren für anwendbar, so dass von § 62 ArbGG im Ergebnis **alle Urteile der Arbeitsgerichte** und der Landesarbeitsgerichte erfasst werden. Für Versäumnisurteile des BAG gilt § 62 Abs. 1 S. 1 ZPO dagegen nicht, weil in § 72 Abs. 6 ArbGG eine entsprechende Verweisung fehlt.[4] 5

Für das **Beschlussverfahren** nach § 2a ArbGG findet sich eine Sonderregelung in § 85 ArbGG. Danach findet aus rechtskräftigen Beschlüssen der Arbeitsgerichte oder gerichtlichen Vergleichen, durch die einem Beteiligten eine Verpflichtung auferlegt wird, ebenfalls die Zwangsvollstreckung statt. Beschlüsse der Arbeitsgerichte in vermögensrechtlichen Streitigkeiten sind dabei vorläufig vollstreckbar und § 62 Abs. 1 S. 2 bis 5 ArbGG sind entsprechend anzuwenden. 6

Auch im Beschlussverfahren nach §§ 2a, 80 ff. ArbGG gelten wie nach § 62 Abs. 2 ArbGG für die Zwangsvollstreckung die Vorschriften des **Achten Buches der ZPO** mit der Maßgabe, dass der nach dem Beschluss Verpflichtete als Schuldner, derjenige, der die Erfüllung der Verpflichtung aufgrund des Beschlusses verlangen kann, als Gläubiger gilt. 7

In den Fällen 8

- des **§ 23 Abs. 3 BetrVG** – Unterlassungsanspruch gegen Verstöße des Arbeitgebers gegen die Pflichten aus dem BetrVG –
- des **§ 98 Abs. 5 BetrVG** – Bestellung oder Abberufung einer mit der betrieblichen Berufsbildung beauftragten Person –

1 Vgl. hierzu: *Goebel*, Zwangsvollstreckung; *Depré*, Die Praxis der Zwangsverwaltung; *Goebel*, PraxisAusbildung Zwangsvollstreckung; *Brox/Walker*, Zwangsvollstreckung.

2 *Goebel*, Zwangsvollstreckung, § 14.

3 Düwell/Lipke/*Krönig*, AnwK ArbGG, § 62 Rn 1.

4 BAG v. 28.10.1981– 4 AZR 251/79 – NJW 1982, 1175; Düwell/Lipke/*Krönig*, AnwK ArbGG, § 62 Rn 2.

- der **§§ 101 und 104 BetrVG** – Verstoß gegen das Mitbestimmungsrecht des Betriebsrates bei einer personellen Einzelmaßnahme nach § 99 Abs. 1 S. 1 BetrVG oder einer vorläufigen personellen Maßnahme nach § 100 Abs. 2 S. 3, Abs. 3 BetrVG oder gegen das Verlangen des Betriebsrates auf Entlassung oder Versetzung eines Arbeitnehmers wegen der wiederholten ernstlichen Gefährdung des Betriebsfriedens –

ist allerdings eine Festsetzung von Ordnungs- oder Zwangshaft nicht möglich. Hier enthalten die genannten Vorschriften jeweils eine **gesonderte Regelung** zur Festsetzung von Zwangsgeld gegen den Arbeitgeber, damit dieser seinen Verpflichtungen aus dem gerichtlichen Beschluss nach § 84 ArbGG oder einem Prozessvergleich nach § 83a ArbGG nachkommt.

2. Die allgemeinen Voraussetzungen der Zwangsvollstreckung

9 Der über § 62 Abs. 2 ZPO[5] anwendbare § 750 ZPO verlangt für den **Beginn der Zwangsvollstreckung**, dass

- in einem Titel die Personen für und gegen die vollstreckt werden sollen, benannt sind,
- der Titel über eine Vollstreckungsklausel verfügt,[6]
- der Vollstreckungstitel bereits zugestellt wurde oder gleichzeitig zugestellt wird.

10 Diese Voraussetzungen umschreiben die klassischen allgemeinen Voraussetzungen der Zwangsvollstreckung: **Titel, Klausel und Zustellung**. Hiermit beschäftigen sich die nachfolgenden Ausführungen.

11 Daneben müssen jedoch **weitere Voraussetzungen** zum Beginn der Zwangsvollstreckung vorliegen. Da hier keine wesentlichen Besonderheiten bei der Vollstreckung arbeitsrechtlicher Vollstreckungstitel gegenüber sonstigen zivilprozessualen Vollstreckungstiteln festzustellen sind, sollen diese lediglich als Checkliste der allgemeinen Voraussetzungen der Zwangsvollstreckung wiedergegeben werden:

12 Checkliste: Allgemeine Voraussetzungen der Zwangsvollstreckung[7]

- Zuständigkeit des angerufenen Vollstreckungsorgans
  - sachliche und funktionelle Zuständigkeit
  - örtliche Zuständigkeit
    - des Gerichtsvollziehers
    - des Vollstreckungsgerichts
    - des Prozessgerichtes
    - des Grundbuchamtes
- Vorliegen eines ordnungsgemäßen Vollstreckungsantrages
- Allgemeine Verfahrensvoraussetzungen
  - Vorliegen der deutschen Gerichtsbarkeit

5 Im Weiteren wird auf die jeweilige Angabe der Verweisungsvorschrift des § 62 Abs. 2 ArbGG verzichtet. Soweit Vorschriften des Achten Buches der ZPO, d.h. der §§ 704–945 ZPO zitiert werden, ergibt sich deren Anwendung jeweils aus § 62 Abs. 2 ArbGG, soweit nichts anderes vermerkt ist.

6 Soweit es sich um einen Titel über eine unbestrittene Forderung handelt (Anerkenntnisurteil, Vollstreckungsbescheid, Versäumnisurteil, Prozessvergleich, vollstreckbare notarielle Urkunde) und eine Vollstreckung im Ausland in Betracht gezogen werden muss, kann auch eine Bestätigung als Europäischer Vollstreckungstitel sinnvoll sein. Hierzu *Goebel*, VE 2005, 173 und 197, sowie *Reichel*, NZA 2005, 1096.

7 Wegen der Einzelheiten vgl. Goebel/*Geilen*, Zwangsvollstreckung, 2. Aufl. 2005, § 3; *Goebel*, PraxisAusbildung Zwangsvollstreckung, § 2; *Brox/Walker*, § 2.

- Zulässigkeit des Rechtsweges
- Parteifähigkeit
- Prozessfähigkeit
- Prozessvollmacht
- Postulationsfähigkeit
- Prozessführungsbefugnis
- Rechtsschutzbedürfnis
- Allgemeine Vollstreckungsvoraussetzungen
- Titel
- Klausel
- Zustellung
- Besondere Vollstreckungsvoraussetzungen
- Fehlen von Vollstreckungshindernissen
- Vollstrecken in die richtige Vermögensmasse

a) Der vollstreckungsfähige Titel, insbesondere die vorläufige Vollstreckbarkeit

aa) Der Vollstreckungstitel

Jede Zwangsvollstreckung setzt einen Vollstreckungstitel voraus. In Zusammenhang mit einem Kündigungsschutzprozess kommen hier insbesondere **Urteile der Arbeitsgerichte und der Landesarbeitsgerichte oder** vor diesen geschlossene **Prozessvergleiche** in Betracht. 13

Dabei sind alle Endurteile einschließlich aller Teilurteile mit vollstreckbarem Inhalt als Vollstreckungstitel geeignet. Dagegen scheiden Grund- und Zwischenurteile aus, da es ihnen an einem vollstreckbaren Inhalt fehlt. 14

Neben dem Urteil nennt **§ 794 ZPO weitere Vollstreckungstitel**, die in Zusammenhang mit einem Kündigungsschutzprozess und möglichen Nebenverfahren mit Ausnahme des Prozessvergleiches nach § 794 Abs. 1 Nr. 1 ZPO weitgehend bedeutungslos sind. Einzig die vollstreckbare notarielle Urkunde i.S.d. § 794 Abs. 1 Nr. 5 ZPO dürfte in seltenen Fällen noch als Vollstreckungstitel in Betracht kommen, wenn in dieser Form etwa ein Schuldanerkenntnis abgegeben wurde. Dem Prozessvergleich kommt demgegenüber eine zentrale Bedeutung zu, da eine Vielzahl arbeitsgerichtlicher Verfahren auf diesem Wege ihre Erledigung finden. 15

> *Praxishinweis* 16
> Die Formulierung des Vergleiches kommt nicht selten den Parteien bzw. den Parteivertretern zu. Diesen obliegt daher eine besondere Verantwortung, die Formulierung so zu wählen, dass der vollstreckbare Inhalt hinreichend bestimmt ist.

Als Vollstreckungstitel kommt weiter ein nach § 796a ZPO für vollstreckbarer erklärter **Anwaltvergleich** in Betracht, den die Bevollmächtigten der Parteien in deren Namen geschlossen haben. Eine Möglichkeit, von der in der Praxis viel zu selten Gebrauch gemacht wird. Voraussetzung eines solchen Anwaltvergleiches ist es, dass sich der Schuldner hierin der sofortigen Zwangsvollstreckung unterworfen hat und der Vergleich unter der Angabe des Tages seines Zustandekommens bei einem Amtsgericht hinterlegt wurde, bei dem zumindest eine Partei ihren allgemeinen Gerichtsstand und damit Wohnsitz oder Sitz hat. Für den Mandanten kann auf diese Weise eine schnelle Einigung in vollstreckbarer Form festgehalten 17 werden. Der Rechtsanwalt wird den Zeitvorteil zu betrachten haben und die besondere Vergütung nicht aus den Augen verlieren.

bb) Rechtskraft und vorläufige Vollstreckbarkeit

(1) Die Rechtskraft des Vollstreckungstitels

18 Damit das Urteil als Zwangsvollstreckungstitel in Betracht kommt, muss es gem. § 704 Abs. 1 ZPO rechtskräftig oder vorläufig vollstreckbar sein. Ein Prozessvergleich nach § 794 Abs. 1 Nr. 1 ZPO ist demgegenüber unmittelbar vollstreckbar.

19 Die Rechtskraft des Titels wirft keine besonderen Probleme auf. Ist das Urteil mit Rechtsmitteln nicht mehr angreifbar, so ist es rechtskräftig. Die Rechtskraft kann nach § 706 ZPO durch ein **Rechtskraftzeugnis** nachgewiesen werden, welches auf Antrag des Gläubigers von der Geschäftsstelle des Arbeitsgerichtes, d.h. des Gerichtes des ersten Rechtszugs, erteilt wird.[8]

(2) Die vorläufige Vollstreckbarkeit des Titels

20 Ist das Urteil noch nicht rechtskräftig, darf die Zwangsvollstreckung hieraus nur beginnen, wenn das Urteil **vorläufig vollstreckbar** ist. Bei Prozessvergleichen oder Anwaltvergleichen stellt sich diese Frage nicht, da diese mit ihrem Abschluss oder spätestens mit dem Ablauf einer Widerrufsfrist bestandskräftig und damit uneingeschränkt vollstreckbar sind.

21 Für Urteile ordnet § 62 Abs. 1 S. 1 ArbGG an, dass **Urteile der Arbeitsgerichte**, gegen die Einspruch oder Berufung zulässig ist, **grundsätzlich kraft Gesetzes vorläufig vollstreckbar** sind. Über § 64 Abs. 7 ArbGG gilt dies in gleicher Weise für die Urteile der Landesarbeitsgerichte. Diese Regelung geht den §§ 708 ff. ZPO vor. Insoweit bedarf es – anders als sonst in zivilgerichtlichen Urteilen – keines Ausspruchs zur vorläufigen Vollstreckbarkeit im arbeitsgerichtlichen Urteil.

22 *Praxishinweis*

Das BAG hat ausdrücklich klar gestellt, dass zu diesen kraft Gesetzes für vorläufig vollstreckbaren Urteilen auch solche auf Abfindung nach §§ 9, 10 KSchG gehören.[9] Davon ist allerdings die Frage zu unterscheiden, ob der Anspruch schon vor Rechtskraft fällig ist, wenn die Aufhebung des Arbeitsverhältnisses nach § 9 Abs. 2 KSchG erst zu einem in der Zukunft liegenden Zeitpunkt erfolgt und die Abfindung damit auch erst zu diesem Zeitpunkt fällig wird (hierzu im Einzelnen siehe Rn 104 ff.).

23 Diese kraft Gesetzes angeordnete **vorläufige Vollstreckbarkeit** des arbeitsgerichtlichen Urteils kann nach § 62 Abs. 1 S. 2 ArbGG allerdings durch das Arbeitsgericht **ausgeschlossen werden**. Dieser Ausschluss ist an zwei Voraussetzungen geknüpft:

- Der Schuldner muss einen entsprechenden **Antrag** stellen.
- Der Schuldner muss **glaubhaft machen**, dass die Vollstreckung ihm einen **nicht zu ersetzenden Nachteil** bringt.

24 Der Antrag muss bis zum Schluss der letzten mündlichen Verhandlung gestellt werden und ist dann im Urteil zu bescheiden.

25 *Praxishinweis*

Wurde der Antrag gestellt, jedoch tatsächlich im Urteil nicht beschieden, so muss der Rechtsanwalt nach §§ 319 ff. ZPO hiergegen vorgehen:

8 Muster eines Antrages auf Erteilung eines Rechtskraftzeugnisses bei *Goebel*, Zivilprozessrecht, § 14.
9 BAG v. 9.12.1987, NZA 1988, 329 = MDR 1988, 523 = BB 1988, 843.

- Wurde der Antrag in den Entscheidungsgründen abgehandelt, jedoch in den Tenor nicht aufgenommen, kann ein Antrag auf Berichtigung einer offensichtlichen Unrichtigkeit gestellt werden. Zum Teil wird zugleich ein Antrag auf Urteilsergänzung nach § 321 ZPO verlangt. Da dieser Antrag binnen einer Frist von zwei Wochen zu stellen ist, sollte dem Grundsatz des sichersten Weges folgend ein Berichtigungsantrag nach § 319 ZPO in der Zwei-Wochen-Frist gestellt und dieser hilfsweise auch auf § 321 ZPO gestützt werden.[10]
- Wird im Urteil schon nicht dargestellt, dass der Antrag gestellt wurde, ist ein kombinierter Antrag auf Tatbestandsberichtigung nach § 320 ZPO i.V.m. einem Antrag auf Urteilsergänzung nach § 321 ZPO innerhalb einer Zwei-Wochen-Frist zu stellen.

Ist ein Antrag auf Ausschluss der vorläufigen Vollstreckbarkeit nicht gestellt worden, ist das Arbeitsgericht für einen **nachträglichen Antrag** nicht mehr zuständig, wenn gegen das Urteil Berufung eingelegt wurde. Hier hat dann das Berufungsgericht nach § 62 Abs. 1 S. 3 ArbGG i.V.m. § 719 Abs. 1 ZPO über einen Antrag auf Einstellung der Zwangsvollstreckung zu befinden (hierzu siehe Rn 42 ff.). 26

Stellt das Arbeitsgericht auf einen solchen nachträglichen Antrag gleichwohl die Zwangsvollstreckung ein, so hat die Rechtsprechung in der Vergangenheit auf die Beschwerde des Gegners dieser Beschluss – unbeschadet der Unanfechtbarkeit von Beschlüssen nach § 62 Abs. 1 ArbGG – aufgehoben.[11] 27

Praxishinweis 28

Seit dem 1.1.2005 ist eine Beschwerde des Gegners nicht mehr statthaft. Vielmehr ist nach dem zum 1.1.2005 neu eingeführten § 78a ArbGG die Gehörsrüge innerhalb einer Notfrist von zwei Wochen, § 78a Abs. 2 S. 1 ArbGG, zu erheben. Dabei ist erstens darzulegen, dass ein Rechtsmittel nicht gegeben ist – wobei die bisherige außerordentliche Beschwerde außer Betracht bleiben muss. Zweitens ist darzustellen, dass die Partei durch die angefochtene Entscheidung in ihrem Recht auf rechtliches Gehör verletzt wurde. Als drittes ist darzulegen, dass bei entsprechender Berücksichtigung des Vorbringens eine Einstellung der Zwangsvollstreckung nicht hätte erfolgen dürfen.

Anders als nach § 708 ff. ZPO ist es im arbeitsgerichtlichen Verfahren nicht möglich, die vorläufige Vollstreckbarkeit gegen Sicherheitsleistung auszuschließen oder die vorläufige Vollstreckbarkeit entgegen § 62 Abs. 1 S. 1 ArbGG nur gegen Sicherheitsleistung zuzulassen. Der Antrag des Schuldners kann also nur dahin gehen, die vorläufige Vollstreckbarkeit gänzlich auszuschließen. Der Gläubiger kann lediglich beantragen, den Antrag zurückzuweisen, weil die genannten Voraussetzungen nicht vorliegen. 29

Der Beklagte muss dann weiter geltend **und glaubhaft** (§ 294 ZPO) machen, dass die Zwangsvollstreckung ihm einen **nicht zu ersetzenden Nachteil** bringen würde. 30

Ein **nicht zu ersetzender Nachteil** ist dann gegeben, wenn dieser gerade durch die Vollstreckung verursacht würde, nicht vermieden werden kann und letztlich nach dem späteren Wegfall des Vollstreckungstitels nicht ausgeglichen werden kann.[12] Ein Ausgleich darf dabei insbesondere nicht durch Geld oder andere Mittel möglich sein.[13] Der Schuldner hat den entsprechenden Nachteil darzulegen und glaubhaft zu machen. Abzustellen ist vor allem auf die wirtschaftliche, soziale und persönliche Lage des Schuldners. 31

10 Vgl. hierzu *Goebel*, Zivilprozessrecht, § 14.

11 LAG Frankfurt v. 31.7.2003 – 16 Ta 295/03 – n.v.; LAG Bremen v. 26.5.1998, AP Nr. 11 zu § 62 ArbGG 1979.

12 Düwell/Lipke/*Krönig*, AnwK ArbGG, § 62 Rn 5.

13 LAG Rheinland-Pfalz InVo 2007, 24; ErfK/*Schaub*, § 62 Rn 6.

32 Ein nicht zu ersetzender Nachteil unter Berücksichtigung der Entscheidungen in einem Kündigungsprozess kann danach vorliegen, wenn:

- ausgeschlossen ist, dass der Schuldner den im Wege oder zur Abwendung der Zwangsvollstreckung an den Gläubiger gezahlten Geldbetrag zurückerhält.[14]
- gegen den Vollstreckungsgläubiger das Insolvenzverfahren eröffnet wurde und er zuvor bereits die eidesstattliche Versicherung abgegeben hat, so dass von einer Rückerstattung gezahlter Beträge nicht ausgegangen werden kann.[15]
- die Zwangsvollstreckung vom Insolvenzverwalter betrieben wird, ohne dass gesichert ist, dass die Masse ausreicht, um einen Rückforderungsanspruch nach der Aufhebung des Vollstreckungstitels zu befriedigen.[16]
- seit der Anfechtung des Weiterbeschäftigungsurteils ein Zeitraum von mehr als 1 1/2 Jahren vergangen ist, ohne dass eine Berufungsentscheidung vorliegt.[17]

33 Demgegenüber liegt ein nicht zu ersetzender Nachteil nicht vor,

- wenn der Arbeitgeber seinen Arbeitnehmer weiterbeschäftigen muss, da er in diesem Fall auch die Gegenleistung erhält.[18]
- allein bei länger andauernden und größere Anstrengungen erfordernden Maßnahmen zur Erstattung der Vollstreckungsbeträge.[19]
- wenn der Schuldner seinen Wohnsitz in einen anderen Staat der europäischen Union verlegt.[20]
- wenn ein Leistungsurteil von einem ausländischen Arbeitnehmer erstritten wurde, der sich – theoretisch – in sein Heimatland absetzen könnte.[21]
- wenn der Schuldner durch die Vollstreckung eine Kreditgefährdung lediglich befürchtet.[22]
- wenn die Vollstreckung die Gefahr mit sich bringt, die eidesstattliche Versicherung abgeben zu müssen.[23]
- wenn geltend gemacht wird, dass ein „absolut zerstörtes Vertrauensverhältnis" vorliegt und dies bereits während des Prozesses anzunehmen war.[24]

34 In die Gesamtabwägung sind auch die **Interessen des Gläubigers** einzubeziehen.[25] Da die Formulierung allerdings keinen entsprechenden Anknüpfungspunkt bietet, hat dies nur insoweit zu erfolgen, dass die Anforderungen an die Darlegung und Glaubhaftmachung eines nicht zu ersetzenden Nachteils um so höher anzusetzen, um so größer der durch die fehlende vorläufige Vollstreckbarkeit für den Gläubiger eintretende Nachteil ist.

14 LAG Baden-Württemberg v. 1.9.2006 – 13 Sa 63/06 – n.v.; LAG Sachsen v. 15.9.1999 – 2 Sa 799/99 – n.v.; LAG Düsseldorf v. 20.12.1985, LAGE § 62 ArbGG 1979 Nr. 13; ArbG Weiden v. 22.11.1999, JurBüro 2000, 217.
15 ArbG Weiden v. 22.12.1999, JurBüro 2000, 217.
16 LAG Bremen v. 20.7.1998 – 4 Sa 169/98 – n.v.
17 LAG Niedersachsen v. 18.6.1985, NZA 1985, 504.
18 BAG GS v. 27.2.1985, NZA 1985, 702 = NJW 1985, 2968 = MDR 1986, 80 = ZfA 1985, 603; LAG München v. 18.8.1983 – 9 Sa 209/83 – n.v.; LAG Berlin v. 26.9.1980, BB 1980, 1749.
19 LAG Sachsen v. 15.9.1999 – 2 Sa 799/99 – n.v.; LAG Frankfurt v. 8.1.1992, NZA 1992, 427.
20 LAG Schleswig-Holstein v. 12.6.1998 – 3 Sa 213a/98 – n.v.
21 ArbG Reutlingen v. 8.2.1980, BB 1980, 1379.
22 Düwell/Lipke/*Krönig*, AnwK ArbGG, § 62 Rn 5.
23 Düwell/Lipke/*Krönig*, AnwK ArbGG, § 62 Rn 5.
24 LAG Düsseldorf v. 1.12.2008, AE 2009, 87.
25 A.A. *Germelmann u.a.*, § 62 Rn 14.

Praxishinweis 35
Das Gericht wird sich rein praktisch nicht davon frei machen können, auch die Belange des Gläubigers und die Nachteile für diesen zu beachten. Der Bevollmächtigte des Gläubigers muss also einerseits die Darlegung des Schuldners angreifen, dass ihm ein nicht zu ersetzender Nachteil droht und andererseits die Nachteile für den Gläubiger darlegen.

Umstritten ist, ob auch die **Erfolgsaussichten eines Rechtsmittels** bei der Entscheidung über den Ausschluss der vorläufigen Vollstreckbarkeit **zu berücksichtigen** sind. Die herrschende Auffassung nimmt dies an.[26] Eine Berücksichtigung der Erfolgsaussichten eines Rechtsmittels erscheint jedenfalls dann angemessen, wenn als nahezu sicher gelten kann, dass das Rechtsmittel keinen Erfolg haben wird.[27] In diesem Fall kann ein nicht zu ersetzender Nachteil nicht angenommen werden, da sicher davon auszugehen ist, dass es auch nach der Rechtsmittelentscheidung zu einer Vollstreckung kommt. 36

Praxishinweis 37
Der Bevollmächtigte des Schuldners wird demgegenüber darauf hinzuweisen haben, dass das Arbeitsgericht als Ausgangsgericht über die Frage des nicht zu ersetzenden Nachteils zu befinden hat und dementsprechend die Frage, ob ein Rechtsmittel gegen dessen Urteil sicher keinen Erfolg haben wird, mit äußerster Zurückhaltung zu beurteilen ist.

Der Schuldner hat die Gründe, die einen nicht zu ersetzenden Nachteil rechtfertigen sollen, glaubhaft zu machen. Die **Glaubhaftmachung** hat dabei nach § 46 ArbGG i.V.m. § 294 ZPO zu erfolgen. Wesentliche Mittel zur Glaubhaftmachung sind danach die eidesstattliche Versicherung des Schuldners oder anderer Dritter und die Vorlage von Urkunden. 38

Praxishinweis 39
Beachtet werden muss, dass die eidesstattliche Versicherung eine eigene Darstellung der maßgeblichen Tatsachen durch den die Erklärung Abgebenden enthalten muss. Eine Bezugnahme auf Angaben oder Erklärungen Dritter, insbesondere auf den Schriftsatz des Bevollmächtigten ist nicht ausreichend.[28]

Der Bevollmächtigte des Schuldners muss darauf achten, dass der Ausschluss der vorläufigen Vollstreckbarkeit im Tenor des Urteils und nicht nur in den Entscheidungsgründen erfolgt, da der Tenor Grundlage der Zwangsvollstreckung ist und ohne eine solche Entscheidung im Tenor die gesetzliche Regelung des § 62 Abs. 1 S. 1 ArbGG der Vollstreckung zugrunde gelegt wird.[29] 40

Praxishinweis 41
Wurde die vorläufige Vollstreckbarkeit ausgeschlossen, kann dies nicht selbstständig angefochten werden.[30] Der Gläubiger kann allerdings im Berufungsverfahren nach § 62 ArbGG, § 537 ZPO beantragen, das Urteil für vorläufig vollstreckbar zu erklären, soweit es mit der Berufung nicht angegriffen wurde.

(3) Die Einstellung der Zwangsvollstreckung aus einem vorläufig vollstreckbaren Titel

Ist das Urteil nach § 62 Abs. 1 S. 1 ArbGG kraft Gesetzes vorläufig vollstreckbar und ein Antrag auf Ausschluss der vorläufigen Vollstreckbarkeit nicht gestellt worden, so lässt § 62 42

26 LAG Düsseldorf v. 4.10.1979, LAGE § 62 ArbGG 1979 Nr. 1; *Groeger*, NZA 1994, 251.
27 BAG v. 6.1.1971, NJW 1971, 910 = AP Nr. 3 zu § 719 ZPO.
28 BGH v. 20.3.1996, NJW 1996, 1682; BGH v. 26.5.1988, VersR 1988, 860.
29 Düwell/Lipke/*Krönig*, AnwK ArbGG, § 62 Rn 11.
30 LAG Rheinland-Pfalz v. 25.4.2005– 10 Ta 84/05 – n.v.

Abs. 1 S. 3 ZPO gleichwohl in Anwendung von § 707 Abs. 1 und § 719 Abs. 1 ZPO noch eine **nachträgliche Einstellung der Zwangsvollstreckung** zu.

43 Danach ist eine nachträgliche Einstellung der Zwangsvollstreckung noch möglich, wenn:

- die Wiedereinsetzung in den vorigen Stand beantragt worden ist (§ 707 Abs. 1 ZPO),
- die Wiederaufnahme des Verfahrens beantragt worden ist (§ 707 Abs. 1 ZPO),
- der Rechtsstreit nach einem Vorbehaltsurteil fortgesetzt wird (§ 707 Abs. 1 ZPO),
- die Gehörsrüge nach § 78a ArbGG erhoben wurde (§ 707 Abs. 1 ZPO, § 78a Abs. 7 ArbGG)
- gegen das erstinstanzliche Urteil Berufung eingelegt wurde (§ 719 Abs. 1 ZPO),
- gegen ein Versäumnisurteil Einspruch eingelegt wurde (§ 719 Abs. 1 ZPO).

44 Nach dem eindeutigen Wortlaut von § 62 Abs. 1 S. 3 ArbGG ist eine Einstellung der Zwangsvollstreckung jedoch nur möglich, wenn dem Schuldner durch die Zwangsvollstreckung ein nicht zu ersetzender Nachteil droht[31] (für die Frage, wann dies der Fall ist, kann auf die vorstehenden Darlegungen verwiesen werden, siehe Rn 31 ff.). Auf die weiteren, in §§ 707 Abs. 1, 719 ZPO genannten Voraussetzungen kommt es mithin nicht an.

45 *Praxishinweis*

Beantragt ein Arbeitgeber, der in Kenntnis einer Forderung gegen seinen Arbeitnehmer einen Vergleich geschlossen hat, in dem diese Forderung nicht ausdrücklich erwähnt worden ist, die Einstellung der Zwangsvollstreckung aus diesem Vergleich, weil er die Gegenforderung zur Aufrechnung gestellt hat, so kommt die Einstellung von Zwangsvollstreckungsmaßnahmen auch nach § 765a Abs. 1 ZPO in der Regel nicht in Betracht.[32]

46 Auch hier ist umstritten, ob bei der Beurteilung der Frage, ob ein nicht zu ersetzender Nachteil anzunehmen ist, die Erfolgsaussichten eines Rechtsmittels, d.h. insbesondere eines Einspruchs gegen ein Versäumnisurteil oder der Berufung gegen ein Endurteil, zu berücksichtigen sind.[33] Ist nach dem Sach- und Streitstand ein Erfolg des Rechtsmittels mit hoher Wahrscheinlichkeit ausgeschlossen, so kann die Zwangsvollstreckung keinen nicht mehr zu ersetzenden Nachteil erbringen, so dass es jedenfalls in dieser Konstellation gerechtfertigt ist, auch die Erfolgaussichten des Rechtsmittels zu berücksichtigen.[34] Hierauf wird der Bevollmächtigte des Gläubigers hinzuweisen haben. Nachdem in dieser Konstellation das Rechtsmittelgericht die Erfolgsaussichten des Rechtsmittels beurteilt, bestehen allerdings auch im Übrigen keine Bedenken, den Gesichtspunkt der Erfolgsausichten des Rechtsmittels mit zu berücksichtigen.

47 Die Entscheidung ergeht ohne mündliche Verhandlung durch begründeten Beschluss, §§ 707 Abs. 2 S. 1, 719 Abs. 3, 128 Abs. 4 ZPO. Dem Gläubiger ist zuvor **rechtliches Gehör** zu gewähren. Nach §§ 53 Abs. 1, 55 Abs. 1 Nr. 6, 64 Abs. 7 ArbGG erfolgt die Entscheidung ohne die ehrenamtlichen Richter.

48 Umstritten war in der Vergangenheit, ob die Einstellung der Zwangsvollstreckung nach § 62 Abs. 1 Nr. 3 ArbGG auch gegen **Sicherheitsleistung** erfolgen kann.

49 Nach einer Auffassung schränkt § 62 Abs. 1 S. 3 zwar die Voraussetzungen ein, unter denen eine Einstellung erfolgen kann und begrenzt diese auf die Voraussetzung des nicht zu erset-

31 ErfK/*Schaub*, § 62 ArbGG Rn 9.

32 LAG Schleswig-Holstein v. 28.7.2005 – 2 Ta 179/05 – n.v.

33 Befürwortend *Groeger*, NZA 1994, 251; H/S-*Kallweit/Boudon*, Das arbeitsrechtliche Mandat, § 14 Rn 262; ablehnend *Germelmann u.a.*, § 62 Rn 14.

34 So auch ErfK/*Schaub*, § 62 ArbGG Rn 6; Düwell/Lipke/*Krönig*, AnwK ArbGG, § 62 Rn 14.

zenden Nachteils. Damit sei aber keine Einschränkung der Möglichkeit verbunden, unter den weiteren Vorausetzungen der §§ 707, 719 ZPO die Einstellung mit oder ohne Sicherheitsleistung anzuordnen.[35] Nach anderer und wohl überwiegender Auffassung[36] ist § 62 Abs. 1 ArbGG das System der Sicherheitsleistung wesensfremd, so dass eine Einstellung der Zwangsvollstreckung gegen Sicherheitsleistung oder die Anordnung, dass diese nur gegen Sicherheitsleistung fortgesetzt werden darf, nicht in Betracht kommt.

Diese Streitfrage hat der Gesetzgeber im Jahre 2008 entschieden und § 62 Abs. 1 S. 4 und 5 angefügt.[37] Danach erfolgt im Sinne der bisher herrschenden Auffassung die Entscheidung nach § 62 Abs. 1 S. 3 ohne Sicherheitsleistung. Die Entscheidung ergeht im Beschlusswege und ist nach § 62 Abs. 1 S. 5 nicht anfechtbar. 50

Praxishinweis 51
Anders verhält es sich bei der Einstellung der Zwangsvollstreckung im Zusammenhang mit der Vollstreckungsgegenklage nach § 767 ZPO oder der Drittwiderspruchsklage nach § 771 ZPO. Hier erfolgt die einstweilige Einstellung der Zwangsvollstreckung nach §§ 769, 771 Abs. 3 ZPO und kann danach auch gegen Sicherheitsleistung eingestellt werden.[38]

Schon in der Vergangenheit bestand Einigkeit, dass gegen die Ablehnung der Einstellung der Zwangsvollstreckung nach § 62 Abs. 1 S. 3 ArbGG kein Rechtsmittel gegeben ist. Denn gem. § 62 Abs. 2 ArbGG i.V.m. §§ 719 Abs. 1, 707 Abs. 2 S. 2 ZPO ist der Beschluss des LAG als Berufungsgericht unanfechtbar.[39] § 62 Abs. 2 ArbGG verweist auf diese Vorschriften. Nach § 719 Abs. 1 S. 1 ZPO gilt § 707 ZPO für die Einstellung der Zwangsvollstreckung aus einem vorläufig vollstreckbaren Urteil, gegen das Einspruch oder Berufung eingelegt ist, entsprechend. Nach § 707 Abs. 2 S. 2 ZPO findet eine Anfechtung des Beschlusses über die einstweilige Einstellung der Zwangsvollstreckung nicht statt.[40] Nunmehr ist diese Frage aber durch § 62 Abs. 1 S. 5 auch eindeutig durch den Gesetzgeber beantwortet. 52

Praxishinweis 53
Eine Anfechtung im Wege der Rechtsbeschwerde kommt auch dann nicht in Betracht, wenn diese durch das Landesarbeitsgericht entgegen § 707 Abs. 2 S. 2 ZPO zugelassen wurde.[41]

cc) Die Bestimmtheit des Vollstreckungstitels

Aus dem Vollstreckungstitel muss hervorgehen, wer Schuldner und wer Gläubiger ist und welche Leistungen vollstreckt werden können. 54

Zur **genauen Bezeichnung der Parteien** gehören der vollständige Name und die vollständige Anschrift. Auf diese Angaben sollte gerade der Gläubiger achten, da anderenfalls 55

35 LAG Köln v. 19.9.1996, NZA-RR 1998, 36; LAG Düsseldorf v. 28.2.1992, NZA 1992, 618; LAG Rheinland-Pfalz v. 9.11.1979, LAGE § 62 ArbGG 1979 Nr. 4; *Beckers*, NZA 1997, 1322.

36 BAG v. 19.9.1958, AP Nr. 1 zu § 719; LAG Frankfurt v. 27.11.1985, BB 1986, 984 = ArbuR 1986, 250; LAG Rheinland-Pfalz v. 26.11.1984 – 1 Ta 247/84 – n.v.; LAG Sachsen v. 15.9.1999 – 2 Sa 799/99 – n.v.; ErfK/*Schaub*, § 62 ArbGG Rn 10; H/S-*Kallweit/Boudon*, Das arbeitsrechtliche Mandat, § 14 Rn 259; Düwell/Lipke/*Krönig*, AnwK ArbGG, § 62 Rn 16a.

37 BGBl I v. 26.3.2008, 444.

38 LAG Frankfurt v. 3.10.1988 – 1 Ta 336/88 – n.v.; LAG Köln v. 16.6.1983, DB 1983, 1827; ErfK/*Schaub*, § 62 ArbGG Rn 10.

39 BAG v. 5.11.2003, NZA 2003, 1421 = BAG Report 2004, 301.

40 LAG Thüringen v. 29.12.1997, NZA 1998, 1358; LAG Frankfurt v. 4.3.2002, NZA-RR 2003, 219.

41 BAG v. 5.11.2003 – 10 AZB 59/03 – juris.

Schwierigkeiten bei der Zustellung des Vollstreckungstitels und bei der Zwangsvollstreckung drohen. Zeigt der Vollstreckungstitel hier Mängel, kann das Urteil nach § 46 ArbGG, § 319 ZPO und das Protokoll über den Prozessvergleich nach § 46 ArbGG, § 164 ZPO berichtigt werden.

56 Besondere Sorgfalt ist hier bei der Bezeichnung von juristischen Personen an den Tag zu legen, damit der Zwangsvollstreckung später etwa nicht entgegen gehalten werden kann, dass es die konkrete Schuldnerin überhaupt nicht gibt.

57 *Praxishinweis*

Ändern sich die Namen später, ohne dass ein Fall der Rechtsnachfolge vorliegt, etwa weil die Schuldnerin heiratet und den Namen ihres Ehemannes annimmt, muss der Gläubiger dies durch öffentliche oder öffentlich beglaubigte Urkunde nachweisen. Diese Urkunden kann er nach § 62 PStG oder § 9 HGB erhalten.

58 In der Praxis als problematischer erweist sich die Notwendigkeit, dass der Titel über einen **vollstreckungsfähigen Inhalt** verfügen muss.

59 Keine Probleme wirft der auf Zahlung gerichtete Titel in EUR auf. Inwieweit Zahlung in einer ausländischen Währung geschuldet ist, wenn der Arbeitnehmer im Ausland tätig war, ist eine Frage des materiellen Rechtes und nicht des Vollstreckungsrechtes. Der Titel muss für den Fall der geschuldeten ausländischen Währung diese allerdings exakt bezeichnen.

60 Demgegenüber muss in den Fällen, in denen eine Handlung vorgenommen werden soll, etwa die Erstellung eines qualifizierten Zeugnisses oder die Herausgabe von Gegenständen wie z.B. vom Arbeitgeber dem Arbeitnehmer für die Dauer des Beschäftigungsverhältnisses überlassene Vorführmuster oder Arbeitsgeräte und -mittel, auf deren **genaue Bezeichnung** geachtet werden. Neben einer möglichst exakten Beschreibung sollten hier unverwechselbare Kennzeichnungen – etwa eine eingeprägte Maschinennummer – berücksichtigt werden.

61 *Praxishinweis*

Der Arbeitgeber sollte schon bei der Ausgabe solcher Gegenstände darauf achten, dass diese über unverwechselbare Kennzeichen verfügen. Fehlen diese, sollten Sie angebracht werden. Sodann sollte eine Liste der genau bezeichneten Gegenstände erstellt werden, die der Arbeitnehmer erhalten hat. Den Empfang sollte dieser quittieren.

62 Kann der Gerichtsvollzieher die herauszugebenden Gegenstände nicht individualisieren, so scheitert die Vollstreckung und der Gläubiger muss eine erneute Klage erheben, was mit Kosten- und Zeitnachteilen verbunden ist. Für den Bevollmächtigten kann sich dies als Haftungsfall darstellen, wenn schon im Ausgangsprozess eine genauere Bezeichnung möglich gewesen wäre, der Bevollmächtigte hierauf aber nicht hingewirkt hat. Nicht nur hier zeigt sich, dass die Zwangsvollstreckung bereits im Erkenntnisverfahren beginnt.

63 *Praxishinweis*

Besondere Beachtung müssen auch Zug-um-Zug-Leistungen gewinnen. Hier ist es nicht nur erforderlich, dass die Hauptleistung, etwa der zu zahlende Restlohn, hinreichend bestimmt bezeichnet ist, sondern auch die Zug um Zug herauszugebenden Gegenstände, wie etwa das Firmenfahrzeug oder Arbeitsmittel und -geräte.

64 Kommt das Vollstreckungsorgan zu dem Ergebnis, dass ein Titel keinen vollstreckungsfähigen Inhalt hat, stehen dem Gläubiger zwei Wege zur Verfügung:

- Teilt er die Auffassung des Vollstreckungsorgans nicht, kann er über die Erinnerung nach § 766 ZPO[42] oder die sofortige Beschwerde nach § 793 ZPO[43] eine gerichtliche Klärung herbeiführen. Wird ihm mit der Begründung, der Titel habe keinen vollstreckungsfähigen Inhalt schon die Vollstreckungsklausel verweigert, stehen ihm auch die Rechtsbehelfe des Klauselverfahrens zur Verfügung.
- Teilt er dagegen – nach nochmaliger Überprüfung[44] – die Auffassung des Vollstreckungsorgans, so kann er entweder Feststellungsklage auf Feststellung des vollstreckungsfähigen Inhaltes der Entscheidung oder erneute Leistungsklage erheben.

b) Die Vollstreckungsklausel

Damit die Zwangsvollstreckung nach § 750 ZPO beginnen kann, bedarf der Gläubiger sodann einer vollstreckbaren Ausfertigung des Titels nach § 724 ZPO und einer Vollstreckungsklausel nach §§ 724 ff. ZPO. 65

Praxishinweis 66
Soll die Vollstreckung im **Ausland** erfolgen, sind die dortigen Vollstreckungsregelungen zu beachten. Soweit mit dem Vollstreckungstitel eine unbestrittene Forderung tituliert wurde, kann sich eine Erleichterung daraus ergeben, dass für den Titel eine Bestätigung als Europäischer Vollstreckungstitel nach §§ 1079–1082 ZPO i.V.m. der EU-Verordnung über den Europäischen Vollstreckungstitel beantragt wird.[45] Für die Erteilung dieser Bestätigung ist nach § 20 Nr. 11 RPflG der Rechtspfleger zuständig.

Praxishinweis 67
Keiner besonderen Vollstreckungsklausel bedarf der Vollstreckungsbescheid nach § 796 ZPO sowie die einstweilige Verfügung und Arreste nach §§ 929 Abs. 1, 936 ZPO, solange und soweit für den im Titel genannten Gläubiger gegen den dort genannten Schuldner vollstreckt wird.

Die **vollstreckbare Ausfertigung des Titels**, d.h. die aus Rubrum und Tenor jedoch ohne Tatbestand und Entscheidungsgründe bestehende Ausfertigung des Titels mit der Vollstreckungsklausel wird nach § 724 von dem Urkundsbeamten der Geschäftsstelle des Prozessgerichtes erster Instanz, d.h. dem Arbeitsgericht erteilt. Ist das Verfahren noch im Rechtsmittelzug anhängig, so ist die vollstreckbare Ausfertigung von dem Urkundsbeamten der Geschäftsstelle des höheren Gerichtes zu erteilen. 68

Einer Titel übertragenden, **qualifizierten Klausel** nach § 727 ZPO bedarf es dann, wenn für oder gegen den Rechtsnachfolger des im Titel genannten Gläubigers vollstreckt werden soll. Dies kommt insbesondere auf Seiten des Arbeitgebers in Betracht, wenn nach Rechtshängigkeit oder nach Titelerlass ein Betriebsübergang i.S.d. § 613a BGB[46] oder eine Firmenfortführung nach § 25 HGB stattgefunden hat und der Rechtsstreit zunächst nach § 325 ZPO gegen 69

42 Hierzu ausführlich *Goebel*, Zwangsvollstreckung, § 14 mit Muster.
43 *Goebel*, Zwangsvollstreckung, § 14 mit Muster.
44 Für den Anwalt kann sich etwa ein nicht mit einem vollstreckungsfähigen Inhalt formulierter Prozessvergleich als Haftungsgrund darstellen, selbst wenn dieser vom Prozessgericht vorformuliert wurde, weshalb es notwendig ist, dass das Gericht diesen zunächst noch einmal im Wortlaut vorliest oder vorspielt, bevor diesem zugestimmt wird. In Zweifelsfällen sollte der Rechtsanwalt sich die Möglichkeit einräumen lassen, den Vergleich zu widerrufen, um Zeit und Ruhe zur Prüfung zu gewinnen.
45 Hierzu im Einzelnen *Goebel*, VE 2005, 173 und 197, sowie *Reichel*, NZA 2005, 1096.
46 BAG v. 15.12.1976, AP Nr. 1 zu § 325 ZPO = BB 1977, 395.

den bisherigen Arbeitgeber fortgesetzt wurde. Für die Erteilung der qualifizierten Vollstreckungsklausel ist nach § 20 Nr. 12 RPflG der Rechtspfleger beim Arbeitsgericht zuständig.

70 Sofern die Vollstreckung von einer vom Gläubiger zu beweisenden **Bedingung** abhängig ist, bedarf es ebenfalls einer qualifizierten Klausel, nunmehr nach § 726 ZPO. Dabei muss beachtet werden, dass der im Zusammenhang mit einer Kündigung wichtigste Fall einer Bedingung in Form einer Zug-um-Zug-Verurteilung – etwa zur Herausgabe von Arbeitsmaterialien und -geräten – Zug um Zug gegen Zahlung des Restlohnes oder einer Abfindung von § 726 Abs. 1 ZPO ausweislich der ausdrücklichen Anordnung in § 726 Abs. 2 ZPO nicht erfasst wird. Um eine faktische Vorleistungspflicht und damit eine Änderung der materiell-rechtlichen Verpflichtung zu vermeiden, ist hier die Gegenleistung nach §§ 756, 765 ZPO erst bei der Vollstreckung zu erbringen. Etwas anderes gilt nur bei der Abgabe einer Willenserklärung, §§ 727 Abs. 2, 894 Abs. 1 S. 2 ZPO.

71 *Praxishinweis*

Wurde zunächst ein Widerrufsvergleich geschlossen, so hat die Rechtsprechung zunächst in diesem Fall den Rechtspfleger für die Erteilung der Klausel als zuständig erachtet, da es sich um eine vom Gläubiger zu beweisende Bedingung für die Erteilung der Vollstreckungsklausel handelt, dass der Vergleich nicht widerrufen wurde.[47] Der Gesetzgeber hat diese Entscheidung inzwischen durch die Einfügung von § 795b ZPO korrigiert.[48] Soweit sich der (Nicht-)Widerruf aus der Prozessakte ergibt, ist danach der Urkundsbeamte der Geschäftsstelle für die Erteilung der Klausel zuständig.

72 Ist eine Vollstreckung des Titels im **Ausland** erforderlich, so muss beachtet werden, dass es hierzu einer vollständigen Ausfertigung des Titels bedarf, d.h. einer um Tatbestand und Entscheidungsgründe erweiterten Fassung. Diese wird nach § 317 Abs. 2 ZPO nur auf ausdrücklichen Antrag erteilt.[49]

73 Nicht selten wird ein Bedürfnis nach einer besonders **zeitnahen Zwangsvollstreckung** bestehen. Ist das Urteil verkündet, aufgrund von gerichtsinternen Laufzeiten aber noch nicht vollständig, d.h. mit Tatbestand und Entscheidungsgründen geschrieben, so kann sich der Gläubiger gleichwohl nach § 317 Abs. 2 ZPO eine vollstreckbare Ausfertigung erteilen und zum Zwecke der Zwangsvollstreckung im Parteibetrieb zustellen lassen.[50] Diese Form der Zustellung dient allein der Zwangsvollstreckung. Die Rechtsmittelfrist beginnt erst mit der von Amts wegen zu veranlassenden Zustellung des vollständigen Urteils.

c) Die Zustellung des Vollstreckungstitels

74 Die Zustellung des Vollstreckungstitels muss zum Zeitpunkt der Zwangsvollstreckung bereits erfolgt sein oder gleichzeitig erfolgen, § 750 ZPO.

75 Nach § 50 Abs. 1 ZPO werden Urteile in Arbeitsgerichtsverfahren von Amts wegen zugestellt. Da die Zustellung zum Beginn der Zwangsvollstreckung gegenüber dem Vollstreckungsorgan nachzuweisen ist, muss der Rechtsanwalt nach § 46 Abs. 2 ArbGG i.V.m.

47 BAG v. 5.11.2003, NJW 2004, 701 = InVo 2004, 112 = NZA 2004, 107; BGH v. 4.10.2005 – VII ZB 40/05 InVo 2006, 60 = NJW 2006, 776; OLG Saarbrücken v. 24.5.2004, OLGR 2004, 579 = NJW 2004, 2908 = InVo 2005, 24 = DGVZ 2004, 123; a.A. OLG Stuttgart v. 30.3.2004, NJW 2005, 909 = OLGR 2005, 350 = NZA 2005, 431.

48 2. JuMoG v. 22.12.2006, BGBl I 2006, 3416.

49 Muster eines Antrages bei *Goebel*, Zivilprozessrecht, § 14.

50 H/S-*Boudon*, Das arbeitsrechtliche Mandat, § 14 Rn 312.

§ 169 ZPO sich von der Geschäftsstelle des Arbeitsgerichtes den **Zeitpunkt der Zustellung bescheinigen** lassen.[51]

Praxishinweis 76
Die Zustellbescheinigung lässt den Einwand des Schuldners unberührt, dass die Zustellung unwirksam war. Ist mit solchen Einwänden auch nach einem längeren Zeitablauf zu rechnen, sollte sich der Gläubiger eine Abschrift der Zustellungsurkunde erteilen lassen, um die ordnungsgemäße Zustellung durch öffentliche Urkunde (§ 418 ZPO) nachweisen zu können. Das Gleiche gilt, wenn eine Vollstreckung im Ausland erforderlich sein kann. Da die Gerichtsakten nur fünf Jahre aufbewahrt werden, kann anderenfalls die kostenträchtigere und zeitintensivere Notwendigkeit einer erneuten Zustellung bestehen. Nach einem solchen Zeitablauf ist zwar die Zustellung als solche regelmäßig nicht problematisch, jedoch die Ermittlung einer zustellungsfähigen Abschrift.

3. Die Zwangsvollstreckung aus einem Zahlungstitel

a) Allgemeines zur Zwangsvollstreckung aus einem Zahlungstitel

Soweit der Arbeitnehmer in Zusammenhang mit der Kündigung des Arbeitsverhältnisses gegen den Arbeitgeber noch Zahlungsansprüche, insbesondere auf rückständigen oder zukünftigen Arbeitslohn oder eine – vertragliche oder nach § 1a KSchG gesetzlich geschuldete[52] und dann in einem Urteil oder sonstigen Vollstreckungstitel titulierte oder eine nach §§ 9, 10 KSchG gerichtlich festgesetzte – Abfindung hat, handelt es sich hierbei um die Zwangsvollstreckung wegen einer Geldforderung, die sich über § 63 Abs. 2 S. 1 ArbGG nach den §§ 803 bis 882a ZPO[53] richtet. 77

Nichts anderes gilt, wenn der Arbeitgeber noch einen Zahlungsanspruch gegen den Arbeitgeber etwa wegen der Zurückzahlung eines Arbeitgeberdarlehens, überzahlter Löhne, Gehälter oder Provisionen oder als Schadensersatz hat. 78

In allen Fällen ist ein Zahlungstitel zu vollstrecken, wobei die Zwangsvollstreckung aus einem Zahlungstitel im Zusammenhang mit der Kündigung eines Arbeitsverhältnisses gegenüber einem sonstigen zivilprozessualen Zahlungstitel keine Besonderheiten aufweist. 79

Die Zahlungsvollstreckung ist zunächst sowohl als **Mobiliarzwangsvollstreckung** in körperliche Sachen (Fahrnisvollstreckung)[54] als auch der **Forderungsvollstreckung**[55] möglich. 80

Praxishinweis 81
In der Praxis wird immer wieder übersehen, dass für die Forderungsvollstreckung nach § 828 Abs. 1 ZPO das Vollstreckungsgericht sachlich zuständig ist. Nach § 764 Abs. 1 ZPO ist als Vollstreckungsgericht das **Amtsgericht** berufen, so dass nach § 20 Nr. 17 RPflG der Rechtspfleger beim **Amtsgericht** und nicht derjenige beim Arbeitsgericht über den Erlass eines Pfändungs- und Überweisungsbeschlusses entscheidet.[56]

51 Einzelheiten hierzu in *Goebel*, Zivilprozessrecht, § 14 mit Antragsmustern.
52 KSchG i.d.F. des Gesetzes zu Reformen am Arbeitsmarkt vom 24.12.2003, BGBl I S. 3002.
53 Hierzu umfassend *Goebel*, Zwangsvollstreckung.
54 Vgl. hierzu *Goebel*, Zwangsvollstreckung, § 4 mit den erforderlichen Mustern.
55 Goebel/*Gottwald*, Zwangsvollstreckung, § 6.
56 ErfK/*Koch*, § 62 Rn 7.

82 Darüber hinaus kann die Zwangsvollstreckung auch im Wege der Immobiliarzwangsvollstreckung, d.h. durch den Antrag auf Zwangsversteigerung[57] eines Grundstücks des Schuldners, dessen Zwangsverwaltung[58] oder aber die Eintragung einer Zwangssicherungshypothek[59] betrieben werden.

83 Bei der Zwangsvollstreckung wegen einer Geldforderung gegen den Bund oder das Land als Arbeitgeber und Schuldner muss die besondere **Wartefrist** nach § 882a ZPO von vier Wochen eingehalten werden. Die Frist beginnt mit der Anzeige, dass der titulierte Anspruch nunmehr im Wege der Zwangsvollstreckung beigetrieben werden soll.

84 Besondere Problemlagen im Verhältnis zu sonstigen zivilprozessualen Vollstreckungstiteln können sich allerdings bei der Zwangsvollstreckung wegen ausstehender Zahlungen bei der Vollstreckung eines Bruttolohnbetrages sowie bei der Zwangsvollstreckung eines vorläufig vollstreckbaren Zahlungstitels auf eine Abfindungszahlung nach den §§ 9, 10 KSchG vor Rechtskraft des Urteils ergeben. Im ersten Fall ist zu bestimmen, welche Zahlung der Gläubiger tatsächlich verlangen kann, im zweiten Fall, ab welchem Zeitpunkt tatsächlich vollstreckt werden darf.

b) Die Zwangsvollstreckung aus einem Bruttolohntitel

85 Es ist in Rspr. und Literatur anerkannt, dass die Zwangsvollstreckung auch aus einem Titel betrieben werden kann, der auf einen **Bruttolohnbetrag** lautet.[60] Haben die Parteien nichts anderes vereinbart, ist unter der „vereinbarten Vergütung" nach § 611 Abs. 1 BGB grundsätzlich die Bruttovergütung zu verstehen.[61]

86 *Praxishinweis*

Lautet der Titel auf Zahlung eines restlichen Arbeitlohnes, ist daher grundsätzlich davon auszugehen, dass es sich hierbei um den Bruttolohn handelt.[62] Soll allein der Nettolohn tituliert werden, muss der Bevollmächtigte darauf achten, dass dies ausdrücklich festgehalten wird. Grundsätzlich gilt, dass in arbeitsrechtlichen Zahlungstiteln ausdrücklich festgehalten werden sollte, ob es sich um einen Bruttolohnbetrag oder einen Nettolohnbetrag handelt, so geht der Rechtsanwalt dem Grundsatz des sichersten Weges folgend allen Streitigkeiten, insbesondere auch Verzögerungsversuchen des Schuldners aus dem Wege.[63]

87 Bei der Zwangsvollstreckung aus einem Vollstreckungstitel, d.h. insbesondere einem Urteil oder einem Prozessvergleich, der auf einem Bruttolohnbetrag lautet, ist dann auch der gesamte Bruttolohnbetrag beizutreiben.

57 Hierzu Goebel/*Mock*, Zwangsvollstreckung, § 8.

58 Hierzu Goebel/*Mock*, Zwangsvollstreckung, § 9.

59 Hierzu Goebel/*Mock*, Zwangsvollstreckung, § 7.

60 BAG v. 7.3.2001, NJW 2001, 3570; BAG v. 14.1.1964, AP Nr. 20 zu § 611 BGB; OLG Frankfurt v. 29.1.1990, DB 1990, 1291 = OLGZ 1990, 328; LG Berlin v. 2.11.1992, DGVZ 1993, 27; LG Mainz v. 2.7.1998, Rpfleger 1998, 530.

61 BAG v. 7.3.2001, NJW 2001, 3570 = AP Nr. 4 zu § 288 BGB.

62 LAG Rheinland-Pfalz v. 7.1.2008, 5 Sa 455/07.

63 Das ArbG Halberstadt hält dies allerdings mit Urteil vom 28.9.2005 – 5 Ca 608/04 – n.v. für unzulässig, weil die Finanzbehörden und die Einzugsstellen nicht an diese Entscheidung der Arbeitsgerichte gebunden seien. Dem ist allerdings nicht zu folgen, da mit dem Titel die Verhältnisse zwischen Gläubiger und Schuldner und nicht die zu Dritten geklärt werden. Welche Abgaben aus dem Zahlungsbetrag im Vollstreckungstitel zu erheben sind, bestimmen die Finanzbehörden und die Einzugsstellen für den Gesamtsozialversicherungsbetrag in eigener Zuständigkeit. Der Vollstreckungstitel bestimmt dann mit seiner Bezeichnung des Betrages als Brutto- bzw. Nettolohn, wer die Abgaben letztendlich zu tragen hat.

Der Gerichtsvollzieher ist in diesem Fall allerdings verpflichtet, das **Finanzamt** über die Pfändung des Bruttolohnes zu unterrichten.[64] 88

Der Arbeitnehmer ist nach § 38 Abs. 2 S. 1 EStG Schuldner der Lohnsteuer. Dem Arbeitgeber ist als öffentlich-rechtliche Verpflichtung insoweit nur auferlegt, diese für Rechnung des Arbeitnehmers einzubehalten und an das Finanzamt abzuführen, §§ 38 Abs. 3 S. 1, 41a EStG. Die Abführung des Lohnsteuerbetrages an das Finanzamt stellt damit eine Leistung des Arbeitgebers an den Arbeitnehmer dar. Nichts anderes gilt für den Solidaritätszuschlag und die Kirchensteuer, die nach § 41a EStG entsprechend der Lohnsteuer behandelt werden. 89

Auf sein Arbeitsentgelt hat der Arbeitnehmer entsprechend §§ 2 Abs. 2 Nr. 1, 7 Abs. 1 SGB IV Beiträge zur Sozialversicherung zu entrichten. Diese Gesamtsozialversicherungsbeiträge nach § 28d SGB IV hat der Arbeitgeber an die nach §§ 28h, 28i SGB IV zuständige Einzugsstelle zu entrichten. Den Arbeitnehmeranteil an den Gesamtsozialversicherungsbeiträgen behält der Arbeitgeber dann als Anspruch gegen den Arbeitnehmer vom Arbeitslohn des Arbeitnehmers ein, §§ 28e Abs. 1 S. 1, 28g Abs. 1 S. 1 SGB IV. Insoweit erfüllt er seine Zahlungsverpflichtung aus einem Bruttolohntitel des Arbeitnehmers als Gläubiger gegen ihn. 90

Hat der Arbeitgeber die auf den Bruttobetrag entfallende Lohnsteuer und die von dem Bruttolohn des Arbeitnehmers abzuführenden Sozialversicherungsbeiträge zum Zeitpunkt der Vollstreckungshandlung bereits vollständig oder teilweise abgeführt, so muss er die entsprechenden Zahlungen gegenüber dem Vollstreckungsorgan durch **Vorlage der entsprechenden Quittung** des Einzahlungsbeleges oder einem Überweisungsnachweises zunächst belegen. 91

Das Vollstreckungsorgan wird wegen dieser abgeführten Beträge sodann die Zwangsvollstreckung nach § 775 Nr. 4 und 5 ZPO einstweilen einstellen. Da der Arbeitgeber mit der Abführung dieser Lohnbestandteile an die Finanzbehörden bzw. die Sozialversicherungsträger seine Zahlungsverpflichtung gegenüber dem Arbeitnehmer in dieser Höhe auf den Bruttolohn erfüllt hat.[65] Tatsächlich wird von dem Vollstreckungsorgan mithin der Nettobetrag eingezogen. 92

Hat der Arbeitgeber die Steuerbeträge der Sozialversicherungsabgaben noch nicht abgeführt, so erhält der Arbeitnehmer im Wege der Zwangsvollstreckung den Gesamtbruttobetrag. Der Arbeitnehmer selbst muss dann die Sozialversicherungsbeiträge und die Lohnsteuer an den Sozialversicherungsträger bzw. die Finanzbehörde abführen.[66] 93

> *Praxishinweis* 94
>
> Kommt der Arbeitnehmer dieser Abführungspflicht nicht nach und muss der Arbeitgeber aufgrund seiner öffentlich rechtlichen Abführungspflicht diese Beträge erneut entrichten, so haftet ihm der Arbeitnehmer nach § 826 BGB wegen vorsätzlich sittenwidriger Schädigung auf Ersatz dieser Beträge. Damit trägt allerdings der Arbeitgeber das Liquiditätsrisiko des Arbeitnehmers. Weshalb der Arbeitgeber die entsprechenden Beträge immer unmittelbar abführen und den Weg über § 775 ZPO wählen sollte.

Hat das Vollstreckungsorgan die **Zwangsvollstreckung** nach § 775 Nr. 4 und 5 ZPO wegen der vom Arbeitgeber abgeführten Sozialversicherungsbeiträge und Steuern **einstweilen eingestellt** und begehrt der Schuldner gleichwohl den vollen Bruttobetrag, so ist dieser entsprechend der titulierten Forderung tatsächlich einzutreiben. 95

64 H/S-*Boudon*, Das arbeitsrechtliche Mandat, § 14 Rn 311.

65 BAG v. 22.7.1980, BAGE 34, 80; BAG v. 14.1.1964, BAGE 15, 220; BFH v. 6.12.1991, BFHE 166, 540; BFH v. 29.6.1993, BFHE 171, 409.

66 BAG v. 8.6.1993, NZA 1994, 507, 509.

96 Der Arbeitgeber kann sich in diesem Fall nur im Wege der **Vollstreckungsgegenklage** nach § 767 ZPO mit dem materiell-rechtlichen Einwand der Erfüllung der Verpflichtung durch die Abführung der Beträge an die Finanzbehörden und den Sozialversicherungsträger zur Wehr setzen.[67]

97 *Praxishinweis*

Durch einen Antrag auf einstweilige Einstellung der Zwangsvollstreckung nach § 769 ZPO[68] kann er dabei vermeiden, dass er die bereits abgeführten Beträge nochmals entrichten muss. Die tatsächlichen Behauptungen, d.h. die teilweise Erfüllung der Verpflichtung durch Zahlung der Steuern und Sozialversicherungsbeiträge müssen dabei gem. § 294 ZPO glaubhaft gemacht werden. Dies geschieht durch Vorlage beglaubigter Abschriften der Zahlungsbelege als Urkunden. Anderenfalls bedarf es der Abgabe einer eidesstattlichen Versicherung über die erfolgte Zahlung.

98 Der Prozessbevollmächtigte des Arbeitnehmers muss bereits im Erkenntnisverfahren beachten, dass der Arbeitnehmer **Verzugszinsen** ebenfalls bezogen auf den Bruttobetrag, d.h. auch auf die Sozialversicherungsbeiträge **und die Steuern** verlangen kann.[69] Mit der Entscheidung des großen Senates vom 7.3.2001 ist die Entscheidung des 2. Senates des BAG vom 19.9.1991[70] und die Entscheidung des 4. Senates des BAG vom 20.4.1983[71] überholt. Dies gilt in gleicher Weise für die bisherige Instanzrechtsprechung die Verzugszinsen nur aus dem Nettolohn zuerkannt hat.[72]

99 Wegen des gesamten Bruttolohns und nicht nur wegen des Nettolohns ist auch die Eintragung einer **Zwangssicherungshypothek** möglich. Auch unter dem Gesichtspunkt, dass der Arbeitnehmer als Gläubiger letztendlich nur den Nettolohn wird erhalten können, steht der Eintragung einer solchen Zwangssicherungshypothek der Bestimmtheitsgrundsatz nach der Rechtsprechung nicht entgegen.[73]

100 Auch die Klage auf einen Bruttolohnbetrag abzgl. eines **bestimmten** Nettobetrages ist grundsätzlich zulässig.[74] Die Berechnung des zu zahlenden Betrages obliegt dann dem Vollstreckungsorgan.

101 *Praxishinweis*

Beachtet werden muss, dass der abzuziehende Nettolohnbetrag als Zahlungsbetrag hinreichend bestimmt wird. So ist es nicht ausreichend, dessen Höhe in Bezug auf von dritter Seite erhaltene Leistungen nicht zahlenmäßig zu bestimmen. So führt insbesondere die Formulierung „abzgl. gezahlten Arbeitslosengeldes“ oder „abzgl. Krankengeldes“ zur Unbestimmtheit des Titels und damit zu der Versagung der Vollstreckungsmöglichkeit.[75]

102 Hat der zur Zahlung eines Bruttolohnbetrages verurteilte Arbeitgeber als Schuldner den Nettolohn an den Arbeitnehmer als Gläubiger gezahlt, so kann dieser die Kosten für weitere Vollstreckungsaufträge, die das Ziel haben, von dem Arbeitgeber eine Lohnabrechnung zu

67 Zur Vollstreckungsgegenklage ausführlich bei *Goebel*, Zwangsvollstreckung, § 14 mit dem Muster einer Vollstreckungsgegenklage.

68 Muster bei *Goebel*, Zwangsvollstreckung, § 14.

69 BAG v. 7.3.2001, NJW 2001, 3570 = AP Nr. 4 zu § 288 BGB.

70 BAG v. 19.9.1991 – 2 AZR 619/90 – n.v.

71 BAG v. 20.4.1983 – 4 AZR 497/80 = BAGE 42, 244.

72 LAG Köln v. 30.4.1998 – 6 Ta 1736/97 – n.v.; LAG Nürnberg v. 22.3.1994 – 6 Ta 371/90 – n.v.

73 LG Bonn v. 20.9.1994, JurBür 1995, 159 = MDR 1995, 747.

74 BAG v. 15.11.1978, AP Nr. 14 zu § 613a. BGB.

75 BAG v. 15.11.1978, AP Nr. 14 zu § 613a BGB; Düwell/Lipke/*Krönig*, AnwK ArbGG, § 62 Rn 25.

erlangen, nicht als notwendige Kosten der Zwangsvollstreckung erstattet verlangen.[76] Die Zwangsvollstreckung ist mit der Zahlung vielmehr beendet.

Praxishinweis 103
Besteht der Arbeitnehmer auch auf einer Lohnabrechnung, muss der entsprechende Abrechnungsanspruch mit der Zahlungsforderung tituliert werden. Nur in diesem Fall kann im Wege der Zwangsvollstreckung eine Abrechnung erzwungen werden.

c) Die Abfindungszahlung nach §§ 9, 10 KSchG

Stellt das Arbeitsgericht durch Urteil fest, dass das Arbeitsverhältnis durch eine Kündigung nicht aufgelöst wurde, jedoch dem Arbeitnehmer die Fortsetzung des Arbeitsverhältnisses nicht zu zumuten ist, so hat es nach § 9 KSchG auf Antrag des Arbeitnehmers das Arbeitsverhältnis aufzulösen und den Arbeitgeber zur Zahlung einer angemessenen Abfindung zu verurteilen. Die Höhe der Abfindung bestimmt sich dann nach § 10 KSchG. Das so ergehende Urteil bildet als Zahlungstitel die Grundlage der Zwangsvollstreckung. 104

Die Auflösung des Arbeitsverhältnisses tritt erst mit der Rechtskraft des Urteils als gestalterische Wirkung dieses Urteil ein. Als Folge davon ergibt sich als Problem, dass erst in diesem Zeitpunkt, d.h. der Rechtskraft des Urteils ein endgültiger Anspruch auf die nach §§ 9, 10 KSchG festgelegte Abfindungszahlung entstehen kann. 105

Insoweit wird vertreten, dass eine Vollstreckung der Abfindungszahlung vor der Rechtskraft des entsprechenden Gestaltungsurteils nicht möglich ist. Vielmehr fehle einer solchen Vollstreckung das Rechtschutzbedürfnis,[77] so dass in jedem Fall die Rechtskraft des Urteils abgewartet werden müsse. 106

Das BAG hat sich zu Recht der Gegenauffassung[78] angeschlossen und festgestellt, dass auch ein Urteil auf Beendigung des Arbeitsverhältnisses mit der damit verbunden Verpflichtung zur Zahlung einer Abfindungssumme vorläufig vollstreckbar ist.[79] 107

Praxishinweis 108
Folgerichtig kann der obsiegende Arbeitnehmer für die Zeit ab richterlicher Festsetzung der Abfindung (also vor Eintritt der Rechtskraft des Urteils) eine Verzinsung des Abfindungsbetrags verlangen.[80]

Wie bei allen anderen für vorläufig vollstreckbar erklärten oder kraft Gesetzes vorläufig vollstreckbaren Titeln trägt hier der Schuldner, vorliegend also der Arbeitgeber, das **Risiko**, dass er zunächst freiwillig oder im Wege der Zwangsvollstreckung die **Abfindungssumme ausgleichen** muss und bei einer späteren Korrektur des Urteils in der Rechtsmittelinstanz nur einen Anspruch auf Rückgewähr der gezahlten Abfindungssumme hat. Wie sonst auch trägt der Arbeitgeber als Schuldner das Risiko, dass der Arbeitnehmer auch in Zukunft liquide ist, um diesen Rückzahlungsanspruch und ggf. auch einen weitergehenden Schadensersatzanspruch, etwa auf Ersatz von Finanzierungskosten, zu erfüllen. Über § 62 Abs. 2 S. 1 ArbG findet hier die entsprechende Regelung in § 717 Abs. 2 und 3 ZPO Anwendung. 109

76 AG Köln v. 20.11.1998, DGVZ 1999, 46.
77 LAG Hamburg v. 28.12.1982, DB 1983, 724; LAG Berlin v. 17.2.1986, LAGE § 9 KSchG Nr. 1.
78 LAG Bremen v. 31.8.1983, MDR 1983, 1054; LAG Frankfurt v. 14.8.1986, NZA 1987, 211; LAG Hamm v. 17.7.1975, DB 1975, 1068.
79 BAG v. 9.12.1987, NZA 1988, 329 = AP Nr. 4 zu § 62 ArbGG 1979.
80 BAG v. 13.5.1969, AP Nr. 2 zu § 8 KSchG; BAG v. 9.12.1987, NZA 1988, 329 = AP Nr. 4 zu § 62 ArbGG 1979.

110 Das BAG hat in seiner Leitentscheidung[81] hierzu weiter festgehalten, dass die vorläufige Vollstreckbarkeit der Abfindungsurteile auch dem besonderen Sinn und Zweck des § 62 Abs. 1 S. 1 ArbGG gerecht wird. Dieser liege darin, in allen arbeitsrechtlichen Streitigkeiten der klagenden Partei, d.h. in der Regel dem Arbeitnehmer möglichst rasch die Befriedigung eines gerichtlich zuerkannten Anspruchs zu ermöglichen.[82] Damit trage das Gesetz dem Umstand Rechnung, dass Arbeitnehmer in aller Regel zur Bestreitung ihres Lebensunterhalts auf ihr Arbeitseinkommen angewiesen sind. Dies trifft auch und insbesondere dann zu, wenn Arbeitnehmer ihren Arbeitsplatz verloren haben und ihnen wegen sozialwidriger Kündigung eine Abfindung zuerkannt wird. Die Abfindung wird in der Regel wegen Wegfalls des bisherigen Arbeitseinkommens auch zur Bestreitung des Lebensunterhalts des Arbeitnehmers benötigt.

111 Der vollstreckende Arbeitnehmer kann die Abfindungszahlung allerdings erst ab dem Zeitpunkt verlangen, der im Urteil als **Auflösungszeitpunkt** für das Arbeitsverhältnis genannt ist. Liegt dieser Zeitpunkt erst in der Zukunft, kann auch erst dann der Zahlungsanspruch durchgesetzt werden. Die Titulierung lässt also die Frage der Fälligkeit zunächst unberührt. War die Abfindung zum Zeitpunkt der gerichtlichen Entscheidung bereits fällig, ist diese auch ungeachtet möglicher Rechtsmittel sofort vollstreckbar. Handelt es sich dagegen um eine zukünftige Forderung, so ist diese ebenfalls ungeachtet aller Rechtsmittel dann vollstreckbar, wenn die Fälligkeit, d.h. das Ende der Kündigungsfrist, erreicht ist.

112 *Praxishinweis*

Ist der Arbeitnehmer als Gläubiger der Abfindungszahlung selbst Schuldner eines Dritten und greift dieser Dritte im Wege der Zwangsvollstreckung auf die Abfindungszahlung zu, so ist die nach §§ 9, 10 KSchG festgesetzte Abfindung dem Pfändungsschutz nach § 850i ZPO unterworfen.[83] Ein nach §§ 9, 10 KSchG an den Arbeitnehmer zur Wahrung der sozialen Besitzstandes zu zahlender Abfindungsbetrag ist mindestens insoweit pfandfrei zu belassen, als das Einkommen des Schuldners nach Beendigung des Arbeitsverhältnisses den Pfändungsfreibetrag gem. der Tabelle zu § 850c ZPO nicht erreicht, und zwar für die Dauer eines angemessenen Zeitraums.[84] Nach anderer Ansicht soll dem Arbeitnehmer dagegen nur der Sozialhilfebetrag für einen angemessenen Zeitraum zu belassen sein, wobei über einen Zeitraum von sechs Monaten auch die Höhe des Arbeitslosengeldes maßgeblich sein kann.[85] Diese zweite Auffassung sollte spätestens ab dem 1.7.2010 und der dann in Kraft tretenden Reform der Kontopfändung überholt sein. In § 850i ZPO wird dann ausdrücklich bestimmt, dass auf das Arbeitseinkommen eines vergleichbar abhängig Beschäftigten abzustellen ist und damit auf § 850i ZPO n.F.[86]

4. Die Zwangsvollstreckung aus einem Herausgabetitel

113 Die Zwangsvollstreckung wegen der Herausgabe oder Leistung von Sachen im Zusammenhang mit der Kündigung und Beendigung eines Arbeitsverhältnisses richtet sich nach § 62 Abs. 2 S. 1 i.V.m. §§ 883 bis 886 ZPO.[87]

81 BAG v. 9.12.1987, NZA 1988, 329 = AP Nr. 4 zu § 62 ArbGG 1979.
82 So schon LAG Hamm v. 17.7.1975, BB 1975, 1068.
83 BAG v. 20.8.1996, NJW 1997, 1868 = AP Nr. 7 zu § 767 ZPO; zu der ab dem 1.7.2010 geänderten Fassung dieser Norm vgl. *Goebel*, Kontopfändung unter veränderten Rahmenbedingungen, 2009, Rn 197, 212.
84 LAG Münster v. 6.6.2002, InVo 2003, 161 = Rpfleger 2002, 578.
85 AG Langen v. 18.2.2002, JurBüro 2002, 605 = FamRZ 2003, 700.
86 *Goebel*, Kontopfändung unter veränderten Rahmenbedingungen, 2009, Rn 235 ff.
87 Ausführlich zur Herausgabevollstreckung nach der ZPO: *Goebel/Krumscheid*, Zwangsvollstreckung, § 10.

a) Die Herausgabevollstreckung im Kontext einer Kündigung

Im Kontext einer Kündigung oder sonstigen Beendigung des Arbeitsverhältnisses kann es in unterschiedlichen Konstellationen zu Ansprüchen des Arbeitgebers wie des Arbeitnehmers auf Herausgabe oder Leistung von Sachen kommen. 114

aa) Die Herausgabe von Arbeitspapieren

Auf Seiten des Arbeitnehmers kommt zunächst die Vollstreckung des Anspruches auf Herausgabe der Arbeitspapiere in Betracht. Zur Vermeidung von Vollstreckungsnachteilen ist dabei schon im Erkenntnisverfahren darauf zu achten, dass die **Arbeitspapiere** im Einzelnen so **bestimmt bezeichnet** werden, dass das Vollstreckungsorgan, der Gerichtsvollzieher, diese ohne Weiteres identifizieren und damit in Besitz nehmen kann.[88] 115

Als Arbeitspapiere kommen hier insbesondere 116

- die Lohnsteuerkarte bzw. -bescheinigung,[89]
- die Sozialversicherungsnachweise,
- Fortbildungsnachweise

und Ähnliches in Betracht.

Beachtet werden muss, dass ein Titel auf Herausgabe von Arbeitspapieren nicht deren **Ausfüllung** umfasst. Müssen die Arbeitspapiere durch den Arbeitgeber noch erstellt oder abschließend ausgefüllt werden, so muss dies im Einzelnen **beantragt** werden.[90] In diesem Fall richtet sich die Zwangsvollstreckung nach den §§ 887, 888 ZPO wegen der Vornahme einer vertretbaren oder unvertretbaren Handlung (vgl. Rn 138 ff.). 117

Soweit die Zwangsvollstreckung **sowohl** auf die **Ausfüllung der Arbeitspapiere als auch** deren **Herausgabe** gerichtet ist, ist umstritten, wie die Zwangsvollstreckung zu erfolgen hat. 118

Nach einer Auffassung ist in diesen Fällen einheitlich nach § 888 ZPO vorzugehen, d.h. die Zwangsvollstreckung zur Vornahme einer unvertretbaren Handlung zu betreiben.[91] Begründet wird dies mit dem Schwerpunkt der Vollstreckungshandlung, der in dem Ausfüllen der Arbeitspapiere liegt. 119

Nach anderer Ansicht ist zunächst die Zwangsvollstreckung zur Herausgabe der Papiere nach § 883 ZPO durchzuführen und erst nachfolgend die Zwangsvollstreckung nach § 888 ZPO zur Ausfüllung der Papiere zu betreiben.[92] Nach dieser Auffassung muss also im Wege einer ersten Vollstreckungsstufe zunächst die Herausgabevollstreckung nach § 883 ZPO erfolgen. Stellt sich dann heraus, dass die Arbeitspapiere nicht ausgefüllt sind, muss sich die Zwangsvollstreckung nach § 888 ZPO anschließen, um das endgültige Ziel ausgefüllter Arbeitspapiere zu erreichen. Dabei muss beachtet werden, dass der Gläubiger, d.h. der Arbeitnehmer, in diesem Fall dem Arbeitgeber die Arbeitspapiere zum Ausfüllen wieder übergeben muss. 120

88 Der Gegenstandswert für den Antrag wird in der Rechtsprechung unterschiedlich bestimmt, zum Teil werden je Papier 300 EUR angesetzt (vgl. LAG Rheinland-Pfalz v. 9.1.2007, 1 Ta 11/07), zum Teil ein Betrag von 10 % des Bruttolohnes (LAG Rheinland-Pfalz v. 1.8.2006, 10 Ta 142/06 – juris).

89 Hierzu etwa LAG Köln v. 3.3.2004 – 10 Ta 6/04 – n.v.

90 LAG Hamburg v. 3.9.2008 – 8 Ta 27/07 – n.v.

91 LAG Hamburg v. 29.1.1996, NZA-RR 1996, 422; LAG Schleswig-Holstein v. 19.7.2001 – 4 Ta 98/01 – n.v.

92 LAG Berlin v. 7.1.1998, LAGE § 888 ZPO Nr. 40 = BB 1998, 1216.

121 *Praxishinweis*

Soweit nicht eine Festlegung einer Vollstreckungsart des örtlich zuständigen Gerichtes vorliegt, sollte der Gläubiger versuchen, einheitlich nach § 888 ZPO vorzugehen, da dies gegenüber der zweistufigen Vorgehensweise zeitliche und kostenmäßige Vorteile hat. Dieses Vorgehen sollte er jedoch mit dem Hilfsantrag verbinden, die Vollstreckungssache an den Gerichtsvollzieher zur Durchführung der Herausgabevollstreckung abzugeben, soweit ein einheitliches Vorgehen nach § 888 ZPO für nicht statthaft erachtet wird.

bb) Die Herausgabe von Arbeitsmitteln und -geräten

122 Hat der Arbeitgeber dem Arbeitnehmer verschiedene Arbeitsmittel zur Ausübung seiner Tätigkeit zur Verfügung gestellt und ist die Verpflichtung des Arbeitnehmers diese mit der Beendung des Arbeitsverhältnisses herauszugeben tituliert worden, so ist dieser Anspruch nach § 883 ZPO, d.h. nach den Bestimmungen über die die Herausgabe und Leistung von Sachen zu vollstrecken.

123 In Betracht kommt insoweit insbesondere die Herausgabe von

- Fahrzeugen,
- Musterproben,
- Arbeitsgeräten oder auch
- von Geschäftsunterlagen.

124 Wurde dem Arbeitnehmer **Software** überlassen, ist im Einzelnen zu unterscheiden, worauf der titulierte Anspruch gerichtet ist:

- Soweit der Originaldatenträger als Diskette, CD-ROM, isolierte und externe Festplatte oder auf einem sonstigen externen Speichermedium herauszugeben ist, erfolgt die Vollstreckung nach § 883 ZPO.
- Soweit der Anspruch – auch – darauf gerichtet ist, dass der Arbeitnehmer die Software auf seiner Computeranlage oder einem Laptop löscht, ist dieser Anspruch nach § 887 ZPO zu vollstrecken,[93] d.h. nach den Bestimmungen über die Vollstreckung einer vertretbaren Handlung.

125 Schon im Erkenntnisverfahren muss auch hier darauf geachtet werden, dass die herauszugebende Sache im Einzelnen **so detailliert wie möglich beschrieben** wird, dass in der Zwangsvollstreckung ein unproblematischer Zugriff erfolgen kann. Der Bevollmächtigte sollte sich vergegenwärtigen, wie die Sache zu beschreiben ist, damit auch ein Dritter, der diese bisher nicht gesehen hat, diese zweifelsfrei identifizieren kann.

126 *Praxishinweis*

Dabei sollte schon bei der Formulierung der Klageanträge darauf geachtet werden, dass zwischen der Vornahme von Handlungen und der Herausgabe von Sachen eindeutig differenziert wird, d.h. gegebenenfalls bezogen auf ein und dieselbe Sache, z.B. die überlassene Software – sowohl ein Antrag auf Herausgabe der Sache, z.B. der Original-CD mit der Software und ein Antrag auf Vornahme einer Handlung, z.B. die Löschung der Software auf dem Laptop, gestellt wird. Nachfolgend kann dann differenziert nach den einzelnen Verpflichtungen die Zwangsvollstreckung betrieben werden. Auf diesem Wege wird vermieden, dass in beiden Vollstreckungsarten der Vollstreckungsantrag jeweils unter Hinweis auf die andere Vollstreckungsart zurückgewiesen wird und aufgrund des Zeitablaufes und -verlustes die herauszugebende Software überholt oder sonst wertlos geworden ist.

93 Zöller/*Stöber*, § 883 Rn 2.

b) Die rechtlichen Grundlagen der Herausgabevollstreckung

Für die Zwangsvollstreckung eines Titels auf Herausgabe oder Leistung von Sachen müssen zunächst die Voraussetzungen der Zwangsvollstreckung i.S.v. § 750 ZPO vorliegen, d.h. insbesondere eine vollstreckbare Ausfertigung des Vollstreckungstitels, der dem Schuldner zuvor oder gleichzeitig mit der Zwangsvollstreckung zugestellt wurde. 127

Zuständig für die Zwangsvollstreckung ist nach § 883 Abs. 1 ZPO der Gerichtsvollzieher in dessen Bezirk die Vollstreckungshandlung betrieben werden soll, d.h. in dessen Bezirk sich die herauszugebende Sache befindet. 128

Praxishinweis 129
Ist dem Bevollmächtigten der örtlich zuständige Gerichtsvollzieher nicht bekannt, so kann er sich an die Gerichtsvollzieherverteilungsstelle des für den Ort der Sache zuständigen **Amtsgerichtes** (nicht des Arbeitsgerichtes) wenden.[94]

Die Vollstreckungshandlung des Gerichtsvollziehers ist darauf gerichtet, dass er die herauszugebende Sache beim Schuldner identifiziert, diese dem Schuldner wegnimmt und sie sodann dem Gläubiger als Akt der Erfüllung übergibt. 130

Praxishinweis 131
Verweigert der Schuldner die Herausgabe der Sache und gestattet dem Gerichtsvollzieher auch nicht seine Wohn- oder Geschäftsräume zu betreten, so ist nach § 758a Abs. 1 ZPO die richterliche Anordnung der Durchsuchung erforderlich. Die Ausnahmebestimmung des § 758a Abs. 2 ZPO ist alleine auf die Fälle der Räumungsvollstreckung beschränkt.

Findet der Gerichtsvollzieher die herauszugebende Sache bei dem Schuldner nicht vor, so ist der Schuldner auf Antrag[95] des Gläubigers verpflichtet, zu erklären, dass er die Sache nicht besitzt und auch nicht wisse, wo sich diese befindet und weiter verpflichtet bzgl. der Richtigkeit und Vollständigkeit seiner Erklärung die eidesstattliche Versicherung abzugeben. Für die Abgabe der eidesstattlichen Versicherung gelten die §§ 899 ff. ZPO. 132

Soweit sich die Sache in **Gewahrsam eines Dritten** befindet, erfolgt die Vollstreckung nach § 809 ZPO analog ebenfalls nach § 883 ZPO, soweit der Dritte zur Herausgabe der Sache bereit ist. 133

Praxishinweis 134
Eine solche Konstellation kann sich insbesondere dann ergeben, wenn der Arbeitgeber die Personalverwaltung ganz oder teilweise an einen Dritten delegiert hat, der wiederum die Personalakten einschließlich aller Arbeitspapiere in Besitz hat.

Soweit der **Dritte zur Herausgabe der Sache nicht bereit** ist, trifft § 886 ZPO eine Spezialregelung. Danach scheidet die Wegnahme der Sache bei dem Dritten aus. Vielmehr muss der Gläubiger den Herausgabeanspruch des Schuldners gegen den Dritten nach § 886 ZPO i.V.m. §§ 828 ff. ZPO pfänden und sich zur Einziehung überweisen lassen. Aufgrund eines solchen Pfändungs- und Überweisungsbeschlusses ist der Dritte sodann verpflichtet, die Sache unmittelbar an den Gläubiger herauszugeben. 135

94 ErfK/*Koch*, § 62 Rn 7.

95 Muster eines Vollstreckungsantrages zur Herausgabe beweglicher Sachen verbunden mit dem Antrag auf Abgabe der eidesstattlichen Versicherung nach § 883 Abs. 3 ZPO bei Goebel/*Krumscheid*, Zwangsvollstreckungsrecht, § 10.

136 Verweigert der Dritte trotz des Pfändungs- und Überweisungsbeschlusses die Herausgabe, muss der Gläubiger wie bei der Pfändung einer Geldforderung nunmehr den Dritten auf Herausgabe der Sache gerichtlich in Anspruch nehmen und nachfolgend dann den erstandenen Titel auf Herausgabe der Sache gegen den Dritten nach § 883 ZPO vollstrecken.

137 Vollstreckt der Gerichtsvollzieher die Herausgabeverpflichtung der Sache bei einem Dritten, obwohl dieser nicht zur Herausgabe bereit ist, so kann der Dritte hiergegen im Wege der Erinnerung nach § 766 ZPO vorgehen.[96]

5. Die Zwangsvollstreckung wegen einer vertretbaren oder unvertretbaren Handlung

138 Die Zwangsvollstreckung einer vertretbaren oder unvertretbaren Handlung richtet sich nach § 62 Abs. 2 S. 1 ArbGG im Wesentlichen nach §§ 887, 888 ZPO.[97] Allerdings muss in diesem Zusammenhang die Sondervorschrift des § 61 Abs. 2 ArbGG beachtet werden, die die Möglichkeit schafft, bei der fehlenden freiwilligen Erfüllung der Verpflichtung zur Vornahme einer vertretbaren oder unvertretbaren Handlung statt deren Vollstreckung unmittelbar eine Entschädigung in Geld zu verlangen.

a) Die Anwendungsfälle der Zwangsvollstreckung wegen einer vertretbaren oder unvertretbaren Handlung

139 Der Zwangsvollstreckung wegen einer vertretbaren oder unvertretbaren Handlung unterfallen im Kontext der Kündigung oder sonstigen Beendigung eines Arbeitsverhältnisses unterschiedliche Ansprüche.

aa) Der Anspruch auf Entfernung einer Abmahnung aus der Personalakte

140 Zu nennen ist im Vorfeld einer Kündigung der Anspruch auf Entfernung einer Abmahnung aus der Personalakte. Ausgehend davon, dass die Führung der Personalakte allein dem Arbeitgeber obliegt, handelt es sich bei der Zwangsvollstreckung eines solchen Anspruches um eine **unvertretbare Handlung**, die mithin nach § 888 ZPO durchzusetzen ist.[98]

141 *Praxishinweis*

Beachtet werden muss, dass der titulierte Anspruch auf Entfernung einer Abmahnung aus der Personalakte sich nur auf die eigentliche Personalakte, nicht aber auf andere Akten bezieht, in denen sich die Abmahnung gegebenenfalls auch befindet. Dies gilt insbesondere für Akten über die Dokumentation von Prozessen. Möchte der Arbeitnehmer erreichen, dass die Abmahnung auch aus solchen Akten entfernt wird, muss er diesen Anspruch ausdrücklich unter Bezeichnung dieser Akten im Erkenntnisverfahren geltend machen. Ist dies nicht möglich, muss er im Wege der Stufenklage zunächst Auskunft darüber verlangen, in welchen Akten sich die Abmahnung befindet. Im Zwangsvollstreckungsverfahren besteht jedenfalls keine Möglichkeit diese Frage zu entscheiden,[99] so

96 Hierzu ausführlich *Goebel*, Zwangsvollstreckung, § 14 mit dem Muster einer Vollstreckungserinnerung nach § 766 ZPO.

97 Zur Vollstreckung wegen vertretbarer und unvertretbarer Handlungen vgl. *Goebel*, Zwangsvollstreckung, § 11 mit allen erforderlichen Antragsmustern.

98 LAG Köln v. 20.3.2000, NZA 2000, 960; LAG Frankfurt v. 9.6.1993, LAGE § 888 ZPO Nr. 32 = NZA 1994, 288.

99 LAG Köln v. 20.3.2000, NZA 2000, 960.

dass vermeidbare Kosten für den Gläubiger entstehen, wenn er über den Titel hinausgehend versucht, auch die Beseitigung aus weiteren Akten als den Personalakten zu verlangen.

bb) Der Anspruch auf Ausfüllung der Arbeitspapiere

Nach §§ 887, 888 ZPO ist die titulierte Verpflichtung des Arbeitgebers zu vollstrecken, die Arbeitspapiere des Schuldners auszufüllen oder die ausgefüllten Papiere zu berichtigen (zur Frage der Verpflichtung, Arbeitspapiere herauszugeben vgl. Rn 115). 142

Die Frage, ob das Ausfüllen der Arbeitspapiere eine vertretbare oder unvertretbare Handlung darstellt, muss anhand der Frage beantwortet werden, ob dies nur der Arbeitgeber selbst aufgrund der ihm zugänglichen Daten und Belege möglich ist oder ob auch ein Dritter die Arbeitspapiere abschließend und ohne Mitwirkung des Arbeitgebers ausfüllen könnte. Letzteres wird in der Regel nicht der Fall sein, so dass es berechtigt erscheint, im Grundsatz davon auszugehen, dass es sich um eine **unvertretbare Handlung** handelt, die ebenfalls nach § 888 ZPO zu vollstrecken ist. 143

Praxishinweis 144
Sollte der Bevollmächtigte hier im Einzelfall keine abschließende Entscheidung treffen können, kann er einen Vollstreckungsantrag nach § 888 ZPO verbunden mit einem Hilfsantrag zur Vollstreckung nach § 887 ZPO stellen. Hat der Bevollmächtigte zunächst den falschen Weg eingeschlagen, kann er seinen Antrag auch noch im Beschwerdeverfahren umstellen.[100]

cc) Der Anspruch auf Erteilung einer Lohnabrechnung und der Abrechnung von Provisionen

In Zusammenhang mit der Beendigung des Arbeitsverhältnisses kann der Schuldner einen titulierten Anspruch auf abschließende Berechnung seiner Vergütung und Erteilung einer entsprechenden Lohnabrechnung haben. 145

Auch hier gilt für die Unterscheidung, ob eine vertretbare oder eine unvertretbare Handlung vorliegt, der Grundsatz, dass zu prüfen ist, ob ein Dritter ohne Mitwirkung des Arbeitgebers die Lohnabrechnung erstellen kann oder hierfür auf die Daten und Unterlagen des Arbeitnehmers zurückgegriffen werden muss. Grundsätzlich wird davon auszugehen sein, dass Lohnabrechnungen von jedem sachkundigen Dritten erstellt werden können, so dass die Vollstreckung regelmäßig nach § 887 ZPO zu erfolgen hat.[101] 146

Praxishinweis 147
Wer im Rechtsleben als Unternehmer und Arbeitgeber auftritt, kann sich im Zwangsvollstreckungsverfahren zur Erzwingung der Verpflichtung zur Erstellung von Lohnabrechnungen nicht mit Erfolg darauf berufen, dass ihm die Erbringung der Leistung unmöglich sei, weil er auf die Mithilfe des wahren Firmeninhabers angewiesen sei, auf den er jedoch keinen Einfluss habe. In diesem Fall muss der Arbeitgeber die Mitwirkungspflicht des wahren Firmeninhabers gegebenenfalls unter in Anspruchnahme gerichtlicher Hilfe durchsetzen.[102] Denkbar ist aber auch, dass er diesen Anspruch an den Arbeitnehmer als Gläubiger abtritt und dieser den Anspruch dann gegenüber dem Dritten unmittelbar geltend macht.

100 OLG Zweibrücken v. 1.9.1997, InVo 1998, 263.
101 LAG Rheinland-Pfalz v. 10.5.2005, MDR 2006, 55.
102 LAG Düsseldorf v. 7.3.2002 – 7 Ta 77/02 – n.v.

148 Im Zusammenhang mit dem Erkenntnisverfahren muss zur Ermöglichung der späteren Zwangsvollstreckung beachtet werden, dass allein die Verpflichtung „Abrechnung zu erteilen" für sich genommen nicht erkennen lässt, welche konkrete Verpflichtung dem Arbeitgeber auferlegt ist, so dass mangels Bestimmtheit des Titels eine Zwangsvollstreckung nicht möglich ist.[103] Auch die Regelung in einem gerichtlichen Vergleich, wonach zur ordnungsgemäßen Abrechnung die Abgeltung eventuell offener Urlaubsansprüche und die Abgeltung noch offenen Zeitguthaben gehören, ist nicht hinreichend bestimmt. Ob es überhaupt noch offene Ansprüche gibt, muss in einem Erkenntnisverfahren geklärt werden. Eine Vollstreckungsmaßnahme kann auf diesen Teil des Titels nicht gestützt werden.[104] Es ist also **konkret darzulegen**, welche Einzelangaben aus der Abrechnung erkennbar sein müssen und sollen. Der Bevollmächtigte kann dabei auf die bisherigen Lohnabrechnungen zurückgreifen, wobei er deren Inhalt beschreiben, d.h. in Worte fassen muss, da eine Bezugnahme auf eine außerhalb des Titels liegende Urkunde zur Unbestimmtheit und damit ebenfalls fehlenden Vollstreckbarkeit führt.

149 Ob und inwieweit die Erteilung einer Lohnabrechnung für einen ausgeschiedenen Arbeitnehmer eine vertretbare oder unvertretbare Handlung darstellt, ist also eine Frage des Einzelfalles, die danach zu entscheiden ist, ob die Lohnabrechnung statt von dem Schuldner auch von dem Gläubiger selbst oder einem Dritten vorgenommen werden kann, ohne dass sich aus Sicht des Gläubigers am wirtschaftlichen Erfolg und dem Charakter der Leistung etwas ändert. Der Schuldner muss sich also bei der Vornahme der Handlung vertreten lassen können, ohne dass das Erfüllungsinteresse des Gläubigers hiervon berührt wird.[105] Im Streitfall muss mithin der konkrete Einzelfall gewürdigt und die Rechtsprechung des örtlich zuständigen Gerichtes bzw. des Obergerichtes geklärt werden.[106]

150 Im Zusammenhang mit der Abrechnung der abschließenden Vergütung steht auch der Anspruch auf Erteilung von Auskünften als Grundlage von **Provisionsansprüchen**, wenn der Arbeitnehmer neben oder statt einer Festvergütung auch eine Provision in Abhängigkeit von seiner tatsächlichen Arbeitsleistung erhalten hat.

151 Hier wird in der Regel davon auszugehen sein, dass die Auskunftserteilung über provisionsrelevante Geschäfte und die Vorlage entsprechender Unterlagen und Belege eine unvertretbare Handlung darstellen, da auf die entsprechenden Informationen nur der Schuldner selbst Zugriff haben dürfte.[107] Die Vollstreckung erfolgt auch hier nach § 888 ZPO durch den Antrag auf Festsetzung eines Zwangsgeldes, ersatzweise Zwangshaft, oder von Zwangshaft, um den Willen des Schuldners zu beugen und ihn zur Erstellung einer Abrechnung anzuhalten.

152 Sind dagegen zur Auskunftserteilung lediglich Auszüge aus leicht zugänglichen Unterlagen zu erteilen, kann auch eine vertretbare Handlung i.S.v. § 887 ZPO angenommen werden.[108]

153 Als vertretbare und damit nach § 887 ZPO zu vollstreckender Handlung wird die Herstellung und **Erteilung eines Buchauszuges für den Handelsvertreter nach § 87c HGB** nebst Provisionsabrechung angesehen.[109]

103 LAG Schleswig-Holstein v. 19.7.2001 – 4 Ta 98/01 – n.v.

104 LAG Rheinland-Pfalz v. 6.2.2008 – 7 Ta 18/08 – juris.

105 *Schuschke/Walker*, § 887 Rn 3; *Gottwald*, § 887 Rn 4.

106 Für die Anwendung des § 887 ZPO etwa: LAG Rheinland-Pfalz v. 8.8.1996, BB 1998, 1695; LAG Köln v. 22.11.1990, MDR 1991, 650; LAG Hamm v. 11.8.1983, ZIP 1983, 1253.

107 OLG Frankfurt v. 31.1.2002, OLGR Frankfurt 2002, 102; LAG Nürnberg v. 24.9.1984 – 4 Ta 32/83 – n.v.; LAG Hamm v. 11.8.1983, DB 1983, 2257.

108 LAG Hamm v. 11.8.1983, DB 1983, 2257.

109 OLG Zweibrücken v. 7.11.1997, InVo 1999, 29; OLG Koblenz v. 17.12.1993, MDR 1994, 198; OLG Köln v. 3.5.1995, NJW-RR 1996, 100; OLG Zweibrücken v. 1.7.1986, JurBüro 1986, 1740.

Praxishinweis
Gibt sich im Einzelfall, dass die Abgrenzung zwischen einer vertretbaren oder unvertretbaren Handlung schwierig erscheint, so sollte sich der Bevollmächtigte für die aus seiner Sicht zutreffende Variante entscheiden, jedoch zugleich einen Hilfsantrag zur Vollstreckung nach der jeweils anderen Variante stellen.[110] 154

dd) Der Anspruch auf Erteilung eines Zeugnisses

Im Zusammenhang mit der Kündigung und der darauf folgenden Beendigung des Arbeitsverhältnisses kommt es regelmäßig zu Auseinandersetzungen um die Erteilung eines Zeugnisses. Ist der Anspruch auf Erteilung eines Zeugnisses tituliert, richtet dich die Zwangsvollstreckung grundsätzlich nach § 888 ZPO, mithin nach den Grundsätzen über die Vollstreckung einer **unvertretbaren Handlung**.[111] Nur der Arbeitgeber selbst ist in der Lage, die Arbeitsleistung des Arbeitnehmers umfassend zu beurteilen und in einem Zeugnis niederzulegen. Ein Dritter ist von außen hierzu nicht in der Lage. 155

Praxishinweis 156
Dies gilt auch dann, wenn der Arbeitgeber wegen der Größe des Betriebes den Arbeitnehmer selbst nicht kennt, sondern auf Auskünfte der Vorgesetzten des Arbeitnehmers angewiesen ist. Nur der Arbeitgeber ist nämlich berechtigt – und verpflichtet – diese Auskünfte auch tatsächlich einzuholen.

Soweit sich die Zwangsvollstreckung des Anspruches auf Erteilung eines Arbeitszeugnisses in der Praxis als problematisch erweist, ist dies regelmäßig auf eine unzureichende Bestimmung des Anspruchs im Erkenntnisverfahren zurückzuführen.[112] 157

Soweit allein der Anspruch auf „Erteilung eines Arbeitszeugnisses" tituliert ist, hat der Arbeitnehmer regelmäßig nur den Anspruch auf ein **einfaches Arbeitszeugnis**. Da es an gesetzlichen Vorschriften über den Inhalt eines Zeugnisses und dessen Form fehlt, muss das Zeugnis allein in einer Form vorgelegt werden, die den Voraussetzungen genügt, die im Geschäftsleben an ein Zeugnis gestellt zu werden pflegen.[113] Dazu soll die Herstellung in der Schriftgröße 10 Punkt gehören.[114] 158

Hat der Arbeitnehmer Anspruch auf ein **qualifiziertes Zeugnis** oder wird die Erteilung eines solchen qualifizierten Zeugnisses im Vergleichswege tituliert, so stellt sich die Zwangsvollstreckung als problematisch dar. Im Vollstreckungsverfahren kann nämlich nicht geprüft werden, ob das Zeugnis inhaltlich zutreffend ist. Auch hinsichtlich des qualifizierten Zeugnisses können im Zwangsvollstreckungsverfahren lediglich Fragen der äußeren Form überprüft werden. Die inhaltliche Richtigkeit und Vollständigkeit muss vielmehr im Wege des ordentlichen Erkenntnisverfahrens geltend gemacht werden. 159

110 Vgl. hierzu *Goebel*, Zwangsvollstreckung, § 11.

111 LAG Frankfurt v. 25.6.1980, DB 1981, 534.

112 Vgl. beispielhaft LAG Frankfurt v. 17.3.2003 – 16 Ta 82/03 – n.v., Erteilung eines Arbeitszeugnisses „auf der Basis" eines erteilten Zwischenzeugnisses.

113 LAG Frankfurt v. 13.8.2002 – 16 Ta 255/02 – n.v.; LAG Frankfurt v. 2.9.1997, MDR 1998, 544; LAG Schleswig-Holstein v. 6.3.1997 – 4 Ta 124/96 – n.v.; LAG Hamburg v. 7.9.1993, NZA 1994, 890.

114 LAG Frankfurt v. 13.8.2002 – 16 Ta 255/02 – n.v.

160 *Praxishinweis*

Für die Praxis dürfte es sich empfehlen, den Zeugnistext im Klageantrag zu formulieren oder aber bei einer vergleichsweisen Titulierung des Anspruchs auf Erteilung eines qualifizierten Zeugnisses, den Text des Zeugnisses zum Gegenstand der Verhandlungen und nachfolgend zum Gegenstand des Vergleiches zu machen. Dabei muss beachtet werden, dass der Text Bestandteil des Vergleiches werden muss. Allein die Bezugnahme auf anderweitige Schriftstücke ist hierzu unzureichend, wenn der Zeugnistext weder im Vergleichstext wiedergegeben wird, noch nach § 160 Abs. 5 ZPO als Anlage zum Protokoll und Vergleich genommen wurde.[115]

161 Ziel des Erkenntnisverfahrens muss es daher sein, den **Anspruch auf Erteilung des Arbeitszeugnisses** so **präzise zu fassen**, dass die ergehende Entscheidung oder der vereinbarte Vergleich eine Zwangsvollstreckung als solches entbehrlich machen. Anderenfalls kann nicht verhindert werden, dass die Gefahr besteht, dass der tatsächliche Inhalt des Zeugnisses in einem weiteren Erkenntnisverfahren zu klären ist. In keinem Fall sollte schon im Erkenntnisverfahren darauf verzichtet werden, im Einzelnen festzulegen, zu welchen Fragen sich das qualifizierte Zeugnis zu verhalten hat.

Der Schuldner ist grundsätzlich verpflichtet, das Zeugnis beim Arbeitgeber abzuholen.[116]

b) Die Grundzüge der Zwangsvollstreckung einer vertretbaren Handlung

162 Gelangt der Bevollmächtigte zu dem Ergebnis, dass die titulierte Handlung als vertretbare Handlung einzustufen ist, so richtet sich die Zwangsvollstreckung nach § 887 ZPO.

163 Nach § 887 Abs. 1 ZPO kann der Gläubiger zur **Ersatzvornahme** der vertretbaren Handlung auf Kosten des Schuldners ermächtigt werden. § 887 Abs. 2 ZPO erlaubt, dass der Schuldner zur Vorauszahlung der voraussichtlichen Kosten der Ersatzvornahme verurteilt wird, ohne dass ein Recht auf Nachforderung ausgeschlossen wird.

164 Die **örtliche und sachliche Zuständigkeit** für die Entscheidung des Vollstreckungsantrages ergibt sich unmittelbar aus § 887 ZPO, wonach über den Vollstreckungsantrag des Gläubigers[117] das Prozessgericht des ersten Rechtszuges, d.h. das Arbeitsgericht, welches den Titel geschaffen hat, zuständig ist.[118] Wurde der Titel erst in der Berufungsinstanz geschaffen, ist gleichwohl das Arbeitsgericht als Prozessgericht erster Instanz zuständig.

165 Der **Vollstreckungsantrag** des Gläubigers **muss** den **Vollstreckungstitel und die vollstreckbare Handlung bezeichnen**. Weiter muss der Gläubiger angeben, zu welcher konkreten Maßnahme er ermächtigt werden soll. Dabei ist ausreichend, wenn der **Handlungserfolg** bezeichnet wird. Eine konkrete Darlegung auf welchem Wege der Erfolg herbeigeführt werden soll und welcher Dritte mit der Vornahme der vertretbaren Handlung beauftragt werden soll, ist dagegen nicht erforderlich.

166 Soweit der Schuldner mit der Ermächtigung zur Ersatzvornahme verurteilt werden soll, die voraussichtlichen **Kosten der Ersatzvornahme** vorzuschießen, ist es erforderlich, diese Kosten durch zumindest die Vorlage eines Kostenvoranschlages nachvollziehbar darzulegen.

115 LAG Frankfurt v. 17.3.2003 – 16 Ta 82/03 – n.v.

116 ArbG Mainz v. 5.7.2006, AE 2006, 301.

117 Antragsmuster bei *Goebel*, Zwangsvollstreckung, § 11.

118 LAG Hamm v. 21.8.1973, DB 1973, 1951.

Soweit die Ersatzvornahme durch einen Dritten voraussetzt, dass der Schuldner gewisse Handlungen des Dritten duldet, etwa das Betreten seines Grundstückes, kann der **Vollstreckungsantrag mit dem Antrag auf Erlass entsprechender Anordnungen** gegenüber dem Schuldner zur praktischen Durchführung der Vollstreckung **verbunden** werden. 167

Das Arbeitsgericht entscheidet über den Vollstreckungsantrag wie über den Antrag auf Zahlung des Vorschusses nach § 887 Abs. 2 ZPO nach Anhörung des Schuldners (§ 891 ZPO) durch **Beschluss**. 168

Gegen diesen Beschluss steht sowohl dem Schuldner als auch dem Gläubiger die **sofortige Beschwerde** nach § 793 ZPO offen.[119] 169

Soweit der Schuldner der Vollstreckung mit materiell-rechtlichen Einwendungen entgegen tritt, ist er grundsätzlich auf die **Vollstreckungsgegenklage** nach § 767 ZPO verwiesen. Auch wenn in beiden Fällen das Prozessgericht des ersten Rechtszuges zuständig ist, handelt es sich bei dem Vollstreckungsverfahren doch um andere Verfahrensarten, die eine generelle Zulassung materiell-rechtlicher Einwendungen außerhalb der Vollstreckungsgegenklage verbieten.[120] 170

Umstritten war bisher, ob dies auch für den Erfüllungseinwand gilt. Insoweit war allein allgemein anerkannt, dass der Einwand der Erfüllung dann erhoben werden konnte, wenn die der Erfüllungshandlung zugrunde liegenden Tatsachen unstreitig sind und die Parteien nur darum streiten, ob die unstreitige Handlung schon zur Erfüllung geführt hat.[121]

Inzwischen hat der BGH die Streitfrage geklärt, ob der Erfüllungseinwand auch dann erhoben werden darf, wenn die maßgeblichen Tatsachen streitig sind. Der Schuldner ist danach nicht nur im Verfahren der Vollstreckungsgegenklage, sondern auch im Zwangsvollstreckungsverfahren nach § 887 ZPO mit seinem Einwand zu hören, der vollstreckbare Anspruch sei erfüllt.[122] 171

c) Die Grundzüge der Zwangsvollstreckung wegen einer unvertretbaren Handlung

Wie die Darstellung oben (vgl. Rn 138 ff.) bereits gezeigt hat, liegt der Schwerpunkt der Vollstreckung einer titulierten Verpflichtung zur Vornahme einer Handlung im Kontext der Kündigung und Beendigung eines Arbeitsverhältnisses im Bereich der Vornahme einer unvertretbaren Handlung, mithin bei § 888 ZPO. 172

Steht nach der Vorprüfung des Bevollmächtigten fest, dass von einer unvertretbaren Handlung auszugehen ist, so ist weitere Voraussetzung eines entsprechenden Vollstreckungsantrages, dass die **Vornahme der Handlung noch möglich** ist. 173

Ist die Vornahme der unvertretbaren Handlung objektiv und/oder subjektiv dauerhaft unmöglich, wird der Gläubiger auf den Schadensersatzanspruch nach § 893 ZPO verwiesen. Ein anderweitiger Vollstreckungsantrag wäre unzulässig. 174

Liegt lediglich eine vorübergehende Unmöglichkeit der Vornahme der vertretbaren Handlung vor, etwa weil der Arbeitgeber, der zur Erstellung eines qualifizierten Arbeitszeugnisses verpflichtet ist, schwer erkrankt ist, so ist ein Vollstreckungsantrag nach § 888 ZPO als „derzeit unzulässig“ zurückzuweisen. 175

119 Hierzu *Goebel*, Zwangsvollstreckung, § 14.

120 Zum Streitstand vgl. *Goebel*, Zwangsvollstreckung, § 11.

121 OLG Hamm v. 14.9.2000, InVo 2001, 343.

122 BGH v. 5.11.2004, Vollstreckung effektiv 2005, 59 = WM 2005, 48 = ZVI 2004, 728 = Rpfleger 2005, 93.

176 *Praxishinweis*

Diese Gründe liegen grundsätzlich in der Sphäre des Schuldners, so dass der Gläubiger zur Vermeidung von Zeit- und Kostennachteilen vor einem Vollstreckungsantrag grundsätzlich den Schuldner nochmals zur freiwilligen Vornahme der unvertretbaren Handlung – oder die Mitteilung von Hinderungsgründen – „auffordern" sollte. Erwidert der Schuldner hierauf nicht und macht erst im Vollstreckungsverfahren geltend, dass die Leistung – jedenfalls zurzeit – unmöglich ist, so kann der Gläubiger nach einer entsprechenden Prüfung und der Feststellung der Berechtigung des Einwandes den Vollstreckungsantrag für erledigt erklären und so Kostennachteile durch einen Kostenantrag nach § 91a ZPO vermeiden. Da bereits ein Vollstreckungstitel vorliegt, bedarf es nur einer kurzen Fristsetzung.

177 Ausschließlich **zuständig** für den Antrag[123] des Gläubigers ist das **Prozessgericht des ersten Rechtszuges** nach §§ 888, 802 ZPO, mithin das Arbeitsgericht. Wie schon bei § 887 ZPO gilt dies auch dann, wenn nicht das Arbeitsgericht, sondern erst eine weitere Instanz im Rechtsmittelzug den zu vollstreckenden Anspruch tituliert hat.

178 Die Vollstreckung nach § 888 ZPO ist darauf gerichtet, den Schuldner durch die Verhängung eines Zwangsgeldes und für den Fall, dass dieses nicht beigetrieben werden kann von Zwangshaft oder unmittelbar durch die Verhängung von Zwangshaft zu veranlassen, die unvertretbare Handlung vorzunehmen. Auch hier ist zu beachten, dass der Schuldner dem Antrag mit dem Erfüllungseinwand entgegentreten kann (siehe Rn 170–171).

179 Im Vollstreckungsantrag ist die von dem Schuldner **vorzunehmende Handlung** entsprechend dem erwirkten Vollstreckungstitel **genau zu bezeichnen**. Nicht erforderlich ist, dass der Gläubiger eine Zwangsgeldhöhe oder die Dauer der Zwangshaft angibt. Da dieser Gesichtspunkt von Amts wegen zu berücksichtigen ist.

180 *Praxishinweis*

Allerdings kann der Gläubiger eine Untergrenze für die Festsetzung des Zwangsgeldes oder Zwangshaft anregen, wenn die besonderen Verhältnisse des Schuldners nahe legen, dass er sich von niedrigeren Festsetzungen nicht wird beeindrucken lassen. Insbesondere, wenn der Arbeitgeber sich schon im Zusammenhang mit anderen Verfahren von der Festsetzung von Zwangsgeldern hat nicht beeindrucken lassen, kann die Anregung der unmittelbaren Festsetzung von Zwangshaft angezeigt sein. In der Praxis führt dies bei substantiellem Vortrag in der Regel zumindest zur Festsetzung ganz erheblicher Zwangsgelder.

181 Eine **Androhung des Zwangsmittels** ist nach § 888 Abs. 2 ZPO **nicht statthaft**. Durch die nach § 891 ZPO vorzunehmende Anhörung des Schuldners sind dessen Interessen hinreichend Rechnung getragen. Spätestens in diesem Zeitpunkt ist es für ihn angezeigt, die unvertretbare Handlung vorzunehmen und so die Zwangsgeld- oder Zwangshaftfestsetzung zu vermeiden.

182 Kommt der Gläubiger auch nach der Festsetzung des Zwangsgeldes oder der Zwangshaft seiner Verpflichtung nicht nach, kann der Vollstreckungsantrag mehrfach gestellt werden, wobei das Gericht das Zwangsmittel jeweils wird steigern müssen.

183 *Praxishinweis*

Beachtet werden muss allerdings, dass ein erneuter Antrag auf Festsetzung eines Zwangsmittels erst dann statthaft ist, wenn das Zwangsmittel aus dem vorausgehenden Antrag vollstreckt wurde.

123 Antragsmuster bei *Goebel*, Zwangsvollstreckung, § 11.

Für das **Zwangsgeld** besteht im Einzelfall eine Obergrenze von 25.000 EUR, ohne dass eine Obergrenze für mehrere Vollstreckungsanträge gesetzlich angeordnet ist. Liegt keine besondere Sachlage vor, wird das Gericht aber im Einzelfall mit kleineren Zwangsgeldern beginnen und erst bei einer dauerhaften Weigerung, der vorzunehmenden Handlung nachzukommen, den Rahmen von 25.000 EUR im Einzelfall ausschöpfen. 184

Hinsichtlich der **Zwangshaft** beträgt die Höchstgrenze sechs Monate im Einzelfall und die Addition mehrerer Zwangshaftanordnungen, d.h. auch die auf mehrere Vollstreckungsanträge festgesetzte Haft, darf insgesamt einen Rahmen von sechs Monaten nicht übersteigen, §§ 888 Abs. 1 S. 3, 913 ZPO. 185

Hat der Gläubiger einen **Zwangsmittelbeschluss** erwirkt, so wird dieser nur auf einen erneuten Antrag des Gläubigers durch diesen vollstreckt.[124] Eine Vollstreckung von Amts wegen erfolgt mithin nicht.[125] Die Festsetzung eines Zwangsgeldes wird nach den Grundsätzen der Zwangsvollstreckung wegen einer Geldforderung betrieben, ohne dass sich hier Besonderheiten ergeben. 186

Praxishinweis 187

Beachtet werden muss allerdings, dass das Zwangsgeld nicht dem Gläubiger zusteht, sondern der Staatskasse zufließt.[126] Aus diesem Grunde sollte die Nichtvornahme der unvertretbaren Handlung im Vergleichswege immer mit einer Vertragsstrafe verbunden werden – soweit dies durchsetzbar ist –, die dann dem Gläubiger selbst zusteht.

Kann das Zwangsgeld nicht beigetrieben werden, was mittels einer **Fruchtlosigkeitsbescheinigung** des Gerichtsvollziehers nachzuweisen ist, kann der Gläubiger die ersatzweise angeordnete Zwangshaft vollstrecken. Wurde die ersatzweise Zwangshaft nicht schon mit dem Zwangsgeldbeschluss festgesetzt, kann eine entsprechende Festsetzung gesondert beantragt werden. 188

Für die Vollstreckung der ersatzweise Zwangshaft sowie der originären Zwangshaft bedarf der Gläubiger eines auf seinen Antrag zu erlassenden Haftbefehls des Prozessgerichtes des ersten Rechtszuges, d.h. des Arbeitsgerichtes. Die Verhaftung ist dann durch den Gerichtsvollzieher gem. § 888 Abs. 1 S. 2 ZPO nach den Bestimmungen der §§ 899 ff. ZPO zu vollziehen. 189

Praxishinweis 190

Entsteht dem Schuldner durch die Nichtvornahme der unvertretbaren Handlung ein weitergehender Schaden, bleibt der diesbezügliche materiell-rechtliche Ersatzanspruch von der Zwangsvollstreckung unberührt und kann besonders verfolgt werden. Hier bietet das Arbeitsrecht mit § 61 Abs. 2 ArbGG allerdings eine effektive Alternative.

d) Die Alternative der Verurteilung zur Zahlung einer Entschädigung nach § 61 Abs. 2 ArbGG

Nach § 61 Abs. 2 ArbGG kann das Arbeitsgericht auf gesonderten Antrag des Klägers neben der Verpflichtung zur Vornahme einer Handlung festlegen, dass der Schuldner diese Handlung binnen einer bestimmten **Frist** vorzunehmen hat. Weiter kann festgelegt werden, dass 191

124 Muster eines Antrages auf Beitreibung des Zwangsgeldes, auf isolierte Festsetzung der ersatzweisen Zwangshaft und auf Erlass eines Haftbefehls nach erfolgloser Beitreibung des Zwangsgeldes bei *Goebel*, Zwangsvollstreckung, § 11.

125 BGH v. 2.3.1983, NJW 1983, 1859; LAG Hamburg v. 9.1.1985, NZA 1985, 373.

126 BGH v. 2.3.1983, NJW 1983, 1859.

der Schuldner nach fruchtlosem Fristablauf verpflichtet wird, eine vom Arbeitsgericht nach freiem Ermessen festzusetzende **Entschädigung** zu zahlen, so dass sich die Verpflichtung zur Vornahme einer Handlung insoweit in eine Zahlungsverpflichtung wandelt.

192 Stellt der Gläubiger diesen Antrag, muss er sich bewusst sein, dass er damit letztlich seinen Anspruch auf zwangsweise Durchsetzung des titulierten Anspruches auf Vornahme einer Handlung nach dem Fristablauf endgültig verlieren kann. § 61 Abs. 2 S. 2 ArbGG ordnet insoweit an, dass die Zwangsvollstreckung nach den §§ 878 und 888 ZPO bei einer Fristsetzung und Festsetzung einer Entschädigung ausgeschlossen ist.

193 *Praxishinweis*

Der Bevollmächtigte muss mit seinem Mandanten also im Einzelnen klären, ob das Erfüllungsinteresse von zentraler Bedeutung ist, oder ob er sich auf das Liquidationsinteresse beschränken möchte, wenn der Schuldner die Leistung nicht freiwillig erfüllt. Zur Vermeidung späterer Haftungsfälle sollte der Bevollmächtigte diese Interessenabwägung und ihre Entscheidung dokumentieren, d.h. zumindest in einem Anschreiben an den Mandanten festhalten.[127]

194 Der **Antrag** des Gläubigers **auf Festsetzung einer Frist** muss keine bestimmte Frist enthalten. Vielmehr kann sich der Gläubiger darauf beschränken, die Festsetzung einer angemessenen Frist zu beantragen.

195 *Praxishinweis*

Eine feste Frist sollte der Gläubiger allerdings dann beantragen, wenn die zu vornehmende Handlung nach diesem Zeitpunkt für ihn kein Interesse mehr hat – etwa bei der Verurteilung zur Weiterbeschäftigung, der Ausfüllung der Arbeitspapiere oder der Zeugniserteilung –, weil er ab diesem Zeitpunkt eine neue Beschäftigung aufnimmt.

196 Das Gericht hat auf den Antrag des Gläubigers im Einzelfall zu beurteilen, ob die von ihm angeregte **Fristsetzung angemessen** ist, damit der Schuldner die vorzunehmende Handlung tatsächlich vornehmen kann d.h. ihm durch die Fristsetzung die Handlung selbst nicht unmöglich gemacht wird.[128]

197 *Praxishinweis*

Der Bevollmächtigte des Schuldners sollte darauf hinweisen, dass die Frist jedenfalls über die Rechtsmittelfrist hinaus reichen muss, da dem Schuldner insoweit die Möglichkeit gegeben werden muss, seine Verpflichtung zur Vornahme einer vertretbaren oder unvertretbaren Handlung weiterhin zu bestreiten und dies im Rechtsmittelwege geltend zu machen.

198 Wird der Schuldner in einer § 61 Abs. 2 ArbGG entsprechenden Weise verurteilt und legt er hiergegen – erfolglos – **Rechtsmittel** ein, so **hemmt** das Rechtsmittel die Frist zur Erfüllung der vertretbaren oder unvertretbaren Handlung. Die Handlung kann mithin noch innerhalb der gesetzten Frist nach Zustellung des den Rechtsstreit beendenden Urteils erfolgen.[129]

199 *Beispiel*

Das Arbeitsgericht verurteilt den Schuldner zur Erteilung einer Auskunft binnen sechs Wochen nach Zustellung des – erstinstanzlichen – Urteils. Der Schuldner bestreitet seine Verpflichtung zur Auskunftserteilung und legt Berufung gegen das Urteil ein. Die Beru-

127 Zu den Dokumentationspflichten und – unter Haftungsgesichtspunkten – Dokumentationsnotwendigkeiten, siehe Goebel/*Jakobs*, Zivilprozessrecht, § 1.

128 ErfK/*Koch*, § 61 Rn 5.

129 BAG v. 28.10.1992, NZA 1993, 520 = AP Nr. 8 zu § 61 ArbGG 1979.

fung wird als unbegründet zurückgewiesen, der Schuldner hat nunmehr sechs Wochen nach Zustellung des Berufungsurteils die Möglichkeit, die Auskunft zu erteilen, bevor die Umwandlung des Handlungsanspruches in einen Zahlungsanspruch in Betracht kommt.
Ist die Frist abgelaufen, und nimmt der Schuldner nunmehr gleichwohl die geschuldete Handlung vor, verliert der Gläubiger seinen Anspruch auf die Entschädigungssumme, wenn er die Vornahme der Handlung annimmt.[130]

Die zu leistende **Entschädigung** muss von dem Gericht als angemessene Entschädigung in einer Geldsumme in bestimmter Höhe festgelegt werden. Der Bevollmächtigte des Gläubigers ist insoweit mit seinem Antrag verpflichtet, im Einzelnen darzulegen, dass ihm überhaupt ein Schaden durch die unterlassene Vornahme der vertretbaren oder unvertretbaren Handlung entstehen kann. 200

Auch wenn es dem Gericht obliegt, die angemessene Entschädigungsleistung festzusetzen, so ist es doch Aufgabe des Gläubigers im Einzelnen die dafür maßgeblichen Tatsachen vorzutragen. 201

Das Gericht hat dann zu prüfen, ob ein **Schadensersatz** nach materiellem Recht gegeben ist und in welcher **Höhe** diese besteht. Die Höhe der Schadensersatzleistung stellt die angemessene Entschädigung dar. Im Ergebnis erleichtert § 61 Abs. 2 ArbGG also lediglich die Durchsetzung eines sonst bestehenden materiell-rechtlichen Schadensersatzanspruches. 202

Ist rechtskräftig über einen Antrag des Gläubigers zur Zwangsvollstreckung aus § 888 ZPO positiv entschieden worden, kann der Gläubiger einen Antrag auf Zahlung einer Entschädigung nach § 61 Abs. 2 ArbGG nicht mehr weiterverfolgen. Das Rechtsschutzinteresse ist mit der Rechtskraft der Entscheidung nach § 888 ZPO entfallen.[131] Der Gläubiger muss sich also mit Klageerhebung, spätestens aber im Verfahren selbst, über seine Vorgehensweise klar werden. 203

Praxishinweis 204
Der Gläubiger muss beachten, dass eine spätere Nachforderung von Schadensersatz weder durch Wiederaufnahme des Verfahrens noch in einem neuen Verfahren möglich ist, wenn sich herausstellt, dass der eingetretene Schaden tatsächlich höher ist.[132] Über dieses Risiko muss der Mandant aufgeklärt werden. Vorteilhaft wirkt sich dabei allerdings auch aus, dass der Schuldner nach Rechtskraft der Entscheidung nicht mehr geltend machen kann, dass der Schaden tatsächlich geringer ausgefallen ist.

Anders verhält es sich allerdings dann, wenn der **Antrag auf Gewährung einer Entschädigung abgewiesen** wird. In diesem Fall kann einerseits die vorzunehmende vertretbare oder unvertretbare Handlung nach den §§ 887, 888 ZPO vollstreckt werden und andererseits nach § 62 Abs. 2 S. 1 ArbGG i.V.m. § 893 ZPO statt der Leistung auch das Interesse gefordert werden. 205

Ist eine Entscheidung nach § 61 Abs. 2 ArbGG ergangen, hat der Bevollmächtigte des Gläubigers den Schuldner aufzufordern, die vertretbare oder die unvertretbare Handlung innerhalb der gesetzten Frist vorzunehmen. Nimmt der Schuldner die Handlung nicht fristgerecht vor, so wandelt sich der Handlungsanspruch unmittelbar in einen Zahlungsanspruch. Diesen 206

130 LAG Düsseldorf, AP Nr. 3 zu § 61 ArbGG 1953; BAG v. 23.1.1958, AP Nr. 22 zu § 61 ArbGG 1953.
131 LAG Berlin v. 12.3.1999, NZA-RR 2000, 43.
132 *Germelmann u.a.*, § 61 Rn 36 a.

vollstreckt der Gläubiger dann wie einen Zahlungstitel. Dabei muss der Gläubiger den Nachweis führen, dass die **Frist abgelaufen** ist.

207 *Praxishinweis*
Aus diesem Grunde sollte darauf geachtet werden, dass das erkennende Gericht die Frist entweder durch einen konkreten Kalendertag bestimmt oder aber in Abhängigkeit von der Zustellung des Urteils oder dessen Rechtskraft bestimmt. Wird die Frist durch Ablauf eines Kalendertages bestimmt, bedarf es keines weiteren Nachweises zur Vollstreckung der Geldleistung. In den anderen genannten Fällen ist eine Zustellbescheinigung oder ein Rechtskraftzeugnis dem Antrag auf Zwangsvollstreckung wegen der Entschädigungsleistung beizufügen.

208 Wird die **Entschädigungsleistung** vollstreckt, obwohl der Schuldner die vertretbare oder unvertretbare Handlung vorgenommen hat, so kann der Schuldner hiergegen im Wege der Vollstreckungsgegenklage nach § 767 ZPO vorgehen. Dies gilt auch dann, wenn er die Handlung erst nach Fristablauf vorgenommen und der Gläubiger diese noch angenommen hat.[133]

209 Beachtet werden muss, dass mit der Entschädigung nach § 61 Abs. 2 ArbGG sämtliche Schadensersatzansprüche wegen der Nichterfüllung der vorzunehmenden Handlung abgegolten sind.[134]

210 *Beispiel*
Nach der Beendigung des Arbeitsverhältnisses begehrt der Arbeitnehmer die Ausfüllung und Herausgabe der Lohnsteuerkarte für 2005 und 2006. Zugleich beantragt er, den Arbeitgeber zur Zahlung einer Entschädigung in Höhe von 1.000 EUR zu verurteilen, wenn dieser nicht binnen einer angemessenen Frist die Lohnsteuerkarten ausfüllt und herausgibt. Dabei ging der Gläubiger davon aus, auch im Jahre 2006 durchgängig beschäftigt zu sein, so dass sich der in der Vergangenheit „übliche" Steuererstattungsanspruch ergibt. Der Arbeitgeber wird antragsgemäß verurteilt, ohne dass er der Verpflichtung zur Ausfüllung und Herausgabe der Lohnsteuerkarte nachkommt.
Dem Kläger ist es nun verwehrt, zu einem späteren Zeitpunkt geltend zu machen, dass ihm bei der Ausfüllung und Herausgabe der Lohnsteuerkarte ein Lohnsteuerjahresausgleichserstattungsanspruch in Höhe von 8.000 EUR zugestanden hätte – weil er tatsächlich in 2006 nicht durchgängig beschäftigt war – der nunmehr von dem Arbeitgeber als Schadensersatz zu leisten sei.

211 Das Beispiel zeigt, dass eine Vorgehensweise nach § 61 Abs. 2 ArbGG einerseits die Beschleunigung der Realisierung von Schadensersatzansprüchen ermöglicht, andererseits ein erhebliches Risiko in sich trägt, wenn der Schadensersatzanspruch nicht tatsächlich umfassend dem Grunde und der Höhe nach bestimmt werden kann. Insoweit bedarf die Vorgehensweise nach § 61 Abs. 2 ArbGG einer besonderen Abwägung im Einzelfall.

212 *Praxishinweis*
Der Gläubiger kann sich allerdings die Geltendmachung weiterer Schadensersatzansprüche offen halten, indem er diese ausdrücklich nur als Teilleistung bezeichnet, d.h. wie bei einer Teilklage vorgeht.[135]

133 LAG Frankfurt v. 30.4.1996, ARST 1996, 260.
134 BAG v. 20.2.1997, NZA 1997, 880.
135 LAG Frankfurt v. 15.9.1994 – 14 Sa 390/94 – n.v.

6. Die Vollstreckung des Weiterbeschäftigungsanspruchs

a) Die Vollstreckung des Weiterbeschäftigungsanspruches des Arbeitgebers gegen den Arbeitnehmer

Kündigt nicht der Arbeitgeber dem Arbeitnehmer, sondern kündigt der Arbeitnehmer das Arbeitsverhältnis, so kann der Arbeitgeber ein **Interesse** an der Weiterbeschäftigung des Arbeitnehmers haben. Ist dessen Kündigung unwirksam oder jedenfalls für einen Zeitpunkt vor Ablauf der Kündigungsfrist gestellt, so kann[136] ein – dann auch titulierter – **Anspruch** auf Erfüllung des Arbeitsvertrages und damit der Erbringung der Arbeitsleistung bestehen. 213

Ist dieser Erfüllungsanspruch tituliert, stellt sich die Frage nach der Vollstreckbarkeit. Die Möglichkeit der Zwangsvollstreckung der Verpflichtung des Arbeitnehmers zur Erbringung der Arbeitsleistung ist von der **Art und Weise der zu erbringenden Arbeitsleistung** abhängig. 214

Soweit es sich um eine Arbeitsleistung handelt, die der Arbeitsnehmer nur höchstpersönlich erbringen kann, etwa kreative Arbeiten oder höhere Tätigkeiten in der Forschung und Entwicklung, steht die Notwendigkeit der höchstpersönlichen Erbringung der Arbeitsleistung im Vordergrund, so dass allenfalls eine Vollstreckung wegen der Verpflichtung zur Vornahme einer unvertretbaren Handlung nach § 888 Abs. 1 ZPO in Betracht zu ziehen ist. 215

Für diese Annahme steht allerdings § 888 Abs. 3 ZPO einer Vollstreckung entgegen, wonach § 888 ZPO bei der Verurteilung zur Leistung von Diensten aus einem Dienstvertrag keine Anwendung findet. Dies trägt dem verfassungsrechtlichen Schutz der Persönlichkeit des Arbeitnehmers Rechnung. 216

Praxishinweis 217

Der Verurteilung zur Erbringung der Arbeitsleistung erschöpft sich also in der Appellfunktion des Urteils, dass im Ergebnis dann wie ein Feststellungsurteil wirkt. Auf dieser Grundlage mögen sich allerdings Schadensersatzansprüche ergeben, wenn der Arbeitnehmer seine Tätigkeit nicht entsprechend dem „appellierenden" Urteil fortsetzt und er Gelegenheit hatte, die rechtliche Anerkennung seiner Arbeitsverweigerung – erfolglos – prüfen zu lassen.

Umstritten ist, ob § 888 Abs. 3 ZPO auch dann heranzuziehen ist, wenn die zu erbringende Arbeitsleistung dem Grunde nach eine vertretbare Handlung darstellt, d.h. auch von einem Dritten wahrgenommen werden kann, so dass der Arbeitgeber nach § 887 ZPO zur Ersatzvornahme auf Kosten des Schuldners ermächtigt werden könnte. 218

Handelt es sich bei der Arbeitsleistung nicht um eine solche die der Arbeitnehmer höchstpersönlich erbringen kann, sondern Untätigkeiten, die auch durch einen Dritten ausgeübt werden können, so liegt grundsätzlich eine vertretbare Handlung vor. Die Zwangsvollstreckung erfolgt damit nach § 887 ZPO durch die Ermächtigung des Arbeitgebers als Gläubiger die Ersatzvornahme vorzunehmen, d.h. die Arbeitsleistung durch einen Dritten auf Kosten des Arbeitnehmers als Schuldner ausführen zu lassen. 219

Das personale Element der Arbeitsleistung bleibt auch bei Annahme einer solchen vertretbaren Handlung geschützt, da der Arbeitgeber in diesem Falle lediglich zur Vornahme berechtigt wird, d.h. in der Konsequenz lediglich einen Zahlungsanspruch erhält, der ihm die Möglichkeit gibt, die Arbeitsleistung durch einen Dritten durchführen zu lassen. Des Schutzes des § 888 Abs. 3 ZPO bedarf es daher nicht. 220

136 Zur Streitfrage, ob ein solcher Anspruch tituliert werden kann, siehe MünchArb/*Blomeyer*, Bd. 1, § 50 Rn 1.

221 *Praxishinweis*
Der Arbeitgeber hat die Möglichkeit nach einer isolierten Ermächtigung zur Ersatzvornahme die Kosten der Erbringung der Arbeitsleistung durch einen Dritten als Kosten der Zwangsvollstreckung nach § 788 ZPO gegen über dem Arbeitnehmer geltend zu machen. Er kann allerdings auch unmittelbar mit dem Antrag auf Ermächtigung zur Ersatzvornahme beantragen, den Arbeitnehmer zur Vorauszahlung der voraussichtlichen Kosten der Ersatzvornahme zu verurteilen, § 887 Abs. 2 ZPO. Zeigt sich später, dass höhere Kosten angefallen sind, können diese auch geltend gemacht werden.

222 Für den Fall, dass der Arbeitgeber seinen Anspruch auf Erbringung der Arbeitsleistung gegen den Arbeitnehmer durchsetzen möchte, zeigt sich also, dass ungeachtet der Frage, ob diese als vertretbare oder unvertretbare Handlung eingeordnet wird, letztlich ein tatsächlicher Zwang zur Erbringung der Arbeitsleistung gegen den konkreten Arbeitnehmer als Schuldner nicht durchsetzbar ist. Über § 888 Abs. 3 ZPO bei der unterlassenen Erbringung einer höchstpersönlichen Arbeitsleistung oder den Anspruch auf Ersatz der Kosten der Ersatzvornahme nach § 887 Abs. 2 ZPO bleibt dem Arbeitgeber letztlich nur die Möglichkeit seine Kosten zu liquidieren.

223 *Praxishinweis*
Dabei muss der Arbeitgeber allerdings beachten, dass er die Sowieso-Kosten in Abzug bringt. D.h. der Arbeitgeber kann nicht diejenigen Kosten verlangen, die er für die Arbeitsleistung des Dritten aufgewandt hat, sondern lediglich die Kosten die der Dritte oder die Nichterbringung der Leistung verursacht haben abzüglich der Kosten die dem Arbeitgeber entstanden wären, wenn der Arbeitgeber die Arbeitsleistung selbst erbracht hätte. Relevanz erhält diese Art des Vorgehens daher nur, wenn die Kosten des Dritten höher sind als der an den Arbeitnehmer zu entrichtende Lohn.

b) Die Vollstreckung des Weiterbeschäftigungsanspruches des Arbeitnehmers gegen den Arbeitgeber

224 In der Praxis relevanter ist der Weiterbeschäftigungsanspruch des Arbeitsnehmers, wenn dieser die Berechtigung einer vom Arbeitgeber ausgesprochenen Kündigung bestreitet.

225 Soweit der Weiterbeschäftigungsanspruch entweder im Wege einer einstweiligen Anordnung oder aber im Wege einer Entscheidung in der Hauptsache tituliert ist, handelt es sich grundsätzlich um eine **unvertretbare Handlung** i.S.v. § 888 ZPO. Nur der Arbeitgeber selbst und höchstpersönlich ist in der Lage, den Arbeitnehmer weiter zu beschäftigten, d.h. ihn an seinem bisherigen Arbeitsplatz mit Tätigkeiten zu versehen, die seinem bisherigen Tätigkeitsfeld entsprechen.

aa) Die Bestimmtheit des Titels

226 Als Vollstreckungstitel kommt jedes vorläufig vollstreckbare Urteil des Arbeitsgerichtes einschließlich eines Versäumnisurteils[137] oder auch ein Beschluss im einstweiligen Verfügungsverfahren in Betracht.

227 Im Hinblick auf die Zwangsvollstreckung muss also schon im Erkenntnisverfahren beachtet werden, dass die Pflicht zur Weiterbeschäftigung im Einzelnen bestimmt bezeichnet sein muss, d.h. aus dem Tenor der zu vollstreckenden Entscheidung muss hervorgehen, welche Aufgabe der Arbeitgeber dem Arbeitnehmer zu übertragen hat. Der Inhalt der titulierten Wei-

137 Ascheid/Preis/Schmidt/*Koch*, § 102 BetrVG Rn 216.

terbeschäftigungspflicht kann also nicht im Vollstreckungsverfahren geklärt werden.[138] Um diesen Gesichtspunkten gerecht zu werden, ist es nach Auffassung des BAG erforderlich, aber auch ausreichend, wenn die Art der ausgeurteilten Beschäftigung des Arbeitnehmers aus dem Titel ersichtlich ist. Einzelheiten hinsichtlich der Art der Beschäftigung oder sonstigen Arbeitsbedingungen muss der Titel demgegenüber nicht enthalten.[139] Dafür reicht es aus, wenn das Berufsbild, mit dem der Arbeitnehmer beschäftigt werden soll, sich aus dem Titel ergibt oder sich in vergleichbarer Weise ergibt, worin die Tätigkeit bestehen soll.[140]

Ein Titel der eine Weiterbeschäftigung „zu unveränderten Arbeitsbedingungen" ausspricht, 228
ist nur dann hinreichend bestimmt und damit als Titel in der Zwangsvollstreckung geeignet, wenn sich die bisher von dem Arbeitnehmer verrichtete Tätigkeit aus dem Tatbestand des Urteils gibt und hierüber kein Streit herrscht.[141] So hat das LAG Rheinland-Pfalz etwa die bloße Bezeichnung der Tätigkeit als „Lagerleitung" für unzureichend erachtet.[142]

Praxishinweis 229

Möchte der Arbeitgeber in Erfüllung der Weiterbeschäftigungspflicht den Arbeitnehmer auf einen anderen Arbeitsplatz versetzen oder mit anderen als in dem Vollstreckungstitel bezeichneten Tätigkeiten beauftragen, so kann der Arbeitgeber seine diesbezügliche materiell-rechtliche Position allein im Wege der Vollstreckungsgegenklage nach § 767 ZPO geltend machen. Gleiches gilt hinsichtlich anderer materiell-rechtlicher Einwendungen wie etwa einer weiteren Kündigung.[143]

Die Vollstreckung des Beschäftigungsanspruches kann nach § 62 Abs. 1 S. 2 ArbGG nur aus- 230
geschlossen werden, wenn die Weiterbeschäftigung dem Arbeitgeber einen **drohenden und nicht zu ersetzenden Nachteil** erbringt und dies glaubhaft gemacht werden kann.

bb) Die Unmöglichkeit der Weiterbeschäftigung

Voraussetzung der Zwangsvollstreckung des Weiterbeschäftigungsanspruchs ist in jedem 231
Fall, dass der Arbeitgeber objektiv in der Lage ist, den Arbeitnehmer auch tatsächlich weiter zu beschäftigen und damit den Anspruch zu erfüllen.

Ist der Arbeitsplatz etwa durch die Stilllegung des gesamten Betriebes oder einer Betriebs- 232
stätte oder einer Produktionsschiene entfallen, ohne dass der Arbeitsplatz anderweitig zur Verfügung steht, so steht dies einer Festsetzung eines Zwangsgeldes, ersatzweise bzw. originär der Zwangshaft entgegen.[144]

Unmöglich ist die Zwangsvollstreckung wegen eines Weiterbeschäftigungsanspruches un- 233
ter anderem auch dann, wenn ein Amt im Zuge einer Verwaltungsreform aufgelöst und die darin zunächst zusammengefassten Sachaufgaben auf verschiedene andere Ämter verteilt werden. Voraussetzung ist dafür allerdings, dass die Umstrukturierung nicht lediglich zur Verhinderung der Vollstreckung der Weiterbeschäftigung vorgenommen wurde.[145]

138 LAG Rheinland-Pfalz v. 3.2.2005, NZA-RR 2005, 550 = MDR 2005, 1059; LAG Nürnberg v. 17.3.1993, NZA 1993, 864; LAG Rheinland-Pfalz v. 7.1.1986, NZA 1986, 196.

139 BAG NZA 2009, 917; LAG Baden-Württemberg v. 21.2.2007 – 17 Ta 1/07 – juris.

140 BAG NZA 2009, 917; Hessisches LAG v. 23.10.2008 – 12 Ta 383/08 – juris; a.A. LAG Niedersachsen v. 2.2.2007, AE 2008, 71.

141 LAG Düsseldorf v. 8.10.1998 – 7 Ta 313/98 – n.v.; a.A. LAG Köln v. 24.10.1995 – 13 (5) Sa 245/95 – n.v.; hierzu auch Düwell/Lipke/*Krönig*, AnwK ArbGG, § 62 Rn 29 – Weiterbeschäftigung.

142 LAG Rheinland-Pfalz v. 3.2.2005, NZA-RR 2005, 550 = MDR 2005, 1059.

143 LAG Thüringen v. 5.1.2005, ArbuR 2005, 166 (nur teilweise).

144 LAG Köln v. 24.10.1995, NZA-RR 1996, 108; LAG Hamm v. 29.11.1985, LAGE § 888 ZPO Nr. 5.

145 LAG Köln v. 23.8.2001, NZA-RR 2002, 214.

234 Grundsätzlich muss also beachtet werden, dass sich der Arbeitgeber der Verpflichtung zur Weiterbeschäftigung nicht dadurch entziehen kann, dass er den Arbeitsplatz durch Umorganisation entfallen lässt. Es obliegt dem Arbeitgeber nachzuweisen, dass die Umorganisation nicht der Verhinderung des Weiterbeschäftigungsanspruches diente, sondern der Arbeitsplatz als Reaktion auf äußere Zwänge oder vorrangige unternehmerische Gesichtspunkte fortgefallen ist.[146]

235 Macht der Arbeitgeber bereits im erstinstanzlichen Erkenntnisverfahren geltend, das ihm die Weiterbeschäftigung unmöglich sei, ohne damit durchdringen zu können, weil das Arbeitsgericht seine Darlegungen als unsubstanziiert ansieht, so kann der Arbeitgeber diesen Einwand gleichwohl in der Zwangsvollstreckung im Verfahren über die Festsetzung eines Zwangsgeldes nach § 888 ZPO erneut vorbringen, sofern er seinen Vortrag nunmehr weiter substanziieren kann oder ein anderer Grund der Unmöglichkeit vorliegt.[147]

236 In den Fällen des § 102 BetrVG kann das Gericht auf **Antrag** des Arbeitgebers durch eine einstweilige Verfügung von der Verpflichtung zur Weiterbeschäftigung nach § 102 Abs. 5 S. 1 BetrVG entbinden, wenn entweder die Klage des Arbeitnehmers auf Weiterbeschäftigung keine hinreichende Aussicht auf Erfolg bietet oder gar mutwillig erscheint oder die Weiterbeschäftigung des Arbeitnehmers zu einer unzumutbaren wirtschaftlichen Belastung des Arbeitgebers führen würde oder aber der Widerspruch des Betriebsrates gegen die Kündigung offensichtlich unbegründet ist.

237 Der Vollstreckung des Weiterbeschäftigungsanspruches steht nicht entgegen, dass der Arbeitgeber nach der Verurteilung zur Weiterbeschäftigung den Arbeitnehmer unter Fortzahlung der Vergütung von der Arbeit freistellt. Von dieser Möglichkeit kann der Arbeitgeber nur dann Gebrauch machen, wenn er dies im Arbeitsvertrag ausdrücklich geregelt hat oder aber besondere Umstände des Einzelfalles vorliegen.[148]

238 Unberücksichtigt bleibt im Zwangsvollstreckungsverfahren der Einwand, dem Arbeitnehmer sei erneut – diesmal aus anderen Gründen – gekündigt worden.[149] Diesen Einwand hat der Arbeitgeber mit der Vollstreckungsgegenklage nach § 767 ZPO geltend zu machen.[150]

239 *Praxishinweis*

Hat der Arbeitgeber gegen die Verurteilung zur Weiterbeschäftigung Berufung eingelegt und stützt er diese auf eine erneute Kündigung, so kann er im Berufungsrechtszug die einstweilige Einstellung der Zwangsvollstreckung aus dem erstinstanzlichen Urteil in entsprechender Anwendung von § 769 ZPO verlangen. Hierzu bedarf es keiner gesonderten Vollstreckungsgegenklage. Auch ist nicht erforderlich, dass überwiegende Erfolgsaussichten für die erhobenen nachträglichen Einwendungen bestehen. Auch bedarf es keiner Glaubhaftmachung eines nicht zu ersetzenden Nachteils i.S.v. § 62 Abs. 1 ArbGG.[151]

240 Soweit dritte Personen die Weiterbeschäftigung des Arbeitnehmers ablehnen, etwa ein wichtiger oder gar der einzige Auftraggeber des Arbeitgebers, oder Arbeitskollegen des Arbeitnehmers, begründet dies die Unmöglichkeit der Weiterbeschäftigung nur dann, wenn der Ar-

146 LAG Schleswig-Holstein v. 2.6.2005 – 2 Ta 133/05 – n.v.
147 LAG Berlin v. 23.9.2002 – 6 Ta 1705/03 – n.v.
148 LAG Berlin v. 13.10.2003 – 6 Ta 1968/03 – juris.
149 LAG München v. 11.9.1993, BB 1994, 1083 = LAGE § 888 ZPO Nr. 34.
150 Ausführlich zur Vollstreckungsgegenklage *Goebel*, Zwangsvollstreckung, § 14.
151 LAG Sachsen-Anhalt v. 25.9.2002, AuA 2003, 49.

beitgeber zuvor alles in seiner Macht stehende unternommen hat, um diese dritten Personen von ihrer ablehnenden Haltung abzubringen.[152]

Macht der Arbeitgeber erstmals im Verfahren über den Antrag auf Einstellung der Zwangsvollstreckung nach seiner Verurteilung zur Weiterbeschäftigung des Arbeitgebers geltend, dass er gar nicht der Arbeitgeber sei, vielmehr der Arbeitnehmer zwar ursprünglich bei ihm eingestellt worden sei, dann aber von einem ausgegliederten und selbstständig fortgesetzten Unternehmen übernommen worden sei, begründet dies die Unmöglichkeit der Weiterbeschäftigung nach einer Entscheidung des LAG Köln[153] jedenfalls dann nicht, wenn die Personalabteilung des verurteilten Arbeitgebers auch den Personaleinsatz des behaupteten tatsächlichen Arbeitgebers steuert. In diesem Fall sei nämlich der Arbeitsplatz nicht entfallen, sondern existiere bei dem ausgegliederten Unternehmen. Bestehe dann eine Identität der Gesellschafter und des Geschäftsführers, seien rechtliche Verbindungen der beiden Unternehmen feststellbar und habe der verurteilte Arbeitgeber die Personalleitung für beide Unternehmen, liege letztlich ein faktischer gemeinsamer Betrieb vor. Aufgrund dessen sei dann die Weiterbeschäftigung gerade nicht möglich.

Praxishinweis 241

Die Entscheidung kann dem Arbeitnehmervertreter zur Argumentation dienen, einen Einstellungsantrag zurückweisen zu lassen, wenn in 1. Instanz ein Anspruch auf Weiterbeschäftigung tituliert wurde. Der Arbeitgeber muss sich insoweit zurechnen lassen, dass er dort nicht geltend gemacht hat, dass der Arbeitnehmer bei einem selbstständigen ausgegliederten Unternehmen tätig ist. Im Ergebnis überzeugt aber die Entscheidung nicht. Ist unstreitig, dass jedenfalls objektiv der falsche Arbeitgeber in Anspruch genommen wurde, wird das erstinstanzliche Urteil auf die Berufung aufzuheben sein. Eine neue Klage gegen den richtigen Arbeitgeber dürfte verfristet sein, wenn der Arbeitgeber nicht die formale Ausgliederung und die Übergabe des Arbeitsverhältnisses gegenüber dem Arbeitnehmer arglistig verschwiegen hat. Vor diesem Hintergrund ist eine Vollstreckung eines offensichtlich falschen Urteils nicht sachgerecht.

cc) Der Übergang vom Weiterbeschäftigungsanspruch zum Ersatzanspruch

Im Rahmen des Weiterbeschäftigungsanspruches besteht – ebenso wie bei anderen Ansprüchen zur Vornahme vertretbarer und unvertretbarer Handlungen – die Möglichkeit, dass der Arbeitnehmer nach § 61 Abs. 2 ArbGG auf die spätere Vollstreckung des Weiterbeschäftigungsanspruches nach Ablauf einer zu bestimmenden Frist verzichtet und beantragt, den Arbeitgeber zu verurteilen, eine angemessene und vom Gericht festzusetzende Entschädigung zu zahlen, wenn er den Arbeitnehmer nicht binnen einer vom Gericht festzusetzenden Frist weiterbeschäftigt. 242

Praxishinweis 243

Diese Vorgehensweise empfiehlt sich insbesondere dann, wenn davon auszugehen ist, dass es tatsächlich nicht zu einer Weiterbeschäftigung kommt. Während nämlich das Zwangsgeld der Staatskasse zusteht, fließt die Entschädigung dem Gläubiger selbst, d.h. dem Arbeitnehmer zu.

Beachtet werden muss einerseits, dass der Entschädigungsanspruch das eigentliche Arbeitsentgelt aber auch alle darüber hinaus gehenden Schadensersatzansprüche erfasst, andererseits die festgesetzte Entschädigung aber nicht nur die weitere Vollstreckung nach den §§ 887, 244

152 LAG Düsseldorf v. 7.7.1992, LAGE § 888 ZPO Nr. 25.
153 LAG Köln v. 9.3.2006– 14 Sa 146/06 – DB 2006, 730 (rk.).

888 ZPO ausschließt, sondern auch die Geltendmachung weitergehender Schadensersatzansprüche.[154]

dd) Die Vollstreckung des Weiterbeschäftigungsanspruchs nach § 888 ZPO

245 Der titulierte Anspruch des Arbeitnehmers gegen den Arbeitgeber auf Weiterbeschäftigung wird nach § 888 ZPO vollstreckt, d.h. durch den Antrag des Gläubigers auf Festsetzung eines Zwangsgeldes, ersatzweise Zwangshaft oder originärer Zwangshaft (insoweit kann auf die Ausführungen oben verwiesen werden siehe Rn 172 ff.).

246 Wird nach § 62 Abs. 2 ArbGG i.V.m. § 888 Abs. 1 ZPO auf Antrag des Gläubigers ein **Zwangsgeld** verhängt, so kann dies in Anwendung von § 812 Abs. 1 S. 2 BGB vom Land zurückgefordert werden, wenn der Gläubiger im Beschwerdeverfahren über den Zwangsgeldbeschluss auf die Rechte aus diesem Beschluss verzichtet, wenn diese zuvor bereits vollstreckt worden ist.[155]

247 Umstritten ist, ob bei der Weigerung des Arbeitgebers, den titulierten Anspruch auf Weiterbeschäftigung des Arbeitnehmers Rechung zu tragen, ein einheitliches Zwangsgeld in einem Betrag festzusetzen ist[156] oder ob ein Zwangsgeld für jeden Arbeitstag festzusetzen ist, in dem der Arbeitgeber der Weiterbeschäftigungspflicht nicht nachkommt.[157]

7. Die Vollstreckung einer Unterlassungsverpflichtung

248 Wurde das Arbeitsverhältnis zwischen dem Arbeitgeber und dem Arbeitnehmer durch Kündigung oder in sonstiger Weise beendet, schließt dies nicht aus, dass dem Arbeitgeber gegenüber dem Arbeitnehmer als nachvertragliche Verpflichtung oder aufgrund einer ausdrücklichen Wettbewerbsklausel ein – soweit hier erheblich titulierter – Anspruch auf Unterlassung bestimmter neuer Tätigkeiten zusteht.[158] Unterlassungsansprüche kommen allerdings auch innerhalb eines bestehenden Arbeitsverhältnisses in Betracht. So hatte sich das ArbG Erfurt mit der Frage auseinanderzusetzen, ob eine Verpflichtung zur Unterlassung von (weiteren) Personalgesprächen wegen der damit verbundenen psychischen Belastung des Arbeitnehmers besteht.[159] Das LAG Niedersachsen hatte sich mit dem Begehren zu befassen, eine Beschäftigung zu bestimmten Zeiten zu unterlassen.[160]

249 Soweit eine entsprechende Unterlassungsverpflichtung tituliert wurde, ist diese nach § 890 ZPO durch die Verurteilung zu einem Ordnungsgeld, ersatzweise Ordnungshaft oder originäre Ordnungshaft zu vollstrecken, wenn der Schuldner seiner Unterlassungspflicht nicht entspricht.[161]

250 *Praxishinweis*

Soweit sich ein Unterlassungsgebot im Wege eines Prozessvergleiches nach § 794 Abs. 1 Nr. 1 ZPO erreichen lässt, sollte immer dieser Weg unter Einschluss einer Ver-

154 BAG v. 20.2.1997, NZA 1997, 880 = AP Nr. 4 zu § 611 BGB.

155 BAG v. 6.12.1989, AP Nr. 5 zu § 62 ArbGG 1979 = NJW 1990, 2579.

156 LAG Köln v. 24.10.1995, NZA-RR 1996, 108.

157 LAG Hamburg v. 7.7.1988, LAGE § 888 ZPO Nr. 17; LAG Bremen v. 21.2.1983, LAGE § 62 ArbGG 1979 Nr. 10.

158 Vgl hierzu etwa ArbG Mönchengladbach v. 5.6.2008, AE 2008, 190 ff.

159 ArbG Erfurt v. 9.9.2008, AE 2009, 41.

160 LAG Niedersachsen v. 15.4.2008, AE 2008, 270 = ArbuR 2008, 404.

161 Ausführlich zur Zwangsvollstreckung aus Duldungs- und Unterlassungstiteln, *Goebel*, Zwangsvollstreckung, § 12.

tragsstrafe gewählt werden, weil die Vertragsstrafe – anders als das Ordnungsgeld – dem Gläubiger zusteht.

In einer entsprechenden Vollstreckung eines Unterlassungstitels nach § 890 ZPO ist **keine Umgehung der Regelung der § 888 Abs. 3 ZPO** zu sehen. Der Arbeitnehmer wird nämlich nicht zur Unterlassung jeglicher Arbeitstätigkeit bei einem Dritten – und damit mittelbar gegebenenfalls zu Fortsetzung der Tätigkeit bei dem bisherigen Arbeitgeber – gezwungen, sondern lediglich zur Unterlassung einer konkreten konkurrierenden Tätigkeit, nicht jedoch zur Unterlassung jeder anderweitiger Erwerbstätigkeit. 251

Die Unterlassungsverpflichtung kann sowohl in einem das Verfahren abschließenden Urteil oder Prozessvergleich enthalten sein, aber auch in einer einstweiligen Verfügung. Probleme zeigen sich in der Praxis regelmäßig dort, wo es dem Unterlassungstitel an der hinreichenden **Bestimmbarkeit** fehlt, so dass eine Vollstreckung aus ihm nicht in Betracht kommt. Es gilt auch hier der Grundsatz, dass die Zwangsvollstreckung im Erkenntnisverfahren beginnt, d.h. im Erkenntnisverfahren im Einzelnen die zu unterlassene Handlung so genau beschrieben werden muss, dass im Vollstreckungsverfahren ohne Weiteres geprüft werden kann, ob die Unterlassungsverpflichtung verletzt ist. Auch der Schuldner selbst muss eindeutig wissen, welche Handlung er zu unterlassen hat.[162] 252

Für die Parteien und das Prozessgericht als Vollstreckungsorgan muss also die **zu unterlassene Handlung** so **konkret bezeichnet** sein, dass das Verfahren über die Festsetzung eines Ordnungsmittels einer behaupteten Zuwiderhandlung kein neues Erkenntnisverfahren über den Unterlassungsanspruch im Vollstreckungsverfahren wird. 253

Zuständig für die Vollstreckung eines Unterlassungstitels ist nach § 890 ZPO das **Prozessgericht des ersten Rechtszuges**. Damit ist die örtliche und sachliche Zuständigkeit des Arbeitsgerichtes geregelt, sofern es sich um einen gerichtlichen Titel, d.h. insbesondere ein Urteil, ein Prozessvergleich oder eine einstweilige Verfügung handelt.[163] Dies gilt auch, wenn der Titel selbst erst im Rechtsmittelzug geschaffen wurde. Die Zuständigkeit ist nach § 802 ZPO ausschließlich. 254

Wird dagegen die Zwangsvollstreckung aus einem Anwaltsvergleich, einem Schiedsspruch oder Schiedsvergleich oder einem ausländischen Urteil vollstreckt, so ist das Gericht als Prozessgericht des ersten Rechtszuges zuständig, welches die Entscheidung über die Vollstreckbarkeit getroffen hat. 255

§ 890 Abs. 2 ZPO verlangt, dass bei einer behaupteten Verletzung gegen das Unterlassungsgebot dem Schuldner zunächst das festzusetzende **Ordnungsmittel**, d.h. Ordnungsgeld oder Ordnungshaft **anzudrohen** ist. Insoweit unterscheidet sich die Zwangsvollstreckung wegen einer Unterlassungsverpflichtung von der Zwangsvollstreckung wegen einer vertretbaren oder unvertretbaren Handlung nach §§ 887, 888 ZPO, wo eine Androhung des Zwangsmittels unzulässig ist. Es besteht für das Gericht regelmäßig keine Veranlassung, schon in der Androhung eines Ordnungsgeldes gem. § 85 Abs. 1 ArbGG i.V.m. § 890 ZPO eine Beschränkung der möglichen Höhe des Ordnungsgeldes vorzunehmen. Wenn sich das Arbeitsgericht in seinem Beschluss auf die Androhung eines Ordnungsgeldes in bestimmter Höhe, etwa 1.000 EUR beschränkt und sich insoweit selbst bindet, stellt dies keine Beschwer des Adressaten der Androhung, sondern vielmehr eine Begünstigung dar.[164] Der Schuldner kann sich insoweit nicht gegen die Androhung zur Wehr setzen. 256

162 BAG v. 25.8.2004, BAGR 2004, 413 = AP Nr. 41 zu § 23 BetrVG 1972.

163 *Gottwald*, § 890 Rn 8.

164 LAG Mecklenburg-Vorpommern v. 2.6.2005 – 1 TaBV 22/04 – n.v.

257 *Praxishinweis*

Der Schuldner kann auf die Androhung des Ordnungsmittels nicht – auch nicht in einem Prozessvergleich – verzichten.[165]

258 Beachtet werden muss allerdings, dass diese Androhung bereits in dem eigentlichen Vollstreckungstitel aufgrund des Antrages des Gläubigers enthalten sein kann. Das Rechtsschutzbedürfnis für einen solchen Antrag ergibt sich dann unmittelbar aus § 890 Abs. 2 ZPO.

259 *Praxishinweis*

Formulierungsvorschlag: „Dem Schuldner wird zur Erzwingung der im Antrag zu 1 niedergelegten Unterlassungsverpflichtung ein Ordnungsgeld bis zu 250.000 EUR und für den Fall, dass dieses nicht beigetrieben werden kann, ersatzweise Ordnungshaft oder aber Ordnungshaft von bis zu sechs Monaten angedroht."

Allerdings verlangt § 890 Abs. 2 ZPO eine gerichtliche Androhung, so dass eine Aufnahme der vorgenannten Formulierung in einen Prozessvergleich nicht ausreicht, um den Anforderungen zu genügen.[166] Der Gläubiger muss mithin unmittelbar nach dem Abschluss des Prozessvergleiches einen Antrag auf Androhung der Ordnungsmittel stellen, um nachfolgende sanktionslose Handlungen zu vermeiden. Die Androhung des Ordnungsmittels kann dann isoliert beantragt werden.[167]

260 Liegen die allgemeinen Voraussetzungen der Zwangsvollstreckung vor und wurde die Festsetzung eines Ordnungsmittels im Vollstreckungstitel selbst oder nachträglich angedroht, so kann ein Antrag auf Festsetzung des Ordnungsmittels bei einer schuldhaften Zuwiderhandlung des Schuldners gegen das Unterlassungsgebot durch den Gläubiger beantragt werden.

261 In der Praxis zeigt sich hier die besondere Problematik, **nachzuweisen, dass der Schuldner gegen das Unterlassungsverbot verstoßen hat**, d.h. eine Tätigkeit vorliegt, die etwa gegen eine Konkurrenzschutzklausel tatsächlich verstößt. Auch für das Zwangsvollstreckungsverfahren hat der BGH nicht am Institut des Fortsetzungszusammenhangs festgehalten. Mehrere Einzelakte, mit denen ein Schuldner gegen ein tituliertes Unterlassungsgebot verstößt, können also nicht als fortgesetzte Handlung zu einer einheitlichen Tat zusammengefasst werden. Jede Handlung ist mithin einzeln zu betrachten.[168]

262 Der Arbeitgeber als Gläubiger muss beachten, dass das Unterlassungsverbot zum Zeitpunkt der Zuwiderhandlung bereits sanktionsbewehrt begründet sein muss. Es muss also eine vollstreckungsreifer Titel in dem Zeitpunkt der Zuwiderhandlung vorliegen d.h. ein rechtskräftiger Titel oder ein vorläufig vollstreckbares Urteil.

263 *Praxishinweis*

Ist das Unterlassungsgebot nur gegen Sicherheitsleistung vorläufig vollstreckbar, kommt die Festsetzung eines Ordnungsmittels nur dann in Betracht, wenn der Gläubiger die Sicherheitsleistung bereits erbracht hat.[169] War der Schuldner berechtigt die Zwangsvollstreckung durch Sicherheitsleistung abzuwenden und hat er diese erbracht, ohne dass der Gläubiger seinerseits Sicherheitsleistung erbracht hat, bleibt der Verstoß gegen das Unterlassungsgebot sanktionslos.

264 Weitere Voraussetzung der Festsetzung des Ordnungsmittels ist es, dass bereits zum Zeitpunkt der Zuwiderhandlung gegen das Unterlassungsgebot das Ordnungsmittel angedroht

165 Zöller/*Stöber*, § 890 Rn 12a; *Schuschke/Walker*, § 890 Rn 18; *Gottwald*, § 890 Rn 12.

166 LG Oldenburg v. 6.11.1998, VersR 2000, 385.

167 Vgl. hierzu ausführlich *Goebel*, Zwangsvollstreckung, § 12.

168 BGH NJW 2009, 921 = MDR 2009, 468.

169 BGH v. 30.11.1995, InVo 1996, 132.

war. Soweit eine entsprechende Androhung nicht im Urteil enthalten ist, muss mithin der Bevollmächtigte des Gläubigers darauf achten, dass dies unmittelbar nach Schaffung des Titels isoliert geschieht.[170]

Neben dem Erfordernis, dass zum Zeitpunkt der Zuwiderhandlung bereits ein vollstreckbarer und vollstreckungsfähiger Titel vorgelegen hat und eine Androhung des Ordnungsmittels erfolgt ist, ist streitig, ob ein solcher vollstreckbarer und vollstreckungsfähiger Titel auch noch im Zeitpunkt der Festsetzung des Ordnungsmittels vorliegen muss. **265**

Die herrschende Auffassung stellt darauf ab, dass es sich bei den Ordnungsmitteln des § 890 ZPO lediglich um Beugemittel handelt,[171] so dass eine Festsetzung des Ordnungsmittels nicht mehr möglich ist, wenn eine Beugung des Willens des Schuldners nicht mehr veranlasst ist, weil der Vollstreckungstitel nicht mehr existent ist. **266**

Die Gegenansicht weist § 890 ZPO neben seiner Beugefunktion auch zivilrechtlichen Strafcharakter zu,[172] so dass auch nach Wegfall des Vollstreckungstitel die Festsetzung von Ordnungsmittel und deren Vollstreckung noch in Betracht kommen.[173] **267**

Die Festsetzung eines Ordnungsmittels erfolgt in jedem Fall nur auf **Antrag** des Gläubigers.[174] Im Antrag muss weder die Art noch die Höhe des Ordnungsmittels bezeichnet werden, wobei des dem Gläubiger unbenommen ist, hier im Hinblick auf die Vermögensverhältnisse des Schuldners Hinweis zu geben. **268**

Praxishinweis **269**

Ein Antrag kann nach Ablauf von zwei Jahren ab der Zuwiderhandlung gegen das Unterlassungsgebot nicht mehr gestellt werden, da nach § 9 EGStGB der Anspruch auf Festsetzung eines Ordnungsgeldes verjährt ist. Der Lauf der in Art. 9 Abs. 1 EGStGB geregelten Verfolgungsverjährung endet im Anwendungsbereich des § 890 ZPO mit der Festsetzung eines Ordnungsmittels, auch soweit diese nicht rechtskräftig ist. Die Verjährung kann im weiteren Verlauf des Vollstreckungs- bzw. Rechtsmittelverfahrens nicht mehr eintreten.[175] Der Antrag muss also so rechtzeitig gestellt werden, dass eine Festsetzung vor Ablauf der Verfolgungsverjährung erfolgen kann. Diese Frist ist zu überwachen. Ggf. muss das Gericht auf diese Frist hingewiesen werden, damit sich der Schuldner nicht durch eine Verzögerung des Verfahrens in die Verjährung flüchten kann.

§ 890 Abs. 3 ZPO gibt dem Gläubiger dann die Möglichkeit zu beantragen, dass der Schuldner eine **Sicherheit für zukünftige Zuwiderhandlungen zu bestellen** hat. Der Antrag kann mit dem Antrag auf Festsetzung des Ordnungsmittels verbunden aber auch isoliert gestellt werden.[176] Der Gläubiger hat hierzu darzustellen, welchen potentiellen Schaden er durch eine schuldhafte Zuwiderhandlung des Schuldners erleiden kann. **270**

Anders als bei der Zwangsvollstreckung wegen einer vertretbaren oder unvertretbaren Handlung wird das Ordnungsmittel nach der von Amts wegen zu veranlassenden Zustellung gem. § 329 Abs. 3 ZPO von Amts wegen beigetrieben bzw. hinsichtlich der Ordnungshaft vollstreckt. **271**

170 Muster eines isolierten Antrages auf Androhung eines Ordnungsmittels bei *Goebel*, Zwangsvollstreckung, § 12.

171 OLG Thüringen v. 16.6.2002, InVo 2002, 386; OLG Bamberg v. 18.1.2000, InVo 2001, 34; OLG Hamm v. 16.11.1998, WRP 1999, 708.

172 BGH v. 5.2.1998, NJW 1998, 1138; BGH v. 30.4.1987, NJW 1987, 3253.

173 OLG Stuttgart v. 6.12.2001, WRP 2002, 590; OLG Stuttgart v. 28.3.2001, InVo 2001, 382; OLG Düsseldorf v. 10.2.2001, InVo 2002, 69.

174 Muster eines Antrages auf Festsetzung von Ordnungsmittel nach § 890 ZPO bei *Goebel*, Zwangsvollstreckung, § 12.

175 BGH v. 05.11.04, Vollstreckung effektiv 2005, 82 = NJW 2005, 509 = BGHR 2005, 610 = WM 2005, 286.

176 Muster bei *Goebel*, Zwangsvollstreckung, § 12.

Teil 9 Das Mandat im Kündigungsschutzprozess

§ 37 Das Mandat im Kündigungsschutzprozess

Christof Kleinmann

Inhalt

	Rn
I. Einführung	1
II. Mandatsannahme	9
III. Sachverhaltserfassung	15
IV. Der Umgang mit den Beteiligten des Kündigungsschutzprozesses	28
1. Der Umgang mit den Mandanten	29
2. Umgang mit dem Gegner und dessen Vertreter	53
3. Umgang mit Richtern	56
V. Vergütungsfragen	61
VI. Verhandlungsstrategie	69
1. Festpreis	72
2. Basar	75
3. Kooperation	77
4. Risikoerhöhung	78
VII. Haftungsfragen im kündigungsrechtlichen Mandat	85
1. Verspätetes Handeln	87
2. Unterbliebene Aufklärung/unterbliebene oder fehlerhafte Beratung	89
3. Fristen	94
VIII. Fragebogen Kündigungsschutz	98
1. Arbeitnehmerfragebogen	98
2. Arbeitgeberfragebogen	99

Literatur

Bayreuther, Böswilliges Unterlassen eines anderweitigen Erwerbs in gekündigten Arbeitsverhältnissen, NZA 2003, 1365; **Gerold/Schmidt**, Bundesgebührenordnung für Rechtsanwälte, 18. Auflage 2008; **Kleine-Cosack**, Verteidigung mehrerer Beschuldigter durch eine Sozietät – umstrittene Interessenwiderstreitsregelung in der Berufsordnung, AnwBl 1998, 417; **Stückemann**, Erfolgshonorar versus Dummengebühr, FA 2001, 332; **Vollkommer/Heinemann**, Anwaltshaftungsrecht, 3. Auflage 2009.

I. Einführung

2008 wurden in der Bundesrepublik 454.892 Klagen vor den Arbeitsgerichten eingereicht, gleichzeitig wurden 176.112 Kündigungsschutzklagen erledigt. Damit waren etwa 40 % aller von den Arbeitsgerichten erledigten Urteilsverfahren Kündigungsschutzklagen. Im Jahr 2008 wurden von den insgesamt 581.672 anhängigen Klagen 35 % durch Vergleich, 13 % durch Urteil und weitere 19 % auf andere Weise beendet.[1] 1

Diese Zahlen mögen veranschaulichen, dass der Kündigungsschutzprozess und seine gütliche Beilegung nach wie vor den **Schwerpunkt anwaltlicher Tätigkeit** im Arbeitsrecht bildet. 2

1 Quelle: Statistik der Arbeitsgerichtsbarkeit 2008, veröffentlicht v. Bundesministerium für Arbeit und Soziales, abrufbar unter www.bmas.de.

3 Die Tätigkeit des Anwalts im Kündigungsschutzprozess beinhaltet einige Besonderheiten. Ist man auf Arbeitnehmerseite tätig, so muss sich der Anwalt stets darüber im Klaren sein, dass sein Mandant in einer mehr oder weniger existenziellen Situation seine Dienstleistung nachfragt. Der drohende Verlust des Arbeitsplatzes bringt Mandanten in persönliche wie wirtschaftliche Notlagen. Droht einem Arbeitnehmer jenseits der 45/50 Lebensjahre der Verlust des Arbeitsplatzes, so muss bei der aktuellen wirtschaftlichen Situation davon ausgegangen werden, dass die dauerhafte Arbeitslosigkeit folgt.

4 Zielsetzung des Kündigungsschutzrechtsstreites ist rechtlich immer der Bestandsschutz, wirtschaftlich aber meist der Erhalt einer möglichst hohen Abfindung. Diesen **Zielkonflikt** gilt es gegenüber dem Mandanten frühzeitig offen zu legen und im Rahmen des Verfahrens aufzulösen. Hierbei ist insbesondere damit zu rechnen, dass sich die Zielsetzung des Mandanten während des Verfahrens ändert. Steht anfangs der Bestand des Arbeitsverhältnisses im Vordergrund, geht es später meist um eine Abfindungslösung.

5 Eine weitere Besonderheit des Kündigungsschutzrechts liegt in dem **schnellen Durchsatz der Mandate**. Zwischen Mandatsannahme und Mandatsbeendigung liegen häufig nur wenige Wochen, nämlich die Zeit zwischen Klageerhebung und Gütetermin. Auch ansonsten ist hohe zeitliche Flexibilität des Arbeitsrechtsanwalts gefragt. Mandanten melden sich beim Arbeitsrechtsanwalt im Regelfall dann, wenn akuter Handlungsbedarf besteht, die Kündigung zugegangen ist/innerhalb weniger Tage auszusprechen ist etc. Dementsprechend ist der Arbeitsrechtsanwalt häufig gezwungen, kurzfristig Termine zu vergeben.

6 Auch bei der Tätigkeit auf Arbeitgeberseite bestehen im Kündigungsschutzprozess Besonderheiten. Im Rahmen größerer Personalabbaumaßnahmen kann das Unterliegen in einem Kündigungsschutzrechtstreit zwar wohl keinen **Dominoeffekt** mehr im Hinblick auf zahlreiche andere Kündigungsschutzrechtstreitigkeiten auslösen. Beruft sich jedoch ein gekündigter Arbeitnehmer auf Auswahlfehler, muss der Arbeitgeber diesem Vortrag entgegentreten. Anderenfalls würde die Kündigung als sozial ungerechtfertigt angesehen.[2] Das Verlieren eines Kündigungsschutzprozesses kann bei kleineren Betrieben Konsequenzen bis hin zur Insolvenz des Unternehmens haben. Kehrt ein Arbeitnehmer nach gewonnenem Kündigungsschutzprozess in den Betrieb zurück, so ist dieser „Gesichtsverlust" für den Arbeitgeber häufig kaum hinnehmbar. Oft regieren irrationale Interessen die Zielsetzung und das Verhalten der Parteien im Kündigungsschutzprozess. Auch hier ist der Arbeitsrechtsanwalt gefordert, die Auseinandersetzung in rationale Bahnen zu führen, um zu tragfähigen Lösungen zu gelangen.

7 Grundvoraussetzung für das erfolgreiche Führen von Kündigungsschutzprozessen ist neben der **Kenntnis des materiellen Rechts** – hierzu soll dieses Buch beitragen – das vollständige **Erfassen und Verwerten des jeweils zugrunde liegenden Sachverhaltes**. Die Lebenssachverhalte, aus denen der Kündigungsschutzprozess resultiert, sind fast immer komplex. Mandanten können selten beurteilen, welche Sachverhaltselemente tatsächlich wesentlich sind, der Anwalt muss gezielt nachfragen, insbesondere auch über den eigentlichen bestandsschutzrechtlichen Lebenssachverhalt hinaus.

8 Schließlich muss sich der Anwalt im Kündigungsschutzprozess mit **taktischen und strategischen Überlegungen** vertraut machen und diese in seiner täglichen Arbeit umsetzen. Das Arbeitsrecht und insbesondere das Kündigungsschutzrecht sind einzelfallgeprägt. Sowohl im Rechtlichen als auch im Tatsächlichen liegt jeder Fall anders. Das blinde Übernehmen der

2 Die Aufgabe der bisherigen Rechtsprechung gilt jedenfalls für Fälle, in denen der Arbeitgeber die Sozialauswahl anhand eines zulässigen Punkteschemas vorgenommen hat, BAG v. 9.11.2006, NZA 2007, 549.

Standardkündigungsschutzklage aus einem Formularbuch verbietet sich daher. Es ist zu jedem Zeitpunkt zu reflektieren, welchen Schritt man wann vornimmt. Es ist nicht nur ein anwaltlicher Kunstfehler, sondern kann haftungsrelevant werden, wenn der Anwalt bei einer Probezeitkündigung erkennt, dass die Betriebsratsanhörung nicht oder fehlerhaft vorgenommen worden ist und dies in seiner Kündigungsschutzklage so frühzeitig rügt, dass der Arbeitgeber während der Probezeit erneut, diesmal unter ordnungsgemäßer Beteiligung des Betriebsrats, kündigen kann. Der Anwalt muss sich also nicht nur bemühen, den Sachverhalt vollständig zu erfassen und ebenso vollständig auszuschöpfen, er muss sich darüber hinaus stets fragen, was er wann in welcher Form vorträgt, um dass für seinen Mandanten optimale Ergebnis zu erzielen. Dies erfordert ein hohes Maß an Rechts- und Menschenkenntnis sowie eine gelungene Organisation des Mandates.

II. Mandatsannahme

Der Erstkontakt mit dem potentiellen Mandanten erfolgt in den meisten Fällen via Telefon. 9
Diesen Erstkontakt allein den Anwaltssekretariaten zu überlassen, ist regressträchtig. Im Hinblick auf die Frist des § 4 KSchG und auf § 174 BGB ist es daher dringend geboten, den potentiellen Mandanten direkt zur Terminsvereinbarung und zur **Abklärung eventueller Fristen** mit dem Rechtsanwalt zu verbinden. Im Rahmen des Erstgespräches können auch bereits die Kommunikationsdaten des Mandanten sowie des potentiellen Gegners erfasst werden, dies ermöglicht es, **Interessenkonflikte in einem frühen Stadium aufzuklären**. Ist es ausnahmsweise nicht möglich, direkt den potentiellen Mandanten mit dem Anwalt zu verbinden, so sollte der Anwalt tunlichst noch am selben Tag zurückrufen. Bei der Terminsvergabe muss beachtet werden, dass Mandanten meist nicht in der Lage sind, zu beurteilen, ob Fristen abzulaufen drohen. Insbesondere können Mandanten selten beurteilen, ob eine Zurückweisung nach § 174 BGB sinnvoll ist, wann eine Kündigung etwa während eines Urlaubs zugegangen ist, etc. Vor diesem Hintergrund sollte möglichst kurzfristig ein Termin vergeben werden.

Wie in allen anderen Rechtsgebieten auch, darf das Mandat nicht angenommen werden, 10
wenn ein **Interessenkonflikt** i.S.d. § 43a Abs. 4 BRAO besteht. Verstöße gegen diese Berufspflicht können nicht nur zivilrechtliche Folgen sondern auch berufsrechtliche und strafrechtliche Sanktionen (§ 356 StGB) nach sich ziehen.

Leider ist es nicht immer ganz einfach festzustellen, ob ein solcher Fall des Interessenwider- 11
spruchs vorliegt. Der Rechtsanwalt darf nicht denselben historischen Vorgang einmal in diesem und dann im entgegengesetzten Sinne würdigen.[3] Wann es sich um dieselbe Rechtssache in diesem Sinne handelt, ist Gegenstand umfangreicher Rechtsprechung.[4] Maßgeblich ist nach der Rechtsprechung der **sachlich-rechtliche Inhalt der anvertrauten Interessen**, also das anvertraute materielle Rechtsverhältnis, das bei natürlicher Betrachtungsweise auf ein inhaltlich zusammengehöriges, einheitliches Lebensverhältnis zurückzuführen ist. Weiter muss der Rechtsanwalt in derselben Sache den Mandanten vertreten. Schließlich muss der Rechtsanwalt interessengegensätzlich handeln, d.h., tatsächlich widerstreitende Interessen vertreten, indem er etwa einer Partei Rat und Beistand leistet, nachdem er einer anderen Partei in derselben Sache im entgegengesetzten Sinn bereits Rat und Beistand gewährt hat.[5]

3 BGH v. 23.10.1990, NJW 1991, 1176.

4 OLG Koblenz NJW-RR 2007, 1003; OLG München v. 2.10.1996, NJW 1997, 1313; OLG Karlsruhe v. 24.6.2001, NJW 2001, 3197; OLG Karlsruhe v. 19.9.2002, NJW 2002, 3561.

5 BVerfG v. 24.5.2001, NJW 2001, 3180 m.w.N.

12 Regelmäßig unterliegt es nicht der Dispositionsbefugnis der Parteien, einen Interessengegensatz zu beseitigen, auch die **Einwilligung** an und für sich räumt das pflichtwidrige Handeln des Vertreters nicht aus der Welt.[6] Etwas anderes kann gelten, wenn gerade die Einwilligung den Interessengegensatz aufhebt. Grundsätzlich erfasst das Verbot der Vertretung widerstreitender Interessen allein den in derselben Rechtssache tätig werdenden einzelnen Rechtsanwalt und nicht die Sozietät.[7]

13 Jenseits aller rechtlichen Fragestellungen tut der Anwalt gut daran, jedwede Verbindung mit der Gegenseite **von Anfang an offen zu legen**, möchte er das für das Führen des Mandats notwendige Vertrauen nicht leichtfertig zerstören.

14 *Praxishinweis*

In der Praxis wird ebenfalls keine Sozietät eine Geschäftspolitik fahren, die es zulässt, dass ein Anwalt den Arbeitgeber XY arbeitsrechtlich berät und ein anderer Anwalt aus der Sozietät Arbeitnehmer dieses Arbeitgebers in Rechtstreitigkeiten gegen diesen Arbeitgeber vertritt. Selbst wenn die Beratung eines Arbeitgebers nicht im Arbeitsrecht, sondern etwa im Gesellschaftsrecht erfolgt, so sollte die Übernahme eines kündigungsschutzrechtlichen Mandates eines Arbeitnehmers dieses Unternehmens zuvor offen mit allen Beteiligten erörtert werden.

III. Sachverhaltserfassung

15 Der Erfolg anwaltlicher Tätigkeit in Kündigungsschutzrechtstreitigkeiten hängt wesentlich davon ab, dass der zugrunde liegende Sachverhalt voll erfasst, bearbeitet und verwertet wird. Kein Kündigungsschutzrechtsfall ist wie der andere, auch wenn sich Stereotypen bilden lassen. Um bei der Mandatsannahme bereits den Sachverhalt voll zu erfassen, bietet es sich an, bei kündigungsschutzrechtlichen Mandaten den zugrunde liegenden Sachverhalt durch **standardisierte Fragebögen** zu erfassen. Vertritt man Arbeitnehmer, so wird man auf Grundlage dieses Fragebogens den wesentlichen Sach- und Streitstand qualifizieren können. Sinnvoll ist es, einen solchen Fragebogen dem Mandanten bereits vor der Erstbesprechung zu übersenden, um dann im Rahmen der Erstbesprechung gemeinschaftlich nochmals die einzelnen Punkte abzuarbeiten.

16 Aus haftungsrechtlichen Gründen ist es zu empfehlen, den somit dokumentierten Sachverhalt dem Mandanten zukommen zu lassen und diesem zu erklären, dass man den Fall auf Grundlage dieser Fakten bearbeiten wird. Im Fragebogen können weiter die **notwendigen Hinweise** auf die Kostentragungsregelung des § 12a ArbGG, auf die grundsätzliche Möglichkeit, Beratungshilfe und/oder Prozesskostenhilfe zu erhalten, den Hinweis auf die Verpflichtung, sich unverzüglich arbeitssuchend zu melden, auf die Tatsache, dass jedweder neue Beendigungstatbestand wiederum innerhalb der Drei-Wochen-Frist angegriffen werden sollte, erfolgen.

17 Ein standardisierter Fragebogen für Arbeitnehmermandate im Kündigungsschutzrechtstreit befindet sich am Ende dieses Kapitels (Rn 98).

18 Auch bei **Arbeitgebermandaten** mag man mit Fragebögen arbeiten, hier fällt es allerdings schwer, Sachverhalte ausschließlich mittels standardisierter Fragen zu erfassen, insbesondere wenn es um die Beratung im Vorfeld von Kündigungen geht. Am Ende dieses Kapitels findet

6 BGH v. 21.7.1999, NJW 1999, 3568, 3569.

7 *Kleine-Cosack*, AnwBl 1998, 417 ff. Das Verbot greift aber u.U. bei Sozien des Rechtsanwalts, vgl. § 3 Abs. 2 BORA.

sich das Gerüst eines Fragebogens zur Erfassung der Stammdaten eines Arbeitgebermandates (siehe Rn 99).

Bei der Erfassung des Sachverhaltes stellt es einen Kunstfehler dar, lediglich die kündigungsschutzrechtlich relevanten Sachverhalte zu erfassen. So ist hilfreich, egal ob man nun den Arbeitgeber oder den Arbeitnehmer vertritt, wenn man **sämtliche möglichen Nebenkriegsschauplätze** von Anfang an kennt und gegebenenfalls nutzen kann. Aus Arbeitnehmersicht geht es im Kündigungsschutzrechtstreit häufig auch darum, den „Lästigkeitswert" zu erhöhen. Der betriebsratslose Arbeitgeber freut sich immer über den Arbeitnehmer, der während des Laufs der Kündigungsfrist noch die Betriebsratsgründung auf den Weg bringt. Der nicht tarifgebundene Arbeitgeber schätzt den Hinweis auf den allgemein verbindlichen Tarifvertrag, der eigentlich Anwendung finden müsste oder gar den Angriff der branchenzuständigen Gewerkschaft (zur Aufstellung siehe unten Rn 24). 19

Im Rahmen der Sachverhaltsfeststellung ist bei Arbeitgebermandaten zu prüfen, welche Versetzungsmöglichkeiten, welche Möglichkeiten die Arbeitszeit zum Nachteil des Arbeitnehmers zu verändern, welche Möglichkeiten Abmahnungen auszusprechen, welche Möglichkeiten den Arbeitnehmer freizustellen usw. bestehen. 20

Selbstredend sollte bei der Vertretung von Arbeitnehmern der Versuch unternommen werden, **weitere Informationsquellen** jenseits des Arbeitnehmers zu nutzen. In erster Linie ist hierbei an den Internetauftritt des Arbeitgebers zu denken, häufig findet man hier Stellenangebote, obwohl dem eigenen Mandanten gerade betriebsbedingt gekündigt worden ist. Regelmäßig lohnt auch der Kontakt zum Betriebsrat, so ein solcher gebildet worden ist. Dies stellt nicht nur eine erstklassige Informationsquelle dar (Überstunden, Arbeitszeitverstöße, Neueinstellungen etc.), der Kontakt zum Betriebsrat dient auch der Akquisition. Viele Arbeitnehmer fragen den Betriebsrat, wenn sie arbeitsrechtlichen Beistand benötigen und verlassen sich auf dessen Empfehlung. Schließlich gelingt es, von Zeit zu Zeit das ein oder andere kollektivrechtliche Mandat auf diesem Wege zu gewinnen, insbesondere wenn man anhand des erfassten Sachverhalts zu dem Schluss gelangt, dass eine Betriebsänderung i.S.d. §§ 111 ff. BetrVG vorliegt und der Betriebsrat dies bisher nicht erkannt hat. 21

Dem Mandanten sollte aufgegeben werden, den Stellenmarkt im Internet und in der Presse zu verfolgen, auch hier mag sich die eine oder andere Stellenanzeige des Arbeitgebers finden, der betriebsbedingt gekündigt hat. 22

Weniger erfahrene Arbeitsrechtsanwälte tun sich häufig schwer herauszufinden, ob ein Tarifvertrag auf ein konkretes Arbeitsverhältnis Anwendung findet. Das jeweils aktuelle Verzeichnis allgemein verbindlicher Tarifverträge lässt sich unter www.bmas.de aufrufen und als pdf-Datei ausdrucken. Zahlreiche Tarifverträge finden sich im Volltext im Internet, im Regelfall genügt die Eingabe der Stichworte „Volltext" sowie der Name des jeweiligen Tarifvertrages in eine der einschlägigen Suchmaschinen, etwa Google (www.google.de). 23

Teilweise führen die Bundesländer bei der obersten Arbeitsbehörde des jeweiligen Landes ein **Tarifregister**. Manche Tarifregister verfügen über einen Onlineauftritt: 24

- Baden-Württemberg: www.baden-wuerttemberg.de
  Zuständig sind die Versorgungsämter Freiburg, Heidelberg, Heilbronn, Karlsruhe, Ravensburg, Rottweil, Ulm.
- Bayern
  Das Land Bayern unterhält kein öffentlich zugängliches Tarifregister. Das Bayerische Staatsministerium für Arbeit und Sozialordnung, Familie und Frauen verweist an das Bürgerbüro, das unter der Telefonnummer 089 1261–1660 erreichbar ist.

- Berlin und Brandenburg: www.berlin.de
  Senatsverwaltung für Integration, Arbeit und Soziales, Oranienstr. 106, 10969 Berlin, Tel.: 030 9028–0. Das Tarifregister ist online abrufbar.
- Bremen: www.bremen.de
  Senat für Arbeit, Frauen, Gesundheit, Jugend und Soziales, Doventorcontrescarpe 172 Block D, 28195 Bremen, Tel.: 0421 361–2081.
- Hamburg
  Das Land Hamburg erteilt seit 2001 keine Auskünfte zu Tarifverträgen mehr. Das ursprünglich hierfür zuständige Amt für Sozialordnung der Behörde für Wirtschaft und Arbeit verweist stattdessen an die Tarifvertragsparteien.
- Hessen: www.hessen.de
  Tarifvertragsregisterstelle beim Hessischen Ministerium für Arbeit, Familie und Gesundheit, Dostojewskistr. 4, 65187 Wiesbaden, Tel.: 0611 817–3495.
- Mecklenburg-Vorpommern: www.regierung-mv.de
  Tarifregister im Ministerium für Wirtschaft, Arbeit und Tourismus, Abteilung Arbeit, Handwerk, Mittelstand, Qualifizierung, Referat 400, Johannes-Stelling-Str. 14, 19053 Schwerin, Tel.: 0385 588–5395.
- Niedersachsen: www.mw.niedersachsen.de
  Ministerium für Wirtschaft, Arbeit und Verkehr, Friedrichswall 1, 30159 Hannover, Tel.: 0511 5428.
- Nordrhein-Westfalen: www.tarifregister.nrw.de
  Ministerium für Arbeit, Gesundheit und Soziales des Landes Nordrhein-Westfalen, Tarifregister, Fürstenwall 25, 40219 Düsseldorf, Tel.: 0211 855–5.
- Rheinland-Pfalz: www.masg.rlp.de
  Ministerium für Arbeit, Soziales, Gesundheit, Familie und Frauen, Bauhofstr. 9, 55116 Mainz, Tel.: 06131 16–0.
- Saarland: www.saarland.de
  Ministerium für Arbeit, Familie, Prävention, Soziales und Sport, Lohn- und Tarifstelle, Franz-Josef-Röder-Str. 23, 66119 Saarbrücken, Tel.: 0681 501–3393.
- Sachsen: www.smwa.sachsen.de
  Sächsisches Staatsministerium für Wirtschaft, Arbeit und Verkehr, Wilhelm-Buck-Str. 2, 01097 Dresden, Tel.: 0351 564–8700
- Sachsen-Anhalt: www.sachsen-anhalt.de
  Ministerium für Wirtschaft und Arbeit des Landes Sachsen-Anhalt, Hasselbachstr. 4, 39104 Magdeburg, Tel.: 0391 567–01
- Thüringen: www.thueringen.de/de/tmwta
  Ministerium für Wirtschaft, Arbeit und Technologie, Max-Reger-Str. 4–8, 99096 Erfurt, Tel.: 0361 3797–967, Tarifregister@tmwta.thueringen.de

25 Unter **www.tarifvertrag.de** kann man auf das Tarifarchiv der Hans-Böckler-Stiftung zugreifen.

26 Beim **Bundesministerium für Arbeit und Soziales** ist nach § 6 TVG ein **Tarifregister** zu führen, in dieses Tarifregister kann nach § 16 der Durchführungsverordnung zum TVG jedermann Einsicht nehmen. Das Ministerium ist allerdings nicht verpflichtet, über den Inhalt der Tarifverträge Auskunft zu erteilen oder sie zu fotokopieren.[8]

8 ErfK/*Schaub*, § 6 TVG Rn 7.

Bei der Vertretung von Arbeitnehmern kann ggf. der Weg über § 2 Abs. 1 NachwG helfen. Verletzt ein Arbeitgeber seine Verpflichtung, den Arbeitnehmer über die Anwendbarkeit eines Tarifvertrages oder eine Betriebsvereinbarung zu informieren, so kann die Situation eintreten, dass er sich auf Normen dieses/er Tarifvertrages/Betriebsvereinbarung nicht berufen kann.[9] 27

IV. Der Umgang mit den Beteiligten des Kündigungsschutzprozesses

Neben allen rechtlichen und tatsächlichen Fragestellungen ist es für die erfolgreiche Tätigkeit in Kündigungsschutzprozessen unerlässlich, den Umgang mit Mandanten, Gegnern, Gegnervertretern und Richtern möglichst professionell zu gestalten. Welchen Ausgang ein Verfahren nimmt, hängt auch von diesen „weichen Faktoren" ab. 28

1. Der Umgang mit den Mandanten

Die anwaltliche Tätigkeit fußt auf einem zwischen dem Anwalt und der Mandantschaft geschlossenen **Vertrag sui generis**. Dieser Anwaltsvertrag verpflichtet den Anwalt, die juristischen Dienstleistungen im Einzelfall zu erbringen, andererseits ist der Mandant verpflichtet, diese Leistungen zu bezahlen. Nach § 3 Abs. 1 BRAO ist der Rechtsanwalt unabhängiger Berater und Vertreter des Mandanten, der Rechtsanwalt übt einen freien Beruf aus (§ 2 Abs. 1 BRAO). Dieses gesetzliche Gebot ist essenziell, um dem Anwalt die notwendige Distanz zur eigenen Partei zu bewahren. Gerade in Kündigungsschutzverfahren werden die Mandanten häufig von irrationalen Erwägungen, wie Rache etc., geleitet. Der Mandant muss umso mehr durch einen auf Distanz bedachten Anwalt beraten werden, der in der Lage ist, eigenverantwortlich selbstständige Entscheidungen zum Wohle des Mandanten zu treffen. 29

Der Anwalt unterliegt einer **Verschwiegenheitspflicht**, die nach § 203 Abs. 1 Nr. 3 StGB strafbewehrt ist. Diese Verschwiegenheitspflicht gilt auch über das Mandatsende hinaus. 30

Wesentlich für ein erfolgreiches Bearbeiten kündigungsrechtlicher Mandate ist, herauszufinden, welche **Interessen** der Mandant eigentlich verfolgt, häufig ist sich die Partei hierüber selbst nicht im Klaren. 31

Aus **Arbeitnehmersicht** kann es im Tatsächlichen um den Erhalt des Arbeitsplatzes gehen, so wie das Konzept des Kündigungsschutzgesetzes dies auch vorsieht. Weit öfter ist das Interesse des Arbeitnehmers aber der Erhalt einer möglichst hohen Abfindung, manchmal geht es auch um eher irrationale Bedürfnisse wie Rache nehmen oder „Recht bekommen". Diese Interessenlage ändert sich mitunter im Laufe des Verfahrens. 32

Wenn die **Arbeitgeberseite** einen Auflösungsantrag stellt oder seitenlange Ausführungen über die Schlechtleistungen und die Inkompetenz des Arbeitnehmers macht, so führt dies in der Praxis meist dazu, dass der Arbeitnehmer im Laufe des Verfahrens seine Situation überdenkt und der Rückkehr an den Arbeitsplatz doch die Abfindung vorzieht. Genauso mag dieser Fall eintreten, wenn der Arbeitnehmer zwischenzeitlich ein neues Arbeitsverhältnis begründen konnte. Aus Sicht des Arbeitgebers geht es im Regelfall schlicht um den Abbau eines Arbeitsplatzes oder um das „Loswerden" eines unliebsamen Arbeitnehmers. 33

9 Für Verfallfristen LAG Schleswig Holstein v. 8.2.2000, DB 2000, 724.

34 Häufig haben Arbeitnehmer die **irrige Vorstellung**, es existiere ein „**Anspruch auf Abfindung**". Dieser Irrtum wird nicht zuletzt durch die Boulevardpresse geschürt. Auch der neue § 1a KSchG ändert an der grundsätzlichen Situation nichts, dass der Kündigungsprozess rechtlich nicht die Zielsetzung hat, einen Abfindungsanspruch zu vermitteln. Damit der Mandant den Gang des Verfahrens und die Strategie seines Bevollmächtigten auch nur einigermaßen nachvollziehen kann, ist es essentiell, diesen Irrtum aufzulösen. Der Mandant muss frühzeitig ein Verständnis dafür entwickeln, dass es in der Praxis zumeist darum geht, dem Arbeitgeber vorzuspiegeln, dass der Arbeitnehmer tatsächlich um den Bestand des Arbeitsverhältnisses kämpft, da nur dann der Arbeitgeber zum einen mit den wirtschaftlichen Folgen des Annahmeverzugs und zum anderen mit dem tatsächlichen Risiko der Weiterbeschäftigung umgehen muss. Auch bei der Vertretung von Arbeitgebern befindet man sich in einem ähnlichen Zielkonflikt. Signalisiert der Arbeitgeber zu früh, dass er bereit ist, nahezu jeden Preis für die Beendigung des Arbeitsverhältnisses zu zahlen, so wird er schwerlich einen vernünftigen Vergleich erzielen können. Auch der Arbeitgeber muss bei dem Arbeitnehmer den Irrglauben hervorrufen oder zumindest eine gewisse Zeit am Leben erhalten, dass er grundsätzlich auch bereit ist, die ausgesprochene Kündigung tatsächlich auf Ihre Wirksamkeit überprüfen zu lassen.

35 Auch hier verbietet sich naturgemäß jede Art von Patentrezept. Verfolgt der Arbeitnehmer tatsächlich die Weiterbeschäftigung, so mag für den Arbeitgeber das genau entgegengesetzte Verhalten das einzig probate sein: Der Arbeitgeber muss dann im Einzelfall tatsächlich dem Arbeitnehmer in aller Deutlichkeit offen legen, dass eine Weiterbeschäftigung unter keinen Umständen in Betracht kommt und dass man sämtliche rechtlichen Mittel nutzen wird, um einer Weiterbeschäftigung zu entgehen.

36 Arbeitgeber neigen dazu, den Arbeitsrechtsanwalt in Kündigungsschutzangelegenheiten erst zu konsultieren, wenn die Kündigung bereits ausgesprochen worden ist, man könnte auch formulieren: „Wenn das Kind bereits im Brunnen liegt". Hat man die Gelegenheit, im **Vorfeld vor Kündigungen beratend tätig** zu sein, so lassen sich einige Kardinalfehler vermeiden.

37 *Praxishinweis*

In der Praxis wird man eher eine Chance für einen vernünftigen Vergleich haben, wenn man eine gut begründete betriebsbedingte Kündigung ausspricht, obwohl eigentlich eine krankheitsbedingte Kündigung mit fraglicher negativer Zukunftsprognose ausgesprochen werden sollte. Im Kündigungsschreiben wird man keine Ausführungen zur betriebsbedingten Kündigung wegen außerbetrieblicher Umstände wie Umsatzrückgang oder Verlust machen usw.

38 Soweit möglich, sollte bereits im Rahmen des Erstgesprächs festgelegt werden, welche **Zielsetzung** der Mandant im Tatsächlichen verfolgt. Dabei sollte der Mandant über Chancen und Risiken des konkreten Kündigungsschutzrechtstreits aufgeklärt werden. Ängstlichkeit ist hier fehl am Platz. Der Mandant erwartet in der häufig als existenziell empfundenen Ausnahmesituation des drohenden Arbeitsplatzverlustes zumindest eine Einschätzung seines Anwalts. Der im Kündigungsschutzrechtstreit mandatierte Anwalt muss seinem Judiz und seinen Kenntnissen zumindest insoweit vertrauen, dass er eine gewisse Wertung vornehmen kann. Nicht jede Auskunft kann letztlich „abgesichert" werden.

39 Aus Gründen der Vorsicht sollte dennoch selbstredend eine Aussage wie „diesen Rechtstreit gewinnen Sie in jedem Fall" oder Ähnliches unterlassen werden. Ist einmal das Ziel eines konkreten Kündigungsschutzrechtstreites festgelegt, so ist schon aus Beweissicherungsgründen diese Festlegung dem Mandanten schriftlich zu übermitteln.

Verfolgen Mandanten **irrationale Interessen**, so ist es umso wichtiger, den Mandanten schriftlich auf die Risiken des Kündigungsschutzrechtstreites hinzuweisen. Hat man es mit einem Mandanten zu tun, der zur schwierigen Gruppe der „Besserwisser" gehört – dies ist nicht selten – so ist besondere Vorsicht geboten. Immer wieder erlebt man z.B. den Fall, dass eine Führungskraft gekündigt werden soll und der Geschäftsführer der Mandantschaft felsenfest davon überzeugt ist, dass es sich bei diesem Arbeitnehmer um einen leitenden Angestellten im Sinne des BetrVG handelt. Der Versuch, dem Geschäftsführer begreiflich zu machen, dass rein vorsorglich, für den Fall, dass das Gericht zum Ergebnis kommt, dass der Betreffende doch kein leitender Angestellter ist, der Betriebsrat nach § 102 BetrVG 1972 beteiligt werden sollte, scheitert dann meist am vermeintlich besseren Wissen des Geschäftsführers. In einem solchen Fall ist der Rat, den Betriebsrat vorsorglich zu beteiligen, schriftlich zu erteilen, wenngleich man sicherlich aufpassen muss, das Mandat durch ein entsprechendes Schreiben nicht zu gefährden. 40

Im Rahmen der Mandatsbeziehung muss auch gegenüber dem Mandanten deutlich gemacht werden, dass mindestens so wichtig wie Rechtskenntnisse die **vollständige Kenntnis des Sachverhalts** ist. In diesem Zusammenhang müssen Mandanten „Hausaufgaben" aufgegeben werden. Die Qualität der Fallbearbeitung hängt ganz wesentlich von der Mitarbeit des Mandanten ab. 41

Der **Gang des Verfahrens** ist mit dem Mandanten ebenfalls zu erörtern, insbesondere wenn der Mandant mit der Atmosphäre des Gütetermins nicht vertraut sein sollte. Der Zeitlauf von bis zu zwei Jahren bis zur Entscheidung des LAG muss dabei dargelegt werden. 42

Die Beklagtenseite ist nicht verpflichtet, zur Vorbereitung der Güteverhandlung schriftsätzlich Stellung zu nehmen. Viele Arbeitsgerichte fordern mit Zustellung der Klageschrift die Beklagte dennoch auf, unverzüglich oder gar innerhalb einer bestimmten Frist zur Klage Stellung zu nehmen. Diese Aufforderung ist unverbindlich, die Nichtbeachtung darf keine negativen Folgen haben. Dennoch verlangen insbesondere unerfahrene Mandanten häufig die Einhaltung der Frist von ihrem Vertreter. 43

Ob man sich als Beklagtenvertreter vor der Güteverhandlung schriftsätzlich äußert, ist allein eine taktische Frage. Hat man wirklich gute Karten, so sollte die Situation genutzt werden und bereits vor der Güteverhandlung ausführlich vorgetragen werden. Weiß man dagegen, dass die Sache kompliziert und nicht ohne weiteres durchsetzbar sein wird, so kann allenfalls ein kursorischer Schriftsatz Sinn machen. Beschränkt man sich allerdings auf eine solche kursorische Darstellung, so sollte man dies auch im Schriftsatz klarstellen. 44

Aus taktischen Gründen kann es sinnvoll sein, einen **Schriftsatz**, mit dem auf die Klage erwidert wird, **kurzfristig vor der Güteverhandlung einzureichen**, damit der Gegner nicht nochmals Zeit hat, zu erwidern. Einen solchen Schriftsatz stellt man am besten direkt der Gegenseite zu, um sicher zu stellen, dass der Schriftsatz tatsächlich vor dem Gütetermin zugegangen ist. 45

Aus Arbeitnehmersicht ist der Vortrag und das Verhandeln in der Güteverhandlung entscheidend davon geprägt, ob es tatsächlich um den Erhalt des Arbeitsplatzes oder um die Abfindung geht. Geht es tatsächlich um den Erhalt des Arbeitsplatzes, so ist jede **Polemik und Schärfe fehl am Platze**. Dem Arbeitgeber sollten allerdings mittels sachlicher Argumentationen die geringen Chancen mit der Kündigung durchzudringen, deutlich gemacht werden. 46

Die **Güteverhandlung** darf in ihrer **Wichtigkeit** nicht unterschätzt werden. Dies liegt auf der Hand, wenn man bedenkt, dass bis zu 90 % aller Kündigungsschutzverfahren durch Vergleiche beendet werden, meist schließt man diese Vergleiche in der Güteverhandlung. 47

48 Der **Vergleich** in der Güteverhandlung kommt wesentlich aufgrund der ersten Einschätzung der Sach- und Rechtslage durch das Gericht zustande. Dies muss man ausnutzen.

49 Richter lieben Vergleiche, schaffen sie doch keine nennenswerte Arbeit für das Gericht. Dies muss der Mandantschaft frühzeitig klar sein, sonst ist der Ablauf eines Gütetermins kaum zu verstehen. Erfahrungsgemäß übt das Gericht seinen Druck, einen Vergleich zu schließen, auf die Seite aus, die sich eher kompromissbereit gezeigt hat, die als erstes Abfindungsangebot gemacht hat usw.

50 *Praxishinweis*

Es empfiehlt sich daher, die eigene Position so gut wie irgend möglich darzustellen und diese dann unverrückbar zu verteidigen. Demnach sollte man gute Argumente offensiv vortragen, Schwachstellen geschickt verdecken. Bereits mit den ersten Erwägungen, den Kündigungsschutzrechtstreit zu vergleichen, muss dem Arbeitnehmermandanten verdeutlicht werden, welche sozialversicherungsrechtlichen Folgen der Abschluss eines Vergleichs über die Beendigung des Arbeitsverhältnisses hinaus hat. Aus Arbeitgebersicht gilt dasselbe, hier ist insbesondere an § 147a SGB III zu denken.

51 Immer häufiger wird pauschal das **persönliche Erscheinen** einer oder beider Parteien nach § 51 Abs. 1 ArbGG i.V.m. § 141 Abs. 2 und 3 ZPO angeordnet. Die Anordnung steht im freien Ermessen des Gerichts. *Grunsky* vertritt die Auffassung, das persönliche Erscheinen sei vor allem deshalb anzuordnen, da erfahrungsgemäß eine Beilegung des Streits von den Prozessbevollmächtigten widerstrebender als von den Parteien selbst vorgenommen werde.[10] Die praktischen Erfahrungen lassen diesen Schluss nicht zu. Häufig wird die Atmosphäre durch das persönliche Erscheinen der Parteien vergiftet. Wie *Bauer* trefflich formuliert, gehen in Kündigungsschutzsachen die Parteien wie Kampfhähne aufeinander los.[11] Darüber hinaus verschlechtern die Parteien manchmal durch unbedachte Äußerungen ihre strategische Position. Dementsprechend erscheint es oft sinnvoll, das Gericht zu bitten, die Partei von der Verpflichtung zum persönlichen Erscheinen zu entbinden oder sich nach § 141 Abs. 3 ZPO bevollmächtigen zu lassen, so man zur Aufklärung des Sachstandes in der Lage ist.

52 *Praxishinweis*

Jedenfalls sollte mit dem Mandanten vor dem Gütetermin festgelegt werden, zu welchen Rahmenbedingungen eine gütliche Beilegung des Rechtstreits erfolgen kann.

2. Umgang mit dem Gegner und dessen Vertreter

53 Die meisten Kündigungsrechtstreite enden im Vergleich. Aber auch wenn es tatsächlich um den Bestand des Arbeitsverhältnisses und damit um die Weiterbeschäftigung geht, macht es wenig Sinn, die Gegenpartei und/oder ihren Anwalt vorzuführen. Viele Parteivertreter neigen dazu, unnötig dick aufzutragen oder gar „Porzellan zu zerschlagen“. Unter Umständen provoziert man damit sogar eine weitere gegebenenfalls fristlose Kündigung. Wenn ein Vergleich gesucht wird, muss daran gedacht werden, dass die Gegenseite zum Vergleich nur dann bereit ist, wenn eine echte Verhandlungssituation geschaffen wird. Die neudeutsche Begrifflichkeit von der „**Win-win-Situation**“ hat durchaus ihre Berechtigung.

10 *Grunsky*, § 54 Rn 8.

11 *Bauer*, Rn 67.

Der demgegenüber alte Grundsatz, dass man sich im Leben meist zweimal sieht, ist in diesem Zusammenhang genauso berechtigt. Führt man einen Kollegen nach allen Regeln der Kunst vor, so wird man sich beim nächsten Rechtstreit mit diesem Kollegen besonders schwertun. 54

Polemik und Zynismus sind meist ein Zeichen dafür, dass die eigene Position schwach ist. 55

3. Umgang mit Richtern

Richter haben sowohl bei der Handhabung als auch bei der Entscheidung eines Rechtstreites fast immer einen erheblichen **Ermessensspielraum**. Wie dieses Ermessen ausgeübt wird, hängt wesentlich von den interagierenden Personen ab. Niemand wird bestreiten, dass auch Sympathie/Antipathie bei der Ausübung des Ermessens eine Rolle spielen kann. Ein freundlicher, aber nicht anbiedernder Umgang mit Richtern sollte daher selbstverständlich sein. Sicherlich sollte sich ein Anwalt aber auch nicht alles vom Gericht gefallen lassen. Wie in jeder Berufsgruppe gibt es gute und weniger gute Richter. Richter, die mit Totschlagargumenten wie „das hat das BAG doch längst entschieden" arbeiten und dann auf Nachfrage nicht benennen können, wann und wo das BAG die streitige Rechtsfrage längst entschieden hat, verhalten sich ähnlich unprofessionell wie Richter, die Verfahren ohne Rechtsgrundlage so lange aussitzen, ohne eine rechtliche Grundlage hierfür zu haben (geradezu klassisch: Aussetzen des Verfahrens wegen angeblicher Vorgreiflichkeit eines Strafverfahrens bei einer Verdachtskündigung), bis die Parteien widerwillig doch den Vergleich schließen. Unerfreulich sind auch die Richter, die im Kündigungsschutzstreit die Parteimaxime zugunsten eines Amtsermittlungsgrundsatzes vernachlässigen und, obwohl nicht in den Prozess eingeführt, etwa die Betriebsratsanhörung problematisieren. In alle diesen Fällen mag man über Befangenheitsanträge und/oder Dienstaufsichtsbeschwerden nachdenken. 56

Praxishinweis 57

In der Praxis wird dies regelmäßig so gut wie nie zum Ziel führen. Im Hinblick auf die Dienstaufsichtsbeschwerde gilt meist der Rechtssatz: „Formlos, fristlos, fruchtlos". Beim Befangenheitsantrag wird der Mandantschaft selten mit dem Stellen eines solchen Antrags geholfen sein. In der konkreten Situation kann es hilfreich sein, laut über das Stellen eines solchen Antrags nachzudenken.

Extrem unerfreulich ist die Unsitte mancher Arbeitsgerichte, Terminsverlegungsanträge abschlägig zu bescheiden, weil andere Anwälte der Sozietät den Termin wahrnehmen könnten. Richtig ist, dass nach § 227 ZPO ein Termin nur aufgehoben oder verlegt werden kann, wenn erhebliche Gründe vorliegen. Der Anwalt sollte sich also die Mühe machen, seinen Terminsverlegungsantrag nachvollziehbar zu begründen (Krankheit des Anwalts oder der geladenen Partei, Urlaub des Parteivertreters oder ähnliches).[12] 58

Wird ein **erheblicher Grund** nach § 227 ZPO vorgetragen, so ist dem Verlegungsantrag stattzugeben, die Begründung, ein anderes Mitglied der Sozietät könne den Termin wahrnehmen, trägt nicht.[13] 59

Bei einem **Verlegungsantrag** sollte der Antragsteller angeben, an welchen Ersatzterminen (die meisten Richter/Kammern haben feste Verhandlungstage) er zur Verfügung steht und an welchen Tagen er erneut verhindert wäre. Dies vermeidet das wiederholte Stellen von Verlegungsanträgen. 60

12 Vgl. Zöller/*Stöber*, § 227 Rn 6.

13 Zöller/*Stöber*, § 227 Rn 6.

V. Vergütungsfragen

61 Nach § 12a ArbGG ist für das **erstinstanzliche** Urteilsverfahren die Kostenerstattung ausgeschlossen. Hierauf ist der Mandant nach § 12a Abs. 1 S. 2 ArbGG vor Abschluss des Mandatsvertrages hinzuweisen. Die schuldhafte Verletzung dieser **Hinweispflicht** kann zu einem Schadensersatzanspruch der Partei führen.[14]

62 Im Rahmen dieser Hinweispflicht sollte bereits im Erstberatungsgespräch auch die **Frage der Höhe der entstehenden Kosten** mit dem Mandanten erörtert werden. Der Rechtsanwalt ist zwar grundsätzlich nicht verpflichtet, ungefragt über die Höhe der voraussichtlich geschuldeten Vergütung zu informieren, erkundigt sich allerdings der Auftraggeber nach der Höhe der Vergütung, so wird ihm sein Rechtsanwalt mitteilen müssen, welche Gebühren und in welcher Höhe diese Gebühren voraussichtlich entstehen werden. Eine Verpflichtung, ungefragt auf die Vergütung und ihre Höhe hinzuweisen, wird gemeinhin nur angenommen, wenn die beabsichtigte Rechtsverfolgung augenscheinlich unwirtschaftlich ist.[15] Es ist aber in jedem Falle vertrauensbildend, dem Mandanten von Vornhinein das konkrete maximale Kostenrisiko für das erstinstanzliche Verfahren bereits im Rahmen der Erstbesprechung bekannt zu machen. Selbstverständlich muss dem Mandanten dann auch das Kostenrisiko im Hinblick auf das zweitinstanzliche Verfahren mit der „normalen" Kostentragungsregelung deutlich gemacht werden.

63 Die meisten Kündigungsschutzrechtstreitigkeiten lassen sich auf Basis der Regelungen des RVG so bearbeiten, dass ein angemessener Gewinn erzielt werden kann. Insbesondere lässt sich der Wert des Gegenstandes der anwaltlichen Tätigkeit durch die **Kombination mit Leistungsanträgen** etc. steuern. Selbstredend ist dies aber nur dann sinnvoll, wenn entweder die taktische Position des Mandanten verbessert werden soll, oder wenn aufgrund laufender Ausschlussfristen/Verjährungsfristen Leistungsanträge anhängig gemacht werden müssen.

64 Bei komplizierten Angelegenheiten kann aber durchaus die Situation eintreten, dass eine Abrechnung auf Basis des RVG nicht sachgerecht ist. Nach § 352 StGB ist die Erhebung höherer als der gesetzlichen Gebühren ohne Rechtsgrundlage strafbar. In streitigen Auseinandersetzungen ist die Vereinbarung einer niedrigeren als der gesetzlichen Vergütung unzulässig (§ 49b Abs. 1 S. 1 BRAO i.V.m. § 4 Abs. 2 S. 1 RVG). Nach § 4 Abs. 1 RVG können jedoch **höhere als die gesetzlichen Gebühren vereinbart** werden. Eine solche Vereinbarung bedarf zu ihrer Wirksamkeit der **Textform**. Grundsätzlich unverbindlich sind Honorarvereinbarungen, auch wenn sie die Schriftform wahren, durch die ein Rechtsanwalt, der im Wege der Prozesskostenhilfe beigeordnet worden ist, eine zusätzliche Vergütung erhalten soll (§ 3a Abs. 3 RVG). Die Honorarvereinbarung darf nicht in der Vollmacht enthalten sein oder in einem Vordruck, der andere Erklärungen umfasst, enthalten sein (§ 3a Abs. 1 RVG).

65 Generell können Honorarvereinbarungen als **Zeitgebühren** oder als **Pauschalvergütungen** getroffen werden. In Kündigungsstreitigkeiten werden zum Teil Pauschalhonorare vereinbart. Welche exakten Summen im Markt angesetzt werden, ist weitgehend intransparent. Des Öfteren wird als Pauschalhonorar ein Betrag von einem bis drei Bruttomonatsgehältern vereinbart, jedenfalls soweit es um Führungskräfte geht. Alternativ findet man Honorarvereinbarungen, bei denen der Gegenstandswert abweichend von § 42 Abs. 4 GKG bestimmt wird. Üblich sind hier Vereinbarungen zwischen einem und drei Bruttojahresgehältern als Gegenstandswert der anwaltlichen Tätigkeit.

14 ErfK/*Koch*, § 12a ArbGG Rn 6.

15 *Gerold/Schmidt*, § 1 Rn 9a.

Weitaus öfter trifft man auf **Stundensatzvereinbarungen**. Letztlich regelt die Höhe des Stundensatzes der Markt. Bei Spezialisten in großstädtischen Ballungsräumen sind Stundensätze in einer Spanne von 250 bis 600 EUR an der Tagesordnung. Unabhängig von der konkreten Höhe des Stundenhonorars muss darauf geachtet werden, dass die gesetzlichen Gebühren nicht unterschritten werden, soweit ein Prozess geführt wird. 66

Jede Form der Honorarvereinbarung unterliegt der **Inhaltskontrolle** nach § 3a Abs. 3 RVG. Zahlt der Mandant auf eine Honorarvereinbarung nicht und klagt der Rechtsanwalt daraufhin sein Honorar ein, so kann der Auftraggeber einwenden, das Honorar sei unangemessen hoch und die Herabsetzung auf den angemessenen Betrag fordern. Denkbar ist auch, dass der Mandant selbst von sich aus Klage erhebt, mit dem Antrag, die vereinbarte Vergütung auf den angemessenen Betrag herabzusetzen, auch wenn dieser Fall in der Praxis selten sein dürfte. Nach § 3a Abs. 2 S. 2 RVG muss das Gericht ein Gutachten des Vorstands der Rechtsanwaltskammer einholen, möchte das Gericht die vereinbarte Vergütung herabsetzen. Ist das Gericht nach Einholung des Gutachtens der Auffassung, dass Honorar sei unangemessen hoch, so ist die Vergütung auf den angemessenen Betrag herabzusetzen. Welcher Betrag angemessen ist, ergibt sich nach Berücksichtigung aller Umstände (unter anderem Vermögensverhältnisse des Auftraggebers/Verhältnis zu den gesetzlich anfallenden Gebühren/Umfang und Schwierigkeit der Sache etc.).[16] Erfolgshonorare und **Quota-litis-Vereinbarungen** sind nach § 49b Abs. 2 BRAO i.V.m. § 4a RVG nunmehr unter bestimmten Voraussetzungen zulässig. Unter Quota-litis-Vereinbarungen versteht man eine Vereinbarung, nach der der Rechtsanwalt einen Teil des erstrittenen Betrages als Honorar erhalten soll. Die Vereinbarung eines Erfolgshonorars ist nur im Einzelfall zulässig, wenn der Mandant aufgrund seiner wirtschaftlichen Verhältnisse ansonsten vernünftigerweise von der Rechtsverfolgung absehen würde. Handelt es sich um ein gerichtliches Verfahren, darf für den Fall des Misserfolgs eine geringere als die gesetzliche Vergütung vereinbart werden, wenn für den Erfolgsfall ein angemessener Zuschlag auf die gesetzliche Vergütung vorgesehen ist. Die gesetzliche Beschränkung solcher Vereinbarungen können Mandanten oft nicht nachvollziehen. Insbesondere leitende Angestellte kommen mit dem Vorschlag, dem Anwalt einen Prozentsatz der erstrittenen Abfindung zuzubilligen. Ein solches Ansinnen ist nach der BRAO weiterhin zurückzuweisen, wenn der Mandant bei verständiger Sichtweise den Rechtsstreit auch ohne die Vereinbarung eines Erfolgshonorars führen würde. 67

Festzuhalten bleibt damit, dass Erfolgshonorare in der Praxis keine wesentliche Rolle spielen können, möchte man sich nicht standeswidrig verhalten. 68

VI. Verhandlungsstrategie

Im Jahr 2008 wurden, wie oben erwähnt, 176.112 Kündigungsschutzverfahren in Deutschland erledigt.[17] Im selben Jahr wurden 6,8 % aller arbeitsrechtlichen Urteilsverfahren durch streitiges Urteil beendet. In 69,8 % aller Fälle endete das arbeitsgerichtliche Urteilsverfahren aber durch Parteihandlungen (Vergleich, Klagerücknahme, Erledigung). 69

Diese Zahlen zeigen, dass es Sinn macht, sich etwas intensiver mit Fragen der Verhandlungsstrategie zu beschäftigen. Der schwerpunktmäßig mit Kündigungsschutzsachen beschäftigte Rechtsanwalt wird sicherlich im Laufe der Zeit an Verhandlungskompetenz gewinnen, die 70

16 *Gerold/Schmidt*, § 3 Rn 24 ff.

17 Quelle: Ergebnis der Statistik der Arbeitsgerichtsbarkeit 2008, veröffentlicht v. Bundesministerium für Arbeit und Soziales.

konzentrierte Beschäftigung mit **Verhandlungsmodellen** kann dennoch von Hilfe sein. Dass insbesondere im Arbeitsrecht Verhandlungslösungen so häufig vorkommen, lässt sich damit begründen, dass angesichts einer ausufernden Kasuistik und der Ungewissheit über Darleg- und Beweisbarkeit eines konkreten Sachverhalts für die Parteien meist nicht mit letzter Klarheit feststeht, welchen Ausgang eine gerichtliche Auseinandersetzung nehmen wird. Das Verhandlungsergebnis ist wesentlich davon geprägt, inwieweit es gelingt, diese Unsicherheit der jeweils anderen Seite möglichst gut auszunutzen. Hierbei sollte allerdings der Fehler vermieden werden, in Kategorien wie Sieger und Verlierer zu denken/handeln. Wichtig ist, in jeder Verhandlungsphase **flexibel zu bleiben**, nach Lösungen zu suchen, mit denen beiden Parteien leben können etc. Erfolgreiches Verhandeln setzt voraus, die Interessen der eigenen Seite durchzusetzen, ohne die Interessen der gegnerischen Partei zu missachten. Ein Vergleich kann eben nur geschlossen werden, wenn **Interessen verglichen** werden.

71 Es existiert eine Vielzahl von Verhandlungsmodellen; wichtig ist weniger, welches Modell das beste ist, es geht vielmehr darum, den jeweiligen Verhandlungspartner zu verstehen und insbesondere der Persönlichkeit des Mandanten wie auch der eigenen gerecht zu werden.

1. Festpreis

72 Es gibt Situationen, in denen tatsächlich das sog. „**Festpreismodell**", auch genannt „Boulware-Modell"[18] zu den besten Ergebnissen führen kann. Dieses Modell wenden im Handel Marktführer an, die es schlicht nicht nötig haben, über den Preis zu verhandeln. Genauso handeln Parteivertreter, die sich sehr sicher bei der Einschätzung der Sach- und Rechtslage im konkreten Einzelfall sind. Exemplarisch für dieses Verhandlungsmodell ist folgender Fall:

73 *Beispiel*

Ein IT-Dienstleister entschließt sich, eine Arbeitnehmerin zu entlassen, die bisher Tätigkeiten des Empfangs und der Telefonzentrale ausgeübt hat. Künftig sollen alle Mitarbeiter gemeinschaftlich eingehende Telefonanrufe im Wege einer Schaltung, die die eingehenden Telefonate gleichmäßig auf alle Nebenstellen verteilt, entgegennehmen. Die eigentlichen Empfangstätigkeiten werden künftig von einem Fremdanbieter für das gesamte Gebäude, in dem mehrere Firmen sitzen, übernommen. Damit ist der Arbeitsplatz der Arbeitnehmerin entfallen. Eine Sozialauswahl war nicht durchzuführen, vergleichbare Arbeitnehmer gibt es nicht. Ein Betriebsrat ist nicht gebildet. Der Arbeitgeberanwalt hatte im Vorgespräch dennoch den Rat erteilt, einen Vergleich auf Basis der üblichen Formel (halbes Bruttomonatsgehalt pro Jahr der Betriebszugehörigkeit) zu akzeptieren. Hintergrund war die Erwägung, dass die Arbeitnehmerin bekanntermaßen rechtsschutzversichert war, der Arbeitgeberanwalt auf Basis eines hohen Stundensatzes tätig ist und die Arbeitnehmerin aufgrund ihrer kurzen Betriebszugehörigkeit als Regelabfindung einen Betrag von etwa 3.000 EUR erhalten hätte. Der Arbeitgeber erklärte, er sei an einem Streit überhaupt nicht interessiert, er sei bereit, bis zu 5.000 EUR zu zahlen. Auf Basis dieser Vorbesprechung ging man gemeinschaftlich in den Gütetermin. Im Gütetermin trat eine Gewerkschaftssekretärin auf, die die Güteverhandlung mit der Bemerkung eröffnete: „Ich habe überhaupt keine Zeit, ich muss in zehn Minuten beim nächsten Termin sein, ich vergleiche mich auf Basis einer ordentlichen Kündigung gegen Zahlung von 8.000 EUR". Sowohl das Gericht als auch der Anwalt versuchten die Gegenseite zu einem nachvollziehbaren Angebot zu bewegen. Die Gewerkschaftssekretärin wiederholte,

18 *Lemuel Boulware*, Vice-President der General Electric Company.

sie habe keine Zeit, entweder man vergleiche sich auf Basis von 8.000 EUR oder man müsse den Rechtsstreit ausfechten. Nachdem dieses Spiel drei oder vier Mal hin und her gegangen war, erklärte der Arbeitgeber, ihm sei seine Zeit zu schade, er akzeptiere die 8.000 EUR, insbesondere da er sich nicht streiten wolle.

Problematisch an einem solchen Modell ist, dass das konsequente Nichtverhandeln über die eigene Position manchmal zur nachhaltigen Verärgerung der Gegenseite führt, so dass diese überhaupt nicht mehr bereit ist, über einen Vergleich zu sprechen. Erkennt man aber im Vorfeld, dass die Gegenseite an einem Vergleich interessiert sein muss, so mag dieses Fixpreismodell zeitsparend und erfolgreich sein. 74

2. Basar

Häufiger wird in der Praxis nach der klassischen „**Basarmethode**" verhandelt. Beide Parteien überlegen sich meist im Vorfeld der Güteverhandlung, was ein vernünftiger Preis für die Beendigung des Arbeitsverhältnisses sein könnte. Dieser Preis ergibt sich aus einer Vielzahl von Faktoren, bis hin zur Faustformel zum halben Bruttomonatsgehalt pro Jahr der Betriebszugehörigkeit. Diese Faustformel findet so in den meisten Bundesländern Anwendung. In manchen Regionen bestehen aber andere Üblichkeiten, so etwa in weiten Teilen Hessens, wo ab dem 40. Lebensjahr ein 3/4 Bruttomonatsgehalt und ab dem 50. Lebensjahr ein ganzes Bruttomonatsgehalt in Ansatz gebracht werden, in Franken wird teils lediglich 1/3 Bruttomonatsgehalt pro Jahr der Betriebszugehörigkeit vorgeschlagen, in den neuen Bundesländern setzen die Arbeitsgerichte öfters lediglich 1/4 Bruttomonatsgehalt an. 75

Die Vielzahl der außerrechtlichen Faktoren, die eine Rolle spielen und die häufig nicht messbar sind (Sympathie, Antipathie, Rachebedürfnis, Gesichtsverlust usw.) führt dazu, dass diese Preisbildung häufig irrational verläuft. In diesen Fällen führt die „Basarmethode" selten zum Erfolg, da die Preisvorstellungen der interagierenden Parteien zu weit auseinander liegen. Ein weiterer **Nachteil** der „Basarmethode" besteht darin, dass die Verhandlungen gerne als Kampf missverstanden werden. Dies lässt sich schon am Verhalten des westlich geprägten Touristen auf einem orientalischen Basar sehen. Der Tourist denkt zu Unrecht, es ginge um das Gewinnen und übersieht, dass es letztlich nur um eine faire Preisbildung geht. Genauso verhalten sich Parteien vor dem Arbeitsgericht, wenn sie meinen, es ginge beim Finden eines Vergleichs darum, wer „Recht behält". Beschäftigt man sich mit dem Verhandeln im „Basarstil" etwas intensiver, so wird man im Wege der teilnehmenden Beobachtung feststellen, dass ein Schlüssel zum Erfolg darin liegt, die Gegenseite ernst zu nehmen, aber gleichzeitig den Druck, den das Gericht ausübt, auf die Gegenseite zu verlagern. Je nach Gericht und Sachverhalt gelingt dies, indem man es vermeidet, das erste Angebot zu geben, indem man auf Nebenkriegsschauplätzen Zugeständnisse macht usw. 76

3. Kooperation

Gegenmodell zum Basarverhandlungsstil ist der **strukturiert kooperative Verhandlungsstil**, eine Verhandlungsmethode, die in verschiedenen Schritten zu vernünftigen Verhandlungsergebnissen führen soll. Zunächst wird der Versuch unternommen, den Verhandlungen eine vereinbarte Struktur zu geben, etwa dergestalt, dass die abzuarbeitenden Themen aufgelistet werden und dann vereinbart wird, in welcher Art und Weise diese Themen abgearbeitet werden. Stellt man dann fest, welche Punkte einer schnellen Lösung nicht zugänglich sind, so sollte man sich darum bemühen, zunächst die leichter lösbaren Punkte abzuarbeiten. 77

Oberstes Gebot der kooperativen Verhandlungsmethode ist die **Fairness**, mit der sich die Verhandlungsbeteiligten wechselseitig behandeln. Meist zeigt sich, dass vermeintlich große Konflikte auf einige wenige Konfliktthemen reduziert werden können. Oft lassen sich nach erfolgreichen Verhandlungen über zahlreiche ursprünglich als problematisch empfundene Punkte auch die eigentlichen „Knackpunkte" einvernehmlichen Lösungen zuführen. Das strukturiert kooperative Verhandlungsmodell funktioniert insbesondere bei kollektivrechtlichen Auseinandersetzungen gut. In kündigungsschutzrechtlichen Streitigkeiten hat man selten den Rahmen, tatsächlich nach diesem Modell zu arbeiten.

4. Risikoerhöhung

78 Unabhängig vom konkreten Verhandlungsstil wird das Verhandlungsergebnis selbstverständlich ganz wesentlich davon geprägt, welches **Risikopotential** für die jeweilige Gegenseite vorhanden ist. Aus Arbeitnehmersicht muss es daher, so ein Abfindungsvergleich erzielt werden soll, darum gehen, möglichst viele und möglichst schmerzhafte Risikofelder des Arbeitgebers zu betreten.

79 Im Einzelnen kann hier über den Bestandsschutz hinaus an folgende Felder gedacht werden:

- Erhöhung des Annahmeverzugslohnrisikos durch Ausdehnen möglicher Zahlungsansprüche im Hinblick auf Überstundenvergütung oder variable Vergütungsansprüche usw.;
- Führen eines einstweiligen Verfügungsverfahrens wegen Weiterbeschäftigung nach Ablauf der Kündigungsfrist;
- Einladung zur Betriebsversammlung zur Bestellung eines Wahlvorstandes im betriebsratslosen Betrieb (selbstverständlich darf hier kein Konnex zur konkreten Abfindungsvorstellung des Abnehmers gemacht werden);
- Einstweilige Verfügung auf Gewährung von Urlaub;
- Ansprüche aus den Landesgesetzen über Bildungsurlaub;
- Überprüfung des Betriebes nach der Arbeitsstättenverordnung, Bitte des Arbeitnehmers, Abhilfe im Hinblick auf etwaige Missstände zu schaffen, ggf. Einschalten der Aufsichtsbehörde (auch hier darf selbstredend kein direkter Konnex zur Abfindungsverhandlung gezogen werden);
- Überprüfung der Vorgaben nach anderen arbeitsschutzrechtlichen Vorschriften, wie Arbeitszeitgesetz etc.;
- Die Höhe einer Abfindung steht sicherlich auch im Zusammenhang mit der Höhe möglicher oder bereits aufgelaufener Annahmeverzugslohnansprüche. Daher kann es durchaus Sinn machen, das Verfahren zu verschleppen, soweit dies möglich erscheint. Dies kann über das einvernehmliche Ruhen des Verfahrens erfolgen, über das Stellen von Verlegungsanträgen, über das Verlagern von Vergleichsgesprächen aus der Güteverhandlung, in die Kammerverhandlung usw. Sinnvoll ist dieses Vorgehen natürlich nur, wenn man sich sehr sicher sein kann, wirklich gute Karten zu haben.

80 Häufig ist auch zu beobachten, dass Arbeitnehmer nach Zugang einer Kündigungserklärung vermehrt erkranken, allenfalls Dienst nach Vorschrift leisten usw. Ob und wenn ja welche dieser Mittel, den **Druck auf die Arbeitgeberseite** zu erhöhen, genutzt werden, muss letztlich vom Mandanten entschieden werden, jedenfalls ist hier mit äußerstem Fingerspitzengefühl vorzugehen.

81 Auf Arbeitgeberseite sind die Möglichkeiten, den **Druck auf den Arbeitnehmer** zu erhöhen, beschränkter. Während des Laufs der Kündigungsfrist kann das Arbeitsumfeld so unange-

nehm wie möglich gestaltet werden, im Rahmen des Direktionsrechts kann versetzt/umgesetzt werden, es können Abmahnungen ausgesprochen werden, um das Arbeitsverhältnis weiter zu belasten, usw. Zu Zeiten der Arbeitsunfähigkeit kann der medizinische Dienst eingeschaltet werden.

Nach Ablauf der Kündigungsfrist wird es aus Arbeitgebersicht nur noch darum gehen, das **Annahmeverzugslohnrisiko** zu minimieren. Erkennt der Arbeitgeber, dass der Arbeitnehmer an einer Weiterbeschäftigung tatsächlich nicht interessiert ist, so kann es ein probates Mittel sein, zu erklären, dass aus der streitgegenständlichen Kündigung keine Rechte mehr hergeleitet werden oder ein Anerkenntnis abzugeben. Verbindet der Arbeitgeber dies mit der konkreten Aufforderung (Datum, Uhrzeit, Ort und Art der Tätigkeit) die Beschäftigung wieder aufzunehmen, so endet der Annahmeverzug, wenn der Arbeitnehmer diesem Angebot nicht nachkommt.[19] Möchte der Arbeitgeber an der Kündigung festhalten und bietet er dem Arbeitnehmer an, während des Prozesses weiterzuarbeiten, so endet nach der herrschenden Meinung der Annahmeverzug nicht.[20] Lehnt der Arbeitnehmer in dieser Situation das Angebot des Arbeitgebers auf Weiterbeschäftigung ab, so kann die Ablehnung ein böswilliges Unterlassen anderweitigen Erwerbs i.S.v. § 11 Nr. 2 KSchG darstellen. Entscheidend hierfür sind die Umstände des Einzelfalles. Im Regelfall dürfte dem Arbeitnehmer bei betriebs- und personenbedingten Kündigungen die Weiterbeschäftigung im Rahmen einer Prozessbeschäftigung zumutbar sein.[21] 82

Taktisch verbessert der Arbeitgeber seine Situation auch, wenn er Kenntnis davon erhält, dass der Arbeitnehmer anderweitigen Zwischenverdienst erzielt oder es böswillig unterlassen hat, anderweitigen Zwischenverdienst zu erzielen. Ob der Arbeitnehmer hierbei etwa verpflichtet ist, während eines laufenden Kündigungsschutzprozesses die **Vermittlung der Bundesagentur für Arbeit in Anspruch zu nehmen**, ist neuerdings wieder **streitig**.[22] Das BAG[23] hat vor Geltung des § 37b SGB III entschieden, dass der Arbeitnehmer einer solchen Verpflichtung nicht unterliege. Dies mag vor dem Hintergrund der generellen Verpflichtung des Arbeitnehmers, sich arbeitssuchend zu melden, in dieser Allgemeinheit nicht mehr richtig sein. Inwieweit der Arbeitnehmer verpflichtet ist, ein anderweitiges Dauerarbeitsverhältnis während des Laufs des Kündigungsschutzprozesses einzugehen ist, ist ebenfalls streitig.[24] Erhält der Arbeitgeber aber Kenntnis davon, dass der Arbeitnehmer ein konkretes, zumutbares Stellenangebot ausgeschlagen hat, so wird dies jenseits der Frage, wie die Arbeitsgerichtsbarkeit hiermit umgeht, die Verhandlungsposition des Arbeitgebers deutlich verbessern. 83

Praxishinweis 84

Es ist in Erwägung zu ziehen, dem gekündigten Arbeitnehmer zumutbare Stellen bei anderen Arbeitgebern aktiv nachzuweisen, um das materielle Annahmeverzugslohnrisiko zu minimieren.

19 Ascheid/Preis/Schmidt/*Biebel*, § 11 KSchG Rn 13.

20 Ascheid/Preis/Schmidt/*Biebel*, § 11 KSchG Rn 15.

21 Vgl. zu den Einzelheiten Ascheid/Preis/Schmidt/*Biebel*, § 11 KSchG Rn 24 ff.

22 *Bayreuther*, NZA 2003, 1365 ff.

23 BAG v. 16.5.2000, NJW 2001, 243.

24 *Bayreuther*, NZA 2003, 1365 ff.

VII. Haftungsfragen im kündigungsrechtlichen Mandat

85 Seit der bahnbrechenden Entscheidung des BGH,[25] in der ausgeführt worden ist, dass ein Rechtsanwalt, der einen Arbeitsgerichtsprozess für einen Mandanten führt, nur dann die im Verkehr erforderliche Sorgfalt beachtet, wenn er sämtliche in der Entscheidungssammlung des BAG abgedruckten Urteile berücksichtigt, leben Anwälte gerade im Kündigungsschutzrecht unter dem ständigen Damoklesschwert der Haftung.

86 **Voraussetzungen** für eine **vertragliche Haftung des Rechtsanwalts** sind:

- Ein pflichtwidriges Verhalten des Rechtsanwalts bei der Mandatserledigung und damit Rechtswidrigkeit dieser pflichtwidrigen Handlung;
- Verschulden des Rechtsanwalts;
- Kausalität zwischen der schuldhaft rechtswidrigen Pflichtverletzung des Anwalts und dem Schaden des Auftraggebers;
- Schaden des Mandanten.[26]

Im Wesentlichen lassen sich neben der unspezifischen Haftung bei Organisationsfehlern drei Felder der spezifisch kündigungsschutzrechtlich ausgeprägten Haftungstatbestände unterscheiden:

1. Verspätetes Handeln

87 Im Kündigungsschutzprozess ist es manchmal erforderlich, **ohne jedes schuldhafte Zögern** aktiv zu werden, namentlich im Falle der fehlenden Originalvollmacht einer nicht vom Organvertreter oder Personalchef erklärten Kündigung. Haftungsgefahren drohen im zu späten Zurückweisen oder im fehlerhaften Zurückweisen. Bereits zuvor, nämlich dann, wenn der Anwalt die Kündigung im Namen seines Mandanten ausspricht, ohne die Bevollmächtigung durch Vorlage einer Originalvollmacht nachzuweisen, droht der Regress.[27]

88 *Praxishinweis*

Der Anwalt, der eine solche Kündigung zurückweist, muss beachten, dass er dies unverzüglich und unter Vorlage einer Originalvollmacht tun muss, sonst kann auch er in die Haftung laufen.

2. Unterbliebene Aufklärung/unterbliebene oder fehlerhafte Beratung

89 Unterbleibt etwa der Hinweis an den vertretenen Arbeitnehmer, dass jedes Kündigungsschreiben dem Anwalt zur Kenntnis gebracht werden muss, auch wenn bereits eine Kündigungsschutzklage anhängig ist, so kann dies zur Haftung führen, insbesondere wenn kein allgemeiner Feststellungsantrag gestellt wird. Der BGH[28] bejaht eine Haftung dem Grunde nach, wenn ein Rechtsanwalt eine Kündigungsschutzklage nur gegen eine ihm bekannte Kündigung erhebt, obwohl er Anhaltspunkte dafür hat, dass dem Mandanten möglicherweise bereits zuvor gekündigt worden ist.

25 BGH v. 29.3.1983, NJW 1983, 1665.
26 *Vollkommer/Heinemann*, Rn 342.
27 BGH v. 10.2.1994, AnwBl 1995, 44.
28 BGH v. 11.2.1999, AnwBl 1999, 350.

Zum **Bereich der Aufklärungspflichten** gehört auch die Verpflichtung, durch ergänzende Fragestellung alle, vom Mandanten bislang nicht vorgetragenen Einzelheiten zu klären, auf die es für die rechtliche Beurteilung ankommen kann.[29] Grundlegend in diesem Kontext ist die Entscheidung des BGH vom 21.11.1960:[30] „Die Pflicht des Rechtsanwalts zu vollständiger Beratung setzt voraus, dass er zunächst durch Befragen seines Auftraggebers die Punkte klärt, auf die es für die rechtliche Beurteilung ankommen kann, und dabei auch die in der Sache liegenden Zweifel, die er als Rechtskundiger erkennen kann und muss, während sie auch einem geschäftsgewandten Rechtsunkundigen verborgen bleiben können, bedenkt und erörtert. Wo solche Zweifel bestehen können, darf der Rechtsanwalt sich nicht mit der rechtlichen Würdigung des ihm Vorgetragenen begnügen, sondern muss sich bemühen, durch Befragung des Ratsuchenden ein möglichst vollständiges und objektives Bild der Sachlage zu gewinnen. Er muss dabei durch richtige Fragen an seinen Auftraggeber die tatsächlichen Grundlagen ans Licht bringen, d.h. die Information, die er für eine richtige und umfassende Beratung braucht, schaffen und ergänzen.“ 90

Der Rechtsanwalt muss **über rechtliche Chancen und Risiken aufklären** und auf Grundlage des damit gewonnen Sachverhaltes beraten. So ist bei Arbeitgebermandaten grundsätzlich zu klären, ob ein **Kleinbetrieb** vorliegt oder nicht. Unterbleibt der entsprechende Hinweis und damit die entsprechende Aufklärung, so macht sich der Rechtsanwalt schadensersatzpflichtig.[31] Nach der Reform im Rahmen der Agenda 2010 wird man Arbeitgeber bei kleineren Einheiten intensiv befragen müssen, ob beim konkret gekündigten oder zu kündigenden Arbeitnehmer das Kündigungsschutzgesetz Anwendung findet oder nicht. Der Arbeitgeber ist insbesondere über die Stichtagsregelung aufzuklären. 91

Belehrt man einen Arbeitgeber nicht über die **Folgen eines Abfindungsvergleiches** mit einem Arbeitnehmer, der zur Anwendung des § 143a SGB III führt, so wird man sich ebenfalls schadensersatzpflichtig machen. 92

Belehrt man einen Arbeitnehmer nicht über die **Folgen eines Aufhebungsvertrages/Abfindungsvergleiches** (steuerlich/sozialversicherungsrechtlich etc.), so läuft man wiederum Gefahr, Schadensersatz leisten zu müssen. 93

3. Fristen

So trivial es auch sein mag, nicht zu selten wird die Drei-Wochen-Frist des Kündigungsschutzgesetzes nicht gewahrt, weil der sachbearbeitende Anwalt diese **Frist falsch berechnet**. Es ist äußerst haftungsträchtig, sich auf Angaben des Mandanten zum Zugang der Kündigungserklärung zu verlassen. Die wenigsten Mandanten können beurteilen, wann ein Kündigungsschreiben rechtlich zugeht, man denke an Urlaubs-/Krankheitssachverhalte etc. 94

Nicht ganz so offensichtlich, aber mindestens ebenso häufig sind Haftungsfälle wegen des **Übersehens von Ausschlussfristen**. Sind Ausschlussfristen vereinbart, so geht ein bestehendes Recht unter, wenn es nicht innerhalb der Frist geltend gemacht wird. Derartige Fristen finden sich in Arbeitsverträgen, aber auch in Betriebsvereinbarungen und weitaus häufiger in Tarifverträgen. Eine Haftungsfalle stellen insbesondere allgemeinverbindliche Tarifverträge dar, unter Umständen ist dem Mandanten zumindest aktiv nicht bekannt, dass eine solche Ausschlussfrist Anwendung findet. Ausschlussfristen sind vor Gericht von Amts wegen 95

29 BGH v. 15.1.1985, NJW 1985, 1154.

30 BGH v. 21.11.1960, NJW 1961, 601.

31 BGH v. 18.11.1999, BB 2000, 216.

zu beachten.[32] Bei **einstufigen Verfallfristen**, die formlose oder schriftliche Geltendmachung vorsehen, wahrt die Kündigungsschutzklage Ansprüche, die vom Bestand und Ergebnis des Kündigungsschutzrechtstreits abhängen.[33] Die Kündigungsschutzklage reicht jedoch nicht aus, wenn Zahlungsansprüche in einer zweiten Stufe gerichtlich geltend gemacht werden müssen, und der Arbeitgeber den Anspruch ablehnt oder sich innerhalb einer bestimmten Frist zum Anspruch nicht erklärt.[34] Nach der Rechtsprechung des Bundesarbeitsgerichts[35] beginnt die zweite Stufe einer solchen Ausschlussfrist mit der Erklärung des Arbeitgebers, er beantrage Klageabweisung, zu laufen.

96 *Praxishinweis*

In der Praxis werden Ausschlussfristen immer wieder übersehen. Drohen demnach Zahlungsansprüche, die vom Bestand des Arbeitsverhältnisses abhängen, tatsächlich verfallen zu sein, so kann bei zweistufigen Ausschlussfristen der Versuch unternommen werden, die Ausschlussfrist über § 307 BGB zu Fall zu bringen. Hilft dies nicht weiter, so ist zu prüfen, ob man möglicherweise über die Anwendung eines Tarifvertrages zu einem anderen Ergebnis gelangen kann, insbesondere ist zu prüfen, ob nicht ein allgemein verbindlicher Tarifvertrag Anwendung findet. Dies soll mit folgendem Beispiel illustriert werden:

97 *Beispiel*

Ein Softwareunternehmen kündigt eine Arbeitnehmerin wegen angeblichem Spesenbetrug. Der Anwalt der Arbeitnehmerin erhebt Kündigungsschutzklage. Auflaufende Annahmeverzugslohnansprüche klagt er nicht ein, da er die einzelvertraglich vereinbarte zweistufige Ausschlussfrist übersieht. Die I. Instanz geht verloren, in II. Instanz wird die Kündigungsschutzklage gewonnen. Als die Klägerin dann die Annahmeverzugslohnansprüche geltend macht, beruft sich die Beklagte auf die vertragliche Ausschlussfrist. Die Klägerin wechselt daraufhin den Anwalt. Dieser versucht zunächst, die Arbeitgeberin unter Druck zu setzen. Er erläutert der Klägerin, dass, wenn dies nicht gelingt, aller Voraussicht nach ein Regressanspruch gegen den Voranwalt besteht. Der Zweitanwalt erhebt Zahlungsklage im Hinblick auf die gesamten Annahmeverzugslohnansprüche. Die Arbeitgeberin beruft sich auch im Verfahren auf die einzelvertragliche Ausschlussfrist. Der Anwalt der Arbeitnehmerin argumentiert damit, dass die einzelvertragliche Ausschlussfrist nicht deckungsgleich mit der einstufigen Ausschlussfrist des allgemeinverbindlichen Tarifvertrages für den Groß- und Außenhandel in Hessen ist und damit gegen das Günstigkeitsprinzip des § 4 Abs. 3 TVG verstößt und im Übrigen schon aufgrund der Normenhierarchie die tarifvertragliche Ausschlussfrist Anwendung fände. Die einstufige Ausschlussfrist ist mit der Erhebung der Kündigungsschutzklage gewahrt. Die Arbeitgeberin ist Tochter eines internationalen Softwarekonzerns und beschäftigt sich in Deutschland nahezu ausschließlich mit dem Vertrieb dieser Produkte. Sie dürfte damit dem Anwendungsbereich des einschlägigen, für allgemein verbindlich erklärten Groß- und Außenhandel Tarifvertrag unterfallen. Das Unternehmen hat wenig Interesse an der Feststellung der Anwendbarkeit des allgemein verbindlichen Tarifvertrages auf die bei ihm bestehenden Arbeitsverhältnisse und erklärt daraufhin im Verfahren, auf die einzelvertraglich vereinbarten Ausschlussfristen zu verzichten.

32 BAG v. 27.3.1963, DB 1963, 902.
33 BAG v. 22.2.1978, DB 1978, 1350.
34 BAG v. 29.6.1989, DB 1989, 2628.
35 BAG v. 13.9.1984, NZA 1985, 249.

VIII. Fragebogen Kündigungsschutz

1. Arbeitnehmerfragebogen

▼ 98

Fragebogen Kündigungsschutzsachen

Persönliche Daten

Arbeitnehmer

Name:

Anschrift: (Telefon, Telefax, E-Mail, Mobiltelefon):

Geburtsdatum: Familienstand:

Grad der Behinderung:

Anzahl und Alter unterhaltsberechtigter Personen:

Anzeige einer kurzzeitigen Arbeitsverhinderung oder Pflegezeit nach dem PflegeZG:

Bruttomonatsgehalt inkl. aller Nebenleistungen (zur Privatnutzung überlassener Dienstwagen, Urlaubsgeld, Weihnachtsgeld, 13. Gehalt etc.):

Beginn des Arbeitsverhältnisses: Dauer (Wochenarbeitszeit) und Art der zuletzt ausgeübten Tätigkeit (Bitte schildern Sie möglichst genau, welche Tätigkeit Sie ausüben und wie der Arbeitgeber diese Tätigkeit/Funktion bezeichnet):

Ort der zuletzt ausgeübten Tätigkeit:

Status:

☐ Leitender Angestellter/ ☐ Arbeiter/Angestellter

(Sind Sie zur selbstständigen Einstellung oder zur selbstständigen Entlastung von Arbeitnehmern berechtigt und machen Sie von dieser Berechtigung auch tatsächlich alleinverantwortlich Gebrauch?)

Gewerkschaftsmitglied? ja ☐ nein ☐

Rechtsschutzversicherung: (Anschrift, Versicherungsnummer)

Arbeitgeber

Name:

Firmierung (GmbH, AG etc.) Anschrift/Sitz:

(Telefon, Telefax, E-Mail, Webadresse): Vertretungsberechtigung (Wer ist Geschäftsführer/Vorstand/Inhaber etc?):

Belegschaftsstärke Betrieb:

Wie viele dieser Arbeitnehmer waren schon am 31.12.2003 beschäftigt?

Belegschaftsstärke Betrieb (sollten weniger als 15 Mitarbeiter beschäftigt sein, so nennen Sie alle Mitarbeiter namentlich, denken Sie bitte auch an Aushilfen wie Reinigungskräfte etc.).

Ist das Unternehmen Mitglied im Arbeitgeberverband? Wenn ja, in welchem?

Zugang der Kündigung

Wann und wie haben Sie das Original (keine Kopie/kein Telefax/kein E-Mail) der Kündigung erhalten?

Wer hat die Kündigung (Name und Funktion) unterschrieben?

Existiert ein Betriebsrat/Sprecherausschuss/Personalrat? Wenn ja, nach Möglichkeit Name/Telefon und Anschrift des/der Betriebsratsvorsitzenden:

Sind oder waren Sie schwerbehindert, schwanger, Mutter/Vater eines Kindes unter zwei Jahren und in Teilzeit arbeitend, Mitglied eines Betriebsrates, einer Jugend- und Auszubildendenvertretung, einer Bordvertretung oder eines Seebetriebsrates, Mitglied eines Wahlvorstandes, Bewerber bei Betriebsrats- oder Aufsichtsratswahlen? Bestand bei Erhalt der Kündigung wegen einer akuten familiären Pflegesituation eine kurzzeitige Arbeitsverhinderung oder Pflegezeit, bzw. wurde dies ggü. dem Arbeitgeber angekündigt?

Ist ein nachvertragliches Wettbewerbsverbot mit dem Arbeitgeber vereinbart worden?

Besteht Anspruch auf betriebliche Altersversorgung? Wenn ja, fügen Sie bitte die Versorgungsordnung/Versorgungszusage o.Ä. bei: Auflistung aller sonstiger offener oder bald entstehender gegenseitiger Ansprüche (vornehmlich Vergütung (z.B. Gratifikation, 13. oder 14. Monatsgehalt, Urlaubsentgelt und Urlaubsgeld, Provision, Tantieme, Spesenvorschuss, Jubiläumsgeld/Zahlung), Urlaub, Darlehen, Firmen-Pkw, Umzugs-, Ausbildungskosten, Werkswohnung, Zeugnis, Schadensersatz, Arbeitnehmererfindungsansprüche, Herausgabe von Arbeitsmitteln, Arbeitspapiere etc.):

Wissen Sie, wie viele Kündigungen in den letzten Monaten vom Arbeitgeber ausgesprochen worden sind?

Wissen Sie, wie viele Aufhebungsverträge in den letzten Monaten vom Arbeitgeber vereinbart worden sind?

Wissen Sie, ob ein Sozialplan/Interessenausgleich existiert oder ob Verhandlungen über einen Interessenausgleich/Sozialplan aktuell geführt werden? Weiter bitten wir um Überlassung einer Kopie der Kündigung, des Arbeitsvertrages sowie aller sonst aus Ihrer Sicht relevanten Unterlagen.

Schließlich bitten wir um Unterzeichnung der anliegenden beiden Vollmachten, die wir ggf. benötigen, um Ihre Ansprüche durchzusetzen.

Abschließend weisen wir darauf hin, dass nach § 12a ArbGG die Kostenerstattung in arbeitsgerichtlichen Auseinandersetzungen der I. Instanz grundsätzlich ausgeschlossen ist. Dies bedeutet, dass Sie unabhängig vom Ausgang des Verfahrens, also auch wenn Sie gewinnen sollten, die Kosten des von Ihnen beauftragten Rechtsanwalts selbst zu tragen haben, soweit keine Rechtsschutzversicherung für diese Kosten aufkommt.

Auf die grundsätzliche Möglichkeit, Prozesskostenhilfe/Beratungshilfe zu erhalten, haben wir Sie hingewiesen, ebenso sind Sie darüber informiert, dass Sie sich nach Zugang einer Kündigung unverzüglich, regelmäßig innerhalb einer Woche, bei der zuständigen Agentur für Arbeit persönlich arbeitssuchend melden müssen.

Sollten Sie weitere Schreiben vom Arbeitgeber erhalten, so senden Sie diese bitte unverzüglich in Kopie an uns. Sollten Sie den Eindruck gewinnen, es könnte sich um eine Kündigung handeln, so nehmen Sie bitte sofort Kontakt mit uns auf.

Rechtsanwalt

▲

2. Arbeitgeberfragebogen

▼ 99

Fragebogen für Arbeitgeber in Kündigungsschutzstreitigkeiten

Firmierung

Anschrift:

Sitz: (Telefon, Telefax, E-Mail, Internet):

Vertretungsberechtigung:

Wie viele regelmäßig Beschäftigte hat Ihr Unternehmen, wie viele regelmäßig Beschäftigte haben die einzelnen Betriebe? (ggf. wie viele dieser Beschäftigten waren bereits am 31.12.2003 bei Ihnen beschäftigt?)

Existiert ein Betriebsrat? Wenn ja, so überlassen Sie uns bitte Kopien sämtlicher Betriebsvereinbarungen. Sollte ein Gesamtbetriebsrat existieren, so benötigen wir Kopien sämtlicher Gesamtbetriebsratsvereinbarungen.

Findet ein Tarifvertrag Anwendung? Wenn ja, welcher und auf welcher Rechtsgrundlage? (Einzelvertragliche Inbezugnahme/Allgemeinverbindlichkeit/Zugehörigkeit Arbeitgeberverband).

Besteht eine betriebliche Rechtsschutzversicherung, die arbeitsrechtliche Streitigkeiten einschließt? Wenn ja, bitte Anschrift und Versicherungsnummer. VS-Nr.:

Bitte schildern Sie sämtliche Rahmendaten des gekündigten/zu kündigenden Arbeitnehmers:

Name:

Anschrift:

Geburtsdatum:

Familienstand:

Grad der Behinderung:

Anzahl u. Alter unterhaltsberechtigter Personen:

Kurzzeitige Arbeitsverhinderung wegen akuter familiärer Pflegesituation oder Pflegezeit bzw. entsprechende Anzeige durch den Arbeitnehmer?

Arbeitnehmerbruttomonatsgehalt inkl. aller Nebenleistungen (Urlaubsgeld, Weihnachtsgeld, 13. Gehalt, zur Privatnutzung überlassener Dienstwagen usw.):

Beginn des Arbeitsverhältnisses:

Wochenarbeitszeit:

Art der zuletzt ausgeübten Tätigkeit: Ort der zuletzt ausgeübten Tätigkeit:

Bitte überlassen Sie uns eine Kopie des mit dem betreffenden Arbeitnehmer geschlossenen Arbeitsvertrages.

Wenn Sie bereits eine Kündigung ausgesprochen haben, so überlassen Sie uns bitte ebenfalls eine Kopie der Kündigung sowie sämtlichen Schriftverkehr, den Sie im Zusammenhang mit dieser Kündigung erhalten haben (Anwaltsschreiben, Schreiben des Arbeitnehmers, Schreiben eines Arbeitsgerichts o.Ä.).

Bitte teilen Sie uns mit, wer die Kündigung unterzeichnet hat sowie wann und wie genau die Kündigung zugestellt worden ist. Sollte ein Betriebsrat existieren, so überlassen Sie uns ebenfalls eine Kopie der Betriebsratsanhörung, sollte diese mündlich erfolgt sein, so schildern Sie bitte möglichst detailliert den Ablauf der Betriebsratsanhörung. Bitte schildern Sie den Sachverhalt, der Sie zum Ausspruch der Kündigung veranlasst hat.

Bitte listen Sie alle offenen oder bis zum Ablauf der Kündigungsfrist entstehenden gegenseitigen oder einseitigen Ansprüche auf (sämtliche Vergütungsansprüche, Urlaub, Darlehen, Firmen-Pkw, Zeugnis, überlassene Arbeitsmittel, mögliches Wettbewerbsverbot usw.).

Bitte teilen Sie mit, wie viele Arbeitsverhältnisse Sie in den letzten sechs Monaten beendet haben.

Abschließend weisen wir darauf hin, dass nach § 12a ArbGG die Kostenerstattung in arbeitsgerichtlichen Auseinandersetzungen der I. Instanz grundsätzlich ausgeschlossen ist. Dies bedeutet, dass unabhängig vom Ausgang des Verfahrens, also auch wenn Sie gewinnen sollten, die Kosten des von Ihnen beauftragen Rechtsanwalts selbst zu tragen haben, soweit keine Rechtsschutzversicherung für diese Kosten aufkommt.

Rechtsanwalt

Teil 10 Taktik und Fallstricke im Kündigungsschutzprozess

§ 38 Taktik und Fallstricke für den Klägervertreter

Dr. Klaus Rinck

Inhalt

	Rn
I. Einführung	1
II. Fristgebundene Handlungen bei Erhebung der Kündigungsschutzklage	5
1. Zurückweisung der Kündigung gem. § 174 S. 1 BGB	7
2. Einhaltung der Frist des § 9 MuSchG	12
3. Wahrung des Sonderkündigungsschutzes als schwerbehinderter Mensch	14
4. Maßnahmen bei Änderungskündigungen	19
5. Maßnahmen bei Bestehen eines Betriebsrats	20
6. Erhalt eines Zeugnisses	22
III. Zeitpunkt der Klageeinreichung	24
1. Einhaltung der Drei-Wochen-Frist	24
2. Maßnahmen bei Nichteinhaltung der Drei-Wochen-Frist	29
IV. Inhalt der Klageschrift	32
1. Durch die Gewährung von Prozesskostenhilfe bedingte Kündigungsschutzklage?	32
2. Klageanträge	34
3. Klagebegründung	40
V. Durchführung außergerichtlicher Vergleichsverhandlungen	48
VI. Vorbereitung der Güteverhandlung	53
1. Festlegung der Ziele	53
2. Empfehlungen zum Verhalten des Mandanten	66
VII. Taktik in der Güteverhandlung	69
1. Teilnahme des Arbeitnehmers an der Güteverhandlung	69
2. Abschluss eines Vergleiches oder Scheitern der Güteverhandlung?	79
VIII. Maßnahmen zwischen Güte- und Kammerverhandlung und Vorbereitung der Kammerverhandlung	82
1. Verhalten des Arbeitnehmers	82
2. Weiterbeschäftigungsantrag und arbeitgeberseitig angebotene Weiterbeschäftigungsmöglichkeit	86
3. Ausschlussfristen	90
a) Schriftliche Geltendmachung	91
b) Gerichtliche Geltendmachung	92
4. Schriftsätzliche Vorbereitung der Kammerverhandlung	99
IX. Taktik in der Kammerverhandlung	102

I. Einführung

1 Der **Kündigungsschutzprozess** stellt die häufigste Form arbeitsgerichtlicher Auseinandersetzungen dar. Sein Streitgegenstand, ob ein Arbeitsverhältnis beendet oder aber durch die angegriffene Kündigung zu einem bestimmten Zeitpunkt (Ablauf der Kündigungsfrist) nicht aufgelöst ist, besitzt vor allem für den Arbeitnehmer höchste **wirtschaftliche Bedeutung**. Von den beteiligten Anwälten fordert er neben fundierten Kenntnissen des prozessualen und materiellen Arbeitsrechts besonderes taktisches Gespür. Die Tatsache, dass gerade die

Taktik im Kündigungsschutzprozess von herausgehobener Bedeutung ist, lässt sich darauf zurückführen, dass das Kündigungsschutzverfahren im Gegensatz zu den meisten anderen gerichtlichen Auseinandersetzungen von einer **dynamischen Entwicklung** geprägt wird. Das wird deutlich, wenn man es mit einem beliebigen – inner- oder außerhalb des Arbeitsrechts geführten – **Zahlungsrechtsstreit** vergleicht.

2 Die auf Leistung gerichtete **Zahlungsklage** bezieht sich regelmäßig ausschließlich auf einen in der Vergangenheit gelegenen Sachverhalt. Dieses Ereignis und damit auch seine Rechtsfolgen sind im Wesentlichen nicht mehr veränderbar. Das gerichtliche Verfahren ist für die beteiligten Rechtsanwälte geprägt von der Aufgabe, substantiiert darzustellen bzw. unter Beweis oder Gegenbeweis zu stellen, warum ein Zahlungsanspruch besteht oder nicht besteht. Die infolge eines gerichtlichen Verfahrens notwendigerweise auftretenden zeitlichen **Verzögerungen** haben per saldo keine den Kläger begünstigenden Effekte. Zwar erhöht sich die Nebenforderung regelmäßig infolge eines ständig wachsenden Zinsanspruchs; dem steht aber meist das wirtschaftliche Bedürfnis der Klagpartei gegenüber, die beanspruchte Summe zügig zu erhalten, was z.B. auf die bei Gewerbetreibenden oftmals knappen liquiden Mittel zurückzuführen ist. Die mit einem Gerichtsverfahren durch zwei oder gar drei Instanzen verbundene Verzögerung stellt daher in Zahlungsprozessen regelmäßig ein **Druckmittel des Beklagten** dar, mit dessen Hilfe sich ein zum Vorteil des Klägers zeitnaher, dafür aber mit Abschlägen an der Forderung verbundener, Vergleich erzielen lässt.

3 Dagegen betreffen kündigungsschutzrechtliche Auseinandersetzungen mit dem Arbeitsverhältnis ein Dauerschuldverhältnis, also einen Vertrag, aus dem, wenn er über den Kündigungsendtermin hinaus fortbesteht, ständig neue Rechte und Pflichten für die Parteien erwachsen. In der Praxis sind dies regelmäßig nur Zahlungsverpflichtungen des Arbeitgebers. Mit der Kündigung hat der Arbeitgeber erklärt, dass er die Arbeitskraft des Arbeitnehmers künftig nicht mehr in Anspruch nehmen will. Ist die Kündigung **unwirksam**, gerät der Arbeitgeber – nach dem in der Kündigung ausgesprochenen Beendigungszeitpunkt – regelmäßig in **Annahmeverzug** (§ 615 S. 1 BGB, § 11 KSchG). Der Arbeitnehmer muss im Grundsatz für den Arbeitgeber keine Arbeitsleistung erbringen und ist wegen deren Fixschuldcharakter auch nicht zur Nachleistung verpflichtet (§ 615 S. 1 BGB a.E.). Damit können im Kündigungsschutzprozess Monat für Monat weitere Zahlungsansprüche des Arbeitnehmers entstehen, vorausgesetzt, er ist leistungsbereit und -fähig. Zwar muss sich der Arbeitnehmer gem. § 615 S. 2 Alt. 1 BGB, § 11 Nr. 1 KSchG den Wert anderweitigen Erwerbs auf seine Zahlungsansprüche anrechnen lassen, häufig erzielt er aber keinen. Der Bezug von Arbeitslosengeld mindert die finanzielle Last für den Arbeitgeber im Ergebnis nicht, da die Lohnforderung des Arbeitnehmers insoweit nicht erlischt, sondern gem. § 115 SGB X auf die Bundesagentur für Arbeit übergeht. Der Tatbestand böswillig unterlassenen anderweitigen Erwerbs (§ 615 S. 2 Alt. 2 BGB, § 11 Nr. 2 KSchG) wird in der arbeitsgerichtlichen Praxis aus tatsächlichen und rechtlichen Gründen selten festgestellt. Der mit dem Prozess verbundene **Zeitablauf** bedeutet also in vielen Fällen ein **erhebliches wirtschaftliches Risiko** für den beklagten **Arbeitgeber**, der zu Beginn des Verfahrens **nicht weiß**, ob die von ihm für wirksam erachtete Kündigung der gerichtlichen Überprüfung standhält.

4 Diese aus der Sicht des zivilprozessualen Generalisten **atypische Prozesssituation** zieht besondere Anforderungen an das prozesstaktische Verhalten auf Kläger- und Beklagtenseite nach sich.

II. Fristgebundene Handlungen bei Erhebung der Kündigungsschutzklage

Für den anwaltlichen Vertreter des Arbeitnehmers ergeben sich Fehlerquellen vor allem im Vorfeld des Kündigungsschutzprozesses. Im Hinblick auf das allgemeine Vorgehen bei Mandatsannahme und Sachverhaltserfassung kann zunächst auf die Ausführungen im vorigen Kapitel (siehe § 37 Rn 9 ff., siehe § 37 Rn 15 ff.) verwiesen werden. 5

Die im Rahmen der Annahme eines kündigungsschutzrechtlichen Mandates teils zu beobachtende Beschränkung auf die Einreichung der Kündigungsschutzklage kann einen **anwaltlichen Pflichtenverstoß** mit entsprechenden Haftungsrisiken darstellen, weil zur sachgerechten und umfassenden Wahrung der Rechte des Arbeitnehmers zusätzliche fristgebundene Maßnahmen erforderlich sein können. 6

1. Zurückweisung der Kündigung gem. § 174 S. 1 BGB

So kann die **Zurückweisung der Kündigungserklärung** gem. § 174 S. 1 BGB Erfolg versprechen. Dazu ist zunächst festzustellen, ob die Kündigung von einem Bevollmächtigten ausgesprochen worden ist. Weiter ist zu prüfen, ob der Arbeitgeber den Arbeitnehmer von der Bevollmächtigung dessen, der die Kündigung erklärt hat, in Kenntnis gesetzt hat. Hierfür genügt es, wenn der Arbeitgeber den Kündigenden in eine Position berufen hat, die üblicherweise mit dem Recht des Ausspruchs von Kündigungen verbunden ist. Das ist etwa dann der Fall, wenn es sich um einen **alleinvertretungsberechtigten**, im Handelsregister eingetragenen **Prokuristen**[1] (besteht lediglich Gesamtvertretungsbefugnis und unterzeichnet der Prokurist allein, ist Zurückweisung möglich)[2] oder um ein kraft Richtlinie alleinvertretungsberechtigtes **Vorstandsmitglied**[3] handelt. Zum Ausspruch von Kündigungen kraft seiner Stellung berufen ist insbesondere der **Leiter der Personalabteilung**,[4] auf die Sachbearbeiter einer Personalabteilung kann dieser Grundsatz hingegen **nicht** übertragen werden.[5] Im Hinblick auf **Niederlassungs-,**[6] **Bereichs-**[7] **oder Stationsleiter**[8] liegen unterschiedliche, jeweils auf den Einzelfall abstellende, obergerichtliche Entscheidungen vor. § 174 BGB findet auch im öffentlichen Dienst Anwendung.[9] Die Mitteilung der Bevollmächtigung zu einer Kündigung i.S.d. § 174 S. 2 BGB kann auch schon im (Formular-)Arbeitsvertrag enthalten sein.[10] Ist eine solche wirksame Inkenntnissetzung i.S.d. § 174 S. 2 BGB nicht erfolgt, muss weiter geprüft werden, ob der Bevollmächtigte seiner Kündigung eine **Vollmachtsurkunde** beigefügt hat. Hierbei reicht die Vorlage einer Abschrift oder auch einer beglaubigten Abschrift der Vollmacht nicht aus, sie muss vielmehr im **Original** beigefügt sein, was auch für die 7

1 BAG v. 11.7.1991, NZA 1992, 449 = DB 1992, 895.
2 LAG Rheinland-Pfalz v. 10.12.1996, DB 1997, 1723 = RzK I 2 b Nr. 24.
3 BAG v. 10.2.2005, AP § 174 BGB Nr. 18 = NZA 2005, 1207.
4 BAG v. 30.5.1972, AP § 174 BGB Nr. 1; BAG v. 29.10.1992, DB 1993, 541 = NZA 1993, 307; BAG v. 22.1.1998, NZA 1998, 699 = AP § 174 BGB Nr. 11; LAG Niedersachsen v. 19.9.2003, NZA-RR 2004, 195 = RzK I 2 b Nr. 46.
5 BAG v. 30.5.1978, DB 1978, 2082 = AP § 174 BGB Nr. 2.
6 LAG Hessen v. 20.6.2000, NZA-RR 2000, 585 = LAGE § 174 BGB Nr. 11: Zurückweisungsmöglichkeit nach § 174 BGB verneint.
7 LAG Niedersachsen v. 28.4.2008, AE 2009, 56: Zurückweisungsmöglichkeit nach § 174 BGB bejaht.
8 LAG Hessen v. 9.3.2009 – 16/3 Sa 1336/08, juris: Zurückweisungsmöglichkeit nach § 174 BGB bejaht.
9 BAG v. 12.1.2006, NZA 2006, 980; BAG v. 20.9.2006, NZA 2007, 377 = DB 2007, 919.
10 LAG Berlin v. 25.7.2002, NZA-RR 2003, 538 = RzK I 2 b Nr. 44.

Kündigung durch einen Rechtsanwalt gilt.[11] Lohnend ist – für den Fall, dass eine Originalvollmacht beigefügt wurde – die inhaltliche Prüfung dieser Vollmacht dahin gehend, ob sie **ihrem Inhalt nach** zu der Vornahme des Rechtsgeschäfts der streitgegenständlichen Kündigung berechtigt.

8 Ergibt die Prüfung, dass eine Zurückweisung Aussicht auf Erfolg besitzt, muss der Anwalt des Arbeitnehmers für ein **unverzügliches Zurückweisungsschreiben** Sorge tragen, um die Rechte seines Mandanten umfassend zu wahren. Das sollte in jedem Fall durch ein getrennt von der Kündigungsschutzklage aufgesetztes und unmittelbar an den Arbeitgeber gerichtetes Schreiben erfolgen, dessen **Zugang** – und Zugangszeitpunkt – nötigenfalls **bewiesen** werden können muss. Bei der Abfassung des Zurückweisungsschreibens ist darauf zu achten, dass die Kündigung gerade **wegen der Nichtvorlage einer (Original-) Vollmachtsurkunde** zurückgewiesen wird (vgl. § 174 S. 1 BGB a.E.). Verneint der Arbeitnehmer nur die Kündigungsbefugnis desjenigen, der die Kündigung ausgesprochen hat, und bezweifelt er damit das Vorliegen einer wirksamen Bevollmächtigung, ohne aber deren Nachweis (in Gestalt einer Vollmachtsurkunde) zu fordern, reicht dies nicht als Zurückweisung i.S.d. § 174 S. 1 BGB aus.[12] Viele Mandanten werden damit überfordert sein, so dass der Anwalt oftmals die Abfassung und Zustellung des Zurückweisungsschreibens übernehmen wird. Dabei ist dann aber darauf zu achten, **nicht** den regelmäßig zu großen Heiterkeitserfolgen führenden Fehler zu begehen, in Wiederholung der Herangehensweise des Arbeitgebers dem eigenen Schreiben ebenfalls keine Originalvollmacht beizufügen. Die Zurückweisungserklärung wegen unterbliebener Vollmachtsvorlage stellt ihrerseits ein einseitiges Rechtsgeschäft i.S.d. § 174 S. 1 BGB dar, das wegen unterbliebener Vollmachtsvorlage unverzüglich zurückgewiesen werden kann mit der Folge, dass die Zurückweisungserklärung unwirksam und die Kündigung folgerichtig (wenn ansonsten keine Unwirksamkeitsgründe vorliegen) wirksam ist.[13]

9 Die **Zurückweisung** gem. § 174 S. 1 BGB muss **unverzüglich** erfolgen, also ohne schuldhaftes Zögern (§ 121 Abs. 1 BGB). Dazu wird nicht ein sofortiges Handeln verlangt. Vielmehr steht dem Arbeitnehmer eine gewisse Zeit der Überlegung und für die Einholung rechtskundigen Rats zur Verfügung. Maßgebend für die Länge der Frist sind die **Umstände des Einzelfalls.**[14] Eine erst nach Ablauf der dreiwöchigen Klagefrist des § 4 KSchG erfolgende Zurückweisung ist jedenfalls nicht mehr unverzüglich.[15] Als jedenfalls unverzüglich hat das BAG im Einzelfall eine Frist von drei Tagen mit dazwischen liegendem Wochenende,[16] von drei Tagen ohne dazwischen liegendes Wochenende[17] und von sechs Tagen mit dazwischen liegendem Wochenende,[18] jeweils gerechnet ab dem Zugang der Kündigungserklärung, angesehen. Natürlich kann der Anwalt die Rüge nur dann zügig erheben, wenn sich der Arbeitnehmer zeitnah nach Erhalt der Kündigungserklärung bei ihm gemeldet hat. Wird dem sofort nach Erhalt der Kündigung seinen Anwalt kontaktierenden Arbeitnehmer allerdings z.B. telefonisch ein Besprechungstermin erst in zwei Wochen zugeteilt, ist die Möglichkeit einer noch rechtzeitigen Zurückweisung gem. § 174 S. 1 BGB vertan (zur Kündigung durch Bevollmächtigte vgl. auch § 1 Rn 23–30).

11 BGH v. 4.2.1981, NJW 1981, 1210 = AP § 174 BGB Nr. 5.
12 BAG v. 19.4.2007, NZA-RR 2007, 571.
13 LAG Hessen v. 5.12.1979, AR-Blattei ES 640 Nr. 8; LAG Berlin v. 30.4.2004, RzK IV 3 a Nr. 43.
14 BAG v. 30.5.1978, DB 1978, 2082 = AP § 174 BGB Nr. 2.
15 BAG v. 11.3.1999, NZA 1999, 818 = DB 1999, 1612.
16 BAG v. 11.7.1991, DB 1992, 895 = NZA 1992, 449.
17 BAG v. 20.8.1997, NZA 1997, 1343 = RzK I 2 b Nr. 27.
18 BAG v. 30.5.1978, DB 1978, 2082 = AP § 174 BGB Nr. 2.

Es kann allerdings in manchen Fällen sinnvoll sein, die Zurückweisungserklärung nicht sofort auszusprechen, sondern ihren Zugang **um ein bis zwei Tage nach hinten zu verschieben.** 10

Beispiel 11
Geht die Kündigungserklärung dem Arbeitnehmer am 29.5. zu, wird sein Anwalt nicht eine schon am 30.5. zugehende Zurückweisungserklärung veranlassen, weil dann der Arbeitgeber oftmals noch dafür sorgen könnte, dass dem Arbeitnehmer am 31.5. eine auf den gleichen Beendigungszeitpunkt lautende Kündigungserklärung unter Vorlage einer Originalvollmacht zugeht. Unverzüglich ist auch noch die beim Arbeitgeber am 1.6. eingehende Zurückweisungserklärung. Bei einer nur zum Monatsende möglichen Kündigung und einer nach Monaten bemessenen Kündigungsfrist hat das regelmäßig zur Folge, dass dem Arbeitnehmer im Falle berechtigter Zurückweisungserklärung ein weiterer Monat Bestehen des Arbeitsverhältnisses gesichert ist, bei für den Arbeitnehmer vorteilhafteren Kündigungsregelungen, z.B. Kündigungsmöglichkeit des Arbeitgebers nur zum Quartal, zum halben Jahr bzw. zum Jahresende, ergibt sich ein entsprechend längerer Zeitraum.

2. Einhaltung der Frist des § 9 MuSchG

Die Kündigung gegenüber einer Frau während der **Schwangerschaft** und bis zum Ablauf von vier Monaten nach der Entbindung ist grundsätzlich ohne Zustimmung der für den Arbeitsschutz zuständigen Landesbehörde oder der von ihr bestimmten Stelle **unzulässig** (§ 9 Abs. 1 und 3 MuSchG). **Weitere** Voraussetzung für die **Unwirksamkeit** der Kündigung ist allerdings, dass dem Arbeitgeber zur Zeit der Kündigung die Schwangerschaft oder Entbindung **bekannt** war oder innerhalb von **zwei Wochen** nach Zugang der Kündigung **mitgeteilt** wird (§ 9 Abs. 1 S. 1 MuSchG). Der Anwalt der Arbeitnehmerin muss folglich prüfen, ob der Arbeitgeber Kenntnis von der Schwangerschaft besitzt und dessen Kenntnis nötigenfalls auch im Prozess bewiesen werden kann. Ergeben sich diesbezüglich Zweifel, muss für eine nach Zugang und Zugangszeitpunkt beweisbare, **fristgerechte Mitteilung der Schwangerschaft** an den Arbeitgeber Sorge getragen werden. Die nachträgliche Mitteilung der Schwangerschaft nach § 9 Abs. 1 S. 1 MuSchG muss das **Bestehen einer Schwangerschaft im Zeitpunkt des Zugangs der Kündigung** oder die Vermutung einer solchen Schwangerschaft zum Inhalt haben. Die Mitteilung der Schwangerschaft ohne Rücksicht darauf, ob der Erklärungsempfänger ihr auch das Bestehen dieses Zustands zu diesem Zeitpunkt entnehmen kann, genügt nicht.[19] Der **Nachweis** der Schwangerschaft ist nicht innerhalb der Frist erforderlich, sondern kann nachgeholt werden. 12

Das Überschreiten der Zwei-Wochen-Frist ist unschädlich, wenn es auf einem von der Frau nicht zu vertretenden Grund beruht und die Mitteilung **unverzüglich** nachgeholt wird (§ 9 Abs. 1 S. 1 Hs. 2 MuSchG). Dieser Tatbestand ist insbesondere dann erfüllt, wenn die Frau erst **nach Ablauf der Frist** von ihrer Schwangerschaft **Kenntnis** erlangt. Er kann aber auch dann vorliegen, wenn die Frau zwar ihre Schwangerschaft beim Zugang der Kündigung kennt oder während des Laufs der Zwei-Wochen-Frist von ihr erfährt, aber durch sonstige Umstände unverschuldet an der rechtzeitigen Mitteilung gehindert ist.[20] Geschieht die Kenntniserlangung von der Schwangerschaft aus einem von der Frau nicht zu vertretenden Grund auch erst nach Ablauf der Drei-Wochen-Frist des § 4 S. 1 KSchG und war bis dahin eine Kündigungsschutzklage nicht erhoben, ist die durch § 5 Abs. 1 S. 2 KSchG 2004 aus- 13

19 BAG v. 15.11.1990, NZA 1991, 669 = DB 1991, 2091.
20 BAG v. 26.9.2002, AP § 9 MuSchG 1968 Nr. 31 = RzK IV 6 a Nr. 15.

drücklich eingeräumte Möglichkeit der **nachträglichen Zulassung** zu berücksichtigen und die Klageerhebung mit einem entsprechenden Antrag zu verbinden (zu Einzelfragen des Sonderkündigungsschutzes nach dem MuSchG vgl. § 7 Rn 2 ff.).

3. Wahrung des Sonderkündigungsschutzes als schwerbehinderter Mensch

14 Ist der Arbeitnehmer **schwerbehindert** (§ 2 Abs. 1 und 2 SGB IX) oder den schwerbehinderten Menschen **gleichgestellt** (§ 2 Abs. 3 SGB IX) und besteht sein Arbeitsverhältnis bei dem kündigenden Arbeitgeber zum Zeitpunkt des Zugangs der Kündigungserklärung mindestens **sechs Monate** lang, so genießt er **besonderen Kündigungsschutz gem. §§ 85 ff. SGB IX**. Außer im Fall **offenkundiger** Schwerbehinderung[21] bedarf es zur Erlangung des Kündigungsschutzes einer **Feststellung** des Grads der Behinderung **(GdB) von wenigstens 50** durch das Versorgungsamt (§ 69 SGB IX) oder – im Falle eines vom Versorgungsamt festgestellten **GdB von 30 oder 40** – einer **zusätzlichen Gleichstellung** mit den schwerbehinderten Menschen durch die Agentur für Arbeit (§ 68 Abs. 2, 3 SGB IX). Für den besonderen Kündigungsschutz kommt es **nicht** darauf an, dass der Arbeitnehmer den Arbeitgeber **vor** Ausspruch der Kündigung von seiner Schwerbehinderung oder seiner Gleichstellung in **Kenntnis** gesetzt hat (zu den Mitteilungspflichten **nach** Erhalt einer Kündigung vgl. Rn 15 f.). Eine solche Pflicht lässt sich auch nicht aus § 90 Abs. 2a SGB IX herleiten.[22] Besonderen Kündigungsschutz genießen alle Arbeitnehmer, deren Schwerbehinderung oder Gleichstellung **vor Zugang der Kündigung festgestellt** wurde. Der besondere Kündigungsschutz gem. § 85 SGB IX gilt aber **auch dann**, wenn das Versorgungsamt auf einen **mindestens drei Wochen vor Zugang der Kündigung** erfolgten Antrag hin die Schwerbehinderteneigenschaft erst **nach Zugang** der Kündigung (mit Rückwirkung auf einen Zeitpunkt vor Kündigungszugang) **feststellt**,[23] etwa auf einen Widerspruch des behinderten Menschen in einem Abhilfebescheid[24] oder in einem vor dem Verwaltungsgericht geschlossenen Vergleich.[25] Sonderkündigungsschutz hat grundsätzlich auch, wer auf einen **mindestens drei Wochen vor Zugang der Kündigung** erfolgten Antrag hin von der Agentur für Arbeit **nach Zugang** der Kündigung (mit Rückwirkung) den schwerbehinderten Menschen **gleichgestellt** wird. Die **Drei-Wochen-Frist** erklärt sich nach den Ausführungen des Bundesarbeitsgerichts[26] wie folgt: Nach § 90 Abs. 2a 1. Alt. SGB IX finde der Sonderkündigungsschutz für schwerbehinderte Menschen zwar dann keine Anwendung, wenn die Schwerbehinderung im Zeitpunkt der Kündigung nicht nachgewiesen sei. Trotz fehlenden Nachweises bleibe der Sonderkündigungsschutz dagegen dann nach § 90 Abs. 2a 2. Alt. SGB IX **bestehen**, wenn das Fehlen des Nachweises nicht auf fehlender Mitwirkung des Arbeitnehmers beruhe. Das Fehlen des Nachweises beruhe jedenfalls dann auf fehlender Mitwirkung des Arbeitnehmers, wenn er den Antrag auf Anerkennung oder Gleichstellung **nicht mindestens drei Wochen vor der Kündigung** gestellt habe. § 90 Abs. 2a 2. Alt. SGB IX, so

21 ArbG Wetzlar v. 19.10.1983– 2 Ca 283/83, juris; BAG v. 18.10.2000, BAGE 96, 123; BAG v. 7.3.2002, BAGE 100, 355; BAG v. 24.11.2005 – 2 AZR 514/04, juris; BAG v. 13.2.2008, NZA 2008, 1055 = DB 2008, 1920.

22 BAG v. 13.2.2008, NZA 2008, 1055 = DB 2008, 1920; *Griebeling*, NZA 2005, 494; OVG Rheinland-Pfalz v. 7.3.2006, FA 2006, 190.

23 ArbG Düsseldorf v. 29.10.2004, NZA-RR 2005, 138 = RzK IV 8 a Nr. 59; LAG Nürnberg v. 4.10.2005, EzA – SD 2006, Nr. 2, 13.

24 LAG Düsseldorf v. 22.3.2005, LAGE § 90 SGB IX Nr. 1.

25 BAG v. 6.9.2007, NZA 2008, 407 = DB 2008, 1105.

26 BAG v. 1.3.2007, NZA 2008, 302 = DB 2007, 1702; BAG v. 29.11.2007, NZA 2008, 361.

das BAG, enthalte insoweit die Bestimmung einer **Vorfrist**. Die Vorschrift des § 90 Abs. 2a SGB IX gelte zudem nicht nur für schwerbehinderte Menschen, sondern auch für ihnen nach § 68 SGB IX **gleichgestellte** behinderte Menschen. Der vom BAG in einer vereinzelt gebliebenen Entscheidung[27] vertretenen Auffassung, dass der Sonderkündigungsschutz ausnahmsweise bereits vor Antragstellung des Schwerbehinderten beim Versorgungsamt eingreife, wenn der schwerbehinderte Arbeitnehmer den Arbeitgeber vor dem Ausspruch der Kündigung über seine körperlichen Beeinträchtigungen informiert und über die beabsichtigte Antragstellung in Kenntnis gesetzt hat, dürfte damit wohl der Boden entzogen sein. Allerdings wird man in Missbrauchsfällen, wenn z.B. der Arbeitgeber gerade die Mitteilung der Antragstellung zum Anlass für eine Kündigung nimmt, die Unwirksamkeit der Kündigung wegen Maßregelung (§ 612a BGB) festzustellen haben.

Der Vertreter des Arbeitnehmers muss sicherstellen, dass seinem Mandanten ein – bestehender oder wegen eines laufenden Feststellungsverfahrens möglicher – besonderer Kündigungsschutz erhalten bleibt. Dazu ist erforderlich, zu prüfen, ob der Arbeitgeber von der Schwerbehinderung, der Gleichstellung, dem Antrag auf Feststellung der Schwerbehinderteneigenschaft oder dem Antrag auf Gleichstellung bei Ausspruch der Kündigungserklärung **Kenntnis** besaß. Bestehen hieran Zweifel, muss der Arbeitgeber hierüber **in nachweisbarer Form unterrichtet werden**. 15

Die langjährige Rechtsprechung des Bundesarbeitsgerichts, wonach die zur Information über die Schwerbehinderteneigenschaft als auch über einen Antrag auf Feststellung der Schwerbehinderteneigenschaft einzuhaltende Frist mit **einem Monat ab Zugang der Kündigung** anzusetzen war, und zwar sowohl im Falle einer ordentlichen[28] als auch einer außerordentlichen Kündigung,[29] ist zwischenzeitlich **überholt**. Der 2. Senat hat nach Inkrafttreten des KSchG 2004 (wenn auch zunächst nur in Gestalt eines obiter dictum) ausgeführt, vor dem Hintergrund der Neufassung des SGB IX und des § 4 KSchG erwäge er, in Zukunft von einer **Regelfrist** von **drei Wochen** auszugehen, innerhalb derer der Arbeitnehmer nach Zugang der Kündigung dem Arbeitgeber seine Schwerbehinderung oder den entsprechenden Feststellungsantrag mitteilen müsse.[30] Regelfrist bedeutet in diesem Zusammenhang, dass je nach den Umständen des Einzelfalles auch eine etwas später erfolgende Mitteilung an den Arbeitgeber noch rechtzeitig sein kann. Der Anwalt des Arbeitnehmers muss selbstverständlich den sichersten Weg einschlagen und für einen **beweisbaren Zugang** der Mitteilung beim Arbeitgeber binnen der genannten drei Wochen sorgen. Ebenso wie im Fall der Annahmeerklärung unter Vorbehalt bei der Änderungskündigung (vgl. unten Rn 19 und vgl. § 26 Rn 31 ff.) handelt es sich um eine rein materiellrechtliche Wissenserklärung und nicht um eine Prozesshandlung, so dass § 167 ZPO keine Anwendung finden dürfte. Dementsprechend ist dringend anzuraten, die Mitteilung in einem **außergerichtlichen Schreiben** – und nicht erst im Rahmen der Kündigungsschutzklage – abzugeben. Grundsätzlich darf der Arbeitnehmer die Mitteilungsfrist voll ausschöpfen, ohne dass ihm insoweit der Vorwurf des Rechtsmissbrauchs zu machen wäre.[31] Zu einem früheren Zeitpunkt braucht er den Arbeitgeber nur zu unterrichten, wenn er aufgrund besonderer Umstände damit rechnen muss, während des restlichen 16

27 BAG v. 7.3.2002, NZA 2002, 1145 = DB 2002, 2114.

28 BAG v. 23.2.1978, DB 1978, 1227 = AP § 12 SchwbG Nr. 3; BAG v. 16.1.1985, NZA 1986, 31 = DB 1985, 2106; BAG v. 31.8.1989, NZA 1990, 612 = DB 1990, 890.

29 BAG v. 14.5.1982, DB 1982, 1778 = AP § 18 SchwbG Nr. 4; BAG v. 16.1.1985, NZA 1986, 31 = DB 1985, 2106.

30 BAG v. 12.1.2006, NZA 2006, 1035 = DB 2006, 1503, bestimmter schon BAG v. 13.2.2008, NZA 2008, 1055 = DB 2008, 1920.

31 BAG v. 16.1.1985, NZA 1986, 31 = DB 1985, 2106 (noch zur Monatsfrist).

Laufs der Regelfrist hierzu nicht mehr in der Lage zu sein.[32] Bei der Wahl des Zeitpunktes der Unterrichtung spielt die Überlegung eine Rolle, dass der Arbeitgeber danach regelmäßig **eine weitere (ggf. vorsorgliche) Kündigung** aussprechen wird, zu der er vorher die **Zustimmung des Integrationsamtes** einholen muss. Da bei einer weiteren ordentlichen Kündigung wiederum die Kündigungsfristen, gerechnet ab dem Zugangszeitpunkt, einzuhalten sind, wirkt eine Verzögerung letztlich zugunsten des Arbeitnehmers.

17 Hat der Arbeitgeber in Kenntnis der Schwerbehinderteneigenschaft bzw. eines dahin gehenden Antrags die vorherige Zustimmung des Integrationsamtes beantragt und erhalten, sind die Fristen für ein vom Arbeitnehmer ggf. durchzuführendes **Widerspruchsverfahren** bzw. für eine **Anfechtungsklage im Verwaltungsrechtsweg** zu beachten.

18 Hat der Arbeitnehmer vor dem Zugang der Kündigung eine Feststellung der Schwerbehinderteneigenschaft bzw. eine Gleichstellung mit den schwerbehinderten Menschen nicht betrieben und ist er auch nicht offenkundig schwerbehindert, bestehen aber Anhaltspunkte, dass eine Behinderung mit einem Grad von zumindest 30 vorliegen könnte, sollte gemeinsam mit dem Arbeitnehmer überlegt werden, ob nunmehr eine **Antragstellung** auf Feststellung der Schwerbehinderteneigenschaft (beim Versorgungsamt, § 69 SGB IX) sowie auf Gleichstellung mit den schwerbehinderten Menschen (bei der Agentur für Arbeit, § 68 Abs. 2 S. 1 SGB IX) erfolgt. Dies kann dann von Nutzen sein, wenn mit dem Ausspruch einer **weiteren Kündigung** zu rechnen ist, etwa, weil die erste anderweitige rechtliche Mängel aufweist (zu Einzelfragen des Kündigungsschutzes schwerbehinderter Menschen und ihnen Gleichgestellter vgl. § 7 Rn 54 ff.).

4. Maßnahmen bei Änderungskündigungen

19 Hat der Arbeitnehmer eine **Änderungskündigung** erhalten, sind mit ihm die Vor- und Nachteile einer Annahme des Änderungsangebotes unter Vorbehalt der Überprüfung der sozialen Rechtfertigung und Wirksamkeit der Kündigung zu erörtern. Soll der Weg einer **Annahme unter Vorbehalt**, verbunden mit einer **Änderungsschutzklage**, beschritten werden, ist ein rechtzeitiger Zugang dieser Erklärung beim Arbeitgeber sicherzustellen. Gem. § 2 S. 2 KSchG muss der Arbeitnehmer den Vorbehalt dem Arbeitgeber innerhalb der Kündigungsfrist, spätestens jedoch innerhalb von drei Wochen nach Zugang der Kündigung, erklären. Es kann einen gravierenden Fehler darstellen, die Annahme des Änderungsangebotes unter Vorbehalt erst in der Klageschrift zu erklären (im Einzelnen siehe § 26 Rn 31–37).

5. Maßnahmen bei Bestehen eines Betriebsrats

20 Keine unmittelbar fristgebundenen Handlungen, aber doch aus taktischen Erwägungen vor dem Zugang der Kündigungsschutzklage sinnvollerweise durchzuführende Maßnahmen, stellen die Nachforschungen bei einem bestehenden Betriebsrat in Bezug auf Ablauf und Inhalt der Betriebsratsanhörung dar. Zwar lässt sich dem Gesetz eine Verpflichtung des Betriebsrats zur Auskunftserteilung gegenüber dem betroffenen Arbeitnehmer nicht entnehmen. Andererseits ist die durch § 102 Abs. 2 S. 5 BetrVG i.V.m. § 99 Abs. 1 S. 3 BetrVG konstituierte **Schweigepflicht** des Betriebsrats nach ihrem Sinn und Zweck auf Auskünfte gegenüber dem betroffenen Arbeitnehmer **nicht anzuwenden**. Eine Geheimhaltungspflicht des Betriebsrats kann allenfalls in Bezug auf Teile der im Anhörungsverfahren vom Arbeitgeber

32 BAG v. 16.1.1985, NZA 1986, 31 = DB 1985, 2106.

überlassenen Unterlagen dann vorliegen, wenn bzgl. ihrer die Voraussetzungen des § 79 BetrVG erfüllt sind.

21 Der Arbeitnehmer kann deshalb den Versuch unternehmen, vom Betriebsrat über die Durchführung des Anhörungsverfahrens so weit wie möglich und zulässig informiert zu werden, so dass bereits zu einem sehr frühen Zeitpunkt Aufschlüsse über dort möglicherweise aufgetretene Fehler gewonnen werden können. Hat der Betriebsratsvorsitzende gegenüber dem Arbeitnehmer erklärt, im Rahmen der Anhörung sei vom Betriebsrat eine **mündliche Stellungnahme** gegenüber dem Arbeitgeber **nicht abgegeben** worden, wird er die später im Prozess vom Arbeitgeber vorgetragene Behauptung, die Kündigung sei im Anschluss an eine abschließende mündliche Stellungnahme des Betriebsratsvorsitzenden erfolgt, weshalb es der Einhaltung der Wochenfrist nicht bedurft hätte, kaum bestätigen. Erklärt der Betriebsratsvorsitzende gegenüber dem Arbeitnehmer, über die schriftlichen Anhörungsunterlagen hinaus **keine** oder nur bestimmte **zusätzliche mündliche Informationen** erhalten zu haben, wird man gegenteiligen Behauptungen des Arbeitgebers im Prozess mit begründeter Skepsis entgegentreten können.

6. Erhalt eines Zeugnisses

22 Unmittelbar nach Zugang der Kündigung sind persönliche Bemühungen des Arbeitnehmers empfehlenswert, vom Arbeitgeber ein Zeugnis zu erhalten. Es geschieht immer wieder, dass Arbeitgeber **nach Zustellung der Kündigungsschutzklage** das eingeforderte Zwischen- oder Endzeugnis **nicht** bzw. **mit einem unzureichenden oder dem Arbeitnehmer nachteiligen Inhalt** erteilen. Solange die mit einer Kündigungsschutzklage regelmäßig verbundenen Spannungen noch nicht eingetreten sind, wird es dem Arbeitnehmer leichter fallen, ein wohlwollendes Zeugnis zu erhalten. Hierbei kann der Arbeitnehmer versuchen, dem Arbeitgeber einen eigenen Entwurf vorzulegen mit der Bitte, sich diesen zu Eigen zu machen.

23 *Praxishinweis*

Ohne ein Zeugnis oder bei einem Zeugnis mit negativer Bewertung sinken die Chancen des Arbeitnehmers, sich erfolgreich um einen neuen Arbeitsplatz bei einem anderen Arbeitgeber zu bewerben. Infolgedessen wird er umso intensiver bemüht sein, an seinem alten Arbeitsplatz festzuhalten. Diese Zusammenhänge sind dem Arbeitgeber meist klar oder können ihm mit Fingerspitzengefühl vermittelt werden. Der Anwalt sollte den Arbeitnehmer allerdings nachdrücklich davor **warnen**, sich im Rahmen der Bemühungen um ein wohlwollendes Zeugnis dazu bewegen zu lassen, im **Gegenzug** auf die Erhebung einer Kündigungsschutzklage oder auf die Geltendmachung sonstiger Ansprüche **zu verzichten**.

III. Zeitpunkt der Klageeinreichung

1. Einhaltung der Drei-Wochen-Frist

24 Will ein Arbeitnehmer geltend machen, dass eine Kündigung **sozial ungerechtfertigt oder aus anderen Gründen rechtsunwirksam** ist, so muss er innerhalb von **drei Wochen** nach Zugang der **schriftlichen** Kündigung Klage beim Arbeitsgericht auf Feststellung erheben, dass das Arbeitsverhältnis durch die Kündigung nicht aufgelöst ist (§ 4 S. 1 KSchG). Der Arbeitnehmer muss im Grundsatz die **dreiwöchige Klagefrist einhalten**, **gleich welchen Mangel** der Kündigung er vor Gericht geltend machen will. Davon **ausgenommen** sind bereits

nach dem Gesetzeswortlaut Kündigungen, die nicht in schriftlicher Form erfolgen, also insbesondere mündliche Kündigungen und Kündigungserklärungen, die bloß der **Textform i.S.d. § 126b BGB** genügen, so etwa, wenn die Unterschrift des Kündigenden auf der Urkunde fehlt. Diese Kündigungen können – bis zur Grenze der Verwirkung[33] – auch **noch außerhalb der Drei-Wochen-Frist** angegriffen werden. Will der Arbeitnehmer **ausschließlich** die Fehlerhaftigkeit der vom Arbeitgeber gewählten **Kündigungsfrist** geltend machen, ist auch dies **außerhalb** der dreiwöchigen Klagefrist möglich, da die Wahl der unzutreffenden Kündigungsfrist die Kündigung nicht insgesamt unwirksam i.S.d. § 4 S. 1 KSchG macht, sondern nur den Zeitpunkt ihrer Wirksamkeit betrifft.[34]

25 Bedarf die Kündigung der Zustimmung einer Behörde, läuft die Drei-Wochen-Frist erst von der Bekanntgabe der Entscheidung der Behörde an den Arbeitnehmer ab (§ 4 S. 4 KSchG). § 4 S. 4 KSchG gilt auch für die Fälle, in denen die **vorherige** Zustimmung einer Behörde einzuholen ist, so insbesondere bei einer in **Elternzeit** befindlichen Arbeitnehmerin, zu deren Kündigung nach § 18 Abs. 1 S. 2 BEEG die Zustimmung der für den Arbeitsschutz zuständigen obersten Landesbehörde oder der von ihr bestimmten Stelle erforderlich ist,[35] sowie bei einem **schwerbehinderten** Arbeitnehmer, zu dessen Kündigung nach § 85 SGB IX die Zustimmung des Integrationsamtes nötig ist.[36] Das hat zur Folge, dass bei Arbeitnehmern in Elternzeit die Frist des § 4 S. 1 KSchG bei Nichteinholung der behördlichen Zustimmung i.S.d. § 18 Abs. 1 S. 2 BEEG **überhaupt nicht** zu laufen beginnt, so dass auch hier für die Klage nur die Grenze der Verwirkung gilt. Ebenso beginnt die dreiwöchige Klagefrist im Fall der zur Kündigung eines **schwerbehinderten Menschen** erforderlichen Zustimmung des Integrationsamtes und der zur Kündigung einer **Schwangeren** erforderlichen behördlichen Zustimmung (§ 9 MuSchG) nicht vor Bekanntgabe der Entscheidung an den/die Arbeitnehmer(in) an zu laufen und läuft folgerichtig bei unterlassener Einholung der Zustimmung überhaupt nicht, **wenn** dem **Arbeitgeber** die Tatsachen, die den Sonderkündigungsschutz ausmachen, bei Ausspruch der Kündigung **bekannt** waren. Waren diese Tatsachen dem Arbeitgeber hingegen **nicht bekannt**, gilt § 4 S. 4 KSchG **nicht**, so dass die Frist des § 4 S. 1 KSchG wie gewöhnlich ab Zugang des Kündigungsschreibens zu laufen beginnt.[37] Ebenso wird man in den Fällen des Sonderkündigungsschutzes gem. **§ 18 Abs. 2 Nr. 2 BEEG** nach Kenntnis (dann § 4 S. 4 KSchG) oder Unkenntnis (dann § 4 S. 1 KSchG) des Arbeitgebers von den kündigungsschutzbegründenden Tatsachen differenzieren müssen, denn der Sonderkündigungsschutz nach § 18 BEEG ist nicht in allen Varianten notwendigerweise mit der Kenntnis des Arbeitgebers von den schutzbegründenden Tatsachen verbunden.

26 Die Drei-Wochen-Frist beginnt mit dem Zeitpunkt des **Zugangs** der Kündigungserklärung zu laufen. Bei einer unter Anwesenden übergebenen schriftlichen Kündigungserklärung erfolgt der Zugang sofort.[38] Wann eine gegenüber einem Abwesenden abgegebene Willenserklärung wirksam wird, regelt § 130 Abs. 1 BGB. Danach ist die Kündigungserklärung dann zugegangen, wenn sie so in den Machtbereich des Empfängers gelangt ist, dass bei Annahme gewöhnlicher Verhältnisse damit zu rechnen ist, dass der Empfänger von ihr Kenntnis nehmen konnte.[39]

33 Zur Frage der Verwirkung vgl. z.B. LAG Mecklenburg-Vorpommern v. 7.6.2005– 3 Sa 17/05, juris.

34 BAG v. 15.12.2005, DB 2006, 1116; BAG v. 6.7.2006, NZA 2006, 1405.

35 BAG v. 3.7.2003, NZA 2003, 1335 = DB 2003, 2494; vgl. auch LAG Hamm v. 22.9.2005 – 8 Sa 974/05, juris.

36 BAG v. 13.2.2008, NZA 2008, 1055 = DB 2008, 1920.

37 *J. Schmidt*, NZA 2004, 79; ihm folgend u.a. KR/*Friedrich*, § 4 KSchG Rn 196–210 m.w.N.; jetzt auch BAG v. 13.2.2008, NZA 2008, 1055 = DB 2008, 1920.

38 BAG v. 4.11.2004, NZA 2005, 513 = NJW 2005, 1533.

39 St. Rspr. des BAG, vgl. zuletzt BAG v. 25.4.1996, NZA 1996, 1227 = DB 1996, 2235; BAG v. 7.11.2002, NZA 2003, 719 = DB 2003, 833.

Bei der **Bestimmung des Zugangszeitpunkts** ist zu berücksichtigen, dass der Arbeitnehmer sich bei seinen diesbezüglichen Angaben in tatsächlicher Hinsicht irren, unvollständige Angaben tätigen oder stillschweigend unzutreffende rechtliche Wertungen einfließen lassen kann. Grundsätzlich sollte – von den Fällen abgesehen, in denen die Kündigung offensichtlich ein völlig veraltetes Datum trägt – die Berechnung der Drei-Wochen-Frist vorsorglich **von dem Datum des Kündigungsschreibens ab** erfolgen.

Die Frist wird gewahrt durch die **Einreichung der Klageschrift** bei Gericht, die zur Fristwahrung auch per Telefax geschehen kann. Auch die Anrufung eines örtlich unzuständigen Arbeitsgerichts mit anschließender Verweisung gem. § 48 Abs. 1 ArbGG i.V.m. § 17a Abs. 3, 4 GVG wahrt die Klagefrist. 27

Mit der Einreichung der Kündigungsschutzklage sollte wegen der damit verbundenen Haftungsrisiken nicht bis zum letzten Tag der Drei-Wochen-Frist zugewartet werden. Empfehlenswert ist eine so zeitige postalische Übermittlung der Kündigungsschutzklage an das Gericht, dass sie dort **spätestens am dritten Werktag vor Ablauf der Frist eingeht**, nötigenfalls auch verbunden mit einer **Übermittlung per Telefax**, bzgl. derer in jedem Fall mindestens der Sendebericht ausgedruckt und aufbewahrt werden sollte. Gegebenenfalls muss durch telefonische Nachfrage bei Gericht eine Bestätigung über den Eingang der Klageschrift eingeholt werden. Die Fristeinhaltung ist für den Anwalt zu einer noch bedeutsameren Aufgabe geworden, seit das Bundesarbeitsgericht ausgesprochen hat, dass das **Verschulden eines Prozessbevollmächtigten** an der Versäumung der gesetzlichen Klagefrist bei einer Kündigungsschutzklage dem klagenden Arbeitnehmer nach § 85 Abs. 2 ZPO **zuzurechnen** ist.[40] Die Entscheidung, ob eine Klage besonders zügig oder eher gegen Ende der Drei-Wochen-Frist eingereicht wird, kann sich daran orientieren, ob mit dem Arbeitgeber möglichst bald in Verhandlungen eingetreten werden soll oder ob zeitliche Verzögerungen hingenommen bzw. sogar erstrebt werden. 28

2. Maßnahmen bei Nichteinhaltung der Drei-Wochen-Frist

Kann die Drei-Wochen-Frist – sei es aus Gründen, die beim Arbeitnehmer liegen, sei es aufgrund von fehlerhafter Behandlung des Anwalts oder seiner Angestellten – nicht eingehalten werden, muss der Versuch der **Heilung** mit besonderer Sorgfalt angegangen werden. Es gelten hierfür nicht die allgemeinen Regelungen der Zivilprozessordnung über die Wiedereinsetzung in den vorigen Stand (§§ 233 ff. ZPO), sondern die Vorschrift des **§ 5 KSchG** über die **nachträgliche Zulassung verspäteter Klagen**. 29

Die Bezeichnung als „Antrag auf Wiedereinsetzung in den vorigen Stand" sollte vermieden werden, da sie bei Gericht und Gegner den Eindruck hervorrufen kann, es mit einem nicht hinlänglich mit den Besonderheiten des Arbeitsrechts vertrauten Anwalt zu tun zu haben. Richtig ist demgegenüber die Bezeichnung als „Antrag auf nachträgliche Zulassung der Kündigungsschutzklage". Mit dem Antrag auf nachträgliche Zulassung ist – soweit noch nicht geschehen – die Klageerhebung zu verbinden (§ 5 Abs. 2 S. 1 KSchG), d.h., es muss ein ordnungsgemäßer – punktueller – Kündigungsschutzantrag eingereicht werden. 30

Der Antrag muss außerdem die **Angabe** der die nachträgliche Zulassung begründenden Tatsachen und der Mittel für deren Glaubhaftmachung enthalten (§ 5 Abs. 2 S. 2 KSchG). Der Sprachgebrauch des eingereichten Antrags sollte sich aus den oben erwähnten Gründen möglichst am Gesetzeswortlaut orientieren und statt des Angebotes von „Beweisen" 31

40 BAG v. 11.12.2008, NZA 2009, 692 = DB 2009, 1354.

die Bezeichnung der **Mittel der Glaubhaftmachung** beinhalten, zumal ein sachlicher Unterschied besteht und zur Glaubhaftmachung neben den Beweismitteln der ZPO auch die Versicherung an Eides Statt zugelassen ist (vgl. § 294 ZPO). Die Mittel der Glaubhaftmachung müssen im Antrag nur bezeichnet, also angeboten werden, sie brauchen dem Antrag nicht beigefügt oder präsent zu sein. Sinnvoll und in der Praxis verbreitet ist es allerdings, bereits dem Antrag eidesstattliche Versicherungen der Partei, der Rechtsanwaltsgehilfin und/oder des Rechtsanwaltes selbst beizufügen. Der Antrag auf nachträgliche Zulassung ist nur innerhalb von **zwei Wochen nach Behebung des Hindernisses** zulässig, § 5 Abs. 3 S. 1 KSchG (zu den materiellen Voraussetzungen für die nachträgliche Zulassung im Einzelnen siehe § 22 Rn 10 ff.).

IV. Inhalt der Klageschrift

1. Durch die Gewährung von Prozesskostenhilfe bedingte Kündigungsschutzklage?

32 Ist der Mandant nach seinen persönlichen und wirtschaftlichen Verhältnissen nicht in der Lage, die Kosten der Prozessführung vollständig aufzubringen, wird der Anwalt einen Antrag auf Prozesskostenhilfe (im Folgenden: PKH) stellen. Die Klageerhebung kann zum einen unabhängig von der Gewährung der beantragten PKH erfolgen. Sie kann aber auch davon abhängig gemacht werden, dass dem Antrag auf Gewährung von PKH stattgegeben wird. Den letztgenannten Fall bezeichnet man auch als (durch Gewährung von PKH) **bedingte Klageerhebung**. Eine bedingte Klageerhebung liegt vor, wenn ausgeführt wird, erst nach Bewilligung von PKH werde man folgende Sachanträge stellen; die Klage soll nur für den Fall erhoben sein, dass PKH bewilligt ist; der beigefügte Klageentwurf belege, dass die beabsichtigte Klage Aussicht auf Erfolg bietet.

33 Nach wohl **überwiegender Auffassung**[41] wahrt eine solche als Anlage eines Antrags auf PKH eingereichte Klageschrift, die in der Antragsbegründung ausdrücklich als Entwurf einer beabsichtigten Klage bezeichnet ist, **nicht** die **Klagefrist** des § 4 KSchG, und zwar auch dann nicht, wenn die Entwurfs-Klageschrift vom Rechtsanwalt unterzeichnet ist.[42] Anderer Ansicht ist eine Kammer des LAG Niedersachsen,[43] wonach die Stellung des PKH-Antrags unter gleichzeitiger Einreichung des Entwurfs der Klageschrift und der PKH-Unterlagen rückwirkend die Frist des § 4 KSchG einhält, sofern unverzüglich nach rechtskräftiger Entscheidung über das PKH-Gesuch die Klage zugestellt wird, wobei auch diese abweichende Meinung eine fristwahrende Wirkung **nur** für einen **vollständigen** PKH-Antrag annimmt. Von einer durch die Gewährung von PKH bedingten **Kündigungsschutzklage** kann deshalb nur dringend abgeraten werden (vgl. auch § 21 Rn 47).

41 LAG Köln v. 11.3.1996, NZA-RR 1996, 453 = LAGE § 4 KSchG Nr. 34; LAG Nürnberg v. 23.10.2003, LAGE § 114 ZPO 2002 Nr. 1; LAG Schleswig-Holstein v. 12.7.2004 – 2 Ta 113/04, juris; Sächs. LAG v. 23.12.2005, EzA-SD 2006, Nr. 14, 13; LAG Schleswig-Holstein v. 24.5.2007 – 4 Ta 147/07, juris; KR/*Friedrich*, § 4 KSchG Rn 166 a.

42 Insoweit allerdings a.A. LAG Nürnberg v. 20.11.2008 – 6 Ta 167/08, juris.

43 LAG Niedersachsen v. 7.8.2002, LAGE § 4 KSchG Nr. 47 = MDR 2002, 1195.

2. Klageanträge

Mit dem Klageantrag muss eine **bestimmte Kündigung** angegriffen werden. Es empfiehlt sich, in Anlehnung an den Wortlaut des § 4 S. 1 KSchG den Antrag dahin gehend zu fassen, „... festzustellen, dass das Arbeitsverhältnis durch die Kündigung vom ... nicht aufgelöst ist". 34

Um der Gefahr vorzubeugen, dass der Arbeitgeber **weitere Kündigungen** ausspricht, die etwa deshalb nicht fristgerecht angegriffen werden, weil der Arbeitnehmer – in dem Glauben, die weitere Kündigung sei rechtlich unbeachtlich bzw. mit der bereits erhobenen Klage ohne weiteres Zutun streitgegenständlich – seinen Anwalt von dieser weiteren Kündigung nicht in Kenntnis setzt, ist die Stellung eines allgemeinen Feststellungsantrags i.S.d. § 256 ZPO angezeigt. Hat der Kläger dem Antrag nach § 4 S. 1 KSchG einen allgemeinen Feststellungsantrag hinzugesetzt, dann kann und muss der Beklagte davon ausgehen, dass der Kläger nicht gewillt ist, auch nur einen Beendigungstatbestand von mehreren gegen sich gelten zu lassen (siehe auch § 21 Rn 15 ff.). 35

Hat der Arbeitgeber eine fristlose, **hilfsweise fristgerechte Kündigung** ausgesprochen, ist vorsorglich mit der Formulierung des Klageantrags klarzustellen, dass die Klage sich sowohl gegen die fristlose als auch gegen die hilfsweise fristgerechte Kündigung richtet. 36

Im Falle einer Änderungskündigung ist der gewöhnliche Antrag nach § 4 S. 1 KSchG dann zu stellen, wenn der Arbeitnehmer das Änderungsangebot in keinem Fall annehmen will. Ist hingegen eine Annahme des Änderungsangebotes des Arbeitgebers unter Vorbehalt erfolgt, so ist gem. § 4 S. 2 KSchG **Klage auf Feststellung** zu erheben, dass die **Änderung der Arbeitsbedingungen** sozial ungerechtfertigt und unwirksam ist (im Einzelnen siehe § 26 Rn 41 ff.). 37

Neben den Kündigungsschutzanträgen wird oftmals auch ein **Antrag auf Weiterbeschäftigung** gestellt (zur korrekten – vollstreckungsfähigen – Antragsfassung siehe § 21 Rn 69). Das Begehren nach Weiterbeschäftigung ist dann geboten, wenn der Arbeitnehmer auch über die Kündigungsfrist hinaus bei dem Arbeitgeber möglichst ohne Unterbrechung tatsächlich tätig sein will, insbesondere weil er fürchtet, sich sonst seinem Arbeitsplatz und seinen Kollegen zu **entfremden**. Darüber hinaus kann die Stellung eines Weiterbeschäftigungsantrags auch im Rahmen der Verhandlungen um die Zahlung einer Abfindung die Verhandlungsposition des Arbeitnehmers verbessern. Das ist insbesondere dann der Fall, wenn starke Vorbehalte des Arbeitgebers gegen eine Rückkehr des Arbeitnehmers in den Betrieb bestehen (siehe unten Rn 86). 38

Doch führt – als Kehrseite des Ganzen – ein Weiterbeschäftigungsantrag des Arbeitnehmers dazu, dass die Zumutbarkeit einer ggf. vom Arbeitgeber für die Dauer des Kündigungsschutzrechtsstreits angebotenen Weiterbeschäftigung im Grundsatz unstreitig gestellt wird. Erwirkt der Arbeitnehmer beim Arbeitsgericht die Verurteilung des Arbeitgebers zur vorläufigen Weiterbeschäftigung bis zum rechtskräftigen Abschluss des Kündigungsrechtsstreits, so ist ihm mangels besonderer, von ihm darzulegender Umstände nicht unzumutbar (§ 11 S. 1 Nr. 2 KSchG), der Aufforderung des Arbeitgebers nachzukommen, die Beschäftigung entsprechend der arbeitsgerichtlichen Entscheidung vorläufig wieder aufzunehmen.[44] Das gilt auch und gerade für Fälle verhaltensbedingter Kündigungen. Der Weiterbeschäftigungsantrag sollte deshalb nur in denjenigen Fällen gestellt werden, in denen der Arbeitnehmer eine tatsächliche Weiterbeschäftigung ernsthaft erstrebt. 39

44 BAG v. 24.9.2003, NZA 2004, 90 = NJW 2004, 316; zu dieser Entscheidung vgl. § 21 Rn 77 f.

3. Klagebegründung

40 Die Klagebegründung sollte in jedem Fall vollständige Angaben zu den **Sozialdaten** des Arbeitnehmers enthalten, also sein Geburtsdatum, das Datum des Eintrittes in den Betrieb, die Unterhaltsverpflichtungen und eine etwaige Schwerbehinderung bzw. Gleichstellung benennen. Unprofessionell wirkt es, wenn in der Klage keine Angaben über den **monatlichen Bruttoverdienst** des Arbeitnehmers zu finden sind; diese bilden nicht nur häufig die Grundlage für Verhandlungen über eine zu zahlende Abfindung, sondern sind auch für die Abgabe einer Streitwertabsichtserklärung oder die Streitwertfestsetzung unentbehrlich. Notwendig ist außerdem, die **Zahl der im Betrieb bzw. bei dem Arbeitgeber beschäftigten Arbeitnehmer** zu nennen oder zumindest mitzuteilen, dass dort **mehr als zehn Arbeitnehmer in Vollzeit tätig sind**, da nur so die schlüssige Behauptung aufgestellt wird, dass der sachliche Anwendungsbereich des Kündigungsschutzgesetzes eröffnet ist. Ist der Arbeitnehmer bereits seit einem Zeitpunkt vor dem 1.1.2004 bei dem Arbeitgeber beschäftigt, reicht es nicht aus vorzutragen, dass der Arbeitgeber mehr als fünf Arbeitnehmer beschäftigt und auch vor dem 1.1.2004 mehr als fünf (x-beliebige) Beschäftigte hatte, es muss vielmehr schlüssig vorgetragen werden, dass der Arbeitgeber mehr als fünf Arbeitnehmer (unter Einschluss des klagenden Arbeitnehmers) beschäftigt, die sämtlich bereits **seit dem 31.12.2003 oder früher**[45] in dem betreffenden Betrieb arbeiten, vgl. § 23 Abs. 1 S. 3 a.E. KSchG – zugegebenermaßen kein Lehrbeispiel verständlicher Gesetzesfassung (zu § 23 KSchG im Einzelnen siehe § 3 Rn 25 ff.).

41 Regelmäßig wird darüber hinaus in der **Klagebegründung** der Charakter des allgemeinen Feststellungsantrags als **selbstständiger Antrag** herausgestellt, um der Gefahr zu entgehen, dass er als bloße Floskel angesehen wird (diese Gefahr besteht allerdings im Wesentlichen nur bei allgemeinen Feststellungsanträgen in Annexform)[46] und damit die ihm zugedachte Wirkung, weitere Kündigungen zu erfassen, nicht mehr erfüllen kann.

42 Soweit ein **Weiterbeschäftigungsantrag** gestellt ist, wird dieser in der Mehrzahl der Fälle unter Verweis auf den richtungweisenden Beschluss des Großen Senates des BAG vom 27.2.1985[47] begründet und damit herausgestellt, dass es sich um die Geltendmachung des so genannten „**allgemeinen**" Weiterbeschäftigungsanspruchs handelt. Liegt hingegen ein (ordnungsgemäßer) Widerspruch des Betriebsrats vor, sollte der Weiterbeschäftigungsanspruch in der Klagebegründung ausdrücklich (auch) auf § 102 Abs. 5 BetrVG gestützt werden. Zum Weiterbeschäftigungsanspruch vgl. i.E. § 13.

43 Bereits die Darlegungen zum persönlichen und sachlichen Anwendungsbereich des KSchG implizieren, dass der Arbeitnehmer die Kündigung als sozial ungerechtfertigt rügt. Zur Klarstellung wird dies häufig noch einmal in der Klagebegründung ausgeführt. Da der Arbeitgeber bei betriebsbedingter Kündigung gem. § 1 Abs. 3 S. 1 KSchG die Gründe, die zu der getroffenen **sozialen Auswahl** geführt haben, nur **auf Verlangen des Arbeitnehmers** anzugeben hat, wird dieses Verlangen regelmäßig in der Begründung der Kündigungsschutzklage zu äußern bzw. zu wiederholen sein.

44 Ob über den dargestellten notwendigen Inhalt der Klagebegründung hinaus weitere konkrete Ausführungen getätigt und Rügen erhoben werden, ist vor allem eine Frage der **Prozesstaktik**, auf die man keine allgemein gültige Antwort geben kann.

45 BAG v. 21.9.2006, NZA 2007, 438 = DB 2007, 691; BAG v. 27.11.2008, NZA 2009, 484.
46 Näher hierzu KR/*Friedrich*, § 4 KSchG Rn 225–249 a, besonders Rn 243, 244.
47 BAG GS v. 27.2.1985, BAGE 48, 122 = NZA 1985, 702.

Liegt eine **schnelle Beendigung** im Interesse des Arbeitnehmers, empfiehlt es sich, bereits in der Klageschrift **möglichst umfassend** – soweit bekannt – sämtliche Mängel darzustellen, an denen die Kündigung leidet. Derartige ausführliche Darlegungen können bewirken, dass der Arbeitgeber seine Aussichten, im Prozess zu obsiegen, als ungünstig einschätzt und den in der Güteverhandlung angebotenen Abfindungsbetrag dementsprechend höher ansetzt. Auch ein gerichtlicher Vergleichsvorschlag wird davon regelmäßig nicht unberührt bleiben. 45

Auf der anderen Seite können **sehr frühe umfassende Darlegungen** zur Unwirksamkeit der Kündigung den Interessen des Mandanten auch **Nachteile** zufügen. Der Arbeitgeber, der aufgrund dessen die Unwirksamkeit der Kündigung erkennt, „nimmt" diese möglicherweise in einem frühen Verfahrensstadium „zurück", erklärt also, aus ihr keine Rechte mehr herzuleiten, und fordert den Arbeitnehmer zur Wiederaufnahme seiner Tätigkeit auf. Das liegt nicht im Interesse derjenigen Arbeitnehmer, die auf keinen Fall mehr in den Betrieb zurückkehren, sondern lediglich eine möglichst hohe Abfindung erzielen wollen. Die frühzeitige Offenbarung von Formfehlern kann dazu führen, dass der Arbeitgeber zügig die notwendigen Schritte ergreift, um eine erneute, diesmal formgerechte Kündigung auszusprechen. 46

Aus den dargelegten Gründen ist in jedem Einzelfall genau abzuwägen, **wann** die **Rüge der nicht ordnungsgemäßen Betriebsratsanhörung** erhoben wird. Ein frühzeitiger Hinweis auf einen – insbesondere evidenten – Mangel der Betriebsratsanhörung führt regelmäßig zu der erwähnten zeitnahen erneuten, dann formfehlerfreien Kündigung. Es können auch noch **in einem die Kammerverhandlung vorbereitenden Schriftsatz** Darlegungen zur nicht ordnungsgemäßen Betriebsratsanhörung erfolgen, denn gemäß § 6 S. 1 KSchG kann sich der Arbeitnehmer, der mit seiner Klage die Drei-Wochen-Frist des § 4 S. 1 KSchG gewahrt hat, bis zum Schluss der mündlichen Verhandlung erster Instanz zur Begründung der Unwirksamkeit der Kündigung auch auf andere innerhalb der Klagefrist nicht geltend gemachte Gründe berufen. Wenn das Arbeitsgericht seiner Hinweispflicht nach § 6 S. 2 KSchG nicht nachkommt, kann sogar eine „Reparatur" erstinstanzlicher Versäumnisse durch Geltendmachung weiterer Unwirksamkeitsgründe in zweiter Instanz erfolgen. Welche Rechtsfolgen sich aus dem unterlassenen Hinweis nach § 6 S. 2 KSchG ergeben, wird in diesem Zusammenhang nicht einheitlich beurteilt. Teilweise wird angenommen, der Arbeitnehmer könne in diesem Fall auch in der Berufungsinstanz Unwirksamkeitsgründe in das Verfahren einführen, eine Zurückverweisung sei aufgrund der Sperrwirkung des § 68 ArbGG unzulässig.[48] Teilweise wird vertreten, das Berufungsgericht sei im Falle eines fehlenden Hinweises verpflichtet, das Verfahren an das Arbeitsgericht zurückzuverweisen.[49] 47

V. Durchführung außergerichtlicher Vergleichsverhandlungen

Die Frage, ob die **Aufnahme außergerichtlicher Vergleichsverhandlungen ratsam ist**, lässt sich nicht allgemein gültig beantworten. Mancher Arbeitnehmer ist besonders an einer zügigen Erledigung der Streitigkeit interessiert. Zum Teil drängen Mandanten auch deshalb auf den Versuch einer außergerichtlichen Einigung, weil sie die mit dem Eintritt in Verhandlungen vor Gericht oftmals einhergehende **Verschlechterung der menschlichen Beziehungen** befürchten, mit der Folge, dass der **Arbeitgeber** abwertende Äußerungen über den Arbeitnehmer gegenüber potentiellen neuen Arbeitgebern tätigt. 48

48 LAG Düsseldorf v. 3.11.2008 – 14 Sa 1034/08, juris; *Bader*, NZA 2004, 65; *Bayreuther*, ZfA 2005, 291.

49 LAG Düsseldorf v. 9.6.2004, LAGE § 4 KSchG Nr. 49; LAG Berlin-Brandenburg v. 26.3.2009 – 25 Sa 148/09, juris; offen gelassen von BAG v. 8.11.2007, AP Nr. 63 zu § 4 KSchG 1969 und BAG v. 12.5.2005, AP Nr. 53 zu § 4 KSchG 1969.

49 Ein guter Grund, außergerichtliche Vergleichsverhandlungen aufzunehmen, kann darin liegen, dass der Arbeitnehmer **bereits ein neues Beschäftigungsverhältnis gefunden hat** oder gerade im Begriff ist, ein solches zu begründen. Zum Zeitpunkt der erst in einigen Wochen stattfindenden Güteverhandlung kann sich die Tatsache des Antritts der neuen Arbeitsstelle bereits zu dem „alten“ Arbeitgeber herumgesprochen haben, der dann häufig nicht mehr bereit sein wird, eine Abfindung zu zahlen. Der Arbeitnehmer muss dann auch damit rechnen, dass der Arbeitgeber erklärt, aus der Kündigung keine Rechte mehr herzuleiten, und ihn zur Wiederaufnahme der Arbeit auffordert, so dass der Arbeitnehmer in die missliche Lage gerät, sich zwischen „altem“ und „neuem“ Arbeitsverhältnis entscheiden zu müssen. Bei einer zügigen Aufnahme von Vergleichsverhandlungen besteht die Chance, dass dem Arbeitgeber die Anschlussbeschäftigung noch unbekannt ist und die Verhandlungen damit zu einem für den Arbeitnehmer günstigeren Ergebnis geführt werden können.

50 Stets ist auch zu bedenken, dass in einem frühen Verfahrensstadium regelmäßig Verhandlungen mit dem Arbeitgeber **selbst** möglich sind, der sich zu diesem Zeitpunkt meist noch nicht durch einen Rechtsanwalt oder einen Justiziar eines Arbeitgeberverbandes vertreten lässt. Hat sich erst einmal ein Rechtsanwalt für den Arbeitgeber legitimiert, was in der überwiegenden Zahl der Fälle bereits zur Güteverhandlung geschieht, ist die Führung von Vergleichsverhandlungen aus standesrechtlichen Gründen nur noch mit diesem möglich (§ 12 Abs. 1 BORA).

51 Arbeitgeber, die nicht Verbandsmitglieder sind und mangels entsprechender Rechtsschutzversicherung auch die Kosten eines Rechtsanwaltes selbst tragen müssten, sollten bei Aufnahme außergerichtlicher Verhandlungen darauf aufmerksam gemacht werden, dass bei einer zügigen einvernehmlichen Regelung die **Kosten** des anwaltlichen Beistandes (die gem. § 12a ArbGG selbst im Fall des Obsiegens für die erste Instanz nicht erstattungsfähig sind) **vermieden** werden können.

52 *Praxishinweis*

Überwiegen nach alledem die Vorteile der Vorgehensweise, bereits vor Stattfinden der Güteverhandlung eine Einigung zu suchen, so ist dennoch nicht außer Acht zu lassen, dass die Verhandlungsführung eines gewissen **Fingerspitzengefühls** bedarf. Gerade dann, wenn der Arbeitnehmer bereits eine **neue Anstellung** gefunden hat, besteht die Gefahr, dass ein gewiefter Arbeitgeber(-vertreter) diese Umstände **erahnt** und sich zur Zahlung einer nennenswerten Abfindung nicht mehr bereit zeigt. Der Arbeitnehmervertreter muss deshalb den **Eindruck vermeiden**, die vorgerichtliche Kontaktaufnahme geschehe aus einer **Position der Schwäche** heraus.

VI. Vorbereitung der Güteverhandlung

1. Festlegung der Ziele

53 Die im Kündigungsschutzverfahren verfolgten Ziele richten sich maßgeblich danach, welche Aussichten der Arbeitnehmer besitzt, **zukünftig** ein **neues Beschäftigungsverhältnis** begründen zu können.

54 In manchen Fällen ist es dem Arbeitnehmer bereits gelungen, ein Anschlussarbeitsverhältnis zu begründen. Teilweise haben Arbeitnehmer einen solchen Vertragsschluss noch nicht herbeigeführt, befinden sich aber in Verhandlungen mit neuen Arbeitgebern, die soweit fortgeschritten sind, dass mit einiger Wahrscheinlichkeit von ihrem Erfolg ausgegangen werden kann. In anderen Fällen besitzt der Arbeitnehmer nur eine mehr oder weniger große Chance,

am Arbeitsmarkt eine neue Stelle zu finden. Niemand vermag in diesen Fällen sicher zu sagen, wann er wieder in Lohn und Brot stehen wird. Dennoch ist es zur sachgerechten Definition der im Prozess verfolgten Ziele erforderlich, zusammen mit dem Arbeitnehmer eine **möglichst genaue Prognose über dessen berufliche Aussichten zu treffen**.

Dabei wird der Anwalt insbesondere folgende Faktoren berücksichtigen: 55

- die **allgemeine konjunkturelle Lage**,
- die **Berufssparte**, in der der Arbeitnehmer Berufserfahrung hat bzw. in der er sucht,
- die **Qualifikation** des Arbeitnehmers,
- das **Lebensalter** des Arbeitnehmers,
- den **Gesundheitszustand** des Arbeitnehmers,
- die **örtliche Flexibilität** des Arbeitnehmers,
- die Bereitschaft des Arbeitnehmers, **Neues** zu lernen,
- das/die **Arbeitszeugnis/se** des Arbeitnehmers.

Zur besseren Strukturierung seiner eigenen Überlegungen kann der Arbeitnehmervertreter seinen Mandanten dabei **gedanklich** in eine von drei **Risikogruppen** einordnen: 56

- **Gruppe 1:** Arbeitnehmer, die voraussichtlich nur von **Kurzzeitarbeitslosigkeit** betroffen sein werden (bis zu drei Monate),
- **Gruppe 2:** Arbeitnehmer, die voraussichtlich einer Phase der Arbeitslosigkeit von **mittlerer Dauer** ausgesetzt sein werden,
- **Gruppe 3:** Arbeitnehmer, die von **Langzeit- oder Dauerarbeitslosigkeit** bedroht sind.

Je höher die **Risikogruppe**, desto höher ist auch der **Wert**, den der **Arbeitsplatz** bei dem bisherigen Arbeitgeber für den Mandanten darstellt. Je höher der Wert des Arbeitsplatzes, desto mehr besteht Anlass, um seinen Erhalt zu kämpfen, und **desto höher** muss auch die **Abfindung** bemessen sein, wenn der Arbeitnehmer seinen Arbeitsplatz im Rahmen von Vergleichsverhandlungen aufgibt. Diesen Überlegungen korrespondiert die Tatsache, dass der Kündigungsschutzprozess für den Arbeitgeber ein umso **höheres Risiko** darstellt, je länger die Phase der Arbeitslosigkeit bei dem klagenden Arbeitnehmer anhält. Das Risiko des Arbeitgebers, bei rechtskräftigem Unterliegen im Kündigungsschutzprozess Annahmeverzugslohn für die vergangene Zeit zahlen zu müssen, das sich Monat für Monat aufbaut, ist aus taktischer Sicht das Vehikel, mit dessen Hilfe der Arbeitnehmer seinen Forderungen nach einer Abfindung gegebenenfalls Nachdruck zu verleihen vermag. 57

Sind die beruflichen Aussichten des Arbeitnehmers ermittelt, ist die Frage zu stellen, ob er primär an seinem **Arbeitsplatz festhalten** oder aber **gegen Zahlung einer Abfindung** aus dem Arbeitsverhältnis **ausscheiden** will. Die Praxis zeigt, dass der überwiegende Teil der Arbeitnehmer eine Beendigung des Arbeitsverhältnisses verbunden mit der Zahlung einer möglichst hohen Abfindung anstrebt. Das ist leicht nachvollziehbar für diejenigen Fälle, in denen der Mandant einen neuen Arbeitsplatz bereits gefunden oder in Aussicht hat oder mit hoher Wahrscheinlichkeit damit rechnen kann, binnen kurzer Zeit etwas Neues zu finden. Aber auch diejenigen Arbeitnehmer, die von mittlerer, längerer oder gar von Dauerarbeitslosigkeit bedroht sind, haben oft das Interesse an dem Erhalt ihres Arbeitsplatzes verloren. Das hat seinen Grund meist darin, dass sie ihre Arbeitstätigkeit als sehr belastend empfinden, weil zwischen ihnen und dem Arbeitgeber **Spannungen** bestehen, oder dass sie beim Festhalten am Arbeitsplatz jedenfalls ein schlechtes Arbeitsklima befürchten. 58

Bei Arbeitnehmern, die bereits einen neuen Arbeitsplatz gefunden, einen solchen sicher in Aussicht haben oder allenfalls von Kurzzeitarbeitslosigkeit bedroht sind, besteht das Ziel des Kündigungsschutzprozesses regelmäßig in der **Erlangung einer Abfindung**. Häufig 59 existieren jedoch gerade bei dieser Personengruppe erhebliche **Fehlvorstellungen** bezüglich deren Höhe, weil dem Laien der Zusammenhang zwischen dem Annahmeverzugslohnrisiko und der Höhe der Abfindung nicht geläufig ist.

60 *Praxishinweis*

Der Anwalt sollte diesen Zusammenhang erläutern und allzu hochgesteckte Erwartungen des Arbeitnehmers dämpfen. Kann dann doch durch geschicktes Verhandeln eine akzeptable Abfindung erzielt werden, wird der Grad der beim Mandanten erreichten Zufriedenheit regelmäßig höher sein als für die Fälle, in denen der Anwalt dessen hochfliegende Erwartungen zunächst bestätigt, dann aber später kleinlaut seine Empfehlung für einen Vergleichsschluss zu bescheidener Münze geben muss.

61 Will hingegen ein Mandant, der der **zweiten oder** gar **dritten Risikogruppe** angehört, sein Arbeitsverhältnis zu dem bisherigen Arbeitgeber nicht mehr fortsetzen, vielmehr zügig gegen Zahlung einer Abfindung ausscheiden, sollte der Anwalt ihm die möglichen Folgen klar vor Augen führen. Nicht selten ist der Arbeitnehmer auf den Erhalt einer kurzfristig zufließenden Abfindung fixiert, vermag dabei aber ohne anwaltliche Hilfe nicht zu erfassen, welche Folgen mit einer möglicherweise jahrelangen darauf folgenden Arbeitslosigkeit finanziell verbunden sind. Der Anwalt wird dem Mandanten deswegen regelmäßig von einer allzu leichtfertigen Aufgabe des Arbeitsplatzes abraten. Neigt dieser auch nach Kenntnisnahme der Argumente dazu, primär eine Auflösung des Arbeitsverhältnisses anzustreben, wird der Anwalt ihm dazu raten, dies jedenfalls nur gegen Zahlung einer **entsprechend bemessenen Abfindung** zu tun.

62 Der Anwalt wird weiter dem Mandanten das Ergebnis seiner Prüfungen hinsichtlich der **Erfolgsaussicht** der Klage mitteilen. Regelmäßig kann er dabei – wenn nicht offenkundige schwerwiegende Formfehler die Kündigung belasten – in diesem frühen Verfahrensstadium **keine sichere Aussage** über die Prozesschancen abgeben. Eine **grundlegende Einschätzung** der prozessualen Aussichten als gut, ausgewogen oder eher gering ist dennoch meist möglich.

63 Es empfiehlt sich, danach eine Zielvorstellung hinsichtlich der Höhe der meist erstrebten Abfindung zu definieren. Hierbei sind die maßgeblichen Faktoren das aus den beruflichen Aussichten des Arbeitnehmers resultierende **Annahmeverzugslohnrisiko** des Arbeitgebers sowie die **rechtlichen Erfolgsaussichten der Kündigungsschutzklage**.

64 Ebenfalls sollte mit dem Mandanten ein **Zeitfahrplan** aufgestellt werden. In taktischer Hinsicht steigern sich die Aussichten, eine möglichst hohe Abfindung zu erlangen, für den Arbeitnehmer mit **guten** beruflichen Aussichten im Prozessverlauf nicht, sondern verschlechtern sich vielmehr rapide, wenn er ein neues Arbeitsverhältnis begründet und der bisherige Arbeitgeber hiervon Kenntnis erhält. Die Zeit arbeitet also gegen diesen Arbeitnehmer. Ein **früher Vergleichsschluss** ist deshalb für diese Fälle erstrebenswert, möglichst in der Güteverhandlung, je nach Einzelfall kann auch die Aufnahme vorgerichtlicher Vergleichsgespräche (dazu siehe Rn 48 ff.) sinnvoll sein.

65 Muss der Arbeitnehmer hingegen mit **Langzeit- oder Dauerarbeitslosigkeit** rechnen, gibt es meist keinen Grund, einen frühen Vergleichsschluss zu suchen. Natürlich wird sich der Arbeitnehmer einem großzügigen Abfindungsangebot des Arbeitgebers in der Güteverhandlung nicht verschließen. Oft muss bei dem Arbeitgeber aber im Laufe des Rechtsstreits noch die Erkenntnis wachsen, wie hoch Prozess- und Annahmeverzugslohnrisiko tatsächlich sind und welchen damit korrespondierenden Wert der Arbeitsplatz für den Arbeitnehmer darstellt. Ein **zügiger Vergleichsabschluss** kommt in Betracht, wenn aufgrund objektiver Tatsachen (und nicht aufgrund bloßer „Schwarzmalerei" des Arbeitgebervertreters in der Güteverhand-

lung) ernsthafter Grund zu der Befürchtung besteht, eine wesentliche Verschlechterung der wirtschaftlichen Verhältnisse des Arbeitgebers bis hin zu einer Insolvenz werde in naher Zukunft eintreten. In solchen Fällen ist allerdings durch eine geeignete Gestaltung des Vergleichstextes dafür Sorge zu tragen, dass eine vereinbarte Abfindung dem Arbeitnehmer auch zufließt und nicht am Ende als einfache Insolvenzforderung (§ 38 InsO) zur Tabelle angemeldet werden muss.

2. Empfehlungen zum Verhalten des Mandanten

Ein vorausschauender Anwalt wird seinem Mandanten Empfehlungen hinsichtlich dessen außerprozessualen und – soweit der Mandant an der Güteverhandlung teilnehmen soll oder will – des Verhaltens in der Verhandlung geben. Dazu gehört der dringliche Hinweis, mit der Information über die Begründung eines neuen Arbeitsverhältnisses, wenn sie gelingt, nicht hausieren zu gehen. Es versteht sich nach allem Gesagten von selbst, dass dahin gehende Äußerungen gegenüber dem bisherigen Arbeitgeber die eigene Verhandlungsposition verschlechtern. Insbesondere steht dem **bisherigen Arbeitgeber** (abgesehen von Fällen nachvertraglicher Wettbewerbsverbote) **kein Auskunftsrecht** über die Begründung eines neuen Arbeitsverhältnisses zu, so dass die Beantwortung dahin gehender Fragen vom Arbeitnehmer abgelehnt werden kann und sollte. Von Arbeitnehmerseite übersehen wird aber häufig, dass Äußerungen gegenüber ehemaligen Arbeitskollegen oder gegenüber sonstigen Personen, die den Arbeitnehmer wie auch den bisherigen Arbeitgeber kennen, von diesen häufig weiter getragen werden. 66

Im Rahmen des ihm Möglichen muss der Arbeitnehmer also aus prozesstaktischer Sicht vermeiden, dass der Arbeitgeber Kenntnis von der Begründung des neuen Arbeitsverhältnisses erlangt. Dabei **verbietet** es sich allerdings selbstredend, zum Zweck der Wahrung der Prozesschancen einen Verzicht auf die Begründung eines neuen Arbeitsverhältnisses anzuraten. Für einen guten anwaltlichen Berater muss in jedem Falle die berufliche Zukunft des Arbeitnehmers im Vordergrund stehen, so dass allenfalls versucht werden kann, durch die zügige Aufnahme von Verhandlungen noch einen passablen Abfindungsvergleich zu erzielen. 67

Dem Arbeitnehmer sollte außerdem deutlich gemacht werden, dass er – abgesehen von den Fällen der §§ 9, 10 KSchG – einen unmittelbaren Anspruch auf Zahlung einer Abfindung nicht besitzt. Dieses regelmäßig im Vordergrund stehende Ziel vermag er nur über den „Umweg“ einer Kündigungsschutzklage zu erreichen. Nimmt der Mandant an der Güteverhandlung teil, sollte ihm zur Vorbereitung eindringlich verdeutlicht werden, dass eine **Weiterarbeit beim bisherigen Arbeitgeber als primär erstrebtes Ziel** zu benennen ist und die Beendigung des Arbeitsverhältnisses gegen Zahlung einer Abfindung die offiziell nur mit Bedenken zu akzeptierende zweitbeste Lösung darstellt. 68

VII. Taktik in der Güteverhandlung

1. Teilnahme des Arbeitnehmers an der Güteverhandlung

Hat das Gericht das **persönliche Erscheinen** des Klägers **nicht angeordnet**, kann der Anwalt zusammen mit seinem Mandanten frei entscheiden, ob dessen Teilnahme an der Güteverhandlung sinnvoll ist. Der Anwalt wird zunächst für sich allein eine Einschätzung darüber treffen, ob der Mandant nach seinem Erscheinungsbild und Auftreten bei Gericht eher einen positiven oder negativen Eindruck erzeugen wird. 69

70 Ist der Arbeitnehmer zum Beispiel laut und aufbrausend, kann ein vehementer Auftritt bei Gericht – gerade wenn es um verhaltensbedingte Kündigungen geht – unter Umständen die Prozesschancen mindern. Ein allzu schüchterner Arbeitnehmer, der sich schnell zur Annahme eines Vergleichsvorschlages überreden lässt, sollte auch von der Teilnahme an der Güteverhandlung abgehalten werden, da die Gefahr besteht, dass er letztlich mit dem Vergleich unzufrieden ist und die Schuld dafür bei seinem Anwalt sucht. Die Gegenwart eines selbstbewussten Mandanten mit gewinnendem Auftreten kann hingegen bei Verhandlungen einen erheblichen Vorteil darstellen.

71 Die persönliche Teilnahme des Mandanten hat immer die **positive Seite**, dass auch Detailfragen des Gerichts meist nicht unbeantwortet bleiben. Gerade dies kann aber auch je nach Lage des Falles ein **Nachteil** sein, wenn der Anwalt es aus taktischen Gründen vorzieht, sich zu einem bestimmten Punkt mit Unwissenheit erklären zu können. Hier ist insbesondere an die seitens des Gegners, teilweise aber auch von Richtern gestellte Frage zu denken, ob der Arbeitnehmer denn bereits ein neues Beschäftigungsverhältnis begründet habe.

72 *Praxishinweis*

Es wurde bereits dargelegt, dass bei Bejahung dieser Frage regelmäßig die Chancen des Arbeitnehmers, eine Abfindung zu erhalten, erheblich sinken. Der allein erschienene Anwalt ist in diesem Punkt möglicherweise nicht ausreichend informiert und muss deshalb die Antwort mit dem Ausdruck des Bedauerns schuldig bleiben; der gleichzeitig anwesende Arbeitnehmer hingegen kann sich darauf nicht zurückziehen.

73 Soweit der Arbeitnehmer ein neues Beschäftigungsverhältnis nicht gefunden und auch nicht in einigermaßen sicherer Aussicht hat, ist seine Anwesenheit in der Güteverhandlung unproblematisch. Hat der Arbeitnehmer eine Anschlussbeschäftigung gefunden, ist er auch bei Vergleichserörterungen im Prozess **nicht verpflichtet**, dies **von sich aus** zu offenbaren.[50] Der in der Praxis immer wieder einmal anzutreffende Fall, dass offensichtlich über die Bedeutsamkeit dieses Punktes nicht hinlänglich beratene Arbeitnehmer freimütig erzählen, seit wann sie bei einem anderen Arbeitgeber welchen Arbeitsplatz zu welcher Bezahlung innehaben, ließe sich bei umfassender und vorausschauender anwaltlicher Beratung verhindern. Schwieriger wird es, wenn entsprechende **Fragen** an den Mandanten gerichtet werden, der sich vor allem gegenüber dem Richter zur Auskunft gehalten fühlt. Eine Verpflichtung, dem Gericht oder Gegner im Kündigungsschutzprozess dahingehende Fragen zu beantworten, besteht jedoch **nicht**. Auf welche Rechtsgrundlage sollte sich das Auskunftsverlangen auch stützen? Davon zu trennen ist der Umstand, dass eine dennoch erfolgende Beantwortung der **Wahrheit** entsprechen muss.[51] Macht der Arbeitgeber die Tatsache einer nicht vorhandenen Anschlussbeschäftigung ausdrücklich oder auch konkludent zur Grundlage seines Abfindungsangebots, muss der **wahrheitswidrig verneinende** Arbeitnehmer damit rechnen, dass der Arbeitgeber nach Kenntniserlangung eine Anfechtung des Vergleichs wegen **arglistiger Täuschung** erklärt.

74 *Praxishinweis*

Der Anwalt besitzt durchaus die Möglichkeit, den teilnehmenden Arbeitnehmer hinsichtlich der Frage einer Anschlussbeschäftigung von vornherein zum Schweigen zu verdonnern und den Fragesteller mit **nichts sagenden Antworten** ins Leere laufen zu lassen, etwa mit der Floskel, man könne gut nachvollziehen, dass der Fragesteller auf die Verpflichtung hinweisen wolle, zur Minderung eines etwaigen Annahmeverzugslohnrisikos

50 LAG Hamm v. 19.5.1994, LAGE § 794 ZPO Nr. 7 = RzK I 9 j Nr. 23.

51 Insoweit übereinstimmend LAG Hamm v. 19.5.1994, LAGE § 794 ZPO Nr. 7 = RzK I 9 j Nr. 23.

anderweitigen Erwerb zu tätigen. Man könne in diesem Zusammenhang versichern, dass **dem Arbeitnehmer diese Verpflichtung bekannt sei** und er **das ihm Mögliche unternehme, ihr nachzukommen**. Bei allzu nachdrücklichen Fragestellern hilft die ruhig, aber bestimmt vorgetragene Feststellung, man führe Kündigungsschutzprozesse prinzipiell in der Art, dass man diesbezügliche Fragen in der Güteverhandlung nicht beantworte. Der Arbeitgeber werde, falls notwendig, in dem Zahlungsprozess um den Annahmeverzugslohn hierüber Klarheit erhalten. Forschere Naturen können auch den rechtlichen Hinweis erteilen, auf die Beantwortung dieser Frage komme es bei der Beurteilung der sozialen Rechtfertigung und Wirksamkeit der Kündigung nicht an, da ein **etwaiges neues Arbeitsverhältnis** auf den Fortbestand des alten Arbeitsverhältnisses **bekanntlich ohne Einfluss** sei.

Bei alledem sollte man weder dem Gericht noch dem Gegner die Frage nach einer Anschlussbeschäftigung des Arbeitnehmers übel nehmen. Es kann hilfreich sein, sich innerlich zu fragen, ob man selbst es in der Rolle des anderen nicht ebenso handhaben würde. Hat der Arbeitgeber – auf welche Weise auch immer – Kenntnis von einer Anschlussbeschäftigung des Arbeitnehmers erlangt, ist als Antwort hierauf der Hinweis sinnvoll, dass das **neu begründete Arbeitsverhältnis noch nicht dem KSchG unterfällt** und deswegen auch schnell wieder zu Ende sein kann. Zudem bedeutet die Begründung eines Anschlussarbeitsverhältnisses nicht stets den Entfall jeglichen Risikos, weil der neu abgeschlossene Arbeitsvertrag eine **geringere Entlohnung** vorsehen kann, so dass dem Arbeitgeber später die Einforderung des **Differenzlohnes** im Wege von Annahmeverzugslohnansprüchen droht. **75**

Gelangt der Anwalt bei den dargestellten Überlegungen zu dem Schluss, dass eine persönliche Teilnahme des Arbeitnehmers nützlich oder jedenfalls nicht nachteilig ist, wird er im Weiteren sein eigenes Verhältnis zu dem Mandanten in seine Überlegungen mit einbeziehen. Einen **kritischen Mandanten**, der leicht zur Unzufriedenheit neigt, wird der Anwalt im eigenen Interesse zur Teilnahme an der Güteverhandlung auffordern in der meist berechtigten Einschätzung, dass dieser sonst einen (Widerrufs-) Vergleich gleich welchen Inhaltes als zu ungünstig ansehen und der Auffassung sein wird, bei den Verhandlungen sei „mehr herauszuholen" gewesen. Erlebt der Mandant hingegen selbst die oft schwierige und zähe Situation der Güteverhandlung mit, wird er meist froh über den von seinem Anwalt dann noch herausgehandelten Abfindungsbetrag sein und dem Vergleich vor Ort zustimmen. Ängstliche und niedergeschlagene Arbeitnehmer, die bekunden, hauptsächlich daran interessiert zu sein, dass die Angelegenheit ein schnelles Ende findet, sollte man hingegen nicht mit der Teilnahme an der Güteverhandlung unnötig belasten. **76**

Zum Teil ordnen Gerichte auch bereits für die Güteverhandlung das **persönliche Erscheinen** des Klägers an. Das ist ohne weiteres zulässig, § 51 Abs. 1 S. 1 ArbGG, § 141 Abs. 2, 3 ZPO. Auf die leichte Schulter kann diese Anordnung nicht genommen werden, da ihre Verletzung Sanktionen nach sich zu ziehen vermag. So kann das Gericht die **Zulassung** des Prozessbevollmächtigten **ablehnen**, wenn seine Partei trotz Anordnung ihres persönlichen Erscheinens unbegründet ausgeblieben ist und hierdurch der Zweck der Anordnung vereitelt wird, § 51 Abs. 2 S. 1 ArbGG (mit der regelmäßigen Folge eines **Versäumnisurteils**). Auch kann gem. §§ 141 Abs. 3 S. 1, 381 ZPO gegen die nicht erschienene Partei **Ordnungsgeld** wie gegen einen im Vernehmungstermin nicht erschienenen Zeugen festgesetzt werden. **77**

Ist der Arbeitnehmer aus beachtlichen Gründen daran verhindert, zu dem Verhandlungstermin zu erscheinen, kann der Anwalt beantragen, den **Beschluss** über die Verpflichtung zum persönlichen Erscheinen **aufzuheben**. Er kann auch – was empfehlenswerter ist – auf die Verhinderung des Mandanten verweisen und gleichzeitig erklären, selbst über den Sachver- **78** halt informiert und grundsätzlich zum Abschluss eines Vergleiches berechtigt zu sein, also die Voraussetzungen des § 141 Abs. 3 S. 2 ZPO zu erfüllen. Die vorgeschlagene Vorgehensweise – mit vorheriger schriftlicher Ankündigung – ist sinnvoll, weil das Gericht dann für den Fall, dass es das persönliche Erscheinen des Klägers für unabdingbar hält, noch die Möglichkeit besitzt, einen entsprechenden Hinweis zu erteilen. Außerdem kann der Anwalt auf seine Ankündigung hin erwarten, dass ein Gericht, das wie ein Teil der Rechtsprechung[52] den **Prozessbevollmächtigten** generell **nicht als geeigneten Vertreter** i.S.d. § 141 Abs. 3 S. 2 ZPO ansieht, ihm seine Bedenken im Vorwege offenbart. Beabsichtigt der Anwalt, sodann als **Vertreter i.S.d. § 141 Abs. 3 S. 2 ZPO** aufzutreten, muss er aber auch beachten, die inhaltlichen Voraussetzungen der Norm zu erfüllen, also über den Sachverhalt so weit wie möglich durch den Arbeitnehmer informiert und außerdem grundsätzlich zu einem Vergleichsabschluss bevollmächtigt zu sein.

2. Abschluss eines Vergleiches oder Scheitern der Güteverhandlung?

79 Die Frage, ob in der **Güteverhandlung** einem **Vergleich** zugestimmt werden sollte oder nicht, beantwortet sich danach, ob damit das in Vorbereitung des Kündigungsschutzprozesses gemeinsam erarbeitete Ziel erreicht werden kann. Hinsichtlich derjenigen Fälle, in denen der Arbeitnehmer bereits einen neuen Arbeitsplatz gefunden hat (und diesen aller Wahrscheinlichkeit nach auch auf Dauer behalten wird), gilt das oben Ausgeführte (Rn 49, 64): Ein **schneller Vergleichsschluss** ist erstrebenswert, selbst wenn eine damit verbundene Abfindung vergleichsweise niedrig ausfällt, denn die Tatsache des neuen Beschäftigungsverhältnisses wird dem Arbeitgeber in der Regel nicht lange verborgen bleiben, der dann regelmäßig nicht mehr zu nennenswerten Zahlungen bereit sein wird. Die Fortführung des Kündigungsschutzprozesses bedeutet wegen des deutlich verringerten Annahmeverzugslohnrisikos für den Arbeitgeber meist keine wesentliche Gefahr mehr. Zum Teil erklären Arbeitgeber in einer solchen Situation auch, aus der Kündigung keine Rechte mehr herzuleiten (sog. „Rücknahme" der Kündigung), was einem rückkehrunwilligen Arbeitnehmer nicht von Nutzen ist.

80 Wird der Arbeitnehmer hingegen voraussichtlich in der nächsten Zeit arbeitslos sein, ist ein vernünftiger Grund für einen übereilten Vergleichsabschluss nicht erkennbar (siehe bereits Rn 65). Wenn es nicht gelingt, die vorher gemeinsam mit dem Mandanten festgelegten Ziele durchzusetzen, wird ein **Scheiternlassen der Güteverhandlung** regelmäßig der gewinnbringendere Weg sein. Der Fortgang wirkt sich in zweierlei Hinsicht zugunsten des Arbeitnehmers aus: Zum einen steigt mit anhaltender Arbeitslosigkeit das betragsmäßige Risiko des Arbeitgebers, im Falle des Unterliegens Annahmeverzugslohn zahlen zu müssen. Zweitens muss der im Hinblick auf die soziale Rechtfertigung der Kündigung darlegungs- und beweisbelastete Arbeitgeber hierzu nunmehr **ins Einzelne gehende Ausführungen tätigen** und auch zu möglichen anderen Unwirksamkeitsgründen, wie z.B. einer fehlerhaften Betriebsratsanhörung, Stellung nehmen. Die Erfahrung zeigt, dass mit der Notwendigkeit dieser schriftlichen Darlegungen und Beweisangebote die Schwächen einer Kündigung ans Licht kommen.

81 *Praxishinweis*

Der Arbeitnehmervertreter sollte sich deshalb nicht von vollmundigen Beteuerungen seines Gegenübers in der Güteverhandlung beeindrucken lassen, die Kündigung gebe in kei-

52 LAG Hamm v. 28.10.1971, MDR 1972, 362; a.A. LAG Hessen v. 14.8.1978, BB 1979, 891; OLG Oldenburg v. 11.1.1995; OLGR Oldenburg 1995, 92; OLG Frankfurt v. 3.2.2003, OLGR Frankfurt 2003, 163.

ner Hinsicht zu Zweifeln an ihrer Wirksamkeit Anlass. Auch muss er auf das Argument gefasst sein, der Arbeitgeber befinde sich in schlechten wirtschaftlichen Verhältnissen oder stehe gar kurz vor der Insolvenz, deshalb werde der Arbeitnehmer bei weiterem Zuwarten möglicherweise leer ausgehen. Meist hat der **Arbeitnehmer** in Bezug auf den **wirtschaftlichen Zustand** der Firma einige **Kenntnisse**, die der Arbeitnehmervertreter sich weitergeben lassen sollte, um abschätzen zu können, ob es um den Arbeitgeber tatsächlich so schlecht steht wie behauptet.

VIII. Maßnahmen zwischen Güte- und Kammerverhandlung und Vorbereitung der Kammerverhandlung

1. Verhalten des Arbeitnehmers

Auch in der Zeit nach dem Scheitern der Güteverhandlung muss der Arbeitnehmer, wenn er ein neues Beschäftigungsverhältnis begründen kann, darauf achten, dass dies dem Arbeitgeber nach Möglichkeit **nicht zur Kenntnis gelangt**. Zwar sind regelmäßig Annahmeverzugslohnforderungen für den Zeitraum bis zur Begründung des neuen Beschäftigungsverhältnisses angefallen, jedoch fehlt es an ernsthaften zukünftigen Risiken. 82

Hat der Arbeitnehmer eine **betriebsbedingte Kündigung** erhalten, wird sein anwaltlicher Vertreter ihm empfehlen, Kenntnisse darüber zu gewinnen, wie der Arbeitgeber mit dem vorgeblich weggefallenen Arbeitsplatz verfährt. Ein bewährtes Mittel ist insbesondere die Durchsicht von Tageszeitungen und Jobbörsen sowie die Nachfrage bei der zuständigen Agentur für Arbeit in Bezug auf **Stellenangebote des Arbeitgebers**. Gelingt es dem Arbeitnehmer, eine Stellenanzeige zu finden, in der sein Arbeitgeber im zeitlichen Zusammenhang mit dem Ausspruch der Kündigung eine Beschäftigung mit vergleichbarem Anforderungsprofil anbietet, ist die Kündigung in den meisten Fällen rechtlich nicht mehr haltbar. 83

Auch Stellenanzeigen für **geringwertigere**, aber dem Arbeitnehmer zumutbare Arbeitsplätze beim Arbeitgeber sind im Kündigungsschutzprozess von Bedeutung. Die Kündigung ist auch dann sozial ungerechtfertigt, wenn die Weiterbeschäftigung des Arbeitnehmers nach zumutbaren Umschulungs- oder Fortbildungsmaßnahmen oder eine Weiterbeschäftigung des Arbeitnehmers unter geänderten Arbeitsbedingungen möglich ist und der Arbeitnehmer sein Einverständnis hiermit erklärt hat (§ 1 Abs. 2 S. 3 KSchG). Der Arbeitgeber muss also dem Arbeitnehmer freie anderweitige Arbeitsplätze anbieten, und zwar nicht nur im Betrieb, sondern bezogen auf das **gesamte Unternehmen**. In Ausnahmefällen ist unter bestimmten Voraussetzungen[53] eine konzernweite Weiterbeschäftigungspflicht denkbar. Soweit sich die Arbeitsbedingungen hierdurch ändern und die Änderung nicht durch arbeitgeberseitige Ausübung des Direktionsrechts herbeigeführt werden kann, ist eine **Änderungskündigung** – gegebenenfalls auch auf einen geringwertigeren Arbeitsplatz – auszusprechen. Das Angebot einer bestehenden Weiterbeschäftigungsmöglichkeit kann lediglich in **Extremfällen** (z.B. offensichtlich völlig unterwertige Beschäftigung) unterbleiben.[54] Gerade in größeren Unternehmen mit mehreren Betrieben kann dieser Unwirksamkeitsgrund leicht auftreten, wenn von Seiten des Arbeitgebers derartige freie Plätze aufgrund mangelnder Organisation unberücksichtigt bleiben. 84

53 Dazu i.E. BAG v. 23.11.2004, NZA 2005, 929 = ZIP 2005, 1044; vgl. auch BAG v. 14.10.1982, BAGE 41, 72; BAG v. 23.3.2006, NZA 2007, 30 = DB 2006, 2351; BAG v. 23.4. 2008, NZA 2008, 939 = DB 2008, 1631.

54 BAG v. 21.4.2005, NZA 2005, 1289 = DB 2005, 2528.

85 Oftmals wird aber von Arbeitnehmerseite verkannt, dass **konkreter Sachvortrag zu freien Arbeitsplätzen im Unternehmen erforderlich ist**, um die Kündigung insoweit erfolgreich angreifen zu können. Zwar liegt die Darlegungs- und Beweislast dafür, dass eine anderweitige Beschäftigung nicht möglich oder zumutbar ist, beim Arbeitgeber, § 1 Abs. 2 S. 4 KSchG. Wenn aber der Arbeitnehmer nur den Wegfall seines bisher innegehabten Arbeitsplatzes bestreitet, reicht der pauschale Vortrag des Arbeitgebers aus, eine Weiterbeschäftigung auf einem anderen freien Arbeitsplatz im Unternehmen sei nicht möglich. Daraufhin muss der **Arbeitnehmer konkret darstellen, wie** er sich eine **anderweitige Beschäftigung im Unternehmen vorstellt**.[55] Er muss also aktiv werden und Informationen über freie Arbeitsplätze im Unternehmen zu gewinnen versuchen, sei es über den **Betriebsrat**, sei es über **Kollegen** oder eben durch die Suche nach **Stellenanzeigen** des Arbeitgebers.

2. Weiterbeschäftigungsantrag und arbeitgeberseitig angebotene Weiterbeschäftigungsmöglichkeit

86 Spätestens im Vorfeld der Kammerverhandlung ist zu prüfen, inwieweit ein **Antrag auf Weiterbeschäftigung sinnvoll** erscheint. Dazu zählen fraglos diejenigen Fälle, in denen der Arbeitnehmer vor allem seinen Arbeitsplatz erhalten will. Der Weiterbeschäftigungsantrag kann auch ein Mittel darstellen, um im Rahmen von Abfindungsverhandlungen den **Druck** auf den Arbeitgeber zu **erhöhen**. Das setzt voraus, dass der Arbeitnehmer ernstlich gewillt ist, an seinen Arbeitsplatz – zumindest für eine gewisse Zeit – zurückzukehren. Die konsequente **Verfolgung und Vollstreckung eines erstinstanzlich ausgeurteilten Weiterbeschäftigungsanspruchs** kann zu einem **Ansehensverlust** des Arbeitgebers bei Teilen der Belegschaft führen, wenn der Eindruck entsteht, dem Arbeitgeber gelinge es trotz aller Bemühungen nicht, das Arbeitsverhältnis zu dem betreffenden Arbeitnehmer zu beenden.

87 Der Arbeitgeber besitzt andererseits die Möglichkeit, dem Arbeitnehmer von sich aus eine **befristete Weiterbeschäftigung** anzubieten, um sein **Annahmeverzugslohnrisiko zu mindern** (im Einzelnen vgl. § 39 Rn 51 ff.). Der Arbeitnehmer und sein Vertreter haben dann zu prüfen, welche Reaktionsmöglichkeiten im Hinblick auf ein solches Angebot bestehen und welche Handlungsweise die dem Arbeitnehmer günstigste ist.

88 Solange aus dem bisherigen Arbeitsverhältnis nicht unwesentliche **Lohnrückstände** bestehen, bietet es sich an, bis zu deren Begleichung von dem Zurückbehaltungsrecht an der Arbeitskraft Gebrauch zu machen (§ 273 BGB). Das **Zurückbehaltungsrecht** wegen nicht erfüllter, fälliger Lohnansprüche aus dem bisherigen Arbeitsverhältnis besteht auch hinsichtlich der Arbeitsleistung im Rahmen einer vom gleichen Arbeitgeber angebotenen **weiteren Beschäftigung zu anderen Bedingungen**,[56] es handelt sich auch hier um dasselbe Rechtsverhältnis i.S.d. § 273 BGB. Nichts anderes kann für eine angebotene befristete Weiterbeschäftigung für die Dauer des Kündigungsschutzrechtsstreits (sog. Prozessbeschäftigung) gelten. Allerdings ist die Ausübung des Zurückbehaltungsrechts ausgeschlossen, wenn der Lohnrückstand verhältnismäßig geringfügig ist, nur eine kurzfristige Verzögerung eintritt, dem Arbeitgeber ein unverhältnismäßig hoher Schaden entsteht oder der Lohnanspruch auf andere Weise gesichert ist.[57] Zu beachten ist dabei, dass die Ausübung des Zurückbehaltungsrechts mittels **ausdrücklicher Erklärung** gegenüber dem Arbeitgeber erfolgen muss

55 BAG v. 3.2.1977, DB 1977, 1320 = NJW 1977, 1846; BAG v. 7.11.1985 – 2 AZR 649/84, juris.
56 LAG Köln v. 15.9.1993, VersR 1994, 839.
57 LAG Rheinland-Pfalz v. 7.6.2005 – 2 Sa 1012/04, juris.

und dass sie nicht zur Unzeit geschehen darf. Soweit die Voraussetzungen für die Ausübung des Zurückbehaltungsrechts nicht vorliegen, kann gemeinsam mit einem nicht rückkehrbereiten Arbeitnehmer geprüft werden, ob die angebotene Prozessbeschäftigung hinsichtlich ihrer Arbeitsbedingungen **zumutbar** ist. Der Grundsatz, dass der Tatbestand böswillig unterlassenen anderweitigen Erwerbes nur vorliegt, wenn die Unterlassung sich auf eine dem Arbeitnehmer zumutbare Arbeit bezieht (§ 11 Nr. 2 KSchG, § 615 S. 2 BGB), gilt auch im Verhältnis zu dem bisherigen Arbeitgeber.

Ist der Mandant gewillt (oder nach den Umständen genötigt), die befristete Weiterbeschäftigung bei dem Arbeitgeber aufzunehmen, so ist zu berücksichtigen, dass Arbeitgeber nicht selten in dem befristeten Prozessbeschäftigungsverhältnis den Arbeitnehmer besonders genau kontrollieren und versuchen, arbeitsvertragliche Verstöße nachzuweisen, mit denen sich Abmahnungen und gegebenenfalls auch eine verhaltensbedingte Kündigung begründen lassen. Es sollte also dem Arbeitnehmer geraten werden, besonders darauf zu achten, sich im Rahmen der befristeten Weiterbeschäftigung **vertragstreu** zu verhalten. Greift der Arbeitgeber zu **unerlaubten Mitteln**, um dem Arbeitnehmer innerhalb der befristeten Weiterbeschäftigung das Leben schwer zu machen, muss geprüft werden, inwieweit diese Umstände **Unzumutbarkeit** begründen und damit für den Arbeitnehmer einen Anlass darstellen, seine Tätigkeit in dem befristeten Weiterbeschäftigungsverhältnis zu beenden. 89

3. Ausschlussfristen

Stets ist zu berücksichtigen, dass sich das Annahmeverzugslohnrisiko für die zurückliegenden Monate ebenso schnell wieder abbaut, wie es sich für den jeweils aktuellen Monat aufbaut, wenn geltende und wirksame Ausschlussfristen außer Acht gelassen werden. **Tarifvertragliche Ausschlussfristen** können auf das Arbeitsverhältnis der Parteien einwirken, wenn ein Tarifvertrag kraft Allgemeinverbindlichkeit, kraft beiderseitiger Verbandszugehörigkeit oder kraft einzelvertraglicher Vereinbarung auf das Arbeitsverhältnis Anwendung findet. Auch in **Formulararbeitsverträgen** können zweistufige Ausschlussklauseln wirksam vereinbart werden. Einzelvertragliche formularmäßig vereinbarte Ausschlussfristen, die die (außergerichtliche) **schriftliche** Geltendmachung verlangen, sind bei Einhaltung einer Mindestfrist von drei Monaten wirksam.[58] Auch die in Einzelarbeitsverträgen zulässige Mindestfrist für die **gerichtliche** Geltendmachung der Ansprüche beträgt drei Monate.[59] 90

a) Schriftliche Geltendmachung

Ausschlussfristen in Klauseln, die eine bloße schriftliche Geltendmachung verlangen, werden bereits durch das Erheben der Kündigungsschutzklage gewahrt, soweit es Ansprüche betrifft, die vom erfolgreichen Ausgang des Kündigungsschutzprozesses abhängen.[60] Die Geltendmachung wahrt die Ausschlussfrist auch dann, wenn sie **vor Fälligkeit** erfolgt.[61] Bereits der Kündigungsschutzantrag als solcher reicht zur Geltendmachung aus. Dennoch ist es üblich und auch sinnvoll, zur Klarstellung in der **Klagebegründung** ausdrücklich sämtliche, insbesondere zukünftige, Zahlungsansprüche des Arbeitnehmers geltend zu machen 91

58 BAG v. 28.9.2005, BB 2006, 327.

59 BAG v. 25.5.2005, NZA 2005, 1111 = DB 2005, 2136.

60 BAG v. 7.11.1991, NZA 1992, 521 = DB 1992, 1146; BAG v. 11.12.2001, NZA 2002, 816.

61 BAG v. 22.2.1978, NJW 1978, 1942 = DB 1978, 1350; BAG v. 13.2.2003, AP § 613a BGB Nr. 244 = NZA 2003, 1295.

und hierbei auch die einzelnen in Frage kommenden Arten, am besten **konkret**, aufzuzählen (Lohn, Zulagen, Sonderzahlungen, Gratifikationen, Prämien, Provisionen usw.). Die **klageweise Geltendmachung mittels bezifferten Leistungsantrags** ist hingegen zur Wahrung einer solchen Ausschlussfrist **nicht** erforderlich. Allerdings müssen die **Verjährungsfristen** im Blick behalten werden, zu deren Wahrung die Erhebung der bloßen Kündigungsschutzklage nicht ausreicht. Zu berücksichtigen ist weiter, dass § 167 ZPO auf die Geltendmachung zukünftiger Zahlungsansprüche mittels Kündigungsschutzklage keine Anwendung findet, so dass eine Geltendmachung erst mit dem **Zustellungszeitpunkt der Klage** vorliegt.[62]

b) Gerichtliche Geltendmachung

92 Soweit Ausschlussklauseln, oft als zweite Stufe nach der schriftlichen Geltendmachung, die gerichtliche Geltendmachung von Forderungen verlangen, ist zunächst auf ihre **konkrete Ausgestaltung** zu achten.

93 Einige Ausschlussklauseln, die insbesondere in allgemeinverbindlichen Tarifverträgen des Handwerks enthalten sind, sehen zur Vermeidung laufend zu erhebender Lohnklagen vor, dass die zweite Stufe der Ausschlussfrist für Ansprüche, die vom Ausgang eines Kündigungsrechtsstreits abhängen, **erst mit Rechtskraft der den Kündigungsschutzprozess beendenden Entscheidung** zu laufen beginnt. Der Arbeitnehmer kann hier den Ausgang des Kündigungsschutzverfahrens abwarten, muss dann aber die Frist, die nun für alle aufgelaufenen Ansprüche gilt, auf jeden Fall wahren. Zu beachten ist allerdings, dass die ein Kündigungsschutzverfahren in Bezug nehmende Klausel **nicht** auch auf die Fälle allgemeiner Feststellungsklagen, wie sie etwa bei Angriffen gegen Aufhebungsverträge[63] oder bei Streitigkeiten um die Wirksamkeit einer Eigenkündigung des Arbeitnehmers[64] zu stellen sind, und auch nicht auf Lohnansprüche, die während eines Zustimmungsersetzungsverfahrens gem. § 103 BetrVG fällig werden,[65] anzuwenden ist. Solche Klauseln bewirken also außerhalb ihres Anwendungsbereichs – eines Kündigungsschutzverfahrens – keine Verschiebung des Laufes der Ausschlussfrist auf den Zeitpunkt nach rechtskräftiger Entscheidung.

94 Die bisher völlig einhellige Rechtsprechung,[66] nach welcher eine Kündigungsschutzklage nicht geeignet ist, eine gerichtliche Geltendmachung darzustellen, dürfte auf **tarifvertragliche Ausschlussfristen**, gleich ob sie kraft Allgemeinverbindlichkeit, beiderseitiger Verbandszugehörigkeit oder im Wege einzelarbeitsvertraglicher Vereinbarung für das Arbeitsverhältnis Geltung beanspruchen, unabhängig von deren konkreter Formulierung nach wie vor Anwendung finden.[67] Für tarifvertragliche Ausschlussfristen dürfte ebenfalls weiter gelten, dass auch ein auf Weiterbeschäftigung gerichteter Klageantrag keine gerichtliche Geltendmachung von Zahlungsansprüchen enthält, und zwar selbst dann nicht, wenn in dem Antrag die Arbeitsbedingungen wie die Zahl der wöchentlichen Arbeitsstunden und die Höhe des Stundenlohns angegeben sind, zu denen die Weiterbeschäftigung erfolgen soll.[68]

62 BAG v. 8.3.1976, AP § 496 ZPO Nr. 4 = DB 1977, 264; BAG v. 25.9.1996– 10 AZR 678/95, juris.

63 BAG v. 25.10.1989, DB 1990, 1424 = NZA 1990, 536.

64 BAG v. 8.8.2000, NZA 2000, 1236 = DB 2001, 436.

65 BAG v. 5.11.2003, NZA 2004, 102 = DB 2005, 112.

66 BAG v. 22.2.1978, NJW 1978, 1942 = DB 1978, 1350; BAG v. 8.8.1985, DB 1986, 2337; BAG v. 8.8.2000, NZA 2000, 1236 = DB 2001, 436.

67 Klar noch BAG v. 26.4.2006, NZA 2006, 845; offen gelassen allerdings von BAG v. 9.7.2008, AP Nr. 21 zu § 1 TVG Tarifverträge: Gebäudereinigung.

68 BAG v. 8.8.2000, NZA 2000, 1236 = DB 2001, 436.

Ist die Ausschlussfrist hingegen **einzelarbeitsvertraglich** vereinbart und – wie meist – als **Allgemeine Geschäftsbedingung** i.S.d. §§ 305 ff. BGB anzusehen, kommt es auf deren **konkrete Formulierung** an. Häufig wird (nur) geregelt, dass von der Gegenseite abgelehnte Ansprüche „binnen einer Frist von drei Monaten einzuklagen" sind, um deren Verfall zu verhindern. Hier soll nach neuerer Rechtsprechung des Bundesarbeitsgerichts die **Erhebung der Kündigungsschutzklage genügen**, um das Erlöschen der vom Ausgang des Kündigungsrechtsstreits abhängigen Annahmeverzugsansprüche des Arbeitnehmers zu verhindern,[69] da die Klausel von einem nicht rechtskundigen Durchschnittsarbeitnehmer nicht so verstanden werden könne, dass nur die Erhebung einer bezifferten Leistungsklage diesem Erfordernis genüge. Er dürfe sie vielmehr so verstehen, dass jede prozessuale Auseinandersetzung „über den Anspruch" seine Obliegenheit erfülle. Ob für die kautelarjuristische Praxis zweistufige Ausschlussklauseln, die dem Arbeitnehmer **ausdrücklich** die Pflicht auferlegen, vor rechtskräftigem Abschluss eines Kündigungsschutzprozesses die davon abhängigen Annahmeverzugslohnansprüche jeweils binnen einer dreimonatigen Frist mittels einer **bezifferten Leistungsklage** geltend zu machen, eine Möglichkeit bieten, auf diese etwas überraschende Rechtsprechungsänderung zu reagieren, ist offen und fraglich. Das BAG hat in einem obiter dictum[70] bereits angedeutet, dass zu prüfen sein wird, ob eine solche Klausel eine **unangemessene Benachteiligung** des Arbeitnehmers (§ 307 Abs. 1 S. 1 BGB) darstellt. Aus Sicht des Arbeitnehmers bzw. dessen Prozessbevollmächtigtem wird ungeachtet solcher Fragen grds. jede einzelarbeitsvertragliche Ausschlussfrist vorsorglich für das weitere Vorgehen als (möglicherweise) wirksam behandelt werden müssen, um für die Geltendmachung der Lohnansprüche den „sichersten Weg" zu wählen. 95

Bei Klauseln, die ein „Einklagen" oder eine „gerichtliche Geltendmachung" fordern (wenn die Klausel nicht gerade für die zweite Stufe der Ausschlussfrist einen Beginn erst mit Rechtskraft der den Kündigungsschutzprozess beendenden Entscheidung vorsieht, s.o.), ist daher – unabhängig davon, ob es sich um eine tarif- oder einzelvertragliche Regelung handelt – aus anwaltlicher Vorsicht in aller Regel eine **laufende gerichtliche Geltendmachung** der während des Rechtsstreits fällig werdenden Zahlungsansprüche zu empfehlen, um das für den Kündigungsschutzprozess zur Erreichung der Ziele des Arbeitnehmers so wichtige Annahmeverzugslohnrisiko bestehen zu lassen. Dazu ist nach Fälligkeit des jeweiligen Lohnanspruchs – innerhalb der Ausschlussfrist – **Leistungsklage** i.S.d. § 253 ZPO zu erheben,[71] so dass während des Kündigungsschutzverfahrens, je nach der Länge der Ausschlussfrist, laufend neue Leistungsklagen bzw. -klageerweiterungen erforderlich sind. 96

Ausschlussklauseln, die eine schriftliche Geltendmachung fordern, beginnen regelmäßig mit der **Fälligkeit** des Anspruchs zu laufen. Soweit im Rahmen der zweiten Stufe von Ausschlussklauseln die gerichtliche Geltendmachung verlangt wird, hängt der Fristenlauf von deren genauer Ausgestaltung ab. Zum Teil wird auf die **schriftliche Ablehnung** des Schuldners (hier: des Arbeitgebers) abgestellt, mit der Folge, dass die zweite Stufe der Ausschlussfrist solange nicht zu laufen beginnt, wie eine schriftliche Ablehnung nicht erfolgt. Meist wird allerdings – alternativ zu einer schriftlichen Ablehnung – in der Klausel eine Frist (häufig: zwei Wochen) gesetzt, innerhalb derer der Anspruchsinhaber im Anschluss an die schriftliche Geltendmachung und bei Nichtäußerung des anderen Teils hierzu zur gerichtlichen Geltendmachung zu schreiten hat. Die Frist für die gerichtliche Geltendmachung beginnt allerdings auch in diesen 97

69 BAG v. 19.3.2008, NZA 2008, 757 = DB 2008, 1975.

70 BAG v. 19.3.2008, NZA 2008, 757 = DB 2008, 1975 a.E.

71 BAG v. 29.6.1989, NZA 1989, 897 = DB 1989, 2628; BAG v. 8.8.2000, NZA 2000, 1236 = DB 2001, 436.

Fällen **nicht vor der Fälligkeit des Anspruchs** zu laufen, auch wenn der Arbeitnehmer seinen Anspruch vor Fälligkeit schriftlich geltend gemacht hat.[72]

98 *Praxishinweis*

Der Arbeitnehmer und sein Vertreter können versuchen, den Arbeitgeber dazu zu bewegen, auf die Geltendmachung der Ausschlussfrist zu **verzichten**, um die für beide Seiten durch eine Klageerweiterung bzw. einen weiteren Prozess entstehenden Kosten zu vermeiden.

4. Schriftsätzliche Vorbereitung der Kammerverhandlung

99 Zur Vorbereitung der Kammerverhandlung wird das Gericht meistens zunächst dem beklagten Arbeitgeber eine **Frist** setzen, um die soziale Rechtfertigung der Kündigung zu begründen. Sodann wird dem Kläger eine Frist gesetzt, um hierauf zu erwidern. Gem. § 6 S. 1 KSchG hat der klagende Arbeitnehmer bis zum Schluss der mündlichen Verhandlung erster Instanz sämtliche behaupteten Unwirksamkeitsgründe der Kündigung in den Rechtsstreit einzuführen. Das bedeutet aber nicht, dass in diesem Zeitrahmen auch alle den geltend gemachten Unwirksamkeitsgrund betreffenden Tatsachen vorgetragen und alle diesbezüglichen Beweise angeboten worden sein müssten. Man kann sich daher in taktischer Hinsicht durchaus darüber streiten, ob im Rahmen der die Kammerverhandlung vorbereitenden Schriftsätze bereits sämtliche möglichen Argumente geäußert werden müssen bzw. sollten. Zwar bestehen mit § 67 Abs. 2, 3 ArbGG für das Landesarbeitsgericht als Berufungsinstanz Möglichkeiten, unter bestimmten Voraussetzungen **verspätetes Vorbringen zurückzuweisen**. Von diesen Vorschriften wird allerdings in der Praxis erfahrungsgemäß **selten** Gebrauch gemacht. Mancher Klägervertreter trägt erst in der zweiten Instanz substantiiert vor und deckt Schwächen des arbeitgeberseitigen Vortrages erst dann auf, um von dem durch den Zeitablauf naturgemäß gesteigerten Annahmeverzugslohnrisiko zu profitieren. Wer diesen Weg wählt, muss sich des damit verbundenen **Risikos** bewusst sein, dass die Gefahr einer Zurückweisung wegen Verspätung nicht vollständig ausgeschlossen werden kann oder die gewählte Vorgehensweise, bestimmten Vortrag bewusst zurückzuhalten, dem zweitinstanzlichen Gericht so offenkundig wird, dass der Klägervortrag – und sei es auch nur unterschwellig – nicht mehr die Würdigung erfährt, die ihm nach seinem Inhalt eigentlich zukäme.

100 Im Grundsatz ist es daher meist vorzuziehen, sämtliche (bekannten) Argumente bereits zur Vorbereitung der Kammerverhandlung rechtzeitig vorzutragen. Dabei ist eine **ausführliche und gut gegliederte Stellungnahme zu allen wesentlichen Punkten** zu empfehlen. Soweit die **ordnungsgemäße Durchführung der Betriebsratsanhörung** nicht bereits in der Klageschrift angezweifelt und die Beklagte diesbezüglich zur Darlegung im Einzelnen unter Vorlage der Anhörungsunterlagen aufgefordert sein sollte, hat dies spätestens jetzt, rechtzeitig vor der Kammerverhandlung, zu geschehen. Dabei sollte sich der Klägervertreter diesbezüglich auch nicht auf einen Satz beschränken, der möglicherweise überdies noch mitten in einem längeren Absatz platziert und deshalb vom Gericht möglicherweise übersehen wird.

101 Aus taktischer Sicht ist anzuraten, die behauptete **Unwirksamkeit** der Kündigung **nicht bloß an einem einzelnen Tatbestandsmerkmal** festzumachen, es sei denn, der diesbezügliche Mangel der Kündigung ist offenkundig. Gelingt es dem Klägervertreter, an möglichst vielen Stellen durch fundierten Vortrag begründete Zweifel hinsichtlich der sozialen Rechtfertigung und sonstigen Wirksamkeit der Kündigung zu wecken, wachsen seine Prozesschancen, denn

72 BAG v. 13.2.2003, AP § 613a BGB Nr. 244 = NZA 2003, 1295.

es erhöht sich damit auch die Wahrscheinlichkeit, dass das Gericht dem Klägervertreter zumindest in einem dieser Punkte folgt.

IX. Taktik in der Kammerverhandlung

Regelmäßig wird der Klägervertreter bestrebt sein, zügig einen Abfindungsvergleich zu schließen, sobald für seinen Mandanten und ihn selbst, nicht aber schon für die Gegenseite, erkennbar geworden ist, dass der Arbeitnehmer ein Beschäftigungsverhältnis mit einem neuen Arbeitgeber begründen kann. Dementsprechend wird es vor allem in denjenigen Fällen zur Durchführung einer Kammerverhandlung kommen, in denen der Arbeitnehmer sich nach wie vor im Zustand der Arbeitslosigkeit befindet. Je nach **Länge der Kündigungsfrist** einerseits, **Zügigkeit der Terminierung** der jeweiligen Kammer andererseits, wird zum Zeitpunkt der Kammerverhandlung bereits ein gewisses **Annahmeverzugslohnrisiko** aufgelaufen sein. Häufig erkennt derjenige Arbeitgeber, der in der Güteverhandlung noch nichts von einem Risiko wissen wollte, nun in der gerichtlichen Erörterung erstens die der Kündigung innewohnenden Schwächen und zweitens den bedeutenden Umfang der Zahlungsverpflichtungen, die im Falle einer Lohnnachzahlung auf ihn zukommen können. Regelmäßig ist es deshalb möglich, nun akzeptable Abfindungsvergleiche zu schließen. 102

Ist die Bereitschaft des Arbeitgebers, eine Abfindung zu zahlen, zwar vorhanden, entspricht jedoch auch die nach längerem Verhandeln angebotene Abfindungssumme nicht den gemeinsam mit dem Arbeitnehmer festgelegten Zielvorstellungen, so ist zu entscheiden, ob der Abfindungsvergleich dennoch abgeschlossen oder eine streitige Entscheidung angestrebt wird. Aufgrund der Tatsache, dass umfänglich vorgetragen wurde, und anhand der richterlichen Hinweise kann der Klägervertreter nun meist **sachgerecht einschätzen, wie hoch die Erfolgsaussichten der Klage sind**. 103

Für den Fall, dass das Gericht und auch der Anwalt selbst die **Aussichten der Klage** als **gering** einschätzt, ist ein unter den Vorstellungen des Arbeitnehmers liegender Vergleichsschluss anzuraten. Bereits im Falle **passabler Erfolgsaussichten** der Klage kann dem von längerer Arbeitslosigkeit bedrohten Mandanten oft zur Herbeiführung einer streitigen Entscheidung geraten werden: In der überwiegenden Zahl der Fälle geht die unterliegende Partei in die Berufung; durch den in der Berufungsinstanz sich ergebenden, oft erheblichen, Zeitablauf steigt bei anhaltender Arbeitslosigkeit des Arbeitnehmers das Annahmeverzugslohnrisiko des Arbeitgebers beträchtlich, so dass bei einem vor dem LAG abgeschlossenen Abfindungsvergleich oft **auskömmliche Abfindungen** erzielt werden können. Etwas anderes gilt naturgemäß dann, wenn der Arbeitnehmer nicht mehr länger auf die Abfindungszahlung warten möchte oder wenn z.B. zu erwarten ist, dass der Arbeitgeber dem Arbeitnehmer nach erstinstanzlichem Unterliegen eine befristete Weiterbeschäftigung anbieten wird, der Arbeitnehmer aber auf keinen Fall an seinen alten Arbeitsplatz zurückkehren möchte. 104

§ 39 Taktik und Fallstricke für den Beklagtenvertreter

Dr. Klaus Rinck

Inhalt

	Rn
I. Einführung	1
II. Bestimmung des Prozessrisikos	2
1. Einschätzung des Annahmeverzugslohnrisikos	3
2. Bestimmung sonstiger Risiken	15
3. Erfolgsaussichten der Verteidigung gegen die Kündigungsschutzklage	17
III. Vorbereitung der Güteverhandlung	24
1. Schriftliche Klageerwiderung zur Vorbereitung der Güteverhandlung	24
2. Teilnahme des Arbeitgebers an der Güteverhandlung	26
IV. Taktik in der Güteverhandlung	28
V. Beratung im Anschluss an eine gescheiterte Güteverhandlung	42
1. Ermittlung und Verdeutlichung des Risikos	42
2. „Rücknahme" der Kündigung	47
3. Erteilung eines Zeugnisses	50
4. Angebot einer befristeten Weiterbeschäftigung für die Dauer des Kündigungsschutzrechtsstreits	51

I. Einführung

Der Arbeitnehmer mandatiert einen Anwalt in der Regel, wenn er eine Kündigung erhalten hat. Dagegen kann der **Zeitpunkt**, in dem ein Arbeitgeber einen Rechtsanwalt einschaltet, sehr **unterschiedlich** sein. Zum Teil wird der Anwalt bereits tätig, um eine Kündigung vorzubereiten und auszusprechen. Häufig sucht der Arbeitgeber aber aus Kostenerwägungen oder wegen mangelnden Problembewusstseins im Hinblick auf die an Kündigungen gestellten Anforderungen erst dann Rat, wenn er die Kündigung ausgesprochen hat und ihm eine **Kündigungsschutzklage** des Arbeitnehmers **zugestellt** worden ist. Es kommt auch vor, dass Arbeitgeber – ebenfalls meist aus Kostengründen – sich in der **Güteverhandlung** selbst vertreten und erst **nach deren Scheitern** anwaltliche Beratung suchen. Die nachfolgenden Ausführungen beschränken sich auf die praktisch häufigsten Fälle, in denen bereits ein Kündigungsschutzverfahren anhängig ist. Der Arbeitgebervertreter wird also bis zu einem gewissen Grad mit „vollendeten Tatsachen" konfrontiert und muss nun für den Arbeitgeber den besten Weg zur Beendigung des Rechtsstreits finden. 1

II. Bestimmung des Prozessrisikos

Im Sinne einer rationellen Bearbeitung empfiehlt es sich, zunächst eine Bestimmung des dem Kündigungsschutzprozess für den Arbeitgeber innewohnenden **finanziellen Risikos** vorzunehmen. Die rechtliche Prüfung der Wirksamkeit einer Kündigung kann erheblichen Aufwand bedeuten. Dieser Aufwand erweist sich aber in denjenigen Fällen als unnütz, in denen zur Zufriedenheit des Arbeitgebers eine zügige vergleichsweise Lösung herbeigeführt werden kann. Im Rahmen solcher Vergleichsverhandlungen kommt es oft auch nicht einmal auf 2 die Frage an, mit welcher Wahrscheinlichkeit sich die Kündigung als wirksam erweist. Selbst eine an evidenten rechtlichen Mängeln leidende Kündigung führt bei Vergleichsverhandlungen dann nicht zu Nachteilen oder der Notwendigkeit von Konzessionen, wenn keine oder nur geringe finanzielle Risiken im Raum stehen.

1. Einschätzung des Annahmeverzugslohnrisikos

3 Gerät der Dienstberechtigte mit der Annahme der Dienste in Verzug, kann der Verpflichtete für die infolge des Verzugs nicht geleisteten Dienste die vereinbarte Vergütung verlangen, ohne zur Nachleistung verpflichtet zu sein (§ 615 S. 1 BGB). Im Kündigungsschutzprozess hat diese Vorschrift enorme wirtschaftliche Bedeutung: Das arbeitsgerichtliche Verfahren – obwohl eines der zügigsten Gerichtsverfahren – kann sich dennoch über eine erhebliche Dauer erstrecken. Erst mit dem **rechtskräftigen Ende des Kündigungsschutzprozesses** sind sich die Parteien darüber im Klaren, ob die Kündigung wirksam oder unwirksam ist. Im Fall der Unwirksamkeit der Kündigung hat der Arbeitgeber ggf. für eine sehr lange Zeitspanne den Lohn an den Arbeitnehmer nachzuentrichten (vgl. § 38 Rn 1 ff.).

4 **Nach Ablauf** der in einer unwirksamen Kündigung bezeichneten **Kündigungsfrist** (bei unwirksamen fristlosen Kündigungen: sofort) gerät der Arbeitgeber in Annahmeverzug. Das Entstehen des Annahmeverzuges ist nicht von einem tatsächlichen (§ 294 BGB) oder auch nur wörtlichen Angebot (§ 295 BGB) der Arbeitskraft seitens des Arbeitnehmers abhängig. In dem Bereitstellen eines funktionsfähigen Arbeitsplatzes und der Zuweisung von Arbeit ist eine kalendarisch bestimmte Mitwirkungshandlung des Gläubigers i.S.d. § 296 BGB zu sehen. Der Arbeitgeber muss folglich zunächst dem Arbeitnehmer überhaupt eine Arbeitsmöglichkeit eröffnen und den Arbeitsablauf fortlaufend planen und konkretisieren, bevor der Arbeitnehmer seine Leistung anzubieten gehalten ist. Diese **arbeitgeberseitige Mitwirkungshandlung** findet im Falle der Kündigung für Zeiten nach dem darin ausgesprochenen Beendigungszeitpunkt nicht statt.[1]

5 Der Eintritt von Annahmeverzug ist ausgeschlossen, wenn der Arbeitnehmer **nicht leistungswillig** oder **nicht leistungsfähig** ist (§ 297 BGB). Allein aus einem Antrag, das Arbeitsverhältnis gem. §§ 9, 10 KSchG aufzulösen, ist **nicht** auf fehlenden Leistungswillen zu schließen.[2] Fehlender Leistungswille kann aber vorliegen, wenn der Arbeitnehmer u.a. in einem Vorprozess geltend gemacht hat, das Arbeitsverhältnis sei völlig zerrüttet und könne unter keinen Umständen mehr fortgeführt werden, mit der Abweisung des Auflösungsantrags in dem Kündigungsschutzprozess hätten es sein früherer Arbeitgeber R durch uneidliche Falschaussage und sein „lügender Arbeitgeber L" geschafft, dass „dieses längst untragbare und unwürdige Arbeitsverhältnis weiter besteht", und er wolle sich unverzüglich nach seiner Wiedergenesung um eine neue Arbeitsstelle bemühen.[3] Ein Aufenthalt im Ausland lässt den Leistungswillen nicht entfallen.[4] Nach Auffassung des BAG liegt ein Annahmeverzug ausschließender fehlender Leistungswille vor, wenn der Arbeitgeber nach Ausspruch einer Kündigung eine sog. **Prozessbeschäftigung** anbietet und der Arbeitnehmer die Forderung nach einem Verzicht auf die Wirkungen der Kündigung zur Bedingung der Arbeitsaufnahme macht.[5] Dem ist entgegenzuhalten, dass auch bei fehlendem Willen, Leistung beim Arbeit-

1 BAG v. 9.8.1984, NZA 1985, 119 = DB 1985, 552; BAG v. 19.1.1999, NZA 1999, 925 = DB 1999, 1864.
2 BAG v. 18.1.1963, NJW 1963, 1123 = DB 1963, 554.
3 BAG v. 24.9.2003, NZA 2003, 1387 = FA 2004, 57.
4 LAG Hamm v. 18.10.1985, LAGE § 615 BGB Nr. 6 = DB 1986, 1394.
5 BAG v. 13.7.2005, NZA 2005, 1348 = DB 2006, 51.

geber in einem Prozessarbeitsverhältnis zu erbringen, Leistungswilligkeit im Rahmen des eigentlichen (durch „Kündigungsrücknahme" und deren Annahme einvernehmlich fortgesetzten) Arbeitsverhältnisses gegeben sein kann.

Fehlende Leistungsfähigkeit tritt in der Praxis immer wieder auf. Die hierbei wichtigsten Fälle sind diejenigen krankheitsbedingter Arbeitsunfähigkeit. Diese verhindert den Eintritt des Annahmeverzuges, wobei das fehlende Leistungsvermögen auch nicht durch die subjektive Einschätzung des Arbeitnehmers ersetzt werden kann, er sei trotzdem gesundheitlich in der Lage, einen Arbeitsversuch zu unternehmen.[6] Lohnansprüche kann der erkrankte Arbeitnehmer nur im Rahmen der Bestimmungen des Entgeltfortzahlungsgesetzes (EFZG) geltend machen. Ist er dauerhaft wegen ein und derselben Erkrankung arbeitsunfähig, beschränkt sich sein Entgeltfortzahlungsanspruch auf die Dauer von sechs Wochen. Häufig wird dieser Zeitraum bereits vor oder während der Kündigungsfrist abgelaufen sein. 6

Aus diesem Grund nehmen insbesondere die Fälle der – Arbeitsunfähigkeit bewirkenden – **Langzeiterkrankung** eine **Sonderrolle** ein. Solange die Arbeitsunfähigkeit andauert, kann ein Anspruch auf Annahmeverzugslohn und damit auch ein **Annahmeverzugslohnrisiko nicht entstehen**. Häufig sind solche Konstellationen bei personenbedingten Kündigungen anzutreffen. Der Arbeitgeber muss in diesen Fällen allerdings darauf achten, laufend über den gesundheitlichen Zustand des Arbeitnehmers in Kenntnis zu sein, da bei **Wegfall der Arbeitsunfähigkeit** das Annahmeverzugslohnrisiko **unmittelbar wieder einsetzt**; der Anzeige der wiedergewonnenen Arbeitsfähigkeit bzw. eines Angebotes der Arbeitsleistung seitens des Arbeitnehmers bedarf es dazu nicht.[7] Zudem ist bei Langzeiterkrankungen zu beachten, dass hier Urlaubs- bzw. (bei Beendigung des Arbeitsverhältnisses) Urlaubsabgeltungsansprüche in erheblicher Höhe auflaufen können. Das Bundesarbeitsgericht hat seine jahrzehntelange bisherige Rechtsprechung[8] aufgrund einer Entscheidung des Europäischen Gerichtshofs[9] dahingehend abgeändert, dass der Anspruch auf Abgeltung gesetzlichen Voll- oder Teilurlaubs nicht erlischt, wenn der Arbeitnehmer bis zum Ende des Urlaubsjahres und/oder des Übertragungszeitraums erkrankt und deshalb arbeitsunfähig ist. § 7 Abs. 3 und 4 BUrlG ist nach nunmehriger Auffassung des BAG im Verhältnis zu privaten Arbeitgebern nach den Vorgaben des Art. 7 der Richtlinie 2003/88/EG gemeinschaftsrechtskonform fortzubilden.[10] Das hat in der Praxis nicht nur dazu geführt, dass bei Langzeiterkrankungen schneller zum Mittel der personenbedingten Kündigung gegriffen wird. Konsequenz ist auch, dass der Arbeitgeber im Kündigungsschutzprozess nicht mehr so „entspannt" wie früher verhandeln kann, sondern die (ggf. mehrere Jahre umfassenden) drohenden künftigen Urlaubs(abgeltungs)ansprüche bei den Verhandlungen – meist in Gestalt von Abfindungsangeboten – berücksichtigen muss. 7

Von derartigen Ausnahmefällen abgesehen, werden für den Fall, dass die ausgesprochene Kündigung sich als unwirksam erweist, die Voraussetzungen für das Entstehen von **Annahmeverzugslohnansprüchen** gem. § 615 S. 1 BGB **regelmäßig vorliegen**. Der Arbeitnehmer muss sich allerdings den Wert desjenigen anrechnen lassen, was er durch anderweitige Verwendung seiner Dienste erwirbt (§ 11 KSchG, § 615 S. 2 BGB). Hat er also eine Anschlussbeschäftigung zu gleichen oder besseren Konditionen bei einem anderen Arbeitgeber begrün- 8

6 BAG v. 29.10.1998, NZA 1999, 377 = DB 1999, 805.

7 BAG v. 24.11.1994, NZA 1995, 263 = DB 1995, 1181.

8 Vgl. nur BAG v. 21.6.2005, EzA BUrlG § 7 Nr. 114; BAG v. 10.5.2005, EzA BUrlG § 7 Abgeltung Nr. 13; BAG v. 13.5.1982, BAGE 39, 53.

9 EuGH v. 20.1.2009, NZA 2009, 135 [Schultz-Hoff].

10 BAG v. 24.3.2009, NZA 2009, 538.

den können, ist für diese Zeiten aus wirtschaftlichen Gründen ein Annahmeverzugslohnrisiko nicht gegeben. Die Gefahr, Lohn nachzahlen zu müssen, beschränkt sich in diesen Fällen auf einen etwaigen Zwischenzeitraum, in dem der Arbeitnehmer arbeitslos war. Allerdings darf man nicht aus dem Blick verlieren, dass der Arbeitnehmer den gerade angetretenen Arbeitsplatz binnen Kürze wieder verlieren kann.

9 Dessen ungeachtet wird man sagen können, dass die Frage, ob der Arbeitnehmer ein neues Beschäftigungsverhältnis zeitnah begründen konnte, häufig für die Bestimmung des **Prozessrisikos** entscheidend ist. Wichtig ist damit, dass der Arbeitgeber Bemühungen unternimmt, um zu erfahren, ob und zu welchen Konditionen der gekündigte Arbeitnehmer eine Anschlussbeschäftigung finden konnte oder mit wem er in aussichtsreichen Verhandlungen steht.

10 Kann der Arbeitgeber diesbezüglich keine Kenntnisse erlangen oder stellt sich heraus, dass der Arbeitnehmer erst einmal ohne neue Beschäftigung ist, sollte der Anwalt des Arbeitgebers mit diesem gemeinsam eine **Einschätzung** hinsichtlich der **beruflichen Aussichten des Arbeitnehmers** und auch hinsichtlich dessen **Motivation**, eine neue Arbeitsstelle anzunehmen, treffen. Welche Faktoren hierbei eine Rolle spielen, wurde bereits oben (siehe § 38 Rn 55 ff.) erörtert. Der Arbeitgeber, der regelmäßig sowohl seine Branche als auch Charakter und Fähigkeiten seines Arbeitnehmers sehr gut kennt, wird meist zu einer realistischen Einschätzung in der Lage sein. Das weitere taktische Verhalten richtet sich – ganz ähnlich wie im Rahmen der Beratung des Arbeitnehmers – entscheidend nach dieser Prognose.

11 Je länger die Zeit, für die der Arbeitnehmer voraussichtlich arbeitslos bleiben wird, desto höher sind die hiermit verbundenen finanziellen Risiken. Dabei reduziert der Umstand, dass der Arbeitnehmer Arbeitslosengeld bezieht, die ggf. auf den Arbeitgeber zukommenden finanziellen Belastungen im Ergebnis nicht, weil sich zwar der Annahmeverzugslohnanspruch mindert (§§ 11 KSchG, 615 S. 2 BGB), die Forderung insoweit aber nicht erlischt, sondern kraft Gesetzes auf die Bundesagentur für Arbeit übergeht (§ 115 SGB X). Ist der betreffende Arbeitnehmer von Langzeit- oder Dauerarbeitslosigkeit bedroht, sollte – vor allem bei kurzen Kündigungsfristen oder gar in Fällen außerordentlicher fristloser Kündigungen – **möglichst schnell**, insbesondere auch schon vorgerichtlich, versucht werden, eine **vergleichsweise Einigung** herbeizuführen. Dabei muss dem Arbeitgeber verdeutlicht werden, dass die Zahlung einer Abfindung notwendig ist, weil sie gleichsam den Preis darstellt, um die sich sonst auftuenden Risiken zu vermeiden. Die Höhe dieser Risiken wird selbstverständlich **auch** durch die **Erfolgsaussichten** der gegen die Kündigung gerichteten Klage bestimmt. Allerdings lässt sich der Ausgang der wenigsten Kündigungsschutzprozesse sicher prognostizieren, was weniger auf arbeitsgerichtliche Willkür als auf die Tatsache zurückzuführen ist, dass bei der Beurteilung der Wirksamkeit von Kündigungen regelmäßig **Wertentscheidungen** zu treffen sind, die immer auch von individuellem Wertempfinden abhängen.

12 Die Gefahr, dass eine Kontaktaufnahme von Seiten des Arbeitgebers vor Durchführung des Gütetermins als Schwäche ausgelegt wird und damit „die Preise nach oben treibt", ist kaum gegeben. Jeder halbwegs erfahrene Arbeitnehmervertreter weiß, dass Kündigungen von Arbeitsverhältnissen an strengen Wirksamkeitsvoraussetzungen gemessen werden und damit die **Risiken** des Kündigungsschutzprozesses für den Arbeitgeber **in kaum einem Fall ausgeschlossen** werden können. Der Arbeitgebervertreter wird außerdem in den außergerichtlichen Gesprächen stets zunächst die Vorstellungen des Arbeitnehmers zu erfragen versuchen, bevor er selbst im Namen des Arbeitgebers ein Angebot unterbreitet.

13 Läuft hingegen noch eine **längere Kündigungsfrist**, empfiehlt es sich meist, mit Vergleichsverhandlungen etwas zu **warten**. Oft wird dem Arbeitnehmer erst im Rahmen seiner Tätigkeit nach Ausspruch der Kündigung bewusst, dass die Beziehungen zum Arbeitgeber durch die Er-

hebung der Kündigungsschutzklage beeinträchtigt sind und das verschlechterte Arbeitsklima einen Verbleib im Betrieb erschwert, was zur Aufgabe dieser Bestrebungen und auch zu einer Reduzierung zunächst vorhandener hoher Abfindungsvorstellungen führen kann.

Ist die Wahrscheinlichkeit, dass der betreffende Arbeitnehmer **kurzfristig eine neue Arbeitsstelle antreten** wird, hoch, kann ebenfalls mit dem Vergleichsschluss **zugewartet** werden, wenn dies auch nicht frei von Risiko ist. Wird dem Arbeitgeber im Vorfeld ein Vergleich zu akzeptablen Konditionen angeboten, sollte er diesen auch hier nicht verschmähen. Wenn der Arbeitgeber und sein Vertreter davon ausgehen, zu einem späteren Zeitpunkt einen günstigeren Vergleich schließen zu können, muss bei alledem der Faktor Zeit im Auge behalten werden. Ist die **Kündigungsfrist abgelaufen** und hat der Arbeitnehmer wider Erwarten auch **einen Monat danach noch kein neues Beschäftigungsverhältnis** begründen können, muss auf diese Situation **unverzüglich reagiert** werden. Es ist dann entweder ein Vergleich zu ungünstigeren als den ursprünglich geplanten Konditionen einzugehen, oder es müssen Maßnahmen erfolgen, die das Annahmeverzugslohnrisiko eliminieren bzw. reduzieren (im Einzelnen siehe Rn 47 ff.), es sei denn, ein solches Risiko kann wegen mangelnder Erfolgsaussicht der Kündigungsschutzklage ausgeschlossen werden. 14

2. Bestimmung sonstiger Risiken

Über das Annahmeverzugslohnrisiko hinaus ist der Arbeitgeber im Rahmen eines Kündigungsschutzrechtsstreits Gefahren weiterer Beeinträchtigungen ausgesetzt. Hierbei ist vor allem an den Weiterbeschäftigungsanspruch des Arbeitnehmers, sei es der allgemeine oder der aus § 102 Abs. 5 BetrVG hergeleitete, zu denken. Je nach konkreter Situation und Größe des Betriebes sowie den vorgefallenen Umständen kann eine **Rückkehr** des Arbeitnehmers in den Betrieb einen erheblichen **Imageschaden** für den Arbeitgeber bedeuten. Gerade im Rahmen verhaltensbedingter Kündigungen ist nicht zu unterschätzen, welchen Ansehensverlust es für den Arbeitgeber darstellen kann, wenn der Arbeitnehmer, dessen Ausscheiden bereits als unabänderliche Tatsache dargestellt wurde, wieder im Betrieb erscheint, als wäre nichts gewesen. Es liegt nahe, dass dadurch bei zahlreichen Arbeitnehmern der Eindruck erweckt werden kann, Pflichtverletzungen seien nicht mit negativen arbeitsrechtlichen Konsequenzen verbunden. 15

Weitere Nachteile für den Arbeitgeber können sich im Rahmen einer **Beschäftigung des Arbeitnehmers während der Kündigungsfrist**, einer sich daran anschließenden **befristeten Weiterbeschäftigung** zur Abwendung von Annahmeverzugslohnrisiken (siehe Rn 51 ff.) oder der bereits erörterten durch den Arbeitnehmer erzwungenen Weiterbeschäftigung ergeben. So kann es bei der Ausführung von Arbeiten durch den gekündigten Arbeitnehmer zu **Schäden** kommen, deren Ersatz aus rechtlichen oder wirtschaftlichen Gründen nicht möglich ist (unzuverlässiger Kraftfahrer verursacht einen hohen Unfallschaden; durch ungeschicktes Auftreten eines Vertriebsmitarbeiters gehen Kundenbeziehungen verloren). Außerdem ist zu berücksichtigen, welchen Wert die Leistung des Arbeitnehmers an sich für den Arbeitgeber noch darstellt. Maßnahmen zur Reduzierung des Annahmeverzugslohnrisikos wie die befristete Weiterbeschäftigung oder die „Rücknahme" der Kündigung können dem Arbeitgeber dann nicht ernsthaft empfohlen werden, wenn die Arbeitskraft des – rückkehrwilligen und leistungsbereiten – Arbeitnehmers für ihn keinen Nutzen mehr hat. Dies kann darin begründet liegen, dass aufgrund dringender betrieblicher Erfordernisse ein **Arbeitsplatz in Wegfall geraten** ist. Es kann auch sein, dass der Arbeitgeber von dem betreffenden Arbeitnehmer nur noch **Minder- und Schlechtleistungen** erwartet. Ein bei seinen Kollegen unbeliebter Arbeitnehmer 16 kann Zwistigkeiten erzeugen, die das **Betriebsklima** und damit die Produktivität des Betriebs beeinträchtigen. Schließlich können im Rahmen einer befristeten Weiterbeschäftigung entgeltfortzahlungspflichtige **krankheitsbedingte Ausfälle** des Arbeitnehmers zu befürchten sein. Zwar ist gem. § 3 Abs. 1 S. 1 EFZG die Inanspruchnahme des Arbeitgebers auf einen Zeitraum von sechs Wochen beschränkt. Handelt es sich allerdings um unterschiedliche Krankheitsursachen, gilt diese Beschränkung nicht (vgl. § 3 Abs. 1 S. 2 EFZG).

3. Erfolgsaussichten der Verteidigung gegen die Kündigungsschutzklage

17 Der Arbeitgebervertreter wird routinemäßig prüfen, ob die erhobene Kündigungsschutzklage an Mängeln leidet, insbesondere, ob möglicherweise die Drei-Wochen-Frist des § 4 KSchG nicht eingehalten ist. Im Hinblick auf einen möglichen Sonderkündigungsschutz nach dem MuSchG bzw. nach dem SGB IX ist zu kontrollieren, ob arbeitnehmerseitig die Fristen für die Mitteilung der Schwangerschaft bzw. der Schwerbehinderung eingehalten sind (vgl. § 38 Rn 12, 14 ff.).

18 Weiter ist zu prüfen, ob die **Kündigung** an **offensichtlichen Mängeln** leidet. Zu den häufigsten Mängeln, die ohne weiteres zur Unwirksamkeit führen, gehören

- die Kündigung gegenüber einer **Schwangeren ohne** vorherige **Zustimmung** der gem. § 9 MuSchG zuständigen Behörde (siehe § 38 Rn 12, 13),
- die Kündigung eines **schwerbehinderten Menschen ohne** vorherige **Zustimmung** des Integrationsamtes (siehe § 38 Rn 14 ff.),
- die Kündigung durch einen **Vertreter**, ohne dass ein Fall des § 174 S. 2 BGB vorläge und **ohne gleichzeitige Vorlage einer Originalvollmacht,** mit anschließender unverzüglicher **Zurückweisung** seitens des Arbeitnehmers (siehe § 38 Rn 7 ff.),
- die **mangelnde Schriftform** (z.B. nicht unterschriebene Kündigung, Kündigung per Telefax oder durch Überreichung einer Kopie, ohne dass vorher das Original zum Durchlesen überlassen wurde)[11] sowie
- die **unterlassene oder ersichtlich mangelbehaftete Betriebsratsanhörung**.

19 In solchen Fällen hat der Arbeitnehmer eine derart starke Verhandlungsposition, dass ein für den Arbeitgeber akzeptabler Vergleich auf dieser Basis häufig nicht erreicht werden kann. Es ist dann dringend zu empfehlen, **die Kündigungserklärung erneut, diesmal mangelfrei, vorzunehmen**, um dann in ernsthafte Vergleichsgespräche einzutreten.

20 *Praxishinweis*
Häufig ist zu beobachten, dass die Aussichten, sich mit Erfolg gegen eine Kündigungsschutzklage zu verteidigen, **zu optimistisch** eingeschätzt werden. Der Arbeitgebervertreter kann dies vermeiden, indem er im Hinblick auf die durch seinen Mandanten veranlasste Kündigung eine **kritische Distanz** einnimmt. Es lohnt, sich zu überlegen, welche Mängel der Kündigung man als Arbeitnehmervertreter geltend machen würde. Die Angaben des Arbeitgebers sollten der rechtlichen Bewertung **in keinem Fall ungeprüft** zugrundegelegt werden.

21 Bei einer ebenso kritischen wie gründlichen Überprüfung wird man erfahrungsgemäß in der überwiegenden Zahl der Fälle zu dem Ergebnis gelangen, dass die Kündigung an **Mängeln** leidet, zumindest aber **Beurteilungsspielräume** bestehen, die in dem für den Arbeitgeber un-

11 BAG v. 4.11.2004, NZA 2005, 513 = NJW 2005, 1533.

günstigen Fall zur Verneinung der sozialen Rechtfertigung der Kündigung führen. Es ist in diesen Fällen sinnvoll, einen **zügigen Vergleichsabschluss** anzustreben, weil die Schwächen in einem frühen Verfahrensstadium meist noch nicht zu Tage getreten sind und das Annahmeverzugslohnrisiko noch nicht zur Entfaltung gelangt ist.

Es verbleiben die wenigen Fälle, in denen von **geringen Erfolgsaussichten der Kündigungsschutzklage** ausgegangen werden kann. Hierbei handelt es sich nahezu ausschließlich um bestimmte Arten betriebsbedingter Kündigungen, bei denen die dringenden betrieblichen Erfordernisse relativ einfach strukturiert sind und damit ohne größere Schwierigkeiten substantiiert dargelegt werden können, vergleichbare Arbeitsplätze nicht vorhanden oder sämtliche vergleichbaren Arbeitnehmer auch gekündigt worden sind oder eine gründliche Sozialauswahl nach einem anerkannten **Punkteschema**[12] stattgefunden hat, und eine ebenfalls sorgfältige Suche nach freien Arbeitsplätzen im Unternehmen ergebnislos geblieben ist. Gerade hier hat aber eine besonders gründliche Prüfung der Kündigung hinsichtlich ihrer **formellen** Wirksamkeit, insbesondere hinsichtlich der Ordnungsgemäßheit einer etwa durchzuführenden Betriebsratsanhörung, stattzufinden. Allerdings kann auch hier regelmäßig erst nach Ablauf von drei Wochen (vgl. § 38 Rn 16) nach Zugang der Kündigung ausgeschlossen werden, dass der Arbeitnehmer sich wegen einer Schwerbehinderung bzw. Gleichstellung oder eines (mindestens drei Wochen vor Zugang der Kündigung gestellten, vgl. § 38 Rn 14) Antrages auf Feststellung der Schwerbehinderung bzw. Gleichstellung auf Sonderkündigungsschutz nach dem SGB IX beruft. 22

Selbst wenn aber einer der letztgenannten Fälle vorliegt, in denen auch bei gründlicher Prüfung ein Mangel der Kündigung nicht festgestellt werden kann, kommt es im Kündigungsschutzprozess häufig zur Zahlung – dann allerdings relativ bescheidener – Abfindungen oder zu einer (moderaten) Erhöhung der dem Arbeitnehmer zustehenden Sozialplanabfindung. Das rechtfertigt sich damit, dass rechtliche Mängel der Kündigung meist eben doch nicht mit letztverbindlicher Sicherheit ausgeschlossen werden können und zudem der **Aufwand eines langwierigen Rechtsstreits** vermieden werden soll. Zum Teil wird aber auch von Arbeitgeberseite die Zahlung einer Abfindung bzw. die Aufstockung einer Sozialplanabfindung abgelehnt mit der Begründung, keine Präzedenzfälle für andere gekündigte Arbeitnehmer schaffen bzw. derartige Klagen nicht noch belohnen zu wollen. 23

III. Vorbereitung der Güteverhandlung

1. Schriftliche Klageerwiderung zur Vorbereitung der Güteverhandlung

Die Frage, ob in taktischer Hinsicht zur Vorbereitung der Güteverhandlung eine schriftliche Klageerwiderung gefertigt werden sollte, lässt sich nicht einheitlich beantworten. Man wird allerdings sagen können, dass eine **schriftliche Klageerwiderung noch vor der Güteverhandlung** in denjenigen Fällen **kontraproduktiv** ist, in denen eine Kündigung an vergleichsweise leicht zu erkennenden Mängeln leidet. Die Klageerwiderung wird sich hinsichtlich dieses Punktes zwangsläufig in beredtes Schweigen hüllen müssen, was den Blick des Gegners und des Gerichts erst recht auf die Schwachstelle lenkt. 24

Umgekehrt kann die Vorbereitung der Güteverhandlung durch eine **ausführliche Darstellung** der Gründe, auf welche die soziale Rechtfertigung der Kündigung gestützt wird, dann 25

12 Zur Mitbestimmungspflichtigkeit von Punkteschemata bei vorhandenem Betriebsrat vgl. BAG v. 26.7.2005, NZA 2005, 1372.

sinnvoll sein, wenn eine durchdachte, auch in den Formalien stimmige Kündigung vorliegt, für deren soziale Rechtfertigung gute Gründe angeführt werden können. Gerichtliche Vergleichsvorschläge bleiben regelmäßig von solchen Darlegungen nicht unbeeinflusst. Oft gelingt dem Arbeitgeber unter diesen Voraussetzungen bereits in der Güteverhandlung der Abschluss eines **vorteilhaften Vergleichs**.

2. Teilnahme des Arbeitgebers an der Güteverhandlung

26 Auch auf Arbeitgeberseite stellt sich die Frage, ob die **Teilnahme des Arbeitgebers** bzw. des Geschäftsführers oder eines sonstigen Mitarbeiters der Arbeitgeberin an der Güteverhandlung sinnvoll ist. Auch hier wird der Anwalt Überlegungen dazu anstellen, ob das Auftreten des betreffenden Mandanten bzw. arbeitgeberseitigen Vertreters einer günstigen vergleichsweisen Regelung dienlich ist (vgl. § 38 Rn 69 ff.). Arbeitgeber, deren Auftreten wenig Seriosität vermittelt oder die unbeherrscht sind und schnell unsachlich werden, wird er nach Möglichkeit nicht zum Termin mitbringen. Auch hier ist – ganz ähnlich wie bei der Frage nach einem neuen Arbeitsplatz beim Arbeitnehmer – zu bedenken, dass der Arbeitgeber bzw. einer seiner Mitarbeiter auf Fragen des Gerichts oder des Klägervertreters regelmäßig dort **Auskunft wird geben müssen**, wo der Beklagtenvertreter allein nicht hinreichend informiert ist. Gerade im Fall von Kündigungen, deren Unwirksamkeit leicht durch einige gezielte Fragen festgestellt werden kann, ist damit die Teilnahme des Arbeitgebers an der Güteverhandlung regelmäßig kontraproduktiv. Zu den Fällen einer gerichtlicherseits angeordneten Teilnahme des Arbeitgebers bzw. des gesetzlichen Vertreters des Arbeitgebers an der Güteverhandlung und den Möglichkeiten des anwaltlichen Umgangs hiermit kann auf das bereits Gesagte (vgl. § 38 Rn 77 f.) entsprechend verwiesen werden.

27 Eine Teilnahme des Arbeitgebers bzw. eines Mitarbeiters ist demgegenüber durchaus **sinnvoll**, wenn dieser die Gründe der Kündigung **überzeugend mündlich darstellen** kann. Auch ist – ähnlich wie dies bereits beim Arbeitnehmer dargestellt wurde – zu bedenken, dass mancher Arbeitgeber den Eindruck der Güteverhandlung unmittelbar in sich aufgenommen haben muss, um die Notwendigkeit eines Vergleiches zu bestimmten Konditionen einsehen zu können. Gerade bei einem in dieser Hinsicht schwierigen Mandanten sollte folglich der Arbeitgebervertreter zu seinem eigenen Wohl dessen persönliche Teilnahme an der Verhandlung anregen.

IV. Taktik in der Güteverhandlung

28 Die Güteverhandlung bietet die Möglichkeit einer **zügigen** und sowohl für den Arbeitgeber als auch für seinen Vertreter mit vergleichsweise **geringem Aufwand** verbundenen Beendigung des Verfahrens. Sie sollte deshalb nicht durch leichtfertiges Handeln vorschnell zum Scheitern gebracht werden. Für die in der Güteverhandlung einzuschlagende Taktik bildet die **Intensität** des zuvor ermittelten **Annahmeverzugslohnrisikos** den bedeutsamsten Faktor. Je höher die Wahrscheinlichkeit, dass der Arbeitnehmer für lange Zeit arbeitslos sein wird, desto wichtiger ist es aus Sicht des Arbeitgebers, das Kündigungsschutzverfahren bald im Vergleichswege zu beenden.

29 Sowohl im Falle der Teilnahme des Arbeitgebers bzw. eines Mitarbeiters an der Güteverhandlung als auch dann, wenn der Anwalt den Termin allein wahrnimmt, ist dringend anzuraten, als Ergebnis der vorgenommenen Bestimmung des Prozessrisikos (siehe Rn 2 ff.) **den Abfindungsbetrag festzulegen**, der **äußerstenfalls angeboten werden** soll. Der Anwalt

wird im eigenen Interesse gut daran tun, dafür Sorge zu tragen, dass dieser Betrag nicht unrealistisch niedrig festgesetzt wird.

Praxishinweis 30

Es ist wenig sinnvoll, als Vertreter des Arbeitgebers mit einem bestimmten „Limit" in die Güteverhandlung zu gehen – besser gesagt: dorthin geschickt zu werden –, wenn die Prozesserfahrung dem Anwalt sagt, dass sich auch bei größter Anstrengung zu diesen Konditionen ein Vergleich nicht erzielen lassen wird und der Arbeitgeber später – in der Kammerverhandlung oder gar erst in II. Instanz – zähneknirschend eine weitaus höhere Abfindungssumme zahlen muss.

Zudem kann der Arbeitgebervertreter es als seinen Erfolg verbuchen, wenn es ihm gelingt, 31 einen Abfindungsvergleich **unterhalb** der gemeinsam mit dem Arbeitgeber festgelegten Konditionen zu erzielen. Soweit der Arbeitgeber nicht bereit ist, den unter Berücksichtigung der Höhe des Annahmeverzugslohnrisikos und der Erfolgsaussichten im Prozess vom Arbeitgebervertreter für angemessen erachteten Abfindungsbetrag zu zahlen, muss in jedem Falle mit ihm erörtert werden, **wie** sich die **weitere Entwicklung** des Arbeitsverhältnisses und des Kündigungsschutzverfahrens für den wahrscheinlichen Fall, dass auf dieser Basis eine Einigung in der Güteverhandlung nicht gefunden werden kann, **gestalten soll**. Arbeitgeber, die einerseits eine Abfindung in der nötigen Höhe nicht zahlen, andererseits aber auch Maßnahmen zur Reduzierung des Annahmeverzugslohnrisikos nicht treffen wollen, müssen darauf aufmerksam gemacht werden, dass ihr Handeln in wirtschaftlicher Hinsicht widersprüchlich ist und **erhebliche Risiken** in sich birgt. Ein verständiger Arbeitgeber lässt sich dann doch noch überzeugen, seinem Vertreter einen größeren Verhandlungsspielraum mit auf den Weg zu geben.

In der Güteverhandlung wird der Arbeitgebervertreter sehr genau abzuwägen haben, ob er 32 selbst das **erste Vergleichsangebot** abgibt und – wenn ja – **zu welchen Konditionen** dies geschieht. Entscheidet er sich dafür, die Verhandlungen mit einem eigenen Angebot zu eröffnen, sollte er darauf achten, dies nicht mit zu eifrigem Bemühen zu tun. Unabhängig von den objektiven Prozessaussichten entsteht damit leicht der Eindruck, der Arbeitgeber fürchte die weitere gerichtliche Auseinandersetzung und wolle sich **um jeden Preis** aus dem Arbeitsverhältnis herauskaufen. Das eigene Angebot sollte in jedem Fall genug Spielraum „nach oben hin", d.h., in Bezug auf die mit dem Arbeitgeber vereinbarte Obergrenze, lassen. Andererseits darf auch nicht ein zu niedriges Angebot abgegeben werden. Der Gegner wird hierdurch unnötig verärgert und geht davon aus, eine vergleichsweise Beilegung zu den von ihm selbst angestrebten Konditionen ohnehin nicht erreichen zu können, so dass er häufig die Verhandlungen abrupt abbricht.

Empfehlenswert ist es außerdem, dem eigenen Angebot, soweit möglich, eine überzeugende 33 **mündliche Begründung der sozialen Rechtfertigung** der Kündigung **voranzustellen**. Es liegt im Interesse des Arbeitgebervertreters, dass auf Arbeitnehmerseite der Eindruck entsteht, die Kündigung sei wirksam und das Abfindungsangebot werde lediglich zur Abdeckung „immer irgendwie vorhandener" Restrisiken unterbreitet.

In vielen Fällen ist eine **richterliche Vergleichsanregung** der eigenen Offerte des Arbeit- 34 gebervertreters vorzuziehen. Ein Vorschlag, der von neutraler Seite stammt, wird beim Arbeitnehmer viel leichter auf Gehör stoßen. Allerdings ist die **Handhabung der Gerichte** diesbezüglich sehr **unterschiedlich**. Mancher Vorsitzende unterbreitet gern (oft auch von sich aus) Vergleichsvorschläge, manch anderer lässt sich nicht die geringste Äußerung entlocken, etwa weil befürchtet wird, sich damit befangen zu machen. Den Versuch, einen gerichtlichen Vergleichsvorschlag zu erhalten, kann der Arbeitgebervertreter in jedem Fall unternehmen.

35 Es bleibt nun noch, diejenigen Fälle zu definieren, in denen der Erhalt eines solchen gerichtlichen Vorschlages für den Arbeitgeber nützlich ist. Diesbezüglich kann in der Praxis davon ausgegangen werden, dass ein richterlicher Vorschlag sich jedenfalls in einem so frühen Verfahrensstadium grundsätzlich am **Regelsatz** orientiert. Soweit sich abzeichnet, welche Erfolgsaussichten die Klage hat, werden viele Vorsitzende dann noch Zu- bzw. Abschläge vom Regelsatz vornehmen. Für die Fälle **kurzer Beschäftigungsverhältnisse** wird man sagen können, dass die Einholung eines gerichtlichen Vergleichsvorschlages für den Arbeitgeber nur von Vorteil sein kann. So beträgt der Regelsatz nach der überwiegend verwendeten Formel bei einem Beschäftigungsverhältnis von einem Jahr ein halbes Bruttomonatsgehalt. Selbst wenn der Richter dies, etwa wegen guter Erfolgsaussichten der Kündigungsschutzklage, auf ein volles Bruttomonatsgehalt aufrundet, ergibt sich ein bei absoluter Betrachtung immer noch recht moderater Abfindungsbetrag. Das gilt insbesondere, wenn man bedenkt, dass die Vergangenheit, konkret die Frage, ob das Beschäftigungsverhältnis ein Jahr lang oder zehn Jahre lang bestanden hat, für die Höhe des Annahmeverzugslohnrisikos keine Rolle spielt.

36 Umgekehrt wird der Prozessbevollmächtigte des Arbeitgebers bei **langjährigen Beschäftigungsverhältnissen** kein Interesse daran haben, dass die hier zu einer hohen Abfindungssumme führende Ermittlung des Regelsatzes geschieht, und einen gerichtlichen Vergleichsvorschlag dementsprechend nicht erbitten. Es ist regelmäßig darüber hinaus empfehlenswert, zumindest den Versuch zu unternehmen, zu vermeiden, dass der Regelsatz überhaupt ins Spiel gebracht wird. Steht dieser Betrag erst einmal im Raum, und sei es auch nur als Ausgangsgröße, fällt es dem Arbeitgeber in den Verhandlungen erfahrungsgemäß schwer, sich hiervon allzu weit zu entfernen. Oft erklärt deshalb der Arbeitgebervertreter in solchen Situationen, die Zugrundelegung des Regelsatzes komme von vornherein aus diesen und jenen Gründen nicht in Frage.

37 Der konkrete Verlauf der Vergleichsverhandlungen wird insbesondere dadurch geprägt, ob der Arbeitgeber das Mittel der **„Rücknahme" der Kündigung** (vgl. § 25 Rn 14) in wirtschaftlich sinnvoller Weise einsetzen kann. Regelmäßig wird es angewandt, wenn der Arbeitgeber positive Kenntnis davon besitzt, dass der Arbeitnehmer nahtlos in ein neues, ebenso gut oder besser bezahltes, Beschäftigungsverhältnis wechseln konnte. Für den Fall, dass man über die berufliche Situation des Arbeitnehmers noch nichts weiß, aber von der **baldigen Begründung** eines neuen Arbeitsverhältnisses ausgeht, kann je nach Risikobereitschaft des Arbeitgebers bereits in der Güteverhandlung

- **erklärt** werden, aus der Kündigung **keine Rechte mehr herleiten** zu wollen,
- zur Beförderung der Vergleichsverhandlungen mit dieser Maßnahme **gedroht** werden oder schließlich
- zunächst **abgewartet** und **nach** Vergewisserung darüber, dass der Arbeitnehmer eine neue Stelle hat, die Kündigungsrücknahme erklärt werden.

38 Bevor sich der Arbeitgebervertreter zu dieser Maßnahme entschließt, muss er stets den Arbeitgeber über das damit verbundene Risiko aufgeklärt und seine Zustimmung dazu eingeholt haben. Es kann nicht ausgeschlossen werden, dass der Arbeitnehmer das etwa begründete neue Beschäftigungsverhältnis aufgibt und wieder zu seinem alten Arbeitgeber **zurückkehrt**. Der Arbeitgeber, der die Kündigung gegenüber dem betroffenen Arbeitnehmer meist nicht ohne Motiv ausgesprochen haben wird, muss sich deshalb genau überlegen, ob er diese **Konsequenz** nötigenfalls **in Kauf zu nehmen bereit ist**. Weiter ist zu bedenken, dass die Erklärung, aus der Kündigung keine Rechte mehr herleiten zu wollen, den Zugang zu einem Vergleich erschweren kann. Es ist deshalb **oft vorzuziehen**, ein Vergleichsangebot zu unter-

breiten und für den Fall, dass dieses nicht angenommen wird, die „**Rücknahme" der Kündigung in Aussicht zu stellen**.

Kann von dem Mittel der Kündigungsrücknahme nicht nötigenfalls Gebrauch gemacht werden, hängt der Ausgang der Güteverhandlung maßgeblich von dem **Auftreten und den Erfahrungen der beteiligten Prozessbevollmächtigten** ab. Es ist in der Praxis zu beobachten, dass Arbeitgebervertreter die Vergleichsverhandlungen oft durch selbstbewusstes, durchsetzungsstarkes Auftreten zu dominieren versuchen und damit nicht selten auch Erfolg haben. Ein erfahrener Arbeitnehmervertreter wird sich davon allerdings nicht beeindrucken lassen. Es ist deshalb wichtig, sich über die Person gerade des klägerischen Prozessbevollmächtigten Kenntnisse zu verschaffen. 39

Praxishinweis 40
Hat der Arbeitgebervertreter über den Arbeitnehmervertreter keine Kenntnisse, sollte er versuchen, in der Güteverhandlung einen Eindruck zu gewinnen. Hierbei sollten auf Arbeitgeberseite „alle Alarmglocken klingeln", wenn der Arbeitnehmervertreter (oder der offensichtlich gut instruierte Arbeitnehmer) **nachdrücklich hervorhebt, allein am Erhalt des Arbeitsplatzes interessiert zu sein**, und trotz mehrfacher Nachfrage von Gericht und Gegner hinsichtlich der Möglichkeit einer vergleichsweisen Beendigung des Arbeitsverhältnisses bei diesem Standpunkt verbleibt.

Trifft es tatsächlich zu, dass der Arbeitnehmer allein am Erhalt seines Arbeitsplatzes interessiert ist, steht der für den Arbeitgeber bequeme Weg einer Beendigung durch Abfindungsvergleich nicht offen, und es besteht die Gefahr, dass im Falle eines Unterliegens nach längerer gerichtlicher Auseinandersetzung erhebliche **Annahmeverzugslohnzahlungen** erbracht werden müssen. Es kommt auch vor, dass der Arbeitnehmer im Gegensatz zu seinen Behauptungen durchaus bereit ist, aus dem Arbeitsverhältnis gegen Zahlung einer Abfindung auszuscheiden. Für diesen Fall darf die Aussage, am Erhalt des Arbeitsplatzes interessiert zu sein, getrost dahin gehend verstanden werden, dass man klägerseitig Abfindungsverhandlungen noch nicht führen, sondern vielmehr **warten** möchte, bis sich in zweiter Instanz ein erdrückendes Annahmeverzugslohnrisiko angesammelt hat, vor dessen Hintergrund dann **ganz andere Summen verhandelbar** werden. Aus Arbeitgebersicht ist der eine Fall so ungünstig wie der andere. Meistens ist es in diesen Fällen nicht sinnvoll, noch in der Güteverhandlung zu versuchen, doch eine Einigung über eine Beendigung des Arbeitsverhältnisses herbeizuführen. Im Anschluss besteht jedoch dringender Handlungsbedarf. 41

V. Beratung im Anschluss an eine gescheiterte Güteverhandlung

1. Ermittlung und Verdeutlichung des Risikos

Mit dem **Scheitern der Güteverhandlung** tritt die Auseinandersetzung für den Arbeitgeber in eine **kritische Phase**. Eine zügige Einigung zu passablen Konditionen konnte nicht erreicht werden. Nun droht ein möglicherweise langwieriges arbeitsgerichtliches Verfahren, dessen regelgerechte Vorbereitung und Durchführung nicht nur Ressourcen bindet, sondern in dessen Verlauf auch das mehrfach herausgestellte Annahmeverzugslohnrisiko erheblich ansteigen kann. Für den Arbeitgebervertreter stellt sich hiermit eine besonders schwierige Beratungsaufgabe: Einerseits kann eine **vorsichtige Herangehensweise** (z.B. der Rat, das Abfindungsangebot in einem außergerichtlichen Vorschlag deutlich zu erhöhen) als defätistisch empfunden werden; der Mandant wird sich dann für den nächsten arbeitsrechtlichen Fall möglicherweise einen anderen Anwalt suchen. Andererseits kann die forsche Empfeh- 42 lung, den Prozess ohne weiteres nötigenfalls bis in die zweite Instanz durchzuführen, in einem horrend teuren Abfindungsvergleich ihr klägliches Ende finden.

43 Der Arbeitgebervertreter wird die zur **Begründung der sozialen Rechtfertigung und Wirksamkeit** der Kündigung **nötigen Tatbestandsmerkmale** noch einmal Punkt für Punkt gründlich durchgehen:

- Sind alle Informationen vorhanden, um wirklich substantiiert zu jedem einzelnen Punkt vortragen zu können?
- Sind wirklich alle Formalien hieb- und stichfest eingehalten (Zwei-Wochen-Frist des § 626 Abs. 2 BGB, Schriftform der Kündigung, Zustimmungserfordernisse bei Sonderkündigungsschutz, Formalien der Betriebsratsanhörung usw.)?
- Kann für streitige Tatsachen, für die der Arbeitgeber beweispflichtig ist, hinreichender Beweis erbracht werden?
- Sind etwa zu hörende Zeugen mit der nötigen Tatsachenkenntnis ausgestattet und hinreichend sicher im Auftreten?
- Ist die Wirksamkeit der Kündigung von Wertungen abhängig, die man so oder auch anders treffen kann?

44 Die Komplexität des Kündigungsschutzrechts, verbunden mit dem Umstand, dass der Arbeitgeber für die soziale Rechtfertigung und Wirksamkeit der Kündigung regelmäßig **darlegungs- und beweispflichtig** ist, führt in der überwiegenden Zahl der Kündigungsschutzrechtsstreitigkeiten dazu, dass der Arbeitgeber nicht hinreichend sicher davon ausgehen kann, im Rechtsstreit zu obsiegen. Die wenigen Fälle, in denen sich das anders verhält, sind in taktischer Hinsicht nicht problematisch und müssen deshalb hier nicht weiter behandelt werden.

45 Die **Prognose**, ob der Arbeitnehmer in absehbarer Zeit eine neue **Anstellung** finden wird, ist kritisch zu prüfen. Es muss unter Umständen damit gerechnet werden, dass der Arbeitnehmer in den nächsten zwei bis drei Jahren keine neue Beschäftigung zu finden vermag, möglicherweise jedenfalls für die Zeitspanne des Arbeitslosengeldbezuges (nach § 127 Abs. 2 SGB III in der ab dem 1.1.2008 gültigen Fassung beträgt die Dauer des Anspruchs auf ALG I vor Vollendung des 50. Lebensjahres höchstens 12 Monate, bei über 50-jährigen bis zu 15, bei über 55-jährigen bis zu 18, bei über 58-jährigen bis zu 24 Monate) daran kein gesteigertes Interesse besitzt.

46 Der Arbeitgebervertreter muss nunmehr mit seinem Mandanten Möglichkeiten besprechen, um ein sich auftuendes **Annahmeverzugslohnrisiko** zu **eliminieren** oder zumindest zu **reduzieren**.

2. „Rücknahme" der Kündigung

47 Die bereits oben angesprochene Erklärung, aus der Kündigung keine Rechte mehr herleiten zu wollen, beschränkt sich in ihrem taktischen Anwendungsbereich nicht auf die Fälle, in denen der Arbeitnehmer bereits eine neue Arbeitsstelle gefunden hat. Sie kann insbesondere auch dann sinnvoll sein, wenn die Kündigung an nicht zu übersehenden **Mängeln** leidet. Der Arbeitgeber gewinnt damit genug Zeit, um in dem zunächst unverändert fortgeführten Arbeitsverhältnis eine **erneute Kündigung** vorbereiten zu können. Die „Rücknahme" der Kündigung kann auch dann probat sein, wenn der Arbeitgeber die Arbeitskraft des betreffenden Arbeitnehmers nach wie vor nutzbringend einzusetzen vermag. Das scheint zwar auf den ersten Blick der Tatsache zu widersprechen, dass eine Kündigung ausgesprochen wurde, ist aber in der Praxis dennoch nicht selten. Es kann z.B. sein, dass ein Arbeitgeber betriebs-

bedingt und unter Beachtung der Regeln der durchzuführenden Sozialauswahl dem sozial am wenigsten schützenswerten Arbeitnehmer kündigt, den er wegen seiner Leistungen durchaus gern behalten hätte. Nun ergibt sich nach Ablauf der Kündigungsfrist aufgrund des Ausscheidens eines sozial schutzbedürftigeren Arbeitnehmers derselben Abteilung mit vergleichbarem Arbeitsplatz die **Möglichkeit**, den Betreffenden **weiterhin zu beschäftigen**. In solchen Fällen erscheint es regelmäßig wenig sinnvoll, die Frage der Rechtmäßigkeit der Kündigung gerichtlich klären zu lassen und sich dabei finanziellen Risiken auszusetzen, die im Falle der „Rücknahme“ der Kündigung nicht oder in weitaus geringerem Maße auftreten.

Ebenso gibt es aber genügend Konstellationen, in denen die „Rücknahme“ einer Kündigung nicht in Frage kommt, insbesondere weil die Arbeitskraft des betreffenden Arbeitnehmers für den Arbeitgeber keinen Wert darstellt, sei es, dass der Arbeitgeber objektiv keinen Bedarf an der Arbeitskraft des betreffenden Arbeitnehmers hat, sei es, dass Schlecht- und Minderleistungen, deutlich überdurchschnittliche Krankheitszeiten oder gar die Erzeugung von Schäden die weitere Anwesenheit des Arbeitnehmers im Betrieb als wenig wünschenswert erscheinen lassen (vgl. oben Rn 16). 48

Ob das Instrument der „Rücknahme“ der Kündigung eingesetzt wird, bedarf regelmäßig – je nach der Länge der Kündigungsfrist – **zügiger Entscheidung**. Ist die Kündigungsfrist ausgelaufen, entwickelt sich nachfolgend ein Annahmeverzugslohnanspruch des leistungsbereiten und -fähigen arbeitslosen Arbeitnehmers. Wird die Kündigung erst zu einem deutlich späteren Zeitpunkt zurückgenommen, ist der Arbeitgeber zur Nachzahlung der bis dahin aufgelaufenen Löhne verpflichtet, ohne jedoch in dieser Zeit die Arbeitskraft des Arbeitnehmers in Anspruch genommen zu haben. Ein anwaltlich beratener Arbeitnehmer wird in diesen Fällen oft von seinem Zurückbehaltungsrecht an seiner Arbeitskraft Gebrauch machen, so dass zunächst erhebliche Zahlungen erforderlich sind, bevor das Arbeitsverhältnis zu den alten Konditionen fortgesetzt werden kann. 49

3. Erteilung eines Zeugnisses

Immer wieder ist zu beobachten, dass ein Arbeitgeber dem Arbeitnehmer – zum Teil aus Verärgerung wegen erfolgter Kündigungsschutzklage – gar **kein oder nur ein schlechtes Zwischen- oder Endzeugnis** ausstellt. Das ist bei nüchterner Betrachtung als **Verstoß gegen eigene Interessen** zu bewerten. Der Arbeitnehmer bedarf regelmäßig eines wohlwollend abgefassten Zeugnisses seines letzten Arbeitgebers, um bei Bewerbungen für ein neues Arbeitsverhältnis eine realistische Chance zu haben. Der Arbeitgebervertreter sollte deshalb dafür sorgen, dass der Mandant ein – soweit mit den Grundsätzen der Zeugniswahrheit vereinbar – **ansprechendes Zeugnis** erteilt. Dabei wird ein frühzeitig ausgehändigtes Zwischenzeugnis die Chancen des Arbeitnehmers regelmäßig mehr erhöhen als das Endzeugnis. Im Rahmen verhaltensbedingter Kündigungen kann die Erteilung eines zu wohlwollenden Zeugnisses allerdings problematisch sein, so dass hier besser mit inhaltlichen Auslassungen gearbeitet werden sollte. 50

4. Angebot einer befristeten Weiterbeschäftigung für die Dauer des Kündigungsschutzrechtsstreits

Der Arbeitgeber kann dem Arbeitnehmer anbieten, ihn für die Dauer des Kündigungsschutzprozesses (bis zu einer erstinstanzlichen, zweitinstanzlichen oder rechtskräftigen Entscheidung) **befristet weiterzubeschäftigen**. Von Bedeutung ist diese Möglichkeit im Wesentli- 51 chen in denjenigen Fällen, in denen eine **mittlere oder längere Dauer der Arbeitslosigkeit** des gekündigten Arbeitnehmers zu befürchten steht (oder zumindest nicht ausgeschlossen werden kann).

52 Erfolgt ein **Angebot zur befristeten Weiterbeschäftigung**, so beendet dies den Annahmeverzug als solchen zwar nicht, da es hierzu des Angebotes auf rückwirkende, unbefristete Fortführung des Arbeitsverhältnisses bedarf,[13] doch kann ein Annahmeverzugslohnrisiko (wegen § 11 S. 1 Nr. 2 KSchG bzw. § 615 S. 2 BGB) für den jeweiligen Zeitraum nicht entstehen, denn eine Anrechnung kommt auch in Betracht, wenn die Beschäftigungsmöglichkeit bei dem Arbeitgeber besteht, der sich mit der Annahme der Dienste in Verzug befindet.[14] Voraussetzung ist allerdings, dass die Annahme des Angebotes auf befristete Weiterbeschäftigung dem Arbeitnehmer zumutbar ist (dazu i.E. siehe Rn 54). Andererseits wird der Arbeitgeber – wegen der Verpflichtung zur fortlaufenden weiteren Zahlung von Lohn und Gehalt – mit erheblichen Mehraufwendungen belastet. Diesen Zahlungspflichten stehen freilich grundsätzlich die Pflichten des Arbeitnehmers zur Erbringung der Arbeitsleistung gegenüber, wobei im Einzelfall zu prüfen ist, welchen Wert die Arbeitsleistung nach erfolgter Kündigung für den Arbeitgeber (noch) besitzt.

53 Der Einfluss, den die Möglichkeit eines arbeitgeberseitigen Angebotes zur befristeten Weiterbeschäftigung auf die Verhandlungen über die Abfindung ausübt, ist damit klar: Das mit dem Annahmeverzugslohnrisiko verbundene Drohpotential entfällt gegebenenfalls. Andererseits kann dieses Angebot je nach konkreter Ausgestaltung präjudizierende Wirkung für die Kündigung haben. Wer zunächst betriebsbedingt kündigt, dann aber doch einen Arbeitsplatz anzubieten vermag, kann je nach den Umständen des einzelnen Falles widersprüchlich handeln. In geeigneten Fällen ist zu überlegen, eine befristete sachgrundlose Beschäftigung durch einen **Dritten** anbieten zu lassen, um diese Problematik zu vermeiden. Im Rahmen des § 14 Abs. 2 TzBfG besteht die Möglichkeit der sachgrundlosen Befristung von bis zu zwei Jahren, falls zwischen den betreffenden Parteien noch kein befristetes oder unbefristetes Arbeitsverhältnis bestanden hat (§ 14 Abs. 2 S. 2 TzBfG).

54 Der Arbeitnehmer muss sich nach § 11 S. 1 Nr. 2 KSchG auf das Arbeitsentgelt, das ihm der Arbeitgeber für die Zeit nach der Entlassung schuldet, dasjenige, was er hätte verdienen können, nur dann anrechnen lassen, wenn er es böswillig unterlassen hat, eine **ihm zumutbare** Arbeit anzunehmen. § 11 S. 1 Nr. 2 KSchG ist Sonderregelung zu § 615 S. 2 BGB, jedoch sind trotz des nicht völlig identischen Wortlauts die Vorschriften inhaltsgleich.[15] Nach beiden Bestimmungen ist zu prüfen, ob dem Arbeitnehmer nach Treu und Glauben (§ 242 BGB) sowie unter Beachtung des Grundrechts auf freie Arbeitsplatzwahl (Art. 12 GG) die Aufnahme einer anderweitigen Arbeit zumutbar ist.[16] Bei einer **betriebsbedingten** Kündigung ist dem Arbeitnehmer die Weiterarbeit zu den bisherigen Bedingungen grundsätzlich zumutbar.[17] Aber auch die Fortsetzung derselben Arbeit zu einer verminderten Vergütung ist nicht von vornherein unzumutbar, weil ebenso die entsprechende Arbeit zu einer geringe-

13 BAG v. 14.11.1985, NZA 1986, 637 = DB 1986, 1878; BAG v. 7.11.2002, AP Nr. 98 zu § 615 BGB; BAG v. 5.11.2003, AP Nr. 106 zu § 615 BGB; BAG v. 13.7.2005, NZA 2005, 1348 = DB 2006, 51.

14 BAG v. 7.11.2002, AP Nr. 98 zu § 615 BGB; BAG v. 24.9.2003, NZA 2004, 90 = DB 2004, 437; BAG v. 16.6.2004, NZA 2004, 1155 = DB 2004, 2166; BAG v. 13.7.2005, NZA 2005, 1348 = DB 2006, 51.

15 BAG v. 6.9.1990, AP Nr. 47 zu § 615 BGB, zu III 3a der Gründe.

16 BAG v. 18.6.1965, AP § Nr. 2 zu 615 BGB Böswilligkeit; BAG v. 24.9.2003, NZA 2004, 90 = DB 2004, 437; BAG v. 16.6.2004, NZA 2004, 1155 = DB 2004, 2166.

17 BAG v. 14.11.1985, NZA 1986, 637 = DB 1986, 1878; BAG v. 7.11.2002, AP Nr. 98 zu § 615 BGB; BAG v. 16.6.2004, NZA 2004, 1155 = DB 2004, 2166.

ren Vergütung bei einem anderen Arbeitgeber nicht ohne weiteres unzumutbar wäre.[18] Auf ein Angebot, statt einer Prozessbeschäftigung das Arbeitsverhältnis als solches zu geänderten Bedingungen fortzuführen, muss sich der Arbeitnehmer nicht einlassen.[19] Die außerordentliche **verhaltensbedingte** Kündigung beeinträchtigt hingegen regelmäßig das Ansehen des Arbeitnehmers, so dass Art und Schwere der gegenüber dem Arbeitnehmer erhobenen Vorwürfe, so lange diese im Raum stehen – was bei der Prozessbeschäftigung regelmäßig der Fall ist –, die **Unzumutbarkeit** der Weiterarbeit begründen können.[20] Dies gilt jedoch nicht, wenn der Arbeitgeber für die Kündigung auf einen unstreitigen und für den Ausspruch einer außerordentlichen Kündigung grundsätzlich geeigneten Sachverhalt abstellt, der nur rechtlich zu bewerten ist, und der Arbeitnehmer mit seinem Verhalten selbst die Ursache für die Vorwürfe des Arbeitgebers gesetzt hat.[21] Des Weiteren ist auch bei verhaltensbedingten Kündigungen eine Prozessbeschäftigung **zumutbar**, wenn der **Arbeitnehmer** in Kenntnis aller Umstände die **Verurteilung des Arbeitgebers zur vorläufigen Weiterbeschäftigung** bis zum rechtskräftigen Abschluss des Kündigungsrechtsstreits **beantragt**, da er damit selbst bekundet, dass ihm die vorläufige Weiterarbeit zumutbar ist.[22]

Fordert der Arbeitgeber einen gekündigten Arbeitnehmer nach Ablauf der Kündigungsfrist 55
auf, seine Tätigkeit bis zur Entscheidung über die Kündigungsschutzklage fortzuführen, geht der Wille der Parteien regelmäßig dahin, das Arbeitsverhältnis, das der Arbeitgeber durch die Kündigung beenden möchte, bis zur endgültigen Klärung, ob und ggf. zu welchem Zeitpunkt die Kündigung wirksam geworden ist, fortzusetzen oder für die Dauer des Rechtsstreits ein **befristetes Arbeitsverhältnis** zu begründen. Die Befristung eines Arbeitsvertrages bedarf nach § 14 Abs. 4 TzBfG zu ihrer Wirksamkeit der Schriftform. Die Schriftform ist **auch** einzuhalten, wenn die Parteien nach einer Kündigung eine vertragliche Vereinbarung über die befristete Weiterbeschäftigung des Arbeitnehmers bis zur rechtskräftigen Entscheidung über die von ihm erhobene Kündigungsschutzklage treffen.[23] Auf die **Einhaltung der Schriftform nach den Vorgaben des § 126 Abs. 2 BGB** – vor tatsächlicher Arbeitsaufnahme im Rahmen der Prozessbeschäftigung – ist folglich besonderes Augenmerk zu legen, denn ist die Befristung rechtsunwirksam, gilt der Vertrag nach § 16 S. 1 TzBfG als auf unbestimmte Zeit geschlossen.

18 BAG v. 16.6.2004, NZA 2004, 1155 = DB 2004, 2166.
19 BAG v. 11.1.2006, NZA 2006, 314.
20 BAG v. 7.11.2002, AP Nr. 98 zu § 615 BGB; BAG v. 24.9.2003, NZA 2004, 90 = DB 2004, 437.
21 BAG v. 24.9.2003, NZA 2004, 90 = DB 2004, 437.
22 BAG v. 24.9.2003, NZA 2004, 90 = DB 2004, 437.
23 BAG v. 22.10.2003, NZA 2004, 1275 = DB 2004, 2815.

Teil 11 Kostenfragen

§ 40 Gerichtskosten im Kündigungsschutzmandat

Rolf Schaefer

Inhalt

	Rn		Rn
I. Einführung	1	1. I. Instanz	4
		2. II. und III. Instanz	18
II. Geltende Regelung	3		

Literatur

Bertelsmann, Gegenstandswerte im Beschlussverfahren, 2000; **Schaefer**, Kosten des persönlichen Erscheinens, AE 1997, 74; **Schaefer/Göbel**, Das neue Kostenrecht in Arbeitssachen, 2004; **Schaefer/Kiemstedt**, Anwaltsgebühren im Arbeitsrecht, 2. Auflage 2006.

I. Einführung

1 Die Gerichtskosten im arbeitsgerichtlichen Verfahren sind seit dem 1.7.2004 im GKG geregelt. Der Teil 8 der Anlage 1 behandelt Verfahren vor den Gerichten der Arbeitsgerichtsbarkeit. Im **ArbGG** sind §§ 12 und 12a ArbGG zwar erhalten geblieben, jedoch enthält § 12 ArbGG nun nur noch die Verweisung auf die Justizverwaltungskosten, die Justizverwaltungskostenordnung und die Justizbeitreibungsordnung. Die besonderen Regelungen zu Streitwerten vor den Arbeitsgerichten finden sich jetzt in § 42 Abs. 3–5 GKG.

2 Ersatzlos weggefallen ist mit dem 1.7.2004 die gesetzliche Höchstgrenze für die Gerichtsgebühren in erster Instanz. Dies ist im Hinblick auf den Justizgewährungsanspruch (Art. 19 Abs. 4 GG) problematisch. Der Zugang zu den Gerichten darf nicht unzumutbar erschwert werden.[1] Zwar sind die Gerichtskosten im Urteilsverfahren vor den Arbeitsgerichten wesentlich geringer (Verfahrensgebühr 2,0 gemäß Nr. 8210 der Anlage 1 zum GKG) als vor den Zivilgerichten (Verfahrensgebühr 3,0 gemäß Nr. 1210) und werden zudem durch besondere Streitwertvorschriften zusätzlich niedrig gehalten (insb. § 42 Abs. 4 GKG), doch muss auch berücksichtigt werden, dass der Gesetzgeber die Arbeitsvertragsparteien insbesondere durch kurze Klagefristen in gerichtliche Verfahren zwingt.

II. Geltende Regelung

3 Das GKG unterscheidet bei den Gerichtskosten zwischen dem **Urteilsverfahren** (§ 1 Nr. 5 GKG i.V.m. Teil 8 der Anlage 1 zum GKG) und dem gerichtskostenfreien **Beschlussverfahren** (§ 2 Abs. 2 GKG i.V.m. § 2a Abs. 1 ArbGG). Auch in Verfahren nach § 103 Abs. 3, § 108 Abs. 3 und § 109 ArbGG sowie § 122 und § 126 InsO werden Gerichtskosten nicht erhoben.

1 *Sachs*, Grundgesetz, 5. Aufl., Art. 20 Rn 162 m.w.N.

1. I. Instanz

4 Die meisten Fälle wegen Kündigungsschutz finden im Urteilsverfahren statt. Ausnahmen bestehen für das **Schiedsverfahren** nach § 111 Abs. 2 ArbGG[2] oder für Arbeitnehmer mit **besonderem Kündigungsschutz** nach § 15 KSchG (siehe § 7 Rn 91), bei denen eine fehlende Zustimmung im Beschlussverfahren ersetzt werden kann.[3]

5 Gegenüber den Regelungen zu den Gerichtskosten vor den Zivilgerichten gibt es bei den Gerichtskosten im Arbeitsrecht **drei wesentliche Unterschiede**, die zu beachten sind.

6 **Kostenvorschüsse** werden nicht erhoben (vgl. §§ 6 Abs. 4, 11 GKG).[4] Deshalb ist es unvorteilhaft, in eine Klageschrift einen vorläufigen Streitwert zu schreiben. Beim Postausgang in der Kanzlei kann dann der Fehler passieren, dass Mitarbeiter des klägerischen Prozessbevollmächtigten Gerichtskosten einzahlen. Da die Arbeitsgerichte durch das entsprechende Bundesland auch dem Sozialministerium zugeordnet sein können und beim Amtsgericht eingezahlte Gerichtskosten zum Haushalt des Ministeriums der Justiz gehören, lösen fälschlicherweise eingezahlte Gerichtskosten große Probleme aus.[5]

7 **Kostenvorschüsse** werden von den Arbeitsgerichten nicht erhoben. Dies gilt auch für Zwangsvollstreckungssachen. Nach der ausdrücklichen gesetzlichen Regelung in § 11 Hs. 2 GKG gilt dies ebenfalls, wenn das Amtsgericht Vollstreckungsgericht ist. Auch Gerichtsvollzieher dürfen nach § 4 Abs. 1 S. 3 GvKostG keine Gebührenvorschüsse verlangen, wenn sie aufgrund arbeitsgerichtlicher Titel tätig werden sollen.[6]

8 Endet das Verfahren durch einen vor Gericht abgeschlossenen **Vergleich**, dann entfällt die Gerichtsgebühr für diese Instanz (Vorbemerkung 8 der Anlage 1 zum GKG). Ein Teilvergleich reicht nicht, Vorbemerkung 8 S. 2. Eine Kostenentscheidung darf nicht nach § 91a ZPO dem Gericht überlassen bleiben.[7] Eine mittelbare Regelung über die Bestimmung des § 98 ZPO genügt.[8] Gefordert wird ein Prozessvergleich i.S.v. § 794 Abs. 1 Nr. 1 ZPO.[9] In erster Instanz entfällt auch die Verfahrensgebühr wegen eines Antrags auf Erlass eines Vollstreckungsbescheids. Für Auslagen des Gerichts gilt die Vorbemerkung 8 nicht. Dies ergibt sich aus dem Wortlaut, der Systematik des GKG und der Entstehungsgeschichte. Rechtspolitisch sinnvoll ist diese Differenzierung nicht, soweit davon auch die üblichen Zustellungskosten erfasst sind. Diese werden nur neben Gebühren nicht erhoben (Nr. 9002 der Anlage 1 zum GKG). Geringfügige Auslagen werden von den Parteien allerdings nicht erhoben.

9 Die Grenze zur Geringfügigkeit legen die **Bundesländer** fest. Als Faustregel kann man davon ausgehen, dass die Kosten für zwei Zustellungen nicht erhoben werden. Außerdem sollte man daran denken, dass ein Vergleich dazu führt, dass die Auslagen hälftig geteilt werden.[10]

10 Der Zweck der Vorbemerkung ist eindeutig. Der Gesetzgeber hat erkannt, dass es für ihn in der Regel kostengünstiger ist, Gerichtsgebühren nicht zu erheben, als richterliche Kapazitä-

2 Zu der Frage der Verfassungswidrigkeit von § 111 Abs. 2 ArbGG vgl. *Germelmann u.a.*, § 111 Rn 70 f.
3 *Bertelsmann*, S. 83 f.
4 *Schaefer/Göbel*, § 2 Rn 20 f.
5 Bei einer Verweisung des Rechtsstreits von der ordentlichen Gerichtsbarkeit in die Arbeitsgerichtsbarkeit findet eine Anrechnung statt (§ 4 GKG), vgl. *Schaefer/Göbel*, § 2 Rn 13.
6 *Schaefer/Göbel*, § 7 Rn 18 ff.; *Germelmann u.a.*, § 12 Rn 74 f.
7 BAG v. 16.4.2008 – 6 AZR 1049/06 – juris.
8 *Germelmann u.a.*, § 12 Rn 22.
9 Düwell/Lipke/*Krönig*, ArbGG, § 12 Rn 7.
10 Vgl. *Schaefer/Göbel*, § 2 Rn 40.

ten durch Urteile zu verbrauchen. Deshalb tritt das Interesse des Staates am Vereinnahmen von Gerichtskosten zurück, wenn richterliche Kapazitäten so geschont werden können. Als ein „vor" Gericht abgeschlossener Vergleich gilt daher auch eine Beendigung des Verfahrens durch einen Vergleich nach **§ 278 Abs. 6 ZPO**.[11] Dies ist unabhängig davon, wer den Vergleichsvorschlag unterbreitet hat. Ein außergerichtlicher Vergleich hatte vor dem 1.7.2004 die Gerichtsgebühr entfallen lassen, wenn er dem Arbeitsgericht mitgeteilt wurde. Auf diese Mitteilung musste geachtet werden, weil sonst der Kläger nach sechs Monaten (§ 9 Abs. 1 Nr. 3 GKG) eine Rechnung vom Arbeitsgericht über die Gerichtsgebühr bekam. Richtigerweise ist auf diese Fallgestaltung nun die Vorbemerkung 8 entsprechend anzuwenden.[12] Der Arbeitsaufwand des Gerichts ist bei dieser Fallgestaltung geringer als bei einem protokollierten Vergleich oder einem Vergleich nach § 278 Abs. 6 ZPO. Da entgegen der sonstigen Post die Gerichtskostenrechnungen direkt den Parteien zugeschickt und die Prozessbevollmächtigten auch nicht abschriftlich informiert werden, werden Gerichtskostenrechnungen häufig von den Prozessbevollmächtigten rechtlich nicht überprüft.

Die Gerichtskosten vor den Arbeitsgerichten sind geringer als vor den Zivilgerichten. Sie berechnen sich seit dem 1.7.2004[13] zwar nach der gleichen Gebührentabelle wie bei den Zivilgerichten (Anlage 2 zum GKG), allerdings ist der jeweilige Gebührensatz vor den Arbeitsgerichten geringer. Es entsteht vor dem Arbeitsgericht eine Verfahrensgebühr in Höhe von 2,0 und vor dem Landesarbeitsgericht eine Verfahrensgebühr in Höhe von 3,2 (vor den Zivilgerichten in erster Instanz 3,0 und in zweiter Instanz 4,0). Die einmalige Gebühr von höchstens 500 EUR wurde abgeschafft (siehe Rn 2). Bei einem Streitwert von 6.000 EUR betragen die Gerichtskosten vor dem ArbG insgesamt 272 EUR (136 EUR x 2,0 = 272 EUR). 11

Nach Nr. 8211 der Anlage 1 zum GKG entsteht nur eine reduzierte Verfahrensgebühr in Höhe von 0,4 bei einem Anerkenntnis- oder Verzichtsurteil, auch[14] nach streitiger Verhandlung, oder bei einem Urteil nach § 313a Abs. 2 ZPO.[15] Daneben privilegiert der Gesetzgeber noch die Klagrücknahme und die Erledigungserklärung, wenn das Gericht nicht über die Kosten entscheiden muss. Das Versäumnisurteil wird nicht mehr aufgeführt (vgl. Nr. 9112 der Anlage 1 zu § 12 ArbGG a.F.). Insoweit kommt auch eine entsprechende Anwendung der Regelung zum Urteil nach § 313a Abs. 2 ZPO in Betracht. Die solche Regelung erscheint zumindest für das echte Versäumnisurteil praxisgerecht. Die Gerichtsgebühr für ein Versäumnisurteil wird in der Praxis nicht angefordert, wenn rechtzeitig Einspruch gegen das Versäumnisurteil eingelegt wird. Nach dem Endurteil wird insgesamt die Verfahrensgebühr erhoben, keine zusätzliche Gebühr für ein Versäumnisurteil. Selbst bei einer Verurteilung in die Kosten der Säumnis sind nur etwaige Zustellungskosten zu zahlen. 12

11 *Schaefer/Göbel*, § 2 Rn 107.

12 *Schaefer/Göbel*, § 2 Rn 107; a.A. *Germelmann u.a.*, § 12 Rn 31 unter Hinweis auf die Möglichkeit, dass die Parteien über eine Erledigungserklärung mit Kostenregelung eine Privilegierung nach Nr. 8210 Abs. 2 oder Nr. 8211 der Anlage 1 zum GKG erreichen können.

13 Vorbehaltlich der Übergangsvorschrift, § 72 Nr. 1 GKG.

14 Der Gesetzeswortlaut spricht nur von einer Beendigung nach streitiger Verhandlung. Der Fall, dass schon in der Güteverhandlung ein entsprechendes Urteil ergeht, ist analog zu behandeln, weil der Arbeitsaufwand des Gerichts geringer ist und der Gesetzgeber den Parteien Vorteile anbietet, wenn die Arbeitsbelastung der Gerichte von den Parteien möglichst gering gehalten wird.

15 Ein Urteil nach § 313a Abs. 1 ZPO soll nach dem Gesetzeswortlaut nicht mehr privilegiert sein. Diese Regelung überzeugt nicht, wenn die Parteien auf Entscheidungsgründe verzichten oder diese zu Protokoll genommen werden.

13 Nach dem erstinstanzlichen Urteil ist das Verfahren vor dem Arbeitsgericht abgeschlossen, sodass eine Einigung zwischen den Parteien dieses Verfahren nicht mehr beenden kann und es deshalb bei der entstandenen Gebühr für das Verfahren im Allgemeinen bleibt.[16]

14 Die Kosten für einen vom Gericht herangezogenen **Dolmetscher oder Übersetzer** sind **Auslagen** des Gerichts. Sie werden von der zahlungspflichtigen Partei oder den zahlungspflichtigen Parteien gem. Nr. 9005 Abs. 5 der Anlage 1 zum GKG nicht erhoben, wenn die an sich zahlungspflichtige Partei ein Ausländer ist und die Gegenseitigkeit verbürgt ist oder es sich bei der zahlungspflichtigen Partei um einen Staatenlosen handelt.[17] Diese Bestimmung soll nach ihrem Sinn und Zweck aber ausländische Kläger oder Beklagte vor einem deutschen Gericht nicht besser stellen als deutsche Parteien. Deshalb muss die unterlegene ausländische Partei die Dolmetscherkosten zahlen, wenn der Dolmetscher nur deshalb herangezogen wird, weil Zeugen der deutschen Sprache nicht mächtig sind.[18] Kosten für einen vom Gericht herangezogenen Dolmetscher werden nicht erhoben, wenn das Heranziehen des Dolmetschers auch wegen der Sprachschwierigkeiten der Partei erfolgt.[19] Auslagen für Übersetzer für blinde und sehbehinderte Personen werden nach Nr. 9005 Abs. 3 der Anlage 1 zum GKG nicht erhoben.

15 Zu den gerichtlichen Auslagen gehören nach Nr. 9008 der Anlage 1 zum GKG auch die Kosten des **persönlichen Erscheinens** aufgrund gerichtlicher Anordnung, jedoch nicht eine Entschädigung wegen Zeitversäumnis.[20]

16 Muss der Beklagte nach der gerichtlichen Entscheidung (§ 29 Nr. 1 GKG) oder aufgrund eines Vergleichs (§ 29 Nr. 2 GKG) die Kosten tragen, kommt eine Haftung des Klägers als **Zweitschuldner** grundsätzlich nicht in Betracht (vgl. § 22 Abs. 2 GKG).

17 Auch in der Arbeitsgerichtsbarkeit werden die Gerichtskostenrechnungen direkt vom Gericht zur **Partei** geschickt. Weil die Parteien zum Teil übersehen, dass ihr Anwalt vom Zeitpunkt der Übersendung keine Kenntnis hat, führt dies häufig zu Missverständnissen und vermeidbarem Arbeitsaufwand.

2. II. und III. Instanz

18 In den Nr. 8220 ff. der Anlage 1 zum GKG werden die Kosten für das Verfahren vor dem LAG[21] und in den Nr. 8230 ff. die Kosten vor dem BAG geregelt. §§ 6 Abs. 4, 9 Abs. 1 GKG bestimmen, dass alle Kosten erst **fällig** werden, wenn das Verfahren in dem jeweiligen Rechtszug **beendet** ist, sechs Monate **geruht** hat oder sechs Monate von den Parteien **nicht betrieben** worden ist. Kostenvorschüsse werden nach § 11 GKG auch im Verfahren vor dem LAG oder dem BAG nicht erhoben.

19 Als weitere Besonderheit im Vergleich zur Zivilgerichtsbarkeit gilt auch vor dem LAG die Regelung, wonach bei einer **vergleichsweisen Einigung** keine Gerichtsgebühren für das Verfahren vor dem LAG zu zahlen sind (Vorbemerkung der Anlage 1 zum GKG). Auch wegen der zweitinstanzlichen Gerichtskosten gilt nach dem Wortlaut der gesetzlichen Regelung, dass ein

16 Streitig; a.M. Düwell/Lipke/*Krönig*, ArbGG, § 12 Rn 7 a.E.

17 Dies soll im Verhältnis zur Türkei, Indien, Italien, Portugal, Belgien und Luxemburg der Fall sein, Düwell/Lipke/*Krönig*, ArbGG, § 12 Rn 20.

18 LAG Bremen v. 26.11.1997, AnwBl 1999, 240.

19 LAG Bremen v. 26.11.1997, AnwBl 1999, 240.

20 *Schaefer*, AE 1997, 74.

21 Für das Arrest- und einstweilige Verfügungsverfahren: Nr. 8320 ff.

Vergleich vor dem Gericht abgeschlossen sein muss, damit die Gerichtsgebühr für das Berufungsverfahren entfällt (das oben Gesagte gilt auch für die zweite Instanz, siehe Rn 10).

Endet das zweitinstanzliche Verfahren mit einem Urteil bleibt es bei der einen Gebühr für das Verfahren im Allgemeinen (Nr. 8220 der Anlage 1 zum GKG) in Höhe von 3,2 der Gebühren der Tabelle, die dem GKG als Anlage 2 beigefügt ist. Bei einem Streitwert von 6.000 EUR betragen also die Gerichtskosten vor dem LAG insgesamt 435,20 EUR (136 EUR x 3,2 = 435,20 EUR). 20

§ 41 Rechtsanwalts-Vergütung im Kündigungsschutzmandat

Rolf Schaefer/Sabine Kiemstedt

Inhalt

	Rn
I. Einführung	1
II. Gegenstandswert	10
1. Kündigungsschutzmandat	15
2. Klagehäufung	18
3. Allgemeiner Feststellungsantrag	21
4. Weiterbeschäftigung	23
5. Vergleichswert	24
III. Anwaltsgebühren	27
1. Die Angelegenheit	29
2. Beratung	39
a) Wegfall der gesetzlichen Beratungsgebühr	40
b) Entsprechende Anwendung des § 14 Abs. 1 RVG	43
c) Erstberatung	49
d) Anrechnung der Beratungsgebühr	50
3. Außergerichtliche Vertretung	51
a) Systematik	52
b) Die Geschäftsgebühr und ihre Anrechnung	55
c) Besondere Verfahren	57
4. Gebühren in der I. Instanz	60
a) Verfahrensgebühr	61
b) Terminsgebühr	73
c) Einigungsgebühr	82
d) Verfahrensdifferenzgebühr	95
5. Gebühren in der II. Instanz	103
a) Verfahrensgebühr	106
b) Terminsgebühr	109
c) Einigungsgebühr	112
d) Verfahrensdifferenzgebühr	115
e) Verlustigerklärung des Rechtsmittels	117
6. Gebühren in der III. Instanz	118
a) Nichtzulassungsbeschwerde	118
b) Revision	119
IV. Verwaltungsverfahren	121

Literatur

Bertelsmann, Streitwerte im Beschlussverfahren, 2000; **v. Eicken/Madert**, Die Entwicklung des Anwaltsgebührenrechts in den Jahren 1996 und 1997, NJW 1998, 2402; **Gerold/Schmidt**, Rechtsanwaltsvergütungsgesetz, 18. Aufl. 2008 (zitiert: Gerold/Schmidt/**Bearbeiter**); **Hartmann**, Kostengesetze, 38. Aufl. 2008; **Madert**, Anwaltsgebühren in Zivilsachen, 4. Aufl. 2000; **Meier**, Streitwerte im Arbeitsrecht, 2. Aufl. 2000; **Schaefer/Kiemstedt**, Anwaltsgebühren im Arbeitsrecht, 2. Aufl. 2006; **Schaefer/Göbel**, Das neue Kostenrecht in Arbeitssachen, 2004; **Schneider**, Die Vergütungsvereinbarung, 2006; **Schneider/Wolf** (Hrsg.), AnwaltKommentar Rechtsanwaltsvergütungsgesetz, 5. Aufl. 2010 (zitiert: AnwK-RVG/**Bearbeiter**); **Vaagt**, Das System der „Billable Hours", AGS 2003, 226.

I. Einführung

Diese Ausführungen beruhen auf dem **Rechtsanwaltsvergütungsgesetz** (RVG) sowie den Rechtsänderungen zum 30.7.2009. **1**

Zu beachten ist weiter, dass die **Bundesgebührenordnung für Rechtsanwälte** (BRAGO) auch **noch nach dem Inkrafttreten** des RVG gelten kann. Nach der Übergangsvorschrift (§§ 60, 61 RVG) gilt die BRAGO weiterhin, wenn der unbedingte Auftrag zur Erledigung derselben Angelegenheit vor dem 1.7.2004 erteilt oder der Rechtsanwalt vor diesem Zeitpunkt gerichtlich bestellt oder beigeordnet worden ist. Ist der Rechtsanwalt am 1.7.2004 in **2** derselben Angelegenheit und, wenn ein gerichtliches Verfahren anhängig ist, in demselben Rechtszug bereits tätig, so gilt für das Verfahren über ein Rechtsmittel, das nach diesem Zeitpunkt eingelegt worden ist, jedoch das RVG. Sind Gebühren nach dem zusammengerechneten Wert mehrerer Gegenstände zu bemessen, gilt nach § 60 Abs. 2 RVG für die gesamte Vergütung das bisherige Recht (BRAGO) auch dann, wenn dies nur für einen der Gegenstände gelten würde.

3 *Beispiel*
Dem Rechtsanwalt wurde das erstinstanzliche Urteil am 5.6.2004 zugestellt. Er wurde sogleich beauftragt, Berufung einzulegen. Legte er die Berufung bis zum 30.6.2004 ein, richteten sich seine Vergütung und die Vergütung des gegnerischen Rechtsanwalts nach der BRAGO. Legte er die Berufung nach dem 30.6.2004 ein, richteten sich seine Vergütung und die Vergütung des gegnerischen Rechtsanwalts nach dem RVG. Wann der Rechtsanwalt beauftragt wurde, der den Berufungsgegner im Berufungsverfahren vertritt, ist unerheblich.

4 Der Anwalt leistet seine Hilfe nicht unentgeltlich. Dies ist allgemein bekannt und wird auch nicht erwartet. Auch wenn Anwälte sich von Anwälten vertreten lassen, können sie nicht erwarten, dass sie unentgeltlich vertreten werden. Auch der Ausdruck „kollegialiter", der häufig benutzt wird, wenn es um die Wahrnehmung von Gerichtsterminen ohne Vorbereitung geht, bedeutet nicht unentgeltlich. Es gibt auch keine Gepflogenheit, wonach die Geschäftsführer, Vorstände oder Inhaber von Unternehmen in ihren privaten Rechtsfällen von den Hausanwälten des Unternehmens unentgeltlich vertreten werden.

5 *Praxishinweis*
Insbesondere, wenn zweifelhaft ist, ob der Mandant die Dienste des Anwalts bezahlen will oder kann, sollte der beauftragte Anwalt so früh wie möglich das Thema von sich aus ansprechen und für Klarheit sorgen. Soweit dies möglich ist, sollte der Anwalt sich auf die Besprechung dieses Themas vorbereiten und für sich entschieden haben, welches Verhandlungsziel er erreichen will oder zu welchen Bedingungen er nicht tätig werden wird (Schmerzgrenze). Der Mandant, der am wenigsten für die Dienste des Anwalts zahlt, kritisiert oft genug die geleisteten Dienste am stärksten, auch um vor sich den geringen Preis zu rechtfertigen.

6 Die Frage, wie hoch die Vergütung des Anwalts ist, ist in Deutschland nur noch für die Vertretung von Mandanteninteressen gesetzlich geregelt. Wenn der Anwalt lediglich beratend tätig wird, soll er nach § 34 Abs. 1 RVG in der seit dem 1.7.2006 geltenden Fassung mit seinem Mandanten für seine Tätigkeit selbst seine Vergütung vereinbaren (ausführlich siehe Rn 39 ff.).

Maßgeblich kommt es im Arbeitsrecht regelmäßig auf die Höhe des Gegenstandswerts und die Zahl der entstandenen Gebühren an. Mit dem RVG wurde eine Regelung geschaffen, mit der der Großteil der Mandate angemessen abgerechnet werden kann. Die Höhe der Anwaltsvergütung ist in den neuen und alten Bundesländern jetzt gleich, wenn der Gegenstandswert gleich hoch ist. Im Arbeitsrecht ist allerdings das Bruttoeinkommen des Arbeitnehmers regelmäßig für die Höhe des Gegenstandswerts maßgeblich. Da die Einkommen der Arbeitnehmer in den neuen Bundesländern meist niedriger sind als in den alten Bundesländern, ist die Anwaltsvergütung im Ergebnis – z.B. für eine Kündigungsschutzklage – in den neuen Bundesländern trotz gleicher rechtlicher Regelungen faktisch immer noch niedriger.

7 Auch nach Einführung des RVG sind viele Grundstrukturen der bis 30.6.2004 gültigen BRAGO und auch die systemimmanenten Probleme gesetzlicher Vergütungen erhalten ge-

blieben. Die Preisfindung wird allerdings – wie bereits seit Jahren zu beobachten – immer stärker vom Markt bestimmt und damit von **Angebot und Nachfrage**.[1] Dies ist auch europarechtlich gewollt. Bei Arbeitgebermandaten haben sich vielfach Stundenvergütungen durchgesetzt. Der früher gebräuchliche Ausdruck Honorarvereinbarung wurde verdrängt durch die in § 3a Abs. 1 S. 2 RVG verwendete Formulierung Vergütungsvereinbarung, darf aber nach wie vor verwendet werden (Wortlaut: in vergleichbarer Weise). Die nunmehr begrenzt zulässige Vereinbarung von Erfolgshonoraren (§ 4a RVG) erscheint in Kündigungsmandaten wenig praktikabel.

Der Anwalt wird immer stärker als Unternehmer verstanden, der seine Preise selbst verhandelt, kommuniziert und am Markt durchsetzt. Gleichwohl bilden die gesetzlichen Vergütungsregeln eine wichtige Grundlage für die Bezahlung der anwaltlichen Tätigkeit. Hier sind Arbeitnehmermandate, die Regelung zur Kostenübernahme beim zweitinstanzlichen Verfahren, die Zwangsvollstreckung, die Möglichkeit der Kostenfestsetzung nach § 11 RVG und vor allem die rechtsschutzversicherten Mandanten zu nennen. 8

Die Rechtsanwalts-Vergütung im Kündigungsmandat berechnet sich nach dem Wert, den der Gegenstand der anwaltlichen Tätigkeit hat (§ 2 Abs. 1 RVG). Darauf hat der Anwalt nach § 49b Abs. 5 BRAO vor Mandatsannahme hinzuweisen. 9

II. Gegenstandswert

Beim Kündigungsschutzmandat berechnen sich die Gebühren nach einem Wert (**Wertgebühren**) und nicht, wie z.B. in strafrechtlichen Mandaten, nach einem betragsmäßig vorgegebenem Gebührenrahmen (Betragsrahmengebühren). 10

Zur Bestimmung des richtigen Gegenstandswerts unterscheiden **die gesetzlichen Vorschriften** in § 23 Abs. 1 RVG und § 23 Abs. 3 RVG danach, ob die anwaltliche Tätigkeit Gegenstand eines gerichtlichen Verfahrens sein kann. Die Anwendung der Streitwertvorschriften für das gerichtliche Verfahren wird fälschlicherweise sogar dann herangezogen, wenn der anwaltliche Auftrag gar nicht Gegenstand eines gerichtlichen Verfahrens sein kann (z.B. einvernehmliche Auflösung eines Arbeitsverhältnisses). Zur Begründung wird auf die soziale Schutzbedürftigkeit des Arbeitnehmers (gemeint sind oft beide Arbeitsvertragsparteien) verwiesen.

> *Praxishinweis* 11
> Will der Anwalt sicherstellen, dass ihn eine unrichtige Streitwertfestsetzung wirtschaftlich nicht tangiert und will er für seine Tätigkeit mit bestimmten Einnahmen kalkulieren können, muss er mit seinem Mandanten eine **Streitwertvereinbarung**[2] treffen. Für eine solche Vereinbarung gelten die gesetzlichen Vorschriften für eine Vergütungsvereinbarung.

Die Streitwerte, die einzelnen Streitgegenständen zugemessen werden, unterscheiden sich von LAG zu LAG. Sofern bei einem LAG keine Streitwertkammer vorhanden ist, unterscheiden die Werte sich oft auch noch von Richter zu Richter. Die sich ständig ändernde **Streitwertrechtsprechung** wird von anwaltlichen Autoren[3] mit zu Recht kritischer Kommentie- 12

1 Weiterführend *Vaagt*, AGS 2003, 226.

2 Vgl. *Schneider*, Vergütungsvereinbarung, Rn 821 ff.

3 *Bertelsmann*, Streitwerte im Beschlussverfahren; *Hümmerich*, Arbeitsrecht; *Meier*, Streitwerte im Arbeitsrecht; *Schaefer/Kiemstedt*, Anwaltsgebühren im Arbeitsrecht.

rung wiedergegeben. Eine Rechtsbeschwerde zum BAG gegen eine Streitwertentscheidung ist auch dann nicht zulässig, wenn sie vom LAG ausdrücklich zugelassen wird.[4]

Eine fortlaufende Veröffentlichung von Entscheidungen findet in den Arbeitsrechtliche Entscheidungen (AE), in der AGS und im Anwaltblatt sowie in den BRAK-Mitteilungen, in der NZA-RR und in anderen Fachzeitschriften statt. Bei Beschlüssen und Streitwertmitteilungen werden **Unterscheidungen** zwischen Festlegungen von Streitwerten für rechtshängige Ansprüche und Gegenstandswerten für verglichene Ansprüche vorgenommen. Weiter finden sich in Urteilen[5] Streitwertfestsetzungen (§ 61 Abs. 1 ArbGG) und in den Entscheidungsgründen dazu auch kurze Begründungen.

Übersichten zu Streitwerten finden sich unter anderem in einschlägigen Kommentaren (z.B. *Düwell/Lipke*, ArbGG) und Formularbüchern (z.B. *Hümmerich*, Arbeitsrecht).

13 Die für die arbeitsrechtliche Praxis wichtigste Vorschrift findet sich in § 42 Abs. 4 GKG. Diese Vorschrift begrenzt den Gegenstandswert bei Rechtsstreitigkeiten über das Bestehen, das Nichtbestehen oder die Kündigung eines Arbeitsverhältnisses auf den Betrag des für die Dauer eines Vierteljahres zu leistenden Arbeitsentgelts. Eine Abfindung wird nicht hinzugerechnet.

14 *Praxishinweis*

Strebt der Arbeitnehmer eine Abfindung an, die deutlich über dem Quartalsverdienst liegt, kann mit dem Arbeitnehmer eine Vergütungsvereinbarung geschlossen werden, wonach als Gegenstandswert für die anwaltliche Tätigkeit die verhandelte Abfindung vereinbart wird. Eine Vereinbarung, wonach sich der Gegenstandswert an der später vereinbarten Abfindung orientieren wird, kann nur unter Beachtung der engen Voraussetzungen für die Vereinbarung eines Erfolgshonorars gemäß § 4a RVG zulässig sein.[6]

1. Kündigungsschutzmandat

15 Nach der gesetzlichen Bestimmung in § 42 Abs. 4 GKG ist der Vierteljahresverdienst als **Höchstwert** anzunehmen, wenn der Arbeitnehmer den Fortbestand des Arbeitsverhältnisses für mindestens drei weitere Monate anstrebt. Das BAG[7] will dagegen bei Arbeitsverhältnissen, die noch nicht länger als sechs Monate bestanden haben, einen Monatsverdienst, bei Arbeitsverhältnissen, die noch nicht länger als ein Jahr bestanden haben, zwei Monatsverdienste und ansonsten den gesetzlichen Höchstwert in Ansatz bringen. Die Instanzgerichte folgen dieser Rechtsprechung nur zum Teil. Da der Arbeitnehmer nicht nur den Fortbestand seines Arbeitsverhältnisses für das nächste Vierteljahr anstrebt, ist auf die für ein Vierteljahr regelmäßig in Zukunft zu erwartende Vergütung abzustellen.

16 *Praxishinweis*

In der Gehaltsabrechnung von Dezember des letzten Jahres finden sich oft die gesamten Jahresbezüge. Diesen Betrag kann man durch vier teilen und erhält so den durchschnittlichen Quartalsverdienst in der Vergangenheit. Anhand einer aktuellen Gehaltsabrechnung kann geprüft werden, ob sich an diesem Wert in Zukunft etwas grundlegend ändern wird.

4 BAG v. 17.3.2003, AGS 2003, 318.

5 Z.B. BAG v. 20.2.2001, AP Nr. 26 zu § 630 BGB – Zeugnisberichtigung ein Bruttogehalt.

6 Vgl. grundsätzliches gesetzliches Verbot von Erfolgshonoraren, § 49 Abs. 2 BRAO, § 4a RVG; BVerfG v. 12.12.2006, BGBl I 2007, 495.

7 BAG v. 30.11.1984, AP Nr. 9 zu § 12 ArbGG 1979.

Soweit einzelne Gerichte auf konkrete Zeiträume abstellen wollen, wird dies dem gesetzlichen Regelungsziel nicht gerecht. Es geht um eine **Pauschalierung** und nicht um eine exakte Berechnung des Einzelfalls. Der Streitwert ist auch nur der Betrag, nach dem sich die Gebühren berechnen und nicht der zu zahlende Betrag. 17

2. Klagehäufung

Werden mit einer Kündigungsschutzklage im Wege der objektiven Klagehäufung Vergütungsansprüche zum Streitgegenstand des Verfahrens gemacht, sind diese Anträge gesondert zu berücksichtigen. Einen Klagantrag ohne Streitwert kennt die gesetzliche Regelung nicht. Der von Arbeitsgerichten zur Begründung von restriktiven Streitwertentscheidungen bemühte soziale Schutz der Arbeitsvertragsparteien wird schon dadurch ausreichend gewährleistet, dass die gesetzliche Gebührenordnung eine **Degression** der gesetzlichen Gebühren vorschreibt. Die durch Art. 12 Abs. 1 GG geschützte Freiheit, den Beruf eines Rechtsanwalts auszuüben, ist untrennbar mit der Freiheit verbunden, eine angemessene Vergütung zu fordern. Nicht nur gesetzliche Vergütungsregelungen sind daher am Maßstab des Art. 12 Abs. 1 GG zu messen, sondern auch gerichtliche Entscheidungen, die auf Vergütungsregelungen beruhen.[8] Der Gesetzgeber hat dem sozialen Schutz der Arbeitsvertragsparteien bereits umfassend bei der Reduzierung der Gegenstandswerte im Arbeitsrecht Rechnung getragen. Da das Einklagen von Arbeitsvergütung ebenso wie die Abwehr von Vergütungsklagen eine Tätigkeit des Rechtsanwalts erfordert, kommt die Festsetzung des Streitwerts nicht als Mittel in Betracht, die Rechtsanwälte unentgeltlich arbeiten zu lassen, die neben der Kündigungssache mit der Regelung von Zahlungsansprüchen beauftragt sind. Sind hiernach die wirtschaftlichen Belange der Parteien durch den Gesetzgeber bereits einmal bei der gesetzlichen Streitwertregelung berücksichtigt, so können diese Belange im Hinblick auf Art. 12 Abs. 1 GG durch die Rechtsprechung nicht nochmals zur Rechtfertigung einer Reduzierung des Streitwerts herangezogen werden, um so die Vergütung der Rechtsanwälte noch weiter abzusenken.[9] 18

Beispiel 19
Eine Kündigungsschutzklage mit einem Quartalsverdienst von 6.000 EUR führt zu einer Verfahrensgebühr (1,3-facher Satz einer Gebühr) von 439,40 EUR. Klagt der Arbeitnehmer in gleicher Höhe Vergütungsansprüche gesondert ein, entsteht diese Gebühr erneut (insgesamt 878,80 EUR). Werden jedoch die Vergütungsansprüche zusammen mit der Kündigungsschutzklage geltend gemacht, beträgt eine 1,3 Verfahrensgebühr nach dem Wert von 12.000 EUR nur 683,80 EUR. Eine Klageerweiterung um 6.000 EUR erhöht die Verfahrensgebühr also nur um 244,40 EUR.

Haben einzelne Streitgegenstände nach einzelnen Gerichtsentscheidungen keinen Wert, richten sich diese Entscheidungen auch gegen die Geltendmachung von solchen Ansprüchen. Solche Gerichtsentscheidungen beeinträchtigen die Durchsetzung der Rechtsordnung, indem sie die wirtschaftliche Grundlage für eine Prozessführung entziehen. 20

3. Allgemeiner Feststellungsantrag

Streitig ist, ob ein allgemeiner Feststellungsantrag den Streitwert erhöht und in welchem Umfang. Da kein Antrag ohne Streitwert sein kann, ist auf das Interesse der Parteien abzustellen. 21

8 BVerfG v. 23.8.2005, NJW 2005, 2980–2981.
9 Vgl. BVerfG v. 23.8.2005, NJW 2005, 2980–2981.

Da es für den Arbeitnehmer seit dem 1.1.2004 eine gesetzliche Klagefrist in § 4 S. 1 KSchG auch gibt, wenn eine Kündigung aus anderen Gründen rechtsunwirksam ist, kann die Ansicht vertreten werden, dass grundsätzlich ein Titulierungsinteresse des Arbeitnehmers anzunehmen ist, auch wenn er sich nur allgemein gegen die Beendigung seines Arbeitsverhältnisses wendet. Dieses Titulierungsinteresse ist mit 500 EUR zu bewerten.[10] Wenn ein konkret benannter weiterer Beendigungstatbestand vom allgemeinen Feststellungsantrag umfasst wird, ist der Streitwert unter Beachtung der Grundsätze festzusetzen, die für den Streit über mehrere Kündigungen in einem Rechtsstreit maßgeblich sind.[11]

22 *Beispiel*

Der Arbeitnehmer, der vertraglich nur zum Quartalsende gekündigt werden kann, erhält am 31.3. eine fristgerechte Kündigung zum 30.6. Am 1.4. erhält er nochmals eine Kündigung, diesmal per Einschreiben, zum 30.6. Greift der Arbeitnehmer die am 31.3. zugegangene Kündigung mit einer Kündigungsschutzklage an, ist insoweit ein Quartalsverdienst als Gegenstandswert anzunehmen. Greift er in der gleichen Klage auch die Wirksamkeit der am 1.4. zugegangenen Kündigung mit dem allgemeinen Feststellungsantrag an, ist dafür ein weiterer Quartalsverdienst anzunehmen.

4. Weiterbeschäftigung

23 Oft wird mit der Kündigungsschutzklage auch die Verurteilung des Arbeitgebers zur Weiterbeschäftigung des Arbeitnehmers beantragt, teilweise mit einem sog. **unechten Hilfsantrag**. Nach einer Auffassung[12] liegt entgegen der Antragsformulierung kein unechter Hilfsantrag vor; ein solcher Klagantrag sei als Fall der Klagehäufung anzusehen. Die Bewertung von Weiterbeschäftigungsansprüchen wird teilweise abgelehnt[13] und teilweise mit einem Quartalsverdienst angenommen. Das BAG[14] hält die Bewertung des Weiterbeschäftigungsanspruchs mit **zwei Monatsverdiensten** für angemessen. Angesichts der Bedeutung einer Weiterbeschäftigung für den Fortbestand des Arbeitsverhältnisses und für die weiteren beruflichen Möglichkeiten des Arbeitnehmers am Arbeitsmarkt sowie der Degression der Gebühren nach § 13 RVG erscheint diese Bewertung zutreffend. In der Rechtsprechung weit verbreitet ist die Bewertung mit einem Bruttomonatsgehalt.[15]

5. Vergleichswert

24 Wird ein Kündigungsverfahren verglichen, ist es für den Arbeitnehmer angezeigt,[16] auch die Erteilung des qualifizierten Zeugnisses im Einzelnen zu regeln. Erfolgt eine solche Regelung im Vergleich oder werden andere in diesem Verfahren nicht rechtshängige Ansprüche mit

10 A.M. Düwell/Lipke/*Krönig*, ArbGG, § 12 Rn 35 m.w.N.

11 Düwell/Lipke/*Krönig*, ArbGG, § 12 Rn 35.

12 LAG Niedersachsen v. 19.12.1984 – 13 Ta 437/94 – n.v.; Düwell/Lipke/*Krönig*, ArbGG, § 12 Rn 36.

13 Vgl. LAG Düsseldorf v. 27.7.2000, NZA-RR 2000, 613 ff., wenn über den Hilfsantrag keine Entscheidung ergeht; LAG Baden-Württemberg v. 11.1.2008 – 3 Ta 5/08 – juris, mit der Begründung wirtschaftlicher Teilidentität mit dem Kündigungsschutzantrag.

14 BAG v. 18.1.1996, AP Nr. 18 zu § 12 ArbGG 1979.

15 LAG Rheinland-Pfalz v. 25.5.2004 – 2 Ta 113/04 – juris; LAG Schleswig-Holstein v. 20.3.2009, JurBüro 2009, 356 f., 536 f.; LAG Hamburg v. 30.6.2005 – 8 Ta 5/05 – juris; Düwell/Lipke/*Krönig*, ArbGG, § 12 Rn 36 m.w.N.

16 BAG v. 20.2.2001, AP Nr. 26 zu § 630 BGB.

geregelt, **erhöht** sich der Gegenstandswert des Vergleiches. Maßgeblich sind die einzelnen geregelten Gegenstände.

Eine Regelung zum qualifizierten Zeugnis ist mit einem Monatsverdienst zu bewerten. Die bloße Titulierung des gesetzlichen Anspruchs des Arbeitnehmers, ein qualifiziertes Zeugnis zu erhalten, ist mit einem Titulierungsinteresse in Höhe von 250 EUR ausreichend bewertet.[17] Die einzelnen Regelungsgegenstände einer vergleichsweisen Einigung und die damit zusammenhängende jeweilige Erhöhung des Gegenstandswertes können hier nicht dargestellt werden.[18] In der Praxis hat jeder Richter seine eigenen Vorstellungen, bei denen er sich an einer gefestigten Rechtsprechung des örtlich zuständigen Landesarbeitsgerichts orientiert, sofern es eine solche gibt. Es gibt Bandbreiten,[19] innerhalb derer die Entscheidungen liegen. Die richtige Bewertung hängt vom wirtschaftlichen Interesse beider Vertragsparteien ab. 25

Praxishinweis 26

Nicht jede anwaltliche Vergütung, die aus einem Vergleichsmehrwert resultiert, wurde in der Vergangenheit von einer hinter dem Mandanten stehenden Rechtsschutzversicherung übernommen. Der Bundesgerichtshof hat mit Urteil vom 14.9.2005 dieser Praxis zu Recht deutliche Grenzen gesetzt. Wird ein unter Deckungsschutz stehender Rechtsstreit (z.B. Kündigungsschutzklage) durch Vergleich beendet, dann hat die Rechtsschutzversicherung grundsätzlich auch insoweit die Kosten zu tragen, „als in den Vergleich weitere, den Gebührenstreitwert erhöhende, nicht wegen eines bestimmten Rechtsverstoßes streitige Gegenstände einbezogen worden sind, wenn für sie grundsätzlich ebenfalls Versicherungsschutz besteht und sie mit dem eigentlichen Gegenstand des verglichenen Rechtsstreits in rechtlichem Zusammenhang stehen“.[20] Diese Entscheidung ist zutreffend und sachgerecht. Es macht für alle Beteiligten – Rechtsschutzversicherung, Arbeitnehmer, Arbeitgeber, ihre Bevollmächtigten und das Arbeitsgericht – keinen Sinn, nur die Kündigungssache zu vergleichen und anschließend ein weiteres Verfahren wegen Zeugniserteilung oder -berichtigung zu führen. Vielmehr wollen alle Beteiligten regelmäßig eine umfassende Bereinigung ihrer Rechtsbeziehungen, um den Vergleich mit einer allgemeinen Erledigungserklärung abschließen zu können.

III. Anwaltsgebühren

Der Rechtsanwalt erhält eine gesetzliche Vergütung pro Angelegenheit. Diese Vergütung besteht nach § 1 Abs. 1 RVG aus Gebühren und Auslagen. In arbeitsrechtlichen Angelegenheiten berechnen sich die Gebühren nach dem Gegenstandswert, § 2 Abs. 1 RVG. Darauf hat der Rechtsanwalt seinen Mandanten vor Übernahme des Auftrags hinzuweisen, § 49b Abs. 5 BRAO. § 2 Abs. 2 RVG verweist auf die Anlage 1 zum RVG, das Vergütungsverzeichnis. Dort finden sich für arbeitsrechtliche Angelegenheiten Gebührensätze. In einer Angelegenheit kann der Anwalt nach einem vorgegebenen Satz-Rahmen einen Teil einer Gebühr (z.B. 1,5 nach Nr. 2300) oder ein fest vorgegebenes Vielfaches einer Gebühr (z.B. 1,3 nach Nr. 3100 und 1,2 nach Nr. 3104 VV, also insgesamt 2,5) berechnen. Die Höhe einer vollen (1,0) Gebühr berechnet sich nach § 13 RVG aufgrund des Werts, den der Gegenstand der anwaltlichen Tätigkeit hat, § 2 Abs. 1 RVG. 27

17 Vgl. LAG Niedersachsen v. 31.1.2000 – 13 Ta 763/99 – n.v.

18 Vgl. Düwell/Lipke/*Krönig*, ArbGG, § 12 Rn 42 ff.; ausführlicher hierzu *Hümmerich*, Arbeitsrecht, § 8 Kapitel 2.

19 Bei einer vereinbarten Freistellung wird ein Mehrwert von 10 % der Vergütung im Freistellungszeitraum bis zu 100 % dieser Vergütung angenommen.

20 BGH v. 14.9.2005, AnwBl 2006, 64.

28 *Beispiel*

Gegenstandswert			2.000,00 EUR
Nach § 13 RVG beträgt bei diesem Wert eine volle Gebühr:			133,00 EUR
	Gebührensatz	Nr. des VV zum RVG	
Geschäftsgebühr	1,5	2300	199,50 EUR
Auslagenpauschale Post- u. Telekommunikationsdienstleistungen		7002	20,00 EUR
Zwischensumme			219,50 EUR
Umsatzsteuer (zurzeit 19 %)		7008	41,70 EUR
zu zahlender Betrag			261,20 EUR

1. Die Angelegenheit

29 Gemäß § 15 Abs. 1 RVG gelten die gesetzlichen Gebühren die gesamte Tätigkeit des Rechtsanwalts vom Auftrag bis zur Erledigung der Angelegenheit ab. Gemäß § 15 Abs. 2 S. 1 RVG kann der Rechtsanwalt die Gebühren in derselben Angelegenheit nur einmal fordern. In gerichtlichen Verfahren bekommt der Anwalt für jede Instanz neue Gebühren, § 15 Abs. 2 S. 2 RVG.

30 Der Begriff der **Angelegenheit** ist gesetzlich **nicht definiert**. Es gibt keine allgemeine Richtlinie, wann dieselbe Angelegenheit und wann verschiedene Angelegenheiten vorliegen. Unter einer Angelegenheit wird regelmäßig ein einheitlicher Lebensvorgang verstanden. Drei Voraussetzungen müssen vorliegen, nämlich

- ein einheitlicher Auftrag,
- ein gleicher Rahmen der Tätigkeit und
- ein innerer Zusammenhang.[21]

31 Hier ist auf die gebührenrechtliche Bedeutung der punktuellen Streitgegenstandstheorie (siehe § 21 Rn 10 ff.) und der allgemeinen Feststellungsklage hinzuweisen. Wird der Rechtsanwalt wegen einer Kündigung mandatiert, schuldet er Belehrungen zur Wahrung von Fristen für Vergütungsforderungen,[22] **nicht** jedoch die Übernahme von weiteren Aufträgen zur Geltendmachung von Vergütungsforderungen. Wird der Rechtsanwalt von einem Arbeitnehmer wegen einer fristgerechten Kündigung mandatiert und kündigt der Arbeitgeber nach Ablauf der Kündigungsfrist vorsorglich nochmals, hat der Rechtsanwalt seinen Mandanten darauf hinweisen, dass auch wegen dieser Kündigung die gesetzliche Klagefrist beachtet werden muss. Wenn der Arbeitnehmer insoweit eine Klage(-erweiterung) wünscht, kann er seinem bisherigen Anwalt einen **neuen Auftrag** oder eine **Auftragserweiterung anbieten**. Annehmen muss dieser Anwalt einen Auftrag oder eine Auftragserweiterung nicht (siehe auch Rn 35). Es gilt Vertragsfreiheit, die durch Art. 2 GG geschützt ist. Will der bisherige Anwalt den Auftrag nicht annehmen oder einer Auftragserweiterung nicht zustimmen, muss die Ablehnung nach § 44 BRAO unverzüglich erklärt werden.

21 AnwK-RVG/*N. Schneider*, § 15 Rn 23.
22 BGH v. 29.3.1983, NJW 1983, 1665.

32 § 15 Abs. 2 S. 1 RVG besagt lediglich, dass der Rechtsanwalt die Gebühren in derselben Angelegenheit nur einmal fordern kann. **Folgemandate** betreffen aber nicht das ursprüngliche Mandat, wohl aber das gleiche Arbeitsverhältnis zwischen den gleichen Parteien. Folgemandate sind gebührenrechtlich **neue Angelegenheiten**. Eine andere Frage ist es, welche Gebühren nach welchem Wert entstanden sind.

33 *Beispiel*

Der Arbeitnehmer erhält eine fristgerechte betriebsbedingte Kündigung. Auftragsgemäß erhebt sein Anwalt dagegen Kündigungsschutzklage. Nach Ablauf der Kündigungsfrist erhält der Arbeitnehmer eine fristlose Kündigung, weil es beim Abholen von persönlichen Dingen am Arbeitsplatz zu Auseinandersetzungen gekommen ist. Auch insoweit bittet er seinen Anwalt um Mandatsübernahme. Der Anwalt nimmt das Angebot an. Dabei handelt es sich um eine neue Angelegenheit, weil ein anderer Lebenssachverhalt vorliegt. Wenn der Anwalt eine gesonderte Klage erhebt, erhält er zweimal eine Verfahrensgebühr. Wenn der Anwalt keine gesonderte Klage erhebt, sondern die bisherige Klage erweitert, erhält er die Verfahrensgebühr nur einmal, allerdings nach einem höheren Streitwert. Wegen der Degression der gesetzlichen Gebühren (Wert: 6.000 EUR, Gebühr: 338 EUR; Wert: 12.000 EUR, Gebühr: 526 EUR) sind zwei Klagen teurer. Eine Klage (1,3 Verfahrensgebühr, 1,2 Terminsgebühr, 20 EUR Pauschale, 19 % MwSt.) mit einem Wert von 6.000 EUR führt zu Kosten von 1.029,35 EUR und eine Klage mit einem Wert von 12.000 EUR zu Kosten von 1.588,65 EUR. Welcher Weg für den Mandanten am Ende günstiger ist, lässt sich allein unter dem gebührenrechtlichen Aspekt nicht beantworten.

34 Nur wenn ein **Auftrag** erteilt wird, handelt es sich um die gleiche Angelegenheit. Der Rechtsanwalt kann mit dem Mandanten auch vereinbaren, dass der ursprüngliche Auftrag erweitert wird. Dies ist der Fall, wenn nach Ablauf der Kündigungsfrist Zahlungsansprüche im gleichen Verfahren vor dem Arbeitsgericht geltend gemacht werden sollen.

35 Gesetzlich ist der Rechtsanwalt **nicht verpflichtet**, einer ihm vom Mandanten angebotenen Auftragserweiterung zuzustimmen. Für das Ablehnen einer Auftragserweiterung kann es aus anwaltlicher Sicht verschiedene Gründe geben. Sie können aus der Sphäre des Rechtsanwalts bzw. der Kanzlei stammen. Zu denken ist an momentane Arbeitsüberlastung durch Fristsachen oder auswärtige Gerichtstermine, einen bevorstehenden Urlaub oder andere private Gründe. Sie können auch aus der Sphäre des Mandanten stammen und sind dann manchmal schwer zu beschreiben oder gegenüber dem Mandanten schwierig zu kommunizieren. Gerade wenn die bisherige Mandatsbearbeitung aus Sicht des Anwalts oder des Mandanten als problematisch empfunden wird, sollte sehr sorgfältig überlegt werden, ob die Zusammenarbeit ausgeweitet werden sollte.

36 Wenn der Mandant nach Belehrung durch seinen Rechtsanwalt unter Abwägung der Vor- und Nachteile eines gesonderten Mandats (z.B. nur außergerichtliches Geltendmachen von Zahlungsansprüchen oder Anweisung, eine gesonderte Zahlungsklage zu erheben) dem Anwalt einen neuen Auftrag erteilt und bewusst von einer Erweiterung des erteilten Auftrags absieht, liegt eine **gesonderte gebührenrechtliche Angelegenheit** vor.

37 Wenn die Rechtsschutzversicherung dem Mandanten vorwirft, er habe durch eine derartige Mandatserteilung Obliegenheiten ihr gegenüber verletzt, kann der Mandant seiner Versicherung entgegenhalten, dass diese Obliegenheitsverletzung **folgenlos** geblieben ist, wenn der Anwalt eine ihm angebotene Auftragserweiterung abgelehnt hätte und durch die gewählte Beauftragung somit keine höheren Kosten entstanden sind (sog. Kausalitätsgegenbeweis).

38 Auch § 15 Abs. 5 RVG regelt nur die weitere Tätigkeit des Anwalts in derselben Angelegenheit.[23]

2. Beratung

39 Seit dem 1.7.2006 gibt es für die anwaltliche Beratung keine gesetzliche Vergütung mehr. Vielmehr soll der Anwalt auf den Abschluss einer (schriftlichen)[24] Vergütungsvereinbarung hinwirken, § 34 RVG.[25] Kommt es nicht zum Abschluss einer Vergütungsvereinbarung, erhält der Anwalt die nach bürgerlichem Recht übliche Vergütung (zur Sonderregelung für Verbraucher siehe Rn 42).

a) Wegfall der gesetzlichen Beratungsgebühr

40 Mandanten, Rechtsanwälte, aber auch Gerichte und Rechtsschutzversicherungen haben auf den Wegfall der gesetzlichen Beratungsgebühr reagiert. Die eingetretenen Veränderungen differenzieren nach Rechtsgebieten, örtlichen Verhältnissen, Mandanten und Kanzleien. Häufig ist die nach Nr. 2100 VV a.F. berechnete Beratungsgebühr immer noch die übliche Vergütung, insbesondere wenn keine Vereinbarung getroffen worden ist (**Theorie der Beharrlichkeit**).

41 Manche Mandanten suchen gezielt Kanzleien auf, die für eine erste Beratung keine Vergütung beanspruchen. Dafür spricht, dass Deutschland als Dienstleistungswüste bekannt ist, weil die Bereitschaft fehlt, für Dienstleistungen Geld auszugeben. So wie bei anderen Anbietern (z.B. Outplacementberatern, Coaches) wird das erste Gespräch unentgeltlich verlangt und von manchen Anwälten auch angeboten. Nicht nur das Kennenlernen des Rechtsanwalts erfolgt zum Nulltarif, sondern auch die Beratungsleistung selbst (**Theorie der Nachfragemärkte**). Es sind verschiedene Bestrebungen von Rechtsanwälten zu beobachten, arbeitsrechtliche Mandate zu bekommen. Eine Strategie ist dadurch gekennzeichnet, dass arbeitsrechtliche Beratungen zu Preisen angeboten werden, die nicht kostendeckend sein können. Der Vorteil einer solchen Strategie für Anwälte besteht darin, dass bei arbeitsrechtlichen Mandaten häufig dem Mandanten allein mit einer Beratung nicht genügend geholfen ist und er einen Vertretungsauftrag erteilt. Wegen der gesetzlichen Anrechnung (§ 34 Abs. 2 RVG) der Beratungsgebühr auf die Kosten einer anwaltlichen Vertretung wirken sich niedrige Beratungspreise wirtschaftlich weder für den Anwalt noch für den Mandanten aus. Die eigentliche Schwierigkeit einer nachfrageorientierten Strategie ist der Übergang von der ersten zur weiteren Beratung.

42 Die **Theorie des Informationsvorsprungs** geht davon aus, dass Anwälte Dienste höherer Art erbringen und weder das Erstellen der Leistung noch das Beurteilen der primären Leistung für Mandanten nachvollziehbar ist. Mit dem Wegfall der gesetzlichen Beratungsgebühr konnten auch einige Anwälte ihren Wissensvorsprung für deutliche Preiserhöhungen nutzen. Nach der **Theorie der Preisdifferenzierung** gibt es sowohl Nachfrager als auch Anbieter, die ihre Preisvorstellung am Markt durchsetzen. Dazu gehören auch Nachfrager, die die Beratungsleistung unentgeltlich abfordern. Dazu gehören auch Anwälte, die ihr Leistungsangebot und den Preis exakt definieren.

23 Zum Regelungsbereich des § 15 Abs. 5 RVG siehe AnwK-RVG/*N. Schneider*, § 15 Rn 265 ff.

24 Vgl. zum Schriftformerfordernis § 4 Abs. 1 RVG; *Schneider*, Vergütungsvereinbarung, Rn 1316 ff.

25 In der ab dem 1.7.2006 geltenden Fassung, BGBl I S. 718, 847.

Für **Verbraucher** gibt es besonderen Schutz in § 34 Abs. 1 S. 3 RVG. Neben der weiteren Geltung der Höchstgrenze für die Erstberatung, gilt seit dem 1.7.2006 eine Höchstgrenze für die Beratungsgebühr von 250 EUR, wenn keine Vergütungsvereinbarung geschlossen wird. Arbeitnehmer sind Verbraucher im Sinne des RVG.[26]

Bei der Vergütungsvereinbarung für eine Erstberatung (§ 34 RVG) gelten die Formvorschriften des § 3a Abs. 1 S. 1, 2 RVG nicht (§ 3a Abs. 1 S. 3 RVG).

b) Entsprechende Anwendung des § 14 Abs. 1 RVG

Gemäß § 34 Abs. 1 S. 3 Hs. 2 RVG gilt § 14 Abs. 1 RVG entsprechend. Hiernach bestimmt 43 bei Rahmengebühren der Rechtsanwalt die Gebühr im Einzelfall unter **Berücksichtigung aller Umstände**, vor allem des Umfangs und der Schwierigkeit der anwaltlichen Tätigkeit, der Bedeutung der Angelegenheit sowie der Einkommens- und Vermögensverhältnisse des Auftraggebers, nach billigem Ermessen. Nach § 14 Abs. 1 S. 2 RVG kann auch ein besonderes **Haftungsrisiko** herangezogen werden. Im Hinblick auf die gesetzliche Begrenzung des Werts in Kündigungssachen durch § 42 Abs. 4 GKG ist festzustellen, dass der gesetzliche Gegenstandswert für die anwaltliche Tätigkeit regelmäßig nicht dem Interesse des Mandanten an der Aufrechterhaltung seines Arbeitsverhältnisses entspricht. Es ist daher in Kündigungssachen im Allgemeinen von einem besonderen Haftungsrisiko auszugehen. Hinzu kommen die Haftungsgefahren aufgrund von sozialversicherungsrechtlichen Auswirkungen arbeitsrechtlicher Regelungen und die Belehrungspflichten, die den Anwalt treffen, auch wenn er insoweit nicht mandatiert ist (Zahlungsansprüche, weitere Kündigungen). Zusätzliche Haftungsgefahren resultieren aus fehlenden oder fehlerhaften Niederschriften der wesentlichen Vertragsbedingungen. Tarifverträge sollen bei pauschaler Inbezugnahme im Arbeitsvertrag zu Lasten der Arbeitsvertragsparteien von der Rechtsprechung berücksichtigt werden können, auch wenn die Arbeitsvertragsparteien diese Regelungen im Einzelnen gar nicht kennen.

Es kann bei der Bestimmung von Rahmengebühren gemäß § 14 RVG genügen, wenn nur ein 44 einzelnes Kriterium für eine Abweichung von der Mittelgebühr vorliegt. Auch kann eine geringe Bedeutung der Angelegenheit durch einen besonderen Umfang ausgeglichen werden, sodass zusätzliche gute Einkommensverhältnisse zu einer Abweichung von der Mittelgebühr nach oben führen. Die **Mittelgebühr** betrug bei einer Beratung 0,55 bis zum 30.6.2006. Seither gibt es keine gesetzliche Gebühr für die anwaltliche Beratung mehr, also gibt es auch keine Mittelgebühr mehr.

Der Gesetzgeber hat mit dem RVG die Berücksichtigung des **Umfangs der anwaltlichen** 45 **Tätigkeit** an die erste Stelle gestellt. In der Gesetzesbegründung wird auf eine Studie zum durchschnittlichen Zeitaufwand bei der Bearbeitung familienrechtlicher Mandate verwiesen. Daraus lässt sich herleiten, dass der durchschnittliche Zeitaufwand bei einer außergerichtlichen Vertretung bei ca. 2,5 Stunden liegt. Die durchschnittliche arbeitsrechtliche Beratung dauert erfahrungsgemäß eine Stunde, wenn der Mandant die erforderlichen schriftlichen Unterlagen mitbringt und der Anwalt den Sachverhalt umfassend mit dem Mandanten bespricht.

In Kündigungssachen kann man in der Regel von einer besonderen **Bedeutung** der Angele- 46 genheit ausgehen, weil die wirtschaftliche Existenz des Arbeitnehmers von der arbeitsrechtlichen Angelegenheit in einem erheblichen Umfang abhängt. Die Abhängigkeit der Ver-

26 *Schaefer/Kiemstedt*, Rn 182 f.; zum Geschäftsführer vgl. *Hümmerich*, NZA 2006, 709 ff.; vgl. AnwK-RVG/*Onderka*, § 34 Rn 102.

gütungszahlungen vom Bestand des Arbeitsverhältnisses führt oft zu weiteren Schwierigkeiten (Dispositionskredit bei der Bank, Mietzahlung, andere Verpflichtungen, zwischenmenschliche Beziehungsprobleme). Zudem bedeutet regelmäßige Arbeit auch eine Teilhabe am Leben in einer marktwirtschaftlichen Gesellschaft. Bei der Vertretung von Arbeitgebern ist auf das Risiko des Annahmeverzugs hinzuweisen.

47 Eine besondere **Schwierigkeit** von Kündigungssachen ist grundsätzlich anzunehmen, wenn der Arbeitgeber kündigen oder ein Vertragspartner fristlos kündigen will. Dies gilt bei einer fristgerechten Kündigung durch den Arbeitgeber auch, wenn das Kündigungsschutzgesetz keine Anwendung findet. Nur wenn eine umfangreiche Prüfung von verschiedenen denkbaren Sachverhaltskonstellationen stattgefunden hat und sich kein Sonderkündigungsschutz für den Arbeitnehmer begründen lässt, ist die Kündigung für den Arbeitgeber weniger schwierig. Auf das Beratungsergebnis kommt es gebührenrechtlich jedoch nicht an, sondern auf die Schwierigkeit der anwaltlichen Tätigkeit.

48 Weiterhin erfährt der im Arbeitsrecht tätige Rechtsanwalt regelmäßig die **Einkommensverhältnisse** seines Mandanten. Zumindest kann er sie erfragen und sich nachweisen lassen. Dann besteht auch die Möglichkeit, auf das gesetzliche Beispiel der besonders guten Einkommensverhältnisse des Auftraggebers abzustellen. Das durchschnittliche Einkommen betrug bei vollzeitbeschäftigten Arbeitnehmern im Jahre 2008 3.103 EUR brutto monatlich (ohne Sonderzahlungen).[27] Besonders gute Einkommensverhältnisse sind deshalb ab 3.800 EUR brutto monatlich anzunehmen. Der Rechtsanwalt wird bei der Vertretung von Arbeitnehmern berücksichtigen müssen, dass seine Klientel häufig überdurchschnittlich verdient. Geringverdiener lassen sich in der Regel von ihrer Gewerkschaft vertreten und sind mit dem dort gebotenen Leistungsangebot eher zufrieden. Es hat auch nicht jeder Arbeit, es arbeitet nicht jeder ganztags und die Mehrzahl der Beschäftigten hat ein unterdurchschnittliches Einkommen, weil die geringe Kopfzahl von Spitzenverdienern beim Ermitteln des Durchschnitts Berücksichtigung findet. Die Unterschiede zwischen Stadt und Land, zwischen Ost und West, zwischen Mann und Frau sind bei dem genannten Durchschnittsbetrag berücksichtigt.

c) Erstberatung

49 Kommt gemäß § 34 Abs. 1 S. 1 RVG eine Vergütungsvereinbarung zustande, ergibt sich auch im Falle einer Erstberatung die Vergütung aus dieser Vereinbarung. Kommt eine solche Vergütungsvereinbarung nicht zustande, verweist § 34 Abs. 1 RVG auf die Vorschriften des bürgerlichen Rechts (zur Theorie der Beharrlichkeit siehe Rn 40).[28] Zudem enthält § 34 Abs. 1 RVG Regelungen zum Verbraucherschutz. Ist der Mandant Verbraucher, beträgt die Gebühr für die Erstberatung höchstens 190 EUR, § 34 Abs. 1 S. 3 RVG.

d) Anrechnung der Beratungsgebühr

50 Wenn nichts anderes vereinbart ist, erfolgt eine Anrechnung der Beratungsgebühr auf eine Gebühr für eine sonstige Tätigkeit, die mit der Beratung zusammenhängt, § 34 Abs. 2 RVG.

27 Vgl. www.destatis.de.
28 AnwK-RVG/*Onderka*, § 34 Rn 84 ff.

3. Außergerichtliche Vertretung

Zur außergerichtlichen Vertretung gehört das Anschreiben der Gegenseite (Arbeitgeber und Arbeitnehmer), das Schreiben an Dritte (Landesamt für Zentrale Soziale Angelegenheiten), die Korrespondenz mit dem Betriebsrat und auch das Entwerfen von Erklärungen (Kündigung, Zurückweisung) und Verträgen (Abwicklungsvertrag, Zusage). 51

a) Systematik

Die **Geschäftsgebühr** ist in Nr. 2300 VV und damit vor der Tätigkeit im Klageverfahren geregelt. Der gesetzliche Rahmen für die Geschäftsgebühr beträgt 0,5 bis 2,5 Gebühren. Die Gebühr ist im Einzelfall gemäß § 14 RVG vom Rechtsanwalt nach billigem Ermessen zu bestimmen – unter Berücksichtigung aller Umstände, vor allem des Umfangs und der Schwierigkeit der anwaltlichen Tätigkeit, der Bedeutung der Angelegenheit sowie der Einkommens- und Vermögensverhältnisse des Auftraggebers. Bei der Beurteilung der Schwierigkeit der anwaltlichen Tätigkeit kommt es nicht auf etwaiges Spezialwissen des Rechtsanwalts an. Die Tatsache, dass sich ein Mandant mit seinem Problem an einen Fachanwalt wendet, kann bereits darauf hindeuten, dass die Angelegenheit überdurchschnittlich schwierig und eine Gebühr von 1,8 angemessen ist. 52

Nach der Vorbemerkung 2.3 des VV-RVG entsteht die Geschäftsgebühr für das Betreiben des Geschäfts einschließlich der Information und für die Mitwirkung bei der Gestaltung eines Vertrages. Soweit der Anwalt eine Erklärung für seine Mandanten entwirft (Kündigungserklärung, Anhörungsschreiben nach § 102 BetrVG), betreibt er das Geschäft seines Mandanten. Auch das bloße Entgegennehmen von lückenhaften Informationen durch den Anwalt kann eine Geschäftsgebühr auslösen, wenn diese Tätigkeit erfolgt, um auftragsgemäß nach außen hin die Interessen des Mandanten zu vertreten. Der Umfang der anwaltlichen Tätigkeit ist in einem solchen Falle nur für das Ausfüllen des Gebührenrahmens bedeutsam.[29] 53

Nr. 2302 VV verdrängt den Gebührenrahmen für Schreiben einfacher Art durch eine feste Gebühr von 0,3. Abzustellen ist nicht mehr auf durchschnittliche Rechtskenntnisse und Erfahrungen sowie Anforderungen.[30] Es soll nach dem Willen des Gesetzgebers nur noch auf den Inhalt des erteilten Auftrags ankommen.[31] Wenn dieser umfangreiche Prüfungen oder Überlegungen erfordert, greift Nr. 2302 VV nicht ein.[32] Im Arbeitsrecht ist Nr. 2302 VV praktisch deshalb nicht anwendbar. 54

b) Die Geschäftsgebühr und ihre Anrechnung

Wenn der Anwalt des Arbeitnehmers in einer Kündigungssache mandatiert wird, wird er zunächst die Klagefrist prüfen und notieren und im Regelfall den Arbeitgeber anschreiben. Wenn bis zum Ablauf der Klagefrist noch genügend Zeit für eine außergerichtliche Einigung zur Verfügung steht, ist dieser Weg angezeigt. Bei Führungskräften wird dieses Vorgehen erwartet, um Belastungen im Arbeitsverhältnis zu vermeiden. Bei anderen Arbeitnehmern können oft höhere Abfindungen außergerichtlich durchgesetzt werden. Bei einer außergerichtlichen Einigung spart sich der Arbeitgeber die mit einem Gerichtsverfahren verbundenen 55

29 *Hartmann*, VV 2300 Rn 11.
30 *Hartmann*, VV 2302, Rn 4.
31 BT-Drucks 15/1971 S. 207, zu Nr. 2402.
32 *Schaefer/Göbel*, § 5 Rn 110 für die frühere Ziffer 2402 VV.

Kosten. Auch sind die Anwaltskosten bei einer außergerichtlichen Einigung in der Regel geringer. Für die außergerichtliche Tätigkeit erhält der Rechtsanwalt nach Nr. 2300 VV die Regelgebühr von 1,3 Gebühren. Davon ist, soweit derselbe Gegenstand betroffen ist, nur die Hälfte (0,65) auf die Verfahrensgebühr für die erste Instanz (Nr. 3100 VV) anzurechnen, Vorbem. 3 Abs. 4 VV. Ist der anzusetzende Gebührensatz für die Geschäftsgebühr höher als 1,5, bleibt es bei der maximalen Anrechnungshöhe von 0,75 Vorbem. 3 Abs. 4 VV. Ferner ist bei der Anrechnung § 15a RVG zu beachten. Danach wirkt sich die Anrechnungsvorschrift grundsätzlich im Verhältnis zu Dritten, damit insbesondere im Kostenfestsetzungsverfahren nicht aus. Der BGH hat inzwischen klargestellt, dass die gesetzliche Neuregelung ab ihrem ersten Geltungstag, dem 5.8.2009, anzuwenden ist, also auch auf Mandate, die vor dem 5.8.2009 erteilt wurden.[33]

56 Die Geschäftsgebühr ist eine Rahmengebühr, sodass auf die obigen Ausführungen (siehe Rn 52 ff.) verwiesen werden kann. Die Mittelgebühr beträgt 1,5. Diese kann ebenso wie alle anderen Gebührensätze von mehr als 1,3 nur gefordert werden, wenn die Angelegenheit umfangreich oder schwierig war, Anm. zu Nr. 2300 VV.

c) Besondere Verfahren

57 Typische Angelegenheiten, die der Rechtsanwalt im Arbeitsrecht nach Nr. 2300 VV abzurechnen hat, sind die Mitwirkung auf Seiten des Arbeitgebers oder des Arbeitnehmers bei dem Verfahren zur Anhörung des Betriebsrates. Durch gesetzlich gesondert geregelte Fälle einer außergerichtlichen Vertretung (Nr. 2400 VV bestimmte sozialrechtliche Angelegenheiten, Nr. 2503 VV Geschäftsgebühr bei Beratungshilfe) wird der Anwendungsbereich von Nr. 2300 VV eingegrenzt.

58 Das **Verwaltungsverfahren** und das **Widerspruchsverfahren** sind nach dem RVG zwei gesonderte (verwaltungsrechtliche) Angelegenheiten, die von der arbeitsrechtlichen Angelegenheit zu unterscheiden sind. Für die Tätigkeit im Verwaltungsverfahren (z.B. Anhörung des Arbeitnehmers im Verfahren wegen einer beantragten Zustimmung für eine Kündigung) erhält der Anwalt eine Geschäftsgebühr nach Nr. 2300 VV. Nur wenn er in diesem Verfahren tätig war, reduziert sich der Gebührenrahmen für die Vertretung im Widerspruchsverfahren, Nr. 2301 VV. Wird der Anwalt erstmals für eine Vertretung im Widerspruchsverfahren hinzugezogen, berechnet sich seine Gebühr gem. Nr. 2300 VV nach dem vollen Gebührenrahmen.

59 *Beispiel*

Der schwer behinderte Arbeitnehmer kommt zum Rechtsanwalt mit dem Schreiben des Integrationsamtes, wonach der Arbeitgeber die Zustimmung zur Kündigung des Arbeitsverhältnisses beantragt hat. Der Arbeitnehmer beauftragt den Rechtsanwalt, ihn in dem Verwaltungsverfahren vor dem Integrationsamt zu vertreten. Ferner möchte der Arbeitnehmer wissen, welche arbeitsrechtlichen Folgen eine Zustimmung des Integrationsamtes für ihn haben könnte.

Der Rechtsanwalt kann seine verwaltungsrechtliche Tätigkeit gegenüber dem Integrationsamt nach Nr. 2300 VV RVG abrechnen. Sofern es zu einer Besprechung beim Arbeitgeber kommt, wird regelmäßig ein besonderer Umfang der anwaltlichen Tätigkeit anzunehmen sein. Bei einem Gegenstandswert von 5.000 EUR (siehe § 52 Abs. 2 GKG) und einer Mittelgebühr von 1,5 erhält der Rechtsanwalt dafür eine Vergütung von 451,50 EUR zzgl. Auslagen und Mehrwertsteuer.

33 BGH v. 2.9.2009, NJW 2009, 3101 f.

Seine beratende arbeitsrechtliche Tätigkeit kann der Rechtsanwalt gesondert abrechnen. Eine Vergütungsvereinbarung nach § 34 RVG hat den Beratungsgegenstand (Bestand des Arbeitsverhältnisses) zu bezeichnen.

4. Gebühren in der I. Instanz

Von der Anlage 1 zum RVG (Vergütungsverzeichnis) gilt Teil 3 für den Zivilprozess und für das arbeitsgerichtliche Urteils- und Beschlussverfahren gleichermaßen. Dies ergibt sich aus der Vorbemerkung 3.1 Abs. 1 VV.[34] 60

a) Verfahrensgebühr

Die Verfahrensgebühr beträgt nach Nr. 3100 VV in I. Instanz 1,3. Die Verfahrensgebühr entsteht für das Betreiben des Geschäfts einschließlich der Information. Einen abgesenkten Gebührensatz sieht Nr. 3101 VV vor bei vorzeitiger Erledigung des Auftrags. Durch das Stellen der Sachanträge ist weiterhin klar, dass eine nicht abgesenkte Verfahrensgebühr verdient ist. Der Anwalt des Klägers hat den Anspruch auf eine Verfahrensgebühr auf jeden Fall erworben, wenn er auftragsgemäß die Klage beim Arbeitsgericht eingereicht hat. Der Anwalt des Beklagten hat den Anspruch auf eine Verfahrensgebühr sicher erworben, wenn er einen Schriftsatz beim Arbeitsgericht eingereicht hat, mit dem er auftragsgemäß die Klageabweisung beantragt. 61

Praxishinweis 62
Hat der Arbeitnehmer seine Klage zunächst bei der Rechtsantragsstelle erhoben oder durch die Gewerkschaft Klage eingereicht und will er sich in Zukunft durch einen Anwalt vertreten lassen, erhält dieser eine Verfahrensgebühr schon für die Entgegennahme von Informationen zu diesem Verfahren. Zu prüfen ist sodann, ob der Gebührensatz 1,3 nach Nr. 3100 VV beträgt oder ob Nr. 3101 Nr. 1 VV eingreift. Da die Sachanträge den Streitgegenstand bestimmen, sollten schon gestellte Anträge und die Parteibezeichnung bei der Mandatsannahme sorgfältig geprüft werden. Eine solche Prüfung wird durch eine eigenständige Formulierung der Sachanträge gefördert.

Fällig wird der erworbene Anspruch nach § 8 Abs. 1 S. 1 RVG erst mit Erledigung des Auftrags oder Beendigung der Angelegenheit oder nach § 8 Abs. 1 S. 2 RVG mit einer Kostenentscheidung, der Beendigung des Rechtszugs oder wenn das Verfahren länger als drei Monate ruht. 63

Die Verfahrensgebühr erhält der Anwalt gem. § 7 Abs. 1 RVG auch bei mehreren Auftraggebern in derselben Angelegenheit nur einmal, allerdings erhöht sich nach Nr. 1008 VV für jeden **weiteren Auftraggeber** die Verfahrensgebühr um 0,3.[35] Diese Vorschrift setzt voraus, dass es sich um dieselbe Angelegenheit (vgl. Rn 30) handelt. Ist dies nicht der Fall, bekommt jeder Auftraggeber eine eigene Rechnung, unabhängig von der anderen Angelegenheit des anderen Auftraggebers. Bei der Vertretung von Arbeitgebern in einem gerichtlichen Verfahren ist eine Erhöhung nach Nr. 1008 VV beispielsweise zu beachten, wenn die Konzernmutter und die Konzerntochter oder wenn die KG und die Komplementärin gemeinsam verklagt werden. Mehrere Erhöhungen dürfen gem. Nr. 1008 Abs. 3 VV den Satz von zwei vollen Gebühren nicht übersteigen, sodass die Verfahrensgebühr maximal 3,3 (1,3 + 2,0) beträgt. 64

34 *Schaefer/Göbel*, § 5 Rn f.
35 Zum Haftungsumfang der einzelnen Auftraggeber siehe § 7 Abs. 2 RVG.

65 *Beispiel*
Der Arbeitnehmer verklagt die acht Gesellschafter einer OHG persönlich. Alle Beklagten beauftragen den gleichen Rechtsanwalt. Für die Vertretung des ersten Beklagten erhält der Rechtsanwalt eine 1,3 Verfahrensgebühr. Diese Gebühr erhöht sich für jeden weiteren Gesellschafter um 0,3. Bei der Vertretung von zwei Gesellschaftern erhält der Rechtsanwalt also eine Verfahrensgebühr von insgesamt 1,6. Bei acht Gesellschaftern ist die Erhöhung nach Nr. 1008 Abs. 3 VV auf 2,0 begrenzt, also nicht 1,3 + 7 × 0,3 = 3,4, sondern 1,3 + 2,0; insgesamt entsteht also eine Verfahrensgebühr mit einem Satz von 3,3.

66 Der Beklagtenvertreter erhält die Verfahrensgebühr, wenn er einen Sachantrag (Klageabweisung) gestellt hat. Eine Legitimation oder ein Antrag auf Terminsverlegung ist ebenso wenig ein Sachantrag wie die Bitte um eine Fristverlängerung. Nach Nr. 3101 VV steht es einem Sachantrag gleich, wenn der Anwalt einen Schriftsatz erhält oder einreicht, der Sachvortrag, die Rücknahme der Klage oder einen Antrag enthält. In diesem Fall oder beim Wahrnehmen eines gerichtlichen Termins erhält der Rechtsanwalt die Verfahrensgebühr von 1,3 und nicht lediglich die abgesenkte Verfahrensgebühr nach Nr. 3101 VV.

67 Mit der Entstehung der Verfahrensgebühr **entfällt** auch die Möglichkeit einer 1,5 Einigungsgebühr hinsichtlich des anhängigen Streitgegenstandes, Nr. 1003 VV. Auch ein Prozesskostenhilfeverfahren ist in diesem Sinne vergütungsschädlich, sofern nicht lediglich die Protokollierung eines Vergleichs beantragt wird.[36]

68 Nach Nr. 3101 VV erhält der Anwalt bei einer vorzeitigen Beendigung des Auftrags eine Verfahrensgebühr in Höhe von 0,8. Diese ersetzt die Verfahrensgebühr nach Nr. 3100 VV in Höhe von 1,3. Eine **vorzeitige Erledigung** liegt nach dem RVG nur noch vor, wenn der Auftrag endet, bevor der Rechtsanwalt die Klage, den ein Verfahren einleitenden Antrag oder einen Schriftsatz, der Sachanträge, Sachvortrag, die Zurücknahme der Klage oder die Zurücknahme des Antrags enthält, eingereicht hat oder bevor er für seine Partei einen Termin wahrgenommen hat.

69 Auch soweit lediglich beantragt ist, eine Einigung der Parteien oder mit Dritten über in diesem Verfahren nicht rechtshängige Ansprüche zu Protokoll zu nehmen oder festzustellen (§ 278 Abs. 6 ZPO), oder soweit lediglich Verhandlungen vor Gericht zur Einigung über solche Ansprüche geführt werden, beträgt die Verfahrensgebühr gem. Nr. 3101 Nr. 2 VV nur 0,8. Die Verfahrensgebühr wird zunächst für beide Gegenstände gesondert berechnet. Sodann muss gem. § 15 Abs. 3 RVG überprüft werden, ob eine 1,3 Verfahrensgebühr nach dem zusammengerechneten Wert beider Gegenstände nicht geringer ist als die beiden getrennt ermittelten Verfahrensgebühren. Sollte das der Fall sein, kann statt der beiden getrennt ermittelten Verfahrensgebühren nur eine 1,3 Verfahrensgebühr nach dem zusammengerechneten Wert beider Gegenstände berechnet werden.

70 Wenn bei der Mandatsannahme der Sachverhalt zunächst telefonisch abgeklärt werden muss (zum Beispiel durch Telefonate mit dem Betriebsrat oder dem Arbeitgeber) entsteht zunächst die anrechenbare (Vorbem. 3 Abs. 4 VV) Geschäftsgebühr nach Nr. 2300 VV. Eine außergerichtliche Einigung führt zu geringeren Anwaltskosten (1,3 + 1,5 = 2,8 Gebühren) als eine Einigung im Gütetermin (1,3 + 1,2 + 1 = 3,5).

71 **Korrespondenzmandate** im Arbeitsrecht sind selten und damit auch die Gebühr als Verkehrsanwalt gem. Nr. 3400 VV oder als Unterbevollmächtigter gem. Nr. 3401 VV. Korrespondenzmandate im Arbeitsrecht haben meist einen kleinen Streitwert und bedeuten viel Arbeit. Alter-

36 Zur Prozesskostenhilfebedürftigkeit und notarieller Beurkundung vgl. § 17 Abs. 2 BNotO.

nativ kann der Prozessbevollmächtigte auch einen örtlichen Rechtsanwalt bitten, für ihn (nicht für den Mandanten) den Termin wahrzunehmen und dafür eine Vergütung frei vereinbaren.[37] Dann erwirbt der örtliche Rechtsanwalt keine gesetzliche Vergütung nach dem RVG, sondern einen vertraglichen Anspruch gegenüber dem beauftragenden Rechtsanwalt selbst. Dieser verdient durch die Terminswahrnehmung die Terminsgebühr und kann u.E. verlangen, dass ihm die Kosten des örtlichen Kollegen an Stelle von Fahrtkosten als Auslagen erstattet werden, §§ 670, 675 Abs. 1 BGB. Die Aufwendungen eines örtlichen Terminvertreters sind in seiner gesetzlichen Vergütung nicht enthalten (vgl. Nr. 7003–7006 VV).

Üblich ist die Praxis, dass der Bevollmächtigte am Sitz des Gerichts nach außen als Unterbevollmächtigter auftritt, die Abrechnung zwischen den beiden Rechtsanwälten aber wie mit einem Verkehrsanwalt erfolgt. 72

b) Terminsgebühr

Die Terminsgebühr entsteht gemäß der Vorbemerkung 3 Abs. 3 VV für die Vertretung in einem Verhandlungs-, Erörterungs- oder Beweisaufnahmetermin oder die Wahrnehmung eines von einem gerichtlich bestellten Sachverständigen anberaumten Termins oder die Mitwirkung an auf die Vermeidung oder Erledigung des Verfahrens gerichteten Besprechungen ohne Beteiligung des Gerichts, was aber nicht für Besprechungen mit dem Auftraggeber gilt. 73

> *Praxishinweis* 74
> Bei der Kostenvorschussnote nach § 9 RVG sollte daher auch ein Vorschuss für eine Terminsgebühr abgerechnet werden.

Die Terminsgebühr soll in jedem Rechtszug nur einmal entstehen können.[38] Allerdings entsteht die Terminsgebühr nach dem Wortlaut der Vorbemerkung 3 Abs. 3 VV bereits für die Vertretung in **einem** Termin. Dies kann auch dahingehend ausgelegt werden, dass bei mehreren Terminen (z.B. Gütetermin und Kammertermin vor dem Arbeitsgericht) jeweils eine Terminsgebühr entsteht. Für diese Sicht spricht u.a. der vom Gesetzgeber und den Marktteilnehmern angestrebte Grundsatz der aufwandsgerechten Vergütung. Für die Wahrnehmung eines Güteverhandlungstermins erscheint es jedoch gerechtfertigt, keine gesonderte Terminsgebühr entstehen zu lassen, weil die Güteverhandlung aufgrund ihres Ablaufs und ihrer Bedeutung an den Anwalt geringere Anforderungen hinsichtlich Schwierigkeit und Vorbereitungsumfang stellt als ein sonstiger Gerichtstermin.[39] Diesen geringeren Aufwand des Anwalts mit einer zusätzlichen Terminsgebühr zu vergüten, wäre nicht aufwandsgerecht. 75

Eine Terminsvertretung liegt auch vor, wenn im Termin der Gegner abwesend ist und die mit dem Vorsitzenden durchgeführte Besprechung zur Rücknahme der Klage führt.[40] 76

Gleiches gilt für das Gespräch über die Kosten sparende Beendigung des Rechtsstreits.[41]

Die Terminsgebühr verdient der Anwalt ferner, wenn er an außergerichtlichen Besprechungen mitwirkt, die auf die Vermeidung oder Erledigung des Verfahrens gerichtet sind. Besprechungen mit dem Auftraggeber reichen hierfür allerdings nicht (Vorbemerkung 3 Abs. 3 VV). Voraussetzung ist, dass der Rechtsanwalt zum Zeitpunkt des Termins der Besprechung einen Pro- 77

37 Z.B. für 200 EUR zuzüglich gesetzlicher Umsatzsteuer.

38 BT-Drucks 15/1971 S. 212 zu Nr. 3104.

39 *Schaefer/Kiemstedt*, Rn 216.

40 LAG Köln v. 7.9.1995, VersR 1996, 520, für § 31 Abs. 1 Nr. 4 BRAGO.

41 LG Tübingen v. 3.11.1997, AnwBl 1998, 346, für § 31 Abs. 1 Nr. 4 BRAGO.

zessauftrag hat. Ferner muss die Gegenseite bereit sein, überhaupt in Überlegungen mit dem Ziel einer einvernehmlichen Beendigung des Verfahrens einzutreten; verweigert der Gegner von vornherein entweder ein sachbezogenes Gespräch oder eine gütliche Einigung, kommt eine Besprechung schon im Ansatz nicht zustande.[42]

Bei den auf Erledigung des Verfahrens gerichteten Gesprächen wird es sich meist um Einigungsgespräche handeln. Allerdings kann auch der Versuch eines Rechtsanwalts, den Gegner in einem Gespräch zur Rücknahme der Klage, zum Anerkenntnis[43] oder zu einer Erledigungserklärung[44] zu bewegen, die Terminsgebühr auslösen.

78 Der Gegenstandswert für die Terminsgebühr erhöht sich, wenn von einer Partei nicht oder anderweitig anhängige Ansprüche zum Zwecke der gütlichen Beilegung des Rechtsstreits eingebracht worden sind. Es entsteht dann die sog. „Differenzterminsgebühr".[45] Allerdings findet gem. Abs. 2 der Anmerkung zu Nr. 3104 VV eine Anrechnung statt. Dort heißt es: Sind in dem Termin auch Verhandlungen zur Einigung über in diesem Verfahren nicht rechtshängige Ansprüche geführt worden, wird die Terminsgebühr, soweit sie den sich ohne Berücksichtigung der nicht rechtshängigen Ansprüche ergebenden Gebührenbetrag übersteigt, auf eine Terminsgebühr angerechnet, die wegen desselben Gegenstands in einer anderen Angelegenheit entsteht. Zweck dieser Regelung ist es, zu vermeiden, dass die Terminsgebühr doppelt entsteht.[46]

79 *Beispiel*

Der Anwalt erhebt für den Arbeitnehmer Kündigungsschutzklage (Streitwert: 9.000 EUR). Der Arbeitgeber zahlt nach Ablauf der Kündigungsfrist keine Vergütung mehr, woraufhin wegen der Ansprüche des Arbeiternehmers aus Annahmeverzug gesondert Zahlungsklage erhoben wird (Streitwert: 3.000 EUR). Auch die Güteverhandlung in der Zahlungssache scheitert. Im Kündigungsschutzverfahren werden in der Kammerverhandlung die Zahlungsansprüche mit erörtert und mit verglichen.

80 Der Anwalt erhält in beiden Verfahren je eine Verfahrensgebühr nach Nr. 3100 VV. Weiterhin entsteht in der Kündigungsschutzsache eine 0,8 Verfahrensdifferenzgebühr nach Nr. 3101 Nr. 2 VV. Diese wirkt sich jedoch aufgrund der Anrechnungsvorschrift in Abs. 1 der Anmerkung zu Nr. 3101 nicht aus. Zudem entsteht in beiden Verfahren eine Terminsgebühr nach Nr. 3104 VV. Im Kündigungsschutzverfahren berechnet sich zwar die Terminsgebühr nach einem höheren Gegenstandswert (12.000 EUR), was jedoch wegen der Anrechnungsvorschrift in der Anmerkung Abs. 2 zu Nr. 3104 VV ohne Auswirkungen bleibt.

81 Soweit lediglich eine Einigung über nicht rechtshängige Ansprüche zu Protokoll zu nehmen ist, entsteht keine Terminsgebühr (Anmerkung Abs. 3 zu Nr. 3104 VV).

In den in Nr. 3105 VV genannten Fällen reduziert sich die Terminsgebühr auf 0,5.

42 BGH v. 20.11.2006, AGS 2007, 129 f.

43 LAG Hessen v. 1.3.2006, NZA-RR 2007, 37 f. m.w.N.

44 VG Lüneburg v. 22.1.2008, AGS 2008, 282.

45 *Mock*, in RVG-Spezial, AGS 2004, 45, 54.

46 BT-Drucks 15/1971, S. 212 zu Nr. 3104.

c) Einigungsgebühr

Der Rechtsanwalt erhält für seine ursächliche Mitwirkung an einer im Rahmen eines erstinstanzlichen Klageverfahrens erzielten Einigung eine Einigungsgebühr in Höhe von 1,0 (Nr. 1000, 1003 VV RVG). 82

Die Einigungsgebühr nach Nr. 1000 VV entsteht gem. Abs. 1 der Anmerkung für die Mitwirkung beim Abschluss eines Vertrages, durch den der Streit oder die Ungewissheit der Parteien über ein Rechtsverhältnis beseitigt wird. Die Gebühr entsteht aber nicht, wenn sich der Vertrag ausschließlich auf ein Anerkenntnis oder einen Verzicht beschränkt. Damit wird verhindert, dass die Einigungsgebühr durch bloße Erfüllung des Anspruches oder bloßen Verzicht auf Weiterverfolgung ausgelöst wird.[47] 83

Der Rechtsanwalt erhält die Einigungsgebühr auch dann, wenn er nur bei den Vertragsverhandlungen mitgewirkt hat, es sei denn, dass seine Mitwirkung für den Abschluss des Vertrags nicht ursächlich war (Abs. 2 der Anmerkung zu Nr. 1000 VV). Mitwirkung i.S.d. Nr. 1000 VV setzt nicht voraus, dass der Rechtsanwalt persönlich mit der Gegenpartei verhandelt hat oder bei dem endgültigen Abschluss der Einigung anwesend war; es genügt bereits die Prüfung und Begutachtung des Einigungsvorschlages und die Beratung des Mandanten.[48] Die Mitwirkung muss für die Einigung zumindest mitursächlich gewesen sein.[49] 84

Das Einverständnis des Mandanten mit dem Vergleich muss der Rechtsanwalt beweisen, es sei denn, der Vergleich ist die einzige Möglichkeit, einen Vermögensschaden vom Mandanten abzuwenden.[50] 85

Praxishinweis 86

Bei der Häufigkeit von Vergleichen im Arbeitsrecht sollte schon bei der Mandatsannahme mit dem Mandanten nicht nur besprochen werden, welche Ansprüche geltend gemacht werden, sondern auch in welchem Bereich eine Einigung liegen kann. Diese Absprache zwischen dem Anwalt und dem Mandanten muss der Anwalt dokumentieren und beweisen können.

Die Möglichkeit, einen Vergleich zunächst nur **widerruflich** zu vereinbaren, mindert regelmäßig die Regressgefahr. Bei „seinem" Arbeitsgericht wird der Anwalt Verständnis für den Abschluss eines Vergleiches nur mit Widerrufsmöglichkeit finden, wenn seine Mandanten regelmäßig davon keinen Gebrauch machen. Dieses Ergebnis lässt sich erzielen, wenn der Bereich, in dem eine vergleichsweise Einigung liegen kann, rechtzeitig vor dem Gerichtstermin mit dem Mandanten vereinbart ist. 87

Soweit über den Gegenstand der Einigung ein anderes gerichtliches Verfahren als ein selbstständiges Beweisverfahren anhängig ist, betragen gem. Nr. 1003 VV die Gebühren der Nr. 1000–1002 VV lediglich 1,0. Das Gleiche gilt, wenn ein Verfahren über die Prozesskostenhilfe anhängig ist, soweit nicht lediglich Prozesskostenhilfe für die gerichtliche Protokollierung des Vergleichs beantragt wird oder sich die Beiordnung auf den Abschluss eines Vertrages im Sinne der Nr. 1000 VV erstreckt (Anmerkung zu Nr. 1003 VV). Allein die Bewilligung von Prozesskostenhilfe für einen Vergleich führt also nicht dazu, dass dem Rechtsanwalt statt einer 1,5 nur eine 1,0-Einigungsgebühr zusteht. 88

47 BT-Drucks 15/1971, S. 204, zu Nr. 1000.
48 Gerold/Schmidt/*Müller-Rabe*, VV 1000 Rn 30.
49 AnwK-RVG/*N. Schneider*, VV 1000 Rn 5.
50 OLG Oldenburg v. 23.1.1998, VersR 1999, 622.

89 Weil sich eine Kündigung als einseitige rechtsgestaltende Willenserklärung nicht zurücknehmen lässt, ist die **im arbeitsgerichtlichen Gütetermin protokollierte Vereinbarung,** dass nach Rücknahme der Kündigung durch den Arbeitgeber das Arbeitsverhältnis in ungekündigter Art und Weise fortbestehen soll, ein aufgrund gegenseitigen Nachgebens beider Parteien bewirkter Vergleich,[51] der eine Einigungsgebühr auslöst.

90 Für die Mitwirkung bei einem unter einer aufschiebenden Bedingung oder unter dem Vorbehalt des Widerrufs geschlossenen Vertrag entsteht die Einigungsgebühr, wenn die Bedingung eingetreten ist oder der Vertrag nicht mehr widerrufen werden kann (Abs. 3 der Anmerkung zu Nr. 1000 VV).

91 Aus dem Wortlaut („es sei denn") in Abs. 1 der Anmerkung zu Nr. 1000 VV ergibt sich, dass der Mandant darlegen und beweisen muss, dass die Mitwirkung des Rechtsanwaltes für den Vertragsabschluss nicht ursächlich gewesen ist. Für die Entstehung der Einigungsgebühr genügt es, wenn der Rechtsanwalt irgendwelche Bemühungen mit der Zielrichtung eines Vertragsabschlusses vorgenommen hat.[52]

92 Hat der Vertrag einen Mehrwert, ist also der Gegenstandswert des Vertrages höher als der Gegenstandswert der Verfahrensgebühr, entsteht für den Differenzbetrag (Vertragswert – Gegenstandswert der Verfahrensgebühr) eine Einigungsgebühr gem. Nr. 1000 VV in Höhe von 1,5.

93 Diese zusätzliche Einigungsgebühr darf mit der Einigungsgebühr gem. Nr. 1003 VV in Höhe von 1,0 nach dem Gegenstandswert der Verfahrensgebühr nicht mehr ausmachen als eine Einigungsgebühr in Höhe von 1,5 nach dem gesamten Vertragswert (§ 15 Abs. 3 RVG).

94 *Beispiel*

Der Arbeitgeber kündigt einem Arbeitnehmer, der 4.500 EUR brutto im Quartal verdient, fristlos, weil dieser Waren im Wert von 5.000 EUR entwendet hat. Der Arbeitgeber verlangt 5.000 EUR Schadenersatz. Der Arbeitnehmer klagt gegen diese Kündigung. Die Parteien einigen sich darauf, dass die fristlose Kündigung das Arbeitsverhältnis beendet hat und damit alle gegenseitigen Ansprüche erledigt sind. Wert der Einigung: 9.500 EUR; 1,5 nach 5.000 EUR: 451,50 EUR; 1,0 nach 4.500 EUR: 273 EUR; insgesamt 724,50 EUR; nicht mehr als 1,5 nach 9.500 EUR: 729 EUR. Die Einigungsgebühr nach dem RVG beträgt 724,50 EUR.

d) Verfahrensdifferenzgebühr

95 Regelmäßig erwarten Mandanten, dass ihr Streit mit der Gegenseite nach einem ersten Gerichtsverfahren insgesamt entschieden oder abschließend vertraglich geregelt ist (auch von den Gerichten wird dies häufig erwartet). Der Rechtsanwalt schuldet seine Dienste allerdings nur aufgrund des erteilten Mandates, nur in dieser Angelegenheit. Soweit Belehrungspflichten über das Mandat hinausgehen (z.B. ist in einer Kündigungssache auf Ausschlussfristen für Verzugslohnansprüche hinzuweisen),[53] führt dies nicht zu einer automatischen Auftragserweiterung. Vielmehr ist es die Entscheidung des Mandanten, ob er nach dem Hinweis sich insoweit selbst um seine Angelegenheit kümmern will, dem Anwalt eine Auftragserweiterung oder ein neues Mandat anträgt.

51 LAG Hamm v. 30.4.1997, AnwBl 1997, 568.
52 LG Mannheim v. 11.4.1997, NZA-RR 1997, 443.
53 Vgl. BGH v. 29.3.1983, NJW 1983, 1665.

Der Anwalt erhält zwar eine gesetzliche Vergütung (§ 1 RVG), aber diese gesetzliche Vergütung schuldet der Mandant dem Anwalt aufgrund des geschlossenen **Mandatsvertrags**. Der Anwalt wird nicht aufgrund eines gesetzlichen Schuldverhältnisses für den Mandanten tätig. Deshalb muss zunächst der Mandatsvertrag sich auch auf die Punkte erstrecken, die der Anwalt dadurch regelt, dass er lediglich eine Einigung der Parteien zu Protokoll nehmen lässt. Ist der Mandant bei der Protokollierung anwesend und stimmt er dem Geschehen (konkludent) zu, ist in seiner Zustimmung auch eine Erweiterung des Mandatsvertrages zu sehen. Eine konkludente Mandatserweiterung liegt auch vor, wenn der Anwalt einen Vergleich über Punkte, die nicht Gegenstand seines Mandates waren, widerruflich schließt und der Mandant anschließend innerhalb der Widerrufsfrist entscheiden muss, ob er die Einigung und damit auch die Erweiterung des Mandates will.[54] 96

Nach dem erteilten Mandat richtet sich auch, ob der Anwalt lediglich eine Vergütung nach Nr. 3101 VV oder eine Vergütung nach Nr. 2300 VV erhält. Nur wenn der Mandant auch einen Prozessauftrag erteilt hat, entsteht eine Vergütung nach Nr. 3101 VV.[55] Es genügt allerdings, dass der Rechtsanwalt den Auftrag hat, auch über nicht rechtshängige Ansprüche eine Einigung auszuhandeln, die bei Gericht protokolliert werden soll.[56] Ohne solch einen Auftrag kommt die Gebühr der Nr. 2300 VV zur Anwendung. 97

Beispiel 98

Nachdem der Arbeitnehmer vom Betriebsrat gehört hat, dass er eine Kündigung erhalten soll, verlangt er vom Arbeitgeber ein qualifiziertes Zwischenzeugnis. Anschließend erhält der Arbeitnehmer zwar eine fristgerechte Kündigung, allerdings kein Zwischenzeugnis. Der Arbeitnehmer beauftragt einen Rechtsanwalt, fristwahrend Kündigungsschutzklage zu erheben und den Arbeitgeber wegen des Zwischenzeugnisses nochmals außergerichtlich anzuschreiben. Im Gütetermin einigen sich die Parteien auf eine Fortsetzung des Arbeitsverhältnisses zu geänderten Bedingungen und darauf, dass der Arbeitnehmer erst zum Jahresende ein qualifiziertes Zwischenzeugnis erhält. In einem solchen Fall liegt wegen des Zwischenzeugnisses kein Prozessauftrag vor.

Liegt ein Verfahrensauftrag vor und gelangt Nr. 3101 VV zur Anwendung, erhält der Anwalt eine Gebühr in Höhe von 0,8 nach dem Differenzwert (Wert des Vergleichs – Wert des Streitgegenstandes des Verfahrens). 99

Gemäß § 15 Abs. 3 RVG erhält der Rechtsanwalt aber nicht mehr Honorar, als hätte er von vornherein den gesamten Gegenstand des Vergleiches rechtshängig gemacht (nicht mehr als eine Verfahrensgebühr in Höhe von 1,3 nach dem Wert des Gegenstandes des Vergleichs).

Entsteht wegen der gleichen Ansprüche erst eine Geschäftsgebühr nach Nr. 2300 VV, ist diese auf eine anschließend nach Nr. 3101 VV entstehende Verfahrensdifferenzgebühr zur Hälfte, jedoch höchstens mit einem Gebührensatz von 0,75 anzurechnen (Vorbemerkung 3 Abs. 4 VV). Diese Anrechnung muss zuerst vorgenommen werden. Nur Beträge, die sich danach noch auswirken, können zum Überschreiten der Höchstgrenze führen und der Anrechnung nach § 15 Abs. 3 RVG unterfallen. 100

Die Verfahrensdifferenzgebühr gem. Nr. 3101 Nr. 2 VV erhält der Rechtsanwalt für die dort genannten Tätigkeiten auch dann, wenn tatsächlich keine Einigung erzielt wird, etwa wenn nach Verhandlungen oder nach Beantragung der Protokollierung die geplante Einigung 101

54 Ausführlich *Schaefer/Kiemstedt*, Rn 229 ff.

55 Vgl. AnwK-RVG/*Onderka/N. Schneider*, VV 3101 Rn 13.

56 Gerold/Schmidt/*Müller-Rabe*, VV 3101 Rn 77 f.

scheitert, weil sich die Parteien doch nicht einigen oder weil die für eine Einigung erforderliche Genehmigung nicht erteilt wird.[57]

102 Bei einem widerruflich geschlossenen Vergleich entsteht die Verfahrensdifferenzgebühr mit dem Abschluss des widerruflichen Vergleiches. Während es für die Entstehung der Einigungsgebühr darauf ankommt, dass der Vergleich nicht widerrufen wird (Abs. 3 der Anmerkung zu Nr. 1000 VV), ist eine entsprechende Bestimmung für die Verfahrensdifferenzgebühr nicht vorhanden. Eine solche Bestimmung wäre auch nicht sachgerecht. Die Verfahrensdifferenzgebühr ist die Gegenleistung für die anwaltliche Tätigkeit, während die Einigungsgebühr einen erzielten Erfolg (Einigung) honoriert. Es bleibt daher bei dem allgemeinen Grundsatz, dass einmal verdiente Gebühren nicht wieder entfallen (§ 15 Abs. 4 RVG).

5. Gebühren in der II. Instanz

103 Die Gebühren des Berufungsrechtszuges richten sich nach dem Streitwert des **Berufungsverfahrens**. Der Streitwert des Berufungsverfahrens wird wiederum bestimmt durch die von den Parteien im Berufungsverfahren verfolgten Ziele, wie sie in den Anträgen zum Ausdruck kommen. Der im erstinstanzlichen Urteil festgesetzte Beschwerdewert ist in der Regel die Obergrenze.

104 *Beispiel*

Der beklagte Arbeitgeber wird in I. Instanz zur Erteilung einer Auskunft und zur Rechnungslegung verurteilt. Sein Beschwerdewert bemisst sich nach dem Aufwand an Zeit und Kosten, den die Erfüllung des titulierten Anspruchs macht.[58] Die mit dem erstinstanzlichen Urteil verbundene Kostenentscheidung bleibt bei der Wertermittlung außer Betracht. Ausnahmsweise kann ein Geheimhaltungsinteresse des Verurteilten zu einem höheren Beschwerdewert führen. Dieses Geheimhaltungsinteresse ist angesichts der vorläufigen Vollstreckbarkeit arbeitsgerichtlicher Urteile nach Abschluss der I. Instanz nur schwer zu schützen.

105 Die Gebühren des Anwalts für die Tätigkeit in der II. Instanz sind im VV in einem eigenen Abschnitt geregelt – dem Abschnitt 2 des Teiles 3. Die Vorbemerkung 3.2.1 stellt in Absatz 1 Nr. 3 klar, dass in Verfahren über Beschwerden oder Rechtsbeschwerden gegen die den Rechtszug beendenden Entscheidungen im Beschlussverfahren vor den Gerichten für Arbeitssachen die Bestimmungen über die Berufung Anwendung finden.

a) Verfahrensgebühr

106 Im Berufungsverfahren beträgt die Verfahrensgebühr gem. Nr. 3200 VV 1,6.

Nach Nr. 3201 VV ermäßigt sich die Gebühr Nr. 3200 VV bei vorzeitiger Beendigung des Auftrags auf 1,1. Eine vorzeitige Beendigung liegt vor, wenn der Auftrag endet, bevor der Rechtsanwalt das Rechtsmittel eingelegt oder einen Schriftsatz, der Sachanträge, Sachvortrag, die Zurücknahme der Klage oder die Zurücknahme des Rechtsmittels enthält, eingereicht oder bevor er für seine Partei einen gerichtlichen Termin wahrgenommen hat (Nr. 1 der Anmerkung zu Nr. 3201 VV) oder soweit lediglich beantragt ist, eine Einigung der Parteien oder mit Dritten über in diesem Verfahren nicht rechtshängige Ansprüche zu Protokoll

57 Vgl. AnwK-RVG/*Onderka/N. Schneider*, VV 3101 Rn 113; Gerold/Schmidt/*Müller-Raabe*, VV 3101 Rn 90.
58 BAG v. 27.5.1994, AP Nr. 17 zu § 64 ArbGG 1979; BGH v. 24.11.1994, VersR 1995, 314.

zu nehmen oder festzustellen (§ 278 Abs. 6 ZPO), oder soweit lediglich Verhandlungen zur Einigung über solche Ansprüche geführt werden (Nr. 2 der Anmerkung zu Nr. 3201 VV). Soweit in den Fällen der Nr. 2 der sich nach § 15 Abs. 3 RVG ergebende Gesamtbetrag der Verfahrensgebühren die Gebühr 3200 übersteigt, wird der übersteigende Betrag auf eine Verfahrensgebühr angerechnet, die wegen desselben Gegenstands in einer anderen Angelegenheit entsteht.

Die Verfahrensgebühr erhöht sich nach Nr. 1008 VV für jede weitere Person um 0,3. Insgesamt beträgt die Verfahrensgebühr bei der Vertretung von zwei Auftraggebern im Berufungsverfahren also 1,9. Die gesetzliche Obergrenze beträgt für die Erhöhungen zwei volle Gebühren (Anm. 3 zu Nr. 1008 VV) und ist damit bei insgesamt acht Auftraggebern erreicht. In diesem Fall beträgt die Verfahrensgebühr im Berufungsverfahren insgesamt 3,6. 107

Beispiel 108
Acht Ärzte aus einer Ärztegemeinschaft werden von einem bei ihnen angestellten Kollegen auf Zahlung einer Prämie von 5.000 EUR brutto verklagt. Dieser verklagt jeden persönlich in einem Verfahren und nimmt sie als Gesamtschuldner in Anspruch. Für das Berufungsverfahren beauftragt die Ärztegemeinschaft einen Rechtsanwalt. Eine 1,6 Verfahrensgebühr für das Berufungsverfahren beträgt also 481,60 EUR (301 EUR × 1,6 Gebühren). Diese erhöht sich für den zweiten Auftraggeber um 0,3, also um 90,30 EUR. Für den dritten bis achten Auftraggeber, also für die anderen sechs Auftraggeber erhöht sich die Verfahrensgebühr ebenso. Die insgesamt sieben Erhöhungen würden jedoch 2,1 betragen. Die Erhöhung ist aber gem. Anm. 3 zu Nr. 1008 VV auf 2,0 Gebühren (= 602 EUR) beschränkt. Insgesamt beträgt die Verfahrensgebühr mithin 1.083,60 EUR (301 EUR × 3,6 Gebühren).

b) Terminsgebühr

Die Terminsgebühr beträgt gem. Nr. 3202 VV 1,2 Gebühren. Die Anmerkung zu Nr. 3104 VV über das Entstehen/Nichtentstehen der Terminsgebühr gilt entsprechend (Abs. 1 der Anmerkung zu Nr. 3202 VV). Nach Nr. 3203 VV reduziert sich die Terminsgebühr auf 0,5 bei Wahrnehmung nur eines Termins, in dem eine Partei, im Berufungsverfahren der Berufungskläger, nicht erschienen oder nicht ordnungsgemäß vertreten ist und lediglich ein Antrag auf Versäumnisurteil oder zur Prozess- oder Sachleitung gestellt wird. Erscheint der Berufungsbeklagte nicht, findet keine Reduktion auf 0,5 statt. In diesem Fall wird nämlich auch über die Zulässigkeit und Begründetheit der Berufung entschieden. Es kann ein unechtes Versäumnisurteil mit Obsiegen des nicht erschienenen Beklagten geben. Die Anmerkung zu Nr. 3105 VV über das Entstehen der Gebühr gilt entsprechend (Anmerkung zu Nr. 3203 VV). 109

Nach Vorbemerkung Teil 3 Abs. 3 RVG erhält der Rechtsanwalt die Terminsgebühr für das Mitwirken an auf die Vermeidung oder Erledigung des Verfahrens gerichteten Besprechungen ohne Beteiligung des Gerichts; dies gilt nicht für Besprechungen mit dem Auftraggeber. Nach dem Gesetzeswortlaut, der systematischen Stellung und dem Sinn und Zweck der Vorschrift entsteht also eine Terminsgebühr auch, wenn die am Berufungsverfahren beteiligten Anwälte eine Besprechung mit dem Ziel führen, das Berufungsverfahren zu erledigen. Solche Besprechungen werden gerade in Zusammenhang mit Schriftsätzen zur Berufungsbegründung und -erwiderung sinnvoll sein oder nach einem gerichtlichen Hinweisbeschluss oder Vergleichsvorschlag. 110

111 *Praxishinweis*
Mit der Berufungsbegründung können 2,8 Gebühren als Vorschuss (Verfahrens- und Terminsgebühr gem. Nr. 3200 VV und Nr. 3202 VV) abgerechnet werden.

c) Einigungsgebühr

112 Die Einigungsgebühr beträgt gem. Nr. 1004 VV 1,3, wenn über den Gegenstand ein Berufungsverfahren anhängig ist. Soweit nicht rechtshängige Ansprüche mitverglichen werden, bleibt es bei den in Nr. 1000–1002 VV vorgesehenen Gebühren von 1,5.[59]

113 In einem solchen Fall ist gem. § 15 Abs. 3 RVG zunächst eine Einigungsgebühr nach den anhängigen und eine weitere nach den nicht anhängigen Gegenständen des Vergleichs **getrennt** zu ermitteln. Dann muss eine Kontrollrechnung angestellt werden. Dazu addiert man beide Werte (sog. Wert des Vergleichs) und ermittelt nach diesem Wert mit dem höchsten Gebührensatz eine Gebühr. Ist diese höher als die Summe der getrennt ermittelten Einigungsgebühren, bleibt es bei den beiden Einigungsgebühren. Ist diese niedriger, muss eine Einigungsgebühr so stark abgesenkt werden, dass beide Einigungsgebühren genauso hoch sind oder es wird nur die eine Einigungsgebühr in Rechnung gestellt, die nach dem gemeinsamen Wert mit dem höchsten Gebührensatz ermittelt worden ist.

114 *Beispiel*
Die Kündigungsschutzklage ist mit einem Wert von 6.000 EUR in zweiter Instanz rechtshängig. Der Streit um die Berichtigung des erteilten qualifizierten Zeugnisses (Wert: 2.000 EUR) ist nicht gerichtlich anhängig. Vor dem LAG einigen sich die Parteien über die Kündigungsschutzklage und das qualifizierte Zeugnis. Die 1,3 Einigungsgebühr für die Kündigungssache beträgt 439,40 EUR (Wert: 6.000 EUR). Die 1,5 Einigungsgebühr für die Regelung zum Zeugnis beträgt 199,50 EUR (Wert: 2.000 EUR). Eine 1,5 Einigungsgebühr nach dem Wert der Einigung (8.000 EUR) beträgt 618 EUR. Es findet also eine Kürzung nach § 15 Abs. 3 RVG auf insgesamt 618 EUR statt.

d) Verfahrensdifferenzgebühr

115 Die Verfahrensdifferenzgebühr im Berufungsverfahren beträgt gem. Nr. 3201 Nr. 2 VV 1,1, jedoch ist die Verfahrensgebühr auf 1,3 (nach dem Gesamtwert) begrenzt (§ 15 Abs. 3 RVG).

116 *Beispiel*
Der Streitwert des Berufungsverfahrens beträgt 7.100 EUR. Auftragsgemäß wird ein zusätzlicher Gegenstand in einen Vergleich einbezogen mit einem Wert von 1.800 EUR. Die Verfahrensgebühr für das Berufungsverfahren beträgt 1,6 = 659,20 EUR. Die Verfahrensdifferenzgebühr beträgt 1,1 = 146,30 EUR. Eine 1,6 Gebühr nach einem Wert von 8.900 EUR würde 718,40 EUR betragen. Nur in dieser Höhe kann eine Verfahrensgebühr abgerechnet werden.[60]

e) Verlustigerklärung des Rechtsmittels

117 Eine Berufung kann gem. § 64 Abs. 6 ArbGG, § 516 ZPO ohne Einwilligung des Berufungsbeklagten bis zur Verkündung des Berufungsurteils zurückgenommen werden. Die Zurück-

59 Vgl. BT-Drucks 15/1971, S. 205, zu Nr. 1004.
60 Nach BAG v. 4.2.2003, AGS 2003, 346, noch zur früheren BRAGO.

nahme der Berufung hat nach § 64 Abs. 6 ArbGG, § 516 Abs. 3 S. 1 ZPO zwei Folgen. Sie führt zum Verlust des eingelegten Rechtsmittels und zur Verpflichtung, die durch das Rechtsmittel entstandenen Kosten zu tragen. Diese beiden Folgen stellt das Berufungsgericht von Amts wegen durch Beschluss fest.[61]

Einer anwaltlichen Vertretung des Berufungsbeklagten bedarf es dafür nicht. Die früheren Streitfragen zur Antragsstellung sollten sich damit erledigt haben. Wenn vor der Rücknahme der Berufung durch den Berufungskläger beim Berufungsbeklagten Anwaltskosten entstanden sind, bleibt es insoweit bei den allgemeinen Regeln.

6. Gebühren in der III. Instanz

a) Nichtzulassungsbeschwerde

Im Verfahren über die Nichtzulassungsbeschwerde gem. § 72a ArbGG (Beschwerde gegen die Nichtzulassung der Revision) erhält der Anwalt eine Verfahrensgebühr in Höhe von 1,6 (Nr. 3506 VV). Die Gebühr wird auf die Verfahrensgebühr für ein nachfolgendes Revisionsverfahren angerechnet, Anmerkung zu Nr. 3506 VV. Bei vorzeitiger Beendigung des Auftrags reduziert sich die Gebühr auf 1,1 (Nr. 3507 VV). Die Anmerkung zu Nr. 3201 VV gilt entsprechend (Anmerkung zu Nr. 3507 VV). 118

Die Terminsgebühr beträgt gem. Nr. 3516 VV 1,2. Allerdings kann das BAG gem. § 72a Abs. 5 ArbGG über die Nichtzulassungsbeschwerde ohne mündliche Verhandlung entscheiden. Da Nr. 3516 VV keine der Anmerkung zu Nr. 3104 VV vergleichbare Anmerkung enthält, wonach die Terminsgebühr in bestimmten Fällen auch ohne mündliche Verhandlung entsteht, wird die Terminsgebühr im Verfahren über die Nichtzulassungsbeschwerde nur ausgelöst, wenn das BAG von der Möglichkeit, ohne mündliche Verhandlung zu entscheiden, keinen Gebrauch macht.

Fraglich ist, ob insoweit die Vorbemerkung 3 Abs. 3 VV Anwendung findet und eine Terminsgebühr auch für die Mitwirkung an auf die Vermeidung oder Erledigung des Verfahrens gerichteten Besprechungen ohne Beteiligung des Gerichts entsteht. Nach Ansicht des BGH gilt zwar Vorbemerkung 3 Abs. 3 VV grundsätzlich auch in dem Verfahren über die Nichtzulassungsbeschwerde; eine Besprechung zwischen den Rechtsanwälten ohne Beteiligung des Gerichts lasse jedoch auch nach der Vorbemerkung 3 die Terminsgebühr nicht entstehen, wenn die gerichtliche Entscheidung ohne mündliche Verhandlung durch Beschluss ergehe; die Terminsgebühr könne daher nur angesetzt werden, wenn ausnahmsweise in dem Verfahren gegen die Nichtzulassung der Revision eine mündliche Verhandlung stattfindet.[62] Etwas anderes ergebe sich auch nicht aus dem Zweck, den der Gesetzgeber mit der Ausweitung der Terminsgebühr auf Besprechungen ohne Mitwirkung des Gerichts zur Vermeidung oder zur Erledigung eines Verfahrens verfolgt habe; hiernach sollten dem Anwalt die Bemühungen um die Erledigung einer Sache honoriert werden und den Verfahrensbeteiligten unnötige Erörterungen in einem Gerichtstermin allein im Gebühreninteresse erspart bleiben.[63] Diese Ansicht lässt außer Acht, dass bei einer Stattgabe der Beschwerde gegen die Nichtzulassung der Revision durch Beschluss das „Beschwerdeverfahren als Revisionsverfahren fortgesetzt" wird (§ 544 Abs. 6 ZPO, § 72a Abs. 6 ArbGG) und im Revisionsverfahren regelmäßig eine mündliche Verhandlung vorgesehen ist (§ 553 ZPO, § 74 ArbGG). Auf Erledigung des Ver-

61 Thomas/Putzo/*Reichold*, ZPO, § 516 Rn 12.

62 BGH v. 1.2.2007, AGS 2007, 298 ff.; a.A. AnwK-RVG/*Schneider*, VV 3506–3509 Rn 15 f.

63 BGH v. 1.2.2007, AGS 2007, 298 ff.

fahrens gerichtete Besprechungen noch während des Nichtzulassungsbeschwerdeverfahrens sind somit auch auf die Erledigung des Revisionsverfahrens gerichtet.

Dem Anwalt steht es im Übrigen frei, die Vertretung vor dem BAG vom Abschluss einer Vergütungsvereinbarung abhängig zu machen.[64]

b) Revision

119 Im Revisionsverfahren vor dem BAG beträgt die Verfahrensgebühr gem. Nr. 3206 VV 1,6. Sie reduziert sich bei vorzeitiger Beendigung des Auftrags auf 1,1 (Nr. 3207 VV). Die Legaldefinition der vorzeitigen Beendigung in der Anmerkung zu Nr. 3201 VV gilt entsprechend (Anmerkung zu Nr. 3207 VV).

Als Terminsgebühr erhält der Anwalt nach Nr. 3210 VV einen Gebührensatz von 1,5. Die Anmerkung zu Nr. 3104 gilt entsprechend (Anmerkung zu Nr. 3210 VV), d.h. die Terminsgebühr entsteht auch, wenn das BAG im Einverständnis mit den Parteien ohne mündliche Verhandlung entscheidet oder in dem Revisionsverfahren ein schriftlicher Vergleich geschlossen wird.

Die Terminsgebühr erhält der Rechtsanwalt nach Abs. 3 der Vorbem. zu Teil 3 des Vergütungsverzeichnisses auch für das Mitwirken an auf die Erledigung des Verfahrens gerichteten Besprechungen ohne Beteiligung des Gerichts; dies gilt nicht für Besprechungen mit dem Auftraggeber.

Gemäß Nr. 3211 VV reduziert sich die Terminsgebühr auf 0,8, wenn nur ein Termin wahrgenommen wird, in dem der Revisionskläger nicht ordnungsgemäß vertreten ist und lediglich ein Antrag auf Versäumnisurteil oder zur Prozess- oder Sachleitung gestellt wird. Wie im Berufungsverfahren ist auch im Revisionsverfahren die verminderte Terminsgebühr auf den Fall des säumigen Revisionsklägers beschränkt. Demgegenüber erhält der Rechtsanwalt des Revisionsklägers im Fall des säumigen Revisionsbeklagten die volle Terminsgebühr. Eine reduzierte Terminsgebühr wäre in diesem Fall nicht gerechtfertigt, weil der Termin an den Rechtsanwalt des Revisionsklägers größere Anforderungen stellt.[65]

120 *Praxishinweis*

Es bietet sich vor einem Termin in Erfurt eine Besprechung zur Erledigung des Verfahrens mit dem Rechtsanwalt der Gegenseite an. Sollte dieses nicht zum gewünschten Ziel führen, ist über die Beauftragung eines Terminsvertreters zu entscheiden. Auch wird häufig eine Vergütungsvereinbarung für eine angemessene Vergütung des Rechtsanwalts erforderlich sein.

IV. Verwaltungsverfahren

121 Bei der beabsichtigten Kündigung eines schwer behinderten Menschen oder eines Gleichgestellten muss nach den Vorschriften des SGB IX die Zustimmung des Integrationsamtes vom Arbeitgeber eingeholt werden. Das Integrationsamt muss den Arbeitnehmer anhören (§ 87 Abs. 2 a.E. SGB IX). Soweit der Rechtsanwalt in diesem Verfahren vertritt, entstehen die Gebühren gem. Nr. 2300, 2301 VV, weil es sich nicht um eine sozialrechtliche, sondern

64 Ausführlich *Schaefer/Kiemstedt*, Rn 426 ff.

65 Vgl. BT-Drucks 15/1971, S. 214, zu Nr. 3211.

um eine verwaltungsrechtliche Angelegenheit handelt. Der Gegenstandswert beträgt insoweit 5.000 EUR (§ 23 Abs. 1 S. 1 RVG i.V.m. § 52 Abs. 2 GKG).[66]

Vertritt der Rechtsanwalt anschließend den Mandanten zusätzlich im Widerspruchsverfahren gegen den Bescheid des Integrationsamtes, richtet sich die Gebühr für diese Tätigkeit nach Nr. 2301 VV.

In der Regel hat der Arbeitnehmer zusätzliche arbeitsrechtliche Fragen, wenn das Integrationsamt antragsgemäß entscheidet. Dies ist eine gesonderte arbeitsrechtliche Angelegenheit i.S.v. § 15 RVG, die nach dem Quartalsverdienst abzurechnen ist, und zwar – je nach Art und Umfang der diesbezüglichen anwaltlichen Tätigkeit – entweder nach einer Vergütungsvereinbarung gem. § 34 RVG oder nach Nr. 2300 VV. Eine Anrechnung von Gebühren in unterschiedlichen Angelegenheiten sieht das RVG nebst VV nicht vor. Der Anwalt erhält also eine Vergütung für seine Tätigkeit im Verwaltungsverfahren und zusätzlich eine Vergütung für seine Tätigkeit in der arbeitsrechtlichen Angelegenheit.

66 *Hartmann*, Anh. I B zu § 52 GKG Rn 35.

§ 42 Das Kündigungsmandat aus Sicht der Rechtsschutzversicherung

Italo Arcari/Helmut Beckmann

Inhalt

Rn

I. Einführung ... 1

II. Aufgaben der Rechtsschutzversicherung im Allgemeinen ... 3
1. Wahrnehmung rechtlicher Interessen 3
2. Kostentragung ... 6
3. Rechtsbeziehungen im Rahmen des Rechtsschutzmandats ... 10
   a) Allgemeines ... 10
   b) Kostenerstattungs- bzw. Herausgabeansprüche der Rechtsschutzversicherung ... 14
   c) Aufrechnung des Rechtsanwalts mit eigenen, nicht gedeckten Gebührenansprüchen ... 15
   d) Auskunftsanspruch des Versicherers gegen den Rechtsanwalt ... 16

III. Der Arbeits-Rechtsschutz ... 17
1. Begriff, Deckungsbereich ... 17
2. Rechtsschutzformen mit Arbeits-Rechtsschutz ... 21
3. Rechtsschutz für Vertretungsorgane (Anstellungsverträge) ... 24

Rn

IV. Der Rechtsschutzfall in arbeitsrechtlichen Kündigungssachen ... 27
1. Begriff, Allgemeines ... 27
2. Fallgestaltungen zum Eintritt des Rechtsschutzfalls ... 28
   a) Eintritt des Rechtsschutzfalls bei Vorliegen einer Kündigung ... 29
   b) Eintritt des Rechtsschutzfalls, wenn es an einer Kündigung fehlt ... 33

V. Streitpunkte aus der Rechtsschutzpraxis bei Kündigungsschutzverfahren ... 37
1. Besprechungen und Korrespondenz mit der Gegenseite vor Erhebung der Kündigungsschutzklage ... 37
2. Weiterbeschäftigungsanspruch ... 38
3. Künftige Gehaltsansprüche im Kündigungsschutzprozess ... 40
4. Einigung: Einbeziehung nicht rechtshängiger Ansprüche ... 41

Literatur

Bauer, Rechtsentwicklung bei den Allgemeinen Bedingungen für die Rechtsschutzversicherung (ARB) bis Anfang 2009, NJW 2009, 1564; **Cornelius-Winkler/Ennemann**, Rechtsschutzversicherung und Gebühren im Arbeitsrecht, 2008; **Harbauer**, Rechtsschutzversicherung, ARB-Kommentar, 7. Auflage 2004; **Löwisch**, Rechtsschutzversicherung und Weiterbeschäftigungsanspruch, VersR 1986, 408; **Mack**, Sofortiger Klageauftrag bei Kündigungsangelegenheiten im Arbeitsrecht, JurBüro 2007, 400; **van Bühren/Plote**, Rechtsschutzversicherung ARB-Kommentar, 2. Aufl. 2008.

I. Einführung

1 Der vorliegenden Ausarbeitung liegen die Allgemeinen Bedingungen für die Rechtsschutzversicherung (**ARB**) in der vom Gesamtverband der Deutschen Versicherungswirtschaft e.V. empfohlenen Fassung von **2009** zugrunde. Diese basieren mit einigen hier eher unbedeutenden Änderungen auf den ARB 1994, den letzten Bedingungen, die noch von der Aufsichtsbehörde genehmigt wurden. Mit dem 1.7.1994 ist nach EG-Recht die Pflicht der Versicherer entfallen, von der Aufsichtsbehörde zuvor genehmigte Bedingungen zu verwenden.

Der unverbindlichen Empfehlung des Verbandes folgend haben seither die Versicherer die ARB 94 im Wesentlichen weiter verwendet. Indes sind Unterschiede zwischen den Bedingungen unterschiedlicher Anbieter und auch desselben Unternehmens wegen unterschiedlicher Bedingungsversionen, die dem jeweiligen Versicherungsvertrag aufgrund seines Abschlussdatums zugrunde liegen, nicht auszuschließen.

Auf hier interessierende Abweichungen (im Wesentlichen Erweiterungen des Deckungsbereichs) wird an den entsprechenden Stellen der Darstellung besonders hingewiesen.

2 Nach § 1 der ARB erbringt der Versicherer die für die Wahrnehmung der rechtlichen Interessen des Versicherungsnehmers oder des Versicherten erforderlichen Leistungen im vereinbarten Umfang. Zum Verständnis dieser abstrakten Risikobeschreibung bedarf es zunächst einer Erläuterung der Aufgabenstellung der Rechtsschutzversicherung im Allgemeinen. Hierbei werden praxisrelevante Fragen berührt, die sich auf die Rechtsbeziehungen zwischen den Beteiligten (Rechtsschutzversicherer, Versicherungsnehmer/Mitversicherter, Rechtsanwalt) beziehen, insbesondere auf Ansprüche im Verhältnis des Rechtsschutzversicherers zum Rechtsanwalt.

Anschließend ist die hier interessierende **arbeitsrechtliche** Interessenwahrnehmung in den Rechtsschutzkontext einzuordnen. In dieser Hinsicht wird die Rechtsschutzaufgabe nur von solchen Vertragsgestaltungen erfüllt, die den **„Arbeits-Rechtsschutz“** enthalten. Dazu parallel ist für **Vertretungsorgane** juristischer Personen der sog. **„Anstellungsvertrags-Rechtsschutz“**[1] vorzustellen.

Für das **Kündigungsmandat** spielt die Frage, ob und wann **der Versicherungsfall (Rechtsschutzfall) eingetreten ist**, eine besondere Rolle. Die Beantwortung soll anhand verschiedener Fallgestaltungen erleichtert werden. Abschließend werden einige typische, in der Rechtsschutzpraxis bei Kündigungsschutzverfahren häufiger vorkommende **Streitpunkte** aufgezeigt.

II. Aufgaben der Rechtsschutzversicherung im Allgemeinen

1. Wahrnehmung rechtlicher Interessen

3 In den verschiedenen Risikobereichen des Rechtsschutzes wird **regelmäßig nur** die Wahrnehmung der **rechtlichen Interessen** des Versicherten geschützt. Rechtliche Interessen werden nicht schon dadurch wahrgenommen, dass ein Rechtsanwalt eingeschaltet wird. Vielmehr muss die Interessenwahrnehmung auch tatsächlich Rechtskenntnisse erfordern und der typischen Tätigkeit und dem Aufgabengebiet eines Rechtsanwaltes entsprechen,[2] somit also der Schaffung oder Gestaltung von Rechtsverhältnissen bzw. – ob nun in materieller oder in formeller Hinsicht – der Verfolgung, der Wahrung oder dem Bestreiten von Rechten, oder der Geltendmachung von Gegenrechten dienen.[3]

4 Deshalb handelt es sich aus der Sicht der Rechtsschutzversicherung i.d.R. nicht um die Wahrnehmung rechtlicher Interessen, wenn z.B. im Rahmen bestehender Vertragsfreiheit der Parteien Vertragsverhandlungen geführt werden. Zum Teil wird hier von der Wahrnehmung nicht versicherter **wirtschaftlicher Interessen** gesprochen. So etwa, wenn der Schuldner we-

1 Die Bezeichnungen für derartige Produkte können bei den unterschiedlichen Unternehmen variieren, da es dafür keine Verbandsempfehlungen gibt.

2 *Van Bühren/Plote*, § 1 Rn 33.

3 In diesem Sinne *Harbauer*, § 1 Rn 4.

gen seiner augenblicklichen Zahlungsschwäche mit Hilfe eines Rechtsanwalts versucht, den Gläubiger einer bereits titulierten oder sonst völlig unstreitigen Forderung zur Gewährung eines Zahlungsaufschubs zu bewegen (wenn dabei rechtliche Fragen nicht berührt werden oder rechtliche Schritte nicht zu unternehmen sind).[4]

Die Interessenwahrnehmung selbst wird, wenn sie im dargestellten Sinne „rechtlich" ist, in allen ihren möglichen Abstufungen vom Rechtsschutz begleitet: von der intern bleibenden **Beratung** des Mandanten über die Führung **außergerichtlicher** Korrespondenz und/oder Besprechungen bzw. Verhandlungen sowie die Vertretung im **gerichtlichen** Erkenntnisverfahren bis hin zur Tätigkeit in der **Zwangsvollstreckung** (Deckung besteht regelmäßig maximal bis zur dritten Vollstreckungsmaßnahme inklusive je Titel, § 5 Abs. 3 Buchst. d ARB). 5

2. Kostentragung

Die mit der rechtlichen Interessenwahrnehmung verbundenen **Kosten** werden von der Rechtsschutzversicherung insoweit getragen, als sie **erforderlich** sind, § 1 ARB. Dabei handelt es sich gem. § 5 Abs. 1 Buchst. a ARB hauptsächlich um die hier interessierenden „gesetzlichen", d.h. nach dem RVG zu bemessenden, **Anwaltsgebühren** sowie gem. § 5 Abs. 1 Buchst. c ARB um die **Gerichtskosten**, einschließlich der Gebühren für Zeugen und Sachverständige, die vom Gericht herangezogen werden. Gemäß § 5 Abs. 1 Buchst. e ARB werden, unter bestimmten Voraussetzungen, auch die Kosten in einem notwendigen **Verwaltungsverfahren** (z.B. vor dem Integrationsamt gem. §§ 85 ff. SGB IX) getragen. Gemäß § 5 Abs. 4 ARB ist je Rechtsschutzfall nur ein vereinbarter Höchstbetrag verfügbar (**Versicherungssumme**). 6

Die vom Versicherer zu erstattenden **Anwaltsgebühren auf Seiten des Versicherten** unterliegen in der Regel einer **Leistungsbegrenzung**: Sie werden nach § 5 Abs. 1 Buchst. a ARB nur **bis zur Höhe** der Vergütung eines **am Ort des zuständigen Gerichts** ansässigen Rechtsanwalts getragen. Mehrkosten aus örtlicher Verschiedenheit von Anwaltssitz und Gerichtsort – wie Fahrtkosten und Abwesenheitsgelder – sind daher grundsätzlich nicht gedeckt. Etwas anderes gilt, wenn der Versicherte mehr als 100 km Luftlinie vom zuständigen Gericht entfernt wohnt. Hier übernimmt die Rechtsschutzversicherung auch die Mehrkosten seines Anwalts oder aber eines weiteren Anwalts, allerdings nur **bis zur Höhe** einer Verkehrsgebühr nach Nr. 3400 VV RVG. Durch diese Regelung ist klargestellt, dass die zu erstattenden Kosten des Prozessanwalts, der keinen Korrespondenz- bzw. Verkehrsanwalt einschaltet, auch deutlich unter der Gebühr liegen können, sofern denn die Reisekosten geringer ausgefallen sind. 7

Die Rechtsschutzversicherung stellt den Versicherten auch von den **Kosten des Gegners** frei, soweit der Versicherte zu deren Erstattung verpflichtet ist und die Erstattungspflicht **nicht** auf einer Übernahmeerklärung beruht, die lediglich eine **materiell-rechtlich** bestehende **Kostenerstattungspflicht** bestätigt.[5] 8

Darunter sind insbesondere die im **Gerichtsverfahren** gegen den Versicherten **festgesetzten Kosten** zu verstehen. Dies ist in Arbeitssachen insofern von Bedeutung, als die in II. Instanz entstandenen Gebühren der Prozessbevollmächtigten beider Parteien (anders als dies in I. Instanz gem. § 12a Abs. 1 S. 1 ArbGG der Fall ist) nach §§ 46 Abs. 2, 64 Abs. 4, 72 Abs. 5 ArbGG i.V.m. §§ 91 ff. ZPO der **Ausgleichung** im gerichtlichen Kostenfestsetzungsverfah-

4 Vgl. *Harbauer*, § 1 Rn 5 u. 6 m.w.N. zur BGH-Rspr., II § 1 Rn 3.

5 BGH v. 20.2.1985, NJW 1985, 1468.

ren zugänglich sind. Außergerichtliche Anwaltskosten, die der Ausgleichung nicht zugänglich sind (etwa nicht anrechenbare Teile der Gebühr VV 2300), scheiden als erstattbare Kosten ohnehin aus, da für diese nach der ständigen Rechtsprechung des BAG[6] nicht einmal im Wege des Schadensersatzanspruches Anspruch auf Erstattung besteht.

9 *Praxishinweis*
In zunehmendem Maße ist damit zu rechnen, dass im Rechtsschutzversicherungsvertrag des Mandanten von der Möglichkeit der Vereinbarung einer **Selbstbeteiligung** gem. § 5 Abs. 3 Buchst. c ARB Gebrauch gemacht wurde. Einige Versicherungsunternehmen bieten Versicherungsverträge nur noch mit Selbstbeteiligung an. Die Höhe der jeweiligen Selbstbeteiligungsbeträge kann stark variieren. In neueren Bedingungen ist zum Teil vereinbart, dass der Abzug der Selbstbeteiligung unterbleibt, sofern die anwaltliche Tätigkeit nur in einer ersten Beratung besteht.

3. Rechtsbeziehungen im Rahmen des Rechtsschutzmandats

a) Allgemeines

10 Den Anspruch auf die Rechtsschutzleistung aus dem Rechtsschutzversicherungsvertrag kann grundsätzlich nur der **Versicherungsnehmer** geltend machen und, wenn dieser nicht gem. § 15 Abs. 2 ARB widerspricht, der Mitversicherte. Handelt es sich bei dem Mitversicherten um den ehelichen beziehungsweise eingetragenen Lebenspartner, so kann der Versicherungsnehmer der Interessenwahrnehmung nicht widersprechen.

Dieser Anspruch ist auf die **Versicherungsleistung** des Versicherers sowie, solange der Versicherte den Kostengläubiger nicht selbst befriedigt, auf **Schuldbefreiung** gerichtet. Hat der Versicherte gezahlt, verwandelt sich der **Freistellungsanspruch** in einen **Erstattungsanspruch**. Eine Abtretung, z.B. an den Rechtsanwalt des Versicherten, ist nur mit schriftlichem Einverständnis des Versicherers möglich, § 17 Abs. 7 ARB. Dies ist ein absolutes, auch gegen Dritte wirkendes **Abtretungsverbot**. Dieses greift allerdings dann nicht, wenn der Rechtsschutzvertrag für den Versicherungsnehmer ein Handelsgeschäft darstellt und es um Erstattungsansprüche in Geld geht (§ 354a S. 1 HGB).[7]

11 Dagegen entstehen zwischen dem **Rechtsanwalt** und der **Rechtsschutzversicherung** durch die Rechtsschutzbestätigung **keine unmittelbaren Rechtsbeziehungen**. Der Mandant behält – auch wenn er seine Rechtsschutzversicherung in Anspruch nimmt – gem. § 17 Abs. 1 S. 1 ARB das Recht, seinen Anwalt frei zu wählen und selbst zu beauftragen. Selbst wenn die Rechtsschutzversicherung, im Rahmen ihrer **Sorgepflicht** gem. § 17 Abs. 1 S. 2 Buchst. a und b ARB, den Rechtsanwalt für den Versicherten aussucht und beauftragt, geht sie keine eigenen Rechtsbeziehungen mit dem Rechtsanwalt ein. Denn eine solche „Beauftragung" geschieht gem. § 17 Abs. 2 S. 1 ARB nur **im Namen** des Versicherten. Damit geht einher, dass der **Versicherer** für die Tätigkeit des Rechtsanwalts auch in einem solchen Fall gegenüber dem Versicherten **nicht verantwortlich** ist, § 17 Abs. 2 S. 2 ARB. Bei der Auswahl eines im Namen des Versicherten beauftragten Anwalts wird allerdings der Versicherer sorgfältig handeln müssen, da er zwar nicht unmittelbar für den Erfolg einzustehen hat, er aber im Rahmen des Auswahlverschuldens haftbar sein kann.[8]

6 Zuletzt BAG v 11.3.2008 – 3 AZN 1311/07 – juris, m.w.N.
7 Vgl. *Harbauer*, II § 17 Rn 15; OLG Düsseldorf v. 26.2.2008 – 24 U 126/07 – juris.
8 *Van Bühren/Plote*, § 17 Rn 9.

Den **Rechtsanwalt** trifft seinerseits grundsätzlich **keine Haftung** gegenüber der Rechtsschutzversicherung. So haftet er insbesondere nicht auf **Rückzahlung** des von der Versicherung erhaltenen **Honorars**, wenn sich nachträglich herausstellt, dass die betreffende Interessenwahrnehmung vom Versicherungsvertrag seines Mandanten – aus welchen Gründen auch immer – nicht gedeckt war. Denn aus Sicht des Rechtsanwalts liegt der Rechtsgrund für den Erhalt der Gebühren nach bereicherungsrechtlichen Grundsätzen nicht im Rechtsschutzversicherungsvertrag, sondern ausschließlich im **Auftragsverhältnis** mit seinem Mandanten (Deckungsverhältnis). Die Zahlung ist somit eine solche seines Vertragspartners, des Mandanten. Der Rückzahlungsanspruch des Versicherers aus § 812 BGB kann sich daher nur gegen den versicherten Mandanten richten. 12

In der Deckungszusage liegt ein **deklaratorisches Anerkenntnis**, das den Versicherer grundsätzlich bindet.[9] Allerdings steht dies einer **nachträglichen Berufung** des Versicherers **auf Leistungsfreiheit** (z.B. wegen eines Risikoausschlusses oder der Vorvertraglichkeit des Versicherungsfalls) jedenfalls dann **nicht entgegen**, wenn der ihm vor der Zusage bekannt gegebene Sachverhalt nicht alle entscheidungserheblichen Tatsachen enthalten hat[10] oder aber Rückfragen nicht oder nicht zutreffend beantwortet wurden. 13

b) Kostenerstattungs- bzw. Herausgabeansprüche der Rechtsschutzversicherung

Erhält der Rechtsanwalt, etwa im Zuge eines gerichtlichen Kostenfestsetzungsverfahrens, **Erstattungsbeträge**, so stehen diese – obwohl zugunsten des Mandanten festgesetzt – der Versicherung zu, soweit der Versicherer für diese Kosten zuvor aufgekommen ist. Gem. § 17 Abs. 8 ARB gehen Ansprüche auf deren Erstattung „mit ihrer Entstehung auf diesen über“. Demzufolge ist hier ausschließlich der Rechtsschutzversicherer – und nicht der Mandant – Inhaber des Rückzahlungsanspruchs gegen den Rechtsanwalt. 14

c) Aufrechnung des Rechtsanwalts mit eigenen, nicht gedeckten Gebührenansprüchen

Gelegentlich stellt sich für den Rechtsanwalt die Frage, ob er dem Anspruch der Rechtsschutzversicherung auf Herausgabe ihm zugeflossener Kostenerstattungsbeträge damit begegnen kann, dass er seinerseits mit eigenen Gebührenansprüchen – aus anderweitiger, nicht unter Versicherungsschutz stehender Geschäftsbesorgung für seinen Mandanten – aufrechnet. Dies scheitert jedoch daran, dass hier eine Aufrechnungslage nicht gegeben ist. Da der Rechtsübergang des Kostenerstattungsanspruchs vom Mandanten auf den Versicherer nach § 17 Abs. 8 ARB schon **beim Entstehen** dieses Anspruchs erfolgt, und damit der entsprechende Herausgabeanspruch aus § 812 BGB gegen den Rechtsanwalt von Anfang an beim Versicherer liegt, ist die von § 387 BGB geforderte **Gegenseitigkeit** mit den zur Aufrechnung stehenden Gebührenforderungen nicht gegeben. Denn Schuldner des Gebührenanspruchs ist der Mandant; und nicht er, sondern ein Dritter (der Versicherer) ist von Anfang an Gläubiger des Herausgabeanspruchs gegen den Rechtsanwalt.[11] 15

9 *Harbauer*, § 4 Rn 155.
10 OLG Düsseldorf v. 2.10.1984, VersR 1985, 728.
11 AG Berlin-Mitte v. 12.7.2007, JurBüro 2008, 39.

d) Auskunftsanspruch des Versicherers gegen den Rechtsanwalt

16 Dem Versicherer erwächst aus dem gem. § 17 Abs. 8 ARB auf ihn übergegangenen Kostenerstattungsanspruch, bzw. aus dem daraus resultierenden Herausgabeanspruch gegenüber dem Rechtsanwalt, zugleich ein entsprechender Auskunfts- und Rechnungslegungsanspruch, den er ebenfalls **direkt gegen den Rechtsanwalt** geltend machen kann. Die Judikatur leitet diesen Anspruch teils aus der allseitigen Interessenlage im Rahmen des Mandats des Rechtsschutzversicherten her,[12] teils aus analoger Anwendung des § 401 BGB i.V.m. den auftragsrechtlichen Vorschriften der §§ 675 und 667 BGB.[13]

III. Der Arbeits-Rechtsschutz

1. Begriff, Deckungsbereich

17 Beim arbeitsrechtlichen Mandat kommt es darauf an, ob der Mandant über einen Rechtsschutzvertrag verfügt, der auch den hier benötigten **Arbeits-Rechtsschutz** enthält. Dieser deckt dann gem. § 2 Buchst. b ARB die Wahrnehmung rechtlicher Interessen aus Arbeitsverhältnissen und aus öffentlich-rechtlichen Dienstverhältnissen. Im Zusammenhang mit einem Kündigungsmandat interessiert hier der geschützte Risikobereich **„Arbeitsverhältnisse"**. Diese weitgreifende Wortwahl im Bedingungstext macht deutlich, dass darunter nicht nur Arbeits-„Verträge" zu verstehen sind, sondern auch die **faktischen Arbeitsverhältnisse** ohne wirksamen Arbeitsvertrag[14] oder aber auch die nach dem Berufsbildungsgesetz geregelten Ausbildungsverhältnisse (Lehre, Volontariat, Praktikum).[15]

18 Stets muss es sich um ein **Individualarbeitsverhältnis** zwischen Arbeitgeber und Arbeitnehmer handeln.[16] Dabei können auch Auseinandersetzungen **mit Dritten** in den Deckungsbereich des Arbeits-Rechtsschutzes fallen, wenn hierdurch das betreffende Einzelarbeitsverhältnis rechtlich **unmittelbar tangiert** wird. Dies ist im Bereich des Arbeitsschutzrechts z.B. der Fall bei einer verwaltungsrechtlichen Streitigkeit mit dem Integrationsamt wegen Zustimmung zur Kündigung eines Schwerbehinderten gem. §§ 85 ff. SGB IX.[17] In Frage kommen auch Auseinandersetzungen von Arbeitnehmern mit Unterstützungskassen i.S.d. § 1 Abs. 4 BetrAVG, die zumindest wirtschaftlich dem Arbeitgeber zuzuordnen sind. Nicht dazu gehören rechtlich und wirtschaftlich selbstständige Versorgungseinrichtungen i.S.d. § 1 Abs. 2 BetrAVG.[18]

19 Auf dem Gebiet des **kollektiven Arbeitsrechts** umfasst der Arbeits-Rechtsschutz auch Auseinandersetzungen wegen solcher Maßnahmen, die einen **Eingriff** in bestehende **Einzelarbeitsverhältnisse** darstellen – etwa wenn es um die Mitbestimmung des Betriebsrats bei einer **Kündigung** geht.[19] Ansonsten gehören Auseinandersetzungen mit Rechtsträgern des kollektiven Arbeitsrechts (Tarifvertrags- und Betriebsverfassungsrecht) grundsätzlich nicht zum Deckungsbereich des Arbeits-Rechtsschutzes.[20]

12 So OLG Düsseldorf v. 15.1.1980, VersR 1980, 231 f.
13 So AG Hamburg v. 29.2.1996, r+s 1996, 361.
14 Vgl. *Harbauer*, vor § 21 Rn 116.
15 *Van Bühren/Plote*, § 2 Rn 13.
16 *Harbauer*, vor § 21 Rn 119.
17 LG Koblenz v. 8.11.1988, r+s 1989, 155; a.A.: AG München v. 22.3.1985, VersR 1986, 571.
18 Hierzu ausführlich *Harbauer*, § 4 Rn 71, 72.
19 *Harbauer*, § 24 Rn 36.
20 *Harbauer*, § 24 Rn 33; *van Bühren/Plote*, § 2 Rn 16; *Cornelius-Winkler/Ennemann*, Rn 31.

Praxishinweis 20
Inzwischen bieten einige Versicherer **für Arbeitgeber** aufgrund einer Sonderklausel zu § 28 ARB unter anderem Versicherungsschutz auch in Angelegenheiten des **kollektiven Arbeitsrechts** an.

2. Rechtsschutzformen mit Arbeits-Rechtsschutz

Ob der Mandant über den Arbeits-Rechtsschutz verfügt, hängt von der Ausgestaltung seines Rechtsschutzvertrags ab. Die ARB beschreiben in ihrem (besonderen) Teil 4 verschiedene **Rechtsschutzformen**. Diese Vertragsgestaltungen sind inhaltlich auf den unterschiedlichen Rechtsschutzbedarf der jeweiligen Zielgruppe zugeschnitten und enthalten deshalb nicht immer als Bestandteil (in der Bedingungssprache: „**Leistungsart**") den Arbeits-Rechtsschutz. 21

Mit der Leistungsart „Arbeits-Rechtsschutz" sind folgende Rechtsschutzformen ausgestattet: 22

- Für **Arbeitnehmer:**
  - „Privat-Rechtsschutz für Selbstständige" gem. § 23 ARB (hier greift der Arbeits-Rechtschutz nur, soweit eine nicht selbstständige Berufstätigkeit des Versicherungsnehmers oder mitversicherter Personen betroffen ist);
  - „Privat- und Berufs-Rechtsschutz für Nichtselbstständige" gem. § 25 ARB;
  - „Privat-, Berufs- und Verkehrs-Rechtsschutz für Nichtselbstständige" gem. § 26 ARB.
- Für **Arbeitgeber:**
  - „Berufs-Rechtsschutz für Selbstständige, Rechtsschutz für Firmen und Vereine" gem. § 24 ARB.
- Für **Personen in ihrer Eigenschaft als Arbeitgeber und/oder Arbeitnehmer:**
  - „Landwirtschafts- und Verkehrs-Rechtsschutz" gem. § 27 ARB;
  - „Privat-, Berufs- und Verkehrs-Rechtsschutz für Selbstständige" gem. § 28 ARB.

Praxishinweis 23
Für nicht mehr im Arbeitsleben stehende **Senioren** bieten einige Versicherer aufgrund von Sonderklauseln zu den Rechtsschutzformen nach § 25 und nach § 26 ARB einen modifizierten Arbeits-Rechtsschutz an, der lediglich die Gebiete der betrieblichen bzw. – was besonders Freiberufler betrifft – der beruflichen **Altersversorgung** jeder Art absichert, sowie – bei öffentlich-rechtlichen Dienstverhältnissen – den Bereich des **Beihilferechts**. Rechtsschutzformen, die mit dieser Art von Arbeits-Rechtsschutz ausgestattet sind, werden in der Versicherungswirtschaft mitunter als „**Senioren-Rechtsschutz**" bezeichnet.

3. Rechtsschutz für Vertretungsorgane (Anstellungsverträge)

Zum Deckungsbereich des Arbeits-Rechtsschutzes gehören nicht Auseinandersetzungen aus Anstellungsverträgen von **AG-Vorständen** und **GmbH-Geschäftsführern** mit den von ihnen vertretenen Unternehmen. Denn diesem Personenkreis fehlt es an der Arbeitnehmereigenschaft i.S.d. § 5 Abs. 1 S. 3 ArbGG. Dies gilt auch für den Geschäftsführer der Komplementär-GmbH einer Kommanditgesellschaft.[21] 24

21 Vgl. BAG v. 20.8.03, NJW 2003, 3290.

Auch bei solchen Mitarbeitern, die zuvor nicht selbstständig Beschäftigte waren und alsdann zu Geschäftsführern berufen wurden, mündet nach nunmehr verfestigter Rechtsprechung des BAG der Verlust der Organstellung durch Abberufung nicht wieder in einen Arbeitsvertrag.[22]

Die andere hier in Frage kommende Leistungsart, nämlich der „**allgemeine Vertrags-Rechtsschutz**" gem. § 2 Buchst. d ARB, versagt deshalb, weil insoweit der allgemeine **Risikoausschluss** des § 3 Abs. 2 Buchst. c ARB eingreift, wonach die Wahrnehmung rechtlicher Interessen aus **Anstellungsverträgen gesetzlicher Vertreter juristischer Personen** vom Rechtsschutz ausgeschlossen ist.

25 Allerdings wird für die rechtliche Interessenwahrnehmung aus derartigen Anstellungsverträgen von einigen Rechtsschutzversicherern Versicherungsschutz unter der Bezeichnung „**Anstellungsvertrags-Rechtsschutz**" angeboten. Diese Leistungsart wird entweder durch eine Sonderklausel zur Rechtsschutzform nach § 28 ARB oder (früher) durch eine Zusatzklausel zu den Vermögensschaden-Rechtsschutzbedingungen (VRB) in den Rechtsschutz einbezogen. Sie füllt die Deckungslücke aus, die ansonsten durch den Ausschluss des § 3 Abs. 2 Buchst. c ARB besteht.

26 *Praxishinweis*

Auch beim nicht arbeitsrechtlichen Kündigungsmandat eines Geschäftsführers oder Vorstandes ist an die Möglichkeit einer Kostenübernahme durch die Rechtsschutzversicherung zu denken und deshalb stets danach zu fragen, ob der Mandant einen sog. „**Anstellungsvertrags-Rechtsschutz**" abgeschlossen hat.

Vorsicht: In einigen Rechtsschutzverträgen ist im Anstellungsvertrags-Rechtsschutz nur das Prozessrisiko gedeckt. Auch ist mit Streitwertgrenzen zu rechnen, mit der Folge, dass nur eine anteilige Kostenübernahme nach dem Verhältnis des geschützten Streitwerts zum Gesamtstreitwert erfolgt. Bei Zweifeln gibt das örtlich zuständige Schadenbüro oder – wenn der betreffende Rechtsschutzversicherer nicht über eine dezentrale Schadenregulierung verfügt – dessen Schadenabteilung im konkreten Einzelfall Auskunft (zweckmäßig ist dabei stets, die Versicherungsschein-Nummer des Mandanten anzugeben).

IV. Der Rechtsschutzfall in arbeitsrechtlichen Kündigungssachen

1. Begriff, Allgemeines

27 Der Versicherungsfall, in der Bedingungssprache als „**Rechtsschutzfall**" bezeichnet, ist Grundvoraussetzung für die Entstehung des Rechtsschutzanspruchs. Gemäß § 4 Abs. 1 Buchst. c ARB tritt der Rechtsschutzfall für den Bereich des Arbeitsrechtsschutzes dann ein, wenn der Versicherungsnehmer oder ein anderer einen **Verstoß gegen Rechtspflichten oder Rechtsvorschriften** begangen hat oder begangen haben soll. Damit ist klargestellt, dass die bloße **Behauptung** eines solchen Verstoßes genügt. Nach der genannten Vorschrift ist weitere Voraussetzung für den Versicherungsschutz, dass der Rechtsschutzfall während der **Laufzeit** des Rechtsschutzversicherungsvertrags **und** erst nach Ablauf von drei Monaten ab Versicherungsbeginn (**Wartezeit**) eingetreten ist. Mit dieser zeitlichen Abgrenzung soll nach Möglichkeit sichergestellt werden, dass **vorvertragliche** Geschehnisse (ebenso wie nachvertragliche Ereignisse) vom Versicherungsschutz fern gehalten werden.

22 BAG v.5.6.2008 – 2 AZR 754/06 – juris.

2. Fallgestaltungen zum Eintritt des Rechtsschutzfalls

Auf dem Gebiet des Arbeitsrechts ist, im Hinblick auf den Rechtsschutzfall, an tatsächliche oder behauptete Verstöße gegen arbeitsvertragliche Haupt- und Nebenpflichten zu denken, ferner an Verstöße gegen Vorschriften des Arbeitsschutzes usw. Im Rahmen eines Kündigungsmandats ist – zur Klärung der Frage, ob und wann der Rechtsschutzfall eingetreten ist – zu unterscheiden, ob eine Kündigung des Arbeitsverhältnisses bereits ausgesprochen wurde, oder ob dies (noch) nicht geschehen ist. Zu jeder dieser Alternativen gibt es wiederum verschiedene Fallgestaltungen, die zu unterschiedlichen Ergebnissen führen können. 28

a) Eintritt des Rechtsschutzfalls bei Vorliegen einer Kündigung

Wurde eine **Kündigung ausgesprochen**, so darf – im Rahmen eines Kündigungsschutzmandats – schon in dieser Tatsache der Eintritt eines Rechtsschutzfalls gesehen werden, weil hier gewöhnlich die **Wirksamkeit** der Kündigung **bestritten**, mithin ein Rechtsverstoß behauptet wird. Verdeutlichend ist anzumerken, dass die Tatsache einer unstreitigen Kündigung für sich noch keinen Rechtsschutzfall darstellen würde. Wird nämlich von gesetzlichen oder vertraglichen Rechten – insbesondere von Gestaltungsrechten, wie etwa in Bezug auf die Kündigung eines Vertragsverhältnisses – Gebrauch gemacht, so liegt darin kein „automatischer“ Verstoß gegen Rechtspflichten oder Rechtsvorschriften. Auch hier bedarf es immer noch eines wenigstens behaupteten Verstoßes gegen Rechtspflichten oder Vorschriften, zum Beispiel, dass Fristen nicht gewahrt worden sind oder aber Sozialwidrigkeit vorläge. Auf die Stichhaltigkeit der Behauptung oder aber die Beweismöglichkeiten kommt es bei der Prüfung, ob ein Rechtsschutzfall gegeben ist, nicht an. 29

Allerdings darf die Prüfung des Eintritts des Rechtsschutzfalls nicht immer bei der Kündigung stehen bleiben. Vielmehr ist, zumal wenn es sich um eine nicht betriebsbedingte Kündigung handelt, darauf zu achten, auf welche (behaupteten) **Gründe** die Kündigung gestützt wird. So beziehen sich – insbesondere bei einer **verhaltensbedingten Kündigung** – die Kündigungsgründe in der Regel auf (einen oder mehrere) bestimmte Verstöße gegen arbeitsvertragliche Pflichten des Arbeitnehmers. Auch hier ist zu beachten: Auf die Stichhaltigkeit der Behauptung oder aber die Beweismöglichkeiten kommt es bei der Prüfung, ob ein Rechtsschutzfall gegeben ist, nicht an. Denn für die Bestimmung, ob und wann ein Rechtsschutzfall vorliegt, sind auch die (bestrittenen) Ausführungen des Gegners heranzuziehen! 30

Nicht selten waren diese bereits Gegenstand einer früheren Abmahnung. Solche Rechtsverstöße stellen ihrerseits **weitere Rechtsschutzfälle** i.S.d. § 4 Abs. 1 Buchst. c ARB dar. Auf welchen dieser verschiedenen Rechtsschutzfälle im Hinblick auf die zeitliche Abgrenzung des Versicherungsschutzes abzustellen ist, bestimmt sich nach § 4 Abs. 2 S. 2 ARB. Danach ist, bei **mehreren** für die rechtliche Interessenwahrnehmung **ursächlichen** Rechtsschutzfällen, **der erste** entscheidend. Liegt also der erste tatsächliche oder angebliche Verstoß zeitlich vor dem Ablauf der Wartezeit, so besteht wegen **Vorvertraglichkeit** kein Versicherungsschutz – auch wenn die Kündigung selbst in den geschützten Zeitraum des betreffenden Rechtsschutzversicherungsvertrags fällt.[23] Es ist aber zu beachten, dass nach § 4 Abs. 2 ARB solche Rechtsschutzfälle außer Betracht bleiben müssen, die ein Jahr und länger vor Versicherungsbeginn liegen.

23 *Van Bühren/Plote*, § 4 Rn 49.

31 Handelt es sich um gleichartige, sich wiederholende Verstöße, die zur Kündigung geführt haben, bilden diese somit einen einheitlichen „**Dauerverstoß**“, also einen Rechtsschutzfall, der sich über einen Zeitraum erstreckt. Hier ist gem. § 4 Abs. 2 S. 1 ARB der **Beginn des Zeitraums**, in welchem sich die betreffenden Verstöße ereignet haben, maßgeblich.[24]

32 Bei einer **Verdachtskündigung** wird zwar die zugrunde liegende Verfehlung des Arbeitnehmers nicht mit Bestimmtheit behauptet, weil sie vom Arbeitgeber nicht mit letzter Sicherheit bewiesen werden kann. Dennoch ist auch hier der Zeitpunkt des **mutmaßlichen Verstoßes** maßgeblich, weil dem betreffenden Arbeitnehmer jedenfalls der Vorwurf gemacht wird, für das Auftreten der angeführten Verdachtsgründe verantwortlich zu sein (der behauptete Verstoß!).

b) Eintritt des Rechtsschutzfalls, wenn es an einer Kündigung fehlt

33 Wurde eine Kündigung nicht ausgesprochen, so ist die Darstellung eines Rechtsschutzfalls schwierig, weil ein Rechtsverstoß nicht ohne weiteres zu erkennen ist. Hat der Arbeitgeber dem Arbeitnehmer lediglich den Abschluss eines **Aufhebungsvertrags** angetragen, so liegt in dem **bloßen Angebot** kein Verstoß. Auch wenn ein solches Angebot mit dem allgemein gehaltenen **Hinweis** verbunden ist, dass anderenfalls die Kündigung des Arbeitsverhältnisses, etwa aus betrieblichen Gründen, „**in Erwägung gezogen**“ werden müsse, so ist auch darin noch keine Rechtsverletzung oder ein Pflichtenverstoß zu sehen. Unzweifelhaft mag ein solches Angebot eines Arbeitgebers bei dem betroffenen Arbeitnehmer den Wunsch nach anwaltlicher Beratung auslösen, da ihm etwaige Konsequenzen nicht unbedingt klar sein müssen, weil zum Beispiel mit der Annahme eines derartigen Angebotes durchaus auch Sperrfristen verbunden sein können. Der Wunsch nach Beratung ersetzt allerdings nicht den für die Versicherungsleistung erforderlichen Rechtsschutzfall.

34 Anders aber ist es, wenn der Rechtsverstoß **ernsthaft bevorsteht**, weil der Arbeitgeber für den Fall des Scheiterns einer einverständlichen Aufhebung seine Entschlossenheit zur Kündigung definitiv bekundet (Fall der **Kündigungsandrohung**). Zu dieser Frage besteht, was in Anbetracht der hier „fließenden“ situativen Übergänge nicht wundert, eine unklare Meinungslage.

Auch die Rechtsprechung ist durchaus nicht so eindeutig, wie dies nach der Entscheidung des OLG Saarbrücken[25] scheinen mochte. Das Gericht hatte es genügen lassen, die durch Vorlage eines Auflösungsvertrages nach außen gerichtete Haltung des Arbeitgebers, nicht mehr an einem Arbeitsverhältnis festhalten zu wollen, als Rechtsschutzfall anzusehen.

Der BGH hat in seiner Entscheidung[26] danach klarstellend hervorgehoben, dass die Behauptung des Versicherungsnehmers, mit der er seinem Arbeitgeber einen Pflichtverstoß anlastet, entscheidend sei. Es müsse daher im Kern ein Tatsachengeschehen vorgetragen sein, welches geeignet ist, einen Rechtsverstoß oder aber eine Pflichtenverletzung darzustellen. Darauf, ob diese Behauptungen stichhaltig seien oder aber bewiesen werden könnten, käme es allerdings nicht an. Bei dieser scheinbaren Vortragserleichterung sollte aber nicht unbeachtet bleiben, dass der Versicherer in einem etwaig sich ergebenden Deckungsprozess bestreiten kann, das Gespräch oder der sonstige Kontakt habe in der vorgetragenen – rechtswidrigen – Form überhaupt stattgefunden. Kann dann der Versicherungsnehmer etwa durch Zeugenbeweis des

24 *Van Bühren/Plote*, § 4 Rn 48.
25 OLG Saarbrücken v.19.7.2006, AnwBl 2006, 764.
26 BGH v.19.11.2008, VersR 2009, 109.

Personalverantwortlichen oder andere den Beweis nicht führen, wird er beweisfällig bleiben, da er den Vollbeweis für das Vorliegen des Versicherungsfalles zu führen hat.

So entscheidet sich weiterhin je nach gegebener Einzelsituation, ob ein Rechtsschutzfall bei (noch) nicht ausgesprochener Kündigung vorliegt oder nicht. Der Entscheidung des BGH ist allerdings prinzipiell zu entnehmen, dass der Eintritt eines Rechtsschutzfalls wenigstens dann bejaht werden kann, wenn dem Arbeitnehmer für den Fall des Scheiterns einer Aufhebungsvereinbarung **rechtswidrige Nachteile** in Aussicht gestellt werden (etwa weil die angedrohte Kündigung selbst in concreto offensichtlich ungerechtfertigt wäre; aber auch wenn die Arbeitgeberseite sonstige unzulässige Pressionen unter Verletzung ihrer arbeitsrechtlichen Fürsorgepflicht ausübt, wie beispielsweise Mobbing) oder bei Gelegenheit des Aufhebungsangebotes sonstige Verstöße gegen die Fürsorgepflicht des Arbeitgebers vorkommen.[27] Dies hat auch der Ombudsmann für Versicherungen in zwei Entscheidungen[28] nochmals in der Nachfolge festgestellt. Jeweils war dem Arbeitnehmer ein Aufhebungsvertrag vorgelegt worden mit dem Hinweis, dass, sollte es zu keiner Einigung kommen, eine ansonsten unumgängliche betriebsbedingte Kündigung ausgesprochen werde müsse. Der Ombudsmann führt aus, dass „im Hinblick auf den Grundsatz der Vertragsfreiheit das Angebot zum Abschluss eines Vertrages regelmäßig nicht den an einen Rechtsverstoß zu stellenden Anforderungen genügt... Anders wäre es nur zu beurteilen, wenn der Arbeitgeber den Arbeitnehmer mit dem Angebot eines Aufhebungsvertrages in eine solche Zwangslage versetzt hätte, dass er überhaupt keine freie Wahl mehr hatte, ob er den Vertrag – so wie vom Arbeitgeber angeboten – annimmt oder nicht. Eine solche Beurteilung scheidet jedoch dann aus, wenn ernsthafte Verhandlungen zwischen Arbeitnehmer und Arbeitgeber über den Aufhebungsvertrag geführt werden."[29]

Praxishinweis 35

Durch die bereits erwähnte, von einigen Versicherern angebotene Sonderklausel zur Rechtsschutzform nach § 28 ARB wird zugleich ein besonderer Versicherungsschutz **für Arbeitgeber** angeboten. Danach besteht Kostenschutz für die Interessenwahrnehmung zum Abschluss von arbeitsrechtlichen **Aufhebungsvereinbarungen** auch dann, wenn es an einem **Rechtsschutzfall fehlt**. Allerdings besteht hier eine Obergrenze der zu übernehmenden Kosten (Auskunft erteilt der betreffende Versicherer).

Geht es um eine **Änderungskündigung**, gelten die vorstehenden Ausführungen entsprechend. 36

V. Streitpunkte aus der Rechtsschutzpraxis bei Kündigungsschutzverfahren

1. Besprechungen und Korrespondenz mit der Gegenseite vor Erhebung der Kündigungsschutzklage

Hier stößt die Abrechnung der Geschäftsgebühr nach Nr. 2300 VV RVG bei den Rechtsschutzversicherern nicht selten auf Ablehnung. Vom Grundsatz her berufen die Versicherer sich auf die anwaltliche Verpflichtung aus dem Mandatsvertrag, im Interesse des Mandanten 37

27 So im Ergebnis auch *Bauer*, NJW 2009, 1566.

28 Entscheidung v. 3.11.2009 Az. 06307/2009 und Entscheidung v. 5.1.2010 Az. 8596/2009.

29 Entscheidung v. 5.1.2010 Az. 8596/2009.

tunlichst das sicherste und zugleich **kostengünstigste** Vorgehen zu wählen[30] – zumal vor dem Arbeitsgericht (in erster Instanz) eine Kostenerstattung, die den Mandanten nach dem Maß seines Obsiegens schadlos stellen könnte, nicht stattfindet. Des Weiteren argumentieren sie, der Auftrag des Mandanten sei – schon wegen der nach § 4 KSchG knapp bemessenen Klagefrist – in aller Regel als **bedingter Klageauftrag** zu werten. Es entstehe dann **keine** gesonderte **Geschäftsgebühr,** sondern nur (§ 19 Abs. 1 S. 1 RVG) die Verfahrensgebühr nach Nr. 3100 VV RVG (die sich bei Erledigung der Sache vor Klageeinreichung auf eine 0,8-Gebühr nach Nr. 3101 VV RVG ermäßige). Letztlich wird es hier – mit Blick auf die **Obliegenheit** des Versicherten gem. § 17 Abs. 5 Buchst. c, cc) ARB, alles zu vermeiden, was eine **unnötige Kostenerhöhung** verursacht – auf den Einzelfall ankommen. Die mittlerweile herrschende Rechtsprechung[31] geht davon aus, dass dem Rechtsanwalt von Anfang an ein sofortiger Prozessauftrag erteilt wird oder zu erteilen ist, es sei denn, es liegen ganz besondere Umstände vor, so dass der Rechtsanwalt objektiv davon ausgehen durfte, die Angelegenheit innerhalb der Notfrist tatsächlich zu erledigen. So dürften aus Sicht des Versicherers nur seltene Ausnahmen für eine Übernahme der Geschäftsgebühr in Frage kommen – wie etwa folgende Fallgestaltung: Der Auftrag ist ursprünglich nicht (auch nicht aufschiebend bedingt!) auf Klageerhebung gerichtet, vielmehr aus **objektiv nachvollziehbaren** Gründen darauf **beschränkt**, noch vor Ablauf der Klagefrist, **außergerichtlich** eine einvernehmliche Lösung herbeizuführen, so dass die spätere Klageerhebung einen **neuen Auftrag** erfordern würde. Ähnliches wird gelten müssen, wenn etwa die Vollmacht des die Kündigung Aussprechenden angezweifelt werden muss. Die Rüge der fehlenden Vollmacht ist unverzüglich auszusprechen und wird daher nicht zusammen mit einer Klageschrift ausgebracht werden können.

Praxishinweis
Rückfragen z.B. beim Personalbüro, ob es dort einen Betriebsrat gibt, und ob dieser ggf. bei der Kündigung mitgewirkt hat, dienen nur der **Information** des Rechtsanwalts, was Sache des Versicherten ist, § 17 Abs. 5 Buchst. a ARB.[32]

2. Weiterbeschäftigungsanspruch

38 Wird ein Weiterbeschäftigungsanspruch[33] bereits **mit** der **Kündigungsschutzklage** erhoben, so wird dies von Rechtsprechung und Literatur überwiegend als streitwerterhöhend[34] angesehen. Die Stellung des Weiterbeschäftigungsantrags **vor** dem Ausgang des Gütetermins sehen die Versicherer jedenfalls als eine **unnötige Erhöhung** der Kosten an, die der Versicherte, gemäß seiner Obliegenheit nach § 17 Abs. 5 Buchst. c, cc) ARB, zu vermeiden hat. Die Versicherer lehnen daher oft die Übernahme der so entstehenden Mehrkosten ab. Erst wenn der Weiterbeschäftigungsantrag **nach** einem erfolglosen **Gütetermin** gestellt wird, liegt eine Obliegenheitsverletzung nicht vor.[35] Denn die sachgerechte Fortführung des Mandats macht nun eine Stellung des Weiterbeschäftigungsantrags erforderlich – und die damit verbundene Streitwerterhöhung unvermeidlich.

30 BGH VersR 1959, 390.
31 Zum Meinungsstand: *Mack*, JurBüro 2007, 400 ff. m.w.N.
32 Vgl. *Harbauer*, § 15 Rn 10.
33 Siehe Grundsatzbeschluss des BAG (GS) v. 27.2.1985, NJW 1985, 2968.
34 A.A.: LAG Hamm v. 3.3.2003, LAGE § 12 ArbGG Streitwert Nr. 128.
35 So AG Nürnberg v. 31.7.2003 – 34 C 3672/03 – n.v.; OLG München v.20.2.1997, r+s 97/250, vgl. *Löwisch*, VersR 1986, 408 m.w.N.; zahlreiche Rspr.-Nachweise auch bei *Harbauer*, § 15 Rn 20 a.

Die Gegenmeinung stützt sich im Wesentlichen darauf, dass zum einen nur durch sofortige Geltendmachung des Weiterbeschäftigungsanspruches der Wille des Arbeitnehmers, das Arbeitsverhältnis fortzusetzen, hinreichend zum Ausdruck kommt und zum anderen nur so der notwendige Druck für etwaige Vergleichsverhandlungen vorhanden sei. Diese Auffassung ist weder zwingend noch überzeugend. Ist der Arbeitgeber ebenfalls anwaltlich vertreten, wird er sich durch einen derartigen Antrag wenig beeindrucken lassen. Der Wunsch des Arbeitnehmers, das Arbeitsverhältnis fortzusetzen, ist bereits durch die Klageerhebung an sich hinreichend nachgewiesen und durch den entsprechenden Antrag formuliert. Ein Signal zur Verhandlungsbereitschaft setzt im Übrigen nur der, dem es nicht um das Festhalten am Arbeitsplatz, sondern um das Erzielen optimaler Bedingungen für den Ausstieg geht.

> *Praxishinweis* 39
>
> In Rechtsprechung und Literatur begegnet man gelegentlich noch der Ansicht, dass der Weiterbeschäftigungsantrag sich dann nicht streitwerterhöhend auswirke, wenn er in der Form eines „**unechten Hilfsantrags**"[36] gestellt wird.[37] Dieser Ausweg ist jedoch nicht zu empfehlen, soll eine Obliegenheitsverletzung zuverlässig vermieden werden. Denn durch die Neufassung des GKG ist auch ein Hilfsantrag streitwertmäßig zu berücksichtigen (§ 45 Abs. 1 S. 2).

3. Künftige Gehaltsansprüche im Kündigungsschutzprozess

Werden mit der Kündigungsschutzklage zukünftig entstehende, noch nicht fällige Lohn- oder Gehaltsansprüche anhängig gemacht, ist damit zu rechnen, dass der Versicherer sich auch hier bezüglich daraus entstehender Mehrkosten auf die **Obliegenheit** des Versicherten nach § 17 Abs. 5 Buchst. c, cc) ARB, **unnötige Kosten zu vermeiden**, berufen wird. Gelegentlich wird der Versicherte auch auf § 17 Abs. 5 Buchst. c, bb) ARB verwiesen, wonach er, soweit seine Rechte nicht unbillig beeinträchtigt werden, den Ausgang des **vorgreiflichen** Kündigungsschutzprozesses **abzuwarten** hat. Derartige Obliegenheitsverletzungen lassen sich dem Versicherten aber dann nicht vorhalten, wenn **besondere Umstände** vorliegen, die ihm ein Zuwarten im konkreten Einzelfall nicht zumutbar erscheinen lassen (z.B. weil der Ablauf tariflicher Verfallfristen droht). 40

4. Einigung: Einbeziehung nicht rechtshängiger Ansprüche

Häufig münden Kündigungsschutzverfahren in einen Einigungsvertrag, der Ansprüche mitgeregelt, die **nicht Gegenstand der Klage** waren (z.B. bez. Resturlaub, Freistellung, Zeugnis, Dienstwagen, Geschäftsunterlagen). Auch diese Ansprüche stehen unter **Versicherungsschutz**, obwohl sie als solche zumeist nicht streitig sind, und insoweit keine Rechtsverstöße behauptet werden. Denn Rechtsschutzfall und Gegenstand der rechtlichen Interessenwahrnehmung müssen nicht identisch sein: Eine adäquate Verursachung genügt. 41

Zum Streitpunkt kann aber der **Streitwert** eines Einigungsvertrags werden, wenn der Versicherer eine Erhöhung – ungeachtet der einbezogenen, nicht rechtshängigen Ansprüche – nicht gelten lässt. Um hier zu einer Klärung zu kommen, beachte man, dass das Entstehen der Einigungsgebühr gem. Nr. 1000 Abs. 1 VV RVG begrifflich nur an streitige bzw. ungewisse Rechtsverhältnisse anknüpft. Daraus wird gefolgert, dass sich der Gegenstandswert 42

36 Zur Form u. Zulässigkeit siehe *Rütter*, VersR 1989, 1241.

37 So ArbG Essen v. 28.6.2000 – 5 Ca 1023/00 – n.v.; vgl. ferner die Rspr.-Nachw. bei *Harbauer*, § 15 Rn 20 b.

des Einigungsvertrags nur nach dem richtet, **worüber** gestritten wurde, nicht nach dem, **worauf** man sich geeinigt hat.[38] So hat das LAG Düsseldorf[39] festgestellt, dass in einem Kündigungsschutzverfahren nur dann ein Mehrwert zu berücksichtigen ist, wenn der Vergleich eine Regelung enthält, die nicht allein deklaratorisch ist. Vielmehr müsse ein individuelles Interesse vorhanden und ein vollstreckungsfähiger Inhalt gegeben sein. Die Regelungen pauschaler Abwicklungsmodalitäten erfüllen diese Voraussetzungen regelmäßig nicht.

38 So vorherrschend u.a.: LG Hamburg v. 15.3.1999 – 316 T 27/99 – n.v.; LAG Hamm v. 17.3.1994, AnwBl 1995, 155; LG Köln v. 18.4.2002 – 24 S 72/01 – n.v.; a.A.: LG Bonn v. 14.1.1998 – 5 S 159/97 – n.v.

39 LAG Düsseldorf v. 8.5.2007 – 6 Ta 99/07 – juris.

§ 43 Anspruchsdurchsetzung gegenüber der Rechtsschutzversicherung

Jan Ruge

Inhalt

	Rn
I. Überblick	1
II. Geschäftsgebühr	2
1. Außergerichtliche/gerichtliche Vollmacht	5
a) Muster: Vollmacht für die außergerichtliche Interessenwahrnehmung	6
b) Muster: Vollmacht für die gerichtliche Vertretung	7
2. Anschreiben an den Arbeitgeber vor Klageerhebung	8
a) Allgemeines	8
b) Muster: Anschreiben an den Arbeitgeber vor Klageerhebung	14
III. Deckungsantrag für die außergerichtliche Tätigkeit	15
a) Allgemeines	15
b) Muster: Deckungsantragsschreiben an die Rechtsschutzversicherung – außergerichtliche Tätigkeit	17
c) Verweigerung der Deckungszusage	18
d) Anrechnungsproblem: § 15a RVG	20
e) Deckungszusage bei drohender Kündigung	21
IV. Deckungsantrag für die gerichtliche Tätigkeit und Kostenvorschussnote	22
a) Allgemeines	22
b) Muster: Deckungsantragsschreiben an die Rechtsschutzversicherung – gerichtliche Tätigkeit und Kostenvorschuss	23
c) 20 %iger Toleranzbereich des Rechtsanwalts bei der Vergütungsbestimmung	24
V. Weiterbeschäftigungsantrag/allgemeiner Feststellungsantrag	27
a) Allgemeines	27
b) Muster: Weiterbeschäftigungsantrag/allgemeiner Feststellungsantrag	28
VI. Endabrechnung	29
a) Allgemeines	29
b) Muster: Endabrechnung	32
VII. Antrag auf Gegenstandswertfestsetzung	33
a) Allgemeines	33
b) Muster: Gegenstandswertfestsetzungsantrag	34
VIII. Rechtsschutzhinweise	35
IX. Checkliste für den Arbeitnehmeranwalt im kündigungsrechtlichen Mandat	38

Literatur

Cornelius-Winkler/Ennemann, Rechtsschutzversicherung und Gebühren im Arbeitsrecht, 2008; **Schaefer/Kiemstedt**, Anwaltsgebühren im Arbeitsrecht, 2. Auflage 2006.

I. Überblick

Bei der Abrechnung der im Kündigungsschutzprozess entstehenden Rechtsanwaltsgebühren werden von der Rechtsschutzversicherung – soweit neben dem Kündigungsschutzantrag weitere Anträge gestellt werden – i.d.R. Einwände hinsichtlich ihrer Einstandspflicht erhoben 1 bzw. die Kostennoten werden nicht und/oder nicht in der geltend gemachten Höhe ausgeglichen. Dabei geht es insbesondere um die Frage, ob bzgl. der neben dem Kündigungsschutzantrag geltend gemachten Ansprüche ein **Rechtsschutzfall** vorliegt und die Rechtsschutzversicherung daher verpflichtet ist, die Gebühren nach dem entsprechend höheren Gegenstandswert abzurechnen. Unterschiedliche Ansichten bestehen häufig auch hinsichtlich der Frage, ob eine etwaige **außergerichtliche Tätigkeit vor Erhebung** der Kündigungsschutzklage erforderlich war und in welcher Höhe die außergerichtliche Geschäftsgebühr (Nr. 2300 RVG-VV) abzurechnen ist. Die nachfolgenden Musterschreiben bieten eine praktische Anleitung für die Korrespondenz mit der Rechtsschutzversicherung in Kündigungsschutzfällen.

II. Geschäftsgebühr

2 Regelmäßiger Ansatzpunkt der Rechtsschutzversicherungen bei der Zurückweisung der Geschäftsgebühr nach Nr. 2300 RVG-VV ist der Verweis auf die **Schadensminderungspflicht** des Versicherungsnehmers nach § 17 Abs. 5 Ziff. c) cc) ARB 2000 und die Vorschrift des § 19 Abs. 1 Nr. 2 RVG. Die außergerichtlichen Verhandlungen seien mit der Verfahrensgebühr abgegolten, da der Mandant seinen Rechtsanwalt wegen der kurzen Klagefrist nach § 4 KSchG zur Vermeidung der Wirksamkeitsfiktion des § 7 KSchG unverzüglich mit der gerichtlichen Geltendmachung hätte beauftragen können und müssen (vgl. unten Rn 18).

3 Auf Grund der bereits erläuterten regelmäßigen Situation nach Zugang einer Kündigung (vgl. § 3 Rn 1 ff.) entspricht es i.d.R. dem Willen des Mandanten – soweit die zeitlichen Rahmenbedingungen es hinsichtlich der Klagefrist des § 4 KSchG erlauben – sich vor Erhebung der Kündigungsschutzklage außergerichtlich an den Arbeitgeber zu wenden. Dies gilt insb. für Führungskräfte und leitende Angestellte. Die Interessen des Mandanten würden erheblich beeinträchtigt, wenn die sofortige Beauftragung zur gerichtlichen Geltendmachung gefordert würde. Die Interessen des Mandanten an einer zunächst nur außergerichtlichen Geltendmachung sind daher in den Vordergrund zu stellen, während der Rechtsschutzversicherung die Notwendigkeit eines zunächst ausschließlich außergerichtlichen Auftrages dargestellt werden muss.

4 Hierzu bieten sich zunächst die Vorlage der auf die außergerichtliche Vertretung beschränkten Vertretungsmacht, die Vorlage der beschränkten schriftlichen Beauftragung im Rahmen des Mandatsvertrages, die Vorlage der außergerichtlichen Korrespondenz mit der Gegenseite sowie die genaue Schilderung der außergerichtlichen Aktivitäten an (Telefonat mit Personalleiter und Betriebsratsvorsitzendem, Telefonat und/oder Besprechung mit Mandant, Korrespondenz per E-Mail etc.).

1. Außergerichtliche/gerichtliche Vollmacht

5 Um zu verdeutlichen, dass es dem Mandanten zunächst ausschließlich um die außergerichtliche Interessenwahrnehmung geht, empfiehlt sich die getrennte, zeitlich nacheinander folgende Unterzeichnung einer außergerichtlichen und einer gerichtlichen Vollmacht. Die außergerichtliche Vollmacht sollte möglichst unmittelbar nach Zugang der Kündigung unterzeichnet werden.

a) Muster: Vollmacht für die außergerichtliche Interessenwahrnehmung

▼ 6

Vollmacht für die außergerichtliche Interessenwahrnehmung

In der Angelegenheit

./.

wg. Kündigung

wird hiermit

den Rechtsanwälten

von *(Name)* Vollmacht zur außergerichtlichen Vertretung der Interessen im Zusammenhang mit dem Arbeitsverhältnis bei der erteilt. Die Rechtsanwälte werden insbesondere bevollmächtigt, eine umfassende außergerichtliche Einigung zu versuchen und außergerichtlich alle Ansprüche aus und im Zusammenhang mit dem gekündigten Arbeitsverhältnis geltend zu machen. In diesem Zusammenhang sind sie berechtigt, rechtsgeschäftliche Erklärungen abzugeben, insbesondere Aufhebungs- oder Abwicklungsverträge nach Freigabe durch den Mandanten abzuschließen und daraus resultierende Zahlungen auf ihrem Anderkonto zu vereinnahmen. Ferner werden sie zur außergerichtlichen Vertretung der Interessen gegenüber der Rechtsschutzversicherung bevollmächtigt.

(Ort, Datum) (Unterschrift)

▲

b) Muster: Vollmacht für die gerichtliche Vertretung

▼ 7

Vollmacht für die gerichtliche Vertretung

Den Rechtsanwälten

wird hiermit in Sachen /

wegen

Prozessvollmacht erteilt. Die Vollmacht berechtigt zur Prozessführung beim Arbeitsgericht (u.a. nach § 46 Abs. 2 ArbGG i.V.m. §§ 81 ff. ZPO) einschließlich der Befugnis zum Abschluss von gerichtlichen bzw. gerichtlich zu protokollierenden Vergleichen. Die Rechtsanwälte sind berechtigt, durch entsprechende Antragstellung alle Ansprüche aus und im Zusammenhang mit dem gekündigten Arbeitsverhältnis gerichtlich geltend zu machen. In diesem Zusammenhang sind sie berechtigt, prozessuale Erklärungen abzugeben, auch wenn damit auf Ansprüche verzichtet wird. Sie sind berechtigt, im Fall des Abschlusses eines gerichtlich protokollierten Vergleichs sämtliche Zahlungen auf ihrem Anderkonto zu vereinnahmen.

Die Vollmacht gilt für alle Instanzen (Arbeits- und Landes- sowie Bundesarbeitsgericht) und erstreckt sich auch auf Neben- und Folgeverfahren aller Art (z.B. einstweilige Verfügung, Kostenfestsetzungs-, Zwangsvollstreckungsverfahren, Antrag auf Gegenstandswertfestsetzung). Sie umfasst insbesondere die Befugnis, Zustellungen zu bewirken und Rechtsmittel einzulegen.

(Ort, Datum) (Unterschrift)

▲

2. Anschreiben an den Arbeitgeber vor Klageerhebung

a) Allgemeines

8 Bei Kündigungsrechtsstreitigkeiten empfiehlt es sich prozesstaktisch und entspricht typischerweise dem Willen des Mandanten, sämtliche bestehenden Ansprüche (vgl. § 29 Rn 1 ff.) durchzusetzen. Zu diesem Zweck ist es sinnvoll, den Arbeitgeber vor Klageerhebung aufzufordern, die bestehenden Ansprüche zu erfüllen bzw. dazu Stellung zu nehmen.

9 Bei der Abrechnung der Tätigkeit kann gegenüber der Rechtsschutzversicherung durch Vorlage der außergerichtlichen Korrespondenz (und der außergerichtlichen Vollmacht) nachgewiesen werden, dass nicht nur hinsichtlich des Bestandes des Arbeitsverhältnisses, sondern auch hinsichtlich der weiteren geltend gemachten Ansprüche ein Rechtsschutzfall eingetreten ist und die Rechtsschutzversicherung auch hinsichtlich der weiteren Ansprüche einstandspflichtig ist. Wird das Schreiben an den Arbeitgeber von diesem nicht oder nicht vollständig beantwortet, ist der Rechtsschutzfall im Hinblick auf die offenen Fragen eingetreten.[1]

10 Das Schreiben an den Arbeitgeber hat aber auch den Sinn, die Rechtsschutzversicherung umfassend über die geltend zu machenden Ansprüche zu informieren, damit die Deckungszusage sich auf alle etwaigen Ansprüche erstreckt. Andernfalls kann die Rechtsschutzversicherung einwenden, die Deckungszusage würde sich nur auf einen Teil der Ansprüche beziehen, insbesondere nur auf die Abwehr der Kündigung.

11 Ferner soll mit dem Schreiben der Auftrag nur für die außergerichtliche Tätigkeit dokumentiert werden. Damit kann auch der Argumentation entgegengetreten werden, man habe sich sogleich einen Klagauftrag vom Mandanten geben lassen können.

12 Das Schreiben dient auch dazu, für möglichst alle Ansprüche des Mandanten etwaige arbeits- oder tarifvertragliche Ausschlussfristen auf der ersten Stufe zu wahren. Dazu müssen die Ansprüche dem Grunde und der Höhe nach so genau wie möglich angegeben werden.[2]

13 Schließlich dient das Schreiben auch dazu, sich über das Gesamtvolumen des Auftrags und damit des **Gegenstandswertes** Klarheit zu verschaffen.

b) Muster: Anschreiben an den Arbeitgeber vor Klageerhebung

14 ▼

Sehr geehrte(r) Frau/Herr ,

ausweislich der im Original beigefügten Vollmachtsurkunde hat uns

Frau/Herr ,

in der vorgenannten Angelegenheit mit der Wahrnehmung seiner rechtlichen Interessen beauftragt. Ihr Kündigungsschreiben vom liegt uns vor.

[Zusätzlich bei Zurückweisung der Kündigung:

Die unserem Mandanten am zugegangene Kündigung, die von unterzeichnet worden ist, weisen wir mangels Vorlage einer Vollmachtsurkunde gem. § 174 BGB zurück. Unserem Mandanten ist eine Kündigungsbefugnis von nicht bekannt. Darüber hinaus beanstanden wir die Vertretungsmacht von gem. § 180 S. 2 BGB.]

1 Vgl. hierzu auch das Musterschreiben bei *Schaefer/Kiemststedt*, Rn 548.

2 BAG v. 17.4.2002, NZA 2002, 1340.

Unser Mandant wendet sich gegen die ihm gegenüber ausgesprochene Kündigung und bittet diese für gegenstandslos zu erklären. Unserem Mandanten ist an einer einvernehmlichen außergerichtlichen Regelung der Angelegenheit gelegen. Er hat uns daher ausdrücklich beauftragt, mit Ihnen eine außergerichtliche Einigung bezogen auf die Kündigung und alle nachfolgend in diesem Schreiben aufgeführten Ansprüche zu suchen. Bitte rufen Sie den Unterzeichner an, um Möglichkeiten einer außergerichtlichen Einigung zu erörtern.

Unabhängig davon, möchten wir Sie bitten, die nachfolgenden Punkte zu beachten und die erbetenen Erklärungen schriftlich abzugeben.

1.

Unser Mandant ist gerne bereit, seine arbeitsvertraglichen Pflichten auch über den hinaus zu erfüllen. Er wird auch nach diesem Zeitpunkt im Rahmen seiner arbeitsvertraglichen Verpflichtungen Ihren Arbeitszuweisungen Folge leisten. Unser Mandant ist grundsätzlich daran interessiert, auch zu veränderten Arbeitsbedingungen (anderer Dienstort/geringeres Arbeitsentgelt) in Ihrem Hause bzw. in anderen Betrieben der weiterbeschäftigt zu werden. Unser Mandant ist bereit, Fortbildungs- und Umschulungsmaßnahmen durchzuführen, um auf einem etwaigen freien Arbeitsplatz eingesetzt werden zu können.

[Nur bei falscher Berechnung der Kündigungsfrist:

Wir bitten um Bestätigung, dass das Arbeitsverhältnis zwischen der und unserem Mandanten wegen der *(z.B. gesetzlichen, tarifvertraglichen, arbeitsvertraglichen etc.)* Kündigungsfrist von zum – unabhängig von der Frage der Wirksamkeit der Kündigung – frühestens am endet.]

[Nur für den Fall, dass der Arbeitsvertrag nicht den Anforderungen des Nachweisgesetzes entspricht:

Der Arbeitsvertrag vom entspricht nicht den Anforderungen an das Nachweisgesetz. Wir bitten um Übersendung eines Arbeitsvertrags bzw. eines schriftlichen Nachweises, der die nach dem Nachweisgesetz erforderlichen Angaben enthält. Dies sind insbesondere Angaben zu .]

2.

Aus der Kündigungserklärung ergibt sich, dass die das Arbeitsverhältnis als beendet ansieht. Sie werden um Erteilung eines qualifizierten Zeugnisses gebeten, das sich auf Leistung und Führung erstreckt, damit unser Mandant sich bei anderen Arbeitgebern bewerben kann. Wir bitten ausdrücklich um Erteilung eines Zwischenzeugnisses, da nach der Rechtsprechung des Bundesarbeitsgerichts der Arbeitnehmer hierauf einen Anspruch hat (BAG v. 27.2.1987, AP Nr. 16 zu § 630 BGB) und bei einem Zwischenzeugnis nicht zum Ausdruck kommt, dass dem Arbeitnehmer gekündigt worden ist. Die Bewerbung aus einem ungekündigten Arbeitsverhältnis erhöht die Bewerbungschancen des Arbeitnehmers und liegt daher aufgrund der Regelung des § 615 BGB auch in Ihrem Interesse.

3.

Wir möchten Sie bitten, die der Kündigung zugrunde liegenden Gründe umgehend mitzuteilen, damit die Erfolgsaussichten einer eventuellen Kündigungsschutzklage geprüft und beurteilt werden können. Zur Mitteilung der Kündigungsgründe sind Sie aufgrund einer arbeitsvertraglichen Nebenpflicht (*beziehungsweise bei Ausspruch einer außerordentlichen Kündigung: „gemäß § 626 Abs. 2 S. 1 BGB“*) verpflichtet. Durch die Nichterfüllung dieser Pflicht können Sie sich schadensersatzpflichtig machen (vgl. KR/*Etzel*, § 1 KSchG Rn 239). Für den Fall, dass die Kündigung mit betrieblichen Erfordernissen begründet werden wird, bitten wir die Gründe anzugeben, die zu einer etwa getroffenen Sozialauswahl geführt haben. Dies gilt auch für Gründe, die zur Herausnahme von Arbeitnehmern aus der Sozialauswahl geführt haben. Zu der Mitteilung der Gründe sind Sie gem. § 1 Abs. 3 S. 1 KSchG verpflichtet. Bitte teilen Sie uns ohne weitere Aufforderung mit, wenn sich die zum Kündigungszeitpunkt für die Kündigungsentscheidung maßgebenden Umstände verändern, damit wir ggf. für unseren Mandanten einen Wiedereinstellungsanspruch geltend machen können.

4.

Bitte erklären Sie, dass andere Beendigungstatbestände als das oben bezeichnete Kündigungsschreiben nicht in Rede stehen und Sie unseren Mandanten im Falle eines Obsiegens mit der Kündigungsschutzklage in erster Instanz auch ohne entsprechenden Beschäftigungsantrag ab dem Tag nach der Verkündung mit der bisherigen Tätigkeit zu den bisherigen Bedingungen bis zum Ende des Rechtsstreits beschäftigen werden.

[Nur bei Widerspruch des Betriebsrats:

Da der bei Ihnen bestehende Betriebsrat der Kündigung frist- und ordnungsgemäß widersprochen hat, ist die nach § 102 Abs. 5 BetrVG verpflichtet, unsere/n Mandantin/en im Fall der Erhebung einer Kündigungsschutzklage nach Ablauf der Kündigungsfrist bis zum rechtskräftigen Abschluss des Kündigungsrechtsstreits zu unveränderten Bedingungen weiter zu beschäftigen. Bitte erklären Sie, dass dieser Verpflichtung Folge geleistet wird.

Und/oder:

Bitte leiten Sie uns eine Abschrift der Stellungnahme des Betriebsrats zur Kündigung unseres Mandanten zu.

Oder:

Bitte leiten Sie uns eine Abschrift des Widerspruchs des Betriebsrats zur Kündigung unseres Mandanten zu. Auf die Übermittlung der Abschrift der Stellungnahme des Betriebsrats hat unser Mandant gem. § 102 Abs. 4 BetrVG einen Rechtsanspruch.]

[Oder zusätzlich, sofern die Voraussetzungen vorliegen:

In dem Kündigungsschreiben wird darauf hingewiesen, dass (auch) der Sprecherausschuss zur Kündigung unseres Mandanten angehört worden ist. Wir bitten um Übermittlung der Stellungnahme des Sprecherausschusses. Unabhängig davon weisen wir bereits jetzt darauf hin, dass unser Mandant weder leitender Angestellter im Sinne von § 5 Abs. 3 BetrVG noch im Sinne von § 14 Abs. 2 KSchG ist.]

5.

Ferner bitten wir zu erklären, dass unser Mandant den ihm auch zur privaten Nutzung überlassenen Dienstwagen (amtliches Kennzeichen:) sowie *(z.B. Handy, Blackberry, Laptop, Palm, PC, Drucker etc.)* weiter nutzen darf. Für den Fall, dass Sie nicht bereit sind, die vorgenannten Gegenstände unserem Mandanten auch weiterhin vertragsgemäß zur Verfügung zu stellen, bitten wir zu erklären, dass Sie im Fall des unberechtigten Nutzungsentzugs für sämtliche Zeiten des unberechtigten Nutzungsentzugs Schadensersatz, insbesondere für den Dienstwagen, berechnet nach der sog. „ADAC-Tabelle", leisten werden.

[Eventuell zusätzlich, sofern die Voraussetzungen vorliegen:

Wir bitten um Bestätigung, dass unser Mandant in Gehaltsgruppe eingruppiert, entsprechend zu vergüten ist und die Differenzbeträge nachentrichtet werden.]

[Eventuell zusätzlich, sofern die Voraussetzungen vorliegen:

Unser Mandant hat Ihnen in der Vergangenheit bereits mehrfach seinen Wunsch nach Verlängerung der vertraglich vereinbarten Arbeitszeit angezeigt. Bisher wurde ihm jedoch keine Vollzeitstelle angeboten. Hiermit machen wir den Anspruch unseres Mandanten auf Verlängerung seiner Arbeitszeit nach § 9 TzBfG geltend.]

[Eventuell beim Vorliegen eines Interessenausgleichs:

Unser Mandant ist von den in Nr. … des Interessenausgleichs benannten Maßnahmen nicht betroffen, insbesondere entfällt sein Arbeitsplatz nicht aufgrund der dort genannten Maßnahmen. Dementsprechend ist er auch nicht in der Anlage … zum Interessenausgleich aufgeführt. Mit der unserem Mandanten gegenüber ausgesprochenen Kündigung weicht die … i.S.v. § 113 Abs. 1 BetrVG von dem Interessenausgleich vom … ab. Da unser Mandant infolge dieser Abweichung entlassen wird, steht ihm ein Anspruch auf Nachteilsausgleich jedenfalls dann zu, wenn sich die ausgesprochene Kündigung als wirksam erweisen sollte. Einstweilen beziffern wir diesen Anspruch mit … EUR. Bitte erklären Sie, dass die … den Nachteilsausgleichsanspruch dem Grunde und der Höhe nach anerkennt.

Oder:

Da wir davon ausgehen, dass im Rahmen der geplanten Betriebsänderung ein Interessenausgleich nicht ordnungsgemäß i.S.v. § 112 BetrVG durchgeführt worden ist, bitten wir Sie außerdem zu erklären, dass Sie unserem Mandanten für den Fall, dass sich die Kündigung als wirksam erweisen sollte, Nachteilsausgleich i.S.v. § 113 BetrVG gewähren werden, sofern dieser höher ist, als die Abfindung nach dem freiwilligen Sozialplan. Einstweilen beziffern wir diesen Anspruch mit … EUR. Bitte erklären Sie, dass die … den Nachteilsausgleichsanspruch dem Grunde und der Höhe nach anerkennt.

Oder:

Nach unseren derzeitigen Informationen gehen wir davon aus, dass eine interessenausgleichspflichtige Betriebsänderung vorliegt. Uns ist nicht bekannt, ob ein entsprechender Interessenausgleich mit dem Betriebsrat abgeschlossen worden ist und ob dieser ggf. von der … beachtet wird. Wir wissen auch nicht, ob nach dem Interessenausgleich der Arbeitsplatz unseres Mandanten entfällt. Für den Fall, dass die … mit der unserem Mandanten gegenüber ausgesprochenen Kündigung i.S.v. § 113 BetrVG von dem Interessenausgleich abweicht oder einen Interessenausgleich nicht ordnungsgemäß abgeschlossen hat und unser Mandant infolge dieser Abweichung bzw. des unterlassenen Versuchs eines Interessenausgleichs entlassen wird, steht ihm ein Anspruch auf Nachteilsausgleich jedenfalls dann zu, wenn sich die ausgesprochene Kündigung als wirksam erweisen sollte. Einstweilen beziffern wir diesen Anspruch mit … EUR. Bitte erklären Sie, dass die … den Nachteilsausgleichsanspruch – unter den vorgenannten Voraussetzungen – dem Grunde und der Höhe nach anerkennt.]

[Eventuell beim Vorliegen eines Sozialplans:

Sollte sich die Kündigung vom … als wirksam erweisen, hat unser Mandant einen Anspruch auf Zahlung einer Abfindung nach § … des zwischen der … und dem Betriebsrat am … geschlossenen Sozialplans. Wir beziffern diesen Anspruch einstweilen auf … EUR. Bitte erklären Sie, dass die … den Abfindungsanspruch aus § … des Sozialplans dem Grunde und der Höhe nach anerkennt.]

[Eventuell zusätzlich, sofern die Voraussetzungen vorliegen:

Darüber hinaus beantragen wir, für den Fall, dass sich die Kündigung unseres Mandanten als wirksam erweisen sollte, eine Zahlung aus dem Härtefonds nach § … des zwischen der … und dem Betriebsrat am … geschlossenen Sozialplans. Bitte bestätigen Sie, dass unserem Mandanten jedenfalls ein Anspruch aus dem Härtefonds gem. § … des zwischen der … und dem Betriebsrat am … geschlossenen Sozialplans i.H.v. … zusteht.]

[Eventuell zusätzlich, sofern die Voraussetzungen vorliegen:

Sollte sich die Kündigung vom … als wirksam erweisen, hätte unser Mandant einen Anspruch auf Zahlung einer Abfindung nach § … des Rationalisierungsschutztarifvertrags des … (z.B. Tarifvertrag über den Rationalisierungsschutz für Angestellte, TVRat). Wir beziffern diesen Anspruch einstweilen auf EUR. Bitte erklären Sie, dass die den Abfindungsanspruch aus § des dem Grunde und der Höhe nach anerkennt.]

6.

Bitte erklären Sie, dass Sie die bis zum Ablauf der Kündigungsfrist bestehenden Gehaltsansprüche unseres Mandanten vollständig erfüllen werden, insbesondere dass Sie dessen Anspruch auf (z.B. Gratifikation, Urlaubsgeld, variable Vergütung etc.) dem Grunde nach anerkennen.

Bitte erklären Sie weiter, dass Sie die im Fall eines Obsiegens unseres Mandanten im Kündigungsschutzprozess bestehenden Annahmeverzugslohnansprüche, ohne dass eine gerichtliche Geltendmachung durch unseren Mandanten notwendig ist, ohne weiteres vollständig erfüllen werden.

7.

Sofern in Ihrem Betrieb für Ansprüche unseres Mandanten Ausschlussfristen gelten, beispielsweise in arbeitsvertraglichen Regelungen, in Betriebsvereinbarungen, in Tarifverträgen oder aufgrund betrieblicher Übung, bitten wir um entsprechende Mitteilung. Sofern Sie erklären, auf die Berufung auf etwa bestehende Ausschlussfristen zu verzichten, werden wir zunächst von einer klageweisen Geltendmachung der Ansprüche absehen.

Aus Gründen der Rechtssicherheit machen wir einstweilen sämtliche Ansprüche auf rückständiges und zukünftiges Arbeitsentgelt – gleich welcher Art und welcher Bezeichnung, einschließlich Grundgehalt, Zulagen, freiwilliger Leistungen, Urlaubs- und Weihnachtsgeld sowie eventuelle Gehaltserhöhungen – ausdrücklich geltend. Insbesondere machen wir die Ansprüche unseres Mandanten auf Überstundenvergütung von Überstunden, die zwischen dem und geleistet worden sind, in Höhe von EUR geltend. Der Anspruch war jeweils zum des Monats fällig, in dem die Überstunden geleistet worden sind. Ferner machen wir die Ansprüche aus der Zielvereinbarung vom geltend, die am fällig geworden sind. Es besteht nach unserer vorläufigen Berechnung ein Anspruch unseres Mandanten in Höhe von EUR. Bitte erteilen Sie uns diesbezüglich Auskunft über . Bitte erklären Sie, dass Sie die vorgenannten Ansprüche auf und dem Grunde und der Höhe nach anerkennen. Die Ansprüche unseres Mandanten sind ab dem jeweiligen Fälligkeitszeitpunkt mit fünf Prozentpunkten über dem jeweiligen Basiszinssatz zu verzinsen.

Zudem bittet unser Mandant um die Gewährung seines restlichen Urlaubs. (*Bei Ausspruch einer außerordentlichen Kündigung sollte hilfsweise um Urlaubsabgeltung gebeten werden.*)

[Eventuell zusätzliche Ziffer, wenn die Voraussetzungen vorliegen:

Die Freistellung unter Anrechnung von Urlaubsansprüchen mit Schreiben vom war rechtswidrig. Mit einer Anrechnung war und ist unser Mandant nicht einverstanden.

Die Freistellung ist unwirksam. Unser Mandant hat einen Beschäftigungsanspruch. Sie sind daher nicht berechtigt, unseren Mandanten weiter freizustellen. Wir möchten Sie daher bitten, unseren Mandanten unverzüglich wieder arbeitsvertragsgemäß als tatsächlich zu beschäftigen. Bitte teilen Sie uns unverzüglich mit, wann unser Mandant sich wo einzufinden hat, um arbeitsvertragsgemäß beschäftigt zu werden.]

8.

Wir haben uns für die erbetenen Erklärungen in unseren Akten eine Frist notiert bis

(zwei Wochen).

Diese Frist kann aufgrund der in dieser Angelegenheit zu beachtenden gesetzlichen Frist leider nicht verlängert werden. Nach Fristablauf müssen wir unseren Mandanten um Klagauftrag ersuchen, um dessen Rechte zu wahren.

Mit freundlichen Grüßen,

(Unterschrift)

▲

III. Deckungsantrag für die außergerichtliche Tätigkeit

a) Allgemeines

Eine Deckungszusage für die außergerichtliche Tätigkeit sollte sofort – parallel zu dem 15
Schreiben an den Arbeitgeber – beantragt werden. Aus zeitlichen Gründen und um die Rechtsschutzversicherung nicht zu sehr zu verstimmen, sollte zunächst kein Kostenvorschuss abgerechnet werden.[3]

Dem Antrag auf Erteilung einer Deckungszusage ist das Anschreiben an den Arbeitgeber 16
als Anlage beizufügen. Weiterhin empfiehlt es sich, den Hinweis aufzunehmen, dass der Mandant ausdrücklich eine **außergerichtliche Einigung** anstrebt. Entsprechend sollte dem Schreiben auch die Vollmacht für die außergerichtliche Interessenwahrnehmung als Anlage beigefügt werden. Auf diese Weise kann sowohl dem Einwand, dass hinsichtlich der geltend gemachten Ansprüche kein Rechtsschutzfall eingetreten sei, als auch dem Einwand, die außergerichtliche Tätigkeit sei nicht erforderlich gewesen, vorbeugend entgegen getreten werden.

b) Muster: Deckungsantragsschreiben an die Rechtsschutzversicherung – außergerichtliche Tätigkeit

▼ 17

Sehr geehrte Damen und Herren,

anwaltlich versichern wir ordnungsgemäße Bevollmächtigung durch Ihren Versicherungsnehmer

Frau/Herr .

Ihr Versicherungsnehmer ist bei der Arbeitgeberin, der seit dem als beschäftigt. Den Arbeitsvertrag vom überreichen wir in Kopie als **Anlage 1**. Mit Schreiben vom hat die Arbeitgeberin gegenüber Ihrem Versicherungsnehmer eine Kündigung ausgesprochen. Eine Kopie des Kündigungsschreibens überreichen wir als **Anlage 2**. Ihr Versicherungsnehmer hat uns zur Vermeidung einer gerichtlichen Auseinandersetzung beauftragt, außergerichtlich gegen die Kündigung vorzugehen und bestimmte Ansprüche geltend zu machen, um eine außergerichtliche Regelung hinsichtlich der Kündigung und der geltend gemachten Ansprüche zu erreichen. Insbesondere soll neben der Rücknahme der Kündigung die Zahlung des (z.B. des *13. und 14. Monatsgehaltes, Gratifikation, Prämie etc.)* für das

3 In der ersten Auflage hatten wir angeregt, die außergerichtliche Tätigkeit bereits mit dem ersten Deckungsantrag mit einer Kostenvorschussnote abzurechen. Auf Grund unserer Erfahrungen regen wir insbesondere bei Mandanten mit höher dotierten Arbeitsverträgen eine gestaffelte Geltendmachung an.

Jahr , die Erteilung eines wohlwollenden, qualifizierten Zeugnisses, eine Regelung der Behandlung des von Ihrem Versicherungsnehmer zurückgegebenen Pkw sowie des von ihm genutzten Handys, die beide auch zur privaten Nutzung überlassen waren, erreicht werden.

Wir haben uns mit Schreiben vom an die Arbeitgeberin gewandt. Eine Kopie dieses Schreibens überreichen wir Ihnen als **Anlage 3**. Bisher steht eine Reaktion aus.

Wir bitten in dieser Angelegenheit um die Erteilung einer Deckungszusage für die außergerichtliche Tätigkeit.

Für die Erteilung der Deckungszusage haben wir in unseren Akten eine Frist notiert bis

(zwei Wochen).

Mit freundlichen Grüßen

(Unterschrift)

c) Verweigerung der Deckungszusage

18 Häufig lehnen Rechtsschutzversicherungen die Deckungszusage für die außergerichtliche Tätigkeit in Kündigungsschutzsachen mit dem Hinweis auf eine Obliegenheitsverletzung des Arbeitnehmers ab. Die Rechtsprechung war hierzu bislang uneinheitlich.

Am 15.7.2009 ist beim Bundesgerichtshof – IV ZR 352/07 – ein Anerkenntnisurteil zur Frage der Abrechenbarkeit der außergerichtlichen Geschäftsgebühr im Arbeitsrecht ergangen. Aufgrund des Anerkenntnisses der Rechtsschutzversicherung existiert leider keine schriftliche Begründung des BGH. Dennoch dürften sich betroffene Rechtsschutzversicherungen und die Instanzengerichte dem „Tenor" des BGH nicht verschließen.

In der mündlichen Verhandlung erläuterte der Vorsitzende des IV. Zivilsenats, dass entsprechende Klauseln in den ARB wegen Verstoßes gegen § 307 BGB nichtig seien. Bereits mit der Terminsnachricht hatte der Senat rechtliche Hinweise erteilt:[4]

„Die dem Versicherungsnehmer aufgegebene Obliegenheit, „… soweit seine Interessen nicht unbillig beeinträchtigt werden, … cc) … alles zu vermeiden, was eine unnötige Erhöhung der Kosten oder eine Erschwerung ihrer Erstattung durch die Gegenseite verursachen könnte", ist möglicherweise wegen Verstoßes gegen das Transparenzgebot und das Leitbild der §§ 6, 62 VVG a.F. nach § 307 BGB unwirksam. Das Anwaltsverschulden durfte dem Versicherungsnehmer unter keinem Gesichtspunkt zuzurechnen sein, soweit es um einen Verstoß gegen diese Obliegenheit geht."

Gegen eine Obliegenheitsverletzung des Arbeitnehmers spricht Folgendes:

- Die außergerichtliche Tätigkeit ist nicht offensichtlich und auf den ersten Blick erkennbar ungeeignet. Sie verursacht nicht mit hoher Wahrscheinlichkeit nur Kosten.
- Die Drei-Wochen-Frist der §§ 7, 4 KSchG kann für eine außergerichtliche Einigung genügen.
- Der außergerichtliche Einigungsversuch entspricht der gesetzlichen Wertung sowie richtiger und ständiger anwaltlicher Beratung.

4 Siehe hierzu die Pressemitteilung der anwaltlichen Verrechnungsstelle unter http://www.anwvs.de/2008/fwm_files/24072009_081232_news_anwvs_20090722.pdf.

- Nach den ARB ist der arbeitsrechtliche Versicherungsschutz nicht auf eine gerichtliche Auseinandersetzung beschränkt.
- Den Fall, dass es nicht (schon) zur außergerichtlichen Einigung kommt, regelt die Anrechnungsvorschrift Vorbem. 3 Abs. 4 zu Nr. 3100 VV RVG (bis zu 0,75 Gebühren).
- Nach aktueller Durchführungsanordnung der Agenturen für Arbeit führt nicht in jedem Fall ein Aufhebungs-/Abwicklungsvertrag zur Sperrfrist, ist also für den Versicherungsnehmer nicht von vornherein nachteilig (so noch die häufige Argumentation der Rechtsschutzversicherungen).

Vor diesem Hintergrund sollte der Rechtsanwalt die Rechtsschutzversicherung noch einmal anschreiben, sofern die außergerichtliche Deckungszusage verneint werden sollte.

Muster: Schreiben an die Rechtsschutzversicherung bei Verweigerung der außergerichtlichen Deckungszusage

▼ 19

Sehr geehrte Damen und Herren,

vielen Dank für Ihr Schreiben vom . Mit diesem Schreiben haben Sie für die außergerichtliche Wahrnehmung der Interessen Ihres Versicherungsnehmers eine Deckungszusage leider abgelehnt.

Ihre Rechtsansicht, wonach Deckungsschutz für die außergerichtliche Tätigkeit nicht bestehe, teilen wir nicht.

Die Verweigerung der Deckungszusage für die außergerichtliche Interessenswahrnehmung begründen Sie damit, dass es sich nicht um notwendige Kosten handeln soll. Dieses Argument ist nicht nachvollziehbar. Im Einzelnen:

1.

Mit unserem Schreiben vom haben wir ausdrücklich um die Erteilung einer Deckungszusage für die außergerichtliche Interessenwahrnehmung gebeten. Die Erteilung haben Sie mit der Begründung verweigert, eine außergerichtliche Interessenwahrnehmung falle nicht unter den Versicherungsschutz, da sie unnötige Kosten verursache.

Dies ist unzutreffend. Nach § 17 Abs. 5c) cc) ARB 2000 hat der Versicherte alles zu vermeiden, was eine unnötige Kostenerhöhung verursachen könnte, soweit seine Interessen nicht unbillig beeinträchtigt werden. Unnötig sind dabei solche Maßnahmen, die sich als offensichtlich und auf den ersten Blick erkennbar als ungeeignet erweisen, in einem vernünftigen Verhältnis zwischen Aufwand und Erfolg zu stehen, die also mit hoher Wahrscheinlichkeit nur Kosten und keinen sinnvollen, vertretbaren und verhältnismäßigen Effekt für den Versicherten haben können. Dabei muss objektiv zu Beginn des Mandats („Ex-ante-Betrachtung") beurteilt werden, ob durch die außergerichtliche Interessenwahrnehmung unnötige Kosten entstehen. Das wäre nur dann der Fall, wenn eine außergerichtliche, einvernehmliche Lösung von vornherein ausgeschlossen ist.

a)

Die vorstehend genannte Klausel ist bereits wegen eines Verstoßes gegen das in § 307 BGB normierte Transparenzgebot unwirksam. Am 15.7.2009 ist beim Bundesgerichtshof – IV ZR 352/07 – ein Anerkenntnisurteil zur Frage der Abrechenbarkeit der außergerichtlichen Geschäftsgebühr im Arbeitsrecht ergangen. In der mündlichen Verhandlung erläuterte der Vorsitzende des IV. Zivilsenats, dass entsprechende Klauseln in den ARB wegen Verstoßes gegen § 307 BGB nichtig seien. Bereits mit der Terminsnachricht hatte der Senat rechtliche Hinweise erteilt (s. hierzu die Pressemitteilung der anwaltlichen Verrechnungsstelle unter http://www.anwvs.de/2008/fwm_files/24072009_081232_news_anwvs_20090722.pdf.):

„Die dem Versicherungsnehmer aufgegebene Obliegenheit, „... soweit seine Interessen nicht unbillig beeinträchtigt werden, ... cc) ... alles zu vermeiden, was eine unnötige Erhöhung der Kosten oder eine Erschwerung ihrer Erstattung durch die Gegenseite verursachen könnte“, ist möglicherweise wegen Verstoßes gegen das Transparenzgebot und das Leitbild der §§ 6, 62 VVG a.F. nach § 307 BGB unwirksam....“

b)

Dessen ungeachtet zeigt das Verfahren Ihres Versicherungsnehmers deutlich, dass unsere außergerichtliche Tätigkeit notwendig und nicht offensichtlich ungeeignet war, einen sinnvollen Effekt herbeizuführen. Nach Ausspruch der Kündigung sind wir an die Arbeitgeberin Ihres Versicherungsnehmers herangetreten und haben sie aufgefordert, sich arbeitsvertragsgerecht zu verhalten und die Kündigung zurückzunehmen. Dieser außergerichtliche Einigungsversuch entspricht richtiger und ständiger anwaltlicher Beratung und ist dem Fortbestand des Arbeitsverhältnisses förderlicher als die sofortige Erhebung der Kündigungsschutzklage. Ihr Versicherungsnehmer hat uns deshalb ausdrücklich beauftragt, mit seiner Arbeitgeberin vor der Erhebung einer Kündigungsschutzklage eine außergerichtliche Einigung zu suchen. Dass Ihr Versicherungsnehmer in einer solchen Situation nicht berechtigt sein soll, sich über seinen Bevollmächtigten an die Arbeitgeberin zu wenden, um Fortsetzungsmöglichkeiten des Arbeitsverhältnisses zu erörtern, beeinträchtigt seine Interessen unbillig.

Zum Zeitpunkt der Übernahme des Mandats war noch nicht absehbar, ob ein Kündigungsrechtsstreit in voller Länge geführt werden muss. Ihr Versicherungsnehmer hat uns ausweislich der beigefügten Vollmacht unmittelbar nach Zugang der Kündigung vom mit der außergerichtlichen Streitbeilegung beauftragt, sodass wir noch nahezu die gesamte Drei-Wochen-Frist für unsere außergerichtlichen Einigungsbemühungen zur Verfügung hatten. Wir haben daher versucht, mit der Arbeitgeberin Ihres Versicherungsnehmers eine Einigung zu erzielen. Dies erfolgte deutlich vor der – zunächst nur fristwahrend erfolgten – Erhebung der Kündigungsschutzklage. Wir haben uns bereits mit Schreiben vom , das Ihnen bereits als Anlage vorliegt, an die Arbeitgeberin Ihres Versicherungsnehmers gewandt.

c)

Nach einem langen Arbeitsverhältnis wird ein Arbeitnehmer zunächst eine einvernehmliche Einigung mit dem Arbeitgeber anstreben. Dieses ist auch – wie vorstehend beschrieben – der ausdrückliche Wille Ihres Versicherungsnehmers. Im Arbeitsverhältnis gilt das Gebot der gegenseitigen Rücksichtnahme. Auch nach Zugang der Kündigung gilt diese Verpflichtung weiter. Ferner ist der Arbeitgeber verpflichtet, auch nach Ausspruch der Kündigung seine Fürsorgepflicht zu beachten. Demnach ist es grundsätzlich ein Erfolg versprechender Weg, außergerichtlich eine einvernehmliche Lösung zu erarbeiten. Die in § 4 KSchG normierte Drei-Wochen-Frist reicht hierfür aus.

2.

Nicht nachvollziehbar ist, dass es die Obliegenheit des Versicherten sein soll, umgehend ein Klageverfahren anzustrengen. Dem RVG, beziehungsweise dessen Gesetzesbegründung, lassen sich keine Anhaltspunkte dafür entnehmen, dass in Kündigungsschutzverfahren keine Geschäftsgebühr anfallen soll. Würde man Ihrer Auffassung folgen, so bedeutete dies, dass Sie für jegliche Verfahren den Kostenschutz für außergerichtliche anwaltliche Tätigkeiten ablehnen. Der von Ihnen vertretene Standpunkt wäre nur dann nachvollziehbar, wenn in den Allgemeinen Bedingungen für die Rechtsschutzversicherung – wie beispielsweise im Sozialgerichtsrechtsschutz (§§ 24 Abs. 2d, 25 Abs. 2d, 26 Abs. 3f, 27 Abs. 3f und 28 Abs. 2d) – ausdrücklich geregelt wäre, dass die Rechtsschutzversicherung nur die Kosten für die Durchführung gerichtlicher Verfahren trägt. Dies ist jedoch nicht der Fall. Jedenfalls lässt sich § 15 Abs. 1d cc ARB eine entsprechende Regelung nicht entnehmen.

Dieser Auffassung ist auch die zum neuen RVG ergangene Rechtsprechung (vgl. hierzu AG Wiesbaden, Urt. v. 14.9.2005, 93 C 2931/05–40; AG Cham, Urt. v. 22.12.2005, 1 C 0323/05, AnwBl 2006, 287 f.; AG Hamburg-St. Georg, Urt. v. 10.2.2006, 911 C 304/05, JurBüro 2006, 309 f.; AG Velbert, Urt. v. 8.9.2006, 12 C 144/05, AnwBl 2006, 770; AG Essen-Steele, Urt. v.

22.6.2005, 8 C 89/05, JurBüro 2005, 585 ff.; AG Hamburg-Altona, Urt. v. 7.12.2006, 319 C 113/06; AG München, Urt. v. 27.4.2007, 223 C 27792/06, AE 2007, 265 f.; AG Stuttgart v. 3.3.2009, 11 C 6727/08; AG Essen-Borbeck v. 23.3.2009, 6 C 287/08).

So heißt es in dem Urteil des Amtsgerichtes Wiesbaden vom 14.9.2005 (Az: 93 C 2931/05–40):

„Ein Versicherungsnehmer, der seinem Anwalt in einer Kündigungsschutzsache zunächst einen unbedingten Auftrag für den Versuch einer vorgerichtlichen Einigung und gleichzeitig – für den Fall des Misserfolgs – einen bedingten Auftrag zur Erhebung einer Klage auf Feststellung des Fortbestehens des gekündigten Arbeitsverhältnisses erteilt, verstößt dadurch nicht gegen seine Schadensminderungspflicht.

Der Rechtsschutzversicherer ist verpflichtet, den Versicherungsnehmer von der auf diese Weise entstandenen Geschäftsgebühr für die vorgerichtliche Tätigkeit seines Anwalts freizustellen."

Dem Urteil des Amtsgerichts Cham vom 22.12.2005 (Az: 1 C 0323/05, JurBüro 2006, 213) ist Folgendes zu entnehmen:

„Wird der Rechtsanwalt vor der Erhebung einer Kündigungsschutzklage zunächst außergerichtlich tätig und sucht eine Einigung mit der Gegenpartei, so handelt er auch dann sachgerecht, wenn er diese Tätigkeit erst wenige Tage vor Ablauf der Frist für die Erhebung der Kündigungsschutzklage entfaltet.

Der Rechtsschutzversicherer ist im Hinblick darauf, dass der Gesetzgeber dem Versuch der gütlichen und außergerichtlichen Beilegung ausdrücklich Vorrang einräumt, verpflichtet, auch für die außergerichtliche Interessenwahrnehmung im Rahmen einer Bestandsschutzstreitigkeit Deckung zu gewähren."

Das Amtsgericht Hamburg-St. Georg hat am 10.2.2006 entschieden (Az: 9 C 304/05, JurBüro 2006, 309):

„Ein Versicherungsnehmer in der Rechtsschutzversicherung, die u.a. „Arbeits-Rechtsschutz" beinhaltet, darf davon ausgehen, dass der arbeitsrechtliche Versicherungsschutz nicht auf die gerichtliche Auseinandersetzung beschränkt ist."

Dem Urteil des Amtsgerichtes Essen-Steele vom 22.6.2005 (Az: 8 C 89/05) ist zu entnehmen, dass

„ein Versicherungsnehmer nicht gegen die ihm obliegende Schadensminderungspflicht verstößt, wenn er in einer Kündigungsschutzsache vor Klageerhebung zunächst eine außergerichtliche Interessenvertretung wünscht. Der Rechtsanwalt ist nach dem Sinn und Zweck des RVG gehalten, zunächst eine außergerichtliche Einigung herbeizuführen."

In dem Urteil des Amtsgerichtes Altona vom 7.12.2006 (Az: 319 C 113/06) heißt es:

„Es ist sachgerecht, dass sich der Versicherungsnehmer in Kündigungsschutzsachen zunächst um eine außergerichtliche Einigung bemüht, auch wenn die zur Verfügung stehende Frist aufgrund der kurzen Klagefrist von drei Wochen kurz ist. Außergerichtliche Einigungen sind kostengünstiger als Einigungen im Rahmen eines Gerichtsverfahrens. Der Gesetzgeber hat zum Ausdruck gebracht, dass sie gegenüber streitigen Entscheidungen einen besonderen Stellenwert genießen. Eine Obliegenheitsverletzung des Versicherungsnehmers ist insoweit nicht zu erkennen."

Das Amtsgericht München hat mit Urteil vom 27.4.2007 (Az: 223 C 27792/06) Folgendes entschieden:

„Die relativ kurze Frist für die Erhebung einer Kündigungsschutzklage rechtfertigt es nicht, von vornherein den Deckungsschutz nur auf ein gerichtliches Tätigwerden zu beschränken. Die vorgerichtliche Tätigkeit ist vielmehr bereits dann begründet, wenn im konkreten Fall bei objektiver Würdigung der Umstände eine vorgerichtliche Einigung möglich erscheint und diese binnen der gegebenen Drei-Wochen-Frist durchsetzbar ist."

In dem Urteil des Amtsgerichts Stuttgart vom 3.3.2009 heißt es:

„Auch ist nicht ersichtlich, warum der Versicherungsnehmer bei einer ansonsten möglichen Mandatierung eines Rechtsanwaltes zunächst zur außergerichtlichen Vertretung allein bei einer erfolgten Kündigung von dieser Möglichkeit keinen Gebrauch machen darf. Eine solche Pflicht ergibt sich auch nicht explizit aus den Versicherungsbedingungen."

Das Amtsgericht Essen-Borbeck stellt in seinem Urteil vom 23.3.2009 klar, dass die Forderung des Versicherers, in jedem Fall sofort Klage zu erheben,

„... unbillig (ist) und auch nicht damit begründet werden kann, dass ein außergerichtliches Vorgehen regelmäßig keinen Erfolg hat. Ein solcher Erfahrungssatz besteht nicht.... Im Übrigen entspricht der Versuch einer vorherigen außergerichtlichen Beilegung des Rechtsstreits in vollem Umfang der Intention des Gesetzgebers. Dieser stellt die gütliche Beilegung eines Rechtsstreits zur Vermeidung von gerichtlichen Verfahren ganz eindeutig in den Vordergrund. Hierzu setzt sich eine Rechtsschutzversicherung, die für das zunächst außergerichtliche Vorgehen des Versicherungsnehmers nicht einstehen will, in klaren Widerspruch."

Abschließend weisen wir noch darauf hin, dass der Bundesgerichtshof bereits mit Urteil vom 1.10.1968 (Az: VI ZR 159/67) entschieden hat, dass der Versicherte nicht dadurch gegen seine Schadensminderungspflicht verstößt, dass er seinen Anwalt zunächst mit der außergerichtlichen Schadensregulierung beauftragt.

3.

Diese Auffassung wird auch durch die Neuregelung der Geschäftsgebühr in Nr. 2400 VV RVG a.F. gestützt. Mit Einführung dieser Vorschrift ist die außergerichtliche Besprechungsgebühr entfallen und im Gegenzug dazu die außergerichtliche Geschäftsgebühr mit einem breiteren Gebührenrahmen ausgestattet worden. Nach dem Willen des Gesetzgebers soll diese Neuregelung ein Anreiz sein, Angelegenheiten außergerichtlich zu regeln, ohne dass Besprechungen die Gebühr erhöhen.

4.

Der Gesetzgeber hat in § 1 Abs. 3 BORA ausdrücklich die Konfliktvermeidung als Aufgabe des Rechtsanwalts bezeichnet. Die versicherungsrechtliche Rücksichtnahmepflicht des § 15 Abs. 1d) cc) ARB 75, unnötige Kosten zu vermeiden, darf nicht einer optimalen Rechtsverfolgung nach § 1 Abs. 3 BORA entgegenstehen. Unnötig in diesem Sinne sind nur solche Maßnahmen, die sich als offensichtlich sowie auf den ersten Blick ungeeignet erweisen und in einem unvernünftigen Verhältnis zwischen Aufwand und Erfolg stehen. Ein solches Missverhältnis ist im vorliegenden Fall nicht ersichtlich.

5.

Im Übrigen steht auch die gesetzliche Klagefrist des § 4 KSchG außergerichtlichen Streitbereinigungsversuchen nicht entgegen. Innerhalb dieser relativ kurzen Frist ist es nicht unwahrscheinlich, dass eine Einigung zwischen Arbeitnehmer und Arbeitgeber zustande kommt. Der Gesetzgeber selbst geht davon aus, dass trotz der kurzen Klagefrist genügend Zeit für eine außergerichtliche Einigung, sogar noch unter Einschaltung des Betriebsrates, möglich ist und dass ein solches Vorgehen nicht nur sinnvoll, sondern auch erfolgversprechend sein kann. § 3 KSchG sieht vor, dass der Arbeitnehmer „binnen einer Woche nach der Kündigung" Einspruch beim Betriebrat einlegen kann. Der Betriebsrat ist verpflichtet, wenn er den Einspruch für begründet hält, zu versuchen, eine Verständigung mit dem Arbeitgeber herbeizuführen.

6.

Diese kündigungsschutzrechtliche Situation wird zusätzlich dokumentiert durch die Neuregelung des § 1a KSchG. Diese Vorschrift zielt gerade darauf ab, dass ein Arbeitnehmer veranlasst werden soll, durch ein außergerichtliches Arbeitgeberangebot auf eine Kündigungsschutzklage zu verzichten. Auch in diesem Fall steht dem Arbeitnehmer nur die gesetzliche Drei-Wochen-

Frist zur Überlegung zur Verfügung, innerhalb derer er gerichtliche Hilfe in Anspruch nehmen kann.

7.

Im vorliegenden Fall haben wir uns mit dem Ihnen bereits vorliegenden Schreiben vom an die Arbeitgeberin Ihres Versicherungsnehmers gewandt, um eine außergerichtliche Lösung zu erzielen.

Wie Sie dem Schreiben entnehmen können, bitten wir ausdrücklich darum, die Kündigung für gegenstandslos zu erklären, da es Ihrem Versicherungsnehmer keineswegs um die Durchführung eines Kündigungsschutzprozesses geht. Als Frist zur Stellungnahme wurde bewusst ein Zeitraum gewählt, der weit vor dem der voraussichtlichen Güteverhandlung liegt, um eine außergerichtliche Einigung zu erreichen, bevor weitere Gebühren ausgelöst werden können. Vor diesem Hintergrund hätte es ohne weiteres zu einer außergerichtlichen Einigung kommen können.

8.

Wir bitten Sie darum, Ihre Rechtsauffassung vor diesem Hintergrund noch einmal zu überdenken und eine Deckungszusage auch für die außergerichtliche Interessenwahrnehmung Ihres Versicherten zu erteilen. Anderenfalls würden wir Ihrem Versicherungsnehmer dringend empfehlen, seinen Kostenerstattungsanspruch gerichtlich durchzusetzen, und ihn hierbei nachhaltig unterstützen.

Mit freundlichen Grüßen

(Unterschrift)

▲

d) Anrechnungsproblem: § 15a RVG

In diesem Zusammenhang ist auf ein mögliches weiteres Problem hinzuweisen. Rechtsschutz- 20
versicherungen, die ein außergerichtliches Tätigwerden für eine Obliegenheitsverletzung halten, werden möglicherweise nicht nur keine Geschäftsgebühr begleichen, sondern darüber hinaus auch nur noch eine reduzierte Verfahrensgebühr in Höhe von 0,65 zahlen wollen.

Hintergrund dieser Überlegung ist das Urteil des BGH vom 7.3.2007 (VIII ZR 86/06). In dieser Entscheidung hat der BGH festgestellt, dass eine wegen desselben Gegenstandes entstandene Geschäftsgebühr anteilig auf die Verfahrensgebühr des gerichtlichen Verfahrens anzurechnen ist, sodass sich also nicht die bereits entstandene Geschäftsgebühr vermindert, sondern vielmehr die in dem anschließenden gerichtlichen Verfahren entstehende Verfahrensgebühr.

Der Bundestag entschärft dieses Anrechnungsproblem mit der Neuregelung in § 15a RVG. Durch die Neuregelung der Gebührenanrechnung sollen die Folgen der Rechtsprechung insbesondere zur Anrechnung der Geschäftsgebühr wieder rückgängig gemacht werden. In dem neu eingefügten § 15a RVG werden erstmals im Gebührenrecht die Auswirkungen der Gebührenanrechnung geregelt. Die genannte Vorschrift hat folgenden Wortlaut:

„(1) Sieht dieses Gesetz die Anrechnung einer Gebühr auf eine andere Gebühr vor, kann der Rechtsanwalt beide Gebühren fordern, jedoch nicht mehr als den um den Anrechnungsbetrag verminderten Gesamtbetrag der beiden Gebühren.

(2) Ein Dritter kann sich auf die Anrechnung nur berufen, soweit er den Anspruch auf eine der beiden Gebühren erfüllt hat, wegen eines dieser Ansprüche gegen ihn ein Vollstreckungs-

titel besteht oder beide Gebühren in demselben Verfahren gegen ihn geltend gemacht werden."

§ 15a RVG macht deutlich, dass die Anrechnungsregeln allein das Innenverhältnis zwischen Auftraggeber und Rechtsanwalt betreffen. Abs. 1 dieser Vorschrift stellt klar, dass die Anrechnung einer Gebühr das Entstehen der anderen Gebühr nicht beeinflusst, sodass grundsätzlich der Rechtsanwalt beide Gebühren jeweils in voller Höhe geltend machen kann. Die Anrechnung ist allerdings insofern zu berücksichtigen, als dass der Rechtsanwalt insgesamt von seinem Auftraggeber nicht mehr als den um den Anrechnungsbetrag verminderten Gesamtbetrag beider Gebühren fordern darf. Demgegenüber regelt Abs. 2 der Norm die Auswirkung der Anrechnung im Verhältnis zu Dritten. Hierunter fallen all diejenigen, die nicht am Mandatsverhältnis beteiligt sind. Das sind vor allem diejenigen, die dem Auftraggeber aus materiellem Recht oder nach prozessualen Vorschriften die Anwaltsvergütung zu erstatten haben.[5] Diesbezüglich verdeutlicht der Gesetzgeber, dass sich gegenüber Dritten die Anrechnung grundsätzlich nicht auswirkt. Eine außergerichtlich entstandene Geschäftsgebühr dient nicht dazu, den Kostenschuldner zu entlasten. Der Dritte kann sich lediglich dann auf die Anrechnung berufen, wenn er auf eine der beiden Gebühren bereits gezahlt oder diese anderweitig erfüllt hat.

§ 15a RVG ist am 5.8.2009 in Kraft getreten. Seit diesem Tag kann sich die Rechtsschutzversicherung nicht mehr auf die Anrechnung berufen.

e) Deckungszusage bei drohender Kündigung

21 Rechtsschutzversicherungen verweigern regelmäßig die Deckungszusage für Verhandlungen über Aufhebungsverträge, wenn Arbeitnehmern für den Fall des Nichtabschlusses eine Kündigung angedroht wird. Dass diese Auffassung rechtswidrig ist, steht nunmehr fest, da der BGH am 19.11.2008 (IV ZR 305/07, NZA 2009, 92) entschieden hat, dass die Androhung einer betriebsbedingten Kündigung einen Rechtsschutzfall auslösen kann, wenn ein unterbreitetes Angebot zum Abschluss eines Aufhebungsvertrages abgelehnt wird.

Bereits am 19.7.2006 hatte das OLG Saarbrücken (5 U 719/05) entschieden, dass ein den Rechtsschutzversicherungsfall auslösender Verstoß gegen Rechtspflichten dann vorliegt, wenn der Arbeitgeber mit dem Angebot eines Aufhebungsvertrages zum Ausdruck bringt, das Vertragsverhältnis in jedem Fall beenden zu wollen.[6]

Vor diesem Hintergrund kann – und sollte – bereits dann, wenn ein Aufhebungsvertrag – verbunden mit einer Kündigungsandrohung – vorgelegt wird, die Rechtsschutzversicherung angeschrieben und um Erteilung der außergerichtlichen Deckungszusage gebeten werden. In diesem Fall müsste im Anschreiben an die Rechtsschutzversicherung geschildert werden, aufgrund welchen Verhaltens der Arbeitgeber unmissverständlich zum Ausdruck bringt, das Vertragsverhältnis in jedem Fall beenden zu wollen.

5 Ausf. hierzu *Hansens*, AnwBl 2009, 535, 537 ff.

6 So auch LG Frankfurt v. 5.11.2008 – 2-8 S 31/08 – n.v.

IV. Deckungsantrag für die gerichtliche Tätigkeit und Kostenvorschussnote

a) Allgemeines

Wenn die Frist bis zur Erhebung der Kündigungsschutzklage abläuft, ohne dass eine vergleichsweise Einigung zustande kommt, muss Kündigungsschutzklage erhoben werden. Dafür sollte mit der Klagerhebung ein Antrag auf Erteilung einer Deckungszusage für die gerichtliche Tätigkeit gestellt werden. In der Regel ist es sinnvoll, mit diesem Schreiben die bisherige außergerichtliche Tätigkeit und einen Kostenvorschuss für die im gerichtlichen Verfahren voraussichtlich anfallenden Gebühren abzurechnen. 22

b) Muster: Deckungsantragsschreiben an die Rechtsschutzversicherung – gerichtliche Tätigkeit und Kostenvorschuss

▼ 23

Sehr geehrte Damen und Herren,

wie Ihnen bereits bekannt ist, vertreten wir Ihren Versicherungsnehmer

Herrn .

1.

Wir hatten uns mit Schreiben vom an die Arbeitgeberin Ihres Versicherungsnehmers gewandt.

Die Gegenseite hat auf unser Schreiben nicht reagiert. Der Unterzeichner hat telefonisch den gesamten Inhalt des Schreibens (Anlage) am mit dem der Gegenseite, Herrn/Frau besprochen. Die Gegenseite war leider weder bereit die Kündigung zurückzunehmen, noch die in unserem Schreiben aufgeführten Ansprüche zu erfüllen *(sollte ggf. weiter ausgeführt werden).* Ferner hat der Unterzeichner am mit dem Betriebsratsvorsitzenden Herrn/Frau die Angelegenheit ausführlich besprochen.

Wir bitten in dieser Angelegenheit um Erteilung einer Deckungszusage für die gerichtliche Tätigkeit.

2.

Gleichzeitig erlauben wir uns, mit der beigefügten Kostenvorschussnote einen Vorschuss auf die entstandenen und zu erwartenden Rechtsanwaltsgebühren für unsere außergerichtliche und gerichtliche Tätigkeit abzurechnen.

a)

Der Kostennote haben wir – zunächst – jeweils für unsere gerichtliche und außergerichtliche Tätigkeit einen Gegenstandswert in Höhe von EUR zugrunde gelegt. Eine Nachberechnung auf Basis eines höheren Gegenstandswertes sowie die Geltendmachung weiterer ggf. anfallender gesetzlicher Gebühren behalten wir uns ausdrücklich vor.

Der Gegenstandswert setzt sich wie folgt zusammen:

aa)

Der Verdienst Ihres Versicherungsnehmers beträgt jährlich EUR brutto. Daraus ergibt sich ein durchschnittliches Bruttomonatsgehalt in Höhe von EUR. Der Bruttoquartalsverdienst beträgt also EUR. Der Ansatz dieses Betrags für den Gegenstandswert erfolgt gem. § 42 Abs. 4 S. 1 GKG und dafür, dass wir uns gegen die Kündigung gewandt haben, deren Gründe und die Möglichkeit einer Rücknahme mit der Gegenseite erörtert haben und die

Unwirksamkeit der Kündigung gerichtlich geltend machen. Die Gehaltsabrechnung Ihres Versicherungsnehmers fügen wir dem Schreiben bei als **Anlage** .

bb)

Die Gegenseite hat *(z.B. die Kündigung sowohl auf verhaltens- als auch auf personenbedingte Gründe gestützt oder aber bereits mehrere Kündigung ausgesprochen),* so dass der Ausspruch weiterer Kündigungen wahrscheinlich ist. Die Gegenseite hat trotz unserer ausdrücklichen schriftlichen Aufforderung (Anlage) keine Erklärung abgegeben, dass keine weiteren Beendigungstatbestände in Rede stehen. Es ist daher ein allgemeiner Feststellungsantrag erforderlich, dessen Erfordernis wir bereits außergerichtlich mit Ihrem Versicherungsnehmer erörtert haben und den wir mit einem Bruttomonatsgehalt i.H.v. EUR in Ansatz bringen (vgl. LAG Hamm v. 2.11.1998, 9 Ta 343/98; LAG Brandenburg v. 26.8.1997, 6 Ta 98/97; LAG Hessen v. 7.1.2005, 6 Ta 688/04; vgl. auch *Bader*, NZA-RR 2005, 346).

cc)

Die Gegenseite hat keine Erklärung zu einer eventuellen Weiterbeschäftigung nach einem erstinstanzlichen Obsiegen Ihres Versicherungsnehmers abgegeben. Die außergerichtliche Erörterung dieser Weiterbeschäftigung mit Ihrem Versicherungsnehmer und der Gegenseite und dessen außergerichtlicher und gerichtlicher Geltendmachung haben wir im Einklang mit der Rechtsprechung mit zwei Bruttomonatsgehältern, also mit EUR bewertet (ArbG Iserlohn v. 27.5.2008, 5 Ca 2274/07; LAG Düsseldorf v. 20.5.1997 – 7 Ta 120/97; ebenso LAG Köln v. 31.7.1995, NZA 1996, 840). Der Antrag ist auch notwendig, da ansonsten aus einem eventuellen Versäumnisurteil keinerlei Vollstreckung erfolgen kann.

dd)

Die Erörterung und außergerichtliche und gerichtliche Geltendmachung des Zwischenzeugnisses haben wir insgesamt mit einem Bruttomonatsgehalt, also mit EUR bewertet (LAG Düsseldorf v. 19.8.1999, LAGE § 3 ZPO Nr. 10; LAG Hamburg v. 13.1.1987, JurBüro 1988, 1158; LAG Frankfurt BB 1971, 653; BAG AP Nr. 16 zu § 12 ArbGG 1953; LAG Düsseldorf AnwBl 1979, 26; LAG Saarbrücken AnwBl 1977, 252; LAG Hamburg AnwBl 1984, 155). Die Gegenseite ist trotz Aufforderung mit Schreiben vom ihrer Verpflichtung zur Zeugniserteilung bisher nicht nachgekommen.

ee)

Die außergerichtliche Erörterung des Anspruchs auf *(z.B. Überstundenvergütung, Schadensersatzanspruch für Nutzungsentzug des auch zur privaten Nutzung überlassenen Dienstwagens und Mobiltelefons etc.)* mit Ihrem Versicherungsnehmer und der Gegenseite sowie die außergerichtliche und gerichtliche Geltendmachung (**Anlage**) haben wir mit dem Wert des geltend gemachten Anspruchs bewertet, nämlich EUR. *(Es müssen alle geltend gemachten Ansprüche aufgeführt und dem Gegenstandswert zugrunde gelegt werden!).*

b)

Auf Grundlage des vorgenannten Gegenstandswertes haben wir die Geschäftsgebühr nach Nr. 2300 VV RVG (aa) sowie die Verfahrensgebühr nach Nr. 3100 VV RVG (bb) und einen Vorschuss auf die Terminsgebühr nach Nr. 3102 VV RVG (cc) berechnet.

aa)

Aufgrund der besonderen Bedeutung und Schwierigkeit haben wir für unsere außergerichtliche Tätigkeit eine 2,5 Geschäftsgebühr in Ansatz gebracht.[7] Die Rahmengebühr ist gem. § 14 Abs. 1 RVG im Einzelfall unter Berücksichtigung aller Umstände, vor allem des Umfangs und der Schwierigkeit der anwaltlichen Tätigkeit, der Bedeutung der Angelegenheit sowie der Vermögens- und Einkommensverhältnisse des Auftraggebers nach billigem Ermessen festzusetzen.

7 Eine Zusammenfassung der Argumente aus Anwaltssicht findet sich in den Entscheidungsgründen des Amtsgerichts Berlin-Tempelhof-Kreuzberg v. 26.6.2007 – 7 C 162/06 – juris.

(1)

Die außergerichtliche anwaltliche Tätigkeit war schwierig.

Sie war bereits deshalb schwierig, weil es sich um eine arbeitsrechtliche Angelegenheit handelt. Aufgrund der Vielzahl arbeitsrechtlicher Regelungen, insbesondere von tariflichen und betriebsverfassungsrechtlichen Normen, der umfangreichen Rechtsprechung des Bundesarbeitsgerichts (in Juris-Online sind derzeit rund 20.000 Entscheidungen allein des BAG veröffentlicht) und der insoweit erforderlichen Spezialkenntnissen gibt es für den Bereich des Arbeitsrechts eigene Fachanwaltschaften. Ihr Versicherungsnehmer hat sich bewusst an einen Fachanwalt für Arbeitsrecht gewandt. Bereits aufgrund dieses Umstands war die Angelegenheit schwierig (vgl. dazu Baumgärtel/Hergenröder/Houben-*Baumgärtel*, RVG-Kommentar, § 14 Rn 15; Bischof/Jungbauer/Bräuer/Curkovic/Mathias/Uher-*Jungbauer*, RVG-Kommentar, § 14 Rn 39; Gerold/Schmidt/*Müller-Rabe*, § 14 Rn 16; Amtsgericht Berlin-Tempelhof-Kreuzberg v. 26.6.2007, 7 C 162/06).

Wie Sie unserem Schreiben an die Gegenseite (**Anlage**) entnehmen können, geht es in rechtlicher Hinsicht um die Wirksamkeit einer ordentlichen Kündigung. Der der Kündigung zugrunde liegende Sachverhalt ist sehr komplex, insbesondere waren *(Komplexität der Angelegenheit weiter ausführen)*. Es geht in rechtlicher Hinsicht um *(z.B. formelle Unwirksamkeit der Kündigung gemäß § 174 BGB, Kündigungsgründe, allgemeiner und/oder betriebsverfassungsrechtlicher Weiterbeschäftigungsanspruch, Betriebsratsbeteiligung, Interessenausgleich, Sozialplan, Nachteilsausgleich, tarifvertragliche Ansprüche, Ausschlussfristen, Eigenschaft als leitender Angestellter, betriebliche Altersversorgung, Zeugnisstreitigkeit, Annahmeverzuglohn, Dienstwagen, variable Vergütung etc.)*. Insbesondere haben wir die Literatur zu § sowie die Urteile des BAG v. und ausgewertet. Darüber hinaus haben wir Ihren Versicherungsnehmer über die sozialversicherungsrechtlichen Folgen der Kündigung aufgeklärt und ihn auch diesbezüglich beraten.

(2)

Unsere außergerichtliche anwaltliche Tätigkeit war besonders umfangreich.

Vorprozessual haben wir die Gegenseite zu umfangreichen Erklärungen aufgefordert und diverse Ansprüche Ihres Versicherungsnehmers geltend gemacht. Wir haben – wie bereits ausgeführt wurde – die Angelegenheit telefonisch mit der Gegenseite ausführlich erörtert. Wir haben uns mit weiterem Schreiben vom an die Gegenseite gewandt. Die Gegenseite hat mit Schreiben vom auf unser Schreiben erwidert. Der Unterzeichner hat am (erneut) telefonisch die Angelegenheit mit *(z.B. Personalleiter/in)* erörtert. Schließlich hat der Unterzeichner auch mit Frau/Herrn , dem Rechtsanwalt der Arbeitgeberseite, die Angelegenheit telefonisch erörtert sowie mit dem Betriebsratsvorsitzenden Herrn/Frau die Angelegenheit ausführlich besprochen.

Vorprozessual haben der Unterzeichner sowie Herr Rechtsanwalt aus unserer Kanzlei die Angelegenheit in einer persönlichen Besprechung am mit Ihrem Versicherungsnehmer ausführlich erörtert. Die Besprechung hatte eine ungewöhnlich lange Dauer von Stunden. Ihr Versicherungsnehmer ist für diese Besprechung aus angereist.

Darüber hinaus hat der Unterzeichner bereits zum jetzigen Zeitpunkt Mal mit Ihrem Versicherungsnehmer die Angelegenheit telefonisch erörtert. Ferner haben wir mit Ihrem Versicherungsnehmer bereits Mal schriftlich bzw. per E-Mail Korrespondenz geführt. Ihr Versicherungsnehmer hat uns Mal per E-Mail, per Fax oder per Brief geantwortet bzw. Fragen an uns gerichtet und/oder Unterlagen zur Prüfung überreicht. Ihr Versicherungsnehmer hat uns vorprozessual insgesamt Seiten Unterlagen zur Prüfung seiner Angelegenheit vorgelegt. Davon waren Seiten in englischer Sprache.

(3)

Handelt es sich um eine kündigungsrechtliche Angelegenheit eines Arbeitnehmers, wird regelmäßig von der besonderen Bedeutung der Angelegenheit ausgegangen, weil die wirtschaftliche

Existenz des Arbeitnehmers von dem Ausgang der Angelegenheit abhängt (vgl. hierzu Amtsgericht Berlin-Tempelhof-Kreuzberg v. 26.6.2007, 7 C 162/06; LG Flensburg JurBüro 1984, 1083 das im Fall des Verlustes der beruflichen Existenz die Abrechnung der Höchstgebühr als angemessen ansieht; *Schaefer/Kiemstedt*, Anwaltsgebühren im Arbeitsrecht, Rn 177). Der Rechtsstreit hat für Ihren Versicherungsnehmer existentielle Bedeutung. Ihr Versicherungsnehmer soll nach fast Jahren beanstandungsfreier Betriebszugehörigkeit das Unternehmen verlassen, was zu einem erheblichen Ansehensverlust geführt hat. Der Verlust der bisher von Ihrem Versicherungsnehmer ausgeübten Position ist für diesen mit einschneidenden Konsequenzen verbunden. Das berufliche und private Ansehen Ihres Versicherungsnehmers ist zu einem erheblichen Teil mit der von ihm ausgeübten Position verbunden.

(4)

Beim Ansatz der Gebühr ist auch berücksichtigt worden, dass der Unterzeichner Fachanwalt für Arbeitsrecht ist und als Spezialist für Kündigungsrecht gilt. Der Unterzeichner ist *(weitere Ausführungen z.B. zu Dozententätigkeit, Veröffentlichungen etc.).*

(5)

Bessere Vermögens- und Einkommensverhältnisse rechtfertigen eine höhere anwaltliche Vergütung (vgl. Amtsgericht Berlin-Tempelhof-Kreuzberg v. 26.6.2007, 7 C 162/06; AG Freiburg AnwBl 1982, 264; Baumgärtel/Hergenröder/Houben-*Baumgärtel*, RVG-Kommentar, § 14 Rn 20 ff.; Gerold/Schmidt/*Müller-Rabe*, § 14 Rn 59; AnwK-RVG/*Schneider*, § 14 Rn 42; *Schaefer/Kiemstedt*, Anwaltsgebühren im Arbeitsrecht, Rn 176). Auszugehen ist von den durchschnittlichen Einkommensverhältnissen, wie sie das Statistische Bundesamt jährlich feststellt (*Meyer/Kroiß*, RVG Kommentar § 14 Rn 23). Für das Jahr 2008 ist vom Statistischen Bundesamt ein Durchschnittsbruttoverdienst für Angestellte von jährlich 37.152,00 EUR bzw. monatlich 3.096,00 EUR festgestellt worden (vgl. Angaben zu durchschnittlichen Löhnen und Gehältern des Statistischen Bundesamtes unter www.destatis.de oder www.tinyurl.com/mgngtn).

Die Bruttovergütung Ihres Versicherungsnehmers von EUR jährlich bzw. von EUR monatlich übersteigt die Durchschnittsvergütung in ganz erheblicher Weise. Auch dieser Umstand ist bei der Bemessung der Gebührenhöhe für die außergerichtliche anwaltliche Tätigkeit berücksichtigt worden.

[Sofern bereits eine Einigung über eine etwaige Abfindung erzielt worden ist:

Überdurchschnittliche Vermögensverhältnisse des Auftraggebers rechtfertigen eine Erhöhung der Gebühren (AnwK-RVG/*Schneider*, § 14 Rn 44). Bei den Vermögensverhältnissen kann durchaus der Ausgang des Verfahrens zu berücksichtigen sein. Erhält der Auftraggeber aufgrund des erfolgreichen Abschlusses der Angelegenheit eine höhere Summe, etwa eine Abfindung, so ist diese auch bei der Bemessung der Gebühren zu berücksichtigen (so ausdrücklich AnwK-RVG/*Schneider*, § 14 Rn 43).]

Ihr Versicherungsnehmer hat eine Abfindung in Höhe von EUR erhalten. Dadurch haben sich seine Vermögensverhältnisse erheblich verbessert.

(6)

Auch das besondere Haftungsrisiko in kündigungsrechtlichen Angelegenheiten ist bei der Bemessung der Höhe der Gebühr berücksichtigt worden. Richten sich die Gebühren nicht nach dem Wert, ist das Haftungsrisiko grundsätzlich zu berücksichtigen, weil in diesen Fällen, anders als bei Wertgebühren, das Haftungsrisiko ansonsten keinen Eingang in die Höhe der Gebühr finden würde (so AnwK-RVG/*Schneider*, § 14 Rn 55; ebenso Baumgärtel/Hergenröder/Houben-*Baumgärtel*, RVG-Kommentar, § 14 Rn 23 ff.; Bischof/Jungbauer/Bräuer/Curkovic/Mathias/Uher-*Jungbauer*, RVG-Kommentar, § 14 Rn 66). Dies ist vorliegend der Fall, weil der Gegenstandswert aufgrund der Regelung des § 42 Abs. 4 S. 1 GKG nach oben begrenzt ist und der tatsächliche wirtschaftliche Wert der Angelegenheit und damit auch das Haftungsrisiko nicht in der Höhe des Gegenstandswertes beziehungsweise der Höhe der Gebühren zum Ausdruck kommt.

(7)

Auch bei einer Gesamtwürdigung aller Umstände, neben den in § 14 Abs. 1 RVG nur beispielhaft genannten, lässt sich keine andere Gebühr rechtfertigen. Es handelt sich vorliegend um die Kündigung eines seit Jahren bestehenden Arbeitsverhältnisses. Ihr Versicherungsnehmer ist verheiratet und seiner *(z.B. nicht berufstätigen, nur geringfügig beschäftigten, schwangeren)* Ehefrau/Ehemann sowie minderjährigen Kindern zum Unterhalt verpflichtet. Er baut derzeit ein Haus und ist hohe Verbindlichkeiten eingegangen. Aufgrund der momentan schlechten wirtschaftlichen Situation sind seine Chancen auf dem Arbeitsmarkt als schlecht zu bezeichnen. Vor diesem Hintergrund hat die Angelegenheit für Ihren Versicherungsnehmer und seine Familie existentielle Bedeutung.

bb)

Ferner rechnen wir auf Basis des genannten Gegenstandswertes die Verfahrensgebühr gemäß Nr. 3100 VV RVG ab. Diese ist bereits mit Erhebung der Kündigungsschutzklage vom entstanden.

cc)

Ferner rechnen wir als Vorschuss für den am stattfindenden Gütetermin vor dem Arbeitsgericht die Terminsgebühr nach Nr. 3104 VV RVG ab.

3.

Bitte überweisen Sie den in der Kostennote ausgewiesenen Betrag auf eines unserer angegebenen Konten. Wir haben uns hierfür in unseren Akten eine Frist notiert bis

(zwei Wochen).

Mit freundlichen Grüßen

(Unterschrift)

▲

c) 20 %iger Toleranzbereich des Rechtsanwalts bei der Vergütungsbestimmung

Häufig weigern sich Rechtsschutzversicherungen, die abgerechnete Geschäftsgebühr in voller Höhe zu erstatten. In diesen Fällen können sich Rechtsanwälte auf den 20 %igen Toleranzbereich berufen, innerhalb dessen die Vergütungsbestimmung nicht unbillig sein kann (vgl. AG Aachen v. 20.12.2004 – 84 C 591/04; OLG München JurBüro 1991, 1485; OLG Düsseldorf JurBüro 2000, 359; OLG Oldenburg Rpfleger 1999, 566). 24

Mit dem folgenden Musterschreiben könnte die Rechtsschutzversicherung angeschrieben werden:

▼ 25

Sehr geehrte Damen und Herren,

in vorbezeichneter Angelegenheit nehmen wir Bezug auf Ihr Schreiben vom und bedanken uns, auch im Namen Ihres Versicherungsnehmers, für die Teilzahlung in Höhe von EUR.

Ihre Weigerung, die angesetzte Geschäftsgebühr zu begleichen, ist indes nicht gerechtfertigt. Der Rechtsanwalt setzt die Gebühren gemäß § 14 Abs. 1 RVG fest. Dabei steht dem Rechtsanwalt ein 20 %iger Toleranzbereich zu, innerhalb dessen die Vergütungsbestimmung nicht unbillig sein kann (vgl. AG Aachen v. 20.12.2004 – 84 C 591/04; OLG München

JurBüro 1991, 1485; OLG Düsseldorf JurBüro 2000, 359; OLG Oldenburg Rpfleger 1999, 566). Die diesseitige Gebührenfestsetzung bewegt sich innerhalb dieses Toleranzbereichs oberhalb der von Ihnen angesetzten Gebühr von . Schon aus diesem Grund ist Ihre Weigerung, die angesetzte ... Geschäftsgebühr zu begleichen, nicht gerechtfertigt. Wir möchten Sie deshalb bitten, die Kostennote vom vollen Umfangs zu begleichen.

Bitte überweisen Sie den noch ausstehenden Betrag in Höhe von EUR zzgl. Zinsen in Höhe von 5 Prozentpunkten über dem Basiszinssatz seit dem auf eines unserer angegebenen Konten.

Mit freundlichen Grüßen

(Unterschrift)

▲

Eine andere Möglichkeit besteht darin, mit Hilfe des 20 %igen Toleranzbereichs der Rechtsschutzversicherung einen Vergleich anzubieten, mit dem die Angelegenheit beigelegt werden kann.

Mit dem **folgenden Musterschreiben** könnte der Rechtsschutzversicherung ein Vergleich angeboten werden:

26 ▼

Sehr geehrte Damen und Herren,

in vorbezeichneter Angelegenheit nehmen wir Bezug auf Ihr Schreiben vom .

Wir würden die Angelegenheit gern gütlich beilegen. Aus diesem Grund sind wir bereit, uns der von Ihnen vorgeschlagenen Geschäftsgebühr anzunähern und die von uns in Ansatz gebrachte Geschäftsgebühr ohne Präjudiz für die Sach- und Rechtslage und ohne Anerkennung einer Rechtspflicht von 2,5 auf herabzusetzen. Der Ansatz einer Geschäftsgebühr ist gerechtfertigt, da er billigem Ermessen entspricht. Dem Rechtsanwalt steht im Hinblick auf die Bestimmung der Gebühren ein Ermessensspielraum zur Verfügung, innerhalb dessen er sich bewegen darf. Sofern die vom Rechtsanwalt getroffene Bestimmung der Billigkeit entspricht, ist sie nach § 315 Abs. 3 BGB verbindlich. Die überwiegende Rechtsprechung geht von einem Ermessensspielraum in Höhe von 20 % aus (vgl. AG Aachen v. 20.12.2004 – 84 C 591/04; OLG München JurBüro 1991, 1485; OLG Düsseldorf JurBüro 2000, 359; OLG Oldenburg Rpfleger 1999, 566). Sie halten vorliegend eine Geschäftsgebühr für angemessen. Wir stehen auf dem Standpunkt, dass nur eine . Geschäftsgebühr der vorbezeichneten Angelegenheit angemessen Rechnung trägt. Die Abweichung um liegt damit im Toleranzbereich von 20 %.

Mit der Überweisung der Geschäftsgebühr auf der Grundlage eines Gegenstandswertes in Höhe von EUR wäre die Angelegenheit erledigt. Dies gilt auch für die aufgelaufenen Verzugszinsen, die Sie schulden (vgl. unser Schreiben vom). Auf diese würden wir verzichten.

Bitte teilen Sie uns bis zum mit, ob Sie mit der oben beschriebenen Vorgehensweise einverstanden sind.

Mit freundlichen Grüßen

(Unterschrift)

▲

V. Weiterbeschäftigungsantrag/allgemeiner Feststellungsantrag

a) Allgemeines

Auch bei Einhaltung der vorbeschriebenen Vorgehensweise wird der Versicherungsschutz 27
insbesondere für den allgemeinen Feststellungsantrag sowie den Weiterbeschäftigungsantrag zunächst häufig pauschal abgelehnt. Nach einem zweiten Anschreiben, in dem die Bedeutung der außergerichtlich geführten Korrespondenz für die gestellten Anträge noch einmal deutlich gemacht wird, lässt sich jedoch in vielen Fällen eine Einigung finden.

b) Muster: Weiterbeschäftigungsantrag/allgemeiner Feststellungsantrag

▼ 28

Sehr geehrte Damen und Herren,

mit Schreiben vom hatten wir um Erteilung einer Deckungszusage für die erhobene Klage gebeten. Sie haben nur sehr eingeschränkt Deckungszusage erteilt.

Obwohl wir die Gegenseite mit Schreiben vom aufgefordert haben, zu erklären, dass Ihr Versicherungsnehmer im Falle eines Obsiegens mit der Kündigungsschutzklage in erster Instanz auch ohne entsprechenden Beschäftigungsantrag ab dem Tag nach der Verkündung mit der bisherigen Tätigkeit bis zum Ende des Rechtsstreits weiterbeschäftigt wird, war der Arbeitgeber bisher nicht bereit, eine solche Erklärung abzugeben.

Zudem haben wir den Arbeitgeber Ihres Versicherungsnehmers aufgefordert zu erklären, dass andere Beendigungstatbestände nicht vorliegen. Auch eine solche Erklärung hat der Arbeitgeber nicht abgegeben.

Vor diesem Hintergrund besteht kein Anhaltspunkt dafür, dass die Anträge zu und überflüssig sind. Im Übrigen stellt die Stellung des Weiterbeschäftigungsantrags keine Obliegenheitsverletzung des Versicherungsnehmers gem. § 17 Abs. 1d) aa) ARB 2000 dar (vgl. LG Bochum, AnwBl 1986, 415; AG Hamburg, NJW 1987, 2382).

Das in diesem Zusammenhang häufig vorgebrachte Argument, nach erfolgreicher Kündigungsschutzklage könne der Versicherungsnehmer immer noch eine einstweilige Verfügung beantragen, wenn der Arbeitgeber die Weiterbeschäftigung versage, führt zu keiner anderen Beurteilung. Angesichts der Entscheidung des Großen Senats des BAG vom 27.2.1985 (NZA 1985, 702) wird man dem Arbeitnehmer, der im Kündigungsschutzprozess den Weiterbeschäftigungsantrag nicht stellt, entgegenhalten können, es fehle ihm für eine einstweilige Verfügung bereits am Verfügungsgrund (vgl. hierzu Feichtinger DB 1983, 939; *Küttner*, NZA 1996, 461).

Darüber hinaus weisen wir darauf hin, dass das Unterlassen des Weiterbeschäftigungsantrags regelmäßig einen anwaltlichen Haftungsfall darstellt (vgl. *Küttner/Sobolebski*, AnwBl 1985, 492).

Unter Berücksichtigung dieser rechtlichen und tatsächlichen Erwägungen bitten wir daher nochmals um Deckungszusage für die Anträge zu und .

Wir erklären ausdrücklich, dass wir keinerlei Haftung für weitere Kündigungen oder sonstige Beendigungstatbestände übernehmen werden, wenn Sie für den Feststellungsantrag keine Kostenzusage erteilen. In diesem Fall bitten wir Sie, die Haftungsübernahme für den Ausschluss weiterer Beendigungsbestände zu erklären bis zum

(zwei Wochen).

Wir weisen darauf hin, dass wir uns an einer derart rechtsunsicheren Beratung Ihres Versicherungsnehmers nicht beteiligen werden. Wenn Sie verhindern, dass Ihr Versicherungsnehmer gegen weitere Beendigungstatbestände umfassend geschützt wird, werden wir das Mandat niederlegen und eine Schlussabrechnung über unsere Tätigkeit erteilen.

Mit freundlichen Grüßen

(Unterschrift)

VI. Endabrechnung

a) Allgemeines

29 Die ganz überwiegende Zahl der Kündigungsschutzprozesse endet mit dem Abschluss eines gerichtlichen Vergleichs. Hierbei werden häufig Ansprüche mitgeregelt, die bislang formal nicht Gegenstand des Verfahrens waren, z.B. die Abgeltung von Urlaubsansprüchen. Bei der Berechnung des der Einigungsgebühr zugrunde zu legenden Gegenstandswertes sind diese Ansprüche vollumfänglich zu berücksichtigen. Der Wert des Vergleichs übersteigt daher in der Regel den Wert des Verfahrens. Bei der Erstellung der Kostennote ist zu beachten, dass gem. Nr. 1000 VV RVG und Nr. 1003 VV RVG hinsichtlich der anhängigen Ansprüche eine 1,0-Gebühr, hinsichtlich der nicht anhängigen Ansprüche eine 1,5-Gebühr abzurechnen ist.[8] Die Gesamtgebühr ist anschließend gem. § 15 Abs. 3 RVG zu ermitteln. Ferner ist für die vergleichsweise geregelten nicht anhängigen Ansprüche eine 0,8-Verfahrensgebühr gem. Nr. 3101 Nr. 2 VV-RVG abzurechnen, für den anhängigen Teil des gerichtlichen Vergleichs fällt eine 1,3-Gebühr an. Auch hier ist die Obergrenze des § 15 Abs. 3 RVG zu beachten. Außerdem erhöht sich der für die Terminsgebühr nach Nr. 3104 Nr. 2 VV RVG zugrunde gelegte Gegenstandswert um den Wert der nicht anhängigen Ansprüche.

30 Gelegentlich nehmen Rechtsschutzversicherungen eine Quotelung der geltend gemachten Gesamtgebühren nach den Anteilen der ihrer Meinung nach versicherten Anträge vor. Sie berufen sich auf die Entscheidung des BGH vom 4.5.2005,[9] die der herrschenden Meinung in der Literatur[10] widerspricht.

31 Der durch die Degression der Gebührensätze bedingte Vorteil soll einseitig den Versicherern auf Kosten der Versicherten zugute kommen. Begründet wird dies über die Auslegung der Allgemeinen Rechtsschutzbedingungen. Hierbei stellt der BGH überzogene Anforderungen an die Rechts- und Verfahrenskenntnisse des „durchschnittlichen Versicherungsnehmers“, dem nach Auffassung des Gerichts „ohne weiteres einsichtig“ ist, „dass die Kosten, die zur Verfolgung seiner Rechte notwendig werden, bei Erteilung der Deckungszusage durch den Versicherer ihrem Umfang nach noch nicht feststehen“.

Die Entscheidung des BGH ist auf die gewöhnlich auftretenden Konstellationen bei Kündigungsschutzklagen nicht anwendbar. Der BGH hat in der zitierten Entscheidung über die Quotelung der Rechtsanwaltsgebühren im Fall einer Zahlungsklage entschieden, die mit einer Widerklage durch die Gegenseite gekontert worden ist und die widerklagend geltend gemachten Zahlungsansprüche aus der Vorversicherungszeit stammten. Nachfolgend wird be-

9 NJW 2005, 1576.

10 *Van Bühren*, MDR 2001, 1393 f.; *Meyer*, JurBüro 2000, 70; *Buschbell/Hering*, Handbuch Rechtsschutz, 4. Aufl., § 10 Rn 191.

schrieben, wie der gerichtliche Vergleich gegenüber der Rechtschutzversicherung abgerechnet werden kann.

b) Muster: Endabrechnung

▼ 32

Sehr geehrte Damen und Herren,

vielen Dank für Ihr Schreiben vom .

Inzwischen konnte eine vergleichsweise Erledigung der Angelegenheit erreicht werden. Eine Kopie des gerichtlich protokollierten Vergleichs haben wir diesem Schreiben beigefügt (**Anlage**).

Wie Sie dem Vergleich im Einzelnen entnehmen können, konnte trotz der erst -jährigen Betriebszugehörigkeit Ihres Versicherungsnehmers nicht nur die Zahlung einer überdurchschnittlich hohen Abfindung erreicht werden, sondern auch eine detaillierte Regelung über die Behandlung des Arbeitsverhältnisses bis zum und den damit im Zusammenhang stehenden Ansprüchen Ihres Versicherungsnehmers. Diese Regelungen haben für Ihren Versicherungsnehmer besondere Bedeutung.

1.

In Rechtsprechung und Schrifttum ist allgemein anerkannt, dass die Parteien, wenn sie in Form eines Vergleichs ein Rechtsverhältnis regeln und gestalten, zu erkennen geben, dass sie unstreitige Beziehungen wie streitige Rechtsbeziehungen behandelt wissen wollen, sodass sich zwangsläufig die Bildung eines besonderen Wertes rechtfertigt (*Schneider*, Streitwert-Kommentar, Rn 4594). Zu bewerten ist das sog. Titulierungsinteresse, da es den wirtschaftlichen Wert des Regelungspunktes ausdrückt (OLG Zweibrücken, Kostrsp GKG, § 17 Nr. 7; OLG Hamm, JurBüro 1985, 1360). Sämtliche Regelungen in dem am vor dem Arbeitsgericht geschlossenen gerichtlichen Vergleich sind streitig verhandelt worden. Demgemäß ist ein Gegenstandswert in Höhe von EUR zugrunde gelegt worden. Im Einzelnen:

a)

Im vergangenen Jahr hat Ihr Versicherungsnehmer einen Bruttojahresverdienst von EUR erzielt. Der Quartalsverdienst beträgt also EUR. Gem. § 42 Abs. 4 S. 1 GKG entspricht der Gegenstandswert der Regelung in der Präambel, in § und des Vergleichs also EUR.

b)

Unter § des Vergleichs ist der Zahlungsanspruch bis zum und dessen Berechnung im Einzelnen geregelt. Der durch den Vergleich geregelte Verdienst bis zum beträgt EUR. Hiervon sind 20 %, also EUR gegenstandswerterhöhend berücksichtigt worden. Werden im Rahmen der Beendigung des Arbeitsvertrags Vergütungsbestandteile im Einzelnen geregelt, ist hiervon ein Wert von 10 bis 25 % des nach § 3 ZPO zu schätzenden Wertes des Zahlungsanspruchs anzusetzen (BAG v. 27.5.1994 AP Nr. 17 zu § 64 ArbGG 1979).

Die Verpflichtung der Arbeitgeberin zur Erteilung einer vollständigen Abrechnung ist nicht gegenstandswerterhöhend berücksichtigt worden.

c)

Die in § des Vergleichs geregelte Arbeits- und Urlaubsbescheinigung ist pauschal mit 250 EUR zu bewerten (vgl. LAG Schleswig-Holstein 8.12.1988 – 6 Ta 163/88; LAG Hamm 18.4.1985 – 8 Ta 982/85; LAG Baden-Württemberg 9.2.1984 – 1 Ta 10/84). Die Übergabe der Lohnsteuerkarte (*bei unterjährigem Ausscheiden*) und des Auszuges aus der elektronischen

Lohnsteuerbescheinigung ist pauschal mit mindestens 500 EUR zu bewerten (vgl. *Meier*, Streitwerte im Arbeitsrecht, Rn 95). Steht die Lohnsteuerkarte beziehungsweise der Auszug aus der elektronischen Lohnsteuerbescheinigung nicht bzw. nicht rechtzeitig zur Verfügung, kann der Lohnsteuerjahresausgleich nicht beantragt werden und der Arbeitnehmer hat gegebenenfalls höhere Steuerabzüge hinzunehmen. Die rechtzeitige Übergabe der Lohnsteuerkarte ist daher von nicht zu unterschätzendem Wert für den Arbeitnehmer. Insgesamt ergibt sich für diesen Regelungspunkt ein Gegenstandswert i.H.v. zumindest 750 EUR.

d)

Eine im Rahmen eines Vergleichs vereinbarte bezahlte Freistellung des Arbeitnehmers ist in der Höhe zu bewerten, wie es der Höhe der vereinbarten Bruttovergütung für den Freistellungszeitraum entspricht (LAG Baden-Württemberg, AnwBl 1982, 75; LAG Kiel, AnwB 1982, 206; LAG Berlin, JurBüro 1985, 1707; LAG Saarland, JurBüro 1985, 591; LAG Köln, AnwBl 1986, 205 Hessisches LAG v. 26.5.1995 – 6 Ta 170/95; LAG Köln v. 27.7.1995 – 13 Ta 144/95, ARST 1996, 18; ebenso *Meyer*, Lexikon der Streitwerte im Arbeitsrecht, Rn 270). Der Wert des Streitgegenstandes der Freistellung ist entsprechend § 5 ZPO dem Wert der Feststellung der Beendigung des Arbeitsverhältnisses hinzuzurechnen. Es handelt sich um verschiedene Streitgegenstände (so ausdrücklich *Germelmann/Matthes/Prütting*, ArbGG, § 12 Rn 126). Jedenfalls dann, wenn die Parteien im Rahmen einer Freistellung des Arbeitnehmers von der Arbeitsleistung die synallagmatische Bindung zwischen Arbeitsentgelt und der Erbringung der Arbeitsleistung zu Lasten des Arbeitgebers aufheben, d.h., die Pflicht zur Fortzahlung der Vergütung ohne Rücksicht darauf vereinbaren, ob der Arbeitnehmer seine Arbeitskraft anderweitig gegen Arbeitsentgelt einsetzt oder in dem Freistellungszeitraum überhaupt gesundheitlich in der Lage wäre, die Arbeitsleistung zu erbringen, ist der Wert der Freistellungsvereinbarung mit der Summe der Vergütung für den Freistellungszeitraum gleich zu setzen (LAG Sachsen-Anhalt v. 20.9.1995 – 1 (3) Ta 93/95, LAGE § 12 ArbGG 1979 Streitwert Nr. 104).

Diese Voraussetzungen liegen im Fall Ihres Versicherungsnehmers vor. Er ist freigestellt worden und ist in der Verwertung seiner Arbeitskraft frei. Ihm ist ausdrücklich auch eine Tätigkeit für ein Konkurrenzunternehmen gestattet und ihm wird etwaiger Zwischenverdienst nicht angerechnet. Dementsprechend ist der Gegenstandswert der Freistellung mit Monatsverdiensten, also mit EUR bewertet worden.

Die Regelung in § des Vergleichs, nach der Ihr Versicherungsnehmer berechtigt ist, mit einwöchiger Ankündigungsfrist das Arbeitsverhältnis vor Ablauf des zu beenden, ist pauschal mit einem Bruttomonatsverdienst in Höhe von EUR zu bewerten (so ArbG Düsseldorf v. 3.4.2007 – 15 Ca 6613/06). Durch diese Regelung wird – gerade für Führungskräfte – die Attraktivität eines Vergleichs deutlich erhöht, weil dadurch die Möglichkeit geschaffen wird, für den Fall einer neuen Beschäftigung dem Arbeitsmarkt kurzfristig wieder zur Verfügung zu stehen.

e)

Das in § des Vergleichs im Einzelnen differenziert geregelte Zeugnis ist entsprechend ständiger Rechtsprechung als vermögensrechtlicher Anspruch in Höhe eines Monatsverdienstes, also EUR angesetzt worden (vgl. LAG Frankfurt, BB 1971, 653; BAG AP Nr. 16 zu § 12 ArbGG 1953; LAG Düsseldorf, AnwBl 1979, 26; LAG Saarbrücken, AnwBl 1977, 252; LAG Hamburg AnwBl 1984, 155).

In diesem Zusammenhang ist besonders hervorzuheben, dass Ihr Versicherungsnehmer als in dem derzeit von besonderer Konkurrenzsituation geprägten Markt der Dienstleistungen besonders auf ein qualifiziertes, über den üblichen Standard hinausgehendes Zeugnis für seine weitere berufliche Entwicklung angewiesen ist (*allerdings ist das Zeugnis beim Vergleichswert nur dann gegenstandswerterhöhend zu berücksichtigen, wenn es nicht bereits in einem gesonderten Klageantrag geltend gemacht und dementsprechend beim Verfahrenswert gegenstandswerterhöhend bewertet wurde*).

f)

Die Regelung in § des Vergleichs über die Verschwiegenheit und das Vertragsstrafeversprechen ist mit einem Bruttomonatsgehalt, also EUR berücksichtigt worden. Durch die Regelung des Vertragsstrafeversprechens ist deutlich geworden, dass der Arbeitgeberin diese Regelung besonders wichtig war.

g)

Die Regelung in § des Vergleichs über die Rückgabe von Firmeneigentum ist mit EUR bewertet worden.[11]

h)

Der Klageverzicht in § und die Erledigungsklausel in § des Vergleichs sind ebenfalls mit dem Wert eines Monatsgehalts, also EUR berechnet worden (so Hessisches LAG v. 26.5.1995 – 6 Ta 170/95; ebenso *Meyer*, Lexikon der Streitwerte im Arbeitsrecht, Rn 292).

Die Regelungen in § und des Vergleichs sind nicht gegenstandswerterhöhend berücksichtigt worden.

2.

a)

Die Bestimmung der Geschäftsgebühr gem. Nr. 2300 VV RVG hatten wir Ihnen bereits im Schreiben vom erläutert.

b)

Die Endabrechnung enthält ferner die um den Gegenstandswert der vergleichsweise geregelten, nicht rechtshängig gemachten Inhalte erhöhte Terminsgebühr (Nr. 3104 Nr. 2 VV RVG.). Der Gegenstandswert für die Bestimmung der Terminsgebühr erhöht sich durch den Abschluss des gerichtlichen Vergleichs.[12] Werden in dem Termin Verhandlungen/Besprechungen im Hinblick auf die Vermeidung eines gerichtlichen Verfahrens auch wegen nicht rechtshängiger Ansprüche geführt, so fällt die Terminsgebühr auch nach dem Wert der nicht rechtshängigen Ansprüche an (OLG Stuttgart v. 15.8.2006 – 8 W 327/06). Der Wert der anhängigen Ansprüche und der Wert der nicht anhängigen Ansprüche sind dann zu addieren und nach der Summe der beiden Werte entsteht die Terminsgebühr einmal i.H.v. 1,2. Der Unterzeichner hatte insoweit auch den Auftrag, die nicht rechtshängigen Ansprüche gerichtlich geltend zu machen. Die Terminsgebühr entsteht auch, wenn das Zustandekommen eines Vergleichs gem. § 278 Abs. 6 ZPO durch Gerichtsbeschluss festgestellt wird (BGH v. 27.10.2005 – III ZB 42/05; BGH v. 22.2.2007 – VII ZB 101/06; BAG v. 20.6.2006 – 3 AZB 78/05; *Gerold/Schmidt*, Nr. 3104 VV RVG, Rn 53 ff.; AnwK-RVG/*Schneider*, Nr. 3104 VV RVG, Rn 7).[13]

c)

Die Verfahrensgebühr ist unter Berücksichtigung der Regelung des § 15 Abs. 3 RVG zu berechnen. Demnach entstehen für den Fall, dass für Teile des Gegenstands verschiedene Gebührensätze anzuwenden sind, für die Teile gesondert berechnete Gebühren, jedoch nicht mehr als die aus dem Gesamtbetrag der Wertteile nach dem höchsten Gebührensatz berechnete Gebühr.

11 Bei einem Streit um die Herausgabe von Sachen bestimmt sich der Gegenstandswert nach dem wirtschaftlichen Wert der streitbefangenen Gegenstände für die Beteiligten (LAG Hamburg v. 8.7.2005 – 8 Ta 5/05 – juris). Allein die pauschale Behauptung, es habe sich um Gegenstände mit hohem Sachwert gehandelt, genügt nicht.

12 *Gerold/Schmidt*, Nr. 3104 RVG-VV Rn 69 f.

13 Sofern der Rechtsanwalt bereits einen unbedingten Klageauftrag erhalten hat, kann eine Terminsgebühr auch dann entstehen, wenn der Rechtsstreit oder das Verfahren noch nicht anhängig sind (BGH v. 8.2.2007 – IX ZR 215/05 – juris).

Für den gerichtlichen Vergleich fällt zum Teil eine 1,3-Gebühr gemäß Nr. 3100 VV RVG, zum Teil eine 0,8-Gebühr gemäß Nr. 3101 Ziffer 2 VV RVG an. Die Gebühren sind grundsätzlich getrennt zu berechnen. Für den anhängigen Teil des gerichtlichen Vergleichs (Gegenstandswert ___ EUR) fällt eine 1,3-Gebühr in Höhe von ___ EUR an. Für den nicht anhängigen Teil des Vergleichs (Gegenstandswert ___ EUR) fällt eine 0,8-Gebühr in Höhe von ___ EUR an. Die Summe der Gebühren beträgt ___ EUR.

Eine 1,3-Gebühr auf der Grundlage des Gesamtstreitwerts in Höhe von ___ EUR beträgt ___ EUR. Da dieser Betrag geringer ist als die Summe der für beide Teile getrennt berechneten Gebühren, ist für den Gesamtstreitwert eine 1,3-Gebühr in Ansatz zu bringen.

d)

Zudem rechnen wir mit der anliegenden Kostennote die Einigungsgebühr ab.[14]

Die Einigungsgebühr ist ebenfalls unter Berücksichtigung der Regelung des § 15 Abs. 3 RVG zu berechnen. Demnach entstehen für den Fall, dass für Teile des Gegenstandes verschiedene Gebührensätze anzuwenden sind, für die Teile gesondert berechnete Gebühren, jedoch nicht mehr als die aus dem Gesamtbetrag der Wertteile nach dem höchsten Gebührensatz berechnete Gebühr.

Für den Vergleich fällt zum Teil eine 1,0-Gebühr gem. Nr. 1003 VV RVG, zum Teil eine 1,5-Gebühr gem. Nr. 1000 VV RVG an. Die Gebühren sind grundsätzlich getrennt zu berechnen. Für den anhängigen Teil des Vergleichs (Gegenstandswert ___ EUR) fällt grundsätzlich eine 1,0-Gebühr in Höhe von ___ EUR an. Für den nicht anhängigen Teil des Vergleichs (Gegenstandswert ___ EUR) fällt eine 1,5-Gebühr in Höhe von ___ EUR an. Die Summe der Gebühren beträgt ___ EUR. Eine 1,5-Gebühr auf der Grundlage des Gesamtstreitwerts des gerichtlichen Vergleichs in Höhe von ___ EUR beträgt ___ EUR. Da dieser Betrag geringer ist als die Summe der für beide Teile getrennt zu berechnenden Gebühren, ist für den Gesamtstreitwert des Vergleichs eine 1,5-Gebühr abzurechnen.

Alle in dem Vergleich getroffenen Regelungen sind zwischen den Parteien zuvor streitig verhandelt worden. Dieser Umstand kann jedoch letztlich dahinstehen. Neben den anhängigen sind auch die nicht anhängigen Regelungen des Vergleichs vom Deckungsschutz umfasst. Endet ein mit Rechtsschutz geführter Rechtsstreit durch Vergleich, hat der Versicherer dessen Kosten auch insoweit zu tragen, als in den Vergleich weitere, bisher nicht streitige Gegenstände einbezogen worden sind, wenn der Versicherer auch für sie Rechtsschutz zu gewähren hat und sie rechtlich mit dem Gegenstand des Ausgangsrechtsstreits zusammenhängen (vgl. BGH v. 14.9.2005 – IV ZR 145/04). Im vorliegenden Fall handelt es sich bei den nicht anhängigen Ansprüchen, die in dem gerichtlichen Vergleich mitgeregelt worden sind, sämtlich um Streitgegenstände, für die Sie im Streitfall Rechtsschutz zu gewähren hätten und die mit dem Gegenstand des Ausgangsrechtsstreits unmittelbar zusammenhängen.

[e)

Eventuell zusätzlich: Ferner erlauben wir uns, mit der beigefügten Kostennote die für den Gütetermin (*ggf. auch für den Kammertermin*) am ___ beim Arbeitsgericht ___ entstandenen Reisekosten abzurechnen.]

f)

Wir bitten um Überweisung des in der Kostennote ausgewiesenen Betrages auf eines unserer angegebenen Konten. Wir haben uns hierfür eine Frist bis zum

___ (zwei Wochen)

in unseren Akten notiert.

14 Sofern der Arbeitgeber die von ihm ausgesprochene Kündigung „zurücknimmt" und sich die Parteien auf eine Fortsetzung des Rechtsverhältnisses und die Rücknahme der Kündigungsschutzklage verständigen, entsteht ebenfalls eine Einigungsgebühr gemäß Nr. 1000 VV RVG (BAG v. 29.3.2006 – 3 AZB 69/05 – juris).

Mit freundlichen Grüßen

(Unterschrift)

VII. Antrag auf Gegenstandswertfestsetzung

a) Allgemeines

Leider wird inzwischen nicht mehr immer aufgrund eines derartigen Schreibens ein Ausgleich der Kostennote vorgenommen. Immer häufiger verlangen Rechtsschutzversicherungen eine gerichtliche Festsetzung des Gegenstandswertes.[15] Ein gerichtlich festgesetzter Gegenstandswert wird auch regelmäßig – leider nicht immer – von den Zivilgerichten anerkannt, wenn der Versicherungsnehmer seine Ansprüche gerichtlich durchsetzen muss. 33

b) Muster: Gegenstandswertfestsetzungsantrag

34

Az:

In dem Rechtsstreit /

beantragen wir,

den Gegenstandswert der anwaltlichen Tätigkeit gem. § 33 Abs. 1 RVG für das gerichtliche Verfahren auf EUR und für den Vergleich auf EUR festzusetzen.

Begründung:

1.

Der Gegenstandswert des gerichtlichen Verfahrens ist insgesamt auf festzusetzen.

a)

Der Klageantrag zu Ziffer 1. (Kündigungsschutzantrag) ist gem. § 42 Abs. 4 GKG mit drei Bruttomonatsgehältern zu bewerten. Der rechtsschutzversicherte Kläger hat zuletzt ein Bruttomonatsverdienst in Höhe von EUR erzielt.

Beweis: Verdienstabrechnungen für den Monat in Kopie, bereits vorgelegt als Anlage K .

Daraus ergibt sich ein Quartalsverdienst in Höhe von EUR brutto.

b)

Der Klageantrag zu Ziffer 2. (allgemeiner Feststellungsantrag) ist im Einklang mit der ständigen Rechtsprechung des LAG Hamm, des LAG Brandenburg und des LAG Hessen mit einem Bruttomonatsverdienst, also mit EUR zu bewerten (LAG Hamm v. 2.11.1998 – 9 Ta 343/98; LAG Brandenburg v. 26.8.1997 – 6 Ta 98/97; LAG Hessen v. 7.1.2005 – Ta 688/04; vgl. auch *Bader*, NZA-RR 2005, 346). Zutreffend geht das LAG Hamm in dem zitierten Urteil davon aus,

15 Eine sehr gute Übersicht über die wichtigsten Fragen bei der Wertfestsetzung gibt *Bader*, NZA-RR 2005, 346 und *Dingeldey*, Fachanwalt Arbeitsrecht Spezial, 1.

dass der allgemeine Feststellungsantrag auch in einem gesonderten Rechtsstreit hätte geltend gemacht werden können und dass es ein streitiges gerichtliches Verfahren ohne Gegenstandswert schlechthin nicht gibt. Im Übrigen ist die Beklagte mit Schreiben vom ausdrücklich aufgefordert worden zu erklären, dass weitere Kündigungen nicht in Rede stehen. Eine entsprechende Erklärung hat die Beklagte nicht abgegeben.

c)

Der Klageantrag zu Ziffer 3. (Weiterbeschäftigungsantrag) ist in Einklang mit der Rechtsprechung des LAG Düsseldorf, LAG Köln und LAG Hessen in Höhe von zwei Bruttomonatsgehältern, also EUR, gegenstandswerterhöhend zu berücksichtigen (LAG Düsseldorf v. 20.5.1997 – 7 Ta 21/97; LAG Köln v. 31.7.1995, NZA 1996, 840; LAG Hessen v. 23.4.1999, NZA-RR 1999, 434; ArbG Iserlohn v. 27.5.2008 – 5 Ca 2274/07).

Exkurs:

Häufig verkennen Rechtsschutzversicherungen, dass in den Gegenstandswert der anwaltlichen Tätigkeit auch der Wert eines Hilfsantrages einzubeziehen ist, über den das Gericht nicht entschieden hat (auch in Abweichung von der Festsetzung des gerichtlichen Streitwertes; VGH Baden-Württemberg v. 6.12.2007 – 11 S 2402/07). Demnach steht – beispielsweise – die hilfsweise Geltendmachung des Weiterbeschäftigungsanspruchs der Werterhöhung nicht entgegen.

Soweit es um die Bemessung der Gerichtskosten geht, kann die hilfsweise Erhebung eines Anspruchs einer Werterhöhung entgegenstehen. Eine Berücksichtigung findet nach § 45 Abs. 1 S. 2 GKG nur statt, wenn über den Hilfsanspruch entschieden wurde. Dies rechtfertigt sich daraus, dass das Gericht mit einem Hilfsantrag materiell erst dann befasst wird, wenn die Bedingung, unter die er gestellt ist, eingetreten ist. Vor Bedingungseintritt wirkt sich der Hilfsantrag also nicht aufwandserhöhend für das Gericht aus.

Bei der anwaltlichen Tätigkeit besteht hier ein entscheidender Unterschied. Bereits die Stellung des Hilfsantrages ist mit erheblichem Arbeitsaufwand für den Anwalt verbunden. Er muss die entsprechenden Informationen für den Hilfsantrag entgegennehmen, eine rechtliche Würdigung vornehmen und beides im Rahmen der Antragsbegründung für das Gericht aufbereiten. Einem ordentlich gestellten Hilfsantrag entspricht daher im Wesentlichen derselbe Arbeitsaufwand wie einem unbedingt gestellten. Die Tatsache der Bedingung kann daher für die Gegenstandswertfestsetzung, die sich auch am Arbeitsaufwand des Anwalts orientieren muss, keine Rolle spielen (so auch VGH Baden-Württemberg v. 6.12.2007 – 11 S 2402/07; LAG Hamm v. 26.5.1989, 8 Ta 65/89; LAG Hamm v. 29.7.1998 – 9 Ta 58/98; LAG Köln v. 27.3.1987, 9 Ta 38/87; LAG Köln v. 4.7.1995 – 10 Ta 80/95; LAG Köln v. 14.9.2001 – 13 Ta 214/01; LAG Hamm v. 28.7.1988 – 8 Ta 122/88; LAG Düsseldorf v. 4.5.1993 – 11 Sa 110/92; LAG Köln v. 14.9.2001 – 13 Ta 214/01; vgl. zur vergleichbaren Situation der vorzeitig erledigten Hilfsaufrechnung LAG Hamm v. 19.8.1982, 8Ta 193/82).

d)

Der Antrag zu Ziffer betrifft den Schadensersatzanspruch wegen Entzugs der Nutzungsmöglichkeit des Dienstwagens und ist daher nach der Höhe des geltend gemachten Schadensersatzanspruchs, also EUR, zu bewerten.

e)

Der Klageantrag zu Ziffer ( ) *(Zwischenzeugnis)* ist als vermögensrechtlicher Anspruch in Höhe eines Bruttomonatsgehalts, also in Höhe von EUR, gegenstandswerterhöhend zu berücksichtigen (LAG Düsseldorf v. 19.8.1999, LAGE § 3 ZPO Nr. 10; LAG Hamburg v. 13.1.1987, JurBüro 1988, 1158; LAG Frankfurt BB 1971, 653; BAG AP Nr. 16 zu § 12 ArbGG 1953; LAG Düsseldorf AnwBl 1979, 26; LAG Saarbrücken AnwBl 1977, 252; LAG Hamburg AnwBl 1984, 155). Die Beklagte ist trotz Aufforderung mit Schreiben vom (Anlage) ihrer Verpflichtung zur Zeugniserteilung bisher nicht nachgekommen.

f)

Der Klageantrag zu Ziffer ( ) *(Endzeugnis)* ist als vermögensrechtlicher Anspruch in Höhe eines Bruttomonatsgehalts, also in Höhe von EUR, gegenstandswerterhöhend zu berücksichtigen (vgl. LAG Frankfurt, BB 1971, 653; BAG AP Nr. 16 zu § 12 ArbGG 1953; LAG Düsseldorf, AnwBl 1979, 26; LAG Saarbrücken, AnwBl 1977, 252; LAG Hamburg, AnwBl 1984, 155; LAG Hessen, NZA-RR 1999, 382).

g)

Der Klagantrag zu Ziffer *(Annahmeverzugslohn)* betrifft den Annahmeverzugslohnanspruch des Klägers und ist entsprechend des hierin bezifferten Betrags in Höhe von EUR gegenstandswerterhöhend zu berücksichtigen.

h)

Der Klagantrag zu Ziffer ist auf die Abfindung aus dem Sozialplan gerichtet. Die Vorschrift des § 42 Abs. 4 GKG ist auf Abfindungen aus Sozialplänen nicht anwendbar (LAG Berlin, NZA 1995, 1072; LAG Hessen v. 23.10.2002 – 15 Ta 220/02 – n.v.). Der Abfindungsanspruch ist folglich i.H.v. EUR gegenstandswerterhöhend zu berücksichtigen.

i)

Der Klagantrag zu Ziffer betrifft die Entfernung der Abmahnung vom aus der Personalakte. Der Gegenstandswert einer in ihrer Berechtigung streitigen Abmahnung beträgt nach der Rechtsprechung der Landesarbeitsgerichte ein Bruttomonatsgehalt (LAG Hamburg v. 12.8.1991, LAGE § 12 ArbGG Streitwert Nr. 94; LAG Hamm v. 5.7.1984, LAGE § 12 ArbGG 1979 Streitwert Nr. 29) Der Antrag ist daher mit EUR zu bewerten.

2.

Darüber hinaus ist gerichtlich zur Erledigung des Verfahrens ein Vergleich protokolliert worden. Der Gegenstandswert dieses Vergleichs beträgt EUR.

a)

Die in Ziffer 1. des Vergleichs geregelte Beendigung des Arbeitsverhältnisses übersteigt den gerichtlichen Gegenstandswert nicht.

b)

Die Regelung der Abwicklung des Arbeitsverhältnisses unter Ziffer des Vergleichs ist mit EUR zu bewerten.

aa)

In Ziffer des Vergleichs wird geregelt, dass der Kläger als Schadensersatz für den Entzug der Nutzung seines Dienstwagens vom bis monatlich einen Betrag i.H.v. EUR brutto zusätzlich zu seinem Bruttomonatsgehalt von der Beklagten ausgezahlt erhält. Da die Pflicht zur Zahlung des Schadensersatzes einen Zeitraum von Monaten umfasst, ist diese Regelung mit EUR zu bewerten. *(Besser: Berechnung nach der sog. ADAC-Tabelle; vgl. Muster einer Kündigungsschutzklage)*

bb)

Die ausführliche Regelung hinsichtlich der Arbeitspapiere (Arbeits- und Urlaubsbescheinigung, Lohnsteuerkarte bzw. Auszug aus der elektronischen Lohnsteuerbescheinigung und Arbeitgeberanteile zur privaten Krankenversicherung) sind pauschal mit 1.500 EUR zu bewerten (vgl. LAG Hamm v. 18.4.1985, LAGE § 3 ZPO Nr. 1; LAG Baden-Württemberg v. 29.2.1984, BB 1984, 1234).

c)

Die Regelungen unter Ziffer des Vergleichs sind insgesamt mit EUR zu bewerten.

aa)

Im ersten Absatz der Ziffer wird geregelt, dass der Kläger für den Zeitraum bis zum von der Arbeitsleistung freigestellt wird und er während dieses Zeitraums in der Verwertung seiner Arbeitskraft frei ist, ohne dass anderweitiger Verdienst anzurechnen ist.

Eine im Rahmen eines Vergleichs vereinbarte bezahlte Freistellung des Arbeitnehmers ist in der Höhe zu bewerten, wie es der Höhe der vereinbarten Bruttovergütung für den Freistellungszeitraum entspricht (vgl. LAG Baden-Württemberg AnwBl 1982, 75; LAG Kiel AnwBl 1982, 206; LAG Berlin JurBüro 1985, 1707; LAG Saarland JurBüro 1985, 591; LAG Köln AnwBl 1986, 205 Hessisches LAG v. 26.5.1995 – 6 Ta 170/95; LAG Köln v. 27.7.1995 – 13 Ta 144/95, ARST 1996, 18; ebenso *Meyer*, Lexikon der Streitwerte im Arbeitsrecht, Rn 270). Der Wert des Streitgegenstands der Freistellung ist entsprechend § 5 ZPO dem Wert der Feststellung der Beendigung des Arbeitsverhältnisses hinzuzurechnen. Es handelt sich um verschiedene Streitgegenstände (so ausdrücklich *Germelmann/Matthes/Prütting*, ArbGG, § 12 Rn 126). Jedenfalls dann, wenn die Parteien im Rahmen einer Freistellung des Arbeitnehmers von der Arbeitsleistung die synallagmatische Bindung zwischen Arbeitsentgelt und der Erbringung der Arbeitsleistung zu Lasten des Arbeitgebers aufheben, das heißt, die Pflicht zur Fortzahlung der Vergütung ohne Rücksicht darauf vereinbaren, ob der Arbeitnehmer seine Arbeitskraft einsetzt oder in dem Freistellungszeitraum überhaupt gesundheitlich in der Lage wäre, die Arbeitsleistung zu erbringen, ist der Wert der Freistellungsvereinbarung mit der Summe der Vergütung für den Freistellungsraum gleich zu setzen (LAG Sachsen-Anhalt v. 20.9.1995 – 1 (3) Ta 93/95, LAGE § 12 ArbGG 1979 Streitwert Nr. 104).

Diese Voraussetzungen liegen hier vor. Der Kläger muss sich anderweitigen Verdienst nicht anrechnen lassen. Da die Freistellung insgesamt Monate umfasst, ist die Regelung mit Bruttomonatsgehältern in Höhe von EUR zu bewerten.

bb)

In Absatz 2 der Regelung unter Ziffer des Vergleichs wird vereinbart, dass die Regelung in § des Arbeitsvertrags des Klägers bis zum weiter gilt. Darin wird geregelt, dass die Beklagte bei Arbeitsunfähigkeit des Klägers diesem nach Ablauf des gesetzlichen Entgeltfortzahlungszeitraums für die Dauer von Monaten einen Ausgleich zwischen dem Krankengeld und seinem Nettogehalt zahlt. Das Krankengeld beträgt in etwa neunzig Prozent des Nettoentgelts (vgl. *Küttner/Griese*, Personalbuch 2009, Krankengeld Rn 24). Die Differenz zum Nettoentgelt beträgt damit etwa Prozent des Nettoentgelts. Der Kläger hat im ausweislich seiner Verdienstbescheinigung (Anlage K 9) ein Nettoentgelt in Höhe von EUR erzielt. Der monatlich zu zahlende Differenzbetrag beträgt folglich EUR. Da die Regelung dem Kläger einen Anspruch für die Monate gibt, wovon der gesetzliche Entgeltzeitraum von sechs Wochen abzuziehen ist, ist insoweit der für Monate zu zahlenden Differenzbetrag zugrunde zu legen. Die Regelung ist folglich mit EUR zu bewerten.

cc)

Die Regelung in Ziffer des Vergleichs über das Ende des Wettbewerbsverbots des Klägers zum und das Ende der Verpflichtung der Beklagten zur Zahlung einer monatlichen Karenzentschädigung in Höhe von ist insgesamt mit streitwerterhöhend zu berücksichtigen. Ohne diese Regelung hätte die Beklagte dem Kläger bis zum Ende des Monats gem. § des Arbeitsvertrags vom die Karenzentschädigung für Monate weiterzahlen müssen.

dd)

Die Erteilung des Zeugnisses ist in Ziffer des Vergleichs geregelt. Diese Regelung übersteigt den gerichtlichen Gegenstandswert nicht.

ee)

In Ziffer des Vergleichs wird geregelt, dass der Kläger unabhängig von der tatsächlichen Erfüllung der Wartezeit einen unverfallbaren Anspruch aus der betrieblichen Altersversorgung hat. Die Leistungen der betrieblichen Altersversorgung wurden vor dem 1.1.2001 zugesagt und die Versorgungszusage hat bei Beendigung des Arbeitsverhältnisses noch nicht zehn Jahre bestanden.

Der Wert dieser Regelung ist gem. § 42 Abs. 3 GKG grundsätzlich nach der zu leistenden monatlichen Garantierente zu berechnen. Diese beträgt EUR. Für sechsunddreißig Monate errechnet sich ein Wert i.H.v. EUR.

ff)

Die Regelung hinsichtlich der Verschwiegenheitsverpflichtung in Ziffer des Vergleichs ist mit einem Bruttomonatsgehalt i.H.v. EUR zu bewerten. Der Wert, den die Parteien dieser Regelung beimessen, wird an der vereinbarten Vertragsstrafe deutlich. Da insoweit auf den Abfindungsbetrag/das Bruttomonatsgehalt verwiesen wird, ist dieser Betrag für den Gegenstandswert maßgeblich.

gg)

Die Regelung der Rückgabepflichten in Ziffer des Vergleichs ist pauschal mit EUR zu bewerten. *(z.B. Herausgabe von noch im Besitz befindlichem Dienstwagen, Mobiltelefon, Laptop etc., hierbei besser den genauen Wert ermitteln. Das Arbeitsgericht Düsseldorf (v. 20.2.2007 – 5 (13) Ca 6340/06) hat diese Regelung pauschal mit 500,00 EUR bewertet.)*

hh)

Die in Ziffer des Vergleichs enthaltene Erledigungsklausel ist mit dem Wert eines Bruttomonatsverdienstes, also mit EUR, zu bewerten (so Hessisches LAG v. 26.5.1995 – 6 Ta 170/95). Dies ist insbesondere in diesem Fall gerechtfertigt, weil zwischen den Parteien die ausgenommenen Ansprüche *(z.B. Spesen, Reisekosten und Bonuszahlung, Handy, Dienstwagen)* im Einzelnen streitig waren.

Insgesamt errechnet sich folglich für den Vergleich ein Gegenstandswert in Höhe von EUR.

▲

VIII. Rechtsschutzhinweise

Bei Problemen mit der Rechtsschutzversicherung kann sich der Versicherungsnehmer zunächst an die **Bundesanstalt für Finanzdienstleistungsaufsicht (BAFin)** mit Sitz in Bonn wenden. Die BAFin ist die staatliche Aufsichtsbehörde für alle Versicherungsunternehmen. Die vorrangigen Aufgaben der BAFin sind, die Erlaubnis zum Geschäftsbetrieb zu erteilen und dessen laufende Überwachung und die Gewährleistung, dass die Versicherungsunternehmen ihre Leistungsversprechen gegenüber den Versicherten einhalten. Weiterhin ist die BAFin aber auch für die Beschwerden der Versicherungsnehmer zuständig. Die Anschrift der BAFin lautet: Bundesanstalt für Finanzdienstleitsungsaufsicht (BAFin), Graurheindorfer Str. 108, 53117 Bonn. 35

Darüber hinaus hat der Versicherungsnehmer die Möglichkeit, sich an den **Ombudsmann des Gesamtverbandes der Deutschen Versicherungswirtschaft e.V. (GDV)** zu wenden.[16] Gegenwärtig gehören dem GDV über 260 Versicherungsunternehmen mit einem Marktanteil von etwa 95 % an (Stand Juli 2009). Alle Mitglieder des GDV haben mit ihrer Beitrittserklä- 36

16 Vgl. hierzu auch die Hinweise auf der Internetseite www.versicherungsombudsmann.de.

rung die Regeln des Ombudsmannverfahrens akzeptiert. Es handelt sich um ein außergerichtliches Schlichtungsverfahren, in dem der Ombudsmann zunächst den strittigen Sachverhalt aufklärt und dann entscheidet, ob die Beschwerde sachlich begründet ist. Das Verfahren wird durch die Mitglieder (Versicherungsunternehmen) finanziert und ist daher für den Versicherungsnehmer kostenfrei. Für die Dauer des Ombudsmannverfahrens ist die Verjährung der Forderung, die der Versicherungsnehmer gegen die Versicherung geltend macht, ausgesetzt. Voraussetzung für die Einleitung des Ombudsmannsverfahrens ist in jedem Fall ist, dass zuvor bei dem Versicherungsunternehmen der Anspruch erfolglos geltend gemacht wurde.

37 Führt auch dieses (außergerichtliche) Verfahren zu keiner Einigung, sollte der Versicherungsnehmer ggf. gerichtliche Hilfe in Anspruch nehmen. Verklagt der Versicherungsnehmer seine Rechtsschutzversicherung auf Freistellung von den anwaltlichen Gebühren bzw. auf Zahlung des an den Rechtsanwalt gezahlten Betrags, ist das Gericht örtlich zuständig, das sich in dem Bezirk befindet, in dem die Versicherung ihren Sitz hat. Wurde jedoch der Versicherungsvertrag – wie dies regelmäßig der Fall ist – durch einen Versicherungsagenten vermittelt, gilt gem. § 48 Abs. 1 VVG a.F. der Gerichtsstand der Agentur. Nach dieser Vorschrift ist für Klage, die aus dem Versicherungsverhältnis gegen den Versicherer erhoben werden, das Gericht des Ortes zuständig, wo der Agent zur Zeit der Vermittlung oder Schließung seine gewerbliche Niederlassung oder in Ermangelung einer gewerblichen Niederlassung seinen Wohnsitz hatte. Dadurch lässt sich in der Praxis regelmäßig eine Klage am Wohnort des Versicherungsnehmers erreichen. Seit dem 1.1.2008 ist nach § 215 VVG n.F. das Gericht am Wohnsitz des Versicherungsnehmers örtlich zuständig. Allerdings gilt für vor dem 1.1.2008 geschlossene Altverträge bis zum 31.12.2008 das VVG in der alten Fassung (Art. 1 EGVVG). Bei Eintritt des Versicherungsfalls bis zum 31.12.2008 gilt also § 48 VVG a.F. und nicht § 215 VVG n.F.

Leider können die Ansprüche aus dem Versicherungsvertrag nicht an den Rechtsanwalt abgetreten werden (vgl. § 20 ARB 75).

IX. Checkliste für den Arbeitnehmeranwalt im kündigungsrechtlichen Mandat

38 Das Vorgehen für einen Arbeitnehmeranwalt in Kündigungsschutzsachen lässt sich wie folgt zusammenfassen:

- Ausführliches, persönliches Gespräch mit dem Mandanten. Unterzeichnung von allgemeinen Mandatsbedingungen, Vollmacht (außergerichtlich!) und Vergütungsvereinbarung.
- Schreiben an den Arbeitgeber und Deckungszusage gegenüber der Rechtsschutzversicherung für die außergerichtliche Tätigkeit beantragen (ohne Kostenvorschuss).
- Telefonische Besprechung mit dem/der Betriebsratsvorsitzenden.
- Ausführliche persönliche oder telefonische Besprechung des gesamten Inhalts des Schreibens mit dem Arbeitgeber (z.B. Personalleiter/in).
- Ausführliche persönliche oder telefonische Besprechung der Ergebnisse der außergerichtlichen Einigungsbemühungen mit dem Mandanten.
- Ggf. weiteres Schreiben an den Arbeitgeber.
- Erteilung des Klagauftrags, Unterzeichung der Vollmacht (gerichtlich).
- Deckungszusage gegenüber der Rechtsschutzversicherung für gerichtliche Tätigkeit beantragen und Kostenvorschuss abrechnen.
- Klageeinreichung mit allen Anträgen.

- Nach Verfahrensbeendigung Antrag auf Festsetzung des Gegenstandswertes der anwaltlichen Tätigkeit gem. § 33 Abs. 1 RVG für das gerichtliche Verfahren und für den Vergleich stellen.
- (Endgültige) Abrechnung gegenüber der Rechtsschutzversicherung mit festgesetztem Streitwert und eventueller Einigungsgebühr.

Stichwortverzeichnis

Fette Zahlen bezeichnen den Paragraphen, magere Zahlen die Randnummern.

Abfindung
- Abwicklungsvertrag **19** 8 ff.
- Anrechnung auf Arbeitslosengeldanspruch **19** 3; **32** 3, 51
- Aufhebungsvertrag **19** 8 ff.
- Auflösungsantrag **25** 33 ff.
- Auslandsbezug **34** 52 f.
- Begriff **34** 2 ff.
- Bemessungsentgelt **31** 57
- Berufung **27** 5 ff.
- betriebliche Altersversorgung **35** 63 ff.
- Erhöhung bei vorzeitiger Vertragsbeendigung **28** 29
- Fälligkeit **19** 9; **28** 20
- Gegenstandswert **41** 13
- Klagefrist **21** 22
- Lohnsteuerauskunftsverfahren **19** 47
- Nettoregelung **28** 28; **34** 49 ff.
- Pfändungsschutz **36** 112
- Prozessvergleich **28** 18 ff.
- Ratenzahlung **34** 21, 36
- Scheinabfindung **28** 23
- Sozialversicherungsbeitragspflicht **19** 8; **28** 23
- steuerliche Privilegierung **5** 61; **19** 6, 8 f., 39 ff.; **28** 24 ff.; **34** 1 ff., 6 ff., 28 ff.
- Streitwert **25** 45
- Tod des Arbeitnehmers **25** 8
- Vererblichkeit **19** 10; **28** 21 f.
- Zwangsvollstreckung **36** 104 ff.

Abfindungsanspruch
- Abgrenzung zum Abwicklungsvertrag **5** 46, 48
- Änderungskündigung **5** 15; **26** 17
- Annahmeanfechtung **5** 29, 51
- Arbeitgeberangebot **5** 19 ff., 68
- Arbeitgeberinsolvenz **5** 32, 66
- Arbeitnehmerannahme **5** 26 ff.
- aufschiebende Bedingung **5** 27, 30 f.
- Berechnung **5** 36 ff.
- betriebliche Übung **5** 20
- betriebsbedingte Kündigung **5** 13 ff.
- Fälligkeit **5** 27
- gesetzlicher Abfindungsanspruch **5** 5 ff.
- Gleichwohlkündigung **5** 31
- Höhe **5** 34 ff., 47 ff.
- Klagefrist **21** 22
- Klagerücknahme **5** 26, 56
- Kündigungsverbot **5** 18
- Leistungsklage **5** 57 f.
- nachträgliche Kündigungsschutzklagezulassung **5** 51 ff.; **22** 2 ff.
- Sperrzeit **5** 17, 46; **32** 18
- Vererblichkeit **5** 32, 66
- Verzicht **5** 30
- Vollstreckbarkeit **5** 65; **36** 106 ff.
- Voraussetzungen **5** 11 ff.

Abmahnung **2** 22; **3** 212, 215, 243 ff.
- Abgrenzung zur Ermahnung **3** 252
- Änderungskündigung **3** 272
- Arbeitnehmeranhörung **3** 255
- Arbeitskampf **9** 26 ff., 32 ff.
- Ausländer **3** 257
- Ausschlussfrist **3** 260, 282
- Begriff **3** 246
- Berufsausbildungsverhältnis **3** 271
- Betriebs-/Personalratsmitglied **3** 274
- Betriebsratsbeteiligung **3** 278 f.; **12** 43
- Beweislast **3** 220
- Dienstverhältnis **3** 373
- durch Arbeitnehmer **2** 37
- Entbehrlichkeit **3** 268, 270, 273; **6** 16
- Entfernungsanspruch **3** 250, 265, 280 ff.; **36** 140 f.
- Erforderlichkeit **3** 267 ff., 273
- Form **3** 254 f.
- Funktion **3** 245
- Gegendarstellung **3** 286
- Gesellschaftsorgane **14** 7
- Inhalt **3** 247 ff.
- Kleinbetrieb **3** 273; **6** 16, 22
- Kündigungsverzicht **3** 277
- Kündigungszusammenhang **3** 275 ff.
- mehrere Beanstandungen **3** 250
- mehrfache **3** 262, 276
- Minderleistung **3** 233

- öffentlicher Dienst **3** 282
- personelle Berechtigung **3** 253
- personenbedingte Kündigung **3** 179, 244, 268
- Prognoseprinzip **3** 243
- Streitwert **3** 282
- ultima-ratio-Prinzip **3** 243
- unwirksame Kündigung **3** 283
- verhaltensbedingte Kündigung **3** 244, 269 f.
- Verwirkung **3** 259, 282
- Wettbewerbsverbot **16** 1
- Widerrufsanspruch **3** 284 f.
- Wirkungsdauer **3** 263 ff.
- Zeitpunkt **3** 258 ff.

Abwicklungsvertrag
- Abfindung **19** 8 ff.
- Abgrenzung zum Aufhebungsvertrag **19** 1
- Abgrenzung zum gesetzlichen Abfindungsanspruch **5** 46, 48
- Abwicklungsklausel **19** 11
- AGB **19** 4
- Anfechtung **19** 26 ff.
- Annahmeerklärung **5** 48
- Annahmefrist **5** 49
- Anrechnung anderweitigen Erwerbs **19** 14
- Arbeitslosengeld **19** 3
- Beendigungsklausel **19** 7
- Belehrungspflicht des Arbeitgebers **19** 18 ff.
- Betriebsratsbeteiligung **12** 41
- Erledigungsklausel **19** 22
- Form **19** 23
- Freistellungsklausel **19** 12 ff.
- Gleichwohlkündigung **19** 38
- Klageverzicht **19** 7
- Muster **19** 49
- Sitten-/Gesetzwidrigkeit **19** 33 ff.
- Sperrzeit **5** 46, 59; **32** 10, 13 ff., 28 ff.
- Urlaub **19** 15
- Verschwiegenheitsklausel **19** 17
- Widerrufsrecht **19** 36 f.
- Wiedereinstellungsklausel **19** 21
- Zeugnisklausel **19** 16
- Zielbonus **19** 11

AG-Vorstandsmitglied *siehe* Gesellschaftsorgane

Amtsträgerkündigungsschutz **7** 91 ff.
- Aufhebungsvertrag **8** 8
- Betriebsratsbeteiligung **12** 180 ff.
- Betriebsübergang **10** 57
- Dauer **7** 93 ff.
- erfasste Personen **7** 91 ff.; **12** 180, 191 ff.
- Kündigungsverbot **9** 119
- lösende Aussperrung **9** 44
- Tendenzträger **9** 112; **12** 195
- Umfang **9** 100 ff.; **12** 196 ff.
- Verzicht **7** 92
- Zustimmung des Betriebsrats **9** 107, 111 ff.; **12** 180 ff., 186 ff., 201 ff.
- Zustimmungsersetzungsverfahren **9** 116 ff.; **12** 190, 199 f., 202, 209, 213 ff.

Änderungskündigung **3** 287 ff.
- Abfindungsanspruch **5** 15
- Abgrenzung zum Direktionsrecht **26** 5 ff.
- Abgrenzung zum Widerrufsvorbehalt **26** 11 ff., 16
- Abmahnung **3** 272
- Änderung von Arbeitsbedingungen **26** 72
- Änderungsangebot **1** 8 ff.; **3** 287; **26** 18 ff., 24 f.
- Angebotsablehnung **26** 38 f.
- Annahmefrist **1** 14 f.; **3** 289 f.; **26** 20, 22 f., 28 f., 34 ff.
- Arbeitszeitänderung **3** 306 f.; **26** 55
- Arten **26** 15 ff.
- Auflösungsantrag **25** 6
- außerordentliche **2** 5 f., 30 f.; **26** 26 f., 61 ff.
- Auswahlrichtlinie **3** 295
- bedingte **26** 15
- Begriff **1** 6 ff.; **3** 287
- Bestandteile **1** 6
- Betriebsänderung **3** 129
- betriebsbedingte **3** 294, 297 ff.; **26** 53 ff., 61 ff.
- Betriebsratsbeteiligung **12** 68, 91, 139; **26** 56, 67 ff.
- Betriebsratsmitglieder **9** 101, 110; **26** 74
- Beweislast **3** 297
- Druckkündigung **26** 66
- Form **3** 287; **26** 6, 18 ff.
- gesetzlicher Abfindungsanspruch **26** 17

- Gleichbehandlungsgrundsatz **26** 52
- Legaldefinition **26** 1
- Lohnreduzierung **3** 297 ff.; **26** 57 ff., 62
- Massenänderungskündigung **9** 46 ff.; **12** 189; **26** 56, 74
- Massenentlassungen **4** 19 f.
- milderes Mittel **3** 297, 303; **26** 51, 62
- Muster **1** 16, 18
- Nebenabrede **3** 302; **26** 59
- Öffentlicher Dienst **3** 301
- ordentlich unkündbare **26** 61 ff.
- ordentliche **3** 288; **26** 26
- personenbedingte **3** 308 f.; **26** 66
- Prozesstaktik **38** 19
- Rechtsschutzversicherung **42** 36
- Rückgruppierung **3** 301; **26** 60, 64
- Sozialauswahl **3** 294
- soziale Rechtfertigung **3** 293 ff., 309; **26** 50 ff.
- Teilkündigung **1** 9; **26** 16
- Unverhältnismäßigkeit **26** 8 f.
- verhaltensbedingte **3** 310; **26** 65
- Verhältnismäßigkeitsprinzip **3** 288, 293, 296; **26** 50 ff., 59
- Versetzung **3** 303 f.; **26** 53 f.
- Vertragsbeendigung **1** 7, 11; **3** 292
- vorbehaltlose Annahme **26** 28 ff.
- Vorbehaltsannahme **3** 287, 290 f.; **26** 2, 23, 32 ff.
- vorläufige Durchführung **26** 69
- Vorrang vor Beendigungskündigung **3** 54, 108 ff., 288; **6** 20
- Wahlbewerber **26** 74
- Weiterbeschäftigungsanspruch, allgemeiner **13** 33
- Weiterbeschäftigungsanspruch, betriebsverfassungsrechtlicher **13** 6
- Weiterbeschäftigungsmöglichkeit **3** 295; **26** 61, 63
- Wettbewerbsverbot **16** 64
- Zusammenhang Änderungsangebot/Kündigung **1** 11 ff.
- Zustimmungsersetzungsverfahren **26** 69

Änderungsschutzklage **3** 290 f., 296; **21** 9; **26** 2 ff.
- Angebotsablehnung **26** 38, 43 f.
- Auflösungsantrag **26** 75
- Klageantrag **26** 41 ff.; **38** 37
- Klagefrist **26** 49
- Prüfungsumfang **26** 73 ff.
- soziale Rechtfertigung der Änderung **26** 50 ff.
- Streitwert **26** 76
- Weiterbeschäftigungsanspruch **26** 47 f.

Anfechtung des Arbeitsvertrags
- Betriebsratsbeteiligung **12** 41
- Frist **21** 19

Annahmeverzugslohn **38** 82; **39** 3 ff.
- Anrechnung anderweitigen Erwerbs **38** 3; **39** 8
- Anspruchsausschluss **39** 5 ff.
- Arbeitsunfähigkeit **39** 5 f.
- Auflösungsantrag **39** 5
- Betriebsübergang **10** 69
- Forderungsübergang bei Arbeitslosengeldbezug **15** 93; **38** 3; **39** 11
- Insolvenz **15** 93
- Prozessarbeitsverhältnis **37** 82; **38** 87 ff.; **39** 5, 52 ff.
- Unterlassen anderweitigen Erwerbs **37** 82 ff.; **38** 88; **39** 54
- Verfallsfrist **38** 90 ff.
- Verjährung **21** 25
- Voraussetzungen **38** 3; **39** 4 ff.
- Zurückbehaltungsrecht **39** 49

Anwaltshaftung **37** 8, 85 ff.; **38** 6
- Aufklärungs-/Beratungspflichtverletzung **37** 89 ff.
- Auftragsdokumentation **43** 11
- Fristversäumnis **37** 94 ff.
- Hinweis auf Arbeitslosengelderstattungsansprüche **37** 91
- Hinweis auf Sperrzeit **37** 93
- Hinweis auf Steuern **37** 93
- Hinweis auf Verfallsfristen **37** 95 f.
- Hinweis bei Kleinbetrieb **37** 91
- Hinweis bei mehreren Kündigungen **37** 89
- Insolvenz **15** 28
- Klagefristversäumung **38** 28
- Kostenerörterung **37** 61 ff.
- Rechtsschutzversicherung **42** 12
- Risikodokumentation **37** 40 f.
- Sachverhaltserfassung **37** 16, 19
- Schleppnetzantrag **37** 89
- Vergleich **41** 85 ff.

– verspätetes Handeln **37** 87 f.
– Vollmachtsfehler **37** 87 f.
– Zieldokumentation **37** 39
Anwaltsvertrag *siehe* Mandat
Arbeitnehmer
– Abgrenzung Selbstständiger **3** 17 ff.
– Abgrenzung zum freien Mitarbeiter **20** 25
– Abgrenzung zum Selbstständigen **20** 29
– Beförderung zum Gesellschaftsorgan **14** 40 ff., 49 f.; **20** 65
– Begriff **4** 7 f.; **15** 44 ff.; **20** 19 ff., 28, 38 ff.
– Berufsausbildungsverhältnis **20** 31 f.
– Betriebseingliederung **3** 20
– Entwicklungshelfer **20** 42
– freie Mitarbeit **20** 45
– freiwilliges soziales/ökologisches Jahr **20** 43
– Gesellschaftsorgane **14** 35 ff.; **20** 57 ff.
– Handelsvertreter **20** 45
– Heimarbeiter **20** 44 ff.
– Ordensangehörige **20** 39
– Statusklage *siehe dort*
– Weisungsgebundenheit **3** 19
Arbeitnehmerähnliche Person **20** 30, 45
– Betriebsübergang **20** 52
– Definition **20** 46
– Gleichstellung mit Arbeitnehmern **20** 48 ff.
– Kündigungsschutz **20** 49 ff.
Arbeitnehmerkündigung
– Betriebsratsbeteiligung **12** 40
Arbeitsgerichtsbarkeit
– aut-aut-Fall **20** 87 f.
– et-et-Fall **20** 89 f.
– Klagehäufung **20** 70 f.
– Kosten erster Instanz **37** 61
– Rechtsweg **20** 2 ff., 13 ff., 18 ff.; **23** 19, 27; **27** 11 ff.
– Rechtswegvereinbarung **20** 57
– Schiedsvertrag **20** 3
– sic-non-Fall **20** 69, 73 ff.
– Wahlfeststellung **20** 91
– Zusammenhangsklage **20** 70 f., 79 ff.
Arbeitskampf
– Annahmeverzugslohn **9** 43
– Arbeitslosengeld **9** 38; **32** 4
– Aussperrung **9** 3, 7 ff., 37, 39 ff.
– Aussperrungsarten **9** 40 ff.
– Begriff **9** 3
– Friedenspflicht **9** 20 f., 40
– Kündigung *siehe* Arbeitskampfkündigung
– Kurzarbeitergeld **9** 38
– Massenänderungskündigung **9** 46 ff.
– Parteien **9** 4 ff.
– Rechtmäßigkeit **9** 16 ff., 42
– Rechtswidrigkeit **9** 32 ff., 43
– Streik **9** 2 f., 5, 8 ff.
– Streikarten **9** 11 ff.
– Verhältnismäßigkeitsprinzip **9** 23 f., 40 f.
Arbeitskampfkündigung **9** 1 ff., 26 ff.
– außerordentliche **9** 34
– Betriebsratsbeteiligung **9** 30 f., 36, 44; **12** 9, 190
– herausgreifende **9** 35
– Kleinbetrieb **9** 34
– lösende Aussperrung **9** 37, 44 f.
– rechtswidriger Streik **9** 32 ff.
– Streikexzess **9** 31
– Wiedereinstellungsanspruch **9** 45
Arbeitslosengeld **31** 1 ff.
– Abwicklungsvertrag **19** 3; **33** 16, 18
– Altersgrenze **31** 44 f.
– Annahmeverzugslohn **15** 93
– Anrechnung auf Karenzentschädigung **16** 29
– Anrechnung bei Abfindung **19** 3; **28** 29; **32** 3, 51 ff.
– Anrechnung der Karenzentschädigung **16** 31
– Anspruchsentstehung **31** 39
– Anspruchskürzung **31** 40; **32** 47 ff.
– Anspruchsvoraussetzungen **31** 7 ff.
– Antrag **31** 34
– Anwartschaftszeit **31** 38, 41 ff.
– Arbeitskampf **9** 38; **32** 4
– Arbeitslosenurlaub **31** 30
– Arbeitslosigkeitsbegriff **31** 8 ff
– Arbeitslosmeldung **31** 34 ff., 38 f.
– Arbeitssuchendmeldung **31** 40
– Arbeitsunfähigkeit **31** 22, 26
– Aufhebungsvertrag **19** 3, 6, 34; **33** 16, 18
– Auflösungsantrag **33** 23
– befristetes Arbeitsverhältnis **17** 43

- Begriff **31** 1, 5
- Belehrungspflicht des Arbeitgebers **19** 18 ff.
- Bemessungsentgelt *siehe dort*
- Bezugsdauer **31** 50 ff.
- Dienstvertrag **33** 21
- Ehrenamt/Erwerbstätigkeit **31** 10 ff.
- Eigenbemühungen um Arbeit **31** 14 ff.
- Eingliederungsvereinbarung **31** 15
- Entgeltklage **30** 39
- Entgeltklageantrag **29** 5 f.
- Entgeltschutz **31** 28
- Erlöschen des Anspruchs **31** 68 ff.
- Erstattungsanspruch gegen Arbeitgeber **2** 59; **5** 60; **31** 3; **33** 1 ff., 29 ff.
- Erstattungsanspruchsbefreiung des Arbeitgebers **33** 10 ff.
- Freistellung **15** 93
- gesetzliche Unfallversicherung **31** 74
- gesetzlicher Forderungsübergang **15** 93; **28** 35; **29** 5; **32** 61, 65
- Gleichwohlgewährung **32** 61, 65
- Höhe **31** 54 ff.
- Insolvenz **15** 93
- Krankenversicherung **31** 39, 71, 73
- Leistungsentgelt **31** 64
- Leistungssatz **31** 65 f.
- Pflegeversicherung **31** 71, 73
- Prozessvergleich **28** 9 ff.
- Rentenversicherung **31** 72 f.
- rückwirkende Gewährung **31** 35
- Ruhen des Anspruchs **19** 6; **28** 12 ff.; **31** 46 ff.; **32** 1 ff., 51 ff., 56 ff., 62 ff.
- Sperrzeit *siehe dort*
- Teilzeitbeschäftigung **31** 32 f.
- Urlaubsabgeltung **32** 64
- Verfügbarkeit für den Arbeitsmarkt **31** 21 ff.
- Zumutbarkeit von Beschäftigungen **31** 25 ff.
- Zuständigkeit **31** 36

Arbeitslosengeld II
- ältere Arbeitslose **31** 104 f., 145
- Anspruch **31** 2
- Anspruch neben Arbeitslosengeldanspruch **31** 2
- Anspruchshöhe **31** 117 ff.
- Anspruchsvoraussetzungen **31** 82 ff.
- Antrag **31** 82, 112 ff.
- Bedarfsgemeinschaft **31** 92, 94 f., 97, 99, 106 ff., 114, 130
- befristeter Zuschlag **31** 127 ff.
- Begriff **31** 1, 75 ff.
- Ein-Euro-Job **31** 103
- Einkommens-/Vermögensgrenze **31** 95 ff.
- Erwerbsfähigkeit **31** 85 ff.
- gesetzliche Unfallversicherung **31** 151
- Grundsicherungsbedarf **31** 92 ff.
- Haushaltsgemeinschaft **31** 101, 111
- Hilfe durch Dritte **31** 99 ff.
- Hilfebedürftigkeit **31** 91 ff.
- Kosten der Unterkunft und Heizung **31** 123 ff.
- Krankenversicherung **31** 149
- Mehrbedarf **31** 122
- Meldeobliegenheiten **31** 141
- Mitwirkungsobliegenheiten **31** 137 ff.
- Pflegeversicherung **31** 149
- Regelleistung zur Unterhaltssicherung **31** 116 ff.
- Rentenversicherung **31** 150
- rückwirkende Gewährung **31** 112 f.
- Sanktionen **31** 102, 105, 134 ff., 144 ff.
- Sozialgeld **31** 77 f., 130 ff., 148, 153
- unter 25-Jährige **31** 144
- Unterhaltsansprüche **31** 100
- Verhältnis zu anderen Sozialleistungen **31** 100, 147
- wiederholte Pflichtverletzungen **31** 142 f.
- Zumutbarkeit von Beschäftigungen **31** 102 ff.
- Zuständigkeit **31** 81

Arbeitsverhältnis
- Abgrenzung zur selbstständigen Tätigkeit **20** 29
- arbeitnehmerähnliche Person *siehe dort*
- Begriff **20** 28
- Entwicklungshelfer **20** 42
- Gesellschaftsorgane **14** 35 ff.; **20** 57 ff.
- Handelsvertreter **20** 45, 54 ff.
- Heimarbeiter **20** 44 ff.
- Nebentätigkeit **16** 1
- Ordensangehörige **20** 39
- Treuepflicht **16** 1

– Wettbewerbsverbot *siehe dort*
Arrest *siehe* Vorläufiger Rechtsschutz
Aufhebungsvertrag
– Abfindung **19** 6, 8 ff.
– Abgrenzung zum Abwicklungsvertrag **19** 1
– Abwicklungsklausel **19** 11
– AGB **19** 4
– Anfechtung **15** 138; **19** 26 ff.
– Anrechnung anderweitigen Erwerbs **19** 14
– Arbeitslosengeld **19** 3
– Beendigungsklausel **19** 6
– Beförderung zum Gesellschaftsorgan **14** 40 ff., 49 f.; **20** 65
– Belehrungspflicht des Arbeitgebers **19** 18 ff.
– Berufsausbildungsverhältnis **8** 3 ff.
– Betriebsratsbeteiligung **12** 41
– Betriebsübergang **10** 42; **19** 35
– Erledigungsklausel **16** 63; **19** 22
– Form **8** 7; **19** 24 f.
– Freistellungsklausel **19** 12 ff.
– Gleichwohlkündigung **19** 38
– Muster **19** 48
– Mutterschutz **7** 6
– Rückdatierung **19** 34
– Sitten-/Gesetzwidrigkeit **19** 33 ff.
– Sperrzeit **32** 12 ff., 26, 28 ff.
– Umgehung des Betriebsübergangs **15** 136 ff., 143
– Urlaub **19** 15
– Verschwiegenheitsklausel **19** 17
– Weiterbeschäftigungsanspruch, allgemeiner **13** 35
– Wettbewerbsverbot **16** 59, 64
– Widerrufsrecht **19** 36 f.
– Wiedereinstellungsklausel **19** 21
– Zeugnisklausel **19** 16
– Zielbonus **19** 11
Auflösend bedingtes Arbeitsverhältnis **17** 129 ff.; **18** 1 ff.
– Abgrenzung zur Zweckbefristung **18** 2, 14
– Bedingung **18** 7
– Klage **18** 9 ff.
– Klagefrist **17** 23
– Kleinbetrieb **18** 6
– Kündigung **18** 28 f.
– öffentlicher Dienst **17** 143; **18** 25
– Prozessarbeitsverhältnis **17** 154
– Sachgrund **18** 5 ff., 12 ff.
– Schriftform **18** 8
– Sittenwidrigkeit **18** 26 f.
– Unwirksamkeit **18** 28
– Wartezeit **18** 6
Auflösungsantrag **10** 70; **12** 158, 172 f.; **25** 1 ff.
– Abfindung **25** 33 ff.
– Änderungskündigung **25** 6
– Änderungsschutzklage **26** 75
– Antragszeitpunkt **25** 14
– Arbeitgeberantrag **25** 2, 23 ff.
– Arbeitnehmerantrag **25** 2, 5, 7
– Auflösungsgründe **25** 16 ff., 23 ff.
– Auflösungszeitpunkt **25** 4 f.
– außerordentliche Kündigung **25** 5
– beider Parteien **25** 32
– Berufung **27** 4 ff., 104
– Betriebsübergang **25** 27
– Beweislast **25** 22, 31
– Erstattungsanspruch bei Arbeitslosengeldbezug **33** 23
– Form **25** 10 f.
– gerichtliche Entscheidung **25** 39 f.
– Hauptantrag **25** 9
– hilfsweiser **25** 3, 9
– Inhalt **25** 12 f.
– leitender Angestellter **25** 2, 29 f.
– rechtsmissbräuchlicher **25** 20 f., 28
– Rechtsmittel **25** 40
– Schadenersatzanspruch **25** 41 ff.
– Streitwert **25** 45
– Tendenzbetrieb **25** 25
– Tod des Arbeitnehmers **25** 8
– Voraussetzungen **25** 3 ff.
Ausschlussfrist *siehe* Verfallsfrist
Außerordentliche Kündigung **2** 1 ff.
– Abmahnung *siehe dort*
– Amtsträger **12** 184 ff.
– Änderungskündigung **2** 5 f., 30 f.
– Arbeitskampf **9** 34
– Auflösungsantrag **25** 5
– Ausschluss **2** 3
– Ausschlussfrist **2** 11 ff., 47 f., 53 f.; **12** 219

– Beendigungskündigung **2** 5
– befristetes Arbeitsverhältnis **17** 18
– Begriff **1** 20
– Begründungszwang **2** 1; **8** 25
– Berufsausbildungsverhältnis **8** 23 ff., 30 f.
– betriebsbedingte **2** 29 ff.
– Betriebsratsbeteiligung **12** 57, 96 ff., 117 ff., 141
– Betriebsratsmitglieder **2** 56; **7** 107 ff.
– Beweislast **2** 57
– Bordvertretung **2** 56
– Dauertatbestand **2** 18 f.
– durch Arbeitnehmer **2** 37 ff.
– Elternzeit **2** 46
– Erstattungsanspruch bei Arbeitslosengeldbezug **33** 24
– Form **2** 1
– fristlose **2** 2
– Gleichwohlkündigung **5** 31
– hilfsweise ordentliche Kündigung **2** 36
– Insolvenz **15** 3
– Interessenabwägung **2** 26
– Jugend- und Auszubildendenvertretung **2** 56
– Mutterschutz **2** 44 f.
– ordentliche Unkündbarkeit **2** 7 ff.; **12** 98, 141
– Personalratsbeteiligung **12** 7
– personenbedingte **2** 32
– Schwerbehinderte **2** 47 ff.; **7** 82 ff.; **12** 57
– Seebetriebsrat **2** 56
– soziale Auslauffrist **1** 20; **2** 2, 10, 29
– Sperrzeit **2** 58
– Straftat **2** 20 f.
– Umdeutung **1** 21; **2** 4
– Umwandlung **11** 4 f.
– Verdachtskündigung *siehe dort*
– verhaltensbedingte **2** 33
– Wahlbewerber **2** 56
– Weiterbeschäftigungsanspruch, betriebsverfassungsrechtlicher **13** 5
– Wettbewerbsverbot **16** 57 f., 72 ff., 77 ff.
– wichtiger Grund **2** 23 ff., 42 f.
– Zustimmungsersetzungsverfahren **2** 56
Aussperrung *siehe* Arbeitskampf
Aut-aut-Fall **20** 87 f.

Beendigungskündigung *siehe* Kündigung
Befristetes Arbeitsverhältnis **17** 1 ff.
– Abgrenzung zur auflösenden Bedingung **18** 2, 14
– ältere Arbeitnehmer **17** 74 ff.
– Altersgrenze **17** 141 ff.
– Arbeitnehmerverzicht auf Entfristungsklage **17** 35
– Arbeitslosengeld **17** 43
– Auslandsentsendung **17** 157
– Befristung von Arbeitsbedingungen **17** 8, 50 f., 56
– Betriebsratsbeteiligung **12** 40; **17** 171 ff.
– Betriebsübergang **10** 42; **17** 69
– Beweislast **17** 96, 148
– Dauer **17** 52, 104
– Entfristung **17** 12 ff.
– Entfristungsklage *siehe dort*
– Formnichtigkeit **17** 12 f.
– Fortsetzung nach Fristablauf **17** 14 ff.
– gerichtlicher Vergleich **17** 152 ff.
– hilfsweise sachgrundlose Befristung **17** 45
– Kleinbetrieb **17** 53
– Kündigung **17** 18 ff., 58
– Leiharbeitnehmer **17** 55, 68
– leitende Angestellte **17** 54
– mehrere Befristungen **17** 27 ff., 60 ff.
– Mutterschutz **7** 6
– nachträgliche Befristung **17** 42 f.
– Neueinstellung **17** 66 ff., 89
– öffentlicher Dienst **17** 56
– ordentliche Kündigung **1** 44
– Personalratsbeteiligung **17** 159 ff.
– Probezeit **1** 81; **17** 61
– Prozessarbeitsverhältnis **13** 58 ff.; **17** 10, 131 f., 154; **39** 51 ff.
– Sachgrund *siehe* Befristungsgründe
– Sachgrundbefristung **17** 4 ff., 40 f., 91 ff.
– sachgrundlose Befristung **17** 5, 47, 57 ff., 75 ff., 80, 87 f., 90
– Schriftform **17** 8 ff., 51; **39** 55
– Schwangerschaft **17** 38 f.
– Tarifvertragsregelung **17** 90
– Tendenzträger **17** 117
– Umwandlung **17** 71
– Unternehmensneugründung **17** 80 ff.

– Veränderung der Vertragsbedingungen **17** 63, 65
– Verkürzung **17** 8
– Verlängerung **17** 8, 63 ff., 79 f., 87 f.
– Wartezeit **17** 53
– Wegfall des Sachgrunds **17** 40 f.
– Weiterbeschäftigungsanspruch, allgemeiner **13** 35
– Widerspruch gegen Fortsetzung **17** 14, 17
– Wissenschaftszeitvertrag **17** 23, 116
– Zweckbefristung **17** 46, 48, 113 f.
Befristungsgründe
– Altersgrenze **17** 141 ff.
– anhängige Konkurrentenklage **17** 158
– Arbeitnehmerwunsch **17** 126 f.
– Arbeitsbeschaffungsmaßnahme **17** 134, 155
– Arbeitserlaubnis **17** 128 ff.
– Aus-/Fort-/Weiterbildung **17** 137 f.
– Auslandsentsendung **17** 157
– befristete Haushaltsmittel **17** 144 ff.
– Drittmittelfinanzierung **17** 151
– Eigenart der Arbeitsleistung **17** 115 ff.
– Eingliederungszuschuss für ältere Arbeitnehmer **17** 135
– Elternzeitvertretung **17** 111 ff.
– Erprobung **17** 119 ff.
– Erstanstellung nach Ausbildung/Studium **17** 98 ff.
– gerichtlicher Vergleich **17** 152 ff.
– kurzfristige Überbrückung **17** 156
– personenbedingte **17** 123 ff.
– soziale Überbrückung **17** 124 f.
– Sozialhilfemaßnahmen **17** 136
– Strukturanpassungsmaßnahme **17** 155
– studentische Nebentätigkeit **17** 139 f.
– Vertretung von Arbeitnehmern **17** 105 ff.
– vorübergehender Arbeitskräftebedarf **17** 93 ff.
– wissenschaftlicher Mitarbeiter **17** 138
– Wissenschaftszeitvertrag **17** 116
Bemessungsentgelt **31** 56 ff.
– Abfindung **31** 57
– Begriff **31** 56, 61
– Bemessungsrahmen **31** 59
– Bemessungszeitraum **31** 58
– fiktive Bemessung **31** 63
– früherer Arbeitslosengeldbezug **31** 62
Berufsausbildung
– befristete Erstanstellung nach Ausbildung **17** 98 ff.
– unbefristete Übernahme in ein Arbeitsverhältnis **17** 101
Berufsausbildungsverhältnis
– Arbeitnehmereigenschaft **20** 31 f.
– Aufhebungsvertrag **8** 3 ff.
– außerordentliche Kündigung **2** 1; **8** 23 ff., 30 f.
– Berufsaufgabekündigung **8** 22
– Betriebsratsbeteiligung **12** 41
– Güteverfahren vor Klage **8** 29; **20** 33 ff.
– Kündigung **1** 38, 50; **8** 1, 14 ff.
– Kündigung vor Beginn **8** 21
– Kündigungsbegründung **1** 54; **8** 17, 25
– Kündigungsgründe **8** 30 f.
– Kündigungsschutzklage **8** 29
– Probezeit **8** 1, 16
– Wettbewerbsverbot **16** 53
Berufung **27** 1 ff.
– Alleinentscheid des Vorsitzenden **27** 126 f.
– Anschlussberufung **27** 79, 110 ff.
– Antrag **27** 21 ff., 56
– Anwaltszwang **27** 15, 82, 84, 108
– Auflösungsantrag **27** 4 ff., 104, 112
– Ausschluss der vorläufigen Vollstreckbarkeit **36** 41
– Begründung **27** 24 ff., 36 f., 42 ff., 56 ff., 63 ff.
– Begründungsfrist **27** 24, 31 ff., 43 ff., 113
– Begründungsfristverlängerung **27** 33 f., 45 ff.
– Berufungserwiderungsfrist **27** 83 ff., 114
– Beschwer **27** 3 ff., 111
– Betriebsübergang **27** 102
– Beweisaufnahme **27** 72
– Einlegung **27** 15 ff., 39
– Einlegungsfrist **27** 26 ff., 38
– Einstellung der Zwangsvollstreckung **36** 26 f.
– Entgeltklage **27** 2
– gegen Urteil ohne Gründe **27** 28, 32 ff., 36 f., 58 ff.
– Inhalt der Berufungsschrift **27** 18 ff.

– Klageerweiterung/-änderung **27** 3, 14, 101 ff.
– Kosten **27** 150
– mündliche Verhandlung **27** 116 ff.
– nachträgliche Zulassung der Kündigungsschutzklage **27** 153 ff.
– neue Angriffs-/Verteidigungsmittel **27** 37, 61 f., 87 ff.
– Parteiwechsel **27** 102
– persönliches Erscheinen der Partei **27** 129 f.
– Postulationsfähigkeit **27** 15, 82, 84, 108
– Präklusion **27** 62, 85 ff.
– Prozesskostenhilfe **27** 40 f.
– Rechtsmittel gegen Verwerfung als unzulässig **27** 77
– Rechtsmittel/Rechtsbehelf **27** 140 ff.
– Rücknahme **27** 105 f., 115
– Säumnis **27** 125
– Statthaftigkeit **27** 2
– Streitgegenstand **27** 56, 66, 76
– Streitwert **27** 151 f.; **41** 103 f.
– Streitwertgrenze **27** 2, 6 f.
– Umdeutung **27** 79
– Unbegründetheitszurückweisung **27** 81
– Unzulässigkeitsverwerfung **27** 74 ff., 115
– Verfahrensvorschriften **27** 121 ff.
– Vergleich **27** 134 ff.
– verspätete Urteilsabsetzung **27** 149
– Verzicht **27** 107 ff.
– Weiterbeschäftigungsanspruch **36** 239
– Widerklage **27** 14
– Wiedereinsetzung in den vorigen Stand **27** 29, 38, 41, 44, 46, 55, 75, 86
– Zeugenvereidigung **27** 128
– Zulassung der Revision **27** 140 ff., 155
– Zurückverweisung an das Arbeitsgericht **27** 60, 123 f.
– Zuständigkeit **27** 9 ff.
Beschäftigungsklage **21** 66
Betrieb
– Begriff **3** 25, 27 ff.; **4** 6; **10** 2
– Betriebsteil **10** 9 f.
– Gemeinschaftsbetrieb **3** 31 ff.; **11** 8
– Kleinbetrieb **1** 91; **3** 38 ff.; **11** 7
Betriebliche Altersversorgung **35** 1 ff.
– 3-Säulen-Modell **35** 2
– Abfindung **35** 63 ff.
– Anwartschaftshöhe **35** 54 ff.
– Auskunftsanspruch **35** 69 f.
– Begriff **35** 5 f.
– Direktversicherung **35** 29
– Direktzusage **35** 19, 28
– Entgeltumwandlung **35** 11, 17, 39 ff., 50
– erfasste Personen **35** 12 f.
– Hinterbliebenenversorgung **35** 8, 46
– Insolvenz **15** 152
– Invalidität **35** 6 f., 44
– Leistungszusage **35** 35 ff.
– Pensionsfonds **35** 31
– Pensionskasse **35** 30
– Pensionssicherungsverein **15** 152
– Steuerbegünstigung bei Kapitalisierung **34** 25 ff., 33
– Übertragung **35** 66 ff.
– Unterstützungskasse **35** 32
– Unverfallbarkeit der Anwartschaft **35** 47 ff., 60 f.
– Versorgungszusage **35** 11, 18 ff., 50 ff., 66
– Vertragsgestaltung **35** 15 ff.
– Voraussetzungen **35** 7 ff.
– Vorzeitige Inanspruchnahme **35** 42
Betriebliches Eingliederungsmanagement **3** 186; **12** 77
Betriebsänderung **3** 119 ff.
– Änderungskündigung **3** 129
– Insolvenz **15** 98 ff., 104 ff.
– Interessenausgleich **15** 100
– Interessenausgleich mit Namensliste **3** 119 ff., 155 ff.
– nachträgliche Änderung der Verhältnisse **3** 130
– Schwellenwert **3** 119
– Wiedereinstellungsanspruch **3** 130, 161
Betriebsbedingte Kündigung
– Abfindungsanspruch **5** 2 ff., 11 ff., 68
– Änderungskündigung **3** 108 ff., 129
– Arbeitslosengelderstattung **5** 60
– außerbetriebliche Gründe **3** 71 f.; **27** 70
– außerordentliche Änderungskündigung **2** 5 f., 29 ff.
– Austauschkündigung **3** 82
– Auswahlrichtlinie **12** 135
– Auswahlrichtlinie *siehe* Sozialauswahl
– Betriebsänderung **3** 119 ff., 155 ff.; **4** 36

– Betriebsratsbeteiligung **12** 84 ff.
– Betriebsratswiderspruch **2** 170 ff.
– Betriebsstilllegung **4** 22 f.; **12** 186
– Betriebsübergang **3** 160
– Betriebsübergang *siehe dort*
– Beweislast **3** 121 ff., 152 ff., 158 f.
– durch Arbeitnehmer **2** 38
– Gemeinschaftsbetrieb **3** 105
– innerbetriebliche Gründe **3** 70, 73
– Interessenabwägung **3** 56
– Interessenausgleich mit Namensliste **3** 119 ff., 155 ff.
– Kleinbetrieb **6** 18 ff., 25
– Leistungsverdichtung **3** 89 ff.
– Massenentlassung *siehe dort*
– mildere Mittel **3** 112 ff.
– Missbrauchskontrolle **3** 80 ff.
– nachträgliche Änderung der Verhältnisse **3** 130, 161
– öffentlicher Dienst **3** 63, 84, 135, 138
– Sozialauswahl *siehe dort*
– soziale Rechtfertigungsfiktion **5** 33
– ultima-ratio-Prinzip *siehe dort*
– Unternehmerentscheidung **3** 62 ff., 75 ff., 80 ff., 88 ff.
– Vorratskündigung **3** 79
– Wegfall der Beschäftigungsmöglichkeit **3** 88 ff., 96 ff.
– Weiterbeschäftigungsmöglichkeit **3** 96 ff., 103 ff., 108 ff., 127, 170 ff.; **12** 136 ff.
– Widerspruch gegen Betriebsübergang **10** 50 ff., 56, 60
– Wiedereinstellungsanspruch **3** 130, 161
Betriebsratsbeteiligung
– Abmahnung **3** 278 f.; **12** 43
– Abwicklungsvertrag **12** 41
– Änderung von Arbeitsbedingungen **26** 72
– Änderungskündigung **12** 68, 91, 139; **26** 6, 67 ff.
– Anfechtung/Nichtigkeit des Arbeitsvertrags **12** 41
– Anhörung von Arbeitnehmern ohne Kündigungsschutz **12** 94 f.
– Anhörung zur außerordentlichen Kündigung **12** 96 ff.
– Anhörung zur hilfsweisen Kündigung **12** 40, 68, 117
– Anhörung zur Kündigung **2** 61 ff., 170 ff.; **3** 279; **12** 1 ff., 34 ff., 47 ff.; **21** 43
– Anhörung zur Kündigung Auszubildender **8** 27
– Anhörung zur Kündigung durch Insolvenzverwalter **12** 46
– Anhörung zur Kündigung im Arbeitskampf **9** 30 f., 36, 44; **12** 9
– Anhörung zur Kündigung ordentlich Unkündbarer **12** 98, 141
– Anhörung zur Kündigung Schwerbehinderter **7** 89
– Anhörung zur Kündigung von ruhenden Arbeitsverhältnissen **12** 11
– Anhörung zur Kündigung von Trainees **12** 63
– Anhörung zur Kündigung vor Vertragsbeginn **12** 39
– Anhörung zur Probezeitkündigung **12** 11
– Anhörungsbegriff **12** 49
– Anhörungsfehler **12** 48, 114
– Anhörungsform **12** 53 ff.
– Anhörungsmängel **12** 2, 149 ff., 158 ff.
– Anhörungsumfang **12** 64 ff., 71 ff.
– Anhörungsverfahren **12** 53 ff., 99 f., 104 ff., 107 ff.
– Arbeitnehmereinstellung **12** 42
– Arbeitnehmerentsendung **12** 59
– Arbeitnehmerkündigung **12** 40
– Arbeitnehmerverzicht **12** 51
– Arbeitskampfkündigung **12** 190
– ArGe Baugewerbe **12** 19
– Aufhebungsvertrag **12** 41, 183
– Auflösungsantrag im Kündigungsschutzprozess **12** 43
– Auslandsentsendung **12** 5
– außerordentliche Kündigung **12** 117 ff., 141
– Äußerungsfrist bei Anhörung zur Kündigung **12** 107, 111 f., 118 ff., 122 f., 129, 207
– Auswahlrichtlinie **12** 90, 135
– Bedenken gegen Kündigung **12** 110, 118
– befristetes Arbeitsverhältnis **12** 40; **17** 171 ff.
– Berufsausbildungsverhältnis **12** 41
– betriebsbedingte Kündigung **12** 84 ff.

– Betriebsratsfunktionsunfähigkeit **12** 26 ff.
– Betriebsratsverzicht **12** 52, 116, 121
– Betriebsratswahlfehler **12** 22
– Betriebsstilllegung **12** 69, 85, 87 f.
– Betriebsübergang **12** 60 f.
– Betriebsvereinbarung über Kündigungen **12** 50, 175 ff.
– Datenschutz **12** 67
– Eil-/Notfälle **12** 10
– Einstellung **17** 133, 171
– Entlassungsverlangen des Betriebsrats **12** 42
– Gemeinschaftsbetrieb **12** 23
– Gesamtbetriebsrat **12** 62
– Grundsatz der subjektiven Determination **12** 71 ff., 82, 151
– Heimarbeiter **12** 19
– Insolvenz **15** 96 ff.
– Interessenausgleich **12** 69
– Interessenausgleich mit Namensliste **12** 44, 85; **26** 56
– Kirche **12** 8
– Kurzarbeit **4** 41, 61
– Leiharbeitnehmer **12** 18
– Massenänderungskündigung **9** 47
– Massenentlassungen **4** 28 ff., 67; **12** 45
– mehrere Beteiligungstatbestände **12** 30 ff.
– Mitteilung über Kündigung leitender Angestellter **12** 14
– Mutterschutz **12** 20, 57
– Nachschieben von Kündigungsgründen **12** 101 f., 165 ff., 214
– öffentlicher Dienst **12** 7
– personenbedingte Kündigung **12** 76 ff.
– Rechtsmittel im Zustimmungsersetzungsverfahren **27** 157
– Schwerbehindertenkündigungsschutz **12** 20, 57
– Sonderkündigungsschutz **12** 20, 57, 68
– Sozialplan **12** 44
– Teilkündigung/Widerruf von Leistungen **12** 38
– Tendenzbetrieb **12** 6, 195
– Territorialprinzip **12** 5
– Übergangs-/Restmandat **12** 23, 25, 60
– Umgruppierung **26** 6, 68
– Umwandlung **12** 33
– Verdachtskündigung **12** 92 f.
– verhaltensbedingte Kündigung **12** 79 ff.
– Verlängerung/Entfristung von befristeten Arbeitsverhältnissen **17** 171
– Versetzung **26** 6, 68
– vorläufige Durchführung von Maßnahmen **26** 69
– Vorratsanhörung **12** 37
– vorsorgliche Anhörung **12** 12 f., 16 f., 42, 51, 59 f., 92 f.
– Widerruf der Stellungnahme zur Kündigung **12** 114, 124
– Widerspruch zur Änderungskündigung **12** 139
– Widerspruch zur Kündigung **12** 1, 6, 15, 50, 85, 104, 113, 117, 126 ff., 141 ff., 178
– Widerspruchsgründe zur Kündigung **12** 133 ff.
– Wiederholungskündigung **12** 36, 48, 102, 156
– zuständiger Betriebsrat **12** 21 ff., 58 ff.
– Zustimmung zur Kündigung von Amtsträgern **12** 180 ff., 191 ff., 201 ff.
– Zustimmungsersetzungsverfahren **2** 56; **7** 116 ff.; **12** 47, 190, 200, 209, 213 ff.; **26** 69

Betriebsübergang
– Abgrenzung zum Gesellschafterwechsel **10** 13
– Abgrenzung zur Betriebsstilllegung **10** 16 ff.
– Abgrenzung zur Funktionsnachfolge **10** 14 f.
– Annahmeverzug **10** 69
– arbeitnehmerähnliche Person **20** 52
– Arbeitnehmerunterrichtung **10** 21 ff.; **15** 142 ff.
– Aufhebungsvertrag **10** 42; **19** 35
– Auflösungsantrag **10** 70; **25** 27
– befristetes Arbeitsverhältnis **10** 42; **17** 69
– Begriff **10** 2
– Berufung **27** 102
– Beschäftigungs- und Qualifizierungsgesellschaft **15** 134
– Beschäftigungszeitanrechnung **3** 53
– Betriebsratsbeteiligung **12** 60 f.
– Gesamtrechtsnachfolge **11** 3

- Insolvenz **15** 1, 80, 115 ff., 152
- Interessenausgleich/Sozialplan **10** 29
- Klagefrist **10** 72
- kollektiver Widerspruch **10** 54
- Kündigung **10** 1, 40 ff., 45 ff.
- Kündigung bei Widerspruch **10** 50 ff., 56, 60
- Kündigung nach Erwerberkonzept **15** 116 ff., 162
- Kündigung nach Widerspruch **12** 61
- Kündigungsschutzklage **10** 65 ff.; **21** 34 f., 80
- Lemgoer Modell **15** 137
- Prozessvergleich **10** 42
- rechtsgeschäftlicher **10** 11
- rechtsgeschäftlicher Übergang des Arbeitsverhältnisses **10** 38
- Sanierungskündigung **10** 47 ff.
- Sonderkündigungsschutz **10** 55 ff.
- Sozialauswahl **3** 99, 160; **10** 50 ff.
- Teilübergang **10** 9 f.
- Übergang des Arbeitsverhältnisses **10** 20
- Umgehung **15** 136 ff., 143
- Umwandlung **11** 3 ff.
- Vertragsvereinbarungen **10** 43 f.
- Voraussetzungen **10** 2 ff.
- Weiterbeschäftigungsanspruch **21** 80
- Wettbewerbsverbot **16** 12
- Widerspruch bei Umwandlung **10** 39; **11** 4 f.
- Widerspruchsfrist **10** 33, 36 f.
- Widerspruchsrecht **10** 34 f., 39
- wirtschaftliche Einheit **10** 2 ff.

Dienstvertragskündigung **14** 1 ff.
- Abmahnung **14** 7
- AG **14** 12, 14 ff., 19 ff.
- Annahmeverzugslohn **14** 32
- Anstellungsverhältnis **14** 2, 6
- außerordentliche **14** 9
- außerordentliche bei AG **14** 21 ff.
- außerordentliche bei GmbH **14** 29
- Begründung **14** 8
- durch AG-Vorstandsmitglied **14** 26 f.
- durch GmbH-Geschäftsführer **14** 30
- Erstattungsanspruch bei Arbeitslosengeldbezug **33** 21
- gesellschaftsrechtliche Abberufung **14** 2, 6, 9
- GmbH **14** 13 ff., 28 ff.
- Koppelung von gesellschaftsrechtlicher Abberufung und Anstellungsverhältnis **14** 3 ff., 20
- Kündigungsschutz **14** 46 ff.
- Nachschieben von Kündigungsgründen **14** 8
- Rechtsfolgen **14** 31 ff.
- ruhendes Arbeitsverhältnis **14** 40 ff., 49 f.
- Schadenersatz **14** 33 f.
- sonstige Vertragsbeendigung **14** 10
- Vertretung **14** 18
- Weiterbeschäftigungsanspruch **14** 31
- Wettbewerbsverbot **14** 31
- Zeugnisanspruch **14** 31; **29** 9
- Zuständigkeit **14** 11 ff.

Druckkündigung **3** 131
- Änderungskündigung **26** 66

Einstweilige Verfügung *siehe* Vorläufiger Rechtsschutz

Elternzeit **7** 29 ff.
- Betriebsübergang **10** 59
- Dauer des Kündigungsschutzes **7** 32 f.
- erfasste Personen **7** 30 f.
- Kündigungsverbot **2** 46; **7** 29, 40
- Mutterschutz **7** 44
- Teilzeitarbeit **7** 37 ff.
- Voraussetzungen des Kündigungsschutzes **7** 34 ff.
- Zulässigkeitserklärung **7** 41 ff.

Entfristungsklage **17** 21 ff.
- Befristung von Arbeitsbedingungen **17** 51
- Beweislast **17** 32 ff., 96, 148
- Klageantrag **17** 21 ff., 26
- Klagefrist **17** 21, 23 f., 31; **21** 20
- mehrere Befristungen **17** 27 ff.
- Muster **17** 175
- nachträgliche Klagezulassung **17** 25
- öffentlicher Dienst **17** 175
- Verzicht des Arbeitnehmers **17** 35
- Weiterbeschäftigungsantrag **17** 36 f.

Entgeltklage **29** 2 ff.
- Annahmeverzugslohn *siehe dort*

– Arbeitslosengeldabzug **29** 5 f.
– Arbeitslosengeldanspruch **30** 39
– Berufung **27** 2
– Bruttolohn **28** 35 ff.; **29** 2 ff.
– Gerichtskosten *siehe dort*
– gesetzlicher Forderungsübergang bei Arbeitslosengeldzahlung **28** 35
– Klageantrag **29** 4, 6
– Klageerweiterung **38** 96
– Klagefrist **21** 23 f.
– Kosten **27** 150; **37** 61
– künftige Leistung **29** 7
– Prozessförderungspflicht **24** 7
– Prozesstaktik *siehe dort*
– Rechtsanwaltsgebühren *siehe dort*
– Sozialversicherungsbeiträge **36** 88 ff.
– Steuern **36** 88 ff.
– Titulierung **28** 34 ff.
– Verfallsfrist **38** 90 ff.
– Verfallsfristwahrung **21** 26 ff.
– vorläufiger Rechtsschutz **30** 30 ff., 64
– Zinsen **29** 3 f.; **36** 98
– Zwangsvollstreckung **36** 77 ff., 85 ff.
Et-et-Fall **20** 89 f.

Feststellungsantrag, allgemeiner *siehe* Schleppnetzantrag
Formwechsel *siehe* Umwandlung
Freistellung **28** 41, 48 ff.
– Annahmeverzugslohn **15** 93
– Anrechnung als Urlaub **28** 50 ff.
– Anrechnung anderweitigen Erwerbs **19** 14
– Anrechnung von Urlaub **19** 15
– Anrechnung von Zwischenverdienst **28** 54
– Arbeitslosengeld **15** 93
– Aufhebungs-/Abwicklungsvertrag **19** 12 ff.
– Insolvenz **15** 39 f., 93 f.
– Sozialversicherung **28** 49
– Sozialversicherungspflicht **19** 13
– unwiderrufliche **28** 49 f., 52 f.
– Wettbewerbsverbot **16** 5; **28** 50
– widerrufliche **28** 49, 51 f.
Funktionsnachfolge **10** 14 f.

Gegenstandswert **41** 9 ff.
– Abfindung **41** 13
– Klagehäufung **41** 18 f.
– Kündigungsschutzklage **41** 13, 21 f.
– Schleppnetzantrag **41** 21 f.
– Streitwertvereinbarung **41** 10
– Vergleichsmehrwert **41** 24 ff.
– Weiterbeschäftigungsanspruch **41** 23; **42** 38 f.
– Zeugnis **41** 24 f.
Gegenstandswertfestsetzung **43** 33 f.
– Antragsmuster **43** 34
Gehörsrüge **27** 146 ff.
– Zwangsvollstreckung **36** 28, 43
Gerichtskosten **40** 1 ff.
– Anerkenntnis-/Verzichtsurteil **40** 12
– Auslagen **40** 8, 14 f.
– Dolmetscher/Übersetzer **40** 14
– Erledigungserklärung **40** 12
– Fälligkeit **40** 18
– Gebührensatz **40** 11
– Klagerücknahme **40** 12
– Kostenvorschuss **40** 6 f.
– Verfahrensgebühr 1. Instanz **40** 11
– Verfahrensgebühr 2. Instanz **40** 11, 20
– Verfahrensgebührreduzierung **40** 12
– Vergleich **40** 8 ff., 13, 19
– Versäumnisurteil **40** 12
– zweitschuldnerische Haftung **40** 16
Gerichtsstand **20** 92 ff.
– allgemeiner **20** 96 ff.
– Arbeitsort **20** 92, 101
– Außendienstmitarbeiter **20** 102 f.
– Erfüllungsort **20** 100
– Insolvenz **15** 10
– Niederlassung **20** 99
– Parteivereinbarung **20** 104 ff.
– Rechtsschutzversicherung **43** 37
– Rüge **23** 19
– rügelose Einlassung **20** 93 ff.
– tarifliche Festlegung **20** 92
– Versicherungsagentur **43** 37
Gesellschaftsorgane
– Arbeitsverhältnis **14** 35 ff.; **20** 57 ff., 65
– Dienstvertragskündigung *siehe dort*
– Drittanstellung **14** 36, 48
– Rechtswegvereinbarung **20** 57
– ruhendes Arbeitsverhältnis **14** 40 ff., 49 f.

– Tätigkeit nach gesellschaftsrechtlicher Abberufung **14** 37
Gesetzlicher Abfindungsanspruch *siehe* Abfindungsanspruch
GmbH-Geschäftsführer *siehe* Gesellschaftsorgane
Grundsicherung für Arbeitssuchende *siehe* Arbeitslosengeld II
Güteverhandlung **23** 1 ff.
– Aktenbeiziehung **23** 6
– Alleinentscheidung des Vorsitzenden **23** 20 ff.
– Anerkenntnis **23** 14
– Antragstellung **23** 12
– Beweisaufnahme **23** 8 ff.
– Beweisbeschluss **23** 29
– Erledigungserklärung **23** 18
– gerichtliches Geständnis **23** 15
– Klagerücknahme **23** 13
– mehrere Termine **23** 11
– nachträgliche Klageänderung/-erweiterung **23** 2
– persönliches Erscheinen der Parteien **23** 5; **37** 51; **38** 77 f.
– Säumnis **23** 1
– Vergleich **23** 16 ff.; **37** 47 ff.
– Vergleichsstrategie **37** 70 ff.
– Verzicht **23** 14

Handelsvertreter
– Arbeitnehmereigenschaft **20** 45, 54 ff.
– Begriff **20** 55
Hartz IV *siehe* Arbeitslosengeld II
Heimarbeiter
– Arbeitnehmereigenschaft **20** 44 ff.
– Kündigungsschutz **20** 49 ff.

Insolvenz **15** 1 ff.
– Annahmeverzugslohn **15** 93
– Antrag **15** 9
– Antragsverfahren **15** 6 ff.
– Anwaltshaftung **15** 28
– Arbeitgeberfunktion **15** 19, 23, 32 ff., 168
– Arbeitslosengeld **15** 93
– Auffanggesellschaft **15** 121 ff.
– Auslandsbezug **15** 153 ff.
– außerordentliche Kündigung **15** 3
– Beschäftigungs- und Qualifizierungsgesellschaft **15** 121 ff.
– betriebliche Altersversorgung **15** 152
– Betriebsänderung **15** 98 ff., 104 ff.
– Betriebsübergang **15** 1, 80, 115 ff., 152
– Betriebsvereinbarung **15** 96 ff.
– Eigenantrag **15** 9
– Eigenverwaltung **15** 19, 88
– einfache Insolvenzforderungen **15** 25 ff., 40
– Eröffnungsbeschluss **15** 4, 14 ff., 19 ff., 169
– Eröffnungsverfahren **15** 6 ff.
– Europarecht **15** 154 ff.
– Forderungen nach Eröffnungsbeschluss **15** 29
– Forderungen vor Eröffnungsbeschluss **15** 14 ff., 25 ff.
– Forderungsanmeldung **15** 20 f., 26, 29
– Forderungsprüfung **15** 20
– Freistellung **15** 39 f., 93 f.
– Fremdantrag **15** 9
– gerichtliche Handlungsermächtigung **15** 15 f., 26
– gerichtliche Sicherungsmaßnahmen **15** 8 ff., 11, 165 f.
– Gerichtsstand **15** 10
– Gläubigerversammlung **15** 20 f.
– Gutachten zu Verfahrensvoraussetzungen **15** 7, 165 f.
– Insolvenzgeld *siehe dort*
– Insolvenzverwalter *siehe dort*
– Interessenausgleich **15** 100, 104 ff.
– Kündigung **15** 13, 30 ff., 76 ff., 87 f., 115 ff., 148 ff., 162 ff.
– Kündigungsfrist **15** 36, 38, 80, 82 ff.
– Kündigungsgrund **15** 3, 114
– Kündigungsschutzklage **15** 33, 89 ff.
– Kurzarbeit **15** 92, 124, 128, 130
– Massearmut **15** 146
– Masseunzulänglichkeit **15** 146 ff.
– Nachkündigung durch Insolvenzverwalter **15** 87 f.
– ordentliche Kündigung **15** 3
– Prozesspartei **15** 23, 33
– Prozessunterbrechung **15** 17, 22, 25
– Sozialauswahl **15** 80, 106 f.
– Sozialplan **15** 101 ff., 161 f.

– Transfergesellschaft **15** 121 ff.
– Verfahrensziel **15** 2
– Verfügungen **15** 12 ff., 19, 26, 30 f., 167
– Verfügungszustimmungsvorbehalt **15** 12 ff., 32 ff.
– Vollstreckungsverbot **15** 18
– Zwangsvollstreckung **15** 101
Insolvenzgeld **15** 27, 41 ff.
– Anspruchsberechtigung **15** 44 ff., 71
– Anspruchsgegner **15** 75
– Anspruchsumfang **15** 52 ff., 70 ff.
– Anspruchsvoraussetzungen **15** 49 ff.
– Arbeitnehmerbegriff **15** 44 ff.
– Auslandsbezug **15** 50
– Ausschlussfrist **15** 56 ff.
– Begrenzung **15** 70 ff.
– EU-Richtlinie **15** 42 f., 59 ff.
– Frist **15** 56 ff.
– gesetzlicher Forderungsübergang **15** 29, 40
– Kappungsgrenze **15** 70 ff.
– Klage **15** 75
– Rechtsgrundlagen **15** 42 f.
– Umlagefinanzierung **15** 48
– Vorfinanzierung **15** 68 ff.
– Vorschuss **15** 64 ff.
– Zeitraum **15** 41, 62 f.
– Zurückbehaltungsrecht **15** 51
Insolvenzverwalter
– Arbeitgeberfunktion **15** 19, 23, 32 ff., 168
– Bestellung **15** 165 f.
– Eigenverwaltung **15** 19
– gerichtliche Handlungsermächtigung **15** 37 f., 86, 102, 167
– Haftung **15** 150 f.
– Kündigung **15** 13, 31 ff.
– Nachkündigung **15** 87 f.
– Prozesspartei **15** 23
– schwacher **15** 12 f., 102, 165
– Sicherungsaufgaben **15** 8, 19, 165 f.
– starker **15** 15, 17, 31, 86, 166
– vorläufiger **15** 8, 12 f., 15 f., 30 ff., 86, 102, 165 f.
– Zustimmungsvorbehalt **15** 12 ff., 32 ff.
Integrationsamt **2** 47 ff.
– Antrag auf Zustimmung zur Kündigung **2** 62
Interessenausgleich **3** 119 ff.; **12** 44, 69, 85
– Insolvenz **15** 100, 104 ff.
– Massenänderungskündigung **26** 56

Kammertermin **24** 1 ff.
– Präklusion **24** 3, 8, 10 ff.
– Schriftsatzfrist **24** 2 ff., 8 ff.
Karenzentschädigung **16** 5, 8 f., 22, 25 ff.
– Anrechnung anderweitigen/unterlassenen Verdienstes **16** 29, 39, 71
– Anrechnung von Arbeitslosengeld **16** 29
– außerordentliche verhaltensbedingte Kündigung **16** 77 ff.
– Berechnung **16** 28
– Fälligkeit **16** 27
– gesetzlicher Forderungsübergang bei Arbeitslosengeldzahlung **16** 31
– Höhe **16** 27, 37, 40, 44 f., 47
– Sozialversicherungspflicht **16** 30
– Steuern **16** 32; **34** 54 ff.
– Tarifvertrag **16** 40
– Verzicht auf das Wettbewerbsverbot **16** 68, 70 f.
– Wettbewerbsverstoß **16** 22
Klagehäufung **20** 70 f.
Klagerücknahme **27** 105
Krankheitsbedingte Kündigung **3** 182 ff.
– betriebliches Eingliederungsmanagement **3** 186; **7** 70 f.; **12** 77
– Betriebsbeeinträchtigung **3** 184, 195, 198 f.
– Beweislast **3** 191
– dauernde Leistungsunfähigkeit **3** 189
– Gesundheitsprognose **3** 190 ff., 195 ff.
– häufige Kurzerkrankungen **3** 194 ff.
– Interessenabwägung **3** 185, 200
– langanhaltende Leistungsunfähigkeit **3** 190
– leidensgerechter Arbeitsplatz **3** 187
– nachhaltige Leistungsminderung **3** 201, 204
– Suchterkrankung **3** 202
Kündigung
– Änderungskündigung *siehe dort*
– Anzeigepflicht *siehe* Massenentlassungen
– Arbeitskampf *siehe* Arbeitskampfkündigung
– außerordentliche *siehe dort*

- Austauschkündigung **3** 82
- Beendigungstermin **1** 55
- Beförderung zum Gesellschaftsorgan **14** 40 ff., 49 f.; **20** 65
- befristetes Arbeitsverhältnis **1** 44; **17** 18 ff.
- Begründungszwang **1** 54
- Belehrungspflicht des Arbeitgebers **22** 14, 16
- Berufsausbildungsverhältnis **1** 38, 50, 54
- Beteiligung der kirchlichen Mitarbeitervertretung **12** 8
- Betriebsratsbeteiligung **12** 1 ff.
- Betriebsratswiderspruch *siehe* Betriebsratsbeteiligung, Widerspruch zur Kündigung
- Betriebsübergang **10** 1 ff.
- betriebsverfassungsrechtliche Widerspruchsgründe **12** 133 ff.
- Beweislast **3** 116 ff., 121 ff.; **21** 48 f.; **22** 20
- Empfangsbote **1** 32 ff.
- Empfangsvertreter **1** 34 ff., 66
- Erklärungsinhalt **1** 53 ff.
- Form **1** 45 ff.; **6** 2
- Formnichtigkeit **1** 51 f.
- Geschäftsunfähiger/beschränkt Geschäftsfähiger **1** 37 f.
- Gesellschaftsorgane *siehe* Dienstvertragskündigung
- Gleichwohlkündigung **5** 31; **19** 38
- Insolvenz **15** 3, 13, 30 ff., 76 ff., 87 f., 148 ff.
- Interessenabwägung **3** 56 ff.
- Kündigender **1** 23 ff., 29; **15** 13, 19, 31 ff.
- Kündigungsempfänger **1** 31 ff.
- Kündigungstermin **1** 83 ff.
- Leiharbeitnehmer **12** 18
- leitende Angestellte **12** 14 ff.
- Mängel **39** 17 f.
- mehrfache **39** 19
- mildere Mittel **3** 112
- Nachkündigung durch Insolvenzverwalter **15** 87 f.
- nachträgliche Änderung der Verhältnisse **3** 55, 94 f.
- Nichtigkeit **1** 30
- ordentliche *siehe dort*
- Personalratsbeteiligung **12** 7
- Prognoseprinzip *siehe dort*
- Rücknahme **25** 14; **28** 5; **39** 37 ff., 47 ff.
- Schriftform **21** 59
- schwebende Unwirksamkeit **1** 30
- Sitten-/Treuwidrigkeit **6** 7 f., 15 ff., 23, 25 f.
- soziale Rechtfertigungsfiktion **5** 33
- Sozialwidrigkeit **3** 59 ff.; **12** 127, 146
- Teilkündigung **1** 9; **12** 38
- ultima-ratio-Prinzip *siehe dort*
- Umdeutung **1** 21
- Umwandlung **11** 4 ff.
- Unwirksamkeit **4** 1
- Verhältnismäßigkeitsprinzip **3** 276
- Vertretung **1** 24 ff., 48; **21** 44; **37** 87; **38** 7
- vor Dienstantritt **1** 58
- Vorrang der Änderungskündigung **3** 54, 108 ff., 288; **6** 20
- Wettbewerbsverbot **16** 81 ff.
- Wiedereinstellungsanspruch *siehe dort*
- Willkürverbot **6** 8, 10 ff., 15
- Zeitpunkt **1** 56 ff.
- Zugang **1** 31 f., 59 ff.; **21** 48 f.; **22** 20, 23 f.
- Zugangsbeweis **1** 61, 69 ff., 74
- Zugangsvereitelung **1** 72 ff.
- Zurückweisung **1** 26 ff.; **21** 44; **37** 87 f.; **38** 7 ff.; **43** 14

Kündigungsfrist **1** 75 ff.
- Berechnung **1** 75 ff., 94 ff.
- einzelvertragliche **1** 92 f.
- gesetzliche **1** 75 ff., 90 f.
- Günstigkeitsprinzip **1** 82, 84 ff.
- Insolvenz **15** 36, 38, 80, 82 ff.
- Kleinbetriebsklausel **1** 91
- Kündigungstermin **1** 83 ff.
- Nichteinhaltung **1** 88 f.
- Probezeit **1** 79
- tarifvertragliche **1** 79 f.

Kündigungsgrund
- Alkohol-/Drogenmissbrauch **3** 221
- Arbeitsverweigerung **3** 223
- außerbetriebliche Gründe **3** 71 f.
- Beleidigung **3** 227
- Berufsausbildungsverhältnis **8** 30 f.
- Beschäftigungsverbot **3** 205

– betriebsbedingter **2** 29 ff.; **3** 60 ff.
– Betriebsordnungsverstöße **3** 229 ff.
– Betriebsübergang *siehe dort*
– Diskriminierungsverbot **6** 17
– eigenmächtiger Urlaub **3** 223
– fehlende Arbeitserlaubnis **3** 203
– Führerscheinverlust **3** 203
– Gehaltspfändung **3** 204, 234
– Geschenkannahme **3** 240
– Grundsatz der subjektiven Determination **12** 71 ff., 82
– Haft **3** 206
– HIV-Infektion **6** 17
– innerbetriebliche Gründe **3** 70, 73
– Insolvenz **15** 3
– kirchliche Loyalität **3** 226
– Kleiderordnung **3** 230
– Kleinbetrieb **6** 23 f.
– Kopftuch **3** 230; **6** 16
– Krankheit **3** 182 ff.
– Krankheitsandrohung/-anzeigefehler/-vortäuschung **3** 235
– Leistungsdefizit **15** 114
– Leistungsminderung **3** 205, 211
– Minderleistung **3** 232 f.
– Nebentätigkeit **3** 241 f.
– Pensionsalter **3** 207 f.
– personenbedingter **2** 32
– Pflichtverletzung **3** 212 f., 218, 221 ff.
– Privattelefonat/-internetnutzung **3** 236 ff.
– Sanierungskündigung **10** 47 ff.
– sexuelle Belästigung **3** 239
– Strafanzeige **3** 222
– Straftaten **3** 209 f., 224 f., 228
– Streikexzess **9** 31
– Suchterkrankung **3** 202
– Ungeeignetheit **3** 204 f.
– Unpünktlichkeit **3** 231
– verhaltensbedingter **2** 33
– Wettbewerbsverbot **3** 241; **16** 1
– wichtiger **2** 23 ff., 34 f.

Kündigungsschutz
– allgemeiner **6** 1 ff., 8 ff.
– arbeitnehmerähnliche Person **20** 49 ff.
– Beweislast **3** 22, 34, 46 f., 64, 68 ff., 75 ff., 87, 90, 152 ff., 158 f.; **6** 15 ff., 21, 26; **7** 73; **10** 71; **21** 48 f., 61 ff.; **38** 85
– erfasste Betriebe **3** 25 ff., 93
– Gemeinschaftsbetrieb **3** 31 ff.; **11** 8
– geschützte Personen **3** 17 ff.
– Gesellschaftsorgane **14** 46 ff.
– Insolvenz **15** 76
– Kleinbetrieb **6** 7 ff., 15 ff., 22 ff.; **11** 7
– Kleinbetriebsklausel **3** 27 ff., 38 ff.
– Sitten-/Treuwidrigkeit **6** 7, 15 ff., 23, 25 f.
– Sonderkündigungsschutz *siehe dort*
– Umwandlung **11** 6 ff.
– Wartezeit **3** 48 ff.; **6** 9
– Weiterbeschäftigungsmöglichkeit **38** 83 ff.
– Willkürverbot **6** 8, 10 ff., 15, 23, 25

Kündigungsschutzklage **20** 1 ff.
– Abfindungsanspruch **22** 2 ff.
– Alleinentscheidung des Vorsitzenden **23** 20 ff.
– Änderungskündigung *siehe* Änderungsschutzklage
– Anerkenntnis **23** 14
– Annahmeverzugslohn *siehe dort*
– Auflösungsantrag *siehe dort*
– Bergmannsversorgungsschein **21** 51
– Berufsausbildungsverhältnis **20** 33 ff.
– Berufung *siehe dort*
– Betriebsübergang **10** 65 ff.; **21** 34 f., 80
– Beweisbeschluss **23** 29
– Beweislast **21** 61 ff.; **22** 41
– Dominoeffekt **37** 6
– Entgeltansprüche *siehe* Entgeltklage
– Erledigungserklärung **23** 18
– Fristversäumung **21** 55 ff.; **22** 6 ff., 10, 13 ff.; **38** 28 ff.
– Gegenstandswert **41** 13 ff., 21 f.
– Gehörsrüge **27** 146 ff.
– Gerichtskosten *siehe dort*
– Gerichtsstand *siehe dort*
– Güteverhandlung *siehe dort*
– Insolvenz **15** 33, 89 ff.
– internationale Zuständigkeit **20** 4 f.
– Kammertermin *siehe dort*
– Klageabweisung **21** 81 ff.; **22** 9
– Klageantrag **38** 34 ff.
– Klagebegründung **38** 40 ff.
– Klageerwiderung **37** 43 ff.
– Klageerwiderungsfrist **24** 2, 8

– Klagefrist **3** 38 f.; **10** 72; **12** 164; **15** 80; **21** 1 ff., 7 ff., 21, 36 ff., 50 ff.; **38** 24 ff.
– Klagehäufung **20** 70 f.
– Klagerücknahme **23** 13
– Klagestattgabe **21** 84 ff.
– Klageverzicht im Abwicklungsvertrag **19** 7
– Kosten **27** 150; **37** 61
– Kündigungsrücknahme **28** 5
– mehrere Kündigungen **21** 11 ff., 18
– Muster **3** 311
– Mutterschutz **21** 50 ff.
– Nachschieben von Kündigungsgründen **12** 165 ff.
– Nachschieben von Unwirksamkeitsgründen **12** 161 ff.; **21** 58
– nachträgliche Klagezulassung **5** 51 ff.; **7** 27
– nachträgliche Zulassung **19** 31; **21** 6, 58; **22** 1 ff., 7 ff., 10 ff., 29 ff., 41 ff.; **23** 27; **27** 153 ff.; **38** 13, 29 ff.
– nachträgliches Geltendmachen von Unwirksamkeitsgründen **21** 82
– Nebenansprüche **29** 1 ff.
– Passivlegitimation **21** 33 ff.
– Präjudiz des Zustimmungsersetzungsverfahrens **12** 218, 220 f.
– Präklusion **12** 164; **24** 3, 8, 10 ff.
– Prozessarbeitsverhältnis **21** 72 ff.
– Prozessförderungspflicht **24** 2, 7
– Prozesskostenhilfe **20** 12; **21** 47; **22** 13
– Prozesstaktik *siehe dort*
– Prozessvergleich *siehe dort*
– Rechtsanwaltsgebühren *siehe dort*
– Rechtsmittel *siehe* Berufung
– Rechtsweg **20** 1, 6 ff., 13 ff., 18 ff., 69
– Rubrumsberichtigung **21** 40; **22** 14
– Schiffs-/Flugzeugbesatzung **21** 54
– Schleppnetzantrag **21** 15 ff.; **38** 35, 41
– Schlüssigkeit **21** 42 ff.
– Schwerbehindertenkündigungsschutz **21** 50 ff.
– Streitgegenstand **21** 10 ff., 83
– Streitwert **25** 45
– Tod des Arbeitnehmers **25** 8
– Urlaubs(abgeltungs)anspruch **21** 32
– Verfallsfristwahrung **21** 26 ff.
– Vergleich **23** 16 f.
– Versäumnisurteil **22** 48
– Verwirkung **21** 60
– Verzicht **23** 14
– Wehrdienstleistende **21** 53
– Weiterbeschäftigungsanspruch **21** 67 ff.
– Wiedereinsetzung in den vorigen Stand **22** 40
– Zeugnisanspruch *siehe dort*
– Ziel **37** 4, 32 ff.; **38** 53 ff.
Kündigungsverbot
– Elternzeit **2** 46
– Mutterschutz **2** 44
Kurzarbeit
– Arbeitskampf **9** 38
– Betriebsratsbeteiligung **4** 41, 61
– Insolvenz **15** 92, 124, 128, 130
– Massenentlassungen **4** 41, 61

Leidensgerechter Arbeitsplatz **3** 187
Lohnsteuerauskunftsverfahren **19** 47
Lösung des Beschäftigungsverhältnisses
– Abwicklungsvertrag **5** 59; **19** 3
– Aufhebungsvertrag **19** 3
– Prozessvergleich **28** 9 ff.
– Sperrzeit *siehe dort*

Mandat **37** 1 ff.
– Anwaltshaftung siehe dort
– Anwaltsvertrag **37** 29 f.
– Arbeitgeberfragebogen **37** 18, 99
– Arbeitnehmerfragebogen **37** 15 ff., 98
– Auftragserweiterung/neuer Auftrag **41** 31 ff., 95 ff.
– außergerichtliche Vollmacht **43** 6
– gerichtliche Vollmacht **43** 7
– Hinweis auf erstinstanzliche Kostentragung **37** 16, 61
– Hinweis auf Gegenstandswert/Vergütung **41** 9, 27
– Hinweise an Mandant **37** 40 ff.
– Honorarvereinbarung **37** 64 ff.; **41** 6 ff.
– Interessenkonflikt **37** 9 ff.
– Kostenerörterung **37** 61 ff.
– Kostenvorschuss **41** 74, 111
– Rechtsanwaltsgebühren *siehe dort*
– Rechtsschutzversicherung *siehe dort*
– Sachverhaltserfassung **37** 15 ff.
– Verschwiegenheitspflicht **37** 30
– Ziele **37** 4, 32 ff.; **38** 53 ff.

Massenentlassungen **3** 120; **4** 1 ff.
– Änderungskündigung **4** 19 f.
– Anzeigefehler **4** 62 ff.
– Anzeigeform **4** 48 f.
– Anzeigeinhalt **4** 42 ff.
– Anzeigepflicht **4** 1 ff.
– Anzeigezeitpunkt **4** 9 ff.
– Arbeitnehmerbegriff **4** 7 f.
– Betriebsänderung **4** 36
– Betriebsratsbeteiligung **4** 28 ff.; **12** 45
– Betriebsstilllegung **4** 22 f.
– Entlassungsbegriff **4** 9, 13 ff.
– Entlassungssperre **4** 9 ff., 50 ff.
– Freifrist **4** 60
– Kleinbetrieb **4** 6
– Kündigungsschutzverzicht **4** 65
– Kurzarbeit **4** 41, 61
– Massenänderungskündigung **9** 46 ff.; **12** 189; **26** 56, 74
– Quotenberechnung **4** 3 f., 16 ff., 24 ff.
– Rahmenfrist **4** 24 ff.
– Unwirksamkeit **4** 62 ff.
Mutterschutz **7** 2 ff.
– Änderung der Arbeitsbedingungen **7** 18
– Antrag auf Zustimmung zur Kündigung **2** 63; **7** 20 ff.
– Arbeitgeberkenntnis **7** 7 ff.
– arbeitnehmerähnliche Person **20** 50
– Aufhebungsvertrag **7** 6
– befristetes Arbeitsverhältnis **7** 6; **17** 38 f.
– Betriebsratsbeteiligung **12** 20, 57
– Betriebsübergang **10** 59
– Dauer des Kündigungsschutzes **7** 3
– Elternzeit **7** 44
– erfasste Personen **7** 3
– Klagefrist **21** 50 ff.
– Kündigungsschutzklage **7** 27; **21** 6
– Kündigungsverbot **2** 44; **7** 2, 16 ff., 26
– Mitteilungsfristversäumnis **7** 12 ff.; **38** 13
– Mitteilungspflicht **7** 7 ff.; **38** 12
– Rechtsmittel gegen Zulässigkeitserklärung **7** 28
– Verzicht **7** 17
– Voraussetzungen **7** 4 ff.
– Zulässigkeitserklärung **2** 45; **7** 19, 24 ff.

Ordentliche Kündigung
– Ausschluss **1** 20, 43 f.; **2** 7 ff.
– Begriff **1** 19
– Insolvenz **15** 3
– Kündigungsfrist *siehe dort*
– Umdeutung **1** 21; **2** 4
– vorsorgliche **2** 36, 64

Personalratsbeteiligung
– Befristung **17** 165 ff.
– Einstellung **17** 160 ff.
– Kündigung **12** 7
Personenbedingte Kündigung **3** 174 ff.
– Abmahnung **3** 179, 244, 268
– Änderungskündigung **3** 308 f.
– außerordentliche **2** 32
– Beschäftigungsverbot **3** 205
– betriebliches Eingliederungsmanagement **7** 70 f.; **12** 77
– Betriebsbeeinträchtigung **3** 177, 195, 198 f.
– Betriebsratsbeteiligung **12** 76 ff.
– Beweislast **3** 191
– Diskriminierung **6** 17
– Druckkündigung **26** 66
– durch Arbeitnehmer **2** 39
– fehlende Arbeitserlaubnis **3** 203
– Führerscheinverlust **3** 203
– Gehaltspfändung **3** 204
– Haft **3** 206
– Interessenabwägung **3** 57, 180 f., 200
– Kleinbetrieb **6** 17
– Krankheit **6** 17
– krankheitsbedingte Kündigung *siehe dort*
– Leistungsmängel **3** 174 f.
– Leistungsminderung **3** 205, 211
– Pensionsalter **3** 207 f.
– Prognoseprinzip **3** 176
– Straftaten **3** 209 f.
– Suchterkrankung **3** 202
– ultima-ratio-Prinzip **3** 176
– Ungeeignetheit **3** 204 f.
– Weiterbeschäftigungsmöglichkeit **3** 178
Persönliche Abhängigkeit **20** 28 ff.
Pflegezeit **7** 45 ff.
– Betriebsübergang **10** 59
– Dauer des Kündigungsschutzes **7** 46
– erfasste Personen **7** 46

– Kündigungsverbot **7** 52 f.
– Voraussetzungen **7** 47 ff.
– Zulässigkeitserklärung **7** 53
Präklusion
– Berufung **24** 99
– erstinstanzliche **12** 164; **24** 3, 8, 10 ff.
Prognoseprinzip
– Abmahnung **3** 243
– Beurteilungszeitpunkt **3** 55, 176
– Fehlprognose **3** 55, 94 f.
– Gesundheitsprognose **3** 183, 190 ff., 195 ff.
– nachträgliche Änderung der Verhältnisse **3** 130
– Wiedereinstellungsanspruch **3** 94 f.
– Wiederholungsgefahr **3** 214
Prozessarbeitsverhältnis **13** 58 ff.; **17** 10, 131 f.; **21** 72 ff.; **37** 82
– Annahmeverzugslohn *siehe dort*
– Form **39** 55
– gerichtlicher Vergleich **17** 154
– Prozesstaktik **38** 87 ff.; **39** 51 ff.
– Unzumutbarkeit **38** 88 f.; **39** 54
– Zurückbehaltungsrecht **38** 88
Prozesskostenhilfe **38** 32 f.
Prozesstaktik **38** 1 ff.
– Änderungskündigung **38** 19
– Änderungsschutzklageantrag **38** 37
– Annahmeverzugslohn *siehe dort*
– außergerichtliche Anspruchsgeltendmachung **43** 8 ff.
– Betriebsratsbeteiligungsrüge **38** 47, 100
– Entbindung von persönlicher Erscheinungspflicht **37** 51; **38** 78
– Heilung bei Fristversäumung **38** 29 ff.
– Informationseinholung beim Betriebsrat **38** 20 f.
– Klageerwiderung **37** 43 ff.; **39** 24 f.
– Kündigungsmängel **39** 17 ff.
– Kündigungsrücknahme **39** 37 ff., 47 ff.
– Kündigungsschutzklageantrag **38** 34 ff.
– Kündigungsschutzklagebegründung **38** 40 ff.
– Kündigungsschutzklageerhebung **38** 28, 33
– Mandantenverhalten **38** 66 ff., 82; **39** 26 f.
– Mitteilung der Schwangerschaft **38** 12 f.
– neue Kündigung **39** 19, 47
– neues Arbeitsverhältnis des Gekündigten **38** 49, 52 ff., 66 f., 71 ff., 79, 82, 102; **39** 8 ff.
– persönliches Erscheinen der Parteien **38** 69 ff.; **39** 26 f.
– Präklusion **38** 99
– Prozessarbeitsverhältnis **38** 87 ff.
– Prozesskostenhilfeantrag **38** 32 f.
– prozessuale Wahrheitspflicht **38** 73 ff.
– Prozessvergleich **37** 48 ff.
– Schwerbehinderte **38** 14 ff.
– Sozialauswahl **38** 43
– Stellenangebotssichtung **38** 83 ff.
– Terminsverlegungsantrag **37** 58 ff.
– Verfallsfrist **38** 90 ff.
– Verfallsfristverzicht **38** 98
– Vergleichsstrategie **37** 70 ff.; **38** 48 ff., 64 f., 79 ff., 102 ff.; **39** 11 ff., 21, 23, 28 ff.
– Verhandlungsverhalten **37** 53 ff.
– Vortragsumfang/-intensität **28** 99 ff.; **38** 45 f.
– Weiterbeschäftigungsanspruch **38** 38 f., 42, 86 ff.; **39** 15 f., 51 ff.
– Zeugnisanspruch **38** 22 f.; **39** 50
– Zurückbehaltungsrecht **39** 49
– Zurückweisung der Kündigung **37** 87 f.; **38** 7 ff.
Prozessvergleich **28** 1 ff.; **37** 48 ff.
– Abfindung **28** 18 ff.
– Abfindungserhöhung bei vorzeitiger Vertragsbeendigung **28** 29
– Anfechtung **38** 73
– Arbeitspapiere **28** 61 ff.
– Bedingung **41** 90
– Beendigungsklausel **28** 7 ff.
– Beendigungsvergleich **28** 7 ff.
– Berufung **27** 134 ff.
– betriebliche Altersversorgung **28** 64, 70
– Beweislast **41** 85 f.
– Erledigungsklausel **28** 33, 39, 44, 66 ff.
– Freistellungsklausel **28** 41, 48 ff.
– Gegenstandswert **42** 42
– Gerichtskosten **40** 8 ff., 19
– Kündigungsrücknahme **28** 5; **41** 89
– Lohnzahlung **28** 31 ff., 40 f.
– Rechtsanwaltsgebühren **41** 82 ff.

- Schadenersatzansprüche **28** 64, 69
- Sonderzahlungen **28** 39
- Sperrzeit **32** 19, 27
- Tatsachenvergleich **28** 43 f., 71
- Umbenennung des Kündigungsgrunds **28** 15 f.
- Unterlassungsanspruch **36** 250
- Urlaubsanspruch/-abgeltung **28** 42 ff.
- Vergleichsmehrwert **42** 42
- Vergleichsprotokollierung **28** 2 f.
- Verhandlungsstrategie **37** 70 ff.; **38** 45 f., 48 ff., 64 f., 79 ff., 102 ff.; **39** 11 ff., 21, 23, 28 ff.
- Vertragsstrafe **36** 250
- Vollstreckungstitel **28** 2 f., 34 ff.; **36** 13, 20
- Wettbewerbsverbot **28** 64, 72 ff.
- Widerruf **41** 87
- Widerrufsmöglichkeit **41** 90, 102
- Zeugniserteilung **28** 55 ff.

Rechtsanwaltsgebühren **41** 1 ff.
- Angelegenheit, andere **41** 31 ff., 36
- Angelegenheit, dieselbe **41** 29 ff., 34
- Angelegenheitsbegriff **41** 30
- Anrechnung der Beratungsgebühr **41** 50
- Anrechnung der Geschäftsgebühr **41** 55, 100; **42** 20
- Anrechnung der Verfahrensgebühr **41** 118 f.
- Auftragserweiterung/neuer Auftrag **41** 31 ff., 95 ff.
- bedeutende Angelegenheit **41** 43, 46, 52
- Beispielsrechnung **41** 28
- Beratung **41** 39 ff.
- Berufung **41** 103 ff.
- Berufungsrücknahme **41** 117
- besonderes Haftungsrisiko **41** 43
- Betriebsratsanhörung **41** 57
- BRAGO-Geltung **41** 2 ff.
- Differenzterminsgebühr **41** 78
- Einigungsgebühr **41** 67, 70, 82 ff., 112 ff.
- Einkommens-/Vermögensverhältnisse des Auftraggebers **41** 43, 48, 52
- Entgeltklage **41** 18 f.
- Erhöhung bei mehreren Auftraggebern **41** 64 f., 107 f.
- Erstberatung **41** 42, 49
- Fälligkeit **41** 63
- Gegenstandswert **41** 9 f., 13 ff.
- Geschäftsgebühr **41** 52 ff., 70
- Honorarvereinbarung **41** 6 ff., 14, 39, 49, 118
- Klagehäufung **41** 18 f.
- Klagerücknahme **41** 76
- Korrespondenzmandat **41** 71
- Kostenvorschuss **41** 74, 111
- Kündigungsschutzklage **41** 9, 13 ff.
- Mittelgebühr **41** 44, 56
- Nichtzulassungsbeschwerde **41** 118
- Prozessvergleich **41** 82 ff.
- Rechtsschutzversicherung *siehe dort*
- Revision **41** 119 f.
- Säumnis des Gegners **41** 109
- Schleppnetzantrag **41** 21 f.
- Streitwertvereinbarung **41** 10
- Terminsgebühr 1. Instanz **41** 73 ff.
- Terminsgebühr 2. Instanz **41** 109 ff.
- Terminsgebühr 3. Instanz **41** 119
- Terminsgebühr Nichtzulassungsbeschwerde **41** 118
- Terminsgebührabsenkung **41** 109, 119
- Terminsgebühranrechnung **41** 78 ff.
- umfangreiche/schwierige Tätigkeit **41** 43, 45, 47, 52, 56
- Verfahren vor dem Integrationsamt **41** 58 f., 121
- Verfahrensdifferenzgebühr **41** 80, 95 ff., 115 f.
- Verfahrensgebühr 1. Instanz **41** 61 ff.
- Verfahrensgebühr 2. Instanz **41** 106 ff.
- Verfahrensgebühr 3. Instanz **41** 119
- Verfahrensgebühr Nichtzulassungsbeschwerde **41** 118
- Verfahrensgebührabsenkung **41** 66 ff., 106, 118 f.
- Vergleichsmehrwert **41** 24 ff., 69, 78, 81 ff., 112 ff.
- Vergütungstoleranzbereich **43** 24 ff.
- Verwaltungsverfahren/Widerspruchsverfahren **41** 58 f., 121
- vorzeitige Auftragsbeendigung **41** 66 ff., 106, 118 f.
- Weiterbeschäftigungsanspruch **41** 23
- Zeugnis **41** 24 f.

Rechtsmittelverzicht **27** 107 ff.

Rechtsschutzversicherung **42** 1 ff.
– Abmahnung **42** 30
– Änderungskündigung **42** 36
– Anrechnung der Geschäftsgebühr **42** 20
– Anspruch auf Leistung **42** 10 f.
– Anstellungsvertrags- Rechtsschutz **42** 2, 24 ff.
– Anwaltshaftung **42** 12
– Arbeitgeber **42** 35
– Arbeits-/Anstellungsvertragskündigung **42** 29, 32
– Arbeitsrechtsschutz **42** 2, 17 ff.
– Aufgaben **42** 3 ff.
– Aufhebungsvertrag **42** 33 ff.; **43** 21
– Aufrechnung mit Gebührenansprüchen **42** 15
– Aufsichtsbehörde **43** 35
– Auftragserweiterung/neuer Auftrag **41** 37
– Auskunftsanspruch gegen RA **42** 16
– außergerichtliche Anwaltstätigkeit **42** 37; **43** 1 ff., 8 ff., 15, 18 f.
– Deckungsantrag (außergerichtlich) **43** 15 ff.
– Deckungsantrag (gerichtlich) **43** 22 f.
– Deckungszusage **42** 13; **43** 10, 21 ff.
– Freie Anwaltswahl **42** 11
– Freistellungsklage **43** 37
– Gegenstandswertfestsetzung **43** 33 f.
– gegnerische Kosten **42** 8
– Gerichtsstand **43** 37
– Geschäftsgebühr **42** 37; **43** 1 ff.
– Kostenerforderlichkeit **42** 6, 18 f., 38, 40; **43** 1 ff.
– Kostenerstattungsanspruch **42** 14
– Kostenvorschussforderung **43** 22 f.
– Kündigungsandrohung **42** 34; **43** 21
– künftige Entgeltansprüche **42** 40
– Leistungsbegrenzung **42** 7
– Leistungsfreiheit **42** 13
– mitversicherte Personen **42** 10
– Obliegenheitsverletzung **42** 18 f., 38 ff.
– Ombudsmann GDV **43** 36
– Rechtsverstoß **42** 27 ff., 31
– Schleppnetzantrag **43** 27 f.
– Selbstbeteiligung **42** 9
– Vergleichsmehrwert **41** 26; **42** 41 f.; **43** 29 ff.
– Vergütungstoleranzbereich **43** 24 ff.
– Versicherungsanspruchsabtretung **42** 10, 37
– Versicherungsbedingungen **42** 1
– Versicherungsfall **42** 2, 27 ff.
– Versicherungssumme **42** 6
– Vorvertraglichkeit **42** 31
– Wartezeit **42** 27, 30
– Weiterbeschäftigungsanspruch **42** 38 f.
– Weiterbeschäftigungsantrag **43** 27 f.
Revision **27** 140 ff.
– Nichtzulassungsbeschwerde **27** 144 f.
– Zulassungsgrund **27** 141 f.
– Zurückverweisung an das LAG **27** 60
Ruhendes Arbeitsverhältnis
– Gesellschaftsorgane **14** 40 ff., 49 f.

Schleppnetzantrag **21** 15 ff.; **38** 35, 41
– Anwaltsgebühren **41** 21 f.
– Anwaltshaftung **37** 89
– Gegenstandswert **41** 21 f.
– Rechtsschutzversicherung **43** 27 f.
Schwerbehindertenkündigungsschutz **2** 47 ff.; **7** 54 ff.; **38** 14 ff.
– Anhörung der Schwerbehindertenvertretung **7** 74
– Arbeitgeberkenntnis **7** 66 ff.
– arbeitnehmerähnliche Person **20** 50
– außerordentliche Kündigung **7** 82 ff.
– betriebliches Eingliederungsmanagement **7** 70 f.
– Betriebsratsanhörung **7** 89
– Betriebsratsbeteiligung **12** 20, 57
– Betriebsübergang **10** 58
– erfasste Personen **7** 55 ff.
– Klagefrist **21** 50 ff.
– Kündigungsverbot **7** 72 ff., 79
– Mindestkündigungsfrist **7** 81, 88
– Missbrauchsvorbeugung **7** 59 f.
– Mitteilungsfrist **7** 68 f.
– Mitteilungspflicht **38** 14 ff.
– ordentliche Kündigung **7** 75 ff.
– Präventivmaßnahmen **7** 70 ff.
– Rechtsmittel gegen Zustimmung des Integrationsamts **7** 90; **38** 17
– Verzicht **7** 56
– Voraussetzungen **7** 58 ff.
– Wartezeit **7** 57, 71

– Zustimmung des Integrationsamts **2** 47, 52; **7** 54, 72, 74 ff., 90
– Zustimmungsfiktion **2** 49
Share Deal **10** 13
Sic-non-Fall **20** 69, 73 ff.
– Zusammenhangsklage **20** 79 ff.
Sonderkündigungsschutz **2** 44 ff.; **7** 1 ff. *siehe* Mutterschutz, Elternzeit, Schwerbehindertenkündigungsschutz
– Abfallbeauftragter **9** 120
– arbeitnehmerähnliche Person **20** 50
– Bergmannsversorgungsschein **9** 120; **21** 51
– Betriebsratsbeteiligung **12** 20, 57, 68
– Betriebsratsmitglieder **2** 56; **7** 91 ff., 100 ff.; **12** 180, 186
– Betriebsübergang **10** 55 ff.
– betriebsverfassungsrechtliche Amtsträger *siehe* Amtsträgerkündigungsschutz
– Bordvertretung **2** 56
– Bundestagsabgeordnete **9** 120
– Datenschutzbeauftragter **9** 120
– Elternzeit *siehe dort*
– Immissionsschutzbeauftragter **9** 120
– Insolvenz **15** 76
– Jugend-/Auszubildendenvertretung **2** 56; **7** 92; **8** 8
– lösende Aussperrung **9** 44
– mehrere Schutztatbestände **7** 44; **8** 20, 28
– Mutterschutz *siehe dort*
– Personalratsmitglieder **7** 99
– Pflegezeit *siehe dort*
– Schwerbehinderte *siehe* Schwerbehindertenkündigungsschutz
– Schwerbehindertenvertretung **7** 99; **12** 191, 193
– Seebetriebsratsmitglieder **2** 56
– Sozialauswahl **3** 143; **7** 100
– Wahlbewerber **2** 56; **7** 95; **12** 180, 186, 193, 197 ff.
– Wahlvorstand **7** 94; **12** 193, 197 ff.
– Wehr-/Zivildienstleistende **9** 120
– Wehrdienstleistende **21** 53
Sozialauswahl **3** 99 f., 132 ff.
– Änderungskündigung **3** 294
– Auswahlrichtlinien **3** 133, 169 ff.; **12** 90, 135
– befristet Beschäftigte **17** 19
– befristetes Arbeitsverhältnis **3** 144
– Betriebsbezug **3** 134 f.
– Betriebsratsmitglieder **7** 100; **12** 182
– Betriebsübergang **3** 99, 160; **10** 50 ff.
– Betriebszugehörigkeit **3** 147 f.
– Beweislast **3** 152 ff., 158 f.; **21** 63
– Darlegung **38** 43
– Dominotheorie **3** 132
– freie Arbeitsplätze **3** 99 ff.
– Gemeinschaftsbetrieb **3** 105, 135
– Insolvenz **15** 80, 106 f.
– Interessenausgleich mit Namensliste **3** 119 ff., 133
– Kleinbetrieb **6** 18 ff., 25
– Lebensalter **3** 147, 149
– Leiharbeitnehmer **3** 101
– Leistungsträger **3** 133, 162 ff.; **15** 106, 113
– öffentlicher Dienst **3** 135, 138, 170
– Personalstrukturerhaltung/-schaffung **15** 107, 110 ff.
– Punkteschema **3** 147
– Schwerbehinderung **3** 147, 151
– Sonderkündigungsschutz **3** 143
– Teilbetriebsübergang **3** 99
– Unterhaltspflichten **3** 147, 150
– Vergleichbarkeit **3** 103 f., 133, 136 ff.; **17** 19
– Wiedereinstellungsanspruch **9** 45
Sozialplan
– Insolvenz **15** 101 ff., 161 f.
– Kappungsgrenze bei Insolvenz **15** 101
– Widerruf bei Insolvenz **15** 103
– Zwangsvollstreckung bei Insolvenz **15** 101
Spaltung *siehe* Umwandlung
Sperrzeit **2** 58; **32** 2
– Abfindungsanspruch **5** 17, 46, 59; **32** 18
– Ablehnung/Abbruch von Eingliederungsmaßnahmen **32** 43 f.
– Abwicklungsvertrag **5** 46, 59; **19** 3; **28** 10; **32** 10, 13 ff., 28 ff.
– Arbeitsablehnung **32** 42
– Arbeitsaufgabe **32** 7 ff.
– Aufhebungsvertrag **19** 3, 6; **28** 9; **32** 12 ff., 26, 28 ff.
– befristetes Arbeitsverhältnis **17** 43
– Beginn **32** 36 f.

– Belehrungspflicht des Arbeitgebers **19** 18 ff.
– besondere Härte **32** 23, 30, 34 f.
– Beweislast **32** 32
– Dauer bei Arbeitsablehnung **32** 44
– Dauer bei Lösungstatbestand **32** 33 ff.
– Dauer bei verspäteter Arbeitssuchendmeldung **32** 40
– Erlöschen des Arbeitslosengeldanspruchs **31** 69; **32** 50
– Hinnahme der Kündigung **32** 13, 17
– Kündigung durch Arbeitnehmer **32** 10 f., 28 ff.
– Lösen des Beschäftigungsverhältnisses **28** 9 f.; **32** 10 ff.
– Meldeversäumnis **32** 7, 46
– Prozessvergleich **28** 9 ff., 29; **32** 19, 27
– Ruhen des Arbeitslosengeldanspruchs **19** 6; **32** 6 ff., 47
– unzureichende Eigenbemühungen **32** 7, 45
– verhaltensbedingte Kündigung **28** 11 f.; **32** 20
– Verkürzung **32** 23, 31, 33 f.
– versicherungswidriges Verhalten **32** 2, 6 ff.
– verspätete Arbeitssuchendmeldung **31** 40; **32** 7, 38 ff.
– Wechsel in ein befristetes Arbeitsverhältnis **32** 22, 26
– wichtiger Grund zum Lösen des Arbeitsverhältnisses **32** 2, 6, 12, 14, 19, 22, 25 ff.
– Wirkung **32** 47 ff.
Statusklage **20** 47
– Passivlegitimation **21** 33 ff.
– Rechtsweg **20** 1
Streik *siehe* Arbeitskampf
Streitwert **41** 12

Tarifregister **37** 23 ff.
Teilkündigung
– Abgrenzung Widerrufsvorbehalt **1** 41
– Änderungskündigung **1** 9; **26** 16
– Begriff **1** 40 ff.

Ultima-ratio-Prinzip **3** 54, 186 f.
– Abmahnung **3** 243
– Änderungskündigung **3** 297, 303
– Arbeitskampf **9** 23 f.
– mildere Mittel **3** 112 ff., 178 f.
Umwandlung **11** 1 ff.
– Arten **11** 2
– befristetes Arbeitsverhältnis **17** 71
– Betriebsratsbeteiligung **12** 33
– Betriebsübergang **11** 3 ff.
– Dienstvertrag von Gesellschaftsorganen **14** 10
Urlaubsanspruch/-abgeltung
– Arbeitslosengeld **32** 64
– Freistellung **28** 50 ff.
– Krankheit **28** 45 ff.; **39** 7
– Tatsachenvergleich **28** 43 f.
– Verzicht **28** 44
– vorläufiger Rechtsschutz **30** 16

Verdachtskündigung **2** 27 f.
– Arbeitnehmeranhörung **2** 28; **6** 22
– Begriff **2** 27
– Betriebsratsbeteiligung **12** 92 f.
– Rechtsschutzversicherung **42** 32
Verfallsfrist **38** 90 ff.; **43** 12
– Abgrenzung zur Verjährung **38** 91
– AGB **38** 95
– Annahmeverzugslohn **38** 90
– Entgelt **21** 26 ff.
– vorläufiger Rechtsschutz **30** 6
– Wahrung durch Kündigungsschutzklage **21** 26 ff.; **38** 91 ff.
– Zeugnisanspruch **29** 11, 16
Verhaltensbedingte Kündigung
– Abmahnung **3** 212, 215, 220, 233, 244, 269 f., 283; **6** 16, 22
– Abmahnungszusammenhang **3** 275
– Alkohol-/Drogenmissbrauch **3** 221, 269
– Änderungskündigung **3** 310
– Arbeitsverweigerung **3** 223, 269
– außerordentliche **2** 33
– Beleidigung **3** 227, 270
– Betriebsordnungsverstöße **3** 229 ff.
– Betriebsratsbeteiligung **12** 79 ff.
– Beweislast **3** 219 f.
– durch Arbeitnehmer **2** 40
– eigenmächtiger Urlaub **3** 223
– Gehaltspfändung **3** 234
– Geschenkannahme **3** 240
– Interessenabwägung **3** 57, 217
– kirchliche Loyalität **3** 226, 269

- Kleiderordnung **3** 230
- Kopftuch **3** 230
- Krankheitsandrohung/-anzeigefehler/-vortäuschung **3** 235, 269 f.
- Minderleistung **3** 232 f., 269
- Nebentätigkeit **3** 241 f., 269
- öffentlicher Dienst **3** 217
- Pflichtverletzung **3** 212 f., 218, 221 ff.
- Privattelefonat/-internetnutzung **3** 236 ff., 270
- Prognoseprinzip **3** 214
- sexuelle Belästigung **3** 239, 269
- Sperrzeit **32** 20
- Strafanzeige **3** 222
- Straftaten **3** 224 f., 228, 270
- Unpünktlichkeit **3** 231, 269
- Verdachtskündigung *siehe dort*
- Weiterbeschäftigungsmöglichkeit **3** 216
- Wettbewerbsverbot **3** 241, 270

Verhältnismäßigkeitsprinzip
- Änderungskündigung **3** 288, 293, 296
- Arbeitskampf **9** 23 f., 40 f.
- Präventivmaßnahmen **7** 73

Vermögensübertragung *siehe* Umwandlung

Verschmelzung *siehe* Umwandlung

Verwaltung öffentlichen Rechts
- Begriff **3** 26

Vollstreckungstitel **36** 4 ff., 13 ff.
- Anwaltsvergleich **36** 17, 20
- Ausschluss der vorläufigen Vollstreckbarkeit **36** 23 ff., 29 ff.
- Bestimmtheit **36** 54 ff., 101, 148, 157 ff., 227 f., 252 f.
- notarielle Urkunde **36** 15
- Prozessvergleich *siehe dort*
- Rechtskraft **36** 18 f.
- Titelübertragung **36** 69
- Urteil **36** 13 f., 21 ff.
- vorläufige Vollstreckbarkeit **36** 20 ff.

Vorläufiger Rechtsschutz **30** 1 ff.
- Arbeitsmittelherausgabe **30** 49 ff.
- Arbeitspapierherausgabe **30** 55 ff., 67
- Arrest **30** 2 ff., 12 ff., 62
- Beschäftigungsanspruch **30** 17 f.
- Beweislast **30** 11
- Dienstwagenherausgabe **30** 52 ff., 66
- einstweilige Verfügung **30** 2 ff., 15 ff., 63 ff.
- Entgeltansprüche **30** 30 ff., 64
- Gehörsrüge **27** 148
- gerichtliche Entscheidung **30** 10
- Glaubhaftmachung **30** 8
- Leistungsverfügung **30** 2, 16 f., 20, 22 f., 26, 30, 32, 37, 40 f., 50, 57
- mündliche Verhandlung **30** 8
- Rechtsmittel **30** 10
- Rechtsweg **20** 11
- Schadenersatz bei ungerechtfertigter Entscheidung **30** 11
- Sicherungsanordnung **30** 8
- Sicherungsvollziehung **30** 8
- Streitgegenstand **30** 5
- Verfallsfristwahrung **30** 6
- Verjährungshemmung **30** 6
- Voraussetzungen **30** 9
- Weiterbeschäftigungsanspruch, allgemeiner **30** 19 ff.
- Weiterbeschäftigungsanspruch, betriebsverfassungsrechtlicher **30** 63
- Wettbewerbsverbot **30** 42 ff., 65
- Zeugniserteilung **30** 59 ff., 67
- Zuständigkeit **30** 7

Wehrdienst **9** 120
- Kündigungsschutzklagefrist **21** 43

Weiterbeschäftigungsanspruch **13** 1 ff.
- Änderungsschutzklage **26** 47 f.
- Berufung **36** 239
- Betriebsübergang **21** 80
- Dienstvertragskündigung **14** 31
- Entgeltfortzahlung bei Krankheit **13** 49 f.
- Entschädigung statt Zwangsvollstreckung **36** 242 ff.
- Freistellung **36** 237
- Gegenstandswert **41** 23; **42** 38 f.
- gerichtliche Geltendmachung **17** 175; **21** 67 ff.
- Klageantrag **21** 69
- Klagebegründung **38** 42
- Klagefrist **21** 23 f.
- mehrfache Kündigung **36** 238 f.
- Prozessarbeitsverhältnis **17** 10, 154; **21** 72 ff.; **38** 87 ff.; **39** 54
- Prozessförderungspflicht **24** 7
- Prozesstaktik **39** 15 f., 51 ff.
- Rechtsschutzversicherung **42** 38 f.

– Zwangsvollstreckung **36** 213 ff., 224 ff., 245 ff.
Weiterbeschäftigungsanspruch, allgemeiner **13** 2, 31 ff.
– Änderungskündigung **13** 33
– Anspruchsinhalt **13** 47 ff.
– Aufhebungsvertrag **13** 35
– Auflösungsantrag **13** 46
– außerordentliche Kündigung **13** 32
– Beendigung **13** 43 ff.
– befristetes Arbeitsverhältnis **13** 35; **17** 36 f.
– gerichtliche Geltendmachung **13** 54 ff.
– Interessenabwägung **13** 32, 36 ff.
– leitender Angestellter **13** 39
– mehrfache Kündigung **13** 45
– Prozessarbeitsverhältnis **13** 58 ff.; **17** 131 f.
– Rückabwicklung **13** 43, 47, 53
– Unterlassen anderweitigen Erwerbs **13** 48, 57; **21** 76 f.; **37** 82 f.
– Urlaubsanspruch **13** 49 f.
– vertragliche Vereinbarung **13** 51 ff.
– vorläufiger Rechtsschutz **30** 19 ff.
Weiterbeschäftigungsanspruch, betriebsverfassungsrechtlicher **3** 172; **12** 1, 6, 127, 139, 145, 178; **13** 2 ff.
– Änderungskündigung **13** 6
– Annahmeverzugslohn **13** 11
– Anspruchsinhalt **13** 11 f.
– Auflösungsantrag **13** 20
– außerordentliche Kündigung **13** 5
– Beendigung **13** 13 ff.
– Beginn **13** 8
– Entbindung des Arbeitgebers **13** 3, 9, 23; **30** 28 f.; **36** 236
– gerichtliche Geltendmachung **13** 25 ff.
– Heimarbeiter **12** 19
– leitende Angestellte **13** 3
– Prozessarbeitsverhältnis **13** 62; **17** 131 f.
– Rückabwicklung **13** 24
– Voraussetzungen **30** 24
– vorläufiger Rechtsschutz **30** 25 ff., 63
– Zustimmungsersetzungsverfahren **12** 216
Weiterbeschäftigungsanspruch, personalvertretungsrechtlicher **13** 29
Weiterbeschäftigungsantrag
– Prozesstaktik **38** 38 f., 86 ff.
Wettbewerbsverbot **16** 1 ff.
– AGB-Kontrolle **16** 11, 24, 35
– Änderungskündigung **16** 64
– Aufhebung **28** 73 ff.
– Auskunftsanspruch **16** 13 ff.
– außerordentliche Kündigung **16** 57 f., 72 ff., 77 ff.
– bedingtes **16** 51 f.
– Begriff **16** 4
– berechtigtes Interesse **16** 41 ff.
– Betriebsübergang **16** 12
– Beweislast **16** 9
– Dauer **16** 6, 9, 49 f.
– fehlerhaftes **16** 34 ff.
– Form **16** 8
– Formverstoß **16** 34 f.
– fortgesetzte Handlung **36** 261
– Freistellung **16** 5; **28** 50
– Karenzentschädigung **16** 5, 8 f., 22, 25 ff., 36 ff., 44 f., 47, 68, 70 f., 77 ff.
– Klageantrag **16** 17
– Konzern **16** 43
– Mandantenschutz-/-übernahmeklausel **16** 6 f.
– Minderjährige **16** 53
– Muster **16** 87
– nachvertragliches **16** 2 ff.
– ordentliche Kündigung **16** 81 ff.
– Prozessvergleich **28** 72 ff.
– Rücktritt **16** 89
– Rücktrittsrecht **16** 24
– Schadensersatz **16** 23 f.
– Teilverbindlichkeit **16** 44
– Umfang **16** 6, 9, 46
– Unbilligkeit **16** 46 ff., 49
– Unterlassungsanspruch **16** 16 ff., 21, 88
– Unverbindlichkeit **16** 37 ff., 41 ff., 48, 51 f., 69
– Vereinbarung **16** 8 ff.
– vertragliche Aufhebung **16** 64, 86
– vertragliches **16** 1, 4, 67
– Vertragsstrafe **16** 24
– Verzicht **16** 56 ff., 60 ff., 66 ff., 90; **28** 73
– vorläufiger Rechtsschutz **16** 20; **30** 42 ff., 65
– Wahlrecht des Arbeitgebers **16** 77 ff.
– Wahlrecht des Arbeitnehmers **16** 37 ff., 44, 48, 52, 54, 72 ff., 81 ff.

– Zwangsvollstreckung **16** 18; **36** 248
Widerrufsvorbehalt
– Abgrenzung Teilkündigung **1** 41
– Begriff **1** 41
– Grenzen **1** 41 f.
Wiedereinstellungsanspruch **3** 55, 94 f.
– Betriebsänderung **3** 130, 161
– Betriebsübergang **10** 61 ff.
– fehlerhaftes Abfindungsangebot **5** 25
– lösende Aussperrung **9** 45
– öffentlicher Dienst **17** 143
– Sozialauswahl **9** 45
Wirtschaftliche Einheit **10** 4 ff.

Zeugnisanspruch **29** 9 ff.
– Anspruchsgrundlage **29** 9
– Ausstellungsdatum **29** 20
– Beweislast **29** 19
– Dienstvertrag **29** 9
– einfaches Zeugnis **29** 10
– Insolvenz **15** 33
– Klageantrag **29** 12 f., 17 f.
– Prozesstaktik **38** 22 f.; **39** 50
– Prozessvergleich *siehe dort*
– qualifiziertes Zeugnis **29** 10
– Verfallsfrist/Verwirkung **29** 11, 16
– vorläufiger Rechtsschutz **30** 59 ff., 67
– Zeugnisberichtigung **29** 14 f.
– Zeugnisinhalt **29** 15, 20
– Zurückbehaltungsrecht **29** 10
– Zwangsvollstreckung **36** 155 ff.
– Zwischenzeugnis **29** 11
Zusammenhangsklage **20** 70 f.
– sic-non-Fall **20** 79 ff.
Zwangsvollstreckung **36** 2 ff.
– Abfindung **5** 65; **36** 104 ff.
– Abmahnungsentfernung **36** 140 f.
– Arbeitsmittel **36** 122 ff.
– Arbeitspapiere **36** 115 ff., 142 ff.
– Auslandsvollstreckung **36** 72
– Ausschluss der vorläufigen Vollstreckbarkeit **36** 23 ff., 29 ff.
– Bedingung **36** 70 f.
– Berufung **36** 26, 41
– Betriebsübergang **36** 69
– Bruttolohntitel **36** 85 ff.
– Einstellung **36** 26 f., 42 ff., 52
– Entschädigung statt Handlungsvornahme **36** 191 ff.
– Erfüllungseinwand **36** 170 f., 178
– erneuter Antrag **36** 182 f.
– europäischer Vollstreckungstitel **36** 66
– Fahrnisvollstreckung **36** 80
– Forderungsvollstreckung **36** 80 f.
– gegen Bund/Länder **36** 83
– Gehörsrüge **36** 28, 43
– Gerichtskostenvorschuss **40** 7
– Herausgabetitel **36** 113 ff., 127 ff.
– Immobiliarzwangsvollstreckung **36** 82, 99
– Insolvenz **15** 18, 23, 101
– Lohnabrechnung **36** 102 f., 145 ff.
– Mobiliarzwangsvollstreckung **36** 80
– Ordnungsgeld/-haft **36** 249 ff., 263 ff.
– Pfändungs- und Überweisungsbeschluss **36** 81
– Sicherheitsleistung **36** 29, 48 ff., 263
– Sozialversicherungsbeiträge **36** 88 ff.
– Steuern **36** 88 ff.
– Titelzustellung **36** 74 ff.
– Unterlassungsanspruch **36** 248 ff.
– Vollstreckungklausel **36** 65 ff.
– Vollstreckungsgegenklage **36** 96, 170 f., 208, 229, 238 f.
– Vollstreckungstitel **28** 2 f., 34 ff.; **36** 4 ff., 13 ff.
– Voraussetzungen **36** 9 ff.
– Vornahme unvertretbarer Handlungen **36** 172 ff.
– Vornahme vertretbarer Handlungen **36** 162 ff.
– Vornahme von Handlungen **36** 138 ff.
– Weiterbeschäftigungsanspruch des Arbeitgebers **36** 213 ff.
– Weiterbeschäftigungsanspruch des Arbeitnehmers **36** 224 ff., 245 ff.
– Wettbewerbsverbot **16** 18
– Zahlungstitel **36** 77 ff., 104 ff.
– Zeugnisanspruch **36** 155 ff.
– Zug-um-Zug-Verurteilung **36** 70
– Zuständigkeit **36** 81, 128, 164, 177, 254 f.
– Zwangsgeld **15** 23; **36** 178 ff., 184, 186 ff.
– Zwangshaft **36** 178 ff., 185, 189